Umweltrecht

dtv

# Schnellübersicht

AbfallG 5.1.
AbfallverbrennungsVO 6.1.17.
AbwasserabgabenG 4.2.
AbwasserVO 4.1.2.
AltfahrzeugVO 5.1.5.
AltlastenVO 3.4.1.
AltölVO 5.1.7.
AnlagenVO 6.1.4.
AtomG 7.1.
BatterieG 5.3.
BenzinbleiG 6.2.
BiomasseVO 8.2.1.
BodenschutzG 3.4.
BodenschutzVO 3.4.1.
BrennstoffemissionshandelsG 6.7.
Bürgerliches Gesetzbuch 10.1.
Bundesamt für Sicherheit der nuklearen Entsorgung 7.0.2.
BundesartenschutzVO 3.1.1.
Bundes-BodenschutzG 3.4.
Bundes-Bodenschutz- und Altlasten-VO 3.4.1.
Bundes-ImmissionsschutzG 6.1.
Bundes-KlimaschutzG 6.6.
BundeskompensationsVO 3.1.2.
BundesnaturschutzamtG 3.0.
BundesnaturschutzG 3.1.
BundesstrahlenschutzamtG 7.0.1.
BundeswaldG 3.2.
CarsharingG 8.9.
ChemikalienG 9.1.
ChemikalienverbotsVO 9.1.2.
DüngeG 9.5.
EinwegkunststoffverbotsVO 5.1.8.
ElektrogeräteG 5.2.
ElektromobilitätsG 8.8.
ElektrosmogVO 6.1.26.
EMAS 2.7.
EMAS-PrivilegVO 2.8.1.
EmissionshandelsG 6.4., 6.7.
EmissionshöchstmengenVO 6.1.39.
Energieverbrauchsrelevante-Produkte-G 8.6.
Erneuerbare-EnergienG 2021 8.2.
EU-Arbeitsweisevertrag 1.2.
EU-Grundrechtecharta 1.3.
FeuerungsanlagenVO 6.1.1., 6.1.13.
FluglärmG 6.3.
GasturbinenanlagenVO 6.1.13.

GebäudeenergieG 8.1.
GefahrstoffVO 9.1.3.
GenehmigungsverfahrensVO 6.1.9.
GentechnikG 9.6.
GerätelärmschutzVO 6.1.32.
GiftinformationsVO 9.1.4.
GroßfeuerungsanlagenVO 6.1.13.
Grundgesetz 1.1.
GrundwasserVO 4.1.1.
IndustriekläranlagenVO 4.1.4.
KlimaschutzG 6.6.
KreislaufwirtschaftsG 5.1.
LärmschutzVO 6.1.16., 6.1.18., 6.1.32.
LuftqualitätsVO 6.1.39.
MaschinenlärmschutzVO 6.1.32.
NaturschutzG 3.1.
OberflächengewässerVO 4.1.3.
OrdnungswidrigkeitenG 11.2.
PflanzenschutzG 9.4.
RechtsbehelfsG 12.1.
ReinigungsmittelG 4.3.
SchienenlärmschutzG 6.5.
SportanlagenlärmschutzVO 6.1.18.
StandortauswahlG 7.3.
StörfallVO 6.1.12.
Strafgesetzbuch 11.1.
Strategische Umweltprüfung 2.5.
StromsteuerG 8.4.
SUP 2.5.
TierschutzG 3.3.
Treibhausgas-EmissionshandelsG 6.4.
UmweltauditG 2.8.
UmweltbundesamtG 2.0.
UmwelthaftungsG 10.2.
UmweltinformationsG 2.6.
Umweltprüfungen 2.5.
Umwelt-RechtsbehelfsG 12.1.
UmweltschadensG 2.9.
UmweltstatistikG 2.3.
UmweltstiftungsG 2.1.
UmweltverträglichkeitsprüfungsG 2.5.
UVP-PortaleVO 2.5.1.
UVP/SUP 2.5.
VerbrennungsVO 6.1.17.
VerkehrslärmschutzVO 6.1.16.
VerpackungsG 5.4.
WaldG 3.2.
Wasch- und ReinigungsmittelG 4.3.
WasserhaushaltsG 4.1.

# Umweltrecht

Wichtige Gesetze und Verordnungen
zum Schutz von Umwelt und Klima

Textausgabe mit ausführlichem Sachverzeichnis
und einer Einführung
von Prof. Dr. Peter-Christoph Storm

31., neu bearbeitete Auflage
Stand: 1. Dezember 2021

dtv

Redaktioneller Hinweis:
Paragraphenüberschriften in eckigen Klammern sind nichtamtlich.
Sie sind ebenso wie alle übrigen nichtamtlichen Bestandteile urheber- und wettbewerbsrechtlich geschützt.
Die Angaben zum Stand der Sammlung auf dem Titelblatt beziehen sich auf das Ausgabedatum der maßgeblichen Gesetz-, Verordnungs- und Amtsblätter.
Für Hinweise, Anregungen und Kritik ist der Verlag stets dankbar.
Richten Sie diese bitte an den Verlag C. H. Beck, Lektorat Amtliche Texte, Postfach 40 03 40, 80703 München. – E-Mail: amtliche.texte@beck.de

www.dtv.de
www.beck.de

**Sonderausgabe**
dtv Verlagsgesellschaft mbH & Co. KG,
Tumblingerstraße 21, 80337 München
© 2022. Redaktionelle Verantwortung: Verlag C. H. Beck
Gesamtherstellung: Druckerei C. H. Beck, Nördlingen
(Adresse der Druckerei: Wilhelmstraße 9, 80801 München)
Umschlagtypographie auf der Grundlage
der Gestaltung von Celestino Piatti

$CO_2$ neutral

chbeck.de/nachhaltig
ISBN 978-3-423-53133-7 (dtv)
ISBN 978-3-406-78648-8 (C. H. Beck)

# Inhaltsverzeichnis

**Einführung**
von Prof. Dr. Peter-Christoph Storm ................................... XI

**1. Umweltverfassungsrecht**

1.1. Grundgesetz für die Bundesrepublik Deutschland (Auszug) ........................................................ 1
1.2. Vertrag über die Arbeitsweise der Europäischen Union (Auszug) ........................................................ 14
1.3. Charta der Grundrechte der Europäischen Union (Auszug) ........................................................ 23

**2. Allgemeines Umweltverwaltungsrecht**

2.0. Gesetz über die Errichtung eines Umweltbundesamtes ........................................................ 25
2.1. Gesetz zur Errichtung einer Stiftung „Deutsche Bundesstiftung Umwelt" ........................................................ 27
2.3. Umweltstatistikgesetz (UStatG) ........................................................ 28
2.5. Gesetz über die Umweltverträglichkeitsprüfung (UVPG) ........................................................ 43
2.5.1. Verordnung über zentrale Internetportale des Bundes und der Länder im Rahmen der Umweltverträglichkeitsprüfung (UVP-Portale-Verordnung – UVPPortV) ........................................................ 105
2.6. Umweltinformationsgesetz (UIG) ........................................................ 108
2.7. Verordnung (EG) Nr. 1221/2009 des Europäischen Parlaments und des Rates vom 25. November 2009 über die freiwillige Teilnahme von Organisationen an einem Gemeinschaftssystem für Umweltmanagement und Umweltbetriebsprüfung und zur Aufhebung der Verordnung (EG) Nr. 761/2001, sowie der Beschlüsse der Kommission 2001/681/EG und 2006/193/EG .... 117
2.8. Gesetz zur Ausführung der Verordnung (EG) Nr. 1221/2009 des Europäischen Parlaments und des Rates vom 25. November 2009 über die freiwillige Teilnahme von Organisationen an einem Gemeinschaftssystem für Umweltmanagement und Umweltbetriebsprüfung und zur Aufhebung der Verordnung (EG) Nr. 761/2001, sowie der Beschlüsse der Kommission 2001/681/EG und 2006/193/EG (Umweltauditgesetz – UAG) ........................................................ 147
2.8.1. Verordnung über immissionsschutz- und abfallrechtliche Überwachungserleichterungen für nach der Verordnung (EG)

# Inhaltsverzeichnis

|  |  |  |
|---|---|---|
| | Nr. 761/2001 registrierte Standorte und Organisationen (EMAS-Privilegierungs-Verordnung – EMASPrivilegV) ... | 172 |
| 2.9. | **Gesetz über die Vermeidung und Sanierung von Umweltschäden (Umweltschadensgesetz – USchadG)** ..... | 176 |

## 3.–9. Besonderes Umweltverwaltungsrecht

## 3. Naturschutz und Landschaftspflege, Tierschutz, Bodenschutz

|  |  |  |
|---|---|---|
| 3.0. | **Gesetz über die Errichtung eines Bundesamtes für Naturschutz** ................................... | 185 |
| 3.1. | **Gesetz über Naturschutz und Landschaftspflege (Bundesnaturschutzgesetz – BNatSchG)** ................ | 186 |
| 3.1.1. | Verordnung zum Schutz wild lebender Tier- und Pflanzenarten (Bundesartenschutzverordnung – BArtSchV) ......... | 262 |
| 3.1.2. | Verordnung über die Vermeidung und die Kompensation von Eingriffen in Natur und Landschaft im Zuständigkeitsbereich der Bundesverwaltung (Bundeskompensationsverordnung – BKompV) .................................... | 271 |
| 3.2. | **Gesetz zur Erhaltung des Waldes und zur Förderung der Forstwirtschaft (Bundeswaldgesetz)** (Auszug) ..... | 284 |
| 3.3. | **Tierschutzgesetz** ........................................... | 291 |
| 3.4. | **Gesetz zum Schutz vor schädlichen Bodenveränderungen und zur Sanierung von Altlasten (Bundes-Bodenschutzgesetz – BBodSchG)** ................................. | 335 |
| 3.4.1. | Bundes-Bodenschutz- und Altlastenverordnung (BBodSchV) ........................................................... | 349 |

## 4. Gewässerschutz

|  |  |  |
|---|---|---|
| 4.1. | **Gesetz zur Ordnung des Wasserhaushalts (Wasserhaushaltsgesetz – WHG)** ................................... | 361 |
| 4.1.1. | Verordnung zum Schutz des Grundwassers (Grundwasserverordnung – GrwV) ............................................. | 436 |
| 4.1.2. | Verordnung über Anforderungen an das Einleiten von Abwasser in Gewässer (Abwasserverordnung – AbwV) ........ | 448 |
| 4.1.3. | Verordnung zum Schutz der Oberflächengewässer (Oberflächengewässerverordnung – OGewV) ....................... | 453 |
| 4.1.4. | Verordnung zur Regelung des Verfahrens bei Zulassung und Überwachung industrieller Abwasserbehandlungsanlagen und Gewässerbenutzungen (Industriekläranlagen-Zulassungs- und Überwachungsverordnung – IZÜV) (Auszug) .. | 462 |
| 4.2. | **Gesetz über Abgaben für das Einleiten von Abwasser in Gewässer (Abwasserabgabengesetz – AbwAG)** ..... | 470 |
| 4.3. | **Gesetz über die Umweltverträglichkeit von Wasch- und Reinigungsmitteln (Wasch- und Reinigungsmittelgesetz – WRMG)** ........................................ | 479 |

# Inhaltsverzeichnis

## 5. Kreislauf- und Abfallwirtschaft

| | | |
|---|---|---|
| 5.1. | **Gesetz zur Förderung der Kreislaufwirtschaft und Sicherung der umweltverträglichen Bewirtschaftung von Abfällen (Kreislaufwirtschaftsgesetz – KrWG)** .... | 487 |
| 5.1.5. | Verordnung über die Überlassung, Rücknahme und umweltverträgliche Entsorgung von Altfahrzeugen (Altfahrzeug-Verordnung – AltfahrzeugV) ................................. | 556 |
| 5.1.7. | Altölverordnung (AltölV) ............................................. | 568 |
| 5.1.8. | Verordnung über das Verbot des Inverkehrbringens von bestimmten Einwegkunststoffprodukten und von Produkten aus oxo-abbaubarem Kunststoff (Einwegkunststoffverbotsverordnung – EWKVerbotsV) ................................. | 574 |
| 5.2. | **Gesetz über das Inverkehrbringen, die Rücknahme und die umweltverträgliche Entsorgung von Elektro- und Elektonikgeräten (Elektro- und Elektronikgerätegesetz – ElektroG)** ............................................. | 577 |
| 5.3. | **Gesetz über das Inverkehrbringen, die Rücknahme und die umweltverträgliche Entsorgung von Batterien und Akkumulatoren (Batteriegesetz – BattG)** .......... | 622 |
| 5.4. | **Gesetz über das Inverkehrbringen, die Rücknahme und die hochwertige Verwertung von Verpackungen (Verpackungsgesetz – VerpackG)** ........................ | 644 |

## 6. Immissionsschutz (Luftreinhaltung und Lärmbekämpfung), Klimaschutz

| | | |
|---|---|---|
| 6.1. | **Gesetz zum Schutz vor schädlichen Umwelteinwirkungen durch Luftverunreinigungen, Geräusche, Erschütterungen und ähnliche Vorgänge (Bundes-Immissionsschutzgesetz – BImSchG)** ........................ | 689 |
| 6.1.1. | Erste Verordnung zur Durchführung des Bundes-Immissionsschutzgesetzes (Verordnung über kleine und mittlere Feuerungsanlagen – 1. BImSchV) ............................. | 771 |
| 6.1.4. | Vierte Verordnung zur Durchführung des Bundes-Immissionsschutzgesetzes (Verordnung über genehmigungsbedürftige Anlagen – 4. BImSchV) ................................. | 790 |
| 6.1.9. | Neunte Verordnung zur Durchführung des Bundes-Immissionsschutzgesetzes (Verordnung über das Genehmigungsverfahren – 9. BImSchV) ......................................... | 820 |
| 6.1.12. | Zwölfte Verordnung zur Durchführung des Bundes-Immissionsschutzgesetzes (Störfall-Verordnung – 12. BImSchV) .. | 845 |
| 6.1.13. | Dreizehnte Verordnung zur Durchführung des Bundes-Immissionsschutzgesetzes (Verordnung über Großfeuerungs, Gasturbinen- und Verbrennungsmotoranlagen – 13. BImSchV) ............................................. | 862 |
| 6.1.16. | Sechzehnte Verordnung zur Durchführung des Bundes-Immissionsschutzgesetzes (Verkehrslärmschutzverordnung – 16. BImSchV) ............................................. | 930 |

# Inhaltsverzeichnis

| | | |
|---|---|---|
| 6.1.17. | Siebzehnte Verordnung zur Durchführung des Bundes-Immissionsschutzgesetzes (Verordnung über die Verbrennung und die Mitverbrennung von Abfällen – 17. BImSchV) (Auszug) | 935 |
| 6.1.18. | Achtzehnte Verordnung zur Durchführung des Bundes-Immissionsschutzgesetzes (Sportanlagenlärmschutzverordnung – 18. BImSchV) | 945 |
| 6.1.26. | Sechsundzwanzigste Verordnung zur Durchführung des Bundes-Immissionsschutzgesetzes (Verordnung über elektromagnetische Felder – 26. BImSchV) | 949 |
| 6.1.32. | 32. Verordnung zur Durchführung des Bundes-Immissionsschutzgesetzes (Geräte- und Maschinenlärmschutzverordnung – 32. BImSchV) | 956 |
| 6.1.39. | Neununddreißigste Verordnung zur Durchführung des Bundes-Immissionsschutzgesetzes (Verordnung über Luftqualitätsstandards und Emissionshöchstmengen – 39. BImSchV) | 963 |
| 6.2. | **Gesetz zur Verminderung von Luftverunreinigungen durch Bleiverbindungen in Ottokraftstoffen für Kraftfahrzeugmotore (Benzinbleigesetz – BzBlG)** | 985 |
| 6.3. | **Gesetz zum Schutz gegen Fluglärm** | 990 |
| 6.4. | **Gesetz über den Handel mit Berechtigungen zur Emission von Treibhausgasen (Treibhausgas-Emissionshandelsgesetz – TEHG)** | 1000 |
| 6.5. | **Gesetz zum Verbot des Betriebs lauter Güterwagen (Schienenlärmschutzgesetz – SchlärmschG)** | 1023 |
| 6.6. | **Bundes-Klimaschutzgesetz (KSG)** | 1029 |
| 6.7. | **Gesetz über einen nationalen Zertifikatehandel für Brennstoffemissionen (Brennstoffemissionshandelsgesetz – BFHG)** | 1041 |

## 7. Schutz vor ionisierenden Strahlen und nukleare Sicherheit

| | | |
|---|---|---|
| 7.0.1. | **Gesetz über die Errichtung eines Bundesamtes für Strahlenschutz** | 1055 |
| 7.0.2. | **Gesetz über die Errichtung eines Bundesamtes für die Sicherheit der nuklearen Entsorgung** | 1057 |
| 7.1. | **Gesetz über die friedliche Verwendung der Kernenergie und den Schutz gegen ihre Gefahren (Atomgesetz)** | 1059 |
| 7.3. | **Gesetz zur Suche und Auswahl eines Standortes für ein Endlager für hochradioaktive Abfälle (Standortauswahlgesetz – StandAG)** (Auszug) | 1122 |

## 8. Energieeinsparung und Erneuerbare Energien

| | | |
|---|---|---|
| 8.1. | **Gesetz zur Einsparung von Energie und zur Nutzung erneuerbarer Energien zur Wärme- und Kälteerzeugung in Gebäuden (Gebäudeenergiegesetz – GEG)** | 1139 |

# Inhaltsverzeichnis

| | | |
|---|---|---|
| 8.2. | **Gesetz für den Ausbau erneuerbarer Energien (Erneuerbare-Energien-Gesetz – EEG 2021)** | 1204 |
| 8.2.1. | Verordnung über die Erzeugung von Strom aus Biomasse (Biomasseverordnung – BiomasseV) | 1361 |
| 8.4. | **Stromsteuergesetz (StromStG)** | 1364 |
| 8.6. | **Gesetz über die umweltgerechte Gestaltung energieverbrauchsrelevanter Produkte (Energieverbrauchsrelevante-Produkte-Gesetz – EVPG)** | 1384 |
| 8.8. | **Gesetz zur Bevorrechtigung der Verwendung elektrisch betriebener Fahrzeuge (Elektromobilitätsgesetz – EmoG)** | 1396 |
| 8.9. | **Gesetz zur Bevorrechtigung des Carsharing (Carsharinggesetz – CsgG)** | 1400 |

## 9. Schutz vor gefährlichen Stoffen und vor nachteiligen Umweltfolgen der Gentechnik und sonstigen Biotechnik

| | | |
|---|---|---|
| 9.1. | **Gesetz zum Schutz vor gefährlichen Stoffen (Chemikaliengesetz – ChemG)** | 1405 |
| 9.1.2. | Verordnung über Verbote und Beschränkungen des Inverkehrbringens gefährlicher Stoffe, Zubereitungen und Erzeugnisse nach dem Chemikaliengesetz (Chemikalien-Verbotsverordnung – ChemVerbotsV) | 1448 |
| 9.1.3. | Verordnung zum Schutz vor Gefahrstoffen (Gefahrstoffverordnung – GefStoffV) | 1457 |
| 9.1.4. | Verordnung über die Mitteilungspflichten nach § 16 e des Chemikaliengesetzes zur Vorbeugung und Information bei Vergiftungen (Giftinformationsverordnung – ChemGiftInfoV) | 1491 |
| 9.4. | **Gesetz zum Schutz der Kulturpflanzen (Pflanzenschutzgesetz – PflSchG)** (Auszug) | 1493 |
| 9.5. | **Düngegesetz** (Auszug) | 1506 |
| 9.6. | **Gesetz zur Regelung der Gentechnik (Gentechnikgesetz – GenTG)** | 1515 |

## 10. Umweltprivatrecht

| | | |
|---|---|---|
| 10.1. | **Bürgerliches Gesetzbuch (BGB)** (Auszug) | 1559 |
| 10.2. | **Umwelthaftungsgesetz (UmweltHG)** | 1565 |

## 11. Umweltstrafrecht

| | | |
|---|---|---|
| 11.1. | **Strafgesetzbuch (StGB)** (Auszug) | 1577 |
| 11.2. | **Gesetz über Ordnungswidrigkeiten (OWiG)** (Auszug) | 1592 |

# Inhaltsverzeichnis

## 12. Umweltprozessrecht

12.1. **Gesetz über ergänzende Vorschriften zu Rechtsbehelfen in Umweltangelegenheiten nach der EG-Richtlinie 2003/35/EG (Umwelt-Rechtsbehelfsgesetz – UmwRG)** 1593

**Sachverzeichnis** .......................................................... 1601

NB: Zur besseren Benutzbarkeit und zur Vergleichbarkeit mit den Vorauflagen behalten die Vorschriften in der Regel die ihnen zugeteilte Ordnungsnummer, auch wenn eine Vorschrift aus Platzgründen in dieser Auflage weggelassen werden musste.

# Einführung

Sehr verehrte Damen und Herren,
Sie haben sich dieses 1980 erstmals erschienene und nunmehr in der 31. Auflage vorliegende Taschenbuch gekauft, weil Sie sich dafür interessieren, welche rechtlichen Bestimmungen zum Schutz der Umwelt in Deutschland bestehen. Vielleicht suchen Sie sich auch zu informieren, welche Pflichten Ihnen aufgrund der Umweltgesetze obliegen, und auf welche Rechte Sie sich zugunsten der Umwelt berufen können. Es mag auch sein, dass Sie sich in Ihren Ausbildungs- oder Studiengängen mit dem Umweltrecht als Prüfungsfach zu befassen haben. Ich kann mir auch vorstellen, dass Sie als Angehörige von Umweltbehörden, als Umweltbeauftragte oder aus Anlass eines betrieblichen Umweltauditverfahrens eine solche handliche, durch ein ausführliches Sachverzeichnis erschlossene **Sammlung der wichtigsten Gesetze und Rechtsverordnungen des Bundes zum Schutz von Umwelt und Klima**[1] gern für Besprechungen oder bei Dienstreisen griffbereit mitführen getreu der alten Juristenmaxime **„Ein Blick in das Gesetz beseitigt manchen Zweifel"**.

Bevor wir aber in die Rechtstexte Einsicht nehmen, biete ich Ihnen einen gemeinsamen **Gang durch das Umweltrecht** an. Dabei werden wir zunächst Ziele, Prinzipien und Funktionen des Umweltrechts (I.–V.) sowie dessen Entwicklungsphasen und Entwicklungstendenzen (VI.–XI.) betrachten, um uns sodann eine Übersicht über die Regelungsbereiche der Allgemeinen und Besonderen Umweltpflege (XII.–XVI.) zu verschaffen. Am Ende unseres Rundganges werfen wir noch einen kurzen Blick in den „Instrumentenkasten" und auf die Voraussetzungen für den wirksamen Einsatz umweltrechtlicher Maßnahmen (XVII.–XVIII.), ehe ich mich mit einem Hinweis auf die laufenden Entwicklungsschwerpunkte und die Bedeutung des Umweltrechts für eine verlässliche Umweltordnung (XIX.–XX.) von Ihnen verabschiede.

## I.

Mit dem allgemeinen Bewusstwerden der Umweltbelastungen und der Erkenntnis einer „Endlichkeit der natürlichen Ressourcen" kommt es zu Ausgang der 60er Jahre des 20. Jahrhunderts zur Entwicklung einer **Umweltpolitik,** die sich eigenständig neben anderen klassischen Politikbereichen behauptet. Das Umweltprogramm der Bundesregierung von 1971 beschreibt Umweltpolitik als **Gesamtheit der Maßnahmen,** die notwendig sind, um **1. dem Menschen eine Umwelt zu sichern, wie sie für seine Gesundheit und für ein menschenwürdiges Dasein braucht, 2. Boden, Luft und Wasser, Pflanzenwelt und Tierwelt vor nachteiligen Wirkungen menschlicher Ein-**

---

[1] Die **Gesetze** sind im Wortlaut oder auszugsweise abgedruckt. Die auf ihrer Ermächtigungsgrundlage ergangenen **Rechtsverordnungen** sind entweder im Wortlaut oder auszugsweise wiedergegeben. Außerdem wird in einer Fußnote an der ermächtigenden Gesetzesstelle auf ihre Ordnungsnummer in diesem Band verwiesen; dort werden auch hier nicht wiedergegebene Rechtsverordnungen mit ihrer Fundstelle im Bundesgesetzblatt aufgeführt. Sollte die ursprüngliche Ermächtigungsgrundlage inzwischen weggefallen sein, erfolgt der Hinweis auf fortgeltende Rechtsverordnungen bei der entsprechenden gesetzlichen Nachfolgeregelung. Einige wichtige **Verwaltungsvorschriften** sind mit ihrer Fundstelle in einer Gesetzesfußnote an einschlägiger Stelle genannt.

# Einführung

**griffe zu schützen** und **3. Schäden oder Nachteile aus menschlichen Eingriffen zu beseitigen.**

Diese noch immer zutreffende **Umweltzieltrias** ist von den nachfolgenden Bundesregierungen in programmatischen Äußerungen wie Koalitionsverträgen oder Umweltberichten im Einzelnen je nach Entwicklung der Umweltlage weiter entfaltet und in ihren Schwerpunkten und Unterzielen jeweils neu gewichtet worden. Der **Umweltbericht der Bundesregierung 2019** „Umwelt und Natur als Fundament des sozialen Zusammenhaltes" berichtet gemäß § 11 UIG [Nr. 2.6.][1] über den aktuellen Zustand der Umwelt in den Bereichen Schutz der natürlichen Lebensgrundlagen (Gewässer, Boden, Luft, Biodiversität), Klimawandel, Klimaschutz und Energiewende, Umwelt und Wirtschaft, Umwelt und Verkehr, Umweltqualität und Gesundheit, Rechtsgrundlagen des Umweltschutzes sowie Umwelt und Bürger. Im **Koalitionsvertrag** für die **20. Legislaturperiode** des Deutschen Bundestages (2021 bis 2025) erhält die Erreichung der Klimaziele des Pariser Klimarahmenabkommens von 2015 oberste Priorität und der „Klimaschutz in einer sozial-ökologischen Marktwirtschaft" das zweite von acht Kapiteln. Unter der Überschrift „Umwelt und Naturschutz" erklärt die neue Bundesregierung die 17 globalen Nachhaltigkeitsziele der Vereinten Nationen als Richtschnur ihres Amtes. Es werden die beabsichtigten Vorhaben in den Bereichen Naturschutz und Biodiversität, natürlicher Klimaschutz, Meeresschutz, Klimaanpassung, Wasserschutz, Luftreinhaltung, Bodenschutz, Chemikalienpolitik und Kreislaufwirtschaft beschrieben und unter „Klima, Energie, Transformation" unter anderem die Weiterentwicklung des Klimaschutzgesetzes, der weitere Ausbau der erneuerbaren Energien, die Einführung eines „Klimachecks" für neue Gesetze und der beschleunigte Ausstieg aus der Kohleverstromung behandelt.

Die **Umweltzieltrias** lässt erkennen, dass Umweltpflege nicht isoliert betrachtet werden darf. Die Umweltziele treten mit anderen legitimen Zielen in Wettbewerb und Wettstreit: **Zielkonflikte** können nicht nur zwischen privatnützigen und gemeinwohlbezogenen, sondern auch innerhalb gemeinwohlbezogener Zielsetzungen, ja sogar und in steigendem Maße auch als „innerökologische Konflikte" entstehen. Bei der Lösung von Zielkonflikten wird dem häufig schwächeren ökologischen Belang bei der **Abwägung** der Belange, die allgemein auf der Ebene der Rechtsetzung oder im Einzelfall bei der Rechtsanwendung erfolgt, Berücksichtigung eingeräumt, ohne dass ihm aber grundsätzlich stets der Vorrang gebührt.

Die Trias der Umweltziele fand zusammengefasst als **„Staatsziel Umweltschutz"** im Jahre 1994 Eingang in das Grundgesetz der Bundesrepublik Deutschland: Artikel 20a GG [Nr. 1.1.] richtet staatliches Handeln verbindlich auf den Schutz der natürlichen Lebensgrundlagen oder die Umweltpflege auch in Verantwortung für die künftigen Generationen aus. Dieses Umweltstaatsziel verpflichtet den Staat auch zum Schutz des Klimas sowie zur Herstellung von Klimaneutralität und angesichts des globalen Charakters von Klima und Erderwärmung auch zum internationalen Handeln, wobei die Freiheitsrechte künftiger Generationen zu schonen sind, wie das Bundesverfassungsgericht in seinem Beschluss v. 24. März 2021 zum Klimaschutz entschieden hat. In seiner Verwirklichung dient dieses verfassungsrechtliche Umweltpflegeprinzip unmittelbar der Würde des Menschen (Art. 1 Abs. 1 GG) und seiner Verantwortung

---

[1] Die Angabe in eckiger Klammer bezieht sich auf die Ordnungsnummer, unter der die Rechtsvorschrift in dieser Textausgabe abgedruckt ist.

# Einführung

vor Gott (Präambel GG) für die Bewahrung der Schöpfung, zugleich aber auch unmittelbar oder mittelbar Leben, Gesundheit und Eigentum des Menschen (Art. 2 Abs. 2, Art. 14 GG).

Die **Europäische Union** hat seit 1986, erweitert 2009 durch den Vertrag von Lissabon, ihre Umweltpolitik mit dem **„Unionsziel Umweltschutz"** ausdrücklich auf ein **Umweltzielquintett** verpflichtet: 1. Erhaltung und Schutz der Umwelt und Verbesserung ihrer Qualität, 2. Schutz der menschlichen Gesundheit, 3. umsichtige und rationale Verwendung der natürlichen Ressourcen, 4. Förderung von internationalen Maßnahmen zur Bewältigung regionaler und globaler Umweltprobleme und insbesondere zur Bekämpfung des Klimawandels sowie 5. Förderung der Energieeffizienz und von Energieeinsparungen und Entwicklung neuer und erneuerbarer Energiequellen (Art. 191 Abs. 1, Art. 194 Abs. 1 Buchstabe c AEUV [Nr. 1.2.]). Die im Rahmen dieser Umweltziele in einem bestimmten Zeitraum jeweils vorrangig zu verfolgenden Ziele legt die Europäische Union seit 1973 in allgemeinen **Umweltaktionsprogrammen** fest (Art. 192 Abs. 3 AEUV). Für die Jahre 2014 bis 2020 galt das Siebente Umweltaktionsprogramm *Gut leben innerhalb der Belastbarkeitsgrenzen unseres Planeten*. Für das **Achte Umweltaktionsprogramm bis 2030** legte die Europäische Kommission einen Entwurf vor, der aufbauend auf dem europäischen Grünen Deal und den Zielen der Agenda 2030 der Vereinten Nationen sechs prioritäre Ziele vorsieht: 1. Erreichen der Treibhausgasemissionsminderungsziele bis 2030 und der Klimaneutralität bis 2050, 2. Verbesserung von Anpassung und Widerstandsfähigkeit sowie Verringerung der Anfälligkeit gegenüber Klimaänderungen, 3. Voranbringen eines regenerativen Wachstumsmodells, „das dem Planeten mehr zurückgibt als ihm nimmt", Entkoppelung des Wirtschaftswachstums von Ressourcenverbrauch und Umweltzerstörung und beschleunigter Übergang zu einer Kreislaufwirtschaft, 4. Schadstofffreie Umwelt und Schutz vor Umweltauswirkungen, 5. Schutz und Wiederherstellung der biologischen Vielfalt und Verbesserung des Naturkapitals und 6. Verringerung von nicht nachhaltigen Produktions- und Konsumweisen.

## II.

Hatte sich in den ersten Jahrzehnten des vorigen Jahrhunderts die „ökonomische Tönung" des Rechts zum Wirtschaftsrecht entwickelt, so fasst das **Umweltrecht** mit dem Entstehen der Umweltpolitik seit 1970 und zu ihrer Durchsetzung die mit einer **„ökologischen Tönung"** behafteten Rechtsnormen des Staats- und Verwaltungsrechts, des Strafrechts, des Privatrechts und des Völkerrechts zusammen. Rechtsvorschriften in Gestalt von Gesetzen und von aufgrund gesetzlicher Ermächtigung durch die Exekutive erlassenen Rechtsverordnungen sollen menschliches Verhalten lenken. In unserem Fall bedeutet dies: sie sollen menschliches Verhalten lenken, das auf den Schutz, die Pflege und die Entwicklung der natürlichen Lebensgrundlagen des Menschen oder – kurz gesagt – auf die **Umweltpflege** gerichtet ist. Ich spreche lieber von Umwelt*pflege* als von Umwelt*schutz,* um die gestaltenden und vorsorgenden Aspekte dieser Tätigkeit gegenüber den gefahrenabwehrenden besonders hervorzuheben. Traditionsreiche Rechtsgebiete wie das Wasserrecht und das aus der Gewerbeordnung stammende Immissionsschutzrecht und jüngere wie das Naturschutzrecht werden im Umweltrecht mit neuen Regelungsbereichen wie Schutz vor gefährlichen Stoffen und vor nachteiligen Umweltfolgen der Gentechnik und sonstigen Biotechnik, Kreislauf- und Abfallwirtschaft, Boden-

# Einführung

schutz, Klimaschutz und Energieeinsparung sowie Strahlenschutz und Reaktorsicherheit verbunden. Insgesamt richtet das Umweltrecht die mit einer „ökologischen Tönung" behafteten Rechtsvorschriften auf das neu artikulierte **Umweltziel** des Schutzes und der Pflege der natürlichen Lebensgrundlagen aus, d. h. von Boden, Wasser und Luft (Umweltmedien), von Tieren und Pflanzen einschließlich biologischer Vielfalt, Klima, Landschaft und Naturhaushalt sowie der Beziehungen dieser Umweltteile untereinander und mit dem Menschen, seiner Gesundheit und seinen Kultur- und sonstigen Sachgütern.

## III.

Das Umweltrecht lenkt menschliches Verhalten zur Verwirklichung einer **nachhaltigen, dauerhaft umweltgerechten Entwicklung** auf der Grundlage des Vorsorgeprinzips, des Verursacherprinzips und des Kooperationsprinzips. Der Einigungsvertrag über die Herstellung der Einheit Deutschlands von 1990 schreibt diese **Trias der Umweltprinzipien** den Gesetzgebern von Bund und Ländern als grundlegende umweltpflegliche Handlungsanleitung ausdrücklich vor und hebt sie damit in das Recht. Auch die Einheitliche Europäische Akte von 1986 hat das Vorsorgeprinzip und das Verursacherprinzip als Umweltprinzipien akzeptiert; sie sind jetzt in dem Vertrag zur Arbeitsweise der Europäischen Union (Art. 191 Abs. 2 AEUV [Nr. 1.2.]) verankert. Was bedeuten diese Prinzipien im Einzelnen?

**A.** Zunächst zum **Vorsorgeprinzip**, das als materielles (inhaltliches) Prinzip anzusehen ist und das eine Sicherung vor der Ungewissheit über die Wirkung menschlicher Eingriffe in die Umwelt und ein Offenhalten von Freiräumen auch für künftige Generationen bezweckt. Es ermöglicht auch dort ein staatliches Handeln, wo Unterlassen schwerwiegender als ein Fehlgreifen in der Wahl der Mittel wäre. Vorsorge geschieht jedoch nicht „ins Blaue" hinein; sie erfährt ihre rechtliche Grenze grundsätzlich in dem rechtsstaatlichen Bestimmtheitsgebot und in der Verhältnismäßigkeit von Mittel und Zweck. Durch den frühzeitigen Einsatz vorsorgender Maßnahmen soll über die Abwehr von Gefahren und die Beseitigung von Schäden hinaus dem Entstehen potenzieller Beeinträchtigungen der Umwelt möglichst an dessen Ursprung vor allem durch eine **Minimierung von Risiken** vorgebeugt und ein **nachhaltiger,** die Umwelt oder ihre Teile **schonender Umweltnutzen** erreicht werden.

Unter **Umweltnutzen** verstehe ich nicht nur den Nutzen für die gesundheitlichen und wirtschaftlichen Belange des Menschen („enger" anthropozentrischer Ansatz). Umweltnutzen erstreckt sich vielmehr in umfassender Weise auf alle Vorteile, die eine schonend und haushälterisch in Anspruch genommene und in ausreichender Güte und Menge gesicherte, geschützte und gepflegte Umwelt dem Menschen jetzt und künftig erbringt („weiter" oder „geläuterter" anthropozentrischer Ansatz), ohne dass es auf den Beweggrund zu ihrer Bewahrung im Einzelnen ankommt. Ein derartiges Verständnis schließt den Schutz und die Pflege der Umwelt oder ihrer Teile um ihrer selbst willen als Eigen*wert* nicht aus. Dies darf freilich nicht dahin missverstanden werden, der Umwelt oder ihren Teilen Eigen*rechte* zuzusprechen, also Rechtssubjektivität zu verleihen (ökozentrischer Ansatz). Die Fähigkeit, Träger von Rechten und Pflichten zu sein, sollte auch künftig dem Menschen als natürlicher Person und juristischen Personen vorbehalten bleiben, was auch die Möglichkeit einer tierlichen Person als dritter Rechtspersönlichkeit ausschließt. Denn Umweltpflege geschieht nicht als Selbstzweck, sondern letztlich um des Menschen willen.

# Einführung

Dem Hauptprinzip der Umweltvorsorge lässt sich das Prinzip der **internen Umweltintegration** zuordnen, erfasst doch das Vorsorgeprinzip die **Umwelt** medienübergreifend und in allen ihren Teilen einschließlich der Wechselwirkungen **als Insgesamt**. Da Umwelt Grundlage wie Grenze jeder menschlichen Entwicklung bildet, ist ohne Umweltvorsorge eine **nachhaltige Entwicklung** in ihrer ökonomischen, sozialen und ökologischen Dimension nicht möglich. Nachhaltigkeit ist das Ergebnis optimaler Vorsorge und das Prinzip der **externen Umweltintegration** als Unterprinzip des Vorsorgeprinzips anzusehen: Durch eine umweltpflegliche Ausrichtung der gesamten Rechtsordnung soll die **Umweltgerechtheit** menschlicher Tätigkeiten dauerhaft gewährleistet werden. So ist die Europäische Union verpflichtet, bei ihren Politiken und Maßnahmen die Erfordernisse des Umweltschutzes insbesondere zur Förderung einer nachhaltigen Entwicklung einzubeziehen (Art. 11 AEUV [Nr. 1.2.]; vgl. Art. 37 EUGRCh [Nr. 1.3.]). Umweltvorsorge umfasst im weiteren Sinne auch die von der Umweltgerechtheit zu unterscheidende und nur zwischen Rechtssubjekten denkbare **Umweltgerechtigkeit**. Dieses Prinzip ist insbesondere im Blick auf den anthropogenen Beitrag zu globalen Klimaveränderungen und zu erdweiten Verlusten an biologischer Vielfalt deutlicher bewusst geworden: Umweltvorteile und Umweltlasten sollen unter Beachtung der Gleichstellung der Geschlechter unter den Menschen möglichst gerecht sowohl innerhalb einzelner politischer Einheiten und Regionen als auch weltweit verteilt werden; Umweltgerechtigkeit kann auch dazu beitragen, friedensgefährdende Auseinandersetzungen um natürliche Ressourcen zu vermeiden. In Bezug auf die **Gleichberechtigung** wirken sich die in Deutschland geltenden Umweltrechtsvorschriften, soweit sie Menschen betreffen, auf **Frauen und Männer** regelmäßig in gleicher Weise aus (Art. 3 Abs. 2 Satz 1 und 2 GG [Nr. 1.1.]).

**B.** Das zweite Prinzip, das **Verursacherprinzip**, ist als Grundsatz der **Kostenzurechnung** zu verstehen, nicht jedoch ohne nähere konkretisierende Festlegung auch als Grundsatz der Zuweisung von Verantwortung; Kosten- und Verantwortungszuweisung fallen aber in der Regel in einer Person zusammen. Kosten zur Vermeidung, zur Beseitigung und zum Ausgleich von Umweltbeeinträchtigungen sollen demjenigen zugerechnet werden, der sie verursacht hat **(„Wer verschmutzt, zahlt!")**. Dies dient auch dazu, Wettbewerbsverzerrungen zu beseitigen. Entsteht die Umweltbeeinträchtigung durch gleichzeitig nebeneinander oder durch kettenartig hintereinander gesetzte Bedingungen, wie z. B. bei Luftverunreinigungen durch Kraftfahrzeuge, so kann die Anlastung der Kosten aus praktischen Gründen dort erfolgen, wo am wirksamsten zur Umweltpflege beigetragen wird, also hier nicht bei den Haltern oder Fahrern, sondern bei den Herstellern der Kraftfahrzeuge. Ist eine Kostenzurechnung nicht möglich, weil der einzelne Verursacher nicht festzustellen ist wie beispielsweise bei emittentenfernen Waldschäden, oder würde sie zu schweren wirtschaftlichen Störungen führen, müssen die Kosten ausnahmsweise nach dem **Gemeinlastprinzip** von der Allgemeinheit getragen werden.

**C.** Der dritte Grundsatz, das **Kooperationsprinzip**, ist formell-organisatorischer Natur und bedeutet: **Umweltpflege** ist eine **gemeinschaftliche Aufgabe von Staat und Bürgern,** die nach Möglichkeit durch ein Zusammenwirken beider zu erfüllen ist. Im Verhältnis zwischen Staat und Gesellschaft soll durch eine Mitwirkung Betroffener die umweltbedeutsame Entscheidung verbessert und ihre Annahme erleichtert werden, ohne dass sich Verantwortungsbereiche verwischen dürfen; diese ergeben sich vor allem aus dem Demokratieprinzip, aus dem rechtsstaatlichen Grundsatz der Teilung und Trennung der

# Einführung

drei Gewalten Legislative, Exekutive und Judikative und aus den verfassungsrechtlichen Schutzpflichten des Staates. Eine frühzeitige Beteiligung Betroffener kann auch dazu führen, dass diese ihr Verhalten freiwillig in einer Weise einrichten, die den Erlass von staatlichen Verboten oder Geboten nicht erforderlich macht. Der Teilhabe an Umweltentscheidungen korrespondiert die Übernahme von Verantwortung für die Umweltpflege.

## IV.

Die umweltrechtlichen Vorschriften sollen die Erhaltung oder Herstellung einer bestimmten **Umweltqualität** sicherstellen. Die Anforderungen, denen zu einem gegebenen jetzigen oder späteren Zeitpunkt eine Umwelt oder ein Teil einer bestimmten Umwelt nach Güte und Menge genügen muss, definieren diesen Begriff. Im Sinne eines **Immissionsprinzips** (von lateinisch immittere = hineinsenden) können die Anforderungen ausdrücklich als Umweltqualitätsnormen rechtlich festgelegt werden, insbesondere durch die Festsetzung bestimmter Grenzen menschlicher Eingriffe, die nicht überschritten werden dürfen, z. B. durch die Festlegung von Immissionswerten zur Luftreinhaltung. Die Anforderungen können sich auch einstellen im Sinne eines **Emissionsprinzips** (von lateinisch emittere = heraussenden) als Folge der Anwendung von zielgerichteten rechtlichen Maßnahmen zur Vermeidung und zur Minderung menschlicher Eingriffe in die Umwelt an der Quelle ihres Entstehens, z. B. durch die Festlegung von Emissionswerten, die ein Einleiten von gefährlichen Stoffen in ein Gewässer nach dem Stand der Technik begrenzen. Immissions- und Emissionsanforderungen werden regelmäßig verbunden. Dadurch soll ein Ausschöpfen von Immissionswerten vermieden werden. Denn ein den Verdünnungseffekt nutzendes Ableiten von gefährlichen Stoffen in die Luft („Hochschornsteinpolitik") oder in Gewässer erleichtert zwar das Einhalten von Immissionswerten in dem räumlichen Bereich, in dem der von der Immissionsquelle ausgehende Immissionsbeitrag noch belegbar ist, kann aber zu emittentenfernen, weiträumigen Umweltschäden führen. Sie finden ein treffendes Beispiel für die Verbindung von Immissions- und Emissionsansatz im Bundes-Immissionsschutzgesetz, das Sie dazu aufschlagen sollten [Nr. 6.1.]: Dort konkretisiert § 5 Abs. 1 S. 1 Nr. 1 BImSchG das Immissionsprinzip und § 5 Abs. 1 S. 1 Nr. 2 BImSchG das Emissionsprinzip.

Anstelle der Exekutive übernimmt in zunehmendem Maße der Gesetzgeber selbst mithilfe bezifferter, messbarer und dadurch nachprüfbarer Größen die konkretisierende Festlegung von **Umweltqualitätszielen**, die einen angestrebten Zustand der zu erhaltenden oder herzustellenden Umwelt beschreiben (z. B. § 20 Abs. 1 BNatSchG [Nr. 3.1.]), und von **Umwelthandlungszielen**, die Maßnahmenschritte zur Begrenzung von nachteiligen Umweltauswirkungen an ihrem Ursprung festlegen, um den gewünschten Zustand zu erreichen (z. B. § 1 Abs. 2–4 EEG 2021 [Nr. 8.2]).

## V.

Mit der umweltpfleglichen Lenkung menschlichen Verhaltens leistet das Umweltrecht eine **Trias von Funktionen.** Die bedeutsamste ist die **existentielle Funktion.** Das Recht soll das (Über-)Leben und die Gesundheit des Menschen sichern und ihm ein menschenwürdiges Dasein gewährleisten. Ergänzt wird die existentielle Funktion durch die **soziale Funktion,** indem das Umweltrecht für Möglichkeiten der Erholung des Menschen in Natur und

# Einführung

Landschaft sorgt. Und schließlich kommt dem Recht auch eine **ästhetische Funktion** zu, wenn es ein Erleben von Vielfalt, Eigenart und Schönheit der Umwelt sichert.

## VI.

Werfen wir bei unserem gemeinsamen Gang durch das Umweltrecht nun einen Blick auf die einzelnen Phasen seiner Entwicklung seit 1970 und auf die Tendenzen, die seinen Ausbau und seine weitere Entwicklung bestimmen.

**A.** Im ersten Jahrzehnt der Umweltpolitik, das eine umfangreiche *Erste legislative Phase des Umweltrechts* herbeiführte, stand zunächst die **Gefahrenabwehr** zur Bewältigung einzelner Umweltprobleme und sodann die **Vorsorge** vor Umweltbeeinträchtigungen im Mittelpunkt. Sie sollten die beiden ersten Ziele des Umweltprogramms der Bundesregierung von 1971 durch ein wirksames **Umweltverwaltungsrecht** für die Zukunft verwirklichen. Das dritte Ziel, die **Schadensbeseitigung**, rückte erst seit den 80er Jahren aufgrund einzelner Schadensfälle als **Altlasten-Problem** stärker in das Blickfeld und erlangte durch die Herstellung der Einheit Deutschlands besondere Bedeutung.

In der Ersten legislativen Phase des Umweltrechts wurde das **Grundgesetz** der Bundesrepublik Deutschland um die konkurrierende Gesetzgebungszuständigkeit für **Abfallbeseitigung, Luftreinhaltung** und **Lärmbekämpfung** (Art. 74 Abs. 1 Nr. 24 GG) sowie **Tierschutz** (Art. 74 Abs. 1 Nr. 20 GG) zugunsten des Bundes geändert, so dass in diesen Bereichen Vollregelungen durch Bundesgesetze erfolgen konnten. Für **Naturschutz und Landschaftspflege** (Art. 75 Abs. 1 Nr. 3 GG a. F.) sowie für den **Wasserhaushalt** (Art. 75 Abs. 1 Nr. 4 GG a. F.) konnte der Bund bis 2006 nur Rahmenvorschriften erlassen, die durch Landesgesetze ausgefüllt werden mussten. Mit den durch die **„Föderalismusreform"** im Jahre 2006 erfolgten Änderungen des Grundgesetzes ist nicht nur die Gesetzgebungskompetenz für den Schutz vor ionisierenden Strahlen und nukleare Sicherheit in die ausschließliche des Bundes überführt worden (Art. 73 Nr. 14 GG n. F.). Es wurden auch die Rahmengesetzgebung (Art. 75 GG a. F.) aufgehoben und die Regelungsmaterien **Naturschutz und Landschaftspflege** (Art. 74 Abs. 1 Nr. 29 GG n. F.) und **Wasserhaushalt** (Art. 74 Abs. 1 Nr. 32 GG n. F.) in die konkurrierende Gesetzgebungszuständigkeit des Bundes überführt. Die **Länder** können auf diesen bislang der Rahmengesetzgebung unterliegenden Gebieten jedoch **abweichende Regelungen** treffen (Abweichungsgesetzgebung nach Art. 72 Abs. 3 GG n. F.). „Abweichungsfest" sind allerdings die allgemeinen Grundsätze des Naturschutzes, der Artenschutz und der Meeresnaturschutz sowie die anlagen- und stoffbezogenen Regelungen des Wasserhaushalts. Ob der Gesetzgeber in Ihrem Bundesland eine von dem Bundesrecht abweichende Bestimmung getroffen hat, können Sie hier einer Fußnote bei der entsprechenden Bundesregelung ersehen; sie nimmt Bezug auf die im Bundesgesetzblatt jeweils veröffentlichten Hinweise auf abweichendes Landesrecht sowie dessen Änderung oder Aufhebung. Für die Bereiche Abfallwirtschaft, Luftreinhaltung, Lärmbekämpfung, Naturschutz und Landschaftspflege und den Wasserhaushalt kann der Bundesgesetzgeber jetzt auch tätig werden, ohne die Erforderlichkeit einer bundesweiten Regelung nachweisen zu müssen (Art. 72 Abs. 2 i. V. m. Art. 74 Abs. 1 Nr. 24, 29 und 32 GG n. F. [Nr. 1.1.]).

Verlagerte sich seit den 1970er Jahren die Umweltgesetzgebung bis heute im Wesentlichen auf den Bund, so ist die **Ausführung der Umweltgesetze des Bundes** im Grundsatz bei den **Ländern** verblieben (Art. 83 GG [Nr. 1.1]). Die

# Einführung

Länder vollziehen diese Gesetze in der Regel wie eigene und bestimmen die Einrichtung der Umweltbehörden und das Verwaltungsverfahren, soweit nicht Bundesgesetze etwas anderes vorschreiben (Art. 84 Abs. 1 GG) oder soweit abweichende Landesregelungen für das Verwaltungsverfahren nicht ausgeschlossen sind (siehe z. B. § 71 KrWG [Nr. 5.1.] oder § 73 BImSchG [Nr. 6.1.]). Welche Behörde in Ihrem Bundesland für den **Vollzug** eines bestimmten Bundesgesetzes im Einzelfall zuständig ist, lässt sich deshalb dem Bundesgesetz und unserer Textausgabe in der Regel nicht entnehmen.

**B.** Die zahlreichen in der Ersten legislativen Phase für einzelne Umweltbereiche neu geschaffenen oder ergänzten, inzwischen auf etwa 70 angewachsenen Stammgesetze des Bundes erzeugen in der darauffolgenden *Administrativen Phase des Umweltrechts* und in der Folgezeit einen **Bedarf an untergesetzlicher Konkretisierung:** die legislativen Grobziele müssen in administrative Feinziele umgesetzt werden. Vor allem die Exekutive in Bund und Ländern hat diesen Bedarf zu befriedigen durch den Erlass von administrativem Umweltrecht in Gestalt von **Rechtsverordnungen,** aber auch durch die zum Vollzug der Gesetze und Verordnungen erforderlichen behördeninternen **Verwaltungsvorschriften,** die häufig Umweltstandards für Emissionen und Immissionen festlegen. Hinzu kommen das Aufstellen von **Umweltplänen**, wie z. B. Luftreinhaltepläne oder Bewirtschaftungspläne für Flussgebietseinheiten, und der Erlass von **Einzelfallentscheidungen** durch Genehmigungen oder Zulassungen der Errichtung und des Betriebs von Anlagen oder des Inverkehrbringens von Stoffen.

**C.** Das **Umweltrecht ist ein dynamisches Recht.** Neue wissenschaftliche Erkenntnisse, Erfahrungen aus dem Vollzug des geltenden Umweltrechts sowie europa- und völkerrechtliche Vorgaben führen ständig zu legislativen Nachbesserungen. Dabei lassen sich über die Tendenz der Verdichtung und Verfeinerung hinaus vier weitere Entwicklungslinien des Umweltrechts erkennen. Zugleich tritt das Umweltrecht seit den 1980er Jahren, insbesondere seit den Großunfällen von Basel und Tschernobyl, der in Reaktion darauf erfolgenden Errichtung eines eigenständigen Bundesumweltministeriums (1986) und der Herstellung der Einheit Deutschlands (1989/1990), in seine *Zweite legislative Phase* ein: Sie wird bestimmt durch die Tendenz einer ökologischen Fortentwicklung des Umweltrechts, die sich mit der Tendenz der Vereinheitlichung des Umweltrechts verbindet. Beide werden ergänzt durch die Tendenz der Aktivierung „indirekter Strategien" zur *mittelbaren* Lenkung umweltpfleglichen Verhaltens. Hinzu kommt die Tendenz der Förderung oder Übernahme supra- und internationaler Entwicklungen. Es sind diese **fünf Tendenzen,** die Stand und Entwicklung des Umweltrechts in der Bundesrepublik Deutschland prägen, und die sinnentsprechend aber auch für die Entwicklung des Umweltrechts der Europäischen Union gelten.

**D.** Die fünf Entwicklungstendenzen, die ich Ihnen im Folgenden noch näher erläutern möchte, charakterisieren das jetzt über fünfzig Jahre alte und nunmehr ganz überwiegend auf den unionsrechtlichen Vorgaben beruhende Umweltrecht Deutschlands auch im Übergang in seine *Dritte legislative Phase*, die ihren Anfang mit den durch die „Föderalismusreform" von 2006 bewirkten umweltbedeutsamen Änderungen des Grundgesetzes genommen hat. In dieser Dritten legislativen Phase wird das Umweltrecht inhaltlich vor allem in den Bereichen des Klima- und Ressourcenschutzes ökologisch fortentwickelt. Der erdbebenverursachte Kernreaktorunfall im japanischen Fukushima vom März 2011 hat die **Abwendung von der Atomkraft,** das internationale Pariser Kli-

## Einführung

marahmenabkommen von 2015 hat die **Abwendung von der Kohle** und anderen fossilen Brennstoffen und die **weitere Hinwendung zu den erneuerbaren Energien** befördert. Durch eine deutliche Minderung der Treibhausgasemissionen und die Herstellung einer Klimaneutralität für Deutschland und für die Europäische Union soll im Rahmen internationaler Abstimmung die ansteigende globale Erderwärmung dauerhaft begrenzt werden, was mit einem erheblichen transformatorischen Regelungsbedarf, auch zur Lösung innerökologischer Konflikte, einhergeht.

### VII.

In der **Tendenz der Verdichtung und Verfeinerung des Umweltrechts** spiegelt sich die zunehmende Regelungstätigkeit des Gesetzgebers und die Konkretisierung des legislativen Umweltrechts. Im Wege der untergesetzlichen Rechtsetzung durch die Regierung und der Rechtsanwendung durch die Verwaltung wird das Umweltrecht ständig verdichtet und verfeinert, wozu auch die Rechtsprechung mit ihren einzelne Streitfälle lösenden Entscheidungen beiträgt. Die zunehmende Verdichtung und Verfeinerung des Umweltrechts führt zu einer verstärkten **Rechtssicherheit**.

Das stark verdichtete und verfeinerte Umweltrecht hat sich einer kontinuierlichen Überprüfung seiner einzelnen Regelungen nicht nur im Blick auf eine stete Verbesserung seiner umweltpfleglichen Wirksamkeit zu stellen. Auch andere Gründe wie die Erleichterung von wirtschaftlichen Investitionen können zu einem Abbau von Regulierungen führen. Bei jedem **Regelungsabbau** und jeder Entfeinerung des Umweltrechts bleibt jedoch zu beachten, dass der gegenüber anderen Belangen häufig schwächere ökologische Belang vor allem eines funktionstüchtigen Rechts zu seiner Durchsetzung bedarf.

### VIII.

Die **Tendenz der ökologischen Fortentwicklung** bestimmt die inhaltliche Ausgestaltung des Umweltrechts. Im Gegensatz zu der vornehmlich auf einzelne Umweltmedien und Teilbereiche bezogenen Ersten legislativen Phase rücken seit den 1980er Jahren der umweltmedienübergreifende, die jeweiligen Wechselwirkungen und die **Umwelt als Insgesamt** beachtende ökologische Gesamtzusammenhang als *interne* Integration und die umweltgerechte Ausrichtung der gesamten Rechtsordnung als *externe* Integration der Umweltbelange in den Vordergrund; **integrative Konzepte** zu stärken ist auch künftig erforderlich, wie der Sachverständigenrat für Umweltfragen in seinem Umweltgutachten von 2012 feststellte. Die Tendenz der ökologischen Fortentwicklung fördert eine striktere Anwendung des Vorsorgeprinzips und des ihm dienenden Emissionsansatzes, der durch immissionsseitige Ziele zur Verbesserung der Umweltqualität nach Güte und nach Menge zu ergänzen ist. Auch wird im Sinne des Verursacherprinzips die Umweltverantwortung für Stoffe und Produkte für deren gesamten Lebenszyklus aktiviert.

**A.** Die ökologische Fortentwicklung des Umweltrechts ist europa- und verfassungsrechtlich abgesichert. Zu nennen sind hier der durch die Einhcitliche Europäische Akte von 1986 in den Vertrag zur Gründung der Europäischen Gemeinschaft eingefügte Titel „Umwelt", der sowohl einer umfassenden, umweltmedienübergreifenden Umweltpolitik der **Europäischen Union** als auch deren Integration in andere Fachpolitiken – seit dem Vertrag von Amsterdam in Artikel 6 EGV, jetzt Art. 11 AEUV [Nr. 1.2.] als **Umweltintegrations-**

# Einführung

**prinzip** besonders hervorgehoben – die rechtliche Grundlage verleiht, und der Artikel 34 des **Einigungsvertrags** von 1990, der den Schutz der natürlichen Lebensgrundlagen als **Staatsziel** für das neue Deutschland statuierte. Das seit dem 15. November 1994 geltende **Umweltpflegeprinzip** (Art. 20a GG [Nr. 1.1.]) hat die ökologische Fortentwicklung in unserem Grundgesetz verfassungsrechtlich verankert.

**B.** Besonders förderlich für ökologische Fortentwicklung wie Vereinheitlichung des Umweltrechts und für die interne und externe Integration der Umweltbelange sind die Umweltprüfungen UVP und SUP. Die **Umweltverträglichkeitsprüfung (UVP)** ist seit 1990 für bestimmte öffentliche und private Vorhaben und die **Strategische Umweltprüfung (SUP)** seit 2005 für bestimmte Pläne und Programme in Umsetzung entsprechender EU-Richtlinien gesetzlich [Nr. 2.5.] vorgeschrieben. Die europarechtlichen Vorschriften über eine integrierte Vermeidung und Verminderung der Umweltverschmutzung durch Industrieemissionen, die 2001 („IVU-Richtlinie") und zuletzt 2013 („**IE-Richtlinie**") in das deutsche Recht umgesetzt wurden, fordern eine interne Integration aller Umweltbelange bei der Zulassung von Industrieanlagen und Deponien, um ein hohes Schutzniveau der Umwelt insgesamt zu erreichen. Das ebenfalls durch das europäische Recht initiierte **Umweltschadensgesetz** [Nr. 2.9.] von 2007 regelt umweltmedienübergreifend die öffentlich-rechtliche Verantwortlichkeit für Schäden an Tier- und Pflanzenarten, Biotopen, Gewässern und Boden.

Die Tendenz einer ökologischen Fortentwicklung findet sich bereits in dem **Bundes-Bodenschutzgesetz** [Nr. 3.4.] von 1998, das dem Umweltmedium Boden neben Wasser und Luft einen gleichwertigen Rechtsgüterschutz angedeihen lassen und die Altlasten-Problematik lösen will. Sie wurde deutlich in dem **Chemikaliengesetz** [Nr. 9.1.] von 1980 mit seinen stoffbezogenen, umweltmedienübergreifenden Regelungen. Dem ressourcenschonenden Aspekt der ökologischen Fortentwicklung in besonderem Maße verpflichtet ist das **Kreislaufwirtschaftsgesetz** [Nr. 5.1.] von 2012 und die vorangegangenen Novellierungen des Abfallgesetzes seit 1986 mit der Betonung von Produktverantwortung und Kreislaufwirtschaft. Dem Schutz natürlicher Ressourcen und des Klimas dienen auch die Regelungen zur sparsamen Energieverwendung und zur Förderung erneuerbarer Energien mit den beiden Leitgesetzen zur Einsparung von Energie in Gebäuden von 1976 in der Fassung als **Gebäudeenergiegesetz** von 2020 [Nr. 8.1.] und zur Förderung Erneuerbarer Energien durch das Stromeinspeisungsgesetz von 1990 in der Fassung als **Erneuerbare-Energien-Gesetz (EEG 2021)** [Nr. 8.2.] sowie die Umsetzung des **Bundes-Klimaschutzgesetzes** [Nr. 6.6.].

**C.** Nicht nur das Umweltverfassungsrecht [Nr. 1.] sowie das Allgemeine [Nr. 2.] und das Besondere Umweltverwaltungsrecht [Nr. 3. bis Nr. 9.] als Teile des öffentlichen Rechts, sondern auch das **Umweltprivatrecht** [Nr. 10.] und das **Umweltstrafrecht** [Nr. 11.], die das Umweltverwaltungsrecht flankierend begleiten, werden ökologisch fortentwickelt. Zu nennen ist hier das **Umwelthaftungsgesetz** [Nr. 10.2.] von 1990, das eine medienübergreifende Umweltgefährdungshaftung einführte. Erwähnenswert ist auch das – 1994 neu gefasste – Gesetz zur Bekämpfung der Umweltkriminalität von 1980, das die wesentlichen Umweltstraftatbestände aus den Einzelgesetzen gelöst, harmonisiert und unter dem eigenen Abschnitt „Straftaten gegen die Umwelt" in das **Strafgesetzbuch** [Nr. 11.1.] eingebracht hat. Dieser 29. Abschnitt des Strafgesetzbuchs wurde 2011 an die **EU-Umweltstrafrechtsrichtlinie** angepasst.

# Einführung

## IX.

Zeigt die Tendenz der ökologischen Fortentwicklung des Umweltrechts dessen weiteren materiellen Ausbau an, so findet sie ihre formale Entsprechung in der **Tendenz der Vereinheitlichung des Umweltrechts.** Sie will auf allen Ebenen – Land, Bund und Europäische Union – die gesetzliche Zersplitterung des Umweltrechts im Wege einer **inneren Harmonisierung** von Zielen und Grundsätzen, Maßnahmen, Organisation und Verfahren sowie Sanktionen und Rechtsschutz überwinden. Denn bei unserem Rundgang wird Ihnen vermutlich schon aufgefallen sein, dass das über die Jahrzehnte gewachsene und auf zahlreiche Einzelgesetze verteilte Umweltrecht eines übersichtlichen Bauplans entbehrt und einem Regelungsrahmen gleicht, der eher grob, uneinheitlich und schief gezimmert als ordentlich gefertigt wirkt. Erhält doch das Umweltrecht seine Kohärenz mangels eines umfassenden allgemeinen Umweltgesetzes vornehmlich durch exekutive Umweltprogramme und als Gegenstand rechtswissenschaftlicher Bearbeitung.

Über eine innere Harmonisierung hinaus, die punktuell bei Gelegenheit des Erlasses oder der Änderung einzelner Rechtsakte vorangebracht werden kann, führt die Tendenz der Vereinheitlichung zu einer **äußeren Harmonisierung** der Kernbestände des Umweltrechts durch die Zusammenfassung der umweltrelevanten Bundesgesetze in einem **Umweltgesetzbuch (UGB)** mit einem dem Umweltrecht bislang noch fehlenden Allgemeinen Umweltgesetz als Allgemeinem Teil und besonderen Fachteilen. Die wissenschaftlichen Vorarbeiten sind auf Initiative des Umweltbundesamtes hin geleistet worden. Eine Unabhängige Sachverständigenkommission bei dem Bundesumweltministerium hat im September 1997 den Entwurf eines Umweltgesetzbuchs (UGB-KomE) vorgelegt. Die Schaffung eines Bundes-Umweltgesetzbuchs ist in Koalitionsvereinbarungen der Jahre 1994, 1998, 2002 und 2005 von den die Bundesregierung jeweils bildenden Parteien beschlossen worden.

Die „Föderalismusreform" von 2006 hat durch die Überführung der Regelungsmaterien Naturschutz und Landschaftspflege und Wasserhaushalt in die konkurrierende Gesetzgebungszuständigkeit des Bundes die verfassungsrechtliche Möglichkeit zum Erlass eines umweltmedienübergreifenden Umweltgesetzbuchs klargestellt, die allerdings auch ohne diese Verfassungsänderung grundsätzlich gegeben war. Um die beabsichtigte **Neuordnung des Umweltrechts** zu erleichtern, wurde die Abweichungsregelung zugunsten der Länder für diese Materien bis zum 31. Dezember 2009 ausgesetzt (Moratorium nach Art. 125b Abs. 1 GG n. F. [Nr. 1.1.]). Das Projekt eines Umweltgesetzbuchs (**„UGB 2009"**) ist in der 16. Legislaturperiode des Deutschen Bundestages jedoch gescheitert und seitdem nicht wieder aufgegriffen worden. Es bleibt zu hoffen, dass ein künftiger Bundesgesetzgeber die Vorteile einer Vereinheitlichung des Umweltrechts in einem Umweltgesetzbuch erkennt.

## X.

Seit seinen Anfängen ist das Umweltrecht durch die **Dominanz des Verwaltungsrechts** ausgezeichnet. Dieses lenkt neben den das menschliche Verhalten beeinflussenden leistenden und planenden Maßnahmen vor allem als **Umweltordnungsrecht** mit den eingreifenden Maßnahmen der repressiven wie präventiven Verbote und der Auferlegung von Geboten *unmittelbar* umweltpflegliches Verhalten, nicht zuletzt auch deshalb, um den verfassungsrechtlichen

# Einführung

Schutzpflichten für die natürlichen Lebensgrundlagen sowie für Leben, körperliche Unversehrtheit und Eigentum ein Genüge zu tun. Auch in Zukunft wird der Schwerpunkt des Umweltrechts im Staats- und Verwaltungsrecht liegen, das – am Gemeinwohl orientiert – die Linie deutlich markiert, an der sich das Schutzprofil der Umwelt und das dem Einzelnen zuzumutende Restrisiko bewegen. Diese Entscheidungen können grundsätzlich nicht allein dem Strafrecht, aber auch nicht dem Privatrecht überlassen bleiben. Wieder vermehrt in das Blickfeld geraten sind jedoch diejenigen Umweltmaßnahmen, die im Wege einer „indirekten Strategie" unter Nutzung des wirtschaftlichen Eigeninteresses und der innovativen Kräfte des Marktes in Ergänzung der unmittelbar wirkenden Verbote und Gebote durch ökonomische oder andere Anreize und Anstöße [*nudging*] und durch gesellschaftliche Selbstregulierung eine *mittelbare* umweltpflegliche Verhaltenslenkung zu erreichen suchen. Man kann hier von einer **Tendenz der Aktivierung „indirekter Strategien"** sprechen. Sie vermögen die technische Entwicklung zugunsten der Umweltpflege voranzubringen, das Verursacherprinzip zu verwirklichen und Vollzugsschwächen des verwaltungsrechtlichen Instrumentariums der unmittelbaren Verhaltenslenkung auszugleichen. In der Regel bedürfen auch die Maßnahmen der indirekten Verhaltenslenkung einer rechtlichen Normierung (**„Regulierte Selbstregulierung"**).

**A.** Einige **ökonomische Instrumente** wie die **Umweltabgabe** in Gestalt der Abwasserabgabe von 1976 [Nr. 4.2.] oder von **Umweltsubventionen** zur Weiterentwicklung des Standes der Technik oder zur Förderung erneuerbarer Energien (§ 13 EEWärmeG [Nr. 8.7.]) und **Umweltsteuervergünstigungen** zur Förderung verbrauchs- und emissionsarmer Kraftfahrzeuge sind bereits erprobt und verdienen es, im Rahmen einer ökologischen Finanzreform fortentwickelt zu werden. Das **Stromsteuergesetz** von 1999 [Nr. 8.4.] markiert einen Wendepunkt in diese Richtung: Es verteuert den Umweltverbrauch und entlastet die Arbeitskosten. Den Subventionen kommen in ihrer umweltpfleglichen Wirkung gesetzlich festgelegte **Preise für umweltvorteilhaftere Produkte und Dienstleistungen** gleich: Wer elektrischen Strom aus Wasser-, Wind- und Sonnenkraft oder aus bestimmten anderen nichtfossilen Quellen erzeugt, dem gewährt das **Erneuerbare-Energien-Gesetz** [Nr. 8.2.] grundsätzlich einen privatrechtlichen Anspruch auf Abnahme und auf Zahlung seines Stroms durch den nächstgelegenen Betreiber eines allgemeinen Elektrizitätsversorgungsnetzes; bei größeren Wind-, Solar- und Biogasanlagen wird ab 2017 die Zahlungshöhe durch Ausschreibung ermittelt. Erwähnenswert sind darüber hinaus noch **Emissionszertifikate**, die unter Aufteilung einer Gesamtemissionsmenge einzelnen Verursachern zeitstufenweise abgewertete handelbare „Umweltbenutzungsberechtigungen" zuteilen (TEHG [Nr. 6.4.], BEHG [Nr. 6.7.]), **Kompensationen** im Vorsorgebereich durch Verrechnungsmöglichkeiten von Emissionen zur Sanierung von Altanlagen (§ 7 Abs. 3 BImSchG [Nr. 6.1.]), **Selbstverpflichtungen** der Wirtschaft oder **vertragliche Vereinbarungen** (§ 3 Abs. 3 BNatSchG [Nr. 3.1.]) zur Minderung umweltbelastender Aktivitäten, Einräumung von **Benutzungsvorteilen** für umweltschonende Produkte und Verhaltensweisen (vgl. § 7 Abs. 1 Nr. 2 32. BImSchV [Nr. 6.1.32.], das Elektromobilitätsgesetz [Nr. 8.8.] oder das Carsharinggesetz [Nr. 8.9.]), aber auch öffentliche **Aufklärung** (§ 2 Abs. 2 Nr. 2 UBAG [Nr. 2.0.]) und **Beratung** (§ 2 Abs. 2 9. BImSchV [Nr. 6.1.9.]) in Umweltfragen.

**B.** Andere „indirekte Strategien" der Selbstregulierung können darüber hinaus den Staatsanteil an der Überwachung umweltbelastender Aktivitäten mindern, indem sie die betriebliche **Eigenüberwachung** kräftigen, etwa durch die

## Einführung

Bestellung von **Umweltbeauftragten** im Betrieb, denen öffentlich-rechtliche Befugnisse jedoch nicht zukommen (vgl. §§ 53 ff. BImSchG [Nr. 6.1.]). Nennenswert sind auch die Bemühungen, die Eigenüberwachung überbetrieblich zu organisieren. Hier verbessert auch die freiwillige Beteiligung an dem euro-paweiten Umweltbetriebsprüfungs- und Umweltmanagementsystem der **EU-Umweltauditverordnung (EMAS)** [Nr. 2.7.] die Einhaltung der Umweltvorschriften durch die Unternehmen. Die **EMAS-Privilegierungs-Verordnung** [Nr. 2.8.1] führt zu Überwachungserleichterungen für auditierte Organisationen. Zu den Mitteln einer Strategie des indirekten Vorgehens rechnen auch die **Sanktionen** des Öffentlichen Rechts, des Privatrechts und des Strafrechts mit der **Haftung** für durch Umwelteinwirkungen verursachte Schäden und mit der Möglichkeit der **Bestrafung,** wenn umweltrechtliche Pflichten verletzt werden. Denn drohende Sanktionen vermögen durch ihre präventive Wirkung zu einem umweltrechtstreuen Verhalten anzuspornen.

### XI.

Der umweltrechtliche Ordnungsrahmen ist nicht lediglich selbstgezimmert durch die Rechts- und Verwaltungsvorschriften des Bundes und der Länder. Angesichts der grenzüberschreitenden Struktur der meisten Umweltprobleme kommt Lösungen auf der regionalen Ebene der Europäischen Union und auf der globalen Ebene der internationalen Staatengemeinschaft eine steigende Bedeutung zu, so dass man von einer **Tendenz der Förderung oder Übernahme supra- und internationaler Entwicklungen** sprechen kann.

**A.** Die Einbettung der deutschen in die Umweltpolitik der **Europäischen Union** hat dem innerstaatlichen Umweltrecht eine europäische Dimension eröffnet, die in einer ansteigenden europäischen Rechtsetzungstätigkeit auf dem Gebiet der Umweltpflege ihren Niederschlag und seit 1986 auch ausdrücklich im Vertrag zur Gründung der Europäischen Gemeinschaft (siehe jetzt insbesondere Art. 191–193 AEUV [Nr. 1.2.]) ihre Grundlage findet. **Ein Europäisches Umweltunionsrecht hat sich entwickelt, das innerstaatliches Umweltrecht zur Anpassung zwingt oder verdrängt; das deutsche Umweltrecht beruht inzwischen zu einem ganz überwiegenden Teil auf dessen Vorgaben.** Der legislative Bewegungsraum von Bund und Ländern im Bereich der Umweltpflege ist durch die Rechtsetzungstätigkeit der Europäischen Union erheblich eingeengt worden, die insbesondere mit in das innerstaatliche Recht umsetzungsbedürftigen **EU-Richtlinien,** aber auch in zunehmender Weise durch unmittelbar wie ein Gesetz wirkende **EU-Verordnungen** [vgl. Nr. 2.7.] das Umweltrecht europaweit vereinheitlicht. Bei einer Verlagerung der Rechtserzeugung auf die europäische Ebene besteht die Gefahr, dass sich die Anforderungen an die Umweltpflege auf einem einheitsstiftenden Minimalniveau einpendeln. Das Vertragsrecht stellt jedoch Handhaben bereit, um ein **hohes Schutzniveau** zu sichern. Die am 1. Dezember 2009 in Kraft getretene und mit dem Vertrag über die Europäische Union und dem Vertrag über die Arbeitsweise der Europäischen Union gleichrangige **Charta der Grundrechte der Europäischen Union** schreibt als Grundsatz vor, dass ein **hohes Umweltschutzniveau** und die **Verbesserung der Umweltqualität** in die Politik der Union einbezogen und nach dem Grundsatz der **nachhaltigen Entwicklung** sichergestellt werden müssen (Art. 37 EuGRCh [Nr. 1.3.]; vgl. auch Art. 11 AEUV [Nr. 1.2.]) Auch gilt das **Subsidiaritätsprinzip,** wonach die Europäische Union im Bereich der Umwelt nur insoweit tätig wird, als die

# Einführung

Umweltziele besser auf Unionsebene erreicht werden können als auf der Ebene der einzelnen Mitgliedstaaten. Die Pflicht zur **Notifizierung** von bestimmten beabsichtigten Umweltvorschriften durch die Mitgliedstaaten gibt die Möglichkeit, Einfluss auf eine europaweite Regelung zu nehmen. Hinsichtlich der Setzung und der Ausführung von Umweltrecht wie auch dessen gerichtlicher Kontrolle sind die **Europäische Union als Staaten-, Verwaltungs- und Gerichtsverbund** und ihr Mitgliedstaat Bundesrepublik Deutschland inzwischen eng miteinander verflochten. Der Bund und die Bundesländer haben je nach der innerstaatlichen grundgesetzlichen Zuständigkeitsverteilung europäische wie auch internationale umweltrechtliche Verpflichtungen umzusetzen oder auszuführen und die Lasten einer Pflichtverletzung (Art. 104a Abs. 6 GG [Nr. 1.1.]) zu tragen.

**B.** Aber auch die Entwicklung des übrigen regionalen und globalen **Umweltvölkerrechts** verdient einerseits Förderung, um globale Umweltprobleme wie Klima- und Artenschutz global zu lösen, aber auch um Wettbewerbsverzerrungen durch eine Harmonisierung der Umweltnormen zu mindern. Andererseits bedingt sie Offenheit für die Übernahme rechtlicher Problemlösungen in das deutsche Umweltrecht. Dem Umweltprogramm der Vereinten Nationen (UNEP) kommt das Verdienst zu, durch die seit 1981 dekadenweise von Regierungsexperten des Umweltrechts im Konsens erarbeiteten **Umweltrechtsprogramme der Vereinten Nationen ("Montevideo Programme I-V")** Grundlage und Anstoß zu Verhaltensrichtlinien der Staaten (soft law), zur Ausbildung von umweltpfleglichem Völkergewohnheitsrecht und zu völkerrechtlich verbindlichen Übereinkommen für die Hauptproblemfelder wie Klima, Biologische Vielfalt und Regenwälder gegeben und das Umweltrecht weltweit, aber auch in den einzelnen Staaten und Regionen als Rechtsgebiet anerkannt und vorangebracht zu haben. Darüber hinaus ist die Entwicklung eines **Weltraum-Umweltrechts** zu nennen, das den Schutz der terrestrischen und extraterrestrischen Umwelt vor nachteiligen menschlichen Eingriffen im und aus dem Weltraum regelt. Die Umweltkonferenzen der Vereinten Nationen 1992 und 2012 in Rio de Janeiro und 2002 in Johannesburg haben unter dem Leitbild der Nachhaltigen Entwicklung den Prozess einer **globalen "Umwelt-Governance"** gefördert und den Blick auf die Bedeutung des Umweltvölkerrechts gelenkt, das die Fortentwicklung nationalen Umweltrechts erforderlich macht. "Rio+20" stärkte auch die Rolle von UNEP als der zentralen Organisation der Vereinten Nationen für Umweltschutz.

## XII.

Nachdem wir uns mit Entstehung und Entwicklungstendenzen des Umweltrechts befasst haben, wollen wir uns nun noch den einzelnen **Regelungsbereichen des Umweltrechts** zuwenden, wie sie sich in Übereinstimmung mit der supra- und internationalen Entwicklung und unter Berücksichtigung der geschilderten Tendenzen herausgebildet haben. Solange noch ein Umweltgesetzbuch aussteht, lässt sich der Regelungsbereich des Umweltrechts in Deutschland nur anhand der Einzelgesetze ausmachen. Behält man die einzelgesetzliche Entwicklungsgeschichte des Umweltrechts im Auge und zieht diejenigen Normwerke, deren ökologische Tönung vorherrscht und die den Kernbestand des Umweltrechts ausmachen, als Leitgesetze heran, so lassen sich die einschlägigen Rechtsnormen zu bestimmten **Umweltpflegebereichen** der Allgemeinen Umweltpflege und der Besonderen Umweltpflege zusammenfas-

# Einführung

sen. Berücksichtigt man ihre Rechtsnatur im Übrigen, kommt eine Einteilung nach **Umweltrechtszweigen** in Frage.

**A.** Zu dem **Umweltpflegebereich** der *Allgemeinen Umweltpflege* gehören die „vor die Klammer" gezogenen umweltmedien- und sektorübergreifenden Regelungen. Nach geltendem Recht sind dies insbesondere die Vorschriften für Umweltprüfungen und Umweltplanung, für Umweltbeobachtung, Umweltinformation und Umweltbildung, für Umweltförderung, für Umweltorganisation und Umweltverfahren sowie für Umweltsanktionen und Umweltrechtsschutz [Nr. 2. und Nr. 10. bis 12.].

**B.** Die **Umweltpflegebereiche** der *Besonderen Umweltpflege* sind zunächst vornehmlich nach den Schutzgütern Boden [Nr. 3.], Wasser [Nr. 4. bis 5.] und Luft [Nr. 6. bis 8.] sowie Schutz vor gefährlichen Stoffen [Nr. 9.] geordnet worden. Angesichts einer fortschreitenden ökologischen Tönung und inneren Harmonisierung der wesentlichen Gesetze zum Schutz der Umwelt lassen sich nunmehr die besonderen Regelungsbereiche nach dem jeweils vorherrschenden anlagen-, stoff- oder grundflächenbezogenen Maßnahmenansatz (vgl. dazu auch Art. 72 Abs. 3 Nr. 5 GG [Nr. 1.1.]) einteilen. Unter diesem Gesichtspunkt sind zu nennen die im Schwerpunkt

– *anlagenbezogenen* Bereiche Immissionsschutz (Luftreinhaltung und Lärmbekämpfung), Klimaschutz [Nr. 6.], Schutz vor ionisierenden Strahlen und nukleare Sicherheit [Nr. 7.] und Energieeinsparung und Erneuerbare Energien [Nr. 8.],
– stoffbezogenen Bereiche Schutz vor gefährlichen Stoffen und vor nachteiligen Umweltfolgen der Gentechnik und sonstigen Biotechnik [Nr. 9.] sowie Kreislauf- und Abfallwirtschaft [Nr. 5.] und
– grundflächenbezogenen Bereiche Naturschutz und Landschaftspflege, Tierschutz, Bodenschutz [Nr. 3.] und Gewässerschutz [Nr. 4.].

**C.** Beim ersten Blick in das Inhaltsverzeichnis dieser Textausgabe werden Sie bereits bemerkt haben, dass die hier wiedergegebenen Rechtsvorschriften der allgemeinen und der besonderen Umweltpflege entsprechend ihrer jeweils überwiegenden Rechtsnatur den **Umweltrechtszweigen** Umweltverfassungsrecht [Nr. 1.], Allgemeines Umweltverwaltungsrecht [Nr. 2.] und Besonderes Umweltverwaltungsrecht [Nr. 3. bis 9.] sowie Umweltprivatrecht [Nr. 10.], Umweltstrafrecht [Nr. 11.] und Umweltprozessrecht [Nr. 12.] zugeordnet sind.

## XIII.

**A.** Anders als bei den besonderen Umweltpflegebereichen besteht für die **umweltverwaltungsrechtlichen Regelungen** der *Allgemeinen Umweltpflege* [Nr. 2.] wegen des Mangels eines Allgemeinen Umweltgesetzes kein Leitgesetz. Das **Gesetz über die Umweltverträglichkeitsprüfung (UVP)** [Nr. 2.5.] von 1990, modernisiert 2017, nimmt aber hier durch seine die Umweltbelange intern wie extern integrierende Funktion eine zentrale Stelle ein. Die Umweltverträglichkeitsprüfung ist als Instrument der Umweltvorsorge durch dieses Gesetz erstmals rechtlich verbindlich geregelt und bestehenden öffentlich-rechtlichen Verfahren zur Zulassung oder wesentlichen Änderung bestimmter umweltbedeutsamer Vorhaben eingefügt worden. Dazu zählen Großvorhaben wie Gewässerausbauten, Fernstraßen und Flugplätze, Walzwerke, chemische Anlagen oder Massentierhaltungen. Um ihren Zweck erfüllen zu können, ist die UVP angewiesen auf frühzeitige Information und Partizipation der Öffentlichkeit im Rahmen eines transparenten Verfahrens und angelegt auf

# Einführung

eine Zusammenarbeit zwischen der Umweltbehörde und demjenigen, der das Vorhaben durchführen will. Da dieser die erforderlichen Daten über die möglichen Umweltfolgen seines Projekts vorleisten muss, kann er dadurch auch selbst zu einer Verfahrensbeschleunigung beitragen. Durch die systematische und formalisierte Ermittlung, Beschreibung und Bewertung der Umweltfolgen des beabsichtigten Vorhabens, durch die erforderliche Beteiligung von Behörden und Öffentlichkeit und durch die Berücksichtigung der Ergebnisse der UVP bei der Entscheidung über die Zulassung des Vorhabens kommt den Umweltbelangen bei der Abwägung mit anderen Belangen ein stärkeres Gewicht zu. Dies gilt auch für bestimmte Pläne und Programme, deren Umweltauswirkungen einer **Strategischen Umweltprüfung (SUP)** unterliegen (vgl. §§ 33–46 UVPG [Nr. 2.5.]). Dazu zählen Bundesverkehrswegeplanungen, Flughafenausbaupläne, Regionalpläne oder Bauleitpläne und bestimmte Umweltpläne, die UVP-pflichtigen Vorhaben den Rahmen setzen, wie Luftreinhalte-, Lärmaktions- oder Abfallwirtschaftspläne.

**B.** Auf eine umweltangemessene Ausrichtung von Raumordnung, Landesplanung und Bauleitplanung wirken auch die gesetzlichen **Umweltberücksichtigungsklauseln** hin. Ein Beispiel dafür bietet § 50 des Bundes-Immissionsschutzgesetzes [Nr. 6.1.]. Die **raumbedeutsamen planenden Maßnahmen** sind in besonderer Weise geeignet, eine nachhaltige, dauerhaft umweltgerechte Entwicklung zu fördern und zu sichern.

**C.** Sachgerechte Entscheidungen im Umweltrecht setzen einen erhöhten Bedarf an **Umweltinformationen** voraus, was wiederum die Entwicklung von Umweltindikatoren erfordert. Dieser „Datenhunger" intensiviert Informationsbeschaffung und Informationsverarbeitung. Die „Daten zur Umwelt" werden durch **Umweltbeobachtung** (vgl. § 6 BNatSchG [Nr. 3.1.]) und auf der Grundlage des **Umweltstatistikgesetzes** [Nr. 2.3.] erhoben. Angaben über die von rund 5.000 großen Industrieanlagen und aus diffusen Quellen freigesetzten Schadstoffe und deren Verbringungen in Abfälle und in das Abwasser sammelt das für die Öffentlichkeit frei und unentgeltlich zugängliche (www.thru.de), bei dem Umweltbundesamt 2007 errichtete **Schadstofffreisetzungs- und –verbringungsregister** (**P**ollutant **R**elease and **T**ransfer **R**egister – **PRTR**). Es beruht ebenso auf EU-Vorgaben wie das **Umweltinformationsgesetz** [Nr. 2.6.], das Ihnen einen Rechtsanspruch auf Zugang zu behördlichen Umweltdaten gewährt. Ein entsprechender Zugang besteht nach dem hier nicht abgedruckten **Geodatenzugangsgesetz** von 2009 auch zu Geodaten, die in digitalisierter Form bei Behörden des Bundes vorliegen. Die **Beteiligung der Öffentlichkeit**, die Ihnen und anerkannten Umweltverbänden in Verwaltungsverfahren die Möglichkeit gibt, Einwendungen gegen ein geplantes Vorhaben zu erheben, verstärkt die Informationsbeschaffung. Umweltdaten enthält auch die Umwelterklärung, die den am Umweltaudit teilnehmenden Organisationen durch die **EU-Umweltauditverordnung (EMAS)** [Nr. 2.7. und 2.8.] zu veröffentlichen auferlegt wird.

**D.** Die Regelungen von **Organisation** und **Verfahren** der Umweltbehörden bilden einen weiteren Teilbereich des Allgemeinen Umweltverwaltungsrechts. Zu nennen sind die **Organisationsgesetze** für das **Umweltbundesamt** [Nr. 2.0.] und für die **Deutsche Bundesstiftung Umwelt** [Nr. 2.1.] sowie Bestimmungen für das **Umweltverwaltungsverfahren,** wie sie beispielsweise das zahlreiche **Umweltvorschriften** ändernde **Öffentlichkeitsbeteiligungsgesetz** von 2006 vor allem in Bezug auf die europarechtlich vorgeschriebenen Beteiligungsmöglichkeiten von Verbänden getroffen hat.

# Einführung

**E.** Das in Umsetzung der **EU-Richtlinie über Umwelthaftung zur Vermeidung und Sanierung von Umweltschäden** am 14. November 2007 in Kraft getretene **Umweltschadensgesetz** [Nr. 2.9.] führt eine besondere **öffentlich-rechtliche Umwelthaftung** ein. Sie ergänzt mit ihrer präventiven Wirkung als „indirekte Umweltstrategie" des Öffentlichen Rechts die **Sanktionen** des Privatrechts [Nr. 10.] und des Strafrechts [Nr. 11.]. Die finanzielle Inanspruchnahme soll den potenziellen Verursacher eines Umweltschadens veranlassen, die notwendigen Maßnahmen zu treffen, damit das Risiko eines Schadeneintritts auf ein Minimum gesenkt werden kann. Unter **Umweltschaden** versteht das Gesetz eine unmittelbar oder mittelbar eintretende und feststellbare nachteilige Veränderung von Tier- und Pflanzenarten und ihrer natürlichen Lebensräume (§ 19 BNatSchG [Nr. 3.1.]), von Gewässern (§ 90 WHG [Nr. 4.1.]) und des Bodens (§ 2 Abs. 2 BBodSchG [Nr. 3.4.]) oder die Beeinträchtigung der Funktionen dieser natürlichen Ressourcen. Dem Verantwortlichen, der durch gesetzlich bestimmte Tätigkeiten wie Betreiben einer nach § 4 BImSchG [Nr. 6.1.] genehmigungsbedürftigen Anlage einen Umweltschaden oder die Gefahr eines solchen Schadens verursacht hat, obliegen Informations-, Gefahrenabwehr- und Sanierungspflichten. Außerdem trägt der Verursacher grundsätzlich die Kosten der Maßnahmen zur Vermeidung, Begrenzung und Sanierung des Umweltschadens.

**F.** Neben dem Allgemeinen Umweltverwaltungsrecht ist zum Regelungsbereich einer Allgemeinen Umweltpflege auch das **Umweltprivatrecht** [Nr. 10.] zu rechnen. Die nachbarrechtlichen und anderen zivilrechtlichen Abwehr- und Schadenersatzansprüche des **Bürgerlichen Gesetzbuchs** [Nr. 10.1.] haben zwar vornehmlich den Schutz der privatnützigen Interessen des Einzelnen auf dessen Initiative hin zu wahren, können aber dadurch mittelbar zur Umweltpflege beitragen. Mit dem **Umwelthaftungsgesetz** [Nr. 10.2.] wird das Privatrecht zugunsten der Umweltvorsorge eingesetzt. Wird eine Beeinträchtigung von Leben oder Gesundheit des Menschen sowie von Sachen durch Emissionen verursacht, die sich in Boden, Wasser und Luft ausgebreitet haben, so haftet der Inhaber einer Anlage ohne Verschulden **(Umweltgefährdungshaftung)** und ohne Rücksicht darauf, ob es sich um einen Störfall handelt oder um den Normalbetrieb der Anlage. Für höhere Gewalt ist die Haftung jedoch ausgeschlossen. Beweiserleichterungen und Auskunftsansprüche gegen den möglichen Schädiger und gegen Behörden erleichtern dem Geschädigten den Zugang zum Schädiger. Der Anspruch auf Wiederherstellung des vorherigen Zustands erstreckt sich auch auf Schäden an Natur und Landschaft. Für besonders umweltgefährliche Anlagen besteht die Pflicht zur Deckungsvorsorge, die insbesondere durch den Abschluss einer Haftpflichtversicherung erfüllt werden kann.

**G.** Des Weiteren zählt das **Umweltstrafrecht** [Nr. 11.] zu diesem Bereich. Das **Strafgesetzbuch** [Nr. 11.1.] regelt die Strafbarkeit von Gewässer-, Boden- und Luftverunreinigung, Lärmverursachung, unerlaubtem Betreiben von Anlagen und unerlaubtem Umgang mit Abfällen und mit gefährlichen Stoffen und Gütern, Gefährdung von Schutzgebieten, Giftfreisetzung und besonders schweren Fällen von Umweltdelikten. Es ist neben den Bußgeldtatbeständen im **Ordnungswidrigkeitengesetz** [Nr. 11.2.] und in den Ordnungswidrigkeitenkatalogen der Umweltverwaltungsgesetze als letztes Mittel **("ultima ratio")** anzusehen, um die Einhaltung umweltpflegerischer Rechtsvorschriften zu bewirken. Der eigene Abschnitt „Straftaten gegen die Umwelt" im Strafgesetzbuch macht deutlich, dass Umweltdelikte keine Kavaliersdelikte sind.

# Einführung

**H.** Dem Regelungsbereich der Allgemeinen Umweltpflege sind auch die aus Umweltgründen erlassenen Bestimmungen des **Umweltprozessrechts** zuzuordnen. Das **Umwelt-Rechtsbehelfsgesetz** von 2006 [Nr. 12.1.] eröffnet anerkannten in- und ausländischen Vereinigungen die Möglichkeit, vor den Verwaltungsgerichten **Verbandsklage** gegen gesetzlich bestimmte behördliche Entscheidungen oder deren Unterlassung zu erheben. Die Anerkennung der Vereinigungen wird von dem Umweltbundesamt auf Antrag ausgesprochen, 12. Diese Klagemöglichkeit tritt neben die Verbandsklage im Bereich von Naturschutz und Landschaftspflege (§ 64 BNatSchG [Nr. 3.1.]).

## XIV.

Zu den im Schwerpunkt *anlagenbezogenen* Regelungsbereichen der **Besonderen Umweltpflege** gehören **Immissionsschutz (Luftreinhaltung und Lärmbekämpfung)** und **Klimaschutz** [Nr. 6.], Schutz vor ionisierenden Strahlen und nukleare Sicherheit [Nr. 7.] sowie Energieeinsparung und Erneuerbare Energien [Nr. 8.], weil sich hier die umweltpfleglichen Maßnahmen in der Regel auf das Errichten, Herstellen, Aufstellen oder den Einbau von **Anlagen** im Sinne von Betriebsstätten, Geräten oder Fahrzeugen sowie auf deren Beschaffenheit, Betrieb, Unterhaltung, Stilllegung und Beseitigung beziehen.

**A.** Leitgesetz für den Schutz von Mensch und Umwelt vor schädlichen Umwelteinwirkungen **(Immissionsschutz)**, worunter vor allem Luftverunreinigungen, Geräusche und nichtionisierende Strahlen zu verstehen sind, ist das **Bundes-Immissionsschutzgesetz** [Nr. 6.1.]. Dieses Gesetz dient auch dem **integrierten Vermeiden und Mindern schädlicher Umwelteinwirkungen** durch Emissionen in Luft, Wasser und Boden unter Einbeziehung der Abfallwirtschaft, um ein **hohes Schutzniveau für die Umwelt insgesamt** zu erreichen, wobei ein mögliches Verlagern nachteiliger Auswirkungen von einem Umweltteil auf einen anderen oder deren **Wechselwirkungen** zu berücksichtigen sind; durch die Umsetzung der „**IE-Richtlinie**" 2013 sind für Industrieanlagen insbesondere bei der Festlegung von Emissionsgrenzwerten und der Durchführung von regelmäßigen Umweltinspektionen weitergehende Regelungen eingeführt worden. Das Bundes-Immissionsschutzgesetz erweist sich zudem mit seinen zahlreichen Verordnungen [Nr. 6.1.1 ff.] und – hier allerdings nicht abgedruckten – Verwaltungsvorschriften, vor allem den Technischen Anleitungen zur Reinhaltung der Luft (TA Luft) und zum Schutz gegen Lärm (TA Lärm), als zentrales Gesetz für den technischen Umweltschutz und die technische Anlagensicherheit. Es unterwirft Anlagen, die in besonderem Maße geeignet sind, schädliche Umwelteinwirkungen herbeizuführen, wie Kraftwerke, Walzwerke, Mineralölraffinerien oder Massentierhaltungen, einer Genehmigungspflicht. Sind die Genehmigungsvoraussetzungen erfüllt, besteht ein Rechtsanspruch auf die Genehmigung. Das Gesetz stellt darüber hinaus auch Anforderungen an Treib-, Biokraft- und Brennstoffe und besonders schutzwürdige Gebiete und regelt die Aufstellung von Luftreinhalte- und Lärmaktionsplänen.

Das Bundes-Immissionsschutzgesetz wird durch das **Benzinbleigesetz** [Nr. 6.2.] ergänzt, das den Bleigehalt in Ottokraftstoffen für Kraftfahrzeugmotore mindert, und das wegen seines stoffbezogenen Ansatzes auch dem Bereich des Schutzes vor gefährlichen Stoffen zuzurechnen ist [Nr. 9.]. Das 2007 grundlegend novellierte **Gesetz zum Schutz gegen Fluglärm** [Nr. 6.3.] ergänzt

# Einführung

das Bundes-Immissionsschutzgesetz; es sieht unter anderem für bestimmte bauliche Schallschutzmaßnahmen einen Anspruch auf Erstattung der Aufwendungen vor. Das **Schienenlärmschutzgesetz** [Nr. 6.5.] von 2017 verbietet ab Dezember 2020 das Fahren lauter Güterwagen auf dem deutschen Schienennetz. Weitere verwaltungsrechtliche immissionsschützende Bestimmungen enthalten vor allem hier nicht abgedruckte Vorschriften des Straßenverkehrs, des Schienenverkehrs, der Schifffahrt und des Luftverkehrs.

**B.** Dem **Klimaschutz** kommt zum Schutz vor nachteiligen Veränderungen des Klimas (Klimawandel) eine doppelte Aufgabe zu: die *Minderung* [*mitigation*] von menschengemachten Treibhausgasemissionen, die eine Erderwärmung fördern, mit dem Ziel, sie in der Atmosphäre auf einem Niveau zu stabilisieren, auf dem eine gefährliche anthropogene Störung des Klimasystems verhindert wird, wobei der Anstieg der durchschnittlichen Erdtemperatur deutlich unter 2° C über dem vorindustriellen Niveau zu halten ist und Anstrengungen unternommen werden, sie auf 1,5 ° C zu begrenzen, und eine *Anpassung* [*adaptation*] von Mensch und Umwelt an unvermeidbare Folgen nachteiliger Klimaveränderungen. Ihm dient als Leitgesetz das im Verhältnis zum Bundes-Immissionsschutzgesetz speziellere **Treibhausgas-Emissionshandelsgesetz** [Nr. 6.4.]. Das zur Umsetzung des Europäischen Emissionshandelssystem (EU-EHS) 2004 erstmals erlassene und 2011 aufgehobene und neu erlassene Gesetz führt mit Wirkung vom 1. Januar 2005 für bestimmte Industrieanlagen und seit 1. Januar 2012 auch für Luftfahrzeuge das im deutschen Umweltrecht neue Instrument der öffentlich-rechtlichen Zuteilung von privatrechtlich handelbaren Berechtigungen zur Emission von Treibhausgasen, insbesondere von Kohlendioxid, ($CO_2$) ein. Eine dauerhafte Speicherung von Kohlendioxid in unterirdischen Gesteinsschichten will das **Kohlendioxid-Speicherungsgesetz** von 2012 ermöglichen, das zunächst Erforschung, Erprobung und Demonstration entsprechender Technologien regelt.

Über die genannten Gesetze hinaus dienen dem **Klimaschutz** als einer grundsätzlich alle Umweltbereiche berührenden Querschnittsaufgabe auf der Ebene des **Bundes** vor allem Regelungen der Luftreinhaltung, der Energieeinsparung und für erneuerbare Energien, des Schutzes vor gefährlichen Stoffen, des Naturschutzes und der Landschaftspflege sowie der Raumordnung und der Bauleitplanung, die teils um Klimaschutzaspekte ausdrücklich angereichert wurden. Die Umsetzung des *Klimaschutzplans 2050* von 2016 und des *Klimaschutzprogramms 2030* der Bundesregierung (Eckpunkte vom 20. September 2019) erfolgt nicht nur über die einschlägigen Fachgesetze, sondern auch durch den Erlass eines besonderen **Bundes-Klimaschutzgesetzes** [Nr. 6.6.], das die öffentliche Hand verpflichtet, aber keine unmittelbare Rechtswirkung für Private entfaltet. Es schreibt vor allem die völker- und unionsrechtlich verpflichtenden *nationalen Klimaschutzziele* zur Minderung der Treibhausgasemissionen, die *Jahresemissionsmengen* von Treibhausgasen und eine *Verteilung* der nicht dem europäischen Emissionshandelssystem unterliegenden jährlich absinkenden Emissionsmengen (Nicht-EU-EHS) auf 6 Sektoren, eine *Klimaschutzplanung* mit Maßnahmenprogrammen und Berichtspflichten, die Einrichtung eines *Unabhängigen Expertenrates für Klimafragen* und die *Vorbildfunktion der öffentlichen Hand* gesetzlich fest. Für die nicht dem EU-EHS unterliegenden Sektoren, insbesondere Verkehr und Wärme (Gebäude), erfolgt zudem durch das **Brennstoffemissionshandelsgesetz** [Nr. 6.7.] ab 1. Januar 2021 zur sog. $CO_2$-Bepreisung die Einführung eines nationalen Emissionshandelssystems (nEHS) mit Mindest- und Höchstpreisen, das später

# Einführung

in das EU-EHS überführt werden soll. Und durch das – hier nicht abgedruckte – **Gesetz zur Umsetzung des Klimaschutzprogramms 2030 im Steuerrecht** werden bestimmte Ermäßigungen für energetische Maßnahmen bei Wohngebäuden und für die Personenbeförderung eingeführt. **Landes-Klimaschutzgesetze** enthalten die von dem jeweiligen Bundesland bis 2030/2050 zu erreichenden Klimaschutzziele sowie Jedermann- und andere Klimaberücksichtigungspflichten.

**C.** Wegen des besonders hohen Gefahrenpotenzials bilden der **Schutz vor ionisierenden Strahlen** und die **nukleare Sicherheit** [Nr. 7.] einen besonderen Regelungsbereich außerhalb des Immissionsschutzrechts. Vor den Gefahren der friedlichen Verwendung der Kernenergie und der schädlichen Wirkung ionisierender Strahlen schützt das **Atomgesetz** [Nr. 7.1.]. Weiterer Zweck des Atomgesetzes ist es, die Nutzung der Kernenergie zur gewerblichen Erzeugung von Elektrizität geordnet zu beenden und bis zum Zeitpunkt der Beendigung den geordneten Betrieb sicherzustellen. Mit dem hier nicht wiedergegebenen **Strahlenschutzgesetz** von 2017, das das Strahlenschutzvorsorgegesetz von 1986 aufnimmt und ablöst, kann den Auswirkungen von Ereignissen wie dem Kernreaktorunfall in Tschernobyl begegnet werden. Das Änderungsgesetz zur **Asse II** von 2013 regelt die beschleunigte Rückholung radioaktiver Abfälle und die Stilllegung der Schachtanlage. Zwei Gesetze von 2013 dienen der Suche und Auswahl eines Standorts für ein Endlager radioaktiver Abfälle: das in Auszügen abgedruckte **Standortauswahlgesetz** [Nr. 7.3.] und das Gesetz über die Errichtung eines **Bundesamtes für die Sicherheit der nuklearen Entsorgung** [Nr. 7.0.2.]. Durch vier hier nicht wiedergegebene Gesetze (Entsorgungsfondsgesetz, Entsorgungsübergangsgesetz, Transparenzgesetz und Nachhaftungsgesetz) und entsprechende Änderungen des Atomgesetzes wird 2017 die **Verantwortung in der kerntechnischen Entsorgung** neu geordnet.

**D.** Leitgesetze für den Bereich **Energieeinsparung und Erneuerbare Energien** [Nr. 8.] sind das Gebäudeenergiegesetz und das Erneuerbare Energien-Gesetz, die der Umweltschonung und dem Klimaschutz gewidmet sind. Das **Gebäudeenergiegesetz** [Nr. 8.1.] stellt Anforderungen an den Wärme- und Kälteschutz bei Gebäuden und an eine energiesparende Technik bei ihren Heizungs-, Kühl-, Beleuchtungs- und Warmwasseranlagen. Das **Erneuerbare-Energien-Gesetz** [Nr. 8.2.] steht im Mittelpunkt derjenigen Instrumente, die zu einer Bewältigung der sog. **Energiewende** beitragen: nach dem "Ausstieg" aus der Kernenergie und der Kohleverstromung zum "Einstieg" in die Nutzung der unerschöpflich erscheinenden regenerativen Energien für die Erzeugung von elektrischem Strom. Es dient der Förderung erneuerbarer Energien wie vor allem Sonnen-, Wind- und Wasserkraft zur Erzeugung von Strom. Den Ausbau der Off-shore-Nutzung von erneuerbaren Energien regeln zudem zwei hier nicht abgedruckte Gesetze: das **Windenergie-auf-See-Gesetz** und das **Seeanlagengesetz**. Die Leitgesetze werden ergänzt durch entsprechende Bestimmungen des Energierechts, durch das 2012 neu gefasste und hier nicht abgedruckte **Energieverbrauchskennzeichnungsgesetz** und durch das **Stromsteuergesetz** [Nr. 8.4.], das zu einer Verringerung des Verbrauchs von elektrischem Strom anreizen soll. Mit dem ab 1. Januar 2016 neu erlassenen **Kraft-Wärme-Kopplungsgesetz** – hier nicht abgedruckt – wird die Stromerzeugung aus Anlagen, die eingesetzte Energie gleichzeitig in elektrische Energie und in Nutzwärme umwandeln, im Interesse von Energieeinsparung und Klimaschutz gefördert. In Umsetzung einer EU-Richtlinie regelt das **Energie-

## Einführung

**verbrauchsrelevante-Produkte-Gesetz** [Nr. 8.6.] die Anforderungen an die umweltgerechte Gestaltung (Ökodesign) derartiger Erzeugnisse und zur Auskunft über ihre Umweltaspekte. Das **Elektromobilitätsgesetz** [Nr. 8.8.] räumt Elektrofahrzeugen Benutzungsvorteile im Straßenverkehr ein und will auf diese indirekte Weise zur Verringerung von klima- und umweltschädlichen Auswirkungen des motorisierten Individualverkehrs beitragen. Entsprechendes soll das **Carsharinggesetz** [Nr. 8.9.] bewirken.

### XV.

Zur *stoffbezogenen* ***Besonderen Umweltpflege*** sind die Regelungsbereiche des **Schutzes vor gefährlichen Stoffen und vor nachteiligen Umweltfolgen der Gentechnik und sonstigen Biotechnik** [Nr. 9.] und der Kreislauf- und Abfallwirtschaft [Nr. 5.] zu zählen. Die umweltpfleglichen Maßnahmen beziehen sich hier in der Regel auf das Gewinnen oder Herstellen, die Beschaffenheit, das Inverkehrbringen, das Freisetzen, das grenzüberschreitende Verbringen, den Transport, das Verwenden, das Verwerten und das Beseitigen von **Stoffen, Gemischen und Erzeugnissen** und von **gentechnisch veränderten Organismen.**

**A.** Dem Schutz von Mensch und Umwelt vor schädlichen Einwirkungen gefährlicher Stoffe und Gemische im Sinne eines Umwelt-, Gesundheits- und Arbeitsschutzes dienen das **Chemikaliengesetz** [Nr. 9.1.] und insbesondere die auf seiner Grundlage erlassene **Chemikalien-Verbotsverordnung** [Nr. 9.1.2.] und die **Gefahrstoffverordnung** [Nr. 9.1.3.]. Die unmittelbar wie ein Gesetz wirkenden EU-Verordnungen zur Registrierung, Bewertung, Zulassung und Beschränkung chemischer Stoffe (**"REACH-Verordnung"**) von 2006, über die Einstufung, Kennzeichnung und Verpackung von Stoffen und Gemischen (**"CLP-Verordnung"**) von 2008 und über die Regelung von Biozid-Produkten (**"Biozid-Verordnung"**) von 2012 lassen das Chemikaliengesetz in seiner materiellen Bedeutung zurücktreten. Das Chemikaliengesetz wird durch das **Pflanzenschutzgesetz** [Nr. 9.4.] und das **Düngemittelgesetz** [Nr. 9.5.], die ebenfalls vornehmlich der Umsetzung oder Durchführung von EU-Rechtsakten dienen, aber auch durch stoffbezogene Regelungen anderer Umweltpflegebereiche, des Lebensmittel- und Futtermittelgesetzbuchs und weiterer Stoffgesetze ergänzt.

**B.** Zu den stoffbezogenen Umweltpflegebereichen können auch diejenigen Rechtsvorschriften gerechnet werden, die sich wie das **Gentechnikgesetz** [Nr. 9.6.] mit den **nachteiligen Umweltfolgen der Gentechnik und sonstigen Biotechnik** und insbesondere mit dem Freisetzen und Inverkehrbringen gentechnisch veränderter Organismen befassen.

**C.** Die **Kreislauf- und Abfallwirtschaft** [Nr. 5.] wird durch das 2012 zur Umsetzung der **EU-Abfallrahmenrichtlinie** neu gefasste **Kreislaufwirtschaftsgesetz** [Nr. 5.1.] geregelt; es ersetzt das Kreislaufwirtschafts- und Abfallgesetz von 1994. Das Gesetz will zum einen die Kreislaufwirtschaft durch ein Vermeiden und Verwerten von Abfällen fördern, um Ressourcen zu schonen, und bezweckt zum anderen, Mensch und Umwelt bei Abfallerzeugung und Abfallbewirtschaftung zu schützen. Abfälle im Sinne des Gesetzes sind alle Stoffe und Gegenstände, deren sich ihr Besitzer entledigt, entledigen will oder – falls von diesen beweglichen Sachen Umwelt- und Gemeinwohlgefährdungen ausgehen – entledigen muss. Die abfallwirtschaftlichen Maßnahmen stehen von der Vermeidung bis zur Beseitigung nach ihrer Rangfolge in einer fünfstu-

# Einführung

figen **Abfallhierarchie**, wie Sie im § 6 KrWG [Nr. 5.1] nachlesen können. Das Kreislaufwirtschaftsgesetz trifft unter anderem Bestimmungen über die Pflichten von Abfallerzeugern und Abfallbesitzern, über die öffentlich-rechtliche Entsorgung und die Beauftragung Dritter mit dieser Aufgabe, über Produktverantwortung, Abfallwirtschaftsplanung, Abfallanlagenzulassung und Abfallberatung sowie für Sammler, Beförderer, Händler und Makler von Abfällen. Mit der Umsetzung der **„IE-Richtlinie"** sind 2013 für Deponien unter anderem behördliche Überwachungspläne und regelmäßige Umweltinspektionen vorgeschrieben worden. In einigen Fällen werden die Länder ermächtigt, landesrechtliche Vorschriften zu erlassen; von den für das Verwaltungsverfahren getroffenen Regelungen dürfen sie jedoch nicht abweichen.

Mit der Ein-, Aus- und Durchfuhr oder dem Verbringen von Abfällen befasst sich das – hier nicht wiedergegebene – **Abfallverbringungsgesetz** von 2007, das eine Vorgängerregelung aus dem Jahre 1994 abgelöst hat. Das Gesetz dient der Ausführung einer einschlägigen EU-Verordnung und des Basler Übereinkommens über die Kontrolle grenzüberschreitender Verbringung von gefährlichen Abfällen und soll den illegalen „Abfalltourismus" unterbinden. Ergänzt wird das Kreislaufwirtschaftsgesetz auch durch das **Elektrogerätegesetz** von 2005, neu erlassen 2015 [Nr. 5.2.]. Es dient der Konkretisierung der Produktverantwortung für die Herstellung möglichst schadstoff- und abfallarmer Elektro- und Elektronikgeräte und trifft Bestimmungen zum Inverkehrbringen, zur Rücknahme und zur Entsorgung derartiger Geräte. Das Gesetz bietet die Rechtsgrundlage dafür, dass Sie Ihre Altgeräte vom übrigen Hausmüll getrennt zu entsorgen haben, indem Sie diese unentgeltlich an einer Sammelstelle abgeben können oder sie abgeholt werden, und dass die Hersteller sie zurücknehmen müssen. Entsprechende Vorschriften gelten für Batterien und Akkumulatoren nach dem **Batteriegesetz** von 2009 [Nr. 5.3.]. Anforderungen an die Produktverantwortung für Verpackungen legt anstelle der Verpackungsverordnung von 1998 mit Wirkung vom 1. Januar 2019 das **Verpackungsgesetz** [Nr. 5.4] fest. Die Beseitigung besonderer Abfallarten wird auch durch andere Bundesgesetze geregelt, so für radioaktive Abfälle durch das **Atomgesetz** [Nr. 7.1.] oder für Tierkörper durch das – hier nicht abgedruckte – **Tierische Nebenprodukte-Beseitigungsgesetz**.

## XVI.

Als im Schwerpunkt *grundflächenbezogene* **Regelungsbereiche** sind **Naturschutz und Landschaftspflege**, Tierschutz, Bodenschutz [Nr. 3.] und Gewässerschutz [Nr. 4.] anzusehen. Die umweltpfleglichen Maßnahmen beziehen sich hier vor allem auf Nutzung und Unterhaltung sowie auf die Beschaffenheit von **Grundflächen**.

**A.** Leitgesetz für den grundflächenbezogenen Regelungsbereich Naturschutz und Landschaftspflege ist das **Bundesnaturschutzgesetz** [Nr. 3.1.], das als Vollregelung auf der Grundlage der 2006 eingeführten konkurrierenden Gesetzgebungszuständigkeit des Bundes (Art. 74 Abs. 1 Nr. 29 GG [Nr. 1.1.]) erlassen worden ist; es ist mit Wirkung vom 1. März 2010 an die Stelle der bisherigen Rahmenregelung getreten. Das Gesetz bezweckt, Natur und Landschaft aufgrund ihres eigenen Wertes und als Lebensgrundlage des Menschen im besiedelten und unbesiedelten Bereich so zu schützen, zu pflegen und zu entwickeln, dass die biologische Vielfalt, die Leistungs- und Funktionsfähigkeit des Naturhaushalts, die Nutzungsfähigkeit der Naturgüter, die Pflanzen- und Tier-

# Einführung

welt sowie die Vielfalt, Eigenart und Schönheit von Natur und Landschaft dauerhaft gesichert sind. Zu diesem Zweck enthält es Vorschriften über Landschaftsplanung, Schutz-, Pflege- und Entwicklungsmaßnahmen im Allgemeinen und für einzelne besondere Schutzgebietskategorien, Artenschutz, Meeresnaturschutz, Erholung in Natur und Landschaft und die Mitwirkung von Verbänden. Die besondere Bedeutung der **Land- und Forstwirtschaft** für die Erhaltung der Kultur- und Erholungslandschaft ist bei den Naturschutzmaßnahmen zu berücksichtigen; für aus Naturschutzgründen notwendige Nutzungsbeschränkungen ist ein angemessener finanzieller Ausgleich zu gewähren. Die Befugnis anerkannter Naturschutzvereinigungen, eine Verbandsklage insbesondere gegen Eingriffe in Natur und Landschaft vor den Verwaltungsgerichten erheben zu können, die seit 2002 bundesweit und damit auch gegen bestimmte Maßnahmen von Bundesbehörden eingeführt worden (§ 64 BNatSchG [Nr. 3.1.]. Durch Änderungsgesetz von 2016 ist in Naturschutzgebieten, Nationalparken und Natura-2000-Gebieten das Errichten von Anlagen zur Durchführung von Gewässerbenutzungen für das sog. **Fracking**, bei dem Gestein zum Gewinnen von Erdgas oder Erdöl untertage aufgebrochen wird, verboten. Besondere Regelungen über Prävention und Management der Einbringung und Ausbreitung **invasiver gebietsfremder Arten** wurden 2017 zur Durchführung einer entsprechenden EU-Verordnung eingefügt (vgl. §§ 40a-40f BNatSchG [Nr. 3.1]). Mit Änderungsgesetz von 2020 ist der **Umgang mit dem Wolf** (canis lupus) geregelt worden (§ 45a BNatSchG [Nr. 3.1.]). Im Jahre 2021 wurde das **Gesetz zum Schutz der Insektenvielfalt** eingefügt. Das Bundesnaturschutzgesetz kennzeichnet die abweichungsfesten allgemeinen Grundsätze des Naturschutzes, die einer Regelung durch Landesrecht entzogen sind, und ermächtigt in einigen Fällen die Länder, landesrechtliche Vorschriften zu erlassen. Für Waldflächen findet das Bundesnaturschutzgesetz seine Ergänzung durch die umweltrechtlichen Bestimmungen des **Bundeswaldgesetzes** [Nr. 3.2.].

**B.** Dem Schutz und der Pflege des Bodens als Umweltmedium und Teil des Naturhaushalts dienen darüber hinaus unmittelbar oder mittelbar zahlreiche Regelungen anderer Umweltpflegebereiche, die auf der Grundlage der Bodenschutzkonzeption der Bundesregierung von 1985 inzwischen bodenschützend weiterentwickelt worden sind und durch das **Bundes-Bodenschutzgesetz** [Nr. 3.4.] ergänzt wurden. Die vorsorgenden und nachsorgenden bodenschützenden Regelungen haben zum Ziel, Stoffeinträge in den Boden zu vermeiden oder zu mindern oder bereits erfolgte Bodenverunreinigungen zu beseitigen und dem durch Versiegelung bewirkten übermäßigen Landverbrauch entgegenzuwirken.

**C.** Zum Bereich der Naturpflege gehört im weiteren Sinne auch das **Tierschutzgesetz** [Nr. 3.3.], das Tiere als Mitgeschöpfe des Menschen dessen besonderer Verantwortung unterstellt und das den mit Wirkung vom 1. August 2002 ergänzten Artikel 20a GG [Nr. 1.1.] konkretisiert (**„Staatsziel Tierschutz"**). Das **Bürgerliche Gesetzbuch** [Nr. 10.1.] hält Tiere zwar nicht für Sachen, erklärt aber die Regelungen für Sachen auf Tiere entsprechend anwendbar, soweit nicht etwas anderes bestimmt ist (§ 90a BGB).

**D.** Leitgesetz für den Bereich des **Gewässerschutzes** ist das **Wasserhaushaltsgesetz** [Nr. 4.1.], das als Vollregelung auf der Grundlage der 2006 eingeführten konkurrierenden Gesetzgebungszuständigkeit des Bundes (Art. 74 Abs. 1 Nr. 32 GG [Nr. 1.1.]) erlassen worden ist; es ist mit Wirkung vom 1. März 2010 an die Stelle der bisherigen Rahmenregelung getreten. Durch

# Einführung

eine nachhaltige, dauerhaft umweltgerechte Gewässerbewirtschaftung sollen die oberirdischen Gewässer, die Küstengewässer und das Grundwasser sowie die Meeresgewässer als Bestandteile des Naturhaushalts, als Lebensgrundlage des Menschen, als Lebensraum für Tiere und Pflanzen und als nutzbares Gut geschützt werden. Bei Maßnahmen, mit denen Einwirkungen auf ein Gewässer verbunden sein können, sind wir alle verpflichtet, die nach den Umständen erforderliche Sorgfalt anzuwenden, um eine nachteilige Veränderung der Gewässereigenschaften zu vermeiden, Wasser sparsam zu verwenden, die Leistungsfähigkeit des Wasserhaushalts zu erhalten und den Wasserabfluss nicht zu beschleunigen; auch sind wir gehalten, zumutbare und geeignete Vorsorge gegen Hochwasser zu treffen. Die oberirdischen Gewässer und das Grundwasser unterliegen als öffentliche Sachen im Sondergebrauch grundsätzlich einer besonderen öffentlich-rechtlichen Bewirtschaftungs- und Benutzungsordnung, die der Behörde ein Ermessen zur Zuteilung von Gewässerbenutzungsrechten einräumt. Durch die Umsetzung der **EU-Wasserrahmenrichtlinie** im Jahre 2002 ist die Wasserwirtschaftliche Planung auf Flussgebietseinheiten und die Erreichung bestimmter Bewirtschaftungsziele ausgerichtet worden. Die in das Wasserhaushaltsgesetz eingearbeiteten **Gesetze zur Verbesserung des vorbeugenden Hochwasserschutzes** von 2005 und 2017 haben das rechtliche Instrumentarium zum Schutz vor Hochwasser gestärkt. Ein 2011 neu eingefügter Abschnitt „Bewirtschaftung von Meeresgewässern" (§§ 45a-45l WHG [Nr. 4.1.]) setzt die **EU-Meeresstrategie-Rahmenrichtlinie** in deutsches Recht um. Die Regelungen haben zum Ziel, eine Verschlechterung des Zustandes der Küstengewässer sowie der Gewässer der deutschen ausschließlichen Wirtschaftszone und des Festlandsockels zu vermeiden und einen guten Zustand dieser Meeresgewässer zu erhalten oder bis Ende 2020 zu erreichen. Mit der Umsetzung der **„IE-Richtlinie"** ist 2013 unter anderem für bestimmte Abwasseranlagen ein Genehmigungsverfahren mit Bewirtschaftungsermessen eingeführt worden. Durch das in das Wasserhaushaltsgesetz eingefügte **Gesetz zur Untersagung und zur Risikominimierung bei den Verfahren der Fracking-Technologie** von 2016 wird das sog. Fracking zur Gewinnung von Erdöl, Erdgas oder Erdwärme durch Aufbrechen von Gestein als Gewässerbenutzung mit Erlaubnisvorbehalt verboten; für vier Erprobungsmaßnahmen wird das Fracking unter bestimmten Bedingungen ermöglicht. Das Wasserhaushaltsgesetz ermächtigt in einigen Fällen die Länder zum Erlass landesrechtlicher Vorschriften; vom Bundesgesetz abweichendes Landesrecht ist mit Ausnahme der „abweichungsfesten" stoff- und anlagenbezogenen Regelungen möglich.

Das Wasserhaushaltsgesetz wird durch das **Abwasserabgabengesetz** [Nr. 4.2.] ergänzt. Durch einen bis 1997 jährlich ansteigenden Abgabesatz, der an die Schädlichkeit des eingeleiteten Abwassers anknüpft, ist ein wirksamer finanzieller Anreiz zur gewässerpfleglichen Abwasserbeseitigung geschaffen worden. Hinzu kommt das hier nicht abgedruckte **Wasserverbandsgesetz** zur Regelung der Wasser- und Bodenverbände, die als Körperschaften des öffentlichen Rechts gewässer- und bodenverbessernde Maßnahmen vornehmen. Das ebenfalls nicht abgedruckte **Hohe-See-Einbringungsgesetz** verbietet zum Schutz der Meeresumwelt das Verbrennen von Abfällen und sonstigen Stoffen auf Hoher See; der Erlaubnis bedürfen das Einbringen von Baggergut und von Urnen zur Seebestattung ebenso wie von Stoffen zur Meeresdüngung im Rahmen des **marinen Geo-Engineerings**, mit deren Hilfe menschengemachten Veränderungen des Klimas entgegengewirkt werden soll (§ 45 WHG [Nr. 4.1.]

# Einführung

i. V. m. §§ 4–6 HSEG). Auf die Wassergüte wirkt sich auch das 2007 neu gefasste **Wasch- und Reinigungsmittelgesetz** [Nr. 4.3.] aus, das wegen seines stoffbezogenen Ansatzes auch dem Bereich Schutz vor gefährlichen Stoffen zuzurechnen ist [Nr. 9.]. Danach dürfen Wasch- und Reinigungsmittel nur so in den Verkehr gebracht werden, dass infolge ihres Gebrauchs jede vermeidbare Beeinträchtigung der Umwelt, insbesondere der Gewässerbeschaffenheit vor allem im Hinblick auf Naturhaushalt und Trinkwasserversorgung, und eine Beeinträchtigung des Betriebs von Abwasseranlagen unterbleiben. Dem Gewässerschutz dienen darüber hinaus unmittelbar oder mittelbar zahlreiche vor allem stoffbezogene Regelungen anderer Bereiche. Hinzu kommen Regelungen, die Gewässer über den Weg des Bodens und der Luft mittelbar schützen. Einen mittelbaren Gewässerschutz bewirkt auch die auf dem Lebensmittel- und Futtermittelgesetzbuch beruhende **Trinkwasserverordnung**.

## XVII.

Nach diesem Überblick über die Regelungsbereiche des Umweltrechts werden Sie feststellen: die Umweltgesetze verfolgen unterschiedlich formulierte Umweltziele, die auf das Erhalten oder Herstellen einer bestimmten Umweltqualität nach Güte und Menge gerichtet sind. Der **„Instrumentenkasten"** zur Verwirklichung dieser Ziele ist reich bestückt. Das umweltpflegliche Verhalten wird unmittelbar oder mittelbar gelenkt durch eine **Trias der Umweltmaßnahmen**: (1) Verbote und Gebote als in Rechte des Einzelnen *eingreifende* Maßnahmen, (2) öffentliche Einrichtungen, Förderung, Beratung, Aufklärung und Information sowie finanzielle Ersatzleistungen als *leistende* Maßnahmen und (3) Programme und Pläne als *planende* Maßnahmen. Neben den eingreifenden Maßnahmen zur unmittelbaren Verhaltenslenkung kommen „indirekte Strategien" einer mittelbaren Steuerung *ergänzend* zum Einsatz, die wir im X. Abschnitt unseres Rundganges im Einzelnen kennengelernt haben. Aus diesem „Instrumentenkasten" wird in der Regel nicht nur eine einzige Maßnahme, sondern eine Maßnahmenkombination ausgewählt, um das vorgegebene Umweltziel zu erreichen. Die Umweltmaßnahmen setzen bei einer **Trias der Objekte** von Anlagen, Stoffen oder Grundflächen und den mit ihnen verbundenen menschlichen Tätigkeiten an und verpflichten oder berechtigen natürliche und juristische Personen.

## XVIII.

Die Umweltgesetze bedürfen der Ausführung. Ihr **wirksamer Vollzug** hängt nicht nur von der Rechtskenntnis derjenigen ab, deren Verhalten die umweltrechtlichen Vorschriften lenken sollen. Erforderlich sind auch personell und materiell angemessen ausgestattete **Umweltbehörden**, effiziente und effektive **Umweltverwaltungsverfahren** mit frühzeitiger Unterrichtung und Beteiligung der Öffentlichkeit, geeignete Einrichtungen der **Selbstkontrolle** Betroffener, durchsetzungsfähige und wirkungsvolle **Sanktionen** bei Verstößen gegen Umweltvorschriften sowie ein Zugang zu Gerichten, der mithilfe individueller und kollektiver Rechtsbehelfe einen wirksamen **Rechtsschutz** zugunsten der Umweltpflege gewährleistet.

# Einführung

## XIX.

Mit seinen Regelungsbereichen der Allgemeinen und Besonderen Umweltpflege setzt das Umweltrecht auch künftig den unverzichtbaren **ökologischen Regelungsrahmen,** um seine existentielle, soziale und ästhetische Funktion erfüllen zu können. Die seit den 1980er Jahren identifizierten fünf Entwicklungstendenzen des Umweltrechts bündeln sich nun in drei **Entwicklungsschwerpunkten:**
– *Integrierte* Umweltstrategien zur internen und externen Integration der Umweltpflege durch ökologische Fortentwicklung und Vereinheitlichung des Umweltrechts,
– *indirekte* Umweltstrategien zur mittelbaren Lenkung umweltpfleglichen Verhaltens durch entsprechende ökonomische und andere Anreize und gesellschaftliche Selbstregulierung sowie
– internationale Umweltstrategien zur Verknüpfung nationalen, supranationalen und internationalen Umweltrechts durch Förderung oder Übernahme supra- und internationaler Entwicklungen.

Um diese Entwicklungsschwerpunkte sachgerecht bewältigen zu können, benötigt das Umweltrecht eine grundlegende Reform, die auf dem soliden Sockel der eingreifenden Maßnahmen direkter Verhaltenslenkung und der in den letzten Jahrzehnten teilweise unterschätzten planenden Maßnahmen aufbaut und die „indirekten Strategien" weiterentwickelt. Das nach einem einheitlichen und übersichtlichen Bauplan strukturierte **Umweltgesetzbuch** bietet auf der nationalen Ebene den bestmöglichen legislativen Handlungstyp für diese **Umweltrechtsreform** und bildet zugleich das Konstitutivum einer verlässlichen Umweltordnung.

## XX.

Diese **Umweltordnung,** verstanden als Gesamtheit aller Regeln und Einrichtungen, die dem Schutz, der Pflege und der Entwicklung der natürlichen Lebensgrundlagen des Menschen dienen, ist auf Nachhaltigkeit und Regelhaftigkeit der Umweltpflege angelegt: Sie ist mehr als nur punktueller, peripherer, kurzfristiger, gefahrenabwehrender Umweltschutz; sie bedeutet flächendeckende, umfassende, langfristige Umweltvorsorge im Sinne einer dauerhaften Verantwortung des Menschen für Umwelt, Mitwelt und Nachwelt. Die Umweltordnung dient nicht zur Verwirklichung des verfassungsrechtlich verankerten Umweltpflegeprinzips. In Verbindung mit einer die Privatautonomie und den Wettbewerb sichernden **Wirtschaftsordnung** und einer der sozialen Gerechtigkeit und Sicherheit verpflichteten **Sozialordnung** verhilft die Umweltordnung zugleich der **Sozialen Marktwirtschaft** zu einer umweltangemessenen Ausrichtung, die es ihr ermöglicht, dem **Leitbild der Nachhaltigen Entwicklung** in seinen drei Dimensionen ökologisch, ökonomisch und sozial gerecht zu werden.

## XXI.

Damit beenden wir unseren gemeinsamen Gang durch das Umweltrecht, dem als dynamischem Rechtsgebiet innerhalb der Rechtsordnung die wichtige Aufgabe zukommt, Schutz, Pflege und Entwicklung der natürlichen

## Einführung

Lebensgrundlagen des Menschen mit den Mitteln des Rechts zu gewährleisten. Wollen Sie sich weitergehend mit umweltrechtlichen Problemen befassen, so stehen **Einführungen** in das **Umweltrecht** und **Gesamtdarstellungen**, aber auch **Kommentare** zu den einzelnen Umweltgesetzen zur Verfügung.

Für Mithilfe bei der Aufbereitung der Rechtstexte für diese Taschenbuchausgabe zum Umweltrecht danke ich Anja Gall und Alexandra Nübel vom Verlag C. H. Beck, Lektorat Amtliche Texte.

Mit freundlichen Grüßen
Ihr
Peter-Christoph Storm

## 1.1. Grundgesetz für die Bundesrepublik Deutschland

Vom 23. Mai 1949

(BGBl. S. 1)

**BGBl. III/FNA 100-1**

zuletzt geänd. durch Art. 1 Covid-19-G zur Änd. des GrundG v. 29.9.2020 (BGBl. I S. 2048)

– Auszug –

### Präambel

[1] Im Bewußtsein seiner Verantwortung vor Gott und den Menschen,

von dem Willen beseelt, als gleichberechtigtes Glied in einem vereinten Europa dem Frieden der Welt zu dienen, hat sich das Deutsche Volk kraft seiner verfassungsgebenden Gewalt dieses Grundgesetz gegeben.

[2] Die Deutschen in den Ländern Baden-Württemberg, Bayern, Berlin, Brandenburg, Bremen, Hamburg, Hessen, Mecklenburg-Vorpommern, Niedersachsen, Nordrhein-Westfalen, Rheinland-Pfalz, Saarland, Sachsen, Sachsen-Anhalt, Schleswig-Holstein und Thüringen haben in freier Selbstbestimmung die Einheit und Freiheit Deutschlands vollendet. [3] Damit gilt dieses Grundgesetz für das gesamte Deutsche Volk.

**Art. 1 [Schutz der Menschenwürde]** (1) [1] Die Würde des Menschen ist unantastbar. [2] Sie zu achten und zu schützen ist Verpflichtung aller staatlichen Gewalt.

(2) Das Deutsche Volk bekennt sich darum zu unverletzlichen und unveräußerlichen Menschenrechten als Grundlage jeder menschlichen Gemeinschaft, des Friedens und der Gerechtigkeit in der Welt.

(3) Die nachfolgenden Grundrechte binden Gesetzgebung, vollziehende Gewalt und Rechtsprechung als unmittelbar geltendes Recht.

**Art. 2 [Allgemeines Persönlichkeitsrecht]** (1) Jeder hat das Recht auf die freie Entfaltung seiner Persönlichkeit, soweit er nicht die Rechte anderer verletzt und nicht gegen die verfassungsmäßige Ordnung oder das Sittengesetz verstößt.

(2) [1] Jeder hat das Recht auf Leben und körperliche Unversehrtheit. [2] Die Freiheit der Person ist unverletzlich. [3] In diese Rechte darf nur auf Grund eines Gesetzes eingegriffen werden.

**Art. 3 [Gleichheit vor dem Gesetz]** (1) Alle Menschen sind vor dem Gesetz gleich.

(2) [1] Männer und Frauen sind gleichberechtigt. [2] Der Staat fördert die tatsächliche Durchsetzung der Gleichberechtigung von Frauen und Männern und wirkt auf die Beseitigung bestehender Nachteile hin.

(3) [1] Niemand darf wegen seines Geschlechtes, seiner Abstammung, seiner Rasse, seiner Sprache, seiner Heimat und Herkunft, seines Glaubens, seiner religiösen oder politischen Anschauungen benachteiligt oder bevorzugt werden. [2] Niemand darf wegen seiner Behinderung benachteiligt werden.

## 1.1 GG   Art. 5, 8, 9, 11–14

**Art. 5 [Meinungsfreiheit; Kunst- und Wissenschaftsfreiheit]** (1) ¹Jeder hat das Recht, seine Meinung in Wort, Schrift und Bild frei zu äußern und zu verbreiten und sich aus allgemein zugänglichen Quellen ungehindert zu unterrichten. ...

(2) Diese Rechte finden ihre Schranken in den Vorschriften der allgemeinen Gesetze....

(3) ¹Kunst und Wissenschaft, Forschung und Lehre sind frei. ²Die Freiheit der Lehre entbindet nicht von der Treue zur Verfassung.

**Art. 8 [Versammlungsfreiheit]** (1) Alle Deutschen haben das Recht, sich ohne Anmeldung oder Erlaubnis friedlich und ohne Waffen zu versammeln.

(2) Für Versammlungen unter freiem Himmel kann dieses Recht durch Gesetz oder auf Grund eines Gesetzes beschränkt werden.

**Art. 9 [Vereinigungsfreiheit]** (1) Alle Deutschen haben das Recht, Vereine und Gesellschaften zu bilden.

**Art. 11 [Freizügigkeit]** (1) Alle Deutschen genießen Freizügigkeit im ganzen Bundesgebiet.

(2) Dieses Recht darf nur durch Gesetz oder auf Grund eines Gesetzes und nur für die Fälle eingeschränkt werden, in denen ... es ... zur Bekämpfung von Seuchengefahr, Naturkatastrophen oder besonders schweren Unglücksfällen ... oder um strafbaren Handlungen vorzubeugen, erforderlich ist.

**Art. 12 [Berufsfreiheit]** (1) ¹Alle Deutschen haben das Recht, Beruf, Arbeitsplatz und Ausbildungsstätte frei zu wählen. ²Die Berufsausübung kann durch Gesetz oder auf Grund eines Gesetzes geregelt werden.

**Art. 13 [Unverletzlichkeit der Wohnung]** (1) Die Wohnung ist unverletzlich.

(2) Durchsuchungen dürfen nur durch den Richter, bei Gefahr im Verzuge auch durch die in den Gesetzen vorgesehenen anderen Organe angeordnet und nur in der dort vorgeschriebenen Form durchgeführt werden. ...

(7) Eingriffe und Beschränkungen dürfen im übrigen nur zur Abwehr einer gemeinen Gefahr oder einer Lebensgefahr für einzelne Personen, auf Grund eines Gesetzes auch zur Verhütung dringender Gefahren für die öffentliche Sicherheit und Ordnung, insbesondere ... zur Bekämpfung von Seuchengefahr ... vorgenommen werden.

**Art. 14 [Eigentum, Erbrecht und Enteignung]** (1) ¹Das Eigentum und das Erbrecht werden gewährleistet. ²Inhalt und Schranken werden durch die Gesetze bestimmt.

(2) ¹Eigentum verpflichtet. ²Sein Gebrauch soll zugleich dem Wohle der Allgemeinheit dienen.

(3) ¹Eine Enteignung ist nur zum Wohle der Allgemeinheit zulässig. ²Sie darf nur durch Gesetz oder auf Grund eines Gesetzes erfolgen, das Art und Ausmaß der Entschädigung regelt. ³Die Entschädigung ist unter gerechter Abwägung der Interessen der Allgemeinheit und der Beteiligten zu bestimmen. ⁴Wegen der Höhe der Entschädigung steht im Streitfalle der Rechtsweg vor den ordentlichen Gerichten offen.

Grundgesetz (Auszug) **Art. 15, 19, 20, 20a GG 1.1**

**Art. 15 [Vergesellschaftung]** ¹ Grund und Boden, Naturschätze und Produktionsmittel können zum Zwecke der Vergesellschaftung durch ein Gesetz, das Art und Ausmaß der Entschädigung regelt, in Gemeineigentum oder in andere Formen der Gemeinwirtschaft überführt werden. ² Für die Entschädigung gilt Artikel 14 Abs. 3 Satz 3 und 4 entsprechend.

**Art. 19 [Einschränkung von Grundrechten]** (1) ¹ Soweit nach diesem Grundgesetz ein Grundrecht durch Gesetz oder auf Grund eines Gesetzes eingeschränkt werden kann, muß das Gesetz allgemein und nicht nur für den Einzelfall gelten. ² Außerdem muß das Gesetz das Grundrecht unter Angabe des Artikels nennen.

(2) In keinem Falle darf ein Grundrecht in seinem Wesensgehalt angetastet werden.

(3) Die Grundrechte gelten auch für inländische juristische Personen, soweit sie ihrem Wesen nach auf diese anwendbar sind.

(4) ¹ Wird jemand durch die öffentliche Gewalt in seinen Rechten verletzt, so steht ihm der Rechtsweg offen. ² Soweit eine andere Zuständigkeit nicht begründet ist, ist der ordentliche Rechtsweg gegeben. ...

**Art. 20 [Verfassungsprinzipien]** (1) Die Bundesrepublik Deutschland ist ein demokratischer und sozialer Bundesstaat.

(2) ¹ Alle Staatsgewalt geht vom Volke aus. ² Sie wird vom Volke in Wahlen und Abstimmungen und durch besondere Organe der Gesetzgebung, der vollziehenden Gewalt und der Rechtsprechung ausgeübt.

(3) Die Gesetzgebung ist an die verfassungsmäßige Ordnung, die vollziehende Gewalt und die Rechtsprechung sind an Gesetz und Recht gebunden.

(4) Gegen jeden, der es unternimmt, diese Ordnung zu beseitigen, haben alle Deutschen das Recht zum Widerstand, wenn andere Abhilfe nicht möglich ist.

**Art. 20a**[1] **[Umweltpflegeprinzip]** Der Staat schützt auch in Verantwortung für die künftigen Generationen die natürlichen Lebensgrundlagen und die Tiere im Rahmen der verfassungsmäßigen Ordnung durch die Gesetzgebung und nach Maßgabe von Gesetz und Recht durch die vollziehende Gewalt und die Rechtsprechung.

---

[1] Siehe auch Vertrag zwischen der Bundesrepublik Deutschland und der Deutschen Demokratischen Republik über die Herstellung der Einheit Deutschlands - Einigungsvertrag - v. 31. 8. 1990 (BGBl. II S. 889, 1239), Art. 34 (Umweltschutz): „(1) Ausgehend von der in Artikel 16 des Vertrags vom 18. Mai 1990 in Verbindung mit dem Umweltrahmengesetz der Deutschen Demokratischen Republik vom 29. Juni 1990 (GBl. I Nr. 42 S. 649) begründeten deutschen Umweltunion ist es Aufgabe der Gesetzgeber, die natürlichen Lebensgrundlagen des Menschen unter Beachtung des Vorsorge-, Verursacher- und Kooperationsprinzips zu schützen und die Einheitlichkeit der ökologischen Lebensverhältnisse auf hohem, mindestens jedoch dem in der Bundesrepublik Deutschland erreichten Niveau zu fördern. (2) Zur Förderung des in Absatz 1 genannten Ziels sind im Rahmen der grundsätzlichen Zuständigkeitsregelungen ökologische Sanierungs- und Entwicklungsprogramme für das in Artikel 3 genannte Gebiet aufzustellen. Vorrangig sind Maßnahmen zur Abwehr von Gefahren für die Gesundheit der Bevölkerung vorzusehen." Art. 45 (Inkrafttreten des Vertrags): „(2) Der Vertrag bleibt nach Wirksamwerden des Beitritts als Bundesrecht geltendes Recht." Vertrag über die Schaffung einer Währungs-, Wirtschafts- und Sozialunion zwischen der Bundesrepublik Deutschland und der Deutschen Demokratischen Republik v. 18. 5. 1990 (BGBl. 1990 II S. 518), Art. 16 (Umweltschutz):

*(Fortsetzung der Anm. nächste Seite)*

**Art. 23 [Europäischen Union]** (1) ¹Zur Verwirklichung eines vereinten Europas wirkt die Bundesrepublik Deutschland bei der Entwicklung der Europäischen Union mit, die demokratischen, rechtsstaatlichen, sozialen und föderativen Grundsätzen und dem Grundsatz der Subsidiarität verpflichtet ist und einen diesem Grundgesetz im wesentlichen vergleichbaren Grundrechtsschutz gewährleistet. ²Der Bund kann hierzu durch Gesetz mit Zustimmung des Bundesrates Hoheitsrechte übertragen. ³Für die Begründung der Europäischen Union sowie für Änderungen ihrer vertraglichen Grundlagen und vergleichbare Regelungen, durch die dieses Grundgesetz seinem Inhalt nach geändert oder ergänzt wird oder solche Änderungen oder Ergänzungen ermöglicht werden, gilt Artikel 79 Abs. 2 und 3.

**Art. 24 [Zwischenstaatliche Einrichtungen]** (1) Der Bund kann durch Gesetz Hoheitsrechte auf zwischenstaatliche Einrichtungen übertragen.

(1a) Soweit die Länder für die Ausübung der staatlichen Befugnisse und die Erfüllung der staatlichen Aufgaben zuständig sind, können sie mit Zustimmung der Bundesregierung Hoheitsrechte auf grenznachbarschaftliche Einrichtungen übertragen.

**Art. 25 [Allgemeine Regeln des Völkerrechts]** ¹Die allgemeinen Regeln des Völkerrechtes sind Bestandteil des Bundesrechtes. ²Sie gehen den Gesetzen vor und erzeugen Rechte und Pflichten unmittelbar für die Bewohner des Bundesgebietes.

**Art. 28 [Homogeneitätsklausel; kommunale Selbstverwaltung]**

(1) ¹Die verfassungsmäßige Ordnung in den Ländern muß den Grundsätzen des republikanischen, demokratischen und sozialen Rechtsstaates im Sinne dieses Grundgesetzes entsprechen. ...

(2) ¹Den Gemeinden muß das Recht gewährleistet sein, alle Angelegenheiten der örtlichen Gemeinschaft im Rahmen der Gesetze in eigener Verantwortung zu regeln. ²Auch die Gemeindeverbände haben im Rahmen ihres gesetzlichen Aufgabenbereiches nach Maßgabe der Gesetze das Recht der Selbstverwaltung. ³Die Gewährleistung der Selbstverwaltung umfaßt auch die Grundlagen der finanziellen Eigenverantwortung; zu diesen Grundlagen gehört

---

*(Fortsetzung der Anm. von voriger Seite:)*

„(1) Der Schutz von Menschen, Tieren und Pflanzen, Boden, Wasser, Luft, Klima und Landschaft sowie von Kultur- und sonstigen Sachgütern vor schädlichen Umwelteinwirkungen ist besonderes Anliegen beider Vertragsparteien. Sie lassen sich dabei von dem Vorsorge-, Verursacher- und Kooperationsprinzip leiten. Sie streben die schnelle Verwirklichung einer deutschen Umweltunion an. (2) Die Deutsche Demokratische Republik trifft Regelungen, die mit Inkrafttreten dieses Vertrags sicherstellen, daß auf ihrem Gebiet für neue Anlagen und Einrichtungen die in der Bundesrepublik Deutschland geltenden Sicherheits- und Umweltschutzanforderungen Voraussetzung für die Erteilung umweltrechtlicher Genehmigungen sind. Für bestehende Anlagen und Einrichtungen trifft die Deutsche Demokratische Republik Regelungen, die möglichst schnell zu entsprechenden Anforderungen führen. (3) Die Deutsche Demokratische Republik wird parallel zur Entwicklung des föderativen Staatsaufbaus auf Länderebene und mit dem Entstehen einer Verwaltungsgerichtsbarkeit das Umweltrecht der Bundesrepublik Deutschland übernehmen. (4) Bei der weiteren Gestaltung eines gemeinsamen Umweltrechts werden die Umweltanforderungen der Bundesrepublik Deutschland und der Deutschen Demokratischen Republik so schnell wie möglich auf hohem Niveau angeglichen und weiterentwickelt. (5) Die Deutsche Demokratische Republik harmonisiert die Bestimmungen zur staatlichen Förderung von Umweltschutzmaßnahmen mit denen der Bundesrepublik Deutschland."

eine den Gemeinden mit Hebesatzrecht zustehende wirtschaftskraftbezogene Steuerquelle.

**Art. 30 [Kompetenzvermutung für die Länder]** Die Ausübung der staatlichen Befugnisse und die Erfüllung der staatlichen Aufgaben ist Sache der Länder, soweit dieses Grundgesetz keine andere Regelung trifft oder zuläßt.

**Art. 31 [Vorrang des Bundesrechts]** Bundesrecht bricht Landesrecht.

**Art. 32 [Auswärtige Beziehungen]** (1) Die Pflege der Beziehungen zu auswärtigen Staaten ist Sache des Bundes.

(2) Vor dem Abschlusse eines Vertrages, der die besonderen Verhältnisse eines Landes berührt, ist das Land rechtzeitig zu hören.

(3) Soweit die Länder für die Gesetzgebung zuständig sind, können sie mit Zustimmung der Bundesregierung mit auswärtigen Staaten Verträge abschließen.

**Art. 35 [Rechts- und Amtshilfe; Katastrophenhilfe]** (1) Alle Behörden des Bundes und der Länder leisten sich gegenseitig Rechts- und Amtshilfe.

(2) [1] Zur Aufrechterhaltung oder Wiederherstellung der öffentlichen Sicherheit oder Ordnung kann ein Land in Fällen von besonderer Bedeutung Kräfte und Einrichtungen des *Bundesgrenzschutzes*[1] zur Unterstützung seiner Polizei anfordern, wenn die Polizei ohne diese Unterstützung eine Aufgabe nicht oder nur unter erheblichen Schwierigkeiten erfüllen könnte. [2] Zur Hilfe bei einer Naturkatastrophe oder bei einem besonders schweren Unglücksfall kann ein Land Polizeikräfte anderer Länder, Kräfte und Einrichtungen anderer Verwaltungen sowie des Bundesgrenzschutzes und der Streitkräfte anfordern.

(3) [1] Gefährdet die Naturkatastrophe oder der Unglücksfall das Gebiet mehr als eines Landes, so kann die Bundesregierung, soweit es zur wirksamen Bekämpfung erforderlich ist, den Landesregierungen die Weisung erteilen, Polizeikräfte anderen Ländern zur Verfügung zu stellen, sowie Einheiten des *Bundesgrenzschutzes*[1] und der Streitkräfte zur Unterstützung der Polizeikräfte einsetzen. [2] Maßnahmen der Bundesregierung nach Satz 1 sind jederzeit auf Verlangen des Bundesrates, im übrigen unverzüglich nach Beseitigung der Gefahr aufzuheben.

**Art. 70 [Gesetzgebung]** (1) Die Länder haben das Recht der Gesetzgebung, soweit dieses Grundgesetz nicht dem Bunde Gesetzgebungsbefugnisse verleiht.

(2) Die Abgrenzung der Zuständigkeit zwischen Bund und Ländern bemißt sich nach den Vorschriften dieses Grundgesetzes über die ausschließliche und die konkurrierende Gesetzgebung.

**Art. 71 [Ausschließliche Gesetzgebung des Bundes]** Im Bereiche der ausschließlichen Gesetzgebung des Bundes haben die Länder die Befugnis zur Gesetzgebung nur, wenn und soweit sie hierzu in einem Bundesgesetze ausdrücklich ermächtigt werden.

---

[1] Jetzt: „Bundespolizei".

**Art. 72 [Konkurrierende Gesetzgebung; Abweichungsgesetzgebung]**
(1) Im Bereich der konkurrierenden Gesetzgebung haben die Länder die Befugnis zur Gesetzgebung, solange und soweit der Bund von seiner Gesetzgebungszuständigkeit nicht durch Gesetz Gebrauch gemacht hat.
(2) Auf den Gebieten des Artikels 74 Abs. 1 Nr. 4, 7, 11, 13, 15, 19a, 20, 22, 25 und 26 hat der Bund das Gesetzgebungsrecht, wenn und soweit die Herstellung gleichwertiger Lebensverhältnisse im Bundesgebiet oder die Wahrung der Rechts- oder Wirtschaftseinheit im gesamtstaatlichen Interesse eine bundesgesetzliche Regelung erforderlich macht.
(3) [1] Hat der Bund von seiner Gesetzgebungszuständigkeit Gebrauch gemacht, können die Länder durch Gesetz hiervon abweichende Regelungen treffen über:

1. das Jagdwesen (ohne das Recht der Jagdscheine);
2. den Naturschutz und die Landschaftspflege (ohne die allgemeinen Grundsätze des Naturschutzes, das Recht des Artenschutzes oder des Meeresnaturschutzes);
3. die Bodenverteilung;
4. die Raumordnung;
5. den Wasserhaushalt (ohne stoff- oder anlagenbezogene Regelungen);
6. die Hochschulzulassung und die Hochschulabschlüsse;
7. die Grundsteuer.

[2] Bundesgesetze auf diesen Gebieten treten frühestens sechs Monate nach ihrer Verkündung in Kraft, soweit nicht mit Zustimmung des Bundesrates anderes bestimmt ist. [3] Auf den Gebieten des Satzes 1 geht im Verhältnis von Bundes- und Landesrecht das jeweils spätere Gesetz vor.

(4) Durch Bundesgesetz kann bestimmt werden, daß eine bundesgesetzliche Regelung, für die eine Erforderlichkeit im Sinne des Absatzes 2 nicht mehr besteht, durch Landesrecht ersetzt werden kann.

**Art. 73 [Gegenstände der ausschließlichen Gesetzgebung]** (1) Der Bund hat die ausschließliche Gesetzgebung über: ...
4. das Währungs-, Geld- und Münzwesen, Maße und Gewichte sowie die Zeitbestimmung;
5. die Einheit des Zoll- und Handelsgebietes, die Handels- und Schiffahrtsverträge, die Freizügigkeit des Warenverkehrs und den Waren- und Zahlungsverkehr mit dem Auslande einschließlich des Zoll- und Grenzschutzes; ...
6. den Luftverkehr;
6a. den Verkehr von Eisenbahnen, die ganz oder mehrheitlich im Eigentum des Bundes stehen (Eisenbahnen des Bundes), den Bau, die Unterhaltung und das Betreiben von Schienenwegen der Eisenbahnen des Bundes sowie die Erhebung von Entgelten für die Benutzung dieser Schienenwege; ...
7. das Postwesen und die Telekommunikation; ...
11. die Statistik für Bundeszwecke; ...
12. das Waffen- und das Sprengstoffrecht; ...
14. die Erzeugung und Nutzung der Kernenergie zu friedlichen Zwecken, die Errichtung und den Betrieb von Anlagen, die diesen Zwecken dienen, den

Grundgesetz (Auszug) **Art. 74 GG 1.1**

Schutz gegen Gefahren, die bei Freiwerden von Kernenergie oder durch ionisierende Strahlen entstehen, und die Beseitigung radioaktiver Stoffe.

**Art. 74 [Gegenstände der konkurrierenden Gesetzgebung]** (1) Die konkurrierende Gesetzgebung erstreckt sich auf folgende Gebiete:
1. das bürgerliche Recht, das Strafrecht, die Gerichtsverfassung, das gerichtliche Verfahren (ohne das Recht des Untersuchungshaftvollzugs), die Rechtsanwaltschaft, das Notariat und die Rechtsberatung; ...
3. das Vereinsrecht; ...
11. das Recht der Wirtschaft (Bergbau, Industrie, Energiewirtschaft, Handwerk, Gewerbe, Handel, Bank- und Börsenwesen, privatrechtliches Versicherungswesen) ohne das Recht des Ladenschlusses, der Gaststätten, der Spielhallen, der Schaustellung von Personen, der Messen, der Ausstellungen und der Märkte; ...
12. das Arbeitsrecht einschließlich der Betriebsverfassung, des Arbeitsschutzes und der Arbeitsvermittlung sowie die Sozialversicherung einschließlich der Arbeitslosenversicherung;
13. die Regelung der Ausbildungsbeihilfen und die Förderung der wissenschaftlichen Forschung;
14. das Recht der Enteignung, soweit sie auf den Sachgebieten der Artikel 73 und 74 in Betracht kommt;
15. die Überführung von Grund und Boden, von Naturschätzen und Produktionsmitteln in Gemeineigentum oder in andere Formen der Gemeinwirtschaft; ...
17. die Förderung der land- und forstwirtschaftlichen Erzeugung (ohne das Recht der Flurbereinigung), die Sicherung der Ernährung, die Ein- und Ausfuhr land- und forstwirtschaftlicher Erzeugnisse, die Hochsee- und Küstenfischerei und den Küstenschutz;
18. den städtebaulichen Grundstücksverkehr, das Bodenrecht (ohne das Recht der Erschließungsbeiträge) und das Wohngeldrecht, das Altschuldenhilferecht, das Wohnungsbauprämienrecht, das Bergarbeiterwohnungsbaurecht und das Bergmannssiedlungsrecht;
19. Maßnahmen gegen gemeingefährliche oder übertragbare Krankheiten bei Menschen und Tieren, Zulassung zu ärztlichen und anderen Heilberufen und zum Heilgewerbe, sowie das Recht des Apothekenwesens, der Arzneien, der Medizinprodukte, der Heilmittel, der Betäubungsmittel und der Gifte; ...
20. das Recht der Lebensmittel einschließlich der ihrer Gewinnung dienenden Tiere, das Recht der Genussmittel, Bedarfsgegenstände und Futtermittel sowie den Schutz beim Verkehr mit land- und forstwirtschaftlichem Saat- und Pflanzgut, den Schutz der Pflanzen gegen Krankheiten und Schädlinge sowie den Tierschutz;
21. die Hochsee- und Küstenschiffahrt sowie die Seezeichen, die Binnenschiffahrt, den Wetterdienst, die Seewasserstraßen und die dem allgemeinen Verkehr dienenden Binnenwasserstraßen;
22. den Straßenverkehr, das Kraftfahrwesen, den Bau und die Unterhaltung von Landstraßen für den Fernverkehr sowie die Erhebung und Verteilung von Gebühren oder Entgelten für die Benutzung öffentlicher Straßen mit Fahrzeugen;

23. die Schienenbahnen, die nicht Eisenbahnen des Bundes sind, mit Ausnahme der Bergbahnen;
24. die Abfallwirtschaft, die Luftreinhaltung und die Lärmbekämpfung (ohne Schutz vor verhaltensbezogenem Lärm);
25. die Staatshaftung;
26. die medizinisch unterstützte Erzeugung menschlichen Lebens, die Untersuchung und die künstliche Veränderung von Erbinformationen sowie Regelungen zur Transplantation von Organen, Geweben und Zellen;
27. die Statusrechte und -pflichten der Beamten der Länder, Gemeinden und anderen Körperschaften des öffentlichen Rechts sowie der Richter in den Ländern mit Ausnahme der Laufbahnen, Besoldung und Versorgung;
28. das Jagdwesen;
29. den Naturschutz und die Landschaftspflege;
30. die Bodenverteilung;
31. die Raumordnung;
32. den Wasserhaushalt;
33. die Hochschulzulassung und die Hochschulabschlüsse.

(2) Gesetze nach Absatz 1 Nr. 25 und 27 bedürfen der Zustimmung des Bundesrates.

**Art. 79 [Änderungen des Grundgesetzes; Ewigkeitsklausel]** (1) [1] Das Grundgesetz kann nur durch ein Gesetz geändert werden, das den Wortlaut des Grundgesetzes ausdrücklich ändert oder ergänzt. ...

(2) Ein solches Gesetz bedarf der Zustimmung von zwei Dritteln der Mitglieder des Bundestages und zwei Dritteln der Stimmen des Bundesrates.

(3) Eine Änderung dieses Grundgesetzes, durch welche die Gliederung des Bundes in Länder, die grundsätzliche Mitwirkung der Länder bei der Gesetzgebung oder die in den Artikeln 1 und 20 niedergelegten Grundsätze berührt werden, ist unzulässig.

**Art. 80 [Erlass von Rechtsverordnungen]** (1) [1] Durch Gesetz können die Bundesregierung, ein Bundesminister oder die Landesregierungen ermächtigt werden, Rechtsverordnungen zu erlassen. [2] Dabei müssen Inhalt, Zweck und Ausmaß der erteilten Ermächtigung im Gesetze bestimmt werden. [3] Die Rechtsgrundlage ist in der Verordnung anzugeben. [4] Ist durch Gesetz vorgesehen, daß eine Ermächtigung weiter übertragen werden kann, so bedarf es zur Übertragung der Ermächtigung einer Rechtsverordnung.

**Art. 83 [Ausführung der Bundesgesetze]** Die Länder führen die Bundesgesetze als eigene Angelegenheit aus, soweit dieses Grundgesetz nichts anderes bestimmt oder zuläßt.

**Art. 84 [Landesverwaltung und Bundesaufsicht]** (1) [1] Führen die Länder die Bundesgesetze als eigene Angelegenheit aus, so regeln sie die Einrichtung der Behörden und das Verwaltungsverfahren. [2] Wenn Bundesgesetze etwas anderes bestimmen, können die Länder davon abweichende Regelungen treffen. [3] Hat ein Land eine abweichende Regelung nach Satz 2 getroffen, treten in diesem Land hierauf bezogene spätere bundesgesetzliche Regelungen der Einrichtung der Behörden und des Verwaltungsverfahrens frühestens sechs Monate nach ihrer Verkündung in Kraft, soweit nicht mit Zustimmung des Bundesrates anderes bestimmt ist. ⁴Artikel 72 Abs. 3 Satz 3 gilt entsprechend. ⁵In Ausnahmefällen kann der Bund wegen eines besonderen Bedürfnisses nach bundeseinheitlicher Regelung das Verwaltungsverfahren ohne Abweichungsmöglichkeit für die Länder regeln. ⁶Diese Gesetze bedürfen der Zustimmung des Bundesrates. ⁷Durch Bundesgesetz dürfen Gemeinden und Gemeindeverbänden Aufgaben nicht übertragen werden.

(2) Die Bundesregierung kann mit Zustimmung des Bundesrates allgemeine Verwaltungsvorschriften erlassen.

(3) ¹Die Bundesregierung übt die Aufsicht darüber aus, daß die Länder die Bundesgesetze dem geltenden Rechte gemäß ausführen. ²Die Bundesregierung kann zu diesem Zwecke Beauftragte zu den obersten Landesbehörden entsenden, mit deren Zustimmung und, falls diese Zustimmung versagt wird, mit Zustimmung des Bundesrates auch zu den nachgeordneten Behörden.

(4) ¹Werden Mängel, die die Bundesregierung bei der Ausführung der Bundesgesetze in den Ländern festgestellt hat, nicht beseitigt, so beschließt auf Antrag der Bundesregierung oder des Landes der Bundesrat, ob das Land das Recht verletzt hat. ²Gegen den Beschluß des Bundesrates kann das Bundesverfassungsgericht angerufen werden.

(5) ¹Der Bundesregierung kann durch Bundesgesetz, das der Zustimmung des Bundesrates bedarf, zur Ausführung von Bundesgesetzen die Befugnis verliehen werden, für besondere Fälle Einzelweisungen zu erteilen. ²Sie sind, außer wenn die Bundesregierung den Fall für dringlich erachtet, an die obersten Landesbehörden zu richten.

**Art. 85 [Bundesauftragsverwaltung der Länder]** (1) ¹Führen die Länder die Bundesgesetze im Auftrage des Bundes aus, so bleibt die Einrichtung der Behörden Angelegenheit der Länder, soweit nicht Bundesgesetze mit Zustimmung des Bundesrates etwas anderes bestimmen. ²Durch Bundesgesetz dürfen Gemeinden und Gemeindeverbänden Aufgaben nicht übertragen werden.

(2) ¹Die Bundesregierung kann mit Zustimmung des Bundesrates allgemeine Verwaltungsvorschriften erlassen. ²Sie kann die einheitliche Ausbildung der Beamten und Angestellten regeln. ³Die Leiter der Mittelbehörden sind mit ihrem Einvernehmen zu bestellen.

(3) ¹Die Landesbehörden unterstehen den Weisungen der zuständigen obersten Bundesbehörden. ²Die Weisungen sind, außer wenn die Bundesregierung es für dringlich erachtet, an die obersten Landesbehörden zu richten. ³Der Vollzug der Weisung ist durch die obersten Landesbehörden sicherzustellen.

(4) ¹Die Bundesaufsicht erstreckt sich auf Gesetzmäßigkeit und Zweckmäßigkeit der Ausführung. ²Die Bundesregierung kann zu diesem Zwecke Bericht und Vorlage der Akten verlangen und Beauftragte zu allen Behörden entsenden.

**Art. 86 [Bundeseigene Verwaltung]** ¹Führt der Bund die Gesetze durch bundeseigene Verwaltung oder durch bundesunmittelbare Körperschaften oder Anstalten des öffentlichen Rechtes aus, so erläßt die Bundesregierung, soweit nicht das Gesetz Besonderes vorschreibt, die allgemeinen Verwaltungsvorschriften. ²Sie regelt, soweit das Gesetz nichts anderes bestimmt, die Einrichtung der Behörden.

**Art. 87 [Gegenstände der bundeseigenen Verwaltung]** (1) ¹In bundeseigener Verwaltung mit eigenem Verwaltungsunterbau werden geführt der Auswärtige Dienst, die Bundesfinanzverwaltung und nach Maßgabe des Artikels 89 die Verwaltung der Bundeswasserstraßen und der Schiffahrt. ...

(3) ¹Außerdem können für Angelegenheiten, für die dem Bunde die Gesetzgebung zusteht, selbständige Bundesoberbehörden und neue bundesunmittelbare Körperschaften und Anstalten des öffentlichen Rechtes durch Bundesgesetz errichtet werden. ²Erwachsen dem Bunde auf Gebieten, für die ihm die Gesetzgebung zusteht, neue Aufgaben, so können bei dringendem Bedarf bundeseigene Mittel- und Unterbehörden mit Zustimmung des Bundesrates und der Mehrheit der Mitglieder des Bundestages errichtet werden.

**Art. 87c [Erzeugung und Nutzung der Kernenergie]** Gesetze, die auf Grund des Artikels 73 Abs. 1 Nr. 14 ergehen, können mit Zustimmung des Bundesrates bestimmen, daß sie von den Ländern im Auftrage des Bundes ausgeführt werden.

**Art. 87d [Luftverkehrsverwaltung]** (1) ¹Die Luftverkehrsverwaltung wird in Bundesverwaltung geführt. ²Aufgaben der Flugsicherung können auch durch ausländische Flugsicherungsorganisationen wahrgenommen werden, die nach Recht der Europäischen Gemeinschaft zugelassen sind. ³Das Nähere regelt ein Bundesgesetz.

(2) Durch Bundesgesetz, das der Zustimmung des Bundesrates bedarf, können Aufgaben der Luftverkehrsverwaltung den Ländern als Auftragsverwaltung übertragen werden.

**Art. 89 [Bundeswasserstraßen]** (1) Der Bund ist Eigentümer der bisherigen Reichswasserstraßen.

(2) ¹Der Bund verwaltet die Bundeswasserstraßen durch eigene Behörden. ²Er nimmt die über den Bereich eines Landes hinausgehenden staatlichen Aufgaben der Binnenschiffahrt und die Aufgaben der Seeschiffahrt wahr, die ihm durch Gesetz übertragen werden. ³Er kann die Verwaltung von Bundeswasserstraßen, soweit sie im Gebiete eines Landes liegen, diesem Lande auf Antrag als Auftragsverwaltung übertragen. ⁴Berührt eine Wasserstraße das Gebiet mehrerer Länder, so kann der Bund das Land beauftragen, für das die beteiligten Länder es beantragen.

(3) Bei der Verwaltung, dem Ausbau und dem Neubau von Wasserstraßen sind die Bedürfnisse der Landeskultur und der Wasserwirtschaft im Einvernehmen mit den Ländern zu wahren.

**Art. 90 [Bundesautobahnen und Bundesstraßen]** (1) ¹Der Bund bleibt Eigentümer der Bundesautobahnen und sonstigen Bundesstraßen des Fernverkehrs. ²Das Eigentum ist unveräußerlich.

(2) ¹Die Verwaltung der Bundesautobahnen wird in Bundesverwaltung geführt. ²Der Bund kann sich zur Erledigung seiner Aufgaben einer Gesellschaft privaten Rechts bedienen. ³Diese Gesellschaft steht im unveräußerlichen Eigentum des Bundes. ⁴Eine unmittelbare oder mittelbare Beteiligung Dritter an der Gesellschaft und deren Tochtergesellschaften ist ausgeschlossen. ⁵Eine Beteiligung Privater im Rahmen von Öffentlich-Privaten Partnerschaften ist ausgeschlossen für Streckennetze, die das gesamte Bundesautobahnnetz oder das

gesamte Netz sonstiger Bundesfernstraßen in einem Land oder wesentliche Teile davon umfassen. [6]Das Nähere regelt ein Bundesgesetz.

(3) Die Länder oder die nach Landesrecht zuständigen Selbstverwaltungskörperschaften verwalten die sonstigen Bundesstraßen des Fernverkehrs im Auftrage des Bundes.

(4) Auf Antrag eines Landes kann der Bund die sonstigen Bundesstraßen des Fernverkehrs, soweit sie im Gebiet dieses Landes liegen, in Bundesverwaltung übernehmen.

**Art. 91a [Gemeinschaftsaufgaben]** (1) Der Bund wirkt auf folgenden Gebieten bei der Erfüllung von Aufgaben der Länder mit, wenn diese Aufgaben für die Gesamtheit bedeutsam sind und die Mitwirkung des Bundes zur Verbesserung der Lebensverhältnisse erforderlich ist (Gemeinschaftsaufgaben):

1. Verbesserung der regionalen Wirtschaftsstruktur,
2. Verbesserung der Agrarstruktur und des Küstenschutzes.

(2) Durch Bundesgesetz[1]) mit Zustimmung des Bundesrates werden die Gemeinschaftsaufgaben sowie Einzelheiten der Koordinierung näher bestimmt.

(3) [1]Der Bund trägt in den Fällen des Absatzes 1 Nr. 1 die Hälfte der Ausgaben in jedem Land. [2]In den Fällen des Absatzes 1 Nr. 2 trägt der Bund mindestens die Hälfte; die Beteiligung ist für alle Länder einheitlich festzusetzen. [3]Das Nähere regelt das Gesetz. [4]Die Bereitstellung der Mittel bleibt der Feststellung in den Haushaltsplänen des Bundes und der Länder vorbehalten.

**Art. 91b [Wissenschaft, Forschung und Lehre; Bildungswesen]**

(1) [1]Bund und Länder können auf Grund von Vereinbarungen in Fällen überregionaler Bedeutung bei der Förderung von Wissenschaft, Forschung und Lehre zusammenwirken. [2]Vereinbarungen, die im Schwerpunkt Hochschulen betreffen, bedürfen der Zustimmung aller Länder. [3]Dies gilt nicht für Vereinbarungen über Forschungsbauten einschließlich Großgeräten.

(2) Bund und Länder können auf Grund von Vereinbarungen zur Feststellung der Leistungsfähigkeit des Bildungswesens im internationalen Vergleich und bei diesbezüglichen Berichten und Empfehlungen zusammenwirken.

(3) Die Kostentragung wird in der Vereinbarung geregelt.

**Art. 104a [Ausgabenzuweisung]** (1) Der Bund und die Länder tragen gesondert die Ausgaben, die sich aus der Wahrnehmung ihrer Aufgaben ergeben, soweit dieses Grundgesetz nichts anderes bestimmt.

(2) Handeln die Länder im Auftrage des Bundes, trägt der Bund die sich daraus ergebenden Ausgaben.

(3) [1]Bundesgesetze, die Geldleistungen gewähren und von den Ländern ausgeführt werden, können bestimmen, daß die Geldleistungen ganz oder zum Teil vom Bund getragen werden. [2]Bestimmt das Gesetz, daß der Bund die

---

[1]) Siehe die Gesetze über die Gemeinschaftsaufgaben
– „Verbesserung der Agrarstruktur und des Küstenschutzes" idF der Bek. v. 21.7.1988 (BGBl. I S. 1055), zuletzt geänd. durch G v. 11.10.2016 (BGBl. I S. 2231) und
– „Verbesserung der regionalen Wirtschaftsstruktur" v. 6.10.1969 (BGBl. I S. 1861), zuletzt geänd. durch G v. 13.4.2021 (BGBl. I S. 770).

Hälfte der Ausgaben oder mehr trägt, wird es im Auftrage des Bundes durchgeführt....

(4) Bundesgesetze, die Pflichten der Länder zur Erbringung von Geldleistungen, geldwerten Sachleistungen oder vergleichbaren Dienstleistungen gegenüber Dritten begründen und von den Ländern als eigene Angelegenheit oder nach Absatz 3 Satz 2 im Auftrag des Bundes ausgeführt werden, bedürfen der Zustimmung des Bundesrates, wenn daraus entstehende Ausgaben von den Ländern zu tragen sind.

(5) [1] Der Bund und die Länder tragen die bei ihren Behörden entstehenden Verwaltungsausgaben und haften im Verhältnis zueinander für eine ordnungsmäßige Verwaltung. [2] Das Nähere bestimmt ein Bundesgesetz, das der Zustimmung des Bundesrates bedarf.

(6) [1] Bund und Länder tragen nach der innerstaatlichen Zuständigkeits- und Aufgabenverteilung die Lasten einer Verletzung von supranationalen oder völkerrechtlichen Verpflichtungen Deutschlands. [2] In Fällen länderübergreifender Finanzkorrekturen der Europäischen Union tragen Bund und Länder diese Lasten im Verhältnis 15 zu 85. [3] Die Ländergesamtheit trägt in diesen Fällen solidarisch 35 vom Hundert der Gesamtlasten entsprechend einem allgemeinen Schlüssel; 50 vom Hundert der Gesamtlasten tragen die Länder, die die Lasten verursacht haben, anteilig entsprechend der Höhe der erhaltenen Mittel. [4] Das Nähere regelt ein Bundesgesetz, das der Zustimmung des Bundesrates bedarf.

**Art. 105 [Steuergesetzgebung]** (1) Der Bund hat die ausschließliche Gesetzgebung über die Zölle und Finanzmonopole.

(2) [1] Der Bund hat die konkurrierende Gesetzgebung über die Grundsteuer. [2] Er hat die konkurrierende Gesetzgebung über die übrigen Steuern, wenn ihm das Aufkommen dieser Steuern ganz oder zum Teil zusteht oder die Voraussetzungen des Artikels 72 Abs. 2 vorliegen.

(2a) [1] Die Länder haben die Befugnis zur Gesetzgebung über die örtlichen Verbrauch- und Aufwandsteuern, solange und soweit sie nicht bundesgesetzlich geregelten Steuern gleichartig sind. [2] Sie haben die Befugnis zur Bestimmung des Steuersatzes bei der Grunderwerbsteuer.

(3) Bundesgesetze über Steuern, deren Aufkommen den Ländern oder den Gemeinden (Gemeindeverbänden) ganz oder zum Teil zufließt, bedürfen der Zustimmung des Bundesrates.

**Art. 125a [Fortgeltung alten Bundesrechts; Ersetzung durch Landesrecht]** (1) [1] Recht, das als Bundesrecht erlassen worden ist, aber wegen der Änderung des Artikels 74 Abs. 1, der Einfügung des Artikels 84 Abs. 1 Satz 7, des Artikels 85 Abs. 1 Satz 2 oder des Artikels 105 Abs. 2a Satz 2 oder wegen der Aufhebung der Artikel 74a, 75 oder 98 Abs. 3 Satz 2 nicht mehr als Bundesrecht erlassen werden könnte, gilt als Bundesrecht fort. [2] Es kann durch Landesrecht ersetzt werden.

(2) [1] Recht, das auf Grund des Artikels 72 Abs. 2 in der bis zum 15. November 1994 geltenden Fassung erlassen worden ist, aber wegen Änderung des Artikels 72 Abs. 2 nicht mehr als Bundesrecht erlassen werden könnte, gilt als Bundesrecht fort. [2] Durch Bundesgesetz kann bestimmt werden, dass es durch Landesrecht ersetzt werden kann.

(3) ¹Recht, das als Landesrecht erlassen worden ist, aber wegen Änderung des Artikels 73 nicht mehr als Landesrecht erlassen werden könnte, gilt als Landesrecht fort. ²Es kann durch Bundesrecht ersetzt werden.

**Art. 125b [Fortgeltung alten Bundesrechts; abweichende Regelungen der Länder]** (1) ¹Recht, das auf Grund des Artikels 75 in der bis zum 1. September 2006 geltenden Fassung erlassen worden ist und das auch nach diesem Zeitpunkt als Bundesrecht erlassen werden könnte, gilt als Bundesrecht fort. ²Befugnisse und Verpflichtungen der Länder zur Gesetzgebung bleiben insoweit bestehen. ³Auf den in Artikel 72 Abs. 3 Satz 1 genannten Gebieten können die Länder von diesem Recht abweichende Regelungen treffen, auf den Gebieten des Artikels 72 Abs. 3 Satz 1 Nr. 2, 5 und 6 jedoch erst, wenn und soweit der Bund ab dem 1. September 2006 von seiner Gesetzgebungszuständigkeit Gebrauch gemacht hat, in den Fällen der Nummern 2 und 5 spätestens ab dem 1. Januar 2010, im Falle der Nummer 6 spätestens ab dem 1. August 2008.

(2) Von bundesgesetzlichen Regelungen, die auf Grund des Artikels 84 Abs. 1 in der vor dem 1. September 2006 geltenden Fassung erlassen worden sind, können die Länder abweichende Regelungen treffen, von Regelungen des Verwaltungsverfahrens bis zum 31. Dezember 2008 aber nur dann, wenn ab dem 1. September 2006 in dem jeweiligen Bundesgesetz Regelungen des Verwaltungsverfahrens geändert worden sind.

(3) Auf dem Gebiet des Artikels 72 Absatz 3 Satz 1 Nummer 7 darf abweichendes Landesrecht der Erhebung der Grundsteuer frühestens für Zeiträume ab dem 1. Januar 2025 zugrunde gelegt werden.

## 1.2. Vertrag über die Arbeitsweise der Europäischen Union

In der konsolidierten Fassung des Vertrags von Lissabon vom 13. Dezember 2007[1]

(ABl. 2010 C 83 S. 47; BGBl. 2008 II S. 1038; BGBl. 2009 II S. 1223; BGBl. 2013 II S. 291; ber. BGBl. 2014 II S. 864)

**Celex-Nr. 1 1957 E**

zuletzt geänd. durch Art. 2 ÄndBeschl. 2012/419/EU v. 11.7.2012 (ABl. L 204 S. 131)

– Auszug –

**Art. 1 [Vertragsgegenstand]** (1) Dieser Vertrag regelt die Arbeitsweise der Union und legt die Bereiche, die Abgrenzung und die Einzelheiten der Ausübung ihrer Zuständigkeiten fest.

(2) [1] Dieser Vertrag und der Vertrag über die Europäische Union[2] bilden die Verträge, auf die sich die Union gründet. [2] Diese beiden Verträge, die rechtlich gleichrangig sind, werden als „die Verträge" bezeichnet.

**Art. 2 [Zuständigkeiten]** (1) Übertragen die Verträge der Union für einen bestimmten Bereich eine ausschließliche Zuständigkeit, so kann nur die Union gesetzgeberisch tätig werden und verbindliche Rechtsakte erlassen; die Mitgliedstaaten dürfen in einem solchen Fall nur tätig werden, wenn sie von der Union hierzu ermächtigt werden, oder um Rechtsakte der Union durchzuführen.

(2) [1] Übertragen die Verträge der Union für einen bestimmten Bereich eine mit den Mitgliedstaaten geteilte Zuständigkeit, so können die Union und die Mitgliedstaaten in diesem Bereich gesetzgeberisch tätig werden und verbindliche Rechtsakte erlassen. [2] Die Mitgliedstaaten nehmen ihre Zuständigkeit wahr, sofern und soweit die Union ihre Zuständigkeit nicht ausgeübt hat. [3] Die Mitgliedstaaten nehmen ihre Zuständigkeit erneut wahr, sofern und soweit die Union entschieden hat, ihre Zuständigkeit nicht mehr auszuüben.

(5) *[1]* In bestimmten Bereichen ist die Union nach Maßgabe der Verträge dafür zuständig, Maßnahmen zur Unterstützung, Koordinierung oder Ergänzung der Maßnahmen der Mitgliedstaaten durchzuführen, ohne dass dadurch die Zuständigkeit der Union für diese Bereiche an die Stelle der Zuständigkeit der Mitgliedstaaten tritt.

*[2]* Die verbindlichen Rechtsakte der Union, die aufgrund der diese Bereiche betreffenden Bestimmungen der Verträge erlassen werden, dürfen keine Harmonisierung der Rechtsvorschriften der Mitgliedstaaten beinhalten.

---

[1] Konsolidierte Fassung des Vertrags zur Gründung der Europäischen Gemeinschaft v. 25.3.1957 (BGBl. II S. 766) in der ab 1.12.2009 geltenden Fassung.

[2] Siehe den Vertrag vom 7.2.1992 über die Europäische Union (BGBl. II S. 1251) in der konsolidierten Fassung des Vertrags von Lissabon vom 13.12.2007, in Kraft seit 1.12.2009 (ABl. 2010 Nr. C 83 S. 13; BGBl. 2008 II S. 1038; BGBl. 2009 II S. 1223; BGBl. 2013 II S. 291; ber. BGBl. 2014 II S. 864).

(6) Der Umfang der Zuständigkeiten der Union und die Einzelheiten ihrer Ausübung ergeben sich aus den Bestimmungen der Verträge zu den einzelnen Bereichen.

**Art. 3 [Bereiche der ausschließlichen Zuständigkeit]** (1) Die Union hat ausschließliche Zuständigkeit in folgenden Bereichen:

a) Zollunion,

b) Festlegung der für das Funktionieren des Binnenmarkts erforderlichen Wettbewerbsregeln,

c) Währungspolitik für die Mitgliedstaaten, deren Währung der Euro ist,

d) Erhaltung der biologischen Meeresschätze im Rahmen der gemeinsamen Fischereipolitik,

e) gemeinsame Handelspolitik.

(2) Die Union hat ferner die ausschließliche Zuständigkeit für den Abschluss internationaler Übereinkünfte, wenn der Abschluss einer solchen Übereinkunft in einem Gesetzgebungsakt der Union vorgesehen ist, wenn er notwendig ist, damit sie ihre interne Zuständigkeit ausüben kann, oder soweit er gemeinsame Regeln beeinträchtigen oder deren Tragweite verändern könnte.

**Art. 4 [Bereiche der geteilten Zuständigkeit]** (1) Die Union teilt ihre Zuständigkeit mit den Mitgliedstaaten, wenn ihr die Verträge außerhalb der in den Artikeln 3 und 6 genannten Bereiche eine Zuständigkeit übertragen.

(2) Die von der Union mit den Mitgliedstaaten geteilte Zuständigkeit erstreckt sich auf die folgenden Hauptbereiche:

a) Binnenmarkt,

b) Sozialpolitik hinsichtlich der in diesem Vertrag genannten Aspekte,

c) wirtschaftlicher, sozialer und territorialer Zusammenhalt,

d) Landwirtschaft und Fischerei, ausgenommen die Erhaltung der biologischen Meeresschätze,

e) Umwelt,

f) Verbraucherschutz,

g) Verkehr,

h) transeuropäische Netze,

i) Energie,

j) Raum der Freiheit, der Sicherheit und des Rechts,

k) gemeinsame Sicherheitsanliegen im Bereich der öffentlichen Gesundheit hinsichtlich der in diesem Vertrag genannten Aspekte.

(3) In den Bereichen Forschung, technologische Entwicklung und Raumfahrt erstreckt sich die Zuständigkeit der Union darauf, Maßnahmen zu treffen, insbesondere Programme zu erstellen und durchzuführen, ohne dass die Ausübung dieser Zuständigkeit die Mitgliedstaaten hindert, ihre Zuständigkeit auszuüben.

(4) In den Bereichen Entwicklungszusammenarbeit und humanitäre Hilfe erstreckt sich die Zuständigkeit der Union darauf, Maßnahmen zu treffen und eine gemeinsame Politik zu verfolgen, ohne dass die Ausübung dieser Zuständigkeit die Mitgliedstaaten hindert, ihre Zuständigkeit auszuüben.

## 1.2 AEUV Art. 6, 11, 13, 15, 26 — EU-Arbeitsweisevertrag (Auszug)

**Art. 6 [Unterstützungs-, Koordinierungs- und Ergänzungsbereiche]**
[1] Die Union ist für die Durchführung von Maßnahmen zur Unterstützung, Koordinierung oder Ergänzung der Maßnahmen der Mitgliedstaaten zuständig.
[2] Diese Maßnahmen mit europäischer Zielsetzung können in folgenden Bereichen getroffen werden:
a) Schutz und Verbesserung der menschlichen Gesundheit,
b) Industrie,
c) Kultur,
d) Tourismus,
e) allgemeine und berufliche Bildung, Jugend und Sport,
f) Katastrophenschutz,
g) Verwaltungszusammenarbeit.

**Art. 11 [Umweltintegrationsprinzip]** Die Erfordernisse des Umweltschutzes müssen bei der Festlegung und Durchführung der Unionspolitiken und -maßnahmen insbesondere zur Förderung einer nachhaltigen Entwicklung einbezogen werden.

**Art. 13 [Tierschutz]** Bei der Festlegung und Durchführung der Politik der Union in den Bereichen Landwirtschaft, Fischerei, Verkehr, Binnenmarkt, Forschung, technologische Entwicklung und Raumfahrt tragen die Union und die Mitgliedstaaten den Erfordernissen des Wohlergehens der Tiere als fühlende Wesen in vollem Umfang Rechnung; sie berücksichtigen hierbei die Rechts- und Verwaltungsvorschriften und die Gepflogenheiten der Mitgliedstaaten insbesondere in Bezug auf religiöse Riten, kulturelle Traditionen und das regionale Erbe.

**Art. 15 [Informationszugang]** (1) Um eine verantwortungsvolle Verwaltung zu fördern und die Beteiligung der Zivilgesellschaft sicherzustellen, handeln die Organe, Einrichtungen und sonstigen Stellen der Union unter weitestgehender Beachtung des Grundsatzes der Offenheit.

(3) *[1]* Jeder Unionsbürger sowie jede natürliche oder juristische Person mit Wohnsitz oder satzungsgemäßem Sitz in einem Mitgliedstaat hat das Recht auf Zugang zu Dokumenten der Organe, Einrichtungen und sonstigen Stellen der Union, unabhängig von der Form der für diese Dokumente verwendeten Träger, vorbehaltlich der Grundsätze und Bedingungen, die nach diesem Absatz festzulegen sind.

*[2]* Die allgemeinen Grundsätze und die aufgrund öffentlicher oder privater Interessen geltenden Einschränkungen für die Ausübung dieses Rechts auf Zugang zu Dokumenten werden vom Europäischen Parlament und vom Rat durch Verordnungen gemäß dem ordentlichen Gesetzgebungsverfahren festgelegt. ...

**Art. 26 [Binnenmarkt]** (1) Die Union erlässt die erforderlichen Maßnahmen, um nach Maßgabe der einschlägigen Bestimmungen der Verträge den Binnenmarkt zu verwirklichen beziehungsweise dessen Funktionieren zu gewährleisten.

(2) Der Binnenmarkt umfasst einen Raum ohne Binnengrenzen, in dem der freie Verkehr von Waren, Personen, Dienstleistungen und Kapital gemäß den Bestimmungen der Verträge gewährleistet ist.

**Art. 28 [Zollunion]** (1) Die Union umfasst eine Zollunion, die sich auf den gesamten Warenaustausch erstreckt; sie umfasst das Verbot, zwischen den Mitgliedstaaten Ein- und Ausfuhrzölle und Abgaben gleicher Wirkung zu erheben, sowie die Einführung eines Gemeinsamen Zolltarifs gegenüber dritten Ländern.

**Art. 34 [Verbot von Einfuhrbeschränkungen]** Mengenmäßige Einfuhrbeschränkungen sowie alle Maßnahmen gleicher Wirkung sind zwischen den Mitgliedstaaten verboten.

**Art. 35 [Verbot von Ausfuhrbeschränkungen]** Mengenmäßige Ausfuhrbeschränkungen sowie alle Maßnahmen gleicher Wirkung sind zwischen den Mitgliedstaaten verboten.

**Art. 36 [Verbotsausnahmen]** [1] Die Bestimmungen der Artikel 34 und 35 stehen Einfuhr-, Ausfuhr- und Durchfuhrverboten oder -beschränkungen nicht entgegen, die aus Gründen der öffentlichen Sittlichkeit, Ordnung und Sicherheit, zum Schutze der Gesundheit und des Lebens von Menschen, Tieren oder Pflanzen, des nationalen Kulturguts von künstlerischem, geschichtlichem oder archäologischem Wert oder des gewerblichen und kommerziellen Eigentums gerechtfertigt sind. [2] Diese Verbote oder Beschränkungen dürfen jedoch weder ein Mittel zur willkürlichen Diskriminierung noch eine verschleierte Beschränkung des Handels zwischen den Mitgliedstaaten darstellen.

**Art. 170 [Transeuropäische Netze]** (1) Um einen Beitrag zur Verwirklichung der Ziele der Artikel 26 und 174 zu leisten und den Bürgern der Union, den Wirtschaftsbeteiligten sowie den regionalen und lokalen Gebietskörperschaften in vollem Umfang die Vorteile zugute kommen zu lassen, die sich aus der Schaffung eines Raumes ohne Binnengrenzen ergeben, trägt die Union zum Auf- und Ausbau transeuropäischer Netze in den Bereichen der Verkehrs-, Telekommunikations- und Energieinfrastruktur bei.

(2) [1] Die Tätigkeit der Union zielt im Rahmen eines Systems offener und wettbewerbsorientierter Märkte auf die Förderung des Verbunds und der Interoperabilität der einzelstaatlichen Netze sowie des Zugangs zu diesen Netzen ab. [2] Sie trägt insbesondere der Notwendigkeit Rechnung, insulare, eingeschlossene und am Rande gelegene Gebiete mit den zentralen Gebieten der Union zu verbinden.

**Art. 174 [Benachteiligte Gebiete]** *[1]* Die Union entwickelt und verfolgt weiterhin ihre Politik zur Stärkung ihres wirtschaftlichen, sozialen und territorialen Zusammenhalts, um eine harmonische Entwicklung der Union als Ganzes zu fördern.

*[2]* Die Union setzt sich insbesondere zum Ziel, die Unterschiede im Entwicklungsstand der verschiedenen Regionen und den Rückstand der am stärksten benachteiligten Gebiete zu verringern.

*[3]* Unter den betreffenden Gebieten gilt besondere Aufmerksamkeit den ländlichen Gebieten, den vom industriellen Wandel betroffenen Gebieten und

den Gebieten mit schweren und dauerhaften natürlichen oder demografischen Nachteilen, wie den nördlichsten Regionen mit sehr geringer Bevölkerungsdichte sowie den Insel-, Grenz- und Bergregionen.

**Art. 191 [Umweltpolitik]** (1) Die Umweltpolitik der Union trägt zur Verfolgung der nachstehenden Ziele bei:
– Erhaltung und Schutz der Umwelt sowie Verbesserung ihrer Qualität;
– Schutz der menschlichen Gesundheit;
– umsichtige und rationelle Verwendung der natürlichen Ressourcen;
– Förderung von Maßnahmen auf internationaler Ebene zur Bewältigung regionaler oder globaler Umweltprobleme und insbesondere zur Bekämpfung des Klimawandels.

(2) *[1]* [1] Die Umweltpolitik der Union zielt unter Berücksichtigung der unterschiedlichen Gegebenheiten in den einzelnen Regionen der Union auf ein hohes Schutzniveau ab. [2] Sie beruht auf den Grundsätzen der Vorsorge und Vorbeugung, auf dem Grundsatz, Umweltbeeinträchtigungen mit Vorrang an ihrem Ursprung zu bekämpfen, sowie auf dem Verursacherprinzip.

*[2]* Im Hinblick hierauf umfassen die den Erfordernissen des Umweltschutzes entsprechenden Harmonisierungsmaßnahmen gegebenenfalls eine Schutzklausel, mit der die Mitgliedstaaten ermächtigt werden, aus nicht wirtschaftlich bedingten umweltpolitischen Gründen vorläufige Maßnahmen zu treffen, die einem Kontrollverfahren der Union unterliegen.

(3) Bei der Erarbeitung ihrer Umweltpolitik berücksichtigt die Union
– die verfügbaren wissenschaftlichen und technischen Daten;
– die Umweltbedingungen in den einzelnen Regionen der Union;
– die Vorteile und die Belastung aufgrund des Tätigwerdens bzw. eines Nichttätigwerdens;
– die wirtschaftliche und soziale Entwicklung der Union insgesamt sowie die ausgewogene Entwicklung ihrer Regionen.

(4) *[1]* [1] Die Union und die Mitgliedstaaten arbeiten im Rahmen ihrer jeweiligen Befugnisse mit dritten Ländern und den zuständigen internationalen Organisationen zusammen. [2] Die Einzelheiten der Zusammenarbeit der Union können Gegenstand von Abkommen zwischen dieser und den betreffenden dritten Parteien sein.

*[2]* Unterabsatz 1 berührt nicht die Zuständigkeit der Mitgliedstaaten, in internationalen Gremien zu verhandeln und internationale Abkommen zu schließen.

**Art. 192 [Beschlussverfahren; Finanzierung]** (1) Das Europäische Parlament und der Rat beschließen gemäß dem ordentlichen Gesetzgebungsverfahren und nach Anhörung des Wirtschafts- und Sozialausschusses sowie des Ausschusses der Regionen über das Tätigwerden der Union zur Erreichung der in Artikel 191 genannten Ziele.

(2) *[1]* Abweichend von dem Beschlussverfahren des Absatzes 1 und unbeschadet des Artikels 114 erlässt der Rat gemäß einem besonderen Gesetzgebungsverfahren nach Anhörung des Europäischen Parlaments, des Wirtschafts- und Sozialausschusses sowie des Ausschusses der Regionen einstimmig

a) Vorschriften überwiegend steuerlicher Art;

b) Maßnahmen, die
- die Raumordnung berühren,
- die mengenmäßige Bewirtschaftung der Wasserressourcen berühren oder die Verfügbarkeit dieser Ressourcen mittelbar oder unmittelbar betreffen,
- die Bodennutzung mit Ausnahme der Abfallbewirtschaftung berühren;
c) Maßnahmen, welche die Wahl eines Mitgliedstaats zwischen verschiedenen Energiequellen und die allgemeine Struktur seiner Energieversorgung erheblich berühren.

*[2]* Der Rat kann auf Vorschlag der Kommission und nach Anhörung des Europäischen Parlaments, des Wirtschafts- und Sozialausschusses und des Ausschusses der Regionen einstimmig festlegen, dass für die in Unterabsatz 1 genannten Bereiche das ordentliche Gesetzgebungsverfahren gilt.

(3) *[1]* Das Europäische Parlament und der Rat beschließen gemäß dem ordentlichen Gesetzgebungsverfahren und nach Anhörung des Wirtschafts- und Sozialausschusses sowie des Ausschusses der Regionen allgemeine Aktionsprogramme, in denen die vorrangigen Ziele festgelegt werden.

*[2]* Die zur Durchführung dieser Programme erforderlichen Maßnahmen werden, je nach Fall, nach dem in Absatz 1 beziehungsweise Absatz 2 vorgesehenen Verfahren erlassen.

(4) Unbeschadet bestimmter Maßnahmen der Union tragen die Mitgliedstaaten für die Finanzierung und Durchführung der Umweltpolitik Sorge.

(5) Sofern eine Maßnahme nach Absatz 1 mit unverhältnismäßig hohen Kosten für die Behörden eines Mitgliedstaats verbunden ist, werden darin unbeschadet des Verursacherprinzips geeignete Bestimmungen in folgender Form vorgesehen:
- vorübergehende Ausnahmeregelungen und/oder
- eine finanzielle Unterstützung aus dem nach Artikel 177 errichteten Kohäsionsfonds.

**Art. 193 [Strengeres Recht der Mitgliedstaaten]** ¹Die Schutzmaßnahmen, die aufgrund des Artikels 192 getroffen werden, hindern die einzelnen Mitgliedstaaten nicht daran, verstärkte Schutzmaßnahmen beizubehalten oder zu ergreifen. ²Die betreffenden Maßnahmen müssen mit den Verträgen vereinbar sein. ³Sie werden der Kommission notifiziert.

**Art. 194 [Energiepolitik]** (1) Die Energiepolitik der Union verfolgt im Geiste der Solidarität zwischen den Mitgliedstaaten im Rahmen der Verwirklichung oder des Funktionierens des Binnenmarkts und unter Berücksichtigung der Notwendigkeit der Erhaltung und Verbesserung der Umwelt folgende Ziele:
a) Sicherstellung des Funktionierens des Energiemarkts;
b) Gewährleistung der Energieversorgungssicherheit in der Union;
c) Förderung der Energieeffizienz und von Energieeinsparungen sowie Entwicklung neuer und erneuerbarer Energiequellen und
d) Förderung der Interkonnektion der Energienetze.

(2) *[1]* ¹Unbeschadet der Anwendung anderer Bestimmungen der Verträge erlassen das Europäische Parlament und der Rat gemäß dem ordentlichen Gesetzgebungsverfahren die Maßnahmen, die erforderlich sind, um die Ziele

## 1.2 AEUV Art. 196, 197

nach Absatz 1 zu verwirklichen. ²Der Erlass dieser Maßnahmen erfolgt nach Anhörung des Wirtschafts- und Sozialausschusses und des Ausschusses der Regionen.

*[2]* Diese Maßnahmen berühren unbeschadet des Artikels 192 Absatz 2 Buchstabe c nicht das Recht eines Mitgliedstaats, die Bedingungen für die Nutzung seiner Energieressourcen, seine Wahl zwischen verschiedenen Energiequellen und die allgemeine Struktur seiner Energieversorgung zu bestimmen.

(3) Abweichend von Absatz 2 erlässt der Rat die darin genannten Maßnahmen gemäß einem besonderen Gesetzgebungsverfahren einstimmig nach Anhörung des Europäischen Parlaments, wenn sie überwiegend steuerlicher Art sind.

**Art. 196 [Katastrophenschutz]** (1) *[1]* Die Union fördert die Zusammenarbeit zwischen den Mitgliedstaaten, um die Systeme zur Verhütung von Naturkatastrophen oder von vom Menschen verursachten Katastrophen und zum Schutz vor solchen Katastrophen wirksamer zu gestalten.

*[2]* Die Tätigkeit der Union hat folgende Ziele:

a) Unterstützung und Ergänzung der Tätigkeit der Mitgliedstaaten auf nationaler, regionaler und kommunaler Ebene im Hinblick auf die Risikoprävention, auf die Ausbildung der in den Mitgliedstaaten am Katastrophenschutz Beteiligten und auf Einsätze im Falle von Naturkatastrophen oder von vom Menschen verursachten Katastrophen in der Union;
b) Förderung einer schnellen und effizienten Zusammenarbeit in der Union zwischen den einzelstaatlichen Katastrophenschutzstellen;
c) Verbesserung der Kohärenz der Katastrophenschutzmaßnahmen auf internationaler Ebene.

(2) Das Europäische Parlament und der Rat erlassen unter Ausschluss jeglicher Harmonisierung der Rechtsvorschriften der Mitgliedstaaten gemäß dem ordentlichen Gesetzgebungsverfahren die erforderlichen Maßnahmen zur Verfolgung der Ziele des Absatzes 1.

**Art. 197 [Verwaltungszusammenarbeit]** (1) Die für das ordnungsgemäße Funktionieren der Union entscheidende effektive Durchführung des Unionsrechts durch die Mitgliedstaaten ist als Frage von gemeinsamem Interesse anzusehen.

(2) ¹Die Union kann die Mitgliedstaaten in ihren Bemühungen um eine Verbesserung der Fähigkeit ihrer Verwaltung zur Durchführung des Unionsrechts unterstützen. ²Dies kann insbesondere die Erleichterung des Austauschs von Informationen und von Beamten sowie die Unterstützung von Aus- und Weiterbildungsprogrammen beinhalten. ³Die Mitgliedstaaten müssen diese Unterstützung nicht in Anspruch nehmen. ⁴Das Europäische Parlament und der Rat erlassen die erforderlichen Maßnahmen unter Ausschluss jeglicher Harmonisierung der Rechtsvorschriften der Mitgliedstaaten durch Verordnungen gemäß dem ordentlichen Gesetzgebungsverfahren.

(3) ¹Dieser Artikel berührt weder die Verpflichtung der Mitgliedstaaten, das Unionsrecht durchzuführen, noch die Befugnisse und Pflichten der Kommission. ²Er berührt auch nicht die übrigen Bestimmungen der Verträge, in denen

eine Verwaltungszusammenarbeit unter den Mitgliedstaaten sowie zwischen diesen und der Union vorgesehen ist.

**Art. 288 [Rechtsakte]** *[1]* Für die Ausübung der Zuständigkeiten der Union nehmen die Organe Verordnungen, Richtlinien, Beschlüsse, Empfehlungen und Stellungnahmen an.

*[2]* ¹Die Verordnung hat allgemeine Geltung. ²Sie ist in allen ihren Teilen verbindlich und gilt unmittelbar in jedem Mitgliedstaat.

*[3]* Die Richtlinie ist für jeden Mitgliedstaat, an den sie gerichtet wird, hinsichtlich des zu erreichenden Ziels verbindlich, überlässt jedoch den innerstaatlichen Stellen die Wahl der Form und der Mittel.

*[4]* ¹Beschlüsse sind in allen ihren Teilen verbindlich. ²Sind sie an bestimmte Adressaten gerichtet, so sind sie nur für diese verbindlich.

*[5]* Die Empfehlungen und Stellungnahmen sind nicht verbindlich.

**Art. 289 [Gesetzgebungsverfahren]** (1) ¹Das ordentliche Gesetzgebungsverfahren besteht in der gemeinsamen Annahme einer Verordnung, einer Richtlinie oder eines Beschlusses durch das Europäische Parlament und den Rat auf Vorschlag der Kommission. ²Dieses Verfahren ist in Artikel 294 festgelegt.

(2) In bestimmten, in den Verträgen vorgesehenen Fällen erfolgt als besonderes Gesetzgebungsverfahren die Annahme einer Verordnung, einer Richtlinie oder eines Beschlusses durch das Europäische Parlament mit Beteiligung des Rates oder durch den Rat mit Beteiligung des Europäischen Parlaments.

(3) Rechtsakte, die gemäß einem Gesetzgebungsverfahren angenommen werden, sind Gesetzgebungsakte. …

**Art. 290 [Delegierte Rechtsakte]** (1) *[1]* In Gesetzgebungsakten kann der Kommission die Befugnis übertragen werden, Rechtsakte ohne Gesetzescharakter mit allgemeiner Geltung zur Ergänzung oder Änderung bestimmter nicht wesentlicher Vorschriften des betreffenden Gesetzgebungsaktes zu erlassen.

*[2]* ¹In den betreffenden Gesetzgebungsakten werden Ziele, Inhalt, Geltungsbereich und Dauer der Befugnisübertragung ausdrücklich festgelegt. ²Die wesentlichen Aspekte eines Bereichs sind dem Gesetzgebungsakt vorbehalten und eine Befugnisübertragung ist für sie deshalb ausgeschlossen.

(2) *[1]* Die Bedingungen, unter denen die Übertragung erfolgt, werden in Gesetzgebungsakten ausdrücklich festgelegt, wobei folgende Möglichkeiten bestehen:

a) Das Europäische Parlament oder der Rat kann beschließen, die Übertragung zu widerrufen.

b) Der delegierte Rechtsakt kann nur in Kraft treten, wenn das Europäische Parlament oder der Rat innerhalb der im Gesetzgebungsakt festgelegten Frist keine Einwände erhebt.

*[21]* Für die Zwecke der Buchstaben a und b beschließt das Europäische Parlament mit der Mehrheit seiner Mitglieder und der Rat mit qualifizierter Mehrheit.

(3) In den Titel der delegierten Rechtsakte wird das Wort „delegiert" eingefügt.

## 1.2 AEUV Art. 291

**Art. 291 [Durchführungsrechtsakte]** (1) Die Mitgliedstaaten ergreifen alle zur Durchführung der verbindlichen Rechtsakte der Union erforderlichen Maßnahmen nach innerstaatlichem Recht.

(2) Bedarf es einheitlicher Bedingungen für die Durchführung der verbindlichen Rechtsakte der Union, so werden mit diesen Rechtsakten der Kommission oder, in entsprechend begründeten Sonderfällen und in den in den Artikeln 24 und 26 des Vertrags über die Europäische Union vorgesehenen Fällen, dem Rat Durchführungsbefugnisse übertragen.

(3) Für die Zwecke des Absatzes 2 legen das Europäische Parlament und der Rat gemäß dem ordentlichen Gesetzgebungsverfahren durch Verordnungen im Voraus allgemeine Regeln und Grundsätze fest, nach denen die Mitgliedstaaten die Wahrnehmung der Durchführungsbefugnisse durch die Kommission kontrollieren.

(4) In den Titel der Durchführungsrechtsakte wird der Wortteil „Durchführungs-" eingefügt.

## 1.3. Charta der Grundrechte der Europäischen Union

(2007/C 303/01)

In der konsolidierten Fassung des Vertrags von Lissabon vom 13. Dezember 2007[1]

(ABl. 2010 C 83 S. 389; BGBl. 2008 II S. 1166; BGBl. 2009 II S. 1223)

Celex-Nr. 1 2007 P/TXT

– Auszug –

**Art. 37 Umweltschutz.** Ein hohes Umweltschutzniveau und die Verbesserung der Umweltqualität müssen in die Politik der Union einbezogen und nach dem Grundsatz der nachhaltigen Entwicklung sichergestellt werden.

**Art. 51 Anwendungsbereich.** (1) [1]Diese Charta gilt für die Organe, Einrichtungen und sonstigen Stellen der Union unter Wahrung des Subsidiaritätsprinzips und für die Mitgliedstaaten ausschließlich bei der Durchführung des Rechts der Union. [2]Dementsprechend achten sie die Rechte, halten sie sich an die Grundsätze und fördern sie deren Anwendung entsprechend ihren jeweiligen Zuständigkeiten und unter Achtung der Grenzen der Zuständigkeiten, die der Union in den Verträgen übertragen werden.

(2) Diese Charta dehnt den Geltungsbereich des Unionsrechts nicht über die Zuständigkeiten der Union hinaus aus und begründet weder neue Zuständigkeiten noch neue Aufgaben für die Union, noch ändert sie die in den Verträgen festgelegten Zuständigkeiten und Aufgaben.

**Art. 52 Tragweite und Auslegung der Rechte und Grundsätze.**

(5) [1]Die Bestimmungen dieser Charta, in denen Grundsätze festgelegt sind, können durch Akte der Gesetzgebung und der Ausführung der Organe, Einrichtungen und sonstigen Stellen der Union sowie durch Akte der Mitgliedstaaten zur Durchführung des Rechts der Union in Ausübung ihrer jeweiligen Zuständigkeiten umgesetzt werden. [2]Sie können vor Gericht nur bei der Auslegung dieser Akte und bei Entscheidungen über deren Rechtmäßigkeit herangezogen werden.

---

[1] Konsolidierte Fassung der Charta der Grundrechte der Europäischen Union vom 7.12.2000 in der ab 1.12.2009 geltenden Fassung.

## 2.0. Gesetz über die Errichtung eines Umweltbundesamtes

Vom 22. Juli 1974

(BGBl. I S. 1505)

**FNA 2129-9**

zuletzt geänd. durch Art. 114 Elfte ZuständigkeitsanpassungsVO v. 19.6.2020 (BGBl. I S. 1328)

**§ 1 [Errichtung und Sitz]** (1) Im Geschäftsbereich des Bundesministeriums für Umwelt, Naturschutz und nukleare Sicherheit ist eine selbständige Bundesoberbehörde unter der Bezeichnung „Umweltbundesamt" errichtet.

(2) Das Umweltbundesamt hat seinen Sitz in Dessau.

**§ 2 [Aufgaben]** (1) ¹Das Umweltbundesamt erledigt in eigener Zuständigkeit Verwaltungsaufgaben auf dem Gebiet der Umwelt und der gesundheitlichen Belange des Umweltschutzes, die ihm durch dieses Gesetz oder andere Bundesgesetze zugewiesen werden. ²Das Umweltbundesamt hat insbesondere folgende Aufgaben:

1. Wissenschaftliche Unterstützung des Bundesministeriums für Umwelt, Naturschutz und nukleare Sicherheit in allen Angelegenheiten des Immissions- und Bodenschutzes, der Abfall- und Wasserwirtschaft, der gesundheitlichen Belange des Umweltschutzes, insbesondere bei der Erarbeitung von Rechts- und Verwaltungsvorschriften, bei der Erforschung und Entwicklung von Grundlagen für geeignete Maßnahmen sowie bei der Prüfung und Untersuchung von Verfahren und Einrichtungen.
2. Aufbau und Führung des Informationssystems zur Umweltplanung sowie einer zentralen Umweltdokumentation, Messung der großräumigen Luftbelastung, Aufklärung der Öffentlichkeit in Umweltfragen, Bereitstellung zentraler Dienste und Hilfen für die Ressortforschung und für die Koordinierung der Umweltforschung des Bundes, Unterstützung bei der Prüfung der Umweltverträglichkeit von Maßnahmen des Bundes.

(2) Das Umweltbundesamt betreibt zur Erfüllung seiner Aufgaben wissenschaftliche Forschung auf den in Absatz 1 genannten Gebieten.

(3) Ferner können Verwaltungsaufgaben des Bundes auf den in Absatz 1 genannten Gebieten mit Zustimmung des Bundesministeriums für Umwelt, Naturschutz und nukleare Sicherheit dem Umweltbundesamt zur Erledigung in eigener Zuständigkeit zugewiesen werden, sofern die Übertragung solcher Aufgaben auf andere Bundesbehörden durch Bundesgesetz zugelassen ist oder wird.

(4) Das Umweltbundesamt erledigt als beauftragte Behörde, soweit keine andere Zuständigkeit gesetzlich festgelegt ist, Verwaltungsaufgaben des Bundes auf den in Absatz 1 genannten Gebieten, mit deren Durchführung es vom Bundesministerium für Umwelt, Naturschutz und nukleare Sicherheit oder mit seiner Zustimmung von der sachlich zuständigen obersten Bundesbehörde beauftragt wird.

**§ 3 [Fachaufsicht]** Soweit im Umweltbundesamt Aufgaben aus einem anderen Geschäftsbereich als dem des Bundesministeriums für Umwelt, Naturschutz und nukleare Sicherheit erledigt werden, steht das fachliche Weisungsrecht der sachlich zuständigen obersten Bundesbehörde zu.

**§ 4** *(aufgehoben)*

**§ 5** *(aufgehoben)*

## 2.1. Gesetz zur Errichtung einer Stiftung „Deutsche Bundesstiftung Umwelt"

Vom 18. Juli 1990

(BGBl. I S. 1448)

**FNA 2129-21**

geänd. durch Art. 2 G zur Neuregelung des Kulturgutschutzrechts v. 31.7.2016 (BGBl. I S. 1914)

**§ 1 Errichtung und Rechtsform.** Der Bund wird unter dem Namen „Deutsche Bundesstiftung Umwelt" eine rechtsfähige Stiftung des bürgerlichen Rechts errichten.

**§ 2 Aufgabe.** (1) ¹Aufgabe der Stiftung soll es sein, Vorhaben zum Schutz der Umwelt unter besonderer Berücksichtigung der mittelständischen Wirtschaft zu fördern. ²Die Stiftung soll in der Regel außerhalb der staatlichen Programme tätig werden; sie kann diese ergänzen.

(2) Zur Erfüllung ihrer Aufgabe soll die Stiftung insbesondere fördern:

- Forschung, Entwicklung und Innovation im Bereich umwelt- und gesundheitsfreundlicher Verfahren und Produkte unter besonderer Berücksichtigung kleiner und mittlerer Unternehmen;
- Austausch von Wissen über die Umwelt zwischen Wissenschaft, Wirtschaft und anderen öffentlichen oder privaten Stellen; Vorhaben zur Vermittlung von Wissen über die Umwelt;
- innerdeutsche Kooperationsprojekte in der Anwendung von Umwelttechnik vorwiegend durch mittelständische Unternehmen einschließlich Aus- und Weiterbildungsmaßnahmen;
- Bewahrung und Sicherung nationalen Kulturgutes im Hinblick auf schädliche Umwelteinflüsse (Modellvorhaben).

(3) Die Stiftung soll jährlich einen Umweltpreis vergeben.

**§ 3 Rechnungsprüfung.** Die Haushalts- und Wirtschaftsführung der Stiftung unterliegt der Prüfung durch den Bundesrechnungshof.

**§ 4 Berlin-Klausel.** *(gegenstandslos)*

**§ 5 Inkrafttreten.** Dieses Gesetz tritt am Tage nach der Verkündung[1] in Kraft.

---

[1] Verkündet am 27.7.1990.

## 2.3. Umweltstatistikgesetz (UStatG)[1] [2]
Vom 16. August 2005
(BGBl. I S. 2446)
**FNA 29-34**
zuletzt geänd. durch Art. 1 Erstes G zur Änd. des UmweltstatistikG und anderer G v. 22.9.2021
(BGBl. I S. 4363)

**§ 1 Zwecke der Umweltstatistik, Anordnung als Bundesstatistik.**
Für Zwecke der Umweltpolitik und zur Erfüllung europa- und völkerrechtlicher Berichtspflichten werden Erhebungen als Bundesstatistik durchgeführt.

**§ 2 Erhebungen, Berichtsjahr.** (1) Die Statistik umfasst die Erhebungen
1. der Abfallentsorgung (§ 3),
2. der Abfälle, über die Nachweise zu führen sind (§ 4),
3. der Entsorgung bestimmter Abfälle (§ 5),
4. des Inverkehrbringens und der Entsorgung bestimmter Erzeugnisse (§ 5a),
5. der öffentlichen Wasserversorgung und der öffentlichen Abwasserentsorgung (§ 7),
6. der nichtöffentlichen Wasserversorgung und der nichtöffentlichen Abwasserentsorgung (§ 8),
7. der Unfälle beim Umgang mit und bei der Beförderung von wassergefährdenden Stoffen sowie der prüfpflichtigen Anlagen zum Umgang mit wassergefährdenden Stoffen (§ 9),
8. bestimmter klimawirksamer Stoffe (§ 10),
9. der Aufwendungen für den Umweltschutz (§ 11),
10. der Waren und Dienstleistungen für den Umweltschutz (§ 12).

(2) Die Erhebungen erstrecken sich auf die Wirtschaftszweige nach Anhang I der Verordnung (EG) Nr. 1893/2006 des Europäischen Parlaments und des Rates vom 20. Dezember 2006 zur Aufstellung der statistischen Systematik der Wirtschaftszweige NACE Revision 2 und zur Änderung der Verordnung (EWG) Nr. 3037/90 des Rates sowie einiger Verordnungen der EG über bestimmte Bereiche der Statistik (ABl. EU Nr. L 393 S. 1) in der jeweils geltenden Fassung, soweit im Folgenden nichts anderes bestimmt ist.

(3) Berichtsjahr ist das dem Zeitpunkt der Erhebung vorangegangene Kalender- oder Geschäftsjahr, soweit im Folgenden nichts anderes bestimmt ist.

**§ 3 Erhebung der Abfallentsorgung.** (1) Die Erhebung erfasst, beginnend mit dem Berichtsjahr 2006, bei den Betreibern von zulassungsbedürftigen Anlagen, in denen Abfälle entsorgt werden, folgende Erhebungsmerkmale:
1. jährlich:
a) Art, Menge, Beschaffenheit, Herkunft, Verbleib und Entsorgungsverfahren der behandelten, gelagerten oder abgelagerten sowie der durch die Be-

---

[1] Verkündet als Art. 1 G zur Straffung der Umweltstatistik v. 16.8.2005 (BGBl. I S. 2446); Inkrafttreten gem. Art. 2 Satz 1 dieses G am 20.8.2005.
[2] Siehe auch das EnergiestatistikG v. 6.3.2017 (BGBl. I S. 392), geänd. durch G v. 20.11.2019 (BGBl. I S. 1626).

handlung entstandenen Abfälle, sekundären Rohstoffe und Produkte, Verwendungszweck des erzeugten Komposts sowie von Gärrückständen,

b) Anzahl, Art und Ort der Anlagen;

2. zweijährlich:
   a) Kapazität der Anlagen, bei Deponien auch die voraussichtliche Betriebszeit nach dem Stand vom 31. Dezember des Berichtsjahres,
   b) Art des Deponieabdichtungssystems, Art der Sickerwasserbehandlung, Art der Entgasung und der Abgasreinigung sowie Behandlung der Verbrennungsrückstände,
   c) Aufkommen und Verbleib der im Rahmen der Abfallentsorgung gewonnenen Energieträger und, soweit sie nicht nach dem Energiestatistikgesetz erfasst werden, Erzeugung und Verbleib von Energie, jeweils nach Art und Menge.

(2) Die Erhebung erfasst jährlich bei den nach dem Kreislaufwirtschaftsgesetz zuständigen Entsorgungsträgern sowie bei Dritten, soweit ihnen Verwertungs- und Beseitigungspflichten übertragen worden sind oder soweit sie mit der Erfüllung dieser Pflichten beauftragt worden sind,

1. die Erhebungsmerkmale Einsammeln und Verbleib von Abfällen nach Art, Menge und Herkunft; die Erhebungsmerkmale sind in der regionalen Gliederung nach Kreisen und kreisfreien Städten anzugeben;
2. beginnend mit dem Berichtsjahr 2020, zusätzlich die Anzahl der Anfallstellen,
   a) bei denen Bioabfälle mittels Biotonne getrennt gesammelt werden,
   b) bei denen Bioabfälle mittels Biotonne getrennt gesammelt und zudem Bioabfälle selbst kompostiert werden,
   c) bei denen ein Anschluss- und Benutzungszwang für eine getrennte Bioabfallsammlung mittels Biotonne besteht, die aber vom Anschluss- und Benutzungszwang befreit sind, weil sie ihre Bioabfälle selbst kompostieren,
   d) bei denen kein Anschluss- und Benutzungszwang für eine Biotonne besteht und keine Getrenntsammlung von Bioabfällen mittels Biotonne erfolgt.

(3) Die Erhebung erfasst bei höchstens 20 000 Betrieben und sonstigen Arbeitsstätten alle vier Jahre, beginnend mit dem Berichtsjahr 2010, das Erhebungsmerkmal Erzeugung von Abfällen nach Art und Menge.

## § 4 Erhebung der Abfälle, über die Nachweise zu führen sind.

Die Erhebung erfasst jährlich, beginnend mit dem Berichtsjahr 2006, bei den zuständigen Behörden

1. für gefährliche Abfälle, über die Nachweise zu führen sind, die Erhebungsmerkmale
   a) Art und Menge der vom Erzeuger abgegebenen oder in eigenen Anlagen oder anderweitig behandelten, gelagerten und abgelagerten Abfälle,
   b) Abfallerzeuger nach Wirtschaftszweigen sowie deren Erzeugernummer,
2. für die Verbringung von Abfällen in den, durch den und aus dem Geltungsbereich dieses Gesetzes die Erhebungsmerkmale
   a) Art und Menge der Abfälle nach Herkunfts- und Empfängerstaat,
   b) Art der Beseitigung und Verwertung.

## § 5 Erhebung der Entsorgung bestimmter Abfälle.

(1) ¹Die Erhebung erfasst alle zwei Jahre, beginnend mit dem Berichtsjahr 2006, bei den Betreibern von Anlagen zur Aufbereitung und Verwertung von Bau- und Abbruchabfällen die Erhebungsmerkmale

1. in der Anlage eingesetzte Art und Menge an Abfällen,
2. Art und Menge der gewonnenen Erzeugnisse und der entstandenen Abfälle,
3. Anzahl, Art und Ort der Anlage,
4. Kapazität der Anlage.

²Erstreckt sich der Einsatz nicht stationärer Anlagen über mehrere Länder, werden die Erhebungsmerkmale getrennt für jedes Land erfasst.

(2) Die Erhebung erfasst jährlich, beginnend mit dem Berichtsjahr 2022, bei den Unternehmen, die Abfälle aus Verpackungen nach § 15 Absatz 1 Satz 1 des Verpackungsgesetzes[1] in der jeweils geltenden Fassung sowie Abfälle aus pfandpflichtigen Einweggetränkeverpackungen nach § 31 Absatz 1 Satz 1 des Verpackungsgesetzes einsammeln oder entsorgen, die Erhebungsmerkmale Art, Menge und Verbleib dieser Abfälle aus Verpackungen.

(3) Die Erhebung erfasst jährlich, beginnend mit dem Berichtsjahr 2006, bei den Unternehmen, Einrichtungen und öffentlich-rechtlichen Entsorgungsträgern, die mit der Sammlung, Behandlung oder Entsorgung von Elektro- und Elektronikaltgeräten nach dem Elektro- und Elektronikgerätegesetz[2] vom 20. Oktober 2015 (BGBl. I S. 1739) in der jeweils geltenden Fassung befasst sind, die Erhebungsmerkmale Art, Menge und Verbleib der Geräte.

## § 5a Erhebung des Inverkehrbringens und der Entsorgung bestimmter Erzeugnisse.

(1) ¹Die Erhebung erfasst jährlich, beginnend mit dem Berichtsjahr 2022, bei der Zentralen Stelle nach § 3 Absatz 18 des Verpackungsgesetzes[1] folgende Erhebungsmerkmale:

1. Materialart und Menge der erstmals in Verkehr gebrachten systembeteiligungspflichtigen Verpackungen nach § 3 Absatz 8 des Verpackungsgesetzes,
2. Materialart und Menge der Verpackungsabfälle, die bei den privaten Endverbrauchern nach § 3 Absatz 11 des Verpackungsgesetzes von den Systemen nach § 14 Absatz 1 Satz 1 des Verpackungsgesetzes gesammelt oder von den Branchenlösungen nach § 8 Absatz 1 Satz 1 des Verpackungsgesetzes zurückgenommen worden sind, sowie Verbleib und Entsorgung dieser Verpackungsabfälle, gegliedert nach Ländern.

²Die Erhebung wird vom Statistischen Bundesamt durchgeführt.

(2) Die Erhebung erfasst jährlich, beginnend mit dem Berichtsjahr 2022, bei denjenigen, die eine gemeinschaftliche Nutzung von Mehrwegverpackungen nach § 3 Absatz 3 des Verpackungsgesetzes durch mehrere Unternehmen ermöglichen, folgende Erhebungsmerkmale:

1. Art und Menge der erstmals an die teilnehmenden Unternehmen abgegebenen Mehrwegverpackungen,
2. Art und Menge der insgesamt im Verkehr befindlichen Mehrwegverpackungen,
3. Anzahl der Umläufe der Mehrwegverpackungen und

---

[1] Nr. 5.4.
[2] Nr. 5.2.

4. Art und Menge der als Abfall ausgesonderten Mehrwegverpackungen sowie deren Verbleib und Entsorgung,

jeweils gegliedert nach Verkaufsverpackungen im Sinne des § 3 Absatz 1 Nummer 1 des Verpackungsgesetzes und sonstigen Mehrwegverpackungen, soweit ihnen diese Daten vorliegen.

(3) [1] Die Erhebung erstreckt sich auf Hersteller nach § 3 Absatz 14 des Verpackungsgesetzes, die mit Ware befüllte Verpackungen in Verkehr bringen. [2] Die Erhebung wird beginnend mit dem Berichtsjahr 2022 alle zehn Jahre als Vollerhebung durchgeführt. [3] In den dazwischenliegenden Jahren wird die Erhebung jährlich, basierend auf den Ergebnissen der vorangegangenen Vollerhebung bezüglich Umfang und Struktur des Berichtskreises, als geschichtete Stichprobenerhebung durchgeführt. [4] Die Erhebung erfasst folgende Erhebungsmerkmale:

1. Art und Menge der erstmals in Verkehr gebrachten Verpackungen nach § 15 Absatz 1 Satz 1 des Verpackungsgesetzes, mit Ausnahme von Mehrwegverpackungen nach § 3 Absatz 3 des Verpackungsgesetzes,
2. Art und Menge der nach § 15 Absatz 1 Satz 1 des Verpackungsgesetzes zurückgenommenen Verpackungen, mit Ausnahme von Mehrwegverpackungen nach § 3 Absatz 3 des Verpackungsgesetzes, sowie deren Verbleib und Entsorgung,
3. Art und Menge der erstmals in Verkehr gebrachten Mehrwegverpackungen nach § 3 Absatz 3 des Verpackungsgesetzes, die Art und Menge der insgesamt im Verkehr befindlichen Mehrwegverpackungen und die Anzahl ihrer Umläufe, jeweils gegliedert nach Verkaufsverpackungen im Sinne des § 3 Absatz 1 Nummer 1 des Verpackungsgesetzes und sonstigen Mehrwegverpackungen, soweit sie nicht nach Absatz 2 erfasst werden und soweit ihnen diese Daten vorliegen,
4. Art und Menge der als Abfall ausgesonderten Mehrwegverpackungen sowie deren Verbleib und Entsorgung, gegliedert nach Verkaufsverpackungen und sonstigen Mehrwegverpackungen, soweit sie nicht nach Absatz 2 erfasst werden und soweit ihnen diese Daten vorliegen,
5. Art und Menge der erstmals in Verkehr gebrachten Einweggetränkeverpackungen, die der Pfand- und Rücknahmepflicht nach § 31 des Verpackungsgesetzes unterliegen, sowie bei Einwegkunststoffgetränkeflaschen zusätzlich der Rezyklatanteil,
6. Art und Menge der zurückgenommenen Einweggetränkeverpackungen, die der Pfand- und Rücknahmepflicht nach § 31 des Verpackungsgesetzes unterliegen, sowie deren Verbleib und Entsorgung.

(4) Die Erhebung erfasst jährlich, beginnend mit dem Berichtsjahr 2022, bei den Unternehmen, die sehr leichte Kunststofftragetaschen nach Artikel 3 Nummer 1d der Richtlinie 94/62/EG des Europäischen Parlaments und des Rates vom 20. Dezember 1994 über Verpackungen und Verpackungsabfälle (ABl. L 365 vom 31.12.1994, S. 10), die zuletzt durch die Richtlinie (EU) 2018/852 (ABl. L 150 vom 14.6.2018, S. 141; L 306 vom 30.11.2018, S. 72) geändert worden ist, in der jeweils geltenden Fassung erstmals in Verkehr bringen, das Erhebungsmerkmal Menge der erstmals in Verkehr gebrachten sehr leichten Kunststofftragetaschen.

(5) Die Erhebung erfasst jährlich, beginnend mit dem Berichtsjahr 2022, bei den Unternehmen, die in Artikel 13 Absatz 1 der Richtlinie (EU) 2019/904

des Europäischen Parlaments und des Rates vom 5. Juni 2019 über die Verringerung der Auswirkungen bestimmter Kunststoffprodukte auf die Umwelt (ABl. L 155 vom 12.6.2019, S. 1) in der jeweils geltenden Fassung genannte Erzeugnisse erstmals in Verkehr bringen, die Erhebungsmerkmale Art und Menge der erstmals in Verkehr gebrachten Erzeugnisse, soweit sie nicht nach Absatz 1 bis 4 erfasst werden.

(6) ¹Die Erhebung erfasst jährlich, beginnend mit dem Berichtsjahr 2022, bei höchstens 400 Behörden oder bei Unternehmen, Körperschaften und Einrichtungen, die in Artikel 13 Absatz 1 der Richtlinie (EU) 2019/904 genannte Erzeugnisse sammeln und entsorgen, die Erhebungsmerkmale Art, Menge, Verbleib und Entsorgung der gesammelten Abfälle aus diesen Erzeugnissen, soweit die Daten nicht nach Absatz 1 bis 5 erfasst werden. ²Die Erhebung erfolgt bei Behörden, soweit die in Satz 1 genannten Daten bei diesen vorliegen.

(7) Die Erhebung erfasst alle zwei Jahre, beginnend mit dem Berichtsjahr 2022, bei den Unternehmen, Körperschaften und Einrichtungen, die mit der Sammlung und Entsorgung passiv gefischter Abfälle nach Artikel 8 Absatz 7 in Verbindung mit Artikel 2 Nummer 4 der Richtlinie (EU) 2019/883 des Europäischen Parlaments und des Rates vom 17. April 2019 über Hafenauffangeinrichtungen für die Entladung von Abfällen von Schiffen, zur Änderung der Richtlinie 2010/65/EU und zur Aufhebung der Richtlinie 2000/59/EG (ABl. L 151 vom 7.6.2019, S. 116) in der jeweils geltenden Fassung befasst sind, das Erhebungsmerkmal Menge der gesammelten und entsorgten Abfälle.

**§ 6 Aufbereitung und Veröffentlichung der abfallstatistischen Erhebungen.** (1) Das Statistische Bundesamt bereitet die Erhebungen nach den §§ 3 bis 5a jährlich in Form von Bilanzen auf, die Aufkommen, Verwertung und Beseitigung von Abfällen darstellen.

(2) Das Statistische Bundesamt veröffentlicht die Ergebnisse der Erhebungen nach den §§ 3 bis 5a sowie die Bilanzen nach Absatz 1 spätestens 18 Monate nach Ablauf des Berichtsjahres.

**§ 7 Erhebung der öffentlichen Wasserversorgung und der öffentlichen Abwasserentsorgung.** (1) Die Erhebung erfasst alle drei Jahre, beginnend mit dem Berichtsjahr 2022, bei Anstalten, Körperschaften, Unternehmen und anderen Einrichtungen, die Anlagen für die öffentliche Wasserversorgung betreiben, folgende Erhebungsmerkmale:

1. Gewinnung von Wasser nach Art, Menge sowie Ort der Gewinnungsanlage mit Geokoordinaten und Nutzungsdauer der Anlage im Berichtsjahr,
2. Bezug sowie Abgabe von Wasser nach Menge, Liefer- und Abnehmergruppen,
3. Abgabe von Wasser an Letztverbraucher nach Menge, gegliedert nach Gemeinden, und Zahl der versorgten Einwohner nach dem Stand vom 31. Dezember des dem Berichtsjahr vorangegangenen Kalenderjahres, gegliedert nach Gemeinden,
4. Menge des Eigenbedarfs an Wasser und Menge der Wasserverluste.

(2) Die Erhebung erfasst bei Anstalten, Körperschaften, Unternehmen und anderen Einrichtungen, die Anlagen für die öffentliche Abwasserentsorgung

betreiben, sowie bei Abwasserbehandlungsanlagen mit einer genehmigten Ausbaugröße von mehr als 50 Einwohnerwerten,

1. alle drei Jahre, beginnend mit dem Berichtsjahr 2022, folgende Erhebungsmerkmale:
   a) Kanalnetz nach Art, Länge und Baujahr sowie Anzahl und Speichervolumen der Anlagen zur Regen- und Mischwasserbehandlung, jeweils gegliedert nach Gemeinden und nach dem Stand vom 31. Dezember des Berichtsjahres,
   b) Menge und Verbleib des gesammelten Schmutz-, Fremd- und Niederschlagswassers sowie Ort der Einleitstelle mit Geokoordinaten,
   c) Art der Behandlung von Schmutz-, Fremd- und Niederschlagswasser,
   d) Zahl der an Abwasseranlagen angeschlossenen Einwohner nach dem Stand vom 31. Dezember des dem Berichtsjahr vorangegangenen Kalenderjahres, angeschlossene Einwohnerwerte sowie die Namen der angeschlossenen Gemeinden,
   e) Menge des nach der Behandlung in Abwasserbehandlungsanlagen eingeleiteten oder unbehandelt eingeleiteten Abwassers sowie die jeweiligen Konzentrationen und Frachten an Schadstoffen und Schadstoffgruppen insbesondere nach Anhang 1 der Abwasserverordnung[1]) in der Fassung der Bekanntmachung vom 17. Juni 2004 (BGBl. I S. 1108, 2625), die zuletzt durch Artikel 1 der Verordnung vom 16. Juni 2020 (BGBl. I S. 1287) geändert worden ist, in der jeweils geltenden Fassung,
   f) Ausbaugröße der Anlagen sowie deren Nutzungsdauer im Berichtsjahr, und
2. jährlich, beginnend mit dem Berichtsjahr 2021, die Erhebungsmerkmale Klärschlamm nach erzeugter, bezogener und abgegebener Menge, Behandlung, Beschaffenheit, Verbleib und Verwertung sowie die Fläche, auf der oder in die die Auf- oder Einbringung des Klärschlamms erfolgte, nach Größe und zusätzlich, beginnend mit dem Berichtsjahr 2022, die Fläche nach Ort mit Geokoordinaten.

(3) Die Erhebung erfasst alle drei Jahre, beginnend mit dem Berichtsjahr 2022, bei den für die öffentliche Wasserversorgung und bei den für die öffentliche Abwasserentsorgung zuständigen Gemeinden oder Dritten, soweit ihnen diese Aufgaben übertragen wurden oder sie mit der Erfüllung der Aufgaben beauftragt worden sind, folgende Erhebungsmerkmale:

1. Zahl der nicht an die öffentliche Wasserversorgung angeschlossenen Einwohner nach dem Stand vom 31. Dezember des dem Berichtsjahr vorangegangenen Kalenderjahres,
2. Zahl der nicht an öffentliche Abwasseranlagen angeschlossenen Einwohner nach dem Stand vom 31. Dezember des dem Berichtsjahr vorangegangenen Kalenderjahres,
3. Art der Abwasserbehandlung und Verbleib des Abwassers der nicht an die öffentliche Abwasserentsorgung angeschlossenen Einwohner.

(4) Erstrecken sich die Wasserversorgung und die Abwasserentsorgung über mehrere Länder, werden die Erhebungsmerkmale nach den Absätzen 1 bis 3 für jedes Land getrennt erfasst.

---

[1]) Nr. **4.1.2**.

## § 8 Erhebung der nichtöffentlichen Wasserversorgung und der nichtöffentlichen Abwasserentsorgung.
¹Die Erhebung erstreckt sich auf nichtöffentliche Betriebe, die mindestens 2000 Kubikmeter Wasser pro Jahr gewinnen oder mindestens 10 000 Kubikmeter Wasser pro Jahr von anderen Betrieben beziehen oder mindestens 2000 Kubikmeter Wasser oder Abwasser pro Jahr in Gewässer einleiten. ²Die Erhebung erfasst

1. alle drei Jahre, beginnend mit dem Berichtsjahr 2022, folgende Erhebungsmerkmale:
   a) Gewinnung von Wasser nach Wasserarten sowie Bezug und Abgabe von Wasser, jeweils nach Menge,
   b) Verwendung von Wasser, getrennt nach Einsatzbereichen, nach Menge sowie nach Einfach-, Mehrfach- und Kreislaufnutzung,
   c) Herkunft und Verbleib des ungenutzten Wassers und Abwassers nach Menge sowie Ort der Einleitstelle mit Geokoordinaten,
   d) Art der Abwasserbehandlung,
   e) Menge des nach der Behandlung in Abwasseranlagen eingeleiteten oder unbehandelt eingeleiteten Abwassers sowie die jeweiligen Konzentrationen und Frachten an Schadstoffen und Schadstoffgruppen, insbesondere entsprechend der Abwasserverordnung, nach Ort der Einleitstelle mit Geokoordinaten,
   f) Klärschlamm nach Menge, Behandlung und Verbleib mit Stand vom 31. Dezember des Berichtsjahres und
2. jährlich, beginnend mit dem Berichtsjahr 2022, bei Betrieben, die Klärschlamm zur Verwendung in der Landwirtschaft abgeben, zusätzlich die Erhebungsmerkmale Beschaffenheit sowie die Fläche, auf der die Auf- oder Einbringung des Klärschlamms erfolgte, nach Größe, Ort und Geokoordinaten. Abweichend von § 2 Absatz 2 ist von der Erhebung nach Satz 2 Nummer 1 Buchstabe c bis f und Nummer 2 der Wirtschaftszweig nach Abschnitt A – „Land- und Forstwirtschaft, Fischerei" des Anhangs I der Verordnung (EG) Nr. 1893/2006 ausgenommen.

## § 9 Erhebung der Unfälle beim Umgang mit und bei der Beförderung von wassergefährdenden Stoffen sowie der prüfpflichtigen Anlagen zum Umgang mit wassergefährdenden Stoffen.
(1) Die Erhebung erfasst bei den nach Landesrecht für die Entgegennahme der Anzeigen über die Unfälle beim Umgang mit wassergefährdenden Stoffen zuständigen Behörden jährlich, beginnend mit dem Berichtsjahr 2022, die Erhebungsmerkmale

1. Ort und Datum des Unfalls, hilfsweise Datum der Feststellung, und das für die Bewertung des Unfalls vorgegebene betroffene Gebiet,
2. Art der Anlage, jeweils nach Verwendungszweck,
3. Ursache des Unfalls,
4. Art, Menge und maßgebende Wassergefährdungsklasse des freigesetzten und wiedergewonnenen Stoffes,
5. Unfallfolgen,
6. Maßnahmen der Schadensbeseitigung.

(2) Die Erhebung erfasst bei den nach Landesrecht für die Entgegennahme der Anzeigen über Unfälle bei der Beförderung wassergefährdender Stoffe und für die Beseitigung von Unfallfolgen zuständigen Behörden oder bei Dritten,

soweit ihnen die Aufgabe der Entgegennahme der Anzeigen über Unfälle bei der Beförderung wassergefährdender Stoffe übertragen wurde und soweit sie für die Beseitigung von Unfallfolgen zuständig sind, jährlich, beginnend mit dem Berichtsjahr 2022, die Erhebungsmerkmale

1. Art des Beförderungsmittels und der Umschließung,
2. Ort und Datum des Unfalls, hilfsweise Datum der Feststellung, und das für die Bewertung des Unfalls vorgegebene betroffene Gebiet,
3. Ursache des Unfalls,
4. Art, Menge und maßgebende Wassergefährdungsklasse des beförderten, freigesetzten und wiedergewonnenen Stoffes, unterteilt in Ladegut und Betriebsstoff des eingesetzten Fahrzeugs,
5. Unfallfolgen,
6. Maßnahmen der Schadensbeseitigung.

(3) Als Unfall im Sinne der Absätze 1 und 2 gilt das Austreten einer im Hinblick auf den Schutz der Gewässer nicht unerheblichen Menge wassergefährdender Stoffe.

(4) [1] Die Erhebung erfasst jährlich für alle im Berichtsjahr prüfpflichtigen und vollständig geprüften Anlagen zum Umgang mit wassergefährdenden Stoffen, beginnend mit dem Berichtsjahr 2018, die Erhebungsmerkmale

1. Standort, einschließlich Standortgegebenheiten,
2. Baujahr oder Jahr der Inbetriebnahme,
3. Art, Verwendungszweck und Bauart,
4. maßgebendes Volumen bei flüssigen, maßgebende Masse bei festen und gasförmigen wassergefährdenden Stoffen,
5. Gefährdungsstufe,
6. wassergefährdende Stoffe, zusammengefasst zu Kategorien und nach Wassergefährdungsklasse,
7. Jahr der Prüfung,
8. Nummer des Prüfberichts,
9. Art und Ergebnis der Prüfung,
10. Art der festgestellten Mängel.

[2] Die Angaben sind dem Statistischen Bundesamt von den durch die zuständigen Behörden anerkannten Sachverständigenorganisationen bis zum 31. März des dem Berichtsjahr folgenden Jahres zu übermitteln. [3] Entfällt die Berichtspflicht der Sachverständigenorganisation während des Berichtsjahres, sind die Angaben nach Satz 1 dem Statistischen Bundesamt für die Anlagen, die bis zu diesem Zeitpunkt vollständig geprüft wurden, innerhalb von zehn Wochen nach dem Wegfall der Berichtspflicht zu übermitteln.

(5) Zuständige Behörde für die Erhebung und Aufbereitung der Angaben nach Absatz 4 ist das Statistische Bundesamt.

**§ 10 Erhebung bestimmter klimawirksamer Stoffe.** (1) Die Erhebung erfasst bei Unternehmen, die Halogenderivate der aliphatischen Kohlenwasserstoffe mit bis zu zehn Kohlenstoffatomen und die Fluorderivate der cyclischen Kohlenwasserstoffe mit bis zu zehn Kohlenstoffatomen

1. herstellen, einführen oder ausführen oder

2. in Mengen von mehr als 20 Kilogramm pro Stoff und Jahr zur Herstellung, Instandhaltung, Wartung oder Reinigung von Erzeugnissen verwenden,

die Erhebungsmerkmale Art und Menge der Stoffe als solche oder in Zubereitungen.

(1a) Die Erhebung nach Absatz 1 erfolgt jährlich,

1. beginnend mit dem Berichtsjahr 2006 für Fluorderivate mit bis zu sechs Kohlenstoffatomen,
2. beginnend mit dem Berichtsjahr 2015 für Fluorderivate mit bis zu zehn Kohlenstoffatomen und
3. beginnend mit dem Berichtsjahr 2022 für Halogenderivate mit bis zu zehn Kohlenstoffatomen.

(2) [1]Die Erhebung erfasst bei Unternehmen, die Schwefelhexafluorid oder Stickstofftrifluorid

1. herstellen, einführen oder ausführen oder
2. in Mengen von mehr als 200 Kilogramm pro Jahr im Inland abgeben,

das Erhebungsmerkmal Menge des Stoffes und im Falle der Nummer 2 auch den vorgesehenen Verwendungszweck. [2]Die Erhebung erstreckt sich nicht auf Unternehmen, die Produkte und Einrichtungen herstellen, die Schwefelhexafluorid oder Stickstofftrifluorid zu deren Funktionieren benötigen.

(2a) Die Erhebung nach Absatz 2 erfolgt jährlich,

1. beginnend mit dem Berichtsjahr 2006 für Schwefelhexafluorid und
2. beginnend mit dem Berichtsjahr 2015 für Stickstofftrifluorid.

(3) Zuständige Behörde für die Erhebung und Aufbereitung der Angaben nach Absatz 2 ist das Statistische Bundesamt.

**§ 11 Erhebung der Aufwendungen für den Umweltschutz.** (1) [1]Die Erhebung erfasst bei Unternehmen und Betrieben des Produzierenden Gewerbes mit Ausnahme des Baugewerbes, soweit sie dem Berichtskreis nach § 2, § 3 Buchstabe A Ziffer II, § 6 Buchstabe B sowie § 6a Buchstabe B des Gesetzes über die Statistik im Produzierenden Gewerbe in der Fassung der Bekanntmachung vom 21. März 2002 (BGBl. I S. 1181), das zuletzt durch Artikel 8 des Gesetzes vom 22. November 2019 (BGBl. I S. 1746) geändert worden ist, in der jeweils geltenden Fassung angehören,

1. jährlich, beginnend mit dem Berichtsjahr 2021, folgende Erhebungsmerkmale:

   a) Investitionen in Sachanlagen,

   b) Wert der erstmals gemieteten und gepachteten neuen Sachanlagen,

   c) Investitionen in immaterielle Vermögensgegenstände,

   die ausschließlich oder überwiegend dem Schutz der Umwelt dienen, jeweils gegliedert nach Art der Investition und Sachanlage sowie additiven und integrierten Umweltschutzmaßnahmen,

2. alle drei Jahre, beginnend mit dem Berichtsjahr 2022, bei 10 000 Erhebungseinheiten das Erhebungsmerkmal laufende Aufwendungen für Maßnahmen, die ausschließlich oder überwiegend dem Schutz der Umwelt dienen, nach Art der Aufwendung.

Umweltstatistikgesetz § 12 UStatG 2.3

[2] Die Erhebung bei Betrieben nach § 2 des Gesetzes über die Statistik im Produzierenden Gewerbe kann durch die Erhebung bei den zugehörigen Unternehmen in der Untergliederung der Erhebungsmerkmale nach Ländern ersetzt werden. [3] Die Erhebungsmerkmale werden nach Umweltmaßnahmen sowie den Umweltbereichen nach Anhang IV der Verordnung (EU) Nr. 691/2011 des Europäischen Parlaments und des Rates vom 6. Juli 2011 über europäische umweltökonomische Gesamtrechnungen (ABl. L 192 vom 22.7.2011, S. 1), die zuletzt durch die Verordnung (EU) Nr. 538/2014 (ABl. L 158 vom 27.5.2014, S. 113) geändert worden ist, in der jeweils geltenden Fassung erfasst. [4] Im Bereich Klimaschutz werden diese Erhebungsmerkmale zusätzlich getrennt nach Maßnahmen in den Bereichen Treibhausgas-Emissionen, erneuerbare Energien und Energieeffizienz erfasst. [5] Die Erhebung nach Satz 1 Nummer 2 wird vom Statistischen Bundesamt durchgeführt. [6] Umweltmaßnahmen sind alle Maßnahmen und Tätigkeiten, die vorrangig der Vorbeugung, Verringerung und Beseitigung von Umweltverschmutzung und jeder anderen Form der Umweltbelastung dienen oder eine schonendere Nutzung der Ressourcen ermöglichen.

(2) Die Erhebung erfasst alle drei Jahre nach Jahren, beginnend mit den Berichtsjahren 2008 bis 2010, für alle Betreiber von Anlagen der öffentlichen Wasserversorgung und Abwasserentsorgung die Erhebungsmerkmale Wasserentgelte für die Wasserversorgung und Abwasserentgelte für die Abwasserentsorgung jeweils nach Gemeinden.

### § 12 Erhebung der Güter und Leistungen für den Umweltschutz.

(1) [1] Die Erhebung erfasst bei höchstens 15 000 Betrieben und Einrichtungen, die dem Umweltschutz dienende Güter und Leistungen gemäß dem jeweils geltenden nationalen Verzeichnis der Umweltschutzleistungen produzieren und erbringen, jährlich, beginnend mit dem Berichtsjahr 2021, für diese Güter und Leistungen die Erhebungsmerkmale

1. Art der Güter und Leistungen sowie die damit erzielten Umsätze nach inländischen und ausländischen Abnehmern,
2. in den Erhebungseinheiten in der Produktion und für die Erbringung dieser Güter und Leistungen eingesetzte Arbeitskraft nach Vollzeitäquivalenten.

[2] Die Erhebungsmerkmale nach Satz 1 Nummer 1 werden nach Umweltmaßnahmen sowie nach den Umweltbereichen nach Anhang V der Verordnung (EU) Nr. 691/2011 erfasst. [3] Im Bereich Klimaschutz werden diese Merkmale zusätzlich getrennt nach Maßnahmen in den Bereichen Treibhausgas-Emissionen, erneuerbare Energien und Energieeffizienz erfasst.

(2) Ausgenommen von der Erhebung nach Absatz 1 sind Betriebe und Einrichtungen,

1. die ausschließlich Entsorgungsdienstleistungen im Bereich Abfall- und Abwassermanagement sowie in der Behandlung von Boden, Grund- und Oberflächenwasser erbringen,
2. die dem Bereich Land- und Forstwirtschaft, Fischerei angehören,
3. die dem Produzierenden Gewerbe angehören mit weniger als 20 tätigen Personen,
4. die dem Dienstleistungssektor zugeordnet sind und wenn der Umsatz des Unternehmens, dem diese Betriebe und Einrichtungen jeweils angehören, weniger als 1 Million Euro im Jahr beträgt.

**§ 13 Hilfsmerkmale.** (1) Hilfsmerkmale der Erhebungen sind
1. Name, Bezeichnung und Anschrift sowie Rufnummern und Adressen für elektronische Post der Einheiten, die in die Erhebungen einbezogen sind,
2. Name und Kontaktdaten der für Rückfragen zur Verfügung stehenden Person,
3. für die Erhebung nach § 4 Nr. 1 zusätzlich Name und Anschrift der Abfallerzeuger,
4. für die Erhebung nach § 7 bei Angaben zu Bezug und Weiterleitung von Wasser zusätzlich Name und Sitz des liefernden bzw. abnehmenden Versorgungsunternehmens,
5. für die Erhebungen nach § 5 Abs. 1 zusätzlich Name und Anschrift der Mieter oder Lohnauftraggeber der Anlagen,
6. für die Erhebungen nach § 3 Abs. 1 zusätzlich Erzeuger- und Entsorgernummer,
7. für die Erhebungen nach § 5a Absatz 2 zusätzlich Name und Anschrift der teilnehmenden Hersteller der Mehrwegverpackungen.

(2) Mit den Hilfsmerkmalen nach Absatz 1 Nr. 3, 5 und 6 dürfen die Erhebungsmerkmale nach den §§ 3 bis 5 zusammengeführt werden.

(3) Mit den Hilfsmerkmalen nach Absatz 1 Nummer 4 dürfen die Erhebungsmerkmale nach den §§ 7 und 8 zusammengeführt werden.

**§ 14 Auskunftspflicht.** (1) ¹Für die Erhebungen nach diesem Gesetz besteht Auskunftspflicht. ²Die Angaben zu § 13 Abs. 1 Nr. 2 sind freiwillig.

(2) Auskunftspflichtig sind für die Erhebungen nach
1. § 3
   a) im Falle des Absatzes 1
   die Inhaber oder Inhaberinnen oder Leitungen der genannten Anlagen,
   b) im Falle des Absatzes 2
   die Entsorgungsträger und Dritte, soweit diesen Verwertungs- und Beseitigungspflichten übertragen oder sie mit deren Erfüllung beauftragt worden sind,
   c) im Falle des Absatzes 3
   die Inhaber oder Inhaberinnen oder Leitungen der genannten Betriebe und sonstige Arbeitsstätten,
2. § 4
   a) im Falle der Nummer 1
   die Behörden, die für die Nachweise gefährlicher Abfälle zuständig sind,
   b) im Falle der Nummer 2
   die Behörden, die für die Verbringung von Abfällen zuständig sind,
3. § 5
   a) im Falle des Absatzes 1
   die Inhaber oder Inhaberinnen oder Leitungen oder die Nutzer oder Nutzerinnen der genannten Anlagen,
   b) im Falle des Absatzes 2
   die Inhaber oder Inhaberinnen oder Leitungen der genannten Unternehmen,
   c) im Falle des Absatzes 3

die Inhaber oder Inhaberinnen oder Leitungen der genannten Unternehmen und Einrichtungen sowie die Entsorgungsträger,

4. § 5a
   a) im Falle des Absatzes 1
   die Zentrale Stelle nach § 3 Absatz 18 des Verpackungsgesetzes[1],
   b) im Falle der Absätze 2 bis 5
   die Inhaber oder Inhaberinnen oder Leitungen der genannten Betriebe und Unternehmen,
   c) im Falle der Absätze 6 und 7
   die Inhaber oder Inhaberinnen oder Leitungen der genannten Unternehmen, Körperschaften und Einrichtungen oder die genannten Behörden,

5. § 7
   a) im Falle der Absätze 1 und 2
   die Inhaber oder Inhaberinnen oder Leitungen der genannten Anlagen,
   b) im Falle des Absatzes 3
   die für die öffentliche Wasserversorgung und die öffentliche Abwasserentsorgung zuständigen Gemeinden oder Dritte, soweit ihnen die Aufgaben der öffentlichen Wasserversorgung und der öffentlichen Abwasserentsorgung übertragen worden sind oder soweit sie mit der Erfüllung dieser Aufgaben beauftragt worden sind,

6. § 8
   die Inhaber oder Inhaberinnen oder Leitungen der genannten Betriebe,

7. § 9
   a) im Falle des Absatzes 1
   die Behörden, die nach Landesrecht für die Entgegennahme der Anzeigen über die Unfälle beim Umgang mit wassergefährdenden Stoffen zuständig sind,
   b) im Falle des Absatzes 2
   die Behörden, die nach Landesrecht für die Entgegennahme der Anzeigen über Unfälle bei der Beförderung wassergefährdender Stoffe und für die Beseitigung von Unfallfolgen zuständig sind, oder Dritte, soweit ihnen die Aufgabe der Entgegennahme der Anzeigen über Unfälle bei der Beförderung wassergefährdender Stoffe übertragen wurde und soweit sie für die Beseitigung von Unfallfolgen zuständig sind,
   c) im Falle des Absatzes 4 die vertretungsberechtigten natürlichen Personen der anerkannten Sachverständigenorganisationen zur Prüfung von Anlagen zum Umgang mit wassergefährdenden Stoffen,

8. § 10
   die Inhaber oder Inhaberinnen oder Leitungen der genannten Unternehmen,

9. § 11
   a) im Falle des Absatzes 1
   die Inhaber oder Inhaberinnen oder Leitungen der genannten Unternehmen und Betriebe,
   b) im Falle des Absatzes 2

---

[1] Nr. **5.4**.

die Inhaber oder Inhaberinnen oder Leitungen der genannten Anlagen oder die Gemeinden,

10. § 12

die Inhaber oder Inhaberinnen und Leitungen der genannten Betriebe und Einrichtungen.

(3) ¹Soweit bei Verwaltungsstellen auf Grund nichtstatistischer Rechts- oder Verwaltungsvorschriften Angaben zu den Erhebungsmerkmalen einer Erhebung nach diesem Gesetz angefallen sind, dürfen auch die Verwaltungsstellen befragt werden. ²Insoweit sind neben den nach § 14 Abs. 2 Auskunftspflichtigen auch die Verwaltungsstellen auskunftspflichtig.

(4) ¹Für Unternehmen[1] Betriebe und Einrichtungen, deren Inhaber oder Inhaberinnen Existenzgründer oder Existenzgründerinnen sind, besteht im Kalenderjahr der Betriebseröffnung abweichend von Absatz 1 keine Auskunftspflicht für Erhebungen nach den §§ 11 und 12. ²In den beiden folgenden Kalenderjahren besteht dann keine Auskunftspflicht, wenn *das Unternehmen Betriebe und Einrichtungen*[2] im letzten abgeschlossenen Geschäftsjahr Umsätze in Höhe von weniger als 800 000 Euro erwirtschaftet hat. ³Gesellschaften können sich auf die Befreiung von der Auskunftspflicht berufen, wenn alle an der Gesellschaft Beteiligten Existenzgründer oder Existenzgründerinnen sind.

(5) Existenzgründer und Existenzgründerinnen im Sinne von Absatz 4 sind natürliche Personen, die eine gewerbliche oder freiberufliche Tätigkeit in Form einer Neugründung, einer Übernahme oder einer tätigen Beteiligung aus abhängiger Beschäftigung oder aus der Nichtbeschäftigung heraus aufnehmen.

## § 15 Anschriftenübermittlung.

(1) Die für das Erteilen von Einsammlungsgenehmigungen und für die Genehmigung und Überwachung zulassungsbedürftiger Anlagen zuständigen Behörden übermitteln den statistischen Ämtern der Länder auf Anforderung die für die Erhebungen nach den §§ 3 und 5 erforderlichen Namen und Anschriften der Einsammler von Abfällen und der Betreiber zulassungsbedürftiger Anlagen.

(2) Die Zentrale Stelle nach § 3 Absatz 18 des Verpackungsgesetzes[3], die mit der Abwicklung von Pfanderstattungsansprüchen nach § 31 Absatz 1 Satz 4 des Verpackungsgesetzes befasste juristische Person und die nach Landesrecht zuständigen Behörden übermitteln den statistischen Ämtern der Länder auf Anforderung die für die Erhebungen nach § 5a erforderlichen Namen, Anschriften und europäischen oder internationalen Steuernummern der Hersteller nach § 3 Absatz 14 des Verpackungsgesetzes sowie der durch die Erhebungen nach § 5a Absatz 2 bis 6 betroffenen Unternehmen, soweit sie ihnen vorliegen.

(3) Die für die Ausführung der Rechtsvorschriften zum Umweltschutz zuständigen Stellen der Länder übermitteln den statistischen Ämtern der Länder auf Anforderung die für die Erhebungen nach § 8 erforderlichen Namen und Anschriften der Wassergewinner und Abwassereinleiter.

(4) Die für die Anerkennung von Sachverständigenorganisationen zur Prüfung von Anlagen zum Umgang mit wassergefährdenden Stoffen zuständigen Behörden übermitteln dem Statistischen Bundesamt auf Anforderung die für

---

[1] Amtl. kein Satzzeichen.
[2] Wortlaut amtlich.
[3] Nr. 5.4.

Umweltstatistikgesetz **§ 16 UStatG 2.3**

die Erhebung nach § 9 Absatz 4 erforderlichen Namen und Anschriften der anerkannten Sachverständigenorganisationen.

**§ 16 Übermittlung.** (1) An die fachlich zuständigen obersten Bundes- und Landesbehörden dürfen für die Verwendung gegenüber den gesetzgebenden Körperschaften und für Zwecke der Planung, jedoch nicht für die Regelung von Einzelfällen, vom Statistischen Bundesamt und den statistischen Ämtern der Länder Tabellen mit statistischen Ergebnissen übermittelt werden, auch soweit Tabellenfelder nur einen einzigen Fall ausweisen.

(2) Die statistischen Ämter des Bundes und der Länder dürfen die Ergebnisse der Erhebungen nach § 3, soweit es sich um öffentlich-rechtliche Abfallentsorgungsanlagen handelt, sowie nach §§ 7 und 11 Abs. 2 veröffentlichen, auch soweit Tabellenfelder nur einen einzigen Fall ausweisen.

(3) Die Angaben zu Investitionen, zu tätigen Personen und zum Umsatz in Unternehmen und Betrieben nach § 2 Satz 2 Buchstabe A Ziffer I Nummer 1 und 4 und Ziffer II, Buchstabe B Ziffer II Nummer 1, 3 und 4, § 3 Buchstabe A Ziffer I Nummer 1 und 3, Ziffer II Nummer 1 und Ziffer III Nummer 1 und 2, § 6 Buchstabe A Nummer 1, Buchstabe B Ziffer I Nummer 1 und Ziffer II Nummer 1 Buchstabe a und d sowie § 6a Buchstabe A Nummer 1, Buchstabe B Ziffer I Nummer 1 und 3 und Ziffer II Nummer 1 Buchstabe a und d des Gesetzes über die Statistik im Produzierenden Gewerbe dürfen, zusammen mit den Hilfsmerkmalen nach § 7 Absatz 2 Nummer 1 des Gesetzes über die Statistik im Produzierenden Gewerbe, für den Abgleich des Kreises der zu Befragenden und für die Plausibilisierung der erhobenen Daten über Investitionen für den Umweltschutz nach § 11 Absatz 1 Satz 1 Nummer 1 verwendet werden.

(4) Die Angaben zu tätigen Personen und zum Umsatz in Unternehmen oder Betrieben nach § 2 Buchstabe A Ziffer I Nummer 1 und 4 und Buchstabe B Ziffer II Nummer 1 und 3, § 4 Buchstabe A Ziffer I Nummer 1 und 4, Buchstabe B Ziffer I Nummer 1 und 4 und Buchstabe C Ziffer I Nummer 1 Buchstabe a und d und Nummer 2 sowie § 5 Ziffer I Nummer 1 und 3 des Gesetzes über die Statistik im Produzierenden Gewerbe dürfen, zusammen mit den Hilfsmerkmalen nach § 7 Absatz 2 Nummer 1 des Gesetzes über die Statistik im Produzierenden Gewerbe, für die Auswahl der zu Befragenden und für die Plausibilitätsprüfung der erhobenen Angaben über Güter und Leistungen für den Umweltschutz nach § 12 verwendet werden.

(5) Die statistischen Ämter der Länder übermitteln dem Statistischen Bundesamt die von ihnen erhobenen Einzelangaben für Zusatzaufbereitungen des Bundes und für die Erfüllung von über- und zwischenstaatlichen Aufgaben.

(6) [1]Das *Statistischen*[1)] Bundesamt und die statistischen Ämter der Länder übermitteln dem Umweltbundesamt für eigene statistische Auswertungen insbesondere zur Erfüllung europa- und völkerrechtlicher Pflichten der Bundesrepublik Deutschland, jedoch nicht für die Regelung von Einzelfällen, unentgeltlich Tabellen mit statistischen Ergebnissen, auch soweit Tabellenfelder nur einen einzigen Fall ausweisen. [2]Die Tabellen dürfen nur von den für diese Aufgabe zuständigen Organisationseinheiten des Umweltbundesamtes gespeichert und genutzt und nicht an andere Stellen weitergegeben werden. [3]Die Organisationseinheiten nach Satz 2 müssen von den mit Vollzugsaufgaben

---

[1)] Richtig wohl: "Statistische".

befassten Organisationseinheiten des Umweltbundesamtes räumlich, organisatorisch und personell getrennt sein.

**§ 17 Verordnungsermächtigung.** Die Bundesregierung wird ermächtigt, durch Rechtsverordnung[1] mit Zustimmung des Bundesrates für nach diesem Gesetz durchzuführende Erhebungen

a) die Durchführung einer Erhebung oder die Erhebung einzelner Merkmale auszusetzen, die Periodizität zu verlängern, Erhebungszeitpunkte zu verschieben sowie den Kreis der zu Befragenden einzuschränken, wenn die Ergebnisse nicht mehr oder nicht mehr in der ursprünglich vorgesehenen Ausführlichkeit oder Häufigkeit oder zu anderen Zeitpunkten benötigt werden oder wenn tatsächliche Voraussetzungen für eine Erhebung entfallen sind oder sich wesentlich geändert haben;

b) einzelne neue Merkmale einzuführen, wenn dies zur Deckung eines geänderten Bedarfs für Zwecke der Umweltpolitik erforderlich ist und durch gleichzeitige Aussetzung anderer Merkmale eine Erweiterung des Erhebungsumfangs vermieden wird; nicht eingeführt werden können Merkmale, die die Höhe von Umsätzen, Einnahmen oder Gewinnen, Bildungs- oder Sozialdaten oder besondere Arten personenbezogener Daten nach § 3 Abs. 9 des Bundesdatenschutzgesetzes betreffen;

c) die Erhebung von Merkmalen anzuordnen, soweit dies zur Umsetzung oder Durchführung von Rechtsakten der Europäischen Union erforderlich ist.

---

[1] Siehe die VO zur Entlastung der nichtöffentlichen Betriebe, die Wasser gewinnen sowie Wasser oder Abwasser in Gewässer einleiten, von Berichtspflichten nach dem Umweltstatistikgesetz v. 14.8. 2013 (BGBl. I S. 3231).

## 2.5. Gesetz über die Umweltverträglichkeitsprüfung (UVPG)[1)][2)]

In der Fassung der Bekanntmachung vom 18. März 2021[3)]
(BGBl. I S. 540)

**FNA 2129-20**

geänd. durch Art. 14 AufbauhilfeG 2021 v. 10.9.2021 (BGBl. I S. 4147)

### Teil 1. Allgemeine Vorschriften für die Umweltprüfungen

**§ 1 Anwendungsbereich.** (1) Dieses Gesetz gilt für
1. die in Anlage 1 aufgeführten Vorhaben,
2. die in Anlage 5 aufgeführten Pläne und Programme,
3. sonstige Pläne und Programme, für die nach den §§ 35 bis 37 eine Strategische Umweltprüfung oder Vorprüfung durchzuführen ist, sowie
4. die grenzüberschreitende Behörden- und Öffentlichkeitsbeteiligung bei UVP-pflichtigen Vorhaben im Ausland nach den §§ 58 und 59 und bei SUP-pflichtigen Plänen und Programmen eines anderen Staates nach den §§ 62 und 63.

(2) ¹Bei Vorhaben oder Teilen von Vorhaben, die ausschließlich Zwecken der Verteidigung dienen, kann das Bundesministerium der Verteidigung oder eine von ihm benannte Stelle im Einzelfall entscheiden, dieses Gesetz ganz oder teilweise nicht anzuwenden, soweit sich die Anwendung nach Einschätzung des Bundesministeriums der Verteidigung oder der von ihm benannten Stelle nachteilig auf die Erfüllung dieser Zwecke auswirken würde, insbesondere wegen Eilbedürftigkeit des Vorhabens oder aus Gründen der Geheimhaltung. ²Zwecke der Verteidigung schließen auch zwischenstaatliche Verpflichtungen ein. ³Bei der Entscheidung ist der Schutz vor erheblichen nachteiligen Umweltauswirkungen zu berücksichtigen. ⁴Sonstige Rechtsvorschriften, die das Zulassungsverfahren betreffen, bleiben unberührt. ⁵Wird eine Entscheidung nach Satz 1 getroffen, unterrichtet das Bundesministerium der Verteidigung hierüber das für Umwelt zuständige Ministerium des betroffenen Landes unverzüglich sowie das Bundesministerium für Umwelt, Naturschutz und nukleare Sicherheit spätestens bis zum Ablauf des 31. März des Folgejahres.

(3) ¹Bei Vorhaben oder Teilen von Vorhaben, die ausschließlich der Bewältigung von Katastrophenfällen dienen, kann die zuständige Behörde im Einzelfall entscheiden, dieses Gesetz ganz oder teilweise nicht anzuwenden, soweit sich die

---

[1)] **Amtl. Anm.:** Dieses Gesetz dient der Umsetzung der Richtlinie 2011/92/EU des Europäischen Parlaments und des Rates vom 13. Dezember 2011 über die Umweltverträglichkeitsprüfung bei bestimmten öffentlichen und privaten Projekten in der Fassung der Richtlinie 2014/52/EU (ABl. L 124 vom 25.4.2014, S. 1) und der Richtlinie 2001/42/EG des Europäischen Parlaments und des Rates vom 27. Juni 2001 über die Prüfung der Umweltauswirkungen bestimmter Pläne und Programme (ABl. L 197 vom 21.7.2001, S. 30).

[2)] Zur Sicherstellung ordnungsgemäßer Planungs- und Genehmigungsverfahren während der COVID-19-Pandemie siehe das PlanungssicherstellungsG v. 20.5.2020 (BGBl. I S. 1041), zuletzt geänd. durch G v. 18.3.2021 (BGBl. I S. 353).

[3)] Neubekanntmachung des UVPG idF der Bek. v. 24.2.2010 (BGBl. I S. 94) in der ab 4.3.2021 geltenden Fassung.

Anwendung nach Einschätzung der zuständigen Behörde negativ auf die Erfüllung dieses Zwecks auswirken würde. ²Bei der Entscheidung ist der Schutz vor erheblichen nachteiligen Umweltauswirkungen zu berücksichtigen. ³Sonstige Rechtsvorschriften, die das Zulassungsverfahren betreffen, bleiben unberührt.

(4) ¹Dieses Gesetz findet Anwendung, soweit Rechtsvorschriften des Bundes oder der Länder die Umweltverträglichkeitsprüfung nicht näher bestimmen oder die wesentlichen Anforderungen dieses Gesetzes nicht beachten. ²Rechtsvorschriften mit weitergehenden Anforderungen bleiben unberührt.

**§ 2 Begriffsbestimmungen.** (1) Schutzgüter im Sinne dieses Gesetzes sind
1. Menschen, insbesondere die menschliche Gesundheit,
2. Tiere, Pflanzen und die biologische Vielfalt,
3. Fläche, Boden, Wasser, Luft, Klima und Landschaft,
4. kulturelles Erbe und sonstige Sachgüter sowie
5. die Wechselwirkung zwischen den vorgenannten Schutzgütern.

(2) ¹Umweltauswirkungen im Sinne dieses Gesetzes sind unmittelbare und mittelbare Auswirkungen eines Vorhabens oder der Durchführung eines Plans oder Programms auf die Schutzgüter. ²Dies schließt auch solche Auswirkungen des Vorhabens ein, die aufgrund von dessen Anfälligkeit für schwere Unfälle oder Katastrophen zu erwarten sind, soweit diese schweren Unfälle oder Katastrophen für das Vorhaben relevant sind.

(3) Grenzüberschreitende Umweltauswirkungen im Sinne dieses Gesetzes sind Umweltauswirkungen eines Vorhabens in einem anderen Staat.

(4) Vorhaben im Sinne dieses Gesetzes sind nach Maßgabe der Anlage 1
1. bei Neuvorhaben
   a) die Errichtung und der Betrieb einer technischen Anlage,
   b) der Bau einer sonstigen Anlage,
   c) die Durchführung einer sonstigen in Natur und Landschaft eingreifenden Maßnahme,
2. bei Änderungsvorhaben
   a) die Änderung, einschließlich der Erweiterung, der Lage, der Beschaffenheit oder des Betriebs einer technischen Anlage,
   b) die Änderung, einschließlich der Erweiterung, der Lage oder der Beschaffenheit einer sonstigen Anlage,
   c) die Änderung, einschließlich der Erweiterung, der Durchführung einer sonstigen in Natur und Landschaft eingreifenden Maßnahme.

(5) ¹Windfarm im Sinne dieses Gesetzes sind drei oder mehr Windkraftanlagen, deren Einwirkungsbereich sich überschneidet und die in einem funktionalen Zusammenhang stehen, unabhängig davon, ob sie von einem oder mehreren Vorhabenträgern errichtet und betrieben werden. ²Ein funktionaler Zusammenhang wird insbesondere angenommen, wenn sich die Windkraftanlagen in derselben Konzentrationszone oder in einem Gebiet nach § 7 Absatz 3 des Raumordnungsgesetzes befinden.

(6) Zulassungsentscheidungen im Sinne dieses Gesetzes sind
1. die Bewilligung, die Erlaubnis, die Genehmigung, der Planfeststellungsbeschluss und sonstige behördliche Entscheidungen über die Zulässigkeit von Vorhaben, die in einem Verwaltungsverfahren getroffen werden, einschließlich

des Vorbescheids, der Teilgenehmigung und anderer Teilzulassungen, mit Ausnahme von Anzeigeverfahren,
2. Linienbestimmungen und andere Entscheidungen in vorgelagerten Verfahren nach den §§ 47 und 49,
3. Beschlüsse nach § 10 des Baugesetzbuchs über die Aufstellung, Änderung oder Ergänzung von Bebauungsplänen, durch die die Zulässigkeit von bestimmten Vorhaben im Sinne der Anlage 1 begründet werden soll, sowie Beschlüsse nach § 10 des Baugesetzbuchs über Bebauungspläne, die Planfeststellungsbeschlüsse für Vorhaben im Sinne der Anlage 1 ersetzen.

(7) ¹Pläne und Programme im Sinne dieses Gesetzes sind nur solche bundesrechtlich oder durch Rechtsakte der Europäischen Union vorgesehenen Pläne und Programme, die
1. von einer Behörde ausgearbeitet und angenommen werden,
2. von einer Behörde zur Annahme durch eine Regierung oder im Wege eines Gesetzgebungsverfahrens ausgearbeitet werden oder
3. von einem Dritten zur Annahme durch eine Behörde ausgearbeitet werden.

²Ausgenommen sind Pläne und Programme, die ausschließlich Zwecken der Verteidigung oder der Bewältigung von Katastrophenfällen dienen, sowie Finanz- und Haushaltspläne und -programme.

(8) Öffentlichkeit im Sinne dieses Gesetzes sind einzelne oder mehrere natürliche oder juristische Personen sowie deren Vereinigungen.

(9) Betroffene Öffentlichkeit im Sinne dieses Gesetzes ist jede Person, deren Belange durch eine Zulassungsentscheidung oder einen Plan oder ein Programm berührt werden; hierzu gehören auch Vereinigungen, deren satzungsmäßiger Aufgabenbereich durch eine Zulassungsentscheidung oder einen Plan oder ein Programm berührt wird, darunter auch Vereinigungen zur Förderung des Umweltschutzes.

(10) Umweltprüfungen im Sinne dieses Gesetzes sind Umweltverträglichkeitsprüfungen und Strategische Umweltprüfungen.

(11) Einwirkungsbereich im Sinne dieses Gesetzes ist das geographische Gebiet, in dem Umweltauswirkungen auftreten, die für die Zulassung eines Vorhabens relevant sind.

**§ 3 Grundsätze für Umweltprüfungen.** ¹Umweltprüfungen umfassen die Ermittlung, Beschreibung und Bewertung der erheblichen Auswirkungen eines Vorhabens oder eines Plans oder Programms auf die Schutzgüter. ²Sie dienen einer wirksamen Umweltvorsorge nach Maßgabe der geltenden Gesetze und werden nach einheitlichen Grundsätzen sowie unter Beteiligung der Öffentlichkeit durchgeführt.

## Teil 2. Umweltverträglichkeitsprüfung

### Abschnitt 1. Voraussetzungen für eine Umweltverträglichkeitsprüfung

**§ 4 Umweltverträglichkeitsprüfung.** Die Umweltverträglichkeitsprüfung ist unselbständiger Teil verwaltungsbehördlicher Verfahren, die Zulassungsentscheidungen dienen.

**§ 5 Feststellung der UVP-Pflicht.** (1) ¹Die zuständige Behörde stellt auf der Grundlage geeigneter Angaben des Vorhabenträgers sowie eigener Informationen unverzüglich fest, dass nach den §§ 6 bis 14a für das Vorhaben eine Pflicht zur Durchführung einer Umweltverträglichkeitsprüfung (UVP-Pflicht) besteht oder nicht. ²Die Feststellung trifft die Behörde

1. auf Antrag des Vorhabenträgers oder
2. bei einem Antrag nach § 15 oder
3. von Amts wegen nach Beginn des Verfahrens, das der Zulassungsentscheidung dient.

(2) ¹Sofern eine Vorprüfung vorgenommen worden ist, gibt die zuständige Behörde die Feststellung der Öffentlichkeit bekannt. ²Dabei gibt sie die wesentlichen Gründe für das Bestehen oder Nichtbestehen der UVP-Pflicht unter Hinweis auf die jeweils einschlägigen Kriterien nach Anlage 3 an. ³Gelangt die Behörde zu dem Ergebnis, dass keine UVP-Pflicht besteht, geht sie auch darauf ein, welche Merkmale des Vorhabens oder des Standorts oder welche Vorkehrungen für diese Einschätzung maßgebend sind. ⁴Bei der Feststellung der UVP-Pflicht kann die Bekanntgabe mit der Bekanntmachung nach § 19 verbunden werden.

(3) ¹Die Feststellung ist nicht selbständig anfechtbar. ²Beruht die Feststellung auf einer Vorprüfung, so ist die Einschätzung der zuständigen Behörde in einem gerichtlichen Verfahren betreffend die Zulassungsentscheidung nur daraufhin zu überprüfen, ob die Vorprüfung entsprechend den Vorgaben des § 7 durchgeführt worden ist und ob das Ergebnis nachvollziehbar ist.

**§ 6 Unbedingte UVP-Pflicht bei Neuvorhaben.** ¹Für ein Neuvorhaben, das in Anlage 1 Spalte 1 mit dem Buchstaben „X" gekennzeichnet ist, besteht die UVP-Pflicht, wenn die zur Bestimmung der Art des Vorhabens genannten Merkmale vorliegen. ²Sofern Größen- oder Leistungswerte angegeben sind, besteht die UVP-Pflicht, wenn die Werte erreicht oder überschritten werden.

**§ 7 Vorprüfung bei Neuvorhaben.** (1) ¹Bei einem Neuvorhaben, das in Anlage 1 Spalte 2 mit dem Buchstaben „A" gekennzeichnet ist, führt die zuständige Behörde eine allgemeine Vorprüfung zur Feststellung der UVP-Pflicht durch. ²Die allgemeine Vorprüfung wird als überschlägige Prüfung unter Berücksichtigung der in Anlage 3 aufgeführten Kriterien durchgeführt. ³Die UVP-Pflicht besteht, wenn das Neuvorhaben nach Einschätzung der zuständigen Behörde erhebliche nachteilige Umweltauswirkungen haben kann, die nach § 25 Absatz 2 bei der Zulassungsentscheidung zu berücksichtigen wären.

(2) ¹Bei einem Neuvorhaben, das in Anlage 1 Spalte 2 mit dem Buchstaben „S" gekennzeichnet ist, führt die zuständige Behörde eine standortbezogene Vorprüfung zur Feststellung der UVP-Pflicht durch. ²Die standortbezogene Vorprüfung wird als überschlägige Prüfung in zwei Stufen durchgeführt. ³In der ersten Stufe prüft die zuständige Behörde, ob bei dem Neuvorhaben besondere örtliche Gegebenheiten gemäß den in Anlage 3 Nummer 2.3 aufgeführten Schutzkriterien vorliegen. ⁴Ergibt die Prüfung in der ersten Stufe, dass keine besonderen örtlichen Gegebenheiten vorliegen, so besteht keine UVP-Pflicht. ⁵Ergibt die Prüfung in der ersten Stufe, dass besondere örtliche Gegebenheiten vorliegen, so prüft die Behörde auf der zweiten Stufe unter Berücksichtigung der in Anlage 3 aufgeführten Kriterien, ob das Neuvorhaben erhebliche nachteilige Umweltauswirkungen haben kann, die die besondere Empfindlichkeit oder die

Schutzziele des Gebietes betreffen und nach § 25 Absatz 2 bei der Zulassungsentscheidung zu berücksichtigen wären. [6] Die UVP-Pflicht besteht, wenn das Neuvorhaben nach Einschätzung der zuständigen Behörde solche Umweltauswirkungen haben kann.

(3) [1] Die Vorprüfung nach den Absätzen 1 und 2 entfällt, wenn der Vorhabenträger die Durchführung einer Umweltverträglichkeitsprüfung beantragt und die zuständige Behörde das Entfallen der Vorprüfung als zweckmäßig erachtet. [2] Für diese Neuvorhaben besteht die UVP-Pflicht. [3] Die Entscheidung der zuständigen Behörde ist nicht anfechtbar.

(4) Zur Vorbereitung der Vorprüfung ist der Vorhabenträger verpflichtet, der zuständigen Behörde geeignete Angaben nach Anlage 2 zu den Merkmalen des Neuvorhabens und des Standorts sowie zu den möglichen erheblichen Umweltauswirkungen des Neuvorhabens zu übermitteln.

(5) [1] Bei der Vorprüfung berücksichtigt die Behörde, ob erhebliche nachteilige Umweltauswirkungen durch Merkmale des Vorhabens oder des Standorts oder durch Vorkehrungen des Vorhabenträgers offensichtlich ausgeschlossen werden. [2] Liegen der Behörde Ergebnisse vorgelagerter Umweltprüfungen oder anderer rechtlich vorgeschriebener Untersuchungen zu den Umweltauswirkungen des Vorhabens vor, bezieht sie diese Ergebnisse in die Vorprüfung ein. [3] Bei der allgemeinen Vorprüfung kann sie ergänzend berücksichtigen, inwieweit Prüfwerte für Größe oder Leistung, die die allgemeine Vorprüfung eröffnen, überschritten werden.

(6) [1] Die zuständige Behörde trifft die Feststellung zügig und spätestens sechs Wochen nach Erhalt der nach Absatz 4 erforderlichen Angaben. [2] In Ausnahmefällen kann sie die Frist für die Feststellung um bis zu drei Wochen oder, wenn dies wegen der besonderen Schwierigkeit der Prüfung erforderlich ist, um bis zu sechs Wochen verlängern.

(7) Die zuständige Behörde dokumentiert die Durchführung und das Ergebnis der allgemeinen und der standortbezogenen Vorprüfung.

**§ 8 UVP-Pflicht bei Störfallrisiko.** Sofern die allgemeine Vorprüfung ergibt, dass aufgrund der Verwirklichung eines Vorhabens, das zugleich benachbartes Schutzobjekt im Sinne des § 3 Absatz 5d des Bundes-Immissionsschutzgesetzes[1] ist, innerhalb des angemessenen Sicherheitsabstandes zu Betriebsbereichen im Sinne des § 3 Absatz 5a des Bundes-Immissionsschutzgesetzes die Möglichkeit besteht, dass ein Störfall im Sinne des § 2 Nummer 7 der Störfall-Verordnung[2] eintritt, sich die Eintrittswahrscheinlichkeit eines solchen Störfalls vergrößert oder sich die Folgen eines solchen Störfalls verschlimmern können, ist davon auszugehen, dass das Vorhaben erhebliche nachteilige Umweltauswirkungen haben kann.

**§ 9 UVP-Pflicht bei Änderungsvorhaben.** (1) [1] Wird ein Vorhaben geändert, für das eine Umweltverträglichkeitsprüfung durchgeführt worden ist, so besteht für das Änderungsvorhaben die UVP-Pflicht, wenn

1. allein die Änderung die Größen- oder Leistungswerte für eine unbedingte UVP-Pflicht gemäß § 6 erreicht oder überschreitet oder

---
[1]) Nr. **6.1**.
[2]) Nr. **6.1.12**.

2. die allgemeine Vorprüfung ergibt, dass die Änderung zusätzliche erhebliche nachteilige oder andere erhebliche nachteilige Umweltauswirkungen hervorrufen kann.

[2] Wird ein Vorhaben geändert, für das keine Größen- oder Leistungswerte vorgeschrieben sind, so wird die allgemeine Vorprüfung nach Satz 1 Nummer 2 durchgeführt. [3] Wird ein Vorhaben der Anlage 1 Nummer 18.1 bis 18.8 geändert, so wird die allgemeine Vorprüfung nach Satz 1 Nummer 2 nur durchgeführt, wenn allein durch die Änderung der jeweils für den Bau des entsprechenden Vorhabens in Anlage 1 enthaltene Prüfwert erreicht oder überschritten wird.

(2) [1] Wird ein Vorhaben geändert, für das keine Umweltverträglichkeitsprüfung durchgeführt worden ist, so besteht für das Änderungsvorhaben die UVP-Pflicht, wenn das geänderte Vorhaben

1. den Größen- oder Leistungswert für die unbedingte UVP-Pflicht gemäß § 6 erstmals erreicht oder überschreitet oder

2. einen in Anlage 1 angegebenen Prüfwert für die Vorprüfung erstmals oder erneut erreicht oder überschreitet und eine Vorprüfung ergibt, dass die Änderung erhebliche nachteilige Umweltauswirkungen hervorrufen kann.

[2] Wird ein Städtebauprojekt oder eine Industriezone nach Anlage 1 Nummer 18.5, 18.7 und 18.8 geändert, gilt Satz 1 mit der Maßgabe, dass allein durch die Änderung der Größen- oder Leistungswert nach Satz 1 Nummer 1 oder der Prüfwert nach Satz 1 Nummer 2 erreicht oder überschritten wird.

(3) [1] Wird ein Vorhaben geändert, für das keine Umweltverträglichkeitsprüfung durchgeführt worden ist, so wird für das Änderungsvorhaben eine Vorprüfung durchgeführt, wenn für das Vorhaben nach Anlage 1

1. eine UVP-Pflicht besteht und dafür keine Größen- oder Leistungswerte vorgeschrieben sind oder

2. eine Vorprüfung, aber keine Prüfwerte vorgeschrieben sind.

[2] Die UVP-Pflicht besteht, wenn die Vorprüfung ergibt, dass die Änderung erhebliche nachteilige Umweltauswirkungen hervorrufen kann.

(4) Für die Vorprüfung bei Änderungsvorhaben gilt § 7 entsprechend.

(5) Der in den jeweiligen Anwendungsbereich der Richtlinien 85/337/EWG und 97/11/EG fallende, aber vor Ablauf der jeweiligen Umsetzungsfristen erreichte Bestand bleibt hinsichtlich des Erreichens oder Überschreitens der Größen- oder Leistungswerte und der Prüfwerte unberücksichtigt.

**§ 10 UVP-Pflicht bei kumulierenden Vorhaben.** (1) Für kumulierende Vorhaben besteht die UVP-Pflicht, wenn die kumulierenden Vorhaben zusammen die maßgeblichen Größen- oder Leistungswerte nach § 6 erreichen oder überschreiten.

(2) [1] Bei kumulierenden Vorhaben, die zusammen die Prüfwerte für eine allgemeine Vorprüfung erstmals oder erneut erreichen oder überschreiten, ist die allgemeine Vorprüfung durchzuführen. [2] Für die allgemeine Vorprüfung gilt § 7 Absatz 1 und 3 bis 7 entsprechend.

(3) [1] Bei kumulierenden Vorhaben, die zusammen die Prüfwerte für eine standortbezogene Vorprüfung erstmals oder erneut erreichen oder überschreiten, ist die standortbezogene Vorprüfung durchzuführen. [2] Für die standortbezogene Vorprüfung gilt § 7 Absatz 2 bis 7 entsprechend.

(4) ¹Kumulierende Vorhaben liegen vor, wenn mehrere Vorhaben derselben Art von einem oder mehreren Vorhabenträgern durchgeführt werden und in einem engen Zusammenhang stehen. ²Ein enger Zusammenhang liegt vor, wenn
1. sich der Einwirkungsbereich der Vorhaben überschneidet und
2. die Vorhaben funktional und wirtschaftlich aufeinander bezogen sind.

³Technische und sonstige Anlagen müssen zusätzlich mit gemeinsamen betrieblichen oder baulichen Einrichtungen verbunden sein.

(5) Für die in Anlage 1 Nummer 14.4, 14.5 und 19.1 aufgeführten Vorhaben gilt Absatz 4 mit der Maßgabe, dass zusätzlich ein enger zeitlicher Zusammenhang besteht.

(6) Der in den jeweiligen Anwendungsbereich der Richtlinien 85/337/EWG und 97/11/EG fallende, aber vor Ablauf der jeweiligen Umsetzungsfristen erreichte Bestand bleibt hinsichtlich des Erreichens oder Überschreitens der Größen- oder Leistungswerte und der Prüfwerte unberücksichtigt.

## § 11 UVP-Pflicht bei hinzutretenden kumulierenden Vorhaben, bei denen das Zulassungsverfahren für das frühere Vorhaben abgeschlossen ist.

(1) Hinzutretende kumulierende Vorhaben liegen vor, wenn zu einem beantragten oder bestehenden Vorhaben (früheren Vorhaben) nachträglich ein kumulierendes Vorhaben hinzutritt.

(2) ¹Wenn für das frühere Vorhaben eine Zulassungsentscheidung getroffen worden ist, so besteht für den Fall, dass für das frühere Vorhaben bereits eine Umweltverträglichkeitsprüfung durchgeführt worden ist, für das hinzutretende kumulierende Vorhaben die UVP-Pflicht, wenn
1. das hinzutretende Vorhaben allein die Größen- oder Leistungswerte für eine UVP-Pflicht gemäß § 6 erreicht oder überschreitet oder
2. eine allgemeine Vorprüfung ergibt, dass durch sein Hinzutreten zusätzliche erhebliche nachteilige oder andere erhebliche nachteilige Umweltauswirkungen hervorgerufen werden können.

²Für die allgemeine Vorprüfung gilt § 7 Absatz 1 und 3 bis 7 entsprechend.

(3) ¹Wenn für das frühere Vorhaben eine Zulassungsentscheidung getroffen worden ist, so ist für den Fall, dass für das frühere Vorhaben keine Umweltverträglichkeitsprüfung durchgeführt worden ist, für das hinzutretende kumulierende Vorhaben
1. die Umweltverträglichkeitsprüfung durchzuführen, wenn die kumulierenden Vorhaben zusammen die maßgeblichen Größen- oder Leistungswerte nach § 6 erreichen oder überschreiten oder
2. die allgemeine Vorprüfung durchzuführen, wenn die kumulierenden Vorhaben zusammen die Prüfwerte für die allgemeine Vorprüfung erstmals oder erneut erreichen oder überschreiten oder
3. die standortbezogene Vorprüfung durchzuführen, wenn die kumulierenden Vorhaben zusammen die Prüfwerte für die standortbezogene Vorprüfung erstmals oder erneut erreichen oder überschreiten.

²Für die Vorprüfung gilt § 7 entsprechend.

(4) ¹Erreichen oder überschreiten in den Fällen des Absatzes 3 die kumulierenden Vorhaben zwar zusammen die maßgeblichen Größen- oder Leistungswerte nach § 6, werden jedoch für das hinzutretende kumulierende Vorhaben weder der

Prüfwert für die standortbezogene Vorprüfung noch der Prüfwert für die allgemeine Vorprüfung erreicht oder überschritten, so besteht für das hinzutretende kumulierende Vorhaben die UVP-Pflicht nur, wenn die allgemeine Vorprüfung ergibt, dass durch sein Hinzutreten zusätzliche erhebliche nachteilige oder andere erhebliche nachteilige Umweltauswirkungen eintreten können. [2] Für die allgemeine Vorprüfung gilt § 7 Absatz 1 und 3 bis 7 entsprechend.

(5) In der Vorprüfung für das hinzutretende kumulierende Vorhaben ist das frühere Vorhaben als Vorbelastung zu berücksichtigen.

(6) Der in den jeweiligen Anwendungsbereich der Richtlinien 85/337/EWG und 97/11/EG fallende, aber vor Ablauf der jeweiligen Umsetzungsfristen erreichte Bestand bleibt hinsichtlich des Erreichens oder Überschreitens der Größen- oder Leistungswerte und der Prüfwerte unberücksichtigt.

## § 12 UVP-Pflicht bei hinzutretenden kumulierenden Vorhaben, bei denen das frühere Vorhaben noch im Zulassungsverfahren ist.

(1) [1] Wenn für das frühere Vorhaben zum Zeitpunkt der Antragstellung für das hinzutretende kumulierende Vorhaben noch keine Zulassungsentscheidung getroffen worden ist, so besteht für den Fall, dass für das frühere Vorhaben allein die UVP-Pflicht besteht, für das hinzutretende kumulierende Vorhaben die UVP-Pflicht, wenn

1. das hinzutretende Vorhaben allein die Größen- und Leistungswerte für die UVP-Pflicht gemäß § 6 erreicht oder überschreitet oder
2. die allgemeine Vorprüfung ergibt, dass durch das hinzutretende Vorhaben zusätzliche erhebliche nachteilige oder andere erhebliche Umweltauswirkungen hervorgerufen werden können.

[2] Für die allgemeine Vorprüfung gilt § 7 Absatz 1 und 3 bis 7 entsprechend.

(2) [1] Wenn für das frühere Vorhaben zum Zeitpunkt der Antragstellung für das hinzutretende kumulierende Vorhaben noch keine Zulassungsentscheidung getroffen worden ist, so ist für den Fall, dass für das frühere Vorhaben allein keine UVP-Pflicht besteht und die Antragsunterlagen für dieses Zulassungsverfahren bereits vollständig eingereicht sind, für das hinzutretende kumulierende Vorhaben

1. die Umweltverträglichkeitsprüfung durchzuführen, wenn die kumulierenden Vorhaben zusammen die maßgeblichen Größen- oder Leistungswerte nach § 6 erreichen oder überschreiten,
2. die allgemeine Vorprüfung durchzuführen, wenn die kumulierenden Vorhaben zusammen die Prüfwerte für die allgemeine Vorprüfung erstmals oder erneut erreichen oder überschreiten, oder
3. die standortbezogene Vorprüfung durchzuführen, wenn die kumulierenden Vorhaben zusammen die Prüfwerte für die standortbezogene Vorprüfung erstmals oder erneut erreichen oder überschreiten.

[2] Für die Vorprüfung gilt § 7 entsprechend. [3] Für das frühere Vorhaben besteht keine UVP-Pflicht und keine Pflicht zur Durchführung einer Vorprüfung.

(3) [1] Wenn für das frühere Vorhaben zum Zeitpunkt der Antragstellung für das hinzutretende kumulierende Vorhaben noch keine Zulassungsentscheidung getroffen worden ist, so ist für den Fall, dass für das frühere Vorhaben allein keine UVP-Pflicht besteht und die Antragsunterlagen für dieses Zulassungsverfahren noch nicht vollständig eingereicht sind, für die kumulierenden Vorhaben jeweils

1. eine Umweltverträglichkeitsprüfung durchzuführen, wenn die kumulierenden Vorhaben zusammen die maßgeblichen Größen- oder Leistungswerte nach § 6 erreichen oder überschreiten,
2. eine allgemeine Vorprüfung durchzuführen, wenn die kumulierenden Vorhaben zusammen die Prüfwerte für eine allgemeine Vorprüfung erstmals oder erneut erreichen oder überschreiten, oder
3. eine standortbezogene Vorprüfung durchzuführen, wenn die kumulierenden Vorhaben zusammen die Prüfwerte für eine standortbezogene Vorprüfung erstmals oder erneut erreichen oder überschreiten.

²Für die Vorprüfung gilt § 7 entsprechend. ³Bei einem Vorhaben, das einer Betriebsplanpflicht nach § 51 des Bundesberggesetzes unterliegt, besteht für das frühere Vorhaben keine Verpflichtung zur Durchführung einer Umweltverträglichkeitsprüfung oder einer Vorprüfung nach den Sätzen 1 und 2, wenn für das frühere Vorhaben zum Zeitpunkt der Antragstellung für das hinzutretende kumulierende Vorhaben ein zugelassener Betriebsplan besteht.

(4) ¹Erreichen oder überschreiten in den Fällen des Absatzes 2 oder Absatzes 3 die kumulierenden Vorhaben zwar zusammen die maßgeblichen Größen- oder Leistungswerte nach § 6, werden jedoch für das hinzutretende kumulierende Vorhaben weder der Prüfwert für die standortbezogene Vorprüfung noch der Prüfwert für die allgemeine Vorprüfung erreicht oder überschritten, so besteht für das hinzutretende kumulierende Vorhaben die UVP-Pflicht nur, wenn die allgemeine Vorprüfung ergibt, dass durch sein Hinzutreten zusätzliche erhebliche nachteilige oder andere erhebliche nachteilige Umweltauswirkungen hervorgerufen werden können. ²Für die allgemeine Vorprüfung gilt § 7 Absatz 1 und 3 bis 7 entsprechend. ³Im Fall des Absatzes 3 sind die Sätze 1 und 2 für das frühere Vorhaben entsprechend anzuwenden.

(5) Das frühere Vorhaben und das hinzutretende kumulierende Vorhaben sind in der Vorprüfung für das jeweils andere Vorhaben als Vorbelastung zu berücksichtigen.

(6) Der in den jeweiligen Anwendungsbereich der Richtlinien 85/337/EWG und 97/11/EG fallende, aber vor Ablauf der jeweiligen Umsetzungsfristen erreichte Bestand bleibt hinsichtlich des Erreichens oder Überschreitens der Größen- oder Leistungswerte und der Prüfwerte unberücksichtigt.

**§ 13 Ausnahme von der UVP-Pflicht bei kumulierenden Vorhaben.**
Für die in Anlage 1 Nummer 18.5, 18.7 und 18.8 aufgeführten Industriezonen und Städtebauprojekte gelten die §§ 10 bis 12 nicht.

**§ 14 Entwicklungs- und Erprobungsvorhaben.** (1) ¹Sofern ein in Anlage 1 Spalte 1 mit einem „X" gekennzeichnetes Vorhaben ein Entwicklungs- und Erprobungsvorhaben ist und nicht länger als zwei Jahre durchgeführt wird, besteht für dieses Vorhaben eine UVP-Pflicht abweichend von § 6 nur, wenn sie durch die allgemeine Vorprüfung festgestellt wird. ²Für die Vorprüfung gilt § 7 Absatz 1 und 3 bis 7 entsprechend. ³Bei der allgemeinen Vorprüfung ist die Durchführungsdauer besonders zu berücksichtigen.

(2) Ein Entwicklungs- und Erprobungsvorhaben ist ein Vorhaben, das ausschließlich oder überwiegend der Entwicklung und Erprobung neuer Verfahren oder Erzeugnisse dient.

## § 14a Besondere Änderungen zur Modernisierung und Digitalisierung von Schienenwegen.

(1) Keiner Umweltverträglichkeitsprüfung bedarf die Änderung eines Schienenwegs oder einer sonstigen Bahnbetriebsanlage nach den Nummern 14.7, 14.8 und 14.11 der Anlage 1, soweit sie lediglich aus den folgenden Einzelmaßnahmen besteht:

1. der Ausstattung einer bestehenden Bahnstrecke im Zuge des Wiederaufbaus nach einer Naturkatastrophe mit einer Oberleitung einschließlich dafür notwendiger räumlich begrenzter baulicher Anpassungen, insbesondere von Tunneln mit geringer Länge oder von Kreuzungsbauwerken,
2. den im Rahmen der Digitalisierung einer Bahnstrecke erforderlichen Baumaßnahmen, insbesondere der Ausstattung einer Bahnstrecke mit Signal- und Sicherungstechnik des Standards European Rail Traffic Management System (ERTMS),
3. dem barrierefreien Umbau oder der Erhöhung oder Verlängerung eines Bahnsteigs,
4. der technischen Sicherung eines Bahnübergangs,
5. der Erneuerung eines Eisenbahnübergangs,
6. der Erneuerung und Änderung eines Durchlasses sowie
7. der Herstellung von Überleitstellen für Gleiswechselbetriebe.

(2) Eine standortbezogene Vorprüfung entsprechend § 7 Absatz 2 wird zur Feststellung der UVP-Pflicht durchgeführt für

1. die Ausstattung einer bestehenden Bahnstrecke mit einer Oberleitung auf einer Länge von weniger als 15 Kilometern einschließlich dafür notwendiger räumlich begrenzter baulicher Anpassungen, insbesondere von Tunneln mit geringer Länge oder von Kreuzungsbauwerken,
2. die Errichtung einer Lärmschutzwand zur Lärmsanierung,
3. die Erweiterung einer Bahnbetriebsanlage mit einer Flächeninanspruchnahme von weniger als 5 000 Quadratmetern.

(3) Eine allgemeine Vorprüfung entsprechend § 7 Absatz 1 wird zur Feststellung der UVP-Pflicht durchgeführt für

1. die Ausstattung einer bestehenden Bahnstrecke mit einer Oberleitung, soweit nicht durch Absatz 2 Nummer 1 erfasst,
2. die Erweiterung einer Bahnbetriebsanlage nach Nummer 14.8.3.1 der Anlage 1 mit einer Flächeninanspruchnahme von 5 000 Quadratmetern oder mehr,
3. die sonstige Änderung eines Schienenwegs oder einer sonstigen Bahnbetriebsanlage nach den Nummern 14.7 und 14.8 der Anlage 1, soweit nicht von den Absätzen 1 und 2 erfasst.

### Abschnitt 2. Verfahrensschritte der Umweltverträglichkeitsprüfung

## § 15 Unterrichtung über den Untersuchungsrahmen.

(1) [1]Auf Antrag des Vorhabenträgers oder wenn die zuständige Behörde es für zweckmäßig hält, unterrichtet und berät die zuständige Behörde den Vorhabenträger entsprechend dem Planungsstand des Vorhabens frühzeitig über Inhalt, Umfang und Detailtiefe der Angaben, die der Vorhabenträger voraussichtlich in den UVP-Bericht aufnehmen muss (Untersuchungsrahmen). [2]Die Unterrichtung und Beratung kann sich auch auf weitere Gesichtspunkte des Verfahrens, insbesondere auf dessen zeitlichen Ablauf, auf die zu beteiligenden Behörden oder auf die Einholung von

UVP-Gesetz § 16 UVPG 2.5

Sachverständigengutachten erstrecken. ³Verfügen die zuständige Behörde oder die zu beteiligenden Behörden über Informationen, die für die Erarbeitung des UVP-Berichts zweckdienlich sind, so stellen sie diese Informationen dem Vorhabenträger zur Verfügung.

(2) Der Vorhabenträger hat der zuständigen Behörde geeignete Unterlagen zu den Merkmalen des Vorhabens, einschließlich seiner Größe oder Leistung, und des Standorts sowie zu den möglichen Umweltauswirkungen vorzulegen.

(3) ¹Vor der Unterrichtung über den Untersuchungsrahmen kann die zuständige Behörde dem Vorhabenträger sowie den nach § 17 zu beteiligenden Behörden Gelegenheit zu einer Besprechung geben. ²Die Besprechung soll sich auf den Gegenstand, den Umfang und die Methoden der Umweltverträglichkeitsprüfung erstrecken. ³Zur Besprechung kann die zuständige Behörde hinzuziehen:

1. Sachverständige,
2. nach § 55 zu beteiligende Behörden,
3. nach § 3 des Umwelt-Rechtsbehelfsgesetzes[1]) anerkannte Umweltvereinigungen sowie
4. sonstige Dritte.

⁴Das Ergebnis der Besprechung wird von der zuständigen Behörde dokumentiert.

(4) Ist das Vorhaben Bestandteil eines mehrstufigen Planungs- und Zulassungsprozesses und ist dem Verfahren nach § 4 ein anderes Planungs- oder Zulassungsverfahren vorausgegangen, als dessen Bestandteil eine Umweltprüfung durchgeführt wurde, soll sich die Umweltverträglichkeitsprüfung auf zusätzliche erhebliche oder andere erhebliche Umweltauswirkungen sowie auf erforderliche Aktualisierungen und Vertiefungen beschränken.

(5) Die zuständige Behörde berät den Vorhabenträger auch nach der Unterrichtung über den Untersuchungsrahmen, soweit dies für eine zügige und sachgerechte Durchführung des Verfahrens zweckmäßig ist.

**§ 16 UVP-Bericht.** (1) ¹Der Vorhabenträger hat der zuständigen Behörde einen Bericht zu den voraussichtlichen Umweltauswirkungen des Vorhabens (UVP-Bericht) vorzulegen, der zumindest folgende Angaben enthält:

1. eine Beschreibung des Vorhabens mit Angaben zum Standort, zur Art, zum Umfang und zur Ausgestaltung, zur Größe und zu anderen wesentlichen Merkmalen des Vorhabens,
2. eine Beschreibung der Umwelt und ihrer Bestandteile im Einwirkungsbereich des Vorhabens,
3. eine Beschreibung der Merkmale des Vorhabens und des Standorts, mit denen das Auftreten erheblicher nachteiliger Umweltauswirkungen des Vorhabens ausgeschlossen, vermindert oder ausgeglichen werden soll,
4. eine Beschreibung der geplanten Maßnahmen, mit denen das Auftreten erheblicher nachteiliger Umweltauswirkungen des Vorhabens ausgeschlossen, vermindert oder ausgeglichen werden soll, sowie eine Beschreibung geplanter Ersatzmaßnahmen,
5. eine Beschreibung der zu erwartenden erheblichen Umweltauswirkungen des Vorhabens,

---

[1]) Nr. **12.1**.

6. eine Beschreibung der vernünftigen Alternativen, die für das Vorhaben und seine spezifischen Merkmale relevant und vom Vorhabenträger geprüft worden sind, und die Angabe der wesentlichen Gründe für die getroffene Wahl unter Berücksichtigung der jeweiligen Umweltauswirkungen sowie
7. eine allgemein verständliche, nichttechnische Zusammenfassung des UVP-Berichts.

²Bei einem Vorhaben nach § 1 Absatz 1, das einzeln oder im Zusammenwirken mit anderen Vorhaben, Projekten oder Plänen geeignet ist, ein Natura 2000-Gebiet erheblich zu beeinträchtigen, muss der UVP-Bericht Angaben zu den Auswirkungen des Vorhabens auf die Erhaltungsziele dieses Gebiets enthalten.

(2) Der UVP-Bericht ist zu einem solchen Zeitpunkt vorzulegen, dass er mit den übrigen Unterlagen ausgelegt werden kann.

(3) Der UVP-Bericht muss auch die in Anlage 4 genannten weiteren Angaben enthalten, soweit diese Angaben für das Vorhaben von Bedeutung sind.

(4) ¹Inhalt und Umfang des UVP-Berichts bestimmen sich nach den Rechtsvorschriften, die für die Zulassungsentscheidung maßgebend sind. ²In den Fällen des § 15 stützt der Vorhabenträger den UVP-Bericht zusätzlich auf den Untersuchungsrahmen.

(5) ¹Der UVP-Bericht muss den gegenwärtigen Wissensstand und gegenwärtige Prüfmethoden berücksichtigen. ²Er muss die Angaben enthalten, die der Vorhabenträger mit zumutbarem Aufwand ermitteln kann. ³Die Angaben müssen ausreichend sein, um
1. der zuständigen Behörde eine begründete Bewertung der Umweltauswirkungen des Vorhabens nach § 25 Absatz 1 zu ermöglichen und
2. Dritten die Beurteilung zu ermöglichen, ob und in welchem Umfang sie von den Umweltauswirkungen des Vorhabens betroffen sein können.

(6) Zur Vermeidung von Mehrfachprüfungen hat der Vorhabenträger die vorhandenen Ergebnisse anderer rechtlich vorgeschriebener Prüfungen in den UVP-Bericht einzubeziehen.

(7) ¹Der Vorhabenträger muss durch geeignete Maßnahmen sicherstellen, dass der UVP-Bericht den Anforderungen nach den Absätzen 1 bis 6 entspricht. ²Die zuständige Behörde hat Nachbesserungen innerhalb einer angemessenen Frist zu verlangen, soweit der Bericht den Anforderungen nicht entspricht.

(8) ¹Sind kumulierende Vorhaben, für die jeweils eine Umweltverträglichkeitsprüfung durchzuführen ist, Gegenstand paralleler oder verbundener Zulassungsverfahren, so können die Vorhabenträger einen gemeinsamen UVP-Bericht vorlegen. ²Legen sie getrennte UVP-Berichte vor, so sind darin auch jeweils die Umweltauswirkungen der anderen kumulierenden Vorhaben als Vorbelastung zu berücksichtigen.

(9) Der Vorhabenträger hat den UVP-Bericht auch elektronisch vorzulegen.

**§ 17 Beteiligung anderer Behörden.** (1) Die zuständige Behörde unterrichtet die Behörden, deren umweltbezogener Aufgabenbereich durch das Vorhaben berührt wird, einschließlich der von dem Vorhaben betroffenen Gemeinden und Landkreise sowie der sonstigen im Landesrecht vorgesehenen Gebietskörperschaften, über das Vorhaben und übermittelt ihnen den UVP-Bericht.

(2) ¹Die zuständige Behörde holt die Stellungnahmen der unterrichteten Behörden ein. ²Für die Stellungnahmen gilt § 73 Absatz 3a des Verwaltungsverfahrensgesetzes entsprechend.

**§ 18 Beteiligung der Öffentlichkeit.** (1) ¹Die zuständige Behörde beteiligt die Öffentlichkeit zu den Umweltauswirkungen des Vorhabens. ²Der betroffenen Öffentlichkeit wird im Rahmen der Beteiligung Gelegenheit zur Äußerung gegeben. ³Dabei sollen nach dem Umwelt-Rechtsbehelfsgesetz[1]) anerkannte Vereinigungen die zuständige Behörde in einer dem Umweltschutz dienenden Weise unterstützen. ⁴Das Beteiligungsverfahren muss den Anforderungen des § 73 Absatz 3 Satz 1 und Absatz 5 bis 7 des Verwaltungsverfahrensgesetzes entsprechen.

(2) ¹In einem vorgelagerten Verfahren oder in einem Planfeststellungsverfahren über einen Wege- und Gewässerplan mit landschaftspflegerischem Begleitplan nach § 41 des Flurbereinigungsgesetzes kann die zuständige Behörde abweichend von Absatz 1 und abweichend von § 73 Absatz 6 des Verwaltungsverfahrensgesetzes auf die Durchführung eines Erörterungstermins verzichten. ²Auf eine Benachrichtigung nach § 73 Absatz 5 Satz 3 des Verwaltungsverfahrensgesetzes kann in einem vorgelagerten Verfahren verzichtet werden.

**§ 19 Unterrichtung der Öffentlichkeit.** (1) Bei der Bekanntmachung zu Beginn des Beteiligungsverfahrens unterrichtet die zuständige Behörde die Öffentlichkeit

1. über den Antrag auf Zulassungsentscheidung oder über eine sonstige Handlung des Vorhabenträgers zur Einleitung eines Verfahrens, in dem die Umweltverträglichkeit geprüft wird,
2. über die Feststellung der UVP-Pflicht des Vorhabens nach § 5 sowie, falls erforderlich, über die Durchführung einer grenzüberschreitenden Beteiligung nach den §§ 54 bis 56,
3. über die für das Verfahren und für die Zulassungsentscheidung jeweils zuständigen Behörden, bei denen weitere relevante Informationen erhältlich sind und bei denen Äußerungen oder Fragen eingereicht werden können, sowie über die festgelegten Fristen zur Übermittlung dieser Äußerungen oder Fragen,
4. über die Art einer möglichen Zulassungsentscheidung,
5. darüber, dass ein UVP-Bericht vorgelegt wurde,
6. über die Bezeichnung der das Vorhaben betreffenden entscheidungserheblichen Berichte und Empfehlungen, die der zuständigen Behörde zum Zeitpunkt des Beginns des Beteiligungsverfahrens vorliegen,
7. darüber, wo und in welchem Zeitraum die Unterlagen nach den Nummern 5 und 6 zur Einsicht ausgelegt werden sowie
8. über weitere Einzelheiten des Verfahrens der Beteiligung der Öffentlichkeit.

(2) ¹Im Rahmen des Beteiligungsverfahrens legt die zuständige Behörde zumindest folgende Unterlagen zur Einsicht für die Öffentlichkeit aus:

1. den UVP-Bericht,
2. die das Vorhaben betreffenden entscheidungserheblichen Berichte und Empfehlungen, die der zuständigen Behörde zum Zeitpunkt des Beginns des Beteiligungsverfahrens vorgelegen haben.

---

[1]) Nr. **12.1**.

² In Verfahren nach § 18 Absatz 2 und § 1 der Atomrechtlichen Verfahrensverordnung können die Unterlagen abweichend von § 18 Absatz 1 Satz 4 bei der Genehmigungsbehörde oder bei einer geeigneten Stelle in der Nähe des Standorts des Vorhabens ausgelegt werden.

(3) Weitere Informationen, die für die Zulassungsentscheidung von Bedeutung sein können und die der zuständigen Behörde erst nach Beginn des Beteiligungsverfahrens vorliegen, sind der Öffentlichkeit nach den Bestimmungen des Bundes und der Länder über den Zugang zu Umweltinformationen zugänglich zu machen.

**§ 20[1) Zentrale Internetportale; Verordnungsermächtigung.** (1) ¹Für die Zugänglichmachung des Inhalts der Bekanntmachung nach § 19 Absatz 1 und der nach § 19 Absatz 2 auszulegenden Unterlagen im Internet richten Bund und Länder zentrale Internetportale ein. ²Die Zugänglichmachung erfolgt im zentralen Internetportal des Bundes, wenn die Zulassungsbehörde eine Bundesbehörde ist. ³Für den Aufbau und Betrieb des zentralen Internetportals des Bundes ist das Umweltbundesamt zuständig.

(2) ¹Die zuständige Behörde macht den Inhalt der Bekanntmachung nach § 19 Absatz 1 und die in § 19 Absatz 2 Satz 1 Nummer 1 und 2 genannten Unterlagen über das einschlägige zentrale Internetportal zugänglich. ²Maßgeblich ist der Inhalt der ausgelegten Unterlagen.

(3) Der Inhalt der zentralen Internetportale kann auch für die Zwecke der Berichterstattung nach § 73 verwendet werden.

(4) Die Bundesregierung wird ermächtigt, durch Rechtsverordnung[2) mit Zustimmung des Bundesrates Folgendes zu regeln:

1. die Art und Weise der Zugänglichmachung nach den Absätzen 1 und 2 sowie
2. die Dauer der Speicherung der Unterlagen.

(5) Alle in das zentrale Internetportal einzustellenden Unterlagen sind elektronisch vorzulegen.

**§ 21 Äußerungen und Einwendungen der Öffentlichkeit.** (1) Die betroffene Öffentlichkeit kann sich im Rahmen der Beteiligung schriftlich oder zur Niederschrift bei der zuständigen Behörde äußern.

(2) Die Äußerungsfrist endet einen Monat nach Ablauf der Frist für die Auslegung der Unterlagen.

(3) ¹Bei Vorhaben, für die Unterlagen in erheblichem Umfang eingereicht worden sind, kann die zuständige Behörde eine längere Äußerungsfrist festlegen. ²Die Äußerungsfrist darf die nach § 73 Absatz 3a Satz 1 des Verwaltungsverfahrensgesetzes zu setzende Frist nicht überschreiten.

(4) ¹Mit Ablauf der Äußerungsfrist sind für das Verfahren über die Zulässigkeit des Vorhabens alle Äußerungen, die nicht auf besonderen privatrechtlichen Titeln beruhen, ausgeschlossen. ²Hierauf weist die zuständige Behörde in der Bekanntmachung der Auslegung oder bei der Bekanntgabe der Äußerungsfrist hin.

(5) Die Äußerungsfrist gilt auch für solche Einwendungen, die sich nicht auf die Umweltauswirkungen des Vorhabens beziehen.

---

[1) Siehe hierzu die Allgemeine VwV über das zentrale Internetportal des Bundes nach § 20 UVPG v. 11.11.2020 (BAnz AT 23.11.2020 B5).
[2) Siehe die UVP-Portale-VO (Nr. **2.5.1**).

**§ 22 Erneute Beteiligung der Öffentlichkeit bei Änderungen im Laufe des Verfahrens.** (1) ¹Ändert der Vorhabenträger im Laufe des Verfahrens die Unterlagen, die nach § 19 Absatz 2 auszulegen sind, so ist eine erneute Beteiligung der Öffentlichkeit erforderlich. ²Sie ist jedoch auf die Änderungen zu beschränken. ³Hierauf weist die zuständige Behörde in der Bekanntmachung hin.

(2) ¹Die zuständige Behörde soll von einer erneuten Beteiligung der Öffentlichkeit absehen, wenn zusätzliche erhebliche oder andere erhebliche Umweltauswirkungen nicht zu besorgen sind. ²Dies ist insbesondere dann der Fall, wenn solche Umweltauswirkungen durch die vom Vorhabenträger vorgesehenen Vorkehrungen ausgeschlossen werden.

**§ 23 Geheimhaltung und Datenschutz sowie Schutz der Rechte am geistigen Eigentum.** (1) ¹Die Rechtsvorschriften über Geheimhaltung und Datenschutz sowie über die Rechte am geistigen Eigentum bleiben unberührt. ²Insbesondere sind Urkunden, Akten und elektronische Dokumente geheim zu halten, wenn das Bekanntwerden ihres Inhalts dem Wohl des Bundes oder eines Landes Nachteile bereiten würde oder wenn die Vorgänge nach einem Gesetz oder ihrem Wesen nach geheim gehalten werden müssen.

(2) ¹Soweit die nach § 19 Absatz 2 zur Einsicht für die Öffentlichkeit auszulegenden Unterlagen Informationen der in Absatz 1 genannten Art enthalten, kennzeichnet der Vorhabenträger diese Informationen und legt zusätzlich eine Darstellung vor, die den Inhalt der Unterlagen ohne Preisgabe des Geheimnisses beschreibt. ²Die Inhaltsdarstellung muss so ausführlich sein, dass Dritten die Beurteilung ermöglicht wird, ob und in welchem Umfang sie von den Umweltauswirkungen des Vorhabens betroffen sein können.

(3) Geheimhaltungsbedürftige Unterlagen sind bei der Auslegung durch die Inhaltsdarstellung zu ersetzen.

**§ 24 Zusammenfassende Darstellung.** (1) ¹Die zuständige Behörde erarbeitet eine zusammenfassende Darstellung

1. der Umweltauswirkungen des Vorhabens,
2. der Merkmale des Vorhabens und des Standorts, mit denen erhebliche nachteilige Umweltauswirkungen ausgeschlossen, vermindert oder ausgeglichen werden sollen, und
3. der Maßnahmen, mit denen erhebliche nachteilige Umweltauswirkungen ausgeschlossen, vermindert oder ausgeglichen werden sollen, sowie
4. der Ersatzmaßnahmen bei Eingriffen in Natur und Landschaft.

²Die Erarbeitung erfolgt auf der Grundlage des UVP-Berichts, der behördlichen Stellungnahmen nach § 17 Absatz 2 und § 55 Absatz 4 sowie der Äußerungen der betroffenen Öffentlichkeit nach den §§ 21 und 56. ³Die Ergebnisse eigener Ermittlungen sind einzubeziehen.

(2) Die zusammenfassende Darstellung soll möglichst innerhalb eines Monats nach dem Abschluss der Erörterung im Beteiligungsverfahren erarbeitet werden.

**§ 25 Begründete Bewertung der Umweltauswirkungen und Berücksichtigung des Ergebnisses bei der Entscheidung.** (1) ¹Auf der Grundlage der zusammenfassenden Darstellung bewertet die zuständige Behörde die Umweltauswirkungen des Vorhabens im Hinblick auf eine wirksame Umweltvorsorge im

Sinne des § 3 nach Maßgabe der geltenden Gesetze. ²Die Bewertung ist zu begründen.

(2) Bei der Entscheidung über die Zulässigkeit des Vorhabens berücksichtigt die zuständige Behörde die begründete Bewertung nach dem in Absatz 1 bestimmten Maßstab.

(3) Bei der Entscheidung über die Zulassung des Vorhabens müssen die zusammenfassende Darstellung und die begründete Bewertung nach Einschätzung der zuständigen Behörde hinreichend aktuell sein.

### § 26 Inhalt des Bescheids über die Zulassung oder Ablehnung des Vorhabens.
(1) Der Bescheid zur Zulassung des Vorhabens muss zumindest die folgenden Angaben enthalten:

1. die umweltbezogenen Nebenbestimmungen, sofern sie mit der Zulassungsentscheidung verbunden sind,
2. eine Beschreibung der vorgesehenen Überwachungsmaßnahmen nach § 28 oder nach entsprechenden bundes- oder landesrechtlichen Vorschriften sowie
3. eine Begründung, aus der die wesentlichen tatsächlichen und rechtlichen Gründe hervorgehen, die die Behörde zu ihrer Entscheidung bewogen haben; hierzu gehören
   a) Angaben über das Verfahren zur Beteiligung der Öffentlichkeit,
   b) die zusammenfassende Darstellung gemäß § 24,
   c) die begründete Bewertung gemäß § 25 Absatz 1 und
   d) eine Erläuterung, wie die begründete Bewertung, insbesondere die Angaben des UVP-Berichts, die behördlichen Stellungnahmen nach § 17 Absatz 2 und § 55 Absatz 4 sowie die Äußerungen der Öffentlichkeit nach den §§ 21 und 56, in der Zulassungsentscheidung berücksichtigt wurden oder wie ihnen anderweitig Rechnung getragen wurde.

(2) Wird das Vorhaben nicht zugelassen, müssen im Bescheid die dafür wesentlichen Gründe erläutert werden.

(3) Im Übrigen richtet sich der Inhalt des Bescheids nach den einschlägigen fachrechtlichen Vorschriften.

### § 27 Bekanntmachung der Entscheidung und Auslegung des Bescheids.
(1) ¹Die zuständige Behörde hat in entsprechender Anwendung des § 74 Absatz 5 Satz 2 des Verwaltungsverfahrensgesetzes die Entscheidung zur Zulassung oder Ablehnung des Vorhabens öffentlich bekannt zu machen sowie in entsprechender Anwendung des § 74 Absatz 4 Satz 2 des Verwaltungsverfahrensgesetzes den Bescheid zur Einsicht auszulegen. ²§ 20 gilt hierfür entsprechend. ³Soweit der Bescheid geheimhaltungsbedürftige Angaben im Sinne von § 23 Absatz 2 enthält, sind die entsprechenden Stellen unkenntlich zu machen.

(2) Abweichend von Absatz 1 Satz 1 kann in einem Verfahren nach § 18 Absatz 2 die Öffentlichkeit in einem geeigneten Publikationsorgan über das Ergebnis des Verfahrens unterrichtet werden und das Ergebnis des Verfahrens mit Begründung und einer Information über Rechtsbehelfe kann entsprechend dem in § 19 Absatz 2 Satz 2 geregelten Verfahren öffentlich ausgelegt werden.

### § 28 Überwachung.
(1) ¹Soweit bundes- oder landesrechtliche Regelungen keine Überwachungsmaßnahmen vorsehen, ergreift die zuständige Behörde die geeigneten Überwachungsmaßnahmen, um die Einhaltung der umweltbezoge-

nen Bestimmungen des Zulassungsbescheids nach § 26 zu überprüfen. ²Dies gilt insbesondere für
1. die im Zulassungsbescheid festgelegten Merkmale des Vorhabens und des Standorts sowie
2. die Maßnahmen, mit denen erhebliche nachteilige Umweltauswirkungen ausgeschlossen, vermindert oder ausgeglichen werden sollen, und die Ersatzmaßnahmen bei Eingriffen in Natur und Landschaft.

³Die zuständige Behörde kann dem Vorhabenträger Überwachungsmaßnahmen nach den Sätzen 1 und 2 aufgeben.

(2) ¹Soweit bundes- oder landesrechtliche Regelungen keine entsprechenden Überwachungsmaßnahmen vorsehen, ergreift die zuständige Behörde geeignete Maßnahmen zur Überwachung erheblicher nachteiliger Umweltauswirkungen, wenn die Auswirkungen des Vorhabens schwer vorhersehbar oder die Wirksamkeit von Maßnahmen, mit denen erhebliche Umweltauswirkungen ausgeschlossen, vermindert oder ausgeglichen werden sollen, oder die Wirksamkeit von Ersatzmaßnahmen unsicher sind. ²Die zuständige Behörde kann dem Vorhabenträger Überwachungsmaßnahmen nach Satz 1 aufgeben.

### Abschnitt 3. Teilzulassungen, Zulassung eines Vorhabens durch mehrere Behörden, verbundene Prüfverfahren

**§ 29 Umweltverträglichkeitsprüfung bei Teilzulassungen.** (1) ¹In Verfahren zur Vorbereitung eines Vorbescheids und zur Erteilung einer ersten Teilgenehmigung oder einer sonstigen ersten Teilzulassung hat sich die Umweltverträglichkeitsprüfung vorläufig auf die nach dem jeweiligen Planungsstand erkennbaren Umweltauswirkungen des Gesamtvorhabens zu erstrecken und abschließend auf die Umweltauswirkungen, die Gegenstand der Teilzulassung sind. ²Dem jeweiligen Umfang der Umweltverträglichkeitsprüfung ist bei der Unterrichtung über den Untersuchungsrahmen und beim UVP-Bericht Rechnung zu tragen.

(2) ¹Bei weiteren Teilzulassungen soll die Umweltverträglichkeitsprüfung auf zusätzliche erhebliche oder andere erhebliche Umweltauswirkungen des Vorhabens beschränkt werden. ²Absatz 1 gilt entsprechend.

**§ 30 Erneute Öffentlichkeitsbeteiligung bei Teilzulassungen.** (1) ¹Ist für ein Vorhaben bereits eine Teilzulassung nach § 29 erteilt worden, so ist im Verfahren zur Erteilung oder weiterer Teilzulassungen eine erneute Beteiligung der Öffentlichkeit erforderlich. ²Sie ist jedoch auf den Gegenstand der weiteren Teilzulassung zu beschränken. ³Hierauf weist die zuständige Behörde in der Bekanntmachung hin.

(2) ¹Die zuständige Behörde kann von einer erneuten Beteiligung der Öffentlichkeit absehen, soweit zusätzliche erhebliche oder andere erhebliche Umweltauswirkungen nicht zu besorgen sind. ²Dies ist insbesondere dann der Fall, wenn solche Umweltauswirkungen durch die vom Vorhabenträger vorgesehenen Vorkehrungen ausgeschlossen werden.

**§ 31 Zulassung eines Vorhabens durch mehrere Behörden; federführende Behörde.** (1) Bedarf ein Vorhaben der Zulassung durch mehrere Landesbehörden, so bestimmen die Länder eine federführende Behörde.

(2) ¹Die federführende Behörde ist zumindest für folgende Aufgaben zuständig:

1. die Feststellung der UVP-Pflicht (§ 5),
2. die Unterrichtung über den Untersuchungsrahmen (§ 15),
3. die Erarbeitung der zusammenfassenden Darstellung (§ 24),
4. die Benachrichtigung eines anderen Staates (§ 54),
5. die grenzüberschreitende Behördenbeteiligung (§ 55 Absatz 1 bis 4 und 6) und
6. die grenzüberschreitende Öffentlichkeitsbeteiligung (§ 56).

²Die Länder können der federführenden Behörde weitere verfahrensrechtliche Zuständigkeiten übertragen. ³Die federführende Behörde nimmt ihre Aufgaben im Zusammenwirken zumindest mit denjenigen Zulassungsbehörden und mit derjenigen für Naturschutz und Landschaftspflege zuständigen Behörde wahr, deren Aufgabenbereich durch das Vorhaben berührt wird. ⁴Sie erfüllt diese Aufgaben nach den Verfahrensvorschriften, die für die Umweltverträglichkeitsprüfung in dem von ihr durchzuführenden Zulassungsverfahren gelten.

(3) ¹Bedarf ein Vorhaben einer Genehmigung nach dem Atomgesetz sowie einer Zulassung durch eine oder mehrere weitere Behörden und ist eine der zuständigen Behörden eine Bundesbehörde, so ist die atomrechtliche Genehmigungsbehörde federführende Behörde. ²Sie ist neben den in Absatz 2 Satz 1 genannten Aufgaben auch für die Beteiligung der Öffentlichkeit (§§ 18 und 19) zuständig.

(4) ¹Wird über die Zulässigkeit eines Vorhabens im Rahmen mehrerer Verfahren entschieden, so wird eine gemeinsame zusammenfassende Darstellung nach § 24 für das gesamte Vorhaben erstellt. ²Auf der Grundlage der zusammenfassenden Darstellung nehmen die Zulassungsbehörden eine Gesamtbewertung der Umweltauswirkungen des Vorhabens vor und berücksichtigen nach § 25 Absatz 2 die Gesamtbewertung bei den Zulassungsentscheidungen. ³Die federführende Behörde stellt das Zusammenwirken der Zulassungsbehörden sicher.

**§ 32 Verbundene Prüfverfahren.** ¹Für ein Vorhaben, das einzeln oder im Zusammenwirken mit anderen Vorhaben, Projekten oder Plänen geeignet ist, ein Natura 2000-Gebiet erheblich zu beeinträchtigen, wird die Verträglichkeitsprüfung nach § 34 Absatz 1 des Bundesnaturschutzgesetzes[1)] im Verfahren zur Zulassungsentscheidung des Vorhabens vorgenommen. ²Die Umweltverträglichkeitsprüfung kann mit der Prüfung nach Satz 1 und mit anderen Prüfungen zur Ermittlung oder Bewertung von Umweltauswirkungen verbunden werden.

### Teil 3. Strategische Umweltprüfung

#### Abschnitt 1. Voraussetzungen für eine Strategische Umweltprüfung

**§ 33 Strategische Umweltprüfung.** Die Strategische Umweltprüfung (SUP) ist unselbständiger Teil behördlicher Verfahren zur Aufstellung oder Änderung von Plänen und Programmen.

**§ 34 Feststellung der SUP-Pflicht.** (1) Die zuständige Behörde stellt frühzeitig fest, ob nach den §§ 35 bis 37 eine Verpflichtung zur Durchführung einer Strategischen Umweltprüfung (SUP-Pflicht) besteht.

(2) ¹Die Feststellung der SUP-Pflicht ist, sofern eine Vorprüfung des Einzelfalls nach § 35 Absatz 2 oder § 37 vorgenommen worden ist, der Öffentlichkeit nach

---

[1)] Nr. **3.1**.

UVP-Gesetz §§ 35–37 UVPG 2.5

den Bestimmungen des Bundes und der Länder über den Zugang zu Umweltinformationen zugänglich zu machen; soll eine Strategische Umweltprüfung unterbleiben, ist dies einschließlich der dafür wesentlichen Gründe bekannt zu geben. ²Die Feststellung ist nicht selbständig anfechtbar.

**§ 35 SUP-Pflicht in bestimmten Plan- oder Programmbereichen und im Einzelfall.** (1) Eine Strategische Umweltprüfung ist durchzuführen bei Plänen und Programmen, die

1. in der Anlage 5 Nummer 1 aufgeführt sind oder
2.[1)] in der Anlage 5 Nummer 2 aufgeführt sind und für Entscheidungen über die Zulässigkeit von in der Anlage 1 aufgeführten Vorhaben oder von Vorhaben, die nach Landesrecht einer Umweltverträglichkeitsprüfung oder Vorprüfung des Einzelfalls bedürfen, einen Rahmen setzen.

(2) ¹Bei nicht unter Absatz 1 fallenden Plänen und Programmen ist eine Strategische Umweltprüfung nur dann durchzuführen, wenn sie für die Entscheidung über die Zulässigkeit von in der Anlage 1 aufgeführten oder anderen Vorhaben einen Rahmen setzen und nach einer Vorprüfung im Einzelfall im Sinne von Absatz 4 voraussichtlich erhebliche Umweltauswirkungen haben. ²§ 34 Absatz 4 und § 35 Absatz 6 des Baugesetzbuchs bleiben unberührt.

(3) Pläne und Programme setzen einen Rahmen für die Entscheidung über die Zulässigkeit von Vorhaben, wenn sie Festlegungen mit Bedeutung für spätere Zulassungsentscheidungen, insbesondere zum Bedarf, zur Größe, zum Standort, zur Beschaffenheit, zu Betriebsbedingungen von Vorhaben oder zur Inanspruchnahme von Ressourcen, enthalten.

(4) ¹Hängt die Durchführung einer Strategischen Umweltprüfung von einer Vorprüfung des Einzelfalls ab, hat die zuständige Behörde aufgrund einer überschlägigen Prüfung unter Berücksichtigung der in Anlage 6 aufgeführten Kriterien einzuschätzen, ob der Plan oder das Programm voraussichtlich erhebliche Umweltauswirkungen hat, die im weiteren Aufstellungsverfahren nach § 43 Absatz 2 zu berücksichtigen wären. ²Bei der Vorprüfung nach Satz 1 ist zu berücksichtigen, inwieweit Umweltauswirkungen durch Vermeidungs- und Verminderungsmaßnahmen offensichtlich ausgeschlossen werden. ³Die in § 41 genannten Behörden sind bei der Vorprüfung nach Satz 1 zu beteiligen. ⁴Die Durchführung und das Ergebnis der Vorprüfung sind zu dokumentieren.

**§ 36 SUP-Pflicht aufgrund einer Verträglichkeitsprüfung.** Eine Strategische Umweltprüfung ist durchzuführen bei Plänen und Programmen, die einer Verträglichkeitsprüfung nach § 36 Satz 1 Nummer 2 des Bundesnaturschutzgesetzes[2)] unterliegen.

**§ 37 Ausnahmen von der SUP-Pflicht.** ¹Werden Pläne und Programme nach § 35 Absatz 1 und 36 nur geringfügig geändert oder legen sie die Nutzung kleiner Gebiete auf lokaler Ebene fest, so ist eine Strategische Umweltprüfung nur dann durchzuführen, wenn eine Vorprüfung des Einzelfalls im Sinne von § 35 Absatz 4 ergibt, dass der Plan oder das Programm voraussichtlich erhebliche Umweltauswirkungen hat. ²Die §§ 13 und 13a des Baugesetzbuchs sowie § 8 Absatz 2 des Raumordnungsgesetzes bleiben unberührt.

---

[1)] Abweichendes Landesrecht in Niedersachsen siehe Hinweis in BGBl. 2020 I S. 113 und 114.
[2)] Nr. **3.1.**

## 2.5 UVPG §§ 38–40

**Abschnitt 2. Verfahrensschritte der Strategischen Umweltprüfung**

**§ 38 Vorrang anderer Rechtsvorschriften bei der SUP.** [1] Unbeschadet des § 52 finden die Vorschriften dieses Abschnitts Anwendung, soweit Rechtsvorschriften des Bundes und der Länder die Strategische Umweltprüfung nicht näher bestimmen oder in ihren Anforderungen diesem Gesetz nicht entsprechen. [2] Rechtsvorschriften mit weitergehenden Anforderungen bleiben unberührt.

**§ 39 Festlegung des Untersuchungsrahmens.** (1) Die für die Strategische Umweltprüfung zuständige Behörde legt den Untersuchungsrahmen der Strategischen Umweltprüfung einschließlich des Umfangs und Detaillierungsgrads der in den Umweltbericht nach § 40 aufzunehmenden Angaben fest.

(2) [1] Der Untersuchungsrahmen einschließlich des Umfangs und Detaillierungsgrads der in den Umweltbericht aufzunehmenden Angaben bestimmen sich unter Berücksichtigung von § 33 in Verbindung mit § 2 Absatz 1 nach den Rechtsvorschriften, die für die Entscheidung über die Ausarbeitung, Annahme oder Änderung des Plans oder Programms maßgebend sind. [2] Der Umweltbericht enthält die Angaben, die mit zumutbarem Aufwand ermittelt werden können, und berücksichtigt dabei den gegenwärtigen Wissensstand und der Behörde bekannte Äußerungen der Öffentlichkeit, allgemein anerkannte Prüfungsmethoden, Inhalt und Detaillierungsgrad des Plans oder Programms sowie dessen Stellung im Entscheidungsprozess.

(3) [1] Sind Pläne und Programme Bestandteil eines mehrstufigen Planungs- und Zulassungsprozesses, soll zur Vermeidung von Mehrfachprüfungen bei der Festlegung des Untersuchungsrahmens bestimmt werden, auf welcher der Stufen dieses Prozesses bestimmte Umweltauswirkungen schwerpunktmäßig geprüft werden sollen. [2] Dabei sind Art und Umfang der Umweltauswirkungen, fachliche Erfordernisse sowie Inhalt und Entscheidungsgegenstand des Plans oder Programms zu berücksichtigen. [3] Bei nachfolgenden Plänen und Programmen sowie bei der nachfolgenden Zulassung von Vorhaben, für die der Plan oder das Programm einen Rahmen setzt, soll sich die Umweltprüfung auf zusätzliche oder andere erhebliche Umweltauswirkungen sowie auf erforderliche Aktualisierungen und Vertiefungen beschränken.

(4) [1] Die Behörden, deren umwelt- und gesundheitsbezogener Aufgabenbereich durch den Plan oder das Programm berührt wird, werden bei der Festlegung des Untersuchungsrahmens der Strategischen Umweltprüfung sowie des Umfangs und Detaillierungsgrads der in den Umweltbericht aufzunehmenden Angaben beteiligt. [2] Die zuständige Behörde gibt auf der Grundlage geeigneter Informationen den zu beteiligenden Behörden Gelegenheit zu einer Besprechung oder zur Stellungnahme über die nach Absatz 1 zu treffenden Festlegungen. [3] Sachverständige, betroffene Gemeinden, nach § 60 Absatz 1 zu beteiligende Behörden, nach § 3 des Umwelt-Rechtsbehelfsgesetzes[1)] anerkannte Umweltvereinigungen sowie sonstige Dritte können hinzugezogen werden. [4] Verfügen die zu beteiligenden Behörden über Informationen, die für den Umweltbericht zweckdienlich sind, übermitteln sie diese der zuständigen Behörde.

**§ 40 Umweltbericht.** (1) [1] Die zuständige Behörde erstellt frühzeitig einen Umweltbericht. [2] Dabei werden die voraussichtlichen erheblichen Umweltaus-

---

[1)] Nr. **12.1**.

wirkungen der Durchführung des Plans oder Programms sowie vernünftiger Alternativen ermittelt, beschrieben und bewertet.

(2) ¹Der Umweltbericht nach Absatz 1 muss nach Maßgabe des § 39 folgende Angaben enthalten:
1. Kurzdarstellung des Inhalts und der wichtigsten Ziele des Plans oder Programms sowie der Beziehung zu anderen relevanten Plänen und Programmen,
2. Darstellung der für den Plan oder das Programm geltenden Ziele des Umweltschutzes sowie der Art, wie diese Ziele und sonstige Umwelterwägungen bei der Ausarbeitung des Plans oder des Programms berücksichtigt wurden,
3. Darstellung der Merkmale der Umwelt, des derzeitigen Umweltzustands sowie dessen voraussichtliche Entwicklung bei Nichtdurchführung des Plans oder des Programms,
4. Angabe der derzeitigen für den Plan oder das Programm bedeutsamen Umweltprobleme, insbesondere der Probleme, die sich auf ökologisch empfindliche Gebiete nach Nummer 2.6 der Anlage 6 beziehen,
5. Beschreibung der voraussichtlichen erheblichen Auswirkungen auf die Umwelt nach § 3 in Verbindung mit § 2 Absatz 1 und 2,
6. Darstellung der Maßnahmen, die geplant sind, um erhebliche nachteilige Umweltauswirkungen aufgrund der Durchführung des Plans oder des Programms zu verhindern, zu verringern und so weit wie möglich auszugleichen,
7. Hinweise auf Schwierigkeiten, die bei der Zusammenstellung der Angaben aufgetreten sind, zum Beispiel technische Lücken oder fehlende Kenntnisse,
8. Kurzdarstellung der Gründe für die Wahl der geprüften Alternativen sowie eine Beschreibung, wie die Umweltprüfung durchgeführt wurde,
9. Darstellung der geplanten Überwachungsmaßnahmen gemäß § 45.

²Die Angaben nach Satz 1 sollen entsprechend der Art des Plans oder Programms Dritten die Beurteilung ermöglichen, ob und in welchem Umfang sie von den Umweltauswirkungen des Plans oder Programms betroffen werden können. ³Eine allgemein verständliche, nichttechnische Zusammenfassung der Angaben nach diesem Absatz ist dem Umweltbericht beizufügen.

(3) Die zuständige Behörde bewertet vorläufig im Umweltbericht die Umweltauswirkungen des Plans oder Programms im Hinblick auf eine wirksame Umweltvorsorge im Sinne des § 3 in Verbindung mit § 2 Absatz 1 und 2 nach Maßgabe der geltenden Gesetze.

(4) Angaben, die der zuständigen Behörde aus anderen Verfahren oder Tätigkeiten vorliegen, können in den Umweltbericht aufgenommen werden, wenn sie für den vorgesehenen Zweck geeignet und hinreichend aktuell sind.

**§ 41 Beteiligung anderer Behörden.** ¹Die zuständige Behörde übermittelt den Behörden, deren umwelt- und gesundheitsbezogener Aufgabenbereich durch den Plan oder das Programm berührt wird, den Entwurf des Plans oder Programms sowie den Umweltbericht und holt die Stellungnahmen dieser Behörden ein. ²Die zuständige Behörde setzt für die Abgabe der Stellungnahmen eine angemessene Frist von mindestens einem Monat.

**§ 42 Beteiligung der Öffentlichkeit.** (1) Für die Öffentlichkeitsbeteiligung gelten § 18 Absatz 1 sowie die §§ 19, 21 Absatz 1 und § 22 entsprechend, soweit nachfolgend nichts anderes bestimmt wird.

(2) ¹Der Entwurf des Plans oder Programms, der Umweltbericht sowie weitere Unterlagen, deren Einbeziehung die zuständige Behörde für zweckmäßig hält, werden frühzeitig für eine angemessene Dauer von mindestens einem Monat öffentlich ausgelegt. ²Auslegungsorte sind unter Berücksichtigung von Art und Inhalt des Plans oder Programms von der zuständigen Behörde so festzulegen, dass eine wirksame Beteiligung der betroffenen Öffentlichkeit gewährleistet ist.

(3) ¹Die betroffene Öffentlichkeit kann sich zu dem Entwurf des Plans oder Programms und zu dem Umweltbericht äußern. ²Die zuständige Behörde bestimmt für die Äußerung eine angemessene Frist von mindestens einem Monat nach Ende der Auslegungsfrist. ³Mit Ablauf der Äußerungsfrist sind alle Äußerungen ausgeschlossen, die nicht auf besonderen privatrechtlichen Titeln beruhen. ⁴Hierauf ist in der Bekanntmachung der Auslegung oder bei der Bekanntgabe der Äußerungsfrist hinzuweisen. ⁵Ein Erörterungstermin ist durchzuführen, soweit Rechtsvorschriften des Bundes dies für bestimmte Pläne und Programme vorsehen.

**§ 43 Abschließende Bewertung und Berücksichtigung.** (1) ¹Nach Abschluss der Behörden- und Öffentlichkeitsbeteiligung überprüft die zuständige Behörde die Darstellungen und Bewertungen des Umweltberichts unter Berücksichtigung der ihr nach den §§ 41, 42, 60 Absatz 1 und § 61 Absatz 1 übermittelten Stellungnahmen und Äußerungen. ²Bei der Überprüfung gelten die in § 40 Absatz 3 bestimmten Maßstäbe.

(2) Das Ergebnis der Überprüfung nach Absatz 1 ist im Verfahren zur Aufstellung oder Änderung des Plans oder Programms zu berücksichtigen.

**§ 44 Bekanntgabe der Entscheidung über die Annahme oder Ablehnung des Plans oder Programms.** (1) ¹Die Annahme eines Plans oder Programms ist öffentlich bekannt zu machen. ²Die Ablehnung eines Plans oder Programms kann öffentlich bekannt gemacht werden.

(2) Bei Annahme des Plans oder Programms sind folgende Informationen zur Einsicht auszulegen:

1. der angenommene Plan oder das angenommene Programm,
2. eine zusammenfassende Erklärung, wie Umwelterwägungen in den Plan oder das Programm einbezogen wurden, wie der Umweltbericht nach § 40 sowie die Stellungnahmen und Äußerungen nach den §§ 41, 42, 60 Absatz 1 und § 61 Absatz 1 berücksichtigt wurden und aus welchen Gründen der angenommene Plan oder das angenommene Programm nach Abwägung mit den geprüften Alternativen gewählt wurde,
3. eine Aufstellung der Überwachungsmaßnahmen nach § 45 sowie
4. eine Rechtsbehelfsbelehrung, soweit über die Annahme des Plans oder Programms nicht durch Gesetz entschieden wird.

**§ 45 Überwachung.** (1) ¹Die erheblichen Umweltauswirkungen, die sich aus der Durchführung des Plans oder Programms ergeben, sind zu überwachen, um insbesondere frühzeitig unvorhergesehene nachteilige Auswirkungen zu ermitteln und geeignete Abhilfemaßnahmen ergreifen zu können. ²Die erforderlichen Überwachungsmaßnahmen sind mit der Annahme des Plans oder Programms auf der Grundlage der Angaben im Umweltbericht festzulegen.

(2) Soweit Rechtsvorschriften des Bundes oder der Länder keine abweichende Zuständigkeit regeln, obliegt die Überwachung der für die Strategische Umweltprüfung zuständigen Behörde.

(3) Andere Behörden haben der nach Absatz 2 zuständigen Behörde auf Verlangen alle Umweltinformationen zur Verfügung zu stellen, die zur Wahrnehmung der Aufgaben nach Absatz 1 erforderlich sind.

(4) Die Ergebnisse der Überwachung sind der Öffentlichkeit nach den Vorschriften des Bundes und der Länder über den Zugang zu Umweltinformationen sowie den in § 41 genannten Behörden zugänglich zu machen und bei einer erneuten Aufstellung oder einer Änderung des Plans oder Programms zu berücksichtigen.

(5) [1] Zur Erfüllung der Anforderungen nach Absatz 1 können bestehende Überwachungsmechanismen, Daten- und Informationsquellen genutzt werden. [2] § 40 Absatz 4 gilt entsprechend.

**§ 46 Verbundene Prüfverfahren.** [1] Für einen Plan nach § 35 oder § 36, der einzeln oder im Zusammenwirken mit anderen Vorhaben, Projekten oder Plänen geeignet ist, ein Natura 2000-Gebiet erheblich zu beeinträchtigen, ist die Verträglichkeitsprüfung nach § 34 Absatz 1 des Bundesnaturschutzgesetzes[1]) im Verfahren zur Aufstellung oder Änderung des Plans vorzunehmen. [2] Die Strategische Umweltprüfung kann mit der Prüfung nach Satz 1 und mit anderen Prüfungen zur Ermittlung oder Bewertung von Umweltauswirkungen verbunden werden.

## Teil 4. Besondere Verfahrensvorschriften für bestimmte Umweltprüfungen

**§ 47 Linienbestimmung und Genehmigung von Flugplätzen.** (1) [1] Für die Linienbestimmung nach § 16 Absatz 1 des Bundesfernstraßengesetzes und für die Linienbestimmung nach § 13 Absatz 1 des Bundeswasserstraßengesetzes sowie im Verfahren zur Genehmigung von Flugplätzen nach § 6 Absatz 1 des Luftverkehrsgesetzes wird bei Vorhaben die Umweltverträglichkeit nach dem jeweiligen Planungsstand des Vorhabens geprüft. [2] In die Prüfung der Umweltverträglichkeit sind bei der Linienbestimmung alle ernsthaft in Betracht kommenden Trassenvarianten einzubeziehen.

(2) Absatz 1 gilt nicht, wenn in einem Raumordnungsverfahren bereits die Umweltverträglichkeit geprüft wurde und wenn dabei im Falle einer Linienbestimmung alle ernsthaft in Betracht kommenden Trassenvarianten einbezogen wurden.

(3) Im nachfolgenden Zulassungsverfahren kann die Prüfung der Umweltverträglichkeit auf zusätzliche erhebliche oder andere erhebliche Umweltauswirkungen des Vorhabens beschränkt werden.

(4) Die Linienbestimmung nach § 16 Absatz 1 des Bundesfernstraßengesetzes und die Linienbestimmung nach § 13 Absatz 1 des Bundeswasserstraßengesetzes kann nur im Rahmen des Rechtsbehelfsverfahrens gegen die nachfolgende Zulassungsentscheidung überprüft werden.

---

[1]) Nr. **3.1.**

**§ 48 Raumordnungspläne.** ¹Besteht für die Aufstellung eines Raumordnungsplans nach diesem Gesetz die SUP-Pflicht, so wird die Strategische Umweltprüfung einschließlich der Überwachung nach dem Raumordnungsgesetz durchgeführt. ²Auf einen Raumordnungsplan nach Anlage 5 Nummer 1.5 oder 1.6, der Flächen für die Windenergienutzung oder für den Abbau von Rohstoffen ausweist, ist § 1 Absatz 1 Satz 1 Nummer 4 des Umwelt-Rechtsbehelfsgesetzes[1]) nicht anzuwenden.

**§ 49 Raumordnungsverfahren.** (1) Für das Raumordnungsverfahren bei Vorhaben, für die nach diesem Gesetz die UVP-Pflicht besteht, wird die Umweltverträglichkeitsprüfung nach dem Planungsstand der jeweiligen Vorhaben, einschließlich der Standortalternativen nach § 15 Absatz 1 Satz 3 des Raumordnungsgesetzes, durchgeführt, soweit durch Landesrecht nicht etwas anderes bestimmt ist.

(2) Im nachfolgenden Zulassungsverfahren kann die Prüfung der Umweltverträglichkeit auf zusätzliche erhebliche oder andere erhebliche Umweltauswirkungen des Vorhabens beschränkt werden.

(3) Das Ergebnis des Raumordnungsverfahrens nach § 15 des Raumordnungsgesetzes kann nur im Rahmen des Rechtsbehelfsverfahrens gegen die nachfolgende Zulassungsentscheidung überprüft werden.

**§ 50 Bauleitpläne.** (1) ¹Werden Bebauungspläne im Sinne des § 2 Absatz 6 Nummer 3, insbesondere bei Vorhaben nach Anlage 1 Nummer 18.1 bis 18.9, aufgestellt, geändert oder ergänzt, so wird die Umweltverträglichkeitsprüfung einschließlich der Vorprüfung nach den §§ 1 und 2 Absatz 1 und 2 sowie nach den §§ 3 bis 13 im Aufstellungsverfahren als Umweltprüfung sowie die Überwachung nach den Vorschriften des Baugesetzbuchs durchgeführt. ²Eine nach diesem Gesetz vorgeschriebene Vorprüfung entfällt, wenn für den aufzustellenden Bebauungsplan eine Umweltprüfung nach den Vorschriften des Baugesetzbuchs durchgeführt wird.

(2) Besteht für die Aufstellung, Änderung oder Ergänzung eines Bauleitplans nach diesem Gesetz eine Verpflichtung zur Durchführung einer Strategischen Umweltprüfung, so wird hierfür unbeschadet der §§ 13, 13a und 13b des Baugesetzbuchs eine Umweltprüfung einschließlich der Überwachung nach den Vorschriften des Baugesetzbuchs durchgeführt.

(3) Wird die Umweltverträglichkeitsprüfung in einem Aufstellungsverfahren für einen Bebauungsplan und in einem nachfolgenden Zulassungsverfahren durchgeführt, soll die Umweltverträglichkeitsprüfung im nachfolgenden Zulassungsverfahren auf zusätzliche oder andere erhebliche Umweltauswirkungen des Vorhabens beschränkt werden.

**§ 51 Bergrechtliche Verfahren.** ¹Bei bergbaulichen Vorhaben[2]), die in der Anlage 1 aufgeführt sind und dem Bergrecht unterliegen, werden die Umweltverträglichkeitsprüfung und die Überwachung des Vorhabens nach den Vorschriften des Bundesberggesetzes durchgeführt. ²Teil 2 Abschnitt 2 und 3 in Verbindung mit Anlage 4 findet nur Anwendung, soweit das Bundesberggesetz dies anordnet.

---

[1]) Nr. **12.1**.
[2]) Siehe die UmweltverträglichkeitsprüfungsVO Bergbau v. 13.7.1990 (BGBl. I S. 1420), zuletzt geänd. durch VO v. 8.11.2019 (BGBl. I S. 1581).

**§ 52 Landschaftsplanungen.** Bei Landschaftsplanungen richten sich die Erforderlichkeit und die Durchführung einer Strategischen Umweltprüfung nach Landesrecht.

**§ 53 Verkehrswegeplanungen auf Bundesebene.** (1) Bei Bedarfsplänen nach Nummer 1.1 der Anlage 5 ist eine Strategische Umweltprüfung nur für solche erheblichen Umweltauswirkungen erforderlich, die nicht bereits Gegenstand einer Strategischen Umweltprüfung im Verfahren zur Aufstellung oder Änderung von anderen Plänen und Programmen nach Nummer 1.1 der Anlage 5 waren.

(2) [1]Bei der Verkehrswegeplanung auf Bundesebene nach Nummer 1.1 der Anlage 5 werden bei der Erstellung des Umweltberichts in Betracht kommende vernünftige Alternativen, die die Ziele und den geographischen Anwendungsbereich des Plans oder Programms berücksichtigen, insbesondere alternative Verkehrsnetze und alternative Verkehrsträger ermittelt, beschrieben und bewertet. [2]Auf die Verkehrswegeplanung auf Bundesebene ist § 1 Absatz 1 Satz 1 Nummer 4 des Umwelt-Rechtsbehelfsgesetzes[1]) nicht anzuwenden.

(3) Das Bundesministerium für Verkehr und digitale Infrastruktur wird ermächtigt, im Einvernehmen mit dem Bundesministerium für Umwelt, Naturschutz und nukleare Sicherheit durch Rechtsverordnung ohne Zustimmung des Bundesrates für das Verfahren der Durchführung der Strategischen Umweltprüfung bei Plänen und Programmen nach Nummer 1.1 der Anlage 5 besondere Bestimmungen zur praktikablen und effizienten Durchführung zu erlassen über

1. die Einzelheiten des Verfahrens zur Festlegung des Untersuchungsrahmens nach § 39 im Hinblick auf Besonderheiten der Verkehrswegeplanung,
2. das Verfahren der Erarbeitung und über Inhalt und Ausgestaltung des Umweltberichts nach § 40 im Hinblick auf Besonderheiten der Verkehrswegeplanung,
3. die Einzelheiten der Beteiligung von Behörden und der Öffentlichkeit nach den §§ 41, 42, 60 und 61, unter Berücksichtigung der Verwendungsmöglichkeiten von elektronischen Kommunikationsmitteln,
4. die Form der Bekanntgabe der Entscheidung nach § 44, unter Berücksichtigung der Verwendungsmöglichkeiten von elektronischen Kommunikationsmitteln,
5. die Form, den Zeitpunkt und die Berücksichtigung von Ergebnissen der Überwachung nach § 45.

(4) Das Bundesministerium für Verkehr und digitale Infrastruktur wird ferner ermächtigt, im Einvernehmen mit dem Bundesministerium für Umwelt, Naturschutz und nukleare Sicherheit durch Rechtsverordnung mit Zustimmung des Bundesrates zu bestimmen, dass die Länder zur Anmeldung von Verkehrsprojekten für Pläne und Programme nach Nummer 1.1 der Anlage 5 bestimmte vorbereitende Prüfungen vorzunehmen und deren Ergebnisse oder sonstigen Angaben beizubringen haben, die für die Durchführung der Strategischen Umweltprüfung notwendig sind.

---

[1]) Nr. **12.1**.

## Teil 5. Grenzüberschreitende Umweltprüfungen

### Abschnitt 1. Grenzüberschreitende Umweltverträglichkeitsprüfung

**§ 54 Benachrichtigung eines anderen Staates.** (1) [1] Wenn ein Vorhaben, für das eine UVP-Pflicht besteht, erhebliche grenzüberschreitende Umweltauswirkungen haben kann, benachrichtigt die zuständige deutsche Behörde frühzeitig die von dem anderen Staat benannte Behörde durch Übersendung geeigneter Unterlagen über das Vorhaben. [2] Wenn der andere Staat keine Behörde benannt hat, so wird die oberste für Umweltangelegenheiten zuständige Behörde des anderen Staates benachrichtigt.

(2) Absatz 1 gilt entsprechend, wenn ein anderer Staat um Benachrichtigung ersucht.

(3) Die Benachrichtigung und die geeigneten Unterlagen sind in deutscher Sprache und in einer Amtssprache des anderen Staates zu übermitteln.

(4) Die zuständige deutsche Behörde bittet die von dem anderen Staat benannte Behörde um Mitteilung innerhalb einer angemessenen Frist, ob eine Beteiligung erwünscht wird.

(5) Teilt der andere Staat mit, dass eine Beteiligung gewünscht wird, so findet eine grenzüberschreitende Behörden- und Öffentlichkeitsbeteiligung nach Maßgabe der §§ 55 bis 57 statt.

(6) Wenn ein Vorhaben, für das die UVP-Pflicht besteht, grenzüberschreitende Umweltauswirkungen haben kann und der andere Staat eine Beteiligung nicht wünscht, kann sich die betroffene Öffentlichkeit des anderen Staates am inländischen Beteiligungsverfahren nach Maßgabe der §§ 18 bis 22 beteiligen.

**§ 55 Grenzüberschreitende Behördenbeteiligung bei inländischen Vorhaben.** (1) Die zuständige deutsche Behörde übermittelt der benannten Behörde des anderen Staates sowie weiteren von dieser angegebenen Behörden, soweit die Angaben nicht in der Benachrichtigung enthalten waren,

1. den Inhalt der Bekanntmachung nach § 19 Absatz 1 und
2. die Unterlagen, die nach § 19 Absatz 2 zur Einsicht für die Öffentlichkeit auszulegen sind.

(2) [1] Folgende Unterlagen sind in deutscher Sprache und in einer Amtssprache des anderen Staates zu übermitteln:

1. der Inhalt der Bekanntmachung nach § 19 Absatz 1,
2. die nichttechnische Zusammenfassung des UVP-Berichts sowie
3. die Teile des UVP-Berichts, die es den beteiligten Behörden und der Öffentlichkeit des anderen Staates ermöglichen, die voraussichtlichen erheblichen nachteiligen grenzüberschreitenden Umweltauswirkungen des Vorhabens einzuschätzen und dazu Stellung zu nehmen oder sich zu äußern.

[2] Die zuständige Behörde kann verlangen, dass ihr der Vorhabenträger eine Übersetzung dieser Angaben in die entsprechende Amtssprache zur Verfügung stellt.

(3) Die zuständige deutsche Behörde unterrichtet die benannte Behörde des anderen Staates sowie weitere von dieser angegebene Behörden über den geplanten zeitlichen Ablauf des Genehmigungsverfahrens.

(4) [1] Die zuständige deutsche Behörde gibt der benannten Behörde des anderen Staates sowie weiteren von dieser angegebenen Behörden mindestens im gleichen

Umfang wie den nach § 17 zu beteiligenden Behörden Gelegenheit zur Stellungnahme. ²Für die Stellungnahmen gilt § 73 Absatz 3a des Verwaltungsverfahrensgesetzes entsprechend.

(5) ¹Soweit erforderlich oder soweit der andere Staat darum ersucht, führen die zuständigen obersten Bundes- und Landesbehörden innerhalb eines vereinbarten, angemessenen Zeitrahmens mit dem anderen Staat Konsultationen durch, insbesondere über die grenzüberschreitenden Umweltauswirkungen des Vorhabens und über die Maßnahmen zu deren Vermeidung oder Verminderung. ²Die Konsultationen können von einem geeigneten Gremium durchgeführt werden, das aus Vertretern der zuständigen obersten Bundes- und Länderbehörden und aus Vertretern des anderen Staates besteht.

(6) Die zuständige deutsche Behörde übermittelt den beteiligten Behörden des anderen Staates in einer Amtssprache des anderen Staates sonstige für das Verfahren der grenzüberschreitenden Umweltverträglichkeitsprüfung wesentliche Unterlagen, insbesondere Einladungen zum Erörterungstermin und zu Konsultationen.

(7) Die beteiligten Behörden des anderen Staates können ihre Mitteilungen und Stellungnahmen in einer ihrer Amtssprachen übermitteln.

**§ 56 Grenzüberschreitende Öffentlichkeitsbeteiligung bei inländischen Vorhaben.** (1) Bei der grenzüberschreitenden Öffentlichkeitsbeteiligung kann sich die Öffentlichkeit des anderen Staates am Verfahren nach den §§ 18 bis 22 beteiligen.

(2) Die zuständige deutsche Behörde wirkt darauf hin, dass
1. das Vorhaben in dem anderen Staat auf geeignete Weise bekannt gemacht wird und
2. dabei angegeben wird,
   a) wo, in welcher Form und in welchem Zeitraum die Unterlagen nach § 19 Absatz 2 der Öffentlichkeit des anderen Staates zugänglich gemacht werden,
   b) welcher deutschen Behörde in welcher Form und innerhalb welcher Frist die betroffene Öffentlichkeit des anderen Staates Äußerungen übermitteln kann sowie
   c) dass im Verfahren zur Beteiligung der Öffentlichkeit mit Ablauf der festgelegten Frist alle Äußerungen für das Verfahren über die Zulässigkeit des Vorhabens ausgeschlossen sind, die nicht auf besonderen privatrechtlichen Titeln beruhen.

(3) Die zuständige deutsche Behörde kann der betroffenen Öffentlichkeit des anderen Staates die elektronische Übermittlung von Äußerungen auch abweichend von den Voraussetzungen des § 3a Absatz 2 des Verwaltungsverfahrensgesetzes gestatten, sofern im Verhältnis zum anderen Staat für die elektronische Übermittlung die Voraussetzungen der Grundsätze von Gegenseitigkeit und Gleichwertigkeit erfüllt sind.

(4) Die Öffentlichkeit des anderen Staates kann ihre Äußerungen in einer ihrer Amtssprachen übermitteln.

**§ 57 Übermittlung des Bescheids.** (1) ¹Die zuständige deutsche Behörde übermittelt der benannten Behörde des anderen Staates sowie denjenigen Behörden des anderen Staates, die Stellungnahmen abgegeben haben, in deutscher

Sprache den Zulassungsbescheid. ²Zusätzlich übermittelt sie in einer Amtssprache des anderen Staates

1. die Teile des Bescheids, die es den beteiligten Behörden und der Öffentlichkeit des anderen Staates ermöglichen, zu erkennen,
    a) auf welche Art und Weise die voraussichtlichen erheblichen nachteiligen grenzüberschreitenden Umweltauswirkungen des Vorhabens sowie Gesichtspunkte oder Maßnahmen zum Ausschluss, zur Verminderung oder zum Ausgleich solcher Auswirkungen bei der Zulassungsentscheidung berücksichtigt worden sind und
    b) auf welche Art und Weise die Stellungnahmen der Behörden und die Äußerungen der betroffenen Öffentlichkeit des anderen Staates sowie die Ergebnisse der Konsultationen nach § 55 Absatz 5 bei der Zulassungsentscheidung berücksichtigt worden sind sowie
2. die Rechtsbehelfsbelehrung.

(2) Die zuständige deutsche Behörde wirkt darauf hin, dass der betroffenen Öffentlichkeit des anderen Staates

1. die Zulassungsentscheidung auf geeignete Weise bekannt gemacht wird und
2. der Bescheid einschließlich der übersetzten Teile zugänglich gemacht wird.

## § 58 Grenzüberschreitende Behördenbeteiligung bei ausländischen Vorhaben.

(1) ¹Erhält die zuständige Behörde die Benachrichtigung eines anderen Staates über ein geplantes Vorhaben, für das in dem anderen Staat eine Pflicht zur Durchführung einer Umweltverträglichkeitsprüfung besteht und das erhebliche Umweltauswirkungen in Deutschland haben kann, so ersucht die zuständige deutsche Behörde, soweit entsprechende Angaben der Benachrichtigung nicht bereits beigefügt sind, die zuständige Behörde des anderen Staates um Unterlagen über das Vorhaben, insbesondere um eine Beschreibung des Vorhabens und um Angaben über dessen Umweltauswirkungen in Deutschland. ²Die zuständige deutsche Behörde soll die zuständige Behörde des anderen Staates ersuchen, ihr in deutscher Sprache die Angaben des § 55 Absatz 2 zu übermitteln.

(2) ¹Auf der Grundlage der erhaltenen Angaben teilt die zuständige Behörde der zuständigen Behörde des anderen Staates mit, ob sie eine Beteiligung am Zulassungsverfahren für erforderlich hält. ²Benötigt sie hierfür weitere Angaben, so ersucht sie die zuständige Behörde des anderen Staates um weitere Angaben im Sinne des § 16 Absatz 1 und 3 in deutscher Sprache.

(3) ¹Die zuständige Behörde unterrichtet die Behörden, die bei einem inländischen Vorhaben nach § 17 zu beteiligen wären, über das Vorhaben und übermittelt ihnen die Unterlagen und Angaben, die ihr vorliegen. ²Sofern sie nicht die Abgabe einer einheitlichen Stellungnahme für angezeigt hält, weist sie die beteiligten Behörden darauf hin, welcher Behörde des anderen Staates eine Stellungnahme zugeleitet werden kann und welche Frist es für die Stellungnahme gibt.

(4) Erhält die zuständige Behörde auf andere Weise Kenntnis von einem geplanten ausländischen Vorhaben, das erhebliche Umweltauswirkungen in Deutschland haben kann, gelten die Absätze 1 bis 3 entsprechend.

(5) ¹Zuständig ist die Behörde, die für ein gleichartiges Vorhaben in Deutschland zuständig wäre. ²Sind mehrere Behörden zuständig, so verständigen sie sich unverzüglich auf eine federführende Behörde. ³Die federführende Behörde

nimmt in diesem Fall zumindest die in den Absätzen 1 und 2 genannten Aufgaben der zuständigen deutschen Behörde wahr. ⁴Die anderen zuständigen Behörden können der federführenden Behörde im Einvernehmen mit der federführenden Behörde weitere Aufgaben übertragen.

(6) Für Konsultationen mit dem anderen Staat gilt § 55 Absatz 5 entsprechend.

**§ 59 Grenzüberschreitende Öffentlichkeitsbeteiligung bei ausländischen Vorhaben.** (1) Auf der Grundlage der von dem anderen Staat zu diesem Zweck übermittelten Unterlagen macht die zuständige deutsche Behörde das Vorhaben in geeigneter Weise in den voraussichtlich betroffenen Gebieten der Öffentlichkeit bekannt.

(2) In der Bekanntmachung weist die zuständige deutsche Behörde darauf hin, welcher Behörde des anderen Staates eine Stellungnahme zugeleitet werden kann und welche Frist es für die Stellungnahme gibt.

(3) Die zuständige Behörde macht die Unterlagen öffentlich zugänglich.

(4) Die Bekanntmachung und die nach Absatz 3 öffentlich zugänglich zu machenden Unterlagen sind zumindest über das zentrale Internetportal zugänglich zu machen.

(5) Die Vorschriften über die öffentliche Bekanntmachung der Entscheidung und die Auslegung des Bescheids nach § 27 gelten entsprechend, soweit Rechtsvorschriften des Bundes oder der Länder für die Form der Bekanntmachung und Zugänglichmachung des Bescheids nicht etwas Abweichendes regeln.

**Abschnitt 2. Grenzüberschreitende Strategische Umweltprüfung**

**§ 60 Grenzüberschreitende Behördenbeteiligung bei inländischen Plänen und Programmen.** (1) ¹Für die grenzüberschreitende Behördenbeteiligung bei Strategischen Umweltprüfungen gelten die Vorschriften über die Benachrichtigung eines anderen Staates nach § 54 und für die grenzüberschreitende Behördenbeteiligung nach § 55 entsprechend. ²Bei der Benachrichtigung der zuständigen Behörde eines anderen Staates ist ein Exemplar des Plan- oder Programmentwurfs und des Umweltberichts zu übermitteln.

(2) ¹Die zuständige deutsche Behörde übermittelt den beteiligten Behörden des anderen Staates die Benachrichtigung in einer Amtssprache des anderen Staates. ²Bei der Durchführung der grenzüberschreitenden Behördenbeteiligung übermittelt sie zumindest folgende Unterlagen in der Amtssprache des anderen Staates:

1. den Inhalt der Bekanntmachung nach § 42 in Verbindung mit § 19 Absatz 1,
2. die nichttechnische Zusammenfassung des Umweltberichts sowie
3. die Teile des Plan- oder Programmentwurfs und des Umweltberichts, die es den beteiligten Behörden und der Öffentlichkeit des anderen Staates ermöglichen, die voraussichtlichen erheblichen nachteiligen grenzüberschreitenden Umweltwirkungen des Vorhabens einzuschätzen und dazu Stellung zu nehmen oder sich zu äußern.

(3) Die zuständige deutsche Behörde setzt eine angemessene Frist, innerhalb derer die zuständige Behörde des anderen Staates Gelegenheit zur Stellungnahme hat.

## § 61 Grenzüberschreitende Öffentlichkeitsbeteiligung bei inländischen Plänen und Programmen.
(1) ¹Für die grenzüberschreitende Öffentlichkeitsbeteiligung bei Strategischen Umweltprüfungen gilt § 56 entsprechend. ²Die in dem anderen Staat betroffene Öffentlichkeit kann sich am Verfahren nach § 42 beteiligen.

(2) ¹Die zuständige deutsche Behörde übermittelt bei der Annahme des Plans oder Programms dem beteiligten anderen Staat die in § 44 Absatz 2 genannten Informationen. ²Dabei übermittelt sie folgende Informationen auch in einer Amtssprache des anderen Staates:
1. die Entscheidung zur Annahme des Programms,
2. die Teile der zusammenfassenden Erklärung, die es den beteiligten Behörden und der Öffentlichkeit des anderen Staates ermöglichen zu erkennen, auf welche Art und Weise
   a) der Plan oder das Programm die im Umweltbericht dargestellten voraussichtlichen erheblichen nachteiligen grenzüberschreitenden Umweltauswirkungen sowie Maßnahmen zum Ausschluss, zur Verringerung oder zum Ausgleich dieser Auswirkungen berücksichtigt,
   b) die Stellungnahmen der Behörden und die Äußerungen der betroffenen Öffentlichkeit des anderen Staates sowie die Ergebnisse der Konsultationen nach § 60 Absatz 1 in Verbindung mit § 55 Absatz 5 berücksichtigt,
3. eine Rechtsbehelfsbelehrung, soweit über die Annahme des Plans oder Programms nicht durch Gesetz entschieden wird, und
4. sonstige Unterlagen, die für das Verfahren der grenzüberschreitenden Strategischen Umweltprüfung wesentlich sind.

## § 62 Grenzüberschreitende Behördenbeteiligung bei ausländischen Plänen und Programmen.
Für die Beteiligung der deutschen Behörden bei Plänen und Programmen eines anderen Staates gelten die Vorschriften für die grenzüberschreitende Behördenbeteiligung bei ausländischen Vorhaben nach § 58 und für die Konsultation mit dem anderen Staat nach § 55 Absatz 5 entsprechend.

## § 63 Grenzüberschreitende Öffentlichkeitsbeteiligung bei ausländischen Plänen und Programmen.
(1) Für die Beteiligung der deutschen Öffentlichkeit bei Plänen und Programmen eines anderen Staates gilt § 59 Absatz 1 bis 3 und 5 entsprechend.

(2) Für die Bekanntgabe der Entscheidung über die Annahme oder Ablehnung des Plans oder Programms und für die Auslegung von Unterlagen im Falle der Annahme gilt § 44 entsprechend.

### Abschnitt 3. Gemeinsame Vorschriften

## § 64 Völkerrechtliche Verpflichtungen.
Weitergehende Regelungen zur Umsetzung völkerrechtlicher Verpflichtungen von Bund und Ländern bleiben unberührt.

### Teil 6. Vorschriften für bestimmte Leitungsanlagen (Anlage 1 Nummer 19)

## § 65 Planfeststellung; Plangenehmigung.
(1) Vorhaben, die in der Anlage 1 unter den Nummern 19.3 bis 19.9 aufgeführt sind, sowie die Änderung solcher

Vorhaben bedürfen der Planfeststellung durch die zuständige Behörde, sofern dafür nach den §§ 6 bis 14 eine Verpflichtung zur Durchführung einer Umweltverträglichkeitsprüfung besteht.

(2) ¹Sofern keine Verpflichtung zur Durchführung einer Umweltverträglichkeitsprüfung besteht, bedarf das Vorhaben der Plangenehmigung. ²Die Plangenehmigung entfällt in Fällen von unwesentlicher Bedeutung. ³Diese liegen vor, wenn die Prüfwerte nach § 7 Absatz 1 und 2 für Größe und Leistung, die die Vorprüfung eröffnen, nicht erreicht werden oder die Voraussetzungen des § 74 Absatz 7 Satz 2 des Verwaltungsverfahrensgesetzes erfüllt sind; die §§ 10 bis 12 gelten entsprechend. ⁴Die Sätze 2 und 3 gelten nicht für Errichtung, Betrieb und Änderung von Rohrleitungsanlagen zum Befördern wassergefährdender Stoffe sowie für die Änderung ihres Betriebs, ausgenommen Änderungen von unwesentlicher Bedeutung.

## § 66 Entscheidung; Nebenbestimmungen; Verordnungsermächtigung.

(1) ¹Der Planfeststellungsbeschluss darf nur ergehen, wenn
1. sichergestellt ist, dass das Wohl der Allgemeinheit nicht beeinträchtigt wird, insbesondere
   a) Gefahren für die Schutzgüter nicht hervorgerufen werden können und
   b) Vorsorge gegen die Beeinträchtigung der Schutzgüter, insbesondere durch bauliche, betriebliche oder organisatorische Maßnahmen entsprechend dem Stand der Technik getroffen wird,
2. umweltrechtliche Vorschriften und andere öffentlich-rechtliche Vorschriften dem Vorhaben nicht entgegenstehen,
3. Ziele der Raumordnung beachtet und Grundsätze und sonstige Erfordernisse der Raumordnung berücksichtigt sind,
4. Belange des Arbeitsschutzes gewahrt sind.

²Bei Vorhaben im Sinne der Nummer 19.3 der Anlage 1 darf der Planfeststellungsbeschluss darüber hinaus nur erteilt werden, wenn eine nachteilige Veränderung der Wasserbeschaffenheit nicht zu besorgen ist.

(2) ¹Der Planfeststellungsbeschluss kann mit Bedingungen versehen, mit Auflagen verbunden und befristet werden, soweit dies zur Wahrung des Wohls der Allgemeinheit oder zur Erfüllung von öffentlich-rechtlichen Vorschriften, die dem Vorhaben entgegenstehen können, erforderlich ist. ²Die Aufnahme, Änderung oder Ergänzung von Auflagen über Anforderungen an das Vorhaben ist auch nach dem Ergehen des Planfeststellungsbeschlusses zulässig.

(3) Die Absätze 1 und 2 gelten für die Plangenehmigung entsprechend.

(4) Der Planfeststellungsbeschluss muss zumindest die folgenden Angaben enthalten:
1. die umweltbezogenen Nebenbestimmungen, die mit der Zulassungsentscheidung verbunden sind,
2. eine Beschreibung der vorgesehenen Überwachungsmaßnahmen,
3. eine Begründung, aus der die wesentlichen tatsächlichen und rechtlichen Gründe hervorgehen, die die Behörde zu ihrer Entscheidung bewogen haben; hierzu gehören
   a) Angaben über das Verfahren zur Beteiligung der Öffentlichkeit,
   b) die zusammenfassende Darstellung gemäß § 24,

## 2.5 UVPG § 66

c) die begründete Bewertung gemäß § 25 Absatz 1 sowie

d) eine Erläuterung, wie die begründete Bewertung, insbesondere die Angaben des UVP-Berichts, die behördlichen Stellungnahmen nach § 17 Absatz 2 und § 55 Absatz 4 sowie die Äußerungen der Öffentlichkeit nach den §§ 21 und 56, in der Zulassungsentscheidung berücksichtigt wurden oder wie ihnen anderweitig Rechnung getragen wurde.

(5) Wird das Vorhaben nicht zugelassen, müssen im Bescheid die dafür wesentlichen Gründe erläutert werden.

(6) [1] Die Bundesregierung wird ermächtigt, nach Anhörung der beteiligten Kreise durch Rechtsverordnung[1)] mit Zustimmung des Bundesrates Vorschriften zur Erfüllung der Voraussetzungen des Absatzes 1 Satz 1 Nummer 1 zu erlassen über

1. die dem Stand der Technik entsprechenden baulichen, betrieblichen oder organisatorischen Maßnahmen zur Vorsorge gegen die Beeinträchtigung der Schutzgüter,
2. die Pflichten von Vorhabenträgern und Dritten,
   a) Behörden und die Öffentlichkeit zu informieren,
   b) Behörden Unterlagen vorzulegen,
   c) Behörden technische Ermittlungen und Prüfungen zu ermöglichen sowie ihnen dafür Arbeitskräfte und technische Hilfsmittel zur Verfügung zu stellen,
2a. die behördlichen Befugnisse,
   a) technische Ermittlungen und Prüfungen vorzunehmen,
   b) während der Betriebszeit Betriebsräume sowie unmittelbar zugehörige befriedete Betriebsgrundstücke zu betreten,
   c) bei Erforderlichkeit zur Verhütung dringender Gefahren für die öffentliche Sicherheit oder Ordnung Wohnräume und außerhalb der Betriebszeit Betriebsräume sowie unmittelbar zugehörige befriedete Betriebsgrundstücke zu betreten,
   d) jederzeit Anlagen zu betreten sowie Grundstücke, die nicht unmittelbar zugehörige befriedete Betriebsgrundstücke nach den Buchstaben b und c sind,
3. die Überprüfung von Vorhaben durch Sachverständige, Sachverständigenorganisationen und zugelassene Überwachungsstellen sowie über die Anforderungen, die diese Sachverständigen, Sachverständigenorganisationen und zugelassene Überwachungsstellen erfüllen müssen, sowie über das Verfahren ihrer Anerkennung,
4. die Anpassung bestehender Vorhaben an die Anforderungen der geltenden Vorschriften,
5. die Anzeige von Änderungen, die nach § 65 weder einer Planfeststellung noch einer Plangenehmigung bedürfen, an die zuständige Behörde,
6. die Befugnis für behördliche Anordnungen im Einzelfall.

---

[1)] Siehe die RohrfernleitungsVO v. 27.9.2002 (BGBl. I S. 3777), zuletzt geänd. durch VO v. 19.6.2020 (BGBl. I S. 1328) und die KWK-Kosten-Nutzen-Vergleich-VO v. 28.4.2015 (BGBl. I S. 670), zuletzt geänd. durch VO v. 6.7.2021 (BGBl. I S. 2514).

²In der Rechtsverordnung können Vorschriften über die Einsetzung technischer Kommissionen getroffen werden. ³Die Kommissionen sollen die Bundesregierung oder das Bundesministerium für Umwelt, Naturschutz und nukleare Sicherheit in technischen Fragen beraten. ⁴Sie schlagen dem Stand der Technik entsprechende Regeln (technische Regeln) unter Berücksichtigung der für andere Schutzziele vorhandenen Regeln und, soweit dessen Zuständigkeiten berührt sind, in Abstimmung mit der Kommission für Anlagensicherheit nach § 51a Absatz 1 des Bundes-Immissionsschutzgesetzes[1]) vor. ⁵In die Kommissionen sind Vertreter der beteiligten Bundesbehörden und Landesbehörden, der Sachverständigen, Sachverständigenorganisationen und zugelassenen Überwachungsstellen, der Wissenschaft sowie der Hersteller und Betreiber von Leitungsanlagen zu berufen. ⁶Technische Regeln können vom Bundesministerium für Umwelt, Naturschutz und nukleare Sicherheit im Bundesanzeiger veröffentlicht werden. ⁷In der Rechtsverordnung können auch die Stoffe, die geeignet sind, die Wasserbeschaffenheit nachteilig zu verändern (wassergefährdende Stoffe im Sinne von Nummer 19.3 der Anlage 1), bestimmt werden. ⁸Das Grundrecht der Unverletzlichkeit der Wohnung (Artikel 13 des Grundgesetzes[2])) wird durch Satz 1 Nummer 2a Buchstabe c eingeschränkt.

(7) Die Bundesregierung wird ermächtigt, für Rohrleitungsanlagen, die keiner Planfeststellung oder Plangenehmigung bedürfen, nach Anhörung der beteiligten Kreise im Sinne von § 23 Absatz 2 des Wasserhaushaltsgesetzes[3]) durch Rechtsverordnung[4]) mit Zustimmung des Bundesrates

1. eine Anzeigepflicht vorzuschreiben,
2. Regelungen entsprechend Absatz 6 Satz 1 Nummer 1 bis 4, 6 oder entsprechend Absatz 6 Satz 2 und 7 zu erlassen.

(8) Für Anlagen, die militärischen Zwecken dienen, obliegen dem Bundesministerium der Verteidigung und den von ihm benannten Stellen die Aufgaben des Vollzugs und der Überwachung.

## § 67 Verfahren; Verordnungsermächtigung.
¹Für die Durchführung des Planfeststellungsverfahrens und des Plangenehmigungsverfahrens gelten die §§ 72 bis 78 des Verwaltungsverfahrensgesetzes. ²Die Bundesregierung wird ermächtigt, durch Rechtsverordnung[5]) mit Zustimmung des Bundesrates weitere Einzelheiten des Planfeststellungsverfahrens, insbesondere zu Art und Umfang der Antragsunterlagen, zu regeln.

## § 67a Zulassung des vorzeitigen Baubeginns.
(1) ¹In einem Planfeststellungs- oder Plangenehmigungsverfahren für ein Vorhaben nach § 65 Absatz 1 in Verbindung mit der Anlage 1 Nummer 19.7 kann die für die Feststellung des Plans oder für die Erteilung der Plangenehmigung zuständige Behörde vorläufig zulassen, dass bereits vor Feststellung des Plans oder der Erteilung der Plangenehmigung in Teilen mit der Errichtung oder Änderung der Rohrleitungsanlage einschließlich der Vorarbeiten begonnen wird, wenn

---

[1]) Nr. **6.1**.
[2]) Nr. **1.1**.
[3]) Nr. **4.1**.
[4]) Siehe die RohrfernleitungsVO v. 27.9.2002 (BGBl. I S. 3777), zuletzt geänd. durch VO v. 19.6.2020 (BGBl. I S. 1328).
[5]) Siehe die KWK-Kosten-Nutzen-Vergleich-VO v. 28.4.2015 (BGBl. I S. 670), zuletzt geänd. durch VO v. 6.7.2021 (BGBl. I S. 2514).

1. unter Berücksichtigung der Stellungnahmen der Träger öffentlicher Belange einschließlich der Gebietskörperschaften mit einer Entscheidung im Planfeststellungs- oder Plangenehmigungsverfahren zugunsten des Vorhabenträgers gerechnet werden kann,
2. der Vorhabenträger ein berechtigtes oder ein öffentliches Interesse an der Zulassung des vorzeitigen Baubeginns darlegt,
3. der Vorhabenträger nur Maßnahmen durchführt, die reversibel sind,
4. der Vorhabenträger über die für die Maßnahmen notwendigen privaten Rechte verfügt und
5. der Vorhabenträger sich verpflichtet,
   a) alle Schäden zu ersetzen, die bis zur Entscheidung im Planfeststellungs- oder Plangenehmigungsverfahren durch die Maßnahmen verursacht worden sind, und
   b) sofern kein Planfeststellungsbeschluss oder keine Plangenehmigung erfolgt, den früheren Zustand wiederherzustellen.

²Ausnahmsweise können irreversible Maßnahmen zugelassen werden, wenn sie nur wirtschaftliche Schäden verursachen und für diese Schäden eine Entschädigung in Geld geleistet wird. ³Die Zulassung erfolgt auf Antrag des Vorhabenträgers und unter dem Vorbehalt des Widerrufs.

(2) ¹Die für die Feststellung des Plans oder für die Erteilung der Plangenehmigung zuständige Behörde kann die Leistung einer Sicherheit verlangen, soweit dies erforderlich ist, um die Erfüllung der Verpflichtungen des Vorhabenträgers nach Absatz 1 Satz 1 Nummer 5 und Satz 2 zu sichern. ²Soweit die zugelassenen Maßnahmen durch die Planfeststellung oder Plangenehmigung für unzulässig erklärt sind, ordnet die Behörde gegenüber dem Träger des Vorhabens an, den früheren Zustand wiederherzustellen. ³Dies gilt auch, wenn der Antrag auf Planfeststellung oder Plangenehmigung zurückgenommen wurde.

(3) Die Entscheidung über die Zulassung des vorzeitigen Baubeginns ist den anliegenden Gemeinden und den Beteiligten zuzustellen.

(4) Widerspruch und Anfechtungsklage gegen die Zulassung des vorzeitigen Baubeginns haben keine aufschiebende Wirkung.

**§ 68 Überwachung.** (1) ¹Die zuständige Behörde hat durch geeignete Maßnahmen zu überwachen, dass Vorhaben, die in Anlage 1 unter den Nummern 19.3 bis 19.9 aufgeführt sind, im Einklang mit den umweltbezogenen Bestimmungen des Zulassungsbescheids nach § 65 durchgeführt werden. ²Bei UVP-pflichtigen Vorhaben gilt dies insbesondere für die im Planfeststellungsbescheid festgelegten Merkmale des Vorhabens und des Standorts, für die Maßnahmen, mit denen erhebliche nachteilige Umweltauswirkungen ausgeschlossen, vermindert oder ausgeglichen werden sollen, sowie für die Ersatzmaßnahmen bei Eingriffen in Natur und Landschaft.

(2) Die Überwachung nach Absatz 1 kann dem Vorhabenträger aufgegeben werden, soweit dies nach landesrechtlichen Vorschriften vorgesehen ist.

**§ 69 Bußgeldvorschriften.** (1) Ordnungswidrig handelt, wer vorsätzlich oder fahrlässig
1. ohne Planfeststellungsbeschluss nach § 65 Absatz 1 oder ohne Plangenehmigung nach § 65 Absatz 2 Satz 1 ein Vorhaben durchführt,
2. einer vollziehbaren Auflage nach § 66 Absatz 2 zuwiderhandelt oder

3. einer Rechtsverordnung nach
   a) § 66 Absatz 6 Satz 1 Nummer 1, 3, 4 oder 6, jeweils auch in Verbindung mit Absatz 7 Nummer 2, oder
   b) § 66 Absatz 6 Satz 1 Nummer 2, auch in Verbindung mit Absatz 7 Nummer 2, oder § 66 Absatz 6 Satz 1 Nummer 5 oder Absatz 7 Nummer 1

oder einer vollziehbaren Anordnung aufgrund einer solchen Rechtsverordnung zuwiderhandelt, soweit die Rechtsverordnung für einen bestimmten Tatbestand auf diese Bußgeldvorschrift verweist.

(2) Die Ordnungswidrigkeit kann in den Fällen des Absatzes 1 Nummer 3 Buchstabe b mit einer Geldbuße bis zu zwanzigtausend Euro, in den übrigen Fällen mit einer Geldbuße bis zu fünfzigtausend Euro geahndet werden.

## Teil 7. Schlussvorschriften

**§ 70 Ermächtigung zum Erlass von Verwaltungsvorschriften.** Die Bundesregierung kann mit Zustimmung des Bundesrates allgemeine Verwaltungsvorschriften[1]) erlassen, insbesondere über

1. Kriterien und Verfahren, die zu dem in § 3 Satz 2 und § 25 Absatz 1 genannten Zweck bei der Ermittlung, Beschreibung und Bewertung von Umweltauswirkungen zugrunde zu legen sind,
2. Grundsätze für den Untersuchungsrahmen nach § 15,
3. Grundsätze für die zusammenfassende Darstellung nach § 24 und für die begründete Bewertung nach § 25 Absatz 1,
4. Grundsätze und Verfahren zur Vorprüfung nach § 7 sowie über die in Anlage 3 aufgeführten Kriterien,
5. Grundsätze für die Erstellung des Umweltberichts nach § 40,
6. Grundsätze für die Überwachung nach den §§ 28, 45 und 68.

**§ 71 Bestimmungen zum Verwaltungsverfahren.** Von den Regelungen des Verwaltungsverfahrens, die in diesem Gesetz und aufgrund dieses Gesetzes getroffen werden, kann durch Landesrecht nur in dem Umfang abgewichen werden, der in § 1 Absatz 4 und § 38 bestimmt ist.

**§ 72 Vermeidung von Interessenkonflikten.** Ist die zuständige Behörde bei der Umweltverträglichkeitsprüfung zugleich Vorhabenträger, so ist die Unabhängigkeit des Behördenhandelns bei der Wahrnehmung der Aufgaben nach diesem Gesetz durch geeignete organisatorische Maßnahmen sicherzustellen, insbesondere durch eine angemessene funktionale Trennung.

**§ 73 Berichterstattung an die Europäische Kommission.** (1) Zur Vorbereitung der Berichterstattung an die Europäische Kommission teilen die zuständigen Behörden des Bundes und der Länder dem für Umweltschutz zuständigen Bundesministerium erstmals am 31. März 2023 und sodann alle sechs Jahre für ihren Zuständigkeitsbereich folgende Angaben mit:

---

[1]) Siehe die Allg. VwV zur Ausführung des G über die Umweltverträglichkeitsprüfung (UVPVwV) v. 18.9.1995 (GMBl S. 671).

1. die Anzahl der Vorhaben, für die im Betrachtungszeitraum eine Umweltverträglichkeitsprüfung durchgeführt worden ist, getrennt nach den in Anlage 1 genannten Vorhabenarten sowie
2. die Anzahl der Vorhaben nach Anlage 1 Spalte 2, für die im Betrachtungszeitraum eine Vorprüfung nach § 7 Absatz 1 oder 2 durchgeführt worden ist.

(2) Sofern entsprechende Angaben verfügbar sind, sind ebenfalls mitzuteilen:
1. die durchschnittliche Verfahrensdauer der im Betrachtungszeitraum durchgeführten Umweltverträglichkeitsprüfungen,
2. eine Abschätzung der durchschnittlichen unmittelbaren Kosten
   a) aller im Betrachtungszeitraum durchgeführten Umweltverträglichkeitsprüfungen sowie
   b) der Umweltverträglichkeitsprüfungen, die im Betrachtungszeitraum für Vorhaben kleiner und mittlerer Unternehmen durchgeführt worden sind.

**§ 74 Übergangsvorschrift.** (1) Für Vorhaben, für die das Verfahren zur Feststellung der UVP-Pflicht im Einzelfall nach § 3c oder nach § 3e Absatz 1 Nummer 2 in der Fassung dieses Gesetzes, die vor dem 16. Mai 2017 galt, vor dem 16. Mai 2017 eingeleitet wurde, sind die Vorschriften des Teils 2 Abschnitt 1 über die Vorprüfung des Einzelfalls in der bis dahin geltenden Fassung weiter anzuwenden.

(2) Verfahren nach § 4 sind nach der Fassung dieses Gesetzes, die vor dem 16. Mai 2017 galt, zu Ende zu führen, wenn vor diesem Zeitpunkt
1. das Verfahren zur Unterrichtung über voraussichtlich beizubringende Unterlagen in der bis dahin geltenden Fassung des § 5 Absatz 1 eingeleitet wurde oder
2. die Unterlagen nach § 6 in der bis dahin geltenden Fassung dieses Gesetzes vorgelegt wurden.

(3) Verfahren nach § 33 sind nach der Fassung dieses Gesetzes, die vor dem 16. Mai 2017 galt, zu Ende zu führen, wenn vor diesem Zeitpunkt der Untersuchungsrahmen nach § 14f Absatz 1 in der bis dahin geltenden Fassung dieses Gesetzes festgelegt wurde.

(4) Besteht nach den Absätzen 1 bis 2 eine Verpflichtung zur Durchführung einer Umweltverträglichkeitsprüfung und ist diese gemäß § 50 im Bebauungsplanverfahren nach den Vorschriften des Baugesetzbuchs durchzuführen, gilt insoweit § 244 des Baugesetzbuchs.

(5) (weggefallen)

(6) Verfahren zur Errichtung und zum Betrieb sowie zur Änderung von Rohrleitungsanlagen nach Nummer 19.3 der Anlage 1, die vor dem 25. Juni 2002 eingeleitet worden sind, sind nach den Bestimmungen des Gesetzes zur Umsetzung der UVP-Änderungsrichtlinie, der IVU-Richtlinie und weiterer EG-Richtlinien zum Umweltschutz vom 27. Juli 2001 (BGBl. I S. 1950) zu Ende zu führen.

(6a) [1] Eine Genehmigung für eine Rohrleitungsanlage zum Befördern wassergefährdender Stoffe, die nach § 19a Absatz 1 Satz 1 des Wasserhaushaltsgesetzes in der am 28. Februar 2010 geltenden Fassung erteilt worden ist, gilt, soweit eine Umweltverträglichkeitsprüfung durchgeführt worden ist, als Planfeststellung nach § 65 Absatz 1, in den übrigen Fällen als Plangenehmigung nach § 65 Absatz 2 fort. [2] Eine Rohrleitungsanlage zum Befördern wassergefährdender Stoffe, die nach § 19e Absatz 2 Satz 1 und 2 des Wasserhaushaltsgesetzes in der am 28. Februar

2010 geltenden Fassung angezeigt worden ist oder keiner Anzeige bedurfte, bedarf keiner Planfeststellung oder Plangenehmigung; § 66 Absatz 2 und 6 gilt entsprechend.

(7) (weggefallen)

(8) ¹Die Vorschriften des Teils 3 gelten für Pläne und Programme, deren erster förmlicher Vorbereitungsakt nach dem 29. Juni 2005 erfolgt. ²Verfahren zur Aufstellung oder Änderung von Plänen und Programmen, deren erster förmlicher Vorbereitungsakt nach dem 20. Juli 2004 erfolgt ist, sind nach den Vorschriften dieses Gesetzes zu Ende zu führen.

(9) ¹Pläne und Programme, deren erster förmlicher Vorbereitungsakt vor dem 21. Juli 2004 erfolgt ist und die später als am 20. Juli 2006 angenommen oder in ein Gesetzgebungsverfahren eingebracht werden, unterliegen den Vorschriften des Teils 3. ²§ 48 dieses Gesetzes sowie § 27 Absatz 1 und 3 des Raumordnungsgesetzes bleiben unberührt.

(10) ¹Verfahren, für die nach § 49 Absatz 1 eine Umweltverträglichkeitsprüfung durchzuführen ist und die vor dem 1. März 2010 begonnen worden sind, sind nach diesem Gesetz in der ab dem 1. März 2010 geltenden Fassung zu Ende zu führen. ²Hat eine Öffentlichkeitsbeteiligung bereits stattgefunden, ist von einer erneuten Beteiligung der Öffentlichkeit nach § 9 in der vor dem 29. Juli 2017 geltenden Fassung abzusehen, soweit keine zusätzlichen oder anderen erheblichen Umweltauswirkungen zu erwarten sind. ³Hat eine Behördenbeteiligung bereits stattgefunden, bedarf es einer erneuten Beteiligung nach den §§ 7 und 8 in der vor dem 29. Juli 2017 geltenden Fassung nur, wenn neue Unterlagen zu erheblichen Umweltauswirkungen des Vorhabens vorliegen.

(11) ¹Verfahren nach § 4, die der Entscheidung über die Zulässigkeit von Vorhaben dienen und die vor dem 25. Juni 2005 begonnen worden sind, sind nach den Vorschriften dieses Gesetzes in der ab dem 15. Dezember 2006 geltenden Fassung zu Ende zu führen. ²Satz 1 findet keine Anwendung auf Verfahren, bei denen das Vorhaben vor dem 25. Juni 2005 bereits öffentlich gemacht worden ist.

(12) ¹Für Verfahren nach § 4, die der Entscheidung über die Zulässigkeit von Vorhaben nach Nummer 13.2.2 der Anlage 1 dienen, findet dieses Gesetz nur Anwendung, wenn das Verfahren nach dem 1. März 2010 eingeleitet worden ist. ²Verfahren nach § 4, die der Entscheidung über die Zulässigkeit von Vorhaben nach den Nummern 3.15, 13.1 bis 13.2.1.3, 13.3 bis 13.18 und 17 der Anlage 1 dienen und die vor dem 1. März 2010 eingeleitet worden sind, sind nach der bis zu diesem Tag geltenden Fassung des Gesetzes zu Ende zu führen.

(13) Für Verfahren nach § 4, die der Entscheidung über die Zulässigkeit von Vorhaben nach Nummer 17.3 der Anlage 1 dienen, ist dieses Gesetz nur anzuwenden, wenn das Verfahren nach dem 1. August 2013 eingeleitet worden ist.

## 2.5 UVPG Anl. 1

**Anlage 1**

### Liste „UVP-pflichtige Vorhaben"

Nachstehende Vorhaben fallen nach § 1 Absatz 1 Nummer 1 in den Anwendungsbereich dieses Gesetzes. Soweit nachstehend eine allgemeine Vorprüfung oder eine standortbezogene Vorprüfung des Einzelfalls vorgesehen ist, nimmt dies Bezug auf die Regelungen des § 7 Absatz 1 und 2.

**Legende:**

| | |
|---|---|
| Nr. | = Nummer des Vorhabens |
| Vorhaben | = Art des Vorhabens mit ggf. Größen- oder Leistungswerten nach § 6 Satz 2 sowie Prüfwerten für Größe oder Leistung nach § 7 Absatz 5 Satz 3 |
| X in Spalte 1 | = Vorhaben ist UVP-pflichtig |
| A in Spalte 2 | = **a**llgemeine Vorprüfung des Einzelfalls: siehe § 7 Absatz 1 Satz 1 |
| S in Spalte 2 | = **s**tandortbezogene Vorprüfung des Einzelfalls: siehe § 7 Absatz 2 |

| Nr. | Vorhaben | Sp. 1 | Sp. 2 |
|---|---|---|---|
| **1.** | **Wärmeerzeugung, Bergbau und Energie:** | | |
| **1.1** | Errichtung und Betrieb einer Anlage zur Erzeugung von Strom, Dampf, Warmwasser, Prozesswärme oder erhitztem Abgas durch den Einsatz von Brennstoffen in einer Verbrennungseinrichtung (wie Kraftwerk, Heizkraftwerk, Heizwerk, Gasturbine, Verbrennungsmotoranlage, sonstige Feuerungsanlage), einschließlich des jeweils zugehörigen Dampfkessels, mit einer Feuerungswärmeleistung von | | |
| 1.1.1 | mehr als 200 MW, | X | |
| 1.1.2 | 50 MW bis 200 MW; | | A |
| **1.2** | Errichtung und Betrieb einer Anlage zur Erzeugung von Strom, Dampf, Warmwasser, Prozesswärme oder erhitztem Abgas in einer Verbrennungseinrichtung (wie Kraftwerk, Heizkraftwerk, Heizwerk, Gasturbinenanlage, Verbrennungsmotoranlage, sonstige Feuerungsanlage), einschließlich des jeweils zugehörigen Dampfkessels, ausgenommen Verbrennungsmotoranlagen für Bohranlagen und Notstromaggregate, durch den Einsatz von | | |
| 1.2.1 | Kohle, Koks einschließlich Petrolkoks, Kohlebriketts, Torfbriketts, Brenntorf, naturbelassenem Holz, emulgiertem Naturbitumen, Heizölen, ausgenommen Heizöl EL, mit einer Feuerungswärmeleistung von 1 MW bis weniger als 50 MW, | | S |
| 1.2.2 | gasförmigen Brennstoffen (insbesondere Koksofengas, Grubengas, Stahlgas, Raffineriegas, Synthesegas, Erdölgas aus der Tertiärförderung von Erdöl, Klärgas, Biogas), ausgenommen naturbelassenem Erdgas, Flüssiggas, Gasen der öffentlichen Gasversorgung oder Wasserstoff, mit einer Feuerungswärmeleistung von | | |
| 1.2.2.1 | 10 MW bis weniger als 50 MW, | | S |
| 1.2.2.2 | 1 MW bis weniger als 10 MW, bei Verbrennungsmotoranlagen oder Gasturbinenanlagen, | | S |
| 1.2.3 | Heizöl EL, Dieselkraftstoff, Methanol, Ethanol, naturbelassenen Pflanzenölen oder Pflanzenölmethylestern, naturbelassenem Erdgas, Flüssiggas, Gasen der öffentlichen Gasversorgung oder Wasserstoff mit einer Feuerungswärmeleistung von | | |
| 1.2.3.1 | 20 MW bis weniger als 50 MW, | | S |
| 1.2.3.2 | 1 MW bis weniger als 20 MW, bei Verbrennungsmotoranlagen oder Gasturbinenanlagen, | | S |
| 1.2.4 | anderen als in Nummer 1.2.1 oder 1.2.3 genannten festen oder flüssigen Brennstoffen mit einer Feuerungswärmeleistung von | | |
| 1.2.4.1 | 1 MW bis weniger als 50 MW, | | A |
| 1.2.4.2 | 100 KW bis weniger als 1 MW; | | S |
| **1.3** | (weggefallen) | | |

UVP-Gesetz    **Anl. 1   UVPG   2.5**

| Nr. | Vorhaben | Sp. 1 | Sp. 2 |
|---|---|---|---|
| 1.4 | Errichtung und Betrieb einer Verbrennungsmotoranlage oder Gasturbinenanlage zum Antrieb von Arbeitsmaschinen für den Einsatz von | | |
| 1.4.1 | Heizöl EL, Dieselkraftstoff, Methanol, Ethanol, naturbelassenen Pflanzenölen, Pflanzenölmethylestern Koksofengas, Grubengas, Stahlgas, Raffineriegas, Synthesegas, Erdölgas aus der Tertiärförderung von Erdöl, Klärgas, Biogas, naturbelassenem Erdgas, Flüssiggas, Gasen der öffentlichen Gasversorgung oder Wasserstoff mit einer Feuerungswärmeleistung von | | |
| 1.4.1.1 | mehr als 200 MW, | X | |
| 1.4.1.2 | 50 MW bis 200 MW, | | A |
| 1.4.1.3 | 1 MW bis weniger als 50 MW, ausgenommen Verbrennungsmotoranlagen für Bohranlagen, | | S |
| 1.4.2 | anderen als in Nummer 1.4.1 genannten Brennstoffen mit einer Feuerungswärmeleistung von | | |
| 1.4.2.1 | mehr als 200 MW, | X | |
| 1.4.2.2 | 50 MW bis 200 MW | | A |
| 1.4.2.3 | 1 MW bis weniger als 50 MW; | | S |
| **1.5** | (weggefallen) | | |
| **1.6** | Errichtung und Betrieb einer Windfarm mit Anlagen mit einer Gesamthöhe von jeweils mehr als 50 Metern mit | | |
| 1.6.1 | 20 oder mehr Windkraftanlagen, | X | |
| 1.6.2 | 6 bis weniger als 20 Windkraftanlagen, | | A |
| 1.6.3 | 3 bis weniger als 6 Windkraftanlagen; | | S |
| **1.7** | Errichtung und Betrieb einer Anlage zum Brikettieren von Braun- oder Steinkohle; | X | |
| **1.8** | Errichtung und Betrieb einer Anlage zur Trockendestillation von Steinkohle oder Braunkohle (z.B. Kokerei, Gaswerk, Schwelerei) mit einem Durchsatz von | | |
| 1.8.1 | 500 t oder mehr je Tag, | X | |
| 1.8.2 | weniger als 500 t je Tag, ausgenommen Holzkohlenmeiler; | | A |
| **1.9** | Errichtung und Betrieb einer Anlage zur Vergasung oder Verflüssigung von Kohle oder bituminösem Schiefer mit einem Durchsatz von | | |
| 1.9.1 | 500 t oder mehr je Tag, | X | |
| 1.9.2 | weniger als 500 t je Tag; | | A |
| **1.10** | Errichtung und Betrieb einer Anlage zur Abscheidung von Kohlendioxid zur dauerhaften Speicherung | | |
| 1.10.1 | aus einer Anlage, die nach Spalte 1 UVP-pflichtig ist, | X | |
| 1.10.2 | mit einer Abscheidungsleistung von 1,5 Mio. t oder mehr pro Jahr, soweit sie nicht unter Nummer 1.10.1 fällt, | X | |
| 1.10.3 | mit einer Abscheidungsleistung von weniger als 1,5 Mio. t pro Jahr; | | A |
| **1.11** | Errichtung und Betrieb einer Anlage zur | | |
| 1.11.1 | Erzeugung von Biogas, soweit nicht durch Nummer 8.4 erfasst, mit einer Produktionskapazität von | | |
| 1.11.1.1 | 2 Mio. Normkubikmetern oder mehr Rohgas je Jahr, | | A |
| 1.11.1.2 | 1,2 Mio. bis weniger als 2 Mio. Normkubikmetern Rohgas je Jahr, | | S |
| 1.11.2 | Aufbereitung von Biogas mit einer Verarbeitungskapazität von | | |
| 1.11.2.1 | 2 Mio. Normkubikmetern oder mehr Rohgas je Jahr, | | A |
| 1.11.2.2 | 1,2 Mio. bis weniger als 2 Mio. Normkubikmetern Rohgas je Jahr; | | S |
| **2.** | **Steine und Erden, Glas, Keramik, Baustoffe:** | | |
| **2.1** | Errichtung und Betrieb eines Steinbruchs mit einer Abbaufläche von | | |
| 2.1.1 | 25 ha oder mehr, | X | |
| 2.1.2 | 10 ha bis weniger als 25 ha, | | A |

## 2.5 UVPG Anl. 1

| Nr. | Vorhaben | Sp. 1 | Sp. 2 |
|---|---|---|---|
| 2.1.3 | weniger als 10 ha, soweit Sprengstoffe verwendet werden; | | S |
| 2.2 | Errichtung und Betrieb einer Anlage zur Herstellung von Zementklinkern oder Zementen mit einer Produktionskapazität von | | |
| 2.2.1 | 1 000 t oder mehr je Tag, | X | |
| 2.2.2 | weniger als 1 000 t je Tag; | | A |
| 2.3 | Errichtung und Betrieb einer Anlage zur Gewinnung von Asbest; | X | |
| 2.4 | Errichtung und Betrieb einer Anlage zur Bearbeitung oder Verarbeitung von Asbest oder Asbesterzeugnissen mit | | |
| 2.4.1 | einer Jahresproduktion von | | |
| 2.4.1.1 | 20 000 t oder mehr Fertigerzeugnissen bei Asbestzementerzeugnissen, | X | |
| 2.4.1.2 | 50 t oder mehr Fertigerzeugnissen bei Reibungsbelägen, | X | |
| 2.4.2 | einem Einsatz von 200 t oder mehr Asbest bei anderen Verwendungszwecken, | X | |
| 2.4.3 | einer geringeren Jahresproduktion oder einem geringeren Einsatz als in den vorstehenden Nummern angegeben; | | A |
| 2.5 | Errichtung und Betrieb einer Anlage zur Herstellung von Glas, auch soweit es aus Altglas hergestellt wird, einschließlich Anlagen zur Herstellung von Glasfasern mit einer Schmelzkapazität von | | |
| 2.5.1 | 200 000 t oder mehr je Jahr oder bei Flachglasanlagen, die nach dem Floatglasverfahren betrieben werden, 100 000 t oder mehr je Jahr, | X | |
| 2.5.2 | 20 t je Tag bis weniger als in der vorstehenden Nummer angegeben, | | A |
| 2.5.3 | 100 kg bis weniger als 20 t je Tag, ausgenommen Anlagen zur Herstellung von Glasfasern, die für medizinische oder fernmeldetechnische Zwecke bestimmt sind; | | S |
| 2.6 | Errichtung und Betrieb einer Anlage zum Brennen keramischer Erzeugnisse (einschließlich Anlagen zum Blähen von Ton) mit einer Produktionskapazität von | | |
| 2.6.1 | 75 t oder mehr je Tag, | | A |
| 2.6.2 | weniger als 75 t je Tag, soweit der Rauminhalt der Brennanlage 4 m³ oder mehr beträgt oder die Besatzdichte mehr als 100 kg je Kubikmeter Rauminhalt der Brennanlage beträgt, ausgenommen elektrisch beheizte Brennöfen, die diskontinuierlich und ohne Abluftführung betrieben werden; | | S |
| 2.7 | Errichtung und Betrieb einer Anlage zum Schmelzen mineralischer Stoffe, einschließlich Anlagen zur Herstellung von Mineralfasern; | | A |
| 3. | **Stahl, Eisen und sonstige Metalle einschließlich Verarbeitung:** | | |
| 3.1 | Errichtung und Betrieb einer Anlage zum Rösten (Erhitzen unter Luftzufuhr zur Überführung in Oxide) oder Sintern (Stückigmachen von feinkörnigen Stoffen durch Erhitzen) von Erzen; | X | |
| 3.2 | Errichtung und Betrieb eines integrierten Hüttenwerkes (Anlage zur Herstellung oder zum Erschmelzen von Roheisen und zur Weiterverarbeitung zu Rohstahl, bei der sich Gewinnungs- und Weiterverarbeitungseinheiten nebeneinander befinden und in funktioneller Hinsicht miteinander verbunden sind); | X | |
| 3.3 | Errichtung und Betrieb einer Anlage zur Herstellung oder zum Erschmelzen von Roheisen oder Stahl einschließlich Stranggießen, auch soweit Konzentrate oder sekundäre Rohstoffe eingesetzt werden, mit einer Schmelzkapazität von | | |
| 3.3.1 | 2,5 t Roheisen oder Stahl je Stunde oder mehr, | | A |
| 3.3.2 | weniger als 2,5 t Stahl je Stunde; | | S |
| 3.4 | Errichtung und Betrieb einer Anlage zur Herstellung von Nichteisenrohmetallen aus Erzen, Konzentraten oder sekundären Rohstoffen durch metallurgische, chemische oder elektrolytische Verfahren; | X | |

| Nr. | Vorhaben | Sp. 1 | Sp. 2 |
|---|---|---|---|
| **3.5** | Errichtung und Betrieb einer Anlage zum Schmelzen, zum Legieren oder zur Raffination von Nichteisenmetallen mit einer Schmelzkapazität von | | |
| 3.5.1 | 100 000 t oder mehr je Jahr, | X | |
| 3.5.2 | 4 t oder mehr je Tag bei Blei und Cadmium oder von 20 t oder mehr je Tag bei sonstigen Nichteisenmetallen, jeweils bis weniger als 100 000 t je Jahr, | | A |
| 3.5.3 | 0,5 t bis weniger als 4 t je Tag bei Blei und Cadmium oder von 2 t bis weniger als 20 t je Tag bei sonstigen Nichteisenmetallen, ausgenommen<br>– Vakuum-Schmelzanlagen,<br>– Schmelzanlagen für Gusslegierungen aus Zinn und Wismut oder aus Feinzink und Aluminium in Verbindung mit Kupfer oder Magnesium,<br>– Schmelzanlagen, die Bestandteil von Druck- oder Kokillengießmaschinen sind oder die ausschließlich im Zusammenhang mit einzelnen Druck- oder Kokillengießmaschinen gießfertige Nichteisenmetalle oder gießfertige Legierungen niederschmelzen,<br>– Schmelzanlagen für Edelmetalle oder für Legierungen, die nur aus Edelmetallen oder aus Edelmetallen und Kupfer bestehen,<br>– Schwalllötbäder und<br>– Heißluftverzinnungsanlagen; | | S |
| **3.6** | Errichtung und Betrieb einer Anlage zur Umformung von Stahl durch Warmwalzen; | | A |
| **3.7** | Errichtung und Betrieb einer Eisen-, Temper- oder Stahlgießerei mit einer Verarbeitungskapazität an Flüssigmetall von | | |
| 3.7.1 | 200 000 t oder mehr je Jahr, | X | |
| 3.7.2 | 20 t oder mehr je Tag, | | A |
| 3.7.3 | 2 t bis weniger als 20 t je Tag; | | S |
| **3.8** | Errichtung und Betrieb einer Anlage zum Aufbringen von metallischen Schutzschichten auf Metalloberflächen mit Hilfe von schmelzflüssigen Bädern mit einer Verarbeitungskapazität von | | |
| 3.8.1 | 100 000 t Rohgut oder mehr je Jahr, | X | |
| 3.8.2 | 2 t Rohgut je Stunde bis weniger als 100 000 t Rohgut je Jahr, | | A |
| 3.8.3 | 500 kg bis weniger als 2 t Rohgut je Stunde, ausgenommen Anlagen zum kontinuierlichen Verzinken nach dem Sendzimirverfahren; | | S |
| **3.9** | Errichtung und Betrieb einer Anlage zur Oberflächenbehandlung von Metallen durch ein elektrolytisches oder chemisches Verfahren mit einem Volumen der Wirkbäder von | | |
| 3.9.1 | 30 m$^3$ oder mehr, | | A |
| 3.9.2 | 1 m$^3$ bis weniger als 30 m$^3$ bei Anlagen durch Beizen oder Brennen unter Verwendung von Fluss- oder Salpetersäure; | | S |
| **3.10** | Errichtung und Betrieb einer Anlage, die aus einem oder mehreren maschinell angetriebenen Hämmern oder Fallwerken besteht, wenn die Schlagenergie eines Hammers oder Fallwerkes | | |
| 3.10.1 | 20 Kilojoule oder mehr beträgt, | | A |
| 3.10.2 | 1 Kilojoule bis weniger als 20 Kilojoule beträgt; | | S |
| **3.11** | Errichtung und Betrieb einer Anlage zur Sprengverformung oder zum Plattieren mit Sprengstoffen bei einem Einsatz von 10 kg Sprengstoff oder mehr je Schuss; | | A |
| **3.12** | Errichtung und Betrieb einer Schiffswerft | | |
| 3.12.1 | zum Bau von Seeschiffen mit einer Größe von 100 000 Bruttoregistertonnen, | X | |

## 2.5 UVPG Anl. 1

| Nr. | Vorhaben | Sp. 1 | Sp. 2 |
|---|---|---|---|
| 3.12.2 | zur Herstellung oder Reparatur von Schiffskörpern oder Schiffssektionen aus Metall mit einer Länge von 20 m oder mehr, soweit nicht ein Fall der vorstehenden Nummer vorliegt; | | A |
| 3.13 | Errichtung und Betrieb einer Anlage zum Bau von Schienenfahrzeugen mit einer Produktionskapazität von 600 oder mehr Schienenfahrzeugeinheiten je Jahr (1 Schienenfahrzeugeinheit entspricht 0,5 Lokomotive, 1 Straßenbahn, 1 Wagen eines Triebzuges, 1 Triebkopf, 1 Personenwagen oder 3 Güterwagen); | | A |
| 3.14 | Errichtung und Betrieb einer Anlage für den Bau und die Montage von Kraftfahrzeugen oder einer Anlage für den Bau von Kraftfahrzeugmotoren mit einer Kapazität von jeweils 100 000 Stück oder mehr je Jahr; | | A |
| 3.15 | Errichtung und Betrieb einer Anlage für den Bau und die Instandsetzung von Luftfahrzeugen, soweit je Jahr mehr als 50 Luftfahrzeuge hergestellt oder repariert werden können, ausgenommen Wartungsarbeiten; | | A |
| 4. | **Chemische Erzeugnisse, Arzneimittel, Mineralölraffination und Weiterverarbeitung:** | | |
| 4.1 | Errichtung und Betrieb einer integrierten chemischen Anlage (Verbund zur Herstellung von Stoffen oder Stoffgruppen durch chemische Umwandlung im industriellen Umfang, bei dem sich mehrere Einheiten nebeneinander befinden und in funktioneller Hinsicht miteinander verbunden sind und<br>– zur Herstellung von organischen Grundchemikalien,<br>– zur Herstellung von anorganischen Grundchemikalien,<br>– zur Herstellung von phosphor-, stickstoff- oder kaliumhaltigen Düngemitteln (Einnährstoff oder Mehrnährstoff),<br>– zur Herstellung von Ausgangsstoffen für Pflanzenschutzmittel und von Bioziden,<br>– zur Herstellung von Grundarzneimitteln unter Verwendung eines chemischen oder biologischen Verfahrens oder<br>– zur Herstellung von Explosivstoffen<br>dienen), ausgenommen Anlagen zur Erzeugung oder Spaltung von Kernbrennstoffen oder zur Aufarbeitung bestrahlter Kernbrennstoffe nach Nummer 11.1; | X | |
| 4.2 | Errichtung und Betrieb einer Anlage zur Herstellung von Stoffen oder Stoffgruppen durch chemische Umwandlung im industriellen Umfang, ausgenommen integrierte chemische Anlagen nach Nummer 4.1, Anlagen nach Nummer 10.1 und Anlagen zur Erzeugung oder Spaltung von Kernbrennstoffen oder zur Aufarbeitung bestrahlter Kernbrennstoffe nach Nummer 11.1; | | A |
| 4.3 | Errichtung und Betrieb einer Anlage zur Destillation oder Raffination oder sonstigen Weiterverarbeitung von Erdöl in Mineralölraffinerien; | X | |
| 4.4 | Errichtung und Betrieb einer Anlage zur Herstellung von Anstrich- oder Beschichtungsstoffen (Lasuren, Firnisse, Lacke, Dispersionsfarben) oder Druckfarben unter Einsatz von 25 t flüchtiger organischer Verbindungen oder mehr je Tag, die bei einer Temperatur von 293,15 Kelvin einen Dampfdruck von mindestens 0,01 Kilopascal haben; | | A |
| 5. | **Oberflächenbehandlung von Kunststoffen:** | | |
| 5.1 | Errichtung und Betrieb einer Anlage zur Oberflächenbehandlung von Kunststoffen durch ein elektrolytisches oder chemisches Verfahren mit einem Volumen der Wirkbäder von 30 m³ oder mehr; | | A |
| 6. | **Holz, Zellstoff:** | | |
| 6.1 | Errichtung und Betrieb einer Anlage zur Gewinnung von Zellstoff aus Holz, Stroh oder ähnlichen Faserstoffen; | X | |
| 6.2 | Errichtung und Betrieb einer Anlage zur Herstellung von Papier oder Pappe mit einer Produktionskapazität von | | |

UVP-Gesetz

# Anl. 1  UVPG  2.5

| Nr. | Vorhaben | Sp. 1 | Sp. 2 |
|---|---|---|---|
| 6.2.1 | 200 t oder mehr je Tag, | X | |
| 6.2.2 | 20 t bis weniger als 200 t je Tag; | | A |
| **7.** | **Nahrungs-, Genuss- und Futtermittel, landwirtschaftliche Erzeugnisse:** | | |
| **7.1** | Errichtung und Betrieb einer Anlage zur Intensivhaltung von Hennen mit | | |
| 7.1.1 | 60 000 oder mehr Plätzen, | X | |
| 7.1.2 | 40 000 bis weniger als 60 000 Plätzen, | | A |
| 7.1.3 | 15 000 bis weniger als 40 000 Plätzen; | | S |
| **7.2** | Errichtung und Betrieb einer Anlage zur Intensivhaltung oder -aufzucht von Junghennen mit | | |
| 7.2.1 | 85 000 oder mehr Plätzen, | X | |
| 7.2.2 | 40 000 bis weniger als 85 000 Plätzen, | | A |
| 7.2.3 | 30 000 bis weniger als 40 000 Plätzen; | | S |
| **7.3** | Errichtung und Betrieb einer Anlage zur Intensivhaltung oder -aufzucht von Mastgeflügel mit | | |
| 7.3.1 | 85 000 oder mehr Plätzen, | X | |
| 7.3.2 | 40 000 bis weniger als 85 000 Plätzen, | | A |
| 7.3.3 | 30 000 bis weniger als 40 000 Plätzen; | | S |
| **7.4** | Errichtung und Betrieb einer Anlage zur Intensivhaltung oder -aufzucht von Truthühnern mit | | |
| 7.4.1 | 60 000 oder mehr Plätzen, | X | |
| 7.4.2 | 40 000 bis weniger als 60 000 Plätzen, | | A |
| 7.4.3 | 15 000 bis weniger als 40 000 Plätzen; | | S |
| **7.5** | Errichtung und Betrieb einer Anlage zur Intensivhaltung oder -aufzucht von Rindern mit | | |
| 7.5.1 | 800 oder mehr Plätzen, | | A |
| 7.5.2 | 600 bis weniger als 800 Plätzen; | | S |
| **7.6** | Errichtung und Betrieb einer Anlage zur Intensivhaltung oder -aufzucht von Kälbern mit | | |
| 7.6.1 | 1 000 oder mehr Plätzen, | | A |
| 7.6.2 | 500 bis weniger als 1 000 Plätzen; | | S |
| **7.7** | Errichtung und Betrieb einer Anlage zur Intensivhaltung oder -aufzucht von Mastschweinen (Schweine von 30 kg Lebendgewicht oder mehr) mit | | |
| 7.7.1 | 3 000 oder mehr Plätzen, | X | |
| 7.7.2 | 2 000 bis weniger als 3 000 Plätzen; | | A |
| 7.7.3 | 1 500 bis weniger als 2 000 Plätzen; | | S |
| **7.8** | Errichtung und Betrieb einer Anlage zur Intensivhaltung oder -aufzucht von Sauen einschließlich dazugehöriger Ferkel (Ferkel bis weniger als 30 kg Lebendgewicht) mit | | |
| 7.8.1 | 900 oder mehr Plätzen, | X | |
| 7.8.2 | 750 bis weniger als 900 Plätzen, | | A |
| 7.8.3 | 560 bis weniger als 750 Plätzen; | | S |
| **7.9** | Errichtung und Betrieb einer Anlage zur getrennten Intensivaufzucht von Ferkeln (Ferkel von 10 bis weniger als 30 kg Lebendgewicht) mit | | |
| 7.9.1 | 9 000 oder mehr Plätzen, | X | |
| 7.9.2 | 6 000 bis weniger als 9 000 Plätzen, | | A |
| 7.9.3 | 4 500 bis weniger als 6 000 Plätzen; | | S |
| **7.10** | Errichtung und Betrieb einer Anlage zur Intensivhaltung oder -aufzucht von Pelztieren mit | | |
| 7.10.1 | 1 000 oder mehr Plätzen, | | A |

## 2.5 UVPG Anl. 1

| Nr. | Vorhaben | Sp. 1 | Sp. 2 |
|---|---|---|---|
| 7.10.2 | 750 bis weniger als 1 000 Plätzen; | | S |
| **7.11** | Errichtung und Betrieb einer Anlage zur Intensivhaltung oder -aufzucht von Tieren in gemischten Beständen, wenn | | |
| 7.11.1 | die jeweils unter den Nummern 7.1.1, 7.2.1, 7.3.1, 7.4.1, 7.7.1, 7.8.1, 7.9.1 genannten Platzzahlen nicht erreicht werden, die Summe der Vom-Hundert-Anteile, bis zu denen die Platzzahlen ausgeschöpft werden, aber den Wert 100 erreicht oder überschreitet, | X | |
| 7.11.2 | die jeweils unter den Nummern 7.1.2, 7.2.2, 7.3.2, 7.4.2, 7.5.1, 7.6.1, 7.7.2, 7.8.2, 7.9.2 und 7.10.1 genannten Platzzahlen nicht erreicht werden, die Summe der Vom-Hundert-Anteile, bis zu denen die Platzzahlen ausgeschöpft werden, aber den Wert 100 erreicht oder überschreitet, | | A |
| 7.11.3 | die jeweils unter den Nummern 7.1.3, 7.2.3, 7.3.3, 7.4.3, 7.5.2, 7.6.2, 7.7.3, 7.8.3, 7.9.3 und 7.10.2 genannten Platzzahlen nicht erreicht werden, die Summe der Vom-Hundert-Anteile, bis zu denen die Platzzahlen ausgeschöpft werden, aber den Wert 100 erreicht oder überschreitet; | | S |
| **7.12** | (weggefallen) | | |
| **7.13** | Errichtung und Betrieb einer Anlage zum Schlachten von Tieren mit einer Kapazität von | | |
| 7.13.1 | 50 t Lebendgewicht oder mehr je Tag, | | A |
| 7.13.2 | 0,5 t bis weniger als 50 t Lebendgewicht je Tag bei Geflügel oder 4 t bis weniger als 50 t Lebendgewicht je Tag bei sonstigen Tieren; | | S |
| **7.14** | Errichtung und Betrieb einer Anlage zur Erzeugung von Speisefetten aus tierischen Rohstoffen, ausgenommen Milch, mit einer Produktionskapazität von | | |
| 7.14.1 | 75 t Fertigerzeugnissen oder mehr je Tag, | | A |
| 7.14.2 | weniger als 75 t Fertigerzeugnissen je Tag, ausgenommen Anlagen zur Erzeugung von Speisefetten aus selbstgewonnenen tierischen Fetten in Fleischereien mit einer Kapazität von bis zu 200 kg Speisefett je Woche; | | S |
| **7.15** | Errichtung und Betrieb einer Anlage zum Schmelzen von tierischen Fetten mit einer Produktionskapazität von | | |
| 7.15.1 | 75 t Fertigerzeugnissen oder mehr je Tag, | | A |
| 7.15.2 | weniger als 75 t Fertigerzeugnissen je Tag, ausgenommen Anlagen zur Verarbeitung von selbstgewonnenen tierischen Fetten zu Speisefetten in Fleischereien mit einer Kapazität von bis zu 200 kg Speisefett je Woche; | | S |
| **7.16** | Errichtung und Betrieb einer Anlage zur Herstellung von Fleischkonserven mit einer Produktionskapazität von | | |
| 7.16.1 | 75 t Konserven oder mehr je Tag, | | A |
| 7.16.2 | 1 t bis weniger als 75 t Konserven je Tag; | | S |
| **7.17** | Errichtung und Betrieb einer Anlage zur Herstellung von Gemüsekonserven mit einer Produktionskapazität von | | |
| 7.17.1 | 600 t Konserven oder mehr je Tag, wenn die Anlage an nicht mehr als 90 aufeinanderfolgenden Tagen im Jahr in Betrieb ist, | | A |
| 7.17.2 | 300 t Konserven oder mehr je Tag, wenn die Anlage an mehr als 90 aufeinanderfolgenden Tagen im Jahr in Betrieb ist, | | A |
| 7.17.3 | 10 t bis weniger als den in den Nummern 7.17.1 oder 7.17.2 angegebenen Kapazitäten für Tonnen Konserven je Tag und unter den dort genannten Voraussetzungen im Übrigen, ausgenommen Anlagen zum Sterilisieren oder Pasteurisieren dieser Nahrungsmittel in geschlossenen Behältnissen; | | S |
| **7.18** | Errichtung und Betrieb einer Anlage zur Herstellung von Futtermittelerzeugnissen aus tierischen Rohstoffen, soweit in einer solchen | | A |

UVP-Gesetz  **Anl. 1 UVPG 2.5**

| Nr. | Vorhaben | Sp. 1 | Sp. 2 |
|---|---|---|---|
| | Anlage eine fabrikmäßige Herstellung von Tierfutter durch Erwärmen der Bestandteile tierischer Herkunft erfolgt, | | |
| 7.19 | Errichtung und Betrieb einer Anlage zur Beseitigung oder Verwertung von Tierkörpern oder tierischen Abfällen mit einer Verarbeitungskapazität von | | |
| 7.19.1 | 10 t oder mehr je Tag, | | A |
| 7.19.2 | weniger als 10 t je Tag; | | S |
| 7.20 | Errichtung und Betrieb einer Anlage zum Gerben einschließlich Nachgerben von Tierhäuten oder Tierfellen mit einer Verarbeitungskapazität von | | |
| 7.20.1 | 12 t Fertigerzeugnissen oder mehr je Tag, | | A |
| 7.20.2 | weniger als 12 t Fertigerzeugnissen je Tag, ausgenommen Anlagen, in denen weniger Tierhäute oder Tierfelle behandelt werden als beim Schlachten von weniger als 4 t sonstigen Tieren nach Nummer 7.13.2 anfallen; | | S |
| 7.21 | Errichtung und Betrieb einer Anlage zur Herstellung von Fischmehl oder Fischöl; | X | |
| 7.22 | Errichtung und Betrieb einer Anlage zur Herstellung von Braumalz (Mälzerei) mit einer Produktionskapazität von | | |
| 7.22.1 | 600 t Darrmalz oder mehr je Tag, wenn die Anlage an nicht mehr als 90 aufeinanderfolgenden Tagen im Jahr in Betrieb ist, | | A |
| 7.22.2 | 300 t Darrmalz oder mehr je Tag, wenn die Anlage an mehr als 90 aufeinanderfolgenden Tagen im Jahr in Betrieb ist, | | A |
| 7.22.3 | weniger als den in den Nummern 7.22.1 oder 7.22.2 angegebenen Kapazitäten für Tonnen Darrmalz je Tag und unter den dort genannten Voraussetzungen im Übrigen; | | S |
| 7.23 | Errichtung und Betrieb einer Anlage zur Herstellung von Stärkemehlen mit einer Produktionskapazität von | | |
| 7.23.1 | 600 t Stärkemehlen oder mehr je Tag, wenn die Anlage an nicht mehr als 90 aufeinanderfolgenden Tagen im Jahr in Betrieb ist, | | A |
| 7.23.2 | 300 t Stärkemehlen oder mehr je Tag, wenn die Anlage an mehr als 90 aufeinanderfolgenden Tagen im Jahr in Betrieb ist, | | A |
| 7.23.3 | 1 t bis weniger als den in den Nummern 7.23.1 oder 7.23.2 angegebenen Kapazitäten für Tonnen Stärkemehle je Tag und unter den dort genannten Voraussetzungen im Übrigen; | | S |
| 7.24 | Errichtung und Betrieb einer Anlage zur Herstellung oder Raffination von Ölen oder Fetten aus pflanzlichen Rohstoffen mit einer Produktionskapazität von | | |
| 7.24.1 | 600 t Fertigerzeugnissen oder mehr je Tag, wenn die Anlage an nicht mehr als 90 aufeinanderfolgenden Tagen im Jahr in Betrieb ist, | | A |
| 7.24.2 | 300 t Fertigerzeugnissen oder mehr je Tag, wenn die Anlage an mehr als 90 aufeinanderfolgenden Tagen im Jahr in Betrieb ist, | | A |
| 7.24.3 | weniger als den in den Nummern 7.24.1 oder 7.24.2 angegebenen Kapazitäten für Tonnen Fertigerzeugnisse je Tag mit Hilfe von Extraktionsmitteln und unter den dort genannten Voraussetzungen im Übrigen, soweit die Menge des eingesetzten Extraktionsmittels 1 t oder mehr je Tag beträgt; | | S |
| 7.25 | Errichtung und Betrieb einer Anlage zur Herstellung oder Raffination von Zucker unter Verwendung von Zuckerrüben oder Rohzucker; | | A |
| 7.26 | Errichtung und Betrieb einer Brauerei mit einer Produktionskapazität von | | |
| 7.26.1 | 6 000 hl Bier oder mehr je Tag, wenn die Brauerei an nicht mehr als 90 aufeinanderfolgenden Tagen im Jahr in Betrieb ist, | | A |
| 7.26.2 | 3 000 hl Bier oder mehr je Tag, wenn die Brauerei an mehr als 90 aufeinanderfolgenden Tagen im Jahr in Betrieb ist, | | A |

## 2.5 UVPG Anl. 1

| Nr. | Vorhaben | Sp. 1 | Sp. 2 |
|---|---|---|---|
| 7.26.3 | 200 hl bis weniger als den in den Nummern 7.26.1 oder 7.26.2 angegebenen Kapazitäten für Hektoliter Bier je Tag und unter den dort genannten Voraussetzungen im Übrigen; | | S |
| **7.27** | Errichtung und Betrieb einer Anlage zur Herstellung von Süßwaren oder Sirup aus tierischen Rohstoffen, ausgenommen Milch, mit einer Produktionskapazität von | | |
| 7.27.1 | 75 t Süßwaren oder Sirup oder mehr je Tag, | | A |
| 7.27.2 | 50 kg bis weniger als 75 t Süßwaren oder Sirup je Tag bei Herstellung von Lakritz; | | S |
| **7.28** | Errichtung und Betrieb einer Anlage zur Herstellung von Süßwaren oder Sirup aus pflanzlichen Rohstoffen mit einer Produktionskapazität von | | |
| 7.28.1 | 600 t oder mehr Süßwaren oder Sirup je Tag, wenn die Anlage an nicht mehr als 90 aufeinanderfolgenden Tagen im Jahr in Betrieb ist, | | A |
| 7.28.2 | 300 t oder mehr Süßwaren oder Sirup je Tag, wenn die Anlage an mehr als 90 aufeinanderfolgenden Tagen im Jahr in Betrieb ist, | | A |
| 7.28.3 | 50 kg bis weniger als den in den Nummern 7.28.1 oder 7.28.2 angegebenen Kapazitäten für Tonnen Süßwaren je Tag und unter den dort genannten Voraussetzungen im Übrigen bei Herstellung von Kakaomasse aus Rohkakao oder bei thermischer Veredelung von Kakao- oder Schokoladenmasse; | | S |
| **7.29** | Errichtung und Betrieb einer Anlage zur Behandlung oder Verarbeitung von Milch, Milcherzeugnissen oder Milchbestandteilen mit einer Produktionskapazität als Jahresdurchschnittswert von | | |
| 7.29.1 | 200 t Milch oder mehr je Tag, | | A |
| 7.29.2 | 5 t bis weniger als 200 t Milch, Milcherzeugnissen oder Milchbestandteilen je Tag bei Sprühtrocknern; | | S |
| **8.** | **Verwertung und Beseitigung von Abfällen und sonstigen Stoffen:** | | |
| **8.1** | Errichtung und Betrieb einer Anlage zur Beseitigung oder Verwertung fester, flüssiger oder in Behältern gefasster gasförmiger Abfälle, Deponiegas oder anderer gasförmiger Stoffe mit brennbaren Bestandteilen durch | | |
| 8.1.1 | thermische Verfahren, insbesondere Entgasung, Plasmaverfahren, Pyrolyse, Vergasung, Verbrennung oder eine Kombination dieser Verfahren | | |
| 8.1.1.1 | bei gefährlichen Abfällen, | X | |
| 8.1.1.2 | bei nicht gefährlichen Abfällen mit einer Durchsatzkapazität von 3 t Abfällen oder mehr je Stunde, | X | |
| 8.1.1.3 | bei nicht gefährlichen Abfällen mit einer Durchsatzkapazität von weniger als 3 t Abfällen je Stunde, | | A |
| 8.1.2 | Verbrennen von Altöl oder Deponiegas in einer Verbrennungsmotoranlage mit einer Feuerungswärmeleistung von | | |
| 8.1.2.1 | 50 MW oder mehr, | | A |
| 8.1.2.2 | 1 MW bis weniger als 50 MW, | | A |
| 8.1.2.3 | weniger als 1 MW, | | S |
| 8.1.3 | Abfackeln von Deponiegas oder anderen gasförmigen Stoffen, ausgenommen über Notfackeln, die für den nicht bestimmungsgemäßen Betrieb erforderlich sind; | | S |
| **8.2** | Errichtung und Betrieb einer Anlage zur Erzeugung von Strom, Dampf, Warmwasser, Prozesswärme oder erhitztem Abgas in einer Verbrennungseinrichtung (wie Kraftwerk, Heizkraftwerk, Heizwerk, sonstige Feuerungsanlage), einschließlich zugehöriger Dampfkessel, durch den Einsatz von<br>– gestrichenem, lackiertem oder beschichtetem Holz oder | | |

# UVP-Gesetz — Anl. 1 UVPG 2.5

| Nr. | Vorhaben | Sp. 1 | Sp. 2 |
|---|---|---|---|
| | – Sperrholz, Spanplatten, Faserplatten oder sonst verleimtem Holz sowie daraus anfallenden Resten, soweit keine Holzschutzmittel aufgetragen oder infolge einer Behandlung enthalten sind oder Beschichtungen keine halogenorganischen Verbindungen oder Schwermetalle enthalten, mit einer Feuerungswärmeleistung von | | |
| 8.2.1 | 50 MW oder mehr, | X | |
| 8.2.2 | 1 MW bis weniger als 50 MW; | | S |
| **8.3** | Errichtung und Betrieb einer Anlage zur biologischen Behandlung von gefährlichen Abfällen mit einer Durchsatzkapazität an Einsatzstoffen von | | |
| 8.3.1 | 10 t oder mehr je Tag, | X | |
| 8.3.2 | 1 t bis weniger als 10 t je Tag; | | S |
| **8.4** | Errichtung und Betrieb einer Anlage zur biologischen Behandlung von | | |
| 8.4.1 | nicht gefährlichen Abfällen, soweit nicht durch Nummer 8.4.2 erfasst, mit einer Durchsatzkapazität an Einsatzstoffen von | | |
| 8.4.1.1 | 50 t oder mehr je Tag, | | A |
| 8.4.1.2 | 10 t bis weniger als 50 t je Tag, | | S |
| 8.4.2 | Gülle, soweit die Behandlung ausschließlich durch anaerobe Vergärung (Biogaserzeugung) erfolgt, mit einer Durchsatzkapazität von | | |
| 8.4.2.1 | 50 t oder mehr je Tag, | | A |
| 8.4.2.2 | weniger als 50 t je Tag, soweit die Produktionskapazität von Rohgas 1,2 Mio. Normkubikmeter je Jahr oder mehr beträgt; | | S |
| **8.5** | Errichtung und Betrieb einer Anlage zur chemischen Behandlung, insbesondere zur chemischen Emulsionsspaltung, Fällung, Flockung, Neutralisation oder Oxidation, von gefährlichen Abfällen; | X | |
| **8.6** | Errichtung und Betrieb einer Anlage zur chemischen Behandlung, insbesondere zur chemischen Emulsionsspaltung, Fällung, Flockung, Neutralisation oder Oxidation, von nicht gefährlichen Abfällen mit einer Durchsatzkapazität an Einsatzstoffen von | | |
| 8.6.1 | 100 t oder mehr je Tag, | X | |
| 8.6.2 | 50 t bis weniger als 100 t je Tag, | | A |
| 8.6.3 | 10 t bis weniger als 50 t je Tag; | | S |
| **8.7** | Errichtung und Betrieb einer Anlage zur zeitweiligen Lagerung von Abfällen, ausgenommen die zeitweilige Lagerung bis zum Einsammeln auf dem Gelände der Entstehung der Abfälle, bei | | |
| 8.7.1 | Eisen- oder Nichteisenschrotten, einschließlich Autowracks, mit einer Gesamtlagerkapazität von | | |
| 8.7.1.1 | 1 500 t oder mehr, | | A |
| 8.7.1.2 | 100 t bis weniger als 1 500 t, | | S |
| 8.7.2 | gefährlichen Schlämmen mit einer Gesamtlagerkapazität von | | |
| 8.7.2.1 | 50 t oder mehr, | | A |
| 8.7.2.2 | 30 t bis weniger als 50 t; | | S |
| **8.8** | (weggefallen) | | |
| **8.9** | Errichtung und Betrieb einer Anlage zur Lagerung von Abfällen über einen Zeitraum von jeweils mehr als einem Jahr, bei | | |
| 8.9.1 | gefährlichen Abfällen mit | | |
| 8.9.1.1 | einer Aufnahmekapazität von 10 t je Tag oder mehr oder einer Gesamtlagerkapazität von 150 t oder mehr, | X | |
| 8.9.1.2 | geringeren Kapazitäten als in Nummer 8.9.1.1 angegeben, | | A |
| 8.9.2 | nicht gefährlichen Abfällen mit | | |
| 8.9.2.1 | einer Aufnahmekapazität von 10 t je Tag oder mehr oder einer Gesamtlagerkapazität von 150 t oder mehr, | | A |

## 2.5 UVPG Anl. 1

| Nr. | Vorhaben | Sp. 1 | Sp. 2 |
|---|---|---|---|
| 8.9.2.2 | geringeren Kapazitäten als in Nummer 8.9.2.1 angegeben; | | S |
| **9.** | **Lagerung von Stoffen und Gemischen:** | | |
| 9.1 | Errichtung und Betrieb einer Anlage, die der Lagerung von Stoffen oder Gemischen, die bei einer Temperatur von 293,15 Kelvin einen absoluten Dampfdruck von mindestens 101,3 Kilopascal und einen Explosionsbereich mit Luft haben (brennbare Gase), in Behältern oder von Erzeugnissen, die diese Stoffe oder Gemische z.B. als Treibmittel oder Brenngas enthalten, dient, ausgenommen Erdgasröhrenspeicher und Anlagen, die von Nummer 9.3 erfasst werden, | | |
| 9.1.1 | soweit es sich nicht ausschließlich um Einzelbehältnisse mit einem Volumen von jeweils nicht mehr als 1 000 cm$^3$ handelt, mit einem Fassungsvermögen von | | |
| 9.1.1.1 | 200 000 t oder mehr, | X | |
| 9.1.1.2 | 30 t bis weniger als 200 000 t, | | A |
| 9.1.1.3 | 3 t bis weniger als 30 t, | | S |
| 9.1.2 | soweit es sich ausschließlich um Einzelbehältnisse mit einem Volumen von jeweils nicht mehr als 1 000 cm$^3$ handelt, mit einem Fassungsvermögen von | | |
| 9.1.2.1 | 200 000 t oder mehr, | X | |
| 9.1.2.2 | 30 t bis weniger als 200 000 t; | | S |
| 9.2 | Errichtung und Betrieb einer Anlage, die der Lagerung von Flüssigkeiten dient, ausgenommen Anlagen, die von Nummer 9.3 erfasst werden, soweit | | |
| 9.2.1 | die Flüssigkeiten einen Flammpunkt von 373,15 Kelvin oder weniger haben, mit einem Fassungsvermögen von | | |
| 9.2.1.1 | 200 000 t oder mehr, | X | |
| 9.2.1.2 | 50 000 t bis weniger als 200 000 t, | | A |
| 9.2.1.3 | 10 000 t bis weniger als 50 000 t, | | S |
| 9.2.2 | die Flüssigkeiten einen Flammpunkt unter 294,15 Kelvin haben und deren Siedepunkt bei Normaldruck (101,3 Kilopascal) über 293,15 Kelvin liegt, mit einem Fassungsvermögen von 5 000 t bis weniger als 10 000 t; | | S |
| 9.3 | Errichtung und Betrieb einer Anlage, die der Lagerung von im Anhang 2 (Stoffliste zu Nummer 9.3 Anhang 1) der Verordnung über genehmigungsbedürftige Anlagen in der jeweils geltenden Fassung genannten Stoffen dient, mit einer Lagerkapazität von | | |
| 9.3.1 | 200 000 t oder mehr, | X | |
| 9.3.2 | den in Spalte 4 des Anhangs 2 (Stoffliste zu Nummer 9.3 Anhang 1) der Verordnung über genehmigungsbedürftige Anlagen in der jeweils geltenden Fassung ausgewiesenen Mengen bis weniger als 200 000 t, | | A |
| 9.3.3 | den in Spalte 3 bis weniger als den in Spalte 4 des Anhangs 2 (Stoffliste zu Nummer 9.3 Anhang 1) der Verordnung über genehmigungsbedürftige Anlagen in der jeweils geltenden Fassung ausgewiesenen Mengen; | | S |
| **9.4** | Errichtung und Betrieb einer Anlage, die der Lagerung von Erdöl, petrochemischen oder chemischen Stoffen oder Erzeugnissen dient, ausgenommen Anlagen, die von den Nummern 9.1, 9.2 oder 9.3 erfasst werden, mit einem Fassungsvermögen von | | |
| 9.4.1 | 200 000 t oder mehr, | X | |
| 9.4.2 | 25 000 t bis weniger als 200 000 t; | | A |
| **10.** | **Sonstige Industrieanlagen:** | | |
| 10.1 | Errichtung und Betrieb einer Anlage zur Herstellung, Bearbeitung oder Verarbeitung von explosionsgefährlichen Stoffen im Sinne des Sprengstoffgesetzes, die zur Verwendung als Sprengstoffe, Zündstoffe, Treibstoffe, pyrotechnische Sätze oder zur Herstellung dieser Stoffe | X | |

| Nr. | Vorhaben | Sp. 1 | Sp. 2 |
|---|---|---|---|
| | bestimmt sind; hierzu gehört auch eine Anlage zum Laden, Entladen oder Deladorieren von Munition oder sonstigen Sprengkörpern, ausgenommen Anlagen im handwerklichen Umfang oder zur Herstellung von Zündhölzern sowie ortsbewegliche Mischladegeräte; | | |
| 10.2 | Errichtung und Betrieb einer Anlage zur Wiedergewinnung oder Vernichtung von explosionsgefährlichen Stoffen im Sinne des Sprengstoffgesetzes; | X | |
| 10.3 | Errichtung und Betrieb einer Anlage zum Vulkanisieren von Natur- oder Synthesekautschuk unter Verwendung von Schwefel oder Schwefelverbindungen mit einem Einsatz von | | |
| 10.3.1 | 25 t Kautschuk oder mehr je Stunde, | | A |
| 10.3.2 | weniger als 25 t Kautschuk je Stunde, ausgenommen Anlagen, in denen weniger als 50 kg Kautschuk je Stunde verarbeitet wird oder ausschließlich vorvulkanisierter Kautschuk eingesetzt wird; | | S |
| 10.4 | Errichtung und Betrieb einer Anlage zur Vorbehandlung (Waschen, Bleichen, Mercerisieren) oder zum Färben von Fasern oder Textilien mit | | |
| 10.4.1 | einer Verarbeitungskapazität von 10 t Fasern oder Textilien oder mehr je Tag, | | A |
| 10.4.2 | einer Färbekapazität von 2 t bis weniger als 10 t Fasern oder Textilien je Tag bei Anlagen zum Färben von Fasern oder Textilien unter Verwendung von Färbebeschleunigern einschließlich Spannrahmenanlagen, ausgenommen Anlagen, die unter erhöhtem Druck betrieben werden, | | S |
| 10.4.3 | einer Bleichkapazität von weniger als 10 t Fasern oder Textilien je Tag bei Anlagen zum Bleichen von Fasern oder Textilien unter Verwendung von Chlor oder Chlorverbindungen; | | S |
| 10.5 | Errichtung und Betrieb eines Prüfstandes für oder mit Verbrennungsmotoren, ausgenommen<br>– Rollenprüfstände, die in geschlossenen Räumen betrieben werden, und<br>– Anlagen, in denen mit Katalysator oder Dieselrußfilter ausgerüstete Serienmotoren geprüft werden,<br><br>mit einer Feuerungswärmeleistung von insgesamt | | |
| 10.5.1 | 10 MW oder mehr, | | A |
| 10.5.2 | 300 KW bis weniger als 10 MW; | | S |
| 10.6 | Errichtung und Betrieb eines Prüfstandes für oder mit Gasturbinen oder Triebwerken mit einer Feuerungswärmeleistung von insgesamt | | |
| 10.6.1 | mehr als 200 MW, | X | |
| 10.6.2 | 100 MW bis 200 MW, | | A |
| 10.6.3 | weniger als 100 MW; | | S |
| 10.7 | Errichtung und Betrieb einer ständigen Renn- oder Teststrecke für Kraftfahrzeuge; | | A |
| 11. | **Kernenergie:** | | |
| 11.1 | Errichtung und Betrieb einer ortsfesten Anlage zur Erzeugung oder zur Bearbeitung oder Verarbeitung oder zur Spaltung von Kernbrennstoffen oder zur Aufarbeitung bestrahlter Kernbrennstoffe sowie bei ortsfesten Anlagen zur Spaltung von Kernbrennstoffen von insgesamt geplanten Maßnahmen zur Stilllegung, zum sicheren Einschluss oder zum Abbau der Anlage oder von Anlagenteilen; ausgenommen sind ortsfeste Anlagen zur Spaltung von Kernbrennstoffen, deren Höchstleistung 1 KW thermische Dauerleistung nicht überschreitet; einzelne Maßnahmen zur Stilllegung, zum sicheren Einschluss oder zum Abbau der in Halbsatz 1 bezeichneten Anlagen oder von Anlagenteilen gelten als Änderung im Sinne von § 9; | X | |

## 2.5 UVPG Anl. 1

| Nr. | Vorhaben | Sp. 1 | Sp. 2 |
|---|---|---|---|
| 11.2 | Errichtung und Betrieb einer Anlage zur Sicherstellung oder zur Endlagerung radioaktiver Abfälle; | X | |
| 11.3 | außerhalb der in den Nummern 11.1 und 11.2 bezeichneten Anlagen Errichtung und Betrieb einer Anlage oder Einrichtung zur Bearbeitung oder Verarbeitung bestrahlter Kernbrennstoffe oder hochradioaktiver Abfälle oder zu dem ausschließlichen Zweck der für mehr als zehn Jahre geplanten Lagerung bestrahlter Kernbrennstoffe oder radioaktiver Abfälle an einem anderen Ort als dem Ort, an dem diese Stoffe angefallen sind; | X | |
| 11.4 | außerhalb der in den Nummern 11.1 und 11.2 bezeichneten Anlagen, soweit nicht Nummer 11.3 Anwendung findet, Errichtung und Betrieb einer Anlage oder Einrichtung zur Lagerung, Bearbeitung oder Verarbeitung radioaktiver Abfälle, deren Aktivitäten die Werte erreichen oder überschreiten, bei deren Unterschreiten es für den beantragten Umgang nach einer aufgrund des Strahlenschutzgesetzes erlassenen Rechtsverordnung keiner Vorbereitung der Schadensbekämpfung bei Abweichungen vom bestimmungsgemäßen Betrieb bedarf; | | A |
| 12. | **Abfalldeponien:** | | |
| 12.1 | Errichtung und Betrieb einer Deponie zur Ablagerung von gefährlichen Abfällen im Sinne des Kreislaufwirtschaftsgesetzes; | X | |
| 12.2 | Errichtung und Betrieb einer Deponie zur Ablagerung von nicht gefährlichen Abfällen im Sinne des Kreislaufwirtschaftsgesetzes, mit Ausnahme der Deponien für Inertabfälle nach Nummer 12.3, mit einer Aufnahmekapazität von | | |
| 12.2.1 | 10 t oder mehr je Tag oder mit einer Gesamtkapazität von 25 000 t oder mehr, | X | |
| 12.2.2 | weniger als 10 t je Tag oder mit einer Gesamtkapazität von weniger als 25 000 t; | | S |
| 12.3 | Errichtung und Betrieb einer Deponie zur Ablagerung von Inertabfällen im Sinne des Kreislaufwirtschaftsgesetzes; | | A |
| 13. | **Wasserwirtschaftliche Vorhaben mit Benutzung oder Ausbau eines Gewässers:** | | |
| 13.1 | Errichtung und Betrieb einer Abwasserbehandlungsanlage, die ausgelegt ist für | | |
| 13.1.1 | organisch belastetes Abwasser von 9 000 kg/d oder mehr biochemischen Sauerstoffbedarfs in fünf Tagen (roh) oder anorganisch belastetes Abwasser von 4 500 m³ oder mehr Abwasser in zwei Stunden (ausgenommen Kühlwasser), | X | |
| 13.1.2 | organisch belastetes Abwasser von 600 kg/d bis weniger als 9 000 kg/d biochemischen Sauerstoffbedarfs in fünf Tagen (roh) oder anorganisch belastetes Abwasser von 900 m³ bis weniger als 4 500 m³ Abwasser in zwei Stunden (ausgenommen Kühlwasser), | | A |
| 13.1.3 | organisch belastetes Abwasser von 120 kg/d bis weniger als 600 kg/d biochemischen Sauerstoffbedarfs in fünf Tagen (roh) oder anorganisch belastetes Abwasser von 10 m³ bis weniger als 900 m³ Abwasser in zwei Stunden (ausgenommen Kühlwasser); | | S |
| 13.2 | Errichtung und Betrieb einer Anlage zur intensiven Fischzucht | | |
| 13.2.1 | in oberirdischen Gewässern oder Küstengewässern oder verbunden mit dem Einbringen oder Einleiten von Stoffen in oberirdische Gewässer oder Küstengewässer mit einem Fischertrag je Jahr von | | |
| 13.2.1.1 | 1 000 t oder mehr, wenn dies durch Landesrecht vorgeschrieben ist, | X | |
| 13.2.1.2 | 100 t oder mehr, soweit nicht Nummer 13.2.1.1 erfasst, | | A |
| 13.2.1.3 | 50 t bis weniger als 100 t; | | S |
| 13.2.2 | in der ausschließlichen Wirtschaftszone Deutschlands mit einem Fischertrag je Jahr von | | |

UVP-Gesetz                                                      Anl. 1   UVPG  2.5

| Nr. | Vorhaben | Sp. 1 | Sp. 2 |
|---|---|---|---|
| 13.2.2.1 | mehr als 2 500 t, | X | |
| 13.2.2.2 | 500 t bis 2 500 t, | | A |
| 13.2.2.3 | 250 t bis weniger als 500 t; | | S |
| 13.3 | Entnehmen, Zutagefördern oder Zutageleiten von Grundwasser oder Einleiten von Oberflächenwasser zum Zwecke der Grundwasseranreicherung, jeweils mit einem jährlichen Volumen an Wasser von | | |
| 13.3.1 | 10 Mio. m³ oder mehr, | X | |
| 13.3.2 | 100 000 m³ bis weniger als 10 Mio. m³, | | A |
| 13.3.3 | 5 000 m³ bis weniger als 100 000 m³, wenn durch die Gewässerbenutzung erhebliche nachteilige Auswirkungen auf grundwasserabhängige Ökosysteme zu erwarten sind; | | S |
| 13.4 | Tiefbohrung zum Zweck der Wasserversorgung; | | A |
| 13.5 | Wasserwirtschaftliches Projekt in der Landwirtschaft (sofern nicht von Nummer 13.3 oder Nummer 13.18 erfasst), einschließlich Bodenbewässerung oder Bodenentwässerung, mit einem jährlichen Volumen an Wasser von | | |
| 13.5.1 | 100 000 m³ oder mehr, | | A |
| 13.5.2 | 5 000 m³ bis weniger als 100 000 m³, wenn durch die Gewässerbenutzung erhebliche nachteilige Auswirkungen auf grundwasserabhängige Ökosysteme zu erwarten sind; | | S |
| 13.6 | Bau eines Stauwerkes oder einer sonstigen Anlage zur Zurückhaltung oder dauerhaften Speicherung von Wasser, wobei | | |
| 13.6.1 | 10 Mio. m³ oder mehr Wasser zurückgehalten oder gespeichert werden, | X | |
| 13.6.2 | weniger als 10 Mio. m³ Wasser zurückgehalten oder gespeichert werden; | | A |
| 13.7 | Umleitung von Wasser von einem Flusseinzugsgebiet in ein anderes, ausgenommen Transport von Trinkwasser in Rohrleitungen, mit einem Volumen von | | |
| 13.7.1 | – 100 Mio. oder mehr m³ Wasser pro Jahr, wenn durch die Umleitung Wassermangel verhindert werden soll, oder<br>– 5 % oder mehr des Durchflusses, wenn der langjährige durchschnittliche Wasserdurchfluss des Flusseinzugsgebietes, dem Wasser entnommen wird, 2 000 Mio. m³ übersteigt, | X | |
| 13.7.2 | weniger als den in Nummer 13.7.1 angegebenen Werten; | | A |
| 13.8 | Flusskanalisierungs- und Stromkorrekturarbeiten; | | A |
| 13.9 | Bau eines Hafens für die Binnenschifffahrt, wenn der Hafen für Schiffe mit | | |
| 13.9.1 | mehr als 1 350 t zugänglich ist, | X | |
| 13.9.2 | 1 350 t oder weniger zugänglich ist; | | A |
| 13.10 | Bau eines Binnen- oder Seehandelshafens für die Seeschifffahrt; | X | |
| 13.11 | Bau eines mit einem Binnen- oder Seehafen für die Seeschifffahrt verbundenen Landungssteges zum Laden und Löschen von Schiffen (ausgenommen Fährschiffe), der | | |
| 13.11.1 | Schiffe mit mehr als 1 350 t aufnehmen kann, | X | |
| 13.11.2 | Schiffe mit 1 350 t oder weniger aufnehmen kann; | | A |
| 13.12 | Bau eines sonstigen Hafens, einschließlich Fischereihafens oder Jachthafens, oder einer infrastrukturellen Hafenanlage; | | A |
| 13.13 | Bau eines Deiches oder Dammes, der den Hochwasserabfluss beeinflusst (sofern nicht von Nummer 13.16 erfasst); | | A |
| 13.14 | Errichtung und Betrieb einer Wasserkraftanlage; | | A |
| 13.15 | Baggerung in Flüssen oder Seen zur Gewinnung von Mineralien; | | A |
| 13.16 | Bauten des Küstenschutzes zur Bekämpfung der Erosion und meerestechnische Arbeiten, die geeignet sind, Veränderungen der Küste | | A |

| Nr. | Vorhaben | Sp. 1 | Sp. 2 |
|---|---|---|---|
| | mit sich zu bringen (zum Beispiel Bau von Deichen, Molen, Hafendämmen und sonstigen Küstenschutzbauten), mit Ausnahme der Unterhaltung und Wiederherstellung solcher Bauten, soweit nicht durch Landesrecht etwas anderes als in dieser Nummer bestimmt ist; | | |
| 13.17 | Landgewinnung am Meer, soweit nicht durch Landesrecht etwas anderes bestimmt ist; | | A |
| 13.18 | sonstige der Art nach nicht von den Nummern 13.1 bis 13.17 erfasste Ausbaumaßnahmen im Sinne des Wasserhaushaltsgesetzes[1] | | |
| 13.18.1 | soweit die Ausbaumaßnahmen nicht von Nummer 13.18.2 erfasst sind, | | A |
| 13.18.2[2] | naturnaher Ausbau von Bächen, Gräben, Rückhaltebecken und Teichen, kleinräumige naturnahe Umgestaltungen, wie die Beseitigung von Bach- und Grabenverrohrungen, Verlegung von Straßenseitengräben in der bebauten Ortslage und ihre kleinräumige Verrohrung, Umsetzung von Kiesbänken in Gewässern; | | S |
| 14. | **Verkehrsvorhaben:** | | |
| 14.1 | Bau einer Bundeswasserstraße durch | | |
| 14.1.1 | Vorhaben im Sinne der Nummern 13.6.1 und 13.7.1 | X | |
| 14.1.2 | Vorhaben im Sinne der Nummern 13.6.2, 13.7.2, 13.8, 13.12 und 13.13 (unabhängig von einer Beeinflussung des Hochwasserabflusses); | | A |
| 14.2 | Bau einer Bundeswasserstraße, die für Schiffe mit | | |
| 14.2.1 | mehr als 1 350 t zugänglich ist, | X | |
| 14.2.2 | 1 350 t oder weniger zugänglich ist; | | A |
| 14.3 | Bau einer Bundesautobahn oder einer sonstigen Bundesstraße, wenn diese eine Schnellstraße im Sinne der Begriffsbestimmung des Europäischen Übereinkommens über die Hauptstraßen des internationalen Verkehrs vom 15. November 1975 ist | X | |
| 14.4 | Bau einer neuen vier- oder mehrstreifigen Bundesstraße, wenn diese neue Straße eine durchgehende Länge von 5 km oder mehr aufweist; | X | |
| 14.5 | Bau einer vier- oder mehrstreifigen Bundesstraße durch Verlegung und/oder Ausbau einer bestehenden Bundesstraße, wenn dieser geänderte Bundesstraßenabschnitt eine durchgehende Länge von 10 km oder mehr aufweist; | X | |
| 14.6 | Bau einer sonstigen Bundesstraße; | | A |
| 14.7 | Bau eines Schienenwegs von Eisenbahnen mit den dazugehörigen Betriebsanlagen sowie Bahnstromfernleitungen auf dem Gelände der Betriebsanlage oder entlang des Schienenwegs | X | |
| 14.8 | Soweit der Bau nicht Teil des Baus eines Schienenwegs nach Nummer 14.7 oder einer Bahnstromfernleitung nach Nummer 19.13 ist | | |
| 14.8.1 | Bau von Gleisanschlüssen mit einer Länge bis 2 000 m | | S |
| 14.8.2 | Bau von Zuführungs- und Industriestammgleisen mit einer Länge bis 3 000 m | | S |
| 14.8.3 | Bau einer sonstigen Betriebsanlage von Eisenbahnen, insbesondere einer intermodalen Umschlaganlage oder eines Terminals für Eisenbahnen, wenn diese eine Fläche | | |
| 14.8.3.1 | von 5 000 m² oder mehr in Anspruch nimmt, | | A |
| 14.8.3.2 | von 2 000 m² bis weniger als 5 000 m² in Anspruch nimmt. | | S |
| 14.9 | Bau einer Magnetschwebebahnstrecke mit den dazugehörigen Betriebsanlagen; | X | |
| 14.10 | Bau einer anderen Bahnstrecke für den öffentlichen spurgeführten Verkehr mit den dazugehörigen Betriebsanlagen; | | A |

---

[1] Nr. **4.1**.
[2] Abweichendes Landesrecht in Niedersachsen siehe Hinweis in BGBl. 2010 I S. 970.

| Nr. | Vorhaben | Sp. 1 | Sp. 2 |
|---|---|---|---|
| 14.11 | Bau einer Bahnstrecke für Straßenbahnen, Stadtschnellbahnen in Hochlage, Untergrundbahnen oder Hängebahnen im Sinne des Personenbeförderungsgesetzes, jeweils mit den dazugehörenden Betriebsanlagen; | | A |
| 14.12 | Bau eines Flugplatzes im Sinne der Begriffsbestimmungen des Abkommens von Chicago von 1944 zur Errichtung der Internationalen Zivilluftfahrt-Organisation (Anhang 14) mit einer Start- und Landebahngrundlänge von | | |
| 14.12.1 | 1 500 m oder mehr, | X | |
| 14.12.2 | weniger als 1 500 m; | | A |
| 15. | **Bergbau und dauerhafte Speicherung von Kohlendioxid:** | | |
| 15.1 | bergbauliche Vorhaben, einschließlich der zu ihrer Durchführung erforderlichen betriebsplanpflichtigen Maßnahmen dieser Anlage, nur nach Maßgabe der aufgrund des § 57c Nummer 1 des Bundesberggesetzes erlassenen Rechtsverordnung, | | |
| 15.2 | Errichtung, Betrieb und Stilllegung von Kohlendioxidspeichern; | X | |
| 16. | **Flurbereinigung:** | | |
| 16.1 | Bau der gemeinschaftlichen und öffentlichen Anlagen im Sinne des Flurbereinigungsgesetzes; | | A |
| 17. | **Forstliche und landwirtschaftliche Vorhaben:** | | |
| 17.1 | Erstaufforstung im Sinne des Bundeswaldgesetzes mit | | |
| 17.1.1 | 50 ha oder mehr Wald, | X | |
| 17.1.2[1)] | 20 ha bis weniger als 50 ha Wald, | | A |
| 17.1.3[1)] | 2 ha bis weniger als 20 ha Wald; | | S |
| 17.2 | Rodung von Wald im Sinne des Bundeswaldgesetzes[2)] zum Zwecke der Umwandlung in eine andere Nutzungsart mit | | |
| 17.2.1 | 10 ha oder mehr Wald, | X | |
| 17.2.2 | 5 ha bis weniger als 10 ha Wald, | | A |
| 17.2.3[3)] | 1 ha bis weniger als 5 ha Wald; | | S |
| 17.3 | Projekte zur Verwendung von Ödland oder naturnahen Flächen zu intensiver Landwirtschaftsnutzung mit | | |
| 17.3.1 | 20 ha oder mehr, | X | |
| 17.3.2 | 10 ha bis weniger als 20 ha, | | A |
| 17.3.3 | 1 ha bis weniger als 10 ha; | | S |
| 18. | **Bauvorhaben:** | | |
| 18.1 | Bau eines Feriendorfes, eines Hotelkomplexes oder einer sonstigen großen Einrichtung für die Ferien- und Fremdenbeherbergung, für den im bisherigen Außenbereich im Sinne des § 35 des Baugesetzbuchs ein Bebauungsplan aufgestellt wird, mit | | |
| 18.1.1 | einer Bettenzahl von jeweils insgesamt 300 oder mehr oder mit einer Gästezimmerzahl von jeweils insgesamt 200 oder mehr, | X | |
| 18.1.2 | einer Bettenzahl von jeweils insgesamt 100 bis weniger als 300 oder mit einer Gästezimmerzahl von jeweils insgesamt 80 bis weniger als 200; | | A |
| 18.2 | Bau eines ganzjährig betriebenen Campingplatzes, für den im bisherigen Außenbereich im Sinne des § 35 des Baugesetzbuchs ein Bebauungsplan aufgestellt wird, mit einer Stellplatzzahl von | | |
| 18.2.1 | 200 oder mehr, | X | |
| 18.2.2 | 50 bis weniger als 200; | | A |

[1)] Abweichendes Landesrecht in Schleswig-Holstein siehe Hinweis in BGBl. 2011 I S. 244.
[2)] Nr. **3.2**.
[3)] Abweichendes Landesrecht in Schleswig-Holstein siehe Hinweise in BGBl. 2011 I S. 244 und in Niedersachsen in BGBl. 2020 I S. 114.

## 2.5 UVPG Anl. 1

| Nr. | Vorhaben | Sp. 1 | Sp. 2 |
|---|---|---|---|
| 18.3 | Bau eines Freizeitparks, für den im bisherigen Außenbereich im Sinne des § 35 des Baugesetzbuchs ein Bebauungsplan aufgestellt wird, mit einer Größe des Plangebiets von | | |
| 18.3.1 | 10 ha oder mehr, | X | |
| 18.3.2 | 4 ha bis weniger als 10 ha; | | A |
| 18.4 | Bau eines Parkplatzes, für den im bisherigen Außenbereich im Sinne des § 35 des Baugesetzbuchs ein Bebauungsplan aufgestellt wird, mit einer Größe von | | |
| 18.4.1 | 1 ha oder mehr, | X | |
| 18.4.2 | 0,5 ha bis weniger als 1 ha; | | A |
| 18.5 | Bau einer Industriezone für Industrieanlagen, für den im bisherigen Außenbereich im Sinne des § 35 des Baugesetzbuchs ein Bebauungsplan aufgestellt wird, mit einer zulässigen Grundfläche im Sinne des § 19 Absatz 2 der Baunutzungsverordnung oder einer festgesetzten Größe der Grundfläche von insgesamt | | |
| 18.5.1 | 100 000 m² oder mehr, | X | |
| 18.5.2 | 20 000 m² bis weniger als 100 000 m²; | | A |
| 18.6 | Bau eines Einkaufszentrums, eines großflächigen Einzelhandelsbetriebes oder eines sonstigen großflächigen Handelsbetriebes im Sinne des § 11 Absatz 3 Satz 1 der Baunutzungsverordnung, für den im bisherigen Außenbereich im Sinne des § 35 des Baugesetzbuchs ein Bebauungsplan aufgestellt wird, mit einer zulässigen Geschossfläche von | | |
| 18.6.1 | 5 000 m² oder mehr, | X | |
| 18.6.2 | 1 200 m² bis weniger als 5 000 m²; | | A |
| 18.7 | Bau eines Städtebauprojektes für sonstige bauliche Anlagen, für den im bisherigen Außenbereich im Sinne des § 35 des Baugesetzbuchs ein Bebauungsplan aufgestellt wird, mit einer zulässigen Grundfläche im Sinne des § 19 Absatz 2 der Baunutzungsverordnung oder einer festgesetzten Größe der Grundfläche von insgesamt | | |
| 18.7.1 | 100 000 m² oder mehr, | X | |
| 18.7.2 | 20 000 m² bis weniger als 100 000 m²; | | A |
| 18.8 | Bau eines Vorhabens der in den Nummern 18.1 bis 18.7 genannten Art, soweit der jeweilige Prüfwert für die Vorprüfung erreicht oder überschritten wird und für den in sonstigen Gebieten ein Bebauungsplan aufgestellt, geändert oder ergänzt wird; | | A |
| 18.9 | Vorhaben, für das nach Landesrecht zur Umsetzung der Richtlinie 85/337/EWG des Rates über die Umweltverträglichkeitsprüfung bei bestimmten öffentlichen und privaten Projekten (ABl. EG Nr. L 175 S. 40) in der durch die Änderungsrichtlinie 97/11/EG des Rates (ABl. EG Nr. L 73 S. 5) geänderten Fassung eine Umweltverträglichkeitsprüfung vorgesehen ist, sofern dessen Zulässigkeit durch einen Bebauungsplan begründet wird oder ein Bebauungsplan einen Planfeststellungsbeschluss ersetzt; | | |
| **19.** | **Leitungsanlagen und andere Anlagen:** | | |
| 19.1 | Errichtung und Betrieb einer Hochspannungsfreileitung im Sinne des Energiewirtschaftsgesetzes mit | | |
| 19.1.1 | einer Länge von mehr als 15 km und mit einer Nennspannung von 220 kV oder mehr, | X | |
| 19.1.2 | einer Länge von mehr als 15 km und mit einer Nennspannung von 110 kV bis zu 220 kV, | | A |
| 19.1.3 | einer Länge von 5 km bis 15 km und mit einer Nennspannung von 110 kV oder mehr, | | A |
| 19.1.4 | einer Länge von weniger als 5 km und einer Nennspannung von 110 kV oder mehr; | | S |

# Anl. 1 UVPG 2.5

| Nr. | Vorhaben | Sp. 1 | Sp. 2 |
|---|---|---|---|
| **19.2** | Errichtung und Betrieb einer Gasversorgungsleitung im Sinne des Energiewirtschaftsgesetzes, ausgenommen Anlagen, die den Bereich eines Werksgeländes nicht überschreiten, mit | | |
| 19.2.1 | einer Länge von mehr als 40 km und einem Durchmesser von mehr als 800 mm, | X | |
| 19.2.2 | einer Länge von mehr als 40 km und einem Durchmesser von 300 mm bis zu 800 mm, | | A |
| 19.2.3 | einer Länge von 5 km bis 40 km und einem Durchmesser von mehr als 300 mm, | | A |
| 19.2.4 | einer Länge von weniger als 5 km und einem Durchmesser von mehr als 300 mm; | | S |
| **19.3** | Errichtung und Betrieb einer Rohrleitungsanlage zum Befördern wassergefährdender Stoffe im Sinne von § 66 Absatz 6 Satz 7 dieses Gesetzes, ausgenommen Rohrleitungsanlagen, die<br>– den Bereich eines Werksgeländes nicht überschreiten,<br>– Zubehör einer Anlage zum Umgang mit solchen Stoffen sind oder<br>– Anlagen verbinden, die in engem räumlichen und betrieblichen Zusammenhang miteinander stehen und kurzräumig durch landgebundene öffentliche Verkehrswege getrennt sind,<br>mit | | |
| 19.3.1 | einer Länge von mehr als 40 km, | X | |
| 19.3.2 | einer Länge von 2 km bis 40 km und einem Durchmesser der Rohrleitung von mehr als 150 mm, | | A |
| 19.3.3 | einer Länge von weniger als 2 km und einem Durchmesser der Rohrleitung von mehr als 150 mm; | | S |
| **19.4** | Errichtung und Betrieb einer Rohrleitungsanlage, soweit sie nicht unter Nummer 19.3 fällt, zum Befördern von verflüssigten Gasen, ausgenommen Anlagen, die den Bereich eines Werksgeländes nicht überschreiten, mit | | |
| 19.4.1 | einer Länge von mehr als 40 km und einem Durchmesser der Rohrleitung von mehr als 800 mm, | X | |
| 19.4.2 | einer Länge von mehr als 40 km und einem Durchmesser der Rohrleitung von 150 mm bis zu 800 mm, | | A |
| 19.4.3 | einer Länge von 2 km bis 40 km und einem Durchmesser der Rohrleitung von mehr als 150 mm, | | A |
| 19.4.4 | einer Länge von weniger als 2 km und einem Durchmesser der Rohrleitung von mehr als 150 mm; | | S |
| **19.5** | Errichtung und Betrieb einer Rohrleitungsanlage, soweit sie nicht unter Nummer 19.3 oder als Energieanlage im Sinne des Energiewirtschaftsgesetzes unter Nummer 19.2 fällt, zum Befördern von nichtverflüssigten Gasen, ausgenommen Anlagen, die den Bereich eines Werksgeländes nicht überschreiten, mit | | |
| 19.5.1 | einer Länge von mehr als 40 km und einem Durchmesser der Rohrleitung von mehr als 800 mm, | X | |
| 19.5.2 | einer Länge von mehr als 40 km und einem Durchmesser der Rohrleitung von 300 mm bis zu 800 mm, | | A |
| 19.5.3 | einer Länge von 5 km bis 40 km und einem Durchmesser der Rohrleitung von mehr als 300 mm, | | A |
| 19.5.4 | einer Länge von weniger als 5 km und einem Durchmesser der Rohrleitung von mehr als 300 mm; | | S |
| **19.6** | Errichtung und Betrieb einer Rohrleitungsanlage zum Befördern von Stoffen im Sinne von § 3a des Chemikaliengesetzes, soweit sie nicht unter eine der Nummern 19.2 bis 19.5 fällt und ausgenommen Abwasserleitungen sowie Anlagen, die den Bereich eines Werksgeländes nicht überschreiten oder Zubehör einer Anlage zum Lagern solcher Stoffe sind, mit | | |

## 2.5 UVPG Anl. 1

| Nr. | Vorhaben | Sp. 1 | Sp. 2 |
|---|---|---|---|
| 19.6.1 | einer Länge von mehr als 40 km und einem Durchmesser der Rohrleitung von mehr als 800 mm, | X | |
| 19.6.2 | einer Länge von mehr als 40 km und einem Durchmesser der Rohrleitung von 300 mm bis 800 mm, | | A |
| 19.6.3 | einer Länge von 5 km bis 40 km und einem Durchmesser der Rohrleitung von mehr als 300 mm, | | A |
| 19.6.4 | einer Länge von weniger als 5 km und einem Durchmesser der Rohrleitung von mehr als 300 mm; | | S |
| **19.7** | Errichtung und Betrieb einer Rohrleitungsanlage zum Befördern von Dampf oder Warmwasser aus einer Anlage nach den Nummern 1 bis 10, die den Bereich des Werksgeländes überschreitet (Dampf- oder Warmwasserpipeline), mit | | |
| 19.7.1 | einer Länge von 5 km oder mehr außerhalb des Werksgeländes, | | A |
| 19.7.2 | einer Länge von weniger als 5 km im Außenbereich; | | S |
| **19.8** | Errichtung und Betrieb einer Rohrleitungsanlage, soweit sie nicht unter Nummer 19.6 fällt, zum Befördern von Wasser, die das Gebiet einer Gemeinde überschreitet (Wasserfernleitung), mit | | |
| 19.8.1 | einer Länge von 10 km oder mehr, | | A |
| 19.8.2 | einer Länge von 2 km bis weniger als 10 km; | | S |
| **19.9** | Errichtung und Betrieb eines künstlichen Wasserspeichers mit | | |
| 19.9.1 | 10 Mio. m³ oder mehr Wasser, | X | |
| 19.9.2 | 2 Mio. m³ bis weniger als 10 Mio. m³ Wasser, | | A |
| 19.9.3 | 5 000 m³ bis weniger als 2 Mio. m³ Wasser; | | S |
| **19.10** | Errichtung und Betrieb einer Kohlendioxidleitung im Sinne des Kohlendioxid-Speicherungsgesetzes, ausgenommen Anlagen, die den Bereich eines Werksgeländes nicht überschreiten, mit | | |
| 19.10.1 | einer Länge von mehr als 40 km und einem Durchmesser der Rohrleitung von mehr als 800 mm, | X | |
| 19.10.2 | einer Länge von mehr als 40 km und einem Durchmesser der Rohrleitung von 150 mm bis zu 800 mm, | | A |
| 19.10.3 | einer Länge von 2 km bis 40 km und einem Durchmesser der Rohrleitung von mehr als 150 mm, | | A |
| 19.10.4 | einer Länge von weniger als 2 km und einem Durchmesser der Rohrleitung von mehr als 150 mm; | | S |
| 19.11 | Errichtung und Betrieb eines Erdkabels nach § 2 Absatz 5 des Bundesbedarfsplangesetzes | X | |
| **19.12** | Errichtung und Betrieb einer Anbindungsleitung von LNG-Anlagen an das Fernleitungsnetz im Sinne des Energiewirtschaftsgesetzes, ausgenommen Leitungsanlagen, die den Bereich eines Werksgeländes nicht überschreiten, mit | | |
| 19.12.1 | einer Länge von mehr als 40 km und einem Durchmesser von mehr als 800 mm, | X | |
| 19.12.2 | einer Länge von mehr als 40 km und einem Durchmesser von 300 mm bis zu 800 mm, | | A |
| 19.12.3 | einer Länge von 5 km bis 40 km und einem Durchmesser von mehr als 300 mm, | | A |
| 19.12.4 | einer Länge von weniger als 5 km und einem Durchmesser von mehr als 300 mm; | | S |
| **19.13** | Errichtung und Betrieb einer Bahnstromfernleitung mit einer Nennspannung von 110 kV bis weniger als 220 kV, soweit nicht von Nummer 14.7 erfasst, | | |
| 19.13.1 | mit einer Länge von 15 km oder mehr | | A |
| 19.13.2 | mit einer Länge von weniger als 15 km | | S |

## Anlage 2
### Angaben des Vorhabenträgers zur Vorbereitung der Vorprüfung

1. Nachstehende Angaben sind nach § 7 Absatz 4 vom Vorhabenträger zu übermitteln, wenn nach § 7 Absatz 1 und 2, auch in Verbindung mit den §§ 8 bis 14, eine Vorprüfung durchzuführen ist.

   a) Eine Beschreibung des Vorhabens, insbesondere
   
   aa) der physischen Merkmale des gesamten Vorhabens und, soweit relevant, der Abrissarbeiten,
   
   bb) des Standorts des Vorhabens und der ökologischen Empfindlichkeit der Gebiete, die durch das Vorhaben beeinträchtigt werden können.
   
   b) Eine Beschreibung der Schutzgüter, die von dem Vorhaben erheblich beeinträchtigt werden können.
   
   c) Eine Beschreibung der möglichen erheblichen Auswirkungen des Vorhabens auf die betroffenen Schutzgüter infolge
   
   aa) der erwarteten Rückstände und Emissionen sowie gegebenenfalls der Abfallerzeugung,
   
   bb) der Nutzung der natürlichen Ressourcen, insbesondere Fläche, Boden, Wasser, Tiere, Pflanzen und biologische Vielfalt.

2. Bei der Zusammenstellung der Angaben für die Vorprüfung ist den Kriterien nach Anlage 3, die für das Vorhaben von Bedeutung sind, Rechnung zu tragen. Soweit der Vorhabenträger über Ergebnisse vorgelagerter Umweltprüfungen oder anderer rechtlich vorgeschriebener Untersuchungen zu den Umweltauswirkungen des Vorhabens verfügt, sind diese ebenfalls einzubeziehen.

3. Zusätzlich zu den Angaben nach Nummer 1 Buchstabe a kann der Vorhabenträger auch eine Beschreibung aller Merkmale des Vorhabens und des Standorts und aller Vorkehrungen vorlegen, mit denen erhebliche nachteilige Umweltauswirkungen ausgeschlossen werden sollen.

4. Wird eine standortbezogene Vorprüfung durchgeführt, können sich die Angaben des Vorhabenträgers in der ersten Stufe auf solche Angaben beschränken, die sich auf das Vorliegen besonderer örtlicher Gegebenheiten gemäß den in Anlage 3 Nummer 2.3 aufgeführten Schutzkriterien beziehen.

## Anlage 3
### Kriterien für die Vorprüfung im Rahmen einer Umweltverträglichkeitsprüfung

Nachstehende Kriterien sind anzuwenden, soweit in § 7 Absatz 1 und 2, auch in Verbindung mit den §§ 8 bis 14, auf Anlage 3 Bezug genommen wird.

**1.** **Merkmale der Vorhaben**

Die Merkmale eines Vorhabens sind insbesondere hinsichtlich folgender Kriterien zu beurteilen:

1.1 Größe und Ausgestaltung des gesamten Vorhabens und, soweit relevant, der Abrissarbeiten,

1.2 Zusammenwirken mit anderen bestehenden oder zugelassenen Vorhaben und Tätigkeiten,

1.3 Nutzung natürlicher Ressourcen, insbesondere Fläche, Boden, Wasser, Tiere, Pflanzen und biologische Vielfalt,

1.4 Erzeugung von Abfällen im Sinne von § 3 Absatz 1 und 8 des Kreislaufwirtschaftsgesetzes[1],

1.5 Umweltverschmutzung und Belästigungen,

1.6 Risiken von Störfällen, Unfällen und Katastrophen, die für das Vorhaben von Bedeutung sind, einschließlich der Störfälle, Unfälle und Katastrophen, die wissenschaftlichen Erkenntnissen zufolge durch den Klimawandel bedingt sind, insbesondere mit Blick auf:

1.6.1 verwendete Stoffe und Technologien,

1.6.2 die Anfälligkeit des Vorhabens für Störfälle im Sinne des § 2 Nummer 7 der Störfall-Verordnung[2], insbesondere aufgrund seiner Verwirklichung innerhalb des angemessenen Sicherheitsabstandes zu Betriebsbereichen im Sinne des § 3 Absatz 5a des Bundes-Immissionsschutzgesetzes[3],

1.7 Risiken für die menschliche Gesundheit, z.B. durch Verunreinigung von Wasser oder Luft.

**2.** **Standort der Vorhaben**

---

[1] Nr. **5.1**.
[2] Nr. **6.1.12**.
[3] Nr. **6.1**.

Die ökologische Empfindlichkeit eines Gebiets, das durch ein Vorhaben möglicherweise beeinträchtigt wird, ist insbesondere hinsichtlich folgender Nutzungs- und Schutzkriterien unter Berücksichtigung des Zusammenwirkens mit anderen Vorhaben in ihrem gemeinsamen Einwirkungsbereich zu beurteilen:

2.1 bestehende Nutzung des Gebietes, insbesondere als Fläche für Siedlung und Erholung, für land-, forst- und fischereiwirtschaftliche Nutzungen, für sonstige wirtschaftliche und öffentliche Nutzungen, Verkehr, Ver- und Entsorgung (Nutzungskriterien),

2.2 Reichtum, Verfügbarkeit, Qualität und Regenerationsfähigkeit der natürlichen Ressourcen, insbesondere Fläche, Boden, Landschaft, Wasser, Tiere, Pflanzen, biologische Vielfalt, des Gebiets und seines Untergrunds (Qualitätskriterien),

2.3 Belastbarkeit der Schutzgüter unter besonderer Berücksichtigung folgender Gebiete und von Art und Umfang des ihnen jeweils zugewiesenen Schutzes (Schutzkriterien):

2.3.1 Natura 2000-Gebiete nach § 7 Absatz 1 Nummer 8 des Bundesnaturschutzgesetzes[1]),

2.3.2 Naturschutzgebiete nach § 23 des Bundesnaturschutzgesetzes[1]), soweit nicht bereits von Nummer 2.3.1 erfasst,

2.3.3 Nationalparke und Nationale Naturmonumente nach § 24 des Bundesnaturschutzgesetzes[1]), soweit nicht bereits von Nummer 2.3.1 erfasst,

2.3.4 Biosphärenreservate und Landschaftsschutzgebiete gemäß den §§ 25 und 26 des Bundesnaturschutzgesetzes[1]),

2.3.5 Naturdenkmäler nach § 28 des Bundesnaturschutzgesetzes[1]),

2.3.6 geschützte Landschaftsbestandteile, einschließlich Alleen, nach § 29 des Bundesnaturschutzgesetzes[1]),

2.3.7 gesetzlich geschützte Biotope nach § 30 des Bundesnaturschutzgesetzes[1]),

2.3.8 Wasserschutzgebiete nach § 51 des Wasserhaushaltsgesetzes[2]), Heilquellenschutzgebiete nach § 53 Absatz 4 des Wasserhaushaltsgesetzes[2]), Risikogebiete nach § 73 Absatz 1 des Wasserhaushaltsgesetzes[2]) sowie Überschwemmungsgebiete nach § 76 des Wasserhaushaltsgesetzes[2]),

2.3.9 Gebiete, in denen die in Vorschriften der Europäischen Union festgelegten Umweltqualitätsnormen bereits überschritten sind,

2.3.10 Gebiete mit hoher Bevölkerungsdichte, insbesondere Zentrale Orte im Sinne des § 2 Absatz 2 Nummer 2 des Raumordnungsgesetzes,

2.3.11 in amtlichen Listen oder Karten verzeichnete Denkmäler, Denkmalensembles, Bodendenkmäler oder Gebiete, die von der durch die Länder bestimmten Denkmalschutzbehörde als archäologisch bedeutende Landschaften eingestuft worden sind.

**3. Art und Merkmale der möglichen Auswirkungen**

Die möglichen erheblichen Auswirkungen eines Vorhabens auf die Schutzgüter sind anhand der unter den Nummern 1 und 2 aufgeführten Kriterien zu beurteilen; dabei ist insbesondere folgenden Gesichtspunkten Rechnung zu tragen:

3.1 der Art und dem Ausmaß der Auswirkungen, insbesondere, welches geographische Gebiet betroffen ist und wie viele Personen von den Auswirkungen voraussichtlich betroffen sind,

3.2 dem etwaigen grenzüberschreitenden Charakter der Auswirkungen,

3.3 der Schwere und der Komplexität der Auswirkungen,

3.4 der Wahrscheinlichkeit von Auswirkungen,

3.5 dem voraussichtlichen Zeitpunkt des Eintretens sowie der Dauer, Häufigkeit und Umkehrbarkeit der Auswirkungen,

3.6 dem Zusammenwirken der Auswirkungen mit den Auswirkungen anderer bestehender oder zugelassener Vorhaben,

3.7 der Möglichkeit, die Auswirkungen wirksam zu vermindern.

---

[1]) Nr. **3.1**.
[2]) Nr. **4.1**.

UVP-Gesetz **Anl. 4 UVPG 2.5**

**Anlage 4**

### Angaben des UVP-Berichts für die Umweltverträglichkeitsprüfung

Soweit die nachfolgenden Aspekte über die in § 16 Absatz 1 Satz 1 genannten Mindestanforderungen hinausgehen und sie für das Vorhaben von Bedeutung sind, muss nach § 16 Absatz 3 der UVP-Bericht hierzu Angaben enthalten.

1. Eine Beschreibung des Vorhabens, insbesondere

   a) eine Beschreibung des Standorts,

   b) eine Beschreibung der physischen Merkmale des gesamten Vorhabens, einschließlich der erforderlichen Abrissarbeiten, soweit relevant, sowie des Flächenbedarfs während der Bau- und der Betriebsphase,

   c) eine Beschreibung der wichtigsten Merkmale der Betriebsphase des Vorhabens (insbesondere von Produktionsprozessen), z.B.

   aa) Energiebedarf und Energieverbrauch,

   bb) Art und Menge der verwendeten Rohstoffe und

   cc) Art und Menge der natürlichen Ressourcen (insbesondere Fläche, Boden, Wasser, Tiere, Pflanzen und biologische Vielfalt),

   d) eine Abschätzung, aufgeschlüsselt nach Art und Quantität,

   aa) der erwarteten Rückstände und Emissionen (z.B. Verunreinigung des Wassers, der Luft, des Bodens und Untergrunds, Lärm, Erschütterungen, Licht, Wärme, Strahlung) sowie

   bb) des während der Bau- und Betriebsphase erzeugten Abfalls.

2. Eine Beschreibung der vom Vorhabenträger geprüften vernünftigen Alternativen (z.B. in Bezug auf Ausgestaltung, Technologie, Standort, Größe und Umfang des Vorhabens), die für das Vorhaben und seine spezifischen Merkmale relevant sind, und Angabe der wesentlichen Gründe für die getroffene Wahl unter Berücksichtigung der jeweiligen Umweltauswirkungen.

3. Eine Beschreibung des aktuellen Zustands der Umwelt und ihrer Bestandteile im Einwirkungsbereich des Vorhabens und eine Übersicht über die voraussichtliche Entwicklung der Umwelt bei Nichtdurchführung des Vorhabens, soweit diese Entwicklung gegenüber dem aktuellen Zustand mit zumutbarem Aufwand auf der Grundlage der verfügbaren Umweltinformationen und wissenschaftlichen Erkenntnisse abgeschätzt werden kann.

4. Eine Beschreibung der möglichen erheblichen Umweltauswirkungen des Vorhabens;
   Die Darstellung der Umweltauswirkungen soll den Umweltschutzzielen Rechnung tragen, die nach den Rechtsvorschriften, einschließlich verbindlicher planerischer Vorgaben, maßgebend sind für die Zulassungsentscheidung. Die Darstellung soll sich auf die Art der Umweltauswirkungen nach Buchstabe a erstrecken. Anzugeben sind jeweils die Art, in der Schutzgüter betroffen sind nach Buchstabe b, und die Ursachen der Auswirkungen nach Buchstabe c.

   a) Art der Umweltauswirkungen
   Die Beschreibung der zu erwartenden erheblichen Umweltauswirkungen soll sich auf die direkten und die etwaigen indirekten, sekundären, kumulativen, grenzüberschreitenden, kurzfristigen, mittelfristigen und langfristigen, ständigen und vorübergehenden, positiven und negativen Auswirkungen des Vorhaben erstrecken.

   b) Art, in der Schutzgüter betroffen sind
   Bei der Angabe, in welcher Hinsicht die Schutzgüter von den Auswirkungen des Vorhabens betroffen sein können, sind in Bezug auf die nachfolgenden Schutzgüter insbesondere folgende Auswirkungen zu berücksichtigen:

   | Schutzgut (Auswahl) | mögliche Art der Betroffenheit |
   |---|---|
   | Menschen, insbesondere die menschliche Gesundheit | Auswirkungen sowohl auf einzelne Menschen als auch auf die Bevölkerung |
   | Tiere, Pflanzen, biologische Vielfalt | Auswirkungen auf Flora und Fauna |
   | Fläche | Flächenverbrauch |
   | Boden | Veränderung der organischen Substanz, Bodenerosion, Bodenverdichtung, Bodenversiegelung |
   | Wasser | hydromorphologische Veränderungen, Veränderungen von Quantität oder Qualität des Wassers |

| Schutzgut (Auswahl) | mögliche Art der Betroffenheit |
|---|---|
| Klima | Veränderungen des Klimas, z.B. durch Treibhausgasemissionen, Veränderung des Kleinklimas am Standort |
| kulturelles Erbe | Auswirkungen auf historisch, architektonisch oder archäologisch bedeutende Stätten und Bauwerke und auf Kulturlandschaften |

c) Mögliche Ursachen der Umweltauswirkungen
Bei der Beschreibung der Umstände, die zu erheblichen Umweltauswirkungen des Vorhabens führen können, sind insbesondere folgende Gesichtspunkte zu berücksichtigen:

aa) die Durchführung baulicher Maßnahmen, einschließlich der Abrissarbeiten, soweit relevant, sowie die physische Anwesenheit der errichteten Anlagen oder Bauwerke,

bb) verwendete Techniken und eingesetzte Stoffe,

cc) die Nutzung natürlicher Ressourcen, insbesondere Fläche, Boden, Wasser, Tiere, Pflanzen und biologische Vielfalt, und, soweit möglich, jeweils auch auf die nachhaltige Verfügbarkeit der betroffenen Ressource einzugehen,

dd) Emissionen und Belästigungen sowie Verwertung oder Beseitigung von Abfällen,

ee) Risiken für die menschliche Gesundheit, für Natur und Landschaft sowie für das kulturelle Erbe, zum Beispiel durch schwere Unfälle oder Katastrophen,

ff) das Zusammenwirken mit den Auswirkungen anderer bestehender oder zugelassener Vorhaben oder Tätigkeiten; dabei ist auch auf Umweltprobleme einzugehen, die sich daraus ergeben, dass ökologisch empfindliche Gebiete nach Anlage 3 Nummer 2.3 betroffen sind oder die sich aus einer Nutzung natürlicher Ressourcen ergeben,

gg) Auswirkungen des Vorhabens auf das Klima, zum Beispiel durch Art und Ausmaß der mit dem Vorhaben verbundenen Treibhausgasemissionen,

hh) die Anfälligkeit des Vorhabens gegenüber den Folgen des Klimawandels (zum Beispiel durch erhöhte Hochwassergefahr am Standort),

ii) die Anfälligkeit des Vorhabens für die Risiken von schweren Unfällen oder Katastrophen, soweit solche Risiken nach der Art, den Merkmalen und dem Standort des Vorhabens von Bedeutung sind.

5. Die Beschreibung der grenzüberschreitenden Auswirkungen des Vorhabens soll in einem gesonderten Abschnitt erfolgen.

6. Eine Beschreibung und Erläuterung der Merkmale des Vorhabens und seines Standorts, mit denen das Auftreten erheblicher nachteiliger Umweltauswirkungen ausgeschlossen, vermindert, ausgeglichen werden soll.

7. Eine Beschreibung und Erläuterung der geplanten Maßnahmen, mit denen das Auftreten erheblicher nachteiliger Umweltauswirkungen ausgeschlossen, vermindert oder ausgeglichen werden soll, sowie geplanter Ersatzmaßnahmen und etwaiger Überwachungsmaßnahmen des Vorhabenträgers.

8. Soweit Auswirkungen aufgrund der Anfälligkeit des Vorhabens für die Risiken von schweren Unfällen oder Katastrophen zu erwarten sind, soll die Beschreibung, soweit möglich, auch auf vorgesehene Vorsorge- und Notfallmaßnahmen eingehen.

9. Die Beschreibung der Auswirkungen auf Natura 2000-Gebiete soll in einem gesonderten Abschnitt erfolgen.

10. Die Beschreibung der Auswirkungen auf besonders geschützte Arten soll in einem gesonderten Abschnitt erfolgen.

11. Eine Beschreibung der Methoden oder Nachweise, die zur Ermittlung der erheblichen Umweltauswirkungen genutzt wurden, einschließlich näherer Hinweise auf Schwierigkeiten und Unsicherheiten, die bei der Zusammenstellung der Angaben aufgetreten sind, zum Beispiel technische Lücken oder fehlende Kenntnisse.

12. Eine Referenzliste der Quellen, die für die im UVP-Bericht enthaltenen Angaben herangezogen wurden.

**Anlage 5**

## Liste „SUP-pflichtiger Pläne und Programme"

Nachstehende Pläne und Programme fallen nach § 1 Absatz 1 Nummer 2, § 2 Absatz 7 in den Anwendungsbereich dieses Gesetzes.

**Legende:**
Nr. = Nummer des Plans oder Programms
Plan oder Programm = Art des Plans oder Programms

| Nr. | Plan oder Programm |
|---|---|
| **1.** | **Obligatorische Strategische Umweltprüfung nach § 35 Absatz 1 Nummer 1** |
| 1.1 | Verkehrswegeplanungen auf Bundesebene einschließlich Bedarfspläne nach einem Verkehrswegeausbaugesetz des Bundes |
| 1.2 | Ausbaupläne nach § 12 Absatz 1 des Luftverkehrsgesetzes, wenn diese bei ihrer Aufstellung oder Änderung über den Umfang der Entscheidungen nach § 8 Absatz 1 und 2 des Luftverkehrsgesetzes wesentlich hinausreichen |
| 1.3 | Risikomanagementpläne nach § 75 des Wasserhaushaltsgesetzes[1]) und die Aktualisierung der vergleichenden Pläne nach § 75 Absatz 6 des Wasserhaushaltsgesetzes[1]). |
| 1.4 | Maßnahmenprogramme nach § 82 des Wasserhaushaltsgesetzes[1]) |
| 1.5 | Raumordnungsplanungen nach § 13 des Raumordnungsgesetzes |
| 1.6 | Raumordnungsplanungen des Bundes nach § 17 Absatz 1 und 2 des Raumordnungsgesetzes |
| 1.7 | (weggefallen) |
| 1.8 | Bauleitplanungen nach den §§ 6 und 10 des Baugesetzbuchs |
| 1.9 | Maßnahmenprogramme nach § 45h des Wasserhaushaltsgesetzes[1]) |
| 1.10 | Bundesbedarfspläne nach § 12e des Energiewirtschaftsgesetzes |
| 1.11 | Bundesfachplanungen nach den §§ 4 und 5 des Netzausbaubeschleunigungsgesetzes Übertragungsnetz |
| 1.12 | Nationale Aktionsprogramme nach Artikel 5 Absatz 1 der Richtlinie 91/676/EWG des Rates vom 12. Dezember 1991 zum Schutz der Gewässer vor Verunreinigung durch Nitrat aus landwirtschaftlichen Quellen (ABl. L 375 vom 31.12.1991, S. 1), die zuletzt durch die Verordnung (EG) Nr. 1137/2008 (ABl. L 311 vom 21.11.2008, S. 1) geändert worden ist |
| 1.13 | Das Nationale Entsorgungsprogramm nach § 2c des Atomgesetzes |
| 1.14 | Bundesfachpläne Offshore nach § 17a des Energiewirtschaftsgesetzes |
| 1.15 | Festlegung der Standortregionen für die übertägige Erkundung nach § 15 Absatz 3 des Standortauswahlgesetzes[2]) |
| 1.16 | Festlegung der Standorte für die untertägige Erkundung nach § 17 Absatz 2 des Standortauswahlgesetzes[2]) |
| 1.17 | Flächenentwicklungspläne nach § 5 des Windenergie-auf-See-Gesetzes |
| 1.18 | Feststellungen der Eignung einer Fläche und der installierbaren Leistung auf der Fläche nach § 12 Absatz 5 des Windenergie-auf-See-Gesetzes |
| **2.** | **Strategische Umweltprüfung bei Rahmensetzung nach § 35 Absatz 1 Nummer 2** |
| 2.1 | Lärmaktionspläne nach § 47d des Bundes-Immissionsschutzgesetzes[3]) |
| 2.2 | Luftreinhaltepläne nach § 47 Absatz 1 des Bundes-Immissionsschutzgesetzes[3]) |
| 2.3 | Abfallwirtschaftskonzepte nach § 21 des Kreislaufwirtschaftsgesetzes[4]) |
| 2.4 | Fortschreibung der Abfallwirtschaftskonzepte nach § 16 Absatz 3 Satz 4, 2. Alternative des Kreislaufwirtschafts- und Abfallgesetzes vom 27. September 1994 (BGBl. I S. 2705), das zuletzt durch Artikel 5 des Gesetzes vom 6. Oktober 2011 (BGBl. I S. 1986) geändert worden ist, |

---

[1]) Nr. **4.1**.
[2]) Nr. **7.3**.
[3]) Nr. **6.1**.
[4]) Nr. **5.1**.

## 2.5 UVPG Anl. 6

| Nr. | Plan oder Programm |
|---|---|
| 2.5 | Abfallwirtschaftspläne nach § 30 des Kreislaufwirtschaftsgesetzes[1]), einschließlich von besonderen Kapiteln oder gesonderten Teilplänen über die Entsorgung von gefährlichen Abfällen, Altbatterien und Akkumulatoren oder Verpackungen und Verpackungsabfällen |
| 2.6 | Abfallvermeidungsprogramme nach § 33 des Kreislaufwirtschaftsgesetzes[1]) |
| 2.7[2]) | Operationelle Programme aus dem Europäischen Fonds für Regionale Entwicklung, dem Europäischen Sozialfonds, dem Kohäsionsfonds und dem Europäischen Meeres- und Fischereifonds sowie Entwicklungsprogramme für den ländlichen Raum aus dem Europäischen Landwirtschaftsfonds für die Entwicklung des ländlichen Raumes |
| 2.8 | Besondere Notfallpläne des Bundes oder der Länder nach § 99 Absatz 2 Nummer 9 oder § 100, jeweils auch in Verbindung mit § 103 Absatz 1 des Strahlenschutzgesetzes, für die Entsorgung von Abfällen bei möglichen Notfällen |
| 2.9 | Pläne des Bundes oder der Länder nach § 118 Absatz 2 oder 5, jeweils auch in Verbindung mit § 103 Absatz 1 des Strahlenschutzgesetzes, für die Entsorgung von Abfällen |
| 2.10 | Bestimmung von Maßnahmen durch Rechtsverordnung nach § 123 Satz 2 des Strahlenschutzgesetzes |
| 2.11 | Radonmaßnahmenplan nach § 122 Absatz 1 des Strahlenschutzgesetzes |
| 2.12 | Aktionspläne nach § 40d des Bundesnaturschutzgesetzes[3]) |
| 2.13 | Klimaschutzprogramme nach § 9 des Bundes-Klimaschutzgesetzes[4]) |

### Anlage 6

### Kriterien für die Vorprüfung des Einzelfalls im Rahmen einer Strategischen Umweltprüfung

Nachstehende Kriterien sind anzuwenden, soweit auf Anlage 6 Bezug genommen wird.

**1. Merkmale des Plans oder Programms, insbesondere in Bezug auf**
1.1 das Ausmaß, in dem der Plan oder das Programm einen Rahmen setzen;
1.2 das Ausmaß, in dem der Plan oder das Programm andere Pläne und Programme beeinflusst;
1.3 die Bedeutung des Plans oder Programms für die Einbeziehung umweltbezogener, einschließlich gesundheitsbezogener Erwägungen, insbesondere im Hinblick auf die Förderung der nachhaltigen Entwicklung;
1.4 die für den Plan oder das Programm relevanten umweltbezogenen, einschließlich gesundheitsbezogener Probleme;
1.5 die Bedeutung des Plans oder Programms für die Durchführung nationaler und europäischer Umweltvorschriften.

**2. Merkmale der möglichen Auswirkungen und der voraussichtlich betroffenen Gebiete, insbesondere in Bezug auf**
2.1 die Wahrscheinlichkeit, Dauer, Häufigkeit und Umkehrbarkeit der Auswirkungen;
2.2 den kumulativen und grenzüberschreitenden Charakter der Auswirkungen;
2.3 die Risiken für die Umwelt, einschließlich der menschlichen Gesundheit (zum Beispiel bei Unfällen);
2.4 den Umfang und die räumliche Ausdehnung der Auswirkungen;
2.5 die Bedeutung und die Sensibilität des voraussichtlich betroffenen Gebiets aufgrund der besonderen natürlichen Merkmale, des kulturellen Erbes, der Intensität der Bodennutzung des Gebiets jeweils unter Berücksichtigung der Überschreitung von Umweltqualitätsnormen und Grenzwerten;
2.6 Gebiete nach Nummer 2.3 der Anlage 3.

---

[1]) Nr. 5.1.
[2]) Abweichendes Landesrecht in Niedersachsen siehe Hinweis in BGBl. 2020 I S. 113 und 114.
[3]) Nr. 3.1.
[4]) Nr. 6.6.

## 2.5.1. Verordnung über zentrale Internetportale des Bundes und der Länder im Rahmen der Umweltverträglichkeitsprüfung (UVP-Portale-Verordnung – UVPPortV)[1)2)3)]

Vom 11. November 2020
(BGBl. I S. 2428)

FNA 2129-20-3

**§ 1 Anwendungsbereich.** (1) Diese Verordnung gilt

1. für das zentrale Internetportal des Bundes, das nach § 20 Absatz 1 Satz 1 des Gesetzes über die Umweltverträglichkeitsprüfung[4)] einzurichten ist, und
2. für die zentralen Internetportale der Länder, die nach § 20 Absatz 1 Satz 1 des Gesetzes über die Umweltverträglichkeitsprüfung einzurichten sind.

(2) Verpflichtungen nach den Bestimmungen des Bundes und der Länder über den Zugang zu Umweltinformationen bleiben unberührt.

**§ 2 Begriffsbestimmungen.** (1) Daten im Sinne dieser Verordnung sind

1. der Inhalt der Bekanntmachung
   a) zu Beginn des Beteiligungsverfahrens nach § 19 Absatz 1 des Gesetzes über die Umweltverträglichkeitsprüfung[4)],
   b) der Entscheidung zur Zulassung oder Ablehnung des Vorhabens nach § 27 Satz 1 des Gesetzes über die Umweltverträglichkeitsprüfung,
   c) bei ausländischen Vorhaben nach § 59 Absatz 1 und 2 in Verbindung mit Absatz 4 des Gesetzes über die Umweltverträglichkeitsprüfung und
   d) der Entscheidung der ausländischen Behörde nach § 59 Absatz 5 in Verbindung mit § 27 des Gesetzes über die Umweltverträglichkeitsprüfung, soweit Rechtsvorschriften des Bundes oder der Länder für die Form der Bekanntmachung nicht etwas Abweichendes regeln,
2. der UVP-Bericht nach § 16 des Gesetzes über die Umweltverträglichkeitsprüfung,
3. die das Vorhaben betreffenden entscheidungserheblichen Berichte und Empfehlungen nach § 19 Absatz 2 Satz 1 Nummer 2 des Gesetzes über die Umweltverträglichkeitsprüfung,
4. die übermittelten Unterlagen nach § 59 Absatz 3 in Verbindung mit Absatz 1 und 4 des Gesetzes über die Umweltverträglichkeitsprüfung sowie

---

[1)] Verkündet als Art. 1 VO v. 11.11.2020 (BGBl. I S. 2428); Inkrafttreten gem. Art. 4 Abs. 1 dieser VO am 24.11.2020 mit Ausnahme von § 3, der gem. Art. 4 Abs. 2 dieser VO am 1.11.2021 in Kraft tritt.
[2)] Die VO wurde erlassen aufgrund von § 20 Abs. 4, auch iVm § 27 Satz 2 und § 59 Abs. 4 und 5 UVPG (Nr. **2.5**), § 10 Abs. 10 Satz 1 iVm Satz 2 BImSchG (Nr. **6.1**) sowie § 7 Abs. 4 Satz 3 und Abs. 5 Satz 1 iVm § 54 Abs. 1 Satz 3 und Abs. 2 Satz 1 AtG (Nr. **7.1**).
[3)] **Amtl. Anm. zur ArtikelVO:** Diese Verordnung dient der Umsetzung der Richtlinie 2011/92/EU des Europäischen Parlaments und des Rates vom 13. Dezember 2011 über die Umweltverträglichkeitsprüfung bei bestimmten öffentlichen und privaten Projekten (ABl. L 26 vom 28.1.2012, S. 1), die zuletzt durch die Richtlinie 2014/52/EU (ABl. L 124 vom 25.4.2014, S. 1) geändert worden ist.
[4)] Nr. **2.5**.

## 2.5.1 UVPPortV §§ 3, 4

5. der Bescheid
   a) zur Zulassung oder Ablehnung des Vorhabens nach § 27 des Gesetzes über die Umweltverträglichkeitsprüfung und
   b) der ausländischen Behörde, der nach § 59 Absatz 5 in Verbindung mit § 27 des Gesetzes über die Umweltverträglichkeitsprüfung auszulegen ist, soweit Rechtsvorschriften des Bundes oder der Länder für die Form der Zugänglichmachung des Bescheids nicht etwas Abweichendes regeln.

(2) Portalbetreibende Behörde im Sinne dieser Verordnung ist
1. für den Bund nach § 20 Absatz 1 Satz 3 des Gesetzes über die Umweltverträglichkeitsprüfung das Umweltbundesamt und
2. für die Länder die Behörde, die dafür zuständig ist, das zentrale Internetportal des Landes aufzubauen und zu betreiben.

**§ 3 Funktionen der zentralen Internetportale.** (1) Zur Ermöglichung eines einfachen Zugangs zu den Daten werden die zentralen Internetportale von der portalbetreibenden Behörde so aufgebaut und betrieben, dass sie die folgenden Funktionen umfassen:
1. einen kosten- und anmeldefreien Zugang,
2. eine interaktive Kartenansicht, auf der die Vorhaben markiert sind,
3. eine Listenansicht aller Vorhaben, in der zu jedem Vorhaben angezeigt werden
   a) die jeweilige Bezeichnung des Vorhabens und
   b) die allgemein verständliche Bezeichnung der Kategorie des Vorhabens,
4. eine Vorhaben-Detailseite, auf der gesammelt zu einem Vorhaben angezeigt werden
   a) die in Nummer 3 genannten Bezeichnungen,
   b) eine kurze Beschreibung des Vorhabens und
   c) die im Sinne des § 20 Absatz 2 Satz 1 des Gesetzes über die Umweltverträglichkeitsprüfung[1]) zuständige Behörde sowie ihre Kontaktdaten,
5. eine Suchfunktion in der Listenansicht aller Vorhaben, mit der Vorhaben nach der Vorhabenbezeichnung gesucht werden können, und
6. eine Filterfunktion in der Listenansicht aller Vorhaben, mit der Vorhaben nach der Vorhabenkategorie gefiltert werden können.

(2) Die portalbetreibende Behörde kann weitere Funktionen im zentralen Internetportal zur Verfügung stellen, insbesondere um dem technischen Fortschritt Rechnung zu tragen und den Zugang zu den Daten weiter zu erleichtern.

**§ 4 Art und Weise der Zugänglichmachung der Daten.** (1) [1]Die im Sinne des § 20 Absatz 2 Satz 1 des Gesetzes über die Umweltverträglichkeitsprüfung[1]) zuständige Behörde stellt sicher, dass die Daten über das zentrale Internetportal in einer solchen Art und Weise zugänglich gemacht werden und zugänglich bleiben, dass sie von den Nutzern des zentralen Internetportals gespeichert und ausgedruckt werden können. [2]§ 23 des Gesetzes über die Umweltverträglichkeitsprüfung bleibt unberührt.

---

[1]) Nr. **2.5**.

(2) Die portalbetreibende Behörde stellt durch einen entsprechenden Aufbau und Betrieb des zentralen Internetportals nach Maßgabe des § 3 Absatz 1 sicher, dass die im Sinne des § 20 Absatz 2 Satz 1 des Gesetzes über die Umweltverträglichkeitsprüfung zuständige Behörde ihre Verpflichtung nach Absatz 1 erfüllen kann.

**§ 5 Dauer der Zugänglichkeit der Daten.** (1) Die Daten gemäß § 2 Absatz 1 Nummer 1 Buchstabe a und c sowie Nummer 2 bis 4 sind von der im Sinne des § 20 Absatz 2 Satz 1 des Gesetzes über die Umweltverträglichkeitsprüfung[1]) zuständigen Behörde bis zum Ablauf der Auslegungsfrist gemäß § 18 Absatz 1 Satz 4 des Gesetzes über die Umweltverträglichkeitsprüfung in Verbindung mit § 73 Absatz 3 Satz 1 des Verwaltungsverfahrensgesetzes auf dem zentralen Internetportal zugänglich zu halten.

(2) Die Daten gemäß § 2 Absatz 1 Nummer 1 Buchstabe b und d sowie Nummer 5 sind von der im Sinne des § 20 Absatz 2 Satz 1 des Gesetzes über die Umweltverträglichkeitsprüfung zuständigen Behörde bis zum Ablauf der jeweiligen Rechtsbehelfsfrist gemäß § 70 oder § 74 Absatz 1 Satz 2 und Absatz 2 der Verwaltungsgerichtsordnung auf dem zentralen Internetportal zugänglich zu halten.

(3) Wird der Antrag auf Zulassungsentscheidung vor Ablauf der in Absatz 1 genannten Frist vom Vorhabenträger zurückgenommen oder erledigt er sich auf andere Weise, so sind die Unterlagen nur bis zum Ablauf des Tages der Rücknahme des Antrags oder der anderweitigen Erledigung zugänglich zu halten.

**§ 6 Speicherung der Daten.** Die portalbetreibende Behörde kann die Daten so lange speichern,

1. wie sie für die Öffentlichkeit über das zentrale Internetportal zugänglich sind und

2. wie es zum Zweck der Berichterstattung an die Europäische Kommission nach § 73 des Gesetzes über die Umweltverträglichkeitsprüfung[1]) erforderlich ist; sie darf die Daten jedoch längstens speichern jeweils bis zum Ablauf von zwei Jahren nach dem Zeitpunkt, zu dem die Angaben im Sinne des § 73 des Gesetzes über die Umweltverträglichkeitsprüfung dem für Umweltschutz zuständigen Bundesministerium mitgeteilt worden sind.

---

[1]) Nr. **2.5**.

## 2.6. Umweltinformationsgesetz (UIG)[1)][2)]

In der Fassung der Bekanntmachung vom 27. Oktober 2014[3)]
(BGBl. I S. 1643)

**FNA 2129-42**

zuletzt geänd. durch Art. 2 G zur Änd. des UmweltschadensG, des UmweltinformationsG und weiterer umweltrechtlicher Vorschriften v. 25.2.2021 (BGBl. I S. 306)

### Abschnitt 1. Allgemeine Vorschriften

**§ 1 Zweck des Gesetzes; Anwendungsbereich.** (1) Zweck dieses Gesetzes ist es, den rechtlichen Rahmen für den freien Zugang zu Umweltinformationen bei informationspflichtigen Stellen sowie für die Verbreitung dieser Umweltinformationen zu schaffen.

(2) Dieses Gesetz gilt für informationspflichtige Stellen des Bundes und der bundesunmittelbaren juristischen Personen des öffentlichen Rechts.

**§ 2 Begriffsbestimmungen.** (1) Informationspflichtige Stellen sind

1. die Regierung und andere Stellen der öffentlichen Verwaltung. Gremien, die diese Stellen beraten, gelten als Teil der Stelle, die deren Mitglieder beruft. Zu den informationspflichtigen Stellen gehören nicht
   a) die obersten Bundesbehörden, soweit und solange sie im Rahmen der Gesetzgebung tätig werden, und
   b) Gerichte des Bundes, soweit sie nicht Aufgaben der öffentlichen Verwaltung wahrnehmen;
2. natürliche oder juristische Personen des Privatrechts, soweit sie öffentliche Aufgaben wahrnehmen oder öffentliche Dienstleistungen erbringen, die im Zusammenhang mit der Umwelt stehen, insbesondere solche der umweltbezogenen Daseinsvorsorge, und dabei der Kontrolle des Bundes oder einer unter der Aufsicht des Bundes stehenden juristischen Person des öffentlichen Rechts unterliegen.

(2) Kontrolle im Sinne des Absatzes 1 Nummer 2 liegt vor, wenn

1. die Person des Privatrechts bei der Wahrnehmung der öffentlichen Aufgabe oder bei der Erbringung der öffentlichen Dienstleistung gegenüber Dritten besonderen Pflichten unterliegt oder über besondere Rechte verfügt, insbesondere ein Kontrahierungszwang oder ein Anschluss- und Benutzungszwang besteht, oder
2. eine oder mehrere der in Absatz 1 Nummer 2 genannten juristischen Personen des öffentlichen Rechts allein oder zusammen, unmittelbar oder mittelbar

---

[1)] **Amtl. Anm.:** Dieses Gesetz dient der Umsetzung der Richtlinie 2003/4/EG des Europäischen Parlaments und des Rates vom 28. Januar 2003 über den Zugang der Öffentlichkeit zu Umweltinformationen und zur Aufhebung der Richtlinie 90/313/EWG des Rates (ABl. L 41 vom 14.2.2003, S. 26).
[2)] Siehe auch das GeodatenzugangsG v. 10.2.2009 (BGBl. I S. 278), zuletzt geänd. durch G v. 25.2.2021 (BGBl. I S. 306).
[3)] Neubekanntmachung des UIG v. 22.12.2004 (BGBl. I S. 3704) in der ab 6.11.2014 geltenden Fassung.

a) die Mehrheit des gezeichneten Kapitals des Unternehmens besitzen,

b) über die Mehrheit der mit den Anteilen des Unternehmens verbundenen Stimmrechte verfügen oder

c) mehr als die Hälfte der Mitglieder des Verwaltungs-, Leitungs- oder Aufsichtsorgans des Unternehmens bestellen können, oder

3. mehrere juristische Personen des öffentlichen Rechts zusammen unmittelbar oder mittelbar über eine Mehrheit im Sinne der Nummer 2 Buchstabe a bis c verfügen und der überwiegende Anteil an dieser Mehrheit den in Absatz 1 Nummer 2 genannten juristischen Personen des öffentlichen Rechts zuzuordnen ist.

(3) Umweltinformationen sind unabhängig von der Art ihrer Speicherung alle Daten über

1. den Zustand von Umweltbestandteilen wie Luft und Atmosphäre, Wasser, Boden, Landschaft und natürliche Lebensräume einschließlich Feuchtgebiete, Küsten- und Meeresgebiete, die Artenvielfalt und ihre Bestandteile, einschließlich gentechnisch veränderter Organismen, sowie die Wechselwirkungen zwischen diesen Bestandteilen;

2. Faktoren wie Stoffe, Energie, Lärm und Strahlung, Abfälle aller Art sowie Emissionen, Ableitungen und sonstige Freisetzungen von Stoffen in die Umwelt, die sich auf die Umweltbestandteile im Sinne der Nummer 1 auswirken oder wahrscheinlich auswirken;

3. Maßnahmen oder Tätigkeiten, die

a) sich auf die Umweltbestandteile im Sinne der Nummer 1 oder auf Faktoren im Sinne der Nummer 2 auswirken oder wahrscheinlich auswirken oder

b) den Schutz von Umweltbestandteilen im Sinne der Nummer 1 bezwecken; zu den Maßnahmen gehören auch politische Konzepte, Rechts- und Verwaltungsvorschriften, Abkommen, Umweltvereinbarungen, Pläne und Programme;

4. Berichte über die Umsetzung des Umweltrechts;

5. Kosten-Nutzen-Analysen oder sonstige wirtschaftliche Analysen und Annahmen, die zur Vorbereitung oder Durchführung von Maßnahmen oder Tätigkeiten im Sinne der Nummer 3 verwendet werden, und

6. den Zustand der menschlichen Gesundheit und Sicherheit, die Lebensbedingungen des Menschen sowie Kulturstätten und Bauwerke, soweit sie jeweils vom Zustand der Umweltbestandteile im Sinne der Nummer 1 oder von Faktoren, Maßnahmen oder Tätigkeiten im Sinne der Nummern 2 und 3 betroffen sind oder sein können; hierzu gehört auch die Kontamination der Lebensmittelkette.

(4) [1] Eine informationspflichtige Stelle verfügt über Umweltinformationen, wenn diese bei ihr vorhanden sind oder für sie bereitgehalten werden. [2] Ein Bereithalten liegt vor, wenn eine natürliche oder juristische Person, die selbst nicht informationspflichtige Stelle ist, Umweltinformationen für eine informationspflichtige Stelle im Sinne des Absatzes 1 aufbewahrt, auf die diese Stelle einen Übermittlungsanspruch hat.

## Abschnitt 2. Informationszugang auf Antrag

**§ 3 Anspruch auf Zugang zu Umweltinformationen.** (1) ¹Jede Person hat nach Maßgabe dieses Gesetzes Anspruch auf freien Zugang zu Umweltinformationen, über die eine informationspflichtige Stelle im Sinne des § 2 Absatz 1 verfügt, ohne ein rechtliches Interesse darlegen zu müssen. ²Daneben bleiben andere Ansprüche auf Zugang zu Informationen unberührt.

(2) ¹Der Zugang kann durch Auskunftserteilung, Gewährung von Akteneinsicht oder in sonstiger Weise eröffnet werden. ²Wird eine bestimmte Art des Informationszugangs beantragt, so darf dieser nur aus gewichtigen Gründen auf andere Art eröffnet werden. ³Als gewichtiger Grund gilt insbesondere ein deutlich höherer Verwaltungsaufwand. ⁴Soweit Umweltinformationen der antragstellenden Person bereits auf andere, leicht zugängliche Art, insbesondere durch Verbreitung nach § 10, zur Verfügung stehen, kann die informationspflichtige Stelle die Person auf diese Art des Informationszugangs verweisen.

(3) ¹Soweit ein Anspruch nach Absatz 1 besteht, sind die Umweltinformationen der antragstellenden Person unter Berücksichtigung etwaiger von ihr angegebener Zeitpunkte, spätestens jedoch mit Ablauf der Frist nach Satz 2 Nummer 1 oder Nummer 2 zugänglich zu machen. ²Die Frist beginnt mit Eingang des Antrags bei der informationspflichtigen Stelle, die über die Informationen verfügt, und endet

1. mit Ablauf eines Monats oder
2. soweit Umweltinformationen derart umfangreich und komplex sind, dass die in Nummer 1 genannte Frist nicht eingehalten werden kann, mit Ablauf von zwei Monaten.

**§ 4 Antrag und Verfahren.** (1) Umweltinformationen werden von einer informationspflichtigen Stelle auf Antrag zugänglich gemacht.

(2) ¹Der Antrag muss erkennen lassen, zu welchen Umweltinformationen der Zugang gewünscht wird. ²Ist der Antrag zu unbestimmt, so ist der antragstellenden Person dies innerhalb eines Monats mitzuteilen und Gelegenheit zur Präzisierung des Antrags zu geben. ³Kommt die antragstellende Person der Aufforderung zur Präzisierung nach, beginnt der Lauf der Frist zur Beantwortung von Anträgen erneut. ⁴Die Informationssuchenden sind bei der Stellung und Präzisierung von Anträgen zu unterstützen.

(3) ¹Wird der Antrag bei einer informationspflichtigen Stelle gestellt, die nicht über die Umweltinformationen verfügt, leitet sie den Antrag an die über die begehrten Informationen verfügende Stelle weiter, wenn ihr diese bekannt ist, und unterrichtet die antragstellende Person hierüber. ²Anstelle der Weiterleitung des Antrags kann sie die antragstellende Person auch auf andere ihr bekannte informationspflichtige Stellen hinweisen, die über die Informationen verfügen.

(4) Wird eine andere als die beantragte Art des Informationszugangs im Sinne von § 3 Absatz 2 eröffnet, ist dies innerhalb der Frist nach § 3 Absatz 3 Satz 2 Nummer 1 unter Angabe der Gründe mitzuteilen.

(5) Über die Geltung der längeren Frist nach § 3 Absatz 3 Satz 2 Nummer 2 ist die antragstellende Person spätestens mit Ablauf der Frist nach § 3 Absatz 3 Satz 2 Nummer 1 unter Angabe der Gründe zu unterrichten.

Umweltinformationsgesetz **§§ 5–7 UIG 2.6**

**§ 5 Ablehnung des Antrags.** (1) ¹Wird der Antrag ganz oder teilweise nach den §§ 8 und 9 abgelehnt, ist die antragstellende Person innerhalb der Fristen nach § 3 Absatz 3 Satz 2 hierüber zu unterrichten. ²Eine Ablehnung liegt auch dann vor, wenn nach § 3 Absatz 2 der Informationszugang auf andere Art gewährt oder die antragstellende Person auf eine andere Art des Informationszugangs verwiesen wird. ³Der antragstellenden Person sind die Gründe für die Ablehnung mitzuteilen; in den Fällen des § 8 Absatz 2 Nummer 4 ist darüber hinaus die Stelle, die das Material vorbereitet, sowie der voraussichtliche Zeitpunkt der Fertigstellung mitzuteilen. ⁴§ 39 Absatz 2 des Verwaltungsverfahrensgesetzes findet keine Anwendung.

(2) ¹Wenn der Antrag schriftlich gestellt wurde oder die antragstellende Person dies begehrt, erfolgt die Ablehnung in schriftlicher Form. ²Sie ist auf Verlangen der antragstellenden Person in elektronischer Form mitzuteilen, wenn der Zugang hierfür eröffnet ist.

(3) Liegt ein Ablehnungsgrund nach § 8 oder § 9 vor, sind die hiervon nicht betroffenen Informationen zugänglich zu machen, soweit es möglich ist, die betroffenen Informationen auszusondern.

(4) Die antragstellende Person ist im Falle der vollständigen oder teilweisen Ablehnung eines Antrags auch über die Rechtsschutzmöglichkeiten gegen die Entscheidung sowie darüber zu belehren, bei welcher Stelle und innerhalb welcher Frist um Rechtsschutz nachgesucht werden kann.

**§ 6 Rechtsschutz.** (1) Für Streitigkeiten nach diesem Gesetz ist der Verwaltungsrechtsweg gegeben.

(2) Gegen die Entscheidung durch eine Stelle der öffentlichen Verwaltung im Sinne des § 2 Absatz 1 Nummer 1 ist ein Widerspruchsverfahren nach den §§ 68 bis 73 der Verwaltungsgerichtsordnung auch dann durchzuführen, wenn die Entscheidung von einer obersten Bundesbehörde getroffen worden ist.

(3) ¹Ist die antragstellende Person der Auffassung, dass eine informationspflichtige Stelle im Sinne des § 2 Absatz 1 Nummer 2 den Antrag nicht vollständig erfüllt, kann sie die Entscheidung der informationspflichtigen Stelle nach Absatz 4 überprüfen lassen. ²Die Überprüfung ist nicht Voraussetzung für die Erhebung der Klage nach Absatz 1. ³Eine Klage gegen die zuständige Stelle nach § 13 Absatz 1 ist ausgeschlossen.

(4) ¹Der Anspruch auf nochmalige Prüfung ist gegenüber der informationspflichtigen Stelle im Sinne des § 2 Absatz 1 Nummer 2 innerhalb eines Monats, nachdem diese Stelle mitgeteilt hat, dass der Anspruch nicht oder nicht vollständig erfüllt werden kann, schriftlich geltend zu machen. ²Die informationspflichtige Stelle hat der antragstellenden Person das Ergebnis ihrer nochmaligen Prüfung innerhalb eines Monats zu übermitteln.

(5) Durch Landesgesetz kann für Streitigkeiten um Ansprüche gegen private informationspflichtige Stellen auf Grund von landesrechtlichen Vorschriften über den Zugang zu Umweltinformationen der Verwaltungsrechtsweg vorgesehen werden.

**§ 7 Unterstützung des Zugangs zu Umweltinformationen.** (1) ¹Die informationspflichtigen Stellen ergreifen Maßnahmen, um den Zugang zu den bei ihnen verfügbaren Umweltinformationen zu erleichtern. ²Zu diesem Zweck wirken sie darauf hin, dass Umweltinformationen, über die sie verfügen, zunehmend in elektronischen Datenbanken oder in sonstigen Formaten gespeichert werden, die über Mittel der elektronischen Kommunikation abrufbar sind.

(2) Die informationspflichtigen Stellen treffen praktische Vorkehrungen zur Erleichterung des Informationszugangs, beispielsweise durch

1. die Benennung von Auskunftspersonen oder Informationsstellen,
2. die Veröffentlichung von Verzeichnissen über verfügbare Umweltinformationen,
3. die Einrichtung öffentlich zugänglicher Informationsnetze und Datenbanken oder
4. die Veröffentlichung von Informationen über behördliche Zuständigkeiten.

(3) Soweit möglich, gewährleisten die informationspflichtigen Stellen, dass alle Umweltinformationen, die von ihnen oder für sie zusammengestellt werden, auf dem gegenwärtigen Stand, exakt und vergleichbar sind.

**§ 7a Bundesbeauftragte für die Informationsfreiheit.** § 12 des Informationsfreiheitsgesetzes findet auf Anträge auf Zugang zu Umweltinformationen nach § 3 entsprechende Anwendung.

## Abschnitt 3. Ablehnungsgründe

**§ 8 Schutz öffentlicher Belange.** (1) [1] Soweit das Bekanntgeben der Informationen nachteilige Auswirkungen hätte auf

1. die internationalen Beziehungen, die Verteidigung oder bedeutsame Schutzgüter der öffentlichen Sicherheit,
2. die Vertraulichkeit der Beratungen von informationspflichtigen Stellen im Sinne des § 2 Absatz 1,
3. die Durchführung eines laufenden Gerichtsverfahrens, den Anspruch einer Person auf ein faires Verfahren oder die Durchführung strafrechtlicher, ordnungswidrigkeitenrechtlicher oder disziplinarrechtlicher Ermittlungen oder
4. den Zustand der Umwelt und ihrer Bestandteile im Sinne des § 2 Absatz 3 Nummer 1 oder Schutzgüter im Sinne des § 2 Absatz 3 Nummer 6,

ist der Antrag abzulehnen, es sei denn, das öffentliche Interesse an der Bekanntgabe überwiegt. [2] Der Zugang zu Umweltinformationen über Emissionen kann nicht unter Berufung auf die in den Nummern 2 und 4 genannten Gründe abgelehnt werden.

(2) Soweit ein Antrag

1. offensichtlich missbräuchlich gestellt wurde,
2. sich auf interne Mitteilungen der informationspflichtigen Stellen im Sinne des § 2 Absatz 1 bezieht,
3. bei einer Stelle, die nicht über die Umweltinformationen verfügt, gestellt wird, sofern er nicht nach § 4 Absatz 3 weitergeleitet werden kann,
4. sich auf die Zugänglichmachung von Material, das gerade vervollständigt wird, noch nicht abgeschlossener Schriftstücke oder noch nicht aufbereiteter Daten bezieht oder
5. zu unbestimmt ist und auf Aufforderung der informationspflichtigen Stelle nach § 4 Absatz 2 nicht innerhalb einer angemessenen Frist präzisiert wird,

ist er abzulehnen, es sei denn, das öffentliche Interesse an der Bekanntgabe überwiegt.

**§ 9 Schutz sonstiger Belange.** (1) [1]Soweit

1. durch das Bekanntgeben der Informationen personenbezogene Daten offenbart und dadurch Interessen der Betroffenen erheblich beeinträchtigt würden,
2. Rechte am geistigen Eigentum, insbesondere Urheberrechte, durch das Zugänglichmachen von Umweltinformationen verletzt würden oder
3. durch das Bekanntgeben Betriebs- oder Geschäftsgeheimnisse zugänglich gemacht würden oder die Informationen dem Steuergeheimnis oder dem Statistikgeheimnis unterliegen,

ist der Antrag abzulehnen, es sei denn, die Betroffenen haben zugestimmt oder das öffentliche Interesse an der Bekanntgabe überwiegt. [2]Der Zugang zu Umweltinformationen über Emissionen kann nicht unter Berufung auf die in den Nummern 1 und 3 genannten Gründe abgelehnt werden. [3]Vor der Entscheidung über die Offenbarung der durch Satz 1 Nummer 1 bis 3 geschützten Informationen sind die Betroffenen anzuhören. [4]Die informationspflichtige Stelle hat in der Regel von einer Betroffenheit im Sinne des Satzes 1 Nummer 3 auszugehen, soweit übermittelte Informationen als Betriebs- und Geschäftsgeheimnisse gekennzeichnet sind. [5]Soweit die informationspflichtige Stelle dies verlangt, haben mögliche Betroffene im Einzelnen darzulegen, dass ein Betriebs- oder Geschäftsgeheimnis vorliegt.

(2) [1]Umweltinformationen, die private Dritte einer informationspflichtigen Stelle übermittelt haben, ohne rechtlich dazu verpflichtet zu sein oder rechtlich verpflichtet werden zu können, und deren Offenbarung nachteilige Auswirkungen auf die Interessen der Dritten hätte, dürfen ohne deren Einwilligung anderen nicht zugänglich gemacht werden, es sei denn, das öffentliche Interesse an der Bekanntgabe überwiegt. [2]Der Zugang zu Umweltinformationen über Emissionen kann nicht unter Berufung auf die in Satz 1 genannten Gründe abgelehnt werden.

## Abschnitt 4. Verbreitung von Umweltinformationen

**§ 10 Unterrichtung der Öffentlichkeit.** (1) [1]Die informationspflichtigen Stellen unterrichten die Öffentlichkeit in angemessenem Umfang aktiv und systematisch über die Umwelt. [2]In diesem Rahmen verbreiten sie Umweltinformationen, die für ihre Aufgaben von Bedeutung sind und über die sie verfügen.

(2) [1]Zu den zu verbreitenden Umweltinformationen gehören zumindest:

1. der Wortlaut von völkerrechtlichen Verträgen, das von den Organen der Europäischen Gemeinschaften erlassene Gemeinschaftsrecht sowie Rechtsvorschriften von Bund, Ländern oder Kommunen über die Umwelt oder mit Bezug zur Umwelt;
2. politische Konzepte sowie Pläne und Programme mit Bezug zur Umwelt;
3. Berichte über den Stand der Umsetzung von Rechtsvorschriften sowie Konzepten, Plänen und Programmen nach den Nummern 1 und 2, sofern solche Berichte von den jeweiligen informationspflichtigen Stellen in elektronischer Form ausgearbeitet worden sind oder bereitgehalten werden;

4. Daten oder Zusammenfassungen von Daten aus der Überwachung von Tätigkeiten, die sich auf die Umwelt auswirken oder wahrscheinlich auswirken;
5. Zulassungsentscheidungen, die erhebliche Auswirkungen auf die Umwelt haben, und Umweltvereinbarungen sowie
6. zusammenfassende Darstellung und Bewertung der Umweltauswirkungen nach den §§ 24 und 25 des Gesetzes über die Umweltverträglichkeitsprüfung[1]) in der Fassung der Bekanntmachung vom 24. Februar 2010 (BGBl. I S. 94) in der jeweils geltenden Fassung und Risikobewertungen im Hinblick auf Umweltbestandteile nach § 2 Absatz 3 Nummer 1.

[2] In Fällen des Satzes 1 Nummer 5 und 6 genügt zur Verbreitung die Angabe, wo solche Informationen zugänglich sind oder gefunden werden können. [3] Die veröffentlichten Umweltinformationen werden in angemessenen Abständen aktualisiert.

(3) [1] Die Verbreitung von Umweltinformationen soll in für die Öffentlichkeit verständlicher Darstellung und leicht zugänglichen Formaten erfolgen. [2] Hierzu sollen, soweit vorhanden, elektronische Kommunikationsmittel verwendet werden. [3] Zur Verbreitung von Umweltinformationen nach Absatz 2 Satz 1 Nummer 5 und 6 auch in Verbindung mit Satz 2 kann das zentrale Internetportal des Bundes nach § 20 Absatz 1 Satz 1 des Gesetzes über die Umweltverträglichkeitsprüfung genutzt werden.[2]) [4] Satz 2 gilt nicht für Umweltinformationen, die vor Inkrafttreten dieses Gesetzes angefallen sind, es sei denn, sie liegen bereits in elektronischer Form vor.

(4) Die Anforderungen an die Unterrichtung der Öffentlichkeit nach den Absätzen 1 und 2 können auch dadurch erfüllt werden, dass Verknüpfungen zu Internet-Seiten eingerichtet werden, auf denen die zu verbreitenden Umweltinformationen zu finden sind.

(5) [1] Im Falle einer unmittelbaren Bedrohung der menschlichen Gesundheit oder der Umwelt haben die informationspflichtigen Stellen sämtliche Informationen, über die sie verfügen und die es der eventuell betroffenen Öffentlichkeit ermöglichen könnten, Maßnahmen zur Abwendung oder Begrenzung von Schäden infolge dieser Bedrohung zu ergreifen, unmittelbar und unverzüglich zu verbreiten; dies gilt unabhängig davon, ob diese Folge menschlicher Tätigkeit oder einer natürlichen Ursache ist. [2] Verfügen mehrere informationspflichtige Stellen über solche Informationen, sollen sie sich bei deren Verbreitung abstimmen.

(6) § 7 Absatz 1 und 3 sowie die §§ 8 und 9 finden entsprechende Anwendung.

(7) Die Wahrnehmung der Aufgaben des § 10 kann auf bestimmte Stellen der öffentlichen Verwaltung oder private Stellen übertragen werden.

(8) Die Bundesregierung wird ermächtigt, durch Rechtsverordnung ohne Zustimmung des Bundesrates zu regeln:
1. die Art und Weise der Verbreitung von Umweltinformationen nach Absatz 2 Satz 1 Nummer 5 und 6 auch in Verbindung mit Satz 2 über das zentrale Internetportal des Bundes nach § 20 Absatz 1 Satz 1 des Gesetzes über die

---
[1]) Nr. **2.5**.
[2]) Siehe auch die UVP-Portale-VO (Nr. **2.5.1**).

Umweltverträglichkeitsprüfung oder über andere elektronische Kommunikationswege sowie
2. die Einzelheiten der Aktualisierung von veröffentlichten Umweltinformationen gemäß Absatz 2 Satz 3, einschließlich des nachträglichen Wegfalls der Unterrichtungspflicht nach Absatz 1.

**§ 11 Umweltzustandsbericht.** ¹Die Bundesregierung veröffentlicht regelmäßig im Abstand von nicht mehr als vier Jahren einen Bericht über den Zustand der Umwelt im Bundesgebiet. ²Hierbei berücksichtigt sie § 10 Absatz 1, 3 und 6. ³Der Bericht enthält Informationen über die Umweltqualität und vorhandene Umweltbelastungen. ⁴Der erste Bericht nach Inkrafttreten dieses Gesetzes ist spätestens am 31. Dezember 2006 zu veröffentlichen.

## Abschnitt 5. Schlussvorschriften

**§ 12 Gebühren und Auslagen.** (1) ¹Für die Übermittlung von Informationen auf Grund dieses Gesetzes werden Gebühren und Auslagen erhoben. ²Dies gilt nicht für die Erteilung mündlicher und einfacher schriftlicher Auskünfte, die Einsichtnahme in Umweltinformationen vor Ort, Maßnahmen und Vorkehrungen nach § 7 Absatz 1 und 2 sowie die Unterrichtung der Öffentlichkeit nach den §§ 10 und 11.

(2) Die Gebühren sind auch unter Berücksichtigung des Verwaltungsaufwandes so zu bemessen, dass der Informationsanspruch nach § 3 Absatz 1 wirksam in Anspruch genommen werden kann.

(3) ¹Die Bundesregierung wird ermächtigt, für individuell zurechenbare öffentliche Leistungen von informationspflichtigen Stellen die Höhe der Gebühren und Auslagen durch Rechtsverordnung¹⁾, die nicht der Zustimmung des Bundesrates bedarf, zu bestimmen. ²§ 9 Absatz 1 und 2 sowie die §§ 10 und 12 des Bundesgebührengesetzes finden keine Anwendung.

(4) ¹Private informationspflichtige Stellen im Sinne des § 2 Absatz 1 Nummer 2 können für die Übermittlung von Informationen nach diesem Gesetz von der antragstellenden Person Gebühren- und Auslagenerstattung entsprechend den Grundsätzen nach den Absätzen 1 und 2 verlangen. ²Die Höhe der erstattungsfähigen Gebühren und Auslagen bemisst sich nach den in der Rechtsverordnung nach Absatz 3 festgelegten Sätzen für individuell zurechenbare öffentliche Leistungen von informationspflichtigen Stellen des Bundes und der bundesunmittelbaren juristischen Personen des öffentlichen Rechts.

**§ 13 Überwachung.** (1) Die zuständigen Stellen der öffentlichen Verwaltung, die die Kontrolle im Sinne des § 2 Absatz 2 für den Bund oder eine unter der Aufsicht des Bundes stehende juristische Person des öffentlichen Rechts ausüben, überwachen die Einhaltung dieses Gesetzes durch private informationspflichtige Stellen im Sinne des § 2 Absatz 1 Nummer 2.

(2) Die informationspflichtigen Stellen nach § 2 Absatz 1 Nummer 2 haben den zuständigen Stellen auf Verlangen alle Informationen herauszugeben, die die Stellen zur Wahrnehmung ihrer Aufgaben nach Absatz 1 benötigen.

---

¹⁾ Siehe die UmweltinformationsgebührenVO idF der Bek. v. 23.8.2001 (BGBl. I S. 2247), zuletzt geänd. durch G v. 7.8.2013 (BGBl. I S. 3154).

## 2.6 UIG § 14

Umweltinformationsgesetz

(3) Die nach Absatz 1 zuständigen Stellen können gegenüber den informationspflichtigen Stellen nach § 2 Absatz 1 Nummer 2 die zur Einhaltung und Durchführung dieses Gesetzes erforderlichen Maßnahmen ergreifen oder Anordnungen treffen.

(4) Die Bundesregierung wird ermächtigt, durch Rechtsverordnung, die nicht der Zustimmung des Bundesrates bedarf, die Aufgaben nach den Absätzen 1 bis 3 abweichend von Absatz 1 auf andere Stellen der öffentlichen Verwaltung zu übertragen.

**§ 14 Ordnungswidrigkeiten.** (1) Ordnungswidrig handelt, wer vorsätzlich oder fahrlässig einer vollziehbaren Anordnung nach § 13 Absatz 3 zuwiderhandelt.

(2) Die Ordnungswidrigkeit nach Absatz 1 kann mit einer Geldbuße bis zu zehntausend Euro geahndet werden.

## 2.7. Verordnung (EG) Nr. 1221/2009 des Europäischen Parlaments und des Rates vom 25. November 2009 über die freiwillige Teilnahme von Organisationen an einem Gemeinschaftssystem für Umweltmanagement und Umweltbetriebsprüfung und zur Aufhebung der Verordnung (EG) Nr. 761/2001, sowie der Beschlüsse der Kommission 2001/681/EG und 2006/193/EG

(ABl. L 342 S. 1)

**EU-Dok.-Nr. 3 2009 R 1221**

zuletzt geänd. durch Art. 1 ÄndVO (EU) 2018/2026 v. 19.12.2018 (ABl. L 325 S. 18, ber. 2020 L 303 S. 24)

Das Europäische Parlament und der Rat der Europäischen Union – gestützt auf den Vertrag zur Gründung der Europäischen Gemeinschaft, insbesondere auf Artikel 175 Absatz 1, ... in Erwägung nachstehender Gründe[1] ... haben folgende Verordnung erlassen:

### Kapitel I. Allgemeine Bestimmungen

**Art. 1 Zielsetzung.** *[1]* Es wird ein Gemeinschaftssystem für das Umweltmanagement und die Umweltbetriebsprüfung (nachstehend als „EMAS" bezeichnet) geschaffen, an dem sich Organisationen innerhalb und außerhalb der Gemeinschaft freiwillig beteiligen können.

*[2]* Das Ziel von EMAS, einem wichtigen Instrument des Aktionsplans für Nachhaltigkeit in Produktion und Verbrauch und für eine nachhaltige Industriepolitik, besteht darin, kontinuierliche Verbesserungen der Umweltleistung von Organisationen zu fördern, indem die Organisationen Umweltmanagementsysteme errichten und anwenden, die Leistung dieser Systeme einer systematischen, objektiven und regelmäßigen Bewertung unterzogen wird, Informationen über die Umweltleistung vorgelegt werden, ein offener Dialog mit der Öffentlichkeit und anderen interessierten Kreisen geführt wird und die Arbeitnehmer der Organisationen aktiv beteiligt werden und eine angemessene Schulung erhalten.

**Art. 2 Begriffsbestimmungen.** Für die Zwecke dieser Verordnung gelten folgende Begriffsbestimmungen:

1. „Umweltpolitik": die von den obersten Führungsebenen einer Organisation verbindlich dargelegten Absichten und Ausrichtungen dieser Organisation in Bezug auf ihre Umweltleistung, einschließlich der Einhaltung aller geltenden Umweltvorschriften und der Verpflichtung zur kontinuierlichen Verbesserung der Umweltleistung. Sie bildet den Rahmen für die Maßnahmen und für die Festlegung umweltbezogener Zielsetzungen und Einzelziele;
2. „Umweltleistung": die messbaren Ergebnisse des Managements der Umweltaspekte einer Organisation durch diese Organisation;

---

[1] Erwägungsgründe hier nicht wiedergegeben.

3. „Einhaltung der Rechtsvorschriften": vollständige Einhaltung der geltenden Umweltvorschriften, einschließlich der Genehmigungsbedingungen;
4. „Umweltaspekt": derjenige Bestandteil der Tätigkeiten, Produkte oder Dienstleistungen einer Organisation, der Auswirkungen auf die Umwelt hat oder haben kann;
5. „bedeutender Umweltaspekt": ein Umweltaspekt, der bedeutende Umweltauswirkungen hat oder haben kann;
6. „direkter Umweltaspekt": ein Umweltaspekt im Zusammenhang mit Tätigkeiten, Produkten und Dienstleistungen der Organisation selbst, der deren direkter betrieblicher Kontrolle unterliegt;
7. „indirekter Umweltaspekt": ein Umweltaspekt, der das Ergebnis der Interaktion einer Organisation mit Dritten sein und in angemessenem Maße von einer Organisation beeinflusst werden kann;
8. „Umweltauswirkung": jede positive oder negative Veränderung der Umwelt, die ganz oder teilweise auf Tätigkeiten, Produkte oder Dienstleistungen einer Organisation zurückzuführen ist;
9. „Umweltprüfung": eine erstmalige umfassende Untersuchung der Umweltaspekte, der Umweltauswirkungen und der Umweltleistung in Zusammenhang mit den Tätigkeiten, Produkten und Dienstleistungen einer Organisation;
10. „Umweltprogramm": eine Beschreibung der Maßnahmen, Verantwortlichkeiten und Mittel, die zur Verwirklichung der Umweltzielsetzungen und -einzelziele getroffen, eingegangen und eingesetzt wurden oder vorgesehen sind, und der diesbezügliche Zeitplan;
11. „Umweltzielsetzung": ein sich aus der Umweltpolitik ergebendes und nach Möglichkeit zu quantifizierendes Gesamtziel, das sich eine Organisation gesetzt hat;
12. „Umwelteinzelziel": eine für die gesamte Organisation oder Teile davon geltende detaillierte Leistungsanforderung, die sich aus den Umweltzielsetzungen ergibt und festgelegt und eingehalten werden muss, um diese Zielsetzungen zu erreichen;
13. „Umweltmanagementsystem": der Teil des gesamten Managementsystems, der die Organisationsstruktur, Planungstätigkeiten, Verantwortlichkeiten, Verhaltensweisen, Vorgehensweisen, Verfahren und Mittel für die Festlegung, Durchführung, Verwirklichung, Überprüfung und Fortführung der Umweltpolitik und das Management der Umweltaspekte umfasst;
14. „bewährte Umweltmanagementpraktiken": die wirkungsvollste Art der Umsetzung des Umweltmanagementsystems durch Organisationen in einer Branche, die unter bestimmten wirtschaftlichen und technischen Voraussetzungen zu besten Umweltleistungen führen kann;
15. „wesentliche Änderung": jegliche Änderungen in Bezug auf Betrieb, Struktur, Verwaltung, Verfahren, Tätigkeiten, Produkte oder Dienstleistungen einer Organisation, die bedeutende Auswirkungen auf das Umweltmanagementsystem der Organisation, die Umwelt oder die menschliche Gesundheit haben oder haben können;
16. „Umweltbetriebsprüfung": die systematische, dokumentierte, regelmäßige und objektive Bewertung der Umweltleistung einer Organisation, des Managementsystems und der Verfahren zum Schutz der Umwelt;

17. „Betriebsprüfer": eine zur Belegschaft der Organisation gehörende Person oder Gruppe von Personen oder eine organisationsfremde natürliche oder juristische Person, die im Namen der Organisation handelt und insbesondere die bestehenden Umweltmanagementsysteme bewertet und prüft, ob diese mit der Umweltpolitik und dem Umweltprogramm der Organisation übereinstimmen und ob die geltenden umweltrechtlichen Verpflichtungen eingehalten werden;

18. „Umwelterklärung": die umfassende Information der Öffentlichkeit und anderer interessierter Kreise mit folgenden Angaben zur Organisation:

    a) Struktur und Tätigkeiten,

    b) Umweltpolitik und Umweltmanagementsystem,

    c) Umweltaspekte und -auswirkungen,

    d) Umweltprogramm, -zielsetzung und -einzelziele,

    e) Umweltleistung und Einhaltung der geltenden umweltrechtlichen Verpflichtungen gemäß Anhang IV;

19. „aktualisierte Umwelterklärung": die umfassende Information der Öffentlichkeit und anderer interessierter Kreise, die Aktualisierungen der letzten validierten Umwelterklärung enthält, wozu nur Informationen über die Umweltleistung einer Organisation und die Einhaltung der für sie geltenden umweltrechtlichen Verpflichtungen gemäß Anhang IV gehören;

20. „Umweltgutachter":

    a) eine Konformitätsbewertungsstelle im Sinne der Verordnung (EG) Nr. 765/2008 oder jede Vereinigung oder Gruppe solcher Stellen, die gemäß der vorliegenden Verordnung akkreditiert ist; oder

    b) jede natürliche oder juristische Person oder jede Vereinigung oder Gruppe solcher Personen, der eine Zulassung zur Durchführung von Begutachtungen und Validierungen gemäß der vorliegenden Verordnung erteilt worden ist;

21. „Organisation": Gesellschaft, Körperschaft, Betrieb, Unternehmen, Behörde oder Einrichtung bzw. Teil oder Kombination hiervon, innerhalb oder außerhalb der Gemeinschaft, mit oder ohne Rechtspersönlichkeit, öffentlich oder privat, mit eigenen Funktionen und eigener Verwaltung;

22. „Standort": ein bestimmter geografischer Ort, der der Kontrolle einer Organisation untersteht und an dem Tätigkeiten ausgeführt, Produkte hergestellt und Dienstleistungen erbracht werden, einschließlich der gesamten Infrastruktur, aller Ausrüstungen und aller Materialien; ein Standort ist die kleinste für die Registrierung in Betracht zu ziehende Einheit;

23. „Cluster": eine Gruppe von voneinander unabhängigen Organisationen, die durch ihre räumliche Nähe oder ihre geschäftlichen Tätigkeiten miteinander in Beziehung stehen und zusammenwirkend ein Umweltmanagementsystem anwenden;

24. „Begutachtung": eine von einem Umweltgutachter durchgeführte Konformitätsbewertung, mit der festgestellt werden soll, ob Umweltprüfung, Umweltpolitik, Umweltmanagementsystem und interne Umweltbetriebsprüfung einer Organisation sowie deren Umsetzung den Anforderungen dieser Verordnung entsprechen;

25. „Validierung": die Bestätigung des Umweltgutachters, der die Begutachtung durchgeführt hat, dass die Informationen und Daten in der Umwelterklärung

einer Organisation und die Aktualisierungen der Erklärung zuverlässig, glaubhaft und korrekt sind und den Anforderungen dieser Verordnung entsprechen;

26. „Durchsetzungsbehörden": zuständige Behörden, die von den Mitgliedstaaten dazu bestimmt wurden, Verstöße gegen das geltende Umweltrecht aufzudecken, zu verhüten und aufzuklären sowie erforderlichenfalls Durchsetzungsmaßnahmen zu ergreifen;

27. „Umweltleistungsindikator": ein spezifischer Parameter, mit dem sich die Umweltleistung einer Organisation messen lässt;

28. „kleine Organisationen":
    a) Kleinstunternehmen sowie kleine und mittlere Unternehmen im Sinne der Empfehlung 2003/361/EG der Kommission vom 6. Mai 2003 betreffend die Definition der Kleinstunternehmen sowie der kleinen und mittleren Unternehmen[1], oder
    b) lokale Behörden, die für weniger als 10 000 Einwohner zuständig sind, oder sonstige Behörden, die weniger als 250 Personen beschäftigen und die entweder über einen Jahreshaushalt von höchstens 50 Mio. EUR verfügen oder deren Jahresbilanzsumme sich auf höchstens 43 Mio. EUR beläuft; hierzu gehören:
        i) Regierungsstellen oder andere Stellen der öffentlichen Verwaltung oder öffentliche Beratungsgremien auf nationaler, regionaler oder lokaler Ebene,
        ii) natürliche oder juristische Personen, die nach einzelstaatlichem Recht Aufgaben der öffentlichen Verwaltung, einschließlich bestimmter Pflichten, Tätigkeiten oder Dienstleistungen im Zusammenhang mit der Umwelt wahrnehmen, und
        iii) natürliche oder juristische Personen, die unter der Kontrolle einer unter Buchstabe b genannten Stelle oder Person im Zusammenhang mit der Umwelt öffentliche Zuständigkeiten haben, öffentliche Aufgaben wahrnehmen oder öffentliche Dienstleistungen erbringen;

29. „Sammelregistrierung": eine einzige Registrierung aller oder einiger Standorte einer Organisation mit verschiedenen Standorten in einem oder mehreren Mitgliedstaaten oder Drittländern;

30. „Akkreditierungsstelle": eine nach Artikel 4 der Verordnung (EG) Nr. 765/2008 benannte nationale Akkreditierungsstelle, die für die Akkreditierung und Beaufsichtigung der Umweltgutachter zuständig ist;

31. „Zulassungsstelle": eine nach Artikel 5 Absatz 2 der Verordnung (EG) Nr. 765/2008 benannte Stelle, die für die Zulassung und Beaufsichtigung von Umweltgutachtern zuständig ist.

## Kapitel II. Registrierung von Organisationen

**Art. 3 Bestimmung der zuständigen Stelle.** (1) Registrierungsanträge von Organisationen, die innerhalb eines Mitgliedstaats ansässig sind, erfolgen bei einer zuständigen Stelle in dem betreffenden Mitgliedstaat.

---

[1] **Amtl. Anm.:** ABl. L 124 vom 20.5.2003, S. 36.

(2)[1] *[1]* Eine Organisation mit verschiedenen Standorten in einem oder mehreren Mitgliedstaaten oder in Drittländern kann für alle oder einige dieser Standorte eine Sammelregistrierung beantragen.

*[2]* Anträge auf Sammelregistrierung erfolgen bei einer zuständigen Stelle des Mitgliedstaats, in dem sich der Hauptsitz oder die für die Zwecke dieses Absatzes benannte Managementzentrale der Organisation befindet.

(3)[1] *[1]* Registrierungsanträge von Organisationen, die außerhalb der Gemeinschaft ansässig sind, einschließlich Sammelregistrierungen von Organisationen, deren Standorte sich ausschließlich außerhalb der Gemeinschaft befinden, können bei jeder zuständigen Stelle in denjenigen Mitgliedstaaten gestellt werden, die die Registrierung von Organisationen von außerhalb der Gemeinschaft gemäß Artikel 11 Absatz 1 Unterabsatz 2 vornehmen.

*[2]* Diese Organisationen stellen sicher, dass der Umweltgutachter, der die Begutachtung durchführen und das Umweltmanagementsystem der Organisation validieren wird, in dem Mitgliedstaat, in dem die Organisation ihren Registrierungsantrag stellt, akkreditiert oder zugelassen ist.

**Art. 4 Vorbereitung der Registrierung.** (1) Organisationen, die erstmalig eine Registrierung anstreben,

a) nehmen eine Umweltprüfung aller sie betreffenden Umweltaspekte gemäß den Anforderungen in Anhang I und in Anhang II Nummer A.3.1. vor;

b) führen auf der Grundlage der Ergebnisse dieser Umweltprüfung ein von ihnen entwickeltes Umweltmanagementsystem ein, das alle in Anhang II genannten Anforderungen abdeckt und etwaige bewährte branchenspezifische Umweltmanagementpraktiken gemäß Artikel 46 Absatz 1 Buchstabe a berücksichtigt;

c) führen eine Umweltbetriebsprüfung gemäß den Anforderungen in Anhang II Nummer A.5.5. und Anhang III durch;

d) erstellen eine Umwelterklärung gemäß Anhang IV. Sofern branchenspezifische Referenzdokumente gemäß Artikel 46 für die betreffende Branche zur Verfügung stehen, erfolgt die Beurteilung der Umweltleistung der Organisation unter Berücksichtigung dieser einschlägigen Dokumente.

(2) Die Organisationen können die Unterstützung gemäß Artikel 32, die in dem Mitgliedstaat, in dem die Organisation die Registrierung beantragt, zur Verfügung steht, in Anspruch nehmen.

(3) Organisationen mit einem zertifizierten und gemäß Artikel 45 Absatz 4 anerkannten Umweltmanagementsystem sind nicht verpflichtet, jene Bestandteile durchzuführen, die als den Bestimmungen dieser Verordnung gleichwertig anerkannt wurden.

(4) *[1]* Die Organisationen erbringen den materiellen oder dokumentarischen Nachweis, dass sie alle für sie geltenden Umweltvorschriften einhalten.

*[2]* Die Organisationen können bei der/den zuständigen Durchsetzungsbehörde(n) gemäß Artikel 32 oder bei dem Umweltgutachter Informationen anfordern.

---

[1] Siehe den Beschluss der Kommission 2011/832/EU v. 7.12.2011 (ABl. L 330 S. 25) über einen Leitfaden zur EU-Sammelregistrierung, Drittlandregistrierung und weltweiten Registrierung v. 7.12.2011 (ABl. L 330 S. 25).

*[3]* Organisationen von außerhalb der Gemeinschaft müssen sich auch an die Umweltvorschriften halten, die für ähnliche Organisationen in den Mitgliedstaaten gelten, in denen sie einen Antrag stellen wollen.

*[4]* Sofern branchenspezifische Referenzdokumente gemäß Artikel 46 für die betreffende Branche zur Verfügung stehen, erfolgt die Beurteilung der Umweltleistung der Organisation anhand dieser einschlägigen Dokumente.

(5) Die erste Umweltprüfung, das Umweltmanagementsystem, das Verfahren für die Umweltbetriebsprüfung und seine Umsetzung werden von einem akkreditierten oder zugelassenen Umweltgutachter begutachtet und die Umwelterklärung wird von diesem validiert.

**Art. 5 Registrierungsantrag.** (1) Organisationen, die die Anforderungen gemäß Artikel 4 erfüllen, können eine Registrierung beantragen.

(2) Der Registrierungsantrag ist bei der zuständigen Stelle gemäß Artikel 3 zu stellen und umfasst Folgendes:

a) die validierte Umwelterklärung in elektronischer oder gedruckter Form;

b) die vom Umweltgutachter, der die Umwelterklärung validiert hat, unterzeichnete Erklärung gemäß Artikel 25 Absatz 9;

c) ein ausgefülltes Formular, das mindestens die in Anhang VI aufgeführten Mindestangaben enthält;

d) gegebenenfalls Nachweise über die Zahlung der fälligen Gebühren.

(3) Der Antrag ist in einer Amtssprache des Mitgliedstaats, in dem die Organisation die Registrierung beantragt, abzufassen.

### Kapitel III. Verpflichtungen registrierter Organisationen

**Art. 6 Verlängerung der EMAS-Registrierung.** (1) Eine registrierte Organisation muss mindestens alle drei Jahre

a) ihr gesamtes Umweltmanagementsystem und das Programm für die Umweltbetriebsprüfung und deren Umsetzung begutachten lassen;

b) eine Umwelterklärung gemäß den Anforderungen in Anhang IV erstellen und von einem Umweltgutachter validieren lassen;

c) die validierte Umwelterklärung der zuständigen Stelle übermitteln;

d) der zuständigen Stelle ein ausgefülltes Formular mit wenigstens den in Anhang VI aufgeführten Mindestangaben übermitteln;

e) gegebenenfalls eine Gebühr für die weitere Führung der Registrierung an die zuständige Stelle entrichten.

(2) Unbeschadet des Absatzes 1 muss eine registrierte Organisation in den dazwischen liegenden Jahren

a) gemäß dem Programm für die Betriebsprüfung eine Betriebsprüfung ihrer Umweltleistung und der Einhaltung der geltenden Umweltvorschriften gemäß Anhang III vornehmen;

b) eine aktualisierte Umwelterklärung gemäß den Anforderungen in Anhang IV erstellen und von einem Umweltgutachter validieren lassen;

c) der zuständigen Stelle die validierte aktualisierte Umwelterklärung übermitteln;

d) der zuständigen Stelle ein ausgefülltes Formular mit wenigstens den in Anhang VI aufgeführten Mindestangaben übermitteln;

e) gegebenenfalls eine Gebühr für die weitere Führung der Registrierung an die zuständige Stelle entrichten.

(3) *[1]* Die registrierten Organisationen veröffentlichen ihre Umwelterklärung und deren Aktualisierungen innerhalb eines Monats nach der Registrierung und innerhalb eines Monats nach der Verlängerung der Registrierung.

*[2]* Die registrierten Organisationen können dieser Anforderung nachkommen, indem sie die Umwelterklärung und deren Aktualisierungen auf Anfrage zugänglich machen oder Links zu Internet-Seiten einrichten, auf denen diese Umwelterklärungen zu finden sind.

*[3]* Die registrierten Organisationen teilen mit, auf welche Weise sie den öffentlichen Zugang zu Informationen in den in Anhang VI genannten Formularen gewährleisten.

**Art. 7 Ausnahmeregelung für kleine Organisationen.** (1) *[1]* Auf Antrag einer kleinen Organisation verlängern die zuständigen Stellen für diese Organisation das Dreijahresintervall gemäß Artikel 6 Absatz 1 auf bis zu vier Jahre oder das Jahresintervall gemäß Artikel 6 Absatz 2 auf bis zu zwei Jahre, sofern der Umweltgutachter, der die Organisation begutachtet hat, bestätigt, dass alle nachfolgenden Bedingungen erfüllt sind:

a) Es liegen keine wesentlichen Umweltrisiken vor,

b) die Organisation plant keine wesentlichen Änderungen im Sinne von Artikel 8, und

c) es liegen keine wesentlichen lokalen Umweltprobleme vor, zu denen die Organisation beiträgt.

*[2]* Zur Einreichung des in Unterabsatz 1 genannten Antrags kann die Organisation die in Anhang VI genannten Formulare verwenden.

(2) ¹Die zuständige Stelle lehnt den Antrag ab, wenn die in Absatz 1 genannten Bedingungen nicht erfüllt sind. ²Sie übermittelt der Organisation hierfür eine ausführliche Begründung.

(3) Organisationen, denen gemäß Absatz 1 eine Verlängerung auf bis zu zwei Jahre gewährt wurde, übermitteln der zuständigen Stelle in jedem Jahr, in dem sie von der Verpflichtung zur Vorlage einer validierten aktualisierten Umwelterklärung befreit sind, die nicht validierte aktualisierte Umwelterklärung.

**Art. 8 Wesentliche Änderungen.** (1) Plant eine registrierte Organisation wesentliche Änderungen, so führt sie eine Umweltprüfung dieser Änderungen, einschließlich ihrer Umweltaspekte und -auswirkungen, durch.

(2) Nach der Umweltprüfung der Änderungen aktualisiert die Organisation die erste Umweltprüfung, ändert die Umweltpolitik, das Umweltprogramm und das Umweltmanagementsystem und überprüft und aktualisiert die gesamte Umwelterklärung entsprechend.

(3) Alle gemäß Absatz 2 geänderten und aktualisierten Dokumente sind innerhalb von sechs Monaten zu begutachten und zu validieren.

(4) Nach der Validierung übermittelt die Organisation die Änderungen der zuständigen Stelle anhand des Formulars in Anhang VI und veröffentlicht die Änderungen.

## 2.7 EU-Umweltaudit-VO Art. 9, 10 EMAS

**Art. 9 Interne Umweltbetriebsprüfung.** (1) Registrierte Organisationen stellen ein Programm für die Umweltbetriebsprüfung auf, das gewährleistet, dass alle Tätigkeiten der Organisation innerhalb eines Zeitraums von höchstens drei Jahren einer internen Umweltbetriebsprüfung gemäß Anhang III unterzogen werden, oder innerhalb eines Zeitraums von höchstens vier Jahren, wenn die in Artikel 7 genannte Ausnahmeregelung Anwendung findet.

(2) Die Prüfung wird von Betriebsprüfern vorgenommen, die einzeln oder als Gruppe über die erforderlichen fachlichen Qualifikationen für die Ausführung dieser Aufgaben verfügen, und deren Unabhängigkeit gegenüber den geprüften Tätigkeiten ausreichend ist, um eine objektive Beurteilung zu gestatten.

(3) Im Programm der Organisation für die Umweltbetriebsprüfung sind die Zielsetzungen jeder Umweltbetriebsprüfung bzw. jedes Betriebsprüfungszyklus, einschließlich der Häufigkeit der Prüfung jeder Tätigkeit, festzulegen.

(4) Nach jeder Umweltbetriebsprüfung und nach jedem Prüfungszyklus erstellen die Betriebsprüfer einen schriftlichen Bericht.

(5) Der Betriebsprüfer teilt die Ergebnisse und Schlussfolgerungen aus der Umweltbetriebsprüfung der Organisation mit.

(6) Im Anschluss an die Umweltbetriebsprüfung erstellt die Organisation einen geeigneten Aktionsplan und setzt diesen um.

(7) Die Organisation schafft geeignete Mechanismen, die gewährleisten, dass die Ergebnisse der Umweltbetriebsprüfung in der Folge berücksichtigt werden.

**Art. 10 Verwendung des EMAS-Logos.** (1) *[1]* Unbeschadet des Artikels 35 Absatz 2 darf das EMAS-Logo gemäß Anhang V nur von registrierten Organisationen und nur während der Gültigkeitsdauer ihrer Registrierung verwendet werden.

*[2]* Das Logo muss stets die Registrierungsnummer der Organisation aufweisen.

(2) Das EMAS-Logo darf nur im Einklang mit den technischen Spezifikationen in Anhang V verwendet werden.

(3) Organisationen, die gemäß Artikel 3 Absatz 3 beschlossen haben, nicht alle ihre Standorte in die Sammelregistrierung einzubeziehen, müssen sicherstellen, dass in ihren Informationen für die Öffentlichkeit und bei der Verwendung des EMAS-Logos erkenntlich ist, welche Standorte von der Registrierung erfasst sind.

(4) Das EMAS-Logo darf nicht verwendet werden

a) auf Produkten oder ihrer Verpackung, oder

b) in Verbindung mit Vergleichen mit anderen Tätigkeiten und Dienstleistungen oder in einer Weise, die zu Verwechslungen mit Umwelt-Produktkennzeichnungen führen kann.

(5) Jede von einer registrierten Organisation veröffentlichte Umweltinformation darf das EMAS-Logo tragen, sofern in den Informationen auf die zuletzt vorgelegte Umwelterklärung oder aktualisierte Umwelterklärung der Organisation verwiesen wird, aus der diese Information stammt, und sie von einem Umweltgutachter als

a) sachlich richtig,

b) begründet und nachprüfbar,

c) relevant und im richtigen Kontext bzw. Zusammenhang verwendet,

d) repräsentativ für die gesamte Umweltleistung der Organisation,
e) unmissverständlich und
f) wesentlich in Bezug auf die gesamten Umweltauswirkungen validiert wurde.

## Kapitel IV. Vorschriften für die zuständigen Stellen

**Art. 11 Benennung und Aufgaben der zuständigen Stellen.** (1) *[1]* Die Mitgliedstaaten benennen zuständige Stellen, die für die Registrierung von innerhalb der Gemeinschaft angesiedelten Organisationen gemäß dieser Verordnung verantwortlich sind.

*[2]* Die Mitgliedstaaten können vorsehen, dass die von ihnen benannten zuständigen Stellen für die Registrierung von außerhalb der Gemeinschaft angesiedelten Organisationen sorgen und gemäß dieser Verordnung zuständig sind.

*[3]* Die zuständigen Stellen überwachen die Registrierung und weitere Führung von Organisationen im Register, einschließlich der Aussetzung oder Streichung von Registrierungen.

(2) Bei den zuständigen Stellen kann es sich um nationale, regionale oder lokale Stellen handeln.

(3) Die Zusammensetzung der zuständigen Stellen gewährleistet ihre Unabhängigkeit und Neutralität.

(4) Die zuständigen Stellen verfügen zur ordnungsgemäßen Wahrnehmung ihrer Aufgaben über die geeigneten finanziellen und personellen Mittel.

(5) Die zuständigen Stellen wenden diese Verordnung einheitlich an und nehmen regelmäßig an Bewertungen durch Fachkollegen (peer reviews) gemäß Artikel 17 teil.

**Art. 12 Verpflichtungen im Zusammenhang mit dem Registrierungsverfahren.** (1) [1] Die zuständigen Stellen legen Verfahren für die Registrierung von Organisationen fest. [2] Sie stellen insbesondere Regeln auf, die es ermöglichen,

a) die Bemerkungen interessierter Kreise, einschließlich Akkreditierungs- und Zulassungsstellen, zuständige Durchsetzungsbehörden und Vertretungsgremien der Organisationen, zu Antrag stellenden oder registrierten Organisationen zu berücksichtigen,

b) die Registrierung von Organisationen abzulehnen, auszusetzen oder zu streichen und

c) Beschwerden und Einsprüche gegen ihre Entscheidungen zu regeln.

(2) *[1]* Die zuständigen Stellen erstellen und führen ein Register der in ihren Mitgliedstaaten registrierten Organisationen, einschließlich der Information, auf welche Weise deren Umwelterklärung bzw. aktualisierte Umwelterklärung erhältlich ist, und bringen im Falle von Änderungen dieses Register monatlich auf den neuesten Stand.

*[2]* Das Register wird auf einer Internet-Seite veröffentlicht.

(3) Die zuständigen Stellen teilen der Kommission monatlich entweder auf direktem Weg oder über die nationalen Behörden, so wie es die betroffenen Mitgliedstaaten beschlossen haben, Änderungen des Registers gemäß Absatz 2 mit.

## 2.7 EU-Umweltaudit-VO Art. 13, 14 EMAS

**Art. 13 Registrierung von Organisationen.** (1) Die zuständigen Stellen prüfen die Registrierungsanträge von Organisationen nach den zu diesem Zwecke aufgestellten Verfahren.

(2) Stellt eine Organisation einen Registrierungsantrag, so registriert die zuständige Stelle die betreffende Organisation und vergibt eine Registrierungsnummer, sofern alle folgenden Bedingungen erfüllt sind:

a) Die zuständige Stelle hat einen Registrierungsantrag erhalten, der alle in Artikel 5 Absatz 2 Buchstaben a bis d aufgeführten Unterlagen enthält;

b) die zuständige Stelle hat sich vergewissert, dass die Begutachtung und Validierung gemäß den Artikeln 25, 26 und 27 durchgeführt wurden;

c) die zuständige Stelle ist aufgrund der vorliegenden materiellen Nachweise, beispielsweise eines schriftlichen Berichts der zuständigen Durchsetzungsbehörde davon überzeugt, dass es keinen Nachweis für einen Verstoß gegen die geltenden Umweltrechtsvorschriften gibt,

d) es liegen keine Beschwerden von interessierten Kreisen vor bzw. Beschwerden wurden positiv geklärt;

e) die zuständige Stelle ist aufgrund von Nachweisen überzeugt, dass die Organisation alle Forderungen dieser Verordnung einhält; und

f) die zuständige Stelle hat gegebenenfalls eine Registrierungsgebühr erhalten.

(3) Die zuständige Stelle teilt der Organisation mit, dass sie registriert wurde, und vergibt die Registrierungsnummer sowie das EMAS-Logo an die Organisation.

(4) Gelangt eine zuständige Stelle zu dem Schluss, dass eine Organisation, die eine Registrierung beantragt hat, die Anforderungen gemäß Absatz 2 nicht erfüllt, so lehnt sie die Registrierung der Organisation ab und übermittelt ihr hierfür eine ausführliche Begründung.

(5) [1] Erhält die zuständige Stelle von der Akkreditierungsstelle oder der Zulassungsstelle einen schriftlichen Kontrollbericht, dem zufolge die Tätigkeiten des Umweltgutachters nicht ausreichen, um zu gewährleisten, dass die antragstellende Organisation die Anforderungen dieser Verordnung erfüllt, so lehnt sie die Registrierung dieser Organisation ab. [2] Die zuständige Stelle fordert die betreffende Organisation auf, erneut einen Antrag auf Registrierung zu stellen.

(6) Die zuständige Stelle hört die betroffenen Beteiligten, einschließlich der Organisation, um sich die erforderlichen Entscheidungsgrundlagen für die Ablehnung der Registrierung einer Organisation zu verschaffen.

**Art. 14 Verlängerung der EMAS-Registrierung.** (1) Die zuständige Stelle verlängert die Registrierung der Organisation, sofern die folgenden Bedingungen insgesamt erfüllt sind:

a) der zuständigen Stelle wurde eine validierte Umwelterklärung nach Artikel 6 Absatz 1 Buchstabe c, eine aktualisierte validierte Umwelterklärung nach Artikel 6 Absatz 2 Buchstabe c oder eine nicht validierte aktualisierte Umwelterklärung nach Artikel 7 Absatz 3 übermittelt;

b) der zuständigen Stelle wurde ein ausgefülltes Formular mit wenigstens den in Anhang VI aufgeführten Mindestangaben nach Artikel 6 Absatz 1 Buchstabe d und Artikel 6 Absatz 2 Buchstabe d übermittelt;

c) der zuständigen Stelle liegen keine Nachweise vor, dass die Begutachtung und Validierung nicht entsprechend den Artikeln 25, 26 und 27 durchgeführt wurden;

d) der zuständigen Stelle liegen keine Nachweise vor, dass die Organisation die geltenden Umweltvorschriften nicht eingehalten hat;

e) es liegen keine Beschwerden von interessierten Kreisen vor bzw. Beschwerden wurden positiv geklärt;

f) die zuständige Stelle ist aufgrund von vorliegenden Nachweisen überzeugt, dass die Organisation alle Forderungen dieser Verordnung einhält, und

g) die zuständige Stelle hat gegebenenfalls eine Gebühr für die Verlängerung der Registrierung erhalten.

(2) Die zuständige Stelle teilt der Organisation mit, dass ihre Registrierung verlängert wurde.

**Art. 15 Aussetzung oder Streichung der Registrierung von Organisationen.** (1) [1] Ist eine zuständige Stelle der Auffassung, dass eine registrierte Organisation die Bestimmungen dieser Verordnung nicht einhält, so gibt sie der Organisation Gelegenheit, zur Sache Stellung zu nehmen. [2] Ist die Antwort der Organisation unzulänglich, so wird ihre Registrierung ausgesetzt oder gestrichen.

(2) Erhält die zuständige Stelle von der Akkreditierungsstelle oder Zulassungsstelle einen schriftlichen Kontrollbericht, dem zufolge die Tätigkeiten des Umweltgutachters nicht ausreichen, um zu gewährleisten, dass die registrierte Organisation die Anforderungen dieser Verordnung erfüllt, so wird die Registrierung ausgesetzt.

(3) Die Registrierung einer Organisation wird ausgesetzt oder im Register gestrichen, wenn die Organisation es versäumt, der zuständigen Stelle innerhalb von zwei Monaten nach einer entsprechenden Aufforderung Folgendes zu übermitteln:

a) die validierte Umwelterklärung, eine aktualisierte Umwelterklärung oder die unterzeichnete Erklärung gemäß Artikel 25 Absatz 9;

b) ein Formular, das wenigstens die in Anhang VI vorgesehenen Mindestangaben zur Organisation enthält.

(4) Wird eine zuständige Stelle von der zuständigen Durchsetzungsbehörde in einem schriftlichen Bericht über einen Verstoß der Organisation gegen geltende Umweltvorschriften unterrichtet, so setzt sie die Registrierung der betreffenden Organisation aus bzw. streicht den Registereintrag.

(5) Bei ihrer Entscheidung über die Aussetzung oder Streichung einer Registrierung berücksichtigt die zuständige Stelle mindestens Folgendes:

a) die Umweltauswirkung der Nichteinhaltung der Verpflichtungen gemäß dieser Verordnung durch die Organisation,

b) die Vorhersehbarkeit der Nichteinhaltung von Verpflichtungen gemäß dieser Verordnung durch die Organisation oder die Umstände, die dazu führen,

c) die vorangegangene Nichteinhaltung von Verpflichtungen gemäß dieser Verordnung durch die Organisation und

d) die besondere Situation der Organisation.

(6) Die zuständige Stelle hört die betroffenen Beteiligten, einschließlich der Organisation, um sich die erforderlichen Entscheidungsgrundlagen für die Aus-

setzung der Registrierung der betreffenden Organisation oder ihre Streichung aus dem Register zu verschaffen.

(7) Erhält die zuständige Stelle auf anderem Wege als durch einen schriftlichen Kontrollbericht der Akkreditierungsstelle oder der Zulassungsstelle den Nachweis dafür, dass die Tätigkeiten des Umweltgutachters nicht ausreichen, um zu gewährleisten, dass die Organisation die Anforderungen dieser Verordnung erfüllt, so konsultiert sie die Akkreditierungsstelle oder Zulassungsstelle, die den Umweltgutachter beaufsichtigt.

(8) Die zuständige Stelle gibt die Gründe für die getroffenen Maßnahmen an.

(9) Die zuständige Stelle informiert die Organisation in angemessener Weise über die mit den betroffenen Beteiligten geführten Gespräche.

(10) Die Aussetzung der Registrierung einer Organisation wird rückgängig gemacht, wenn die zuständige Stelle hinreichend darüber informiert wurde, dass die Organisation die Vorschriften dieser Verordnung einhält.

**Art. 16 Forum der zuständigen Stellen.** (1) *[1]* Die zuständigen Stellen richten ein Forum der zuständigen Stellen aller Mitgliedstaaten (nachstehend als „Forum der zuständigen Stellen" bezeichnet) ein, das mindestens einmal jährlich zusammentritt, wobei ein Vertreter der Kommission anwesend ist.

*[2]* Das Forum der zuständigen Stellen gibt sich eine Geschäftsordnung.

(2) ¹Die zuständigen Stellen aller Mitgliedstaaten nehmen an dem Forum der zuständigen Stellen teil. ²Verfügt ein Mitgliedstaat über mehrere zuständige Stellen, so sind geeignete Maßnahmen zu treffen, um sicherzustellen, dass alle Stellen über die Tätigkeiten des Forums der zuständigen Stellen informiert werden.

(3) *[1]* Das Forum der zuständigen Stellen erstellt Leitlinien, um einheitliche Verfahren für die Registrierung von Organisationen im Einklang mit dieser Verordnung einschließlich der Verlängerung und der Aussetzung der Registrierung oder der Streichung des Registereintrags von Organisationen innerhalb und außerhalb der Gemeinschaft sicherzustellen.

*[2]* Das Forum der zuständigen Stellen übermittelt der Kommission die Leitlinien und die Unterlagen für die Bewertung durch Fachkollegen.

(4) *[1]* Die vom Forum der zuständigen Stellen angenommenen Leitlinien für Harmonisierungsverfahren werden von der Kommission gegebenenfalls zur Annahme nach dem in Artikel 49 Absatz 3 genannten Regelungsverfahren mit Kontrolle vorgeschlagen.

*[2]* Diese Dokumente werden veröffentlicht.

**Art. 17 Bewertung der zuständigen Stellen durch Fachkollegen.**

(1) Das Forum der zuständigen Stellen veranstaltet eine Bewertung durch Fachkollegen, um zu prüfen, ob die Registrierungssysteme der einzelnen zuständigen Stellen mit dieser Verordnung übereinstimmen, und um zu einem einheitlichen Konzept für die Anwendung der Registrierungsregeln zu gelangen.

(2) ¹Die Bewertung durch Fachkollegen erfolgt in regelmäßigen Zeitabständen und mindestens alle vier Jahre und umfasst eine Bewertung der in den Artikeln 12, 13 und 15 genannten Regeln und Verfahren. ²An der Bewertung durch Fachkollegen nehmen alle zuständigen Stellen teil.

(3) *[1]* Die Kommission entwickelt ein Verfahren für die Bewertung durch Fachkollegen, einschließlich geeigneter Verfahren für Einsprüche gegen die aufgrund der Bewertung durch Fachkollegen getroffenen Entscheidungen.

*[2]* Diese Maßnahmen, die durch Hinzufügung eine Änderung nicht wesentlicher Bestimmungen dieser Richtlinie bewirken, werden nach dem in Artikel 49 Absatz 3 genannten Regelungsverfahren mit Kontrolle erlassen.

(4) Die in Absatz 3 genannten Verfahren werden eingeführt, bevor die erste Bewertung durch Fachkollegen stattfindet.

(5) *[1]* Das Forum der zuständigen Stellen übermittelt der Kommission und dem gemäß Artikel 49 Absatz 1 eingesetzten Ausschuss regelmäßig einen Bericht über die Bewertung durch Fachkollegen.

*[2]* Dieser Bericht wird nach Genehmigung durch das Forum der zuständigen Stellen und den in Unterabsatz 1 genannten Ausschuss veröffentlicht.

## Kapitel V. Umweltgutachter

**Art. 18 Aufgaben der Umweltgutachter.** (1) Die Umweltgutachter prüfen, ob die Umweltprüfung, die Umweltpolitik, das Umweltmanagementsystem, die Umweltbetriebsprüfungsverfahren einer Organisation und deren Durchführung den Anforderungen dieser Verordnung entsprechen.

(2) Der Umweltgutachter prüft Folgendes:

a) die Einhaltung aller Vorschriften dieser Verordnung durch die Organisation in Bezug auf die erste Umweltprüfung, das Umweltmanagementsystem, die Umweltbetriebsprüfung und ihre Ergebnisse und die Umwelterklärung oder die aktualisierte Umwelterklärung;

b) die Einhaltung der geltenden gemeinschaftlichen, nationalen, regionalen und lokalen Umweltvorschriften durch die Organisation;

c) die kontinuierliche Verbesserung der Umweltleistung der Organisation; und

d) die Zuverlässigkeit, die Glaubwürdigkeit und die Richtigkeit der Daten und Informationen in folgenden Dokumenten:

   i) Umwelterklärung,

   ii) aktualisierte Umwelterklärung,

   iii) zu validierende Umweltinformationen.

(3) Der Umweltgutachter prüft insbesondere die Angemessenheit der ersten Umweltprüfung, der Umweltbetriebsprüfung oder anderer von der Organisation angewandter Verfahren, wobei er auf jede unnötige Doppelarbeit verzichtet.

(4) [1] Der Umweltgutachter prüft, ob die Ergebnisse der internen Umweltbetriebsprüfung zuverlässig sind. [2] Gegebenenfalls führt er zu diesem Zweck Stichproben durch.

(5) Bei der Begutachtung in Vorbereitung der Registrierung einer Organisation untersucht der Umweltgutachter, ob die Organisation mindestens folgende Anforderungen erfüllt:

a) Sie verfügt über ein voll funktionsfähiges Umweltmanagementsystem gemäß Anhang II;

b) es besteht ein Programm für die Umweltbetriebsprüfung gemäß Anhang III, dessen Planung abgeschlossen und das bereits angelaufen ist, so dass zumindest die bedeutendsten Umweltauswirkungen erfasst sind;

c) es wurde eine Managementbewertung gemäß Anhang II Teil A vorgenommen, und

d) es wurde eine Umwelterklärung gemäß Anhang IV erstellt und es wurden – soweit verfügbar – branchenspezifische Referenzdokumente berücksichtigt.

(6) Im Rahmen der Begutachtung für die Verlängerung der Registrierung gemäß Artikel 6 Absatz 1 untersucht der Umweltgutachter, ob die Organisation folgende Anforderungen erfüllt:

a) Die Organisation verfügt über ein voll funktionsfähiges Umweltmanagementsystem gemäß Anhang II;

b) die Organisation verfügt über ein Programm für die Umweltbetriebsprüfung gemäß Anhang III, für das die operative Planung und mindestens ein Prüfzyklus abgeschlossen sind;

c) die Organisation hat eine Managementbewertung vorgenommen und

d) die Organisation hat eine Umwelterklärung gemäß Anhang IV erstellt, und es wurden – soweit verfügbar – branchenspezifische Referenzdokumente berücksichtigt.

(7) Im Rahmen der Begutachtung für die Verlängerung der Registrierung gemäß Artikel 6 Absatz 2 untersucht der Umweltgutachter, ob die Organisation mindestens folgende Anforderungen erfüllt:

a) Sie hat eine interne Umweltbetriebsprüfung und eine Prüfung der Einhaltung der geltenden Umweltvorschriften gemäß Anhang III vorgenommen;

b) sie erbringt den Nachweis für die dauerhafte Einhaltung der geltenden Umweltvorschriften und die kontinuierliche Verbesserung der Umweltleistung der Organisation und

c) sie hat eine aktualisierte Umwelterklärung gemäß Anhang IV erstellt, und es wurden – soweit verfügbar – branchenspezifische Referenzdokumente berücksichtigt.

**Art. 19 Häufigkeit der Begutachtungen.** (1) Der Umweltgutachter erstellt in Abstimmung mit der Organisation ein Programm, durch das sichergestellt wird, dass alle für die Registrierung und Verlängerung der Registrierung erforderlichen Komponenten gemäß den Artikeln 4, 5 und 6 begutachtet werden.

(2) *[1]* Der Umweltgutachter validiert in Abständen von höchstens zwölf Monaten sämtliche aktualisierten Informationen der Umwelterklärung oder der aktualisierten Umwelterklärung.

*[2]* Gegebenenfalls wird die Ausnahmeregelung nach Artikel 7 angewandt.

**Art. 20 Anforderungen an Umweltgutachter.** (1) *[1]* Umweltgutachter, die eine Akkreditierung oder Zulassung gemäß dieser Verordnung anstreben, stellen einen entsprechenden Antrag bei der Akkreditierungsstelle oder Zulassungsstelle.

*[2]* In dem Antrag ist der Geltungsbereich der beantragten Akkreditierung oder Zulassung gemäß der in der Verordnung (EG) Nr. 1893/2006[1] festgelegten Systematik der Wirtschaftszweige zu präzisieren.

---

[1] **Amtl. Anm.:** Verordnung (EG) Nr. 1893/2006 des Europäischen Parlaments und des Rates vom 20. Dezember 2006 zur Aufstellung der statistischen Systematik der Wirtschaftszweige NACE Revision 2 (ABl. L 393 vom 30.12.2006, S. 1).

(2) Der Umweltgutachter weist der Akkreditierungsstelle oder Zulassungsstelle auf geeignete Weise nach, dass er in den folgenden Bereichen über die für die beantragte Akkreditierung oder Zulassung erforderlichen Qualifikationen, einschließlich der Kenntnisse, einschlägigen Erfahrungen und technischen Fähigkeiten, verfügt:

a) vorliegende Verordnung;
b) allgemeine Funktionsweise von Umweltmanagementsystemen;
c) einschlägige branchenspezifische Referenzdokumente, die von der Kommission gemäß Artikel 46 für die Anwendung dieser Verordnung erstellt wurden;
d) Rechts- und Verwaltungsvorschriften für die zu begutachtende und zu validierende Tätigkeit;
e) Umweltaspekte und -auswirkungen, einschließlich der Umweltdimension der nachhaltigen Entwicklung;
f) umweltbezogene technische Aspekte der zu begutachtenden und zu validierenden Tätigkeit;
g) allgemeine Funktionsweise der zu begutachtenden und zu validierenden Tätigkeit, um die Eignung des Managementsystems im Hinblick auf die Interaktion der Organisation, ihrer Tätigkeiten, Produkte und Dienstleistungen mit der Umwelt bewerten zu können, einschließlich mindestens folgender Elemente:
   i) von der Organisation eingesetzte Techniken,
   ii) im Rahmen der Tätigkeiten verwendete Definitionen und Hilfsmittel,
   iii) Betriebsabläufe und Merkmale ihrer Interaktion mit der Umwelt,
   iv) Methoden für die Bewertung bedeutender Umweltaspekte,
   v) Techniken zur Kontrolle und Verminderung von Umweltbelastungen;
h) Anforderungen an die Umweltbetriebsprüfung und angewandte Methoden einschließlich der Fähigkeit, eine wirksame Kontrollprüfung eines Umweltmanagementsystems vorzunehmen, Formulierung der Erkenntnisse und Schlussfolgerungen der Umweltbetriebsprüfung in geeigneter Form sowie mündliche und schriftliche Berichterstattung, um eine klare Darstellung der Umweltbetriebsprüfung zu geben;
i) Begutachtung von Umweltinformationen, Umwelterklärung und aktualisierter Umwelterklärung unter den Gesichtspunkten Datenmanagement, Datenspeicherung und Datenverarbeitung, schriftliche und grafische Darstellung von Daten zwecks Evaluierung potenzieller Datenfehler, Verwendung von Annahmen und Schätzungen;
j) Umweltdimension von Produkten und Dienstleistungen einschließlich Umweltaspekte und Umweltleistung in der Gebrauchsphase und danach sowie Integrität der für umweltrelevante Entscheidungen bereitgestellten Daten.

(3) Der Umweltgutachter muss nachweisen, dass er sich beständig auf den Fachgebieten gemäß Absatz 2 fortbildet, und muss bereit sein, seinen Kenntnisstand von der Akkreditierungsstelle oder Zulassungsstelle bewerten zu lassen.

(4) Der Umweltgutachter muss ein externer Dritter und bei der Ausübung seiner Tätigkeit insbesondere von dem Betriebsprüfer oder Berater der Organisation unabhängig sowie unparteiisch und objektiv sein.

(5) [1] Der Umweltgutachter muss die Gewähr bieten, dass er keinem kommerziellen, finanziellen oder sonstigen Druck unterliegt, der sein Urteil beeinflusst oder das Vertrauen in seine Unabhängigkeit und Integrität bei der Gutachtertätig-

keit in Frage stellen könnte. ²Er gewährleistet ferner, dass alle diesbezüglichen Vorschriften eingehalten werden.

(6) Der Umweltgutachter verfügt im Hinblick auf die Einhaltung der Begutachtungs- und Validierungsvorschriften dieser Verordnung über dokumentierte Prüfungsmethoden und -verfahren, einschließlich Qualitätskontrollmechanismen und Vorkehrungen zur Wahrung der Vertraulichkeit.

(7) *[1]* Organisationen, die Umweltgutachtertätigkeiten ausführen, verfügen über einen Organisationsplan mit ausführlichen Angaben über die Strukturen und Verantwortungsbereiche innerhalb der Organisation sowie über eine Erklärung über den Rechtsstatus, die Besitzverhältnisse und die Finanzierungsquellen.

*[2]* Der Organisationsplan wird auf Verlangen zur Verfügung gestellt.

(8) Die Einhaltung dieser Vorschriften wird durch die vor der Akkreditierung oder Zulassung erfolgende Beurteilung und durch die von der Akkreditierungsstelle oder Zulassungsstelle wahrgenommene Beaufsichtigung sichergestellt.

### Art. 21 Zusätzliche Vorschriften für Umweltgutachter, die als natürliche Personen eigenständig Begutachtungen und Validierungen durchführen.

Für natürliche Personen, die als Umweltgutachter eigenständig Begutachtungen und Validierungen durchführen, gelten zusätzlich zu den Vorschriften von Artikel 20 folgende Vorschriften:

a) Sie müssen über alle fachlichen Qualifikationen verfügen, die für Begutachtungen und Validierungen in den Bereichen, für die sie zugelassen werden, erforderlich sind;

b) eine im Umfang begrenzte Zulassung entsprechend ihrer fachlichen Qualifikation erhalten.

### Art. 22 Zusätzliche Vorschriften für Umweltgutachter, die Gutachtertätigkeiten in Drittländern durchführen.
(1) Umweltgutachter, die Gutachter- und Validierungstätigkeiten in Drittländern durchzuführen beabsichtigen, beantragen eine Akkreditierung oder Zulassung für bestimmte Drittländer.

(2) Um für ein Drittland eine Akkreditierung oder Zulassung zu erhalten, muss der Umweltgutachter neben den Vorschriften der Artikel 20 und 21 die folgenden Anforderungen erfüllen:

a) Kenntnis und Verständnis der Rechts- und Verwaltungsvorschriften im Umweltbereich, die in dem Drittland gelten, für das die Akkreditierung oder die Zulassung beantragt wird;

b) Kenntnis und Verständnis der Amtssprache des Drittlandes, für das die Akkreditierung oder die Zulassung beantragt wird.

(3) *[1]* Die Anforderungen gemäß Absatz 2 gelten als erfüllt, wenn der Umweltgutachter nachweist, dass zwischen ihm und einer qualifizierten Person oder Organisation, die diese Anforderungen erfüllt, eine vertragliche Vereinbarung besteht.

*[2]* Die betreffende Person oder Organisation muss von der zu begutachtenden Organisation unabhängig sein.

### Art. 23 Aufsicht über Umweltgutachter.
(1) Die Aufsicht über die Gutachter- und Validierungstätigkeiten der Umweltgutachter

a) in dem Mitgliedstaat, in dem diese akkreditiert sind oder eine Zulassung haben, erfolgt durch die Akkreditierungsstelle oder Zulassungsstelle, die die Akkreditierung oder die Zulassung erteilt hat;
b) in einem Drittland erfolgt durch die Akkreditierungsstelle oder die Zulassungsstelle, die den Umweltgutachter für diese Tätigkeiten akkreditiert oder ihm eine Zulassung erteilt hat;
c) in einem anderen Mitgliedstaat als dem Akkreditierungs- oder Zulassungsmitgliedstaat erfolgt durch die Akkreditierungsstelle oder die Zulassungsstelle des Mitgliedstaats, in dem die Begutachtung stattfindet.

(2) Spätestens vier Wochen vor der Aufnahme einer Gutachtertätigkeit in einem Mitgliedstaat teilt der Umweltgutachter der Akkreditierungsstelle oder der Zulassungsstelle, die für die Beaufsichtigung seiner Tätigkeiten zuständig ist, die Einzelheiten seiner Akkreditierung oder Zulassung sowie Ort und Zeitpunkt der Begutachtung mit.

(3) Der Umweltgutachter hat die Akkreditierungsstelle oder Zulassungsstelle unverzüglich über jede Veränderung zu unterrichten, die seine Akkreditierung bzw. Zulassung oder deren Geltungsbereich betrifft.

(4) In regelmäßigen Zeitabständen und mindestens alle 24 Monate vergewissert sich die Akkreditierungsstelle oder Zulassungsstelle, ob der Umweltgutachter weiterhin die Akkreditierungs- oder Zulassungsanforderungen erfüllt, und kontrolliert die Qualität der vorgenommenen Begutachtungen und Validierungen.

(5) *[1]* Die Aufsicht kann anhand einer Überprüfung im Umweltgutachterbüro (Office-audit), einer Vor-Ort-Aufsicht in den Organisationen, durch Fragebögen oder durch Prüfung der von den Umweltgutachtern validierten Umwelterklärungen und aktualisierten Umwelterklärungen oder Prüfung der Gutachterberichte erfolgen.

*[2]* Der Umfang der Aufsicht sollte sich an der Tätigkeit des Umweltgutachters orientieren.

(6) Die Organisationen müssen den Akkreditierungsstellen oder Zulassungsstellen gestatten, den Umweltgutachter während seiner Begutachtungs- und Validierungstätigkeit zu beaufsichtigen.

(7) Entscheidungen über den Entzug oder die Aussetzung der Akkreditierung bzw. der Zulassung oder die Einschränkung von deren Geltungsbereich werden von der Akkreditierungsstelle oder der Zulassungsstelle erst getroffen, nachdem der Umweltgutachter die Möglichkeit hatte, hierzu Stellung zu nehmen.

(8) *[1]* Ist die Aufsicht führende Akkreditierungsstelle oder Zulassungsstelle der Ansicht, dass die Qualität der von einem Umweltgutachter ausgeführten Arbeiten nicht den Anforderungen dieser Verordnung entspricht, so wird dem betreffenden Umweltgutachter und der zuständigen Stelle, bei der die betreffende Organisation die Registrierung zu beantragen beabsichtigt oder die die betreffende Organisation registriert hat, ein schriftlicher Kontrollbericht zugeleitet.

*[2]* Bei weiteren Streitigkeiten wird der Kontrollbericht dem Forum der Akkreditierungs- und Zulassungsstellen gemäß Artikel 30 übermittelt.

**Art. 24 Zusätzliche Vorschriften für die Aufsicht über Umweltgutachter, die Gutachtertätigkeiten in einem anderen Mitgliedstaat als dem Akkreditierungs- oder Zulassungsmitgliedstaat durchführen.** (1) *[1]* Ein Umweltgutachter, der in einem Mitgliedstaat eine Akkreditierung oder Zulassung erwirbt, teilt spätestens vier Wochen vor der Aufnahme von Gutachter- und

Validierungstätigkeiten in einem anderen Mitgliedstaat der Akkreditierungsstelle oder Zulassungsstelle dieses Mitgliedstaats Folgendes mit:

a) die Einzelheiten seiner Akkreditierung oder Zulassung, seine fachlichen Qualifikationen, insbesondere Kenntnis der Umweltvorschriften und der Amtssprache des anderen Mitgliedstaats, sowie gegebenenfalls die Zusammensetzung des Teams;

b) Ort und Zeitpunkt der Begutachtung und Validierung;

c) Anschrift und Ansprechpartner der Organisation.

*[2]* Diese Mitteilung ist vor jeder Begutachtung und Validierung zu übermitteln.

(2) Die Akkreditierungsstelle oder die Zulassungsstelle kann um weitere Auskünfte zu den Kenntnissen des Umweltgutachters über die geltenden Umweltvorschriften ersuchen.

(3) Die Akkreditierungsstelle oder die Zulassungsstelle kann andere als die in Absatz 1 genannten Anforderungen nur stellen, wenn diese das Recht des Umweltgutachters, in einem anderen Mitgliedstaat tätig zu werden als dem, in dem ihm die Akkreditierung oder die Zulassung erteilt wurde, nicht einschränken.

(4) ¹Die Akkreditierungsstelle oder die Zulassungsstelle darf das Verfahren gemäß Absatz 1 nicht dazu nutzen, die Aufnahme der Umweltgutachtertätigkeit zu verzögern. ²Ist die Akkreditierungsstelle oder Zulassungsstelle nicht imstande, ihre Aufgaben gemäß den Absätzen 2 und 3 vor dem vom Umweltgutachter gemäß Absatz 1 Buchstabe b mitgeteilten Zeitpunkt der Begutachtung und Validierung wahrzunehmen, so liefert sie dem Umweltgutachter hierfür eine ausführliche Begründung.

(5) Die Akkreditierungsstellen oder Zulassungsstellen erheben für das Mitteilungs- und Aufsichtsverfahren keine diskriminierenden Gebühren.

(6) ¹Ist die Aufsicht führende Akkreditierungsstelle oder Zulassungsstelle der Ansicht, dass die Qualität der vom Umweltgutachter ausgeführten Arbeiten nicht den Anforderungen dieser Verordnung entspricht, so wird dem betreffenden Umweltgutachter, der Akkreditierungsstelle oder Zulassungsstelle, die die Akkreditierung oder Zulassung erteilt hat, und der zuständigen Stelle, bei der die betreffende Organisation die Registrierung zu beantragen beabsichtigt oder die betreffende Organisation registriert hat, ein schriftlicher Kontrollbericht zugeleitet. ²Bei weiteren Meinungsverschiedenheiten wird der Kontrollbericht dem Forum der Akkreditierungsstellen oder Zulassungsstellen gemäß Artikel 30 übermittelt.

### Art. 25 Bedingungen für die Begutachtung und Validierung.

(1) *[1]* Der Umweltgutachter übt seine Tätigkeit im Rahmen des Geltungsbereichs seiner Akkreditierung oder Zulassung und auf der Grundlage einer schriftlichen Vereinbarung mit der Organisation aus.

*[2]* Diese Vereinbarung

a) legt den Gegenstand der Tätigkeit fest,

b) legt Bedingungen fest, die dem Umweltgutachter die Möglichkeit geben sollen, professionell und unabhängig zu handeln, und

c) verpflichtet die Organisation zur Zusammenarbeit im jeweils erforderlichen Umfang.

(2) *[1]* Der Umweltgutachter gewährleistet, dass die Teile der Organisation eindeutig beschrieben sind und diese Beschreibung der tatsächlichen Aufteilung der Tätigkeiten entspricht.

*[2]* Die Umwelterklärung muss die verschiedenen zu begutachtenden und zu validierenden Punkte klar angeben.

(3) Der Umweltgutachter nimmt eine Bewertung der in Artikel 18 aufgeführten Elemente vor.

(4) Im Rahmen der Begutachtung und Validierung prüft der Umweltgutachter die Unterlagen, besucht die Organisation, nimmt Stichprobenkontrollen vor und führt Gespräche mit dem Personal.

(5) Die Organisation liefert dem Umweltgutachter vor seinem Besuch grundlegende Informationen über die Organisation und ihre Tätigkeiten, die Umweltpolitik und das Umweltprogramm, eine Beschreibung des in der Organisation angewandten Umweltmanagementsystems, Einzelheiten der durchgeführten Umweltprüfung oder Umweltbetriebsprüfung, den Bericht über diese Umweltprüfung oder Umweltbetriebsprüfung und über etwaige anschließend getroffene Korrekturmaßnahmen und den Entwurf einer Umwelterklärung oder einer aktualisierten Umwelterklärung.

(6) Der Umweltgutachter erstellt für die Organisation einen schriftlichen Bericht über die Ergebnisse der Begutachtung, der Folgendes umfasst:

a) alle für die Arbeit des Umweltgutachters relevanten Sachverhalte;

b) eine Beschreibung der Einhaltung sämtlicher Vorschriften dieser Verordnung, einschließlich Nachweise, Feststellungen und Schlussfolgerungen;

c) einen Vergleich der Umweltleistungen und Einzelziele mit den früheren Umwelterklärungen und die Bewertung der Umweltleistung und der ständigen Umweltleistungsverbesserung der Organisation;

d) die bei der Umweltprüfung oder der Umweltbetriebsprüfung oder dem Umweltmanagementsystem oder anderen relevanten Prozessen aufgetretenen technischen Mängel.

(7) Im Falle der Nichteinhaltung der Bestimmungen dieser Verordnung enthält der Bericht zusätzlich folgende Angaben:

a) Feststellungen und Schlussfolgerungen betreffend die Nichteinhaltung der Bestimmungen durch die Organisation und Sachverhalte, auf denen diese Feststellungen und Schlussfolgerungen basieren,

b) Einwände gegen den Entwurf der Umwelterklärung oder der aktualisierten Umwelterklärung sowie Einzelheiten der Änderungen oder Zusätze, die in die Umwelterklärung oder die aktualisierte Umwelterklärung aufgenommen werden sollten.

(8) Nach der Begutachtung validiert der Umweltgutachter die Umwelterklärung oder die aktualisierte Umwelterklärung der Organisation und bestätigt, dass sie die Anforderungen dieser Verordnung erfüllen, sofern die Ergebnisse der Begutachtung und Validierung zeigen,

a) dass die Informationen und Daten in der Umwelterklärung oder der aktualisierten Umwelterklärung der Organisation zuverlässig und korrekt sind und den Vorschriften dieser Verordnung entsprechen, und

b) dass keine Nachweise für die Nichteinhaltung der geltenden Umweltvorschriften durch die Organisation vorliegen.

(9) Nach der Validierung stellt der Umweltgutachter eine unterzeichnete Erklärung gemäß Anhang VII aus, mit der bestätigt wird, dass die Begutachtung und die Validierung im Einklang mit dieser Verordnung erfolgt sind.

(10) [1] Die in einem Mitgliedstaat akkreditierten oder zugelassenen Umweltgutachter dürfen nach Maßgabe der Vorschriften dieser Verordnung in allen anderen Mitgliedstaaten Begutachtungen und Validierungen vornehmen.

[2] [1] Die Gutachter- oder Validierungstätigkeit unterliegt der Aufsicht durch die Akkreditierungsstelle oder Zulassungsstelle des Mitgliedstaats, in dem die Tätigkeit ausgeübt wird. [2] Die Aufnahme der Tätigkeit ist dieser Akkreditierungsstelle oder Zulassungsstelle innerhalb der in Artikel 24 Absatz 1 genannten Frist zu melden.

### Art. 26 Begutachtung und Validierung von kleinen Organisationen.

(1) Bei der Begutachtung und Validierung berücksichtigt der Umweltgutachter die besonderen Merkmale, die kleine Organisationen kennzeichnen, insbesondere

a) kurze Kommunikationswege,

b) multifunktionelles Arbeitsteam,

c) Ausbildung am Arbeitsplatz,

d) Fähigkeit, sich schnell an Veränderungen anzupassen, und

e) begrenzte Dokumentierung der Verfahren.

(2) Der Umweltgutachter führt die Begutachtung oder Validierung so durch, dass kleine Organisationen nicht unnötig belastet werden.

(3) Der Umweltgutachter zieht objektive Belege für die Wirksamkeit des Systems heran; insbesondere berücksichtigt er, ob die Verfahren innerhalb der Organisation in einem angemessenen Verhältnis zum Umfang und zur Komplexität des Betriebs, der Art der damit verbundenen Umweltauswirkungen sowie der Kompetenz der Beteiligten stehen.

### Art. 27 Bedingungen für Begutachtungen und Validierungen in Drittländern.

(1) Die in einem Mitgliedstaat akkreditierten oder zugelassenen Umweltgutachter dürfen nach Maßgabe der Vorschriften dieser Verordnung für eine in einem Drittland ansässige Organisation Begutachtungen und Validierungen vornehmen.

(2) Spätestens sechs Wochen vor der Aufnahme von Gutachter- oder Validierungstätigkeiten in einem Drittland teilt der Umweltgutachter der Akkreditierungsstelle oder der Zulassungsstelle des Mitgliedstaats, in dem die betreffende Organisation die Registrierung zu beantragen beabsichtigt oder registriert ist, die Einzelheiten seiner Akkreditierung oder Zulassung sowie Ort und Zeitpunkt der Begutachtung oder Validierung mit.

(3) [1] Die Gutachter- und Validierungstätigkeit unterliegt der Aufsicht durch die Akkreditierungsstelle oder Zulassungsstelle des Mitgliedstaats, in dem der Umweltgutachter akkreditiert oder zugelassen ist. [2] Die Aufnahme der Tätigkeit ist dieser Akkreditierungsstelle oder Zulassungsstelle innerhalb der in Absatz 2 genannten Frist zu melden.

## Kapitel VI. Akkreditierungs- und Zulassungsstellen

**Art. 28 Verfahren der Akkreditierung und Erteilung von Zulassungen.**

(1) Die von den Mitgliedstaaten nach Artikel 4 der Verordnung (EG) Nr. 765/2008 benannten Akkreditierungsstellen sind für die Akkreditierung der Umweltgutachter und die Beaufsichtigung der von den Umweltgutachtern gemäß der vorliegenden Verordnung durchgeführten Tätigkeiten zuständig.

(2) Die Mitgliedstaaten können eine Zulassungsstelle nach Artikel 5 Absatz 2 der Verordnung (EG) Nr. 765/2008 benennen, die für die Erteilung von Zulassungen für Umweltgutachter und deren Beaufsichtigung zuständig ist.

(3) Die Mitgliedstaaten können beschließen, natürlichen Personen keine Akkreditierung oder Zulassung als Umweltgutachter zu erteilen.

(4) Die Akkreditierungs- und Zulassungsstellen beurteilen die fachliche Qualifikation des Umweltgutachters anhand der für den Geltungsbereich der beantragten Akkreditierung relevanten Kriterien gemäß den Artikeln 20, 21 und 22.

(5) ¹Der Geltungsbereich der Akkreditierung oder der Zulassung von Umweltgutachtern wird gemäß der in der Verordnung (EG) Nr. 1893/2006 festgelegten Systematik der Wirtschaftszweige bestimmt. ²Er wird durch die fachliche Qualifikation des Umweltgutachters begrenzt, wobei gegebenenfalls auch dem Umfang und der Komplexität der zu prüfenden Tätigkeit Rechnung zu tragen ist.

(6) *[1]* Die Akkreditierungs- und Zulassungsstellen legen geeignete Verfahren für die Akkreditierung oder Zulassungsvergabe sowie die Ablehnung, die Aussetzung und den Entzug der Akkreditierung oder Zulassung von Umweltgutachtern und für die Aufsicht über Umweltgutachter fest.

*[2]* Diese Verfahren umfassen Regeln, die es ermöglichen, Bemerkungen der betroffenen Beteiligten einschließlich der zuständigen Stellen und Vertretungsgremien der Organisationen zu Antrag stellenden und akkreditierten oder zugelassenen Umweltgutachtern zu berücksichtigen.

(7) Lehnt die Akkreditierungs- oder Zulassungsstelle die Akkreditierung oder Zulassung ab, so teilt sie dem Umweltgutachter die Gründe für ihre Entscheidung mit.

(8) Die Akkreditierungs- oder Zulassungsstellen erstellen, überarbeiten und aktualisieren eine Liste der Umweltgutachter in ihrem Mitgliedstaat und des Geltungsbereichs der Akkreditierung oder Zulassung und teilen monatlich auf direktem Wege oder über die von den Mitgliedstaaten bestimmten nationalen Behörden der Kommission und der zuständigen Stelle des Mitgliedstaats, in dem sie ansässig sind, Änderungen dieser Liste mit.

(9) *[1]* Im Rahmen der Regeln und Verfahren für die Überwachung von Tätigkeiten gemäß Artikel 5 Absatz 3 der Verordnung (EG) Nr. 765/2008 erstellen die Akkreditierungs- und Zulassungsstellen einen Kontrollbericht, wenn sie nach Anhörung des betreffenden Umweltgutachters zu dem Schluss gelangen, dass

a) die Tätigkeiten des Umweltgutachters nicht ausreichten, um zu gewährleisten, dass die Organisation die Vorschriften dieser Verordnung einhält, oder

b) der Umweltgutachter bei der Ausführung seiner Gutachter- und Validierungstätigkeiten gegen eine oder mehrere Vorschriften dieser Verordnung verstoßen hat.

*[2]* Dieser Bericht wird der zuständigen Stelle des Mitgliedstaats, in dem die Organisation registriert ist oder die Registrierung beantragt, und gegebenenfalls der Akkreditierungs- oder Zulassungsstelle, die die Akkreditierung oder Zulassung erteilt hat, übermittelt.

### Art. 29 Aussetzung und Entzug der Akkreditierung oder Zulassung.

(1) Die Aussetzung oder der Entzug der Akkreditierung oder Zulassung erfordert die Anhörung der betroffenen Beteiligten, einschließlich des Umweltgutachters, damit die Akkreditierungs- oder Zulassungsstelle über die erforderlichen Entscheidungsgrundlagen verfügt.

(2) Die Akkreditierungs- oder Zulassungsstelle unterrichtet den Umweltgutachter über die Gründe für die getroffenen Maßnahmen und gegebenenfalls über die Gespräche mit der zuständigen Durchsetzungsbehörde.

(3) Die Akkreditierung oder Zulassung wird je nach Art und Umfang des Versäumnisses oder des Verstoßes gegen die Rechtsvorschriften ausgesetzt oder entzogen, bis nachgewiesen ist, dass der Umweltgutachter diese Verordnung einhält.

(4) Die Aussetzung der Akkreditierung oder Zulassung wird rückgängig gemacht, wenn die Akkreditierungs- oder Zulassungsstelle hinreichend darüber informiert worden ist, dass der Umweltgutachter diese Verordnung einhält.

### Art. 30 Forum der Akkreditierungs- und Zulassungsstellen.

(1) Ein Forum der Akkreditierungs- und Zulassungsstellen aller Mitgliedstaaten wird eingerichtet und tritt mindestens einmal jährlich zusammen (nachstehend „Forum der Akkreditierungs- und Zulassungsstellen" genannt), wobei ein Vertreter der Kommission anwesend ist.

(2) Das Forum der Akkreditierungs- und Zulassungsstellen hat die Aufgabe, einheitliche Verfahren sicherzustellen für

a) die Akkreditierung oder Zulassung der Umweltgutachter im Rahmen dieser Verordnung, einschließlich Ablehnung, Aussetzung und Entzug der Akkreditierung oder Zulassung, und

b) die Beaufsichtigung der Tätigkeiten der akkreditierten oder zugelassenen Umweltgutachter.

(3) Das Forum der Akkreditierungs- und Zulassungsstellen erstellt Leitlinien zu Fragen, die in den Zuständigkeitsbereich der Akkreditierungs- und Zulassungsstellen fallen.

(4) Das Forum der Akkreditierungs- und Zulassungsstellen gibt sich eine Geschäftsordnung.

(5) Die Leitlinien gemäß Absatz 3 und die Geschäftsordnung gemäß Absatz 4 werden der Kommission übermittelt.

(6) *[1]* Die vom Forum der Akkreditierungs- und Zulassungsstellen angenommenen Leitlinien für Harmonisierungsverfahren werden von der Kommission gegebenenfalls zur Annahme nach dem in Artikel 49 Absatz 3 genannten Regelungsverfahren mit Kontrolle vorgeschlagen.

*[2]* Diese Dokumente werden veröffentlicht.[1]

---

[1] Siehe hierzu ua B (EU) 2016/1621 über einen Leitfaden für die Mitteilung von Angaben an Akkreditierungs- und Zulassungsstellen durch Umweltgutachter v. 7.9.2016 (ABl. L 242 S. 32).

**Art. 31 Bewertung der Akkreditierungs- und Zulassungsstellen durch Fachkollegen.** (1) *[1]* Die Bewertung durch Fachkollegen in Bezug auf die Akkreditierung und Zulassung von Umweltgutachtern im Rahmen dieser Verordnung, die vom Forum der Akkreditierungs- und Zulassungsstellen vorzunehmen ist, erfolgt in regelmäßigen Zeitabständen, mindestens alle vier Jahre, und umfasst die Bewertung der in den Artikeln 28 und 29 genannten Regeln und Verfahren.

*[2]* An der Bewertung durch Fachkollegen nehmen alle Akkreditierungs- und Zulassungsstellen teil.

(2) *[1]* Das Forum der Akkreditierungs- und Zulassungsstellen übermittelt der Kommission und dem nach Artikel 49 Absatz 1 eingerichteten Ausschuss regelmäßig einen Bericht über die Bewertung durch Fachkollegen.

*[2]* Dieser Bericht wird nach seiner Genehmigung durch das Forum der Akkreditierungs- und Zulassungsstellen und den in Absatz 1 genannten Ausschuss veröffentlicht.

### Kapitel VII. Vorschriften für die Mitgliedstaaten

**Art. 32 Unterstützung der Organisationen bei der Einhaltung von Umweltvorschriften.** (1) Die Mitgliedstaaten stellen sicher, dass Organisationen Zugang zu Informationen und Unterstützungsmöglichkeiten im Zusammenhang mit den in dem betreffenden Mitgliedstaat geltenden Umweltvorschriften erhalten.

(2) Die Unterstützung umfasst Folgendes:

a) Informationen über die geltenden Umweltvorschriften,

b) Angabe der für die jeweiligen Umweltvorschriften, die als anwendbar identifiziert worden sind, zuständigen Durchsetzungsbehörden.

(3) Die Mitgliedstaaten können die Aufgaben gemäß den Absätzen 1 und 2 den zuständigen Stellen oder einer anderen Stelle, die über die erforderliche Erfahrung und die geeigneten Mittel zur Wahrnehmung der Aufgaben verfügt, übertragen.

(4) Die Mitgliedstaaten gewährleisten, dass die Durchsetzungsbehörden zumindest Anfragen von kleinen Organisationen zu den in ihren Zuständigkeitsbereich fallenden geltenden Umweltvorschriften beantworten und die Organisationen über die Mittel zum Nachweis der Einhaltung der relevanten Vorschriften durch diese Organisationen informieren.

(5) *[1]* Die Mitgliedstaaten gewährleisten, dass die zuständigen Durchsetzungsbehörden eine Nichteinhaltung geltender Umweltvorschriften durch eine registrierte Organisation der zuständigen Stelle mitteilen, die die Organisation registriert hat.

*[2]* Die zuständige Durchsetzungsbehörde informiert die zuständige Stelle sobald wie möglich, in jedem Fall jedoch binnen eines Monats, nachdem sie von der Nichteinhaltung Kenntnis erlangt hat.

**Art. 33 Werbeprogramm für EMAS.** (1) Die Mitgliedstaaten führen in Zusammenarbeit mit den zuständigen Stellen, den Durchsetzungsbehörden und anderen relevanten Interessenträgern Werbung für EMAS durch und berücksichtigen dabei die in den Artikeln 34 bis 38 genannten Tätigkeiten.

(2) Zu diesem Zweck können die Mitgliedstaaten eine Werbestrategie festlegen, welche regelmäßig überprüft wird.

**Art. 34 Information.** (1) Die Mitgliedstaaten treffen geeignete Maßnahmen, um

a) die Öffentlichkeit über die Ziele und die wichtigsten Komponenten von EMAS zu unterrichten;

b) Organisationen über den Inhalt dieser Verordnung zu unterrichten.

(2) *[1]* Die Mitgliedstaaten benutzen gegebenenfalls Fachveröffentlichungen, Lokalzeitungen, Werbekampagnen oder andere geeignete Mittel, um die Öffentlichkeit stärker für EMAS zu sensibilisieren.

*[2]* Die Mitgliedstaaten können insbesondere mit Unternehmens- und Verbraucherverbänden, Umweltorganisationen, Gewerkschaften, kommunalen Einrichtungen und anderen relevanten Interessenträgern zusammenarbeiten.

**Art. 35 Werbemaßnahmen.** (1) [1]Die Mitgliedstaaten führen Werbemaßnahmen für EMAS durch. [2]Zu diesen Maßnahmen kann Folgendes gehören:

a) Förderung des Austauschs von Wissen und bewährten Praktiken im EMAS-Bereich zwischen allen betroffenen Beteiligten;

b) Entwicklung wirksamer Instrumente für die EMAS-Werbung, die sie den Organisationen zur Verfügung stellen;

c) technische Unterstützung für Organisationen bei der Konzipierung und Durchführung ihrer mit EMAS verknüpften Marketingmaßnahmen;

d) Förderung von Partnerschaften von Organisationen für die EMAS-Werbung.

(2) [1]Das EMAS-Logo ohne Registrierungsnummer kann von zuständigen Stellen, Akkreditierungs- und Zulassungsstellen, nationalen Behörden und anderen Interessenträgern zu mit EMAS verknüpften Vermarktungs- und Werbezwecken verwendet werden. [2]In solchen Fällen bedeutet die Verwendung des in Anhang V enthaltenen EMAS-Logos nicht, dass der Benutzer registriert ist, wo dies nicht zutrifft.

**Art. 36 Förderung der Teilnahme von kleinen Organisationen.** Die Mitgliedstaaten treffen geeignete Maßnahmen, um die Teilnahme von kleinen Organisationen zu fördern, indem sie unter anderem

a) den Zugang zu eigens auf diese Organisationen zugeschnittenen Informationen und Unterstützungsfonds erleichtern;

b) sicher stellen, dass vernünftig gestaltete Registrierungsgebühren diese Organisationen zur Teilnahme motivieren;

c) Maßnahmen der technischen Unterstützung fördern.

**Art. 37 Clusterkonzept und schrittweises Vorgehen.** (1) *[1]* Die Mitgliedstaaten fordern die Kommunalbehörden dazu auf, unter Beteiligung von Industrieverbänden, Handelskammern und anderen betroffenen Beteiligten Clustern von Organisationen dabei behilflich zu sein, die Registrierungsanforderungen gemäß den Artikeln 4, 5 und 6 zu erfüllen.

*[2]* Jede einem Cluster angehörende Organisation wird getrennt registriert.

(2) ¹Die Mitgliedstaaten fordern die Organisationen zur Anwendung eines Umweltmanagementsystems auf. ²Sie fördern insbesondere ein schrittweises Vorgehen, das zu einer EMAS-Registrierung führt.

(3) Bei der Anwendung von Systemen, die gemäß den Absätzen 1 und 2 erstellt werden, sind unnötige Kosten für die Teilnehmer, insbesondere kleine Organisationen, zu vermeiden.

**Art. 38 EMAS und andere Strategien und Instrumente der Gemeinschaft.** (1) Die Mitgliedstaaten prüfen unbeschadet der Gemeinschaftsvorschriften, wie die EMAS-Registrierung nach dieser Verordnung

a) bei der Ausarbeitung neuer Rechtsvorschriften berücksichtigt werden kann,

b) als Instrument für die Durchführung und Durchsetzung der Rechtsvorschriften genutzt werden kann,

c) im öffentlichen Beschaffungs- und Auftragswesen berücksichtigt werden kann.

(2) *[1]* Unbeschadet der Gemeinschaftsvorschriften, insbesondere in den Bereichen Wettbewerb, Steuern und staatliche Beihilfen, ergreifen die Mitgliedstaaten gegebenenfalls Maßnahmen, die den Organisationen die EMAS-Registrierung oder die Aufrechterhaltung der EMAS-Registrierung erleichtern.

*[2]* Diese Maßnahmen können unter anderem auf¹⁾ Folgendes beinhalten:

a) regulatorische Entlastung, so dass für eine registrierte Organisation gilt, dass sie bestimmte in anderen Rechtsakten festgelegte und von den zuständigen Behörden angegebene Umweltvorschriften erfüllt;

b) bessere Rechtsetzung, wodurch andere Rechtsinstrumente geändert werden, so dass der Arbeitsaufwand für Organisationen, die an EMAS teilnehmen, beseitigt, verringert oder vereinfacht wird, um so das wirksame Funktionieren der Märkte zu fördern und die Wettbewerbsfähigkeit zu verbessern.

**Art. 39 Gebühren.** (1) *[1]* Die Mitgliedstaaten können Gebühren erheben, die Folgendem Rechnung tragen:

a) den Kosten im Zusammenhang mit der Bereitstellung von Informationen und der Unterstützung von Organisationen durch die gemäß Artikel 32 von den Mitgliedstaaten benannten oder zu diesem Zweck geschaffenen Stellen;

b) den Kosten im Zusammenhang mit der Akkreditierung, Zulassungserteilung und Beaufsichtigung von Umweltgutachtern;

c) den Kosten für die Registrierung, die Verlängerung und die Aussetzung der Registrierung oder die Streichung des Registereintrags durch die zuständigen Stellen sowie den zusätzlichen Kosten für die Verwaltung dieser Verfahren für Organisationen von außerhalb der Gemeinschaft.

*[2]* Die Gebühren müssen sich innerhalb eines vertretbaren Rahmens bewegen und in einem angemessenen Verhältnis zur Größe der Organisation und zur auszuführenden Arbeit stehen.

(2) Die Mitgliedstaaten stellen sicher, dass Organisationen über alle anfallenden Gebühren informiert sind.

---

¹⁾ Richtig wohl: „auch".

**Art. 40 Nichteinhaltung von Vorschriften.** (1) Im Falle der Nichteinhaltung dieser Verordnung treffen die Mitgliedstaaten geeignete rechtliche oder administrative Maßnahmen.

(2) *[1]* Die Mitgliedstaaten erlassen wirksame Vorschriften, um jede dieser Verordnung zuwiderlaufende Verwendung des EMAS-Logos zu ahnden.

*[2]* Vorschriften, die gemäß der Richtlinie 2005/29/EG des Europäischen Parlaments und des Rates vom 11. Mai 2005 über unlautere Geschäftspraktiken im binnenmarktinternen Geschäftsverkehr zwischen Unternehmen und Verbrauchern[1]) eingeführt wurden, können angewendet werden.

**Art. 41 Information und Berichterstattung an die Kommission.**

(1) Die Mitgliedstaaten unterrichten die Kommission über Struktur und Verfahren im Zusammenhang mit den zuständigen Stellen und den Akkreditierungs- und Zulassungsstellen und aktualisieren gegebenenfalls diese Informationen.

(2) *[1]* Die Mitgliedstaaten erstatten der Kommission alle zwei Jahre einen aktualisierten Bericht über die Maßnahmen, die in Anwendung dieser Verordnung getroffen wurden.

*[2]* In diesen Berichten tragen die Mitgliedstaaten dem letzten Bericht Rechnung, den die Kommission dem Europäischen Parlament und dem Rat gemäß Artikel 47 vorgelegt hat.

### Kapitel VIII. Vorschriften für die Kommission

**Art. 42 Information.** (1) Die Kommission unterrichtet

a) die Öffentlichkeit über die Zielsetzungen und die wichtigsten Komponenten von EMAS;

b) die Organisationen über den Inhalt dieser Verordnung.

(2) Die Kommission führt und macht öffentlich zugänglich:

a) ein Verzeichnis von Umweltgutachtern und der registrierten Organisationen;

b) eine elektronische Datenbank über Umwelterklärungen;

c) eine Datenbank bewährter Verfahren zu EMAS, in die auch wirksame Instrumente für die EMAS-Werbung und Beispiele für technische Unterstützung für Organisationen aufgenommen werden;

d) eine Liste der gemeinschaftlichen Finanzierungsquellen für die Umsetzung von EMAS und anderer zugehöriger Projekte und Tätigkeiten.

**Art. 43 Zusammenarbeit und Koordinierung.** (1) Die Kommission fördert erforderlichenfalls die Zusammenarbeit zwischen den Mitgliedstaaten insbesondere im Hinblick auf die Erreichung einer gemeinschaftsweiten einheitlichen und kohärenten Anwendung der Vorschriften für

a) die Registrierung von Organisationen;

b) Umweltgutachter;

c) die Information und Unterstützung gemäß Artikel 32.

(2) Unbeschadet der Gemeinschaftsvorschriften über das öffentliche Beschaffungswesen nehmen die Kommission und die anderen Gemeinschaftsorgane und

---

[1]) Amtl. Anm.: ABl. L 149 vom 11.6.2005, S. 22.

-einrichtungen bei Bau- und Dienstleistungsaufträgen für die Bedingungen der Auftragsausführung je nach Sachlage auf EMAS oder andere gemäß Artikel 45 anerkannte, gleichwertige Umweltmanagementsysteme Bezug.

**Art. 44 Einbindung von EMAS in andere Umweltstrategien und -instrumente der Gemeinschaft.** Die Kommission prüft, wie die EMAS-Registrierung nach dieser Verordnung

1. bei der Ausarbeitung neuer Rechtsvorschriften und der Überarbeitung geltender Rechtsvorschriften berücksichtigt werden kann, und zwar insbesondere in Form regulatorischer Entlastung und besserer Rechtsetzung gemäß Artikel 38 Absatz 2;
2. als Instrument bei der Anwendung und Durchsetzung von Rechtsvorschriften genutzt werden kann.

**Art. 45 Beziehungen zu anderen Umweltmanagementsystemen.**

(1) Die Mitgliedstaaten können bei der Kommission einen schriftlichen Antrag auf Anerkennung bestehender Umweltmanagementsysteme oder Teile von Umweltmanagementsystemen stellen, für die nach geeigneten und auf nationaler oder regionaler Ebene anerkannten Zertifizierungsverfahren bescheinigt wurde, dass sie die entsprechenden Anforderungen dieser Verordnung erfüllen.

(2) Die Mitgliedstaaten präzisieren in ihrem Antrag die maßgeblichen Teile des Umweltmanagementsystems und die entsprechenden Anforderungen dieser Verordnung.

(3) Die Mitgliedstaaten weisen für alle maßgeblichen Teile des betreffenden Umweltmanagementsystems nach, dass sie den Anforderungen dieser Verordnung entsprechen.

(4) Nach Prüfung des Antrags gemäß Absatz 1 erkennt die Kommission nach dem in Artikel 49 Absatz 2 genannten Beratungsverfahren die maßgeblichen Teile des Umweltmanagementsystems und die von den Zertifizierungsstellen zu erfüllenden Anforderungen zur Akkreditierung und Erteilung von Zulassungen an, wenn sie der Ansicht ist, dass der Mitgliedstaat

a) in seinem Antrag die maßgeblichen Teile des Umweltmanagementsystems und die entsprechenden Anforderungen dieser Verordnung hinreichend klar angegeben hat;
b) für alle maßgeblichen Teile des betreffenden Umweltmanagementsystems hinreichend nachgewiesen hat, dass sie den Anforderungen dieser Verordnung entsprechen.

(5) Die Kommission veröffentlicht die Angaben zu den anerkannten Umweltmanagementsystemen mit Verweis auf die Abschnitte von EMAS gemäß Anhang I, auf die diese Angaben Anwendung finden, und zu den anerkannten Anforderungen zur Akkreditierung und Erteilung von Zulassungen, im *Amtsblatt der Europäischen Union*.

## Art. 46 Ausarbeitung von Referenzdokumenten und Anleitungen.

(1) *[1]* Die Kommission erarbeitet in Absprache mit den Mitgliedstaaten und anderen Interessensträgern branchenspezifische Referenzdokumente[1], die Folgendes umfassen:

a) bewährte Praktiken im Umweltmanagement;

b) branchenspezifische einschlägige Indikatoren für die Umweltleistung;

c) erforderlichenfalls Leistungsrichtwerte und Systeme zur Bewertung der Umweltleistungsniveaus.

*[2]* Die Kommission kann auch Referenzdokumente zur branchenübergreifenden Verwendung ausarbeiten.

(2) Die Kommission berücksichtigt bestehende Referenzdokumente und Umweltleistungsindikatoren, die gemäß anderen umweltpolitischen Maßnahmen und Instrumenten der Gemeinschaft oder internationalen Normen ausgearbeitet wurden.

(3) *[1]* Bis Jahresende 2010 erstellt die Kommission einen Arbeitsplan, der eine als Anhaltspunkt dienende Liste der Branchen enthält, die in den kommenden drei Jahren bei der Ausarbeitung der branchenspezifischen Referenzdokumente Vorrang haben.

*[2]* Dieser Arbeitsplan wird öffentlich zugänglich gemacht und regelmäßig aktualisiert.

(4) Die Kommission erarbeitet in Zusammenarbeit mit dem Forum der zuständigen Stellen einen Leitfaden[2] zur Registrierung von Organisationen von außerhalb der Gemeinschaft.

(5) *[1]* Die Kommission veröffentlicht ein Nutzerhandbuch[3], in dem die Schritte dargelegt sind, die für eine Beteiligung am EMAS unternommen werden müssen.

*[2]* Dieses Handbuch muss in allen Amtssprachen der Organe der Europäischen Union im Internet verfügbar sein.

(6) ¹Die nach den Absätzen 1 und 4 erarbeiteten Dokumente werden zur Annahme unterbreitet. ²Diese Maßnahmen, die durch Hinzufügung eine Änderung nicht wesentlicher Bestimmungen dieser Richtlinie bewirken, werden nach dem in Artikel 49 Absatz 3 genannten Regelungsverfahren mit Kontrolle erlassen.

## Art. 47 Berichterstattung.

*[1]* Die Kommission übermittelt dem Europäischen Parlament und dem Rat alle fünf Jahre einen Bericht mit Angaben über die aufgrund dieses Kapitels getroffenen Aktionen und Maßnahmen sowie mit den Informationen, die gemäß Artikel 41 von den Mitgliedstaaten übermittelt wurden.

---

[1] Siehe hierzu ua B (EU) 2018/813 zum branchenspezifischen Referenzdokument für den Agrarsektor gem. EMAS-III-VO v. 14.5.2018 (ABl. L 145 S. 1, ber. ABl. 2019 L 92 S. 9).
[2] Siehe den Beschluss der Kommission 2011/832/EU v. 7.12.2011 (ABl. L 330 S. 25) über einen Leitfaden zur EU-Sammelregistrierung, Drittlandregistrierung und weltweiten Registrierung v. 7.12.2011 (ABl. L 330 S. 25).
[3] Siehe den Beschluss der Kommission 2013/131/EU v. 4.3.2013 (ABl. L 76 S. 1, ber. ABl. L 193 S. 30), zuletzt geänd. durch Beschl. v. 27.11.2020 (ABl. Nr. L 402 S. 51) über ein Nutzerhandbuch v. 4.3.2013 (ABl. L 76 S. 1).

*[2]* Der Bericht beinhaltet eine Bewertung der Auswirkungen des Systems auf die Umwelt und die sich abzeichnende Entwicklung bezüglich der Teilnehmerzahl.

## Kapitel IX. Schlussbestimmungen

**Art. 48 Änderung der Anhänge.** (1) Die Kommission kann die Anhänge im Lichte der bei der Durchführung von EMAS gewonnenen Erfahrungen anpassen, wenn ein Klärungsbedarf hinsichtlich der EMAS-Anforderungen besteht, sowie im Lichte der Änderungen von internationalen Normen oder neuer Normen mit Bedeutung für die Wirksamkeit dieser Verordnung.

(2) Diese Maßnahmen, die eine Änderung nicht wesentlicher Bestimmungen dieser Verordnung bewirken, werden nach dem in Artikel 49 Absatz 3 genannten Regelungsverfahren mit Kontrolle erlassen.

**Art. 49 Ausschussverfahren.** (1) Die Kommission wird von einem Ausschuss unterstützt.

(2) Wird auf diesen Absatz Bezug genommen, so gilt Artikel 3 des Beschlusses 1999/468/EG unter Beachtung von dessen Artikel 7 Absatz 3 und Artikel 8.

(3) Wird auf diesen Absatz Bezug genommen, so gelten Artikel 5a Absätze 1 bis 4 und Artikel 7 des Beschlusses 1999/468/EG unter Beachtung von dessen Artikel 8.

**Art. 50 Überarbeitung.** [1]Die Kommission überarbeitet EMAS im Lichte der bei der Durchführung gewonnenen Erfahrungen und der internationalen Entwicklungen bis zum 11. Januar 2015. [2]Sie trägt dabei den Berichten Rechnung, die gemäß Artikel 47 dem Europäischen Parlament und dem Rat übermittelt wurden.

**Art. 51 Aufhebung und Übergangsbestimmungen.** (1) Die folgenden Rechtsakte werden aufgehoben:

a) Verordnung (EG) Nr. 761/2001,

b) Entscheidung 2001/681/EG der Kommission vom 7. September 2001 über Leitlinien für die Anwendung der Verordnung (EG) Nr. 761/2001 des Europäischen Parlaments und des Rates über die freiwillige Beteiligung von Organisationen an einem Gemeinschaftssystem für das Umweltmanagement und die Umweltbetriebsprüfung (EMAS)[1],

c) Entscheidung 2006/193/EG der Kommission vom 1. März 2006 zur Festlegung von Regeln, gemäß der Verordnung (EG) Nr. 761/2001 des Europäischen Parlaments und des Rates, für die Verwendung des EMAS-Logos für als Ausnahmefall geltende Transportverpackungen und Drittverpackungen[2].

(2) Abweichend von Absatz 1

a) bleiben die gemäß der Verordnung (EG) Nr. 761/2001 eingesetzten nationalen Akkreditierungsstellen und zuständigen Stellen bestehen. Die Mitgliedstaaten ändern die Verfahrensvorschriften für Akkreditierungsstellen und zuständige Stellen nach Maßgabe der vorliegenden Verordnung. Die Mitgliedstaaten ge-

---

[1] **Amtl. Anm.:** ABl. L 247 vom 17.9.2001, S. 24.
[2] **Amtl. Anm.:** ABl. L 70 vom 9.3.2006, S. 63.

## 2.7 EU-Umweltaudit-VO Art. 52, Anh. I–VIII

währleisten, dass die Systeme zur Umsetzung der geänderten Verfahren bis zum 11. Januar 2011 voll funktionsfähig sind.

b) verbleiben Organisationen, die gemäß der Verordnung (EG) Nr. 761/2001 registriert wurden, im EMAS-Register. Bei der nächsten Begutachtung einer Organisation prüft der Umweltgutachter, ob sie die neuen Anforderungen der vorliegenden Verordnung erfüllt. Hat die nächste Begutachtung vor dem 11. Juli 2010 zu erfolgen, so kann die Frist im Einvernehmen mit dem Umweltgutachter und den zuständigen Stellen bis zur nächsten Begutachtung um sechs Monate verlängert werden.

c) können die gemäß der Verordnung (EG) Nr. 761/2001 akkreditierten Umweltgutachter ihre Tätigkeiten unter Einhaltung der vorliegenden Verordnung weiterhin ausüben.

(3) Verweise auf die Verordnung (EG) Nr. 761/2001 gelten als Verweise auf die vorliegende Verordnung nach der Entsprechungstabelle in Anhang VIII.

**Art. 52 Inkrafttreten.** Diese Verordnung tritt am zwanzigsten Tag nach ihrer Veröffentlichung[1] im *Amtsblatt der Europäischen Union* in Kraft.

Diese Verordnung ist in allen ihren Teilen verbindlich und gilt unmittelbar in jedem Mitgliedstaat.

**Anhang I bis VIII**

*(Hier nicht wiedergegeben.)*

---

[1] Veröffentlicht am 22.12.2009.

## 2.8. Gesetz zur Ausführung der Verordnung (EG) Nr. 1221/2009 des Europäischen Parlaments und des Rates vom 25. November 2009 über die freiwillige Teilnahme von Organisationen an einem Gemeinschaftssystem für Umweltmanagement und Umweltbetriebsprüfung und zur Aufhebung der Verordnung (EG) Nr. 761/2001, sowie der Beschlüsse der Kommission 2001/681/EG und 2006/193/EG (Umweltauditgesetz – UAG)[1]

In der Fassung der Bekanntmachung vom 4. September 2002[2]

(BGBl. I S. 3490)

**FNA 2129-29**

zuletzt geänd. durch Art. 17 PersonengesellschaftsrechtsmodernisierungsG (MoPeG) v. 10.8.2021
(BGBl. I S. 3436)

### Teil 1. Allgemeine Vorschriften

**§ 1 Zweck des Gesetzes.** (1) Zweck dieses Gesetzes ist es, eine wirksame Durchführung der Verordnung (EG) Nr. 1221/2009[3] des Europäischen Parlaments und des Rates vom 25. November 2009 über die freiwillige Teilnahme von Organisationen an einem Gemeinschaftssystem für Umweltmanagement und Umweltbetriebsprüfung und zur Aufhebung der Verordnung (EG) Nr. 761/2001, sowie der Beschlüsse der Kommission 2001/681/EG und 2006/193/EG (ABl. L 342 vom 22.12.2009, S. 1) in der jeweils geltenden Fassung sicherzustellen, auch in Bezug auf die Umweltdimension der nachhaltigen Entwicklung und die Grundlagen einer nachhaltigen Unternehmensführung, und insbesondere dadurch, dass

1. unabhängige, zuverlässige und fachkundige Umweltgutachter und Umweltgutachterorganisationen zugelassen werden,
2. eine wirksame Aufsicht über zugelassene Umweltgutachter und Umweltgutachterorganisationen ausgeübt wird und
3. Register über die geprüften Organisationen geführt werden.

(2) Sofern Ergebnisse der Umweltprüfung freiwillig oder auf Grund einer gesetzlichen Verpflichtung in einen Jahresabschluss, einen Einzelabschluss nach internationalen Rechnungslegungsstandards (§ 325 Abs. 2a des Handelsgesetzbuchs), einen Lagebericht, einen Konzernabschluss oder einen Konzernlagebericht aufgenommen werden, bleibt die Verantwortung des Abschlussprüfers nach den §§ 322, 323 des Handelsgesetzbuchs unberührt.

---

[1] Die Änderung durch G v. 10.8.2021 (BGBl. I S. 3436) tritt erst **mWv 1.1.2024** in Kraft und ist im Text noch nicht berücksichtigt.
[2] Neubekanntmachung des G idF v. 7.12.1995 (BGBl. I S. 1591) in der ab 21.8.2002 geltenden Fassung.
[3] Nr. **2.7**.

**§ 2 Begriffsbestimmungen.** (1) ¹Für Zwecke dieses Gesetzes sind die in Artikel 2 der Verordnung (EG) Nr. 1221/2009[1)] genannten Begriffsbestimmungen anzuwenden. ²Ergänzend gelten die Begriffsbestimmungen der Absätze 2 bis 4.

(2) Umweltgutachter im Sinne dieses Gesetzes sind natürliche Personen, die zur Wahrnehmung der Aufgaben im Sinne der Artikel 4 Absatz 5 sowie Artikel 6 in Verbindung mit Artikel 18, 19 und 25 bis 27 der Verordnung (EG) Nr. 1221/2009 nach diesem Gesetz zugelassen sind oder die in einem anderen Mitgliedstaat der Europäischen Union im Rahmen des Artikels 28 Absätze 1 bis 5 der Verordnung (EG) Nr. 1221/2009 nach dessen innerstaatlichem Recht zugelassen sind.

(3) Umweltgutachterorganisationen sind eingetragene Vereine, Aktiengesellschaften, Kommanditgesellschaften auf Aktien, Gesellschaften mit beschränkter Haftung, eingetragene Genossenschaften, offene Handelsgesellschaften, Kommanditgesellschaften und Partnerschaftsgesellschaften, die zur Wahrnehmung der Aufgaben im Sinne der Artikel 4 Absatz 5 sowie Artikel 6 in Verbindung mit Artikel 18, 19 und 25 bis 27 der Verordnung (EG) Nr. 1221/2009 nach diesem Gesetz zugelassen sind, sowie Personenvereinigungen, die in einem anderen Mitgliedstaat der Europäischen Union im Rahmen des Artikels 28 der Verordnung (EG) Nr. 1221/2009 nach dessen innerstaatlichem Recht als Umweltgutachterorganisationen zugelassen sind.

(4) Zulassungsbereiche im Sinne dieses Gesetzes sind die Ebenen und Zwischenstufen der Klassifizierung gemäß Anhang I der Verordnung (EG) Nr. 1893/2006 des Europäischen Parlaments und des Rates vom 20. Dezember 2006 zur Aufstellung der statistischen Systematik der Wirtschaftszweige NACE Revision 2 und zur Änderung der Verordnung (EWG) Nr. 3037/90 des Rates sowie einiger Verordnungen der EG über bestimmte Bereiche der Statistik (ABl. EU Nr. L 393 S. 1) in der jeweils geltenden Fassung in Verbindung mit der deutschen Klassifikation der Wirtschaftszweige des Statistischen Bundesamtes, Ausgabe 2008 (WZ 2008).

**§ 3** (weggefallen)

### Teil 2. Zulassung von Umweltgutachtern und Umweltgutachterorganisationen sowie Aufsicht; Beschränkung der Haftung

#### Abschnitt 1. Zulassung

**§ 4 Anforderungen an Umweltgutachter.** (1) ¹Umweltgutachter besitzen die nach der Verordnung (EG) Nr. 1221/2009[1)] für die Wahrnehmung ihrer Aufgaben erforderliche Zuverlässigkeit, Unabhängigkeit und Fachkunde, wenn sie die in den §§ 5 bis 7 genannten Anforderungen erfüllen. ²Sie müssen den Nachweis erbringen, dass sie über dokumentierte Prüfungsmethoden und -verfahren (einschließlich der Qualitätskontrolle und der Vorkehrungen zur Wahrung der Vertraulichkeit) zur Erfüllung ihrer gutachterlichen Aufgaben verfügen.

(2) Die Tätigkeit als Umweltgutachter ist keine gewerbsmäßige Tätigkeit.

---

[1)] Nr. 2.7.

Umweltauditgesetz **§ 5 UAG 2.8**

(3) ¹Umweltgutachter müssen der Zulassungsstelle bei Antragstellung eine zustellungsfähige Anschrift im Bundesgebiet angeben. ²Nachträgliche Änderungen der zustellungsfähigen Anschrift sind der Zulassungsstelle innerhalb von vier Wochen nach der Änderung anzugeben.

(4) ¹Umweltgutachter haben im beruflichen Verkehr die Berufsbezeichnung „Umweltgutachter" zu führen, Frauen können die Berufsbezeichnung „Umweltgutachterin" führen. ²Die Berufsbezeichnung darf nicht führen, wer keine Zulassung nach § 9 besitzt.

(5) Die Bundesregierung kann nach Anhörung des Umweltgutachterausschusses durch Rechtsverordnung, die nicht der Zustimmung des Bundesrates bedarf, die Anforderungen der §§ 5 bis 7 zu dem in § 1 Abs. 1 Nr. 1 bestimmten Zweck näher bestimmen.

**§ 5 Zuverlässigkeit.** (1) Die erforderliche Zuverlässigkeit besitzt ein Umweltgutachter, wenn er auf Grund seiner persönlichen Eigenschaften, seines Verhaltens und seiner Fähigkeiten zur ordnungsgemäßen Erfüllung der ihm obliegenden Aufgaben geeignet ist.

(2) Für die Zuverlässigkeit bietet in der Regel derjenige keine Gewähr, der
1. wegen Verletzung der Vorschriften
   a) des Strafrechts über Eigentums- und Vermögensdelikte, Urkundenfälschung, Insolvenzstraftaten, gemeingefährliche Delikte und Umweltdelikte,
   b) des Immissionsschutz-, Abfall-, Wasser-, Natur- und Landschaftsschutz-, Chemikalien-, Gentechnik- oder Atom- und Strahlenschutzrechts,
   c) des Lebensmittel-, Arzneimittel-, Pflanzenschutz- oder Infektionsschutzrechts,
   d) des Gewerbe- oder Arbeitsschutzrechts,
   e) des Betäubungsmittel-, Waffen- oder Sprengstoffrechts
   mit einer Strafe oder in den Fällen der Buchstaben b bis e mit einer Geldbuße in Höhe von mehr als tausend Deutsche Mark oder fünfhundert Euro belegt worden ist,
2. wiederholt oder grob pflichtwidrig
   a) gegen Vorschriften nach Nummer 1 Buchstabe b bis e verstoßen hat oder
   b) als Betriebsbeauftragter für Immissionsschutz, Gewässerschutz, Abfall, als Strahlenschutzbeauftragter im Sinne des § 70 des Strahlenschutzgesetzes oder als Störfallbeauftragter im Sinne des § 58a des Bundes-Immissionsschutzgesetzes[1] seine Verpflichtungen als Beauftragter verletzt hat,
3. infolge strafgerichtlicher Verurteilung die Fähigkeit zur Bekleidung öffentlicher Ämter verloren hat,
4. sich nicht in geordneten wirtschaftlichen Verhältnissen befindet, es sei denn, dass dadurch die Interessen der Auftraggeber oder anderer Personen nicht gefährdet sind, oder
5. aus gesundheitlichen Gründen nicht nur vorübergehend unfähig ist, den Beruf des Umweltgutachters ordnungsgemäß auszuüben.

---

[1] Nr. **6.1.**

**§ 6 Unabhängigkeit.** (1) Der Umweltgutachter muss die gemäß Artikel 20 Absatz 4 und 5 der Verordnung (EG) Nr. 1221/2009[1)] erforderliche Unabhängigkeit aufweisen.

(2) [1]Für die gemäß Artikel 20 Absatz 4 und 5 der Verordnung (EG) Nr. 1221/2009 erforderliche Unabhängigkeit bietet in der Regel derjenige keine Gewähr, der

1. neben seiner Tätigkeit als Umweltgutachter

   a) Inhaber einer Organisation oder der Mehrheit der Anteile an einer Organisation im Sinne des Artikels 2 Nr. 21 der Verordnung (EG) Nr. 1221/2009 aus derselben Gruppe gemäß NACE Revision 2 in der jeweils geltenden Fassung ist, auf die sich seine Tätigkeit als Umweltgutachter bezieht,

   b) Angestellter einer Organisation im Sinne des Artikels 2 Nr. 21 der Verordnung (EG) Nr. 1221/2009 aus derselben Gruppe gemäß NACE Revision 2 in der jeweils geltenden Fassung ist, auf die sich seine Tätigkeit als Umweltgutachter bezieht,

   c) eine Tätigkeit auf Grund eines Beamtenverhältnisses, Soldatenverhältnisses oder eines Anstellungsvertrages mit einer juristischen Person des öffentlichen Rechts, mit Ausnahme der in Absatz 3 genannten Fälle, ausübt, soweit nicht § 17 Absatz 2 Satz 3 Anwendung findet,

   d) eine Tätigkeit auf Grund eines Richterverhältnisses, öffentlich-rechtlichen Dienstverhältnisses als Wahlbeamter auf Zeit oder eines öffentlich-rechtlichen Amtsverhältnisses ausübt, es sei denn, dass er die ihm übertragenen Aufgaben ehrenamtlich wahrnimmt,

2. Weisungen auf Grund vertraglicher oder sonstiger Beziehungen bei der Tätigkeit als Umweltgutachter auch dann zu befolgen hat, wenn sie ihn zu gutachterlichen Handlungen gegen seine Überzeugung verpflichten,

3. organisatorisch, wirtschaftlich, kapital- oder personalmäßig mit Dritten verflochten ist, ohne dass deren Einflussnahme auf die Wahrnehmung der Aufgaben als Umweltgutachter, insbesondere durch Festlegungen in Satzung, Gesellschaftsvertrag oder Anstellungsvertrag auszuschließen ist.

[2]Satz 1 Nr. 1 Buchstabe a und b gilt nicht für den Fall einer Begutachtung des Umweltmanagementsystems eines Umweltgutachters, einer Umweltgutachterorganisation oder eines Inhabers einer Fachkenntnisbescheinigung.

(3) Vereinbar mit dem Beruf des Umweltgutachters ist eine Beratungstätigkeit als Bediensteter einer Industrie- und Handelskammer, Handwerkskammer, Berufskammer oder sonstigen Körperschaft des öffentlichen Rechts, die eine Selbsthilfeeinrichtung für Unternehmen ist, die sich an dem Gemeinschaftssystem beteiligen können; dies gilt nicht, wenn der Bedienstete im Hinblick auf seine Tätigkeit als Umweltgutachter für Registrierungsaufgaben im Sinne des Artikels 12 Absatz 2 und 3 der Verordnung (EG) Nr. 1221/2009 zuständig ist oder Weisungen im Sinne des Absatzes 2 Nr. 2 unterliegt.

**§ 7 Fachkunde.** (1) Die erforderliche Fachkunde besitzt ein Umweltgutachter, wenn er auf Grund seiner Ausbildung, beruflichen Bildung und praktischen Erfahrung zur ordnungsgemäßen Erfüllung der ihm obliegenden Aufgaben geeignet ist.

---

[1)] Nr. 2.7.

Umweltauditgesetz  **§ 8  UAG  2.8**

(2) Die Fachkunde erfordert

1. den Abschluss eines einschlägigen Studiums, insbesondere auf den Gebieten der Wirtschafts- oder Verwaltungswissenschaften, der Naturwissenschaften oder Technik, der Biowissenschaften, Agrarwissenschaften, Forstwissenschaften, Geowissenschaften, der Medizin oder des Rechts, an einer Hochschule im Sinne des § 1 des Hochschulrahmengesetzes, soweit nicht die Voraussetzungen des Absatzes 3 gegeben sind,
2. ausreichende Fachkenntnisse gemäß Artikel 20 Absatz 2 Buchstabe a bis j der Verordnung (EG) Nr. 1221/2009[1]), die in den nachfolgenden Fachgebieten geprüft werden:
    a) Methodik, Durchführung und Beurteilung der Umweltbetriebsprüfung,
    b) Umweltmanagement und die Begutachtung von Umweltinformationen (Umwelterklärung sowie Ausschnitte aus dieser),
    c) zulassungsbereichsspezifische Angelegenheiten des Umweltschutzes, auch in Bezug auf die Umweltdimension der nachhaltigen Entwicklung und die Grundlagen einer nachhaltigen Unternehmensführung, einschließlich der einschlägigen Rechts- und veröffentlichten Verwaltungsvorschriften und
    d) Allgemeines Umweltrecht, nach Artikel 30 Absatz 3 und 6 in Verbindung mit Artikel 49 Absatz 3 der Verordnung (EG) Nr. 1221/2009 erstellte Leitlinien der Kommission und einschlägige Normen zum Umweltmanagement,
3. eine mindestens dreijährige eigenverantwortliche hauptberufliche Tätigkeit, bei der praktische Kenntnisse über den betrieblichen Umweltschutz erworben wurden.

(3) Von der Anforderung eines Hochschulstudiums nach Absatz 2 Nr. 1 können Ausnahmen erteilt werden, wenn in den Zulassungsbereichen, für die die Zulassung beantragt ist,

1. eine Fachschulausbildung, die Qualifikation als Meister oder eine gleichwertige Zulassung oder Anerkennung durch eine oberste Bundes- oder Landesbehörde oder eine Körperschaft des öffentlichen Rechts vorliegt und
2. Aufgaben in leitender Stellung oder als Selbständiger mindestens fünf Jahre hauptberuflich wahrgenommen wurden.

(4) [1]Soweit die Ausnahme des Artikels 22 Absatz 3 der Verordnung (EG) Nr. 1221/2009 nicht vorliegt, wird ein Umweltgutachter für eine Tätigkeit in einem Land außerhalb der Europäischen Union in folgenden Fachgebieten geprüft:

a) Kenntnis und Verständnis der Rechts- und Verwaltungsvorschriften im Umweltbereich des Landes, für das die Zulassung beantragt wird, sowie
b) Kenntnis und Verständnis der Amtssprache dieses Landes.

[2]Die Fachkundeanforderungen der Absätze 1 bis 3 bleiben hiervon unberührt.

**§ 8 Fachkenntnisbescheinigung.** (1) [1]Eine Person, die nicht als Umweltgutachter zugelassen ist, darf für einen Umweltgutachter oder eine Umweltgutachterorganisation im Rahmen eines Angestelltenverhältnisses gutachterliche

---

[1]) Nr. **2.7**.

## 2.8 UAG § 9

Tätigkeiten auf Grund der Verordnung (EG) Nr. 1221/2009[1)] wahrnehmen, wenn sie

1. die Fachkundeanforderungen nach § 7 Absatz 2 Nummer 1 und 3 erfüllt,
2. auf mindestens einem der in § 7 Absatz 2 Nummer 2 genannten Fachgebiete diejenigen Fachkenntnisse besitzt, die für die Wahrnehmung gutachterlicher Tätigkeiten in einem oder mehreren Zulassungsbereichen erforderlich sind, und
3. in entsprechender Anwendung der §§ 5 und 6 die für ihre Tätigkeit erforderliche Zuverlässigkeit und Unabhängigkeit besitzt.

[2]§ 7 Absatz 3 gilt entsprechend.

(2) [1]Wenn die Anforderungen des Absatzes 1 erfüllt sind, ist von der Zulassungsstelle über Art und Umfang der nachgewiesenen Fachkenntnisse eine Bescheinigung zu erteilen, die erkennen lässt, auf welchen Fachgebieten und für welche Zulassungsbereiche die erforderlichen Fachkenntnisse vorliegen (Fachkenntnisbescheinigung). [2]Die Fachkenntnisbescheinigung gestattet eine gutachterliche Tätigkeit nur in dem in ihr beschriebenen Umfang und nur als Angestellter eines Umweltgutachters oder einer Umweltgutachterorganisation im Zusammenwirken mit einem Umweltgutachter, der Berichte verantwortlich zeichnet, die Umwelterklärung validiert und die Erklärung nach Anhang VII der Verordnung (EG) Nr. 1221/2009 abgibt. [3]Berichte, Umwelterklärungen und die Erklärung nach Anhang VII der Verordnung (EG) Nr. 1221/2009 sind vom Inhaber der Fachkenntnisbescheinigung lediglich mitzuzeichnen; Artikel 18, 19 und 25 der Verordnung (EG) Nr. 1221/2009 gelten für die Tätigkeit des Inhabers der Fachkenntnisbescheinigung entsprechend.

**§ 9 Zulassung als Umweltgutachter.** (1) [1]Die Zulassung als Umweltgutachter ist von der Zulassungsstelle zu erteilen, wenn der Antragsteller die Anforderungen nach § 4 Abs. 1 und den §§ 5, 6 und 7 Absatz 1 bis 3 erfüllt. [2]Die Zulassung ist auch auf Zulassungsbereiche zu erstrecken, für die der Umweltgutachter nicht selbst über die erforderliche Fachkunde verfügt,

1. wenn er im Hinblick auf die Erstellung der Gültigkeitserklärung nach Artikel 4 Absatz 6 der Verordnung (EWG) Nr. 1836/93 des Rates vom 29. Juni 1993 über die freiwillige Beteiligung gewerblicher Unternehmen an einem Gemeinschaftssystem für das Umweltmanagement und die Umweltbetriebsprüfung (ABl. L 168 vom 10.7.1993, S. 1, L 203 vom 29.8.1995, S. 17) oder nach Artikel 3 Absatz 2 und 3, Anhang V Abschnitte 5.4, 5.5 und 5.6 der Verordnung (EG) Nr. 761/2001 des Europäischen Parlaments und des Rates vom 19. März 2001 über die freiwillige Beteiligung von Organisationen an einem Gemeinschaftssystem für das Umweltmanagement und die Umweltbetriebsprüfung (EMAS) (ABl. L 114 vom 24.4.2001, S. 1) oder im Hinblick auf die Begutachtung und Validierung nach Artikel 4 Absatz 5, Artikel 18, 19 und 25 Absatz 4 und 8 der Verordnung (EG) Nr. 1221/2009[1)] Personen angestellt hat, die für diese Zulassungsbereiche
   a) als Umweltgutachter zugelassen sind oder
   b) die erforderlichen Fachkenntnisbescheinigungen besitzen und
2. wenn er sicherstellt, dass die in Nummer 1 Buchstabe b genannten Personen regelmäßig an Fortbildungsmaßnahmen teilnehmen können.

---

[1)] Nr. **2.7**.

³Die Erteilung der Zulassung für die Tätigkeit in einem Land außerhalb der Europäischen Union (Drittlandszulassung) setzt neben der Erfüllung der Anforderungen nach den Sätzen 1 und 2 voraus, dass der Antragsteller die Anforderungen nach § 7 Absatz 4 erfüllt.

(2) ¹In dem Zulassungsbescheid ist anzugeben,

1. für welche Zulassungsbereiche der Umweltgutachter selbst die erforderliche Fachkunde besitzt,
2. auf welche Zulassungsbereiche sich die Zulassung auf Grund angestellter fachkundiger Personen im Sinne des Absatzes 1 Satz 2 Nummer 1 erstreckt,
3. im Falle der Drittlandszulassung

    a) auf welches Drittland sich die Zulassung erstreckt, sowie

    b) ob die Drittlandszulassung erfolgt auf Grund

    aa) eigener Rechts- und Sprachkenntnisse des Umweltgutachters gemäß Artikel 22 Absatz 2 der Verordnung (EG) Nr. 1221/2009 oder

    bb) einer gemäß Artikel 22 Absatz 3 der Verordnung (EG) Nr. 1221/2009 mit einer qualifizierten Person oder Organisation getroffenen vertraglichen Vereinbarung.

²Im Falle der Nummer 3 Buchstabe b Doppelbuchstabe bb sind die Personen, die die Voraussetzungen des Artikels 22 Absatz 2 Buchstabe a und b der Verordnung (EG) Nr. 1221/2009 erfüllen, in dem Zulassungsbescheid genau zu bezeichnen.

(3) Soweit sich die Zulassung auf Zulassungsbereiche erstreckt, für die der Umweltgutachter nicht selbst über die erforderliche Fachkunde verfügt, gestattet die Zulassung eine gutachterliche Tätigkeit nur im Zusammenwirken mit den in Absatz 1 Satz 2 Nr. 1 genannten Personen oder mit den qualifizierten Personen oder Organisationen, mit denen der Umweltgutachter eine vertragliche Vereinbarung gemäß Artikel 22 Absatz 3 der Verordnung (EG) Nr. 1221/2009 geschlossen hat; insbesondere sind Berichte und die Validierung von Umwelterklärungen sowie die Erklärung nach Anhang VII der Verordnung (EG) Nr. 1221/2009 von diesen Personen oder Organisationen mitzuzeichnen.

(4) ¹Die Zulassung umfasst die Befugnis, gemäß Artikel 9 Absatz 1 der Verordnung (EG) Nr. 761/2001 oder Artikel 4 Absatz 3 und Artikel 45 der Verordnung (EG) Nr. 1221/2009 Zertifizierungsbescheinigungen nach den von der Europäischen Kommission anerkannten Zertifizierungsverfahren zu erteilen. ²Sie umfasst ferner die Befugnis, Zertifizierungsbescheinigungen nach DIN EN ISO 14001:2004+AC:2009 (Ausgabe 11/2009), DIN EN ISO 14001:2015 (Ausgabe 11/2015), DIN EN 16001:2009 (Ausgabe 8/2009), DIN EN ISO 50001:2011 (Ausgabe 12/2011) und DIN EN ISO 50001:2018 (Ausgabe 12/2018) zu erteilen. ³Die genannten DIN-Normen sind bei der Beuth Verlag GmbH, 10772 Berlin, zu beziehen und bei der Deutschen Nationalbibliothek in Leipzig archivmäßig gesichert niedergelegt.

**§ 10 Zulassung als Umweltgutachterorganisation.** (1) ¹Die Zulassung als Umweltgutachterorganisation setzt voraus, dass

1. mindestens ein Drittel der persönlich haftenden Gesellschafter, der Partner, der Mitglieder des Vorstandes oder der Geschäftsführer

    a) als Umweltgutachter zugelassen sind oder

b) aus bei der Umweltgutachterorganisation angestellten Personen mit Fachkenntnisbescheinigungen und mindestens einem Umweltgutachter besteht,
2. im Hinblick auf Artikel 4 Absatz 5, Artikel 18, 19, 25 Absatz 4 und 8 der Verordnung (EG) Nr. 1221/2009[1]) zeichnungsberechtigte persönlich haftende Gesellschafter, Partner, Mitglieder des Vorstandes oder Geschäftsführer oder zeichnungsberechtigte Angestellte für die Zulassungsbereiche, für die die Zulassung beantragt ist,
   a) als Umweltgutachter zugelassen sind oder
   b) die erforderlichen Fachkenntnisbescheinigungen besitzen und
3. sichergestellt ist, dass die in Nummer 2 genannten Personen regelmäßig an Fortbildungsmaßnahmen teilnehmen können,
4. geordnete wirtschaftliche Verhältnisse bestehen,
5. kein wirtschaftlicher, finanzieller oder sonstiger Druck die gutachterliche Tätigkeit beeinflussen oder das Vertrauen in die unparteiische Aufgabenwahrnehmung in Frage stellen können, wobei § 6 Abs. 2 Nr. 1 Buchstabe a und Nr. 2 und 3 entsprechend gilt,
6. die Organisation über ein Organigramm mit ausführlichen Angaben über die Strukturen und Verantwortungsbereiche innerhalb der Organisation verfügt und dieses sowie eine Erklärung über den Rechtsstatus, die Eigentumsverhältnisse und die Finanzierungsquellen der Zulassungsstelle auf Verlangen vorlegt und
7. der Zulassungsstelle der Nachweis erbracht wird, dass die Antragstellerin über dokumentierte Prüfungsmethoden und -verfahren (einschließlich der Qualitätskontrolle und der Vorkehrungen zur Wahrung der Vertraulichkeit) zur Erfüllung ihrer gutachterlichen Aufgaben verfügt.

²Eine Drittlandszulassung setzt neben der Erfüllung der Anforderungen nach Satz 1 voraus, dass die Umweltgutachterorganisation, soweit nicht die Ausnahme des Artikels 22 Absatz 3 der Verordnung (EG) Nr. 1221/2009 vorliegt, über einen oder mehrere Umweltgutachter mit einer Drittlandszulassung für das Land verfügt, auf das sich der Zulassungsantrag der Umweltgutachterorganisation bezieht, und die im Hinblick auf Artikel 4 Absatz 5, die Artikel 18, 19, 25 Absatz 4 und 8 der Verordnung (EG) Nr. 1221/2009 zeichnungsberechtigte Vertreter oder Angestellte der Umweltgutachterorganisation sind.

(2) ¹Die Zulassung ist von der Zulassungsstelle zu erteilen, wenn die Voraussetzungen des Absatzes 1 erfüllt sind. ²Die Zulassung gestattet gutachterliche Tätigkeiten nur in denjenigen Zulassungsbereichen, für die die Voraussetzungen des Absatzes 1 Satz 1 Nummer 2 oder Absatz 1 Satz 2 vorliegen. ³In dem Zulassungsbescheid ist anzugeben,
1. auf welche Zulassungsbereiche sich die Zulassung der Umweltgutachterorganisation auf Grund von fachkundigen Personen im Sinne des Absatzes 1 Satz 1 Nummer 2 erstreckt,
2. im Falle der Drittlandszulassung
   a) auf welches Drittland sich die Zulassung erstreckt sowie
   b) ob die Drittlandszulassung erfolgt auf Grund

---

[1]) Nr. 2.7.

aa) des Vorhandenseins eines oder mehrerer Umweltgutachter im Sinne von Absatz 1 Satz 2, die im Hinblick auf Artikel 4 Absatz 5, die Artikel 18, 19, 25 Absatz 4 und 8 der Verordnung (EG) Nr. 1221/2009 zeichnungsberechtigte Vertreter oder Angestellte der Organisation sind oder

bb) einer gemäß Artikel 22 Absatz 3 der Verordnung (EG) Nr. 1221/2009 mit einer qualifizierten Person oder Organisation getroffenen vertraglichen Vereinbarung.

[4] Im Falle des Satzes 3 Nummer 2 Buchstabe b sind die Personen, die die Voraussetzungen des Artikels 22 Absatz 2 Buchstabe a und b der Verordnung (EG) Nr. 1221/2009 erfüllen, in dem Zulassungsbescheid genau zu bezeichnen.

(3) Die Zulassung gestattet gutachterliche Tätigkeiten von fachkundigen Personen im Sinne des Absatzes 1 Nr. 2 Buchstabe b nur im Zusammenwirken mit einem zugelassenen Umweltgutachter, der Berichte und die Validierung der Umwelterklärungen verantwortlich zeichnet; die genannten Personen müssen mitzeichnen.

(4) § 9 Absatz 4 gilt entsprechend.

(5) [1] Die zugelassene Umweltgutachterorganisation hat die Bezeichnung „Umweltgutachter" in die Firma oder den Namen aufzunehmen. [2] Die Bezeichnung darf in die Firma oder den Namen nicht aufgenommen werden, wenn keine Zulassung nach Absatz 2 erteilt ist.

**§ 10a Ausländische Unterlagen und Nachweise; Verfahren.** (1) [1] Soweit im Rahmen des Zulassungsverfahrens Nachweise nach diesem Gesetz oder nach einer auf Grund dieses Gesetzes erlassenen Verordnung vorzulegen sind, stehen Nachweise aus einem anderen Mitgliedstaat der Europäischen Union oder einem anderen Vertragsstaat des Abkommens über den Europäischen Wirtschaftsraum inländischen Nachweisen gleich, wenn sie gleichwertig sind oder wenn aus ihnen hervorgeht, dass die betreffenden Anforderungen erfüllt sind. [2] Es kann verlangt werden, dass die Unterlagen in beglaubigter Kopie und beglaubigter deutscher Übersetzung vorgelegt werden.

(2) [1] Die Zulassungsstelle bestätigt den Empfang der von dem Antragsteller eingereichten Unterlagen innerhalb eines Monats und teilt gegebenenfalls mit, welche Unterlagen noch nachzureichen sind. [2] Die Prüfung des Antrags auf Zulassung muss innerhalb von drei Monaten nach Einreichen der vollständigen Unterlagen abgeschlossen sein. [3] Diese Frist kann in begründeten Fällen um einen Monat verlängert werden. [4] Bestehen Zweifel an der Echtheit von vorgelegten Nachweisen nach Absatz 1 oder benötigt die Zulassungsstelle weitere Informationen, kann sie durch Nachfrage bei der zuständigen Stelle des Herkunftsstaates die Echtheit überprüfen und entsprechende Auskünfte einholen. [5] Die mündliche Zulassungsprüfung ist innerhalb von sechs Monaten nach Vorliegen der erforderlichen Unterlagen abzuschließen, es sei denn, der Antragsteller beantragt einen späteren Prüfungszeitpunkt.

**§ 11 Bescheinigungs- und Zulassungsverfahren.** (1) [1] Das Verfahren für die Erteilung einer Fachkenntnisbescheinigung nach § 8 und für die Zulassung nach den §§ 9 und 10 setzt einen schriftlichen Antrag voraus. [2] Dem Antrag sind die zur Prüfung erforderlichen Unterlagen beizufügen.

(2) ¹Die Fachkenntnisse des Umweltgutachters werden in einer mündlichen Prüfung von einem Prüfungsausschuss der Zulassungsstelle festgestellt. ²Gegenstand der mündlichen Prüfung sind
1. die in § 7 Abs. 2 Nr. 2 Buchstabe a bis d genannten Fachgebiete und
2. praktische Probleme aus der Berufsarbeit eines Umweltgutachters.

(3) Der Prüfungsgegenstand im Sinne des Absatzes 2 Nr. 1 ist insoweit beschränkt, als der Antragsteller für bestimmte Fachgebiete Fachkenntnisbescheinigungen vorgelegt hat oder der Antragsteller in vorherigen Prüfungen zur Zulassung als Umweltgutachter einzelne Fachgebiete bereits bestanden hat.

(4) ¹Die nach § 7 Absatz 4 Satz 1 erforderlichen Rechts- und Sprachkenntnisse werden in einem Fachgespräch bei der Zulassungsstelle festgestellt. ²§ 12 Absatz 1 Satz 1 gilt entsprechend.

(5) Für die Erteilung einer Fachkenntnisbescheinigung nach § 8 gelten die Absätze 2 und 3 entsprechend.

(6) Die Bundesregierung kann nach Anhörung des Umweltgutachterausschusses durch Rechtsverordnung,¹⁾ die nicht der Zustimmung des Bundesrates bedarf,
1. Verfahren nach den Absätzen 1 und 4, einschließlich Wiederholungsprüfungen,
2. Anforderungen an die Qualifikation der Mitglieder der Prüfungsausschüsse und die Durchführung der mündlichen Prüfung nach § 12 und
3. schriftliche Prüfungen allgemein oder für bestimmte Fachgebiete oder für bestimmte Zulassungsbereiche als unselbständigen Teil der Zulassungs- und Bescheinigungsverfahren vorschreiben und nähere Bestimmungen zu Gegenstand und Durchführung der schriftlichen Prüfungen treffen.

**§ 12 Mündliche Prüfung.** (1) ¹Die mündliche Prüfung ist unselbständiger Teil der Zulassungs- und Bescheinigungsverfahren. ²Über den wesentlichen Inhalt und Ablauf der Prüfung ist eine Niederschrift zu fertigen.

(2) Zur Aufnahme in die Prüferliste des Umweltgutachterausschusses (§ 21 Abs. 1 Satz 2 Nr. 2) müssen die betreffenden Personen
1. ein Hochschulstudium abgeschlossen haben, das sie für die Prüfertätigkeit auf ihrem Fachgebiet qualifiziert,
2. über mindestens fünf Jahre eigenverantwortliche, hauptberufliche Erfahrungen in der Praxis des betrieblichen Umweltschutzes und,
3. im Falle der Zulassung als Prüfer für das Fachgebiet gemäß § 7 Abs. 2 Nr. 2 Buchstabe c, über mindestens fünf Jahre eigenverantwortliche, hauptberufliche Erfahrungen in einem betroffenen Zulassungsbereich verfügen.

(3) ¹Die Zulassungsstelle wählt die Prüfer für die einzelnen Zulassungs- und Bescheinigungsverfahren aus der Prüferliste des Umweltgutachterausschusses (§ 21 Abs. 1 Satz 2 Nr. 2) aus und bestimmt den Vorsitzenden. ²Die Prüfer müssen jeweils die erforderliche Fachkunde für diejenigen Zulassungsbereiche und Fachgebiete besitzen, für die die Zulassung oder die Fachkenntnisbescheinigung im Einzelfall beantragt ist. ³Der Prüfer für das Fachgebiet „Recht"

---

¹⁾ Siehe die UAG-ZulassungsverfahrensVO idF der Bek. v. 12.9.2002 (BGBl. I S. 3654), zuletzt geänd. durch G v. 29.3.2017 (BGBl. I S. 626).

gemäß § 7 Abs. 2 Nr. 2 Buchstabe d muss zusätzlich die Befähigung zum Richteramt haben. ⁴Der Prüfungsausschuss besteht aus mindestens drei und höchstens fünf Mitgliedern. ⁵Mindestens ein Mitglied des Prüfungsausschusses muss jeweils als Umweltgutachter zugelassen sein.

**§ 13** (weggefallen)

**§ 14 Zulassungsregister.** (1) ¹Die Zulassungsstelle führt ein Zulassungsregister für Umweltgutachter, Umweltgutachterorganisationen und Inhaber von Fachkenntnisbescheinigungen. ²Das Zulassungsregister enthält Namen, Anschrift sowie Gegenstand der Zulassungen und Bescheinigungen der eingetragenen Personen und Umweltgutachterorganisationen. ³Die Zulassungsstelle übermittelt der Europäischen Kommission über das Bundesministerium für Umwelt, Naturschutz und nukleare Sicherheit nach Artikel 28 Absatz 8 der Verordnung (EG) Nr. 1221/2009[1)] monatlich eine fortgeschriebene Liste der eingetragenen Umweltgutachter und Umweltgutachterorganisationen. ⁴Diese Liste, ergänzt um die registrierten Inhaber von Fachkenntnisbescheinigungen, ist gleichzeitig dem Umweltgutachterausschuss, den zuständigen obersten Landesbehörden und der Stelle nach § 32 Abs. 2 Satz 1 in geeigneter Weise zugänglich zu machen.

(2) Jeder ist nach Maßgabe des Umweltinformationsgesetzes[2)] berechtigt, das Zulassungsregister einzusehen.

## Abschnitt 2. Aufsicht

**§ 15 Überprüfung von Umweltgutachtern, Umweltgutachterorganisationen und Inhabern von Fachkenntnisbescheinigungen.** (1) ¹Umweltgutachter, Umweltgutachterorganisationen und Inhaber von Fachkenntnisbescheinigungen sind von der Zulassungsstelle in regelmäßigen Abständen, mindestens alle 24 Monate nach Wirksamwerden der Zulassung oder der Fachkenntnisbescheinigung dahin zu überprüfen, ob die Voraussetzungen für die Zulassung nach den §§ 9 und 10 und für die Erteilung der Fachkenntnisbescheinigung nach § 8 weiterhin vorliegen. ²Dabei muss auch eine Überprüfung der Qualität der vorgenommenen Begutachtungen erfolgen. ³Dies umfasst eine mindestens alle 24 Monate durchzuführende Überprüfung der vom Umweltgutachter oder der Umweltgutachterorganisation validierten oder vom Inhaber einer Fachkenntnisbescheinigung mitgezeichneten Umwelterklärungen und der erstellten Begutachtungsberichte.

(2) ¹Umweltgutachter und Inhaber einer Fachkenntnisbescheinigung sind zur Feststellung der erforderlichen Fähigkeiten und Fachkunde spätestens alle sechs Jahre nach Wirksamwerden der Zulassung einer praktischen Überprüfung bei ihrer Arbeit in Organisationen zu unterziehen. ²Organisationen haben die Durchführung einer Überprüfung nach Satz 1 durch die Zulassungsstelle zu dulden.

(3) ¹Die Zulassungsstelle kann, falls erforderlich, das Fortbestehen der Zulassungsvoraussetzungen, insbesondere die erforderlichen Fähigkeiten des Umweltgutachters, der Umweltgutachterorganisation oder des Inhabers einer Fachkenntnisbescheinigung anhand einer Überprüfung im Umweltgutachterbüro

---
[1)] Nr. **2.7**.
[2)] Nr. **2.6**.

oder im Büro des Inhabers der Fachkenntnisbescheinigung überprüfen (Geschäftsstellenprüfung). ²In diesem Fall soll die Überprüfung gemäß Absatz 1 Satz 3 im Rahmen der Geschäftsstellenprüfung durchgeführt werden.

(4) Unbeschadet der Absätze 1 bis 3 können aus besonderem Anlass geeignete Aufsichtsmaßnahmen ergriffen werden, wenn die Zulassungsstelle Anhaltspunkte dafür hat, dass der Umweltgutachter, die Umweltgutachterorganisation oder der Inhaber der Fachkenntnisbescheinigung die Voraussetzungen der Zulassung nicht mehr erfüllt oder seinen Aufgaben nach der Verordnung (EG) Nr. 1221/2009[1]), nach diesem Gesetz oder nach den auf Grund dieses Gesetzes erlassenen Rechtsverordnungen nicht ordnungsgemäß nachgeht.

(5) Stellt die Zulassungsstelle im Rahmen der Aufsicht Mängel in der Qualität einer Begutachtung oder sonstige Tatsachen fest, die einen Grund für eine vorübergehende Aussetzung oder Streichung gemäß Artikel 15 Absätze 1 oder 4 der Verordnung (EG) Nr. 1221/2009 darstellen können, so setzt sie die Register führende Stelle über den Inhalt des Aufsichtsberichts in Kenntnis.

(6) Umweltgutachter, Umweltgutachterorganisationen und Inhaber von Fachkenntnisbescheinigungen sind verpflichtet,

1. Zweitschriften der von ihnen gezeichneten oder mitgezeichneten
    a) Vereinbarungen mit den Unternehmen über Gegenstand und Umfang der Begutachtung,
    b) Berichte an die Leitung der Organisation,
    c) in Abstimmung mit der Organisation erstellten Begutachtungsprogramme,
    d) validierten Umwelterklärungen, aktualisierten Umwelterklärungen und Umweltinformationen und
    e) Niederschriften über Besuche auf dem Betriebsgelände und über Gespräche mit dem Betriebspersonal
    im Sinne der Artikel 19 Absatz 1 und 25 Absatz 1 und 5 bis 9 der Verordnung (EG) Nr. 1221/2009 bis zur Überprüfung durch die Zulassungsstelle, jedoch nicht länger als fünf Jahre, aufzubewahren,
2. die Zulassungsstelle unverzüglich über alle Veränderungen zu unterrichten, die auf die Zulassung oder die Fachkenntnisbescheinigung Einfluss haben können,
3. sich bei Begutachtungen unparteiisch zu verhalten,
4. der Zulassungsstelle zur Vorbereitung der regelmäßig durchzuführenden Aufsichtsverfahren die erforderlichen Angaben zu machen und auf Verlangen der Zulassungsstelle die zur Überprüfung erforderlichen Unterlagen vorzulegen, wobei Umweltgutachterorganisationen auf Anforderung durch die Zulassungsstelle auch die zur Überprüfung der bei ihnen angestellten Umweltgutachter und Inhaber von Fachkenntnisbescheinigungen erforderlichen Unterlagen vorzulegen haben und
5. bei der Überprüfung von Organisationen neben den an den einzelnen Standorten der Organisation geltenden Rechtsvorschriften auch die hierzu ergangenen amtlich veröffentlichten Verwaltungsvorschriften des Bundes und der Länder zu berücksichtigen.

(7) Umweltgutachter und Inhaber von Fachkenntnisbescheinigungen sind verpflichtet, sich fortzubilden.

---

[1]) Nr. 2.7.

(8) Die Geschäftsräume der zu überprüfenden Umweltgutachter, Inhaber von Fachkenntnisbescheinigungen, Umweltgutachterorganisationen sowie, im Falle der Durchführung einer Überprüfung nach Absatz 2 Satz 1, der begutachteten Organisation, können zu den üblichen Geschäftszeiten betreten werden, wenn dies zur Feststellung der Anforderungen nach den §§ 8 bis 10 erforderlich ist.

(9) [1] Der Aufsicht nach diesem Gesetz unterliegen Umweltgutachter oder Umweltgutachterorganisationen auch, soweit sie auf Grund ihrer Zulassung als Umweltgutachter oder Umweltgutachterorganisation befugt sind, Tätigkeiten auf Grund anderer rechtlicher Regelungen auszuüben. [2] Dieser Paragraf gilt bei der Ausübung von Tätigkeiten durch Umweltgutachter oder Umweltgutachterorganisationen auf Grund anderer rechtlicher Regelungen entsprechend.

**§ 16 Anordnung, Untersagung.** (1) Zur Erfüllung der Anforderungen und Pflichten nach der Verordnung (EG) Nr. 1221/2009[1)], nach diesem Gesetz, nach den auf Grund dieses Gesetzes erlassenen Rechtsverordnungen und bei Tätigkeiten auf Grund anderer rechtlicher Regelungen im Sinne von § 15 Absatz 9 kann die Zulassungsstelle die erforderlichen Maßnahmen gegenüber Umweltgutachtern, Umweltgutachterorganisationen und Inhabern von Fachkenntnisbescheinigungen treffen.

(2) [1] Die Zulassungsstelle kann insbesondere die Fortführung gutachterlicher Tätigkeiten ganz oder teilweise vorläufig untersagen, wenn Umweltgutachter, Umweltgutachterorganisationen und Inhaber von Fachkenntnisbescheinigungen

1. unter Verstoß gegen die Pflichten nach Artikel 4 Absatz 5 und Artikel 25 Absatz 8, jeweils in Verbindung mit Artikel 18 und 19, der Verordnung (EG) Nr. 1221/2009 eine Umwelterklärung mit unzutreffenden Angaben und Beurteilungen, insbesondere hinsichtlich der Einhaltung der an einem Standort einer Organisation geltenden Umweltvorschriften, validiert haben,
2. die Pflichten nach § 15 Abs. 6 und 7 nicht ordnungsgemäß erfüllt haben oder
3. eine vollziehbare Anordnung der Zulassungsstelle nicht befolgt haben.

[2] Die Untersagung hat zu unterbleiben oder ist wieder aufzuheben, sobald die Pflichten und Anordnungen nach Satz 1 erfüllt sind oder bei nachträglicher Unmöglichkeit keine Wiederholungsgefahr eines Rechtsverstoßes besteht.

**§ 17 Rücknahme und Widerruf von Zulassung und Fachkenntnisbescheinigung.** (1) Zulassung und Fachkenntnisbescheinigung sind mit Wirkung für die Zukunft zurückzunehmen, wenn nachträglich Tatsachen bekannt werden, bei deren Kenntnis die Zulassung oder die Erteilung der Fachkenntnisbescheinigung hätte versagt werden müssen.

(2) [1] Zulassung und Fachkenntnisbescheinigung sind zu widerrufen, wenn
1. der Umweltgutachter oder der Inhaber einer Fachkenntnisbescheinigung
    a) eine Tätigkeit im Sinne des § 6 Abs. 2 Nr. 1 aufgenommen und innerhalb einer von der Zulassungsstelle zu setzenden Frist nicht aufgegeben hat,
    b) infolge strafgerichtlicher Verurteilung die Fähigkeit zur Bekleidung öffentlicher Ämter verloren hat (§ 5 Abs. 2 Nr. 3),

---

[1)] Nr. **2.7**.

c) aus gesundheitlichen Gründen nicht nur vorübergehend unfähig geworden ist, gutachterliche Tätigkeiten ordnungsgemäß auszuführen (§ 5 Abs. 2 Nr. 5),

2. die Umweltgutachterorganisation die Anforderungen nach § 10 Absatz 1 Satz 1 Nummer 1 nicht mehr erfüllt und innerhalb einer von der Zulassungsstelle zu setzenden Frist einen gesetzmäßigen Zustand nicht herbeigeführt hat.

²Eine Zulassung oder Fachkenntnisbescheinigung wird abweichend von Satz 1 Nummer 1 Buchstabe a nicht widerrufen, wenn der Umweltgutachter oder Inhaber einer Fachkenntnisbescheinigung nur vorübergehend Angestellter einer juristischen Person des öffentlichen Rechts ist; der Umweltgutachter oder Inhaber einer Fachkenntnisbescheinigung darf jedoch keine gutachterlichen Tätigkeiten auf der Grundlage seiner Zulassung oder Fachkenntnisbescheinigung ausüben, es sei denn, die Zulassungsstelle gestattet es. ³Die Zulassungsstelle kann im Falle des Satzes 2 die Ausübung gutachterlicher Tätigkeiten auf Antrag des Umweltgutachters oder Inhabers einer Fachkenntnisbescheinigung gestatten, wenn sie sich davon überzeugt hat, dass der Umweltgutachter oder Inhaber der Fachkenntnisbescheinigung weiterhin die erforderliche Unabhängigkeit nach § 6 Absatz 1 besitzt. ⁴Die Zulassung ist teilweise zu widerrufen, soweit die Voraussetzungen des § 9 Abs. 1 Satz 2 und des § 10 Abs. 1 Satz 1 Nummer 2 weggefallen und innerhalb einer von der Zulassungsstelle zu setzenden Frist nicht wiederhergestellt sind.

(3) ¹Die Drittlandszulassung ist zu widerrufen, soweit eine nach § 9 Absatz 1 Satz 1 und 2 einem Umweltgutachter oder eine nach § 10 Absatz 2 Satz 1 in Verbindung mit Absatz 1 Satz 1 einer Umweltgutachterorganisation erteilte Zulassung widerrufen wurde. ²Sie ist ferner zu widerrufen, wenn im Falle des Umweltgutachters die Voraussetzungen des § 7 Absatz 4 in Verbindung mit Artikel 22 Absatz 2 der Verordnung (EG) Nr. 1221/2009[1]) oder im Falle der Umweltgutachterorganisation die Voraussetzungen des § 10 Absatz 1 Satz 2 weggefallen und innerhalb einer von der Zulassungsstelle zu setzenden Frist nicht wiederhergestellt sind. ³Darüber hinaus ist die Drittlandszulassung eines Umweltgutachters oder einer Umweltgutachterorganisation zu widerrufen, wenn die Voraussetzungen des Artikels 22 Absatz 3 der Verordnung (EG) Nr. 1221/2009 weggefallen und innerhalb einer von der Zulassungsstelle zu setzenden Frist nicht wiederhergestellt sind.

(4) Zulassung und Fachkenntnisbescheinigung können, außer nach den Vorschriften des Verwaltungsverfahrensgesetzes, widerrufen werden, wenn

1. der Umweltgutachter keine zustellungsfähige Anschrift im Bundesgebiet angegeben hat (§ 4 Abs. 3),

2. bei der Durchführung von Begutachtungsaufträgen im Einzelfall ein Abhängigkeitsverhältnis zum auftraggebenden Unternehmen oder zum Betriebsprüfer des Standortes oder Weisungsverhältnisse im Sinne des § 6 Abs. 2 Nr. 2 zwischen den begutachtenden Personen bestanden und die Gefahr der Wiederholung gegeben ist oder

3. vollziehbare Anordnungen der Zulassungsstelle im Rahmen der Aufsicht nicht befolgt werden.

---

[1]) Nr. 2.7.

## § 18 Umweltgutachter und Umweltgutachterorganisationen aus anderen Mitgliedstaaten der Europäischen Union.

(1) ¹Umweltgutachter und Umweltgutachterorganisationen, die in einem anderen Mitgliedstaat der Europäischen Union oder in einem Staat des Europäischen Wirtschaftsraums zugelassen sind, haben der Zulassungsstelle ihre gutachterliche Tätigkeit nach den Sätzen 2 und 3 vor jeder Begutachtung im Bundesgebiet mindestens vier Wochen vor Aufnahme ihrer Tätigkeit anzuzeigen. ²In der Anzeige sind der Name, die Anschrift, die fachlichen Qualifikationen und, bei Umweltgutachtern, auch die Staatsangehörigkeit sowie, bei Umweltgutachterorganisationen, die Zusammensetzung der die Begutachtung durchführenden Personengruppe anzugeben. ³Ferner sind Ort und Zeit der Begutachtung, Anschrift und Ansprechpartner der Organisation sowie, soweit erforderlich, die zur Sicherstellung der erforderlichen Sprach- und Rechtskenntnisse getroffenen Maßnahmen anzugeben. ⁴Wenn dies zur Gewährleistung der Qualität der Begutachtung erforderlich ist, kann die Zulassungsstelle weitere Nachweise zu den Sprach- und Rechtskenntnissen verlangen. ⁵Bei der erstmaligen Anzeige sowie danach auf Anforderung der Zulassungsstelle sind der Anzeige eine Ausfertigung oder beglaubigte Abschrift der Zulassung und eine beglaubigte deutsche Übersetzung beizufügen.

(2) ¹Die Zulassungsstelle muss vor Aufnahme der Tätigkeit von Umweltgutachtern oder Umweltgutachterorganisationen, die in einem anderen Mitgliedstaat der Europäischen Union oder in einem Staat des Europäischen Wirtschaftsraums zugelassen sind, im Bundesgebiet überprüfen, ob diese über eine gültige Zulassung des Mitgliedstaates verfügen. ²In regelmäßigen Abständen und mindestens alle 24 Monate nach der ersten Anzeige muss auch eine Überprüfung der Qualität der im Bundesgebiet vorgenommenen Begutachtungen erfolgen. ³§ 15 Absatz 5, 6, 8 und 9 sowie § 16 gelten hierfür entsprechend. ⁴Die Zulassungsstelle kann den Umweltgutachter oder die Umweltgutachterorganisation zur Sicherstellung der Qualität der vorgenommenen Begutachtungen einer praktischen Überprüfung bei seiner oder ihrer Arbeit in Organisationen unterziehen. ⁵Organisationen haben die Durchführung einer Überprüfung nach Satz 4 zu dulden.

(3) ¹Die Zulassungsstelle erstellt einen Aufsichtsbericht. ²Ist die Qualität der Begutachtungen zu beanstanden, so übermittelt sie den Aufsichtsbericht dem betroffenen Umweltgutachter oder der Umweltgutachterorganisation, der Zulassungsstelle, die die Zulassung erteilt hat, der zuständigen Register führenden Stelle und, bei weiteren Streitigkeiten, dem Forum der Zulassungsstellen.

(4) Soweit dies zur Feststellung der Anforderungen nach den §§ 7 bis 10 erforderlich ist, dürfen die inländischen Geschäftsräume der ausländischen Umweltgutachter oder Umweltgutachterorganisationen sowie der von diesen begutachteten Organisation zu den üblichen Geschäftszeiten zur Durchführung der Überprüfung nach Absatz 2 Satz 4 betreten werden.

(5) Ist der Umweltgutachter oder die Umweltgutachterorganisation nicht im Inland ansässig oder vertreten, so erfolgen Zustellungen, sofern nicht besondere völkervertragliche Regelungen etwas Abweichendes vorschreiben, nach Absendung einer Abschrift des Bescheides durch Aufgabe des Bescheides zur Post mit Einschreiben; die Zustellung gilt nach Ablauf von zwei Wochen ab der Aufgabe zur Post als erfolgt.

**§ 19 Verbot der Validierung von Umwelterklärungen.** Wer nicht die erforderliche Zulassung oder Fachkenntnisbescheinigung besitzt, darf weder eine Umwelterklärung nach Artikel 19 Absatz 2 oder Artikel 25 Absatz 8 der Verordnung (EG) Nr. 1221/2009[1)] validieren, noch eine Erklärung nach Anhang VII der Verordnung (EG) Nr. 1221/2009 abgeben oder eine Mitzeichnung nach § 8 Absatz 2 Satz 3 vornehmen.

**§ 20 Aufsichtsverfahren.** Die Bundesregierung kann nach Anhörung des Umweltgutachterausschusses durch Rechtsverordnung, die nicht der Zustimmung des Bundesrates bedarf, Inhalt und Umfang der Pflichten nach § 15 Abs. 6 und 7 sowie das Verfahren für Aufsichtsmaßnahmen zu dem in § 1 Abs. 1 Nr. 2 genannten Zweck näher regeln.

### Abschnitt 3. Umweltgutachterausschuss, Widerspruchsbehörde

**§ 21 Aufgaben des Umweltgutachterausschusses.** (1) [1]Beim Bundesministerium für Umwelt, Naturschutz und nukleare Sicherheit wird ein Umweltgutachterausschuss gebildet. [2]Der Umweltgutachterausschuss hat die Aufgabe,

1. Richtlinien[2)] für die Auslegung und Anwendung der §§ 4 bis 18 und der auf Grund dieser Rechtsvorschriften ergangenen Rechtsverordnungen zu erlassen,
2. eine Prüferliste für die Besetzung der Prüfungsausschüsse der Zulassungsstelle zu führen,
3. Empfehlungen für die Benennung von Sachverständigen durch die Widerspruchsbehörde auszusprechen,
4. das Bundesministerium für Umwelt, Naturschutz und nukleare Sicherheit in allen Zulassungs- und Aufsichtsangelegenheiten zu beraten,
5. die Verbreitung von EMAS zu fördern.

[3]Die Richtlinien nach Satz 2 Nr. 1 sind vom Bundesministerium für Umwelt, Naturschutz und nukleare Sicherheit im Bundesanzeiger zu veröffentlichen.

(2) [1]Der Umweltgutachterausschuss erhält von der Zulassungsstelle halbjährlich einen Bericht über Umfang, Inhalt und Probleme der Zulassungs- und Aufsichtstätigkeit. [2]Insbesondere ist zu berichten über

1. die getroffenen Aufsichtsmaßnahmen,
2. die Praktikabilität und den Anpassungsbedarf erlassener Richtlinien nach Absatz 1 Satz 2 Nr. 1 und
3. den Regelungsbedarf durch neue Richtlinien nach Absatz 1 Satz 2 Nr. 1.

[3]Der Umweltgutachterausschuss kann von der Zulassungsstelle Berichte zu besonderen Fragen anfordern.

**§ 22 Mitglieder des Umweltgutachterausschusses.** (1) [1]Mitglieder des Umweltgutachterausschusses sind

– 6 Vertreter der Unternehmen oder ihrer Organisationen,

---

[1)] Nr. **2.7**.
[2)] Siehe die UAG-ZertifizierungsverfahrensRL v. 8.12.1997 (BAnz. Nr. 105 S. 7942), die UAG-FachkundeRL v. 29.10.2019 (BAnz AT 16.01.2020 B5, 2), die UAG-AufsichtsRL v. 10.5.2012 (BAnz AT 17.08.2012 B4) und die UAG-PrüferRL v. 10.11.2020 (BAnz AT 15.06.2021 B5, 2).

Umweltauditgesetz §§ 23, 24 UAG 2.8

– 4 Vertreter der Umweltgutachter oder ihrer Organisationen,
– 2 Vertreter der Umweltverwaltung des Bundes,
– 1 Vertreter der Wirtschaftsverwaltung des Bundes,
– 4 Vertreter der Umweltverwaltung der Länder,
– 2 Vertreter der Wirtschaftsverwaltung der Länder,
– 3 Vertreter der Gewerkschaften,
– 3 Vertreter der Umweltverbände.

[2] Sie unterliegen keinen Weisungen und sind ehrenamtlich tätig. [3] Die Vorschriften der §§ 83 und 84 des Verwaltungsverfahrensgesetzes sind anzuwenden.

(2) Die Mitglieder des Umweltgutachterausschusses müssen in Angelegenheiten des betrieblichen Umweltschutzes über gründliche Fachkenntnisse und mindestens dreijährige praktische Erfahrungen verfügen.

(3) [1] Das Bundesministerium für Umwelt, Naturschutz und nukleare Sicherheit beruft die Mitglieder des Umweltgutachterausschusses und für jedes Mitglied einen Stellvertreter für die Dauer von drei Jahren auf Vorschlag der Bundesdachverbände der Wirtschaft, der freien Berufe im Einvernehmen mit den Organisationen der Umweltgutachter, der Gewerkschaften und der Umweltverbände sowie der zuständigen obersten Bundes- und Landesbehörden. [2] Für die Stellvertreter gelten die Absätze 1 und 2 entsprechend.

(4) [1] Ein Mitglied wird höchstens zweimal in Folge für den Umweltgutachterausschuss berufen. [2] Anschließend muss vor einer erneuten Berufung eine Unterbrechung von mindestens einer Berufungsperiode liegen.

**§ 23 Geschäftsordnung, Vorsitz und Beschlussfassung des Umweltgutachterausschusses.** (1) Der Umweltgutachterausschuss gibt sich eine Geschäftsordnung, die der Genehmigung durch das Bundesministerium für Umwelt, Naturschutz und nukleare Sicherheit bedarf.

(2) [1] Der Umweltgutachterausschuss wählt den Vorsitzenden und vier Stellvertreter aus seiner Mitte. [2] Zu ihnen muss jeweils ein Vertreter der Unternehmen, der Umweltgutachter, der Verwaltung, der Gewerkschaften und der Umweltverbände gehören.

(3) Der Umweltgutachterausschuss beschließt

1. in Angelegenheiten nach § 21 Abs. 1 Satz 2 Nr. 1 und 2 mit der Mehrheit von zwei Dritteln der gesetzlichen Mitgliederzahl,
2. in Angelegenheiten der Geschäftsordnung mit der Mehrheit der gesetzlichen Mitgliederzahl und
3. in sonstigen Fällen mit der Mehrheit der anwesenden Mitglieder.

(4) [1] An den Sitzungen des Umweltgutachterausschusses, einschließlich der Beratung und Beschlussfassung, können einzelne oder alle Mitglieder auch im Wege elektronischer Kommunikation teilnehmen. [2] Einzelheiten, insbesondere zur Durchführung elektronischer Abstimmungen und zur Dokumentation, können in der Geschäftsordnung festgelegt werden.

**§ 24 Widerspruchsbehörde.** (1) Zuständig für die Entscheidung über Widersprüche gegen Verwaltungsakte der Zulassungsstelle ist das Bundesverwaltungsamt, das insoweit den fachlichen Weisungen des Bundesministeriums für Umwelt, Naturschutz und nukleare Sicherheit unterliegt.

(2) ¹Die Entscheidung ist durch einen Beamten der Bundesverwaltung zu treffen, der die Befähigung zum Richteramt besitzt. ²Von der Widerspruchsbehörde hinzugezogene Sachverständige dürfen nicht dem Umweltgutachterausschuss angehören. ³Sie müssen in Angelegenheiten des betrieblichen Umweltschutzes über gründliche Fachkenntnisse und mindestens dreijährige praktische Erfahrungen verfügen.

(3) ¹Die Widerspruchsbehörde kann an den Sitzungen des Umweltgutachterausschusses teilnehmen. ²Ihr ist auf Verlangen das Wort zu erteilen.

**§ 25 Widerspruchsverfahren.** (1) ¹Der Widerspruch soll vor Erlass des Widerspruchsbescheides mit den Beteiligten mündlich erörtert werden. ²Mit Einverständnis aller Beteiligten kann von der mündlichen Erörterung abgesehen werden. ³Im Übrigen ist das Widerspruchsverfahren an bestimmte Formen nicht gebunden, soweit die §§ 68 bis 73 der Verwaltungsgerichtsordnung keine besonderen Rechtsvorschriften für die Form des Verfahrens enthalten. ⁴Es ist einfach und zweckmäßig durchzuführen.

(2) Soweit der Widerspruch gegen Entscheidungen der auf Grund des § 28 beliehenen Zulassungsstelle erfolgreich ist, sind die Aufwendungen des Widerspruchsführers nach § 80 Abs. 1 Satz 1 und 2 des Verwaltungsverfahrensgesetzes von dem privaten Rechtsträger der Zulassungsstelle zu erstatten.

**§ 26 Geschäftsstelle.** ¹Für die Arbeit des Umweltgutachterausschusses wird eine Geschäftsstelle eingerichtet. ²Sie unterliegt den Weisungen des Vorsitzenden des Umweltgutachterausschusses.

**§ 27 Rechtsaufsicht.** (1) ¹Der Umweltgutachterausschuss steht unter der Aufsicht des Bundesministeriums für Umwelt, Naturschutz und nukleare Sicherheit (Aufsichtsbehörde). ²Die Aufsicht erstreckt sich auf die Rechtmäßigkeit der Ausschusstätigkeit, insbesondere darauf, dass die gesetzlichen Aufgaben erfüllt werden.

(2) ¹Die Aufsichtsbehörde kann an den Sitzungen des Umweltgutachterausschusses teilnehmen. ²Ihr ist auf Verlangen das Wort zu erteilen. ³Sie kann schriftliche oder elektronische Berichte und Aktenvorlage fordern.

(3) ¹Beschlüsse nach § 21 Abs. 1 Satz 2 Nr. 1 bis 3 bedürfen der Genehmigung durch die Aufsichtsbehörde. ²Die Aufsichtsbehörde kann rechtswidrige Beschlüsse des Umweltgutachterausschusses beanstanden und nach vorheriger Beanstandung aufheben. ³Wenn der Umweltgutachterausschuss Beschlüsse oder sonstige Handlungen unterlässt, die zur Erfüllung seiner gesetzlichen Aufgaben erforderlich sind, kann die Aufsichtsbehörde anordnen, dass innerhalb einer bestimmten Frist die erforderlichen Maßnahmen getroffen werden. ⁴Die Aufsichtsbehörde hat die geforderten Handlungen im Einzelnen zu bezeichnen. ⁵Sie kann ihre Anordnung selbst durchführen oder von einem anderen durchführen lassen, wenn die Anordnung vom Umweltgutachterausschuss nicht befolgt worden ist.

(4) ¹Wenn die Aufsichtsmittel nach Absatz 3 nicht ausreichen, kann die Aufsichtsbehörde den Umweltgutachterausschuss auflösen. ²Sie hat nach Eintritt der Unanfechtbarkeit der Auflösungsanordnung unverzüglich neue Mitglieder gemäß § 22 Abs. 3 zu berufen. ³Sie braucht vorgeschlagene Personen nicht zu berücksichtigen, die Mitglieder des aufgelösten Ausschusses waren.

Umweltauditgesetz §§ 28–32 UAG 2.8

### Abschnitt 4. Zuständigkeit

**§ 28 Zulassungsstelle.** [1]Das Bundesministerium für Umwelt, Naturschutz und nukleare Sicherheit wird ermächtigt, eine oder mehrere juristische Personen des Privatrechts mit den Aufgaben der Zulassungsstelle durch Rechtsverordnung[1]), die nicht der Zustimmung des Bundesrates bedarf, zu beleihen, wenn deren Bereitschaft und Eignung zur ordnungsgemäßen Erfüllung der Zulassungs- und Aufsichtsaufgaben gegeben sind. [2]Die Zulassungsstelle nimmt die Aufgaben der Zulassung und Beaufsichtigung der Umweltgutachter und Umweltgutachterorganisationen sowie der Inhaber von Fachkenntnisbescheinigungen gemäß Artikel 20 bis 24 und 27 bis 29 der Verordnung (EG) Nr. 1221/2009[2]) und diesem Gesetz wahr. [3]Sie berichtet dem Bundesministerium für Umwelt, Naturschutz und nukleare Sicherheit und dem Umweltgutachterausschuss regelmäßig über die Treffen und weiteren Aktivitäten des Forums der Zulassungsstellen der Mitgliedstaaten gemäß Artikel 30 und 31 der Verordnung (EG) Nr. 1221/2009.

**§ 29 Aufsicht über die Zulassungsstelle.** [1]Die nach § 28 beliehene Zulassungsstelle steht unter der Aufsicht des Bundesministeriums für Umwelt, Naturschutz und nukleare Sicherheit (Aufsichtsbehörde). [2]Die Aufsicht erstreckt sich auf die Rechtmäßigkeit der Zulassungs- und Aufsichtstätigkeit und auf die Entscheidungen nach § 16 Abs. 2, § 17 Absatz 4 Nr. 2 und 3 sowie § 18 Abs. 2 Satz 3.

### Abschnitt 5. Beschränkung der Haftung

**§ 30 Beschränkung der Haftung.** Auf die Schadensersatzpflicht von Personen, die fahrlässig gehandelt haben, findet § 323 Abs. 2 des Handelsgesetzbuchs entsprechende Anwendung.

**§ 31** (weggefallen)

## Teil 3. Registrierung geprüfter Organisationen, Gebühren und Auslagen, Bußgeld-, Übergangs- und Schlussvorschriften

### Abschnitt 1. Registrierung geprüfter Organisationen

**§ 32 EMAS-Register.** (1) [1]In das EMAS-Register wird eingetragen, an welchen Standorten die Organisation ein Umweltmanagementsystem betreibt, das die Anforderungen der Verordnung (EG) Nr. 1221/2009[2]) erfüllt. [2]Die Führung des Registers und die übrigen Aufgaben gemäß den Artikeln 11 bis 17 und Artikel 32 Absatz 3 der Verordnung (EG) Nr. 1221/2009 werden den Industrie- und Handelskammern und den Handwerkskammern übertragen. [3]Bei Registrierung einer Organisation mit mehreren an EMAS teilnehmenden Standorten bestimmt sich die Register führende Stelle nach Wahl der Organisation nach dem Hauptsitz oder dem Sitz der Managementzentrale im Sinne des Artikels 3 Absatz 2 Unterabsatz 2 der Verordnung (EG) Nr. 1221/2009 der Organisation. [4]Aufsichtsmaßnahmen werden von der Aufsichtsbehörde im Ein-

---

[1]) Siehe die UAG-BeleihungsVO v. 18.12.1995 (BGBl. I S. 2013), zuletzt geänd. durch VO v. 19.6. 2020 (BGBl. I S. 1328).
[2]) Nr. **2.7.**

vernehmen mit der obersten für den Umweltschutz zuständigen Behörde des Landes getroffen.

(2) [1]Die Register führenden Stellen benennen durch schriftliche oder elektronische Vereinbarung eine gemeinsame Stelle, die der Europäischen Kommission nach Artikel 12 Absatz 2 und 3 der Verordnung (EG) Nr. 1221/2009 monatlich ein fortgeschriebenes Verzeichnis nach Absatz 1 Satz 1 übermittelt. [2]Das Verzeichnis ist gleichzeitig dem Bundesministerium für Umwelt, Naturschutz und nukleare Sicherheit, der Zulassungsstelle, dem Umweltgutachterausschuss und den zuständigen obersten Landesbehörden in geeigneter Weise zur Verfügung zu stellen. [3]Die gemeinsame Stelle vertritt die Register führenden Stellen bei den Treffen der Register führenden Stellen der Mitgliedstaaten gemäß Artikel 16 Absatz 1 der Verordnung (EG) Nr. 1221/2009. [4]Zu den in Artikel 16 Absatz 3 und Artikel 17 der Verordnung (EG) Nr. 1221/2009 genannten Zwecken ist sie berechtigt, bei den Register führenden Stellen Daten zu erheben und diese bei den Treffen der Register führenden Stellen der Mitgliedstaaten und etwaiger im Rahmen dessen gegründeter Arbeitsgruppen bekannt zu geben und zu verwenden.

(3) [1]Die Industrie- und Handelskammern und die Handwerkskammern können schriftlich oder elektronisch vereinbaren, dass die von ihnen nach Absatz 1 Satz 2 wahrgenommenen Aufgaben auf eine Industrie- und Handelskammer oder eine Handwerkskammer ganz oder teilweise übertragen werden. [2]Die Vereinbarung bedarf der Genehmigung der Aufsichtsbehörde im Einvernehmen mit der zuständigen Umweltbehörde.

(4) Jeder ist nach Maßgabe des Umweltinformationsgesetzes[1)] berechtigt, das EMAS-Register einzusehen.

(5) Der Zulassungsstelle ist zum Zweck der Aufsicht über Umweltgutachter, Umweltgutachterorganisationen und Inhaber von Fachkenntnisbescheinigungen Einsicht in die für die Aufsicht relevanten Daten oder Unterlagen der Register führenden Stellen zu gewähren.

**§ 33 Registrierung im EMAS-Register.** (1) [1]Die für eine Registrierung im EMAS-Register nach Artikel 13 bis 15 der Verordnung (EG) Nr. 1221/2009[2)] erforderliche Glaubhaftmachung, dass die Organisation alle Bedingungen der Verordnung (EG) Nr. 1221/2009 erfüllt, ist insbesondere dann nicht gegeben, wenn

1. die Umwelterklärung nicht von einem zugelassenen Umweltgutachter oder einer zugelassenen Umweltgutachterorganisation validiert worden ist oder
2. die Personen, die die Validierung der Umwelterklärung mitgezeichnet haben, nach dem Inhalt ihrer Zulassung oder Fachkenntnisbescheinigung insgesamt nicht über die Fachkunde verfügen, die zur Begutachtung der geprüften Organisation erforderlich ist.

[2]Zur Glaubhaftmachung im Sinne des Satzes 1 ist es nicht erforderlich, dass die Personen, die die Umwelterklärung validiert haben, bei demselben Umweltgutachter oder derselben Umweltgutachterorganisation angestellt sind; Umweltgutachter und Umweltgutachterorganisationen können auch auf Grund

---
[1)] Nr. **2.6**.
[2)] Nr. **2.7**.

Umweltauditgesetz  **§ 34  UAG  2.8**

gesonderter Vereinbarungen, die nur für einzelne Begutachtungsaufträge geschlossen werden, zusammenwirken (Fallkooperation).

(2) Im Falle einer Sammelregistrierung gemäß Artikel 3 Absatz 2 in Verbindung mit Artikel 13 der Verordnung (EG) Nr. 1221/2009 ist eine Organisation unter Auflistung aller ihrer an EMAS teilnehmenden Standorte in das Register einzutragen.

(3) [1] Vor der Eintragung einer Organisation, einschließlich der Ergänzung der Eintragung um einen neuen, bisher noch nicht in das Umweltmanagement der Organisation einbezogenen Standort, gibt die Register führende Stelle den für die Belange des Umweltschutzes an dem jeweiligen Standort zuständigen Behörden (Umweltbehörden) Gelegenheit, sich innerhalb einer Frist von vier Wochen zu der beabsichtigten Eintragung zu äußern. [2] Im Falle der Eintragung einer Organisation mit mehreren Standorten gibt die Register führende Stelle die Stellungnahme der Umweltbehörden den Industrie- und Handelskammern oder Handwerkskammern, die bei gesonderter Eintragung der einzelnen Standorte als Register führende Stelle zuständig wären, zur Kenntnis. [3] Wird die Register führende Stelle von der zuständigen Umweltbehörde über einen Verstoß gegen an einem Standort der Organisation geltende Umweltvorschriften unterrichtet, so verweigert sie die Eintragung der antragstellenden Organisation, bis der Nachweis gemäß Artikel 13 Absatz 2 Buchstabe c der Verordnung (EG) Nr. 1221/2009 erbracht wird, dass der Verstoß behoben ist. [4] Hält die Umweltbehörde oder die Register führende Stelle einen Verstoß gegen an einem Standort der Organisation geltende Umweltvorschriften für gegeben und bestreitet die betroffene Organisation diesen Rechtsverstoß, so ist die Entscheidung über die Eintragung bis zur Klärung zwischen Umweltbehörde und Organisation auszusetzen. [5] Bevor die Register führende Stelle die Eintragung einer Organisation auf Grund des Artikels 13 Absatz 4 der Verordnung (EG) Nr. 1221/2009 wegen eines Verstoßes gegen an einem Standort geltende Umweltvorschriften verweigert, ist der betroffenen Organisation gemäß Artikel 13 Absatz 6 der Verordnung (EG) Nr. 1221/2009 Gelegenheit zur Stellungnahme zu geben. [6] Die Register führende Stelle unterrichtet die Leitung der Organisation gemäß Artikel 13 Absatz 4 der Verordnung (EG) Nr. 1221/2009 über die Gründe für die ergriffenen Maßnahmen und die mit der zuständigen Umweltbehörde geführten Gespräche.

(4) Die Register führenden Stellen und die gemeinsame Stelle sind berechtigt, die zum Zweck der Erfüllung ihrer Aufgaben nach diesem Gesetz erforderlichen Angaben zu speichern.

(5) Die Register führende Stelle setzt die Umweltbehörden über das Ergebnis des Registrierungsverfahrens in Kenntnis.

(6) Ergänzende Regelungen über die Registrierung ausländischer Standorte nach § 35 Absatz 1 Satz 1 oder auf Grund einer Verordnung nach § 35 Absatz 2 bleiben unberührt.

**§ 34 Verlängerung der EMAS-Registrierung, Verfahren bei Verstößen, Streichung und vorübergehende Aufhebung der Registrierung.**

(1) Stellt die Umweltbehörde fest, dass eine registrierte Organisation gegen Umweltvorschriften verstößt, so setzt sie die Register führende Stelle hierüber in Kenntnis.

(2) Bei Anhaltspunkten für einen Verstoß gegen an einem Standort der Organisation geltende Umweltvorschriften erkundigt sich die Register führende Stelle bei der Umweltbehörde, ob ein Umweltrechtsverstoß vorliegt.

(3) Wird der Register führenden Stelle eine vollständige Umwelterklärung nach Artikel 6 Absatz 1 Buchstabe c der Verordnung (EG) Nr. 1221/2009[1]) vorgelegt, prüft sie, ob ihr Informationen nach Absatz 1 oder Anhaltspunkte nach Absatz 2 dieses Gesetzes vorliegen.

(4) ¹Bevor die Register führende Stelle die Eintragung einer Organisation

1. auf Grund des Artikels 15 Absatz 1 oder Absatz 3 der Verordnung (EG) Nr. 1221/2009 wegen nachträglicher Nichterfüllung der einschlägigen Anforderungen am Standort vorübergehend aufhebt oder streicht oder
2. auf Grund des Artikels 15 Absatz 4 der Verordnung (EG) Nr. 1221/2009 wegen eines Verstoßes gegen an einem Standort geltende Umweltvorschriften vorübergehend aufhebt oder streicht oder
3. auf Grund des Artikels 15 Absatz 2 oder Absatz 7 der Verordnung (EG) Nr. 1221/2009 wegen nicht ausreichend gründlicher Durchführung der gutachterlichen Tätigkeit des Umweltgutachters vorübergehend aufhebt,

ist der betroffenen Organisation und, im Falle der Nummer 2, der für den betroffenen Standort zuständigen Umweltbehörde nach Maßgabe des Artikels 15 Absatz 1 Satz 1 und Absatz 6 der Verordnung (EG) Nr. 1221/2009 Gelegenheit zur Stellungnahme zu geben. ²Bestreitet die Organisation mit vertretbaren Gründen das Vorliegen von Verstößen im Sinne des Satzes 1 Nr. 1 bis 3 und macht sie glaubhaft, dass die Streichung oder vorübergehende Aufhebung der Eintragung zu erheblichen wirtschaftlichen oder sonstigen Nachteilen für die Organisation führen würde, so darf die Streichung oder vorübergehende Aufhebung der Eintragung erst erfolgen, wenn wegen der Verstöße im Sinne des Satzes 1 Nr. 1 bis 3 ein vollziehbarer Verwaltungsakt, ein rechtskräftiger Bußgeldbescheid oder eine rechtskräftige strafgerichtliche Verurteilung vorliegt. ³Die Register führende Stelle unterrichtet die Leitung der Organisation gemäß Artikel 15 Absatz 8 und 9 der Verordnung (EG) Nr. 1221/2009 über die Gründe für die ergriffenen Maßnahmen und die mit der zuständigen Umweltbehörde geführten Gespräche.

(5) Die Registrierung einer Organisation mit mehreren Standorten wird ausgesetzt oder gestrichen, wenn einer oder mehrere Standorte die Voraussetzungen gemäß Artikel 15 Absatz 1 Satz 2, Absatz 2, 3 oder Absatz 4 der Verordnung (EG) Nr. 1221/2009 nicht mehr erfüllt.

(6) Die Register führende Stelle setzt die Umweltbehörde über das Ergebnis des Verfahrens zur Verlängerung der Registrierung gemäß Artikel 15 Absatz 3 der Verordnung (EG) Nr. 1221/2009 in Kenntnis.

**§ 35 Registrierungsverfahren; Verordnungsermächtigung.** (1) ¹Die Industrie- und Handelskammern und die Handwerkskammern können das Verfahren für die Registrierung und Streichung von Standorten kammerzugehöriger Unternehmen und für die vorübergehende Aufhebung von Registrierungen gemäß Artikel 3 Absatz 2 und 3 sowie Artikel 13 Absatz 2 bis 5, Artikel 14 und Artikel 15 Absatz 1 bis 4 und 10 der Verordnung (EG) Nr. 1221/2009[1]) mit Ausnahme des Verfahrens für Organisationen, die ihren Sitz in Staaten

---

[1]) Nr. 2.7.

Umweltauditgesetz  §§ 36, 37  UAG 2.8

außerhalb der Europäischen Union haben, durch Satzung näher regeln, die der Genehmigung durch die Aufsichtsbehörde im Einvernehmen mit der obersten für den Umweltschutz zuständigen Behörde eines Landes bedarf. ²Die Satzungen gelten auch für Organisationen, die nicht Mitglied einer Kammer sind.

(2) Das Bundesministerium für Umwelt, Naturschutz und nukleare Sicherheit wird ermächtigt, durch Rechtsverordnung, die nicht der Zustimmung des Bundesrates bedarf, von § 33 und § 34 abweichende Regelungen des Registrierungsverfahrens für Organisationen, die ihren Sitz in Staaten außerhalb der Europäischen Union haben, zu treffen.

**Abschnitt 2. Gebühren und Auslagen und Bußgeldvorschriften**

**§ 36 Gebühren und Auslagen.** (1) Für individuell zurechenbare öffentliche Leistungen auf Grund dieses Gesetzes werden Gebühren und Auslagen erhoben.

(2) Das Bundesministerium für Umwelt, Naturschutz und nukleare Sicherheit wird ermächtigt, nach Anhörung des Umweltgutachterausschusses durch Rechtsverordnung[1], die nicht der Zustimmung des Bundesrates bedarf, für individuell zurechenbare öffentliche Leistungen der Zulassungsstelle und der Widerspruchsbehörde auf Grund dieses Gesetzes die Höhe der Gebühren, die gebührenpflichtigen Tatbestände und die Auslagen näher zu bestimmen und dabei feste Sätze und Rahmensätze vorzusehen.

(3) ¹Die Industrie- und Handelskammern und die Handwerkskammern werden ermächtigt, für individuell zurechenbare öffentliche Leistungen der Register führenden Stelle die Höhe der Gebühren durch Satzung zu bestimmen. ²Dabei ist Artikel 36 Buchstabe b der Verordnung (EG) Nr. 1221/2009[2] zu beachten. ³Die Satzung bedarf der Genehmigung durch die Aufsichtsbehörde im Einvernehmen mit der zuständigen Umweltbehörde. ⁴§ 35 Absatz 1 Satz 2 findet Anwendung.

**§ 37[3] Bußgeldvorschriften.** (1) Ordnungswidrig handelt, wer vorsätzlich oder fahrlässig

1. entgegen § 4 Abs. 3 eine Angabe nicht, nicht richtig oder nicht rechtzeitig macht,
2. entgegen § 4 Abs. 4 Satz 2 in Verbindung mit Satz 1 die dort genannte Berufsbezeichnung führt,
3. entgegen § 10 Abs. 5 Satz 2 in Verbindung mit Satz 1 die dort genannte Bezeichnung in die Firma oder den Namen aufnimmt,
4. entgegen § 15 Abs. 6 Nr. 1 eine Zweitschrift nicht oder nicht für die vorgeschriebene Dauer aufbewahrt,
5. entgegen § 15 Abs. 6 Nr. 2 die Zulassungsstelle nicht oder nicht rechtzeitig unterrichtet,
6. entgegen § 15 Abs. 6 Nr. 4 eine Unterlage nicht oder nicht rechtzeitig vorlegt,

---

[1] Siehe die UAG-GebührenVO v. 4.9.2002 (BGBl. I S. 3503), zuletzt geänd. durch G v. 7.8.2013 (BGBl. I S. 3154).
[2] Nr. **2.7**.
[3] Siehe die UAG-OrdnungswidrigkeitenzuständigkeitsVO v. 5.4.2004 (BGBl. I S. 557), zuletzt geänd. durch VO v. 19.6.2020 (BGBl. I S. 1328).

7. einer vollziehbaren Anordnung nach § 15 Abs. 4 oder nach § 16 Abs. 1, auch in Verbindung mit § 18 Abs. 2 Satz 3, zuwiderhandelt,
8. entgegen § 18 Abs. 1 Satz 1 eine Anzeige nicht, nicht richtig, nicht vollständig oder nicht rechtzeitig erstattet,
9. entgegen § 19 eine Umwelterklärung validiert oder eine Validierung oder Erklärung mitzeichnet,
10. einer Rechtsverordnung nach § 20 oder nach § 35 Absatz 2 oder einer auf Grund einer solchen Rechtsverordnung ergangenen vollziehbaren Anordnung zuwiderhandelt, soweit die Rechtsverordnung für einen bestimmten Tatbestand auf diese Bußgeldvorschrift verweist,
11. entgegen Artikel 10 Absatz 1 der Verordnung (EG) Nr. 1221/2009[1]) des Europäischen Parlaments und des Rates vom 25. November 2009 über die freiwillige Teilnahme von Organisationen an einem Gemeinschaftssystem für Umweltmanagement und Umweltbetriebsprüfung und zur Aufhebung der Verordnung (EG) Nr. 761/2001, sowie der Beschlüsse der Kommission 2001/681/EG und 2006/193/EG (ABl. L 342 vom 22.12.2009, S. 1) das EMAS-Zeichen verwendet, obwohl er oder sie keine gültige Eintragung in das EMAS-Register besitzt,
12. entgegen Artikel 19 Absatz 2 oder Artikel 25 Absatz 8 der Verordnung (EG) Nr. 1221/2009, jeweils auch in Verbindung mit § 8 Absatz 2 Satz 3, eine dort genannte Information oder Umwelterklärung nicht, nicht richtig, nicht vollständig oder nicht rechtzeitig validiert,
12a. entgegen Artikel 25 Absatz 9 der Verordnung (EG) Nr. 1221/2009, auch in Verbindung mit § 8 Absatz 2 Satz 3, eine dort genannte Erklärung nicht, nicht richtig, nicht vollständig oder nicht rechtzeitig ausstellt, oder
13. einer unmittelbar geltenden Vorschrift in Rechtsakten der Europäischen Gemeinschaften oder der Europäischen Union im Anwendungsbereich dieses Gesetzes zuwiderhandelt, soweit eine nach Anhörung des Umweltgutachterausschusses erlassene Rechtsverordnung nach Absatz 2 für einen bestimmten Tatbestand auf diese Bußgeldvorschrift verweist.

(2) Das Bundesministerium für Umwelt, Naturschutz und nukleare Sicherheit wird ermächtigt, soweit dies zur Durchsetzung der Rechtsakte der Europäischen Gemeinschaften oder der Europäischen Union erforderlich ist, durch Rechtsverordnung ohne Zustimmung des Bundesrates die Tatbestände zu bezeichnen, die als Ordnungswidrigkeiten gemäß Absatz 1 Nr. 13 geahndet werden können.

(3) Die Ordnungswidrigkeit kann in den Fällen des Absatzes 1 Nr. 2 bis 4, 7, 9, 11, 12 und 13 mit einer Geldbuße bis zu fünfundzwanzigtausend Euro, in den Fällen des Absatzes 1 Nr. 1, 5, 6, 8 und 10 mit einer Geldbuße bis zu fünftausend Euro geahndet werden.

### Abschnitt 3. Übergangs- und Schlussvorschriften

**§ 38 Übergangsvorschriften.** (1) Zulassungen von Umweltgutachtern, Umweltgutachterorganisationen und Inhabern von Fachkenntnisbescheinigungen, die vor dem 13. Dezember 2011 erteilt worden sind, behalten auch nach diesem Zeitpunkt ihre Gültigkeit.

---

[1]) Nr. 2.7.

(2) [1]Vor dem 21. August 2002 nach § 13 Abs. 2 des Umweltauditgesetzes vom 7. Dezember 1995 (BGBl. I S. 1591), das zuletzt durch Artikel 26 des Gesetzes vom 27. April 2002 (BGBl. I S. 1467) geändert worden ist, allgemein anerkannte Qualifikationsnachweise behalten auch nach dem 21. August 2002 ihre Gültigkeit. [2]§ 9 Abs. 1 Nr. 1 Buchstabe c, § 10 Abs. 1 Nr. 2 Buchstabe c, § 11 Abs. 3, § 15 Abs. 3 und die §§ 19 und 33 Abs. 1 Nr. 2 des Umweltauditgesetzes in der in Satz 1 genannten Fassung sind auf vor dem 21. August 2002 allgemein anerkannte Qualifikationsnachweise im Sinne des Satzes 1 weiterhin anzuwenden.

**§ 39** (Inkrafttreten)

## 2.8.1. Verordnung über immissionsschutz- und abfallrechtliche Überwachungserleichterungen für nach der Verordnung (EG) Nr. 761/2001 registrierte Standorte und Organisationen (EMAS-Privilegierungs-Verordnung – EMASPrivilegV)[1)][2)]

Vom 24. Juni 2002
(BGBl. I S. 2247)

**FNA 2129-27-2-16**

zuletzt geänd. durch Art. 3 Abs. 2 VO zur Neufassung der VO über Großfeuerungs-, Gasturbinen- und Verbrennungsmotoranlagen und zur Änd. der VO über die Verbrennung und die Mitverbrennung von Abfällen v. 6.7.2021 (BGBl. I S. 2514)

**§ 1 Begriffsbestimmung.** Im Sinne dieser Verordnung ist eine EMAS-Anlage eine Anlage, die Bestandteil einer Organisation oder eines Standorts ist, die oder der nach den Artikeln 13 bis 15 in Verbindung mit Artikel 2 Nummer 22 der Verordnung (EG) Nr. 1221/2009[3)] des Europäischen Parlaments und des Rates vom 25. November 2009 über die freiwillige Teilnahme von Organisationen an einem Gemeinschaftssystem für Umweltmanagement und Umweltbetriebsprüfung und zur Aufhebung der Verordnung (EG) Nr. 761/2001, sowie der Beschlüsse der Kommission 2001/681/EG und 2006/193/EG (ABl. L 342 vom 22.12.2009, S. 1) registriert ist.

**§ 2 Betriebsorganisation.** ¹Die Anzeige- und Mitteilungspflichten zur Betriebsorganisation nach § 52b des Bundes-Immissionsschutzgesetzes[4)] und § 58 des Kreislaufwirtschaftsgesetzes[5)] werden bezüglich EMAS-Anlagen durch die Bereitstellung des Bescheides zur Standort- oder Organisationseintragung erfüllt. ²Gleiches gilt für Abfälle, die der Verpflichtete im Rahmen der Tätigkeiten einer Organisation oder eines Standorts, die oder der nach den Artikeln 13 bis 15 in Verbindung mit Artikel 2 Nummer 22 der Verordnung (EG) Nr. 1221/2009[3)] registriert ist, nach § 27 des Kreislaufwirtschaftsgesetzes in Besitz genommen hat. ³Die Behörde kann im Einzelfall die Vorlage weitergehender Unterlagen verlangen.

**§ 3 Betriebsbeauftragte.** (1) ¹Auf die Anordnung der Bestellung eines oder mehrerer Betriebsbeauftragten nach § 53 Abs. 2 des Bundes-Immissionsschutzgesetzes[4)] oder § 59 Absatz 2 des Kreislaufwirtschaftsgesetzes[5)] soll bei einer EMAS-Anlage oder bei einem Entsorgungsfachbetrieb im Sinne des § 56 Absatz 2 des Kreislaufwirtschaftsgesetzes verzichtet werden. ²Satz 1 gilt entsprechend für eine Anordnung nach § 58a Abs. 2 des Bundes-Immissionsschutzgesetzes. ³Im Rahmen der Entscheidung über eine Befreiung nach § 6 der

---

[1)] Verkündet als Art. 1 VO v. 24.6.2002 (BGBl. I S. 2247); Inkrafttreten gem. Art. 7 dieser VO am 29.6.2002.
[2)] Die VO wurde erlassen auf Grund von § 58e BImSchG sowie § 55a und § 19 Abs. 4 KrW-/AbfG.
[3)] Nr. **2.7**.
[4)] Nr. **6.1**.
[5)] Nr. **5.1**.

Verordnung über Immissionsschutz- und Störfallbeauftragte vom 30. Juli 1993 (BGBl. I S. 1433), die zuletzt durch Artikel 2 des Gesetzes vom 9. September 2001 (BGBl. I S. 2331) geändert worden ist, in der jeweils geltenden Fassung, oder nach § 7 der Verordnung über Betriebsbeauftragte für Abfall vom 2. Dezember 2016, in der jeweils geltenden Fassung, hat die zuständige Behörde zu berücksichtigen, dass es sich um eine EMAS-Anlage handelt.

(2) Jährliche Berichte nach § 54 Abs. 2, § 58b Abs. 2 Satz 1 des Bundes-Immissionsschutzgesetzes und nach § 60 Absatz 2 des Kreislaufwirtschaftsgesetzes sind nicht erforderlich, sofern sich gleichwertige Angaben aus dem Bericht über die Umweltbetriebsprüfung ergeben und die Betriebsbeauftragte für Immissionsschutz oder für Abfall oder der Störfallbeauftragte den Bericht mitgezeichnet hat und mit dem Verzicht auf die Erstellung eines gesonderten jährlichen Berichts einverstanden ist.

(3) Die Pflichten zur Anzeige nach § 55 Abs. 1 Satz 2, § 58c Abs. 1 des Bundes-Immissionsschutzgesetzes und nach § 60 Absatz 3 des Kreislaufwirtschaftsgesetzes in Verbindung mit § 55 Abs. 1 Satz 2 des Bundes-Immissionsschutzgesetzes werden seitens des Betreibers einer EMAS-Anlage auch dadurch erfüllt, dass er der zuständigen Behörde im Rahmen des Umwelt-Audits erarbeitete Unterlagen zugeleitet hat, die gleichwertige Angaben enthalten.

**§ 4 Ermittlungen von Emissionen.** [1]Die zuständige Behörde soll bei EMAS-Anlagen Messungen nach § 28 Satz 1 Nr. 2 des Bundes-Immissionsschutzgesetzes[1]) erst nach Ablauf eines längeren Zeitraums als drei Jahren anordnen. [2]Darüber hinaus soll die zuständige Behörde dem Betreiber einer EMAS-Anlage gestatten, Messungen nach § 28 Satz 1 Nr. 2 des Bundes-Immissionsschutzgesetzes mit eigenem Personal durchzuführen, wenn der Betreiber, Immissionsschutzbeauftragte oder ein sonstiger geeigneter Betriebsangehöriger die hierfür erforderliche Fachkunde und Zuverlässigkeit besitzt und sichergestellt ist, dass geeignete Geräte und Einrichtungen eingesetzt werden.

**§ 5 Wiederkehrende Messungen, Funktionsprüfungen.** (1) Die zuständige Behörde soll dem Betreiber einer EMAS-Anlage auf Antrag gestatten, für diese Anlage wiederkehrende

1. Messungen nach § 12 Absatz 3 der Verordnung zur Emissionsbegrenzung von leichtflüchtigen halogenierten organischen Verbindungen vom 10. Dezember 1990 (BGBl. I S. 2694), die zuletzt durch Artikel 1 der Verordnung vom 2. Mai 2013 (BGBl. I S. 1021) geändert worden ist, in der jeweils geltenden Fassung,
2. Wiederholungsmessungen nach § 20 Absatz 2 der Verordnung über Großfeuerungs-, Gasturbinen- und Verbrennungsmotoranlagen[2]),
3. Wiederholungsmessungen nach § 18 Absatz 3 der Verordnung über die Verbrennung und die Mitverbrennung von Abfällen,
4. Messungen nach § 8 Absatz 3 der Verordnung zur Begrenzung der Emissionen flüchtiger organischer Verbindungen beim Umfüllen oder Lagern von Ottokraftstoffen, Kraftstoffgemischen oder Rohbenzin vom 27. Mai 1998

---

[1]) Nr. **6.1**.
[2]) Nr. **6.1.13**.

(BGBl. I S. 1174), die zuletzt durch Artikel 7 der Verordnung vom 2. Mai 2013 (BGBl. I S. 1021) geändert worden ist, in der jeweils geltenden Fassung mit eigenem Personal durchzuführen, wenn der Betreiber, Immissionsschutzbeauftragte oder ein sonstiger geeigneter Betriebsangehöriger die hierfür erforderliche Fachkunde und Zuverlässigkeit besitzt und sichergestellt ist, dass geeignete Geräte und Einrichtungen eingesetzt werden.

(2) [1] Unter den gleichen Voraussetzungen soll die zuständige Behörde dem Betreiber einer EMAS-Anlage auf Antrag gestatten, für diese Anlage Funktionsprüfungen nach

1. § 12 Absatz 7 Satz 2 der Verordnung zur Emissionsbegrenzung von leichtflüchtigen halogenierten organischen Verbindungen,
2. § 16 Absatz 4 Nummer 2 der Verordnung über Großfeuerungs-, Gasturbinen- und Verbrennungsmotoranlagen,
3. § 15 Absatz 4 Nummer 2 der Verordnung über die Verbrennung und die Mitverbrennung von Abfällen,
4. § 7 Absatz 3 der Verordnung über Anlagen zur Feuerbestattung vom 19. März 1997 (BGBl. I S. 545), die durch Artikel 11 des Gesetzes vom 3. Mai 2000 (BGBl. I S. 632) geändert worden ist, in der jeweils geltenden Fassung

mit eigenem Personal durchzuführen. [2] Satz 1 gilt nicht für die erstmalige Funktionsprüfung.

**§ 6 Sicherheitstechnische Prüfungen.** [1] Die zuständige Behörde soll dem Betreiber einer EMAS-Anlage auf Antrag gestatten, sicherheitstechnische Prüfungen nach § 29a Abs. 2 Nr. 1 bis 4 des Bundes-Immissionsschutzgesetzes[1]) mit eigenem Personal durchzuführen, wenn die Belange der Anlagensicherheit Gegenstand des Audits und der Prüfung durch einen dafür fachkundigen Umweltgutachter gewesen sind und sichergestellt ist, dass der Betreiber, Störfallbeauftragte oder ein sonstiger geeigneter Betriebsangehöriger die hierfür erforderliche Fachkunde und Zuverlässigkeit besitzt und geeignete Geräte und Einrichtungen eingesetzt werden. [2] Die Ergebnisse der Prüfungen sind der Behörde auf deren Verlangen vorzulegen.

**§ 7 Berichte.** (1) [1] Betreiber von EMAS-Anlagen können der zuständigen Behörde anstelle einer Emissionserklärung gemäß der Verordnung über Emissionserklärungen eine vom Umweltgutachter validierte Umwelterklärung vorlegen, die den Anforderungen des § 27 Abs. 1 des Bundes-Immissionsschutzgesetzes[1]) sowie der Verordnung über Emissionserklärungen genügt. [2] In der Umwelterklärung ist zu erklären, dass die Voraussetzungen nach Satz 1 eingehalten sind.

(2) [1] Der Betreiber einer EMAS-Anlage hat

1. eine Durchschrift des Berichts nach § 12 Abs. 6 der Verordnung zur Emissionsbegrenzung von leichtflüchtigen halogenierten organischen Verbindungen in der jeweils geltenden Fassung,
2. eine Durchschrift des Berichts nach § 8 Abs. 5 Satz 3 der Verordnung zur Begrenzung der Emissionen flüchtiger organischer Verbindungen beim Umfüllen oder Lagern von Ottokraftstoffen, Kraftstoffgemischen oder Rohbenzin in der jeweils geltenden Fassung,

---

[1]) Nr. **6.1**.

3. eine Durchschrift des Berichts nach § 5 Absatz 5 Satz 3 der Verordnung zur Begrenzung der Kohlenwasserstoffemissionen bei der Betankung von Kraftfahrzeugen vom 7. Oktober 1992 (BGBl. I S. 1730) in der jeweils geltenden Fassung,
4. die Bescheinigung und die Berichte nach § 7 Abs. 3 Satz 3, § 8 Abs. 2, § 10 Abs. 1 der Verordnung über Anlagen zur Feuerbestattung in der jeweils geltenden Fassung

der zuständigen Behörde nur auf deren Verlangen vorzulegen; sind nach den Berichten die zu erfüllenden Anforderungen nicht eingehalten, so sind die Berichte unaufgefordert der zuständigen Behörde vorzulegen. ²Satz 1 gilt nicht für Anlagen, die dem Anwendungsbereich der Verordnung zur Emissionsbegrenzung von leichtflüchtigen halogenierten organischen Verbindungen unterliegen und der Genehmigung in einem Verfahren nach § 4 Abs. 1 des Bundes-Immissionsschutzgesetzes unter Einbeziehung der Öffentlichkeit bedürfen.

**§ 8 Verlängerung von Messintervallen.** Die zuständige Behörde soll die Messintervalle von Messungen an EMAS-Anlagen nach § 12 Abs. 3 der Verordnung zur Emissionsbegrenzung von leichtflüchtigen halogenierten organischen Verbindungen in der jeweils geltenden Fassung um jeweils ein Jahr verlängern.

**§ 9 Unterrichtung der Öffentlichkeit.** Der Verpflichtete nach *§ 18 der Verordnung über Verbrennungsanlagen für Abfälle und ähnliche brennbare Stoffe*[1] in der jeweils geltenden Fassung kann nach Anzeige gegenüber der zuständigen Behörde die jährliche Unterrichtung der Öffentlichkeit mittels der jeweils aktualisierten Umwelterklärung vornehmen, sofern diese die erforderlichen Angaben enthält.

**§ 10 Widerruf.** (1) Die zuständige Behörde kann die nach dieser Verordnung von ihr gestatteten Überwachungserleichterungen auch dann ganz oder teilweise widerrufen, wenn

1. der Betreiber Rechts- oder Strafvorschriften zum Schutz der Umwelt, einer genehmigungsrechtlichen Auflage oder einer nachträglichen Anordnung zuwiderhandelt oder
2. nachträglich Tatsachen bekannt werden, die geeignet sind, die Eintragung einer Organisation in das EMAS-Register zu verweigern, zu streichen oder auszusetzen.

(2) Soweit die zuständige Behörde von der Möglichkeit des Widerrufs gemäß Absatz 1 Gebrauch macht, hat sie die zuständige Register führende Stelle gemäß § 34 des Umweltauditgesetzes[2] darüber zu unterrichten.

---

[1] Siehe jetzt § 23 VO über die Verbrennung und die Mitverbrennung von Abfällen (Nr. **6.1.17**).
[2] Nr. **2.8**.

## 2.9. Gesetz über die Vermeidung und Sanierung von Umweltschäden (Umweltschadensgesetz – USchadG)[1)]

In der Fassung der Bekanntmachung vom 5. März 2021[2)]

(BGBl. I S. 346)

FNA 2129-47

**§ 1 Verhältnis zu anderen Vorschriften.** ¹Dieses Gesetz findet Anwendung, soweit Rechtsvorschriften des Bundes oder der Länder die Vermeidung und Sanierung von Umweltschäden nicht näher bestimmen oder in ihren Anforderungen diesem Gesetz nicht entsprechen. ²Rechtsvorschriften mit weitergehenden Anforderungen bleiben unberührt.

**§ 2 Begriffsbestimmungen.** Im Sinne dieses Gesetzes sind

1. Umweltschaden:
   a) eine Schädigung von Arten und natürlichen Lebensräumen nach Maßgabe des § 19 des Bundesnaturschutzgesetzes[3)],
   b) eine Schädigung der Gewässer nach Maßgabe des § 90 des Wasserhaushaltsgesetzes[4)],
   c) eine Schädigung des Bodens durch eine Beeinträchtigung der Bodenfunktionen im Sinn des § 2 Absatz 2 des Bundes-Bodenschutzgesetzes[5)], die durch eine direkte oder indirekte Einbringung von Stoffen, Zubereitungen, Organismen oder Mikroorganismen auf, in oder unter den Boden hervorgerufen wurde und Gefahren für die menschliche Gesundheit verursacht;
2. Schaden oder Schädigung: eine direkt oder indirekt eintretende feststellbare nachteilige Veränderung einer natürlichen Ressource (Arten und natürliche Lebensräume, Gewässer und Boden) oder Beeinträchtigung der Funktion einer natürlichen Ressource;
3. Verantwortlicher: jede natürliche oder juristische Person, die eine berufliche Tätigkeit ausübt oder bestimmt, einschließlich der Inhaber einer Zulassung oder Genehmigung für eine solche Tätigkeit oder der Person, die eine solche Tätigkeit anmeldet oder notifiziert, und dadurch unmittelbar einen Umweltschaden oder die unmittelbare Gefahr eines solchen Schadens verursacht hat;
4. berufliche Tätigkeit: jede Tätigkeit, die im Rahmen einer wirtschaftlichen Tätigkeit, einer Geschäftstätigkeit oder eines Unternehmens ausgeübt wird, unabhängig davon, ob sie privat oder öffentlich und mit oder ohne Erwerbscharakter ausgeübt wird;

---

[1)] **Amtl. Anm.:** Dieses Gesetz dient der Umsetzung der Richtlinie 2004/35/EG des Europäischen Parlaments und des Rates vom 21. April 2004 über Umwelthaftung zur Vermeidung und Sanierung von Umweltschäden (ABl. L 143 vom 30.4.2004, S. 56), die zuletzt durch die Verordnung (EU) 2019/1010 (ABl. L 170 vom 25.6.2019, S. 115) geändert worden ist.
[2)] Neubekanntmachung des USchadG v. 10.5.2007 (BGBl. I S. 666) in der ab 1.9.2021 geltenden Fassung.
[3)] Nr. **3.1**.
[4)] Nr. **4.1**.
[5)] Nr. **3.4**.

5. unmittelbare Gefahr eines Umweltschadens: die hinreichende Wahrscheinlichkeit, dass ein Umweltschaden in naher Zukunft eintreten wird;
6. Vermeidungsmaßnahme: jede Maßnahme, um bei einer unmittelbaren Gefahr eines Umweltschadens diesen Schaden zu vermeiden oder zu minimieren;
7. Schadensbegrenzungsmaßnahme: jede Maßnahme, um die betreffenden Schadstoffe oder sonstigen Schadfaktoren unverzüglich zu kontrollieren, einzudämmen, zu beseitigen oder auf sonstige Weise zu behandeln, um weitere Umweltschäden und nachteilige Auswirkungen auf die menschliche Gesundheit oder eine weitere Beeinträchtigung von Funktionen zu begrenzen oder zu vermeiden;
8. Sanierungsmaßnahme: jede Maßnahme, um einen Umweltschaden nach Maßgabe der fachrechtlichen Vorschriften zu sanieren;
9. Kosten: die durch eine ordnungsgemäße und wirksame Ausführung dieses Gesetzes erforderlichen Kosten, einschließlich der Kosten für die Prüfung eines Umweltschadens, einer unmittelbaren Gefahr eines solchen Schadens, von alternativen Maßnahmen sowie der Verwaltungs- und Verfahrenskosten und der Kosten für die Durchsetzung der Maßnahmen, der Kosten für die Datensammlung, sonstiger Gemeinkosten und der Kosten für Aufsicht und Überwachung;
10. fachrechtliche Vorschriften: die Vorschriften des Bundesnaturschutzgesetzes, des Wasserhaushaltsgesetzes und des Bundes-Bodenschutzgesetzes sowie die zu ihrer Ausführung erlassenen Verordnungen.

**§ 3 Anwendungsbereich.** (1) Dieses Gesetz gilt für
1. Umweltschäden und unmittelbare Gefahren solcher Schäden, die durch eine der in Anlage 1 aufgeführten beruflichen Tätigkeiten verursacht werden;
2. Schädigungen von Arten und natürlichen Lebensräumen im Sinn des § 19 Absatz 2 und 3 des Bundesnaturschutzgesetzes[1)] und unmittelbare Gefahren solcher Schäden, die durch andere berufliche Tätigkeiten als die in Anlage 1 aufgeführten verursacht werden, sofern der Verantwortliche vorsätzlich oder fahrlässig gehandelt hat.

(2) Für Schädigungen von Arten und natürlichen Lebensräumen sowie der Meeresgewässer außerhalb der Küstengewässer und die unmittelbare Gefahr solcher Schäden gilt dieses Gesetz im Rahmen der Vorgaben des Seerechtsübereinkommens der Vereinten Nationen vom 10. Dezember 1982 (BGBl. 1994 II S. 1799) auch im Bereich der ausschließlichen Wirtschaftszone und des Festlandsockels.

(3) Dieses Gesetz findet keine Anwendung auf Umweltschäden oder die unmittelbare Gefahr solcher Schäden, wenn sie durch
1. bewaffnete Konflikte, Feindseligkeiten, Bürgerkrieg oder Aufstände,
2. ein außergewöhnliches, unabwendbares und nicht beeinflussbares Naturereignis,
3. einen Vorfall, bei dem die Haftung oder Entschädigung in den Anwendungsbereich eines der in Anlage 2 aufgeführten internationalen Übereinkommen in der jeweils für Deutschland geltenden Fassung fällt,

---

[1)] Nr. **3.1**.

4. die Ausübung von Tätigkeiten, die unter den Vertrag zur Gründung der Europäischen Atomgemeinschaft fallen, oder
5. einen Vorfall oder eine Tätigkeit, für die die Haftung oder Entschädigung in den Anwendungsbereich eines der in Anlage 3 aufgeführten internationalen Übereinkünfte in der jeweils geltenden Fassung fällt,

verursacht wurden.

(4) In Fällen, in denen der Umweltschaden oder die unmittelbare Gefahr eines solchen Schadens durch eine nicht klar abgegrenzte Verschmutzung verursacht wurde, findet dieses Gesetz nur Anwendung, wenn ein ursächlicher Zusammenhang zwischen dem Schaden und den Tätigkeiten einzelner Verantwortlicher festgestellt werden kann.

(5) Dieses Gesetz gilt weder für Tätigkeiten, deren Hauptzweck die Verteidigung oder die internationale Sicherheit ist, noch für Tätigkeiten, deren alleiniger Zweck der Schutz vor Naturkatastrophen ist.

**§ 4 Informationspflicht.** Besteht die unmittelbare Gefahr eines Umweltschadens oder ist ein Umweltschaden eingetreten, hat der Verantwortliche die zuständige Behörde unverzüglich über alle bedeutsamen Aspekte des Sachverhalts zu unterrichten.

**§ 5 Gefahrenabwehrpflicht.** Besteht die unmittelbare Gefahr eines Umweltschadens, hat der Verantwortliche unverzüglich die erforderlichen Vermeidungsmaßnahmen zu ergreifen.

**§ 6 Sanierungspflicht.** Ist ein Umweltschaden eingetreten, hat der Verantwortliche
1. die erforderlichen Schadensbegrenzungsmaßnahmen vorzunehmen,
2. die erforderlichen Sanierungsmaßnahmen gemäß § 8 zu ergreifen.

**§ 7 Allgemeine Pflichten und Befugnisse der zuständigen Behörde.**

(1) Die zuständige Behörde überwacht, dass die erforderlichen Vermeidungs-, Schadensbegrenzungs- und Sanierungsmaßnahmen vom Verantwortlichen ergriffen werden.

(2) Im Hinblick auf die Pflichten aus den §§ 4 bis 6 kann die zuständige Behörde dem Verantwortlichen aufgeben,
1. alle erforderlichen Informationen und Daten über eine unmittelbare Gefahr von Umweltschäden, über den Verdacht einer solchen unmittelbaren Gefahr oder einen eingetretenen Schaden sowie eine eigene Bewertung vorzulegen,
2. die erforderlichen Vermeidungsmaßnahmen zu treffen,
3. die erforderlichen Schadensbegrenzungs- und Sanierungsmaßnahmen zu ergreifen.

**§ 8 Bestimmung von Sanierungsmaßnahmen.** (1) Der Verantwortliche ist verpflichtet, die gemäß den fachrechtlichen Vorschriften erforderlichen Sanierungsmaßnahmen zu ermitteln und der zuständigen Behörde zur Zustimmung vorzulegen, soweit die zuständige Behörde nicht selbst bereits die erforderlichen Sanierungsmaßnahmen ergriffen hat.

Umweltschadensgesetz **§ 9 USchadG 2.9**

(2) Die zuständige Behörde entscheidet nach Maßgabe der fachrechtlichen Vorschriften über Art und Umfang der durchzuführenden Sanierungsmaßnahmen.

(3) Können bei mehreren Umweltschadensfällen die notwendigen Sanierungsmaßnahmen nicht gleichzeitig ergriffen werden, kann die zuständige Behörde unter Berücksichtigung von Art, Ausmaß und Schwere der einzelnen Umweltschadensfälle, der Möglichkeiten einer natürlichen Wiederherstellung sowie der Risiken für die menschliche Gesundheit die Reihenfolge der Sanierungsmaßnahmen festlegen.

(4) [1]Die zuständige Behörde unterrichtet die nach § 10 antragsberechtigten Betroffenen und Vereinigungen über die vorgesehenen Sanierungsmaßnahmen und gibt ihnen Gelegenheit, sich zu äußern; die Unterrichtung kann durch öffentliche Bekanntmachung erfolgen. [2]Die rechtzeitig eingehenden Stellungnahmen sind bei der Entscheidung zu berücksichtigen.

**§ 9 Kosten der Vermeidungs- und Sanierungsmaßnahmen.** (1) [1]Der Verantwortliche trägt vorbehaltlich von Ansprüchen gegen die Behörden oder Dritte die Kosten der Vermeidungs-, Schadensbegrenzungs- und Sanierungsmaßnahmen. [2]Für die Ausführung dieses Gesetzes durch Landesbehörden erlassen die Länder die zur Umsetzung der Richtlinie 2004/35/EG des Europäischen Parlaments und des Rates vom 21. April 2004 über Umwelthaftung zur Vermeidung und Sanierung von Umweltschäden (ABl. L 143 S. 56) notwendigen Kostenregelungen, Regelungen über Kostenbefreiungen und Kostenerstattungen; dabei können die Länder insbesondere vorsehen, dass der Verantwortliche unter den Voraussetzungen des Artikels 8 Absatz 4 der Richtlinie 2004/35/EG die Kosten der durchgeführten Sanierungsmaßnahmen nicht zu tragen hat. [3]Dabei berücksichtigen die Länder die besondere Situation der Landwirtschaft bei der Anwendung von Pflanzenschutzmitteln. [4]Die Behörde ist befugt, ein Verfahren zur Kostenerstattung bis zu fünf Jahre ab dem Zeitpunkt des Abschlusses der Maßnahme oder der Ermittlung des Kostenschuldners einzuleiten, wobei diese Frist ab dem jeweils späteren Zeitpunkt beginnt; Rechtsvorschriften der Länder, die längere oder keine Fristen vorsehen, bleiben unberührt.

(2) [1]Mehrere Verantwortliche haben unabhängig von ihrer Heranziehung untereinander einen Ausgleichsanspruch. [2]Soweit nichts anderes vereinbart wird, hängt die Verpflichtung zum Ausgleich sowie der Umfang des zu leistenden Ausgleichs davon ab, inwieweit die Gefahr oder der Schaden vorwiegend von dem einen oder dem anderen Teil verursacht worden ist; § 426 Absatz 1 Satz 2 des Bürgerlichen Gesetzbuchs[1)] findet entsprechende Anwendung. [3]Der Ausgleichsanspruch verjährt in drei Jahren; die §§ 438, 548 und 606 des Bürgerlichen Gesetzbuchs sind nicht anzuwenden. [4]Die Verjährung beginnt nach der Beitreibung der Kosten, wenn die zuständige Behörde selbst ausführt, im Übrigen nach der Beendigung der Maßnahmen durch den Verantwortlichen zu dem Zeitpunkt, zu dem der Verantwortliche von der Person des Ersatzpflichtigen Kenntnis erlangt. [5]Der Ausgleichsanspruch verjährt ohne Rücksicht auf diese Kenntnis 30 Jahre nach Beendigung der Maßnahme. [6]Für Streitigkeiten steht der Rechtsweg vor den ordentlichen Gerichten offen.

---

[1)] Nr. **10.1**.

(3) Dieses Gesetz berührt nicht das Recht des Verantwortlichen, seine Haftung nach § 611 Absatz 1, 4 und 5, den §§ 612 bis 617 des Handelsgesetzbuchs oder nach den §§ 4 bis 5n des Binnenschifffahrtsgesetzes zu beschränken.

**§ 10 Aufforderung zum Tätigwerden.** Die zuständige Behörde wird zur Durchsetzung der Sanierungspflichten nach diesem Gesetz von Amts wegen tätig oder, wenn ein von einem Umweltschaden Betroffener oder wahrscheinlich Betroffener oder eine Vereinigung, die nach § 11 Absatz 2 Rechtsbehelfe einlegen kann, dies beantragt und die zur Begründung des Antrags vorgebrachten Tatsachen den Eintritt eines Umweltschadens glaubhaft erscheinen lassen.

**§ 11 Rechtsschutz.** (1) Ein Verwaltungsakt nach diesem Gesetz ist zu begründen und mit einer Rechtsbehelfsbelehrung zu versehen.

(2) Für Rechtsbehelfe von Vereinigungen gegen eine Entscheidung oder das Unterlassen einer Entscheidung der zuständigen Behörde nach diesem Gesetz gilt das Umwelt-Rechtsbehelfsgesetz[1].

**§ 12 Zusammenarbeit mit den Mitgliedstaaten der Europäischen Union.** (1) Sind einer oder mehrere Mitgliedstaaten der Europäischen Union von einem Umweltschaden betroffen oder wahrscheinlich betroffen, so arbeiten die zuständigen Behörden mit den Behörden der anderen Mitgliedstaaten zusammen und tauschen in angemessenem Umfang Informationen aus, damit die erforderlichen Vermeidungs-, Schadensbegrenzungs- und Sanierungsmaßnahmen durchgeführt werden.

(2) Ist ein Umweltschaden im Geltungsbereich dieses Gesetzes verursacht worden, der sich im Hoheitsgebiet eines anderen Mitgliedstaates der Europäischen Union auswirken kann, so hat die zuständige Behörde die Mitgliedstaaten, die möglicherweise betroffen sind, in angemessenem Umfang zu informieren.

(3) Stellt eine zuständige Behörde einen Umweltschaden fest, der nicht innerhalb des Geltungsbereichs dieses Gesetzes, sondern im Hoheitsgebiet eines anderen Mitgliedstaates der Europäischen Union verursacht wurde, so kann sie Empfehlungen für die Durchführung von Vermeidungs-, Schadensbegrenzungs- oder Sanierungsmaßnahmen geben und sich um die Erstattung der ihr im Zusammenhang mit der Durchführung dieser Maßnahmen angefallenen Kosten bemühen.

**§ 12a Vorbereitung der Berichterstattung an die Europäische Kommission.** (1) Die zuständigen Behörden der Länder teilen dem für Umweltschutz zuständigen Bundesministerium erstmals bis zum 31. Dezember 2021 und sodann jährlich bis zum 31. Dezember des jeweiligen Jahres zu jedem Fall eines Umweltschadens im Sinne dieses Gesetzes in ihrem Zuständigkeitsbereich folgende Angaben mit:

1. die Art des Umweltschadens im Sinne von § 2 Nummer 1 Buchstabe a bis c;
2. den Ort des Umweltschadens oder die örtlich zuständige Behörde;
3. das Datum des Eintretens oder der Aufdeckung des Umweltschadens;
4. soweit einschlägig die Beschreibung der Tätigkeit oder Tätigkeiten nach Anlage 1, durch die der Umweltschaden verursacht wurde.

---

[1] Nr. **12.1**.

(2) Sofern verfügbar, sind ebenfalls sonstige relevante Informationen über die bei der Durchführung dieses Gesetzes gewonnenen Erfahrungen mitzuteilen.

**§ 13 Zeitliche Begrenzung der Anwendung.** (1) Dieses Gesetz gilt nicht für Schäden, die durch Emissionen, Ereignisse oder Vorfälle verursacht wurden, die vor dem 30. April 2007 stattgefunden haben, oder die auf eine bestimmte Tätigkeit zurückzuführen sind, die vor dem genannten Zeitpunkt geendet hat.

(2) Dieses Gesetz gilt nicht für Schäden, die vor mehr als 30 Jahren verursacht wurden, wenn in dieser Zeit keine Behörde Maßnahmen gegen den Verantwortlichen ergriffen hat.

**§ 14 Übergangsvorschrift zu Anlage 1.** Für Verbringungen von Abfällen, die Artikel 62 Absatz 1 der Verordnung (EG) Nr. 1013/2006 des Europäischen Parlaments und des Rates vom 14. Juni 2006 über die Verbringung von Abfällen unterliegen, ist § 3 Absatz 1 in Verbindung mit Anlage 1 (zu § 3 Absatz 1) Nummer 12 in der Fassung von Artikel 1 des Gesetzes zur Umsetzung der Richtlinie des Europäischen Parlaments und des Rates über die Umwelthaftung zur Vermeidung und Sanierung von Umweltschäden vom 10. Mai 2007 (BGBl. I S. 666) anzuwenden.

**Anlage 1**
(zu § 3 Absatz 1)

### Berufliche Tätigkeiten

1. Betrieb von Anlagen, für die eine Genehmigung gemäß der Richtlinie 2010/75/EU des Europäischen Parlaments und des Rates vom 24. November 2010 über Industrieemissionen (integrierte Vermeidung und Verminderung der Umweltverschmutzung) (Neufassung) (ABl. L 334 vom 17.12.2010, S. 17) erforderlich ist. Dies umfasst alle in Anhang I der Richtlinie 2010/75/EU aufgeführten Tätigkeiten, mit Ausnahme von Anlagen oder Anlagenteilen, die für Zwecke der Forschung, Entwicklung und Prüfung neuer Erzeugnisse und Verfahren genutzt werden.

2. Abfallbewirtschaftungsmaßnahmen (die Sammlung, die Beförderung, die Verwertung und die Beseitigung von Abfällen, einschließlich der Überwachung dieser Verfahren, der Nachsorge von Beseitigungsanlagen sowie der Tätigkeiten, die von Händlern und Maklern durchgeführt werden), soweit diese Maßnahmen einer Erlaubnis, einer Genehmigung, einer Anzeige oder einer Planfeststellung nach dem Kreislaufwirtschaftsgesetz[1] bedürfen.
Diese Maßnahmen umfassen unter anderem den Betrieb von Deponien, die gemäß § 35 Absatz 2 und 3 des Kreislaufwirtschaftsgesetzes[1] einer Planfeststellung oder Plangenehmigung bedürfen, und den Betrieb von Verbrennungsanlagen, die gemäß § 4 des Bundes-Immissionsschutzgesetzes (BImSchG[2]) in Verbindung mit dem Anhang der Verordnung über genehmigungsbedürftige Anlagen (4. BImSchV)[3] einer Genehmigung bedürfen.

3. Einbringung, Einleitung und sonstige Einträge von Schadstoffen in Oberflächengewässer gemäß § 9 Absatz 1 Nummer 4 und Absatz 2 Nummer 2 bis 4 des Wasserhaushaltsgesetzes[4], die einer Erlaubnis gemäß § 8 Absatz 1 des Wasserhaushaltsgesetzes[4] bedürfen.

4. Einbringung, Einleitung und sonstige Einträge von Schadstoffen in das Grundwasser gemäß § 9 Absatz 1 Nummer 4 und Absatz 2 Nummer 2 bis 4 des Wasserhaushaltsgesetzes[4], die einer Erlaubnis gemäß § 8 Absatz 1 des Wasserhaushaltsgesetzes[4] bedürfen.

5. Entnahmen von Wasser aus Gewässern gemäß § 9 Absatz 1 Nummer 1 und 5 des Wasserhaushaltsgesetzes[4], die einer Erlaubnis oder Bewilligung gemäß § 8 Absatz 1 des Wasserhaushaltsgesetzes[4] bedürfen.

---

[1] Nr. **5.1**.
[2] Nr. **6.1**.
[3] Nr. **6.1.4**.
[4] Nr. **4.1**.

6. Aufstauungen von oberirdischen Gewässern gemäß § 9 Absatz 1 Nummer 2 des Wasserhaushaltsgesetzes[1], die einer Erlaubnis oder Bewilligung gemäß § 8 Absatz 1 oder gemäß § 68 Absatz 1 oder Absatz 2 des Wasserhaushaltsgesetzes[1] einer Planfeststellung oder Plangenehmigung bedürfen.

7. Herstellung, Verwendung, Lagerung, Verarbeitung, Abfüllen, Freisetzung in die Umwelt und innerbetriebliche Beförderung von

   a) gefährlichen Stoffen im Sinne des § 3a Absatz 1 des Chemikaliengesetzes (ChemG[2]);

   b) gefährlichen Zubereitungen im Sinne des § 3a Absatz 1 ChemG[2];

   c) Pflanzenschutzmittel im Sinne des Artikels 2 Absatz 1 der Verordnung (EG) Nr. 1107/2009 des Europäischen Parlaments und des Rates vom 21. Oktober 2009 über das Inverkehrbringen von Pflanzenschutzmitteln und zur Aufhebung der Richtlinien 79/117/EWG und 91/414/EWG des Rates (ABl. L 309 vom 24.11.2009, S. 1);

   d) Biozid-Produkten im Sinn des Artikel 3 Absatz 1 Buchstabe a der Verordnung (EU) Nr. 528/2012 des Europäischen Parlaments und des Rates vom 22. Mai 2012 über die Bereitstellung auf dem Markt und die Verwendung von Biozidprodukten (ABl. L 167 vom 27.6.2012, S. 1).

8. Beförderung gefährlicher oder umweltschädlicher Güter auf der Straße, auf der Schiene, auf Binnengewässern, auf See oder in der Luft gemäß der Definition in § 2 Nummer 7 der Gefahrgutverordnung Straße, Eisenbahn und Binnenschifffahrt oder der Definition in den Nummern 1.3 und 1.4 der Anlage zu § 1 Absatz 1 der Anlaufbedingungsverordnung.

9. (weggefallen)

10. Gentechnische Arbeiten gemäß der Definition in § 3 Nummer 2 des Gentechnikgesetzes (GenTG[3]) an Mikroorganismen in gentechnischen Anlagen gemäß der Definition in § 3 Nummer 4 GenTG[3] sowie der außerbetriebliche Transport gentechnisch veränderter Mikroorganismen.

11. Jede absichtliche Freisetzung genetisch veränderter Organismen in die Umwelt gemäß der Definition in § 3 Nummer 5 erster Halbsatz GenTG[3] sowie der Transport und das Inverkehrbringen gemäß der Definition in § 3 Nummer 6 GenTG[3] dieser Organismen.

12. Grenzüberschreitende Verbringung von Abfällen in der, in die oder aus der Europäischen Union, für die eine Zustimmungspflicht oder ein Verbot im Sinne der Verordnung (EG) Nr. 1013/2006 des Europäischen Parlaments und des Rates vom 14. Juni 2006 über die Verbringung von Abfällen besteht.

13. Bewirtschaftung von mineralischen Abfällen gemäß der Richtlinie 2006/21/EG des Europäischen Parlaments und des Rates vom 15. März 2006 über die Bewirtschaftung von Abfällen aus der mineralgewinnenden Industrie.

14. Betrieb von Kohlendioxidspeichern nach § 3 Nummer 7 des Kohlendioxid-Speicherungsgesetzes.

## Anlage 2
(zu § 3 Absatz 3 Nummer 3)

### Internationale Abkommen

a) Internationales Übereinkommen vom 27. November 1992 über die zivilrechtliche Haftung für Ölverschmutzungsschäden (Haftungsübereinkommen von 1992, BGBl. 1996 II S. 670);

b) Internationales Übereinkommen vom 27. November 1992 über die Errichtung eines Internationalen Fonds zur Entschädigung für Ölverschmutzungsschäden (Fondsübereinkommen von 1992, BGBl. 1996 II S. 685);

c) Internationales Übereinkommen vom 23. März 2001 über die zivilrechtliche Haftung für Schäden durch Bunkerölverschmutzung;

d) Internationales Übereinkommen vom 3. Mai 1996 über Haftung und Entschädigung für Schäden bei der Beförderung schädlicher und gefährlicher Stoffe auf See;

e) Übereinkommen vom 10. Oktober 1989 über die zivilrechtliche Haftung für die während des Transports gefährlicher Güter auf den Straßen-, Schienen- und Binnenschifffahrtsweg verursachten Schäden.

---

[1] Nr. **4.1**.
[2] Nr. **9.1**.
[3] Nr. **9.6**.

**Anlage 3**
(zu § 3 Absatz 3 Nummer 5)

### Internationale Übereinkünfte

a) Pariser Übereinkommen vom 29. Juli 1960 über die Haftung gegenüber Dritten auf dem Gebiet der Kernenergie und Brüsseler Zusatzübereinkommen vom 31. Januar 1963 zum Pariser Übereinkommen vom 29. Juli 1960 über die Haftung gegenüber Dritten auf dem Gebiet der Kernenergie (BGBl. 1975 II S. 957);

b) Wiener Übereinkommen vom 21. Mai 1963 über die zivilrechtliche Haftung für nukleare Schäden (BGBl. 2001 II S. 202);

c) Übereinkommen vom 12. September 1997 über zusätzliche Entschädigungsleistungen für nuklearen Schaden;

d) Gemeinsames Protokoll vom 21. September 1988 über die Anwendung des Wiener Übereinkommens und des Pariser Übereinkommens (BGBl. 2001 II S. 202);

e) Brüsseler Übereinkommen vom 17. Dezember 1971 über die zivilrechtliche Haftung bei der Beförderung von Kernmaterial auf See (BGBl. 1975 II S. 957).

## 3.0. Gesetz über die Errichtung eines Bundesamtes für Naturschutz[1)]

Vom 6. August 1993

(BGBl. I S. 1458)

**FNA 791-7**

zuletzt geänd. durch Art. 289 Elfte ZuständigkeitsanpassungsVO v. 19.6.2020 (BGBl. I S. 1328)

**§ 1 Errichtung und Sitz.** (1) Im Geschäftsbereich des Bundesministeriums für Umwelt, Naturschutz und nukleare Sicherheit wird ein „Bundesamt für Naturschutz" als selbständige Bundesoberbehörde errichtet.

(2) Das Bundesamt für Naturschutz hat seinen Sitz in Bonn.

**§ 2 Aufgaben.** (1) Das Bundesamt für Naturschutz erledigt Verwaltungsaufgaben des Bundes auf den Gebieten des Naturschutzes und der Landschaftspflege, die ihm durch das Bundesnaturschutzgesetz[2)] oder andere Bundesgesetze oder auf Grund dieser Gesetze zugewiesen werden.

(2) Das Bundesamt für Naturschutz unterstützt das Bundesministerium für Umwelt, Naturschutz und nukleare Sicherheit fachlich und wissenschaftlich in allen Fragen des Naturschutzes und der Landschaftspflege sowie bei der internationalen Zusammenarbeit.

(3) Das Bundesamt für Naturschutz betreibt zur Erfüllung seiner Aufgaben wissenschaftliche Forschung auf den Gebieten des Naturschutzes und der Landschaftspflege.

(4) Das Bundesamt für Naturschutz erledigt, soweit keine andere Zuständigkeit gesetzlich festgelegt ist, Aufgaben des Bundes auf den Gebieten des Naturschutzes und der Landschaftspflege, mit deren Durchführung es vom Bundesministerium für Umwelt, Naturschutz und nukleare Sicherheit oder mit seiner Zustimmung von der sachlich zuständigen Bundesbehörde beauftragt wird.

**§ 3 Fachaufsicht.** Soweit das Bundesamt für Naturschutz Aufgaben aus einem anderen Geschäftsbereich als dem des Bundesministeriums für Umwelt, Naturschutz und nukleare Sicherheit wahrnimmt, untersteht es den fachlichen Weisungen der sachlich zuständigen obersten Bundesbehörde.

---

[1)] Verkündet als Art. 1 G über die Errichtung eines Bundesamtes für Naturschutz und zur Änderung von Vorschriften auf dem Gebiet des Artenschutzes v. 6.8.1993 (BGBl. I S. 1458); Inkrafttreten gem. Art. 8 G am 15.8.1993.
[2)] Nr. **3.1**.

## 3.1. Gesetz über Naturschutz und Landschaftspflege (Bundesnaturschutzgesetz – BNatSchG)[1) 2) 3) 4) 5)]

Vom 29. Juli 2009

(BGBl. I S. 2542)

**FNA 791-9**

zuletzt geänd. durch Art. 1 G zum Schutz der Insektenvielfalt in Deutschland und zur Änd. weiterer Vorschriften v. 18.8.2021 (BGBl. I S. 3908)

### Kapitel 1. Allgemeine Vorschriften

**§ 1 Ziele des Naturschutzes und der Landschaftspflege.** (1) Natur und Landschaft sind auf Grund ihres eigenen Wertes und als Grundlage für Leben und Gesundheit des Menschen auch in Verantwortung für die künftigen Generationen im besiedelten und unbesiedelten Bereich nach Maßgabe der nachfolgenden Absätze so zu schützen, dass

1. die biologische Vielfalt,

2. die Leistungs- und Funktionsfähigkeit des Naturhaushalts einschließlich der Regenerationsfähigkeit und nachhaltigen Nutzungsfähigkeit der Naturgüter sowie

3. die Vielfalt, Eigenart und Schönheit sowie der Erholungswert von Natur und Landschaft

auf Dauer gesichert sind; der Schutz umfasst auch die Pflege, die Entwicklung und, soweit erforderlich, die Wiederherstellung von Natur und Landschaft (allgemeiner Grundsatz).

(2)[6)] Zur dauerhaften Sicherung der biologischen Vielfalt sind entsprechend dem jeweiligen Gefährdungsgrad insbesondere

---

[1)] Verkündet als Art. 1 G zur Neuregelung des Rechts des Naturschutzes und der Landschaftspflege v. 29.7.2009 (BGBl. I S. 2542); Inkrafttreten gem. Art. 27 dieses G am 1.3.2010.

[2)] **Amtl. Anm. zum ArtikelG:** Dieses Gesetz dient der Umsetzung der

– Richtlinie 79/409/EWG des Rates vom 2. April 1979 über die Erhaltung der wildlebenden Vogelarten (ABl. L 103 vom 25.4.1979, S. 1), die zuletzt durch die Richtlinie 2008/102/EG (ABl. L 323 vom 3.12.2008, S. 31) geändert worden ist,

– Richtlinie 83/129/EWG des Rates vom 28. März 1983 betreffend die Einfuhr in die Mitgliedstaaten von Fellen bestimmter Jungrobben und Waren daraus (ABl. L 91 vom 9. 4.1983, S. 30), die zuletzt durch die Richtlinie 89/370/EWG (ABl. L 163 vom 14.6.1989, S. 37) geändert worden ist,

– Richtlinie 92/43/EWG des Rates vom 21. Mai 1992 zur Erhaltung der natürlichen Lebensräume sowie der wildlebenden Tiere und Pflanzen (ABl. L 206 vom 22.7.1992, S. 7), die zuletzt durch die Richtlinie 2006/105/EG (ABl. L 363 vom 20.12.2006, S. 368) geändert worden ist,

– Richtlinie 1999/22/EG des Rates vom 29. März 1999 über die Haltung von Wildtieren in Zoos (ABl. L 94 vom 9.4.1999, S. 24).

[3)] Die Änderungen durch G v. 10.8.2021 (BGBl. I S. 3436) treten erst **mWv 1.1.2024** in Kraft und sind im Text noch nicht berücksichtigt.

[4)] Die Änderungen durch G v. 18.8.2021 (BGBl. I S. 3908) treten gem. Art. 4 Abs. 3 dieses G teilweise erst an dem Tag in Kraft, an dem die Rechtsverordnung nach Art. 1 Nr. 14 Buchst. a dieses G in Kraft tritt und insoweit im Text noch nicht berücksichtigt.

[5)] Zur Sicherstellung ordnungsgemäßer Planungs- und Genehmigungsverfahren während der COVID-19-Pandemie siehe das PlanungssicherstellungsG v. 20.5.2020 (BGBl. I S. 1041), zuletzt geänd. durch G v. 18.3.2021 (BGBl. I S. 353).

[6)] Abweichendes Landesrecht in Bayern siehe Hinweis in BGBl. 2011 I S. 365.

1. lebensfähige Populationen wild lebender Tiere und Pflanzen einschließlich ihrer Lebensstätten zu erhalten und der Austausch zwischen den Populationen sowie Wanderungen und Wiederbesiedelungen zu ermöglichen,
2. Gefährdungen von natürlich vorkommenden Ökosystemen, Biotopen und Arten entgegenzuwirken,
3. Lebensgemeinschaften und Biotope mit ihren strukturellen und geografischen Eigenheiten in einer repräsentativen Verteilung zu erhalten; bestimmte Landschaftsteile sollen der natürlichen Dynamik überlassen bleiben.

(3)[1] Zur dauerhaften Sicherung der Leistungs- und Funktionsfähigkeit des Naturhaushalts sind insbesondere
1. die räumlich abgrenzbaren Teile seines Wirkungsgefüges im Hinblick auf die prägenden biologischen Funktionen, Stoff- und Energieflüsse sowie landschaftlichen Strukturen zu schützen; Naturgüter, die sich nicht erneuern, sind sparsam und schonend zu nutzen; sich erneuernde Naturgüter dürfen nur so genutzt werden, dass sie auf Dauer zur Verfügung stehen.
2. Böden so zu erhalten, dass sie ihre Funktion im Naturhaushalt erfüllen können; nicht mehr genutzte versiegelte Flächen sind zu renaturieren, oder, soweit eine Entsiegelung nicht möglich oder nicht zumutbar ist, der natürlichen Entwicklung zu überlassen,
3. Meeres- und Binnengewässer vor Beeinträchtigungen zu bewahren und ihre natürliche Selbstreinigungsfähigkeit und Dynamik zu erhalten; dies gilt insbesondere für natürliche und naturnahe Gewässer einschließlich ihrer Ufer, Auen und sonstigen Rückhalteflächen; Hochwasserschutz hat auch durch natürliche oder naturnahe Maßnahmen zu erfolgen; für den vorsorgenden Grundwasserschutz sowie für einen ausgeglichenen Niederschlags-Abflusshaushalt ist auch durch Maßnahmen des Naturschutzes und der Landschaftspflege Sorge zu tragen,
4. Luft und Klima auch durch Maßnahmen des Naturschutzes und der Landschaftspflege zu schützen; dies gilt insbesondere für Flächen mit günstiger lufthygienischer oder klimatischer Wirkung wie Frisch- und Kaltluftentstehungsgebiete *[bis 28.2.2022:* oder Luftaustauschbahnen*][ab 1.3.2022:* , *Luftaustauschbahnen oder Freiräume im besiedelten Bereich]*; dem Aufbau einer nachhaltigen Energieversorgung insbesondere durch zunehmende Nutzung erneuerbarer Energien kommt eine besondere Bedeutung zu,
5. wild lebende Tiere und Pflanzen, ihre Lebensgemeinschaften sowie ihre Biotope und Lebensstätten auch im Hinblick auf ihre jeweiligen Funktionen im Naturhaushalt *[ab 1.3.2022:* , *einschließlich ihrer Stoffumwandlungs- und Bestäubungsleistungen,]* zu erhalten,
6. der Entwicklung sich selbst regulierender Ökosysteme auf hierfür geeigneten Flächen Raum und Zeit zu geben.

(4)[1] Zur dauerhaften Sicherung der Vielfalt, Eigenart und Schönheit sowie des Erholungswertes von Natur und Landschaft sind insbesondere
1. Naturlandschaften und historisch gewachsene Kulturlandschaften, auch mit ihren Kultur-, Bau- und Bodendenkmälern, vor Verunstaltung, Zersiedelung und sonstigen Beeinträchtigungen zu bewahren,

---

[1] Abweichendes Landesrecht in Bayern siehe Hinweis in BGBl. 2011 I S. 365.

## 3.1 BNatSchG § 1

*[Nr. 2 ab 1.3.2022:]*
*2. Vorkommen von Tieren und Pflanzen sowie Ausprägungen von Biotopen und Gewässern auch im Hinblick auf ihre Bedeutung für das Natur- und Landschaftserlebnis zu bewahren und zu entwickeln,*
2. *[ab 1.3.2022: 3.]* zum Zweck der Erholung in der freien Landschaft nach ihrer Beschaffenheit und Lage geeignete Flächen vor allem im besiedelten und siedlungsnahen Bereich *[ab 1.3.2022: sowie großflächige Erholungsräume]* zu schützen und zugänglich zu machen.

(5)[1] [1] Großflächige, weitgehend unzerschnittene Landschaftsräume sind vor weiterer Zerschneidung zu bewahren. [2] Die erneute Inanspruchnahme bereits bebauter Flächen sowie die Bebauung unbebauter Flächen im beplanten und unbeplanten Innenbereich, soweit sie nicht *[bis 28.2.2022:* für Grünflächen vorgesehen*][ab 1.3.2022: als Grünfläche oder als anderer Freiraum für die Verwirklichung der Ziele des Naturschutzes und der Landschaftspflege vorgesehen oder erforderlich]* sind, hat Vorrang vor der Inanspruchnahme von Freiflächen im Außenbereich. [3] Verkehrswege, Energieleitungen und ähnliche Vorhaben sollen landschaftsgerecht geführt, gestaltet und so gebündelt werden, dass die Zerschneidung und die Inanspruchnahme der Landschaft sowie Beeinträchtigungen des Naturhaushalts vermieden oder so gering wie möglich gehalten werden. [4] Beim Aufsuchen und bei der Gewinnung von Bodenschätzen, bei Abgrabungen und Aufschüttungen sind dauernde Schäden des Naturhaushalts und Zerstörungen wertvoller Landschaftsteile zu vermeiden; unvermeidbare Beeinträchtigungen von Natur und Landschaft sind insbesondere durch Förderung natürlicher Sukzession, Renaturierung, naturnahe Gestaltung, Wiedernutzbarmachung oder Rekultivierung auszugleichen oder zu mindern.

*[Abs. 6 bis 28.2.2022:]*
(6)[2] Freiräume im besiedelten und siedlungsnahen Bereich einschließlich ihrer Bestandteile, wie Parkanlagen, großflächige Grünanlagen und Grünzüge, Wälder und Waldränder, Bäume und Gehölzstrukturen, Fluss- und Bachläufe mit ihren Uferzonen und Auenbereichen, stehende Gewässer, Naturerfahrungsräume sowie gartenbau- und landwirtschaftlich genutzte Flächen, sind zu erhalten und dort, wo sie nicht in ausreichendem Maße vorhanden sind, neu zu schaffen.

*[Abs. 6 ab 1.3.2022:]*
*(6)[2] Freiräume im besiedelten und siedlungsnahen Bereich einschließlich ihrer Bestandteile, wie Grünzüge, Parkanlagen, Kleingartenanlagen und sonstige Grünflächen, Wälder, Waldränder und andere Gehölzstrukturen einschließlich Einzelbäume, Fluss- und Bachläufe mit ihren Uferzonen und Auenbereichen, stehende Gewässer und ihre Uferzonen, gartenbau- und landwirtschaftlich genutzte Flächen, Flächen für natürliche Entwicklungsprozesse, Naturerfahrungsräume sowie naturnahe Bereiche im Umfeld von Verkehrsflächen und anderen Nutzungen einschließlich wegebegleitender Säume, sind zu erhalten und dort, wo sie nicht in ausreichendem Maße und hinreichender Qualität vorhanden sind, neu zu schaffen oder zu entwickeln.*

---

[1] Abweichendes Landesrecht in Bayern und Baden-Württemberg siehe Hinweise in BGBl. 2011 I S. 365 und 2018 I S. 533.
[2] Abweichendes Landesrecht in Bayern siehe Hinweis in BGBl. 2011 I S. 365.

Bundesnaturschutzgesetz **§ 2 BNatSchG 3.1**

*[Abs. 7 ab 1.3.2022:]*
*(7) Den Zielen des Naturschutzes und der Landschaftspflege können auch Maßnahmen dienen, die den Zustand von Biotopen und Arten durch Nutzung, Pflege oder das Ermöglichen ungelenkter Sukzession auf einer Fläche nur für einen begrenzten Zeitraum verbessern.*

**§ 2 Verwirklichung der Ziele.** (1) Jeder soll nach seinen Möglichkeiten zur Verwirklichung der Ziele des Naturschutzes und der Landschaftspflege beitragen und sich so verhalten, dass Natur und Landschaft nicht mehr als nach den Umständen unvermeidbar beeinträchtigt werden.

(2) Die Behörden des Bundes und der Länder haben im Rahmen ihrer Zuständigkeit die Verwirklichung der Ziele des Naturschutzes und der Landschaftspflege zu unterstützen.

(3) Die Ziele des Naturschutzes und der Landschaftspflege sind zu verwirklichen, soweit es im Einzelfall möglich, erforderlich und unter Abwägung aller sich aus § 1 Absatz 1 ergebenden Anforderungen untereinander und gegen die sonstigen Anforderungen der Allgemeinheit an Natur und Landschaft angemessen ist.

(4)[1] Bei der Bewirtschaftung von Grundflächen im Eigentum oder Besitz der öffentlichen Hand sollen die Ziele des Naturschutzes und der Landschaftspflege in besonderer Weise berücksichtigt werden.

(5) [1] Die europäischen Bemühungen auf dem Gebiet des Naturschutzes und der Landschaftspflege werden insbesondere durch Aufbau und Schutz des Netzes „Natura 2000" unterstützt. [2] Die internationalen Bemühungen auf dem Gebiet des Naturschutzes und der Landschaftspflege werden insbesondere durch den Schutz des Kultur- und Naturerbes im Sinne des Übereinkommens vom 16. November 1972 zum Schutz des Kultur- und Naturerbes der Welt (BGBl. 1977 II S. 213, 215) unterstützt.

(6) [1] Das allgemeine Verständnis für die Ziele des Naturschutzes und der Landschaftspflege ist mit geeigneten Mitteln zu fördern. [2] Erziehungs-, Bildungs- und Informationsträger klären auf allen Ebenen über die Bedeutung von Natur und Landschaft, über deren Bewirtschaftung und Nutzung sowie über die Aufgaben des Naturschutzes und der Landschaftspflege auf und wecken das Bewusstsein für einen verantwortungsvollen Umgang mit Natur und Landschaft.

*[Abs. 7 ab 1.3.2022:]*
*(7) [1] Der Bereitschaft privater Personen, Unternehmen und Einrichtungen der öffentlichen Hand zur Mitwirkung und Zusammenarbeit kommt bei der Verwirklichung der Ziele des Naturschutzes und der Landschaftspflege eine besondere Bedeutung zu. [2] Soweit sich der Zustand von Biotopen und Arten aufgrund freiwilliger Maßnahmen wie vertraglicher Vereinbarungen oder der Teilhabe an öffentlichen Programmen zur Bewirtschaftungsbeschränkung auf einer Fläche verbessert, ist dieser Beitrag bei behördlichen Entscheidungen nach diesem Gesetz oder nach dem Naturschutzrecht der Länder im Zusammenhang mit der Wiederaufnahme einer Nutzung oder einer sonstigen Änderung des Zustandes dieser Fläche, auch zur Förderung der allgemeinen Kooperationsbereitschaft, begünstigend zu berücksichtigen.*

---

[1] Abweichendes Landesrecht in Bayern, Baden-Württemberg und Thüringen siehe Hinweise in BGBl. 2011 I S. 365, 2018 I S. 533 und 2020 I S. 160.

*[Abs. 8 ab 1.3.2022:]*

*(8) ¹Für Naturschutzgebiete, Nationalparke, Nationale Naturmonumente, Naturdenkmäler, Gebiete von gemeinschaftlicher Bedeutung im Sinne des § 7 Absatz 1 Nummer 6 und gesetzlich geschützte Biotope im Sinne des § 30 können die Länder freiwillige Vereinbarungen zur Förderung der Biodiversität und zu einer nachhaltigen Bewirtschaftungsweise anbieten. ²Als freiwillige Vereinbarung nach Satz 1 gelten insbesondere von den Landesregierungen mit den Verbänden der Landwirtschaft und des Naturschutzes geschlossene Grundsatzvereinbarungen und Maßnahmenpakete für den Naturschutz. ³Bestandteil freiwilliger Vereinbarungen nach Satz 1 können auch finanzielle Anreize durch Förderung oder Ausgleich sein.*

**§ 3 Zuständigkeiten, Aufgaben und Befugnisse, vertragliche Vereinbarungen, Zusammenarbeit der Behörden.** (1) Die für Naturschutz und Landschaftspflege zuständigen Behörden im Sinne dieses Gesetzes sind

1. die nach Landesrecht für Naturschutz und Landschaftspflege zuständigen Behörden oder
2. das Bundesamt für Naturschutz, soweit ihm nach diesem Gesetz Zuständigkeiten zugewiesen werden.

(2)[1] Die für Naturschutz und Landschaftspflege zuständigen Behörden überwachen die Einhaltung der Vorschriften dieses Gesetzes und der auf Grund dieses Gesetzes erlassenen Vorschriften und treffen nach pflichtgemäßem Ermessen die im Einzelfall erforderlichen Maßnahmen, um deren Einhaltung sicherzustellen, soweit nichts anderes bestimmt ist.

(3)[2] Bei Maßnahmen des Naturschutzes und der Landschaftspflege soll vorrangig geprüft werden, ob der Zweck mit angemessenem Aufwand auch durch vertragliche Vereinbarungen erreicht werden kann.

(4)[3] ¹Mit der Ausführung landschaftspflegerischer und -gestalterischer Maßnahmen sollen die zuständigen Behörden nach Möglichkeit land- und forstwirtschaftliche Betriebe, Vereinigungen, in denen Gemeinden oder Gemeindeverbände, Landwirte und Vereinigungen, die im Schwerpunkt die Ziele des Naturschutzes und der Landschaftspflege fördern, gleichberechtigt vertreten sind (Landschaftspflegeverbände), anerkannte Naturschutzvereinigungen oder Träger von Naturparken beauftragen. ²Hoheitliche Befugnisse können nicht übertragen werden.

(5) ¹Die Behörden des Bundes und der Länder haben die für Naturschutz und Landschaftspflege zuständigen Behörden bereits bei der Vorbereitung aller öffentlichen Planungen und Maßnahmen, die die Belange des Naturschutzes und der Landschaftspflege berühren können, hierüber zu unterrichten und ihnen Gelegenheit zur Stellungnahme zu geben, soweit nicht eine weitergehende Form der Beteiligung vorgesehen ist. ²Die Beteiligungspflicht nach Satz 1 gilt für die für Naturschutz und Landschaftspflege zuständigen Behörden entsprechend, soweit Planungen und Maßnahmen des Naturschutzes und der Landschaftspflege den Aufgabenbereich anderer Behörden berühren können.

---

[1] Abweichendes Landesrecht in Baden-Württemberg siehe Hinweis in BGBl. 2018 I S. 533.
[2] Abweichendes Landesrecht in Schleswig-Holstein siehe Hinweise in BGBl. 2010 I S. 450 und 2016 I S. 1648, in Hessen in BGBl. 2011 I S. 663, in Sachsen in BGBl. 2011 I S. 842 und in Thüringen in BGBl. 2020 I S. 160.
[3] Abweichendes Landesrecht in Bayern siehe Hinweise in BGBl. 2011 I S. 365, BGBl. 2020 I S. 319, Baden-Württemberg 2018 I S. 533.

(6) Die für Naturschutz und Landschaftspflege zuständigen Behörden gewährleisten einen frühzeitigen Austausch mit Betroffenen und der interessierten Öffentlichkeit über ihre Planungen und Maßnahmen.

(7) Aufgaben nach diesem Gesetz obliegen einer Gemeinde oder einem Gemeindeverband nur, wenn der Gemeinde oder dem Gemeindeverband die Aufgaben durch Landesrecht übertragen worden sind.

**§ 4 Funktionssicherung bei Flächen für öffentliche Zwecke.** [1] Bei Maßnahmen des Naturschutzes und der Landschaftspflege ist auf Flächen, die ausschließlich oder überwiegend Zwecken

1. der Verteidigung, einschließlich der Erfüllung internationaler Verpflichtungen und des Schutzes der Zivilbevölkerung,

2. der Bundespolizei,

3. des öffentlichen Verkehrs als öffentliche Verkehrswege,

4. der See- oder Binnenschifffahrt,

5. der Versorgung, einschließlich der hierfür als schutzbedürftig erklärten Gebiete, und der Entsorgung,

6. des Schutzes vor Überflutung durch Hochwasser oder

7. der Telekommunikation

dienen oder in einem verbindlichen Plan für die genannten Zwecke ausgewiesen sind, die bestimmungsgemäße Nutzung zu gewährleisten. [2] Die Ziele des Naturschutzes und der Landschaftspflege sind zu berücksichtigen.

**§ 5**[1] **Land-, Forst- und Fischereiwirtschaft.** (1) Bei Maßnahmen des Naturschutzes und der Landschaftspflege ist die besondere Bedeutung einer natur- und landschaftsverträglichen Land-, Forst- und Fischereiwirtschaft für die Erhaltung der Kultur- und Erholungslandschaft zu berücksichtigen.

(2)[2] Bei der landwirtschaftlichen Nutzung sind neben den Anforderungen, die sich aus den für die Landwirtschaft geltenden Vorschriften und aus § 17 Absatz 2 des Bundes-Bodenschutzgesetzes[3] ergeben, insbesondere die folgenden Grundsätze der guten fachlichen Praxis zu beachten:

1. die Bewirtschaftung muss standortangepasst erfolgen und die nachhaltige Bodenfruchtbarkeit und langfristige Nutzbarkeit der Flächen muss gewährleistet werden;

2. die natürliche Ausstattung der Nutzfläche (Boden, Wasser, Flora, Fauna) darf nicht über das zur Erzielung eines nachhaltigen Ertrages erforderliche Maß hinaus beeinträchtigt werden;

3. die zur Vernetzung von Biotopen erforderlichen Landschaftselemente sind zu erhalten und nach Möglichkeit zu vermehren;

4. die Tierhaltung hat in einem ausgewogenen Verhältnis zum Pflanzenbau zu stehen und schädliche Umweltauswirkungen sind zu vermeiden;

---

[1] Abweichendes Landesrecht in Bayern siehe Hinweise in BGBl. 2011 I S. 365, 2015 I S. 152 und 2020 I S. 319.
[2] Abweichendes Landesrecht in Schleswig-Holstein siehe Hinweise in BGBl. 2010 I S. 450 und 2016 I S. 1648 und S. 1656, in Hamburg BGBl. 2011 I S. 93, in Nordrhein-Westfalen BGBl. 2017 I S. 3285 und in Baden-Württemberg BGBl. 2018 I S. 533.
[3] Nr. **3.4.**

5. auf erosionsgefährdeten Hängen, in Überschwemmungsgebieten, auf Standorten mit hohem Grundwasserstand sowie auf Moorstandorten ist ein Grünlandumbruch zu unterlassen;
6. die Anwendung von Düngemitteln und Pflanzenschutzmitteln hat nach Maßgabe des landwirtschaftlichen Fachrechtes zu erfolgen; es sind eine Dokumentation über die Anwendung von Düngemitteln nach Maßgabe des § 10 der Düngeverordnung vom 26. Mai 2017 (BGBl. I S. 1305) in der jeweils geltenden Fassung sowie eine Dokumentation über die Anwendung von Pflanzenschutzmitteln nach Maßgabe des Artikels 67 Absatz 1 Satz 2 der Verordnung (EG) Nr. 1107/2009 des Europäischen Parlaments und des Rates vom 21. Oktober 2009 über das Inverkehrbringen von Pflanzenschutzmitteln und zur Aufhebung der Richtlinien 79/117/EWG und 91/414/EWG des Rates (ABl. L 309 vom 24.11.2009, S. 1) zu führen.

(3)[1] ¹Bei der forstlichen Nutzung des Waldes ist das Ziel zu verfolgen, naturnahe Wälder aufzubauen und diese ohne Kahlschläge nachhaltig zu bewirtschaften. ²Ein hinreichender Anteil standortheimischer Forstpflanzen ist einzuhalten.

(4)[1] ¹Bei der fischereiwirtschaftlichen Nutzung der oberirdischen Gewässer sind diese einschließlich ihrer Uferzonen als Lebensstätten und Lebensräume für heimische Tier- und Pflanzenarten zu erhalten und zu fördern. ²Der Besatz dieser Gewässer mit nichtheimischen Tierarten ist grundsätzlich zu unterlassen. ³Bei Fischzuchten und Teichwirtschaften der Binnenfischerei sind Beeinträchtigungen der heimischen Tier- und Pflanzenarten auf das zur Erzielung eines nachhaltigen Ertrages erforderliche Maß zu beschränken.

**§ 6 Beobachtung von Natur und Landschaft.** (1) Der Bund und die Länder beobachten im Rahmen ihrer Zuständigkeiten Natur und Landschaft (allgemeiner Grundsatz).

(2) Die Beobachtung dient der gezielten und fortlaufenden Ermittlung, Beschreibung und Bewertung des Zustands von Natur und Landschaft und ihrer Veränderungen einschließlich der Ursachen und Folgen dieser Veränderungen.

(3) Die Beobachtung umfasst insbesondere
1. den Zustand von Landschaften, Biotopen und Arten zur Erfüllung völkerrechtlicher Verpflichtungen,
2. den Erhaltungszustand der natürlichen Lebensraumtypen und Arten von gemeinschaftlichem Interesse einschließlich des unbeabsichtigten Fangs oder Tötens der Tierarten, die in Anhang IV Buchstabe a der Richtlinie 92/43/EWG des Rates vom 21. Mai 1992 zur Erhaltung der natürlichen Lebensräume sowie der wildlebenden Tiere und Pflanzen (ABl. L 206 vom 22.7.1992, S. 7), die zuletzt durch die Richtlinie 2006/105/EG (ABl. L 363 vom 20.12.2006, S. 368) geändert worden ist, aufgeführt sind, sowie der europäischen Vogelarten und ihrer Lebensräume; dabei sind die prioritären natürlichen Lebensraumtypen und prioritären Arten besonders zu berücksichtigen,
3. den Zustand weiterer in Anhang III Tabelle 1 der Richtlinie 2008/56/EG des Europäischen Parlaments und des Rates vom 17. Juni 2008 zur Schaffung

---

[1] Abweichendes Landesrecht in Schleswig-Holstein siehe Hinweise in BGBl. 2010 I S. 450 und 2016 I S. 1656.

eines Ordnungsrahmens für Maßnahmen der Gemeinschaft im Bereich der Meeresumwelt (Meeresstrategie-Rahmenrichtlinie) (ABl. L 164 vom 25.6. 2008, S. 19) aufgeführter Biotoptypen und sonstiger biologischer Merkmale,
4. das Vorkommen invasiver Arten gemäß § 7 Absatz 2 Nummer 9 Buchstabe a nach Maßgabe des Artikels 14 der Verordnung (EU) Nr. 1143/2014 des Europäischen Parlaments und des Rates vom 22. Oktober 2014 über die Prävention und das Management der Einbringung und Ausbreitung invasiver gebietsfremder Arten (ABl. L 317 vom 4.11.2014, S. 35).

(4) [1] Die zuständigen Behörden des Bundes und der Länder unterstützen sich bei der Beobachtung. [2] Sie sollen ihre Beobachtungsmaßnahmen aufeinander abstimmen.

(5) Das Bundesamt für Naturschutz nimmt die Aufgaben des Bundes auf dem Gebiet der Beobachtung von Natur und Landschaft wahr, soweit in Rechtsvorschriften nichts anderes bestimmt ist.

(6) Rechtsvorschriften über die Geheimhaltung, über den Schutz personenbezogener Daten sowie über den Schutz von Betriebs- und Geschäftsgeheimnissen bleiben unberührt.

**§ 7 Begriffsbestimmungen.** (1) Für dieses Gesetz gelten folgende Begriffsbestimmungen:
1. biologische Vielfalt
   die Vielfalt der Tier- und Pflanzenarten einschließlich der innerartlichen Vielfalt sowie die Vielfalt an Formen von Lebensgemeinschaften und Biotopen;
2. Naturhaushalt
   die Naturgüter Boden, Wasser, Luft, Klima, Tiere und Pflanzen sowie das Wirkungsgefüge zwischen ihnen;
3. Erholung
   natur- und landschaftsverträglich ausgestaltetes Natur- und Freizeiterleben einschließlich natur- und landschaftsverträglicher sportlicher Betätigung in der freien Landschaft, soweit dadurch die sonstigen Ziele des Naturschutzes und der Landschaftspflege nicht beeinträchtigt werden;
4. natürliche Lebensraumtypen von gemeinschaftlichem Interesse
   die in Anhang I der Richtlinie 92/43/EWG aufgeführten Lebensraumtypen;
5. prioritäre natürliche Lebensraumtypen
   die in Anhang I der Richtlinie 92/43/EWG mit dem Zeichen (\*) gekennzeichneten Lebensraumtypen;
6. Gebiete von gemeinschaftlicher Bedeutung
   die in die Liste nach Artikel 4 Absatz 2 Unterabsatz 3 der Richtlinie 92/43/EWG aufgenommenen Gebiete, auch wenn ein Schutz im Sinne des § 32 Absatz 2 bis 4 noch nicht gewährleistet ist;
7. Europäische Vogelschutzgebiete
   Gebiete im Sinne des Artikels 4 Absatz 1 und 2 der Richtlinie 2009/147/EG des Europäischen Parlaments und des Rates vom 30. November 2009 über die Erhaltung der wildlebenden Vogelarten (ABl. L 20 vom 26.1.2010, S. 7), wenn ein Schutz im Sinne des § 32 Absatz 2 bis 4 bereits gewährleistet ist;

8. Natura 2000-Gebiete
Gebiete von gemeinschaftlicher Bedeutung und Europäische Vogelschutzgebiete;[1]
9. Erhaltungsziele
Ziele, die im Hinblick auf die Erhaltung oder Wiederherstellung eines günstigen Erhaltungszustands eines natürlichen Lebensraumtyps von gemeinschaftlichem Interesse, einer in Anhang II der Richtlinie 92/43/EWG oder in Artikel 4 Absatz 2 oder Anhang I der Richtlinie 2009/147/EG aufgeführten Art für ein Natura 2000-Gebiet festgelegt sind;
10. günstiger Erhaltungszustand
Zustand im Sinne von Artikel 1 Buchstabe e und i der Richtlinie 92/43/EWG und von Artikel 2 Nummer 4 der Richtlinie 2004/35/EG des Europäischen Parlaments und des Rates vom 21. April 2004 über Umwelthaftung zur Vermeidung und Sanierung von Umweltschäden (ABl. L 143 vom 30.4.2004, S. 56), die zuletzt durch die Richtlinie 2009/31/EG (ABl. L 140 vom 5.6.2009, S. 114) geändert worden ist.

(2) [1] Für dieses Gesetz gelten folgende weitere Begriffsbestimmungen:
1. Tiere
    a) wild lebende, gefangene oder gezüchtete und nicht herrenlos gewordene sowie tote Tiere wild lebender Arten,
    b) Eier, auch im leeren Zustand, sowie Larven, Puppen und sonstige Entwicklungsformen von Tieren wild lebender Arten,
    c) ohne Weiteres erkennbare Teile von Tieren wild lebender Arten und
    d) ohne Weiteres erkennbar aus Tieren wild lebender Arten gewonnene Erzeugnisse;
2. Pflanzen
    a) wild lebende, durch künstliche Vermehrung gewonnene sowie tote Pflanzen wild lebender Arten,
    b) Samen, Früchte oder sonstige Entwicklungsformen von Pflanzen wild lebender Arten,
    c) ohne Weiteres erkennbare Teile von Pflanzen wild lebender Arten und
    d) ohne Weiteres erkennbar aus Pflanzen wild lebender Arten gewonnene Erzeugnisse;
    als Pflanzen im Sinne dieses Gesetzes gelten auch Flechten und Pilze;
3. Art
jede Art, Unterart oder Teilpopulation einer Art oder Unterart; für die Bestimmung einer Art ist ihre wissenschaftliche Bezeichnung maßgebend;
4. Biotop
Lebensraum einer Lebensgemeinschaft wild lebender Tiere und Pflanzen;
5. Lebensstätte
regelmäßiger Aufenthaltsort der wild lebenden Individuen einer Art;
6. Population
eine biologisch oder geografisch abgegrenzte Zahl von Individuen einer Art;

---

[1] Abweichendes Landesrecht in Hessen siehe Hinweis in BGBl. 2011 I S. 663.

7., 8. *(aufgehoben)*
9. invasive Art
eine invasive gebietsfremde Art im Sinne des Artikels 3 Nummer 2 der Verordnung (EU) Nr. 1143/2014
   a) die in der Unionsliste nach Artikel 4 Absatz 1 der Verordnung (EU) Nr. 1143/2014 aufgeführt ist,
   b) für die Dringlichkeitsmaßnahmen nach Artikel 10 Absatz 4 oder für die Durchführungsrechtsakte nach Artikel 11 Absatz 2 Satz 2 der Verordnung (EU) Nr. 1143/2014 in Kraft sind, soweit die Verordnung (EU) Nr. 1143/2014 nach den genannten Rechtsvorschriften anwendbar ist oder
   c) die in einer Rechtsverordnung nach § 54 Absatz 4 Satz 1 Nummer 1 oder Nummer 3 aufgeführt ist;
10. Arten von gemeinschaftlichem Interesse
die in Anhang II, IV oder V der Richtlinie 92/43/EWG aufgeführten Tier- und Pflanzenarten;
11. prioritäre Arten
die in Anhang II der Richtlinie 92/43/EWG mit dem Zeichen (*) gekennzeichneten Tier- und Pflanzenarten;
12. europäische Vogelarten
in Europa natürlich vorkommende Vogelarten im Sinne des Artikels 1 der Richtlinie 2009/147/EG;
13. besonders geschützte Arten
   a) Tier- und Pflanzenarten, die in Anhang A oder Anhang B der Verordnung (EG) Nr. 338/97 des Rates vom 9. Dezember 1996 über den Schutz von Exemplaren wildlebender Tier- und Pflanzenarten durch Überwachung des Handels (ABl. L 61 vom 3.3.1997, S. 1, L 100 vom 17.4.1997, S. 72, L 298 vom 1.11.1997, S. 70, L 113 vom 27.4.2006, S. 26), die zuletzt durch die Verordnung (EG) Nr. 709/2010 (ABl. L 212 vom 12.8.2010, S. 1) geändert worden ist, aufgeführt sind,
   b) nicht unter Buchstabe a fallende
      aa) Tier- und Pflanzenarten, die in Anhang IV der Richtlinie 92/43/EWG aufgeführt sind,
      bb) europäische Vogelarten,
   c) Tier- und Pflanzenarten, die in einer Rechtsverordnung nach § 54 Absatz 1 aufgeführt sind;
14. streng geschützte Arten
besonders geschützte Arten, die
   a) in Anhang A der Verordnung (EG) Nr. 338/97,
   b) in Anhang IV der Richtlinie 92/43/EWG,
   c) in einer Rechtsverordnung nach § 54 Absatz 2
aufgeführt sind;
15. gezüchtete Tiere
Tiere, die in kontrollierter Umgebung geboren oder auf andere Weise erzeugt und deren Elterntiere rechtmäßig erworben worden sind;
16. künstlich vermehrte Pflanzen
Pflanzen, die aus Samen, Gewebekulturen, Stecklingen oder Teilungen unter kontrollierten Bedingungen herangezogen worden sind;

## 3.1 BNatSchG § 7

17. Anbieten
Erklärung der Bereitschaft zu verkaufen oder zu kaufen und ähnliche Handlungen, einschließlich der Werbung, der Veranlassung zur Werbung oder der Aufforderung zu Verkaufs- oder Kaufverhandlungen;
18. Inverkehrbringen
das Anbieten, Vorrätighalten zur Abgabe, Feilhalten und jedes Abgeben an andere;
19. rechtmäßig
in Übereinstimmung mit den jeweils geltenden Rechtsvorschriften zum Schutz der betreffenden Art im jeweiligen Staat sowie mit Rechtsakten der Europäischen Gemeinschaft auf dem Gebiet des Artenschutzes und dem Übereinkommen vom 3. März 1973 über den internationalen Handel mit gefährdeten Arten freilebender Tiere und Pflanzen (BGBl. 1975 II S. 773, 777) – Washingtoner Artenschutzübereinkommen – im Rahmen ihrer jeweiligen räumlichen und zeitlichen Geltung oder Anwendbarkeit;
20. Mitgliedstaat
ein Staat, der Mitglied der Europäischen Union ist;
21. Drittstaat
ein Staat, der nicht Mitglied der Europäischen Union ist.

(3) Soweit in diesem Gesetz auf Anhänge der

1. Verordnung (EG) Nr. 338/97,
2. Verordnung (EWG) Nr. 3254/91 des Rates vom 4. November 1991 zum Verbot von Tellereisen in der Gemeinschaft und der Einfuhr von Pelzen und Waren von bestimmten Wildtierarten aus Ländern, die Tellereisen oder den internationalen humanen Fangnormen nicht entsprechende Fangmethoden anwenden (ABl. L 308 vom 9.11.1991, S. 1),
3. Richtlinien 92/43/EWG und 2009/147/EG,
4. Richtlinie 83/129/EWG des Rates vom 28. März 1983 betreffend die Einfuhr in die Mitgliedstaaten von Fellen bestimmter Jungrobben und Waren daraus (ABl. L 91 vom 9.4.1983, S. 30), die zuletzt durch die Richtlinie 89/370/EWG (ABl. L 163 vom 14.6.1989, S. 37) geändert worden ist,

oder auf Vorschriften der genannten Rechtsakte verwiesen wird, in denen auf Anhänge Bezug genommen wird, sind die Anhänge jeweils in der sich aus den Veröffentlichungen im Amtsblatt Teil L der Europäischen Union ergebenden geltenden Fassung maßgeblich.

(4) Das Bundesministerium für Umwelt, Naturschutz und nukleare Sicherheit gibt die besonders geschützten und die streng geschützten Arten sowie den Zeitpunkt ihrer jeweiligen Unterschutzstellung bekannt.

(5) [1] Wenn besonders geschützte Arten bereits auf Grund der bis zum 8. Mai 1998 geltenden Vorschriften unter besonderem Schutz standen, gilt als Zeitpunkt der Unterschutzstellung derjenige, der sich aus diesen Vorschriften ergibt. [2] Entsprechendes gilt für die streng geschützten Arten, soweit sie nach den bis zum 8. Mai 1998 geltenden Vorschriften als vom Aussterben bedroht bezeichnet waren.

## Kapitel 2. Landschaftsplanung

**§ 8 Allgemeiner Grundsatz.** Die Ziele des Naturschutzes und der Landschaftspflege werden als Grundlage vorsorgenden Handelns im Rahmen der Landschaftsplanung überörtlich und örtlich konkretisiert und die Erfordernisse und Maßnahmen zur Verwirklichung dieser Ziele dargestellt und begründet.

**§ 9**[1]) **Aufgaben und Inhalte der Landschaftsplanung; Ermächtigung zum Erlass von Rechtsverordnungen.** (1) Die Landschaftsplanung hat die Aufgabe, die Ziele des Naturschutzes und der Landschaftspflege für den jeweiligen Planungsraum zu konkretisieren und die Erfordernisse und Maßnahmen zur Verwirklichung dieser Ziele auch für die Planungen und Verwaltungsverfahren aufzuzeigen, deren Entscheidungen sich auf Natur und Landschaft im Planungsraum auswirken können.

(2) ¹Inhalte der Landschaftsplanung sind die Darstellung und Begründung der konkretisierten Ziele des Naturschutzes und der Landschaftspflege und der ihrer Verwirklichung dienenden Erfordernisse und Maßnahmen. ²Darstellung und Begründung erfolgen nach Maßgabe der §§ 10 und 11 in Landschaftsprogrammen, Landschaftsrahmenplänen, Landschaftsplänen sowie Grünordnungsplänen.[2])

(3) ¹Die Pläne sollen Angaben enthalten über
1. den vorhandenen und den zu erwartenden Zustand von Natur und Landschaft,
2. die konkretisierten Ziele des Naturschutzes und der Landschaftspflege,
3. die Beurteilung des vorhandenen und zu erwartenden Zustands von Natur und Landschaft nach Maßgabe dieser Ziele einschließlich der sich daraus ergebenden Konflikte,
4. die Erfordernisse und Maßnahmen zur Umsetzung der konkretisierten Ziele des Naturschutzes und der Landschaftspflege, insbesondere
   a) zur Vermeidung, Minderung oder Beseitigung von Beeinträchtigungen von Natur und Landschaft,
   b) zum Schutz bestimmter Teile von Natur und Landschaft im Sinne des Kapitels 4 sowie der Biotope, Lebensgemeinschaften und Lebensstätten der Tiere und Pflanzen wild lebender Arten,
   c) auf Flächen, die wegen ihres Zustands, ihrer Lage oder ihrer natürlichen Entwicklungsmöglichkeit für künftige Maßnahmen des Naturschutzes und der Landschaftspflege, insbesondere zur Kompensation von Eingriffen in Natur und Landschaft sowie zum Einsatz natur- und landschaftsbezogener Fördermittel besonders geeignet sind,
   d) zum Aufbau und Schutz eines Biotopverbunds, der Biotopvernetzung und des Netzes „Natura 2000",
   e) zum Schutz, zur Qualitätsverbesserung und zur Regeneration von Böden, Gewässern, Luft und Klima,

---

[1]) Abweichendes Landesrecht in Berlin und Baden-Württemberg siehe Hinweise in BGBl. 2013 I S. 2829 und 2018 I S. 533.
[2]) Abweichendes Landesrecht in Schleswig-Holstein siehe Hinweise in BGBl. 2010 I S. 450 und 2016 I S. 1656.

## 3.1 BNatSchG § 10

    f) zur Erhaltung und Entwicklung von Vielfalt, Eigenart und Schönheit sowie des Erholungswertes von Natur und Landschaft,

    g) zur Erhaltung und Entwicklung von Freiräumen im besiedelten und unbesiedelten Bereich *[bis 28.2.2022: .][ab 1.3.2022: ,]*

    *[Buchst. h ab 1.3.2022:]*

    *h) zur Sicherung und Förderung der biologischen Vielfalt im Planungsraum einschließlich ihrer Bedeutung für das Naturerlebnis.*

²Auf die Verwertbarkeit der Darstellungen der Landschaftsplanung für die Raumordnungspläne und Bauleitpläne ist Rücksicht zu nehmen. ³Das Bundesministerium für Umwelt, Naturschutz und nukleare Sicherheit wird ermächtigt, durch Rechtsverordnung mit Zustimmung des Bundesrates die für die Darstellung der Inhalte zu verwendenden Planzeichen zu regeln.

(4) ¹Die Landschaftsplanung ist fortzuschreiben, sobald und soweit dies im Hinblick auf Erfordernisse und Maßnahmen im Sinne des Absatzes 3 Satz 1 Nummer 4 erforderlich ist, insbesondere weil wesentliche Veränderungen von Natur und Landschaft im Planungsraum eingetreten, vorgesehen oder zu erwarten sind. ²Die Fortschreibung kann als sachlicher oder räumlicher Teilplan erfolgen, sofern die Umstände, die die Fortschreibung begründen, sachlich oder räumlich begrenzt sind.

(5) ¹In Planungen und Verwaltungsverfahren sind die Inhalte der Landschaftsplanung zu berücksichtigen. ²Insbesondere sind die Inhalte der Landschaftsplanung für die Beurteilung der Umweltverträglichkeit und der Verträglichkeit im Sinne des § 34 Absatz 1 dieses Gesetzes sowie bei der Aufstellung der Maßnahmenprogramme im Sinne der §§ 45h und 82 des Wasserhaushaltsgesetzes[1]) heranzuziehen. ³Soweit den Inhalten der Landschaftsplanung in den Entscheidungen nicht Rechnung getragen werden kann, ist dies zu begründen.

### § 10[2]) Landschaftsprogramme und Landschaftsrahmenpläne.

(1)[3]) ¹Die überörtlichen konkretisierten Ziele, Erfordernisse und Maßnahmen des Naturschutzes und der Landschaftspflege werden für den Bereich eines Landes im Landschaftsprogramm oder für Teile des Landes in Landschaftsrahmenplänen dargestellt.[4]) ²Die Ziele der Raumordnung sind zu beachten; die Grundsätze und sonstigen Erfordernisse der Raumordnung sind zu berücksichtigen.

(2)[4]) ¹Landschaftsprogramme können aufgestellt werden.[5]) ²Landschaftsrahmenpläne sind für alle Teile des Landes aufzustellen, soweit nicht ein Landschaftsprogramm seinen Inhalten und seinem Konkretisierungsgrad nach einem Landschaftsrahmenplan entspricht.[6])

---

[1]) Nr. **4.1**.
[2]) Abweichendes Landesrecht in Baden-Württemberg siehe Hinweis in BGBl. 2018 I S. 533.
[3]) Abweichendes Landesrecht in Mecklenburg-Vorpommern und Hessen siehe Hinweise in BGBl. 2010 I S. 1621 und 2011 I S. 663.
[4]) Abweichendes Landesrecht in Landes Mecklenburg-Vorpommern siehe Hinweis in BGBl. 2010 I S. 1621.
[5]) Abweichendes Landesrecht in Schleswig-Holstein siehe Hinweise in BGBl. 2010 I S. 450 und 2016 I S. 1656.
[6]) Abweichendes Landesrecht in Schleswig-Holstein siehe Hinweise in BGBl. 2010 I S. 450 und 2016 I S. 1656 und in Sachsen-Anhalt in BGBl. 2011 I S. 30.

(3) Die konkretisierten Ziele, Erfordernisse und Maßnahmen des Naturschutzes und der Landschaftspflege sind, soweit sie raumbedeutsam sind, in der Abwägung nach § 7 Absatz 2 des Raumordnungsgesetzes zu berücksichtigen.

*[Abs. 4 bis 28.2.2022:]*
(4) Die Zuständigkeit, das Verfahren der Aufstellung und das Verhältnis von Landschaftsprogrammen und Landschaftsrahmenplänen zu Raumordnungsplänen richten sich nach Landesrecht.

*[Abs. 4 ab 1.3.2022:]*
*(4) [1] Landschaftsrahmenpläne und Landschaftsprogramme im Sinne des Absatzes 2 Satz 2 sind mindestens alle zehn Jahre fortzuschreiben. [2] Mindestens alle zehn Jahre ist zu prüfen, ob und in welchem Umfang eine Aufstellung oder Fortschreibung sonstiger Landschaftsprogramme erforderlich ist.*

*[Abs. 5 ab 1.3.2022:]*
*(5) [1] Die landschaftsplanerischen Inhalte werden eigenständig erarbeitet und dargestellt. [2] Im Übrigen richten sich die Zuständigkeit, das Verfahren der Aufstellung und das Verhältnis von Landschaftsprogrammen und Landschaftsrahmenplänen zu Raumordnungsplänen nach § 13 des Raumordnungsgesetzes nach Landesrecht.*

**§ 11**[1] **Landschaftspläne und Grünordnungspläne.** (1)[2] [1] Die für die örtliche Ebene konkretisierten Ziele, Erfordernisse und Maßnahmen des Naturschutzes und der Landschaftspflege werden auf der Grundlage der Landschaftsrahmenpläne für die Gebiete der Gemeinden in Landschaftsplänen, für Teile eines Gemeindegebiets in Grünordnungsplänen dargestellt.[3] [2] Die Ziele der Raumordnung sind zu beachten; die Grundsätze und sonstigen Erfordernisse der Raumordnung sind zu berücksichtigen. [3] Die Pläne sollen die in § 9 Absatz 3 genannten Angaben enthalten, soweit dies für die Darstellung der für die örtliche Ebene konkretisierten Ziele, Erfordernisse und Maßnahmen erforderlich ist. [4] Abweichende Vorschriften der Länder zum Inhalt von Landschafts- und Grünordnungsplänen sowie Vorschriften zu deren Rechtsverbindlichkeit bleiben unberührt.

(2) [1] Landschaftspläne sind aufzustellen, sobald und soweit dies im Hinblick auf Erfordernisse und Maßnahmen im Sinne des § 9 Absatz 3 Satz 1 Nummer 4 erforderlich ist, insbesondere weil wesentliche Veränderungen von Natur und Landschaft im Planungsraum eingetreten, vorgesehen oder zu erwarten sind.[4] *[Satz 2 bis 28.2.2022:]* [2] Grünordnungspläne können aufgestellt werden.[5]

(3)[4] Die in den Landschaftsplänen für die örtliche Ebene konkretisierten Ziele, Erfordernisse und Maßnahmen des Naturschutzes und der Landschaftspflege sind in der Abwägung nach § 1 Absatz 7 des Baugesetzbuches zu berücksichtigen und können als Darstellungen oder Festsetzungen nach den §§ 5 und 9 des Baugesetzbuches in die Bauleitpläne aufgenommen werden.

---

[1] Abweichendes Landesrecht in Nordrhein-Westfalen und Baden-Württemberg siehe Hinweise in BGBl. 2017 I S. 3285 und 2018 I S. 533.
[2] Abweichendes Landesrecht in Berlin siehe Hinweise in BGBl. 2013 I S. 2829.
[3] Abweichendes Landesrecht in Schleswig-Holstein siehe Hinweise in BGBl. 2010 I S. 450 und 2016 I S. 1656.
[4] Abweichendes Landesrecht in Schleswig Holstein siehe Hinweis in BGBl. 2010 I S. 450.
[5] Abweichendes Landesrecht in Schleswig-Holstein siehe Hinweise in BGBl. 2010 I S. 450 und 2016 I 1648 und in Bayern in BGBl. 2011 I S. 365.

*[Abs. 4 ab 1.3.2022:]*
*(4) Landschaftspläne sind mindestens alle zehn Jahre daraufhin zu prüfen, ob und in welchem Umfang mit Blick auf die in Absatz 2 Satz 1 genannten Kriterien eine Fortschreibung erforderlich ist.*

(4) *[ab 1.3.2022: (5)]* Werden in den Ländern Berlin, Bremen und Hamburg die örtlichen Erfordernisse und Maßnahmen des Naturschutzes und der Landschaftspflege in Landschaftsrahmenplänen oder Landschaftsprogrammen dargestellt, so ersetzen diese die Landschaftspläne.

*[Abs. 6 ab 1.3.2022:]*
*(6) ¹ Grünordnungspläne können aufgestellt werden. ² Insbesondere können sie aufgestellt werden zur*
1. *Freiraumsicherung und -pflege einschließlich der Gestaltung des Ortsbildes sowie Entwicklung der grünen Infrastruktur in Wohn-, Gewerbe- und sonstigen baulich genutzten Gebieten,*
2. *Gestaltung, Pflege und Entwicklung von Parks und anderen Grünanlagen, Gewässern mit ihren Uferbereichen, urbanen Wäldern oder anderen größeren Freiräumen mit besonderer Bedeutung für die siedlungsbezogene Erholung sowie des unmittelbaren Stadt- bzw. Ortsrandes,*
3. *Gestaltung, Pflege und Entwicklung von Teilräumen bestimmter Kulturlandschaften mit ihren jeweiligen Kulturlandschaftselementen sowie von Bereichen mit einer besonderen Bedeutung für die Erholung in der freien Landschaft.*

*³ Besteht ein Landschaftsplan, so sind Grünordnungspläne aus diesem zu entwickeln.*

*[Abs. 5 bis 28.2.2022:]*
(5) Die Zuständigkeit und das Verfahren zur Aufstellung der Landschaftspläne und Grünordnungspläne sowie deren Durchführung richten sich nach Landesrecht.

*[Abs. 7 ab 1.3.2022:]*
*(7) ¹ Die Inhalte der Landschaftspläne und Grünordnungspläne werden eigenständig erarbeitet und dargestellt. ² Im Übrigen richten sich die Zuständigkeit und das Verfahren zur Aufstellung und Durchführung nach Landesrecht.*

**§ 12 Zusammenwirken der Länder bei der Planung.** ¹ Bei der Aufstellung und Fortschreibung von Programmen und Plänen nach den §§ 10 und 11 für Gebiete, die an andere Länder angrenzen, sind deren entsprechende Programme und Pläne zu berücksichtigen. ² Soweit dies erforderlich ist, stimmen sich die Länder untereinander ab.

### Kapitel 3. Allgemeiner Schutz von Natur und Landschaft

**§ 13 Allgemeiner Grundsatz.** ¹ Erhebliche Beeinträchtigungen von Natur und Landschaft sind vom Verursacher vorrangig zu vermeiden. ² Nicht vermeidbare erhebliche Beeinträchtigungen sind durch Ausgleichs- oder Ersatzmaßnahmen oder, soweit dies nicht möglich ist, durch einen Ersatz in Geld zu kompensieren.

Bundesnaturschutzgesetz §§ 14, 15 BNatSchG 3.1

**§ 14**[1]) **Eingriffe in Natur und Landschaft.** (1)[2]) Eingriffe in Natur und Landschaft im Sinne dieses Gesetzes sind Veränderungen der Gestalt oder Nutzung von Grundflächen oder Veränderungen des mit der belebten Bodenschicht in Verbindung stehenden Grundwasserspiegels, die die Leistungs- und Funktionsfähigkeit des Naturhaushalts oder das Landschaftsbild erheblich beeinträchtigen können.

(2)[3]) ¹Die land-, forst- und fischereiwirtschaftliche Bodennutzung ist nicht als Eingriff anzusehen, soweit dabei die Ziele des Naturschutzes und der Landschaftspflege berücksichtigt werden. ²Entspricht die land-, forst- und fischereiwirtschaftliche Bodennutzung den in § 5 Absatz 2 bis 4 dieses Gesetzes genannten Anforderungen sowie den sich aus § 17 Absatz 2 des Bundes-Bodenschutzgesetzes[4]) und dem Recht der Land-, Forst- und Fischereiwirtschaft ergebenden Anforderungen an die gute fachliche Praxis, widerspricht sie in der Regel nicht den Zielen des Naturschutzes und der Landschaftspflege.

(3)[5]) Nicht als Eingriff gilt die Wiederaufnahme einer land-, forst- und fischereiwirtschaftlichen Bodennutzung, wenn sie zeitweise eingeschränkt oder unterbrochen war

1. auf Grund vertraglicher Vereinbarungen oder auf Grund der Teilnahme an öffentlichen Programmen zur Bewirtschaftungsbeschränkung und wenn die Wiederaufnahme innerhalb von zehn Jahren nach Auslaufen der Einschränkung oder Unterbrechung erfolgt,
2. auf Grund der Durchführung von vorgezogenen Kompensationsmaßnahmen, die vorgezogene Maßnahme aber nicht für eine Kompensation in Anspruch genommen wird.

**§ 15**[6]) **Verursacherpflichten, Unzulässigkeit von Eingriffen; Ermächtigung zum Erlass von Rechtsverordnungen.** (1) ¹Der Verursacher eines Eingriffs ist verpflichtet, vermeidbare Beeinträchtigungen von Natur und Landschaft zu unterlassen. ²Beeinträchtigungen sind vermeidbar, wenn zumutbare Alternativen, den mit dem Eingriff verfolgten Zweck am gleichen Ort ohne oder mit geringeren Beeinträchtigungen von Natur und Landschaft zu erreichen, gegeben sind. ³Soweit Beeinträchtigungen nicht vermieden werden können, ist dies zu begründen.

(2)[7]) ¹Der Verursacher ist verpflichtet, unvermeidbare Beeinträchtigungen durch Maßnahmen des Naturschutzes und der Landschaftspflege auszugleichen (Ausgleichsmaßnahmen) oder zu ersetzen (Ersatzmaßnahmen).[8]) ²Ausgeglichen ist eine Beeinträchtigung, wenn und sobald die beeinträchtigten Funktionen

---

[1]) Abweichendes Landesrecht in Rheinland-Pfalz siehe Hinweis in BGBl. 2016 I S. 158.
[2]) Abweichendes Landesrecht in Niedersachsen in BGBl. 2010 I S. 970 und 2021 S. 314, in Hamburg, Berlin, Sachsen-Anhalt und Baden-Württemberg siehe Hinweise in BGBl. 2011 I S. 93, 2013 I S. 2829, 2015 I S. 183 und 2018 I S. 533.
[3]) Abweichendes Landesrecht in Schleswig-Holstein siehe Hinweise in BGBl. 2010 I S. 450 und 2016 I S. 1648, in Bayern in BGBl. 2011 I S. 365 und in Thüringen in BGBl. 2020 I S. 160.
[4]) Nr. **3.4**.
[5]) Abweichendes Landesrecht in Sachsen-Anhalt siehe Hinweise in BGBl. 2011 I S. 30 und 2015 I S. 183, in Hamburg und Bayern siehe Hinweise in BGBl. 2011 I S. 93 und S. 365 und in Thüringen siehe Hinweis in BGBl. 2020 I S. 160.
[6]) Abweichendes Landesrecht in Berlin siehe Hinweis in BGBl. 2013 I S. 2829.
[7]) Abweichendes Landesrecht in Hamburg und Schleswig-Holstein siehe Hinweise in BGBl. 2011 I S. 93 und S. 1979.
[8]) Abweichendes Landesrecht in Hessen siehe Hinweis in BGBl. 2011 I S. 663.

## 3.1 BNatSchG § 15

des Naturhaushalts in gleichartiger Weise wiederhergestellt sind und das Landschaftsbild landschaftsgerecht wiederhergestellt oder neu gestaltet ist.[1] ³Ersetzt ist eine Beeinträchtigung, wenn und sobald die beeinträchtigten Funktionen des Naturhaushalts in dem betroffenen Naturraum in gleichwertiger Weise hergestellt sind und das Landschaftsbild landschaftsgerecht neu gestaltet ist.[2] ⁴Festlegungen von Entwicklungs- und Wiederherstellungsmaßnahmen für Gebiete im Sinne des § 20 Absatz 2 Nummer 1 bis 4 und in Bewirtschaftungsplänen nach § 32 Absatz 5, von Maßnahmen nach § 34 Absatz 5 und § 44 Absatz 5 Satz 3 dieses Gesetzes sowie von Maßnahmen in Maßnahmenprogrammen im Sinne des § 82 des Wasserhaushaltsgesetzes[3] stehen der Anerkennung solcher Maßnahmen als Ausgleichs- und Ersatzmaßnahmen nicht entgegen. ⁵Bei der Festsetzung von Art und Umfang der Ausgleichs- und Ersatzmaßnahmen sind die Programme und Pläne nach den §§ 10 und 11 zu berücksichtigen.[4]

(3) ¹Bei der Inanspruchnahme von land- oder forstwirtschaftlich genutzten Flächen für Ausgleichs- und Ersatzmaßnahmen ist auf agrarstrukturelle Belange Rücksicht zu nehmen, insbesondere sind für die landwirtschaftliche Nutzung besonders geeignete Böden nur im notwendigen Umfang in Anspruch zu nehmen. ²Es ist vorrangig zu prüfen, ob der Ausgleich oder Ersatz auch durch Maßnahmen zur Entsiegelung, durch Maßnahmen zur Wiedervernetzung von Lebensräumen oder durch Bewirtschaftungs- oder Pflegemaßnahmen, die der dauerhaften Aufwertung des Naturhaushalts oder des Landschaftsbildes dienen, erbracht werden kann, um möglichst zu vermeiden, dass Flächen aus der Nutzung genommen werden.[5]

(4) ¹Ausgleichs- und Ersatzmaßnahmen sind in dem jeweils erforderlichen Zeitraum zu unterhalten und rechtlich zu sichern.[4] ²Der Unterhaltungszeitraum ist durch die zuständige Behörde im Zulassungsbescheid festzusetzen. ³Verantwortlich für Ausführung, Unterhaltung und Sicherung der Ausgleichs- und Ersatzmaßnahmen ist der Verursacher oder dessen Rechtsnachfolger.[6]

(5)[7] Ein Eingriff darf nicht zugelassen oder durchgeführt werden, wenn die Beeinträchtigungen nicht zu vermeiden oder nicht in angemessener Frist auszugleichen oder zu ersetzen sind und die Belange des Naturschutzes und der Landschaftspflege bei der Abwägung aller Anforderungen an Natur und Landschaft anderen Belangen im Range vorgehen.

(6)[8] ¹Wird ein Eingriff nach Absatz 5 zugelassen oder durchgeführt, obwohl die Beeinträchtigungen nicht zu vermeiden oder nicht in angemessener Frist auszugleichen oder zu ersetzen sind, hat der Verursacher Ersatz in Geld zu leisten. ²Die Ersatzzahlung bemisst sich nach den durchschnittlichen Kosten

---

[1] Abweichendes Landesrecht in Sachsen siehe Hinweis in BGBl. 2011 I S. 842.
[2] Abweichendes Landesrecht in Schleswig-Holstein siehe Hinweise in BGBl. 2010 I S. 450 und 2016 I S. 1648, Hessen in BGBl. 2011 I S. 663 und Baden-Württemberg in BGBl. 2018 I S. 533.
[3] Nr. **4.1**.
[4] Abweichendes Landesrecht in Baden-Württemberg siehe Hinweis in BGBl. 2018 I S. 533.
[5] Abweichendes Landesrecht in Schleswig-Holstein siehe Hinweise in BGBl. 2010 I S. 450 und 2016 I S. 1656.
[6] Abweichendes Landesrecht in Sachsen-Anhalt siehe Hinweis in BGBl. 2011 I S. 30.
[7] Abweichendes Landesrecht in Schleswig-Holstein siehe Hinweise in BGBl. 2010 I S. 450 und in BGBl. 2016 I S. 1646.
[8] Abweichendes Landesrecht in Schleswig-Holstein und Rheinland-Pfalz siehe Hinweise in BGBl. 2011 I S. 1979 und 2016 I S. 158.

Bundesnaturschutzgesetz § 15 BNatSchG 3.1

der nicht durchführbaren Ausgleichs- und Ersatzmaßnahmen einschließlich der erforderlichen durchschnittlichen Kosten für deren Planung und Unterhaltung sowie die Flächenbereitstellung unter Einbeziehung der Personal- und sonstigen Verwaltungskosten.[1] [3] Sind diese nicht feststellbar, bemisst sich die Ersatzzahlung nach Dauer und Schwere des Eingriffs unter Berücksichtigung der dem Verursacher daraus erwachsenden Vorteile.[2] [4] Die Ersatzzahlung ist von der zuständigen Behörde im Zulassungsbescheid oder, wenn der Eingriff von einer Behörde durchgeführt wird, vor der Durchführung des Eingriffs festzusetzen. [5] Die Zahlung ist vor der Durchführung des Eingriffs zu leisten. [6] Es kann ein anderer Zeitpunkt für die Zahlung festgelegt werden; in diesem Fall soll eine Sicherheitsleistung verlangt werden.[3] [7] Die Ersatzzahlung ist zweckgebunden für Maßnahmen des Naturschutzes und der Landschaftspflege möglichst in dem betroffenen Naturraum zu verwenden, für die nicht bereits nach anderen Vorschriften eine rechtliche Verpflichtung besteht.[4]

(7)[5] [1] Das Bundesministerium für Umwelt, Naturschutz und nukleare Sicherheit wird ermächtigt, im Einvernehmen mit dem Bundesministerium für Ernährung und Landwirtschaft, dem Bundesministerium für Verkehr und digitale Infrastruktur und dem Bundesministerium für Wirtschaft und Energie durch Rechtsverordnung mit Zustimmung des Bundesrates das Nähere zur Kompensation von Eingriffen zu regeln, insbesondere

1. zu Inhalt, Art und Umfang von Ausgleichs- und Ersatzmaßnahmen einschließlich Maßnahmen zur Entsiegelung, zur Wiedervernetzung von Lebensräumen und zur Bewirtschaftung und Pflege sowie zur Festlegung diesbezüglicher Standards, insbesondere für vergleichbare Eingriffsarten,

2. die Höhe der Ersatzzahlung und das Verfahren zu ihrer Erhebung.

[2] Solange und soweit das Bundesministerium für Umwelt, Naturschutz und nukleare Sicherheit von seiner Ermächtigung keinen Gebrauch macht, richtet sich das Nähere zur Kompensation von Eingriffen nach Landesrecht, soweit dieses den vorstehenden Absätzen nicht widerspricht.[3]

(8)[6] [1] Das Bundesministerium für Umwelt, Naturschutz und nukleare Sicherheit wird ermächtigt, im Einvernehmen mit dem Bundesministerium für Ernährung und Landwirtschaft, dem Bundesministerium für Verkehr und digitale Infrastruktur und dem Bundesministerium für Wirtschaft und Energie durch Rechtsverordnung[7] ohne Zustimmung des Bundesrates das Nähere zur Vermeidung von Beeinträchtigungen im Sinne von Absatz 1 Satz 1 sowie zur Kompensation von Eingriffen im Sinne von Absatz 7 Satz 1 zu regeln, soweit die Verordnung und Vorschriften dieses Kapitels ausschließlich durch die Bundesverwaltung, insbesondere bundeseigene Verwaltung oder bundesunmittelbare Körperschaften oder Anstalten des öffentlichen Rechts, ausgeführt werden. [2] Die Rechtsverordnung ist bis zum 1. März 2020 dem Bundestag zuzulei-

---

[1] Abweichendes Landesrecht in Sachsen siehe Hinweis in BGBl. 2011 I S. 842.
[2] Abweichendes Landesrecht in Niedersachsen und Sachsen siehe Hinweise in BGBl. 2010 I S. 970 und 2011 I S. 842.
[3] Abweichendes Landesrecht in Schleswig-Holstein siehe Hinweis in BGBl. 2016 I S. 1646.
[4] Abweichendes Landesrecht in Schleswig-Holstein siehe Hinweise in BGBl. 2010 I S. 450 und 2016 I S. 1648 und in Niedersachsen in BGBl. 2010 I S. 970.
[5] Abweichendes Landesrecht in Bayern siehe Hinweis in BGBl. 2011 I S. 365 und 2020 I S. 423.
[6] Abweichendes Landesrecht in Bayern siehe Hinweis in BGBl. 2020 I S. 423 und BGBl. 2021 I S. 2870.
[7] Siehe die BundeskompensationsVO (Nr. **3.1.2**).

ten. ³Sie kann durch Beschluss des Bundestages geändert oder abgelehnt werden. ⁴Der Beschluss des Bundestages wird dem Bundesministerium für Umwelt, Naturschutz und nukleare Sicherheit zugeleitet. ⁵Das Bundesministerium für Umwelt, Naturschutz und nukleare Sicherheit ist bei der Verkündung der Rechtsverordnung an den Beschluss gebunden. ⁶Hat sich der Bundestag nach Ablauf von drei Sitzungswochen seit Eingang einer Rechtsverordnung nicht mit ihr befasst, so wird die unveränderte Rechtsverordnung dem Bundesministerium für Umwelt, Naturschutz und nukleare Sicherheit zur Verkündung zugeleitet. ⁷Absatz 7 Satz 2 ist entsprechend anzuwenden.

**§ 16 Bevorratung von Kompensationsmaßnahmen.** (1) ¹Maßnahmen des Naturschutzes und der Landschaftspflege, die im Hinblick auf zu erwartende Eingriffe durchgeführt worden sind, sind als Ausgleichs- oder Ersatzmaßnahmen anzuerkennen, soweit

1. die Voraussetzungen des § 15 Absatz 2 erfüllt sind,[1)]
2. sie ohne rechtliche Verpflichtung durchgeführt wurden,
3. dafür keine öffentlichen Fördermittel in Anspruch genommen wurden,
4. sie Programmen und Plänen nach den §§ 10 und 11 nicht widersprechen und
5. eine Dokumentation des Ausgangszustands der Flächen vorliegt; Vorschriften der Länder zu den Anforderungen an die Dokumentation bleiben unberührt.

²Absatz 1 Satz 1 Nummer 3 ist nicht auf durchgeführte oder zugelassene Maßnahmen des Naturschutzes und der Landschaftspflege anzuwenden, die der Kompensation von zu erwartenden Eingriffen durch Maßnahmen des Küsten- oder Hochwasserschutzes dienen und durch Träger von Küsten- oder Hochwasserschutzvorhaben durchgeführt werden oder durchgeführt worden sind.

(2) ¹Die Bevorratung von vorgezogenen Ausgleichs- und Ersatzmaßnahmen mittels Ökokonten, Flächenpools oder anderer Maßnahmen, insbesondere die Erfassung, Bewertung und Buchung vorgezogener Ausgleichs- und Ersatzmaßnahmen in Ökokonten, deren Genehmigungsbedürftigkeit und Handelbarkeit sowie der Übergang der Verantwortung nach § 15 Absatz 4 auf Dritte, die vorgezogene Ausgleichs- und Ersatzmaßnahmen durchführen, richtet sich nach Landesrecht. ²Im Bereich der deutschen ausschließlichen Wirtschaftszone und des Festlandsockels richtet sich die Bevorratung nach § 56a.

**§ 17[2)] Verfahren; Ermächtigung zum Erlass von Rechtsverordnungen.**

(1)[3)] Bedarf ein Eingriff nach anderen Rechtsvorschriften einer behördlichen Zulassung oder einer Anzeige an eine Behörde oder wird er von einer Behörde durchgeführt, so hat diese Behörde zugleich die zur Durchführung des § 15 erforderlichen Entscheidungen und Maßnahmen im Benehmen mit der für Naturschutz und Landschaftspflege zuständigen Behörde zu treffen, soweit nicht nach Bundes- oder Landesrecht eine weiter gehende Form der Beteiligung vorgeschrieben ist oder die für Naturschutz und Landschaftspflege zuständige Behörde selbst entscheidet.

---

[1)] Abweichendes Landesrecht in Sachsen-Anhalt siehe Hinweis in BGBl. 2015 I S. 183.
[2)] Abweichendes Landesrecht in Schleswig-Holstein siehe Hinweise in BGBl. 2010 I S. 450 und 2016 I S. 1648.
[3)] Abweichendes Landesrecht in Schleswig-Holstein, Mecklenburg-Vorpommern und Rheinland-Pfalz siehe Hinweise in BGBl. 2010 I S. 450, S. 1621 und 2016 I S. 158.

(2) Soll bei Eingriffen, die von Behörden des Bundes zugelassen oder durchgeführt werden, von der Stellungnahme der für Naturschutz und Landschaftspflege zuständigen Behörde abgewichen werden, entscheidet hierüber die fachlich zuständige Behörde des Bundes im Benehmen mit der obersten Landesbehörde für Naturschutz und Landschaftspflege, soweit nicht eine weiter gehende Form der Beteiligung vorgesehen ist.

(3)[1] ¹Für einen Eingriff, der nicht von einer Behörde durchgeführt wird und der keiner behördlichen Zulassung oder Anzeige nach anderen Rechtsvorschriften bedarf, ist eine Genehmigung der für Naturschutz und Landschaftspflege zuständigen Behörde erforderlich.[2] ²Die Genehmigung ist schriftlich zu beantragen. ³Die Genehmigung ist zu erteilen, wenn die Anforderungen des § 15 erfüllt sind.[3] ⁴Die für Naturschutz und Landschaftspflege zuständige Behörde trifft die zur Durchführung des § 15 erforderlichen Entscheidungen und Maßnahmen.[4]

(4)[5] ¹Vom Verursacher eines Eingriffs sind zur Vorbereitung der Entscheidungen und Maßnahmen zur Durchführung des § 15 in einem nach Art und Umfang des Eingriffs angemessenen Umfang die für die Beurteilung des Eingriffs erforderlichen Angaben zu machen, insbesondere über

1. Ort, Art, Umfang und zeitlichen Ablauf des Eingriffs sowie
2. die vorgesehenen Maßnahmen zur Vermeidung, zum Ausgleich und zum Ersatz der Beeinträchtigungen von Natur und Landschaft einschließlich Angaben zur tatsächlichen und rechtlichen Verfügbarkeit der für Ausgleich und Ersatz benötigten Flächen.[6]

²Die zuständige Behörde kann die Vorlage von Gutachten verlangen, soweit dies zur Beurteilung der Auswirkungen des Eingriffs und der Ausgleichs- und Ersatzmaßnahmen erforderlich ist. ³Bei einem Eingriff, der auf Grund eines nach öffentlichem Recht vorgesehenen Fachplans vorgenommen werden soll, hat der Planungsträger die erforderlichen Angaben nach Satz 1 im Fachplan oder in einem landschaftspflegerischen Begleitplan in Text und Karte darzustellen. ⁴Dieser soll auch Angaben zu den zur Sicherung des Zusammenhangs des Netzes „Natura 2000" notwendigen Maßnahmen nach § 34 Absatz 5 und zu vorgezogenen Ausgleichsmaßnahmen nach § 44 Absatz 5 enthalten, sofern diese Vorschriften für das Vorhaben von Belang sind. ⁵Der Begleitplan ist Bestandteil des Fachplans.

(5) ¹Die zuständige Behörde kann die Leistung einer Sicherheit bis zur Höhe der voraussichtlichen Kosten für die Ausgleichs- oder Ersatzmaßnahmen verlangen, soweit dies erforderlich ist, um die Erfüllung der Verpflichtungen nach

---

[1] Abweichendes Landesrecht in Schleswig-Holstein siehe Hinweis in BGBl. 2010 I S. 450 und 2016 I S. 1648, in Niedersachsen, Mecklenburg-Vorpommern, Bayern und Berlin siehe Hinweise in BGBl. 2010 I S. 970, S. 1621, 2011 I S. 365 und 2013 I S. 2829.
[2] Abweichendes Landesrecht in Schleswig-Holstein siehe Hinweis in BGBl. 2010 I S. 450 und 2016 I S. 1648.
[3] Abweichendes Landesrecht in Schleswig-Holstein siehe Hinweis in BGBl. 2010 I S. 450 und 2016 I S. 1646 und in Hessen siehe Hinweis 2011 I S. 663.
[4] Abweichendes Landesrecht in Schleswig-Holstein siehe Hinweis in BGBl. 2010 I S. 450 und 2016 I S. 1646.
[5] Abweichendes Landesrecht in Schleswig-Holstein siehe Hinweis in BGBl. 2010 I S. 450 und 2016 I S. 1646.
[6] Abweichendes Landesrecht in Sachsen-Anhalt siehe Hinweis in BGBl. 2015 I S. 183.

§ 15 zu gewährleisten. ²Auf Sicherheitsleistungen sind die §§ 232 bis 240 des Bürgerlichen Gesetzbuches anzuwenden.

(6)[1] ¹Die Ausgleichs- und Ersatzmaßnahmen und die dafür in Anspruch genommenen Flächen werden in einem Kompensationsverzeichnis erfasst. ²Hierzu übermitteln die nach den Absätzen 1 und 3 zuständigen Behörden der für die Führung des Kompensationsverzeichnisses zuständigen Stelle die erforderlichen Angaben.

(7)[2] ¹Die nach Absatz 1 oder Absatz 3 zuständige Behörde prüft die frist- und sachgerechte Durchführung der Vermeidungs- sowie der festgesetzten Ausgleichs- und Ersatzmaßnahmen einschließlich der erforderlichen Unterhaltungsmaßnahmen. ²Hierzu kann sie vom Verursacher des Eingriffs die Vorlage eines Berichts verlangen.

(8) ¹Wird ein Eingriff ohne die erforderliche Zulassung oder Anzeige vorgenommen, soll die zuständige Behörde die weitere Durchführung des Eingriffs untersagen.[3] ²Soweit nicht auf andere Weise ein rechtmäßiger Zustand hergestellt werden kann, soll sie entweder Maßnahmen nach § 15 oder die Wiederherstellung des früheren Zustands anordnen.[3] ³§ 19 Absatz 4 ist zu beachten.

(9) ¹Die Beendigung oder eine länger als ein Jahr dauernde Unterbrechung eines Eingriffs ist der zuständigen Behörde anzuzeigen. ²Eine nur unwesentliche Weiterführung des Eingriffs steht einer Unterbrechung gleich. ³Wird der Eingriff länger als ein Jahr unterbrochen, kann die Behörde den Verursacher verpflichten, vorläufige Maßnahmen zur Sicherung der Ausgleichs- und Ersatzmaßnahmen durchzuführen oder, wenn der Abschluss des Eingriffs in angemessener Frist nicht zu erwarten ist, den Eingriff in dem bis dahin vorgenommenen Umfang zu kompensieren.[3]

(10) Handelt es sich bei einem Eingriff um ein Vorhaben, das nach dem Gesetz über die Umweltverträglichkeitsprüfung[4] einer Umweltverträglichkeitsprüfung unterliegt, so muss das Verfahren, in dem Entscheidungen nach § 15 Absatz 1 bis 5 getroffen werden, den Anforderungen des genannten Gesetzes entsprechen.

(11)[5] ¹Die Landesregierungen werden ermächtigt, durch Rechtsverordnung das Nähere zu dem in den Absätzen 1 bis 10 geregelten Verfahren einschließlich des Kompensationsverzeichnisses zu bestimmen. ²Sie können die Ermächtigung nach Satz 1 durch Rechtsverordnung auf andere Landesbehörden übertragen.

**§ 18 Verhältnis zum Baurecht.** (1) Sind auf Grund der Aufstellung, Änderung, Ergänzung oder Aufhebung von Bauleitplänen oder von Satzungen nach § 34 Absatz 4 Satz 1 Nummer 3 des Baugesetzbuches Eingriffe in Natur und Landschaft zu erwarten, ist über die Vermeidung, den Ausgleich und den Ersatz nach den Vorschriften des Baugesetzbuches zu entscheiden.

---

[1] Abweichendes Landesrecht in Sachsen-Anhalt und Bayern siehe Hinweise in BGBl. 2011 I S. 30 und S. 365.
[2] Abweichendes Landesrecht in Baden-Württemberg siehe Hinweis in BGBl. 2018 I S. 533.
[3] Abweichendes Landesrecht in Schleswig-Holstein siehe Hinweise in BGBl. 2010 I S. 450 und 2016 I S. 1648.
[4] Nr. **2.5**.
[5] Abweichendes Landesrecht in Schleswig-Holstein siehe Hinweise in BGBl. 2010 I S. 450 und 2016 I S. 1648 und S. 1656 und in Niedersachsen in BGBl. I 2010 S. 970.

(2) ¹Auf Vorhaben in Gebieten mit Bebauungsplänen nach § 30 des Baugesetzbuches, während der Planaufstellung nach § 33 des Baugesetzbuches und im Innenbereich nach § 34 des Baugesetzbuches sind die §§ 14 bis 17 nicht anzuwenden. ²Für Vorhaben im Außenbereich nach § 35 des Baugesetzbuches sowie für Bebauungspläne, soweit sie eine Planfeststellung ersetzen, bleibt die Geltung der §§ 14 bis 17 unberührt.

(3)[1] ¹Entscheidungen über Vorhaben nach § 35 Absatz 1 und 4 des Baugesetzbuches und über die Errichtung von baulichen Anlagen nach § 34 des Baugesetzbuches ergehen im Benehmen mit den für Naturschutz und Landschaftspflege zuständigen Behörden. ²Äußert sich in den Fällen des § 34 des Baugesetzbuches die für Naturschutz und Landschaftspflege zuständige Behörde nicht binnen eines Monats, kann die für die Entscheidung zuständige Behörde davon ausgehen, dass Belange des Naturschutzes und der Landschaftspflege von dem Vorhaben nicht berührt werden. ³Das Benehmen ist nicht erforderlich bei Vorhaben in Gebieten mit Bebauungsplänen und während der Planaufstellung nach den §§ 30 und 33 des Baugesetzbuches sowie in Gebieten mit Satzungen nach § 34 Absatz 4 Satz 1 Nummer 3 des Baugesetzbuches.

(4) ¹Ergeben sich bei Vorhaben nach § 34 des Baugesetzbuches im Rahmen der Herstellung des Benehmens nach Absatz 3 Anhaltspunkte dafür, dass das Vorhaben eine Schädigung im Sinne des § 19 Absatz 1 Satz 1 verursachen kann, ist dies auch dem Vorhabenträger mitzuteilen. ²Auf Antrag des Vorhabenträgers hat die für die Erteilung der Zulassung zuständige Behörde im Benehmen mit der für Naturschutz und Landschaftspflege zuständigen Behörde die Entscheidungen nach § 15 zu treffen, soweit sie der Vermeidung, dem Ausgleich oder dem Ersatz von Schädigungen nach § 19 Absatz 1 Satz 1 dienen; in diesen Fällen gilt § 19 Absatz 1 Satz 2. ³Im Übrigen bleibt Absatz 2 Satz 1 unberührt.

## § 19 Schäden an bestimmten Arten und natürlichen Lebensräumen.

(1) ¹Eine Schädigung von Arten und natürlichen Lebensräumen im Sinne des Umweltschadensgesetzes[2] ist jeder Schaden, der erhebliche nachteilige Auswirkungen auf die Erreichung oder Beibehaltung des günstigen Erhaltungszustands dieser Lebensräume oder Arten hat. ²Abweichend von Satz 1 liegt keine Schädigung vor bei zuvor ermittelten nachteiligen Auswirkungen von Tätigkeiten einer verantwortlichen Person, die von der zuständigen Behörde nach den §§ 34, 35, 45 Absatz 7 oder § 67 Absatz 2 oder, wenn eine solche Prüfung nicht erforderlich ist, nach § 15 oder auf Grund der Aufstellung eines Bebauungsplans nach § 30 oder § 33 des Baugesetzbuches genehmigt wurden oder zulässig sind.

(2) Arten im Sinne des Absatzes 1 sind die Arten, die in
1. Artikel 4 Absatz 2 oder Anhang I der Richtlinie 2009/147/EG oder
2. den Anhängen II und IV der Richtlinie 92/43/EWG
aufgeführt sind.

(3) Natürliche Lebensräume im Sinne des Absatzes 1 sind die
1. Lebensräume der Arten, die in Artikel 4 Absatz 2 oder Anhang I der Richtlinie 2009/147/EG oder in Anhang II der Richtlinie 92/43/EWG aufgeführt sind,

---

[1] Abweichendes Landesrecht in Schleswig-Holstein siehe Hinweis in BGBl. 2016 I S. 1646.
[2] Nr. **2.9**.

2. natürlichen Lebensraumtypen von gemeinschaftlichem Interesse sowie
3. Fortpflanzungs- und Ruhestätten der in Anhang IV der Richtlinie 92/43/EWG aufgeführten Arten.

(4) Hat eine verantwortliche Person nach dem Umweltschadensgesetz eine Schädigung geschützter Arten oder natürlicher Lebensräume verursacht, so trifft sie die erforderlichen Sanierungsmaßnahmen gemäß Anhang II Nummer 1 der Richtlinie 2004/35/EG.

(5) ¹Ob Auswirkungen nach Absatz 1 erheblich sind, ist mit Bezug auf den Ausgangszustand unter Berücksichtigung der Kriterien des Anhangs I der Richtlinie 2004/35/EG zu ermitteln. ²Eine erhebliche Schädigung liegt dabei in der Regel nicht vor bei

1. nachteiligen Abweichungen, die geringer sind als die natürlichen Fluktuationen, die für den betreffenden Lebensraum oder die betreffende Art als normal gelten,
2. nachteiligen Abweichungen, die auf natürliche Ursachen zurückzuführen sind oder aber auf eine äußere Einwirkung im Zusammenhang mit der normalen Bewirtschaftung der betreffenden Gebiete, die den Aufzeichnungen über den Lebensraum oder den Dokumenten über die Erhaltungsziele oder der früheren Bewirtschaftungsweise der jeweiligen Eigentümer oder Betreiber entspricht,
3. einer Schädigung von Arten oder Lebensräumen, die sich nachweislich ohne äußere Einwirkung in kurzer Zeit so weit regenerieren werden, dass entweder der Ausgangszustand erreicht wird oder aber allein auf Grund der Dynamik der betreffenden Art oder des Lebensraums ein Zustand erreicht wird, der im Vergleich zum Ausgangszustand als gleichwertig oder besser zu bewerten ist.

### Kapitel 4. Schutz bestimmter Teile von Natur und Landschaft

#### Abschnitt 1. Biotopverbund und Biotopvernetzung; geschützte Teile von Natur und Landschaft

**§ 20 Allgemeine Grundsätze.** (1)[1] Es wird ein Netz verbundener Biotope (Biotopverbund) geschaffen, das mindestens 10 Prozent der Fläche eines jeden Landes umfassen soll.

(2) Teile von Natur und Landschaft können geschützt werden

1. nach Maßgabe des § 23 als Naturschutzgebiet,
2. nach Maßgabe des § 24 als Nationalpark oder als Nationales Naturmonument,
3. als Biosphärenreservat,
4. nach Maßgabe des § 26 als Landschaftsschutzgebiet,
5. als Naturpark,
6. als Naturdenkmal oder
7. als geschützter Landschaftsbestandteil.

(3) Die in Absatz 2 genannten Teile von Natur und Landschaft sind, soweit sie geeignet sind, Bestandteile des Biotopverbunds.

---

[1] Abweichendes Landesrecht in Hamburg siehe Hinweis in BGBl. 2011 I S. 93.

**§ 21[1]) Biotopverbund, Biotopvernetzung.** (1) ¹Der Biotopverbund dient der dauerhaften Sicherung der Populationen wild lebender Tiere und Pflanzen einschließlich ihrer Lebensstätten, Biotope und Lebensgemeinschaften sowie der Bewahrung, Wiederherstellung und Entwicklung funktionsfähiger ökologischer Wechselbeziehungen. ²Er soll auch zur Verbesserung des Zusammenhangs des Netzes „Natura 2000" beitragen.

(2) ¹Der Biotopverbund soll länderübergreifend erfolgen. ²Die Länder stimmen sich hierzu untereinander ab.

(3) ¹Der Biotopverbund besteht aus Kernflächen, Verbindungsflächen und Verbindungselementen. ²Bestandteile des Biotopverbunds sind
1. Nationalparke und Nationale Naturmonumente,
2. Naturschutzgebiete, Natura 2000-Gebiete und Biosphärenreservate oder Teile dieser Gebiete,
3. gesetzlich geschützte Biotope im Sinne des § 30,
4. weitere Flächen und Elemente, einschließlich solcher des Nationalen Naturerbes, des Grünen Bandes sowie Teilen von Landschaftsschutzgebieten und Naturparken,

wenn sie zur Erreichung des in Absatz 1 genannten Zieles geeignet sind.

(4) Die erforderlichen Kernflächen, Verbindungsflächen und Verbindungselemente sind durch Erklärung zu geschützten Teilen von Natur und Landschaft im Sinne des § 20 Absatz 2, durch planungsrechtliche Festlegungen, durch langfristige vertragliche Vereinbarungen oder andere geeignete Maßnahmen rechtlich zu sichern, um den Biotopverbund dauerhaft zu gewährleisten.

(5) ¹Unbeschadet des § 30 sind die oberirdischen Gewässer einschließlich ihrer Randstreifen, Uferzonen und Auen als Lebensstätten und Biotope für natürlich vorkommende Tier- und Pflanzenarten zu erhalten.[2]) ²Sie sind so weiterzuentwickeln, dass sie ihre großräumige Vernetzungsfunktion auf Dauer erfüllen können.

(6) Auf regionaler Ebene sind insbesondere in von der Landwirtschaft geprägten Landschaften zur Vernetzung von Biotopen erforderliche lineare und punktförmige Elemente, insbesondere Hecken und Feldraine sowie Trittsteinbiotope, zu erhalten und dort, wo sie nicht in ausreichendem Maße vorhanden sind, zu schaffen (Biotopvernetzung).

**§ 22[3) 4)] Erklärung zum geschützten Teil von Natur und Landschaft.**

(1)[2]) ¹Die Unterschutzstellung von Teilen von Natur und Landschaft erfolgt durch Erklärung. ²Die Erklärung bestimmt den Schutzgegenstand, den Schutzzweck, die zur Erreichung des Schutzzwecks notwendigen Gebote und Verbote, und, soweit erforderlich, die Pflege-, Entwicklungs- und Wiederherstellungsmaßnahmen oder enthält die erforderlichen Ermächtigungen hierzu.[1])

---

[1]) Abweichendes Landesrecht in Baden-Württemberg siehe Hinweis in BGBl. 2018 I S. 533.
[2]) Abweichendes Landesrecht in Hamburg siehe Hinweis in BGBl. 2011 I S. 93.
[3]) Zur Änd. durch Art. 10 KitafinanzhilfenÄndG v. 25.6.2021 (BGBl. I S. 2020) siehe Art. 11 Abs. 4 dieses G: „Artikel 10 tritt am 31. Dezember 2026 außer Kraft. Eine bis zu diesem Zeitpunkt erfolgte Heilung nach oder entsprechend § 22 Absatz 2a Satz 6 bleibt wirksam." Die Aufhebung der *Änderungsvorschrift* des Art. 10 KitafinanzhilfenÄndG hat allerdings keine Auswirkungen auf die im BNatSchG als *Stammvorschrift* vorgenommenen Änderungen (vgl. Rdnr. 680 des Handbuchs der Rechtsförmlichkeit des BMJ).
[4]) Abweichendes Landesrecht in Bayern siehe Hinweis in BGBl. 2011 I S. 365.

## 3.1 BNatSchG § 22

[3] Schutzgebiete können in Zonen mit einem entsprechend dem jeweiligen Schutzzweck abgestuften Schutz gegliedert werden; hierbei kann auch die für den Schutz notwendige Umgebung einbezogen werden.[1]

(2) [1] Soweit in den Absätzen 2a und 2b nichts Näheres bestimmt ist, richten sich Form und Verfahren der Unterschutzstellung, die Beachtlichkeit von Form- und Verfahrensfehlern und die Möglichkeit ihrer Behebung sowie die Fortgeltung bestehender Erklärungen zum geschützten Teil von Natur und Landschaft nach Landesrecht. [2] Die Unterschutzstellung kann auch länderübergreifend erfolgen.

(2a) [1] Erklärungen zur Unterschutzstellung nach Absatz 1, die

1. durch Gesetz, Rechtsverordnung oder Satzung erfolgt sind und
2. mit Vorgaben der Richtlinie 2001/42/EG des Europäischen Parlaments und des Rates vom 27. Juni 2001 über die Prüfung der Umweltauswirkungen bestimmter Pläne und Programme (ABl. L 197 vom 21.7.2001, S. 30) unvereinbar sind, weil eine danach erforderliche Strategische Umweltprüfung nicht durchgeführt wurde,

gelten fort, wenn sich die Unvereinbarkeit mit diesen Vorgaben aus einer Entscheidung des Gerichtshofes der Europäischen Union ergibt und soweit und solange nach der Entscheidung eine Fortgeltung zulässig ist. [2] Die zur Beseitigung der Unvereinbarkeit mit den Vorgaben der Richtlinie 2001/42/EG erforderlichen Handlungen müssen im Rahmen eines ergänzenden Verfahrens unverzüglich nachgeholt werden. [3] Die Erklärung zur Unterschutzstellung muss, sofern sich infolge der nachgeholten Handlungen eine Erforderlichkeit dafür ergibt, angepasst werden. [4] Für die Nachholung der erforderlichen Handlungen nach Satz 2 und Anpassungen nach Satz 3 gelten die Bestimmungen dieses Gesetzes sowie des Gesetzes über die Umweltverträglichkeitsprüfung[2]) oder entsprechender landesrechtlicher Vorschriften entsprechend. [5] Der Zeitraum, innerhalb dessen die erforderlichen Handlungen nach Satz 2 und Anpassungen nach Satz 3 nachgeholt werden müssen, richtet sich nach der Entscheidung des Gerichtshofes der Europäischen Union und hat nur den Zeitraum zu umfassen, der zwingend notwendig ist, um Maßnahmen zu treffen, die die Beseitigung der Unvereinbarkeit mit den Vorgaben der Richtlinie 2001/42/EG ermöglichen. [6] Sind die erforderlichen Handlungen nach Satz 2 und Anpassungen nach Satz 3 innerhalb der Frist nach Satz 5 nachgeholt, ist die Unvereinbarkeit mit den Vorgaben der Richtlinie 2001/42/EG geheilt. [7] Sind die erforderlichen Handlungen nach Satz 2 und Anpassungen nach Satz 3 bei Ablauf der Frist nach Satz 5 nicht nachgeholt worden, tritt die Erklärung zur Unterschutzstellung außer Kraft.

(2b) [1] Absatz 2a findet auch Anwendung auf Erklärungen zur Unterschutzstellung nach der rahmenrechtlichen Vorschrift des § 22 Absatz 1 und 2 des Bundesnaturschutzgesetzes in der bis zum 28. Februar 2010 geltenden Fassung sowie nach ausfüllendem Landesrecht. [2] Pläne zur Durchführung von Pflege-, Entwicklungs- und Wiederherstellungsmaßnahmen im Sinne des Absatzes 1 Satz 2 bleiben gültig.

---

[1]) Abweichendes Landesrecht in Schleswig-Holstein und Baden-Württemberg siehe Hinweise in BGBl. 2010 I S. 450 und 2018 I S. 533.
[2]) Nr. **2.5**.

Bundesnaturschutzgesetz  § 23  BNatSchG 3.1

(3)[1] ¹ Teile von Natur und Landschaft, deren Schutz beabsichtigt ist, können für einen Zeitraum von bis zu zwei Jahren einstweilig sichergestellt werden, wenn zu befürchten ist, dass durch Veränderungen oder Störungen der beabsichtigte Schutzzweck gefährdet wird. ² Die einstweilige Sicherstellung kann unter den Voraussetzungen des Satzes 1 einmalig bis zu weiteren zwei Jahren verlängert werden. ³ In dem einstweilig sichergestellten Teil von Natur und Landschaft sind Handlungen und Maßnahmen nach Maßgabe der Sicherstellungserklärung verboten, die geeignet sind, den Schutzgegenstand nachteilig zu verändern. ⁴ Die einstweilige Sicherstellung ist ganz oder teilweise aufzuheben, wenn ihre Voraussetzungen nicht mehr oder nicht mehr in vollem Umfang gegeben sind. ⁵ Absatz 2 gilt entsprechend.

(4) ¹ Geschützte Teile von Natur und Landschaft sind zu registrieren und zu kennzeichnen.[2] ² Das Nähere richtet sich nach Landesrecht.

(5) Die Erklärung zum Nationalpark oder Nationalen Naturmonument einschließlich ihrer Änderung ergeht im Benehmen mit dem Bundesministerium für Umwelt, Naturschutz und nukleare Sicherheit und dem Bundesministerium für Verkehr und digitale Infrastruktur.

**§ 23 Naturschutzgebiete.** (1) Naturschutzgebiete sind rechtsverbindlich festgesetzte Gebiete, in denen ein besonderer Schutz von Natur und Landschaft in ihrer Ganzheit oder in einzelnen Teilen erforderlich ist

1. zur Erhaltung, Entwicklung oder Wiederherstellung von Lebensstätten, Biotopen oder Lebensgemeinschaften bestimmter wild lebender Tier- und Pflanzenarten,

2. aus wissenschaftlichen, naturgeschichtlichen oder landeskundlichen Gründen oder

3. wegen ihrer Seltenheit, besonderen Eigenart oder hervorragenden Schönheit.

(2) ¹ Alle Handlungen, die zu einer Zerstörung, Beschädigung oder Veränderung des Naturschutzgebiets oder seiner Bestandteile oder zu einer nachhaltigen Störung führen können, sind nach Maßgabe näherer Bestimmungen verboten.[3] ² Soweit es der Schutzzweck erlaubt, können Naturschutzgebiete der Allgemeinheit zugänglich gemacht werden.[4]

(3) In Naturschutzgebieten ist die Errichtung von Anlagen zur Durchführung von Gewässerbenutzungen im Sinne des § 9 Absatz 2 Nummer 3 und 4 des Wasserhaushaltsgesetzes[5] verboten.

*[Abs. 4 ab 1.3.2022:]*
*(4) ¹ In Naturschutzgebieten ist im Außenbereich nach § 35 des Baugesetzbuches die Neuerrichtung von Beleuchtungen an Straßen und Wegen sowie von beleuchteten oder lichtemittierenden Werbeanlagen verboten. ² Von dem Verbot des Satzes 1 kann auf Antrag eine Ausnahme zugelassen werden, soweit*

---

[1] Abweichendes Landesrecht in Baden-Württemberg siehe Hinweis in BGBl. 2018 I S. 533.
[2] Abweichendes Landesrecht in Niedersachsen und Hamburg siehe Hinweise in BGBl. 2010 I S. 970 und 2011 I S. 93.
[3] Abweichendes Landesrecht in Schleswig-Holstein siehe Hinweise in BGBl. 2010 I S. 450, 2016 I S. 1646 und in Baden-Württemberg in BGBl. 2018 I S. 533..
[4] Abweichendes Landesrecht in Schleswig-Holstein siehe Hinweise in BGBl. 2010 I S. 450 und 2016 I S. 1648.
[5] Nr. **4.1**.

1. die Schutzzwecke des Gebietes nicht beeinträchtigt werden können oder
2. dies aus Gründen der Verkehrssicherheit oder anderer Interessen der öffentlichen Sicherheit erforderlich ist.

³ *Weitergehende Schutzvorschriften, insbesondere solche des § 41a und einer auf Grund von § 54 Absatz 4d erlassenen Rechtsverordnung sowie solche des Landesrechts, bleiben unberührt.*

**§ 24 Nationalparke, Nationale Naturmonumente.** (1) Nationalparke sind rechtsverbindlich festgesetzte einheitlich zu schützende Gebiete, die

1. großräumig, weitgehend unzerschnitten und von besonderer Eigenart sind,
2. in einem überwiegenden Teil ihres Gebiets die Voraussetzungen eines Naturschutzgebiets erfüllen und
3. sich in einem überwiegenden Teil ihres Gebiets in einem vom Menschen nicht oder wenig beeinflussten Zustand befinden oder geeignet sind, sich in einen Zustand zu entwickeln oder in einen Zustand entwickelt zu werden, der einen möglichst ungestörten Ablauf der Naturvorgänge in ihrer natürlichen Dynamik gewährleistet.

(2) ¹Nationalparke haben zum Ziel, in einem überwiegenden Teil ihres Gebiets den möglichst ungestörten Ablauf der Naturvorgänge in ihrer natürlichen Dynamik zu gewährleisten. ²Soweit es der Schutzzweck erlaubt, sollen Nationalparke auch der wissenschaftlichen Umweltbeobachtung, der naturkundlichen Bildung und dem Naturerlebnis der Bevölkerung dienen.

(3) ¹Nationalparke sind unter Berücksichtigung ihres besonderen Schutzzwecks sowie der durch die Großräumigkeit und Besiedlung gebotenen Ausnahmen wie Naturschutzgebiete zu schützen. *[Satz 2 bis 28.2.2022:]* ²In Nationalparken ist die Errichtung von Anlagen zur Durchführung von Gewässerbenutzungen im Sinne des § 9 Absatz 2 Nummer 3 und 4 des Wasserhaushaltsgesetzes[1]) verboten. *[Satz 2 ab 1.3.2022:]* ²*§ 23 Absatz 3 und 4 gilt in Nationalparken entsprechend.*

(4) ¹Nationale Naturmonumente sind rechtsverbindlich festgesetzte Gebiete, die

1. aus wissenschaftlichen, naturgeschichtlichen, kulturhistorischen oder landeskundlichen Gründen und
2. wegen ihrer Seltenheit, Eigenart oder Schönheit

von herausragender Bedeutung sind. ²Nationale Naturmonumente sind wie Naturschutzgebiete zu schützen.

**§ 25[2]) Biosphärenreservate.** (1)[3]) Biosphärenreservate sind einheitlich zu schützende und zu entwickelnde Gebiete, die

1. großräumig und für bestimmte Landschaftstypen charakteristisch sind,
2. in wesentlichen Teilen ihres Gebiets die Voraussetzungen eines Naturschutzgebiets, im Übrigen überwiegend eines Landschaftsschutzgebiets erfüllen,

---

[1]) Nr. **4.1**.
[2]) Abweichendes Landesrecht in Bayern siehe Hinweis in BGBl. 2011 I S. 365.
[3]) Abweichendes Landesrecht in Sachsen-Anhalt siehe Hinweise in BGBl. 2011 I S. 30 und 2015 I S. 183, in Schleswig-Holstein und Hessen in BGBl. 2010 I S. 450 und S. 665, in Thüringen in BGBl. 2020 I S. 160.

Bundesnaturschutzgesetz §§ 26, 27 BNatSchG 3.1

3. vornehmlich der Erhaltung, Entwicklung oder Wiederherstellung einer durch hergebrachte vielfältige Nutzung geprägten Landschaft und der darin historisch gewachsenen Arten- und Biotopvielfalt, einschließlich Wild- und früherer Kulturformen wirtschaftlich genutzter oder nutzbarer Tier- und Pflanzenarten, dienen und
4. beispielhaft der Entwicklung und Erprobung von die Naturgüter besonders schonenden Wirtschaftsweisen dienen.

(2) Biosphärenreservate dienen, soweit es der Schutzzweck erlaubt, auch der Forschung und der Beobachtung von Natur und Landschaft sowie der Bildung für nachhaltige Entwicklung.

(3)[1] *[ab 1.3.2022: 1]* Biosphärenreservate sind unter Berücksichtigung der durch die Großräumigkeit und Besiedlung gebotenen Ausnahmen über Kernzonen, Pflegezonen und Entwicklungszonen zu entwickeln und wie Naturschutzgebiete oder Landschaftsschutzgebiete zu schützen. *[Satz 2 ab 1.3.2022:]* *[2] § 23 Absatz 4 gilt in Kern- und Pflegezonen von Biosphärenreservaten entsprechend.*

(4) Biosphärenreservate können auch als Biosphärengebiete oder Biosphärenregionen bezeichnet werden.

**§ 26 Landschaftsschutzgebiete.** (1) Landschaftsschutzgebiete sind rechtsverbindlich festgesetzte Gebiete, in denen ein besonderer Schutz von Natur und Landschaft erforderlich ist
1. zur Erhaltung, Entwicklung oder Wiederherstellung der Leistungs- und Funktionsfähigkeit des Naturhaushalts oder der Regenerationsfähigkeit und nachhaltigen Nutzungsfähigkeit der Naturgüter, einschließlich des Schutzes von Lebensstätten und Lebensräumen bestimmter wild lebender Tier- und Pflanzenarten,
2. wegen der Vielfalt, Eigenart und Schönheit oder der besonderen kulturhistorischen Bedeutung der Landschaft oder
3. wegen ihrer besonderen Bedeutung für die Erholung.

(2) In einem Landschaftsschutzgebiet sind unter besonderer Beachtung des § 5 Absatz 1 und nach Maßgabe näherer Bestimmungen alle Handlungen verboten, die den Charakter des Gebiets verändern oder dem besonderen Schutzzweck zuwiderlaufen.

**§ 27[2] Naturparke.** (1) Naturparke sind einheitlich zu entwickelnde und zu pflegende Gebiete, die
1. großräumig sind,
2. überwiegend Landschaftsschutzgebiete oder Naturschutzgebiete sind,[3]
3. sich wegen ihrer landschaftlichen Voraussetzungen für die Erholung besonders eignen und in denen ein nachhaltiger Tourismus angestrebt wird,
4. nach den Erfordernissen der Raumordnung für Erholung vorgesehen sind,
5. der Erhaltung, Entwicklung oder Wiederherstellung einer durch vielfältige Nutzung geprägten Landschaft und ihrer Arten- und Biotopvielfalt dienen

---

[1] Abweichendes Landesrecht in Schleswig-Holstein siehe Hinweis in BGBl. 2010 I S. 450.
[2] Abweichendes Landesrecht in Schleswig-Holstein siehe Hinweise in BGBl. 2010 I S. 450 und 2016 I S. 1648 und in Bayern in BGBl. 2011 I S. 365.
[3] Abweichendes Landesrecht in Niedersachsen und Baden-Württemberg siehe Hinweise in BGBl. 2010 I S. 970 und 2018 I S. 533.

und in denen zu diesem Zweck eine dauerhaft umweltgerechte Landnutzung angestrebt wird und

6. besonders dazu geeignet sind, eine nachhaltige Regionalentwicklung zu fördern.

(2) Naturparke sollen auch der Bildung für nachhaltige Entwicklung dienen.

(3) Naturparke sollen entsprechend ihren in Absatz 1 beschriebenen Zwecken unter Beachtung der Ziele des Naturschutzes und der Landschaftspflege geplant, gegliedert, erschlossen und weiterentwickelt werden.

**§ 28 Naturdenkmäler.** (1)[1] Naturdenkmäler sind rechtsverbindlich festgesetzte Einzelschöpfungen der Natur oder entsprechende Flächen bis zu fünf Hektar, deren besonderer Schutz erforderlich ist

1. aus wissenschaftlichen, naturgeschichtlichen oder landeskundlichen Gründen oder

2. wegen ihrer Seltenheit, Eigenart oder Schönheit.

(2)[2] Die Beseitigung des Naturdenkmals sowie alle Handlungen, die zu einer Zerstörung, Beschädigung oder Veränderung des Naturdenkmals führen können, sind nach Maßgabe näherer Bestimmungen verboten.

**§ 29 Geschützte Landschaftsbestandteile.** (1)[3] [1]Geschützte Landschaftsbestandteile sind rechtsverbindlich festgesetzte Teile von Natur und Landschaft, deren besonderer Schutz erforderlich ist

1. zur Erhaltung, Entwicklung oder Wiederherstellung der Leistungs- und Funktionsfähigkeit des Naturhaushalts,

2. zur Belebung, Gliederung oder Pflege des Orts- oder Landschaftsbildes,

3. zur Abwehr schädlicher Einwirkungen oder

4. wegen ihrer Bedeutung als Lebensstätten bestimmter wild lebender Tier- und Pflanzenarten.

[4] [2]Der Schutz kann sich für den Bereich eines Landes oder für Teile des Landes auf den gesamten Bestand an Alleen, einseitigen Baumreihen, Bäumen, Hecken oder anderen Landschaftsbestandteilen erstrecken.[5]

(2)[6] [1]Die Beseitigung des geschützten Landschaftsbestandteils sowie alle Handlungen, die zu einer Zerstörung, Beschädigung oder Veränderung des geschützten Landschaftsbestandteils führen können, sind nach Maßgabe näherer Bestimmungen verboten.[7] [2]Für den Fall der Bestandsminderung kann die Ver-

---

[1] Abweichendes Landesrecht in Schleswig-Holstein, Hamburg, Sachsen und Baden-Württemberg siehe Hinweise in BGBl. 2010 I S. 450, 2011 I S. 93 und S. 842 und 2018 I S. 533.
[2] Abweichendes Landesrecht in Schleswig-Holstein, Niedersachsen und Baden-Württemberg siehe Hinweise in BGBl. 2010 I S. 450, S. 970 und 2018 I S. 533.
[3] Abweichendes Landesrecht in Sachsen und Berlin siehe Hinweis in BGBl. 2011 I S. 842 und 2013 I S. 2829.
[4] Abweichendes Landesrecht in Baden-Württemberg siehe Hinweis in BGBl. 2018 I S. 533.
[5] Abweichendes Landesrecht in Schleswig-Holstein siehe Hinweise in BGBl. 2010 I S. 450 und 2016 I S. 1656 und in Baden-Württemberg in BGBl. 2018 I S. 533.
[6] Abweichendes Landesrecht in Sachsen und Berlin siehe Hinweise in BGBl. 2011 I S. 842 und 2013 I S. 2829.
[7] Abweichendes Landesrecht in Niedersachsen siehe Hinweis in BGBl. 2010 I S. 970 und BGBl. 2021 I S. 314.

pflichtung zu einer angemessenen und zumutbaren Ersatzpflanzung oder zur Leistung von Ersatz in Geld vorgesehen werden.[1]

(3) Vorschriften des Landesrechts über den gesetzlichen Schutz von Alleen bleiben unberührt.

**§ 30**[2] **Gesetzlich geschützte Biotope.** (1)[3] Bestimmte Teile von Natur und Landschaft, die eine besondere Bedeutung als Biotope haben, werden gesetzlich geschützt (allgemeiner Grundsatz).

(2)[4] ¹ Handlungen, die zu einer Zerstörung oder einer sonstigen erheblichen Beeinträchtigung folgender Biotope führen können, sind verboten:

1. natürliche oder naturnahe Bereiche fließender und stehender Binnengewässer einschließlich ihrer Ufer und der dazugehörigen uferbegleitenden natürlichen oder naturnahen Vegetation sowie ihrer natürlichen oder naturnahen Verlandungsbereiche, Altarme und regelmäßig überschwemmten Bereiche,
2. Moore, Sümpfe, Röhrichte, Großseggenrieder, seggen- und binsenreiche Nasswiesen, Quellbereiche, Binnenlandsalzstellen,
3. offene Binnendünen, offene natürliche Block-, Schutt- und Geröllhalden, Lehm- und Lösswände, Zwergstrauch-, Ginster- und Wacholderheiden, Borstgrasrasen, Trockenrasen, Schwermetallrasen, Wälder und Gebüsche trockenwarmer Standorte,
4. Bruch-, Sumpf- und Auenwälder, Schlucht-, Blockhalden- und Hangschuttwälder, subalpine Lärchen- und Lärchen-Arvenwälder,
5. offene Felsbildungen, Höhlen sowie naturnahe Stollen, alpine Rasen sowie Schneetälchen und Krummholzgebüsche,
6. Fels- und Steilküsten, Küstendünen und Strandwälle, Strandseen, Boddengewässer mit Verlandungsbereichen, Salzwiesen und Wattflächen im Küstenbereich, Seegraswiesen und sonstige marine Makrophytenbestände, Riffe, sublitorale Sandbänke, Schlickgründe mit bohrender Bodenmegafauna sowie artenreiche Kies-, Grobsand- und Schillgründe im Meeres- und Küstenbereich *[bis 28.2.2022: .][ab 1.3.2022: ,]*[5]

*[Nr. 7 ab 1.3.2022:]*
7. *magere Flachland-Mähwiesen und Berg-Mähwiesen nach Anhang I der Richtlinie 92/43/EWG, Streuobstwiesen, Steinriegel und Trockenmauern.*

² Die Verbote des Satzes 1 gelten auch für weitere von den Ländern gesetzlich geschützte Biotope. ³ Satz 1 Nummer 5 gilt nicht für genutzte Höhlen- und Stollenbereiche sowie für Maßnahmen zur Verkehrssicherung von Höhlen und naturnahen Stollen. *[Satz 4 ab 1.3.2022:]* ⁴ *Satz 1 Nummer 7 gilt nicht für die Unterhaltung von Funktionsgrünland auf Flugbetriebsflächen.*

---

[1] Abweichendes Landesrecht in Schleswig-Holstein siehe Hinweise in BGBl. 2010 I S. 450 und 2016 I S. 1656.
[2] Abweichendes Landesrecht in Schleswig-Holstein siehe Hinweis in BGBl. 2010 I S. 450.
[3] Abweichendes Landesrecht in Hamburg siehe Hinweis in BGBl. 2011 I S. 93.
[4] Abweichendes Landesrecht in Bayern siehe Hinweise in BGBl. 2010 I S. 365 und BGBl. 2020 I S. 319, in Schleswig-Holstein in BGBl. 2010 I S. 450, 2016 I S. 1648, in Mecklenburg-Vorpommern, Sachsen-Anhalt, Hamburg, Sachsen und Rheinland-Pfalz in BGBl. 2010 I S. 1621, 2011 I S. 30, S. 93, S. 842 und 2016 I S. 158, in Thüringen in BGBl. 2020 I S. 160.
[5] Abweichendes Landesrecht in Niedersachsen und Baden-Württemberg siehe Hinweise in BGBl. 2010 I S. 970 und 2018 I S. 533.

(3)[1] Von den Verboten des Absatzes 2 kann auf Antrag eine Ausnahme zugelassen werden, wenn die Beeinträchtigungen ausgeglichen werden können.

(4)[2] ¹Sind auf Grund der Aufstellung, Änderung oder Ergänzung von Bebauungsplänen Handlungen im Sinne des Absatzes 2 zu erwarten, kann auf Antrag der Gemeinde über eine erforderliche Ausnahme oder Befreiung von den Verboten des Absatzes 2 vor der Aufstellung des Bebauungsplans entschieden werden. ²Ist eine Ausnahme zugelassen oder eine Befreiung gewährt worden, bedarf es für die Durchführung eines im Übrigen zulässigen Vorhabens keiner weiteren Ausnahme oder Befreiung, wenn mit der Durchführung des Vorhabens innerhalb von sieben Jahren nach Inkrafttreten des Bebauungsplans begonnen wird.

(5)[3] Bei gesetzlich geschützten Biotopen, die während der Laufzeit einer vertraglichen Vereinbarung oder der Teilnahme an öffentlichen Programmen zur Bewirtschaftungsbeschränkung entstanden sind, gilt Absatz 2 nicht für die Wiederaufnahme einer zulässigen land-, forst-, oder fischereiwirtschaftlichen Nutzung innerhalb von zehn Jahren nach Beendigung der betreffenden vertraglichen Vereinbarung oder der Teilnahme an den betreffenden öffentlichen Programmen.

(6)[4] Bei gesetzlich geschützten Biotopen, die auf Flächen entstanden sind, bei denen eine zulässige Gewinnung von Bodenschätzen eingeschränkt oder unterbrochen wurde, gilt Absatz 2 nicht für die Wiederaufnahme der Gewinnung innerhalb von fünf Jahren nach der Einschränkung oder Unterbrechung.

(7) ¹Die gesetzlich geschützten Biotope werden registriert und die Registrierung wird in geeigneter Weise öffentlich zugänglich gemacht. ²Die Registrierung und deren Zugänglichkeit richten sich nach Landesrecht.

(8) Weiter gehende Schutzvorschriften einschließlich der Bestimmungen über Ausnahmen und Befreiungen *[ab 1.3.2022: sowie bestehende landesrechtliche Regelungen, die die in Absatz 2 Satz 1 Nummer 7 genannten Biotope betreffen,]* bleiben unberührt.

*[§ 30a ab 1.3.2022:]*

**§ 30a** *Ausbringung von Biozidprodukten.* ¹*Außerhalb geschlossener Räume ist in Naturschutzgebieten, Nationalparken, Nationalen Naturmonumenten, Kern- und Pflegezonen von Biosphärenreservaten, Naturdenkmälern sowie in gesetzlich geschützten Biotopen verboten:*

*1. der flächige Einsatz von Biozidprodukten der Produktart 18 (Insektizide, Akarizide und Produkte gegen andere Arthropoden) des Anhangs V der Verordnung (EU) Nr. 528/2012 des Europäischen Parlaments und des Rates vom 22. Mai 2012 über die Bereitstellung auf dem Markt und die Verwendung von Biozidprodukten (ABl. L 167 vom 27.6.2012, S. 1; L 303 vom 20.11.2015, S. 109; L 280 vom 28.10.*

---

[1] Abweichendes Landesrecht in Bayern siehe Hinweise in BGBl. 2011 I S. 365 und 2020 I S. 319, Mecklenburg-Vorpommern, Hamburg, Sachsen, Rheinland-Pfalz und Baden-Württemberg in BGBl. 2010 I S. 1621, 2011 I S. 93, S. 842, 2016 I S. 158 und 2018 I S. 533.

[2] Abweichendes Landesrecht in Hamburg siehe Hinweis in BGBl. 2011 I S. 93.

[3] Abweichendes Landesrecht in Schleswig-Holstein siehe Hinweise in BGBl. 2010 I S. 450 und 2016 I S. 1648 und in Sachsen-Anhalt, Hamburg und Bayern in BGBl. 2011 I S. 30, S. 93, 365 und 2020 I S. 319.

[4] Abweichendes Landesrecht in Sachsen-Anhalt, Hamburg und Baden-Württemberg siehe Hinweise in BGBl. 2011 I S. 30, S. 93 und 2018 I S. 533.

*2017, S. 57), die zuletzt durch die Delegierte Verordnung (EU) 2019/1825 (ABl. L 279 vom 31.10.2019, S. 19) geändert worden ist,*
*2. das Auftragen von Biozidprodukten der Produktart 8 (Holzschutzmittel) des Anhangs V der Verordnung (EU) Nr. 528/2012 durch Spritzen oder Sprühen.*

² *Die für Naturschutz und Landschaftspflege zuständige Behörde kann im Einzelfall auf Antrag Ausnahmen von dem Verbot des Satzes 1 Nummer 1 zulassen, soweit dies zum Schutz der Gesundheit von Mensch und Tier erforderlich ist.* ³ *Die Länder können unter den Voraussetzungen nach Satz 2 Ausnahmen für bestimmte Fallgruppen auch in der Erklärung im Sinne von § 22 Absatz 1 zulassen.* ⁴ *§ 34 und weitergehende Schutzvorschriften des Landesrechts sowie Maßnahmen zur Bekämpfung von Gesundheitsschädlingen nach den Vorschriften des Infektionsschutzgesetzes vom 20. Juli 2000 (BGBl. I S. 1045), das zuletzt durch Artikel 1 des Gesetzes vom 28. Mai 2021 (BGBl. I S. 1174) geändert worden ist, in der jeweils geltenden Fassung oder nach den auf der Grundlage des Infektionsschutzgesetzes erlassenen Verordnungen der Länder bleiben unberührt.*

### Abschnitt 2. Netz „Natura 2000"

**§ 31 Aufbau und Schutz des Netzes „Natura 2000".** Der Bund und die Länder erfüllen die sich aus den Richtlinien 92/43/EWG und 2009/147/EG ergebenden Verpflichtungen zum Aufbau und Schutz des zusammenhängenden europäischen ökologischen Netzes „Natura 2000" im Sinne des Artikels 3 der Richtlinie 92/43/EWG.

**§ 32**¹⁾ **Schutzgebiete.** (1) ¹Die Länder wählen die Gebiete, die der Kommission nach Artikel 4 Absatz 1 der Richtlinie 92/43/EWG und Artikel 4 Absatz 1 und 2 der Richtlinie 2009/147/EG zu benennen sind, nach den in diesen Vorschriften genannten Maßgaben aus. ²Sie stellen das Benehmen mit dem Bundesministerium für Umwelt, Naturschutz und nukleare Sicherheit her. ³Dieses beteiligt die anderen fachlich betroffenen Bundesministerien und benennt die ausgewählten Gebiete der Kommission. ⁴Es übermittelt der Kommission gleichzeitig Schätzungen über eine finanzielle Beteiligung der Gemeinschaft, die zur Erfüllung der Verpflichtungen nach Artikel 6 Absatz 1 der Richtlinie 92/43/EWG einschließlich der Zahlung eines finanziellen Ausgleichs insbesondere für die Land- und Forstwirtschaft erforderlich ist.

(2)²⁾ Die in die Liste nach Artikel 4 Absatz 2 Unterabsatz 3 der Richtlinie 92/43/EWG aufgenommenen Gebiete sind nach Maßgabe des Artikels 4 Absatz 4 dieser Richtlinie und die nach Artikel 4 Absatz 1 und 2 der Richtlinie 2009/147/EG benannten Gebiete entsprechend den jeweiligen Erhaltungszielen zu geschützten Teilen von Natur und Landschaft im Sinne des § 20 Absatz 2 zu erklären.

(3)³⁾ ¹Die Schutzerklärung bestimmt den Schutzzweck entsprechend den jeweiligen Erhaltungszielen und die erforderlichen Gebietsbegrenzungen. ²Es soll dargestellt werden, ob prioritäre natürliche Lebensraumtypen oder prioritäre Arten zu schützen sind. ³Durch geeignete Gebote und Verbote sowie

---

¹⁾ Zur Änd. durch Art. 10 KitafinanzhilfenÄndG v. 25.6.2021 (BGBl. I S. 2020) siehe die Anm. zu § 22.
²⁾ Abweichendes Landesrecht in Hessen siehe Hinweis in BGBl. 2011 I S. 663.
³⁾ Abweichendes Landesrecht in Hessen und Baden-Württemberg siehe Hinweise in BGBl. 2011 I S. 663 und 2018 I S. 533.

Pflege- und Entwicklungsmaßnahmen ist sicherzustellen, dass den Anforderungen des Artikels 6 der Richtlinie 92/43/EWG entsprochen wird. ⁴Weiter gehende Schutzvorschriften bleiben unberührt.

(4)[1] Die Unterschutzstellung nach den Absätzen 2 und 3 kann unterbleiben, soweit nach anderen Rechtsvorschriften einschließlich dieses Gesetzes und gebietsbezogener Bestimmungen des Landesrechts, nach Verwaltungsvorschriften, durch die Verfügungsbefugnis eines öffentlichen oder gemeinnützigen Trägers oder durch vertragliche Vereinbarungen ein gleichwertiger Schutz gewährleistet ist.

(5)[2] Für Natura 2000-Gebiete können Bewirtschaftungspläne selbständig oder als Bestandteil anderer Pläne aufgestellt werden.

(6) Die Auswahl und die Erklärung von Gebieten im Sinne des Absatzes 1 Satz 1 und des Absatzes 2 im Bereich der deutschen ausschließlichen Wirtschaftszone und des Festlandsockels zu geschützten Teilen von Natur und Landschaft im Sinne des § 20 Absatz 2 richten sich nach § 57.

(7) ¹Für Schutzerklärungen im Sinne der Absätze 2 und 3, für den Schutz nach anderen Rechtsvorschriften im Sinne von Absatz 4 sowie für Pläne im Sinne von Absatz 5 gilt § 22 Absatz 2a und 2b entsprechend. ²Dies gilt auch für Schutzerklärungen nach § 33 Absatz 2 bis 4 des Bundesnaturschutzgesetzes in der bis zum 28. Februar 2010 geltenden Fassung.

**§ 33 Allgemeine Schutzvorschriften.** (1)[3] ¹Alle Veränderungen und Störungen, die zu einer erheblichen Beeinträchtigung eines Natura 2000-Gebiets in seinen für die Erhaltungsziele oder den Schutzzweck maßgeblichen Bestandteilen führen können, sind unzulässig. ²Die für Naturschutz und Landschaftspflege zuständige Behörde kann unter den Voraussetzungen des § 34 Absatz 3 bis 5 Ausnahmen von dem Verbot des Satzes 1 sowie von Verboten im Sinne des § 32 Absatz 3 zulassen.[2]

(1a) ¹In Natura 2000-Gebieten ist die Errichtung von Anlagen zu folgenden Zwecken verboten:

1. zum Aufbrechen von Schiefer-, Ton- oder Mergelgestein oder von Kohleflözgestein unter hydraulischem Druck zur Aufsuchung oder Gewinnung von Erdgas,

2. zur untertägigen Ablagerung von Lagerstättenwasser, das bei Maßnahmen nach Nummer 1 anfällt.

² § 34 findet insoweit keine Anwendung.

(2) ¹Bei einem Gebiet im Sinne des Artikels 5 Absatz 1 der Richtlinie 92/43/EWG gilt während der Konzertierungsphase bis zur Beschlussfassung des Rates Absatz 1 Satz 1 im Hinblick auf die in ihm vorkommenden prioritären natürlichen Lebensraumtypen und prioritären Arten entsprechend. ²Die §§ 34 und 36 finden keine Anwendung.

---

[1] Abweichendes Landesrecht in Schleswig-Holstein, Bayern und Hessen siehe Hinweise in BGBl. 2010 I S. 450, 2011 I S. 365 und S. 663.
[2] Abweichendes Landesrecht in Baden-Württemberg siehe Hinweis in BGBl. 2018 I S. 533.
[3] Abweichendes Landesrecht in Schleswig-Holstein siehe Hinweise in BGBl. 2010 I S. 450 und 2016 I S. 1648 und in Berlin in BGBl. 2013 I S. 2829.

## § 34 Verträglichkeit und Unzulässigkeit von Projekten; Ausnahmen.

(1) ¹Projekte sind vor ihrer Zulassung oder Durchführung auf ihre Verträglichkeit mit den Erhaltungszielen eines Natura 2000-Gebiets zu überprüfen, wenn sie einzeln oder im Zusammenwirken mit anderen Projekten oder Plänen geeignet sind, das Gebiet erheblich zu beeinträchtigen, und nicht unmittelbar der Verwaltung des Gebiets dienen. ²Soweit ein Natura 2000-Gebiet ein geschützter Teil von Natur und Landschaft im Sinne des § 20 Absatz 2 ist, ergeben sich die Maßstäbe für die Verträglichkeit aus dem Schutzzweck und den dazu erlassenen Vorschriften, wenn hierbei die jeweiligen Erhaltungsziele bereits berücksichtigt wurden.[1]) ³Der Projektträger hat die zur Prüfung der Verträglichkeit sowie der Voraussetzungen nach den Absätzen 3 bis 5 erforderlichen Unterlagen vorzulegen.

(2) Ergibt die Prüfung der Verträglichkeit, dass das Projekt zu erheblichen Beeinträchtigungen des Gebiets in seinen für die Erhaltungsziele oder den Schutzzweck maßgeblichen Bestandteilen führen kann, ist es unzulässig.

(3) Abweichend von Absatz 2 darf ein Projekt nur zugelassen oder durchgeführt werden, soweit es
1. aus zwingenden Gründen des überwiegenden öffentlichen Interesses, einschließlich solcher sozialer oder wirtschaftlicher Art, notwendig ist und
2. zumutbare Alternativen, den mit dem Projekt verfolgten Zweck an anderer Stelle ohne oder mit geringeren Beeinträchtigungen zu erreichen, nicht gegeben sind.

(4) ¹Können von dem Projekt im Gebiet vorkommende prioritäre natürliche Lebensraumtypen oder prioritäre Arten betroffen werden, können als zwingende Gründe des überwiegenden öffentlichen Interesses nur solche im Zusammenhang mit der Gesundheit des Menschen, der öffentlichen Sicherheit, einschließlich der Verteidigung und des Schutzes der Zivilbevölkerung, oder den maßgeblich günstigen Auswirkungen des Projekts auf die Umwelt geltend gemacht werden. ²Sonstige Gründe im Sinne des Absatzes 3 Nummer 1 können nur berücksichtigt werden, wenn die zuständige Behörde zuvor über das Bundesministerium für Umwelt, Naturschutz und nukleare Sicherheit eine Stellungnahme der Kommission eingeholt hat.

(5) ¹Soll ein Projekt nach Absatz 3, auch in Verbindung mit Absatz 4, zugelassen oder durchgeführt werden, sind die zur Sicherung des Zusammenhangs des Netzes „Natura 2000" notwendigen Maßnahmen vorzusehen. ²Die zuständige Behörde unterrichtet die Kommission über das Bundesministerium für Umwelt, Naturschutz und nukleare Sicherheit über die getroffenen Maßnahmen.

(6) ¹Bedarf ein Projekt im Sinne des Absatzes 1 Satz 1, das nicht von einer Behörde durchgeführt wird, nach anderen Rechtsvorschriften keiner behördlichen Entscheidung oder Anzeige an eine Behörde, so ist es der für Naturschutz und Landschaftspflege zuständigen Behörde anzuzeigen.[2]) ²Diese kann die Durchführung des Projekts zeitlich befristen oder anderweitig beschränken, um die Einhaltung der Voraussetzungen der Absätze 1 bis 5 sicherzustellen. ³Trifft die Behörde innerhalb eines Monats nach Eingang der Anzeige keine Ent-

---

[1]) Abweichendes Landesrecht in Mecklenburg-Vorpommern siehe Hinweis in BGBl. 2010 I S. 1621.
[2]) Abweichendes Landesrecht in Baden-Württemberg siehe Hinweis in BGBl. 2018 I S. 533.

scheidung, kann mit der Durchführung des Projekts begonnen werden. [4] Wird mit der Durchführung eines Projekts ohne die erforderliche Anzeige begonnen, kann die Behörde die vorläufige Einstellung anordnen. [5] Liegen im Fall des Absatzes 2 die Voraussetzungen der Absätze 3 bis 5 nicht vor, hat die Behörde die Durchführung des Projekts zu untersagen. [6] Die Sätze 1 bis 5 sind nur insoweit anzuwenden, als Schutzvorschriften der Länder, einschließlich der Vorschriften über Ausnahmen und Befreiungen, keine strengeren Regelungen für die Zulässigkeit von Projekten enthalten.

(7) [1] Für geschützte Teile von Natur und Landschaft im Sinne des § 20 Absatz 2 und gesetzlich geschützte Biotope im Sinne des § 30 sind die Absätze 1 bis 6 nur insoweit anzuwenden, als die Schutzvorschriften, einschließlich der Vorschriften über Ausnahmen und Befreiungen, keine strengeren Regelungen für die Zulässigkeit von Projekten enthalten. [2] Die Verpflichtungen nach Absatz 4 Satz 2 zur Beteiligung der Kommission und nach Absatz 5 Satz 2 zur Unterrichtung der Kommission bleiben unberührt.

(8) Die Absätze 1 bis 7 gelten mit Ausnahme von Bebauungsplänen, die eine Planfeststellung ersetzen, nicht für Vorhaben im Sinne des § 29 des Baugesetzbuches in Gebieten mit Bebauungsplänen nach § 30 des Baugesetzbuches und während der Planaufstellung nach § 33 des Baugesetzbuches.

## § 35[1] Gentechnisch veränderte Organismen. Auf

1. Freisetzungen gentechnisch veränderter Organismen im Sinne des § 3 Nummer 5 des Gentechnikgesetzes[2] und
2. die land-, forst- und fischereiwirtschaftliche Nutzung von rechtmäßig in Verkehr gebrachten Produkten, die gentechnisch veränderte Organismen enthalten oder aus solchen bestehen, sowie den sonstigen, insbesondere auch nicht erwerbswirtschaftlichen, Umgang mit solchen Produkten, der in seinen Auswirkungen den vorgenannten Handlungen vergleichbar ist, innerhalb eines Natura 2000-Gebiets[3]

ist § 34 Absatz 1 und 2 entsprechend anzuwenden.

## § 36 Pläne. [1] Auf

1. Linienbestimmungen nach § 16 des Bundesfernstraßengesetzes und § 13 des Bundeswasserstraßengesetzes sowie
2. Pläne, die bei behördlichen Entscheidungen zu beachten oder zu berücksichtigen sind

ist § 34 Absatz 1 bis 5 entsprechend anzuwenden. [2] Bei Raumordnungsplänen im Sinne des § 3 Absatz 1 Nummer 7 des Raumordnungsgesetzes und bei Bauleitplänen und Satzungen nach § 34 Absatz 4 Satz 1 Nummer 3 des Baugesetzbuches findet § 34 Absatz 1 Satz 1 keine Anwendung.

---

[1] Abweichendes Landesrecht in Bayern, Rheinland-Pfalz und Nordrhein-Westfalen siehe Hinweise in BGBl. 2011 I S. 365, 2016 I S. 158 und 2017 I S. 3285, in Thüringen in BGBl. 2020 I S. 160.
[2] Nr. **9.6**.
[3] Abweichendes Landesrecht in Schleswig-Holstein und Baden-Württemberg siehe Hinweise in BGBl. 2016 I S. 1646 und 2018 I S. 533.

## Kapitel 5. Schutz der wild lebenden Tier- und Pflanzenarten, ihrer Lebensstätten und Biotope

### Abschnitt 1. Allgemeine Vorschriften

**§ 37 Aufgaben des Artenschutzes.** (1) ¹Die Vorschriften dieses Kapitels sowie § 6 Absatz 3 dienen dem Schutz der wild lebenden Tier- und Pflanzenarten. ²Der Artenschutz umfasst

1. den Schutz der Tiere und Pflanzen wild lebender Arten und ihrer Lebensgemeinschaften vor Beeinträchtigungen durch den Menschen und die Gewährleistung ihrer sonstigen Lebensbedingungen,
2. den Schutz der Lebensstätten und Biotope der wild lebenden Tier- und Pflanzenarten sowie
3. die Wiederansiedlung von Tieren und Pflanzen verdrängter wild lebender Arten in geeigneten Biotopen innerhalb ihres natürlichen Verbreitungsgebiets.

(2) ¹Die Vorschriften des Pflanzenschutzrechts, des Tierschutzrechts, des Seuchenrechts sowie des Forst-, Jagd- und Fischereirechts bleiben von den Vorschriften dieses Kapitels und den auf Grund dieses Kapitels erlassenen Rechtsvorschriften unberührt. ²Soweit in jagd- oder fischereirechtlichen Vorschriften keine besonderen Bestimmungen zum Schutz und zur Pflege der betreffenden Arten bestehen oder erlassen werden, sind vorbehaltlich der Rechte der Jagdausübungs- oder Fischereiberechtigten die Vorschriften dieses Kapitels und die auf Grund dieses Kapitels erlassenen Rechtsvorschriften anzuwenden.

**§ 38 Allgemeine Vorschriften für den Arten-, Lebensstätten- und Biotopschutz.** (1) Zur Vorbereitung und Durchführung der Aufgaben nach § 37 Absatz 1 erstellen die für Naturschutz und Landschaftspflege zuständigen Behörden des Bundes und der Länder auf der Grundlage der Beobachtung nach § 6 Schutz-, Pflege- und Entwicklungsziele und verwirklichen sie.

(2) ¹Soweit dies zur Umsetzung völker- und gemeinschaftsrechtlicher Vorgaben oder zum Schutz von Arten, die in einer Rechtsverordnung nach § 54 Absatz 1 Nummer 2 aufgeführt sind, einschließlich deren Lebensstätten, erforderlich ist, ergreifen die für Naturschutz und Landschaftspflege zuständigen Behörden des Bundes und der Länder wirksame und aufeinander abgestimmte vorbeugende Schutzmaßnahmen oder stellen Artenhilfsprogramme auf. ²Sie treffen die erforderlichen Maßnahmen, um sicherzustellen, dass der unbeabsichtigte Fang oder das unbeabsichtigte Töten keine erheblichen nachteiligen Auswirkungen auf die streng geschützten Arten haben.

(3) Die erforderliche Forschung und die notwendigen wissenschaftlichen Arbeiten im Sinne des Artikels 18 der Richtlinie 92/43/EWG und des Artikels 10 der Richtlinie 2009/147/EG werden gefördert.

## Abschnitt 2. Allgemeiner Artenschutz

**§ 39 Allgemeiner Schutz wild lebender Tiere und Pflanzen; Ermächtigung zum Erlass von Rechtsverordnungen.** (1) Es ist verboten,

1. wild lebende Tiere mutwillig zu beunruhigen oder ohne vernünftigen Grund zu fangen, zu verletzen oder zu töten,
2. wild lebende Pflanzen ohne vernünftigen Grund von ihrem Standort zu entnehmen oder zu nutzen oder ihre Bestände niederzuschlagen oder auf sonstige Weise zu verwüsten,
3. Lebensstätten wild lebender Tiere und Pflanzen ohne vernünftigen Grund zu beeinträchtigen oder zu zerstören.

(2) [1] Vorbehaltlich jagd- oder fischereirechtlicher Bestimmungen ist es verboten, wild lebende Tiere und Pflanzen der in Anhang V der Richtlinie 92/43/EWG aufgeführten Arten aus der Natur zu entnehmen. [2] Die Länder können Ausnahmen von Satz 1 unter den Voraussetzungen des § 45 Absatz 7 oder des Artikels 14 der Richtlinie 92/43/EWG zulassen.

(3) Jeder darf abweichend von Absatz 1 Nummer 2 wild lebende Blumen, Gräser, Farne, Moose, Flechten, Früchte, Pilze, Tee- und Heilkräuter sowie Zweige wild lebender Pflanzen aus der Natur an Stellen, die keinem Betretungsverbot unterliegen, in geringen Mengen für den persönlichen Bedarf pfleglich entnehmen und sich aneignen.

(4) [1] Das gewerbsmäßige Entnehmen, Be- oder Verarbeiten wild lebender Pflanzen bedarf unbeschadet der Rechte der Eigentümer und sonstiger Nutzungsberechtigter der Genehmigung der für Naturschutz und Landschaftspflege zuständigen Behörde. [2] Die Genehmigung ist zu erteilen, wenn der Bestand der betreffenden Art am Ort der Entnahme nicht gefährdet und der Naturhaushalt nicht erheblich beeinträchtigt werden. [3] Die Entnahme hat pfleglich zu erfolgen. [4] Bei der Entscheidung über Entnahmen zu Zwecken der Produktion regionalen Saatguts sind die günstigen Auswirkungen auf die Ziele des Naturschutzes und der Landschaftspflege zu berücksichtigen.

*[Abs. 4a ab 1.3.2022:]*

*(4a) [1] Ein vernünftiger Grund nach Absatz 1 liegt insbesondere vor, wenn wissenschaftliche oder naturkundliche Untersuchungen an Tieren oder Pflanzen sowie diesbezügliche Maßnahmen der Umweltbildung im zur Erreichung des Untersuchungsziels oder Bildungszwecks notwendigen Umfang vorgenommen werden. [2] Vorschriften des Tierschutzrechts bleiben unberührt.*

(5) [1] Es ist verboten,

1. die Bodendecke auf Wiesen, Feldrainen, Hochrainen und ungenutzten Grundflächen sowie an Hecken und Hängen abzubrennen oder nicht land-, forst- oder fischereiwirtschaftlich genutzte Flächen so zu behandeln, dass die Tier- oder Pflanzenwelt erheblich beeinträchtigt wird,
2. Bäume, die außerhalb des Waldes, von Kurzumtriebsplantagen oder gärtnerisch genutzten Grundflächen stehen, Hecken, lebende Zäune, Gebüsche und andere Gehölze in der Zeit vom 1. März bis zum 30. September abzuschneiden, auf den Stock zu setzen oder zu beseitigen; zulässig sind schonende Form- und Pflegeschnitte zur Beseitigung des Zuwachses der Pflanzen oder zur Gesunderhaltung von Bäumen,

3. Röhrichte in der Zeit vom 1. März bis zum 30. September zurückzuschneiden; außerhalb dieser Zeiten dürfen Röhrichte nur in Abschnitten zurückgeschnitten werden,
4. ständig wasserführende Gräben unter Einsatz von Grabenfräsen zu räumen, wenn dadurch der Naturhaushalt, insbesondere die Tierwelt erheblich beeinträchtigt wird.

²Die Verbote des Satzes 1 Nummer 1 bis 3 gelten nicht für
1. behördlich angeordnete Maßnahmen,
2. Maßnahmen, die im öffentlichen Interesse nicht auf andere Weise oder zu anderer Zeit durchgeführt werden können, wenn sie
   a) behördlich durchgeführt werden,
   b) behördlich zugelassen sind oder
   c) der Gewährleistung der Verkehrssicherheit dienen,
3. nach § 15 zulässige Eingriffe in Natur und Landschaft,
4. zulässige Bauvorhaben, wenn nur geringfügiger Gehölzbewuchs zur Verwirklichung der Baumaßnahmen beseitigt werden muss.

³Die Landesregierungen werden ermächtigt, durch Rechtsverordnung bei den Verboten des Satzes 1 Nummer 2 und 3 für den Bereich eines Landes oder für Teile des Landes erweiterte Verbotszeiträume vorzusehen und den Verbotszeitraum aus klimatischen Gründen um bis zu zwei Wochen zu verschieben. ⁴Sie können die Ermächtigung nach Satz 3 durch Rechtsverordnung auf andere Landesbehörden übertragen.

(6) Es ist verboten, Höhlen, Stollen, Erdkeller oder ähnliche Räume, die als Winterquartier von Fledermäusen dienen, in der Zeit vom 1. Oktober bis zum 31. März aufzusuchen; dies gilt nicht zur Durchführung unaufschiebbarer und nur geringfügig störender Handlungen sowie für touristisch erschlossene oder stark genutzte Bereiche.

(7) Weiter gehende Schutzvorschriften insbesondere des Kapitels 4 und des Abschnitts 3 des Kapitels 5 einschließlich der Bestimmungen über Ausnahmen und Befreiungen bleiben unberührt.

## § 40 Ausbringen von Pflanzen und Tieren.

(1) ¹Das Ausbringen von Pflanzen in der freien Natur, deren Art in dem betreffenden Gebiet in freier Natur nicht oder seit mehr als 100 Jahren nicht mehr vorkommt, sowie von Tieren bedarf der Genehmigung der zuständigen Behörde. ²Dies gilt nicht für künstlich vermehrte Pflanzen, wenn sie ihren genetischen Ursprung in dem betreffenden Gebiet haben. ³Die Genehmigung ist zu versagen, wenn eine Gefährdung von Ökosystemen, Biotopen oder Arten der Mitgliedstaaten nicht auszuschließen ist. ⁴Von dem Erfordernis einer Genehmigung sind ausgenommen
1. der Anbau von Pflanzen in der Land- und Forstwirtschaft,
2. der Einsatz von Tieren zum Zweck des biologischen Pflanzenschutzes
   a) der Arten, die in dem betreffenden Gebiet in freier Natur in den letzten 100 Jahren vorkommen oder vorkamen,
   b) anderer Arten, sofern der Einsatz einer pflanzenschutzrechtlichen Genehmigung bedarf, bei der die Belange des Artenschutzes berücksichtigt sind,

## 3.1 BNatSchG § 40a

3. das Ansiedeln von Tieren, die dem Jagd- oder Fischereirecht unterliegen, sofern die Art in dem betreffenden Gebiet in freier Natur in den letzten 100 Jahren vorkommt oder vorkam,
4. das Ausbringen von Gehölzen und Saatgut außerhalb ihrer Vorkommensgebiete bis einschließlich 1. März 2020; bis zu diesem Zeitpunkt sollen in der freien Natur Gehölze und Saatgut vorzugsweise nur innerhalb ihrer Vorkommensgebiete ausgebracht werden.

[5] Artikel 22 der Richtlinie 92/43/EWG sowie die Vorschriften der Verordnung (EU) Nr. 1143/2014 sind zu beachten.

(2) Genehmigungen nach Absatz 1 werden bei im Inland noch nicht vorkommenden Arten vom Bundesamt für Naturschutz erteilt.

(3) Die zuständige Behörde kann anordnen, dass ungenehmigt ausgebrachte Tiere und Pflanzen oder sich unbeabsichtigt in der freien Natur ausbreitende Pflanzen sowie dorthin entkommene Tiere beseitigt werden, soweit es zur Abwehr einer Gefährdung von Ökosystemen, Biotopen oder Arten erforderlich ist.

**§ 40a Maßnahmen gegen invasive Arten.** (1) [1] Die zuständigen Behörden treffen nach pflichtgemäßem Ermessen die im Einzelfall erforderlichen und verhältnismäßigen Maßnahmen, um

1. sicherzustellen, dass die Vorschriften der Verordnung (EU) Nr. 1143/2014, dieses Kapitels und der auf ihrer Grundlage erlassenen Rechtsvorschriften in Bezug auf invasive Arten eingehalten werden und um
2. die Einbringung oder Ausbreitung von invasiven Arten zu verhindern oder zu minimieren.

[2] Soweit Maßnahmen nach Satz 1 Nummer 2 in der freien Natur invasive und entweder dem Jagdrecht unterliegende oder andere Arten betreffen, bei denen die Maßnahmen im Rahmen des Jagdschutzes durchgeführt werden können, werden sie im Einvernehmen mit den nach Landesrecht für Jagd zuständigen Behörden unbeschadet des fortbestehenden Jagdrechts nach den §§ 1, 2 und 23 des Bundesjagdgesetzes festgelegt. [3] Maßnahmen mit jagdlichen Mitteln sind im Einvernehmen mit den Jagdausübungsberechtigten, Maßnahmen ohne Einsatz jagdlicher Mittel mit Rücksicht auf deren berechtigte Interessen durchzuführen. [4] Soweit Maßnahmen nach Satz 1 Nummer 2 in der freien Natur dem Fischereirecht unterliegende invasive Arten betreffen, werden sie im Einvernehmen mit den nach Landesrecht für Fischerei zuständigen Behörden festgelegt. [5] Maßnahmen mit fischereilichen Mitteln sind im Einvernehmen mit dem Fischereiausübungsberechtigten, Maßnahmen ohne Einsatz fischereilicher Mittel mit Rücksicht auf deren berechtigte Interessen durchzuführen. [6] Bei Gefahr im Verzug bedarf es des Einvernehmens nach den Sätzen 2 bis 5 nicht.

(2) Liegen Anhaltspunkte für das Vorhandensein einer invasiven Art vor, sind Eigentümer und Inhaber der tatsächlichen Gewalt verpflichtet, eine Untersuchung von Gegenständen, Substraten, Transportmitteln, Anlagen, Grundstücken, Gebäuden oder Räumen im Hinblick auf das Vorhandensein invasiver Arten zu dulden.

(3) [1] Die zuständige Behörde kann gegenüber demjenigen, der die Ausbringung, die Ausbreitung oder das Entkommen von invasiven Arten verursacht hat, deren Beseitigung und dafür bestimmte Verfahren anordnen, soweit dies zur Abwehr einer Gefährdung von Ökosystemen, Biotopen oder Arten erfor-

derlich ist. ²Eigentümer von Grundstücken und anderen in Absatz 2 genannten Sachen sowie der Inhaber der tatsächlichen Gewalt sind verpflichtet, Maßnahmen der zuständigen Behörde zur Beseitigung oder Verhinderung einer Ausbreitung invasiver Arten zu dulden.

(4) ¹Die zuständige Behörde kann Exemplare invasiver Arten beseitigen oder durch Beauftragte beseitigen lassen, wenn eine Beseitigung durch die in Absatz 3 Satz 1 genannten Personen nicht oder nicht rechtzeitig erreicht werden kann. ²Die durch die Maßnahme entstehenden Kosten können den in Absatz 3 Satz 1 genannten Personen auferlegt werden.

(5) ¹Steht ein Grundstück im Eigentum der öffentlichen Hand, soll der Eigentümer die von der zuständigen Behörde festgelegten Beseitigungsmaßnahmen nach Artikel 17 oder Managementmaßnahmen nach Artikel 19 der Verordnung (EU) Nr. 1143/2014 bei der Bewirtschaftung des Grundstücks in besonderer Weise berücksichtigen. ²Satz 1 gilt auch, wenn das Grundstück im Eigentum eines privatrechtlich organisierten Unternehmens steht, an dem mehrheitlich eine Gebietskörperschaft Anteile hält.

(6) Die im Einzelfall erforderlichen Maßnahmen zur Verhütung einer Verbreitung invasiver Arten durch Seeschiffe richten sich nach dem Gesetz über die Aufgaben des Bundes auf dem Gebiet der Seeschifffahrt sowie den auf dieser Grundlage erlassenen Rechtsvorschriften.

**§ 40b Nachweispflicht und Einziehung bei invasiven Arten.** ¹Wer Exemplare einer invasiven Art besitzt oder die tatsächliche Gewalt darüber ausübt, kann sich gegenüber den zuständigen Behörden auf eine Berechtigung hierzu nur berufen, wenn er diese Berechtigung auf Verlangen nachweist. ²Beruft sich die Person auf die Übergangsbestimmungen nach Artikel 31 der Verordnung (EU) Nr. 1143/2014 genügt es, wenn sie diese Berechtigung glaubhaft macht. ³§ 47 gilt entsprechend.

**§ 40c Genehmigungen.** (1) ¹Abweichend von den Verboten des Artikels 7 Absatz 1 Buchstabe a, b, c, d, f und g der Verordnung (EU) Nr. 1143/2014 bedürfen die Forschung an und Ex-situ-Erhaltung von invasiven Arten einer Genehmigung durch die zuständige Behörde. ²Die Genehmigung ist zu erteilen, wenn die Voraussetzungen des Artikels 8 Absatz 2 bis 4 der Verordnung (EU) Nr. 1143/2014 vorliegen. ³Eine Genehmigung ist für Bestände invasiver Tierarten nicht erforderlich, die vor dem 3. August 2016 gehalten wurden, sich unter Verschluss befinden und in denen keine Vermehrung stattfindet.

(2) Absatz 1 gilt entsprechend für die wissenschaftliche Herstellung und die anschließende medizinische Verwendung von Produkten, die aus invasiven Arten hervorgegangen sind, wenn die Verwendung der Produkte unvermeidbar ist, um Fortschritte für die menschliche Gesundheit zu erzielen.

(3) ¹Für andere Tätigkeiten kann in Ausnahmefällen auf Antrag eine Genehmigung nach Maßgabe von Artikel 9 der Verordnung (EU) Nr. 1143/2014 erteilt werden. ²Die zuständige Behörde reicht den Zulassungsantrag über das elektronische Zulassungssystem nach Artikel 9 Absatz 2 der Verordnung (EU) Nr. 1143/2014 bei der Kommission ein. ³Eine Zulassung durch die Kommission ist nicht erforderlich, wenn Beschränkungen einer Rechtsverordnung nach § 54 Absatz 4 Satz 1 betroffen sind.

(4) ¹Der Antrag ist schriftlich oder elektronisch unter Vorlage der zur Prüfung erforderlichen Unterlagen bei der zuständigen Behörde einzureichen. ²Im

## 3.1 BNatSchG §§ 40d–40f

Falle des Absatzes 3 sind die in Satz 1 genannten Unterlagen der zuständigen Behörde auch als elektronisches Dokument zu übermitteln.

(5) ¹Die Genehmigung kann widerrufen werden, wenn unvorhergesehene Ereignisse mit einer nachteiligen Auswirkung auf die biologische Vielfalt oder damit verbundene Ökosystemdienstleistungen eintreten. ²Der Widerruf ist wissenschaftlich zu begründen; sind die wissenschaftlichen Angaben nicht ausreichend, erfolgt der Widerruf unter Anwendung des Vorsorgeprinzips.

### § 40d Aktionsplan zu Pfaden invasiver Arten.

(1) ¹Das Bundesministerium für Umwelt, Naturschutz und nukleare Sicherheit beschließt nach Anhörung der Länder im Einvernehmen mit dem Bundesministerium für Verkehr und digitale Infrastruktur sowie dem Bundesministerium für Ernährung und Landwirtschaft einen Aktionsplan nach Artikel 13 der Verordnung (EU) Nr. 1143/2014 zu den Einbringungs- und Ausbreitungspfaden invasiver Arten nach § 7 Absatz 2 Nummer 9 Buchstabe a. ²Satz 1 gilt auch für invasive Arten nach § 7 Absatz 2 Nummer 9 Buchstabe b, soweit die Kommission insoweit in einem Durchführungsrechtsakt nach Artikel 11 Absatz 2 Satz 2 eine Anwendung des Artikels 13 vorsieht, sowie für invasive Arten, die in einer Rechtsverordnung nach § 54 Absatz 4 Satz 1 Nummer 3 aufgeführt sind.

(2) Der Aktionsplan ist mindestens alle sechs Jahre zu überarbeiten.

(3) ¹Anstatt eines Aktionsplans können auch mehrere Aktionspläne für verschiedene Einbringungs- und Ausbreitungspfade invasiver Arten beschlossen werden. ²Für diese Aktionspläne gelten die Absätze 1 und 2 entsprechend.

### § 40e Managementmaßnahmen.

(1) ¹Die für Naturschutz und Landschaftspflege zuständigen Behörden legen nach Maßgabe des Artikels 19 der Verordnung (EU) Nr. 1143/2014 Managementmaßnahmen fest. ²Sie stimmen die Maßnahmen nach Satz 1 sowohl untereinander als auch, soweit erforderlich, mit den zuständigen Behörden anderer Mitgliedstaaten der Europäischen Union ab. ³Die Abstimmung mit Behörden anderer Mitgliedstaaten erfolgt im Benehmen mit dem Bundesministerium für Umwelt, Naturschutz und nukleare Sicherheit.

(2) Soweit die Managementmaßnahmen invasive und entweder dem Jagdrecht unterliegende oder andere Arten betreffen, bei denen die Maßnahmen im Rahmen des Jagdschutzes durchgeführt werden können, werden sie im Einvernehmen mit den nach Landesrecht für Jagd zuständigen Behörden unbeschadet des fortbestehenden Jagdrechts nach den §§ 1, 2 und 23 des Bundesjagdgesetzes festgelegt; soweit dem Fischereirecht unterliegende invasive Arten betroffen sind, im Einvernehmen mit den nach Landesrecht für Fischerei zuständigen Behörden.

### § 40f Beteiligung der Öffentlichkeit.

(1) Bei der Aufstellung von Aktionsplänen gemäß § 40d und der Festlegung von Managementmaßnahmen gemäß § 40e ist eine Öffentlichkeitsbeteiligung entsprechend § 42 des Gesetzes über die Umweltverträglichkeitsprüfung[1] durchzuführen.

(2) Das Ergebnis der Öffentlichkeitsbeteiligung ist bei der Aufstellung des Aktionsplans nach § 40d Absatz 1 und der Festlegung von Managementmaßnahmen nach § 40e angemessen zu berücksichtigen.

---

[1] Nr. 2.5.

(3) ¹Das Bundesministerium für Umwelt, Naturschutz und nukleare Sicherheit macht den Aktionsplan nach § 40d Absatz 1 mit Begründung im Bundesanzeiger bekannt. ²In der Begründung sind das Verfahren zur Aufstellung des Aktionsplans und die Gründe und Erwägungen, auf denen der Aktionsplan beruht, angemessen darzustellen. ³Die Bekanntmachung von nach § 40e festgelegten Managementmaßnahmen richtet sich nach Landesrecht.

(4) Bei Überarbeitungen nach § 40d Absatz 2 und der Änderung von Managementmaßnahmen gelten die Absätze 1 bis 3 entsprechend.

(5) Soweit Aktionspläne nach dem Gesetz über die Umweltverträglichkeitsprüfung einer strategischen Umweltprüfung bedürfen, ist die Beteiligung der Öffentlichkeit nach den Absätzen 1 und 2 Teil der strategischen Umweltprüfung nach § 42 des Gesetzes über die Umweltverträglichkeitsprüfung.

**§ 41 Vogelschutz an Energiefreileitungen.** ¹Zum Schutz von Vogelarten sind neu zu errichtende Masten und technische Bauteile von Mittelspannungsleitungen konstruktiv so auszuführen, dass Vögel gegen Stromschlag geschützt sind. ²An bestehenden Masten und technischen Bauteilen von Mittelspannungsleitungen mit hoher Gefährdung von Vögeln sind bis zum 31. Dezember 2012 die notwendigen Maßnahmen zur Sicherung gegen Stromschlag durchzuführen. ³Satz 2 gilt nicht für die Oberleitungsanlagen von Eisenbahnen.

**§ 42 Zoos.** (1) ¹Zoos sind dauerhafte Einrichtungen, in denen lebende Tiere wild lebender Arten zwecks Zurschaustellung während eines Zeitraumes von mindestens sieben Tagen im Jahr gehalten werden. ²Nicht als Zoo gelten

1. Zirkusse,
2. Tierhandlungen und
3. Gehege zur Haltung von nicht mehr als fünf Arten von Schalenwild, das im Bundesjagdgesetz aufgeführt ist, oder Einrichtungen, in denen nicht mehr als 20 Tiere anderer wild lebender Arten gehalten werden.

(2) ¹Die Errichtung, Erweiterung, wesentliche Änderung und der Betrieb eines Zoos bedürfen der Genehmigung. ²Die Genehmigung bezieht sich auf eine bestimmte Anlage, bestimmte Betreiber, auf eine bestimmte Anzahl an Individuen einer jeden Tierart sowie auf eine bestimmte Betriebsart.

(3) Zoos sind so zu errichten und zu betreiben, dass

1. bei der Haltung der Tiere den biologischen und den Erhaltungsbedürfnissen der jeweiligen Art Rechnung getragen wird, insbesondere die jeweiligen Gehege nach Lage, Größe und Gestaltung und innerer Einrichtung art- und tiergerecht ausgestaltet sind,
2. die Pflege der Tiere auf der Grundlage eines dem Stand der guten veterinärmedizinischen Praxis entsprechenden schriftlichen Programms zur tiermedizinischen Vorbeugung und Behandlung sowie zur Ernährung erfolgt,
3. dem Eindringen von Schadorganismen sowie dem Entweichen der Tiere vorgebeugt wird,
4. die Vorschriften des Tier- und Artenschutzes beachtet werden,
5. ein Register über den Tierbestand des Zoos in einer den verzeichneten Arten jeweils angemessenen Form geführt und stets auf dem neuesten Stand gehalten wird,

6. die Aufklärung und das Bewusstsein der Öffentlichkeit in Bezug auf den Erhalt der biologischen Vielfalt gefördert wird, insbesondere durch Informationen über die zur Schau gestellten Arten und ihre natürlichen Biotope,
7. sich der Zoo beteiligt an
   a) Forschungen, die zur Erhaltung der Arten beitragen, einschließlich des Austausches von Informationen über die Arterhaltung, oder
   b) der Aufzucht in Gefangenschaft, der Bestandserneuerung und der Wiederansiedlung von Arten in ihren Biotopen oder
   c) der Ausbildung in erhaltungsspezifischen Kenntnissen und Fähigkeiten.

(4) [1] Die Genehmigung nach Absatz 2 ist zu erteilen, wenn
1. sichergestellt ist, dass die Pflichten nach Absatz 3 erfüllt werden,
2. die nach diesem Kapitel erforderlichen Nachweise vorliegen,
3. keine Tatsachen vorliegen, aus denen sich Bedenken gegen die Zuverlässigkeit des Betreibers sowie der für die Leitung des Zoos verantwortlichen Personen ergeben sowie
4. andere öffentlich-rechtliche Vorschriften der Errichtung und dem Betrieb des Zoos nicht entgegenstehen.

[2] Die Genehmigung kann mit Nebenbestimmungen versehen werden; insbesondere kann eine Sicherheitsleistung für die ordnungsgemäße Auflösung des Zoos und die Wiederherstellung des früheren Zustands verlangt werden.

(5) Die Länder können vorsehen, dass die in Absatz 2 Satz 1 vorgesehene Genehmigung die Erlaubnis nach § 11 Absatz 1 Satz 1 Nummer 2a und 3 Buchstabe d des Tierschutzgesetzes[1]) einschließt.

(6) [1] Die zuständige Behörde hat die Einhaltung der sich aus den Absätzen 3 und 4 ergebenden Anforderungen unter anderem durch regelmäßige Prüfungen und Besichtigungen zu überwachen. [2] § 52 gilt entsprechend.

(7) [1] Wird ein Zoo ohne die erforderliche Genehmigung oder im Widerspruch zu den sich aus den Absätzen 3 und 4 ergebenden Anforderungen errichtet, erweitert, wesentlich geändert oder betrieben, so kann die zuständige Behörde die erforderlichen Anordnungen treffen, um die Einhaltung der Anforderungen innerhalb einer angemessenen Frist sicherzustellen. [2] Sie kann dabei auch bestimmen, den Zoo ganz oder teilweise für die Öffentlichkeit zu schließen. [3] Ändern sich die Anforderungen an die Haltung von Tieren in Zoos entsprechend dem Stand der Wissenschaft, soll die zuständige Behörde nachträgliche Anordnungen erlassen, wenn den geänderten Anforderungen nicht auf andere Weise nachgekommen wird.

(8) [1] Soweit der Betreiber Anordnungen nach Absatz 7 nicht nachkommt, ist der Zoo innerhalb eines Zeitraums von höchstens zwei Jahren nach deren Erlass ganz oder teilweise zu schließen und die Genehmigung ganz oder teilweise zu widerrufen. [2] Durch Anordnung ist sicherzustellen, dass die von der Schließung betroffenen Tiere angemessen und im Einklang mit dem Zweck und den Bestimmungen der Richtlinie 1999/22/EG des Rates vom 29. März 1999 über die Haltung von Wildtieren in Zoos (ABl. L 94 vom 9.4.1999, S. 24) auf Kosten des Betreibers art- und tiergerecht behandelt und untergebracht werden. [3] Eine Beseitigung der Tiere ist nur in Übereinstimmung mit den arten-

---

[1]) Nr. **3.3**.

und tierschutzrechtlichen Bestimmungen zulässig, wenn keine andere zumutbare Alternative für die Unterbringung der Tiere besteht.

**§ 43**[1]) **Tiergehege.** (1) Tiergehege sind dauerhafte Einrichtungen, in denen Tiere wild lebender Arten außerhalb von Wohn- und Geschäftsgebäuden während eines Zeitraums von mindestens sieben Tagen im Jahr gehalten werden und die kein Zoo im Sinne des § 42 Absatz 1 sind.

(2) Tiergehege sind so zu errichten und zu betreiben, dass
1. die sich aus § 42 Absatz 3 Nummer 1 bis 4 ergebenden Anforderungen eingehalten werden,
2. weder der Naturhaushalt noch das Landschaftsbild beeinträchtigt werden und
3. das Betreten von Wald und Flur sowie der Zugang zu Gewässern nicht in unangemessener Weise eingeschränkt wird.

(3) ¹Die Errichtung, Erweiterung, wesentliche Änderung und der Betrieb eines Tiergeheges sind der zuständigen Behörde mindestens einen Monat im Voraus anzuzeigen.[2]) ²Diese kann die erforderlichen Anordnungen treffen, um die Einhaltung der sich aus Absatz 2 ergebenden Anforderungen sicherzustellen. ³Sie kann die Beseitigung eines Tiergeheges anordnen, wenn nicht auf andere Weise rechtmäßige Zustände hergestellt werden können. ⁴In diesem Fall gilt § 42 Absatz 8 Satz 2 und 3 entsprechend.

(4) Die Länder können bestimmen, dass die Anforderungen nach Absatz 3 nicht gelten für Gehege,
1. die unter staatlicher Aufsicht stehen,
2. die nur für kurze Zeit aufgestellt werden oder eine geringe Fläche beanspruchen oder
3. in denen nur eine geringe Anzahl an Tieren oder Tiere mit geringen Anforderungen an ihre Haltung gehalten werden.

(5) Weiter gehende Vorschriften der Länder bleiben unberührt.

## Abschnitt 3. Besonderer Artenschutz

**§ 44 Vorschriften für besonders geschützte und bestimmte andere Tier- und Pflanzenarten.** (1) Es ist verboten,
1. wild lebenden Tieren der besonders geschützten Arten nachzustellen, sie zu fangen, zu verletzen oder zu töten oder ihre Entwicklungsformen aus der Natur zu entnehmen, zu beschädigen oder zu zerstören,
2. wild lebende Tiere der streng geschützten Arten und der europäischen Vogelarten während der Fortpflanzungs-, Aufzucht-, Mauser-, Überwinterungs- und Wanderungszeiten erheblich zu stören; eine erhebliche Störung liegt vor, wenn sich durch die Störung der Erhaltungszustand der lokalen Population einer Art verschlechtert,
3. Fortpflanzungs- oder Ruhestätten der wild lebenden Tiere der besonders geschützten Arten aus der Natur zu entnehmen, zu beschädigen oder zu zerstören,

---

[1]) Abweichendes Landesrecht in Nordrhein-Westfalen siehe Hinweis in BGBl. 2017 I S. 3285.
[2]) Abweichendes Landesrecht in Schleswig-Holstein siehe Hinweise in BGBl. 2010 I S. 450 und 2016 I S. 1648.

## 3.1 BNatSchG § 44

4. wild lebende Pflanzen der besonders geschützten Arten oder ihre Entwicklungsformen aus der Natur zu entnehmen, sie oder ihre Standorte zu beschädigen oder zu zerstören

(Zugriffsverbote).

(2) ¹Es ist ferner verboten,

1. Tiere und Pflanzen der besonders geschützten Arten in Besitz oder Gewahrsam zu nehmen, in Besitz oder Gewahrsam zu haben oder zu be- oder verarbeiten
(Besitzverbote),

2. Tiere und Pflanzen der besonders geschützten Arten im Sinne des § 7 Absatz 2 Nummer 13 Buchstabe b und c

    a) zu verkaufen, zu kaufen, zum Verkauf oder Kauf anzubieten, zum Verkauf vorrätig zu halten oder zu befördern, zu tauschen oder entgeltlich zum Gebrauch oder zur Nutzung zu überlassen,

    b) zu kommerziellen Zwecken zu erwerben, zur Schau zu stellen oder auf andere Weise zu verwenden

    (Vermarktungsverbote).

²Artikel 9 der Verordnung (EG) Nr. 338/97 bleibt unberührt.

(3) Die Besitz- und Vermarktungsverbote gelten auch für Waren im Sinne des Anhangs der Richtlinie 83/129/EWG, die entgegen den Artikeln 1 und 3 dieser Richtlinie nach dem 30. September 1983 in die Gemeinschaft gelangt sind.

(4) ¹Entspricht die land-, forst- und fischereiwirtschaftliche Bodennutzung und die Verwertung der dabei gewonnenen Erzeugnisse den in § 5 Absatz 2 bis 4 dieses Gesetzes genannten Anforderungen sowie den sich aus § 17 Absatz 2 des Bundes-Bodenschutzgesetzes[1)] und dem Recht der Land-, Forst- und Fischereiwirtschaft ergebenden Anforderungen an die gute fachliche Praxis, verstößt sie nicht gegen die Zugriffs-, Besitz- und Vermarktungsverbote. ²Sind in Anhang IV der Richtlinie 92/43/EWG aufgeführte Arten, europäische Vogelarten oder solche Arten, die in einer Rechtsverordnung nach § 54 Absatz 1 Nummer 2 aufgeführt sind, betroffen, gilt dies nur, soweit sich der Erhaltungszustand der lokalen Population einer Art durch die Bewirtschaftung nicht verschlechtert. ³Soweit dies nicht durch anderweitige Schutzmaßnahmen, insbesondere durch Maßnahmen des Gebietsschutzes, Artenschutzprogramme, vertragliche Vereinbarungen oder gezielte Aufklärung sichergestellt ist, ordnet die zuständige Behörde gegenüber den verursachenden Land-, Forst- oder Fischwirten die erforderlichen Bewirtschaftungsvorgaben an. ⁴Befugnisse nach Landesrecht zur Anordnung oder zum Erlass entsprechender Vorgaben durch Allgemeinverfügung oder Rechtsverordnung bleiben unberührt.

(5) ¹Für nach § 15 Absatz 1 unvermeidbare Beeinträchtigungen durch Eingriffe in Natur und Landschaft, die nach § 17 Absatz 1 oder Absatz 3 zugelassen oder von einer Behörde durchgeführt werden, sowie für Vorhaben im Sinne des § 18 Absatz 2 Satz 1 gelten die Zugriffs-, Besitz- und Vermarktungsverbote nach Maßgabe der Sätze 2 bis 5. ²Sind in Anhang IV Buchstabe a der Richtlinie 92/43/EWG aufgeführte Tierarten, europäische Vogelarten oder solche

---

[1)] Nr. 3.4.

Bundesnaturschutzgesetz  **§ 45 BNatSchG 3.1**

Arten betroffen, die in einer Rechtsverordnung nach § 54 Absatz 1 Nummer 2 aufgeführt sind, liegt ein Verstoß gegen

1. das Tötungs- und Verletzungsverbot nach Absatz 1 Nummer 1 nicht vor, wenn die Beeinträchtigung durch den Eingriff oder das Vorhaben das Tötungs- und Verletzungsrisiko für Exemplare der betroffenen Arten nicht signifikant erhöht und diese Beeinträchtigung bei Anwendung der gebotenen, fachlich anerkannten Schutzmaßnahmen nicht vermieden werden kann,

2. das Verbot des Nachstellens und Fangens wild lebender Tiere und der Entnahme, Beschädigung oder Zerstörung ihrer Entwicklungsformen nach Absatz 1 Nummer 1 nicht vor, wenn die Tiere oder ihre Entwicklungsformen im Rahmen einer erforderlichen Maßnahme, die auf den Schutz der Tiere vor Tötung oder Verletzung oder ihrer Entwicklungsformen vor Entnahme, Beschädigung oder Zerstörung und die Erhaltung der ökologischen Funktion der Fortpflanzungs- oder Ruhestätten im räumlichen Zusammenhang gerichtet ist, beeinträchtigt werden und diese Beeinträchtigungen unvermeidbar sind,

3. das Verbot nach Absatz 1 Nummer 3 nicht vor, wenn die ökologische Funktion der von dem Eingriff oder Vorhaben betroffenen Fortpflanzungs- und Ruhestätten im räumlichen Zusammenhang weiterhin erfüllt wird.

[3] Soweit erforderlich, können auch vorgezogene Ausgleichsmaßnahmen festgelegt werden. [4] Für Standorte wild lebender Pflanzen der in Anhang IV Buchstabe b der Richtlinie 92/43/EWG aufgeführten Arten gelten die Sätze 2 und 3 entsprechend. [5] Sind andere besonders geschützte Arten betroffen, liegt bei Handlungen zur Durchführung eines Eingriffs oder Vorhabens kein Verstoß gegen die Zugriffs-, Besitz- und Vermarktungsverbote vor.

(6) [1] Die Zugriffs- und Besitzverbote gelten nicht für Handlungen zur Vorbereitung gesetzlich vorgeschriebener Prüfungen, die von fachkundigen Personen unter größtmöglicher Schonung der untersuchten Exemplare und der übrigen Tier- und Pflanzenwelt im notwendigen Umfang vorgenommen werden. [2] Die Anzahl der verletzten oder getöteten Exemplare von europäischen Vogelarten und Arten der in Anhang IV Buchstabe a der Richtlinie 92/43/EWG aufgeführten Tierarten ist von der fachkundigen Person der für Naturschutz und Landschaftspflege zuständigen Behörde jährlich mitzuteilen.

**§ 45 Ausnahmen; Ermächtigung zum Erlass von Rechtsverordnungen.** (1) [1] Von den Besitzverboten sind, soweit sich aus einer Rechtsverordnung nach § 54 Absatz 5 nichts anderes ergibt, ausgenommen

1. Tiere und Pflanzen der besonders geschützten Arten, die rechtmäßig

   a) in der Gemeinschaft gezüchtet und nicht herrenlos geworden sind, durch künstliche Vermehrung gewonnen oder aus der Natur entnommen worden sind,

   b) aus Drittstaaten in die Gemeinschaft gelangt sind,

2. Tiere und Pflanzen der Arten, die in einer Rechtsverordnung nach § 54 Absatz 4 aufgeführt und vor ihrer Aufnahme in die Rechtsverordnung rechtmäßig in der Gemeinschaft erworben worden sind.

[2] Satz 1 Nummer 1 Buchstabe b gilt nicht für Tiere und Pflanzen der Arten im Sinne des § 7 Absatz 2 Nummer 13 Buchstabe b, die nach dem 3. April 2002

## 3.1 BNatSchG § 45

ohne eine Ausnahme oder Befreiung nach § 43 Absatz 8 Satz 2 oder § 62 des Bundesnaturschutzgesetzes in der bis zum 1. März 2010 geltenden Fassung oder nach dem 1. März 2010 ohne eine Ausnahme nach Absatz 8 aus einem Drittstaat unmittelbar in das Inland gelangt sind. [3]Abweichend von Satz 2 dürfen tote Vögel von europäischen Vogelarten im Sinne des § 7 Absatz 2 Nummer 13 Buchstabe b Doppelbuchstabe bb, soweit diese nach § 2 Absatz 1 des Bundesjagdgesetzes dem Jagdrecht unterliegen, zum persönlichen Gebrauch oder als Hausrat ohne eine Ausnahme oder Befreiung aus einem Drittstaat unmittelbar in das Inland verbracht werden.

(2) [1]Soweit nach Absatz 1 Tiere und Pflanzen der besonders geschützten Arten keinen Besitzverboten unterliegen, sind sie auch von den Vermarktungsverboten ausgenommen. [2]Dies gilt vorbehaltlich einer Rechtsverordnung nach § 54 Absatz 5 nicht für aus der Natur entnommene

1. Tiere und Pflanzen der streng geschützten Arten und
2. Tiere europäischer Vogelarten.

(3) Von den Vermarktungsverboten sind auch ausgenommen

1. Tiere und Pflanzen der streng geschützten Arten, die vor ihrer Unterschutzstellung als vom Aussterben bedrohte oder streng geschützte Arten rechtmäßig erworben worden sind,
2. Tiere europäischer Vogelarten, die vor dem 6. April 1981 rechtmäßig erworben worden oder in Anhang III Teil A der Richtlinie 2009/147/EG aufgeführt sind,
3. Tiere und Pflanzen der Arten, die den Richtlinien 92/43/EWG und 2009/147/EG unterliegen und die in einem Mitgliedstaat in Übereinstimmung mit den Richtlinien zu den in § 44 Absatz 2 Satz 1 Nummer 2 genannten Handlungen freigegeben worden sind.

(4) Abweichend von den Besitz- und Vermarktungsverboten ist es vorbehaltlich jagd- und fischereirechtlicher Vorschriften zulässig, tot aufgefundene Tiere und Pflanzen aus der Natur zu entnehmen und an die von der für Naturschutz und Landschaftspflege zuständigen Behörde bestimmte Stelle abzugeben oder, soweit sie nicht zu den streng geschützten Arten gehören, für Zwecke der Forschung oder Lehre oder zur Präparation für diese Zwecke zu verwenden.

(5) [1]Abweichend von den Verboten des § 44 Absatz 1 Nummer 1 sowie den Besitzverboten ist es vorbehaltlich jagdrechtlicher Vorschriften ferner zulässig, verletzte, hilflose oder kranke Tiere aufzunehmen, um sie gesund zu pflegen. [2]Die Tiere sind unverzüglich freizulassen, sobald sie sich selbständig erhalten können. [3]Im Übrigen sind sie an die von der für Naturschutz und Landschaftspflege zuständigen Behörde bestimmte Stelle abzugeben. [4]Handelt es sich um Tiere der streng geschützten Arten, so hat der Besitzer die Aufnahme des Tieres der für Naturschutz und Landschaftspflege zuständigen Behörde zu melden. [5]Diese kann die Herausgabe des aufgenommenen Tieres verlangen.

(6) [1]Die nach Landesrecht zuständigen Behörden können Ausnahmen von den Besitz- und Vermarktungsverboten zulassen, soweit dies für die Verwertung beschlagnahmter oder eingezogener Tiere und Pflanzen erforderlich ist und Rechtsakte der Europäischen Gemeinschaft nicht entgegenstehen. [2]Ist für die Beschlagnahme oder Einziehung eine Bundesbehörde zuständig, kann diese Behörde Ausnahmen von den Besitz- und Vermarktungsverboten im Sinne von Satz 1 zulassen.

Bundesnaturschutzgesetz **§ 45a BNatSchG 3.1**

(7) ¹Die für Naturschutz und Landschaftspflege zuständigen Behörden sowie im Fall des Verbringens aus dem Ausland das Bundesamt für Naturschutz können von den Verboten des § 44 im Einzelfall weitere Ausnahmen zulassen

1. zur Abwendung ernster land-, forst-, fischerei- oder wasserwirtschaftlicher oder sonstiger ernster wirtschaftlicher Schäden,
2. zum Schutz der natürlich vorkommenden Tier- und Pflanzenwelt,
3. für Zwecke der Forschung, Lehre, Bildung oder Wiederansiedlung oder diesen Zwecken dienende Maßnahmen der Aufzucht oder künstlichen Vermehrung,
4. im Interesse der Gesundheit des Menschen, der öffentlichen Sicherheit, einschließlich der Verteidigung und des Schutzes der Zivilbevölkerung, oder der maßgeblich günstigen Auswirkungen auf die Umwelt oder
5. aus anderen zwingenden Gründen des überwiegenden öffentlichen Interesses einschließlich solcher sozialer oder wirtschaftlicher Art.

²Eine Ausnahme darf nur zugelassen werden, wenn zumutbare Alternativen nicht gegeben sind und sich der Erhaltungszustand der Populationen einer Art nicht verschlechtert, soweit nicht Artikel 16 Absatz 1 der Richtlinie 92/43/EWG weiter gehende Anforderungen enthält. ³Artikel 16 Absatz 3 der Richtlinie 92/43/EWG und Artikel 9 Absatz 2 der Richtlinie 2009/147/EG sind zu beachten. ⁴Die Landesregierungen können Ausnahmen auch allgemein durch Rechtsverordnung zulassen. ⁵Sie können die Ermächtigung nach Satz 4 durch Rechtsverordnung auf andere Landesbehörden übertragen.

(8) Das Bundesamt für Naturschutz kann im Fall des Verbringens aus dem Ausland von den Verboten des § 44 unter den Voraussetzungen des Absatzes 7 Satz 2 und 3 im Einzelfall weitere Ausnahmen zulassen, um unter kontrollierten Bedingungen und in beschränktem Ausmaß eine vernünftige Nutzung von Tieren und Pflanzen bestimmter Arten im Sinne des § 7 Absatz 2 Nummer 13 Buchstabe b sowie für gezüchtete und künstlich vermehrte Tiere oder Pflanzen dieser Arten zu ermöglichen.

**§ 45a Umgang mit dem Wolf.** (1) ¹Das Füttern und Anlocken mit Futter von wildlebenden Exemplaren der Art Wolf (Canis lupus) ist verboten. ²Ausgenommen sind Maßnahmen der für Naturschutz und Landschaftspflege zuständigen Behörde. ³§ 45 Absatz 5 findet keine Anwendung.

(2) ¹§ 45 Absatz 7 Satz 1 Nummer 1 gilt mit der Maßgabe, dass, wenn Schäden bei Nutztierrissen keinem bestimmten Wolf eines Rudels zugeordnet worden sind, der Abschuss von einzelnen Mitgliedern des Wolfsrudels in engem räumlichem und zeitlichem Zusammenhang mit bereits eingetretenen Rissereignissen auch ohne Zuordnung der Schäden zu einem bestimmten Einzeltier bis zum Ausbleiben von Schäden fortgeführt werden darf. ²Ernste wirtschaftliche Schäden im Sinne von § 45 Absatz 7 Satz 1 Nummer 1 können auch drohen, wenn ein Wolf nicht landwirtschaftlich gehaltene Weidetiere reißt, soweit diese durch zumutbare Herdenschutzmaßnahmen geschützt waren. ³Die in Satz 1 geregelte Möglichkeit des Abschusses weiterer Wölfe gilt auch für Entnahmen im Interesse der Gesundheit des Menschen nach § 45 Absatz 7 Satz 1 Nummer 4. ⁴Die Anforderungen des § 45 Absatz 7 Satz 2 und 3 sind zu beachten.

(3) Vorkommen von Hybriden zwischen Wolf und Hund (Wolfshybriden) in der freien Natur sind durch die für Naturschutz und Landschaftspflege zustän-

dige Behörde zu entnehmen; die Verbote des § 44 Absatz 1 Nummer 1 gelten insoweit nicht.

(4) [1] Bei der Bestimmung von geeigneten Personen, die eine Entnahme von Wölfen nach Erteilung einer Ausnahme gemäß § 45 Absatz 7, auch in Verbindung mit Absatz 2, sowie nach Absatz 3 durchführen, berücksichtigt die für Naturschutz und Landschaftspflege zuständige Behörde nach Möglichkeit die Jagdausübungsberechtigten, soweit diese ihr Einverständnis hierzu erteilen. [2] Erfolgt die Entnahme nicht durch die Jagdausübungsberechtigten, sind die Maßnahmen zur Durchführung der Entnahme durch die Jagdausübungsberechtigten zu dulden. [3] Die Jagdausübungsberechtigten sind in geeigneter Weise vor Beginn über Maßnahmen zur Entnahme zu benachrichtigen; ihnen ist nach Möglichkeit Gelegenheit zur Unterstützung bei der Durchführung der Entnahme zu geben. [4] Bei Gefahr im Verzug bedarf es der vorherigen Benachrichtigung nach Satz 3 nicht.

**§ 46 Nachweispflicht.** (1) Diejenige Person, die

1. lebende Tiere oder Pflanzen der besonders geschützten Arten, ihre lebenden oder toten Entwicklungsformen oder im Wesentlichen vollständig erhaltene tote Tiere oder Pflanzen der besonders geschützten Arten[1])

2. ohne Weiteres erkennbare Teile von Tieren oder Pflanzen der streng geschützten Arten oder ohne Weiteres erkennbar aus ihnen gewonnene Erzeugnisse

besitzt oder die tatsächliche Gewalt darüber ausübt, kann sich gegenüber den für Naturschutz und Landschaftspflege zuständigen Behörden auf eine Berechtigung hierzu nur berufen, wenn sie auf Verlangen diese Berechtigung nachweist oder nachweist, dass sie oder ein Dritter die Tiere oder Pflanzen vor ihrer Unterschutzstellung als besonders geschützte Art in Besitz hatte.

(2) [1] Auf Erzeugnisse im Sinne des Absatzes 1 Nummer 2, die dem persönlichen Gebrauch oder als Hausrat dienen, ist Absatz 1 nicht anzuwenden. [2] Für Tiere oder Pflanzen, die vor ihrer Unterschutzstellung als besonders geschützte Art erworben wurden und die dem persönlichen Gebrauch oder als Hausrat dienen, genügt anstelle des Nachweises nach Absatz 1 die Glaubhaftmachung. [3] Die Glaubhaftmachung darf nur verlangt werden, wenn Tatsachen die Annahme rechtfertigen, dass keine Berechtigung vorliegt.

(3) Soweit nach Artikel 8 oder Artikel 9 der Verordnung (EG) Nr. 338/97 die Berechtigung zu den dort genannten Handlungen nachzuweisen ist oder für den Nachweis bestimmte Dokumente vorgeschrieben sind, ist der Nachweis in der in der genannten Verordnung vorgeschriebenen Weise zu führen.

**§ 47 Einziehung und Beschlagnahme.** [1] Kann für Tiere oder Pflanzen eine Berechtigung nach § 46 nicht nachgewiesen oder glaubhaft gemacht werden, können diese von den für Naturschutz und Landschaftspflege zuständigen Behörden beschlagnahmt oder eingezogen werden. [2] § 51 gilt entsprechend; § 51 Absatz 1 Satz 2 gilt mit der Maßgabe, dass auch die Vorlage einer Bescheinigung einer sonstigen unabhängigen sachverständigen Stelle oder Person verlangt werden kann.

---

[1]) Fehlende Interpunktion bzw. fehlender Wortlaut amtlich.

**Abschnitt 4. Zuständige Behörden, Verbringen von Tieren und Pflanzen**

**§ 48** Zuständige Behörden für den Schutz von Exemplaren wild lebender Tier- und Pflanzenarten durch Überwachung des Handels.

(1) Vollzugsbehörden im Sinne des Artikels 13 Absatz 1 der Verordnung (EG) Nr. 338/97 und des Artikels IX des Washingtoner Artenschutzübereinkommens sind

1. das Bundesministerium für Umwelt, Naturschutz und nukleare Sicherheit für den Verkehr mit anderen Vertragsparteien und mit dem Sekretariat (Artikel IX Absatz 2 des Washingtoner Artenschutzübereinkommens), mit Ausnahme der in Nummer 2 Buchstabe a und c sowie Nummer 4 genannten Aufgaben, und für die in Artikel 12 Absatz 1, 3 und 5, den Artikeln 13 und 15 Absatz 1 und 5 und Artikel 20 der Verordnung (EG) Nr. 338/97 genannten Aufgaben,

2. das Bundesamt für Naturschutz

a) für die Erteilung von Ein- und Ausfuhrgenehmigungen und Wiederausfuhrbescheinigungen im Sinne des Artikels 4 Absatz 1 und 2 und des Artikels 5 Absatz 1 und 4 der Verordnung (EG) Nr. 338/97 sowie von sonstigen Dokumenten im Sinne des Artikels IX Absatz 1 Buchstabe a des Washingtoner Artenschutzübereinkommens sowie für den Verkehr mit dem Sekretariat, der Kommission der Europäischen Gemeinschaften und mit Behörden anderer Vertragsstaaten und Nichtvertragsstaaten im Zusammenhang mit der Bearbeitung von Genehmigungsanträgen oder bei der Verfolgung von Ein- und Ausfuhrverstößen sowie für die in Artikel 15 Absatz 4 Buchstabe a und c der Verordnung (EG) Nr. 338/97 genannten Aufgaben,

b) für die Zulassung von Ausnahmen nach Artikel 8 Absatz 3 der Verordnung (EG) Nr. 338/97 im Fall der Einfuhr,

c) für die Anerkennung von Betrieben, in denen im Sinne des Artikels VII Absatz 4 des Washingtoner Artenschutzübereinkommens Exemplare für Handelszwecke gezüchtet oder künstlich vermehrt werden sowie für die Meldung des in Artikel 7 Absatz 1 Nummer 4 der Verordnung (EG) Nr. 338/97 genannten Registrierungsverfahrens gegenüber dem Sekretariat (Artikel IX Absatz 2 des Washingtoner Artenschutzübereinkommens),

d) die Erteilung von Bescheinigungen nach den Artikeln 30, 37 und 44a der Verordnung (EG) Nr. 865/2006 der Kommission vom 4. Mai 2006 mit Durchführungsbestimmungen zur Verordnung (EG) Nr. 338/97 des Rates über den Schutz von Exemplaren wild lebender Tier- und Pflanzenarten durch Überwachung des Handels (ABl. L 166 vom 19.6.2006, S. 1), die durch die Verordnung (EG) Nr. 100/2008 (ABl. L 31 vom 5.2.2008, S. 3) geändert worden ist, im Fall der Ein- und Ausfuhr,

e) die Registrierung von Kaviarverpackungsbetrieben nach Artikel 66 der Verordnung (EG) Nr. 865/2006,

f) für die Verwertung der von den Zollstellen nach § 51 eingezogenen lebenden Tieren und Pflanzen sowie für die Verwertung von Zollbehörden nach § 51 eingezogenen toten Tiere und Pflanzen sowie Teilen davon und Erzeugnisse daraus, soweit diese von streng geschützten Arten stammen,

3. die Bundeszollverwaltung für den Informationsaustausch mit dem Sekretariat in Angelegenheiten der Bekämpfung der Artenschutzkriminalität,
4. die nach Landesrecht für Naturschutz und Landschaftspflege zuständigen Behörden für alle übrigen Aufgaben im Sinne der Verordnung (EG) Nr. 338/97.

(2) Wissenschaftliche Behörde im Sinne des Artikels 13 Absatz 2 der Verordnung (EG) Nr. 338/97 ist das Bundesamt für Naturschutz.

**§ 48a Zuständige Behörden in Bezug auf invasive Arten.** [1] Zuständig für den Vollzug der Verordnung (EU) Nr. 1143/2014, der Vorschriften dieses Gesetzes und der auf ihrer Grundlage erlassenen Rechtsvorschriften in Bezug auf invasive Arten sind

1. das Bundesministerium für Umwelt, Naturschutz und nukleare Sicherheit für die Erfüllung von Verpflichtungen zur Notifizierung und Unterrichtung der Europäischen Kommission und anderer Mitgliedstaaten gemäß Artikel 10 Absatz 2, Artikel 12 Absatz 1 und 2, Artikel 16 Absatz 2, Artikel 17 Absatz 1 und 4, Artikel 18 Absatz 1, Artikel 19 Absatz 5, Artikel 23 und 24 Absatz 2 der Verordnung;
2. das Bundesamt für Naturschutz
    a) für den Vollzug im Bereich der deutschen ausschließlichen Wirtschaftszone und des Festlandsockels und
    b) für die Erteilung von Genehmigungen gemäß § 40c bei Verbringung aus dem Ausland;
3. die zuständigen Dienststellen der Bundeswehr
    a) im Hinblick auf militärisches Gerät der Bundeswehr,
    b) für die Durchführung der Überwachung nach Artikel 14, der Früherkennung nach Artikel 16 Absatz 1, von Maßnahmen zur sofortigen Beseitigung nach den Artikeln 17 und 18 der Verordnung sowie der nach § 40e festgelegten Managementmaßnahmen auf den durch die Bundeswehr militärisch genutzten Flächen;
4. die Bundesanstalt für Immobilienaufgaben für die Durchführung der in Nummer 3 Buchstabe b genannten Maßnahmen auf den durch die Gaststreitkräfte militärisch genutzten Flächen;
5. für alle übrigen Aufgaben die nach Landesrecht zuständigen Behörden.

[2] Die in Satz 1 Nummer 3 und 4 genannten Behörden führen die in Nummer 3 Buchstabe b und Nummer 4 genannten Maßnahmen im Benehmen mit den für Naturschutz und Landschaftspflege zuständigen Behörden und unter Berücksichtigung der durch diese festgelegten Zielvorgaben durch.

**§ 49 Mitwirkung der Zollbehörden.** (1) [1] Die Zollbehörden wirken mit bei der Überwachung des Verbringens von Tieren und Pflanzen, die einer Ein- oder Ausfuhrregelung nach Rechtsakten der Europäischen Gemeinschaft unterliegen, sowie bei der Überwachung von Besitz- und Vermarktungsverboten nach diesem Kapitel im Warenverkehr mit Drittstaaten. [2] Die Zollbehörden dürfen im Rahmen der Überwachung vorgelegte Dokumente an die nach § 48 zuständigen Behörden weiterleiten, soweit zureichende tatsächliche Anhaltspunkte dafür bestehen, dass Tiere oder Pflanzen unter Verstoß gegen Regelungen oder Verbote im Sinne des Satzes 1 verbracht werden.

Bundesnaturschutzgesetz §§ 50, 51 BNatSchG 3.1

(2) ¹Die Zollstellen, bei denen Tiere und Pflanzen zur Ein-, Durch- und Ausfuhr nach diesem Kapitel anzumelden sind, werden vom Bundesministerium für Umwelt, Naturschutz und nukleare Sicherheit im Einvernehmen mit der Generalzolldirektion im Bundesanzeiger bekannt gegeben. ²Auf Zollstellen, bei denen lebende Tiere und Pflanzen anzumelden sind, ist besonders hinzuweisen.

**§ 50 Anmeldepflicht bei der Ein-, Durch- und Ausfuhr oder dem Verbringen aus Drittstaaten.** (1) ¹Wer Tiere oder Pflanzen, die einer von der Europäischen Gemeinschaft erlassenen Ein- oder Ausfuhrregelung unterliegen oder deren Verbringen aus einem Drittstaat einer Ausnahme des Bundesamtes für Naturschutz bedarf, unmittelbar aus einem Drittstaat in den oder durch den Geltungsbereich dieses Gesetzes verbringt (Ein- oder Durchfuhr) oder aus dem Geltungsbereich dieses Gesetzes in einen Drittstaat verbringt (Ausfuhr), hat diese Tiere oder Pflanzen zur Ein-, Durch- oder Ausfuhr unter Vorlage der für die Ein-, Durch- oder Ausfuhr vorgeschriebenen Genehmigungen oder sonstigen Dokumente bei einer nach § 49 Absatz 2 bekannt gegebenen Zollstelle anzumelden und auf Verlangen vorzuführen. ²Das Bundesamt für Naturschutz kann auf Antrag aus vernünftigem Grund eine andere als die in Satz 1 bezeichnete Zollstelle zur Abfertigung bestimmen, wenn diese ihr Einverständnis erteilt hat und Rechtsvorschriften dem nicht entgegenstehen.

(2) Die ein-, durch- oder ausführende Person hat die voraussichtliche Ankunftszeit lebender Tiere der abfertigenden Zollstelle unter Angabe der Art und Zahl der Tiere mindestens 18 Stunden vor der Ankunft mitzuteilen.

**§ 51 Inverwahrungnahme, Beschlagnahme und Einziehung durch die Zollbehörden.** (1) ¹Ergeben sich im Rahmen der zollamtlichen Überwachung Zweifel, ob das Verbringen von Tieren oder Pflanzen Regelungen oder Verboten im Sinne des § 49 Absatz 1 unterliegt, kann die Zollbehörde die Tiere oder Pflanzen auf Kosten der verfügungsberechtigten Person bis zur Klärung der Zweifel in Verwahrung nehmen oder einen Dritten mit der Verwahrung beauftragen; sie kann die Tiere oder Pflanzen auch der verfügungsberechtigten Person unter Auferlegung eines Verfügungsverbotes überlassen. ²Zur Klärung der Zweifel kann die Zollbehörde von der verfügungsberechtigten Person die Vorlage einer Bescheinigung einer vom Bundesministerium für Umwelt, Naturschutz und nukleare Sicherheit anerkannten unabhängigen sachverständigen Stelle oder Person darüber verlangen, dass es sich nicht um Tiere oder Pflanzen handelt, die zu den Arten oder Populationen gehören, die einer von der Europäischen Gemeinschaft erlassenen Ein- oder Ausfuhrregelung oder Besitz- und Vermarktungsverboten nach diesem Kapitel unterliegen. ³Erweisen sich die Zweifel als unbegründet, hat der Bund der verfügungsberechtigten Person die Kosten für die Beschaffung der Bescheinigung und die zusätzlichen Kosten der Verwahrung zu erstatten.

(2) ¹Wird bei der zollamtlichen Überwachung festgestellt, dass Tiere oder Pflanzen ohne die vorgeschriebenen Genehmigungen oder sonstigen Dokumente ein-, durch- oder ausgeführt werden, werden sie durch die Zollbehörde beschlagnahmt. ²Beschlagnahmte Tiere oder Pflanzen können der verfügungsberechtigten Person unter Auferlegung eines Verfügungsverbotes überlassen werden. ³Werden die vorgeschriebenen Genehmigungen oder sonstigen Dokumente nicht innerhalb eines Monats nach der Beschlagnahme vorgelegt, so ordnet die Zollbehörde die Einziehung an; die Frist kann angemessen ver-

längert werden, längstens bis zu insgesamt sechs Monaten. ⁴Wird festgestellt, dass es sich um Tiere oder Pflanzen handelt, für die eine Ein- oder Ausfuhrgenehmigung nicht erteilt werden darf, werden sie sofort eingezogen.

(2a) ¹Die Zollbehörden können bei Verdacht eines Verstoßes gegen Regelungen im Sinne des § 49 Absatz 1, der sich bei der Wahrnehmung ihrer Aufgaben ergibt, Adressdaten der ein-, durch- oder ausführenden Person den gemäß § 70 zuständigen Behörden mitteilen. ²Der Betroffene ist hierüber in Kenntnis zu setzen. ³Das Brief- und Postgeheimnis (Artikel 10 des Grundgesetzes) wird insoweit eingeschränkt.

(3) Die Absätze 2 und 2a gelten entsprechend, wenn bei der zollamtlichen Überwachung nach § 50 Absatz 1 festgestellt wird, dass dem Verbringen Besitz- und Vermarktungsverbote entgegenstehen.

(4) ¹Werden beschlagnahmte oder eingezogene Tiere oder Pflanzen veräußert, wird der Erlös an den Eigentümer ausgezahlt, wenn er nachweist, dass ihm die Umstände, die die Beschlagnahme oder Einziehung veranlasst haben, ohne sein Verschulden nicht bekannt waren. ²Dritte, deren Rechte durch die Einziehung oder Veräußerung erlöschen, werden unter den Voraussetzungen des Satzes 1 aus dem Erlös entschädigt.

(5) Werden Tiere oder Pflanzen beschlagnahmt oder eingezogen, so werden die hierdurch entstandenen Kosten, insbesondere für Pflege, Unterbringung, Beförderung, Rücksendung oder Verwertung, der verbringenden Person auferlegt; kann sie nicht ermittelt werden, werden sie dem Absender, Beförderer oder Besteller auferlegt, wenn diesem die Umstände, die die Beschlagnahme oder Einziehung veranlasst haben, bekannt waren oder hätten bekannt sein müssen.

## § 51a Überwachung des Verbringens invasiver Arten in die Union.

(1) ¹Zuständig für amtliche Kontrollen nach Artikel 15 Absatz 2 der Verordnung (EU) Nr. 1143/2014 zur Verhütung der vorsätzlichen Einbringung von invasiven Arten sind

1. in Bezug auf pflanzliche Warenkategorien, die in der Unionsliste nach Artikel 4 Absatz 5 der Verordnung (EU) Nr. 1143/2014 aufgeführt sind und die aufgrund der pflanzenbeschaurechtlichen Einfuhrvorschriften der Europäischen Union bei der Verbringung in die Union amtlichen Kontrollen unterliegen, die nach Landesrecht zuständigen Behörden;

2. in Bezug auf tierische Warenkategorien, die in der Unionsliste nach Artikel 4 Absatz 5 der Verordnung (EU) Nr. 1143/2014 aufgeführt sind und die aufgrund der tiergesundheitsrechtlichen Einfuhrvorschriften der Europäischen Union bei der Verbringung in die Union amtlichen Kontrollen unterliegen, die nach Landesrecht zuständigen Behörden.

²Satz 1 gilt entsprechend für in einer Rechtsverordnung nach § 54 Absatz 4 festgelegte Arten und diesen zugehörige Warenkategorien.

(2) ¹Die Zollbehörden wirken bei der Überwachung des Verbringens von invasiven Arten nach Artikel 15 der Verordnung (EU) Nr. 1143/2014 aus Drittstaaten mit. ²Die Zollbehörden können

1. Sendungen einschließlich der Beförderungsmittel, Behälter, Lade- und Verpackungsmittel bei der Einfuhr zur Überwachung anhalten,

Bundesnaturschutzgesetz  § 52  BNatSchG 3.1

2. den Verdacht eines Verstoßes gegen Vorschriften der Verordnung (EU) Nr. 1143/2014, dieses Gesetzes oder der auf ihrer Grundlage erlassenen Rechtsvorschriften, der sich bei der Wahrnehmung ihrer Aufgaben ergibt, den nach Landesrecht zuständigen Behörden und dem Bundesamt für Naturschutz mitteilen und die im Rahmen der Überwachung vorgelegten Dokumente an diese weiterleiten und

3. im Fall der Nummer 2 anordnen, dass Sendungen auf Kosten und Gefahr des Verfügungsberechtigten den nach Landesrecht zuständigen Behörden vorgeführt werden.

[3] Das Brief- und Postgeheimnis nach Artikel 10 des Grundgesetzes wird insoweit eingeschränkt. [4] Unterliegen Warenkategorien keiner amtlichen Kontrolle durch die in Absatz 1 genannten Behörden, findet § 51 Anwendung.

(3) [1] Wird im Rahmen der amtlichen Kontrollen für die in Absatz 1 Nummer 1 und 2 genannten Warenkategorien festgestellt, dass Tiere oder Pflanzen einer invasiven Art aus Drittstaaten verbracht werden sollen, ohne dass eine erforderliche Genehmigung nach § 40c vorgelegt oder eine Berechtigung nach Artikel 31 der Verordnung (EU) Nr. 1143/2014 glaubhaft gemacht wird, werden sie durch die nach Landesrecht zuständigen Behörden beschlagnahmt. [2] Beschlagnahmte Tiere oder Pflanzen können der verfügungsberechtigten Person unter Auferlegung eines Verfügungsverbots überlassen werden.

(4) [1] Wird die erforderliche Genehmigung nicht innerhalb eines Monats nach der Beschlagnahme vorgelegt, so können die nach Landesrecht zuständigen Behörden die Zurückweisung einer Sendung von der Einfuhr anordnen. [2] Ist die Erteilung einer Genehmigung offensichtlich ausgeschlossen, so kann eine sofortige Zurückweisung erfolgen. [3] Sofern eine Zurückweisung der Sendung nicht möglich ist, kann diese eingezogen werden; eingezogene Pflanzen können vernichtet werden. [4] § 51 Absatz 5 gilt entsprechend. [5] Die Frist nach Satz 1 kann angemessen verlängert werden, längstens bis zu insgesamt sechs Monaten. [6] Die Sätze 1 bis 5 gelten entsprechend für die Glaubhaftmachung des Vorliegens der Voraussetzungen des Artikels 31 der Verordnung (EU) Nr. 1143/2014.

**Abschnitt 5. Auskunfts- und Zutrittsrecht; Gebühren und Auslagen**

**§ 52 Auskunfts- und Zutrittsrecht.** (1) Natürliche und juristische Personen sowie nicht rechtsfähige Personenvereinigungen haben den für Naturschutz und Landschaftspflege zuständigen oder den gemäß § 48a zuständigen Behörden oder nach § 49 oder § 51a mitwirkenden Behörden auf Verlangen die Auskünfte zu erteilen, die zur Durchführung der Rechtsakte der Europäischen Gemeinschaft, dieses Kapitels oder der zu ihrer Durchführung erlassenen Rechtsvorschriften erforderlich sind.

(2) [1] Personen, die von den in Absatz 1 genannten Behörden beauftragt sind, dürfen, soweit dies erforderlich ist, im Rahmen des Absatzes 1 betrieblich oder geschäftlich genutzte Grundstücke, Gebäude, Räume, Seeanlagen, Schiffe und Transportmittel der zur Auskunft verpflichteten Person während der Geschäfts- und Betriebszeiten betreten und die Behältnisse sowie die geschäftlichen Unterlagen einsehen. [2] Die zur Auskunft verpflichtete Person hat, soweit erforderlich, die beauftragten Personen dabei zu unterstützen sowie die geschäftlichen Unterlagen auf Verlangen vorzulegen.

## 3.1 BNatSchG §§ 53, 54

(3) Für die zur Auskunft verpflichtete Person gilt § 55 der Strafprozessordnung entsprechend.

(4) ¹Die zuständigen Behörden und ihre Beauftragten dürfen, soweit dies für den Vollzug der Verordnung (EU) Nr. 1143/2014, dieses Gesetzes und der auf ihrer Grundlage erlassenen Rechtsvorschriften in Bezug auf invasive Arten erforderlich ist, privat, betrieblich oder geschäftlich genutzte Grundstücke, Gebäude, Räume, Seeanlagen und Transportmittel ohne Einwilligung des Inhabers betreten. ²Gebäude und Räume dürfen nach dieser Vorschrift nur betreten werden, wenn sie nicht zu Wohnzwecken genutzt werden. ³Im Fall betrieblicher Nutzung soll die Maßnahme während der Geschäfts- und Betriebszeiten durchgeführt werden. ⁴Im Fall privater Nutzung sollen dem Eigentümer und dem unmittelbaren Besitzer die Möglichkeit gegeben werden, bei der Maßnahme anwesend zu sein. ⁵Das Grundrecht der Unverletzlichkeit der Wohnung (Artikel 13 des Grundgesetzes[1])) wird insoweit eingeschränkt.

## § 53 *(aufgehoben)*

### Abschnitt 6. Ermächtigungen

**§ 54 Ermächtigung zum Erlass von Rechtsverordnungen und Verwaltungsvorschriften.** (1) Das Bundesministerium für Umwelt, Naturschutz und nukleare Sicherheit wird ermächtigt, durch Rechtsverordnung mit Zustimmung des Bundesrates bestimmte, nicht unter § 7 Absatz 2 Nummer 13 Buchstabe a oder Buchstabe b fallende Tier- und Pflanzenarten oder Populationen solcher Arten unter besonderen Schutz zu stellen, soweit es sich um natürlich vorkommende Arten handelt, die

1. im Inland durch den menschlichen Zugriff in ihrem Bestand gefährdet sind, oder soweit es sich um Arten handelt, die mit solchen gefährdeten Arten oder mit Arten im Sinne des § 7 Absatz 2 Nummer 13 Buchstabe b verwechselt werden können, oder

2. in ihrem Bestand gefährdet sind und für die die Bundesrepublik Deutschland in hohem Maße verantwortlich ist.

(2) Das Bundesministerium für Umwelt, Naturschutz und nukleare Sicherheit wird ermächtigt, durch Rechtsverordnung mit Zustimmung des Bundesrates

1. bestimmte, nach § 7 Absatz 2 Nummer 13 Buchstabe a oder Buchstabe b besonders geschützte

   a) Tier- und Pflanzenarten, die in Anhang B der Verordnung (EG) Nr. 338/97 aufgeführt sind,

   b) europäische Vogelarten,

2. bestimmte sonstige Tier- und Pflanzenarten im Sinne des Absatzes 1

unter strengen Schutz zu stellen, soweit es sich um natürlich vorkommende Arten handelt, die im Inland vom Aussterben bedroht sind oder für die die Bundesrepublik Deutschland in besonders hohem Maße verantwortlich ist.

---

[1]) Nr. **1.1**.

(3) Das Bundesministerium für Umwelt, Naturschutz und nukleare Sicherheit wird ermächtigt, durch Rechtsverordnung[1]) mit Zustimmung des Bundesrates

1. näher zu bestimmen, welche Teile von Tieren oder Pflanzen besonders geschützter Arten oder aus solchen Tieren oder Pflanzen gewonnene Erzeugnisse als ohne Weiteres erkennbar im Sinne des § 7 Absatz 2 Nummer 1 Buchstabe c und d oder Nummer 2 Buchstabe c und d anzusehen sind,
2. bestimmte besonders geschützte Arten oder Herkünfte von Tieren oder Pflanzen besonders geschützter Arten sowie gezüchtete oder künstlich vermehrte Tiere oder Pflanzen besonders geschützter Arten von Verboten des § 44 ganz, teilweise oder unter bestimmten Voraussetzungen auszunehmen, soweit der Schutzzweck dadurch nicht gefährdet wird und die Artikel 12, 13 und 16 der Richtlinie 92/43/EWG, die Artikel 5 bis 7 und 9 der Richtlinie 2009/147/EG, sonstige Rechtsakte der Europäischen Gemeinschaft oder Verpflichtungen aus internationalen Artenschutzübereinkommen dem nicht entgegenstehen.

(4) [1]Das Bundesministerium für Umwelt, Naturschutz und nukleare Sicherheit wird ermächtigt, durch Rechtsverordnung mit Zustimmung des Bundesrates die Beschränkungen des Artikels 7 Absatz 1, die Überwachungspflicht gemäß Artikel 14, die amtlichen Kontrollen gemäß Artikel 15, die Pflicht zur sofortigen Beseitigung gemäß Artikel 17, die Managementpflicht gemäß Artikel 19 und die Wiederherstellungspflicht gemäß Artikel 20 der Verordnung (EU) Nr. 1143/2014 ganz oder teilweise zu erstrecken

1. auf solche Arten, für die die Voraussetzungen des Artikels 10 Absatz 1 der Verordnung (EU) Nr. 1143/2014 vorliegen,
2. auf Arten, für die Durchführungsrechtsakte nach Artikel 11 Absatz 2 Satz 2 der Verordnung (EU) Nr. 1143/2014 erlassen wurden, oder
3. auf weitere Arten, deren Vorkommen außerhalb ihres natürlichen Verbreitungsgebiets die biologische Vielfalt und die damit verbundenen Ökosystemdienstleistungen im Inland gefährden oder nachteilig beeinflussen.

[2]Für die betroffenen Arten gelten die Artikel 31 und 32 der Verordnung (EU) Nr. 1143/2014 entsprechend. [3]Satz 1 Nummer 3 gilt nicht für in der Land- und Forstwirtschaft angebaute Pflanzen.

(4a) Das Bundesministerium für Umwelt, Naturschutz und nukleare Sicherheit wird ermächtigt, durch Rechtsverordnung mit Zustimmung des Bundesrates zur Erleichterung von Maßnahmen gegen invasive Arten bestimmte Verfahren, Mittel oder Geräte für Maßnahmen gegen invasive Arten, die durch Behörden oder Private durchgeführt werden, vorzuschreiben.

(4b) Das Bundesministerium für Umwelt, Naturschutz und nukleare Sicherheit wird ermächtigt, durch Rechtsverordnung mit Zustimmung des Bundesrates zur Erleichterung der Überwachung des Genehmigungserfordernisses nach § 40 Absatz 1

1. die Vorkommensgebiete von Gehölzen und Saatgut zu bestimmen,
2. einen Nachweis, dass Gehölze und Saatgut aus bestimmten Vorkommensgebieten stammen, vorzuschreiben und Anforderungen für einen solchen Nachweis festzulegen,

---

[1]) Siehe die BundesartenschutzVO (Nr. **3.1.1**).

## 3.1 BNatSchG § 54

3. Regelungen zu Mindeststandards für die Erfassung und Anerkennung von Erntebeständen gebietseigener Herkünfte zu treffen.

(4c) Das Bundesministerium für Umwelt, Naturschutz und nukleare Sicherheit wird ermächtigt, durch Rechtsverordnung mit Zustimmung des Bundesrates die Durchführung der amtlichen Kontrollen gemäß Artikel 15 der Verordnung (EU) Nr. 1143/2014 zu regeln.

(4d) Das Bundesministerium für Umwelt, Naturschutz und nukleare Sicherheit hat durch Rechtsverordnung mit Zustimmung des Bundesrates zum Schutz von Tieren und Pflanzen wild lebender Arten vor nachteiligen Auswirkungen von Lichtimmissionen

1. Grenzwerte für Lichtemissionen, die von Beleuchtungen im Sinne von § 41a Absatz 1 Satz 1 und 2 nicht überschritten werden dürfen, festzulegen,
2. die durch Beleuchtungen im Sinne von § 41a Absatz 1 Satz 1 und 2 zu erfüllenden technischen Anforderungen sowie konstruktiven Anforderungen und Schutzmaßnahmen näher zu bestimmen,
3. nähere Vorgaben zur Art und Weise der Erfüllung der Um- und Nachrüstungspflicht für Beleuchtungen an öffentlichen Straßen und Wegen nach § 41a Absatz 1 Satz 3 zu erlassen und den Zeitpunkt zu bestimmen, ab dem diese Pflicht zu erfüllen ist,
4. zur Konkretisierung der Anzeigepflicht nach § 41a Absatz 3 Satz 1 insbesondere zu bestimmen,

   a) welche Beleuchtungen der Anzeigepflicht unterliegen,

   b) welche Informationen in der Anzeige gegenüber der zuständigen Behörde anzugeben sind.

(5) Das Bundesministerium für Umwelt, Naturschutz und nukleare Sicherheit wird ermächtigt, soweit dies aus Gründen des Artenschutzes erforderlich ist und Rechtsakte der Europäischen Gemeinschaft dem nicht entgegenstehen, durch Rechtsverordnung mit Zustimmung des Bundesrates

1. die Haltung oder die Zucht von Tieren,
2. das Inverkehrbringen von Tieren und Pflanzen

bestimmter besonders geschützter Arten zu verbieten oder zu beschränken.

(6) [1]Das Bundesministerium für Umwelt, Naturschutz und nukleare Sicherheit wird ermächtigt, soweit dies aus Gründen des Artenschutzes, insbesondere zur Erfüllung der sich aus Artikel 15 der Richtlinie 92/43/EWG, Artikel 8 der Richtlinie 2009/147/EG oder aus internationalen Artenschutzübereinkommen ergebenden Verpflichtungen, erforderlich ist, durch Rechtsverordnung[1] mit Zustimmung des Bundesrates

1. die Herstellung, den Besitz, das Inverkehrbringen oder die Verwendung bestimmter Geräte, Mittel oder Vorrichtungen, mit denen in Mengen oder wahllos wild lebende Tiere getötet, bekämpft oder gefangen oder Pflanzen bekämpft oder vernichtet werden können, oder durch die das örtliche Verschwinden oder sonstige erhebliche Beeinträchtigungen von Populationen der betreffenden Tier- oder Pflanzenarten hervorgerufen werden könnten,

---

[1] Siehe die BundesartenschutzVO (Nr. **3.1.1**).

2. Handlungen oder Verfahren, die zum örtlichen Verschwinden oder zu sonstigen erheblichen Beeinträchtigungen von Populationen wild lebender Tier- oder Pflanzenarten führen können,

zu beschränken oder zu verbieten. ²Satz 1 Nummer 1 gilt nicht für Geräte, Mittel oder Vorrichtungen, die auf Grund anderer Rechtsvorschriften einer Zulassung bedürfen, sofern bei der Zulassung die Belange des Artenschutzes zu berücksichtigen sind.

*[Abs. 6a ab 1.3.2022:]*

*(6a) ¹Das Bundesministerium für Umwelt, Naturschutz und nukleare Sicherheit wird ermächtigt, durch Rechtsverordnung mit Zustimmung des Bundesrates zum Schutz von Tieren und Pflanzen wild lebender Arten die Verwendung von Insektenfallen außerhalb geschlossener Räume zu beschränken oder zu verbieten. ² In der Rechtsverordnung kann insbesondere Folgendes geregelt werden:*

*1. allgemeine Ausnahmen von Verboten oder Beschränkungen im Sinne von Satz 1,*

*2. die Voraussetzungen, unter denen behördliche Einzelfallausnahmen von Verboten oder Beschränkungen im Sinne von Satz 1 erteilt werden können,*

*3. Hinweispflichten betreffend Verbote oder Beschränkungen im Sinne von Satz 1 für diejenigen, die Insektenfallen zum Verkauf anbieten.*

*[Abs. 6b ab 1.3.2022:]*

*(6b) ¹Das Bundesministerium für Umwelt, Naturschutz und nukleare Sicherheit wird ermächtigt, durch Rechtsverordnung mit Zustimmung des Bundesrates zum Schutz von Tieren wild lebender Arten*

*1. den Betrieb von Himmelsstrahlern unter freiem Himmel ganzjährig oder innerhalb bestimmter Zeiträume zu beschränken oder zu verbieten,*

*2. näher zu bestimmen, welche Arten von starken Projektionsscheinwerfern mit über die Horizontale nach oben gerichteten Lichtstrahlen oder Lichtkegeln, die geeignet sind, Tiere wild lebender Arten erheblich zu beeinträchtigen, dem Verbot und der Beschränkung nach Nummer 1 unterfallen.*

*² In der Rechtsverordnung kann insbesondere Folgendes geregelt werden:*

*1. allgemeine Ausnahmen von Verboten oder Beschränkungen im Sinne von Satz 1 Nummer 1,*

*2. die Voraussetzungen, unter denen behördliche Einzelfallausnahmen von Verboten oder Beschränkungen im Sinne von Satz 1 Nummer 1 erteilt werden können.*

(7) ¹Das Bundesministerium für Umwelt, Naturschutz und nukleare Sicherheit wird ermächtigt, durch Rechtsverordnung mit Zustimmung des Bundesrates Vorschriften zum Schutz von Horststandorten von Vogelarten zu erlassen, die in ihrem Bestand gefährdet und in besonderem Maße störungsempfindlich sind und insbesondere während bestimmter Zeiträume und innerhalb bestimmter Abstände Handlungen zu verbieten, die die Fortpflanzung oder Aufzucht beeinträchtigen können. ²Weiter gehende Schutzvorschriften einschließlich der Bestimmungen über Ausnahmen und Befreiungen bleiben unberührt.

(8) Zur Erleichterung der Überwachung der Besitz- und Vermarktungsverbote wird das Bundesministerium für Umwelt, Naturschutz und nukleare Sicherheit ermächtigt, durch Rechtsverordnung[1]) mit Zustimmung des Bundesrates Vorschriften zu erlassen über

---

[1]) Siehe die BundesartenschutzVO (Nr. **3.1.1**).

## 3.1 BNatSchG § 54

1. Aufzeichnungspflichten derjenigen, die gewerbsmäßig Tiere oder Pflanzen der besonders geschützten Arten be- oder verarbeiten, verkaufen, kaufen oder von anderen erwerben, insbesondere über den Kreis der Aufzeichnungspflichtigen, den Gegenstand und Umfang der Aufzeichnungspflicht, die Dauer der Aufbewahrungsfrist für die Aufzeichnungen und ihre Überprüfung durch die für Naturschutz und Landschaftspflege zuständigen Behörden,
2. die Kennzeichnung von Tieren und Pflanzen der besonders geschützten Arten für den Nachweis nach § 46 sowie von invasiven Arten für den Nachweis nach § 40b Satz 1,
3. die Erteilung von Bescheinigungen über den rechtmäßigen Erwerb von Tieren und Pflanzen für den Nachweis nach § 46,
4. Pflichten zur Anzeige des Besitzes von
   a) Tieren und Pflanzen der besonders geschützten Arten,
   b) Tieren und Pflanzen der durch Rechtsverordnung nach § 54 Absatz 4 bestimmten Arten.

(9) ¹Rechtsverordnungen nach Absatz 1 Nummer 2 bedürfen des Einvernehmens mit dem Bundesministerium für Ernährung und Landwirtschaft, mit dem Bundesministerium für Verkehr und digitale Infrastruktur sowie mit dem Bundesministerium für Wirtschaft und Energie. ²Rechtsverordnungen nach den Absätzen 4, 4b und 4d bedürfen des Einvernehmens mit dem Bundesministerium für Verkehr und digitale Infrastruktur. ³Rechtsverordnungen nach Absatz 4c bedürfen des Einvernehmens mit dem Bundesministerium der Finanzen sowie dem Bundesministerium für Ernährung und Landwirtschaft. ⁴Rechtsverordnungen nach Absatz 6 Satz 1 Nummer 1 und Absatz 8 Nummer 1, 2 und 4 bedürfen des Einvernehmens mit dem Bundesministerium für Wirtschaft und Energie. *[Satz 5 ab 1.3.2022:] ⁵Rechtsverordnungen nach Absatz 6a bedürfen des Einvernehmens mit dem Bundesministerium für Ernährung und Landwirtschaft sowie dem Bundesministerium für Bildung und Forschung. [Satz 6 ab 1.3.2022:] ⁶ Rechtsverordnungen nach Absatz 6b bedürfen des Einvernehmens mit dem Bundesministerium für Bildung und Forschung.* ⁵ *[ab 1.3.2022: 7]*Im Übrigen bedürfen die Rechtsverordnungen nach den Absätzen 1 bis 8 des Einvernehmens mit dem Bundesministerium für Ernährung und Landwirtschaft, in den Fällen der Absätze 1 bis 3, 5, 6 und 8 jedoch nur, soweit sie sich beziehen auf

1. Tierarten, die dem Jagd- oder Fischereirecht unterliegen,
2. Tierarten, die zum Zweck des biologischen Pflanzenschutzes eingesetzt werden, oder
3. Pflanzen, die durch künstliche Vermehrung gewonnen oder forstlich nutzbar sind.

(10) ¹Die Landesregierungen werden ermächtigt, durch Rechtsverordnung allgemeine Anforderungen an Bewirtschaftungsvorgaben für die land-, forst- und fischereiwirtschaftliche Bodennutzung im Sinne des § 44 Absatz 4 festzulegen. ²Sie können die Ermächtigung nach Satz 1 durch Rechtsverordnung auf Landesbehörden übertragen.

*[Abs. 10a ab 1.3.2022:]*

*(10a) ¹Das Bundesministerium für Umwelt, Naturschutz und nukleare Sicherheit wird ermächtigt, im Einvernehmen mit dem Bundesministerium für Wirtschaft und Energie durch Rechtsverordnung mit Zustimmung des Bundesrates nähere Anforderun-*

*gen für die Durchführung von Maßnahmen, die darauf abzielen, durch Nutzung, Pflege oder das Ermöglichen ungelenkter Sukzession für einen Zeitraum von mindestens einem Jahr bis zu in der Regel zehn Jahren auf Flächen mit einer zugelassenen Gewinnung mineralischer Rohstoffe den Zustand von Biotopen und Arten zu verbessern, zu regeln, bei deren Beachtung im Rahmen der Inanspruchnahme der Fläche oder eines Teils derselben*

1. *nicht gegen die Zugriffs- und Besitzverbote nach § 44 Absatz 1 und 2 verstoßen wird oder*
2. *im Interesse der maßgeblich günstigen Auswirkungen auf die Umwelt oder zum Schutz der natürlich vorkommenden Tier- und Pflanzenwelt eine Ausnahme von den Zugriffs- und Besitzverboten nach § 44 Absatz 1 und 2 allgemein zugelassen wird.*

²*In der Rechtsverordnung ist insbesondere zu regeln,*

1. *dass und zu welchem Zeitpunkt Maßnahmen im Sinne von Satz 1 der für Naturschutz und Landschaftspflege zuständigen Behörde anzuzeigen sind,*
2. *welche Unterlagen bei dieser Anzeige vorzulegen sind,*
3. *dass die Behörde die Durchführung der Maßnahme zeitlich befristen, anderweitig beschränken oder auf Antrag den Zeitraum für die Durchführung der Maßnahme auf insgesamt bis zu 15 Jahre verlängern kann.*

**[Abs. 10b ab 1.3.2022:]**

*(10b) ¹Das Bundesministerium für Umwelt, Naturschutz und nukleare Sicherheit wird ermächtigt, im Einvernehmen mit dem Bundesministerium für Wirtschaft und Energie sowie mit dem Bundesministerium für Verkehr und digitale Infrastruktur durch Rechtsverordnung mit Zustimmung des Bundesrates nähere Anforderungen für die Durchführung von Maßnahmen, die darauf abzielen, durch das Ermöglichen ungelenkter Sukzession oder durch Pflege für einen Zeitraum von mindestens einem Jahr bis zu in der Regel zehn Jahren auf Flächen mit einer zugelassenen gewerblichen, verkehrlichen oder baulichen Nutzung den Zustand von Biotopen und Arten zu verbessern, zu regeln, bei deren Beachtung im Rahmen der Inanspruchnahme der Fläche oder eines Teils derselben*

1. *nicht gegen die Zugriffs- und Besitzverbote nach § 44 Absatz 1 und 2 verstoßen wird oder*
2. *im Interesse der maßgeblich günstigen Auswirkungen auf die Umwelt oder zum Schutz der natürlich vorkommenden Tier- und Pflanzenwelt eine Ausnahme von den Zugriffs- und Besitzverboten nach § 44 Absatz 1 und 2 allgemein zugelassen wird.*

²*In der Rechtsverordnung ist insbesondere zu regeln,*

1. *dass und zu welchem Zeitpunkt Maßnahmen im Sinne von Satz 1 der für Naturschutz und Landschaftspflege zuständigen Behörde anzuzeigen sind,*
2. *welche Unterlagen bei dieser Anzeige vorzulegen sind,*
3. *dass die Behörde die Durchführung der Maßnahme zeitlich befristen, anderweitig beschränken oder auf Antrag den Zeitraum für die Durchführung der Maßnahme auf insgesamt bis zu 15 Jahre verlängern kann.*

(11) Die Bundesregierung erlässt mit Zustimmung des Bundesrates zur Durchführung dieses Gesetzes allgemeine Verwaltungsvorschriften, insbesondere über

1. die Voraussetzungen und Bedingungen, unter denen von einer Verträglichkeit von Plänen und Projekten im Sinne von § 34 Absatz 1 auszugehen ist,

## 3.1 BNatSchG §§ 55–56a

2. die Voraussetzungen und Bedingungen für Abweichungsentscheidungen im Sinne von § 34 Absatz 3 und
3. die zur Sicherung des Zusammenhangs des Netzes „Natura 2000" notwendigen Maßnahmen im Sinne des § 34 Absatz 5.

**§ 55 Durchführung gemeinschaftsrechtlicher oder internationaler Vorschriften; Ermächtigung zum Erlass von Rechtsverordnungen.**

(1) Rechtsverordnungen nach § 54 können auch zur Durchführung von Rechtsakten des Rates oder der Kommission der Europäischen Gemeinschaften auf dem Gebiet des Artenschutzes oder zur Erfüllung von internationalen Artenschutzübereinkommen erlassen werden.

(2) Das Bundesministerium für Umwelt, Naturschutz und nukleare Sicherheit wird ermächtigt, durch Rechtsverordnung mit Zustimmung des Bundesrates Verweisungen auf Vorschriften in Rechtsakten der Europäischen Gemeinschaft in diesem Gesetz oder in Rechtsverordnungen auf Grund des § 54 zu ändern, soweit Änderungen dieser Rechtsakte es erfordern.

### Kapitel 6. Meeresnaturschutz

**§ 56 Geltungs- und Anwendungsbereich.** (1) Die Vorschriften dieses Gesetzes gelten auch im Bereich der Küstengewässer sowie mit Ausnahme des Kapitels 2 nach Maßgabe des Seerechtsübereinkommens der Vereinten Nationen vom 10. Dezember 1982 (BGBl. 1994 II S. 1798, 1799; 1995 II S. 602) und der nachfolgenden Bestimmungen ferner im Bereich der deutschen ausschließlichen Wirtschaftszone und des Festlandsockels.

(2) In den in Absatz 1 genannten Meeresbereichen kann die Erklärung von Gebieten zu geschützten Teilen von Natur und Landschaft im Sinne des § 20 Absatz 2 auch dazu dienen, zusammenhängende und repräsentative Netze geschützter Meeresgebiete im Sinne des Artikels 13 Absatz 4 der Richtlinie 2008/56/EG aufzubauen.

(3) Auf die Errichtung und den Betrieb von Windenergieanlagen in der deutschen ausschließlichen Wirtschaftszone, die vor dem 1. Januar 2017 genehmigt worden sind, oder die auf Grundlage eines Zuschlags nach § 34 des Windenergie-auf-See-Gesetzes zugelassen werden, ist § 15 nicht anzuwenden.

(4) [1]Die Ersatzzahlung für Eingriffe im Bereich der ausschließlichen Wirtschaftszone und des Festlandsockels ist als zweckgebundene Abgabe an den Bund zu leisten. [2]Die Mittel werden vom Bundesministerium für Umwelt, Naturschutz und nukleare Sicherheit bewirtschaftet. [3]Das Bundesministerium für Umwelt, Naturschutz und nukleare Sicherheit kann Einnahmen aus Ersatzzahlungen zur Verwendung nach seinen Vorgaben an eine der Aufsicht des Bundes unterstehende Einrichtung oder eine vom Bund beherrschte Gesellschaft oder Stiftung weiterleiten.

**§ 56a Bevorratung von Kompensationsmaßnahmen.** (1) [1]Die Bevorratung vorgezogener Ausgleichs- und Ersatzmaßnahmen im Sinne von § 16 bedarf im Bereich der deutschen ausschließlichen Wirtschaftszone und des Festlandsockels der schriftlichen Zustimmung durch das Bundesamt für Naturschutz. [2]Die Zustimmung ist vor Durchführung der zu bevorratenden Ausgleichs- und Ersatzmaßnahme auf Antrag zu erteilen, soweit die Maßnahme

Bundesnaturschutzgesetz **§ 57 BNatSchG 3.1**

1. geeignet ist, die Anerkennungsvoraussetzungen des § 16 Absatz 1 Nummer 1 bis 3 und 5 zu erfüllen und
2. im jeweiligen Raum den Zielen des Naturschutzes und der Landschaftspflege sowie den Erfordernissen und Maßnahmen zur Umsetzung dieser Ziele nicht widerspricht.

³Die Verortung von vorgezogenen Ausgleichs- und Ersatzmaßnahmen erfolgt im Benehmen mit den Behörden, deren Aufgabenbereich berührt ist. ⁴Das Bundesamt für Naturschutz kann die Vorlage von Gutachten verlangen, soweit dies zur Beurteilung der Maßnahme erforderlich ist.

(2) ¹Art, Ort, Umfang und Kompensationswert der Maßnahmen werden verbindlich in einem Ökokonto festgestellt, wenn die Maßnahmen gemäß der Zustimmung nach Absatz 1 durchgeführt worden sind. ²Der Anspruch auf Anerkennung der bevorrateten Maßnahmen nach § 16 Absatz 1 ist auf Dritte übertragbar.

(3) ¹Die Verantwortung für die Ausführung, Unterhaltung und Sicherung der Ausgleichs- und Ersatzmaßnahmen nach § 15 Absatz 4 kann von Dritten mit befreiender Wirkung übernommen werden, soweit diese nach Satz 2 anerkannt sind. ²Das Bundesamt für Naturschutz hat die Berechtigung juristischer Personen zur Übernahme von Kompensationspflichten im Bereich der deutschen ausschließlichen Wirtschaftszone und des Festlandsockels anzuerkennen, wenn

1. sie die Gewähr dafür bieten, dass die Verpflichtungen ordnungsgemäß erfüllt werden, insbesondere durch Einsatz von Beschäftigten mit geeigneter Ausbildung sowie durch wirtschaftliche Leistungsfähigkeit, und
2. keine Tatsachen vorliegen, die die Annahme der Unzuverlässigkeit der vertretungsberechtigten Personen rechtfertigen.

³Die Übernahme der Verantwortung erfolgt durch unbedingte schriftliche Vereinbarung, die nicht widerrufen werden kann. ⁴Der Verursacher oder sein Rechtsnachfolger übermittelt die Vereinbarung der für die Zulassungsentscheidung zuständigen Behörde.

**§ 57**[1]) **Geschützte Meeresgebiete im Bereich der deutschen ausschließlichen Wirtschaftszone und des Festlandsockels; Ermächtigung zum Erlass von Rechtsverordnungen.** (1) ¹Die Auswahl von geschützten Meeresgebieten im Bereich der deutschen ausschließlichen Wirtschaftszone und des Festlandsockels erfolgt durch das Bundesamt für Naturschutz unter Beteiligung der Behörden, deren Aufgabenbereich berührt ist, und unter Einbeziehung der Öffentlichkeit und mit Zustimmung des Bundesministeriums für Umwelt, Naturschutz und nukleare Sicherheit. ²Das Bundesministerium für Umwelt, Naturschutz und nukleare Sicherheit beteiligt die fachlich betroffenen Bundesministerien und stellt das Benehmen mit den angrenzenden Ländern her.

(2) ¹Die Erklärung der Meeresgebiete zu geschützten Teilen von Natur und Landschaft im Sinne des § 20 Absatz 2 erfolgt durch das Bundesministerium für Umwelt, Naturschutz und nukleare Sicherheit unter Beteiligung der fachlich

---

[1]) Zur Änd. durch Art. 10 KitafinanzhilfenÄndG v. 25.6.2021 (BGBl. I S. 2020) siehe die Anm. zu § 22.

## 3.1 BNatSchG § 57

betroffenen Bundesministerien durch Rechtsverordnung[1], die nicht der Zustimmung des Bundesrates bedarf. ²Für die Herstellung der Vereinbarkeit mit Vorgaben aus der Richtlinie 2001/42/EG sowie für die Fortgeltung bestehender Schutzerklärungen gilt § 22 Absatz 2a und 2b Satz 2.

(3) Für die Erklärung der Meeresgebiete zu geschützten Teilen von Natur und Landschaft im Sinne des § 20 Absatz 2, einschließlich ihrer Auswahl, sind die folgenden Maßgaben zu beachten:

1. Beschränkungen des Flugverkehrs, der Schifffahrt, der nach internationalem Recht erlaubten militärischen Nutzung sowie von Vorhaben der wissenschaftlichen Meeresforschung im Sinne des Artikels 246 Absatz 3 des Seerechtsübereinkommens der Vereinten Nationen sind nicht zulässig; Artikel 211 Absatz 6 des Seerechtsübereinkommens der Vereinten Nationen sowie die weiteren die Schifffahrt betreffenden völkerrechtlichen Regelungen bleiben unberührt.

2. Die Versagungsgründe für Vorhaben der wissenschaftlichen Meeresforschung im Sinne des Artikels 246 Absatz 5 des Seerechtsübereinkommens der Vereinten Nationen bleiben unter Beachtung des Gesetzes über die Durchführung wissenschaftlicher Meeresforschung vom 6. Juni 1995 (BGBl. I S. 778, 785), das zuletzt durch Artikel 321 der Verordnung vom 31. Oktober 2006 (BGBl. I S. 2407) geändert worden ist, unberührt.

3. Beschränkungen der Fischerei sind nur in Übereinstimmung mit dem Recht der Europäischen Gemeinschaft und nach Maßgabe des Seefischereigesetzes in der Fassung der Bekanntmachung vom 6. Juli 1998 (BGBl. I S. 1791), das zuletzt durch Artikel 217 der Verordnung vom 31. Oktober 2006 (BGBl. I S. 2407) geändert worden ist, zulässig.

4. Beschränkungen der Verlegung von unterseeischen Kabeln und Rohrleitungen sind nur in Übereinstimmung mit Artikel 56 Absatz 3 in Verbindung mit Artikel 79 des Seerechtsübereinkommens der Vereinten Nationen zulässig und

   a) im Hinblick auf Erhaltungsziele nach § 7 Absatz 1 Nummer 9 nur nach § 34 sowie

   b) im Hinblick auf weitere der Erfüllung bestehender völkerrechtlicher Verpflichtungen oder der Umsetzung der Richtlinie 2008/56/EG dienenden Schutzzwecke nur, wenn die Verlegung diese erheblich beeinträchtigen kann.

5. Beschränkungen der Energieerzeugung aus Wasser, Strömung und Wind sowie der Aufsuchung und Gewinnung von Bodenschätzen sind zulässig

   a) im Hinblick auf Erhaltungsziele nach § 7 Absatz 1 Nummer 9 nur nach § 34 sowie

   b) im Hinblick auf weitere der Erfüllung bestehender völkerrechtlicher Verpflichtungen oder der Umsetzung der Richtlinie 2008/56/EG dienenden Schutzzwecke nur, wenn das Vorhaben diese erheblich beeinträchtigen kann.

---

[1] Siehe die Verordnungen über die Festsetzung der Naturschutzgebiete „Borkum Riffgrund" v. 22.9.2017 (BGBl. I S. 3395), „Doggerbank" v. 22.9.2017 (BGBl. I S. 3400), „Fehmarnbelt" v. 22.9.2017 (BGBl. I S. 3405), „Kadetrinne" v. 22.9.2017 (BGBl. I S. 3410), „Pommersche Bucht – Rönnebank" v. 22.9.2017 (BGBl. I S. 3415) und „Sylter Außenriff – Östliche Deutsche Bucht" v. 22.9.2017 (BGBl. I S. 3423).

## § 58 Zuständige Behörden; Gebühren und Auslagen; Ermächtigung zum Erlass von Rechtsverordnungen.
(1) ¹Die Durchführung der Vorschriften dieses Gesetzes, der auf Grund dieses Gesetzes erlassenen Vorschriften sowie der Vorschriften des Umweltschadensgesetzes im Hinblick auf die Schädigung von Arten und natürlichen Lebensräumen und die unmittelbare Gefahr solcher Schäden obliegt im Bereich der deutschen ausschließlichen Wirtschaftszone und des Festlandsockels dem Bundesamt für Naturschutz, soweit nichts anderes bestimmt ist. ²Bedarf ein Eingriff in Natur und Landschaft, der im Bereich der deutschen ausschließlichen Wirtschaftszone oder im Bereich des Festlandsockels durchgeführt werden soll, einer behördlichen Zulassung oder einer Anzeige an eine Behörde oder wird er von einer Behörde durchgeführt, ergeht die Entscheidung der Behörde im Benehmen mit dem Bundesamt für Naturschutz.

(2) Das Bundesministerium für Umwelt, Naturschutz und nukleare Sicherheit kann durch Rechtsverordnung, die nicht der Zustimmung des Bundesrates bedarf, Aufgaben, die dem Bundesamt für Naturschutz nach Absatz 1 obliegen, im Einvernehmen mit dem Bundesministerium des Innern, für Bau und Heimat auf das Bundespolizeipräsidium und im Einvernehmen mit dem Bundesministerium für Ernährung und Landwirtschaft auf die Bundesanstalt für Landwirtschaft und Ernährung zur Ausübung übertragen.

## Kapitel 7. Erholung in Natur und Landschaft

## § 59 Betreten der freien Landschaft.
(1) Das Betreten der freien Landschaft auf Straßen und Wegen sowie auf ungenutzten Grundflächen zum Zweck der Erholung ist allen gestattet (allgemeiner Grundsatz).

(2) ¹Das Betreten des Waldes richtet sich nach dem Bundeswaldgesetz[1)] und den Waldgesetzen der Länder sowie im Übrigen nach dem sonstigen Landesrecht.[2)] ²Es kann insbesondere andere Benutzungsarten ganz oder teilweise dem Betreten gleichstellen sowie das Betreten aus wichtigen Gründen, insbesondere aus solchen des Naturschutzes und der Landschaftspflege, des Feldschutzes und der land- und forstwirtschaftlichen Bewirtschaftung, zum Schutz der Erholungsuchenden, zur Vermeidung erheblicher Schäden oder zur Wahrung anderer schutzwürdiger Interessen des Grundstücksbesitzers einschränken.

## § 60 Haftung.
¹Das Betreten der freien Landschaft erfolgt auf eigene Gefahr. ²Durch die Betretungsbefugnis werden keine zusätzlichen Sorgfalts- oder Verkehrssicherungspflichten begründet. ³Es besteht insbesondere keine Haftung für typische, sich aus der Natur ergebende Gefahren.

## § 61[3)] Freihaltung von Gewässern und Uferzonen.
(1) ¹Im Außenbereich dürfen an Bundeswasserstraßen und Gewässern erster Ordnung sowie an stehenden Gewässern mit einer Größe von mehr als 1 Hektar im Abstand bis 50 Meter von der Uferlinie keine baulichen Anlagen errichtet oder wesentlich geändert werden. ²An den Küstengewässern ist abweichend von Satz 1 ein

---

[1)] Auszugsweise abgedruckt unter Nr. **3.2**.
[2)] Abweichendes Landesrecht in Bayern siehe Hinweis in BGBl. 2011 I S. 365.
[3)] Abweichendes Landesrecht in Schleswig-Holstein siehe Hinweise in BGBl. 2010 I S. 450 und 2016 I S. 1648 und in Mecklenburg-Vorpommern und Hamburg in BGBl. 2010 I S. 1621 und 2011 I S. 93.

Abstand von mindestens 150 Metern von der mittleren Hochwasserlinie an der Nordsee und von der Mittelwasserlinie an der Ostsee einzuhalten. ³Weiter gehende Vorschriften der Länder bleiben unberührt.

(2) ¹Absatz 1 gilt nicht für

1. bauliche Anlagen, die bei Inkrafttreten dieses Gesetzes rechtmäßig errichtet oder zugelassen waren,
2. bauliche Anlagen, die in Ausübung wasserrechtlicher Erlaubnisse oder Bewilligungen oder zum Zwecke der Überwachung, der Bewirtschaftung, der Unterhaltung oder des Ausbaus eines oberirdischen Gewässers errichtet oder geändert werden,
3. Anlagen des öffentlichen Verkehrs einschließlich Nebenanlagen und Zubehör, des Rettungswesens, des Küsten- und Hochwasserschutzes sowie der Verteidigung.

²Weiter gehende Vorschriften der Länder über Ausnahmen bleiben unberührt.

(3) Von dem Verbot des Absatzes 1 kann auf Antrag eine Ausnahme zugelassen werden, wenn

1. die durch die bauliche Anlage entstehenden Beeinträchtigungen des Naturhaushalts oder des Landschaftsbildes, insbesondere im Hinblick auf die Funktion der Gewässer und ihrer Uferzonen, geringfügig sind oder dies durch entsprechende Maßnahmen sichergestellt werden kann oder
2. dies aus Gründen des überwiegenden öffentlichen Interesses, einschließlich solcher sozialer oder wirtschaftlicher Art, notwendig ist; in diesem Fall gilt § 15 entsprechend.

**§ 62**[1]**) Bereitstellen von Grundstücken.** Der Bund, die Länder und sonstige juristische Personen des öffentlichen Rechts stellen in ihrem Eigentum oder Besitz stehende Grundstücke, die sich nach ihrer natürlichen Beschaffenheit für die Erholung der Bevölkerung eignen oder den Zugang der Allgemeinheit zu solchen Grundstücken ermöglichen oder erleichtern, in angemessenem Umfang für die Erholung bereit, soweit dies mit einer nachhaltigen Nutzung und den sonstigen Zielen von Naturschutz und Landschaftspflege vereinbar ist und eine öffentliche Zweckbindung dem nicht entgegensteht.

## Kapitel 8. Mitwirkung von anerkannten Naturschutzvereinigungen

**§ 63 Mitwirkungsrechte.** (1) Einer nach § 3 des Umwelt-Rechtsbehelfsgesetzes[2]) vom Bund anerkannten Vereinigung, die nach ihrem satzungsgemäßen Aufgabenbereich im Schwerpunkt die Ziele des Naturschutzes und der Landschaftspflege fördert (anerkannte Naturschutzvereinigung), ist Gelegenheit zur Stellungnahme und zur Einsicht in die einschlägigen Sachverständigengutachten zu geben

1. bei der Vorbereitung von Verordnungen und anderen im Rang unter dem Gesetz stehenden Rechtsvorschriften auf dem Gebiet des Naturschutzes und der Landschaftspflege durch die Bundesregierung oder das Bundesministerium für Umwelt, Naturschutz und nukleare Sicherheit,

---

[1]) Abweichendes Landesrecht in Bayern und Baden-Württemberg siehe Hinweise in BGBl. 2011 I S. 365 und 2018 I S. 533.
[2]) Nr. **12.1**.

Bundesnaturschutzgesetz **§ 63 BNatSchG 3.1**

2. vor der Erteilung von Befreiungen von Geboten und Verboten zum Schutz von geschützten Meeresgebieten im Sinne des § 57 Absatz 2 sowie vor dem Erlass von Abweichungsentscheidungen nach § 34 Absatz 3 bis 5 auch in Verbindung mit § 36 Satz 1 Nummer 2, auch wenn diese durch eine andere Entscheidung eingeschlossen oder ersetzt werden,
3. in Planfeststellungsverfahren, die von Behörden des Bundes oder im Bereich der deutschen ausschließlichen Wirtschaftszone und des Festlandsockels von Behörden der Länder durchgeführt werden, wenn es sich um Vorhaben handelt, die mit Eingriffen in Natur und Landschaft verbunden sind,
4. bei Plangenehmigungen, die von Behörden des Bundes erlassen werden und an die Stelle einer Planfeststellung im Sinne der Nummer 3 treten, wenn eine Öffentlichkeitsbeteiligung vorgesehen ist,

soweit sie durch das Vorhaben in ihrem satzungsgemäßen Aufgabenbereich berührt wird.

(2)[1] Einer nach § 3 des Umwelt-Rechtsbehelfsgesetzes von einem Land anerkannten Naturschutzvereinigung, die nach ihrer Satzung landesweit tätig ist, ist Gelegenheit zur Stellungnahme und zur Einsicht in die einschlägigen Sachverständigengutachten zu geben

1. bei der Vorbereitung von Verordnungen und anderen im Rang unter dem Gesetz stehenden Rechtsvorschriften der für Naturschutz und Landschaftspflege zuständigen Behörden der Länder,
2. bei der Vorbereitung von Programmen und Plänen im Sinne der §§ 10 und 11,
3. bei der Vorbereitung von Plänen im Sinne des § 36 Satz 1 Nummer 2,
4. bei der Vorbereitung von Programmen staatlicher und sonstiger öffentlicher Stellen zur Wiederansiedlung von Tieren und Pflanzen verdrängter wild lebender Arten in der freien Natur,
4a. vor der Erteilung einer Genehmigung für die Errichtung, die Erweiterung, eine wesentliche Änderung oder den Betrieb eines Zoos nach § 42 Absatz 2 Satz 1,
4b. vor der Zulassung einer Ausnahme nach § 45 Absatz 7 Satz 1 durch Rechtsverordnung oder durch Allgemeinverfügung,
5. vor der Erteilung von Befreiungen von Geboten und Verboten zum Schutz von Gebieten im Sinne des § 32 Absatz 2, Natura 2000-Gebieten, Naturschutzgebieten, Nationalparken, Nationalen Naturmonumenten und Biosphärenreservaten sowie von Abweichungsentscheidungen nach § 34 Absatz 3 bis 5, auch in Verbindung mit § 36 Satz 1 Nummer 2, auch wenn diese durch eine andere Entscheidung eingeschlossen oder ersetzt werden,
6. in Planfeststellungsverfahren, wenn es sich um Vorhaben im Gebiet des anerkennenden Landes handelt, die mit Eingriffen in Natur und Landschaft verbunden sind,
7. bei Plangenehmigungen, die an die Stelle einer Planfeststellung im Sinne der Nummer 6 treten, wenn eine Öffentlichkeitsbeteiligung vorgesehen ist,

---

[1] Abweichendes Landesrecht in Niedersachsen siehe Hinweis in BGBl. 2010 I S. 970, in Hamburg in BGBl. 2011 I S. 93, 2015 I S. 123, in Berlin in BGBl. 2013 I S. 2829, in Schleswig Holstein in BGBl. 2016 I S. 1646, in Baden-Württemberg in BGBl. 2018 I S. 533 und in Thüringen in BGBl. 2020 I S. 160.

8. in weiteren Verfahren zur Ausführung von landesrechtlichen Vorschriften, wenn das Landesrecht dies vorsieht,[1)]

soweit sie durch das Vorhaben in ihrem satzungsgemäßen Aufgabenbereich berührt wird.

(3) [1]§ 28 Absatz 2 Nummer 1 und 2, Absatz 3 und § 29 Absatz 2 des Verwaltungsverfahrensgesetzes gelten entsprechend.[2)] [2]Eine in anderen Rechtsvorschriften des Bundes oder der Länder vorgeschriebene inhaltsgleiche oder weiter gehende Form der Mitwirkung bleibt unberührt.

(4) Die Länder können bestimmen, dass in Fällen, in denen Auswirkungen auf Natur und Landschaft nicht oder nur im geringfügigen Umfang zu erwarten sind, von einer Mitwirkung abgesehen werden kann.

**§ 64 Rechtsbehelfe.** (1) Eine anerkannte Naturschutzvereinigung kann, soweit § 1 Absatz 3 des Umwelt-Rechtsbehelfsgesetzes[3)] nicht entgegensteht, ohne in eigenen Rechten verletzt zu sein, Rechtsbehelfe nach Maßgabe der Verwaltungsgerichtsordnung einlegen gegen Entscheidungen nach § 63 Absatz 1 Nummer 2 bis 4 und Absatz 2 Nummer 4a bis 7, wenn die Vereinigung

1. geltend macht, dass die Entscheidung Vorschriften dieses Gesetzes, Rechtsvorschriften, die auf Grund dieses Gesetzes erlassen worden sind oder fortgelten, Naturschutzrecht der Länder oder anderen Rechtsvorschriften, die bei der Entscheidung zu beachten und zumindest auch den Belangen des Naturschutzes und der Landschaftspflege zu dienen bestimmt sind, widerspricht,

2. in ihrem satzungsgemäßen Aufgaben- und Tätigkeitsbereich, soweit sich die Anerkennung darauf bezieht, berührt wird und

3. zur Mitwirkung nach § 63 Absatz 1 Nummer 2 oder Absatz 2 Nummer 4a bis 5 berechtigt war und sie sich hierbei in der Sache geäußert hat oder ihr keine Gelegenheit zur Äußerung gegeben worden ist; dies gilt auch für die Mitwirkung nach § 63 Absatz 1 Nummer 3 und Absatz 2 Nummer 6, sofern für ein solches Planfeststellungsverfahren eine Anwendung des Bundesnaturschutzgesetzes nicht nach § 1 Absatz 3 des Umwelt-Rechtsbehelfsgesetzes ausgeschlossen ist.

(2) § 1 Absatz 1 Satz 3 und 4, § 2 Absatz 3 Satz 1 und § 5 des Umwelt-Rechtsbehelfsgesetzes gelten entsprechend.

(3) Die Länder können Rechtsbehelfe von anerkannten Naturschutzvereinigungen auch in anderen Fällen zulassen, in denen nach § 63 Absatz 2 Nummer 8 eine Mitwirkung vorgesehen ist.

### Kapitel 9. Eigentumsbindung, Befreiungen

**§ 65 Duldungspflicht.** (1)[4)] [1]Eigentümer und sonstige Nutzungsberechtigte von Grundstücken haben Maßnahmen des Naturschutzes und der Landschaftspflege auf Grund von Vorschriften dieses Gesetzes, Rechtsvorschriften, die auf

---

[1)] Abweichendes Landesrecht in Sachsen siehe Hinweis in BGBl. 2011 I S. 842.
[2)] Abweichendes Landesrecht in Schleswig-Holstein siehe Hinweis in BGBl. 2010 I S. 450.
[3)] Nr. **12.1**.
[4)] Abweichendes Landesrecht in Schleswig-Holstein siehe Hinweise in BGBl. 2010 I S. 450 und 2016 I S. 1648.

Grund dieses Gesetzes erlassen worden sind oder fortgelten, oder Naturschutzrecht der Länder zu dulden, soweit dadurch die Nutzung des Grundstücks nicht unzumutbar beeinträchtigt wird. ²Weiter gehende Regelungen der Länder bleiben unberührt.

(2) Vor der Durchführung der Maßnahmen sind die Berechtigten in geeigneter Weise zu benachrichtigen.

(3) Die Befugnis der Bediensteten und Beauftragten der Naturschutzbehörden, zur Erfüllung ihrer Aufgaben Grundstücke zu betreten, richtet sich nach Landesrecht.

**§ 66**[1] **Vorkaufsrecht.** (1)[2] ¹Den Ländern steht ein Vorkaufsrecht zu an Grundstücken,

1. die in Nationalparken, Nationalen Naturmonumenten, Naturschutzgebieten oder als solchen einstweilig sichergestellten Gebieten liegen,
2. auf denen sich Naturdenkmäler oder als solche einstweilig sichergestellte Gegenstände befinden,
3. auf denen sich oberirdische Gewässer befinden.

²Liegen die Merkmale des Satzes 1 Nummer 1 bis 3 nur bei einem Teil des Grundstücks vor, so erstreckt sich das Vorkaufsrecht nur auf diesen Teil. ³Der Eigentümer kann verlangen, dass sich der Vorkauf auf das gesamte Grundstück erstreckt, wenn ihm der weitere Verbleib in seinem Eigentum wirtschaftlich nicht zuzumuten ist.

(2) Das Vorkaufsrecht darf nur ausgeübt werden, wenn dies aus Gründen des Naturschutzes und der Landschaftspflege einschließlich der Erholungsvorsorge erforderlich ist.

(3)[3] ¹Das Vorkaufsrecht bedarf nicht der Eintragung in das Grundbuch. ²Es geht rechtsgeschäftlich und landesrechtlich begründeten Vorkaufsrechten mit Ausnahme solcher auf den Gebieten des Grundstücksverkehrs und des Siedlungswesens im Rang vor. ³Bei einem Eigentumserwerb auf Grund der Ausübung des Vorkaufsrechts erlöschen durch Rechtsgeschäft begründete Vorkaufsrechte.[4] ⁴Die §§ 463 bis 469, 471, 1098 Absatz 2 und die §§ 1099 bis 1102 des Bürgerlichen Gesetzbuches finden Anwendung.[5] ⁵Das Vorkaufsrecht erstreckt sich nicht auf einen Verkauf, der an einen Ehegatten, eingetragenen Lebenspartner oder einen Verwandten ersten Grades erfolgt.

(4)[6] Das Vorkaufsrecht kann von den Ländern auf Antrag auch zugunsten von Körperschaften und Stiftungen des öffentlichen Rechts und anerkannten Naturschutzvereinigungen ausgeübt werden.

(5) Abweichende Vorschriften der Länder bleiben unberührt.

---

[1] Abweichendes Landesrecht in Schleswig-Holstein, Sachsen, Berlin und Nordrhein-Westfalen siehe Hinweise in BGBl. 2010 I S. 450, 2011 I S. 842, 2013 I S. 2829 und 2017 I S. 3285.
[2] Abweichendes Landesrecht in Mecklenburg-Vorpommern und Schleswig-Holstein siehe Hinweise in BGBl. 2010 I S. 1621 und 2016 I S. 1648, in Thüringen in BGBl. 2020 I S. 160, in Hamburg in BGBl. 2021 S. 261.
[3] Abweichendes Landesrecht in Mecklenburg-Vorpommern siehe Hinweis in BGBl. 2010 I S. 1621.
[4] Abweichendes Landesrecht in Schleswig-Holstein siehe Hinweis in BGBl. 2016 I S. 1648.
[5] Abweichendes Landesrecht in Hamburg siehe Hinweis in BGBl. 2013 I S. 821.
[6] Abweichendes Landesrecht in Mecklenburg-Vorpommern siehe Hinweis in BGBl. 2010 I S. 1621 und in Thüringen in BGBl. 2020 I S. 160.

## § 67[1] Befreiungen.

(1)[2] ¹Von den Geboten und Verboten dieses Gesetzes, in einer Rechtsverordnung auf Grund des § 57 sowie nach dem Naturschutzrecht der Länder kann auf Antrag Befreiung gewährt werden, wenn

1. dies aus Gründen des überwiegenden öffentlichen Interesses, einschließlich solcher sozialer und wirtschaftlicher Art, notwendig ist oder
2. die Durchführung der Vorschriften im Einzelfall zu einer unzumutbaren Belastung führen würde und die Abweichung mit den Belangen von Naturschutz und Landschaftspflege vereinbar ist.

²Im Rahmen des Kapitels 5 gilt Satz 1 nur für die §§ 39 und 40, 42 und 43.

(2) ¹Von den Verboten des § 33 Absatz 1 Satz 1 und des § 44 sowie von Geboten und Verboten im Sinne des § 32 Absatz 3 kann auf Antrag Befreiung gewährt werden, wenn die Durchführung der Vorschriften im Einzelfall zu einer unzumutbaren Belastung führen würde.[3] ²Im Fall des Verbringens von Tieren oder Pflanzen aus dem Ausland wird die Befreiung vom Bundesamt für Naturschutz gewährt.

(3) ¹Die Befreiung kann mit Nebenbestimmungen versehen werden. ²§ 15 Absatz 1 bis 4 und Absatz 6 sowie § 17 Absatz 5 und 7 finden auch dann Anwendung, wenn kein Eingriff in Natur und Landschaft im Sinne des § 14 vorliegt.[4]

## § 68 Beschränkungen des Eigentums; Entschädigung und Ausgleich.

(1)[5] Führen Beschränkungen des Eigentums, die sich auf Grund von Vorschriften dieses Gesetzes, Rechtsvorschriften, die auf Grund dieses Gesetzes erlassen worden sind oder fortgelten, oder Naturschutzrecht der Länder ergeben, im Einzelfall zu einer unzumutbaren Belastung, der nicht durch andere Maßnahmen, insbesondere durch die Gewährung einer Ausnahme oder Befreiung, abgeholfen werden kann, ist eine angemessene Entschädigung zu leisten.

(2)[6] ¹Die Entschädigung ist in Geld zu leisten. ²Sie kann in wiederkehrenden Leistungen bestehen. ³Der Eigentümer kann die Übernahme eines Grundstücks verlangen, wenn ihm der weitere Verbleib in seinem Eigentum wirtschaftlich nicht zuzumuten ist. ⁴Das Nähere richtet sich nach Landesrecht.

(3) Die Enteignung von Grundstücken zum Wohl der Allgemeinheit aus Gründen des Naturschutzes und der Landschaftspflege richtet sich nach Landesrecht.

(4) Die Länder können vorsehen, dass Eigentümern und Nutzungsberechtigten, denen auf Grund von Vorschriften dieses Gesetzes, Rechtsvorschriften, die auf Grund dieses Gesetzes erlassen worden sind oder fortgelten, oder Naturschutzrecht der Länder insbesondere die land-, forst- und fischereiwirtschaftli-

---

[1] Abweichendes Landesrecht in Schleswig-Holstein, Rheinland-Pfalz und Saarland siehe Hinweise in BGBl. 2010 I S. 450, 2015 I S. 1423 und 2015 I S. 1424.
[2] Abweichendes Landesrecht in Sachsen-Anhalt und Bayern siehe Hinweise in BGBl. 2011 I S. 30 und S. 365.
[3] Abweichendes Landesrecht in Sachsen-Anhalt siehe Hinweis in BGBl. 2011 I S. 30.
[4] Abweichendes Landesrecht in Niedersachsen siehe Hinweis in BGBl. 2010 I S. 970.
[5] Abweichendes Landesrecht in Schleswig-Holstein siehe Hinweise in BGBl. 2010 I S. 450 und 2016 I S. 1656 und in Mecklenburg-Vorpommern und Hamburg in BGBl. 2010 I S. 1621 und 2011 I S. 93.
[6] Abweichendes Landesrecht in Mecklenburg-Vorpommern siehe Hinweis in BGBl. 2010 I S. 1621.

che Nutzung von Grundstücken wesentlich erschwert wird, ohne dass eine Entschädigung nach den Absätzen 1 bis 3 zu leisten ist, auf Antrag ein angemessener Ausgleich nach Maßgabe des jeweiligen Haushaltsgesetzes gezahlt werden kann.

**Kapitel 10. Bußgeld- und Strafvorschriften**

**§ 69** Bußgeldvorschriften. (1) Ordnungswidrig handelt, wer wissentlich entgegen § 39 Absatz 1 Nummer 1 ein wild lebendes Tier beunruhigt.

(2) Ordnungswidrig handelt, wer
1. entgegen § 44 Absatz 1 Nummer 1
   a) einem wild lebenden Tier nachstellt, es fängt oder verletzt oder seine Entwicklungsformen aus der Natur entnimmt oder beschädigt oder
   b) ein wild lebendes Tier tötet oder seine Entwicklungsformen zerstört,
2. entgegen § 44 Absatz 1 Nummer 2 ein wild lebendes Tier erheblich stört,
3. entgegen § 44 Absatz 1 Nummer 3 eine Fortpflanzungs- oder Ruhestätte aus der Natur entnimmt, beschädigt oder zerstört,
4. entgegen § 44 Absatz 1 Nummer 4
   a) eine wild lebende Pflanze oder ihre Entwicklungsformen aus der Natur entnimmt oder sie oder ihren Standort beschädigt oder
   b) eine wild lebende Pflanze oder ihre Entwicklungsformen zerstört,
5. entgegen § 44 Absatz 2 Satz 1 Nummer 1, auch in Verbindung mit § 44 Absatz 3,
   a) ein Tier oder eine Pflanze einer anderen als in § 71a Absatz 1 Nummer 2 genannten besonders geschützten Art oder
   b) eine Ware im Sinne des Anhangs der Richtlinie 83/129/EWG
   in Besitz oder Gewahrsam nimmt, in Besitz oder Gewahrsam hat oder be- oder verarbeitet und erkennt oder fahrlässig nicht erkennt, dass sich die Handlung auf ein Tier oder eine Pflanze einer in Buchstabe a genannten Art oder auf eine in Buchstabe b genannte Ware bezieht,
5a. entgegen § 45a Absatz 1 Satz 1 ein wildlebendes Exemplar der Art Wolf (Canis lupus) füttert oder mit Futter anlockt oder
6. einer Rechtsverordnung nach § 54 Absatz 4 Satz 1 *[bis 28.2.2022: oder][ab 1.3.2022: ,]* Absatz 4a *[ab 1.3.2022: oder Absatz 4d Satz 1 Nummer 2]* oder einer vollziehbaren Anordnung auf Grund einer solchen Rechtsverordnung zuwiderhandelt, soweit die Rechtsverordnung für einen bestimmten Tatbestand auf diese Bußgeldvorschrift verweist.

(3) Ordnungswidrig handelt, wer vorsätzlich oder fahrlässig
1. ohne Genehmigung nach § 17 Absatz 3 Satz 1 einen Eingriff in Natur und Landschaft vornimmt,[1]
2. einer vollziehbaren Anordnung nach § 17 Absatz 8 Satz 1 oder Satz 2, § 34 Absatz 6 Satz 4 oder Satz 5, § 42 Absatz 7 oder Absatz 8 Satz 1 oder Satz 2, auch in Verbindung mit § 43 Absatz 3 Satz 4, oder § 43 Absatz 3 Satz 2 oder Satz 3 zuwiderhandelt,

---

[1] Abweichendes Landesrecht in Niedersachsen siehe Hinweis in BGBl. 2010 I S. 970 und BGBl. 2021 I S. 314.

3. entgegen § 22 Absatz 3 Satz 3 eine dort genannte Handlung oder Maßnahme vornimmt,
4. entgegen § 23 Absatz 2 Satz 1 in Verbindung mit einer Rechtsverordnung nach § 57 Absatz 2 eine dort genannte Handlung oder Maßnahme in einem Meeresgebiet vornimmt, das als Naturschutzgebiet geschützt wird,
4a. entgegen § 23 Absatz 3, *[bis 28.2.2022:* § 24 Absatz 3 Satz 2 oder*][ab 1.3. 2022: auch in Verbindung mit § 24 Absatz 3 Satz 2, oder entgegen]* § 33 Absatz 1a Satz 1 eine dort genannte Anlage errichtet,

*[Nr. 4b ab 1.3.2022:]*
*4b. entgegen § 23 Absatz 4 Satz 1, auch in Verbindung mit § 24 Absatz 3 Satz 2, eine dort genannte Beleuchtung oder Werbeanlage errichtet,*

5. entgegen § 30 Absatz 2 Satz 1 ein dort genanntes Biotop zerstört oder sonst erheblich beeinträchtigt,[1]

*[Nr. 5a ab 1.3.2022:]*
*5a. entgegen § 30a Satz 1 ein dort genanntes Biozidprodukt flächig einsetzt oder aufträgt,*

6. entgegen § 33 Absatz 1 Satz 1, auch in Verbindung mit Absatz 2 Satz 1, eine Veränderung oder Störung vornimmt,
7. entgegen § 39 Absatz 1 Nummer 1 ein wild lebendes Tier ohne vernünftigen Grund fängt, verletzt oder tötet,
8. entgegen § 39 Absatz 1 Nummer 2 eine wild lebende Pflanze ohne vernünftigen Grund entnimmt, nutzt oder ihre Bestände niederschlägt oder auf sonstige Weise verwüstet,
9. entgegen § 39 Absatz 1 Nummer 3 eine Lebensstätte wild lebender Tiere oder Pflanzen ohne vernünftigen Grund erheblich beeinträchtigt oder zerstört,
10. entgegen § 39 Absatz 2 Satz 1 ein wild lebendes Tier oder eine wild lebende Pflanze aus der Natur entnimmt,
11. ohne Genehmigung nach § 39 Absatz 4 Satz 1 eine wild lebende Pflanze gewerbsmäßig entnimmt oder be- oder verarbeitet,
12. entgegen § 39 Absatz 5 Satz 1 Nummer 1 die Bodendecke abbrennt oder eine dort genannte Fläche behandelt,
13. entgegen § 39 Absatz 5 Satz 1 Nummer 2 einen Baum, eine Hecke, einen lebenden Zaun, ein Gebüsch oder ein anderes Gehölz abschneidet, auf den Stock setzt oder beseitigt,
14. entgegen § 39 Absatz 5 Satz 1 Nummer 3 ein Röhricht zurückschneidet,
15. entgegen § 39 Absatz 5 Satz 1 Nummer 4 einen dort genannten Graben räumt,
16. entgegen § 39 Absatz 6 eine Höhle, einen Stollen, einen Erdkeller oder einen ähnlichen Raum aufsucht,
17. ohne Genehmigung nach § 40 Absatz 1 Satz 1 eine dort genannte Pflanze oder ein Tier ausbringt,
17a. einer mit einer Genehmigung nach § 40c Absatz 1 Satz 1, auch in Verbindung mit § 40c Absatz 2, oder nach § 40c Absatz 3 Satz 1 verbundenen vollziehbaren Auflage zuwiderhandelt,

---

[1] Abweichendes Landesrecht in Niedersachsen siehe Hinweise in BGBl. 2010 I S. 970 und BGBl. 2021 I S. 314.

18. ohne Genehmigung nach § 42 Absatz 2 Satz 1 einen Zoo errichtet, erweitert, wesentlich ändert oder betreibt,
19. entgegen § 43 Absatz 3 Satz 1 eine Anzeige nicht, nicht richtig, nicht vollständig oder nicht rechtzeitig erstattet,[1)]
20. *(aufgehoben)*
21. entgegen § 44 Absatz 2 Satz 1 Nummer 2, auch in Verbindung mit § 44 Absatz 3, ein Tier, eine Pflanze oder eine Ware verkauft, kauft, zum Verkauf oder Kauf anbietet, zum Verkauf vorrätig hält oder befördert, tauscht oder entgeltlich zum Gebrauch oder zur Nutzung überlässt, zu kommerziellen Zwecken erwirbt, zur Schau stellt oder auf andere Weise verwendet,
22. entgegen § 50 Absatz 1 Satz 1 ein Tier oder eine Pflanze nicht, nicht richtig oder nicht rechtzeitig zur Ein- oder Ausfuhr anmeldet oder nicht oder nicht rechtzeitig vorführt,
23. entgegen § 50 Absatz 2 eine Mitteilung nicht, nicht richtig, nicht vollständig oder nicht rechtzeitig macht,
24. entgegen § 52 Absatz 1 eine Auskunft nicht, nicht richtig, nicht vollständig oder nicht rechtzeitig erteilt,
25. entgegen § 52 Absatz 2 Satz 2 eine beauftragte Person nicht unterstützt oder eine geschäftliche Unterlage nicht, nicht richtig, nicht vollständig oder nicht rechtzeitig vorlegt,
26. entgegen § 61 Absatz 1 Satz 1 oder Satz 2 an einem Gewässer eine bauliche Anlage errichtet oder wesentlich ändert oder[1)]
27. einer Rechtsverordnung nach
    a) *(aufgehoben)*
    b) § 54 Absatz 5,
    c) § 54 Absatz 6 Satz 1, Absatz 7 oder Absatz 8
    oder einer vollziehbaren Anordnung auf Grund einer solchen Rechtsverordnung zuwiderhandelt, soweit die Rechtsverordnung für einen bestimmten Tatbestand auf diese Bußgeldvorschrift verweist.

(4) Ordnungswidrig handelt, wer gegen die Verordnung (EG) Nr. 338/97 des Rates vom 9. Dezember 1996 über den Schutz von Exemplaren wildlebender Tier- und Pflanzenarten durch Überwachung des Handels (ABl. L 61 vom 3.3.1997, S. 1, L 100 vom 17.4.1997, S. 72, L 298 vom 1.11.1997, S. 70, L 113 vom 27.4.2006, S. 26), die zuletzt durch die Verordnung (EG) Nr. 318/2008 (ABl. L 95 vom 8.4.2008, S. 3) geändert worden ist, verstößt, indem er vorsätzlich oder fahrlässig

1. entgegen Artikel 4 Absatz 1 Satz 1 oder Absatz 2 Satz 1 oder Artikel 5 Absatz 1 oder Absatz 4 Satz 1 eine Einfuhrgenehmigung, eine Ausfuhrgenehmigung oder eine Wiederausfuhrbescheinigung nicht, nicht richtig, nicht vollständig oder nicht rechtzeitig vorlegt,
2. entgegen Artikel 4 Absatz 3 Halbsatz 1 oder Absatz 4 eine Einfuhrmeldung nicht, nicht richtig, nicht vollständig oder nicht rechtzeitig vorlegt,
3. entgegen Artikel 8 Absatz 1, auch in Verbindung mit Absatz 5, ein Exemplar einer dort genannten Art kauft, zum Kauf anbietet, zu kommerziellen Zwe-

---

[1)] Abweichendes Landesrecht in Schleswig-Holstein siehe Hinweis in BGBl. 2010 I S. 450.

cken erwirbt, zur Schau stellt oder verwendet oder ein Exemplar verkauft oder zu Verkaufszwecken vorrätig hält, anbietet oder befördert oder

4. einer vollziehbaren Auflage nach Artikel 11 Absatz 3 Satz 1 zuwiderhandelt.

(5) Ordnungswidrig handelt, wer gegen die Verordnung (EWG) Nr. 3254/91 des Rates vom 4. November 1991 zum Verbot von Tellereisen in der Gemeinschaft und der Einfuhr von Pelzen und Waren von bestimmten Wildtierarten aus Ländern, die Tellereisen oder den internationalen humanen Fangnormen nicht entsprechende Fangmethoden anwenden (ABl. L 308 vom 9.11. 1991, S. 1), verstößt, indem er vorsätzlich oder fahrlässig

1. entgegen Artikel 2 ein Tellereisen verwendet oder
2. entgegen Artikel 3 Absatz 1 Satz 1 einen Pelz einer dort genannten Tierart oder eine dort genannte Ware in die Gemeinschaft verbringt.

(6) Ordnungswidrig handelt, wer ein Exemplar einer invasiven Art nach einem Durchführungsrechtsakt nach Artikel 4 Absatz 1 Satz 1 oder Artikel 10 Absatz 4 Satz 1 der Verordnung (EU) Nr. 1143/2014 des Europäischen Parlaments und des Rates vom 22. Oktober 2014 über die Prävention und das Management der Einbringung und Ausbreitung invasiver gebietsfremder Arten (ABl. L 317 vom 4.11.2014, S. 35) verbringt, hält, züchtet, befördert, in Verkehr bringt, verwendet, tauscht, zur Fortpflanzung, Aufzucht oder Veredelung bringt oder in die Umwelt freisetzt.

(7) Die Ordnungswidrigkeit kann in den Fällen der Absätze 1 und 2, des Absatzes 3 Nummer 1 bis 6, 17a, 18, 21, 26 und 27 Buchstabe b, des Absatzes 4 Nummer 1 und 3 und der Absätze 5 und 6 mit einer Geldbuße bis zu fünfzigtausend Euro, in den übrigen Fällen mit einer Geldbuße bis zu zehntausend Euro geahndet werden.

(8) Die Länder können gesetzlich bestimmen, dass weitere rechtswidrige und vorwerfbare Handlungen, die gegen Vorschriften dieses Gesetzes oder Rechtsvorschriften verstoßen, die auf Grund dieses Gesetzes erlassen worden sind oder fortgelten, als Ordnungswidrigkeiten geahndet werden können.

**§ 70 Verwaltungsbehörde.** Verwaltungsbehörde im Sinne des § 36 Absatz 1 Nummer 1 des Gesetzes über Ordnungswidrigkeiten[1)] ist

1. das Bundesamt für Naturschutz in den Fällen
    a) des § 69 Absatz 2 Nummer 5 und 6, Absatz 3 Nummer 21, Absatz 4 Nummer 3 und Absatz 6 bei Handlungen im Zusammenhang mit der Einfuhr in die oder der Ausfuhr aus der Gemeinschaft oder dem Verbringen in die oder aus der Bundesrepublik Deutschland,
    b) des § 69 Absatz 3 Nummer 24 bei Verletzungen der Auskunftspflicht gegenüber dem Bundesamt,
    c) des § 69 Absatz 3 Nummer 25 und Absatz 4 Nummer 4 bei Maßnahmen des Bundesamtes,
    d) des § 69 Absatz 4 Nummer 1 und Absatz 5 Nummer 2,
    e) von sonstigen Ordnungswidrigkeiten nach § 69 Absatz 1 bis 6, die im Bereich der deutschen ausschließlichen Wirtschaftszone oder des Festlandsockels begangen worden sind,

---

[1)] Nr. 11.2.

Bundesnaturschutzgesetz **§§ 71, 71a BNatSchG 3.1**

2. das zuständige Hauptzollamt in den Fällen des § 69 Absatz 3 Nummer 22 und 23 und Absatz 4 Nummer 2,
3. in allen übrigen Fällen die nach Landesrecht zuständige Behörde.

**§ 71 Strafvorschriften.** (1) Mit Freiheitsstrafe bis zu fünf Jahren oder mit Geldstrafe wird bestraft, wer eine in

1. § 69 Absatz 2 Nummer 1 Buchstabe a, Nummer 2, 3 oder Nummer 4 Buchstabe a,
2. § 69 Absatz 2 Nummer 1 Buchstabe b oder Nummer 4 Buchstabe b oder
3. § 69 Absatz 3 Nummer 21, Absatz 4 Nummer 1 oder Absatz 5

bezeichnete vorsätzliche Handlung begeht, die sich auf ein Tier oder eine Pflanze einer streng geschützten Art bezieht.

(2) Ebenso wird bestraft, wer entgegen Artikel 8 Absatz 1 der Verordnung (EG) Nr. 338/97 des Rates vom 9. Dezember 1996 über den Schutz von Exemplaren wildlebender Tier- und Pflanzenarten durch Überwachung des Handels (ABl. L 61 vom 3.3.1997, S. 1), die zuletzt durch die Verordnung (EG) Nr. 398/2009 (ABl. L 126 vom 21.5.2009, S. 5) geändert worden ist, ein Exemplar einer in Anhang A genannten Art

1. verkauft, kauft, zum Verkauf oder Kauf anbietet oder zu Verkaufszwecken vorrätig hält oder befördert oder
2. zu kommerziellen Zwecken erwirbt, zur Schau stellt oder verwendet.

(3) Wer in den Fällen der Absätze 1 oder 2 die Tat gewerbs- oder gewohnheitsmäßig begeht, wird mit Freiheitsstrafe von drei Monaten bis zu fünf Jahren bestraft.

(4) Erkennt der Täter in den Fällen der Absätze 1 oder 2 fahrlässig nicht, dass sich die Handlung auf ein Tier oder eine Pflanze einer dort genannten Art bezieht, so ist die Strafe Freiheitsstrafe bis zu drei Jahren oder Geldstrafe.

(5) Handelt der Täter in den Fällen des Absatzes 1 Nummer 2 leichtfertig, so ist die Strafe Freiheitsstrafe bis zu zwei Jahren oder Geldstrafe.

(6) Die Tat ist nicht nach Absatz 5 strafbar, wenn die Handlung eine unerhebliche Menge der Exemplare betrifft und unerhebliche Auswirkungen auf den Erhaltungszustand der Art hat.

**§ 71a Strafvorschriften.** (1) Mit Freiheitsstrafe bis zu drei Jahren oder mit Geldstrafe wird bestraft, wer

1. entgegen § 44 Absatz 1 Nummer 1 ein wildlebendes Tier einer besonders geschützten Art, die in Artikel 4 Absatz 2 oder Anhang I der Richtlinie 2009/147/EG des Europäischen Parlaments und des Rates vom 30. November 2009 über die Erhaltung der wildlebenden Vogelarten (ABl. L 20 vom 26.1.2010, S. 7) aufgeführt ist, tötet oder seine Entwicklungsformen zerstört,
1a. entgegen § 44 Absatz 1 Nummer 1 Entwicklungsformen eines wild lebenden Tieres, das in Artikel 4 Absatz 2 oder Anhang I der Richtlinie 2009/147/EG aufgeführt ist, aus der Natur entnimmt,
2. entgegen § 44 Absatz 2 Satz 1 Nummer 1 ein Tier oder eine Pflanze in Besitz oder Gewahrsam nimmt, in Besitz oder Gewahrsam hat oder be- oder verarbeitet, das oder die

## 3.1 BNatSchG §§ 72, 73

a) einer streng geschützten Art angehört, die in Anhang IV der Richtlinie 92/43/EWG des Rates vom 21. Mai 1992 zur Erhaltung der natürlichen Lebensräume sowie der wildlebenden Tiere und Pflanzen (ABl. L 206 vom 22.7.1992, S. 7), die zuletzt durch die Richtlinie 2006/105/EG (ABl. L 363 vom 20.12.2006, S. 368) geändert worden ist, aufgeführt ist oder

b) einer besonders geschützten Art angehört, die in Artikel 4 Absatz 2 oder Anhang I der Richtlinie 2009/147/EG aufgeführt ist, oder

3. eine in § 69 Absatz 2 Nummer 1 bis 4, Absatz 3 Nummer 21, Absatz 4 Nummer 1 oder Absatz 5 bezeichnete vorsätzliche Handlung gewerbs- oder gewohnheitsmäßig begeht.

(2) Ebenso wird bestraft, wer entgegen Artikel 8 Absatz 5 in Verbindung mit Absatz 1 der Verordnung (EG) Nr. 338/97 ein Exemplar einer in Anhang B genannten Art

1. verkauft, kauft, zum Verkauf oder Kauf anbietet oder zu Verkaufszwecken vorrätig hält oder befördert oder

2. zu kommerziellen Zwecken erwirbt, zur Schau stellt oder verwendet.

(3) Erkennt der Täter in den Fällen des Absatzes 1 Nummer 1, 1a oder Nummer 2 oder des Absatzes 2 leichtfertig nicht, dass sich die Handlung auf ein Tier oder eine Pflanze einer dort genannten Art bezieht, so ist die Strafe Freiheitsstrafe bis zu zwei Jahren oder Geldstrafe.

(4) Handelt der Täter in den Fällen des Absatzes 1 Nummer 1 leichtfertig, so ist die Strafe Freiheitsstrafe bis zu einem Jahr oder Geldstrafe.

(5) Die Tat ist nicht nach Absatz 1 Nummer 1, 1a oder Nummer 2, Absatz 2, 3 oder Absatz 4 strafbar, wenn die Handlung eine unerhebliche Menge der Exemplare betrifft und unerhebliche Auswirkungen auf den Erhaltungszustand der Art hat.

**§ 72 Einziehung.** [1] Ist eine Ordnungswidrigkeit nach § 69 Absatz 1 bis 6 oder eine Straftat nach § 71 oder § 71a begangen worden, so können

1. Gegenstände, auf die sich die Straftat oder die Ordnungswidrigkeit bezieht, und

2. Gegenstände, die zu ihrer Begehung oder Vorbereitung gebraucht worden oder bestimmt gewesen sind,

eingezogen werden. [2] § 23 des Gesetzes über Ordnungswidrigkeiten[1)] und § 74a des Strafgesetzbuches sind anzuwenden.

**§ 73 Befugnisse der Zollbehörden.** [1] Die zuständigen Verwaltungsbehörden und die Staatsanwaltschaft können im Rahmen ihrer Zuständigkeit zur Aufklärung von Straftaten oder Ordnungswidrigkeiten nach diesem Gesetz Ermittlungen auch durch die Hauptzollämter oder die Behörden des Zollfahndungsdienstes und deren Beamte vornehmen lassen. [2] § 21 Absatz 2 bis 4 des Außenwirtschaftsgesetzes gilt entsprechend.

---

[1)] Nr. **11.2**.

## Kapitel 11. Übergangs- und Überleitungsvorschrift

**§ 74 Übergangs- und Überleitungsregelungen.** (1) Vor dem 1. März 2010 begonnene Verfahren zur Anerkennung von Vereinen sind zu Ende zu führen

1. durch das Bundesministerium für Umwelt, Naturschutz und nukleare Sicherheit nach § 59 des Bundesnaturschutzgesetzes in der bis zum 28. Februar 2010 geltenden Fassung,
2. durch die zuständigen Behörden der Länder nach den im Rahmen von § 60 Absatz 1 und 3 des Bundesnaturschutzgesetzes in der bis zum 28. Februar 2010 geltenden Fassung erlassenen Vorschriften des Landesrechts.

(2) ¹Vor dem 3. April 2002 begonnene Verwaltungsverfahren sind nach § 29 des Bundesnaturschutzgesetzes in der bis zu diesem Tag geltenden Fassung zu Ende zu führen. ²Vor dem 1. März 2010 begonnene Verwaltungsverfahren sind nach § 58 des Bundesnaturschutzgesetzes in der bis zu diesem Tag geltenden Fassung zu Ende zu führen.

(3)[1] Die §§ 63 und 64 gelten auch für Vereine, die nach § 29 des Bundesnaturschutzgesetzes in der bis zum 3. April 2002 geltenden Fassung oder nach § 59 oder im Rahmen von § 60 Absatz 1 und 3 des Bundesnaturschutzgesetzes in der bis zum 1. März 2010 geltenden Fassung vom Bund oder den Ländern anerkannt worden sind.

---

[1] Abweichendes Landesrecht in Hamburg siehe Hinweise in BGBl. 2011 I S. 93 und 2015 I S. 123.

## 3.1.1. Verordnung zum Schutz wild lebender Tier- und Pflanzenarten (Bundesartenschutzverordnung – BArtSchV)[1)]

Vom 16. Februar 2005

(BGBl. I S. 258, ber. S. 896)

**FNA 791-8-1**

zuletzt geänd. durch Art. 10 G zur Änd. des Umwelt-RechtsbehelfsG und anderer umweltrechtlicher Vorschriften v. 21.1.2013 (BGBl. I S. 95)

### Abschnitt 1. Unterschutzstellung, Ausnahmen und Verbote

**§ 1 Besonders geschützte und streng geschützte Tier- und Pflanzenarten.** [1]Die in Anlage 1 Spalte 2 mit einem Kreuz (+) bezeichneten Tier- und Pflanzenarten werden unter besonderen Schutz gestellt. [2]Die in Anlage 1 Spalte 3 mit einem Kreuz (+) bezeichneten Tier- und Pflanzenarten werden unter strengen Schutz gestellt.

**§ 2 Ausnahmen.** (1) [1]Die Verbote des § 44 Absatz 1 Nummer 4 und Absatz 2 Satz 1 Nummer 1 des Bundesnaturschutzgesetzes[2)] gelten nicht für Pilze der nachstehend aufgeführten Arten, soweit sie in geringen Mengen für den eigenen Bedarf der Natur entnommen werden:

| | |
|---|---|
| Boletus edulis | Steinpilz |
| Cantharellus spp. | Pfifferling – alle heimischen Arten |
| Gomphus clavatus | Schweinsohr |
| Lactarius volemus | Brätling |
| Leccinum spp. | Birkenpilz und Rotkappe – alle heimischen Arten |
| Morchella spp. | Morchel – alle heimischen Arten |

[2]Die nach Landesrecht zuständige Behörde kann im Einzelfall für die in Satz 1 genannten Pilze weitergehende Ausnahmen von den dort genannten Verboten zulassen, solange und soweit die Erhaltung der betreffenden Arten landesweit oder in bestimmten Landesteilen nicht gefährdet ist.

(2) Die nach Landesrecht zuständige Behörde kann Ausnahmen von § 44 Absatz 1 Nummer 1 und 3 und Absatz 2 des Bundesnaturschutzgesetzes für Weinbergschnecken (Helix pomatia) mit einem Gehäusedurchmesser von mindestens 30 Millimeter zulassen, soweit die Vorgaben der Artikel 14 und 16 Abs. 1 der Richtlinie 92/43/EWG des Rates vom 21. Mai 1992 zur Erhaltung der natürlichen Lebensräume sowie der wild lebenden Tiere und Pflanzen (FFH-Richtlinie) (ABl. L 206 vom 22.7.1992, S. 7), die zuletzt durch die Richtlinie 2006/105/EG (ABl. L 363 vom 20.12.2006, S. 368) geändert worden ist, nicht entgegenstehen.

---

[1)] Verkündet als Art. 1 VO zur Neufassung der BundesartenschutzVO und zur Anp. weiterer Rechtsvorschriften v. 16.2.2005 (BGBl. I S. 258); Inkrafttreten gem. Art. 4 dieser VO am 25.2.2005.
[2)] Nr. **3.1**.

(3) ¹Die Besitz- und Vermarktungsverbote des § 44 Absatz 2 Satz 1 des Bundesnaturschutzgesetzes sowie die Vorschriften der §§ 6, 7 und 12 gelten nicht für
1. domestizierte Formen von Arten im Sinne von § 7 Absatz 2 Nummer 13 Buchstabe b des Bundesnaturschutzgesetzes,
2. gezüchtete beziehungsweise künstlich vermehrte Exemplare der in Anlage 2 aufgeführten Arten sowie
3. Edelkrebse (Astacus astacus), die rechtmäßig und zum Zweck der Hege dem Gewässer entnommen werden.

²Die in Satz 1 genannten Formen sind auch von den Verboten des § 44 Absatz 1 Nummer 1 und 3 des Bundesnaturschutzgesetzes ausgenommen.

**§ 3 Verbote für nicht besonders geschützte Tierarten.** (1) ¹Die Besitz- und Vermarktungsverbote des § 44 Absatz 2 Satz 1 des Bundesnaturschutzgesetzes[1]) gelten nach § 44 Absatz 3 Nummer 2 des Bundesnaturschutzgesetzes für lebende Tiere folgender Arten:

| | |
|---|---|
| Castor canadensis | Amerikanischer Biber |
| Chelydra serpentina | Schnappschildkröte |
| Macroclemys temminckii | Geierschildkröte |
| Sciurus carolinensis | Grauhörnchen. |

²Die Regelung des § 45 Absatz 1 Satz 1 Nummer 2 des Bundesnaturschutzgesetzes bleibt unberührt.

(2) Es ist verboten,
1. lebende Tiere der im Absatz 1 Satz 1 genannten Arten anzubieten, zur Abgabe vorrätig zu halten, feilzuhalten oder an andere abzugeben,
2. Tiere der in Absatz 1 Satz 1 genannten Arten zu züchten.

(3) Absatz 2 Nr. 2 gilt nicht für Tierhaltungen unter zoologisch fachkundiger Leitung, die ganz oder überwiegend juristischen Personen des öffentlichen Rechts gehören.

**§ 4 Verbotene Handlungen, Verfahren und Geräte.** (1) ¹Es ist verboten, in folgender Weise wild lebenden Tieren der besonders geschützten Arten und der nicht besonders geschützten Wirbeltierarten, die nicht dem Jagd- oder Fischereirecht unterliegen, nachzustellen, sie anzulocken, zu fangen oder zu töten:
1. mit Schlingen, Netzen, Fallen, Haken, Leim und sonstigen Klebstoffen,
2. unter Benutzung von lebenden Tieren als Lockmittel,
3. mit Armbrüsten,
4. mit künstlichen Lichtquellen, Spiegeln oder anderen beleuchtenden oder blendenden Vorrichtungen,
5. mit akustischen, elektrischen oder elektronischen Geräten,
6. durch Begasen oder Ausräuchern oder unter Verwendung von Giftstoffen, vergifteten oder betäubenden Ködern oder sonstigen betäubenden Mitteln,

---

[1]) Nr. **3.1**.

7. mit halbautomatischen oder automatischen Waffen, deren Magazin mehr als zwei Patronen aufnehmen kann, oder unter Verwendung von Visiervorrichtungen für das Schießen bei Nacht mit elektronischen Bildverstärkern oder Bildumwandlern,
8. unter Verwendung von Sprengstoffen,
9. aus Kraftfahrzeugen oder Luftfahrzeugen oder
10. aus Booten mit einer Antriebsgeschwindigkeit von mehr als fünf Kilometer/Stunde.

²Satz 1 Nr. 1 gilt, außer beim Vogelfang, für Netze und Fallen nur, wenn mit ihnen Tiere in größeren Mengen oder wahllos gefangen oder getötet werden können. ³Satz 1 Nr. 6 gilt nur für Tiere der besonders geschützten Arten.

(2) ¹Abweichend von Absatz 1 Satz 1 Nr. 1 ist es gestattet, Bisams (Ondatra zibethicus) mit Fallen, ausgenommen Käfigfallen mit Klappenschleusen (Reusenfallen), zu bekämpfen, soweit dies zum Schutz gefährdeter Objekte, insbesondere zum Hochwasserabfluss oder zum Schutz gegen Hochwasser oder zur Abwehr von land- oder fischerei- oder sonstiger erheblicher gemeinwirtschaftlicher Schäden erforderlich ist. ²Die Fallen müssen so beschaffen sein und dürfen nur so verwendet werden, dass das unbeabsichtigte Fangen von sonstigen wild lebenden Tieren weitgehend ausgeschlossen ist.

(3) Die nach Landesrecht zuständige Behörde kann im Einzelfall weitere Ausnahmen von den Verboten des Absatzes 1 zulassen, soweit dies

1. zur Abwendung erheblicher land-, forst-, fischerei-, wasser- oder sonstiger gemeinwirtschaftlicher Schäden,
2. zum Schutz der heimischen Tier- und Pflanzenwelt oder
3. für Zwecke der Forschung, Lehre oder Wiederansiedlung oder zur Nachzucht für einen dieser Zwecke

erforderlich ist, der Bestand und die Verbreitung der betreffenden Population oder Art dadurch nicht nachteilig beeinflusst wird und sonstige Belange des Artenschutzes, insbesondere Artikel 9 Abs. 1 der Richtlinie 2009/147/EG des Europäischen Parlaments und des Rates vom 30. November 2009 über die Erhaltung der wildlebenden Vogelarten (ABl. L 20 vom 26.1.2010, S. 7) und Artikel 16 Abs. 1 der Richtlinie 92/43/EWG des Rates nicht entgegenstehen.

(4) Artikel 2 der Verordnung (EWG) Nr. 3254/91 des Rates vom 4. November 1991 zum Verbot von Tellereisen in der Gemeinschaft und der Einfuhr von Pelzen und Waren von bestimmten Wildtierarten aus Ländern, die Tellereisen oder den internationalen humanen Fangnormen nicht entsprechende Fangmethoden anwenden (ABl. EG Nr. L 308 S. 1), bleibt unberührt.

### Abschnitt 2. Teile und Erzeugnisse, Aufzeichnungspflichten

**§ 5 Teile und Erzeugnisse.** Ohne weiteres erkennbare Teile von Tieren und Pflanzen sowie ohne weiteres erkennbar aus ihnen gewonnene Erzeugnisse im Sinne des § 7 Absatz 2 Nummer 1 Buchstabe c und d oder Nummer 2 Buchstabe c und d des Bundesnaturschutzgesetzes[1]) sind

1. alle Teile und Erzeugnisse von Arten im Sinne von § 7 Absatz 2 Nummer 13 Buchstabe b Doppelbuchstabe aa des Bundesnaturschutzgesetzes,

---

[1]) Nr. **3.1**.

Bundesartenschutzverordnung  § 6  BArtSchV 3.1.1

2. die in Anlage 3 bezeichneten Teile und Erzeugnisse von Tieren und Pflanzen der dort genannten Arten,
3. andere Gegenstände, bei denen aus einem Beleg, aus der Verpackung, aus einer Marke, aus einer Aufschrift oder aus sonstigen Umständen hervorgeht, dass es sich um Teile von Tieren und Pflanzen der besonders geschützten Arten oder aus ihnen gewonnene Erzeugnisse handelt.

**§ 6 Aufnahme- und Auslieferungsbuch.** (1) [1]Wer gewerbsmäßig Tiere oder Pflanzen der besonders geschützten Arten erwirbt, be- oder verarbeitet oder in den Verkehr bringt, hat ein Aufnahme- und Auslieferungsbuch mit täglicher Eintragung zu führen; alle Eintragungen in das Buch sind in dauerhafter Form vorzunehmen. [2]Das Aufnahme- und Auslieferungsbuch ist nach dem Muster in Anlage 4 zu führen; die §§ 239 und 261 des Handelsgesetzbuchs gelten sinngemäß. [3]Bei der Abgabe von Teilen oder Erzeugnissen im Einzelhandel müssen Name und Anschrift des Empfängers nur angegeben werden, wenn der Verkaufspreis der Teile oder Erzeugnisse über 250 Euro beträgt; sind die Teile oder Erzeugnisse mit anderen Materialien fest verbunden, so ist der auf die Teile und Erzeugnisse entfallende Anteil am Verkaufswert maßgebend. [4]Die nach Landesrecht zuständige Behörde kann, sofern Belange des Artenschutzes nicht entgegenstehen, Ausnahmen von den Sätzen 1 bis 3 zulassen, soweit durch gleichwertige Vorkehrungen eine ausreichende Überwachung sichergestellt ist.

(2) Absatz 1 Satz 1 bis 3 gilt nicht
1. für Pilze der in § 2 Abs. 1 Satz 1 aufgeführten und für Tiere der nachstehenden Arten, soweit aus einer Aufschrift auf einem Beleg oder auf der Verpackung die Einhaltung artenschutzrechtlicher Vorschriften hervorgeht:

| | |
|---|---|
| Acipenseriformes spp. | Störartige – ausgenommen tote Exemplare, Teile und Erzeugnisse |
| Austropotamobius torrentium | Steinkrebs |
| Helix aspersa | Gefleckte Weinbergschnecke |
| Helix pomatia | Gewöhnliche Weinbergschnecke |
| Homarus gammarus | Hummer, |

2. für durch künstliche Vermehrung gewonnene Pflanzenarten,
3. soweit eine gleichwertige Buchführung auf Grund anderer Vorschriften durchgeführt wird,
4. für Tiere und Pflanzen, bei denen auf Grund eines von der nach Landesrecht zuständigen Behörde anerkannten Verfahrens, dem Belange des Artenschutzes nicht entgegenstehen, durch gleichwertige Vorkehrungen eine ausreichende Überwachung sichergestellt ist,
5. für zu Gegenständen verarbeitete Teile und Erzeugnisse von Tieren und Pflanzen, die vor mehr als 50 Jahren erworben wurden, im Sinne von Artikel 2 Buchstabe w der Verordnung (EG) Nr. 338/97 des Rates vom 9. Dezember 1996 über den Schutz von Exemplaren wild lebender Tier- und Pflanzenarten durch Überwachung des Handels (ABl. L 61 vom 3.3. 1997, S. 1, L 100 vom 17.4.1997, S. 72, L 298 vom 1.11.1997, S. 70, L 113 vom 27.4.2006, S. 26), die zuletzt durch die Verordnung (EG) Nr. 318/2008 (ABl. L 95 vom 8.4.2008, S. 3) geändert worden ist.

(3) Die Bücher mit den Belegen sind den in § 48 des Bundesnaturschutzgesetzes[1] bestimmten Behörden sowie anderen, nach Landesrecht zuständigen Behörden auf Verlangen zur Prüfung auszuhändigen.

(4) [1]Die Bücher mit den Belegen sind nach Maßgabe des Satzes 2 fünf Jahre aufzubewahren. [2]Die Aufbewahrungsfrist beginnt mit dem Schluss des Kalenderjahres, in dem die letzte Eintragung für ein abgeschlossenes Geschäftsjahr gemacht worden ist. [3]Andere gesetzliche Vorschriften, die eine längere Aufbewahrungspflicht vorsehen, bleiben unberührt.

## Abschnitt 3. Haltung und Zucht, Anzeigepflichten

### Unterabschnitt 1. Haltung und Anzeigepflichten

**§ 7 Haltung von Wirbeltieren.** (1) [1]Wirbeltiere der besonders geschützten und der in § 3 Abs. 1 Satz 1 genannten Arten dürfen nur gehalten werden, wenn sie keinem Besitzverbot unterliegen und der Halter

1. die erforderliche Zuverlässigkeit und ausreichende Kenntnisse über die Haltung und Pflege der Tiere hat und
2. über die erforderlichen Einrichtungen verfügt, die Gewähr dafür bieten, dass die Tiere nicht entweichen können und die Haltung den tierschutzrechtlichen Vorschriften entspricht.

[2]Satz 1 gilt nicht für Greifvögel der in Anlage 4 der Bundeswildschutzverordnung vom 25. Oktober 1985 (BGBl. I S. 2040), die durch Artikel 3 der Verordnung vom 14. Oktober 1999 (BGBl. I S. 1955) geändert worden ist, aufgeführten Arten. [3]Das Vorliegen der Anforderungen nach Satz 1 ist der nach Landesrecht zuständigen Behörde auf Verlangen nachzuweisen.

(2) [1]Wer Tiere der unter Absatz 1 fallenden Arten, ausgenommen Tiere der in Anlage 5 aufgeführten Arten, hält, hat der nach Landesrecht zuständigen Behörde unverzüglich nach Beginn der Haltung den Bestand der Tiere und nach der Bestandsanzeige den Zu- und Abgang sowie eine Kennzeichnung von Tieren unverzüglich schriftlich anzuzeigen; die Anzeige muss Angaben enthalten über Zahl, Art, Alter, Geschlecht, Herkunft, Verbleib, Standort, Verwendungszweck und Kennzeichen der Tiere. [2]Die Verlegung des regelmäßigen Standorts der Tiere ist unverzüglich anzuzeigen.

(3) [1]Für Absatz 2 gilt § 3 Abs. 3 entsprechend. [2]Die nach Landesrecht zuständige Behörde kann für andere Tierhaltungen unter zoologisch fachkundiger Leitung Ausnahmen von Absatz 2 zulassen, sofern Belange des Artenschutzes nicht entgegenstehen.

### Unterabschnitt 2. Zucht und Haltung von Greifvogelhybriden

**§ 8 Begriffsbestimmungen.** Greifvogelhybriden im Sinne dieser Verordnung sind Greifvögel, die genetische Anteile von mindestens einer heimischen sowie einer weiteren Greifvogelart enthalten.

**§ 9 Zuchtverbot.** (1) Es ist verboten, Greifvogelhybriden zu züchten.

---

[1] Nr. **3.1**.

(2) Bis zum 31. Dezember 2014 sind ausgenommen von dem Verbot des Absatzes 1 Züchter, die vor dem 25. Februar 2005 mit der Zucht von Greifvogelhybriden begonnen haben.

**§ 10 Haltungsverbot.** [1] Es ist verboten, Greifvogelhybriden zu halten. [2] Ausgenommen von dem Verbot sind Tiere, die vor dem 25. Februar 2005 in Übereinstimmung mit den zu ihrem Schutz geltenden Vorschriften gehalten werden, sowie, im Falle der Zucht, Jungvögel bis zur Abgabe an Dritte mit Wohnsitz oder Sitz im Ausland.

**§ 11 Flugverbot, Entweichen.** (1) Es ist verboten, Greifvogelhybriden in den Flug zu entlassen.

(2) [1] Ausgenommen von dem Verbot des Absatzes 1 ist ein mit telemetrischer Ausrüstung überwachter Flug außerhalb des Zeitraums vom Beginn der Bettelflugperiode bis zum Erreichen der Selbständigkeit des Vogels. [2] Die telemetrische Ausrüstung muss so beschaffen sein, dass die Identifizierung und Ortung des in den Freiflug gestellten Greifvogelhybriden jederzeit kurzfristig möglich ist. [3] Der Halter hat den Greifvogelhybriden nach Abschluss des Fluges unverzüglich in ein Gehege zurückzuführen.

(3) Sobald eine Identifizierung und Ortung nach Absatz 2 Satz 2 nicht mehr möglich ist, hat der Halter unverzüglich alle zumutbaren Maßnahmen zur Rückführung des in den Freiflug gestellten Greifvogelhybriden in ein Gehege zu ergreifen und die nach Landesrecht zuständige Naturschutzbehörde zu informieren.

(4) Für Halter eines Greifvogelhybriden, der aus einem Gehege entwichen ist, gilt Absatz 3 entsprechend.

## Abschnitt 4. Kennzeichnung

**§ 12 Kennzeichnungspflicht.** [1] Wer lebende Säugetiere, Vögel und Reptilien der in Anlage 6 Spalte 1 aufgeführten Arten hält, hat diese unverzüglich zu kennzeichnen. [2] Die Kennzeichnung hat nach Maßgabe
1. des § 13 Abs. 1 Satz 1 und 2, Abs. 2 und 3, des § 15 Abs. 1 bis 3, 5 und 7,
2. des § 13 Abs. 1 Satz 3 bis 10 sowie des § 15 Absatz 6
zu erfolgen.

**§ 13 Kennzeichnungsmethoden.** (1) [1] Für die Kennzeichnung sind die Kennzeichnungsmethoden zu verwenden, die in Anlage 6 Spalte 2 bis 6 mit einem Kreuz (+) bei den jeweiligen Tierarten bezeichnet sind, sowie für Vogelarten der offene Ring gemäß Satz 2. [2] Sind nach Satz 1 mehrere Kennzeichnungsmethoden vorgesehen, sind die Tiere mit einem Kennzeichen in der folgenden Rangfolge zu versehen:
1. gezüchtete Vögel vorrangig mit dem geschlossenen Ring;
2. Vögel, die nicht unter Nummer 1 fallen, vorrangig nach Wahl des Halters mit dem offenen Ring oder dem Transponder, ansonsten mit der Dokumentation;
3. Säugetiere vorrangig mit dem Transponder, ansonsten mit der Dokumentation oder mit sonstigen Kennzeichen;

**3.1.1 BArtSchV § 14**  Bundesartenschutzverordnung

4. Reptilien vorrangig nach Wahl des Halters mit dem Transponder oder der Dokumentation.

³Die Kennzeichnung mit einem Transponder scheidet aus, soweit die Tiere weniger als 200 Gramm, bei Schildkröten weniger als 500 Gramm, wiegen oder ein solches Gewicht nicht erreichen können. ⁴Das Absehen von der jeweils als vorrangig bezeichneten Kennzeichnungsmethode bedarf der Zustimmung der nach Landesrecht zuständigen Behörde. ⁵Diese kann das Absehen von den als vorrangig bezeichneten Kennzeichnungsmethode zulassen, wenn diese wegen körperlicher oder verhaltensbedingter Eigenschaften der Tiere einschließlich des Unterschreitens der in Satz 3 genannten Gewichtsgrenzen nicht angewandt werden können. ⁶In diesem Fall sind unter den Voraussetzungen von Satz 5 andere für die betreffende Art mit einem Kreuz (+) bezeichneten Kennzeichnungsmethoden anzuordnen. ⁷Soweit dies nicht möglich ist, können weitere geeignete Kennzeichnungsmethoden, insbesondere molekulargenetische Methoden, zugelassen werden. ⁸Die Entscheidung nach Satz 5 ist mit der Auflage zu verbinden, die Kennzeichnung nachzuholen, sobald mit einem Fortfall der in Satz 5 genannten Hindernisse gerechnet werden kann. ⁹Für Tiere der in Anlage 6 Spalte 1 aufgeführten Arten, die in den Spalten 2 bis 6 nicht mit einem Kreuz (+) bezeichnet sind, sowie für Hybride von in Anlage 6 Spalte 1 aufgeführten Vogelarten mit weiteren dort aufgeführten oder anderen Arten hat der Halter spätestens mit Eintritt der Kennzeichnungspflicht bei der nach Landesrecht zuständigen Behörde die Festlegung der verbindlichen Kennzeichnungsmethode zu beantragen. ¹⁰Satz 7 gilt entsprechend.

(2) ¹Ringe müssen eine Größe aufweisen, dass sie nach vollständigem Auswachsen des Beines nur durch Zerstörung des Ringes oder Verletzung des Vogels entfernt werden können. ²Dazu sind grundsätzlich Ringe der in Anlage 6 Spalte 3 vorgegebenen Größe zu verwenden. ³Von den Vorgaben in Satz 2 kann für Vögel bestimmter Rassen oder Populationen abgewichen werden, soweit die Verwendung von Ringen der dort genannten Größe entweder zu Verletzungen beim Vogel führt oder – abweichend von Satz 1 – ein Entfernen des Ringes möglich ist.

(3) ¹Eine Dokumentation muss eine zeichnerische oder fotografische Darstellung individueller Körpermerkmale enthalten, die eine Identifizierung ermöglicht. ²Diese Darstellung ist zu ergänzen um eine Beschreibung des Tieres, die zumindest Angaben umfassen muss zu Größe und Länge, Gewicht, Geschlecht und Alter, sowie eine Beschreibung vorhandener Besonderheiten. ³Die Dokumentation ist in solchen Zeitabständen zu wiederholen, dass mögliche Änderungen der Körpermerkmale nachvollziehbar sind. ⁴Eine Mehrfertigung der ersten Dokumentation hat der Halter der Anzeige nach § 7 Abs. 2 beizufügen, weitere Dokumentationen sind den nach Landesrecht zuständigen Behörden auf Verlangen vorzulegen.

**§ 14 Ausnahmen von der Kennzeichnungspflicht.** (1) ¹Die Kennzeichnungspflicht nach § 12 entfällt, wenn ein verletztes, hilfloses oder krankes Wirbeltier aufgenommen wird, um es gesund zu pflegen und es wieder in die Freiheit zu entlassen. ²Die nach Landesrecht zuständige Behörde kann im Einzelfall Ausnahmen von der Kennzeichnungspflicht nach § 12 zulassen für Wirbeltiere, die im Rahmen von bestandsschützenden Maßnahmen oder Wiederansiedlungsmaßnahmen gehalten oder abgegeben werden.

(2) ¹Die Kennzeichnungspflicht nach § 12 entfällt auch, wenn ein Wirbeltier im Vollzug artenschutzrechtlicher Vorschriften der Europäischen Gemeinschaften oder auf Grund von Rechtsvorschriften anderer Mitgliedstaaten bereits mit einem Kennzeichen versehen ist. ²Vor Inkrafttreten der Kennzeichnungspflicht angebrachte Kennzeichnungen, die nicht unter Satz 1 fallen, kann die nach Landesrecht zuständige Behörde als Kennzeichnung im Sinne des § 12 anerkennen, soweit eine gleichwertige Individualisierung sichergestellt ist.

**§ 15 Ausgabe von Kennzeichen.** (1) ¹Für die Kennzeichnung nach dieser Verordnung sind nur Ringe und Transponder zu verwenden, die von den nachstehenden Vereinen ausgegeben werden:

1. Bundesverband für fachgerechten Natur- und Artenschutz e.V.,
2. Zentralverband Zoologischer Fachbetriebe Deutschlands e.V.

²Sie ermöglichen nicht vereinsangehörigen Personen den Bezug von Kennzeichen zu denselben Bedingungen wie Vereinsmitgliedern.

(2) ¹Nach Absatz 1 ausgegebene Ringe müssen so beschaffen sein, dass sie vom Tier nicht zerstört werden können, ihre Lesbarkeit dauerhaft gewährleistet ist, sie nicht erheblich verformt oder geweitet werden können und eine Entfernung nur durch Zerstörung des Ringes oder Verletzung des Tieres möglich ist. ²Geschlossene Ringe müssen nahtlos, offene Ringe müssen darüber hinaus so beschaffen sein, dass sie nur einmal verwendet werden können. ³Ringe müssen tierschutzgerecht sein. ⁴Ringe für Greifvogelhybriden sind blau zu färben.

(3) ¹Nach Absatz 1 ausgegebene Ringe müssen eine Beschriftung nach Maßgabe der Anlage 7 aufweisen. ²Die in Satz 1 genannte Beschriftung muss sich gegenüber eventuell auf dem Ring zusätzlich angebrachten Angaben deutlich hervorheben.

(4) *(aufgehoben)*

(5) ¹Nach Absatz 1 ausgegebene Transponder müssen in der Codestruktur und dem Informationsgehalt dem Standard ISO 11784: 1996 (e) „Radio-Frequency Identification of Animals – Code Structure"[1]) entsprechen. ²Die im Transponder festgelegte Information muss einmalig und darf nach Herstellung nicht veränderbar sein. ³Die Transponder müssen ferner den im Standard ISO 11785: 1996 (E) „Radio-Frequency Identification of Animals – Technical Concept"[1]) festgelegten technischen Anforderungen entsprechen.

(6) Die in Absatz 1 genannten Vereine haben der nach Landesrecht zuständigen Behörde vierteljährlich die Beschriftung von in ihrem Zuständigkeitsbereich im laufenden Jahr ausgegebenen Kennzeichen sowie Name und Anschrift der Empfänger in für die elektronische Datenverarbeitung geeigneter Form zu übermitteln sowie dieser und dem Bundesamt für Naturschutz auf Anfrage unverzüglich entsprechende Angaben zu machen.

(7) Im Falle der Präparation verbleibt der Ring am Vogel.

---

[1]) **Amtl. Anm.:** Vertrieb: Beuth Verlag, Burggrafenstraße 6, 10787 Berlin.

## Abschnitt 5. Ordnungswidrigkeiten

**§ 16 Ordnungswidrigkeiten.** (1) Ordnungswidrig im Sinne des § 69 Absatz 3 Nummer 27 Buchstabe b des Bundesnaturschutzgesetzes[1] handelt, wer vorsätzlich oder fahrlässig entgegen § 3 Abs. 2 ein Tier anbietet, zur Abgabe vorrätig hält, feilhält, an andere abgibt oder züchtet.

(2) Ordnungswidrig im Sinne des § 69 Absatz 3 Nummer 27 Buchstabe c des Bundesnaturschutzgesetzes handelt, wer vorsätzlich oder fahrlässig

1. entgegen § 4 Abs. 1 in der dort bezeichneten Weise einem Tier nachstellt, es anlockt, fängt oder tötet,
2. entgegen § 6 Abs. 1 Satz 1 ein Buch nicht, nicht richtig, nicht vollständig oder nicht in der vorgeschriebenen Weise führt,
3. entgegen § 6 Abs. 3 ein Buch nicht oder nicht rechtzeitig aushändigt,
4. entgegen § 6 Abs. 4 Satz 1 ein Buch nicht oder nicht mindestens fünf Jahre aufbewahrt,
5. entgegen § 7 Abs. 2 eine Anzeige nicht, nicht richtig, nicht vollständig, nicht in der vorgeschriebenen Weise oder nicht rechtzeitig erstattet,
6. entgegen § 9 Greifvogelhybride züchtet,
7. entgegen § 10 Greifvogelhybride hält,
8. entgegen § 11 Greifvogelhybride in den Flug entlässt,
9. entgegen § 11 Abs. 3 auch in Verbindung mit Abs. 4 eine Maßnahme nicht oder nicht rechtzeitig ergreift oder eine Greifvogelhybride nicht rechtzeitig zurückführt,
10. entgegen § 12 Satz 1 und 2 Nr. 1 ein Tier nicht, nicht richtig, nicht in der vorgeschriebenen Weise oder nicht rechtzeitig kennzeichnet, oder Kennzeichen ohne Zustimmung der nach Landesrecht zuständigen Behörde verändert oder entfernt,
11. entgegen § 13 Abs. 1 Satz 9 die Festlegung einer verbindlichen Kennzeichnungsmethode nicht oder nicht rechtzeitig beantragt,
12. entgegen § 13 Abs. 3 Satz 4 eine dort genannte Unterlage nicht beifügt oder nicht oder nicht rechtzeitig vorlegt.

## Abschnitt 6. Ländervorbehalt

**§ 17 Ländervorbehalt.** Die nach Landesrecht zuständigen Behörden können nach § 2 Abs. 1 Satz 2 und Abs. 2, § 4 Abs. 3, § 6 Abs. 1 Satz 4, § 7 Abs. 3 Satz 2 und § 14 Abs. 1 Satz 2 unter den jeweils genannten Voraussetzungen Ausnahmen auch allgemein zulassen.

**Anlage 1 bis 7**

*(Hier nicht wiedergegeben.)*

---

[1] Nr. 3.1.

## 3.1.2. Verordnung über die Vermeidung und die Kompensation von Eingriffen in Natur und Landschaft im Zuständigkeitsbereich der Bundesverwaltung (Bundeskompensationsverordnung – BKompV)[1)]

Vom 14. Mai 2020
(BGBl. I S. 1088)
FNA 791-9-8

Auf Grund des § 15 Absatz 8 Satz 1 in Verbindung mit den Sätzen 2 bis 4 des Bundesnaturschutzgesetzes[2)], der durch Artikel 8 des Gesetzes vom 13. Mai 2019 (BGBl. I S. 706) eingefügt worden ist, verordnet das Bundesministerium für Umwelt, Naturschutz und nukleare Sicherheit im Einvernehmen mit dem Bundesministerium für Ernährung und Landwirtschaft, dem Bundesministerium für Verkehr und digitale Infrastruktur und dem Bundesministerium für Wirtschaft und Energie unter Wahrung der Rechte des Bundestages:

**§ 1 Anwendungsbereich.** (1) ¹Diese Verordnung findet Anwendung, soweit die Vorschriften des Dritten Kapitels des Bundesnaturschutzgesetzes[2)] vom 29. Juli 2009 (BGBl. I S. 2542), das zuletzt durch Artikel 1 des Gesetzes vom 4. März 2020 (BGBl. I S. 440) geändert worden ist, ausschließlich durch die Bundesverwaltung ausgeführt werden. ²Die Verordnung bestimmt insbesondere das Nähere

1. zur Vermeidung von Beeinträchtigungen von Natur und Landschaft nach § 15 Absatz 1 Satz 1 des Bundesnaturschutzgesetzes,
2. zu Inhalt, Art und Umfang von Ausgleichs- und Ersatzmaßnahmen nach § 15 Absatz 2 des Bundesnaturschutzgesetzes sowie
3. zur Höhe der Ersatzzahlung nach § 15 Absatz 6 des Bundesnaturschutzgesetzes und zum Verfahren ihrer Erhebung.

(2) Diese Verordnung gilt auch im Bereich der Küstengewässer sowie nach Maßgabe des Seerechtsübereinkommens der Vereinten Nationen vom 10. Dezember 1982 (BGBl. 1994 II S. 1798, 1799) im Bereich der deutschen ausschließlichen Wirtschaftszone und des Festlandsockels.

**§ 2 Allgemeine Anforderungen an die Vermeidung und die Kompensation.** (1) Die nach § 17 des Bundesnaturschutzgesetzes[2)] zuständige Behörde trifft die zur Durchführung des § 15 Absatz 1 bis 6 des Bundesnaturschutzgesetzes erforderlichen Entscheidungen und Maßnahmen

1. auf der Grundlage der vom Verursacher eines Eingriffs gemachten Angaben nach § 17 Absatz 4 des Bundesnaturschutzgesetzes,
2. auf der Grundlage der Informationen, die bei der zuständigen Behörde und den zu beteiligenden Behörden vorliegen, und
3. unter Berücksichtigung der Ziele des Naturschutzes und der Landschaftspflege nach § 1 des Bundesnaturschutzgesetzes.

---

[1)] Abweichendes Landesrecht in Bayern siehe Hinweis in BGBl. 2021 I S. 2870.
[2)] Nr. **3.1**.

### 3.1.2 BKompV § 2

(2) Die Inhalte der Landschaftsplanung im Sinne des § 9 Absatz 2 und 3 des Bundesnaturschutzgesetzes sind zu berücksichtigen

1. bei der Bewertung des vorhandenen Zustands von Natur und Landschaft und der zu erwartenden Beeinträchtigungen von Natur und Landschaft im Sinne des § 4 Absatz 1 Satz 1 und
2. bei der Vermeidung, dem Ausgleich und dem Ersatz von erheblichen Beeinträchtigungen von Natur und Landschaft.

(3) Bei der Prüfung, ob zumutbare Alternativen nach § 15 Absatz 1 Satz 2 des Bundesnaturschutzgesetzes gegeben sind, soll auch berücksichtigt werden, inwieweit die Alternativen dazu beitragen, die Inanspruchnahme von Flächen, insbesondere die Versiegelung von Böden, durch den Eingriff zu verringern.

(4) [1] Im Rahmen der Festsetzung des Kompensationsumfangs ist zu prüfen, inwieweit beeinträchtigte Funktionen des Naturhaushalts und des Landschaftsbildes bereits kompensiert werden durch anerkennungsfähige Maßnahmen des Verursachers

1. im Sinne von § 30 Absatz 3, § 34 Absatz 5, § 44 Absatz 5 Satz 3 oder § 45 Absatz 7 Satz 2 des Bundesnaturschutzgesetzes,
2. nach § 9 Absatz 2 des Bundeswaldgesetzes[1]) vom 2. Mai 1975 (BGBl. I S. 1037), das zuletzt durch Artikel 1 des Gesetzes vom 17. Januar 2017 (BGBl. I S. 75) geändert worden ist, oder
3. nach den Wald- und Forstgesetzen der Länder.

[2] Soweit nicht kompensierte Beeinträchtigungen verbleiben, sollen die Ausgleichs- und Ersatzmaßnahmen jeweils auf die Wiederherstellung, Herstellung oder Neugestaltung mehrerer beeinträchtigter Funktionen des Naturhaushalts und des Landschaftsbildes gerichtet sein (Multifunktionalität), auch um die Inanspruchnahme von Flächen zu verringern.

(5) [1] Zur Deckung des Kompensationsbedarfs soll insbesondere auf bevorratete Kompensationsmaßnahmen nach den §§ 16 und 56a des Bundesnaturschutzgesetzes zurückgegriffen werden, soweit diese Maßnahmen die Anforderungen der §§ 8 und 9 erfüllen und der Rückgriff im Einzelfall, insbesondere auch in wirtschaftlicher Hinsicht, angemessen ist. [2] Wird der Eingriff von einer Bundesbehörde durchgeführt, soll neben bevorrateten Kompensationsmaßnahmen im Sinne von Satz 1 zur Deckung des Kompensationsbedarfs unter den Voraussetzungen des Satzes 1 insbesondere auf Maßnahmen auf Flächen der öffentlichen Hand zurückgegriffen werden. [3] Bei Vorhaben, deren Realisierung aus Gründen eines überragenden öffentlichen Bundesinteresses erforderlich ist, kann zur Deckung des Kompensationsbedarfs auch auf die durch die Bundesanstalt für Immobilienaufgaben bereitgestellten bevorrateten Kompensationsmaßnahmen zurückgegriffen werden.

(6) Unter den Voraussetzungen des Absatzes 5 Satz 1 kann für Kompensationsmaßnahmen auch zurückgegriffen werden auf

1. festgelegte Entwicklungs- und Wiederherstellungsmaßnahmen
   a) für den Biotopverbund im Sinne des § 20 Absatz 1 des Bundesnaturschutzgesetzes,

---

[1]) Nr. 3.2.

Bundeskompensationsverordnung  §§ 3, 4  BKompV 3.1.2

b) für Gebiete im Sinne des § 20 Absatz 2 Nummer 1 bis 4 des Bundesnaturschutzgesetzes und
c) in Bewirtschaftungsplänen nach § 32 Absatz 5 des Bundesnaturschutzgesetzes,
2. Maßnahmen in Maßnahmenprogrammen im Sinne des § 82 des Wasserhaushaltsgesetzes[1]) vom 31. Juli 2009 (BGBl. I S. 2585), das zuletzt durch Artikel 2 des Gesetzes vom 4. Dezember 2018 (BGBl. I S. 2254) geändert worden ist.

(7) Soweit zur Deckung des Kompensationsbedarfs nicht auf Maßnahmen nach den Absätzen 5 oder 6 zurückgegriffen wird, sind – unter den Voraussetzungen des Absatzes 5 Satz 1 – Maßnahmen zur Entsiegelung, Maßnahmen zur Wiedervernetzung von Lebensräumen und Bewirtschaftungs- oder Pflegemaßnahmen zu berücksichtigen, um möglichst zu vermeiden, dass land- oder forstwirtschaftliche Flächen aus der Nutzung genommen werden.

**§ 3 Besondere Anforderungen an die Vermeidung.** (1) [1]Beeinträchtigungen von Natur und Landschaft gemäß § 15 Absatz 1 des Bundesnaturschutzgesetzes[2]) sind vorrangig zu vermeiden. [2]Vermeidungsmaßnahmen sind alle Maßnahmen und Vorkehrungen, die geeignet sind, bau-, anlagen- und betriebsbedingte Beeinträchtigungen der Leistungs- und Funktionsfähigkeit des Naturhaushalts oder Beeinträchtigungen des Landschaftsbildes ganz oder teilweise zu verhindern.

(2) [1]Beeinträchtigungen von Natur und Landschaft können vermieden werden, wenn bei Zulassung und Durchführung des Eingriffs zumutbare Alternativen gewählt werden, die den mit dem Eingriff verfolgten Zweck am gleichen Ort oder mit geringeren Beeinträchtigungen erreichen. [2]Alternativen sind unzumutbar, wenn der Mehraufwand unter Berücksichtigung der Art und Schwere des Eingriffs sowie der Bedeutung des betroffenen Schutzguts außer Verhältnis zu der erreichbaren Verringerung und der Schwere der Beeinträchtigungen steht.

(3) Der mit dem Eingriff verfolgte Zweck ist auch dann am gleichen Ort erreicht, wenn die bei der Durchführung gewählte Alternative mit geringfügigen räumlichen Anpassungen verbunden ist, insbesondere mit Verlagerungen auf demselben Grundstück oder auf eine unmittelbar angrenzende Fläche, die der Verursacher des Eingriffs rechtlich und tatsächlich nutzen kann.

(4) [1]Die Vermeidungsmaßnahmen sind nach den Umständen des Einzelfalls zu bestimmen. [2]In der Begründung nach § 15 Absatz 1 Satz 3 des Bundesnaturschutzgesetzes hat der Verursacher eines Eingriffs schutzgut- und funktionsbezogen darzulegen, weshalb Vermeidungsmaßnahmen nicht durchführbar sind.

**§ 4 Grundsätze der Bewertung des vorhandenen Zustands und der zu erwartenden unvermeidbaren Beeinträchtigungen.** (1) [1]Zur Ermittlung des Kompensationsbedarfs

1. ist der vorhandene Zustand von Natur und Landschaft im Einwirkungsbereich des Vorhabens zu erfassen und zu bewerten und

---
[1]) Nr. **4.1**.
[2]) Nr. **3.1**.

### 3.1.2 BKompV § 5  Bundeskompensationsverordnung

2. sind die bei Durchführung des Vorhabens zu erwartenden unvermeidbaren Beeinträchtigungen der Leistungs- und Funktionsfähigkeit des Naturhaushalts und des Landschaftsbildes nach Maßgabe der nachfolgenden Vorschriften zu ermitteln und zu bewerten.

[2] Vorhabenbezogene Wirkungen, die naturschutzfachlich als sehr gering eingeschätzt werden, bleiben bei der Bewertung nach § 5 Absatz 3 Satz 1 und § 6 Absatz 2 Satz 1 außer Betracht. [3] Unterhaltungsmaßnahmen an Energieleitungen sind in der Regel nicht zu kompensieren; dies gilt insbesondere im Falle eines ökologischen Trassenmanagements.

(2) [1] Die im Einwirkungsbereich des Vorhabens liegenden Biotope sind zu erfassen und zu bewerten. [2] Die Erfassung und Bewertung erfolgt nach Maßgabe des § 5.

(3) [1] Die in der Anlage 1 Spalte 1 und 2 genannten Schutzgüter und Funktionen sind nur dann zu erfassen und zu bewerten, wenn sie von dem Vorhaben betroffen sein werden und wenn auf Grund einer fachlichen Einschätzung der zuständigen Behörde unter Beteiligung der für Naturschutz und Landschaftspflege zuständigen Behörde nach überschlägiger Prüfung folgende Beeinträchtigungen zu erwarten sind:
1. bei den Schutzgütern Tiere, Pflanzen, Boden, Wasser, Klima oder Luft eine erhebliche Beeinträchtigung besonderer Schwere,
2. beim Schutzgut Landschaftsbild mindestens eine erhebliche Beeinträchtigung.

[2] Die Erfassung und Bewertung erfolgt nach Maßgabe des § 6.

**§ 5 Grundbewertung des Schutzguts Biotope.** (1) [1] Zur Erfassung und Bewertung des vorhandenen Zustands ist jedes Biotop im Einwirkungsbereich des Vorhabens zunächst einem der in der Anlage 2 Spalte 2 aufgeführten Biotoptypen und anschließend dem zugehörigen Biotoptypenwert nach Anlage 2 Spalte 3 zuzuordnen. [2] Im Einzelfall kann der Biotoptypenwert nach Anlage 2 Spalte 3 um bis zu drei Wertpunkte erhöht werden, wenn das Biotop überdurchschnittlich gut ausgeprägt ist, oder um bis zu drei Wertpunkte verringert werden, wenn das Biotop unterdurchschnittlich gut ausgeprägt ist. [3] Dafür sind als Kriterien zugrunde zu legen:
1. die Flächengröße,
2. die abiotische und die biotische Ausstattung und
3. die Lage zu anderen Biotopen.

[4] Die nach den Sätzen 1 bis 3 ermittelte Summe ergibt den Biotopwert. [5] Bei einem Ersatzneubau im Sinne des § 3 Nummer 4 des Netzausbaubeschleunigungsgesetzes Übertragungsnetz vom 28. Juli 2011 (BGBl. I S. 1690), das zuletzt durch Artikel 2 des Gesetzes vom 13. Mai 2019 (BGBl. I S. 706) geändert worden ist, ist die bereits vorhandene Beeinträchtigung der Biotope durch die zu ersetzende Anlage bei der Wirkungsbewertung auf die Biotope angemessen zu berücksichtigen.

(2) Der ermittelte Biotopwert jedes Biotops ist anschließend den folgenden Wertstufen zuzuordnen, aus denen sich die Bedeutung des Biotops ergibt:
1. Biotopwerte 0 bis 4: sehr gering,
2. Biotopwerte 5 bis 9: gering,

Bundeskompensationsverordnung §§ 6, 7 BKompV 3.1.2

3. Biotopwerte 10 bis 15: mittel,
4. Biotopwerte 16 bis 18: hoch,
5. Biotopwerte 19 bis 21: sehr hoch,
6. Biotopwerte 22 bis 24: hervorragend.

(3) [1] Zur Bewertung der zu erwartenden unvermeidbaren Beeinträchtigungen sind die Wirkungen des Vorhabens auf die erfassten und bewerteten Biotope zu ermitteln und im Hinblick auf ihre Stärke, Dauer und Reichweite den Stufen „gering", „mittel" und „hoch" zuzuordnen. [2] Anschließend ist anhand der Anlage 3 festzustellen, ob die einzelnen zu erwartenden Beeinträchtigungen für das jeweilige Biotop als nicht erheblich, erheblich oder erheblich mit besonderer Schwere einzustufen sind.

(4) [1] Den mittelbaren Wirkungen des Vorhabens auf Biotope ist bei der Bestimmung ihrer Stärke, Dauer und Reichweite nach Absatz 3 Satz 1 entsprechend jeweils ein Faktor zwischen 0,1 und 1 zuzuordnen. [2] Dabei entsprechen die Faktoren 0,1 bis 0,3 der Stufe „gering", die Faktoren 0,4 bis 0,6 der Stufe „mittel" und die Faktoren 0,7 bis 1 der Stufe „hoch". [3] Der Zuordnung können unterschiedliche Wirkzonen zugrunde gelegt werden.

**§ 6 Bewertung weiterer Schutzgüter.** (1) [1] Die Erfassung und Bewertung der in der Anlage 1 Spalte 1 und 2 genannten weiteren Schutzgüter und Funktionen erfolgt anhand der Anlage 1 Spalte 3. [2] Die Bedeutung der erfassten Funktionen ist anschließend jeweils innerhalb des in der Anlage 1 Spalte 4 genannten Rahmens anhand der Wertstufen „sehr gering", „gering", „mittel", „hoch", „sehr hoch" und „hervorragend" zu bewerten.

(2) [1] Zur Bewertung der zu erwartenden unvermeidbaren Beeinträchtigungen der Schutzgüter und Funktionen nach Anlage 1 Spalte 1 und 2 sind die ausgehenden Wirkungen des Vorhabens auf die erfassten und bewerteten Funktionen zu ermitteln und im Hinblick auf ihre Stärke, Dauer und Reichweite den Stufen „gering", „mittel" und „hoch" zuzuordnen. [2] Anschließend ist anhand der Anlage 3 festzustellen, ob die einzelnen zu erwartenden Beeinträchtigungen für die jeweils betroffene Funktion als nicht erheblich, erheblich oder erheblich mit besonderer Schwere einzustufen sind.

**§ 7 Biotopwertbezogener und funktionsspezifischer Kompensationsbedarf.** (1) [1] Bei den Biotopen, bei denen eine erhebliche Beeinträchtigung zu erwarten ist, ist der biotopwertbezogene Kompensationsbedarf zu ermitteln. [2] Hierzu ist für jedes betroffene Biotop

1. für eine Flächeninanspruchnahme die Differenz zwischen den Biotopwerten des vorhandenen Zustands und des nach dem Eingriff zu erwartenden Zustands zu bilden und mit der voraussichtlich beeinträchtigten Fläche in Quadratmetern zu multiplizieren und

2. für mittelbare Beeinträchtigungen der Biotopwert des vorhandenen Zustands mit der voraussichtlich beeinträchtigten Fläche in Quadratmetern und dem nach § 5 Absatz 4 Satz 1 und 2 zugeordneten Faktor zu multiplizieren.

[3] Die Summe der nach Satz 2 gebildeten Produkte ergibt den biotopwertbezogenen Kompensationsbedarf. [4] Für die Bestimmung des Biotopwertes des nach dem Eingriff zu erwartenden Zustands nach Satz 2 Nummer 1 gilt § 5 Absatz 1 Satz 1 und 2 entsprechend.

## 3.1.2 BKompV §§ 8, 9

(2) ¹Der funktionsspezifische Kompensationsbedarf ist zu ermitteln, soweit folgende Beeinträchtigungen zu erwarten sind:
1. bei den Schutzgütern Biotope, Tiere, Pflanzen, Boden, Wasser, Klima oder Luft eine erhebliche Beeinträchtigung besonderer Schwere,
2. beim Schutzgut Landschaftsbild mindestens eine erhebliche Beeinträchtigung.

²Die Ermittlung des funktionsspezifischen Kompensationsbedarfs erfolgt verbal-argumentativ.

**§ 8 Anforderungen an den Ausgleich und den Ersatz erheblicher Beeinträchtigungen von Biotopen.** (1) ¹Erhebliche Beeinträchtigungen von Biotopen sind ausgeglichen oder ersetzt, wenn im betroffenen Naturraum und innerhalb einer angemessenen Frist eine Aufwertung des Naturhaushalts oder des Landschaftsbildes erfolgt, deren Biotopwert dem nach § 7 Absatz 1 ermittelten biotopwertbezogenen Kompensationsbedarf entspricht. ²Die Lage der Naturräume ist auf der Grundlage der Anlage 4 zu bestimmen. ³Der nach § 7 Absatz 1 ermittelte biotopwertbezogene Kompensationsbedarf reduziert sich um den Biotopwert, der durch Ausgleichs- und Ersatzmaßnahmen nach § 9 Absatz 3 bis 5 erzielt worden ist.

(2) ¹Der Biotopwert der Aufwertung ergibt sich aus der Differenz zwischen den Biotopwerten des zu erreichenden Zustands (Zielbiotop) und des vorhandenen Zustands (Ausgangsbiotop) multipliziert mit der aufgewerteten Fläche in Quadratmetern. ²Für die Bestimmung der Biotopwerte gilt § 5 Absatz 1 Satz 1 und 2 entsprechend.

(3) ¹Bei einer Aufwertung des Naturhaushalts oder des Landschaftsbildes, die mit einer Entsiegelung verbunden ist, sind zusätzlich 30 Wertpunkte je Quadratmeter aufgewerteter Fläche anzusetzen. ²Die durch Wiedervernetzungsmaßnahmen erzielte mittelbare Aufwertung in angrenzenden Räumen ist unter Beachtung der in Anlage 6 Abschnitt C Spalte 2 genannten Anforderungen in angemessenem Umfang anzuerkennen.

(4) ¹Bei Maßnahmen zum Ausgleich oder Ersatz von Eingriffen auf Flächen im Sinne des § 4 Nummer 1 des Bundesnaturschutzgesetzes[1], die nutzungsbedingt einen hohen Anteil hochwertiger Biotope (Wertpunktzahl 16 oder höher) aufweisen, kann eine Aufwertung zwischen drei bis sechs Wertpunkten erfolgen. ²Eine höhere Wertpunktzahl als 24 Punkte kann jedoch nicht erreicht werden.

(5) Erhebliche Beeinträchtigungen besonderer Schwere von Biotopen sind nach Maßgabe des § 9 Absatz 2 bis 5 auszugleichen oder zu ersetzen.

**§ 9 Anforderungen an den Ausgleich und den Ersatz erheblicher Beeinträchtigungen weiterer Schutzgüter.** (1) Erhebliche Beeinträchtigungen der Schutzgüter Tiere, Pflanzen, Boden, Wasser, Klima und Luft werden durch die nach § 8 Absatz 1 Satz 1 zu bestimmende erforderliche Aufwertung ausgeglichen oder ersetzt.

(2) ¹Mindestens erhebliche Beeinträchtigungen des Landschaftsbildes sowie erhebliche Beeinträchtigungen besonderer Schwere sonstiger Schutzgüter sind

---
[1] Nr. **3.1**.

nach Maßgabe der Absätze 3 bis 5 zu kompensieren. ²Einer solchen Kompensation bedarf es nicht, soweit

1. im Einzelfall ein Ausgleich oder Ersatz nach Maßgabe der Absätze 3 und 4 naturschutzfachlich nicht sinnvoll ist und durch Maßnahmen auf der Grundlage eines Konzepts eine naturschutzfachlich sinnvollere Aufwertung erfolgt,
2. infolge des Eingriffs innerhalb von fünf Jahren höherwertige Biotope entstehen oder entwickelt werden können als die Biotope, die auf der durch das Vorhaben in Anspruch genommenen Fläche vorhanden sind, oder
3. für die Schutzgüter Boden, Wasser, Klima und Luft entsprechende Maßnahmen nach dem sonstigen Fachrecht vorgesehen sind.

(3) ¹Eine Beeinträchtigung ist ausgeglichen, wenn die betroffene Funktion unter Berücksichtigung der Maßgaben nach Anlage 5 Abschnitt A Spalte 3 durch Maßnahmen in dem in der Anlage 5 Abschnitt A Spalte 4 jeweils bezeichneten Raum und innerhalb einer angemessenen Frist wiederhergestellt ist. ²Bei der Festlegung von Ausgleichsmaßnahmen sind Entwicklungszeiten nach Anlage 5 Abschnitt B zu berücksichtigen.

(4) ¹Eine Beeinträchtigung ist ersetzt, wenn die betroffene Funktion unter Berücksichtigung der Maßgaben nach Anlage 5 Abschnitt A Spalte 3 durch Maßnahmen in dem betroffenen nach Anlage 4 umgrenzten Naturraum und innerhalb einer angemessenen Frist hergestellt ist. ²Bei der Festlegung von Ersatzmaßnahmen sind Entwicklungszeiten nach Anlage 5 Abschnitt B zu berücksichtigen.

(5) Soweit Beeinträchtigungen des Landschaftsbildes auszugleichen oder zu ersetzen sind, können die Anforderungen der Absätze 3 und 4 auch durch eine landschaftsgerechte Neugestaltung erfüllt werden.

**§ 10 Berücksichtigung agrarstruktureller Belange.** (1) ¹Soweit agrarstrukturelle Belange im Sinne des § 15 Absatz 3 Satz 1 des Bundesnaturschutzgesetzes[1)] betroffen sein können, beteiligt die zuständige Behörde bei der Prüfung der Geeignetheit der Flächen für Ausgleichs- oder Ersatzmaßnahmen die zuständigen Landwirtschafts- und Forstbehörden. ²Agrarstrukturelle Belange sind insbesondere betroffen, wenn eine erhebliche Verminderung der land- oder forstwirtschaftlich genutzten Gesamtfläche oder eine wesentliche Veränderung der für die Land- oder Forstwirtschaft erforderlichen Infrastruktureinrichtungen zu erwarten ist.

(2) ¹Für die landwirtschaftliche Nutzung besonders geeignete Böden im Sinne des § 15 Absatz 3 Satz 1 des Bundesnaturschutzgesetzes sind die Böden, die nach vorhandenen Informationen über den jeweiligen Landkreis oder die jeweilige kreisfreie Stadt, auf dessen oder auf deren Gebiet die Böden liegen, eine besonders hohe Nutzbarkeit aufweisen. ²Die Bewertung der Nutzbarkeit richtet sich nach der Bodenfruchtbarkeit gemessen an den Acker- und Grünlandzahlen nach dem Bodenschätzungsgesetz vom 20. Dezember 2007 (BGBl. I S. 3150, 3176), das zuletzt durch Artikel 15 des Gesetzes vom 26. November 2019 (BGBl. I S. 1794) geändert worden ist. ³In die Bewertung sollen weitere Kriterien wie die Größe und der Zuschnitt der Flächen, deren äußere und innere Erschließung sowie weitere natürliche Ertragsbedingungen einbezogen werden, wenn für die Kriterien ein behördliches Konzept vorliegt.

---

[1)] Nr. **3.1**.

**3.1.2 BKompV §§ 11, 12**

(3) ¹Eine Inanspruchnahme von für die landwirtschaftliche Nutzung besonders geeigneten Böden kann nur erfolgen, nachdem geprüft wurde, ob der Ausgleich oder Ersatz auch durch Maßnahmen zur Entsiegelung, durch Maßnahmen zur Wiedervernetzung von Lebensräumen oder durch Bewirtschaftungs- oder Pflegemaßnahmen erbracht werden kann. ²Sie bedarf einer Begründung im Rahmen der Angaben nach § 17 Absatz 4 des Bundesnaturschutzgesetzes.

**§ 11 Bewirtschaftungs- oder Pflegemaßnahmen; Entsiegelung und Wiedervernetzung.** (1) Bewirtschaftungs- oder Pflegemaßnahmen, die in Anlage 6 Abschnitt A Spalte 1 aufgeführt sind, werden unter regelmäßiger Beachtung der in Anlage 6 Abschnitt A Spalte 2 genannten Anforderungen festgesetzt.

(2) ¹Maßnahmen zur Entsiegelung werden unter Beachtung der Anlage 6 Abschnitt B festgesetzt. ²Sie dienen insbesondere dazu, eingriffsbedingte Neuversiegelungen und damit verbundene Beeinträchtigungen der natürlichen Bodenfunktionen auszugleichen oder zu ersetzen.

(3) ¹Maßnahmen zur Wiedervernetzung von Lebensräumen werden unter Beachtung der Anlage 6 Abschnitt C festgesetzt. ²Sie dienen insbesondere dazu, bestehende Beeinträchtigungen der ökologischen Austauschbeziehungen sowie des räumlichen Zusammenhangs von Lebensräumen zu verringern.

**§ 12 Unterhaltung und rechtliche Sicherung; Übertragung auf Einrichtungen.** (1) ¹Die während des nach § 15 Absatz 4 Satz 2 des Bundesnaturschutzgesetzes[1]) festgesetzten Zeitraums erforderliche Unterhaltung der Ausgleichs- und Ersatzmaßnahmen umfasst die zur Entwicklung und Erhaltung erforderliche Pflege. ²Der Unterhaltungszeitraum richtet sich nach der für die Erreichung des Kompensationsziels erforderlichen Dauer; er überschreitet in der Regel die Dauer von 25 Jahren nicht.

(2) ¹Die zuständige Behörde entscheidet über die Art und Weise der rechtlichen Sicherung der Ausgleichs- und Ersatzmaßnahmen einschließlich der erforderlichen Unterhaltungsmaßnahmen nach pflichtgemäßem Ermessen. ²Maßnahmen, die auf Grundstücken der öffentlichen Hand durchgeführt werden sollen, bedürfen keiner dinglichen Sicherung. ³Maßnahmen, die auf Grundstücken des Verursachers eines Eingriffs durchgeführt werden sollen, bedürfen in der Regel keiner dinglichen Sicherung. ⁴Die rechtliche Sicherung hat so lange zu erfolgen, wie die durch den Eingriff verursachten Beeinträchtigungen des Naturhaushalts und des Landschaftsbildes andauern.

(3) ¹Der Verursacher eines Eingriffs kann die Durchführung von Ausgleichs- und Ersatzmaßnahmen einschließlich der erforderlichen Unterhaltungsmaßnahmen durch Vertrag auf eine Einrichtung übertragen, die die Durchführung der Maßnahmen während des erforderlichen Zeitraums gewährleistet. ²Einrichtungen im Sinne des Satzes 1, denen die Durchführung von Maßnahmen im Zusammenhang mit Vorhaben, die vom Anwendungsbereich dieser Verordnung erfasst sind, übertragen werden kann, sind die Bundesanstalt für Immobilienaufgaben sowie nach Landesrecht anerkannte Einrichtungen.

---

[1]) Nr. **3.1**.

Bundeskompensationsverordnung §§ 13, 14 BKompV 3.1.2

**§ 13 Voraussetzungen der Ersatzzahlung.** (1) ¹Beeinträchtigungen des Naturhaushalts oder des Landschaftsbildes sind im Sinne des § 15 Absatz 6 Satz 1 des Bundesnaturschutzgesetzes[1]) nicht in angemessener Frist ausgleichbar oder ersetzbar, soweit die Anforderungen der §§ 8 und 9 aus tatsächlichen oder rechtlichen Gründen nicht erfüllt werden können. ²Dies ist insbesondere der Fall, wenn

1. die betroffene Funktion durch Ausgleichs- oder Ersatzmaßnahmen nicht oder nur unter unzumutbaren Belastungen herstellbar ist oder
2. Flächen, auf denen die Maßnahmen durchgeführt werden können, im betroffenen Naturraum nicht vorhanden oder nicht verfügbar sind.

(2) ¹Beeinträchtigungen des Landschaftsbildes, die von Mast-, Turm- oder sonstigen Hochbauten verursacht werden, die höher als 20 Meter sind, sind in der Regel nicht ausgleichbar oder ersetzbar. ²Abweichend von Satz 1 ist der Rückbau bestehender Mast- und Turmbauten im räumlichen Zusammenhang als Ausgleichs- und Ersatzmaßnahme anzuerkennen.

(3) Der Verursacher des Eingriffs hat die Gründe für die Nichtausgleichbarkeit oder Nichtersetzbarkeit von erheblichen Beeinträchtigungen des Naturhaushalts oder des Landschaftsbildes im Rahmen der Angaben nach § 17 Absatz 4 des Bundesnaturschutzgesetzes darzulegen.

**§ 14 Höhe der Ersatzzahlung.** (1) Bemisst sich die Ersatzzahlung nach den durchschnittlichen Kosten der nicht durchführbaren Ausgleichs- und Ersatzmaßnahmen nach § 15 Absatz 6 Satz 2 des Bundesnaturschutzgesetzes[1]), sind die erforderlichen durchschnittlichen Kosten für die Flächenbereitstellung auf der Grundlage der Bodenrichtwerte nach § 196 des Baugesetzbuches in der Fassung der Bekanntmachung vom 3. November 2017 (BGBl. I S. 3634), das durch Artikel 6 des Gesetzes vom 27. März 2020 (BGBl. I S. 587) geändert worden ist, festzustellen.

(2) ¹Sind die durchschnittlichen Kosten der nicht durchführbaren Ausgleichs- und Ersatzmaßnahmen nicht feststellbar im Sinne von § 15 Absatz 6 Satz 3 des Bundesnaturschutzgesetzes, beträgt die Ersatzzahlung für Beeinträchtigungen des Landschaftsbildes

1. bei Mast- und Turmbauten, insbesondere bei Windenergieanlagen, Freileitungsmasten, Funkmasten, Funk- und Aussichtstürmen, Pfeilern von Talbrücken und vergleichbaren baulichen Anlagen entsprechend der nach § 6 Absatz 1 Satz 2 in Verbindung mit Anlage 1 Spalte 4 ermittelten Wertstufe des betroffenen Landschaftsbildes je Meter Anlagenhöhe

   a) in Wertstufe 2: 100 Euro,
   b) in Wertstufe 3: 200 Euro,
   c) in Wertstufe 4: 300 Euro,
   d) in Wertstufe 5: 500 Euro,
   e) in Wertstufe 6: 800 Euro,

2. bei Gebäuden entsprechend der nach § 6 Absatz 1 Satz 2 in Verbindung mit Anlage 1 Spalte 4 ermittelten Wertstufe des betroffenen Landschaftsbildes je Kubikmeter umbauten Raums

   a) in Wertstufe 2: 0,01 Euro,

---

[1]) Nr. 3.1.

b) in Wertstufe 3: 0,02 Euro,
c) in Wertstufe 4: 0,03 Euro,
d) in Wertstufe 5: 0,05 Euro,
e) in Wertstufe 6: 0,08 Euro,
3. bei Abgrabungen entsprechend der nach § 6 Absatz 1 Satz 2 in Verbindung mit Anlage 1 Spalte 4 ermittelten Wertstufe des betroffenen Landschaftsbildes je Quadratmeter in Anspruch genommener Fläche
a) in Wertstufe 2: 0,10 Euro,
b) in Wertstufe 3: 0,20 Euro,
c) in Wertstufe 4: 0,30 Euro,
d) in Wertstufe 5: 0,50 Euro,
e) in Wertstufe 6: 0,80 Euro,
4. bei Aufschüttungen entsprechend der nach § 6 Absatz 1 Satz 2 in Verbindung mit Anlage 1 Spalte 4 ermittelten Wertstufe des betroffenen Landschaftsbildes je 100 Kubikmeter aufgeschütteten Materials
a) in Wertstufe 2: 0,30 Euro,
b) in Wertstufe 3: 0,60 Euro,
c) in Wertstufe 4: 1 Euro,
d) in Wertstufe 5: 1,60 Euro,
e) in Wertstufe 6: 2,40 Euro.

[2] Sind von einem Vorhaben im Sinne des Satzes 1 unterschiedliche Wertstufen betroffen, ist ein gemittelter Betrag in Euro anzusetzen.

(3) [1] In den Fällen des Absatzes 2 Satz 1 Nummer 1 erfolgt die Ermittlung der Wertstufe des betroffenen Landschaftsbildes in einem Umkreis um die Anlage, dessen Radius das Fünfzehnfache der Anlagenhöhe beträgt. [2] Umfasst ein Vorhaben zwei oder mehr Mast- oder Turmbauten oder werden Mast- oder Turmbauten im räumlichen Zusammenhang mit bereits bestehenden Mast- oder Turmbauten errichtet, verringert sich die nach Absatz 2 errechnete Ersatzzahlung um 15 Prozent. [3] Wird die Landschaft zwischen Mastbauten durch eine oder mehrere Leitungen überspannt, erhöht sich die errechnete Ersatzzahlung um 10 Prozent. [4] Für Windenergieanlagen auf See gilt § 15 Absatz 1 Nummer 2.

(4) [1] Eine Zu- oder Umbeseilung im Sinne des § 3 Nummer 1 Buchstabe a oder b des Netzausbaubeschleunigungsgesetzes Übertragungsnetz, die ohne Erhöhung von Masten erfolgt, ist in der Regel im Hinblick auf das Landschaftsbild nicht zu kompensieren. [2] Beim Ersatzneubau im Sinne des § 3 Nummer 4 des Netzausbaubeschleunigungsgesetzes Übertragungsnetz ist lediglich die Erhöhung gegenüber dem Ausgangszustand relevant. [3] Dies gilt auch für Zu- und Umbeseilungen, die nicht von Satz 1 erfasst werden. [4] Beim Parallelneubau im Sinne des § 3 Nummer 5 des Netzausbaubeschleunigungsgesetzes Übertragungsnetz verringert sich die nach Absatz 2 errechnete Ersatzzahlung abweichend von Absatz 3 Satz 2 um 30 Prozent.

(5) Nicht feststellbare Kosten im Sinne von § 15 Absatz 6 Satz 3 des Bundesnaturschutzgesetzes sind die Kosten von nicht durchführbaren Ausgleichs- und Ersatzmaßnahmen, insbesondere in den Fällen des § 13 Absatz 1 Satz 2.

**§ 15 Bewertung und Ersatzgeldbemessung für Windenergieanlagen auf See.** (1) Für die Errichtung und den Betrieb von Windenergieanlagen auf

See einschließlich der hierfür erforderlichen Nebeneinrichtungen im Bereich der ausschließlichen Wirtschaftszone und des Festlandsockels gelten die folgenden Maßgaben:
1. Soweit eine Sicherheitszone nach § 53 des Windenergie-auf-See-Gesetzes vom 13. Oktober 2016 (BGBl. I S. 2258, 2310), das zuletzt durch Artikel 21 des Gesetzes vom 13. Mai 2019 (BGBl. I S. 706) geändert worden ist, eingerichtet wird, in der die Fischerei während der gesamten Betriebsdauer ausgeschlossen wird, gelten die Beeinträchtigungen der Schutzgüter Biotope und Boden einschließlich der darin vorkommenden Pflanzen und Tiere als auch der Schutzgüter Wasser und Luft als kompensiert. Unter den Voraussetzungen des Satzes 1 gilt dies auch für Beeinträchtigungen der in Satz 1 genannten Schutzgüter durch Konverter, deren Sicherheitszone eine Schnittmenge mit den von Satz 1 erfassten Sicherheitszonen aufweist. Die Erlaubnis passiver Fischerei mit Reusen und Körben außerhalb des Bereichs der Sicherheitszone, in dem sich die Anlagen selbst befinden, bleibt von Satz 1 unberührt.
2. Für Anlagen in einem Cluster im Sinne von § 3 Nummer 1 des Windenergie-auf-See-Gesetzes verringert sich abweichend von § 14 Absatz 3 Satz 2 die nach § 14 Absatz 2 errechnete Ersatzzahlung um 35 Prozent.
3. Bei der Bemessung des Ersatzgeldes nach § 14 Absatz 2 Nummer 1 ist für das beeinträchtigte Landschaftsbild die Wertstufe 2 nach § 14 Absatz 2 Nummer 1 Buchstabe a zugrunde zu legen.

(2) Die Geltung dieser Verordnung für die Vermeidung und Kompensation von Eingriffen im Bereich der ausschließlichen Wirtschaftszone und des Festlandsockels bleibt im Übrigen unberührt.

**§ 16 Sicherheitsleistung für die Ersatzzahlung.** Setzt die zuständige Behörde eine Sicherheitsleistung für die Ersatzzahlung nach § 15 Absatz 6 Satz 6 zweiter Halbsatz des Bundesnaturschutzgesetzes[1] in Art und Umfang fest, kann sie neben den in § 232 des Bürgerlichen Gesetzbuches in der Fassung der Bekanntmachung vom 2. Januar 2002 (BGBl. I S. 42, 2909; 2003 I S. 738), das zuletzt durch Artikel 1 des Gesetzes vom 19. März 2020 (BGBl. I S. 541) geändert worden ist, vorgesehenen Arten der Sicherheit zulassen, dass die Sicherheit bewirkt wird durch
1. die Stellung einer Konzernbürgschaft,
2. eine Garantie oder ein Zahlungsversprechen eines Kreditinstituts oder
3. eine gleichwertige Sicherheit.

**§ 17 Übergangsvorschriften.** (1) Diese Verordnung findet keine Anwendung auf Eingriffe in Natur und Landschaft,
1. deren Zulassung vor dem 3. Juni 2020 bei einer Behörde beantragt wurde, deren Anzeige vor dem 3. Juni 2020 erfolgt ist oder, für den Fall, dass sie von einer Behörde durchgeführt werden, mit deren Durchführung vor dem 3. Juni 2020 begonnen wurde oder
2. bei denen die zuständige Behörde vor dem 3. Juni 2020 Folgendes erfolgt ist:

---

[1] Nr. 3.1.

## 3.1.2 BKompV § 18, Anl. 1–3

a) die Einleitung des Verfahrens zur Feststellung der UVP-Pflicht nach § 5 des Gesetzes über die Umweltverträglichkeitsprüfung[1] in der Fassung der Bekanntmachung vom 24. Februar 2010 (BGBl. I S. 94), das zuletzt durch Artikel 2 des Gesetzes vom 12. Dezember 2019 (BGBl. I S. 2513) geändert worden ist, oder nach entsprechenden Vorschriften des Landesrechts,

b) die Einleitung des Verfahrens zur Unterrichtung über den Untersuchungsrahmen nach § 15 Absatz 1 des Gesetzes über die Umweltverträglichkeitsprüfung oder nach entsprechenden Vorschriften des Landesrechts oder

c) die Vorlage des UVP-Berichts durch den Vorhabenträger nach § 16 des Gesetzes über die Umweltverträglichkeitsprüfung.

(2) Abweichend von Absatz 1 ist diese Verordnung anzuwenden, wenn der Verursacher eines Eingriffs dies beantragt.

(3) Bevorratete Kompensationsmaßnahmen nach den §§ 16 und 56a des Bundesnaturschutzgesetzes[2] können weiterhin als Ausgleichs- oder Ersatzmaßnahmen im Sinne des § 15 Absatz 2 des Bundesnaturschutzgesetzes herangezogen werden.

(4) [1]Die Erfassung der im Einwirkungsbereich des Vorhabens liegenden Biotope erfolgt anhand der Kartieranleitung zu dieser Verordnung. [2]Solange eine solche Kartieranleitung zu dieser Verordnung noch nicht vorliegt, soll die Erfassung der im Einwirkungsbereich des Vorhabens liegenden Biotope anhand der bereits gebräuchlichen Kartieranleitungen der jeweils von dem Vorhaben betroffenen Länder erfolgen.

**§ 18 Inkrafttreten.** Diese Verordnung tritt am Tag nach der Verkündung[3] in Kraft.

---

**Anlage 1**
(zu § 4 Absatz 3, § 6 Absatz 1 und 2 und § 14 Absatz 2 Satz 1)

**Bestandserfassung und -bewertung weiterer Schutzgüter und Funktionen**

*(Hier nicht wiedergegeben.)*

**Anlage 2**
(zu § 5 Absatz 1)

**Liste der Biotoptypen und -werte**

*(Hier nicht wiedergegeben.)*

**Anlage 3**
(zu § 5 Absatz 3 Satz 2 und § 6 Absatz 2 Satz 2)

**[Bewertung der zu erwartenden Beeinträchtigungen für das jeweilige Biotop und weiterer Schutzgüter]**

*(Hier nicht wiedergegeben.)*

---

[1] Nr. **2.5**.
[2] Nr. **3.1**.
[3] Verkündet am 2.6.2020.

Bundeskompensationsverordnung  **Anl. 4–6  BKompV 3.1.2**

**Anlage 4**
(zu § 8 Absatz 1 Satz 2 und § 9 Absatz 4 Satz 1)

### Naturräume in Deutschland

*(Hier nicht wiedergegeben.)*


**Anlage 5**
(zu § 9 Absatz 3 und 4)

### Anforderungen an den Ausgleich und den Ersatz mindestens erheblicher Beeinträchtigungen des Landschaftsbildes sowie erheblicher Beeinträchtigungen besonderer Schwere sonstiger Schutzgüter

*(Hier nicht wiedergegeben.)*


**Anlage 6**
(zu § 8 Absatz 3 Satz 2, § 11 Absatz 1 bis 3)

### Maßnahmen im Sinne des § 15 Absatz 3 des Bundesnaturschutzgesetzes[1]

*(Hier nicht wiedergegeben.)*

---

[1] Nr. **3.1**.

## 3.2. Gesetz zur Erhaltung des Waldes und zur Förderung der Forstwirtschaft (Bundeswaldgesetz)[1)]

Vom 2. Mai 1975

(BGBl. I S. 1037)

**FNA 790-18**

zuletzt geänd. durch Art. 112 PersonengesellschaftsrechtsmodernisierungsG (MoPeG) v. 10.8.2021 (BGBl. I S. 3436)

– Auszug –

**§ 1 Gesetzeszweck.** Zweck dieses Gesetzes ist insbesondere,

1. den Wald wegen seines wirtschaftlichen Nutzens (Nutzfunktion) und wegen seiner Bedeutung für die Umwelt, insbesondere für die dauernde Leistungsfähigkeit des Naturhaushaltes, das Klima, den Wasserhaushalt, die Reinhaltung der Luft, die Bodenfruchtbarkeit, das Landschaftsbild, die Agrar- und Infrastruktur und die Erholung der Bevölkerung (Schutz- und Erholungsfunktion) zu erhalten, erforderlichenfalls zu mehren und seine ordnungsgemäße Bewirtschaftung nachhaltig zu sichern,[2)]
2. die Forstwirtschaft zu fördern und
3. einen Ausgleich zwischen dem Interesse der Allgemeinheit und den Belangen der Waldbesitzer herbeizuführen.

**§ 2 Wald.** (1) [1]Wald im Sinne dieses Gesetzes ist jede mit Forstpflanzen bestockte Grundfläche. [2]Als Wald gelten auch kahlgeschlagene oder verlichtete Grundflächen, Waldwege, Waldeinteilungs- und Sicherungsstreifen, Waldblößen und Lichtungen, Waldwiesen, Wildäsungsplätze, Holzlagerplätze sowie weitere mit dem Wald verbundene und ihm dienende Flächen.

(2) Kein Wald im Sinne dieses Gesetzes sind

1. Grundflächen auf denen Baumarten mit dem Ziel baldiger Holzentnahme angepflanzt werden und deren Bestände eine Umtriebszeit von nicht länger als 20 Jahren haben (Kurzumtriebsplantagen),
2. Flächen mit Baumbestand, die gleichzeitig dem Anbau landwirtschaftlicher Produkte dienen (agroforstliche Nutzung),
3. mit Forstpflanzen bestockte Flächen, die am 6. August 2010 in dem in § 3 Satz 1 der InVeKoS-Verordnung vom 3. Dezember 2004 (BGBl. I S. 3194), die zuletzt durch Artikel 2 der Verordnung vom 7. Mai 2010 (eBAnz AT51 2010 V1) geändert worden ist, bezeichneten Flächenidentifizierungssystem als landwirtschaftliche Flächen erfasst sind, solange deren landwirtschaftliche Nutzung andauert,

---

[1)] Die Änderung durch G v. 10.8.2021 (BGBl. I S. 3436) tritt erst **mWv 1.1.2024** in Kraft und ist im Text noch nicht berücksichtigt.
[2)] Siehe das G über die Durchführung von Maßnahmen aus dem Corona-Konjunkturpaket zum Erhalt und zur nachhaltigen Bewirtschaftung der Wälder v. 11.12.2020 (BGBl. I S. 2880, 2881).

Bundeswaldgesetz (Auszug) **§§ 5, 8, 9 BWaldG 3.2**

4. in der Flur oder im bebauten Gebiet gelegene kleinere Flächen, die mit einzelnen Baumgruppen, Baumreihen oder mit Hecken bestockt sind oder als Baumschulen verwendet werden, und

5. mit Forstpflanzen bestockte Grundflächen

   a) auf Schienenwegen, auch auf solchen in Serviceeinrichtungen, sowie

   b) beidseits der Schienenwege in einer Breite von 6,80 Meter, gemessen von der Gleismitte des außen liegenden Gleises, oder, wenn die Schienenwege im Bereich von Böschungen oder Einschnitten liegen, bei denen die Böschungsschulter oder der Böschungsfuß weiter als 6,80 Meter von der Gleismitte aus liegt, in einer Breite von der Gleismitte bis zum Böschungsfuß oder zur Böschungsschulter.

(3) Die Länder können andere Grundflächen dem Wald zurechnen und Weihnachtsbaum- und Schmuckreisigkulturen sowie zum Wohnbereich gehörende Parkanlagen vom Waldbegriff ausnehmen.

**§ 5 Vorschriften für die Landesgesetzgebung.** [1] Die Vorschriften dieses Kapitels sind Rahmenvorschriften für die Landesgesetzgebung. [2] Die Länder sollen innerhalb von zwei Jahren nach dem Inkrafttreten dieses Gesetzes den Bestimmungen dieses Kapitels entsprechende Vorschriften einschließlich geeigneter Entschädigungsregelungen erlassen oder bestehende Vorschriften anpassen.

**§ 8 Sicherung der Funktionen des Waldes bei Planungen und Maßnahmen von Trägern öffentlicher Vorhaben.** Die Träger öffentlicher Vorhaben haben bei Planungen und Maßnahmen, die eine Inanspruchnahme von Waldflächen vorsehen oder die in ihren Auswirkungen Waldflächen betreffen können,

1. die Funktionen des Waldes nach § 1 Nr. 1 angemessen zu berücksichtigen;

2. die für die Forstwirtschaft zuständigen Behörden bereits bei der Vorbereitung der Planungen und Maßnahmen zu unterrichten und anzuhören, soweit nicht nach diesem Gesetz und sonstigen Vorschriften eine andere Form der Beteiligung vorgeschrieben ist.

**§ 9 Erhaltung des Waldes.** (1) [1] Wald darf nur mit Genehmigung der nach Landesrecht zuständigen Behörde gerodet und in eine andere Nutzungsart umgewandelt werden (Umwandlung). [2] Bei der Entscheidung über einen Umwandlungsantrag sind die Rechte, Pflichten und wirtschaftlichen Interessen des Waldbesitzers sowie die Belange der Allgemeinheit gegeneinander und untereinander abzuwägen. [3] Die Genehmigung soll versagt werden, wenn die Erhaltung des Waldes überwiegend im öffentlichen Interesse liegt, insbesondere wenn der Wald für die Leistungsfähigkeit des Naturhaushalts, die forstwirtschaftliche Erzeugung oder die Erholung der Bevölkerung von wesentlicher Bedeutung ist.

(2) Eine Umwandlung von Wald kann auch für einen bestimmten Zeitraum genehmigt werden; durch Auflagen ist dabei sicherzustellen, daß das Grundstück innerhalb einer angemessenen Frist ordnungsgemäß wieder aufgeforstet wird.

(3) Die Länder können bestimmen, daß die Umwandlung

1. keiner Genehmigung nach Absatz 1 bedarf, wenn für die Waldfläche auf Grund anderer öffentlich-rechtlicher Vorschriften rechtsverbindlich eine andere Nutzungsart festgestellt worden ist;
2. weiteren Einschränkungen unterworfen oder, insbesondere bei Schutz- und Erholungswald, untersagt wird.

**§ 10 Erstaufforstung.** (1) [1] Die Erstaufforstung von Flächen bedarf der Genehmigung der nach Landesrecht zuständigen Behörde. [2] Die Genehmigung darf nur versagt werden, wenn Erfordernisse der Raumordnung und Landesplanung der Aufforstung entgegenstehen und ihnen nicht durch Auflagen entsprochen werden kann. [3] § 9 Abs. 1 Satz 2 gilt entsprechend.

(2) Die Länder können bestimmen, daß die Erstaufforstung

1. keiner Genehmigung bedarf, wenn für eine Fläche auf Grund anderer öffentlich-rechtlicher Vorschriften die Aufforstung rechtsverbindlich festgesetzt worden ist oder Erfordernisse der Raumordnung und Landesplanung nicht berührt werden;
2. weiteren Einschränkungen unterworfen oder auch untersagt wird.

**§ 11 Bewirtschaftung des Waldes.** (1) [1] Der Wald soll im Rahmen seiner Zweckbestimmung ordnungsgemäß und nachhaltig bewirtschaftet werden. [2] Durch Landesgesetz ist mindestens die Verpflichtung für alle Waldbesitzer zu regeln, kahlgeschlagene Waldflächen oder verlichtete Waldbestände in angemessener Frist

1. wieder aufzuforsten oder
2. zu ergänzen, soweit die natürliche Wiederbestockung unvollständig bleibt,

falls nicht die Umwandlung in eine andere Nutzungsart genehmigt worden oder sonst zulässig ist.

(2) Bei der Bewirtschaftung sollen

1. die Funktion des Waldes als Archiv der Natur- und Kulturgeschichte sowie
2. im Falle von Parkanlagen, Gartenanlagen und Friedhofsanlagen die denkmalpflegerischen Belange

angemessen berücksichtigt werden.

**§ 12 Schutzwald.** (1) [1] Wald kann zu Schutzwald erklärt werden, wenn es zur Abwehr oder Verhütung von Gefahren, erheblichen Nachteilen oder erheblichen Belästigungen für die Allgemeinheit notwendig ist, bestimmte forstliche Maßnahmen durchzuführen oder zu unterlassen. [2] Die Erklärung zu Schutzwald kommt insbesondere in Betracht zum Schutz gegen schädliche Umwelteinwirkungen im Sinne des Bundes-Immissionsschutzgesetzes[1]) vom 15. März 1974 (Bundesgesetzbl. I S. 721), Erosion durch Wasser und Wind, Austrocknung, schädliches Abfließen von Niederschlagswasser und Lawinen. [3] § 10 des Bundesfernstraßengesetzes und § 51 Absatz 1 Satz 1 Nummer 3 des Wasserhaushaltsgesetzes[2]) bleiben unberührt.

---

[1]) Nr. **6.1**.
[2]) Nr. **4.1**.

Bundeswaldgesetz (Auszug) §§ 13, 14, 41 BWaldG 3.2

(2) Einer Erklärung zu Schutzwald nach Absatz 1 bedarf es nicht, wenn die Schutzwaldeigenschaft unmittelbar auf Grund landesrechtlicher Vorschriften gegeben ist.

(3) ¹Ein Kahlhieb oder eine diesem in der Wirkung gleichkommende Lichthauung bedarf im Schutzwald der Genehmigung der nach Landesrecht zuständigen Behörde. ²Die Genehmigung kann mit Auflagen verbunden werden, soweit dies zur Erhaltung der Funktionen des Waldes erforderlich ist.

(4) ¹Das Nähere regeln die Länder. ²Sie können durch weitergehende Vorschriften den Waldbesitzer verpflichten, bestimmte Maßnahmen im Schutzwald zu unterlassen oder durchzuführen.

**§ 13 Erholungswald.** (1) Wald kann zu Erholungswald erklärt werden, wenn es das Wohl der Allgemeinheit erfordert, Waldflächen für Zwecke der Erholung zu schützen, zu pflegen oder zu gestalten.

(2) ¹Das Nähere regeln die Länder. ²Sie können insbesondere Vorschriften erlassen über

1. die Bewirtschaftung des Waldes nach Art und Umfang;
2. die Beschränkung der Jagdausübung zum Schutze der Waldbesucher;
3. die Verpflichtung der Waldbesitzer, den Bau, die Errichtung und die Unterhaltung von Wegen, Bänken, Schutzhütten und ähnlichen Anlagen oder Einrichtungen und die Beseitigung von störenden Anlagen oder Einrichtungen zu dulden;
4. das Verhalten der Waldbesucher.

**§ 14 Betreten des Waldes.** (1) ¹Das Betreten des Waldes zum Zwecke der Erholung ist gestattet. ²Das Radfahren, das Fahren mit Krankenfahrstühlen und das Reiten im Walde ist nur auf Straßen und Wegen gestattet. ³Die Benutzung geschieht auf eigene Gefahr. ⁴Dies gilt insbesondere für waldtypische Gefahren.

(2) ¹Die Länder regeln die Einzelheiten. ²Sie können das Betreten des Waldes aus wichtigem Grund, insbesondere des Forstschutzes, der Wald- oder Wildbewirtschaftung, zum Schutze der Waldbesucher oder zur Vermeidung erheblicher Schäden oder zur Wahrung anderer schutzwürdiger Interessen des Waldbesitzers, einschränken und andere Benutzungsarten ganz oder teilweise dem Betreten gleichstellen.

**§ 41 Förderung.** (1) Die Forstwirtschaft soll wegen der Nutz-, Schutz- und Erholungsfunktionen des Waldes nach § 1 öffentlich gefördert werden.

(2) ¹Die Förderung soll insbesondere auf die Sicherung der allgemeinen Bedingungen für die Wirtschaftlichkeit von Investitionen zur Erhaltung und nachhaltigen Bewirtschaftung des Waldes gerichtet sein. ²Zu diesem Zweck ist die Forstwirtschaft unter Berücksichtigung ihrer naturbedingten und wirtschaftlichen Besonderheiten vor allem mit den Mitteln der Wirtschafts-, Verkehrs-, Agrar-, Sozial- und Steuerpolitik in den Stand zu setzen, den Wald unter wirtschaftlich angemessenen Bedingungen zu nutzen und zu erhalten.

(3) ¹Die Bundesregierung berichtet dem Deutschen Bundestag in dem Bericht nach § 4 des Landwirtschaftsgesetzes vom 5. September 1955 (Bundesgesetzbl. I S. 565) auf Grund der Wirtschaftsergebnisse der Staatsforstverwaltungen und der Forstbetriebsstatistik über die Lage und Entwicklung der Forstwirtschaft und der Struktur der Holzwirtschaft des Bundesgebietes sowie über

die zur Förderung der Forstwirtschaft erforderlichen Maßnahmen. ²Dieser Bericht erstreckt sich auch auf die Belastungen aus der Schutz- und Erholungsfunktion.

(4) Der Bund beteiligt sich an der finanziellen Förderung der Forstwirtschaft nach dem Gesetz über die Gemeinschaftsaufgabe „Verbesserung der Agrarstruktur und des Küstenschutzes" vom 3. September 1969 (Bundesgesetzbl. I S. 1573), geändert durch das Gesetz zur Änderung der Gesetze über die Gemeinschaftsaufgaben vom 23. Dezember 1971 (Bundesgesetzbl. I S. 2140).

(5) Staatliche Zuwendungen auf Grund des in Absatz 4 genannten Gesetzes können erhalten:

1. forstwirtschaftliche Zusammenschlüsse im Sinne dieses Gesetzes und nach § 39 gleichgestellte sonstige Zusammenschlüsse in der Forstwirtschaft sowie die nach Landesrecht gebildeten öffentlich-rechtlichen Waldwirtschaftsgenossenschaften und ähnliche Zusammenschlüsse einschließlich der Gemeinschaftsforsten, sofern ihre Aufgabe sich auf die Verbesserung der forstwirtschaftlichen Erzeugung oder die Förderung des Absatzes von Forsterzeugnissen erstreckt und sie einen wesentlichen Wettbewerb auf dem Holzmarkt bestehen lassen;
2. Inhaber land- oder forstwirtschaftlicher Betriebe oder Grundbesitzer, soweit ihre forstlichen Vorhaben nicht über forstwirtschaftliche Zusammenschlüsse gefördert werden.

**§ 41a Walderhebungen.** (1) ¹Zur Erfüllung der Aufgaben dieses Gesetzes sowie zur Durchführung von Rechtsakten der Europäischen Union oder völkerrechtlich verbindlicher Vereinbarungen im Anwendungsbereich dieses Gesetzes ist vorbehaltlich des Absatzes 3 alle zehn Jahre eine auf das gesamte Bundesgebiet bezogene forstliche Großrauminventur auf Stichprobenbasis (Bundeswaldinventur) durchzuführen. ²Sie soll einen Gesamtüberblick über die großräumigen Waldverhältnisse und forstlichen Produktionsmöglichkeiten liefern. ³Die hierzu erforderlichen Messungen und Beschreibungen des Waldzustandes (Grunddaten) sind nach einem einheitlichen Verfahren vorzunehmen. ⁴Dabei ist auf die Verwertbarkeit der Grunddaten auch im Rahmen der Beobachtung nach § 6 Bundesnaturschutzgesetz[1]) zu achten.

(2) Die Länder erheben die in Absatz 1 genannten Grunddaten; das Bundesministerium für Ernährung und Landwirtschaft stellt sie zusammen und wertet sie aus.

(3) Zur Erfüllung von Berichtspflichten, die auf Grund verbindlicher völkerrechtlicher Vereinbarungen zum Schutz des Klimas bestehen, erhebt das Bundesministerium für Ernährung und Landwirtschaft soweit erforderlich in den Jahren zwischen zwei Bundeswaldinventuren Daten zum Kohlenstoffvorrat im Wald.

(4) Die mit der Vorbereitung und Durchführung der in den Absätzen 1, 3 und in Rechtsverordnungen nach Absatz 6 genannten forstlichen Erhebungen beauftragten Personen sind berechtigt, zur Erfüllung ihres Auftrages Grundstücke zu betreten sowie die erforderlichen Datenerhebungen und Probenahmen auf diesen Grundstücken durchzuführen.

---

[1]) Nr. **3.1**.

(5) Das Bundesministerium für Ernährung und Landwirtschaft wird ermächtigt, durch Rechtsverordnung[1] mit Zustimmung des Bundesrates nähere Vorschriften über das für die Bundeswaldinventur anzuwendende Stichprobenverfahren und die zu ermittelnden Grunddaten zu erlassen.

(6) ¹Das Bundesministerium für Ernährung und Landwirtschaft kann durch Rechtsverordnung[2] mit Zustimmung des Bundesrates vorsehen, dass Daten
1. zur Nährstoffversorgung und Schadstoffbelastung der Waldböden (Bodenzustandserhebung),
2. zur Vitalität der Wälder,
3. zu Wirkungszusammenhängen in Waldökosystemen

erhoben werden können und dabei nähere Vorschriften[3] über den Zeitpunkt, die anzuwendenden Verfahren und die zu ermittelnden Grunddaten erlassen. ²Im Falle einer Rechtsverordnung nach Satz 1 gilt Absatz 2 entsprechend.

### § 42 Auskunftspflicht.

(1) Natürliche und juristische Personen und nicht rechtsfähige Personenvereinigungen haben den zuständigen Behörden auf Verlangen die Auskünfte zu erteilen, die zur Durchführung der den Behörden durch dieses Gesetz oder auf Grund dieses Gesetzes übertragenen Aufgaben erforderlich sind.

(2) Der Auskunftspflichtige kann die Auskunft auf solche Fragen verweigern, deren Beantwortung ihn selbst oder einen der in § 383 Abs. 1 bis 3 der Zivilprozeßordnung bezeichneten Angehörigen der Gefahr strafgerichtlicher Verfolgung oder eines Verfahrens nach dem Gesetz über Ordnungswidrigkeiten[4] aussetzen würde.

### § 43 Verletzung der Auskunftspflicht.

(1) Ordnungswidrig handelt, wer vorsätzlich oder fahrlässig entgegen § 42 Abs. 1 eine Auskunft nicht, nicht richtig, nicht vollständig oder nicht rechtzeitig erteilt.

(2) Die Ordnungswidrigkeit kann mit einer Geldbuße bis zu zehntausend Euro geahndet werden.

### § 44 Allgemeine Verwaltungsvorschriften.

Das Bundesministerium für Ernährung und Landwirtschaft erläßt mit Zustimmung des Bundesrates die zur Durchführung der §§ 15 bis 40 und 41a erforderlichen allgemeinen Verwaltungsvorschriften.

### § 45 Anwendung des Gesetzes in besonderen Fällen.

(1) Auf Flächen, die Zwecken
1. der Verteidigung einschließlich des Schutzes der Zivilbevölkerung,
2. der Bundespolizei oder
3. des zivilen Luftverkehrs

---

[1] Siehe die Vierte BundeswaldinventurVO v. 16.6.2019 (BGBl. I S. 890).
[2] Siehe die VO über Erhebungen zum forstlichen Umweltmonitoring v. 20.12.2013 (BGBl. I S. 4384) und die VO über Erhebungen zum Zustand des Waldbodens (BZEV) v. 29.6.2020 (BGBl. I S. 1600).
[3] Siehe die Allgemeine Verwaltungsvorschrift zur Durchführung der Bundeswaldinventur II (VwV-BWI II) v. 17.7.2000 (BAnz. Nr. 146a S. 1).
[4] Auszugsweise abgedruckt unter Nr. **11.2**.

dienen, sind die nach den §§ 6, 7 und 9 bis 13 dieses Gesetzes erlassenen Landesvorschriften nur anzuwenden, soweit dadurch die bestimmungsgemäße Nutzung nicht beeinträchtigt wird.

(2) [1] Soll bei Vorhaben, die den in Absatz 1 Nr. 1 und 2 genannten Zwecken dienen, Wald in eine andere Nutzungsart umgewandelt werden (§ 9), eine Fläche erstmals aufgeforstet (§ 10), Schutzwald (§ 12) oder Erholungswald (§ 13) für die in Absatz 1 Nr. 1 und 2 genannten Zwecke verwendet werden, so ist die höhere Forstbehörde zu hören. [2] Ist es erforderlich, von der Stellungnahme dieser Behörde abzuweichen, so entscheidet hierüber das zuständige Bundesministerium im Einvernehmen mit den beteiligten Bundesministerien und im Benehmen mit der nach Landesrecht zuständigen obersten Landesbehörde. [3] Findet ein Anhörungsverfahren nach § 1 Landbeschaffungsgesetz, § 1 Schutzbereichsgesetz oder § 30 Abs. 3 Luftverkehrsgesetz statt, so sind die forstlichen Erfordernisse in diesem Verfahren abschließend zu erörtern.

(3) Behörden des Bundes und der bundesunmittelbaren Körperschaften, Anstalten und Stiftungen des öffentlichen Rechts haben bei Planungen und Maßnahmen, die eine Inanspruchnahme von Waldflächen vorsehen oder die in ihren Auswirkungen Waldflächen betreffen können, die Vorschriften des § 8 zu beachten.

(4) Die Absätze 1 und 2 gelten nicht im Land Berlin.

**§ 48 Inkrafttreten, Aufhebung von Vorschriften.** (1) Dieses Gesetz tritt am Tage nach der Verkündung[1] in Kraft.

(2) Gleichzeitig treten folgende Vorschriften außer Kraft:

1. das Gesetz über forstwirtschaftliche Zusammenschlüsse vom 1. September 1969 (Bundesgesetzblatt I S. 1543), zuletzt geändert durch das Einführungsgesetz zum Strafgesetzbuch vom 2. März 1974 (Bundesgesetzbl. I S. 469);
2. die Verordnung zur Förderung der Forst- und der Weidewirtschaft vom 7. Februar 1924 (Reichsgesetzbl. I S. 50);
3. das Gesetz gegen Waldverwüstung vom 18. Januar 1934 (Reichsgesetzbl. I S. 37), geändert durch das Einführungsgesetz zum Gesetz über Ordnungswidrigkeiten vom 24. Mai 1968 (Bundesgesetzbl. I S. 503);
4. die Verordnung zur Verhütung und Bekämpfung von Waldbränden in den nicht im Eigentum des Reichs oder der Länder stehenden Waldungen vom 18. Juni 1937 (Reichsgesetzbl. I S. 721);
5. die Verordnung zur Förderung der Nutzholzgewinnung vom 30. Juli 1937 (Reichsgesetzbl. I S. 876).

---

[1] Verkündet am 7.5.1975.

## 3.3. Tierschutzgesetz[1)][2)]

In der Fassung der Bekanntmachung vom 18. Mai 2006[3)]
(BGBl. I S. 1206, ber. S. 1313)

**FNA 7833-3**

zuletzt geänd. durch Art. 105 PersonengesellschaftsrechtsmodernisierungsG (MoPeG) v. 10.8.2021 (BGBl. I S. 3436)

### Erster Abschnitt. Grundsatz

**§ 1 [Zweck und Grundsatz des Gesetzes]** ¹Zweck dieses Gesetzes ist es, aus der Verantwortung des Menschen für das Tier als Mitgeschöpf dessen Leben und Wohlbefinden zu schützen. ²Niemand darf einem Tier ohne vernünftigen Grund Schmerzen, Leiden oder Schäden zufügen.

### Zweiter Abschnitt. Tierhaltung

**§ 2 [Allgemeine Bestimmungen]** Wer ein Tier hält, betreut oder zu betreuen hat,

1. muss das Tier seiner Art und seinen Bedürfnissen entsprechend angemessen ernähren, pflegen und verhaltensgerecht unterbringen,
2. darf die Möglichkeit des Tieres zu artgemäßer Bewegung nicht so einschränken, dass ihm Schmerzen oder vermeidbare Leiden oder Schäden zugefügt werden,
3. muss über die für eine angemessene Ernährung, Pflege und verhaltensgerechte Unterbringung des Tieres erforderlichen Kenntnisse und Fähigkeiten verfügen.

**§ 2a [Ermächtigungen]** (1) Das Bundesministerium für Ernährung und Landwirtschaft (Bundesministerium) wird ermächtigt, durch Rechtsverordnung[4)] mit Zustimmung des Bundesrates, soweit es zum Schutz der Tiere erforderlich ist, die Anforderungen an die Haltung von Tieren nach § 2 näher zu bestimmen und dabei insbesondere Vorschriften zu erlassen über Anforderungen

---

[1)] Die Änderungen durch G v. 18.6.2021 (BGBl. I S. 1826) treten teilweise erst **mWv 1.1.2024** in Kraft und sind insoweit im Text noch nicht berücksichtigt.
[2)] Die Änderung durch G v. 10.8.2021 (BGBl. I S. 3436) tritt erst **mWv 1.1.2024** in Kraft und ist im Text noch nicht berücksichtigt.
[3)] Neubekanntmachung des TierschutzG idF der Bek. v. 25.5.1998 (BGBl. I S. 1105, ber. S. 1818) in der ab 25.4.2006 geltenden Fassung.
[4)] Siehe die Tierschutz-SchlachtVO v. 20.12.2012 (BGBl. I S. 2982), die Tierschutz-HundeVO v. 2.5.2001 (BGBl. I S. 838), zuletzt geänd. durch VO v. 25.11.2021 (BGBl. I S. 4970), die Tierschutz-NutztierhaltungsVO idF der Bek. v. 22.8.2006 (BGBl. I S. 2043), zuletzt geänd. durch VO v. 29.1.2021 (BGBl. I S. 146), die TierschutztransportVO v. 11.2.2009 (BGBl. I S. 375), zuletzt geänd. durch VO v. 25.11.2021 (BGBl. I S. 4970), und die Tierschutz-VersuchstierVO v. 1.8.2013 (BGBl. I S. 3125, 3126), zuletzt geänd. durch VO v. 11.8.2021 (BGBl. I S. 3570). Siehe auch das LegehennenbetriebsregisterG v. 12.9.2003 (BGBl. I S. 1894), zuletzt geänd. durch G v. 28.7.2014 (BGBl. I S. 1308), und die LegehennenbetriebsregisterVO v. 6.10.2003 (BGBl. I S. 1969) sowie das Tiererzeugnisse-Handels-VerbotsG v. 8.12.2008 (BGBl. I S. 2394), zuletzt geänd. durch G v. 10.8.2021 (BGBl. I S. 3436).

1. hinsichtlich der Bewegungsmöglichkeit oder der Gemeinschaftsbedürfnisse der Tiere,
2. an Räume, Käfige, andere Behältnisse und sonstige Einrichtungen zur Unterbringung von Tieren sowie an die Beschaffenheit von Anbinde-, Fütterungs- und Tränkvorrichtungen,
3. hinsichtlich der Lichtverhältnisse und des Raumklimas bei der Unterbringung der Tiere,
4. an die Pflege einschließlich der Überwachung der Tiere; hierbei kann das Bundesministerium auch vorschreiben, dass Aufzeichnungen über die Ergebnisse der Überwachung zu machen, aufzubewahren und der zuständigen Behörde auf Verlangen vorzulegen sind,
5. an Kenntnisse und Fähigkeiten von Personen, die Tiere halten, betreuen oder zu betreuen haben und an den Nachweis dieser Kenntnisse und Fähigkeiten,
6. an Sicherheitsvorkehrungen im Falle technischer Störungen oder im Brandfall.

(1a) Das Bundesministerium wird ermächtigt, durch Rechtsverordnung mit Zustimmung des Bundesrates, soweit es zum Schutz der Tiere erforderlich ist, Anforderungen an Ziele, Mittel und Methoden bei der Ausbildung, bei der Erziehung oder beim Training von Tieren festzulegen.

(1b) Das Bundesministerium wird ermächtigt, durch Rechtsverordnung mit Zustimmung des Bundesrates, soweit es zum Schutz der Tiere erforderlich ist und sich eine Pflicht zur Kennzeichnung nicht aus § 11a Absatz 3 ergibt, Vorschriften zur Kennzeichnung von Tieren, insbesondere von Hunden und Katzen, sowie zur Art und Durchführung der Kennzeichnung zu erlassen.

(2) [1]Das Bundesministerium wird ermächtigt, im Einvernehmen mit dem Bundesministerium für Verkehr und digitale Infrastruktur durch Rechtsverordnung[1)] mit Zustimmung des Bundesrates, soweit es zum Schutz der Tiere erforderlich ist, ihre Beförderung zu regeln. [2]Es kann hierbei insbesondere

1. Anforderungen
    a) hinsichtlich der Transportfähigkeit von Tieren,
    b) an Transportmittel für Tiere
    festlegen,
1a. bestimmte Transportmittel und Versendungsarten für die Beförderung bestimmter Tiere, insbesondere die Versendung als Nachnahme, verbieten oder beschränken,
2. bestimmte Transportmittel und Versendungsarten für die Beförderung bestimmter Tiere vorschreiben,
3. vorschreiben, dass bestimmte Tiere bei der Beförderung von einem Betreuer begleitet werden müssen,
3a. vorschreiben, dass Personen, die Tiertransporte durchführen oder hierbei mitwirken, bestimmte Kenntnisse und Fähigkeiten haben und diese nachweisen müssen,
4. Vorschriften über das Verladen, Entladen, Unterbringen, Ernähren und Pflegen der Tiere erlassen,

---

[1)] Siehe die TierschutztransportVO v. 11.2.2009 (BGBl. I S. 375), zuletzt geänd. durch VO v. 25.11.2021 (BGBl. I S. 4970), und die Tierschutz-VersuchstierVO v. 1.8.2013 (BGBl. I S. 3125, 3126), zuletzt geänd. durch VO v. 11.8.2021 (BGBl. I S. 3570).

5. als Voraussetzung für die Durchführung von Tiertransporten bestimmte Bescheinigungen, Erklärungen oder Meldungen vorschreiben sowie deren Ausstellung und Aufbewahrung regeln,
6. vorschreiben, dass, wer gewerbsmäßig Tiertransporte durchführt, einer Erlaubnis der zuständigen Behörde bedarf oder bei der zuständigen Behörde registriert sein muss, sowie die Voraussetzungen und das Verfahren bei der Erteilung der Erlaubnis und bei der Registrierung regeln,
7. vorschreiben, dass, wer Tiere während des Transports in einer Einrichtung oder einem Betrieb ernähren, pflegen oder unterbringen will, einer Erlaubnis der zuständigen Behörde bedarf, und die Voraussetzungen und das Verfahren der Erteilung der Erlaubnis regeln, soweit dies zur Durchführung von Rechtsakten der Europäischen Gemeinschaft oder der Europäischen Union erforderlich ist.

(3) Des Einvernehmens des Bundesministeriums für Bildung und Forschung bedürfen Rechtsverordnungen
1. nach Absatz 1, soweit sie Anforderungen an die Haltung von Tieren festlegen, die zur Verwendung in Tierversuchen bestimmt sind oder deren Gewebe oder Organe dazu bestimmt sind, zu wissenschaftlichen Zwecken verwendet zu werden,
2. nach Absatz 2 Satz 1, soweit sie die Beförderung von Tieren regeln, die zur Verwendung in Tierversuchen bestimmt sind oder deren Gewebe oder Organe dazu bestimmt sind, zu wissenschaftlichen Zwecken verwendet zu werden.

## § 3 [Besondere Bestimmungen] [1] Es ist verboten,

1. einem Tier außer in Notfällen Leistungen abzuverlangen, denen es wegen seines Zustandes offensichtlich nicht gewachsen ist oder die offensichtlich seine Kräfte übersteigen,

1a. einem Tier, an dem Eingriffe und Behandlungen vorgenommen worden sind, die einen leistungsmindernden körperlichen Zustand verdecken, Leistungen abzuverlangen, denen es wegen seines körperlichen Zustandes nicht gewachsen ist,

1b. an einem Tier im Training oder bei sportlichen Wettkämpfen oder ähnlichen Veranstaltungen Maßnahmen, die mit erheblichen Schmerzen, Leiden oder Schäden verbunden sind und die die Leistungsfähigkeit von Tieren beeinflussen können, sowie an einem Tier bei sportlichen Wettkämpfen oder ähnlichen Veranstaltungen Dopingmittel anzuwenden,

2. ein gebrechliches, krankes, abgetriebenes oder altes, im Haus, Betrieb oder sonst in Obhut des Menschen gehaltenes Tier, für das ein Weiterleben mit nicht behebbaren Schmerzen oder Leiden verbunden ist, zu einem anderen Zweck als zur unverzüglichen schmerzlosen Tötung zu veräußern oder zu erwerben; dies gilt nicht für die unmittelbare Abgabe eines kranken Tieres an eine Person oder Einrichtung, der eine Genehmigung nach § 8 Absatz 1 Satz 1 und, wenn es sich um ein Wirbeltier handelt, erforderlichenfalls eine Genehmigung nach Vorschriften, die auf Grund des § 9 Absatz 3 Nummer 1 und 2 erlassen worden sind, für Versuche an solchen Tieren erteilt worden ist,

3. ein im Haus, Betrieb oder sonst in Obhut des Menschen gehaltenes Tier auszusetzen oder es zurückzulassen, um sich seiner zu entledigen oder sich der Halter- oder Betreuerpflicht zu entziehen,
4. ein gezüchtetes oder aufgezogenes Tier einer wildlebenden Art in der freien Natur auszusetzen oder anzusiedeln, das nicht auf die zum Überleben in dem vorgesehenen Lebensraum erforderliche artgemäße Nahrungsaufnahme vorbereitet und an das Klima angepasst ist; die Vorschriften des Jagdrechts und des Naturschutzrechts bleiben unberührt,
5. ein Tier auszubilden oder zu trainieren, sofern damit erhebliche Schmerzen, Leiden oder Schäden für das Tier verbunden sind,
6. ein Tier zu einer Filmaufnahme, Schaustellung, Werbung oder ähnlichen Veranstaltung heranzuziehen, sofern damit Schmerzen, Leiden oder Schäden für das Tier verbunden sind,
7. ein Tier an einem anderen lebenden Tier auf Schärfe abzurichten oder zu prüfen,
8. ein Tier auf ein anderes Tier zu hetzen, soweit dies nicht die Grundsätze weidgerechter Jagdausübung erfordern,
8a. ein Tier zu einem derartig aggressiven Verhalten auszubilden oder abzurichten, dass dieses Verhalten
  a) bei ihm selbst zu Schmerzen, Leiden oder Schäden führt oder
  b) im Rahmen jeglichen artgemäßen Kontaktes mit Artgenossen bei ihm selbst oder einem Artgenossen zu Schmerzen oder vermeidbaren Leiden oder Schäden führt oder
  c) seine Haltung nur unter Bedingungen zulässt, die bei ihm zu Schmerzen oder vermeidbaren Leiden oder Schäden führen,
9. einem Tier durch Anwendung von Zwang Futter einzuverleiben, sofern dies nicht aus gesundheitlichen Gründen erforderlich ist,
10. einem Tier Futter darzureichen, das dem Tier erhebliche Schmerzen, Leiden oder Schäden bereitet,
11. ein Gerät zu verwenden, das durch direkte Stromeinwirkung das artgemäße Verhalten eines Tieres, insbesondere seine Bewegung, erheblich einschränkt oder es zur Bewegung zwingt und dem Tier dadurch nicht unerhebliche Schmerzen, Leiden oder Schäden zufügt, soweit dies nicht nach bundes- oder landesrechtlichen Vorschriften zulässig ist,
12. ein Tier als Preis oder Belohnung bei einem Wettbewerb, einer Verlosung, einem Preisausschreiben oder einer ähnlichen Veranstaltung auszuloben,
13. ein Tier für eigene sexuelle Handlungen zu nutzen oder für sexuelle Handlungen Dritter abzurichten oder zur Verfügung zu stellen und dadurch zu artwidrigem Verhalten zu zwingen.

²Satz 1 Nummer 12 gilt nicht, wenn das Tier auf einer in Satz 1 Nummer 12 bezeichneten Veranstaltung ausgelobt wird, bei der erwartet werden kann, dass die Teilnehmer der Veranstaltung im Falle des Gewinns als künftige Tierhalter die Einhaltung der Anforderungen des § 2 sicherstellen können.

### Dritter Abschnitt. Töten von Tieren

**§ 4 [Tötung]** (1) ¹Ein Wirbeltier darf nur unter wirksamer Schmerzausschaltung (Betäubung) in einem Zustand der Wahrnehmungs- und Empfindungslosigkeit oder sonst, soweit nach den gegebenen Umständen zumutbar, nur unter Vermeidung von Schmerzen getötet werden. [2] Ist die Tötung eines Wirbeltieres ohne Betäubung im Rahmen weidgerechter Ausübung der Jagd oder auf Grund anderer Rechtsvorschriften zulässig oder erfolgt sie im Rahmen zulässiger Schädlingsbekämpfungsmaßnahmen, so darf die Tötung nur vorgenommen werden, wenn hierbei nicht mehr als unvermeidbare Schmerzen entstehen. [3] Ein Wirbeltier töten darf nur, wer die dazu notwendigen Kenntnisse und Fähigkeiten hat.

(1a) [1] Personen, die berufs- oder gewerbsmäßig regelmäßig Wirbeltiere zum Zweck des Tötens betäuben oder töten, haben gegenüber der zuständigen Behörde einen Sachkundenachweis zu erbringen. [2] Wird im Rahmen einer Tätigkeit nach Satz 1 Geflügel in Anwesenheit einer Aufsichtsperson zum Zweck des Tötens betäubt oder getötet, so hat außer der Person, die die Tiere zum Zweck des Tötens betäubt oder tötet, auch die Aufsichtsperson den Sachkundenachweis zu erbringen. [3] Werden im Rahmen einer Tätigkeit nach Satz 1 Fische in Anwesenheit einer Aufsichtsperson zum Zweck des Tötens betäubt oder getötet, so genügt es, wenn diese den Sachkundenachweis erbringt. [4] Die Sätze 1 bis 3 gelten nicht für das Betäuben zum Zweck des Tötens und das Töten von Wirbeltieren, die zur Verwendung in Tierversuchen bestimmt sind oder deren Organe oder Gewebe dazu bestimmt sind, zu wissenschaftlichen Zwecken verwendet zu werden.

(2) Für das Schlachten eines warmblütigen Tieres gilt § 4a.

(3) [1] Für das Töten von Wirbeltieren, ausschließlich um ihre Organe oder Gewebe zu wissenschaftlichen Zwecken zu verwenden, gilt § 7a Absatz 2 Nummer 1 entsprechend. [2] Hunde, Katzen und Primaten dürfen zu wissenschaftlichen Zwecken nur getötet werden, soweit sie entweder für einen solchen Zweck oder für eine Verwendung in Tierversuchen gezüchtet worden sind. [3] Abweichend von Satz 2 kann die zuständige Behörde, soweit es mit dem Schutz der Tiere vereinbar ist, das Töten von Tieren, die nicht nach Satz 2 gezüchtet worden sind, genehmigen, soweit

1. nach Satz 2 gezüchtete Tiere mit den Eigenschaften, die für den jeweiligen Zweck erforderlich sind, nicht zur Verfügung stehen oder
2. die jeweiligen wissenschaftlichen Zwecke die Verwendung von Tieren erforderlich machen, die nicht nach Satz 2 gezüchtet worden sind.

**§ 4a [Schlachten]** (1) Ein warmblütiges Tier darf nur geschlachtet werden, wenn es vor Beginn des Blutentzugs zum Zweck des Schlachtens betäubt worden ist.

(2) Abweichend von Absatz 1 bedarf es keiner Betäubung, wenn

1. sie bei Notschlachtungen nach den gegebenen Umständen nicht möglich ist,
2. die zuständige Behörde eine Ausnahmegenehmigung für ein Schlachten ohne Betäubung (Schächten) erteilt hat; sie darf die Ausnahmegenehmigung nur insoweit erteilen, als es erforderlich ist, den Bedürfnissen von Angehörigen bestimmter Religionsgemeinschaften im Geltungsbereich dieses Gesetzes zu entsprechen, denen zwingende Vorschriften ihrer Religionsgemeinschaft das Schächten vorschreiben oder den Genuss von Fleisch nicht geschächteter Tiere untersagen oder
3. dies als Ausnahme durch Rechtsverordnung nach § 4b Nr. 3 bestimmt ist.

## 3.3 TierSchG §§ 4b, 4c

**§ 4b [Ermächtigungen]** ¹Das Bundesministerium wird ermächtigt, für die Zwecke der §§ 4 und 4a durch Rechtsverordnung[1] mit Zustimmung des Bundesrates

1. a) das Schlachten von Fischen und anderen kaltblütigen Tieren zu regeln,
   b) bestimmte Tötungsarten und Betäubungsverfahren näher zu regeln, vorzuschreiben, zuzulassen oder zu verbieten,
   c) die Voraussetzungen näher zu regeln, unter denen Schlachtungen im Sinne des § 4a Abs. 2 Nr. 2 vorgenommen werden dürfen,
   d) nähere Vorschriften über Art und Umfang der zum Betäuben oder Töten von Wirbeltieren erforderlichen Kenntnisse und Fähigkeiten sowie über das Verfahren zu deren Nachweis zu erlassen,
   e) nicht gewerbliche Tätigkeiten zu bestimmen, die den Erwerb des Sachkundenachweises zum Töten von Wirbeltieren erfordern,
   um sicherzustellen, dass den Tieren nicht mehr als unvermeidbare Schmerzen zugefügt werden,
2. das Schlachten von Tieren im Rahmen der Bestimmungen des Europäischen Übereinkommens vom 10. Mai 1979 über den Schutz von Schlachttieren (BGBl. 1983 II S. 770) näher zu regeln,
3. für das Schlachten von Geflügel Ausnahmen von der Betäubungspflicht zu bestimmen.

²Rechtsverordnungen nach Satz 1 Nummer 1 Buchstabe b und d bedürfen,

1. soweit sie das Betäuben oder Töten mittels gefährlicher Stoffe oder Gemische im Sinne des Chemikaliengesetzes[2] oder darauf bezogene Voraussetzungen für den Erwerb eines Sachkundenachweises betreffen, des Einvernehmens der Bundesministerien für Wirtschaft und Energie sowie für Umwelt, Naturschutz und nukleare Sicherheit,
2. soweit sie das Betäuben oder Töten von Tieren, die zur Verwendung in Tierversuchen bestimmt sind oder deren Gewebe oder Organe dazu bestimmt sind, zu wissenschaftlichen Zwecken verwendet zu werden, oder darauf bezogene Voraussetzungen für den Erwerb eines Sachkundenachweises betreffen, des Einvernehmens des Bundesministeriums für Bildung und Forschung.

**§ 4c [Verbot der Kükentötung]** (1) Es ist verboten, Küken von Haushühnern der Art Gallus gallus zu töten.

(2) Das Verbot gilt nicht

1. für den Fall, dass eine Tötung der Küken
   a) nach tierseuchenrechtlichen Bestimmungen vorgeschrieben oder angeordnet worden ist oder
   b) im Einzelfall aus Gründen des Tierschutzes erforderlich ist,
2. für nicht schlupffähige Küken,
3. für Stubenküken nach Artikel 1 Nummer 1 Buchstabe a der Verordnung (EG) Nr. 543/2008 der Kommission vom 16. Juni 2008 mit Durchführungs-

---

[1] Siehe die Tierschutz-SchlachtVO v. 20.12.2012 (BGBl. I S. 2982) und die Tierschutz-VersuchstierVO v. 1.8.2013 (BGBl. I S. 3125, 3126), zuletzt geänd. durch VO v. 11.8.2021 (BGBl. I S. 3570).
[2] Nr. **9.1**.

vorschriften zur Verordnung (EG) Nr. 1234/2007 des Rates hinsichtlich der Vermarktungsnormen für Geflügelfleisch (ABl. L 157 vom 17.6.2008, S. 46; L 8 vom 13.1.2009, S. 33), die zuletzt durch die Verordnung (EU) Nr. 519/2013 (ABl. L 158 vom 10.6.2013, S. 74) geändert worden ist, und

4. für Küken,
   a) die zur Verwendung in Tierversuchen bestimmt sind oder
   b) deren Gewebe oder Organe dazu bestimmt sind, zu wissenschaftlichen Zwecken verwendet zu werden.

### Vierter Abschnitt. Eingriffe an Tieren

**§ 5 [Betäubung]** (1) ¹An einem Wirbeltier darf ohne Betäubung ein mit Schmerzen verbundener Eingriff nicht vorgenommen werden. ²Die Betäubung warmblütiger Wirbeltiere sowie von Amphibien und Reptilien ist von einem Tierarzt vorzunehmen. ³Dies gilt nicht, soweit die Betäubung ausschließlich durch äußerliche Anwendung eines Tierarzneimittels erfolgt, das nach arzneimittelrechtlichen Vorschriften zugelassen ist, um eine örtliche Schmerzausschaltung zu erreichen, und nach dem Stand von Wissenschaft und Technik zum Zweck der Durchführung des jeweiligen Eingriffs geeignet ist. ⁴Dies gilt ferner nicht für einen Eingriff im Sinne des § 6 Absatz 1 Satz 2 Nummer 2a, soweit die Betäubung ohne Beeinträchtigung des Zustandes der Wahrnehmungs- und Empfindungsfähigkeit, ausgenommen die Schmerzempfindung, durch ein Tierarzneimittel erfolgt, das nach arzneimittelrechtlichen Vorschriften für die Schmerzausschaltung bei diesem Eingriff zugelassen ist. ⁵Für die Betäubung mit Betäubungspatronen kann die zuständige Behörde Ausnahmen von Satz 2 zulassen, sofern ein berechtigter Grund nachgewiesen wird. ⁶Ist nach den Absätzen 2, 3 und 4 Nr. 1 eine Betäubung nicht erforderlich, sind alle Möglichkeiten auszuschöpfen, um die Schmerzen oder Leiden der Tiere zu vermindern.

(2) Eine Betäubung ist nicht erforderlich,

1. wenn bei vergleichbaren Eingriffen am Menschen eine Betäubung in der Regel unterbleibt oder der mit dem Eingriff verbundene Schmerz geringfügiger ist als die mit einer Betäubung verbundene Beeinträchtigung des Befindens des Tieres,
2. wenn die Betäubung im Einzelfall nach tierärztlichem Urteil nicht durchführbar erscheint.

(3) Eine Betäubung ist ferner nicht erforderlich

1. für das Kastrieren von unter vier Wochen alten männlichen Rindern, Schafen und Ziegen, sofern kein von der normalen anatomischen Beschaffenheit abweichender Befund vorliegt,
2. für das Enthornen oder das Verhindern des Hornwachstums bei unter sechs Wochen alten Rindern,
3. für das Kürzen des Schwanzes von unter vier Tage alten Ferkeln sowie von unter acht Tage alten Lämmern,
4. für das Kürzen des Schwanzes von unter acht Tage alten Lämmern mittels elastischer Ringe,
5. für das Abschleifen der Eckzähne von unter acht Tage alten Ferkeln, sofern dies zum Schutz des Muttertieres oder der Wurfgeschwister unerlässlich ist,

6. für das Absetzen des krallentragenden letzten Zehengliedes bei Masthahnenküken, die als Zuchthähne Verwendung finden sollen, während des ersten Lebenstages,
7. für die Kennzeichnung
    a) durch implantierten elektronischen Transponder,
    b) von Säugetieren außer Schweinen, Schafen, Ziegen und Kaninchen durch Ohr- oder Schenkeltätowierung innerhalb der ersten zwei Lebenswochen,
    c) von Schweinen, Schafen, Ziegen und Kaninchen durch Ohrtätowierung,
    d) von Schweinen durch Schlagstempel,
    e) von landwirtschaftlichen Nutztieren durch Ohrmarke oder Flügelmarke und
    f) von Nagetieren, die zur Verwendung in Tierversuchen bestimmt sind, durch Ohrtätowierung, Ohrmarke, Ohrlochung oder Ohrkerbung.

(4) Das Bundesministerium wird ermächtigt, durch Rechtsverordnung mit Zustimmung des Bundesrates
1. über Absatz 3 hinaus weitere Maßnahmen von der Betäubungspflicht auszunehmen, soweit dies mit § 1 vereinbar ist,
2. Verfahren und Methoden zur Durchführung von Maßnahmen nach Absatz 3 sowie auf Grund einer Rechtsverordnung nach Nummer 1 bestimmter Maßnahmen vorzuschreiben, zuzulassen oder zu verbieten, soweit dies zum Schutz der Tiere erforderlich ist.

**§ 6 [Amputation]** (1) [1]Verboten ist das vollständige oder teilweise Amputieren von Körperteilen oder das vollständige oder teilweise Entnehmen oder Zerstören von Organen oder Geweben eines Wirbeltieres. [2]Das Verbot gilt nicht, wenn
1. der Eingriff im Einzelfall
    a) nach tierärztlicher Indikation geboten ist oder
    b) bei jagdlich zu führenden Hunden für die vorgesehene Nutzung des Tieres unerlässlich ist und tierärztliche Bedenken nicht entgegenstehen,
1a. eine nach artenschutzrechtlichen Vorschriften vorgeschriebene Kennzeichnung vorgenommen wird,
1b. eine Kennzeichnung von Pferden durch Schenkelbrand vorgenommen wird,
2. ein Fall des § 5 Abs. 3 Nr. 1 oder 7 vorliegt,
2a. unter acht Tage alte männliche Schweine kastriert werden,
3. ein Fall des § 5 Abs. 3 Nr. 2 bis 6 vorliegt und der Eingriff im Einzelfall für die vorgesehene Nutzung des Tieres zu dessen Schutz oder zum Schutz anderer Tiere unerlässlich ist,
4. das vollständige oder teilweise Entnehmen von Organen oder Geweben erforderlich ist, um zu anderen als zu wissenschaftlichen Zwecken die Organe oder Gewebe zu transplantieren, Kulturen anzulegen oder isolierte Organe, Gewebe oder Zellen zu untersuchen,
5. zur Verhinderung der unkontrollierten Fortpflanzung oder – soweit tierärztliche Bedenken nicht entgegenstehen – zur weiteren Nutzung oder Haltung des Tieres eine Unfruchtbarmachung vorgenommen wird.

³ Eingriffe nach Satz 2 Nummer 1 und 5 sind durch einen Tierarzt vorzunehmen; im Falle eines Eingriffs nach Satz 2 Nummer 2a gilt dies auch, sofern ein von der normalen anatomischen Beschaffenheit abweichender Befund vorliegt.
⁴ Eingriffe nach

1. Satz 2 Nummer 1a, 1b, 2 und 3,
2. Nummer 2a, die nicht durch einen Tierarzt vorzunehmen sind, sowie
3. Absatz 3

dürfen auch durch eine andere Person vorgenommen werden, die die dazu notwendigen Kenntnisse und Fähigkeiten hat. ⁵ Im Anschluss an die Kastration eines über sieben Tage alten Schweines sind schmerzstillende Arzneimittel einschließlich Betäubungsmittel bei dem Tier anzuwenden.

(1a) ¹ Für die Eingriffe nach Absatz 1 Satz 2 Nummer 4 gelten

1. § 7 Absatz 1 Satz 2 Nummer 1, Satz 3 und 4, § 7a Absatz 2 Nummer 1, 4 und 5 und § 9 Absatz 5 Satz 1, jeweils auch in Verbindung mit § 9 Absatz 6 Satz 1, sowie
2. Vorschriften in Rechtsverordnungen, die auf Grund des
   a) § 7 Absatz 3 oder
   b) § 9 Absatz 1, 2 und 3 Nummer 2, Absatz 4 Satz 1 Nummer 3 und Satz 2 und Absatz 5 Satz 2, jeweils auch in Verbindung mit Absatz 6 Satz 2,
   erlassen worden sind, soweit dies in einer Rechtsverordnung, die das Bundesministerium mit Zustimmung des Bundesrates erlassen hat, vorgesehen ist,

entsprechend. ² Derjenige, der einen Eingriff nach Absatz 1 Satz 2 Nummer 4 durchführen will, hat den Eingriff spätestens zwei Wochen vor Beginn der zuständigen Behörde anzuzeigen. ³ Die Frist braucht nicht eingehalten zu werden, wenn in Notfällen eine sofortige Durchführung des Eingriffes erforderlich ist; die Anzeige ist unverzüglich nachzuholen. ⁴ Die in Satz 2 genannte Frist kann von der zuständigen Behörde bei Bedarf auf bis zu vier Wochen verlängert werden. ⁵ In der Anzeige sind anzugeben:

1. der Zweck des Eingriffs,
2. die Art und die Zahl der für den Eingriff vorgesehenen Tiere,
3. die Art und die Durchführung des Eingriffs einschließlich der Betäubung,
4. Ort, Beginn und voraussichtliche Dauer des Vorhabens,
5. Name, Anschrift und Fachkenntnisse des verantwortlichen Leiters des Vorhabens und seines Stellvertreters sowie der durchführenden Person und die für die Nachbehandlung in Frage kommenden Personen,
6. die Begründung für den Eingriff.

(2) Verboten ist, beim Amputieren oder Kastrieren elastische Ringe zu verwenden; dies gilt nicht im Falle des Absatzes 3 Nr. 3 oder des § 5 Abs. 3 Nr. 4.

(3) ¹ Abweichend von Absatz 1 Satz 1 kann die zuständige Behörde

1. das Kürzen der Schnabelspitzen von Legehennen bei unter zehn Tage alten Küken,
2. das Kürzen der Schnabelspitzen bei Nutzgeflügel, das nicht unter Nummer 1 fällt,
3. das Kürzen des bindegewebigen Endstückes des Schwanzes von unter drei Monate alten männlichen Kälbern mittels elastischer Ringe

erlauben. ²Die Erlaubnis darf nur erteilt werden, wenn glaubhaft dargelegt wird, dass der Eingriff im Hinblick auf die vorgesehene Nutzung zum Schutz der Tiere unerlässlich ist. ³Die Erlaubnis ist zu befristen und hat im Falle der Nummer 1 Bestimmungen über Art, Umfang und Zeitpunkt des Eingriffs und die durchführende Person zu enthalten.

(4) Das Bundesministerium wird ermächtigt, durch Rechtsverordnung mit Zustimmung des Bundesrates die dauerhafte Kennzeichnung von Tieren, an denen nicht offensichtlich erkennbare Eingriffe vorgenommen worden sind, vorzuschreiben, wenn dies zum Schutz der Tiere erforderlich ist.

(5) Der zuständigen Behörde ist im Falle des Absatzes 1 Satz 2 Nr. 3 auf Verlangen glaubhaft darzulegen, dass der Eingriff für die vorgesehene Nutzung unerlässlich ist.

(6) ¹Das Bundesministerium wird ermächtigt, durch Rechtsverordnung[1]) mit Zustimmung des Bundesrates für Eingriffe im Sinne des Absatzes 1 Satz 2 Nummer 2a abweichend von § 5 Absatz 1 Satz 2 zuzulassen, dass die Betäubung von bestimmten anderen Personen vorgenommen werden darf, soweit es mit dem Schutz der Tiere vereinbar ist. ²In der Rechtsverordnung nach Satz 1 sind die Anforderungen zu regeln, unter denen diese Personen die Betäubung vornehmen dürfen; dabei können insbesondere

1. Verfahren und Methoden einschließlich der Arzneimittel und der Geräte zur Durchführung der Betäubung sowie des Eingriffes nach Satz 1 vorgeschrieben oder verboten werden,
2. vorgesehen werden, dass die Person, die die Betäubung durchführt, die für diese Tätigkeit erforderliche Zuverlässigkeit und die erforderlichen Kenntnisse und Fähigkeiten zu besitzen und diese nachzuweisen hat, und
3. nähere Vorschriften über die Art und den Umfang der nach Nummer 2 erforderlichen Kenntnisse und Fähigkeiten erlassen sowie Anforderungen an den Nachweis und die Aufrechterhaltung der erforderlichen Kenntnisse und Fähigkeiten festgelegt und das Verfahren des Nachweises geregelt werden.

**§ 6a [Geltungsbereich]** Die Vorschriften dieses Abschnittes gelten nicht für Tierversuche, nach § 7 Absatz 2 Satz 1, auch in Verbindung mit Satz 2.

### Fünfter Abschnitt. Tierversuche

**§ 7 [Schutz von Versuchstieren; Begriffsbestimmung Tierversuch]**

(1) ¹Die Vorschriften dieses Abschnitts dienen dem Schutz von Tieren, die zur Verwendung in Tierversuchen bestimmt sind oder deren Gewebe oder Organe dazu bestimmt sind, zu wissenschaftlichen Zwecken verwendet zu werden. ²Dazu sind

1. Tierversuche im Hinblick auf
  a) die den Tieren zuzufügenden Schmerzen, Leiden und Schäden,
  b) die Zahl der verwendeten Tiere,
  c) die artspezifische Fähigkeit der verwendeten Tiere, unter den Versuchseinwirkungen zu leiden,
  auf das unerlässliche Maß zu beschränken und

---

[1]) Siehe die FerkelbetäubungssachkundeVO v. 8.1.2020 (BGBl. I S. 96).

2. die Haltung, die Zucht und die Pflege derjenigen Tiere zu verbessern, die zur Verwendung in Tierversuchen bestimmt sind oder deren Gewebe oder Organe dazu bestimmt sind, zu wissenschaftlichen Zwecken verwendet zu werden, damit diese Tiere nur in dem Umfang belastet werden, der für die Verwendung zu wissenschaftlichen Zwecken unerlässlich ist.

[3] Die Pflicht zur Beschränkung von Tierversuchen auf das unerlässliche Maß nach Satz 2 Nummer 1 Buchstabe a und c beinhaltet auch die Pflicht zur Verbesserung der Methoden, die in Tierversuchen angewendet werden. [4] Tierversuche dürfen nur von Personen geplant und durchgeführt werden, die die dafür erforderlichen Kenntnisse und Fähigkeiten haben. [5] § 1 bleibt unberührt.

(2) [1] Tierversuche im Sinne dieses Gesetzes sind Eingriffe oder Behandlungen zu Versuchszwecken

1. an Tieren, wenn sie mit Schmerzen, Leiden oder Schäden für diese Tiere verbunden sein können,
2. an Tieren, die dazu führen können, dass Tiere geboren werden oder schlüpfen, die Schmerzen, Leiden oder Schäden erleiden, oder
3. am Erbgut von Tieren, wenn sie mit Schmerzen, Leiden oder Schäden für die erbgutveränderten Tiere oder deren Trägertiere verbunden sein können.

[2] Als Tierversuche gelten auch Eingriffe oder Behandlungen, die nicht Versuchszwecken dienen, und

1. die zur Herstellung, Gewinnung, Aufbewahrung oder Vermehrung von Stoffen, Produkten oder Organismen vorgenommen werden,
2. durch die Organe oder Gewebe ganz oder teilweise entnommen werden, um zu wissenschaftlichen Zwecken

    a) die Organe oder Gewebe zu transplantieren,

    b) Kulturen anzulegen oder

    c) isolierte Organe, Gewebe oder Zellen zu untersuchen,

    oder
3. die zu Aus-, Fort- oder Weiterbildungszwecken vorgenommen werden,

soweit eine der in Satz 1 Nummer 1 bis 3 genannten Voraussetzungen vorliegt.
[3] Nicht als Tierversuch gilt

1. das Töten eines Tieres, soweit das Töten ausschließlich dazu erfolgt, die Organe oder Gewebe des Tieres zu wissenschaftlichen Zwecken zu verwenden,
2. ein Eingriff oder eine Behandlung an einem Nutztier, der oder die

    a) in einem Haltungsbetrieb im Rahmen der landwirtschaftlichen Tätigkeit vorgenommen wird und

    b) nicht zu wissenschaftlichen Zwecken erfolgt, oder
3. eine veterinärmedizinische klinische Prüfung, die für die Zulassung eines Tierarzneimittels verlangt wird.

(2a) [1] Zur Vermeidung von Doppel- oder Wiederholungsversuchen sind Daten aus Tierversuchen, die in nach Unionsrecht anerkannten Verfahren in anderen Mitgliedstaaten der Europäischen Union (Mitgliedstaaten) gewonnen wurden, anzuerkennen. [2] Dies gilt nicht, wenn zum Schutz der öffentlichen Gesundheit, Sicherheit oder der Umwelt in Bezug auf die in Satz 1 genannten Daten weitere Tierversuche durchgeführt werden müssen.

(3) Das Bundesministerium wird ermächtigt, im Einvernehmen mit dem Bundesministerium für Bildung und Forschung durch Rechtsverordnung[1]) mit Zustimmung des Bundesrates die näheren Einzelheiten zu den Anforderungen nach Absatz 1 Satz 2 Nummer 2 zu regeln.

**§ 7a [Voraussetzungen]** (1) ¹Tierversuche dürfen nur durchgeführt werden, soweit sie zu einem der folgenden Zwecke unerlässlich sind:
1. Grundlagenforschung,
2. sonstige Forschung mit einem der folgenden Ziele:
   a) Vorbeugung, Erkennung oder Behandlung von Krankheiten, Leiden, Körperschäden oder körperlichen Beschwerden bei Menschen oder Tieren,
   b) Erkennung oder Beeinflussung physiologischer Zustände oder Funktionen bei Menschen oder Tieren,
   c) Förderung des Wohlergehens von Tieren oder Verbesserung der Haltungsbedingungen von landwirtschaftlichen Nutztieren,
3. Schutz der Umwelt im Interesse der Gesundheit oder des Wohlbefindens von Menschen oder Tieren,
4. Entwicklung und Herstellung sowie Prüfung der Qualität, Wirksamkeit oder Unbedenklichkeit von Arzneimitteln, Lebensmitteln, Futtermitteln oder anderen Stoffen oder Produkten mit einem der in Nummer 2 Buchstabe a bis c oder Nummer 3 genannten Ziele,
5. Prüfung von Stoffen oder Produkten auf ihre Wirksamkeit gegen tierische Schädlinge,
6. Forschung im Hinblick auf die Erhaltung der Arten,
7. Aus-, Fort- oder Weiterbildung,
8. gerichtsmedizinische Untersuchungen.

²Tierversuche zur Aus-, Fort- oder Weiterbildung nach Satz 1 Nummer 7 dürfen nur durchgeführt werden
1. an einer Hochschule, einer anderen wissenschaftlichen Einrichtung oder einem Krankenhaus oder
2. im Rahmen einer Aus-, Fort- oder Weiterbildung für Heil- oder Heilhilfsberufe oder naturwissenschaftliche Hilfsberufe.

(2) Bei der Entscheidung, ob ein Tierversuch unerlässlich ist, sowie bei der Durchführung von Tierversuchen sind folgende Grundsätze zu beachten:
1. Der jeweilige Stand der wissenschaftlichen Erkenntnisse ist zugrunde zu legen.
2. ¹Es ist zu prüfen, ob der verfolgte Zweck nicht durch andere Methoden oder Verfahren erreicht werden kann. ²Dabei ist insbesondere zu prüfen, ob zur Erreichung des mit dem Tierversuch angestrebten Ergebnisses eine andere Methode oder Versuchsstrategie, die ohne Verwendung eines lebenden Tieres auskommt und die nach dem Unionsrecht anerkannt ist, zur Verfügung steht.

---

[1]) Siehe die Tierschutz-VersuchstierVO v. 1.8.2013 (BGBl. I S. 3125, 3126), zuletzt geänd. durch VO v. 11.8.2021 (BGBl. I S. 3570).

3. Versuche an Wirbeltieren oder Kopffüßern dürfen nur durchgeführt werden, wenn die zu erwartenden Schmerzen, Leiden oder Schäden der Tiere im Hinblick auf den Versuchszweck ethisch vertretbar sind.
4. Schmerzen, Leiden oder Schäden dürfen den Tieren nur in dem Maße zugefügt werden, als es für den verfolgten Zweck unerlässlich ist; insbesondere dürfen sie nicht aus Gründen der Arbeits-, Zeit- oder Kostenersparnis zugefügt werden.
5. Versuche an Tieren, deren artspezifische Fähigkeit, unter den Versuchseinwirkungen zu leiden, stärker entwickelt ist, dürfen nur durchgeführt werden, soweit Tiere, deren derartige Fähigkeit weniger stark entwickelt ist, für den verfolgten Zweck nicht ausreichen.

(3) Tierversuche zur Entwicklung oder Erprobung von Waffen, Munition und dazugehörigem Gerät sind verboten.

(4) [1] Tierversuche zur Entwicklung von Tabakerzeugnissen, Waschmitteln und Kosmetika sind grundsätzlich verboten. [2] Das Bundesministerium wird ermächtigt, durch Rechtsverordnung mit Zustimmung des Bundesrates Ausnahmen zu bestimmen, soweit es erforderlich ist, um

1. konkrete Gesundheitsgefährdungen abzuwehren, und die notwendigen neuen Erkenntnisse nicht auf andere Weise erlangt werden können, oder
2. Rechtsakte der Europäischen Gemeinschaft oder der Europäischen Union durchzuführen.

(5) Ein Tierversuch gilt als abgeschlossen, wenn

1. keine weiteren Beobachtungen mehr für den Tierversuch anzustellen sind oder,
2. soweit genetisch veränderte, neue Tierlinien verwendet werden,
   a) an der Nachkommenschaft keine weiteren Beobachtungen mehr anzustellen sind und
   b) nicht mehr erwartet wird, dass die Nachkommenschaft auf Grund der biotechnischen oder gentechnischen Veränderungen Schmerzen oder Leiden empfindet oder dauerhaft Schäden erleidet.

(6) Das Bundesministerium wird ermächtigt, im Einvernehmen mit dem Bundesministerium für Bildung und Forschung durch Rechtsverordnung[1]) mit Zustimmung des Bundesrates
1. Vorschriften dieses Gesetzes oder
2. auf Grund dieses Gesetzes erlassene Rechtsverordnungen zur Durchführung, Genehmigung und Anzeige von Tierversuchen

auf Versuche an Tieren in einem Entwicklungsstadium vor der Geburt oder dem Schlupf zu erstrecken, soweit dies zum Schutz dieser Tiere auf Grund ihrer Fähigkeit, Schmerzen oder Leiden zu empfinden oder Schäden zu erleiden, und zur Durchführung von Rechtsakten der Europäischen Union erforderlich ist.

**§ 8 [Genehmigung]** (1) [1] Wer Versuche an Wirbeltieren oder Kopffüßern durchführen will, bedarf der Genehmigung des Versuchsvorhabens durch die

---

[1]) Siehe die Tierschutz-VersuchstierVO v. 1.8.2013 (BGBl. I S. 3125, 3126), zuletzt geänd. durch VO v. 11.8.2021 (BGBl. I S. 3570).

zuständige Behörde. ²Die Genehmigung eines Versuchsvorhabens ist nach Prüfung durch die zuständige Behörde zu erteilen, wenn
1. aus wissenschaftlicher oder pädagogischer Sicht gerechtfertigt ist, dass
   a) die Voraussetzungen des § 7a Absatz 1 und 2 Nummer 1 bis 3 vorliegen,
   b) das angestrebte Ergebnis trotz Ausschöpfens der zugänglichen Informationsmöglichkeiten nicht hinreichend bekannt ist oder die Überprüfung eines hinreichend bekannten Ergebnisses durch einen Doppel- oder Wiederholungsversuch unerlässlich ist,
2. der verantwortliche Leiter des Versuchsvorhabens und sein Stellvertreter die erforderliche fachliche Eignung insbesondere hinsichtlich der Überwachung der Tierversuche haben und keine Tatsachen vorliegen, aus denen sich Bedenken gegen ihre Zuverlässigkeit ergeben,
3. die erforderlichen Räumlichkeiten, Anlagen und anderen sachlichen Mittel den Anforderungen entsprechen, die in einer auf Grund des § 9 Absatz 4 Satz 1 Nummer 1 erlassenen Rechtsverordnung festgelegt sind,
4. die personellen und organisatorischen Voraussetzungen für die Durchführung der Tierversuche einschließlich der Tätigkeit des Tierschutzbeauftragten gegeben sind,
5. die Haltung der Tiere den Anforderungen des § 2 und den in einer auf Grund des § 2a Absatz 1 Nummer 1 bis 4, auch in Verbindung mit § 11 Absatz 3, oder des § 2a Absatz 2 Satz 1 erlassenen Rechtsverordnung festgelegten Anforderungen entspricht und ihre medizinische Versorgung sichergestellt ist,
6. die Einhaltung der Vorschriften des § 7 Absatz 1 Satz 2 Nummer 1 und Satz 3 und des § 7a Absatz 2 Nummer 4 und 5 erwartet werden kann,
7. die Einhaltung von
   a) Sachkundeanforderungen,
   b) Vorschriften zur Schmerzlinderung und Betäubung von Tieren,
   c) Vorschriften zur erneuten Verwendung von Tieren,
   d) Verwendungsverboten und -beschränkungen,
   e) Vorschriften zur Vermeidung von Schmerzen, Leiden und Schäden nach Erreichen des Zwecks des Tierversuches,
   f) Vorschriften zur Verhinderung des Todes eines Tieres unter der Versuchseinwirkung oder zur Vermeidung von Schmerzen und Leiden beim Tod eines Tieres und
   g) Vorschriften zu der Vorgehensweise nach Abschluss des Tierversuchs,
   die in einer auf Grund des § 2a Absatz 1 Nummer 5 oder des § 4b Satz 1 Nummer 1 Buchstabe b, jeweils auch in Verbindung mit § 11 Absatz 3, oder des § 9 Absatz 1 bis 3 und 4 Satz 1 Nummer 2 oder 3 oder Satz 2 erlassenen Rechtsverordnung festgelegt sind, erwartet werden kann,
7a. eine möglichst umweltverträgliche Durchführung des Tierversuches erwartet werden kann und
8. das Führen von Aufzeichnungen nach § 9 Absatz 5 Satz 1 in Verbindung mit den in einer auf Grund des § 9 Absatz 5 Satz 2 erlassenen Rechtsverordnung festgelegten Anforderungen erwartet werden kann.

³Die Prüfung durch die zuständige Behörde erfolgt mit der Detailliertheit, die der Art des Versuchsvorhabens angemessen ist.

(2) Wird die Genehmigung einer Hochschule oder anderen Einrichtung erteilt, so müssen die Personen, die die Tierversuche durchführen, bei der Einrichtung beschäftigt oder mit Zustimmung des verantwortlichen Leiters zur Benutzung der Einrichtung befugt sein.

(3) Das Bundesministerium wird ermächtigt, im Einvernehmen mit dem Bundesministerium für Bildung und Forschung durch Rechtsverordnung[1] mit Zustimmung des Bundesrates Vorschriften zu erlassen über

1. die Form und den Inhalt des Antrags auf Erteilung einer Genehmigung nach Absatz 1 Satz 1 sowie die antragsberechtigten Personen,
2. das Genehmigungsverfahren einschließlich dessen Dauer,
3. den Inhalt des Genehmigungsbescheids,
4. das Verfahren im Falle nachträglicher Änderungen der der Genehmigung zugrunde liegenden wesentlichen Sachverhalte, einschließlich der Pflicht zur Anzeige oder Genehmigung solcher Änderungen,
5. die Befristung von Genehmigungen oder die Verlängerung der Geltungsdauer von Genehmigungen und
6. den Vorbehalt des Widerrufs von Genehmigungen.

(4) Das Bundesministerium wird ermächtigt, im Einvernehmen mit dem Bundesministerium für Bildung und Forschung durch Rechtsverordnung[1] mit Zustimmung des Bundesrates vorzusehen, dass Tierversuche einer Einstufung hinsichtlich ihres Schweregrads nach Artikel 15 Absatz 1 der Richtlinie 2010/63/EU des Europäischen Parlaments und des Rates vom 22. September 2010 zum Schutz der für wissenschaftliche Zwecke verwendeten Tiere (ABl. L 276 vom 20.10.2010, S. 33) unterzogen werden, und dabei das Verfahren und den Inhalt der Einstufung sowie die diesbezüglichen Mitwirkungspflichten des Antragstellers zu regeln, soweit dies zur Durchführung von Rechtsakten der Europäischen Union erforderlich ist.

(5) Das Bundesministerium wird ermächtigt, im Einvernehmen mit dem Bundesministerium für Bildung und Forschung durch Rechtsverordnung[1] mit Zustimmung des Bundesrates vorzusehen, dass Versuchsvorhaben einer rückblickenden Bewertung durch die zuständige Behörde unterzogen werden, und dabei das Verfahren und den Inhalt der Bewertung sowie die diesbezüglichen Mitwirkungspflichten des Antragstellers zu regeln, soweit dies zur Verbesserung des Schutzes der Tiere in Tierversuchen und zur Durchführung von Rechtsakten der Europäischen Union erforderlich ist.

(6) ¹Das Bundesministerium wird ermächtigt, im Einvernehmen mit dem Bundesministerium für Bildung und Forschung durch Rechtsverordnung[1] mit Zustimmung des Bundesrates vorzusehen, dass die zuständigen Behörden Zusammenfassungen zu genehmigten Versuchsvorhaben zum Zwecke der Veröffentlichung übermitteln, die Angaben über

1. die Ziele des Versuchsvorhabens einschließlich des zu erwartenden Nutzens,
2. die Anzahl, die Art und die zu erwartenden Schmerzen, Leiden und Schäden der zu verwendenden Tiere und
3. die Erfüllung der Anforderungen des § 7 Absatz 1 Satz 2 Nummer 1 und Satz 3 und des § 7a Absatz 2 Nummer 2, 4 und 5

---

[1] Siehe die Tierschutz-VersuchstierVO v. 1.8.2013 (BGBl. I S. 3125, 3126), zuletzt geänd. durch VO v. 11.8.2021 (BGBl. I S. 3570).

enthalten, und die Form der Zusammenfassungen sowie das Verfahren ihrer Veröffentlichung zu regeln, soweit dies zur Verbesserung des Schutzes der Tiere in Tierversuchen und zur Durchführung von Rechtsakten der Europäischen Union erforderlich ist. [2] In der Rechtsverordnung kann auch vorgesehen werden, dass

1. die Veröffentlichung der Zusammenfassungen durch das Bundesinstitut für Risikobewertung erfolgt und
2. das Bundesinstitut für Risikobewertung die Zusammenfassungen an die Europäische Kommission zum Zweck der Veröffentlichung weiterleitet.

**§ 8a [Anzeige]** (1) [1] Die Erteilung der Genehmigung erfolgt in einem vereinfachten Genehmigungsverfahren, wenn es sich bei dem Versuchsvorhaben nach § 8 Absatz 1 Satz 1 um ein Vorhaben handelt,

1. das ausschließlich Tierversuche zum Gegenstand hat, deren Durchführung ausdrücklich

   a) durch Gesetz oder Rechtsverordnung, durch das Arzneibuch oder durch unmittelbar geltenden Rechtsakt der Europäischen Gemeinschaft oder der Europäischen Union vorgeschrieben ist,

   b) in einer von der Bundesregierung oder einem Bundesministerium erlassenen allgemeinen Verwaltungsvorschrift vorgesehen ist oder

   c) auf Grund eines Gesetzes oder einer Rechtsverordnung oder eines unmittelbar anwendbaren Rechtsaktes der Europäischen Gemeinschaft oder der Europäischen Union behördlich oder gerichtlich angeordnet oder im Einzelfall als Voraussetzung für eine behördliche Entscheidung gefordert wird,

2. das ausschließlich Tierversuche zum Gegenstand hat, die als Impfungen, Blutentnahmen oder sonstige diagnostische Maßnahmen nach bereits erprobten Verfahren an Tieren vorgenommen werden und

   a) der Erkennung von Krankheiten, Leiden, Körperschäden oder körperlichen Beschwerden bei Menschen oder Tieren oder

   b) der Prüfung von Seren, Blutzubereitungen, Impfstoffen, Antigenen oder Testallergenen im Rahmen von Zulassungsverfahren oder Chargenprüfungen

   dienen, oder

3. das ausschließlich Tierversuche nach § 7 Absatz 2 Satz 2 Nummer 1 oder 2 zum Gegenstand hat, die nach bereits erprobten Verfahren

   a) zur Herstellung, Gewinnung, Aufbewahrung oder Vermehrung von Stoffen, Produkten oder Organismen oder

   b) zu diagnostischen Zwecken

   vorgenommen werden.

[2] Die Genehmigung in den Fällen des Satzes 1 gilt als erteilt, wenn

1. die durch die zuständige Behörde durchgeführte Prüfung ergeben hat, dass die Voraussetzungen des § 8 Absatz 1 Satz 2 Nummer 1, 3, 5, 6 und 7 Buchstabe b bis g sowie Nummer 7a vorliegen,
2. die zuständige Behörde eine Festlegung über die Durchführung der rückblickenden Bewertung nach einer auf Grund des § 8 Absatz 5 erlassenen Rechtsverordnung getroffen hat,

Tierschutzgesetz **§§ 8b, 9 TierSchG 3.3**

3. die zuständige Behörde nicht innerhalb der in einer auf Grund des § 8 Absatz 3 erlassenen Rechtsverordnung festgelegten Frist abschließend über den Genehmigungsantrag entschieden hat und
4. die zuständige Behörde dem Antragsteller das Vorliegen der Voraussetzungen nach Nummer 1 und die Festlegung nach Nummer 2 mitgeteilt hat.

³Führt der Antragsteller auf der Grundlage der Genehmigung nach Satz 2 ein Versuchsvorhaben durch, hat er hinsichtlich der weiteren über Satz 2 Nummer 1 hinausgehenden Anforderungen des § 8 Absatz 1 Satz 2 die Einhaltung dieser Anforderungen sicherzustellen.

(2) Absatz 1 gilt nicht für Versuchsvorhaben,
1. in denen Primaten verwendet werden oder
2. die Tierversuche zum Gegenstand haben, die nach Maßgabe des Artikels 15 Absatz 1 in Verbindung mit Anhang VIII der Richtlinie 2010/63/EU als „schwer" einzustufen sind.

(3) Wer ein Versuchsvorhaben, in dem Zehnfußkrebse verwendet werden, durchführen will, hat das Versuchsvorhaben der zuständigen Behörde anzuzeigen.

(4) Das Bundesministerium wird ermächtigt, im Einvernehmen mit dem Bundesministerium für Bildung und Forschung durch Rechtsverordnung[1]) mit Zustimmung des Bundesrates vorzusehen, dass Versuche an anderen wirbellosen Tieren als Kopffüßern und Zehnfußkrebsen der zuständigen Behörde anzuzeigen sind, soweit diese Tiere über eine den Wirbeltieren entsprechende artspezifische Fähigkeit verfügen, unter den Versuchseinwirkungen zu leiden, und es zu ihrem Schutz erforderlich ist.

(5) Das Bundesministerium wird ermächtigt, im Einvernehmen mit dem Bundesministerium für Bildung und Forschung durch Rechtsverordnung[1]) mit Zustimmung des Bundesrates Vorschriften zu erlassen über
1. die Form und den Inhalt der Anzeige nach Absatz 3,
2. das Verfahren der Anzeige nach Absatz 3 einschließlich der für die Anzeige geltenden Fristen,
3. den Zeitpunkt, ab dem oder bis zu dem die Durchführung angezeigter Versuchsvorhaben nach Absatz 3 zulässig ist, und
4. das Verfahren im Falle nachträglicher Änderungen der im Rahmen der Anzeige nach Absatz 3 mitgeteilten Sachverhalte.

**§ 8b** *(aufgehoben)*

**§ 9 [Durchführung]** (1) Das Bundesministerium wird ermächtigt, im Einvernehmen mit dem Bundesministerium für Bildung und Forschung durch Rechtsverordnung[1]) mit Zustimmung des Bundesrates nähere Vorschriften über die Art und den Umfang der nach § 7 Absatz 1 Satz 4 erforderlichen Kenntnisse und Fähigkeiten der Personen, die Tierversuche planen oder durchführen, insbesondere der biologischen, tiermedizinischen, rechtlichen und ethischen Kenntnisse und der Fähigkeiten im Hinblick auf die Durchführung von Tierversuchen, zu erlassen sowie Anforderungen an den Nachweis und die Auf-

---

[1]) Siehe die Tierschutz-VersuchstierVO v. 1.8.2013 (BGBl. I S. 3125, 3126), zuletzt geänd. durch VO v. 11.8.2021 (BGBl. I S. 3570).

## 3.3 TierSchG § 9

rechterhaltung der erforderlichen Kenntnisse und Fähigkeiten festzulegen; in der Rechtsverordnung kann auch vorgeschrieben werden, dass Aufzeichnungen über die Maßnahmen, die zum Zwecke der Aufrechterhaltung der Kenntnisse und Fähigkeiten ergriffen werden, zu machen, aufzubewahren und der zuständigen Behörde auf Verlangen vorzulegen sind.

(2) Das Bundesministerium wird ermächtigt, im Einvernehmen mit dem Bundesministerium für Bildung und Forschung durch Rechtsverordnung[1] mit Zustimmung des Bundesrates

1. das Betäuben von Tieren, die in Tierversuchen verwendet werden, einschließlich der hierfür erforderlichen Kenntnisse und Fähigkeiten, oder die Anwendung schmerzlindernder Mittel oder Verfahren bei diesen Tieren vorzuschreiben und

2. die Gabe von Mitteln, die das Äußern von Schmerzen verhindern oder beeinträchtigen, zu verbieten oder zu beschränken.

(3) Das Bundesministerium wird ermächtigt, im Einvernehmen mit dem Bundesministerium für Bildung und Forschung und, soweit artenschutzrechtliche Belange berührt sind, dem Bundesministerium für Umwelt, Naturschutz und nukleare Sicherheit durch Rechtsverordnung[1] mit Zustimmung des Bundesrates zur Durchführung von Rechtsakten der Europäischen Union Versuche

1. an Primaten,

2. an Tieren bestimmter Herkunft,

3. die besonders belastend sind,

zu verbieten oder zu beschränken, insbesondere von einer Genehmigung oder der Erfüllung weiterer, über § 8 Absatz 1 Satz 2 Nummer 2 bis 8 hinausgehender Anforderungen abhängig zu machen.

(4) [1]Das Bundesministerium wird ermächtigt, im Einvernehmen mit dem Bundesministerium für Bildung und Forschung und, soweit artenschutzrechtliche Belange berührt sind, dem Bundesministerium für Umwelt, Naturschutz und nukleare Sicherheit durch Rechtsverordnung[1] mit Zustimmung des Bundesrates Anforderungen an

1. für die Durchführung von Tierversuchen bestimmte Räumlichkeiten, Anlagen und Gegenstände,

2. den Fang wildlebender Tiere zum Zwecke ihrer Verwendung in Tierversuchen einschließlich der anschließenden Behandlung der Tiere und der hierfür erforderlichen Kenntnisse und Fähigkeiten und

3. die erneute Verwendung von Tieren in Tierversuchen

festzulegen. [2]Das Bundesministerium wird ferner ermächtigt, im Einvernehmen mit dem Bundesministerium für Bildung und Forschung und, soweit artenschutzrechtliche Belange berührt sind, dem Bundesministerium für Umwelt, Naturschutz und nukleare Sicherheit durch Rechtsverordnung mit Zustimmung des Bundesrates die Behandlung eines in einem Tierversuch verwendeten Tieres nach Abschluss des Tierversuchs zu regeln und dabei

1. vorzusehen, dass das Tier einem Tierarzt vorzustellen ist,

---

[1] Siehe die Tierschutz-VersuchstierVO v. 1.8.2013 (BGBl. I S. 3125, 3126), zuletzt geänd. durch VO v. 11.8.2021 (BGBl. I S. 3570).

2. vorzusehen, dass das Tier unter bestimmten Voraussetzungen zu töten ist, und
3. Anforderungen an die weitere Haltung und medizinische Versorgung des Tieres festzulegen.

(5) [1]Über die Tierversuche sind Aufzeichnungen zu machen. [2]Das Bundesministerium wird ermächtigt, im Einvernehmen mit dem Bundesministerium für Bildung und Forschung durch Rechtsverordnung[1)] mit Zustimmung des Bundesrates das Nähere über die Art und den Umfang der Aufzeichnungen nach Satz 1 zu regeln; es kann dabei vorschreiben, dass die Aufzeichnungen aufzubewahren und der zuständigen Behörde auf Verlangen vorzulegen sind.

(6) [1]Der Leiter des Versuchsvorhabens oder im Falle seiner Verhinderung sein Stellvertreter haben die Einhaltung
1. der Vorschriften
   a) des § 7 Absatz 1 Satz 2 Nummer 1 und Satz 3, des § 7a Absatz 2 Nummer 1, 4 und 5 und des § 9 Absatz 5 Satz 1 sowie
   b) des § 7 Absatz 1 Satz 4 und
2. der Vorschriften der auf Grund der Absätze 1 bis 5 erlassenen Rechtsverordnungen

sicherzustellen. [2]Das Bundesministerium wird ermächtigt, im Einvernehmen mit dem Bundesministerium für Bildung und Forschung durch Rechtsverordnung[1)] mit Zustimmung des Bundesrates das Nähere zu der Verpflichtung nach Satz 1 zu regeln.

## § 9a *(aufgehoben)*

### Sechster Abschnitt. Tierschutzbeauftragte

**§ 10 [Tierschutzbeauftragte]** (1) [1]Einrichtungen und Betriebe, in denen Wirbeltiere oder Kopffüßer,
1. die dazu bestimmt sind, in Tierversuchen verwendet zu werden, oder
2. deren Organe oder Gewebe dazu bestimmt sind, zu wissenschaftlichen Zwecken verwendet zu werden,

gehalten oder verwendet werden, müssen über Tierschutzbeauftragte sowie, soweit dies in einer Rechtsverordnung, die das Bundesministerium im Einvernehmen mit dem Bundesministerium für Bildung und Forschung mit Zustimmung des Bundesrates erlassen hat, bestimmt ist, weitere Personen verfügen, die verpflichtet sind, in besonderem Maße auf den Schutz der Tiere zu achten. [2]Satz 1 gilt auch für Einrichtungen und Betriebe, in denen die dort genannten Tiere gezüchtet oder zum Zwecke der Abgabe an Dritte gehalten werden. [3]Einrichtungen und Betriebe,
1. in denen Wirbeltiere nach § 4 Absatz 3 zu wissenschaftlichen Zwecken getötet werden oder
2. in denen Eingriffe nach § 6 Absatz 1 Satz 2 Nummer 4 vorgenommen werden,

müssen ebenfalls über Tierschutzbeauftragte nach Satz 1 verfügen.

---

[1)] Siehe die Tierschutz-VersuchstierVO v. 1.8.2013 (BGBl. I S. 3125, 3126), zuletzt geänd. durch VO v. 11.8.2021 (BGBl. I S. 3570).

(2) ¹Die Tierschutzbeauftragten und die weiteren Personen nehmen ihre Aufgaben insbesondere durch Beratung der Einrichtung oder des Betriebes, für die oder für den sie tätig sind, und der dort beschäftigten Personen sowie durch die Abgabe von Stellungnahmen wahr. ²Das Bundesministerium wird ermächtigt, im Einvernehmen mit dem Bundesministerium für Bildung und Forschung durch Rechtsverordnung[1]) mit Zustimmung des Bundesrates das Nähere über die Tierschutzbeauftragten und weiteren Personen zu regeln und dabei Vorschriften über

1. das Verfahren ihrer Bestellung,
2. ihre Sachkunde,
3. ihre Aufgaben und Verpflichtungen, insbesondere im Hinblick auf die Sicherstellung einer sachkundigen und tiergerechten Haltung, Tötung und Verwendung der Tiere, und
4. innerbetriebliche Maßnahmen und Vorkehrungen zur Sicherstellung einer wirksamen Wahrnehmung der in Nummer 3 genannten Aufgaben und Verpflichtungen

zu erlassen. ³Dabei kann das Bundesministerium

1. bestimmen, dass die Tierschutzbeauftragten und weiteren Personen im Rahmen von Ausschüssen zusammenwirken,
2. das Nähere über die Aufgaben und die Zusammensetzung, einschließlich der Leitung, der Ausschüsse nach Nummer 1 regeln und
3. vorschreiben, dass über die Tätigkeit der Ausschüsse nach Nummer 1 Aufzeichnungen zu machen, aufzubewahren und der zuständigen Behörde auf Verlangen vorzulegen sind.

**Siebenter Abschnitt. Zucht, Halten von Tieren, Handel mit Tieren**

**§ 11** [Erlaubnis] (1) ¹Wer

1. Wirbeltiere oder Kopffüßer,
   a) die dazu bestimmt sind, in Tierversuchen verwendet zu werden, oder
   b) deren Organe oder Gewebe dazu bestimmt sind, zu wissenschaftlichen Zwecken verwendet zu werden,
   
   züchten oder halten, jeweils auch zum Zwecke der Abgabe dieser Tiere an Dritte, oder verwenden,
2. Wirbeltiere zu den in § 6 Absatz 1 Satz 2 Nummer 4 genannten Zwecken züchten oder halten,
3. Tiere in einem Tierheim oder in einer ähnlichen Einrichtung halten,
4. Tiere in einem Zoologischen Garten oder einer anderen Einrichtung, in der Tiere gehalten und zur Schau gestellt werden, halten,
5. Wirbeltiere, die nicht Nutztiere sind, zum Zwecke der Abgabe gegen Entgelt oder eine sonstige Gegenleistung in das Inland verbringen oder einführen oder die Abgabe solcher Tiere, die in das Inland verbracht oder eingeführt werden sollen oder worden sind, gegen Entgelt oder eine sonstige Gegenleistung vermitteln,

---

[1]) Siehe die Tierschutz-VersuchstierVO v. 1.8.2013 (BGBl. I S. 3125, 3126), zuletzt geänd. durch VO v. 11.8.2021 (BGBl. I S. 3570).

6. für Dritte Hunde zu Schutzzwecken ausbilden oder hierfür Einrichtungen unterhalten,
7. Tierbörsen zum Zwecke des Tausches oder Verkaufes von Tieren durch Dritte durchführen oder
8. gewerbsmäßig, außer in den Fällen der Nummer 1,
   a) Wirbeltiere, außer landwirtschaftliche Nutztiere und Gehegewild, züchten oder halten,
   b) mit Wirbeltieren handeln,
   c) einen Reit- oder Fahrbetrieb unterhalten,
   d) Tiere zur Schau stellen oder für solche Zwecke zur Verfügung stellen,
   e) Wirbeltiere als Schädlinge bekämpfen oder
   f) für Dritte Hunde ausbilden oder die Ausbildung der Hunde durch den Tierhalter anleiten

will, bedarf der Erlaubnis der zuständigen Behörde. [2]Für das Zurschaustellen von Tieren an wechselnden Orten darf die Erlaubnis nach Satz 1 Nummer 4 oder nach Satz 1 Nummer 8 Buchstabe d nur insoweit erteilt werden, als die Tiere nicht einer Art angehören, deren Zurschaustellen an wechselnden Orten auf Grund einer Rechtsverordnung nach Absatz 4 verboten ist.

(2) [1]Das Bundesministerium wird ermächtigt, durch Rechtsverordnung[1]) mit Zustimmung des Bundesrates in den Fällen des Absatzes 1 Satz 1
1. das Nähere zu der Form und dem Inhalt des Antrags auf Erteilung einer Erlaubnis nach Absatz 1 Satz 1,
2. die Voraussetzungen und das Verfahren für die Erteilung der Erlaubnis,
3. den Inhalt der Erlaubnis, im Falle des Absatzes 1 Satz 1 Nummer 1 nur, soweit dies zur Durchführung von Rechtsakten der Europäischen Union erforderlich ist, sowie
4. das Verfahren im Falle nachträglicher Änderungen der für die Erlaubniserteilung wesentlichen Sachverhalte, einschließlich der Pflicht zur Anzeige solcher Änderungen,

zu regeln. [2]Rechtsverordnungen nach Satz 1 bedürfen, soweit sie das Züchten oder Halten von Tieren nach Absatz 1 Satz 1 Nummer 1 oder 2 betreffen, des Einvernehmens des Bundesministeriums für Bildung und Forschung.

(3) In Rechtsverordnungen nach § 2a Absatz 1 oder § 4b können, soweit dies zur Durchführung von Rechtsakten der Europäischen Union erforderlich ist, über die dort genannten Anforderungen hinaus Anforderungen an die Haltung von Tieren nach Absatz 1 Satz 1 Nummer 1 oder an das Töten von Tieren nach Absatz 1 Satz 1 Nummer 1 vorgeschrieben werden, insbesondere
1. Anforderungen an innerbetriebliche Abläufe zum Zwecke der Vermeidung, Feststellung und Beseitigung von Mängeln,
2. Maßnahmen zum Zwecke der Gewöhnung und des Trainings solcher Tiere im Hinblick auf ihre Haltung und Verwendung und
3. Anforderungen an den Erwerb und die Aufrechterhaltung der für die Betreuung und Pflege und das Töten erforderlichen Kenntnisse und Fähigkeiten; hierbei kann auch vorgeschrieben werden, dass Aufzeichnungen über die

---

[1]) Siehe die Tierschutz-VersuchstierVO v. 1.8.2013 (BGBl. I S. 3125, 3126), zuletzt geänd. durch VO v. 11.8.2021 (BGBl. I S. 3570).

Maßnahmen, die zum Zwecke des Erwerbs und der Aufrechterhaltung der Kenntnisse und Fähigkeiten ergriffen werden, zu machen, aufzubewahren und der zuständigen Behörde auf Verlangen vorzulegen sind.

(4) [1]Das Bundesministerium wird ermächtigt, durch Rechtsverordnung mit Zustimmung des Bundesrates das Zurschaustellen von Tieren wildlebender Arten an wechselnden Orten zu beschränken oder zu verbieten, soweit die Tiere der jeweiligen Art an wechselnden Orten nur unter erheblichen Schmerzen, Leiden oder Schäden gehalten oder zu den wechselnden Orten nur unter erheblichen Schmerzen, Leiden oder Schäden befördert werden können. [2]Eine Rechtsverordnung nach Satz 1

1. darf nur erlassen werden, soweit den in Satz 1 bezeichneten erheblichen Schmerzen, Leiden oder Schäden durch andere Regelungen, insbesondere solche mit Anforderungen an die Haltung oder Beförderung der Tiere, nicht wirksam begegnet werden kann,
2. muss vorsehen, dass Tiere, die zum Zeitpunkt des Erlasses der Verordnung gehalten werden, von dem Verbot nur dann erfasst werden, wenn keine Möglichkeiten bestehen, die erheblichen Schmerzen, Leiden oder Schäden bei diesen Tieren auf ein vertretbares Maß zu vermindern.

(5) [1]Mit der Ausübung der Tätigkeit nach Absatz 1 Satz 1 darf erst nach Erteilung der Erlaubnis begonnen werden. [2]Die zuständige Behörde entscheidet schriftlich oder elektronisch über den Antrag auf Erteilung einer Erlaubnis innerhalb einer Frist von vier Monaten ab Eingang des Antrags. [3]Die in Satz 2 genannte Frist kann von der zuständigen Behörde um bis zu zwei Monate verlängert werden, soweit der Umfang und die Schwierigkeit der Prüfung des Vorliegens der Voraussetzungen der Erlaubnis dies rechtfertigen. [4]Der Antragsteller ist über die Fristverlängerung vor Ablauf der in Satz 2 genannten Frist unter Angabe von Gründen zu unterrichten. [5]Bei der Berechnung der Frist bleiben die Zeiten unberücksichtigt, während derer der Antragsteller trotz schriftlicher oder elektronischer Aufforderung der Behörde den Anforderungen in einer auf Grund des Absatzes 2 Satz 1 Nummer 1 erlassenen Rechtsverordnung nicht nachgekommen ist. [6]Die zuständige Behörde soll demjenigen die Ausübung der Tätigkeit untersagen, der die Erlaubnis nicht hat.

(6) [1]Wer gewerbsmäßig Gehegewild halten will, hat dies vier Wochen vor Aufnahme der Tätigkeit der zuständigen Behörde anzuzeigen. [2]Das Bundesministerium wird ermächtigt, durch Rechtsverordnung mit Zustimmung des Bundesrates

1. die Form und den Inhalt der Anzeige,
2. die Voraussetzungen, unter denen die Tätigkeit nach Satz 1 untersagt werden kann, und
3. das Verfahren im Falle nachträglicher Änderungen der angezeigten Sachverhalte

zu regeln.

(7) Die Ausübung der nach Absatz 5 Satz 6 oder auf Grund einer Rechtsverordnung nach Absatz 6 Satz 2 Nummer 2 untersagten Tätigkeit kann von der zuständigen Behörde auch durch Schließung der Betriebs- oder Geschäftsräume verhindert werden.

(8) [1]Wer Nutztiere zu Erwerbszwecken hält, hat durch betriebliche Eigenkontrollen sicherzustellen, dass die Anforderungen des § 2 eingehalten werden.

² Insbesondere hat er zum Zwecke seiner Beurteilung, dass die Anforderungen des § 2 erfüllt sind, geeignete tierbezogene Merkmale (Tierschutzindikatoren) zu erheben und zu bewerten.

**§ 11a [Aufzeichnungen; Kennzeichnung]** (1) ¹ Wer

1. eine nach § 11 Absatz 1 Satz 1 Nummer 1 erlaubnispflichtige Tätigkeit ausübt oder
2. Wirbeltiere zu den in § 6 Absatz 1 Satz 2 Nummer 4 genannten Zwecken züchtet oder hält oder mit solchen Wirbeltieren handelt,

hat über die Herkunft und den Verbleib sowie im Falle von Hunden, Katzen und Primaten über die Haltung und Verwendung der Tiere Aufzeichnungen zu machen. ² Dies gilt nicht, soweit entsprechende Aufzeichnungspflichten auf Grund jagdrechtlicher oder naturschutzrechtlicher Vorschriften bestehen.

(2) ¹ Das Bundesministerium wird ermächtigt, im Einvernehmen mit dem Bundesministerium für Bildung und Forschung durch Rechtsverordnung[1]) mit Zustimmung des Bundesrates Vorschriften über die Art, die Form und den Umfang der Aufzeichnungen nach Absatz 1 zu erlassen. ² Es kann dabei bestimmen, dass

1. die Aufzeichnungen zu einem bestimmten Zeitpunkt vorzunehmen sind,
2. die Aufzeichnungen aufzubewahren und der zuständigen Behörde auf Verlangen vorzulegen sind,
3. die Aufzeichnungen oder deren Inhalt an Dritte weiterzugeben sind und
4. Aufzeichnungen auf Grund anderer Rechtsvorschriften als Aufzeichnungen nach Satz 1 gelten.

(3) ¹ Wer Hunde, Katzen oder Primaten,

1. die zur Verwendung in Tierversuchen bestimmt sind oder deren Gewebe oder Organe dazu bestimmt sind, zu wissenschaftlichen Zwecken verwendet zu werden, oder
2. die zur Verwendung zu einem der in § 6 Absatz 1 Satz 2 Nummer 4 genannten Zwecke bestimmt sind,

züchtet, hat diese zum Zwecke der Feststellung der Identität des jeweiligen Tieres zu kennzeichnen. ² Sonstige Kennzeichnungspflichten bleiben unberührt. ³ Das Bundesministerium wird ermächtigt, im Einvernehmen mit dem Bundesministerium für Bildung und Forschung durch Rechtsverordnung[1]) mit Zustimmung des Bundesrates

1. Vorschriften über die Art und Weise und den Zeitpunkt der Kennzeichnung nach Satz 1 zu erlassen und dabei vorzusehen, dass diese unter behördlicher Aufsicht vorzunehmen ist, und
2. vorzuschreiben, dass im Falle des Erwerbs von Hunden, Katzen oder Primaten zu den in Satz 1 Nummer 1 oder 2 genannten Zwecken der Erwerber zur Kennzeichnung nach Satz 1 verpflichtet ist und den Nachweis zu erbringen hat, dass es sich um für die genannten Zwecke gezüchtete Tiere handelt.

---

[1]) Siehe die Tierschutz-VersuchstierVO v. 1.8.2013 (BGBl. I S. 3125, 3126), zuletzt geänd. durch VO v. 11.8.2021 (BGBl. I S. 3570).

(4) ¹Andere Wirbeltiere als Pferde, Rinder, Schweine, Schafe, Ziegen, Hühner, Tauben, Puten, Enten, Gänse und Fische, ausgenommen Zebrabärblinge, dürfen
1. zur Verwendung in Tierversuchen,
2. zu dem in § 4 Absatz 3 genannten Zweck oder
3. zu den in § 6 Absatz 1 Satz 2 Nummer 4 genannten Zwecken
aus Drittländern nur mit Genehmigung der zuständigen Behörde eingeführt werden. ²Die Genehmigung ist zu erteilen, soweit nachgewiesen wird, dass es sich um Tiere handelt, die zu einem der in Satz 1 Nummer 1 bis 3 genannten Zwecke gezüchtet worden sind. ³Andernfalls kann die Genehmigung nur erteilt werden, soweit
1. nach Satz 2 gezüchtete Tiere mit den Eigenschaften, die für den jeweiligen Zweck erforderlich sind, nicht zur Verfügung stehen oder
2. der jeweilige Zweck die Verwendung von Tieren erforderlich macht, die nicht nach Satz 2 gezüchtet worden sind.
⁴Sonstige Einfuhrvorschriften bleiben unberührt.

(5) Das Bundesministerium wird ermächtigt, im Einvernehmen mit dem Bundesministerium für Bildung und Forschung und, soweit artenschutzrechtliche Belange berührt sind, dem Bundesministerium für Umwelt, Naturschutz und nukleare Sicherheit durch Rechtsverordnung[1]) mit Zustimmung des Bundesrates bei Tieren, die zur Verwendung in Tierversuchen bestimmt waren oder deren Organe oder Gewebe dazu bestimmt waren, zu wissenschaftlichen Zwecken verwendet zu werden, bei denen diese Bestimmung jedoch entfallen ist, die dauerhafte Unterbringung außerhalb eines Betriebes oder einer Einrichtung nach § 10 Absatz 1 Satz 1 oder 2 oder die Freilassung solcher Tiere zu verbieten oder zu beschränken.

**§ 11b [Qualzüchtung]** (1) Es ist verboten, Wirbeltiere zu züchten oder durch biotechnische Maßnahmen zu verändern, soweit im Falle der Züchtung züchterische Erkenntnisse oder im Falle der Veränderung Erkenntnisse, die Veränderungen durch biotechnische Maßnahmen betreffen, erwarten lassen, dass als Folge der Zucht oder Veränderung
1. bei der Nachzucht, den biotechnisch veränderten Tieren selbst oder deren Nachkommen erblich bedingt Körperteile oder Organe für den artgemäßen Gebrauch fehlen oder untauglich oder umgestaltet sind und hierdurch Schmerzen, Leiden oder Schäden auftreten oder
2. bei den Nachkommen
   a) mit Leiden verbundene erblich bedingte Verhaltensstörungen auftreten,
   b) jeder artgemäße Kontakt mit Artgenossen bei ihnen selbst oder einem Artgenossen zu Schmerzen oder vermeidbaren Leiden oder Schäden führt oder
   c) die Haltung nur unter Schmerzen oder vermeidbaren Leiden möglich ist oder zu Schäden führt.

(2) Die zuständige Behörde kann das Unfruchtbarmachen von Wirbeltieren anordnen, soweit züchterische Erkenntnisse oder Erkenntnisse, die Verände-

---

[1]) Siehe die Tierschutz-VersuchstierVO v. 1.8.2013 (BGBl. I S. 3125, 3126), zuletzt geänd. durch VO v. 11.8.2021 (BGBl. I S. 3570).

Tierschutzgesetz §§ 11c, 12 TierSchG 3.3

rungen durch biotechnische Maßnahmen betreffen, erwarten lassen, dass deren Nachkommen Störungen oder Veränderungen im Sinne des Absatzes 1 zeigen werden.

(3) Die Absätze 1 und 2 gelten nicht für durch Züchtung oder biotechnische Maßnahmen veränderte Wirbeltiere, die für wissenschaftliche Zwecke notwendig sind.

(4) Das Bundesministerium wird ermächtigt, durch Rechtsverordnung mit Zustimmung des Bundesrates

1. die erblich bedingten Veränderungen und Verhaltensstörungen nach Absatz 1 näher zu bestimmen,
2. das Züchten mit Wirbeltieren bestimmter Arten, Rassen und Linien zu verbieten oder zu beschränken, wenn dieses Züchten zu Verstößen gegen Absatz 1 führen kann.

**§ 11c [Abgabe an Kinder und Jugendliche]** Ohne Einwilligung der Erziehungsberechtigten dürfen Wirbeltiere an Kinder oder Jugendliche bis zum vollendeten 16. Lebensjahr nicht abgegeben werden.

## Achter Abschnitt. Verbringungs-, Verkehrs- und Haltungsverbot

**§ 12 [Verbringungs-, Verkehrs- und Haltungsverbot]** (1) Wirbeltiere, an denen Schäden feststellbar sind, von denen anzunehmen ist, dass sie durch tierschutzwidrige Handlungen verursacht worden sind, dürfen nicht gehalten oder ausgestellt werden, soweit dies durch Rechtsverordnungen nach Absatz 2 Nr. 4 oder 5 bestimmt ist.

(2) [1] Das Bundesministerium wird ermächtigt, durch Rechtsverordnung[1]) mit Zustimmung des Bundesrates, soweit es zum Schutz der Tiere erforderlich ist,

1. das Verbringen von Tieren oder Erzeugnissen tierischer Herkunft aus einem Staat, der nicht der Europäischen Union angehört, in das Inland (Einfuhr) von der Einhaltung von Mindestanforderungen hinsichtlich der Tierhaltung oder des Tötens von Tieren und von einer entsprechenden Bescheinigung abhängig zu machen sowie deren Inhalt, Form, Ausstellung und Aufbewahrung zu regeln,
2. die Einfuhr bestimmter Tiere von einer Genehmigung abhängig zu machen,
3. das Verbringen bestimmter Tiere aus dem Inland in einen anderen Staat zu verbieten,
4. das Verbringen von Wirbeltieren in das Inland oder das Halten, insbesondere das Ausstellen von Wirbeltieren im Inland zu verbieten, wenn an den Tieren tierschutzwidrige Amputationen vorgenommen worden sind oder die Tiere erblich bedingte körperliche Defekte, Verhaltensstörungen oder Aggressionssteigerungen im Sinne des § 11b Absatz 1 Nummer 1 oder 2 Buchstabe a aufweisen oder soweit ein Tatbestand nach § 11b Absatz 1 Nummer 2 Buchstabe b oder c erfüllt ist,
5. das Halten von Wirbeltieren, an denen Schäden feststellbar sind, von denen anzunehmen ist, dass sie den Tieren durch tierschutzwidrige Handlungen

---

[1]) Siehe die TierschutztransportVO v. 11.2.2009 (BGBl. I S. 375), zuletzt geänd. durch VO v. 25.11.2021 (BGBl. I S. 4970).

zugefügt worden sind, zu verbieten, wenn das Weiterleben der Tiere nur unter Leiden möglich ist,
6. vorzuschreiben, dass Tiere oder Erzeugnisse tierischer Herkunft nur über bestimmte Zollstellen mit zugeordneten Überwachungsstellen eingeführt oder ausgeführt werden dürfen, die das Bundesamt für Verbraucherschutz und Lebensmittelsicherheit im Einvernehmen mit dem Bundesministerium der Finanzen im Bundesanzeiger bekannt gemacht hat; das Bundesministerium der Finanzen kann die Erteilung des Einvernehmens auf die Generalzolldirektion übertragen.

²Eine Rechtsverordnung nach Satz 1 Nr. 1 bis 5 kann nicht erlassen werden, soweit Unionsrecht oder völkerrechtliche Verpflichtungen entgegenstehen.

**Neunter Abschnitt. Sonstige Bestimmungen zum Schutz der Tiere**

**§ 13 [Sonstige Bestimmungen zum Schutz der Tiere]** (1) ¹Es ist verboten, zum Fangen, Fernhalten oder Verscheuchen von Wirbeltieren Vorrichtungen oder Stoffe anzuwenden, wenn damit die Gefahr vermeidbarer Schmerzen, Leiden oder Schäden für Wirbeltiere verbunden ist; dies gilt nicht für die Anwendung von Vorrichtungen oder Stoffen, die auf Grund anderer Rechtsvorschriften zugelassen sind. ²Vorschriften des Jagdrechts, des Naturschutzrechts, des Pflanzenschutzrechts und des Seuchenrechts bleiben unberührt.

(2) Das Bundesministerium wird ermächtigt, durch Rechtsverordnung mit Zustimmung des Bundesrates zum Schutz des Wildes Maßnahmen anzuordnen, die das Wild vor vermeidbaren Schmerzen oder Schäden durch land- oder forstwirtschaftliche Arbeiten schützen.

(3) ¹Das Bundesministerium wird ermächtigt, im Einvernehmen mit dem Bundesministerium für Wirtschaft und Energie und dem Bundesministerium für Umwelt, Naturschutz und nukleare Sicherheit durch Rechtsverordnung[1]) mit Zustimmung des Bundesrates, soweit es zum Schutz der Tiere erforderlich ist, das Halten von Tieren wildlebender Arten, den Handel mit solchen Tieren sowie ihre Einfuhr oder ihre Ausfuhr aus dem Inland in einen Staat, der der Europäischen Union nicht angehört (Ausfuhr), zu verbieten, zu beschränken oder von einer Genehmigung abhängig zu machen. ²Als Genehmigungsvoraussetzung kann insbesondere gefordert werden, dass der Antragsteller die für die jeweilige Tätigkeit erforderliche Zuverlässigkeit und die erforderlichen fachlichen Kenntnisse und Fähigkeiten besitzt und nachweist sowie dass eine den Anforderungen des § 2 entsprechende Ernährung, Pflege und Unterbringung der Tiere sichergestellt ist. ³In der Rechtsverordnung können ferner Anforderungen an den Nachweis der erforderlichen Zuverlässigkeit und der erforderlichen fachlichen Kenntnisse und Fähigkeiten nach Satz 2 festgelegt sowie das Verfahren des Nachweises geregelt werden.

**§ 13a [Ermächtigung Bundesministerium]** (1) ¹Das Bundesministerium wird ermächtigt, zur Verbesserung des Tierschutzes durch Rechtsverordnung mit Zustimmung des Bundesrates Anforderungen an freiwillige Prüfverfahren zu bestimmen, mit denen nachgewiesen wird, dass serienmäßig hergestellte Aufstallungssysteme und Stalleinrichtungen zum Halten von Nutztieren und

---

[1]) Siehe die Tierschutz-NutztierhaltungsVO idF der Bek. v. 22.8.2006 (BGBl. I S. 2043), zuletzt geänd. durch VO v. 29.1.2021 (BGBl. I S. 146).

beim Schlachten verwendete Betäubungsgeräte und -anlagen über die Anforderungen dieses Gesetzes und die Mindestanforderungen der auf Grund dieses Gesetzes erlassenen Rechtsverordnungen hinausgehen. ²Es hat hierbei insbesondere Kriterien, Verfahren und Umfang der freiwilligen Prüfverfahren sowie Anforderungen an die Sachkunde der im Rahmen derartiger Prüfverfahren tätigen Gutachter festzulegen.

(2) ¹Das Bundesministerium wird ermächtigt, durch Rechtsverordnung mit Zustimmung des Bundesrates zur Förderung der tierschutzgerechten Haltung das Inverkehrbringen und das Verwenden serienmäßig hergestellter Stalleinrichtungen zum Halten von Nutztieren von einer Zulassung oder Bauartzulassung abhängig zu machen. ²In der Rechtsverordnung nach Satz 1 können

1. die näheren Voraussetzungen für die Zulassung oder Bauartzulassung und deren Rücknahme, Widerruf oder Ruhen, ihre Bekanntmachung sowie das Zulassungsverfahren, insbesondere Art, Inhalt und Umfang der vorzulegenden Unterlagen oder beizubringenden Nachweise,

2. die Befristung der Zulassung oder Bauartzulassung,

3. die Folgen einer Aufhebung oder Befristung einer Zulassung oder einer Bauartzulassung im Hinblick auf das weitere Inverkehrbringen oder die weitere Verwendung in Verkehr gebrachter Stalleinrichtungen,

4. die Kennzeichnung der Stalleinrichtungen und das Beifügen von Gebrauchsanleitungen und deren Mindestinhalt zum Zwecke der bestimmungsgemäßen und sachgerechten Verwendung der Stalleinrichtungen,

5. Anforderungen an die bestimmungsgemäße und sachgerechte Verwendung der Stalleinrichtungen,

6. die Anerkennung und die Mitwirkung öffentlich-rechtlicher oder privatrechtlicher Einrichtungen bei der Erteilung der Zulassung oder der Bauartzulassung einschließlich des Verfahrens geregelt werden,

7. die Anerkennung serienmäßig hergestellter Stalleinrichtungen, die ein der Zulassung oder der Bauartzulassung entsprechendes Verfahren in einem anderen Mitgliedstaat, der Türkei oder einem EFTA-Staat, der das EWR-Übereinkommen unterzeichnet hat, durchlaufen haben,

geregelt werden. ³Im Fall einer Regelung nach Satz 2 Nr. 7 kann die Anerkennung insbesondere davon abhängig gemacht werden, dass die Eigenschaften der serienmäßig hergestellten Stalleinrichtung den Anforderungen einer Rechtsverordnung nach Satz 2 Nr. 1 bis 4 gleichwertig sind.

(3) ¹Zuständig für die Erteilung der Zulassungen oder Bauartzulassungen ist die Bundesanstalt für Landwirtschaft und Ernährung. ²In der Rechtsverordnung nach Absatz 2 Satz 1 ist das Verfahren der Zusammenarbeit der nach Satz 1 zuständigen Behörde mit den für die Überwachung zuständigen Behörden der Länder zu regeln.

(4) ¹Das Bundesministerium wird ermächtigt, durch Rechtsverordnung, die nicht der Zustimmung des Bundesrates bedarf, Aufgaben und Befugnisse der nach Absatz 3 zuständigen Behörde auf eine juristische Person des privaten Rechts ganz oder teilweise zu übertragen. ²Die Aufgabenübertragung ist nur zulässig, soweit die juristische Person die notwendige Gewähr für die Erfüllung der Aufgaben nach diesem Gesetz bietet. ³Eine juristische Person bietet die notwendige Gewähr, wenn

1. die Personen, die nach Gesetz, Satzung oder Gesellschaftsvertrag die Geschäftsführung und Vertretung der juristischen Person ausüben, zuverlässig und fachlich geeignet sind,
2. sie die zur Erfüllung ihrer Aufgaben notwendige Ausstattung und Organisation hat.

⁴Die fachliche Eignung im Sinne des Satzes 3 Nummer 1 ist insbesondere gegeben, wenn die Personen über eine erfolgreich abgeschlossene Berufsausbildung im Bereich der Agrarwissenschaft – Fachrichtung Tierproduktion, der Veterinärmedizin oder der Biologie – Fachrichtung Zoologie – verfügen.
⁵Durch Rechtsverordnung nach Satz 1 kann sich das Bundesministerium die Genehmigung der Satzung oder des Gesellschaftsvertrages und deren Änderungen vorbehalten.

(5) ¹Das Bundesministerium wird ermächtigt, durch Rechtsverordnung mit Zustimmung des Bundesrates, soweit es zum Schutz der Tiere erforderlich ist, das Inverkehrbringen und das Verwenden serienmäßig hergestellter beim Schlachten verwendeter Betäubungsgeräte oder Betäubungsanlagen davon abhängig zu machen, dass die Geräte oder Anlagen zugelassen sind oder einer Bauartzulassung entsprechen, sowie die näheren Voraussetzungen für die Erteilung der Zulassung oder Bauartzulassung und das Zulassungsverfahren zu regeln. ²In der Rechtsverordnung nach Satz 1 können insbesondere Art, Inhalt und Umfang der vorzulegenden Unterlagen oder beizubringenden Nachweise näher bestimmt werden.

(6) Die Absätze 1 und 5 gelten nicht für das Inverkehrbringen zum Zwecke des Verbringens in einen anderen Mitgliedstaat oder der Ausfuhr in ein Drittland.

**§ 13b [Ermächtigung Landesregierungen]** ¹Die Landesregierungen werden ermächtigt, durch Rechtsverordnung zum Schutz freilebender Katzen bestimmte Gebiete festzulegen, in denen
1. an diesen Katzen festgestellte erhebliche Schmerzen, Leiden oder Schäden auf die hohe Anzahl dieser Tiere in dem jeweiligen Gebiet zurückzuführen sind und
2. durch eine Verminderung der Anzahl dieser Katzen innerhalb des jeweiligen Gebietes deren Schmerzen, Leiden oder Schäden verringert werden können.

²In der Rechtsverordnung sind die Gebiete abzugrenzen und die für die Verminderung der Anzahl der freilebenden Katzen erforderlichen Maßnahmen zu treffen. ³Insbesondere können in der Rechtsverordnung
1. der unkontrollierte freie Auslauf fortpflanzungsfähiger Katzen in dem jeweiligen Gebiet verboten oder beschränkt sowie
2. eine Kennzeichnung und Registrierung der dort gehaltenen Katzen, die unkontrollierten freien Auslauf haben können, vorgeschrieben

werden. ⁴Eine Regelung nach Satz 3 Nummer 1 ist nur zulässig, soweit andere Maßnahmen, insbesondere solche mit unmittelbarem Bezug auf die freilebenden Katzen, nicht ausreichen. ⁵Die Landesregierungen können ihre Ermächtigung durch Rechtsverordnung auf andere Behörden übertragen.

## Zehnter Abschnitt. Durchführung des Gesetzes

**§ 14 [Überwachung der Einfuhr und Ausfuhr]** (1) ¹Das Bundesministerium der Finanzen und die von ihm bestimmten Zollstellen wirken bei der Überwachung der Einfuhr und Ausfuhr von Tieren mit. ²Die genannten Behörden können

1. Tiere sowie deren Beförderungsmittel, Behälter, Lade- und Verpackungsmittel bei der Einfuhr zur Überwachung anhalten,
2. den Verdacht von Verstößen gegen Verbote und Beschränkungen dieses Gesetzes oder der nach diesem Gesetz erlassenen Rechtsverordnungen, der sich bei der Abfertigung ergibt, den zuständigen Behörden mitteilen,
3. in den Fällen der Nummer 2 anordnen, dass die Tiere auf Kosten und Gefahr des Verfügungsberechtigten der zuständigen Behörde vorgeführt werden.

(2) ¹Das Bundesministerium der Finanzen regelt im Einvernehmen mit dem Bundesministerium durch Rechtsverordnung¹⁾ ohne Zustimmung des Bundesrates die Einzelheiten des Verfahrens nach Absatz 1. ²Es kann dabei insbesondere Pflichten zu Anzeigen, Anmeldungen, Auskünften und zur Leistung von Hilfsdiensten sowie zur Duldung der Einsichtnahme in Geschäftspapiere und sonstige Unterlagen und zur Duldung von Besichtigungen vorsehen.

**§ 15 [Zuständige Behörden; Kommissionen]** (1) ¹Die Durchführung dieses Gesetzes, der auf Grund dieses Gesetzes erlassenen Rechtsverordnungen und der unmittelbar geltenden Rechtsakte der Europäischen Gemeinschaft oder der Europäischen Union im Anwendungsbereich dieses Gesetzes obliegt, vorbehaltlich des § 13a Abs. 3, auch in Verbindung mit einer Rechtsverordnung nach dessen Absatz 4, den nach Landesrecht zuständigen Behörden. ²Die nach Landesrecht zuständigen Behörden berufen jeweils eine oder mehrere Kommissionen zur Unterstützung der zuständigen Behörden bei

1. der Entscheidung über die Genehmigung von Versuchsvorhaben und
2. der Bewertung angezeigter Änderungen genehmigter Versuchsvorhaben, soweit dies in einer Rechtsverordnung nach Absatz 4 vorgesehen ist.

³Die nach Satz 2 berufenen Kommissionen unterstützen die zuständigen Behörden in den in Artikel 38 Absatz 3 der Richtlinie 2010/63/EU genannten Bereichen.

(2) Die zuständigen Behörden sollen im Rahmen der Durchführung dieses Gesetzes oder der auf Grund dieses Gesetzes erlassenen Rechtsverordnungen den beamteten Tierarzt als Sachverständigen beteiligen.

(3) ¹Im Geschäftsbereich des Bundesministeriums der Verteidigung obliegt die Durchführung dieses Gesetzes, der auf Grund dieses Gesetzes erlassenen Rechtsvorschriften und der unmittelbar geltenden Rechtsakte der Europäischen Gemeinschaft oder der Europäischen Union im Anwendungsbereich dieses Gesetzes den zuständigen Dienststellen der Bundeswehr. ²Das Bundesministerium der Verteidigung beruft eine Kommission zur Unterstützung der zuständigen Dienststellen bei

1. der Entscheidung über die Genehmigung von Versuchsvorhaben und

---

¹⁾ Siehe die TierschutztransportVO v. 11.2.2009 (BGBl. I S. 375), zuletzt geänd. durch VO v. 25.11.2021 (BGBl. I S. 4970).

2. der Bewertung angezeigter Änderungen genehmigter Versuchsvorhaben, soweit dies in einer Rechtsverordnung nach Absatz 4 vorgesehen ist.

[3] Die nach Satz 2 berufene Kommission unterstützt die zuständigen Dienststellen in den in Artikel 38 Absatz 3 der Richtlinie 2010/63/EU genannten Bereichen.

(4) [1] Das Bundesministerium wird ermächtigt, im Einvernehmen mit dem Bundesministerium für Bildung und Forschung durch Rechtsverordnung[1]) mit Zustimmung des Bundesrates das Nähere zu den Kommissionen nach Absatz 1 Satz 2 und Absatz 3 Satz 2 im Hinblick auf

1. deren Zusammensetzung, einschließlich der Sachkunde der Mitglieder,
2. das Verfahren der Berufung der Mitglieder und
3. die Abgabe von Stellungnahmen durch die Kommissionen zu Anträgen auf Genehmigung von Versuchsvorhaben und angezeigten Änderungen genehmigter Versuchsvorhaben sowie das diesbezügliche Verfahren

zu regeln. [2] Rechtsverordnungen, die das Nähere zu der Kommission nach Absatz 3 Satz 2 regeln, bedürfen ferner des Einvernehmens des Bundesministeriums der Verteidigung.

(5) [1] Das Bundesministerium wird ermächtigt, im Einvernehmen mit dem Bundesministerium für Bildung und Forschung durch Rechtsverordnung[1]) mit Zustimmung des Bundesrates vorzusehen, dass die zuständigen Behörden dem Bundesministerium, dem Bundesamt für Verbraucherschutz und Lebensmittelsicherheit oder dem Bundesinstitut für Risikobewertung

1. in Fällen von grundsätzlicher Bedeutung oder
2. in Fällen, in denen dies zur Durchführung des Artikels 43 oder 55 der Richtlinie 2010/63/EU erforderlich ist,

Angaben zu Entscheidungen der zuständigen Behörden über die Genehmigung von Versuchsvorhaben oder zu von den zuständigen Behörden genehmigten Versuchsvorhaben übermitteln, und dabei das Nähere über die Form und den Inhalt sowie das Verfahren der Übermittlung zu regeln. [2] Personenbezogene Daten dürfen nicht übermittelt werden. [3] Die Vorschriften zum Schutz des geistigen Eigentums und zum Schutz von Betriebs- und Geschäftsgeheimnissen bleiben unberührt.

**§ 15a [Aufgaben nach Artikel 49 der Richtlinie 2010/63/EU]** [1] Das Bundesinstitut für Risikobewertung nimmt die Aufgaben nach Artikel 49 der Richtlinie 2010/63/EU wahr. [2] Das Bundesministerium wird ermächtigt, im Einvernehmen mit dem Bundesministerium für Bildung und Forschung durch Rechtsverordnung[1]) mit Zustimmung des Bundesrates das Nähere über die Aufgaben nach Artikel 49 der Richtlinie 2010/63/EU, einschließlich der Befugnisse des Bundesinstitutes für Risikobewertung zum Verkehr mit den zuständigen Behörden anderer Mitgliedstaaten und der Europäischen Kommission, soweit dies zur Durchführung von Rechtsakten der Europäischen Union erforderlich ist, zu regeln.

**§ 16 [Überwachung]** (1) [1] Der Aufsicht durch die zuständige Behörde unterliegen

---

[1]) Siehe die Tierschutz-VersuchstierVO v. 1.8.2013 (BGBl. I S. 3125, 3126), zuletzt geänd. durch VO v. 11.8.2021 (BGBl. I S. 3570).

1. Nutztierhaltungen einschließlich Pferdehaltungen,
2. Einrichtungen, in denen Tiere geschlachtet werden,
3. Einrichtungen, in denen
   a) Wirbeltiere zu den in § 6 Abs. 1 Satz 2 Nr. 4 genannten Zwecken verwendet werden oder
   b) Wirbeltiere zu wissenschaftlichen Zwecken getötet werden,
4. Einrichtungen und Betriebe nach § 11 Abs. 1 Satz 1,
5. Einrichtungen und Betriebe,
   a) die gewerbsmäßig Tiere transportieren,
   b) in denen Tiere während des Transports ernährt, gepflegt oder untergebracht werden,
6. Zirkusbetriebe, die nicht gewerbsmäßig betrieben werden,
7. Tierhaltungen, die auf Grund einer nach § 13 Abs. 3 erlassenen Rechtsverordnung einer Genehmigung bedürfen,
8. Hersteller, Einführer und Inverkehrbringer von Stalleinrichtungen oder beim Schlachten verwendeter Betäubungsgeräte oder Betäubungsanlagen, soweit diese Personen eine Zulassung oder Bauartzulassung beantragt haben.

²Die Einrichtungen nach Satz 1 Nummer 3 und die Einrichtungen und Betriebe nach § 11 Absatz 1 Satz 1 Nummer 1 und 2 werden regelmäßig und in angemessenem Umfang kontrolliert. ³Die Häufigkeit der Kontrollen wird auf der Grundlage einer Risikoanalyse bestimmt. ⁴Bei der Risikoanalyse sind die in Artikel 34 Absatz 2 der Richtlinie 2010/63/EU genannten Aspekte zu beachten. ⁵Bei Einrichtungen nach § 11 Absatz 1 Satz 1 Nummer 1, in denen Tiere in Tierversuchen verwendet werden, müssen jährlich mindestens bei einem Drittel dieser Einrichtungen Kontrollen durchgeführt werden. ⁶Werden in den Einrichtungen nach Satz 1 Nummer 3 und in den Einrichtungen und Betrieben nach § 11 Absatz 1 Satz 1 Nummer 1 und 2 Primaten gezüchtet, gehalten oder verwendet, so muss die Kontrolle mindestens jährlich erfolgen. ⁷Ein angemessener Teil der Kontrollen erfolgt unangekündigt. ⁸Die Aufzeichnungen über die Kontrollen und deren Ergebnisse sind ab dem Zeitpunkt der jeweiligen Aufzeichnung mindestens fünf Jahre aufzubewahren.

(1a) ¹Wer nach § 11 Absatz 1 Satz 1 Nummer 4 und 8 Buchstabe d und nach Absatz 1 Nummer 6 Tiere an wechselnden Orten zur Schau stellt, hat jeden Ortswechsel spätestens beim Verlassen des bisherigen Aufenthaltsortes der zuständigen Behörde des beabsichtigten Aufenthaltsortes nach Maßgabe des Satzes 2 anzuzeigen. ²In der Anzeige sind anzugeben:
1. die Art der betroffenen Tiere,
2. der Name der für die Tätigkeit verantwortlichen Person,
3. die Räume und Einrichtungen, die für die Tätigkeit bestimmt sind.

(2) Natürliche und juristische Personen und nicht rechtsfähigen Personenvereinigungen haben der zuständigen Behörde auf Verlangen die Auskünfte zu erteilen, die zur Durchführung der der Behörde durch dieses Gesetz übertragenen Aufgaben erforderlich sind.

(3) ¹Personen, die von der zuständigen Behörde beauftragt sind, sowie in ihrer Begleitung befindliche Sachverständige der Europäischen Kommission und anderer Mitgliedstaaten dürfen zum Zwecke der Aufsicht über die in

## 3.3 TierSchG § 16

Absatz 1 bezeichneten Personen und Einrichtungen und im Rahmen des Absatzes 2

1. Grundstücke, Geschäftsräume, Wirtschaftsgebäude und Transportmittel des Auskunftspflichtigen während der Geschäfts- oder Betriebszeit betreten, besichtigen und dort zur Dokumentation Bildaufzeichnungen, mit Ausnahme von Bildaufzeichnungen von Personen, anfertigen,
2. zur Verhütung dringender Gefahren für die öffentliche Sicherheit und Ordnung
   a) die in Nummer 1 bezeichneten Grundstücke, Räume, Gebäude und Transportmittel außerhalb der dort genannten Zeiten,
   b) Wohnräume des Auskunftspflichtigen betreten,[1)] besichtigen sowie zur Dokumentation Bildaufzeichnungen, mit Ausnahme von Bildaufzeichnungen von Personen, anfertigen; das Grundrecht der Unverletzlichkeit der Wohnung (Artikel 13 des Grundgesetzes[2)]) wird insoweit eingeschränkt,
3. geschäftliche Unterlagen einsehen,
4. Tiere untersuchen und Proben, insbesondere Blut-, Harn-, Kot- und Futterproben, entnehmen,
5. Verhaltensbeobachtungen an Tieren auch mittels Bild- oder Tonaufzeichnungen durchführen.

²Der Auskunftspflichtige hat die mit der Überwachung beauftragten Personen zu unterstützen, ihnen auf Verlangen insbesondere die Grundstücke, Räume, Einrichtungen und Transportmittel zu bezeichnen, Räume, Behältnisse und Transportmittel zu öffnen, bei der Besichtigung und Untersuchung der einzelnen Tiere Hilfestellung zu leisten, die Tiere aus den Transportmitteln zu entladen und die geschäftlichen Unterlagen vorzulegen. ³Die mit der Überwachung beauftragten Personen sind befugt, Abschriften oder Ablichtungen von Unterlagen nach Satz 1 Nummer 3 oder Ausdrucke oder Kopien von Datenträgern, auf denen Unterlagen nach Satz 1 Nummer 3 gespeichert sind, anzufertigen oder zu verlangen. ⁴Der Auskunftspflichtige hat auf Verlangen der zuständigen Behörde in Wohnräumen gehaltene Tiere vorzuführen, wenn der dringende Verdacht besteht, dass die Tiere nicht artgemäß oder verhaltensgerecht gehalten werden und ihnen dadurch erhebliche Schmerzen, Leiden oder Schäden zugefügt werden und eine Besichtigung der Tierhaltung in Wohnräumen nicht gestattet wird.

(4) Der zur Auskunft Verpflichtete kann die Auskunft auf solche Fragen verweigern, deren Beantwortung ihn selbst oder einen der in § 383 Abs. 1 Nr. 1 bis 3 der Zivilprozessordnung bezeichneten Angehörigen der Gefahr strafgerichtlicher Verfolgung oder eines Verfahrens nach dem Gesetz über Ordnungswidrigkeiten aussetzen würde.

(4a) ¹Wer

1. als Betreiber einer Schlachteinrichtung oder als Gewerbetreibender im Durchschnitt wöchentlich mindestens 50 Großvieheinheiten schlachtet oder
2. Arbeitskräfte bereitstellt, die Schlachttiere zuführen, betäuben oder entbluten,

---

[1)] Komma fehlt im BGBl. I.
[2)] Nr. **1.1**.

Tierschutzgesetz **§ 16 TierSchG 3.3**

hat der zuständigen Behörde einen weisungsbefugten Verantwortlichen für die Einhaltung der Anforderungen dieses Gesetzes und der auf Grund dieses Gesetzes erlassenen Rechtsverordnungen zu benennen. ²Wer eine Tierhaltung, eine Einrichtung oder einen Betrieb nach Absatz 1 Nr. 1, 3, 5 oder 6 betreibt oder führt, kann durch die zuständige Behörde im Einzelfall verpflichtet werden, einen weisungsbefugten sachkundigen Verantwortlichen für die Einhaltung der Anforderungen dieses Gesetzes und der darauf beruhenden Verordnungen zu benennen. ³Dies gilt nicht für Betriebe, die der Erlaubnispflicht nach § 11 Abs. 1 unterliegen.

(5) ¹Das Bundesministerium wird ermächtigt, durch Rechtsverordnung[1]) mit Zustimmung des Bundesrates, soweit es zum Schutz der Tiere erforderlich ist, die Überwachung näher zu regeln. ²Es kann dabei insbesondere

1. die Durchführung von Untersuchungen einschließlich der Probenahme,
2. die Maßnahmen, die zu ergreifen sind, wenn Tiertransporte diesem Gesetz oder den auf Grund dieses Gesetzes erlassenen Rechtsverordnungen nicht entsprechen,
3. Einzelheiten der Duldungs-, Unterstützungs- und Vorlagepflichten und
4. Pflichten zur Aufzeichnung und zur Aufbewahrung von Unterlagen

regeln. ³Rechtsverordnungen nach Satz 2 Nummer 4 bedürfen, soweit sich die Regelungen auf Tiere beziehen, die zur Verwendung in Tierversuchen bestimmt sind oder deren Gewebe oder Organe dazu bestimmt sind, zu wissenschaftlichen Zwecken verwendet zu werden, des Einvernehmens des Bundesministeriums für Bildung und Forschung.

(6) ¹Personenbezogene Daten dürfen nur erhoben oder verwendet werden, soweit die Erhebung oder Verwendung zur Erfüllung von Aufgaben erforderlich ist, die der verantwortlichen Stelle nach diesem Gesetz oder nach einer auf Grund dieses Gesetzes erlassenen Rechtsverordnung obliegen. ²Das Bundesministerium wird ermächtigt, durch Rechtsverordnung[2]) mit Zustimmung des Bundesrates die Einzelheiten der Datenerhebung und -verwendung zu regeln. ³Das Bundesministerium wird ferner ermächtigt, durch Rechtsverordnung mit Zustimmung des Bundesrates die Einrichtung und Führung von Registern zu regeln, aus denen die zuständigen Behörden die für die Überwachung von Betrieben nach § 11 Absatz 1 Satz 1 Nummer 8 Buchstabe d mit wechselnden Standorten erforderlichen personenbezogenen Daten automatisiert abrufen können. ⁴In den Registern dürfen nur folgende personenbezogene Daten gespeichert werden:

1. Daten zur Identifizierung und Erreichbarkeit des Inhabers der Erlaubnis nach § 11 Absatz 1 Satz 1 Nummer 8 Buchstabe d und der für die Tätigkeit verantwortlichen Person nach Absatz 1a Satz 2 Nummer 2,

---

[1]) Siehe die Tierschutz-SchlachtVO v. 20.12.2012 (BGBl. I S. 2982), die TierschutztransportVO v. 11.2.2009 (BGBl. I S. 375), zuletzt geänd. durch VO v. 25.11.2021 (BGBl. I S. 4970), die Tierschutz-NutztierhaltungsVO idF der Bek. v. 22.8.2006 (BGBl. I S. 2043), zuletzt geänd. durch VO v. 29.1.2021 (BGBl. I S. 146) und die Tierschutz-VersuchstierVO v. 1.8.2013 (BGBl. I S. 3125, 3126), zuletzt geänd. durch VO v. 11.8.2021 (BGBl. I S. 3570).
[2]) Siehe die ZirkusregisterVO v. 6.3.2008 (BGBl. I S. 376), geänd. durch VO v. 12.12.2013 (BGBl. I S. 4145), die Tierschutz-NutztierhaltungsVO idF der Bek. v. 22.8.2006 (BGBl. I S. 2043), zuletzt geänd. durch VO v. 29.1.2021 (BGBl. I S. 146) und die Tierschutz-VersuchstierVO v. 1.8.2013 (BGBl. I S. 3125, 3126), zuletzt geänd. durch VO v. 11.8.2021 (BGBl. I S. 3570).

2. Daten zur Identifizierung und Erreichbarkeit des Betriebes nach Absatz 1 Satz 1 Nummer 4 in Verbindung mit § 11 Absatz 1 Satz 1 Nummer 8 Buchstabe d und des Inhabers des Betriebes,
3. der Inhalt der Erlaubnis nach § 11 Absatz 1 Satz 1 Nummer 8 Buchstabe d und etwaiger Nebenbestimmungen sowie die Anschrift der erteilenden Behörde,
4. Ergebnisse durchgeführter Kontrollen und Namen der kontrollierenden Personen,
5. auf Grund der Kontrolle erlassene vollziehbare Anordnungen und Maßnahmen des Verwaltungszwangs sowie die Angabe, inwieweit diesen nachgekommen worden ist und
6. die unanfechtbare Ablehnung eines Antrags auf Erteilung, die Rücknahme und der Widerruf einer Erlaubnis nach § 11 Absatz 1 Satz 1 Nummer 8 Buchstabe d.

[5] Im Übrigen bleiben die Verordnung (EU) 2016/679 des Europäischen Parlaments und des Rates vom 27. April 2016 zum Schutz natürlicher Personen bei der Verarbeitung personenbezogener Daten, zum freien Datenverkehr und zur Aufhebung der Richtlinie 95/46/EG (Datenschutz-Grundverordnung) (ABl. L 119 vom 4.5.2016, S. 1; L 314 vom 22.11.2016, S. 72; L 127 vom 23.5.2018, S. 2), das Bundesdatenschutzgesetz und die Datenschutzgesetze der Länder in der jeweils geltenden Fassung unberührt.

(6a) [1] Die nach Landesrecht für die Lebensmittelüberwachung, die Tierarzneimittelüberwachung und die für die Erhebung der Daten nach tierseuchenrechtlichen Vorschriften über den Verkehr mit Vieh für die Anzeige und die Registrierung Vieh haltender Betriebe zuständigen Behörden übermitteln der für die Überwachung nach § 15 Absatz 1 Satz 1 zuständigen Behörde auf Ersuchen die zu deren Aufgabenerfüllung erforderlichen Daten. [2] Die Daten dürfen für die Dauer von drei Jahren aufbewahrt werden. [3] Die Frist beginnt mit Ablauf desjenigen Jahres, in dem die Daten übermittelt worden sind. [4] Nach Ablauf der Frist sind die Daten zu löschen. [5] Fristen zur Aufbewahrung, die sich aus anderen Rechtsvorschriften ergeben, bleiben unberührt.

(7) [1] Bestehen bei der zuständigen Behörde erhebliche Zweifel, ob bei bestimmungsgemäßem Gebrauch serienmäßig hergestellte Aufstallungssysteme und Stalleinrichtungen zum Halten landwirtschaftlicher Nutztiere und beim Schlachten verwendete Betäubungsgeräte und -anlagen den Anforderungen dieses Gesetzes sowie der auf Grund dieses Gesetzes erlassenen Rechtsverordnungen entsprechen, kann dem Hersteller oder Anbieter aufgegeben werden, auf seine Kosten eine gutachterliche Stellungnahme einer einvernehmlich zu benennenden unabhängigen Sachverständigenstelle oder Person beizubringen, soweit er nicht auf den erfolgreichen Abschluss einer freiwilligen Prüfung nach Maßgabe einer nach § 13a Abs. 1 erlassenen Rechtsverordnung verweisen kann. [2] Satz 1 gilt nicht, soweit Stalleinrichtungen auf Grund einer Rechtsverordnung nach § 13a Abs. 2 oder Betäubungsgeräte oder Betäubungsanlagen auf Grund einer Rechtsverordnung nach § 13a Abs. 5 zugelassen oder bauartzugelassen sind.

**§ 16a [Behördliche Anordnungen]** (1) [1] Die zuständige Behörde trifft die zur Beseitigung festgestellter Verstöße und die zur Verhütung künftiger Verstöße notwendigen Anordnungen. [2] Sie kann insbesondere

Tierschutzgesetz **§ 16a TierSchG 3.3**

1. im Einzelfall die zur Erfüllung der Anforderungen des § 2 erforderlichen Maßnahmen anordnen,
2. ein Tier, das nach dem Gutachten des beamteten Tierarztes mangels Erfüllung der Anforderungen des § 2 erheblich vernachlässigt ist oder schwerwiegende Verhaltensstörungen aufzeigt, dem Halter fortnehmen und so lange auf dessen Kosten anderweitig pfleglich unterbringen, bis eine den Anforderungen des § 2 entsprechende Haltung des Tieres durch den Halter sichergestellt ist; ist eine anderweitige Unterbringung des Tieres nicht möglich oder ist nach Fristsetzung durch die zuständige Behörde eine den Anforderungen des § 2 entsprechende Haltung durch den Halter nicht sicherzustellen, kann die Behörde das Tier veräußern; die Behörde kann das Tier auf Kosten des Halters unter Vermeidung von Schmerzen töten lassen, wenn die Veräußerung des Tieres aus rechtlichen oder tatsächlichen Gründen nicht möglich ist oder das Tier nach dem Urteil des beamteten Tierarztes nur unter nicht behebbaren erheblichen Schmerzen, Leiden oder Schäden weiterleben kann,
3. demjenigen, der den Vorschriften des § 2, einer Anordnung nach Nummer 1 oder einer Rechtsverordnung nach § 2a wiederholt oder grob zuwidergehandelt und dadurch den von ihm gehaltenen oder betreuten Tieren erhebliche oder länger anhaltende Schmerzen oder Leiden oder erhebliche Schäden zugefügt hat, das Halten oder Betreuen von Tieren einer bestimmten oder jeder Art untersagen oder es von der Erlangung eines entsprechenden Sachkundenachweises abhängig machen, wenn Tatsachen die Annahme rechtfertigen, dass er weiterhin derartige Zuwiderhandlungen begehen wird; auf Antrag ist ihm das Halten oder Betreuen von Tieren wieder zu gestatten, wenn der Grund für die Annahme weiterer Zuwiderhandlungen entfallen ist,
4. die Einstellung von Tierversuchen anordnen, die ohne die erforderliche Genehmigung oder entgegen einem tierschutzrechtlichen Verbot durchgeführt werden.

(2) Die zuständige Behörde untersagt die Durchführung eines nach § 8a Absatz 3 oder eines auf Grund einer Rechtsverordnung nach § 8a Absatz 4 anzuzeigenden Versuchsvorhabens oder der Vornahme einer auf Grund einer Rechtsverordnung nach § 8 Absatz 3 Nummer 4 oder § 8a Absatz 5 Nummer 4 anzuzeigenden Änderung eines Versuchsvorhabens, soweit die Einhaltung der für die Durchführung von Tierversuchen geltenden Vorschriften dieses Gesetzes und der auf Grund dieses Gesetzes erlassenen Rechtsverordnungen nicht sichergestellt ist und diesem Mangel nicht innerhalb einer von der zuständigen Behörde gesetzten Frist abgeholfen worden ist.

(3) Die zuständige Behörde trifft die erforderlichen Anordnungen um sicherzustellen, dass

1. die Anordnung der Einstellung von Tierversuchen, die Untersagung der Durchführung von Versuchsvorhaben oder der Widerruf oder die Rücknahme der Genehmigung eines Versuchsvorhabens keine nachteiligen Auswirkungen auf das Wohlergehen der Tiere hat, die in den Tierversuchen oder Versuchsvorhaben verwendet werden oder verwendet werden sollen, und
2. die Untersagung der Ausübung einer Tätigkeit nach § 11 Absatz 1 Satz 1 Nummer 1 oder die Rücknahme oder der Widerruf einer Erlaubnis nach

§ 11 Absatz 1 Satz 1 Nummer 1 keine negativen Auswirkungen auf das Wohlergehen der Tiere hat, die in den der jeweiligen Tätigkeit dienenden Betrieben oder Einrichtungen gehalten werden.

**§ 16b [Tierschutzkommission]** (1) [1]Das Bundeministerium beruft eine Tierschutzkommission zu seiner Unterstützung in Fragen des Tierschutzes. [2]Vor dem Erlass von Rechtsverordnungen und allgemeinen Verwaltungsvorschriften nach diesem Gesetz hat das Bundesministerium die Tierschutzkommission anzuhören.

(2) Das Bundesministerium wird ermächtigt, durch Rechtsverordnung[1]) ohne Zustimmung des Bundesrates das Nähere über Zusammensetzung, Berufung der Mitglieder, Aufgaben und Geschäftsführung der Tierschutzkommission zu regeln.

**§ 16c [Meldepflicht von Tierversuchen]** Das Bundesministerium wird ermächtigt, durch Rechtsverordnung mit Zustimmung des Bundesrates
1. Personen, Einrichtungen und Betriebe, die Tierversuche an Wirbeltieren oder Kopffüßern durchführen oder die Wirbeltiere zu den in § 4 Absatz 3 genannten Zwecken töten, sowie Einrichtungen und Betriebe, in denen Wirbeltiere oder Kopffüßer für die genannten Zwecke gezüchtet oder zur Abgabe an Dritte gehalten werden, zu verpflichten, der zuständigen Behörde in bestimmten, regelmäßigen Zeitabständen zu melden:
   a) die Art, Herkunft und Zahl der in den Tierversuchen verwendeten Tiere,
   b) den Zweck und die Art der Tierversuche oder der sonstigen Verwendungen einschließlich des Schweregrades nach Artikel 15 Absatz 1 der Richtlinie 2010/63/EU und
   c) die Art, Herkunft und Zahl der Tiere, einschließlich genetisch veränderter Tiere, die
      aa) zur Verwendung in Tierversuchen nach § 7 Absatz 2 oder für wissenschaftliche Untersuchungen nach § 4 Absatz 3 gezüchtet und getötet worden sind und
      bb) nicht in solchen Tierversuchen oder für solche wissenschaftlichen Untersuchungen verwendet worden sind, und
2. das Verfahren für die Meldungen nach Nummer 1 sowie deren Übermittlung von den zuständigen Behörden an das Bundesministerium oder das Bundesinstitut für Risikobewertung zu regeln.

**§ 16d [Verwaltungsvorschriften]** Das Bundesministerium erlässt mit Zustimmung des Bundesrates die allgemeinen Verwaltungsvorschriften, die zur Durchführung dieses Gesetzes und der auf Grund dieses Gesetzes erlassenen Rechtsverordnungen erforderlich sind.

**§ 16e [Bericht der Bundesregierung]** Die Bundesregierung erstattet dem Deutschen Bundestag alle vier Jahre einen Bericht über den Stand der Entwicklung des Tierschutzes.

---

[1]) Siehe die Tierschutzkommissions-VO v. 23.6.1987 (BGBl. I S. 1557), zuletzt geänd. durch VO v. 31.8.2015 (BGBl. I S. 1474) und die TierschutztransportVO v. 11.2.2009 (BGBl. I S. 375), zuletzt geänd. durch VO v. 25.11.2021 (BGBl. I S. 4970).

**§ 16f [Informationsaustausch innerhalb der EU]** (1) Die zuständigen Behörden

1. erteilen der zuständigen Behörde eines anderen Mitgliedstaates auf begründetes Ersuchen Auskünfte und übermitteln die erforderlichen Schriftstücke, um ihr die Überwachung der Einhaltung tierschutzrechtlicher Vorschriften zu ermöglichen,
2. überprüfen die von der ersuchenden Behörde mitgeteilten Sachverhalte und teilen ihr das Ergebnis der Prüfung mit.

(2) Die zuständigen Behörden erteilen der zuständigen Behörde eines anderen Mitgliedstaates unter Beifügung der erforderlichen Schriftstücke Auskünfte, die für die Überwachung in diesem Mitgliedstaat erforderlich sind, insbesondere bei Verstößen oder Verdacht auf Verstöße gegen tierschutzrechtliche Vorschriften.

(3) Die zuständigen Behörden können, soweit dies zum Schutz der Tiere erforderlich oder durch Rechtsakte der Europäischen Gemeinschaft oder der Europäischen Union vorgeschrieben ist, Daten, die sie im Rahmen der Überwachung gewonnen haben, den zuständigen Behörden anderer Länder und anderer Mitgliedstaaten, dem Bundesministerium, dem Bundesamt für Verbraucherschutz und Lebensmittelsicherheit und der Kommission der Europäischen Gemeinschaft mitteilen.

**§ 16g [Übertragung von Zuständigkeiten]** (1) [1]Der Verkehr mit den zuständigen Behörden anderer Mitgliedstaaten und der Europäischen Kommission obliegt dem Bundesministerium. [2]Es kann diese Befugnis durch Rechtsverordnung[1)] ohne Zustimmung des Bundesrates auf das Bundesamt für Verbraucherschutz und Lebensmittelsicherheit und durch Rechtsverordnung mit Zustimmung des Bundesrates auf die zuständigen obersten Landesbehörden übertragen. [3]Ferner kann es im Einzelfall im Benehmen mit der zuständigen obersten Landesbehörde dieser die Befugnis übertragen. [4]Die obersten Landesbehörden können die Befugnis nach den Sätzen 2 und 3 auf andere Behörden übertragen.

(2) Abweichend von Absatz 1 Satz 1 obliegt im Falle des Artikels 47 Absatz 5 der Richtlinie 2010/63/EU der Verkehr mit den zuständigen Behörden anderer Mitgliedstaaten und der Europäischen Kommission dem Bundesinstitut für Risikobewertung, soweit sich das Bundesministerium im Einzelfall nicht etwas anderes vorbehält.

**§ 16h [Geltung für EWR-Staaten]** Die §§ 16f und 16g gelten entsprechend für Staaten, die – ohne Mitgliedstaaten zu sein – Vertragsstaaten des Abkommens über den Europäischen Wirtschaftsraum sind.

**§ 16i [Schiedsverfahren]** (1) [1]Ist eine von der zuständigen Behörde getroffene Maßnahme, die sich auf die Durchführung von Tiertransporten aus anderen Mitgliedstaaten bezieht, zwischen ihr und dem Verfügungsberechtigten streitig, so können beide Parteien einvernehmlich den Streit durch den Schiedsspruch eines Sachverständigen schlichten lassen. [2]Die Streitigkeit ist binnen eines Monats nach Bekanntgabe der Maßnahme einem Sachverständi-

---

[1)] Siehe die ReferenzlaboratoriumzuweisungsVO v. 7.8.2007 (BGBl. I S. 1939), zuletzt geänd. durch VO v. 29.7.2021 (BGBl. I S. 3294).

gen zu unterbreiten, der in einem von der Europäischen Kommission aufgestellten Verzeichnis aufgeführt ist. ³Der Sachverständige hat das Gutachten binnen 72 Stunden zu erstatten.

(2) ¹Auf den Schiedsvertrag und das schiedsgerichtliche Verfahren finden die Vorschriften der §§ 1025 bis 1065 der Zivilprozessordnung entsprechende Anwendung. ²Gericht im Sinne des § 1062 der Zivilprozessordnung ist das zuständige Verwaltungsgericht, Gericht im Sinne des § 1065 der Zivilprozessordnung das zuständige Oberverwaltungsgericht. ³Abweichend von § 1059 Abs. 3 Satz 1 der Zivilprozessordnung muss der Aufhebungsantrag innerhalb eines Monats bei Gericht eingereicht werden.

## § 16j [Einheitliche Abwicklungsstelle]
Verwaltungsverfahren nach diesem Gesetz können in den Ländern über eine einheitliche Stelle abgewickelt werden.

### Elfter Abschnitt. Straf- und Bußgeldvorschriften

## § 17 [Straftaten]
Mit Freiheitsstrafe bis zu drei Jahren oder mit Geldstrafe wird bestraft, wer

1. ein Wirbeltier ohne vernünftigen Grund tötet oder
2. einem Wirbeltier
   a) aus Roheit erhebliche Schmerzen oder Leiden oder
   b) länger anhaltende oder sich wiederholende erhebliche Schmerzen oder Leiden

zufügt.

## § 18[1]) [Ordnungswidrigkeiten]
(1) Ordnungswidrig handelt, wer vorsätzlich oder fahrlässig

1. einem Wirbeltier, das er hält, betreut oder zu betreuen hat, ohne vernünftigen Grund erhebliche Schmerzen, Leiden oder Schäden zufügt,
2. *(aufgehoben)*
3. einer
   a) nach § 2a oder § 9 Absatz 2, 3, 4 oder 6 Satz 2, jeweils auch in Verbindung mit § 6 Absatz 1a Satz 1 Nummer 2, oder
   b) nach den §§ 4b, 5 Abs. 4, § 6 Abs. 4, § 8a Absatz 4 oder 5 Nummer 1, 2, 3 oder Nummer 4, § 9 Absatz 1 und 5 Satz 2, auch in Verbindung mit § 6 Absatz 1a Satz 1 Nummer 2 oder § 9 Absatz 6 Satz 2, § 10 Absatz 2 Satz 2, § 11 Absatz 3, § 11a Absatz 2, 3 Satz 3 oder Absatz 5, § 11b Absatz 4 Nummer 2, § 12 Abs. 2, § 13 Abs. 2 oder 3, §§ 13a, 14 Abs. 2, § 16 Abs. 5 Satz 1 oder § 16c

erlassenen Rechtsverordnung zuwiderhandelt, soweit sie für einen bestimmten Tatbestand auf diese Bußgeldvorschrift verweist,

---

[1]) Zuständige Verwaltungsbehörde für die Verfolgung und Ahndung von Ordnungswidrigkeiten nach § 18 TierSchG ist, soweit nach § 15 Abs. 3 Satz 1 TierSchG die Durchführung des TierSchG den zuständigen Dienststellen der Bundeswehr obliegt, gem. VO v. 24.6.2013 (BGBl. I S. 1685), zuletzt geänd. durch VO v. 31.8.2021 (BGBl. I S. 4162), ab 1.7.2013 das Bundesamt für Infrastruktur, Umweltschutz und Dienstleistungen der Bundeswehr.

## § 18 TierSchG 3.3

4. einem Verbot nach § 3 Satz 1 zuwiderhandelt,
5. entgegen § 4 Abs. 1 ein Wirbeltier tötet,
5a. entgegen § 4 Absatz 3 Satz 2 einen Hund, eine Katze oder einen Primaten tötet,
6. entgegen § 4a Abs. 1 ein warmblütiges Tier schlachtet,
7. entgegen § 5 Abs. 1 Satz 1 einen Eingriff ohne Betäubung vornimmt oder, ohne Tierarzt zu sein, entgegen § 5 Abs. 1 Satz 2 eine Betäubung vornimmt,
8. einem Verbot nach § 6 Abs. 1 Satz 1 zuwiderhandelt oder entgegen § 6 Abs. 1 Satz 3 einen Eingriff vornimmt,
9. *(aufgehoben)*
9a. entgegen § 6 Absatz 1a Satz 2 oder Satz 3 zweiter Halbsatz eine Anzeige nicht, nicht richtig, nicht vollständig oder nicht rechtzeitig erstattet,
10. entgegen § 6 Abs. 2 elastische Ringe verwendet,
11. entgegen § 7a Absatz 3 oder 4 Satz 1 Tierversuche durchführt,
12. Versuche an Wirbeltieren ohne die nach § 8 Absatz 1 Satz 1 erforderliche Genehmigung durchführt,
13.–16. *(aufgehoben)*
17. entgegen § 9 Absatz 6 Satz 1 Nummer 1 Buchstabe b, auch in Verbindung mit § 6 Absatz 1a Satz 1 Nummer 1, nicht sicherstellt, dass die Vorschrift des § 7 Absatz 1 Satz 4 eingehalten wird,
18., 19. *(aufgehoben)*
20. eine Tätigkeit ohne die nach § 11 Abs. 1 Satz 1 erforderliche Erlaubnis ausübt oder einer mit einer solchen Erlaubnis verbundenen vollziehbaren Auflage zuwiderhandelt,
20a. einer vollziehbaren Anordnung nach § 11 Absatz 5 Satz 6 oder § 16a Absatz 1 Satz 2 Nummer 1, 3 oder Nummer 4 oder Absatz 2 oder 3 zuwiderhandelt,
20b. entgegen § 11 Absatz 6 Satz 1 in Verbindung mit einer Rechtsverordnung nach § 11 Absatz 6 Satz 2 Nummer 1 eine Anzeige nicht, nicht richtig, nicht vollständig oder nicht rechtzeitig erstattet,
21. *(aufgehoben)*
21a. entgegen § 11a Absatz 4 Satz 1 ein Wirbeltier einführt,
22. Wirbeltiere entgegen § 11b Abs. 1 züchtet oder durch biotechnische Maßnahmen verändert,
23. entgegen § 11c ein Wirbeltier an Kinder oder Jugendliche bis zum vollendeten 16. Lebensjahr abgibt,
24. (weggefallen),
25. entgegen § 13 Abs. 1 Satz 1 eine Vorrichtung oder einen Stoff anwendet,
25a. entgegen § 16 Abs. 1a Satz 1 eine Anzeige nicht, nicht richtig, nicht vollständig oder nicht rechtzeitig erstattet,
26. entgegen § 16 Abs. 2 eine Auskunft nicht, nicht richtig oder nicht vollständig erteilt oder einer Duldungs- oder Mitwirkungspflicht nach § 16 Abs. 3 Satz 2, auch in Verbindung mit einer Rechtsverordnung nach § 16 Abs. 5 Satz 2 Nr. 3, zuwiderhandelt oder

27. (weggefallen).

(2) Ordnungswidrig handelt auch, wer, abgesehen von den Fällen des Absatzes 1 Nr. 1, einem Tier ohne vernünftigen Grund erhebliche Schmerzen, Leiden oder Schäden zufügt.

(3) Ordnungswidrig handelt auch, wer vorsätzlich oder fahrlässig

1. einer unmittelbar geltenden Vorschrift in Rechtsakten der Europäischen Gemeinschaft oder der Europäischen Union zuwiderhandelt, die inhaltlich einem in
   a) Absatz 1 Nummer 4 bis 8, 11, 12, 17, 22 und 25 bezeichneten Gebot oder Verbot entspricht, soweit eine Rechtsverordnung nach § 18a Nr. 1 für einen bestimmten Tatbestand auf diese Bußgeldvorschrift verweist,
   b) Absatz 1 Nummer 9a, 10, 21a, 23 und 25a bezeichneten Gebot oder Verbot entspricht, soweit eine Rechtsverordnung nach § 18a Nr. 2 für einen bestimmten Tatbestand auf diese Bußgeldvorschrift verweist, oder
2. einer unmittelbar geltenden Vorschrift in Rechtsakten der Europäischen Gemeinschaft oder der Europäischen Union zuwiderhandelt, die inhaltlich einer Regelung entspricht, zu der die in Absatz 1
   a) Nr. 3 Buchstabe a genannte Vorschrift ermächtigt, soweit eine Rechtsverordnung nach § 18a Nr. 1 für einen bestimmten Tatbestand auf diese Bußgeldvorschrift verweist,
   b) Nr. 3 Buchstabe b genannten Vorschriften ermächtigen, soweit eine Rechtsverordnung nach § 18a Nr. 2 für einen bestimmten Tatbestand auf diese Bußgeldvorschrift verweist.

(4) Die Ordnungswidrigkeit kann in den Fällen des Absatzes 1 Nummer 1 und 3 Buchstabe a, Nummer 4 bis 8, 11, 12, 17, 20, 20a, 22 und 25, des Absatzes 2 sowie des Absatzes 3 Nummer 1 Buchstabe a und Nummer 2 Buchstabe a mit einer Geldbuße bis zu fünfundzwanzigtausend Euro, in den übrigen Fällen mit einer Geldbuße bis zu fünftausend Euro geahndet werden.

**§ 18a [Ermächtigung]** Das Bundesministerium wird ermächtigt, soweit dies zur Durchsetzung der Rechtsakte der Europäischen Gemeinschaft oder der Europäischen Union erforderlich ist, durch Rechtsverordnung[1] ohne Zustimmung des Bundesrates die Tatbestände zu bezeichnen, die als Ordnungswidrigkeit nach

1. § 18 Abs. 3 Nr. 1 Buchstabe a oder Nr. 2 Buchstabe a oder
2. § 18 Abs. 3 Nr. 1 Buchstabe b oder Nr. 2 Buchstabe b

geahndet werden können.

**§ 19 [Einziehung]** (1) Tiere, auf die sich

1. eine Straftat nach den §§ 17, 20 Absatz 3 oder § 20a Absatz 3 oder
2. eine Ordnungswidrigkeit nach § 18 Absatz 1 Nummer 1 oder 3, soweit die Ordnungswidrigkeit eine Rechtsverordnung nach den §§ 2a, 5 Absatz 4, § 9 Absatz 1 bis 3, 4 Satz 2 oder Absatz 6 Satz 2, § 11b Absatz 4 Nummer 2 oder § 12 Absatz 2 Nummer 4 oder 5 betrifft, Nummer 4, 8, 12, 17, 20a, 21a, 22 oder Nummer 23

---

[1] Siehe die Tierschutz-SchlachtVO v. 20.12.2012 (BGBl. I S. 2982) und die TierschutztransportVO v. 11.2.2009 (BGBl. I S. 375), zuletzt geänd. durch VO v. 25.11.2021 (BGBl. I S. 4970).

Tierschutzgesetz  §§ 20–21  TierSchG 3.3

bezieht, können eingezogen werden.

(2) Ferner können Tiere eingezogen werden, auf die sich eine Ordnungswidrigkeit

1. nach § 18 Abs. 3 Nr. 1 bezieht, soweit die Ordnungswidrigkeit eine unmittelbar geltende Vorschrift in Rechtsakten der Europäischen Gemeinschaft oder der Europäischen Union betrifft, die inhaltlich einem in § 18 Absatz 1 Nummer 4, 8, 12, 17, 21a, 22 oder Nummer 23 bezeichneten Gebot oder Verbot entspricht,
2. nach § 18 Abs. 3 Nr. 2 bezieht, soweit die Ordnungswidrigkeit eine unmittelbar geltende Vorschrift in Rechtsakten der Europäischen Gemeinschaft oder der Europäischen Union betrifft, die inhaltlich einer Rechtsverordnung nach den §§ 2a, 5 Abs. 4, § 9 Absatz 1 bis 4 oder Absatz 6 Satz 2, § 11b Absatz 4 Nummer 2 oder § 12 Abs. 2 Nr. 4 oder 5 entspricht.

**§ 20 [Verbot der Tierhaltung]** (1) Wird jemand wegen einer nach § 17 rechtswidrigen Tat verurteilt oder nur deshalb nicht verurteilt, weil seine Schuldunfähigkeit erwiesen oder nicht auszuschließen ist, so kann ihm das Gericht das Halten oder Betreuen von sowie den Handel oder den sonstigen berufsmäßigen Umgang mit Tieren jeder oder einer bestimmten Art für die Dauer von einem Jahr bis zu fünf Jahren oder für immer verbieten, wenn die Gefahr besteht, dass er weiterhin eine nach § 17 rechtswidrige Tat begehen wird.

(2) [1] Das Verbot wird mit Rechtskraft des Urteils oder des Strafbefehls wirksam. [2] In die Verbotsfrist wird die Zeit, in welcher der Täter in einer Anstalt verwahrt wird, nicht eingerechnet. [3] Ergibt sich nach der Anordnung des Verbots Grund zu der Annahme, dass die Gefahr, der Täter werde nach § 17 rechtswidrige Taten begehen, nicht mehr besteht, so kann das Gericht das Verbot aufheben, wenn es mindestens sechs Monate gedauert hat.

(3) Wer einem Verbot nach Absatz 1 zuwiderhandelt, wird mit Freiheitsstrafe bis zu einem Jahr oder mit Geldstrafe bestraft.

**§ 20a [Vorläufiges Verbot der Tierhaltung]** (1) Sind dringende Gründe für die Annahme vorhanden, dass ein Verbot nach § 20 angeordnet werden wird, so kann der Richter dem Beschuldigten durch Beschluss das Halten oder Betreuen von sowie den Handel oder den sonstigen berufsmäßigen Umgang mit Tieren jeder oder einer bestimmten Art vorläufig verbieten.

(2) Das vorläufige Verbot nach Absatz 1 ist aufzuheben, wenn sein Grund weggefallen ist oder wenn das Gericht im Urteil oder im Strafbefehl ein Verbot nach § 20 nicht anordnet.

(3) Wer einem Verbot nach Absatz 1 zuwiderhandelt, wird mit Freiheitsstrafe bis zu einem Jahr oder mit Geldstrafe bestraft.

## Zwölfter Abschnitt. Übergangs- und Schlussvorschriften

**§ 21 [Übergangsvorschriften]** (1) [1] Längstens bis zum Ablauf des 31. Dezember 2020 ist abweichend von § 5 Absatz 1 Satz 1 eine Betäubung nicht erforderlich für das Kastrieren von unter acht Tage alten männlichen Schweinen, sofern kein von der normalen anatomischen Beschaffenheit abweichender Befund vorliegt. [2] Ist eine Betäubung nach Satz 1 nicht erforderlich, gilt § 5

Absatz 1 Satz 6 mit der Maßgabe entsprechend, dass insbesondere schmerzstillende Tierarzneimittel anzuwenden sind.

(1a) ¹Bis zum 31. Mai 2019 wird dem Deutschen Bundestag eine Rechtsverordnung des Bundesministeriums nach § 6 Absatz 6 zugeleitet. ²Die Zuleitung an den Deutschen Bundestag erfolgt vor der Zuleitung an den Bundesrat. ³Die Rechtsverordnung kann durch Beschluss des Deutschen Bundestages geändert oder abgelehnt werden. ⁴Der Beschluss des Deutschen Bundestages wird dem Bundesministerium zugeleitet. ⁵Hat sich der Deutsche Bundestag nach Ablauf von drei Sitzungswochen seit Eingang der Rechtsverordnung nicht mit ihr befasst, so wird die unveränderte Rechtsverordnung dem Bundesrat zugeleitet. ⁶Soweit die Rechtsverordnung auf Grund des Beschlusses des Bundesrates geändert wird, bedarf es keiner erneuten Zuleitung an den Bundestag.

(1b) ¹Das Bundesministerium berichtet bis zum 30. Juni 2019 und dann mindestens alle sechs Monate dem zuständigen Fachausschuss des Deutschen Bundestages über die Umsetzungsfortschritte bei der Einführung alternativer Verfahren und Methoden zur betäubungslosen Ferkelkastration. ²Dabei soll das Bundesministerium unter anderem den Stand der arzneimittelrechtlichen Zulassung von Tierarzneimitteln für die Durchführung einer Betäubung bei der Ferkelkastration, den Stand der Technik bei Narkosegeräten, das entwickelte Schulungsmaterial und den Schulungserfolg darstellen.

(2) Bis zum Ablauf des 31. Dezember 2018 ist abweichend von § 5 Absatz 1 Satz 1 eine Betäubung nicht erforderlich für die Kennzeichnung von Pferden durch Schenkelbrand.

(3) *(aufgehoben)*

(4) ¹Die Erlaubnis nach § 11 Absatz 1 Satz 1 Nummer 1 und 2 gilt demjenigen,
1. der am 12. Juli 2013 eine im Sinne der vorgenannten Vorschriften erlaubnispflichtige Tätigkeit ausübt und
2. dem, soweit es sich dabei um eine nach diesem Gesetz in der bis zum 13. Juli 2013 geltenden Fassung erlaubnispflichtige Tätigkeit handelt, vor dem 13. Juli 2013 eine entsprechende Erlaubnis erteilt worden ist,

als vorläufig erteilt. ²Die vorläufige Erlaubnis erlischt,
1. wenn nicht bis zum 1. Januar 2014 die Erteilung einer endgültigen Erlaubnis beantragt wird oder
2. im Falle rechtzeitiger Antragstellung mit Eintritt der Unanfechtbarkeit der Entscheidung über den Antrag.

(4a) § 11 Absatz 1 Satz 1 Nummer 5 ist ab dem 1. August 2014 anzuwenden.

(4b) § 11 Absatz 1 Nummer 8 Buchstabe f ist ab dem 1. August 2014 anzuwenden.

(5) ¹Bis zum Erlass einer Rechtsverordnung nach § 11 Absatz 2 oder 6 Satz 2 ist § 11 Absatz 1 Satz 2 und 3, Absatz 2, 2a, 5 und 6 in der bis zum 13. Juli 2013 geltenden Fassung weiter anzuwenden mit der Maßgabe, dass
1. auch derjenige, der Tierbörsen durchführt, ab dem 1. August 2014 die Anforderungen des § 11 Absatz 2 Nummer 1 in der vorstehend bezeichneten Fassung erfüllen muss und

2. derjenige, der gewerbsmäßig mit Wirbeltieren, außer landwirtschaftlichen Nutztieren, handelt, ab dem 1. August 2014 sicherzustellen hat, dass bei der erstmaligen Abgabe eines Wirbeltieres einer bestimmten Art an den jeweiligen künftigen Tierhalter mit dem Tier schriftliche Informationen über die wesentlichen Bedürfnisse des Tieres, insbesondere im Hinblick auf seine angemessene Ernährung und Pflege sowie verhaltensgerechte Unterbringung und artgemäße Bewegung, übergeben werden; dies gilt nicht bei der Abgabe an den Inhaber einer Erlaubnis nach § 11 Absatz 1 Satz 1 Nummer 3 Buchstabe b in der vorstehend bezeichneten Fassung.

²Bis zum Erlass einer Rechtsverordnung nach § 11 Absatz 2 Satz 1 Nummer 1 ist im Rahmen des § 11 Absatz 5 Satz 5 darauf abzustellen, ob der Antragsteller den Anforderungen des § 11 Absatz 1 Satz 2 und 3 in der bis zum 13. Juli 2013 geltenden Fassung nachgekommen ist.

(6) § 11 Absatz 8 ist ab dem 1. Februar 2014 anzuwenden.

(6a) Das Bundesministerium berichtet bis zum 31. März 2023 dem zuständigen Fachausschuss des Deutschen Bundestages über den Stand der Entwicklung von Verfahren und Methoden zur Geschlechtsbestimmung im Hühnerei vor dem siebten Bebrütungstag.

(7) ¹Vorbehaltlich des Satzes 3 und des Absatzes 8 sind die §§ 5, 6, 7, 7a, 8, 8a, 9, 10, 11, 15, 16, 16a und 18 in der sich jeweils aus Artikel 1 des Gesetzes zur Änderung des Tierschutzgesetzes – Schutz von Versuchstieren – vom 18. Juni 2021 (BGBl. I S. 1828) ergebenden Fassung erst ab dem 1. Dezember 2021 anzuwenden. ²Bis zu dem in Satz 1 genannten Zeitpunkt sind die dort genannten am 25. Juni 2021 geltenden Vorschriften weiter anzuwenden. ³Soweit Vorschriften dieses Gesetzes zum Erlass von Rechtsverordnungen ermächtigen, sind abweichend von Satz 1 die dort genannten Vorschriften in der dort genannten Fassung zum Zweck des Erlasses von Rechtsverordnungen ab dem 26. Juni 2021 anzuwenden.

(8) Im Falle von Tierversuchen nach § 7 Absatz 2 Satz 1, auch in Verbindung mit Satz 2,

1. deren Genehmigung vor dem 1. Dezember 2021 erteilt worden ist oder
2. deren Durchführung vor dem 1. Dezember 2021 nach den bis zu diesem Tag anzuwendenden Vorschriften dieses Gesetzes angezeigt und von der zuständigen Behörde nicht beanstandet worden ist,

sind abweichend von den §§ 7 bis 10 bis zum 1. Dezember 2023 die bis zum 1. Dezember 2021 anzuwendenden Vorschriften dieses Gesetzes weiter anzuwenden.

**§ 21a [Rechtsverordnungen zur Durchführung von Rechtsakten der EG]** Rechtsverordnungen nach diesem Gesetz können auch zur Durchführung von Rechtsakten der Europäischen Gemeinschaft oder der Europäischen Union auf dem Gebiet des Tierschutzes erlassen werden.

**§ 21b [Rechtsverordnungen mit Zustimmung des Bundesrates]** Das Bundesministerium wird ermächtigt, durch Rechtsverordnung mit Zustimmung des Bundesrates Verweisungen auf Vorschriften in Rechtsakten der Europäischen Gemeinschaft oder der Europäischen Union in diesem Gesetz oder in auf Grund dieses Gesetzes erlassenen Rechtsverordnungen zu ändern, soweit es zur Anpassung an Änderungen dieser Vorschriften erforderlich ist.

### 3.3 TierSchG §§ 21c–22

**§ 21c** *(aufgehoben)*

**§ 21d [Verkündung im Bundesanzeiger]** Rechtsverordnungen nach diesem Gesetz können abweichend von § 2 Absatz 1 des Verkündungs- und Bekanntmachungsgesetzes im Bundesanzeiger verkündet werden.

**§ 22** (Inkrafttreten)

## 3.4. Gesetz zum Schutz vor schädlichen Bodenveränderungen und zur Sanierung von Altlasten (Bundes-Bodenschutzgesetz – BBodSchG)[1)]

Vom 17. März 1998

(BGBl. I S. 502)

**FNA 2129-32**

zuletzt geänd. durch Art. 7 G zur Änd. des UmweltschadensG, des UmweltinformationsG und weiterer umweltrechtlicher Vorschriften v. 25.2.2021 (BGBl. I S. 306)

### Erster Teil. Allgemeine Vorschriften

**§ 1 Zweck und Grundsätze des Gesetzes.** [1]Zweck dieses Gesetzes ist es, nachhaltig die Funktionen des Bodens zu sichern oder wiederherzustellen. [2]Hierzu sind schädliche Bodenveränderungen abzuwehren, der Boden und Altlasten sowie hierdurch verursachte Gewässerverunreinigungen zu sanieren und Vorsorge gegen nachteilige Einwirkungen auf den Boden zu treffen. [3]Bei Einwirkungen auf den Boden sollen Beeinträchtigungen seiner natürlichen Funktionen sowie seiner Funktion als Archiv der Natur- und Kulturgeschichte so weit wie möglich vermieden werden.

**§ 2 Begriffsbestimmungen.** (1) Boden im Sinne dieses Gesetzes ist die obere Schicht der Erdkruste, soweit sie Träger der in Absatz 2 genannten Bodenfunktionen ist, einschließlich der flüssigen Bestandteile (Bodenlösung) und der gasförmigen Bestandteile (Bodenluft), ohne Grundwasser und Gewässerbetten.

(2) Der Boden erfüllt im Sinne dieses Gesetzes

1. natürliche Funktionen als
   a) Lebensgrundlage und Lebensraum für Menschen, Tiere, Pflanzen und Bodenorganismen,
   b) Bestandteil des Naturhaushalts, insbesondere mit seinen Wasser- und Nährstoffkreisläufen,
   c) Abbau-, Ausgleichs- und Aufbaumedium für stoffliche Einwirkungen auf Grund der Filter-, Puffer- und Stoffumwandlungseigenschaften, insbesondere auch zum Schutz des Grundwassers,
2. Funktionen als Archiv der Natur- und Kulturgeschichte sowie
3. Nutzungsfunktionen als
   a) Rohstofflagerstätte,
   b) Fläche für Siedlung und Erholung,
   c) Standort für die land- und forstwirtschaftliche Nutzung,
   d) Standort für sonstige wirtschaftliche und öffentliche Nutzungen, Verkehr, Ver- und Entsorgung.

---

[1)] Verkündet als Art. 1 BodenschutzG v. 17.3.1998 (BGBl. I S. 502); Inkrafttreten gem. Art. 4 Satz 2 dieses G am 1.3.1999 mit Ausnahme von § 20, der gem. Art. 4 Satz 1 dieses G am 25.3.1998 in Kraft getreten ist.

(3) Schädliche Bodenveränderungen im Sinne dieses Gesetzes sind Beeinträchtigungen der Bodenfunktionen, die geeignet sind, Gefahren, erhebliche Nachteile oder erhebliche Belästigungen für den einzelnen oder die Allgemeinheit herbeizuführen.

(4) Verdachtsflächen im Sinne dieses Gesetzes sind Grundstücke, bei denen der Verdacht schädlicher Bodenveränderungen besteht.

(5) Altlasten im Sinne dieses Gesetzes sind

1. stillgelegte Abfallbeseitigungsanlagen sowie sonstige Grundstücke, auf denen Abfälle behandelt, gelagert oder abgelagert worden sind (Altablagerungen), und
2. Grundstücke stillgelegter Anlagen und sonstige Grundstücke, auf denen mit umweltgefährdenden Stoffen umgegangen worden ist, ausgenommen Anlagen, deren Stillegung einer Genehmigung nach dem Atomgesetz[1] bedarf (Altstandorte),

durch die schädliche Bodenveränderungen oder sonstige Gefahren für den einzelnen oder die Allgemeinheit hervorgerufen werden.

(6) Altlastverdächtige Flächen im Sinne dieses Gesetzes sind Altablagerungen und Altstandorte, bei denen der Verdacht schädlicher Bodenveränderungen oder sonstiger Gefahren für den einzelnen oder die Allgemeinheit besteht.

(7) Sanierung im Sinne dieses Gesetzes sind Maßnahmen

1. zur Beseitigung oder Verminderung der Schadstoffe (Dekontaminationsmaßnahmen),
2. die eine Ausbreitung der Schadstoffe langfristig verhindern oder vermindern, ohne die Schadstoffe zu beseitigen (Sicherungsmaßnahmen),
3. zur Beseitigung oder Verminderung schädlicher Veränderungen der physikalischen, chemischen oder biologischen Beschaffenheit des Bodens.

(8) Schutz- und Beschränkungsmaßnahmen im Sinne dieses Gesetzes sind sonstige Maßnahmen, die Gefahren, erhebliche Nachteile oder erhebliche Belästigungen für den einzelnen oder die Allgemeinheit verhindern oder vermindern, insbesondere Nutzungsbeschränkungen.

**§ 3 Anwendungsbereich.** (1) Dieses Gesetz findet auf schädliche Bodenveränderungen und Altlasten Anwendung, soweit

1. Vorschriften des Kreislaufwirtschaftsgesetzes[2] über das Aufbringen von Abfällen zur Verwertung als Düngemittel im Sinne des § 2 des Düngegesetzes[3] und der hierzu auf Grund des Kreislaufwirtschaftsgesetzes und des bis zum 1. Juni 2012 geltenden Kreislaufwirtschafts- und Abfallgesetzes erlassenen Rechtsverordnungen,
2. Vorschriften des Kreislaufwirtschaftsgesetzes über die Zulassung und den Betrieb von Abfallbeseitigungsanlagen zur Beseitigung von Abfällen sowie über die Stillegung von Deponien,
3. Vorschriften über die Beförderung gefährlicher Güter,
4. Vorschriften des Düngemittel- und Pflanzenschutzrechts,

---

[1] Nr. **7.1**.
[2] Nr. **5.1**.
[3] Nr. **9.5**.

5. Vorschriften des Gentechnikgesetzes[1]),
6. Vorschriften des Zweiten Kapitels des Bundeswaldgesetzes[2]) und der Forst- und Waldgesetze der Länder,
7. Vorschriften des Flurbereinigungsgesetzes über das Flurbereinigungsgebiet, auch in Verbindung mit dem Landwirtschaftsanpassungsgesetz,
8. Vorschriften über Bau, Änderung, Unterhaltung und Betrieb von Verkehrswegen oder Vorschriften, die den Verkehr regeln,
9. Vorschriften des Bauplanungs- und Bauordnungsrechts,
10. Vorschriften des Bundesberggesetzes und der auf Grund dieses Gesetzes erlassenen Rechtsverordnungen über die Errichtung, Führung oder Einstellung eines Betriebes sowie
11. Vorschriften des Bundes-Immissionsschutzgesetzes[3]) und der auf Grund dieses Gesetzes erlassenen Rechtsverordnungen über die Errichtung und den Betrieb von Anlagen unter Berücksichtigung von Absatz 3

Einwirkungen auf den Boden nicht regeln.

(2) ¹Dieses Gesetz findet keine Anwendung auf Anlagen, Tätigkeiten, Geräte oder Vorrichtungen, Kernbrennstoffe und sonstige radioaktive Stoffe, Grundstücke, Teile von Grundstücken, Gewässer und Grubenbaue, soweit Rechtsvorschriften den Schutz vor den Gefahren der Kernenergie oder der Wirkung ionisierender Strahlen regeln. ²Dieses Gesetz gilt ferner nicht für das Aufsuchen, Bergen, Befördern, Lagern, Behandeln und Vernichten von Kampfmitteln.

(3) ¹Im Hinblick auf das Schutzgut Boden gelten schädliche Bodenveränderungen im Sinne des § 2 Abs. 3 dieses Gesetzes und der auf Grund dieses Gesetzes erlassenen Rechtsverordnungen, soweit sie durch Immissionen verursacht werden, als schädliche Umwelteinwirkungen nach § 3 Abs. 1 des Bundes-Immissionsschutzgesetzes, im übrigen als sonstige Gefahren, erhebliche Nachteile oder erhebliche Belästigungen nach § 5 Abs. 1 Nr. 1 des Bundes-Immissionsschutzgesetzes. ²Zur näheren Bestimmung der immissionsschutzrechtlichen Vorsorgepflichten sind die in einer Rechtsverordnung nach § 8 Abs. 2 festgelegten Werte heranzuziehen, sobald in einer Rechtsverordnung oder in einer Verwaltungsvorschrift des Bundes bestimmt worden ist, welche Zusatzbelastungen durch den Betrieb einer Anlage nicht als ursächlicher Beitrag zum Entstehen schädlicher Bodenveränderungen anzusehen sind. ³In der Rechtsverordnung oder der Verwaltungsvorschrift soll gleichzeitig geregelt werden, daß bei Unterschreitung bestimmter Emissionsmassenströme auch ohne Ermittlung der Zusatzbelastung davon auszugehen ist, daß die Anlage nicht zu schädlichen Bodenveränderungen beiträgt.

## Zweiter Teil. Grundsätze und Pflichten

**§ 4 Pflichten zur Gefahrenabwehr.** (1) Jeder, der auf den Boden einwirkt, hat sich so zu verhalten, daß schädliche Bodenveränderungen nicht hervorgerufen werden.

---

[1]) Nr. **9.6**.
[2]) Auszugsweise abgedruckt unter Nr. **3.2**.
[3]) Nr. **6.1**.

(2) Der Grundstückseigentümer und der Inhaber der tatsächlichen Gewalt über ein Grundstück sind verpflichtet, Maßnahmen zur Abwehr der von ihrem Grundstück drohenden schädlichen Bodenveränderungen zu ergreifen.

(3) [1] Der Verursacher einer schädlichen Bodenveränderung oder Altlast sowie dessen Gesamtrechtsnachfolger, der Grundstückseigentümer und der Inhaber der tatsächlichen Gewalt über ein Grundstück sind verpflichtet, den Boden und Altlasten sowie durch schädliche Bodenveränderungen oder Altlasten verursachte Verunreinigungen von Gewässern so zu sanieren, daß dauerhaft keine Gefahren, erheblichen Nachteile oder erheblichen Belästigungen für den einzelnen oder die Allgemeinheit entstehen. [2] Hierzu kommen bei Belastungen durch Schadstoffe neben Dekontaminations- auch Sicherungsmaßnahmen in Betracht, die eine Ausbreitung der Schadstoffe langfristig verhindern. [3] Soweit dies nicht möglich oder unzumutbar ist, sind sonstige Schutz- und Beschränkungsmaßnahmen durchzuführen. [4] Zur Sanierung ist auch verpflichtet, wer aus handelsrechtlichem oder gesellschaftsrechtlichem Rechtsgrund für eine juristische Person einzustehen hat, der ein Grundstück, das mit einer schädlichen Bodenveränderung oder einer Altlast belastet ist, gehört, und wer das Eigentum an einem solchen Grundstück aufgibt.

(4) [1] Bei der Erfüllung der boden- und altlastenbezogenen Pflichten nach den Absätzen 1 bis 3 ist die planungsrechtlich zulässige Nutzung des Grundstücks und das sich daraus ergebende Schutzbedürfnis zu beachten, soweit dies mit dem Schutz der in § 2 Abs. 2 Nr. 1 und 2 genannten Bodenfunktionen zu vereinbaren ist. [2] Fehlen planungsrechtliche Festsetzungen, bestimmt die Prägung des Gebiets unter Berücksichtigung der absehbaren Entwicklung das Schutzbedürfnis. [3] Die bei der Sanierung von Gewässern zu erfüllenden Anforderungen bestimmen sich nach dem Wasserrecht.

(5) [1] Sind schädliche Bodenveränderungen oder Altlasten nach dem 1. März 1999 eingetreten, sind Schadstoffe zu beseitigen, soweit dies im Hinblick auf die Vorbelastung des Bodens verhältnismäßig ist. [2] Dies gilt für denjenigen nicht, der zum Zeitpunkt der Verursachung auf Grund der Erfüllung der für ihn geltenden gesetzlichen Anforderungen darauf vertraut hat, daß solche Beeinträchtigungen nicht entstehen werden, und sein Vertrauen unter Berücksichtigung der Umstände des Einzelfalles schutzwürdig ist.

(6) [1] Der frühere Eigentümer eines Grundstücks ist zur Sanierung verpflichtet, wenn er sein Eigentum nach dem 1. März 1999 übertragen hat und die schädliche Bodenveränderung oder Altlast hierbei kannte oder kennen mußte. [2] Dies gilt für denjenigen nicht, der beim Erwerb des Grundstücks darauf vertraut hat, daß schädliche Bodenveränderungen oder Altlasten nicht vorhanden sind, und sein Vertrauen unter Berücksichtigung der Umstände des Einzelfalles schutzwürdig ist.

**§ 5 Entsiegelung.** [1] Soweit die Vorschriften des Baurechts die Befugnisse der Behörden nicht regeln, wird die Bundesregierung ermächtigt, nach Anhörung der beteiligten Kreise (§ 20) durch Rechtsverordnung mit Zustimmung des Bundesrates Grundstückseigentümer zu verpflichten, bei dauerhaft nicht mehr genutzten Flächen, deren Versiegelung im Widerspruch zu planungsrechtlichen Festsetzungen steht, den Boden in seiner Leistungsfähigkeit im Sinne des § 1 so weit wie möglich und zumutbar zu erhalten oder wiederherzustellen. [2] Bis zum Inkrafttreten einer Rechtsverordnung nach Satz 1 können durch die nach Landesrecht zuständigen Behörden im Einzelfall gegenüber den nach Satz 1

Verpflichteten Anordnungen zur Entsiegelung getroffen werden, wenn die in Satz 1 im übrigen genannten Voraussetzungen vorliegen.

**§ 6 Auf- und Einbringen von Materialien auf oder in den Boden.**
Die Bundesregierung wird ermächtigt, nach Anhörung der beteiligten Kreise (§ 20) durch Rechtsverordnung[1] mit Zustimmung des Bundesrates zur Erfüllung der sich aus diesem Gesetz ergebenden Anforderungen an das Auf- und Einbringen von Materialien hinsichtlich der Schadstoffgehalte und sonstiger Eigenschaften, insbesondere

1. Verbote oder Beschränkungen nach Maßgabe von Merkmalen wie Art und Beschaffenheit der Materialien und des Bodens, Aufbringungsort und -zeit und natürliche Standortverhältnisse sowie
2. Untersuchungen der Materialien oder des Bodens, Maßnahmen zur Vorbehandlung dieser Materialien oder geeignete andere Maßnahmen

zu bestimmen.

**§ 7 Vorsorgepflicht.** [1] Der Grundstückseigentümer, der Inhaber der tatsächlichen Gewalt über ein Grundstück und derjenige, der Verrichtungen auf einem Grundstück durchführt oder durchführen läßt, die zu Veränderungen der Bodenbeschaffenheit führen können, sind verpflichtet, Vorsorge gegen das Entstehen schädlicher Bodenveränderungen zu treffen, die durch ihre Nutzung auf dem Grundstück oder in dessen Einwirkungsbereich hervorgerufen werden können. [2] Vorsorgemaßnahmen sind geboten, wenn wegen der räumlichen, langfristigen oder komplexen Auswirkungen einer Nutzung auf die Bodenfunktionen die Besorgnis einer schädlichen Bodenveränderung besteht. [3] Zur Erfüllung der Vorsorgepflicht sind Bodeneinwirkungen zu vermeiden oder zu vermindern, soweit dies auch im Hinblick auf den Zweck der Nutzung des Grundstücks verhältnismäßig ist. [4] Anordnungen zur Vorsorge gegen schädliche Bodenveränderungen dürfen nur getroffen werden, soweit Anforderungen in einer Rechtsverordnung nach § 8 Abs. 2 festgelegt sind. [5] Die Erfüllung der Vorsorgepflicht bei der landwirtschaftlichen Bodennutzung richtet sich nach § 17 Abs. 1 und 2, für die forstwirtschaftliche Bodennutzung richtet sich nach dem Zweiten Kapitel des Bundeswaldgesetzes[2] und den Forst- und Waldgesetzen der Länder. [6] Die Vorsorge für das Grundwasser richtet sich nach wasserrechtlichen Vorschriften. [7] Bei bestehenden Bodenbelastungen bestimmen sich die zu erfüllenden Pflichten nach § 4.

**§ 8 Werte und Anforderungen.** (1) [1] Die Bundesregierung wird ermächtigt, nach Anhörung der beteiligten Kreise (§ 20) durch Rechtsverordnung[1] mit Zustimmung des Bundesrates Vorschriften über die Erfüllung der sich aus § 4 ergebenden boden- und altlastenbezogenen Pflichten sowie die Untersuchung und Bewertung von Verdachtsflächen, schädlichen Bodenveränderungen, altlastverdächtigen Flächen und Altlasten zu erlassen. [2] Hierbei können insbesondere

---

[1] Siehe die Bundes-Bodenschutz-VO (Nr. **3.4.1**), die ErsatzbaustoffVO v. 9.7.2021 (BGBl. I S. 2598) und die GefahrstoffVO (Nr. **9.1.3**).
[2] Auszugsweise abgedruckt unter Nr. **3.2**.

## 3.4 BBodSchG § 9 — Bundes-Bodenschutzgesetz

1. Werte, bei deren Überschreiten unter Berücksichtigung der Bodennutzung eine einzelfallbezogene Prüfung durchzuführen und festzustellen ist, ob eine schädliche Bodenveränderung oder Altlast vorliegt (Prüfwerte),
2. Werte für Einwirkungen oder Belastungen, bei deren Überschreiten unter Berücksichtigung der jeweiligen Bodennutzung in der Regel von einer schädlichen Bodenveränderung oder Altlast auszugehen ist und Maßnahmen erforderlich sind (Maßnahmenwerte),
3. Anforderungen an
   a) die Abwehr schädlicher Bodenveränderungen; hierzu gehören auch Anforderungen an den Umgang mit ausgehobenem, abgeschobenem und behandeltem Bodenmaterial,
   b) die Sanierung des Bodens und von Altlasten, insbesondere an
   – die Bestimmung des zu erreichenden Sanierungsziels,
   – den Umfang von Dekontaminations- und Sicherungsmaßnahmen, die langfristig eine Ausbreitung von Schadstoffen verhindern, sowie
   – Schutz- und Beschränkungsmaßnahmen

festgelegt werden.

(2) Die Bundesregierung wird ermächtigt, nach Anhörung der beteiligten Kreise (§ 20) durch Rechtsverordnung[1)] mit Zustimmung des Bundesrates zur Erfüllung der sich aus § 7 ergebenden Pflichten sowie zur Festlegung von Anforderungen an die damit verbundene Untersuchung und Bewertung von Flächen mit der Besorgnis einer schädlichen Bodenveränderung Vorschriften zu erlassen, insbesondere über

1. Bodenwerte, bei deren Überschreiten unter Berücksichtigung von geogenen oder großflächig siedlungsbedingten Schadstoffgehalten in der Regel davon auszugehen ist, daß die Besorgnis einer schädlichen Bodenveränderung besteht (Vorsorgewerte),
2. zulässige Zusatzbelastungen und Anforderungen zur Vermeidung oder Verminderung von Stoffeinträgen.

(3) [1] Mit den in den Absätzen 1 und 2 genannten Werten sind Verfahren zur Ermittlung von umweltgefährdenden Stoffen in Böden, biologischen und anderen Materialien festzulegen. [2] Diese Verfahren umfassen auch Anforderungen an eine repräsentative Probenahme, Probenbehandlung und Qualitätssicherung einschließlich der Ermittlung der Werte für unterschiedliche Belastungen.

### § 9 Gefährdungsabschätzung und Untersuchungsanordnungen.

(1) [1] Liegen der zuständigen Behörde Anhaltspunkte dafür vor, daß eine schädliche Bodenveränderung oder Altlast vorliegt, so soll sie zur Ermittlung des Sachverhalts die geeigneten Maßnahmen ergreifen. [2] Werden die in einer Rechtsverordnung nach § 8 Abs. 1 Satz 2 Nr. 1 festgesetzten Prüfwerte überschritten, soll die zuständige Behörde die notwendigen Maßnahmen treffen, um festzustellen, ob eine schädliche Bodenveränderung oder Altlast vorliegt. [3] Im Rahmen der Untersuchung und Bewertung sind insbesondere Art und Konzentration der Schadstoffe, die Möglichkeit ihrer Ausbreitung in die Umwelt und ihrer Aufnahme durch Menschen, Tiere und Pflanzen sowie die Nutzung des Grundstücks nach § 4 Abs. 4 zu berücksichtigen. [4] Der Grund-

---

[1)] Siehe die Bundes-Bodenschutz-VO (Nr. 3.4.1).

stückseigentümer und, wenn dieser bekannt ist, auch der Inhaber der tatsächlichen Gewalt sind über die getroffenen Feststellungen und über die Ergebnisse der Bewertung auf Antrag schriftlich zu unterrichten.

(2) [1] Besteht auf Grund konkreter Anhaltspunkte der hinreichende Verdacht einer schädlichen Bodenveränderung oder einer Altlast, kann die zuständige Behörde anordnen, daß die in § 4 Abs. 3, 5 und 6 genannten Personen die notwendigen Untersuchungen zur Gefährdungsabschätzung durchzuführen haben. [2] Die zuständige Behörde kann verlangen, daß Untersuchungen von Sachverständigen oder Untersuchungsstellen nach § 18 durchgeführt werden. [3] Sonstige Pflichten zur Mitwirkung der in § 4 Abs. 3, 5 und 6 genannten Personen sowie Duldungspflichten der nach § 12 Betroffenen bestimmen sich nach Landesrecht.

**§ 10 Sonstige Anordnungen.** (1) [1] Zur Erfüllung der sich aus §§ 4 und 7 und den auf Grund von § 5 Satz 1, §§ 6 und 8 erlassenen Rechtsverordnungen ergebenden Pflichten kann die zuständige Behörde die notwendigen Maßnahmen treffen. [2] Werden zur Erfüllung der Verpflichtung aus § 4 Abs. 3 und 6 Sicherungsmaßnahmen angeordnet, kann die zuständige Behörde verlangen, daß der Verpflichtete für die Aufrechterhaltung der Sicherungs- und Überwachungsmaßnahmen in der Zukunft Sicherheit leistet. [3] Anordnungen zur Erfüllung der Pflichten nach § 7 dürfen getroffen werden, soweit Anforderungen in einer Rechtsverordnung festgelegt sind. [4] Die zuständige Behörde darf eine Anordnung nicht treffen, wenn sie auch im Hinblick auf die berechtigten Nutzungsinteressen einzelner unverhältnismäßig wäre.

(2) Trifft die zuständige Behörde gegenüber dem Grundstückseigentümer oder dem Inhaber der tatsächlichen Gewalt zur Erfüllung der Pflichten nach § 4 Anordnungen zur Beschränkung der land- und forstwirtschaftlichen Bodennutzung sowie zur Bewirtschaftung von Böden, so hat sie, wenn diese nicht Verursacher der schädlichen Bodenveränderungen sind, für die nach zumutbaren innerbetrieblichen Anpassungsmaßnahmen verbliebenen wirtschaftlichen Nachteile nach Maßgabe des Landesrechts einen angemessenen Ausgleich zu gewähren, wenn die Nutzungsbeschränkung andernfalls zu einer über die damit verbundene allgemeine Belastung erheblich hinausgehenden besonderen Härte führen würde.

### Dritter Teil. Ergänzende Vorschriften für Altlasten

**§ 11 Erfassung.** Die Länder können die Erfassung der Altlasten und altlastverdächtigen Flächen regeln.

**§ 12 Information der Betroffenen.** [1] Die nach § 9 Abs. 2 Satz 1 zur Untersuchung der Altlast und die nach § 4 Abs. 3, 5 und 6 zur Sanierung der Altlast Verpflichteten haben die Eigentümer der betroffenen Grundstücke, die sonstigen betroffenen Nutzungsberechtigten und die betroffene Nachbarschaft (Betroffenen) von der bevorstehenden Durchführung der geplanten Maßnahmen zu informieren. [2] Die zur Beurteilung der Maßnahmen wesentlichen vorhandenen Unterlagen sind zur Einsichtnahme zur Verfügung zu stellen. [3] Enthalten Unterlagen Geschäfts- oder Betriebsgeheimnisse, muß ihr Inhalt, soweit es ohne Preisgabe des Geheimnisses geschehen kann, so ausführlich dargestellt sein, daß es den Betroffenen möglich ist, die Auswirkungen der Maßnahmen auf ihre Belange zu beurteilen.

**§ 13 Sanierungsuntersuchungen und Sanierungsplanung.** (1) ¹Bei Altlasten, bei denen wegen der Verschiedenartigkeit der nach § 4 erforderlichen Maßnahmen ein abgestimmtes Vorgehen notwendig ist oder von denen auf Grund von Art, Ausbreitung oder Menge der Schadstoffe in besonderem Maße schädliche Bodenveränderungen oder sonstige Gefahren für den einzelnen oder die Allgemeinheit ausgehen, soll die zuständige Behörde von einem nach § 4 Abs. 3, 5 oder 6 zur Sanierung Verpflichteten die notwendigen Untersuchungen zur Entscheidung über Art und Umfang der erforderlichen Maßnahmen (Sanierungsuntersuchungen) sowie die Vorlage eines Sanierungsplans verlangen, der insbesondere

1. eine Zusammenfassung der Gefährdungsabschätzung und der Sanierungsuntersuchungen,
2. Angaben über die bisherige und künftige Nutzung der zu sanierenden Grundstücke,
3. die Darstellung des Sanierungsziels und die hierzu erforderlichen Dekontaminations-, Sicherungs-, Schutz-, Beschränkungs- und Eigenkontrollmaßnahmen sowie die zeitliche Durchführung dieser Maßnahmen

enthält. ²Die Bundesregierung wird ermächtigt, nach Anhörung der beteiligten Kreise (§ 20) durch Rechtsverordnung[1]) mit Zustimmung des Bundesrates Vorschriften über die Anforderungen an Sanierungsuntersuchungen sowie den Inhalt von Sanierungsplänen zu erlassen.

(2) Die zuständige Behörde kann verlangen, daß die Sanierungsuntersuchungen sowie der Sanierungsplan von einem Sachverständigen nach § 18 erstellt werden.

(3) ¹Wer nach Absatz 1 einen Sanierungsplan vorzulegen hat, hat die nach § 12 Betroffenen frühzeitig, in geeigneter Weise und unaufgefordert über die geplanten Maßnahmen zu informieren. ²§ 12 Satz 2 und 3 gilt entsprechend.

(4) Mit dem Sanierungsplan kann der Entwurf eines Sanierungsvertrages über die Ausführung des Plans vorgelegt werden, der die Einbeziehung Dritter vorsehen kann.

(5) Soweit entnommenes Bodenmaterial im Bereich der von der Altlastensanierung betroffenen Fläche wieder eingebracht werden soll, gilt § 28 Absatz 1 Satz 1 des Kreislaufwirtschaftsgesetzes[2]) nicht, wenn durch einen für verbindlich erklärten Sanierungsplan oder eine Anordnung zur Durchsetzung der Pflichten nach § 4 sichergestellt wird, daß das Wohl der Allgemeinheit nicht beeinträchtigt wird.

(6) ¹Die zuständige Behörde kann den Plan, auch unter Abänderungen oder mit Nebenbestimmungen, für verbindlich erklären. ²Ein für verbindlich erklärter Plan schließt andere die Sanierung betreffende behördliche Entscheidungen mit Ausnahme von Zulassungsentscheidungen für Vorhaben, die nach § 1 in Verbindung mit der Anlage 1 des Gesetzes über die Umweltverträglichkeitsprüfung[3]) oder kraft Landesrechts einer Umweltverträglichkeitsprüfung unterliegen, mit ein, soweit sie im Einvernehmen mit der jeweils zuständigen

---
[1]) Siehe die Bundes-Bodenschutz-VO (Nr. **3.4.1**), die ErsatzbaustoffVO v. 9.7.2021 (BGBl. I S. 2598) und die GefahrstoffVO (Nr. **9.1.3**).
[2]) Nr. **5.1**.
[3]) Nr. **2.5**.

Behörde erlassen und in dem für verbindlich erklärten Plan die miteingeschlossenen Entscheidungen aufgeführt werden.

**§ 14 Behördliche Sanierungsplanung.** [1] Die zuständige Behörde kann den Sanierungsplan nach § 13 Abs. 1 selbst erstellen oder ergänzen oder durch einen Sachverständigen nach § 18 erstellen oder ergänzen lassen, wenn

1. der Plan nicht, nicht innerhalb der von der Behörde gesetzten Frist oder fachlich unzureichend erstellt worden ist,
2. ein nach § 4 Abs. 3, 5 oder 6 Verpflichteter nicht oder nicht rechtzeitig herangezogen werden kann oder
3. auf Grund der großflächigen Ausdehnung der Altlast, der auf der Altlast beruhenden weiträumigen Verunreinigung eines Gewässers oder auf Grund der Anzahl der nach § 4 Abs. 3, 5 oder 6 Verpflichteten ein koordiniertes Vorgehen erforderlich ist.

[2] § 13 Abs. 3 bis 6 gilt entsprechend.

**§ 15 Behördliche Überwachung, Eigenkontrolle.** (1) [1] Altlasten und altlastverdächtige Flächen unterliegen, soweit erforderlich, der Überwachung durch die zuständige Behörde. [2] Bei Altstandorten und Altablagerungen bleibt die Wirksamkeit von behördlichen Zulassungsentscheidungen sowie von nachträglichen Anordnungen durch die Anwendung dieses Gesetzes unberührt.

(2) [1] Liegt eine Altlast vor, so kann die zuständige Behörde von den nach § 4 Abs. 3, 5 oder 6 Verpflichteten, soweit erforderlich, die Durchführung von Eigenkontrollmaßnahmen, insbesondere Boden- und Wasseruntersuchungen, sowie die Einrichtung und den Betrieb von Meßstellen verlangen. [2] Die Ergebnisse der Eigenkontrollmaßnahmen sind aufzuzeichnen und fünf Jahre lang aufzubewahren. [3] Die zuständige Behörde kann eine längerfristige Aufbewahrung anordnen, soweit dies im Einzelfall erforderlich ist. [4] Die zuständige Behörde kann Eigenkontrollmaßnahmen auch nach Durchführung von Dekontaminations-, Sicherungs- und Beschränkungsmaßnahmen anordnen. [5] Sie kann verlangen, daß die Eigenkontrollmaßnahmen von einem Sachverständigen nach § 18 durchgeführt werden.

(3) [1] Die Ergebnisse der Eigenkontrollmaßnahmen sind von den nach § 4 Abs. 3, 5 oder 6 Verpflichteten der zuständigen Behörde auf Verlangen mitzuteilen. [2] Sie hat diese Aufzeichnungen und die Ergebnisse ihrer Überwachungsmaßnahmen fünf Jahre lang aufzubewahren.

**§ 16 Ergänzende Anordnungen zur Altlastensanierung.** (1) Neben den im Zweiten Teil dieses Gesetzes vorgesehenen Anordnungen kann die zuständige Behörde zur Erfüllung der Pflichten, die sich aus dem Dritten Teil dieses Gesetzes ergeben, die erforderlichen Anordnungen treffen.

(2) Soweit ein für verbindlich erklärter Sanierungsplan im Sinne des § 13 Abs. 6 nicht vorliegt, schließen Anordnungen zur Durchsetzung der Pflichten nach § 4 andere die Sanierung betreffende behördliche Entscheidungen mit Ausnahme von Zulassungsentscheidungen für Vorhaben, die § 1 Absatz 1 Nummer 1 in Verbindung mit der Anlage 1 des Gesetzes über die Umweltverträglichkeitsprüfung[1)] oder kraft Landesrechts einer Umweltverträglichkeits-

---

[1)] Nr. 2.5.

prüfung unterliegen, mit ein, soweit sie im Einvernehmen mit der jeweils zuständigen Behörde erlassen und in der Anordnung die miteingeschlossenen Entscheidungen aufgeführt werden.

## Vierter Teil. Landwirtschaftliche Bodennutzung

**§ 17 Gute fachliche Praxis in der Landwirtschaft.** (1) [1] Bei der landwirtschaftlichen Bodennutzung wird die Vorsorgepflicht nach § 7 durch die gute fachliche Praxis erfüllt. [2] Die nach Landesrecht zuständigen landwirtschaftlichen Beratungsstellen sollen bei ihrer Beratungstätigkeit die Grundsätze der guten fachlichen Praxis nach Absatz 2 vermitteln.

(2) [1] Grundsätze der guten fachlichen Praxis der landwirtschaftlichen Bodennutzung sind die nachhaltige Sicherung der Bodenfruchtbarkeit und Leistungsfähigkeit des Bodens als natürlicher Ressource. [2] Zu den Grundsätzen der guten fachlichen Praxis gehört insbesondere, daß

1. die Bodenbearbeitung unter Berücksichtigung der Witterung grundsätzlich standortangepaßt zu erfolgen hat,
2. die Bodenstruktur erhalten oder verbessert wird,
3. Bodenverdichtungen, insbesondere durch Berücksichtigung der Bodenart, Bodenfeuchtigkeit und des von den zur landwirtschaftlichen Bodennutzung eingesetzten Geräten verursachten Bodendrucks, so weit wie möglich vermieden werden,
4. Bodenabträge durch eine standortangepaßte Nutzung, insbesondere durch Berücksichtigung der Hangneigung, der Wasser- und Windverhältnisse sowie der Bodenbedeckung, möglichst vermieden werden,
5. die naturbetonten Strukturelemente der Feldflur, insbesondere Hecken, Feldgehölze, Feldraine und Ackerterrassen, die zum Schutz des Bodens notwendig sind, erhalten werden,
6. die biologische Aktivität des Bodens durch entsprechende Fruchtfolgegestaltung erhalten oder gefördert wird und
7. der standorttypische Humusgehalt des Bodens, insbesondere durch eine ausreichende Zufuhr an organischer Substanz oder durch Reduzierung der Bearbeitungsintensität erhalten wird.

(3) Die Pflichten nach § 4 werden durch die Einhaltung der in § 3 Abs. 1 genannten Vorschriften erfüllt; enthalten diese keine Anforderungen an die Gefahrenabwehr und ergeben sich solche auch nicht aus den Grundsätzen der guten fachlichen Praxis nach Absatz 2, so gelten die übrigen Bestimmungen dieses Gesetzes.

## Fünfter Teil. Schlußvorschriften

**§ 18 Sachverständige und Untersuchungsstellen.** [1] Sachverständige und Untersuchungsstellen, die Aufgaben nach diesem Gesetz wahrnehmen, müssen die für diese Aufgaben erforderliche Sachkunde und Zuverlässigkeit besitzen sowie über die erforderliche gerätetechnische Ausstattung verfügen. [2] Die Länder können Einzelheiten der an Sachverständige und Untersuchungsstellen nach Satz 1 zu stellenden Anforderungen, Art und Umfang der von ihnen wahrzunehmenden Aufgaben, die Vorlage der Ergebnisse ihrer Tätigkeit und die Bekanntgabe von Sachverständigen, welche die Anforderungen nach Satz 1 erfüllen, regeln.

**§ 19 Datenübermittlung.** (1) ¹Soweit eine Datenübermittlung zwischen Bund und Ländern zur Erfüllung der jeweiligen Aufgaben dieses Gesetzes notwendig ist, werden Umfang, Inhalt und Kosten des gegenseitigen Datenaustausches in einer Verwaltungsvereinbarung zwischen Bund und Ländern geregelt. ²Die Übermittlung personenbezogener Daten ist unzulässig.

(2) Der Bund kann unter Verwendung der von Ländern übermittelten Daten ein länderübergreifendes Bodeninformationssystem für Bundesaufgaben einrichten.

**§ 20 Anhörung beteiligter Kreise.** ¹Soweit Ermächtigungen zum Erlaß von Rechtsverordnungen die Anhörung der beteiligten Kreise vorschreiben, ist ein jeweils auszuwählender Kreis von Vertretern der Wissenschaft, der Betroffenen, der Wirtschaft, Landwirtschaft, Forstwirtschaft, der Natur- und Umweltschutzverbände, des archäologischen Denkmalschutzes, der kommunalen Spitzenverbände und der für den Bodenschutz, die Altlasten, die geowissenschaftlichen Belange und die Wasserwirtschaft zuständigen obersten Landesbehörden zu hören. ²Sollen die in Satz 1 genannten Rechtsvorschriften Regelungen zur land- und forstwirtschaftlichen Bodennutzung enthalten, sind auch die für die Land- und Forstwirtschaft zuständigen obersten Landesbehörden zu hören.

**§ 21 Landesrechtliche Regelungen.** (1) Zur Ausführung des Zweiten und Dritten Teils dieses Gesetzes können die Länder ergänzende Verfahrensregelungen erlassen.

(2) Die Länder können bestimmen, daß über die im Dritten Teil geregelten altlastverdächtigen Flächen und Altlasten hinaus bestimmte Verdachtsflächen
1. von der zuständigen Behörde zu erfassen und
2. von den Verpflichteten der zuständigen Behörde mitzuteilen sind sowie

daß bei schädlichen Bodenveränderungen, von denen auf Grund von Art, Ausbreitung oder Menge der Schadstoffe in besonderem Maße Gefahren, erhebliche Nachteile oder erhebliche Belästigungen für den einzelnen oder die Allgemeinheit ausgehen,
1. Sanierungsuntersuchungen sowie die Erstellung von Sanierungsplänen und
2. die Durchführung von Eigenkontrollmaßnahmen

verlangt werden können.

(3) Die Länder können darüber hinaus Gebiete, in denen flächenhaft schädliche Bodenveränderungen auftreten oder zu erwarten sind, und die dort zu ergreifenden Maßnahmen bestimmen sowie weitere Regelungen über gebietsbezogene Maßnahmen des Bodenschutzes treffen.

(4) ¹Die Länder können bestimmen, daß für das Gebiet ihres Landes oder für bestimmte Teile des Gebiets Bodeninformationssysteme eingerichtet und geführt werden. ²Hierbei können insbesondere Daten von Dauerbeobachtungsflächen und Bodenzustandsuntersuchungen über die physikalische, chemische und biologische Beschaffenheit des Bodens und über die Bodennutzung erfaßt werden. ³Die Länder können regeln, daß Grundstückseigentümer und Inhaber der tatsächlichen Gewalt über ein Grundstück zur Duldung von Bodenuntersuchungen verpflichtet werden, die für Bodeninformationssysteme

erforderlich sind. ⁴Hierbei ist auf die berechtigten Belange dieser Personen Rücksicht zu nehmen und Ersatz für Schäden vorzusehen, die bei Untersuchungen verursacht werden.

**§ 22 Erfüllung von bindenden Beschlüssen der Europäischen Gemeinschaften.** (1) Zur Erfüllung von bindenden Beschlüssen der Europäischen Gemeinschaften kann die Bundesregierung zu dem in § 1 genannten Zweck mit Zustimmung des Bundesrates Rechtsverordnungen über die Festsetzung der in § 8 Abs. 1 und 2 genannten Werte einschließlich der notwendigen Maßnahmen zur Ermittlung und Überwachung dieser Werte erlassen.

(2) Die in Rechtsverordnungen nach Absatz 1 festgelegten Maßnahmen sind durch Anordnungen oder sonstige Entscheidungen der zuständigen Träger öffentlicher Verwaltungen nach diesem Gesetz oder nach anderen Rechtsvorschriften des Bundes und der Länder durchzusetzen; soweit planungsrechtliche Festlegungen vorgesehen sind, haben die zuständigen Planungsträger zu befinden, ob und inwieweit Planungen in Betracht zu ziehen sind.

**§ 23 Landesverteidigung.** (1) ¹Das Bundesministerium der Verteidigung kann Ausnahmen von diesem Gesetz und von den auf dieses Gesetz gestützten Rechtsverordnungen zulassen, soweit dies zwingende Gründe der Verteidigung oder die Erfüllung zwischenstaatlicher Verpflichtungen erfordern. ²Dabei ist der Schutz vor schädlichen Bodenveränderungen zu berücksichtigen.

(2) Die Bundesregierung wird ermächtigt, durch Rechtsverordnung mit Zustimmung des Bundesrates zu bestimmen, daß der Vollzug dieses Gesetzes und der auf dieses Gesetz gestützten Rechtsverordnungen im Geschäftsbereich des Bundesministeriums der Verteidigung und für die auf Grund völkerrechtlicher Verträge in der Bundesrepublik Deutschland stationierten Streitkräfte dem Bundesministerium der Verteidigung oder den von ihm bestimmten Stellen obliegt.

**§ 24 Kosten.** (1) ¹Die Kosten der nach § 9 Abs. 2, § 10 Abs. 1, §§ 12, 13, 14 Satz 1 Nr. 1, § 15 Abs. 2 und § 16 Abs. 1 angeordneten Maßnahmen tragen die zur Durchführung Verpflichteten. ²Bestätigen im Fall des § 9 Abs. 2 Satz 1 die Untersuchungen den Verdacht nicht oder liegen die Voraussetzungen des § 10 Abs. 2 vor, sind den zur Untersuchung Herangezogenen die Kosten zu erstatten, wenn sie die den Verdacht begründenden Umstände nicht zu vertreten haben. ³In den Fällen des § 14 Satz 1 Nr. 2 und 3 trägt derjenige die Kosten, von dem die Erstellung eines Sanierungsplans hätte verlangt werden können.

(2) ¹Mehrere Verpflichtete haben unabhängig von ihrer Heranziehung untereinander einen Ausgleichsanspruch. ²Soweit nichts anderes vereinbart wird, hängt die Verpflichtung zum Ausgleich sowie der Umfang des zu leistenden Ausgleichs davon ab, inwieweit die Gefahr oder der Schaden vorwiegend von dem einen oder dem anderen Teil verursacht worden ist; § 426 Abs. 1 Satz 2 des Bürgerlichen Gesetzbuches[1]) findet entsprechende Anwendung. ³Der Ausgleichsanspruch verjährt in drei Jahren; die §§ 438, 548 und 606 des Bürgerlichen Gesetzbuchs sind nicht anzuwenden. ⁴Die Verjährung beginnt nach der Beitreibung der Kosten, wenn eine Behörde Maßnahmen selbst ausführt, im übrigen nach der Beendigung der Maßnahmen durch den Verpflichteten zu

---

¹) Nr. **10.1**.

dem Zeitpunkt, zu dem der Verpflichtete von der Person des Ersatzpflichtigen Kenntnis erlangt. ⁵Der Ausgleichsanspruch verjährt ohne Rücksicht auf diese Kenntnis dreißig Jahre nach der Beendigung der Maßnahmen. ⁶Für Streitigkeiten steht der Rechtsweg vor den ordentlichen Gerichten offen.

**§ 25 Wertausgleich.** (1) ¹Soweit durch den Einsatz öffentlicher Mittel bei Maßnahmen zur Erfüllung der Pflichten nach § 4 der Verkehrswert eines Grundstücks nicht nur unwesentlich erhöht wird und der Eigentümer die Kosten hierfür nicht oder nicht vollständig getragen hat, hat er einen von der zuständigen Behörde festzusetzenden Wertausgleich in Höhe der maßnahmenbedingten Wertsteigerung an den öffentlichen Kostenträger zu leisten. ²Die Höhe des Ausgleichsbetrages wird durch die Höhe der eingesetzten öffentlichen Mittel begrenzt. ³Die Pflicht zum Wertausgleich entsteht nicht, soweit hinsichtlich der auf einem Grundstück vorhandenen schädlichen Bodenveränderungen oder Altlasten eine Freistellung von der Verantwortung oder der Kostentragungspflicht nach Artikel 1 § 4 Abs. 3 Satz 1 des Umweltrahmengesetzes vom 29. Juni 1990 (GBl. I Nr. 42 S. 649), zuletzt geändert durch Artikel 12 des Gesetzes vom 22. März 1991 (BGBl. I S. 766), in der jeweils geltenden Fassung erfolgt ist. ⁴Soweit Maßnahmen im Sinne des Satzes 1 in förmlich festgelegten Sanierungsgebieten oder Entwicklungsbereichen als Ordnungsmaßnahmen von der Gemeinde durchgeführt werden, wird die dadurch bedingte Erhöhung des Verkehrswertes im Rahmen des Ausgleichsbetrags nach § 154 des Baugesetzbuchs abgegolten.

(2) Die durch Sanierungsmaßnahmen bedingte Erhöhung des Verkehrswerts eines Grundstücks besteht aus dem Unterschied zwischen dem Wert, der sich für das Grundstück ergeben würde, wenn die Maßnahmen nicht durchgeführt worden wären (Anfangswert), und dem Verkehrswert, der sich für das Grundstück nach Durchführung der Erkundungs- und Sanierungsmaßnahmen ergibt (Endwert).

(3) ¹Der Ausgleichsbetrag wird fällig, wenn die Sicherung oder Sanierung abgeschlossen und der Betrag von der zuständigen Behörde festgesetzt worden ist. ²Die Pflicht zum Wertausgleich erlischt, wenn der Betrag nicht bis zum Ende des vierten Jahres nach Abschluß der Sicherung oder Sanierung festgesetzt worden ist.

(4) ¹Die zuständige Behörde hat von dem Wertausgleich nach Absatz 1 die Aufwendungen abzuziehen, die der Eigentümer für eigene Maßnahmen der Sicherung oder Sanierung oder die er für den Erwerb des Grundstücks im berechtigten Vertrauen darauf verwendet hat, daß keine schädlichen Bodenveränderungen oder Altlasten vorhanden sind. ²Kann der Eigentümer von Dritten Ersatz erlangen, so ist dies bei der Entscheidung nach Satz 1 zu berücksichtigen.

(5) ¹Im Einzelfall kann von der Festsetzung eines Ausgleichsbetrages ganz oder teilweise abgesehen werden, wenn dies im öffentlichen Interesse oder zur Vermeidung unbilliger Härten geboten ist. ²Werden dem öffentlichen Kostenträger Kosten der Sicherung oder Sanierung erstattet, so muß insoweit von der Festsetzung des Ausgleichsbetrages abgesehen, ein festgesetzter Ausgleichsbetrag erlassen oder ein bereits geleisteter Ausgleichsbetrag erstattet werden.

(6) ¹Der Ausgleichsbetrag ruht als öffentliche Last auf dem Grundstück. ²Das Bundesministerium der Justiz und für Verbraucherschutz wird ermächtigt,

durch Rechtsverordnung[1]) mit Zustimmung des Bundesrates die Art und Weise, wie im Grundbuch auf das Vorhandensein der öffentlichen Last hinzuweisen ist, zu regeln.

**§ 26 Bußgeldvorschriften.** (1) Ordnungswidrig handelt, wer vorsätzlich oder fahrlässig

1. einer Rechtsverordnung nach § 5 Satz 1, §§ 6, 8 Abs. 1 oder § 22 Abs. 1 oder einer vollziehbaren Anordnung auf Grund einer solchen Rechtsverordnung zuwiderhandelt, soweit die Rechtsverordnung für einen bestimmten Tatbestand auf diese Bußgeldvorschrift verweist,

2. einer vollziehbaren Anordnung nach § 10 Abs. 1 Satz 1 zuwiderhandelt, soweit sie sich auf eine Pflicht nach § 4 Abs. 3, 5 oder 6 bezieht,

3. einer vollziehbaren Anordnung nach § 13 Abs. 1 oder § 15 Abs. 2 Satz 1, 3 oder 4 zuwiderhandelt oder

4. entgegen § 15 Abs. 3 Satz 1 eine Mitteilung nicht, nicht richtig, nicht vollständig oder nicht rechtzeitig macht.

(2) Die Ordnungswidrigkeit kann in den Fällen des Absatzes 1 Nr. 2 mit einer Geldbuße bis zu fünfzigtausend Euro, in den übrigen Fällen mit einer Geldbuße bis zu zehntausend Euro geahndet werden.

---

[1]) Siehe die VO über die Eintragung des Bodenschutzlastvermerks v. 18.3.1999 (BGBl. I S. 497).

## 3.4.1. Bundes-Bodenschutz- und Altlastenverordnung (BBodSchV)[1)]

Vom 12. Juli 1999
(BGBl. I S. 1554)

**FNA 2129-32-1**

zuletzt geänd. durch Art. 5 Abs. 1 Satz 2 VO zur Einführung einer ErsatzbaustoffVO, zur Neufassung der Bundes-Bodenschutz- und AltlastenVO und zur Änd. der DeponieVO und der GewerbeabfallVO v. 9.7.2021 (BGBl. I S. 2598)

Auf Grund der §§ 6, 8 Abs. 1 und 2 und des § 13 Abs. 1 Satz 2 des Bundes-Bodenschutzgesetzes[2)] vom 17. März 1998 (BGBl. I S. 502) verordnet die Bundesregierung nach Anhörung der beteiligten Kreise:

### Erster Teil. Allgemeine Vorschriften

**§ 1 Anwendungsbereich.** Diese Verordnung gilt für

1. die Untersuchung und Bewertung von Verdachtsflächen, altlastverdächtigen Flächen, schädlichen Bodenveränderungen und Altlasten sowie für die Anforderungen an die Probennahme, Analytik und Qualitätssicherung nach § 8 Abs. 3 und § 9 des Bundes-Bodenschutzgesetzes[2)],
2. Anforderungen an die Gefahrenabwehr durch Dekontaminations- und Sicherungsmaßnahmen sowie durch sonstige Schutz- und Beschränkungsmaßnahmen nach § 4 Abs. 2 bis 5, § 8 Abs. 1 Satz 2 Nr. 3 des Bundes-Bodenschutzgesetzes,
3. ergänzende Anforderungen an Sanierungsuntersuchungen und Sanierungspläne bei bestimmten Altlasten nach § 13 Abs. 1 des Bundes-Bodenschutzgesetzes,
4. Anforderungen zur Vorsorge gegen das Entstehen schädlicher Bodenveränderungen nach § 7 des Bundes-Bodenschutzgesetzes einschließlich der Anforderungen an das Auf- und Einbringen von Materialien nach § 6 des Bundes-Bodenschutzgesetzes,
5. die Festlegung von Prüf- und Maßnahmenwerten sowie von Vorsorgewerten einschließlich der zulässigen Zusatzbelastung nach § 8 Abs. 1 Satz 2 Nr. 1 und 2 und Abs. 2 Nr. 1 und 2 des Bundes-Bodenschutzgesetzes.

**§ 2 Begriffsbestimmungen.** Im Sinne dieser Verordnung sind

1. Bodenmaterial:
Material aus Böden im Sinne des § 2 Abs. 1 des Bundes-Bodenschutzgesetzes[2)] und deren Ausgangssubstraten einschließlich Mutterboden, das im Zusammenhang mit Baumaßnahmen oder anderen Veränderungen der Erdoberfläche ausgehoben, abgeschoben oder behandelt wird;
2. Einwirkungsbereich:

---

[1)] **Aufgehoben mit Ablauf des 31.7.2023** durch Art. 5 Abs. 1 Satz 2 VO v. 9.7.2021 (BGBl. I S. 2598) v. 9.7.2021 (BGBl. I S. 2598); siehe ab dem 1.8.2023 die Bundes-Bodenschutz- und Altlastenverordnung 2023 v. 9.7.2021 (BGBl. I S. 2598, 2716).
[2)] Nr. **3.4**.

### 3.4.1 BBodSchV § 2   Bodenschutz- und AltlastenVO

Bereich, in dem von einem Grundstück im Sinne des § 2 Abs. 3 bis 6 des Bundes-Bodenschutzgesetzes Einwirkungen auf Schutzgüter zu erwarten sind oder in dem durch Einwirkungen auf den Boden die Besorgnis des Entstehens schädlicher Bodenveränderungen hervorgerufen wird;

3. Orientierende Untersuchung:
Örtliche Untersuchungen, insbesondere Messungen, auf der Grundlage der Ergebnisse der Erfassung zum Zweck der Feststellung, ob der Verdacht einer schädlichen Bodenveränderung oder Altlast ausgeräumt ist oder ein hinreichender Verdacht im Sinne des § 9 Abs. 2 Satz 1 des Bundes-Bodenschutzgesetzes besteht;

4. Detailuntersuchung:
Vertiefte weitere Untersuchung zur abschließenden Gefährdungsabschätzung, die insbesondere der Feststellung von Menge und räumlicher Verteilung von Schadstoffen, ihrer mobilen oder mobilisierbaren Anteile, ihrer Ausbreitungsmöglichkeiten in Boden, Gewässer und Luft sowie der Möglichkeit ihrer Aufnahme durch Menschen, Tiere und Pflanzen dient;

5. Sickerwasserprognose:
Abschätzung der von einer Verdachtsfläche, altlastverdächtigen Fläche, schädlichen Bodenveränderung oder Altlast ausgehenden oder in überschaubarer Zukunft zu erwartenden Schadstoffeinträge über das Sickerwasser in das Grundwasser, unter Berücksichtigung von Konzentrationen und Frachten und bezogen auf den Übergangsbereich von der ungesättigten zur wassergesättigten Zone;

6. Schadstoffe:
Stoffe und Zubereitungen, die auf Grund ihrer Gesundheitsschädlichkeit, ihrer Langlebigkeit oder Bioverfügbarkeit im Boden oder auf Grund anderer Eigenschaften und ihrer Konzentration geeignet sind, den Boden in seinen Funktionen zu schädigen oder sonstige Gefahren hervorzurufen;

7. Expositionsbedingungen:
Durch örtliche Gegebenheiten und die Grundstücksnutzung im Einzelfall geprägte Art und Weise, in der Schutzgüter der Wirkung von Schadstoffen ausgesetzt sein können;

8. Wirkungspfad:
Weg eines Schadstoffes von der Schadstoffquelle bis zu dem Ort einer möglichen Wirkung auf ein Schutzgut;

9. Hintergrundgehalt:
Schadstoffgehalt eines Bodens, der sich aus dem geogenen (natürlichen) Grundgehalt eines Bodens und der ubiquitären Stoffverteilung als Folge diffuser Einträge in den Boden zusammensetzt;

10. Erosionsfläche:
Fläche, von der Bodenmaterial mit Oberflächenabfluß abgespült wird;

11. Durchwurzelbare Bodenschicht:
Bodenschicht, die von den Pflanzenwurzeln in Abhängigkeit von den natürlichen Standortbedingungen durchdrungen werden kann.

Bodenschutz- und AltlastenVO  § 3  **BBodSchV** 3.4.1

## Zweiter Teil. Anforderungen an die Untersuchung und Bewertung von Verdachtsflächen und altlastverdächtigen Flächen

**§ 3 Untersuchung.** (1) ¹Anhaltspunkte für das Vorliegen einer Altlast bestehen bei einem Altstandort insbesondere, wenn auf Grundstücken über einen längeren Zeitraum oder in erheblicher Menge mit Schadstoffen umgegangen wurde und die jeweilige Betriebs-, Bewirtschaftungs- oder Verfahrensweise oder Störungen des bestimmungsgemäßen Betriebs nicht unerhebliche Einträge solcher Stoffe in den Boden vermuten lassen. ²Bei Altablagerungen sind diese Anhaltspunkte insbesondere dann gegeben, wenn die Art des Betriebs oder der Zeitpunkt der Stillegung den Verdacht nahelegen, daß Abfälle nicht sachgerecht behandelt, gelagert oder abgelagert wurden.

(2) ¹Absatz 1 Satz 1 gilt für schädliche Bodenveränderungen entsprechend. ²Anhaltspunkte für das Vorliegen einer schädlichen Bodenveränderung ergeben sich ergänzend zu Absatz 1 insbesondere durch allgemeine oder konkrete Hinweise auf

1. den Eintrag von Schadstoffen über einen längeren Zeitraum und in erheblicher Menge über die Luft oder Gewässer oder durch eine Aufbringung erheblicher Frachten an Abfällen oder Abwässer auf Böden,
2. eine erhebliche Freisetzung naturbedingt erhöhter Gehalte an Schadstoffen in Böden,
3. erhöhte Schadstoffgehalte in Nahrungs- oder Futterpflanzen am Standort,
4. das Austreten von Wasser mit erheblichen Frachten an Schadstoffen aus Böden oder Altablagerungen,
5. erhebliche Bodenabträge und -ablagerungen durch Wasser oder Wind.

³Einzubeziehen sind dabei auch Erkenntnisse auf Grund allgemeiner Untersuchungen oder Erfahrungswerte aus Vergleichssituationen insbesondere zur Ausbreitung von Schadstoffen.

(3) Liegen Anhaltspunkte nach Absatz 1 oder 2 vor, soll die Verdachtsfläche oder altlastverdächtige Fläche nach der Erfassung zunächst einer orientierenden Untersuchung unterzogen werden.

(4) ¹Konkrete Anhaltspunkte, die den hinreichenden Verdacht einer schädlichen Bodenveränderung oder Altlast begründen (§ 9 Abs. 2 Satz 1 des Bundes-Bodenschutzgesetzes[1])), liegen in der Regel vor, wenn Untersuchungen eine Überschreitung von Prüfwerten ergeben oder wenn auf Grund einer Bewertung nach § 4 Abs. 3 eine Überschreitung von Prüfwerten zu erwarten ist. ²Besteht ein hinreichender Verdacht im Sinne des Satzes 1 oder auf Grund sonstiger Feststellungen, soll eine Detailuntersuchung durchgeführt werden.

(5) ¹Bei Detailuntersuchungen soll auch festgestellt werden, ob sich aus räumlich begrenzten Anreicherungen von Schadstoffen innerhalb einer Verdachtsfläche oder altlastverdächtigen Fläche Gefahren ergeben und ob und wie eine Abgrenzung von nicht belasteten Flächen geboten ist. ²Von einer Detailuntersuchung kann abgesehen werden, wenn die von schädlichen Bodenveränderungen oder Altlasten ausgehenden Gefahren, erheblichen Nachteile oder

---

[1]) Nr. **3.4**.

erheblichen Belästigungen nach Feststellung der zuständigen Behörde mit einfachen Mitteln abgewehrt oder sonst beseitigt werden können.

(6) Soweit auf Grund der örtlichen Gegebenheiten oder nach den Ergebnissen von Bodenluftuntersuchungen Anhaltspunkte für die Ausbreitung von flüchtigen Schadstoffen aus einer Verdachtsfläche oder altlastverdächtigen Fläche in *Gebäude*[1] bestehen, soll eine Untersuchung der Innenraumluft erfolgen; die Aufgaben und Befugnisse anderer Behörden bleiben unberührt.

(7) Im Rahmen von Untersuchungsanordnungen nach § 9 Abs. 2 Satz 1 des Bundes-Bodenschutzgesetzes kommen auch wiederkehrende Untersuchungen der Schadstoffausbreitung und der hierfür maßgebenden Umstände in Betracht.

(8) Die Anforderungen an die Untersuchung von Böden, Bodenmaterial und sonstigen Materialien sowie von Bodenluft, Deponiegas und Sickerwasser bestimmen sich im übrigen nach Anhang 1.

**§ 4 Bewertung.** (1) Die Ergebnisse der orientierenden Untersuchungen sind nach dieser Verordnung unter Beachtung der Gegebenheiten des Einzelfalls insbesondere auch anhand von Prüfwerten zu bewerten.

(2) [1] Liegen der Gehalt oder die Konzentration eines Schadstoffes unterhalb des jeweiligen Prüfwertes in Anhang 2, ist insoweit der Verdacht einer schädlichen Bodenveränderung oder Altlast ausgeräumt. [2] Wird ein Prüfwert nach Anhang 2 Nr. 3 am Ort der Probennahmen überschritten, ist im Einzelfall zu ermitteln, ob die Schadstoffkonzentration im Sickerwasser am Ort der Beurteilung den Prüfwert übersteigt. [3] Maßnahmen im Sinne des § 2 Abs. 7 oder 8 des Bundes-Bodenschutzgesetzes[2] können bereits dann erforderlich sein, wenn im Einzelfall alle bei der Ableitung eines Prüfwertes nach Anhang 2 angenommenen ungünstigen Umstände zusammentreffen und der Gehalt oder die Konzentration eines Schadstoffes geringfügig oberhalb des jeweiligen Prüfwertes in Anhang 2 liegt.

(3) [1] Zur Bewertung der von Verdachtsflächen oder altlastverdächtigen Flächen ausgehenden Gefahren für das Grundwasser ist eine Sickerwasserprognose zu erstellen. [2] Wird eine Sickerwasserprognose auf Untersuchungen nach Anhang 1 Nr. 3.3 gestützt, ist im Einzelfall insbesondere abzuschätzen und zu bewerten, inwieweit zu erwarten ist, daß die Schadstoffkonzentration im Sickerwasser den Prüfwert am Ort der Beurteilung überschreitet. [3] Ort der Beurteilung ist der Bereich des Übergangs von der ungesättigten in die gesättigte Zone.

(4) Die Ergebnisse der Detailuntersuchung sind nach dieser Verordnung unter Beachtung der Gegebenheiten des Einzelfalls, insbesondere auch anhand von Maßnahmenwerten, daraufhin zu bewerten, inwieweit Maßnahmen nach § 2 Abs. 7 oder 8 des Bundes-Bodenschutzgesetzes erforderlich sind.

(5) [1] Soweit in dieser Verordnung für einen Schadstoff kein Prüf- oder Maßnahmenwert festgesetzt ist, sind für die Bewertung die zur Ableitung der entsprechenden Werte in Anhang 2 herangezogenen Methoden und Maßstäbe zu beachten. [2] Diese sind im Bundesanzeiger Nr. 161a vom 28. August 1999 veröffentlicht.

---

[1] Richtig wohl: „Gebäuden".
[2] Nr. **3.4**.

(6) Liegt innerhalb einer Verdachtsfläche oder altlastverdächtigen Fläche auf Teilflächen eine von der vorherrschenden Nutzung abweichende empfindlichere Nutzung vor, sind diese Teilflächen nach den für ihre Nutzung jeweils festgesetzten Maßstäben zu bewerten.

(7) [1] Liegen im Einzelfall Erkenntnisse aus Grundwasseruntersuchungen vor, sind diese bei der Bewertung im Hinblick auf Schadstoffeinträge in das Grundwasser zu berücksichtigen. [2] Wenn erhöhte Schadstoffkonzentrationen im Sickerwasser oder andere Schadstoffausträge auf Dauer nur geringe Schadstofffrachten und nur lokal begrenzt erhöhte Schadstoffkonzentrationen in Gewässern erwarten lassen, ist dieser Sachverhalt bei der Prüfung der Verhältnismäßigkeit von Untersuchungs- und Sanierungsmaßnahmen zu berücksichtigen. [3] Wasserrechtliche Vorschriften bleiben unberührt.

(8) [1] Eine schädliche Bodenveränderung besteht nicht bei Böden mit naturbedingt erhöhten Gehalten an Schadstoffen allein auf Grund dieser Gehalte, soweit diese Stoffe nicht durch Einwirkungen auf den Boden in erheblichem Umfang freigesetzt wurden oder werden. [2] Bei Böden mit großflächig siedlungsbedingt erhöhten Schadstoffgehalten kann ein Vergleich dieser Gehalte mit den im Einzelfall ermittelten Schadstoffgehalten in die Gefahrenbeurteilung einbezogen werden.

## Dritter Teil. Anforderungen an die Sanierung von schädlichen Bodenveränderungen und Altlasten

### § 5 Sanierungsmaßnahmen, Schutz- und Beschränkungsmaßnahmen.

(1) [1] Dekontaminationsmaßnahmen sind zur Sanierung geeignet, wenn sie auf technisch und wirtschaftlich durchführbaren Verfahren beruhen, die ihre praktische Eignung zur umweltverträglichen Beseitigung oder Verminderung der Schadstoffe gesichert erscheinen lassen. [2] Dabei sind auch die Folgen des Eingriffs insbesondere für Böden und Gewässer zu berücksichtigen. [3] Nach Abschluß einer Dekontaminationsmaßnahme ist das Erreichen des Sanierungsziels gegenüber der zuständigen Behörde zu belegen.

(2) [1] Wenn Schadstoffe nach § 4 Abs. 5 des Bundes-Bodenschutzgesetzes[1]) zu beseitigen sind und eine Vorbelastung besteht, sind vom Pflichtigen grundsätzlich die Leistungen zu verlangen, die er ohne Vorbelastung zu erbringen hätte. [2] Die zuvor bestehenden Nutzungsmöglichkeiten des Grundstücks sollen wiederhergestellt werden.

(3) [1] Sicherungsmaßnahmen sind zur Sanierung geeignet, wenn sie gewährleisten, daß durch die im Boden oder in Altlasten verbleibenden Schadstoffe dauerhaft keine Gefahren, erheblichen Nachteile oder erheblichen Belästigungen für den einzelnen oder die Allgemeinheit entstehen. [2] Hierbei ist das Gefahrenpotential der im Boden verbleibenden Schadstoffe und deren Umwandlungsprodukte zu berücksichtigen. [3] Eine nachträgliche Wiederherstellung der Sicherungswirkung im Sinne des Satzes 1 muß möglich sein. [4] Die Wirksamkeit von Sicherungsmaßnahmen ist gegenüber der zuständigen Behörde zu belegen und dauerhaft zu überwachen.

---

[1]) Nr. **3.4**.

(4) Als Sicherungsmaßnahme kommt auch eine geeignete Abdeckung schädlich veränderter Böden oder Altlasten mit einer Bodenschicht oder eine Versiegelung in Betracht.

(5) [1] Auf land- und forstwirtschaftlich genutzten Flächen kommen bei schädlichen Bodenveränderungen oder Altlasten vor allem Schutz- und Beschränkungsmaßnahmen durch Anpassungen der Nutzung und der Bewirtschaftung von Böden sowie Veränderungen der Bodenbeschaffenheit in Betracht. [2] Über die getroffenen Schutz- und Beschränkungsmaßnahmen sind Aufzeichnungen zu führen. [3] Mit der zuständigen landwirtschaftlichen Fachbehörde ist Einvernehmen herbeizuführen. [4] § 17 Abs. 3 des Bundes-Bodenschutzgesetzes bleibt unberührt.

(6) Soll abgeschobenes, ausgehobenes oder behandeltes Material im Rahmen der Sanierung im Bereich derselben schädlichen Bodenveränderung oder Altlast oder innerhalb des Gebietes eines für verbindlich erklärten Sanierungsplans wieder auf- oder eingebracht oder umgelagert werden, sind die Anforderungen nach § 4 Abs. 3 des Bundes-Bodenschutzgesetzes zu erfüllen.

## Vierter Teil. Ergänzende Vorschriften für Altlasten

**§ 6 Sanierungsuntersuchung und Sanierungsplanung.** (1) Bei Sanierungsuntersuchungen ist insbesondere auch zu prüfen, mit welchen Maßnahmen eine Sanierung im Sinne des § 4 Abs. 3 des Bundes-Bodenschutzgesetzes[1]) erreicht werden kann, inwieweit Veränderungen des Bodens nach der Sanierung verbleiben und welche rechtlichen, organisatorischen und finanziellen Gegebenheiten für die Durchführung der Maßnahmen von Bedeutung sind.

(2) [1] Bei der Erstellung eines Sanierungsplans sind die Maßnahmen nach § 13 Abs. 1 Satz 1 Nr. 3 des Bundes-Bodenschutzgesetzes textlich und zeichnerisch vollständig darzustellen. [2] In dem Sanierungsplan ist darzulegen, daß die vorgesehenen Maßnahmen geeignet sind, dauerhaft Gefahren, erhebliche Nachteile oder erhebliche Belästigungen für den einzelnen oder die Allgemeinheit zu vermeiden. [3] Darzustellen sind insbesondere auch die Auswirkungen der Maßnahmen auf die Umwelt und die voraussichtlichen Kosten sowie die erforderlichen Zulassungen, auch soweit ein verbindlicher Sanierungsplan nach § 13 Abs. 6 des Bundes-Bodenschutzgesetzes diese nicht einschließen kann.

(3) Die Anforderungen an eine Sanierungsuntersuchung und an einen Sanierungsplan bestimmen sich im übrigen nach Anhang 3.

## Fünfter Teil. Ausnahmen

**§ 7 Ausnahmen.** Auf schädliche Bodenveränderungen und Altlasten, bei denen nach Feststellung der zuständigen Behörde Gefahren, erhebliche Nachteile oder erhebliche Belästigungen mit einfachen Mitteln abgewehrt oder sonst beseitigt werden können, findet § 6 keine Anwendung.

---

[1]) Nr. 3.4.

**Sechster Teil. Ergänzende Vorschriften für die Gefahrenabwehr von schädlichen Bodenveränderungen auf Grund von Bodenerosion durch Wasser**

**§ 8 Gefahrenabwehr von schädlichen Bodenveränderungen auf Grund von Bodenerosion durch Wasser.** (1) Von dem Vorliegen einer schädlichen Bodenveränderung auf Grund von Bodenerosion durch Wasser ist insbesondere dann auszugehen, wenn

1. durch Oberflächenabfluß erhebliche Mengen Bodenmaterials aus einer Erosionsfläche geschwemmt wurden und

2. weitere Bodenabträge gemäß Nummer 1 zu erwarten sind.

(2) Anhaltspunkte für das Vorliegen einer schädlichen Bodenveränderung auf Grund von Bodenerosion durch Wasser ergeben sich insbesondere, wenn außerhalb der vermeintlichen Erosionsfläche gelegene Bereiche durch abgeschwemmtes Bodenmaterial befrachtet wurden.

(3) [1]Bestehen Anhaltspunkte nach Absatz 2, ist zu ermitteln, ob eine schädliche Bodenveränderung auf Grund von Bodenerosion durch Wasser vorliegt. [2]Ist feststellbar, auf welche Erosionsfläche die Bodenabschwemmung zurückgeführt werden kann und daß aus dieser erhebliche Mengen Bodenmaterials abgeschwemmt wurden, so ist zu prüfen, ob die Voraussetzungen des Absatzes 1 Nr. 2 erfüllt sind.

(4) [1]Die Bewertung der Ergebnisse der Untersuchungen erfolgt einzelfallbezogen unter Berücksichtigung der Besonderheiten des Standortes. [2]Weitere Bodenabträge sind zu erwarten, wenn

1. in den zurückliegenden Jahren bereits mehrfach erhebliche Mengen Bodenmaterials aus derselben Erosionsfläche geschwemmt wurden oder

2. sich aus den Standortdaten und den Daten über die langjährigen Niederschlagsverhältnisse des Gebietes ergibt, daß in einem Zeitraum von zehn Jahren mit hinreichender Wahrscheinlichkeit mit dem erneuten Eintritt von Bodenabträgen gemäß Absatz 1 Nr. 1 zu rechnen ist.

(5) Die weiteren Anforderungen an die Untersuchung und Bewertung von Flächen, bei denen der Verdacht einer schädlichen Bodenveränderung auf Grund von Bodenerosion durch Wasser vorliegt, sind in Anhang 4 bestimmt.

(6) [1]Wird die Erosionsfläche landwirtschaftlich genutzt, ist der zuständigen Beratungsstelle gemäß § 17 des Bundes-Bodenschutzgesetzes[1]) die Gelegenheit zu geben, im Rahmen der Beratung geeignete erosionsmindernde Maßnahmen für die Nutzung der Erosionsfläche zu empfehlen. [2]Bei Anordnungen ist Einvernehmen mit der zuständigen landwirtschaftlichen Fachbehörde herbeizuführen.

---

[1]) Nr. 3.4.

**Siebter Teil. Vorsorge gegen das Entstehen schädlicher Bodenveränderungen**

**§ 9 Besorgnis schädlicher Bodenveränderungen.** (1) ¹Das Entstehen schädlicher Bodenveränderungen nach § 7 des Bundes-Bodenschutzgesetzes[1] ist in der Regel zu besorgen, wenn

1. Schadstoffgehalte im Boden gemessen werden, die die Vorsorgewerte nach Anhang 2 Nr. 4 überschreiten, oder
2. eine erhebliche Anreicherung von anderen Schadstoffen erfolgt, die auf Grund ihrer krebserzeugenden, erbgutverändernden, fortpflanzungsgefährdenden oder toxischen Eigenschaften in besonderem Maße geeignet sind, schädliche Bodenveränderungen herbeizuführen.

²§ 17 Abs. 1 des Bundes-Bodenschutzgesetzes bleibt unberührt.

(2) Bei Böden mit naturbedingt erhöhten Schadstoffgehalten besteht die Besorgnis des Entstehens schädlicher Bodenveränderungen bei einer Überschreitung der Vorsorgewerte nach Anhang 2 Nr. 4 nur, wenn eine erhebliche Freisetzung von Schadstoffen oder zusätzliche Einträge durch die nach § 7 Satz 1 des Bundes-Bodenschutzgesetzes Verpflichteten nachteilige Auswirkungen auf die Bodenfunktionen erwarten lassen.

(3) Absatz 2 gilt entsprechend bei Böden mit großflächig siedlungsbedingt erhöhten Schadstoffgehalten.

**§ 10 Vorsorgeanforderungen.** (1) ¹Sind die Voraussetzungen des § 9 Abs. 1 Satz 1 Nr. 1, Abs. 2 oder 3 gegeben, hat der nach § 7 des Bundes-Bodenschutzgesetzes[1] Verpflichtete Vorkehrungen zu treffen, um weitere durch ihn auf dem Grundstück und dessen Einwirkungsbereich verursachte Schadstoffeinträge zu vermeiden oder wirksam zu vermindern, soweit dies auch im Hinblick auf den Zweck der Nutzung des Grundstücks verhältnismäßig ist. ²Dazu gehören auch technische Vorkehrungen an Anlagen oder Verfahren sowie Maßnahmen zur Untersuchung und Überwachung von Böden. ³Für die Untersuchung gilt Anhang 1 entsprechend.

(2) ¹Einträge von Schadstoffen im Sinne des § 9 Abs. 1 Satz 1 Nr. 2, für die keine Vorsorgewerte festgesetzt sind, sind nach Maßgabe von Absatz 1 soweit technisch möglich und wirtschaftlich vertretbar zu begrenzen. ²Dies gilt insbesondere für die Stoffe, die nach der Gefahrstoffverordnung[2] als krebserzeugend, erbgutverändernd oder fortpflanzungsgefährdend eingestuft sind.

**§ 11 Zulässige Zusatzbelastung.** (1) ¹Werden die in Anhang 2 Nr. 4.1 festgesetzten Vorsorgewerte bei einem Schadstoff überschritten, ist insoweit eine Zusatzbelastung bis zur Höhe der in Anhang 2 Nr. 5 festgesetzten jährlichen Frachten des Schadstoffes zulässig. ²Dabei sind die Einwirkungen auf den Boden über Luft und Gewässer sowie durch unmittelbare Einträge zu beachten.

(2) Soweit die in Anhang 2 Nr. 5 festgesetzte zulässige Zusatzbelastung bei einem Schadstoff überschritten ist, sind die geogenen oder großflächig siedlungsbedingten Vorbelastungen im Einzelfall zu berücksichtigen.

---

[1] Nr. **3.4**.
[2] Nr. **9.1.3**.

Bodenschutz- und AltlastenVO  **§ 12  BBodSchV 3.4.1**

(3) Die in Anhang 2 Nr. 5 festgesetzten Frachten bestimmen nicht im Sinne des § 3 Abs. 3 Satz 2 des Bundes-Bodenschutzgesetzes[1], welche Zusatzbelastungen durch den Betrieb einer Anlage nicht als ursächlicher Beitrag zum Entstehen schädlicher Bodenveränderungen anzusehen sind.

**§ 12 Anforderungen an das Aufbringen und Einbringen von Materialien auf oder in den Boden.** (1) Zur Herstellung einer durchwurzelbaren Bodenschicht dürfen in und auf Böden nur Bodenmaterial sowie Baggergut nach DIN 19731 (Ausgabe 5/98) und Gemische von Bodenmaterial mit solchen Abfällen, die die stofflichen Qualitätsanforderungen der nach § 11 des Kreislaufwirtschaftsgesetzes[2] und § 8 des bis zum 1. Juni 2012 geltenden Kreislaufwirtschafts- und Abfallgesetzes erlassenen Verordnungen erfüllen, auf- und eingebracht werden.

(2) [1]Das Auf- und Einbringen von Materialien auf oder in eine durchwurzelbare Bodenschicht oder zur Herstellung einer durchwurzelbaren Bodenschicht im Rahmen von Rekultivierungsvorhaben einschließlich Wiedernutzbarmachung ist zulässig, wenn

– insbesondere nach Art, Menge, Schadstoffgehalten und physikalischen Eigenschaften der Materialien sowie nach den Schadstoffgehalten der Böden am Ort des Auf- oder Einbringens die Besorgnis des Entstehens schädlicher Bodenveränderungen gemäß § 7 Satz 2 des Bundes-Bodenschutzgesetzes[1] und § 9 dieser Verordnung nicht hervorgerufen wird und

– mindestens eine der in § 2 Abs. 2 Nr. 1 und 3 Buchstabe b und c des Bundes-Bodenschutzgesetzes genannten Bodenfunktionen nachhaltig gesichert oder wiederhergestellt wird.

[2]Die Zwischenlagerung und die Umlagerung von Bodenmaterial auf Grundstücken im Rahmen der Errichtung oder des Umbaus von baulichen und betrieblichen Anlagen unterliegen nicht den Regelungen dieses Paragraphen, wenn das Bodenmaterial am Herkunftsort wiederverwendet wird.

(3) [1]Die nach § 7 des Bundes-Bodenschutzgesetzes Pflichtigen haben vor dem Auf- und Einbringen die notwendigen Untersuchungen der Materialien nach den Vorgaben in Anhang 1 durchzuführen oder zu veranlassen. [2]Die nach § 10 Abs. 1 des Bundes-Bodenschutzgesetzes zuständige Behörde kann weitere Untersuchungen hinsichtlich der Standort- und Bodeneigenschaften anordnen, wenn das Entstehen einer schädlichen Bodenveränderung zu besorgen ist; hierbei sind die Anforderungen nach DIN 19731 (Ausgabe 5/98) zu beachten.

(4) Bei landwirtschaftlicher Folgenutzung sollen im Hinblick auf künftige unvermeidliche Schadstoffeinträge durch Bewirtschaftungsmaßnahmen oder atmosphärische Schadstoffeinträge die Schadstoffgehalte in der entstandenen durchwurzelbaren Bodenschicht 70 Prozent der Vorsorgewerte nach Anhang 2 Nr. 4 nicht überschreiten.

(5) Beim Aufbringen von Bodenmaterial auf landwirtschaftlich einschließlich gartenbaulich genutzte Böden ist deren Ertragsfähigkeit nachhaltig zu sichern oder wiederherzustellen und darf nicht dauerhaft verringert werden.

(6) Bei der Herstellung einer durchwurzelbaren Bodenschicht für eine landwirtschaftliche Folgenutzung im Rahmen von Rekultivierungsvorhaben ein-

---
[1] Nr. 3.4.
[2] Nr. 5.1.

## 3.4.1 BBodSchV § 13

schließlich Wiedernutzbarmachung soll nach Art, Menge und Schadstoffgehalt geeignetes Bodenmaterial auf- oder eingebracht werden.

(7) [1] Die Nährstoffzufuhr durch das Auf- und Einbringen von Materialien in und auf den Boden ist nach Menge und Verfügbarkeit dem Pflanzenbedarf der Folgevegetation anzupassen, um insbesondere Nährstoffeinträge in Gewässer weitestgehend zu vermeiden. [2] DIN 18919 (Ausgabe 09/90) ist zu beachten.

(8) [1] Von dem Auf- und Einbringen von Materialien sollen Böden, welche die Bodenfunktionen nach § 2 Abs. 2 Nr. 1 und 2 des Bundes-Bodenschutzgesetzes im besonderen Maße erfüllen, ausgeschlossen werden. [2] Dies gilt auch für Böden im Wald, in Wasserschutzgebieten nach § 51 Abs. 1 des Wasserhaushaltsgesetzes[1)], in Naturschutzgebieten, Nationalparken, Nationalen Naturmonumenten, Biosphärenreservaten, Naturdenkmälern, geschützten Landschaftsbestandteilen, Natura 2000-Gebieten und gesetzlich geschützten Biotopen im Sinne des § 30 des Bundesnaturschutzgesetzes[2)] sowie für die Böden der Kernzonen von Naturschutzgroßprojekten des Bundes von gesamtstaatlicher Bedeutung. [3] Die fachlich zuständigen Behörden können hiervon Abweichungen zulassen, wenn ein Auf- und Einbringen aus forst- oder naturschutzfachlicher Sicht oder zum Schutz des Grundwassers erforderlich ist.

(9) [1] Beim Auf- und Einbringen von Materialien auf oder in den Boden sollen Verdichtungen, Vernässungen und sonstige nachteilige Bodenveränderungen durch geeignete technische Maßnahmen sowie durch Berücksichtigung der Menge und des Zeitpunktes des Aufbringens vermieden werden. [2] Nach Aufbringen von Materialien mit einer Mächtigkeit von mehr als 20 Zentimetern ist auf die Sicherung oder den Aufbau eines stabilen Bodengefüges hinzuwirken. [3] DIN 19731 (Ausgabe 5/98) ist zu beachten.

(10) [1] In Gebieten mit erhöhten Schadstoffgehalten in Böden ist eine Verlagerung von Bodenmaterial innerhalb des Gebietes zulässig, wenn die in § 2 Abs. 2 Nr. 1 und 3 Buchstabe b und c des Bundes-Bodenschutzgesetzes genannten Bodenfunktionen nicht zusätzlich beeinträchtigt werden und insbesondere die Schadstoffsituation am Ort des Aufbringens nicht nachteilig verändert wird. [2] Die Gebiete erhöhter Schadstoffgehalte können von der zuständigen Behörde festgelegt werden. [3] Dabei kann die zuständige Behörde auch Abweichungen von den Absätzen 3 und 4 zulassen.

(11) § 5 Abs. 6 bleibt unberührt.

(12) Absatz 3 gilt nicht für das Auf- und Einbringen von Bodenmaterial auf die landwirtschaftliche Nutzfläche nach lokal begrenzten Erosionsereignissen oder zur Rückführung von Bodenmaterial aus der Reinigung landwirtschaftlicher Ernteprodukte.

### Achter Teil. Schlußbestimmungen
### § 13 Zugänglichkeit von technischen Regeln und Normblättern.

(1) [1] Technische Regeln und Normblätter, auf die in dieser Verordnung verwiesen wird, sind beim Deutschen Patentamt archivmäßig gesichert hinterlegt. [2] Die Bezugsquellen sind in Anhang 1 Nr. 6.2 aufgeführt.

---
[1)] Nr. **4.1**.
[2)] Nr. **3.1**.

(2) Verweisungen auf Entwürfe von technischen Normen in den Anhängen beziehen sich jeweils auf die Fassung, die zu dem in der Verweisung angegebenen Zeitpunkt veröffentlicht ist.

**§ 14 Inkrafttreten.** Diese Verordnung tritt am Tage nach der Verkündung[1] in Kraft.

### Anhang 1

#### Anforderungen an die Probennahme, Analytik und Qualitätssicherung bei der Untersuchung

*(Hier nicht wiedergegeben.)*

### Anhang 2

#### Maßnahmen-, Prüf- und Vorsorgewerte

*(Hier nicht wiedergegeben.)*

### Anhang 3

#### Anforderungen an Sanierungsuntersuchungen und den Sanierungsplan

*(Hier nicht wiedergegeben.)*

### Anhang 4

#### Anforderungen an die Untersuchung und Bewertung von Flächen, bei denen der Verdacht einer schädlichen Bodenveränderung auf Grund von Bodenerosion durch Wasser vorliegt

*(Hier nicht wiedergegeben.)*

---

[1] Verkündet am 16.7.1999.

## 4.1. Gesetz zur Ordnung des Wasserhaushalts (Wasserhaushaltsgesetz – WHG) [1)2)3)4)]

Vom 31. Juli 2009
(BGBl. I S. 2585)

**FNA 753-13**

zuletzt geänd. durch Art. 2 G zur Umsetzung von Vorgaben der RL (EU) 2018/2001 für Zulassungsverfahren nach dem Bundes-ImmissionsschutzG, dem WasserhaushaltsG und dem Bundeswasserstraßen G v. 18.8.2021 (BGBl. I S. 3901)

### Kapitel 1. Allgemeine Bestimmungen

**§ 1 Zweck.** Zweck dieses Gesetzes ist es, durch eine nachhaltige Gewässerbewirtschaftung die Gewässer als Bestandteil des Naturhaushalts, als Lebensgrundlage des Menschen, als Lebensraum für Tiere und Pflanzen sowie als nutzbares Gut zu schützen.

**§ 2 Anwendungsbereich.** (1) ¹Dieses Gesetz gilt für folgende Gewässer:
1. oberirdische Gewässer,

---

[1)] **Amtl. Anm.:** Dieses Gesetz dient der Umsetzung der
- Richtlinie 80/68/EWG des Rates vom 17. Dezember 1979 über den Schutz des Grundwassers gegen Verschmutzung durch bestimmte gefährliche Stoffe (ABl. L 20 vom 26.1.1980, S. 43), die durch die Richtlinie 2000/60/EG (ABl. L 327 vom 22.12.2000, S. 1) geändert worden ist,
- Richtlinie 91/271/EWG des Rates vom 21. Mai 1991 über die Behandlung von kommunalem Abwasser (ABl. L 135 vom 30.5.1991, S. 40), die zuletzt durch die Verordnung (EG) Nr. 1137/2008 (ABl. L 311 vom 21.11.2008, S. 1) geändert worden ist,
- Richtlinie 2000/60/EG des Europäischen Parlaments und des Rates vom 23. Oktober 2000 zur Schaffung eines Ordnungsrahmens für Maßnahmen der Gemeinschaft im Bereich der Wasserpolitik (ABl. L 327 vom 22.12.2000, S. 1), die zuletzt durch die Richtlinie 2008/105/EG (ABl. L 348 vom 24.12.2008, S. 84) geändert worden ist,
- Richtlinie 2004/35/EG des Europäischen Parlaments und des Rates vom 21. April 2004 über Umwelthaftung zur Vermeidung und Sanierung von Umweltschäden (ABl. L 143 vom 30.4.2004, S. 56), die durch die Richtlinie 2006/21/EG (ABl. L 102 vom 11.4.2006, S. 15) geändert worden ist,
- Richtlinie 2006/11/EG des Europäischen Parlaments und des Rates vom 15. Februar 2006 betreffend die Verschmutzung infolge der Ableitung bestimmter gefährlicher Stoffe in die Gewässer der Gemeinschaft (ABl. L 64 vom 4.3.2006, S. 52),
- Richtlinie 2006/118/EG des Europäischen Parlaments und des Rates vom 12. Dezember 2006 zum Schutz des Grundwassers vor Verschmutzung und Verschlechterung (ABl. L 372 vom 27.12.2006, S. 19, L 53 vom 22.2.2007, S. 30, L 139 vom 31.5.2007, S. 39),
- Richtlinie 2007/60/EG des Europäischen Parlaments und des Rates vom 23. Oktober 2007 über die Bewertung und das Management von Hochwasserrisiken (ABl. L 288 vom 6.11.2007, S. 27).

[2)] **Amtl. Anm.:** Die Verpflichtungen aus der Richtlinie 98/34/EG des Europäischen Parlaments und des Rates vom 22. Juni 1998 über ein Informationsverfahren auf dem Gebiet der Normen und technischen Vorschriften und der Vorschriften für die Dienste der Informationsgesellschaft (ABl. L 204 vom 21.7.1998, S. 37), die zuletzt durch die Richtlinie 2006/96/EG (ABl. L 363 vom 20.12.2006, S. 81) geändert worden ist, sind beachtet worden.

[3)] Verkündet als Art. 1 des G zur Neuregelung des Wasserrechts v. 31.7.2009 (BGBl. I S. 2585); Inkrafttreten gem. Art. 24 Abs. 2 Satz 1 dieses G am 1.3.2010 mit Ausnahme der §§ 23, 48 Abs. 1 Satz 2 und Satz 3, § 57 Abs. 2, § 58 Abs. 1 Satz 2 § 61 Abs. 3, § 62 Abs. 4 und 7 Satz 2 und § 63 Abs. 2 Satz 2, die gem. Art. 24 Abs. 1 bereits am 7.8.2009 in Kraft getreten sind.

[4)] Zur Sicherstellung ordnungsgemäßer Planungs-und Genehmigungsverfahren während der COVID-19-Pandemie siehe das PlanungssicherstellungsG v. 20.5.2020 (BGBl. I S. 1041), zuletzt geänd. durch G v. 18.3.2021 (BGBl. I S. 353).

2. Küstengewässer,
3. Grundwasser.
²Es gilt auch für Teile dieser Gewässer.

(1a) ¹Für Meeresgewässer gelten die Vorschriften des § 23, des Kapitels 2 Abschnitt 3a und des § 90. ²Die für die Bewirtschaftung der Küstengewässer geltenden Vorschriften bleiben unberührt.

(2)[1] ¹Die Länder können kleine Gewässer von wasserwirtschaftlich untergeordneter Bedeutung, insbesondere Straßenseitengräben als Bestandteil von Straßen, Be- und Entwässerungsgräben, sowie Heilquellen von den Bestimmungen dieses Gesetzes ausnehmen. ²Dies gilt nicht für die Haftung für Gewässerveränderungen nach den §§ 89 und 90.

**§ 3 Begriffsbestimmungen.** Für dieses Gesetz gelten folgende Begriffsbestimmungen:

1. Oberirdische Gewässer
das ständig oder zeitweilig in Betten fließende oder stehende oder aus Quellen wild abfließende Wasser;
2. Küstengewässer
das Meer zwischen der Küstenlinie bei mittlerem Hochwasser oder zwischen der seewärtigen Begrenzung der oberirdischen Gewässer und der seewärtigen Begrenzung des Küstenmeeres; die seewärtige Begrenzung von oberirdischen Gewässern, die nicht Binnenwasserstraßen des Bundes sind, richtet sich nach den landesrechtlichen Vorschriften;
2a. Meeresgewässer
die Küstengewässer sowie die Gewässer im Bereich der deutschen ausschließlichen Wirtschaftszone und des Festlandsockels, jeweils einschließlich des Meeresgrundes und des Meeresuntergrundes;
3. Grundwasser
das unterirdische Wasser in der Sättigungszone, das in unmittelbarer Berührung mit dem Boden oder dem Untergrund steht;
4. Künstliche Gewässer
von Menschen geschaffene oberirdische Gewässer oder Küstengewässer;
5. Erheblich veränderte Gewässer
durch den Menschen in ihrem Wesen physikalisch erheblich veränderte oberirdische Gewässer oder Küstengewässer;
6. Wasserkörper
einheitliche und bedeutende Abschnitte eines oberirdischen Gewässers oder Küstengewässers (Oberflächenwasserkörper) sowie abgegrenzte Grundwasservolumen innerhalb eines oder mehrerer Grundwasserleiter (Grundwasserkörper);
7. Gewässereigenschaften
die auf die Wasserbeschaffenheit, die Wassermenge, die Gewässerökologie und die Hydromorphologie bezogenen Eigenschaften von Gewässern und Gewässerteilen;
8. Gewässerzustand

---

[1] Abweichendes Landesrecht in Bayern siehe Hinweise in BGBl. 2010 I S. 275 und 2015 I S. 153.

die auf Wasserkörper bezogenen Gewässereigenschaften als ökologischer, chemischer oder mengenmäßiger Zustand eines Gewässers; bei als künstlich oder erheblich verändert eingestuften Gewässern tritt an die Stelle des ökologischen Zustands das ökologische Potenzial;

9. Wasserbeschaffenheit
die physikalische, chemische oder biologische Beschaffenheit des Wassers eines oberirdischen Gewässers oder Küstengewässers sowie des Grundwassers;

10. Schädliche Gewässerveränderungen
Veränderungen von Gewässereigenschaften, die das Wohl der Allgemeinheit, insbesondere die öffentliche Wasserversorgung, beeinträchtigen oder die nicht den Anforderungen entsprechen, die sich aus diesem Gesetz, aus auf Grund dieses Gesetzes erlassenen oder aus sonstigen wasserrechtlichen Vorschriften ergeben;

11. Stand der Technik
der Entwicklungsstand fortschrittlicher Verfahren, Einrichtungen oder Betriebsweisen, der die praktische Eignung einer Maßnahme zur Begrenzung von Emissionen in Luft, Wasser und Boden, zur Gewährleistung der Anlagensicherheit, zur Gewährleistung einer umweltverträglichen Abfallentsorgung oder sonst zur Vermeidung oder Verminderung von Auswirkungen auf die Umwelt zur Erreichung eines allgemein hohen Schutzniveaus für die Umwelt insgesamt gesichert erscheinen lässt; bei der Bestimmung des Standes der Technik sind insbesondere die in der Anlage 1 aufgeführten Kriterien zu berücksichtigen;

12. EMAS-Standort
diejenige Einheit einer Organisation, die nach § 32 Absatz 1 Satz 1 des Umweltauditgesetzes[1] in der Fassung der Bekanntmachung vom 4. September 2002 (BGBl. I S. 3490), das zuletzt durch Artikel 1 des Gesetzes vom 6. Dezember 2011 (BGBl. I S. 2509) geändert worden ist, in der jeweils geltenden Fassung in das EMAS-Register eingetragen ist;

13. Einzugsgebiet
ein Gebiet, aus dem über oberirdische Gewässer der gesamte Oberflächenabfluss an einer einzigen Flussmündung, einem Ästuar oder einem Delta ins Meer gelangt;

14. Teileinzugsgebiet
ein Gebiet, aus dem über oberirdische Gewässer der gesamte Oberflächenabfluss an einem bestimmten Punkt in ein oberirdisches Gewässer gelangt;

15. Flussgebietseinheit
ein als Haupteinheit für die Bewirtschaftung von Einzugsgebieten festgelegtes Land- oder Meeresgebiet, das aus einem oder mehreren benachbarten Einzugsgebieten, dem ihnen zugeordneten Grundwasser und den ihnen zugeordneten Küstengewässern im Sinne des § 7 Absatz 5 Satz 2 besteht;

16. Wasserdienstleistungen sind folgende Dienstleistungen für Haushalte, öffentliche Einrichtungen oder wirtschaftliche Tätigkeiten jeder Art:

a) Entnahme, Aufstauung, Speicherung, Behandlung und Verteilung von Wasser aus einem Gewässer;

---

[1] Nr. 2.8.

b) Sammlung und Behandlung von Abwasser in Abwasseranlagen, die anschließend in oberirdische Gewässer einleiten;
17. Wassernutzungen sind alle Wasserdienstleistungen sowie andere Handlungen mit Auswirkungen auf den Zustand eines Gewässers, die im Hinblick auf die Bewirtschaftungsziele nach den §§ 27 bis 31, 44 und 47 signifikant sind.

**§ 4 Gewässereigentum, Schranken des Grundeigentums.** (1) [1]Das Eigentum an den Bundeswasserstraßen steht dem Bund nach Maßgabe der wasserstraßenrechtlichen Vorschriften zu. [2]Soweit sich aus diesem Gesetz, auf Grund dieses Gesetzes erlassener oder sonstiger wasserrechtlicher Vorschriften Verpflichtungen aus dem Gewässereigentum ergeben, treffen diese auch den Bund als Eigentümer der Bundeswasserstraßen.

(2) Wasser eines fließenden oberirdischen Gewässers und Grundwasser sind nicht eigentumsfähig.

(3) Das Grundeigentum berechtigt nicht
1. zu einer Gewässerbenutzung, die einer behördlichen Zulassung bedarf,
2. zum Ausbau eines Gewässers.

(4)[1] [1]Eigentümer und Nutzungsberechtigte von Gewässern haben die Benutzung durch Dritte zu dulden, soweit für die Benutzung eine behördliche Zulassung erteilt worden oder eine behördliche Zulassung nicht erforderlich ist. [2]Dies gilt nicht im Fall des § 9 Absatz 1 Nummer 3.

(5) Im Übrigen gelten für das Eigentum an Gewässern die landesrechtlichen Vorschriften.

**§ 5 Allgemeine Sorgfaltspflichten.** (1) Jede Person ist verpflichtet, bei Maßnahmen, mit denen Einwirkungen auf ein Gewässer verbunden sein können, die nach den Umständen erforderliche Sorgfalt anzuwenden, um
1. eine nachteilige Veränderung der Gewässereigenschaften zu vermeiden,
2. eine mit Rücksicht auf den Wasserhaushalt gebotene sparsame Verwendung des Wassers sicherzustellen,
3. die Leistungsfähigkeit des Wasserhaushalts zu erhalten und
4. eine Vergrößerung und Beschleunigung des Wasserabflusses zu vermeiden.

(2) Jede Person, die durch Hochwasser betroffen sein kann, ist im Rahmen des ihr Möglichen und Zumutbaren verpflichtet, geeignete Vorsorgemaßnahmen zum Schutz vor nachteiligen Hochwasserfolgen und zur Schadensminderung zu treffen, insbesondere die Nutzung von Grundstücken den möglichen nachteiligen Folgen für Mensch, Umwelt oder Sachwerte durch Hochwasser anzupassen.

### Kapitel 2. Bewirtschaftung von Gewässern
### Abschnitt 1. Gemeinsame Bestimmungen

**§ 6 Allgemeine Grundsätze der Gewässerbewirtschaftung.** (1) [1]Die Gewässer sind nachhaltig zu bewirtschaften, insbesondere mit dem Ziel,

---

[1] Abweichendes Landesrecht in Hessen siehe Hinweis in BGBl. 2011 I S. 607.

Wasserhaushaltsgesetz § 6a WHG 4.1

1. ihre Funktions- und Leistungsfähigkeit als Bestandteil des Naturhaushalts und als Lebensraum für Tiere und Pflanzen zu erhalten und zu verbessern, insbesondere durch Schutz vor nachteiligen Veränderungen von Gewässereigenschaften,
2. Beeinträchtigungen auch im Hinblick auf den Wasserhaushalt der direkt von den Gewässern abhängenden Landökosysteme und Feuchtgebiete zu vermeiden und unvermeidbare, nicht nur geringfügige Beeinträchtigungen so weit wie möglich auszugleichen,
3. sie zum Wohl der Allgemeinheit und im Einklang mit ihm auch im Interesse Einzelner zu nutzen,
4. bestehende oder künftige Nutzungsmöglichkeiten insbesondere für die öffentliche Wasserversorgung zu erhalten oder zu schaffen,
5. möglichen Folgen des Klimawandels vorzubeugen,
6. an oberirdischen Gewässern so weit wie möglich natürliche und schadlose Abflussverhältnisse zu gewährleisten und insbesondere durch Rückhaltung des Wassers in der Fläche der Entstehung von nachteiligen Hochwasserfolgen vorzubeugen,
7. zum Schutz der Meeresumwelt beizutragen.

²Die nachhaltige Gewässerbewirtschaftung hat ein hohes Schutzniveau für die Umwelt insgesamt zu gewährleisten; dabei sind mögliche Verlagerungen nachteiliger Auswirkungen von einem Schutzgut auf ein anderes sowie die Erfordernisse des Klimaschutzes zu berücksichtigen.

(2) Gewässer, die sich in einem natürlichen oder naturnahen Zustand befinden, sollen in diesem Zustand erhalten bleiben und nicht naturnah ausgebaute natürliche Gewässer sollen so weit wie möglich wieder in einen naturnahen Zustand zurückgeführt werden, wenn überwiegende Gründe des Wohls der Allgemeinheit dem nicht entgegenstehen.

**§ 6a Grundsätze für die Kosten von Wasserdienstleistungen und Wassernutzungen.** (1) ¹Bei Wasserdienstleistungen ist zur Erreichung der Bewirtschaftungsziele nach den §§ 27 bis 31, 44 und 47 der Grundsatz der Kostendeckung zu berücksichtigen. ²Hierbei sind auch die Umwelt- und Ressourcenkosten zu berücksichtigen. ³Es sind angemessene Anreize zu schaffen, Wasser effizient zu nutzen, um so zur Erreichung der Bewirtschaftungsziele beizutragen.

(2) Wenn bestimmte Wassernutzungen die Erreichung der in Absatz 1 genannten Bewirtschaftungsziele gefährden, haben Wassernutzungen, insbesondere in den Bereichen Industrie, Haushalte und Landwirtschaft, zur Deckung der Kosten der Wasserdienstleistungen angemessen beizutragen.

(3) Im Rahmen der Absätze 1 und 2 sind das Verursacherprinzip sowie die wirtschaftliche Analyse der Wassernutzungen nach der Oberflächengewässerverordnung[1)] und der Grundwasserverordnung[2)] zugrunde zu legen.

(4) Von den Grundsätzen nach den Absätzen 1 und 2 kann im Hinblick auf soziale, ökologische und wirtschaftliche Auswirkungen der Kostendeckung sowie im Hinblick auf regionale geografische oder klimatische Besonderheiten abgewichen werden.

---
[1)] Nr. **4.1.3.**
[2)] Nr. **4.1.1.**

(5) Weitergehende Regelungen des Bundes und der Länder zur Erhebung von Kosten und Entgelten im Bereich der Bewirtschaftung von Gewässern bleiben unberührt.

**§ 7 Bewirtschaftung nach Flussgebietseinheiten.** (1) [1] Die Gewässer sind nach Flussgebietseinheiten zu bewirtschaften. [2] Die Flussgebietseinheiten sind:

1. Donau,
2. Rhein,
3. Maas,
4. Ems,
5. Weser,
6. Elbe,
7. Eider,
8. Oder,
9. Schlei/Trave,
10. Warnow/Peene.

[3] Die Flussgebietseinheiten sind in der Anlage 2[1)] in Kartenform dargestellt.

(2) Die zuständigen Behörden der Länder koordinieren untereinander ihre wasserwirtschaftlichen Planungen und Maßnahmen, soweit die Belange der flussgebietsbezogenen Gewässerbewirtschaftung dies erfordern.

(3) Zur Erreichung der in diesem Gesetz festgelegten Bewirtschaftungsziele

1. koordinieren die zuständigen Behörden der Länder die Maßnahmenprogramme und Bewirtschaftungspläne mit den zuständigen Behörden anderer Mitgliedstaaten der Europäischen Union, in deren Hoheitsgebiet die Flussgebietseinheiten ebenfalls liegen,
2. bemühen sich die zuständigen Behörden der Länder um eine der Nummer 1 entsprechende Koordinierung mit den zuständigen Behörden von Staaten, die nicht der Europäischen Union angehören.

(4) [1] Soweit die Verwaltung der Bundeswasserstraßen berührt ist, ist bei der Koordinierung nach den Absätzen 2 und 3 das Einvernehmen der Generaldirektion Wasserstraßen und Schifffahrt einzuholen. [2] Soweit gesamtstaatliche Belange bei der Pflege der Beziehungen zur Europäischen Union, zu auswärtigen Staaten oder zu internationalen Organisationen berührt sind, ist bei der Koordinierung nach Absatz 3 das Einvernehmen des Bundesministeriums für Umwelt, Naturschutz und nukleare Sicherheit einzuholen.

(5) [1] Die zuständigen Behörden der Länder ordnen innerhalb der Landesgrenzen die Einzugsgebiete oberirdischer Gewässer sowie Küstengewässer und das Grundwasser einer Flussgebietseinheit zu. [2] Bei Küstengewässern gilt dies für die Flächen auf der landwärtigen Seite einer Linie, auf der sich jeder Punkt eine Seemeile seewärts vom nächsten Punkt der Basislinie befindet, von der aus die Breite der Hoheitsgewässer gemessen wird, mindestens bis zur äußeren Grenze der Gewässer, die im Wesentlichen von Süßwasserströmungen beeinflusst sind. [3] Die Länder können die Zuordnung auch durch Gesetz regeln.

---

[1)] Anlage 2 (zu § 7 Abs. 1 Satz 3) *(Hier nicht wiedergegeben.)* [Karte der Flußgebietseinheiten in der Bundesrepublik Deutschland (Richtlinie 2000/EG - Wasserrahmenrichtlinie)].

Wasserhaushaltsgesetz §§ 8, 9 WHG 4.1

**§ 8 Erlaubnis, Bewilligung.** (1)[1] Die Benutzung eines Gewässers bedarf der Erlaubnis oder der Bewilligung, soweit nicht durch dieses Gesetz oder auf Grund dieses Gesetzes erlassener Vorschriften etwas anderes bestimmt ist.

(2) ¹Keiner Erlaubnis oder Bewilligung bedürfen Gewässerbenutzungen, die der Abwehr einer gegenwärtigen Gefahr für die öffentliche Sicherheit dienen, sofern der drohende Schaden schwerer wiegt als die mit der Benutzung verbundenen nachteiligen Veränderungen von Gewässereigenschaften. ²Die zuständige Behörde ist unverzüglich über die Benutzung zu unterrichten.

(3) ¹Keiner Erlaubnis oder Bewilligung bedürfen ferner bei Übungen und Erprobungen für Zwecke der Verteidigung oder der Abwehr von Gefahren für die öffentliche Sicherheit

1. das vorübergehende Entnehmen von Wasser aus einem Gewässer,
2. das Wiedereinleiten des Wassers in ein Gewässer mittels beweglicher Anlagen und
3. das vorübergehende Einbringen von Stoffen in ein Gewässer,

wenn durch diese Benutzungen andere nicht oder nur geringfügig beeinträchtigt werden und keine nachteilige Veränderung der Gewässereigenschaften zu erwarten ist. ²Die Gewässerbenutzung ist der zuständigen Behörde rechtzeitig vor Beginn der Übung oder der Erprobung anzuzeigen.

(4) Ist bei der Erteilung der Erlaubnis oder der Bewilligung nichts anderes bestimmt worden, geht die Erlaubnis oder die Bewilligung mit der Wasserbenutzungsanlage oder, wenn sie für ein Grundstück erteilt worden ist, mit diesem auf den Rechtsnachfolger über.

**§ 9 Benutzungen.** (1) Benutzungen im Sinne dieses Gesetzes sind

1. das Entnehmen und Ableiten von Wasser aus oberirdischen Gewässern,
2. das Aufstauen und Absenken von oberirdischen Gewässern,
3. das Entnehmen fester Stoffe aus oberirdischen Gewässern, soweit sich dies auf die Gewässereigenschaften auswirkt,
4. das Einbringen und Einleiten von Stoffen in Gewässer,
5. das Entnehmen, Zutagefördern, Zutageleiten und Ableiten von Grundwasser.

(2) Soweit nicht bereits eine Benutzung nach Absatz 1 vorliegt, gelten als Benutzungen auch

1. das Aufstauen, Absenken und Umleiten von Grundwasser durch Anlagen, die hierfür bestimmt oder geeignet sind,
2. Maßnahmen, die geeignet sind, dauernd oder in einem nicht nur unerheblichen Ausmaß nachteilige Veränderungen der Wasserbeschaffenheit herbeizuführen,
3. das Aufbrechen von Gesteinen unter hydraulischem Druck zur Aufsuchung oder Gewinnung von Erdgas, Erdöl oder Erdwärme, einschließlich der zugehörigen Tiefbohrungen,

---

[1] Abweichendes Landesrecht in Rheinland-Pfalz siehe Hinweis in BGBl. 2016 I S. 715 und Thüringen siehe Hinweis in BGBl. 2020 I S. 422.

4. die untertägige Ablagerung von Lagerstättenwasser, das bei Maßnahmen nach Nummer 3 oder anderen Maßnahmen zur Aufsuchung oder Gewinnung von Erdgas oder Erdöl anfällt.

(3) ¹Keine Benutzungen sind Maßnahmen, die dem Ausbau eines Gewässers im Sinne des § 67 Absatz 2 dienen. ²Das Gleiche gilt für Maßnahmen der Unterhaltung eines Gewässers, soweit hierbei keine chemischen Mittel verwendet werden.

**§ 10 Inhalt der Erlaubnis und der Bewilligung.** (1)¹⁾ Die Erlaubnis gewährt die Befugnis, die Bewilligung das Recht, ein Gewässer zu einem bestimmten Zweck in einer nach Art und Maß bestimmten Weise zu benutzen.

(2) Erlaubnis und Bewilligung geben keinen Anspruch auf Zufluss von Wasser in einer bestimmten Menge und Beschaffenheit.

**§ 11 Erlaubnis-, Bewilligungsverfahren.** (1) Erlaubnis und Bewilligung können für ein Vorhaben, das nach dem Gesetz über die Umweltverträglichkeitsprüfung²⁾ einer Umweltverträglichkeitsprüfung unterliegt, nur in einem Verfahren erteilt werden, das den Anforderungen des genannten Gesetzes entspricht.

(2) Die Bewilligung kann nur in einem Verfahren erteilt werden, in dem die Betroffenen und die beteiligten Behörden Einwendungen geltend machen können.

**§ 11a Verfahren bei Vorhaben zur Erzeugung von Energie aus erneuerbaren Quellen.** (1) ¹Die Absätze 2 bis 5 gelten für die Erteilung einer Erlaubnis oder Bewilligung ergänzend bei folgenden Vorhaben:

1. Errichtung und Betrieb sowie Modernisierung von Anlagen zur Nutzung von Wasserkraft, ausgenommen Pumpspeicherkraftwerke,
2. Errichtung und Betrieb von Anlagen zur Gewinnung von Erdwärme, wenn ein bergrechtlicher Betriebsplan nicht erforderlich ist.

²Die Modernisierung im Sinne des Satzes 1 Nummer 1 umfasst Maßnahmen zur Steigerung der Effizienz oder der Kapazität der Anlage, insbesondere den vollständigen oder teilweisen Austausch der Anlage, eines Anlagenteils oder des Betriebssystems.

(2) Auf Antrag des Trägers des Vorhabens werden das Erlaubnis- oder Bewilligungsverfahren sowie alle sonstigen Zulassungsverfahren, die für die Durchführung des Vorhabens nach Bundes- oder Landesrecht erforderlich sind, über eine einheitliche Stelle abgewickelt.

(3) ¹Die einheitliche Stelle nach Absatz 2 stellt ein Verfahrenshandbuch für Träger von Vorhaben bereit und macht diese Informationen auch im Internet zugänglich. ²Dabei geht sie gesondert auch auf kleinere Vorhaben und Vorhaben zur Eigenversorgung mit Elektrizität ein. ³In den im Internet veröffentlichten Informationen weist die einheitliche Stelle auch darauf hin, für welche Vorhaben sie zuständig ist und welche weiteren einheitlichen Stellen im jeweiligen Land für Vorhaben nach Absatz 1 Satz 1 zuständig sind.

---
¹⁾ Abweichendes Landesrecht in Bayern siehe Hinweise in BGBl. 2010 I S. 275 und 2015 I S. 153.
²⁾ Nr. **2.5**.

Wasserhaushaltsgesetz § 12 WHG 4.1

(4) Nach Eingang der vollständigen Antragsunterlagen erstellt die zuständige Behörde unverzüglich einen Zeitplan für das weitere Verfahren nach Absatz 1 Satz 1 und teilt diesen Zeitplan in den Fällen des Absatzes 2 der einheitlichen Stelle, andernfalls dem Träger des Vorhabens mit.

(5) ¹Die zuständige Behörde entscheidet über die Erteilung der Erlaubnis oder Bewilligung

1. innerhalb eines Jahres bei

   a) Errichtung und Betrieb von Anlagen zur Nutzung von Wasserkraft mit einer Stromerzeugungskapazität von weniger als 150 Kilowatt,

   b) Errichtung und Betrieb von Anlagen zur Gewinnung von Erdwärme, wenn das Vorhaben der Erzeugung von Strom mit einer Kapazität von weniger als 150 Kilowatt dient,

   c) der Modernisierung von Anlagen zur Nutzung von Wasserkraft,

2. innerhalb von zwei Jahren bei

   a) Errichtung und Betrieb von Anlagen zur Nutzung von Wasserkraft mit einer Stromerzeugungskapazität von 150 Kilowatt oder mehr,

   b) Errichtung und Betrieb von Anlagen zur Gewinnung von Erdwärme, wenn das Vorhaben der Erzeugung von Strom in einem Kraftwerk dient.

²Die zuständige Behörde kann die jeweilige Frist nach Satz 1 einmalig um bis zu 18 und längstens um 24 Monate verlängern, soweit die Prüfung von Anforderungen nach umweltrechtlichen Vorschriften, die der Umsetzung entsprechender Vorgaben der Europäischen Gemeinschaften oder der Europäischen Union dienen, insbesondere die Prüfung der Einhaltung der Bewirtschaftungsziele, mit einem erhöhten Zeitaufwand verbunden ist. ³Im Übrigen kann die zuständige Behörde die jeweilige Frist nach Satz 1 um bis zu ein Jahr verlängern, wenn außergewöhnliche Umstände vorliegen. ⁴Sie teilt die Fristverlängerung nach Satz 2 oder Satz 3 in den Fällen des Absatzes 2 der einheitlichen Stelle, andernfalls dem Träger des Vorhabens mit. ⁵Insgesamt beträgt die Höchstdauer der Fristverlängerung nach Satz 2 und Satz 3 18 und längstens 24 Monate. ⁶Die Frist nach Satz 1 beginnt mit Eingang der vollständigen Antragsunterlagen. ⁷Weitergehende bestehende Rechtsvorschriften der Länder, die kürzere Fristen vorsehen, bleiben unberührt.

(6) Die Absätze 4 und 5 Satz 1 Nummer 1 Buchstabe b und Nummer 2 Buchstabe b gelten entsprechend für die Erteilung einer Erlaubnis oder Bewilligung bei Errichtung und Betrieb von Anlagen zur Gewinnung von Erdwärme, wenn ein bergrechtlicher Betriebsplan erforderlich ist.

## § 12 Voraussetzungen für die Erteilung der Erlaubnis und der Bewilligung, Bewirtschaftungsermessen.

(1) Die Erlaubnis und die Bewilligung sind zu versagen, wenn

1. schädliche, auch durch Nebenbestimmungen nicht vermeidbare oder nicht ausgleichbare Gewässerveränderungen zu erwarten sind oder

2. andere Anforderungen nach öffentlich-rechtlichen Vorschriften nicht erfüllt werden.

(2) Im Übrigen steht die Erteilung der Erlaubnis und der Bewilligung im pflichtgemäßen Ermessen (Bewirtschaftungsermessen) der zuständigen Behörde.

**§ 13 Inhalts- und Nebenbestimmungen der Erlaubnis und der Bewilligung.** (1) Inhalts- und Nebenbestimmungen sind auch nachträglich sowie auch zu dem Zweck zulässig, nachteilige Wirkungen für andere zu vermeiden oder auszugleichen.

(2) Die zuständige Behörde kann durch Inhalts- und Nebenbestimmungen insbesondere

1. Anforderungen an die Beschaffenheit einzubringender oder einzuleitender Stoffe stellen,
2. Maßnahmen anordnen, die
   a) in einem Maßnahmenprogramm nach § 82 enthalten oder zu seiner Durchführung erforderlich sind,
   b) geboten sind, damit das Wasser mit Rücksicht auf den Wasserhaushalt sparsam verwendet wird,
   c) der Feststellung der Gewässereigenschaften vor der Benutzung oder der Beobachtung der Gewässerbenutzung und ihrer Auswirkungen dienen,
   d) zum Ausgleich einer auf die Benutzung zurückzuführenden nachteiligen Veränderung der Gewässereigenschaften erforderlich sind,
3. die Bestellung verantwortlicher Betriebsbeauftragter vorschreiben, soweit nicht die Bestellung eines Gewässerschutzbeauftragten nach § 64 vorgeschrieben ist oder angeordnet werden kann,
4. dem Benutzer angemessene Beiträge zu den Kosten von Maßnahmen auferlegen, die eine Körperschaft des öffentlichen Rechts getroffen hat oder treffen wird, um eine mit der Benutzung verbundene Beeinträchtigung des Wohls der Allgemeinheit zu vermeiden oder auszugleichen.

(3) Für die Bewilligung gilt Absatz 1 mit der Maßgabe, dass nachträglich nur Inhalts- und Nebenbestimmungen im Sinne von Absatz 2 Nummer 1 bis 4 zulässig sind.

**§ 13a Versagung und Voraussetzungen für die Erteilung der Erlaubnis für bestimmte Gewässerbenutzungen; unabhängige Expertenkommission.** (1) ¹Eine Erlaubnis für eine Gewässerbenutzung nach § 9 Absatz 2 Nummer 3 und 4 ist zu versagen, wenn

1. Schiefer-, Ton- oder Mergelgestein oder Kohleflözgestein zur Aufsuchung oder Gewinnung von Erdgas oder Erdöl aufgebrochen werden soll oder
2. die Gewässerbenutzung erfolgen soll in oder unter
   a) einem festgesetzten Wasserschutzgebiet,
   b) einem festgesetzten Heilquellenschutzgebiet,
   c) einem Gebiet, aus dem über oberirdische Gewässer Oberflächenabfluss
      aa) in einen natürlichen See gelangt, aus dem unmittelbar Wasser für die öffentliche Wasserversorgung entnommen wird oder
      bb) in eine Talsperre gelangt, die der öffentlichen Wasserversorgung dient,
   d) einem Einzugsgebiet einer Wasserentnahmestelle für die öffentliche Wasserversorgung,
   e) einem Einzugsgebiet eines Brunnens nach dem Wassersicherstellungsgesetz oder
   f) einem Einzugsgebiet
      aa) eines Mineralwasservorkommens,

Wasserhaushaltsgesetz § 13a WHG 4.1

bb) einer Heilquelle oder

cc) einer Stelle zur Entnahme von Wasser zur Herstellung von Lebensmitteln.

²Satz 1 Nummer 2 Buchstabe b und f Doppelbuchstabe bb gilt nicht, wenn Gesteine aufgebrochen werden sollen, um eine Heilquelle zu erschließen oder zu erhalten. ³Auf Antrag des Inhabers der Erlaubnis für die Wasserentnahme, der die erforderlichen Unterlagen enthält, weist die zuständige Behörde Gebiete nach Satz 1 Nummer 2 Buchstabe c bis f nach Maßgabe der allgemein anerkannten Regeln der Technik in Karten aus und veröffentlicht die Karten für die Gebiete nach Satz 1 Nummer 2 Buchstabe c, d und f im Internet. ⁴Satz 1 Nummer 2 Buchstabe a und b und Satz 3 gelten entsprechend für Gebiete, die zur Festsetzung als Wasserschutzgebiete oder als Heilquellenschutzgebiete vorgesehen sind, für einen Zeitraum von 36 Monaten nach ihrer Ausweisung als vorgesehene Schutzgebiete entsprechend Satz 3. ⁵Die zuständige Behörde kann die Frist nach Satz 4 um bis zu zwölf Monate verlängern, wenn besondere Umstände dies erfordern.

(2) ¹Abweichend von Absatz 1 Satz 1 Nummer 1 können Erlaubnisse für vier Erprobungsmaßnahmen mit dem Zweck erteilt werden, die Auswirkungen auf die Umwelt, insbesondere den Untergrund und den Wasserhaushalt, wissenschaftlich zu erforschen. ²Die Erlaubnisse nach Satz 1 bedürfen der Zustimmung der jeweiligen Landesregierung. ³Bei der Entscheidung nach Satz 2 sind die geologischen Besonderheiten der betroffenen Gebiete und sonstige öffentliche Interessen abzuwägen.

(3) ¹Durch Landesrecht kann bestimmt werden, dass Erlaubnisse für Benutzungen nach § 9 Absatz 2 Nummer 3 und 4 auch in oder unter Gebieten, in denen untertägiger Bergbau betrieben wird oder betrieben worden ist, nur unter bestimmten Auflagen erteilt werden dürfen oder zu versagen sind. ²Die zuständige Behörde weist Gebiete nach Satz 1 in Karten aus.

(4) Sofern die Erteilung einer Erlaubnis für eine Benutzung nach § 9 Absatz 2 Nummer 3 nicht nach Absatz 1 oder Absatz 3 ausgeschlossen ist, darf die Erlaubnis nur erteilt werden, wenn

1. die verwendeten Gemische

a) in den Fällen des Absatzes 2 als nicht wassergefährdend eingestuft sind

b) in den übrigen Fällen als nicht oder als schwach wassergefährdend eingestuft sind und

2. sichergestellt ist, dass der Stand der Technik eingehalten wird.

(5) Sofern die Erteilung einer Erlaubnis für eine Benutzung nach § 9 Absatz 2 Nummer 4 nicht nach Absatz 1 oder Absatz 3 ausgeschlossen ist, darf die Erlaubnis nur erteilt werden, wenn sichergestellt ist, dass der Stand der Technik eingehalten wird und insbesondere die Anforderungen nach § 22c der Allgemeinen Bundesbergverordnung vom 23. Oktober 1995 (BGBl. I S. 1466), die zuletzt durch Artikel 2 der Verordnung vom 4. August 2016 (BGBl. I S. 1957) geändert worden ist, erfüllt werden.

(6) ¹Die Bundesregierung setzt eine unabhängige Expertenkommission ein, welche die nach Absatz 2 durchgeführten Erprobungsmaßnahmen wissenschaftlich begleitet und auswertet sowie hierzu und zum Stand der Technik Erfahrungsberichte zum 30. Juni eines Jahres, beginnend mit dem 30. Juni 2018, erstellt. ²Die Expertenkommission übermittelt die Erfahrungsberichte zu

den in Satz 1 genannten Zeitpunkten dem Deutschen Bundestag und veröffentlicht sie im Internet. ³Die Expertenkommission unterrichtet die Öffentlichkeit in regelmäßigen Abständen über Verlauf und Ergebnisse der Erprobungsmaßnahmen nach Absatz 2; hierbei sowie zu den Entwürfen der Erfahrungsberichte nach Satz 1 ist der Öffentlichkeit Gelegenheit zur Stellungnahme zu geben.
⁴Die unabhängige Expertenkommission nach Satz 1 setzt sich zusammen aus

1. einem Vertreter der Bundesanstalt für Geowissenschaften und Rohstoffe,
2. einem Vertreter des Umweltbundesamtes,
3. einem vom Bundesrat benannten Vertreter eines Landesamtes für Geologie, das nicht für die Zulassung der Erprobungsmaßnahmen zuständig ist,
4. einem Vertreter des Helmholtz-Zentrums Potsdam Deutsches GeoForschungsZentrum,
5. einem Vertreter des Helmholtz-Zentrums für Umweltforschung Leipzig sowie
6. einem vom Bundesrat benannten Vertreter einer für Wasserwirtschaft zuständigen Landesbehörde, die nicht für die Zulassung der Erprobungsmaßnahmen zuständig ist.

⁵Die Mitglieder der Expertenkommission sind an Weisungen nicht gebunden.
⁶Die Expertenkommission gibt sich eine Geschäftsordnung und wählt aus ihrer Mitte einen Vorsitzenden.

(7) Im Jahr 2021 überprüft der Deutsche Bundestag auf der Grundlage des bis dahin vorliegenden Standes von Wissenschaft und Technik die Angemessenheit des Verbots nach Absatz 1 Satz 1 Nummer 1.

**§ 13b Antragsunterlagen und Überwachung bei bestimmten Gewässerbenutzungen; Stoffregister.** (1) ¹Der Antrag auf Erteilung einer Erlaubnis für eine Gewässerbenutzung nach § 9 Absatz 2 Nummer 3 oder Nummer 4 muss insbesondere die Angaben nach § 2 Absatz 1 Nummer 3 der Verordnung über die Umweltverträglichkeitsprüfung bergbaulicher Vorhaben vom 13. Juli 1990 (BGBl. I S. 1420), die zuletzt durch Artikel 1 der Verordnung vom 4. August 2016 (BGBl. I S. 1957) geändert worden ist, enthalten. ²Die zuständige Behörde hat die Angaben nach § 2 Absatz 1 Nummer 3 Buchstabe a dieser Verordnung innerhalb von zwei Wochen nach Antragstellung im Internet zu veröffentlichen.

(2) In der Erlaubnis für Gewässerbenutzungen nach § 9 Absatz 2 Nummer 3 und 4 ist insbesondere zu regeln, wie

1. die Beschaffenheit des Grundwassers und oberirdischer Gewässer im Einwirkungsbereich der Maßnahmen regelmäßig während und nach deren Durchführung zu überwachen und
2. über die Ergebnisse der Überwachung der zuständigen Behörde schriftlich oder elektronisch zu berichten ist.

(3) In der Erlaubnis für Gewässerbenutzungen nach § 9 Absatz 2 Nummer 3 ist darüber hinaus insbesondere die regelmäßige Überwachung nach § 22b Satz 1 Nummer 2 und 3 der Allgemeinen Bundesbergverordnung sowie die Pflicht, der zuständigen Behörde über die Ergebnisse der Überwachung schriftlich oder elektronisch zu berichten, näher zu regeln.

(4) ¹Der Inhaber der Erlaubnis hat die zuständige Behörde unverzüglich zu unterrichten über nachteilige Veränderungen der Beschaffenheit des Grundwassers, eines oberirdischen Gewässers oder des Bodens infolge von

1. Benutzungen nach § 9 Absatz 2 Nummer 3 oder Nummer 4 oder
2. Benutzungen nach § 9 Absatz 1 Nummer 4 oder Nummer 5, die im Zusammenhang mit Benutzungen nach § 9 Absatz 2 Nummer 3 oder Nummer 4 stehen.

²Die zuständige Behörde hat Informationen nach Satz 1 innerhalb von zwei Wochen nach der Unterrichtung im Internet zu veröffentlichen.

(5) Durch Rechtsverordnung nach § 23 Absatz 1 Nummer 11 kann die Errichtung und Führung eines für jedermann frei und unentgeltlich zugänglichen internetgestützten Registers für Stoffe geregelt werden, die bei Gewässerbenutzungen nach § 9 Absatz 2 Nummer 3 und 4 verwendet oder abgelagert werden.

## § 14[1]) Besondere Vorschriften für die Erteilung der Bewilligung.

(1) Die Bewilligung darf nur erteilt werden, wenn die Gewässerbenutzung

1. dem Benutzer ohne eine gesicherte Rechtsstellung nicht zugemutet werden kann,
2. einem bestimmten Zweck dient, der nach einem bestimmten Plan verfolgt wird, und
3. keine Benutzung im Sinne des § 9 Absatz 1 Nummer 4 und Absatz 2 Nummer 2 bis 4 ist, ausgenommen das Wiedereinleiten von nicht nachteilig verändertem Triebwasser bei Ausleitungskraftwerken.

(2) Die Bewilligung wird für eine bestimmte angemessene Frist erteilt, die in besonderen Fällen 30 Jahre überschreiten darf.

(3) ¹Ist zu erwarten, dass die Gewässerbenutzung auf das Recht eines Dritten nachteilig einwirkt und erhebt dieser Einwendungen, so darf die Bewilligung nur erteilt werden, wenn die nachteiligen Wirkungen durch Inhalts- oder Nebenbestimmungen vermieden oder ausgeglichen werden. ²Ist dies nicht möglich, so darf die Bewilligung gleichwohl erteilt werden, wenn Gründe des Wohls der Allgemeinheit dies erfordern. ³In den Fällen des Satzes 2 ist der Betroffene zu entschädigen.

(4) ¹Absatz 3 Satz 1 und 2 gilt entsprechend, wenn ein Dritter ohne Beeinträchtigung eines Rechts nachteilige Wirkungen dadurch zu erwarten hat, dass

1. der Wasserabfluss, der Wasserstand oder die Wasserbeschaffenheit verändert,
2. die bisherige Nutzung seines Grundstücks beeinträchtigt,
3. seiner Wassergewinnungsanlage Wasser entzogen oder
4. die ihm obliegende Gewässerunterhaltung erschwert

wird.[2]) ²Geringfügige und solche nachteiligen Wirkungen, die vermieden worden wären, wenn der Betroffene die ihm obliegende Gewässerunterhaltung ordnungsgemäß durchgeführt hätte, bleiben außer Betracht. ³Die Bewilligung darf auch dann erteilt werden, wenn der aus der beabsichtigten Gewässerbenut-

---

[1]) Abweichendes Landesrecht in Sachsen siehe Hinweis in BGBl. 2014 I S. 112.
[2]) Abweichendes Landesrecht in Niedersachsen und Sachsen-Anhalt siehe Hinweise in BGBl. 2010 I S. 970 und 2011 I S. 567.

zung zu erwartende Nutzen den für den Betroffenen zu erwartenden Nachteil erheblich übersteigt.

(5) Hat der Betroffene nach Absatz 3 oder Absatz 4 gegen die Erteilung der Bewilligung Einwendungen erhoben und lässt sich zur Zeit der Entscheidung nicht feststellen, ob und in welchem Maße nachteilige Wirkungen eintreten werden, so ist die Entscheidung über die deswegen festzusetzenden Inhalts- oder Nebenbestimmungen und Entschädigungen einem späteren Verfahren vorzubehalten.

(6) ¹ Konnte der Betroffene nach Absatz 3 oder Absatz 4 nachteilige Wirkungen bis zum Ablauf der Frist zur Geltendmachung von Einwendungen nicht voraussehen, so kann er verlangen, dass dem Gewässerbenutzer nachträglich Inhalts- oder Nebenbestimmungen auferlegt werden. ² Können die nachteiligen Wirkungen durch nachträgliche Inhalts- oder Nebenbestimmungen nicht vermieden oder ausgeglichen werden, so ist der Betroffene im Sinne des Absatzes 3 zu entschädigen. ³ Der Antrag ist nur innerhalb einer Frist von drei Jahren nach dem Zeitpunkt zulässig, zu dem der Betroffene von den nachteiligen Wirkungen der Bewilligung Kenntnis erhalten hat; er ist ausgeschlossen, wenn nach der Herstellung des der Bewilligung entsprechenden Zustands 30 Jahre vergangen sind.

**§ 15**[1] **Gehobene Erlaubnis.** (1) ¹ Die Erlaubnis kann als gehobene Erlaubnis erteilt werden, wenn hierfür ein öffentliches Interesse oder ein berechtigtes Interesse des Gewässerbenutzers besteht. ² Eine gehobene Erlaubnis darf für Gewässerbenutzungen nach § 9 Absatz 2 Nummer 3 und 4 nicht erteilt werden.

(2) Für die gehobene Erlaubnis gelten § 11 Absatz 2 und § 14 Absatz 3 bis 5 entsprechend.

**§ 16 Ausschluss privatrechtlicher Abwehransprüche.** (1) ¹ Ist eine Gewässerbenutzung durch eine unanfechtbare gehobene Erlaubnis zugelassen, kann auf Grund privatrechtlicher Ansprüche zur Abwehr nachteiliger Wirkungen der Gewässerbenutzung nicht die Einstellung der Benutzung verlangt werden. ² Es können nur Vorkehrungen verlangt werden, die die nachteiligen Wirkungen ausschließen. ³ Soweit solche Vorkehrungen nach dem Stand der Technik nicht durchführbar oder wirtschaftlich nicht vertretbar sind, kann lediglich Entschädigung verlangt werden.

(2) ¹ Ist eine Gewässerbenutzung durch eine unanfechtbare Bewilligung zugelassen, können wegen nachteiliger Wirkungen der Gewässerbenutzung keine Ansprüche geltend gemacht werden, die auf die Beseitigung der Störung, auf die Unterlassung der Benutzung, auf die Herstellung von Vorkehrungen oder auf Schadenersatz gerichtet sind. ² Satz 1 schließt Ansprüche auf Schadenersatz wegen nachteiliger Wirkungen nicht aus, die darauf beruhen, dass der Gewässerbenutzer angeordnete Inhalts- oder Nebenbestimmungen nicht erfüllt hat.

(3) Absatz 1 sowie Absatz 2 Satz 1 gelten nicht für privatrechtliche Ansprüche gegen den Gewässerbenutzer aus Verträgen oder letztwilligen Verfügungen und für Ansprüche aus dinglichen Rechten am Grundstück, auf dem die Gewässerbenutzung stattfindet.

---

[1] Abweichendes Landesrecht in Bayern siehe Hinweise in BGBl. 2010 I S. 275 und 2015 I S. 153 und Sachsen siehe Hinweis in BGBl. I 2014 I S. 112.

Wasserhaushaltsgesetz §§ 17–20 WHG 4.1

**§ 17 Zulassung vorzeitigen Beginns.** (1) In einem Erlaubnis- oder Bewilligungsverfahren kann die zuständige Behörde auf Antrag zulassen, dass bereits vor Erteilung der Erlaubnis oder der Bewilligung mit der Gewässerbenutzung begonnen wird, wenn

1. mit einer Entscheidung zugunsten des Benutzers gerechnet werden kann,
2. an dem vorzeitigen Beginn ein öffentliches Interesse oder ein berechtigtes Interesse des Benutzers besteht und
3. der Benutzer sich verpflichtet, alle bis zur Entscheidung durch die Benutzung verursachten Schäden zu ersetzen und, falls die Benutzung nicht erlaubt oder bewilligt wird, den früheren Zustand wiederherzustellen.

(2) ¹Die Zulassung des vorzeitigen Beginns kann jederzeit widerrufen werden. ²§ 13 gilt entsprechend.

**§ 18 Widerruf der Erlaubnis und der Bewilligung.** (1) Die Erlaubnis ist widerruflich.

(2)[1] ¹Die Bewilligung darf aus den in § 49 Absatz 2 Satz 1 Nummer 2 bis 5 des Verwaltungsverfahrensgesetzes genannten Gründen widerrufen werden.[2]
²Die Bewilligung kann ferner ohne Entschädigung ganz oder teilweise widerrufen werden, wenn der Inhaber der Bewilligung

1. die Benutzung drei Jahre ununterbrochen nicht ausgeübt oder ihrem Umfang nach erheblich unterschritten hat,
2. den Zweck der Benutzung so geändert hat, dass er mit dem Plan (§ 14 Absatz 1 Nummer 2) nicht mehr übereinstimmt.

**§ 19 Planfeststellungen und bergrechtliche Betriebspläne.** (1) Wird für ein Vorhaben, mit dem die Benutzung eines Gewässers verbunden ist, ein Planfeststellungsverfahren durchgeführt, so entscheidet die Planfeststellungsbehörde über die Erteilung der Erlaubnis oder der Bewilligung.

(2)[3] Sieht ein bergrechtlicher Betriebsplan die Benutzung von Gewässern vor, so entscheidet die Bergbehörde über die Erteilung der Erlaubnis.

(3) In den Fällen der Absätze 1 und 2 ist die Entscheidung im Einvernehmen, bei Planfeststellungen durch Bundesbehörden im Benehmen mit der zuständigen Wasserbehörde zu treffen.

(4) ¹Über den Widerruf einer nach Absatz 1 erteilten Erlaubnis oder Bewilligung oder einer nach Absatz 2 erteilten Erlaubnis sowie über den nachträglichen Erlass von Inhalts- und Nebenbestimmungen entscheidet auf Antrag der zuständigen Wasserbehörde in den Fällen des Absatzes 1 die Planfeststellungsbehörde, in den Fällen des Absatzes 2 die Bergbehörde. ²Absatz 3 ist entsprechend anzuwenden.

**§ 20 Alte Rechte und alte Befugnisse.** (1) ¹Soweit die Länder nichts anderes bestimmen, ist keine Erlaubnis oder Bewilligung erforderlich für Gewässerbenutzungen auf Grund

---

[1] Abweichendes Landesrecht in Bayern siehe Hinweise in BGBl. 2010 I S. 275 und 2015 I S. 153 und Schleswig-Holstein siehe Hinweis in BGBl. 2019 I S. 2595.
[2] Abweichendes Landesrecht in Bremen siehe Hinweis in BGBl. 2011 I S. 1047.
[3] Abweichendes Landesrecht in Bayern siehe Hinweise in BGBl. 2010 I S. 275 und 2015 I S. 153.

1. von Rechten, die nach den Landeswassergesetzen erteilt oder durch sie aufrechterhalten worden sind,
2. von Bewilligungen nach § 1 Absatz 1 Satz 1 der Verordnung über Vereinfachungen im Wasser- und Wasserverbandsrecht vom 10. Februar 1945 (RGBl. I S. 29),
3. einer nach der Gewerbeordnung erteilten Anlagegenehmigung,
4. von Zulassungen, die in einem förmlichen Verfahren nach den Landeswassergesetzen erteilt und die den in den Nummern 1 bis 3 genannten Zulassungen gleichgestellt worden sind sowie
5. gesetzlich geregelter Planfeststellungsverfahren oder hoheitlicher Widmungsakte für Anlagen des öffentlichen Verkehrs.

²Satz 1 gilt nur, wenn zur Ausübung der Benutzung am 12. August 1957, in dem in Artikel 3 des Einigungsvertrages genannten Gebiet am 1. Juli 1990 oder zu einem anderen von den Ländern bestimmten Zeitpunkt rechtmäßige Anlagen vorhanden waren.

(2) ¹Die in Absatz 1 aufgeführten Rechte und Befugnisse (alte Rechte und alte Befugnisse) können gegen Entschädigung widerrufen werden, soweit von der Fortsetzung der Gewässerbenutzung eine erhebliche Beeinträchtigung des Wohls der Allgemeinheit zu erwarten ist. ²Sie können ohne Entschädigung widerrufen werden, soweit dies nicht schon nach dem vor dem 1. März 2010 geltenden Recht zulässig war, wenn

1. die Benutzung drei Jahre ununterbrochen nicht ausgeübt worden ist;
2. die Benutzung im bisher zulässigen Umfang für den Benutzer nicht mehr erforderlich ist; dies gilt insbesondere, wenn der zulässige Umfang drei Jahre lang erheblich unterschritten wurde;
3. der Zweck der Benutzung so geändert worden ist, dass er mit der festgelegten Zweckbestimmung nicht mehr übereinstimmt;
4. der Benutzer trotz einer mit der Androhung des Widerrufs verbundenen Warnung die Benutzung über den Rahmen des alten Rechts oder der alten Befugnis hinaus erheblich ausgedehnt oder Bedingungen oder Auflagen nicht erfüllt hat.

³Für die Zulässigkeit nachträglicher Anforderungen und Maßnahmen ohne Entschädigung gilt § 13 Absatz 2 entsprechend.

**§ 21 Anmeldung alter Rechte und alter Befugnisse.** (1)[1] ¹Alte Rechte und alte Befugnisse, die bis zum 28. Februar 2010 noch nicht im Wasserbuch eingetragen oder zur Eintragung in das Wasserbuch angemeldet worden sind, können bis zum 1. März 2013 bei der zuständigen Behörde zur Eintragung in das Wasserbuch angemeldet werden. ²§ 32 des Verwaltungsverfahrensgesetzes gilt entsprechend.[2] ³Alte Rechte und alte Befugnisse, die nicht nach den Sätzen 1 und 2 angemeldet worden sind, erlöschen am 1. März 2020, soweit das alte Recht oder die alte Befugnis nicht bereits zuvor aus anderen Gründen erloschen ist.

(2) ¹Absatz 1 gilt nicht für alte Rechte und alte Befugnisse, die nach einer öffentlichen Aufforderung nach § 16 Absatz 2 Satz 1 des Wasserhaushaltsgeset-

---

[1] Abweichendes Landesrecht in Bayern siehe Hinweise in BGBl. 2010 I S. 275 und 2015 I S. 153.
[2] Abweichendes Landesrecht in Bremen siehe Hinweis in BGBl. 2011 I S. 1047.

Wasserhaushaltsgesetz §§ 22, 23 WHG 4.1

zes in der am 28. Februar 2010 geltenden Fassung innerhalb der dort genannten Frist nicht zur Eintragung in das Wasserbuch angemeldet worden sind. ²Für diese alten Rechte und alten Befugnisse gilt § 16 Absatz 2 Satz 2 und 3 des Wasserhaushaltsgesetzes in der am 28. Februar 2010 geltenden Fassung.

### § 22 Ausgleich zwischen konkurrierenden Gewässerbenutzungen.

¹Art, Maß und Zeiten der Gewässerbenutzung im Rahmen von Erlaubnissen, Bewilligungen, alten Rechten und alten Befugnissen können auf Antrag eines Beteiligten oder von Amts wegen in einem Ausgleichsverfahren geregelt oder beschränkt werden, wenn das Wasser nach Menge oder Beschaffenheit nicht für alle Benutzungen ausreicht oder zumindest eine Benutzung beeinträchtigt ist und wenn das Wohl der Allgemeinheit es erfordert. ²Der Ausgleich ist unter Abwägung der Interessen der Beteiligten und des Wohls der Allgemeinheit sowie unter Berücksichtigung des Gemeingebrauchs nach pflichtgemäßem Ermessen festzulegen.

### § 23[1]) Rechtsverordnungen zur Gewässerbewirtschaftung.

(1) Die Bundesregierung wird ermächtigt, nach Anhörung der beteiligten Kreise durch Rechtsverordnung[2]) mit Zustimmung des Bundesrates, auch zur Umsetzung bindender Rechtsakte der Europäischen Gemeinschaften oder der Europäischen Union und zwischenstaatlicher Vereinbarungen, Vorschriften zum Schutz und zur Bewirtschaftung der Gewässer nach den Grundsätzen des § 6 und den Bewirtschaftungszielen nach Maßgabe der §§ 27 bis 31, 44, 45a und 47 sowie zur näheren Bestimmung der sich aus diesem Gesetz ergebenden Pflichten zu erlassen, insbesondere nähere Regelungen über

1. Anforderungen an die Gewässereigenschaften,
2. die Ermittlung, Beschreibung, Festlegung und Einstufung sowie Darstellung des Zustands von Gewässern,
3. Anforderungen an die Benutzung von Gewässern, insbesondere an das Einbringen und Einleiten von Stoffen,
4. Anforderungen an die Erfüllung der Abwasserbeseitigungspflicht,
5. Anforderungen an die Errichtung, den Betrieb und die Benutzung von Abwasseranlagen und sonstigen in diesem Gesetz geregelten Anlagen sowie Anforderungen an die Fachkunde bei der Durchführung dieser Tätigkeiten,
6. den Schutz der Gewässer gegen nachteilige Veränderungen ihrer Eigenschaften durch den Umgang mit wassergefährdenden Stoffen,
7. die Festsetzung von Schutzgebieten sowie Anforderungen, Gebote und Verbote, die in den festgesetzten Gebieten zu beachten sind,

---

[1]) Abweichendes Landesrecht in Bayern siehe Hinweise in BGBl. 2010 I S. 275 und 2015 I S. 153, Sachsen-Anhalt siehe Hinweis in BGBl. I 2011 I S. 567 und Thüringen siehe Hinweis in BGBl. 2020 I S. 422.
[2]) Siehe die GrundwasserVO (Nr. **4.1.1**), die AbwasserVO (Nr. **4.1.2**), die OberflächengewässerVO (Nr. **4.1.3**), die DeponieVO v. 27.4.2009 (BGBl. I S. 900), zuletzt geänd. durch VO v. 9.7.2021 (BGBl. I S. 2598), die VO über Anlagen zur biologischen Behandlung von Abfällen v. 20.2.2001 (BGBl. I S. 305, 317), zuletzt geänd. durch VO v. 13.12.2019 (BGBl. I S. 2739), die VO über Anlagen zum Umgang mit wassergefährdenden Stoffen v. 18.4.2017 (BGBl. I S. 905), geänd. durch VO v. 19.6.2020 (BGBl. I S. 1328), die ErsatzbaustoffVO v. 9.7.2021 (BGBl. I S. 2598) und die Industriekläranlagen-Zulassungs- und ÜberwachungsVO (auszugsweise abgedruckt unter Nr. **4.1.4**).

8. die Überwachung der Gewässereigenschaften und die Überwachung der Einhaltung der Anforderungen, die durch dieses Gesetz oder auf Grund dieses Gesetzes erlassener Rechtsvorschriften festgelegt worden sind,
9. Messmethoden und Messverfahren einschließlich Verfahren zur Gewährleistung der Vergleichbarkeit von Bewertungen der Gewässereigenschaften im Rahmen der flussgebietsbezogenen Gewässerbewirtschaftung und der Bewirtschaftung der Meeresgewässer (Interkalibrierung) sowie die Qualitätssicherung analytischer Daten,
10. die durchzuführenden behördlichen Verfahren,
11. die Beschaffung, Bereitstellung und Übermittlung von Informationen sowie Berichtspflichten,
12. die wirtschaftliche Analyse von Wassernutzungen, die Auswirkungen auf Gewässer haben,
13. Maßnahmenprogramme und Bewirtschaftungspläne auf Grund bindender Rechtsakte der Europäischen Union.

(2) Beteiligte Kreise sind ein jeweils auszuwählender Kreis von Vertreterinnen und Vertretern der Wissenschaft, der beteiligten Wirtschaft, der kommunalen Spitzenverbände, der Umweltvereinigungen, der sonstigen Betroffenen und der für die Wasserwirtschaft zuständigen obersten Landesbehörden.

(3) ¹Solange und soweit die Bundesregierung von der Ermächtigung zum Erlass von Rechtsverordnungen nach Absatz 1, auch in Verbindung mit § 46 Absatz 2, § 48 Absatz 1 Satz 2, § 57 Absatz 2, § 58 Absatz 1 Satz 2, § 61 Absatz 3, § 62 Absatz 4 und § 63 Absatz 2 Satz 2, keinen Gebrauch gemacht hat, sind die Landesregierungen ermächtigt, durch Rechtsverordnung entsprechende Vorschriften zu erlassen. ²Die Landesregierungen können die Ermächtigung auf eine oder mehrere oberste Landesbehörden übertragen.

**§ 24 Erleichterungen für EMAS-Standorte.** (1) Die Bundesregierung wird ermächtigt, zur Förderung der privaten Eigenverantwortung für EMAS-Standorte durch Rechtsverordnung mit Zustimmung des Bundesrates Erleichterungen zum Inhalt der Antragsunterlagen in wasserrechtlichen Verfahren sowie überwachungsrechtliche Erleichterungen vorzusehen, soweit die entsprechenden Anforderungen der Verordnung (EG) Nr. 1221/2009[1] des Europäischen Parlaments und des Rates vom 25. November 2009 über die freiwillige Teilnahme von Organisationen an einem Gemeinschaftssystem für Umweltmanagement und Umweltbetriebsprüfung und zur Aufhebung der Verordnung (EG) Nr. 761/2001, sowie die Beschlüsse der Kommission 2001/681/EG und 2006/193/EG (ABl. L 342 vom 22.12.2009, S. 1) gleichwertig mit den Anforderungen sind, die zur Überwachung und zu den Antragsunterlagen nach den wasserrechtlichen Vorschriften vorgesehen sind, oder soweit die Gleichwertigkeit durch die Rechtsverordnung nach dieser Vorschrift sichergestellt wird; dabei können insbesondere Erleichterungen zu

1. Kalibrierungen, Ermittlungen, Prüfungen und Messungen,
2. Messberichten sowie sonstigen Berichten und Mitteilungen von Ermittlungsergebnissen,
3. Aufgaben von Gewässerschutzbeauftragten und
4. zur Häufigkeit der behördlichen Überwachung vorgesehen werden.

---

[1] Nr. 2.7.

(2) Ordnungsrechtliche Erleichterungen können gewährt werden, wenn ein Umweltgutachter die Einhaltung der Umweltvorschriften geprüft und keine Abweichungen festgestellt hat und dies in der Erklärung nach Anhang VII der Verordnung (EG) Nr. 1221/2009 bescheinigt.

(3) ¹Solange und soweit die Bundesregierung von der Ermächtigung zum Erlass von Rechtsverordnungen nach Absatz 1 keinen Gebrauch gemacht hat, sind die Landesregierungen ermächtigt, durch Rechtsverordnung entsprechende Vorschriften zu erlassen. ²Die Landesregierungen können die Ermächtigung auf eine oder mehrere oberste Landesbehörden übertragen.

## Abschnitt 2. Bewirtschaftung oberirdischer Gewässer

**§ 25 Gemeingebrauch.** ¹Jede Person darf oberirdische Gewässer in einer Weise und in einem Umfang benutzen, wie dies nach Landesrecht als Gemeingebrauch zulässig ist, soweit nicht Rechte anderer dem entgegenstehen und soweit Befugnisse oder der Eigentümer- oder Anliegergebrauch anderer nicht beeinträchtigt werden. ²Der Gemeingebrauch umfasst nicht das Einbringen und Einleiten von Stoffen in oberirdische Gewässer. ³Die Länder können den Gemeingebrauch erstrecken auf

1. das schadlose Einleiten von Niederschlagswasser,
2. das Einbringen von Stoffen in oberirdische Gewässer für Zwecke der Fischerei, wenn dadurch keine signifikanten nachteiligen Auswirkungen auf den Gewässerzustand zu erwarten sind.[1]

**§ 26 Eigentümer- und Anliegergebrauch.** (1) ¹Eine Erlaubnis oder eine Bewilligung ist, soweit durch Landesrecht nicht etwas anderes bestimmt ist, nicht erforderlich für die Benutzung eines oberirdischen Gewässers durch den Eigentümer oder die durch ihn berechtigte Person für den eigenen Bedarf, wenn dadurch andere nicht beeinträchtigt werden und keine nachteilige Veränderung der Wasserbeschaffenheit, keine wesentliche Verminderung der Wasserführung sowie keine andere Beeinträchtigung des Wasserhaushalts zu erwarten sind. ²Der Eigentümergebrauch umfasst nicht das Einbringen und Einleiten von Stoffen in oberirdische Gewässer. ³§ 25 Satz 3 gilt entsprechend.

(2) Die Eigentümer der an oberirdische Gewässer grenzenden Grundstücke und die zur Nutzung dieser Grundstücke Berechtigten (Anlieger) dürfen oberirdische Gewässer ohne Erlaubnis oder Bewilligung nach Maßgabe des Absatzes 1 benutzen.

(3) An Bundeswasserstraßen und an sonstigen Gewässern, die der Schifffahrt dienen oder künstlich errichtet sind, findet ein Gebrauch nach Absatz 2 nicht statt.

**§ 27 Bewirtschaftungsziele für oberirdische Gewässer.** (1) Oberirdische Gewässer sind, soweit sie nicht nach § 28 als künstlich oder erheblich verändert eingestuft werden, so zu bewirtschaften, dass

1. eine Verschlechterung ihres ökologischen und ihres chemischen Zustands vermieden wird und
2. ein guter ökologischer und ein guter chemischer Zustand erhalten oder erreicht werden.

---

[1] Abweichendes Landesrecht in Bayern siehe Hinweise in BGBl. 2010 I S. 275 und 2015 I S. 153.

(2) Oberirdische Gewässer, die nach § 28 als künstlich oder erheblich verändert eingestuft werden, sind so zu bewirtschaften, dass

1. eine Verschlechterung ihres ökologischen Potenzials und ihres chemischen Zustands vermieden wird und
2. ein gutes ökologisches Potenzial und ein guter chemischer Zustand erhalten oder erreicht werden.

**§ 28 Einstufung künstlicher und erheblich veränderter Gewässer.** Oberirdische Gewässer können als künstliche oder erheblich veränderte Gewässer im Sinne des § 3 Nummer 4 und 5 eingestuft werden, wenn

1. die Änderungen der hydromorphologischen Merkmale, die für einen guten ökologischen Gewässerzustand erforderlich wären, signifikante nachteilige Auswirkungen hätten auf

   a) die Umwelt insgesamt,

   b) die Schifffahrt, einschließlich Hafenanlagen,

   c) die Freizeitnutzung,

   d) Zwecke der Wasserspeicherung, insbesondere zur Trinkwasserversorgung, der Stromerzeugung oder der Bewässerung,

   e) die Wasserregulierung, den Hochwasserschutz oder die Landentwässerung oder

   f) andere, ebenso wichtige nachhaltige Entwicklungstätigkeiten des Menschen,

2. die Ziele, die mit der Schaffung oder der Veränderung des Gewässers verfolgt werden, nicht mit anderen geeigneten Maßnahmen erreicht werden können, die wesentlich geringere nachteilige Auswirkungen auf die Umwelt haben, technisch durchführbar und nicht mit unverhältnismäßig hohem Aufwand verbunden sind und
3. die Verwirklichung der in den §§ 27, 44 und 47 Absatz 1 festgelegten Bewirtschaftungsziele in anderen Gewässern derselben Flussgebietseinheit nicht dauerhaft ausgeschlossen oder gefährdet ist.

**§ 29 Fristen zur Erreichung der Bewirtschaftungsziele.** (1) [1]Ein guter ökologischer und ein guter chemischer Zustand der oberirdischen Gewässer sowie ein gutes ökologisches Potenzial und ein guter chemischer Zustand der künstlichen und erheblich veränderten Gewässer sind bis zum 22. Dezember 2015 zu erreichen. [2]Durch Rechtsverordnung nach § 23 Absatz 1 Nummer 1 können zur Umsetzung bindender Rechtsakte der Europäischen Union abweichende Fristen bestimmt werden.

(2) [1]Die zuständige Behörde kann die Frist nach Absatz 1 verlängern, wenn sich der Gewässerzustand nicht weiter verschlechtert und

1. die notwendigen Verbesserungen des Gewässerzustands auf Grund der natürlichen Gegebenheiten nicht fristgerecht erreicht werden können,
2. die vorgesehenen Maßnahmen nur schrittweise in einem längeren Zeitraum technisch durchführbar sind oder
3. die Einhaltung der Frist mit unverhältnismäßig hohem Aufwand verbunden wäre.

²Fristverlängerungen nach Satz 1 dürfen die Verwirklichung der in den §§ 27, 44 und 47 Absatz 1 festgelegten Bewirtschaftungsziele in anderen Gewässern derselben Flussgebietseinheit nicht dauerhaft ausschließen oder gefährden.

(3) ¹Fristverlängerungen nach Absatz 2 Satz 1 sind höchstens zweimal für einen Zeitraum von jeweils sechs Jahren zulässig. ²Lassen sich die Bewirtschaftungsziele auf Grund der natürlichen Gegebenheiten nicht innerhalb der Fristverlängerungen nach Satz 1 erreichen, sind weitere Verlängerungen möglich.

(4) Die Fristen nach den Absätzen 1 bis 3 gelten auch für Gewässer in Schutzgebieten im Sinne des Artikels 6 in Verbindung mit Anhang IV der Richtlinie 2000/60/EG des Europäischen Parlaments und des Rates vom 23. Oktober 2000 zur Schaffung eines Ordnungsrahmens für Maßnahmen der Gemeinschaft im Bereich der Wasserpolitik (ABl. L 327 vom 22.12.2000, S. 1), die zuletzt durch die Richtlinie 2008/105/EG (ABl. L 348 vom 24.12.2008, S. 84) geändert worden ist, in ihrer jeweils geltenden Fassung, sofern die Rechtsvorschriften der Europäischen Gemeinschaften oder der Europäischen Union, nach denen die Schutzgebiete ausgewiesen worden sind, keine anderweitigen Bestimmungen enthalten.

**§ 30 Abweichende Bewirtschaftungsziele.** ¹Abweichend von § 27 können die zuständigen Behörden für bestimmte oberirdische Gewässer weniger strenge Bewirtschaftungsziele festlegen, wenn

1. die Gewässer durch menschliche Tätigkeiten so beeinträchtigt oder ihre natürlichen Gegebenheiten so beschaffen sind, dass die Erreichung der Ziele unmöglich ist oder mit unverhältnismäßig hohem Aufwand verbunden wäre,
2. die ökologischen und sozioökonomischen Erfordernisse, denen diese menschlichen Tätigkeiten dienen, nicht durch andere Maßnahmen erreicht werden können, die wesentlich geringere nachteilige Auswirkungen auf die Umwelt hätten und nicht mit unverhältnismäßig hohem Aufwand verbunden wären,
3. weitere Verschlechterungen des Gewässerzustands vermieden werden und
4. unter Berücksichtigung der Auswirkungen auf die Gewässereigenschaften, die infolge der Art der menschlichen Tätigkeiten nicht zu vermeiden waren, der bestmögliche ökologische Zustand oder das bestmögliche ökologische Potenzial und der bestmögliche chemische Zustand erreicht werden.

²§ 29 Absatz 2 Satz 2 gilt entsprechend.

**§ 31 Ausnahmen von den Bewirtschaftungszielen.** (1) Vorübergehende Verschlechterungen des Zustands eines oberirdischen Gewässers verstoßen nicht gegen die Bewirtschaftungsziele nach den §§ 27 und 30, wenn

1. sie auf Umständen beruhen, die
   a) in natürlichen Ursachen begründet oder durch höhere Gewalt bedingt sind und die außergewöhnlich sind und nicht vorhersehbar waren oder
   b) durch Unfälle entstanden sind,
2. alle praktisch geeigneten Maßnahmen ergriffen werden, um eine weitere Verschlechterung des Gewässerzustands und eine Gefährdung der zu erreichenden Bewirtschaftungsziele in anderen, von diesen Umständen nicht betroffenen Gewässern zu verhindern,

3. nur solche Maßnahmen ergriffen werden, die eine Wiederherstellung des vorherigen Gewässerzustands nach Wegfall der Umstände nicht gefährden dürfen und die im Maßnahmenprogramm nach § 82 aufgeführt werden und
4. die Auswirkungen der Umstände jährlich überprüft und praktisch geeignete Maßnahmen ergriffen werden, um den vorherigen Gewässerzustand vorbehaltlich der in § 29 Absatz 2 Satz 1 Nummer 1 bis 3 genannten Gründe so bald wie möglich wiederherzustellen.

(2) ¹Wird bei einem oberirdischen Gewässer der gute ökologische Zustand nicht erreicht oder verschlechtert sich sein Zustand, verstößt dies nicht gegen die Bewirtschaftungsziele nach den §§ 27 und 30, wenn
1. dies auf einer neuen Veränderung der physischen Gewässereigenschaften oder des Grundwasserstands beruht,
2. die Gründe für die Veränderung von übergeordnetem öffentlichen Interesse sind oder wenn der Nutzen der neuen Veränderung für die Gesundheit oder Sicherheit des Menschen oder für die nachhaltige Entwicklung größer ist als der Nutzen, den die Erreichung der Bewirtschaftungsziele für die Umwelt und die Allgemeinheit hat,
3. die Ziele, die mit der Veränderung des Gewässers verfolgt werden, nicht mit anderen geeigneten Maßnahmen erreicht werden können, die wesentlich geringere nachteilige Auswirkungen auf die Umwelt haben, technisch durchführbar und nicht mit unverhältnismäßig hohem Aufwand verbunden sind und
4. alle praktisch geeigneten Maßnahmen ergriffen werden, um die nachteiligen Auswirkungen auf den Gewässerzustand zu verringern.

²Bei neuen nachhaltigen Entwicklungstätigkeiten des Menschen im Sinne des § 28 Nummer 1 ist unter den in Satz 1 Nummer 2 bis 4 genannten Voraussetzungen auch eine Verschlechterung von einem sehr guten in einen guten Gewässerzustand zulässig.

(3) Für Ausnahmen nach den Absätzen 1 und 2 gilt § 29 Absatz 2 Satz 2 entsprechend.

**§ 32 Reinhaltung oberirdischer Gewässer.** (1) ¹Feste Stoffe dürfen in ein oberirdisches Gewässer nicht eingebracht werden, um sich ihrer zu entledigen. ²Satz 1 gilt nicht, wenn Sediment, das einem Gewässer entnommen wurde, in ein oberirdisches Gewässer eingebracht wird.

(2) ¹Stoffe dürfen an einem oberirdischen Gewässer nur so gelagert oder abgelagert werden, dass eine nachteilige Veränderung der Wasserbeschaffenheit oder des Wasserabflusses nicht zu besorgen ist. ²Das Gleiche gilt für das Befördern von Flüssigkeiten und Gasen durch Rohrleitungen.

**§ 33 Mindestwasserführung.** Das Aufstauen eines oberirdischen Gewässers oder das Entnehmen oder Ableiten von Wasser aus einem oberirdischen Gewässer ist nur zulässig, wenn die Abflussmenge erhalten bleibt, die für das Gewässer und andere hiermit verbundene Gewässer erforderlich ist, um den Zielen des § 6 Absatz 1 und der §§ 27 bis 31 zu entsprechen (Mindestwasserführung).

**§ 34 Durchgängigkeit oberirdischer Gewässer.** (1) Die Errichtung, die wesentliche Änderung und der Betrieb von Stauanlagen dürfen nur zugelassen

Wasserhaushaltsgesetz **§§ 35–37 WHG 4.1**

werden, wenn durch geeignete Einrichtungen und Betriebsweisen die Durchgängigkeit des Gewässers erhalten oder wiederhergestellt wird, soweit dies erforderlich ist, um die Bewirtschaftungsziele nach Maßgabe der §§ 27 bis 31 zu erreichen.

(2) Entsprechen vorhandene Stauanlagen nicht den Anforderungen nach Absatz 1, so hat die zuständige Behörde die Anordnungen zur Wiederherstellung der Durchgängigkeit zu treffen, die erforderlich sind, um die Bewirtschaftungsziele nach Maßgabe der §§ 27 bis 31 zu erreichen.

(3) Die Wasserstraßen- und Schifffahrtsverwaltung des Bundes führt bei Stauanlagen an Bundeswasserstraßen, die von ihr errichtet oder betrieben werden, die nach den Absätzen 1 und 2 erforderlichen Maßnahmen im Rahmen ihrer Aufgaben nach dem Bundeswasserstraßengesetz hoheitlich durch.

**§ 35 Wasserkraftnutzung.** (1) Die Nutzung von Wasserkraft darf nur zugelassen werden, wenn auch geeignete Maßnahmen zum Schutz der Fischpopulation ergriffen werden.

(2) Entsprechen vorhandene Wasserkraftnutzungen nicht den Anforderungen nach Absatz 1, so sind die erforderlichen Maßnahmen innerhalb angemessener Fristen durchzuführen.

(3) [1]Die zuständige Behörde prüft, ob an Staustufen und sonstigen Querverbauungen, die am 1. März 2010 bestehen und deren Rückbau zur Erreichung der Bewirtschaftungsziele nach Maßgabe der §§ 27 bis 31 auch langfristig nicht vorgesehen ist, eine Wasserkraftnutzung nach den Standortgegebenheiten möglich ist. [2]Das Ergebnis der Prüfung wird der Öffentlichkeit in geeigneter Weise zugänglich gemacht.

**§ 36 Anlagen in, an, über und unter oberirdischen Gewässern.**

(1) [1]Anlagen in, an, über und unter oberirdischen Gewässern sind so zu errichten, zu betreiben, zu unterhalten und stillzulegen, dass keine schädlichen Gewässerveränderungen zu erwarten sind und die Gewässerunterhaltung nicht mehr erschwert wird, als es den Umständen nach unvermeidbar ist. [2]Anlagen im Sinne von Satz 1 sind insbesondere
1. bauliche Anlagen wie Gebäude, Brücken, Stege, Unterführungen, Hafenanlagen und Anlegestellen,
2. Leitungsanlagen,
3. Fähren.

[3]Im Übrigen gelten die landesrechtlichen Vorschriften.

(2) [1]Stauanlagen und Stauhaltungsdämme sind nach den allgemein anerkannten Regeln der Technik zu errichten, zu betreiben und zu unterhalten; die Anforderungen an den Hochwasserschutz müssen gewahrt sein. [2]Wer Stauanlagen und Stauhaltungsdämme betreibt, hat ihren ordnungsgemäßen Zustand und Betrieb auf eigene Kosten zu überwachen (Eigenüberwachung). [3]Entsprechen vorhandene Stauanlagen oder Stauhaltungsdämme nicht den vorstehenden Anforderungen, so kann die zuständige Behörde die Durchführung der erforderlichen Maßnahmen innerhalb angemessener Fristen anordnen.

**§ 37 Wasserabfluss.** (1) [1]Der natürliche Ablauf wild abfließenden Wassers auf ein tiefer liegendes Grundstück darf nicht zum Nachteil eines höher liegenden Grundstücks behindert werden. [2]Der natürliche Ablauf wild abfließenden Wassers darf nicht zum Nachteil eines tiefer liegenden Grundstücks verstärkt oder auf andere Weise verändert werden.

(2) ¹Eigentümer oder Nutzungsberechtigte von Grundstücken, auf denen der natürliche Ablauf wild abfließenden Wassers zum Nachteil eines höher liegenden Grundstücks behindert oder zum Nachteil eines tiefer liegenden Grundstücks verstärkt oder auf andere Weise verändert wird, haben die Beseitigung des Hindernisses oder der eingetretenen Veränderung durch die Eigentümer oder Nutzungsberechtigten der benachteiligten Grundstücke zu dulden. ²Satz 1 gilt nur, soweit die zur Duldung Verpflichteten die Behinderung, Verstärkung oder sonstige Veränderung des Wasserabflusses nicht zu vertreten haben und die Beseitigung vorher angekündigt wurde. ³Der Eigentümer des Grundstücks, auf dem das Hindernis oder die Veränderung entstanden ist, kann das Hindernis oder die eingetretene Veränderung auf seine Kosten auch selbst beseitigen.

(3) ¹Aus Gründen des Wohls der Allgemeinheit, insbesondere der Wasserwirtschaft, der Landeskultur und des öffentlichen Verkehrs, kann die zuständige Behörde Abweichungen von den Absätzen 1 und 2 zulassen. ²Soweit dadurch das Eigentum unzumutbar beschränkt wird, ist eine Entschädigung zu leisten.

(4) Die Absätze 1 bis 3 gelten auch für wild abfließendes Wasser, das nicht aus Quellen stammt.

**§ 38[1] Gewässerrandstreifen.** (1) Gewässerrandstreifen dienen der Erhaltung und Verbesserung der ökologischen Funktionen oberirdischer Gewässer, der Wasserspeicherung, der Sicherung des Wasserabflusses sowie der Verminderung von Stoffeinträgen aus diffusen Quellen.

(2)[2] ¹Der Gewässerrandstreifen umfasst das Ufer und den Bereich, der an das Gewässer landseits der Linie des Mittelwasserstandes angrenzt. ²Der Gewässerrandstreifen bemisst sich ab der Linie des Mittelwasserstandes, bei Gewässern mit ausgeprägter Böschungsoberkante ab der Böschungsoberkante.

(3)[3] ¹Der Gewässerrandstreifen ist im Außenbereich fünf Meter breit. ²Die zuständige Behörde kann für Gewässer oder Gewässerabschnitte

1. Gewässerrandstreifen im Außenbereich aufheben,
2. im Außenbereich die Breite des Gewässerrandstreifens abweichend von Satz 1 festsetzen,
3. innerhalb der im Zusammenhang bebauten Ortsteile Gewässerrandstreifen mit einer angemessenen Breite festsetzen.

³Die Länder können von den Sätzen 1 und 2 abweichende Regelungen erlassen.

---

[1] Abweichendes Landesrecht in Bremen siehe Hinweis in BGBl. 2011 I S. 1047.
[2] Abweichendes Landesrecht in Bayern siehe Hinweise in BGBl. 2010 I S. 275 und 2015 I S. 153, in Sachsen siehe Hinweise in BGBl. 2011 I S. 842 und 2014 I S. 113 und in Rheinland-Pfalz siehe Hinweis in BGBl. 2016 I S. 715.
[3] Abweichendes Landesrecht in Bayern siehe Hinweise in BGBl. 2010 I S. 275, 2015 I S. 153 und 2020 I S. 319, 320, in Schleswig-Holstein siehe Hinweise in BGBl. 2010 I S. 1501 und 2019 I S. 2595 und in Rheinland-Pfalz siehe Hinweis in BGBl. 2016 I S. 715.

Wasserhaushaltsgesetz § 38a WHG 4.1

(4)[1] ¹Eigentümer und Nutzungsberechtigte sollen Gewässerrandstreifen im Hinblick auf ihre Funktionen nach Absatz 1 erhalten. ²Im Gewässerrandstreifen ist verboten:

1. die Umwandlung von Grünland in Ackerland,
2. das Entfernen von standortgerechten Bäumen und Sträuchern, ausgenommen die Entnahme im Rahmen einer ordnungsgemäßen Forstwirtschaft, sowie das Neuanpflanzen von nicht standortgerechten Bäumen und Sträuchern,
3. der Umgang mit wassergefährdenden Stoffen, ausgenommen die Anwendung von Pflanzenschutzmitteln und Düngemitteln, soweit durch Landesrecht nichts anderes bestimmt ist, und der Umgang mit wassergefährdenden Stoffen in und im Zusammenhang mit zugelassenen Anlagen,
4. die nicht nur zeitweise Ablagerung von Gegenständen, die den Wasserabfluss behindern können oder die fortgeschwemmt werden können.[2]

³Zulässig sind Maßnahmen, die zur Gefahrenabwehr notwendig sind. ⁴Satz 2 Nummer 1 und 2 gilt nicht für Maßnahmen des Gewässerausbaus sowie der Gewässer- und Deichunterhaltung.

(5)[3] ¹Die zuständige Behörde kann von einem Verbot nach Absatz 4 Satz 2 eine widerrufliche Befreiung erteilen, wenn überwiegende Gründe des Wohls der Allgemeinheit die Maßnahme erfordern oder das Verbot im Einzelfall zu einer unbilligen Härte führt. ²Die Befreiung kann aus Gründen des Wohls der Allgemeinheit auch nachträglich mit Nebenbestimmungen versehen werden, insbesondere um zu gewährleisten, dass der Gewässerrandstreifen die in Absatz 1 genannten Funktionen erfüllt. ³Für die Erteilung der Befreiung gilt § 11a Absatz 4 und 5 entsprechend, wenn die Befreiung für ein Vorhaben zur Erzeugung von Energie aus erneuerbaren Quellen erforderlich ist.

**§ 38a Landwirtschaftlich genutzte Flächen mit Hangneigung an Gewässern.** (1) ¹Eigentümer und Nutzungsberechtigte haben auf landwirtschaftlich genutzten Flächen, die an Gewässer angrenzen und innerhalb eines Abstandes von 20 Metern zur Böschungsoberkante eine Hangneigung zum Gewässer von durchschnittlich mindestens 5 Prozent aufweisen, innerhalb eines Abstandes von 5 Metern landseits der Böschungsoberkante des Gewässers eine geschlossene, ganzjährig begrünte Pflanzendecke zu erhalten oder herzustellen. ²Bei Gewässern ohne ausgeprägte Böschungsoberkante ist die Linie des Mittelwasserstandes maßgeblich. ³Eine Bodenbearbeitung zur Erneuerung des Pflanzenbewuchses darf einmal innerhalb von Fünfjahreszeiträumen durchgeführt werden. ⁴Der erste Fünfjahreszeitraum beginnt mit Ablauf des 30. Juni 2020.

(2) ¹Weitergehende Rechtsvorschriften der Länder bleiben unberührt. ²Abweichend von Absatz 1 Satz 1 und 2 gilt die Linie des Mittelwasserstandes, sofern das Landesrecht diesen Bezugspunkt vorsieht und schädliche Gewässerveränderungen vermieden werden.

---

[1] Abweichendes Landesrecht in Bayern siehe Hinweise in BGBl. 2010 I S. 275 und 2015 I S. 153 und 2020 I S. 319, 320.
[2] Abweichendes Landesrecht in Sachsen siehe Hinweise in BGBl. 2011 I S. 842 und 2014 I S. 113.
[3] Abweichendes Landesrecht in Bayern siehe Hinweise in BGBl. 2010 I S. 275, 2015 I S. 153 und 2020 I S. 319, 320.

**§ 39 Gewässerunterhaltung.** (1)[1] ¹Die Unterhaltung eines oberirdischen Gewässers umfasst seine Pflege und Entwicklung als öffentlich-rechtliche Verpflichtung (Unterhaltungslast). ²Zur Gewässerunterhaltung gehören insbesondere:

1. die Erhaltung des Gewässerbettes, auch zur Sicherung eines ordnungsgemäßen Wasserabflusses,
2.[2] die Erhaltung der Ufer, insbesondere durch Erhaltung und Neuanpflanzung einer standortgerechten Ufervegetation, sowie die Freihaltung der Ufer für den Wasserabfluss,
3. die Erhaltung der Schiffbarkeit von schiffbaren Gewässern mit Ausnahme der besonderen Zufahrten zu Häfen und Schiffsanlegestellen,
4. die Erhaltung und Förderung der ökologischen Funktionsfähigkeit des Gewässers insbesondere als Lebensraum von wild lebenden Tieren und Pflanzen,
5. die Erhaltung des Gewässers in einem Zustand, der hinsichtlich der Abführung oder Rückhaltung von Wasser, Geschiebe, Schwebstoffen und Eis den wasserwirtschaftlichen Bedürfnissen entspricht.

(2) ¹Die Gewässerunterhaltung muss sich an den Bewirtschaftungszielen nach Maßgabe der §§ 27 bis 31 ausrichten und darf die Erreichung dieser Ziele nicht gefährden. ²Sie muss den Anforderungen entsprechen, die im Maßnahmenprogramm nach § 82 an die Gewässerunterhaltung gestellt sind. ³Bei der Unterhaltung ist der Erhaltung der Leistungs- und Funktionsfähigkeit des Naturhaushalts Rechnung zu tragen; Bild und Erholungswert der Gewässerlandschaft sind zu berücksichtigen.

(3)[3] Die Absätze 1 und 2 gelten auch für die Unterhaltung ausgebauter Gewässer, soweit nicht in einem Planfeststellungsbeschluss oder einer Plangenehmigung nach § 68 etwas anderes bestimmt ist.

**§ 40 Träger der Unterhaltungslast.** (1)[4] ¹Die Unterhaltung oberirdischer Gewässer obliegt den Eigentümern der Gewässer, soweit sie nicht nach landesrechtlichen Vorschriften Aufgabe von Gebietskörperschaften, Wasser- und Bodenverbänden[5], gemeindlichen Zweckverbänden oder sonstigen Körperschaften des öffentlichen Rechts ist.[6] ²Ist der Gewässereigentümer Träger der Unterhaltungslast, sind die Anlieger sowie diejenigen Eigentümer von Grundstücken und Anlagen, die aus der Unterhaltung Vorteile haben oder die Unterhaltung erschweren, verpflichtet, sich an den Kosten der Unterhaltung zu beteiligen. ³Ist eine Körperschaft nach Satz 1 unterhaltungspflichtig, können die Länder bestimmen, inwieweit die Gewässereigentümer, die in Satz 2 genannten Personen, andere Personen, die aus der Unterhaltung Vorteile haben,

---

[1] Abweichendes Landesrecht in Sachsen-Anhalt siehe Hinweis in BGBl. 2011 I S. 567.
[2] Abweichendes Landesrecht Schleswig-Holstein siehe Hinweis in BGBl. 2019 I S. 2595.
[3] Abweichendes Landesrecht in Niedersachsen und Sachsen-Anhalt siehe Hinweise in BGBl. 2010 I S. 970 und 2011 I S. 567.
[4] Abweichendes Landesrecht in Schleswig-Holstein siehe Hinweise in BGBl. 2010 I S. 1501 und 2019 I S. 2595.
[5] Siehe das WasserverbandsG v. 12.2.1991 (BGBl. I S. 405), geänd. durch G v. 15.5.2002 (BGBl. I S. 1578).
[6] Abweichendes Landesrecht in Sachsen siehe Hinweise in BGBl. 2011 I S. 842 und 2014 I S. 113 und in Rheinland-Pfalz siehe Hinweis in BGBl. 2016 I S. 715.

oder sonstige Eigentümer von Grundstücken im Einzugsgebiet verpflichtet sind, sich an den Kosten der Unterhaltung zu beteiligen.

(2)[1] Die Unterhaltungslast kann mit Zustimmung der zuständigen Behörde auf einen Dritten übertragen werden.

(3) ¹ Ist ein Hindernis für den Wasserabfluss oder für die Schifffahrt oder eine andere Beeinträchtigung, die Unterhaltungsmaßnahmen nach § 39 erforderlich macht, von einer anderen als der unterhaltungspflichtigen Person verursacht worden, so soll die zuständige Behörde die andere Person zur Beseitigung verpflichten. ² Hat die unterhaltungspflichtige Person das Hindernis oder die andere Beeinträchtigung beseitigt, so hat ihr die andere Person die Kosten zu erstatten, soweit die Arbeiten erforderlich waren und die Kosten angemessen sind.

(4) ¹ Erfüllt der Träger der Unterhaltungslast seine Verpflichtungen nicht, so sind die erforderlichen Unterhaltungsarbeiten auf seine Kosten durch das Land oder, sofern das Landesrecht dies bestimmt, durch eine andere öffentlich-rechtliche Körperschaft im Sinne des Absatzes 1 Satz 1 durchzuführen. ² Satz 1 gilt nicht, soweit eine öffentlich-rechtliche Körperschaft Träger der Unterhaltungslast ist.

**§ 41 Besondere Pflichten bei der Gewässerunterhaltung.** (1) ¹ Soweit es zur ordnungsgemäßen Unterhaltung eines oberirdischen Gewässers erforderlich ist, haben
1. die Gewässereigentümer Unterhaltungsmaßnahmen am Gewässer zu dulden;
2. die Anlieger und Hinterlieger zu dulden, dass die zur Unterhaltung verpflichtete Person oder ihre Beauftragten die Grundstücke betreten, vorübergehend benutzen und aus ihnen Bestandteile für die Unterhaltung entnehmen, wenn diese anderweitig nur mit unverhältnismäßig hohen Kosten beschafft werden können; Hinterlieger sind die Eigentümer der an Anliegergrundstücke angrenzenden Grundstücke und die zur Nutzung dieser Grundstücke Berechtigten;
3. die Anlieger zu dulden, dass die zur Unterhaltung verpflichtete Person die Ufer bepflanzt;
4. die Inhaber von Rechten und Befugnissen an Gewässern zu dulden, dass die Benutzung vorübergehend behindert oder unterbrochen wird.

² Die zur Unterhaltung verpflichtete Person hat der duldungspflichtigen Person die beabsichtigten Maßnahmen rechtzeitig vorher anzukündigen. ³ Weitergehende Rechtsvorschriften der Länder bleiben unberührt.

(2) Die nach Absatz 1 Verpflichteten haben Handlungen zu unterlassen, die die Unterhaltung unmöglich machen oder wesentlich erschweren würden.

(3) Die Anlieger können verpflichtet werden, die Ufergrundstücke in erforderlicher Breite so zu bewirtschaften, dass die Unterhaltung nicht beeinträchtigt wird.

---

[1] Abweichendes Landesrecht in Bayern siehe Hinweise in BGBl. 2010 I S. 275 und 2015 I S. 153, Schleswig-Holstein siehe Hinweise in BGBl. 2010 I S. 1501 und 2019 I S. 2595 und Sachsen siehe Hinweis in BGBl. 2014 I S. 112.

(4)[1] Entstehen durch Handlungen nach Absatz 1 Satz 1 Nummer 1 bis 3 Schäden, so hat der Geschädigte gegen die zur Unterhaltung verpflichtete Person Anspruch auf Schadenersatz.

### § 42 Behördliche Entscheidungen zur Gewässerunterhaltung.

(1) Die zuständige Behörde kann

1. die nach § 39 erforderlichen Unterhaltungsmaßnahmen sowie die Pflichten nach § 41 Absatz 1 bis 3 näher festlegen,
2. anordnen, dass Unterhaltungsmaßnahmen nicht durchzuführen sind, soweit dies notwendig ist, um die Bewirtschaftungsziele zu erreichen.

(2)[2] Die zuständige Behörde hat in den Fällen des § 40 Absatz 1 Satz 2 und 3 und Absatz 3 Satz 2 den Umfang der Kostenbeteiligung oder -erstattung festzusetzen, wenn die Beteiligten sich hierüber nicht einigen können.

## Abschnitt 3. Bewirtschaftung von Küstengewässern

### § 43 Erlaubnisfreie Benutzungen von Küstengewässern.

Die Länder können bestimmen, dass eine Erlaubnis nicht erforderlich ist

1. für das Einleiten von Grund-, Quell- und Niederschlagswasser in ein Küstengewässer,
2. für das Einbringen und Einleiten von anderen Stoffen in ein Küstengewässer, wenn dadurch keine signifikanten nachteiligen Veränderungen seiner Eigenschaften zu erwarten sind.

### § 44 Bewirtschaftungsziele für Küstengewässer.

[1] Für Küstengewässer nach § 7 Absatz 5 Satz 2 gelten die §§ 27 bis 31 entsprechend. [2] Seewärts der in § 7 Absatz 5 Satz 2 genannten Linie gelten die §§ 27 bis 31 in den Küstengewässern entsprechend, soweit ein guter chemischer Zustand zu erreichen ist.

### § 45 Reinhaltung von Küstengewässern.

(1) [1] Feste Stoffe dürfen in ein Küstengewässer nicht eingebracht werden, um sich ihrer zu entledigen. [2] Satz 1 gilt nicht, wenn Sediment, das einem Gewässer entnommen wurde, in ein Küstengewässer eingebracht wird.

(2) In Verfahren zur Erteilung von Erlaubnissen zum Einbringen oder Einleiten von Stoffen in Küstengewässer im Rahmen des marinen Geo-Engineerings gelten die Regelungen des § 3 Absatz 5, des § 5 Absatz 3 und 4 Satz 2, des § 5a und der Anlage zu § 4 Satz 2 Nummer 3 des Hohe-See-Einbringungsgesetzes vom 25. August 1998 (BGBl. I S. 2455), das zuletzt durch Artikel 1 des Gesetzes vom 4. Dezember 2018 (BGBl. I S. 2254) geändert worden ist, sowie die Regelungen der auf Grund des § 9 Satz 1 Nummer 1 und Satz 2 des Hohe-See-Einbringungsgesetzes erlassenen Rechtsverordnung[3] entsprechend.

(3) [1] Stoffe dürfen an einem Küstengewässer nur so gelagert oder abgelagert werden, dass eine nachteilige Veränderung der Wasserbeschaffenheit nicht zu

---

[1] Abweichendes Landesrecht in Bayern siehe Hinweise in BGBl. 2010 I S. 275 und 2015 I S. 153, Niedersachsen siehe Hinweis in BGBl. 2010 I S. 970 und Sachsen-Anhalt siehe Hinweis in BGBl. 2011 I S. 567.
[2] Abweichendes Landesrecht in Bayern siehe Hinweise in BGBl. 2010 I S. 275 und 2015 I S. 153 und Schleswig-Holstein siehe Hinweise in BGBl. 2010 I S. 1501 und 2019 I S. 2595.
[3] Siehe die VO zur Beschränkung des marinen Geo-Engineerings v. 15.10.2019 (BGBl. I S. 1467).

besorgen ist. ²Das Gleiche gilt für das Befördern von Flüssigkeiten und Gasen durch Rohrleitungen.

### Abschnitt 3a. Bewirtschaftung von Meeresgewässern

**§ 45a Bewirtschaftungsziele für Meeresgewässer.** (1) Meeresgewässer sind so zu bewirtschaften, dass

1. eine Verschlechterung ihres Zustands vermieden wird und
2. ein guter Zustand erhalten oder spätestens bis zum 31. Dezember 2020 erreicht wird.

(2) Damit die Bewirtschaftungsziele nach Absatz 1 erreicht werden, sind insbesondere

1. Meeresökosysteme zu schützen und zu erhalten und in Gebieten, in denen sie geschädigt wurden, wiederherzustellen,
2. vom Menschen verursachte Einträge von Stoffen und Energie, einschließlich Lärm, in die Meeresgewässer schrittweise zu vermeiden und zu vermindern mit dem Ziel, signifikante nachteilige Auswirkungen auf die Meeresökosysteme, die biologische Vielfalt, die menschliche Gesundheit und die zulässige Nutzung des Meeres auszuschließen und
3. bestehende und künftige Möglichkeiten der nachhaltigen Meeresnutzung zu erhalten oder zu schaffen.

(3) Nordsee und Ostsee sind nach den Bestimmungen dieses Abschnitts jeweils gesondert zu bewirtschaften.

**§ 45b Zustand der Meeresgewässer.** (1) Zustand der Meeresgewässer ist der Zustand der Umwelt in Meeresgewässern unter Berücksichtigung

1. von Struktur, Funktion und Prozessen der einzelnen Meeresökosysteme,
2. der natürlichen physiografischen, geografischen, biologischen, geologischen und klimatischen Faktoren sowie
3. der physikalischen, akustischen und chemischen Bedingungen, einschließlich der Bedingungen, die als Folge menschlichen Handelns in dem betreffenden Gebiet und außerhalb davon entstehen.

(2) Guter Zustand der Meeresgewässer ist der Zustand der Umwelt in Meeresgewässern, die unter Berücksichtigung ihrer jeweiligen Besonderheiten ökologisch vielfältig, dynamisch, nicht verschmutzt, gesund und produktiv sind und die nachhaltig genutzt werden, wobei

1. die einzelnen Meeresökosysteme ohne Einschränkungen funktionieren und widerstandsfähig gegen vom Menschen verursachte Umweltveränderungen sind und sich die unterschiedlichen biologischen Komponenten der Meeresökosysteme im Gleichgewicht befinden,
2. die im Meer lebenden Arten und ihre Lebensräume geschützt sind und ein vom Menschen verursachter Rückgang der biologischen Vielfalt verhindert wird und
3. vom Menschen verursachte Einträge von Stoffen und Energie, einschließlich Lärm, in die Meeresumwelt keine nachteiligen Auswirkungen auf die Meeresökosysteme, die biologische Vielfalt, die menschliche Gesundheit und die zulässige Nutzung des Meeres haben.

## 4.1 WHG §§ 45c, 45d

**§ 45c Anfangsbewertung.** (1) [1]Die zuständigen Behörden bewerten die Meeresgewässer bis zum 15. Juli 2012 nach Maßgabe des Anhangs III der Richtlinie 2008/56/EG des Europäischen Parlaments und des Rates vom 17. Juni 2008 zur Schaffung eines Ordnungsrahmens für Maßnahmen der Gemeinschaft im Bereich der Meeresumwelt (Meeresstrategie-Rahmenrichtlinie) (ABl. L 164 vom 25.6.2008, S. 19) in der jeweils geltenden Fassung. [2]Die Bewertung umfasst

1. die wesentlichen Eigenschaften und Merkmale der Meeresgewässer und ihren derzeitigen Zustand,
2. die wichtigsten Belastungen und ihre Auswirkungen, einschließlich menschlichen Handelns, auf den Zustand der Meeresgewässer unter Berücksichtigung der qualitativen und quantitativen Aspekte der verschiedenen Belastungen, feststellbarer Trends sowie der wichtigsten kumulativen und synergetischen Wirkungen und
3. eine wirtschaftliche und soziale Analyse der Nutzung der Meeresgewässer sowie der Kosten einer Verschlechterung ihres Zustands.

(2) [1]Die zuständigen Behörden berücksichtigen bei der Bewertung nach Absatz 1 andere einschlägige Bewertungen insbesondere im Rahmen internationaler Meeresübereinkommen und auf der Grundlage des § 6 in Verbindung mit § 56 des Bundesnaturschutzgesetzes[1]). [2]Bei der Bewertung nach Absatz 1 sind außerdem folgende Maßnahmen, die im Zusammenhang mit der Bewirtschaftung von Küstengewässern und Übergangsgewässern nach Maßgabe des § 44 oder der §§ 27 bis 31 vorgenommen worden sind, weitestgehend zu berücksichtigen:

1. Einstufungen des ökologischen und des chemischen Zustands von Küstengewässern und Übergangsgewässern sowie
2. Auflistungen der Belastungen von Küstengewässern und Übergangsgewässern und Beurteilungen ihrer Auswirkungen.

**§ 45d Beschreibung des guten Zustands der Meeresgewässer.** [1]Auf der Grundlage der Anfangsbewertung nach § 45c beschreiben die zuständigen Behörden bis zum 15. Juli 2012 die Merkmale für den guten Zustand der Meeresgewässer nach Maßgabe des Anhangs I der Richtlinie 2008/56/EG in der jeweils geltenden Fassung. [2]Hierbei sind Festlegungen von typspezifischen Referenzbedingungen für Küstengewässer, die dem sehr guten ökologischen Zustand oder dem höchsten ökologischen Potenzial entsprechen und die im Zusammenhang mit der Bewirtschaftung von Küstengewässern nach Maßgabe des § 44 getroffen worden sind, weitestgehend zu berücksichtigen. [3]Festlegungen von Kriterien für einen günstigen Erhaltungszustand der natürlichen Lebensraumtypen, die in Anhang I der Richtlinie 92/43/EWG des Rates vom 21. Mai 1992 zur Erhaltung der natürlichen Lebensräume sowie der wildlebenden Tiere und Pflanzen (ABl. L 206 vom 22.7.1992, S. 7), die zuletzt durch die Richtlinie 2006/105/EG (ABl. L 363 vom 20.12.2006, S. 368) geändert worden ist, aufgeführt sind und der in Anhang II dieser Richtlinie aufgeführten Tier- und Pflanzenarten, die in den Meeresgewässern vorkommen, sind ebenfalls weitestgehend zu berücksichtigen.

---

[1]) Nr. 3.1.

Wasserhaushaltsgesetz §§ 45e–45g WHG 4.1

**§ 45e Festlegung von Zielen.** ¹Auf der Grundlage der Anfangsbewertung nach § 45c legen die zuständigen Behörden nach Maßgabe des Anhangs IV der Richtlinie 2008/56/EG in der jeweils geltenden Fassung bis zum 15. Juli 2012 die Zwischenziele mit Fristen und die Einzelziele, die erforderlich sind, um einen guten Zustand der Meeresgewässer zu erreichen, sowie zugehörige Indikatoren fest. ²Dabei sind andere einschlägige Ziele zu berücksichtigen, die für die Gewässer auf nationaler, gemeinschaftlicher oder internationaler Ebene festgelegt worden sind, einschließlich der Bewirtschaftungsziele nach Maßgabe des § 44 und der Erhaltungsziele im Sinne des § 7 Absatz 1 Nummer 9 des Bundesnaturschutzgesetzes[1]. ³Die zuständigen Behörden stellen sicher, dass die Ziele miteinander vereinbar sind.

**§ 45f Überwachungsprogramme.** (1) Bis zum 15. Juli 2014 stellen die zuständigen Behörden auf der Grundlage der Anfangsbewertung nach § 45c und unter Beachtung der Anforderungen nach Anhang V der Richtlinie 2008/56/EG in der jeweils geltenden Fassung Überwachungsprogramme zur fortlaufenden Ermittlung, Beschreibung und Bewertung des Zustands der Meeresgewässer sowie zur regelmäßigen Bewertung und Aktualisierung der nach § 45e Satz 1 festgelegten Ziele auf und führen sie durch.

(2) ¹Die Überwachungsprogramme müssen mit anderen Überwachungsanforderungen zum Schutz des Meeres, die insbesondere nach wasser- oder naturschutzrechtlichen Vorschriften sowie internationalen Meeresübereinkommen bestehen, vereinbar sein. ²Programme zur Überwachung des ökologischen und des chemischen Zustands von Küstengewässern, die im Zusammenhang mit der Bewirtschaftung von Küstengewässern nach Maßgabe des § 44 aufgestellt worden sind, sind weitestgehend bei der Aufstellung und Durchführung der Überwachungsprogramme zu berücksichtigen.

**§ 45g Fristverlängerungen; Ausnahmen von den Bewirtschaftungszielen.** (1) ¹Die zuständige Behörde kann die Frist nach § 45a Absatz 1 Nummer 2 sowie Fristen für nach § 45e Satz 1 festgelegte Ziele verlängern, soweit es für bestimmte Teile der Meeresgewässer wegen natürlicher Gegebenheiten unmöglich ist, die Ziele fristgerecht zu erreichen. ²Sie berücksichtigt bei ihrer Entscheidung die Auswirkungen auf Meeresgewässer anderer Staaten sowie die Hohe See.

(2) ¹Die zuständige Behörde kann für bestimmte Teile der Meeresgewässer Ausnahmen hinsichtlich der Erreichung des guten Zustands nach § 45a Absatz 1 Nummer 2 oder hinsichtlich der nach § 45e Satz 1 festgelegten Ziele zulassen. ²Ausnahmen sind nur zulässig, wenn die Ziele nach Satz 1 nicht erreicht werden können auf Grund von

1. Handlungen oder Unterlassungen außerhalb des Geltungsbereichs dieses Gesetzes,
2. natürlichen Ursachen,
3. höherer Gewalt oder
4. Änderungen der physikalischen Eigenschaften des Meeresgewässers durch Maßnahmen aus Gründen des Gemeinwohls, sofern der Nutzen der Maßnahmen die nachteiligen Umweltauswirkungen überwiegt.

---

[1] Nr. **3.1.**

³ Absatz 1 Satz 2 gilt entsprechend. ⁴ In den Fällen des Satzes 2 Nummer 4 ist sicherzustellen, dass die Erreichung des guten Zustands der Meeresgewässer, einschließlich der Meeresgewässer anderer Mitgliedstaaten der Europäischen Union, nicht dauerhaft verhindert oder erschwert wird.

(3) Verlängert die zuständige Behörde nach Absatz 1 Satz 1 eine Frist oder lässt sie Ausnahmen nach Absatz 2 zu, hat sie Maßnahmen zu ergreifen, die darauf abzielen,

1. die nach § 45e Satz 1 festgelegten Ziele weiterzuverfolgen,
2. in den Fällen des Absatzes 2 Satz 1 Nummer 2 bis 4 eine weitere Verschlechterung des Zustands des Meeresgewässers zu vermeiden und
3. nachteilige Wirkungen auf den Zustand der Meeresgewässer, einschließlich der Meeresgewässer anderer Staaten sowie der Hohen See, abzuschwächen.

**§ 45h Maßnahmenprogramme.** (1) ¹ Auf der Grundlage der Anfangsbewertung nach § 45c Absatz 1 und der nach § 45e Satz 1 festgelegten Ziele sind bis zum 31. Dezember 2015 Maßnahmenprogramme aufzustellen, die dem Prinzip einer nachhaltigen Entwicklung Rechnung tragen. ² Die Maßnahmenprogramme umfassen die kostenwirksamen Maßnahmen, die erforderlich sind, um den guten Zustand der Meeresgewässer zu erreichen oder zu erhalten. ³ Dabei sind die in Anhang VI der Richtlinie 2008/56/EG in der jeweils geltenden Fassung aufgeführten Arten von Maßnahmen zu berücksichtigen. ⁴ Die Maßnahmenprogramme enthalten auch

1. räumliche Schutzmaßnahmen im Sinne des § 56 Absatz 2 des Bundesnaturschutzgesetzes¹⁾,
2. eine Erläuterung, inwiefern die festgelegten Maßnahmen zur Erreichung der nach § 45e Satz 1 festgelegten Ziele beitragen,
3. gegebenenfalls Fristverlängerungen nach § 45g Absatz 1 und Ausnahmen nach § 45g Absatz 2, jeweils einschließlich einer Begründung,
4. gegebenenfalls Maßnahmen nach § 45g Absatz 3 und
5. Maßnahmen nach Artikel 4 bis 10 der Richtlinie (EU) 2019/904 des Europäischen Parlaments und des Rates vom 5. Juni 2019 über die Verringerung der Auswirkungen bestimmter Kunststoffprodukte auf die Umwelt (ABl. L 155 vom 12.6.2019, S. 1).

⁵ Bis zum 31. Dezember 2013 sind Informationen zu den Gebieten zu veröffentlichen, die in Satz 4 Nummer 1 sowie in Artikel 13 Absatz 5 der Richtlinie 2008/56/EG genannt sind.

(2) Vor der Aufstellung und Aktualisierung der Maßnahmenprogramme sind zu den vorgesehenen neuen Maßnahmen Folgeabschätzungen einschließlich Kosten-Nutzen-Analysen durchzuführen.

(3) ¹ Bei der Aufstellung der Maßnahmenprogramme sind Maßnahmen zum Schutz des Meeres nach anderen wasser- und naturschutzrechtlichen Vorschriften, einschließlich internationaler Meeresübereinkommen, zu berücksichtigen. ² Bei der Aufstellung und Durchführung der Maßnahmenprogramme nach Absatz 1 sind weitestgehend Maßnahmen zu berücksichtigen, die in ein Maßnahmenprogramm nach § 82

1. für ein Küstengewässer aufgenommen worden sind oder

---

¹⁾ Nr. **3.1**.

2. für ein oberirdisches Gewässer aufgenommen worden sind, soweit die Maßnahmen dem Schutz eines Küstengewässers dienen.

³ Die Maßnahmen sollen dazu beitragen, dass die Meeresgewässer anderer Mitgliedstaaten der Europäischen Union einen guten Zustand erreichen; nachteilige Auswirkungen auf diese Gewässer sollen vermieden werden.

(4) ¹ Die in den Maßnahmenprogrammen aufgeführten Maßnahmen dürfen keine Beschränkung für Tätigkeiten enthalten, die allein der Verteidigung dienen. ² Diese Tätigkeiten sind jedoch so durchzuführen, dass sie weitestgehend mit den nach § 45e Satz 1 festgelegten Zielen vereinbar sind.

(5) Die zuständige Behörde führt die im Maßnahmenprogramm aufgeführten Maßnahmen bis zum 31. Dezember 2016 durch.

(6) ¹ Die zuständige Behörde legt abweichend von Absatz 1 Satz 1 und Absatz 5 einen früheren Zeitpunkt für die Aufstellung und Durchführung der Maßnahmenprogramme fest, wenn der Zustand des Meeresgewässers umgehend grenzüberschreitende Maßnahmen erfordert. ² In diesem Fall können auch über die bereits in einem aufgestellten Maßnahmenprogramm enthaltenen Maßnahmen hinaus zusätzliche oder weitergehende Maßnahmen bestimmt werden. ³ Absatz 3 gilt entsprechend.

**§ 45i Beteiligung der Öffentlichkeit.** (1) ¹ Die zuständige Behörde veröffentlicht

1. Zusammenfassungen der Entwürfe

   a) der Anfangsbewertung nach § 45c Absatz 1, der Beschreibung des guten Zustands nach § 45d Satz 1 und der Ziele nach § 45e Satz 1 bis zum 15. Oktober 2011,

   b) der Überwachungsprogramme nach § 45f Absatz 1 bis zum 15. Oktober 2013

   und

2. Entwürfe der Maßnahmenprogramme nach § 45h Absatz 1 bis zum 31. März 2015.

² Innerhalb von sechs Monaten nach der Veröffentlichung kann die Öffentlichkeit zu den in Satz 1 genannten Unterlagen bei der zuständigen Behörde schriftlich oder elektronisch Stellung nehmen; hierauf ist in der Veröffentlichung hinzuweisen. ³ Für Maßnahmenprogramme nach § 45h ist die Beteiligung der Öffentlichkeit nach den Sätzen 1 und 2 Teil der strategischen Umweltprüfung nach § 42 des Gesetzes über die Umweltverträglichkeitsprüfung[1]).

(2) Bei Aktualisierungen nach § 45j und der vorzeitigen Aufstellung eines Maßnahmenprogramms nach § 45h Absatz 6 gilt Absatz 1 entsprechend.

(3) Unterlagen nach Absatz 1 Satz 1, die sich auf den Bereich der deutschen ausschließlichen Wirtschaftszone und des Festlandsockels beziehen, sind, auch in den Fällen des Absatzes 2, im Bundesanzeiger zu veröffentlichen.

(4) § 85 gilt entsprechend für die in Absatz 1 Satz 1 bezeichneten Maßnahmen.

---

[1]) Nr. **2.5**.

**§ 45j Überprüfung und Aktualisierung.** Die Anfangsbewertung nach § 45c Absatz 1, die Beschreibung des guten Zustands der Meeresgewässer nach § 45d Satz 1, die nach § 45e Satz 1 festgelegten Ziele, die Überwachungsprogramme nach § 45f Absatz 1 sowie die Maßnahmenprogramme nach § 45h Absatz 1 sind alle sechs Jahre zu überprüfen und, soweit erforderlich, zu aktualisieren.

**§ 45k Koordinierung.** (1) ¹Um die Bewirtschaftungsziele nach § 45a zu erreichen, koordinieren die zuständigen Behörden, einschließlich der zuständigen Behörden der betroffenen Binnenländer, die Maßnahmen nach den §§ 45c bis 45h sowohl untereinander als auch mit den zuständigen Behörden im Bereich der deutschen ausschließlichen Wirtschaftszone und des Festlandsockels sowie mit den zuständigen Behörden anderer Mitgliedstaaten der Europäischen Union. ²Die zuständigen Behörden bemühen sich um eine dem Satz 1 entsprechende Koordinierung mit den zuständigen Behörden von Staaten, die nicht der Europäischen Union angehören. ³Die zuständigen Behörden sollen die Organisationseinheiten internationaler Meeresübereinkommen und internationaler Flussgebietsübereinkommen nutzen. ⁴Für die Koordinierung nach den Sätzen 1 bis 3 gilt § 7 Absatz 4 Satz 2 entsprechend.

(2) ¹Ergreifen andere Mitgliedstaaten der Europäischen Union Maßnahmen nach der Richtlinie 2008/56/EG, wirken die zuständigen Behörden hieran auch insoweit mit, als diese Maßnahmen im Zusammenhang damit stehen, dass der Oberflächenabfluss einer Flussgebietseinheit in das Meeresgewässer gelangt, für das die Maßnahmen ergriffen werden. ²Absatz 1 Satz 2 bis 4 gilt entsprechend.

**§ 45l Zuständigkeit im Bereich der deutschen ausschließlichen Wirtschaftszone und des Festlandsockels.** Das Bundesministerium für Umwelt, Naturschutz und nukleare Sicherheit wird ermächtigt, im Einvernehmen mit dem Bundesministerium für Ernährung und Landwirtschaft, dem Bundesministerium für Verkehr und digitale Infrastruktur und dem Bundesministerium der Finanzen durch Rechtsverordnung ohne Zustimmung des Bundesrates die Zuständigkeit von Bundesbehörden im Geschäftsbereich der genannten Bundesministerien für die Durchführung der Vorschriften dieses Abschnitts und der auf Grund des § 23 für Meeresgewässer erlassenen Vorschriften im Bereich der deutschen ausschließlichen Wirtschaftszone und des Festlandsockels sowie das Zusammenwirken von Bundesbehörden bei der Durchführung dieser Vorschriften in diesem Bereich zu regeln.

### Abschnitt 4. Bewirtschaftung des Grundwassers

**§ 46 Erlaubnisfreie Benutzungen des Grundwassers.** (1) ¹Keiner Erlaubnis oder Bewilligung bedarf das Entnehmen, Zutagefördern, Zutageleiten oder Ableiten von Grundwasser

1. für den Haushalt, für den landwirtschaftlichen Hofbetrieb, für das Tränken von Vieh außerhalb des Hofbetriebs oder in geringen Mengen zu einem vorübergehenden Zweck,
2. für Zwecke der gewöhnlichen Bodenentwässerung landwirtschaftlich, forstwirtschaftlich oder gärtnerisch genutzter Grundstücke,

soweit keine signifikanten nachteiligen Auswirkungen auf den Wasserhaushalt zu besorgen sind. ²Wird in den Fällen und unter den Voraussetzungen des

Satzes 1 Nummer 2 das Wasser aus der Bodenentwässerung in ein oberirdisches Gewässer eingeleitet, findet § 25 Satz 2 keine Anwendung.

(2) Keiner Erlaubnis bedarf ferner das Einleiten von Niederschlagswasser in das Grundwasser durch schadlose Versickerung, soweit dies in einer Rechtsverordnung nach § 23 Absatz 1 bestimmt ist.

(3) Durch Landesrecht kann bestimmt werden, dass weitere Fälle von der Erlaubnis- oder Bewilligungspflicht ausgenommen sind oder eine Erlaubnis oder eine Bewilligung in den Fällen der Absätze 1 und 2 erforderlich ist.

**§ 47 Bewirtschaftungsziele für das Grundwasser.** (1) Das Grundwasser ist so zu bewirtschaften, dass

1. eine Verschlechterung seines mengenmäßigen und seines chemischen Zustands vermieden wird;
2. alle signifikanten und anhaltenden Trends ansteigender Schadstoffkonzentrationen auf Grund der Auswirkungen menschlicher Tätigkeiten umgekehrt werden;
3. ein guter mengenmäßiger und ein guter chemischer Zustand erhalten oder erreicht werden; zu einem guten mengenmäßigen Zustand gehört insbesondere ein Gleichgewicht zwischen Grundwasserentnahme und Grundwasserneubildung.

(2) [1]Die Bewirtschaftungsziele nach Absatz 1 Nummer 3 sind bis zum 22. Dezember 2015 zu erreichen. [2]Fristverlängerungen sind in entsprechender Anwendung des § 29 Absatz 2 bis 6 zulässig.

(3) [1]Für Ausnahmen von den Bewirtschaftungszielen nach Absatz 1 gilt § 31 Absatz 1, 2 Satz 1 und Absatz 3 entsprechend. [2]Für die Bewirtschaftungsziele nach Absatz 1 Nummer 3 gilt darüber hinaus § 30 entsprechend mit der Maßgabe, dass nach Satz 1 Nummer 4 der bestmögliche mengenmäßige und chemische Zustand des Grundwassers zu erreichen ist.

**§ 48 Reinhaltung des Grundwassers.** (1) [1]Eine Erlaubnis für das Einbringen und Einleiten von Stoffen in das Grundwasser darf nur erteilt werden, wenn eine nachteilige Veränderung der Wasserbeschaffenheit nicht zu besorgen ist. [2]Durch Rechtsverordnung nach § 23 Absatz 1 Nummer 3 kann auch festgelegt werden, unter welchen Voraussetzungen die Anforderung nach Satz 1, insbesondere im Hinblick auf die Begrenzung des Eintrags von Schadstoffen, als erfüllt gilt. [3]Die Verordnung bedarf der Zustimmung des Bundestages. [4]Die Zustimmung gilt als erteilt, wenn der Bundestag nicht innerhalb von drei Sitzungswochen nach Eingang der Vorlage der Bundesregierung die Zustimmung verweigert hat.

(2) [1]Stoffe dürfen nur so gelagert oder abgelagert werden, dass eine nachteilige Veränderung der Grundwasserbeschaffenheit nicht zu besorgen ist. [2]Das Gleiche gilt für das Befördern von Flüssigkeiten und Gasen durch Rohrleitungen. [3]Absatz 1 Satz 2 bis 4 gilt entsprechend.

**§ 49**[1] **Erdaufschlüsse.** (1) [1]Arbeiten, die so tief in den Boden eindringen, dass sie sich unmittelbar oder mittelbar auf die Bewegung, die Höhe oder die Beschaffenheit des Grundwassers auswirken können, sind der zuständigen Be-

---

[1]) Abweichendes Landesrecht in Bayern siehe Hinweise in BGBl. 2010 I S. 275 und 2015 I S. 153.

hörde einen Monat vor Beginn der Arbeiten anzuzeigen. ²Werden bei diesen Arbeiten Stoffe in das Grundwasser eingebracht, ist abweichend von § 8 Absatz 1 in Verbindung mit § 9 Absatz 1 Nummer 4 anstelle der Anzeige eine Erlaubnis nur erforderlich, wenn sich das Einbringen nachteilig auf die Grundwasserbeschaffenheit auswirken kann. ³Die zuständige Behörde kann für bestimmte Gebiete die Tiefe nach Satz 1 näher bestimmen.

(2) Wird unbeabsichtigt Grundwasser erschlossen, ist dies der zuständigen Behörde unverzüglich anzuzeigen.

(3) ¹In den Fällen der Absätze 1 und 2 hat die zuständige Behörde die Einstellung oder die Beseitigung der Erschließung anzuordnen, wenn eine nachteilige Veränderung der Grundwasserbeschaffenheit zu besorgen oder eingetreten ist und der Schaden nicht anderweitig vermieden oder ausgeglichen werden kann; die zuständige Behörde hat die insoweit erforderlichen Maßnahmen anzuordnen. ²Satz 1 gilt entsprechend, wenn unbefugt Grundwasser erschlossen wird.

(4) Durch Landesrecht können abweichende Regelungen getroffen werden.

### Kapitel 3. Besondere wasserwirtschaftliche Bestimmungen

### Abschnitt 1. Öffentliche Wasserversorgung, Wasserschutzgebiete, Heilquellenschutz

**§ 50** Öffentliche Wasserversorgung. (1) Die der Allgemeinheit dienende Wasserversorgung (öffentliche Wasserversorgung) ist eine Aufgabe der Daseinsvorsorge.

(2) ¹Der Wasserbedarf der öffentlichen Wasserversorgung ist vorrangig aus ortsnahen Wasservorkommen zu decken, soweit überwiegende Gründe des Wohls der Allgemeinheit nicht entgegenstehen. ²Der Bedarf darf insbesondere dann mit Wasser aus ortsfernen Wasservorkommen gedeckt werden, wenn eine Versorgung aus ortsnahen Wasservorkommen nicht in ausreichender Menge oder Güte oder nicht mit vertretbarem Aufwand sichergestellt werden kann.

(3) ¹Die Träger der öffentlichen Wasserversorgung wirken auf einen sorgsamen Umgang mit Wasser hin. ²Sie halten insbesondere die Wasserverluste in ihren Einrichtungen gering und informieren die Endverbraucher über Maßnahmen zur Einsparung von Wasser unter Beachtung der hygienischen Anforderungen.

(4) Wassergewinnungsanlagen dürfen nur nach den allgemein anerkannten Regeln der Technik errichtet, unterhalten und betrieben werden.

(5)[1] ¹Durch Rechtsverordnung der Landesregierung oder durch Entscheidung der zuständigen Behörde können Träger der öffentlichen Wasserversorgung verpflichtet werden, auf ihre Kosten die Beschaffenheit des für Zwecke der öffentlichen Wasserversorgung gewonnenen oder gewinnbaren Wassers zu untersuchen oder durch eine von ihr bestimmte Stelle untersuchen zu lassen. ²Insbesondere können Art, Umfang und Häufigkeit der Untersuchungen sowie die Übermittlung der Untersuchungsergebnisse näher geregelt werden. ³Die Landesregierung kann die Ermächtigung nach Satz 1 durch Rechtsverordnung auf andere Landesbehörden übertragen.

---

[1] Abweichendes Landesrecht in Thüringen siehe Hinweis in BGBl. 2020 I S. 422.

Wasserhaushaltsgesetz §§ 51, 52 WHG 4.1

**§ 51 Festsetzung von Wasserschutzgebieten.** (1) ¹Soweit es das Wohl der Allgemeinheit erfordert,

1. Gewässer im Interesse der derzeit bestehenden oder künftigen öffentlichen Wasserversorgung vor nachteiligen Einwirkungen zu schützen,[1)]
2. das Grundwasser anzureichern oder
3. das schädliche Abfließen von Niederschlagswasser sowie das Abschwemmen und den Eintrag von Bodenbestandteilen, Dünge- oder Pflanzenschutzmitteln in Gewässer zu vermeiden,

kann die Landesregierung durch Rechtsverordnung Wasserschutzgebiete festsetzen. ²In der Rechtsverordnung ist die begünstigte Person zu benennen. ³Die Landesregierung kann die Ermächtigung nach Satz 1 durch Rechtsverordnung auf andere Landesbehörden übertragen.

(2) Trinkwasserschutzgebiete sollen nach Maßgabe der allgemein anerkannten Regeln der Technik in Zonen mit unterschiedlichen Schutzbestimmungen unterteilt werden.

**§ 52 Besondere Anforderungen in Wasserschutzgebieten.** (1)[2)] ¹In der Rechtsverordnung nach § 51 Absatz 1 oder durch behördliche Entscheidung können in Wasserschutzgebieten, soweit der Schutzzweck dies erfordert,

1. bestimmte Handlungen verboten oder für nur eingeschränkt zulässig erklärt werden,
2. die Eigentümer und Nutzungsberechtigten von Grundstücken verpflichtet werden,
   a) bestimmte auf das Grundstück bezogene Handlungen vorzunehmen, insbesondere die Grundstücke nur in bestimmter Weise zu nutzen,
   b) Aufzeichnungen über die Bewirtschaftung der Grundstücke anzufertigen, aufzubewahren und der zuständigen Behörde auf Verlangen vorzulegen,
   c) bestimmte Maßnahmen zu dulden, insbesondere die Beobachtung des Gewässers und des Bodens, die Überwachung von Schutzbestimmungen, die Errichtung von Zäunen sowie Kennzeichnungen, Bepflanzungen und Aufforstungen,
3. Begünstigte verpflichtet werden, die nach Nummer 2 Buchstabe c zu duldenden Maßnahmen vorzunehmen.[3)]

²Die zuständige Behörde kann von Verboten, Beschränkungen sowie Duldungs- und Handlungspflichten nach Satz 1 eine Befreiung erteilen, wenn der Schutzzweck nicht gefährdet wird oder überwiegende Gründe des Wohls der Allgemeinheit dies erfordern. ³Sie hat eine Befreiung zu erteilen, soweit dies zur Vermeidung unzumutbarer Beschränkungen des Eigentums erforderlich ist und hierdurch der Schutzzweck nicht gefährdet wird. ⁴Für die Erteilung der Befreiung gilt § 11a Absatz 4 und 5 entsprechend, wenn die Befreiung für ein Vorhaben zur Erzeugung von Energie aus erneuerbaren Quellen erforderlich ist.

---

[1)] Abweichendes Landesrecht in Bayern siehe Hinweis in BGBl. 2012 I S. 2176.
[2)] Abweichendes Landesrecht in Rheinland-Pfalz siehe Hinweis in BGBl. 2016 I S. 715.
[3)] Abweichendes Landesrecht in Niedersachsen und Sachsen-Anhalt siehe Hinweise in BGBl. 2010 I S. 970 und 2011 I S. 567.

(2)[1] ¹In einem als Wasserschutzgebiet vorgesehenen Gebiet können vorläufige Anordnungen nach Absatz 1 getroffen werden, wenn andernfalls der mit der Festsetzung des Wasserschutzgebiets verfolgte Zweck gefährdet wäre. ²Die vorläufige Anordnung tritt mit dem Inkrafttreten der Rechtsverordnung nach § 51 Absatz 1 außer Kraft, spätestens nach Ablauf von drei Jahren. ³Wenn besondere Umstände es erfordern, kann die Frist um höchstens ein weiteres Jahr verlängert werden. ⁴Die vorläufige Anordnung ist vor Ablauf der Frist nach Satz 2 oder Satz 3 außer Kraft zu setzen, sobald und soweit die Voraussetzungen für ihren Erlass weggefallen sind.

(3)[1] Behördliche Entscheidungen nach Absatz 1 können auch außerhalb eines Wasserschutzgebiets getroffen werden, wenn andernfalls der mit der Festsetzung des Wasserschutzgebiets verfolgte Zweck gefährdet wäre.

(4) Soweit eine Anordnung nach Absatz 1 Satz 1 Nummer 1 oder Nummer 2, auch in Verbindung mit Absatz 2 oder Absatz 3, das Eigentum unzumutbar beschränkt und diese Beschränkung nicht durch eine Befreiung nach Absatz 1 Satz 3 oder andere Maßnahmen vermieden oder ausgeglichen werden kann, ist eine Entschädigung zu leisten.

(5)[2] Setzt eine Anordnung nach Absatz 1 Satz 1 Nummer 1 oder Nummer 2, auch in Verbindung mit Absatz 2 oder Absatz 3, erhöhte Anforderungen fest, die die ordnungsgemäße land- oder forstwirtschaftliche Nutzung eines Grundstücks einschränken, so ist für die dadurch verursachten wirtschaftlichen Nachteile ein angemessener Ausgleich zu leisten, soweit nicht eine Entschädigungspflicht nach Absatz 4 besteht.

**§ 53 Heilquellenschutz.** (1)[3] Heilquellen sind natürlich zu Tage tretende oder künstlich erschlossene Wasser- oder Gasvorkommen, die auf Grund ihrer chemischen Zusammensetzung, ihrer physikalischen Eigenschaften oder der Erfahrung nach geeignet sind, Heilzwecken zu dienen.

(2) ¹Heilquellen, deren Erhaltung aus Gründen des Wohls der Allgemeinheit erforderlich ist, können auf Antrag staatlich anerkannt werden (staatlich anerkannte Heilquellen). ²Die Anerkennung ist zu widerrufen, wenn die Voraussetzungen nach Satz 1 nicht mehr vorliegen.

(3) ¹Die zuständige Behörde kann besondere Betriebs- und Überwachungspflichten vorschreiben, soweit dies zur Erhaltung der staatlich anerkannten Heilquelle erforderlich ist. ²Die Überwachung von Betrieben und Anlagen ist zu dulden; § 101 gilt insoweit entsprechend.

(4) ¹Zum Schutz staatlich anerkannter Heilquellen kann die Landesregierung durch Rechtsverordnung Heilquellenschutzgebiete festsetzen. ²In der Rechtsverordnung ist die begünstigte Person zu benennen. ³Die Landesregierung kann die Ermächtigung nach Satz 1 durch Rechtsverordnung auf andere Landesbehörden übertragen.

(5)[1] § 51 Absatz 2 und § 52 gelten entsprechend.

---

[1] Abweichendes Landesrecht in Rheinland-Pfalz siehe Hinweis in BGBl. 2016 I S. 715.
[2] Abweichendes Landesrecht in Bayern siehe Hinweise in BGBl. 2010 I S. 275, 2012 I S. 2176 und 2015 I S. 153.
[3] Abweichendes Landesrecht in Sachsen siehe Hinweis in BGBl. 2014 I S. 112.

## Abschnitt 2. Abwasserbeseitigung

**§ 54 Begriffsbestimmungen für die Abwasserbeseitigung.** (1) ¹Abwasser ist

1. das durch häuslichen, gewerblichen, landwirtschaftlichen oder sonstigen Gebrauch in seinen Eigenschaften veränderte Wasser und das bei Trockenwetter damit zusammen abfließende Wasser (Schmutzwasser) sowie
2. das von Niederschlägen aus dem Bereich von bebauten oder befestigten Flächen gesammelt abfließende Wasser (Niederschlagswasser).

²Als Schmutzwasser gelten auch die aus Anlagen zum Behandeln, Lagern und Ablagern von Abfällen austretenden und gesammelten Flüssigkeiten.

(2) ¹Abwasserbeseitigung umfasst das Sammeln, Fortleiten, Behandeln, Einleiten, Versickern, Verregnen und Verrieseln von Abwasser sowie das Entwässern von Klärschlamm in Zusammenhang mit der Abwasserbeseitigung. ²Zur Abwasserbeseitigung gehört auch die Beseitigung des in Kleinkläranlagen anfallenden Schlamms.

(3) BVT-Merkblatt ist ein Dokument, das auf Grund des Informationsaustausches nach Artikel 13 der Richtlinie 2010/75/EU des Europäischen Parlaments und des Rates vom 24. November 2010 über Industrieemissionen (integrierte Vermeidung und Verminderung der Umweltverschmutzung) (Neufassung) (ABl. L 334 vom 17.12.2010, S. 17) für bestimmte Tätigkeiten erstellt wird und insbesondere die angewandten Techniken, die derzeitigen Emissions- und Verbrauchswerte sowie die Techniken beschreibt, die für die Festlegung der besten verfügbaren Techniken sowie der BVT-Schlussfolgerungen berücksichtigt wurden.

(4) BVT-Schlussfolgerungen sind ein nach Artikel 13 Absatz 5 der Richtlinie 2010/75/EU von der Europäischen Kommission erlassenes Dokument, das die Teile eines BVT-Merkblatts mit den Schlussfolgerungen in Bezug auf Folgendes enthält:

1. die besten verfügbaren Techniken, ihre Beschreibung und Informationen zur Bewertung ihrer Anwendbarkeit,
2. die mit den besten verfügbaren Techniken assoziierten Emissionswerte,
3. die zu den Nummern 1 und 2 gehörigen Überwachungsmaßnahmen,
4. die zu den Nummern 1 und 2 gehörigen Verbrauchswerte sowie
5. die gegebenenfalls einschlägigen Standortsanierungsmaßnahmen.

(5) Emissionsbandbreiten sind die mit den besten verfügbaren Techniken assoziierten Emissionswerte.

(6) Die mit den besten verfügbaren Techniken assoziierten Emissionswerte sind der Bereich von Emissionswerten, die unter normalen Betriebsbedingungen unter Verwendung einer besten verfügbaren Technik oder einer Kombination von besten verfügbaren Techniken entsprechend der Beschreibung in den BVT-Schlussfolgerungen erzielt werden, ausgedrückt als Mittelwert für einen vorgegebenen Zeitraum unter spezifischen Referenzbedingungen.

**§ 55 Grundsätze der Abwasserbeseitigung.** (1) ¹Abwasser ist so zu beseitigen, dass das Wohl der Allgemeinheit nicht beeinträchtigt wird. ²Dem Wohl der Allgemeinheit kann auch die Beseitigung von häuslichem Abwasser durch dezentrale Anlagen entsprechen.

(2) Niederschlagswasser soll ortsnah versickert, verrieselt oder direkt oder über eine Kanalisation ohne Vermischung mit Schmutzwasser in ein Gewässer eingeleitet werden, soweit dem weder wasserrechtliche noch sonstige öffentlich-rechtliche Vorschriften noch wasserwirtschaftliche Belange entgegenstehen.

(3) Flüssige Stoffe, die kein Abwasser sind, können mit Abwasser beseitigt werden, wenn eine solche Entsorgung der Stoffe umweltverträglicher ist als eine Entsorgung als Abfall und wasserwirtschaftliche Belange nicht entgegenstehen.

**§ 56 Pflicht zur Abwasserbeseitigung.** ¹Abwasser ist von den juristischen Personen des öffentlichen Rechts zu beseitigen, die nach Landesrecht hierzu verpflichtet sind (Abwasserbeseitigungspflichtige). ²Die Länder können bestimmen, unter welchen Voraussetzungen die Abwasserbeseitigung anderen als den in Satz 1 genannten Abwasserbeseitigungspflichtigen obliegt. ³Die zur Abwasserbeseitigung Verpflichteten können sich zur Erfüllung ihrer Pflichten Dritter bedienen.

**§ 57 Einleiten von Abwasser in Gewässer.** (1)[1] Eine Erlaubnis für das Einleiten von Abwasser in Gewässer (Direkteinleitung) darf nur erteilt werden, wenn

1. die Menge und Schädlichkeit des Abwassers so gering gehalten wird, wie dies bei Einhaltung der jeweils in Betracht kommenden Verfahren nach dem Stand der Technik möglich ist,
2. die Einleitung mit den Anforderungen an die Gewässereigenschaften und sonstigen rechtlichen Anforderungen vereinbar ist und
3. Abwasseranlagen oder sonstige Einrichtungen errichtet und betrieben werden, die erforderlich sind, um die Einhaltung der Anforderungen nach den Nummern 1 und 2 sicherzustellen.

(2) ¹Durch Rechtsverordnung nach § 23 Absatz 1 Nummer 3 können an das Einleiten von Abwasser in Gewässer Anforderungen festgelegt werden, die nach Absatz 1 Nummer 1 dem Stand der Technik entsprechen. ²Die Anforderungen können auch für den Ort des Anfalls des Abwassers oder vor seiner Vermischung festgelegt werden.

(3) ¹Nach Veröffentlichung einer BVT-Schlussfolgerung ist bei der Festlegung von Anforderungen nach Absatz 2 Satz 1 unverzüglich zu gewährleisten, dass für Anlagen nach § 3 der Verordnung über genehmigungsbedürftige Anlagen[2] und nach § 60 Absatz 3 Satz 1 Nummer 2 die Einleitungen unter normalen Betriebsbedingungen die in den BVT-Schlussfolgerungen genannten Emissionsbandbreiten nicht überschreiten. ²Wenn in besonderen Fällen wegen technischer Merkmale der betroffenen Anlagenart die Einhaltung der in Satz 1 genannten Emissionsbandbreiten unverhältnismäßig wäre, können in der Rechtsverordnung für die Anlagenart geeignete Emissionswerte festgelegt werden, die im Übrigen dem Stand der Technik entsprechen müssen. ³Bei der Festlegung der abweichenden Anforderungen nach Satz 2 ist zu gewährleisten, dass die in den Anhängen V bis VIII der Richtlinie 2010/75/EU festgelegten Emissionsgrenzwerte nicht überschritten werden, keine erheblichen nachtei-

---

[1] Abweichendes Landesrecht in Thüringen siehe Hinweis in BGBl. 2020 I S. 422.
[2] Nr. **6.1.4**.

ligen Auswirkungen auf den Gewässerzustand hervorgerufen werden und zu einem hohen Schutzniveau für die Umwelt insgesamt beigetragen wird. ⁴Die Notwendigkeit abweichender Anforderungen ist zu begründen.

(4) ¹Für vorhandene Abwassereinleitungen aus Anlagen nach § 3 der Verordnung über genehmigungsbedürftige Anlagen oder bei Anlagen nach § 60 Absatz 3 Satz 1 Nummer 2 ist

1. innerhalb eines Jahres nach Veröffentlichung von BVT-Schlussfolgerungen zur Haupttätigkeit eine Überprüfung und gegebenenfalls Anpassung der Rechtsverordnung vorzunehmen und

2. innerhalb von vier Jahren nach Veröffentlichung von BVT-Schlussfolgerungen zur Haupttätigkeit sicherzustellen, dass die betreffenden Einleitungen oder Anlagen die Emissionsgrenzwerte der Rechtsverordnung einhalten; dabei gelten die Emissionsgrenzwerte als im Einleitungsbescheid festgesetzt, soweit der Bescheid nicht weitergehende Anforderungen im Einzelfall festlegt.

²Sollte die Anpassung der Abwassereinleitung an die nach Satz 1 Nummer 1 geänderten Anforderungen innerhalb der in Satz 1 bestimmten Frist wegen technischer Merkmale der betroffenen Anlage unverhältnismäßig sein, soll die zuständige Behörde einen längeren Zeitraum festlegen.

(5) ¹Entsprechen vorhandene Einleitungen, die nicht unter die Absätze 3 bis 4 fallen, nicht den Anforderungen nach Absatz 2, auch in Verbindung mit Satz 2, oder entsprechenden Anforderungen der Abwasserverordnung[1)] in ihrer am 28. Februar 2010 geltenden Fassung, so hat der Betreiber die erforderlichen Anpassungsmaßnahmen innerhalb angemessener Fristen durchzuführen; Absatz 4 Satz 1 Nummer 2 zweiter Halbsatz gilt entsprechend. ²Für Einleitungen nach Satz 1 sind in der Rechtsverordnung nach Absatz 2 Satz 1 abweichende Anforderungen festzulegen, soweit die erforderlichen Anpassungsmaßnahmen unverhältnismäßig wären.

**§ 58 Einleiten von Abwasser in öffentliche Abwasseranlagen.** (1) ¹Das Einleiten von Abwasser in öffentliche Abwasseranlagen (Indirekteinleitung) bedarf der Genehmigung durch die zuständige Behörde, soweit an das Abwasser in der Abwasserverordnung[1)] in ihrer jeweils geltenden Fassung Anforderungen für den Ort des Anfalls des Abwassers oder vor seiner Vermischung festgelegt sind. ²Durch Rechtsverordnung nach § 23 Absatz 1 Nummer 5, 8 und 10 kann bestimmt werden,

1. unter welchen Voraussetzungen die Indirekteinleitung anstelle einer Genehmigung nach Satz 1 nur einer Anzeige bedarf,

2. dass die Einhaltung der Anforderungen nach Absatz 2 auch durch Sachverständige überwacht wird.

³Weitergehende Rechtsvorschriften der Länder, die den Maßgaben des Satzes 2 entsprechen oder die über Satz 1 oder Satz 2 hinausgehende Genehmigungserfordernisse vorsehen, bleiben unberührt. ⁴Ebenfalls unberührt bleiben Rechtsvorschriften der Länder, nach denen die Genehmigung der zuständigen Behörde durch eine Genehmigung des Betreibers einer öffentlichen Abwasseranlage ersetzt wird.

---

[1)] Nr. **4.1.2**.

(2) Eine Genehmigung für eine Indirekteinleitung darf nur erteilt werden, wenn

1. die nach der Abwasserverordnung in ihrer jeweils geltenden Fassung für die Einleitung maßgebenden Anforderungen einschließlich der allgemeinen Anforderungen eingehalten werden,
2. die Erfüllung der Anforderungen an die Direkteinleitung nicht gefährdet wird und
3. Abwasseranlagen oder sonstige Einrichtungen errichtet und betrieben werden, die erforderlich sind, um die Einhaltung der Anforderungen nach den Nummern 1 und 2 sicherzustellen.

(3) Entsprechen vorhandene Indirekteinleitungen nicht den Anforderungen nach Absatz 2, so sind die erforderlichen Maßnahmen innerhalb angemessener Fristen durchzuführen.

(4) $^1$§ 13 Absatz 1 und § 17 gelten entsprechend. $^2$Eine Genehmigung kann auch unter dem Vorbehalt des Widerrufs erteilt werden.

**§ 59 Einleiten von Abwasser in private Abwasseranlagen.** (1) Dem Einleiten von Abwasser in öffentliche Abwasseranlagen stehen Abwassereinleitungen Dritter in private Abwasseranlagen, die der Beseitigung von gewerblichem Abwasser dienen, gleich.

(2) Die zuständige Behörde kann Abwassereinleitungen nach Absatz 1 von der Genehmigungsbedürftigkeit nach Absatz 1 in Verbindung mit § 58 Absatz 1 freistellen, wenn durch vertragliche Regelungen zwischen dem Betreiber der privaten Abwasseranlage und dem Einleiter die Einhaltung der Anforderungen nach § 58 Absatz 2 sichergestellt ist.

**§ 60 Abwasseranlagen.** (1) $^1$Abwasseranlagen sind so zu errichten, zu betreiben und zu unterhalten, dass die Anforderungen an die Abwasserbeseitigung eingehalten werden. $^2$Im Übrigen müssen Abwasserbehandlungsanlagen im Sinne von Absatz 3 Satz 1 Nummer 2 und 3 nach dem Stand der Technik, andere Abwasseranlagen nach den allgemein anerkannten Regeln der Technik errichtet, betrieben und unterhalten werden.

(2) Entsprechen vorhandene Abwasseranlagen nicht den Anforderungen nach Absatz 1, so sind die erforderlichen Maßnahmen innerhalb angemessener Fristen durchzuführen.

(3) $^1$Die Errichtung, der Betrieb und die wesentliche Änderung einer Abwasserbehandlungsanlage bedürfen einer Genehmigung, wenn

1. für die Anlage nach dem Gesetz über die Umweltverträglichkeitsprüfung[1] eine Verpflichtung zur Durchführung einer Umweltverträglichkeitsprüfung besteht oder
2. in der Anlage Abwasser behandelt wird, das
   a) aus Anlagen nach § 3 der Verordnung über genehmigungsbedürftige Anlagen[2] stammt, deren Genehmigungserfordernis sich nicht nach § 1 Absatz 2 der Verordnung über genehmigungsbedürftige Anlagen auf die Abwasserbehandlungsanlage erstreckt, und

---
[1] Nr. **2.5**.
[2] Nr. **6.1.4**.

Wasserhaushaltsgesetz **§ 60 WHG 4.1**

b) nicht unter die Richtlinie 91/271/EWG des Rates vom 21. Mai 1991 über die Behandlung von kommunalem Abwasser (ABl. L 135 vom 30.5. 1991, S. 40), die zuletzt durch die Verordnung (EG) Nr. 1137/2008 (ABl. L 311 vom 21.11.2008, S. 1) geändert worden ist, fällt oder

3. in der Anlage Abwasser behandelt wird, das

a) aus einer Deponie im Sinne von § 3 Absatz 27 des Kreislaufwirtschaftsgesetzes[1]) mit einer Aufnahmekapazität von mindestens 10 Tonnen pro Tag oder mit einer Gesamtkapazität von mindestens 25 000 Tonnen, ausgenommen Deponien für Inertabfälle, stammt, sofern sich die Zulassung der Deponie nicht auf die Anlage erstreckt, und

b) nicht unter die Richtlinie 91/271/EWG fällt.

²Die Genehmigung ist zu versagen oder mit den notwendigen Nebenbestimmungen zu versehen, wenn die Anlage den Anforderungen des Absatzes 1 nicht entspricht oder sonstige öffentlich-rechtliche Vorschriften dies erfordern. ³ § 13 Absatz 1, § 16 Absatz 1 und 3 und § 17 gelten entsprechend. ⁴Für die Anlagen, die die Voraussetzungen nach Satz 1 Nummer 2 oder Nummer 3 erfüllen, gelten auch die Anforderungen nach § 5 des Bundes-Immissionsschutzgesetzes[2]) entsprechend.

(4) ¹Sofern eine Genehmigung nicht beantragt wird, hat der Betreiber die Änderung der Lage, der Beschaffenheit oder des Betriebs einer Anlage, die die Voraussetzungen nach Absatz 3 Satz 1 Nummer 2 oder Nummer 3 erfüllt, der zuständigen Behörde mindestens einen Monat bevor mit der Änderung begonnen werden soll, schriftlich oder elektronisch anzuzeigen, wenn die Änderung Auswirkungen auf die Umwelt haben kann. ²Der Anzeige sind die zur Beurteilung der Auswirkungen notwendigen Unterlagen nach § 3 Absatz 1 und 2 der Industriekläranlagen-Zulassungs- und Überwachungsverordnung[3]) beizufügen, soweit diese für die Prüfung erforderlich sein können, ob das Vorhaben genehmigungsbedürftig ist. ³Die zuständige Behörde hat dem Betreiber unverzüglich mitzuteilen, ob ihr die für die Prüfung nach Satz 2 erforderlichen Unterlagen vorliegen. ⁴Der Betreiber der Anlage darf die Änderung vornehmen, sobald die zuständige Behörde ihm mitgeteilt hat, dass die Änderung keiner Genehmigung bedarf oder wenn die zuständige Behörde sich innerhalb eines Monats nach Zugang der Mitteilung nach Satz 3, dass die erforderlichen Unterlagen vorliegen, nicht geäußert hat.

(5) Kommt der Betreiber einer Anlage, die die Voraussetzungen nach Absatz 3 Satz 1 Nummer 2 oder Nummer 3 erfüllt, einer Nebenbestimmung oder einer abschließend bestimmten Pflicht aus einer Rechtsverordnung nach § 23 Absatz 1 Nummer 3 in Verbindung mit § 57 Absatz 2, 3, 4 Satz 1 Nummer 1 oder Absatz 5 Satz 2, nach § 23 Absatz 1 Nummer 5 oder der Abwasserverordnung[4]) in ihrer am 28. Februar 2010 geltenden Fassung nicht nach und wird hierdurch eine unmittelbare Gefahr für die menschliche Gesundheit oder die Umwelt herbeigeführt, so hat die zuständige Behörde den Betrieb der Anlage oder den Betrieb des betreffenden Teils der Anlage bis zur Erfüllung der Nebenbestimmung oder der abschließend bestimmten Pflicht zu untersagen.

---

[1]) Nr. **5.1**.
[2]) Nr. **6.1**.
[3]) Nr. **4.1.4**.
[4]) Nr. **4.1.2**.

(6) Wird eine Anlage, die die Voraussetzungen nach Absatz 3 Satz 1 Nummer 2 oder Nummer 3 erfüllt, ohne die erforderliche Genehmigung betrieben oder wesentlich geändert, so ordnet die zuständige Behörde die Stilllegung der Anlage an.

(7) [1] Die Länder können regeln, dass die Errichtung, der Betrieb und die wesentliche Änderung von Abwasseranlagen, die nicht unter Absatz 3 fallen, einer Anzeige oder Genehmigung bedürfen. [2] Genehmigungserfordernisse nach anderen öffentlich-rechtlichen Vorschriften bleiben unberührt.

## § 61 Selbstüberwachung bei Abwassereinleitungen und Abwasseranlagen.

(1) Wer Abwasser in ein Gewässer oder in eine Abwasseranlage einleitet, ist verpflichtet, das Abwasser nach Maßgabe einer Rechtsverordnung nach Absatz 3 oder der die Abwassereinleitung zulassenden behördlichen Entscheidung durch fachkundiges Personal zu untersuchen oder durch eine geeignete Stelle untersuchen zu lassen (Selbstüberwachung).

(2) [1] Wer eine Abwasseranlage betreibt, ist verpflichtet, ihren Zustand, ihre Funktionsfähigkeit, ihre Unterhaltung und ihren Betrieb sowie Art und Menge des Abwassers und der Abwasserinhaltsstoffe selbst zu überwachen. [2] Er hat nach Maßgabe einer Rechtsverordnung nach Absatz 3 hierüber Aufzeichnungen anzufertigen, aufzubewahren und auf Verlangen der zuständigen Behörde vorzulegen.

(3) Durch Rechtsverordnung nach § 23 Absatz 1 Nummer 8, 9 und 11 können insbesondere Regelungen über die Ermittlung der Abwassermenge, die Häufigkeit und die Durchführung von Probenahmen, Messungen und Analysen einschließlich der Qualitätssicherung, Aufzeichnungs- und Aufbewahrungspflichten sowie die Voraussetzungen getroffen werden, nach denen keine Pflicht zur Selbstüberwachung besteht.

### Abschnitt 3. Umgang mit wassergefährdenden Stoffen

## § 62 Anforderungen an den Umgang mit wassergefährdenden Stoffen.

(1) [1] Anlagen zum Lagern, Abfüllen, Herstellen und Behandeln wassergefährdender Stoffe sowie Anlagen zum Verwenden wassergefährdender Stoffe im Bereich der gewerblichen Wirtschaft und im Bereich öffentlicher Einrichtungen müssen so beschaffen sein und so errichtet, unterhalten, betrieben und stillgelegt werden, dass eine nachteilige Veränderung der Eigenschaften von Gewässern nicht zu besorgen ist. [2] Das Gleiche gilt für Rohrleitungsanlagen, die

1. den Bereich eines Werksgeländes nicht überschreiten,
2. Zubehör einer Anlage zum Umgang mit wassergefährdenden Stoffen sind oder
3. Anlagen verbinden, die in engem räumlichen und betrieblichen Zusammenhang miteinander stehen.

[3] Für Anlagen zum Umschlagen wassergefährdender Stoffe sowie zum Lagern und Abfüllen von Jauche, Gülle und Silagesickersäften sowie von vergleichbaren in der Landwirtschaft anfallenden Stoffen gilt Satz 1 entsprechend mit der Maßgabe, dass der bestmögliche Schutz der Gewässer vor nachteiligen Veränderungen ihrer Eigenschaften erreicht wird.

(2) Anlagen im Sinne des Absatzes 1 dürfen nur entsprechend den allgemein anerkannten Regeln der Technik beschaffen sein sowie errichtet, unterhalten, betrieben und stillgelegt werden.

(3) Wassergefährdende Stoffe[1] im Sinne dieses Abschnitts sind feste, flüssige und gasförmige Stoffe, die geeignet sind, dauernd oder in einem nicht nur unerheblichen Ausmaß nachteilige Veränderungen der Wasserbeschaffenheit herbeizuführen.

(4) Durch Rechtsverordnung nach § 23 Absatz 1 Nummer 5 bis 11 können nähere Regelungen erlassen werden über

1. die Bestimmung der wassergefährdenden Stoffe und ihre Einstufung entsprechend ihrer Gefährlichkeit, über eine hierbei erforderliche Mitwirkung des Umweltbundesamtes und anderer Stellen sowie über Mitwirkungspflichten von Anlagenbetreibern im Zusammenhang mit der Einstufung von Stoffen,
2. die Einsetzung einer Kommission zur Beratung des Bundesministeriums für Umwelt, Naturschutz und nukleare Sicherheit in Fragen der Stoffeinstufung einschließlich hiermit zusammenhängender organisatorischer Fragen,
3. Anforderungen an die Beschaffenheit und Lage von Anlagen nach Absatz 1,
4. technische Regeln, die den allgemein anerkannten Regeln der Technik entsprechen,
5. Pflichten bei der Planung, der Errichtung, dem Betrieb, dem Befüllen, dem Entleeren, der Instandhaltung, der Instandsetzung, der Überwachung, der Überprüfung, der Reinigung, der Stilllegung oder der Änderung von Anlagen nach Absatz 1 sowie Pflichten beim Austreten wassergefährdender Stoffe aus derartigen Anlagen; in der Rechtsverordnung kann die Durchführung bestimmter Tätigkeiten Sachverständigen oder Fachbetrieben vorbehalten werden,
6. Befugnisse der zuständigen Behörde, im Einzelfall Anforderungen an Anlagen nach Absatz 1 festzulegen und den Betreibern solcher Anlagen bestimmte Maßnahmen aufzuerlegen,
7. Anforderungen an Sachverständige und Sachverständigenorganisationen sowie an Fachbetriebe und Güte- und Überwachungsgemeinschaften.

(5) Weitergehende landesrechtliche Vorschriften für besonders schutzbedürftige Gebiete bleiben unberührt.

(6) Die §§ 62 und 63 gelten nicht für Anlagen im Sinne des Absatzes 1 zum Umgang mit

1. Abwasser,
2. Stoffen, die hinsichtlich der Radioaktivität die Freigrenzen des Strahlenschutzrechts überschreiten.

**§ 62a Nationales Aktionsprogramm zum Schutz von Gewässern vor Nitrateinträgen aus Anlagen.** ¹Das Bundesministerium für Umwelt, Naturschutz und nukleare Sicherheit erarbeitet im Einvernehmen mit dem Bundesministerium für Ernährung und Landwirtschaft ein nationales Aktionsprogramm im Sinne des Artikels 5 Absatz 1 in Verbindung mit Absatz 4 Buchstabe

---

[1] Siehe die VO über Anlagen zum Umgang mit wassergefährdenden Stoffen v. 18.4.2017 (BGBl. I S. 905), geänd. durch VO v. 19.6.2020 (BGBl. I S. 1328).

b, Artikel 4 Absatz 1 Buchstabe a und Anhang II Buchstabe A Nummer 5 der Richtlinie 91/676/EWG des Rates vom 12. Dezember 1991 zum Schutz der Gewässer vor Verunreinigung durch Nitrat aus landwirtschaftlichen Quellen (ABl. L 375 vom 31.12.1991, S. 1), die zuletzt durch die Verordnung (EG) Nr. 1137/2008 (ABl. L 311 vom 21.11.2008, S. 1) geändert worden ist. ²Dieses enthält insbesondere Angaben zur Beschaffenheit, zur Lage, zur Errichtung und zum Betrieb von Anlagen zum Lagern und Abfüllen von Jauche, Gülle und Silagesickersäften sowie von vergleichbaren in der Landwirtschaft anfallenden Stoffen. ³Zu dem Entwurf des Aktionsprogramms sowie zu Entwürfen zur Änderung des Aktionsprogramms wird eine Strategische Umweltprüfung nach dem Gesetz über die Umweltverträglichkeitsprüfung[1] durchgeführt. ⁴Das Aktionsprogramm und seine Änderungen sind bei Erlass der Rechtsverordnung auf Grund des § 23 Absatz 1 Nummer 5 bis 11 in Verbindung mit § 62 Absatz 4 zu berücksichtigen.

**§ 63 Eignungsfeststellung.** (1) ¹Anlagen zum Lagern, Abfüllen oder Umschlagen wassergefährdender Stoffe dürfen nur errichtet, betrieben und wesentlich geändert werden, wenn ihre Eignung von der zuständigen Behörde festgestellt worden ist. ²§ 13 Absatz 1 und § 17 gelten entsprechend.

(2) ¹Absatz 1 gilt nicht

1. für Anlagen zum Lagern und Abfüllen von Jauche, Gülle und Silagesickersäften sowie von vergleichbaren in der Landwirtschaft anfallenden Stoffen,

2. wenn wassergefährdende Stoffe

   a) kurzzeitig in Verbindung mit dem Transport bereitgestellt oder aufbewahrt werden und die Behälter oder Verpackungen den Vorschriften und Anforderungen für den Transport im öffentlichen Verkehr genügen,

   b) in Laboratorien in der für den Handgebrauch erforderlichen Menge bereitgehalten werden.

²Durch Rechtsverordnung nach § 23 Absatz 1 Nummer 5, 6 und 10 kann geregelt werden,

1. unter welchen Voraussetzungen über die Regelungen nach Satz 1 hinaus keine Eignungsfeststellung erforderlich ist,

2. dass über die Regelungen nach Absatz 4 hinaus bestimmte Anlagenteile als geeignet gelten, einschließlich hierfür zu erfüllender Voraussetzungen.

(3) Die Eignungsfeststellung entfällt, wenn

1. für die Anlage eine Baugenehmigung erteilt worden ist und

2. die Baugenehmigung die Einhaltung der wasserrechtlichen Anforderungen voraussetzt.

(4) ¹Folgende Anlagenteile gelten als geeignet:

1. Bauprodukte im Sinne von Artikel 2 Nummer 1 und 2 der Verordnung (EU) Nr. 305/2011 des Europäischen Parlaments und des Rates vom 9. März 2011 zur Festlegung harmonisierter Bedingungen für die Vermarktung von Bauprodukten und zur Aufhebung der Richtlinie 89/106/EWG des Rates (ABl. L 88 vom 4.4.2011, S. 5), wenn

---

[1] Nr. 2.5.

Wasserhaushaltsgesetz **§ 63 WHG 4.1**

a) die Bauprodukte von einer harmonisierten Norm im Sinne von Artikel 2 Nummer 11 der Verordnung (EU) Nr. 305/2011 erfasst sind oder einer Europäischen Technischen Bewertung im Sinne von Artikel 2 Nummer 13 der Verordnung (EU) Nr. 305/2011 entsprechen und die CE-Kennzeichnung angebracht wurde und

b) die erklärten Leistungen alle wesentlichen Merkmale der harmonisierten Norm oder der Europäischen Technischen Bewertung umfassen, die dem Gewässerschutz dienen,

2. serienmäßig hergestellte Bauprodukte, die nicht unter Nummer 1 fallen und für die nach bauordnungsrechtlichen Vorschriften ein Verwendbarkeitsnachweis erteilt wurde, der die Einhaltung der wasserrechtlichen Anforderungen gewährleistet,

3. Anlagenteile, die aus Bauprodukten zusammengefügt werden, sofern hierfür nach bauordnungsrechtlichen Vorschriften eine Bauartgenehmigung oder eine allgemeine bauaufsichtliche Zulassung erteilt wurde, die jeweils die Einhaltung der wasserrechtlichen Anforderungen gewährleistet,

4. Druckgeräte im Sinne von § 2 Satz 1 Nummer 3 der Druckgeräteverordnung vom 13. Mai 2015 (BGBl. I S. 692), die durch Artikel 2 der Verordnung vom 6. April 2016 (BGBl. I S. 597) geändert worden ist, und Baugruppen im Sinne von § 2 Satz 1 Nummer 1 dieser Verordnung, sofern die CE-Kennzeichnung angebracht wurde und die Druckgeräte und Baugruppen in Übereinstimmung mit der Betriebsanleitung und den Sicherheitsinformationen nach § 6 Absatz 3 dieser Verordnung in Betrieb genommen werden, und

5. Maschinen im Sinne von § 2 Nummer 1 bis 4 der Maschinenverordnung vom 12. Mai 1993 (BGBl. I S. 704), die zuletzt durch Artikel 19 des Gesetzes vom 8. November 2011 (BGBl. I S. 2178) geändert worden ist, sofern die CE-Kennzeichnung angebracht wurde und die Maschinen in Übereinstimmung mit der Betriebsanleitung und den Sicherheitsanforderungen nach § 3 Absatz 2 Nummer 1 dieser Verordnung in Betrieb genommen werden.

²Entsprechen bei Bauprodukten nach Satz 1 Nummer 1 die erklärten Leistungen nicht den wasserrechtlichen Anforderungen an die jeweilige Verwendung, muss die Anlage insgesamt so beschaffen sein, dass die wasserrechtlichen Anforderungen erfüllt werden. ³Bei Anlagenteilen nach Satz 1 Nummer 4 und 5 bleiben die wasserrechtlichen Anforderungen an die Rückhaltung wassergefährdender Stoffe unberührt. ⁴Druckgeräte und Baugruppen nach Satz 1 Nummer 4, für die eine Betreiberprüfstelle eine EU-Konformitätserklärung nach § 2 Satz 1 Nummer 10 der Druckgeräteverordnung erteilt hat, bedürfen keiner CE-Kennzeichnung.

(5) ¹Bei serienmäßig hergestellten Bauprodukten, die nicht unter Absatz 4 Satz 1 Nummer 1 fallen, sowie bei Anlagenteilen, die aus Bauprodukten zusammengefügt werden, stehen den Verwendbarkeitsnachweisen nach Absatz 4 Satz 1 Nummer 2 sowie den Bauartgenehmigungen oder allgemeinen bauaufsichtlichen Zulassungen nach Absatz 4 Satz 1 Nummer 3 Zulassungen aus einem anderen Mitgliedstaat der Europäischen Union, einem anderen Vertragsstaat des Abkommens über den Europäischen Wirtschaftsraum oder der Türkei gleich, wenn mit den Zulassungen dauerhaft das gleiche Schutzniveau erreicht wird. ²Das Ergebnis von Prüfungen von Anlagenteilen nach Satz 1, die bereits in einem anderen Mitgliedstaat der Europäischen Union, einem anderen Vertragsstaat des Abkommens über den Europäischen Wirtschaftsraum oder der

Türkei vorgenommen worden sind, ist bei der Eignungsfeststellung zu berücksichtigen.

## Abschnitt 4. Gewässerschutzbeauftragte

**§ 64**[1] **Bestellung von Gewässerschutzbeauftragten.** (1)[2] Gewässerbenutzer, die an einem Tag mehr als 750 Kubikmeter Abwasser einleiten dürfen, haben unverzüglich einen oder mehrere Betriebsbeauftragte für Gewässerschutz (Gewässerschutzbeauftragte) zu bestellen.

(2) Die zuständige Behörde kann anordnen, dass

1. die Einleiter von Abwasser in Gewässer, für die eine Pflicht zur Bestellung von Gewässerschutzbeauftragten nach Absatz 1 nicht besteht,
2. die Einleiter von Abwasser in Abwasseranlagen,
3. die Betreiber von Anlagen nach § 62 Absatz 1,
4. die Betreiber von Rohrleitungsanlagen nach Nummer 19.3 der Anlage 1 des Gesetzes über die Umweltverträglichkeitsprüfung[3]

einen oder mehrere Gewässerschutzbeauftragte zu bestellen haben.

(3) Ist nach § 53 des Bundes-Immissionsschutzgesetzes[4] ein Immissionsschutzbeauftragter oder nach § 59 des Kreislaufwirtschaftsgesetzes[5] ein Abfallbeauftragter zu bestellen, so kann dieser auch die Aufgaben und Pflichten eines Gewässerschutzbeauftragten nach diesem Gesetz wahrnehmen.

**§ 65 Aufgaben von Gewässerschutzbeauftragten.** (1) ¹Gewässerschutzbeauftragte beraten den Gewässerbenutzer und die Betriebsangehörigen in Angelegenheiten, die für den Gewässerschutz bedeutsam sein können. ²Sie sind berechtigt und verpflichtet,

1. die Einhaltung von Vorschriften, Nebenbestimmungen und Anordnungen im Interesse des Gewässerschutzes zu überwachen, insbesondere durch regelmäßige Kontrolle der Abwasseranlagen im Hinblick auf die Funktionsfähigkeit, den ordnungsgemäßen Betrieb sowie die Wartung, durch Messungen des Abwassers nach Menge und Eigenschaften, durch Aufzeichnungen der Kontroll- und Messergebnisse; sie haben dem Gewässerbenutzer festgestellte Mängel mitzuteilen und Maßnahmen zu ihrer Beseitigung vorzuschlagen;
2. auf die Anwendung geeigneter Abwasserbehandlungsverfahren einschließlich der Verfahren zur ordnungsgemäßen Verwertung oder Beseitigung der bei der Abwasserbehandlung entstehenden Reststoffe hinzuwirken;
3. auf die Entwicklung und Einführung von
   a) innerbetrieblichen Verfahren zur Vermeidung oder Verminderung des Abwasseranfalls nach Art und Menge,
   b) umweltfreundlichen Produktionen
   hinzuwirken;

---

[1] Abweichendes Landesrecht in Bayern siehe Hinweis in BGBl. 2010 I S. 275.
[2] Abweichendes Landesrecht in Bayern siehe Hinweis in BGBl. 2015 I S. 153 und in Rheinland-Pfalz siehe Hinweis in BGBl. 2016 I S. 715.
[3] Nr. **2.5**.
[4] Nr. **6.1**.
[5] Nr. **5.1**.

Wasserhaushaltsgesetz §§ 66–68 WHG 4.1

4. die Betriebsangehörigen über die in dem Betrieb verursachten Gewässerbelastungen sowie über die Einrichtungen und Maßnahmen zu ihrer Verhinderung unter Berücksichtigung der wasserrechtlichen Vorschriften aufzuklären.

(2) [1] Gewässerschutzbeauftragte erstatten dem Gewässerbenutzer jährlich einen schriftlichen oder elektronischen Bericht über die nach Absatz 1 Satz 2 Nummer 1 bis 4 getroffenen und beabsichtigten Maßnahmen. [2] Bei EMAS-Standorten ist ein jährlicher Bericht nicht erforderlich, soweit sich gleichwertige Angaben aus dem Bericht über die Umweltbetriebsprüfung ergeben und die Gewässerschutzbeauftragten den Bericht mitgezeichnet haben und mit dem Verzicht auf die Erstellung eines gesonderten jährlichen Berichts einverstanden sind.

(3) Die zuständige Behörde kann im Einzelfall die in den Absätzen 1 und 2 aufgeführten Aufgaben der Gewässerschutzbeauftragten
1. näher regeln,
2. erweitern, soweit es die Belange des Gewässerschutzes erfordern,
3. einschränken, wenn dadurch die ordnungsgemäße Selbstüberwachung nicht beeinträchtigt wird.

**§ 66 Weitere anwendbare Vorschriften.** Auf das Verhältnis zwischen dem Gewässerbenutzer und den Gewässerschutzbeauftragten finden die §§ 55 bis 58 des Bundes-Immissionsschutzgesetzes[1)] entsprechende Anwendung.

### Abschnitt 5. Gewässerausbau, Deich-, Damm- und Küstenschutzbauten

**§ 67 Grundsatz, Begriffsbestimmung.** (1) Gewässer sind so auszubauen, dass natürliche Rückhalteflächen erhalten bleiben, das natürliche Abflussverhalten nicht wesentlich verändert wird, naturraumtypische Lebensgemeinschaften bewahrt und sonstige nachteilige Veränderungen des Zustands des Gewässers vermieden oder, soweit dies nicht möglich ist, ausgeglichen werden.

(2) [1] Gewässerausbau ist die Herstellung, die Beseitigung und die wesentliche Umgestaltung eines Gewässers oder seiner Ufer. [2] Ein Gewässerausbau liegt nicht vor, wenn ein Gewässer nur für einen begrenzten Zeitraum entsteht und der Wasserhaushalt dadurch nicht erheblich beeinträchtigt wird. [3] Deich- und Dammbauten, die den Hochwasserabfluss beeinflussen, sowie Bauten des Küstenschutzes stehen dem Gewässerausbau gleich.

**§ 68 Planfeststellung, Plangenehmigung.** (1) Der Gewässerausbau bedarf der Planfeststellung durch die zuständige Behörde.

(2) [1] Für einen Gewässerausbau, für den nach dem Gesetz über die Umweltverträglichkeitsprüfung[2)] keine Verpflichtung zur Durchführung einer Umweltverträglichkeitsprüfung besteht, kann anstelle eines Planfeststellungsbeschlusses eine Plangenehmigung erteilt werden. [2] Die Länder können bestimmen, dass Bauten des Küstenschutzes, für die nach dem Gesetz über die Umweltverträglichkeitsprüfung keine Verpflichtung zur Durchführung einer Umweltverträg-

---
[1)] Nr. **6.1**.
[2)] Nr. **2.5**.

lichkeitsprüfung besteht, anstelle einer Zulassung nach Satz 1 einer anderen oder keiner Zulassung oder einer Anzeige bedürfen.

(3) Der Plan darf nur festgestellt oder genehmigt werden, wenn

1. eine Beeinträchtigung des Wohls der Allgemeinheit, insbesondere eine erhebliche und dauerhafte, nicht ausgleichbare Erhöhung der Hochwasserrisiken oder eine Zerstörung natürlicher Rückhalteflächen, vor allem in Auwäldern, nicht zu erwarten ist und
2. andere Anforderungen nach diesem Gesetz oder sonstigen öffentlich-rechtlichen Vorschriften erfüllt werden.

(4) Maßnahmen zur wesentlichen Umgestaltung einer Binnenwasserstraße des Bundes oder ihrer Ufer nach § 67 Absatz 2 Satz 1 und 2 führt, soweit sie erforderlich sind, um die Bewirtschaftungsziele nach Maßgabe der §§ 27 bis 31 zu erreichen, die Wasserstraßen- und Schifffahrtsverwaltung des Bundes im Rahmen ihrer Aufgaben nach dem Bundeswasserstraßengesetz hoheitlich durch.

**§ 69 Abschnittsweise Zulassung, vorzeitiger Beginn.** (1) Gewässerausbauten einschließlich notwendiger Folgemaßnahmen, die wegen ihres räumlichen oder zeitlichen Umfangs in selbständigen Abschnitten oder Stufen durchgeführt werden, können in entsprechenden Teilen zugelassen werden, wenn dadurch die erforderliche Einbeziehung der erheblichen Auswirkungen des gesamten Vorhabens auf die Umwelt nicht ganz oder teilweise unmöglich wird.

(2) § 17 gilt entsprechend für die Zulassung des vorzeitigen Beginns in einem Planfeststellungsverfahren und einem Plangenehmigungsverfahren nach § 68.

**§ 70 Anwendbare Vorschriften, Verfahren.** (1)[1]  [1] Für die Planfeststellung und die Plangenehmigung gelten § 13 Absatz 1 und § 14 Absatz 3 bis 6 entsprechend; im Übrigen gelten die §§ 72 bis 78 des Verwaltungsverfahrensgesetzes.[2] [2] Für die Erteilung von Planfeststellungen und Plangenehmigungen im Zusammenhang mit der Errichtung, dem Betrieb und der Modernisierung von Anlagen zur Nutzung von Wasserkraft, ausgenommen Pumpspeicherkraftwerke, gilt § 11a Absatz 1 Satz 2 und Absatz 2 bis 5 entsprechend; die §§ 71a bis 71e des Verwaltungsverfahrensgesetzes sind anzuwenden.

(2) Das Planfeststellungsverfahren für einen Gewässerausbau, für den nach dem Gesetz über die Umweltverträglichkeitsprüfung[3] eine Verpflichtung zur Durchführung einer Umweltverträglichkeitsprüfung besteht, muss den Anforderungen des Gesetz über die Umweltverträglichkeitsprüfung entsprechen.

(3) Erstreckt sich ein beabsichtigter Ausbau auf ein Gewässer, das der Verwaltung mehrerer Länder untersteht, und ist ein Einvernehmen über den Ausbauplan nicht zu erreichen, so soll die Bundesregierung auf Antrag eines beteiligten Landes zwischen den Ländern vermitteln.

---

[1] Abweichendes Landesrecht in Bayern siehe Hinweise in BGBl. 2010 I S. 275 und 2015 I S. 153, Niedersachsen, Hessen und Bremen siehe Hinweise in BGBl. 2010 I S. 970, 2011 I S. 607 und S. 1047.
[2] Abweichendes Landesrecht in Schleswig-Holstein siehe Hinweise in BGBl. 2010 I S. 1501 und 2019 S. 2595 und in Rheinland-Pfalz siehe Hinweis in BGBl. 2016 I S. 715.
[3] Nr. **2.5**.

## § 71 Enteignungsrechtliche Regelungen.

(1) ¹Dient der Gewässerausbau dem Wohl der Allgemeinheit, so kann bei der Feststellung des Plans bestimmt werden, dass für seine Durchführung die Enteignung zulässig ist.[1] ²Satz 1 gilt für die Plangenehmigung entsprechend, wenn Rechte anderer nur unwesentlich beeinträchtigt werden. ³In den Fällen der Sätze 1 und 2 ist die Feststellung der Zulässigkeit der Enteignung nicht selbständig anfechtbar.

(2) ¹Die Enteignung ist zum Wohl der Allgemeinheit zulässig, soweit sie zur Durchführung eines festgestellten oder genehmigten Plans notwendig ist, der dem Küsten- oder Hochwasserschutz dient. ²Abweichend von Absatz 1 Satz 1, auch in Verbindung mit Satz 2, bedarf es keiner Bestimmung bei der Feststellung oder Genehmigung des Plans. ³Weitergehende Rechtsvorschriften der Länder bleiben unberührt.

(3) Der festgestellte oder genehmigte Plan ist dem Enteignungsverfahren zugrunde zu legen und für die Enteignungsbehörde bindend.

(4) Im Übrigen gelten die Enteignungsgesetze der Länder.

## § 71a[1] Vorzeitige Besitzeinweisung.

(1) Die zuständige Behörde hat den Träger eines Vorhabens zum Küsten- oder Hochwasserschutz auf Antrag nach der Feststellung des Plans oder nach der Erteilung der Plangenehmigung in den Besitz einzuweisen, wenn

1. der Eigentümer oder Besitzer eines Grundstücks, das für das Vorhaben benötigt wird, sich weigert, den Besitz durch Vereinbarung unter Vorbehalt aller Entschädigungsansprüche dem Träger des Vorhabens zu überlassen,
2. der sofortige Beginn von Bauarbeiten aus Gründen eines wirksamen Küsten- oder Hochwasserschutzes geboten ist und
3. der Planfeststellungsbeschluss oder die Plangenehmigung vollziehbar ist.

(2) § 20 Absatz 2 bis 7 des Bundeswasserstraßengesetzes gilt entsprechend.

(3) Weitergehende Rechtsvorschriften der Länder bleiben unberührt.

### Abschnitt 6. Hochwasserschutz

## § 72 Hochwasser.

¹Hochwasser ist eine zeitlich beschränkte Überschwemmung von normalerweise nicht mit Wasser bedecktem Land, insbesondere durch oberirdische Gewässer oder durch in Küstengebiete eindringendes Meerwasser. ²Davon ausgenommen sind Überschwemmungen aus Abwasseranlagen.

## § 73 Bewertung von Hochwasserrisiken, Risikogebiete.

(1) ¹Die zuständigen Behörden bewerten das Hochwasserrisiko und bestimmen danach die Gebiete mit signifikantem Hochwasserrisiko (Risikogebiete). ²Hochwasserrisiko ist die Kombination der Wahrscheinlichkeit des Eintritts eines Hochwasserereignisses mit den möglichen nachteiligen Hochwasserfolgen für die menschliche Gesundheit, die Umwelt, das Kulturerbe, wirtschaftliche Tätigkeiten und erhebliche Sachwerte.

(2) Die Risikobewertung muss den Anforderungen nach Artikel 4 Absatz 2 der Richtlinie 2007/60/EG des Europäischen Parlaments und des Rates vom 23. Oktober 2007 über die Bewertung und das Management von Hochwasserrisiken (ABl. L 288 vom 6.11.2007, S. 27) entsprechen.

---

[1] Abweichendes Landesrecht in Schleswig-Holstein siehe Hinweis in BGBl. 2019 I S. 2595.

(3) ¹Die Bewertung der Hochwasserrisiken und die Bestimmung der Risikogebiete erfolgen für jede Flussgebietseinheit. ²Die Länder können bestimmte Küstengebiete, einzelne Einzugsgebiete oder Teileinzugsgebiete zur Bewertung der Risiken und zur Bestimmung der Risikogebiete statt der Flussgebietseinheit einer anderen Bewirtschaftungseinheit zuordnen.

(4) ¹Die zuständigen Behörden tauschen für die Risikobewertung bedeutsame Informationen mit den zuständigen Behörden anderer Länder und Mitgliedstaaten der Europäischen Union aus, in deren Hoheitsgebiet die nach Absatz 3 maßgebenden Bewirtschaftungseinheiten auch liegen. ²Für die Bestimmung der Risikogebiete gilt § 7 Absatz 2 und 3 entsprechend.

(5) ¹Die Hochwasserrisiken sind bis zum 22. Dezember 2011 zu bewerten. ²Die Bewertung ist nicht erforderlich, wenn die zuständigen Behörden vor dem 22. Dezember 2010

1. nach Durchführung einer Bewertung des Hochwasserrisikos festgestellt haben, dass ein mögliches signifikantes Risiko für ein Gebiet besteht oder als wahrscheinlich gelten kann und eine entsprechende Zuordnung des Gebietes erfolgt ist oder

2. Gefahrenkarten und Risikokarten gemäß § 74 sowie Risikomanagementpläne gemäß § 75 erstellt oder ihre Erstellung beschlossen haben.

(6) ¹Die Risikobewertung und die Bestimmung der Risikogebiete nach Absatz 1 sowie die Entscheidungen und Maßnahmen nach Absatz 5 Satz 2 sind bis zum 22. Dezember 2018 und danach alle sechs Jahre zu überprüfen und erforderlichenfalls zu aktualisieren. ²Dabei ist den voraussichtlichen Auswirkungen des Klimawandels auf das Hochwasserrisiko Rechnung zu tragen.

**§ 74 Gefahrenkarten und Risikokarten.** (1) Die zuständigen Behörden erstellen für die Risikogebiete in den nach § 73 Absatz 3 maßgebenden Bewirtschaftungseinheiten Gefahrenkarten und Risikokarten in dem Maßstab, der hierfür am besten geeignet ist.

(2) ¹Gefahrenkarten erfassen die Gebiete, die bei folgenden Hochwasserereignissen überflutet werden:

1. Hochwasser mit niedriger Wahrscheinlichkeit (voraussichtliches Wiederkehrintervall mindestens 200 Jahre) oder bei Extremereignissen,

2. Hochwasser mit mittlerer Wahrscheinlichkeit (voraussichtliches Wiederkehrintervall mindestens 100 Jahre),

3. soweit erforderlich, Hochwasser mit hoher Wahrscheinlichkeit.

²Die Erstellung von Gefahrenkarten für ausreichend geschützte Küstengebiete und für Gebiete, in denen Überschwemmungen aus Grundwasser stammen, kann auf Gebiete nach Satz 1 Nummer 1 beschränkt werden.

(3) Gefahrenkarten müssen jeweils für die Gebiete nach Absatz 2 Satz 1 Angaben enthalten

1. zum Ausmaß der Überflutung,

2. zur Wassertiefe oder, soweit erforderlich, zum Wasserstand,

3. soweit erforderlich, zur Fließgeschwindigkeit oder zum für die Risikobewertung bedeutsamen Wasserabfluss.

(4) ¹Risikokarten erfassen mögliche nachteilige Folgen der in Absatz 2 Satz 1 genannten Hochwasserereignisse. ²Sie müssen die nach Artikel 6 Absatz 5 der Richtlinie 2007/60/EG erforderlichen Angaben enthalten.

(5) ¹Die zuständigen Behörden haben vor der Erstellung von Gefahrenkarten und Risikokarten für Risikogebiete, die auch auf dem Gebiet anderer Länder oder anderer Mitgliedstaaten der Europäischen Union liegen, mit deren zuständigen Behörden Informationen auszutauschen. ²Für den Informationsaustausch mit anderen Staaten gilt § 7 Absatz 3 Nummer 2 entsprechend.

(6) ¹Die Gefahrenkarten und Risikokarten sind bis zum 22. Dezember 2013 zu erstellen. ²Satz 1 gilt nicht, wenn bis zum 22. Dezember 2010 vergleichbare Karten vorliegen, deren Informationsgehalt den Anforderungen der Absätze 2 bis 4 entspricht. ³Alle Karten sind bis zum 22. Dezember 2019 und danach alle sechs Jahre zu überprüfen und erforderlichenfalls zu aktualisieren. ⁴Dabei umfasst die Überprüfung der Karten nach Satz 2 zum 22. Dezember 2019 auch ihre Übereinstimmung mit den Anforderungen der Absätze 2 und 4.

**§ 75 Risikomanagementpläne.** (1) ¹Die zuständigen Behörden stellen für die Risikogebiete auf der Grundlage der Gefahrenkarten und Risikokarten Risikomanagementpläne nach den Vorschriften der Absätze 2 bis 6 auf. ²§ 7 Absatz 4 Satz 1 gilt entsprechend.

(2) ¹Risikomanagementpläne dienen dazu, die nachteiligen Folgen, die an oberirdischen Gewässern mindestens von einem Hochwasser mit mittlerer Wahrscheinlichkeit und beim Schutz von Küstengebieten mindestens von einem Extremereignis ausgehen, zu verringern, soweit dies möglich und verhältnismäßig ist. ²Die Pläne legen für die Risikogebiete angemessene Ziele für das Risikomanagement fest, insbesondere zur Verringerung möglicher nachteiliger Hochwasserfolgen für die in § 73 Absatz 1 Satz 2 genannten Schutzgüter und, soweit erforderlich, für nichtbauliche Maßnahmen der Hochwasservorsorge und für die Verminderung der Hochwasserwahrscheinlichkeit.

(3) ¹In die Risikomanagementpläne sind zur Erreichung der nach Absatz 2 festgelegten Ziele Maßnahmen aufzunehmen. ²Risikomanagementpläne müssen mindestens die im Anhang der Richtlinie 2007/60/EG genannten Angaben enthalten und die Anforderungen nach Artikel 7 Absatz 3 Satz 2 bis 4 dieser Richtlinie erfüllen.

(4) ¹Risikomanagementpläne dürfen keine Maßnahmen enthalten, die das Hochwasserrisiko für andere Länder und Staaten im selben Einzugsgebiet oder Teileinzugsgebiet erheblich erhöhen. ²Satz 1 gilt nicht, wenn die Maßnahmen mit dem betroffenen Land oder Staat koordiniert worden sind und im Rahmen des § 80 eine einvernehmliche Lösung gefunden worden ist.

(5) ¹Liegen die nach § 73 Absatz 3 maßgebenden Bewirtschaftungseinheiten vollständig auf deutschem Hoheitsgebiet, ist ein einziger Risikomanagementplan oder sind mehrere auf der Ebene der Flussgebietseinheit koordinierte Risikomanagementpläne zu erstellen. ²Für die Koordinierung der Risikomanagementpläne mit anderen Staaten gilt § 7 Absatz 3 entsprechend mit dem Ziel, einen einzigen Risikomanagementplan oder mehrere auf der Ebene der Flussgebietseinheit koordinierte Pläne zu erstellen. ³Gelingt dies nicht, so ist auf eine möglichst weitgehende Koordinierung nach Satz 2 hinzuwirken.

(6) ¹Die Risikomanagementpläne sind bis zum 22. Dezember 2015 zu erstellen. ²Satz 1 gilt nicht, wenn bis zum 22. Dezember 2010 vergleichbare

Pläne vorliegen, deren Informationsgehalt den Anforderungen der Absätze 2 bis 4 entspricht. ³Alle Pläne sind bis zum 22. Dezember 2021 und danach alle sechs Jahre unter Berücksichtigung der voraussichtlichen Auswirkungen des Klimawandels auf das Hochwasserrisiko zu überprüfen und erforderlichenfalls zu aktualisieren. ⁴Dabei umfasst die Überprüfung der vergleichbaren Pläne im Sinne von Satz 2 zum 22. Dezember 2021 auch ihre Übereinstimmung mit den Anforderungen der Absätze 2 bis 4.

### § 76 Überschwemmungsgebiete an oberirdischen Gewässern.

(1) ¹Überschwemmungsgebiete sind Gebiete zwischen oberirdischen Gewässern und Deichen oder Hochufern und sonstige Gebiete, die bei Hochwasser eines oberirdischen Gewässers überschwemmt oder durchflossen oder die für Hochwasserentlastung oder Rückhaltung beansprucht werden. ²Dies gilt nicht für Gebiete, die überwiegend von den Gezeiten beeinflusst sind, soweit durch Landesrecht nichts anderes bestimmt ist.

(2) ¹Die Landesregierung setzt durch Rechtsverordnung

1. innerhalb der Risikogebiete oder der nach § 73 Absatz 5 Satz 2 Nummer 1 zugeordneten Gebiete mindestens die Gebiete, in denen ein Hochwasserereignis statistisch einmal in 100 Jahren zu erwarten ist, und
2. die zur Hochwasserentlastung und Rückhaltung beanspruchten Gebiete

als Überschwemmungsgebiete fest. ²Gebiete nach Satz 1 Nummer 1 sind bis zum 22. Dezember 2013 festzusetzen. ³Die Festsetzungen sind an neue Erkenntnisse anzupassen. ⁴Die Landesregierung kann die Ermächtigung nach Satz 1 durch Rechtsverordnung auf andere Landesbehörden übertragen.

(3) Noch nicht nach Absatz 2 festgesetzte Überschwemmungsgebiete sind zu ermitteln, in Kartenform darzustellen und vorläufig zu sichern.

(4) ¹Die Öffentlichkeit ist über die vorgesehene Festsetzung von Überschwemmungsgebieten zu informieren; ihr ist Gelegenheit zur Stellungnahme zu geben. ²Sie ist über die festgesetzten und vorläufig gesicherten Gebiete einschließlich der in ihnen geltenden Schutzbestimmungen sowie über die Maßnahmen zur Vermeidung von nachteiligen Hochwasserfolgen zu informieren.

### § 77 Rückhalteflächen, Bevorratung.

(1) ¹Überschwemmungsgebiete im Sinne des § 76 sind in ihrer Funktion als Rückhalteflächen zu erhalten. ²Soweit überwiegende Gründe des Wohls der Allgemeinheit dem entgegenstehen, sind rechtzeitig die notwendigen Ausgleichsmaßnahmen zu treffen. ³Ausgleichsmaßnahmen nach Satz 2 können auch Maßnahmen mit dem Ziel des Küstenschutzes oder des Schutzes vor Hochwasser sein, die

1. zum Zweck des Ausgleichs künftiger Verluste an Rückhalteflächen getroffen werden oder
2. zugleich als Ausgleichs- oder Ersatzmaßnahme nach § 15 Absatz 2 des Bundesnaturschutzgesetzes[1]) dienen oder nach § 16 Absatz 1 des Bundesnaturschutzgesetzes anzuerkennen sind.

(2) Frühere Überschwemmungsgebiete, die als Rückhalteflächen geeignet sind, sollen so weit wie möglich wiederhergestellt werden, wenn überwiegende Gründe des Wohls der Allgemeinheit dem nicht entgegenstehen.

---

[1]) Nr. 3.1.

Wasserhaushaltsgesetz **§ 78 WHG 4.1**

**§ 78** Bauliche Schutzvorschriften für festgesetzte Überschwemmungsgebiete. (1) ¹In festgesetzten Überschwemmungsgebieten ist die Ausweisung neuer Baugebiete im Außenbereich in Bauleitplänen oder in sonstigen Satzungen nach dem Baugesetzbuch untersagt. ²Satz 1 gilt nicht, wenn die Ausweisung ausschließlich der Verbesserung des Hochwasserschutzes dient, sowie für Bauleitpläne für Häfen und Werften.

(2) ¹Die zuständige Behörde kann abweichend von Absatz 1 Satz 1 die Ausweisung neuer Baugebiete ausnahmsweise zulassen, wenn

1. keine anderen Möglichkeiten der Siedlungsentwicklung bestehen oder geschaffen werden können,
2. das neu auszuweisende Gebiet unmittelbar an ein bestehendes Baugebiet angrenzt,
3. eine Gefährdung von Leben oder Gesundheit oder erhebliche Sachschäden nicht zu erwarten sind,
4. der Hochwasserabfluss und die Höhe des Wasserstandes nicht nachteilig beeinflusst werden,
5. die Hochwasserrückhaltung nicht beeinträchtigt und der Verlust von verloren gehendem Rückhalteraum umfang-, funktions- und zeitgleich ausgeglichen wird,
6. der bestehende Hochwasserschutz nicht beeinträchtigt wird,
7. keine nachteiligen Auswirkungen auf Oberlieger und Unterlieger zu erwarten sind,
8. die Belange der Hochwasservorsorge beachtet sind und
9. die Bauvorhaben so errichtet werden, dass bei dem Bemessungshochwasser nach § 76 Absatz 2 Satz 1, das der Festsetzung des Überschwemmungsgebietes zugrunde liegt, keine baulichen Schäden zu erwarten sind.

²Bei der Prüfung der Voraussetzungen des Satzes 1 Nummer 3 bis 8 sind auch die Auswirkungen auf die Nachbarschaft zu berücksichtigen.

(3) ¹In festgesetzten Überschwemmungsgebieten hat die Gemeinde bei der Aufstellung, Änderung oder Ergänzung von Bauleitplänen für die Gebiete, die nach § 30 Absatz 1 und 2 oder § 34 des Baugesetzbuches zu beurteilen sind, in der Abwägung nach § 1 Absatz 7 des Baugesetzbuches insbesondere zu berücksichtigen:

1. die Vermeidung nachteiliger Auswirkungen auf Oberlieger und Unterlieger,
2. die Vermeidung einer Beeinträchtigung des bestehenden Hochwasserschutzes und
3. die hochwasserangepasste Errichtung von Bauvorhaben.

²Dies gilt für Satzungen nach § 34 Absatz 4 und § 35 Absatz 6 des Baugesetzbuches entsprechend. ³Die zuständige Behörde hat der Gemeinde die hierfür erforderlichen Informationen nach § 4 Absatz 2 Satz 4 des Baugesetzbuches zur Verfügung zu stellen.

(4) ¹In festgesetzten Überschwemmungsgebieten ist die Errichtung oder Erweiterung baulicher Anlagen nach den §§ 30, 33, 34 und 35 des Baugesetzbuches untersagt. ²Satz 1 gilt nicht für Maßnahmen des Gewässerausbaus, des Baus von Deichen und Dämmen, der Gewässer- und Deichunterhaltung und des Hochwasserschutzes sowie des Messwesens.

(5) ¹Die zuständige Behörde kann abweichend von Absatz 4 Satz 1 die Errichtung oder Erweiterung einer baulichen Anlage im Einzelfall genehmigen, wenn

1. das Vorhaben
   a) die Hochwasserrückhaltung nicht oder nur unwesentlich beeinträchtigt und der Verlust von verloren gehendem Rückhalteraum umfang-, funktions- und zeitgleich ausgeglichen wird,
   b) den Wasserstand und den Abfluss bei Hochwasser nicht nachteilig verändert,
   c) den bestehenden Hochwasserschutz nicht beeinträchtigt und
   d) hochwasserangepasst ausgeführt wird oder
2. die nachteiligen Auswirkungen durch Nebenbestimmungen ausgeglichen werden können.

²Bei der Prüfung der Voraussetzungen des Satzes 1 sind auch die Auswirkungen auf die Nachbarschaft zu berücksichtigen. ³Für die Erteilung der Genehmigung gilt § 11a Absatz 4 und 5 entsprechend, wenn es sich um eine Anlage zur Erzeugung von Energie aus erneuerbaren Quellen handelt.

(6) ¹Bei der Festsetzung nach § 76 Absatz 2 kann die Errichtung oder Erweiterung baulicher Anlagen auch allgemein zugelassen werden, wenn sie

1. in gemäß Absatz 2 neu ausgewiesenen Gebieten nach § 30 des Baugesetzbuches den Vorgaben des Bebauungsplans entsprechen oder
2. ihrer Bauart nach so beschaffen sind, dass die Einhaltung der Voraussetzungen des Absatzes 5 Satz 1 Nummer 1 gewährleistet ist.[1)]

²In den Fällen des Satzes 1 bedarf das Vorhaben einer Anzeige.

(7) Bauliche Anlagen der Verkehrsinfrastruktur, die nicht unter Absatz 4 fallen, dürfen nur hochwasserangepasst errichtet oder erweitert werden.

(8) Für nach § 76 Absatz 3 ermittelte, in Kartenform dargestellte und vorläufig gesicherte Gebiete gelten die Absätze 1 bis 7 entsprechend.

**§ 78a Sonstige Schutzvorschriften für festgesetzte Überschwemmungsgebiete.** (1) ¹In festgesetzten Überschwemmungsgebieten ist Folgendes untersagt:

1. die Errichtung von Mauern, Wällen oder ähnlichen Anlagen, die den Wasserabfluss behindern können,
2. das Aufbringen und Ablagern von wassergefährdenden Stoffen auf dem Boden, es sei denn, die Stoffe dürfen im Rahmen einer ordnungsgemäßen Land- und Forstwirtschaft eingesetzt werden,[2)]
3. die Lagerung von wassergefährdenden Stoffen außerhalb von Anlagen,
4. das Ablagern und das nicht nur kurzfristige Lagern von Gegenständen, die den Wasserabfluss behindern können oder die fortgeschwemmt werden können,
5. das Erhöhen oder Vertiefen der Erdoberfläche,

---

[1)] Abweichendes Landesrecht zu § 78 Abs. 3 Satz 2 Nr. 2 WHG aF in Sachsen siehe Hinweise in BGBl. 2011 S. 842 und 2014 I S. 113.
[2)] Abweichendes Landesrecht zu § 78 Abs. 1 Nr. 5 WHG aF in Rheinland-Pfalz siehe Hinweis in BGBl. 2016 I S. 715.

6. das Anlegen von Baum- und Strauchpflanzungen, soweit diese den Zielen des vorsorgenden Hochwasserschutzes gemäß § 6 Absatz 1 Satz 1 Nummer 6 und § 75 Absatz 2 entgegenstehen,
7. die Umwandlung von Grünland in Ackerland,[1)]
8. die Umwandlung von Auwald in eine andere Nutzungsart.

²Satz 1 gilt nicht für Maßnahmen des Gewässerausbaus, des Baus von Deichen und Dämmen, der Gewässer- und Deichunterhaltung, des Hochwasserschutzes, einschließlich Maßnahmen zur Verbesserung oder Wiederherstellung des Wasserzuflusses oder des Wasserabflusses auf Rückhalteflächen, für Maßnahmen des Messwesens sowie für Handlungen, die für den Betrieb von zugelassenen Anlagen oder im Rahmen zugelassener Gewässerbenutzungen erforderlich sind.

(2) ¹Die zuständige Behörde kann im Einzelfall Maßnahmen nach Absatz 1 Satz 1 zulassen, wenn

1. Belange des Wohls der Allgemeinheit dem nicht entgegenstehen,
2. der Hochwasserabfluss und die Hochwasserrückhaltung nicht wesentlich beeinträchtigt werden und
3. eine Gefährdung von Leben oder Gesundheit oder erhebliche Sachschäden nicht zu befürchten sind

oder wenn die nachteiligen Auswirkungen durch Nebenbestimmungen ausgeglichen werden können. ²Die Zulassung kann, auch nachträglich, mit Nebenbestimmungen versehen oder widerrufen werden. ³Bei der Prüfung der Voraussetzungen des Satzes 1 Nummer 2 und 3 sind auch die Auswirkungen auf die Nachbarschaft zu berücksichtigen.

(3) Im Falle einer unmittelbar bevorstehenden Hochwassergefahr sind Gegenstände nach Absatz 1 Nummer 4 durch ihren Besitzer unverzüglich aus dem Gefahrenbereich zu entfernen.

(4) In der Rechtsverordnung nach § 76 Absatz 2 können Maßnahmen nach Absatz 1 Satz 1 Nummer 1 bis 8 auch allgemein zugelassen werden.

(5) ¹In der Rechtsverordnung nach § 76 Absatz 2 sind weitere Maßnahmen zu bestimmen oder Vorschriften zu erlassen, soweit dies erforderlich ist

1. zum Erhalt oder zur Verbesserung der ökologischen Strukturen der Gewässer und ihrer Überflutungsflächen,
2. zur Vermeidung oder Verringerung von Erosion oder von erheblich nachteiligen Auswirkungen auf Gewässer, die insbesondere von landwirtschaftlich genutzten Flächen ausgehen,
3. zum Erhalt oder zur Gewinnung, insbesondere Rückgewinnung, von Rückhalteflächen,
4. zur Regelung des Hochwasserabflusses,
5. zum hochwasserangepassten Umgang mit wassergefährdenden Stoffen,
6. zur Vermeidung von Störungen der Wasserversorgung und der Abwasserbeseitigung.

²Festlegungen nach Satz 1 können in Fällen der Eilbedürftigkeit auch durch behördliche Entscheidungen getroffen werden. ³Satz 2 gilt nicht für Anlagen

---

[1)] Abweichendes Landesrecht zu § 78 Abs. 1 Nr. 2 WHG aF in Bayern siehe Hinweise in BGBl. 2010 I S. 275 und 2015 I S. 153.

der Verkehrsinfrastruktur. ⁴Werden bei der Rückgewinnung von Rückhalteflächen Anordnungen getroffen, die erhöhte Anforderungen an die ordnungsgemäße land- oder forstwirtschaftliche Nutzung eines Grundstücks festsetzen, so gilt § 52 Absatz 5 entsprechend.

(6) Für nach § 76 Absatz 3 ermittelte, in Kartenform dargestellte und vorläufig gesicherte Gebiete gelten die Absätze 1 bis 5 entsprechend.

(7) Weitergehende Rechtsvorschriften der Länder bleiben unberührt.

### § 78b Risikogebiete außerhalb von Überschwemmungsbieten.

(1) ¹Risikogebiete außerhalb von Überschwemmungsgebieten sind Gebiete, für die nach § 74 Absatz 2 Gefahrenkarten zu erstellen sind und die nicht nach § 76 Absatz 2 oder Absatz 3 als Überschwemmungsgebiete festgesetzt sind oder vorläufig gesichert sind; dies gilt nicht für Gebiete, die überwiegend von den Gezeiten beeinflusst sind, soweit durch Landesrecht nichts anderes bestimmt ist. ²Für Risikogebiete außerhalb von Überschwemmungsgebieten gilt Folgendes:

1. bei der Ausweisung neuer Baugebiete im Außenbereich sowie bei der Aufstellung, Änderung oder Ergänzung von Bauleitplänen für nach § 30 Absatz 1 und 2 oder nach § 34 des Baugesetzbuches zu beurteilende Gebiete sind insbesondere der Schutz von Leben und Gesundheit und die Vermeidung erheblicher Sachschäden in der Abwägung nach § 1 Absatz 7 des Baugesetzbuches zu berücksichtigen; dies gilt für Satzungen nach § 34 Absatz 4 und § 35 Absatz 6 des Baugesetzbuches entsprechend;

2. außerhalb der von Nummer 1 erfassten Gebiete sollen bauliche Anlagen nur in einer dem jeweiligen Hochwasserrisiko angepassten Bauweise nach den allgemein anerkannten Regeln der Technik errichtet oder wesentlich erweitert werden, soweit eine solche Bauweise nach Art und Funktion der Anlage technisch möglich ist; bei den Anforderungen an die Bauweise sollen auch die Lage des betroffenen Grundstücks und die Höhe des möglichen Schadens angemessen berücksichtigt werden.

(2) Weitergehende Rechtsvorschriften der Länder bleiben unberührt.

### § 78c Heizölverbraucheranlagen in Überschwemmungsgebieten und in weiteren Risikogebieten.

(1) ¹Die Errichtung neuer Heizölverbraucheranlagen in festgesetzten und vorläufig gesicherten Überschwemmungsgebieten ist verboten. ²Die zuständige Behörde kann auf Antrag Ausnahmen von dem Verbot nach Satz 1 zulassen, wenn keine anderen weniger wassergefährdenden Energieträger zu wirtschaftlich vertretbaren Kosten zur Verfügung stehen und die Heizölverbraucheranlage hochwassersicher errichtet wird.

(2) ¹Die Errichtung neuer Heizölverbraucheranlagen in Gebieten nach § 78b Absatz 1 Satz 1 ist verboten, wenn andere weniger wassergefährdende Energieträger zu wirtschaftlich vertretbaren Kosten zur Verfügung stehen oder die Anlage nicht hochwassersicher errichtet werden kann. ²Eine Heizölverbraucheranlage nach Satz 1 kann wie geplant errichtet werden, wenn das Vorhaben der zuständigen Behörde spätestens sechs Wochen vor der Errichtung mit den vollständigen Unterlagen angezeigt wird und die Behörde innerhalb einer Frist von vier Wochen nach Eingang der Anzeige weder die Errichtung untersagt noch Anforderungen an die hochwassersichere Errichtung festgesetzt hat.

Wasserhaushaltsgesetz **§ 78d WHG 4.1**

(3) [1] Heizölverbraucheranlagen, die am 5. Januar 2018 in festgesetzten oder in vorläufig gesicherten Überschwemmungsgebieten vorhanden sind, sind vom Betreiber bis zum 5. Januar 2023 nach den allgemein anerkannten Regeln der Technik hochwassersicher nachzurüsten. [2] Heizölverbraucheranlagen, die am 5. Januar 2018 in Gebieten nach § 78b Absatz 1 Satz 1 vorhanden sind, sind bis zum 5. Januar 2033 nach den allgemein anerkannten Regeln der Technik hochwassersicher nachzurüsten, soweit dies wirtschaftlich vertretbar ist. [3] Sofern Heizölverbraucheranlagen wesentlich geändert werden, sind diese abweichend von den Sätzen 1 und 2 zum Änderungszeitpunkt hochwassersicher nachzurüsten.

**§ 78d Hochwasserentstehungsgebiete.** (1) Hochwasserentstehungsgebiete sind Gebiete, in denen bei Starkniederschlägen oder bei Schneeschmelze in kurzer Zeit starke oberirdische Abflüsse entstehen können, die zu einer Hochwassergefahr an oberirdischen Gewässern und damit zu einer erheblichen Gefahr für die öffentliche Sicherheit und Ordnung führen können.

(2) [1] Die Länder können Kriterien für das Vorliegen eines Hochwasserentstehungsgebietes festlegen. [2] Hierbei sind im Rahmen der hydrologischen und topographischen Gegebenheiten insbesondere das Verhältnis Niederschlag zu Abfluss, die Bodeneigenschaften, die Hangneigung, die Siedlungsstruktur und die Landnutzung zu berücksichtigen. [3] Auf Grund dieser Kriterien kann die Landesregierung Hochwasserentstehungsgebiete durch Rechtsverordnung festsetzen.

(3) [1] In festgesetzten Hochwasserentstehungsgebieten ist zur Vermeidung oder Verringerung von Gefahren durch Hochwasser, das natürliche Wasserversickerungs- und Wasserrückhaltevermögen des Bodens zu erhalten oder zu verbessern, insbesondere durch die Entsiegelung von Böden oder durch die nachhaltige Aufforstung geeigneter Gebiete. [2] Satz 1 gilt nicht für Anlagen der öffentlichen Verkehrsinfrastruktur.

(4) [1] In festgesetzten Hochwasserentstehungsgebieten bedürfen folgende Vorhaben der Genehmigung durch die zuständige Behörde:
1. die Errichtung oder wesentliche Änderung baulicher Anlagen im Außenbereich, einschließlich Nebenanlagen und sonstiger Flächen ab einer zu versiegelnden Gesamtfläche von 1 500 Quadratmetern,
2. der Bau neuer Straßen,
3. die Beseitigung von Wald oder die Umwandlung von Wald in eine andere Nutzungsart oder
4. die Umwandlung von Grünland in Ackerland.

[2] Die Genehmigung nach Satz 1 gilt als erteilt, wenn die zuständige Behörde den Antrag nicht innerhalb von sechs Monaten nach Eingang der vollständigen Antragsunterlagen ablehnt. [3] Die zuständige Behörde kann die Frist aus wichtigem Grund um bis zu zwei Monate verlängern. [4] Ist für das Vorhaben nach anderen Vorschriften ein Zulassungsverfahren vorgeschrieben, so hat die hierfür zuständige Behörde abweichend von Satz 1 im Rahmen dieses Zulassungsverfahrens über die Genehmigungsvoraussetzungen nach Absatz 5 im Benehmen mit der zuständigen Wasserbehörde zu entscheiden.

(5) [1] Die Genehmigung oder sonstige Zulassung nach Absatz 4 Satz 1 oder Satz 4 darf nur erteilt werden, wenn

1. das Wasserversickerungs- oder Wasserrückhaltevermögen des Bodens durch das Vorhaben nicht beeinträchtigt wird oder
2. die Beeinträchtigung durch Maßnahmen wie das Anlegen von Wald oder die Schaffung von Rückhalteräumen im Hochwasserentstehungsgebiet angemessen ausgeglichen wird.

²Für den Ausgleich nach Satz 1 Nummer 2 gilt § 77 Absatz 1 Satz 3 Nummer 2 entsprechend. ³Die Voraussetzungen nach Satz 1 gelten für die Zulassung von öffentlichen Verkehrsinfrastrukturvorhaben, für die ein Verfahren nach § 17 Absatz 1 des Bundesnaturschutzgesetzes[1] durchgeführt wird, als erfüllt.

(6) In festgesetzten Hochwasserentstehungsgebieten sind bei der Ausweisung neuer Baugebiete im Außenbereich in der Abwägung nach § 1 Absatz 7 des Baugesetzbuches insbesondere zu berücksichtigen:

1. die Vermeidung einer Beeinträchtigung des Wasserversickerungs- oder Wasserrückhaltevermögens des Bodens und
2. der Ausgleich einer Beeinträchtigung durch Maßnahmen wie das Anlegen von Wald oder die Schaffung von Rückhalteräumen im Hochwasserentstehungsgebiet.

(7) Weitergehende Rechtsvorschriften der Länder bleiben unberührt.

**§ 79 Information und aktive Beteiligung.** (1) ¹Die zuständigen Behörden veröffentlichen die Bewertung nach § 73 Absatz 1, die Gefahrenkarten und Risikokarten nach § 74 Absatz 1 und die Risikomanagementpläne nach § 75 Absatz 1. ²Sie fördern eine aktive Beteiligung der interessierten Stellen bei der Aufstellung, Überprüfung und Aktualisierung der Risikomanagementpläne nach § 75 und koordinieren diese mit den Maßnahmen nach § 83 Absatz 4 und § 85.

(2) Wie die zuständigen staatlichen Stellen und die Öffentlichkeit in den betroffenen Gebieten im Übrigen über Hochwassergefahren, geeignete Vorsorgemaßnahmen und Verhaltensregeln informiert und vor zu erwartendem Hochwasser rechtzeitig gewarnt werden, richtet sich nach den landesrechtlichen Vorschriften.

**§ 80 Koordinierung.** (1) ¹Gefahrenkarten und Risikokarten sind so zu erstellen, dass die darin dargestellten Informationen vereinbar sind mit den nach der Richtlinie 2000/60/EG vorgelegten relevanten Angaben, insbesondere nach Artikel 5 Absatz 1 in Verbindung mit Anhang II dieser Richtlinie. ²Die Informationen sollen mit den in Artikel 5 Absatz 2 der Richtlinie 2000/60/EG vorgesehenen Überprüfungen abgestimmt werden; sie können in diese einbezogen werden.

(2) ¹Die zuständigen Behörden koordinieren die Erstellung und die nach § 75 Absatz 6 Satz 3 erforderliche Aktualisierung der Risikomanagementpläne mit den Bewirtschaftungsplänen nach § 83. ²Die Risikomanagementpläne können in die Bewirtschaftungspläne einbezogen werden.

**§ 81 Vermittlung durch die Bundesregierung.** Können sich die Länder bei der Zusammenarbeit im Rahmen dieses Abschnitts über eine Maßnahme

---

[1] Nr. **3.1**.

Wasserhaushaltsgesetz §§ 82, 83 WHG 4.1

des Hochwasserschutzes nicht einigen, vermittelt die Bundesregierung auf Antrag eines Landes zwischen den beteiligten Ländern.

**Abschnitt 7. Wasserwirtschaftliche Planung und Dokumentation**

**§ 82 Maßnahmenprogramm.** (1) ¹Für jede Flussgebietseinheit ist nach Maßgabe der Absätze 2 bis 6 ein Maßnahmenprogramm aufzustellen, um die Bewirtschaftungsziele nach Maßgabe der §§ 27 bis 31, 44 und 47 zu erreichen. ²Die Ziele der Raumordnung sind zu beachten; die Grundsätze und sonstigen Erfordernisse der Raumordnung sind zu berücksichtigen.

(2) ¹In das Maßnahmenprogramm sind grundlegende und, soweit erforderlich, ergänzende Maßnahmen aufzunehmen; dabei ist eine in Bezug auf die Wassernutzung kosteneffiziente Kombination der Maßnahmen vorzusehen. ²Das Maßnahmenprogramm enthält auch Maßnahmen nach Artikel 4 bis 10 der Richtlinie (EU) 2019/904.

(3) Grundlegende Maßnahmen sind alle in Artikel 11 Absatz 3 der Richtlinie 2000/60/EG bezeichneten Maßnahmen, die der Erreichung der Bewirtschaftungsziele nach Maßgabe der §§ 27 bis 31, 44 und 47 dienen oder zur Erreichung dieser Ziele beitragen.

(4) ¹Ergänzende Maßnahmen, insbesondere im Sinne von Artikel 11 Absatz 4 in Verbindung mit Anhang VI Teil B der Richtlinie 2000/60/EG, werden zusätzlich zu den grundlegenden Maßnahmen in das Maßnahmenprogramm aufgenommen, soweit dies erforderlich ist, um die Bewirtschaftungsziele nach Maßgabe der §§ 27 bis 31, 44 und 47 zu erreichen. ²Ergänzende Maßnahmen können auch getroffen werden, um einen weitergehenden Schutz der Gewässer zu erreichen.

(5)[1] Ergibt sich aus der Überwachung oder aus sonstigen Erkenntnissen, dass die Bewirtschaftungsziele nach Maßgabe der §§ 27 bis 31, 44 und 47 nicht erreicht werden können, so sind die Ursachen hierfür zu untersuchen, die Zulassungen für Gewässerbenutzungen und die Überwachungsprogramme zu überprüfen und gegebenenfalls anzupassen sowie nachträglich erforderliche Zusatzmaßnahmen in das Maßnahmenprogramm aufzunehmen.

(6) ¹Grundlegende Maßnahmen nach Absatz 3 dürfen nicht zu einer zusätzlichen Verschmutzung der oberirdischen Gewässer, der Küstengewässer oder des Meeres führen, es sei denn, ihre Durchführung würde sich insgesamt günstiger auf die Umwelt auswirken. ²Die zuständige Behörde kann im Rahmen der §§ 47 und 48 auch die in Artikel 11 Absatz 3 Buchstabe j der Richtlinie 2000/60/EG genannten Einleitungen in das Grundwasser zulassen.

**§ 83 Bewirtschaftungsplan.** (1) Für jede Flussgebietseinheit ist nach Maßgabe der Absätze 2 bis 4 ein Bewirtschaftungsplan aufzustellen.

(2) ¹Der Bewirtschaftungsplan muss die in Artikel 13 Absatz 4 in Verbindung mit Anhang VII der Richtlinie 2000/60/EG genannten Informationen enthalten. ²Darüber hinaus sind in den Bewirtschaftungsplan aufzunehmen:
1. die Einstufung oberirdischer Gewässer als künstlich oder erheblich verändert nach § 28 und die Gründe hierfür,

---

[1] Abweichendes Landesrecht in Niedersachsen siehe Hinweis in BGBl. 2010 I S. 970.

2. die nach § 29 Absatz 2 bis 4, den §§ 44 und 47 Absatz 2 Satz 2 gewährten Fristverlängerungen und die Gründe hierfür, eine Zusammenfassung der Maßnahmen, die zur Erreichung der Bewirtschaftungsziele innerhalb der verlängerten Frist erforderlich sind und der Zeitplan hierfür sowie die Gründe für jede erhebliche Verzögerung bei der Umsetzung der Maßnahmen,
3. abweichende Bewirtschaftungsziele und Ausnahmen nach den §§ 30, 31 Absatz 2, den §§ 44 und 47 Absatz 3 und die Gründe hierfür,
4. die Bedingungen und Kriterien für die Geltendmachung von Umständen für vorübergehende Verschlechterungen nach § 31 Absatz 1, den §§ 44 und 47 Absatz 3 Satz 1, die Auswirkungen der Umstände, auf denen die Verschlechterungen beruhen, sowie die Maßnahmen zur Wiederherstellung des vorherigen Zustands,
5. eine Darstellung
   a) der geplanten Schritte zur Durchführung von § 6a, die zur Erreichung der Bewirtschaftungsziele nach den §§ 27 bis 31, 44 und 47 beitragen sollen,
   b) der Beiträge der verschiedenen Wassernutzungen zur Deckung der Kosten der Wasserdienstleistungen sowie
   c) der Gründe dafür, dass bestimmte Wassernutzungen nach § 6a Absatz 2 nicht zur Deckung der Kosten der Wasserdienstleistungen beizutragen haben, sowie die Gründe für Ausnahmen nach § 6a Absatz 4.

(3) [1] Der Bewirtschaftungsplan kann durch detailliertere Programme und Bewirtschaftungspläne für Teileinzugsgebiete, für bestimmte Sektoren und Aspekte der Gewässerbewirtschaftung sowie für bestimmte Gewässertypen ergänzt werden. [2] Ein Verzeichnis sowie eine Zusammenfassung dieser Programme und Pläne sind in den Bewirtschaftungsplan aufzunehmen.

(4) [1] Die zuständige Behörde veröffentlicht
1. spätestens drei Jahre vor Beginn des Zeitraums, auf den sich der Bewirtschaftungsplan bezieht, einen Zeitplan und ein Arbeitsprogramm für seine Aufstellung sowie Angaben zu den vorgesehenen Maßnahmen zur Information und Anhörung der Öffentlichkeit,
2. spätestens zwei Jahre vor Beginn des Zeitraums, auf den sich der Bewirtschaftungsplan bezieht, einen Überblick über die für das Einzugsgebiet festgestellten wichtigen Fragen der Gewässerbewirtschaftung,
3. spätestens ein Jahr vor Beginn des Zeitraums, auf den sich der Bewirtschaftungsplan bezieht, einen Entwurf des Bewirtschaftungsplans.

[2] Innerhalb von sechs Monaten nach der Veröffentlichung kann jede Person bei der zuständigen Behörde zu den in Satz 1 bezeichneten Unterlagen schriftlich oder elektronisch Stellung nehmen; hierauf ist in der Veröffentlichung hinzuweisen. [3] Auf Antrag ist Zugang zu den bei der Aufstellung des Bewirtschaftungsplans herangezogenen Hintergrunddokumenten und -informationen zu gewähren. [4] Die Sätze 1 bis 3 gelten auch für aktualisierende Bewirtschaftungspläne.

## § 84 Fristen für Maßnahmenprogramme und Bewirtschaftungspläne.

(1) Maßnahmenprogramme und Bewirtschaftungspläne, die nach Maßgabe des Landesrechts vor dem 1. März 2010 aufzustellen waren, sind erstmals bis zum 22. Dezember 2015 sowie anschließend alle sechs Jahre zu überprüfen und, soweit erforderlich, zu aktualisieren.

(2) ¹Die im Maßnahmenprogramm aufgeführten Maßnahmen sind bis zum 22. Dezember 2012 durchzuführen. ²Neue oder im Rahmen eines aktualisierten Programms geänderte Maßnahmen sind innerhalb von drei Jahren durchzuführen, nachdem sie in das Programm aufgenommen worden sind.

**§ 85 Aktive Beteiligung interessierter Stellen.** Die zuständigen Behörden fördern die aktive Beteiligung aller interessierten Stellen an der Aufstellung, Überprüfung und Aktualisierung der Maßnahmenprogramme und Bewirtschaftungspläne.

**§ 86 Veränderungssperre zur Sicherung von Planungen.** (1) ¹Zur Sicherung von Planungen für

1. dem Wohl der Allgemeinheit dienende Vorhaben der Wassergewinnung oder Wasserspeicherung, der Abwasserbeseitigung, der Wasseranreicherung, der Wasserkraftnutzung, der Bewässerung, des Hochwasserschutzes oder des Gewässerausbaus,

2. Vorhaben nach dem Maßnahmenprogramm nach § 82

kann die Landesregierung durch Rechtsverordnung Planungsgebiete festlegen, auf deren Flächen wesentlich wertsteigernde oder die Durchführung des geplanten Vorhabens erheblich erschwerende Veränderungen nicht vorgenommen werden dürfen (Veränderungssperre). ²Sie kann die Ermächtigung nach Satz 1 durch Rechtsverordnung auf andere Landesbehörden übertragen.

(2) Veränderungen, die in rechtlich zulässiger Weise vorher begonnen worden sind, Unterhaltungsarbeiten und die Fortführung einer bisher ausgeübten Nutzung werden von der Veränderungssperre nicht berührt.

(3) ¹Die Veränderungssperre tritt drei Jahre nach ihrem Inkrafttreten außer Kraft, sofern die Rechtsverordnung nach Absatz 1 Satz 1 keinen früheren Zeitpunkt bestimmt. ²Die Frist von drei Jahren kann, wenn besondere Umstände es erfordern, durch Rechtsverordnung um höchstens ein Jahr verlängert werden. ³Die Veränderungssperre ist vor Ablauf der Frist nach Satz 1 oder Satz 2 außer Kraft zu setzen, sobald und soweit die Voraussetzungen für ihren Erlass weggefallen sind.

(4) Von der Veränderungssperre können Ausnahmen zugelassen werden, wenn dem keine überwiegenden öffentlichen Belange entgegenstehen.

**§ 87 Wasserbuch.** (1) Über die Gewässer sind Wasserbücher zu führen.

(2) ¹In das Wasserbuch sind insbesondere einzutragen:

1. nach diesem Gesetz erteilte Erlaubnisse, die nicht nur vorübergehenden Zwecken dienen, und Bewilligungen sowie alte Rechte und alte Befugnisse, Planfeststellungsbeschlüsse und Plangenehmigungen nach § 68,[1)]

2. Wasserschutzgebiete,

3. Risikogebiete und festgesetzte Überschwemmungsgebiete.

²Von der Eintragung von Zulassungen nach Satz 1 Nummer 1 kann in Fällen von untergeordneter wasserwirtschaftlicher Bedeutung abgesehen werden.

---

[1)] Abweichendes Landesrecht in Niedersachsen siehe Hinweis in BGBl. 2010 I S. 970.

(3) ¹Unrichtige Eintragungen sind zu berichtigen. ²Unzulässige Eintragungen und Eintragungen zu nicht mehr bestehenden Rechtsverhältnissen sind zu löschen.

(4) Eintragungen im Wasserbuch haben keine rechtsbegründende oder rechtsändernde Wirkung.

**§ 88 Informationsbeschaffung und -übermittlung.** (1) ¹Die zuständige Behörde darf im Rahmen der ihr durch Gesetz oder Rechtsverordnung übertragenen Aufgaben Informationen einschließlich personenbezogener Daten erheben und verwenden, soweit dies zur Durchführung von Rechtsakten der Europäischen Gemeinschaften oder der Europäischen Union, zwischenstaatlichen Vereinbarungen oder innerstaatlichen Rechtsvorschriften auf dem Gebiet des Wasserhaushalts oder im Rahmen grenzüberschreitender Zusammenarbeit, insbesondere zur Koordinierung nach § 7 Absatz 2 bis 4, erforderlich ist. ²Zu den Aufgaben nach Satz 1 gehören insbesondere

1. die Durchführung von Verwaltungsverfahren,
2. die Gewässeraufsicht einschließlich gewässerkundlicher Messungen und Beobachtungen,
3. die Gefahrenabwehr,
4. die Festsetzung und Bestimmung von Schutzgebieten, insbesondere Wasserschutz-, Heilquellenschutz-, Risiko- und Überschwemmungsgebieten sowie Gewässerrandstreifen,
5. die Ermittlung der Art und des Ausmaßes von Gewässerbelastungen auf Grund menschlicher Tätigkeiten einschließlich der Belastungen aus diffusen Quellen,
6. die wirtschaftliche Analyse der Wassernutzung,
7. die Aufstellung von Maßnahmenprogrammen, Bewirtschaftungsplänen und Risikomanagementplänen.

(2) Wer wasserwirtschaftliche Maßnahmen durchführt, hat der zuständigen Behörde auf deren Anordnung bei ihm vorhandene Informationen zu übermitteln und Auskünfte zu erteilen.

(3) ¹Die zuständige Behörde darf nach Absatz 1 Satz 1 und Absatz 2 erhobene Informationen und erteilte Auskünfte an zur Abwasserbeseitigung, zur Wasserversorgung oder zur Gewässerunterhaltung Verpflichtete sowie an Träger von Gewässerausbau- und von Hochwasserschutzmaßnahmen weitergeben, soweit dies zur Erfüllung der Verpflichtungen oder zur Durchführung der Maßnahmen erforderlich ist. ²Die Weitergabe von Informationen und Auskünften an Dienststellen anderer Länder, des Bundes und der Europäischen Union sowie an zwischenstaatliche Stellen ist unter den in Absatz 1 Satz 1 genannten Voraussetzungen zulässig. ³Dienststellen des Bundes und der Länder geben Informationen und Auskünfte unter den Voraussetzungen des Absatzes 1 Satz 1 auf Ersuchen an andere Dienststellen des Bundes und der Länder weiter.

(4) Für die Weitergabe von Informationen und Auskünften nach Absatz 3 Satz 2 und 3 werden keine Gebühren erhoben und keine Auslagen erstattet.

(5) Die Bestimmungen zum Schutz personenbezogener Daten bleiben im Übrigen unberührt.

Wasserhaushaltsgesetz §§ 89, 90 WHG 4.1

**Abschnitt 8. Haftung für Gewässerveränderungen**

**§ 89 Haftung für Änderungen der Wasserbeschaffenheit.** (1) [1]Wer in ein Gewässer Stoffe einbringt oder einleitet oder wer in anderer Weise auf ein Gewässer einwirkt und dadurch die Wasserbeschaffenheit nachteilig verändert, ist zum Ersatz des daraus einem anderen entstehenden Schadens verpflichtet. [2]Haben mehrere auf das Gewässer eingewirkt, so haften sie als Gesamtschuldner.

(2) [1]Gelangen aus einer Anlage, die bestimmt ist, Stoffe herzustellen, zu verarbeiten, zu lagern, abzulagern, zu befördern oder wegzuleiten, derartige Stoffe in ein Gewässer, ohne in dieses eingebracht oder eingeleitet zu sein, und wird dadurch die Wasserbeschaffenheit nachteilig verändert, so ist der Betreiber der Anlage zum Ersatz des daraus einem anderen entstehenden Schadens verpflichtet. [2]Absatz 1 Satz 2 gilt entsprechend. [3]Die Ersatzpflicht tritt nicht ein, wenn der Schaden durch höhere Gewalt verursacht wird.

**§ 90 Sanierung von Gewässerschäden.** (1) Eine Schädigung eines Gewässers im Sinne des Umweltschadensgesetzes[1)] ist jeder Schaden mit erheblichen nachteiligen Auswirkungen auf

1. den ökologischen oder chemischen Zustand eines oberirdischen Gewässers oder Küstengewässers,

2. das ökologische Potenzial oder den chemischen Zustand eines künstlichen oder erheblich veränderten oberirdischen Gewässers oder Küstengewässers,

3. den chemischen oder mengenmäßigen Zustand des Grundwassers oder

4. den Zustand eines Meeresgewässers;

ausgenommen sind nachteilige Auswirkungen, für die § 31 Absatz 2, auch in Verbindung mit § 44 oder § 47 Absatz 3 Satz 1, gilt.

(2) Hat eine verantwortliche Person nach dem Umweltschadensgesetz eine Schädigung eines Gewässers verursacht, so trifft sie die erforderlichen Sanierungsmaßnahmen gemäß Anhang II Nummer 1 der Richtlinie 2004/35/EG des Europäischen Parlaments und des Rates vom 21. April 2004 über Umwelthaftung zur Vermeidung und Sanierung von Umweltschäden (ABl. L 143 vom 30.4.2004, S. 56), die durch die Richtlinie 2006/21/EG (ABl. L 102 vom 11.4.2006, S. 15) geändert worden ist.

(3) Zuständige Behörde für den Vollzug dieser Vorschrift und der Vorschriften des Umweltschadensgesetzes ist, sofern nichts anderes bestimmt ist, im Hinblick auf die Schädigung der Meeresgewässer außerhalb der Küstengewässer und die unmittelbare Gefahr solcher Schäden im Bereich der deutschen ausschließlichen Wirtschaftszone und des Festlandsockels,

1. soweit ein Zusammenhang mit Tätigkeiten nach dem Bundesberggesetz besteht, die nach § 136 des Bundesberggesetzes in Verbindung mit § 142 des Bundesberggesetzes bestimmte Behörde, sowie

2. im Übrigen das Bundesamt für Naturschutz; es bedient sich, soweit sachdienlich, der Hilfe des Bundesamtes für Seeschifffahrt und Hydrographie sowie des Umweltbundesamtes; es kann sich der Hilfe weiterer Stellen bedienen, soweit diese zustimmen.

---

[1)] Nr. **2.9**.

(4) Weitergehende Vorschriften über Schädigungen oder sonstige Beeinträchtigungen von Gewässern und deren Sanierung bleiben unberührt.

### Abschnitt 9. Duldungs- und Gestattungsverpflichtungen

**§ 91 Gewässerkundliche Maßnahmen.** ¹Die zuständige Behörde kann Eigentümer und Nutzungsberechtigte von Grundstücken verpflichten, die Errichtung und den Betrieb von Messanlagen sowie die Durchführung von Probebohrungen und Pumpversuchen zu dulden, soweit dies der Ermittlung gewässerkundlicher Grundlagen dient, die für die Gewässerbewirtschaftung erforderlich sind.[1] ²Entsteht durch eine Maßnahme nach Satz 1 ein Schaden am Grundstück, hat der Eigentümer gegen den Träger der gewässerkundlichen Maßnahme Anspruch auf Schadenersatz. ³Satz 2 gilt entsprechend für den Nutzungsberechtigten, wenn wegen des Schadens am Grundstück die Grundstücksnutzung beeinträchtigt wird.

**§ 92 Veränderung oberirdischer Gewässer.** ¹Die zuständige Behörde kann Eigentümer und Nutzungsberechtigte oberirdischer Gewässer sowie der Grundstücke, deren Inanspruchnahme für die Durchführung des Vorhabens erforderlich ist, verpflichten, Gewässerveränderungen, insbesondere Vertiefungen und Verbreiterungen, zu dulden, die der Verbesserung des Wasserabflusses dienen und zur Entwässerung von Grundstücken, zur Abwasserbeseitigung oder zur besseren Ausnutzung einer Triebwerksanlage erforderlich sind. ²Satz 1 gilt nur, wenn das Vorhaben anders nicht ebenso zweckmäßig oder nur mit erheblichem Mehraufwand durchgeführt werden kann und der von dem Vorhaben zu erwartende Nutzen erheblich größer als der Nachteil des Betroffenen ist.

**§ 93 Durchleitung von Wasser und Abwasser.** ¹Die zuständige Behörde kann Eigentümer und Nutzungsberechtigte von Grundstücken und oberirdischen Gewässern verpflichten, das Durchleiten von Wasser und Abwasser sowie die Errichtung und Unterhaltung der dazu dienenden Anlagen zu dulden, soweit dies zur Entwässerung oder Bewässerung von Grundstücken, zur Wasserversorgung, zur Abwasserbeseitigung, zum Betrieb einer Stauanlage oder zum Schutz vor oder zum Ausgleich von Beeinträchtigungen des Natur- oder Wasserhaushalts durch Wassermangel erforderlich ist. ²§ 92 Satz 2 gilt entsprechend.

**§ 94 Mitbenutzung von Anlagen.** (1) ¹Die zuständige Behörde kann Betreiber einer Grundstücksentwässerungs-, Wasserversorgungs- oder Abwasseranlage verpflichten, deren Mitbenutzung einer anderen Person zu gestatten, wenn

1. diese Person Maßnahmen der Entwässerung, Wasserversorgung oder Abwasserbeseitigung anders nicht zweckmäßig oder nur mit erheblichem Mehraufwand ausführen kann,
2. die Maßnahmen zur Gewässerbewirtschaftung oder zur Erfüllung gesetzlicher Pflichten erforderlich sind,
3. der Betrieb der Anlage nicht wesentlich beeinträchtigt wird und

---

[1] Abweichendes Landesrecht in Bayern siehe Hinweise in BGBl. 2010 I S. 275 und 2015 I S. 153.

4. die zur Mitbenutzung berechtigte Person einen angemessenen Teil der Kosten für die Errichtung, den Betrieb und die Unterhaltung der Anlage übernimmt.

[2]Kommt eine Einigung über die Kostenteilung nach Satz 1 Nummer 4 nicht zustande, setzt die zuständige Behörde ein angemessenes Entgelt fest.

(2) [1]Ist eine Mitbenutzung nur bei einer Änderung der Anlage zweckmäßig, kann der Betreiber verpflichtet werden, die entsprechende Änderung nach eigener Wahl entweder selbst vorzunehmen oder zu dulden. [2]Die Kosten der Änderung trägt die zur Mitbenutzung berechtigte Person.

(3) Die Absätze 1 und 2 gelten auch für die Mitbenutzung von Grundstücksbewässerungsanlagen durch Eigentümer von Grundstücken, die nach § 93 zur Errichtung oder zum Betrieb der Anlage in Anspruch genommen werden.

### § 95 Entschädigung für Duldungs- und Gestattungsverpflichtungen.

Soweit Duldungs- oder Gestattungsverpflichtungen nach den §§ 92 bis 94 das Eigentum unzumutbar beschränken, ist eine Entschädigung zu leisten.

## Kapitel 4. Entschädigung, Ausgleich, Vorkaufsrecht

### § 96 Art und Umfang von Entschädigungspflichten.

(1) [1]Eine nach diesem Gesetz zu leistende Entschädigung hat den eintretenden Vermögensschaden angemessen auszugleichen. [2]Soweit zum Zeitpunkt der behördlichen Anordnung, die die Entschädigungspflicht auslöst, Nutzungen gezogen werden, ist von dem Maß ihrer Beeinträchtigung auszugehen. [3]Hat die anspruchsberechtigte Person Maßnahmen getroffen, um die Nutzungen zu steigern, und ist nachgewiesen, dass die Maßnahmen die Nutzungen nachhaltig gesteigert hätten, so ist dies zu berücksichtigen. [4]Außerdem ist eine infolge der behördlichen Anordnung eingetretene Minderung des Verkehrswerts von Grundstücken zu berücksichtigen, soweit sie nicht nach Satz 2 oder Satz 3 bereits berücksichtigt ist.

(2) Soweit als Entschädigung durch Gesetz nicht wasserwirtschaftliche oder andere Maßnahmen zugelassen werden, ist die Entschädigung in Geld festzusetzen.

(3) [1]Kann auf Grund einer entschädigungspflichtigen Maßnahme die Wasserkraft eines Triebwerks nicht mehr im bisherigen Umfang verwertet werden, so kann die zuständige Behörde bestimmen, dass die Entschädigung ganz oder teilweise durch Lieferung elektrischen Stroms zu leisten ist, wenn die entschädigungspflichtige Person ein Energieversorgungsunternehmen ist und soweit ihr dies wirtschaftlich zumutbar ist. [2]Die für die Lieferung des elektrischen Stroms erforderlichen technischen Vorkehrungen hat die entschädigungspflichtige Person auf ihre Kosten zu schaffen.

(4) [1]Wird die Nutzung eines Grundstücks infolge der die Entschädigungspflicht auslösenden behördlichen Anordnung unmöglich oder erheblich erschwert, so kann der Grundstückseigentümer verlangen, dass die entschädigungspflichtige Person das Grundstück zum Verkehrswert erwirbt. [2]Lässt sich der nicht betroffene Teil eines Grundstücks nach seiner bisherigen Bestimmung nicht mehr zweckmäßig nutzen, so kann der Grundstückseigentümer den Erwerb auch dieses Teils verlangen. [3]Ist der Grundstückseigentümer zur Siche-

rung seiner Existenz auf Ersatzland angewiesen und kann Ersatzland zu angemessenen Bedingungen beschafft werden, so ist ihm auf Antrag anstelle einer Entschädigung in Geld das Eigentum an einem Ersatzgrundstück zu verschaffen.

(5) Ist nach § 97 die begünstigte Person entschädigungspflichtig, kann die anspruchsberechtigte Person Sicherheitsleistung verlangen.

**§ 97 Entschädigungspflichtige Person.** [1] Soweit sich aus diesem Gesetz nichts anderes ergibt, hat die Entschädigung zu leisten, wer unmittelbar durch den Vorgang begünstigt wird, der die Entschädigungspflicht auslöst. [2] Sind mehrere unmittelbar begünstigt, so haften sie als Gesamtschuldner. [3] Ist niemand unmittelbar begünstigt, so hat das Land die Entschädigung zu leisten. [4] Lässt sich zu einem späteren Zeitpunkt eine begünstigte Person bestimmen, hat sie die aufgewandten Entschädigungsbeträge dem Land zu erstatten.

**§ 98 Entschädigungsverfahren.** (1) [1] Über Ansprüche auf Entschädigung ist gleichzeitig mit der dem Anspruch zugrunde liegenden Anordnung zu entscheiden. [2] Die Entscheidung kann auf die Pflicht zur Entschädigung dem Grunde nach beschränkt werden.

(2) [1] Vor der Festsetzung des Umfangs einer Entschädigung nach Absatz 1 hat die zuständige Behörde auf eine gütliche Einigung der Beteiligten hinzuwirken, wenn einer der Beteiligten dies beantragt. [2] Kommt eine Einigung nicht zustande, so setzt die Behörde die Entschädigung fest.

**§ 99[1) ] Ausgleich.** [1] Ein Ausgleich nach § 52 Absatz 5 und § 78a Absatz 5 Satz 4 ist in Geld zu leisten. [2] Im Übrigen gelten für einen Ausgleich nach Satz 1 § 96 Absatz 1 und 5 und § 97 entsprechend.

**§ 99a Vorkaufsrecht.** (1) [1] Den Ländern steht ein Vorkaufsrecht an Grundstücken zu, die für Maßnahmen des Hochwasser- oder Küstenschutzes benötigt werden. [2] Liegen die Merkmale des Satzes 1 nur bei einem Teil des Grundstücks vor, so erstreckt sich das Vorkaufsrecht nur auf diesen Grundstücksteil. [3] Der Eigentümer kann verlangen, dass sich der Vorkauf auf das gesamte Grundstück erstreckt, wenn ihm der weitere Verbleib des anderen Grundstücksteils in seinem Eigentum wirtschaftlich nicht zuzumuten ist.

(2) Das Vorkaufsrecht steht den Ländern nicht zu beim Kauf von Rechten nach dem Wohnungseigentumsgesetz.

(3) Das Vorkaufsrecht darf nur ausgeübt werden, wenn dies aus Gründen des Hochwasserschutzes oder des Küstenschutzes erforderlich ist.

(4) [1] Das Vorkaufsrecht bedarf nicht der Eintragung in das Grundbuch. [2] Es geht rechtsgeschäftlich und landesrechtlich begründeten Vorkaufsrechten mit Ausnahme solcher auf dem Gebiet des land- und forstwirtschaftlichen Grundstücksverkehrs und des Siedlungswesens im Rang vor. [3] Bei einem Eigentumserwerb auf Grund der Ausübung des Vorkaufsrechts erlöschen durch Rechtsgeschäft begründete Vorkaufsrechte. [4] Das Vorkaufsrecht erstreckt sich nicht auf einen Verkauf an einen Ehegatten, einen eingetragenen Lebenspartner oder einen Verwandten ersten Grades. [5] Die §§ 463 bis 469, 471, 1098 Absatz 2 und die §§ 1099 bis 1102 des Bürgerlichen Gesetzbuchs sind anzuwenden.

---

[1)] Abweichendes Landesrecht in Schleswig-Holstein siehe Hinweis in BGBl. 2010 I S. 1501 und 2019 S. 2595.

Wasserhaushaltsgesetz §§ 100, 101 WHG 4.1

(5) Die Länder können das Vorkaufsrecht auf Antrag auch zugunsten von Körperschaften und Stiftungen des öffentlichen Rechts ausüben.

(6) Abweichende Rechtsvorschriften der Länder bleiben unberührt.

### Kapitel 5. Gewässeraufsicht

**§ 100 Aufgaben der Gewässeraufsicht.** (1) [1] Aufgabe der Gewässeraufsicht ist es, die Gewässer sowie die Erfüllung der öffentlich-rechtlichen Verpflichtungen zu überwachen, die nach oder auf Grund von Vorschriften dieses Gesetzes, nach auf dieses Gesetz gestützten Rechtsverordnungen oder nach landesrechtlichen Vorschriften bestehen. [2] Die zuständige Behörde ordnet nach pflichtgemäßem Ermessen die Maßnahmen an, die im Einzelfall notwendig sind, um Beeinträchtigungen des Wasserhaushalts zu vermeiden oder zu beseitigen oder die Erfüllung von Verpflichtungen nach Satz 1 sicherzustellen.

(2) Auf Grund dieses Gesetzes und nach landesrechtlichen Vorschriften erteilte Zulassungen sind regelmäßig sowie aus besonderem Anlass zu überprüfen und, soweit erforderlich, anzupassen.

**§ 101 Befugnisse der Gewässeraufsicht.** (1) [1] Bedienstete und Beauftragte der zuständigen Behörde sind im Rahmen der Gewässeraufsicht befugt,

1. Gewässer zu befahren,
2. technische Ermittlungen und Prüfungen vorzunehmen,
3. zu verlangen, dass Auskünfte erteilt, Unterlagen vorgelegt und Arbeitskräfte, Werkzeuge und sonstige technische Hilfsmittel zur Verfügung gestellt werden,
4. Betriebsgrundstücke und -räume während der Betriebszeit zu betreten,
5. Wohnräume sowie Betriebsgrundstücke und -räume außerhalb der Betriebszeit zu betreten, sofern die Prüfung zur Verhütung dringender Gefahren für die öffentliche Sicherheit und Ordnung erforderlich ist, und
6. jederzeit Grundstücke und Anlagen zu betreten, die nicht zum unmittelbar angrenzenden befriedeten Besitztum von Räumen nach den Nummern 4 und 5 gehören.

[2] Das Grundrecht der Unverletzlichkeit der Wohnung (Artikel 13 des Grundgesetzes[1])) wird durch Satz 1 Nummer 5 eingeschränkt. [3] Sind Gewässerschutzbeauftragte bestellt, sind sie auf Verlangen der Bediensteten und Beauftragten der zuständigen Behörde zu Maßnahmen der Gewässeraufsicht nach Satz 1 hinzuzuziehen.

(2) Werden Anlagen nach § 62 Absatz 1 errichtet, unterhalten, betrieben oder stillgelegt, haben auch die Eigentümer und Besitzer der Grundstücke, auf denen diese Tätigkeiten ausgeübt werden, das Betreten der Grundstücke zu gestatten, auf Verlangen Auskünfte zu erteilen und technische Ermittlungen und Prüfungen zu ermöglichen.

(3) Für die zur Auskunft verpflichtete Person gilt § 55 der Strafprozessordnung entsprechend.

(4) [1] Für die zur Überwachung nach den Absätzen 1 und 2 zuständigen Behörden und ihre Bediensteten gelten die §§ 93, 97, 105 Absatz 1, § 111

---

[1]) Nr. 1.1.

Absatz 5 in Verbindung mit § 105 Absatz 1 sowie § 116 Absatz 1 der Abgabenordnung nicht. ²Dies gilt nicht, soweit die Finanzbehörden die Kenntnisse für die Durchführung eines Verfahrens wegen einer Steuerstraftat sowie eines damit zusammenhängenden Besteuerungsverfahrens benötigen, an deren Verfolgung ein zwingendes öffentliches Interesse besteht, oder soweit es sich um vorsätzlich falsche Angaben der zur Auskunft verpflichteten Person oder der für sie tätigen Personen handelt.

**§ 102 Gewässeraufsicht bei Anlagen und Einrichtungen der Verteidigung.** Die Bundesregierung wird ermächtigt, durch Rechtsverordnung mit Zustimmung des Bundesrates zu bestimmen, dass die Gewässeraufsicht im Sinne dieses Kapitels bei Anlagen und Einrichtungen, die der Verteidigung dienen, zum Geschäftsbereich des Bundesministeriums der Verteidigung gehörenden Stellen übertragen wird.

## Kapitel 6. Bußgeld- und Überleitungsbestimmungen

**§ 103 Bußgeldvorschriften.** (1) Ordnungswidrig handelt, wer vorsätzlich oder fahrlässig
1. ohne Erlaubnis und ohne Bewilligung nach § 8 Absatz 1 ein Gewässer benutzt,
2. einer vollziehbaren Auflage nach § 13 Absatz 1, auch in Verbindung mit
   a) § 58 Absatz 4 Satz 1, auch in Verbindung mit § 59 Absatz 1, oder
   b) § 63 Absatz 1 Satz 2,
   zuwiderhandelt,
3. einer Rechtsverordnung nach
   a) § 23 Absatz 1 Nummer 1, 3 bis 8 oder Nummer 9 oder
   b) § 23 Absatz 1 Nummer 10 oder Nummer 11
   oder einer vollziehbaren Anordnung auf Grund einer solchen Rechtsverordnung zuwiderhandelt, soweit die Rechtsverordnung für einen bestimmten Tatbestand auf diese Bußgeldvorschrift verweist,
4. entgegen § 32 Absatz 1 Satz 1 oder Absatz 2, § 45 Absatz 1 Satz 1 oder Absatz 3 oder § 48 Absatz 2 Satz 1 oder Satz 2 Stoffe lagert, ablagert oder befördert oder in ein oberirdisches Gewässer oder in ein Küstengewässer einbringt,
5. entgegen § 37 Absatz 1 den natürlichen Ablauf wild abfließenden Wassers behindert, verstärkt oder sonst verändert,
6. einer Vorschrift des § 38 Absatz 4 Satz 2 über eine dort genannte verbotene Handlung im Gewässerrandstreifen zuwiderhandelt,
7. entgegen § 50 Absatz 4, § 60 Absatz 1 Satz 2 oder § 62 Absatz 2 eine dort genannte Anlage errichtet, betreibt, unterhält oder stilllegt,
7a. einer Rechtsverordnung nach § 51 Absatz 1 Satz 1 in Verbindung mit
   a) § 52 Absatz 1 Satz 1 Nummer 1, 2 Buchstabe a oder Buchstabe c oder Nummer 3 oder
   b) § 52 Absatz 1 Satz 1 Nummer 2 Buchstabe b
   zuwiderhandelt, soweit sie für einen bestimmten Tatbestand auf diese Bußgeldvorschrift verweist,
8. einer vollziehbaren Anordnung nach

a) § 52 Absatz 1 Satz 1 Nummer 1, 2 Buchstabe a oder Buchstabe c oder Nummer 3,

b) § 52 Absatz 1 Satz 1 Nummer 2 Buchstabe b,

jeweils auch in Verbindung mit § 52 Absatz 2 Satz 1 oder Absatz 3 oder § 53 Absatz 5, zuwiderhandelt,

8a. einer Rechtsverordnung nach § 53 Absatz 4 Satz 1 in Verbindung mit § 53 Absatz 5 in Verbindung mit

a) § 52 Absatz 1 Satz 1 Nummer 1, 2 Buchstabe a oder Buchstabe c oder Nummer 3 oder

b) § 52 Absatz 1 Satz 1 Nummer 2 Buchstabe b

zuwiderhandelt, soweit sie für einen bestimmten Tatbestand auf diese Bußgeldvorschrift verweist,

9. ohne Genehmigung nach § 58 Absatz 1 Satz 1, auch in Verbindung mit § 59 Absatz 1, Abwasser in eine Abwasseranlage einleitet,

10. ohne Genehmigung nach § 60 Absatz 3 Satz 1 eine Abwasserbehandlungsanlage errichtet, betreibt oder wesentlich ändert,

11. entgegen § 61 Absatz 2 Satz 2 in Verbindung mit einer Rechtsverordnung nach Absatz 3 eine Aufzeichnung nicht, nicht richtig oder nicht vollständig anfertigt, nicht oder nicht mindestens fünf Jahre aufbewahrt oder nicht nicht rechtzeitig vorlegt,

12. entgegen § 63 Absatz 1 Satz 1 eine dort genannte Anlage errichtet, betreibt oder wesentlich ändert,

13. entgegen § 64 Absatz 1 nicht mindestens einen Gewässerschutzbeauftragten bestellt,

14. einer vollziehbaren Anordnung nach § 64 Absatz 2 zuwiderhandelt,

15. ohne festgestellten und ohne genehmigten Plan nach § 68 Absatz 1 oder Absatz 2 ein Gewässer ausbaut,

16. entgegen § 78 Absatz 4 Satz 1, auch in Verbindung mit Absatz 8, eine dort genannte Anlage errichtet oder erweitert,

16a. einer Vorschrift des § 78a Absatz 1 Satz 1, auch in Verbindung mit Absatz 6, über eine untersagte Handlung in einem dort genannten Gebiet zuwiderhandelt,

17. entgegen § 78a Absatz 3 einen Gegenstand nicht oder nicht rechtzeitig entfernt,

18. entgegen § 78c Absatz 1 Satz 1 oder Absatz 2 Satz 1 eine Heizölverbraucheranlage errichtet,

19. entgegen § 78c Absatz 3 eine Heizölverbraucheranlage nicht, nicht richtig, nicht in der vorgeschriebenen Weise oder nicht rechtzeitig nachrüstet,

20. einer vollziehbaren Anordnung nach § 101 Absatz 1 Satz 1 Nummer 3 zuwiderhandelt oder

21. entgegen § 101 Absatz 2 das Betreten eines Grundstücks nicht gestattet oder eine Auskunft nicht, nicht richtig, nicht vollständig oder nicht rechtzeitig erteilt.

(2) Die Ordnungswidrigkeit kann in den Fällen des Absatzes 1 Nummer 1 bis 3 Buchstabe a, Nummer 4 bis 7, 7a Buchstabe a, Nummer 8 Buchstabe a, Nummer 8a Buchstabe a, Nummer 9, 10 und 12 bis 19 mit einer Geldbuße bis

zu fünfzigtausend Euro und in den übrigen Fällen mit einer Geldbuße bis zu zehntausend Euro geahndet werden.

**§ 104 Überleitung bestehender Erlaubnisse und Bewilligungen.**

(1) ¹Erlaubnisse, die vor dem 1. März 2010 nach § 7 des Wasserhaushaltsgesetzes erteilt worden sind, gelten als Erlaubnisse nach diesem Gesetz fort. ²Soweit landesrechtliche Vorschriften für bestimmte Erlaubnisse nach Satz 1 die Rechtsstellung ihrer Inhaber gegenüber Dritten regeln, gelten die Erlaubnisse nach den Vorschriften dieses Gesetzes über gehobene Erlaubnisse fort.

(2) Bewilligungen, die vor dem 1. März 2010 nach § 8 des Wasserhaushaltsgesetzes erteilt worden sind, gelten als Bewilligungen nach diesem Gesetz fort.

**§ 104a Ausnahmen von der Erlaubnispflicht bei bestehenden Anlagen zur untertägigen Ablagerung von Lagerstättenwasser.** (1) ¹Die Nutzung einer Anlage zur untertägigen Ablagerung von Lagerstättenwasser, das bei Maßnahmen nach § 9 Absatz 2 Nummer 3 oder bei anderen Maßnahmen zur Aufsuchung oder Gewinnung von Erdgas oder Erdöl anfällt, bedarf unbeschadet des Absatzes 2 keiner Erlaubnis nach § 8 Absatz 1, wenn die Anlage vor dem 11. Februar 2017 in Übereinstimmung mit einem bestandskräftig zugelassenen Betriebsplan nach § 52 des Bundesberggesetzes errichtet worden ist oder zu diesem Zeitpunkt ein bestandskräftig zugelassener Betriebsplan für die Anlage vorliegt. ²In diesen Fällen sind die sich aus § 13b Absatz 2 und 3 ergebenden Verpflichtungen in den jeweiligen Zulassungen von künftig gemäß § 52 Absatz 1 Satz 1 des Bundesberggesetzes aufzustellenden Hauptbetriebsplänen spätestens bis zum 11. Februar 2019 zu regeln. ³ § 13b Absatz 4 gilt für den Unternehmer im Sinne von § 4 Absatz 5 des Bundesberggesetzes in diesen Fällen entsprechend.

(2) ¹Die Nutzung einer Anlage nach Absatz 1 Satz 1, die nach § 22c Absatz 1 Satz 3 der Allgemeinen Bundesbergverordnung nicht mehr zulässig ist, bedarf keiner Erlaubnis nach § 8 Absatz 1, wenn der Anlagenbetreiber spätestens bis zum 11. Februar 2019 grundsätzlich zulassungsfähige Anträge für Zulassungen für die anderweitige Entsorgung des Lagerstättenwassers (Entsorgungskonzept) vorlegt und hierfür eine behördliche Bestätigung nach Satz 4 vorliegt. ²Aus dem Entsorgungskonzept muss sich ergeben, wie das Lagerstättenwasser künftig entsorgt werden soll, sodass insbesondere folgende Anforderungen erfüllt sind:

1. die Anforderungen nach § 22c Absatz 1 Satz 3 der Allgemeinen Bundesbergverordnung und
2. die Anforderungen nach § 13a Absatz 1 Satz 1 Nummer 2 Buchstabe a und b.

³Die Sätze 1 und 2 gelten entsprechend, wenn die Anlage nach Absatz 1 Satz 1 in einem Gebiet nach § 13a Absatz 1 Satz 1 Nummer 2 Buchstabe a oder Buchstabe b liegt. ⁴Sofern die zuständige Behörde die grundsätzliche Zulassungsfähigkeit der Anträge bestätigt, ist die Nutzung der Anlage in den Fällen der Sätze 1 und 3 spätestens am 11. Februar 2022 einzustellen. ⁵Andernfalls ist die Nutzung der Anlage in den Fällen der Sätze 1 und 3 spätestens am 11. Februar 2020 einzustellen. ⁶Die Sätze 3 bis 5 gelten nicht, soweit die Ablagerung des Lagerstättenwassers für die Schutzzone III eines festgesetzten Wasserschutzgebietes oder eines festgesetzten Heilquellenschutzgebietes ausnahmsweise zugelassen wird

Wasserhaushaltsgesetz §§ 105–107 WHG 4.1

1. in einer Rechtsverordnung nach § 51 Absatz 1, auch in Verbindung mit § 53 Absatz 5 oder
2. durch behördliche Entscheidung; § 52 Absatz 1 Satz 2 und 3, auch in Verbindung mit § 53 Absatz 5, gilt entsprechend.

**§ 105 Überleitung bestehender sonstiger Zulassungen.** (1) ¹Eine Zulassung für das Einleiten von Abwasser in öffentliche Abwasseranlagen, die vor dem 1. März 2010 erteilt worden ist, gilt als Genehmigung nach § 58 fort. ²Eine Zulassung für das Einleiten von Abwasser in private Abwasseranlagen, die vor dem 1. März 2010 erteilt worden ist, gilt als Genehmigung nach § 59 fort. ³Eine Genehmigung nach § 58 oder § 59 ist nicht erforderlich für Einleitungen von Abwasser in öffentliche oder private Abwasseranlagen, die vor dem 1. März 2010 begonnen haben, wenn die Einleitung nach dem am 28. Februar 2010 geltenden Landesrecht ohne Genehmigung zulässig war.

(2) Eine Zulassung, die vor dem 1. März 2010 nach § 18c des Wasserhaushaltsgesetzes in der am 28. Februar 2010 geltenden Fassung in Verbindung mit den landesrechtlichen Vorschriften erteilt worden ist, gilt als Genehmigung nach § 60 Absatz 3 fort.

(3) ¹Eine Eignungsfeststellung, die vor dem 1. März 2010 nach § 19h Absatz 1 des Wasserhaushaltsgesetzes in der am 28. Februar 2010 geltenden Fassung erteilt worden ist, gilt als Eignungsfeststellung nach § 63 Absatz 1 fort. ²Ist eine Bauartzulassung vor dem 1. März 2010 nach § 19h Absatz 2 des Wasserhaushaltsgesetzes in der am 28. Februar 2010 geltenden Fassung erteilt worden, ist eine Eignungsfeststellung nach § 63 Absatz 1 nicht erforderlich.

(4) Ein Plan, der vor dem 1. März 2010 nach § 31 Absatz 2 oder Absatz 3 des Wasserhaushaltsgesetzes in der am 28. Februar 2010 geltenden Fassung oder nach landesrechtlichen Vorschriften festgestellt oder genehmigt worden ist, gilt jeweils als Planfeststellungsbeschluss oder als Plangenehmigung nach § 68 fort.

**§ 106 Überleitung bestehender Schutzgebietsfestsetzungen.** (1) Vor dem 1. März 2010 festgesetzte Wasserschutzgebiete gelten als festgesetzte Wasserschutzgebiete im Sinne von § 51 Absatz 1.

(2) Vor dem 1. März 2010 festgesetzte Heilquellenschutzgebiete gelten als festgesetzte Heilquellenschutzgebiete im Sinne von § 53 Absatz 4.

(3) Vor dem 1. März 2010 festgesetzte, als festgesetzt geltende oder vorläufig gesicherte Überschwemmungsgebiete gelten als festgesetzte oder vorläufig gesicherte Überschwemmungsgebiete im Sinne von § 76 Absatz 2 oder Absatz 3.

**§ 107 Übergangsbestimmung für industrielle Abwasserbehandlungsanlagen und Abwassereinleitungen aus Industrieanlagen.** (1) ¹Eine Zulassung, die vor dem 2. Mai 2013 nach landesrechtlichen Vorschriften für Abwasserbehandlungsanlagen im Sinne des § 60 Absatz 3 Satz 1 Nummer 2 erteilt worden ist, gilt als Genehmigung nach § 60 Absatz 3 Satz 1 fort. ²Bis zum 7. Juli 2015 müssen alle in Satz 1 genannten Anlagen den Anforderungen nach § 60 Absatz 1 bis 3 entsprechen.

(1a) ¹Ist eine Anlage im Sinne von § 60 Absatz 3 Satz 1 Nummer 3 vor dem 28. Januar 2018 nach landesrechtlichen Vorschriften nicht im Rahmen einer Deponiezulassung, sondern anderweitig zugelassen worden, gilt diese Zulassung als Genehmigung nach § 60 Absatz 3 Satz 1 fort. ²Bis zum 28. Januar 2020 müssen alle in Satz 1 genannten Anlagen den Anforderungen nach § 60 Absatz 1 bis 3 entsprechen.

(2) ¹Soweit durch Artikel 2 des Gesetzes zur Umsetzung der Richtlinie über Industrieemissionen vom 8. April 2013 (BGBl. I S. 734) neue Anforderungen festgelegt worden sind, sind diese Anforderungen von Einleitungen aus Anlagen nach § 3 der Verordnung über genehmigungsbedürftige Anlagen[1]), die sich zum Zeitpunkt des Inkrafttretens des genannten Gesetzes in Betrieb befanden, ab dem 7. Januar 2014 zu erfüllen, wenn vor diesem Zeitpunkt

1. eine Genehmigung nach § 4 des Bundes-Immissionsschutzgesetzes[2]) für die Anlage erteilt wurde oder

2. von ihrem Betreiber ein vollständiger Genehmigungsantrag gestellt wurde.

²Einleitungen aus bestehenden Anlagen nach Satz 1, die nicht von Anhang I der Richtlinie 2008/1/EG des Europäischen Parlaments und des Rates vom 15. Januar 2008 über die integrierte Vermeidung und Verminderung der Umweltverschmutzung (ABl. L 24 vom 29.1.2008, S. 8), die durch die Richtlinie 2009/31/EG (ABl. L 140 vom 5.6.2009, S. 114) geändert worden ist, erfasst wurden, haben abweichend von Satz 1 die dort genannten Anforderungen ab dem 7. Juli 2015 zu erfüllen.

**§ 108 Übergangsbestimmung für Verfahren zur Zulassung von Vorhaben zur Erzeugung von Energie aus erneuerbaren Quellen.** Wurde vor dem 31. August 2021 ein Zulassungs- oder Befreiungsverfahren eingeleitet, auf das die Vorschriften des § 11a, auch in Verbindung mit § 38 Absatz 5 Satz 3, § 52 Absatz 1 Satz 4, § 70 Absatz 1 Satz 2 oder § 78 Absatz 5 Satz 3 Anwendung fänden, so führt die zuständige Behörde dieses Verfahren nach dem vor dem 31. August 2021 geltenden Recht fort.

**Anlage 1**
(zu § 3 Nummer 11)

### Kriterien zur Bestimmung des Standes der Technik

Bei der Bestimmung des Standes der Technik sind unter Berücksichtigung der Verhältnismäßigkeit zwischen Aufwand und Nutzen möglicher Maßnahmen sowie des Grundsatzes der Vorsorge und der Vorbeugung, jeweils bezogen auf Anlagen einer bestimmten Art, insbesondere folgende Kriterien zu berücksichtigen:

1. Einsatz abfallarmer Technologie,

2. Einsatz weniger gefährlicher Stoffe,

3. Förderung der Rückgewinnung und Wiederverwertung der bei den einzelnen Verfahren erzeugten und verwendeten Stoffe und gegebenenfalls der Abfälle,

4. vergleichbare Verfahren, Vorrichtungen und Betriebsmethoden, die mit Erfolg im Betrieb erprobt wurden,

5. Fortschritte in der Technologie und in den wissenschaftlichen Erkenntnissen,

6. Art, Auswirkungen und Menge der jeweiligen Emissionen,

7. Zeitpunkte der Inbetriebnahme der neuen oder der bestehenden Anlagen,

8. die für die Einführung einer besseren verfügbaren Technik erforderliche Zeit,

9. Verbrauch an Rohstoffen und Art der bei den einzelnen Verfahren verwendeten Rohstoffe (einschließlich Wasser) sowie Energieeffizienz,

---

[1]) Nr. **6.1.4**.
[2]) Nr. **6.1**.

Wasserhaushaltsgesetz

10. Notwendigkeit, die Gesamtwirkung der Emissionen und die Gefahren für den Menschen und die Umwelt so weit wie möglich zu vermeiden oder zu verringern,
11. Notwendigkeit, Unfällen vorzubeugen und deren Folgen für den Menschen und die Umwelt zu verringern,
12. Informationen, die von internationalen Organisationen veröffentlicht werden,
13. Informationen, die in BVT-Merkblättern enthalten sind.

**Anlage 2**
(zu § 7 Absatz 1 Satz 3)

### [Flussgebietseinheiten in der Bundesrepublik Deutschland (RL 2000/60/EG – Wasserrahmenrichtlinie)]

*(Hier nicht wiedergegeben.)*

## 4.1.1. Verordnung zum Schutz des Grundwassers (Grundwasserverordnung – GrwV)[1)]

Vom 9. November 2010
(BGBl. I S. 1513)

**FNA 753-13-2**

zuletzt geänd. durch Art. 1 Erste ÄndVO v. 4.5.2017 (BGBl. I S. 1044)

Auf Grund des § 23 Absatz 1 Nummer 1 bis 3 und 8 bis 12 des Wasserhaushaltsgesetzes[2)], Absatz 1 geändert durch Artikel 12 Nummer 0a des Gesetzes vom 11. August 2010 (BGBl. I S. 1163), verordnet die Bundesregierung nach Anhörung der beteiligten Kreise:

**§ 1 Begriffsbestimmungen.** Für diese Verordnung gelten die folgenden Begriffsbestimmungen:

1. Schwellenwert
   die Konzentration eines Schadstoffes, einer Schadstoffgruppe oder der Wert eines Verschmutzungsindikators im Grundwasser, die zum Schutz der menschlichen Gesundheit und der Umwelt festgelegt werden;
2. Hintergrundwert
   der in einem Grundwasserkörper nicht oder nur unwesentlich durch menschliche Tätigkeit beeinflusste Konzentrationswert eines Stoffes oder der Wert eines Verschmutzungsindikators;
3. signifikanter und anhaltender steigender Trend
   jede statistisch signifikante, ökologisch bedeutsame und auf menschliche Tätigkeiten zurückzuführende Zunahme der Konzentration eines Schadstoffes oder einer Schadstoffgruppe oder eine nachteilige Veränderung eines Verschmutzungsindikators im Grundwasser;
4. Eintrag
   eine Gewässerbenutzung gemäß § 9 Absatz 1 Nummer 4 und Absatz 2 Nummer 2 bis 4 des Wasserhaushaltsgesetzes[2)].

**§ 2 Bestimmung und Beschreibung der Grundwasserkörper.** (1) Zum 22. Dezember 2013 und danach alle sechs Jahre überprüft und aktualisiert die zuständige Behörde

1. die Festlegung von Lage und Grenzen der Grundwasserkörper im Sinne des § 3 Nummer 6 des Wasserhaushaltsgesetzes[2)] insbesondere unter Berück-

---

[1)] **Amtl. Anm.:** Diese Verordnung dient der Umsetzung der
– Richtlinie 2000/60/EG des Europäischen Parlaments und des Rates vom 23. Oktober 2000 zur Schaffung eines Ordnungsrahmens für Maßnahmen der Gemeinschaft im Bereich der Wasserpolitik (ABl. L 327 vom 22.12.2000, S. 1), die zuletzt durch die Richtlinie 2009/31/EG (ABl. L 140 vom 5.6.2009, S. 114) geändert worden ist,
– Richtlinie 2006/118/EG des Europäischen Parlaments und des Rates vom 12. Dezember 2006 zum Schutz des Grundwassers vor Verschmutzung und Verschlechterung (ABl. L 372 vom 27.12.2006, S. 19, L 53 vom 22.2.2007, S. 30, L 139 vom 31.5.2007, S. 39),
– Richtlinie 2009/90/EG der Kommission vom 31. Juli 2009 zur Festlegung technischer Spezifikationen für die chemische Analyse und die Überwachung des Gewässerzustands gemäß der Richtlinie 2000/60/EG des Europäischen Parlaments und des Rates (ABl. L 201 vom 1.8.2009, S. 36).
[2)] Nr. **4.1**.

Grundwasserverordnung §§ 3, 4 GrwV 4.1.1

sichtigung von Daten zur Hydrologie, Hydrogeologie, Geologie und Landnutzung und
2. die Beschreibung der Grundwasserkörper nach Maßgabe der Anlage 1 Nummer 1.

(2) In der Beschreibung nach Absatz 1 Nummer 2 ist anzugeben, welchen Nutzungen die Grundwasserkörper unterliegen und wie hoch das Risiko ist, dass durch diese Nutzungen die für die Grundwasserkörper nach § 47 des Wasserhaushaltsgesetzes festgelegten Bewirtschaftungsziele nicht erreicht werden.

(3) Bei einem Grundwasserkörper, der sich über die Grenzen der Bundesrepublik Deutschland hinaus auch auf das Hoheitsgebiet eines oder mehrerer Mitgliedstaaten der Europäischen Union erstreckt, sind die Informationen über die relevanten menschlichen Tätigkeiten und ihre Auswirkungen auf die Beschaffenheit des Grundwassers nach Maßgabe der Anlage 1 Nummer 3 zu ermitteln und aufzubewahren, soweit dies für die Beurteilung des Grundwasserkörpers von Bedeutung ist.

**§ 3 Gefährdete Grundwasserkörper.** (1) [1]Grundwasserkörper, bei denen das Risiko besteht, dass sie die Bewirtschaftungsziele nach § 47 des Wasserhaushaltsgesetzes[1] nicht erreichen, werden von der zuständigen Behörde als gefährdet eingestuft. [2]Von einem solchen Risiko ist insbesondere auszugehen, wenn zu erwarten ist, dass die in Anlage 2 aufgeführten oder die nach § 5 Absatz 1 Satz 2 oder Absatz 2 festgelegten Schwellenwerte überschritten werden oder dass die mittlere jährliche Grundwasserentnahme das nutzbare Grundwasserdargebot übersteigt.

(2) Für gefährdete Grundwasserkörper nach Absatz 1 ist eine weitergehende Beschreibung nach Anlage 1 Nummer 2 und Nummer 3 durch die zuständige Behörde vorzunehmen, um das Ausmaß des Risikos, dass sie die Bewirtschaftungsziele nicht erreichen, genauer beurteilen zu können, und um zu ermitteln, welche Maßnahmen in das Maßnahmenprogramm nach § 82 des Wasserhaushaltsgesetzes aufzunehmen sind.

(3) Zum 22. Dezember 2013 und danach alle sechs Jahre überprüft und aktualisiert die zuständige Behörde die weitergehende Beschreibung nach Absatz 2.

**§ 4 Einstufung des mengenmäßigen Grundwasserzustands.** (1) Die zuständige Behörde stuft den mengenmäßigen Grundwasserzustand als gut oder schlecht ein.

(2) Der mengenmäßige Grundwasserzustand ist gut, wenn
1. die Entwicklung der Grundwasserstände oder Quellschüttungen zeigt, dass die langfristige mittlere jährliche Grundwasserentnahme das nutzbare Grundwasserdargebot nicht übersteigt und
2. durch menschliche Tätigkeiten bedingte Änderungen des Grundwasserstandes zukünftig nicht dazu führen, dass
   a) die Bewirtschaftungsziele nach den §§ 27 und 44 des Wasserhaushaltsgesetzes[1] für die Oberflächengewässer, die mit dem Grundwasserkörper in hydraulischer Verbindung stehen, verfehlt werden,

---

[1] Nr. 4.1.

b) sich der Zustand dieser Oberflächengewässer im Sinne von § 3 Nummer 8 des Wasserhaushaltsgesetzes signifikant verschlechtert,
c) Landökosysteme, die direkt vom Grundwasserkörper abhängig sind, signifikant geschädigt werden und
d) das Grundwasser durch Zustrom von Salzwasser oder anderen Schadstoffen infolge räumlich und zeitlich begrenzter Änderungen der Grundwasserfließrichtung nachteilig verändert wird.

**§ 5 Kriterien für die Beurteilung des chemischen Grundwasserzustands.** (1) ¹Grundlage für die Beurteilung des chemischen Grundwasserzustands sind die in Anlage 2 aufgeführten Schwellenwerte. ²Geht von einem nicht in der Anlage 2 aufgeführten Schadstoff oder einer Schadstoffgruppe das Risiko aus, dass die Bewirtschaftungsziele nach § 47 des Wasserhaushaltsgesetzes[1]) nicht erreicht werden, legt die zuständige Behörde einen Schwellenwert nach Maßgabe von Anhang II Teil A der Richtlinie 2006/118/EG des Europäischen Parlaments und des Rates vom 12. Dezember 2006 zum Schutz des Grundwassers vor Verschmutzung und Verschlechterung (ABl. L 372 vom 27.12.2006, S. 19, L 53 vom 22.2.2007, S. 30, L 139 vom 31.05.2007, S. 39) fest.

(2) ¹Nach Maßgabe der Anlage 4a berechnen die zuständigen Behörden für Stoffe oder Stoffgruppen, die im Grundwasser natürlich vorkommen, Hintergrundwerte und beziehen diese auf hydrogeochemische Einheiten. ²Bei gleichartigen hydrogeochemischen Einheiten, die an verschiedenen Orten im Bundesgebiet angetroffen werden, stimmen sich die zuständigen Behörden der betroffenen Länder bei der Berechnung der Hintergrundwerte untereinander ab. ³Die zuständigen Behörden teilen dem Umweltbundesamt die Hintergrundwerte mit. ⁴Das Umweltbundesamt veröffentlicht die Hintergrundwerte für die hydrogeochemischen Einheiten im Bundesgebiet im Bundesanzeiger.

(3) ¹Ist der in Anlage 2 angegebene Schwellenwert für einen Stoff oder eine Stoffgruppe niedriger als der Hintergrundwert der hydrogeochemischen Einheit, soll die zuständige Behörde für den oder die betroffenen Grundwasserkörper oder Teile des jeweiligen Grundwasserkörpers einen abweichenden Schwellenwert unter Berücksichtigung der Messdaten nach Anlage 4a festlegen. ² § 7 Absatz 3 Satz 2 bleibt unberührt.

(4) ¹Bei Grundwasserkörpern, die sich auch auf das Hoheitsgebiet eines anderen oder mehrerer anderer Mitgliedstaaten der Europäischen Union erstrecken, stimmt sich die zuständige Behörde bei der Festlegung der Schwellenwerte nach Absatz 1 Satz 2 oder Absatz 3 mit den zuständigen Behörden der Nachbarstaaten ab. ²Gehört der Nachbarstaat nicht der Europäischen Union an, bemüht sich die zuständige Behörde um eine Abstimmung der Werte für die grenzüberschreitenden Grundwasserkörper.

**§ 6 Ermittlung des chemischen Grundwasserzustands.** (1) ¹Die zuständige Behörde ermittelt und beurteilt den chemischen Grundwasserzustand auf der Grundlage von Grundwasseruntersuchungen und eines geeigneten konzeptionellen Modells für den Grundwasserkörper. ²Bei Überschreitung von Schwellenwerten im Grundwasserkörper wird Folgendes, soweit für die Beurteilung relevant, ermittelt und beurteilt:

---

[1]) Nr. 4.1.

Grundwasserverordnung **§ 7 GrwV 4.1.1**

1. die Mengen und Konzentrationen von Schadstoffen oder Schadstoffgruppen, die vom Grundwasserkörper in die damit verbundenen Oberflächengewässer oder in unmittelbar abhängige Landökosysteme eingetragen werden,
2. die von den Einträgen nach Nummer 1 zu erwartenden Auswirkungen,
3. die horizontale und vertikale Ausdehnung eines etwaigen Salzeintrags oder von Schadstoffeinträgen in den Grundwasserkörper und
4. die von Schadstoffen oder Schadstoffgruppen im Grundwasser ausgehende Gefahr für die Qualität des Wassers, das aus dem Grundwasserkörper entnommen wird und für den menschlichen Gebrauch bestimmt ist.

(2) ¹Die zuständige Behörde ermittelt bei Überschreitungen von Schwellenwerten in Grundwasserkörpern die flächenhafte Ausdehnung der Belastung für jeden relevanten Stoff oder jede relevante Stoffgruppe. ²Die Flächenanteile im Grundwasserkörper werden mit Hilfe geostatistischer oder vergleichbarer Verfahren ermittelt.

(3) Für die Einstufung des chemischen Grundwasserzustands nach § 7 Absatz 2 und 3 sind bei der Beurteilung des chemischen Grundwasserzustands folgende Untersuchungsergebnisse zugrunde zu legen:

1. die Ergebnisse der Beschreibung des Grundwasserkörpers gemäß § 2 Absatz 1 und 2 sowie § 3 Absatz 2,
2. die Ergebnisse der Überwachung des chemischen Grundwasserzustands gemäß § 9 Absatz 2,
3. der Vergleich des jährlichen arithmetischen Mittels der Konzentrationen der für die Gefährdung des Grundwasserkörpers nach § 3 Absatz 1 maßgeblichen Schadstoffe oder Schadstoffgruppen an jeder Messstelle nach § 9 Absatz 1 mit den Schwellenwerten,
4. die Ergebnisse der nach Absatz 2 zu ermittelnden räumlichen Ausbreitung der Überschreitungen von Schwellenwerten.

**§ 7 Einstufung des chemischen Grundwasserzustands.** (1) Die zuständige Behörde stuft den chemischen Grundwasserzustand als gut oder schlecht ein.

(2) Der chemische Grundwasserzustand ist gut, wenn

1. die in Anlage 2 enthaltenen oder die nach § 5 Absatz 1 Satz 2 oder Absatz 3 festgelegten Schwellenwerte an keiner Messstelle nach § 9 Absatz 1 im Grundwasserkörper überschritten werden oder,
2. durch die Überwachung nach § 9 festgestellt wird, dass
    a) es keine Anzeichen für Einträge von Schadstoffen auf Grund menschlicher Tätigkeiten gibt, wobei Änderungen der elektrischen Leitfähigkeit bei Salzen allein keinen ausreichenden Hinweis auf derartige Einträge geben,
    b) die Grundwasserbeschaffenheit keine signifikante Verschlechterung des ökologischen oder chemischen Zustands der Oberflächengewässer zur Folge hat und dementsprechend nicht zu einem Verfehlen der Bewirtschaftungsziele in den mit dem Grundwasser in hydraulischer Verbindung stehender Oberflächengewässern führt und
    c) die Grundwasserbeschaffenheit nicht zu einer signifikanten Schädigung unmittelbar von dem Grundwasserkörper abhängender Landökosysteme führt.

(3) [1]Wird ein Schwellenwert an Messstellen nach § 9 Absatz 1 überschritten, kann der chemische Grundwasserzustand auch dann noch als gut eingestuft werden, wenn

1. eine der nachfolgenden flächenbezogenen Voraussetzungen erfüllt ist:
   a) die nach § 6 Absatz 2 für jeden relevanten Stoff oder jede relevante Stoffgruppe ermittelte Flächensumme beträgt weniger als ein Fünftel der Fläche des Grundwasserkörpers oder
   b) bei nachteiligen Veränderungen des Grundwassers durch schädliche Bodenveränderungen oder Altlasten ist die festgestellte oder die in absehbarer Zeit zu erwartende Ausdehnung der Überschreitung für jeden relevanten Stoff oder jede relevante Stoffgruppe auf insgesamt weniger als 25 Quadratkilometer pro Grundwasserkörper und bei Grundwasserkörpern, die kleiner als 250 Quadratkilometer sind, auf weniger als ein Zehntel der Fläche des Grundwasserkörpers begrenzt,
2. das im Einzugsgebiet einer Trinkwassergewinnungsanlage mit einer Wasserentnahme von mehr als 100 Kubikmeter am Tag gewonnene Wasser unter Berücksichtigung des angewandten Aufbereitungsverfahrens nicht den dem Schwellenwert entsprechenden Grenzwert der Trinkwasserverordnung überschreitet, und
3. die Nutzungsmöglichkeiten des Grundwassers nicht signifikant beeinträchtigt werden.

[2]Messstellen, an denen die Überschreitung eines Schwellenwertes auf natürliche, nicht durch menschliche Tätigkeiten verursachte Gründe zurückzuführen ist, werden wie Messstellen behandelt, an denen die Schwellenwerte eingehalten werden.

(4) Wird ein Grundwasserkörper nach Maßgabe des Absatzes 3 in den guten chemischen Zustand eingestuft, veranlasst die zuständige Behörde in den von Überschreitungen der Schwellenwerte betroffenen Teilbereichen die nach § 82 des Wasserhaushaltsgesetzes[1)] erforderlichen Maßnahmen, wenn dies zum Schutz von Gewässerökosystemen, Landökosystemen oder Grundwassernutzungen notwendig ist.

(5) [1]Die zuständige Behörde veröffentlicht im Bewirtschaftungsplan nach § 83 des Wasserhaushaltsgesetzes eine Zusammenfassung der Einstufung des chemischen Grundwasserzustands auf der Ebene der Flussgebietseinheiten. [2]Die Zusammenfassung enthält auch eine Darstellung, wie Überschreitungen von Schwellenwerten bei der Einstufung berücksichtigt worden sind.

**§ 8 Bestimmung von Grundwasserkörpern mit weniger strengen Zielen.** (1) [1]Zum 22. Dezember 2013 und danach alle sechs Jahre überprüft und aktualisiert die zuständige Behörde die Bestimmung der Grundwasserkörper, für die nach § 47 Absatz 3 Satz 2 in Verbindung mit § 30 des Wasserhaushaltsgesetzes[1)] weniger strenge Ziele festgelegt werden. [2]Die Festlegung erfolgt auch auf Grund einer Prüfung der Auswirkungen des mengenmäßigen Grundwasserzustands auf

1. Oberflächengewässer und mit ihnen in Verbindung stehende Landökosysteme,

---

[1)] Nr. **4.1**.

2. die Wasserregulierung, den Hochwasserschutz und die Trockenlegung von Land,
3. neue nachhaltige Entwicklungstätigkeiten.

(2) Zum 22. Dezember 2013 und danach alle sechs Jahre überprüft und aktualisiert die zuständige Behörde ferner die Bestimmung der Grundwasserkörper, für die nach § 47 Absatz 3 Satz 2 in Verbindung mit § 30 des Wasserhaushaltsgesetzes der bestmögliche chemische Zustand festgelegt wird, weil die Grundwasserkörper infolge der Auswirkungen menschlicher Tätigkeit so verschmutzt sind, dass ein guter chemischer Grundwasserzustand nicht oder nur mit unverhältnismäßig hohem Aufwand zu erreichen wäre.

**§ 8a Zusätzliche Inhalte der Bewirtschaftungspläne.** (1) In die aktualisierten Bewirtschaftungspläne nach § 84 Absatz 1 des Wasserhaushaltsgesetzes[1]) sind zusätzlich zu den Informationen nach § 83 Absatz 2 des Wasserhaushaltsgesetzes folgende Informationen aufzunehmen:
1. Angabe der Schwellenwerte nach Anlage 2 sowie der Schwellenwerte, die nach § 5 Absatz 1 Satz 2 und Absatz 3 für einzelne Grundwasserkörper festgelegt worden sind,
2. ein Vergleich der Schwellenwerte nach Nummer 1 mit
   a) Hintergrundwerten nach § 5 Absatz 2,
   b) stoffspezifischen Anforderungen an die mit dem Grundwasserkörper verbundenen Oberflächengewässer,
   c) von den zuständigen Behörden festgelegten spezifischen Anforderungen an unmittelbar vom Grundwasserkörper abhängige Landökosysteme und
   d) stoffbezogenen Bewirtschaftungs- und anderen Umweltqualitätszielen sowie mit Werten aus sonstigen Rechtsvorschriften zum Gewässerschutz, einschließlich Rechtsakten der Europäischen Gemeinschaften oder der Europäischen Union und internationalen Vereinbarungen,
3. das für die Ermittlung der Schwellenwerte angewendete Ableitungsverfahren, einschließlich relevanter Informationen über Toxikologie, Ökotoxikologie, Persistenz, Bioakkumulationspotenzial und Dispersionsneigung der Stoffe,
4. Angaben zur Methode zur Bestimmung von Hintergrundwerten nach Anlage 4a,
5. Angaben zur Beurteilung des chemischen Zustands des Grundwasserkörpers, einschließlich der zeitlichen, räumlichen und methodischen Aggregation der Überwachungsergebnisse, der Definition des nach § 7 Absatz 3 zulässigen Ausmaßes einer Überschreitung eines Schwellenwertes sowie der Methode für seine Berechnung.

(2) Für Grundwasserkörper, die nach § 3 Absatz 1 als gefährdet eingestuft wurden, sind in die aktualisierten Bewirtschaftungspläne nach § 84 Absatz 1 des Wasserhaushaltsgesetzes neben den Angaben nach Absatz 1 auch folgende Informationen aufzunehmen:
1. Anzahl und Größe der als gefährdet eingestuften Grundwasserkörper,
2. Hintergrundwerte nach § 5 Absatz 2 für natürlich vorkommende Stoffe,

---

[1]) Nr. 4.1.

### 4.1.1 GrwV §§ 9, 10

3. Schadstoffe, Schadstoffgruppen und Verschmutzungsindikatoren, die zu der Einstufung als gefährdeter Grundwasserkörper geführt haben,
4. Stoffe und Stoffgruppen, bei denen Schwellenwerte nach Absatz 1 Nummer 1 überschritten werden, und
5. der Zusammenhang zwischen den Bewirtschaftungszielen nach § 47 des Wasserhaushaltsgesetzes, auf die bei der Einstufung als gefährdeter Grundwasserkörper Bezug genommen wurde, und
    a) den zugelassenen oder zulassungsfähigen künftigen Benutzungen des Grundwassers und seinen Funktionen im Naturhaushalt, die durch die Verfehlung der Bewirtschaftungsziele beeinträchtigt werden, und
    b) den mit den Grundwasserkörpern verbundenen Oberflächengewässern und den vom Grundwasserkörper abhängigen Landökosystemen.

(3) § 7 Absatz 5, § 10 Absatz 6 und § 11 Absatz 3 bleiben unberührt.

**§ 9 Überwachung des mengenmäßigen und chemischen Grundwasserzustands.** (1) In jedem Grundwasserkörper sind Messstellen für eine repräsentative Überwachung des mengenmäßigen Grundwasserzustands nach Maßgabe der Anlage 3 und des chemischen Grundwasserzustands nach Maßgabe der Anlage 4 Nummer 1 zu errichten und zu betreiben.

(2) [1] Auf der Grundlage der Beschreibung der Grundwasserkörper gemäß Anlage 1 und der Beurteilung des Risikos nach § 2 Absatz 2 ist für die Geltungsdauer des Bewirtschaftungsplans nach § 83 des Wasserhaushaltsgesetzes[1]) ein Programm für die Überblicksüberwachung des chemischen Grundwasserzustands aller Grundwasserkörper nach Maßgabe der Anlage 4 Nummer 2 aufzustellen. [2] Werden nach den Ergebnissen der Überblicksüberwachung die Bewirtschaftungsziele nach § 47 des Wasserhaushaltsgesetzes nicht erreicht oder sind Grundwasserkörper nach § 3 Absatz 1 als gefährdet eingestuft, ist zwischen den Zeiträumen der Überblicksüberwachung eine operative Überwachung des chemischen Grundwasserzustands nach Anlage 4 Nummer 3 durchzuführen.

(3) Die Untersuchungen sind nach den Kontroll- und Analysemethoden nach Anlage 5 durchzuführen.

**§ 10 Steigender Trend von Schadstoffkonzentrationen, Trendumkehr.** (1) Auf der Grundlage der Überblicksüberwachung und der operativen Überwachung nach § 9 Absatz 2 ermittelt die zuständige Behörde für jeden Grundwasserkörper, der nach § 3 Absatz 1 als gefährdet eingestuft worden ist, jeden signifikanten und anhaltenden steigenden Trend im Grundwasserkörper nach Maßgabe der Anlage 6.

(2) [1] Liegt ein Trend nach Anlage 6 Nummer 1 vor, der zu einer signifikanten Gefahr für die Qualität der Gewässer- oder Landökosysteme, für die menschliche Gesundheit oder die potentiellen oder tatsächlichen legitimen Nutzungen der Gewässer führen kann, veranlasst die zuständige Behörde die erforderlichen Maßnahmen zur Trendumkehr. [2] Maßnahmen zur Trendumkehr sind erforderlich, wenn die Schadstoffkonzentration drei Viertel des Schwellenwertes, der gemäß § 5 Absatz 1 festgelegt worden ist, erreicht. [3] Die zuständige Behörde legt frühere Ausgangskonzentrationen für Maßnahmen der Trendum-

---
[1]) Nr. **4.1**.

Grundwasserverordnung §§ 11, 12 GrwV 4.1.1

kehr fest, soweit dies aus Gründen des Schutzes der Trinkwasserversorgung oder Gewässer- oder Landökosysteme erforderlich ist. [4]Sie bestimmt eine höhere Ausgangskonzentration für Maßnahmen der Trendumkehr, wenn

1. die Bestimmungsgrenze für bestimmte Schadstoffe es nicht ermöglicht, eine Ausgangskonzentration in Höhe von drei Vierteln des Schwellenwertes nach Anlage 2 festzusetzen, oder
2. Schwellenwerte nach § 5 Absatz 3 festgelegt wurden.

(3) Innerhalb der Laufzeit eines Bewirtschaftungsplans nach § 83 des Wasserhaushaltsgesetzes[1)] darf die Ausgangskonzentration für Maßnahmen der Trendumkehr nicht geändert werden.

(4) Die Trendermittlung ist unter Berücksichtigung der Untersuchungsergebnisse des ersten Bewirtschaftungsplans nach § 83 des Wasserhaushaltsgesetzes durchzuführen und regelmäßig, mindestens alle sechs Jahre zu wiederholen.

(5) Die Untersuchungen sind nach den Kontroll- und Analysemethoden der Anlage 5 durchzuführen.

(6) Im Bewirtschaftungsplan 2015 und danach alle sechs Jahre ist über die Art der Trendermittlung und über die Gründe für die Festlegung der Trendumkehrpunkte zu berichten.

**§ 11 Zusätzliche Trendermittlung.** (1) [1]Bei Grundwasserkörpern, die auf Grund schädlicher Bodenveränderungen oder Altlasten nach § 3 Absatz 1 als gefährdet eingestuft worden sind, veranlasst die zuständige Behörde auf der Grundlage geeigneter Überwachungsmaßnahmen eine zusätzliche Ermittlung, ob ein Trend zunehmender Ausdehnung von Schadstoffen im Grundwasserkörper vorliegt. [2]Dehnen sich die durch die schädliche Bodenveränderung oder Altlast verursachten Schadstoffeinträge im Grundwasserkörper aus und führt dies zu einer Verschlechterung des chemischen Grundwasserzustands oder stellt dies eine Gefahr für die menschliche Gesundheit, die öffentliche Wasserversorgung oder die Umwelt dar, sind die erforderlichen Maßnahmen zu veranlassen, um eine weitere Ausdehnung zu verhindern. [3]Die bodenschutzrechtlichen Vorschriften zur Sanierung von Altlasten und schädlichen Bodenveränderungen bleiben unberührt.

(2) Die Untersuchungen sind nach den Kontroll- und Analysemethoden der Anlage 5 durchzuführen.

(3) Die zuständige Behörde fasst die Ergebnisse der Trendermittlungen im Bewirtschaftungsplan nach § 83 des Wasserhaushaltsgesetzes[1)] für die Einzugsgebiete zusammen.

**§ 12 Darstellung des Grundwasserzustands und der Trends.** (1) [1]Die Einstufung des mengenmäßigen Grundwasserzustands nach § 4 und des chemischen Grundwasserzustands nach § 7 sowie die nach den §§ 10 und 11 ermittelten Trends sind durch die zuständige Behörde in Karten darzustellen. [2]Dabei sind für den mengenmäßigen und den chemischen Grundwasserzustand getrennte Karten zu verwenden.

(2) Ein guter Grundwasserzustand ist mit der Farbe Grün und ein schlechter Grundwasserzustand mit der Farbe Rot zu kennzeichnen.

---
[1)] Nr. **4.1**.

(3) ¹Grundwasserkörper, die einen signifikanten und anhaltenden steigenden, durch menschliche Tätigkeiten bedingten Trend der Schadstoffkonzentrationen aufweisen, sind mit einem schwarzen Punkt zu kennzeichnen; eine Trendumkehr ist durch einen blauen Punkt zu kennzeichnen. ²Trend und Trendumkehr sind auf der Karte für den chemischen Grundwasserzustand darzustellen.

**§ 13 Maßnahmen zur Verhinderung oder Begrenzung von Schadstoffeinträgen in das Grundwasser.** (1) ¹Zur Erreichung der in § 47 des Wasserhaushaltsgesetzes¹⁾ genannten Ziele sind in den Maßnahmenprogrammen nach § 82 des Wasserhaushaltsgesetzes Maßnahmen aufzunehmen, die den Eintrag der in der Anlage 7 genannten Schadstoffe und Schadstoffgruppen in das Grundwasser verhindern. ²Im Rahmen der Umsetzung dieser Maßnahmenprogramme dürfen Einträge solcher Schadstoffe nicht zugelassen werden. ³Satz 2 gilt nicht, wenn die Schadstoffe in so geringer Menge und Konzentration in das Grundwasser eingetragen werden, dass eine nachteilige Veränderung der Grundwasserbeschaffenheit ausgeschlossen ist. ⁴Die zuständige Behörde führt ein Bestandsverzeichnis über die nach Satz 3 zugelassenen Einträge. ⁵Sind Einträge zugelassen, ist das betroffene Grundwasser gemäß § 9 Absatz 2 Satz 2 oder in sonst geeigneter Weise zu überwachen.

(2) Zur Erreichung der in § 47 des Wasserhaushaltsgesetzes genannten Ziele sind in den Maßnahmenprogrammen nach § 82 des Wasserhaushaltsgesetzes Maßnahmen aufzunehmen, die den Eintrag von Schadstoffen und Schadstoffgruppen der Anlage 8 in das Grundwasser begrenzen.

(3) Soweit nach § 47 Absatz 2 Satz 2 und Absatz 3 des Wasserhaushaltsgesetzes abweichende Bewirtschaftungsziele für den Grundwasserkörper festgelegt sind, sind diese bei Anwendung der Absätze 1 und 2 zu berücksichtigen.

**§ 14 Wirtschaftliche Analyse der Wassernutzungen.** (1) Bis zum 22. Dezember 2013 und danach alle sechs Jahre sind die vor dem 16. November 2010 durchgeführten wirtschaftlichen Analysen der Wassernutzungen nach Artikel 5 Absatz 1 dritter Gedankenstrich der Richtlinie 2000/60/EG des Europäischen Parlaments und des Rates vom 23. Oktober 2000 zur Schaffung eines Ordnungsrahmens für Maßnahmen der Gemeinschaft im Bereich der Wasserpolitik (ABl. L 327 vom 22.12.2000, S. 1), die zuletzt durch die Richtlinie 2009/31/EG (ABl. L 140 vom 5.6.2009, S. 114) geändert worden ist, zu überprüfen und, soweit erforderlich, zu aktualisieren.

(2) Die wirtschaftliche Analyse muss die erforderlichen Informationen enthalten, damit

1. Berechnungen durchgeführt werden können, um dem Grundsatz der Deckung der Kosten der Wasserdienstleistungen nach Artikel 9 der Richtlinie 2000/60/EG unter Berücksichtigung der langfristigen Voraussagen für das Angebot und die Nachfrage von Wasser in der Flussgebietseinheit Rechnung zu tragen, und
2. die in Bezug auf die Wassernutzung kosteneffizientesten Maßnahmenkombinationen für das Maßnahmenprogramm beurteilt werden können.

---

¹⁾ Nr. **4.1**.

Grundwasserverordnung  § 15, Anl. 1, 2   GrwV 4.1.1

(3) Bei unverhältnismäßigem Aufwand, insbesondere unter Berücksichtigung der Kosten für die Erhebung der betreffenden Daten, können dabei auch Schätzungen der Menge, der Preise und der Kosten im Zusammenhang mit den Wasserdienstleistungen, Schätzungen der einschlägigen Investitionen einschließlich der entsprechenden Vorausplanungen sowie Schätzungen der potentiellen Kosten der Maßnahmen für das Maßnahmenprogramm zugrunde gelegt werden.

**§ 15 Inkrafttreten, Außerkrafttreten.** ¹Diese Verordnung tritt am Tag nach der Verkündung[1]) in Kraft. ²Gleichzeitig tritt die Grundwasserverordnung vom 18. März 1997 (BGBl. I S. 542) außer Kraft.

**Anlage 1**
*(Hier nicht wiedergegeben.)*

**Anlage 2**
(zu § 3 Absatz 1, § 5 Absatz 1 und Absatz 3, § 7 Absatz 2 Nummer 1, § 10 Absatz 2 Satz 4 Nummer 1)

### Schwellenwerte

| Stoffe und Stoffgruppen | CAS-Nr.*[1]) | Schwellenwert | Ableitungskriterium |
|---|---|---|---|
| Nitrat ($NO_3$) | 14797-55-8 | 50 mg/l | Grundwasserqualitätsnorm gemäß Richtlinie 2006/118/EG |
| Wirkstoffe in Pflanzenschutzmitteln einschließlich der relevanten Metaboliten*[2]*[5], Biozid-Wirkstoffe einschließlich relevanter Stoffwechsel- oder Abbau- bzw. Reaktionsprodukte sowie bedenkliche Stoffe in Biozidprodukten*[3]*[5] | – | jeweils 0,1 µg/l insgesamt*[4]) 0,5 µg/l | Grundwasserqualitätsnorm gemäß Richtlinie 2006/118/EG |
| Arsen (As)*[5] | 7440-38-2 | 10 µg/l | Trinkwasser-Grenzwert für chemische Parameter |
| Cadmium (Cd)*[5] | 7440-43-9 | 0,5 µg/l | Hintergrundwert |
| Blei (Pb)*[5] | 7439-92-1 | 10 µg/l | Trinkwassergrenzwert für chemische Parameter |
| Quecksilber (Hg)*[5] | 7439-97-6 | 0,2 µg/l | Hintergrundwert |
| Ammonium ($NH_4^+$) | 7664-41-7 | 0,5 mg/l | Trinkwassergrenzwert für Indikatorparameter |
| Chlorid ($Cl^-$) | 168876-00-6 | 250 mg/l | Trinkwassergrenzwert für Indikatorparameter |
| Nitrit | 14797-65-0 | 0,5 mg/l | Trinkwasser-Grenzwert für chemische Parameter (Anlage 2 Teil II der Trinkwasserverordnung) |
| ortho-Phosphat ($PO_4^{3-}$) | 14265-44-2 | 0,5 mg/l | Hintergrundwert |
| Sulfat ($SO_4^{2-}$) | 14808-79-8 | 250 mg/l | Trinkwassergrenzwert für Indikatorparameter |
| Summe aus Tri- und Tetrachlorethen | 79-01-6<br>127-18-4 | 10 µg/l | Trinkwassergrenzwert für chemische Parameter |

---

*[1]) **Amtl. Anm.:** Chemical Abstracts Service, Internationale Registrierungsnummer für chemische Stoffe.

---

[1]) Verkündet am 15.11.2010.

## 4.1.1 GrwV Anl. 3–8

**\*2) Amtl. Anm.:** Nach Artikel 2 Absatz 2 und Artikel 3 Nummer 32 der Verordnung (EG) Nr. 1107/2009 des Europäischen Parlaments und des Rates vom 21. Oktober 2009 über das Inverkehrbringen von Pflanzenschutzmitteln und zur Aufhebung der Richtlinien 79/117/EWG und 91/414/EWG des Rates (ABl. L 309 vom 24.11.2009, S. 1), die zuletzt durch die Verordnung (EU) Nr. 652/2014 (ABl. L 189 vom 27.6.2014, S. 1) geändert worden ist, in der jeweils geltenden Fassung.

**\*3) Amtl. Anm.:** Nach Artikel 3 Absatz 1 Buchstabe f) der Verordnung (EU) Nr. 528/2012 des Europäischen Parlaments und des Rates vom 22. Mai 2012 über die Bereitstellung auf dem Markt und die Verwendung von Biozidprodukten (ABl. L 167 vom 27.6.2012, S. 1) in der jeweils geltenden Fassung.

**\*4) Amtl. Anm.:** „Insgesamt" bedeutet die Summe aller einzelnen bei dem Überwachungsverfahren nachgewiesenen und mengenmäßig bestimmten Wirkstoffgehalte von Pflanzenschutzmitteln und Biozidprodukten, einschließlich relevanter Stoffwechsel-, Abbau- und Reaktionsprodukte sowie bedenklicher Stoffe in Biozid-Produkten.

**\*5) Amtl. Anm.:** Die betroffenen Stoffe und Stoffgruppen sind nach Membranfiltration mit geeignetem Material mit einer Porengröße von 0,45 µm zu analysieren. Die Membranfiltration kann entfallen, wenn die direkte Gewinnung der Proben aus dem Grundwasser zu vergleichbaren Ergebnissen führt.

### Anlage 3 bis 6
*(Hier nicht wiedergegeben.)*

### Anlage 7
(zu § 13 Absatz 1)

#### Liste gefährlicher Schadstoffe und Schadstoffgruppen

1. Organohalogene Verbindungen und Stoffe, die im Wasser derartige Verbindungen bilden können
2. Organische Phosphorverbindungen
3. Organische Zinnverbindungen
4. Stoffe und Zubereitungen sowie ihre Abbauprodukte, deren karzinogene oder mutagene Eigenschaften oder deren steroidogene, thyreoide, reproduktive oder andere Funktionen des endokrinen Systems beeinträchtigenden Eigenschaften im oder durch das Wasser erwiesen sind
5. Persistente Kohlenwasserstoffe sowie persistente und bioakkumulierende organische toxische Stoffe
6. Zyanide
7. Metalle und Metallverbindungen
   7.1 Blei
   7.2 Cadmium
   7.3 Nickel
   7.4 Quecksilber
   7.5 Thallium
8. Arsen und Arsenverbindungen

### Anlage 8
(zu § 13 Absatz 2)

#### Liste sonstiger Schadstoffe und Schadstoffgruppen

Nicht erschöpfende Aufzählung der Schadstoffe und Schadstoffgruppen im Sinne des § 13 Absatz 2:

1. Metalle und Metallverbindungen
   1.1 Zink
   1.2 Kupfer
   1.3 Chrom
   1.4 Selen
   1.5 Antimon
   1.6 Molybdän

Grundwasserverordnung **Anl. 8 GrwV 4.1.1**

   1.7 Barium
   1.8 Bor
   1.9 Vanadium
   1.10 Kobalt

2. Pflanzenschutzmittel sowie Biozide
3. Schwebstoffe
4. Stoffe, die zur Eutrophierung beitragen (insbesondere Nitrat und Phosphate)
5. Stoffe, die die Sauerstoffbilanz nachhaltig beeinflussen und die anhand von Parametern wie biologischer Sauerstoffbedarf, chemischer Sauerstoffbedarf und so weiter gemessen werden können
6. Fluoride
7. Ammonium und Nitrit
8. Mineralöle und Kohlenwasserstoffe

## 4.1.2. Verordnung über Anforderungen an das Einleiten von Abwasser in Gewässer (Abwasserverordnung – AbwV)[1) 2)]

In der Fassung der Bekanntmachung vom 17. Juni 2004[3)]
(BGBl. I S. 1108, ber. S. 2625)

**FNA 753-1-5**

zuletzt geänd. durch Art. 1 Zehnte ÄndVO v. 16.6.2020 (BGBl. I S. 1287)

**§ 1 Anwendungsbereich.** (1) Diese Verordnung bestimmt die Mindestanforderungen für das Einleiten von Abwasser in Gewässer aus den in den Anhängen bestimmten Herkunftsbereichen sowie Anforderungen an die Errichtung, den Betrieb und die Benutzung von Abwasseranlagen.

(2) [1]Die allgemeinen Anforderungen dieser Verordnung, die in den Anhängen genannten Betreiberpflichten und die in den Anhängen gekennzeichneten Emissionsgrenzwerte sind vom Einleiter einzuhalten, soweit nicht weitergehende Anforderungen in der wasserrechtlichen Zulassung für das Einleiten von Abwasser festgelegt sind. [2]Die übrigen Anforderungen der Anhänge dieser Verordnung sind bei der Erteilung einer wasserrechtlichen Zulassung für das Einleiten von Abwasser festzusetzen. [3]Anforderungen sind in die wasserrechtliche Zulassung nur für diejenigen Parameter aufzunehmen, die im Abwasser zu erwarten sind.

(3) Weitergehende Anforderungen nach anderen Rechtsvorschriften bleiben unberührt.

**§ 2 Begriffsbestimmungen.** Im Sinne dieser Verordnung ist:
1. Stichprobe eine einmalige Probenahme aus einem Abwasserstrom;
2. Mischprobe eine Probe, die in einem bestimmten Zeitraum kontinuierlich entnommen wird, oder eine Probe aus mehreren Proben, die in einem bestimmten Zeitraum kontinuierlich oder diskontinuierlich entnommen und gemischt werden;
3. qualifizierte Stichprobe eine Mischprobe aus mindestens fünf Stichproben, die in einem Zeitraum von höchstens zwei Stunden im Abstand von nicht weniger als zwei Minuten entnommen und gemischt werden;
4. produktionsspezifischer Frachtwert der Frachtwert (z.B. m$^3$/t, g/t, kg/t), der sich auf die der wasserrechtlichen Zulassung zugrunde liegende Produktionskapazität bezieht;
5. Ort des Anfalls der Ort, an dem Abwasser vor der Vermischung mit anderem Abwasser behandelt worden ist, sonst an dem es erstmalig gefasst wird;

---

[1)] **Amtl. Anm.:** Diese Verordnung dient in Teilen auch der Umsetzung der Richtlinien … *(hier nicht wiedergegeben).*
[2)] Die VO wurde erlassen aufgrund von § 7a Abs. 1 Sätze 3 und 4 und Abs. 2 WHG a.F. sowie § 3 Abs. 4 AbwAG (Nr. **4.2**).
[3)] Neubekanntmachung der AbwV idF der Bek. v. 15.10.2002 (BGBl. I S. 4047, ber. S. 4550) in der ab 1.1.2005 geltenden Fassung.

Abwasserverordnung  **§ 3  AbwV 4.1.2**

6. Vermischung die Zusammenführung von Abwasserströmen unterschiedlicher Herkunft;
7. Parameter eine chemische, physikalische oder biologische Messgröße, die in der Anlage 1 aufgeführt ist;
8. Mischungsrechnung die Errechnung einer zulässigen Fracht oder Konzentration, die sich aus den die einzelnen Abwasserströme betreffenden Anforderungen dieser Verordnung ergibt;
9. betriebliches Abwasserkataster die Dokumentation derjenigen Grunddaten und Verfahren eines Betriebes oder mehrerer an einem Standort zusammengefasster Betriebe, die Einfluss auf die Menge und die Beschaffenheit des Abwassers sowie die damit verbundenen Umweltaspekte haben;
10. Betriebstagebuch die Dokumentation aller betrieblichen und anlagenbezogenen Daten der Selbstüberwachung und Wartung, die zur betrieblichen Kontrolle, Steuerung und Regelung der Abwasseranlagen und zur Überprüfung der Einhaltung der Anforderungen dieser Verordnung und der wasserrechtlichen Zulassung erforderlich sind;
11. Jahresbericht eine Kurzfassung der wichtigsten Informationen zur Abwassersituation des Betriebes sowie eine Zusammenfassung und Auswertung der innerhalb eines Jahres fortlaufend dokumentierten Daten, die zur Überprüfung der Einhaltung der Anforderungen dieser Verordnung und der wasserrechtlichen Zulassung erforderlich sind.

**§ 3 Allgemeine Anforderungen.** (1) ¹Soweit in den Anhängen nichts anderes bestimmt ist, darf Abwasser in ein Gewässer nur eingeleitet werden, wenn die Schadstofffracht so gering gehalten wird, wie dies nach Prüfung der Verhältnisse im Einzelfall möglich ist durch

1. den Einsatz Wasser sparender Verfahren bei Wasch- und Reinigungsvorgängen,
2. die Indirektkühlung,
3. den Einsatz von schadstoffarmen Betriebs- und Hilfsstoffen sowie
4. die prozessintegrierte Rückführung von Stoffen.

²Soweit in den Anhängen nichts anderes bestimmt ist, ist die Einhaltung der Anforderungen nach Satz 1 durch ein betriebliches Abwasserkataster, durch ein Betriebstagebuch oder in anderer geeigneter Weise zu dokumentieren. ³Die Inhalte des betrieblichen Abwasserkatasters und des Betriebstagebuches können auf vorhandene Dokumentationen Bezug nehmen. ⁴Betreiber von Anlagen im Sinne des § 1 Absatz 3 der Industriekläranlagen-Zulassungs- und Überwachungsverordnung[1]) vom 2. Mai 2013 (BGBl. I S. 973, 1011, 3756), die durch Artikel 321 der Verordnung vom 31. August 2015 (BGBl. I S. 1474) geändert worden ist, müssen über die Anforderungen des Satzes 2 hinaus entsprechend den Anforderungen in Teil H der branchenspezifischen Anhänge einen Jahresbericht erstellen. ⁵Die Inhalte des betrieblichen Abwasserkatasters, des Betriebstagebuches und des Jahresberichtes werden in der Anlage 2 bestimmt.

(2) ¹Die Anforderungen dieser Verordnung dürfen nicht durch Verfahren erreicht werden, bei denen Umweltbelastungen in andere Umweltmedien wie

---
[1]) Nr. **4.1.4**.

Luft oder Boden entgegen dem Stand der Technik verlagert werden. ²Der Chemikalieneinsatz, die Abluftemissionen und die Menge des anfallenden Schlammes sind so gering wie möglich zu halten.

(2a) ¹Abwasseranlagen sollen so errichtet, betrieben und benutzt werden, dass eine energieeffiziente Betriebsweise ermöglicht wird. ²Die bei der Abwasserbeseitigung entstehenden Energiepotenziale sind, soweit technisch möglich und wirtschaftlich vertretbar, zu nutzen.

(3) Als Konzentrationswerte festgelegte Anforderungen dürfen nicht entgegen dem Stand der Technik durch Verdünnung erreicht werden.

(4) Sind Anforderungen vor der Vermischung festgelegt, ist eine Vermischung zum Zwecke der gemeinsamen Behandlung zulässig, wenn insgesamt mindestens die gleiche Verminderung der Schadstofffracht je Parameter wie bei getrennter Einhaltung der jeweiligen Anforderungen erreicht wird.

(5) Sind Anforderungen für den Ort des Anfalls von Abwasser festgelegt, ist eine Vermischung erst zulässig, wenn diese Anforderungen eingehalten werden.

(6) ¹Werden Abwasserströme, für die unterschiedliche Anforderungen gelten, gemeinsam eingeleitet, ist für jeden Parameter die jeweils maßgebende Anforderung durch Mischungsrechnung zu ermitteln und in der wasserrechtlichen Zulassung festzulegen. ²Sind in den anzuwendenden Anhängen Anforderungen an den Ort des Anfalls des Abwassers oder vor der Vermischung gestellt, bleiben die Absätze 4 und 5 unberührt.

**§ 4 Analyse- und Messverfahren.** (1) ¹Die Anforderungen in den Anhängen beziehen sich auf die Analyse- und Messverfahren gemäß der Anlage 1. ²Die in der Anlage 1 und den Anhängen genannten Deutschen Einheitsverfahren zur Wasser-, Abwasser- und Schlammuntersuchung (DEV), DIN-, DIN EN-, DIN ISO-, DIN EN ISO-Normen und technischen Regeln der Wasserchemischen Gesellschaft werden vom Beuth Verlag GmbH, Berlin, und von der Wasserchemischen Gesellschaft in der Gesellschaft Deutscher Chemiker, Wiley-VCH Verlag, Weinheim (Bergstraße), herausgegeben. ³Die genannten Verfahrensvorschriften sind beim Deutschen Patentamt in München archivmäßig gesichert niedergelegt.

(2) In der wasserrechtlichen Zulassung können andere, gleichwertige Verfahren festgesetzt werden.

**§ 5 Bezugspunkt der Anforderungen.** (1) Die Anforderungen beziehen sich auf die Stelle, an der das Abwasser in das Gewässer eingeleitet wird, und, soweit in den Anhängen zu dieser Verordnung bestimmt, auch auf den Ort des Anfalls des Abwassers oder den Ort vor seiner Vermischung.

(2) ¹Der Einleitungsstelle steht der Ablauf der Abwasseranlage, in der das Abwasser letztmalig behandelt wird, gleich. ²Ort vor der Vermischung ist auch die Einleitungsstelle in eine öffentliche Abwasseranlage.

(3) Findet keine Vermischung des Abwassers mit anderem Abwasser statt, gelten Anforderungen, die sich auf den Ort vor seiner Vermischung beziehen, für die Einleitungsstelle in das Gewässer.

**§ 6 Einhaltung der Anforderungen.** (1) ¹Ist ein nach dieser Verordnung einzuhaltender oder in der wasserrechtlichen Zulassung festgesetzter Wert nach dem Ergebnis einer Überprüfung im Rahmen der staatlichen Überwachung nicht eingehalten, gilt er dennoch als eingehalten, wenn die Ergebnisse dieser und der vier vorausgegangenen staatlichen Überprüfungen in vier Fällen den jeweils maßgebenden Wert nicht überschreiten und kein Ergebnis den Wert um mehr als 100 Prozent übersteigt. [2]Überprüfungen, die länger als drei Jahre zurückliegen, bleiben unberücksichtigt.

(2) [1]Für die Einhaltung eines nach dieser Verordnung einzuhaltenden oder in der wasserrechtlichen Zulassung festgesetzten Wertes ist die Zahl der in der Verfahrensvorschrift genannten signifikanten Stellen des zugehörigen Analyse- und Messverfahrens zur Bestimmung des jeweiligen Parameters gemäß der Anlage 1, mindestens jedoch zwei signifikante Stellen, mit Ausnahme der Werte für die Verdünnungsstufen, maßgebend. [2]Die in den Anhängen festgelegten Werte berücksichtigen die Messunsicherheiten der Analyse- und Probenahmeverfahren.

(3) Ein nach dieser Verordnung einzuhaltender oder in der wasserrechtlichen Zulassung festgesetzter Wert für den Chemischen Sauerstoffbedarf (CSB) gilt unter Beachtung von Absatz 1 auch als eingehalten, wenn der vierfache gemessene Wert des gesamten organisch gebundenen Kohlenstoffs (TOC), bestimmt in Milligramm je Liter, diesen Wert nicht überschreitet.

(3a) Ein nach dieser Verordnung einzuhaltender oder in der wasserrechtlichen Zulassung festgesetzter Wert für Stickstoff, gesamt, als Summe von Ammonium-, Nitrit- und Nitratstickstoff ($N_{ges}$) gilt unter Beachtung von Absatz 1 auch als eingehalten, wenn der gemessene Wert des Gesamten gebundenen Stickstoffs ($TN_b$) den für $N_{ges}$ festgesetzten Wert nicht überschreitet.

(4) [1]Wird bei der Überwachung eine Überschreitung eines nach dieser Verordnung einzuhaltenden oder in der wasserrechtlichen Zulassung festgesetzten Wertes für die Giftigkeit gegenüber Fischeiern, Daphnien, Algen und Leuchtbakterien nach den Nummern 401 bis 404 der Anlage 1 festgestellt, gilt dieser Wert dennoch als eingehalten, wenn die Voraussetzungen der Sätze 2 bis 7 vorliegen; Absatz 1 bleibt unberührt. [2]Die festgestellte Überschreitung nach Satz 1 muss auf einem Gehalt an Sulfat und Chlorid beruhen, der über der Wirkschwelle liegt. [3]Die organismusspezifische Wirkschwelle nach Satz 2 beträgt beim Fischei 3 Gramm pro Liter, bei Daphnien 2 Gramm pro Liter, bei Algen 0,7 Gramm pro Liter und bei Leuchtbakterien 15 Gramm pro Liter. [4]Ferner darf der korrigierte Messwert nicht größer sein als der einzuhaltende Wert. [5]Der korrigierte Messwert nach Satz 4 ergibt sich aus der Differenz des Messwertes und des Korrekturwertes. [6]Der Korrekturwert wird ermittelt aus der Summe der Konzentrationen von Chlorid und Sulfat im Abwasser, ausgedrückt in Gramm pro Liter, geteilt durch die jeweils organismusspezifische Wirkschwelle. [7]Entspricht der ermittelte Korrekturwert nicht einer Verdünnungsstufe der im Bestimmungsverfahren festgesetzten Verdünnungsfolge, so ist die nächsthöhere Verdünnungsstufe als Korrekturwert zu verwenden.

(5) Soweit in den Anhängen nichts anderes bestimmt ist, können die Länder zulassen, dass den Ergebnissen der staatlichen Überwachung Ergebnisse gleichgestellt werden, die der Einleiter aufgrund eines behördlich anerkannten Überwachungsverfahrens ermittelt.

(6) [1]Wird die Mindestanzahl an Messungen überschritten, die ein Betreiber nach Teil H eines branchenspezifischen Anhangs zur Ermittlung von tatsächlichen Jahres- oder Monatsmittelwerten für bestimmte Parameter vorzunehmen hat, sind alle Werte für die Mittelwertbildung heranzuziehen. [2]Hierbei sind

## 4.1.2 AbwV § 7, Anl. 1–Anh. 57

1. vor der Bildung eines Jahresmittelwerts alle Messungen innerhalb eines Kalendermonats zunächst in einem Monatsmittelwert zusammenzufassen,
2. vor der Bildung eines Monatsmittelwerts alle Messungen innerhalb eines Drittels des Kalendermonats zunächst in einem Mittelwert für das Monatsdrittel zusammenzufassen; bei Kalendermonaten mit 31 Tagen besteht das letzte Monatsdrittel aus 11 Tagen; im Monat Februar bestehen das erste und zweite Monatsdrittel jeweils aus zehn Tagen.

[3] Die zusammengefassten Mittelwerte nach den Nummern 1 und 2 sind der zuständigen Behörde im Rahmen des Jahresberichtes nach Anlage 2 Nummer 3 Buchstabe a zu übermitteln.

**§ 7 Ordnungswidrigkeiten.** Ordnungswidrig im Sinne des § 103 Absatz 1 Satz 1 Nummer 3 Buchstabe a des Wasserhaushaltsgesetzes[1)] handelt, wer vorsätzlich oder fahrlässig entgegen § 3 Absatz 1 Satz 1 Abwasser einleitet.

**Anlage 1**
(zu § 4 Absatz 1 Satz 1 und 2)

### Analyse- und Messverfahren

*(Hier nicht wiedergegeben.)*

**Anlage 2**
(zu § 3 Absatz 1 Satz 2 bis 5)

### Inhalt betrieblicher Dokumentationen

*(Hier nicht wiedergegeben.)*

**Anhang 1 bis 57**

*(Hier nicht wiedergegeben.)*

---

[1)] Nr. **4.1**.

## 4.1.3. Verordnung zum Schutz der Oberflächengewässer (Oberflächengewässerverordnung – OGewV)[1)][2)]

Vom 20. Juni 2016

(BGBl. I S. 1373)

**FNA 753-13-5**

zuletzt geänd. durch Art. 2 Abs. 4 Erstes G zur Änd. des G zur Ausführung des Protokolls über Schadstofffreisetzungs- und -verbringungsregister vom 21. Mai 2003 sowie zur Durchführung der VO (EG) Nr. 166/2006 v. 9.12.2020 (BGBl. I S. 2873)

**§ 1 Zweck.** Diese Verordnung dient dem Schutz der Oberflächengewässer und der wirtschaftlichen Analyse der Nutzungen ihres Wassers.

**§ 2 Begriffsbestimmungen.** Für diese Verordnung gelten folgende Begriffsbestimmungen:

1. Oberflächengewässer
   Oberirdische Gewässer nach § 3 Nummer 1 des Wasserhaushaltsgesetzes[3)], einschließlich der Übergangsgewässer nach Nummer 2 sowie Küstengewässer nach § 7 Absatz 5 Satz 2 des Wasserhaushaltsgesetzes; bei Anforderungen an den chemischen Zustand von Küstengewässern gilt die Begriffsbestimmung des § 3 Nummer 2 des Wasserhaushaltsgesetzes;
2. Übergangsgewässer
   Die Oberflächenwasserkörper in der Nähe von Flussmündungen, die auf Grund ihrer Nähe zu den Küstengewässern einen gewissen Salzgehalt aufweisen, aber im Wesentlichen von Süßwasserströmungen beeinflusst werden;
3. Umweltqualitätsnorm (UQN)

---

[1)] Verkündet als Art. 1 VO v. 20.6.2016 (BGBl. I S. 1373); Inkrafttreten gem. Art. 3 Satz 1 dieser VO am 24.6.2016.
[2)] **Amtl. Anm.:** Diese Verordnung dient der Umsetzung der
– Richtlinie 2000/60/EG des Europäischen Parlaments und des Rates vom 23. Oktober 2000 zur Schaffung eines Ordnungsrahmens für Maßnahmen der Gemeinschaft im Bereich der Wasserpolitik (ABl. L 327 vom 22.12.2000, S. 1), die zuletzt durch die Richtlinie 2014/101/EU (ABl. L 311 vom 31.10.2014, S. 32) geändert worden ist,
– Richtlinie 2008/105/EG des Europäischen Parlaments und des Rates vom 16. Dezember 2008 über Umweltqualitätsnormen im Bereich der Wasserpolitik und zur Änderung und anschließenden Aufhebung der Richtlinien des Rates 82/176/EWG, 83/513/EWG, 84/156/EWG, 84/491/EWG und 86/280/EWG sowie zur Änderung der Richtlinie 2000/60/EG (ABl. L 348 vom 24.12.2008, S. 84), die zuletzt durch die Richtlinie 2013/39/EU (ABl. L 226 vom 24.8.2013, S. 1) geändert worden ist,
– Richtlinie 2009/90/EG der Kommission vom 31. Juli 2009 zur Festlegung technischer Spezifikationen für die chemische Analyse und die Überwachung des Gewässerzustands gemäß der Richtlinie 2000/60/EG des Europäischen Parlaments und des Rates (ABl. L 201 vom 1.8.2009, S. 36),
– Richtlinie 2014/101/EU der Kommission vom 30. Oktober 2014 zur Änderung der Richtlinie 2000/60/EG des Europäischen Parlaments und des Rates zur Schaffung eines Ordnungsrahmens für Maßnahmen der Gemeinschaft im Bereich der Wasserpolitik (ABl. L 311 vom 31.10.2014, S. 32),
– Beschluss 2013/480/EU der Kommission vom 20. September 2013 zur Festlegung der Werte für die Einstufungen des Überwachungssystems des jeweiligen Mitgliedstaats als Ergebnis der Interkalibrierung gemäß der Richtlinie 2000/60/EG des Europäischen Parlaments und des Rates und zur Aufhebung der Entscheidung 2008/915/EG (ABl. L 266 vom 8.10.2013, S. 1, L 102 vom 5.4.2014, S. 22).
[3)] Nr. **4.1**.

Die Konzentration eines bestimmten Schadstoffs oder einer bestimmten Schadstoffgruppe, die in Wasser, Schwebstoffen, Sedimenten oder Biota aus Gründen des Gesundheits- und Umweltschutzes nicht überschritten werden darf;
4. Prioritäre Stoffe
Stoffe, die in Anlage 8 Tabelle 1 Spalte 8 aufgeführt sind;
5. Bestimmte andere Schadstoffe
Stoffe, die in Anlage 8 Tabelle 1 Spalte 9 aufgeführt sind;
6. Flussgebietsspezifische Schadstoffe
Spezifische synthetische und spezifische nichtsynthetische Schadstoffe, die in Anlage 6 aufgeführt sind;
7. Natürliche Hintergrundkonzentration
Konzentration eines Stoffes in einem Oberflächenwasserkörper, die nicht oder nur sehr gering durch menschliche Tätigkeiten beeinflusst ist.

**§ 3 Lage, Grenzen und Zuordnung der Oberflächenwasserkörper; typspezifische Referenzbedingungen.** [1]Nach Maßgabe der Anlage 1 werden folgende Bestimmungen zum 22. Dezember 2019 durch die zuständige Behörde überprüft und gegebenenfalls aktualisiert:
1. die Festlegung von Lage und Grenzen der Oberflächenwasserkörper,
2. die Einteilung von Oberflächenwasserkörpern innerhalb einer Flussgebietseinheit in Kategorien,
3. die Unterscheidung der Kategorien von Oberflächenwasserkörpern nach Typen,
4. die Einstufung von Oberflächenwasserkörpern als künstlich oder als erheblich verändert und
5. die Festlegung von typspezifischen Referenzbedingungen.

[2]Die Bestimmungen werden danach alle sechs Jahre überprüft und gegebenenfalls aktualisiert.

**§ 4 Zusammenstellung der Gewässerbelastungen und Beurteilung ihrer Auswirkungen; Bestandsaufnahme der Emissionen, Einleitungen und Verluste.** (1) [1]Nach Maßgabe der Anlage 2 wird Folgendes zum 22. Dezember 2019 durch die zuständige Behörde überprüft und gegebenenfalls aktualisiert:
1. die Zusammenstellungen von Daten zu Art und Ausmaß der durch menschliche Tätigkeit verursachten (anthropogenen) signifikanten Belastungen der Oberflächenwasserkörper,
2. die Beurteilungen auf Grund der Zusammenstellungen nach Nummer 1, wie empfindlich die Oberflächenwasserkörper auf die Belastungen reagieren, und
3. die Ermittlungen und Beschreibungen von Oberflächenwasserkörpern, die die für die Gewässer festgelegten Bewirtschaftungsziele nach den §§ 27 und 44 des Wasserhaushaltsgesetzes[1)] nicht erreichen.

[2]Danach erfolgen alle sechs Jahre eine Überprüfung und gegebenenfalls eine Aktualisierung.

---

[1)] Nr. **4.1**.

Oberflächengewässerverordnung § 5 OGewV 4.1.3

(2) Die zuständige Behörde aktualisiert die für jede Flussgebietseinheit zum 22. Dezember 2013 erstellte Bestandsaufnahme der Emissionen, Einleitungen und Verluste aller prioritären Stoffe und bestimmter anderer Schadstoffe einschließlich der Konzentrationen der in Anlage 8 Tabelle 1 genannten Stoffe in Biota, Schwebstoffen oder Sedimenten im Rahmen der Überprüfung nach Absatz 1 auf der Grundlage folgender Informationen und Bestimmungen:

1. der Informationen nach Absatz 1,
2. der Bestimmungen nach § 3,
3. der im Rahmen der Überwachung nach § 10 gewonnenen Informationen,
4. der Informationen nach § 2 Absatz 2 Satz 1 des Gesetzes zur Ausführung des Protokolls über Schadstofffreisetzungs- und -verbringungsregister vom 21. Mai 2003 sowie zur Durchführung der Verordnung (EG) Nr. 166/2006 vom 6. Juni 2007 (BGBl. I S. 1002), das durch Artikel 1 des Gesetzes vom 9. Dezember 2020 (BGBl. I S. 2873) geändert worden ist, sowie
5. anderer verfügbarer Daten, Karten und Modelluntersuchungen.

(3) [1] Der Referenzzeitraum für die Erfassung der Werte in den aktualisierten Bestandsaufnahmen ist das Jahr, vor dem die Aktualisierung abzuschließen ist. [2] Für prioritäre Stoffe oder bestimmte andere Schadstoffe, die jeweils Wirkstoffe im Sinne des Artikels 2 Absatz 2 der Verordnung (EG) Nr. 1107/2009 des Europäischen Parlaments und des Rates vom 21. Oktober 2009 über das Inverkehrbringen von Pflanzenschutzmitteln und zur Aufhebung der Richtlinien 79/117/EWG und 91/414/EWG des Rates (ABl. L 309 vom 24.11.2009, S. 1), die zuletzt durch die Verordnung (EU) Nr. 652/2014 (ABl. L 189 vom 27.6.2014, S. 1) geändert worden ist, sind, kann auch der Durchschnittswert der letzten drei Jahre vor Abschluss der Aktualisierung verwendet werden.

**§ 5 Einstufung des ökologischen Zustands und des ökologischen Potenzials.** (1) [1] Die Einstufung des ökologischen Zustands eines Oberflächenwasserkörpers richtet sich nach den in Anlage 3 aufgeführten Qualitätskomponenten. [2] Die zuständige Behörde stuft den ökologischen Zustand eines Oberflächenwasserkörpers nach Maßgabe von Anlage 4 Tabellen 1 bis 5 in die Klassen sehr guter, guter, mäßiger, unbefriedigender oder schlechter Zustand ein.

(2) [1] Die Einstufung des ökologischen Potenzials eines künstlichen oder erheblich veränderten Oberflächenwasserkörpers richtet sich nach den in Anlage 3 aufgeführten Qualitätskomponenten, die für diejenige Gewässerkategorie nach Anlage 1 Nummer 1 gelten, die dem betreffenden Wasserkörper am ähnlichsten ist. [2] Die zuständige Behörde stuft das ökologische Potenzial nach Maßgabe von Anlage 4 Tabellen 1 und 6 in die Klassen höchstes, gutes, mäßiges, unbefriedigendes oder schlechtes Potenzial ein.

(3) Bei der Einstufung nach Absatz 1 oder Absatz 2 sind die in Anlage 5 aufgeführten Verfahren und Werte zu verwenden.

(4) [1] Maßgebend für die Einstufung des ökologischen Zustands oder des ökologischen Potenzials ist die jeweils schlechteste Bewertung einer der biologischen Qualitätskomponenten nach Anlage 3 Nummer 1 in Verbindung mit Anlage 4. [2] Bei der Bewertung der biologischen Qualitätskomponenten sind die hydromorphologischen Qualitätskomponenten nach Anlage 3 Nummer 2 sowie die entsprechenden allgemeinen physikalisch-chemischen Qualitätskom-

ponenten nach Anlage 3 Nummer 3.2 in Verbindung mit Anlage 7 zur Einstufung unterstützend heranzuziehen.

(5) ¹Wird eine Umweltqualitätsnorm oder werden mehrere Umweltqualitätsnormen nach Anlage 3 Nummer 3.1 in Verbindung mit Anlage 6 nicht eingehalten, ist der ökologische Zustand oder das ökologische Potenzial höchstens als mäßig einzustufen. ²Hierbei gilt für Stoffe mit überarbeiteten Umweltqualitätsnormen und für neu geregelte Stoffe Folgendes:

1. Für die zum 22. Dezember 2021 zu aktualisierenden Maßnahmenprogramme und Bewirtschaftungspläne nach § 84 Absatz 1 des Wasserhaushaltsgesetzes[1]) sind die Umweltqualitätsnormen für die Stoffe mit den Nummern 2, 3, 6, 12, 14, 21, 22, 26, 28, 29, 31, 35, 41, 42, 44, 62 und 65 nach Anlage 6 zugrunde zu legen; diese müssen für die Erreichung des guten ökologischen Zustands spätestens ab dem 22. Dezember 2027 eingehalten werden.

2. Für die zum 22. Dezember 2015 zu aktualisierenden Maßnahmenprogramme und Bewirtschaftungspläne nach § 84 Absatz 1 des Wasserhaushaltsgesetzes sind abweichend von Satz 1 für die in Nummer 1 genannten Stoffe mit den Nummern 2, 3, 6, 14, 21, 35, 41 und 44 die Umweltqualitätsnormen nach Anlage 5 der Oberflächengewässerverordnung vom 20. Juli 2011 (BGBl. I S. 1429) zugrunde zu legen; diese sind für die Erreichung des guten ökologischen Zustands bis zum 22. Dezember 2021 maßgeblich.

**§ 6 Einstufung des chemischen Zustands.** ¹Die Einstufung des chemischen Zustands eines Oberflächenwasserkörpers richtet sich nach den in Anlage 8 Tabelle 2 aufgeführten Umweltqualitätsnormen. ²Erfüllt der Oberflächenwasserkörper diese Umweltqualitätsnormen, stuft die zuständige Behörde den chemischen Zustand als gut ein. ³Andernfalls ist der chemische Zustand als nicht gut einzustufen. ⁴Abweichend von Satz 1 werden die Stoffe Nummer 34 bis Nummer 45 der Anlage 8 Tabelle 2 und deren Umweltqualitätsnormen erst ab dem 22. Dezember 2018 berücksichtigt.

**§ 7 Anforderungen bei überarbeiteten Umweltqualitätsnormen und bei Umweltqualitätsnormen für neue Stoffe.** (1) ¹Abweichend von § 29 Absatz 1 Satz 1 des Wasserhaushaltsgesetzes[1]) ist der gute chemische Zustand zu erreichen

1. bis zum 22. Dezember 2021 für die in Anlage 8 Tabelle 1 Spalte 4 aufgeführten Stoffe, für die überarbeitete Umweltqualitätsnormen gelten und

2. bis zum 22. Dezember 2027 für die in Anlage 8 Tabelle 1 Spalte 5 aufgeführten Stoffe, die neu geregelt worden sind.

²Bis zum 22. Dezember 2021 gelten für die in Anlage 8 Tabelle 1 Spalte 4 aufgeführten Stoffe die Umweltqualitätsnormen nach Anlage 7 der Oberflächengewässerverordnung vom 20. Juli 2011. ³Im Übrigen bleiben die §§ 27 bis 31 des Wasserhaushaltsgesetzes unberührt.

(2) Stoffe nach Absatz 1 Satz 1 Nummer 1 sind mit ihren überarbeiteten Umweltqualitätsnormen erstmalig in den aktualisierten Maßnahmenprogrammen und aktualisierten Bewirtschaftungsplänen nach § 84 Absatz 1 des Wasserhaushaltsgesetzes, die bis zum 22. Dezember 2015 zu erstellen sind, zu berücksichtigen.

---

[1]) Nr. **4.1**.

(3) ¹Für Stoffe nach Absatz 1 Satz 1 Nummer 2 erstellt die zuständige Behörde bis zum 22. Dezember 2018 ein zusätzliches Überwachungsprogramm nach Maßgabe des § 10 sowie ein vorläufiges Maßnahmenprogramm. ²In den aktualisierten Maßnahmenprogrammen und Bewirtschaftungsplänen nach § 84 Absatz 1 des Wasserhaushaltsgesetzes, die bis zum 22. Dezember 2021 zu erstellen sind, sind die Stoffe nach Absatz 1 Satz 1 Nummer 2 zu berücksichtigen.

### § 8 Oberflächenwasserkörper, die der Trinkwassergewinnung dienen.

(1) Unabhängig von den Bestimmungen der §§ 5 und 6 sind die Oberflächenwasserkörper, die für die Trinkwassergewinnung genutzt werden, mit dem Ziel zu bewirtschaften, eine Verschlechterung ihrer Qualität zu verhindern und so für die Gewinnung von Trinkwasser erforderlichen Umfang der Aufbereitung zu verringern.

(2) Die Oberflächenwasserkörper, die der Trinkwassergewinnung dienen, sind im Bewirtschaftungsplan auf Karten darzustellen.

### § 9 Normen für die Überwachung der Qualitätskomponenten; Anforderungen an die Beurteilung der Überwachungsergebnisse, an Analysenmethoden und an Laboratorien.

(1) Die Methoden, die zur Überwachung der biologischen, hydromorphologischen und allgemeinen physikalisch-chemischen Qualitätskomponenten verwendet werden, müssen den Normen entsprechen, die in Anhang V Nummer 1.3.6 der Richtlinie 2000/60/EG des Europäischen Parlaments und des Rates vom 23. Oktober 2000 zur Schaffung eines Ordnungsrahmens für Maßnahmen der Gemeinschaft im Bereich der Wasserpolitik (ABl. L 327 vom 22.12.2000, S. 1), die zuletzt durch die Richtlinie 2014/101/EU (ABl. L 311 vom 31.10.2014, S. 32) geändert worden ist, genannt sind.

(2) ¹Die zuständige Behörde überprüft die Einhaltung der Umweltqualitätsnormen nach Maßgabe von Anlage 9 Nummer 3. ²Die hierbei anzuwendenden Analysenmethoden müssen die Anforderungen nach Anlage 9 Nummer 1 erfüllen.

(3) ¹Laboratorien, die an der Überwachung biologischer, chemischer oder physikalisch-chemischer Qualitätskomponenten mitwirken, haben die erforderlichen qualitätssichernden Maßnahmen zu ergreifen, um eine hinreichende Zuverlässigkeit und Genauigkeit der Überwachungsergebnisse sicherzustellen. ²Die Laboratorien haben insbesondere die Anforderungen nach Anlage 9 Nummer 2 zu erfüllen.

### § 10 Überwachung des ökologischen Zustands, des ökologischen Potenzials und des chemischen Zustands; Überwachungsnetz.

(1) ¹Die Überwachung der Oberflächenwasserkörper hinsichtlich ihres ökologischen Zustands oder ihres ökologischen Potenzials, ihres chemischen Zustands sowie die Überwachung der Oberflächenwasserkörper, die der Trinkwassergewinnung dienen, richten sich nach Anlage 10. ²Die Überwachungsprogramme werden von der zuständigen Behörde regelmäßig überprüft und gegebenenfalls aktualisiert.

(2) ¹Die zuständige Behörde überwacht die Erfüllung der Anforderungen an die biologischen Qualitätskomponenten nach Anlage 4 sowie die Einhaltung der Umweltqualitätsnormen für flussgebietsspezifische Schadstoffe nach Anlage

### 4.1.3 OGewV § 11 — Oberflächengewässerverordnung

6 im Rahmen der überblicksweisen Überwachung nach Anlage 10 Nummer 1 und, soweit nach Anlage 10 Nummer 2 erforderlich, im Rahmen der operativen Überwachung an für den Oberflächenwasserkörper repräsentativen Messstellen. ²Satz 1 gilt entsprechend für Umweltqualitätsnormen zur Beurteilung des chemischen Zustands nach Anlage 8 Tabelle 2.

(3) Das Netz zur Überwachung des ökologischen und des chemischen Zustands sowie des ökologischen Potenzials ist im Bewirtschaftungsplan auf Karten darzustellen.

**§ 11 Überwachung von Stoffen der Beobachtungsliste.** (1) ¹Die zuständigen Behörden überwachen die Stoffe der von der Europäischen Kommission erstellten Beobachtungsliste nach Artikel 8b der Richtlinie 2008/105/EG des Europäischen Parlaments und des Rates vom 16. Dezember 2008 über Umweltqualitätsnormen im Bereich der Wasserpolitik und zur Änderung und anschließenden Aufhebung der Richtlinien des Rates 82/176/EWG, 83/513/EWG, 84/156/EWG, 84/491/EWG und 86/280/EWG sowie zur Änderung der Richtlinie 2000/60/EG (ABl. L 348 vom 24.12.2008, S. 84), die zuletzt durch die Richtlinie 2013/39/EU des Europäischen Parlaments und des Rates vom 12. August 2013 (ABl. L 226 vom 24.8.2013, S. 1) geändert worden ist, an Überwachungsstellen, die für den jeweiligen Stoff repräsentativ sind. ²Hierbei sind die Überwachungsmatrizes maßgeblich und die Analysenmethoden zu verwenden, die in der Beobachtungsliste festgelegt sind. ³Die Laboratorien, die an der Überwachung der Stoffe der Beobachtungsliste mitwirken, haben mit geeigneten qualitätssichernden Maßnahmen eine hinreichende Zuverlässigkeit und Genauigkeit der Überwachungsergebnisse sicherzustellen und insbesondere die Anforderungen nach Anlage 9 Nummer 2 zu erfüllen. ⁴Bei der Bestimmung der Überwachungsfrequenz und bei der zeitlichen Planung der Überwachung eines jeden Stoffes berücksichtigt die zuständige Behörde die typischen Arten der Verwendung und das Vorkommen des jeweiligen Stoffes. ⁵Die repräsentativen Überwachungsstellen nach Satz 1 sind nach Maßgabe von Anlage 11 festzulegen.

(2) ¹Die Stoffe nach Absatz 1 Satz 1 sind über einen Zeitraum von mindestens einem Jahr bis zu höchstens vier Jahren zu überwachen. ²Das Erfordernis der Überwachung entfällt, sobald ein Stoff nicht mehr in der Beobachtungsliste aufgeführt ist. ³Für die erste Beobachtungsliste beginnt der Überwachungszeitraum nach Satz 1 am 24. September 2015. ⁴Für jeden neuen Stoff beginnt der Überwachungszeitraum nach Satz 1 spätestens sechs Monate nach Aufnahme des Stoffes in die Beobachtungsliste. ⁵Die Stoffe sind innerhalb der zwölf Monate, die auf den Beginn des Überwachungszeitraums nach Satz 3 oder Satz 4 folgen, sowie innerhalb der folgenden Zwölfmonatszeiträume jeweils mindestens einmal zu überwachen.

(3) Liegen für einen Stoff ausreichende, vergleichbare, repräsentative und aktuelle Überwachungsdaten aus bestehenden Überwachungsprogrammen vor, so kann von einer zusätzlichen Überwachung des Stoffes nach den Absätzen 1 und 2 abgesehen werden, wenn der Stoff mittels einer Methode überwacht wurde, die den Anforderungen der technischen Leitlinien entspricht, die von der Europäischen Kommission nach Artikel 8b Absatz 5 Satz 4 der Richtlinie 2008/105/EG erarbeitet werden.

(4) ¹Die zuständige Behörde übermittelt dem Bundesministerium für Umwelt, Naturschutz und nukleare Sicherheit die Ergebnisse der Überwachung,

die sich auf die jeweiligen Zwölfmonatszeiträume nach Absatz 2 Satz 5 beziehen, für das jeweilige Land sowie Informationen über die Repräsentativität der Überwachungsstellen und die Überwachungsstrategie. ²Die Informationen nach Satz 1 sind erstmalig zu übermitteln:
1. für Stoffe, die in der ersten Beobachtungsliste aufgeführt sind, bis zum 24. Oktober 2016,
2. für jeden Stoff, der neu in die Beobachtungsliste aufgenommen wird, innerhalb von 19 Monaten nach dem Zeitpunkt der Aufnahme.

³Danach sind die Informationen nach Satz 1 dem Bundesministerium für Umwelt, Naturschutz und nukleare Sicherheit alle zwölf Monate zu übermitteln, solange der Stoff in der Beobachtungsliste aufgeführt ist.

**§ 12 Darstellung des ökologischen Zustands, des ökologischen Potenzials und des chemischen Zustands.** (1) ¹Die zuständige Behörde stellt den ökologischen Zustand oder das ökologische Potenzial eines Oberflächenwasserkörpers auf einer gesonderten Karte nach Maßgabe von Anlage 12 Nummer 1 dar. ²Der chemische Zustand ist auf einer gesonderten Karte nach Maßgabe von Anlage 12 Nummer 2 darzustellen. ³Wird der ökologische Zustand oder das ökologische Potenzial eines Oberflächenwasserkörpers schlechter als gut eingestuft, sind die für die Einstufung maßgebenden biologischen Qualitätskomponenten und flussgebietsspezifischen Schadstoffe nach Maßgabe von Anlage 12 Nummer 1.3 und 1.4 zu kennzeichnen oder in geeigneter anderer Weise darzustellen. ⁴Wird der chemische Zustand als nicht gut eingestuft, sind die maßgebenden Stoffe nach Maßgabe von Anlage 12 Nummer 2 zu kennzeichnen oder in geeigneter anderer Weise darzustellen.

(2) ¹Die zuständige Behörde kann die Informationen über den chemischen Zustand beispielsweise im Hinblick auf einen oder mehrere Stoffe der Anlage 8 Tabelle 1, Spalten 4, 5 und 7 gesondert von den Informationen über den chemischen Zustand im Hinblick auf die übrigen in Anlage 8 Tabelle 1 aufgeführten Stoffe in weiteren Karten nach Maßgabe von Anlage 12 Nummer 2 darstellen. ²Für einzelne Stoffe der Anlage 8 Tabelle 1 kann das Ausmaß der Abweichung von der Umweltqualitätsnorm in weiteren Karten dargestellt werden; hierfür sind Kategorien zu verwenden, die das Ausmaß der Abweichung näherungsweise im Wege einer ein- oder mehrmaligen Multiplikation der Umweltqualitätsnorm mit dem Faktor 2 oder 4 beschreiben.

(3) Die zuständige Behörde kennzeichnet nach Maßgabe von Anlage 12 Nummer 3 Oberflächenwasserkörper, bei denen die Einhaltung der Umweltqualitätsnormen von Schadstoffen unter Berücksichtigung der natürlichen Hintergrundkonzentrationen festgestellt wurde.

**§ 13 Zusätzliche Inhalte der Bewirtschaftungspläne; elektronisch zugängliches Portal.** (1) In die aktualisierten Bewirtschaftungspläne nach § 84 Absatz 1 des Wasserhaushaltsgesetzes[1)] sind zusätzlich zu den Informationen nach § 83 Absatz 2 des Wasserhaushaltsgesetzes folgende Informationen aufzunehmen:
1. die aktualisierten Bestandsaufnahmen und Karten nach § 4 Absatz 1 und 2,
2. eine Tabelle, in der Folgendes aufgeführt ist:

---

[1)] Nr. 4.1.

a) die Bestimmungsgrenzen der Analysenmethoden nach Anlage 9 Nummer 1, die bei der Überwachung von Umweltqualitätsnormen nach Anlage 8 Tabelle 2 verwendet worden sind, sowie
b) Informationen über die Leistung dieser Analysenmethoden in Bezug auf die in Anlage 9 Nummern 1.3, 1.4 und 1.5 festgelegten Mindestleistungskriterien,
3. eine Begründung für die nach Anlage 10 Nummer 4 angewandte Überwachungsfrequenz von prioritären Stoffen der Anlage 8, für die eine Umweltqualitätsnorm für Sedimente oder Biota angewandt wird, falls die Überwachungsintervalle länger als ein Jahr sind.

(2) Die Bundesanstalt für Gewässerkunde macht die aktualisierten Bewirtschaftungspläne und den Zwischenbericht nach Artikel 15 Absatz 3 der Richtlinie 2000/60/EG über ein zentrales Portal im Internet der Öffentlichkeit zugänglich.

**§ 14 Bewirtschaftungsziele für Stickstoff.** (1) Die Bewirtschaftungspläne und Maßnahmenprogramme in den Flussgebietseinheiten richten sich zum Schutz der Meeresgewässer an dem Ziel aus, dass folgende Jahresmittelwerte für Gesamtstickstoff nicht überschritten werden:

1. bei in die Nordsee mündenden Flüssen 2,8 Milligramm pro Liter
    a) an den jeweiligen Süßwassermessstellen am Grenzscheitel limnisch/marin zum Zeitpunkt Kenterpunkt Ebbe,
    b) bei Flüssen, deren Mündungsbereich sich außerhalb des Bundesgebiets befindet, an den Punkten, an denen diese Flüsse das Bundesgebiet endgültig verlassen,
2. bei in die Ostsee mündenden Flüssen 2,6 Milligramm pro Liter
    a) an den jeweiligen Süßwassermessstellen am Grenzscheitel limnisch/marin,
    b) bei Flüssen, deren Mündungsbereich sich außerhalb des Bundesgebiets befindet, an den Punkten, an denen diese Flüsse das Bundesgebiet endgültig verlassen.

(2) Die zuständige Behörde des Landes, in dem sich die Messstellen und Punkte nach Absatz 1 befinden, überwacht die Einhaltung der Anforderungen nach Absatz 1 nach Maßgabe von Anlage 10 Nummer 4 Tabelle 1.

**§ 15 Ermittlung langfristiger Trends.** (1) ¹Im Rahmen der Überwachung nach § 10 ermittelt die zuständige Behörde nach Maßgabe von Anlage 13 Nummer 1 bis 4 den langfristigen Trend der Konzentrationen derjenigen in Anlage 8 Tabelle 1 aufgeführten Stoffe, die dazu neigen, sich in Biota, Schwebstoffen oder Sedimenten anzureichern. ²Dies betrifft insbesondere die Stoffe nach Anlage 8 Tabelle 1 Spalte 6. ³Diese Stoffe sind im Regelfall mindestens alle drei Jahre in Biota, Schwebstoffen oder Sedimenten zu überwachen, es sei denn, die zuständige Behörde legt auf Grund des aktuellen Wissensstands ein anderes Intervall fest.

(2) ¹Im Rahmen der Aktualisierung des Maßnahmenprogramms nach § 84 Absatz 1 des Wasserhaushaltsgesetzes[1)] sind Maßnahmen vorzusehen, mit denen sichergestellt wird, dass die in Absatz 1 genannten Konzentrationen in den betreffenden Biota, Schwebstoffen oder Sedimenten nicht signifikant ansteigen.

---

[1)] Nr. **4.1**.

²Ein signifikanter Anstieg liegt vor, wenn die Voraussetzungen nach Anlage 13 Nummer 5 erfüllt sind.

**§ 16 Wirtschaftliche Analyse der Wassernutzungen.** (1) Die wirtschaftlichen Analysen der Wassernutzungen nach Artikel 5 Absatz 1 dritter Gedankenstrich der Richtlinie 2000/60/EG, die signifikante Auswirkungen auf den Zustand der Oberflächengewässer haben, sind zum 22. Dezember 2019 und danach alle sechs Jahre zu überprüfen und gegebenenfalls zu aktualisieren.

(2) Die wirtschaftliche Analyse muss die erforderlichen Informationen enthalten, damit

1. Berechnungen durchgeführt werden können, um dem Grundsatz der Deckung der Kosten der Wasserdienstleistungen nach Artikel 9 der Richtlinie 2000/60/EG unter Berücksichtigung der langfristigen Voraussagen für das Angebot und die Nachfrage von Wasser in der Flussgebietseinheit Rechnung zu tragen, und

2. die in Bezug auf die Wassernutzung kosteneffizientesten Maßnahmenkombinationen für das Maßnahmenprogramm beurteilt werden können.

(3) Bei unverhältnismäßigem Aufwand, insbesondere unter Berücksichtigung der Kosten für die Erhebung der betreffenden Daten, können dabei auch Schätzungen der Menge, der Preise und der Kosten im Zusammenhang mit den Wasserdienstleistungen, Schätzungen der einschlägigen Investitionen einschließlich der entsprechenden Vorausplanungen sowie Schätzungen der potenziellen Kosten der Maßnahmen für das Maßnahmenprogramm zugrunde gelegt werden.

**Anlage 1 bis 13**

*(Hier nicht wiedergegeben.)*

## 4.1.4. Verordnung zur Regelung des Verfahrens bei Zulassung und Überwachung industrieller Abwasserbehandlungsanlagen und Gewässerbenutzungen (Industriekläranlagen-Zulassungs- und Überwachungsverordnung – IZÜV)[1][2]

Vom 2. Mai 2013

(BGBl. I S. 973, 1011)

**FNA 753-13-4**

zuletzt geänd. durch Art. 2 Abs. 3 Erstes G zur Änd. des G zur Ausführung des Protokolls über Schadstofffreisetzungs- und -verbringungsregister vom 21. Mai 2003 sowie zur Durchführung der VO (EG) Nr. 166/2006 v. 9.12.2020 (BGBl. I S. 2873)

– Auszug –

**§ 1 Anwendungsbereich und Begriffsbestimmungen.** (1) ¹Diese Verordnung gilt, soweit nicht anders bestimmt,

1. für die Erteilung von Erlaubnissen für Gewässerbenutzungen im Sinne von Absatz 2, die zu Industrieanlagen im Sinne von Absatz 3 gehören,
2. für die Erteilung von Genehmigungen für Anlagen nach § 60 Absatz 3 Satz 1 Nummer 2 und 3 des Wasserhaushaltsgesetzes[3].

²Die §§ 8, 9 und 10 gelten auch für Indirekteinleitungen nach § 58 und § 59 des Wasserhaushaltsgesetzes, die aus Anlagen nach § 3 der Verordnung über genehmigungsbedürftige Anlagen[4] stammen, die entweder

1. nicht nach den Vorschriften des Bundes-Immissionsschutzgesetzes[5] genehmigt worden sind,
2. nicht nach den Vorschriften des Bundes-Immissionsschutzgesetzes überwacht werden oder
3. vor dem 1. März 2010 keiner Indirekteinleitergenehmigung bedurften.

³Die §§ 8, 9 und 10 gelten darüber hinaus auch für Indirekteinleitungen nach den §§ 58 und 59 des Wasserhaushaltsgesetzes, die aus Deponien im Sinne von § 3 Absatz 27 des Kreislaufwirtschaftsgesetzes[6] mit einer Aufnahmekapazität von mindestens 10 Tonnen pro Tag oder mit einer Gesamtkapazität von mindestens 25 000 Tonnen, ausgenommen Deponien für Inertabfälle, stammen, sofern

1. die Zulassung der Deponie sich nicht auf die Indirekteinleitung erstreckt oder

---

[1] Verkündet als Art. 5 VO v. 2.5.2013 (BGBl. I S. 973, ber. S. 3756); Inkrafttreten gem. Art. 11 Satz 1 dieser VO am 2.5.2013. Die VO wurde erlassen auf Grund von § 23 Abs. 1 WHG.
[2] **Amtl. Anm. zur MantelVO:** Artikel 1, 3, 5, 6 und 7 dieser Verordnung dienen der Umsetzung der Richtlinie 2010/75/EU des Europäischen Parlaments und des Rates vom 24. November 2010 über Industrieemissionen (integrierte Vermeidung und Verminderung der Umweltverschmutzung) (Neufassung) (ABl. L 334 vom 17.12.2010, S. 17).
[3] Nr. **4.1**.
[4] Nr. **6.1.4**.
[5] Nr. **6.1**.
[6] Nr. **5.1**.

2. es vor dem 1. März 2010 keiner Indirekteinleitergenehmigung bedurfte.

(2) Gewässerbenutzungen im Sinne dieser Verordnung sind Gewässerbenutzungen im Sinne von § 9 Absatz 1 Nummer 4 und Absatz 2 Nummer 2 des Wasserhaushaltsgesetzes.

(3) Industrieanlagen im Sinne dieser Verordnung sind Anlagen nach § 60 Absatz 3 Satz 1 Nummer 2 und 3 des Wasserhaushaltsgesetzes sowie Anlagen nach § 3 der Verordnung über genehmigungsbedürftige Anlagen.

**§ 2 Zulassungsverfahren und Koordinierung.** (1) ¹Ist mit der Errichtung, dem Betrieb oder der wesentlichen Änderung einer Industrieanlage eine Gewässerbenutzung verbunden oder wird die Genehmigung einer Anlage nach § 60 Absatz 3 Satz 1 Nummer 2 oder Nummer 3 des Wasserhaushaltsgesetzes[1)] beantragt, so ist das Verfahren zur Erteilung einer Erlaubnis oder einer Genehmigung nach den §§ 3 bis 6 durchzuführen. ²Ist für die Gewässerbenutzung oder die Errichtung und den Betrieb einer Anlage nach § 60 Absatz 3 Satz 1 Nummer 2 oder Nummer 3 des Wasserhaushaltsgesetzes die Durchführung einer Umweltverträglichkeitsprüfung[2)] erforderlich, so ist die Umweltverträglichkeitsprüfung jeweils unselbständiger Bestandteil des Zulassungsverfahrens.

(2) ¹Soweit für ein Vorhaben nach Absatz 1 eine Zulassung nach dem Wasserhaushaltsgesetz sowie nach anderen Gesetzen vorgeschrieben ist, ist eine vollständige Koordinierung der Zulassungsverfahren sowie der Inhalts- und Nebenbestimmungen für das Vorhaben sicherzustellen, um ein hohes Schutzniveau für die Umwelt insgesamt zu gewährleisten. ²Die für das Zulassungsverfahren nach dieser Verordnung zuständige Behörde hat mit den Behörden, die für die anderweitigen Verfahren zuständig sind, den von ihr beabsichtigten Inhalt der Zulassung frühzeitig zu erörtern und abzustimmen.

**§ 3 Antragsunterlagen und Entscheidungsfrist.** (1) ¹Im Antrag auf Erteilung der Erlaubnis oder Genehmigung sind vom Antragsteller mindestens folgende Angaben zu machen:
1. Art, Herkunft, Menge und stoffliche Belastung des Abwassers sowie Feststellungen von erheblichen Auswirkungen des Abwassers auf die Gewässer,
2. Roh- und Hilfsstoffe sowie sonstige Stoffe und Energie, die in der Anlage verwendet oder erzeugt werden,
3. der Ort des Abwasseranfalls und der Zusammenführung von Abwasserströmen,
4. Maßnahmen zur Rückhaltung von Schadstoffen aus dem Schmutzwasser und aus dem auf dem Anlagengrundstück anfallenden Niederschlagswasser,
5. Maßnahmen zur Überwachung der Emissionen in die Umwelt und
6. die wichtigsten vom Antragsteller geprüften anderweitigen Lösungsmöglichkeiten in einer Übersicht.

²Entsprechende Angaben in einer Umwelterklärung nach Anhang IV der Verordnung (EG) Nr. 1221/2009[3)] des Europäischen Parlaments und des Rates vom 25. November 2009 über die freiwillige Teilnahme von Organisationen an einem Gemeinschaftssystem für Umweltmanagement und Umweltbetriebsprü-

---
[1)] Nr. **4.1**.
[2)] Siehe das G über die Umweltverträglichkeitsprüfung (Nr. **2.5**).
[3)] Nr. **2.7**.

## 4.1.4 IZÜV § 3  IndustriekläranlagenVO (Auszug)

fung und zur Aufhebung der Verordnung (EG) Nr. 761/2001 sowie der Beschlüsse der Kommission 2001/681/EG und 2006/193/EG (ABl. L 342 vom 22.12.2009, S. 1) können in den Antrag aufgenommen oder diesem beigefügt werden. ³Bei den Beschreibungen nach Satz 1 kann auf solche Angaben verzichtet werden, die für die beantragte Erlaubnis oder Genehmigung offensichtlich ohne Belang sind. ⁴Dem Antrag auf Erteilung der Erlaubnis oder Genehmigung ist eine nichttechnische Zusammenfassung der in Satz 1 genannten Angaben beizufügen, die auch Hinweise auf solche Angaben enthält, auf die nach Satz 3 verzichtet werden kann.

(2) ¹Der Antrag auf die Genehmigung einer Anlage nach § 60 Absatz 3 Satz 1 Nummer 2 oder Nummer 3 des Wasserhaushaltsgesetzes[1] hat zudem folgende Angaben zu enthalten:

1. die Beschreibung der Anlage sowie Art und Umfang ihrer Tätigkeit,
2. den Zustand des Anlagengrundstücks sowie einen Bericht über den Ausgangszustand nach § 10 Absatz 1a des Bundes-Immissionsschutzgesetzes[2] und § 4a Absatz 4 der Verordnung über das Genehmigungsverfahren[3],
3. die Quellen der Emissionen aus der Anlage, Art und Menge der vorhersehbaren Emissionen aus der Anlage in jedes einzelne Umweltmedium sowie Feststellungen von erheblichen Auswirkungen der Emissionen auf die Umwelt,
4. die Maßnahmen zur Vermeidung der Emissionen oder, sofern dies nicht möglich ist, zu ihrer Verminderung und
5. die Maßnahmen zur Vermeidung, Vorbereitung, Wiederverwendung, zum Recycling und zur Verwertung der von der Anlage erzeugten Abfälle.

²§ 13 sowie § 25 Absatz 2 der Verordnung über das Genehmigungsverfahren gelten entsprechend.

(3) ¹Unterlagen, die Geschäfts- oder Betriebsgeheimnisse enthalten, sind zu kennzeichnen und getrennt vorzulegen. ²Ihr Inhalt muss, soweit es ohne Preisgabe des Geheimnisses geschehen kann, in den öffentlich auszulegenden Unterlagen so ausführlich vom Antragsteller dargestellt sein, dass es Dritten möglich ist zu beurteilen, ob und in welchem Umfang sie von den Auswirkungen der Gewässerbenutzung oder der Anlage betroffen sind.

(4) ¹Das Zulassungsverfahren setzt einen schriftlichen oder elektronischen Antrag und die Vorlage der in den Absätzen 1 bis 3 genannten Antragsunterlagen voraus. ²Reichen die Unterlagen für die Prüfung nicht aus, so hat der Antragsteller sie auf Verlangen der zuständigen Behörde innerhalb einer angemessenen Frist zu ergänzen. ³Erfolgt die Antragstellung elektronisch, kann die zuständige Behörde Mehrfertigungen sowie die Übermittlung der Unterlagen, die dem Antrag beizufügen sind, auch in schriftlicher Form verlangen. ⁴Über den Antrag auf Erteilung einer Erlaubnis oder Genehmigung ist nach Eingang des Antrags und der nach den Sätzen 1 und 2 einzureichenden Unterlagen innerhalb einer Frist von sieben Monaten zu entscheiden. ⁵Die zuständige Behörde kann die Frist verlängern, wenn dies wegen der Schwierigkeit der Prüfung oder aus Gründen, die dem Antragsteller zuzurechnen sind,

---
[1] Nr. **4.1**.
[2] Nr. **6.1**.
[3] Nr. **6.1.9**.

erforderlich ist. [6] Die Fristverlängerung soll gegenüber dem Antragsteller begründet werden.

## § 4 Öffentlichkeitsbeteiligung und Zugang zu Informationen.

(1) [1] In Verfahren nach § 2 Absatz 1 Satz 1 ist die Öffentlichkeit entsprechend § 10 Absatz 3, 4 und 6 des Bundes-Immissionsschutzgesetzes[1)] sowie den §§ 9, 10 und 14 bis 19 der Verordnung über das Genehmigungsverfahren[2)] zu beteiligen. [2] Die zuständige Behörde soll in Verfahren zur Erteilung von Erlaubnissen für Änderungen von Gewässerbenutzungen, die zu Industrieanlagen gehören, von der Beteiligung der Öffentlichkeit nach Satz 1 absehen, wenn

1. in dem Verfahren zur Erteilung einer Genehmigung für die wesentliche Änderung der Industrieanlage nach § 16 Absatz 2 des Bundes-Immissionsschutzgesetzes auch in Verbindung mit § 60 Absatz 3 Satz 3 des Wasserhaushaltsgesetzes[3)] keine Öffentlichkeitsbeteiligung erforderlich ist, und

2. erhebliche nachteilige Auswirkungen auf ein Gewässer nicht zu erwarten sind.

(2) [1] Erlaubnisse und Genehmigungen nach § 1 Absatz 1 Satz 1 sind öffentlich bekannt zu machen. [2] Für die öffentliche Bekanntmachung gilt § 10 Absatz 7 und 8 des Bundes-Immissionsschutzgesetzes entsprechend. [3] Der Öffentlichkeit sind folgende Informationen zugänglich zu machen:

1. der Inhalt der Entscheidung nach Satz 1 einschließlich der Rechtsbehelfsbelehrung mit einer Kopie der Erlaubnis oder der Genehmigung sowie späterer Anpassungen,

2. die Entscheidungsgründe,

3. die Ergebnisse der vor der Entscheidung durchgeführten Beteiligung von Behörden und Öffentlichkeit nach den §§ 4 und 5 und die Berücksichtigung dieser Ergebnisse bei der Entscheidung,

4. die Bezeichnung der für die Erlaubnis oder die Genehmigung maßgeblichen BVT-Merkblätter nach § 54 Absatz 3 des Wasserhaushaltsgesetzes,

5. Angaben zu den Inhalts- und Nebenbestimmungen nach § 6 einschließlich der Emissionsgrenzwerte nach dem Stand der Technik,

6. gegebenenfalls von Stand der Technik abweichenden Anforderungen nach § 57 Absatz 3 Satz 2 und Absatz 4 Satz 2 des Wasserhaushaltsgesetzes,

7. Informationen über die Maßnahmen, die für die endgültige Einstellung des Betriebs der Anlage oder der Gewässerbenutzung getroffen wurden und die Auswirkungen auf die betreffende Gewässerbenutzung oder die Anlagen nach § 60 Absatz 3 Satz 1 Nummer 2 oder Nummer 3 des Wasserhaushaltsgesetzes haben, sowie

8. die Ergebnisse der entsprechend den Inhalts- und Nebenbestimmungen erforderlichen Überwachung der Gewässerbenutzungen oder der Anlage nach § 60 Absatz 3 Satz 1 Nummer 2 oder Nummer 3 des Wasserhaushaltsgesetzes, die bei der zuständigen Behörde vorliegen.

[4] Der Erlaubnisbescheid oder der Genehmigungsbescheid, die Bezeichnung des für die Gewässerbenutzung oder für die Anlage nach § 60 Absatz 3 Satz 1

---

[1)] Nr. **6.1**.
[2)] Nr. **6.1.9**.
[3)] Nr. **4.1**.

Nummer 2 oder Nummer 3 des Wasserhaushaltsgesetzes maßgeblichen BVT-Merkblatts sowie die Informationen nach Satz 3 Nummer 7 sind im Internet öffentlich bekannt zu machen. ⁵ Von der Veröffentlichungspflicht ausgenommen sind die dem Antrag beigefügten Unterlagen. ⁶ Sofern die Bescheide Geschäfts- oder Betriebsgeheimnisse enthalten, sind die entsprechenden Stellen unkenntlich zu machen.

(3) Für die Beteiligung anderer Behörden gilt § 11 der Verordnung über das Genehmigungsverfahren entsprechend.

**§ 5 Grenzüberschreitende Beteiligung von Behörden und Öffentlichkeit.** (1) ¹ Kann eine zu einer Industrieanlage gehörige Gewässerbenutzung oder eine Anlage nach § 60 Absatz 3 Satz 1 Nummer 2 oder Nummer 3 des Wasserhaushaltsgesetzes[1]) nach den Antragsunterlagen erhebliche Auswirkungen in einem anderen Staat haben oder ersucht ein anderer Staat, der möglicherweise von den Auswirkungen erheblich berührt wird, um Unterrichtung, so werden die von dem anderen Staat benannten Behörden zum gleichen Zeitpunkt und im gleichen Umfang über das Vorhaben oder über Anpassungsmaßnahmen unterrichtet wie die beteiligten Behörden, spätestens jedoch zum Zeitpunkt der öffentlichen Bekanntmachung nach § 4 Absatz 1 und mindestens im gleichen Umfang dieser Bekanntmachung. ² Mit der Unterrichtung ist der von dem anderen Staat benannten Behörde Gelegenheit zu geben, innerhalb einer angemessenen Frist mitzuteilen, ob eine Teilnahme an dem Verfahren im Sinne dieser Vorschrift gewünscht wird. ³ Wenn der andere Staat die zu unterrichtenden Behörden nicht benannt hat, ist die oberste für Umweltangelegenheiten zuständige Behörde des anderen Staates zu unterrichten. ⁴ Die Unterrichtung wird durch die für die Zulassung zuständige Wasserbehörde vorgenommen.

(2) ¹ Die unterrichtende Behörde leitet den nach Absatz 1 zu unterrichtenden Behörden jeweils eine Ausfertigung der nach § 4 Absatz 1 öffentlich bekannt zu machenden Unterlagen zu und teilt ihnen den geplanten Ablauf des Zulassungsverfahrens oder des Verfahrens zur Anpassung einer Zulassung mit. ² § 5 Absatz 2 bis 6 des Gesetzes zur Ausführung des Protokolls über Schadstofffreisetzungs- und -verbringungsregister vom 21. Mai 2003 sowie zur Durchführung der Verordnung (EG) Nr. 166/2006 vom 6. Juni 2007 (BGBl. I S. 1002), das durch Artikel 1 des Gesetzes vom 9. Dezember 2020 (BGBl. I S. 2873) geändert worden ist, gilt entsprechend. ³ Vorschriften des Bundesdatenschutzgesetzes sowie landesrechtliche Vorschriften zur Übermittlung personenbezogener Daten an Stellen außerhalb des Geltungsbereiches des Grundgesetzes bleiben unberührt. ⁴ Die unterrichtende Behörde gibt den zu beteiligenden Behörden des anderen Staates auf der Grundlage der übersandten Unterlagen Gelegenheit, innerhalb einer angemessenen Frist vor der Entscheidung über den Antrag oder über Anpassungsmaßnahmen ihre Stellungnahme abzugeben.

(3) ¹ Die unterrichtende Behörde hat bei Einleitungen aus Industrieanlagen darauf hinzuwirken, dass

1. das Vorhaben in dem anderen Staat auf geeignete Weise bekannt gemacht wird,

---

[1]) Nr. **4.1**.

IndustriekläranlagenVO (Auszug) **§ 8 IZÜV 4.1.4**

2. dabei angegeben wird, bei welcher Behörde Einwendungen erhoben werden können, und
3. gegebenenfalls auf den Ausschluss privatrechtlicher Abwehransprüche nach § 16 Absatz 1 Satz 1 des Wasserhaushaltsgesetzes hingewiesen wird.

²Die in dem anderen Staat ansässigen Personen sind Inländern gleichgestellt.

(4) Die unterrichtende Behörde kann, sofern in Bezug auf den anderen Staat die Voraussetzungen der Grundsätze von Gegenseitigkeit und Gleichwertigkeit erfüllt sind, verlangen, dass ihr der Träger des Vorhabens Folgendes zur Verfügung stellt:

1. eine Übersetzung der Kurzbeschreibung entsprechend § 4 Absatz 3 Satz 1 der Verordnung über das Genehmigungsverfahren[1]) und
2. weitere für die grenzüberschreitende Öffentlichkeitsbeteiligung erforderliche Angaben zum Vorhaben, insbesondere zu grenzüberschreitenden Umweltauswirkungen.

(5) ¹Die unterrichtende Behörde übermittelt den beteiligten Behörden des anderen Staates die Entscheidung über den Antrag einschließlich der Begründung. ²Sofern die Voraussetzungen der Grundsätze von Gegenseitigkeit und Gleichwertigkeit erfüllt sind, kann sie eine Übersetzung des Bescheides beifügen.

(6) Die für die Entscheidung über Anträge für Erlaubnisse oder Genehmigungen oder über Anpassungsmaßnahmen zuständige Behörde berücksichtigt die Ergebnisse der grenzüberschreitenden Behörden- und Öffentlichkeitsbeteiligung bei ihrer Entscheidung.

(7) Zulassungen und Anpassungen von Zulassungen von Behörden anderer Staaten sind der Öffentlichkeit nach Landesrecht zugänglich zu machen.

**§ 8 Überwachung und Überprüfung der Erlaubnis oder Genehmigung.** (1) Die Überprüfung der Erlaubnis oder Genehmigung sowie die Überwachung der Einhaltung dieser Zulassungen nach § 100 des Wasserhaushaltsgesetzes[2]) erfolgt nach Maßgabe der näheren Bestimmungen der Absätze 2 bis 5 sowie des § 9.

(2) Die zuständige Behörde bewertet im Falle von § 7 Absatz 2 Satz 3 mindestens einmal jährlich die Ergebnisse der Emissionsüberwachung, um dadurch sicherzustellen, dass die Emissionen unter normalen Betriebsbedingungen die mit den besten verfügbaren Techniken assoziierten Emissionswerte nicht überschritten haben.

(3) Eine Überprüfung der Erlaubnis oder Genehmigung nach § 100 Absatz 2 des Wasserhaushaltsgesetzes ist mindestens vorzunehmen, wenn

1. es Anhaltspunkte dafür gibt, dass der Schutz der Gewässer oder bei Anlagen nach § 60 Absatz 3 Satz 1 Nummer 2 oder Nummer 3 des Wasserhaushaltsgesetzes der Schutz der Umwelt nicht ausreichend ist und deshalb die in der Erlaubnis oder der Genehmigung festgelegten Begrenzungen der Emissionen überprüft oder neu festgesetzt werden müssen,
2. wesentliche Veränderungen des Standes der Technik eine erhebliche Verminderung der Emissionen ermöglichen,

---
[1]) Nr. **6.1.9**.
[2]) Nr. **4.1**.

## 4.1.4 IZÜV § 9

3. die Betriebssicherheit die Anwendung anderer Techniken erfordert oder
4. neue umweltrechtliche Vorschriften die Überprüfung oder Neufestsetzung der Begrenzung der Emissionen fordern.

(4) Die zuständige Behörde hat die Gewässerbenutzung oder den Betrieb einer Anlage nach § 60 Absatz 3 Satz 1 Nummer 2 oder Nummer 3 des Wasserhaushaltsgesetzes ganz oder teilweise zu untersagen, wenn ein Verstoß gegen eine Inhalts- oder Nebenbestimmung der Erlaubnis oder Genehmigung, eine Anordnung der zuständigen Behörde oder eine Pflicht auf Grund des § 5 des Bundes-Immissionsschutzgesetzes[1]) eine unmittelbare Gefährdung der menschlichen Gesundheit verursacht oder eine unmittelbare erhebliche Gefahr für die Umwelt darstellt.

(5) Zur Überwachung der Einhaltung der Erlaubnis oder Genehmigung nach Absatz 1 sowie zur Überprüfung der Erlaubnis oder Genehmigung nach Absatz 3 stellen die zuständigen Behörden Überwachungspläne und Überwachungsprogramme für regelmäßige Überwachungen gemäß § 9 für alle Erlaubnisse und Genehmigungen in ihrem Zuständigkeitsbereich auf.

**§ 9 Überwachungspläne und Überwachungsprogramme.** (1) [1]Überwachungspläne haben Folgendes zu enthalten:

1. den räumlichen Geltungsbereich des Plans,
2. eine allgemeine Bewertung der wichtigen Umweltprobleme im Geltungsbereich des Plans,
3. ein Verzeichnis der in den Geltungsbereich des Plans fallenden Anlagen, für die eine Genehmigung oder für deren zugehörige Gewässerbenutzung eine Erlaubnis erteilt wurde,
4. Verfahren für die Aufstellung von Programmen für regelmäßige Überwachungen,
5. Verfahren für Überwachungen aus besonderem Anlass sowie
6. soweit erforderlich Bestimmungen für die Zusammenarbeit zwischen verschiedenen Überwachungsbehörden.

[2]Die Überwachungspläne sind von den zuständigen Behörden regelmäßig zu überprüfen und soweit erforderlich zu aktualisieren.

(2) [1]Auf der Grundlage der Überwachungspläne erstellen oder aktualisieren die zuständigen Behörden regelmäßig Überwachungsprogramme, in denen die Zeiträume angegeben sind, in denen Vor-Ort-Besichtigungen stattfinden müssen. [2]In welchem zeitlichen Abstand Anlagen nach § 60 Absatz 3 Satz 1 Nummer 2 und 3 des Wasserhaushaltsgesetzes[2]) und Gewässerbenutzungen, die zu einer Industrieanlage gehören, vor Ort besichtigt werden müssen, richtet sich nach einer systematischen Beurteilung der mit der Anlage oder Gewässerbenutzung verbundenen Umweltrisiken, insbesondere anhand der folgenden Kriterien:

1. mögliche und tatsächliche Auswirkungen der betreffenden Anlage oder Gewässerbenutzung auf die menschliche Gesundheit und auf die Umwelt unter Berücksichtigung der Emissionswerte und -typen, der Empfindlichkeit

---
[1]) Nr. **6.1**.
[2]) Nr. **4.1**.

der örtlichen Umgebung und des von der Anlage oder der Gewässerbenutzung ausgehenden Unfallrisikos;
2. bisherige Einhaltung der Erlaubnis- oder Genehmigungsanforderungen;
3. Eintragung eines Unternehmens in ein Verzeichnis gemäß Artikel 5 der Verordnung (EG) Nr. 1221/2009[1]).

(3) [1] Der Abstand zwischen zwei Vor-Ort-Besichtigungen darf die folgenden Zeiträume nicht überschreiten:

1. ein Jahr bei Gewässerbenutzungen, die zu Industrieanlagen gehören, die der höchsten Risikostufe unterfallen, sowie
2. drei Jahre bei Gewässerbenutzungen, die zu Industrieanlagen gehören, die der niedrigsten Risikostufe unterfallen.

[2] Wurde bei einer Überwachung festgestellt, dass eine Gewässerbenutzung oder eine Anlage nach § 60 Absatz 3 Satz 1 Nummer 2 oder Nummer 3 des Wasserhaushaltsgesetzes in schwerwiegender Weise gegen die Erlaubnis oder Genehmigung verstößt, hat die zuständige Behörde innerhalb von sechs Monaten nach der Feststellung des Verstoßes eine zusätzliche Vor-Ort-Besichtigung durchzuführen.

(4) Die zuständige Behörde führt unbeschadet des Absatzes 2 bei Ereignissen mit erheblichen Umweltauswirkungen, bei Verstößen gegen wasserrechtliche Vorschriften sowie bei Beschwerden wegen ernsthafter Umweltbeeinträchtigungen eine Überwachung durch.

(5) [1] Nach jeder Vor-Ort-Besichtigung erstellt die zuständige Behörde einen Bericht mit den relevanten Feststellungen über die Einhaltung der Erlaubnis- oder Genehmigungsanforderungen und mit Schlussfolgerungen, ob weitere Maßnahmen notwendig sind. [2] Der Bericht ist dem Inhaber der Erlaubnis oder der Genehmigung innerhalb von zwei Monaten nach der Vor-Ort-Besichtigung durch die zuständige Behörde zu übermitteln. [3] Der Bericht ist der Öffentlichkeit nach den Vorschriften des Bundes[2]) und der Länder über den Zugang zu Umweltinformationen innerhalb von vier Monaten nach der Vor-Ort-Besichtigung zugänglich zu machen.

---

[1]) Nr. **2.7**.
[2]) Siehe das UmweltinformationsG (Nr. **2.6**).

## 4.2. Gesetz über Abgaben für das Einleiten von Abwasser in Gewässer (Abwasserabgabengesetz – AbwAG)

In der Fassung der Bekanntmachung vom 18. Januar 2005[1)]

(BGBl. I S. 114)

**FNA 753-9**

zuletzt geänd. durch Art. 2 Achte VO zur Änd. der AbwasserVO v. 22.8.2018 (BGBl. I S. 1327)

### Erster Abschnitt. Allgemeine Vorschriften

**§ 1 Grundsatz.** [1] Für das Einleiten von Abwasser in ein Gewässer im Sinne von § 3 Nummer 1 bis 3 des Wasserhaushaltsgesetzes[2)] ist eine Abgabe zu entrichten (Abwasserabgabe). [2] Sie wird durch die Länder erhoben.

**§ 2 Begriffsbestimmungen.** (1) [1] Abwasser im Sinne dieses Gesetzes sind das durch häuslichen, gewerblichen, landwirtschaftlichen oder sonstigen Gebrauch in seinen Eigenschaften veränderte und das bei Trockenwetter damit zusammen abfließende Wasser (Schmutzwasser) sowie das von Niederschlägen aus dem Bereich von bebauten oder befestigten Flächen abfließende und gesammelte Wasser (Niederschlagswasser). [2] Als Schmutzwasser gelten auch die aus Anlagen zum Behandeln, Lagern und Ablagern von Abfällen austretenden und gesammelten Flüssigkeiten.

(2) Einleiten im Sinne dieses Gesetzes ist das unmittelbare Verbringen des Abwassers in ein Gewässer; das Verbringen in den Untergrund gilt als Einleiten in ein Gewässer, ausgenommen hiervon ist das Verbringen im Rahmen landbaulicher Bodenbehandlung.

(3) Abwasserbehandlungsanlage im Sinne dieses Gesetzes ist eine Einrichtung, die dazu dient, die Schädlichkeit des Abwassers zu vermindern oder zu beseitigen; ihr steht eine Einrichtung gleich, die dazu dient, die Entstehung von Abwasser ganz oder teilweise zu verhindern.

**§ 3 Bewertungsgrundlage.** (1) [1] Die Abwasserabgabe richtet sich nach der Schädlichkeit des Abwassers, die unter Zugrundelegung der oxidierbaren Stoffe, des Phosphors, des Stickstoffs, der organischen Halogenverbindungen, der Metalle Quecksilber, Cadmium, Chrom, Nickel, Blei, Kupfer und ihrer Verbindungen sowie der Giftigkeit des Abwassers gegenüber Fischeiern nach der Anlage zu diesem Gesetz in Schadeinheiten bestimmt wird. [2] Eine Bewertung der Schädlichkeit entfällt außer bei Niederschlagswasser (§ 7) und Kleineinleitungen (§ 8), wenn die der Ermittlung der Zahl der Schadeinheiten zugrunde zu legende Schadstoffkonzentration oder Jahresmenge nicht in der Anlage angegebenen Schwellenwerte nicht überschreitet oder der Verdünnungsfaktor $G_{EI}$ nicht mehr als 2 beträgt.

(2) In den Fällen des § 9 Abs. 3 (Flusskläranlagen) richtet sich die Abgabe nach der Zahl der Schadeinheiten im Gewässer unterhalb der Flusskläranlage.

---

[1)] Neubekanntmachung des AbwAG idF der Bek. v. 3.11.1994 (BGBl. I S. 3370) in der ab 1.1.2005 geltenden Fassung.
[2)] Nr. **4.1**.

Abwasserabgabengesetz **§ 4 AbwAG 4.2**

(3) Die Länder können bestimmen, dass die Schädlichkeit des Abwassers insoweit außer Ansatz bleibt, als sie in Nachklärteichen, die einer Abwasserbehandlungsanlage klärtechnisch unmittelbar zugeordnet sind, beseitigt wird.

(4) Die Bundesregierung wird ermächtigt, durch Rechtsverordnung[1]) mit Zustimmung des Bundesrates die in der Anlage festgelegten Vorschriften über die Verfahren zur Bestimmung der Schädlichkeit dem jeweiligen Stand der Wissenschaft und Technik anzupassen, wenn dadurch die Bewertung der Schädlichkeit nicht wesentlich verändert wird.

### Zweiter Abschnitt. Ermittlung der Schädlichkeit

**§ 4 Ermittlung auf Grund des Bescheides.** (1) ¹Die der Ermittlung der Zahl der Schadeinheiten zugrunde zu legende Schadstofffracht errechnet sich außer bei Niederschlagswasser (§ 7) und bei Kleineinleitungen (§ 8) nach den Festlegungen des die Abwassereinleitung zulassenden Bescheides. ²Der Bescheid hat hierzu mindestens für die in der Anlage zu § 3 unter den Nummern 1 bis 5 genannten Schadstoffe und Schadstoffgruppen die in einem bestimmten Zeitraum im Abwasser einzuhaltende Konzentration und bei der Giftigkeit gegenüber Fischeiern den in einem bestimmten Zeitraum einzuhaltenden Verdünnungsfaktor zu begrenzen (Überwachungswerte) sowie die Jahresschmutzwassermenge festzulegen. ³Enthält der Bescheid für einen Schadstoff oder eine Schadstoffgruppe Überwachungswerte für verschiedene Zeiträume, ist der Abgabenberechnung der Überwachungswert für den längsten Zeitraum zugrunde zulegen; Jahres- und Monatsmittelwerte bleiben außer Betracht. ⁴Ist im Abwasser einer der in der Anlage zu § 3 genannten Schadstoffe oder Schadstoffgruppen nicht über den dort angegebenen Schwellenwerten zu erwarten, so kann insoweit von der Festlegung von Überwachungswerten abgesehen werden.

(2) In den Fällen des § 9 Abs. 3 (Flussklärlanlagen) gilt Absatz 1 entsprechend.

(3) ¹Weist das aus einem Gewässer unmittelbar entnommene Wasser vor seinem Gebrauch bereits eine Schädlichkeit nach § 3 Abs. 1 (Vorbelastung) auf, so ist auf Antrag des Abgabepflichtigen die Vorbelastung für die in § 3 Abs. 1 genannten Schadstoffe und Schadstoffgruppen zu schätzen und ihm die geschätzte Vorbelastung nicht zuzurechnen. ²Bei der Schätzung ist von der Schadstoffkonzentration im Mittel mehrerer Jahre auszugehen. ³Die Länder können für Gewässer oder Teile von ihnen die mittlere Schadstoffkonzentration einheitlich festlegen.

(4) ¹Die Einhaltung des Bescheides ist im Rahmen der Gewässerüberwachung nach den wasserrechtlichen Vorschriften durch staatliche oder staatlich anerkannte Stellen zu überwachen; der staatlichen Anerkennung stehen gleichwertige Anerkennungen oder Anerkennungen, aus denen hervorgeht, dass die betreffenden Anforderungen erfüllt sind, aus anderen Mitgliedstaaten der Europäischen Union oder anderen Vertragsstaaten des Abkommens über den Europäischen Wirtschaftsraum gleich. ²Ergibt die Überwachung, dass ein der Abgabenberechnung zugrunde zu legender Überwachungswert im Veranlagungszeitraum nicht eingehalten ist und auch nicht als eingehalten gilt, wird die Zahl der Schadeinheiten erhöht. ³Die Erhöhung richtet sich nach

---

[1]) Siehe die AbwasserVO (Nr. **4.1.2**).

dem Vomhundertsatz, um den der höchste gemessene Einzelwert den Überwachungswert überschreitet. ⁴Wird der Überwachungswert einmal nicht eingehalten, so bestimmt sich die Erhöhung nach der Hälfte des Vomhundertsatzes, wird der Überwachungswert mehrfach nicht eingehalten, nach dem vollen Vomhundertsatz. ⁵Legt der die Abwassereinleitung zulassende Bescheid nach Absatz 1 Satz 4 einen Überwachungswert nicht fest und ergibt die Überwachung, dass die in der Anlage zu § 3 als Schwellenwert angegebene Konzentration überschritten ist, wird die sich rechnerisch bei Zugrundelegung des Schwellenwertes ergebende Zahl der Schadeinheiten um den Vomhundertsatz erhöht, der sich aus den Sätzen 3 und 4 ergibt. ⁶Enthält der Bescheid über die nach Absatz 1 zugrunde zu legenden Überwachungswerte hinaus auch Überwachungswerte für kürzere Zeiträume oder Festlegungen für die in einem bestimmten Zeitraum einzuhaltende Abwassermenge oder Schadstofffracht, so wird die Zahl der Schadeinheiten auch bei Überschreitung dieser Werte erhöht. ⁷Wird die festgelegte Abwassermenge nicht eingehalten, so wird die Zahl der Schadeinheiten für alle im Bescheid nach Absatz 1 begrenzten Überwachungswerte erhöht. ⁸Werden sowohl ein Überwachungswert nach Absatz 1 als auch ein Überwachungswert oder eine Festlegung nach Satz 6 nicht eingehalten, so bestimmt sich die Erhöhung der Zahl der Schadeinheiten nach dem höchsten anzuwendenden Vomhundertsatz.

(5) ¹Erklärt der Einleiter gegenüber der zuständigen Behörde, dass er im Veranlagungszeitraum während eines bestimmten Zeitraumes, der nicht kürzer als drei Monate sein darf, einen niedrigeren Wert als den im Bescheid nach Absatz 1 festgelegten Überwachungswert oder eine geringere als die im Bescheid festgelegte Abwassermenge einhalten wird, so ist die Zahl der Schadeinheiten für diesen Zeitraum nach dem erklärten Wert zu ermitteln. ²Die Abweichung muss mindestens 20 vom Hundert betragen. ³Die Erklärung, in der die Umstände darzulegen sind, auf denen sie beruht, ist mindestens zwei Wochen vor dem beantragten Zeitraum abzugeben. ⁴Die Absätze 2 und 3 gelten entsprechend. ⁵Die Einhaltung des erklärten Wertes ist entsprechend den Festlegungen des Bescheides für den Überwachungswert durch ein behördlich zugelassenes Messprogramm nachzuweisen; die Messergebnisse der behördlichen Überwachung sind in die Auswertung des Messprogramms mit einzubeziehen. ⁶Wird die Einhaltung des erklärten Wertes nicht nachgewiesen oder ergibt die behördliche Überwachung, dass ein nach Absatz 1 der Abgabenberechnung zugrunde zu legender Überwachungswert oder eine Festlegung nach Absatz 4 Satz 6 nicht eingehalten ist oder nicht als eingehalten gilt, finden die Absätze 1 bis 4 Anwendung.

## § 5 (weggefallen)

## § 6 Ermittlung in sonstigen Fällen.
(1) ¹Soweit die zur Ermittlung der Schadeinheiten erforderlichen Festlegungen nicht in einem Bescheid nach § 4 Abs. 1 enthalten sind, hat der Einleiter spätestens einen Monat vor Beginn des Veranlagungszeitraums gegenüber der zuständigen Behörde zu erklären, welche für die Ermittlung der Schadeinheiten maßgebenden Überwachungswerte er im Veranlagungszeitraum einhalten wird. ²Kommt der Einleiter dieser Verpflichtung nach Satz 1 nicht nach, ist der Ermittlung der Schadeinheiten jeweils das höchste Messergebnis aus der behördlichen Überwachung zugrunde zu legen. ³Liegt kein Ergebnis aus der behördlichen Überwachung vor, hat die zuständi-

ge Behörde die Überwachungswerte zu schätzen. ⁴Die Jahresschmutzwassermenge wird bei der Ermittlung der Schadeinheiten geschätzt.

(2) § 4 Abs. 2 bis 5 gilt entsprechend.

**§ 7 Pauschalierung bei Einleitung von verschmutztem Niederschlagswasser.** (1) ¹Die Zahl der Schadeinheiten von Niederschlagswasser, das über eine öffentliche Kanalisation eingeleitet wird, beträgt zwölf vom Hundert der Zahl der angeschlossenen Einwohner. ²Wird das Niederschlagswasser von befestigten gewerblichen Flächen über eine nichtöffentliche Kanalisation eingeleitet, sind der Abgabenberechnung 18 Schadeinheiten je volles Hektar zugrunde zu legen, wenn die befestigten gewerblichen Flächen größer als drei Hektar sind. ³Die Zahl der angeschlossenen Einwohner oder die Größe der befestigten Fläche kann geschätzt werden.

(2) Die Länder können bestimmen, unter welchen Voraussetzungen die Einleitung von Niederschlagswasser ganz oder zum Teil abgabefrei bleibt.

**§ 8 Pauschalierung bei Kleineinleitungen von Schmutzwasser aus Haushaltungen und ähnlichem Schmutzwasser.** (1) ¹Die Zahl der Schadeinheiten von Schmutzwasser aus Haushaltungen und ähnlichem Schmutzwasser, für das eine Körperschaft des öffentlichen Rechts nach § 9 Abs. 2 Satz 2 abgabepflichtig ist, beträgt die Hälfte der Zahl der nicht an die Kanalisation angeschlossenen Einwohner, soweit die Länder nichts anderes bestimmen. ²Ist die Zahl der Einwohner nicht oder nur mit unverhältnismäßigem Aufwand zu ermitteln, kann sie geschätzt werden.

(2) ¹Die Länder können bestimmen, unter welchen Voraussetzungen die Einleitung abgabefrei bleibt. ²Die Einleitung ist abgabefrei, wenn der Bau der Abwasserbehandlungsanlage mindestens den allgemein anerkannten Regeln der Technik entspricht und die ordnungsgemäße Schlammbeseitigung sichergestellt ist.

### Dritter Abschnitt. Abgabepflicht

**§ 9 Abgabepflicht, Abgabesatz.** (1) Abgabepflichtig ist, wer Abwasser einleitet (Einleiter).

(2) ¹Die Länder können bestimmen, dass an Stelle der Einleiter Körperschaften des öffentlichen Rechts abgabepflichtig sind. ²An Stelle von Einleitern, die weniger als acht Kubikmeter je Tag Schmutzwasser aus Haushaltungen und ähnliches Schmutzwasser einleiten, sind von den Ländern zu bestimmende Körperschaften des öffentlichen Rechts abgabepflichtig. ³Die Länder regeln die Abwälzbarkeit der Abgabe.

(3) ¹Wird das Wasser eines Gewässers in einer Flusskläranlage gereinigt, können die Länder bestimmen, dass an Stelle der Einleiter eines festzulegenden Einzugsbereichs der Betreiber der Flusskläranlage abgabepflichtig ist. ²Absatz 2 Satz 3 gilt entsprechend.

(4) ¹Die Abgabepflicht entsteht bis zum 31. Dezember 1980 nicht. ²Der Abgabesatz beträgt für jede Schadeinheit
– ab 1. Januar 1981   12 DM,
– ab 1. Januar 1982   18 DM,
– ab 1. Januar 1983   24 DM,

- ab 1. Januar 1984   30 DM,
- ab 1. Januar 1985   36 DM,
- ab 1. Januar 1986   40 DM,
- ab 1. Januar 1991   50 DM,
- ab 1. Januar 1993   60 DM,
- ab 1. Januar 1997   70 DM,
- ab 1. Januar 2002   35,79 Euro

im Jahr.

(5) [1] Der Abgabesatz nach Absatz 4 ermäßigt sich außer bei Niederschlagswasser (§ 7) und bei Kleineinleitungen (§ 8) um 75 vom Hundert, vom Veranlagungsjahr 1999 an um die Hälfte für Schadeinheiten, die nicht vermieden werden, obwohl

1. der Inhalt des Bescheides nach § 4 Absatz 1 oder die Erklärung nach § 6 Absatz 1 Satz 1 mindestens den in einer Rechtsverordnung nach § 7a des Wasserhaushaltsgesetzes in der am 28. Februar 2010 geltenden Fassung oder § 23 Absatz 1 Nummer 3 in Verbindung mit § 57 Absatz 2 des Wasserhaushaltsgesetzes[1]) festgelegten Anforderungen entspricht und

2. die in einer Rechtsverordnung nach Nummer 1 festgelegten Anforderungen im Veranlagungszeitraum eingehalten werden.

[2] Satz 1 gilt entsprechend, wenn für die im Bescheid nach § 4 Absatz 1 festgesetzten oder die nach § 6 Absatz 1 Satz 1 erklärten Überwachungswerte in einer Rechtsverordnung nach Satz 1 Nummer 1 keine Anforderungen festgelegt sind.

(6) Im Falle einer Erklärung nach § 4 Abs. 5 berechnet sich die Ermäßigung nach dem erklärten Wert, wenn der Bescheid im Anschluss an die Erklärung an den erklärten Wert angepasst wird und dieser die Voraussetzungen des Absatzes 5 erfüllt.

**§ 10 Ausnahmen von der Abgabepflicht.** (1) Nicht abgabepflichtig ist das Einleiten von

1. Schmutzwasser, das vor Gebrauch einem Gewässer entnommen worden ist und über die bei der Entnahme vorhandene Schädlichkeit im Sinne dieses Gesetzes hinaus keine weitere Schädlichkeit im Sinne dieses Gesetzes aufweist,

2. Schmutzwasser in ein beim Abbau von mineralischen Rohstoffen entstandenes oberirdisches Gewässer, sofern das Wasser nur zum Waschen der dort gewonnenen Erzeugnisse gebraucht wird und keine anderen schädlichen Stoffe als die abgebauten enthält und soweit gewährleistet ist, dass keine schädlichen Stoffe in andere Gewässer gelangen,

3. Schmutzwasser von Wasserfahrzeugen, das auf ihnen anfällt,

4. Niederschlagswasser von bis zu drei Hektar großen befestigten gewerblichen Flächen und von Schienenwegen der Eisenbahnen, wenn es nicht über eine öffentliche Kanalisation vorgenommen wird.

---

[1]) Nr. **4.1**.

(2) Die Länder können bestimmen, dass das Einleiten von Abwasser in Untergrundschichten, in denen das Grundwasser wegen seiner natürlichen Beschaffenheit für eine Trinkwassergewinnung mit den herkömmlichen Aufbereitungsverfahren nicht geeignet ist, nicht abgabepflichtig ist.

(3) ¹Werden Abwasserbehandlungsanlagen errichtet oder erweitert, deren Betrieb eine Minderung der Fracht einer der bewerteten Schadstoffe und Schadstoffgruppen in einem zu behandelnden Abwasserstrom um mindestens 20 vom Hundert sowie eine Minderung der Gesamtschadstofffracht beim Einleiten in das Gewässer erwarten lässt, so können die für die Errichtung oder Erweiterung der Anlage enstandenen Aufwendungen mit der für die in den drei Jahren vor der vorgesehenen Inbetriebnahme der Anlage insgesamt für diese Einleitung geschuldeten Abgabe verrechnet werden. ²Dies gilt nicht für den nach § 4 Abs. 4 erhöhten Teil der Abgabe. ³Ist die Abgabe bereits gezahlt, besteht ein entsprechender Rückzahlungsanspruch; dieser Anspruch ist nicht zu verzinsen. ⁴Die Abgabe ist nachzuerheben, wenn die Anlage nicht in Betrieb genommen wird oder eine Minderung um mindestens 20 vom Hundert nicht erreicht wird. ⁵Die nacherhobene Abgabe ist rückwirkend vom Zeitpunkt der Fälligkeit an entsprechend § 238 der Abgabenordnung zu verzinsen.

(4) Für Anlagen, die das Abwasser vorhandener Einleitungen einer Abwasserbehandlungsanlage zuführen, die den Anforderungen des § 60 Absatz 1 des Wasserhaushaltsgesetzes[1]) entspricht oder angepasst wird, gilt Absatz 3 entsprechend mit der Maßgabe, dass bei den Einleitungen insgesamt eine Minderung der Schadstofffracht zu erwarten ist.

(5) Werden in dem in Artikel 3 des Einigungsvertrages genannten Gebiet Abwasseranlagen errichtet oder erweitert, deren Aufwendungen nach Absatz 3 oder 4 verrechnungsfähig sind, so können die Aufwendungen oder Leistungen hierzu nach Maßgabe der Absätze 3 und 4 auch mit Abwasserabgaben verrechnet werden, die der Abgabepflichtige für andere Einleitungen in diesem Gebiet bis zum Veranlagungsjahr 2005 schuldet.

## Vierter Abschnitt. Festsetzung, Erhebung und Verwendung der Abgabe

**§ 11 Veranlagungszeitraum, Erklärungspflicht.** (1) Veranlagungszeitraum ist das Kalenderjahr.

(2) ¹Der Abgabepflichtige hat in den Fällen der §§ 7 und 8 die Zahl der Schadeinheiten des Abwassers zu berechnen und die dazugehörigen Unterlagen der zuständigen Behörde vorzulegen. ²Ist der Abgabepflichtige nicht Einleiter (§ 9 Abs. 2 und 3), so hat der Einleiter dem Abgabepflichtigen die notwendigen Daten und Unterlagen zu überlassen.

(3) ¹Die Länder können bestimmen, dass der Abgabepflichtige auch in anderen Fällen die Zahl der Schadeinheiten des Abwassers zu berechnen, die für eine Schätzung erforderlichen Angaben zu machen und die dazugehörigen Unterlagen der zuständigen Behörde vorzulegen hat. ²Absatz 2 Satz 2 gilt entsprechend.

---

[1]) Nr. **4.1**.

## § 12 Verletzung der Erklärungspflicht.

(1) Kommt der Abgabepflichtige seinen Verpflichtungen nach § 11 Abs. 2 Satz 1 und den ergänzenden Vorschriften der Länder nicht nach, so kann die Zahl der Schadeinheiten von der zuständigen Behörde geschätzt werden.

(2) [1] Der Einleiter, der nach § 9 Abs. 2 oder 3 nicht abgabepflichtig ist, kann im Wege der Schätzung zur Abgabe herangezogen werden, wenn er seinen Verpflichtungen nach § 11 Abs. 2 Satz 2 und den ergänzenden Vorschriften der Länder nicht nachkommt. [2] In diesem Fall haften der Abgabepflichtige und der Einleiter als Gesamtschuldner.

## § 12a Rechtsbehelfe gegen die Heranziehung.

[1] Widerspruch und Anfechtungsklage gegen die Anforderung der Abgabe haben keine aufschiebende Wirkung. [2] Satz 1 ist auch auf Bescheide anzuwenden, die vor dem 19. Dezember 1984 erlassen worden sind.

## § 13 Verwendung.

(1) [1] Das Aufkommen der Abwasserabgabe ist für Maßnahmen, die der Erhaltung oder Verbesserung der Gewässergüte dienen, zweckgebunden. [2] Die Länder können bestimmen, dass der durch den Vollzug dieses Gesetzes und der ergänzenden landesrechtlichen Vorschriften entstehende Verwaltungsaufwand aus dem Aufkommen der Abwasserabgabe gedeckt wird.

(2) Maßnahmen nach Absatz 1 sind insbesondere:

1. der Bau von Abwasserbehandlungsanlagen,
2. der Bau von Regenrückhaltebecken und Anlagen zur Reinigung des Niederschlagswassers,
3. der Bau von Ring- und Auffangkanälen an Talsperren, See- und Meeresufern sowie von Hauptverbindungssammlern, die die Errichtung von Gemeinschaftskläranlagen ermöglichen,
4. der Bau von Anlagen zur Beseitigung des Klärschlamms,
5. Maßnahmen im und am Gewässer zur Beobachtung und Verbesserung der Gewässergüte wie Niedrigwasseraufhöhung oder Sauerstoffanreicherung sowie zur Gewässerunterhaltung,
6. Forschung und Entwicklung von Anlagen oder Verfahren zur Verbesserung der Gewässergüte,
7. Ausbildung und Fortbildung des Betriebspersonals für Abwasserbehandlungsanlagen und andere Anlagen zur Erhaltung und Verbesserung der Gewässergüte.

### Fünfter Abschnitt. Gemeinsame Vorschriften; Schlussvorschriften

## § 14 Anwendung von Straf- und Bußgeldvorschriften der Abgabenordnung.

Für die Hinterziehung von Abwasserabgaben gelten die Strafvorschriften des § 370 Abs. 1, 2 und 4 und des § 371 der Abgabenordnung (AO 1977) entsprechend, für die Verkürzung von Abwasserabgaben gilt die Bußgeldvorschrift des § 378 der Abgabenordnung (AO 1977) entsprechend.

## § 15 Ordnungswidrigkeiten.

(1) Ordnungswidrig handelt, wer vorsätzlich oder fahrlässig

1. entgegen § 11 Abs. 2 Satz 1 die Berechnungen oder Unterlagen nicht, nicht richtig oder nicht vollständig vorlegt,
2. entgegen § 11 Abs. 2 Satz 2 dem Abgabepflichtigen die notwendigen Daten oder Unterlagen nicht, nicht richtig oder nicht vollständig überlässt.

(2) Die Ordnungswidrigkeit kann mit einer Geldbuße bis zu zweitausendfünfhundert Euro geahndet werden.

**§ 16 Stadtstaaten-Klausel.** [1]§ 1 findet auch Anwendung, wenn die Länder Berlin und Hamburg selbst abgabepflichtig sind. [2]§ 9 Abs. 2 Satz 1 und 2 gilt für die Länder Berlin und Hamburg mit der Maßgabe, dass sie sich auch selbst als abgabepflichtig bestimmen können.

**§ 17** (weggefallen)

**§ 18** (Inkrafttreten)

**Anlage**
(zu § 3)

(1) Die Bewertungen der Schadstoffe und Schadstoffgruppen sowie die Schwellenwerte ergeben sich aus folgender Tabelle:

| Nr. | Bewertete Schadstoffe und Schadstoffgruppen | Einer Schadeinheit entsprechen jeweils folgende volle Messeinheiten | Schwellenwerte nach Konzentration und Jahresmenge | Verfahren zur Bestimmung der Schädlichkeit des Abwassers |
|---|---|---|---|---|
| 1 | Oxidierbare Stoffe in chemischem Sauerstoffbedarf (CSB) | 50 Kilogramm Sauerstoff | 20 Milligramm je Liter und 250 Kilogramm Jahresmenge | 303 |
| 2 | Phosphor | 3 Kilogramm | 0,1 Milligramm je Liter und 15 Kilogramm Jahresmenge | 108 |
| 3 | Stickstoff als Summe der Einzelbestimmungen aus Nitratstickstoff, Nitritstickstoff und Ammoniumstickstoff | 25 Kilogramm | 5 Milligramm je Liter und 125 Kilogramm Jahresmenge | Nitratstickstoff: 106<br>Nitritstickstoff: 107<br>Ammoniumstickstoff: 202 |
| 4 | Organische Halogenverbindungen als adsorbierbare organisch gebundene Halogene (AOX) | 2 Kilogramm Halogen, berechnet als organisch gebundenes Chlor | 100 Mikrogramm je Liter und 10 Kilogramm Jahresmenge | 302 |
| 5 | Metalle und ihre Verbindungen | | und | |
| 5.1 | Quecksilber | 20 Gramm | 1 Mikrogramm 100 Gramm | 215 |
| 5.2 | Cadmium | 100 Gramm | 5 Mikrogramm 500 Gramm | 207 |
| 5.3 | Chrom | 500 Gramm | 50 Mikrogramm 2,5 Kilogramm | 209 |
| 5.4 | Nickel | 500 Gramm | 50 Mikrogramm 2,5 Kilogramm | 214 |

## 4.2 AbwAG Anl.

| Nr. | Bewertete Schadstoffe und Schadstoffgruppen | Einer Schadeinheit entsprechen jeweils folgende volle Messeinheiten | Schwellenwerte nach Konzentration und Jahresmenge | Verfahren zur Bestimmung der Schädlichkeit des Abwassers |
|---|---|---|---|---|
| 5.5 | Blei | 500 Gramm | 50 Mikrogramm  2,5 Kilogramm | 206 |
| 5.6 | Kupfer | 1 000 Gramm Metall | 100 Mikrogramm  5 Kilogramm je Liter  Jahresmenge | 213 |
| 6 | Giftigkeit gegenüber Fischeiern | 6 000 Kubikmeter Abwasser geteilt durch $G_{EI}$ | $G_{EI} = 2$ | 401 |

$G_{EI}$ ist der Verdünnungsfaktor, bei dem Abwasser im Fischeitest nicht mehr giftig ist. Die Verfahren zur Bestimmung der Schädlichkeit des Abwassers entsprechen den Analyse- und Messverfahren nach den Nummern, die in Anlage 1 der Abwasserverordnung[1] angegeben sind.

(2) Wird Abwasser in Küstengewässer eingeleitet, bleibt die Giftigkeit gegenüber Fischeiern insoweit unberücksichtigt, als sie auf dem Gehalt an solchen Salzen beruht, die den Hauptbestandteilen des Meerwassers gleichen. Das Gleiche gilt für das Einleiten von Abwasser in Mündungsstrecken oberirdischer Gewässer in das Meer, die einen ähnlichen natürlichen Salzgehalt wie die Küstengewässer aufweisen.

---

[1] Nr. **4.1.2**.

## 4.3. Gesetz über die Umweltverträglichkeit von Wasch- und Reinigungsmitteln (Wasch- und Reinigungsmittelgesetz – WRMG)

In der Fassung der Bekanntmachung vom 17. Juli 2013[1)]

(BGBl. I S. 2538)

**FNA 753-12**

zuletzt geänd. durch Art. 10 Abs. 3 Viertes G zur Änd. des Lebensmittel- und Futtermittelgesetzbuches sowie anderer Vorschriften v. 27.7.2021 (BGBl. I S. 3274)

**§ 1 Anwendungsbereich.** [1]Dieses Gesetz gilt für das Inverkehrbringen und die sonstige Bereitstellung auf dem Markt von Wasch- und Reinigungsmitteln. [2]Es gilt ergänzend zu der Verordnung (EG) Nr. 648/2004 des Europäischen Parlaments und des Rates vom 31. März 2004 über Detergenzien (ABl. L 104 vom 8.4.2004, S. 1), die zuletzt durch die Verordnung (EU) Nr. 259/2012 (ABl. L 94 vom 30.3.2012, S. 16) geändert worden ist. [3]Die Vorschriften des Chemikaliengesetzes[2)] und der aufgrund des Chemikaliengesetzes erlassenen Rechtsverordnungen bleiben unberührt.

**§ 2 Begriffsbestimmungen.** (1) [1]Wasch- und Reinigungsmittel im Sinne dieses Gesetzes sind die in Artikel 2 Nummer 1 der Verordnung (EG) Nr. 648/2004 genannten Stoffe, Gemische oder Produkte. [2]Als Wasch- und Reinigungsmittel gelten auch

1. tensidhaltige, zur Reinigung bestimmte kosmetische Mittel im Sinne des Artikels 2 Absatz 1 Buchstabe a auch in Verbindung mit Absatz 2 der Verordnung (EG) Nr. 1223/2009 des Europäischen Parlaments und des Rates vom 30. November 2009 über kosmetische Mittel (ABl. L 342 vom 22.12. 2009, S. 59), die zuletzt durch die Verordnung (EU) 2019/1966 (ABl. L 307 vom 28.11.2019, S. 15) geändert worden ist, die erfahrungsgemäß nach Gebrauch in Gewässer gelangen können,
2. von Satz 1 nicht erfasste Produkte, die bestimmungsgemäß den Reinigungsprozess unterstützen und erfahrungsgemäß nach Gebrauch in Gewässer gelangen können, sowie
3. Produkte, die bestimmungsgemäß auf Oberflächen aufgebracht und bei einer einmaligen Reinigung mit Wasch- und Reinigungsmitteln im Sinne des Satzes 1 überwiegend abgelöst werden und erfahrungsgemäß danach in Gewässer gelangen können.

(2) [1]Im Übrigen gelten die Begriffsbestimmungen des Artikels 2 der Verordnung (EG) Nr. 648/2004. [2]Diese Begriffsbestimmungen gelten für Wasch- und Reinigungsmittel im Sinne von Absatz 1 Satz 2 entsprechend.

**§ 3 Allgemeine Pflichten.** (1) [1]Wasch- und Reinigungsmittel im Sinne von § 2 Absatz 1 Satz 2 Nummer 1 dürfen nur so in den Verkehr gebracht werden, dass infolge ihres Gebrauchs jede vermeidbare Beeinträchtigung der Umwelt,

---

[1)] Neubekanntmachung des Wasch- und ReinigungsmittelG v. 29.4.2007 (BGBl. I S. 600) in der ab dem 11.7.2013 geltenden Fassung.
[2)] Nr. **9.1**.

insbesondere der Beschaffenheit der Gewässer, vor allem im Hinblick auf den Naturhaushalt und die Trinkwasserversorgung, und eine Beeinträchtigung des Betriebs von Abwasseranlagen unterbleibt. ²Wasch- und Reinigungsmittel im Sinne von § 2 Absatz 1 Satz 2 Nummer 2 und 3 dürfen nur so in den Verkehr gebracht werden, dass infolge ihres Gebrauchs jede vermeidbare Beeinträchtigung der menschlichen Gesundheit und der Umwelt im Sinne von Satz 1 und eine Beeinträchtigung des Betriebs von Abwasseranlagen unterbleibt.

(2) Technische Einrichtungen, die der Reinigung mit Wasch- und Reinigungsmitteln dienen, sollen so gestaltet werden, dass bei ihrem ordnungsgemäßen Gebrauch so wenig Wasch- und Reinigungsmittel und so wenig Wasser und Energie wie möglich benötigt werden.

(3) Wasch- und Reinigungsmittel im Sinne von § 2 Absatz 1 Satz 1 und für derartige Wasch- und Reinigungsmittel bestimmte Tenside dürfen nur in den Verkehr gebracht werden, wenn der hierfür Verantwortliche eine Niederlassung in der Europäischen Union hat.

**§ 4 Abbaubarkeit von Tensiden.** (1) ¹Es ist verboten, tensidhaltige Wasch- und Reinigungsmittel im Sinne von § 2 Absatz 1 Satz 1 oder für derartige Wasch- und Reinigungsmittel bestimmte Tenside in den Verkehr zu bringen, wenn die vollständige aerobe Bioabbaubarkeit der Tenside nach Maßgabe von Anhang III der Verordnung (EG) Nr. 648/2004 nicht einer dort in Abschnitt A oder B festgelegten Rate entspricht, die nach einer dort jeweils genannten entsprechenden Prüfmethode zu messen ist. ²Satz 1 gilt nicht in den Fällen der Artikel 3 Absatz 1 Satz 2 und Artikel 6 Absatz 2 der Verordnung (EG) Nr. 648/2004 sowie einer nach Artikel 5 Absatz 4 der Verordnung (EG) Nr. 648/2004 erteilten Ausnahmegenehmigung.

(2) Es ist verboten, Wasch- und Reinigungsmittel im Sinne von § 2 Absatz 1 Satz 2 in den Verkehr zu bringen, wenn die primäre Bioabbaubarkeit der in ihnen enthaltenen anionischen und nichtionischen Tenside nicht einer Rate von mindestens 80 vom Hundert entspricht, die nach der in Anhang II der Verordnung (EG) Nr. 648/2004 unter Ziffer 3 genannten Prüfmethode zu messen ist.

**§ 5 Höchstmengen von Phosphorverbindungen.** (1) Es ist verboten, Wasch- und Reinigungsmittel in den Verkehr zu bringen, deren Gehalt an Phosphorverbindungen die in einer Rechtsverordnung nach Absatz 2 festgesetzten Höchstmengen überschreitet.

(2) Das Bundesministerium für Umwelt, Naturschutz und nukleare Sicherheit wird ermächtigt, nach Anhörung der beteiligten Kreise im Einvernehmen mit den Bundesministerien für Wirtschaft und Energie und für Ernährung und Landwirtschaft durch Rechtsverordnung[1]) mit Zustimmung des Bundesrates zur Vermeidung von Beeinträchtigungen der Beschaffenheit der Gewässer, insbesondere im Hinblick auf den Naturhaushalt und die Trinkwasserversorgung, und von Beeinträchtigungen des Betriebs von Abwasseranlagen, soweit geeignete Ersatzmöglichkeiten zur Verfügung stehen, Höchstmengen für Phosphorverbindungen in Wasch- und Reinigungsmitteln sowie das für die Bestimmung des Gehalts an Phosphorverbindungen erforderliche Verfahren festzulegen.

---

[1]) Siehe die PhosphathöchstmengenVO v. 4.6.1980 (BGBl. I S. 664).

Wasch- und Reinigungsmittelgesetz §§ 6–10 WRMG 4.3

**§ 6 Weitere Anforderungen an die Umweltverträglichkeit von Wasch- und Reinigungsmitteln und deren Inhaltsstoffen.** Die Bundesregierung wird ermächtigt, nach Anhörung der beteiligten Kreise durch Rechtsverordnung mit Zustimmung des Bundesrates zur Vermeidung von Beeinträchtigungen der Beschaffenheit der Gewässer, insbesondere im Hinblick auf den Naturhaushalt und die Trinkwasserversorgung, und von Beeinträchtigungen des Betriebs von Abwasseranlagen über die Regelungen der §§ 4 und 5 hinaus

1. das Inverkehrbringen von bestimmten Inhaltsstoffen in Wasch- und Reinigungsmitteln zu beschränken oder zu verbieten und
2. das Inverkehrbringen von Wasch- und Reinigungsmitteln zu beschränken.

**§ 7 Anhörung beteiligter Kreise.** In den Fällen des § 5 Absatz 2 und § 6 ist ein jeweils auszuwählender Kreis von Vertretern der Wasserversorgung und des Gewässerschutzes, der für die Wasserwirtschaft zuständigen obersten Landesbehörden, der Wissenschaft, der Verbraucher sowie der beteiligten Wirtschaft zu hören.

**§ 8 Kennzeichnung, Veröffentlichung des Datenblattes über Inhaltsstoffe.** (1) ¹Wasch- und Reinigungsmittel im Sinne des § 2 Absatz 1 Satz 1 dürfen nur in den Verkehr gebracht werden, wenn sie entsprechend Artikel 11 Absatz 2 bis 4 der Verordnung (EG) Nr. 648/2004 in deutscher Sprache gekennzeichnet sind. ²Die Vorschriften der §§ 13 und 14 des Chemikaliengesetzes[1]) über die Kennzeichnung bleiben unberührt.

(2) Hersteller von Wasch- und Reinigungsmitteln im Sinne des § 2 Absatz 1 Satz 1 und 2 Nummer 2 und 3 haben nach Maßgabe von Anhang VII Abschnitt D der Verordnung (EG) Nr. 648/2004 spätestens ab dem Zeitpunkt des Inverkehrbringens der Wasch- und Reinigungsmittel ein Verzeichnis der Inhaltsstoffe zur Verfügung zu stellen.

**§ 9 Angabe der Wasserhärtebereiche.** (1) Die Wasserversorgungsunternehmen haben dem Verbraucher den Härtebereich des von ihnen abgegebenen Trinkwassers mindestens einmal jährlich, ferner bei jeder nicht nur vorübergehenden Änderung des Härtebereichs in Form von Aufklebern oder in einer ähnlich wirksamen Weise mitzuteilen.

(2) Die Härtebereiche sind wie folgt anzugeben:

| | |
|---|---|
| Härtebereich weich | weniger als 1,5 Millimol Calciumcarbonat je Liter, |
| Härtebereich mittel | 1,5 bis 2,5 Millimol Calciumcarbonat je Liter, |
| Härtebereich hart | mehr als 2,5 Millimol Calciumcarbonat je Liter. |

**§ 10 Übermittlung von Daten zu medizinischen Zwecken.** (1) ¹Hersteller von Wasch- und Reinigungsmitteln, die nach dem Inkrafttreten dieses Gesetzes erstmalig im Geltungsbereich dieses Gesetzes in den Verkehr gebracht werden, haben dem Bundesinstitut für Risikobewertung spätestens zum Zeitpunkt ihres erstmaligen Inverkehrbringens unentgeltlich ein Datenblatt nach Anhang VII Abschnitt C der Verordnung (EG) Nr. 648/2004 zu übermitteln, wenn keine Mitteilungspflicht besteht nach

---

[1]) Nr. 9.1.

1. Anhang VIII der Verordnung (EG) Nr. 1272/2008 des Europäischen Parlaments und des Rates vom 16. Dezember 2008 über die Einstufung, Kennzeichnung und Verpackung von Stoffen und Gemischen, zur Änderung und Aufhebung der Richtlinien 67/548/EWG und 1999/45/EG und zur Änderung der Verordnung (EG) Nr. 1907/2006 (ABl. L 353 vom 31.12.2008, S. 1; L 16 vom 20.1.2011, S. 1; L 94 vom 10.4.2015, S. 9), die zuletzt durch die Verordnung (EU) 2017/542 (ABl. L 78 vom 23.3.2017, S. 1) geändert worden ist, in ihrer jeweils geltenden Fassung, oder
2. Artikel 13 der Verordnung (EG) Nr. 1223/2009 des Europäischen Parlaments und des Rates vom 30. November 2009 über kosmetische Mittel (ABl. L 342 vom 22.12.2009, S. 59), die zuletzt durch die Verordnung (EU) 2016/1198 (ABl. L 198 vom 23.7.2016, S. 10) geändert worden ist, in ihrer jeweils geltenden Fassung.

²Die Übermittlung hat auf elektronischem Weg in vom Bundesinstitut für Risikobewertung vorgegebener Form zu erfolgen. ³§ 16e Absatz 3 des Chemikaliengesetzes[1)] gilt entsprechend. ⁴Die Sätze 1 bis 3 gelten im Falle einer Änderung der zu übermittelnden Daten entsprechend. ⁵Die Informations- und Behandlungszentren für Vergiftungen dürfen die Angaben nach Satz 1 medizinischem Personal nur insoweit mitteilen, als sie dies im Einzelfall für erforderlich halten, um Anfragen medizinischen Inhalts zu bearbeiten und mit der Nennung von vorbeugenden und heilenden Maßnahmen zu beantworten. ⁶Die Angaben nach Satz 1 sind von den Informations- und Behandlungszentren für Vergiftungen und medizinischem Personal vertraulich zu behandeln und dürfen nur für medizinische Zwecke verwendet werden.

(2) ¹Das Bundesinstitut für Risikobewertung teilt dem Umweltbundesamt den Namen des Herstellers und den Handelsnamen des Wasch- und Reinigungsmittels mit. ²Satz 1 gilt auch im Falle des § 16e Absatz 1 des Chemikaliengesetzes.

(3) Das Bundesinstitut für Risikobewertung unterliegt in den Fällen der Absätze 1 und 2 der Fachaufsicht des Bundesministeriums für Umwelt, Naturschutz und nukleare Sicherheit.

**§ 11 Verzeichnis anerkannter Labors.** Das Umweltbundesamt übermittelt den anderen Mitgliedstaaten der Europäischen Union und der Europäischen Kommission ein Verzeichnis der im Bundesgebiet anerkannten Labors, die zur Durchführung der nach der Verordnung (EG) Nr. 648/2004 erforderlichen Prüfverfahren nach Artikel 8 Absatz 2 der Verordnung (EG) Nr. 648/2004 befähigt und befugt sind, und unterrichtet die Europäische Kommission regelmäßig über eingetretene Änderungen.

**§ 12 Aufgaben und Zuständigkeiten des Umweltbundesamtes.**

(1) ¹Das Umweltbundesamt hat im Rahmen dieses Gesetzes die Aufgabe, das Inverkehrbringen von Wasch- und Reinigungsmitteln sowie ihren Verbleib in der Umwelt und die von ihnen ausgehenden Umweltauswirkungen zu beobachten. ²Das Umweltbundesamt wertet die hierbei gewonnenen Daten aus im Hinblick auf die Vermeidung von Beeinträchtigungen der Beschaffenheit der Gewässer, insbesondere im Hinblick auf den Naturhaushalt und die Trinkwasserversorgung, sowie von Beeinträchtigungen des Betriebs von Ab-

---

[1)] Nr. **9.1.**

wasseranlagen. ³Das Umweltbundesamt unterrichtet die für die Überwachung zuständigen Landesbehörden über die nach Satz 1 gewonnenen Daten und, soweit dies für die Erfüllung ihrer wasserwirtschaftlichen Aufgaben von Bedeutung sein kann, über die Ergebnisse der Auswertungen nach Satz 2.

(2) ¹Das Umweltbundesamt ist zuständige Behörde im Sinne von Artikel 5 Absatz 1, 3 und 5, Artikel 8 Absatz 1 und 3 sowie Artikel 10 Absatz 2 der Verordnung (EG) Nr. 648/2004. ²Das Umweltbundesamt unterrichtet die zuständige oberste Landesbehörde über den Eingang eines Antrages auf Erteilung einer Ausnahmegenehmigung nach Artikel 5 Absatz 1 der Verordnung (EG) Nr. 648/2004.

**§ 13 Überwachung.** (1) ¹Die zuständige oberste Landesbehörde oder die nach Landesrecht bestimmten Behörden haben die Einhaltung dieses Gesetzes und der auf dieses Gesetz gestützten Rechtsverordnungen zu überwachen, soweit dieses Gesetz keine andere Regelung trifft. ²Satz 1 gilt auch für die Verordnung (EG) Nr. 648/2004, soweit die Überwachung ihrer Durchführung den Mitgliedstaaten obliegt. ³§ 21a des Chemikaliengesetzes[1]) gilt entsprechend.

(2) Die zuständige Landesbehörde kann die zur Überwachung notwendigen Proben von Wasch- und Reinigungsmitteln und deren Inhaltsstoffen beim Hersteller oder Händler unentgeltlich entnehmen.

(3) ¹Hersteller und Händler haben den von der zuständigen Landesbehörde mit der Überwachung beauftragten Personen das Betreten von Grundstücken, Anlagen und Geschäftsräumen während der üblichen Betriebs- und Geschäftszeit zu gestatten. ²Außerhalb dieser Zeiten besteht diese Verpflichtung nur, sofern die Probenahme zur Verhütung dringender Gefahren für die öffentliche Sicherheit und Ordnung erforderlich ist. ³In diesem Falle ist auch das Betreten von Wohnräumen zu gestatten. ⁴Das Grundrecht der Unverletzlichkeit der Wohnung (Artikel 13 Absatz 1 des Grundgesetzes[2])) wird durch die Sätze 2 und 3 eingeschränkt.

(4) Hersteller und Händler haben auf Verlangen ferner die zur Überwachung notwendigen Auskünfte zu erteilen, die erforderlichen Unterlagen mit Ausnahme der Herstellungsbeschreibungen zur Verfügung zu stellen und technische Ermittlungen und Prüfungen, insbesondere Probeentnahmen, zu gestatten.

(5) Der zur Erteilung einer Auskunft Verpflichtete kann die Auskunft auf solche Fragen verweigern, deren Beantwortung ihn selbst oder einen der in § 383 Absatz 1 Nummer 1 bis 3 der Zivilprozessordnung bezeichneten Angehörigen der Gefahr der Verfolgung wegen einer Straftat oder Ordnungswidrigkeit aussetzen würde.

**§ 14 Behördliche Anordnungen.** (1) Die zuständige Landesbehörde kann im Einzelfall Anordnungen treffen,

1. die zur Beseitigung festgestellter oder Verhütung künftiger Verstöße gegen die Verordnung (EG) Nr. 648/2004, dieses Gesetz oder nach diesem Gesetz erlassene Rechtsverordnungen notwendig sind, oder

---

[1]) Nr. 9.1.
[2]) Nr. 1.1.

2. um die Bereitstellung auf dem Markt von Wasch- und Reinigungsmitteln oder für Wasch- und Reinigungsmittel bestimmten Tensiden, die nicht der Verordnung (EG) Nr. 648/2004, diesem Gesetz oder den nach diesem Gesetz erlassenen Rechtsverordnungen entsprechen, zu verhindern.

(2) [1]Besteht berechtigter Grund zu der Annahme, dass ein bestimmtes Wasch- und Reinigungsmittel im Sinne von § 2 Absatz 1 Satz 1 trotz Einhaltung der Vorschriften der Verordnung (EG) Nr. 648/2004 ein Risiko für die Sicherheit oder die Gesundheit von Menschen oder Tieren oder für die Umwelt darstellt, kann das Umweltbundesamt das Inverkehrbringen und die sonstige Bereitstellung auf dem Markt dieses Wasch- und Reinigungsmittels vorläufig untersagen oder besonderen Bedingungen unterwerfen. [2]Besteht ein Risiko für die Sicherheit oder die Gesundheit von Menschen oder Tieren, entscheidet das Umweltbundesamt im Einvernehmen mit dem Bundesinstitut für Risikobewertung. [3]Das Umweltbundesamt unterrichtet unverzüglich die anderen Mitgliedstaaten der Europäischen Union, die Europäische Kommission sowie die für die Überwachung zuständige Landesbehörde unter Angabe der Gründe über die getroffene Entscheidung. [4]Rechtsbehelfe gegen Anordnungen nach Satz 1 haben keine aufschiebende Wirkung. [5]Die Anordnungen nach Satz 1 werden von der jeweils zuständigen Landesbehörde nach den jeweiligen landesrechtlichen Vorschriften über das Verwaltungsvollstreckungsverfahren vollstreckt.

**§ 15 Bußgeldvorschriften.** (1) Ordnungswidrig handelt, wer vorsätzlich oder fahrlässig

1. entgegen § 3 Absatz 3, § 4 Absatz 1 Satz 1 oder Absatz 2, § 5 Absatz 1 in Verbindung mit einer Rechtsverordnung nach § 5 Absatz 2 oder entgegen § 8 Absatz 1 Satz 1 ein Wasch- und Reinigungsmittel oder ein Tensid in den Verkehr bringt,
2. entgegen § 8 Absatz 2 ein Verzeichnis der Inhaltsstoffe nicht oder nicht rechtzeitig zur Verfügung stellt,
3. entgegen § 10 Absatz 1 Satz 1, auch in Verbindung mit Satz 4, ein Datenblatt nicht, nicht richtig, nicht vollständig oder nicht rechtzeitig übermittelt,
4. entgegen § 13 Absatz 3 Satz 1, 2 oder 3 das Betreten eines Grundstücks, einer Anlage oder eines Raumes nicht gestattet,
5. entgegen § 13 Absatz 4 eine Auskunft nicht, nicht richtig, nicht vollständig oder nicht rechtzeitig erteilt oder eine Unterlage nicht, nicht richtig, nicht vollständig oder nicht rechtzeitig zur Verfügung stellt oder eine technische Ermittlung oder eine Prüfung nicht gestattet,
6. einer vollziehbaren Anordnung nach § 14 Absatz 2 Satz 1 zuwiderhandelt oder
7. einer Rechtsverordnung nach § 6 oder einer vollziehbaren Anordnung aufgrund einer solchen Rechtsverordnung zuwiderhandelt, soweit die Rechtsverordnung für einen bestimmten Tatbestand auf diese Bußgeldvorschrift verweist.

(2) Ordnungswidrig handelt, wer gegen die Verordnung (EG) Nr. 648/2004 des Europäischen Parlaments und des Rates vom 31. März 2004 über Detergenzien (ABl. L 104 vom 8.4.2004, S. 1), die zuletzt durch die Verordnung (EU) Nr. 259/2012 (ABl. L 94 vom 30.3.2012, S. 16) geändert worden ist, verstößt, indem er vorsätzlich oder fahrlässig

1. entgegen Artikel 4a ein dort genanntes Detergens in Verkehr bringt,
2. entgegen Artikel 9 Absatz 1 eine dort genannte Information oder eine dort genannte Unterlage nicht, nicht richtig oder nicht vollständig bereithält oder
3. entgegen Artikel 9 Absatz 3 Unterabs. 1 ein Datenblatt nicht, nicht richtig, nicht vollständig oder nicht rechtzeitig zur Verfügung stellt.

(3) Die Ordnungswidrigkeit kann in den Fällen des Absatzes 1 Nummer 1, 2, 3, 6 und 7 sowie des Absatzes 2 mit einer Geldbuße bis zu fünfzigtausend Euro, in den übrigen Fällen mit einer Geldbuße bis zu zehntausend Euro geahndet werden.

(4) Verwaltungsbehörde im Sinne des § 36 Absatz 1 Nummer 1 des Gesetzes über Ordnungswidrigkeiten ist die nach Landesrecht zuständige Behörde.

(5) Gegenstände, auf die sich die Ordnungswidrigkeit bezieht, können eingezogen werden.

## § 16 *(aufgehoben)*

## § 17 (Inkrafttreten, Außerkrafttreten)

## 5.1. Gesetz zur Förderung der Kreislaufwirtschaft und Sicherung der umweltverträglichen Bewirtschaftung von Abfällen (Kreislaufwirtschaftsgesetz – KrWG)[1) 2) 3) 4)]

Vom 24. Februar 2012

(BGBl. I S. 212)

**FNA 2129-56**

zuletzt geänd. durch Art. 20 PersonengesellschaftsrechtsmodernisierungsG (MoPeG) v. 10.8.2021 (BGBl. I S. 3436)

### Teil 1. Allgemeine Vorschriften

**§ 1 Zweck des Gesetzes.** (1) Zweck des Gesetzes ist es, die Kreislaufwirtschaft zur Schonung der natürlichen Ressourcen zu fördern und den Schutz von Mensch und Umwelt bei der Erzeugung und Bewirtschaftung von Abfällen sicherzustellen.

(2) Mit diesem Gesetz soll außerdem das Erreichen der europarechtlichen Zielvorgaben der Richtlinie 2008/98/EG des Europäischen Parlaments und des Rates vom 19. November 2008 über Abfälle und zur Aufhebung bestimmter Richtlinien (ABl. L 312 vom 22.11.2008, S. 3; L 127 vom 26.5.2009, S. 24; L 297 vom 13.11.2015, S. 9; L 42 vom 18.2.2017, S. 43), die zuletzt durch die Richtlinie (EU) 2018/851 (ABl. L 150 vom 14.6.2018, S. 109) geändert worden ist, gefördert werden.

**§ 2 Geltungsbereich.** (1) Die Vorschriften dieses Gesetzes gelten für

1. die Vermeidung von Abfällen sowie
2. die Verwertung von Abfällen,
3. die Beseitigung von Abfällen und
4. die sonstigen Maßnahmen der Abfallbewirtschaftung.

(2) Die Vorschriften dieses Gesetzes gelten nicht für

---

[1)] **Amtl. Anm. zum ArtikelG:** Dieses Gesetz dient der Umsetzung der Richtlinie 2008/98/EG des Europäischen Parlaments und des Rates vom 19. November 2008 über Abfälle und zur Aufhebung bestimmter Richtlinien (ABl. L 312 vom 22.11.2008, S. 3, L 127 vom 26.5.2009, S. 24). Die Verpflichtung aus der Richtlinie 98/34/EG des Europäischen Parlaments und des Rates vom 22. Juni 2008 über ein Informationsverfahren auf dem Gebiet der technischen Vorschriften und der Vorschriften für die Dienste der Informationsgesellschaft (ABl. L 204 vom 21.7.1998, S. 37), die zuletzt durch die Richtlinie 2006/96/EG vom 20. November 2006 (ABl. L 363 vom 20.12.2006, S. 81) geändert worden ist, sind beachtet worden.

[2)] Verkündet als Art. 1 G zur Neuordnung des Kreislaufwirtschafts- und Abfallrechts v. 24.2.2012 (BGBl. I S. 212, ber. S. 1474); Inkrafttreten gem. Art. 6 Abs. 1 Satz 1 dieses G am 1.6.2012. § 4 Abs. 2, § 5 Abs. 2, § 8 Abs. 2, § 10, § 11 Abs. 2 und 3, § 12 Abs. 7, § 16, § 23 Abs. 4, § 24, § 25, § 26 Abs. 1, § 36 Abs. 4 Satz 4, § 38 Abs. 1 Satz 2, § 41 Abs. 2, § 43, § 48 Satz 2, § 53 Abs. 6, § 54 Abs. 7, § 55 Abs. 2, § 57, § 59 Abs. 1 Satz 2, § 60 Abs. 3, § 61, § 65, § 67 und § 68 treten gem. Art. 6 Abs. 2 dieses G am 1.3.2012 in Kraft.

[3)] Die Änderungen durch G v. 10.8.2021 (BGBl. I S. 3436) treten erst **mWv 1.1.2024** in Kraft und sind im Text noch nicht berücksichtigt.

[4)] Zur Sicherstellung ordnungsgemäßer Planungs- und Genehmigungsverfahren während der COVID-19-Pandemie siehe das PlanungssicherstellungsG v. 20.5.2020 (BGBl. I S. 1041), zuletzt geänd. durch G v. 18.3.2021 (BGBl. I S. 353).

**5.1 KrWG § 2**

1. Stoffe, die zu entsorgen sind
   a) nach dem Lebensmittel- und Futtermittelgesetzbuch in der Fassung der Bekanntmachung vom 22. August 2011 (BGBl. I S. 1770) in der jeweils geltenden Fassung, soweit es für Lebensmittel, Lebensmittel-Zusatzstoffe, kosmetische Mittel, Bedarfsgegenstände und mit Lebensmitteln verwechselbare Produkte gilt,
   b) nach dem Tabakerzeugnisgesetz vom 4. April 2016 (BGBl. I S. 569) in der jeweils geltenden Fassung,
   c) nach dem Milch- und Margarinegesetz vom 25. Juli 1990 (BGBl. I S. 1471), das zuletzt durch Artikel 2 des Gesetzes vom 18. Januar 2019 (BGBl. I S. 33) geändert worden ist, in der jeweils geltenden Fassung,
   d) nach dem Tiergesundheitsgesetz vom 22. Mai 2013 (BGBl. I S. 1324),
   e) nach dem Pflanzenschutzgesetz[1]) in der Fassung der Bekanntmachung vom 14. Mai 1998 (BGBl. I S. 971, 1527, 3512), das zuletzt durch Artikel 278 der Verordnung vom 19. Juni 2020 (BGBl. I S. 1328) geändert worden ist, in der jeweils geltenden Fassung sowie
   f) nach den auf Grund der in den Buchstaben a bis e genannten Gesetze erlassenen Rechtsverordnungen,
2. tierische Nebenprodukte, soweit diese nach der Verordnung (EG) Nr. 1069/2009 des Europäischen Parlaments und des Rates vom 21. Oktober 2009 mit Hygienevorschriften für nicht für den menschlichen Verzehr bestimmte tierische Nebenprodukte und zur Aufhebung der Verordnung (EG) Nr. 1774/2002 (Verordnung über tierische Nebenprodukte) (ABl. L 300 vom 14.11.2009, S. 1) in der jeweils geltenden Fassung, nach den zu ihrer Durchführung ergangenen Rechtsakten der Europäischen Union, nach dem Tierische Nebenprodukte-Beseitigungsgesetz vom 25. Januar 2004 (BGBl. I S. 82), das zuletzt durch Artikel 279 der Verordnung vom 19. Juni 2020 (BGBl. I S. 1328) geändert worden ist, in der jeweils geltenden Fassung, oder nach den auf Grund des Tierische Nebenprodukte-Beseitigungsgesetzes erlassenen Rechtsverordnungen abzuholen, zu sammeln, zu befördern, zu lagern, zu behandeln, zu verarbeiten, zu verwenden, zu beseitigen oder in Verkehr zu bringen sind, mit Ausnahme derjenigen tierischen Nebenprodukte, die zur Verbrennung, Lagerung auf einer Deponie oder Verwendung in einer Biogas- oder Kompostieranlage bestimmt sind,
3. Stoffe, die
   a) bestimmt sind für die Verwendung als Einzelfuttermittel gemäß Artikel 3 Absatz 2 Buchstabe g der Verordnung (EG) Nr. 767/2009 des Europäischen Parlaments und des Rates vom 13. Juli 2009 über das Inverkehrbringen und die Verwendung von Futtermitteln, zur Änderung der Verordnung (EG) Nr. 1831/2003 des Europäischen Parlaments und des Rates und zur Aufhebung der Richtlinien 79/373/EWG des Rates, 80/511/EWG der Kommission, 82/471/EWG des Rates, 83/228/EWG des Rates, 93/74/EWG des Rates, 93/113/EG des Rates und 96/25/EG des Rates und der Entscheidung 2004/217/EG der Kommission (ABl. L 229 vom 1.9.2009, S. 1; L 192 vom 22.7.2011, S. 71), die zuletzt durch

---

[1]) Auszugsweise abgedruckt unter Nr. **9.4**.

die Verordnung (EU) 2018/1903 (ABl. L 310 vom 6.12.2018, S. 22) geändert worden ist, und

b) weder aus tierischen Nebenprodukten bestehen noch tierische Nebenprodukte enthalten,

4. Körper von Tieren, die nicht durch Schlachtung zu Tode gekommen sind, einschließlich von solchen Tieren, die zur Tilgung von Tierseuchen getötet wurden, soweit diese Tierkörper nach den in Nummer 2 genannten Rechtsvorschriften zu beseitigen oder zu verarbeiten sind,

5. Fäkalien, soweit sie nicht durch Nummer 2 erfasst werden, Stroh und andere natürliche nicht gefährliche land- oder forstwirtschaftliche Materialien, die in der Land- oder Forstwirtschaft oder zur Energieerzeugung aus einer solchen Biomasse durch Verfahren oder Methoden verwendet werden, die die Umwelt nicht schädigen oder die menschliche Gesundheit nicht gefährden,

6. Kernbrennstoffe und sonstige radioaktive Stoffe im Sinne des Atomgesetzes[1] oder des Strahlenschutzgesetzes,

7. Abfälle, die unmittelbar beim Aufsuchen, Gewinnen und Aufbereiten sowie bei der damit zusammenhängenden Lagerung von Bodenschätzen in Betrieben anfallen, die der Bergaufsicht unterstehen und die nach dem Bundesberggesetz vom 13. August 1980 (BGBl. I S. 1310), das zuletzt durch Artikel 237 der Verordnung vom 19. Juni 2020 (BGBl. I S. 1328) geändert worden ist, in der jeweils geltenden Fassung und den auf Grund des Bundesberggesetzes erlassenen Rechtsverordnungen unter Bergaufsicht entsorgt werden,

8. gasförmige Stoffe, die nicht in Behältern gefasst sind,

9. Stoffe, sobald sie in Gewässer oder Abwasseranlagen eingeleitet oder eingebracht werden,

10. Böden am Ursprungsort (Böden in situ), einschließlich nicht ausgehobener, kontaminierter Böden und Bauwerke, die dauerhaft mit dem Grund und Boden verbunden sind,

11. nicht kontaminiertes Bodenmaterial und andere natürlich vorkommende Materialien, die bei Bauarbeiten ausgehoben wurden, sofern sichergestellt ist, dass die Materialien in ihrem natürlichen Zustand an dem Ort, an dem sie ausgehoben wurden, für Bauzwecke verwendet werden,

12. Sedimente, die zum Zweck der Bewirtschaftung von Gewässern, der Unterhaltung oder des Ausbaus von Wasserstraßen sowie der Vorbeugung gegen Überschwemmungen oder der Abschwächung der Auswirkungen von Überschwemmungen und Dürren oder zur Landgewinnung innerhalb von Oberflächengewässern umgelagert werden, sofern die Sedimente nachweislich nicht gefährlich sind,

13. die Erfassung und Übergabe von Schiffsabfällen und Ladungsrückständen, soweit dies auf Grund internationaler oder supranationaler Übereinkommen durch Bundes- oder Landesrecht geregelt wird,

14. das Aufsuchen, Bergen, Befördern, Lagern, Behandeln und Vernichten von Kampfmitteln sowie

---

[1] Nr. **7.1**.

15. Kohlendioxid, das für den Zweck der dauerhaften Speicherung abgeschieden, transportiert und in Kohlendioxidspeichern gespeichert wird, oder das in Forschungsspeichern gespeichert wird.

(3) Die Vorschriften dieses Gesetzes gelten nach Maßgabe der besonderen Vorschriften des Strahlenschutzgesetzes und der auf Grund des Strahlenschutzgesetzes erlassenen Rechtsverordnungen auch für die Entsorgung von Abfällen, die infolge eines Notfalls im Sinne des Strahlenschutzgesetzes radioaktiv kontaminiert sind oder radioaktiv kontaminiert sein können.

**§ 3 Begriffsbestimmungen.** (1) [1] Abfälle im Sinne dieses Gesetzes sind alle Stoffe oder Gegenstände, derer sich ihr Besitzer entledigt, entledigen will oder entledigen muss. [2] Abfälle zur Verwertung sind Abfälle, die verwertet werden; Abfälle, die nicht verwertet werden, sind Abfälle zur Beseitigung.

(2) Eine Entledigung im Sinne des Absatzes 1 ist anzunehmen, wenn der Besitzer Stoffe oder Gegenstände einer Verwertung im Sinne der Anlage 2 oder einer Beseitigung im Sinne der Anlage 1 zuführt oder die tatsächliche Sachherrschaft über sie unter Wegfall jeder weiteren Zweckbestimmung aufgibt.

(3) [1] Der Wille zur Entledigung im Sinne des Absatzes 1 ist hinsichtlich solcher Stoffe oder Gegenstände anzunehmen,

1. die bei der Energieumwandlung, Herstellung, Behandlung oder Nutzung von Stoffen oder Erzeugnissen oder bei Dienstleistungen anfallen, ohne dass der Zweck der jeweiligen Handlung hierauf gerichtet ist, oder

2. deren ursprüngliche Zweckbestimmung entfällt oder aufgegeben wird, ohne dass ein neuer Verwendungszweck unmittelbar an deren Stelle tritt.

[2] Für die Beurteilung der Zweckbestimmung ist die Auffassung des Erzeugers oder Besitzers unter Berücksichtigung der Verkehrsanschauung zugrunde zu legen.

(4) Der Besitzer muss sich Stoffen oder Gegenständen im Sinne des Absatzes 1 entledigen, wenn diese nicht mehr entsprechend ihrer ursprünglichen Zweckbestimmung verwendet werden, auf Grund ihres konkreten Zustandes geeignet sind, gegenwärtig oder künftig das Wohl der Allgemeinheit, insbesondere die Umwelt, zu gefährden und deren Gefährdungspotenzial nur durch eine ordnungsgemäße und schadlose Verwertung oder gemeinwohlverträgliche Beseitigung nach den Vorschriften dieses Gesetzes und der auf Grund dieses Gesetzes erlassenen Rechtsverordnungen ausgeschlossen werden kann.

(5) [1] Gefährlich im Sinne dieses Gesetzes sind die Abfälle, die durch Rechtsverordnung nach § 48 Satz 2 oder auf Grund einer solchen Rechtsverordnung bestimmt worden sind. [2] Nicht gefährlich im Sinne dieses Gesetzes sind alle übrigen Abfälle.

(5a) [1] Siedlungsabfälle im Sinne von § 14 Absatz 1, § 15 Absatz 4, § 30 Absatz 6 Nummer 9 Buchstabe b sind gemischt und getrennt gesammelte Abfälle

1. aus privaten Haushaltungen, insbesondere Papier und Pappe, Glas, Metall, Kunststoff, Bioabfälle, Holz, Textilien, Verpackungen, Elektro- und Elektronik-Altgeräte, Altbatterien und Altakkumulatoren sowie Sperrmüll, einschließlich Matratzen und Möbel, und

2. aus anderen Herkunftsbereichen, wenn diese Abfälle auf Grund ihrer Beschaffenheit und Zusammensetzung mit Abfällen aus privaten Haushaltungen vergleichbar sind.

² Keine Siedlungsabfälle im Sinne des Satzes 1 sind
a) Abfälle aus Produktion,
b) Abfälle aus Landwirtschaft,
c) Abfälle aus Forstwirtschaft,
d) Abfälle aus Fischerei,
e) Abfälle aus Abwasseranlagen,
f) Bau- und Abbruchabfälle und
g) Altfahrzeuge.

(6) ¹ Inertabfälle im Sinne dieses Gesetzes sind mineralische Abfälle,
1. die keinen wesentlichen physikalischen, chemischen oder biologischen Veränderungen unterliegen,
2. die sich nicht auflösen, nicht brennen und nicht in anderer Weise physikalisch oder chemisch reagieren,
3. die sich nicht biologisch abbauen und
4. die andere Materialien, mit denen sie in Kontakt kommen, nicht in einer Weise beeinträchtigen, die zu nachteiligen Auswirkungen auf Mensch und Umwelt führen könnte.

² Die gesamte Auslaugbarkeit und der Schadstoffgehalt der Abfälle sowie die Ökotoxizität des Sickerwassers müssen unerheblich sein und dürfen insbesondere nicht die Qualität von Oberflächen- oder Grundwasser gefährden.

(6a) Bau- und Abbruchabfälle im Sinne dieses Gesetzes sind Abfälle, die durch Bau- und Abbruchtätigkeiten entstehen.

(7) Bioabfälle im Sinne dieses Gesetzes sind biologisch abbaubare pflanzliche, tierische oder aus Pilzmaterialien bestehende
1. Garten- und Parkabfälle,
2. Landschaftspflegeabfälle,
3. Nahrungsmittel- und Küchenabfälle aus privaten Haushaltungen, aus dem Gaststätten-, Kantinen- und Cateringgewerbe, aus Büros und aus dem Groß- und Einzelhandel sowie mit den genannten Abfällen vergleichbare Abfälle aus Nahrungsmittelverarbeitungsbetrieben und
4. Abfälle aus sonstigen Herkunftsbereichen, die den in den Nummern 1 bis 3 genannten Abfällen nach Art, Beschaffenheit oder stofflichen Eigenschaften vergleichbar sind.

(7a) Lebensmittelabfälle im Sinne dieses Gesetzes sind alle Lebensmittel gemäß Artikel 2 der Verordnung (EG) Nr. 178/2002 des Europäischen Parlaments und des Rates vom 28. Januar 2002 zur Festlegung der allgemeinen Grundsätze und Anforderungen des Lebensmittelrechts, zur Errichtung der Europäischen Behörde für Lebensmittelsicherheit und zur Festlegung von Verfahren zur Lebensmittelsicherheit (ABl. L 31 vom 1.2.2002, S. 1), die zuletzt durch die Verordnung (EU) 2017/228 (ABl. L 35 vom 10.2.2017, S. 10) geändert worden ist, die zu Abfall geworden sind.

(7b) Rezyklate im Sinne dieses Gesetzes sind sekundäre Rohstoffe, die durch die Verwertung von Abfällen gewonnen worden sind oder bei der Beseitigung von Abfällen anfallen und für die Herstellung von Erzeugnissen geeignet sind.

(8) Erzeuger von Abfällen im Sinne dieses Gesetzes ist jede natürliche oder juristische Person,

1. durch deren Tätigkeit Abfälle anfallen (Ersterzeuger) oder
2. die Vorbehandlungen, Mischungen oder sonstige Behandlungen vornimmt, die eine Veränderung der Beschaffenheit oder der Zusammensetzung dieser Abfälle bewirken (Zweiterzeuger).

(9) Besitzer von Abfällen im Sinne dieses Gesetzes ist jede natürliche oder juristische Person, die die tatsächliche Sachherrschaft über Abfälle hat.

(10) Sammler von Abfällen im Sinne dieses Gesetzes ist jede natürliche oder juristische Person, die gewerbsmäßig oder im Rahmen wirtschaftlicher Unternehmen, das heißt, aus Anlass einer anderweitigen gewerblichen oder wirtschaftlichen Tätigkeit, die nicht auf die Sammlung von Abfällen gerichtet ist, Abfälle sammelt.

(11) Beförderer von Abfällen im Sinne dieses Gesetzes ist jede natürliche oder juristische Person, die gewerbsmäßig oder im Rahmen wirtschaftlicher Unternehmen, das heißt, aus Anlass einer anderweitigen gewerblichen oder wirtschaftlichen Tätigkeit, die nicht auf die Beförderung von Abfällen gerichtet ist, Abfälle befördert.

(12) Händler von Abfällen im Sinne dieses Gesetzes ist jede natürliche oder juristische Person, die gewerbsmäßig oder im Rahmen wirtschaftlicher Unternehmen, das heißt, aus Anlass einer anderweitigen gewerblichen oder wirtschaftlichen Tätigkeit, die nicht auf das Handeln mit Abfällen gerichtet ist, oder öffentlicher Einrichtungen in eigener Verantwortung Abfälle erwirbt und weiterveräußert; die Erlangung der tatsächlichen Sachherrschaft über die Abfälle ist hierfür nicht erforderlich.

(13) Makler von Abfällen im Sinne dieses Gesetzes ist jede natürliche oder juristische Person, die gewerbsmäßig oder im Rahmen wirtschaftlicher Unternehmen, das heißt, aus Anlass einer anderweitigen gewerblichen oder wirtschaftlichen Tätigkeit, die nicht auf das Makeln von Abfällen gerichtet ist, oder öffentlicher Einrichtungen für die Bewirtschaftung von Abfällen für Dritte sorgt; die Erlangung der tatsächlichen Sachherrschaft über die Abfälle ist hierfür nicht erforderlich.

(14) [1] Abfallbewirtschaftung im Sinne dieses Gesetzes ist die Bereitstellung, die Überlassung, die Sammlung, die Beförderung sowie die Verwertung und die Beseitigung von Abfällen; die beiden letztgenannten Verfahren schließen die Sortierung der Abfälle ein. [2] Zur Abfallbewirtschaftung zählen auch die Überwachung der Tätigkeiten und Verfahren im Sinne des Satzes 1, die Nachsorge von Beseitigungsanlagen und die Tätigkeiten, die von Händlern und Maklern durchgeführt werden.

(15) Sammlung im Sinne dieses Gesetzes ist das Einsammeln von Abfällen, einschließlich deren vorläufiger Sortierung und vorläufiger Lagerung zum Zweck der Beförderung zu einer Abfallbehandlungsanlage.

(16) Getrennte Sammlung im Sinne dieses Gesetzes ist eine Sammlung, bei der ein Abfallstrom nach Art und Beschaffenheit des Abfalls getrennt gehalten wird, um eine bestimmte Behandlung zu erleichtern oder zu ermöglichen.

Kreislaufwirtschaftsgesetz § 3 KrWG 5.1

(17) ¹Eine gemeinnützige Sammlung von Abfällen im Sinne dieses Gesetzes ist eine Sammlung, die durch eine nach § 5 Absatz 1 Nummer 9 des Körperschaftsteuergesetzes in der Fassung der Bekanntmachung vom 15. Oktober 2002 (BGBl. I S. 4144), das zuletzt durch Artikel 8 des Gesetzes vom 22. Juni 2011 (BGBl. I S. 1126) geändert worden ist, in der jeweils geltenden Fassung steuerbefreite Körperschaft, Personenvereinigung oder Vermögensmasse getragen wird und der Beschaffung von Mitteln zur Verwirklichung ihrer gemeinnützigen, mildtätigen oder kirchlichen Zwecke im Sinne der §§ 52 bis 54 der Abgabenordnung dient. ²Um eine gemeinnützige Sammlung von Abfällen handelt es sich auch dann, wenn die Körperschaft, Personenvereinigung oder Vermögensmasse nach Satz 1 einen gewerblichen Sammler mit der Sammlung beauftragt und dieser den Veräußerungserlös nach Abzug seiner Kosten und eines angemessenen Gewinns vollständig an die Körperschaft, Personenvereinigung oder Vermögensmasse auskehrt.

(18) ¹Eine gewerbliche Sammlung von Abfällen im Sinne dieses Gesetzes ist eine Sammlung, die zum Zweck der Einnahmeerzielung erfolgt. ²Die Durchführung der Sammeltätigkeit auf der Grundlage vertraglicher Bindungen zwischen dem Sammler und der privaten Haushaltung in dauerhaften Strukturen steht einer gewerblichen Sammlung nicht entgegen.

(19) Kreislaufwirtschaft im Sinne dieses Gesetzes sind die Vermeidung und Verwertung von Abfällen.

(20) ¹Vermeidung im Sinne dieses Gesetzes ist jede Maßnahme, die ergriffen wird, bevor ein Stoff, Material oder Erzeugnis zu Abfall geworden ist, und dazu dient, die Abfallmenge, die schädlichen Auswirkungen des Abfalls auf Mensch und Umwelt oder den Gehalt an schädlichen Stoffen in Materialien und Erzeugnissen zu verringern. ²Hierzu zählen insbesondere die anlageninterne Kreislaufführung von Stoffen, die abfallarme Produktgestaltung, die Wiederverwendung von Erzeugnissen oder die Verlängerung ihrer Lebensdauer sowie ein Konsumverhalten, das auf den Erwerb von abfall- und schadstoffarmen Produkten sowie die Nutzung von Mehrwegverpackungen gerichtet ist.

(21) Wiederverwendung im Sinne dieses Gesetzes ist jedes Verfahren, bei dem Erzeugnisse oder Bestandteile, die keine Abfälle sind, wieder für denselben Zweck verwendet werden, für den sie ursprünglich bestimmt waren.

(22) Abfallentsorgung im Sinne dieses Gesetzes sind Verwertungs- und Beseitigungsverfahren, einschließlich der Vorbereitung vor der Verwertung oder Beseitigung.

(23) ¹Verwertung im Sinne dieses Gesetzes ist jedes Verfahren, als dessen Hauptergebnis die Abfälle innerhalb der Anlage oder in der weiteren Wirtschaft einem sinnvollen Zweck zugeführt werden, indem sie entweder andere Materialien ersetzen, die sonst zur Erfüllung einer bestimmten Funktion verwendet worden wären, oder indem die Abfälle so vorbereitet werden, dass sie diese Funktion erfüllen. ²Anlage 2 enthält eine nicht abschließende Liste von Verwertungsverfahren.

(23a) ¹Stoffliche Verwertung im Sinne dieses Gesetzes ist jedes Verwertungsverfahren mit Ausnahme der energetischen Verwertung und der Aufbereitung zu Materialien, die für die Verwendung als Brennstoff oder als anderes Mittel der Energieerzeugung bestimmt sind. ²Zur stofflichen Verwertung zählen insbesondere die Vorbereitung zur Wiederverwendung, das Recycling und die Verfüllung.

(24) Vorbereitung zur Wiederverwendung im Sinne dieses Gesetzes ist jedes Verwertungsverfahren der Prüfung, Reinigung oder Reparatur, bei dem Erzeugnisse oder Bestandteile von Erzeugnissen, die zu Abfällen geworden sind, so vorbereitet werden, dass sie ohne weitere Vorbehandlung wieder für denselben Zweck verwendet werden können, für den sie ursprünglich bestimmt waren.

(25) Recycling im Sinne dieses Gesetzes ist jedes Verwertungsverfahren, durch das Abfälle zu Erzeugnissen, Materialien oder Stoffen entweder für den ursprünglichen Zweck oder für andere Zwecke aufbereitet werden; es schließt die Aufbereitung organischer Materialien ein, nicht aber die energetische Verwertung und die Aufbereitung zu Materialien, die für die Verwendung als Brennstoff oder zur Verfüllung bestimmt sind.

(25a) [1] Verfüllung im Sinne dieses Gesetzes ist jedes Verwertungsverfahren, bei dem geeignete nicht gefährliche Abfälle zur Rekultivierung von Abgrabungen oder zu bautechnischen Zwecken bei der Landschaftsgestaltung verwendet werden. [2] Abfälle im Sinne des Satzes 1 sind solche, die Materialien ersetzen, die keine Abfälle sind, die für die vorstehend genannten Zwecke geeignet sind und auf die für die Erfüllung dieser Zwecke unbedingt erforderlichen Mengen beschränkt werden.

(26) [1] Beseitigung im Sinne dieses Gesetzes ist jedes Verfahren, das keine Verwertung ist, auch wenn das Verfahren zur Nebenfolge hat, dass Stoffe oder Energie zurückgewonnen werden. [2] Anlage 1 enthält eine nicht abschließende Liste von Beseitigungsverfahren.

(27) [1] Deponien im Sinne dieses Gesetzes sind Beseitigungsanlagen zur Ablagerung von Abfällen oberhalb der Erdoberfläche (oberirdische Deponien) oder unterhalb der Erdoberfläche (Untertagedeponien). [2] Zu den Deponien zählen auch betriebsinterne Abfallbeseitigungsanlagen für die Ablagerung von Abfällen, in denen ein Erzeuger von Abfällen die Abfallbeseitigung am Erzeugungsort vornimmt.

(28) [1] Stand der Technik im Sinne dieses Gesetzes ist der Entwicklungsstand fortschrittlicher Verfahren, Einrichtungen oder Betriebsweisen, der die praktische Eignung einer Maßnahme zur Begrenzung von Emissionen in Luft, Wasser und Boden, zur Gewährleistung der Anlagensicherheit, zur Gewährleistung einer umweltverträglichen Abfallentsorgung oder sonst zur Vermeidung oder Verminderung von Auswirkungen auf die Umwelt zur Erreichung eines allgemein hohen Schutzniveaus für die Umwelt insgesamt gesichert erscheinen lässt. [2] Bei der Bestimmung des Standes der Technik sind insbesondere die in Anlage 3 aufgeführten Kriterien zu berücksichtigen.

**§ 4 Nebenprodukte.** (1) Fällt ein Stoff oder Gegenstand bei einem Herstellungsverfahren an, dessen hauptsächlicher Zweck nicht auf die Herstellung dieses Stoffes oder Gegenstandes gerichtet ist, ist er als Nebenprodukt und nicht als Abfall anzusehen, wenn

1. sichergestellt ist, dass der Stoff oder Gegenstand weiter verwendet wird,
2. eine weitere, über ein normales industrielles Verfahren hinausgehende Vorbehandlung hierfür nicht erforderlich ist,
3. der Stoff oder Gegenstand als integraler Bestandteil eines Herstellungsprozesses erzeugt wird und

4. die weitere Verwendung rechtmäßig ist; dies ist der Fall, wenn der Stoff oder Gegenstand alle für seine jeweilige Verwendung anzuwendenden Produkt-, Umwelt- und Gesundheitsschutzanforderungen erfüllt und insgesamt nicht zu schädlichen Auswirkungen auf Mensch und Umwelt führt.

(2) Die Bundesregierung wird ermächtigt, nach Anhörung der beteiligten Kreise (§ 68) durch Rechtsverordnung mit Zustimmung des Bundesrates nach Maßgabe der in Absatz 1 genannten Anforderungen Kriterien zu bestimmen, nach denen bestimmte Stoffe oder Gegenstände als Nebenprodukt anzusehen sind, und Anforderungen zum Schutz von Mensch und Umwelt festzulegen.

**§ 5 Ende der Abfalleigenschaft.** (1) Die Abfalleigenschaft eines Stoffes oder Gegenstandes endet, wenn dieser ein Recycling oder ein anderes Verwertungsverfahren durchlaufen hat und so beschaffen ist, dass

1. er üblicherweise für bestimmte Zwecke verwendet wird,

2. ein Markt für ihn oder eine Nachfrage nach ihm besteht,

3. er alle für seine jeweilige Zweckbestimmung geltenden technischen Anforderungen sowie alle Rechtsvorschriften und anwendbaren Normen für Erzeugnisse erfüllt sowie

4. seine Verwendung insgesamt nicht zu schädlichen Auswirkungen auf Mensch oder Umwelt führt.

(2) [1] Die Bundesregierung wird ermächtigt, nach Anhörung der beteiligten Kreise (§ 68) durch Rechtsverordnung mit Zustimmung des Bundesrates nach Maßgabe der in Absatz 1 genannten Anforderungen die Bedingungen näher zu bestimmen, unter denen für bestimmte Stoffe und Gegenstände die Abfalleigenschaft endet. [2] Diese Bedingungen müssen ein hohes Maß an Schutz für Mensch und Umwelt sicherstellen und die umsichtige, sparsame und effiziente Verwendung der natürlichen Ressourcen ermöglichen. [3] In der Rechtsverordnung ist insbesondere zu bestimmen:

1. welche Abfälle der Verwertung zugeführt werden dürfen,

2. welche Behandlungsverfahren und -methoden zulässig sind,

3. die Qualitätskriterien, soweit erforderlich auch Schadstoffgrenzwerte, für Stoffe und Gegenstände im Sinne des Absatzes 1; die Qualitätskriterien müssen im Einklang mit den geltenden technischen Anforderungen, Rechtsvorschriften oder Normen für Erzeugnisse stehen,

4. die Anforderungen an Managementsysteme, mit denen die Einhaltung der Kriterien für das Ende der Abfalleigenschaft nachgewiesen wird, einschließlich der Anforderungen

   a) an die Qualitätskontrolle und die Eigenüberwachung und

   b) an eine Akkreditierung oder sonstige Form der Fremdüberwachung der Managementsysteme, soweit dies erforderlich ist, sowie

5. das Erfordernis und die Inhalte einer Konformitätserklärung.

## Teil 2. Grundsätze und Pflichten der Erzeuger und Besitzer von Abfällen sowie der öffentlich-rechtlichen Entsorgungsträger

### Abschnitt 1. Grundsätze der Abfallvermeidung und Abfallbewirtschaftung

**§ 6 Abfallhierarchie.** (1) Maßnahmen der Vermeidung und der Abfallbewirtschaftung stehen in folgender Rangfolge:

1. Vermeidung,
2. Vorbereitung zur Wiederverwendung,
3. Recycling,
4. sonstige Verwertung, insbesondere energetische Verwertung und Verfüllung,
5. Beseitigung.

(2) ¹Ausgehend von der Rangfolge nach Absatz 1 soll nach Maßgabe der §§ 7 und 8 diejenige Maßnahme Vorrang haben, die den Schutz von Mensch und Umwelt bei der Erzeugung und Bewirtschaftung von Abfällen unter Berücksichtigung des Vorsorge- und Nachhaltigkeitsprinzips am besten gewährleistet. ²Für die Betrachtung der Auswirkungen auf Mensch und Umwelt nach Satz 1 ist der gesamte Lebenszyklus des Abfalls zugrunde zu legen. ³Hierbei sind insbesondere zu berücksichtigen

1. die zu erwartenden Emissionen,
2. das Maß der Schonung der natürlichen Ressourcen,
3. die einzusetzende oder zu gewinnende Energie sowie
4. die Anreicherung von Schadstoffen in Erzeugnissen, in Abfällen zur Verwertung oder in daraus gewonnenen Erzeugnissen.

⁴Die technische Möglichkeit, die wirtschaftliche Zumutbarkeit und die sozialen Folgen der Maßnahme sind zu beachten.

(3) Die Anlage 5 enthält eine nicht abschließende Liste von Beispielen für Maßnahmen und wirtschaftliche Instrumente zur Schaffung von Anreizen für die Anwendung der Abfallhierarchie von Verwertungsverfahren.

### Abschnitt 2. Kreislaufwirtschaft

**§ 7 Grundpflichten der Kreislaufwirtschaft.** (1) Die Pflichten zur Abfallvermeidung richten sich nach § 13 sowie den Rechtsverordnungen, die auf Grund der §§ 24 und 25 erlassen worden sind.

(2) ¹Die Erzeuger oder Besitzer von Abfällen sind zur Verwertung ihrer Abfälle verpflichtet. ²Die Verwertung von Abfällen hat Vorrang vor deren Beseitigung. ³Der Vorrang entfällt, wenn die Beseitigung der Abfälle den Schutz von Mensch und Umwelt nach Maßgabe des § 6 Absatz 2 Satz 2 und 3 am besten gewährleistet. ⁴Der Vorrang gilt nicht für Abfälle, die unmittelbar und üblicherweise durch Maßnahmen der Forschung und Entwicklung anfallen.

(3) ¹Die Verwertung von Abfällen, insbesondere durch ihre Einbindung in Erzeugnisse, hat ordnungsgemäß und schadlos zu erfolgen. ²Die Verwertung erfolgt ordnungsgemäß, wenn sie im Einklang mit den Vorschriften dieses Gesetzes und anderen öffentlich-rechtlichen Vorschriften steht. ³Sie erfolgt schadlos, wenn nach der Beschaffenheit der Abfälle, dem Ausmaß der Verunrei-

nigungen und der Art der Verwertung Beeinträchtigungen des Wohls der Allgemeinheit nicht zu erwarten sind, insbesondere keine Schadstoffanreicherung im Wertstoffkreislauf erfolgt.

(4) ¹Die Pflicht zur Verwertung von Abfällen ist zu erfüllen, soweit dies technisch möglich und wirtschaftlich zumutbar ist, insbesondere für einen gewonnenen Stoff oder gewonnene Energie ein Markt vorhanden ist oder geschaffen werden kann. ²Die Verwertung von Abfällen ist auch dann technisch möglich, wenn hierzu eine Vorbehandlung erforderlich ist. ³Die wirtschaftliche Zumutbarkeit ist gegeben, wenn die mit der Verwertung verbundenen Kosten nicht außer Verhältnis zu den Kosten stehen, die für eine Abfallbeseitigung zu tragen wären.

**§ 7a Chemikalien- und Produktrecht.** (1) Natürliche oder juristische Personen, die Stoffe und Gegenstände, deren Abfalleigenschaft beendet ist, erstmals verwenden oder erstmals in Verkehr bringen, haben dafür zu sorgen, dass diese Stoffe oder Gegenstände den geltenden Anforderungen des Chemikalien- und Produktrechts genügen.

(2) Bevor für Stoffe und Gegenstände die in Absatz 1 genannten Rechtsvorschriften zur Anwendung kommen, muss ihre Abfalleigenschaft gemäß den Anforderungen nach § 5 Absatz 1 beendet sein.

**§ 8 Rangfolge und Hochwertigkeit der Verwertungsmaßnahmen.**

(1) ¹Bei der Erfüllung der Verwertungspflicht nach § 7 Absatz 2 Satz 1 hat diejenige der in § 6 Absatz 1 Nummer 2 bis 4 genannten Verwertungsmaßnahmen Vorrang, die den Schutz von Mensch und Umwelt nach der Art und Beschaffenheit des Abfalls unter Berücksichtigung der in § 6 Absatz 2 Satz 2 und 3 festgelegten Kriterien am besten gewährleistet. ²Zwischen mehreren gleichrangigen Verwertungsmaßnahmen besteht ein Wahlrecht des Erzeugers oder Besitzers von Abfällen. ³Bei der Ausgestaltung der nach Satz 1 oder 2 durchzuführenden Verwertungsmaßnahme ist eine den Schutz von Mensch und Umwelt am besten gewährleistende, hochwertige Verwertung anzustreben. ⁴ § 7 Absatz 4 findet auf die Sätze 1 bis 3 entsprechende Anwendung.

(2) ¹Die Bundesregierung bestimmt nach Anhörung der beteiligten Kreise (§ 68) durch Rechtsverordnung[1]) mit Zustimmung des Bundesrates für bestimmte Abfallarten auf Grund der in § 6 Absatz 2 Satz 2 und 3 festgelegten Kriterien

1. den Vorrang oder Gleichrang einer Verwertungsmaßnahme und

2. Anforderungen an die Hochwertigkeit der Verwertung.

²Durch Rechtsverordnung nach Satz 1 kann insbesondere bestimmt werden, dass die Verwertung des Abfalls entsprechend seiner Art, Beschaffenheit, Menge und Inhaltsstoffe durch mehrfache, hintereinander geschaltete stoffliche und anschließende energetische Verwertungsmaßnahmen (Kaskadennutzung) zu erfolgen hat.

---

[1]) Siehe die AltölVO (Nr. **5.1.7**), die PCB/PCT-AbfallVO v. 26.6.2000 (BGBl. I S. 932), zuletzt geänd. durch G v. 24.2.2012 (BGBl. I S. 212), die GewerbeabfallVO v. 18.4.2017 (BGBl. I S. 896), zuletzt geänd. durch VO v. 9.7.2021 (BGBl. I S. 2598), die KlärschlammVO v. 27.9.2017 (BGBl. I S. 3465), zuletzt geänd. durch VO v. 19.6.2020 (BGBl. I S. 1328) und die ErsatzbaustoffVO v. 9.7.2021 (BGBl. I S. 2598).

**§ 9 Getrennte Sammlung und Behandlung von Abfällen zur Verwertung.** (1) Soweit dies zur Erfüllung der Anforderungen nach § 7 Absatz 2 bis 4 und § 8 Absatz 1 erforderlich ist, sind Abfälle getrennt zu sammeln und zu behandeln.

(2) Im Rahmen der Behandlung sind unter den in Absatz 1 genannten Voraussetzungen gefährliche Stoffe, Gemische oder Bestandteile aus den Abfällen zu entfernen und nach den Anforderungen dieses Gesetzes zu verwerten oder zu beseitigen.

(3) Eine getrennte Sammlung von Abfällen ist nicht erforderlich, wenn

1. die gemeinsame Sammlung der Abfälle deren Potential zur Vorbereitung zur Wiederverwendung, zum Recycling oder zu sonstigen Verwertungsverfahren unter Beachtung der Vorgaben des § 8 Absatz 1 nicht beeinträchtigt und wenn in diesen Verfahren mit einer gemeinsamen Sammlung verschiedener Abfallarten ein Abfallstrom erreicht wird, dessen Qualität mit dem Abfallstrom vergleichbar ist, der mit einer getrennten Sammlung erreicht wird,
2. die getrennte Sammlung der Abfälle unter Berücksichtigung der von ihrer Bewirtschaftung ausgehenden Umweltauswirkungen den Schutz von Mensch und Umwelt nicht am besten gewährleistet,
3. die getrennte Sammlung unter Berücksichtigung guter Praxis der Abfallsammlung technisch nicht möglich ist oder
4. die getrennte Sammlung im Vergleich zur gemeinsamen Sammlung für den Verpflichteten unverhältnismäßig hohe Kosten verursachen würde; dabei sind zu berücksichtigen:
    a) die Kosten nachteiliger Auswirkungen auf Mensch und Umwelt, die mit einer gemeinsamen Sammlung und der nachfolgenden Behandlung der Abfälle verbunden sind,
    b) die Möglichkeit von Effizienzsteigerungen bei der Abfallsammlung und -behandlung und
    c) die Möglichkeit, aus der Vermarktung der getrennt gesammelten Abfälle Erlöse zu erzielen.

(4) [1] Soweit Abfälle zur Vorbereitung zur Wiederverwendung oder zum Recycling getrennt gesammelt worden sind, ist eine energetische Verwertung nur zulässig für die Abfallfraktionen, die bei der nachgelagerten Behandlung der getrennt gesammelten Abfälle angefallen sind, und nur soweit die energetische Verwertung dieser Abfallfraktionen den Schutz von Mensch und Umwelt unter Berücksichtigung der in § 6 Absatz 2 Satz 2 und 3 festgelegten Kriterien am besten oder in gleichwertiger Weise wie die Vorbereitung zur Wiederverwendung oder das Recycling gewährleistet. [2] § 7 Absatz 4 gilt entsprechend.

**§ 9a Vermischungsverbot und Behandlung gefährlicher Abfälle.**

(1) Die Vermischung, einschließlich der Verdünnung, gefährlicher Abfälle mit anderen Kategorien von gefährlichen Abfällen oder mit anderen Abfällen, Stoffen oder Materialien ist unzulässig.

(2) Abweichend von Absatz 1 ist eine Vermischung ausnahmsweise zulässig, wenn

Kreislaufwirtschaftsgesetz § 10 KrWG 5.1

1. sie in einer nach diesem Gesetz oder nach dem Bundes-Immissionsschutzgesetz[1]) hierfür zugelassenen Anlage erfolgt,
2. die Anforderungen an eine ordnungsgemäße und schadlose Verwertung nach § 7 Absatz 3 eingehalten werden und schädliche Auswirkungen der Abfallbewirtschaftung auf Mensch und Umwelt durch die Vermischung nicht verstärkt werden und
3. das Vermischungsverfahren dem Stand der Technik entspricht.

(3) [1]Sind gefährliche Abfälle in unzulässiger Weise vermischt worden, sind die Erzeuger und Besitzer der Abfälle verpflichtet, diese unverzüglich zu trennen, soweit die Trennung zur ordnungsgemäßen und schadlosen Verwertung der Abfälle nach § 7 Absatz 3 erforderlich ist. [2]Ist eine Trennung zum Zweck der ordnungsgemäßen und schadlosen Verwertung nicht erforderlich oder zwar erforderlich, aber technisch nicht möglich oder wirtschaftlich nicht zumutbar, sind die Erzeuger und Besitzer der gemischten Abfälle verpflichtet, diese unverzüglich in einer Anlage zu behandeln, die nach diesem Gesetz oder nach dem Bundes-Immissionsschutzgesetz hierfür zugelassen ist.

**§ 10 Anforderungen an die Kreislaufwirtschaft.** (1) Die Bundesregierung wird ermächtigt, nach Anhörung der beteiligten Kreise (§ 68) durch Rechtsverordnung[2]) mit Zustimmung des Bundesrates, soweit es zur Erfüllung der Pflichten nach § 7 Absatz 2 bis 4, § 8 Absatz 1, der §§ 9 und 9a, insbesondere zur Sicherung der schadlosen Verwertung, erforderlich ist,

1. die Einbindung oder den Verbleib bestimmter Abfälle in Erzeugnisse/Erzeugnissen nach Art, Beschaffenheit oder Inhaltsstoffen zu beschränken oder zu verbieten,
2. Anforderungen an die getrennte Sammlung, die Behandlung, die Zulässigkeit der Vermischung sowie die Beförderung und Lagerung von Abfällen festzulegen,
3. Anforderungen an das Bereitstellen, Überlassen, Sammeln und Einsammeln von Abfällen durch Hol- und Bringsysteme, jeweils auch über eine einheitlichen Wertstofftonne oder durch eine einheitliche Wertstofferfassung in vergleichbarer Qualität gemeinsam mit gleichartigen Erzeugnissen oder mit auf dem gleichen Wege zu verwertenden Erzeugnissen, die jeweils einer verordneten Rücknahme nach § 25 unterliegen, festzulegen,
4. für bestimmte Abfälle, deren Verwertung auf Grund ihrer Art, Beschaffenheit oder Menge in besonderer Weise geeignet ist, Beeinträchtigungen des Wohls

---

[1]) Nr. **6.1**.
[2]) Siehe die AltfahrzeugVO (Nr. **5.1.5**), die AltölVO (Nr. **5.1.7**), die PCB/PCT-AbfallVO v. 26.6. 2000 (BGBl. I S. 932), zuletzt geänd. durch G v. 24.2.2012 (BGBl. I S. 212), die GewerbeabfallVO v. 18.4.2017 (BGBl. I S. 896), zuletzt geänd. durch VO v. 9.7.2021 (BGBl. I S. 2598), die VersatzVO v. 24.7.2002 (BGBl. I S. 2833), zuletzt geänd. durch G v. 24.2.2012 (BGBl. I S. 212), die AltholzVO v. 15.8.2002 (BGBl. I S. 3302), zuletzt geänd. durch VO v. 19.6.2020 (BGBl. I S. 1328), die DeponieVO v. 27.4.2009 (BGBl. I S. 900), zuletzt geänd. durch VO v. 9.7.2021 (BGBl. I S. 2598), die GewinnungsabfallVO v. 27.4.2009 (BGBl. I S. 900), geänd. durch G v. 24.2.2012 (BGBl. I S. 212), die Tierische Nebenprodukte-BeseitigungsVO v. 27.7.2006 (BGBl. I S. 1735), zuletzt geänd. durch G v. 4.12.2018 (BGBl. I S. 2254), die NachweisVO v. 20.10.2006 (BGBl. I S. 2298), zuletzt geänd. durch G v. 23.10.2020 (BGBl. I S. 2232), die Anzeige- und ErlaubnisVO v. 5.12.2013 (BGBl. I S. 4043), zuletzt geänd. durch VO v. 3.7.2018 (BGBl. I S. 1084), die POP-Abfall-Überwachungs-VO v. 17.7. 2017 (BGBl. I S. 2644), geänd. durch G v. 23.10.2020 (BGBl. I S. 2232) und die ErsatzbaustoffVO v. 9.7.2021 (BGBl. I S. 2598).

der Allgemeinheit, vor allem der in § 15 Absatz 2 Satz 2 genannten Schutzgüter, herbeizuführen, nach Herkunftsbereich, Anfallstelle oder Ausgangsprodukt festzulegen,
a) dass diese nur in bestimmter Menge oder Beschaffenheit oder nur für bestimmte Zwecke in Verkehr gebracht oder verwertet werden dürfen,
b) dass diese mit bestimmter Beschaffenheit nicht in Verkehr gebracht werden dürfen,
5. Anforderungen an die Verwertung von mineralischen Abfällen in technischen Bauwerken festzulegen.

(2) Durch Rechtsverordnung nach Absatz 1 können auch Verfahren zur Überprüfung der dort festgelegten Anforderungen bestimmt werden, insbesondere
1. dass Nachweise oder Register zu führen und vorzulegen sind,
   a) auch ohne eine Anordnung nach § 51, oder
   b) abweichend von bestimmten Anforderungen nach den §§ 49 und 50 oder einer Rechtsverordnung nach § 52,
2. dass die Entsorger von Abfällen diese bei Annahme oder Weitergabe in bestimmter Art und Weise zu überprüfen und das Ergebnis dieser Prüfung in den Nachweisen oder Registern zu verzeichnen haben,
3. dass die Beförderer oder Entsorger von Abfällen ein Betriebstagebuch zu führen haben, in dem bestimmte Angaben zu den Betriebsabläufen zu verzeichnen sind, die nicht schon in die Register aufgenommen werden,
4. dass die Erzeuger, Besitzer oder Entsorger von Abfällen bei Annahme oder Weitergabe der Abfälle auf die Anforderungen, die sich aus der Rechtsverordnung ergeben, hinzuweisen oder die Abfälle oder die für deren Beförderung vorgesehenen Behältnisse in bestimmter Weise zu kennzeichnen haben,
5. die Entnahme von Proben, der Verbleib und die Aufbewahrung von Rückstellproben und die hierfür anzuwendenden Verfahren,
6. die Analyseverfahren, die zur Bestimmung von einzelnen Stoffen oder Stoffgruppen erforderlich sind,
7. dass der Verpflichtete mit der Durchführung der Probenahme und der Analysen nach den Nummern 5 und 6 einen von der zuständigen Landesbehörde bekannt gegebenen Sachverständigen, eine von dieser Behörde bekannt gegebene Stelle oder eine sonstige Person, die über die erforderliche Sach- und Fachkunde verfügt, zu beauftragen hat,
8. welche Anforderungen an die Sach- und Fachkunde der Probenehmer nach Nummer 7 zu stellen sind sowie
9. dass Nachweise, Register und Betriebstagebücher nach den Nummern 1 bis 3 elektronisch zu führen und Dokumente in elektronischer Form gemäß § 3a Absatz 2 Satz 2 und 3 des Verwaltungsverfahrensgesetzes vorzulegen sind.

(3) [1]Wegen der Anforderungen nach Absatz 2 Nummer 5 bis 7 kann auf jedermann zugängliche Bekanntmachungen verwiesen werden. [2]Hierbei sind
1. in der Rechtsverordnung das Datum der Bekanntmachung anzugeben und die Bezugsquelle genau zu bezeichnen,
2. die Bekanntmachung beim Deutschen Patent- und Markenamt archivmäßig gesichert niederzulegen und in der Rechtsverordnung darauf hinzuweisen.

Kreislaufwirtschaftsgesetz **§ 11 KrWG 5.1**

(4) Durch Rechtsverordnung nach Absatz 1 Nummer 4 kann vorgeschrieben werden, dass derjenige, der bestimmte Abfälle, an deren schadlose Verwertung nach Maßgabe des § 7 Absatz 2 und 3, des § 8 Absatz 1, der §§ 9 und 9a auf Grund ihrer Art, Beschaffenheit oder Menge besondere Anforderungen zu stellen sind, in Verkehr bringt oder verwertet,

1. dies anzuzeigen hat,
2. dazu einer Erlaubnis bedarf,
3. bestimmten Anforderungen an seine Zuverlässigkeit genügen muss oder
4. seine notwendige Sach- oder Fachkunde in einem näher festzulegenden Verfahren nachzuweisen hat.

**§ 11 Anforderungen an die Kreislaufwirtschaft für Bioabfälle und Klärschlämme.** (1) *(aufgehoben)*

(2) [1] Die Bundesregierung wird ermächtigt, nach Anhörung der beteiligten Kreise (§ 68) durch Rechtsverordnung[1]) mit Zustimmung des Bundesrates zur Förderung der Verwertung von Bioabfällen und Klärschlämmen, soweit es zur Erfüllung der Pflichten nach § 20 Absatz 2 Nummer 1, § 7 Absatz 2 bis 4 und § 8 Absatz 1 erforderlich ist, insbesondere festzulegen,

1. welche Abfälle als Bioabfälle oder Klärschlämme gelten,
2. welche Anforderungen an die getrennte Sammlung von Bioabfällen zu stellen sind,
3. ob und auf welche Weise Bioabfälle und Klärschlämme zu behandeln, welche Verfahren hierbei anzuwenden und welche anderen Maßnahmen hierbei zu treffen sind,
4. welche Anforderungen an die Art und Beschaffenheit der unbehandelten, der zu behandelnden und der behandelten Bioabfälle und Klärschlämme zu stellen sind sowie
5. dass bestimmte Arten von Bioabfällen und Klärschlämmen nach Ausgangsstoff, Art, Beschaffenheit, Herkunft, Menge, Art oder Zeit der Aufbringung auf den Boden, Beschaffenheit des Bodens, Standortverhältnissen und Nutzungsart nicht, nur in bestimmten Mengen, nur in einer bestimmten Beschaffenheit oder nur für bestimmte Zwecke in Verkehr gebracht oder verwertet werden dürfen.

[2] Durch Rechtsverordnung nach Satz 1 können entsprechend Satz 1 Nummer 3 bis 5 auch Anforderungen für die gemeinsame Verwertung von Bioabfällen und Klärschlämmen mit anderen Abfällen, Stoffen oder Materialien festgelegt werden. [3] Anforderungen nach Satz 1 Nummer 4 und 5, auch in Verbindung mit Satz 2, können nicht festgelegt werden, soweit die ordnungsgemäße und schadlose Verwertung von Bioabfällen und Klärschlämmen durch Regelungen des Düngerechts gewährleistet ist.

---

[1]) Siehe die KlärschlammVO v. 27.9.2017 (BGBl. I S. 3465), zuletzt geänd. durch VO v. 19.6.2020 (BGBl. I S. 1328), die BioabfallVO idF der Bek. v. 4.4.2013 (BGBl. I S. 658), zuletzt geänd. durch VO v. 27.9.2017 (BGBl. I S. 3465), die AbfallverzeichnisVO v. 10.12.2001 (BGBl. I S. 3379), zuletzt geänd. durch VO v. 30.6.2020 (BGBl. I S. 1533), die Tierische Nebenprodukte-BeseitigungsVO v. 27.7.2006 (BGBl. I S. 1735), zuletzt geänd. durch G v. 4.12.2018 (BGBl. I S. 2254), die NachweisVO v. 20.10.2006 (BGBl. I S. 2298), zuletzt geänd. durch G v. 23.10.2020 (BGBl. I S. 2232) und die Anzeige- und ErlaubnisVO v. 5.12.2013 (BGBl. I S. 4043), zuletzt geänd. durch VO v. 3.7.2018 (BGBl. I S. 1084).

(3) ¹Durch Rechtsverordnung nach Absatz 2 Satz 1 können auch Verfahren zur Überprüfung der dort festgelegten Anforderungen an die Verwertung von Bioabfällen und Klärschlämmen bestimmt werden, insbesondere

1. Untersuchungspflichten hinsichtlich der Wirksamkeit der Behandlung, der Beschaffenheit der unbehandelten und behandelten Bioabfälle und Klärschlämme, der anzuwendenden Verfahren oder der anderen Maßnahmen,
2. Untersuchungsmethoden, die zur Überprüfung der Maßnahmen nach Nummer 1 erforderlich sind,
3. Untersuchungen des Bodens sowie
4. Verfahren zur Überprüfung der Anforderungen entsprechend § 10 Absatz 2 Nummer 1 bis 9 und Absatz 3.

²Durch Rechtsverordnung nach Absatz 2 Satz 1 Nummer 1 kann vorgeschrieben werden, dass derjenige, der bestimmte Bioabfälle oder Klärschlämme, an deren schadlose Verwertung nach Maßgabe des § 7 Absatz 2 und 3, des § 8 Absatz 1, der §§ 9 und 9a auf Grund ihrer Art, Beschaffenheit oder Menge besondere Anforderungen zu stellen sind, in Verkehr bringt oder verwertet,

1. dies anzuzeigen hat,
2. dazu einer Erlaubnis bedarf,
3. bestimmten Anforderungen an seine Zuverlässigkeit genügen muss oder
4. seine notwendige Sach- oder Fachkunde in einem näher festzulegenden Verfahren nachzuweisen hat.

(4) ¹Die Landesregierungen können Rechtsverordnungen im Sinne der Absätze 2 und 3 für die Verwertung von Bioabfällen und Klärschlämmen und für die Aufbringung von Bioabfällen und Klärschlämmen auf Böden erlassen, soweit die Bundesregierung von der Ermächtigung keinen Gebrauch macht. ²Die Landesregierungen können die Ermächtigung nach Satz 1 durch Rechtsverordnung ganz oder teilweise auf andere Behörden übertragen.

**§ 12 Qualitätssicherung im Bereich der Bioabfälle und Klärschlämme.** (1) Zur Förderung der Kreislaufwirtschaft und zur Sicherstellung des Schutzes von Mensch und Umwelt bei der Erzeugung und Bewirtschaftung von Bioabfällen und Klärschlämmen nach Maßgabe der hierfür geltenden Rechtsvorschriften können die Träger der Qualitätssicherung und die Qualitätszeichennehmer eine regelmäßige Qualitätssicherung einrichten.

(2) Qualitätszeichennehmer ist eine natürliche oder juristische Person, die

1. gewerbsmäßig, im Rahmen wirtschaftlicher Unternehmen oder öffentlicher Einrichtungen Bioabfälle oder Klärschlämme erzeugt, behandelt oder verwertet und
2. in Bezug auf erzeugte, behandelte oder verwertete Bioabfälle oder Klärschlämme, auch in Mischungen mit anderen Abfällen, Stoffen oder Materialien, über ein Qualitätszeichen eines Trägers der Qualitätssicherung verfügt.

(3) Das Qualitätszeichen darf nur erteilt werden, wenn der Qualitätszeichennehmer

1. die für die Sicherung der Qualität der Bioabfälle oder Klärschlämme erforderlichen Anforderungen an die Organisation, die personelle, gerätetechnische und sonstige Ausstattung sowie an die Zuverlässigkeit und Fach- und Sachkunde seines Personals erfüllt,

2. die Anforderungen an die Qualitätssicherung, insbesondere zur Minderung von Schadstoffen, zur Gewährleistung der seuchen- und phytohygienischen Unbedenklichkeit erfüllt und
3. sich verpflichtet, die Erfüllung der Anforderungen nach den Nummern 1 und 2 im Rahmen einer fortlaufenden Überwachung gegenüber dem Träger der Qualitätssicherung darzulegen.

(4) Der Qualitätszeichennehmer darf das Qualitätszeichen nur führen, soweit und solange es ihm vom Träger der Qualitätssicherung erteilt ist.

(5) [1] Ein Träger der Qualitätssicherung ist ein rechtsfähiger Zusammenschluss von Erzeugern oder Bewirtschaftern von Bioabfällen oder Klärschlämmen, Fachverbänden sowie von fachkundigen Einrichtungen, Institutionen oder Personen. [2] Der Träger der Qualitätssicherung bedarf der Anerkennung der zuständigen Behörde. [3] Die Erteilung des Qualitätszeichens erfolgt auf der Grundlage einer Satzung, eines Überwachungsvertrages oder einer sonstigen für den Qualitätszeichennehmer verbindlichen Regelung, die insbesondere die Anforderungen an die Qualitätszeichennehmer, an die von diesen erzeugten, behandelten oder verwerteten Bioabfälle oder Klärschlämme und an deren Überwachung festlegt.

(6) Der Träger der Qualitätssicherung hat sich für die Überprüfung der Qualitätszeichennehmer Sachverständiger zu bedienen, die die für die Durchführung der Überwachung erforderliche Zuverlässigkeit, Unabhängigkeit sowie Fach- und Sachkunde besitzen.

(7) [1] Die Bundesregierung wird ermächtigt, nach Anhörung der beteiligten Kreise (§ 68) durch Rechtsverordnung[1]) mit Zustimmung des Bundesrates Anforderungen an die Qualitätssicherung von Bioabfällen und Klärschlämmen vorzuschreiben. [2] In der Rechtsverordnung können insbesondere

1. Anforderungen an die Maßnahmen zur Qualitätssicherung, einschließlich deren Umfang bestimmt werden,
2. Anforderungen an die Organisation, die personelle, gerätetechnische und sonstige Ausstattung und die Tätigkeit eines Qualitätszeichennehmers bestimmt sowie ein ausreichender Haftpflichtversicherungsschutz gefordert werden,
3. Anforderungen an den Qualitätszeichennehmer und die bei ihm beschäftigten Personen, insbesondere Mindestanforderungen an die Fach- und Sachkunde und die Zuverlässigkeit sowie an deren Nachweis, bestimmt werden,
4. Anforderungen an die Tätigkeit der Träger der Qualitätssicherung, insbesondere an deren Bildung, Auflösung, Organisation und Arbeitsweise, einschließlich der Bestellung, Aufgaben und Befugnisse der Prüforgane sowie Mindestanforderungen an die Mitglieder dieser Prüforgane, bestimmt werden,
5. Mindestanforderungen an die für die Träger der Qualitätssicherung tätigen Sachverständigen sowie deren Bestellung, Tätigkeit und Kontrolle bestimmt werden,

---

[1]) Siehe die KlärschlammVO v. 27.9.2017 (BGBl. I S. 3465), zuletzt geänd. durch VO v. 19.6.2020 (BGBl. I S. 1328).

6. Anforderungen an das Qualitätszeichen, insbesondere an die Form und den Inhalt, sowie an seine Erteilung, seine Aufhebung, sein Erlöschen und seinen Entzug bestimmt werden,
7. die besonderen Voraussetzungen, das Verfahren, die Erteilung und die Aufhebung der Anerkennung des Trägers der Qualitätssicherung durch die zuständige Behörde geregelt werden,
8. für die erforderlichen Erklärungen, Nachweise, Benachrichtigungen oder sonstigen Daten die elektronische Führung und die Vorlage von Dokumenten in elektronischer Form gemäß § 3a Absatz 2 Satz 2 und 3 des Verwaltungsverfahrensgesetzes angeordnet werden.

**§ 13 Pflichten der Anlagenbetreiber.** Die Pflichten der Betreiber von genehmigungsbedürftigen und nicht genehmigungsbedürftigen Anlagen nach dem Bundes-Immissionsschutzgesetz[1], diese so zu errichten und zu betreiben, dass Abfälle vermieden, verwertet oder beseitigt werden, richten sich nach den Vorschriften des Bundes-Immissionsschutzgesetzes.

**§ 14 Förderung des Recyclings und der sonstigen stofflichen Verwertung.** (1) Die Vorbereitung zur Wiederverwendung und das Recycling von Siedlungsabfällen sollen betragen:
1. spätestens ab dem 1. Januar 2020 insgesamt mindestens 50 Gewichtsprozent,
2. spätestens ab dem 1. Januar 2025 insgesamt mindestens 55 Gewichtsprozent,
3. spätestens ab dem 1. Januar 2030 insgesamt mindestens 60 Gewichtsprozent und
4. spätestens ab dem 1. Januar 2035 insgesamt mindestens 65 Gewichtsprozent.

(2) Die Vorbereitung zur Wiederverwendung, das Recycling und die sonstige stoffliche Verwertung von nicht gefährlichen Bau- und Abbruchabfällen mit Ausnahme von in der Natur vorkommenden Materialien, die in der Anlage zur Abfallverzeichnisverordnung mit dem Abfallschlüssel 17 05 04 gekennzeichnet sind, sollen spätestens ab dem 1. Januar 2020 mindestens 70 Gewichtsprozent betragen.

### Abschnitt 3. Abfallbeseitigung

**§ 15 Grundpflichten der Abfallbeseitigung.** (1) [1]Die Erzeuger oder Besitzer von Abfällen, die nicht verwertet werden, sind verpflichtet, diese zu beseitigen, soweit in § 17 nichts anderes bestimmt ist. [2]Durch die Behandlung von Abfällen sind deren Menge und Schädlichkeit zu vermindern. [3]Energie oder Abfälle, die bei der Beseitigung anfallen, sind hochwertig zu nutzen; § 8 Absatz 1 Satz 3 gilt entsprechend.

(2) [1]Abfälle sind so zu beseitigen, dass das Wohl der Allgemeinheit nicht beeinträchtigt wird. [2]Eine Beeinträchtigung liegt insbesondere dann vor, wenn
1. die Gesundheit der Menschen beeinträchtigt wird,
2. Tiere oder Pflanzen gefährdet werden,
3. Gewässer oder Böden schädlich beeinflusst werden,
4. schädliche Umwelteinwirkungen durch Luftverunreinigungen oder Lärm herbeigeführt werden,

---

[1] Nr. **6.1**.

5. die Ziele oder Grundsätze und sonstigen Erfordernisse der Raumordnung nicht beachtet oder die Belange des Naturschutzes, der Landschaftspflege sowie des Städtebaus nicht berücksichtigt werden oder
6. die öffentliche Sicherheit oder Ordnung in sonstiger Weise gefährdet oder gestört wird.

(3) ¹Soweit dies zur Erfüllung der Anforderungen nach den Absätzen 1 und 2 erforderlich ist, sind Abfälle zur Beseitigung getrennt zu sammeln und zu behandeln. ²§ 9 Absatz 2 und 3 und § 9a gelten entsprechend.

(4) Die Ablagerung von Siedlungsabfällen auf Deponien darf spätestens ab dem 1. Januar 2035 höchstens 10 Gewichtsprozent des gesamten Siedlungsabfallaufkommens betragen.

**§ 16 Anforderungen an die Abfallbeseitigung.** ¹Die Bundesregierung wird ermächtigt, nach Anhörung der beteiligten Kreise (§ 68) durch Rechtsverordnung[1]) mit Zustimmung des Bundesrates zur Erfüllung der Pflichten nach § 15 entsprechend dem Stand der Technik Anforderungen an die Beseitigung von Abfällen nach Herkunftsbereich, Anfallstelle sowie nach Art, Menge und Beschaffenheit festzulegen, insbesondere

1. Anforderungen an die getrennte Sammlung und die Behandlung von Abfällen,
2. Anforderungen an das Bereitstellen, Überlassen, Sammeln und Einsammeln, die Beförderung, Lagerung und Ablagerung von Abfällen sowie
3. Verfahren zur Überprüfung der Anforderungen entsprechend § 10 Absatz 2 Nummer 1 bis 9 und Absatz 3.

²Durch Rechtsverordnung nach Satz 1 Nummer 1 und 2 kann vorgeschrieben werden, dass derjenige, der bestimmte Abfälle, an deren Behandlung, Sammlung, Einsammlung, Beförderung, Lagerung und Ablagerung nach Maßgabe des § 15 auf Grund ihrer Art, Beschaffenheit oder Menge besondere Anforderungen zu stellen sind, in Verkehr bringt oder beseitigt,

1. dies anzuzeigen hat,
2. dazu einer Erlaubnis bedarf,
3. bestimmten Anforderungen an seine Zuverlässigkeit genügen muss oder
4. seine notwendige Sach- oder Fachkunde in einem näher festzulegenden Verfahren nachzuweisen hat.

---

[1]) Siehe die AltfahrzeugVO (Nr. **5.1.5**), die AltölVO (Nr. **5.1.7**), die PCB/PCT-AbfallVO v. 26.6.2000 (BGBl. I S. 932), zuletzt geänd. durch G v. 24.2.2012 (BGBl. I S. 212), die VO über Anlagen zur biologischen Behandlung von Abfällen v. 20.2.2001 (BGBl. I S. 305, 317), zuletzt geänd. durch VO v. 13.12.2019 (BGBl. I S. 2739), die GewerbeabfallVO v. 18.4.2017 (BGBl. I S. 896), zuletzt geänd. durch VO v. 9.7.2021 (BGBl. I S. 2598), die DeponieVO v. 27.4.2009 (BGBl. I S. 900), zuletzt geänd. durch VO v. 9.7.2021 (BGBl. I S. 2598), die GewinnungsabfallVO v. 27.4.2009 (BGBl. I S. 900), geänd. durch G v. 24.2.2012 (BGBl. I S. 212), die AltholzVO v. 15.8.2002 (BGBl. I S. 3302), zuletzt geänd. durch VO v. 19.6.2020 (BGBl. I S. 1328), die Tierische Nebenprodukte-Beseitigungs-VO v. 27.7.2006 (BGBl. I S. 1735), zuletzt geänd. durch G v. 4.12.2018 (BGBl. I S. 2254), die NachweisVO v. 20.10.2006 (BGBl. I S. 2298), zuletzt geänd. durch G v. 23.10.2020 (BGBl. I S. 2232) und die ErsatzbaustoffVO v. 9.7.2021 (BGBl. I S. 2598).

## Abschnitt 4. Öffentlich-rechtliche Entsorgung und Beauftragung Dritter

**§ 17 Überlassungspflichten.** (1) [1]Abweichend von § 7 Absatz 2 und § 15 Absatz 1 sind Erzeuger oder Besitzer von Abfällen aus privaten Haushaltungen verpflichtet, diese Abfälle den nach Landesrecht zur Entsorgung verpflichteten juristischen Personen (öffentlich-rechtliche Entsorgungsträger) zu überlassen, soweit sie zu einer Verwertung auf den von ihnen im Rahmen ihrer privaten Lebensführung genutzten Grundstücken nicht in der Lage sind oder diese nicht beabsichtigen. [2]Satz 1 gilt auch für Erzeuger und Besitzer von Abfällen zur Beseitigung aus anderen Herkunftsbereichen, soweit sie diese nicht in eigenen Anlagen beseitigen. [3]Die Befugnis zur Beseitigung der Abfälle in eigenen Anlagen nach Satz 2 besteht nicht, soweit die Überlassung der Abfälle an den öffentlich-rechtlichen Entsorgungsträger auf Grund überwiegender öffentlicher Interessen erforderlich ist.

(2) [1]Die Überlassungspflicht besteht nicht für Abfälle,
1. die einer Rücknahme- oder Rückgabepflicht auf Grund einer Rechtsverordnung nach § 25 unterliegen, soweit nicht die öffentlich-rechtlichen Entsorgungsträger auf Grund einer Bestimmung nach § 25 Absatz 2 Nummer 8 an der Rücknahme mitwirken; hierfür kann insbesondere eine einheitliche Wertstofftonne oder eine einheitliche Wertstofferfassung in vergleichbarer Qualität vorgesehen werden, durch die werthaltige Abfälle aus privaten Haushaltungen in effizienter Weise erfasst und einer hochwertigen Verwertung zugeführt werden,
2. die in Wahrnehmung der Produktverantwortung nach § 26 freiwillig zurückgenommen werden, soweit dem zurücknehmenden Hersteller oder Vertreiber ein Feststellungs- oder Freistellungsbescheid nach § 26 Absatz 3 oder § 26a Absatz 1 Satz 1 erteilt worden ist,
3. die durch gemeinnützige Sammlung einer ordnungsgemäßen und schadlosen Verwertung zugeführt werden,
4. die durch gewerbliche Sammlung einer ordnungsgemäßen und schadlosen Verwertung zugeführt werden, soweit überwiegende öffentliche Interessen dieser Sammlung nicht entgegenstehen.

[2]Satz 1 Nummer 3 und 4 gilt nicht für gemischte Abfälle aus privaten Haushaltungen und gefährliche Abfälle. [3]Sonderregelungen der Überlassungspflicht durch Rechtsverordnungen nach den §§ 10, 16 und 25 bleiben unberührt.

(3) [1]Überwiegende öffentliche Interessen nach Absatz 2 Satz 1 Nummer 4 stehen einer gewerblichen Sammlung entgegen, wenn die Sammlung in ihrer konkreten Ausgestaltung, auch im Zusammenwirken mit anderen Sammlungen, die Funktionsfähigkeit des öffentlich-rechtlichen Entsorgungsträgers, des von diesem beauftragten Dritten oder des auf Grund einer Rechtsverordnung nach § 25 eingerichteten Rücknahmesystems gefährdet. [2]Eine Gefährdung der Funktionsfähigkeit des öffentlich-rechtlichen Entsorgungsträgers oder des von diesem beauftragten Dritten ist anzunehmen, wenn die Erfüllung der nach § 20 bestehenden Entsorgungspflichten zu wirtschaftlich ausgewogenen Bedingungen verhindert oder die Planungssicherheit und Organisationsverantwortung wesentlich beeinträchtigt wird. [3]Eine wesentliche Beeinträchtigung der Planungssicherheit und Organisationsverantwortung des öffentlich-rechtlichen Entsorgungsträgers ist insbesondere anzunehmen, wenn durch die gewerbliche Sammlung

1. Abfälle erfasst werden, für die der öffentlich-rechtliche Entsorgungsträger oder der von diesem beauftragte Dritte eine haushaltsnahe oder sonstige hochwertige getrennte Erfassung und Verwertung der Abfälle durchführt,
2. die Stabilität der Gebühren gefährdet wird oder
3. die diskriminierungsfreie und transparente Vergabe von Entsorgungsleistungen im Wettbewerb erheblich erschwert oder unterlaufen wird.

⁴Satz 3 Nummer 1 und 2 gilt nicht, wenn die vom gewerblichen Sammler angebotene Sammlung und Verwertung der Abfälle wesentlich leistungsfähiger ist als die von dem öffentlich-rechtlichen Entsorgungsträger oder dem von ihm beauftragten Dritten bereits angebotene oder konkret geplante Leistung. ⁵Bei der Beurteilung der Leistungsfähigkeit sind sowohl die in Bezug auf die Ziele der Kreislaufwirtschaft zu beurteilenden Kriterien der Qualität und der Effizienz, des Umfangs und der Dauer der Erfassung und Verwertung der Abfälle als auch die aus Sicht aller privaten Haushalte im Gebiet des öffentlich-rechtlichen Entsorgungsträgers zu beurteilende gemeinwohlorientierte Servicegerechtigkeit der Leistung zugrunde zu legen. ⁶Leistungen, die über die unmittelbare Sammel- und Verwertungsleistung hinausgehen, insbesondere Entgeltzahlungen, sind bei der Beurteilung der Leistungsfähigkeit nicht zu berücksichtigen.

(4) ¹Die Länder können zur Sicherstellung der umweltverträglichen Beseitigung Andienungs- und Überlassungspflichten für gefährliche Abfälle zur Beseitigung bestimmen. ²Andienungspflichten für gefährliche Abfälle zur Verwertung, die die Länder bis zum 7. Oktober 1996 bestimmt haben, bleiben unberührt.

**§ 18 Anzeigeverfahren für Sammlungen.** (1) Gemeinnützige Sammlungen im Sinne des § 17 Absatz 2 Satz 1 Nummer 3 und gewerbliche Sammlungen im Sinne des § 17 Absatz 2 Satz 1 Nummer 4 sind spätestens drei Monate vor ihrer beabsichtigten Aufnahme durch ihren Träger der zuständigen Behörde nach Maßgabe der Absätze 2 und 3 anzuzeigen.

(2) Der Anzeige einer gewerblichen Sammlung sind beizufügen
1. Angaben über die Größe und Organisation des Sammlungsunternehmens,
2. Angaben über Art, Ausmaß und Dauer, insbesondere über den größtmöglichen Umfang und die Mindestdauer der Sammlung,
3. Angaben über Art, Menge und Verbleib der zu verwertenden Abfälle,
4. eine Darlegung der innerhalb des angezeigten Zeitraums vorgesehenen Verwertungswege einschließlich der erforderlichen Maßnahmen zur Sicherstellung ihrer Kapazitäten sowie
5. eine Darlegung, wie die ordnungsgemäße und schadlose Verwertung der gesammelten Abfälle im Rahmen der Verwertungswege nach Nummer 4 gewährleistet wird.

(3) ¹Der Anzeige der gemeinnützigen Sammlung sind beizufügen
1. Angaben über die Größe und Organisation des Trägers der gemeinnützigen Sammlung sowie gegebenenfalls des Dritten, der mit der Sammlung beauftragt wird, sowie
2. Angaben über Art, Ausmaß und Dauer der Sammlung.

² Die Behörde kann verlangen, dass der Anzeige der gemeinnützigen Sammlung Unterlagen entsprechend Absatz 2 Nummer 3 bis 5 beizufügen sind.

(4) ¹ Die zuständige Behörde fordert den von der gewerblichen oder gemeinnützigen Sammlung betroffenen öffentlich-rechtlichen Entsorgungsträger auf, für seinen Zuständigkeitsbereich eine Stellungnahme innerhalb einer Frist von zwei Monaten abzugeben. ² Hat der öffentlich-rechtliche Entsorgungsträger bis zum Ablauf dieser Frist keine Stellungnahme abgegeben, ist davon auszugehen, dass sich dieser nicht äußern will.

(5) ¹ Die zuständige Behörde kann die angezeigte Sammlung von Bedingungen abhängig machen, sie zeitlich befristen oder Auflagen für sie vorsehen, soweit dies erforderlich ist, um die Erfüllung der Voraussetzungen nach § 17 Absatz 2 Satz 1 Nummer 3 oder Nummer 4 sicherzustellen. ² Die zuständige Behörde hat die Durchführung der angezeigten Sammlung zu untersagen, wenn Tatsachen bekannt sind, aus denen sich Bedenken gegen die Zuverlässigkeit des Anzeigenden oder der für die Leitung und Beaufsichtigung der Sammlung verantwortlichen Personen ergeben, oder die Einhaltung der in § 17 Absatz 2 Satz 1 Nummer 3 oder Nummer 4 genannten Voraussetzungen anders nicht zu gewährleisten ist.

(6) ¹ Die zuständige Behörde kann bestimmen, dass eine gewerbliche Sammlung mindestens für einen bestimmten Zeitraum durchzuführen ist; dieser Zeitraum darf drei Jahre nicht überschreiten. ² Wird die gewerbliche Sammlung vor Ablauf des nach Satz 1 bestimmten Mindestzeitraums eingestellt oder innerhalb dieses Zeitraums in ihrer Art und ihrem Ausmaß in Abweichung von den von der Behörde nach Absatz 5 Satz 1 festgelegten Bedingungen oder Auflagen wesentlich eingeschränkt, ist der Träger der gewerblichen Sammlung dem betroffenen öffentlich-rechtlichen Entsorgungsträger gegenüber zum Ersatz der Mehraufwendungen verpflichtet, die für die Sammlung und Verwertung der bislang von der gewerblichen Sammlung erfassten Abfälle erforderlich sind. ³ Zur Absicherung des Ersatzanspruchs kann die zuständige Behörde dem Träger der gewerblichen Sammlung eine Sicherheitsleistung auferlegen.

(7) Soweit eine gewerbliche Sammlung, die zum Zeitpunkt des Inkrafttretens dieses Gesetzes bereits durchgeführt wurde, die Funktionsfähigkeit des öffentlich-rechtlichen Entsorgungsträgers, des von diesem beauftragten Dritten oder des auf Grund einer Rechtsverordnung nach § 25 eingerichteten Rücknahmesystems bislang nicht gefährdet hat, ist bei Anordnungen nach Absatz 5 oder 6 der Grundsatz der Verhältnismäßigkeit, insbesondere ein schutzwürdiges Vertrauen des Trägers der Sammlung auf ihre weitere Durchführung, zu beachten.

(8) Der von der gewerblichen Sammlung betroffene öffentlich-rechtliche Entsorgungsträger hat einen Anspruch darauf, dass die für gewerbliche Sammlungen geltenden Bestimmungen des Anzeigeverfahrens eingehalten werden.

**§ 19 Duldungspflichten bei Grundstücken.** (1) ¹ Die Eigentümer und Besitzer von Grundstücken, auf denen überlassungspflichtige Abfälle anfallen, sind verpflichtet, das Aufstellen von zur Erfassung notwendigen Behältnissen sowie das Betreten des Grundstücks zum Zweck des Einsammelns und zur Überwachung des Getrennthaltens und der Verwertung von Abfällen zu dulden. ² Die Bediensteten und Beauftragten der zuständigen Behörde dürfen Geschäfts- und Betriebsgrundstücke und Geschäfts- und Betriebsräume außerhalb der üblichen Geschäftszeiten sowie Wohnräume ohne Einverständnis des Inhabers nur zur Verhütung dringender Gefahren für die öffentliche Sicherheit und Ordnung betreten. ³Das Grundrecht auf Unverletzlichkeit der Wohnung (Artikel 13 Absatz 1 des Grundgesetzes[1])) wird insoweit eingeschränkt.

(2) Absatz 1 gilt entsprechend für Rücknahme- und Sammelsysteme, die zur Durchführung von Rücknahmepflichten auf Grund einer Rechtsverordnung nach § 25 erforderlich sind.

**§ 20 Pflichten der öffentlich-rechtlichen Entsorgungsträger.** (1) ¹Die öffentlich-rechtlichen Entsorgungsträger haben die in ihrem Gebiet angefallenen und überlassenen Abfälle aus privaten Haushaltungen und Abfälle zur Beseitigung aus anderen Herkunftsbereichen nach Maßgabe der §§ 6 bis 11 zu verwerten oder nach Maßgabe der §§ 15 und 16 zu beseitigen. ²Werden Abfälle zur Beseitigung überlassen, weil die Pflicht zur Verwertung aus den in § 7 Absatz 4 genannten Gründen nicht erfüllt werden muss, sind die öffentlich-rechtlichen Entsorgungsträger zur Verwertung verpflichtet, soweit bei ihnen diese Gründe nicht vorliegen.

(2) ¹Die öffentlich-rechtlichen Entsorgungsträger sind verpflichtet, folgende in ihrem Gebiet in privaten Haushaltungen angefallenen und überlassenen Abfälle getrennt zu sammeln:

1. Bioabfälle; § 9 Absatz 1 und 3 Nummer 3 und 4 sowie Absatz 4 gilt entsprechend,
2. Kunststoffabfälle; § 9 gilt entsprechend,
3. Metallabfälle; § 9 gilt entsprechend,
4. Papierabfälle; § 9 gilt entsprechend,
5. Glas; § 9 Absatz 1 und 3 Nummer 3 und 4 sowie Absatz 4 gilt entsprechend,
6. Textilabfälle; § 9 gilt entsprechend,
7. Sperrmüll; die öffentlich-rechtlichen Entsorgungsträger sammeln Sperrmüll in einer Weise, welche die Vorbereitung zur Wiederverwendung und das Recycling der einzelnen Bestandteile ermöglicht und
8. gefährliche Abfälle; die öffentlich-rechtlichen Entsorgungsträger stellen sicher, dass sich die gefährlichen Abfälle bei der Sammlung nicht mit anderen Abfällen vermischen.

²Die Verpflichtung zur getrennten Sammlung von Textilabfällen nach Satz 1 Nummer 6 gilt ab dem 1. Januar 2025.

(3) ¹Die öffentlich-rechtlichen Entsorgungsträger können mit Zustimmung der zuständigen Behörde Abfälle von der Entsorgung ausschließen, soweit diese der Rücknahmepflicht auf Grund einer nach § 25 erlassenen Rechtsverordnung oder auf Grund eines Gesetzes unterliegen und entsprechende Rücknahmeeinrichtungen tatsächlich zur Verfügung stehen. ²Satz 1 gilt auch für Abfälle zur Beseitigung aus anderen Herkunftsbereichen als privaten Haushaltungen, soweit diese nach Art, Menge oder Beschaffenheit nicht mit den in Haushaltungen anfallenden Abfällen entsorgt werden können oder die Sicherheit der umweltverträglichen Beseitigung im Einklang mit den Abfallwirtschaftsplänen der Länder durch einen anderen öffentlich-rechtlichen Entsorgungsträger oder Dritten gewährleistet ist. ³Die öffentlich-rechtlichen Entsorgungsträger können den Ausschluss von der Entsorgung nach den Sätzen 1

---

[1]) Nr. **1.1**.

und 2 mit Zustimmung der zuständigen Behörde widerrufen, soweit die dort genannten Voraussetzungen für einen Ausschluss nicht mehr vorliegen.

(4) Die Pflichten nach Absatz 1 gelten auch für Kraftfahrzeuge oder Anhänger ohne gültige amtliche Kennzeichen, wenn diese
1. auf öffentlichen Flächen oder außerhalb im Zusammenhang bebauter Ortsteile abgestellt sind,
2. keine Anhaltspunkte für deren Entwendung oder bestimmungsgemäße Nutzung bestehen sowie
3. nicht innerhalb eines Monats nach einer am Fahrzeug angebrachten, deutlich sichtbaren Aufforderung entfernt worden sind.

**§ 21 Abfallwirtschaftskonzepte und Abfallbilanzen.** [1]Die öffentlich-rechtlichen Entsorgungsträger im Sinne des § 20 haben Abfallwirtschaftskonzepte und Abfallbilanzen über die Verwertung, insbesondere die Vorbereitung zur Wiederverwendung und das Recycling, und die Beseitigung der in ihrem Gebiet anfallenden und ihnen zu überlassenden Abfälle zu erstellen; dabei werden die betriebenen und geplanten Systeme zur Getrenntsammlung, insbesondere der in § 20 Absatz 2 genannten Abfallarten, gesondert dargestellt.
[2]In den Abfallwirtschaftskonzepten und Abfallbilanzen sind zudem die getroffenen Maßnahmen zur Abfallvermeidung darzustellen. [3]Bei der Fortentwicklung von Abfallvermeidungsmaßnahmen sind die Maßnahmen des Abfallvermeidungsprogramms nach § 33 zu berücksichtigen. [4]Die Anforderungen an Abfallwirtschaftskonzepte und Abfallbilanzen richten sich nach Landesrecht.

**§ 22 Beauftragung Dritter.** [1]Die zur Verwertung und Beseitigung Verpflichteten können Dritte mit der Erfüllung ihrer Pflichten beauftragen. [2]Ihre Verantwortlichkeit für die Erfüllung der Pflichten bleibt hiervon unberührt und so lange bestehen, bis die Entsorgung endgültig und ordnungsgemäß abgeschlossen ist. [3]Die beauftragten Dritten müssen über die erforderliche Zuverlässigkeit verfügen.

## Teil 3. Produktverantwortung

**§ 23 Produktverantwortung.** (1) [1]Wer Erzeugnisse entwickelt, herstellt, be- oder verarbeitet oder vertreibt, trägt zur Erfüllung der Ziele der Kreislaufwirtschaft die Produktverantwortung. [2]Erzeugnisse sind möglichst so zu gestalten, dass bei ihrer Herstellung und ihrem Gebrauch das Entstehen von Abfällen vermindert wird und sichergestellt ist, dass die nach ihrem Gebrauch entstandenen Abfälle umweltverträglich verwertet oder beseitigt werden. [3]Beim Vertrieb der Erzeugnisse ist dafür zu sorgen, dass deren Gebrauchstauglichkeit erhalten bleibt und diese nicht zu Abfall werden.

(2) Die Produktverantwortung umfasst insbesondere
1. die Entwicklung, die Herstellung und das Inverkehrbringen von Erzeugnissen, die ressourceneffizient, mehrfach verwendbar, technisch langlebig, reparierbar und nach Gebrauch zur ordnungsgemäßen, schadlosen und hochwertigen Verwertung sowie zur umweltverträglichen Beseitigung geeignet sind,
2. den vorrangigen Einsatz von verwertbaren Abfällen oder sekundären Rohstoffen, insbesondere Rezyklaten, bei der Herstellung von Erzeugnissen,

3. den sparsamen Einsatz von kritischen Rohstoffen und die Kennzeichnung der in den Erzeugnissen enthaltenen kritischen Rohstoffe, um zu verhindern, dass diese Erzeugnisse zu Abfall werden sowie sicherzustellen, dass die kritischen Rohstoffe aus den Erzeugnissen oder den nach Gebrauch der Erzeugnisse entstandenen Abfällen zurückgewonnen werden können,
4. die Stärkung der Wiederverwendung von Erzeugnissen, insbesondere die Unterstützung von Systemen zur Wiederverwendung und Reparatur,
5. die Senkung des Gehalts an gefährlichen Stoffen sowie die Kennzeichnung von schadstoffhaltigen Erzeugnissen, um sicherzustellen, dass die nach Gebrauch der Erzeugnisse entstandenen Abfälle umweltverträglich verwertet oder beseitigt werden,
6. den Hinweis auf Rückgabe-, Wiederverwendungs-, Verwertungs- und Beseitigungsmöglichkeiten oder -pflichten und Pfandregelungen durch Kennzeichnung der Erzeugnisse,
7. die Rücknahme der Erzeugnisse und der nach Gebrauch der Erzeugnisse entstandenen Abfälle sowie deren nachfolgende umweltverträgliche Verwertung oder Beseitigung,
8. die Übernahme der finanziellen oder der finanziellen und organisatorischen Verantwortung für die Bewirtschaftung der nach Gebrauch der Erzeugnisse entstandenen Abfälle,
9. die Information und Beratung der Öffentlichkeit über Möglichkeiten der Vermeidung, Verwertung und Beseitigung von Abfällen, insbesondere über Anforderungen an die Getrenntsammlung sowie Maßnahmen zur Verhinderung der Vermüllung der Umwelt,
10. die Beteiligung an Kosten, die den öffentlich-rechtlichen Entsorgungsträgern und sonstigen juristischen Personen des öffentlichen Rechts für die Reinigung der Umwelt und die anschließende umweltverträgliche Verwertung und Beseitigung der nach Gebrauch der aus den von einem Hersteller oder Vertreiber in Verkehr gebrachten Erzeugnissen entstandenen Abfälle entstehen sowie
11. eine Obhutspflicht hinsichtlich der vertriebenen Erzeugnisse, insbesondere die Pflicht, beim Vertrieb der Erzeugnisse, auch im Zusammenhang mit deren Rücknahme oder Rückgabe, dafür zu sorgen, dass die Gebrauchstauglichkeit der Erzeugnisse erhalten bleibt und diese nicht zu Abfall werden.

(3) Im Rahmen der Produktverantwortung nach den Absätzen 1 und 2 sind neben der Verhältnismäßigkeit der Anforderungen entsprechend § 7 Absatz 4 die sich aus anderen Rechtsvorschriften ergebenden Regelungen zur Produktverantwortung und zum Schutz von Mensch und Umwelt sowie die Festlegungen des Unionsrechts über den freien Warenverkehr zu berücksichtigen.

(4) ¹Die Bundesregierung bestimmt durch Rechtsverordnungen auf Grund der §§ 24 und 25, welche Verpflichteten die Produktverantwortung nach den Absätzen 1 und 2 wahrzunehmen haben. ²Sie legt zugleich fest, für welche Erzeugnisse und in welcher Art und Weise die Produktverantwortung wahrzunehmen ist.

**§ 24 Anforderungen an Verbote, Beschränkungen, Kennzeichnungen, Beratung, Information und Obhutspflicht.** Zur Festlegung von Anforderungen nach § 23 wird die Bundesregierung ermächtigt, nach Anhörung der beteiligten Kreise (§ 68) durch Rechtsverordnung[1]) mit Zustimmung des Bundesrates zu bestimmen, dass

1. bestimmte Erzeugnisse nur ressourceneffizient, insbesondere in einer Form, die die mehrfache Verwendung, die technische Langlebigkeit und die Reparierbarkeit erleichtert, sowie in bestimmter, die Abfallbewirtschaftung spürbar entlastender Weise in Verkehr gebracht werden dürfen,
2. bestimmte Erzeugnisse nur in bestimmter Beschaffenheit oder Form oder für bestimmte Verwendungen in Verkehr gebracht werden dürfen, bei denen eine umweltverträgliche Verwertung oder Beseitigung der nach Gebrauch der Erzeugnisse entstandenen Abfälle gewährleistet werden kann,
3. bestimmte Erzeugnisse nur in bestimmter, die Abfallentsorgung spürbar entlastender Weise in Verkehr gebracht werden dürfen, insbesondere in einer Form, die die mehrfache Verwendung oder die Verwertung erleichtert,
4. bestimmte Erzeugnisse nicht in Verkehr gebracht werden dürfen, wenn
   a) bei der Verwertung oder Beseitigung der nach Gebrauch der Erzeugnisse entstehenden Abfälle die Freisetzung von Schadstoffen nicht oder nur mit unverhältnismäßig hohem Aufwand verhindert werden könnte und die umweltverträgliche Verwertung oder Beseitigung nicht auf andere Weise sichergestellt werden kann,
   b) ihre Verwendung in erheblichem Umfang zur Vermüllung der Umwelt beiträgt und dies nicht oder nur mit unverhältnismäßig hohem Aufwand verhindert werden kann,
5. bestimmte Erzeugnisse in bestimmter Weise zu kennzeichnen sind, um insbesondere die Erfüllung der Pflichten nach § 7 Absatz 2 und 3, § 8 Absatz 1 oder § 9 Absatz 1 und 3 im Anschluss an die Rücknahme zu sichern oder zu fördern,
6. bestimmte Erzeugnisse wegen der im Erzeugnis enthaltenen kritischen Rohstoffe, sonstiger Materialien oder des Schadstoffgehalts der nach Gebrauch der Erzeugnisse entstehenden Abfälle nur mit einer Kennzeichnung in Verkehr gebracht werden dürfen, die insbesondere auf die Notwendigkeit einer Rückgabe an die Hersteller, Vertreiber oder bestimmte Dritte hinweist,
7. für bestimmte Erzeugnisse an der Abgabestelle oder der Stelle des Inverkehrbringens Hinweise zu geben oder die Erzeugnisse zu kennzeichnen sind im Hinblick auf
   a) die Vermeidung der nach Gebrauch der Erzeugnisse entstandenen Abfälle und die Wiederverwendbarkeit der Erzeugnisse,
   b) die Vermeidung der Vermüllung der Umwelt durch die nach Gebrauch der Erzeugnisse entstandenen Abfälle,
   c) den Einsatz von sekundären Rohstoffen, insbesondere Rezyklaten, sowie die Recyclingfähigkeit der nach Gebrauch der Erzeugnisse entstandenen Abfälle,

---

[1]) Siehe die AltölVO (Nr. **5.1.7**), die EinwegkunststoffverbotsVO (Nr. **5.1.8**), die EinwegkunststoffkennzeichnungsVO v. 24.6.2021 (BGBl. I S. 2024) und die Elektro- und Elektronikgeräte-Stoff-VO v. 19.4.2013 (BGBl. I S. 1111), zuletzt geänd. durch G v. 10.8.2021 (BGBl. I S. 3436). Siehe auch das ElektroG (Nr. **5.2**) und das BatterieG (Nr. **5.3**) sowie das VerpackG (Nr. **5.4**).

d) die umweltverträgliche Verwertung und Beseitigung der nach Gebrauch der Erzeugnisse entstandenen Abfälle und

e) die Rückgabemöglichkeit im Falle einer verordneten Rücknahme- oder Rückgabepflicht nach § 25,

8. bestimmte Erzeugnisse, für die die Erhebung eines Pfandes nach § 25 verordnet wurde, entsprechend zu kennzeichnen sind, gegebenenfalls mit Angabe der Höhe des Pfandes,

9. für bestimmte Erzeugnisse, insbesondere solche, deren Verwendung in erheblichem Umfang zur Vermüllung der Umwelt beiträgt, die Öffentlichkeit über die Auswirkungen der Vermüllung der Umwelt, die Möglichkeiten der Vermeidung und der Bewirtschaftung der nach Gebrauch der Erzeugnisse entstehenden Abfälle zu beraten und zu informieren ist,

10. beim Vertrieb bestimmter Erzeugnisse, auch im Zusammenhang mit deren Rücknahme oder Rückgabe, dafür zu sorgen ist, dass die Gebrauchstauglichkeit der Erzeugnisse erhalten bleibt und diese nicht zu Abfall werden.

**§ 25 Anforderungen an Rücknahme- und Rückgabepflichten, die Wiederverwendung, die Verwertung und die Beseitigung der nach Gebrauch der Erzeugnisse entstandenen Abfälle, Kostenbeteiligungen für die Reinigung der Umwelt; Obhutspflicht.** (1) Zur Festlegung von Anforderungen nach § 23 wird die Bundesregierung ermächtigt, nach Anhörung der beteiligten Kreise (§ 68) durch Rechtsverordnung[1]) mit Zustimmung des Bundesrates zu bestimmen, dass Hersteller oder Vertreiber

1. bestimmte Erzeugnisse nur bei Eröffnung einer für den jeweiligen Bereich flächendeckenden Rückgabemöglichkeit sowie Sicherstellung der umweltverträglichen Verwertung oder Beseitigung abgeben oder in Verkehr bringen dürfen,

2. bestimmte Erzeugnisse zurückzunehmen und die Rückgabe sowie die umweltverträgliche Verwertung und Beseitigung durch geeignete Maßnahmen sicherzustellen haben, insbesondere durch die Einrichtung von Rücknahmesystemen, die Beteiligung an Rücknahmesystemen, die Erhebung eines Pfandes oder die Gewährung anderer wirtschaftlicher Anreize,

3. bestimmte Erzeugnisse an der Abgabe- oder Anfallstelle oder einer anderen vorgeschriebenen Stelle zurückzunehmen haben,

4. sich an Kosten zu beteiligen haben, die den öffentlich-rechtlichen Entsorgungsträgern und sonstigen juristischen Personen des öffentlichen Rechts für die Reinigung der Umwelt und die anschließende umweltverträgliche Verwertung und Beseitigung der nach Gebrauch der von einem Hersteller oder Vertreiber in Verkehr gebrachten Erzeugnisse gemäß Teil E des Anhangs zu der Richtlinie (EU) 2019/904 des Europäischen Parlaments und des Rates vom 5. Juni 2019 über die Verringerung der Auswirkungen bestimmter Kunststoffprodukte auf die Umwelt (ABl. L 155 vom 12.6.2019, S. 1) entstehen,

---

[1]) Siehe die AltfahrzeugVO (Nr. **5.1.5**), die AltölVO (Nr. **5.1.7**), die Chemikalien-OzonschichtVO idF der Bek. v. 15.2.2012 (BGBl. I S. 409), zuletzt geänd. durch VO v. 19.6.2020 (BGBl. I S. 1328), und die Chemikalien-KlimaschutzVO v. 2.7.2008 (BGBl. I S. 1139), zuletzt geänd. durch VO v. 19.6.2020 (BGBl. I S. 1328). Siehe auch das ElektroG (Nr. **5.2**) und das BatterieG (Nr. **5.3**) sowie das VerpackG (Nr. **5.4**).

## 5.1 KrWG § 25

5. bestimmte Erzeugnisse nur bei Bestellung eines Bevollmächtigten in Verkehr bringen dürfen, der im Geltungsbereich dieses Gesetzes niedergelassen ist und für die mit der Produktverantwortung verbundenen Pflichten verantwortlich ist, die sich aus den auf Grund der §§ 24 und 25 erlassenen Rechtsverordnungen ergeben, wenn der Hersteller oder Vertreiber in einem anderen Mitgliedstaat niedergelassen ist,
6. bestimmter Erzeugnisse Systeme zur Förderung der Wiederverwendung und Reparatur zu unterstützen haben,
7. einen Nachweis zu führen haben
   a) über die in Verkehr gebrachten Erzeugnisse, deren Eigenschaften und Mengen,
   b) über die Rücknahme von Abfällen und die Beteiligung an Rücknahmesystemen sowie
   c) über Art, Menge und Bewirtschaftung der zurückgenommenen Erzeugnisse oder der nach Gebrauch der Erzeugnisse entstehenden Abfälle,
8. Belege nach Nummer 7 beizubringen, einzubehalten, aufzubewahren oder auf Verlangen vorzuzeigen haben sowie
9. zur Gewährleistung einer angemessenen Transparenz für bestimmte, unter die Obhutspflicht fallende Erzeugnisse einen Bericht zu erstellen haben, der die Verwendung der Erzeugnisse, insbesondere deren Art, Menge, Verbleib und Entsorgung, sowie die getroffenen und geplanten Maßnahmen zur Umsetzung der Obhutspflicht zum Inhalt hat; es kann auch bestimmt werden, ob und in welcher Weise der Bericht durch Dritte zu überprüfen, der zuständigen Behörde vorzulegen oder in geeigneter Weise zu veröffentlichen ist; die gültige Umwelterklärung einer in das EMAS-Register eingetragenen Organisation erfüllt die Anforderungen an den Bericht, soweit sie die erforderlichen Obhutspflichten adressiert.

(2) Durch Rechtsverordnung nach Absatz 1 kann zur Festlegung von Anforderungen nach § 23 sowie zur ergänzenden Festlegung von Pflichten sowohl der Erzeuger und Besitzer von Abfällen als auch der öffentlich-rechtlichen Entsorgungsträger im Rahmen der Kreislaufwirtschaft weiter bestimmt werden,
1. wer die Kosten für die Sammlung, Rücknahme, Verwertung und Beseitigung, die Kennzeichnung, die Datenerhebung und -übermittlung sowie die Beratung und Information nach § 24 Nummer 9 zu tragen hat,
2. wie die Kosten festgelegt werden, insbesondere, dass bei der Festlegung der Kosten der Lebenszyklus der Erzeugnisse zu berücksichtigen ist,
3. dass derjenige, der die Kosten zu tragen hat, einen Nachweis darüber zu erbringen hat, dass er über die erforderlichen finanziellen oder finanziellen und organisatorischen Mittel verfügt, um den Verpflichtungen im Rahmen der Produktverantwortung nachzukommen, insbesondere durch Leisten einer Sicherheit oder Bilden betrieblicher Rücklagen,
4. dass derjenige, der die Kosten zu tragen hat, eine geeignete Eigenkontrolle einzurichten und durchzuführen hat zur Prüfung und Bewertung
   a) seiner Finanzen, einschließlich der Kostenverteilung, und
   b) der Qualität der Daten, für die eine Nachweisführung nach Absatz 1 Nummer 7 verordnet wurde,

Kreislaufwirtschaftsgesetz **§ 26 KrWG 5.1**

5. dass derjenige, der die Kosten zu tragen hat, eine Prüfung der Eigenkontrolle nach Nummer 4 durch einen von der zuständigen Behörde bekannt gegebenen Sachverständigen, eine von dieser Behörde bekannt gegebene Stelle oder eine sonstige Person, die über die erforderliche Fach- und Sachkunde verfügt, durchführen zu lassen hat,
6. dass die Besitzer von Abfällen diese den nach Absatz 1 verpflichteten Herstellern, Vertreibern oder nach Absatz 1 Nummer 2 eingerichteten Rücknahmesystemen zu überlassen haben,
7. auf welche Art und Weise die Abfälle überlassen werden, einschließlich der Maßnahmen zum Bereitstellen, Sammeln und Befördern und des jeweils gebotenen Umfangs sowie der Bringpflichten der in Nummer 6 genannten Besitzer von Abfällen,
8. dass die öffentlich-rechtlichen Entsorgungsträger im Sinne des § 20 durch Erfassung der Abfälle als ihnen übertragene Aufgabe bei der Rücknahme mitzuwirken und die erfassten Abfälle den nach Absatz 1 Verpflichteten zu überlassen haben,
9. welche Form, welchen Inhalt und welches Verfahren die Bestellung eines Bevollmächtigten nach Absatz 1 Nummer 5 oder eines freiwillig Bevollmächtigten einzuhalten hat,
10. welche Anforderungen an die Verwertung eingehalten werden müssen, insbesondere durch Festlegen abfallwirtschaftlicher Ziele, und
11. dass Daten über die Einhaltung der abfallwirtschaftlichen Ziele nach Nummer 10 sowie weitere Daten über die Organisation und Struktur der Rücknahmesysteme zu erheben und in geeigneter Weise zu veröffentlichen sind.

**§ 26 Freiwillige Rücknahme, Wahrnehmung der Produktverantwortung.** (1) Das Bundesministerium für Umwelt, Naturschutz und nukleare Sicherheit wird ermächtigt, nach Anhörung der beteiligten Kreise (§ 68) durch Rechtsverordnung mit Zustimmung des Bundesrates Ziele für die freiwillige Rücknahme von Erzeugnissen und den nach Gebrauch der Erzeugnisse entstandenen Abfällen festzulegen, die innerhalb einer angemessenen Frist zu erreichen sind.

(2) Hersteller und Vertreiber, die Erzeugnisse und die nach Gebrauch der Erzeugnisse entstandenen Abfälle in eigenen Anlagen oder Einrichtungen oder in Anlagen oder Einrichtungen der von ihnen beauftragten Dritten freiwillig zurücknehmen, haben dies der zuständigen Behörde vor Beginn der Rücknahme anzuzeigen.

(3) [1]Die im Sinne von Absatz 2 zuständige Behörde stellt auf Antrag des Herstellers oder Vertreibers fest, dass die angezeigte Rücknahme von Abfällen in Wahrnehmung der Produktverantwortung nach § 23 erfolgt, wenn

1. die Abfälle, die vom Hersteller oder Vertreiber zurückgenommen werden, von Erzeugnissen stammen, die vom Hersteller oder Vertreiber selbst hergestellt oder vertrieben wurden,
2. durch die freiwillige Rücknahme die Ziele der Produktverantwortung nach § 23 umgesetzt werden,
3. die umweltverträgliche Verwertung oder Beseitigung der Abfälle gewährleistet bleibt und
4. durch die Rücknahme die Kreislaufwirtschaft gefördert wird.

## 5.1 KrWG § 26a

²Eine Förderung der Kreislaufwirtschaft ist anzunehmen, wenn die geplante Rücknahme und Verwertung der Abfälle insgesamt mindestens so hochwertig erfolgen wie die Rücknahme und Verwertung, die von dem zuständigen öffentlich-rechtlichen Entsorgungsträger, den von ihm beauftragten Dritten oder einer gemeinnützigen oder gewerblichen Sammlung im Entsorgungsgebiet angeboten wird. ³§ 26a Absatz 3 gilt entsprechend.

(4) Auf Antrag des Herstellers oder Vertreibers wird die Feststellung der Wahrnehmung der Produktverantwortung auch auf nicht gefährliche Abfälle von Erzeugnissen erstreckt, die nicht von dem Hersteller oder Vertreiber selbst hergestellt oder vertrieben wurden, wenn

1. die Voraussetzungen des Absatzes 3 Satz 1 Nummer 2 bis 4 erfüllt sind,
2. die Erzeugnisse derselben Gattung oder Produktart angehören wie die vom Hersteller oder Vertreiber selbst hergestellten oder vertriebenen Erzeugnisse,
3. die Rücknahme in einem engen Zusammenhang mit der wirtschaftlichen Tätigkeit des Herstellers oder Vertreibers steht,
4. die Menge der zurückgenommenen Abfälle in einem angemessenen Verhältnis zur Menge der vom Hersteller oder Vertreiber hergestellten und vertriebenen Erzeugnisse steht und
5. sichergestellt ist, dass die Rücknahme und die Verwertung mindestens für einen Zeitraum von drei Jahren durchgeführt werden.

**§ 26a Freistellung von Nachweispflichten bei freiwilliger Rücknahme gefährlicher Abfälle.** (1) ¹Soweit vom Hersteller oder Vertreiber in Wahrnehmung der Produktverantwortung die nach Gebrauch ihrer Erzeugnisse verbleibenden gefährlichen Abfälle in eigenen Anlagen oder Einrichtungen oder in Anlagen oder Einrichtungen der von ihnen beauftragten Dritten freiwillig zurückgenommen werden, soll die zuständige Behörde den Hersteller oder Vertreiber auf Antrag von der Nachweispflicht nach § 50 bis zum Abschluss der Rücknahme der Abfälle freistellen. ²Als abgeschlossen gilt die Rücknahme mit der Annahme der Abfälle an einer Anlage zur weiteren Entsorgung, ausgenommen Anlagen zur Zwischenlagerung der Abfälle, wenn im Freistellungsbescheid kein früherer Zeitpunkt bestimmt wird.

(2) ¹Für die Freistellung nach Absatz 1 gelten die in § 26 Absatz 3 Satz 1 Nummer 1 bis 4 festgelegten Voraussetzungen entsprechend. ²Die Anträge auf Feststellung der Wahrnehmung der Produktverantwortung nach § 26 Absatz 3 und 4 und der Antrag nach Absatz 1 können mit der Anzeige nach § 26 Absatz 2 verbunden werden.

(3) ¹Die Freistellung nach den Absätzen 1 und 2 und die Feststellung der Wahrnehmung der Produktverantwortung nach § 26 Absatz 3 und 4 gelten für die Bundesrepublik Deutschland, soweit keine beschränkte Geltung beantragt oder angeordnet wird. ²Die jeweils für die Freistellung oder Feststellung zuständige Behörde übersendet je eine Kopie des Freistellungs- und des Feststellungsbescheides an die zuständigen Behörden der Länder, in denen die Abfälle zurückgenommen werden.

(4) ¹Erzeuger, Besitzer, Beförderer oder Entsorger gefährlicher Abfälle, die diese Abfälle an einen Hersteller oder Vertreiber zurückgeben oder in dessen Auftrag entsorgen, sind bis zum Abschluss der Rücknahme von der Nachweispflicht nach § 50 für diese Abfälle befreit, soweit der Hersteller oder Vertreiber von der Pflicht zur Nachweisführung für solche Abfälle freigestellt ist. ²Die

Kreislaufwirtschaftsgesetz §§ 27–29 KrWG 5.1

zuständige Behörde kann die Rückgabe oder Entsorgung von Bedingungen abhängig machen, sie zeitlich befristen oder Auflagen für sie vorsehen, soweit dies erforderlich ist, um die umweltverträgliche Verwertung und Beseitigung sicherzustellen.

**§ 27 Besitzerpflichten nach Rücknahme.** Hersteller und Vertreiber, die Abfälle auf Grund einer Rechtsverordnung nach § 25 oder freiwillig zurücknehmen, unterliegen den Pflichten eines Besitzers von Abfällen.

## Teil 4. Planungsverantwortung

### Abschnitt 1. Ordnung und Durchführung der Abfallbeseitigung

**§ 28 Ordnung der Abfallbeseitigung.** (1) [1] Abfälle dürfen zum Zweck der Beseitigung nur in den dafür zugelassenen Anlagen oder Einrichtungen (Abfallbeseitigungsanlagen) behandelt, gelagert oder abgelagert werden. [2] Abweichend von Satz 1 ist die Behandlung von Abfällen zur Beseitigung auch in solchen Anlagen zulässig, die überwiegend einem anderen Zweck als der Abfallbeseitigung dienen und die einer Genehmigung nach § 4 des Bundes-Immissionsschutzgesetzes[1)] bedürfen. [3] Die Lagerung oder Behandlung von Abfällen zur Beseitigung in den diesen Zwecken dienenden Abfallbeseitigungsanlagen ist auch zulässig, soweit diese nach dem Bundes-Immissionsschutzgesetz auf Grund ihres geringen Beeinträchtigungspotenzials keiner Genehmigung bedürfen und in einer Rechtsverordnung nach § 23 des Bundes-Immissionsschutzgesetzes oder in einer Rechtsverordnung nach § 16 nichts anderes bestimmt ist. [4] Flüssige Abfälle, die kein Abwasser sind, können unter den Voraussetzungen des § 55 Absatz 3 des Wasserhaushaltsgesetzes[2)] vom 31. Juli 2009 (BGBl. I S. 2585), das zuletzt durch Artikel 1 des Gesetzes vom 6. Oktober 2011 (BGBl. I S. 1986) geändert worden ist, in der jeweils geltenden Fassung mit Abwasser beseitigt werden.

(2) Die zuständige Behörde kann im Einzelfall unter dem Vorbehalt des Widerrufs Ausnahmen von Absatz 1 Satz 1 zulassen, wenn dadurch das Wohl der Allgemeinheit nicht beeinträchtigt wird.

(3) [1] Die Landesregierungen können durch Rechtsverordnung die Beseitigung bestimmter Abfälle oder bestimmter Mengen dieser Abfälle außerhalb von Anlagen im Sinne des Absatzes 1 Satz 1 zulassen, soweit hierfür ein Bedürfnis besteht und eine Beeinträchtigung des Wohls der Allgemeinheit nicht zu besorgen ist. [2] Sie können in diesem Fall auch die Voraussetzungen und die Art und Weise der Beseitigung durch Rechtsverordnung bestimmen. [3] Die Landesregierungen können die Ermächtigung durch Rechtsverordnung ganz oder teilweise auf andere Behörden übertragen.

**§ 29 Durchführung der Abfallbeseitigung.** (1) [1] Die zuständige Behörde kann den Betreiber einer Abfallbeseitigungsanlage verpflichten, einem Beseitigungspflichtigen nach § 15 sowie den öffentlich-rechtlichen Entsorgungsträgern im Sinne des § 20 die Mitbenutzung der Abfallbeseitigungsanlage gegen angemessenes Entgelt zu gestatten, soweit diese auf eine andere Weise den Abfall nicht zweckmäßig oder nur mit erheblichen Mehrkosten beseitigen

---
[1)] Nr. **6.1**.
[2)] Nr. **4.1**.

können und die Mitbenutzung für den Betreiber zumutbar ist. ²Kommt eine Einigung über das Entgelt nicht zustande, wird es auf Antrag durch die zuständige Behörde festgesetzt. ³Auf Antrag des nach Satz 1 Verpflichteten kann der durch die Gestattung Begünstigte statt zur Zahlung eines angemessenen Entgelts dazu verpflichtet werden, nach dem Wegfall der Gründe für die Zuweisung Abfälle gleicher Art und Menge zu übernehmen. ⁴Die Verpflichtung zur Gestattung darf nur erfolgen, wenn Rechtsvorschriften dieses Gesetzes nicht entgegenstehen; die Erfüllung der Grundpflichten gemäß § 15 muss sichergestellt sein. ⁵Die zuständige Behörde hat von demjenigen Beseitigungspflichtigen, der durch die Gestattung begünstigt werden soll, die Vorlage eines Abfallwirtschaftskonzepts zu verlangen und dieses ihrer Entscheidung zugrunde zu legen.

(2) ¹Die zuständige Behörde kann dem Betreiber einer Abfallbeseitigungsanlage, der Abfälle wirtschaftlicher als die öffentlich-rechtlichen Entsorgungsträger beseitigen kann, auf seinen Antrag die Beseitigung dieser Abfälle übertragen. ²Die Übertragung kann insbesondere mit der Auflage verbunden werden, dass der Antragsteller alle Abfälle, die in dem von den öffentlich-rechtlichen Entsorgungsträgern erfassten Gebiet angefallen sind, gegen Erstattung der Kosten beseitigt, wenn die öffentlich-rechtlichen Entsorgungsträger die verbleibenden Abfälle nicht oder nur mit unverhältnismäßigem Aufwand beseitigen können; dies gilt nicht, wenn der Antragsteller darlegt, dass es unzumutbar ist, die Beseitigung auch dieser verbleibenden Abfälle zu übernehmen.

(3) ¹Die zuständige Behörde kann den Abbauberechtigten oder den Unternehmer eines Mineralgewinnungsbetriebs sowie den Eigentümer, Besitzer oder in sonstiger Weise Verfügungsberechtigten eines zur Mineralgewinnung genutzten Grundstücks verpflichten, die Beseitigung von Abfällen in freigelegten Bauen in seiner Anlage oder innerhalb seines Grundstücks zu dulden, während der üblichen Betriebs- oder Geschäftszeiten den Zugang zu ermöglichen und dabei, soweit dies unumgänglich ist, vorhandene Betriebsanlagen oder Einrichtungen oder Teile derselben zur Verfügung zu stellen. ²Die dem Verpflichteten nach Satz 1 entstehenden Kosten hat der Beseitigungspflichtige zu erstatten. ³Kommt eine Einigung über die Erstattung der Kosten nicht zustande, werden sie auf Antrag durch die zuständige Behörde festgesetzt. ⁴Der Vorrang der Mineralgewinnung gegenüber der Abfallbeseitigung darf nicht beeinträchtigt werden. ⁵Für die aus der Abfallbeseitigung entstehenden Schäden haftet der Duldungspflichtige nicht.

(4) ¹Das Einbringen von Abfällen in die Hohe See sowie die Verbrennung von Abfällen auf Hoher See ist nach Maßgabe des Hohe-See-Einbringungsgesetzes vom 25. August 1998 (BGBl. I S. 2455), das zuletzt durch Artikel 72 der Verordnung vom 31. Oktober 2006 (BGBl. I S. 2407) geändert worden ist, verboten. ²Baggergut darf nach Maßgabe des in Satz 1 genannten Gesetzes unter Berücksichtigung der jeweiligen Inhaltsstoffe in die Hohe See eingebracht werden.

## Abschnitt 2. Abfallwirtschaftspläne und Abfallvermeidungsprogramme

**§ 30 Abfallwirtschaftspläne.** (1) ¹Die Länder stellen für ihr Gebiet Abfallwirtschaftspläne nach überörtlichen Gesichtspunkten auf. ²Die Abfallwirtschaftspläne stellen Folgendes dar:

1. die Ziele der Abfallvermeidung, der Abfallverwertung, insbesondere der Vorbereitung zur Wiederverwendung und des Recyclings, sowie der Abfallbeseitigung,
2. die getroffenen Maßnahmen zur Abfallvermeidung und die bestehende Situation der Abfallbewirtschaftung,
3. die erforderlichen Maßnahmen zur Verbesserung der Abfallverwertung und Abfallbeseitigung einschließlich einer Bewertung ihrer Eignung zur Zielerreichung sowie
4. die Abfallentsorgungsanlagen, die zur Sicherung der Beseitigung von Abfällen sowie der Verwertung von gemischten Abfällen aus privaten Haushaltungen einschließlich solcher, die dabei auch in anderen Herkunftsbereichen gesammelt werden, im Inland erforderlich sind.

³Die Abfallwirtschaftspläne weisen Folgendes aus:

1. die zugelassenen Abfallentsorgungsanlagen im Sinne des Satzes 2 Nummer 4 sowie
2. die Flächen, die für Deponien, für sonstige Abfallbeseitigungsanlagen sowie für Abfallentsorgungsanlagen im Sinne des Satzes 2 Nummer 4 geeignet sind.

⁴Die Abfallwirtschaftspläne können ferner bestimmen, welcher Entsorgungsträger vorgesehen ist und welcher Abfallentsorgungsanlage im Sinne des Satzes 2 Nummer 4 sich die Entsorgungspflichtigen zu bedienen haben.

(2) ¹Bei der Darstellung des Bedarfs sind zukünftige, innerhalb eines Zeitraums von mindestens zehn Jahren zu erwartende Entwicklungen zu berücksichtigen. ²Soweit dies zur Darstellung des Bedarfs erforderlich ist, sind Abfallwirtschaftskonzepte und Abfallbilanzen auszuwerten.

(3) ¹Eine Fläche kann als geeignet im Sinne des Absatzes 1 Satz 3 Nummer 2 angesehen werden, wenn ihre Lage, Größe und Beschaffenheit im Hinblick auf die vorgesehene Nutzung mit den abfallwirtschaftlichen Zielsetzungen im Plangebiet übereinstimmen und Belange des Wohls der Allgemeinheit der Eignung der Fläche nicht offensichtlich entgegenstehen. ²Die Flächenausweisung nach Absatz 1 Satz 3 Nummer 2 ist keine Voraussetzung für die Planfeststellung oder Genehmigung der in § 35 aufgeführten Abfallbeseitigungsanlagen.

(4) Die Ausweisungen im Sinne des Absatzes 1 Satz 3 Nummer 2 und Satz 4 können für die Entsorgungspflichtigen für verbindlich erklärt werden.

(5) ¹Bei der Abfallwirtschaftsplanung sind die Ziele der Raumordnung zu beachten und die Grundsätze und sonstigen Erfordernisse der Raumordnung zu berücksichtigen. ²§ 7 Absatz 4 des Raumordnungsgesetzes bleibt unberührt.

(6) Die Abfallwirtschaftspläne enthalten mindestens

1. Angaben über Art, Menge und Herkunft der im Gebiet erzeugten Abfälle und der Abfälle, die voraussichtlich aus dem oder in das deutsche Hoheitsgebiet verbracht werden, sowie eine Abschätzung der zukünftigen Entwicklung der Abfallströme,

2. Angaben über

   a) bestehende Abfallsammelsysteme und bedeutende Beseitigungs- und Verwertungsanlagen, einschließlich spezieller Vorkehrungen für Altöl, für gefährliche Abfälle und für Abfälle, die erhebliche Mengen kritischer Rohstoffe enthalten, oder

   b) Abfallströme, für die besondere Bestimmungen nach diesem Gesetz oder auf Grund dieses Gesetzes erlassener Rechtsverordnungen gelten,

   c) Abfallströme, für die besondere Gesetze über das Inverkehrbringen und die Rücknahme bestimmter Abfallströme oder auf Grund dieser Gesetze erlassener Rechtsverordnungen gelten,

3. eine Beurteilung der Notwendigkeit der Stilllegung bestehender oder der Errichtung zusätzlicher Abfallentsorgungsanlagen nach Absatz 1 Satz 3 Nummer 1; die Länder stellen sicher, dass die Investitionen und andere Finanzmittel, auch für die zuständigen Behörden, bewertet werden, die für die im Einklang mit dem ersten Halbsatz ermittelten notwendigen Maßnahmen benötigt werden; die Bewertung wird in die entsprechenden Abfallwirtschaftspläne oder andere für das jeweilige Land geltende strategische Dokumente aufgenommen,

4. Informationen über die Maßnahmen zur Erreichung der Zielvorgaben entsprechend Artikel 5 Absatz 3a der Richtlinie 1999/31/EG des Rates vom 26. April 1999 über Abfalldeponien (ABl. L 182 vom 16.7.1999, S. 1), die zuletzt durch die Richtlinie (EU) 2018/850 (ABl. L 150 vom 14.6.2018, S. 100) geändert worden ist, oder die in anderen für das jeweilige Land geltenden strategischen Dokumenten festgelegt sind,

5. eine Beurteilung

   a) der bestehenden Abfallsammelsysteme, einschließlich der Abfälle, die getrennt gesammelt werden, der geografischen Gebiete, in denen die getrennte Sammlung erfolgt, und der Maßnahmen zur Verbesserung der getrennten Sammlung,

   b) der Darlegung der Voraussetzungen nach § 9 Absatz 3, sofern keine getrennte Sammlung erfolgt, und

   c) der Notwendigkeit neuer Sammelsysteme,

6. ausreichende Informationen über die Ansiedlungskriterien zur Standortbestimmung und über die Kapazität künftiger Beseitigungsanlagen oder bedeutender Verwertungsanlagen,

7. allgemeine Abfallbewirtschaftungsstrategien, einschließlich geplanter Abfallbewirtschaftungstechnologien und -verfahren, oder Strategien für Abfälle, die besondere Bewirtschaftungsprobleme aufwerfen,

8. Maßnahmen zur Bekämpfung und Verhinderung jeglicher Form von Vermüllung sowie zur Reinigung der Umwelt von Abfällen jeder Art,

9. geeignete qualitative und quantitative Indikatoren und Zielvorgaben, auch in Bezug auf

   a) die Menge des anfallenden Abfalls und seine Behandlung und

   b) die Siedlungsabfälle, die energetisch verwertet oder beseitigt werden,

10. Maßnahmen, die zur Umsetzung der Artikel 4 bis 10 der Richtlinie (EU) 2019/904 getroffen wurden.

(7) Abfallwirtschaftspläne können weiterhin enthalten
1. Angaben über organisatorische Aspekte der Abfallbewirtschaftung, einschließlich einer Beschreibung der Aufteilung der Verantwortlichkeiten zwischen öffentlichen und privaten Akteuren, die die Abfallbewirtschaftung durchführen,
2. eine Bewertung von Nutzen und Eignung des Einsatzes wirtschaftlicher und anderer Instrumente zur Bewältigung verschiedener Abfallprobleme unter Berücksichtigung der Notwendigkeit, ein reibungsloses Funktionieren des Binnenmarkts aufrechtzuerhalten,
3. den Einsatz von Sensibilisierungskampagnen sowie Informationen für die Öffentlichkeit oder eine bestimmte Verbrauchergruppe,
4. Angaben über geschlossene kontaminierte Abfallbeseitigungsstandorte und Maßnahmen für deren Sanierung.

**§ 31 Aufstellung von Abfallwirtschaftsplänen.** (1) ¹Die Länder sollen ihre Abfallwirtschaftsplanungen aufeinander und untereinander abstimmen. ²Ist eine die Grenze eines Landes überschreitende Planung erforderlich, sollen die betroffenen Länder bei der Aufstellung der Abfallwirtschaftspläne die Erfordernisse und Maßnahmen in gegenseitigem Benehmen miteinander festlegen.

(2) Bei der Aufstellung der Abfallwirtschaftspläne sind die Gemeinden und die Landkreise sowie ihre jeweiligen Zusammenschlüsse und die öffentlich-rechtlichen Entsorgungsträger zu beteiligen.

(3) Die öffentlich-rechtlichen Entsorgungsträger haben die von ihnen zu erstellenden und fortzuschreibenden Abfallwirtschaftskonzepte und Abfallbilanzen auf Verlangen der zuständigen Behörde zur Auswertung für die Abfallwirtschaftsplanung vorzulegen.

(4) ¹Die Länder regeln das Verfahren zur Aufstellung der Pläne und zu deren Verbindlicherklärung. ²Die Absätze 1 bis 3 und § 32 bleiben unberührt.

(5) Die Pläne sind mindestens alle sechs Jahre auszuwerten und bei Bedarf fortzuschreiben.

**§ 32 Beteiligung der Öffentlichkeit bei der Aufstellung von Abfallwirtschaftsplänen, Unterrichtung der Öffentlichkeit.** (1) ¹Bei der Aufstellung oder Änderung von Abfallwirtschaftsplänen nach § 30, einschließlich besonderer Kapitel oder gesonderter Teilpläne, insbesondere über die Entsorgung von gefährlichen Abfällen, Altbatterien und Akkumulatoren oder Verpackungen und Verpackungsabfällen, ist die Öffentlichkeit durch die zuständige Behörde zu beteiligen. ²Die Aufstellung oder Änderung eines Abfallwirtschaftsplans sowie Informationen über das Beteiligungsverfahren sind in einem amtlichen Veröffentlichungsblatt und auf andere geeignete Weise bekannt zu machen.

(2) ¹Der Entwurf des neuen oder geänderten Abfallwirtschaftsplans sowie die Gründe und Erwägungen, auf denen der Entwurf beruht, sind einen Monat zur Einsicht auszulegen. ²Bis zwei Wochen nach Ablauf der Auslegungsfrist kann gegenüber der zuständigen Behörde schriftlich Stellung genommen werden. ³Der Zeitpunkt des Fristablaufs ist bei der Bekanntmachung nach Absatz 1 Satz 2 mitzuteilen. ⁴Fristgemäß eingegangene Stellungnahmen werden von der

zuständigen Behörde bei der Entscheidung über die Annahme des Plans angemessen berücksichtigt.

(3) ¹Die Annahme des Plans ist von der zuständigen Behörde in einem amtlichen Veröffentlichungsblatt und auf einer öffentlich zugänglichen Webseite öffentlich bekannt zu machen; dabei ist in zusammengefasster Form über den Ablauf des Beteiligungsverfahrens und über die Gründe und Erwägungen, auf denen die getroffene Entscheidung beruht, zu unterrichten. ²Der angenommene Plan ist zur Einsicht für die Öffentlichkeit auszulegen, hierauf ist in der öffentlichen Bekanntmachung nach Satz 1 hinzuweisen.

(4) Die Absätze 1 bis 3 finden keine Anwendung, wenn es sich bei dem Abfallwirtschaftsplan um einen Plan handelt, für den nach dem Gesetz über die Umweltverträglichkeitsprüfung[1]) eine Strategische Umweltprüfung durchzuführen ist.

(5) ¹Unbeschadet der Beteiligung der Öffentlichkeit nach den Absätzen 1 bis 4 unterrichten die Länder die Öffentlichkeit über den Stand der Abfallwirtschaftsplanung. ²Die Unterrichtung enthält unter Beachtung der bestehenden Geheimhaltungsvorschriften eine zusammenfassende Darstellung und Bewertung der Abfallwirtschaftspläne, einen Vergleich zum vorangegangenen sowie eine Prognose für den folgenden Unterrichtungszeitraum.

**§ 33 Abfallvermeidungsprogramme.** (1) ¹Der Bund erstellt ein Abfallvermeidungsprogramm. ²Die Länder können sich an der Erstellung des Abfallvermeidungsprogramms beteiligen. ³In diesem Fall leisten sie für ihren jeweiligen Zuständigkeitsbereich eigenverantwortliche Beiträge; diese Beiträge werden in das Abfallvermeidungsprogramm des Bundes aufgenommen.

(2) Soweit die Länder sich nicht an einem Abfallvermeidungsprogramm des Bundes beteiligen, erstellen sie eigene Abfallvermeidungsprogramme.

(3) Das Abfallvermeidungsprogramm
1. legt die Abfallvermeidungsziele fest; die Ziele sind darauf gerichtet, das Wirtschaftswachstum und die mit der Abfallerzeugung verbundenen Auswirkungen auf Mensch und Umwelt zu entkoppeln,
2. sieht mindestens die folgenden Abfallvermeidungsmaßnahmen vor:
   a) die Förderung und Unterstützung nachhaltiger Produktions- und Konsummodelle,
   b) die Förderung der Entwicklung, der Herstellung und der Verwendung von Produkten, die ressourceneffizient und auch in Bezug auf ihre Lebensdauer und den Ausschluss geplanter Obsoleszenz langlebig, reparierbar sowie wiederverwendbar oder aktualisierbar sind,
   c) die gezielte Identifizierung von Produkten, die kritische Rohstoffe enthalten, um zu verhindern, dass diese Materialien zu Abfall werden,
   d) die Unterstützung der Wiederverwendung von Produkten und der Schaffung von Systemen zur Förderung von Tätigkeiten zur Reparatur und Wiederverwendung, insbesondere von Elektro- und Elektronikgeräten, Textilien, Möbeln, Verpackungen sowie Baumaterialien und -produkten,
   e) unbeschadet der Rechte des geistigen Eigentums die Förderung der Verfügbarkeit von Ersatzteilen, Bedienungsanleitungen, technischen Infor-

---

[1]) Nr. 2.5.

mationen oder anderen Mitteln und Geräten sowie Software, die es ermöglichen, Produkte ohne Beeinträchtigung ihrer Qualität und Sicherheit zu reparieren und wiederzuverwenden,

f) die Verringerung der Abfallerzeugung bei Prozessen im Zusammenhang mit der industriellen Produktion, bei der Gewinnung von Mineralien, bei der Herstellung, bei Bau- und Abbruchtätigkeiten, jeweils unter Berücksichtigung der besten verfügbaren Techniken,

g) die Verringerung der Verschwendung von Lebensmitteln in der Primärerzeugung, Verarbeitung und Herstellung, im Einzelhandel und bei anderen Formen des Vertriebs von Lebensmitteln, in Gaststätten und bei Verpflegungsdienstleistungen sowie in privaten Haushaltungen, um zu dem Ziel der Vereinten Nationen für nachhaltige Entwicklung beizutragen, bis 2030 die weltweit im Einzelhandel und bei den Verbrauchern pro Kopf anfallenden Lebensmittelabfälle zu halbieren und die Verluste von Lebensmitteln entlang der Produktions- und Lieferkette einschließlich Nachernteverlusten zu reduzieren,

h) die Förderung

aa) von Lebensmittelspenden und anderen Formen der Umverteilung von Lebensmitteln für den menschlichen Verzehr, damit der Verzehr durch den Menschen Vorrang gegenüber dem Einsatz als Tierfutter und der Verarbeitung zu sonstigen Erzeugnissen hat,

bb) von Sachspenden,

i) die Förderung der Senkung des Gehalts an gefährlichen Stoffen in Materialien und Produkten,

j) die Reduzierung der Entstehung von Abfällen, insbesondere von Abfällen, die sich nicht für die Vorbereitung zur Wiederverwendung oder für das Recycling eignen,

k) die Ermittlung von Produkten, die Hauptquellen der Vermüllung insbesondere der Natur und der Meeresumwelt sind, und die Durchführung geeigneter Maßnahmen zur Vermeidung und Reduzierung des durch diese Produkte verursachten Müllaufkommens,

l) die Vermeidung und deutliche Reduzierung von Meeresmüll als Beitrag zu dem Ziel der Vereinten Nationen für nachhaltige Entwicklung, jegliche Formen der Meeresverschmutzung zu vermeiden und deutlich zu reduzieren,

m) die Entwicklung und Unterstützung von Informationskampagnen, in deren Rahmen für Abfallvermeidung und Vermüllung sensibilisiert wird, sowie

n) Maßnahmen, die zur Umsetzung der Artikel 4 bis 10 der Richtlinie (EU) 2019/904 getroffen wurden,

3. legt, soweit erforderlich, weitere Abfallvermeidungsmaßnahmen fest und

4. gibt zweckmäßige, spezifische, qualitative oder quantitative Maßstäbe für festgelegte Abfallvermeidungsmaßnahmen vor, anhand derer die bei den Maßnahmen erzielten Fortschritte überwacht und bewertet werden; als Maßstab können Indikatoren oder andere geeignete spezifische qualitative oder quantitative Ziele herangezogen werden.

(4) Bei der Festlegung der Abfallvermeidungsmaßnahmen ist Folgendes zu berücksichtigen:

1. die Verhältnismäßigkeit der Maßnahmen entsprechend § 7 Absatz 4,
2. andere Rechtsvorschriften zur Verwendung von Erzeugnissen, zur Produktverantwortung sowie zum Schutz von Mensch und Umwelt und
3. Festlegungen des Unionsrechts über den freien Warenverkehr.

(5) Bei der Erstellung des Abfallvermeidungsprogramms
1. sind die bestehenden Abfallvermeidungsmaßnahmen und ihr Beitrag zur Abfallvermeidung zu beschreiben,
2. ist die Zweckmäßigkeit der in der Anlage 4 angegebenen oder anderer geeigneter Abfallvermeidungsmaßnahmen zu bewerten und
3. ist, soweit relevant, der Beitrag zu beschreiben, den die in der Anlage 5 aufgeführten Instrumente und Maßnahmen zur Abfallvermeidung leisten.

(6) Das Abfallvermeidungsprogramm nimmt auf spezielle Programme zur Vermeidung von Lebensmittelabfällen Bezug und gibt deren Abfallvermeidungsziele und -maßnahmen an.

(7) [1] Das Abfallvermeidungsprogramm kann sich auf andere umweltpolitische Programme oder stoffstromspezifische Programme beziehen. [2] Wird auf ein solches Programm Bezug genommen, sind dessen Abfallvermeidungsziele und -maßnahmen im Abfallvermeidungsprogramm deutlich auszuweisen.

(8) [1] Beiträge der Länder nach Absatz 1 oder Abfallvermeidungsprogramme der Länder nach Absatz 2 können in die Abfallwirtschaftspläne nach § 30 aufgenommen oder als eigenständiges umweltpolitisches Programm oder Teil eines solchen erstellt werden. [2] Wird ein Beitrag oder ein Abfallvermeidungsprogramm in den Abfallwirtschaftsplan oder in ein anderes Programm aufgenommen, sind die Abfallvermeidungsmaßnahmen deutlich auszuweisen.

(9) [1] Bestehende Abfallvermeidungsprogramme sind bis zum Ablauf des 12. Dezember 2025 an die Anforderungen nach Absatz 3 Nummer 2, den Absätzen 4 und 5 anzupassen, alle sechs Jahre auszuwerten und bei Bedarf fortzuschreiben. [2] Bei der Aufstellung oder Änderung von Abfallvermeidungsprogrammen ist die Öffentlichkeit von der zuständigen Behörde entsprechend § 32 Absatz 1 bis 4 zu beteiligen. [3] Zuständig für die Erstellung des Abfallvermeidungsprogramms des Bundes ist das Bundesministerium für Umwelt, Naturschutz und nukleare Sicherheit oder eine von diesem zu bestimmende Behörde. [4] Das Abfallvermeidungsprogramm des Bundes wird im Einvernehmen mit den fachlich betroffenen Bundesministerien erstellt.

## Abschnitt 3. Zulassung von Anlagen, in denen Abfälle entsorgt werden

**§ 34 Erkundung geeigneter Standorte.** (1) [1] Eigentümer und Nutzungsberechtigte von Grundstücken haben zu dulden, dass Beauftragte der zuständigen Behörde und der öffentlich-rechtlichen Entsorgungsträger zur Erkundung geeigneter Standorte für Deponien und öffentlich zugängliche Abfallbeseitigungsanlagen Grundstücke mit Ausnahme von Wohnungen betreten und Vermessungen, Boden- und Grundwasseruntersuchungen sowie ähnliche Maßnahmen durchführen. [2] Die Absicht, Grundstücke zu betreten und solche Maßnahmen durchzuführen, ist den Eigentümern und Nutzungsberechtigten der Grundstücke rechtzeitig vorher bekannt zu geben.

(2) [1] Die zuständige Behörde und die öffentlich-rechtlichen Entsorgungsträger haben nach Abschluss der Maßnahmen den vorherigen Zustand unverzüglich wiederherzustellen. [2] Sie können anordnen, dass bei der Erkundung

geschaffene Einrichtungen aufrechtzuerhalten sind. ³Die Einrichtungen sind zu beseitigen, wenn sie für die Erkundung nicht mehr benötigt werden oder wenn eine Entscheidung darüber nicht innerhalb von zwei Jahren nach Schaffung der Einrichtung getroffen worden ist und der Eigentümer oder Nutzungsberechtigte dem weiteren Verbleib der Einrichtung gegenüber der Behörde widersprochen hat.

(3) Eigentümer und Nutzungsberechtigte von Grundstücken können für durch Maßnahmen nach Absatz 1 oder Absatz 2 entstandene Vermögensnachteile von der zuständigen Behörde Entschädigung in Geld verlangen.

**§ 35 Planfeststellung und Genehmigung.** (1) Die Errichtung und der Betrieb von Anlagen, in denen eine Entsorgung von Abfällen durchgeführt wird, sowie die wesentliche Änderung einer solchen Anlage oder ihres Betriebes bedürfen der Genehmigung nach den Vorschriften des Bundes-Immissionsschutzgesetzes[1]; einer weiteren Zulassung nach diesem Gesetz bedarf es nicht.

(2) ¹Die Errichtung und der Betrieb von Deponien sowie die wesentliche Änderung einer solchen Anlage oder ihres Betriebes bedürfen der Planfeststellung durch die zuständige Behörde. ²In dem Planfeststellungsverfahren ist eine Umweltverträglichkeitsprüfung nach den Vorschriften des Gesetzes über die Umweltverträglichkeitsprüfung[2] durchzuführen.

(3) ¹§ 74 Absatz 6 des Verwaltungsverfahrensgesetzes gilt mit der Maßgabe, dass die zuständige Behörde nur dann an Stelle eines Planfeststellungsbeschlusses auf Antrag oder von Amts wegen eine Plangenehmigung erteilen kann, wenn

1. die Errichtung und der Betrieb einer unbedeutenden Deponie beantragt werden, soweit die Errichtung und der Betrieb keine erheblichen nachteiligen Auswirkungen auf ein in § 2 Absatz 1 des Gesetzes über die Umweltverträglichkeitsprüfung genanntes Schutzgut haben können, oder
2. die wesentliche Änderung einer Deponie oder ihres Betriebes beantragt wird, soweit die Änderung keine erheblichen nachteiligen Auswirkungen auf ein in § 2 Absatz 1 des Gesetzes über die Umweltverträglichkeitsprüfung genanntes Schutzgut haben kann, oder
3. die Errichtung und der Betrieb einer Deponie beantragt werden, die ausschließlich oder überwiegend der Entwicklung und Erprobung neuer Verfahren dient, und die Genehmigung für einen Zeitraum von höchstens zwei Jahren nach Inbetriebnahme der Anlage erteilt werden soll; soweit diese Deponie der Ablagerung gefährlicher Abfälle dient, darf die Genehmigung für einen Zeitraum von höchstens einem Jahr nach Inbetriebnahme der Anlage erteilt werden.

²Die zuständige Behörde soll ein Genehmigungsverfahren durchführen, wenn die wesentliche Änderung keine erheblichen nachteiligen Auswirkungen auf ein in § 2 Absatz 1 des Gesetzes über die Umweltverträglichkeitsprüfung genanntes Schutzgut hat und den Zweck verfolgt, eine wesentliche Verbesserung für diese Schutzgüter herbeizuführen. ³Eine Plangenehmigung nach Satz 1 Nummer 1 kann nicht erteilt werden

1. für Deponien zur Ablagerung von gefährlichen Abfällen,

---
[1] Nr. **6.1**.
[2] Nr. **2.5**.

2. für Deponien zur Ablagerung von nicht gefährlichen Abfällen mit einer Aufnahmekapazität von 10 Tonnen oder mehr pro Tag oder mit einer Gesamtkapazität von 25 000 Tonnen oder mehr; dies gilt nicht für Deponien für Inertabfälle.

(4) [1] § 15 Absatz 1 Satz 1 bis 4 und Absatz 2 des Bundes-Immissionsschutzgesetzes gilt entsprechend. [2] Satz 1 findet auch auf die in § 39 genannten Deponien Anwendung.

(5) Für nach Absatz 4 anzeigebedürftige Änderungen kann der Träger des Vorhabens eine Planfeststellung oder eine Plangenehmigung beantragen.

**§ 36 Erteilung, Sicherheitsleistung, Nebenbestimmungen.** (1) Der Planfeststellungsbeschluss nach § 35 Absatz 2 darf nur erlassen oder die Plangenehmigung nach § 35 Absatz 3 darf nur erteilt werden, wenn

1. sichergestellt ist, dass das Wohl der Allgemeinheit nicht beeinträchtigt wird, insbesondere
   a) keine Gefahren für die in § 15 Absatz 2 Satz 2 genannten Schutzgüter hervorgerufen werden können,
   b) Vorsorge gegen die Beeinträchtigungen der in § 15 Absatz 2 Satz 2 genannten Schutzgüter in erster Linie durch bauliche, betriebliche oder organisatorische Maßnahmen entsprechend dem Stand der Technik getroffen wird und
   c) Energie sparsam und effizient verwendet wird,
2. keine Tatsachen bekannt sind, aus denen sich Bedenken gegen die Zuverlässigkeit des Betreibers oder der für die Errichtung, Leitung oder Beaufsichtigung des Betriebes oder für die Nachsorge der Deponie verantwortlichen Personen ergeben,
3. die Personen im Sinne der Nummer 2 und das sonstige Personal über die für ihre Tätigkeit erforderliche Fach- und Sachkunde verfügen,
4. keine nachteiligen Wirkungen auf das Recht eines anderen zu erwarten sind und
5. die für verbindlich erklärten Feststellungen eines Abfallwirtschaftsplans dem Vorhaben nicht entgegenstehen.

(2) [1] Dem Erlass eines Planfeststellungsbeschlusses oder der Erteilung einer Plangenehmigung stehen die in Absatz 1 Nummer 4 genannten nachteiligen Wirkungen auf das Recht eines anderen nicht entgegen, wenn sie durch Auflagen oder Bedingungen verhütet oder ausgeglichen werden können oder der Betroffene den nachteiligen Wirkungen auf sein Recht nicht widerspricht. [2] Absatz 1 Nummer 4 gilt nicht, wenn das Vorhaben dem Wohl der Allgemeinheit dient. [3] Wird in diesem Fall der Planfeststellungsbeschluss erlassen, ist der Betroffene für den dadurch eingetretenen Vermögensnachteil in Geld zu entschädigen.

(3) Die zuständige Behörde soll verlangen, dass der Betreiber einer Deponie für die Rekultivierung sowie zur Verhinderung oder Beseitigung von Beeinträchtigungen des Wohls der Allgemeinheit nach Stilllegung der Anlage Sicherheit im Sinne von § 232 des Bürgerlichen Gesetzbuchs leistet oder ein gleichwertiges Sicherungsmittel erbringt.

(4) [1] Der Planfeststellungsbeschluss und die Plangenehmigung nach Absatz 1 können von Bedingungen abhängig gemacht, mit Auflagen verbunden und

befristet werden, soweit dies zur Wahrung des Wohls der Allgemeinheit erforderlich ist. ²Die zuständige Behörde überprüft regelmäßig sowie aus besonderem Anlass, ob der Planfeststellungsbeschluss und die Plangenehmigung nach Absatz 1 dem neuesten Stand der in Absatz 1 Nummer 1 bis 3 und 5 genannten Anforderungen entsprechen. ³Die Aufnahme, Änderung oder Ergänzung von Auflagen über Anforderungen an die Deponie oder ihren Betrieb ist auch nach dem Ergehen des Planfeststellungsbeschlusses oder nach der Erteilung der Plangenehmigung zulässig. ⁴Die Bundesregierung wird ermächtigt, nach Anhörung der beteiligten Kreise (§ 68) durch Rechtsverordnung[1]) mit Zustimmung des Bundesrates zu bestimmen, wann die zuständige Behörde Überprüfungen vorzunehmen und die in Satz 3 genannten Auflagen zu erlassen hat.

**§ 37 Zulassung des vorzeitigen Beginns.** (1) ¹In einem Planfeststellungs- oder Plangenehmigungsverfahren kann die für die Feststellung des Plans oder Erteilung der Plangenehmigung zuständige Behörde unter dem Vorbehalt des Widerrufs für einen Zeitraum von sechs Monaten zulassen, dass bereits vor Feststellung des Plans oder der Erteilung der Plangenehmigung mit der Errichtung einschließlich der Maßnahmen, die zur Prüfung der Betriebstüchtigkeit der Deponie erforderlich sind, begonnen wird, wenn

1. mit einer Entscheidung zugunsten des Trägers des Vorhabens gerechnet werden kann,
2. an dem vorzeitigen Beginn ein öffentliches Interesse besteht und
3. der Träger des Vorhabens sich verpflichtet, alle bis zur Entscheidung durch die Ausführung verursachten Schäden zu ersetzen und, sofern kein Planfeststellungsbeschluss oder keine Plangenehmigung erfolgt, den früheren Zustand wiederherzustellen.

²Diese Frist kann auf Antrag um sechs Monate verlängert werden.

(2) Die zuständige Behörde hat die Leistung einer Sicherheit zu verlangen, soweit dies erforderlich ist, um die Erfüllung der Verpflichtungen des Trägers des Vorhabens nach Absatz 1 Satz 1 Nummer 3 zu sichern.

**§ 38 Planfeststellungsverfahren und weitere Verwaltungsverfahren.**

(1) ¹Für das Planfeststellungsverfahren gelten die §§ 72 bis 78 des Verwaltungsverfahrensgesetzes. ²Die Bundesregierung wird ermächtigt, durch Rechtsverordnung[2]) mit Zustimmung des Bundesrates weitere Einzelheiten des Planfeststellungs- und Plangenehmigungsverfahrens zu regeln, insbesondere

1. Art und Umfang der Antragsunterlagen,
2. nähere Einzelheiten für das Anzeigeverfahren nach § 35 Absatz 4,
3. nähere Einzelheiten für das Verfahren zur Feststellung der endgültigen Stilllegung nach § 40 Absatz 3 sowie
4. nähere Einzelheiten für das Verfahren zur Feststellung des Abschlusses der Nachsorgephase nach § 40 Absatz 5.

---

[1]) Siehe die DeponieVO v. 27.4.2009 (BGBl. I S. 900), zuletzt geänd. durch VO v. 9.7.2021 (BGBl. I S. 2598) und die GewinnungsabfallVO v. 27.4.2009 (BGBl. I S. 900), geänd. durch G v. 24.2.2012 (BGBl. I S. 212).
[2]) Siehe die DeponieVO v. 27.4.2009 (BGBl. I S. 900), zuletzt geänd. durch VO v. 9.7.2021 (BGBl. I S. 2598).

(2) Einwendungen im Rahmen des Zulassungsverfahrens können innerhalb der gesetzlich festgelegten Frist nur schriftlich erhoben werden.

**§ 39 Bestehende Abfallbeseitigungsanlagen.** (1) ¹Die zuständige Behörde kann für Deponien, die vor dem 11. Juni 1972 betrieben wurden oder mit deren Errichtung begonnen war, für deren Betrieb Befristungen, Bedingungen und Auflagen anordnen. ²Sie kann den Betrieb dieser Anlagen ganz oder teilweise untersagen, wenn eine erhebliche Beeinträchtigung des Wohls der Allgemeinheit durch Auflagen, Bedingungen oder Befristungen nicht verhindert werden kann.

(2) ¹In dem in Artikel 3 des Einigungsvertrages genannten Gebiet kann die zuständige Behörde für Deponien, die vor dem 1. Juli 1990 betrieben wurden oder mit deren Errichtung begonnen war, Befristungen, Bedingungen und Auflagen für deren Errichtung und Betrieb anordnen. ²Absatz 1 Satz 2 gilt entsprechend.

**§ 40 Stilllegung.** (1) ¹Der Betreiber einer Deponie hat ihre beabsichtigte Stilllegung der zuständigen Behörde unverzüglich anzuzeigen. ²Der Anzeige sind Unterlagen über Art, Umfang und Betriebsweise sowie die beabsichtigte Rekultivierung und sonstige Vorkehrungen zum Schutz des Wohls der Allgemeinheit beizufügen.

(2) ¹Soweit entsprechende Regelungen noch nicht in dem Planfeststellungsbeschluss nach § 35 Absatz 2, der Plangenehmigung nach § 35 Absatz 3, in Bedingungen und Auflagen nach § 39 oder den für die Deponie geltenden umweltrechtlichen Vorschriften enthalten sind, hat die zuständige Behörde den Betreiber der Deponie zu verpflichten,
1. auf seine Kosten das Gelände, das für eine Deponie nach Absatz 1 verwendet worden ist, zu rekultivieren,
2. auf seine Kosten alle sonstigen erforderlichen Vorkehrungen, einschließlich der Überwachungs- und Kontrollmaßnahmen während der Nachsorgephase, zu treffen, um die in § 36 Absatz 1 bis 3 genannten Anforderungen auch nach der Stilllegung zu erfüllen, und
3. der zuständigen Behörde alle Überwachungsergebnisse zu melden, aus denen sich Anhaltspunkte für erhebliche nachteilige Auswirkungen auf Mensch und Umwelt ergeben.

²Besteht der Verdacht, dass von einer endgültig stillgelegten Deponie nach Absatz 3 schädliche Bodenveränderungen oder sonstige Gefahren für den Einzelnen oder die Allgemeinheit ausgehen, so sind für die Erfassung, Untersuchung, Bewertung und Sanierung die Vorschriften des Bundes-Bodenschutzgesetzes[1]) anzuwenden.

(3) Die zuständige Behörde hat den Abschluss der Stilllegung (endgültige Stilllegung) festzustellen.

(4) Die Verpflichtung nach Absatz 1 besteht auch für Betreiber von Anlagen, in denen gefährliche Abfälle anfallen.

(5) Die zuständige Behörde hat auf Antrag den Abschluss der Nachsorgephase festzustellen.

---

[1]) Nr. **3.4**.

Kreislaufwirtschaftsgesetz **§§ 41–43 KrWG 5.1**

**§ 41 Emissionserklärung.** (1) ¹Der Betreiber einer Deponie ist verpflichtet, der zuständigen Behörde zu dem in der Rechtsverordnung nach Absatz 2 festgesetzten Zeitpunkt Angaben zu machen über Art und Menge sowie räumliche und zeitliche Verteilung der Emissionen, die von der Anlage in einem bestimmten Zeitraum ausgegangen sind, sowie über die Austrittsbedingungen (Emissionserklärung); er hat die Emissionserklärung nach Maßgabe der Rechtsverordnung nach Absatz 2 entsprechend dem neuesten Stand zu ergänzen. ²Dies gilt nicht für Betreiber von Deponien, von denen nur in geringem Umfang Emissionen ausgehen können. ³Die zuständige Behörde kann abweichend von Satz 1 eine kürzere Frist setzen, sofern dies im Einzelfall auf Grund besonderer Umstände erforderlich ist.

(2) ¹Die Bundesregierung wird ermächtigt, durch Rechtsverordnung mit Zustimmung des Bundesrates zu bestimmen, für welche Deponien und für welche Emissionen die Verpflichtung zur Emissionserklärung gilt, sowie Inhalt, Umfang, Form und Zeitpunkt der Abgabe der Emissionserklärung und das bei der Ermittlung der Emissionen einzuhaltende Verfahren zu regeln. ²In der Rechtsverordnung wird auch bestimmt, welche Betreiber nach Absatz 1 Satz 2 von der Pflicht zur Abgabe einer Emissionserklärung befreit sind.

(3) § 27 Absatz 1 Satz 2, Absatz 2 und 3 des Bundes-Immissionsschutzgesetzes[1)] gilt entsprechend.

(4) Die Verpflichtung nach Absatz 1, eine Emissionserklärung abzugeben, entsteht mit Inkrafttreten der Rechtsverordnung nach Absatz 2.

**§ 42 Zugang zu Informationen.** Planfeststellungsbeschlüsse nach § 35 Absatz 2, Plangenehmigungen nach § 35 Absatz 3, Anordnungen nach § 39 und alle Ablehnungen und Änderungen dieser Entscheidungen sowie die bei der zuständigen Behörde vorliegenden Ergebnisse der Überwachung der von einer Deponie ausgehenden Emissionen sind nach den Bestimmungen des Umweltinformationsgesetzes mit Ausnahme des § 12 des Umweltinformationsgesetzes[2)] der Öffentlichkeit zugänglich; für Landesbehörden gelten die landesrechtlichen Vorschriften.

**§ 43 Anforderungen an Deponien.** (1) ¹Die Bundesregierung wird ermächtigt, nach Anhörung der beteiligten Kreise (§ 68) durch Rechtsverordnung[3)] mit Zustimmung des Bundesrates vorzuschreiben, dass die Errichtung, die Beschaffenheit, der Betrieb, der Zustand nach Stilllegung und die betriebereigene Überwachung von Deponien zur Erfüllung des § 36 Absatz 1 und der §§ 39 und 40 sowie zur Umsetzung von Rechtsakten der Europäischen Union zu dem in § 1 genannten Zweck bestimmten Anforderungen genügen müssen, insbesondere dass

1. die Standorte bestimmten Anforderungen entsprechen müssen,
2. die Deponien bestimmten betrieblichen, organisatorischen und technischen Anforderungen entsprechen müssen,

---
[1)] Nr. **6.1**.
[2)] Nr. **2.6**.
[3)] Siehe die DeponieVO v. 27.4.2009 (BGBl. I S. 900), zuletzt geänd. durch VO v. 9.7.2021 (BGBl. I S. 2598), und die GewinnungsAbfV v. 27.4.2009 (BGBl. I S. 900), geänd. durch G v. 24.2.2012 (BGBl. I S. 212).

3. die in Deponien zur Ablagerung gelangenden Abfälle bestimmten Anforderungen entsprechen müssen; dabei kann insbesondere bestimmt werden, dass Abfälle mit bestimmten Metallgehalten nicht abgelagert werden dürfen und welche Abfälle als Inertabfälle gelten,
4. die von Deponien ausgehenden Emissionen bestimmte Grenzwerte nicht überschreiten dürfen,
5. die Betreiber während des Betriebes und in der Nachsorgephase bestimmte Mess- und Überwachungsmaßnahmen vorzunehmen haben oder vornehmen lassen müssen,
6. die Betreiber durch einen Sachverständigen bestimmte Prüfungen vornehmen lassen müssen
   a) während der Errichtung oder sonst vor der Inbetriebnahme der Deponie,
   b) nach Inbetriebnahme der Deponie oder einer Änderung im Sinne des § 35 Absatz 2 oder Absatz 5,
   c) in regelmäßigen Abständen oder
   d) bei oder nach der Stilllegung,
7. es den Betreibern erst nach einer Abnahme durch die zuständige Behörde gestattet ist,
   a) die Deponie in Betrieb zu nehmen,
   b) eine wesentliche Änderung in Betrieb zu nehmen oder
   c) die Stilllegung abzuschließen,
8. bei bestimmten Ereignissen der Betreiber innerhalb bestimmter Fristen die zuständige Behörde unterrichten muss, die erforderlichen Maßnahmen zur Begrenzung und Vermeidung von Beeinträchtigungen des Wohls der Allgemeinheit ergreifen muss oder die zuständige Behörde den Betreiber zu solchen Maßnahmen verpflichten muss,
9. die Betreiber der zuständigen Behörde während des Betriebes und in der Nachsorgephase unverzüglich alle Überwachungsergebnisse, aus denen sich Anhaltspunkte für erhebliche nachteilige Umweltauswirkungen ergeben, sowie bestimmte Ereignisse, die solche Auswirkungen haben können, zu melden und der zuständigen Behörde regelmäßig einen Bericht über die Ergebnisse der in der Rechtsverordnung vorgeschriebenen Mess- und Überwachungsmaßnahmen vorzulegen haben.

²Bei der Festlegung der Anforderungen sind insbesondere mögliche Verlagerungen von nachteiligen Auswirkungen von einem Schutzgut auf ein anderes zu berücksichtigen; ein hohes Schutzniveau für die Umwelt insgesamt ist zu gewährleisten.

(2) ¹In der Rechtsverordnung nach Absatz 1 kann bestimmt werden, inwieweit die nach Absatz 1 zur Vorsorge gegen Beeinträchtigungen der in § 15 Absatz 2 Satz 2 genannten Schutzgüter festgelegten Anforderungen nach Ablauf bestimmter Übergangsfristen erfüllt werden müssen, soweit zum Zeitpunkt des Inkrafttretens der Rechtsverordnung in einem Planfeststellungsbeschluss, einer Plangenehmigung oder einer landesrechtlichen Vorschrift geringere Anforderungen gestellt worden sind. ²Bei der Bestimmung der Dauer der Übergangsfristen und der einzuhaltenden Anforderungen sind insbesondere Art, Beschaffenheit und Menge der abgelagerten Abfälle, die Standortbedingungen, Art, Menge und Gefährlichkeit der von den Deponien ausgehenden Emissionen sowie die Nutzungsdauer und technische Besonderheiten der Deponien zu

Kreislaufwirtschaftsgesetz **§ 44 KrWG 5.1**

berücksichtigen. ³Die Sätze 1 und 2 gelten für die in § 39 Absatz 1 und 2 genannten Deponien entsprechend.

(3) Die Bundesregierung wird ermächtigt, nach Anhörung der beteiligten Kreise (§ 68) durch Rechtsverordnung mit Zustimmung des Bundesrates vorzuschreiben, welche Anforderungen an die Zuverlässigkeit, die Sach- und Fachkunde der für die Errichtung, Leitung oder Beaufsichtigung des Betriebes der Deponie verantwortlichen Personen und die Sach- und Fachkunde des sonstigen Personals, einschließlich der laufenden Fortbildung der verantwortlichen Personen und des sonstigen Personals zu stellen sind.

(4) Die Bundesregierung wird ermächtigt, durch Rechtsverordnung[1] mit Zustimmung des Bundesrates

1. zu bestimmen, dass die Betreiber bestimmter Deponien eine Sicherheit im Sinne von § 232 des Bürgerlichen Gesetzbuchs leisten oder ein anderes gleichwertiges Sicherungsmittel erbringen müssen,
2. Vorschriften über Art, Umfang und Höhe der nach § 36 Absatz 3 zu leistenden Sicherheit im Sinne von § 232 des Bürgerlichen Gesetzbuchs oder eines anderen gleichwertigen Sicherungsmittels zu erlassen sowie
3. zu bestimmen, wie lange die Sicherheit nach Nummer 1 geleistet oder ein anderes gleichwertiges Sicherungsmittel erbracht werden muss.

(5) Durch Rechtsverordnung nach Absatz 1 können auch Verfahren zur Überprüfung der dort festgelegten Anforderungen bestimmt werden, insbesondere Verfahren entsprechend § 10 Absatz 2 Nummer 1 bis 9 und Absatz 3.

**§ 44 Kosten der Ablagerung von Abfällen.** (1) ¹Die vom Betreiber für die Ablagerung von Abfällen in Rechnung zu stellenden privatrechtlichen Entgelte müssen alle Kosten für die Errichtung und den Betrieb der Deponie, einschließlich der Kosten einer vom Betreiber zu leistenden Sicherheit im Sinne von § 232 des Bürgerlichen Gesetzbuchs oder eines zu erbringenden gleichwertigen Sicherungsmittels, sowie die geschätzten Kosten für die Stilllegung und die Nachsorge für mindestens 30 Jahre abdecken. ²Soweit nach Satz 1 durch Freistellungen nach Artikel 4 § 3 des Umweltrahmengesetzes vom 29. Juni 1990 (GBl. I Nr. 42 S. 649), das durch Artikel 12 des Gesetzes vom 22. März 1991 (BGBl. I S. 766, 1928) geändert worden ist, gewährleistet ist, entfällt eine entsprechende Veranlagung der Kosten für die Stilllegung und die Nachsorge sowie der Kosten der Sicherheitsleistung bei der Berechnung der Entgelte.

(2) Der Betreiber hat die in Absatz 1 genannten Kosten zu erfassen und der zuständigen Behörde innerhalb einer von ihr zu setzenden Frist Übersichten über die Kosten und die erhobenen Entgelte zur Verfügung zu stellen.

(3) Die Gebühren der öffentlich-rechtlichen Entsorgungsträger richten sich nach Landesrecht.

(4) Die Absätze 1 bis 3 gelten entsprechend für die Abdeckung der Kosten von genehmigungsbedürftigen Anlagen zum Lagern von Abfällen im Sinne des Bundes-Immissionsschutzgesetzes[2], soweit in diesen Anlagen Abfälle vor deren

---

[1] Siehe die DeponieVO v. 27.4.2009 (BGBl. I S. 900), zuletzt geänd. durch VO v. 9.7.2021 (BGBl. I S. 2598), und die GewinnungsabfallVO v. 27.4.2009 (BGBl. I S. 900), geänd. durch G v. 24.2.2012 (BGBl. I S. 212).
[2] Nr. **6.1**.

Beseitigung jeweils über einen Zeitraum von mehr als einem Jahr oder Abfälle vor deren Verwertung jeweils über einen Zeitraum von mehr als drei Jahren gelagert werden.

## Teil 5. Absatzförderung und Abfallberatung

**§ 45 Pflichten der öffentlichen Hand.** (1) Die Behörden des Bundes sowie die der Aufsicht des Bundes unterstehenden juristischen Personen des öffentlichen Rechts, Sondervermögen und sonstigen Stellen sind verpflichtet, durch ihr Verhalten zur Erfüllung des Zweckes des § 1 beizutragen.

(2) ¹Die Verpflichteten nach Absatz 1 haben, insbesondere unter Berücksichtigung der §§ 6 bis 8, bei der Gestaltung von Arbeitsabläufen, bei der Beschaffung oder Verwendung von Material und Gebrauchsgütern, bei Bauvorhaben und sonstigen Aufträgen, ohne damit Rechtsansprüche Dritter zu begründen, Erzeugnissen den Vorzug zu geben, die

1. in rohstoffschonenden, energiesparenden, wassersparenden, schadstoffarmen oder abfallarmen Produktionsverfahren hergestellt worden sind,
2. durch Vorbereitung zur Wiederverwendung oder durch Recycling von Abfällen, insbesondere unter Einsatz von Rezyklaten, oder aus nachwachsenden Rohstoffen hergestellt worden sind,
3. sich durch Langlebigkeit, Reparaturfreundlichkeit, Wiederverwendbarkeit und Recyclingfähigkeit auszeichnen oder
4. im Vergleich zu anderen Erzeugnissen zu weniger oder schadstoffärmeren Abfällen führen oder sich besser zur umweltverträglichen Abfallbewirtschaftung eignen.

²Die Pflicht des Satzes 1 gilt, soweit die Erzeugnisse für den vorgesehenen Verwendungszweck geeignet sind, durch ihre Beschaffung oder Verwendung keine unzumutbaren Mehrkosten entstehen, ein ausreichender Wettbewerb gewährleistet wird und keine anderen Rechtsvorschriften entgegenstehen. ³Soweit vergaberechtliche Bestimmungen anzuwenden sind, sind diese zu beachten. ⁴§ 7 der Bundeshaushaltsordnung bleibt unberührt. ⁵Abweichend von der Pflicht des Satzes 1 ist bei der Beschaffung oder Verwendung von Material und Gebrauchsgütern und bei Bauvorhaben sowie sonstigen Aufträgen, die verteidigungs- oder sicherheitsspezifische Aufträge sind oder die Verteidigungs- und Sicherheitsaspekte umfassen sowie bei sonstigen Aufträgen, soweit diese für die Einsatzfähigkeit der Bundeswehr erforderlich sind, zu prüfen, ob und in welchem Umfang die in Satz 1 genannten Erzeugnisse eingesetzt werden können.

(3) Die Verpflichteten nach Absatz 1 wirken im Rahmen ihrer Möglichkeiten darauf hin, dass die Gesellschaften des privaten Rechts, an denen sie beteiligt sind, die Verpflichtungen nach den Absätzen 1 und 2 beachten.

(4) Die öffentliche Hand hat im Rahmen ihrer Pflichten nach den Absätzen 1 bis 3 Regelungen für die Verwendung von Erzeugnissen oder Materialien sowie zum Schutz von Mensch und Umwelt nach anderen Rechtsvorschriften zu berücksichtigen.

**§ 46 Abfallberatungspflicht.** (1) ¹Die öffentlich-rechtlichen Entsorgungsträger im Sinne des § 20 sind im Rahmen der ihnen übertragenen Aufgaben in Selbstverwaltung zur Information und Beratung über Möglichkeiten der Vermeidung, Verwertung und Beseitigung von Abfällen verpflichtet. ²Zur Beratung verpflichtet sind auch die Industrie- und Handelskammern, Handwerkskammern und Landwirtschaftskammern.

(2) ¹Für die Beratung über Möglichkeiten der Abfallvermeidung sind insbesondere die in § 33 Absatz 3 Nummer 2 genannten Vermeidungsmaßnahmen und die Festlegungen des geltenden Abfallvermeidungsprogramms des Bundes und des jeweiligen Landes zugrunde zu legen. ²Bei der Beratung ist insbesondere hinzuweisen auf

1. die Einrichtungen des öffentlich-rechtlichen Entsorgungsträgers und, soweit möglich, auf die Einrichtungen sonstiger natürlicher oder juristischer Personen, durch die Erzeugnisse, die kein Abfall sind, erfasst und einer Wiederverwendung zugeführt werden, und
2. die Verfügbarkeit von Mehrwegprodukten, insbesondere als Alternative zu den Einwegkunststoffprodukten nach Artikel 3 Nummer 2 der Richtlinie (EU) 2019/904.

(3) ¹Im Rahmen der Beratung über die Abfallverwertung ist insbesondere auf die Pflicht zur getrennten Sammlung von Abfällen und die Rücknahmepflichten hinzuweisen. ²Die Beratung umfasst auch

1. die Beratung über die möglichst ressourcenschonende Bereitstellung von Sperrmüll,
2. die Information über die Auswirkungen einer Vermüllung oder einer sonstigen nicht ordnungsgemäßen Verwertung und Beseitigung von Abfällen auf die Umwelt, insbesondere die Meeresumwelt, und die Beratung über Maßnahmen zur Vermeidung dieser Vermüllung sowie
3. die Information über die Auswirkungen einer nicht ordnungsgemäßen Verwertung und Beseitigung von Abfällen auf Abwasseranlagen.

(4) Die zuständige Behörde hat den nach diesem Gesetz zur Beseitigung Verpflichteten Auskunft über geeignete Abfallbeseitigungsanlagen zu erteilen.

### Teil 6. Überwachung

**§ 47 Allgemeine Überwachung.** (1) ¹Die Vermeidung nach Maßgabe der auf Grund der §§ 24 und 25 erlassenen Rechtsverordnungen und die Abfallbewirtschaftung unterliegen der Überwachung durch die zuständige Behörde. ²Für den Vollzug der nach den §§ 24 und 25 ergangenen Rechtsverordnungen sind die §§ 6, 7 Absatz 1 bis 3, § 8 Absatz 2 und die §§ 9 und 10 des Marktüberwachungsgesetzes vom 9. Juni 2021 (BGBl. I S. 1723) entsprechend anzuwenden. ³Die nach Satz 2 verpflichteten Personen sind verpflichtet, das Betreten von Geschäfts- und Betriebsgrundstücken und -räumen außerhalb der üblichen Geschäftszeiten sowie das Betreten von Wohnräumen zu gestatten, wenn dies zur Verhütung dringender Gefahren für die öffentliche Sicherheit oder Ordnung erforderlich ist. ⁴Das Grundrecht auf Unverletzlichkeit der Wohnung (Artikel 13 Absatz 1 des Grundgesetzes[1]) wird insoweit eingeschränkt.

(2) ¹Die zuständige Behörde überprüft in regelmäßigen Abständen und in angemessenem Umfang Erzeuger von gefährlichen Abfällen, Anlagen und

---

[1] Nr. **1.1**.

Unternehmen, die Abfälle entsorgen, sowie Sammler, Beförderer, Händler und Makler von Abfällen. ²Die Überprüfung der Tätigkeiten der Sammler und Beförderer von Abfällen erstreckt sich auch auf den Ursprung, die Art, die Menge und den Bestimmungsort der gesammelten und beförderten Abfälle.

(3) ¹Auskunft über Betrieb, Anlagen, Einrichtungen und sonstige der Überwachung unterliegende Gegenstände haben den Bediensteten und Beauftragten der zuständigen Behörde auf Verlangen zu erteilen

1. Erzeuger und Besitzer von Abfällen,
2. zur Abfallentsorgung Verpflichtete,
3. Betreiber sowie frühere Betreiber von Unternehmen oder Anlagen, die Abfälle entsorgen oder entsorgt haben, auch wenn diese Anlagen stillgelegt sind, sowie
4. Sammler, Beförderer, Händler und Makler von Abfällen.

²Die nach Satz 1 zur Auskunft verpflichteten Personen haben den Bediensteten und Beauftragten der zuständigen Behörde zur Prüfung der Einhaltung ihrer Verpflichtungen nach den §§ 7 und 15 das Betreten der Grundstücke sowie der Geschäfts- und Betriebsräume zu den üblichen Geschäftszeiten, die Einsicht in Unterlagen und die Vornahme von technischen Ermittlungen und Prüfungen zu gestatten. ³Die nach Satz 1 zur Auskunft verpflichteten Personen sind ferner verpflichtet, zu diesen Zwecken das Betreten von Geschäfts- und Betriebsgrundstücken und -räumen außerhalb der üblichen Geschäftszeiten sowie das Betreten von Wohnräumen zu gestatten, wenn dies zur Verhütung dringender Gefahren für die öffentliche Sicherheit oder Ordnung erforderlich ist. ⁴Das Grundrecht auf Unverletzlichkeit der Wohnung (Artikel 13 Absatz 1 des Grundgesetzes[1])) wird insoweit eingeschränkt.

(4) Betreiber von Verwertungs- und Abfallbeseitigungsanlagen oder von Anlagen, in denen Abfälle mitverwertet oder mitbeseitigt werden, haben diese Anlagen den Bediensteten oder Beauftragten der zuständigen Behörde zugänglich zu machen, die zur Überwachung erforderlichen Arbeitskräfte, Werkzeuge und Unterlagen zur Verfügung zu stellen und nach Anordnung der zuständigen Behörde Zustand und Betrieb der Anlage auf eigene Kosten prüfen zu lassen.

(5) Für die nach dieser Vorschrift zur Auskunft verpflichteten Personen gilt § 55 der Strafprozessordnung entsprechend.

(6) Die behördlichen Überwachungsbefugnisse nach den Absätzen 1 bis 5 erstrecken sich auch auf die Prüfung, ob bestimmte Stoffe oder Gegenstände gemäß den Voraussetzungen der §§ 4 und 5 nicht oder nicht mehr als Abfall anzusehen sind.

(7) ¹Für alle zulassungspflichtigen Deponien stellen die zuständigen Behörden in ihrem Zuständigkeitsbereich Überwachungspläne und Überwachungsprogramme zur Durchführung der Absätze 1 bis 4 auf. ²Satz 1 gilt nicht für Deponien für Inertabfälle und Deponien, die eine Aufnahmekapazität von 10 Tonnen oder weniger je Tag und eine Gesamtkapazität von 25 000 Tonnen oder weniger haben. ³Zur Überwachung nach Satz 1 gehören insbesondere auch die Überwachung der Errichtung, Vor-Ort-Besichtigungen, die Überwachung der Emissionen und die Überprüfung interner Berichte, Folgedokumente sowie Messungen und Kontrollen, die Überprüfung der Eigenkontrolle,

---

[1]) Nr. **1.1**.

Kreislaufwirtschaftsgesetz §§ 48, 49 KrWG 5.1

die Prüfung der angewandten Techniken und der Eignung des Umweltmanagements der Deponie. [4]Die Bundesregierung wird ermächtigt, nach Anhörung der beteiligten Kreise (§ 68) durch Rechtsverordnung mit Zustimmung des Bundesrates die Einzelheiten zum Inhalt der Überwachungspläne und Überwachungsprogramme nach Satz 1 zu bestimmen.

(8) [1]Die Länder übermitteln dem Bundesministerium für Umwelt, Naturschutz und nukleare Sicherheit nach Anforderung Informationen über die Umsetzung der Richtlinie 2010/75/EU des Europäischen Parlaments und des Rates vom 24. November 2010 über Industrieemissionen (integrierte Vermeidung und Verminderung der Umweltverschmutzung) (Neufassung) (ABl. L 334 vom 17.12.2010, S. 17), insbesondere über repräsentative Daten über Emissionen und sonstige Arten von Umweltverschmutzung, über Emissionsgrenzwerte sowie über die Anwendung des Standes der Technik. [2]Die Länder stellen diese Informationen auf elektronischem Wege zur Verfügung. [3]Art und Form der von den Ländern zu übermittelnden Informationen sowie der Zeitpunkt ihrer Übermittlung richten sich nach den Anforderungen, die auf der Grundlage von Artikel 72 Absatz 2 der Richtlinie 2010/75/EU festgelegt werden. [4]§ 5 Absatz 1 Satz 3 und Absatz 2 bis 6 des Gesetzes zur Ausführung des Protokolls über Schadstofffreisetzungs- und -verbringungsregister vom 21. Mai 2003 sowie zur Durchführung der Verordnung (EG) Nr. 166/2006 vom 6. Juni 2007 (BGBl. I S. 1002), das durch Artikel 1 des Gesetzes vom 9. Dezember 2020 (BGBl. I S. 2873) geändert worden ist, gilt entsprechend.

(9) [1]Die zuständige Behörde kann anordnen, dass der Betreiber einer Deponie ihr Daten zu übermitteln hat, die in einem Durchführungsrechtsakt nach Artikel 72 Absatz 2 der Richtlinie 2010/75/EU aufgeführt sind und die zur Erfüllung der Berichtspflicht nach Absatz 8 erforderlich sind, soweit der zuständigen Behörde solche Daten nicht bereits auf Grund anderer Vorschriften vorliegen. [2]§ 3 Absatz 1 Satz 2 und § 5 Absatz 2 bis 6 des Gesetzes zur Ausführung des Protokolls über Schadstofffreisetzungs- und -verbringungsregister vom 21. Mai 2003 sowie zur Durchführung der Verordnung (EG) Nr. 166/2006 vom 6. Juni 2007 (BGBl. I S. 1002), das durch Artikel 1 des Gesetzes vom 9. Dezember 2020 (BGBl. I S. 2873) geändert worden ist, gelten entsprechend.

**§ 48 Abfallbezeichnung, gefährliche Abfälle.** [1]An die Entsorgung sowie die Überwachung gefährlicher Abfälle sind nach Maßgabe dieses Gesetzes besondere Anforderungen zu stellen. [2]Zur Umsetzung von Rechtsakten der Europäischen Union wird die Bundesregierung ermächtigt, nach Anhörung der beteiligten Kreise (§ 68) durch Rechtsverordnung[1]) mit Zustimmung des Bundesrates die Bezeichnung von Abfällen sowie gefährliche Abfälle zu bestimmen und die Bestimmung gefährlicher Abfälle durch die zuständige Behörde im Einzelfall zuzulassen.

**§ 49 Registerpflichten.** (1) Die Betreiber von Anlagen oder Unternehmen, die Abfälle in einem Verfahren nach Anlage 1 oder Anlage 2 entsorgen (Ent-

---

[1]) Siehe die AbfallverzeichnisVO v. 10.12.2001 (BGBl. I S. 3379), zuletzt geänd. durch VO v. 30.6.2020 (BGBl. I S. 1533), die VersatzVO v. 24.7.2002 (BGBl. I S. 2833), zuletzt geänd. durch G v. 24.2.2012 (BGBl. I S. 212) und die AltholzVO v. 15.8.2002 (BGBl. I S. 3302), zuletzt geänd. durch VO v. 19.6.2020 (BGBl. I S. 1328).

sorger von Abfällen), haben ein Register zu führen, in dem hinsichtlich der Vorgänge nach Anlage 1 oder Anlage 2 folgende Angaben verzeichnet sind:

1. die Menge, die Art und der Ursprung sowie
2. die Bestimmung, die Häufigkeit der Sammlung, die Beförderungsart sowie die Art der Verwertung oder Beseitigung, einschließlich der Vorbereitung vor der Verwertung oder Beseitigung, soweit diese Angaben zur Gewährleistung einer ordnungsgemäßen Abfallbewirtschaftung von Bedeutung sind.

(2) [1]Entsorger, die Abfälle behandeln oder lagern, haben die nach Absatz 1 erforderlichen Angaben, insbesondere die Bestimmung der behandelten oder gelagerten Abfälle, auch für die weitere Entsorgung zu verzeichnen, soweit dies erforderlich ist, um auf Grund der Zweckbestimmung der Abfallentsorgungsanlage eine ordnungsgemäße Entsorgung zu gewährleisten. [2]Satz 1 gilt entsprechend für die weitere Verwendung von Erzeugnissen, Materialien und Stoffen, die aus der Vorbereitung zur Wiederverwendung, aus dem Recycling oder einem sonstigen Verwertungsverfahren hervorgegangen sind. [3]Entsorger nach Satz 1 werden durch Rechtsverordnung nach § 52 Absatz 1 Satz 1 bestimmt.

(3) Die Pflicht nach Absatz 1, ein Register zu führen, gilt auch für die Erzeuger, Besitzer, Sammler, Beförderer, Händler und Makler von gefährlichen Abfällen.

(4) Auf Verlangen der zuständigen Behörde sind die Register vorzulegen oder Angaben aus diesen Registern mitzuteilen.

(5) In ein Register eingetragene Angaben oder eingestellte Belege über gefährliche Abfälle haben die Erzeuger, Besitzer, Händler, Makler und Entsorger von Abfällen mindestens drei Jahre, die Beförderer von Abfällen mindestens zwölf Monate jeweils ab dem Zeitpunkt der Eintragung oder Einstellung in das Register gerechnet aufzubewahren, soweit eine Rechtsverordnung nach § 52 keine längere Frist vorschreibt.

(6) Die Registerpflichten nach den Absätzen 1 bis 3 gelten nicht für private Haushaltungen.

**§ 50 Nachweispflichten.** (1) [1]Die Erzeuger, Besitzer, Sammler, Beförderer und Entsorger von gefährlichen Abfällen haben sowohl der zuständigen Behörde gegenüber als auch untereinander die ordnungsgemäße Entsorgung gefährlicher Abfälle nachzuweisen. [2]Der Nachweis wird geführt

1. vor Beginn der Entsorgung in Form einer Erklärung des Erzeugers, Besitzers, Sammlers oder Beförderers von Abfällen zur vorgesehenen Entsorgung, einer Annahmeerklärung des Abfallentsorgers sowie der Bestätigung der Zulässigkeit der vorgesehenen Entsorgung durch die zuständige Behörde und
2. über die durchgeführte Entsorgung oder Teilabschnitte der Entsorgung in Form von Erklärungen der nach Satz 1 Verpflichteten über den Verbleib der entsorgten Abfälle.

(2) [1]Die Nachweispflichten nach Absatz 1 gelten nicht für die Entsorgung gefährlicher Abfälle, welche die Erzeuger oder Besitzer von Abfällen in eigenen Abfallentsorgungsanlagen entsorgen, wenn diese Entsorgungsanlagen in einem engen räumlichen und betrieblichen Zusammenhang mit den Anlagen oder Stellen stehen, in denen die zu entsorgenden Abfälle angefallen sind. [2]Die Registerpflichten nach § 49 bleiben unberührt.

Kreislaufwirtschaftsgesetz **§§ 51, 52 KrWG 5.1**

(3) ¹Die Nachweispflichten nach Absatz 1 gelten nicht bis zum Abschluss der Rücknahme oder Rückgabe von Erzeugnissen oder der nach Gebrauch der Erzeugnisse verbleibenden gefährlichen Abfälle, die einer verordneten Rücknahme oder Rückgabe nach § 25 unterliegen. ²Eine Rücknahme oder Rückgabe von Erzeugnissen und der nach Gebrauch der Erzeugnisse verbleibenden Abfälle gilt spätestens mit der Annahme an einer Anlage zur weiteren Entsorgung, ausgenommen Anlagen zur Zwischenlagerung der Abfälle, als abgeschlossen, soweit die Rechtsverordnung, welche die Rückgabe oder Rücknahme anordnet, keinen früheren Zeitpunkt bestimmt.

(4) Die Nachweispflichten nach Absatz 1 gelten nicht für private Haushaltungen.

**§ 51 Überwachung im Einzelfall.** (1) ¹Die zuständige Behörde kann anordnen, dass die Erzeuger, Besitzer, Sammler, Beförderer, Händler, Makler oder Entsorger von Abfällen, jedoch ausgenommen private Haushaltungen,

1. Register oder Nachweise zu führen und vorzulegen oder Angaben aus den Registern mitzuteilen haben, soweit Pflichten nach den §§ 49 und 50 nicht bestehen, oder

2. bestimmten Anforderungen entsprechend § 10 Absatz 2 Nummer 2 und 3 sowie 5 bis 8 nachzukommen haben.

²Durch Anordnung nach Satz 1 kann auch bestimmt werden, dass Nachweise und Register elektronisch geführt und Dokumente in elektronischer Form nach § 3a Absatz 2 Satz 2 und 3 des Verwaltungsverfahrensgesetzes vorzulegen sind.

(2) ¹Ist der Erzeuger, Besitzer, Sammler, Beförderer, Händler, Makler oder Entsorger von Abfällen Entsorgungsfachbetrieb im Sinne des § 56 oder auditierter Unternehmensstandort im Sinne des § 61, so hat die zuständige Behörde dies bei Anordnungen nach Absatz 1, insbesondere auch im Hinblick auf mögliche Beschränkungen des Umfangs oder des Inhalts der Nachweispflicht, zu berücksichtigen. ²Dies umfasst vor allem die Berücksichtigung der vom Umweltgutachter geprüften und im Rahmen der Teilnahme an dem Gemeinschaftssystem für das Umweltmanagement und die Umweltbetriebsprüfung (EMAS) erstellten Unterlagen.

**§ 52 Anforderungen an Nachweise und Register.** (1) ¹Die Bundesregierung wird ermächtigt, nach Anhörung der beteiligten Kreise (§ 68) durch Rechtsverordnung[1]) mit Zustimmung des Bundesrates zur Erfüllung der sich aus den §§ 49 bis 51 ergebenden Pflichten die näheren Anforderungen an die Form, den Inhalt sowie das Verfahren zur Führung und Vorlage der Nachweise, Register und der Mitteilung bestimmter Angaben aus den Registern festzulegen sowie die nach § 49 Absatz 2 verpflichteten Anlagen oder Unternehmen zu bestimmen. ²Durch Rechtsverordnung nach Satz 1 kann auch bestimmt werden, dass

1. der Nachweis nach § 50 Absatz 1 Satz 2 Nummer 1 nach Ablauf einer bestimmten Frist als bestätigt gilt oder eine Bestätigung entfällt, soweit jeweils die ordnungsgemäße Entsorgung gewährleistet bleibt,

---

¹) Siehe die NachweisVO v. 20.10.2006 (BGBl. I S. 2298), zuletzt geänd. durch G v. 23.10.2020 (BGBl. I S. 2232), und die Anzeige- und ErlaubnisVO v. 5.12.2013 (BGBl. I S. 4043), zuletzt geänd. durch VO v. 3.7.2018 (BGBl. I S. 1084).

2. auf Verlangen der zuständigen Behörde oder eines früheren Besitzers Belege über die Durchführung der Entsorgung der Behörde oder dem früheren Besitzer vorzulegen sind,
3. für bestimmte Kleinmengen, die nach Art und Beschaffenheit der Abfälle auch unterschiedlich festgelegt werden können, oder für einzelne Abfallbewirtschaftungsmaßnahmen, Abfallarten oder Abfallgruppen bestimmte Anforderungen nicht oder abweichende Anforderungen gelten, soweit jeweils die ordnungsgemäße Entsorgung gewährleistet bleibt,
4. die zuständige Behörde unter dem Vorbehalt des Widerrufs auf Antrag oder von Amts wegen Verpflichtete ganz oder teilweise von der Führung von Nachweisen oder Registern freistellen kann, soweit die ordnungsgemäße Entsorgung gewährleistet bleibt,
5. die Register in Form einer sachlich und zeitlich geordneten Sammlung der vorgeschriebenen Nachweise oder der Belege, die in der Entsorgungspraxis gängig sind, geführt werden,
6. die Nachweise und Register bis zum Ablauf bestimmter Fristen aufzubewahren sind sowie
7. bei der Beförderung von Abfällen geeignete Angaben zum Zweck der Überwachung mitzuführen sind.

(2) Durch Rechtsverordnung nach Absatz 1 kann auch angeordnet werden, dass

1. Nachweise und Register elektronisch zu führen und Dokumente in elektronischer Form gemäß § 3a Absatz 2 Satz 2 und 3 des Verwaltungsverfahrensgesetzes vorzulegen sind,
2. die zur Erfüllung der in Nummer 1 genannten Pflichten erforderlichen Voraussetzungen geschaffen und vorgehalten werden sowie
3. den zuständigen Behörden oder den beteiligten Nachweispflichtigen bestimmte Angaben zu den technischen Voraussetzungen nach Nummer 2, insbesondere die erforderlichen Empfangszugänge sowie Störungen der für die Kommunikation erforderlichen Einrichtungen, mitgeteilt werden.

### § 53 Sammler, Beförderer, Händler und Makler von Abfällen.

(1) [1] Sammler, Beförderer, Händler und Makler von Abfällen haben die Tätigkeit ihres Betriebes vor Aufnahme der Tätigkeit der zuständigen Behörde anzuzeigen, es sei denn, der Betrieb verfügt über eine Erlaubnis nach § 54 Absatz 1. [2] Die zuständige Behörde bestätigt dem Anzeigenden unverzüglich schriftlich den Eingang der Anzeige. [3] Zuständig ist die Behörde des Landes, in dem der Anzeigende seinen Hauptsitz hat.

(2) [1] Der Inhaber eines Betriebes im Sinne des Absatzes 1 sowie die für die Leitung und Beaufsichtigung des Betriebes verantwortlichen Personen müssen zuverlässig sein. [2] Der Inhaber, soweit er für die Leitung des Betriebes verantwortlich ist, die für die Leitung und Beaufsichtigung des Betriebes verantwortlichen Personen und das sonstige Personal müssen über die für ihre Tätigkeit notwendige Fach- und Sachkunde verfügen.

(3) [1] Die zuständige Behörde kann die angezeigte Tätigkeit von Bedingungen abhängig machen, sie zeitlich befristen oder Auflagen für sie vorsehen, soweit dies zur Wahrung des Wohls der Allgemeinheit erforderlich ist. [2] Sie kann Unterlagen über den Nachweis der Zuverlässigkeit und der Fach- und

Sachkunde vom Anzeigenden verlangen. ³Sie hat die angezeigte Tätigkeit zu untersagen, wenn Tatsachen bekannt sind, aus denen sich Bedenken gegen die Zuverlässigkeit des Inhabers oder der für die Leitung und Beaufsichtigung des Betriebes verantwortlichen Personen ergeben, oder wenn die erforderliche Fach- oder Sachkunde nach Absatz 2 Satz 2 nicht nachgewiesen wurde.

(4) ¹Nachweise aus einem anderen Mitgliedstaat der Europäischen Union oder einem anderen Vertragsstaat des Abkommens über den Europäischen Wirtschaftsraum über die Erfüllung der Anforderungen nach Absatz 2 stehen inländischen Nachweisen gleich, wenn aus ihnen hervorgeht, dass die betreffenden Anforderungen oder die auf Grund ihrer Zielsetzung im Wesentlichen vergleichbaren Anforderungen des Ausstellungsstaates erfüllt sind. ²Gleichwertige Nachweise nach Satz 1 sind auf Verlangen der zuständigen Behörde im Original oder in Kopie vorzulegen. ³Eine Beglaubigung der Kopie sowie eine beglaubigte deutsche Übersetzung können verlangt werden.

(5) Hinsichtlich der Überprüfung der erforderlichen Fach- und Sachkunde nach Absatz 2 Satz 2 eines Anzeigenden aus einem anderen Mitgliedstaat der Europäischen Union oder einem anderen Vertragsstaat des Abkommens über den Europäischen Wirtschaftsraum gilt § 36a Absatz 1 Satz 2, Absatz 2 und 4 Satz 4 der Gewerbeordnung entsprechend; bei vorübergehender und nur gelegentlicher Tätigkeit eines in einem anderen Mitgliedstaat der Europäischen Union oder in einem anderen Vertragsstaat des Abkommens über den Europäischen Wirtschaftsraum niedergelassenen Dienstleistungserbringers gilt hinsichtlich der erforderlichen Fach- und Sachkunde § 13a Absatz 2 Satz 2 bis 5 und Absatz 3 der Gewerbeordnung entsprechend.

(6) Die Bundesregierung wird ermächtigt, nach Anhörung der beteiligten Kreise (§ 68) durch Rechtsverordnung[1]) mit Zustimmung des Bundesrates für die Anzeige und Tätigkeit der Sammler, Beförderer, Händler und Makler von Abfällen, für Sammler und Beförderer von Abfällen insbesondere unter Berücksichtigung der Besonderheiten der jeweiligen Verkehrsträger, Verkehrswege oder der jeweiligen Beförderungsart,

1. Vorschriften zu erlassen über die Form, den Inhalt und das Verfahren zur Erstattung der Anzeige, über Anforderungen an die Zuverlässigkeit, die Fach- und Sachkunde und deren Nachweis,

2. anzuordnen, dass das Verfahren zur Erstattung der Anzeige elektronisch zu führen ist und Dokumente in elektronischer Form gemäß § 3a Absatz 2 Satz 2 und 3 des Verwaltungsverfahrensgesetzes vorzulegen sind,

3. bestimmte Tätigkeiten von der Anzeigepflicht nach Absatz 1 auszunehmen, soweit eine Anzeige aus Gründen des Wohls der Allgemeinheit nicht erforderlich ist,

4. Anforderungen an die Anzeigepflichtigen und deren Tätigkeit zu bestimmen, die sich aus Rechtsvorschriften der Europäischen Union ergeben, sowie

5. anzuordnen, dass bei der Beförderung von Abfällen geeignete Unterlagen zum Zweck der Überwachung mitzuführen sind.

---

[1]) Siehe die Anzeige- und ErlaubnisVO v. 5.12.2013 (BGBl. I S. 4043), zuletzt geänd. durch VO v. 3.7.2018 (BGBl. I S. 1084).

### § 54 Sammler, Beförderer, Händler und Makler von gefährlichen Abfällen.

(1) ¹Sammler, Beförderer, Händler und Makler von gefährlichen Abfällen bedürfen der Erlaubnis. ²Die zuständige Behörde hat die Erlaubnis zu erteilen, wenn

1. keine Tatsachen bekannt sind, aus denen sich Bedenken gegen die Zuverlässigkeit des Inhabers oder der für die Leitung und Beaufsichtigung des Betriebes verantwortlichen Personen ergeben, sowie
2. der Inhaber, soweit er für die Leitung des Betriebes verantwortlich ist, die für die Leitung und Beaufsichtigung des Betriebes verantwortlichen Personen und das sonstige Personal über die für ihre Tätigkeit notwendige Fach- und Sachkunde verfügen.

³Zuständig ist die Behörde des Landes, in dem der Antragsteller seinen Hauptsitz hat. ⁴Die Erlaubnis nach Satz 1 gilt für die Bundesrepublik Deutschland.

(2) Die zuständige Behörde kann die Erlaubnis mit Nebenbestimmungen versehen, soweit dies zur Wahrung des Wohls der Allgemeinheit erforderlich ist.

(3) Von der Erlaubnispflicht nach Absatz 1 Satz 1 ausgenommen sind
1. öffentlich-rechtliche Entsorgungsträger sowie
2. Entsorgungsfachbetriebe im Sinne von § 56, soweit sie für die erlaubnispflichtige Tätigkeit zertifiziert sind.

(4) ¹Erlaubnisse aus einem anderen Mitgliedstaat der Europäischen Union oder einem anderen Vertragsstaat des Abkommens über den Europäischen Wirtschaftsraum stehen Erlaubnissen nach Absatz 1 Satz 1 gleich, soweit sie ihnen gleichwertig sind. ²Bei der Prüfung des Antrags auf Erlaubnis nach Absatz 1 Satz 1 stehen Nachweise aus einem anderen Mitgliedstaat der Europäischen Union oder einem anderen Vertragsstaat des Abkommens über den Europäischen Wirtschaftsraum inländischen Nachweisen gleich, wenn aus ihnen hervorgeht, dass der Antragsteller die betreffenden Anforderungen des Absatzes 1 Satz 2 oder die auf Grund ihrer Zielsetzung im Wesentlichen vergleichbaren Anforderungen des Ausstellungsstaates erfüllt. ³Unterlagen über die gleichwertige Erlaubnis nach Satz 1 und sonstige Nachweise nach Satz 2 sind der zuständigen Behörde vor Aufnahme der Tätigkeit im Original oder in Kopie vorzulegen. ⁴Eine Beglaubigung der Kopie sowie eine beglaubigte deutsche Übersetzung können verlangt werden.

(5) Hinsichtlich der Überprüfung der erforderlichen Fach- und Sachkunde nach Absatz 1 Satz 2 Nummer 2 eines Antragstellers aus einem anderen Mitgliedstaat der Europäischen Union oder einem anderen Vertragsstaat des Abkommens über den Europäischen Wirtschaftsraum gilt § 36a Absatz 1 Satz 2, Absatz 2 und 4 Satz 4 der Gewerbeordnung entsprechend; bei vorübergehender und nur gelegentlicher Tätigkeit eines in einem anderen Mitgliedstaat der Europäischen Union oder in einem anderen Vertragsstaat des Abkommens über den Europäischen Wirtschaftsraum niedergelassenen Dienstleistungserbringers gilt hinsichtlich der erforderlichen Fach- und Sachkunde § 13a Absatz 2 Satz 2 bis 5 und Absatz 3 der Gewerbeordnung entsprechend.

(6) ¹Erlaubnisverfahren nach Absatz 1 und 4 können über eine einheitliche Stelle abgewickelt werden. ²§ 42a des Verwaltungsverfahrensgesetzes findet für das Verfahren nach den Absätzen 1 und 4 Anwendung, sofern der Antragsteller Staatsangehöriger eines Mitgliedstaates der Europäischen Union oder eines

Kreislaufwirtschaftsgesetz **§§ 55, 56 KrWG 5.1**

anderen Vertragsstaates des Abkommens über den Europäischen Wirtschaftsraum ist oder als juristische Person in einem dieser Staaten seinen Sitz hat.

(7) Die Bundesregierung wird ermächtigt, nach Anhörung der beteiligten Kreise (§ 68) durch Rechtsverordnung[1] mit Zustimmung des Bundesrates für die Erlaubnispflicht und Tätigkeit der Sammler, Beförderer, Händler und Makler von gefährlichen Abfällen, für Sammler und Beförderer von gefährlichen Abfällen, insbesondere unter Berücksichtigung der Besonderheiten der jeweiligen Verkehrsträger, Verkehrswege oder Beförderungsart,

1. Vorschriften zu erlassen über die Antragsunterlagen, die Form, den Inhalt und das Verfahren zur Erteilung der Erlaubnis, die Anforderungen an die Zuverlässigkeit, Fach- und Sachkunde sowie deren Nachweis, die Fristen, nach denen das Vorliegen der Voraussetzungen erneut zu überprüfen ist,
2. anzuordnen, dass das Erlaubnisverfahren elektronisch zu führen ist und Dokumente in elektronischer Form gemäß § 3a Absatz 2 Satz 2 und 3 des Verwaltungsverfahrensgesetzes vorzulegen sind,
3. bestimmte Tätigkeiten von der Erlaubnispflicht nach Absatz 1 auszunehmen, soweit eine Erlaubnis aus Gründen des Wohls der Allgemeinheit nicht erforderlich ist,
4. Anforderungen an die Erlaubnispflichtigen und deren Tätigkeit zu bestimmen, die sich aus Rechtsvorschriften der Europäischen Union ergeben sowie
5. anzuordnen, dass bei der Beförderung von Abfällen geeignete Unterlagen zum Zweck der Überwachung mitzuführen sind.

**§ 55 Kennzeichnung der Fahrzeuge.** (1) [1]Sammler und Beförderer haben Fahrzeuge, mit denen sie Abfälle in Ausübung ihrer Tätigkeit auf öffentlichen Straßen befördern, vor Antritt der Fahrt mit zwei rückstrahlenden weißen Warntafeln gemäß Satz 3 zu versehen (A-Schilder). [2]Satz 1 gilt nicht für Sammler und Beförderer, die im Rahmen wirtschaftlicher Unternehmen Abfälle sammeln oder befördern. [3]Hinsichtlich der Anforderungen an die Kennzeichnung der Fahrzeuge gilt § 10 des Abfallverbringungsgesetzes vom 19. Juli 2007 (BGBl. I S. 1462) in der jeweils geltenden Fassung entsprechend.

(2) Die Bundesregierung wird ermächtigt, in einer Rechtsverordnung nach § 53 Absatz 6 oder § 54 Absatz 7 Ausnahmen von der Kennzeichnungspflicht nach Absatz 1 Satz 1 vorzusehen.

(3) Rechtsvorschriften, die aus Gründen der Sicherheit im Zusammenhang mit der Beförderung gefährlicher Güter erlassen sind, bleiben unberührt.

## Teil 7. Entsorgungsfachbetriebe

**§ 56 Zertifizierung von Entsorgungsfachbetrieben.** (1) Entsorgungsfachbetriebe wirken an der Förderung der Kreislaufwirtschaft und der Sicherstellung des Schutzes von Mensch und Umwelt bei der Erzeugung und Bewirtschaftung von Abfällen nach Maßgabe der hierfür geltenden Rechtsvorschriften mit.

---

[1] Siehe die Anzeige- und ErlaubnisVO v. 5.12.2013 (BGBl. I S. 4043), zuletzt geänd. durch VO v. 3.7.2018 (BGBl. I S. 1084).

(2) Entsorgungsfachbetrieb ist ein Betrieb, der

1. gewerbsmäßig, im Rahmen wirtschaftlicher Unternehmen oder öffentlicher Einrichtungen Abfälle sammelt, befördert, lagert, behandelt, verwertet, beseitigt, mit diesen handelt oder makelt und
2. in Bezug auf eine oder mehrere der in Nummer 1 genannten Tätigkeiten durch eine technische Überwachungsorganisation oder eine Entsorgergemeinschaft als Entsorgungsfachbetrieb zertifiziert ist.

(3) [1] Das Zertifikat darf nur erteilt werden, wenn der Betrieb die für die ordnungsgemäße Wahrnehmung seiner Aufgaben erforderlichen Anforderungen an seine Organisation, seine personelle, gerätetechnische und sonstige Ausstattung, seine Tätigkeit sowie die Zuverlässigkeit und Fach- und Sachkunde seines Personals erfüllt. [2] In dem Zertifikat sind die zertifizierten Tätigkeiten des Betriebes, insbesondere bezogen auf seine Standorte und Anlagen sowie die Abfallarten, genau zu bezeichnen. [3] Das Zertifikat ist zu befristen. [4] Die Gültigkeitsdauer darf einen Zeitraum von 18 Monaten nicht überschreiten. [5] Das Vorliegen der Voraussetzungen des Satzes 1 wird mindestens jährlich von der technischen Überwachungsorganisation oder der Entsorgergemeinschaft überprüft.

(4) [1] Mit Erteilung des Zertifikats ist dem Betrieb von der technischen Überwachungsorganisation oder Entsorgergemeinschaft die Berechtigung zum Führen eines Überwachungszeichens zu erteilen, das die Bezeichnung „Entsorgungsfachbetrieb" in Verbindung mit dem Hinweis auf die zertifizierte Tätigkeit und die das Überwachungszeichen erteilende technische Überwachungsorganisation oder Entsorgergemeinschaft aufweist. [2] Ein Betrieb darf das Überwachungszeichen nur führen, soweit und solange er als Entsorgungsfachbetrieb zertifiziert ist.

(5) [1] Eine technische Überwachungsorganisation ist ein rechtsfähiger Zusammenschluss mehrerer Sachverständiger, deren Sachverständigentätigkeit auf dauernde Zusammenarbeit angelegt ist. [2] Die Erteilung des Zertifikats und der Berechtigung zum Führen des Überwachungszeichens durch die technische Überwachungsorganisation erfolgt auf der Grundlage eines Überwachungsvertrages, der insbesondere die Anforderungen an den Betrieb und seine Überwachung sowie an die Erteilung und den Entzug des Zertifikats und der Berechtigung zum Führen des Überwachungszeichens festlegt. [3] Der Überwachungsvertrag bedarf der Zustimmung der zuständigen Behörde.

(6) [1] Eine Entsorgergemeinschaft ist ein rechtsfähiger Zusammenschluss von Entsorgungsfachbetrieben im Sinne des Absatzes 2. [2] Sie bedarf der Anerkennung der zuständigen Behörde. [3] Die Erteilung des Zertifikats und der Berechtigung zum Führen des Überwachungszeichens durch die Entsorgergemeinschaft erfolgt auf der Grundlage einer Satzung oder sonstigen Regelung, die insbesondere die Anforderungen an die zu zertifizierenden Betriebe und ihre Überwachung sowie an die Erteilung und den Entzug des Zertifikats und der Berechtigung zum Führen des Überwachungszeichens festlegt.

(7) Technische Überwachungsorganisation und Entsorgergemeinschaft haben sich für die Überprüfung der Betriebe Sachverständiger zu bedienen, die die für die Durchführung der Überwachung erforderliche Zuverlässigkeit, Unabhängigkeit sowie Fach- und Sachkunde besitzen.

(8) [1] Entfallen die Voraussetzungen für die Erteilung des Zertifikats, hat die technische Überwachungsorganisation oder die Entsorgergemeinschaft dem

Kreislaufwirtschaftsgesetz **§ 57 KrWG 5.1**

Betrieb das von ihr erteilte Zertifikat und die Berechtigung zum Führen des Überwachungszeichens zu entziehen sowie den Betrieb aufzufordern, das Zertifikat zurückzugeben und das Überwachungszeichen nicht weiter zu führen.
²Kommt der Betrieb dieser Aufforderung innerhalb einer von der technischen Überwachungsorganisation oder Entsorgergemeinschaft gesetzten Frist nicht nach, kann die zuständige Behörde dem Betrieb das erteilte Zertifikat und die Berechtigung zum Führen des Überwachungszeichens entziehen sowie die sonstige weitere Verwendung der Bezeichnung „Entsorgungsfachbetrieb" untersagen.

**§ 57 Anforderungen an Entsorgungsfachbetriebe, technische Überwachungsorganisationen und Entsorgergemeinschaften.** ¹Die Bundesregierung wird ermächtigt, nach Anhörung der beteiligten Kreise (§ 68) durch Rechtsverordnung[1)] mit Zustimmung des Bundesrates Anforderungen an Entsorgungsfachbetriebe, technische Überwachungsorganisationen und Entsorgergemeinschaften zu bestimmen. ²In der Rechtsverordnung können insbesondere

1. Anforderungen an die Organisation, die personelle, gerätetechnische und sonstige Ausstattung und die Tätigkeit eines Entsorgungsfachbetriebes bestimmt sowie ein ausreichender Haftpflichtversicherungsschutz gefordert werden,
2. Anforderungen an den Inhaber und die im Entsorgungsfachbetrieb beschäftigten Personen, insbesondere Mindestanforderungen an die Fach- und Sachkunde und die Zuverlässigkeit sowie an deren Nachweis, bestimmt werden,
3. Anforderungen an die Tätigkeit der technischen Überwachungsorganisationen, insbesondere Mindestanforderungen an den Überwachungsvertrag sowie dessen Abschluss, Durchführung, Auflösung und Erlöschen, bestimmt werden,
4. Anforderungen an die Tätigkeit der Entsorgergemeinschaften, insbesondere an deren Bildung, Auflösung, Organisation und Arbeitsweise, einschließlich der Bestellung, Aufgaben und Befugnisse der Prüforgane sowie Mindestanforderungen an die Mitglieder dieser Prüforgane, bestimmt werden,
5. Mindestanforderungen an die für die technischen Überwachungsorganisationen oder für die Entsorgergemeinschaften tätigen Sachverständigen sowie deren Bestellung, Tätigkeit und Kontrolle bestimmt werden,
6. Anforderungen an das Überwachungszeichen und das zugrunde liegende Zertifikat, insbesondere an die Form und den Inhalt, sowie Anforderungen an ihre Erteilung, ihre Aufhebung, ihr Erlöschen und ihren Entzug bestimmt werden,
7. die besonderen Voraussetzungen, das Verfahren, die Erteilung und Aufhebung
    a) der Zustimmung zum Überwachungsvertrag durch die zuständige Behörde geregelt werden sowie

---

[1)] Siehe die EMAS-PrivilegierungsVO (Nr. **2.8.1**), die EntsorgungsfachbetriebeVO v. 2.12.2016 (BGBl. I S. 2770), zuletzt geänd. durch G v. 20.5.2021 (BGBl. I S. 1145), die DeponieVO v. 27.4.2009 (BGBl. I S. 900), zuletzt geänd. durch VO v. 9.7.2021 (BGBl. I S. 2598), die GewinnungsabfallVO v. 27.4.2009 (BGBl. I S. 900), geänd. durch G v. 24.2.2012 (BGBl. I S. 212) und die Anzeige- und ErlaubnisVO v. 5.12.2013 (BGBl. I S. 4043), zuletzt geänd. durch VO v. 3.7.2018 (BGBl. I S. 1084).

b) der Anerkennung der Entsorgergemeinschaften durch die zuständige Behörde geregelt werden; dabei kann die Anerkennung der Entsorgergemeinschaften bei drohenden Beschränkungen des Wettbewerbes widerrufen werden,
8. die näheren Anforderungen an den Entzug des Zertifikats und der Berechtigung zum Führen des Überwachungszeichens sowie an die Untersagung der sonstigen weiteren Verwendung der Bezeichnung „Entsorgungsfachbetrieb" durch die zuständige Behörde nach § 56 Absatz 8 Satz 2 bestimmt werden sowie
9. für die erforderlichen Erklärungen, Nachweise, Benachrichtigungen oder sonstigen Daten die elektronische Führung und die Vorlage von Dokumenten in elektronischer Form gemäß § 3a Absatz 2 Satz 2 und 3 des Verwaltungsverfahrensgesetzes angeordnet werden.

### Teil 8. Betriebsorganisation, Betriebsbeauftragter für Abfall und Erleichterungen für auditierte Unternehmensstandorte

**§ 58** Mitteilungspflichten zur Betriebsorganisation. (1) [1]Besteht bei Kapitalgesellschaften das vertretungsberechtigte Organ aus mehreren Mitgliedern oder sind bei Personengesellschaften mehrere vertretungsberechtigte Gesellschafter vorhanden, so ist der zuständigen Behörde anzuzeigen, wer von ihnen nach den Bestimmungen über die Geschäftsführungsbefugnis für die Gesellschaft die Pflichten des Betreibers einer genehmigungsbedürftigen Anlage im Sinne des § 4 des Bundes-Immissionsschutzgesetzes[1]) oder die Pflichten des Besitzers im Sinne des § 27 wahrnimmt, die ihm nach diesem Gesetz und nach den auf Grund dieses Gesetzes erlassenen Rechtsverordnungen obliegen. [2]Die Gesamtverantwortung aller Organmitglieder oder Gesellschafter bleibt hiervon unberührt.

(2) Der Betreiber einer genehmigungsbedürftigen Anlage im Sinne des § 4 des Bundes-Immissionsschutzgesetzes, der Besitzer im Sinne des § 27 oder im Rahmen ihrer Geschäftsführungsbefugnis die nach Absatz 1 Satz 1 anzuzeigende Person hat der zuständigen Behörde mitzuteilen, auf welche Weise sichergestellt ist, dass die Vorschriften und Anordnungen, die der Vermeidung, Verwertung und umweltverträglichen Beseitigung von Abfällen dienen, beim Betrieb beachtet werden.

**§ 59** Bestellung eines Betriebsbeauftragten für Abfall. (1) [1]Betreiber von genehmigungsbedürftigen Anlagen im Sinne des § 4 des Bundes-Immissionsschutzgesetzes[1]), Betreiber von Anlagen, in denen regelmäßig gefährliche Abfälle anfallen, Betreiber ortsfester Sortier-, Verwertungs- oder Abfallbeseitigungsanlagen, Besitzer im Sinne des § 27 sowie Betreiber von Rücknahmesystemen und -stellen, die von den Besitzern im Sinne des § 27 eingerichtet worden sind oder an denen sie sich beteiligen, haben unverzüglich einen oder mehrere Betriebsbeauftragte für Abfall (Abfallbeauftragte) zu bestellen, sofern dies im Hinblick auf die Art oder die Größe der Anlagen oder die Bedeutung der abfallwirtschaftlichen Tätigkeit, insbesondere unter Berücksichtigung von Art oder Umfang der Rücknahme der Abfälle und der damit verbundenen Besitzerpflichten, erforderlich ist wegen der

---

[1]) Nr. **6.1**.

Kreislaufwirtschaftsgesetz **§ 60 KrWG 5.1**

1. anfallenden, zurückgenommenen, verwerteten oder beseitigten Abfälle,
2. technischen Probleme der Vermeidung, Verwertung oder Beseitigung oder
3. Eignung der Produkte oder Erzeugnisse, die bei oder nach bestimmungsgemäßer Verwendung Probleme hinsichtlich der ordnungsgemäßen und schadlosen Verwertung oder umweltverträglichen Beseitigung hervorrufen.

²Das Bundesministerium für Umwelt, Naturschutz und nukleare Sicherheit bestimmt nach Anhörung der beteiligten Kreise (§ 68) durch Rechtsverordnung[1]) mit Zustimmung des Bundesrates die Betreiber von Anlagen nach Satz 1, die Besitzer nach Satz 1 sowie die Betreiber von Rücknahmesystemen und -stellen nach Satz 1, die Abfallbeauftragte zu bestellen haben. ³Durch Rechtsverordnung nach Satz 2 kann auch bestimmt werden, welche Besitzer von Abfällen und welche Betreiber von Rücknahmesystemen und -stellen, für die Satz 1 entsprechend gilt, Abfallbeauftragte zu bestellen haben.

(2) Die zuständige Behörde kann anordnen, dass Betreiber von Anlagen nach Absatz 1 Satz 1, Besitzer nach Absatz 1 Satz 1 und Betreiber von Rücknahmesystemen und -stellen nach Absatz 1 Satz 1, für die die Bestellung eines Abfallbeauftragten nicht durch Rechtsverordnung nach Absatz 1 Satz 2 und 3 vorgeschrieben ist, einen oder mehrere Abfallbeauftragte zu bestellen haben, soweit sich im Einzelfall die Notwendigkeit der Bestellung aus den in Absatz 1 Satz 1 genannten Gesichtspunkten ergibt.

(3) Ist nach § 53 des Bundes-Immissionsschutzgesetzes ein Immissionsschutzbeauftragter oder nach § 64 des Wasserhaushaltsgesetzes[2]) ein Gewässerschutzbeauftragter zu bestellen, so können diese auch die Aufgaben und Pflichten eines Abfallbeauftragten nach diesem Gesetz wahrnehmen.

**§ 60 Aufgaben des Betriebsbeauftragten für Abfall.** (1) ¹Der Abfallbeauftragte berät den zur Bestellung Verpflichteten und die Betriebsangehörigen in Angelegenheiten, die für die Abfallvermeidung und Abfallbewirtschaftung bedeutsam sein können. ²Er ist berechtigt und verpflichtet,
1. den Weg der Abfälle von ihrer Entstehung oder Anlieferung bis zu ihrer Verwertung oder Beseitigung zu überwachen,
2. die Einhaltung der Vorschriften dieses Gesetzes und der auf Grund dieses Gesetzes erlassenen Rechtsverordnungen sowie die Erfüllung erteilter Bedingungen und Auflagen zu überwachen, insbesondere durch Kontrolle der Betriebsstätte und der Art und Beschaffenheit der bewirtschafteten Abfälle in regelmäßigen Abständen, Mitteilung festgestellter Mängel und Vorschläge zur Mängelbeseitigung,
3. die Betriebsangehörigen aufzuklären
    a) über Beeinträchtigungen des Wohls der Allgemeinheit, welche von den Abfällen oder der abfallwirtschaftlichen Tätigkeit ausgehen können,
    b) über Einrichtungen und Maßnahmen zur Verhinderung von Beeinträchtigungen des Wohls der Allgemeinheit unter Berücksichtigung der für die Vermeidung, Verwertung und Beseitigung von Abfällen geltenden Gesetze und Rechtsverordnungen,
4. hinzuwirken auf die Entwicklung und Einführung

---
[1]) Siehe die Abfallbeauftragtenverordnung v. 2.12.2016 (BGBl. I S. 2770, 2789), geänd. durch G v. 5.7.2017 (BGBl. I S. 2234).
[2]) Nr. **4.1**.

a) umweltfreundlicher und abfallarmer Verfahren, einschließlich Verfahren zur Vermeidung, ordnungsgemäßen und schadlosen Verwertung oder umweltverträglichen Beseitigung von Abfällen,
b) umweltfreundlicher und abfallarmer Erzeugnisse, einschließlich Verfahren zur Wiederverwendung, Verwertung oder umweltverträglichen Beseitigung nach Wegfall der Nutzung, sowie

5. bei der Entwicklung und Einführung der in Nummer 4 Buchstabe a und b genannten Verfahren mitzuwirken, insbesondere durch Begutachtung der Verfahren und Erzeugnisse unter den Gesichtspunkten der Abfallbewirtschaftung,
6. bei Anlagen, in denen Abfälle anfallen, verwertet oder beseitigt werden, zudem auf Verbesserungen des Verfahrens hinzuwirken.

(2) Der Abfallbeauftragte erstattet dem zur Bestellung Verpflichteten jährlich einen schriftlichen Bericht über die nach Absatz 1 Satz 2 Nummer 1 bis 5 getroffenen und beabsichtigten Maßnahmen.

(3) [1] Auf das Verhältnis zwischen dem zur Bestellung Verpflichteten und dem Abfallbeauftragten finden § 55 Absatz 1, 1a, 2 Satz 1 und 2, Absatz 3 und 4 und die §§ 56 bis 58 des Bundes-Immissionsschutzgesetzes[1)] entsprechende Anwendung. [2] Das Bundesministerium für Umwelt, Naturschutz und nukleare Sicherheit wird ermächtigt, nach Anhörung der beteiligten Kreise (§ 68) durch Rechtsverordnung mit Zustimmung des Bundesrates vorzuschreiben, welche Anforderungen an die Fachkunde und Zuverlässigkeit des Abfallbeauftragten zu stellen sind.

### § 61 Anforderungen an Erleichterungen für auditierte Unternehmensstandorte.

(1) Die Bundesregierung wird ermächtigt, zur Förderung der privaten Eigenverantwortung für Standorte des Gemeinschaftssystems für das Umweltmanagement und die Umweltbetriebsprüfung (EMAS) durch Rechtsverordnung[2)] mit Zustimmung des Bundesrates Erleichterungen zum Inhalt der Antragsunterlagen in abfallrechtlichen Verfahren sowie überwachungsrechtliche Erleichterungen vorzusehen, soweit die entsprechenden Anforderungen der Verordnung (EG) Nr. 1221/2009[3)] des Europäischen Parlaments und des Rates vom 25. November 2009 über die freiwillige Teilnahme von Organisationen an einem Gemeinschaftssystem für Umweltmanagement und Umweltbetriebsprüfung und zur Aufhebung der Verordnung (EG) Nr. 761/2001 sowie der Beschlüsse der Kommission 2001/681/EG und 2006/193/EG (ABl. L 342 vom 22.12.2009, S. 1) gleichwertig mit den Anforderungen sind, die zur Überwachung und zu den Antragsunterlagen nach diesem Gesetz oder den auf Grund dieses Gesetzes erlassenen Rechtsverordnungen vorgesehen sind oder soweit die Gleichwertigkeit durch die Rechtsverordnung nach dieser Vorschrift sichergestellt wird.

(2) Durch Rechtsverordnung nach Absatz 1 können weitere Voraussetzungen für die Inanspruchnahme und die Rücknahme von Erleichterungen oder die vollständige oder teilweise Aussetzung von Erleichterungen für Fälle festgelegt werden, in denen die Voraussetzungen für deren Gewährung nicht mehr vorliegen.

---

[1)] Nr. **6.1**.
[2)] Siehe die EMAS-PrivilegierungsVO (Nr. **2.8.1**).
[3)] Nr. **2.7**.

(3) Durch Rechtsverordnung nach Absatz 1 können ordnungsrechtliche Erleichterungen, insbesondere zu
1. Kalibrierungen, Ermittlungen, Prüfungen und Messungen,
2. Messberichten sowie sonstigen Berichten und Mitteilungen von Ermittlungsergebnissen,
3. Aufgaben des Betriebsbeauftragten für Abfall,
4. Mitteilungspflichten zur Betriebsorganisation und
5. der Häufigkeit der behördlichen Überwachung

nur gewährt werden, wenn der Umweltgutachter oder die Umweltgutachterorganisation im Sinne des Umweltauditgesetzes[1)] die Einhaltung der Umweltvorschriften geprüft hat, keine Abweichungen festgestellt hat und dies in der Validierung bescheinigt.

(4) Durch Rechtsverordnung nach Absatz 1 können unter den dort genannten Voraussetzungen Erleichterungen im Genehmigungsverfahren sowie überwachungsrechtliche Erleichterungen für Entsorgungsfachbetriebe gewährt werden.

## Teil 9. Schlussbestimmungen

**§ 62 Anordnungen im Einzelfall.** Die zuständige Behörde kann im Einzelfall die erforderlichen Anordnungen zur Durchführung dieses Gesetzes und der auf Grund dieses Gesetzes erlassenen Rechtsverordnungen treffen.

**§ 63 Geheimhaltung und Datenschutz.** Die Rechtsvorschriften über Geheimhaltung und Datenschutz bleiben unberührt.

**§ 64 Elektronische Kommunikation.** Soweit auf Grund dieses Gesetzes oder einer auf Grund dieses Gesetzes erlassenen Rechtsverordnung die Schriftform angeordnet wird, ist auch die elektronische Form nach Maßgabe des § 3a des Verwaltungsverfahrensgesetzes zugelassen.

**§ 65 Umsetzung von Rechtsakten der Europäischen Union.** (1) [1]Zur Umsetzung von Rechtsakten der Europäischen Union kann die Bundesregierung mit Zustimmung des Bundesrates zu dem in § 1 genannten Zweck Rechtsverordnungen[2)] zur Sicherstellung der umweltverträglichen Abfallvermeidung und Abfallbewirtschaftung, insbesondere zur ordnungsgemäßen und schadlosen Verwertung sowie zur umweltverträglichen Beseitigung von Abfällen erlassen. [2]In den Rechtsverordnungen kann auch geregelt werden, wie die Öffentlichkeit zu unterrichten ist.

---

[1)] Nr. **2.8**.
[2)] Siehe die AltölVO (Nr. **5.1.7**), die PCB/PCT-AbfallVO v. 26.6.2000 (BGBl. I S. 932), zuletzt geänd. durch G v. 24.2.2012 (BGBl. I S. 212), die AbfallverzeichnisVO v. 10.12.2001 (BGBl. I S. 3379), zuletzt geänd. durch VO v. 30.6.2020 (BGBl. I S. 1533), die DeponieVO v. 27.4.2009 (BGBl. I S. 900), zuletzt geänd. durch VO v. 9.7.2021 (BGBl. I S. 2598), die GewerbeabfallVO v. 18.4.2017 (BGBl. I S. 896), zuletzt geänd. durch VO v. 9.7.2021 (BGBl. I S. 2598), die GewinnungsabfallVO v. 27.4.2009 (BGBl. I S. 900), geänd. durch G v. 24.2.2012 (BGBl. I S. 212), die VersatzVO v. 24.7.2002 (BGBl. I S. 2833), zuletzt geänd. durch G v. 24.2.2012 (BGBl. I S. 212), die Chemikalien-OzonschichtVO idF der Bek. v. 15.2.2012 (BGBl. I S. 409), zuletzt geänd. durch VO v. 19.6.2020 (BGBl. I S. 1328), die Chemikalien-KlimaschutzVO v. 2.7.2008 (BGBl. I S. 1139), zuletzt geänd. durch VO v. 19.6.2020 (BGBl. I S. 1328) und die Elektro- und Elektronikgeräte-Stoff-VO v. 19.4.2013 (BGBl. I S. 1111), zuletzt geänd. durch G v. 10.8.2021 (BGBl. I S. 3436).

(2) Zur Umsetzung von Rechtsakten der Europäischen Union kann die Bundesregierung durch Rechtsverordnung mit Zustimmung des Bundesrates das Verwaltungsverfahren zur Erteilung von Genehmigungen und Erlaubnissen oder Erstattung von Anzeigen nach diesem Gesetz oder nach einer auf Grund dieses Gesetzes erlassenen Rechtsverordnung regeln.

**§ 66 Vollzug im Bereich der Bundeswehr.** (1) Im Geschäftsbereich des Bundesministeriums der Verteidigung obliegt der Vollzug des Gesetzes und der auf Grund dieses Gesetzes erlassenen Rechtsverordnungen für Material, das zur Verwendung für militärische Zwecke bestimmt ist, sowie für die Verwertung und Beseitigung militäreigentümlicher Abfälle sowie von Abfällen, für die ein besonderes militärisches Sicherheitsinteresse besteht, dem Bundesministerium der Verteidigung und den von ihm bestimmten Stellen.

(2) Das Bundesministerium der Verteidigung wird ermächtigt, für Material, das zur Verwendung für militärische Zwecke bestimmt ist, sowie für die Verwertung oder die Beseitigung von Abfällen im Sinne des Absatzes 1 aus dem Bereich der Bundeswehr Ausnahmen von diesem Gesetz und den auf Grund dieses Gesetzes erlassenen Rechtsverordnungen zuzulassen, soweit zwingende Gründe der Verteidigung oder die Erfüllung zwischenstaatlicher Pflichten dies erfordern.

**§ 67 Beteiligung des Bundestages beim Erlass von Rechtsverordnungen.** [1] Rechtsverordnungen nach § 8 Absatz 2, § 10 Absatz 1 Nummer 1 und 4, den §§ 24, 25 und 65 sind dem Bundestag zuzuleiten. [2] Die Zuleitung erfolgt vor der Zuleitung an den Bundesrat. [3] Die Rechtsverordnungen können durch Beschluss des Bundestages geändert oder abgelehnt werden. [4] Der Beschluss des Bundestages wird der Bundesregierung zugeleitet. [5] Hat sich der Bundestag nach Ablauf von drei Sitzungswochen seit Eingang der Rechtsverordnung nicht mit ihr befasst, so wird die unveränderte Rechtsverordnung dem Bundesrat zugeleitet.

**§ 68 Anhörung beteiligter Kreise.** Soweit Ermächtigungen zum Erlass von Rechtsverordnungen und allgemeinen Verwaltungsvorschriften die Anhörung der beteiligten Kreise vorschreiben, ist ein jeweils auszuwählender Kreis von Vertretern der Wissenschaft, der Betroffenen, der beteiligten Wirtschaft, der für die Abfallwirtschaft zuständigen obersten Landesbehörden, der Gemeinden und Gemeindeverbände zu hören.

**§ 69 Bußgeldvorschriften.** (1) Ordnungswidrig handelt, wer vorsätzlich oder fahrlässig

1. entgegen § 9a Absatz 1 gefährliche Abfälle vermischt,
1a. entgegen § 9a Absatz 3 Abfälle nicht oder nicht rechtzeitig trennt oder nicht oder nicht rechtzeitig behandelt,
1b. entgegen § 12 Absatz 4 oder § 56 Absatz 4 Satz 2 ein dort genanntes Zeichen führt,
2. entgegen § 28 Absatz 1 Satz 1 Abfälle zur Beseitigung behandelt, lagert oder ablagert,
3. ohne Planfeststellungsbeschluss nach § 35 Absatz 2 Satz 1 oder ohne Plangenehmigung nach § 35 Absatz 3 Satz 1 eine Deponie errichtet oder wesentlich ändert,

Kreislaufwirtschaftsgesetz **§ 69 KrWG 5.1**

4. einer vollziehbaren Auflage nach § 36 Absatz 4 Satz 1 oder Satz 3, § 39 Absatz 1 Satz 1 oder Absatz 2 Satz 1, § 53 Absatz 3 Satz 1 oder § 54 Absatz 2 zuwiderhandelt,
5. einer mit einer Zulassung nach § 37 Absatz 1 Satz 1 verbundenen vollziehbaren Auflage zuwiderhandelt,
6. einer vollziehbaren Untersagung nach § 53 Absatz 3 Satz 3 zuwiderhandelt,
7. ohne Erlaubnis nach § 54 Absatz 1 Satz 1 gefährliche Abfälle sammelt, befördert, mit ihnen Handel treibt oder diese makelt oder
8. einer Rechtsverordnung nach § 4 Absatz 2, § 5 Absatz 2, § 10 Absatz 1 oder 4 Nummer 2, § 11 Absatz 2 Satz 1 oder 2 oder Absatz 3 Satz 1 Nummer 1 bis 3 oder Satz 2 Nummer 2, § 12 Absatz 7, § 16 Satz 1 Nummer 1 oder Nummer 2, § 24, § 25 Absatz 1 Nummer 1 bis 3 oder 5 oder Absatz 2 Nummer 5 bis 7 oder 10, § 28 Absatz 3 Satz 2, § 43 Absatz 1 Satz 1 Nummer 2 bis 5, 7 oder Nummer 8 oder § 57 Satz 2 Nummer 1 bis 7 oder Nummer 8 oder einer vollziehbaren Anordnung auf Grund einer solchen Rechtsverordnung zuwiderhandelt, soweit die Rechtsverordnung für einen bestimmten Tatbestand auf diese Bußgeldvorschrift verweist.

(2) Ordnungswidrig handelt, wer vorsätzlich oder fahrlässig
1. entgegen § 18 Absatz 1, § 26 Absatz 2, § 40 Absatz 1 Satz 1 oder § 53 Absatz 1 Satz 1 eine Anzeige nicht, nicht richtig, nicht vollständig oder nicht rechtzeitig erstattet,
2. entgegen § 34 Absatz 1 Satz 1 das Betreten eines Grundstücks oder eine dort genannte Maßnahme nicht duldet,
3. entgegen § 41 Absatz 1 Satz 1 in Verbindung mit einer Rechtsverordnung nach § 41 Absatz 2 Satz 1 eine Emissionserklärung nicht, nicht richtig, nicht vollständig oder nicht rechtzeitig abgibt oder nicht, nicht richtig, nicht vollständig oder nicht rechtzeitig ergänzt,
4. entgegen § 47 Absatz 3 Satz 1 eine Auskunft nicht, nicht richtig, nicht vollständig oder nicht rechtzeitig erteilt,
5. entgegen § 47 Absatz 3 Satz 2 oder Satz 3 das Betreten eines Grundstücks oder eines Wohn-, Geschäfts- oder Betriebsraumes, die Einsicht in eine Unterlage oder die Vornahme einer technischen Ermittlung oder Prüfung nicht gestattet,
6. entgegen § 47 Absatz 4 eine dort genannte Anlage nicht zugänglich macht oder eine Arbeitskraft, ein Werkzeug oder eine Unterlage nicht zur Verfügung stellt,
7. einer vollziehbaren Anordnung nach § 47 Absatz 4 oder Absatz 9 Satz 1, § 51 Absatz 1 Satz 1 oder § 59 Absatz 2 zuwiderhandelt,
8. entgegen § 49 Absatz 1, auch in Verbindung mit § 49 Absatz 3 oder einer Rechtsverordnung nach § 10 Absatz 2 Nummer 1 Buchstabe b oder § 52 Absatz 1 Satz 1 oder Satz 2 Nummer 3 oder Nummer 5, ein Register nicht, nicht richtig oder nicht vollständig führt,
9. entgegen § 49 Absatz 2 in Verbindung mit einer Rechtsverordnung nach § 52 Absatz 1 Satz 1 eine Angabe nicht, nicht richtig, nicht vollständig oder nicht rechtzeitig verzeichnet,
10. entgegen § 49 Absatz 4, auch in Verbindung mit einer Rechtsverordnung nach § 10 Absatz 2 Nummer 1 Buchstabe b oder § 52 Absatz 1 Satz 1 oder Satz 2 Nummer 3, ein Register nicht, nicht richtig, nicht vollständig oder

**5.1 KrWG §§ 70, 71**  Kreislaufwirtschaftsgesetz

nicht rechtzeitig vorlegt oder eine Mitteilung nicht, nicht richtig, nicht vollständig oder nicht rechtzeitig macht,

11. entgegen § 49 Absatz 5, auch in Verbindung mit einer Rechtsverordnung nach § 52 Absatz 1 Satz 2 Nummer 6, eine Angabe oder einen Beleg nicht oder nicht für die vorgeschriebene Dauer aufbewahrt,

12. entgegen § 50 Absatz 1 in Verbindung mit einer Rechtsverordnung nach § 52 Absatz 1 Satz 1, jeweils auch in Verbindung mit einer Rechtsverordnung nach § 10 Absatz 2 Nummer 1 Buchstabe b oder § 52 Absatz 1 Satz 2 Nummer 3, einen Nachweis nicht, nicht richtig, nicht vollständig oder nicht rechtzeitig führt,

13. entgegen § 55 Absatz 1 Satz 1 ein Fahrzeug nicht, nicht richtig, nicht vollständig oder nicht rechtzeitig mit Warntafeln versieht,

14. entgegen § 59 Absatz 1 Satz 1 in Verbindung mit einer Rechtsverordnung nach § 59 Absatz 1 Satz 2 und 3 einen Abfallbeauftragten nicht oder nicht rechtzeitig bestellt oder

15. einer Rechtsverordnung nach § 10 Absatz 2 Nummer 1 Buchstabe a, Nummer 2 bis 7 oder Nummer 8, jeweils auch in Verbindung mit § 11 Absatz 3 Satz 1 Nummer 4, § 16 Satz 1 Nummer 3 oder § 43 Absatz 5, nach § 10 Absatz 4 Nummer 1, § 11 Absatz 3 Satz 2 Nummer 1, § 25 Absatz 1 Nummer 7 oder 8 oder Absatz 2 Nummer 3, 9 oder 11, § 43 Absatz 1 Satz 1 Nummer 6 oder Nummer 9, § 52 Absatz 1 Satz 1 und Absatz 2 Nummer 2 oder Nummer 3, § 53 Absatz 6 Nummer 1, 2, 4 oder Nummer 5, § 54 Absatz 7 Nummer 1, 2, 4 oder Nummer 5 oder § 57 Satz 2 Nummer 9 oder einer vollziehbaren Anordnung auf Grund einer solchen Rechtsverordnung zuwiderhandelt, soweit die Rechtsverordnung für einen bestimmten Tatbestand auf diese Vorschrift verweist.

(3) Die Ordnungswidrigkeit nach Absatz 1 kann mit einer Geldbuße bis zu hunderttausend Euro, die Ordnungswidrigkeit nach Absatz 2 mit einer Geldbuße bis zu zehntausend Euro geahndet werden.

(4) Verwaltungsbehörde im Sinne des § 36 Absatz 1 Nummer 1 des Gesetzes über Ordnungswidrigkeiten ist das Bundesamt für Güterverkehr, soweit es sich um Ordnungswidrigkeiten nach Absatz 1 Nummer 6 bis 8 oder nach Absatz 2 Nummer 1, 7, 8, 10 bis 13 und 15 handelt und die Zuwiderhandlung im Zusammenhang mit der Beförderung von Abfällen durch Fahrzeuge zur Güterbeförderung auf der Straße in einem Unternehmen begangen wird, das im Inland weder seinen Sitz noch eine geschäftliche Niederlassung hat, und soweit die betroffene Person im Inland keinen Wohnsitz hat.

**§ 70 Einziehung.** [1] Ist eine Ordnungswidrigkeit nach § 69 Absatz 1 Nummer 2 bis 7 oder Nummer 8 begangen worden, so können Gegenstände eingezogen werden,

1. auf die sich die Ordnungswidrigkeit bezieht oder
2. die zu ihrer Begehung oder Vorbereitung gebraucht worden oder bestimmt gewesen sind.

[2] § 23 des Gesetzes über Ordnungswidrigkeiten ist anzuwenden.

**§ 71 Ausschluss abweichenden Landesrechts.** Von den in diesem Gesetz oder auf Grund dieses Gesetzes getroffenen Regelungen des Verwaltungsverfahrens kann durch Landesrecht nicht abgewichen werden.

Kreislaufwirtschaftsgesetz **§ 72, Anl. 1 KrWG 5.1**

**§ 72 Übergangsvorschrift.** (1) ¹Pflichtenübertragungen nach § 16 Absatz 2, § 17 Absatz 3 oder § 18 Absatz 2 des Kreislaufwirtschafts- und Abfallgesetzes vom 27. September 1994 (BGBl. I S. 2705), das zuletzt durch Artikel 5 des Gesetzes vom 6. Oktober 2011 (BGBl. I S. 1986) geändert worden ist, gelten fort. ²Die zuständige Behörde kann bestehende Pflichtenübertragungen nach Maßgabe des § 13 Absatz 2 und der §§ 16 bis 18 des Kreislaufwirtschafts- und Abfallgesetzes vom 27. September 1994 (BGBl. I S. 2705), das zuletzt durch Artikel 5 des Gesetzes vom 6. Oktober 2011 (BGBl. I S. 1986) geändert worden ist, verlängern.

(2) ¹Für Verfahren zur Aufstellung von Abfallwirtschaftsplänen, die bis zum Ablauf des 5. Juli 2020 eingeleitet worden sind, ist § 30 des Kreislaufwirtschaftsgesetzes vom 24. Februar 2012 (BGBl. I S. 212) in der bis zum 28. Oktober 2020 geltenden Fassung anzuwenden. ²Für Verfahren zur Aufstellung von Abfallwirtschaftsplänen, die bis zum Ablauf des 3. Juli 2021 eingeleitet worden sind, ist § 30 des Kreislaufwirtschaftsgesetzes vom 24. Februar 2012 (BGBl. I S. 212) in der bis zum Ablauf des 3. Juli 2021 geltenden Fassung anzuwenden.

(3) Eine Transportgenehmigung nach § 49 Absatz 1 des Kreislaufwirtschafts- und Abfallgesetzes vom 27. September 1994 (BGBl. I S. 2705), das zuletzt durch Artikel 5 des Gesetzes vom 6. Oktober 2011 (BGBl. I S. 1986) geändert worden ist, auch in Verbindung mit § 1 der Transportgenehmigungsverordnung vom 10. September 1996 (BGBl. I S. 1411; 1997 I S. 2861), die zuletzt durch Artikel 5 des Gesetzes vom 19. Juli 2007 (BGBl. I S. 1462) geändert worden ist, gilt bis zum Ende ihrer Befristung als Erlaubnis nach § 54 Absatz 1 fort.

(4) Eine Genehmigung für Vermittlungsgeschäfte nach § 50 Absatz 1 des Kreislaufwirtschafts- und Abfallgesetzes vom 27. September 1994 (BGBl. I S. 2705), das zuletzt durch Artikel 5 des Gesetzes vom 6. Oktober 2011 (BGBl. I S. 1986) geändert worden ist, gilt bis zum Ende ihrer Befristung als Erlaubnis nach § 54 Absatz 1 fort.

**Anlage 1**

### Beseitigungsverfahren

| | |
|---|---|
| D 1 | Ablagerungen in oder auf dem Boden (zum Beispiel Deponien) |
| D 2 | Behandlung im Boden (zum Beispiel biologischer Abbau von flüssigen oder schlammigen Abfällen im Erdreich) |
| D 3 | Verpressung (zum Beispiel Verpressung pumpfähiger Abfälle in Bohrlöcher, Salzdome oder natürliche Hohlräume) |
| D 4 | Oberflächenaufbringung (zum Beispiel Ableitung flüssiger oder schlammiger Abfälle in Gruben, Teiche oder Lagunen) |
| D 5 | Speziell angelegte Deponien (zum Beispiel Ablagerung in abgedichteten, getrennten Räumen, die gegeneinander und gegen die Umwelt verschlossen und isoliert werden) |
| D 6 | Einleitung in ein Gewässer mit Ausnahme von Meeren und Ozeanen |
| D 7 | Einleitung in Meere und Ozeane einschließlich Einbringung in den Meeresboden |
| D 8 | Biologische Behandlung, die nicht an anderer Stelle in dieser Anlage beschrieben ist und durch die Endverbindungen oder Gemische entstehen, die mit einem der in D 1 bis D 12 aufgeführten Verfahren entsorgt werden |
| D 9 | Chemisch-physikalische Behandlung, die nicht an anderer Stelle in dieser Anlage beschrieben ist und durch die Endverbindungen oder Gemische entstehen, die mit einem der in D 1 bis D 12 aufgeführten Verfahren entsorgt werden (zum Beispiel Verdampfen, Trocknen, Kalzinieren) |
| D 10 | Verbrennung an Land |

D 11  Verbrennung auf See[1]
D 12  Dauerlagerung (zum Beispiel Lagerung von Behältern in einem Bergwerk)
D 13  Vermengung oder Vermischung vor Anwendung eines der in D 1 bis D 12 aufgeführten Verfahren[2]
D 14  Neuverpacken vor Anwendung eines der in D 1 bis D 13 aufgeführten Verfahren
D 15  Lagerung bis zur Anwendung eines der in D 1 bis D 14 aufgeführten Verfahren (ausgenommen zeitweilige Lagerung bis zur Sammlung auf dem Gelände der Entstehung der Abfälle)[3]

**Anlage 2**

**Verwertungsverfahren**

R 1  Hauptverwendung als Brennstoff oder als anderes Mittel der Energieerzeugung[4]

---

[1] **Amtl. Anm.:** Nach EU-Recht und internationalen Übereinkünften verbotenes Verfahren.
[2] **Amtl. Anm.:** Falls sich kein anderer D-Code für die Einstufung eignet, kann das Verfahren D 13 auch vorbereitende Verfahren einschließen, die der Beseitigung einschließlich der Vorbehandlung vorangehen, zum Beispiel Sortieren, Zerkleinern, Verdichten, Pelletieren, Trocknen, Schreddern, Konditionierung oder Trennung vor Anwendung eines der in D 1 bis D 12 aufgeführten Verfahren.
[3] **Amtl. Anm.:** Unter einer zeitweiligen Lagerung ist eine vorläufige Lagerung im Sinne des § 3 Absatz 15 zu verstehen.
[4] **Amtl. Anm.:**
a) Hierunter fallen Verbrennungsanlagen, deren Zweck in der Behandlung fester Siedlungsabfälle besteht, nur dann, wenn deren Energieeffizienz mindestens folgende Werte hat:
   aa) 0,60 für in Betrieb befindliche Anlagen, die bis zum 31. Dezember 2008 genehmigt worden sind,
   bb) 0,65 für Anlagen, die nach dem 31. Dezember 2008 genehmigt worden sind oder genehmigt werden.
b) Bei der Berechnung nach Buchstabe a wird folgende Formel verwendet:
   Energieeffizienz = $(E_p - (E_f + E_i)) / (0{,}97 \times (E_w + E_f))$.
c) Im Rahmen der in Buchstabe b enthaltenen Formel bedeutet
   aa) $E_p$ die jährlich als Wärme oder Strom erzeugte Energie. Der Wert wird berechnet, indem Elektroenergie mit dem Faktor 2,6 und für gewerbliche Zwecke erzeugte Wärme mit dem Faktor 1,1 (Gigajoule pro Jahr) multipliziert wird;
   bb) $E_f$ der jährliche Input von Energie in das System aus Brennstoffen, die zur Erzeugung von Dampf eingesetzt werden (Gigajoule pro Jahr);
   cc) $E_w$ die jährliche Energiemenge, die im behandelten Abfall enthalten ist, berechnet anhand des unteren Heizwerts des Abfalls (Gigajoule pro Jahr);
   dd) $E_i$ die jährlich importierte Energiemenge ohne $E_w$ und $E_f$ (Gigajoule pro Jahr);
   ee) 0,97 ein Faktor zur Berechnung der Energieverluste durch Rost- und Kesselasche sowie durch Strahlung.
d) Der Wert der Energieeffizienzformel wird mit einem Klimakorrekturfaktor (Climate Correction Factor, CCF) wie folgt multipliziert:
   aa) CCF für vor dem 1. September 2015 in Betrieb befindliche und nach geltendem EU-Recht genehmigte Anlagen:
   CCF = 1, wenn HDD > = 3 350
   CCF = 1,25, wenn HDD < = 2 150
   CCF = – (0,25/1 200) × HDD + 1,698, wenn 2 150 < HDD < 3 350;
   bb) CCF für nach dem 31. August 2015 genehmigte Anlagen und für Anlagen gemäß Nummer 1 ab 31. Dezember 2029:
   CCF = 1, wenn HDD > = 3 350
   CCF = 1,12, wenn HDD < = 2 150
   CCF = – (0,12/1 200) × HDD + 1,335, wenn 2 150 < HDD < 3 350.
(Der sich daraus ergebende CCF-Wert wird auf drei Dezimalstellen gerundet).
Der HDD-Wert (Heizgradtage) sollte dem Durchschnitt der jährlichen HDD-Werte für den Standort der Verbrennungsanlage entsprechen, berechnet für einen Zeitraum von 20 aufeinanderfolgenden Jahren vor dem Jahr, für das der CCF bestimmt wird. Der HDD-Wert sollte nach der folgenden Eurostat-Methode berechnet werden: HDD = (18° C – Tm) × d, wenn Tm weniger als oder gleich 15° C (Heizschwelle) beträgt, und HDD = null, wenn Tm über 15° C beträgt; dabei ist Tm der mittleren (Tmin + Tmax)/2 Außentemperatur über einen Zeitraum von d Tagen. Die Berechnungen sind täglich durchzuführen (d = 1) und auf ein Jahr hochzurechnen. →

Kreislaufwirtschaftsgesetz **Anl. 3, 4 KrWG 5.1**

R 2   Rückgewinnung und Regenerierung von Lösemitteln
R 3   Recycling und Rückgewinnung organischer Stoffe, die nicht als Lösemittel verwendet werden (einschließlich der Kompostierung und sonstiger biologischer Umwandlungsverfahren)[1]
R 4   Recycling und Rückgewinnung von Metallen und Metallverbindungen
R 5   Recycling und Rückgewinnung von anderen anorganischen Stoffen[2]
R 6   Regenerierung von Säuren und Basen
R 7   Wiedergewinnung von Bestandteilen, die der Bekämpfung von Verunreinigungen dienen
R 8   Wiedergewinnung von Katalysatorenbestandteilen
R 9   Erneute Ölraffination oder andere Wiederverwendungen von Öl
R 10  Aufbringung auf den Boden zum Nutzen der Landwirtschaft oder zur ökologischen Verbesserung
R 11  Verwendung von Abfällen, die bei einem der in R 1 bis R 10 aufgeführten Verfahren gewonnen werden
R 12  Austausch von Abfällen, um sie einem der in R 1 bis R 11 aufgeführten Verfahren zu unterziehen[3]
R 13  Lagerung von Abfällen bis zur Anwendung eines der in R 1 bis R 12 aufgeführten Verfahren (ausgenommen zeitweilige Lagerung bis zur Sammlung auf dem Gelände der Entstehung der Abfälle)[4]

**Anlage 3**

**Kriterien zur Bestimmung des Standes der Technik**

*(Hier nicht wiedergegeben. Die Anl. 3 ist wortgleich mit der Anl. 1 zu § 3 Nr. 11 WHG, Nr. **4.1**.)*

**Anlage 4**

**Beispiele für Abfallvermeidungsmaßnahmen nach § 33**

1. Maßnahmen, die sich auf die Rahmenbedingungen im Zusammenhang mit der Abfallerzeugung auswirken können:

   a) Einsatz von Planungsmaßnahmen oder sonstigen wirtschaftlichen Instrumenten, die die Effizienz der Ressourcennutzung fördern,

   b) Förderung einschlägiger Forschung und Entwicklung mit dem Ziel, umweltfreundlichere und weniger abfallintensive Produkte und Technologien hervorzubringen, sowie Verbreitung und Einsatz dieser Ergebnisse aus Forschung und Entwicklung,

   c) Entwicklung wirksamer und aussagekräftiger Indikatoren für die Umweltbelastungen im Zusammenhang mit der Abfallerzeugung als Beitrag zur Vermeidung der Abfallerzeugung auf sämtlichen Ebenen, vom Produktvergleich auf Gemeinschaftsebene über Aktivitäten kommunaler Behörden bis hin zu nationalen Maßnahmen.

2. Maßnahmen, die sich auf die Konzeptions-, Produktions- und Vertriebsphase auswirken können:

---

*(Fortsetzung der Anm. von voriger Seite)*
e) Diese Formel ist entsprechend dem Referenzdokument zu den besten verfügbaren Techniken für die Abfallverbrennung zu verwenden.
[1] **Amtl. Anm.:** Dies schließt Vergasung und Pyrolyse unter Verwendung der Bestandteile als Chemikalien ein.
[2] **Amtl. Anm.:** Dies schließt die Bodenreinigung, die zu einer Verwertung des Bodens und zu einem Recycling anorganischer Baustoffe führt, ein.
[3] **Amtl. Anm.:** Falls sich kein anderer R-Code für die Einstufung eignet, kann das Verfahren R 12 vorbereitende Verfahren einschließen, die der Verwertung einschließlich der Vorbehandlung vorangehen, zum Beispiel Demontage, Sortieren, Zerkleinern, Verdichten, Pelletieren, Trocknen, Schreddern, Konditionierung, Neuverpacken, Trennung, Vermengen oder Vermischen vor Anwendung eines der unter R 1 bis R 11 aufgeführten Verfahren.
[4] **Amtl. Anm.:** Unter einer zeitweiligen Lagerung ist eine vorläufige Lagerung im Sinne des § 3 Absatz 15 zu verstehen.

a) Förderung von Ökodesign (systematische Einbeziehung von Umweltaspekten in das Produktdesign mit dem Ziel, die Umweltbilanz des Produkts über den gesamten Lebenszyklus hinweg zu verbessern),

b) Bereitstellung von Informationen über Techniken zur Abfallvermeidung im Hinblick auf einen erleichterten Einsatz der besten verfügbaren Techniken in der Industrie,

c) Schulungsmaßnahmen für die zuständigen Behörden hinsichtlich der Einbeziehung der Abfallvermeidungsanforderungen bei der Erteilung von Genehmigungen auf Grund dieses Gesetzes sowie des Bundes-Immissionsschutzgesetzes[1] und der auf Grundlage des Bundes-Immissionsschutzgesetzes[1] erlassenen Rechtsverordnungen,

d) Einbeziehung von Maßnahmen zur Vermeidung der Abfallerzeugung in Anlagen, die keiner Genehmigung nach § 4 des Bundes-Immissionsschutzgesetzes[1] bedürfen. Hierzu könnten gegebenenfalls Maßnahmen zur Bewertung der Abfallvermeidung und zur Aufstellung von Plänen gehören,

e) Sensibilisierungsmaßnahmen oder Unterstützung von Unternehmen bei der Finanzierung oder der Entscheidungsfindung. Besonders wirksam dürften derartige Maßnahmen sein, wenn sie sich gezielt an kleine und mittlere Unternehmen richten, auf diese zugeschnitten sind und auf bewährte Netzwerke des Wirtschaftslebens zurückgreifen,

f) Rückgriff auf freiwillige Vereinbarungen, Verbraucher- und Herstellergremien oder branchenbezogene Verhandlungen, damit die jeweiligen Unternehmen oder Branchen eigene Abfallvermeidungspläne oder -ziele festlegen oder abfallintensive Produkte oder Verpackungen verbessern,

g) Förderung anerkannter Umweltmanagementsysteme.

3. Maßnahmen, die sich auf die Verbrauchs- und Nutzungsphase auswirken können:

a) Wirtschaftliche Instrumente wie zum Beispiel Anreize für umweltfreundlichen Einkauf oder die Einführung eines vom Verbraucher zu zahlenden Aufpreises für einen Verpackungsartikel oder Verpackungsteil, der sonst unentgeltlich bereitgestellt werden würde,

b) Sensibilisierungsmaßnahmen und Informationen für die Öffentlichkeit oder eine bestimmte Verbrauchergruppe,

c) Förderung von Ökozeichen,

d) Vereinbarungen mit der Industrie, wie der Rückgriff auf Produktgremien etwa nach dem Vorbild der integrierten Produktpolitik, oder mit dem Einzelhandel über die Bereitstellung von Informationen über Abfallvermeidung und umweltfreundliche Produkte,

e) Einbeziehung von Kriterien des Umweltschutzes und der Abfallvermeidung in Ausschreibungen des öffentlichen und privaten Beschaffungswesens im Sinne des Handbuchs für eine umweltgerechte öffentliche Beschaffung, das von der Kommission am 29. Oktober 2004 veröffentlicht wurde (Amt für amtliche Veröffentlichungen der Europäischen Gemeinschaften, 2005),

f) Förderung der Wiederverwendung und Reparatur geeigneter entsorgter Produkte oder ihrer Bestandteile, vor allem durch den Einsatz pädagogischer, wirtschaftlicher, logistischer oder anderer Maßnahmen wie Unterstützung oder Einrichtung von akkreditierten Zentren und Netzen für Reparatur und Wiederverwendung, insbesondere in dicht besiedelten Regionen.

## Anlage 5
(zu § 6 Absatz 3)

**Beispiele für wirtschaftliche Instrumente und andere Maßnahmen zur Schaffung von Anreizen für die Anwendung der Abfallhierarchie**

1. Gebühren und Beschränkungen für die Ablagerung von Abfällen auf Deponien und die Verbrennung von Abfällen als Anreiz für Abfallvermeidung und Recycling, wobei die Ablagerung von Abfällen auf Deponien die am wenigsten bevorzugte Abfallbewirtschaftungsoption bleibt,

2. verursacherbezogene Gebührensysteme, in deren Rahmen Abfallerzeugern ausgehend von der tatsächlich verursachten Abfallmenge Gebühren in Rechnung gestellt werden und die Anreize für die getrennte Sammlung recycelbarer Abfälle und für die Verringerung gemischter Abfälle schaffen,

3. steuerliche Anreize für die Spende von Produkten, insbesondere von Lebensmitteln und Textilien,

---

[1] Nr. **6.1**.

Kreislaufwirtschaftsgesetz  **Anl. 5  KrWG 5.1**

4. Produktverantwortung für verschiedene Arten von Abfällen und Maßnahmen zur Optimierung der Wirksamkeit, Kosteneffizienz und Steuerung dieser Produktverantwortung,

5. Pfandsysteme und andere Maßnahmen zur Förderung der effizienten Sammlung gebrauchter Erzeugnisse, Materialien und Stoffe,

6. solide Planung von Investitionen in die Infrastruktur zur Abfallbewirtschaftung, auch über die Unionsfonds,

7. ein auf Nachhaltigkeit ausgerichtetes öffentliches Beschaffungswesen zur Förderung einer besseren Abfallbewirtschaftung und des Einsatzes von recycelten Erzeugnissen, Materialien und Stoffen,

8. schrittweise Abschaffung von Subventionen, die nicht mit der Abfallhierarchie vereinbar sind,

9. Einsatz steuerlicher Maßnahmen oder anderer Mittel zur Förderung des Absatzes von Erzeugnissen, Materialien und Stoffen, die zur Wiederverwendung vorbereitet oder recycelt wurden,

10. Förderung von Forschung und Innovation im Bereich moderner Recycling- und Generalüberholungstechnologie,

11. Nutzung der besten verfügbaren Verfahren der Abfallbehandlung,

12. wirtschaftliche Anreize für Behörden, insbesondere zur Förderung der Abfallvermeidung und zur verstärkten Einführung von Systemen der getrennten Sammlung, bei gleichzeitiger Vermeidung der Förderung der Ablagerung von Abfällen auf Deponien und der Verbrennung von Abfällen,

13. Kampagnen zur Sensibilisierung der Öffentlichkeit, insbesondere in Bezug auf die Abfallvermeidung, die getrennte Sammlung und die Vermeidung von Vermüllung, sowie durchgängige Berücksichtigung dieser Fragen im Bereich Aus- und Weiterbildung,

14. Systeme für die Koordinierung, auch mit digitalen Mitteln, aller für die Abfallbewirtschaftung zuständigen Behörden,

15. Förderung des fortgesetzten Dialogs und der Zusammenarbeit zwischen allen Interessenträgern der Abfallbewirtschaftung sowie Unterstützung von freiwilligen Vereinbarungen und der Berichterstattung über Abfälle durch Unternehmen.

## 5.1.5. Verordnung über die Überlassung, Rücknahme und umweltverträgliche Entsorgung von Altfahrzeugen (Altfahrzeug-Verordnung – AltfahrzeugV)[1)]

In der Fassung der Bekanntmachung vom 21. Juni 2002[2)]

(BGBl. I S. 2214)

**FNA 2129-27-2-8**

zuletzt geänd. durch Art. 1 Dritte ÄndVO v. 18.11.2020 (BGBl. I S. 2451)

**§ 1 Anwendungsbereich.** (1) [1]Diese Verordnung gilt für Fahrzeuge und Altfahrzeuge einschließlich ihrer Bauteile und Werkstoffe. [2]Unbeschadet von § 3 Abs. 4 gilt dies unabhängig davon, wie das Fahrzeug während seiner Nutzung gewartet oder repariert worden ist und ob es mit vom Hersteller gelieferten Bauteilen oder mit anderen Bauteilen bestückt ist, wenn deren Einbau als Ersatz-, Austausch- oder Nachrüstteile den einschlägigen Vorschriften über die Zulassung von Fahrzeugen zum Verkehr auf öffentlichen Straßen entspricht.

(2) [1]Die §§ 9 und 10 gelten nicht für einen Hersteller, der ausschließlich Fahrzeuge im Sinne von Artikel 8 Abs. 2 Buchstabe a der Richtlinie 70/156/EWG des Rates vom 6. Februar 1970 zur Angleichung der Rechtsvorschriften der Mitgliedstaaten über die Betriebserlaubnis für Kraftfahrzeuge und Kraftfahrzeuganhänger (ABl. EG Nr. L 42 S. 1, Nr. L 225 S. 6) herstellt oder importiert, und nicht für die von ihm hergestellten oder importierten Fahrzeuge (Kleinserienregelung). [2]Ob die Voraussetzungen nach Satz 1 zutreffen, entscheidet das Kraftfahrt-Bundesamt auf Antrag.

(3) [1]Fahrzeuge mit besonderer Zweckbestimmung im Sinne von Artikel 4 Abs. 1 Buchstabe a zweiter Anstrich der Richtlinie 70/156/EWG vom 6. Februar 1970 zur Angleichung der Rechtsvorschriften der Mitgliedstaaten über die Betriebserlaubnis für Kraftfahrzeuge und Kraftfahrzeuganhänger (ABl. EG Nr. L 42 S. 1, Nr. L 225 S. 4) sind von den Anforderungen nach § 5 Absatz 1 Satz 1 ausgenommen. [2]Ausgenommen von den Anforderungen nach § 8 Abs. 2 sind Ausrüstungsgegenstände, die nicht speziell für den Einsatz der in Satz 1 bezeichneten Fahrzeuge hergestellt wurden.

(4) Für dreirädrige Kraftfahrzeuge gelten nur die §§ 1 bis 5.

(5) Den Vorschriften dieser Verordnung unterliegen die Wirtschaftsbeteiligten sowie die Besitzer, Eigentümer und Letzthalter von Altfahrzeugen.

**§ 2 Begriffsbestimmungen.** (1) Im Sinne dieser Verordnung bezeichnet der Begriff

1. „Fahrzeug" Fahrzeuge der Klasse $M_1$ (Fahrzeuge zur Personenbeförderung mit höchstens acht Sitzplätzen außer dem Fahrersitz) oder $N_1$ (Fahrzeuge zur Güterbeförderung mit einem Höchstgewicht bis zu 3,5 Tonnen) gemäß Anhang II Abschnitte A der Richtlinie 70/156/EWG des Rates vom

---

[1)] Die VO wurde erlassen auf Grund von § 24 Abs. 2 Nr. 2 und 3 und § 7 Abs. 1 Nr. 2, 3 und 4 Buchst. a und Abs. 3, jeweils iVm § 59, sowie § 12 Abs. 1 Nr. 1, 2 und 3 KrW-/AbfG.

[2)] Neubekanntmachung der AltfahrzeugV v. 4.7.1997 (BGBl. I. S. 1666) in der ab 1.7.2002 geltenden Fassung.

6. Februar 1970 zur Angleichung der Rechtsvorschriften der Mitgliedstaaten über die Betriebserlaubnis für Kraftfahrzeuge und Kraftfahrzeuganhänger (ABl. EG Nr. L 42 S. 1, Nr. L 225 S. 34) sowie dreirädrige Kraftfahrzeuge gemäß der Richtlinie 92/61/EWG (ABl. EG Nr. L 225 S. 72), jedoch unter Ausschluss von dreirädrigen Krafträdern;
2. „Altfahrzeug" Fahrzeuge, die Abfall nach § 3 Absatz 1 des Kreislaufwirtschaftsgesetzes[1)] sind;
3. „Hersteller" den Hersteller von Fahrzeugen laut Fahrzeugbrief oder laut Zulassungsbescheinigung Teil II oder den gewerblichen Importeur eines Fahrzeugs und den Hersteller oder gewerblichen Importeur von Fahrzeugteilen und -werkstoffen sowie deren Rechtsnachfolger;
3a. „Bevollmächtigter" ist jede im Geltungsbereich der Verordnung niedergelassene natürliche oder juristische Person oder Personengesellschaft, die ein Hersteller ohne Niederlassung im Geltungsbereich der Verordnung beauftragt hat, in eigenem Namen sämtliche Aufgaben wahrzunehmen, um die Herstellerpflichten nach dieser Verordnung zu erfüllen;
4. „Vermeidung" Maßnahmen zur Verringerung der Menge und der Umweltschädlichkeit von Altfahrzeugen, ihren Werkstoffen und Substanzen;
5. „Behandlung" Tätigkeiten, die nach der Übergabe des Altfahrzeugs an einen Demontagebetrieb oder der Restkarosse an eine Schredderanlage oder eine sonstige Anlage zur weiteren Behandlung mit dem Ziel der Entfrachtung von Schadstoffen, der Demontage, des Schredderns, der Verwertung oder der Vorbereitung der Beseitigung der Schredderabfälle durchgeführt werden, sowie alle sonstigen Tätigkeiten im Zusammenhang mit der Verwertung oder Beseitigung von Altfahrzeugen und Altfahrzeugbauteilen;
6. „Vorbehandlung" die Entfernung oder das Unschädlichmachen der gefährlichen Bauteile sowie die Trockenlegung;
7. „Trockenlegung" die Entfernung der Betriebsflüssigkeiten;
8. „Verdichtung" jede Maßnahme zur Volumenreduzierung, durch die die Restkarosse in ihrer Beschaffenheit verändert wird, z.B. durch Eindrücken des Daches, Pressen oder Zerschneiden;
9. „Wiederverwendung" Maßnahmen, bei denen Altfahrzeugbauteile zu dem gleichen Zweck verwendet werden, für den sie entworfen wurden;
10. „stoffliche Verwertung" die in einem Produktionsprozess erfolgende Wiederaufarbeitung der Abfallmaterialien für den ursprünglichen Zweck oder für andere Zwecke (Nutzung der stofflichen Eigenschaften, rohstoffliche Verwertung), jedoch mit Ausnahme der energetischen Verwertung;
11. „Verwertung" jedes der anwendbaren in Anlage 2 des Kreislaufwirtschaftsgesetzes genannten Verfahren;
12. „Beseitigung" jedes der anwendbaren in Anlage 1 des Kreislaufwirtschaftsgesetzes genannten Verfahren;
13. „gefährlicher Stoff" jeden Stoff, der die Kriterien für eine der folgenden in Anhang I der Verordnung (EG) Nr. 1272/2008 des Europäischen Parlaments und des Rates vom 16. Dezember 2008 über die Einstufung, Kennzeichnung und Verpackung von Stoffen und Gemischen, zur Änderung

---

[1)] Nr. **5.1**.

## 5.1.5 AltfahrzeugV § 2

und Aufhebung der Richtlinien 67/548/EWG und 1999/45/EG und zur Änderung der Verordnung (EG) Nr. 1907/2006 (ABl. L 353 vom 31.12.2008, S. 1) dargelegten Gefahrenklassen oder -kategorien erfüllt:

a) Gefahrenklassen 2.1 bis 2.4, 2.6 und 2.7, 2.8 Typen A und B, 2.9, 2.10, 2.12, 2.13 Kategorien 1 und 2, 2.14 Kategorien 1 und 2, 2.15 Typen A bis F,

b) Gefahrenklassen 3.1 bis 3.6, 3.7 mit Ausnahme von Wirkungen auf oder über die Laktation, 3.8 mit Ausnahme von narkotisierenden Wirkungen, 3.9 und 3.10,

c) Gefahrenklasse 4.1,

d) Gefahrenklasse 5.1;

14. „Annahmestelle" Betriebe oder Betriebsteile, die Altfahrzeuge zur Bereitstellung und Weiterleitung an Demontagebetriebe annehmen, ohne selbst Demontagebetrieb zu sein;

15. „Rücknahmestelle" Annahmestellen, bei denen Altfahrzeuge durch den Hersteller, dessen Bevollmächtigten oder durch von diesen beauftragte Dritte zurückgenommen werden, ohne dass dort die Altfahrzeuge behandelt werden;

16. „Demontagebetrieb" Betriebe oder Betriebsteile, in denen Altfahrzeuge zum Zweck der nachfolgenden Verwertung behandelt werden; dies kann auch die Rücknahme einschließen;

17. „Restkarosse" das in einem Demontagebetrieb zum Zweck der weiteren Verwertung nach den Bestimmungen des Anhangs Nummer 3 behandelte Altfahrzeug;

18. „Schredderanlage" Anlagen, die dazu dienen, Restkarossen oder sonstige metallische oder metallhaltige Abfälle zu zertrümmern oder zu zerkleinern zum Zweck der Gewinnung von unmittelbar wieder einsetzbarem Metallschrott sowie gegebenenfalls weiteren verwertbaren Stofffraktionen;

19. „sonstige Anlagen zur weiteren Behandlung" Anlagen, die keine Schredderanlagen sind und dazu dienen, Metalle aus Restkarossen sowie gegebenenfalls weitere verwertbare Stofffraktionen zurückzugewinnen;

20. „Demontageinformationen" alle Informationen, die zur sach- und umweltgerechten Behandlung eines Altfahrzeugs notwendig sind; sie werden den anerkannten Demontagebetrieben von den Herstellern von Fahrzeugen oder deren Bevollmächtigten und von den Zulieferern in Form von Handbüchern oder elektronischen Medien (z.B. CD-ROM, Online-Dienste) zur Verfügung gestellt;

21. „Letzthalter" letzter im Fahrzeugbrief oder in der Zulassungsbescheinigung Teil II eingetragener Halter eines Fahrzeugs, auf den das Fahrzeug gemäß Fahrzeug-Zulassungsverordnung zugelassen ist oder zugelassen war;

22. „Wirtschaftsbeteiligte" Hersteller, deren Bevollmächtigte, Vertreiber sowie Betreiber von Rücknahmestellen, Annahmestellen, Demontagebetrieben, Schredderanlagen, sonstigen Anlagen zur weiteren Behandlung, Verwertungsbetrieben und sonstigen Betrieben zur Behandlung von Altfahrzeugen einschließlich ihrer Bauteile und Werkstoffe sowie Kfz-Versicherungsgesellschaften;

23. „Fahrzeugleergewicht" maßgebliches Leergewicht eines Kraftfahrzeugs zur Ermittlung der Verwertungsziele, das wie folgt bestimmt wird:

- für Kraftfahrzeuge der Klasse $M_1$, die bis zum 31. Dezember 1996 zugelassen worden sind: Leergewicht gemäß Fahrzeugbrief oder Zulassungsbescheinigung Teil I abzüglich Gewicht des Tankinhalts bei einer 90-prozentigen Füllung,
- für Kraftfahrzeuge der Klasse $M_1$, die ab dem 1. Januar 1997 zugelassen worden sind: Leergewicht gemäß Fahrzeugbrief oder Zulassungsbescheinigung Teil I abzüglich Gewicht des Tankinhalts bei einer 90-prozentigen Füllung und abzüglich Gewicht des Fahrers (75 kg),
- für Kraftfahrzeuge der Klasse $N_1$: Leergewicht gemäß Fahrzeugbrief oder Zulassungsbescheinigung Teil I abzüglich Gewicht des Tankinhalts bei einer 90-prozentigen Füllung und abzüglich Gewicht des Fahrers (75 kg).

(2) Annahmestellen, Rücknahmestellen, Demontagebetriebe, Schredderanlagen und sonstige Anlagen zur weiteren Behandlung sind im Sinne dieser Verordnung anerkannt, wenn

1. der jeweilige Betrieb über die erforderliche Bescheinigung nach § 5 Abs. 3 verfügt oder
2. der Betrieb Entsorgungsfachbetrieb ist und die Einhaltung der Anforderungen dieser Verordnung geprüft und dies im Überwachungszertifikat ausgewiesen ist.

**§ 3 Rücknahmepflichten.** (1) [1] Hersteller von Fahrzeugen sind verpflichtet, alle Altfahrzeuge ihrer Marke vom Letzthalter zurückzunehmen. [2] Satz 1 gilt im Fall der Bevollmächtigung nach § 10a für den Bevollmächtigten mit der Maßgabe, dass alle Altfahrzeuge der Marke des jeweils vertretenen Herstellers vom Letzthalter zurückzunehmen sind. [3] Die Hersteller von Fahrzeugen oder im Fall der Bevollmächtigung nach § 10a die Bevollmächtigten müssen die in Satz 1 bezeichneten Altfahrzeuge ab Überlassung an eine anerkannte Rücknahmestelle oder an einen anerkannten Demontagebetrieb, der vom Hersteller oder im Fall der Bevollmächtigung nach § 10a vom Bevollmächtigten zur Rücknahme bestimmt worden ist, unentgeltlich zurücknehmen.

(2) [1] Dem Letzthalter gleichgestellt sind die öffentlich-rechtlichen Entsorgungsträger im Sinne des § 20 Absatz 1 des Kreislaufwirtschaftsgesetzes[1]) in den Fällen, in denen der Halter oder Eigentümer der in § 20 Absatz 4 des Kreislaufwirtschaftsgesetzes bezeichneten Kraftfahrzeuge nicht festgestellt werden konnte. [2] Absatz 4 Nr. 1, 2 und 5 gilt in diesen Fällen nicht.

(3) [1] Die Hersteller von Fahrzeugen oder deren Bevollmächtigte sind verpflichtet, einzeln oder gemeinsam, selbst oder durch Beauftragung Dritter flächendeckend Rückgabemöglichkeiten durch anerkannte Rücknahmestellen oder von ihnen hierzu bestimmte anerkannte Demontagebetriebe zu schaffen. [2] Die Rücknahmestellen müssen für den Letzthalter in zumutbarer Entfernung erreichbar sein. [3] Die Flächendeckung ist dann ausreichend, wenn die Entfernung zwischen Wohnsitz des Letzthalters und Rücknahmestelle oder von einem Hersteller oder von seinem Bevollmächtigten hierzu bestimmten anerkannten Demontagebetrieb nicht mehr als 50 Kilometer beträgt.

(4) Absatz 1 Satz 2 gilt nicht, wenn

---

[1]) Nr. **5.1**.

## 5.1.5 AltfahrzeugV § 4

1. das Altfahrzeug nicht innerhalb der Europäischen Union zugelassen ist oder zuletzt zugelassen war,
2. das Altfahrzeug innerhalb der Europäischen Union vor der Stilllegung weniger als einen Monat zugelassen war,
3. das Altfahrzeug wesentliche Bauteile oder Komponenten, insbesondere Antrieb, Karosserie, Fahrwerk, Katalysator oder elektronische Steuergeräte für Fahrzeugfunktionen, nicht mehr enthält,
4. dem Altfahrzeug Abfälle hinzugefügt wurden,
5. der Fahrzeugbrief, die Zulassungsbescheinigung Teil II oder ein vergleichbares Zulassungsdokument nach der Richtlinie 1999/37/EG des Rates vom 29. April 1999 über Zulassungsdokumente für Fahrzeuge (ABl. L 138 vom 1.6.1999, S. 57), die zuletzt durch die Richtlinie 2006/103/EG (ABl. L 363 vom 20.12.2006, S. 344) geändert worden ist, oder im Zusammenhang mit einem Antrag nach der Richtlinie zur Förderung des Absatzes von Personenkraftwagen vom 20. Februar 2009 (BAnz. S. 835) eine Kopie des jeweiligen Dokumentes nicht übergeben wird.

(5) [1]Die Hersteller von Fahrzeugen oder deren Bevollmächtigte stellen die erforderlichen Informationen über die von ihnen eingerichteten Rücknahmestellen in geeigneter Weise zur Verfügung, um den Letztthalter auf Anfrage über eine für ihn geeignete Rücknahmestelle zu unterrichten. [2]Die Hersteller von Fahrzeugen oder deren Bevollmächtigte sind verpflichtet, die Letztthalter über ihre Verpflichtung nach § 4 Absatz 1 zur Entsorgung von Altfahrzeugen, über die Erfassung der Altfahrzeuge durch anerkannte Annahmestellen, anerkannte Rücknahmestellen oder anerkannte Demontagebetriebe und über die Bedeutung des Verwertungsnachweises nach § 4 Absatz 2 zu informieren.

(6) [1]Hersteller und Vertreiber von Bauteilen für Personenkraftwagen haben sicherzustellen, dass Altteile aus Reparaturen, die in Kfz-Werkstätten oder in vergleichbaren gewerblichen Einrichtungen anfallen, zum Zweck der ordnungsgemäßen und schadlosen Verwertung oder der gemeinwohlverträglichen Beseitigung zurückgenommen werden. [2]Die Beteiligten können Vereinbarungen über die erforderlichen Maßnahmen und die Tragung der Kosten treffen.

(7) [1]Hersteller von Fahrzeugen der Klasse M1 oder N1, die nicht im einstufigen Verfahren hergestellt und genehmigt wurden, können die Entsorgungskosten auf den Teil ihrer Herstellungsstufe begrenzen und die übrigen Entsorgungskosten den Herstellern weiterer Stufen in Rechnung stellen. [2]Diejenigen, die Fahrzeugteile zu Aufbauten zusammenfügen und diese in Verbindung mit einem Basisfahrzeug in Verkehr bringen, müssen sich vor dem Inverkehrbringen im Rahmen ihrer Produktverantwortung mit den Herstellern von Basis- oder Chassisfahrzeugen in Verbindung setzen.

(8) [1]Die Hersteller von Fahrzeugen sind verpflichtet, die finanziellen und organisatorischen Mittel vorzuhalten, um ihren Pflichten nach dieser Verordnung nachzukommen. [2]Zur Bewertung ihrer Finanzverwaltung haben sie geeignete Mechanismen zur Selbstkontrolle einzurichten.

**§ 4 Überlassungspflichten.** (1) Wer sich eines Fahrzeugs entledigt, entledigen will oder entledigen muss, ist verpflichtet, dieses nur einer anerkannten Annahmestelle, einer anerkannten Rücknahmestelle oder einem anerkannten Demontagebetrieb zu überlassen.

(2) ¹Betreiber von Demontagebetrieben sind verpflichtet, die Überlassung nach Absatz 1 unverzüglich durch einen Verwertungsnachweis zu bescheinigen. ²Hierzu ist das Muster in Abschnitt 2 der Anlage 8 der Fahrzeug-Zulassungsverordnung zu verwenden. ³Verwertungsnachweise dürfen nur von Betreibern anerkannter Demontagebetriebe ausgestellt werden. ⁴Betreiber von Demontagebetrieben dürfen nur anerkannte Annahmestellen oder anerkannte Rücknahmestellen beauftragen, den Verwertungsnachweis auszuhändigen. ⁵Mit Ausstellung oder Aushändigung des Verwertungsnachweises dürfen Altfahrzeuge nur einer ordnungsgemäßen Verwertung nach den Vorschriften dieser Verordnung zugeführt werden. ⁶Dieses wird mit der Ausstellung oder Aushändigung des Verwertungsnachweises versichert.

(3) Betreiber von Annahmestellen und Rücknahmestellen sind verpflichtet, Altfahrzeuge nur einem anerkannten Demontagebetrieb zu überlassen.

(4) ¹Betreiber von Demontagebetrieben sind verpflichtet, Restkarossen nur einer anerkannten Schredderanlage zu überlassen. ²Abweichend von Satz 1 kann die für die Überwachung des Demontagebetriebs zuständige Behörde nach Vorlage einer Stellungnahme eines Sachverständigen (§ 6) erlauben, dass Restkarossen auch einer sonstigen Anlage zur weiteren Behandlung überlassen werden.

(5) Die Überlassung von Altfahrzeugen nach den Absätzen 1 bis 3 ist von der nach § 2 Abs. 1 Nr. 1 der Nachweisverordnung bestimmten Nachweispflicht ausgenommen.

**§ 5 Entsorgungspflichten.** (1) ¹Die Wirtschaftsbeteiligten stellen sicher, dass bezogen auf das durchschnittliche Fahrzeugleergewicht aller pro Jahr überlassenen Altfahrzeuge folgende Zielvorgaben erreicht werden:
1. spätestens ab 1. Januar 2006
    a) Wiederverwendung und Verwertung mindestens 85 Gewichtsprozent,
    b) Wiederverwendung und stoffliche Verwertung mindestens 80 Gewichtsprozent und
2. spätestens ab 1. Januar 2015
    a) Wiederverwendung und Verwertung mindestens 95 Gewichtsprozent,
    b) Wiederverwendung und stoffliche Verwertung mindestens 85 Gewichtsprozent.

²Die Hersteller von Fahrzeugen oder deren Bevollmächtigte veröffentlichen jährlich Daten über die Erreichung der Zielvorgaben nach Satz 1.

(2) ¹Betreiber von Annahmestellen, Rücknahmestellen, Demontagebetrieben, Schredderanlagen und sonstigen Anlagen zur weiteren Behandlung müssen die für sie jeweils geltenden Anforderungen des Anhangs erfüllen. ²Die in Satz 1 genannten Betreiber dürfen Altfahrzeuge oder Restkarossen nur annehmen oder behandeln, wenn die Betriebe im Sinne von § 2 Abs. 2 anerkannt sind.

(3) ¹Die Einhaltung der in Absatz 2 Satz 1 bezeichneten Anforderungen ist durch einen Sachverständigen (§ 6) zu bescheinigen. ²Die Bescheinigung darf nur erteilt werden, wenn die Anforderungen des Anhangs erfüllt werden. ³Die Bescheinigung gilt längstens für die Dauer von 18 Monaten. ⁴Die Bescheinigung ist durch den Sachverständigen zu entziehen, wenn er sich durch die mindestens jährlich durchzuführende Prüfung und Kontrolle der entsprechen-

den betriebsspezifischen Anforderungen des Anhangs davon überzeugt hat, dass die Voraussetzungen zur Erteilung der Bescheinigung auch nach einer von ihm gesetzten, drei Monate nicht überschreitenden Frist nicht erfüllt werden. ⁵Die Sätze 2 und 4 gelten nicht hinsichtlich der Erfüllung der Anforderungen nach Anhang Nummer 3.2.4.1 Abs. 3 und Nummer 4.1.2. ⁶Der Sachverständige hat die Entziehung der Bescheinigung sowie die Nichterfüllung der Anforderungen nach Anhang Nummer 3.2.4.1 Abs. 3 oder Nummer 4.1.2 unverzüglich der für den Betrieb zuständigen Überwachungsbehörde mitzuteilen. ⁷Bei Annahmestellen und Rücknahmestellen, die Kfz-Werkstätten sind, erfolgt die Bescheinigung durch die jeweils zuständige Kraftfahrzeug-Innung. ⁸Die Sätze 2 bis 6 gelten entsprechend für Kraftfahrzeug-Innungen. ⁹Bei der Überprüfung der Anforderungen sind Ergebnisse von Prüfungen zu berücksichtigen, die

1. durch einen unabhängigen Umweltgutachter oder eine Umweltgutachterorganisation gemäß Artikel 4 Abs. 3 der Verordnung (EWG) Nr. 1836/93 des Rates vom 29. Juni 1993 über die freiwillige Beteiligung gewerblicher Unternehmen an einem Gemeinschaftssystem für das Umweltmanagement und die Umweltbetriebsprüfung (ABl. EG Nr. L 168 S. 1) oder gemäß Artikel 3 Abs. 2 Buchstabe d und Abs. 3 Buchstabe a der Verordnung (EG) Nr. 761/2001 des Europäischen Parlaments und des Rates über die freiwillige Beteiligung von Organisationen an einem Gemeinschaftssystem für das Umweltmanagement und die Umweltbetriebsprüfung (ABl. EG Nr. L 114 S. 1),

2. durch eine nach DIN EN 45012 akkreditierte Stelle im Rahmen der Zertifizierung eines Qualitätsmanagements nach DIN EN ISO 9001 oder 9004 oder

3. auf Grund wasserrechtlicher Vorschriften durch Sachverständige im Rahmen der Überprüfung von Anlagen im Sinne von § 62 Absatz 1 des Wasserhaushaltsgesetzes[1)] vorgenommen worden sind.

(4) Absatz 3 Satz 1 bis 6 gilt bei der Anerkennung gemäß § 2 Abs. 2 Nr. 2 entsprechend.

(5) Das Bundesministerium für Umwelt, Naturschutz und nukleare Sicherheit kann im Einvernehmen mit dem Bundesministerium für Wirtschaft und Energie Empfehlungen zur einheitlichen Durchführung der Überprüfung bekannt geben.

**§ 6 Sachverständige.** Bescheinigungen nach § 5 Absatz 3 Satz 1 darf nur erteilen, wer

1. nach § 36 der Gewerbeordnung öffentlich bestellt ist,
2. als Umweltgutachter oder Umweltgutachterorganisation auf Grund einer Zulassung nach den §§ 9 und 10 oder nach Maßgabe des § 18 des Umweltauditgesetzes[2)] in der Fassung der Bekanntmachung vom 4. September 2002 (BGBl. I S. 3490), das zuletzt durch Artikel 10 des Gesetzes vom 11. August 2010 (BGBl. I S. 1163) geändert worden ist, in der jeweils geltenden Fassung, in dem Bereich tätig werden darf, der näher bestimmt wird durch Anhang I Abschnitt E Gruppe 38.3 der Verordnung (EG)

---

[1)] Nr. **4.1**.
[2)] Nr. **2.8**.

Altfahrzeug-Verordnung § 7 AltfahrzeugV 5.1.5

Nr. 1893/2006 des Europäischen Parlaments und des Rates vom 20. Dezember 2006 zur Aufstellung der statistischen Systematik der Wirtschaftszweige NACE Revision 2 und zur Änderung der Verordnung (EWG) Nr. 3037/90 des Rates sowie einiger Verordnungen der EG über bestimmte Bereiche der Statistik (ABl. L 393 vom 30.12.2006, S. 1), die zuletzt durch Verordnung (EG) Nr. 295/2008 (ABl. L 97 vom 9.4.2008, S. 13) geändert worden ist, in der jeweils geltenden Fassung, oder

3. in einem anderen Mitgliedstaat der Europäischen Union oder in einem anderen Vertragsstaat des Abkommens über den Europäischen Wirtschaftsraum niedergelassen ist, seine Tätigkeit im Inland nur vorübergehend und gelegentlich ausüben will und seine Berufsqualifikation vor Aufnahme der Tätigkeit entsprechend den §§ 13a und 13b der Gewerbeordnung hat nachprüfen lassen; Verfahren nach dieser Nummer können über eine einheitliche Stelle abgewickelt werden.

**§ 7 Mitteilungspflichten.** (1) [1]Die Betreiber von Annahmestellen, Rücknahmestellen, Demontagebetrieben, Schredderanlagen und sonstigen Anlagen zur weiteren Behandlung haben die jeweils gültige Bescheinigung nach § 5 Abs. 3 Satz 1 einschließlich der Prüfberichts oder das jeweils gültige Überwachungszertifikat einer technischen Überwachungsorganisation oder einer Entsorgergemeinschaft einschließlich des Prüfberichts sowie die gemäß § 28 Absatz 1 der Nachweisverordnung vom 20. Oktober 2006 (BGBl. I S. 2298), die zuletzt durch Artikel 5 Absatz 5 des Gesetzes vom 23. Oktober 2020 (BGBl. I S. 2232) geändert worden ist, erteilte Bescheinigung der für die Überwachung des jeweiligen Betriebs zuständigen Behörde unverzüglich vorzulegen. [2]Sind Annahmestellen oder Rücknahmestellen Kraftfahrzeugwerkstätten, legt die jeweils zuständige Kraftfahrzeug-Innung die Bescheinigung einschließlich des Prüfberichts der für die Überwachung des Betriebs zuständigen Behörde vor.

(2) [1]Die nach § 6 für die Zulassung von Sachverständigen und Sachverständigenorganisationen zuständigen Stellen geben die von ihnen erteilten Zulassungen und Änderungen von Zulassungen der in § 32 Abs. 2 des Umweltauditgesetzes[1)] bezeichneten gemeinsamen Stelle unverzüglich bekannt. [2]Die gemeinsame Stelle erstellt aus diesen Angaben regelmäßig zu aktualisierende Listen und gibt diese in geeigneter Weise öffentlich bekannt.

(2a) [1]Die Sachverständigen nach § 6 haben einer von den Ländern einzurichtenden gemeinsamen Stelle für die von ihnen anerkannten Demontagebetriebe, Schredderanlagen und sonstigen Anlagen zur weiteren Behandlung unverzüglich eine Durchschrift der von ihnen erteilten Bescheinigung oder des Entzugs der von ihnen erteilten Bescheinigung zu übermitteln. [2]Diese muss mindestens folgende Angaben enthalten:

1. Name und Anschrift der Firma,
2. Anschrift des anerkannten Betriebs oder Betriebsteils,
3. Betriebsnummer nach § 28 Absatz 1 der Nachweisverordnung für die in Nummer 2 bezeichnete Betriebe oder Betriebsteile,
4. Kommunikationseinrichtungen,
5. Ansprechpartner,

---

[1)] Nr. **2.8**.

6. zuständige Genehmigungsbehörde,
7. Datum der Ausstellung und des Ablaufs der Bescheinigung.

³Bei Demontagebetrieben, die von einem oder mehreren Herstellern oder deren Bevollmächtigten für die unentgeltliche Rücknahme von Altfahrzeugen bestimmt worden sind, sind zusätzlich die Hersteller oder deren Bevollmächtigte anzugeben, die den Demontagebetrieb hierzu bestimmt haben. ⁴Die Anforderungen nach den Sätzen 1 bis 3 gelten auch für Sachverständige, technische Überwachungsorganisationen oder Entsorgergemeinschaften, die die in Satz 1 genannten Betriebe als Entsorgungsfachbetriebe anerkennen. ⁵Die in Satz 1 genannte Stelle erstellt nach den Angaben aus Satz 2 Nr. 1 bis 5 und Satz 3 regelmäßig zu aktualisierende Listen und gibt diese in geeigneter Weise öffentlich bekannt.

(3) ¹Der Sachverständige (§ 6) teilt der für die Überwachung des jeweiligen Betriebs zuständigen Behörde mindestens 14 Tage vor der Überprüfung zur Erteilung der Bescheinigung nach § 5 Abs. 3 den Überprüfungstermin mit. ²Satz 1 gilt entsprechend bei Betrieben gemäß § 2 Abs. 2 Nr. 2.

**§ 8 Abfallvermeidung.** (1) Zur Förderung der Abfallvermeidung sind
1. die Verwendung gefährlicher Stoffe in Fahrzeugen zu begrenzen und bereits ab der Konzeptentwicklung von Fahrzeugen so weit wie möglich zu reduzieren, insbesondere um ihrer Freisetzung in die Umwelt vorzubeugen, die stoffliche Verwertung zu erleichtern und die Notwendigkeit der Beseitigung gefährlicher Abfälle zu vermeiden,
2. bei der Konstruktion und Produktion von neuen Fahrzeugen der Demontage, Wiederverwendung und Verwertung, insbesondere der stofflichen Verwertung von Altfahrzeugen, ihren Bauteilen und Werkstoffen umfassend Rechnung zu tragen,
3. bei der Herstellung von Fahrzeugen und anderen Produkten verstärkt Recyclingmaterial zu verwenden.

(2) ¹Werkstoffe und Bauteile von Fahrzeugen, die nach dem 1. Juli 2003 in Verkehr gebracht werden, dürfen kein Blei, Quecksilber, Kadmium oder sechswertiges Chrom enthalten. ²Satz 1 gilt nicht in den in Anhang II der Richtlinie 2000/53/EG des Europäischen Parlaments und des Rates vom 18. September 2000 über Altfahrzeuge (ABl. EG Nr. L 269 S. 34) in der jeweils geltenden Fassung genannten Fällen unter den dort genannten Bedingungen, wobei die Entscheidung 2005/438/EG der Kommission in der jeweils geltenden Fassung zu beachten ist.

**§ 9 Kennzeichnungsnormen und Demontageinformationen.** (1) Die Hersteller von Fahrzeugen sind verpflichtet, in Absprache mit der Werkstoff- und Zulieferindustrie Kennzeichnungsnormen für Bauteile und Werkstoffe nach Festlegung durch die Europäische Kommission gemäß Artikel 8 Abs. 2 der Richtlinie 2000/53/EG des Europäischen Parlaments und des Rates vom 18. September 2000 über Altfahrzeuge (ABl. EG Nr. L 269 S. 34) zu verwenden, um insbesondere die Identifizierung derjenigen Bauteile und Werkstoffe zu erleichtern, die wiederverwendet oder verwertet werden können.

(2) ¹Die Hersteller von Fahrzeugen oder ihre Bevollmächtigten sind verpflichtet, für jeden in Verkehr gebrachten neuen Fahrzeugtyp binnen sechs Monaten nach Inverkehrbringen den anerkannten Demontagebetrieben De-

montageinformationen bereitzustellen. ²In diesen Informationen sind insbesondere im Hinblick auf die Erreichung der Ziele gemäß § 5 die einzelnen Fahrzeugbauteile und -werkstoffe sowie die Stellen aufzuführen, an denen sich gefährliche Stoffe im Fahrzeug befinden, soweit dies für die Demontagebetriebe zur Einhaltung der Anforderungen nach dieser Verordnung erforderlich ist.

(3) Unbeschadet der Wahrung der Geschäfts- und Betriebsgeheimnisse sind die Hersteller von Fahrzeugbauteilen verpflichtet, den anerkannten Demontagebetrieben auf Anforderung angemessene Informationen zur Demontage, Lagerung und Prüfung von wiederverwendbaren Teilen zur Verfügung zu stellen.

**§ 10 Informationspflichten.** (1) ¹Die Hersteller von Fahrzeugen oder deren Bevollmächtigte sind verpflichtet, in Zusammenarbeit mit den jeweiligen Wirtschaftsbeteiligten in geeigneter Weise Informationen zu veröffentlichen über

1. die verwertungs- und recyclinggerechte Konstruktion von Fahrzeugen und ihren Bauteilen;
2. die umweltverträgliche Behandlung von Altfahrzeugen, insbesondere die Entfernung aller Flüssigkeiten und die Demontage;
3. die Entwicklung und Optimierung von Möglichkeiten zur Wiederverwendung und zur stofflichen oder sonstigen Verwertung von Altfahrzeugen und ihren Bauteilen;
4. die bei stofflichen und sonstigen Verwertung erzielten Fortschritte zur Verringerung des zu entsorgenden Abfalls und zur Erhöhung der Rate der stofflichen und sonstigen Verwertung.

²Die jeweiligen Wirtschaftsbeteiligten sind verpflichtet, den Herstellern oder deren Bevollmächtigten die entsprechenden Informationen zu den Nummern 2 bis 4 zur Verfügung zu stellen.

(2) ¹Der Hersteller von Fahrzeugen oder dessen Bevollmächtigter hat diese Informationen den potenziellen Fahrzeugkäufern zugänglich zu machen. ²Die Informationen sind in die Werbeschriften für das neue Fahrzeug aufzunehmen.

**§ 10a Bevollmächtigung.** ¹Hersteller von Fahrzeugen, die keine Niederlassung im Geltungsbereich dieser Verordnung haben, können einen Bevollmächtigten mit der Wahrnehmung ihrer Pflichten nach § 3 Absatz 1, 3 und 5, § 5 Absatz 1 Satz 2, § 9 Absatz 2 und § 10 beauftragen. ²Die Aufgabenerfüllung durch den Bevollmächtigten erfolgt im eigenen Namen. ³Jeder Hersteller darf nur einen Bevollmächtigten beauftragen. Die Beauftragung nach Satz 1 hat schriftlich und in deutscher Sprache zu erfolgen.

**§ 11 Ordnungswidrigkeiten.** (1) Ordnungswidrig im Sinne des § 69 Absatz 1 Nummer 8 des Kreislaufwirtschaftsgesetzes[1)] handelt, wer vorsätzlich oder fahrlässig

1. entgegen § 3 Absatz 1 Satz 1, auch in Verbindung mit Satz 2, oder entgegen § 3 Absatz 1 Satz 3 ein Altfahrzeug nicht, nicht richtig oder nicht vollständig zurücknimmt,
2. *(aufgehoben)*

---

[1)] Nr. **5.1**.

### 5.1.5 AltfahrzeugV § 11

3. entgegen § 3 Absatz 6 Satz 1 nicht sicherstellt, dass Altteile aus Kraftfahrzeugreparaturen zurückgenommen werden,
4. entgegen § 4 Absatz 1, 3 oder Absatz 4 Satz 1 ein Fahrzeug, ein Altfahrzeug oder eine Restkarosse überlässt,
5. entgegen § 4 Absatz 2 Satz 5 ein Altfahrzeug einer anderen als der dort genannten Verwertung zuführt,
6. entgegen § 5 Absatz 2 Satz 1 in Verbindung mit Anhang Nummer 2.1.2 Satz 1 ein Altfahrzeug behandelt,
7. entgegen § 5 Absatz 2 Satz 1 in Verbindung mit Anhang Nummer 3.2.2.1 Satz 1 eine Batterie nicht oder nicht rechtzeitig entnimmt, einen Flüssiggastank nicht oder nicht rechtzeitig behandelt oder ein Bauteil nicht oder nicht rechtzeitig demontiert oder nicht oder nicht rechtzeitig entsorgen lässt und nicht oder nicht rechtzeitig unschädlich macht,
8. entgegen § 5 Absatz 2 Satz 1 in Verbindung mit Anhang Nummer 3.2.2.1 Satz 2 eine dort genannte Betriebsflüssigkeit oder ein dort genanntes Betriebsmittel nicht oder nicht rechtzeitig entfernt oder nicht, nicht in der vorgeschriebenen Weise oder nicht rechtzeitig sammelt,
9. entgegen § 5 Absatz 2 Satz 1 in Verbindung mit Anhang Nummer 3.2.3.2 Satz 1 dort genannte Stoffe, Materialien oder Bauteile nicht oder nicht rechtzeitig entfernt,
10. entgegen § 5 Absatz 2 Satz 1 in Verbindung mit Anhang Nummer 3.2.3.3 Satz 1 dort genannte Stoffe, Materialien oder Bauteile nicht oder nicht rechtzeitig abbaut und nicht oder nicht rechtzeitig ausbaut oder nicht oder nicht rechtzeitig der Wiederverwendung oder stofflichen Verwertung zuführt,
11. entgegen § 5 Absatz 2 Satz 1 in Verbindung mit Anhang Nummer 3.2.4.1 Satz 6 dort genannte Materialien, Bauteile oder Betriebsflüssigkeiten der Wiederverwendung oder der stofflichen Verwertung nicht oder nicht rechtzeitig zuführt,
12. entgegen § 5 Absatz 2 Satz 1 in Verbindung mit Anhang Nummer 4.1.1 Satz 3 eine Restkarosse annimmt oder schreddert,
13. entgegen § 5 Absatz 2 Satz 1 in Verbindung mit Anhang Nummer 4.1.2 Satz 1 die dort genannten Gewichtsprozente der Verwertung oder der stofflichen Verwertung nicht zuführt,
14. entgegen § 5 Absatz 2 Satz 2 ein Altfahrzeug oder eine Restkarosse annimmt oder behandelt oder
15. entgegen § 8 Absatz 2 Satz 1 Werkstoffe oder Bauteile in den Verkehr bringt.

(2) Ordnungswidrig im Sinne des § 69 Absatz 2 Nummer 15 des Kreislaufwirtschaftsgesetzes handelt, wer vorsätzlich oder fahrlässig

1. entgegen § 4 Absatz 2 Satz 1 die Überlassung nicht, nicht richtig, nicht vollständig oder nicht rechtzeitig bescheinigt,
2. entgegen § 4 Absatz 2 Satz 3 einen Verwertungsnachweis ausstellt,
3. entgegen § 4 Absatz 2 Satz 4 eine Annahmestelle oder eine Rücknahmestelle beauftragt,
4. entgegen § 5 Absatz 2 Satz 1 in Verbindung mit Anhang Nummer 3.2.4.1 Satz 6 oder Nummer 4.1.2 Satz 1 nicht belegt, dass der entsprechende Anteil verwertet wurde,

5. entgegen § 6 eine Bescheinigung erteilt oder

6. entgegen § 7 Absatz 1 eine Bescheinigung oder ein Überwachungszertifikat nicht, nicht richtig, nicht vollständig oder nicht rechtzeitig vorlegt.

**§ 12 Übergangsvorschriften.** (1) § 5 Absatz 1 Satz 2 gilt erstmals für die Daten des Kalenderjahres 2019.

(2) Bescheinigungen nach § 5 Abs. 3 Satz 1, die bei Inkrafttreten der Verordnung rechtmäßig erteilt waren, gelten bis zu ihrem Ablauf fort.

(3) [1] Sachverständige und Sachverständigenorganisationen, die aufgrund von § 6 nicht mehr über die erforderliche Zulassung verfügen und deren Befähigung zur Erteilung der Bescheinigungen nach § 5 Abs. 3 Satz 1 vor Inkrafttreten dieser Verordnung rechtmäßig festgestellt war, dürfen noch bis zum Ablauf von zwei Monaten nach Inkrafttreten der Verordnung Bescheinigungen erteilen. [2] Diese müssen mit einer Geltungsdauer von längstens sechs Monaten befristet werden.

**Anhang. Anforderungen an die Annahme und Rücknahme von Altfahrzeugen, an die ordnungsgemäße und schadlose Verwertung von Altfahrzeugen und Restkarossen sowie an die ordnungsgemäße und schadlose Entsorgung der dabei anfallenden Abfälle**

*(Hier nicht wiedergegeben.)*

## 5.1.7. Altölverordnung (AltölV)[1)2)]

In der Fassung der Bekanntmachung vom 16. April 2002[3)]

(BGBl. I S. 1368)

**FNA 2129-17**

zuletzt geänd. durch Art. 1 Zweite VO zur Änd. abfallrechtlicher Bestimmungen zur Altölentsorgung v. 5.10.2020 (BGBl. I S. 2091)

### Erster Abschnitt. Allgemeine Bestimmungen

**§ 1 Anwendungsbereich.** (1) Diese Verordnung gilt für

1. die stoffliche Verwertung,
2. die energetische Verwertung und
3. die Beseitigung

von Altöl.

(2) Diese Verordnung gilt für

1. Erzeuger, Besitzer, Sammler und Beförderer von Altöl,
2. Betreiber von Altölentsorgungsanlagen und
3. öffentlich-rechtliche Entsorgungsträger.

(3) Diese Verordnung gilt nicht für PCB/PCT-haltiges Altöl, das zugleich PCB nach § 1 Absatz 2 Nummer 2 der PCB/PCT-Abfallverordnung ist und nach den Vorschriften dieser Verordnung zu beseitigen ist.

**§ 1a Definitionen.** (1) Altöle im Sinne dieser Verordnung sind Öle, die als Abfall anfallen und die ganz oder teilweise aus Mineralöl, synthetischem oder biogenem Öl bestehen.

(2) Aufbereitung ist jedes Verfahren, bei dem Basisöle durch Raffinationsverfahren aus Altölen erzeugt werden und bei denen insbesondere die Abtrennung der Schadstoffe, der Oxidationsprodukte und der Zusätze in diesen Ölen erfolgt.

---

[1)] **Amtl. Anm.:** Diese Verordnung dient der Umsetzung der Richtlinie 75/439/EWG des Rates vom 16. Juni 1975 über die Altölbeseitigung (ABl. EG Nr. L 194 S. 31), geändert durch die Richtlinie 87/101/EWG des Rates vom 22. Dezember 1986 zur Änderung der Richtlinie 75/439/EWG über die Altölbeseitigung (ABl. EG Nr. L 42 S. 43) und durch die Richtlinie 91/692/EWG des Rates vom 23. Dezember 1991 zur Vereinheitlichung und zweckmäßigen Gestaltung der Berichte über die Durchführung bestimmter Umweltschutzrichtlinien (ABl. EG Nr. L 377 S. 48).

Die Verpflichtungen aus der Richtlinie 98/34/EG des Europäischen Parlaments und des Rates vom 22. Juni 1998 über ein Informationsverfahren auf dem Gebiet der Normen und technischen Vorschriften (ABl. EG Nr. L 204 S. 37), zuletzt geändert durch die Richtlinie 98/48/EG des Europäischen Parlaments und des Rates vom 20. Juli 1998 zur Änderung der Richtlinie 98/34/EG über ein Informationsverfahren auf dem Gebiet der Normen und technischen Vorschriften (ABl. EG Nr. L 217 S. 18), sind beachtet worden.

[2)] Die VO wurde erlassen auf Grund von § 6 Abs. 1 Satz 4, § 7 Abs. 1 Nr. 2, 3 und 5 und Abs. 3, § 12 Abs. 1, § 41 Abs. 3 Nr. 1, § 48, § 64 sowie § 7 Abs. 1 Nr. 1 und 4, § 23 Nr. 5, § 24 Abs. 1 und 2 Nr. 1 und 3 und des § 57 jeweils iVm § 59 Satz 1 KrW-/AbfG v. 27.9.1994 (BGBl. I S. 2705), zuletzt geänd. durch G v. 17.8.2012 (BGBl. I S. 1726), § 17 Abs. 1 Nr. 1 Buchst. a bis c sowie Abs. 3 und 5 ChemG (Nr. **9.1**) und § 7 Abs. 1, § 23 Abs. 1, § 34 Abs. 1, § 35 Abs. 1 und § 37 BImschG (Nr. **6.1**).

[3)] Neubekanntmachung der AltölV v. 27.10.1987 (BGBl. I S. 2335) in der ab 1.5.2002 geltenden Fassung.

Altölverordnung §§ 2–4 AltölV 5.1.7

(3) Basisöle sind unlegierte Grundöle zur Herstellung der folgenden nach Sortengruppen spezifizierten Erzeugnisse:

| | |
|---|---|
| Sortengruppe 01 | Motorenöle |
| Sortengruppe 02 | Getriebeöle |
| Sortengruppe 03 | Hydrauliköle |
| Sortengruppe 04 | Turbinenöle |
| Sortengruppe 05 | Elektroisolieröle |
| Sortengruppe 06 | Kompressorenöle |
| Sortengruppe 07 | Maschinenöle |
| Sortengruppe 08 | Andere Industrieöle, nicht für Schmierzwecke |
| Sortengruppe 09 | Prozessöle |
| Sortengruppe 10 | Metallbearbeitungsöle |
| Sortengruppe 11 | Schmierfette. |

(4) PCB im Sinne dieser Verordnung sind die in § 1 Absatz 2 Nummer 1 der PCB/PCT-Abfallverordnung bezeichneten Stoffe.

**§ 2 Vorrang der Aufbereitung.** (1) [1] Die stoffliche Verwertung von Altölen hat Vorrang vor der energetischen Verwertung und der Beseitigung, soweit dies technisch möglich und wirtschaftlich zumutbar ist. [2] Im Rahmen der stofflichen Verwertung hat die Aufbereitung Vorrang vor alternativ in Frage kommenden Recyclingverfahren nach Maßgabe von § 6 Absatz 2 des Kreislaufwirtschaftsgesetzes[1].

(2) Altöle der Sammelkategorie 1 der Anlage 1 sind zur Aufbereitung geeignet.

**§ 3 Grenzwerte.** [1] Altöle dürfen nicht stofflich verwertet werden, wenn sie mehr als 20 mg PCB/kg, ermittelt nach den in Anlage 2 Abschnitt 2 festgelegten Untersuchungsverfahren, oder mehr als 2 g Gesamthalogen/kg nach einem der in Anlage 2 Abschnitt 3 festgelegten Untersuchungsverfahren enthalten. [2] Dies gilt nicht, wenn diese Schadstoffe durch stoffliche Verwertung zerstört werden oder zumindest die Konzentration dieser Schadstoffe in den Produkten der stofflichen Verwertung unterhalb der in Satz 1 genannten Grenzwerte liegt.

**§ 4 Getrennte Entsorgung, Vermischungsverbote.** (1) Es ist verboten, Altöle im Sinne des § 1a Absatz 1 mit anderen Abfällen zu vermischen.

(2) [1] Öle auf der Basis von PCB, die insbesondere in Transformatoren, Kondensatoren und Hydraulikanlagen enthalten sein können, müssen von Besitzern, Sammlern und Beförderern getrennt gesammelt, getrennt befördert und getrennt einer Entsorgung zugeführt werden. [2] Die zuständige Behörde kann Ausnahmen von Satz 1 zulassen, wenn eine Getrenntsammlung an der Anfallstelle aus betriebstechnischen Gründen nur mit einem unverhältnismäßig hohen Aufwand durchführbar ist und eine Entsorgung in einer dafür nach § 4 des Bundes-Immissionsschutzgesetzes[2] zugelassenen Anlage vom Altölbesitzer nachgewiesen wird.

---
[1] Nr. **5.1**.
[2] Nr. **6.1**.

(3) Altöle unterschiedlicher Sammelkategorien nach Anlage 1 dürfen nicht untereinander gemischt werden.

(4) In nach § 4 des Bundes-Immissionsschutzgesetzes zugelassenen Anlagen zur stofflichen und energetischen Verwertung oder sonstigen Entsorgung von Altölen oder Abfällen gelten die Verbote nach den Absätzen 1 bis 3 nicht, soweit eine Getrenntsammlung der Altöle zur Einhaltung der Pflicht zur ordnungsgemäßen und schadlosen Verwertung sowie zur vorrangigen Aufbereitung der Altöle nicht erforderlich und eine Vermischung der Altöle in der Zulassung der Entsorgungsanlage vorgesehen ist.

(5) [1] Das Verbot nach Absatz 3 gilt nicht für Erzeuger, Besitzer, Sammler oder Beförderer von Altölen der Sammelkategorien 2 bis 4 nach Anlage 1, soweit eine Getrenntsammlung der Altöle nicht erforderlich ist, die Entsorgung der Altöle in einer Entsorgungsanlage erfolgt, in deren Zulassung eine Vermischung der Altöle nach Absatz 4 vorgesehen ist und die ordnungsgemäße Entsorgung der vermischten Altöle durch einen Entsorgungsnachweis oder Sammelentsorgungsnachweis nach den Bestimmungen der Nachweisverordnung bestätigt worden ist. [2] Satz 1 gilt für die Erzeuger, Besitzer oder Beförderer von Altölen entsprechend, soweit die Entsorgung vermischter Altöle in der Anlage eines Altölentsorgers erfolgt, der nach § 7 Absatz 1 Nummer 1, 2 oder 3 der Nachweisverordnung von der Bestätigungspflicht freigestellt ist. [3] Die Bestätigung nach § 5 oder § 9 Absatz 3 in Verbindung mit § 5 oder die Freistellung nach § 7 Absatz 1 Nummer 2 sowie die Annahmeerklärung nach § 3 Absatz 3, auch in Verbindung mit § 7 Absatz 4 Satz 1 und § 9 Absatz 3 Satz 2 der Nachweisverordnung für die Entsorgung gemischter Altöle, darf nur unter Beachtung der Absätze 1 und 2 sowie des Absatzes 2 Satz 2 und Absatz 4 erteilt werden.

(6) Abweichend von Absatz 3 sind Altöle der Sammelkategorien 1 bis 4 nach Anlage 1 von Erzeugern, Sammlern, Beförderern und Entsorgern nach Abfallschlüsseln getrennt zu sammeln, soweit dies in der Genehmigung nach § 4 Absatz 1 des Bundes-Immissionsschutzgesetzes für die Altölentsorgungsanlage oder in der Bestätigung des Entsorgungsnachweises nach § 5 Absatz 1 Satz 1 oder in der Bestätigung des Sammelentsorgungsnachweises nach § 9 Absatz 3 in Verbindung mit § 5 Absatz 1 Satz 1 oder der Freistellung nach § 7 Absatz 1 Nummer 2 der Nachweisverordnung angeordnet ist.

(7) § 30 der Nachweisverordnung findet entsprechende Anwendung.

## § 5 Entnahme, Untersuchung und Aufbewahrung von Proben.

(1) [1] Unternehmen der Altölsammlung haben bei der Übernahme von Altölen der Sammelkategorien 1 und 2 eine Probe zu entnehmen. [2] Je eine Teilmenge dieser Probe (Rückstellprobe) ist von der Anfallstelle und vom Unternehmen der Altölsammlung aufzubewahren, bis die nach Absatz 2 vorgeschriebene Untersuchung durchgeführt worden ist und feststeht, dass die Altöle ordnungsgemäß entsorgt werden können.

(2) [1] Wer Altöle stofflich oder energetisch verwertet, muss die Gehalte an PCB und Gesamthalogen in diesen Abfällen untersuchen oder untersuchen lassen. [2] Nimmt der Betreiber einer Altölentsorgungsanlage die Untersuchung nicht selbst vor, ist sie von einer notifizierten Untersuchungsstelle durchzuführen. [3] Grundlage für diese Notifizierung ist eine Akkreditierung nach DIN EN ISO 17025. [4] Nimmt der Betreiber einer Altölentsorgungsanlage die Untersuchung selbst vor, ohne regelmäßig mit Erfolg an Ringversuchen teilzuneh-

men, kann die zuständige Behörde die Untersuchung durch eine bestimmte Untersuchungsstelle vorschreiben.

(3) ¹Aus den zu untersuchenden Altölen ist eine Probe zu entnehmen. ²Eine Teilmenge dieser Probe (Rückstellprobe) ist von dem nach Absatz 2 Untersuchungspflichtigen drei Jahre aufzubewahren. ³Die Entnahme, Untersuchung und Aufbewahrung von Proben zur Überwachung der in § 3 festgesetzten Grenzwerte erfolgt nach dem in Anlage 2 beschriebenen Verfahren.

(4) ¹Ergibt die Untersuchung nach Absatz 2, dass die Grenzwerte nach § 3 Satz 1 überschritten sind, hat der nach Absatz 2 Satz 1 Untersuchungspflichtige die für das Unternehmen des Altölsammlers zuständige Behörde unverzüglich zu unterrichten. ²Die nach Absatz 1 Satz 2 und Absatz 3 Satz 2 zur Aufbewahrung von Rückstellproben Verpflichteten haben die Rückstellproben der zuständigen Behörde auf Verlangen zu überlassen.

**§ 6 Ergänzende Erklärungen zur Nachweisführung.** (1) ¹Wer Altöle
1. als Altölsammler zum Zwecke der stofflichen oder energetischen Verwertung abgibt oder
2. gewerbsmäßig, im Rahmen wirtschaftlicher Unternehmen oder als öffentliche Einrichtung an Unternehmen der Altölsammlung zum Zwecke der stofflichen oder energetischen Verwertung abgibt,

hat gleichzeitig mit der Abgabe oder vor der Verbringung eine Erklärung nach dem in Anlage 3 enthaltenen Muster abzugeben. ²Die Vorschriften der Nachweisverordnung bleiben unberührt.

(2) Wer Altöle nach § 5 Absatz 2 Satz 1 untersuchen muss, hat die ermittelten Gehalte an PCB und Gesamthalogen ergänzend in die Erklärung nach Anlage 3 einzutragen, auch soweit er nicht nach Absatz 1 verpflichtet ist.

(3) Je eine Ausfertigung der Erklärung ist von dem nach Absatz 1 Satz 1 Verpflichteten und dem Unternehmen, welches das Altöl übernimmt, drei Jahre aufzubewahren.

(4) ¹Der nach Absatz 1 Nummer 1 zur Erklärung Verpflichtete kann die Erklärung nach Absatz 1 statt in Anlage 3 im Formblatt Deklarationsanalyse des Entsorgungsnachweises eintragen. ²Der nach Absatz 1 Nummer 2 zur Erklärung Verpflichtete kann die Erklärung nach Absatz 1 statt in Anlage 3 in den Übernahmescheinen nach § 12 der Nachweisverordnung im Feld „Frei für Vermerke" eintragen.

(5) Der nach Absatz 2 zur Untersuchung Verpflichtete kann die ermittelten Gehalte an PCB und Gesamthalogen statt in Anlage 3 auf den Begleitscheinen nach § 10 der Nachweisverordnung im Feld „Frei für Vermerke" eintragen.

(6) Für die Abgabe der ergänzenden Erklärungen zur Nachweisführung nach Absatz 4 Satz 1 und 2 und Absatz 5 finden die Bestimmungen der Nachweisverordnung zur elektronischen Führung von Nachweisen entsprechende Anwendung, einschließlich des § 30 der Nachweisverordnung.

## Zweiter Abschnitt. Anforderungen an die Abgabe von Verbrennungsmotoren- oder Getriebeölen

**§ 7 Kennzeichnung der Gebinde.** Verbrennungsmotoren- oder Getriebeöle dürfen in Gebinden nur in Verkehr gebracht werden, wenn sie durch Aufdruck oder Aufkleber folgendermaßen gekennzeichnet sind: „Dieses Öl gehört nach Gebrauch in eine Altölannahmestelle! Unsachgemäße Beseitigung von Altöl gefährdet die Umwelt! Jede Beimischung von Fremdstoffen wie Lösemitteln, Benzin, Brems- und Kühlflüssigkeiten ist verboten."

**§ 8 Altölannahmestelle bei Abgabe an Endverbraucher.** (1) [1] Wer gewerbsmäßig Verbrennungsmotoren- oder Getriebeöl an Endverbraucher abgibt, hat vor einer Abgabe eine Annahmestelle nach Absatz 2 für solche gebrauchten Öle einzurichten oder eine solche durch entsprechende vertragliche Vereinbarung nachzuweisen. [2] Bei der Abgabe an private Endverbraucher ist durch leicht erkennbare und lesbare Schrifttafeln am Ort des Verkaufs auf die Annahmestelle nach Absatz 2 hinzuweisen.

(2) [1] Die Annahmestelle muss gebrauchte Verbrennungsmotoren- oder Getriebeöle bis zur Menge der im Einzelfall abgegebenen Verbrennungsmotoren- und Getriebeöle kostenlos annehmen. [2] Sie muss über eine Einrichtung verfügen, die es ermöglicht, den Ölwechsel fachgerecht durchzuführen.

(3) Befindet sich die Annahmestelle nicht am Verkaufsort, so muss sie in einem solchen räumlichen Zusammenhang zum Verkaufsort stehen, dass ihre Inanspruchnahme für den Käufer zumutbar ist.

(4) Die Absätze 1 bis 2 gelten sinngemäß auch für Ölfilter und beim Ölwechsel regelmäßig anfallende ölhaltige Abfälle.

(5) Die Absätze 1 bis 4 gelten entsprechend, wenn für den gewerbsmäßigen Verkauf von Verbrennungsmotoren- und Getriebeölen an Endverbraucher Fernkommunikationsmittel verwendet werden.

**§ 9 Ausnahmen für gewerbliche Endverbraucher, Schifffahrt.** (1) [1] Soweit gewerbliche oder sonstige wirtschaftliche Unternehmen oder öffentliche Einrichtungen Verbrennungsmotoren- oder Getriebeöle unmittelbar beim Hersteller oder Mineralölhandel erwerben, muss die Annahmestelle nicht am Verkaufsort oder in dessen Nähe eingerichtet oder nachgewiesen werden. [2] Der Verkäufer kann sich zur Erfüllung seiner Annahmeverpflichtung Dritter bedienen.

(2) Für den Bereich der Binnenschifffahrt und der Seeschifffahrt gilt die Annahmeverpflichtung des Verkäufers als erfüllt, wenn der Käufer die Einrichtungen der Bilgenentölung oder die Auffanganlagen gemäß des Internationalen Übereinkommens zur Verhütung der Meeresverschmutzung durch den Schiffsbetrieb (MARPOL) in Anspruch nimmt.

### Dritter Abschnitt. Schlussbestimmungen

**§ 10 Ordnungswidrigkeiten.** (1) Ordnungswidrig im Sinne des § 69 Absatz 1 Nummer 8 des Kreislaufwirtschaftsgesetzes[1]) handelt, wer vorsätzlich oder fahrlässig

1. entgegen § 3 Satz 1 Altöle stofflich verwertet,
2. entgegen § 4 Absatz 1 Altöle mit anderen Abfällen vermischt,
3. entgegen § 4 Absatz 2 Satz 1 dort genannte Öle nicht getrennt sammelt, nicht getrennt befördert oder nicht getrennt einer Entsorgung zuführt,
4. entgegen § 4 Absatz 3 Altöle untereinander mischt,

---

[1]) Nr. 5.1.

5. entgegen § 4 Absatz 6 Satz 1 Altöle nicht getrennt sammelt oder
6. entgegen § 8 Absatz 1 eine Annahmestelle nicht oder nicht rechtzeitig einrichtet und nicht, nicht richtig oder nicht rechtzeitig nachweist oder einen Hinweis nicht, nicht richtig oder nicht in der vorgeschriebenen Weise gibt.

(2) Ordnungswidrig im Sinne des § 69 Absatz 2 Nummer 15 des Kreislaufwirtschaftsgesetzes handelt, wer vorsätzlich oder fahrlässig

1. entgegen § 5 Absatz 4 die zuständige Behörde nicht oder nicht rechtzeitig unterrichtet oder die Rückstellprobe nicht oder nicht rechtzeitig überlässt oder
2. entgegen § 7 Verbrennungsmotorenöle oder Getriebeöle in Gebinden in den Verkehr bringt.

## § 11 *(aufgehoben)*

## §§ 12 und 13 (weggefallen)

## § 14 (Inkrafttreten)

**Anlage 1**
(zu § 2 Abs. 2 und § 4 Abs. 3 und 6)

### Zuordnung von Abfallschlüsseln zu einer Sammelkategorie

*(Hier nicht wiedergegeben.)*

**Anlage 2**
(zu § 5 Abs. 3)

### Probenahme und Untersuchung von Altöl

*(Hier nicht wiedergegeben.)*

**Anlage 3**
(zu § 6 Abs. 1 und 2)

### [Formblatt: Erklärung über die Entsorgung von Altöl ]

*(Hier nicht wiedergegeben.)*

## 5.1.8. Verordnung über das Verbot des Inverkehrbringens von bestimmten Einwegkunststoffprodukten und von Produkten aus oxo-abbaubarem Kunststoff (Einwegkunststoffverbotsverordnung – EWKVerbotsV)[1)]

Vom 20. Januar 2021

(BGBl. I S. 95)

**FNA 2129-56-8**

Auf Grund des § 24 Nummer 4 in Verbindung mit § 67 des Kreislaufwirtschaftsgesetzes[2)] vom 24. Februar 2012 (BGBl. I S. 212), von denen § 24 Nummer 4 durch Artikel 1 Nummer 18 des Gesetzes vom 23. Oktober 2020 (BGBl. I S. 2232) geändert worden ist, verordnet die Bundesregierung nach Anhörung der beteiligten Kreise unter Wahrung der Rechte des Bundestages:

**§ 1 Anwendungsbereich.** ¹Diese Verordnung gilt für das Inverkehrbringen von bestimmten Einwegkunststoffprodukten und von Produkten aus oxo-abbaubarem Kunststoff. ²Diese Verordnung gilt unabhängig davon, ob die Produkte als Verpackungen nach § 3 Absatz 1 des Verpackungsgesetzes[3)] in Verkehr gebracht werden oder nicht.

**§ 2 Begriffsbestimmungen.** Für diese Verordnung gelten die folgenden Begriffsbestimmungen:

1. Einwegkunststoffprodukt:
   ein ganz oder teilweise aus Kunststoff bestehendes Produkt, das nicht konzipiert, entwickelt und in Verkehr gebracht wird, um während seiner Lebensdauer mehrere Produktkreisläufe zu durchlaufen, indem es zur Wiederbefüllung an einen Hersteller oder Vertreiber zurückgegeben wird oder zu demselben Zweck wiederverwendet wird, zu dem es hergestellt worden ist;

2. Kunststoff:
   ein Werkstoff bestehend aus einem Polymer nach Artikel 3 Nummer 5 der Verordnung (EG) Nr. 1907/2006 des Europäischen Parlaments und des Rates vom 18. Dezember 2006 zur Registrierung, Bewertung, Zulassung und Beschränkung chemischer Stoffe (REACH), zur Schaffung einer Europäischen Chemikalienagentur, zur Änderung der Richtlinie 1999/45/EG und zur Aufhebung der Verordnung (EWG) Nr. 793/93 des Rates, der Verordnung (EG) Nr. 1488/94 der Kommission, der Richtlinie 76/769/EWG des Rates sowie der Richtlinien 91/155/EWG, 93/67/EWG, 93/105/EG und 2000/21/EG der Kommission (ABl. L 396 vom 30.12.2006, S. 1), die zuletzt durch die Verordnung (EU) 2020/507 (ABl. L 110 vom 8.4.2020, S. 1) geändert worden ist, in der jeweils geltenden Fassung, dem möglicherweise Zusatzstoffe oder andere Stoffe zugesetzt wurden und der als Hauptstruktur-

---

[1)] **Amtl. Anm.:** Diese Verordnung dient der Umsetzung der Artikel 5 und 14 der Richtlinie (EU) 2019/904 des Europäischen Parlaments und des Rates vom 5. Juni 2019 über die Verringerung der Auswirkungen bestimmter Kunststoffprodukte auf die Umwelt (ABl. L 155 vom 12.6.2019, S. 1).
[2)] Nr. **5.1**.
[3)] Nr. **5.4**.

bestandteil von Endprodukten fungieren kann; ausgenommen sind Werkstoffe aus natürlichen Polymeren, die nicht chemisch modifiziert wurden;
3. oxo-abbaubarer Kunststoff:
Kunststoff, der Zusatzstoffe enthält, die durch Oxidation einen Zerfall des Kunststoffs in Mikropartikel oder einen chemischen Abbau herbeiführen;
4. Inverkehrbringen:
die erstmalige Bereitstellung eines Produkts auf dem Markt im Geltungsbereich dieser Verordnung;
5. Bereitstellung auf dem Markt:
jede entgeltliche oder unentgeltliche Abgabe eines Produkts zum Vertrieb, zum Verbrauch oder zur Verwendung auf dem Markt im Rahmen einer Geschäftstätigkeit.

**§ 3 Beschränkungen des Inverkehrbringens.** (1) Folgende Einwegkunststoffprodukte dürfen nicht in Verkehr gebracht werden:
1. Wattestäbchen; ausgenommen sind Wattestäbchen, die dem Anwendungsbereich der Verordnung (EU) 2017/745 des Europäischen Parlaments und des Rates vom 5. April 2017 über Medizinprodukte, zur Änderung der Richtlinie 2001/83/EG, der Verordnung (EG) Nr. 178/2002 und der Verordnung (EG) Nr. 1223/2009 und zur Aufhebung der Richtlinien 90/385/EWG und 93/42/EWG des Rates (ABl. L 117 vom 5.5.2017, S. 1; L 117 vom 3.5.2019, S. 9; L 334 vom 27.12.2019, S. 165), die durch die Verordnung (EU) 2020/561 (ABl. L 130 vom 24.4.2020, S. 18) geändert worden ist, in der jeweils geltenden Fassung unterfallen,
2. Besteck, insbesondere Gabeln, Messer, Löffel und Essstäbchen,
3. Teller,
4. Trinkhalme; ausgenommen sind Trinkhalme, die der Verordnung (EU) 2017/745 unterfallen,
5. Rührstäbchen,
6. Luftballonstäbe, die zur Stabilisierung an den Luftballons befestigt werden, einschließlich der jeweiligen Halterungsmechanismen; ausgenommen sind Luftballonstäbe, einschließlich der jeweiligen Halterungsmechanismen, von Luftballons für industrielle oder gewerbliche Verwendungszwecke und Anwendungen, die nicht an Verbraucher abgegeben werden,
7. Lebensmittelbehälter aus expandiertem Polystyrol, also Behältnisse, wie Boxen mit oder ohne Deckel, für Lebensmittel, die
    a) dazu bestimmt sind, unmittelbar verzehrt zu werden, entweder vor Ort oder als Mitnahme-Gericht,
    b) in der Regel aus dem Behältnis heraus verzehrt werden und
    c) ohne weitere Zubereitung wie Kochen, Sieden oder Erhitzen verzehrt werden können;
   keine Lebensmittelbehälter in diesem Sinne sind Getränkebehälter, Getränkebecher, Teller sowie Tüten und Folienverpackungen, wie Wrappers, mit Lebensmittelinhalt,
8. Getränkebehälter aus expandiertem Polystyrol einschließlich ihrer Verschlüsse und Deckel sowie
9. Getränkebecher aus expandiertem Polystyrol einschließlich ihrer Verschlüsse und Deckel.

(2) Produkte aus oxo-abbaubarem Kunststoff dürfen nicht in Verkehr gebracht werden.

**§ 4 Ordnungswidrigkeiten.** Ordnungswidrig im Sinne des § 69 Absatz 1 Nummer 8 des Kreislaufwirtschaftsgesetzes[1] handelt, wer vorsätzlich oder fahrlässig entgegen § 3 ein Produkt in Verkehr bringt.

**§ 5 Inkrafttreten.** Diese Verordnung tritt am 3. Juli 2021 in Kraft.

---

[1] Nr. **5.1**.

## 5.2. Gesetz über das Inverkehrbringen, die Rücknahme und die umweltverträgliche Entsorgung von Elektro- und Elektronikgeräten (Elektro- und Elektronikgerätegesetz – ElektroG)[1) 2) 3) 4)]

Vom 20. Oktober 2015
(BGBl. I S. 1739)

**FNA 2129-59**

zuletzt geänd. durch Art. 23 PersonengesellschaftsrechtsmodernisierungsG (MoPeG) v. 10.8.2021 (BGBl. I S. 3436)

### Abschnitt 1. Allgemeine Vorschriften

**§ 1 Abfallwirtschaftliche Ziele.** ¹Dieses Gesetz legt Anforderungen an die Produktverantwortung nach § 23 des Kreislaufwirtschaftsgesetzes[5)] für Elektro- und Elektronikgeräte fest. ²Es bezweckt vorrangig die Vermeidung von Abfällen von Elektro- und Elektronikgeräten und darüber hinaus die Vorbereitung zur Wiederverwendung, das Recycling und andere Formen der Verwertung solcher Abfälle, um die zu beseitigende Abfallmenge zu reduzieren und dadurch die Effizienz der Ressourcennutzung zu verbessern. ³Um diese abfallwirtschaftlichen Ziele zu erreichen, soll das Gesetz das Marktverhalten der Verpflichteten regeln.

**§ 2 Anwendungsbereich.** (1) ¹Dieses Gesetz gilt für sämtliche Elektro- und Elektronikgeräte. ²Sie sind in die folgenden Kategorien unterteilt:

1. Wärmeüberträger,
2. Bildschirme, Monitore und Geräte, die Bildschirme mit einer Oberfläche von mehr als 100 Quadratzentimetern enthalten,
3. Lampen,
4. Geräte, bei denen mindestens eine der äußeren Abmessungen mehr als 50 Zentimeter beträgt (Großgeräte),
5. Geräte, bei denen keine der äußeren Abmessungen mehr als 50 Zentimeter beträgt (Kleingeräte), und

---

[1)] **Amtl. Anm. zum ArtikelG:** Dieses Gesetz dient der Umsetzung der Richtlinie 2012/19/EU des Europäischen Parlaments und des Rates vom 4. Juli 2012 über Elektro- und Elektronik-Altgeräte (ABl. L 197 vom 24.7.2012, S. 38).
[2)] **Weitere amtl. Anm. zum ArtikelG:** Notifiziert gemäß der Richtlinie 98/34/EG des Europäischen Parlaments und des Rates vom 22. Juni 1998 über ein Informationsverfahren auf dem Gebiet der Normen und technischen Vorschriften und der Vorschriften für die Dienste der Informationsgesellschaft (ABl. L 204 vom 21.7.1998, S. 37), zuletzt geändert durch Artikel 26 Absatz 2 der Verordnung (EU) Nr. 1025/2012 des Europäischen Parlaments und des Rates vom 25. Oktober 2012 (ABl. L 316 vom 14.11.2012, S. 12).
[3)] Verkündet als Art. 1 G v. 20.10.2015 (BGBl. I S. 1739); Inkrafttreten gem. Art. 7 Abs. 1 Satz 1 dieses G am 24.10.2015.
[4)] Die Änderungen durch G v. 10.8.2021 (BGBl. I S. 3436) treten erst **mWv 1.1.2024** in Kraft und sind im Text noch nicht berücksichtigt.
[5)] Nr. **5.1**.

## 5.2 ElektroG § 2  Elektro- und Elektronikgerätegesetz

6. kleine Geräte der Informations- und Telekommunikationstechnik, bei denen keine der äußeren Abmessungen mehr als 50 Zentimeter beträgt.

³Elektro- und Elektronikgeräte im Sinne des Satzes 1 sind insbesondere die in Anlage 1 aufgeführten Geräte.

(2) Dieses Gesetz gilt nicht für folgende Elektro- und Elektronikgeräte:

1. Geräte, die der Wahrung der wesentlichen Sicherheitsinteressen der Bundesrepublik Deutschland dienen, einschließlich Waffen, Munition und Wehrmaterial, die nur für militärische Zwecke bestimmt sind,
2. Geräte, die
    a) als Teil eines anderen Gerätes, das vom Geltungsbereich dieses Gesetzes ausgenommen ist oder nicht in den Geltungsbereich dieses Gesetzes fällt, in dieses eingebaut sind und
    b) ihre Funktion nur speziell als Teil dieses anderen Gerätes erfüllen können,
3. Glühlampen,
4. Ausrüstungsgegenstände für einen Einsatz im Weltraum,
5. ortsfeste industrielle Großwerkzeuge,
6. ortsfeste Großanlagen; dieses Gesetz gilt jedoch für Geräte, die nicht speziell als Teil dieser Anlagen konzipiert und darin eingebaut sind,
7. Verkehrsmittel zur Personen- und Güterbeförderung; dieses Gesetz gilt jedoch für elektrische Zweiradfahrzeuge, für die eine Typgenehmigung nicht erforderlich ist,
8. bewegliche Maschinen,
9. Geräte, die ausschließlich zu Zwecken der Forschung und Entwicklung speziell entworfen wurden und nur auf zwischenbetrieblicher Ebene bereitgestellt werden, und
10. medizinische Geräte und In-vitro-Diagnostika, bei denen jeweils zu erwarten ist, dass sie vor Ablauf ihrer Lebensdauer infektiös werden, und aktive implantierbare medizinische Geräte.

(3) ¹Soweit dieses Gesetz keine abweichenden Vorschriften enthält, sind das Kreislaufwirtschaftsgesetz[1)], mit Ausnahme von § 17 Absatz 4 und § 54, und diejenigen Rechtsverordnungen in der jeweils geltenden Fassung anzuwenden, die auf der Grundlage des Kreislaufwirtschaftsgesetzes oder des bis zum 31. Mai 2012 geltenden Kreislaufwirtschafts- und Abfallgesetzes erlassen wurden. ²Die §§ 27, 47 Absatz 1 bis 6, § 50 Absatz 3, § 59 Absatz 1 Satz 1 und Absatz 2 sowie die §§ 60, 62 und 66 des Kreislaufwirtschaftsgesetzes gelten entsprechend. ³Rechtsvorschriften, die besondere Anforderungen an die Bewirtschaftung von Altgeräten oder an die Produktkonzeption enthalten, sowie solche, die aus Gründen der Sicherheit im Zusammenhang mit der Beförderung gefährlicher Güter erlassen sind, bleiben unberührt. ⁴Die Nachweispflichten nach § 50 Absatz 1 des Kreislaufwirtschaftsgesetzes gelten nicht für die Überlassung von Altgeräten an Einrichtungen zur Erfassung und Erstbehandlung von Altgeräten. ⁵Abweichend von Satz 1 gelten § 17 Absatz 4 Satz 1 und § 54 des Kreislaufwirtschaftsgesetzes für aus Altgeräten ausgebaute Bauteile, Unterbaugruppen und Verbrauchsmaterialien.

---

[1)] Nr. **5.1**.

Elektro- und Elektronikgerätegesetz  **§ 3  ElektroG 5.2**

**§ 3 Begriffsbestimmungen.** Im Sinne dieses Gesetzes sind
1. Elektro- und Elektronikgeräte:
   Geräte, die für den Betrieb mit Wechselspannung von höchstens 1 000 Volt oder Gleichspannung von höchstens 1 500 Volt ausgelegt sind und
   a) zu ihrem ordnungsgemäßen Betrieb von elektrischen Strömen oder elektromagnetischen Feldern abhängig sind oder
   b) der Erzeugung, Übertragung und Messung von elektrischen Strömen und elektromagnetischen Feldern dienen;
2. Geräteart:
   Zusammenfassung von Geräten innerhalb einer Kategorie, die hinsichtlich der Art ihrer Nutzung oder ihrer Funktionen vergleichbare Merkmale aufweisen;
3. Altgeräte:
   Elektro- und Elektronikgeräte, die Abfall im Sinne des § 3 Absatz 1 Satz 1 des Kreislaufwirtschaftsgesetzes[1)] sind, einschließlich aller Bauteile, Unterbaugruppen und Verbrauchsmaterialien, die zum Zeitpunkt des Eintritts der Abfalleigenschaft Teil des Altgerätes sind;
4. historische Altgeräte:
   a) Altgeräte, die vor dem 13. August 2005 in Verkehr gebracht wurden,
   b) Leuchten aus privaten Haushalten und Photovoltaikmodule, die Altgeräte sind und vor dem 24. Oktober 2015 in Verkehr gebracht wurden, oder
   c) Altgeräte, die vor dem 15. August 2018 in Verkehr gebracht wurden, soweit sie vom Anwendungsbereich dieses Gesetzes in der Fassung vom 20. Oktober 2015 nicht erfasst waren;
5. Altgeräte aus privaten Haushalten:
   Altgeräte aus privaten Haushaltungen im Sinne des Kreislaufwirtschaftsgesetzes sowie Altgeräte aus sonstigen Herkunftsbereichen, soweit die Beschaffenheit und Menge der dort anfallenden Altgeräte mit der Beschaffenheit und Menge von üblicherweise in privaten Haushaltungen anfallenden Altgeräten vergleichbar ist; Elektro- und Elektronikgeräte, die potentiell sowohl von privaten Haushalten als auch von anderen Nutzern als privaten Haushalten genutzt werden, gelten, wenn sie Abfall werden, als Altgeräte aus privaten Haushalten;
6. Anbieten:
   das im Rahmen einer gewerbsmäßigen Tätigkeit auf den Abschluss eines Kaufvertrages gerichtete Präsentieren oder öffentliche Zugänglichmachen von Elektro- oder Elektronikgeräten im Geltungsbereich dieses Gesetzes; dies umfasst auch die Aufforderung, ein Angebot abzugeben;
7. Bereitstellung auf dem Markt:
   jede entgeltliche oder unentgeltliche Abgabe eines Elektro- oder Elektronikgerätes zum Vertrieb, Verbrauch oder zur Verwendung im Geltungsbereich dieses Gesetzes im Rahmen einer Geschäftstätigkeit;
8. Inverkehrbringen:
   die erstmalige Bereitstellung eines Elektro- oder Elektronikgerätes auf dem Markt im Geltungsbereich dieses Gesetzes; als Inverkehrbringen gilt auch

---

[1)] Nr. **5.1**.

die erste Wiederbereitstellung eines Elektro- oder Elektronikgerätes auf dem Markt im Geltungsbereich dieses Gesetzes, das nach der erstmaligen Bereitstellung auf dem Markt aus dem Geltungsbereich des Gesetzes ausgeführt worden war;

9. Hersteller:
jede natürliche oder juristische Person oder Personengesellschaft, die unabhängig von der Verkaufsmethode, einschließlich der Fernkommunikationsmittel im Sinne des § 312c Absatz 2 des Bürgerlichen Gesetzbuchs,

a) Elektro- oder Elektronikgeräte

aa) unter ihrem Namen oder ihrer Marke herstellt und innerhalb des Geltungsbereiches dieses Gesetzes anbietet oder

bb) konzipieren oder herstellen lässt und sie unter ihrem Namen oder ihrer Marke innerhalb des Geltungsbereiches dieses Gesetzes anbietet,

b) Elektro- oder Elektronikgeräte anderer Hersteller unter ihrem eigenen Namen oder ihrer Marke im Geltungsbereich dieses Gesetzes anbietet oder gewerbsmäßig weiterverkauft, wobei der Anbieter oder Weiterverkäufer dann nicht als Hersteller anzusehen ist, wenn der Name oder die Marke des Herstellers gemäß Buchstabe a auf dem Gerät erscheint,

c) erstmals aus einem anderen Mitgliedstaat der Europäischen Union oder aus einem Drittland stammende Elektro- oder Elektronikgeräte auf dem Markt im Geltungsbereich dieses Gesetzes anbietet oder

d) Elektro- oder Elektronikgeräte unter Verwendung von Fernkommunikationsmitteln direkt Endnutzern im Geltungsbereich dieses Gesetzes anbietet und in einem anderen Mitgliedstaat der Europäischen Union oder einem Drittland niedergelassen ist;

als Hersteller gilt zugleich auch jeder Vertreiber nach Nummer 11, der entgegen § 6 Absatz 2 Satz 2 Nummer 1 vorsätzlich oder fahrlässig neue Elektro- oder Elektronikgeräte nicht oder nicht ordnungsgemäß registrierter Hersteller oder von Herstellern, deren Bevollmächtigte nicht oder nicht ordnungsgemäß registriert sind, zum Verkauf anbietet; in diesem Fall gilt abweichend von Nummer 8 die Bereitstellung als Inverkehrbringen; Nummer 11 bleibt unberührt;

10. Bevollmächtigter:
jede im Geltungsbereich dieses Gesetzes niedergelassene natürliche oder juristische Person oder Personengesellschaft, die ein Hersteller ohne Niederlassung im Geltungsbereich dieses Gesetzes beauftragt hat, in eigenem Namen sämtliche Aufgaben wahrzunehmen, um die Herstellerpflichten nach diesem Gesetz zu erfüllen; Bevollmächtigter kann auch ein Hersteller nach Nummer 9 Buchstabe c oder ein Vertreiber nach Nummer 11, ein Betreiber eines elektronischen Marktplatzes nach Nummer 11b oder ein Fulfilment-Dienstleister nach Nummer 11c sein, sofern die Voraussetzungen nach dem ersten Halbsatz vorliegen;

11. Vertreiber:
jede natürliche oder juristische Person oder Personengesellschaft, die Elektro- oder Elektronikgeräte im Geltungsbereich dieses Gesetzes anbietet oder auf dem Markt bereitstellt;

11a. elektronischer Marktplatz:
eine Website oder jedes andere Instrument, mit dessen Hilfe Informationen über das Internet zur Verfügung gestellt werden, die oder das es Herstellern oder Vertreibern, die nicht Betreiber des elektronischen Marktplatzes sind, ermöglicht, Elektro- und Elektronikgeräte in eigenem Namen im Geltungsbereich dieses Gesetzes anzubieten oder bereitzustellen;

11b. Betreiber eines elektronischen Marktplatzes:
jede natürliche oder juristische Person oder Personengesellschaft, die einen elektronischen Marktplatz unterhält und es Dritten ermöglicht, auf diesem Marktplatz Elektro- und Elektronikgeräte im Geltungsbereich dieses Gesetzes anzubieten oder bereitzustellen;

11c. Fulfilment-Dienstleister:
jede natürliche oder juristische Person oder Personengesellschaft, die im Rahmen einer Geschäftstätigkeit mindestens zwei der folgenden Dienstleistungen im Geltungsbereich dieses Gesetzes anbietet: Lagerhaltung, Verpackung, Adressierung oder Versand von Elektro- oder Elektronikgeräten, an denen sie kein Eigentumsrecht hat; Post-, Paketzustell- oder sonstige Frachtverkehrsdienstleister gelten nicht als Fulfilment-Dienstleister;

12. öffentlich-rechtlicher Entsorgungsträger:
die nach Landesrecht zur Entsorgung verpflichtete juristische Person;

13. Photovoltaikmodule:
elektrische Vorrichtungen, die zur Verwendung in einem System bestimmt sind und zur Erzeugung von Strom aus solarer Strahlungsenergie entworfen, zusammengesetzt und installiert werden;

14. Lampen:
Einrichtungen zur Erzeugung von Licht;

15. Leuchten:
Geräte zur Verteilung, Filterung oder Umwandlung des von einer oder mehreren Lampen übertragenen Lichts, die alle zur Aufnahme, zur Fixierung und zum Schutz der Lampen notwendigen Teile und erforderlichenfalls Hilfselemente zusammen mit den Vorrichtungen zu ihrem Anschluss an die Stromquelle umfassen; dazu gehören alle Lampen, sofern diese nicht entfernt werden können, ohne dass die Einheit dauerhaft beschädigt wird;

16. ortsfeste industrielle Großwerkzeuge:
eine groß angelegte Anordnung von industriellen Maschinen, Geräten oder Bauteilen mit einer gemeinsamen Funktion für eine bestimmte Anwendung, die

a) von Fachpersonal dauerhaft an einem bestimmten Ort installiert und abgebaut wird und

b) von Fachpersonal in einer industriellen Fertigungsanlage oder einer Forschungs- und Entwicklungsanlage eingesetzt und instand gehalten wird;

17. ortsfeste Großanlagen:
eine groß angelegte Kombination von Geräten unterschiedlicher Art und gegebenenfalls weiterer Einrichtungen, die

a) von Fachpersonal montiert, installiert und abgebaut wird,

b) dazu bestimmt ist, auf Dauer als Teil eines Gebäudes oder Bauwerks an einem vorbestimmten und eigens dafür vorgesehenen Standort betrieben zu werden, und

c) nur durch die gleichen, speziell konstruierten Geräte ersetzt werden kann;

18. bewegliche Maschinen:
Maschinen mit eigener Energieversorgung, die

a) nicht für den Straßenverkehr bestimmt sind,

b) ausschließlich bei einer beruflichen Tätigkeit genutzt werden und

c) beim Betrieb entweder beweglich sein müssen oder kontinuierlich oder halbkontinuierlich zu verschiedenen festen Betriebsorten bewegt werden müssen;

19. medizinisches Gerät:
ein Medizinprodukt im Sinne von Artikel 2 Nummer 1 der Verordnung (EU) 2017/745 des Europäischen Parlaments und des Rates vom 5. April 2017 über Medizinprodukte, zur Änderung der Richtlinie 2001/83/EG, der Verordnung (EG) Nr. 178/2002 und der Verordnung (EG) Nr. 1223/2009 und zur Aufhebung der Richtlinien 90/385/EWG und 93/42/EWG des Rates (ABl. L 117 vom 5.5.2017, S. 1; L 117 vom 3.5.2019, S. 9; L 334 vom 27.12.2019, S. 165), die durch die Verordnung (EU) 2020/561 (ABl. L 130 vom 24.4.2020, S. 18) geändert worden ist, in der jeweils geltenden Fassung oder Zubehör eines Medizinproduktes im Sinne von Artikel 2 Nummer 2 der Verordnung (EU) 2017/745, das ein Elektro- oder Elektronikgerät ist;

20. In-vitro-Diagnostikum:
ein In-vitro-Diagnostikum oder dessen Zubehör im Sinne von *[bis 25.5. 2022:* § 3 Nummer 4 oder 9 des Medizinproduktegesetzes in der bis einschließlich 25. Mai 2021 geltenden Fassung*][ab 26.5.2022: Artikel 2 Nummer 2 oder 4 der Verordnung (EU) 2017/746 des Europäischen Parlaments und des Rates vom 5. April 2017 über In-vitro-Diagnostika und zur Aufhebung der Richtlinie 98/79/EG und des Beschlusses 2010/227/EU der Kommission (ABl. L 117 vom 5.5.2017, S. 176; L 117 vom 3.5.2019, S. 11; L 334 vom 27.12.2019, S. 167) in der jeweils geltenden Fassung]*, das ein Elektro- oder Elektronikgerät ist;

21. aktives implantierbares medizinisches Gerät:
ein aktives implantierbares Medizinprodukt im Sinne von Artikel 2 Nummer 4 und 5 der Verordnung (EU) 2017/745, das ein Elektro- oder Elektronikgerät ist;

22. Erfassung:
die Sammlung sowie die Rücknahme von Altgeräten;

23. Behandlung:
Tätigkeiten, die nach der Übergabe von Altgeräten an eine Anlage zur Vorbereitung zur Wiederverwendung, zur Entfrachtung von Schadstoffen, zur Separierung von Wertstoffen, zur Demontage, zum Schreddern, zur Verwertung oder zur Vorbereitung der Beseitigung durchgeführt werden, sowie sonstige Tätigkeiten, die der Verwertung oder Beseitigung der Altgeräte dienen;

24. Erstbehandlung:
die erste Behandlung von Altgeräten, bei der die Altgeräte

a) zur Wiederverwendung vorbereitet oder
b) von Schadstoffen entfrachtet und Wertstoffe aus den Altgeräten separiert

werden, einschließlich hierauf bezogener Vorbereitungshandlungen; die Erstbehandlung umfasst auch die Verwertungsverfahren R 12 und R 13 nach Anlage 2 zum Kreislaufwirtschaftsgesetz; die zerstörungsfreie Entnahme von Lampen aus Altgeräten bei der Erfassung gilt nicht als Erstbehandlung; dies gilt auch für die zerstörungsfreie Entnahme von Altbatterien und Altakkumulatoren, die nicht vom Altgerät umschlossen sind, und für die zerstörungsfreie Löschung oder Vernichtung von Daten auf dem Altgerät;

25. Entfernen:
die manuelle, mechanische, chemische oder metallurgische Bearbeitung von Altgeräten, in deren Folge im Laufe des Behandlungsverfahrens gefährliche Stoffe, Gemische oder Bestandteile einen unterscheidbaren Stoffstrom oder einen unterscheidbaren Teil eines Stoffstromes bilden; Stoffe, Gemische und Bestandteile gelten dann als unterscheidbar, wenn sie überwacht werden können, um ihre umweltgerechte Behandlung oder Entsorgung zu überprüfen;

26. gefährliche Stoffe oder gefährliche Gemische:
Stoffe oder Gemische gemäß Artikel 3 der Verordnung (EG) Nr. 1272/2008 des Europäischen Parlaments und des Rates vom 16. Dezember 2008 über die Einstufung, Kennzeichnung und Verpackung von Stoffen und Gemischen, zur Änderung und Aufhebung der Richtlinien 67/548/EWG und 1999/45/EG und zur Änderung der Verordnung (EG) Nr. 1907/2006 (ABl. L 353 vom 31.12.2008, S. 1), die zuletzt durch die Verordnung (EU) Nr. 286/2011 (ABl. L 83 vom 30.3.2011, S. 1) geändert worden ist, in ihrer jeweils geltenden Fassung.

## Abschnitt 2. Pflichten beim Inverkehrbringen von Elektro- und Elektronikgeräten

**§ 4 Produktkonzeption.** (1) [1]Hersteller haben ihre Elektro- und Elektronikgeräte möglichst so zu gestalten, dass insbesondere die Wiederverwendung, die Demontage und die Verwertung von Altgeräten, ihren Bauteilen und Werkstoffen berücksichtigt und erleichtert werden. [2]Elektro- und Elektronikgeräte, die vollständig oder teilweise mit Batterien oder Akkumulatoren betrieben werden können, sind möglichst so zu gestalten, dass Altbatterien und Altakkumulatoren durch Endnutzer problemlos und zerstörungsfrei entnommen werden können. [3]Sind Altbatterien oder Altakkumulatoren nicht problemlos durch den Endnutzer entnehmbar, sind die Elektro- und Elektronikgeräte so zu gestalten, dass die Altbatterien und Altakkumulatoren problemlos und zerstörungsfrei und mit handelsüblichem Werkzeug durch vom Hersteller unabhängiges Fachpersonal entnommen werden können.

(2) Die Hersteller sollen die Wiederverwendung nicht durch besondere Konstruktionsmerkmale oder Herstellungsprozesse verhindern, es sei denn, dass die Konstruktionsmerkmale rechtlich vorgeschrieben sind oder die Vorteile dieser besonderen Konstruktionsmerkmale oder Herstellungsprozesse überwie-

gen, beispielsweise im Hinblick auf den Gesundheitsschutz, den Umweltschutz oder auf Sicherheitsvorschriften.

(3) Absatz 1 Satz 2 und 3 gilt nicht für Elektro- und Elektronikgeräte, in denen aus Gründen der Sicherheit, der Leistung, aus medizinischen Gründen oder aus Gründen der Vollständigkeit von Daten eine ununterbrochene Stromversorgung notwendig und eine ständige Verbindung zwischen dem Gerät und der Batterie oder dem Akkumulator erforderlich sind.

(4) [1]Jeder Hersteller hat Elektro- und Elektronikgeräten, die eine Batterie oder einen Akkumulator enthalten, Angaben beizufügen, welche den Endnutzer informieren über

1. den Typ und das chemische System der Batterie oder des Akkumulators und
2. deren oder dessen sichere Entnahme.

[2]Satz 1 gilt nicht für Elektro- und Elektronikgeräte nach Absatz 3.

### § 5 Einrichten der Gemeinsamen Stelle.

(1) Die Hersteller oder im Fall der Bevollmächtigung nach § 8 deren Bevollmächtigte sind verpflichtet, eine Gemeinsame Stelle einzurichten.[1)]

(2) [1]Ist die Gemeinsame Stelle nicht eingerichtet oder nimmt sie ihre Aufgaben nach § 31 Absatz 5 Satz 1 oder Absatz 7 Satz 1 und 3 nicht wahr, ist jeder Hersteller oder im Fall der Bevollmächtigung nach § 8 dessen Bevollmächtigter verpflichtet, den öffentlich-rechtlichen Entsorgungsträgern die Kosten für die Sammlung, Sortierung und Entsorgung seiner Altgeräte zu erstatten. [2]Die nach Landesrecht zuständige Behörde setzt die Kosten durch Verwaltungsakt fest.

### § 6 Registrierung.

(1) [1]Bevor ein Hersteller Elektro- oder Elektronikgeräte in Verkehr bringt, ist er oder im Fall der Bevollmächtigung nach § 8 sein Bevollmächtigter verpflichtet, sich bei der zuständigen Behörde mit der Geräteart und Marke registrieren zu lassen. [2]Der Registrierungsantrag muss die Angaben nach Anlage 2 enthalten. [3]Dem Registrierungsantrag ist oder sind

1. eine Garantie nach § 7 Absatz 1 Satz 1 oder
2. eine Glaubhaftmachung nach § 7 Absatz 3 Satz 1 und ein Rücknahmekonzept nach § 7a

beizufügen. [4]Der Hersteller oder im Fall der Bevollmächtigung nach § 8 sein Bevollmächtigter hat der zuständigen Behörde Änderungen von im Registrierungsantrag enthaltenen Daten sowie die dauerhafte Aufgabe des Inverkehrbringens unverzüglich mitzuteilen.

(2) [1]Hersteller dürfen Elektro- oder Elektronikgeräte nicht in Verkehr bringen, wenn sie oder im Fall der Bevollmächtigung nach § 8 deren Bevollmächtigte nicht oder nicht ordnungsgemäß registriert sind. [2]Ist ein Hersteller oder im Fall der Bevollmächtigung nach § 8 dessen Bevollmächtigter entgegen Absatz 1 Satz 1 nicht oder nicht ordnungsgemäß registriert, dürfen

1. Vertreiber die Elektro- oder Elektronikgeräte dieses Herstellers nicht zum Verkauf anbieten,

---

[1)] Gemeinsame Stelle der Hersteller ist die Stiftung Elektro-Altgeräte-Register (EAR); siehe die Anm. zu § 40 Abs. 1.

2. Betreiber von elektronischen Marktplätzen das Anbieten oder Bereitstellen von Elektro- oder Elektronikgeräten dieses Herstellers nicht ermöglichen und
3. Fulfilment-Dienstleister die Lagerhaltung, Verpackung, Adressierung oder den Versand in Bezug auf Elektro- oder Elektronikgeräte dieses Herstellers nicht vornehmen.

(3) Jeder Hersteller ist verpflichtet, beim Anbieten und auf Rechnungen seine Registrierungsnummer anzugeben.

**§ 7 Finanzierungsgarantie.** (1) [1]Jeder Hersteller oder im Fall der Bevollmächtigung nach § 8 dessen Bevollmächtigter ist verpflichtet, der zuständigen Behörde kalenderjährlich eine insolvenzsichere Garantie für die Finanzierung der Rücknahme und Entsorgung der Elektro- und Elektronikgeräte nachzuweisen, die der Hersteller nach dem 13. August 2005 im Geltungsbereich dieses Gesetzes in Verkehr bringt oder gebracht hat und die in privaten Haushalten genutzt werden können. [2]Die Garantie hat den Rückgriffsanspruch der Gemeinsamen Stelle gemäß § 34 Absatz 2 zu sichern.

(2) [1] Für die Garantie sind folgende Formen möglich:
1. eine Bürgschaft auf erstes Anfordern eines Kreditinstituts oder Kreditversicherers,
2. eine Garantie auf erstes Anfordern eines Kreditinstituts oder Kreditversicherers,
3. die Hinterlegung von Geld zur Sicherheitsleistung im Sinne von § 232 Absatz 1 des Bürgerlichen Gesetzbuchs nach näherer Maßgabe der Hinterlegungsgesetze der Länder oder
4. die Teilnahme an Systemen, die für die Finanzierung der Entsorgung von Altgeräten geeignet sind; die Eignung eines solches Systems ist durch die zuständige Behörde gemäß § 37 Absatz 6 festzustellen.

[2]Eine Bürgschaft oder Garantie auf erstes Anfordern kann auch formularmäßig übernommen werden, ohne dass dadurch gegen die §§ 305 bis 310 des Bürgerlichen Gesetzbuchs verstoßen wird.

(3) [1]Absatz 1 gilt nicht für Elektro- oder Elektronikgeräte, für die der Hersteller oder im Fall der Bevollmächtigung nach § 8 dessen Bevollmächtigter glaubhaft macht, dass sie ausschließlich in anderen als privaten Haushalten genutzt werden oder dass solche Geräte gewöhnlich nicht in privaten Haushalten genutzt werden. [2]Die Pflicht nach Absatz 1 gilt für Hersteller von Elektro- und Elektronikgeräten, die nicht vom Anwendungsbereich des Elektro- und Elektronikgerätegesetzes vom 16. März 2005 (BGBl. I S. 762), das zuletzt durch Artikel 14 des Gesetzes vom 20. September 2013 (BGBl. I S. 3642) geändert worden ist, erfasst waren, oder im Fall der Bevollmächtigung nach § 8 für ihre Bevollmächtigten nur in Bezug auf Geräte, die nach dem 24. Oktober 2015 in Verkehr gebracht wurden oder werden. [3]Für Hersteller von Elektro- und Elektronikgeräten, die ab dem 15. August 2018 in den Anwendungsbereich dieses Gesetzes fallen, oder im Fall der Bevollmächtigung nach § 8 deren Bevollmächtigte gilt Absatz 1 in Bezug auf Geräte, die nach diesem Zeitpunkt in Verkehr gebracht werden.

(4) Der Hersteller darf die Kosten für die Entsorgung von Elektro- und Elektronikgeräten gegenüber dem Endkunden nicht ausweisen.

## § 7a Rücknahmekonzept.

(1) Jeder Hersteller oder im Fall der Bevollmächtigung nach § 8 jeder Bevollmächtigte ist verpflichtet, der zuständigen Behörde für die Rücknahme und Entsorgung der Elektro- und Elektronikgeräte, für die er glaubhaft macht, dass sie ausschließlich in anderen als privaten Haushalten genutzt werden oder dass solche Geräte gewöhnlich nicht in privaten Haushalten genutzt werden, ein Rücknahmekonzept vorzulegen.

(2) Das Rücknahmekonzept muss je Geräteart die folgenden Angaben enthalten:
1. eine Erklärung über die durch den Hersteller oder im Fall der Bevollmächtigung nach § 8 durch den Bevollmächtigten erfolgte Einrichtung von Rückgabemöglichkeiten, die den Anforderungen des § 19 Absatz 1 Satz 1 entsprechen,
2. im Fall der Beauftragung eines Dritten: Name und Adresse des Dritten,
3. die Möglichkeit der Endnutzer, auf die Rückgabemöglichkeiten nach Nummer 1 zuzugreifen.

(3) Änderungen am Rücknahmekonzept sind der zuständigen Behörde unverzüglich durch den Hersteller oder im Fall der Bevollmächtigung nach § 8 durch den Bevollmächtigten mitzuteilen.

## § 8 Niederlassungspflicht, Beauftragung und Benennung eines Bevollmächtigten.

(1) [1] Ein Hersteller im Sinne von § 3 Nummer 9 Buchstabe a bis c, der keine Niederlassung im Geltungsbereich dieses Gesetzes hat, muss einen Bevollmächtigten beauftragen. [2] Jeder Hersteller darf nur einen Bevollmächtigten beauftragen. [3] Die Beauftragung hat schriftlich und in deutscher Sprache zu erfolgen und muss mindestens drei Monate wirksam sein.

(2) Ein Hersteller im Sinne von § 3 Nummer 9 Buchstabe d ist verpflichtet, einen Bevollmächtigten entsprechend Absatz 1 Satz 2 und 3 zu beauftragen.

(3) [1] Der Hersteller hat den Bevollmächtigten der zuständigen Behörde unverzüglich zu benennen. [2] Bei der Benennung ist eine Kopie der Beauftragung beizufügen. [3] Die Benennung bedarf der Bestätigung durch die zuständige Behörde. [4] Sie darf nur erteilt werden, wenn die Voraussetzungen nach Absatz 1 vorliegen und im Fall von bereits 20 demselben Bevollmächtigten erteilten Registrierungen die zuständige Behörde den Bevollmächtigten gemäß § 37 Absatz 7 zugelassen hat. [5] Der Hersteller hat der zuständigen Behörde Änderungen der Beauftragung oder Berichtigungen der Angaben unverzüglich mitzuteilen.

(4) [1] Wird die Beauftragung des Bevollmächtigten beendet, hat der Hersteller dies der zuständigen Behörde unverzüglich mitzuteilen. [2] Die Benennung endet, sobald die zuständige Behörde das Ende der Beauftragung bestätigt. [3] Die Pflicht des Bevollmächtigten zur Erfüllung der während der Zeit seiner Benennung entstandenen Herstellerpflichten bleibt unberührt. [4] Ein Hersteller, dem die Beendigung der Benennung durch die zuständige Behörde bestätigt wurde, hat die von ihm belieferten Hersteller nach § 3 Nummer 9 Buchstabe c und Vertreiber unverzüglich über das Ende der Benennung eines Bevollmächtigten zu informieren. [5] Solange die Benennung eines Bevollmächtigten nicht erfolgt, obliegen die Verpflichtungen des Herstellers dem im Inland niedergelassenen Hersteller nach § 3 Nummer 9 Buchstabe c.

(5) Eine natürliche oder juristische Person oder Personengesellschaft, die im Geltungsbereich dieses Gesetzes niedergelassen ist und Geräte gewerbsmäßig

unter Verwendung von Fernkommunikationsmitteln in einem anderen Mitgliedstaat der Europäischen Union, in dem sie nicht niedergelassen ist, unmittelbar für Endnutzer bereitstellt, ist verpflichtet, vor der Bereitstellung auf dem Markt dieses Mitgliedstaates eine dort niedergelassene natürliche oder juristische Person oder Personengesellschaft zu bevollmächtigen, die dort für die Erfüllung ihrer Pflichten nach der Richtlinie 2012/19/EU des Europäischen Parlaments und des Rates vom 4. Juli 2012 über Elektro- und Elektronik-Altgeräte (ABl. L 197 vom 24.7.2012, S. 38) verantwortlich ist.

**§ 9 Kennzeichnung.** (1) Elektro- und Elektronikgeräte, die nach den in § 3 Nummer 4 genannten Zeitpunkten in Verkehr gebracht werden, sind vor dem Inverkehrbringen auf dem europäischen Markt dauerhaft so zu kennzeichnen, dass der Hersteller eindeutig zu identifizieren ist und festgestellt werden kann, dass das Gerät nach dem jeweiligen in § 3 Nummer 4 genannten Zeitpunkt erstmals auf dem europäischen Markt in Verkehr gebracht wurde.

(2) [1] Die Geräte nach Absatz 1 sind außerdem mit dem Symbol nach Anlage 3 dauerhaft zu kennzeichnen. [2] Sofern es in Ausnahmefällen auf Grund der Größe oder der Funktion des Elektro- oder Elektronikgerätes erforderlich ist, ist das Symbol statt auf dem Gerät auf die Verpackung, die Gebrauchsanweisung oder den Garantieschein für das Elektro- oder Elektronikgerät aufzudrucken. [3] Satz 2 gilt auch für die Kennzeichnung mit Blick auf den Zeitpunkt des Inverkehrbringens nach Absatz 1, sofern die Kennzeichnung gemeinsam mit dem Symbol nach Satz 1 erfolgt.

## Abschnitt 3. Sammlung und Rücknahme

**§ 10 Getrennte Erfassung.** (1) [1] Besitzer von Altgeräten haben diese einer vom unsortierten Siedlungsabfall getrennten Erfassung zuzuführen. [2] Sie haben Altbatterien und Altakkumulatoren, die nicht vom Altgerät umschlossen sind, sowie Lampen, die zerstörungsfrei aus dem Altgerät entnommen werden können, vor der Abgabe an einer Erfassungsstelle vom Altgerät zerstörungsfrei zu trennen. [3] Satz 2 gilt nicht, soweit nach § 14 Absatz 4 Satz 4 oder Absatz 5 Satz 2 und 3 Altgeräte separiert werden, um sie für die Wiederverwendung vorzubereiten.

(2) Die Erfassung nach Absatz 1 hat so zu erfolgen, dass die spätere Vorbereitung zur Wiederverwendung, die Demontage und das Recycling nicht behindert und Brandrisiken minimiert werden.

(3) Ab dem 1. Januar 2019 soll das Gesamtgewicht der erfassten Altgeräte in jedem Kalenderjahr mindestens 65 Prozent des Durchschnittsgewichts der Elektro- und Elektronikgeräte, die in den drei Kalendervorjahren in Verkehr gebracht wurden, betragen.

**§ 11 Verordnungsermächtigungen.** Die Bundesregierung wird ermächtigt, durch Rechtsverordnung mit Zustimmung des Bundesrates
1. weiter gehende Anforderungen an die Durchführung und Organisation der getrennten Erfassung von Altgeräten, die zur Wiederverwendung vorbereitet werden sollen, und
2. Anforderungen an die Zertifizierung von Betrieben, die Altgeräte zur Wiederverwendung vorbereiten,

festzulegen.

## Unterabschnitt 1. Sammlung und Rücknahme von Altgeräten aus privaten Haushalten

**§ 12 Berechtigte für die Erfassung von Altgeräten aus privaten Haushalten.** (1) ¹Die Erfassung von Altgeräten aus privaten Haushalten darf nur von öffentlich-rechtlichen Entsorgungsträgern, Vertreibern, Herstellern oder im Fall der Bevollmächtigung nach § 8 deren Bevollmächtigten sowie von Betreibern von nach § 21 zertifizierten Erstbehandlungsanlagen vorgenommen werden. ²Die nach Satz 1 zur Erfassung Berechtigten dürfen für die Sammlung und Rücknahme auch Dritte beauftragen.

(2) Die Berechtigten nach Absatz 1 haben gegenüber den Endnutzern ihre Sammel- und Rücknahmestellen durch die von der Gemeinsamen Stelle gemäß § 31 Absatz 1 Satz 5 entworfene einheitliche Kennzeichnung kenntlich zu machen.

### § 13 Sammlung durch die öffentlich-rechtlichen Entsorgungsträger.

(1) ¹Die öffentlich-rechtlichen Entsorgungsträger richten im Rahmen ihrer Pflichten nach § 20 des Kreislaufwirtschaftsgesetzes[1]) Sammelstellen ein, an denen Altgeräte aus privaten Haushalten ihres Gebietes angeliefert werden können (Bringsystem). ²§ 14 Absatz 2 gilt entsprechend. ³Altgeräte aus privaten Haushalten, die von Gewerbetreibenden oder Vertreibern angeliefert werden, gelten als Altgeräte aus privaten Haushalten des Gebietes des öffentlich-rechtlichen Entsorgungsträgers, in dem der Gewerbetreibende oder Vertreiber seine Niederlassung hat.

(2) Die öffentlich-rechtlichen Entsorgungsträger können die Annahme an einzelnen Sammelstellen auf bestimmte Altgerätegruppen nach § 14 Absatz 1 Satz 1 beschränken, wenn dies aus Platzgründen unter Berücksichtigung der sonstigen Wertstofferfassung im Einzelfall notwendig ist und die Erfassung aller Altgerätegruppen nach § 14 Absatz 1 Satz 1 im Entsorgungsgebiet des öffentlich-rechtlichen Entsorgungsträgers sichergestellt ist.

(3) ¹Die öffentlich-rechtlichen Entsorgungsträger können die Altgeräte auch bei den privaten Haushalten abholen (Holsystem). ²Die Anzahl der Sammelstellen oder die Kombination mit Holsystemen ist unter Berücksichtigung der jeweiligen Bevölkerungsdichte, der sonstigen örtlichen Gegebenheiten und der abfallwirtschaftlichen Ziele nach den §§ 1 und 10 Absatz 3 festzulegen.

(4) Bei der Anlieferung von Altgeräten darf kein Entgelt erhoben werden.

(5) ¹Die öffentlich-rechtlichen Entsorgungsträger können die kostenlose Annahme von Altgeräten ablehnen, die auf Grund einer Verunreinigung eine Gefahr für die Gesundheit und Sicherheit von Menschen darstellen. ²Satz 1 gilt insbesondere, sofern asbesthaltige Nachtspeicherheizgeräte nicht ordnungsgemäß durch Fachpersonal abgebaut und verpackt wurden oder beschädigt beim öffentlich-rechtlichen Entsorgungsträger angeliefert werden. ³Bei Anlieferungen von mehr als 20 Geräten der Gruppen 1, 4 und 6 nach § 14 Absatz 1 Satz 1 sind Anlieferungsort und -zeitpunkt vorab mit dem öffentlich-rechtlichen Entsorgungsträger abzustimmen. ⁴Die Überlassungspflichten privater Haushaltungen nach § 17 Absatz 1 Satz 1 des Kreislaufwirtschaftsgesetzes und die Entsorgungspflichten der öffentlich-rechtlichen Entsorgungsträger für Ab-

---

[1]) Nr. **5.1**.

fälle aus privaten Haushaltungen nach § 20 Absatz 1 und 3 des Kreislaufwirtschaftsgesetzes bleiben von den Sätzen 1 und 2 unberührt.

**§ 14 Bereitstellen der abzuholenden Altgeräte durch die öffentlich-rechtlichen Entsorgungsträger.** (1) ¹Die öffentlich-rechtlichen Entsorgungsträger stellen die von den Herstellern oder im Fall der Bevollmächtigung nach § 8 von deren Bevollmächtigten abzuholenden Altgeräte an von ihnen eingerichteten Übergabestellen in folgenden Gruppen in geeigneten Behältnissen unentgeltlich bereit:

1. Gruppe 1: Wärmeüberträger,
2. Gruppe 2: Bildschirme, Monitore und Geräte, die Bildschirme mit einer Oberfläche von mehr als 100 Quadratzentimetern enthalten,
3. Gruppe 3: Lampen,
4. Gruppe 4: Großgeräte,
5. Gruppe 5: Kleingeräte und kleine Geräte der Informations- und Telekommunikationstechnik,
6. Gruppe 6: Photovoltaikmodule.

²In der Gruppe 4 sind Nachtspeicherheizgeräte, die Asbest oder sechswertiges Chrom enthalten, und in den Gruppen 2, 4 und 5 batteriebetriebene Altgeräte getrennt von den anderen Altgeräten in einem eigenen Behältnis zu sammeln.

(2) ¹Die Behältnisse müssen so befüllt werden, dass ein Zerbrechen der Altgeräte, eine Freisetzung von Schadstoffen und die Entstehung von Brandrisiken vermieden werden. ²Die Altgeräte dürfen in den Behältnissen nicht mechanisch verdichtet werden. ³Die Einsortierung der Altgeräte, insbesondere der batteriebetriebenen Altgeräte, in die Behältnisse nach Absatz 1 hat an den eingerichteten Übergabestellen durch den öffentlich-rechtlichen Entsorgungsträger oder unter seiner Aufsicht zu erfolgen.

(3) ¹Die öffentlich-rechtlichen Entsorgungsträger melden der Gemeinsamen Stelle die zur Abholung bereitgestellten Behältnisse, wenn bei den Gruppen 1, 4 und 5 eine Abholmenge von mindestens 30 Kubikmetern pro Gruppe, bei der Gruppe 2 eine Abholmenge von mindestens 20 Kubikmetern, bei Nachtspeicherheizgeräten in der Gruppe 4 und bei batteriebetriebenen Altgeräten der Gruppen 2, 4 und 5 eine Abholmenge von mindestens fünf Kubikmetern, bei der Gruppe 3 eine Abholmenge von mindestens drei Kubikmetern und bei der Gruppe 6 eine Abholmenge von mindestens zweieinhalb Kubikmetern erreicht ist. ²Wenn bei der Gruppe 4 ein Behältnis mit Nachtspeicherheizgeräten zur Abholung bereitgestellt wird, ist dies der Gemeinsamen Stelle bei der Meldung nach Satz 1 mitzuteilen.

(4) ¹An der Sammelstelle sind eine Separierung von Altgeräten, eine nachträgliche Entnahme aus den Behältnissen sowie die Entfernung von Bauteilen aus oder von den Altgeräten unzulässig. ²Eine Veränderung des Inhalts der Behältnisse bis zum Eintreffen bei der Erstbehandlungsanlage ist unzulässig. ³Absatz 1 Satz 2 bleibt von dem Verbot nach Satz 1 unberührt. ⁴Die Sätze 1 und 2 gelten nicht, wenn die Altgeräte im Rahmen einer Kooperation nach § 17b einer Erstbehandlungsanlage zum Zwecke der Vorbereitung zur Wiederverwendung überlassen werden.

(5) ¹Ein nach Landesrecht für die Verwertung und Beseitigung von Altgeräten zuständiger öffentlich-rechtlicher Entsorgungsträger kann sämtliche Altgeräte einer Gruppe für jeweils mindestens zwei Jahre von der Bereitstellung zur

Abholung ausnehmen (Optierung). ²Abweichend von Absatz 4 Satz 1 ist im Fall der Optierung eine Separierung von Altgeräten in der optierten Gruppe zulässig. ³Er hat die Altgeräte nach Satz 1 zur Wiederverwendung vorzubereiten oder nach § 20 Absatz 2 bis 4 und § 22 Absatz 1 zu behandeln und zu verwerten.

**§ 15 Aufstellen von Behältnissen durch die Hersteller oder deren Bevollmächtigte.** (1) ¹Die Hersteller oder im Fall der Bevollmächtigung nach § 8 deren Bevollmächtigte müssen die Behältnisse nach § 14 unentgeltlich aufstellen und abdecken. ²Satz 1 gilt nicht im Fall des § 14 Absatz 5. ³Die öffentlich-rechtlichen Entsorgungsträger können das Aufstellen nicht abdeckbarer Behältnisse ablehnen und melden die Ablehnung der zuständigen Behörde. ⁴In diesem Fall gilt das Behältnis als nicht aufgestellt.

(2) Die Behältnisse, außer denen für die Gruppen 3 und 6, müssen für die Aufnahme durch herkömmliche Abholfahrzeuge geeignet sein; Absatz 6 bleibt unberührt.

(3) Die Behältnisse müssen so beschaffen sein, dass die dort enthaltenen Altgeräte bruchsicher gesammelt werden können.

(4) ¹Die zuständige Behörde trifft die im Einzelfall erforderlichen Anordnungen, um sicherzustellen, dass den öffentlich-rechtlichen Entsorgungsträgern die erforderliche Menge an Behältnissen zur Verfügung steht; hierbei berücksichtigt sie die von ihr geprüften Berechnungen der Gemeinsamen Stelle nach § 31 Absatz 8. ²Hierzu melden die öffentlich-rechtlichen Entsorgungsträger der Gemeinsamen Stelle die erforderliche Anzahl der aufzustellenden Behältnisse. ³Erfolgt die Aufstellung nicht bis zur von der zuständigen Behörde festgesetzten Frist, gilt eine Nachfrist bis zum Ablauf des folgenden Werktages.

(5) Im Fall des § 14 Absatz 5 gelten Absatz 1 Satz 1 und Absatz 3 für die öffentlich-rechtlichen Entsorgungsträger entsprechend.

(6) Die Bundesregierung wird ermächtigt durch Rechtsverordnung mit Zustimmung des Bundesrates weitergehende Anforderungen an die Behältnisse, in denen die Altgeräte gesammelt und transportiert werden sollen, festzulegen.

**§ 16 Rücknahmepflicht der Hersteller.** (1) ¹Der Hersteller oder im Fall der Bevollmächtigung nach § 8 dessen Bevollmächtigter ist verpflichtet, die nach § 14 Absatz 1 Satz 1 bereitgestellten Behältnisse entsprechend der Zuweisung der zuständigen Behörde nach § 38 Absatz 3 Satz 1 unverzüglich abzuholen, spätestens jedoch mit Ablauf der Nachfrist nach § 38 Absatz 3 Satz 2. ²Für die Abholung der zugewiesenen Behältnisse gelten Absatz 5 Satz 1 und § 13 Absatz 5 Satz 1 entsprechend.

(2) Der Hersteller oder im Fall der Bevollmächtigung nach § 8 dessen Bevollmächtigter ist verpflichtet, die nach Absatz 1 abgeholten Altgeräte oder deren Bauteile zur Wiederverwendung vorzubereiten oder nach § 20 Absatz 2 bis 4 und § 22 Absatz 1 zu behandeln und zu verwerten.

(3) Der Hersteller oder im Fall der Bevollmächtigung nach § 8 dessen Bevollmächtigter ist verpflichtet, nach Abholung der Behältnisse nach Absatz 1 entsprechend der Anordnung der zuständigen Behörde nach § 15 Absatz 4 Satz 1 unverzüglich leere Behältnisse aufzustellen, spätestens jedoch mit Ablauf der Nachfrist nach § 15 Absatz 4 Satz 3.

(4) Der Hersteller oder im Fall der Bevollmächtigung nach § 8 dessen Bevollmächtigter ist verpflichtet, die Kosten der Abholung, der Entsorgung und des Aufstellens leerer Behältnisse zu tragen.

(5) [1] Die Hersteller oder im Fall der Bevollmächtigung nach § 8 deren Bevollmächtigte können freiwillig individuelle oder kollektive Rücknahmesysteme für die unentgeltliche Rückgabe von Altgeräten aus privaten Haushalten einrichten und betreiben, sofern diese Systeme im Einklang mit den Zielen nach § 1 stehen. [2] Absatz 2 gilt entsprechend. [3] Rücknahmestellen dieser Rücknahmesysteme dürfen weder an Sammel- noch an Übergabestellen der öffentlich-rechtlichen Entsorgungsträger nach § 13 Absatz 1 eingerichtet und betrieben werden. [4] Bei der Rücknahme nach Satz 1 gilt § 14 Absatz 2 entsprechend.

**§ 17 Rücknahmepflicht der Vertreiber.** (1) [1] Vertreiber mit einer Verkaufsfläche für Elektro- und Elektronikgeräte von mindestens 400 Quadratmetern sowie Vertreiber von Lebensmitteln mit einer Gesamtverkaufsfläche von mindestens 800 Quadratmetern, die mehrmals im Kalenderjahr oder dauerhaft Elektro- und Elektronikgeräte anbieten und auf dem Markt bereitstellen, sind verpflichtet,

1. bei der Abgabe eines neuen Elektro- oder Elektronikgerätes an einen Endnutzer ein Altgerät des Endnutzers der gleichen Geräteart, das im Wesentlichen die gleichen Funktionen wie das neue Gerät erfüllt, am Ort der Abgabe oder in unmittelbarer Nähe hierzu unentgeltlich zurückzunehmen und
2. auf Verlangen des Endnutzers Altgeräte, die in keiner äußeren Abmessung größer als 25 Zentimeter sind, im Einzelhandelsgeschäft oder in unmittelbarer Nähe hierzu unentgeltlich zurückzunehmen; die Rücknahme darf nicht an den Kauf eines Elektro- oder Elektronikgerätes geknüpft werden und ist auf drei Altgeräte pro Geräteart beschränkt.

[2] Ort der Abgabe im Sinne von Satz 1 Nummer 1 ist auch der private Haushalt, sofern dort durch Auslieferung die Abgabe erfolgt; in diesem Fall ist die Abholung des Altgerätes für den Endnutzer unentgeltlich auszugestalten. [3] Der Vertreiber hat im Fall des Satzes 2 beim Abschluss des Kaufvertrages für das neue Elektro- oder Elektronikgerät den Endnutzer

1. zu informieren über die Möglichkeit
   a) zur unentgeltlichen Rückgabe nach Satz 1 Nummer 1 und
   b) der unentgeltlichen Abholung des Altgerätes nach Satz 2 und
2. nach seiner Absicht zu befragen, bei der Auslieferung des neuen Geräts ein Altgerät zurückzugeben.

(2) [1] Absatz 1 gilt auch bei einem Vertrieb unter Verwendung von Fernkommunikationsmitteln. [2] Absatz 1 Satz 2 gilt mit der Maßgabe, dass die unentgeltliche Abholung auf Elektro- und Elektronikgeräte der Kategorien 1, 2 und 4 beschränkt ist. [3] Als Verkaufsfläche im Sinne von Absatz 1 Satz 1 erste Alternative gelten in diesem Fall alle Lager- und Versandflächen für Elektro- und Elektronikgeräte, als Gesamtverkaufsfläche im Sinne von Absatz 1 Satz 1 zweite Alternative gelten in diesem Fall alle Lager- und Versandflächen. [4] Die Rücknahme im Fall eines Vertriebs unter Verwendung von Fernkommunikationsmitteln ist im Fall des Absatzes 1 Satz 1 Nummer 1 für Elektro- und Elektronikgeräte der Kategorien 3, 5 und 6 und Nummer 2 durch geeignete Rückgabemöglichkeiten in zumutbarer Entfernung zum jeweiligen Endnutzer zu gewährleisten.

(3) Unbeschadet der Pflichten aus den Absätzen 1 und 2 dürfen Vertreiber Altgeräte freiwillig unentgeltlich zurücknehmen.

(4) [1] § 13 Absatz 5 Satz 1 gilt für die Rücknahme nach den Absätzen 1 bis 3 entsprechend. [2] Die Rücknahme durch die Vertreiber darf weder an Sammel- noch an Übergabestellen der öffentlich-rechtlichen Entsorgungsträger nach § 13 Absatz 1 erfolgen. [3] Bei der Rücknahme nach den Absätzen 1 bis 3 gilt § 14 Absatz 2 Satz 1 entsprechend. [4] An der Rücknahmestelle ist die Entfernung von Bauteilen aus oder von den Altgeräten unzulässig; dies gilt nicht für die Entnahme von Altbatterien und Altakkumulatoren sowie von Lampen. [5] Soweit die Vertreiber im Rahmen einer freiwilligen Rücknahme nach Absatz 3 zusätzlich zur Rücknahme nach den Absätzen 1 und 2 eine Abholleistung beim privaten Haushalt anbieten, können sie für diese ein Entgelt verlangen.

(5) [1] Übergeben die Vertreiber zurückgenommene Altgeräte oder deren Bauteile nicht den Herstellern, im Fall der Bevollmächtigung nach § 8 deren Bevollmächtigten oder den öffentlich-rechtlichen Entsorgungsträgern, sind sie verpflichtet, die Altgeräte zur Wiederverwendung vorzubereiten oder nach § 20 Absatz 2 bis 4 und § 22 Absatz 1 zu behandeln und zu verwerten. [2] Für die Übergabe, Behandlung und Entsorgung von Altgeräten nach Satz 1 darf der Vertreiber kein Entgelt von privaten Haushalten verlangen.

### § 17a Rücknahme durch zertifizierte Erstbehandlungsanlagen.

(1) [1] Betreiber von nach § 21 zertifizierten Erstbehandlungsanlagen können sich freiwillig an der Rücknahme von Altgeräten beteiligen. [2] Macht ein Betreiber einer Erstbehandlungsanlage von dieser Möglichkeit Gebrauch,

1. hat er hierfür Rücknahmestellen einzurichten und
2. darf er bei der Anlieferung von Altgeräten durch den Endnutzer kein Entgelt erheben.

[3] Die Rücknahme ist auf solche Altgeräte zu beschränken, für deren Behandlung das Zertifikat nach § 21 erteilt wurde.

(2) [1] Die Rücknahme nach Absatz 1 darf weder an Sammel- noch an Übergabestellen der öffentlich-rechtlichen Entsorgungsträger nach § 13 Absatz 1 erfolgen. [2] § 14 Absatz 2 gilt entsprechend. [3] Sofern der Betreiber der Erstbehandlungsanlage im Rahmen der Rücknahme auch eine Abholleistung beim privaten Haushalt anbietet, kann er für diese Leistung ein Entgelt verlangen.

(3) Der Betreiber der Erstbehandlungsanlage ist verpflichtet, die nach Absatz 1 zurückgenommenen Altgeräte oder deren Bauteile für die Wiederverwendung vorzubereiten oder nach § 20 Absatz 2 bis 4 und § 22 Absatz 1 zu behandeln und zu verwerten.

### § 17b Kooperation zwischen öffentlich-rechtlichen Entsorgungsträgern und zertifizierten Erstbehandlungsanlagen.

(1) Öffentlich-rechtliche Entsorgungsträger und Betreiber von Erstbehandlungsanlagen, die nach § 21 Absatz 2 und 4 für die Vorbereitung zur Wiederverwendung zertifiziert sind, können zum Zweck der Vorbereitung zur Wiederverwendung von Altgeräten eine Kooperation vereinbaren.

(2) Die Vereinbarung muss folgende Angaben enthalten:
1. Angaben zur Auswahl der geeigneten Altgeräte und
2. Angaben zum Zugangsrecht von Beschäftigten der Erstbehandlungsanlage zur Sammelstelle des öffentlich-rechtlichen Entsorgungsträgers.

(3) ¹Wenn eine Vereinbarung nach Absatz 1 vorliegt, hat der öffentlich-rechtliche Entsorgungsträger die Altgeräte, die nach Durchführung der Prüfung nach § 20 Absatz 1 Satz 2 für die Vorbereitung zur Wiederverwendung konkret geeignet sind, dem Betreiber der Erstbehandlungsanlage unentgeltlich zu überlassen. ²Der Betreiber der Erstbehandlungsanlage hat die geeigneten Altgeräte unentgeltlich zu übernehmen.

(4) Ergibt die Prüfung des Betreibers der Erstbehandlungsanlage, dass sich ein Altgerät nicht für die Vorbereitung zur Wiederverwendung eignet, hat dieser das Altgerät dem öffentlich-rechtlichen Entsorgungsträger unentgeltlich wieder zu überlassen.

## § 18 Informationspflichten gegenüber den privaten Haushalten.

(1) ¹Die öffentlich-rechtlichen Entsorgungsträger informieren die privaten Haushalte über Abfallvermeidungsmaßnahmen sowie die Pflicht nach § 10 Absatz 1. ²Sie informieren die privaten Haushalte darüber hinaus über

1. die im Gebiet des öffentlich-rechtlichen Entsorgungsträgers durch diesen eingerichteten und zur Verfügung stehenden Möglichkeiten der Rückgabe oder Sammlung von Altgeräten sowie über die Möglichkeiten der Abgabe von Geräten zum Zwecke der Wiederverwendung,

1a. die Pflicht der Vertreiber zur unentgeltlichen Rücknahme von Altgeräten nach § 17 Absatz 1 und 2,

2. den Beitrag, den die privaten Haushalte zur Wiederverwendung, zum Recycling und zu anderen Formen der Verwertung von Altgeräten dadurch leisten, dass sie ihre Altgeräte einer getrennten Erfassung entsprechend den Gruppen nach § 14 Absatz 1 Satz 1 zuführen,

3. die Notwendigkeit eines ordnungsgemäßen Abbaus sowie einer ordnungsgemäßen Verpackung von asbesthaltigen Nachtspeicherheizgeräten als Voraussetzung für eine kostenlose Abgabe bei den öffentlich-rechtlichen Entsorgungsträgern,

4. die möglichen Auswirkungen, welche die Entsorgung der in den Elektro- und Elektronikgeräten enthaltenen gefährlichen Stoffe auf die Umwelt und die menschliche Gesundheit haben kann; insbesondere die Gefahren sowie das Brandrisiko, die auf Grund nicht ordnungsgemäß bruchsicherer Erfassung durch Schadstoffe entstehen können,

5. die möglichen Auswirkungen auf die Umwelt und die menschliche Gesundheit einer Erfassung und Entsorgung durch Personen, die nicht nach § 12 zur Erfassung berechtigt sind,

6. die möglichen Auswirkungen von illegalen Verbringungen von Altgeräten im Sinne der Verordnung (EG) Nr. 1013/2006 des Europäischen Parlaments und des Rates vom 14. Juni 2006 über die Verbringung von Abfällen (ABl. L 190 vom 12.7.2006, S. 1, L 318 vom 28.11.2008, S. 15, L 334 vom 13.12. 2013, S. 46), die zuletzt durch die Verordnung (EU) Nr. 1234/2014 (ABl. L 332 vom 19.11.2014, S. 15) geändert worden ist, in der jeweils geltenden Fassung, insbesondere die möglichen Auswirkungen von illegalen Ausfuhren auf die Umwelt und die menschliche Gesundheit,

7. die Eigenverantwortung der Endnutzer im Hinblick auf das Löschen personenbezogener Daten auf den zu entsorgenden Altgeräten und

8. die Bedeutung des Symbols nach Anlage 3.

(2) Die öffentlich-rechtlichen Entsorgungsträger haben die privaten Haushalte an der Sammelstelle über die Entnahmepflicht für Altbatterien und Altakkumulatoren sowie für Lampen nach § 10 Absatz 1 Satz 2 und die getrennte Erfassung von batteriebetriebenen Altgeräten nach § 14 Absatz 1 Satz 2 zu informieren.

(3) [1] Vertreiber, die nach § 17 Absatz 1 Satz 1 zur Rücknahme von Altgeräten verpflichtet sind, haben ab dem Zeitpunkt des Anbietens von Elektro- oder Elektronikgeräten die privaten Haushalte durch gut sicht- und lesbare, im unmittelbaren Sichtbereich des Kundenstroms platzierte Schrift- oder Bildtafeln über Folgendes zu informieren:

1. die Pflicht der Endnutzer nach § 10 Absatz 1,
2. die Entnahmepflicht der Endnutzer für Altbatterien und Altakkumulatoren sowie für Lampen nach § 10 Absatz 1 Satz 2,
3. die Pflicht der Vertreiber zur unentgeltlichen Rücknahme von Altgeräten nach § 17 Absatz 1 und 2,
4. die von ihnen geschaffenen Möglichkeiten der Rückgabe von Altgeräten,
5. die Eigenverantwortung der Endnutzer im Hinblick auf das Löschen der personenbezogenen Daten auf den zu entsorgenden Altgeräten und
6. die Bedeutung des Symbols nach Anlage 3.

[2] Vertreiber, die Elektro- oder Elektronikgeräte unter Verwendung von Fernkommunikationsmitteln anbieten, haben die Informationen nach Satz 1 ab dem Zeitpunkt des Anbietens von Elektro- oder Elektronikgeräten für die privaten Haushalte gut sichtbar in den von ihnen verwendeten Darstellungsmedien zu veröffentlichen oder diese der Warensendung schriftlich beizufügen.

(4) [1] Hersteller oder im Fall der Bevollmächtigung nach § 8 deren Bevollmächtigte haben ab dem Zeitpunkt des Anbietens von Elektro- oder Elektronikgeräten die privaten Haushalte über Folgendes zu informieren:

1. die Pflicht der Endnutzer nach § 10 Absatz 1,
2. die Entnahmepflicht der Endnutzer für Altbatterien und Altakkumulatoren sowie für Lampen nach § 10 Absatz 1 Satz 2,
3. die Pflicht der Vertreiber zur unentgeltlichen Rücknahme von Altgeräten nach § 17 Absatz 1 und 2,
4. die von ihnen geschaffenen Möglichkeiten der Rückgabe von Altgeräten,
5. die Eigenverantwortung der Endnutzer im Hinblick auf das Löschen der personenbezogenen Daten auf den zu entsorgenden Altgeräten und
6. die Bedeutung des Symbols nach Anlage 3.

[2] Die Informationen sind den Elektro- und Elektronikgeräten in schriftlicher Form beizufügen. [3] Hersteller oder im Fall der Bevollmächtigung nach § 8 deren Bevollmächtigte haben jährlich Informationen in Bezug auf die Erfüllung der quantitativen Zielvorgaben nach § 10 Absatz 3 und § 22 Absatz 1 zu veröffentlichen.

### Unterabschnitt 2. Rücknahme von Altgeräten anderer Nutzer als privater Haushalte

**§ 19 Rücknahme durch den Hersteller.** (1) [1] Jeder Hersteller oder im Fall der Bevollmächtigung nach § 8 jeder Bevollmächtigte ist verpflichtet, für Altgeräte anderer Nutzer als privater Haushalte ab den in § 3 Nummer 4 genannten Zeitpunkten eine zumutbare Möglichkeit zur Rückgabe zu schaffen. ²Eine Verpflichtung der Endnutzer zur Überlassung der Altgeräte an den Hersteller besteht nicht.

(2) ¹Der Hersteller oder im Fall der Bevollmächtigung nach § 8 der Bevollmächtigten hat die Altgeräte oder deren Bauteile im Fall der Rücknahme nach Absatz 1 zur Wiederverwendung vorzubereiten oder nach § 20 Absatz 2 bis 4 und § 22 Absatz 1 zu behandeln und zu verwerten. ²Satz 1 gilt für den Endnutzer entsprechend, sofern dieser die Altgeräte nicht dem Hersteller überlässt.

(3) ¹Die Kosten der Entsorgung trägt der Hersteller oder im Fall der Bevollmächtigung nach § 8 der Bevollmächtigte. ²Satz 1 gilt nicht für historische Altgeräte. ³Die Kosten der Entsorgung von historischen Altgeräten hat der Endnutzer, der nicht privater Haushalt ist, zu tragen. ⁴Hersteller oder im Fall der Bevollmächtigung nach § 8 der Bevollmächtigte und Erwerber oder Endnutzer, der nicht privater Haushalt ist, können von Satz 1 abweichende Vereinbarungen treffen.

(4) Der Hersteller und im Fall der Bevollmächtigung nach § 8 der Bevollmächtigte ist verpflichtet, die finanziellen und organisatorischen Mittel vorzuhalten, um seinen Pflichten nach den Absätzen 1 bis 3 nachkommen zu können.

**§ 19a Informationspflichten der Hersteller.** ¹Jeder Hersteller oder im Fall der Bevollmächtigung nach § 8 jeder Bevollmächtigte informiert die Endnutzer von Altgeräten anderer Nutzer als privater Haushalte über die Pflicht nach § 10 Absatz 1. ²Er informiert die Endnutzer darüber hinaus über

1. die von ihm geschaffenen Möglichkeiten zur Rückgabe und Entsorgung der Altgeräte,
2. die Eigenverantwortung der Endnutzer im Hinblick auf das Löschen personenbezogener Daten auf den zu entsorgenden Altgeräten und
3. die Bedeutung des Symbols nach Anlage 3.

## Abschnitt 4. Behandlungs- und Verwertungspflichten, Verbringung

**§ 20 Behandlung und Beseitigung.** (1) ¹Altgeräte sind vor der Durchführung weiterer Verwertungs- oder Beseitigungsmaßnahmen einer Erstbehandlung zuzuführen. ²Vor der Erstbehandlung ist zu prüfen, ob das Altgerät oder einzelne Bauteile einer Vorbereitung zur Wiederverwendung zugeführt werden können. ³Diese Prüfung ist durchzuführen, soweit sie technisch möglich und wirtschaftlich zumutbar ist.

(2) ¹Die Erstbehandlung und weitere Behandlungstätigkeiten haben nach dem Stand der Technik im Sinne des § 3 Absatz 28 des Kreislaufwirtschaftsgesetzes[1)] zu erfolgen. ²Bei der Erstbehandlung sind im Rahmen der Schadstoffentfrachtung und Wertstoffseparierung die durch Rechtsverordnung nach § 24 Nummer 2 festgelegten Anforderungen an die Behandlung von Altgeräten zu erfüllen. ³Andere Behandlungstechniken, die mindestens das gleiche Maß an Schutz für die menschliche Gesundheit und die Umwelt sicherstellen, können nach Aufnahme in Anhang VII der Richtlinie 2012/19/EU entspre-

---

1) Nr. **5.1**.

chend dem Verfahren des Artikels 20 dieser Richtlinie ergänzend zu den durch Rechtsverordnung nach § 24 Nummer 2 festgelegten Anforderungen angewandt werden. [4]Standorte für die Lagerung und Behandlung von Altgeräten müssen mindestens die technischen Anforderungen nach Anlage 4 erfüllen.

(3) [1]Die Behandlung von Altgeräten kann auch außerhalb Deutschlands oder außerhalb der Europäischen Union durchgeführt werden. [2]Die Voraussetzung hierfür ist eine ordnungsgemäße Ausfuhr, die insbesondere im Einklang steht mit

1. der Verordnung (EG) Nr. 1013/2006 in der jeweils geltenden Fassung,
2. der Verordnung (EG) Nr. 1418/2007 der Kommission vom 29. November 2007 über die Ausfuhr von bestimmten in Anhang III oder IIIA der Verordnung (EG) Nr. 1013/2006 des Europäischen Parlaments und des Rates aufgeführten Abfällen, die zur Verwertung bestimmt sind, in bestimmte Staaten, für die der OECD-Beschluss über die Kontrolle der grenzüberschreitenden Verbringung von Abfällen nicht gilt (ABl. L 316 vom 4.12.2007, S. 6), die zuletzt durch die Verordnung (EU) Nr. 733/2014 (ABl. L 197 vom 4.7.2014, S. 10) geändert worden ist, in der jeweils geltenden Fassung, und
3. dem Abfallverbringungsgesetz vom 19. Juli 2007 (BGBl. I S. 1462), das zuletzt durch Artikel 4 Absatz 34 des Gesetzes vom 7. August 2013 (BGBl. I S. 3154) geändert worden ist, in der jeweils geltenden Fassung.

(4) Altgeräte, die nicht entsprechend den Anforderungen der Absätze 1 und 2 behandelt wurden, dürfen nicht beseitigt werden.

**§ 21 Zertifizierung.** (1) Die Erstbehandlung von Altgeräten darf ausschließlich durch zertifizierte Erstbehandlungsanlagen durchgeführt werden.

(2) [1]Der Betreiber einer Erstbehandlungsanlage ist verpflichtet, die Anlage jährlich durch einen geeigneten Sachverständigen zertifizieren zu lassen. [2]Geeignet ist ein Sachverständiger, der

1. nach § 36 der Gewerbeordnung öffentlich bestellt ist,
2. als Umweltgutachter oder Umweltgutachterorganisation auf Grund einer Zulassung nach den §§ 9 und 10 oder nach Maßgabe des § 18 des Umweltauditgesetzes[1)] in der Fassung der Bekanntmachung vom 4. September 2002 (BGBl. I S. 3490), das zuletzt durch Artikel 2 Absatz 43 des Gesetzes vom 7. August 2013 (BGBl. I S. 3154) geändert worden ist, in der jeweils geltenden Fassung, in dem Bereich tätig werden darf, der näher bestimmt wird durch Anhang I Abschnitt E Abteilung 38 der Verordnung (EG) Nr. 1893/2006 des Europäischen Parlaments und des Rates vom 20. Dezember 2006 zur Aufstellung der statistischen Systematik der Wirtschaftszweige NACE Revision 2 und zur Änderung der Verordnung (EWG) Nr. 3037/90 des Rates sowie einiger Verordnungen der EG über bestimmte Bereiche der Statistik (ABl. L 393 vom 30.12.2006, S. 1), die zuletzt durch die Verordnung (EG) Nr. 295/2008 (ABl. L 97 vom 9.4.2008, S. 13) geändert worden ist, in der jeweils geltenden Fassung, oder
3. in einem anderen Mitgliedstaat der Europäischen Union oder in einem anderen Vertragsstaat des Abkommens über den Europäischen Wirtschaftsraum niedergelassen ist, seine Tätigkeit im Inland nur vorübergehend und

---

[1)] Nr. **2.8**.

gelegentlich ausüben will und seine Berufsqualifikation vor Aufnahme der Tätigkeit entsprechend den §§ 13a und 13b der Gewerbordnung hat nachprüfen lassen; Verfahren nach dieser Nummer können über eine einheitliche Stelle abgewickelt werden.

³ Der Betreiber einer Erstbehandlungsanlage hat sicherzustellen, dass spätestens nach fünf Jahren der durchgängigen Prüfung durch denselben Sachverständigen ein anderer Sachverständiger die Anlage zertifiziert.

(3) Der Sachverständige darf das Zertifikat für die Tätigkeiten der Schadstoffentfrachtung und Wertstoffseparierung nur dann erteilen, wenn

1. in der Anlage die Durchführung der Tätigkeiten einer Erstbehandlung möglich ist, wobei die Durchführung der Verwertungsverfahren R 12 und R 13 nach Anlage 2 zum Kreislaufwirtschaftsgesetz[1)] allein nicht ausreichend ist,
2. die Anlage technisch geeignet ist, die Behandlungsanforderungen nach § 20 Absatz 2 und nach der Rechtsverordnung nach § 24 Nummer 2 einzuhalten,
3. der Betreiber der Anlage ein Behandlungskonzept vorlegt, das den Anforderungen nach Anlage 5 genügt,
4. der Betreiber der Anlage ein Betriebstagebuch gemäß Anlage 5a führt und
5. in der Anlage alle Primärdaten nach § 22 Absatz 3 Satz 1, die zur Berechnung und zum Nachweis der Verwertungsquoten erforderlich sind, sowie nach § 22 Absatz 4 Satz 1 und 2 in nachvollziehbarer Weise dokumentiert werden.

(4) ¹ Der Sachverständige darf das Zertifikat für die Tätigkeiten der Vorbereitung zur Wiederverwendung nur dann erteilen, wenn

1. in der Anlage nur Tätigkeiten der Vorbereitung zur Wiederverwendung durchgeführt werden,
2. die Anlage technisch geeignet ist, die Altgeräte so zu prüfen, zu reinigen und zu reparieren, dass diese ohne weitere Vorbehandlung wieder für denselben Zweck verwendet werden können, für den sie ursprünglich bestimmt waren, und
3. der Betreiber der Anlage ein Behandlungskonzept vorlegt, das den Anforderungen der Anlage 5, mit Ausnahme der Nummer 4 Buchstabe b und der Nummer 5 Buchstabe b, genügt.

²Absatz 3 Nummer 4 gilt entsprechend. ³Absatz 3 Nummer 5 gilt mit der Maßgabe, dass an der Anlage alle Primärdaten nach § 22 Absatz 3 Satz 1 in nachvollziehbarer Weise zu dokumentieren sind.

(5) Das Zertifikat gilt längstens 18 Monate.

(6) Der Sachverständige hat bei Beanstandungen dem Betreiber zur Erfüllung der Voraussetzungen nach Absatz 3 oder 4 eine dreimonatige Frist zu setzen, die nicht verlängert werden darf.

(7) ¹ Bei der Überprüfung der Voraussetzungen nach Absatz 3 oder 4 durch den Sachverständigen sind die Ergebnisse von Prüfungen zu berücksichtigen, die durchgeführt wurden

1. von einem unabhängigen Umweltgutachter oder einer Umweltgutachterorganisation im Rahmen einer Prüfung gemäß Artikel 4 Absatz 5 und Artikel 6 Absatz 1 Buchstabe a der Verordnung (EG) Nr. 1221/2009[2)] des

---

[1)] Nr. **5.1**.
[2)] Nr. **2.7**.

Europäischen Parlaments und des Rates vom 25. November 2009 über die freiwillige Teilnahme von Organisationen an einem Gemeinschaftssystem für Umweltmanagement und Umweltbetriebsprüfung und zur Aufhebung der Verordnung (EG) Nr. 761/2001, sowie der Beschlüsse der Kommission 2001/681/EG und 2006/193/EG (ABl. L 342 vom 22.12.2009, S. 1),

2. von einer nach DIN EN ISO/IEC 17021[1)] akkreditierten Stelle im Rahmen der Zertifizierung eines Qualitätsmanagements nach DIN EN ISO 9001[2)] oder 9004[3)] oder

3. auf Grund wasserrechtlicher Vorschriften von Sachverständigen im Rahmen der Überprüfung von Anlagen zum Umgang mit wassergefährdenden Stoffen im Sinne des Wasserhaushaltsgesetzes.

[2]§ 22 Absatz 2 Satz 1, 2 und 4 und Absatz 3 Satz 2 der Entsorgungsfachbetriebeverordnung vom 2. Dezember 2016 (BGBl. I S. 2770), die durch Artikel 2 Absatz 2 des Gesetzes vom 5. Juli 2017 (BGBl. I S. 2234) geändert worden ist, gilt entsprechend. [3]Im Zertifikat ist auszuweisen, ob die Anlage nach Absatz 3 oder Absatz 4 zertifiziert wurde. [4]Sofern Zertifizierungen nach den Absätzen 3 und 4 für eine Anlage erteilt werden, sind jeweils getrennte Zertifikate zu erstellen.

(8) [1]Behandlungsanlagen gelten als Erstbehandlungsanlage im Sinne dieses Gesetzes zertifiziert, wenn

1. der Betrieb Entsorgungsfachbetrieb ist und

2. die Einhaltung der Anforderungen dieses Gesetzes
   a) geprüft ist und
   b) im Überwachungsbericht nach § 23 in Verbindung mit Anlage 2 der Entsorgungsfachbetriebeverordnung sowie im Zertifikat nach § 56 Absatz 3 des Kreislaufwirtschaftsgesetzes in Verbindung mit Anlage 3 der Entsorgungsfachbetriebeverordnung ausgewiesen ist.

[2]Absatz 7 Satz 3 bleibt unberührt. [3]Im Fall des Satzes 1 kann das Betriebstagebuch nach Anlage 5a gemeinsam mit dem Betriebstagebuch nach § 5 der Entsorgungsfachbetriebeverordnung geführt werden.

**§ 22 Verwertung.** (1) Altgeräte sind so zu behandeln, dass

1. bei Altgeräten der Kategorien 1 und 4
   a) der Anteil der Verwertung mindestens 85 Prozent beträgt und
   b) der Anteil der Vorbereitung zur Wiederverwendung und des Recyclings mindestens 80 Prozent beträgt,

2. bei Altgeräten der Kategorie 2
   a) der Anteil der Verwertung mindestens 80 Prozent beträgt und
   b) der Anteil der Vorbereitung zur Wiederverwendung und des Recyclings mindestens 70 Prozent beträgt,

---

[1)] **Amtl. Anm.:** Konformitätsbewertung – Anforderungen an Stellen, die Managementsysteme auditieren und zertifizieren, Ausgabe November 2015, zu beziehen über die Beuth Verlag GmbH, Berlin.
[2)] **Amtl. Anm.:** Qualitätsmanagementsysteme – Anforderungen, Ausgabe November 2015, zu beziehen über die Beuth Verlag GmbH, Berlin.
[3)] **Amtl. Anm.:** Leiten und Lenken für den nachhaltigen Erfolg einer Organisation – ein Qualitätsmanagementansatz, Ausgabe Dezember 2009, zu beziehen über die Beuth Verlag GmbH, Berlin.

3. bei Altgeräten der Kategorien 5 und 6
   a) der Anteil der Verwertung mindestens 75 Prozent beträgt und
   b) der Anteil der Vorbereitung zur Wiederverwendung und des Recyclings mindestens 55 Prozent beträgt und
4. bei Altgeräten der Kategorie 3 der Anteil des Recyclings mindestens 80 Prozent beträgt.

(2) ¹Der nach Absatz 1 jeweils geforderte Anteil wird dadurch berechnet, indem für jede Gerätekategorie die Masse der Materialien, die von Altgeräten stammen und die nach ordnungsgemäßer Erstbehandlung einem Verwertungsverfahren zugeführt werden, durch die Masse aller getrennt erfassten Altgeräte dieser Gerätekategorie geteilt wird. ²Vorbereitende Maßnahmen einschließlich Sortierung, Lagerung, Demontage, Schreddern oder andere Vorbehandlungen zur Entfernung von Abfallmaterialien, die nicht für eine spätere Weiterverarbeitung bestimmt sind, vor der Verwertung gelten nicht als Verwertungsverfahren und bleiben bei der Berechnung der Anteile nach Absatz 1 unberücksichtigt. ³Bei der Berechnung der jeweiligen Verwertungsvorgaben nach Absatz 1 ist der Durchführungsbeschluss (EU) 2019/2193 der Kommission vom 17. Dezember 2019 zur Festlegung der Vorschriften für die Berechnung, die Prüfung und die Übermittlung von Daten sowie der Datenformate für die Zwecke der Richtlinie 2012/19/EU des Europäischen Parlaments und des Rates über Elektro- und Elektronik-Altgeräte (ABl. L 330 vom 20.12.2019, S. 72) zu berücksichtigen.

(3) ¹Im Rahmen der Zertifizierung nach § 21 Absatz 2 bis 4 muss der Betreiber der Erstbehandlungsanlage nachweisen, dass er alle Aufzeichnungen über die Masse der Altgeräte, ihrer Bauteile, Werkstoffe und Stoffe führt, wenn diese

1. der Erstbehandlungsanlage zugeführt werden,
2. die Erstbehandlungsanlage verlassen,
3. der Verwertungsanlage zugeführt werden und
4. die Verwertungsanlage verlassen.

²Die Betreiber der weiteren Behandlungs- und Verwertungsanlagen stellen zu diesem Zweck dem Betreiber der Erstbehandlungsanlage die entsprechenden Daten zur Verfügung. ³Der Betreiber einer Erstbehandlungsanlage ist verpflichtet, die von ihm erfassten Daten den öffentlich-rechtlichen Entsorgungsträgern, Herstellern, im Fall der Bevollmächtigung nach § 8 deren Bevollmächtigten und den Vertreibern mitzuteilen, soweit sie zur Ermittlung von Mengenströmen diese Daten für die Erfüllung ihrer Pflichten nach den §§ 26, 27 und 29 benötigen.

(4) ¹Bei den Aufzeichnungen nach Absatz 3 Satz 1 Nummer 2 bis 4 hat der Betreiber der Erstbehandlungsanlage, der nach § 21 Absatz 2 und 3 für die Schadstoffentfrachtung und Wertstoffseparierung zertifiziert ist, gesonderte Angaben zu den in den Altgeräten enthaltenen Kunststoffen und zu ihrem jeweiligen Anteil je Kategorie zu machen. ²Für die Aufzeichnungen nach Absatz 3 Satz 1 Nummer 2 können diejenigen Erstbehandlungsanlagen, die Altgeräte der Kategorie 4 behandeln, die hierfür erforderlichen Daten durch einheitliche Verfahren ermitteln. ³Die Aufzeichnungen zu Kunststoffen nach Absatz 3 Satz 1 Nummer 3 und 4 sind in Recycling und sonstige Verwertung zu differenzieren. ⁴Absatz 3 Satz 2 gilt entsprechend. ⁵Der Betreiber der Erstbehandlungsanlage

übermittelt die Daten nach den Sätzen 1 und 3 jährlich bis zum Ablauf des 30. April des Folgejahres an das Umweltbundesamt. [6] Das Umweltbundesamt kann die Übermittlungsform, eine bestimmte Verschlüsselung und einheitliche Datenformate vorgeben. [7] Die Vorgaben sind auf den Internetseiten des Umweltbundesamtes zu veröffentlichen. [8] Die Bundesregierung überprüft bis zum Ablauf des 31. Dezember 2024 unter Berücksichtigung des Standes der Technik und auf der Grundlage der abfallwirtschaftlichen Entwicklung, ob und inwieweit eine Recyclingquote für Kunststoffe aus Altgeräten einzuführen ist.

(5) Altgeräte, die aus der Europäischen Union ausgeführt werden, dürfen nur dann bei der Berechnung der in Absatz 1 festgelegten Anteile berücksichtigt werden, wenn

1. die Ausfuhr entsprechend § 20 Absatz 3 erfolgt und
2. der Exporteur im Einklang mit der Verordnung (EG) Nr. 1013/2006 und der Verordnung (EG) Nr. 1418/2007 bewiesen hat, dass die Behandlung unter Bedingungen erfolgt ist, die den Anforderungen nach § 20 gleichwertig sind.

**§ 23 Anforderungen an die Verbringung.** (1) Gebrauchte Elektro- und Elektronikgeräte, bei denen es sich möglicherweise um Altgeräte handelt, dürfen nur nach Maßgabe der Anlage 6 in den, aus dem und durch den Geltungsbereich dieses Gesetzes verbracht werden.

(2) [1] Die zuständigen Landesbehörden sowie die zuständigen Behörden nach § 14 Absatz 1 und 2 Satz 1 des Abfallverbringungsgesetzes überwachen die Einhaltung der Vorgaben des Absatzes 1. [2] § 11 Absatz 2 Satz 2 und 3 des Abfallverbringungsgesetzes gilt entsprechend.

(3) Die Kosten angemessener Analysen und Kontrollen, einschließlich der Lagerungskosten, von gebrauchten Elektro- und Elektronikgeräten, bei denen es sich vermutlich um Altgeräte handelt, können denjenigen Herstellern oder im Fall der Bevollmächtigung nach § 8 deren Bevollmächtigten, den in ihrem Namen oder Auftrag handelnden Dritten oder anderen Personen auferlegt werden, die die Verbringung von gebrauchten Elektro- und Elektronikgeräten, bei denen es sich vermutlich um Altgeräte handelt, veranlassen.

(4) [1] Es wird widerlegbar vermutet, dass ein Gegenstand ein Altgerät ist und eine illegale Verbringung vorliegt, wenn

1. die entsprechenden Unterlagen gemäß Anlage 6 zum Nachweis, dass es sich bei einem Gegenstand um ein gebrauchtes Elektro- oder Elektronikgerät und nicht um ein Altgerät handelt, fehlen; für diese Unterlagen hat der Besitzer, der die Beförderung veranlasst, zu sorgen,
2. die vorgelegten Unterlagen nicht ausreichend zur Beurteilung sind, oder
3. ein angemessener Schutz vor Beschädigung bei der Beförderung und beim Be- und Entladen, insbesondere durch ausreichende Verpackung und eine geeignete Stapelung der Ladung, fehlt; für den angemessenen Schutz hat der Besitzer, der die Beförderung veranlasst, zu sorgen.

[2] In diesem Fall gelten die Artikel 24 und 25 der Verordnung (EG) Nr. 1013/2006.

(5) [1] Die zuständigen Behörden nach § 14 Absatz 1 und 2 Satz 1 des Abfallverbringungsgesetzes überwachen die Verbringung von Altgeräten, insbesondere Ausfuhren aus der Europäischen Union, gemäß der Verordnung (EG)

Elektro- und Elektronikgerätegesetz §§ 24–26 ElektroG 5.2

Nr. 1013/2006, der Verordnung (EG) Nr. 1418/2007 und dem Abfallverbringungsgesetz. ²§ 11 Absatz 2 Satz 2 und 3 des Abfallverbringungsgesetzes gilt entsprechend.

**§ 24 Verordnungsermächtigungen.** Die Bundesregierung wird ermächtigt, durch Rechtsverordnung[1)] mit Zustimmung des Bundesrates

1. die näheren Anforderungen an die Prüfung nach § 20 Absatz 1 durch öffentlich-rechtliche Entsorgungsträger, Vertreiber, Hersteller, deren Bevollmächtigte und Behandlungsanlagen,
2. weiter gehende Anforderungen an die Behandlung von Altgeräten, einschließlich der Verwertung, des Recyclings und der Vorbereitung zur Wiederverwendung, sowie Anforderungen an den Schutz personenbezogener Daten bei der Vorbereitung zur Wiederverwendung,
3. die näheren Anforderungen an den Nachweis nach § 22 Absatz 5 Nummer 2, insbesondere Kriterien zur Beurteilung der Frage, ob die vorgenommene Behandlung den Anforderungen nach § 20 gleichwertig ist, und
4. zusätzliche Inspektions- und Überwachungsvorschriften bezüglich Verbringungen und einheitliche Bedingungen für die Durchführung von Anlage 6 Nummer 2

festzulegen.

### Abschnitt 5. Anzeige-, Mitteilungs- und Informationspflichten

**§ 25 Anzeigepflichten der öffentlich-rechtlichen Entsorgungsträger und der Betreiber von Erstbehandlungsanlagen.** (1) ¹Jeder öffentlich-rechtliche Entsorgungsträger hat die von ihm eingerichteten Übergabestellen der zuständigen Behörde anzuzeigen. ²Änderungen im Hinblick auf die angezeigten Übergabestellen sind unverzüglich anzuzeigen. ³Die Absicht der Optierung nach § 14 Absatz 5 Satz 1 hat der nach Landesrecht für die Verwertung und Beseitigung von Altgeräten zuständige öffentlich-rechtliche Entsorgungsträger der zuständigen Behörde sechs Monate vor Beginn der eigenverantwortlichen Entsorgung anzuzeigen. ⁴Der Anzeige sind die Anschrift sowie Kontaktinformationen des optierenden öffentlich-rechtlichen Entsorgungsträgers beizufügen.

(2) ¹Betreiber einer Erstbehandlungsanlage haben der zuständigen Behörde für jeden zertifizierten Standort die Behandlungstätigkeit anzuzeigen, bevor sie diese aufnehmen. ²Die Anzeige muss die Anschrift sowie die Kontaktinformationen des Betreibers, das Zertifikat nach § 21 und Angaben über die Art der Tätigkeiten sowie die behandelten Kategorien enthalten. ³Nach der Anzeige erfolgte Erneuerungen des Zertifikats sind der zuständigen Behörde unverzüglich zu übermitteln. ⁴Die Aufgabe der Behandlungstätigkeit ist der zuständigen Behörde unverzüglich mitzuteilen.

**§ 26 Mitteilungspflichten der öffentlich-rechtlichen Entsorgungsträger.** (1) ¹Jeder öffentlich-rechtliche Entsorgungsträger hat der Gemeinsamen Stelle im Fall der Optierung nach § 14 Absatz 5 Satz 1 Folgendes mitzuteilen:

---

[1)] Siehe die Elektro- und Elektronik-Altgeräte-BehandlungsVO v. 21.6.2021 (BGBl. I S. 1841).

601

## 5.2 ElektroG § 27  Elektro- und Elektronikgerätegesetz

1. monatlich die von ihm je Gruppe und Kategorie an die Erstbehandlungsanlage abgegebenen Altgeräte,
2. die von ihm je Kategorie im Kalenderjahr zur Wiederverwendung vorbereiteten Altgeräte,
2a. die von ihm je Kategorie im Kalenderjahr recycelten Altgeräte,
3. die von ihm je Kategorie im Kalenderjahr verwerteten Altgeräte,
4. die von ihm je Kategorie im Kalenderjahr beseitigten Altgeräte und
5. die von ihm je Kategorie im Kalenderjahr in Länder der Europäischen Union oder in Drittstaaten zur Behandlung ausgeführten Altgeräte.

²Bei diesen Mitteilungen sind in den Kategorien 4 und 5 Photovoltaikmodule und andere Altgeräte gesondert auszuweisen. ³Soweit die öffentlich-rechtlichen Entsorgungsträger im jeweiligen Monat keine Altgeräte an die Erstbehandlungsanlage abgeben, ist der Betrag mit null anzugeben (Nullmenge). ⁴Die Mitteilungen in den Fällen des Satzes 1 Nummer 1 haben bis zum 15. des Monats, der auf den Monat folgt, für den die jeweiligen Angaben mitzuteilen sind, zu erfolgen. ⁵Die Mitteilungen nach Satz 1 Nummer 2 bis 5 müssen der Gemeinsamen Stelle bis zum 30. April des darauf folgenden Kalenderjahres vorliegen. ⁶Die Mitteilungen müssen die Formatvorgaben der Gemeinsamen Stelle gemäß § 33 Absatz 1 Satz 4 erfüllen.

(2) ¹Bei den Mitteilungen nach Absatz 1 ist das Gewicht anzugeben. ²Soweit das nicht möglich ist, genügt eine fundierte Schätzung. ³Die Gemeinsame Stelle kann verlangen, dass die Angaben nach Absatz 1 Satz 1 durch einen unabhängigen Sachverständigen innerhalb einer angemessenen Frist bestätigt werden. ⁴Sie ist berechtigt, für diese Bestätigung die Prüfkriterien festzulegen.

(3) Jeder öffentlich-rechtliche Entsorgungsträger hat darüber hinaus der Gemeinsamen Stelle jährlich bis zum 30. April die im vorangegangenen Kalenderjahr bei den Erstbehandlungsanlagen zusammengefassten Mengen nach § 22 Absatz 3 nach Gewicht zu melden.

(4) Ist die Gemeinsame Stelle nicht eingerichtet, teilt der öffentlich-rechtliche Entsorgungsträger die Daten nach den Absätzen 1 bis 3 der zuständigen Behörde mit.

**§ 27 Mitteilungspflichten der Hersteller.** (1) ¹Jeder Hersteller oder im Fall der Bevollmächtigung nach § 8 dessen Bevollmächtigter hat der Gemeinsamen Stelle zu den in Absatz 2 genannten Zeitpunkten unter Angabe seiner Registrierungsnummer und des Berichtszeitraumes Folgendes gemäß den Sätzen 2 und 3 mitzuteilen:

1. monatlich die vom Hersteller je Geräteart in Verkehr gebrachten Elektro- und Elektronikgeräte; die Menge der vom Hersteller in Verkehr gebrachten Geräte, für die eine Garantie nach § 7 Absatz 1 Satz 1 erforderlich ist, ist gesondert auszuweisen,
2. monatlich die je Geräteart ins Ausland verbrachten Elektro- und Elektronikgeräte, die zuvor vom Hersteller nach Nummer 1 in Verkehr gebracht worden sind; dabei sind zurückgenommene gebrauchte Elektro- und Elektronikgeräte, die nach der Rücknahme ins Ausland ausgeführt werden, gesondert auszuweisen,

3. unverzüglich nach jeder Abholung die von ihm je Gruppe nach § 16 Absatz 1 Satz 1 bei den öffentlich-rechtlichen Entsorgungsträgern abgeholten Altgeräte,
4. monatlich die von ihm je Geräteart nach § 16 Absatz 5 zurückgenommenen Altgeräte,
5. die von ihm je Geräteart und Kategorie im Kalenderjahr zurückgenommenen Altgeräte, für die keine Garantie nach § 7 Absatz 1 Satz 1 erforderlich ist,
6. die von ihm je Kategorie im Kalenderjahr zur Wiederverwendung vorbereiteten Altgeräte,
6a. die von ihm je Kategorie im Kalenderjahr recycelten Altgeräte,
7. die von ihm je Kategorie im Kalenderjahr verwerteten Altgeräte,
8. die von ihm je Kategorie im Kalenderjahr beseitigten Altgeräte und
9. die von ihm je Kategorie im Kalenderjahr in Länder der Europäischen Union oder in Drittstaaten zur Behandlung ausgeführten Altgeräte.

[2] Bei diesen Mitteilungen sind in den Kategorien 4 und 5 Photovoltaikmodule und andere Altgeräte gesondert auszuweisen. [3] Soweit der Hersteller keine Geräte in Verkehr gebracht hat, ist der Betrag mit null anzugeben (Nullmenge). [4] Die Mitteilungen müssen die Formatvorgaben der Gemeinsamen Stelle gemäß § 33 Absatz 1 Satz 4 erfüllen.

(2) [1] Die Mitteilungen in den Fällen des Absatzes 1 Satz 1 Nummer 1, 2 und 4 haben bis zum 15. des Monats, der auf den Monat folgt, für den die jeweiligen Angaben mitzuteilen sind, zu erfolgen. [2] Es können abweichende Mitteilungszeiträume mit der Gemeinsamen Stelle vereinbart werden. [3] Sofern keine Garantie nach § 7 Absatz 1 Satz 1 erforderlich ist, erfolgt die Mitteilung nach Absatz 1 Satz 1 Nummer 1 und 2 jährlich bis zum 30. April des darauf folgenden Kalenderjahres. [4] Die Mitteilungen nach Absatz 1 Satz 1 Nummer 5 bis 9 müssen der Gemeinsamen Stelle bis zum 30. April des darauf folgenden Kalenderjahres vorliegen.

(3) [1] Bei den Mitteilungen nach Absatz 1 ist das Gewicht anzugeben. [2] Soweit das nicht möglich ist, genügt eine fundierte Schätzung. [3] Die Gemeinsame Stelle kann verlangen, dass die Angaben nach Absatz 1 Satz 1 durch einen unabhängigen Sachverständigen innerhalb einer angemessenen Frist bestätigt werden. [4] Sie ist berechtigt, für diese Bestätigung die Prüfkriterien festzulegen.

(4) [1] Jeder Hersteller oder im Fall der Bevollmächtigung nach § 8 dessen Bevollmächtigter hat darüber hinaus der Gemeinsamen Stelle jährlich bis zum 30. April die im vorangegangenen Kalenderjahr bei den Erstbehandlungsanlagen zusammengefassten Mengen nach § 22 Absatz 3 nach Gewicht zu melden. [2] Die Mitteilung nach Satz 1 sowie nach Absatz 1 Satz 1 Nummer 3 bis 9 hat auch abzugeben, wer zu irgendeinem Zeitpunkt des Zeitraums, auf den sich die Mitteilung bezieht, Hersteller oder Bevollmächtigter war, zum Zeitpunkt der Abgabe an die Gemeinsame Stelle aber nicht mehr als Hersteller oder Bevollmächtigter registriert ist. [3] Die Gemeinsame Stelle eröffnet jedem Hersteller oder im Fall der Bevollmächtigung nach § 8 dessen Bevollmächtigtem die Möglichkeit, die Mitteilungen mindestens bis zum 30. April des Jahres, das auf das Jahr folgt, in dem die Registrierung des Herstellers oder im Fall der Bevollmächtigung nach § 8 dessen Bevollmächtigten weggefallen ist, abzugeben.

(5) Ist die Gemeinsame Stelle nicht eingerichtet, teilt der Hersteller oder im Fall der Bevollmächtigung nach § 8 dessen Bevollmächtigter die Daten nach den Absätzen 1 bis 4 der zuständigen Behörde mit.

**§ 28 Informationspflichten der Hersteller gegenüber Wiederverwendungseinrichtungen und Behandlungsanlagen.** (1) Jeder Hersteller hat den Wiederverwendungseinrichtungen und den Behandlungsanlagen Informationen über die Wiederverwendung, die Vorbereitung zur Wiederverwendung und die Behandlung für jeden in Verkehr gebrachten Typ neuer Elektro- und Elektronikgeräte kostenlos zur Verfügung zu stellen.

(2) [1] Die Informationen sind innerhalb eines Jahres nach dem Inverkehrbringen des jeweiligen Gerätes in Form von Handbüchern oder elektronisch zur Verfügung zu stellen. [2] Die Informationen sind in deutscher oder englischer Sprache zu verfassen.

(3) [1] Aus den Informationen muss sich ergeben, welche verschiedenen Bauteile und Werkstoffe die Elektro- und Elektronikgeräte enthalten und an welcher Stelle sich in den Elektro- und Elektronikgeräten gefährliche Stoffe und Gemische befinden. [2] Die Pflicht nach Satz 1 besteht nur, soweit dies für die Wiederverwendungseinrichtungen und die Behandlungsanlagen erforderlich ist, um den Bestimmungen dieses Gesetzes nachkommen zu können.

**§ 29 Mitteilungspflichten der Vertreiber.** (1) [1] Jeder Vertreiber hat der Gemeinsamen Stelle im Fall des § 17 Absatz 5 bis zum 30. April des folgenden Kalenderjahres Folgendes gemäß Satz 2 mitzuteilen:

1. die von ihm je Kategorie im Kalenderjahr zurückgenommenen Altgeräte,
2. die von ihm je Kategorie im Kalenderjahr zur Wiederverwendung vorbereiteten Altgeräte,
2a. die von ihm je Kategorie im Kalenderjahr recycelten Altgeräte,
3. die von ihm je Kategorie im Kalenderjahr verwerteten Altgeräte,
4. die von ihm je Kategorie im Kalenderjahr beseitigten Altgeräte und
5. die von ihm je Kategorie im Kalenderjahr in Länder der Europäischen Union oder in Drittstaaten zur Behandlung ausgeführten Altgeräte.

[2] Bei diesen Mitteilungen sind in den Kategorien 4 und 5 Photovoltaikmodule und andere Altgeräte gesondert auszuweisen. [3] Die Mitteilungen müssen die Formatvorgaben der Gemeinsamen Stelle gemäß § 33 Absatz 1 Satz 4 erfüllen.

(2) [1] Bei den Mitteilungen nach Absatz 1 ist das Gewicht anzugeben. [2] Soweit das nicht möglich ist, genügt eine fundierte Schätzung. [3] Die Gemeinsame Stelle kann verlangen, dass die Angaben nach Absatz 1 Satz 1 durch einen unabhängigen Sachverständigen innerhalb einer angemessenen Frist bestätigt werden. [4] Sie ist berechtigt, für diese Bestätigung die Prüfkriterien festzulegen.

(3) Jeder Vertreiber hat im Fall des § 17 Absatz 5 darüber hinaus der Gemeinsamen Stelle jährlich bis zum 30. April die im vorangegangenen Kalenderjahr bei den Erstbehandlungsanlagen zusammengefassten Mengen nach § 22 Absatz 3 nach Gewicht zu melden.

(4) Ist die Gemeinsame Stelle nicht eingerichtet, teilt der Vertreiber die Daten nach den Absätzen 1 bis 3 der zuständigen Behörde mit.

## § 30 Mitteilungspflichten der Betreiber von Erstbehandlungsanlagen.

(1) ¹Jeder Betreiber einer Erstbehandlungsanlage hat im Fall der Rücknahme nach § 17a, der Übernahme nach § 17b und der Entsorgung im Auftrag von Endnutzern nach § 19 Absatz 2 Satz 2 der Gemeinsamen Stelle bis zum Ablauf des 30. April des folgenden Kalenderjahres Folgendes gemäß den Sätzen 2 und 3 mitzuteilen:

1. die von ihm je Kategorie im Kalenderjahr angenommenen Altgeräte,
2. die von ihm je Kategorie im Kalenderjahr zur Wiederverwendung vorbereiteten Altgeräte,
3. die von ihm je Kategorie im Kalenderjahr recycelten Altgeräte,
4. die von ihm je Kategorie im Kalenderjahr verwerteten Altgeräte,
5. die von ihm je Kategorie im Kalenderjahr beseitigten Altgeräte und
6. die von ihm je Kategorie im Kalenderjahr in Länder der Europäischen Union oder in Drittstaaten zur Behandlung ausgeführten Altgeräte.

²Bei diesen Mitteilungen sind in den Kategorien 4 und 5 Photovoltaikmodule und andere Altgeräte gesondert auszuweisen. ³Die Mitteilungen nach Satz 1 sind nach den jeweiligen Rücknahme-, Übernahme- und Entsorgungswegen nach Satz 1 zu trennen. ⁴Die Mitteilungen müssen die Formatvorgaben der Gemeinsamen Stelle gemäß § 33 Absatz 1 Satz 4 erfüllen.

(2) ¹Bei den Mitteilungen nach Absatz 1 ist das Gewicht anzugeben. ²Soweit das nicht möglich ist, genügt eine fundierte Schätzung. ³Die Gemeinsame Stelle kann verlangen, dass die Angaben nach Absatz 1 durch einen unabhängigen Sachverständigen innerhalb einer angemessenen Frist bestätigt werden. ⁴Sie ist berechtigt, für diese Bestätigung die Prüfkriterien festzulegen.

(3) Ist die Gemeinsame Stelle nicht eingerichtet, teilt die Erstbehandlungsanlage die Daten nach den Absätzen 1 und 2 der zuständigen Behörde mit.

### Abschnitt 6. Gemeinsame Stelle

## § 31 Aufgaben der Gemeinsamen Stelle.

(1) ¹Die Gemeinsame Stelle unterstützt die zuständige Behörde bei der Vorbereitung ihrer Entscheidungen nach § 15 Absatz 4 Satz 1 und § 37 Absatz 1, 5 und 6 sowie § 38 Absatz 3 und 4. ²Sie ist verpflichtet, der zuständigen Behörde Auskunft zu erteilen über die Mitteilungen der öffentlich-rechtlichen Entsorgungsträger nach § 26, der Hersteller oder im Fall der Bevollmächtigung nach § 8 deren Bevollmächtigter nach § 27, der Vertreiber nach § 29 sowie der Betreiber von Erstbehandlungsanlagen nach § 30 und über die Berechnung nach den Absätzen 5 bis 7. ³Die Gemeinsame Stelle unterrichtet die öffentlich-rechtlichen Entsorgungsträger, Hersteller oder im Fall der Bevollmächtigung nach § 8 deren Bevollmächtigte, Vertreiber und Betreiber von Erstbehandlungsanlagen in geeigneter Weise über die Aufgaben und Pflichten aus diesem Gesetz. ⁴Die Gemeinsame Stelle informiert die Endnutzer über

1. deren Pflicht nach § 10 Absatz 1,
2. die Rückgabemöglichkeiten für Altgeräte,
3. die Eigenverantwortung der Endnutzer im Hinblick auf das Löschen personenbezogener Daten auf den zu entsorgenden Altgeräten und
4. die Bedeutung des Symbols nach Anlage 3.

⁵ Die Gemeinsame Stelle hat eine einheitliche Kennzeichnung für Sammel- und Rücknahmestellen zu entwerfen, diese den Sammel- und Rücknahmestellen unentgeltlich zur Verfügung zu stellen und bei den Sammel- und Rücknahmestellen dauerhaft für deren Nutzung zu werben.

(2) ¹ Die Gemeinsame Stelle erfasst die Mitteilungen der zuständigen Behörde nach § 38 Absatz 1. ² Sie veröffentlicht die registrierten Hersteller und die registrierten Bevollmächtigten mit den von diesen vertretenen Herstellern mit der Marke, Geräteart und Registrierungsnummer einschließlich des Registrierungsdatums sowie das Bundesland und die Postleitzahl vom Sitz des Herstellers oder im Fall der Bevollmächtigung nach § 8 des Bevollmächtigten im Internet. ³ Für Hersteller oder Bevollmächtigte, deren Registrierung bei der zuständigen Behörde beendet ist, ist zusätzlich das Datum des Marktaustritts anzugeben. ⁴ Die im Internet veröffentlichten Daten nach den Sätzen 2 und 3 sind dort drei Jahre nach dem Ende der Registrierung des Herstellers oder des Bevollmächtigten zu löschen.

(3) ¹ Die Gemeinsame Stelle erfasst die Mitteilungen der zuständigen Behörde nach § 38 Absatz 2. ² Sie veröffentlicht ein Verzeichnis der Betreiber von Erstbehandlungsanlagen. ³ Dabei hat sie je Erstbehandlungsanlage die abfallwirtschaftliche Tätigkeit und die behandelten Kategorien anzugeben. ⁴ Sofern kein gültiges Zertifikat durch die Erstbehandlungsanlage nach § 25 Absatz 2 übermittelt wurde, ist der Eintrag aus dem Verzeichnis zu löschen.

(4) ¹ Die Gemeinsame Stelle nimmt die Meldungen der öffentlich-rechtlichen Entsorgungsträger nach § 14 Absatz 3 sowie § 15 Absatz 4 Satz 2 entgegen. ² Sie erfasst und prüft darüber hinaus die Mitteilungen der öffentlich-rechtlichen Entsorgungsträger nach § 26, der Hersteller nach § 27, der Vertreiber nach § 29 sowie der Betreiber von Erstbehandlungsanlagen nach § 30.

(5) ¹ Die Gemeinsame Stelle berechnet den Anteil der Altgeräte, die von jedem registrierten Hersteller oder im Fall der Bevollmächtigung nach § 8 dessen Bevollmächtigtem bei den öffentlich-rechtlichen Entsorgungsträgern abzuholen sind, und meldet die Ergebnisse der Berechnung der zuständigen Behörde. ² Für historische Altgeräte berechnet sich die Verpflichtung jedes Herstellers oder im Fall der Bevollmächtigung nach § 8 dessen Bevollmächtigten nach seinem Anteil am jeweiligen Meldezeitraum in Verkehr gebrachten Gewicht an Elektro- und Elektronikgeräten pro Geräteart. ³ Für die Elektro- und Elektronikgeräte, die keine historischen Altgeräte sind, berechnet sich die Verpflichtung nach Wahl des Herstellers oder im Fall der Bevollmächtigung nach § 8 seines Bevollmächtigten nach

1. dem Anteil seiner eindeutig identifizierbaren Altgeräte an der gesamten Altgerätemenge pro Geräteart; der Anteil ist durch Sortierung oder nach wissenschaftlich anerkannten, statistischen Methoden nachzuweisen, oder
2. seinem Anteil am Gesamtgewicht von Elektro- und Elektronikgeräten pro Geräteart, die von den Herstellern, die diese Berechnungsmethode wählen, im jeweiligen Meldezeitraum in Verkehr gebracht wurden.

(6) ¹ Die Grundlage für die Berechnung sind die Mitteilungen der Hersteller oder im Fall der Bevollmächtigung nach § 8 deren Bevollmächtigter nach § 27 Absatz 1 Satz 1 Nummer 1 und Absatz 3 Satz 1 bis 4. ² Dabei sind die nach § 27 Absatz 1 Satz 1 Nummer 2 mitgeteilten Mengen zu berücksichtigen. ³ Berichtigungen der Mitteilungen nach § 27 Absatz 1 Satz 1 Nummer 1 und 2 werden berücksichtigt. ⁴ Kommt der Hersteller seiner Meldepflicht nicht nach, kann

die Gemeinsame Stelle die Menge seiner in Verkehr gebrachten Elektro- und Elektronikgeräte schätzen. ⁵Das Gewicht der von einem Hersteller oder im Fall der Bevollmächtigung nach § 8 dessen Bevollmächtigtem nach § 27 Absatz 1 Satz 1 Nummer 4 zurückgenommenen Altgeräte derjenigen Gerätearten, für die eine Garantie nach § 7 Absatz 1 nachzuweisen ist, wird auf seinen jeweiligen Anteil nach Absatz 5 Satz 2 oder 3 angerechnet. ⁶Satz 3 gilt entsprechend. ⁷Die Gemeinsame Stelle kann der zuständigen Behörde die von einzelnen Herstellern oder im Fall der Bevollmächtigung nach § 8 deren Bevollmächtigten nach § 27 Absatz 1 Satz 1 Nummer 2 und 4 mitgeteilten Mengen zur Entscheidung über die Berücksichtigung oder Anrechnung im Sinne der Sätze 2 und 5 vorlegen. ⁸Für nicht sortier- oder identifizierbare Altgeräte gilt Absatz 5 Satz 2 entsprechend.

(7) ¹Die Gemeinsame Stelle berechnet die zeitlich und örtlich gleichmäßige Verteilung der Abholpflicht auf alle registrierten Hersteller und Bevollmächtigten auf der Basis einer wissenschaftlich anerkannten Berechnungsweise, die durch ein Gutachten eines unabhängigen Sachverständigen bestätigt wurde. ²Die Berechnungsweise ist im Internet zu veröffentlichen. ³Die Gemeinsame Stelle meldet der zuständigen Behörde die ermittelte Abholpflicht sowie das in der Gruppe 4 zur Abholung bereitgestellte Behältnis mit Nachtspeicherheizgeräten.

(8) Die Absätze 5 bis 7 gelten für die Berechnung der Verpflichtung zum Aufstellen von neuen Behältnissen nach § 15 Absatz 4 Satz 1 entsprechend.

**§ 32 Mitteilungen der Gemeinsamen Stelle an das Umweltbundesamt, Landesbehörden und andere öffentliche Stellen.** (1) Die Gemeinsame Stelle erstellt jährlich ein Verzeichnis sämtlicher registrierter Hersteller und Bevollmächtigter und leitet dieses dem Umweltbundesamt zu.

(2) ¹Die Gemeinsame Stelle teilt dem Umweltbundesamt darüber hinaus jährlich jeweils bis zum 1. Juli bezogen auf das vorangegangene Kalenderjahr Folgendes gemäß den Sätzen 3 und 4 mit:
1. die von sämtlichen Herstellern je Geräteart und Kategorie im Geltungsbereich dieses Gesetzes in Verkehr gebrachten Elektro- und Elektronikgeräte,
2. die von sämtlichen Herstellern oder im Fall der Bevollmächtigung nach § 8 deren Bevollmächtigten je Kategorie ins Ausland verbrachten Elektro- und Elektronikgeräte, die zuvor vom Hersteller nach Nummer 1 in Verkehr gebracht wurden,
3. die von sämtlichen öffentlich-rechtlichen Entsorgungsträgern je Gruppe und Kategorie nach § 14 Absatz 5 gesammelten Altgeräte,
4. die von sämtlichen Herstellern oder im Fall der Bevollmächtigung nach § 8 deren Bevollmächtigten je Gruppe und Kategorie bei den öffentlich-rechtlichen Entsorgungsträgern abgeholten Altgeräte,
5. die von sämtlichen Herstellern oder im Fall der Bevollmächtigung nach § 8 deren Bevollmächtigten je Geräteart und Kategorie nach § 16 Absatz 5 zurückgenommenen Altgeräte,
6. die von sämtlichen Herstellern oder im Fall der Bevollmächtigung nach § 8 deren Bevollmächtigten je Geräteart und Kategorie zurückgenommenen Altgeräte, für die keine Garantie nach § 7 Absatz 1 Satz 1 erforderlich ist,

7. die von sämtlichen Vertreibern je Kategorie zurückgenommenen Altgeräte, die nach § 17 Absatz 5 Satz 1 nicht an Hersteller, deren Bevollmächtigte oder öffentlich-rechtliche Entsorgungsträger übergeben werden,

7a. die von sämtlichen Betreibern von Erstbehandlungsanlagen je Kategorie nach § 17a zurückgenommenen Altgeräte,

7b. die von sämtlichen Betreibern von Erstbehandlungsanlagen je Kategorie nach § 17b übernommenen Altgeräte,

7c. die von sämtlichen Betreibern von Erstbehandlungsanlagen je Kategorie von Endnutzern nach § 19 Absatz 2 Satz 2 übernommenen Altgeräte,

8. die von sämtlichen öffentlich-rechtlichen Entsorgungsträgern, Herstellern, im Fall der Bevollmächtigung nach § 8 deren Bevollmächtigten, Vertreibern und Betreibern von Erstbehandlungsanlagen je Kategorie zur Wiederverwendung vorbereiteten Altgeräte,

8a. die von sämtlichen öffentlich-rechtlichen Entsorgungsträgern, Herstellern, im Fall der Bevollmächtigung nach § 8 deren Bevollmächtigten, Vertreibern und Betreibern von Erstbehandlungsanlagen je Kategorie recycelten Altgeräte,

9. die von sämtlichen öffentlich-rechtlichen Entsorgungsträgern, Herstellern, im Fall der Bevollmächtigung nach § 8 deren Bevollmächtigten, Vertreibern und Betreibern von Erstbehandlungsanlagen je Kategorie verwerteten Altgeräte,

10. die von sämtlichen öffentlich-rechtlichen Entsorgungsträgern, Herstellern, im Fall der Bevollmächtigung nach § 8 deren Bevollmächtigten, Vertreibern und Betreibern von Erstbehandlungsanlagen je Kategorie beseitigten Altgeräte,

11. die von sämtlichen öffentlich-rechtlichen Entsorgungsträgern, Herstellern, im Fall der Bevollmächtigung nach § 8 deren Bevollmächtigten, Vertreibern und Betreibern von Erstbehandlungsanlagen je Kategorie in Länder der Europäischen Union oder in Drittstaaten zur Behandlung ausgeführten Altgeräte.

²Bei diesen Mitteilungen sind in den Kategorien 4 und 5 Photovoltaikmodule und andere Altgeräte gesondert auszuweisen. ³Bei den Mitteilungen ist das Gewicht anzugeben. ⁴Soweit das nicht möglich ist, genügt eine fundierte Schätzung.

(3) Darüber hinaus meldet die Gemeinsame Stelle dem Umweltbundesamt jährlich bis zum 1. Juli die von den öffentlich-rechtlichen Entsorgungsträgern nach § 26 Absatz 3, den Herstellern oder im Fall der Bevollmächtigung nach § 8 deren Bevollmächtigten nach § 27 Absatz 4 und den Vertreibern nach § 29 Absatz 3 gemeldeten Mengen.

(4) ¹Die Gemeinsame Stelle ist ferner befugt, anderen nach Landesrecht für den Vollzug dieses Gesetzes zuständigen Behörden und öffentlich-rechtlichen Entsorgungsträgern auf deren Verlangen die zur Erfüllung ihrer jeweiligen Aufgabe erforderlichen Auskünfte und Angaben mitzuteilen. ²Die Kosten für eine solche Mitteilung sind ihr zu erstatten. ³Für die Mitteilung solcher Auskünfte und Angaben gelten die §§ 4 bis 7 des Verwaltungsverfahrensgesetzes entsprechend.

(5) ¹Für die Zusammenarbeit und den Informationsaustausch mit Behörden und Stellen anderer Mitgliedstaaten der Europäischen Union zum Vollzug der

Richtlinie 2012/19/EU, insbesondere mit Registern anderer Mitgliedstaaten, gelten die §§ 8a bis 8e des Verwaltungsverfahrensgesetzes entsprechend. ²Zur Zusammenarbeit und zum Informationsaustausch gehört auch die Gewährung des Zugangs zu den einschlägigen Unterlagen und Informationen über die Ergebnisse von Inspektionen. ³Für die Zusammenarbeit und den Informationsaustausch sind vorrangig elektronische Kommunikationsmittel zu nutzen.

**§ 33 Befugnisse der Gemeinsamen Stelle.** (1) ¹Die Gemeinsame Stelle ist berechtigt, die Zuordnung der Geräte zu den Gerätearten festzulegen. ²Sie legt bei einer Neuzuordnung der Geräte zu den Gerätearten fest, welchen Gerätearten der Neuzuordnung die Gerätearten der bisherigen Zuordnung für die Zukunft entsprechen. ³Diese Entsprechung wirkt auch für die unter der bisherigen Zuordnung gestellten Garantien nach § 7 Absatz 1. ⁴Sie kann für die Mitteilungen nach § 26 Absatz 1 bis 3, § 27 Absatz 1 bis 4, § 29 Absatz 1 bis 4 und § 30 Absatz 1 und 2 die Übermittlungsform, eine bestimmte Verschlüsselung und einheitliche Datenformate vorgeben. ⁵Die Vorgaben sind auf den Internetseiten der Gemeinsamen Stelle zu veröffentlichen.

(2) Die Gemeinsame Stelle darf Verträge über die Erbringung von Entsorgungsdienstleistungen mit Entsorgungsunternehmen weder schließen noch vermitteln.

(3) ¹Die Gemeinsame Stelle kann von der zuständigen Behörde Ersatz für Kosten verlangen, die ihr für die

1. Ausübung der Befugnisse nach Absatz 1,
2. Leistungen nach den §§ 31 und 32 Absatz 1, 2, 3 und 5,
3. Abwicklung der Erstattungs- und Rückgriffsansprüche nach § 34,
4. Gewährleistung der Mitwirkung an der Regelsetzung nach § 35 Absatz 1 Satz 1 Nummer 3,
5. Gewährleistung des Schutzes personenbezogener Daten sowie von Betriebs- und Geschäftsgeheimnissen nach § 35 Absatz 1 Satz 1 Nummer 4 und
6. Einrichtung des Beirats nach § 35 Absatz 2

entstehen. ²Dieser Anspruch richtet sich im Fall der Beleihung gegen die Beliehene. ³Kosten im Sinne des § 9 Absatz 1 des Bundesgebührengesetzes sind auch die nach Satz 1 zu ersetzenden Kosten.

**§ 34 Rückgriffsanspruch der Gemeinsamen Stelle.** (1) ¹Sofern in einer bestimmten Geräteart die Registrierung des letzten registrierten Herstellers oder im Fall der Bevollmächtigung nach § 8 dessen Bevollmächtigten, der die Berechnung seiner Verpflichtung gemäß § 31 Absatz 5 Satz 3 Nummer 2 gewählt hat, aufgehoben wird, erstattet die Gemeinsame Stelle den öffentlich-rechtlichen Entsorgungsträgern kalenderjährlich die Kosten für die Entsorgung derjenigen Altgeräte dieser Geräteart, die keine historischen Altgeräte sind. ²Die Erstattungspflicht nach Satz 1 gilt nicht, soweit der öffentlich-rechtliche Entsorgungsträger nach § 14 Absatz 5 Satz 1 und § 25 Absatz 1 Satz 3 für die Gruppe optiert hat, in der Altgeräte dieser Geräteart erfasst werden.

(2) Der Gemeinsamen Stelle steht im Hinblick auf die Erstattung nach Absatz 1 ein Anspruch auf Ausgleich der Kosten gegen die natürlichen und juristischen Personen und Personengesellschaften zu, die vor der Meldung nach § 14 Absatz 3 als Hersteller oder Bevollmächtigte registriert waren (ehemalige

Hersteller) und die Berechnung nach § 31 Absatz 5 Satz 3 Nummer 2 gewählt hatten.

(3) ¹Die Gemeinsame Stelle ist berechtigt, die von den öffentlich-rechtlichen Entsorgungsträgern geltend gemachten Kosten auf ihre Erforderlichkeit und Angemessenheit zu prüfen. ²Sofern die insgesamt für eine bestimmte Geräteart geltend gemachten Kosten der öffentlich-rechtlichen Entsorgungsträger die Höhe der gesamten für diese Geräteart für das Kalenderjahr erhaltenen Zahlungen in Erfüllung des Rückgriffsanspruchs nach Absatz 2 oder der verwerteten Garantien im Sinne des § 7 Absatz 1 übersteigen, ist die Gemeinsame Stelle zur entsprechenden Kürzung des Erstattungsanspruchs des jeweiligen öffentlich-rechtlichen Entsorgungsträgers berechtigt. ³Der Erstattungsanspruch der öffentlich-rechtlichen Entsorgungsträger erlischt, sofern er nicht bis zum 30. April des darauf folgenden Kalenderjahres bei der Gemeinsamen Stelle für eine bestimmte Geräteart und in bestimmter Höhe geltend gemacht ist. ⁴Die Sätze 1 bis 3 und die Absätze 1 und 2 gelten für Altgeräte eines Herstellers entsprechend, sofern die Registrierung dieses Herstellers oder im Fall der Bevollmächtigung nach § 8 dessen Bevollmächtigten, der die Berechnung nach § 31 Absatz 5 Satz 3 Nummer 1 gewählt hat, aufgehoben wird.

(4) ¹Der Rückgriffsanspruch der Gemeinsamen Stelle nach Absatz 2 entsteht und ist fällig mit der Geltendmachung des Erstattungsanspruchs der öffentlich-rechtlichen Entsorgungsträger gegenüber der Gemeinsamen Stelle. ²Für die Berechnung der Höhe des Rückgriffsanspruchs der Gemeinsamen Stelle gilt § 31 Absatz 5 Satz 3 mit der Maßgabe, dass anstatt auf die im jeweiligen Meldezeitraum in Verkehr gebrachte Menge an Elektro- und Elektronikgeräten auf die kumulierte Menge der Elektro- und Elektronikgeräte abzustellen ist, die keine historischen Altgeräte sind und deren mittlere Lebensdauer noch nicht abgelaufen ist.

(5) ¹Die Gemeinsame Stelle kann ihren Rückgriffsanspruch nach Absatz 2 oder den Anspruch gegen den Garantiegeber unter der gewährten Sicherheit im Insolvenzverfahren über das Vermögen eines registrierten oder ehemaligen Herstellers oder Garantiegebers als Insolvenzforderung anmelden, die dazugehörigen Sicherheiten geltend machen und deren weitere Durchsetzung betreiben. ²Soweit der Erstattungsanspruch des öffentlich-rechtlichen Entsorgungsträgers gegenüber der Gemeinsamen Stelle noch nicht geltend gemacht ist, gelten der Rückgriffsanspruch der Gemeinsamen Stelle und der Anspruch der Gemeinsamen Stelle gegen den Garantiegeber unter der gewährten Sicherheit im Insolvenzverfahren eines registrierten oder ehemaligen Herstellers oder Garantiegebers als auf die Geltendmachung dieses Erstattungsanspruchs aufschiebend bedingte Insolvenzforderungen nach den §§ 38 und 45 der Insolvenzordnung.

(6) ¹Ist die Gemeinsame Stelle nicht eingerichtet oder nimmt sie die Aufgaben nach Absatz 1 nicht wahr, ist im Fall des Absatzes 1 jeder ehemalige Hersteller verpflichtet, den öffentlich-rechtlichen Entsorgungsträgern die Kosten für die Entsorgung der Altgeräte entsprechend dem Rückgriffsanspruch der Gemeinsamen Stelle zu erstatten. ²Die nach Landesrecht zuständige Behörde setzt die Kosten durch Verwaltungsakt fest.

**§ 35 Organisation der Gemeinsamen Stelle.** (1) ¹Die Gemeinsame Stelle muss durch Satzung, Gesellschaftsvertrag oder sonstige Regelung

1. ihre in § 31 Absatz 1 Satz 2 und Absatz 2, 5 bis 7 und § 32 Absatz 1, 2 und 3 genannten Aufgaben verbindlich festlegen,
2. ihre Organisation und Ausstattung so ausgestalten, dass eine ordnungsgemäße Erfüllung ihrer Aufgaben sichergestellt ist,
3. gewährleisten, dass sie für alle Hersteller oder im Fall der Bevollmächtigung nach § 8 für deren Bevollmächtigte zu gleichen Bedingungen zugänglich ist und alle Hersteller oder im Fall der Bevollmächtigung nach § 8 deren Bevollmächtigte an der internen Regelsetzung mitwirken können, und
4. gewährleisten, dass die Vorschriften zum Schutz personenbezogener Daten sowie von Betriebs- und Geschäftsgeheimnissen eingehalten werden.

²Die Satzung, der Gesellschaftsvertrag oder die sonstige Regelung ist im Internet zu veröffentlichen.

(2) ¹Die Gemeinsame Stelle richtet einen Beirat ein. ²Dem Beirat müssen Vertreter der Hersteller, im Fall der Bevollmächtigung nach § 8 der Bevollmächtigten, der Vertreiber, der öffentlich-rechtlichen Entsorgungsträger, des Bundes und der Länder sowie der Entsorgungswirtschaft und der Umwelt- und Verbraucherschutzverbände angehören. ³Der Beirat gibt sich eine Geschäftsordnung.

## Abschnitt 7. Zuständige Behörde

**§ 36 Zuständige Behörde.** Zuständige Behörde ist das Umweltbundesamt.

**§ 37 Aufgaben der zuständigen Behörde im Zusammenhang mit der Registrierung.** (1) ¹Die zuständige Behörde registriert den Hersteller auf dessen Antrag mit der Marke, der Firma, dem Ort der Niederlassung oder dem Sitz, der Anschrift, dem Namen des Vertretungsberechtigten sowie der Geräteart und erteilt eine Registrierungsnummer. ²Im Fall des § 8 Absatz 1 und 2 registriert die zuständige Behörde den Bevollmächtigten mit den in Satz 1 genannten Angaben sowie den Kontaktdaten des vertretenen Herstellers und erteilt je vertretenem Hersteller eine Registrierungsnummer. ³Ist eine Garantie nach § 7 Absatz 1 erforderlich, darf die Registrierung nur erfolgen, wenn sie der Hersteller oder im Fall der Bevollmächtigung nach § 8 dessen Bevollmächtigter nachweist. ⁴Sofern der Hersteller Elektro- oder Elektronikgeräte in Verkehr zu bringen beabsichtigt, für die er glaubhaft macht, dass sie ausschließlich in anderen als privaten Haushalten oder gewöhnlich nicht in privaten Haushalten genutzt werden, darf die Registrierung nur erteilt werden, wenn ein Rücknahmekonzept nach § 7a durch den Hersteller oder im Fall der Bevollmächtigung nach § 8 durch den Bevollmächtigten vorgelegt wurde.

(2) ¹Die zuständige Behörde nimmt die Benennung des Bevollmächtigten nach § 8 Absatz 3 Satz 1 und die Beendigung der Beauftragung nach § 8 Absatz 4 Satz 1 entgegen. ²Sie bestätigt dem Hersteller und dem Bevollmächtigten die Benennung oder Änderung der Beauftragung, soweit die Voraussetzungen nach § 8 Absatz 1 und 2 vorliegen, und die Beendigung der Beauftragung.

(3) ¹Antrag und Übermittlung der Nachweise nach den Absätzen 1, 2 und 4 erfolgen über das auf der Internetseite der zuständigen Behörde zur Verfügung gestellte elektronische Datenverarbeitungssystem nach Maßgabe der jeweils geltenden Verfahrensanweisung für das elektronische Datenverarbeitungssys-

tem. ²Die zuständige Behörde kann Ausnahmen von Satz 1 zulassen. ³Sie kann für die sonstige Kommunikation mit den Herstellern oder im Fall der Bevollmächtigung nach § 8 mit deren Bevollmächtigten die elektronische Übermittlung, eine bestimmte Verschlüsselung sowie die Eröffnung eines Zugangs für die Übermittlung elektronischer Dokumente verlangen. ⁴Die Verfahrensanweisung nach Satz 1 und die Anforderungen nach Satz 3 sind auf der Internetseite der zuständigen Behörde zu veröffentlichen. ⁵Auf dieser Internetseite ist eine Verknüpfung zu den nationalen Registern anderer Mitgliedstaaten vorzusehen.

(4) ¹Die Registrierung gilt auch für und gegen den Gesamtrechtsnachfolger des Herstellers oder im Fall der Bevollmächtigung nach § 8 des Bevollmächtigten. ²Im Fall einer nur teilweisen Gesamtrechtsnachfolge bedarf der Übergang der Zustimmung der zuständigen Behörde. ³Für die Zustimmung gelten die Registrierungsvoraussetzungen nach den Absätzen 1 und 3 entsprechend.

(5) ¹Die zuständige Behörde kann unbeschadet des § 49 des Verwaltungsverfahrensgesetzes die Registrierung einschließlich der Registrierungsnummer widerrufen, wenn

1. der Hersteller oder im Fall der Bevollmächtigung nach § 8 dessen Bevollmächtigter keine nach § 7 Absatz 1 erforderliche Garantie vorlegt,

1a. der Hersteller oder im Fall der Bevollmächtigung nach § 8 dessen Bevollmächtigter kein nach § 7a erforderliches Rücknahmekonzept vorlegt,

2. der Hersteller im Fall des § 8 Absatz 1 oder 2 der zuständigen Behörde das Ende der Beauftragung nach § 8 Absatz 4 Satz 1 mitgeteilt hat,

3. der Hersteller entgegen § 9 Elektro- und Elektronikgeräte wiederholt nicht oder nicht richtig kennzeichnet,

4. der Hersteller oder im Fall der Bevollmächtigung nach § 8 dessen Bevollmächtigter seine Abholpflichten nach § 16 Absatz 1 Satz 1 oder Aufstellungspflichten nach § 16 Absatz 3 schwerwiegend verletzt,

5. der Hersteller oder im Fall der Bevollmächtigung nach § 8 dessen Bevollmächtigter entgegen § 27 Absatz 3 Satz 3 seine Angaben wiederholt nicht fristgerecht durch einen unabhängigen Sachverständigen bestätigen lässt oder

6. über das Vermögen des Herstellers oder im Fall der Bevollmächtigung nach § 8 des Bevollmächtigten das Insolvenzverfahren eröffnet wird oder dessen Eröffnung mangels Masse abgelehnt wird.

²In den Fällen der Nummer 6 sind bei der Eröffnung des Insolvenzverfahrens über das Vermögen des Herstellers die Registrierung und die Registrierungsnummer zu widerrufen, sofern der Insolvenzverwalter oder bei Anordnung der Eigenverwaltung der Hersteller nicht unverzüglich gegenüber der zuständigen Behörde verbindlich erklärt, den Herstellerpflichten nach diesem Gesetz nachzukommen. ³Satz 2 gilt entsprechend, soweit im Fall der Bevollmächtigung nach § 8 das Insolvenzverfahren über das Vermögen des Bevollmächtigten eröffnet wird. ⁴Die zuständige Behörde kann ferner unbeschadet des § 49 des Verwaltungsverfahrensgesetzes die Registrierung im Hinblick auf die registrierte Geräteart mit Wirkung für die Zukunft ändern, soweit dies auf Grund einer Neuzuordnung der Geräte zu den Gerätearten gemäß § 33 Absatz 1 Satz 1 erforderlich ist.

(6) ¹Die zuständige Behörde stellt auf Antrag der natürlichen oder juristischen Person oder Personengesellschaft, die Herstellern oder im Fall der

Bevollmächtigung nach § 8 die Bevollmächtigten die Teilnahme an einem System im Sinne des § 7 Absatz 2 Satz 1 Nummer 4 anbieten möchte, fest, dass das System für die Finanzierung der Entsorgung von Altgeräten im Sinne des § 7 Absatz 1 Satz 1 in einem bestimmten Kalenderjahr geeignet ist. ²Absatz 4 gilt entsprechend. ³Die Feststellung ist auf der Internetseite der zuständigen Behörde zu veröffentlichen und ab der Veröffentlichung wirksam.

(7) ¹Die zuständige Behörde lässt auf Antrag einen Bevollmächtigten für mehr als 20 zeitgleich wirksame Registrierungen im Sinne des § 6 Absatz 1 Satz 1 zu, wenn der Antragsteller die notwendige Gewähr für die ordnungsgemäße Erfüllung der Herstellerpflichten bietet. ²Der Antragsteller bietet die notwendige Gewähr, wenn

1. die Personen, die nach dem Gesetz, dem Gesellschaftsvertrag oder der Satzung die Geschäftsführung und Vertretung ausüben, zuverlässig sind und die für ihren Tätigkeitsbereich erforderliche Fachkunde aufweisen und

2. der Antragsteller die zur ordnungsgemäßen Erfüllung der Herstellerpflichten notwendige Ausstattung und Organisation hat.

³Die Zulassung ist auf die nach Ausstattung und Organisation des Bevollmächtigten tragbare Höchstzahl von Registrierungen zu begrenzen.

**§ 38 Weitere Aufgaben der zuständigen Behörde.** (1) ¹Die zuständige Behörde teilt der Gemeinsamen Stelle die von ihr registrierten Hersteller und Bevollmächtigten mit. ²Sie übermittelt dabei die Angaben nach § 37 Absatz 1 Satz 1 und 2 und teilt die nach § 6 Absatz 1 Satz 4 angezeigten Änderungen mit. ³Die zuständige Behörde übermittelt der Gemeinsamen Stelle die Garantienachweise nach § 7 Absatz 1. ⁴Sie teilt der Gemeinsamen Stelle darüber hinaus mit, welche Registrierungen aufgehoben wurden, sobald die Aufhebung bestandskräftig ist. ⁵Die Mitteilungen der zuständigen Behörde an die Gemeinsame Stelle haben den Formatvorgaben nach § 33 Absatz 1 Satz 4 zu entsprechen.

(2) ¹Die zuständige Behörde nimmt folgende Meldungen und Anzeigen entgegen:

1. die Meldungen der öffentlich-rechtlichen Entsorgungsträger nach § 15 Absatz 1 Satz 3,

2. die Anzeigen der öffentlich-rechtlichen Entsorgungsträger nach § 25 Absatz 1 und

3. die Anzeigen und Übermittlungen der Betreiber von Erstbehandlungsanlagen nach § 25 Absatz 2.

²Für diese Meldungen und Anzeigen gilt § 37 Absatz 3 Satz 1 bis 4 entsprechend. ³Die zuständige Behörde teilt die Meldungen und Anzeigen der Gemeinsamen Stelle mit. ⁴Die Mitteilungen der zuständigen Behörde an die Gemeinsame Stelle sollen den Formatvorgaben nach § 33 Absatz 1 Satz 4 entsprechen. ⁵Die zuständige Behörde prüft die Anzeigen nach § 25 Absatz 1 Satz 3 auf Plausibilität, insbesondere im Hinblick auf die Zuständigkeit des öffentlich-rechtlichen Entsorgungsträgers. ⁶Die zuständige Behörde prüft die Anzeigen nach § 25 Absatz 2 auf Plausibilität, insbesondere im Hinblick auf die Gültigkeit des übermittelten Zertifikats.

(3) ¹Erhält die zuständige Behörde eine Meldung der Gemeinsamen Stelle nach § 31 Absatz 7 Satz 3, trifft sie die im Einzelfall erforderlichen Anordnun-

gen zur Sicherstellung der Erfüllung der Pflichten nach § 16 Absatz 1 und Absatz 2; hierbei berücksichtigt sie die von ihr geprüften Berechnungen der Gemeinsamen Stelle nach § 31 Absatz 5 bis 7. ²Erfolgt die Abholung nicht bis zur von der zuständigen Behörde festgesetzten Frist, gilt eine Nachfrist bis zum Ablauf des folgenden Werktages. ³Bei der Zuweisung informiert sie den jeweiligen verpflichteten Hersteller oder dessen Bevollmächtigten über die Bereitstellung eines Behältnisses für Nachtspeicherheizgeräte in der Gruppe 4.

(4) Die zuständige Behörde entscheidet auf Vorlage der Gemeinsamen Stelle nach § 31 Absatz 6 gegenüber dem Hersteller oder im Fall der Bevollmächtigung nach § 8 dessen Bevollmächtigten über die Berücksichtigung oder Anrechnung mitgeteilter Mengen bei der Berechnung nach § 31 Absatz 5.

**§ 38a Vollständig automatisierter Erlass von Verwaltungsakten.** Verwaltungsakte der zuständigen Behörde nach § 15 Absatz 4 Satz 1 und nach den §§ 37 und 38 können unbeschadet des § 24 Absatz 1 Satz 3 des Verwaltungsverfahrensgesetzes vollständig durch automatische Einrichtungen erlassen werden, sofern kein Anlass besteht, den Einzelfall durch Amtsträger zu bearbeiten.

**§ 39 Zusammenarbeit mit anderen Behörden.** (1) ¹Die zuständige Behörde ist befugt, anderen nach Landesrecht für den Vollzug dieses Gesetzes zuständigen Behörden und öffentlich-rechtlichen Entsorgungsträgern auf deren Verlangen die zur Erfüllung ihrer jeweiligen Aufgabe erforderlichen Auskünfte und Angaben mitzuteilen. ²Die Kosten für eine solche Mitteilung sind ihr zu erstatten, soweit die Auskünfte und Angaben nicht für den Vollzug dieses Gesetzes erforderlich sind oder diese nur mit unverhältnismäßig großem Aufwand zusammengestellt werden können.

(2) ¹Für die Zusammenarbeit und den Informationsaustausch mit anderen Behörden und Stellen anderer Mitgliedstaaten der Europäischen Union zum Vollzug der Richtlinie 2012/19/EU, insbesondere mit Registern der anderen Mitgliedstaaten, gelten die §§ 8a bis 8e des Verwaltungsverfahrensgesetzes entsprechend. ²Zur Zusammenarbeit und zum Informationsaustausch gehört auch die Gewährung des Zugangs zu den einschlägigen Unterlagen und Informationen über die Ergebnisse von Inspektionen. ³Für die Verwaltungszusammenarbeit und den Informationsaustausch sind vorrangig elektronische Kommunikationsmittel zu nutzen.

## Abschnitt 8. Beleihung

**§ 40 Ermächtigung zur Beleihung.** (1) ¹Die zuständige Behörde wird ermächtigt, eine juristische Person des Privatrechts, eine rechtsfähige Personengesellschaft oder eine andere geeignete Stelle, die von Herstellern und Bevollmächtigten als Gemeinsame Stelle errichtet wird, mit den Aufgaben nach § 15 Absatz 4 Satz 1 und den §§ 37 bis 39 zu beleihen.[1]) ²Die Aufgaben schließen

---

[1]) Der Stiftung Elektro-Altgeräte-Register, Nordostpark 72, 90411 Nürnberg, als Gemeinsamer Stelle der Hersteller von Elektro- und Elektronikgeräten (www.stiftung-ear.de) wurden gem. § 40 Abs. 1 und 2 ElektroG und gem. § 23 Abs. 1 und 2 BatterieG (Nr. **5.3**) Aufgaben und Befugnisse nach § 15 Abs. 4 und §§ 37 bis 39 ElektroG und § 4 Abs. 3, § 7 Abs. 6 und §§ 20 bis 22 und 28 Abs. 1 BatterieG (Nr. **5.3**) sowie die Befugnis übertragen, die übertragenen Aufgabenbereiche in den Handlungsformen des öffentlichen Rechts wahrzunehmen (Beleihungsbescheide des Umweltbundesamtes v. 24.10.2015 und 1.1.2021).

die Vollstreckung, die Rücknahme und den Widerruf der hierzu ergehenden Verwaltungsakte ein. ³§ 33 Absatz 2 gilt nicht, sofern zur Vollstreckung einer Anordnung nach § 15 Absatz 4 Satz 1 oder § 38 Absatz 3 Satz 1 der Abschluss oder die Vermittlung von Verträgen mit Entsorgungsunternehmen erforderlich ist. ⁴Die zu Beleihende hat die notwendige Gewähr für die ordnungsgemäße Erfüllung der ihr übertragenen Aufgaben zu bieten. ⁵Sie bietet die notwendige Gewähr, wenn

1. die Personen, die nach Gesetz, dem Gesellschaftsvertrag oder der Satzung die Geschäftsführung und Vertretung ausüben, zuverlässig und fachlich geeignet sind,
2. sie die zur Erfüllung ihrer Aufgaben notwendige Ausstattung und Organisation hat und
3. sichergestellt ist, dass die Vorschriften zum Schutz personenbezogener Daten sowie von Betriebs- oder Geschäftsgeheimnissen eingehalten werden.

⁶Die Beliehene darf nur die in diesem Gesetz genannten und durch die Beleihung übertragenen Aufgaben wahrnehmen. ⁷Sofern die Voraussetzungen für eine Beleihung nach dem Batteriegesetz[1]) vom 25. Juni 2009 (BGBl. I S. 1582), das zuletzt durch Artikel 1 des Gesetzes vom 3. November 2020 (BGBl. I S. 2280) geändert worden ist, in der jeweils geltenden Fassung vorliegen, darf die nach Satz 1 Beliehene auch die im Batteriegesetz genannten und durch die Beleihung nach dem Batteriegesetz übertragenen Aufgaben wahrnehmen.

(2) ¹Die zuständige Behörde kann der Beliehenen die Befugnis übertragen, für die Erfüllung der in Absatz 1 genannten Aufgaben Gebühren und Auslagen nach dem Bundesgebührengesetz zu erheben und festzulegen, wie die Gebühren und Auslagen vom Gebührenschuldner zu zahlen sind.[2]) ²Soweit bei der Beliehenen im Rahmen der Erfüllung der Aufgaben nach Absatz 1 Aufwand für nicht individuell zurechenbare öffentliche Leistungen oder sonstiger Aufwand entsteht, der nicht durch die Gebühren- und Auslagenerhebung der Beliehenen gedeckt ist, oder die Befugnis nach Satz 1 nicht übertragen wird, ersetzt die zuständige Behörde der Beliehenen die für die Erfüllung der Aufgaben nach Absatz 1 entstehenden Kosten und Auslagen.

(3) Die Beleihung ist durch die zuständige Behörde im Bundesanzeiger bekannt zu machen.

**§ 41 Aufsicht.** (1) Die Beliehene untersteht der Rechts- und Fachaufsicht der zuständigen Behörde.

(2) Erfüllt die Beliehene die ihr übertragenen Aufgaben nicht oder nicht ausreichend, ist die zuständige Behörde befugt, die Aufgaben selbst durchzuführen oder im Einzelfall durch einen Beauftragten durchführen zu lassen.

(3) ¹Die zuständige Behörde kann von der Beliehenen Ersatz für die Kosten verlangen, die ihr für die Rechts- und Fachaufsicht nach Absatz 1 entstehen. ²Der Anspruch darf der Höhe nach die im Haushaltsplan des Bundes für die Durchführung der Rechts- und Fachaufsicht veranschlagten Einnahmen nicht übersteigen.

---

[1]) Nr. **5.3**.
[2]) Siehe die Elektro- und ElektronikgeräteG-BatterieG-GebührenVO v. 20.10.2015 (BGBl. I S. 1776), zuletzt geänd. durch VO v. 18.11.2020 (BGBl. I S. 2497).

## 5.2 ElektroG §§ 42–45

**§ 42 Beendigung der Beleihung.** (1) Die Beleihung endet, wenn die Beliehene aufgelöst ist.

(2) Die zuständige Behörde kann unbeschadet des § 49 des Verwaltungsverfahrensgesetzes die Beleihung widerrufen, wenn die Beliehene die übertragenen Aufgaben nicht sachgerecht wahrnimmt.

(3) ¹Die Beliehene kann die Beendigung der Beleihung jederzeit schriftlich von der zuständigen Behörde verlangen. ²Dem Begehren ist innerhalb einer angemessenen Frist zu entsprechen, die zur Übernahme und Fortführung der Aufgabenerfüllung nach § 15 Absatz 4 Satz 1 und den §§ 37 bis 39 durch die zuständige Behörde erforderlich ist.

### Abschnitt 9. Schlussbestimmungen

**§ 43 Beauftragung Dritter.** Soweit sich die nach diesem Gesetz Verpflichteten zur Erfüllung ihrer Pflichten Dritter bedienen, gilt § 22 Satz 2 und 3 des Kreislaufwirtschaftsgesetzes[1] entsprechend.

**§ 44 Widerspruch und Klage.** (1) Gegen Verwaltungsakte nach § 15 Absatz 4 Satz 1 oder § 38 Absatz 3 ist ein Widerspruchsverfahren ausgeschlossen.

(2) Die Klage gegen eine Anordnung nach § 15 Absatz 4 Satz 1 oder nach § 38 Absatz 3 hat keine aufschiebende Wirkung.

**§ 45 Bußgeldvorschriften.** (1) Ordnungswidrig handelt, wer vorsätzlich oder fahrlässig

1. entgegen § 6 Absatz 1 Satz 1 sich nicht oder nicht rechtzeitig registrieren lässt,
2. entgegen § 6 Absatz 1 Satz 4 oder § 8 Absatz 3 Satz 5 oder Absatz 4 Satz 1 eine Mitteilung nicht, nicht richtig oder nicht rechtzeitig macht,
3. entgegen § 6 Absatz 2 Satz 1 ein Elektro- oder Elektronikgerät in Verkehr bringt,
4. entgegen § 6 Absatz 2 Satz 2 Nummer 1 ein Elektro- oder Elektronikgerät zum Verkauf anbietet,
4a. entgegen § 6 Absatz 2 Satz 2 Nummer 2 das Anbieten oder Bereitstellen eines Elektro- oder Elektronikgerätes ermöglicht,
4b. entgegen § 6 Absatz 2 Satz 2 Nummer 3 die Lagerhaltung, Verpackung, Adressierung oder den Versand eines Elektro- oder Elektronikgerätes vornimmt,
5. entgegen § 6 Absatz 3 die Registrierungsnummer nicht ausweist,
6. entgegen § 7 Absatz 4 die dort genannten Kosten ausweist,
7. entgegen § 8 Absatz 3 Satz 1 oder Absatz 5 einen Bevollmächtigten nicht benennt,
8. entgegen § 9 Elektro- oder Elektronikgeräte nicht oder nicht richtig kennzeichnet,
9. entgegen § 12 Satz 1 eine Erfassung durchführt,
10. entgegen § 16 Absatz 1 Satz 1 ein dort genanntes Behältnis nicht oder nicht rechtzeitig abholt,

---

[1] Nr. **5.1**.

11., 12. *(aufgehoben)*
13. entgegen § 16 Absatz 3 ein leeres Behältnis nicht oder nicht rechtzeitig aufstellt,
13a. entgegen § 17 Absatz 1 Satz 1 Nummer 1 oder 2 erster Halbsatz ein Altgerät nicht, nicht richtig, nicht vollständig oder nicht rechtzeitig zurücknimmt,
13b. entgegen § 18 Absatz 3 oder Absatz 4 Satz 1 die privaten Haushalte nicht, nicht richtig, nicht vollständig, nicht in der vorgeschriebenen Weise oder nicht rechtzeitig informiert,
14. entgegen § 21 Absatz 1 ohne Zertifizierung eine Erstbehandlung durchführt,
14a. entgegen § 23 Absatz 1 in Verbindung mit Anlage 6 Nummer 3 Stufe 1 Buchstabe a Satz 2 nicht dafür sorgt, dass eine Prüfung oder Bewertung durch eine Elektrofachkraft oder eine zertifizierte Erstbehandlungsanlage durchgeführt wird, oder
15. entgegen § 27 Absatz 1 Satz 1, § 29 Absatz 1 Satz 1 oder § 30 Absatz 1 Satz 1 eine Mitteilung nicht, nicht richtig, nicht vollständig oder nicht rechtzeitig macht.

(2) Die Ordnungswidrigkeit kann in den Fällen des Absatzes 1 Nummer 1 bis 9, 12 und 13a mit einer Geldbuße bis zu hunderttausend Euro, in den übrigen Fällen mit einer Geldbuße bis zu zehntausend Euro geahndet werden.

(3) [1]Verwaltungsbehörde im Sinne des § 36 Absatz 1 Nummer 1 des Gesetzes über Ordnungswidrigkeiten ist in den Fällen des Absatzes 1 Nummer 1 bis 5, 7, 10, 13 und 15 das Umweltbundesamt. [2]Für die Zusammenarbeit und den Informationsaustausch mit anderen Behörden, die Sanktionen im Sinne von Artikel 22 der Richtlinie 2012/19/EU verhängen oder Inspektionen und Überwachungen im Sinne von Artikel 23 der Richtlinie 2012/19/EU durchführen, gelten die §§ 8a bis 8e des Verwaltungsverfahrensgesetzes. [3]Zur Zusammenarbeit und zum Informationsaustausch gehört auch die Gewährung des Zugangs zu den einschlägigen Unterlagen und Informationen über die Ergebnisse von Inspektionen. [4]Für die Verwaltungszusammenarbeit und den Informationsaustausch sind auch elektronische Kommunikationsmittel zu nutzen.

(4) In den Fällen des Absatzes 3 Satz 1 fließen auch die im gerichtlichen Verfahren angeordneten Geldbußen und die Geldbeträge, deren Einziehung nach § 29a des Gesetzes über Ordnungswidrigkeiten gerichtlich angeordnet wurde, derjenigen Bundeskasse zu, die auch die der Staatskasse auferlegten Kosten trägt.

**§ 46 Übergangsvorschriften.** (1) Abweichend von § 6 Absatz 1 Satz 3 haben Hersteller, die vor dem 1. Januar 2022 bereits registriert sind, bis zum Ablauf des 30. Juni 2022 der zuständigen Behörde ein Rücknahmekonzept vorzulegen.

(2) § 6 Absatz 2 Nummer 2 und 3 gilt erst ab dem 1. Januar 2023.

(3) Abweichend von § 8 Absatz 3 Satz 4 ist eine Zulassung des Bevollmächtigten nach § 37 Absatz 7 erst ab dem 1. Januar 2023 erforderlich.

(4) Abweichend von § 9 Absatz 2 Satz 1 ist für Elektro- und Elektronikgeräte, die bis zum Ablauf des 31. Dezember 2022 in Verkehr gebracht werden oder wurden und für die eine Garantie nach § 7 Absatz 1 nicht erforderlich ist, eine Kennzeichnung mit dem Symbol nach Anlage 3 nicht erforderlich.

(5) Vertreiber von Lebensmitteln, die nach § 17 Absatz 1 und 2 zur Rücknahme verpflichtet sind, müssen die Rücknahmestellen bis zum Ablauf des 30. Juni 2022 einrichten.

(6) Für Erstbehandlungsanlagen, die bis zum Ablauf des 31. Dezember 2021 bereits nach § 21 des Elektro- und Elektronikgerätegesetzes in der bis zum Ablauf des 31. Dezember 2021 geltenden Fassung zertifiziert sind, ist § 21 Absatz 3 und 4 erstmals ab der Erneuerung des Zertifikats anzuwenden.

(7) § 22 Absatz 4 Satz 4 gilt erstmals für das Berichtsjahr 2022.

(8) Betreiber von Erstbehandlungsanlagen, die bereits nach § 25 Absatz 4 des Elektro- und Elektronikgerätegesetzes in der bis zum Ablauf des 31. Dezember 2021 geltenden Fassung angezeigt sind, haben bis zum Ablauf des 30. Juni 2022 der zuständigen Behörde ein aktuelles Zertifikat vorzulegen.

(9) [1] Bei der Ermittlung der Abhol- und Aufstellungspflicht bleiben ab dem 1. Februar 2016 vorangegangene Abhol- und Aufstellungspflichten außer Betracht, soweit sie im Hinblick auf die Gruppen nach § 9 Absatz 4 Satz 1 Nummer 2 bis 5 des Elektro- und Elektronikgerätegesetzes vom 16. März 2005 ermittelt worden sind. [2] Satz 2 gilt für die Gruppen nach § 14 Absatz 1 Nummer 1, 3 und 5 dieses Gesetzes in der Fassung vom 20. Oktober 2015 im Hinblick auf die vor dem 1. Dezember 2018 ermittelten Abhol- und Aufstellungspflichten entsprechend.

**Anlage 1**
(zu § 2 Absatz 1)

## Nicht abschließende Liste mit Elektro- und Elektronikgeräten, die unter die Kategorien des § 2 Absatz 1 fallen

**1. Wärmeüberträger**
   Kühlschränke
   Gefriergeräte
   Geräte zur automatischen Abgabe von Kaltprodukten
   Klimageräte
   Entfeuchter
   Wärmepumpen
   Wärmepumpentrockner
   ölgefüllte Radiatoren
   Boiler
   Warmwasserspeicher
   sonstige Wärmeüberträger, bei denen andere Flüssigkeiten als Wasser für die Wärmeübertragung verwendet werden

**2. Bildschirme, Monitore und Geräte, die Bildschirme mit einer Oberfläche von mehr als 100 Quadratzentimetern enthalten**
   Bildschirme
   Fernsehgeräte
   LCD-Fotorahmen und digitale Bilderrahmen
   Monitore
   Laptops
   Notebooks
   Tablets und Tablet-PCs

**3. Lampen**
   stabförmige Leuchtstofflampen
   Kompaktleuchtstofflampen
   Leuchtstofflampen
   Entladungslampen (einschließlich Hochdruck-Natriumdampflampen und Metalldampflampen)
   Niederdruck-Natriumdampflampen
   LED-Lampen

## 4. Großgeräte

Waschmaschinen
Wäschetrockner
Geschirrspüler
Elektroherde und Elektrobacköfen
Elektrokochplatten
Leuchten
Ton- oder Bildwiedergabegeräte
Musikausrüstung (mit Ausnahme von Kirchenorgeln)
Geräte zum Stricken und Weben
Großrechner
Großdrucker
Kopiergeräte
Geldspielautomaten
medizinische Großgeräte
große Überwachungs- und Kontrollinstrumente
große Produkt- und Geldausgabeautomaten
große Photovoltaikmodule
Nachtspeicherheizgeräte
große Antennen
Pedelecs
Elektrokleinstfahrzeuge mit zwei Rädern und ohne Sitz

## 5. Kleingeräte

Staubsauger
Teppichkehrmaschinen
Nähmaschinen
Leuchten
Mikrowellengeräte
Lüftungsgeräte
Bügeleisen
Toaster
elektrische Messer
Wasserkocher
Uhren
Fitness- und Gesundheitsarmbänder
elektrische Rasierapparate
Waagen
Haar- und Körperpflegegeräte
Radiogeräte
Videokameras
Videorekorder
Hi-Fi-Anlagen
Musikinstrumente
Ton- oder Bildwiedergabegeräte
elektrisches und elektronisches Spielzeug
Sportgeräte
Fahrrad-, Tauch-, Lauf-, Rudercomputer
Rauchmelder
Heizregler
Thermostate
elektrische und elektronische Kleinwerkzeuge
medizinische Kleingeräte
kleine Überwachungs- und Kontrollinstrumente
kleine Produktausgabeautomaten
Kleingeräte mit eingebauten Photovoltaikmodulen
kleine Photovoltaikmodule
Antennen
Adapter
Reisestecker
Steckdosen
konfektionierte Stromkabel

## 5.2 ElektroG Anl. 2–4

HDMI-, Audio- und Videokabel
Schmelzsicherungen
Bekleidung mit elektrischen Funktionen
elektrische Zigaretten
elektronische Antriebe für Möbel
Bekleidung mit elektrischen Funktionen (z.B. Heiz-, Massage- oder Leuchtfunktionen)
Schuhe mit Leuchtfunktionen
beleuchtete Fliesen
Drohnen
Tonerkartuschen und Druckerpatronen

**6. Kleine IT- und Telekommunikationsgeräte (keine äußere Abmessung beträgt mehr als 50 cm)**
Mobiltelefone
GPS-Geräte
Taschenrechner
Router
PCs
Drucker
Telefone
Kommunikationsantennen
Telefon- und Netzwerkadapter
USB-Kabel
Netzwerkkabel

**Anlage 2**
(zu § 6 Absatz 1)

### Angaben bei der Registrierung

*(Hier nicht wiedergegeben.)*

**Anlage 3**
(zu § 9 Absatz 2)

### Symbol zur Kennzeichnung von Elektro- und Elektronikgeräten

Das Symbol für die getrennte Erfassung von Elektro- und Elektronikgeräten stellt eine durchgestrichene Abfalltonne auf Rädern dar (siehe unten). Dieses Symbol ist sichtbar, erkennbar und dauerhaft anzubringen.

**Anlage 4**
(zu § 20 Absatz 2 Satz 4)

### Technische Anforderungen an Standorte für die Lagerung und Behandlung von Altgeräten

*(Hier nicht wiedergegeben.)*

Elektro- und Elektronikgerätegesetz  Anl. 5–6  ElektroG 5.2

**Anlage 5**
(zu § 21 Absatz 3 Nummer 3 und Absatz 4 Nummer 3)

**Behandlungskonzept**

*(Hier nicht wiedergegeben.)*


**Anlage 5a**
(zu § 21 Absatz 3 Nummer 4 und Absatz 4 Satz 2)

**Betriebstagebuch**

*(Hier nicht wiedergegeben.)*


**Anlage 6**
(zu § 23 Absatz 1)

**Mindestanforderungen an die Verbringung von gebrauchten Elektro- und Elektronikgeräten, bei denen es sich möglicherweise um Altgeräte handelt**

*(Hier nicht wiedergegeben.)*

## 5.3. Gesetz über das Inverkehrbringen, die Rücknahme und die umweltverträgliche Entsorgung von Batterien und Akkumulatoren (Batteriegesetz – BattG)[1) 2)]

Vom 25. Juni 2009
(BGBl. I S. 1582)

FNA 2129-53

zuletzt geänd. durch Art. 1 Erstes ÄndG v. 3.11.2020 (BGBl. I S. 2280)

### Abschnitt 1. Allgemeine Vorschriften

**§ 1 Anwendungsbereich.** (1) [1]Dieses Gesetz gilt für alle Arten von Batterien, unabhängig von Form, Größe, Masse, stofflicher Zusammensetzung oder Verwendung. [2]Es gilt auch für Batterien, die in andere Produkte eingebaut oder anderen Produkten beigefügt sind. [3]Das Elektro- und Elektronikgerätegesetz[3)] vom 20. Oktober 2015 (BGBl. I S. 1739), das zuletzt durch Artikel 12 des Gesetzes vom 28. April 2020 (BGBl. I S. 960) geändert worden ist, in der jeweils geltenden Fassung, das Produktsicherheitsgesetz vom 8. November 2011 (BGBl. I S. 2178, 2179; 2012 I S. 131), das durch Artikel 301 der Verordnung vom 19. Juni 2020 (BGBl. I S. 1328) geändert worden ist, in der jeweils geltenden Fassung und die Altfahrzeug-Verordnung[4)] in der Fassung der Bekanntmachung vom 21. Juni 2002 (BGBl. I S. 2214), die zuletzt durch Artikel 118 der Verordnung vom 19. Juni 2020 (BGBl. I S. 1328) geändert worden ist, in der jeweils geltenden Fassung bleiben unberührt.

(2) Dieses Gesetz ist nicht anzuwenden auf Batterien, die verwendet werden

1. in Ausrüstungsgegenständen, die mit dem Schutz der wesentlichen Sicherheitsinteressen der Bundesrepublik Deutschland in Zusammenhang stehen,
2. in Waffen, Munition oder Wehrmaterial, ausgenommen Erzeugnisse, die nicht speziell für militärische Zwecke beschafft oder eingesetzt werden, oder
3. in Ausrüstungsgegenständen für den Einsatz im Weltraum.

(3) [1]Soweit dieses Gesetz und die auf Grundlage dieses Gesetzes erlassenen Rechtsverordnungen keine abweichenden Vorschriften enthalten, sind das Kreislaufwirtschaftsgesetz[5)] mit Ausnahme von § 17 Absatz 4 und § 54 und die

---

[1)] **Amtl. Anm.**: Dieses Gesetz dient der Umsetzung der Richtlinie 2006/66/EG des Europäischen Parlaments und des Rates vom 6. September 2006 über Batterien und Akkumulatoren sowie Altbatterien und Altakkumulatoren und zur Aufhebung der Richtlinie 91/157/EWG (ABl. L 266 vom 26.9. 2006, S. 1, L 339 vom 6.12.2006, S. 39, L 139 vom 31.5.2007, S. 40), die zuletzt durch die Richtlinie 2008/103/EG (ABl. L 327 vom 5.12.2008, S. 7) geändert worden ist.

Die Verpflichtungen aus der Richtlinie 98/34/EG des Europäischen Parlaments und des Rates vom 22. Juni 1998 über ein Informationsverfahren auf dem Gebiet der Normen und technischen Vorschriften (ABl. L 204 vom 21.7.1998, S. 37), die zuletzt durch die Richtlinie 2006/96/EG (ABl. L 363 vom 20.12.2006, S. 81) geändert worden ist, sind beachtet worden.

[2)] Verkündet als Art. 1 G zur Neuregelung der abfallrechtlichen Produktverantwortung für Batterien und Akkumulatoren v. 25.6.2009 (BGBl. I S. 1582); Inkrafttreten gem. Art. 3 dieses G am 1.12.2009 mit Ausnahme von § 2 Abs. 15 Satz 2 und 3, § 3 Abs. 3 und § 22, die gem. Art. 3 Abs. 2 am 1.3.2010 in Kraft treten, sowie § 20, der bereits am 1.7.2009 in Kraft tritt.
[3)] Nr. **5.2**.
[4)] Nr. **5.1.5**.

Batteriegesetz § 2 BattG 5.3

auf Grund des Kreislaufwirtschaftsgesetzes oder des bis zum 1. Juni 2012 geltenden Kreislaufwirtschafts- und Abfallgesetzes erlassenen Rechtsverordnungen in der jeweils geltenden Fassung anzuwenden. ²Die §§ 27, 50 Absatz 3, § 59 Absatz 1 Satz 1 und Absatz 2 sowie die §§ 60 und 66 des Kreislaufwirtschaftsgesetzes gelten entsprechend. ³Rechtsvorschriften, die besondere Anforderungen an die Rücknahme, Wiederverwendung oder Entsorgung von Altbatterien enthalten, sowie solche, die aus Gründen der Sicherheit im Zusammenhang mit der Beförderung gefährlicher Güter erlassen sind, bleiben unberührt.

**§ 2 Begriffsbestimmungen.** (1) Für dieses Gesetz gelten die in den Absätzen 2 bis 22 geregelten Begriffsbestimmungen.

(2) „Batterien" sind aus einer oder mehreren nicht wiederaufladbaren Primärzellen oder aus wiederaufladbaren Sekundärzellen bestehende Quellen elektrischer Energie, die durch unmittelbare Umwandlung chemischer Energie gewonnen wird.

(3) ¹„Batteriesatz" ist eine Gruppe von Batterien, die so miteinander verbunden oder in einem Außengehäuse zusammengebaut sind, dass sie eine vollständige, vom Endnutzer nicht zu trennende oder zu öffnende Einheit bilden. ²Batteriesätze sind Batterien im Sinne dieses Gesetzes.

(4) ¹„Fahrzeugbatterien" sind Batterien, die für den Anlasser, die Beleuchtung oder für die Zündung von Fahrzeugen bestimmt sind. ²Fahrzeuge im Sinne von Satz 1 sind Landfahrzeuge, die durch Maschinenkraft bewegt werden, ohne an Bahngleise gebunden zu sein.

(5) ¹„Industriebatterien" sind Batterien, die ausschließlich für industrielle, gewerbliche oder landwirtschaftliche Zwecke, für Elektrofahrzeuge jeder Art oder zum Vortrieb von Hybridfahrzeugen bestimmt sind. ²Fahrzeugbatterien sind keine Industriebatterien. ³Auf Batterien, die keine Fahrzeug-, Industrie- oder Gerätebatterien sind, sind die Vorschriften dieses Gesetzes über Industriebatterien anzuwenden.

(6) ¹„Gerätebatterien" sind Batterien, die gekapselt sind und in der Hand gehalten werden können. ²Fahrzeug- und Industriebatterien sind keine Gerätebatterien.

(7) „Knopfzellen" sind kleine, runde Gerätebatterien, deren Durchmesser größer ist als ihre Höhe.

(8) Elektrowerkzeuge" sind handgehaltene, mit einer Batterie betriebene Elektro- und Elektronikgeräte im Anwendungsbereich des Elektro- und Elektronikgerätegesetzes[1]), die für Instandhaltungs-, Bau-, Garten- oder Montagearbeiten bestimmt sind.

(9) „Altbatterien" sind Batterien, die Abfall im Sinne von § 3 Absatz 1 Satz 1 des Kreislaufwirtschaftsgesetzes[2]) sind.

(10) „Behandlung" ist jede Tätigkeit, die an Abfällen nach der Übergabe an eine Einrichtung zur Sortierung, zur Vorbereitung der Verwertung oder zur Vorbereitung der Beseitigung durchgeführt wird.

---

[5]) Nr. **5.1**.
[1]) Nr. **5.2**.
[2]) Nr. **5.1**.

## 5.3 BattG § 2

(11) „Stoffliche Verwertung" ist die in einem Produktionsprozess erfolgende Wiederaufarbeitung von Abfallmaterialien für ihren ursprünglichen Zweck oder für andere Zwecke, jedoch unter Ausschluss der energetischen Verwertung.

(12) „Beseitigung" ist die Abfallbeseitigung im Sinne von § 3 Absatz 26 des Kreislaufwirtschaftsgesetzes.

(13) „Endnutzer" ist derjenige, der Batterien oder Produkte mit eingebauten Batterien nutzt und in der an ihn gelieferten Form nicht mehr weiterveräußert.

(14) [1] „Vertreiber" ist, wer, unabhängig von der Vertriebsmethode, im Geltungsbereich dieses Gesetzes Batterien gewerbsmäßig für den Endnutzer anbietet. [2] Anbieten von Batterien im Sinne des Satzes 1 ist das auf den Abschluss eines Kaufvertrages gerichtete Präsentieren oder öffentliche Zugänglichmachen von Batterien; dies umfasst auch die Aufforderung, ein Angebot abzugeben.

(15) [1] „Hersteller" ist jeder, der, unabhängig von der Vertriebsmethode, gewerbsmäßig Batterien im Geltungsbereich dieses Gesetzes erstmals in Verkehr bringt. [2] Vertreiber und Zwischenhändler, die vorsätzlich oder fahrlässig Batterien von Herstellern anbieten, die oder deren Bevollmächtigte nicht oder nicht ordnungsgemäß nach § 4 Absatz 1 Satz 1 registriert sind, gelten als Hersteller im Sinne dieses Gesetzes. [3] Satz 1 und Absatz 14 bleiben unberührt.

(15a) „Bevollmächtigter" ist jede im Geltungsbereich dieses Gesetzes niedergelassene natürliche oder juristische Person oder Personengesellschaft, die ein Hersteller ohne Niederlassung im Geltungsbereich dieses Gesetzes beauftragt hat, in eigenem Namen sämtliche Aufgaben wahrzunehmen, um die Herstellerpflichten nach diesem Gesetz zu erfüllen.

(16) [1] „Inverkehrbringen" ist die entgeltliche oder unentgeltliche Abgabe an Dritte mit dem Ziel des Vertriebs, des Verbrauchs oder der Verwendung. [2] Die gewerbsmäßige Einfuhr in den Geltungsbereich dieses Gesetzes gilt als Inverkehrbringen. [3] Dies gilt nicht für Batterien, die nachweislich aus dem Geltungsbereich dieses Gesetzes wieder ausgeführt werden. [4] Die Abgabe von unter der Marke oder nach den speziellen Anforderungen eines Auftraggebers gefertigten und zum Weitervertrieb bestimmten Batterien an den Auftraggeber gilt nicht als Inverkehrbringen im Sinne von Satz 1.

(16a) „Freiwillige Rücknahmestelle" ist jedes gemeinnützige Unternehmen, gewerbliche oder sonstige wirtschaftliche Unternehmen oder jede öffentliche Einrichtung, das oder die an der Rücknahme von Geräte-Altbatterien mitwirkt, indem es oder sie die bei sich anfallenden Geräte-Altbatterien oder Geräte-Altbatterien anderer Endnutzer zurücknimmt, ohne hierzu verpflichtet zu sein.

(17) „Gewerbliche Altbatterieentsorger" sind für den Umgang mit Altbatterien zertifizierte Entsorgungsfachbetriebe im Sinne des § 56 des Kreislaufwirtschaftsgesetzes, deren Geschäftsbetrieb die getrennte Erfassung, Behandlung, Verwertung oder Beseitigung von Altbatterien umfasst.

(18) „Sachverständiger" ist, wer

1. nach § 36 der Gewerbeordnung öffentlich bestellt ist,
2. als Umweltgutachter oder Umweltgutachterorganisation auf Grund einer Zulassung nach den §§ 9 und 10 oder nach Maßgabe des § 18 des Um-

Batteriegesetz **§ 3 BattG 5.3**

weltauditgesetzes[1]) in der Fassung der Bekanntmachung vom 4. September 2002 (BGBl. I S. 3490), das zuletzt durch Artikel 11 des Gesetzes vom 17. März 2008 (BGBl. I S. 399) geändert worden ist, in der jeweils geltenden Fassung, in dem Bereich tätig werden darf, der näher bestimmt wird durch Anhang I Abschnitt E Abteilung 38 der Verordnung (EG) Nr. 1893/2006 des Europäischen Parlaments und des Rates vom 20. Dezember 2006 zur Aufstellung der statistischen Systematik der Wirtschaftszweige NACE Revision 2 und zur Änderung der Verordnung (EWG) Nr. 3037/90 des Rates sowie einiger Verordnungen der EG über bestimmte Bereiche der Statistik (ABl. L 393 vom 30.12.2006, S. 1), die zuletzt durch die Verordnung (EG) Nr. 295/2008 (ABl. L 97 vom 9.4.2008, S. 13) geändert worden ist, in der jeweils geltenden Fassung, oder

3. in einem anderen Mitgliedstaat der Europäischen Union oder in einem anderen Vertragsstaat des Abkommens über den Europäischen Wirtschaftsraum niedergelassen ist und eine Tätigkeit im Inland nur vorübergehend und gelegentlich ausüben will und seine Berufsqualifikation vor Aufnahme der Tätigkeit entsprechend den §§ 13a und 13b der Gewerbeordnung hat nachprüfen lassen; Verfahren nach dieser Nummer können über eine einheitliche Stelle abgewickelt werden.

(19) [1] „Verwertungsquote" ist der Prozentsatz, den die Masse der in einem Kalenderjahr einer ordnungsgemäßen stofflichen Verwertung zugeführten Altbatterien im Verhältnis zur Masse der in diesem Kalenderjahr gesammelten Altbatterien ausmacht. [2] Aus dem Geltungsbereich dieses Gesetzes mit dem Ziel der Verwertung ausgeführte Altbatterien sind nur insoweit zu berücksichtigen, als den Anforderungen aus § 14 Absatz 3 entsprochen worden ist.

(20) „Recyclingeffizienz" eines Verwertungsverfahrens ist der Quotient aus der Masse der mit dem Verwertungsverfahren hergestellten Stoffe, die ohne weitere Behandlung kein Abfall mehr sind oder die für ihren ursprünglichen Zweck oder für andere Zwecke verwendet werden, mit Ausnahme der energetischen Verwertung, und der Masse der dem Verwertungsverfahren zugeführten Altbatterien.

(21) „Chemisches System" ist die Zusammensetzung der für die Energiespeicherung in einer Batterie maßgeblichen Stoffe.

(22) „Typengruppe" ist die Zusammenfassung vergleichbarer Baugrößen von Batterien mit dem gleichen chemischen System.

## Abschnitt 2. Vertrieb und Rücknahme von Batterien

**§ 3 Verkehrsverbote.** (1) Das Inverkehrbringen von Batterien, die mehr als 0,0005 Gewichtsprozent Quecksilber enthalten, ist verboten.

(2) [1] Das Inverkehrbringen von Gerätebatterien, die mehr als 0,002 Gewichtsprozent Cadmium enthalten, ist verboten. [2] Von dem Verbot ausgenommen sind Gerätebatterien, die für Not- oder Alarmsysteme einschließlich Notbeleuchtung und für medizinische Ausrüstung bestimmt sind. [3] Satz 1 gilt nicht für Batterien, die nach Anhang II der Richtlinie 2000/53/EG des Europäischen Parlaments und des Rates vom 18. September 2000 über Altfahrzeuge (ABl. L 269 vom 21.10.2000, S. 34), die zuletzt durch die Richtlinie

---

[1]) Nr. **2.8**.

2008/33/EG (ABl. L 81 vom 20.3.2008, S. 62) geändert worden ist, in der jeweils geltenden Fassung vom Cadmiumverbot des Artikels 4 Absatz 2 Buchstabe a der Richtlinie 2000/53/EG ausgenommen sind.

(3) Hersteller dürfen Batterien im Geltungsbereich dieses Gesetzes nur in Verkehr bringen, wenn sie oder deren Bevollmächtigte

1. nach § 4 Absatz 1 Satz 1 bei der zuständigen Behörde ordnungsgemäß registriert sind und
2. durch Erfüllung der ihnen nach § 5 in Verbindung mit § 7 Absatz 1 Satz 1 für Gerätebatterien oder nach § 5 in Verbindung mit § 8 Absatz 1 Satz 1 für Fahrzeug- und Industriebatterien jeweils obliegenden Rücknahmepflichten sicherstellen, dass Altbatterien nach Maßgabe dieses Gesetzes zurückgegeben werden können.

(4) [1] Vertreiber dürfen Batterien im Geltungsbereich dieses Gesetzes für den Endnutzer nur anbieten, wenn sie durch Erfüllung der ihnen nach § 9 Absatz 1 Satz 1 obliegenden Rücknahmepflichten sicherstellen, dass der Endnutzer Altbatterien nach Maßgabe dieses Gesetzes zurückgeben kann. [2] Das Anbieten von Batterien ist untersagt, wenn deren Hersteller oder deren Bevollmächtigte entgegen § 4 Absatz 1 Satz 1 nicht oder nicht ordnungsgemäß registriert sind.

(5) Batterien, die entgegen den Absätzen 1 und 2 im Geltungsbereich dieses Gesetzes in Verkehr gebracht werden, sind durch den jeweiligen Hersteller wieder vom Markt zu nehmen.

**§ 4 Registrierung der Hersteller.** (1) [1] Bevor ein Hersteller Batterien im Geltungsbereich dieses Gesetzes in Verkehr bringt, ist er oder im Fall der Bevollmächtigung nach § 26 Absatz 2 sein Bevollmächtigter verpflichtet, sich bei der zuständigen Behörde mit der Marke und der jeweiligen Batterieart nach § 2 Absatz 4 bis 6 registrieren zu lassen. [2] Die Registrierung ist auf Antrag bei Vorliegen aller Voraussetzungen nach Absatz 2 und § 20 Absatz 1 zu erteilen. [3] Der Registrierungsantrag muss die Angaben nach Absatz 2 enthalten. [4] Änderungen von im Registrierungsantrag enthaltenen Angaben sowie die dauerhafte Aufgabe des Inverkehrbringens sind der zuständigen Behörde unverzüglich mitzuteilen.

(2) Bei der Registrierung nach Absatz 1 Satz 1 sind folgende Angaben zu machen:

1. Name und Anschrift des Herstellers oder des Bevollmächtigten, insbesondere Postleitzahl und Ort, Straße und Hausnummer, Land, Telefon- und Faxnummer, Internetadresse sowie E-Mail-Adresse; im Fall der Bevollmächtigung auch Name und Kontaktdaten des Herstellers, der vertreten wird,
2. Vor- und Nachname einer vertretungsberechtigten natürlichen Person,
3. Handelsregisternummer oder vergleichbare amtliche Registernummer des Herstellers, einschließlich der europäischen oder der nationalen Steuernummer des Herstellers,
4. im Fall der Bevollmächtigung: die Beauftragung durch den Hersteller,
5. Marke, unter der der Hersteller die Batterien in Verkehr zu bringen beabsichtigt,
6. Batterieart nach § 2 Absatz 4 bis 6, die der Hersteller in Verkehr zu bringen beabsichtigt,

Batteriegesetz **§§ 5–7 BattG 5.3**

7. beim Inverkehrbringen von Gerätebatterien: Name und Anschrift des Rücknahmesystems nach § 7 sowie im Fall der Beauftragung eines Dritten nach § 7 Absatz 3 Name und Handelsregisternummer oder vergleichbare amtliche Registernummer des beauftragten Dritten,
8. beim Inverkehrbringen von Fahrzeug- oder Industriebatterien: eine Erklärung über die erfolgte Einrichtung einer den Anforderungen nach § 8 entsprechenden Rückgabemöglichkeit und über die Zugriffsmöglichkeiten der Rückgabeberechtigten auf das Angebot,
9. Erklärung, dass die Angaben der Wahrheit entsprechen.

(3) [1]Der Antrag auf Registrierung nach Absatz 1 Satz 2 und die Übermittlung der Angaben nach Absatz 2 erfolgen über das auf der Internetseite der zuständigen Behörde zur Verfügung gestellte elektronische Datenverarbeitungssystem nach Maßgabe der jeweils geltenden Verfahrensanweisung für das elektronische Datenverarbeitungssystem. [2]Die zuständige Behörde kann Ausnahmen von Satz 1 zulassen. [3]Sie kann für die sonstige Kommunikation mit den Herstellern oder mit deren Bevollmächtigten die elektronische Übermittlung, eine bestimmte Verschlüsselung sowie die Eröffnung eines Zugangs für die Übermittlung elektronischer Dokumente verlangen. [4]Die Verfahrensanweisung nach Satz 1 und die Anforderungen nach Satz 3 sind auf der Internetseite der zuständigen Behörde zu veröffentlichen.

**§ 5 Rücknahmepflichten der Hersteller.** (1) [1]Die Hersteller oder im Fall der Bevollmächtigung nach § 26 Absatz 2 deren Bevollmächtigte sind verpflichtet, die von den Vertreibern nach § 9 Absatz 1 Satz 1 zurückgenommenen Altbatterien sowie die von öffentlich-rechtlichen Entsorgungsträgern nach § 13 Absatz 1 erfassten und die von den freiwilligen Rücknahmestellen nach § 13a zurückgenommenen Geräte-Altbatterien unentgeltlich zurückzunehmen und nach § 14 zu behandeln und zu verwerten. [2]Nicht verwertbare Altbatterien sind nach § 14 zu beseitigen.

(2) Absatz 1 gilt auch für Altbatterien, die bei der Behandlung von Altgeräten nach den Vorschriften des Elektro- und Elektronikgerätegesetzes[1]) und bei der Behandlung von Altfahrzeugen nach den Vorschriften der Altfahrzeug-Verordnung[2]) anfallen.

**§ 6** *(aufgehoben)*

**§ 7 Rücknahmesysteme für Geräte-Altbatterien.** (1) [1]Jeder Hersteller von Gerätebatterien oder dessen Bevollmächtigter hat zur Erfüllung seiner Rücknahmepflichten nach § 5 ein eigenes Rücknahmesystem für Geräte-Altbatterien einzurichten und zu betreiben. [2]Die Errichtung und der Betrieb des Rücknahmesystems bedürfen der Genehmigung durch die zuständige Behörde. [3]Die Genehmigung ist auf Antrag nach Maßgabe der Absätze 2 und 3 zu erteilen. [4]Hat die Behörde nicht innerhalb einer Frist von drei Monaten über die Genehmigung entschieden, gilt diese als erteilt. [5]Die Frist nach Satz 4 beginnt mit Eingang der vollständigen Unterlagen bei der zuständigen Behörde.

---
[1]) Nr. **5.2**.
[2]) Nr. **5.1.5**.

(2) [1] Ein Rücknahmesystem darf nur genehmigt werden, wenn nachgewiesen ist, dass das in § 16 vorgeschriebene Sammelziel erreicht wird. [2] Die Genehmigung darf nur erteilt werden, wenn das Rücknahmesystem

1. allen Vertreibern, allen öffentlich-rechtlichen Entsorgungsträgern, allen Behandlungsanlagen nach § 12 Absatz 1 und 2 und allen freiwilligen Rücknahmestellen die unentgeltliche Abholung von Geräte-Altbatterien anbietet,
2. die flächendeckende Rücknahme von Geräte-Altbatterien bei allen Vertreibern, allen öffentlich-rechtlichen Entsorgungsträgern, allen Behandlungsanlagen nach § 12 Absatz 1 und 2 und allen freiwilligen Rücknahmestellen, die vom Angebot nach Nummer 1 Gebrauch gemacht haben (angeschlossene Rücknahmestellen), gewährleistet,
3. den angeschlossenen Rücknahmestellen unentgeltlich geeignete Rücknahmebehälter und den gefahrgutrechtlichen Anforderungen entsprechende Transportbehälter bereitstellt,
4. die von den angeschlossenen Rücknahmestellen bereitgestellten Geräte-Altbatterien, unabhängig von ihrer Beschaffenheit, Art, Marke oder Herkunft, innerhalb von 15 Werktagen unentgeltlich abholt, sobald
   a) Vertreiber und freiwillige Rücknahmestellen eine Abholmasse von 90 Kilogramm erreicht und gemeldet haben und
   b) öffentlich-rechtliche Entsorgungsträger und Behandlungsanlagen nach § 12 Absatz 1 und 2 eine Abholmasse von 180 Kilogramm erreicht und gemeldet haben,

   sofern keine geringere Abholmasse vereinbart ist; bei der Festlegung der Abholmassen zwischen dem Rücknahmesystem und der angeschlossenen Rücknahmestelle sind die Lagerkapazität und die Gefährlichkeit der Lagerung von Geräte-Altbatterien zu berücksichtigen; erreicht ein Vertreiber in einem Kalenderjahr die geforderte Abholmasse nicht, so kann er vom Rücknahmesystem dennoch die einmalige Abholung der zurückgenommenen Altbatterien fordern; sowie
5. die bei den angeschlossenen Rücknahmestellen abgeholten Geräte-Altbatterien einer Verwertung nach § 14 oder einer Beseitigung zuführt.

[3] Das Vorliegen der notwendigen Voraussetzungen für die voraussichtliche Erreichung des Ziels nach Satz 1 und die Einhaltung der Vorgaben aus Satz 2 sind im Rahmen des Genehmigungsverfahrens durch Gutachten eines unabhängigen Sachverständigen glaubhaft zu machen. [4] Die Genehmigung eines Rücknahmesystems kann auch nachträglich mit Auflagen verbunden werden, die erforderlich sind, um die Einhaltung der Verwertungsanforderungen nach § 14 und der Vorgaben aus Satz 2 dauerhaft sicherzustellen.

(3) [1] Bei Einrichtung und Betrieb eines Rücknahmesystems nach Absatz 1 Satz 1 können mehrere Hersteller oder deren Bevollmächtigte zusammenwirken. [2] Wirken mehrere Hersteller oder deren Bevollmächtigte bei Einrichtung und Betrieb ihres Rücknahmesystems durch Beauftragung eines Dritten zusammen, so kann die Genehmigung nach Absatz 1 dem Dritten mit Wirkung für die zusammenwirkenden Hersteller oder deren Bevollmächtigte erteilt werden. [3] Der Genehmigungsantrag muss die zusammenwirkenden Hersteller oder deren Bevollmächtigte eindeutig benennen. [4] Der gemeinsame Dritte hat die Geheimhaltung der ihm vorliegenden Daten insoweit sicherzustellen, als es sich um herstellerspezifische Informationen oder um Informationen handelt,

die einzelnen Herstellern oder deren Bevollmächtigten unmittelbar zurechenbar sind oder zugerechnet werden können.

(4) Der Betreiber eines Rücknahmesystems hat der zuständigen Behörde Änderungen von im Genehmigungsantrag enthaltenen Angaben sowie die dauerhafte Aufgabe des Betriebs unverzüglich mitzuteilen.

(5) Die Rücknahmesysteme haben unter Wahrung der Betriebs- und Geschäftsgeheimnisse die folgenden Informationen jährlich bis zum Ablauf des 31. Mai auf ihren Internetseiten zu veröffentlichen:
1. die Eigentums- und Mitgliederverhältnisse,
2. die von den Mitgliedern geleisteten finanziellen Beiträge je in Verkehr gebrachter Gerätebatterie oder je in Verkehr gebrachter Masse an Gerätebatterien,
3. das Verfahren für die Auswahl der Entsorgungsleistung sowie
4. die im eigenen System erreichten Recyclingeffizienzen.

(6) [1]Der Genehmigungsantrag nach Absatz 1 Satz 2 und die Übermittlung der Angaben nach Absatz 2 erfolgen über das auf der Internetseite der zuständigen Behörde zur Verfügung gestellte elektronische Datenverarbeitungssystem nach Maßgabe der jeweils geltenden Verfahrensanweisung für das elektronische Datenverarbeitungssystem. [2]Die zuständige Behörde kann Ausnahmen von Satz 1 zulassen. [3]Sie kann für die sonstige Kommunikation mit den Herstellern oder mit deren Bevollmächtigten und mit den Rücknahmesystemen die elektronische Übermittlung, eine bestimmte Verschlüsselung sowie die Eröffnung eines Zugangs für die Übermittlung elektronischer Dokumente verlangen. [4]Die Verfahrensanweisung nach Satz 1 und die Anforderungen nach Satz 3 sind auf der Internetseite der zuständigen Behörde zu veröffentlichen.

## § 7a Ökologische Gestaltung der Beiträge.
[1]Die Rücknahmesysteme sind verpflichtet, im Rahmen der Bemessung der Beiträge der Hersteller oder der Bevollmächtigten Anreize dafür zu schaffen, dass bei der Herstellung von Gerätebatterien die Verwendung von gefährlichen Stoffen minimiert wird. [2]Bei der Bemessung der Beiträge sind auch die Langlebigkeit, die Wiederverwendbarkeit und die Recyclingfähigkeit der Gerätebatterien zu berücksichtigen. [3]Der jeweilige Beitrag hat sich dabei an den einzelnen chemischen Systemen der Gerätebatterien zu orientieren.

## § 8 Rücknahme von Fahrzeug- und Industrie-Altbatterien.
(1) [1]Die Hersteller von Fahrzeug- und Industriebatterien oder deren Bevollmächtigte stellen die Erfüllung ihrer Pflichten aus § 5 dadurch sicher, dass sie
1. den Vertreibern für die von diesen nach § 9 Absatz 1 Satz 1 zurückgenommenen Fahrzeug- und Industrie-Altbatterien und
2. den Behandlungseinrichtungen nach § 12 Absatz 1 und 2 für die dort anfallenden Fahrzeug- und Industrie-Altbatterien

eine zumutbare und kostenfreie Möglichkeit der Rückgabe anbieten und die zurückgenommenen Altbatterien nach § 14 verwerten. [2]Die Hersteller von Fahrzeug- und Industriebatterien oder deren Bevollmächtigte sind verpflichtet, die finanziellen und organisatorischen Mittel vorzuhalten, um der Pflicht nach Satz 1 nachzukommen. [3]Eine Verpflichtung der Vertreiber oder der Behandlungseinrichtungen zur Überlassung dieser Altbatterien an die Hersteller oder an deren Bevollmächtigte besteht nicht.

(2) Für Fahrzeug- und Industrie-Altbatterien können die jeweils betroffenen Hersteller oder deren Bevollmächtigte, Vertreiber, Behandlungseinrichtungen nach § 12 Absatz 1 und 2 und Endnutzer von Absatz 1 Satz 1 abweichende Vereinbarungen treffen.

(3) Soweit Fahrzeug- und Industrie-Altbatterien durch Vertreiber, Behandlungseinrichtungen nach § 12 Absatz 1 und 2, öffentlich-rechtliche Entsorgungsträger oder gewerbliche Altbatterieentsorger nach § 14 verwertet werden, gilt die Verpflichtung der Hersteller oder von deren Bevollmächtigten aus § 5 als erfüllt.

**§ 9 Pflichten der Vertreiber.** (1) ¹Jeder Vertreiber ist verpflichtet, vom Endnutzer Altbatterien *an*[1]) oder in unmittelbarer Nähe des Handelsgeschäfts unentgeltlich zurückzunehmen. ²Die Rücknahmeverpflichtung nach Satz 1 beschränkt sich auf Altbatterien der Art im Sinne von § 2 Absatz 2 bis 6, die der Vertreiber als Neubatterien in seinem Sortiment führt oder geführt hat, sowie auf die Menge, derer sich Endnutzer üblicherweise entledigen. ³Satz 1 erstreckt sich nicht auf Produkte mit eingebauten Altbatterien; das Elektro- und Elektronikgerätegesetz[2]) und die Altfahrzeug-Verordnung[3]) bleiben unberührt. ⁴Im Versandhandel ist Handelsgeschäft im Sinne von Satz 1 das Versandlager.

(2) ¹Die Vertreiber nach Absatz 1 Satz 1 sind verpflichtet, zurückgenommene Geräte-Altbatterien einem Rücknahmesystem nach § 7 Absatz 1 Satz 1 zu überlassen. ²Die Bindung an ein Rücknahmesystem erfolgt für mindestens zwölf Monate. ³Eine Kündigung ist nur zulässig bis drei Monate vor Ablauf der vereinbarten Laufzeit oder, falls keine Laufzeit vereinbart ist, bis drei Monate vor Ablauf der zwölf Monate. ⁴Wird die Kündigungsfrist nicht eingehalten oder keine Kündigung erklärt, verlängert sich die Laufzeit um mindestens zwölf weitere Monate. ⁵Die Sätze 2 und 3 gelten nicht, sofern die Genehmigung des Rücknahmesystems während der Laufzeit entfällt.

(3) ¹Soweit ein Vertreiber vom Angebot nach § 8 Absatz 1 keinen Gebrauch macht und Fahrzeug- und Industriealtbatterien selbst verwertet oder Dritten zur Verwertung überlässt, hat er sicherzustellen, dass die Anforderungen des § 14 erfüllt werden. ²Für Fahrzeug- und Industriebatterien, die der Vertreiber einem gewerblichen Altbatterieentsorger mit dem Ziel der Verwertung überlässt, gelten die Anforderungen des § 14 zu Gunsten des Vertreibers als erfüllt. ³Satz 2 gilt auch für Fahrzeugbatterien, die der Vertreiber einem öffentlich-rechtlichen Entsorgungsträger mit dem Ziel der Verwertung überlässt.

(4) Die Kosten für die Rücknahme, Sortierung, Verwertung und Beseitigung von Geräte-Altbatterien dürfen beim Vertrieb neuer Gerätebatterien gegenüber dem Endnutzer nicht getrennt ausgewiesen werden.

**§ 10 Pfandpflicht für Fahrzeugbatterien.** (1) ¹Vertreiber, die Fahrzeugbatterien an Endnutzer abgeben, sind verpflichtet, je Fahrzeugbatterie ein Pfand in Höhe von 7,50 Euro einschließlich Umsatzsteuer zu erheben, wenn der Endnutzer zum Zeitpunkt des Kaufs einer neuen Fahrzeugbatterie keine Fahrzeug-Altbatterie zurückgibt. ²Der Vertreiber, der das Pfand erhoben hat,

---

[1]) Wortlaut amtlich.
[2]) Nr. **5.2**.
[3]) Nr. **5.1.5**.

Batteriegesetz §§ 11, 12 BattG 5.3

ist bei Rückgabe einer Fahrzeug-Altbatterie zur Erstattung des Pfandes verpflichtet. ³Der Vertreiber kann bei der Pfanderhebung eine Pfandmarke ausgeben und die Pfanderstattung von der Rückgabe der Pfandmarke abhängig machen. ⁴Wird die Fahrzeug-Altbatterie nicht dem Pfand erhebenden Vertreiber zurückgegeben, ist derjenige Erfassungsberechtigte nach § 11 Absatz 3, der die Fahrzeug-Altbatterie zurücknimmt, verpflichtet, auf Verlangen des Endnutzers schriftlich oder elektronisch zu bestätigen, dass eine Rücknahme ohne Pfanderstattung erfolgt ist. ⁵Ein Vertreiber, der Fahrzeugbatterien unter Verwendung von Fernkommunikationsmitteln anbietet, ist abweichend von Satz 2 zur Erstattung des Pfandes auch bei Vorlage eines schriftlichen oder elektronischen Rückgabenachweises nach Satz 4, der zum Zeitpunkt der Vorlage nicht älter als zwei Wochen ist, verpflichtet.

(2) Werden in Fahrzeuge eingebaute Fahrzeugbatterien an den Endnutzer ab- oder weitergegeben, so entfällt die Pfandpflicht.

**§ 11 Pflichten des Endnutzers.** (1) ¹Besitzer von Altbatterien haben diese einer vom unsortierten Siedlungsabfall getrennten Erfassung zuzuführen. ²Satz 1 gilt nicht für Altbatterien, die in andere Produkte eingebaut sind; das Elektro- und Elektronikgerätegesetz[1]) und die Altfahrzeug-Verordnung[2]) bleiben unberührt.

(2) Geräte-Altbatterien werden ausschließlich über Rücknahmestellen, die den Rücknahmesystemen nach § 7 Absatz 1 Satz 1 angeschlossen sind, erfasst.

(3) ¹Fahrzeug-Altbatterien werden ausschließlich über die Vertreiber, die öffentlich-rechtlichen Entsorgungsträger und über die Behandlungseinrichtungen nach § 12 Absatz 2 erfasst. ²Abweichend von Satz 1 können Endnutzer, die gewerbliche oder sonstige wirtschaftliche Unternehmen oder öffentliche Einrichtungen sind, die bei ihnen anfallenden Fahrzeug-Altbatterien unmittelbar den Herstellern oder gewerblichen Altbatterieentsorgern überlassen.

(4) Industrie-Altbatterien werden ausschließlich über die Vertreiber, die Behandlungseinrichtungen nach § 12 Absatz 2 und über gewerbliche Altbatterieentsorger erfasst, soweit nicht abweichende Vereinbarungen nach § 8 Absatz 2 getroffen worden sind; die Erfüllung der Anforderungen aus § 14 ist sicherzustellen.

**§ 12 Überlassungs- und Verwertungspflichten Dritter.** (1) Die Betreiber von Behandlungseinrichtungen für Altgeräte nach dem Elektro- und Elektronikgerätegesetz[1]) sind verpflichtet, bei der Behandlung anfallende Geräte-Altbatterien einem Rücknahmesystem nach § 7 Absatz 1 Satz 1 zu überlassen.

(2) Die Betreiber von Behandlungseinrichtungen für Altfahrzeuge nach der Altfahrzeug-Verordnung[2]) sind verpflichtet, bei der Behandlung anfallende Geräte-Altbatterien einem Rücknahmesystem nach § 7 Absatz 1 Satz 1 zu überlassen.

(3) ¹Die Bindung an ein Rücknahmesystem erfolgt für mindestens zwölf Monate. ²Eine Kündigung ist nur zulässig bis drei Monate vor Ablauf der vereinbarten Laufzeit oder, falls keine Laufzeit vereinbart ist, bis drei Monate vor Ablauf der zwölf Monate. ³Wird die Kündigungsfrist nicht eingehalten oder keine Kündigung erklärt, verlängert sich die Laufzeit um mindestens zwölf

---

¹) Nr. **5.2**.
²) Nr. **5.1.5**.

weitere Monate. ⁴Die Sätze 1 und 2 gelten nicht, sofern die Genehmigung des Rücknahmesystems während der Laufzeit entfällt.

(4) Für die bei der Behandlung nach den Absätzen 1 und 2 anfallenden Fahrzeug- und Industrie-Altbatterien ist § 9 Absatz 3 entsprechend anzuwenden.

### § 13 Mitwirkung der öffentlich-rechtlichen Entsorgungsträger.

(1) ¹Die öffentlich-rechtlichen Entsorgungsträger sind verpflichtet, Geräte-Altbatterien, die gemäß § 10 Absatz 1 Satz 2 des Elektro- und Elektronikgerätegesetzes[1]) durch den Endnutzer vom Elektro- oder Elektronikgerät zu trennen sind, unentgeltlich zurückzunehmen. ²Diese Geräte-Altbatterien sind einem Rücknahmesystem nach § 7 Absatz 1 Satz 1 zu überlassen. ³Satz 2 gilt auch, sofern sich öffentlich-rechtliche Entsorgungsträger freiwillig an der Rücknahme sonstiger Geräte-Altbatterien beteiligen. ⁴Die Bindung an ein Rücknahmesystem erfolgt für mindestens zwölf Monate. ⁵Eine Kündigung ist nur zulässig bis drei Monate vor Ablauf der vereinbarten Laufzeit oder, falls keine Laufzeit vereinbart ist, bis drei Monate vor Ablauf der zwölf Monate. ⁶Wird die Kündigungsfrist nicht eingehalten oder keine Kündigung erklärt, verlängert sich die Laufzeit um mindestens zwölf weitere Monate. ⁷Die Sätze 3 und 4 gelten nicht, sofern die Genehmigung des Rücknahmesystems während der Laufzeit entfällt.

(2) ¹Öffentlich-rechtliche Entsorgungsträger können sich an der Rücknahme von Fahrzeug-Altbatterien beteiligen. ²Sofern eine Beteiligung erfolgt, sind sie verpflichtet, die erfassten Fahrzeug-Altbatterien nach § 14 zu verwerten.

### § 14 Verwertung und Beseitigung.

(1) ¹Alle gesammelten und identifizierbaren Altbatterien sind nach dem Stand der Technik zu behandeln und stofflich zu verwerten. ²Die Behandlung muss mindestens die Entfernung aller Flüssigkeiten und Säuren umfassen. ³Es sind die folgenden Recyclingeffizienzen zu erreichen:

1. 65 Prozent der durchschnittlichen Masse von Blei-Säure-Altbatterien beim höchsten Maß an stofflicher Verwertung des Bleigehalts, das wirtschaftlich zumutbar und technisch erreichbar ist,
2. 75 Prozent der durchschnittlichen Masse von Nickel-Cadmium-Altbatterien beim höchsten Maß an stofflicher Verwertung des Cadmiumgehalts, das wirtschaftlich zumutbar und technisch erreichbar ist,
3. 50 Prozent der durchschnittlichen Masse sonstiger Altbatterien.

⁴Dabei ist insbesondere die Berechnung der Recyclingeffizienzen zu beachten, die durch die Verordnung (EU) Nr. 493/2012 der Kommission vom 11. Juni 2012 mit Durchführungsbestimmungen zur Berechnung der Recyclingeffizienzen von Recyclingverfahren für Altbatterien und Altakkumulatoren gemäß der Richtlinie 2006/66/EG des Europäischen Parlaments und des Rates (ABl. L 151 vom 12.6.2012, S. 9) vorgegeben ist. ⁵Zuständige Behörde im Sinne von Artikel 3 Absatz 4 der Verordnung ist das Umweltbundesamt. ⁶Das Umweltbundesamt übermittelt die Meldungen nach Artikel 3 Absatz 4 der Verordnung (EU) Nr. 493/2012 nachrichtlich den Ländern. ⁷Nicht identifizierbare Altbatterien sowie Rückstände von zuvor ordnungsgemäß behandelten und stofflich

---

[1]) Nr. 5.2.

verwerteten Altbatterien sind nach dem Stand der Technik gemeinwohlverträglich zu beseitigen.

(2) ¹Die Beseitigung von Fahrzeug- und Industrie-Altbatterien durch Verbrennung oder Deponierung ist untersagt. ²Dies gilt nicht für Rückstände von zuvor ordnungsgemäß behandelten und stofflich verwerteten Altbatterien.

(2a) ¹Die Behandlung und die Lagerung von Altbatterien in Behandlungsanlagen dürfen nur erfolgen

1. an Standorten mit undurchlässigen Oberflächen und geeigneter, wetterbeständiger Abdeckung oder
2. in geeigneten Behältnissen.

²Satz 1 gilt auch für eine nur vorübergehende Lagerung.

(3) Behandlung und stoffliche Verwertung nach Absatz 1 können außerhalb des Geltungsbereichs dieses Gesetzes vorgenommen werden, wenn die Verbringung der Altbatterien den Anforderungen der Verordnung (EG) Nr. 1013/2006 des Europäischen Parlaments und des Rates vom 14. Juni 2006 über die Verbringung von Abfällen (ABl. L 190 vom 12.7.2006, S. 1, L 318 vom 28.11. 2008, S. 15), die zuletzt durch die Verordnung (EG) Nr. 669/2008 (ABl. L 188 vom 16.7.2008, S. 7) geändert worden ist, in der jeweils geltenden Fassung sowie den Vorgaben der Rechtsverordnung nach § 27 Nummer 2 entspricht.

(4) Altbatterien, die nach der Verordnung (EG) Nr. 1013/2006 und der Verordnung (EG) Nr. 1418/2007 der Kommission vom 29. November 2007 über die Ausfuhr von bestimmten in Anhang III oder IIIA der Verordnung (EG) Nr. 1013/2006 des Europäischen Parlaments und des Rates aufgeführten Abfällen, die zur Verwertung bestimmt sind, in bestimmte Staaten, für die der OECD-Beschluss über die Kontrolle der grenzüberschreitenden Verbringung von Abfällen nicht gilt (ABl. L 316 vom 4.12.2007, S. 6), die durch die Verordnung (EG) Nr. 740/2008 (ABl. L 201 vom 30.7.2008, S. 36) geändert worden ist, in der jeweils geltenden Fassung aus der Europäischen Gemeinschaft ausgeführt werden, sind für die Erfüllung der Verpflichtungen nach Absatz 1 nur zu berücksichtigen, wenn stichhaltige Beweise dafür vorliegen, dass die Verwertung unter Bedingungen erfolgt ist, die den Anforderungen dieses Gesetzes und der nach diesem Gesetz erlassenen Rechtsverordnungen entsprechen.

**§ 15 Erfolgskontrolle.** (1) ¹Jedes Rücknahmesystem nach § 7 Absatz 1 Satz 1 hat dem Umweltbundesamt jährlich bis zum Ablauf des 30. April eine Dokumentation gemäß Satz 3 vorzulegen, die Auskunft gibt über

1. die Masse der Gerätebatterien, die im vorangegangenen Jahr von seinen Mitgliedern oder im Fall der Bevollmächtigung von den durch die Bevollmächtigten jeweils vertretenen Hersteller im Geltungsbereich dieses Gesetzes in Verkehr gebracht wurden und im Geltungsbereich dieses Gesetzes verblieben sind, untergliedert nach chemischen Systemen und Typengruppen,
2. die Masse der von ihm im vorangegangenen Jahr zurückgenommenen Geräte-Altbatterien, untergliedert nach chemischen Systemen und Typengruppen; dabei sind selbst zurückgenommene Massen und Massen, die von anderen Rücknahmesystemen zurückgenommen und diesen abgekauft wurden, getrennt auszuweisen,
3. die Masse der von ihm im vorangegangenen Jahr stofflich verwerteten Geräte-Altbatterien, untergliedert nach chemischen Systemen und Typen-

## 5.3 BattG § 15

gruppen; dabei sind ausgeführte und außerhalb des Geltungsbereichs dieses Gesetzes verwertete Geräte-Altbatterien gesondert auszuweisen,
4. die nach Maßgabe des § 16 im eigenen System erreichte Sammelquote für Geräte-Altbatterien,
5. die nach Maßgabe des § 2 Absatz 19 im eigenen System erreichte Verwertungsquote für Geräte-Altbatterien sowie
6. die qualitativen und quantitativen Verwertungs- und Beseitigungsergebnisse.

²Jeder Hersteller oder dessen Bevollmächtigter ist verpflichtet, dem Rücknahmesystem, das er betreibt, die zur Erfüllung der Berichtspflichten nach Satz 1 erforderlichen Informationen auf Verlangen des Rücknahmesystems bereitzustellen. ³Die Dokumentation nach Satz 1 ist durch die Rücknahmesysteme nach § 7 Absatz 1 Satz 1 in einer von einem unabhängigen Sachverständigen geprüften und bestätigten Fassung vorzulegen. ⁴Die Rücknahmesysteme haben sicherzustellen, dass spätestens nach fünf Jahren der durchgängigen Prüfung durch denselben Sachverständigen ein anderer unabhängiger Sachverständiger die Prüfung und Bestätigung der Dokumentation durchführt. ⁵Jedes Rücknahmesystem veröffentlicht die nach Satz 1 vorzulegende Dokumentation innerhalb eines Monats nach Vorlage beim Umweltbundesamt auf seiner Internetseite. ⁶Im Fall der Beleihung nach § 23 übermittelt das Umweltbundesamt die Dokumentationen der Rücknahmesysteme nach deren Erhalt an die Beliehene.

(2) Die Rücknahmesysteme nach § 7 Absatz 1 Satz 1 haben dem Umweltbundesamt jährlich bis zum Ablauf des 30. April über die ökologische Gestaltung der Beiträge ihrer Hersteller oder von deren Bevollmächtigten zu berichten, insbesondere berichten sie, wie sie die Vorgaben nach § 7a bei der Bemessung der Beiträge umgesetzt haben.

(3) ¹Für die Vertreiber von Fahrzeug- und Industriebatterien ist Absatz 1 Satz 1 Nummer 2, 3, 5 und 6 mit der Maßgabe anzuwenden, dass über die Rücknahme und Verwertung von Fahrzeug- und Industrie-Altbatterien zu berichten ist. ²Die Dokumentation ist auf Verlangen des Umweltbundesamtes in einer von einem unabhängigen Sachverständigen geprüften und bestätigten Fassung vorzulegen. ³Hersteller von Fahrzeug- und Industriebatterien oder deren Bevollmächtigte können für mehrere Vertreiber gemeinsam eine Dokumentation vorlegen. ⁴Sie haben jährlich bis zum Ablauf des 31. Mai die Daten über die im vorangegangenen Jahr erreichten Verwertungsquoten für Fahrzeug- und Industrie-Altbatterien auf Ihrer Internetseite zu veröffentlichen.

(3a) Im Fall des § 13 Absatz 2 ist für den öffentlich-rechtlichen Entsorgungsträger Absatz 1 Satz 1 Nummer 2, 3 und 6 mit der Maßgabe anzuwenden, dass über die Rücknahme und Verwertung von Fahrzeug-Altbatterien zu berichten ist.

(4) ¹Das Umweltbundesamt kann im Bundesanzeiger Empfehlungen für das Format und den Aufbau der Dokumentationen nach den Absätzen 1 und 2 veröffentlichen. ²Das Umweltbundesamt ist befugt, im Einvernehmen mit dem Bundesministerium für Umwelt, Naturschutz und nukleare Sicherheit Prüfleitlinien zu entwickeln, die von den unabhängigen Sachverständigen bei der Prüfung und Bestätigung der Dokumentationen nach Absatz 1 zu beachten sind.

Batteriegesetz §§ 16, 17  BattG 5.3

**§ 16 Sammelziel.** (1) Die Rücknahmesysteme nach § 7 Absatz 1 Satz 1 müssen jeweils im eigenen System für Geräte-Altbatterien eine Sammelquote von mindestens 50 Prozent erreichen und dauerhaft sicherstellen.

(2) ¹Zur Berechnung der Sammelquote nach Absatz 1 ist die Masse der Geräte-Altbatterien, die im Geltungsbereich dieses Gesetzes in einem Kalenderjahr zurückgenommen wurde, ins Verhältnis zu setzen zu der Masse an Gerätebatterien, die im Durchschnitt des betreffenden und der beiden vorangegangenen Kalenderjahre im Geltungsbereich dieses Gesetzes erstmals in Verkehr gebracht worden ist und im Geltungsbereich dieses Gesetzes für eine getrennte Erfassung zur Verfügung steht. ²Bei der Berechnung nach Satz 1 darf die Masse der zurückgenommenen Blei-Säure-Geräte-Altbatterien nur insoweit herangezogen werden, als sie die Masse der erstmals in Verkehr gebrachten Blei-Säure-Gerätebatterien, die im Geltungsbereich dieses Gesetzes für eine getrennte Erfassung zur Verfügung steht, nicht übersteigt.

(3) ¹Bei einem Wechsel eines Herstellers von einem Rücknahmesystem zu einem anderen Rücknahmesystem wird die in Verkehr gebrachte Masse an Gerätebatterien bei der Berechnung der Sammelquote nach Absatz 2 erst ab dem Zeitpunkt des Wechsels dem neuen Rücknahmesystem zugerechnet. ²Zuvor in Verkehr gebrachte Gerätebatterien verbleiben für die Berechnung der Sammelquote beim bisherigen Rücknahmesystem.

## Abschnitt 3. Kennzeichnung, Hinweispflichten

**§ 17 Kennzeichnung.** (1) Der Hersteller ist verpflichtet, Batterien vor dem erstmaligen Inverkehrbringen gemäß den Vorgaben nach den Absätzen 4 und 5 mit dem Symbol nach der Anlage zu kennzeichnen.

(2) ¹Das Symbol nach Absatz 1 muss mindestens drei Prozent der größten Fläche der Batterie, höchstens jedoch eine Fläche von fünf Zentimeter Länge und fünf Zentimeter Breite, einnehmen. ²Bei zylindrischer Form des zu kennzeichnenden Objekts muss das Symbol nach Absatz 1 mindestens 1,5 Prozent der Oberfläche des Objekts, höchstens jedoch eine Fläche von fünf Zentimeter Länge und fünf Zentimeter Breite, einnehmen.

(3) ¹Der Hersteller ist verpflichtet, Batterien, die mehr als 0,0005 Masseprozent Quecksilber, mehr als 0,002 Masseprozent Cadmium oder mehr als 0,004 Masseprozent Blei enthalten, vor dem erstmaligen Inverkehrbringen gemäß den Vorgaben nach den Sätzen 2 und 3 sowie nach den Absätzen 4 und 5 mit den chemischen Zeichen der Metalle (Hg, Cd, Pb) zu kennzeichnen, bei denen der Grenzwert überschritten wird. ²Die Zeichen nach Satz 1 sind unterhalb des Symbols nach Absatz 1 aufzubringen. ³Jedes Zeichen muss mindestens eine Fläche von einem Viertel der Fläche des Symbols nach Absatz 1 einnehmen.

(4) ¹Nimmt das Symbol nach Absatz 1 oder das Zeichen nach Absatz 3 eine Fläche von weniger als einem halben Zentimeter Länge und einem halben Zentimeter Breite ein, kann auf die entsprechende Kennzeichnung verzichtet werden. ²Stattdessen sind Symbol und Zeichen in einer Größe von jeweils mindestens einem Zentimeter Länge und einem Zentimeter Breite auf die Verpackung aufzubringen. ³Die Sätze 1 und 2 geltend entsprechend, wenn eine Kennzeichnung der Batterie technisch nicht möglich ist.

(5) Symbol und Zeichen müssen gut sichtbar, lesbar und dauerhaft aufgebracht werden.

(6) ¹Der Hersteller ist verpflichtet, Fahrzeug- und Gerätebatterien vor dem erstmaligen Inverkehrbringen mit einer sichtbaren, lesbaren und unauslöschlichen Kapazitätsangabe zu versehen. ²Bei der Bestimmung der Kapazität und der Gestaltung der Kapazitätsangabe sind die durch Rechtsverordnung nach § 27 Nummer 3 und nach der Verordnung (EU) Nr. 1103/2010 der Kommission vom 29. November 2010 zur Festlegung – gemäß der Richtlinie 2006/66/EG des Europäischen Parlaments und des Rates – von Vorschriften für die Angabe der Kapazität auf sekundären (wiederaufladbaren) Gerätebatterien und -akkumulatoren sowie auf Fahrzeugbatterien und -akkumulatoren (ABl. L 313 vom 30.11.2010, S. 3) festgelegten Vorgaben zu beachten.

(7) Zusätzliche freiwillige Kennzeichnungen sind zulässig, soweit sie nicht im Widerspruch zu einer Kennzeichnung nach Absatz 1, 3 oder 6 stehen.

**§ 18 Hinweis- und Informationspflichten.** (1) ¹Vertreiber haben ihre Kunden durch gut sicht- und lesbare, im unmittelbaren Sichtbereich des Hauptkundenstroms platzierte Schrift- oder Bildtafeln darauf hinzuweisen,

1. dass Batterien nach Gebrauch im Handelsgeschäft unentgeltlich zurückgegeben werden können,
2. dass der Endnutzer zur Rückgabe von Altbatterien gesetzlich verpflichtet ist und
3. welche Bedeutung das Symbol nach § 17 Absatz 1 und die Zeichen nach § 17 Absatz 3 haben.

²Wer Batterien im Versandhandel an den Endnutzer abgibt, hat die Hinweise nach Satz 1 in den von ihm verwendeten Darstellungsmedien zu geben oder sie der Warensendung schriftlich beizufügen.

(2) Die Hersteller sind verpflichtet, die Endnutzer zu informieren über

1. die in Absatz 1 Satz 1 genannten Bestimmungen,
2. Abfallvermeidungsmaßnahmen und über Maßnahmen zur Vermeidung von Vermüllung,
3. die Möglichkeiten der Vorbereitung zur Wiederverwendung von Altbatterien,
4. die möglichen Auswirkungen der in Batterien enthaltenen Stoffe auf die Umwelt und die menschliche Gesundheit, insbesondere über die Risiken beim Umgang mit lithiumhaltigen Batterien, sowie
5. die Bedeutung der getrennten Sammlung und der Verwertung von Altbatterien für Umwelt und Gesundheit.

(3) ¹Die Rücknahmesysteme nach § 7 Absatz 1 Satz 1 sind verpflichtet, gemeinsam die Endnutzer in angemessenem Umfang zu informieren über

1. die Verpflichtung nach § 11 Absatz 1 zur Entsorgung von Geräte-Altbatterien,
2. Sinn und Zweck der getrennten Sammlung von Geräte-Altbatterien,
3. die eingerichteten Rücknahmesysteme sowie
4. die Rücknahmestellen.

²Die Information nach Satz 1 hat in regelmäßigen Zeitabständen zu erfolgen und soll sowohl lokale als auch überregionale Maßnahmen beinhalten. ³Zur

Batteriegesetz §§ 19, 20 BattG 5.3

Erfüllung ihrer Pflichten aus Satz 1 haben die Rücknahmesysteme nach § 7 Absatz 1 Satz 1 gemeinschaftlich einen Dritten zu beauftragen. ⁴Der beauftragte Dritte hat einen Beirat einzurichten, dem folgende Vertreter angehören:
1. Vertreter der öffentlich-rechtlichen Entsorgungsträger,
2. Vertreter der Verbraucherschutzorganisationen,
3. Vertreter der Hersteller- und Handelsverbände,
4. Vertreter der Entsorgungswirtschaft sowie
5. Vertreter der Länder und des Bundes.

⁵Der Beirat gibt sich eine Geschäftsordnung. ⁶Die Rücknahmesysteme nach § 7 Absatz 1 Satz 1 tragen die Kosten entsprechend dem Marktanteil der in Verkehr gebrachten Masse an Gerätebatterien der jeweils bei ihnen selbst oder über einen Bevollmächtigten beteiligten Hersteller.

(4) ¹Die Rücknahmesysteme nach § 7 Absatz 1 Satz 1 haben eine gemeinsame einheitliche Kennzeichnung für Rücknahmestellen zu entwerfen, diese den Rücknahmestellen unentgeltlich zur Verfügung zu stellen und bei den Rücknahmestellen dauerhaft für deren Nutzung zu werben. ²Die Rücknahmesysteme nach § 7 Absatz 1 Satz 1 können auch gemeinschaftlich einen Dritten mit der Wahrnehmung der Pflicht aus Satz 1 beauftragen. ³Absatz 3 Satz 6 gilt entsprechend.

### Abschnitt 4. Zuständige Behörde

**§ 19 Zuständige Behörde.** Zuständige Behörde ist das Umweltbundesamt.

**§ 20 Aufgaben der zuständigen Behörde.** (1) ¹Die zuständige Behörde registriert den Hersteller auf dessen Antrag mit der Marke, der Firma, dem Ort der Niederlassung oder dem Sitz, der Anschrift und dem Namen des Vertretungsberechtigten sowie der Batterieart im Sinne von § 2 Absatz 4 bis 6 und erteilt dem Hersteller eine Registrierungsnummer. ²Im Fall des § 26 Absatz 2 registriert die zuständige Behörde den Bevollmächtigten mit den in Satz 1 genannten Angaben sowie mit den Kontaktdaten des vertretenen Herstellers und erteilt je vertretenen Hersteller eine Registrierungsnummer. ³Herstellern von Gerätebatterien oder deren Bevollmächtigten darf die Registrierung nur erteilt werden, wenn der Hersteller oder der Bevollmächtigte ein Rücknahmesystem nach § 7 Absatz 1 Satz 1 eingerichtet hat und betreibt, das mit Wirkung für ihn genehmigt ist.

(2) ¹Die zuständige Behörde genehmigt die Rücknahmesysteme nach § 7 Absatz 1 Satz 1 auf Antrag des Herstellers oder des Bevollmächtigten oder auf Antrag des beauftragten Dritten nach Maßgabe des § 7 Absatz 2 und 3. ²Die zuständige Behörde überprüft regelmäßig, spätestens alle drei Jahre, ob die Voraussetzungen für die Genehmigung erfüllt werden.

(3) ¹Die zuständige Behörde veröffentlicht die folgenden Angaben zu den registrierten Herstellern und den registrierten Bevollmächtigten auf ihrer Internetseite:
1. Name, Anschrift und Internetadresse des Herstellers oder von dessen Bevollmächtigten,
2. im Fall der Bevollmächtigung: Name und Anschrift des vertretenen Herstellers,

3. die Batterieart nach § 2 Absatz 4 bis 6, die der Hersteller in Verkehr bringt,
4. die Marke, unter der der Hersteller die Batterien in Verkehr bringt,
5. bei Gerätebatterien: Name und Rechtsform des Rücknahmesystems nach § 7 Absatz 1 Satz 1, das der Hersteller oder dessen Bevollmächtigter eingerichtet hat und betreibt,
6. bei Fahrzeug- oder Industriebatterien: die Erklärung über die erfolgte Einrichtung von Rückgabemöglichkeiten und die Zugriffsmöglichkeiten der Rückgabeberechtigten auf das Angebot.

²Die Veröffentlichung ist zu untergliedern nach Herstellern von Geräte-, Fahrzeug- und Industriebatterien und muss für jeden Hersteller die Angaben nach Satz 1 sowie das Datum der Registrierung enthalten. ³Für Hersteller, die aus dem Markt ausgetreten sind, ist zusätzlich das Datum des Marktaustritts anzugeben. ⁴Die Angaben nach Satz 1 sind drei Jahre nach dem Datum des angezeigten Marktaustritts des Herstellers im Internet zu löschen. ⁵Die Sätze 2 bis 4 gelten im Fall der Bevollmächtigung mit der Maßgabe, dass die Daten zum Bevollmächtigten je vertretenen Hersteller zu veröffentlichen sind.

(4) Die zuständige Behörde veröffentlicht den Namen und die Anschrift der genehmigten Rücknahmesysteme nach § 7 Absatz 1 Satz 1 auf ihren Internetseiten.

**§ 21 Befugnisse der zuständigen Behörde.** (1) ¹Die zuständige Behörde kann unbeschadet des § 49 des Verwaltungsverfahrensgesetzes die Registrierung einschließlich der Registrierungsnummer widerrufen, wenn
1. der Hersteller oder dessen Bevollmächtigter entgegen § 7 Absatz 1 Satz 1 kein Rücknahmesystem einrichtet und betreibt,
2. der Hersteller entgegen § 17 Absatz 1 bis 6 Batterien wiederholt nicht oder nicht richtig kennzeichnet oder
3. über das Vermögen des Herstellers oder von dessen Bevollmächtigten das Insolvenzverfahren eröffnet wird oder die Eröffnung des Insolvenzverfahrens mangels Masse abgelehnt wird.

²In den Fällen des Satzes 1 Nummer 3 ist bei Eröffnung des Insolvenzverfahrens über das Vermögen des Herstellers die Registrierung einschließlich der Registrierungsnummer zu widerrufen, sofern der Insolvenzverwalter oder bei Anordnung der Eigenverwaltung der Hersteller nicht unverzüglich gegenüber der zuständigen Behörde verbindlich erklärt, den Herstellerpflichten nach diesem Gesetz nachzukommen. ³Satz 2 gilt entsprechend, sofern im Fall der Bevollmächtigung das Insolvenzverfahren über das Vermögen des Bevollmächtigten eröffnet wird.

(2) ¹Die zuständige Behörde kann unbeschadet des § 49 des Verwaltungsverfahrensgesetzes die Genehmigung eines Rücknahmesystems nach § 7 Absatz 1 Satz 1 widerrufen, wenn
1. der Betreiber des Rücknahmesystems seine Pflichten nach § 7 Absatz 2 Satz 2 schwerwiegend verletzt,
2. der Betreiber des Rücknahmesystems nicht nur unwesentlich gegen eine Auflage nach § 7 Absatz 2 Satz 4 oder eine Anordnung nach § 28 Absatz 1 verstößt,
3. im Fall des § 7 Absatz 3 kein Hersteller oder kein Bevollmächtigter das Rücknahmesystem mehr betreibt oder

Batteriegesetz  §§ 22, 23  BattG 5.3

4. der Betreiber des Rücknahmesystems das Sammelziel nach § 16 in einem Kalenderjahr nicht erreicht.

²Die zuständige Behörde soll die Genehmigung eines Rücknahmesystems nach § 7 Absatz 1 Satz 1 widerrufen, wenn über das Vermögen des Rücknahmesystems das Insolvenzverfahren eröffnet wird oder die Eröffnung des Insolvenzverfahrens mangels Masse abgelehnt wird. ³Die Genehmigung eines Rücknahmesystems ist zu widerrufen, wenn die zuständige Behörde feststellt, dass der Betrieb des Rücknahmesystems eingestellt wurde.

**§ 22 Vollständig automatisierter Erlass von Verwaltungsakten.** Verwaltungsakte der zuständigen Behörde nach den §§ 20, 21 und 28 Absatz 1 können unbeschadet des § 24 Absatz 1 Satz 3 des Verwaltungsverfahrensgesetzes vollständig durch automatische Einrichtungen erlassen werden, sofern kein Anlass besteht, den Einzelfall durch Amtsträger zu bearbeiten.

### Abschnitt 5. Beleihung

**§ 23 Ermächtigung zur Beleihung.** (1) ¹Die zuständige Behörde wird ermächtigt, die Gemeinsame Stelle der Hersteller nach dem Elektro- und Elektronikgerätegesetz mit den Aufgaben und Befugnissen nach § 4 Absatz 3, § 7 Absatz 6, den §§ 20 bis 22 und 28 Absatz 1 zu beleihen.[1]) ²Die Aufgaben schließen die Vollstreckung, die Rücknahme und den Widerruf der hierzu ergehenden Verwaltungsakte ein. ³Die zu Beleihende hat die notwendige Gewähr für die ordnungsgemäße Erfüllung der ihr übertragenen Aufgaben zu bieten. ⁴Dies ist gewährleistet, wenn

1. die Personen, die nach Gesetz, nach dem Gesellschaftsvertrag oder nach der Satzung die Geschäftsführung und Vertretung ausüben, zuverlässig und fachlich geeignet sind,
2. die zu Beleihende die zur Erfüllung ihrer Aufgaben notwendige Ausstattung und Organisation hat und
3. sichergestellt ist, dass die Vorschriften zum Schutz personenbezogener Daten sowie zum Schutz von Betriebs- und Geschäftsgeheimnissen eingehalten werden.

(2) ¹Die zuständige Behörde kann der Beliehenen die Befugnis übertragen, für die Erfüllung der in Absatz 1 genannten Aufgaben Gebühren und Auslagen nach dem Bundesgebührengesetz zu erheben und festzulegen, wie die Gebühren und Auslagen vom Gebührenschuldner zu zahlen sind.[2]) ²Soweit bei der Beliehenen im Rahmen der Erfüllung der Aufgaben nach Absatz 1 Aufwand für nicht individuelle zurechenbare öffentliche Leistungen oder sonstiger Aufwand entsteht, der nicht durch die Gebühren- und Auslagenerhebung der Beliehenen gedeckt ist, oder soweit die Befugnis nach Satz 1 nicht übertragen

---

[1]) Der Stiftung Elektro-Altgeräte-Register, Nordostpark 72, 90411 Nürnberg, als Gemeinsamer Stelle der Hersteller von Elektro- und Elektronikgeräten (www.stiftung-ear.de) wurden gem. § 40 Abs. 1 und 2 ElektroG (Nr. **5.2**) und gem. § 23 Abs. 1 und 2 BatterieG Aufgaben und Befugnisse nach § 15 Abs. 4 und §§ 37 bis 39 ElektroG (Nr. **5.2**) und § 4 Abs. 3, § 7 Abs. 6 und §§ 20 bis 22 und 28 Abs. 1 BatterieG sowie die Befugnis übertragen, die übertragenen Aufgabenbereiche in den Handlungsformen des öffentlichen Rechts wahrzunehmen (Beleihungsbescheide des Umweltbundesamtes v. 24.10.2015 und 1.1.2021).
[2]) Siehe die Elektro- und ElektronikgeräteG-BatterieG-GebührenVO v. 20.10.2015 (BGBl. I S. 1776), zuletzt geänd. durch VO v. 18.11.2020 (BGBl. I S. 2497).

wird, ersetzt die zuständige Behörde der Beliehenen die für die Erfüllung der Aufgaben nach Absatz 1 entstehenden Kosten und Auslagen.

(3) Die Beleihung ist durch die zuständige Behörde im Bundesanzeiger bekannt zu machen.

**§ 24 Aufsicht.** (1) Die Beliehene untersteht der Rechts- und Fachaufsicht der zuständigen Behörde.

(2) Erfüllt die Beliehene die ihr übertragenen Aufgaben nicht oder nicht ausreichend, ist die zuständige Behörde befugt, die Aufgaben selbst durchzuführen oder im Einzelfall durch einen Beauftragten durchführen zu lassen.

(3) ¹Die zuständige Behörde kann von der Beliehenen Ersatz für die Kosten verlangen, die ihr für die Rechts- und Fachaufsicht nach Absatz 1 entstehen. ²Der Anspruch darf der Höhe nach die im Haushaltsplan des Bundes für die Durchführung der Rechts- und Fachaufsicht veranschlagten Einnahmen nicht übersteigen.

**§ 25 Beendigung der Beleihung.** (1) Die Beleihung endet, wenn die Beliehene aufgelöst ist.

(2) Die zuständige Behörde kann unbeschadet des § 49 des Verwaltungsverfahrensgesetzes die Beleihung widerrufen, wenn die Beliehene die übertragenen Aufgaben nicht sachgerecht wahrnimmt.

(3) ¹Die Beliehene kann die Beendigung der Beleihung jederzeit schriftlich von der zuständigen Behörde verlangen. ²Dem Begehren ist innerhalb einer Frist, die zur Übernahme und Fortführung der Aufgabenerfüllung nach § 4 Absatz 3, § 7 Absatz 6, den §§ 20 bis 22 und 28 Absatz 1 durch die zuständige Behörde erforderlich ist, zu entsprechen.

### Abschnitt 6. Beauftragung Dritter, Verordnungsermächtigung, Vollzug

**§ 26 Beauftragung Dritter und Bevollmächtigung.** (1) Die nach diesem Gesetz Verpflichteten können Dritte mit der Erfüllung ihrer Pflichten beauftragen; § 22 Satz 2 und 3 des Kreislaufwirtschaftsgesetzes[1)] gilt entsprechend.

(2) ¹Hersteller, die keine Niederlassung im Geltungsbereich dieses Gesetzes haben, können einen Bevollmächtigten mit der Wahrnehmung ihrer Verpflichtungen nach den §§ 4, 5, 7 Absatz 1 Satz 1, § 8 sowie § 15 Absatz 3 Satz 3 und 4 beauftragen. ²Die Aufgabenerfüllung durch den Bevollmächtigten erfolgt im eigenen Namen. ³Jeder Hersteller darf nur einen Bevollmächtigten beauftragen. ⁴Die Beauftragung nach Satz 1 hat schriftlich und in deutscher Sprache zu erfolgen.

**§ 27 Ermächtigung zum Erlass von Rechtsverordnungen.** Das Bundesministerium für Umwelt, Naturschutz und nukleare Sicherheit wird ermächtigt, durch Rechtsverordnung, die nicht der Zustimmung des Bundesrates bedarf,

1. Mindestanforderungen für die Behandlung und Verwertung von Altbatterien festzulegen,

---

[1)] Nr. **5.1**.

Batteriegesetz §§ 28, 29 BattG 5.3

2. Vorschriften zur Umsetzung von Durchführungsbestimmungen gemäß Artikel 15 Absatz 3 der Richtlinie 2006/66/EG zu erlassen,
3. Vorgaben für die Bestimmung der Kapazität von Fahrzeug- und Gerätebatterien sowie für die Gestaltung der Kapazitätsangabe festzulegen und
4. Ausnahmen von § 17 Absatz 1 bis 6 zuzulassen.

**§ 28 Vollzug.** (1) Die zuständige Behörde soll gegenüber den Rücknahmesystemen nach § 7 Absatz 1 Satz 1 die Anordnungen treffen, die erforderlich sind, um die Einhaltung der Vorgaben nach § 7 Absatz 2 und der Verwertungsanforderungen nach § 14 dauerhaft sicherzustellen.

(2) ¹Für den Vollzug dieses Gesetzes sind die § 47 Absatz 1 bis 6 und § 62 des Kreislaufwirtschaftsgesetzes[1]) entsprechend anzuwenden. ²Das Grundrecht auf Unverletzlichkeit der Wohnung (Artikel 13 Absatz 1 des Grundgesetzes[2])) wird insoweit eingeschränkt.

### Abschnitt 7. Bußgeldvorschriften, Schlussbestimmungen

**§ 29 Bußgeldvorschriften.** (1) Ordnungswidrig handelt, wer vorsätzlich oder fahrlässig

1. entgegen § 3 Absatz 1 oder 2 Satz 1 Batterien in Verkehr bringt,
2. entgegen § 3 Absatz 3 Batterien in Verkehr bringt,
3. entgegen § 3 Absatz 4 Satz 1 Batterien anbietet,
3a. entgegen § 3 Absatz 4 Satz 2 Batterien anbietet,
4. entgegen § 4 Absatz 1 Satz 1 sich nicht, nicht richtig, nicht vollständig oder nicht rechtzeitig registrieren lässt,
5. entgegen § 4 Absatz 1 Satz 4 eine Änderungsmitteilung nicht, nicht richtig, nicht vollständig oder nicht rechtzeitig macht,
6. entgegen § 5 Absatz 1 Satz 1 in Verbindung mit § 14 Absatz 1 Satz 1, 2 oder 3, jeweils auch in Verbindung mit § 5 Absatz 2, dort genannte Altbatterien nicht, nicht richtig oder nicht vollständig verwertet,
7. entgegen § 5 Absatz 1 Satz 2 in Verbindung mit § 14 Absatz 1 Satz 7, jeweils auch in Verbindung mit § 5 Absatz 2, dort genannte Altbatterien nicht, nicht richtig oder nicht vollständig beseitigt,
8., 9. *(aufgehoben)*
10. entgegen § 9 Absatz 2 Satz 1 oder § 12 Absatz 1 oder Absatz 2 Geräte-Altbatterien einem Rücknahmesystem nicht überlässt,
11. entgegen § 9 Absatz 4 die dort genannten Kosten getrennt ausweist,
12. entgegen § 10 Absatz 1 Satz 1, 2 oder Satz 5 ein Pfand nicht erhebt oder nicht erstattet,
13. entgegen § 14 Absatz 2 Satz 1 Fahrzeug- oder Industrie-Altbatterien durch Verbrennung oder Deponierung beseitigt,
14. entgegen § 15 Absatz 1 Satz 1, auch in Verbindung mit Absatz 3 Satz 1 eine Dokumentation nicht, nicht richtig, nicht vollständig oder nicht rechtzeitig vorlegt,

---

[1]) Nr. **5.1**.
[2]) Nr. **1.1**.

14a. entgegen § 15 Absatz 2 einen Bericht nicht oder nicht rechtzeitig erstattet,

14b. entgegen § 16 Absatz 1 das Erreichen der dort genannten Sammelquote nicht sicherstellt,

15. entgegen § 17 Absatz 1 Satz 1 oder Absatz 3 Satz 1 eine Batterie nicht, nicht richtig oder nicht rechtzeitig kennzeichnet,

16. entgegen § 17 Absatz 6, auch in Verbindung mit einer Rechtsverordnung nach § 27 Nummer 3 eine Fahrzeug- oder Gerätebatterie nicht, nicht richtig, nicht vollständig oder nicht rechtzeitig mit einer Kapazitätsangabe versieht oder

17. entgegen § 18 Absatz 1 Satz 1 oder Satz 2 einen Hinweis nicht, nicht richtig, nicht vollständig oder nicht in der vorgeschriebenen Weise gibt oder einer Warensendung nicht beifügt.

(2) Die Ordnungswidrigkeit kann in den Fällen des Absatzes 1 Nummer 1 bis 7, 10, 13, 14 und 14b mit einer Geldbuße bis zu hunderttausend Euro, in den übrigen Fällen mit einer Geldbuße bis zu zehntausend Euro geahndet werden.

(3) Verwaltungsbehörde im Sinne des § 36 Absatz 1 Nummer 1 des Gesetzes über Ordnungswidrigkeiten ist in den Fällen des Absatzes 1 Nummer 2, 3a bis 5 und 14 bis 14b das Umweltbundesamt.

(4) In den Fällen des Absatzes 3 fließen auch die im gerichtlichen Verfahren angeordneten Geldbußen und die Geldbeträge, deren Einziehung nach § 29a des Gesetzes über Ordnungswidrigkeiten gerichtlich angeordnet wurde, der Bundeskasse zu, die auch die der Staatskasse auferlegten Kosten trägt.

**§ 30 Einziehung.** [1] Ist eine Ordnungswidrigkeit nach § 29 Absatz 1 begangen worden, so können Gegenstände eingezogen werden,

1. auf die sich die Ordnungswidrigkeit bezieht oder
2. die zu ihrer Begehung oder Vorbereitung gebraucht worden oder bestimmt gewesen sind.

[2] § 23 des Gesetzes über Ordnungswidrigkeiten ist anzuwenden.

**§ 31 Übergangsvorschriften.** (1) [1] § 2 Absatz 15 Satz 2, § 3 Absatz 1 und 2 und § 17 Absatz 1, 3 und 6 Satz 1 gelten nicht für Batterien, die bereits vor dem 1. Dezember 2009 in einem Mitgliedstaat der Europäischen Union erstmals in Verkehr gebracht worden sind. [2] § 3 Absatz 1 gilt nicht für Knopfzellen und aus Knopfzellen aufgebaute Batteriesätze mit einem Quecksilbergehalt von höchstens 2 Gewichtsprozent, die vor dem 1. Oktober 2015 erstmals in Verkehr gebracht worden sind. [3] § 3 Absatz 2 Satz 1 gilt nicht für Batterien, die für die Verwendung in schnurlosen Elektrowerkzeugen bestimmt sind und die vor dem 1. Januar 2017 erstmalig in Verkehr gebracht worden sind.

(2) Abweichend von § 3 Absatz 3 müssen Hersteller, die das Inverkehrbringen bereits nach § 4 Absatz 1 Satz 1 des Batteriegesetzes vom 25. Juni 2009 in Verbindung mit der Verordnung zur Durchführung des Batteriegesetzes vom 12. November 2009, jeweils in der bis zum Ablauf des 31. Dezember 2020 geltenden Fassung, beim Umweltbundesamt angezeigt haben, erst ab dem 1. Januar 2022 nach § 4 bei der zuständigen Behörde registriert sein, sofern sich nicht zuvor gegenüber den angezeigten Angaben Änderungen ergeben haben.

(3) Das Umweltbundesamt veröffentlicht bis zum Ablauf des 31. Dezember 2021 die folgenden bis zum Ablauf des 31. Dezember 2020 von den angezeigten Herstellern gemäß § 4 in der bis zum Ablauf des 31. Dezember 2020 geltenden Fassung mitgeteilten Daten auf seinen Internetseiten:

1. Name und Rechtsform des Herstellers,
2. Anschrift des Herstellers, bestehend aus Postleitzahl, Ort und Staat,
3. Internetadresse des Herstellers,
4. Art der Batterie nach § 2 Absatz 4 bis 6, die der Hersteller in den Verkehr zu bringen beabsichtigt, und Marke, unter der er dabei tätig ist,
5. beim Inverkehrbringen von Gerätebatterien: eine Erklärung über die Einrichtung eines herstellereigenen Rücknahmesystems für Geräte-Altbatterien durch den Hersteller sowie Name und Rechtsform des vom Hersteller mit dem Betrieb seines herstellereigenen Rücknahmesystems beauftragten Dritten,
6. beim Inverkehrbringen von Fahrzeug- und Industriebatterien: eine Erklärung über die erfolgte Einrichtung einer den Anforderungen des § 8 entsprechenden Rückgabemöglichkeit für Altbatterien sowie Angaben über die Art der eingerichteten Rückgabemöglichkeit und den Zugriff der Rückgabeberechtigten auf das Angebot.

(4) [1]Rücknahmesysteme nach § 7 Absatz 1 Satz 1, die bis zum Ablauf des 31. Dezember 2020 bereits durch die am Sitz des Herstellers für Abfallwirtschaft zuständige Behörde oder durch eine von dieser bestimmten Behörde genehmigt sind, gelten längstens bis zum Ablauf des 31. Dezember 2021 weiterhin als genehmigt. [2]Änderungen von bereits erteilten Genehmigungen sowie Anordnungen nach § 28 Absatz 1 werden bis zum Ablauf des 31. Dezember 2021 durch die am Sitz des Herstellers für Abfallwirtschaft zuständige Behörde oder durch eine von dieser bestimmten Behörde vorgenommen.

(5) Die §§ 7a und 15 Absatz 2 sind erst ab dem 1. Januar 2023 anzuwenden.

(6) Für die Ermittlung der Sammelquote nach § 15 Absatz 1 Satz 1 Nummer 4, Absatz 2 und 3 gilt § 16 für das erste Kalenderjahr der Tätigkeit als Rücknahmesystem mit der Maßgabe, dass die Masse der in diesem Kalenderjahr zurückgenommenen Geräte-Altbatterien zur Masse der in diesem Kalenderjahr erstmals in den Verkehr gebrachten Gerätebatterien ins Verhältnis zu setzen ist.

(7) Für das zweite Kalenderjahr der Tätigkeit eines Rücknahmesystems gilt § 16 mit der Maßgabe, dass die Masse der im zweiten Kalenderjahr zurückgenommenen Geräte-Altbatterien zur Masse der im Durchschnitt der ersten beiden Kalenderjahre der Tätigkeit des Rücknahmesystems erstmals in Verkehr gebrachten Gerätebatterien ins Verhältnis zu setzen ist.

**Anlage**
(zu § 17)

*(Hier nicht wiedergegeben; siehe die Abbildung in Anl. 3 ElektroG, Nr. 5.2.)*

## 5.4. Gesetz über das Inverkehrbringen, die Rücknahme und die hochwertige Verwertung von Verpackungen (Verpackungsgesetz – VerpackG)[1) 2) 3) 4)]

Vom 5. Juli 2017

(BGBl. I S. 2234)

**FNA 2129-61**

zuletzt geänd. durch Art. 2 Erstes G zur Änd. des UmweltstatistikG und anderer Gesetze v. 22.9.2021 (BGBl. I S. 4363)

### Abschnitt 1. Allgemeine Vorschriften

**§ 1 Abfallwirtschaftliche Ziele.** (1) ¹Dieses Gesetz legt Anforderungen an die Produktverantwortung nach § 23 des Kreislaufwirtschaftsgesetzes[5)] für Verpackungen fest. ²Es bezweckt, die Auswirkungen von Verpackungsabfällen auf die Umwelt zu vermeiden oder zu verringern. ³Um dieses Ziel zu erreichen, soll das Gesetz das Verhalten der Verpflichteten so regeln, dass Verpackungsabfälle vorrangig vermieden und darüber hinaus einer Vorbereitung zur Wiederverwendung oder dem Recycling zugeführt werden. ⁴Dabei sollen die Marktteilnehmer vor unlauterem Wettbewerb geschützt werden.

(2) Durch eine gemeinsame haushaltsnahe Sammlung von Verpackungsabfällen und weiteren stoffgleichen Haushaltsabfällen sollen zusätzliche Wertstoffe für ein hochwertiges Recycling gewonnen werden.

(3) ¹Der Anteil der in Mehrweggetränkeverpackungen abgefüllten Getränke soll mit dem Ziel der Abfallvermeidung gestärkt und das Recycling von Getränkeverpackungen in geschlossenen Kreisläufen gefördert werden. ²Zur Überprüfung der Wirksamkeit der in diesem Gesetz vorgesehenen Mehrwegförderung ermittelt das Bundesministerium für Umwelt, Naturschutz und nukleare Sicherheit jährlich den Anteil der in Mehrweggetränkeverpackungen abgefüllten Getränke und gibt die Ergebnisse bekannt. ³Ziel ist es, einen Anteil von in Mehrweggetränkeverpackungen abgefüllten Getränken in Höhe von mindestens 70 Prozent zu erreichen. ⁴Von den kalenderjährlich erstmals in Verkehr gebrachten Einwegkunststoffgetränkeflaschen sind ab dem 1. Januar 2025 mindestens 77 Masseprozent und ab dem 1. Januar 2029 mindestens 90

---

[1)] **Amtl. Anm. zum ArtikelG:** Artikel 1 dieses Gesetzes dient der Umsetzung der Richtlinie 94/62/EG des Europäischen Parlaments und des Rates vom 20. Dezember 1994 über Verpackungen und Verpackungsabfälle (ABl. L 365 vom 31.12.1994, S. 10), die zuletzt durch die Richtlinie 2015/720/EU (ABl. L 115 vom 6.5.2015, S. 11) geändert worden ist.
[2)] **Weitere amtl. Anm. zum ArtikelG:** Notifiziert gemäß der Richtlinie (EU) 2015/1535 des Europäischen Parlaments und des Rates vom 9. September 2015 über ein Informationsverfahren auf dem Gebiet der technischen Vorschriften und der Vorschriften für die Dienste der Informationsgesellschaft (ABl. L 241 vom 17.9.2015, S. 1).
[3)] Verkündet als Art. 1 G v. 5.7.2017 (BGBl. I S. 2234); Inkrafttreten gem. Art. 3 Abs. 1 Satz 1 dieses G am 1.1.2019, mit Ausnahme der §§ 24 und 35, die gem. Art. 3 Abs. 2 dieses G bereits am 13.7.2017 in Kraft treten.
[4)] Die Änderungen durch G v. 10.8.2021 (BGBl. I S. 3436) treten erst **mWv 1.1.2024** in Kraft und sind im Text noch nicht berücksichtigt.
[5)] Nr. **5.1.**

Verpackungsgesetz **§§ 2, 3 VerpackG 5.4**

Masseprozent zum Zweck des Recyclings getrennt zu sammeln; ausgenommen davon sind Einwegkunststoffgetränkeflaschen nach § 30a Absatz 3.

(4) ¹Mit diesem Gesetz soll außerdem das Erreichen der europarechtlichen Zielvorgaben der Richtlinie 94/62/EG über Verpackungen und Verpackungsabfälle sichergestellt werden. ²Danach sind von den im Geltungsbereich dieses Gesetzes anfallenden Verpackungsabfällen jährlich mindestens 65 Masseprozent zu verwerten und mindestens 55 Masseprozent zu recyceln. ³Dabei muss das Recycling der einzelnen Verpackungsmaterialien mindestens für Holz 15, für Kunststoffe 22,5, für Metalle 50 und für Glas sowie Papier und Karton 60 Masseprozent erreichen, wobei bei Kunststoffen nur Material berücksichtigt wird, das durch Recycling wieder zu Kunststoff wird. ⁴Bis spätestens 31. Dezember 2025 sind von den im Geltungsbereich dieses Gesetzes anfallenden Verpackungsabfällen jährlich mindestens 65 Masseprozent zu recyceln, bis spätestens 31. Dezember 2030 mindestens 70 Masseprozent. ⁵Dabei muss das Recycling der einzelnen Verpackungsmaterialien bis spätestens 31. Dezember 2025 mindestens für Holz 25, für Aluminium und Kunststoffe 50, für Eisenmetalle und Glas 70 sowie für Papier und Karton 75 Masseprozent erreichen; bis spätestens 31. Dezember 2030 mindestens für Holz 30, für Kunststoffe 55, für Aluminium 60, für Glas 75, für Eisenmetalle 80 sowie für Papier und Karton 85 Masseprozent. ⁶Zum Nachweis des Erreichens der Zielvorgaben nach den Sätzen 2 bis 5 führt die Bundesregierung die notwendigen Erhebungen durch und veranlasst die Information der Öffentlichkeit und der Marktteilnehmer.

**§ 2 Anwendungsbereich.** (1) Dieses Gesetz gilt für alle Verpackungen.

(2) ¹Soweit dieses Gesetz keine abweichenden Vorschriften enthält, sind das Kreislaufwirtschaftsgesetz[1]), mit Ausnahme von § 54, und die auf der Grundlage des Kreislaufwirtschaftsgesetzes oder des bis zum 31. Mai 2012 geltenden Kreislaufwirtschafts- und Abfallgesetzes erlassenen Rechtsverordnungen in der jeweils geltenden Fassung anzuwenden. ²§ 17 Absatz 2 und 3, § 19 Absatz 2, § 27, § 47 Absatz 1 bis 6, § 50 Absatz 3, § 60 Absatz 1 Satz 2 Nummer 2 und die §§ 62 und 66 des Kreislaufwirtschaftsgesetzes gelten entsprechend.

(3) Soweit auf Grund anderer Rechtsvorschriften besondere Anforderungen an Verpackungen, an die Entsorgung von Verpackungsabfällen oder an die Beförderung von verpackten Waren oder von Verpackungsabfällen bestehen, bleiben diese Anforderungen unberührt.

(4) Die Vorschriften des Gesetzes gegen Wettbewerbsbeschränkungen bleiben unberührt.

(5) Die Befugnis des Bundes, der Länder, der Kreise und der Gemeinden, Dritte bei der Nutzung ihrer Einrichtungen oder Grundstücke sowie der Sondernutzung öffentlicher Straßen zur Vermeidung und Verwertung von Abfällen zu verpflichten, bleibt unberührt.

**§ 3 Begriffsbestimmungen.** (1) ¹Verpackungen sind aus beliebigen Materialien hergestellte Erzeugnisse zur Aufnahme, zum Schutz, zur Handhabung, zur Lieferung oder zur Darbietung von Waren, die vom Rohstoff bis zum Verarbeitungserzeugnis reichen können, vom Hersteller an den Vertreiber oder Endverbraucher weitergegeben werden und

---

[1]) Nr. **5.1**.

1. typischerweise dem Endverbraucher als Verkaufseinheit aus Ware und Verpackung angeboten werden (Verkaufsverpackungen); als Verkaufsverpackungen gelten auch Verpackungen, die erst beim Letztvertreiber befüllt werden, um

   a) die Übergabe von Waren an den Endverbraucher zu ermöglichen oder zu unterstützen (Serviceverpackungen) oder

   b) den Versand von Waren an den Endverbraucher zu ermöglichen oder zu unterstützen (Versandverpackungen),

2. eine bestimmte Anzahl von Verkaufseinheiten nach Nummer 1 enthalten und typischerweise dem Endverbraucher zusammen mit den Verkaufseinheiten angeboten werden oder zur Bestückung der Verkaufsregale dienen (Umverpackungen) oder

3. die Handhabung und den Transport von Waren in einer Weise erleichtern, dass deren direkte Berührung sowie Transportschäden vermieden werden, und typischerweise nicht zur Weitergabe an den Endverbraucher bestimmt sind (Transportverpackungen); Container für den Straßen-, Schienen-, Schiffs- oder Lufttransport sind keine Transportverpackungen.

²Die Begriffsbestimmung für Verpackungen wird durch die in der Anlage 1 genannten Kriterien ergänzt; die dort aufgeführten Gegenstände sind Beispiele für die Anwendung dieser Kriterien.

(2) Getränkeverpackungen sind geschlossene oder überwiegend geschlossene Verkaufsverpackungen für flüssige Lebensmittel im Sinne von Artikel 2 der Verordnung (EG) Nr. 178/2002 des Europäischen Parlaments und des Rates vom 28. Januar 2002 zur Festlegung der allgemeinen Grundsätze und Anforderungen des Lebensmittelrechts, zur Errichtung der Europäischen Behörde für Lebensmittelsicherheit und zur Festlegung von Verfahren zur Lebensmittelsicherheit (ABl. L 31 vom 1.2.2002, S. 1), die zuletzt durch die Verordnung (EU) Nr. 2019/1381 (ABl. L 231 vom 6.9.2019, S. 1) geändert worden ist, die zum Verzehr als Getränk bestimmt sind.

(3) Mehrwegverpackungen sind Verpackungen, die dazu konzipiert und bestimmt sind, nach dem Gebrauch mehrfach zum gleichen Zweck wiederverwendet zu werden und deren tatsächliche Rückgabe und Wiederverwendung durch eine ausreichende Logistik ermöglicht sowie durch geeignete Anreizsysteme, in der Regel durch ein Pfand, gefördert wird.

(4) Einwegverpackungen sind Verpackungen, die keine Mehrwegverpackungen sind.

(4a) Einwegkunststoffverpackungen sind Einwegverpackungen, die ganz oder teilweise aus Kunststoff bestehen.

(4b) Einwegkunststofflebensmittelverpackungen sind Einwegkunststoffverpackungen, also Behältnisse wie Boxen mit oder ohne Deckel, für Lebensmittel, die

1. dazu bestimmt sind, unmittelbar verzehrt zu werden, entweder vor Ort oder als Mitnahme-Gericht,

2. in der Regel aus der Verpackung heraus verzehrt werden und

3. ohne weitere Zubereitung wie Kochen, Sieden oder Erhitzen verzehrt werden können;

keine Einwegkunststofflebensmittelverpackungen in diesem Sinne sind Getränkeverpackungen, Getränkebecher, Teller sowie Tüten und Folienverpackungen, wie Wrappers, mit Lebensmittelinhalt.

(4c) Einwegkunststoffgetränkeflaschen sind Getränkeverpackungen in Flaschenform, einschließlich ihrer Verschlüsse und Deckel, mit einem Füllvolumen von bis zu 3,0 Litern, die zugleich die Voraussetzungen einer Einwegkunststoffverpackung erfüllen.

(5) Verbundverpackungen sind Verpackungen, die aus zwei oder mehr unterschiedlichen Materialarten bestehen, die nicht von Hand getrennt werden können.

(6) Restentleerte Verpackungen sind Verpackungen, deren Inhalt bestimmungsgemäß ausgeschöpft worden ist.

(7) Schadstoffhaltige Füllgüter sind die in der Anlage 2 näher bestimmten Füllgüter.

(8) Systembeteiligungspflichtige Verpackungen sind mit Ware befüllte Verkaufs- und Umverpackungen, die nach Gebrauch typischerweise beim privaten Endverbraucher als Abfall anfallen.

(9) [1] Inverkehrbringen ist jede entgeltliche oder unentgeltliche Abgabe an Dritte im Geltungsbereich dieses Gesetzes mit dem Ziel des Vertriebs, des Verbrauchs oder der Verwendung. [2] Nicht als Inverkehrbringen gilt die Abgabe von im Auftrag eines Dritten befüllten Verpackungen an diesen Dritten, wenn die Verpackung ausschließlich mit dem Namen oder der Marke des Dritten oder beidem gekennzeichnet ist.

(10) Endverbraucher ist derjenige, der die Ware in der an ihn gelieferten Form nicht mehr gewerbsmäßig in Verkehr bringt.

(11) [1] Private Endverbraucher sind private Haushaltungen und diesen nach der Art der dort typischerweise anfallenden Verpackungsabfälle vergleichbare Anfallstellen. [2] Vergleichbare Anfallstellen im Sinne von Satz 1 sind insbesondere Gaststätten, Hotels, Raststätten, Kantinen, Verwaltungen, Kasernen, Krankenhäuser, Bildungseinrichtungen, karitative Einrichtungen, Niederlassungen von Freiberuflern, typische Anfallstellen des Kulturbereichs wie Kinos, Opern und Museen, sowie des Freizeitbereichs wie Ferienanlagen, Freizeitparks und Sportstadien. [3] Vergleichbare Anfallstellen im Sinne von Satz 1 sind außerdem landwirtschaftliche Betriebe und Handwerksbetriebe, deren Verpackungsabfälle mittels haushaltsüblicher Sammelgefäße sowohl für Papier, Pappe und Karton als auch für Kunststoff-, Metall- und Verbundverpackungen, jedoch maximal mit einem 1 100-Liter-Umleerbehälter je Sammelgruppe, im haushaltsüblichen Abfuhrrhythmus entsorgt werden können.

(12) Vertreiber ist jeder, der, unabhängig von der Vertriebsmethode oder Handelsstufe, Verpackungen gewerbsmäßig in Verkehr bringt.

(13) Letztvertreiber ist derjenige Vertreiber, der Verpackungen an den Endverbraucher abgibt.

(14) [1] Hersteller ist derjenige Vertreiber, der Verpackungen erstmals gewerbsmäßig in Verkehr bringt. [2] Als Hersteller gilt auch derjenige, der Verpackungen gewerbsmäßig in den Geltungsbereich dieses Gesetzes einführt.

(14a) Bevollmächtigter ist jede im Geltungsbereich dieses Gesetzes niedergelassene natürliche oder juristische Person oder rechtsfähige Personengesellschaft, die ein Hersteller ohne Niederlassung im Geltungsbereich dieses Gesetzes beauftragt hat, in eigenem Namen sämtliche Aufgaben wahrzunehmen, um die Herstellerpflichten nach diesem Gesetz zu erfüllen.

*[Abs. 14b ab 1.7.2022:]*

*(14b) ¹Elektronischer Marktplatz ist eine Website oder jedes andere Instrument, mit dessen Hilfe Informationen über das Internet zur Verfügung gestellt werden und die oder das es Vertreibern, die nicht Betreiber des Marktplatzes sind, ermöglicht, Waren in eigenem Namen in Verkehr zu bringen. ²Betreiber eines elektronischen Marktplatzes ist jede natürliche oder juristische Person oder rechtsfähige Personengesellschaft, die einen elektronischen Marktplatz unterhält und es Vertreibern ermöglicht, über diesen Marktplatz Waren in Verkehr zu bringen.*

*[Abs. 14c ab 1.7.2022:]*

*(14c) ¹Fulfilment-Dienstleister ist jede natürliche oder juristische Person oder rechtsfähige Personengesellschaft, die im Rahmen einer Geschäftstätigkeit mindestens zwei der folgenden Dienstleistungen für Vertreiber im Geltungsbereich dieses Gesetzes anbietet: Lagerhaltung, Verpacken, Adressieren und Versand von Waren, an denen sie kein Eigentumsrecht hat. ²Post-, Paketzustell- oder sonstige Frachtverkehrsdienstleister gelten nicht als Fulfilment-Dienstleister.*

(15) Registrierter Sachverständiger ist, wer

1. nach § 36 der Gewerbeordnung öffentlich bestellt ist,
2. als Umweltgutachter oder Umweltgutachterorganisation auf Grund einer Zulassung nach den §§ 9 und 10 oder nach Maßgabe des § 18 des Umweltauditgesetzes[1]) in der Fassung der Bekanntmachung vom 4. September 2002 (BGBl. I S. 3490), das zuletzt durch Artikel 3 des Gesetzes vom 25. November 2015 (BGBl. I S. 2092) geändert worden ist, in der jeweils geltenden Fassung, in dem Bereich tätig werden darf, der näher bestimmt wird durch Anhang I Abschnitt E Abteilung 38 der Verordnung (EG) Nr. 1893/2006 des Europäischen Parlaments und des Rates vom 20. Dezember 2006 zur Aufstellung der statistischen Systematik der Wirtschaftszweige NACE Revision 2 und zur Änderung der Verordnung (EWG) Nr. 3037/90 des Rates sowie einiger Verordnungen der EG über bestimmte Bereiche der Statistik (ABl. L 393 vom 30.12.2006, S. 1), die zuletzt durch die Verordnung (EG) Nr. 295/2008 (ABl. L 97 vom 9.4.2008, S. 13) geändert worden ist, in der jeweils geltenden Fassung,
3. seine Befähigung durch eine Akkreditierung der nationalen Akkreditierungsstelle in einem allgemein anerkannten Verfahren hat feststellen lassen oder
4. in einem anderen Mitgliedstaat der Europäischen Union oder in einem anderen Vertragsstaat des Abkommens über den Europäischen Wirtschaftsraum niedergelassen ist und eine Tätigkeit im Inland nur vorübergehend und gelegentlich ausüben will und seine Berufsqualifikation vor Aufnahme der Tätigkeit entsprechend den §§ 13a und 13b der Gewerbeordnung hat nachprüfen lassen; Verfahren nach dieser Nummer können über eine einheitliche Stelle abgewickelt werden,

und von der Zentralen Stelle in dem Prüferregister nach § 27 geführt wird.

(16) ¹System ist eine privatrechtlich organisierte juristische Person oder Personengesellschaft, die mit Genehmigung nach § 18 in Wahrnehmung der Produktverantwortung der beteiligten Hersteller die in ihrem Einzugsgebiet

---

[1]) Nr. 2.8.

beim privaten Endverbraucher als Abfall anfallenden restentleerten Verpackungen flächendeckend erfasst und einer Verwertung zuführt. ²Einzugsgebiet im Sinne von Satz 1 ist jeweils das gesamte Gebiet eines Landes, in dem systembeteiligungspflichtige Verpackungen eines beteiligten Herstellers in Verkehr gebracht werden.

(17) Systemprüfer sind Wirtschaftsprüfer, die gemäß § 20 Absatz 4 von den Systemen benannt worden sind und gemäß § 20 Absatz 2 Satz 1 die Zwischen- und Jahresmeldungen der Systeme prüfen und bestätigen.

(18) Zentrale Stelle ist die nach § 24 zu errichtende Stiftung.

(19) Werkstoffliche Verwertung ist die Verwertung durch Verfahren, bei denen stoffgleiches Neumaterial ersetzt wird oder das Material für eine weitere stoffliche Nutzung verfügbar bleibt.

(20) Wertstoffhof ist eine zentrale Sammelstelle zur getrennten Erfassung von Abfällen verschiedener Materialien, die typischerweise bei privaten Endverbrauchern anfallen.

(21) Kunststoff ist ein Werkstoff bestehend aus einem Polymer nach Artikel 3 Nummer 5 der Verordnung (EG) Nr. 1907/2006 des Europäischen Parlaments und des Rates vom 18. Dezember 2006 zur Registrierung, Bewertung, Zulassung und Beschränkung chemischer Stoffe (REACH), zur Schaffung einer Europäischen Chemikalienagentur, zur Änderung der Richtlinie 1999/45/EG und zur Aufhebung der Verordnung (EWG) Nr. 793/93 des Rates, der Verordnung (EG) Nr. 1488/94 der Kommission, der Richtlinie 76/769/EWG des Rates sowie der Richtlinien 91/155/EWG, 93/67/EWG, 93/105/EG und 2000/21/EG der Kommission (ABl. L 396 vom 30.12.2006, S. 1), die zuletzt durch die Verordnung (EU) 2021/57 (ABl. L 24 vom 26.1.2021, S. 19) geändert worden ist, in der jeweils geltenden Fassung, dem möglicherweise Zusatzstoffe oder andere Stoffe zugesetzt wurden und der als Hauptstrukturbestandteil von Endprodukten fungieren kann; ausgenommen sind Werkstoffe aus natürlichen Polymeren, die nicht chemisch modifiziert wurden.

**§ 4 Allgemeine Anforderungen an Verpackungen.** Verpackungen sind so zu entwickeln, herzustellen und zu vertreiben, dass

1. Verpackungsvolumen und -masse auf das Mindestmaß begrenzt werden, das zur Gewährleistung der erforderlichen Sicherheit und Hygiene der zu verpackenden Ware und zu deren Akzeptanz durch den Verbraucher angemessen ist;

2. ihre Wiederverwendung oder Verwertung, einschließlich des Recyclings, im Einklang mit der Abfallhierarchie möglich ist und die Umweltauswirkungen bei der Wiederverwendung, der Vorbereitung zur Wiederauswendung, dem Recycling, der sonstigen Verwertung oder der Beseitigung der Verpackungsabfälle auf ein Mindestmaß beschränkt bleiben;

3. bei der Beseitigung von Verpackungen oder Verpackungsbestandteilen auftretende schädliche und gefährliche Stoffe und Materialien in Emissionen, Asche oder Sickerwasser auf ein Mindestmaß beschränkt bleiben;

4. die Wiederverwendbarkeit von Verpackungen und der Anteil von sekundären Rohstoffen an der Verpackungsmasse auf ein möglichst hohes Maß gesteigert wird, welches unter Berücksichtigung der Gewährleistung der erforderlichen Sicherheit und Hygiene der zu verpackenden Ware und unter

Berücksichtigung der Akzeptanz für den Verbraucher technisch möglich und wirtschaftlich zumutbar ist.

**§ 5 Beschränkungen des Inverkehrbringens.** (1) [1]Das Inverkehrbringen von Verpackungen oder Verpackungsbestandteilen, bei denen die Konzentration von Blei, Cadmium, Quecksilber und Chrom VI kumulativ den Wert von 100 Milligramm je Kilogramm überschreitet, ist verboten. [2]Satz 1 gilt nicht für

1. Mehrwegverpackungen in eingerichteten Systemen zur Wiederverwendung,
2. Kunststoffkästen und -paletten, bei denen die Überschreitung des Grenzwertes nach Satz 1 allein auf den Einsatz von Sekundärrohstoffen zurückzuführen ist und die die in der Anlage 3 festgelegten Anforderungen erfüllen,
3. Verpackungen, die vollständig aus Bleikristallglas hergestellt sind, und
4. aus sonstigem Glas hergestellte Verpackungen, bei denen die Konzentration von Blei, Cadmium, Quecksilber und Chrom VI kumulativ den Wert von 250 Milligramm je Kilogramm nicht überschreitet und bei deren Herstellung die in der Anlage 4 festgelegten Anforderungen erfüllt werden.

(2) [1]Letztvertreibern ist ab dem 1. Januar 2022 das Inverkehrbringen von Kunststofftragetaschen, mit oder ohne Tragegriff, mit einer Wandstärke von weniger als 50 Mikrometern, die dazu bestimmt sind, in der Verkaufsstelle mit Waren gefüllt zu werden, verboten. [2]Satz 1 gilt nicht für Kunststofftragetaschen mit einer Wandstärke von weniger als 15 Mikrometern, sofern diese die übrigen Voraussetzungen nach Artikel 3 Nummer 1d der Richtlinie 94/62/EG des Europäischen Parlaments und des Rates vom 20. Dezember 1994 über Verpackungen und Verpackungsabfälle (ABl. L 365 vom 31.12.1994, S. 10), die zuletzt durch die Richtlinie (EU) 2018/852 (ABl. L 150 vom 14.6.2018, S. 141) geändert worden ist, erfüllen.

(3) Beschränkungen des Inverkehrbringens von Verpackungen nach § 3 der Einwegkunststoffverbotsverordnung[1)] vom 20. Januar 2021 (BGBl. I S. 95) in der jeweils geltenden Fassung bleiben unberührt.

**§ 6 Kennzeichnung zur Identifizierung des Verpackungsmaterials.**

[1]Verpackungen können zur Identifizierung des Materials, aus dem sie hergestellt sind, mit den in der Anlage 5 festgelegten Nummern und Abkürzungen gekennzeichnet werden. [2]Die Verwendung von anderen als den in der Anlage 5 festgelegten Nummern und Abkürzungen zur Kennzeichnung der gleichen Materialien ist nicht zulässig.

## Abschnitt 2. Inverkehrbringen von systembeteiligungspflichtigen Verpackungen

**§ 7 Systembeteiligungspflicht.** (1) [1]Hersteller von systembeteiligungspflichtigen Verpackungen haben sich mit diesen Verpackungen zur Gewährleistung der flächendeckenden Rücknahme vor dem Inverkehrbringen an einem oder mehreren Systemen zu beteiligen. [2]Dabei haben sie Materialart und Masse der zu beteiligenden Verpackungen sowie die Registrierungsnummer nach § 9 Absatz 3 Satz 2 anzugeben. [3]Die Systeme haben den Herstellern eine erfolgte Beteiligung unter Angabe von Materialart und Masse der betei-

---

[1)] Nr. **5.1.8**.

ligten Verpackungen unverzüglich schriftlich oder elektronisch zu bestätigen; dies gilt auch, wenn die Beteiligung durch einen beauftragten Dritten nach *[bis 30.6.2022:* § 33*][ab 1.7.2022:* § *35 Absatz 1]* vermittelt wurde.

(2) ¹Abweichend von Absatz 1 Satz 1 kann ein Hersteller von systembeteiligungspflichtigen Serviceverpackungen von den Vorvertreibern dieser Serviceverpackungen verlangen, dass sie sich hinsichtlich der von ihnen gelieferten unbefüllten Serviceverpackungen an einem oder mehreren Systemen beteiligen. ²Der ursprünglich nach Absatz 1 Satz 1 verpflichtete Hersteller kann von demjenigen Vorvertreiber, auf den die Systembeteiligungspflicht übergeht, eine Bestätigung über die erfolgte Systembeteiligung verlangen. ³Mit der Übertragung der Systembeteiligungspflicht gehen auch die Herstellerpflichten nach den §§ 9 bis 11 insoweit auf den verpflichteten Vorvertreiber über *[ab 1.7. 2022: ; der Hersteller nach Absatz 1 Satz 1 bleibt jedoch zusätzlich selbst zur Registrierung gemäß § 9 verpflichtet]*.

(3) ¹Soweit in Verkehr gebrachte systembeteiligungspflichtige Verpackungen wegen Beschädigung oder Unverkäuflichkeit nicht an den Endverbraucher abgegeben werden, kann der Hersteller die von ihm für die Systembeteiligung geleisteten Entgelte von den betreffenden Systemen zurückverlangen, wenn er die Verpackungen zurückgenommen und einer Verwertung entsprechend den Anforderungen des § 16 Absatz 5 zugeführt hat. ²Die Rücknahme und anschließende Verwertung sind in jedem Einzelfall in nachprüfbarer Form zu dokumentieren. ³In diesem Fall gelten die betreffenden Verpackungen nach Erstattung der Beteiligungsentgelte nicht mehr als in Verkehr gebracht.

(4) Wird die Genehmigung eines Systems vor Ablauf des Zeitraums, für den sich ein Hersteller an diesem System beteiligt hat, nach § 18 Absatz 3 widerrufen, so gilt die Systembeteiligung ab dem Zeitpunkt der Wirksamkeit des Widerrufs als nicht vorgenommen.

(5) ¹Soweit durch die Aufnahme einer systembeteiligungspflichtigen Verpackung in ein System zu befürchten ist, dass die umweltverträgliche Abfallbewirtschaftung, insbesondere die Durchführung einer ordnungsgemäßen und schadlosen Verwertung, erheblich beeinträchtigt oder das Wohl der Allgemeinheit, insbesondere die Gesundheit, gefährdet wird, kann die Zentrale Stelle die Aufnahme der systembeteiligungspflichtigen Verpackung im Einzelfall wegen Systemunverträglichkeit untersagen. ²Die Untersagung ist aufzuheben, wenn ein System oder der Hersteller die Systemverträglichkeit der betreffenden Verpackung nachweist.

(6) Es ist Systembetreibern nicht gestattet, Vertreibern ein Entgelt oder sonstige wirtschaftliche Vorteile für den Fall zu versprechen oder zu gewähren, dass die Vertreiber Hersteller von systembeteiligungspflichtigen Verpackungen an ihr System vermitteln.

*[Abs. 7 ab 1.7.2022:]*
*(7) ¹Hersteller dürfen systembeteiligungspflichtige Verpackungen nicht in Verkehr bringen, wenn sie sich mit diesen Verpackungen nicht gemäß Absatz 1 Satz 1 an einem System beteiligt haben. ²Nachfolgende Vertreiber dürfen systembeteiligungspflichtige Verpackungen nicht zum Verkauf anbieten und Betreiber eines elektronischen Marktplatzes dürfen das Anbieten von systembeteiligungspflichtigen Verpackungen zum Verkauf nicht ermöglichen, wenn sich die Hersteller mit diesen Verpackungen nicht gemäß Absatz 1 Satz 1 an einem System beteiligt haben. ³Fulfilment-Dienstleister dürfen keine der in § 3 Absatz 14c Satz 1 genannten Tätigkeiten in Bezug auf systembeteiligungspflichtige*

*Verpackungen erbringen, wenn sich die Hersteller mit diesen Verpackungen nicht gemäß Absatz 1 Satz 1 an einem System beteiligt haben; umfasst die Tätigkeit eines Fulfilment-Dienstleisters das Verpacken von Waren in systembeteiligungspflichtige Versandverpackungen, so gilt der Vertreiber der Waren, für den der Fulfilment-Dienstleister tätig wird, hinsichtlich der Versandverpackungen als Hersteller nach Absatz 1 Satz 1.*

**§ 8 Branchenlösung.** (1) [1] Die Pflicht eines Herstellers nach § 7 Absatz 1 entfällt, soweit er die von ihm in Verkehr gebrachten systembeteiligungspflichtigen Verpackungen bei nach § 3 Absatz 11 Satz 2 und 3 den privaten Haushaltungen gleichgestellten Anfallstellen, die von ihm entweder selbst oder durch zwischengeschaltete Vertreiber in nachprüfbarer Weise beliefert werden, unentgeltlich zurücknimmt und einer Verwertung entsprechend den Anforderungen des § 16 Absatz 1 bis 3 zuführt (Branchenlösung). [2] Der Hersteller muss durch Bescheinigung eines registrierten Sachverständigen nachweisen, dass er oder ein von ihm hierfür beauftragter Dritter

1. bei allen von ihm nach Satz 1 belieferten Anfallstellen eine geeignete branchenbezogene Erfassungsstruktur eingerichtet hat, die eine regelmäßige unentgeltliche Rücknahme aller von ihm dort in Verkehr gebrachten systembeteiligungspflichtigen Verpackungen gewährleistet,
2. schriftliche Bestätigungen aller von ihm nach Satz 1 belieferten Anfallstellen über deren Einbindung in diese Erfassungsstruktur vorliegen hat und
3. die Verwertung der zurückgenommenen Verpackungen entsprechend den Anforderungen des § 16 Absatz 1 bis 3 gewährleistet.

[3] Ein Zusammenwirken mehrerer Hersteller aus einer Branche, die gleichartige Waren vertreiben, ist zulässig; in diesem Fall haben sie eine natürliche oder juristische Person oder Personengesellschaft als Träger der Branchenlösung zu bestimmen. [4] Satz 1 gilt nicht für Hersteller von mit Getränken befüllten Einweggetränkeverpackungen, die nach § 31 Absatz 4 keiner Pfandpflicht unterliegen.

(2) [1] Der Beginn sowie jede wesentliche Änderung der Branchenlösung sind der Zentralen Stelle mindestens einen Monat vor ihrem Wirksamwerden durch den Hersteller oder im Fall des Zusammenwirkens nach Absatz 1 Satz 3 durch den Träger der Branchenlösung schriftlich anzuzeigen. [2] Der Anzeige sind folgende Informationen und Unterlagen beizufügen:

1. die Bescheinigung nach Absatz 1 Satz 2 einschließlich aller Bestätigungen nach Absatz 1 Satz 2 Nummer 2,
2. die Angabe des Datums, an dem die Finanzierungsvereinbarung nach § 25 Absatz 1 Satz 2 abgeschlossen wurde, und
3. im Fall des Zusammenwirkens nach Absatz 1 Satz 3 eine Liste aller die Branchenlösung betreibenden Hersteller.

[3] Bei einer Anzeige von Änderungen der Branchenlösung genügt es, wenn sich die nach Satz 2 beizufügenden Unterlagen auf die geänderten Umstände beziehen.

(3) [1] Der Hersteller oder im Fall des Zusammenwirkens nach Absatz 1 Satz 3 der Träger der Branchenlösung hat die Rücknahme und Verwertung entsprechend den Vorgaben des § 17 Absatz 1 und 2 in nachprüfbarer Form zu dokumentieren und durch einen registrierten Sachverständigen prüfen und bestätigen zu lassen. [2] In dem Mengenstromnachweis sind zusätzlich die Anfall-

stellen nach Absatz 1 Satz 1 adressgenau zu bezeichnen; außerdem sind dem Mengenstromnachweis schriftliche Nachweise aller Anfallstellen nach Absatz 1 Satz 1 über die bei ihnen angelieferten Mengen an systembeteiligungspflichtigen Verpackungen des jeweiligen Herstellers beizufügen. ³Der Mengenstromnachweis ist spätestens bis zum 1. Juni des auf den Berichtszeitraum folgenden Kalenderjahres schriftlich bei der Zentralen Stelle zu hinterlegen.

(4) Die Pflichten nach § 15 Absatz 4 gelten für die eine Branchenlösung betreibenden Hersteller entsprechend.

(5) Die Zentrale Stelle kann von dem Hersteller oder im Fall des Zusammenwirkens nach Absatz 1 Satz 3 von dem Träger der Branchenlösung die Leistung einer Sicherheit entsprechend § 18 Absatz 4 verlangen.

**§ 9 Registrierung.** (1) ¹Hersteller *[bis 30.6.2022: nach § 7 Absatz 1 Satz 1] [ab 1.7.2022: von mit Ware befüllten Verpackungen]* sind verpflichtet, sich vor dem Inverkehrbringen *[bis 30.6.2022: von systembeteiligungspflichtigen][ab 1.7. 2022: der]* Verpackungen bei der Zentralen Stelle registrieren zu lassen. ²Änderungen von Registrierungsdaten sowie die dauerhafte Aufgabe der Herstellertätigkeit sind der Zentralen Stelle unverzüglich mitzuteilen.

(2) *[ab 1.7.2022: ¹]*Bei der Registrierung nach Absatz 1 Satz 1 sind die folgenden Angaben zu machen:
1. Name, Anschrift und Kontaktdaten des Herstellers (insbesondere Postleitzahl und Ort, Straße und Hausnummer, Land, Telefonnummer sowie die europäische oder nationale Steuernummer);
2. im Falle einer Bevollmächtigung nach § 35 Absatz 2:
   a) Name, Anschrift und Kontaktdaten des Bevollmächtigten entsprechend Nummer 1 sowie
   b) die schriftliche Beauftragung durch den Hersteller;
3. Angabe einer vertretungsberechtigten natürlichen Person;
4. nationale Kennnummer und E-Mail-Adresse des Herstellers; im Falle einer Bevollmächtigung die gleichen Angaben zum Bevollmächtigten;
5. Markennamen, unter denen der Hersteller seine *[bis 30.6.2022: systembeteiligungspflichtigen]* Verpackungen in Verkehr bringt;

*[Nr. 5 bis 30.6.2022:]*
6. Erklärung, dass der Hersteller seine Rücknahmepflichten durch Beteiligung an einem oder mehreren Systemen oder durch eine oder mehrere Branchenlösungen erfüllt;

*[Nr. 6 ab 1.7.2022:]*
*6. Angaben zu den Verpackungen, die der Hersteller in Verkehr bringt, aufgeschlüsselt nach systembeteiligungspflichtigen Verpackungen gemäß § 3 Absatz 8, den jeweiligen Verpackungen gemäß § 15 Absatz 1 Satz 1 Nummer 1 bis 5 und Einweggetränkeverpackungen, die gemäß § 31 der Pfandpflicht unterliegen;*

*[Nr. 6 bis 30.6.2022:]*
7. Erklärung, dass die Angaben der Wahrheit entsprechen.

*[Nr. 7 ab 1.7.2022:]*
*7. Erklärung, dass sämtliche Angaben nach diesem Absatz der Wahrheit entsprechen.*

*[Satz 2 ab 1.7.2022:]* ²*Hersteller nach § 7 Absatz 1 Satz 1 haben darüber hinaus eine Erklärung abzugeben, dass sie ihre Rücknahmepflichten durch Beteiligung an einem oder mehreren Systemen oder durch eine oder mehrere Branchenlösungen erfüllen; im*

*Falle einer vollständigen Übertragung der Systembeteiligungspflicht gemäß § 7 Absatz 2 auf einen oder mehrere Vorvertreiber haben sie stattdessen zu erklären, dass sie nur bereits systembeteiligte Serviceverpackungen in Verkehr bringen.*

(3) [1]Die erstmalige Registrierung sowie Änderungsmitteilungen haben über das auf der Internetseite der Zentralen Stelle zur Verfügung gestellte elektronische Datenverarbeitungssystem zu erfolgen. [2]Die Zentrale Stelle bestätigt die Registrierung und teilt dem Hersteller seine Registrierungsnummer mit. [3]Sie kann nähere Anweisungen zum elektronischen Registrierungsverfahren erteilen sowie für die sonstige Kommunikation mit den Herstellern die elektronische Übermittlung, eine bestimmte Verschlüsselung sowie die Eröffnung eines Zugangs für die Übermittlung elektronischer Dokumente vorschreiben.

(4) [1]Die Zentrale Stelle veröffentlicht die registrierten Hersteller mit den in Absatz 2 Nummer 1, 2 Buchstabe a und *[bis 30.6.2022:* Nummer 5*][ab 1.7. 2022: Nummern 5 und 6]* genannten Angaben sowie mit der Registrierungsnummer und dem Registrierungsdatum im Internet. [2]Bei Herstellern, deren Registrierung beendet ist, ist zusätzlich das Datum des Marktaustritts anzugeben. [3]Die im Internet veröffentlichten Daten sind dort drei Jahre nach Ablauf des Jahres, in dem die Registrierung des Herstellers endet, zu löschen.

(5) [1]Hersteller dürfen *[bis 30.6.2022: systembeteiligungspflichtige]* Verpackungen nicht in Verkehr bringen, wenn sie nicht oder nicht ordnungsgemäß nach Absatz 1 registriert sind. [2]Vertreiber dürfen *[bis 30.6.2022: systembeteiligungspflichtige]* Verpackungen nicht zum Verkauf anbieten *[ab 1.7.2022: und Betreiber eines elektronischen Marktplatzes dürfen das Anbieten von Verpackungen zum Verkauf nicht ermöglichen]*, wenn die Hersteller dieser Verpackungen *[bis 30.6. 2022: entgegen Absatz 1]* nicht oder nicht ordnungsgemäß *[ab 1.7.2022: nach Absatz 1]* registriert sind. *[Satz 3 ab 1.7.2022:]* [3]*Fulfilment-Dienstleister dürfen keine der in § 3 Absatz 14c Satz 1 genannten Tätigkeiten in Bezug auf Verpackungen erbringen, wenn die Hersteller dieser Verpackungen nicht oder nicht ordnungsgemäß nach Absatz 1 registriert sind.*

**§ 10 Datenmeldung.** (1) [1]Hersteller nach § 7 Absatz 1 Satz 1 sind verpflichtet, die im Rahmen einer Systembeteiligung getätigten Angaben zu den Verpackungen unverzüglich auch der Zentralen Stelle unter Nennung mindestens der folgenden Daten zu übermitteln:

1. Registrierungsnummer;
2. Materialart und Masse der beteiligten Verpackungen;
3. Name des Systems, bei dem die Systembeteiligung vorgenommen wurde;
4. Zeitraum, für den die Systembeteiligung vorgenommen wurde.

[2]Änderungen der Angaben sowie eventuelle Rücknahmen gemäß § 7 Absatz 3 Satz 1 sind der Zentralen Stelle entsprechend zu melden. [3]Die Angaben nach Satz 1 Nummer 2 sind nach den in § 16 Absatz 2 Satz 1 und 2 genannten Materialarten aufzuschlüsseln; sonstige Materialien sind jeweils zu einer einheitlichen Angabe zusammenzufassen. [4]Verbundverpackungen, die gemäß § 16 Absatz 3 Satz 4 verwertet werden, sind der entsprechenden Hauptmaterialart zuzuordnen.

(2) Die Zentrale Stelle kann für die Datenmeldung nach Absatz 1 einheitliche elektronische Formulare zur Verfügung stellen und nähere Verfahrensanweisungen erteilen.

Verpackungsgesetz  **§ 11  VerpackG 5.4**

(3) Die Zentrale Stelle kann Systemen die Möglichkeit einräumen, die sich auf ihr System beziehenden Datenmeldungen elektronisch abzurufen.

**§ 11 Vollständigkeitserklärung.** (1) [1]Hersteller nach § 7 Absatz 1 Satz 1 sind verpflichtet, jährlich bis zum 15. Mai eine Erklärung über sämtliche von ihnen im vorangegangenen Kalenderjahr erstmals in Verkehr gebrachten Verkaufs- und Umverpackungen nach den Vorgaben des Absatzes 3 zu hinterlegen (Vollständigkeitserklärung). [2]Die Vollständigkeitserklärung bedarf der Prüfung und Bestätigung durch einen registrierten Sachverständigen oder durch einen gemäß § 27 Absatz 2 registrierten Wirtschaftsprüfer, Steuerberater oder vereidigten Buchprüfer.

(2) [1]Die Vollständigkeitserklärung hat Angaben zu enthalten

1. zu Materialart und Masse aller im vorangegangenen Kalenderjahr erstmals in Verkehr gebrachten systembeteiligungspflichtigen Verpackungen;
2. zu Materialart und Masse aller im vorangegangenen Kalenderjahr erstmals mit Ware befüllt in Verkehr gebrachten Verkaufs- und Umverpackungen, die typischerweise nicht beim privaten Endverbraucher als Abfall anfallen;
3. zur Beteiligung an einem oder mehreren Systemen hinsichtlich der im vorangegangenen Kalenderjahr erstmals in Verkehr gebrachten systembeteiligungspflichtigen Verpackungen;
4. zu Materialart und Masse aller im vorangegangenen Kalenderjahr über eine oder mehrere Branchenlösungen nach § 8 zurückgenommenen Verpackungen;
5. zu Materialart und Masse aller im vorangegangenen Kalenderjahr gemäß § 7 Absatz 3 zurückgenommenen Verpackungen;
6. zur Erfüllung der Verwertungsanforderungen hinsichtlich der im vorangegangenen Kalenderjahr zurückgenommenen Verkaufs- und Umverpackungen nach § 15 Absatz 1 Satz 1 Nummer 2;
7. zur Erfüllung der Verwertungsanforderungen hinsichtlich der im vorangegangenen Kalenderjahr gemäß § 7 Absatz 3 zurückgenommenen Verpackungen.

[2]Die Angaben nach Satz 1 sind nach den in § 16 Absatz 2 Satz 1 und 2 genannten Materialarten aufzuschlüsseln; sonstige Materialien sind jeweils zu einer einheitlichen Angabe zusammenzufassen. [3]Verbundverpackungen, die gemäß § 16 Absatz 3 Satz 4 verwertet wurden, sind der entsprechenden Hauptmaterialart zuzuordnen.

(3) [1]Die Vollständigkeitserklärung ist zusammen mit den zugehörigen Prüfberichten elektronisch bei der Zentralen Stelle zu hinterlegen. [2]Die Bestätigung nach Absatz 1 Satz 2 ist mit einer qualifizierten elektronischen Signatur zu versehen. [3]Die Zentrale Stelle kann nähere Anweisungen zum elektronischen Hinterlegungsverfahren erteilen sowie für die sonstige Kommunikation mit den Hinterlegungspflichtigen die Verwendung bestimmter elektronischer Formulare und Eingabemasken, eine bestimmte Verschlüsselung sowie die Eröffnung eines Zugangs für die Übermittlung elektronischer Dokumente vorschreiben. [4]Die Zentrale Stelle kann zusätzlich die Hinterlegung der Systembeteiligungsbestätigungen nach § 10 Absatz 1 Satz 3 und der Dokumente nach § 7 Absatz 3 Satz 2 verlangen. [5]Bei Vorliegen von Anhaltspunkten für eine Unrichtigkeit oder Unvollständigkeit der hinterlegten Vollständigkeitserklärung

kann sie vom Hersteller die Hinterlegung weiterer für die Prüfung im Einzelfall erforderlicher Unterlagen verlangen.

(4) ¹Von der Pflicht nach Absatz 1 Satz 1 ist befreit, wer systembeteiligungspflichtige Verpackungen der Materialarten Glas von weniger als 80 000 Kilogramm, Papier, Pappe und Karton von weniger als 50 000 Kilogramm sowie der übrigen in § 16 Absatz 2 genannten Materialarten von weniger als 30 000 Kilogramm im vorangegangenen Kalenderjahr erstmals in Verkehr gebracht hat. ²Die Zentrale Stelle oder die zuständige Landesbehörde kann auch bei Unterschreiten der Schwellenwerte nach Satz 1 jederzeit verlangen, dass eine Vollständigkeitserklärung gemäß den Vorgaben der Absätze 1 bis 3 zu hinterlegen ist.

*[§ 12 bis 30.6.2022:]*
**§ 12 Ausnahmen.** Die Vorschriften dieses Abschnitts gelten nicht für
1. Mehrwegverpackungen,
2. Einweggetränkeverpackungen, die nach § 31 der Pfandpflicht unterliegen,
3. systembeteiligungspflichtige Verpackungen, die nachweislich nicht im Geltungsbereich dieses Gesetzes an den Endverbraucher abgegeben werden,
4. Verkaufsverpackungen schadstoffhaltiger Füllgüter.

*[§ 12 ab 1.7.2022:]*
**§ 12** *Ausnahmen. (1) Die Vorschriften dieses Abschnitts gelten nicht für Verpackungen, die nachweislich nicht im Geltungsbereich dieses Gesetzes an Endverbraucher abgegeben werden.*

*(2) Die Vorschriften dieses Abschnitts, mit Ausnahme von § 9, gelten nicht für*
1. *Mehrwegverpackungen,*
2. *Einweggetränkeverpackungen, die nach § 31 der Pfandpflicht unterliegen,*
3. *Verkaufsverpackungen schadstoffhaltiger Füllgüter.*

## Abschnitt 3. Sammlung, Rücknahme und Verwertung

**§ 13 Getrennte Sammlung.** Beim privaten Endverbraucher als Abfall anfallende restentleerte Verpackungen sind, unbeschadet der Vorgaben nach der Gewerbeabfallverordnung, einer vom gemischten Siedlungsabfall getrennten Sammlung gemäß den nachfolgenden Vorschriften zuzuführen.

**§ 14 Pflichten der Systeme zur Sammlung, Verwertung und Information.** (1) ¹Die Systeme sind verpflichtet, im Einzugsgebiet der beteiligten Hersteller eine vom gemischten Siedlungsabfall getrennte, flächendeckende Sammlung aller restentleerten Verpackungen bei den privaten Endverbrauchern (Holsystem) oder in deren Nähe (Bringsystem) oder durch eine Kombination beider Varianten in ausreichender Weise und für den privaten Endverbraucher unentgeltlich sicherzustellen. ²Die Sammelsysteme müssen geeignet sein, alle bei den privaten Endverbrauchern anfallenden restentleerten Verpackungen bei einer regelmäßigen Leerung aufzunehmen. ³Die Sammlung ist auf Abfälle privater Endverbraucher zu beschränken. ⁴Mehrere Systeme können bei der Einrichtung und dem Betrieb ihrer Sammelstrukturen zusammenwirken.

(2) Die von den Systemen erfassten Abfälle sind einer Verwertung gemäß den Anforderungen des § 16 Absatz 1 Satz 1, Absatz 2 und Absatz 4 Satz 1 zuzuführen.

(3) ¹Unbeschadet der Regelung in § 22 Absatz 9 sind die Systeme verpflichtet, die privaten Endverbraucher in angemessenem Umfang über Sinn und Zweck der getrennten Sammlung von Verpackungsabfällen, die hierzu eingerichteten Sammelsysteme und die erzielten Verwertungsergebnisse zu informieren. ²Im Hinblick auf Einwegkunststoffverpackungen müssen die Systeme darüber hinaus über Folgendes informieren:

1. über die Auswirkungen einer Vermüllung auf die Umwelt, insbesondere auf die Meeresumwelt, sowie
2. über Maßnahmen zur Vermeidung dieser Vermüllung, insbesondere über die Verfügbarkeit von Mehrwegverpackungen als Alternative zu den in Teil G des Anhangs der Richtlinie (EU) 2019/904 des Europäischen Parlaments und des Rates vom 5. Juni 2019 über die Verringerung der Auswirkungen bestimmter Kunststoffprodukte auf die Umwelt (ABl. L 155 vom 12.6.2019, S. 1) genannten Einwegkunststoffverpackungen.

³Die Information hat in regelmäßigen Zeitabständen zu erfolgen und soll sowohl lokale als auch überregionale Maßnahmen beinhalten. ⁴Bei der Vorbereitung der Informationsmaßnahmen sind die Einrichtungen der kommunalen Abfallberatung und Verbraucherschutzorganisationen zu beteiligen.

(4) ¹Die Systeme haben die folgenden Informationen auf ihren Internetseiten zu veröffentlichen und regelmäßig zu aktualisieren:

1. ihre Eigentums- und Mitgliederverhältnisse,
2. die von den beteiligten Herstellern geleisteten Entgelte je in Verkehr gebrachter systembeteiligungspflichtiger Verpackung oder je Masseeinheit an systembeteiligungspflichtigen Verpackungen und
3. das Verfahren, das sie zur Auswahl der Abfallbewirtschaftungseinrichtungen verwenden, soweit diese nicht nach den Vorgaben des § 23 ausgewählt werden.

²Dies gilt nicht, wenn es sich um ein Geschäftsgeheimnis handelt. ³Die Zentrale Stelle kann bei Zweifeln an dem Vorliegen eines Geschäftsgeheimnisses von den Systemen eine Begründung in Textform verlangen, warum es sich bei der nicht veröffentlichten Information um ein Geschäftsgeheimnis handelt.

**§ 15 Pflichten der Hersteller und Vertreiber zur Rücknahme und Verwertung.** (1) ¹Hersteller und in der Lieferkette nachfolgende Vertreiber von

1. Transportverpackungen,
2. Verkaufs- und Umverpackungen, die nach Gebrauch typischerweise nicht bei privaten Endverbrauchern als Abfall anfallen,
3. Verkaufs- und Umverpackungen, für die wegen Systemunverträglichkeit nach § 7 Absatz 5 eine Systembeteiligung nicht möglich ist,
4. Verkaufsverpackungen schadstoffhaltiger Füllgüter oder
5. Mehrwegverpackungen

sind verpflichtet, gebrauchte, restentleerte Verpackungen der gleichen Art, Form und Größe wie die von ihnen in Verkehr gebrachten am Ort der tatsächlichen Übergabe oder in dessen unmittelbarer Nähe unentgeltlich zurück-

## 5.4 VerpackG § 15

zunehmen. [2] Für Letztvertreiber beschränkt sich die Rücknahmepflicht nach Satz 1 auf Verpackungen, die von solchen Waren stammen, die der Vertreiber in seinem Sortiment führt. [3] Im Rahmen wiederkehrender Belieferungen kann die Rücknahme auch bei einer der nächsten Anlieferungen erfolgen. [4] Hersteller und in der Lieferkette nachfolgende Vertreiber können untereinander sowie mit den Endverbrauchern, sofern es sich bei diesen nicht um private Haushaltungen handelt, abweichende Vereinbarungen über den Ort der Rückgabe und die Kostenregelung treffen. [5] Letztvertreiber von Verpackungen nach Satz 1 müssen die Endverbraucher durch geeignete Maßnahmen in angemessenem Umfang über die Rückgabemöglichkeit und deren Sinn und Zweck informieren.

(2) [1] Ist einem Hersteller oder in der Lieferkette nachfolgenden Vertreiber von Verpackungen nach Absatz 1 Satz 1 Nummer 3 und 4 eine umwelt- und gesundheitsverträgliche Rücknahme am Ort der tatsächlichen Übergabe oder in dessen unmittelbarer Nähe nicht möglich, kann die Rücknahme auch in einer zentralen Annahmestelle erfolgen, wenn diese in einer für den Rückgabeberechtigten zumutbaren Entfernung zum Ort der tatsächlichen Übergabe liegt und zu den geschäftsüblichen Öffnungszeiten des Vertreibers zugänglich ist. [2] Letztvertreiber von Verpackungen nach Absatz 1 Satz 1 Nummer 3 und 4 müssen die Endverbraucher durch deutlich erkennbare und lesbare Schrifttafeln in der Verkaufsstelle und im Versandhandel durch andere geeignete Maßnahmen auf die Rückgabemöglichkeit hinweisen.

(3) [1] Hersteller und in der Lieferkette nachfolgende Vertreiber, die Verpackungen nach Absatz 1 Satz 1 zurücknehmen, sind verpflichtet, diese einer Wiederverwendung oder einer Verwertung gemäß den Anforderungen des § 16 Absatz 5 zuzuführen. [2] Die Anforderungen nach Satz 1 können auch durch die Rückgabe an einen Vorvertreiber erfüllt werden. [3] Über die Erfüllung der Rücknahme- und Verwertungsanforderungen ist Nachweis zu führen. [4] Hierzu sind jährlich bis zum 15. Mai die im vorangegangenen Kalenderjahr in Verkehr gebrachten sowie zurückgenommenen und verwerteten Verpackungen in nachprüfbarer Form zu dokumentieren. [5] Die Dokumentation ist aufgeschlüsselt nach Materialart und Masse zu erstellen. [6] Zur Bewertung der Richtigkeit und Vollständigkeit der Dokumentation sind geeignete Mechanismen zur Selbstkontrolle einzurichten. [7] Die Dokumentation ist der zuständigen Landesbehörde, auf deren Gebiet der Hersteller oder Vertreiber ansässig ist, auf Verlangen vorzulegen.

(4) [1] Hersteller und in der Lieferkette nachfolgende Vertreiber von Verpackungen nach Absatz 1 Satz 1 sind verpflichtet, die finanziellen und organisatorischen Mittel vorzuhalten, um ihren Pflichten nach dieser Vorschrift nachzukommen. [2] Sie haben zur Bewertung ihrer Finanzverwaltung geeignete Mechanismen zur Selbstkontrolle einzurichten.

(5) [1] Falls kein System eingerichtet ist, gelten die Rücknahmepflicht nach Absatz 1 Satz 1, die Hinweispflicht nach Absatz 2 Satz 2 sowie die Pflichten nach Absatz 4 in Bezug auf systembeteiligungspflichtige Verpackungen entsprechend. [2] Für Letztvertreiber mit einer Verkaufsfläche von weniger als 200 Quadratmetern beschränkt sich die Rücknahmepflicht nach Satz 1 auf Verpackungen der Marken, die der Vertreiber in seinem Sortiment führt; im Versandhandel gelten als Verkaufsfläche alle Lager- und Versandflächen. [3] Die nach den Sätzen 1 und 2 zurückgenommenen Verpackungen sind einer Wiederverwendung oder einer Verwertung entsprechend den Anforderungen des

§ 16 Absatz 1 bis 3 zuzuführen. [4] Die Anforderungen nach Satz 3 können auch durch die Rückgabe an einen Vorvertreiber erfüllt werden. [5] Über die Erfüllung der Rücknahme- und Verwertungsanforderungen ist ein Nachweis entsprechend den Vorgaben in Absatz 3 Satz 4 bis 6 zu führen und der zuständigen Landesbehörde, auf deren Gebiet der Hersteller oder Vertreiber ansässig ist, auf Verlangen vorzulegen.

**§ 16 Anforderungen an die Verwertung.** (1) [1] Die Systeme haben die durch die Sammlung nach § 14 Absatz 1 erfassten restentleerten Verpackungen nach Maßgabe des § 8 Absatz 1 Satz 1 des Kreislaufwirtschaftsgesetzes[1)] vorrangig einer Vorbereitung zur Wiederverwendung oder dem Recycling zuzuführen. [2] Soweit die Abfälle nach Satz 1 nicht verwertet werden, sind sie dem zuständigen öffentlich-rechtlichen Entsorgungsträger nach Maßgabe des § 17 Absatz 1 Satz 2 des Kreislaufwirtschaftsgesetzes zu überlassen.

(2) [1] Die Systeme sind verpflichtet, im Jahresmittel mindestens folgende Anteile der bei ihnen beteiligten Verpackungen der Vorbereitung zur Wiederverwendung oder dem Recycling zuzuführen:
1. 80 Masseprozent bei Glas; ab dem 1. Januar 2022 90 Masseprozent,
2. 85 Masseprozent bei Papier, Pappe und Karton; ab dem 1. Januar 2022 90 Masseprozent,
3. 80 Masseprozent bei Eisenmetallen; ab dem 1. Januar 2022 90 Masseprozent,
4. 80 Masseprozent bei Aluminium; ab dem 1. Januar 2022 90 Masseprozent,
5. 75 Masseprozent bei Getränkekartonverpackungen; ab dem 1. Januar 2022 80 Masseprozent,
6. 55 Masseprozent bei sonstigen Verbundverpackungen (ohne Getränkekartonverpackungen); ab dem 1. Januar 2022 70 Masseprozent.

[2] Kunststoffe sind zu mindestens 90 Masseprozent einer Verwertung zuzuführen. [3] Dabei sind mindestens 65 Prozent und ab dem 1. Januar 2022 70 Prozent dieser Verwertungsquote durch werkstoffliche Verwertung sicherzustellen.

(3) [1] Bei Verbundverpackungen nach Absatz 2 Satz 1 Nummer 5 und 6 ist insbesondere das Recycling der Hauptmaterialkomponente sicherzustellen, soweit nicht das Recycling einer anderen Materialkomponente den Zielen der Kreislaufwirtschaft besser entspricht. [2] Soweit Verbundverpackungen einem eigenen Verwertungsweg zugeführt werden, ist ein eigenständiger Nachweis der Quoten nach Absatz 2 Satz 1 Nummer 5 und 6 zulässig. [3] Für Verbundverpackungen, die im Strom einer der in Absatz 2 Satz 1 und 2 genannten Hauptmaterialarten erfasst und einer Verwertung zugeführt werden, sind die Quoten nach Absatz 2 Satz 1 Nummer 5 und 6 durch geeignete Stichprobenerhebungen nachzuweisen. [4] Wenn die Hauptmaterialkomponente einen Masseanteil von 95 Prozent an der Verbundverpackung überschreitet, ist die nach Satz 3 einer Verwertung zugeführte Verbundverpackung vollständig auf die Quote der Hauptmaterialart anzurechnen.

(4) [1] Die Systeme sind verpflichtet, im Jahresmittel mindestens 50 Masseprozent der im Rahmen der Sammlung der restentleerten Kunststoff-, Metall- und Verbundverpackungen nach § 14 Absatz 1 insgesamt erfassten Abfälle dem Recycling zuzuführen. [2] Im Falle einer einheitlichen Wertstoffsammlung im Sinne des § 22 Absatz 5 bezieht sich die Recyclingquote auf den Anteil des

---

[1)] Nr. **5.1.**

Sammelgemisches, der entsprechend dem Verhältnis der Kunststoff-, Metall- und Verbundverpackungen zu den stoffgleichen Nichtverpackungen in der einheitlichen Wertstoffsammlung den Systemen zur Verwertung zuzuordnen ist.

(5) Die gemäß § 15 Absatz 1 Satz 1 zurückgenommenen Verpackungen sind nach Maßgabe des § 8 Absatz 1 des Kreislaufwirtschaftsgesetzes vorrangig einer Vorbereitung zur Wiederverwendung oder dem Recycling zuzuführen.

(6) Verpackungsabfälle, die im Einklang mit der Verordnung (EG) Nr. 1013/2006 des Europäischen Parlaments und des Rates vom 14. Juni 2006 über die Verbringung von Abfällen (ABl. L 190 vom 12.7.2006, S. 1), die zuletzt durch die Verordnung (EU) 2020/2174 (ABl. L 433 vom 22.12.2020, S. 11) geändert worden ist, in der jeweils geltenden Fassung und mit der Verordnung (EG) Nr. 1418/2007 der Kommission vom 29. November 2007 über die Ausfuhr von bestimmten in Anhang III oder IIIA der Verordnung (EG) Nr. 1013/2006 des Europäischen Parlaments und des Rates aufgeführten Abfällen, die zur Verwertung bestimmt sind, in bestimmte Staaten, für die der OECD-Beschluss über die Kontrolle der grenzüberschreitenden Verbringung von Abfällen nicht gilt (ABl. L 316 vom 4.12.2007, S. 6), die zuletzt durch die Verordnung (EU) Nr. 733/2014 (ABl. L 197 vom 4.7.2014, S. 10) geändert worden ist, in der jeweils geltenden Fassung aus der Europäischen Union ausgeführt werden, dürfen für die Erfüllung der Anforderungen nach den Absätzen 1 bis 5 und der Zielvorgaben nach § 1 Absatz 4 Satz 2 und 3 nur berücksichtigt werden, wenn nachprüfbare Beweise vorliegen, dass die Verwertung unter Bedingungen erfolgt ist, die im Wesentlichen denen entsprechen, die in den einschlägigen europäischen Vorschriften vorgesehen sind.

(7) Die Bundesregierung überprüft innerhalb von drei Jahren nach dem 1. Januar 2022 die Verwertungsergebnisse mit dem Ziel einer weiteren Erhöhung der materialspezifischen Verwertungsquoten in Absatz 2 Satz 1 und 2 und der Recyclingquote in Absatz 4 Satz 1.

**§ 17 Nachweispflichten.** (1) [1] Die Systeme haben die Verwertung der durch die Sammlung nach § 14 Absatz 1 Satz 1 erfassten restentleerten Verpackungen kalenderjährlich in nachprüfbarer Form zu dokumentieren (Mengenstromnachweis). [2] Grundlage des Mengenstromnachweises sind die an einem System beteiligten Mengen an Verpackungen sowie vollständig dokumentierte Angaben über die erfassten und über die der Vorbereitung zur Wiederverwendung, dem Recycling, der werkstofflichen oder der energetischen Verwertung zugeführten Mengen. [3] Die dem Mengenstromnachweis zugrunde liegenden Entsorgungsnachweise müssen mindestens den Auftraggeber, das beauftragte Entsorgungsunternehmen sowie die Masse der entsorgten Abfälle unter Angabe des Abfallschlüssels und der Abfallbezeichnung nach der Anlage zur Abfallverzeichnis-Verordnung enthalten. [4] Der Mengenstromnachweis ist nach den in § 16 Absatz 2 Satz 1 und 2 genannten Materialarten aufzuschlüsseln; sonstige Materialien sind jeweils zu einer einheitlichen Angabe zusammenzufassen. [5] Verbundverpackungen, die gemäß § 16 Absatz 3 Satz 4 verwertet wurden, sind der entsprechenden Hauptmaterialart zuzuordnen. [6] Im Mengenstromnachweis ist außerdem darzustellen, welche Mengen in den einzelnen Ländern erfasst wurden. [7] Zur Bewertung der Richtigkeit und Vollständigkeit des Mengenstromnachweises haben die Systeme geeignete Mechanismen zur Selbstkontrolle einzurichten.

(2) ¹Der Mengenstromnachweis ist durch einen registrierten Sachverständigen zu prüfen und zu bestätigen. ²Die Prüfung des Mengenstromnachweises umfasst insbesondere auch die Überprüfung der den Angaben nach Absatz 1 Satz 2 zugrunde liegenden Dokumente.

(3) ¹Die Systeme haben den Mengenstromnachweis spätestens bis zum 1. Juni des auf den Berichtszeitraum folgenden Kalenderjahres elektronisch bei der Zentralen Stelle zu hinterlegen. ²Die Bestätigung nach Absatz 2 Satz 1 ist mit einer qualifizierten elektronischen Signatur zu versehen. ³Die Zentrale Stelle kann für die Hinterlegung die Verwendung bestimmter elektronischer Formulare und Eingabemasken sowie eine bestimmte Verschlüsselung vorschreiben. ⁴Die zugehörigen Dokumente sind auf Verlangen der Zentralen Stelle im Original nachzureichen.

## Abschnitt 4. Systeme

**§ 18 Genehmigung und Organisation.** (1) ¹Der Betrieb eines Systems bedarf der Genehmigung durch die zuständige Landesbehörde. ²Die Genehmigung wird auf Antrag erteilt, wenn ein System

1. in dem betreffenden Land flächendeckend eingerichtet ist, insbesondere die notwendigen Sammelstrukturen vorhanden sind,
2. mit allen öffentlich-rechtlichen Entsorgungsträgern in dem betreffenden Land Abstimmungsvereinbarungen nach § 22 Absatz 1 abgeschlossen hat oder sich bestehenden Abstimmungsvereinbarungen unterworfen hat,
3. über die notwendigen Sortier- und Verwertungskapazitäten verfügt,
4. finanziell leistungsfähig ist und
5. mit der Zentralen Stelle eine Finanzierungsvereinbarung nach § 25 Absatz 1 Satz 2 abgeschlossen hat.

³Die Genehmigung ist öffentlich bekannt zu geben und vom Zeitpunkt der öffentlichen Bekanntgabe an wirksam.

(1a) ¹Die Anforderungen an die finanzielle Leistungsfähigkeit nach Absatz 1 Satz 2 Nummer 4 sind erfüllt, wenn das System nachweist, dass es alle bestehenden und voraussichtlichen Verpflichtungen unter realistischen Annahmen über einen Zeitraum von zwölf Monaten erfüllen kann. ²Die finanzielle Leistungsfähigkeit eines Systems ist nicht gegeben, wenn ein Insolvenzverfahren über dieses System eröffnet worden ist oder in erheblichem Umfang oder wiederholt Rückstände an Steuern oder Sozialversicherungsbeiträgen bestehen, die aus der Unternehmenstätigkeit resultieren. ³Die Behörde nach Absatz 1 Satz 1 prüft die finanzielle Leistungsfähigkeit insbesondere anhand des handelsrechtlichen Jahresabschlusses oder, falls ein System keinen handelsrechtlichen Jahresabschluss vorlegen kann, anhand einer Vermögensübersicht sowie in beiden Fällen zusätzlich anhand eines handelsrechtlichen Prüfungsberichts. ⁴Jedes System hat dabei mindestens die folgenden Angaben zu machen:

1. verfügbare Finanzmittel einschließlich Bankguthaben sowie zugesagte Überziehungskredite und Darlehen,
2. als Sicherheit verfügbare Mittel und Vermögensgegenstände,
3. Betriebskapital,
4. Belastungen des Betriebsvermögens,
5. Steuern und Sozialversicherungsbeiträge.

⁵ Die Behörde nach Absatz 1 Satz 1 kann von dem System die Übermittlung weiterer für die Prüfung im Einzelfall erforderlicher Unterlagen verlangen, insbesondere die Vorlage geeigneter Unterlagen einer Bank, einer öffentlichen Sparkasse, eines Wirtschaftsprüfers oder eines vereidigten Buchprüfers. ⁶ Die Behörde nach Absatz 1 Satz 1 übermittelt der Zentralen Stelle die Unterlagen zum Nachweis der finanziellen Leistungsfähigkeit des Systems und kann dabei von der Zentralen Stelle eine Einschätzung zur finanziellen Leistungsfähigkeit des Systems anfordern.

(2) Die Genehmigung kann auch nachträglich mit Nebenbestimmungen versehen werden, die erforderlich sind, um die beim Erlass der Genehmigung vorliegenden Voraussetzungen auch während des Systembetriebs dauerhaft sicherzustellen.

(3) ¹ Die Behörde nach Absatz 1 Satz 1 kann die Genehmigung ganz oder teilweise widerrufen, wenn sie feststellt, dass ein System seinen Pflichten nach § 14 Absatz 1 und 2 nicht nachkommt oder dass eine der in Absatz 1 Satz 2 genannten Voraussetzungen nicht mehr vorliegt. ² Die Genehmigung ist zu widerrufen, wenn die Behörde feststellt, dass der Betrieb des Systems eingestellt wurde. ³ Der Widerruf ist öffentlich bekannt zu geben.

(4) ¹ Die Behörde nach Absatz 1 Satz 1 soll verlangen, dass ein System eine angemessene, insolvenzfeste Sicherheit für den Fall leistet, dass es oder die von ihm beauftragten Dritten Pflichten nach diesem Gesetz, aus der Abstimmungsvereinbarung nach § 22 Absatz 1 oder aus den Vorgaben nach § 22 Absatz 2 nicht, nicht vollständig oder nicht ordnungsgemäß erfüllen und den öffentlich-rechtlichen Entsorgungsträgern oder den zuständigen Behörden dadurch zusätzliche Kosten oder finanzielle Verluste entstehen. ² Angemessen im Sinne von Satz 1 ist die Sicherheitsleistung in der Regel, wenn der abzusichernde Zeitraum drei Monate nicht überschreitet. ³ Ein Überschreiten des Regelzeitraumes bedarf einer gesonderten Begründung.

(5) ¹ Die Systeme sind verpflichtet, die organisatorischen Mittel vorzuhalten, um ihren Pflichten nach diesem Gesetz nachzukommen. ² Sie haben zur Bewertung ihrer Finanzverwaltung geeignete Mechanismen zur Selbstkontrolle einzurichten.

**§ 19 Gemeinsame Stelle.** (1) ¹ Die Systeme haben sich an einer Gemeinsamen Stelle zu beteiligen. ² Die Genehmigung nach § 18 wird unwirksam, wenn ein System sich nicht innerhalb von drei Monaten nach Erteilung der Genehmigung an der Gemeinsamen Stelle beteiligt.

(2) Die Gemeinsame Stelle hat insbesondere die folgenden Aufgaben:

1. Aufteilung der Entsorgungskosten auf Grundlage der von der Zentralen Stelle gemäß § 26 Absatz 1 Satz 2 Nummer 14 und 15 festgestellten Marktanteile;
2. Aufteilung der gemäß § 22 Absatz 9 vereinbarten Nebenentgelte auf Grundlage der von der Zentralen Stelle gemäß § 26 Absatz 1 Satz 2 Nummer 14 und 15 festgestellten Marktanteile;
3. wettbewerbsneutrale Koordination der Ausschreibungen nach § 23, insbesondere Bestimmung der Ausschreibungsführer für jedes Sammelgebiet;
4. Festlegung der Einzelheiten zur elektronischen Ausschreibungsplattform und zum Ausschreibungsverfahren gemäß § 23 Absatz 10;
5. Benennung der gemeinsamen Vertreter gemäß § 22 Absatz 7 Satz 1;

6. Benennung der Systemprüfer gemäß § 20 Absatz 4;
7. wettbewerbsneutrale Koordination der Informationsmaßnahmen nach § 14 Absatz 3 und Aufteilung der Kosten dieser Maßnahmen auf Grundlage der von der Zentralen Stelle gemäß § 26 Absatz 1 Satz 2 Nummer 14 und 15 festgestellten Marktanteile.

(3) [1] Die Gemeinsame Stelle muss gewährleisten, dass sie für alle Systeme zu gleichen Bedingungen zugänglich ist und die Vorschriften zum Schutz personenbezogener Daten sowie von Betriebs- und Geschäftsgeheimnissen eingehalten werden. [2] Bei Entscheidungen, die die öffentlich-rechtlichen Entsorgungsträger betreffen, hört die Gemeinsame Stelle die kommunalen Spitzenverbände an.

**§ 20 Meldepflichten.** (1) [1] Systeme sind verpflichtet, die folgenden Informationen über die bei ihnen vorgenommenen oder erwarteten Beteiligungen nach § 7 Absatz 1 Satz 1 und über eventuelle Abzüge von Verpackungsmengen aufgrund von Entgelterstattungen nach § 7 Absatz 3, jeweils aufgeschlüsselt nach den in § 16 Absatz 2 Satz 1 und 2 genannten Materialarten und der Masse der Verpackungen sowie zugeordnet nach Herstellern unter Angabe der jeweiligen Registrierungsnummer, elektronisch an die Zentrale Stelle zu melden:
1. bis zum 15. Kalendertag des letzten Monats des jeweils laufenden Quartals die für das folgende Quartal erwartete Masse an beteiligten Verpackungen (Zwischenmeldung);
2. bis zum 1. Juni eines jeden Jahres die Masse der für das vorangegangene Kalenderjahr tatsächlich beteiligten Verpackungen (Jahresmeldung).

[2] Verbundverpackungen, die gemäß § 16 Absatz 3 Satz 4 verwertet werden, sind der entsprechenden Hauptmaterialart zuzuordnen.

(2) [1] Die Meldungen nach Absatz 1 sind der Zentralen Stelle in einer von einem Systemprüfer geprüften und bestätigten Fassung zu übermitteln. [2] Die Zentrale Stelle kann für die Übermittlung die Verwendung bestimmter elektronischer Formulare und Eingabemasken sowie eine bestimmte Verschlüsselung vorschreiben. [3] Bei Vorliegen von Anhaltspunkten für eine Unrichtigkeit oder Unvollständigkeit der übermittelten Meldungen kann die Zentrale Stelle von den betroffenen Systemen die Übermittlung weiterer für die Prüfung im Einzelfall erforderlicher Unterlagen verlangen. [4] Bei Vorliegen der Voraussetzungen nach Satz 3 kann die Zentrale Stelle außerdem im Einzelfall vorübergehend einen abweichenden Meldezeitraum bezüglich der Zwischenmeldungen festlegen. [5] Sofern ein System keine Zwischen- oder Jahresmeldung übermittelt oder die Anhaltspunkte nach Satz 3 nicht zur Überzeugung der Zentralen Stelle ausräumen kann, ist die Zentrale Stelle befugt, die Menge der beteiligten Verpackungen des betreffenden Systems auf Grundlage der ihr vorliegenden Informationen zu schätzen.

(3) Systeme sind verpflichtet, den an ihnen beteiligten Herstellern den Inhalt der Jahresmeldung im Hinblick auf die dem jeweiligen Hersteller zuzuordnenden systembeteiligungspflichtigen Verpackungen mitzuteilen.

(4) [1] Die Systeme benennen einvernehmlich für einen Zeitraum von höchstens fünf Jahren vier Systemprüfer. [2] Einigen sich die Systeme nicht innerhalb von sechs Monaten nach Ablauf des Benennungszeitraums eines Systemprüfers auf die Benennung eines Nachfolgers, entscheidet die Zentrale Stelle über die Benennung des Systemprüfers.

(5) ¹Jedes System ist verpflichtet, bis zum 1. Juli des auf das jeweilige Geschäftsjahr folgenden Kalenderjahres seinen handelsrechtlichen Jahresabschluss oder, falls ein System keinen handelsrechtlichen Jahresabschluss vorlegen kann, eine Vermögensübersicht sowie in beiden Fällen zusätzlich einen handelsrechtlichen Prüfungsbericht elektronisch an die Zentrale Stelle zu melden. ²Jedes System hat dabei mindestens die in § 18 Absatz 1a Satz 4 genannten Angaben zu machen. ³§ 18 Absatz 1a Satz 1 und 2 gelten entsprechend. ⁴Bei Vorliegen von Anhaltspunkten für eine fehlende finanzielle Leistungsfähigkeit oder für die Unvollständigkeit der übermittelten Meldungen kann die Zentrale Stelle von den betroffenen Systemen die elektronische Übermittlung weiterer für die Prüfung im Einzelfall erforderlicher Unterlagen verlangen, insbesondere die Vorlage geeigneter Unterlagen einer Bank, einer öffentlichen Sparkasse, eines Wirtschaftsprüfers oder eines vereidigten Buchprüfers.

**§ 21 Ökologische Gestaltung der Beteiligungsentgelte.** (1) Systeme sind verpflichtet, im Rahmen der Bemessung der Beteiligungsentgelte Anreize zu schaffen, um bei der Herstellung von systembeteiligungspflichtigen Verpackungen

1. die Verwendung von Materialien und Materialkombinationen zu fördern, die unter Berücksichtigung der Praxis der Sortierung und Verwertung zu einem möglichst hohen Prozentsatz recycelt werden können, und
2. die Verwendung von Rezyklaten sowie von nachwachsenden Rohstoffen zu fördern.

(2) ¹Jedes System hat der Zentralen Stelle und dem Umweltbundesamt jährlich bis zum 1. Juni zu berichten, wie es die Vorgaben nach Absatz 1 bei der Bemessung der Beteiligungsentgelte im vorangegangenen Kalenderjahr umgesetzt hat. ²Dabei ist auch anzugeben, welcher Anteil der beteiligten Verpackungen je Materialart einem hochwertigen Recycling zugeführt wurde. ³Die Zentrale Stelle überprüft die Berichte der Systeme auf Plausibilität. ⁴Sie kann im Einvernehmen mit dem Umweltbundesamt verbindliche Vorgaben hinsichtlich der Form der Berichte beschließen und veröffentlichen. ⁵Sofern sich aus der Prüfung keine Beanstandungen ergeben, erteilt die Zentrale Stelle im Einvernehmen mit dem Umweltbundesamt dem jeweiligen System die Erlaubnis, den Bericht zu veröffentlichen.

(3) Die Zentrale Stelle veröffentlicht im Einvernehmen mit dem Umweltbundesamt jährlich bis zum 1. September einen Mindeststandard für die Bemessung der Recyclingfähigkeit von systembeteiligungspflichtigen Verpackungen unter Berücksichtigung der einzelnen Verwertungswege und der jeweiligen Materialart.

(4) Die Bundesregierung entscheidet bis zum 1. Januar 2022 auf der Grundlage der Berichte nach Absatz 2 und unter Berücksichtigung der nach Absatz 3 veröffentlichten Mindeststandards über weiter gehende Anforderungen an die Bemessung der Beteiligungsentgelte zur Förderung der werkstofflichen Verwertbarkeit von systembeteiligungspflichtigen Verpackungen sowie zur Förderung der Verwendung von Rezyklaten und nachwachsenden Rohstoffen unter Berücksichtigung der gesamtökologischen Auswirkungen.

**§ 22 Abstimmung.** (1) ¹Die Sammlung nach § 14 Absatz 1 ist auf die vorhandenen Sammelstrukturen der öffentlich-rechtlichen Entsorgungsträger, in deren Gebiet sie eingerichtet wird, abzustimmen. ²Die Abstimmung hat durch schriftliche Vereinbarung der Systeme mit dem jeweils zuständigen öffentlich-rechtlichen Entsorgungsträger zu erfolgen (Abstimmungsvereinbarung). ³Die Belange des öffentlich-rechtlichen Entsorgungsträgers sind dabei besonders zu berücksichtigen. ⁴Rahmenvorgaben nach Absatz 2 sind zwingend zu beachten. ⁵Die Abstimmungsvereinbarung darf der Vergabe von Entsorgungsdienstleistungen im Wettbewerb und den Zielen dieses Gesetzes nicht entgegenstehen.

(2) ¹Ein öffentlich-rechtlicher Entsorgungsträger kann durch schriftlichen Verwaltungsakt gegenüber den Systemen festlegen, wie die nach § 14 Absatz 1 durchzuführende Sammlung der restentleerten Kunststoff-, Metall- und Verbundverpackungen bei privaten Haushaltungen hinsichtlich

1. der Art des Sammelsystems, entweder Holsystem, Bringsystem oder Kombination aus beiden Sammelsystemen,

2. der Art und Größe der Sammelbehälter, sofern es sich um Standard-Sammelbehälter handelt, sowie

3. der Häufigkeit und des Zeitraums der Behälterleerungen

auszugestalten ist, soweit eine solche Vorgabe geeignet ist, um eine möglichst effektive und umweltverträgliche Erfassung der Abfälle aus privaten Haushaltungen sicherzustellen, und soweit deren Befolgung den Systemen bei der Erfüllung ihrer Aufgaben nach diesem Gesetz nicht technisch unmöglich oder wirtschaftlich unzumutbar ist (Rahmenvorgabe). ²Die Rahmenvorgabe darf nicht über den Entsorgungsstandard hinausgehen, welchen der öffentlich-rechtliche Entsorgungsträger der in seiner Verantwortung durchzuführenden Sammlung der gemischten Siedlungsabfälle aus privaten Haushaltungen zugrunde legt. ³Rahmenvorgaben können frühestens nach Ablauf von drei Jahren geändert werden. ⁴Jede Änderung ist mit einem angemessenen zeitlichen Vorlauf, mindestens jedoch ein Jahr vor ihrem Wirksamwerden, den Systemen bekannt zu geben.

(3) ¹Sofern die Sammlung der restentleerten Kunststoff-, Metall- und Verbundverpackungen an vom öffentlich-rechtlichen Entsorgungsträger eingerichteten Wertstoffhöfen durchgeführt werden soll, kann der öffentlich-rechtliche Entsorgungsträger im Rahmen der Abstimmung von den Systemen ein angemessenes Entgelt für die Mitbenutzung verlangen. ²Zur Bestimmung eines angemessenen Entgelts haben sich die Parteien an den in § 9 des Bundesgebührengesetzes vom 7. August 2013 (BGBl. I S. 3154), das durch Artikel 1 des Gesetzes vom 18. Juli 2016 (BGBl. I S. 1666) geändert worden ist, in der jeweils geltenden Fassung festgelegten Gebührenbemessungsgrundsätzen zu orientieren. ³Ansatzfähig ist dabei nur der Anteil der Kosten, der dem Anteil der Verpackungsabfälle an der Gesamtmenge der in den Wertstoffhöfen erfassten Abfälle entspricht; der Anteil kann nach Vorgabe des öffentlich-rechtlichen Entsorgungsträgers entweder als Masseanteil oder als Volumenanteil berechnet werden.

(4) ¹Ein öffentlich-rechtlicher Entsorgungsträger kann im Rahmen der Abstimmung von den Systemen die Mitbenutzung seiner Sammelstruktur, die für die getrennte Erfassung von Papier, Pappe und Karton eingerichtet ist, gegen ein angemessenes Entgelt verlangen. ²Die Systeme können im Rahmen der Abstimmung von einem öffentlich-rechtlichen Entsorgungsträger verlangen, ihnen die Mitbenutzung dieser Sammelstruktur gegen ein angemessenes Entgelt zu gestatten. ³Ein öffentlich-rechtlicher Entsorgungsträger kann im Rah-

men der Abstimmung von den Systemen verlangen, dass sie Nichtverpackungsabfälle aus Papier, Pappe und Karton gegen ein angemessenes Entgelt mit sammeln. ⁴Zur Bestimmung eines angemessenen Entgelts haben sich die Parteien an den in § 9 des Bundesgebührengesetzes festgelegten Gebührenbemessungsgrundsätzen zu orientieren. ⁵Ansatzfähig ist dabei nur der Anteil der Kosten, der bei einer Sammlung nach den Sätzen 1 und 2 dem Anteil der Verpackungsabfälle aus Papier, Pappe und Karton und bei einer Sammlung nach Satz 3 dem Anteil der Nichtverpackungsabfälle aus Papier, Pappe und Karton an der Gesamtmenge der in den Sammelbehältern erfassten Abfälle entspricht; der Anteil kann nach Vorgabe des öffentlich-rechtlichen Entsorgungsträgers entweder als Masseanteil oder als Volumenanteil berechnet werden. ⁶Einigen sich die Parteien zugleich auf eine gemeinsame Verwertung durch den die Sammlung Durchführenden, so ist bei der Bestimmung des angemessenen Entgelts auch der jeweilige Marktwert der Verpackungs- und Nichtverpackungsabfälle zu berücksichtigen. ⁷Sofern keine gemeinsame Verwertung vereinbart wird, kann der jeweils die Sammlung des anderen Mitnutzende die Herausgabe eines Masseanteils verlangen, der dem Anteil an der Gesamtmasse der in den Sammelbehältern erfassten Abfälle entspricht, der in seiner Verantwortung zu entsorgen ist. ⁸Derjenige, der den Herausgabeanspruch geltend macht, hat die durch die Übergabe der Abfälle zusätzlich verursachten Kosten zu tragen sowie einen Wertausgleich für den Fall zu leisten, dass der Marktwert des an ihn zu übertragenden Masseanteils an dem Sammelgemisch über dem Marktwert der Verpackungs- oder Nichtverpackungsabfälle liegt, die er bei einer getrennten Sammlung in eigener Verantwortung zu entsorgen hätte.

(5) ¹Ein öffentlich-rechtlicher Entsorgungsträger kann mit den Systemen im Rahmen der Abstimmung vereinbaren, dass Nichtverpackungsabfälle aus Kunststoffen oder Metallen, die bei privaten Endverbrauchern anfallen, gemeinsam mit den stoffgleichen Verpackungsabfällen durch eine einheitliche Wertstoffsammlung erfasst werden. ²Die Einzelheiten der Durchführung der einheitlichen Wertstoffsammlung können der öffentlich-rechtliche Entsorgungsträger und die Systeme im Rahmen ihrer jeweiligen Entsorgungsverantwortung näher ausgestalten. ³Dabei ist sicherzustellen, dass die Verwertungspflichten nach § 16 und die Nachweispflichten nach § 17 bezüglich der Verpackungsabfälle eingehalten werden. ⁴Altgeräte im Sinne des Elektro- und Elektronikgerätegesetzes[1]) sowie Altbatterien im Sinne des Batteriegesetzes[2]) dürfen in der einheitlichen Wertstoffsammlung nicht miterfasst werden.

(6) Ein öffentlich-rechtlicher Entsorgungsträger kann im Rahmen der Abstimmung verlangen, dass sich die Systeme der sofortigen Vollstreckung aus der Abstimmungsvereinbarung gemäß den jeweils geltenden Landesverwaltungsverfahrensgesetzen unterwerfen.

(7) ¹In einem Gebiet, in dem mehrere Systeme eingerichtet werden oder eingerichtet sind, sind die Systembetreiber verpflichtet, einen gemeinsamen Vertreter zu benennen, der mit dem öffentlich-rechtlichen Entsorgungsträger die Verhandlungen über den erstmaligen Abschluss sowie jede Änderung der Abstimmungsvereinbarung führt. ²Der Abschluss sowie jede Änderung der Abstimmungsvereinbarung bedürfen der Zustimmung des öffentlich-recht-

---

[1]) Nr. **5.2**.
[2]) Nr. **5.3**.

lichen Entsorgungsträgers sowie von mindestens zwei Dritteln der an der Abstimmungsvereinbarung beteiligten Systeme. ³Ein System, das in einem Gebiet mit bereits bestehender Abstimmungsvereinbarung eingerichtet wird, hat sich der vorhandenen Abstimmungsvereinbarung zu unterwerfen.

(8) ¹Ein öffentlich-rechtlicher Entsorgungsträger kann bei jeder wesentlichen Änderung der Rahmenbedingungen für die Sammlung nach § 14 Absatz 1 sowie im Falle einer Änderung seiner Rahmenvorgaben nach Absatz 2 von den Systemen eine angemessene Anpassung der Abstimmungsvereinbarung verlangen. ²Für die Verhandlung und den Abschluss gilt Absatz 7 Satz 1 und 2 entsprechend.

(9) ¹Ein System ist verpflichtet, sich entsprechend seinem Marktanteil an den Kosten zu beteiligen, die den öffentlich-rechtlichen Entsorgungsträgern durch Abfallberatung in Bezug auf die von den Systemen durchgeführte Sammlung nach § 14 Absatz 1 sowie durch die Errichtung, Bereitstellung, Unterhaltung und Sauberhaltung von Flächen, auf denen von den Systemen genutzte Sammelgroßbehältnisse aufgestellt werden, entstehen. ²Zur Berechnung der Kosten sind die in § 9 des Bundesgebührengesetzes festgelegten Gebührenbemessungsgrundsätze anzuwenden.

**§ 23 Vergabe von Sammelleistungen.** (1) ¹Die Systeme haben die nach § 14 Absatz 1 zu erbringenden Sammelleistungen unter Beachtung der Abstimmungsvereinbarungen nach § 22 Absatz 1 und der Rahmenvorgaben nach § 22 Absatz 2 im Wettbewerb im Wege transparenter und diskriminierungsfreier Ausschreibungsverfahren über eine elektronische Ausschreibungsplattform nach Maßgabe dieser Vorschrift zu vergeben. ²Die Erteilung eines Sammelauftrags durch ein System ist von Anfang an unwirksam, wenn sie ohne Ausschreibungsverfahren oder ohne vorherige Information nach Absatz 6 Satz 1 und Einhaltung der Wartefrist nach Absatz 6 Satz 2 erfolgte und dieser Verstoß in einem Schiedsverfahren nach den Absätzen 8 und 9 festgestellt worden ist.

(2) ¹Die Systeme beauftragen ein einzelnes System mit der eigenverantwortlichen Durchführung des Ausschreibungsverfahrens für ein bestimmtes Sammelgebiet (Ausschreibungsführer). ²Dabei soll der Ausschreibungsführer in diesem Gebiet die Hauptkostenverantwortung für die Sammlung übernehmen. ³Die weiteren Systeme können für ihren Anteil mit dem erfolgreichen Bieter individuelle Mitbenutzungsverträge schließen; die Ausschreibungspflicht nach Absatz 1 gilt hierbei nicht. ⁴Im Falle einer Unwirksamkeit der Auftragserteilung nach Absatz 1 Satz 2 sind die auf dem unwirksamen Sammelauftrag beruhenden Mitbenutzungsverträge ebenfalls unwirksam. ⁵Der erfolgreiche Bieter darf die weiteren Systeme bei der Vereinbarung der Mitbenutzungsverträge nicht ohne sachlich gerechtfertigten Grund unterschiedlich behandeln.

(3) ¹Soweit Verpackungen aus Papier, Pappe und Karton zusammen mit stoffgleichen Nichtverpackungen im Wege der Mitbenutzung nach § 22 Absatz 4 in einem Sammelbehälter erfasst werden, können die Systeme und der öffentlich-rechtliche Entsorgungsträger die Sammelleistung gemeinsam ausschreiben. ²Die Systeme und der öffentlich-rechtliche Entsorgungsträger können in diesem Fall auch den jeweils anderen mit der Durchführung des Ausschreibungsverfahrens beauftragen. ³In beiden Fällen sind die vergaberechtlichen Vorgaben, die aufgrund anderer Rechtsvorschriften für den öffentlich-rechtlichen Entsorgungsträger gelten, vorrangig anzuwenden. ⁴Soweit das Ausschreibungsverfahren gemeinsam durchgeführt wird, sind alle beteiligten Auf-

traggeber für die Einhaltung der Bestimmungen über das Ausschreibungsverfahren gemeinsam verantwortlich.

(4) ¹Die Auftragnehmer werden in einem offenen Ausschreibungsverfahren ermittelt. ²Der Ausschreibungsführer teilt seine Absicht, einen Sammelauftrag zu vergeben, in einer Auftragsbekanntmachung über die elektronische Ausschreibungsplattform öffentlich mit. ³Mit der Auftragsbekanntmachung hat er zugleich alle für die Abgabe eines Angebots erforderlichen Unterlagen bereitzustellen. ⁴Jedes interessierte Unternehmen kann ein Angebot abgeben. ⁵Die Frist für den Eingang der Angebote beträgt mindestens 60 Tage, gerechnet ab dem Tag nach der Veröffentlichung der Auftragsbekanntmachung. ⁶Wenn innerhalb der Frist nach Satz 4 keine geeigneten Angebote abgegeben worden sind, kann der Auftrag im Verhandlungsverfahren ohne Teilnahmewettbewerb vergeben werden; ein Angebot gilt als ungeeignet, wenn es offensichtlich nicht den in den Ausschreibungsunterlagen genannten Bedürfnissen und Anforderungen entspricht.

(5) ¹Der Zuschlag für die einzelnen Vertragsgebiete wird jeweils auf das preislich günstigste Angebot von geeigneten Unternehmen erteilt. ²Dazu ermittelt der Betreiber der elektronischen Ausschreibungsplattform das preislich günstigste Angebot und gewährt dem Ausschreibungsführer Einsichtnahme in das Angebot; preisgleiche Angebote können gleichzeitig eingesehen werden. ³Der Ausschreibungsführer überprüft die Eignung des Bieters anhand der nach § 122 des Gesetzes gegen Wettbewerbsbeschränkungen festgelegten Eignungskriterien, das Nichtvorliegen von Ausschlussgründen nach den §§ 123 und 124 des Gesetzes gegen Wettbewerbsbeschränkungen sowie gegebenenfalls Maßnahmen des Bieters zur Selbstreinigung nach § 125 des Gesetzes gegen Wettbewerbsbeschränkungen. ⁴Er prüft darüber hinaus das Angebot auf Vollständigkeit und fachliche und rechnerische Richtigkeit. ⁵Er darf dabei von dem Bieter nur Aufklärung über das Angebot oder dessen Eignung verlangen. ⁶Verhandlungen, insbesondere über Änderungen des Angebots oder des Preises, sind grundsätzlich unzulässig. ⁷Nur bei preisgleichen Angeboten mehrerer geeigneter Bieter darf der Ausschreibungsführer ausnahmsweise über den Preis verhandeln. ⁸Schließt er einen Bieter wegen Ungeeignetheit oder Vorliegens eines der in den §§ 123 und 124 des Gesetzes gegen Wettbewerbsbeschränkungen genannten Gründe aus oder erfüllt das Angebot nicht die vorgegebenen Mindestanforderungen, so wird ihm vom Betreiber der elektronischen Ausschreibungsplattform das nächstgünstigste Angebot zur Prüfung vorgelegt.

(6) ¹Nach der Zuschlagsentscheidung hat der Betreiber der elektronischen Ausschreibungsplattform die Bieter, deren Angebote nicht berücksichtigt werden sollen, unverzüglich über den Namen des Unternehmens, dessen Angebot angenommen werden soll, über die Gründe der vorgesehenen Nichtberücksichtigung ihres Angebots und über den frühesten Zeitpunkt des Vertragsschlusses zu informieren; die hierfür erforderlichen Informationen erhält er vom Ausschreibungsführer. ²Ein Vertrag darf erst 15 Kalendertage nach Absendung der Information nach Satz 1 geschlossen werden. ³Die Frist beginnt am Tag nach der Absendung der Information; auf den Tag des Zugangs beim betroffenen Bieter kommt es nicht an.

(7) ¹Der Ausschreibungsführer ist verpflichtet, den Fortgang des Ausschreibungsverfahrens jeweils zeitnah zu dokumentieren. ²Hierzu stellt er sicher, dass er über ausreichend Dokumentation verfügt, um Entscheidungen in allen Phasen des Ausschreibungsverfahrens, insbesondere zur Prüfung der vorgeleg-

ten Angebote und zur Zuschlagsentscheidung, nachvollziehbar zu begründen. [3] Der Betreiber der elektronischen Ausschreibungsplattform hat die Ermittlung der preisgünstigsten Angebote gleichermaßen zu dokumentieren. [4] Die Dokumentation ist für mindestens drei Jahre ab dem Tag des Zuschlags aufzubewahren.

(8) [1] Jedes Unternehmen, das ein Interesse an dem Sammelauftrag hat und eine Verletzung in seinen Rechten durch Nichtbeachtung der Bestimmungen über das Ausschreibungsverfahren geltend macht, kann die Ausschreibung und die Zuschlagsentscheidung durch ein Schiedsgericht prüfen lassen. [2] Der Antrag auf Durchführung eines Schiedsverfahrens ist schriftlich und begründet spätestens innerhalb von 15 Kalendertagen nach Absendung der Information nach Absatz 6 Satz 1 bei der Deutschen Institution für Schiedsgerichtsbarkeit e.V. (DIS) einzureichen; sofern eine solche Information unterblieben ist, ist der Antrag spätestens sechs Monate nach Vertragsschluss einzureichen. [3] Dabei ist darzulegen, dass dem Unternehmen durch die behauptete Verletzung der Ausschreibungsvorschriften ein Schaden entstanden ist oder zu entstehen droht. [4] Die DIS informiert unverzüglich den Ausschreibungsführer in Textform über den Antrag auf Durchführung eines Schiedsverfahrens. [5] Während der Dauer des Schiedsverfahrens darf der Ausschreibungsführer den Zuschlag nicht erteilen.

(9) [1] Das Schiedsverfahren wird nach der Schiedsgerichtsordnung und den ergänzenden Regeln für beschleunigte Verfahren der DIS und, soweit erforderlich, nach den Bestimmungen des deutschen Schiedsrechts gemäß den §§ 1025 bis 1066 der Zivilprozessordnung unter Ausschluss des ordentlichen Rechtswegs durch einen Schiedsrichter, der durch die DIS nach Anhörung der Parteien benannt wird, endgültig entschieden. [2] Die Entscheidung ergeht schriftlich und nach Möglichkeit innerhalb einer Frist von acht Wochen ab Eingang des Antrags bei der DIS. [3] Das Schiedsgericht entscheidet, ob der Antragsteller in seinen Rechten verletzt ist und trifft die geeigneten Maßnahmen, um eine Rechtsverletzung zu beseitigen und eine Schädigung der betroffenen Interessen zu verhindern. [4] Ein wirksam erteilter Zuschlag kann nicht aufgehoben werden. [5] Hat sich das Schiedsverfahren durch Erteilung des Zuschlags, durch Aufhebung oder durch Einstellung des Ausschreibungsverfahrens oder in sonstiger Weise erledigt, stellt das Schiedsgericht auf Antrag eines Beteiligten fest, ob eine Rechtsverletzung vorgelegen hat. [6] Die Zuständigkeiten der ordentlichen Gerichte für die Geltendmachung von Schadensersatzansprüchen bleiben unberührt.

(10) [1] Einzelheiten zur elektronischen Ausschreibungsplattform und zum Ausschreibungsverfahren regeln die Systembetreiber untereinander. [2] Sie legen die beabsichtigten Regelungen rechtzeitig vor deren Umsetzung dem Bundeskartellamt vor. [3] Der Zugang zur elektronischen Ausschreibungsplattform wird über die Zentrale Stelle bereitgestellt. [4] Die Systeme gewährleisten, dass die Entwicklung und der Betrieb der elektronischen Ausschreibungsplattform sowie die technische Durchführung der Ausschreibungen durch einen zur Verschwiegenheit hinsichtlich der über die Plattform abgewickelten Informationen verpflichteten neutralen Dienstleister erfolgen.

(11) Soweit in dieser Vorschrift nichts anderes geregelt ist, gelten die §§ 121 bis 126 und 128, § 132 Absatz 1 bis 4 und § 133 des Gesetzes gegen Wettbewerbsbeschränkungen sowie die §§ 5 bis 7, § 29 Absatz 1, die §§ 31 bis 34, 36 und 43 bis 47, § 48 Absatz 1, 2 und 4 bis 8, § 49, § 53 Absatz 7 bis 9, die

§§ 56 und 57, § 60 Absatz 1 bis 3 sowie die §§ 61 und 63 der Vergabeverordnung vom 12. April 2016 (BGBl. I S. 624) in der jeweils geltenden Fassung entsprechend.

## Abschnitt 5. Zentrale Stelle

**§ 24 Errichtung und Rechtsform; Stiftungssatzung.** (1) Hersteller von systembeteiligungspflichtigen Verpackungen sowie Vertreiber von noch nicht befüllten Verkaufs- oder Umverpackungen oder von ihnen getragene Interessenverbände errichten bis zum 1. Januar 2019 unter dem Namen Zentrale Stelle Verpackungsregister eine rechtsfähige Stiftung des bürgerlichen Rechts mit einem Stiftungsvermögen von mindestens 100 000 Euro.

(2) [1] Die in Absatz 1 genannten Hersteller und Vertreiber oder Interessenverbände legen die Stiftungssatzung im Einvernehmen mit dem Bundesministerium für Umwelt, Naturschutz und nukleare Sicherheit fest. [2] Die Stiftungssatzung muss

1. die in § 26 genannten, von der Zentralen Stelle zu erfüllenden Aufgaben verbindlich festschreiben,
2. die Organisation und Ausstattung der Zentralen Stelle so ausgestalten, dass eine ordnungsgemäße Erfüllung der in § 26 genannten Aufgaben sichergestellt ist,
3. im Rahmen der Ausgestaltung und Organisation der Zentralen Stelle sicherstellen, dass die in Satz 1 genannten Hersteller und Vertreiber ihre Interessen zu gleichen Bedingungen und in angemessenem Umfang einbringen können,
4. sicherstellen, dass die Neutralität der Zentralen Stelle gegenüber allen Marktteilnehmern stets gewahrt bleibt,
5. sicherstellen, dass die Vorschriften zum Schutz personenbezogener Daten sowie von Betriebs- und Geschäftsgeheimnissen eingehalten werden, insbesondere gegenüber den Mitgliedern des Kuratoriums, des Verwaltungsrats, des Beirats Erfassung, Sortierung und Verwertung sowie gegenüber Dritten und der Öffentlichkeit.

[3] Die Stiftungssatzung ist im Internet zu veröffentlichen.

(3) [1] Änderungen der Stiftungssatzung sind dem Kuratorium vorbehalten. [2] Das Kuratorium entscheidet über Satzungsänderungen mit einer Mehrheit von mindestens zwei Dritteln der abgegebenen Stimmen. [3] Jede Satzungsänderung bedarf der Zustimmung des Bundesministeriums für Umwelt, Naturschutz und nukleare Sicherheit.

(4) [1] Das Bundesministerium für Umwelt, Naturschutz und nukleare Sicherheit kann das Einvernehmen nach Absatz 2 Satz 1 und die Zustimmung nach Absatz 3 Satz 3, auch nachdem sie unanfechtbar geworden sind, mit Wirkung für die Zukunft widerrufen, wenn die tatsächlichen Verhältnisse nicht mehr den Anforderungen des Absatzes 2 Satz 2 Nummer 2 bis 5 entsprechen. [2] Es wird unwiderleglich vermutet, dass die tatsächlichen Verhältnisse nicht mehr den Anforderungen des Absatzes 2 Satz 2 Nummer 3 entsprechen, wenn der Anteil der in einem Kalenderjahr von den Mitgliedsunternehmen der im Kuratorium vertretenen Verbände an Systemen beteiligten oder über Branchenlösungen zurückgenommenen Verpackungen auf unter 75 Prozent der

insgesamt in dem jeweils gleichen Kalenderjahr an Systemen beteiligten oder über Branchenlösungen zurückgenommenen Verpackungen sinkt.

**§ 25 Finanzierung.** (1) [1] Die Systeme und Betreiber von Branchenlösungen sind verpflichtet, sich gemäß ihrem jeweiligen Marktanteil an der Finanzierung der Zentralen Stelle einschließlich der erforderlichen Errichtungskosten zu beteiligen. [2] Zu diesem Zweck schließen sie mit der Zentralen Stelle vertragliche Vereinbarungen, welche die Einzelheiten der Finanzierung unter Berücksichtigung der Vorgaben der nachfolgenden Absätze regeln (Finanzierungsvereinbarungen).

(2) [1] Die Zentrale Stelle erhält aufgrund der Finanzierungsvereinbarungen von den Systemen und Betreibern von Branchenlösungen Umlagen, die dem Äquivalenzprinzip und dem Grundsatz der Gleichbehandlung genügen müssen. [2] Die Umlagen sind jeweils für einen Kalkulationszeitraum von höchstens einem Geschäftsjahr dergestalt zu bemessen, dass das veranschlagte Umlageaufkommen die voraussichtlichen Kosten deckt und jedes System und jeder Betreiber einer Branchenlösung jeweils nur einen Anteil der Kosten trägt, der seinem Marktanteil in dem betreffenden Kalkulationszeitraum entspricht. [3] Maßgeblich für die Bemessung ist dabei der von der Zentralen Stelle gemäß § 26 Absatz 1 Satz 2 Nummer 16 festgestellte Marktanteil.

(3) [1] Kosten im Sinne von Absatz 2 Satz 2 sind solche, die nach betriebswirtschaftlichen Grundsätzen ansatzfähig sind, insbesondere Personal- und Sachkosten sowie kalkulatorische Kosten. [2] Zu den Kosten gehören auch Entgelte für in Anspruch genommene Fremdleistungen sowie die Kosten der Rechts- und Fachaufsicht.

(4) [1] Kostenüber- und Kostenunterdeckungen werden durch eine Nachkalkulation für den dem laufenden Kalkulationszeitraum vorangehenden Kalkulationszeitraum ermittelt. [2] Kostenüber- und Kostenunterdeckungen sind innerhalb von zwei Kalkulationszeiträumen nach Absatz 2 Satz 2 auszugleichen.

(5) [1] Die Bemessung des Umlageaufkommens nach Absatz 2 sowie dessen Nachkalkulation nach Absatz 4 sind durch das Umweltbundesamt im Rahmen der Rechts- und Fachaufsicht zu genehmigen. [2] Voraussetzung der Genehmigung ist jeweils eine von der Zentralen Stelle vorzulegende Bescheinigung eines Wirtschaftsprüfers über die ordnungsgemäße Ermittlung der voraussichtlichen Kosten sowie der abzurechnenden Kosten nach Absatz 3. [3] Das Umweltbundesamt kann Auskünfte sowie die Vorlage weiterer Unterlagen und sonstiger Daten von der Zentralen Stelle verlangen, soweit dies für die Prüfung der Bescheinigungen nach Satz 2, der Dokumentation der zugrunde liegenden Methode der Bemessung des Umlageaufkommens, der Durchführung der Nachkalkulation oder deren Anwendung durch die Zentrale Stelle oder für die Prüfung der Angemessenheit der Höhe des Umlageaufkommens, einschließlich der Nachkalkulation, erforderlich ist.

(6) Die nach Absatz 1 Satz 1 Verpflichteten leisten auf Verlangen der Zentralen Stelle eine angemessene insolvenzfeste Sicherheit bis zu einer Höhe von drei Monatsumlagen.

**§ 26 Aufgaben.** (1) [1] Die Zentrale Stelle ist mit der Wahrnehmung der in Satz 2 aufgeführten hoheitlichen Aufgaben beliehen. [2] Die Zentrale Stelle

## 5.4 VerpackG § 26

1. nimmt auf Antrag Registrierungen gemäß § 9 Absatz 1 vor, erteilt Bestätigungen nach § 9 Absatz 3 Satz 2 und veröffentlicht gemäß § 9 Absatz 4 eine Liste der registrierten Hersteller im Internet,
2. prüft die gemäß § 10 übermittelten Datenmeldungen,
3. kann den Systemen gemäß § 10 Absatz 3 die Möglichkeit einräumen, die sich auf ihr System beziehenden Datenmeldungen elektronisch abzurufen,
4. prüft die gemäß § 11 Absatz 3 hinterlegten Vollständigkeitserklärungen, insbesondere im Hinblick auf ihre Übereinstimmung mit den Registerangaben nach § 9, den Datenmeldungen nach § 10 und den Jahresmeldungen nach § 20 Absatz 1 Nummer 2, kann erforderlichenfalls Anordnungen nach § 11 Absatz 3 Satz 4 und 5 erteilen und informiert im Falle von nicht aufklärbaren Unregelmäßigkeiten die zuständigen Landesbehörden über das Ergebnis ihrer Prüfung,
5. kann gemäß § 11 Absatz 4 Satz 2 die Hinterlegung einer Vollständigkeitserklärung anordnen,
6. veröffentlicht im Internet eine Liste der Hersteller, die eine Vollständigkeitserklärung gemäß § 11 Absatz 1 Satz 1 hinterlegt haben,
6a. kann von den Systemen eine Begründung gemäß § 14 Absatz 4 Satz 3 verlangen, prüft die übermittelte Begründung und informiert im Fall fortbestehender Zweifel am Vorliegen von Geschäftsgeheimnissen unverzüglich die zuständigen Landesbehörden über das Ergebnis der Prüfung,
7. prüft die von den Systemen gemäß § 17 Absatz 3 Satz 1 hinterlegten Mengenstromnachweise, kann gemäß § 17 Absatz 3 Satz 4 die Vorlage der zugehörigen Prüfdokumente verlangen und informiert die zuständigen Landesbehörden und die Systeme über das Ergebnis ihrer Prüfung,
7a. prüft auf Anforderung der zuständigen Landesbehörden die gemäß § 18 Absatz 1a Satz 6 übermittelten Unterlagen und teilt den zuständigen Landesbehörden ihre Einschätzung zur finanziellen Leistungsfähigkeit des Systems mit,
8. prüft die gemäß § 20 Absatz 1 übermittelten Meldungen der Systeme, kann erforderlichenfalls Anordnungen nach § 20 Absatz 2 Satz 3 und 4 erteilen, nimmt erforderlichenfalls Schätzungen nach § 20 Absatz 2 Satz 5 vor und informiert im letztgenannten Falle hierüber unverzüglich die zuständigen Landesbehörden,
8a. prüft die gemäß § 20 Absatz 5 Satz 1 übermittelten Meldungen der Systeme, kann erforderlichenfalls Anordnungen nach § 20 Absatz 5 Satz 4 erteilen und informiert unverzüglich die zuständigen Landesbehörden, wenn ein System keine Meldung nach § 20 Absatz 5 Satz 1 übermittelt hat oder die Anhaltspunkte nach § 20 Absatz 5 Satz 4 nicht zur Überzeugung der Zentralen Stelle ausräumen kann,
9. benennt erforderlichenfalls Systemprüfer gemäß § 20 Absatz 4 Satz 2,
10. nimmt die Berichte der Systeme nach § 21 Absatz 2 entgegen, prüft diese auf Plausibilität und erteilt, sofern sich aus der Prüfung keine Beanstandungen ergeben, im Einvernehmen mit dem Umweltbundesamt dem jeweiligen System die Erlaubnis, den Bericht zu veröffentlichen,
10a. kann gemäß § 21 Absatz 2 Satz 3 im Einvernehmen mit dem Umweltbundesamt verbindliche Vorgaben hinsichtlich der Form der Berichte nach § 21 Absatz 2 Satz 1 beschließen und veröffentlichen,

Verpackungsgesetz **§ 26 VerpackG 5.4**

11. entwickelt und veröffentlicht gemäß § 21 Absatz 3 im Einvernehmen mit dem Umweltbundesamt einen Mindeststandard für die Bemessung der Recyclingfähigkeit von systembeteiligungspflichtigen Verpackungen,
12. entwickelt und veröffentlicht im Einvernehmen mit dem Bundeskartellamt ein Verfahren zur Berechnung der Marktanteile der einzelnen Systeme an der Gesamtmenge der an allen Systemen beteiligten Verpackungen,
13. entwickelt und veröffentlicht im Einvernehmen mit dem Bundeskartellamt ein Verfahren zur Berechnung der Marktanteile der einzelnen Systeme und Branchenlösungen an der Gesamtmenge der an allen Systemen und Branchenlösungen beteiligten Verpackungen,
14. berechnet gemäß dem nach Nummer 12 veröffentlichten Verfahren vierteljährlich nach Erhalt der Zwischenmeldungen nach § 20 Absatz 1 Nummer 1 die den einzelnen Systemen in diesem Zeitraum vorläufig zuzuordnenden Marktanteile, stellt diese durch Verwaltungsakt fest und veröffentlicht das Ergebnis der Feststellung im Internet,
15. berechnet gemäß dem nach Nummer 12 veröffentlichten Verfahren kalenderjährlich nach Erhalt der Jahresmeldungen nach § 20 Absatz 1 Nummer 2 die den einzelnen Systemen in diesem Zeitraum zuzuordnenden Marktanteile, stellt diese durch Verwaltungsakt fest und veröffentlicht das Ergebnis der Feststellung im Internet,
16. berechnet gemäß dem nach Nummer 13 veröffentlichten Verfahren kalenderjährlich nach Erhalt der Jahresmeldungen nach § 20 Absatz 1 Nummer 2 und der Vollständigkeitserklärungen nach § 11 die den einzelnen Systemen und Branchenlösungen in diesem Zeitraum zuzuordnenden Marktanteile, stellt diese durch Verwaltungsakt fest und veröffentlicht das Ergebnis der Feststellung im Internet,
17. kann gemäß § 7 Absatz 5 die Aufnahme einer systembeteiligungspflichtigen Verpackung in ein System untersagen,
18. prüft Anzeigen nach § 8 Absatz 2 sowie Mengenstromnachweise nach § 8 Absatz 3 und trifft die zur Überwachung einer Branchenlösung im Einzelfall erforderlichen Anordnungen,
19. kann die Leistung von Sicherheiten nach § 8 Absatz 5 und § 25 Absatz 6 verlangen,
20. gewährt den zuständigen Landesbehörden auf deren Verlangen Einsicht in die bei ihr hinterlegten Datenmeldungen nach § 10, Vollständigkeitserklärungen nach § 11, Mengenstromnachweise nach § 17 und Meldungen der Systeme nach § 20 Absatz 1 und erteilt ihnen auf der Grundlage der §§ 4 bis 8 des Verwaltungsverfahrensgesetzes die zur Erfüllung ihrer Aufgaben erforderlichen Auskünfte,
21. informiert die zuständigen Landesbehörden unverzüglich, wenn ihr konkrete Anhaltspunkte für die Begehung einer Ordnungswidrigkeit nach § 36 vorliegen, und fügt vorhandene Beweisdokumente bei,
22. kann nähere Verfahrensanweisungen für die Registrierung nach § 9 Absatz 3 Satz 3, die Datenmeldungen nach § 10 Absatz 2, die Hinterlegung der Vollständigkeitserklärungen nach § 11 Absatz 3 Satz 3, die Hinterlegung der Mengenstromnachweise nach § 17 Absatz 3 Satz 3 und die Übermittlung der Zwischen- und Jahresmeldungen nach § 20 Absatz 2 Satz 2 erteilen und veröffentlichen,

23. entscheidet auf Antrag durch Verwaltungsakt über die Einordnung einer Verpackung als systembeteiligungspflichtig im Sinne von § 3 Absatz 8; sie kann hierzu Verwaltungsvorschriften erlassen,
24. entscheidet auf Antrag durch Verwaltungsakt über die Einordnung einer Verpackung als Mehrwegverpackung im Sinne von § 3 Absatz 3,
25. entscheidet auf Antrag durch Verwaltungsakt über die Einordnung einer Getränkeverpackung als pfandpflichtig im Sinne von § 31,
26. entscheidet auf Antrag durch Verwaltungsakt über die Einordnung einer Anfallstelle von Abfällen als eine mit privaten Haushaltungen vergleichbare Anfallstelle im Sinne von § 3 Absatz 11,
27. nimmt Sachverständige und sonstige Prüfer nach erfolgter Anzeige gemäß § 27 Absatz 1 oder 2 in das Prüferregister auf und veröffentlicht dieses im Internet, kann gemäß § 27 Absatz 1 Satz 2 oder Absatz 2 Satz 2 entsprechende Nachweise fordern und eine Aufnahme in das Prüferregister im Einzelfall ablehnen sowie gemäß § 27 Absatz 4 einen registrierten Sachverständigen oder sonstigen Prüfer aus dem Register entfernen,
28. ist befugt, im Einvernehmen mit dem Bundeskartellamt Prüfleitlinien zu entwickeln, die von den Systemprüfern und den registrierten Sachverständigen sowie von Wirtschaftsprüfern, Steuerberatern und vereidigten Buchprüfern bei Prüfungen im Rahmen dieses Gesetzes zu beachten sind,
29. übermittelt gemäß § 15 Absatz 2 des Umweltstatistikgesetzes[1]) vom 16. August 2005 (BGBl. I S. 2446), das zuletzt durch Artikel 1 des Gesetzes vom 22. September 2021 (BGBl. I S. 4363) geändert worden ist, den statistischen Ämtern der Länder und dem Statistischen Bundesamt auf Anforderung die für die Erhebung nach § 5a Absatz 2 bis 6 des Umweltstatistikgesetzes erforderlichen Namen, Anschriften und E-Mail-Adressen der in diese Erhebungen einbezogenen Stellen,
29a. übermittelt gemäß § 14 Absatz 2 Nummer 4 Buchstabe a des Umweltstatistikgesetzes den statistischen Ämtern der Länder und dem Statistischen Bundesamt auf Anforderung die *die*[2]) für die Erhebung nach § 5a des Umweltstatistikgesetzes erforderlichen Daten, soweit sie der Zentralen Stelle aufgrund ihrer Pflichten nach diesem Gesetz vorliegen, und
30. ist befugt, die mit der Erfüllung der ihr nach diesem Absatz zugewiesenen Aufgaben notwendigerweise zusammenhängenden Tätigkeiten durchzuführen.

(2) ¹Die Zentrale Stelle nimmt die in Satz 2 aufgeführten Aufgaben in eigener Verantwortung nach den allgemeinen gesetzlichen Vorschriften wahr. ²Die Zentrale Stelle

1. errichtet und betreibt die für die Registrierung nach § 9 und die Übermittlung der Daten nach den §§ 10, 11 und 20 erforderlichen elektronischen Datenverarbeitungssysteme,
2. stellt für die wettbewerbsneutrale Ausschreibung von Sammelleistungen gemäß § 23 Absatz 10 Satz 2 den Zugang zu einer elektronischen Ausschreibungsplattform zur Verfügung,

---

[1]) Nr. **2.3**.
[2]) Wortlaut amtlich.

3. schließt Finanzierungsvereinbarungen nach § 25 Absatz 1 Satz 2 mit den Systemen und Betreibern von Branchenlösungen,
4. kann Finanzierungsvereinbarungen nach § 25 Absatz 1 Satz 2 kündigen, wenn Systeme oder Betreiber von Branchenlösungen ihre gegenüber der Zentralen Stelle bestehenden gesetzlichen oder vertraglichen Pflichten in erheblichem Maße verletzen, insbesondere indem sie wiederholt Meldepflichten, die Auswirkungen auf die Finanzierung der Zentralen Stelle haben, trotz Aufforderung nicht, nicht richtig oder nicht vollständig erfüllen, mit der Entrichtung eines nicht unerheblichen Teils der vereinbarten Umlage im Verzug sind oder die nach § 25 Absatz 6 geforderte Sicherheit nicht leisten,
5. führt mindestens einmal jährlich eine Schulung nach § 27 Absatz 3 durch und kann im Anwendungsbereich dieses Gesetzes zusätzliche Fortbildungsveranstaltungen für registrierte Sachverständige anbieten,
6. kann sich in ihrem Aufgabenbereich mit anderen Behörden und Stellen in angemessenem Umfang austauschen und
7. informiert in ihrem Aufgabenbereich die nach diesem Gesetz Verpflichteten und die Öffentlichkeit in sachbezogenem und angemessenem Umfang, insbesondere über Entscheidungen in Bezug auf die Einordnung von Verpackungen nach Absatz 1 Satz 2 Nummer 23 bis 26.

(3) [1] Die Zentrale Stelle darf nur die ihr durch die Absätze 1 und 2 zugewiesenen Aufgaben wahrnehmen. [2] Mit Ausnahme der Finanzierungsvereinbarungen nach § 25 Absatz 1 Satz 2 darf sie Verträge mit Systemen oder Entsorgungsunternehmen weder schließen noch vermitteln.

### § 27 Registrierung von Sachverständigen und sonstigen Prüfern.

(1) [1] Die Zentrale Stelle nimmt Sachverständige, die ihr gegenüber anzeigen, dass sie beabsichtigen, Prüfungen nach § 8 Absatz 1 Satz 2, § 11 Absatz 1 Satz 2 oder § 17 Absatz 2 durchzuführen, in ein Prüferregister auf und veröffentlicht dieses im Internet. [2] Die Zentrale Stelle kann die Aufnahme in das Prüferregister ablehnen, wenn der Sachverständige ihr auf Anforderung keinen geeigneten Nachweis über eine Berechtigung nach § 3 Absatz 15 Nummer 1 bis 4 vorlegt.

(2) [1] Die Zentrale Stelle nimmt Wirtschaftsprüfer, Steuerberater und vereidigte Buchprüfer, die ihr gegenüber anzeigen, dass sie beabsichtigen, Prüfungen nach § 11 Absatz 1 Satz 2 durchzuführen, in eine gesonderte Abteilung des Prüferregisters auf. [2] Die Zentrale Stelle kann die Aufnahme in das Prüferregister ablehnen, wenn der Wirtschaftsprüfer, Steuerberater oder vereidigte Buchprüfer ihr auf Anforderung keinen geeigneten Nachweis über seine Berufsberechtigung vorlegt.

(3) [1] Die Zentrale Stelle bietet mindestens einmal jährlich eine Schulung zu ihrem Softwaresystem einschließlich der Datenformate sowie zur Anwendung der Prüfleitlinien nach § 26 Absatz 1 Satz 2 Nummer 28 an. [2] Registrierte Sachverständige sind verpflichtet, innerhalb eines Jahres nach ihrer Aufnahme in das Prüferregister und sodann alle fünf Jahre an einer dieser Schulungen teilzunehmen. [3] Kommt ein registrierter Sachverständiger seiner Pflicht nach Satz 2 nicht nach, kann die Zentrale Stelle ihn bis zur erfolgten Teilnahme an einer Schulung aus dem Prüferregister entfernen.

(4) Die Zentrale Stelle kann einen registrierten Sachverständigen oder einen nach Absatz 2 registrierten Prüfer für bis zu drei Jahre aus dem Prüferregister entfernen, wenn er wiederholt und grob pflichtwidrig gegen die Prüfleitlinien verstoßen hat.

**§ 28 Organisation.** (1) [1] Organe der Zentralen Stelle sind

1. das Kuratorium,
2. der Vorstand,
3. der Verwaltungsrat und
4. der Beirat Erfassung, Sortierung und Verwertung.

[2] Die Mitgliedschaft einer natürlichen Person in einem Organ der Zentralen Stelle schließt die Mitgliedschaft dieser natürlichen Person in einem anderen Organ der Zentralen Stelle aus. [3] Abweichend von Satz 2 ist eine teilweise Personenidentität mit Mitgliedern des Verwaltungsrats möglich.

(2) [1] Das Kuratorium legt die Leitlinien der Geschäftstätigkeit fest und bestellt und entlässt den Vorstand. [2] Es setzt sich zusammen aus

1. acht Vertretern aus der Gruppe der Hersteller und Vertreiber nach § 24 Absatz 1,
2. zwei Vertretern der Länder,
3. einem Vertreter der kommunalen Spitzenverbände,
4. einem Vertreter des Bundesministeriums für Wirtschaft und Energie und
5. einem Vertreter des Bundesministeriums für Umwelt, Naturschutz und nukleare Sicherheit.

[3] Das Kuratorium trifft Entscheidungen mit der Mehrheit der abgegebenen Stimmen. [4] Über die Bestellung und Entlassung des Vorstands entscheidet es mit einer Mehrheit von mindestens zwei Dritteln der abgegebenen Stimmen.

(3) [1] Der Vorstand führt die Geschäfte der Zentralen Stelle in eigener Verantwortung und vertritt diese gerichtlich und außergerichtlich. [2] Er setzt sich aus bis zu zwei Personen zusammen.

(4) [1] Der Verwaltungsrat berät das Kuratorium und den Vorstand bei der Erfüllung ihrer Aufgaben. [2] Er setzt sich zusammen aus

1. zehn Vertretern aus der Gruppe der Hersteller und Vertreiber nach § 24 Absatz 1,
2. einem Vertreter des Bundesministeriums für Wirtschaft und Energie,
3. einem Vertreter des Bundesministeriums für Umwelt, Naturschutz und nukleare Sicherheit,
4. einem Vertreter des Umweltbundesamtes,
5. zwei Vertretern der Länder,
6. einem Vertreter der kommunalen Spitzenverbände,
7. einem Vertreter der kommunalen Entsorgungswirtschaft,
8. einem Vertreter der privaten Entsorgungswirtschaft,
9. einem Vertreter der Systeme und
10. zwei Vertretern der Umwelt- und Verbraucherverbände.

(5) [1] Der Beirat Erfassung, Sortierung und Verwertung erarbeitet eigenverantwortlich Empfehlungen zur Verbesserung der Erfassung, Sortierung und Verwertung wertstoffhaltiger Abfälle einschließlich der Qualitätssicherung so-

wie zu Fragen von besonderer Bedeutung für die Zusammenarbeit von Kommunen und Systemen und kann diese in geeigneter Weise veröffentlichen. ²Er setzt sich zusammen aus
1. drei Vertretern der kommunalen Spitzenverbände,
2. einem Vertreter der kommunalen Entsorgungswirtschaft,
3. zwei Vertretern der Systeme und
4. zwei Vertretern der privaten Entsorgungswirtschaft.

(6) Nähere Regelungen bleiben der Stiftungssatzung vorbehalten.

**§ 29 Aufsicht und Finanzkontrolle.** (1) ¹Die Zentrale Stelle untersteht hinsichtlich der ihr nach § 26 Absatz 1 übertragenen Aufgaben der Rechts- und Fachaufsicht des Umweltbundesamtes. ²Das Umweltbundesamt kann von der Zentralen Stelle Ersatz für die Kosten verlangen, die ihm für die Rechts- und Fachaufsicht entstehen. ³Der Anspruch darf der Höhe nach die im Haushaltsplan des Bundes für die Durchführung der Rechts- und Fachaufsicht veranschlagten Einnahmen nicht übersteigen.

(2) Die Haushalts- und Wirtschaftsführung der Zentralen Stelle unterliegt der Prüfung durch den Bundesrechnungshof.

(3) ¹Erfüllt die Zentrale Stelle die ihr nach § 26 Absatz 1 übertragenen Aufgaben nicht oder nicht ausreichend, ist das Umweltbundesamt befugt, die Aufgaben selbst durchzuführen oder im Einzelfall durch einen Beauftragten durchführen zu lassen. ²Die Zentrale Stelle trifft geeignete Vorkehrungen, um im Falle eines Selbsteintritts nach Satz 1 die Arbeitsfähigkeit des Umweltbundesamtes oder des von ihm beauftragten Dritten sicherzustellen. ³Hierzu gehört, dass die jeweils aktuellen Datenbestände sowie die für die Erledigung der hoheitlichen Aufgaben unabdingbar benötigte Software und deren Nutzungsrechte durch die Zentrale Stelle zur Verfügung gestellt werden. ⁴Im Falle der Auflösung der Zentralen Stelle gehen die aktuellen Datenbestände sowie die für die Aufgabenerfüllung unabdingbar benötigte Software und deren Nutzungsrechte an das Umweltbundesamt über.

**§ 30 Teilweiser Ausschluss des Widerspruchsverfahrens und der aufschiebenden Wirkung der Anfechtungsklage; Widerspruchsbehörde.**
(1) ¹Vor Erhebung einer Anfechtungsklage gegen Verwaltungsakte nach § 26 Absatz 1 Satz 2 Nummer 14 bis 16 findet ein Widerspruchsverfahren nicht statt. ²In den Fällen des Satzes 1 hat die Anfechtungsklage keine aufschiebende Wirkung.

(2) Soweit ein Widerspruchsverfahren stattfindet, entscheidet über den Widerspruch gegen einen Verwaltungsakt der Zentralen Stelle das Umweltbundesamt.

## Abschnitt 6. Getränkeverpackungen

**§ 30a Mindestrezyklatanteil bei bestimmten Einwegkunststoffgetränkeflaschen .** (1) ¹Hersteller von Einwegkunststoffgetränkeflaschen, die hauptsächlich aus Polyethylenterephthalat bestehen, dürfen diese Flaschen ab dem 1. Januar 2025 nur im Verkehr bringen, wenn sie jeweils zu mindestens 25 Masseprozent aus Kunststoffrezyklaten bestehen. ²Ab dem 1. Januar 2030 dürfen Hersteller von sämtlichen Einwegkunststoffgetränkeflaschen diese Flaschen nur in Verkehr bringen, wenn sie jeweils zu mindestens 30 Masseprozent aus Kunststoffrezyklaten bestehen.

(2) [1] Ein Hersteller von Einwegkunststoffgetränkeflaschen kann die Vorgaben nach Absatz 1 auch dadurch erfüllen, dass die Gesamtmasse der von ihm in einem Kalenderjahr in Verkehr gebrachten Einwegkunststoffgetränkeflaschen einen entsprechenden Kunststoffrezyklatanteil aufweist. [2] In diesem Fall hat er Art und Masse der von ihm für die Flaschenproduktion eingesetzten Kunststoffrezyklate sowie der insgesamt für die Flaschenproduktion verwendeten Kunststoffe in nachprüfbarer Form zu dokumentieren. [3] Die Dokumentation ist der zuständigen Landesbehörde, auf deren Gebiet der Hersteller ansässig ist, auf Verlangen vorzulegen.

(3) Die Absätze 1 und 2 finden keine Anwendung auf Einwegkunststoffgetränkeflaschen,

1. bei denen der Flaschenkörper aus Glas oder Metall besteht und lediglich die Verschlüsse, Deckel, Etiketten, Aufkleber oder Umhüllungen aus Kunststoff sind;
2. die für flüssige Lebensmittel für besondere medizinische Zwecke gemäß Artikel 2 Absatz 2 Buchstabe g der Verordnung (EU) Nr. 609/2013 des Europäischen Parlaments und des Rates vom 12. Juni 2013 über Lebensmittel für Säuglinge und Kleinkinder, Lebensmittel für besondere medizinische Zwecke und Tagesrationen für gewichtskontrollierende Ernährung und zur Aufhebung der Richtlinie 92/52/EWG des Rates, der Richtlinien 96/8/EG, 1999/21/EG, 2006/125/EG und 2006/141/EG der Kommission, der Richtlinie 2009/39/EG des Europäischen Parlaments und des Rates sowie der Verordnungen (EG) Nr. 41/2009 und (EG) Nr. 953/2009 des Rates und der Kommission (ABl. L 181 vom 29.6.2013, S. 35), die zuletzt durch die Verordnung (EU) 2017/1091 (ABl. L 158 vom 21.6.2017, S. 5) geändert worden ist, bestimmt sind und dafür verwendet werden.

**§ 31 Pfand- und Rücknahmepflichten für Einweggetränkeverpackungen.** (1) [1] Hersteller von mit Getränken befüllten Einweggetränkeverpackungen sind verpflichtet, von ihren Abnehmern ein Pfand in Höhe von mindestens 0,25 Euro einschließlich Umsatzsteuer je Verpackung zu erheben. [2] Das Pfand ist von jedem weiteren Vertreiber auf allen Handelsstufen bis zur Abgabe an den Endverbraucher zu erheben. [3] Die Einweggetränkeverpackungen sind vor dem Inverkehrbringen dauerhaft, deutlich lesbar und an gut sichtbarer Stelle als pfandpflichtig zu kennzeichnen. [4] Die Hersteller nach Satz 1 sind verpflichtet, sich an einem bundesweit tätigen, einheitlichen Pfandsystem zu beteiligen, das den Teilnehmern die Abwicklung von Pfanderstattungsansprüchen untereinander ermöglicht und auf einer Internetseite in geeignetem Umfang Informationen für den Endverbraucher zum Rücknahme- und Sammelsystem für pfandpflichtige Einweggetränkeverpackungen und zur Verwertung der zurückgenommenen Verpackungen veröffentlicht.

(2) [1] Vertreiber von mit Getränken befüllten Einweggetränkeverpackungen sind verpflichtet, restentleerte Einweggetränkeverpackungen am Ort der tatsächlichen Übergabe oder in dessen unmittelbarer Nähe zu den geschäftsüblichen Öffnungszeiten unentgeltlich zurückzunehmen und das Pfand zu erstatten. [2] Ohne eine Rücknahme der Verpackung darf das Pfand nicht erstattet werden. [3] Die Rücknahmepflicht nach Satz 1 beschränkt sich auf Einweggetränkeverpackungen der jeweiligen Materialarten Glas, Metall, Papier/Pap-

pe/Karton und Kunststoff einschließlich sämtlicher Verbundverpackungen aus diesen Hauptmaterialarten, die der rücknahmepflichtige Vertreiber in seinem Sortiment führt. [4] Für Vertreiber mit einer Verkaufsfläche von weniger als 200 Quadratmetern beschränkt sich die Rücknahmepflicht nach Satz 1 auf Einweggetränkeverpackungen der Marken, die der Vertreiber in seinem Sortiment führt; im Versandhandel gelten als Verkaufsfläche alle Lager- und Versandflächen. [5] Beim Verkauf aus Automaten hat der Letztvertreiber die Rücknahme durch geeignete Rückgabemöglichkeiten in zumutbarer Entfernung zu den Verkaufsautomaten zu gewährleisten. [6] Im Versandhandel hat der Letztvertreiber die Rücknahme durch geeignete Rückgabemöglichkeiten in zumutbarer Entfernung zum Endverbraucher zu gewährleisten.

(3) [1] Die nach Absatz 2 Satz 1 zurückgenommenen Einweggetränkeverpackungen sind durch den Zurücknehmenden einer Verwertung entsprechend den Anforderungen des § 16 Absatz 5 zuzuführen. [2] Die Anforderungen des § 16 Absatz 5 können auch durch die Rückgabe der restentleerten Einweggetränkeverpackungen an einen Vorvertreiber erfüllt werden. [3] § 15 Absatz 1 Satz 4 und Absatz 3 Satz 3 bis 7 gelten entsprechend.

(4) [1] Die Absätze 1 bis 3 finden keine Anwendung auf
1. Getränkeverpackungen, die nachweislich nicht dazu bestimmt sind, im Geltungsbereich dieses Gesetzes an den Endverbraucher abgegeben zu werden;
2. Getränkeverpackungen mit einem Füllvolumen von weniger als 0,1 Litern;
3. Getränkeverpackungen mit einem Füllvolumen von mehr als 3,0 Litern;
4. Getränkekartonverpackungen, sofern es sich um Blockpackungen, Giebelpackungen oder Zylinderpackungen handelt;
5. Getränke-Polyethylen-Schlauchbeutel-Verpackungen;
6. Folien-Standbodenbeutel;
7. Getränkeverpackungen, die eines der folgenden Getränke enthalten:
   a) Sekt, Sektmischgetränke mit einem Sektanteil von mindestens 50 Prozent und schäumende Getränke aus alkoholfreiem oder alkoholreduziertem Wein;
   b) Wein und Weinmischgetränke mit einem Weinanteil von mindestens 50 Prozent und alkoholfreien oder alkoholreduzierten Wein;
   c) weinähnliche Getränke und Mischgetränke, auch in weiterverarbeiteter Form, mit einem Anteil an weinähnlichen Erzeugnissen von mindestens 50 Prozent;
   d) Alkoholerzeugnisse, die nach § 1 Absatz 1 des Alkoholsteuergesetzes vom 21. Juni 2013 (BGBl. I S. 1650, 1651), das zuletzt durch Artikel 241 der Verordnung vom 31. August 2015 (BGBl. I S. 1474) geändert worden ist, in der jeweils geltenden Fassung, der Alkoholsteuer unterliegen, es sei denn, es handelt sich um Erzeugnisse, die gemäß § 1 Absatz 2 des Alkopopsteuergesetzes vom 23. Juli 2004 (BGBl. I S. 1857), das zuletzt durch Artikel 6 des Gesetzes vom 21. Dezember 2010 (BGBl. I S. 2221) geändert worden ist, in der jeweils geltenden Fassung, der Alkopopsteuer unterliegen;
   e) sonstige alkoholhaltige Mischgetränke mit einem Alkoholgehalt von mindestens 15 Prozent;
   f) Milch und Milchmischgetränke mit einem Milchanteil von mindestens 50 Prozent;

g) sonstige trinkbare Milcherzeugnisse gemäß § 2 Absatz 1 Nummer 2 des Milch- und Margarinegesetzes vom 25. Juli 1990 (BGBl. I S. 1471), das zuletzt durch Artikel 2 des Gesetzes vom 18. Januar 2019 (BGBl. I S. 33) geändert worden ist, in der jeweils geltenden Fassung, insbesondere Joghurt und Kefir, wenn den sonstigen trinkbaren Milcherzeugnissen kein Stoff zugesetzt ist, der in der Anlage 8 der Fruchtsaft- und Erfrischungsgetränke- und Teeverordnung vom 24. Mai 2004 (BGBl. I S. 1016), die zuletzt durch Artikel 1 der Verordnung vom 18. Mai 2020 (BGBl. I S. 1075) geändert worden ist, in der jeweils geltenden Fassung aufgeführt ist;

h) Fruchtsäfte und Gemüsesäfte;

i) Fruchtnektare ohne Kohlensäure und Gemüsenektare ohne Kohlensäure;

j) diätetische Getränke im Sinne des § 1 Absatz 2 Nummer 1 Buchstabe c der Diätverordnung in der Fassung der Bekanntmachung vom 28. April 2005 (BGBl. I S. 1161), die zuletzt durch Artikel 60 der Verordnung vom 31. August 2015 (BGBl. I S. 1474) geändert worden ist, in der jeweils geltenden Fassung, die ausschließlich für Säuglinge oder Kleinkinder angeboten werden.

²Die Ausnahme nach Satz 1 Nummer 7 gilt nicht, wenn die in Satz 1 Nummer 7 Buchstabe a bis e, h und i genannten Getränke sowie ab dem 1. Januar 2024 außerdem die in Buchstabe f und g genannten Getränke in Einwegkunststoffgetränkeflaschen abgefüllt sind; § 30a Absatz 3 gilt entsprechend. ³Ferner gilt die Ausnahme nach Satz 1 Nummer 7 nicht, wenn die in Satz 1 Nummer 7 genannten Getränke in Getränkedosen abgefüllt sind.

(5) ¹Hersteller nach Absatz 1 Satz 1 sowie Vertreiber nach Absatz 2 Satz 1 sind verpflichtet, die finanziellen und organisatorischen Mittel vorzuhalten, um ihren Pflichten nach diesem Gesetz nachzukommen. ²Zur Bewertung ihrer Finanzverwaltung zur ordnungsgemäßen Erfüllung ihrer Pflichten nach diesem Gesetz haben sie geeignete Mechanismen zur Selbstkontrolle einzurichten.

**§ 32 Hinweispflichten.** (1) Letztvertreiber von mit Getränken befüllten Einweggetränkeverpackungen, die gemäß § 31 Absatz 1 Satz 1 der Pfandpflicht unterliegen, sind verpflichtet, die Endverbraucher in der Verkaufsstelle durch deutlich sicht- und lesbare, in unmittelbarer Nähe zu den Einweggetränkeverpackungen befindliche Informationstafeln oder -schilder mit dem Schriftzeichen „EINWEG" darauf hinzuweisen, dass diese Verpackungen nach der Rückgabe nicht wiederverwendet werden.

(2) ¹Letztvertreiber von mit Getränken befüllten Mehrweggetränkeverpackungen sind verpflichtet, die Endverbraucher in der Verkaufsstelle durch deutlich sicht- und lesbare, in unmittelbarer Nähe zu den Mehrweggetränkeverpackungen befindliche Informationstafeln oder -schilder mit dem Schriftzeichen „MEHRWEG" auf die Wiederverwendbarkeit dieser Verpackungen hinzuweisen. ²Satz 1 gilt nicht für Mehrweggetränkeverpackungen, deren Füllvolumen mehr als 3,0 Liter beträgt oder die eines der in § 31 Absatz 4 Nummer 7 aufgeführten Getränke enthalten.

(3) Im Versandhandel sind die Hinweise nach den Absätzen 1 und 2 in den jeweils verwendeten Darstellungsmedien entsprechend zu geben.

(4) Die nach den Absätzen 1 bis 3 vorgeschriebenen Hinweise müssen in Gestalt und Schriftgröße mindestens der Preisauszeichnung für das jeweilige Produkt entsprechen.

(5) Die Absätze 1 bis 3 gelten nicht für Letztvertreiber, die gemäß § 9 Absatz 4 Nummer 3 bis 5 der Preisangabenverordnung in der Fassung der Bekanntmachung vom 18. Oktober 2002 (BGBl. I S. 4197), die zuletzt durch Artikel 5 des Gesetzes vom 17. Juli 2017 (BGBl. I S. 2394) geändert worden ist, in der jeweils geltenden Fassung bezüglich der von ihnen in Verkehr gebrachten Getränkeverpackungen von der Pflicht zur Angabe des Grundpreises befreit sind.

## Abschnitt 7. Minderung des Verbrauchs bestimmter Einwegverpackungen

**§ 33 Mehrwegalternative für Einwegkunststofflebensmittelverpackungen und Einweggetränkebecher.** (1) [1] Letztvertreiber von Einwegkunststofflebensmittelverpackungen und von Einweggetränkebechern, die jeweils erst beim Letztvertreiber mit Waren befüllt werden, sind ab dem 1. Januar 2023 verpflichtet, die in diesen Einwegverpackungen angebotenen Waren am Ort des Inverkehrbringens jeweils auch in Mehrwegverpackungen zum Verkauf anzubieten. [2] Die Letztvertreiber dürfen dabei die Verkaufseinheit aus Ware und Mehrwegverpackung nicht zu einem höheren Preis oder zu schlechteren Bedingungen anbieten als die Verkaufseinheit aus der gleichen Ware und einer Einwegverpackung. [3] Satz 1 und 2 gelten nicht für den Vertrieb durch Verkaufsautomaten, in den Betrieben zur Versorgung der Mitarbeiter nicht öffentlich zugänglich aufgestellt sind.

(2) [1] Letztvertreiber nach Absatz 1 Satz 1 sind verpflichtet, die Endverbraucher in der Verkaufsstelle durch deutlich sicht- und lesbare Informationstafeln oder -schilder auf die Möglichkeit, die Waren in Mehrwegverpackungen zu erhalten, hinzuweisen. [2] Im Fall einer Lieferung von Waren ist dieser Hinweis in den jeweils verwendeten Darstellungsmedien entsprechend zu geben.

(3) Abweichend von § 15 Absatz 1 Satz 2 beschränkt sich die Rücknahmepflicht für Letztvertreiber nach Absatz 1 Satz 1 auf diejenigen Mehrwegverpackungen, die sie in Verkehr gebracht haben.

**§ 34 Erleichterungen für kleine Unternehmen und Verkaufsautomaten.** (1) [1] Letztvertreiber nach § 33 Absatz 1 Satz 1 mit insgesamt nicht mehr als fünf Beschäftigten, deren Verkaufsfläche 80 Quadratmeter nicht überschreitet, können die Pflicht nach § 33 Absatz 1 Satz 1 auch erfüllen, indem sie dem Endverbraucher anbieten, die Waren in von diesem zur Verfügung gestellte Mehrwegbehältnisse abzufüllen; im Fall einer Lieferung von Waren gelten als Verkaufsfläche zusätzlich alle Lager- und Versandflächen. [2] Bei der Feststellung der Zahl der Beschäftigten sind Teilzeitbeschäftigte mit einer regelmäßigen wöchentlichen Arbeitszeit von nicht mehr als 20 Stunden mit 0,5 und von nicht mehr als 30 Stunden mit 0,75 zu berücksichtigen. [3] § 33 Absatz 1 Satz 2 gilt entsprechend.

(2) [1] Beim Vertrieb durch Verkaufsautomaten können Letztvertreiber die Pflicht nach § 33 Absatz 1 Satz 1 auch erfüllen, indem sie dem Endverbraucher anbieten, die Waren in von diesem zur Verfügung gestellte Mehrwegbehältnisse abzufüllen. [2] § 33 Absatz 1 Satz 2 gilt entsprechend.

## 5.4 VerpackG §§ 35, 36

(3) ¹Letztvertreiber, welche die Erleichterung nach Absatz 1 oder 2 in Anspruch nehmen, sind verpflichtet, die Endverbraucher in der Verkaufsstelle durch deutlich sicht- und lesbare Informationstafeln oder -schilder auf das Angebot, die Waren in vom Endverbraucher zur Verfügung gestellte Mehrwegbehältnisse abzufüllen, hinzuweisen. ²Im Falle einer Lieferung von Waren ist dieser Hinweis in den jeweils verwendeten Darstellungsmedien entsprechend zu geben.

### Abschnitt 8. Schlussbestimmungen

**§ 35 Beauftragung Dritter und Bevollmächtigung.** (1) ¹Die nach diesem Gesetz Verpflichteten können Dritte mit der Erfüllung ihrer Pflichten beauftragen; § 22 Satz 2 und 3 des Kreislaufwirtschaftsgesetzes[1]) gilt entsprechend. ²Satz 1 gilt nicht für die Registrierung nach § 9 und nicht für die Abgabe von Datenmeldungen nach § 10.

(2) ¹Hersteller, die keine Niederlassung im Geltungsbereich dieses Gesetzes haben, können einen Bevollmächtigten mit der Wahrnehmung ihrer Verpflichtungen nach diesem Gesetz, mit Ausnahme der Registrierung nach § 9, beauftragen. ²Der Bevollmächtigte gilt im Hinblick auf diese Verpflichtungen als Hersteller im Sinne dieses Gesetzes. ³Die Aufgabenerfüllung durch den Bevollmächtigten erfolgt im eigenen Namen. ⁴Jeder Hersteller darf nur einen Bevollmächtigten beauftragen. ⁵Die Beauftragung nach Satz 1 hat schriftlich und in deutscher Sprache zu erfolgen.

**§ 36 Bußgeldvorschriften.** (1) Ordnungswidrig handelt, wer vorsätzlich oder fahrlässig
1. entgegen § 5 Absatz 1 Satz 1 oder Absatz 2 Satz 1, § 7 *[bis 30.6.2022: Absatz 1 Satz 4][ab 1.7.2022: Absatz 7 Satz 1]* oder § 9 Absatz 5 Satz 1 eine Verpackung oder einen Verpackungsbestandteil in Verkehr bringt,
2. entgegen § 6 Satz 2 eine Nummer oder Abkürzung verwendet,
3. entgegen § 7 Absatz 1 Satz 1 sich nicht, nicht richtig oder nicht vollständig an einem System beteiligt,
4. entgegen § 7 Absatz 6 ein Entgelt oder einen Vorteil verspricht oder gewährt,

*[Nr. 5 ab 1.7.2022:]*
5. *entgegen § 7 Absatz 7 Satz 2 oder § 9 Absatz 5 Satz 2 eine Verpackung zum Verkauf anbietet oder das Anbieten einer Verpackung zum Verkauf ermöglicht,*

*[Nr. 5a ab 1.7.2022:]*
5a. *entgegen § 7 Absatz 7 Satz 3 erster Halbsatz oder § 9 Absatz 5 Satz 3 eine in § 3 Absatz 14c Satz 1 genannte Tätigkeit erbringt,*
5. *[ab 1.7.2022: 6.]* entgegen § 8 Absatz 2 Satz 1 eine Anzeige nicht, nicht richtig, nicht vollständig oder nicht rechtzeitig erstattet,
6. *[ab 1.7.2022: 7.]* entgegen § 8 Absatz 3 Satz 3 oder § 17 Absatz 3 Satz 1 einen Mengenstromnachweis nicht, nicht richtig, nicht vollständig, nicht in der vorgeschriebenen Weise oder nicht rechtzeitig hinterlegt,
7. *[ab 1.7.2022: 8.]* entgegen § 9 Absatz 1 Satz 1 sich nicht, nicht richtig, nicht vollständig oder nicht rechtzeitig registrieren lässt,

---

[1]) Nr. **5.1**.

8. *[ab 1.7.2022: 9.]* entgegen § 9 Absatz 1 Satz 2 eine Mitteilung nicht, nicht richtig, nicht vollständig oder nicht rechtzeitig macht,

*[Nr. 9 bis 30.6.2022:]*
9. entgegen § 9 Absatz 5 Satz 2 eine Verpackung zum Verkauf anbietet,
10. entgegen § 10 Absatz 1 Satz 1, auch in Verbindung mit Satz 2, eine Angabe nicht, nicht richtig, nicht vollständig oder nicht rechtzeitig übermittelt,
11. entgegen § 11 Absatz 1 Satz 1 eine Vollständigkeitserklärung nicht, nicht richtig, nicht vollständig oder nicht rechtzeitig hinterlegt,
12. entgegen § 14 Absatz 1 Satz 1 die Sammlung von restentleerten Verpackungen nicht sicherstellt,
13. entgegen § 14 Absatz 2 dort genannte Abfälle einer Verwertung nicht richtig zuführt,
14. entgegen § 15 Absatz 1 Satz 1, auch in Verbindung mit Absatz 5 Satz 1, eine dort genannte Verpackung nicht zurücknimmt,
15. entgegen § 15 Absatz 2 Satz 2, auch in Verbindung mit Absatz 5 Satz 1, einen Hinweis nicht, nicht richtig oder nicht vollständig gibt,
16. entgegen § 15 Absatz 3 Satz 1 oder Absatz 5 Satz 3 eine dort genannte Verpackung einer Wiederverwendung oder Verwertung nicht richtig zuführt,
17. entgegen § 15 Absatz 3 Satz 3, auch in Verbindung mit § 31 Absatz 3 Satz 3, oder § 15 Absatz 5 Satz 5 einen Nachweis nicht, nicht richtig, nicht vollständig oder nicht in der vorgeschriebenen Weise führt,
18. ohne Genehmigung nach § 18 Absatz 1 Satz 1 ein System betreibt,
19. entgegen § 20 Absatz 1 eine Meldung nicht, nicht richtig, nicht vollständig oder nicht rechtzeitig macht,
20. entgegen § 21 Absatz 2 Satz 1 einen Bericht nicht, nicht richtig, nicht vollständig oder nicht rechtzeitig erstattet,
20a. entgegen § 30a Absatz 1 eine Einwegkunststoffgetränkeflasche in Verkehr bringt,
21. entgegen § 31 Absatz 1 Satz 1, auch in Verbindung mit Satz 2, ein Pfand nicht erhebt,
22. entgegen § 31 Absatz 1 Satz 3 eine Einweggetränkeverpackung nicht, nicht richtig oder nicht rechtzeitig kennzeichnet,
23. entgegen § 31 Absatz 2 Satz 1 eine Einweggetränkeverpackung nicht zurücknimmt oder das Pfand nicht erstattet,
24. entgegen § 31 Absatz 2 Satz 2 ein Pfand ohne Rücknahme der Verpackung erstattet,
25. entgegen § 31 Absatz 3 Satz 1 eine zurückgenommene Einweggetränkeverpackung einer Verwertung nicht richtig zuführt,
26. entgegen § 31 Absatz 1 Satz 4 sich an einem bundesweiten Pfandsystem nicht beteiligt,
27. entgegen § 32 Absatz 1 oder 2 Satz 1, jeweils auch in Verbindung mit Absatz 3, einen Hinweis nicht oder nicht richtig gibt,
28. entgegen § 33 Absatz 1 Satz 1 eine Ware in einer Mehrwegverpackung nicht anbietet,

29. entgegen § 33 Absatz 1 Satz 2, auch in Verbindung mit § 34 Absatz 1 Satz 3 oder Absatz 2 Satz 2, eine Verkaufseinheit zu einem höheren Preis oder zu schlechteren Bedingungen anbietet oder
30. entgegen § 33 Absatz 2 Satz 1, auch in Verbindung mit Satz 2, oder § 34 Absatz 3 Satz 1, auch in Verbindung mit Satz 2, einen Hinweis nicht, nicht richtig, nicht vollständig oder nicht in der vorgegebenen Weise gibt.

(2) Die Ordnungswidrigkeit kann in den Fällen des Absatzes 1 Nummer 3, 4, 12, 13 und 18 mit einer Geldbuße bis zu zweihunderttausend Euro, in den Fällen des Absatzes 1 Nummer 1, 5, *[ab 1.7.2022: 5a,]* 6, 7, *[bis 30.6.2022: 9]* *[ab 1.7.2022: 8]*, 11, 14, 15, 16, 17, 19, 20, 21, 22, 23, 25 und 26 mit einer Geldbuße bis zu hunderttausend Euro und in den übrigen Fällen mit einer Geldbuße bis zu zehntausend Euro geahndet werden.

(3) Verwaltungsbehörde im Sinne des § 36 Absatz 1 Nummer 1 des Gesetzes über Ordnungswidrigkeiten ist die nach Landesrecht zuständige Behörde.

**§ 37 Einziehung.** [1] Ist eine Ordnungswidrigkeit nach § 36 Absatz 1 begangen worden, so können
1. Gegenstände, auf die sich die Ordnungswidrigkeit bezieht, oder
2. Gegenstände, die zu ihrer Begehung oder Vorbereitung gebraucht worden oder bestimmt gewesen sind,

eingezogen werden. [2] § 23 des Gesetzes über Ordnungswidrigkeiten ist anzuwenden.

**§ 38 Übergangsvorschriften.** (1) Systeme, die zum 1. Januar 2019 gemäß § 6 Absatz 5 Satz 1 der Verpackungsverordnung bereits wirksam festgestellt sind, gelten auch im Sinne des § 18 Absatz 1 als genehmigt, wenn sie bis zum 1. Januar 2019 mit der Zentralen Stelle eine Finanzierungsvereinbarung, die den Vorgaben des § 25 entspricht, abgeschlossen und der für die Erteilung der Genehmigung zuständigen Landesbehörde vorgelegt haben.

(2) [1] Branchenlösungen, die bereits vor dem 1. Januar 2019 gemäß § 6 Absatz 2 Satz 4 der Verpackungsverordnung angezeigt wurden, dürfen weiter betrieben werden, wenn der Hersteller oder Träger bis zum 1. Januar 2019 mit der Zentralen Stelle eine Finanzierungsvereinbarung abgeschlossen hat, die den Vorgaben des § 25 entspricht. [2] Wenn eine gemäß § 6 Absatz 2 Satz 3 der Verpackungsverordnung bis zum 31. Dezember 2018 für die Entgegennahme von Anzeigen zuständige Landesbehörde die bis dahin bei ihr eingereichten Anzeigeunterlagen der Zentralen Stelle nicht zur Verfügung stellt, kann die Zentrale Stelle von dem Hersteller oder Träger einer Branchenlösung die nochmalige Vorlage der vollständigen Anzeigeunterlagen verlangen.

(3) [1] Liegt zum 1. Januar 2019 noch keine neue Abstimmungsvereinbarung, die den Vorgaben des § 22 entspricht, vor, gelten bis zum Abschluss einer solchen Vereinbarung, längstens jedoch für einen Übergangszeitraum von zwei Jahren, die auf Grundlage von § 6 Absatz 4 der Verpackungsverordnung getroffenen Abstimmungen als Abstimmungsvereinbarung im Sinne dieses Gesetzes fort. [2] Auf Verlangen eines Systems kann ein zum 1. Januar 2019 bestehender Sammelauftrag dieses Systems bis zu seinem vertragsgemäßen Auslaufen, längstens jedoch für einen Übergangszeitraum von zwei Jahren, fortgesetzt werden. [3] In Gebieten, in denen zum 1. Januar 2019 bereits eine einheitliche Wertstoffsammlung auf Grundlage einer freiwilligen Vereinbarung zwischen

Verpackungsgesetz **Anl. 1 VerpackG 5.4**

den Systemen und dem öffentlich-rechtlichen Entsorgungsträger durchgeführt wird, kann diese im gegenseitigen Einvernehmen fortgesetzt werden.

(4) ¹Die Vertreter der Hersteller und Vertreiber im ersten Kuratorium der Zentralen Stelle (Gründungskuratorium) werden ausschließlich von den Stiftern benannt. ²Die Amtszeit des Gründungskuratoriums darf einen Zeitraum von drei Jahren ab dem Datum der Gründung der Stiftung nicht überschreiten.

(5) Die in § 10 Absatz 5 Satz 6 der Verpackungsverordnung in der Fassung vom 17. Juli 2014 (BGBl. I S. 1061) genannte Stelle übergibt der Zentralen Stelle die bis zum 1. Januar 2019 dort hinterlegten Datensätze.

(6) ¹Systeme, denen bis zum Ablauf des 3. Juli 2021 eine Genehmigung nach § 18 Absatz 1 Satz 1 erteilt worden ist, gelten so lange als finanziell leistungsfähig nach § 18 Absatz 1 Satz 2 Nummer 4, bis die Zentrale Stelle nach § 26 Absatz 1 Satz 2 Nummer 8a die gemäß § 20 Absatz 5 Satz 1 bis zum 1. Juli 2022 zu übermittelnden Meldungen der Systeme geprüft hat. ²Die Zentrale Stelle stellt der zuständigen Landesbehörde die Meldungen nach Satz 1 zur Verfügung.

(7) Einwegkunststoffgetränkeflaschen und Getränkedosen, die ab dem 1. Januar 2022 erstmals der Pfandpflicht für Einweggetränkeverpackungen gemäß § 31 Absatz 1 Satz 1 unterliegen und die bereits vor dem 1. Januar 2022 vom Hersteller in Verkehr gebracht wurden, dürfen noch bis zum 1. Juli 2022 von jedem weiteren Vertreiber auf allen Handelsstufen bis an den Endverbraucher abgegeben werden, ohne dass ein Pfand erhoben werden muss.

**Anlage 1**
(zu § 3 Absatz 1)

**Verpackungskriterien und -beispiele**

**1. Kriterien für die Begriffsbestimmung „Verpackungen" nach § 3 Absatz 1**

a) Gegenstände gelten als Verpackungen, wenn sie der in § 3 Absatz 1 genannten Begriffsbestimmung entsprechen, unbeschadet anderer Funktionen, die die Verpackung möglicherweise ebenfalls erfüllt, es sei denn, der Gegenstand ist integraler Teil eines Produkts, der zur Umschließung, Unterstützung oder Konservierung dieses Produkts während seiner gesamten Lebensdauer benötigt wird, und alle Komponenten sind für die gemeinsame Verwendung, den gemeinsamen Verbrauch oder die gemeinsame Entsorgung bestimmt.

b) Gegenstände, die dafür konzipiert und bestimmt sind, in der Verkaufsstelle gefüllt zu werden, und „Einwegartikel", die in gefülltem Zustand verkauft oder dafür konzipiert und bestimmt sind, in der Verkaufsstelle gefüllt zu werden, gelten als Verpackungen, sofern sie eine Verpackungsfunktion erfüllen.

c) Verpackungskomponenten und Zusatzelemente, die in eine Verpackung integriert sind, gelten als Teil der Verpackung, in die sie integriert sind. Zusatzelemente, die unmittelbar an einem Produkt hängen oder befestigt sind und eine Verpackungsfunktion erfüllen, gelten als Verpackungen, es sei denn, sie sind integraler Teil des Produkts und alle Komponenten sind für den gemeinsamen Verbrauch oder die gemeinsame Entsorgung bestimmt.

**2. Beispiele für die genannten Kriterien**

**Beispiele für Kriterium Buchstabe a**

**Gegenstände, die als Verpackungen gelten:**

– Schachteln für Süßigkeiten
– Klarsichtfolie um CD-Hüllen
– Versandhüllen, die Kataloge und Magazine enthalten
– Backförmchen für kleineres Backwerk, die mit dem Backwerk verkauft werden

- Rollen, Röhren und Zylinder, um die flexibles Material aufgespult ist (z.B. Kunststofffolie, Aluminium, Papier), ausgenommen Rollen, Röhren und Zylinder, die Teile einer Produktionsanlage sind und nicht zur Aufmachung eines Produkts als Verkaufseinheit verwendet werden
- Blumentöpfe, die nur für den Verkauf und den Transport von Pflanzen bestimmt sind und in denen die Pflanze nicht während ihrer Lebenszeit verbleiben soll
- Glasflaschen für Injektionslösungen
- CD-Spindeln, die mit CDs verkauft werden und nicht zur Lagerung verwendet werden sollen
- Kleiderbügel, die mit einem Kleidungsstück verkauft werden
- Streichholzschachteln
- Sterilbarrieresysteme (Beutel, Trays und Materialien, die zur Erhaltung der Sterilität des Produkts erforderlich sind)
- Getränkesystemkapseln (z.B. für Kaffee, Kakao, Milch), die nach Gebrauch leer sind
- wiederbefüllbare Stahlflaschen für verschiedene Arten von Gasen, ausgenommen Feuerlöscher

**Gegenstände, die nicht als Verpackungen gelten:**

- Blumentöpfe, in denen die Pflanze während ihrer Lebenszeit verbleibt
- Werkzeugkästen
- Teebeutel
- Wachsschichten um Käse
- Wursthäute
- Kleiderbügel, die getrennt verkauft werden
- Getränkesystemkapseln, Kaffee-Folienbeutel und Kaffeepads aus Filterpapier, die zusammen mit dem verwendeten Kaffeeprodukt entsorgt werden
- Tonerkartuschen
- CD-, DVD- und Videohüllen, die jeweils zusammen mit einer CD, DVD oder einem Video verkauft werden
- CD-Spindeln, die leer verkauft werden und zur Lagerung verwendet werden sollen
- Beutel aus wasserlöslicher Folie für Geschirrspülmittel
- Grablichtbecher (Behälter für Kerzen)
- mechanisches Mahlwerk, das in einem wiederbefüllbaren Behältnis integriert ist (z.B. in einer wiederbefüllbaren Pfeffermühle)

**Beispiele für Kriterium Buchstabe b**

**Gegenstände, die als Verpackungen gelten, wenn sie dafür konzipiert und bestimmt sind, in der Verkaufsstelle gefüllt zu werden:**

- Tragetaschen aus Papier oder Kunststoff
- Einwegteller und -tassen
- Frischhaltefolie
- Frühstücksbeutel
- Aluminiumfolie
- Kunststofffolie für gereinigte Kleidung in Wäschereien

**Gegenstände, die nicht als Verpackungen gelten:**

- Rührgerät
- Einwegbestecke
- Einpack- und Geschenkpapier, das getrennt verkauft wird
- Papierbackformen für größeres Backwerk, die leer verkauft werden
- Backförmchen für kleineres Backwerk, die leer verkauft werden

**Beispiele für Kriterium Buchstabe c**

**Gegenstände, die als Verpackungen gelten:**

- Etiketten, die unmittelbar am Produkt hängen oder befestigt sind

Verpackungsgesetz                             Anl. 2–5     VerpackG 5.4

**Gegenstände, die als Teil der Verpackung gelten:**

– Wimperntuschebürste als Bestandteil des Packungsverschlusses
– Aufkleber, die an einem anderen Verpackungsobjekt befestigt sind
– Heftklammern
– Kunststoffumhüllung
– Dosierhilfe als Bestandteil des Verpackungsverschlusses von Waschmitteln
– mechanisches Mahlwerk, das in einem nicht wiederbefüllbaren Behältnis integriert ist (z.B. in einer mit Pfeffer gefüllten Pfeffermühle)

**Gegenstände, die nicht als Verpackungen gelten:**

– RFID-Tags für die Funkfrequenzkennzeichnung


**Anlage 2**
(zu § 3 Absatz 7)

### Schadstoffhaltige Füllgüter im Sinne von § 3 Absatz 7

*(Hier nicht wiedergegeben.)*


**Anlage 3**
(zu § 5 Absatz 1 Satz 2 Nummer 2)

### Anforderungen, unter denen der in § 5 Absatz 1 Satz 1 festgelegte Schwermetallgrenzwert nicht für Kunststoffkästen und -paletten gilt

*(Hier nicht wiedergegeben.)*


**Anlage 4**
(zu § 5 Absatz 1 Satz 2 Nummer 4)

### Anforderungen, unter denen der in § 5 Absatz 1 Satz 1 festgelegte Schwermetallgrenzwert nicht für Glasverpackungen gilt

*(Hier nicht wiedergegeben.)*


**Anlage 5**
(zu § 6)

### Kennzeichnung von Verpackungen

*(Hier nicht wiedergegeben.)*

## 6.1. Gesetz zum Schutz vor schädlichen Umwelteinwirkungen durch Luftverunreinigungen, Geräusche, Erschütterungen und ähnliche Vorgänge (Bundes-Immissionsschutzgesetz – BImSchG)[1)2)]

In der Fassung der Bekanntmachung vom 17. Mai 2013[3)4)]
(BGBl. I S. 1274, ber. 2021 S. 123)

**FNA 2129-8**

zuletzt geänd. durch Art. 1 G zur Weiterentwicklung der Treibhausgasminderungs-Quote v. 24.9. 2021 (BGBl. I S. 4458)

### Erster Teil. Allgemeine Vorschriften

**§ 1 Zweck des Gesetzes.** (1) Zweck dieses Gesetzes ist es, Menschen, Tiere und Pflanzen, den Boden, das Wasser, die Atmosphäre sowie Kultur- und sonstige Sachgüter vor schädlichen Umwelteinwirkungen zu schützen und dem Entstehen schädlicher Umwelteinwirkungen vorzubeugen.

---

[1)] **Amtl. Anm.:** Dieses Gesetz dient der Umsetzung folgender Richtlinien:
– Richtlinie 96/82/EG des Rates vom 9. Dezember 1996 zur Beherrschung der Gefahren bei schweren Unfällen mit gefährlichen Stoffen (ABl. L 345 vom 31.12.2003, S. 97), die zuletzt durch die Richtlinie 2012/18/EU (ABl. L 197 vom 24.7.2012, S. 1) geändert worden ist;
– Richtlinie 97/68/EG des Europäischen Parlaments und des Rates vom 16. Dezember 1997 zur Angleichung der Rechtsvorschriften der Mitgliedstaaten über Maßnahmen zur Bekämpfung der Emission von gasförmigen Schadstoffen und luftverunreinigenden Partikeln aus Verbrennungsmotoren für mobile Maschinen und Geräte (ABl. L 59 vom 27.2.1998, S. 1), die zuletzt durch die Richtlinie 2012/46/EU (ABl. L 353 vom 21.12.2012, S. 80) geändert worden ist;
– Richtlinie 98/70/EG des Europäischen Parlaments und des Rates vom 13. Oktober 1998 über die Qualität von Otto- und Dieselkraftstoffen und zur Änderung der Richtlinie 93/12/EWG des Rates (ABl. L 350 vom 28.12.1998, S. 58), die zuletzt durch die Richtlinie 2009/30/EG (ABl. L 140 vom 5.6.2009, S. 88) geändert worden ist;
– Richtlinie 1999/32/EG des Rates vom 26. April 1999 über eine Verringerung des Schwefelgehalts bestimmter flüssiger Kraft- oder Brennstoffe und zur Änderung der Richtlinie 93/12/EWG (ABl. L 121 vom 11.5.1999, S. 13), die zuletzt durch die Richtlinie 2009/30/EG (ABl. L 140 vom 5.6.2009, S. 88) geändert worden ist;
– Richtlinie 2000/25/EG des Europäischen Parlaments und des Rates vom 22. Mai 2000 über Maßnahmen zur Bekämpfung der Emission gasförmiger Schadstoffe und luftverunreinigender Partikel aus Motoren, die für den Antrieb von land- und forstwirtschaftlichen Zugmaschinen bestimmt sind, und zur Änderung der Richtlinie 74/150/EWG des Rates (ABl. L 173 vom 12.7.2000, S. 1), die zuletzt durch die Richtlinie 2011/87/EU (ABl. L 301 vom 18.11.2011, S. 1) geändert worden ist;
– Richtlinie 2002/49/EG des Europäischen Parlaments und des Rates vom 25. Juni 2002 über die Bewertung und Bekämpfung von Umgebungslärm (ABl. L 189 vom 18.7.2002, S. 12);
– Richtlinie 2003/35/EG des Europäischen Parlaments und des Rates vom 26. Mai 2003 über die Beteiligung der Öffentlichkeit bei der Ausarbeitung bestimmter umweltbezogener Pläne und Programme und zur Änderung der Richtlinien 85/337/EWG und 96/61/EG des Rates in Bezug auf die Öffentlichkeitsbeteiligung und den Zugang zu Gerichten (ABl. L 156 vom 25.6.2003, S. 17), die zuletzt durch die Richtlinie 2011/92/EU (ABl. L 26 vom 28.1.2012, S. 1) geändert worden ist;
– Richtlinie 2008/50/EG des Europäischen Parlaments und des Rates vom 21. Mai 2008 über Luftqualität und saubere Luft für Europa (ABl. L 152 vom 11.6.2008, S. 1);
– Richtlinie 2008/98/EG des Europäischen Parlaments und des Rates vom 19. November 2008 über Abfälle und zur Aufhebung bestimmter Richtlinien (ABl. L 312 vom 22.11.2008, S. 3, L 127 vom 26.5.2009, S. 24);
– Richtlinie 2009/28/EG des Europäischen Parlaments und des Rates vom 23. April 2009 zur Förderung der Nutzung von Energie aus erneuerbaren Quellen und zur Änderung und anschließenden Aufhebung der Richtlinien 2001/77/EG und 2003/30/EG (ABl. L 140 vom 5.6.2009, S. 16);

(2) Soweit es sich um genehmigungsbedürftige Anlagen handelt, dient dieses Gesetz auch
- der integrierten Vermeidung und Verminderung schädlicher Umwelteinwirkungen durch Emissionen in Luft, Wasser und Boden unter Einbeziehung der Abfallwirtschaft, um ein hohes Schutzniveau für die Umwelt insgesamt zu erreichen, sowie
- dem Schutz und der Vorsorge gegen Gefahren, erhebliche Nachteile und erhebliche Belästigungen, die auf andere Weise herbeigeführt werden.

**§ 2 Geltungsbereich.** (1) Die Vorschriften dieses Gesetzes gelten für
1. die Errichtung und den Betrieb von Anlagen,
2. das Herstellen, Inverkehrbringen und Einführen von Anlagen, Brennstoffen und Treibstoffen, Stoffen und Erzeugnissen aus Stoffen nach Maßgabe der §§ 32 bis 37,
3. die Beschaffenheit, die Ausrüstung, den Betrieb und die Prüfung von Kraftfahrzeugen und ihren Anhängern und von Schienen-, Luft- und Wasserfahrzeugen sowie von Schwimmkörpern und schwimmenden Anlagen nach Maßgabe der §§ 38 bis 40 und
4. den Bau öffentlicher Straßen sowie von Eisenbahnen, Magnetschwebebahnen und Straßenbahnen nach Maßgabe der §§ 41 bis 43.

(2) [1] Die Vorschriften dieses Gesetzes gelten nicht für Flugplätze, soweit nicht die sich aus diesem Gesetz ergebenden Anforderungen für Betriebsbereiche oder der Sechste Teil betroffen sind, und für Anlagen, Geräte, Vorrichtungen sowie Kernbrennstoffe und sonstige radioaktive Stoffe, die den Vorschriften des Atomgesetzes[1)] oder einer hiernach erlassenen Rechtsverordnung unterliegen, soweit es sich um den Schutz vor den Gefahren der Kernenergie und der schädlichen Wirkung ionisierender Strahlen handelt. [2] Sie gelten ferner nicht, soweit sich aus wasserrechtlichen Vorschriften des Bundes und der Länder zum Schutz der Gewässer oder aus Vorschriften des Düngemittel- und Pflanzenschutzrechts etwas anderes ergibt.

(3) Die Vorschriften dieses Gesetzes über Abfälle gelten nicht für
1. Luftverunreinigungen,
2. Böden am Ursprungsort (Böden in situ) einschließlich nicht ausgehobener, kontaminierter Böden und Bauwerke, die dauerhaft mit dem Boden verbunden sind,
3. nicht kontaminiertes Bodenmaterial und andere natürlich vorkommende Materialien, die bei Bauarbeiten ausgehoben wurden, sofern sichergestellt ist,

---

*(Fortsetzung der Anm. von voriger Seite)*
- Richtlinie 2010/75/EU des Europäischen Parlaments und des Rates vom 24. November 2010 über Industrieemissionen (integrierte Vermeidung und Verminderung der Umweltverschmutzung) (Neufassung) (ABl. L 334 vom 17.12.2010, S. 17).
[2)] Die Änderung durch G v. 10.8.2021 (BGBl. I S. 3436) tritt erst **mWv 1.1.2024** in Kraft und ist im Text noch nicht berücksichtigt.
[3)] Neubekanntmachung des BImSchG idF der Bek. v. 26.9.2002 (BGBl. I S. 3830) in der ab 2.5.2013 geltenden Fassung.
[4)] Zur Sicherstellung ordnungsgemäßer Planungs- und Genehmigungsverfahren während der COVID-19-Pandemie siehe das PlanungssicherstellungsG v. 20.5.2020 (BGBl. I S. 1041), zuletzt geänd. durch G v. 18.3.2021 (BGBl. I S. 353).
[1)] Nr. **7.1**.

dass die Materialien in ihrem natürlichen Zustand an dem Ort, an dem sie ausgehoben wurden, für Bauzwecke verwendet werden.

**§ 3 Begriffsbestimmungen.** (1) Schädliche Umwelteinwirkungen im Sinne dieses Gesetzes sind Immissionen, die nach Art, Ausmaß oder Dauer geeignet sind, Gefahren, erhebliche Nachteile oder erhebliche Belästigungen für die Allgemeinheit oder die Nachbarschaft herbeizuführen.

(2) Immissionen im Sinne dieses Gesetzes sind auf Menschen, Tiere und Pflanzen, den Boden, das Wasser, die Atmosphäre sowie Kultur- und sonstige Sachgüter einwirkende Luftverunreinigungen, Geräusche, Erschütterungen, Licht, Wärme, Strahlen und ähnliche Umwelteinwirkungen.

(3) Emissionen im Sinne dieses Gesetzes sind die von einer Anlage ausgehenden Luftverunreinigungen, Geräusche, Erschütterungen, Licht, Wärme, Strahlen und ähnliche Erscheinungen. .

(4) Luftverunreinigungen im Sinne dieses Gesetzes sind Veränderungen der natürlichen Zusammensetzung der Luft, insbesondere durch Rauch, Ruß, Staub, Gase, Aerosole, Dämpfe oder Geruchsstoffe.

(5) Anlagen im Sinne dieses Gesetzes sind

1. Betriebsstätten und sonstige ortsfeste Einrichtungen,
2. Maschinen, Geräte und sonstige ortsveränderliche technische Einrichtungen sowie Fahrzeuge, soweit sie nicht der Vorschrift des § 38 unterliegen, und
3. Grundstücke, auf denen Stoffe gelagert oder abgelagert oder Arbeiten durchgeführt werden, die Emissionen verursachen können, ausgenommen öffentliche Verkehrswege.

(5a) Ein Betriebsbereich ist der gesamte unter der Aufsicht eines Betreibers stehende Bereich, in dem gefährliche Stoffe im Sinne des Artikels 3 Nummer 10 der Richtlinie 2012/18/EU des Europäischen Parlaments und des Rates vom 4. Juli 2012 zur Beherrschung der Gefahren schwerer Unfälle mit gefährlichen Stoffen, zur Änderung und anschließenden Aufhebung der Richtlinie 96/82/EG des Rates (ABl. L 197 vom 24.7.2012, S. 1) in einer oder mehreren Anlagen einschließlich gemeinsamer oder verbundener Infrastrukturen oder Tätigkeiten auch bei Lagerung im Sinne des Artikels 3 Nummer 16 der Richtlinie in den in Artikel 3 Nummer 2 oder Nummer 3 der Richtlinie bezeichneten Mengen tatsächlich vorhanden oder vorgesehen sind oder vorhanden sein werden, soweit vernünftigerweise vorhersehbar ist, dass die genannten gefährlichen Stoffe bei außer Kontrolle geratenen Prozessen anfallen; ausgenommen sind die in Artikel 2 Absatz 2 der Richtlinie 2012/18/EU angeführten Einrichtungen, Gefahren und Tätigkeiten, es sei denn, es handelt sich um eine in Artikel 2 Absatz 2 Unterabsatz 2 der Richtlinie 2012/18/EU genannte Einrichtung, Gefahr oder Tätigkeit.

(5b) [1]Eine störfallrelevante Errichtung und ein Betrieb oder eine störfallrelevante Änderung einer Anlage oder eines Betriebsbereichs ist eine Errichtung und ein Betrieb einer Anlage, die Betriebsbereich oder Bestandteil eines Betriebsbereichs ist, oder eine Änderung einer Anlage oder eines Betriebsbereichs einschließlich der Änderung eines Lagers, eines Verfahrens oder der Art oder physikalischen Form oder der Mengen der gefährlichen Stoffe im Sinne des Artikels 3 Nummer 10 der Richtlinie 2012/18/EU, aus der sich erhebliche Auswirkungen auf die Gefahren schwerer Unfälle ergeben können.
[2]Eine störfallrelevante Änderung einer Anlage oder eines Betriebsbereichs liegt

zudem vor, wenn eine Änderung dazu führen könnte, dass ein Betriebsbereich der unteren Klasse zu einem Betriebsbereich der oberen Klasse wird oder umgekehrt.

(5c) [1]Der angemessene Sicherheitsabstand im Sinne dieses Gesetzes ist der Abstand zwischen einem Betriebsbereich oder einer Anlage, die Betriebsbereich oder Bestandteil eines Betriebsbereichs ist, und einem benachbarten Schutzobjekt, der zur gebotenen Begrenzung der Auswirkungen auf das benachbarte Schutzobjekt, welche durch schwere Unfälle im Sinne des Artikels 3 Nummer 13 der Richtlinie 2012/18/EU hervorgerufen werden können, beiträgt. [2]Der angemessene Sicherheitsabstand ist anhand störfallspezifischer Faktoren zu ermitteln.

(5d) Benachbarte Schutzobjekte im Sinne dieses Gesetzes sind ausschließlich oder überwiegend dem Wohnen dienende Gebiete, öffentlich genutzte Gebäude und Gebiete, Freizeitgebiete, wichtige Verkehrswege und unter dem Gesichtspunkt des Naturschutzes besonders wertvolle oder besonders empfindliche Gebiete.

(6) [1]Stand der Technik im Sinne dieses Gesetzes ist der Entwicklungsstand fortschrittlicher Verfahren, Einrichtungen oder Betriebsweisen, der die praktische Eignung einer Maßnahme zur Begrenzung von Emissionen in Luft, Wasser und Boden, zur Gewährleistung der Anlagensicherheit, zur Gewährleistung einer umweltverträglichen Abfallentsorgung oder sonst zur Vermeidung oder Verminderung von Auswirkungen auf die Umwelt zur Erreichung eines allgemein hohen Schutzniveaus für die Umwelt insgesamt gesichert erscheinen lässt. [2]Bei der Bestimmung des Standes der Technik sind insbesondere die in der Anlage aufgeführten Kriterien zu berücksichtigen.

(6a) BVT-Merkblatt im Sinne dieses Gesetzes ist ein Dokument, das auf Grund des Informationsaustausches nach Artikel 13 der Richtlinie 2010/75/EU des Europäischen Parlaments und des Rates vom 24. November 2010 über Industrieemissionen (integrierte Vermeidung und Verminderung der Umweltverschmutzung) (Neufassung) (ABl. L 334 vom 17.12.2010, S. 17) für bestimmte Tätigkeiten erstellt wird und insbesondere die angewandten Techniken, die derzeitigen Emissions- und Verbrauchswerte, alle Zukunftstechniken sowie die Techniken beschreibt, die für die Festlegung der besten verfügbaren Techniken sowie der BVT-Schlussfolgerungen berücksichtigt wurden.

(6b) BVT-Schlussfolgerungen im Sinne dieses Gesetzes sind ein nach Artikel 13 Absatz 5 der Richtlinie 2010/75/EU von der Europäischen Kommission erlassenes Dokument, das die Teile eines BVT-Merkblatts mit den Schlussfolgerungen in Bezug auf Folgendes enthält:
1. die besten verfügbaren Techniken, ihre Beschreibung und Informationen zur Bewertung ihrer Anwendbarkeit,
2. die mit den besten verfügbaren Techniken assoziierten Emissionswerte,
3. die zu den Nummern 1 und 2 gehörigen Überwachungsmaßnahmen,
4. die zu den Nummern 1 und 2 gehörigen Verbrauchswerte sowie
5. die gegebenenfalls einschlägigen Standortsanierungsmaßnahmen.

(6c) Emissionsbandbreiten im Sinne dieses Gesetzes sind die mit den besten verfügbaren Techniken assoziierten Emissionswerte.

(6d) Die mit den besten verfügbaren Techniken assoziierten Emissionswerte im Sinne dieses Gesetzes sind der Bereich von Emissionswerten, die unter normalen Betriebsbedingungen unter Verwendung einer besten verfügbaren Technik oder einer Kombination von besten verfügbaren Techniken entsprechend der Beschreibung in den BVT-Schlussfolgerungen erzielt werden, ausgedrückt als Mittelwert für einen vorgegebenen Zeitraum unter spezifischen Referenzbedingungen.

(6e) Zukunftstechniken im Sinne dieses Gesetzes sind neue Techniken für Anlagen nach der Industrieemissions-Richtlinie, die bei gewerblicher Nutzung entweder ein höheres allgemeines Umweltschutzniveau oder zumindest das gleiche Umweltschutzniveau und größere Kostenersparnisse bieten könnten als der bestehende Stand der Technik.

(7) Dem Herstellen im Sinne dieses Gesetzes steht das Verarbeiten, Bearbeiten oder sonstiges Behandeln, dem Einführen im Sinne dieses Gesetzes das sonstige Verbringen in den Geltungsbereich dieses Gesetzes gleich.

(8) Anlagen nach der Industrieemissions-Richtlinie im Sinne dieses Gesetzes sind die in der Rechtsverordnung nach § 4 Absatz 1 Satz 4 gekennzeichneten Anlagen.

(9) Gefährliche Stoffe im Sinne dieses Gesetzes sind Stoffe oder Gemische gemäß Artikel 3 der Verordnung (EG) Nr. 1272/2008 des Europäischen Parlaments und des Rates vom 16. Dezember 2008 über die Einstufung, Kennzeichnung und Verpackung von Stoffen und Gemischen, zur Änderung und Aufhebung der Richtlinien 67/548/EWG und 1999/45/EG und zur Änderung der Verordnung (EG) Nr. 1907/2006 (ABl. L 353 vom 31.12.2008, S. 1), die zuletzt durch die Verordnung (EG) Nr. 286/2011 (ABl. L 83 vom 30.3. 2011, S. 1) geändert worden ist.

(10) Relevante gefährliche Stoffe im Sinne dieses Gesetzes sind gefährliche Stoffe, die in erheblichem Umfang in der Anlage verwendet, erzeugt oder freigesetzt werden und die ihrer Art nach eine Verschmutzung des Bodens oder des Grundwassers auf dem Anlagengrundstück verursachen können.

## Zweiter Teil. Errichtung und Betrieb von Anlagen

### Erster Abschnitt. Genehmigungsbedürftige Anlagen

**§ 4 Genehmigung.** (1) ¹Die Errichtung und der Betrieb von Anlagen, die auf Grund ihrer Beschaffenheit oder ihres Betriebs in besonderem Maße geeignet sind, schädliche Umwelteinwirkungen hervorzurufen oder in anderer Weise die Allgemeinheit oder die Nachbarschaft zu gefährden, erheblich zu benachteiligen oder erheblich zu belästigen, sowie von ortsfesten Abfallentsorgungsanlagen zur Lagerung oder Behandlung von Abfällen bedürfen einer Genehmigung. ²Mit Ausnahme von Abfallentsorgungsanlagen bedürfen Anlagen, die nicht gewerblichen Zwecken dienen und nicht im Rahmen wirtschaftlicher Unternehmungen Verwendung finden, der Genehmigung nur, wenn sie in besonderem Maße geeignet sind, schädliche Umwelteinwirkungen durch Luftverunreinigungen oder Geräusche hervorzurufen. ³Die Bundesregierung bestimmt nach Anhörung der beteiligten Kreise (§ 51) durch Rechtsverordnung[1]) mit Zustimmung des Bundesrates die Anlagen, die einer Geneh-

---

[1]) Siehe die VO über genehmigungsbedürftige Anlagen – 4. BImSchV (Nr. **6.1.4**), die GefahrstoffVO (Nr. **9.1.3**) und die KWK-Kosten-Nutzen-Vergleich-VO v. 28.4.2015 (BGBl. I S. 670), zuletzt geänd. durch VO v. 6.7.2021 (BGBl. I S. 2514).

migung bedürfen (genehmigungsbedürftige Anlagen); in der Rechtsverordnung kann auch vorgesehen werden, dass eine Genehmigung nicht erforderlich ist, wenn eine Anlage insgesamt oder in ihren in der Rechtsverordnung bezeichneten wesentlichen Teilen der Bauart nach zugelassen ist und in Übereinstimmung mit der Bauartzulassung errichtet und betrieben wird. [4]Anlagen nach Artikel 10 in Verbindung mit Anhang I der Richtlinie 2010/75/EU sind in der Rechtsverordnung nach Satz 3 zu kennzeichnen.

(2) [1]Anlagen des Bergwesens oder Teile dieser Anlagen bedürfen der Genehmigung nach Absatz 1 nur, soweit sie über Tage errichtet und betrieben werden. [2]Keiner Genehmigung nach Absatz 1 bedürfen Tagebaue und die zum Betrieb eines Tagebaus erforderlichen sowie die zur Wetterführung unerlässlichen Anlagen.

### § 5 Pflichten der Betreiber genehmigungsbedürftiger Anlagen.

(1) Genehmigungsbedürftige Anlagen sind so zu errichten und zu betreiben, dass zur Gewährleistung eines hohen Schutzniveaus für die Umwelt insgesamt

1. schädliche Umwelteinwirkungen und sonstige Gefahren, erhebliche Nachteile und erhebliche Belästigungen für die Allgemeinheit und die Nachbarschaft nicht hervorgerufen werden können;
2. Vorsorge gegen schädliche Umwelteinwirkungen und sonstige Gefahren, erhebliche Nachteile und erhebliche Belästigungen getroffen wird, insbesondere durch die dem Stand der Technik entsprechenden Maßnahmen;
3. Abfälle vermieden, nicht zu vermeidende Abfälle verwertet und nicht zu verwertende Abfälle ohne Beeinträchtigung des Wohls der Allgemeinheit beseitigt werden; Abfälle sind nicht zu vermeiden, soweit die Vermeidung technisch nicht möglich oder nicht zumutbar ist; die Vermeidung ist unzulässig, soweit sie zu nachteiligeren Umweltauswirkungen führt als die Verwertung; die Verwertung und Beseitigung von Abfällen erfolgt nach den Vorschriften des Kreislaufwirtschaftsgesetzes[1)] und den sonstigen für die Abfälle geltenden Vorschriften;
4. Energie sparsam und effizient verwendet wird.

(2) [1]Soweit genehmigungsbedürftige Anlagen dem Anwendungsbereich des Treibhausgas-Emissionshandelsgesetzes[2)] unterliegen, sind Anforderungen zur Begrenzung von Emissionen von Treibhausgasen nur zulässig, um zur Erfüllung der Pflichten nach Absatz 1 Nummer 1 sicherzustellen, dass im Einwirkungsbereich der Anlage keine schädlichen Umwelteinwirkungen entstehen; dies gilt nur für Treibhausgase, die für die betreffende Tätigkeit nach Anhang 1 des Treibhausgas-Emissionshandelsgesetzes umfasst sind. [2]Bei diesen Anlagen dürfen zur Erfüllung der Pflicht zur effizienten Verwendung von Energie in Bezug auf die Emissionen von Kohlendioxid, die auf Verbrennungs- oder anderen Prozessen der Anlage beruhen, keine Anforderungen gestellt werden, die über die Pflichten hinausgehen, welche das Treibhausgas-Emissionshandelsgesetz begründet.

(3) Genehmigungsbedürftige Anlagen sind so zu errichten, zu betreiben und stillzulegen, dass auch nach einer Betriebseinstellung

---

[1)] Nr. **5.1**.
[2)] Nr. **6.4**.

Bundes-Immissionsschutzgesetz § 6 BImSchG 6.1

1. von der Anlage oder dem Anlagengrundstück keine schädlichen Umwelteinwirkungen und sonstige Gefahren, erhebliche Nachteile und erhebliche Belästigungen für die Allgemeinheit und die Nachbarschaft hervorgerufen werden können,
2. vorhandene Abfälle ordnungsgemäß und schadlos verwertet oder ohne Beeinträchtigung des Wohls der Allgemeinheit beseitigt werden und
3. die Wiederherstellung eines ordnungsgemäßen Zustandes des Anlagengrundstücks gewährleistet ist.

(4) [1] Wurden nach dem 7. Januar 2013 auf Grund des Betriebs einer Anlage nach der Industrieemissions-Richtlinie erhebliche Bodenverschmutzungen oder erhebliche Grundwasserverschmutzungen durch relevante gefährliche Stoffe im Vergleich zu dem im Bericht über den Ausgangszustand angegebenen Zustand verursacht, so ist der Betreiber nach Einstellung des Betriebs der Anlage verpflichtet, soweit dies verhältnismäßig ist, Maßnahmen zur Beseitigung dieser Verschmutzung zu ergreifen, um das Anlagengrundstück in jenen Ausgangszustand zurückzuführen. [2] Die zuständige Behörde hat der Öffentlichkeit relevante Informationen zu diesen vom Betreiber getroffenen Maßnahmen zugänglich zu machen, und zwar auch über das Internet. [3] Soweit Informationen Geschäfts- oder Betriebsgeheimnisse enthalten, gilt § 10 Absatz 2 entsprechend.

**§ 6 Genehmigungsvoraussetzungen.** (1) Die Genehmigung ist zu erteilen, wenn

1. sichergestellt ist, dass die sich aus § 5 und einer auf Grund des § 7 erlassenen Rechtsverordnung ergebenden Pflichten erfüllt werden, und
2. andere öffentlich-rechtliche Vorschriften und Belange des Arbeitsschutzes der Errichtung und dem Betrieb der Anlage nicht entgegenstehen.

(2) Bei Anlagen, die unterschiedlichen Betriebsweisen dienen oder in denen unterschiedliche Stoffe eingesetzt werden (Mehrzweck- oder Vielstoffanlagen), ist die Genehmigung auf Antrag auf die unterschiedlichen Betriebsweisen und Stoffe zu erstrecken, wenn die Voraussetzungen nach Absatz 1 für alle erfassten Betriebsweisen und Stoffe erfüllt sind.

(3) Eine beantragte Änderungsgenehmigung darf auch dann nicht versagt werden, wenn zwar nach ihrer Durchführung nicht alle Immissionswerte einer Verwaltungsvorschrift nach § 48 oder einer Rechtsverordnung nach § 48a eingehalten werden, wenn aber

1. der Immissionsbeitrag der Anlage unter Beachtung des § 17 Absatz 3a Satz 3 durch das Vorhaben deutlich und über das durch nachträgliche Anordnungen nach § 17 Absatz 1 durchsetzbare Maß reduziert wird,
2. weitere Maßnahmen zur Luftreinhaltung, insbesondere Maßnahmen, die über den Stand der Technik bei neu zu errichtenden Anlagen hinausgehen, durchgeführt werden,
3. der Antragsteller darüber hinaus einen Immissionsmanagementplan zur Verringerung seines Verursacheranteils vorlegt, um eine spätere Einhaltung der Anforderungen nach § 5 Absatz 1 Nummer 1 zu erreichen, und
4. die konkreten Umstände einen Widerruf der Genehmigung nicht erfordern.

## 6.1 BImSchG § 7

**§ 7 Rechtsverordnungen über Anforderungen an genehmigungsbedürftige Anlagen.** (1) ¹Die Bundesregierung wird ermächtigt, nach Anhörung der beteiligten Kreise (§ 51) durch Rechtsverordnung[1)] mit Zustimmung des Bundesrates vorzuschreiben, dass die Errichtung, die Beschaffenheit, der Betrieb, der Zustand nach Betriebseinstellung und die betreibereigene Überwachung genehmigungsbedürftiger Anlagen zur Erfüllung der sich aus § 5 ergebenden Pflichten bestimmten Anforderungen genügen müssen, insbesondere, dass

1. die Anlagen bestimmten technischen Anforderungen entsprechen müssen,
2. die von Anlagen ausgehenden Emissionen bestimmte Grenzwerte nicht überschreiten dürfen oder Anlagen äquivalenten Parametern oder äquivalenten technischen Maßnahmen entsprechen müssen,

2a. der Einsatz von Energie bestimmten Anforderungen entsprechen muss,

3. die Betreiber von Anlagen Messungen von Emissionen und Immissionen nach in der Rechtsverordnung näher zu bestimmenden Verfahren vorzunehmen haben oder vornehmen lassen müssen,
4. die Betreiber von Anlagen bestimmte sicherheitstechnische Prüfungen sowie bestimmte Prüfungen von sicherheitstechnischen Unterlagen nach in der Rechtsverordnung näher zu bestimmenden Verfahren

    a) während der Errichtung oder sonst vor der Inbetriebnahme der Anlage,

    b) nach deren Inbetriebnahme oder einer Änderung im Sinne des § 15 oder des § 16,

    c) in regelmäßigen Abständen oder

    d) bei oder nach einer Betriebseinstellung

    durch einen Sachverständigen nach § 29a vornehmen lassen müssen, soweit solche Prüfungen nicht gemäß § 7 Absatz 1 in Verbindung mit einer Rechtsverordnung gemäß § 31 Satz 2 Nummer 4 des Gesetzes über überwachungsbedürftige Anlagen vorgeschrieben sind, und

5. die Rückführung in den Ausgangszustand nach § 5 Absatz 4 bestimmten Anforderungen entsprechen muss, insbesondere in Bezug auf den Ausgangszustandsbericht und die Feststellung der Erheblichkeit von Boden- und Grundwasserverschmutzungen.

---

[1)] Siehe die VO über genehmigungsbedürftige Anlagen – 4. BImSchV (Nr. **6.1.4**), die Störfall-VO – 12. BImSchV (Nr. **6.1.12**), die VO über Großfeuerungs-, Gasturbinen- und Verbrennungsmotoranlagen – 13. BImSchV (Nr. **6.1.13**), die VO über die Verbrennung und die Mitverbrennung von Abfällen – 17. BImSchV (auszugsweise abgedruckt unter Nr. **6.1.17**), die VO zur Begrenzung der Emissionen flüchtiger organischer Verbindungen beim Umfüllen und Lagern von Ottokraftstoffen – 20. BImSchV idF der Bek. v. 18.8.2014 (BGBl. I S. 1447), zuletzt geänd. durch G v. 27.7.2021 (BGBl. I S. 3146), die VO über Anlagen zur biologischen Behandlung von Abfällen – 30. BImSchV v. 20.2.2001 (BGBl. I S. 305, 317), zuletzt geänd. durch VO v. 13.12.2019 (BGBl. I S. 2739), die VO zur Begrenzung der Emissionen flüchtiger organischer Verbindungen bei der Verwendung organischer Lösemittel in bestimmten Anlagen – 31. BImSchV v. 21.8.2001 (BGBl. I S. 2180), zuletzt geänd. durch G v. 27.7.2021 (BGBl. I S. 3146), die AltholzVO v. 15.8.2002 (BGBl. I S. 3302), zuletzt geänd. durch VO v. 19.6.2020 (BGBl. I S. 1328), die VO über mittelgroße Feuerungs-, Gasturbinen- und Verbrennungsmotoranlagen – 44. BImSchV v. 13.6.2019 (BGBl. I S. 804), geänd. durch V v. 6.7.2021 (BGBl. I S. 2514), die AltölVO (Nr. **5.1.7**), die DeponieVO v. 27.4.2009 (BGBl. I S. 900), zuletzt geänd. durch VO v. 9.7.2021 (BGBl. I S. 2598), die VO über die Entsorgung gebrauchter halogenierter Lösemittel v. 23.10.1989 (BGBl. I S. 1918), geänd. durch VO v. 20.10.2006 (BGBl. I S. 2298), die GefahrstoffVO (Nr. **9.1.3**) und die KWK-Kosten-Nutzen-Vergleich-VO v. 28.4.2015 (BGBl. I S. 670), zuletzt geänd. durch V v. 6.7.2021 (BGBl. I S. 2514).

² Bei der Festlegung der Anforderungen nach Satz 1 sind insbesondere mögliche Verlagerungen von nachteiligen Auswirkungen von einem Schutzgut auf ein anderes zu berücksichtigen; ein hohes Schutzniveau für die Umwelt insgesamt ist zu gewährleisten.

(1a) ¹ Nach jeder Veröffentlichung einer BVT-Schlussfolgerung ist unverzüglich zu gewährleisten, dass für Anlagen nach der Industrieemissions-Richtlinie bei der Festlegung von Emissionsgrenzwerten nach Absatz 1 Satz 1 Nummer 2 die Emissionen unter normalen Betriebsbedingungen die in den BVT-Schlussfolgerungen genannten Emissionsbandbreiten nicht überschreiten. ² Im Hinblick auf bestehende Anlagen ist

1. innerhalb eines Jahres nach Veröffentlichung von BVT-Schlussfolgerungen zur Haupttätigkeit eine Überprüfung und gegebenenfalls Anpassung der Rechtsverordnung vorzunehmen und
2. innerhalb von vier Jahren nach Veröffentlichung von BVT-Schlussfolgerungen zur Haupttätigkeit sicherzustellen, dass die betreffenden Anlagen die Emissionsgrenzwerte der Rechtsverordnung einhalten.

(1b) ¹ Abweichend von Absatz 1a
1. können in der Rechtsverordnung weniger strenge Emissionsgrenzwerte und Fristen festgelegt werden, wenn
    a) wegen technischer Merkmale der betroffenen Anlagenart die Anwendung der in den BVT-Schlussfolgerungen genannten Emissionsbandbreiten unverhältnismäßig wäre und dies begründet wird oder
    b) in Anlagen Zukunftstechniken für einen Gesamtzeitraum von höchstens neun Monaten erprobt oder angewendet werden sollen, sofern nach dem festgelegten Zeitraum die Anwendung der betreffenden Technik beendet wird oder in der Anlage mindestens die mit den besten verfügbaren Techniken assoziierten Emissionsbandbreiten erreicht werden, oder
2. kann in der Rechtsverordnung bestimmt werden, dass die zuständige Behörde weniger strenge Emissionsbegrenzungen und Fristen festlegen kann, wenn
    a) wegen technischer Merkmale der betroffenen Anlagen die Anwendung der in den BVT-Schlussfolgerungen genannten Emissionsbandbreiten unverhältnismäßig wäre oder
    b) in Anlagen Zukunftstechniken für einen Gesamtzeitraum von höchstens neun Monaten erprobt oder angewendet werden sollen, sofern nach dem festgelegten Zeitraum die Anwendung der betreffenden Technik beendet wird oder in der Anlage mindestens die mit den besten verfügbaren Techniken assoziierten Emissionsbandbreiten erreicht werden.

² Absatz 1 Satz 2 bleibt unberührt. ³ Emissionsgrenzwerte und Emissionsbegrenzungen nach Satz 1 dürfen die in den Anhängen der Richtlinie 2010/75/EU festgelegten Emissionsgrenzwerte nicht überschreiten und keine schädlichen Umwelteinwirkungen hervorrufen.

(2) ¹ In der Rechtsverordnung kann bestimmt werden, inwieweit die nach Absatz 1 zur Vorsorge gegen schädliche Umwelteinwirkungen festgelegten Anforderungen nach Ablauf bestimmter Übergangsfristen erfüllt werden müssen, soweit zum Zeitpunkt des Inkrafttretens der Rechtsverordnung in einem Vorbescheid oder einer Genehmigung geringere Anforderungen gestellt worden sind. ² Bei der Bestimmung der Dauer der Übergangsfristen und der ein-

zuhaltenden Anforderungen sind insbesondere Art, Menge und Gefährlichkeit der von den Anlagen ausgehenden Emissionen sowie die Nutzungsdauer und technische Besonderheiten der Anlagen zu berücksichtigen. ³Die Sätze 1 und 2 gelten entsprechend für Anlagen, die nach § 67 Absatz 2 oder § 67a Absatz 1 anzuzeigen sind oder vor Inkrafttreten dieses Gesetzes nach § 16 Absatz 4 der Gewerbeordnung anzuzeigen waren.

(3) ¹Soweit die Rechtsverordnung Anforderungen nach § 5 Absatz 1 Nummer 2 festgelegt hat, kann in ihr bestimmt werden, dass bei in Absatz 2 genannten Anlagen von den auf Grund der Absätze 1 und 2 festgelegten Anforderungen zur Vorsorge gegen schädliche Umwelteinwirkungen abgewichen werden darf. ²Dies gilt nur, wenn durch technische Maßnahmen an Anlagen des Betreibers oder Dritter insgesamt eine weitergehende Minderung von Emissionen derselben oder in ihrer Wirkung auf die Umwelt vergleichbaren Stoffen erreicht wird als bei Beachtung der auf Grund der Absätze 1 und 2 festgelegten Anforderungen und hierdurch der in § 1 genannte Zweck gefördert wird. ³In der Rechtsverordnung kann weiterhin bestimmt werden, inwieweit zur Erfüllung von zwischenstaatlichen Vereinbarungen mit Nachbarstaaten der Bundesrepublik Deutschland Satz 2 auch für die Durchführung technischer Maßnahmen an Anlagen gilt, die in den Nachbarstaaten gelegen sind.

(4) ¹Zur Erfüllung von bindenden Rechtsakten der Europäischen Gemeinschaften oder der Europäischen Union kann die Bundesregierung zu dem in § 1 genannten Zweck mit Zustimmung des Bundesrates durch Rechtsverordnung[1]) Anforderungen an die Errichtung, die Beschaffenheit und den Betrieb, die Betriebseinstellung und betreibereigene Überwachung genehmigungsbedürftiger Anlagen vorschreiben. ²Für genehmigungsbedürftige Anlagen, die vom Anwendungsbereich der Richtlinie 1999/31/EG des Rates vom 26. April 1999 über Abfalldeponien (ABl. EG Nr. L 182 S. 1) erfasst werden, kann die Bundesregierung durch Rechtsverordnung mit Zustimmung des Bundesrates dieselben Anforderungen festlegen wie für Deponien im Sinne des § 3 Absatz 27 des Kreislaufwirtschaftsgesetzes[2]), insbesondere Anforderungen an die Erbringung einer Sicherheitsleistung, an die Stilllegung und die Sach- und Fachkunde des Betreibers.

(5) Wegen der Anforderungen nach Absatz 1 Nummer 1 bis 4, auch in Verbindung mit Absatz 4, kann auf jedermann zugängliche Bekanntmachungen sachverständiger Stellen verwiesen werden; hierbei ist

1. in der Rechtsverordnung das Datum der Bekanntmachung anzugeben und die Bezugsquelle genau zu bezeichnen,

2. die Bekanntmachung bei dem Deutschen Patentamt archivmäßig gesichert niederzulegen und in der Rechtsverordnung darauf hinzuweisen.

---

[1]) Siehe die VO über genehmigungsbedürftige Anlagen – 4. BImSchV (Nr. **6.1.4**), die StörfallVO – 12. BImSchV (Nr. **6.1.12**), die VO über die Verbrennung und die Mitverbrennung von Abfällen – 17. BImSchV (auszugsweise abgedruckt unter Nr. **6.1.17**), die VO über mittelgroße Feuerungs-, Gasturbinen- und Verbrennungsmotoranlagen – 44. BImSchV v. 13.6.2019 (BGBl. I S. 804), geänd. durch VO v. 6.7.2021 (BGBl. I S. 2514), die DeponieVO v. 27.4.2009 (BGBl. I S. 900), zuletzt geänd. durch VO v. 9.7.2021 (BGBl. I S. 2598) und die GefahrstoffVO (Nr. **9.1.3**).

[2]) Nr. **5.1**.

**§ 8 Teilgenehmigung.** ¹Auf Antrag soll eine Genehmigung für die Errichtung einer Anlage oder eines Teils einer Anlage oder für die Errichtung und den Betrieb eines Teils einer Anlage erteilt werden, wenn

1. ein berechtigtes Interesse an der Erteilung einer Teilgenehmigung besteht,
2. die Genehmigungsvoraussetzungen für den beantragten Gegenstand der Teilgenehmigung vorliegen und
3. eine vorläufige Beurteilung ergibt, dass der Errichtung und dem Betrieb der gesamten Anlage keine von vornherein unüberwindlichen Hindernisse im Hinblick auf die Genehmigungsvoraussetzungen entgegenstehen.

²Die Bindungswirkung der vorläufigen Gesamtbeurteilung entfällt, wenn eine Änderung der Sach- oder Rechtslage oder Einzelprüfungen im Rahmen späterer Teilgenehmigungen zu einer von der vorläufigen Gesamtbeurteilung abweichenden Beurteilung führen.

**§ 8a Zulassung vorzeitigen Beginns.** (1) In einem Verfahren zur Erteilung einer Genehmigung soll die Genehmigungsbehörde auf Antrag vorläufig zulassen, dass bereits vor Erteilung der Genehmigung mit der Errichtung einschließlich der Maßnahmen, die zur Prüfung der Betriebstüchtigkeit der Anlage erforderlich sind, begonnen wird, wenn

1. mit einer Entscheidung zugunsten des Antragstellers gerechnet werden kann,
2. ein öffentliches Interesse oder ein berechtigtes Interesse des Antragstellers an dem vorzeitigen Beginn besteht und
3. der Antragsteller sich verpflichtet, alle bis zur Entscheidung durch die Errichtung der Anlage verursachten Schäden zu ersetzen und, wenn das Vorhaben nicht genehmigt wird, den früheren Zustand wiederherzustellen.

(2) ¹Die Zulassung kann jederzeit widerrufen werden. ²Sie kann mit Auflagen verbunden oder unter dem Vorbehalt nachträglicher Auflagen erteilt werden. ³Die zuständige Behörde kann die Leistung einer Sicherheit verlangen, soweit dies erforderlich ist, um die Erfüllung der Pflichten des Antragstellers zu sichern.

(3) In einem Verfahren zur Erteilung einer Genehmigung nach § 16 Absatz 1 kann die Genehmigungsbehörde unter den in Absatz 1 genannten Voraussetzungen auch den Betrieb der Anlage vorläufig zulassen, wenn die Änderung der Erfüllung einer sich aus diesem Gesetz oder einer auf Grund dieses Gesetzes erlassenen Rechtsverordnung ergebenden Pflicht dient.

**§ 9 Vorbescheid.** (1) Auf Antrag soll durch Vorbescheid über einzelne Genehmigungsvoraussetzungen sowie über den Standort der Anlage entschieden werden, sofern die Auswirkungen der geplanten Anlage ausreichend beurteilt werden können und ein berechtigtes Interesse an der Erteilung eines Vorbescheides besteht.

(2) Der Vorbescheid wird unwirksam, wenn der Antragsteller nicht innerhalb von zwei Jahren nach Eintritt der Unanfechtbarkeit die Genehmigung beantragt; die Frist kann auf Antrag bis auf vier Jahre verlängert werden.

(3) Die Vorschriften der §§ 6 und 21 gelten sinngemäß.

**§ 10 Genehmigungsverfahren.** (1) ¹Das Genehmigungsverfahren setzt einen schriftlichen oder elektronischen Antrag voraus. ²Dem Antrag sind die zur Prüfung nach § 6 erforderlichen Zeichnungen, Erläuterungen und sonstigen

Unterlagen beizufügen. ³Reichen die Unterlagen für die Prüfung nicht aus, so hat sie der Antragsteller auf Verlangen der zuständigen Behörde innerhalb einer angemessenen Frist zu ergänzen. ⁴Erfolgt die Antragstellung elektronisch, kann die zuständige Behörde Mehrfertigungen sowie die Übermittlung der dem Antrag beizufügenden Unterlagen auch in schriftlicher Form verlangen.

(1a) ¹Der Antragsteller, der beabsichtigt, eine Anlage nach der Industrieemissions-Richtlinie zu betreiben, in der relevante gefährliche Stoffe verwendet, erzeugt oder freigesetzt werden, hat mit den Unterlagen nach Absatz 1 einen Bericht über den Ausgangszustand vorzulegen, wenn und soweit eine Verschmutzung des Bodens oder des Grundwassers auf dem Anlagengrundstück durch die relevanten gefährlichen Stoffe möglich ist. ²Die Möglichkeit einer Verschmutzung des Bodens oder des Grundwassers besteht nicht, wenn auf Grund der tatsächlichen Umstände ein Eintrag ausgeschlossen werden kann.

(2) ¹Soweit Unterlagen Geschäfts- oder Betriebsgeheimnisse enthalten, sind die Unterlagen zu kennzeichnen und getrennt vorzulegen. ²Ihr Inhalt muss, soweit es ohne Preisgabe des Geheimnisses geschehen kann, so ausführlich dargestellt sein, dass es Dritten möglich ist, zu beurteilen, ob und in welchem Umfang sie von den Auswirkungen der Anlage betroffen werden können.

(3) ¹Sind die Unterlagen des Antragstellers vollständig, so hat die zuständige Behörde das Vorhaben in ihrem amtlichen Veröffentlichungsblatt und außerdem entweder im Internet oder in örtlichen Tageszeitungen, die im Bereich des Standortes der Anlage verbreitet sind, öffentlich bekannt zu machen. ²Der Antrag und die vom Antragsteller vorgelegten Unterlagen, mit Ausnahme der Unterlagen nach Absatz 2 Satz 1, sowie die entscheidungserheblichen Berichte und Empfehlungen, die der Behörde im Zeitpunkt der Bekanntmachung vorliegen, sind nach der Bekanntmachung einen Monat zur Einsicht auszulegen. ³Weitere Informationen, die für die Entscheidung über die Zulässigkeit des Vorhabens von Bedeutung sein können und die der zuständigen Behörde erst nach Beginn der Auslegung vorliegen, sind der Öffentlichkeit nach den Bestimmungen über den Zugang zu Umweltinformationen zugänglich zu machen. ⁴Bis zwei Wochen nach Ablauf der Auslegungsfrist kann die Öffentlichkeit gegenüber der zuständigen Behörde schriftlich oder elektronisch Einwendungen erheben; bei Anlagen nach der Industrieemissions-Richtlinie gilt eine Frist von einem Monat. ⁵Mit Ablauf der Einwendungsfrist sind für das Genehmigungsverfahren alle Einwendungen ausgeschlossen, die nicht auf besonderen privatrechtlichen Titeln beruhen. ⁶Einwendungen, die auf besonderen privatrechtlichen Titeln beruhen, sind auf den Rechtsweg vor den ordentlichen Gerichten zu verweisen.

(3a) Nach dem Umwelt-Rechtsbehelfsgesetz[1)] anerkannte Vereinigungen sollen die zuständige Behörde in einer dem Umweltschutz dienenden Weise unterstützen.

(4) In der Bekanntmachung nach Absatz 3 Satz 1 ist

1. darauf hinzuweisen, wo und wann der Antrag auf Erteilung der Genehmigung und die Unterlagen zur Einsicht ausgelegt sind;
2. dazu aufzufordern, etwaige Einwendungen bei einer in der Bekanntmachung zu bezeichnenden Stelle innerhalb der Einwendungsfrist vorzubringen; dabei ist auf die Rechtsfolgen nach Absatz 3 Satz 5 hinzuweisen;

---

[1)] Nr. 12.1.

3. ein Erörterungstermin zu bestimmen und darauf hinzuweisen, dass er auf Grund einer Ermessensentscheidung der Genehmigungsbehörde nach Absatz 6 durchgeführt wird und dass dann die formgerecht erhobenen Einwendungen auch bei Ausbleiben des Antragstellers oder von Personen, die Einwendungen erhoben haben, erörtert werden;
4. darauf hinzuweisen, dass die Zustellung der Entscheidung über die Einwendungen durch öffentliche Bekanntmachung ersetzt werden kann.

(5) [1] Die für die Erteilung der Genehmigung zuständige Behörde (Genehmigungsbehörde) holt die Stellungnahmen der Behörden ein, deren Aufgabenbereich durch das Vorhaben berührt wird. [2] Hat eine zu beteiligende Behörde bei einem Verfahren zur Genehmigung einer Anlage zur Nutzung erneuerbarer Energien innerhalb einer Frist von einem Monat keine Stellungnahme abgegeben, so ist davon auszugehen, dass die beteiligte Behörde sich nicht äußern will. [3] Die zuständige Behörde hat die Entscheidung in diesem Fall auf Antrag auf der Grundlage der geltenden Sach- und Rechtslage zum Zeitpunkt des Ablaufs der Monatsfrist zu treffen. [4] Soweit für das Vorhaben selbst oder für weitere damit unmittelbar in einem räumlichen oder betrieblichen Zusammenhang stehende Vorhaben, die Auswirkungen auf die Umwelt haben können und die für die Genehmigung Bedeutung haben, eine Zulassung nach anderen Gesetzen vorgeschrieben ist, hat die Genehmigungsbehörde eine vollständige Koordinierung der Zulassungsverfahren sowie der Inhalts- und Nebenbestimmungen sicherzustellen.

(5a) Betrifft das Vorhaben eine Anlage, die in den Anwendungsbereich der Richtlinie (EU) 2018/2001 des Europäischen Parlaments und des Rates vom 11. Dezember 2018 zur Förderung der Nutzung von Energie aus erneuerbaren Quellen (Neufassung) (ABl. L 328 vom 21.12.2018, S. 82) fällt, gilt ergänzend Folgendes:

1. Auf Antrag des Trägers des Vorhabens wird das Genehmigungsverfahren sowie alle sonstigen Zulassungsverfahren, die für die Durchführung des Vorhabens nach Bundes- oder Landesrecht erforderlich sind, über eine einheitliche Stelle abgewickelt.
2. [1] Die einheitliche Stelle nach Nummer 1 stellt ein Verfahrenshandbuch für Träger von Vorhaben bereit und macht diese Informationen auch im Internet zugänglich. [2] Dabei geht sie gesondert auch auf kleinere Vorhaben und Vorhaben zur Eigenversorgung mit Elektrizität ein, soweit sich das Genehmigungserfordernis nach § 1 Absatz 2 der Verordnung über genehmigungsbedürftige Anlagen[1)] darauf erstreckt. [3] In den im Internet veröffentlichten Informationen weist die einheitliche Stelle auch darauf hin, für welche Vorhaben sie zuständig ist und welche weiteren einheitlichen Stellen im jeweiligen Land für Vorhaben nach Satz 1 zuständig sind.
3. [1] Die zuständige und die zu beteiligenden Behörden sollen die zur Prüfung des Antrags zusätzlich erforderlichen Unterlagen in einer einmaligen Mitteilung an den Antragsteller zusammenfassen. [2] Nach Eingang der vollständigen Antragsunterlagen erstellt die Genehmigungsbehörde einen Zeitplan für das weitere Verfahren und teilt diesen Zeitplan in den Fällen der Nummer 1 der einheitlichen Stelle, andernfalls dem Antragsteller mit.

---

[1)] Nr. **6.1.4**.

(6) Nach Ablauf der Einwendungsfrist kann die Genehmigungsbehörde die rechtzeitig gegen das Vorhaben erhobenen Einwendungen mit dem Antragsteller und denjenigen, die Einwendungen erhoben haben, erörtern.

(6a) ¹Über den Genehmigungsantrag ist nach Eingang des Antrags und der nach Absatz 1 Satz 2 einzureichenden Unterlagen innerhalb einer Frist von sieben Monaten, in vereinfachten Verfahren innerhalb einer Frist von drei Monaten, zu entscheiden. ²Die zuständige Behörde kann die Frist um jeweils drei Monate verlängern, wenn dies wegen der Schwierigkeit der Prüfung oder aus Gründen, die dem Antragsteller zuzurechnen sind, erforderlich ist. ³Die Fristverlängerung soll gegenüber dem Antragsteller begründet werden.

(7) ¹Der Genehmigungsbescheid ist schriftlich zu erlassen, schriftlich zu begründen und dem Antragsteller und den Personen, die Einwendungen erhoben haben, zuzustellen. ²Er ist, soweit die Zustellung nicht nach Absatz 8 erfolgt, öffentlich bekannt zu machen. ³Die öffentliche Bekanntmachung erfolgt nach Maßgabe des Absatzes 8.

(8) ¹Die Zustellung des Genehmigungsbescheids an die Personen, die Einwendungen erhoben haben, kann durch öffentliche Bekanntmachung ersetzt werden. ²Die öffentliche Bekanntmachung wird dadurch bewirkt, dass der verfügende Teil des Bescheides und die Rechtsbehelfsbelehrung in entsprechender Anwendung des Absatzes 3 Satz 1 bekannt gemacht werden; auf Auflagen ist hinzuweisen. ³In diesem Fall ist eine Ausfertigung des gesamten Bescheides vom Tage nach der Bekanntmachung an zwei Wochen zur Einsicht auszulegen. ⁴In der öffentlichen Bekanntmachung ist anzugeben, wo und wann der Bescheid und seine Begründung eingesehen und nach Satz 6 angefordert werden können. ⁵Mit dem Ende der Auslegungsfrist gilt der Bescheid auch gegenüber Dritten, die keine Einwendung erhoben haben, als zugestellt; darauf ist in der Bekanntmachung hinzuweisen. ⁶Nach der öffentlichen Bekanntmachung können der Bescheid und seine Begründung bis zum Ablauf der Widerspruchsfrist von den Personen, die Einwendungen erhoben haben, schriftlich oder elektronisch angefordert werden.

(8a) ¹Unbeschadet der Absätze 7 und 8 sind bei Anlagen nach der Industrieemissions-Richtlinie folgende Unterlagen im Internet öffentlich bekannt zu machen:

1. der Genehmigungsbescheid mit Ausnahme in Bezug genommener Antragsunterlagen und des Berichts über den Ausgangszustand sowie
2. die Bezeichnung des für die betreffende Anlage maßgeblichen BVT-Merkblatts.

²Soweit der Genehmigungsbescheid Geschäfts- oder Betriebsgeheimnisse enthält, sind die entsprechenden Stellen unkenntlich zu machen. ³Absatz 8 Satz 3, 5 und 6 gilt entsprechend.

(9) Die Absätze 1 bis 8 gelten entsprechend für die Erteilung eines Vorbescheides.

(10) ¹Die Bundesregierung wird ermächtigt, durch Rechtsverordnung[1] mit Zustimmung des Bundesrates das Genehmigungsverfahren zu regeln; in der Rechtsverordnung kann auch das Verfahren bei Erteilung einer Genehmigung

---

[1] Siehe die VO über das Genehmigungsverfahren – 9. BImSchV (Nr. **6.1.9**) und die UVP-Portale-VO (Nr. **2.5.1**).

im vereinfachten Verfahren (§ 19) sowie bei der Erteilung eines Vorbescheides (§ 9), einer Teilgenehmigung (§ 8) und einer Zulassung vorzeitigen Beginns (§ 8a) geregelt werden. ²In der Verordnung ist auch näher zu bestimmen, welchen Anforderungen das Genehmigungsverfahren für Anlagen genügen muss, für die nach dem Gesetz über die Umweltverträglichkeitsprüfung[1)] eine Umweltverträglichkeitsprüfung durchzuführen ist.

(11) Das Bundesministerium der Verteidigung wird ermächtigt, im Einvernehmen mit dem Bundesministerium für Umwelt, Naturschutz und nukleare Sicherheit durch Rechtsverordnung[2)] mit Zustimmung des Bundesrates das Genehmigungsverfahren für Anlagen, die der Landesverteidigung dienen, abweichend von den Absätzen 1 bis 9 zu regeln.

### § 11 Einwendungen Dritter bei Teilgenehmigung und Vorbescheid.

Ist eine Teilgenehmigung oder ein Vorbescheid erteilt worden, können nach Eintritt ihrer Unanfechtbarkeit im weiteren Verfahren zur Genehmigung der Errichtung und des Betriebs der Anlage Einwendungen nicht mehr auf Grund von Tatsachen erhoben werden, die im vorhergehenden Verfahren fristgerecht vorgebracht worden sind oder nach den ausgelegten Unterlagen hätten vorgebracht werden können.

### § 12 Nebenbestimmungen zur Genehmigung.

(1) ¹Die Genehmigung kann unter Bedingungen erteilt und mit Auflagen verbunden werden, soweit dies erforderlich ist, um die Erfüllung der in § 6 genannten Genehmigungsvoraussetzungen sicherzustellen. ²Zur Sicherstellung der Anforderungen nach § 5 Absatz 3 soll bei Abfallentsorgungsanlagen im Sinne des § 4 Absatz 1 Satz 1 auch eine Sicherheitsleistung auferlegt werden.

(1a) Für den Fall, dass eine Verwaltungsvorschrift nach § 48 für die jeweilige Anlagenart keine Anforderungen vorsieht, ist bei der Festlegung von Emissionsbegrenzungen für Anlagen nach der Industrieemissions-Richtlinie in der Genehmigung sicherzustellen, dass die Emissionen unter normalen Betriebsbedingungen die in den BVT-Schlussfolgerungen genannten Emissionsbandbreiten nicht überschreiten.

(1b) ¹Abweichend von Absatz 1a kann die zuständige Behörde weniger strenge Emissionsbegrenzungen festlegen, wenn

1. eine Bewertung ergibt, dass wegen technischer Merkmale der Anlage die Anwendung der in den BVT-Schlussfolgerungen genannten Emissionsbandbreiten unverhältnismäßig wäre, oder

2. in Anlagen Zukunftstechniken für einen Gesamtzeitraum von höchstens neun Monaten erprobt oder angewendet werden sollen, sofern nach dem festgelegten Zeitraum die Anwendung der betreffenden Technik beendet wird oder in der Anlage mindestens die mit den besten verfügbaren Techniken assoziierten Emissionsbandbreiten erreicht werden.

²Bei der Festlegung der Emissionsbegrenzungen nach Satz 1 sind insbesondere mögliche Verlagerungen von nachteiligen Auswirkungen von einem Schutzgut auf ein anderes zu berücksichtigen; ein hohes Schutzniveau für die Umwelt insgesamt ist zu gewährleisten. ³Emissionsbegrenzungen nach Satz 1 dürfen die

---

[1)] Nr. **2.5**.
[2)] Siehe die VO über Anlagen der Landesverteidigung – 14. BImSchV v. 9.4.1986 (BGBl. I S. 380).

in den Anhängen der Richtlinie 2010/75/EU festgelegten Emissionsgrenzwerte nicht überschreiten und keine schädlichen Umwelteinwirkungen hervorrufen.

(2) [1] Die Genehmigung kann auf Antrag für einen bestimmten Zeitraum erteilt werden. [2] Sie kann mit einem Vorbehalt des Widerrufs erteilt werden, wenn die genehmigungsbedürftige Anlage lediglich Erprobungszwecken dienen soll.

(2a) [1] Die Genehmigung kann mit Einverständnis des Antragstellers mit dem Vorbehalt nachträglicher Auflagen erteilt werden, soweit hierdurch hinreichend bestimmte, in der Genehmigung bereits allgemein festgelegte Anforderungen an die Errichtung oder den Betrieb der Anlage in einem Zeitpunkt nach Erteilung der Genehmigung näher festgelegt werden sollen. [2] Dies gilt unter den Voraussetzungen des Satzes 1 auch für den Fall, dass eine beteiligte Behörde sich nicht rechtzeitig äußert.

(2b) Im Falle des § 6 Absatz 2 soll der Antragsteller durch eine Auflage verpflichtet werden, der zuständigen Behörde unverzüglich die erstmalige Herstellung oder Verwendung eines anderen Stoffes innerhalb der genehmigten Betriebsweise mitzuteilen.

(2c) [1] Der Betreiber kann durch Auflage verpflichtet werden, den Wechsel eines im Genehmigungsverfahren dargelegten Entsorgungswegs von Abfällen der zuständigen Behörde anzuzeigen. [2] Das gilt ebenso für in Abfallbehandlungsanlagen erzeugte Abfälle. [3] Bei Abfallbehandlungsanlagen können außerdem Anforderungen an die Qualität und das Schadstoffpotential der angenommenen Abfälle sowie der die Anlage verlassenden Abfälle gestellt werden.

(3) Die Teilgenehmigung kann für einen bestimmten Zeitraum oder mit dem Vorbehalt erteilt werden, dass sie bis zur Entscheidung über die Genehmigung widerrufen oder mit Auflagen verbunden werden kann.

**§ 13 Genehmigung und andere behördliche Entscheidungen.** Die Genehmigung schließt andere die Anlage betreffende behördliche Entscheidungen ein, insbesondere öffentlich-rechtliche Genehmigungen, Zulassungen, Verleihungen, Erlaubnisse und Bewilligungen mit Ausnahme von Planfeststellungen, Zulassungen bergrechtlicher Betriebspläne, behördlichen Entscheidungen auf Grund atomrechtlicher Vorschriften und wasserrechtlichen Erlaubnissen und Bewilligungen nach § 8 in Verbindung mit § 10 des Wasserhaushaltsgesetzes[1]).

**§ 14 Ausschluss von privatrechtlichen Abwehransprüchen.** [1] Auf Grund privatrechtlicher, nicht auf besonderen Titeln beruhender Ansprüche zur Abwehr benachteiligender Einwirkungen von einem Grundstück auf ein benachbartes Grundstück kann nicht die Einstellung des Betriebs einer Anlage verlangt werden, deren Genehmigung unanfechtbar ist; es können nur Vorkehrungen verlangt werden, die die benachteiligenden Wirkungen ausschließen. [2] Soweit solche Vorkehrungen nach dem Stand der Technik nicht durchführbar oder wirtschaftlich nicht vertretbar sind, kann lediglich Schadensersatz verlangt werden.

**§ 14a Vereinfachte Klageerhebung.** Der Antragsteller kann eine verwaltungsgerichtliche Klage erheben, wenn über seinen Widerspruch nach Ablauf

---

[1]) Nr. 4.1.

von drei Monaten seit der Einlegung nicht entschieden ist, es sei denn, dass wegen besonderer Umstände des Falles eine kürzere Frist geboten ist.

**§ 15 Änderung genehmigungsbedürftiger Anlagen.** (1) ¹Die Änderung der Lage, der Beschaffenheit oder des Betriebs einer genehmigungsbedürftigen Anlage ist, sofern eine Genehmigung nicht beantragt wird, der zuständigen Behörde mindestens einen Monat, bevor mit der Änderung begonnen werden soll, schriftlich oder elektronisch anzuzeigen, wenn sich die Änderung auf in § 1 genannte Schutzgüter auswirken kann. ²Der Anzeige sind Unterlagen im Sinne des § 10 Absatz 1 Satz 2 beizufügen, soweit diese für die Prüfung erforderlich sein können, ob das Vorhaben genehmigungsbedürftig ist. ³Die zuständige Behörde hat dem Träger des Vorhabens den Eingang der Anzeige und der beigefügten Unterlagen unverzüglich schriftlich oder elektronisch zu bestätigen; sie kann bei einer elektronischen Anzeige Mehrausfertigungen sowie die Übermittlung der Unterlagen, die der Anzeige beizufügen sind, auch in schriftlicher Form verlangen. ⁴Sie teilt dem Träger des Vorhabens nach Eingang der Anzeige unverzüglich mit, welche zusätzlichen Unterlagen sie zur Beurteilung der Voraussetzungen des § 16 Absatz 1 und des § 16a benötigt. ⁵Die Sätze 1 bis 4 gelten entsprechend für eine Anlage, die nach § 67 Absatz 2 oder § 67a Absatz 1 anzuzeigen ist oder vor Inkrafttreten dieses Gesetzes nach § 16 Absatz 4 der Gewerbeordnung anzuzeigen war.

(2) ¹Die zuständige Behörde hat unverzüglich, spätestens innerhalb eines Monats nach Eingang der Anzeige und der nach Absatz 1 Satz 2 erforderlichen Unterlagen, zu prüfen, ob die Änderung einer Genehmigung bedarf. ²Der Träger des Vorhabens darf die Änderung vornehmen, sobald die zuständige Behörde ihm mitteilt, dass die Änderung keiner Genehmigung bedarf, oder sich innerhalb der in Satz 1 bestimmten Frist nicht geäußert hat. ³Absatz 1 Satz 3 gilt für nachgereichte Unterlagen entsprechend.

(2a) ¹Bei einer störfallrelevanten Änderung einer genehmigungsbedürftigen Anlage, die Betriebsbereich oder Bestandteil eines Betriebsbereichs ist, hat die zuständige Behörde unverzüglich, spätestens innerhalb von zwei Monaten nach Eingang der Anzeige und der nach Absatz 1 Satz 2 erforderlichen Unterlagen zu prüfen, ob diese Änderung einer Genehmigung bedarf. ²Soweit es zur Ermittlung des angemessenen Sicherheitsabstands erforderlich ist, kann die zuständige Behörde ein Gutachten zu den Auswirkungen verlangen, die bei schweren Unfällen durch die Anlage hervorgerufen werden können. ³Der Träger des Vorhabens darf die störfallrelevante Änderung vornehmen, sobald ihm die zuständige Behörde mitteilt, dass sie keiner Genehmigung bedarf.

(3) ¹Beabsichtigt der Betreiber, den Betrieb einer genehmigungsbedürftigen Anlage einzustellen, so hat er dies unter Angabe des Zeitpunktes der Einstellung der zuständigen Behörde unverzüglich anzuzeigen. ²Der Anzeige sind Unterlagen über die vom Betreiber vorgesehenen Maßnahmen zur Erfüllung der sich aus § 5 Absatz 3 und 4 ergebenden Pflichten beizufügen. ³Die Sätze 1 und 2 gelten für die in Absatz 1 Satz 5 bezeichneten Anlagen entsprechend.

(4) In der Rechtsverordnung nach § 10 Absatz 10 können die näheren Einzelheiten für das Verfahren nach den Absätzen 1 bis 3 geregelt werden.

**§ 16 Wesentliche Änderung genehmigungsbedürftiger Anlagen.**
(1) ¹Die Änderung der Lage, der Beschaffenheit oder des Betriebs einer genehmigungsbedürftigen Anlage bedarf der Genehmigung, wenn durch die

Änderung nachteilige Auswirkungen hervorgerufen werden können und diese für die Prüfung nach § 6 Absatz 1 Nummer 1 erheblich sein können (wesentliche Änderung); eine Genehmigung ist stets erforderlich, wenn die Änderung oder Erweiterung des Betriebs einer genehmigungsbedürftigen Anlage für sich genommen die Leistungsgrenzen oder Anlagengrößen des Anhangs zur Verordnung über genehmigungsbedürftige Anlagen[1)] erreichen. ²Eine Genehmigung ist nicht erforderlich, wenn durch die Änderung hervorgerufene nachteilige Auswirkungen offensichtlich gering sind und die Erfüllung der sich aus § 6 Absatz 1 Nummer 1 ergebenden Anforderungen sichergestellt ist.

(2) ¹Die zuständige Behörde soll von der öffentlichen Bekanntmachung des Vorhabens sowie der Auslegung des Antrags und der Unterlagen absehen, wenn der Träger des Vorhabens dies beantragt und erhebliche nachteilige Auswirkungen auf in § 1 genannte Schutzgüter nicht zu besorgen sind. ²Dies ist insbesondere dann der Fall, wenn erkennbar ist, dass die Auswirkungen durch die getroffenen oder vom Träger des Vorhabens vorgesehenen Maßnahmen ausgeschlossen werden oder die Nachteile im Verhältnis zu den jeweils vergleichbaren Vorteilen gering sind. ³Betrifft die wesentliche Änderung eine in einem vereinfachten Verfahren zu genehmigende Anlage, ist auch die wesentliche Änderung im vereinfachten Verfahren zu genehmigen. ⁴§ 19 Absatz 3 gilt entsprechend.

(3) ¹Über den Genehmigungsantrag ist innerhalb einer Frist von sechs Monaten, im Falle des Absatzes 2 in drei Monaten zu entscheiden. ²Im Übrigen gilt § 10 Absatz 6a Satz 2 und 3 entsprechend.

(4) ¹Für nach § 15 Absatz 1 anzeigebedürftige Änderungen kann der Träger des Vorhabens eine Genehmigung beantragen. ²Diese ist im vereinfachten Verfahren zu erteilen; Absatz 3 und § 19 Absatz 3 gelten entsprechend.

(5) Einer Genehmigung bedarf es nicht, wenn eine genehmigte Anlage oder Teile einer genehmigten Anlage im Rahmen der erteilten Genehmigung ersetzt oder ausgetauscht werden sollen.

### § 16a Störfallrelevante Änderung genehmigungsbedürftiger Anlagen.

¹Die störfallrelevante Änderung einer genehmigungsbedürftigen Anlage, die Betriebsbereich oder Bestandteil eines Betriebsbereichs ist, bedarf der Genehmigung, wenn durch die störfallrelevante Änderung der angemessene Sicherheitsabstand zu benachbarten Schutzobjekten erstmalig unterschritten wird, der bereits unterschrittene Sicherheitsabstand räumlich weiter unterschritten wird oder eine erhebliche Gefahrenerhöhung ausgelöst wird und die Änderung nicht bereits durch § 16 Absatz 1 Satz 1 erfasst ist. ²Einer Genehmigung bedarf es nicht, soweit dem Gebot, den angemessenen Sicherheitsabstand zu wahren, bereits auf Ebene einer raumbedeutsamen Planung oder Maßnahme durch verbindliche Vorgaben Rechnung getragen worden ist.

### § 16b Repowering von Anlagen zur Erzeugung von Strom aus erneuerbaren Energien.

(1) Wird eine Anlage zur Erzeugung von Strom aus erneuerbaren Energien modernisiert (Repowering), müssen auf Antrag des Vorhabenträgers im Rahmen des Änderungsgenehmigungsverfahrens nur Anforderungen geprüft werden, soweit durch das Repowering im Verhältnis zum gegenwärtigen Zustand unter Berücksichtigung der auszutauschenden Anlage

---

[1)] Nr. **6.1.4**.

nachteilige Auswirkungen hervorgerufen werden und diese für die Prüfung nach § 6 erheblich sein können.

(2) ¹Die Modernisierung umfasst den vollständigen oder teilweisen Austausch von Anlagen oder Betriebssystemen und -geräten zum Austausch von Kapazität oder zur Steigerung der Effizienz oder der Kapazität der Anlage. ²Bei einem vollständigen Austausch der Anlage sind zusätzlich folgende Anforderungen einzuhalten:

1. Die neue Anlage wird innerhalb von 24 Monaten nach dem Rückbau der Bestandsanlage errichtet und
2. der Abstand zwischen der Bestandsanlage und der neuen Anlage beträgt höchstens das Zweifache der Gesamthöhe der neuen Anlage.

(3) Die Genehmigung einer Windenergieanlage im Rahmen einer Modernisierung nach Absatz 2 darf nicht versagt werden, wenn nach der Modernisierung nicht alle Immissionsrichtwerte der technischen Anleitung zum Schutz gegen Lärm eingehalten werden, wenn aber

1. der Immissionsbeitrag der Windenergieanlage nach der Modernisierung niedriger ist als der Immissionsbeitrag der durch sie ersetzten Windenergieanlagen und
2. die Windenergieanlage dem Stand der Technik entspricht.

(4) ¹Der Umfang der artenschutzrechtlichen Prüfung wird durch das Änderungsgenehmigungsverfahren nach Absatz 1 nicht berührt. ²Die Auswirkungen der zu ersetzenden Bestandsanlage müssen bei der artenschutzrechtlichen Prüfung als Vorbelastung berücksichtigt werden. ³Bei der Festsetzung einer Kompensation aufgrund einer Beeinträchtigung des Landschaftsbildes ist die für die zu ersetzende Bestandsanlage bereits geleistete Kompensation abzuziehen.

(5) Die Prüfung anderer öffentlich-rechtlicher Vorschriften, insbesondere des Raumordnungs-, Bauplanungs- und Bauordnungsrechts, und der Belange des Arbeitsschutzes nach § 6 Absatz 1 Nummer 2 bleibt unberührt.

(6) Auf einen Erörterungstermin soll verzichtet werden, wenn nicht der Antragsteller diesen beantragt.

(7) ¹§ 19 findet auf Genehmigungsverfahren im Sinne von Absatz 1 für das Repowering von bis zu 19 Windenergieanlagen Anwendung. ²§ 2 Absatz 1 Satz 1 Nummer 1 Buchstabe c der Verordnung über genehmigungsbedürftige Anlagen[1]) bleibt unberührt. ³Im vereinfachten Verfahren ist die Genehmigung auf Antrag des Trägers des Vorhabens öffentlich bekannt zu machen. ⁴In diesem Fall gilt § 10 Absatz 8 Satz 2 bis 6 entsprechend.

**§ 17 Nachträgliche Anordnungen.** (1) ¹Zur Erfüllung der sich aus diesem Gesetz und der auf Grund dieses Gesetzes erlassenen Rechtsverordnungen ergebenden Pflichten können nach Erteilung der Genehmigung sowie nach einer nach § 15 Absatz 1 angezeigten Änderung Anordnungen getroffen werden. ²Wird nach Erteilung der Genehmigung sowie nach einer nach § 15 Absatz 1 angezeigten Änderung festgestellt, dass die Allgemeinheit oder die Nachbarschaft nicht ausreichend vor schädlichen Umwelteinwirkungen oder sonstigen Gefahren, erheblichen Nachteilen oder erheblichen Belästigungen geschützt ist, soll die zuständige Behörde nachträgliche Anordnungen treffen.

---

[1]) Nr. **6.1.4**.

(1a) ¹Bei Anlagen nach der Industrieemissions-Richtlinie ist vor dem Erlass einer nachträglichen Anordnung nach Absatz 1 Satz 2, durch welche Emissionsbegrenzungen neu festgelegt werden sollen, der Entwurf der Anordnung öffentlich bekannt zu machen. ²§ 10 Absatz 3 und 4 Nummer 1 und 2 gilt für die Bekanntmachung entsprechend. ³Einwendungsbefugt sind Personen, deren Belange durch die nachträgliche Anordnung berührt werden, sowie Vereinigungen, welche die Anforderungen von § 3 Absatz 1 oder § 2 Absatz 2 des Umwelt-Rechtsbehelfsgesetzes[1)] erfüllen. ⁴Für die Entscheidung über den Erlass der nachträglichen Anordnung gilt § 10 Absatz 7 bis 8a entsprechend.

(1b) Absatz 1a gilt für den Erlass einer nachträglichen Anordnung entsprechend, bei der von der Behörde auf Grundlage einer Verordnung nach § 7 Absatz 1b oder einer Verwaltungsvorschrift nach § 48 Absatz 1b weniger strenge Emissionsbegrenzungen festgelegt werden sollen.

(2) ¹Die zuständige Behörde darf eine nachträgliche Anordnung nicht treffen, wenn sie unverhältnismäßig ist, vor allem wenn der mit der Erfüllung der Anordnung verbundene Aufwand außer Verhältnis zu dem mit der Anordnung angestrebten Erfolg steht; dabei sind insbesondere Art, Menge und Gefährlichkeit der von der Anlage ausgehenden Emissionen und der von ihr verursachten Immissionen sowie die Nutzungsdauer und technische Besonderheiten der Anlage zu berücksichtigen. ²Darf eine nachträgliche Anordnung wegen Unverhältnismäßigkeit nicht getroffen werden, soll die zuständige Behörde die Genehmigung unter den Voraussetzungen des § 21 Absatz 1 Nummer 3 bis 5 ganz oder teilweise widerrufen; § 21 Absatz 3 bis 6 sind anzuwenden.

(2a) § 12 Absatz 1a gilt für Anlagen nach der Industrieemissions-Richtlinie entsprechend.

(2b) ¹Abweichend von Absatz 2a kann die zuständige Behörde weniger strenge Emissionsbegrenzungen festlegen, wenn

1. wegen technischer Merkmale der Anlage die Anwendung der in den BVT-Schlussfolgerungen genannten Emissionsbandbreiten unverhältnismäßig wäre und die Behörde dies begründet oder

2. in Anlagen Zukunftstechniken für einen Gesamtzeitraum von höchstens neun Monaten erprobt oder angewendet werden sollen, sofern nach dem festgelegten Zeitraum die Anwendung der betreffenden Technik beendet wird oder in der Anlage mindestens die mit den besten verfügbaren Techniken assoziierten Emissionsbandbreiten erreicht werden.

²§ 12 Absatz 1b Satz 2 und 3 gilt entsprechend. ³Absatz 1a gilt entsprechend.

(3) Soweit durch Rechtsverordnung die Anforderungen nach § 5 Absatz 1 Nummer 2 abschließend festgelegt sind, dürfen durch nachträgliche Anordnungen weitergehende Anforderungen zur Vorsorge gegen schädliche Umwelteinwirkungen nicht gestellt werden.

(3a) ¹Die zuständige Behörde soll von nachträglichen Anordnungen absehen, soweit in einem vom Betreiber vorgelegten Plan technische Maßnahmen an dessen Anlagen oder an Anlagen Dritter vorgesehen sind, die zu einer weitergehenden Verringerung der Emissionsfrachten führen als die Summe der Minderungen, die durch den Erlass nachträglicher Anordnungen zur Erfüllung der sich aus diesem Gesetz oder den auf Grund dieses Gesetzes erlassenen

---

[1)] Nr. **12.1**.

Rechtsverordnungen ergebenden Pflichten bei den beteiligten Anlagen erreichbar wäre und hierdurch der in § 1 genannte Zweck gefördert wird. ²Dies gilt nicht, soweit der Betreiber bereits zur Emissionsminderung auf Grund einer nachträglichen Anordnung nach Absatz 1 oder einer Auflage nach § 12 Absatz 1 verpflichtet ist oder eine nachträgliche Anordnung nach Absatz 1 Satz 2 getroffen werden soll. ³Der Ausgleich ist nur zwischen denselben oder in der Wirkung auf die Umwelt vergleichbaren Stoffen zulässig. ⁴Die Sätze 1 bis 3 gelten auch für nicht betriebsbereite Anlagen, für die die Genehmigung zur Errichtung und zum Betrieb erteilt ist oder für die in einem Vorbescheid oder einer Teilgenehmigung Anforderungen nach § 5 Absatz 1 Nummer 2 festgelegt sind. ⁵Die Durchführung der Maßnahmen des Plans ist durch Anordnung sicherzustellen.

(4) ¹Ist es zur Erfüllung der Anordnung erforderlich, die Lage, die Beschaffenheit oder den Betrieb der Anlage wesentlich zu ändern und ist in der Anordnung nicht abschließend bestimmt, in welcher Weise sie zu erfüllen ist, so bedarf die Änderung der Genehmigung nach § 16. ²Ist zur Erfüllung der Anordnung die störfallrelevante Änderung einer Anlage erforderlich, die Betriebsbereich oder Bestandteil eines Betriebsbereichs ist, und wird durch diese Änderung der angemessene Sicherheitsabstand erstmalig unterschritten, wird der bereits unterschrittene Sicherheitsabstand räumlich noch weiter unterschritten oder wird eine erhebliche Gefahrenerhöhung ausgelöst, so bedarf die Änderung einer Genehmigung nach § 16 oder § 16a, wenn in der Anordnung nicht abschließend bestimmt ist, in welcher Weise sie zu erfüllen ist.

(4a) ¹Zur Erfüllung der Pflichten nach § 5 Absatz 3 soll bei Abfallentsorgungsanlagen im Sinne des § 4 Absatz 1 Satz 1 auch eine Sicherheitsleistung angeordnet werden. ²Nach der Einstellung des gesamten Betriebs können Anordnungen zur Erfüllung der sich aus § 5 Absatz 3 ergebenden Pflichten nur noch während eines Zeitraums von einem Jahr getroffen werden.

(4b) Anforderungen im Sinne des § 12 Absatz 2c können auch nachträglich angeordnet werden.

(5) Die Absätze 1 bis 4b gelten entsprechend für Anlagen, die nach § 67 Absatz 2 anzuzeigen sind oder vor Inkrafttreten dieses Gesetzes nach § 16 Absatz 4 der Gewerbeordnung anzuzeigen waren.

**§ 18 Erlöschen der Genehmigung.** (1) Die Genehmigung erlischt, wenn

1. innerhalb einer von der Genehmigungsbehörde gesetzten angemessenen Frist nicht mit der Errichtung oder dem Betrieb der Anlage begonnen oder
2. eine Anlage während eines Zeitraums von mehr als drei Jahren nicht mehr betrieben

worden ist.

(2) Die Genehmigung erlischt ferner, soweit das Genehmigungserfordernis aufgehoben wird.

(3) Die Genehmigungsbehörde kann auf Antrag die Fristen nach Absatz 1 aus wichtigem Grunde verlängern, wenn hierdurch der Zweck des Gesetzes nicht gefährdet wird.

## § 19 Vereinfachtes Verfahren.

(1) ¹Durch Rechtsverordnung[1]) nach § 4 Absatz 1 Satz 3 kann vorgeschrieben werden, dass die Genehmigung von Anlagen bestimmter Art oder bestimmten Umfangs in einem vereinfachten Verfahren erteilt wird, sofern dies nach Art, Ausmaß und Dauer der von diesen Anlagen hervorgerufenen schädlichen Umwelteinwirkungen und sonstigen Gefahren, erheblichen Nachteilen und erheblichen Belästigungen mit dem Schutz der Allgemeinheit und der Nachbarschaft vereinbar ist. ²Satz 1 gilt für Abfallentsorgungsanlagen entsprechend.

(2) In dem vereinfachten Verfahren sind § 10 Absatz 2, 3, 3a, 4, 6, 7 Satz 2 und 3, Absatz 8 und 9 sowie die §§ 11 und 14 nicht anzuwenden.

(3) Die Genehmigung ist auf Antrag des Trägers des Vorhabens abweichend von den Absätzen 1 und 2 nicht in einem vereinfachten Verfahren zu erteilen.

(4) ¹Die Genehmigung einer Anlage, die Betriebsbereich oder Bestandteil eines Betriebsbereichs ist, kann nicht im vereinfachten Verfahren erteilt werden, wenn durch deren störfallrelevante Errichtung und Betrieb der angemessene Sicherheitsabstand zu benachbarten Schutzobjekten unterschritten wird oder durch deren störfallrelevante Änderung der angemessene Sicherheitsabstand zu benachbarten Schutzobjekten erstmalig unterschritten wird, der bereits unterschrittene Sicherheitsabstand räumlich noch weiter unterschritten wird oder eine erhebliche Gefahrenerhöhung ausgelöst wird. ²In diesen Fällen ist das Verfahren nach § 10 mit Ausnahme von Absatz 4 Nummer 3 und Absatz 6 anzuwenden. ³§ 10 Absatz 3 Satz 4 ist mit der Maßgabe anzuwenden, dass nur die Personen Einwendungen erheben können, deren Belange berührt sind oder Vereinigungen, welche die Anforderungen des § 3 Absatz 1 oder des § 2 Absatz 2 des Umwelt-Rechtsbehelfsgesetzes[2]) erfüllen. ⁴Bei störfallrelevanten Änderungen ist § 16 Absatz 3 entsprechend anzuwenden. ⁵Die Sätze 1 bis 4 gelten nicht, soweit dem Gebot, den angemessenen Sicherheitsabstand zu wahren, bereits auf Ebene einer raumbedeutsamen Planung oder Maßnahme durch verbindliche Vorgaben Rechnung getragen worden ist.

## § 20 Untersagung, Stilllegung und Beseitigung.

(1) ¹Kommt der Betreiber einer genehmigungsbedürftigen Anlage einer Auflage, einer vollziehbaren nachträglichen Anordnung oder einer abschließend bestimmten Pflicht aus einer Rechtsverordnung nach § 7 nicht nach und betreffen die Auflage, die Anordnung oder die Pflicht die Beschaffenheit oder den Betrieb der Anlage, so kann die zuständige Behörde den Betrieb ganz oder teilweise bis zur Erfüllung der Auflage, der Anordnung oder der Pflichten aus der Rechtsverordnung nach § 7 untersagen. ²Die zuständige Behörde hat den Betrieb ganz oder teilweise nach Satz 1 zu untersagen, wenn ein Verstoß gegen die Auflage, Anordnung oder Pflicht eine unmittelbare Gefährdung der menschlichen Gesundheit verursacht oder eine unmittelbare erhebliche Gefährdung der Umwelt darstellt.

(1a) ¹Die zuständige Behörde hat die Inbetriebnahme oder Weiterführung einer genehmigungsbedürftigen Anlage, die Betriebsbereich oder Bestandteil eines Betriebsbereichs ist und gewerblichen Zwecken dient oder im Rahmen wirtschaftlicher Unternehmungen Verwendung findet, ganz oder teilweise zu untersagen, solange und soweit die von dem Betreiber getroffenen Maßnahmen zur Verhütung schwerer Unfälle im Sinne des Artikels 3 Nummer 13 der

---

[1]) Siehe die VO über genehmigungsbedürftige Anlagen – 4. BImSchV (Nr. **6.1.4**).
[2]) Nr. **12.1**.

Richtlinie 2012/18/EU oder zur Begrenzung der Auswirkungen derartiger Unfälle eindeutig unzureichend sind. ²Bei der Entscheidung über eine Untersagung berücksichtigt die zuständige Behörde auch schwerwiegende Unterlassungen in Bezug auf erforderliche Folgemaßnahmen, die in einem Überwachungsbericht nach § 16 Absatz 2 Nummer 1 der Störfall-Verordnung[1]) festgelegt worden sind. ³Die zuständige Behörde kann die Inbetriebnahme oder Weiterführung einer Anlage im Sinne des Satzes 1 ganz oder teilweise untersagen, wenn der Betreiber die in einer zur Umsetzung der Richtlinie 2012/18/EU erlassenen Rechtsverordnung[2]) vorgeschriebenen Mitteilungen, Berichte oder sonstigen Informationen nicht fristgerecht übermittelt.

(2) ¹Die zuständige Behörde soll anordnen, dass eine Anlage, die ohne die erforderliche Genehmigung errichtet, betrieben oder wesentlich geändert wird, stillzulegen oder zu beseitigen ist. ²Sie hat die Beseitigung anzuordnen, wenn die Allgemeinheit oder die Nachbarschaft nicht auf andere Weise ausreichend geschützt werden kann.

(3) ¹Die zuständige Behörde kann den weiteren Betrieb einer genehmigungsbedürftigen Anlage durch den Betreiber oder einen mit der Leitung des Betriebs Beauftragten untersagen, wenn Tatsachen vorliegen, welche die Unzuverlässigkeit dieser Personen in Bezug auf die Einhaltung von Rechtsvorschriften zum Schutz vor schädlichen Umwelteinwirkungen dartun, und die Untersagung zum Wohl der Allgemeinheit geboten ist. ²Dem Betreiber der Anlage kann auf Antrag die Erlaubnis erteilt werden, die Anlage durch eine Person betreiben zu lassen, die die Gewähr für den ordnungsgemäßen Betrieb der Anlage bietet. ³Die Erlaubnis kann mit Auflagen verbunden werden.

**§ 21 Widerruf der Genehmigung.** (1) Eine nach diesem Gesetz erteilte rechtmäßige Genehmigung darf, auch nachdem sie unanfechtbar geworden ist, ganz oder teilweise mit Wirkung für die Zukunft nur widerrufen werden,
1. wenn der Widerruf gemäß § 12 Absatz 2 Satz 2 oder Absatz 3 vorbehalten ist;
2. wenn mit der Genehmigung eine Auflage verbunden ist und der Begünstigte diese nicht oder nicht innerhalb einer ihm gesetzten Frist erfüllt hat;
3. wenn die Genehmigungsbehörde auf Grund nachträglich eingetretener Tatsachen berechtigt wäre, die Genehmigung nicht zu erteilen, und wenn ohne den Widerruf das öffentliche Interesse gefährdet würde;
4. wenn die Genehmigungsbehörde auf Grund einer geänderten Rechtsvorschrift berechtigt wäre, die Genehmigung nicht zu erteilen, soweit der Betreiber von der Genehmigung noch keinen Gebrauch gemacht hat, und wenn ohne den Widerruf das öffentliche Interesse gefährdet würde;
5. um schwere Nachteile für das Gemeinwohl zu verhüten oder zu beseitigen.

(2) Erhält die Genehmigungsbehörde von Tatsachen Kenntnis, welche den Widerruf einer Genehmigung rechtfertigen, so ist der Widerruf nur innerhalb eines Jahres seit dem Zeitpunkt der Kenntnisnahme zulässig.

(3) Die widerrufene Genehmigung wird mit dem Wirksamwerden des Widerrufs unwirksam, wenn die Genehmigungsbehörde keinen späteren Zeitpunkt bestimmt.

---

[1]) Nr. **6.1.12**.
[2]) Siehe die Störfall-VO – 12. BImSchV (Nr. **6.1.12**).

(4) ¹Wird die Genehmigung in den Fällen des Absatzes 1 Nummer 3 bis 5 widerrufen, so hat die Genehmigungsbehörde den Betroffenen auf Antrag für den Vermögensnachteil zu entschädigen, den dieser dadurch erleidet, dass er auf den Bestand der Genehmigung vertraut hat, soweit sein Vertrauen schutzwürdig ist. ²Der Vermögensnachteil ist jedoch nicht über den Betrag des Interesses hinaus zu ersetzen, das der Betroffene an dem Bestand der Genehmigung hat. ³Der auszugleichende Vermögensnachteil wird durch die Genehmigungsbehörde festgesetzt. ⁴Der Anspruch kann nur innerhalb eines Jahres geltend gemacht werden; die Frist beginnt, sobald die Genehmigungsbehörde den Betroffenen auf sie hingewiesen hat.

(5) Die Länder können die in Absatz 4 Satz 1 getroffene Bestimmung des Entschädigungspflichtigen abweichend regeln.

(6) Für Streitigkeiten über die Entschädigung ist der ordentliche Rechtsweg gegeben.

(7) Die Absätze 1 bis 6 gelten nicht, wenn eine Genehmigung, die von einem Dritten angefochten worden ist, während des Vorverfahrens oder während des verwaltungsgerichtlichen Verfahrens aufgehoben wird, soweit dadurch dem Widerspruch oder der Klage abgeholfen wird.

### Zweiter Abschnitt. Nicht genehmigungsbedürftige Anlagen
### § 22 Pflichten der Betreiber nicht genehmigungsbedürftiger Anlagen.

(1) ¹Nicht genehmigungsbedürftige Anlagen sind so zu errichten und zu betreiben, dass

1. schädliche Umwelteinwirkungen verhindert werden, die nach dem Stand der Technik vermeidbar sind,
2. nach dem Stand der Technik unvermeidbare schädliche Umwelteinwirkungen auf ein Mindestmaß beschränkt werden und
3. die beim Betrieb der Anlagen entstehenden Abfälle ordnungsgemäß beseitigt werden können.

²Die Bundesregierung wird ermächtigt, nach Anhörung der beteiligten Kreise (§ 51) durch Rechtsverordnung mit Zustimmung des Bundesrates auf Grund der Art oder Menge aller oder einzelner anfallender Abfälle die Anlagen zu bestimmen, für die die Anforderungen des § 5 Absatz 1 Nummer 3 entsprechend gelten. ³Für Anlagen, die nicht gewerblichen Zwecken dienen und nicht im Rahmen wirtschaftlicher Unternehmungen Verwendung finden, gilt die Verpflichtung des Satzes 1 nur, soweit sie auf die Verhinderung oder Beschränkung von schädlichen Umwelteinwirkungen durch Luftverunreinigungen, Geräusche oder von Funkanlagen ausgehende nichtionisierende Strahlen gerichtet ist.

(1a) ¹Geräuscheinwirkungen, die von Kindertageseinrichtungen, Kinderspielplätzen und ähnlichen Einrichtungen wie beispielsweise Ballspielplätzen durch Kinder hervorgerufen werden, sind im Regelfall keine schädliche Umwelteinwirkung. ²Bei der Beurteilung der Geräuscheinwirkungen dürfen Immissionsgrenz- und -richtwerte nicht herangezogen werden.

(2) Weitergehende öffentlich-rechtliche Vorschriften bleiben unberührt.

### § 23 Anforderungen an die Errichtung, die Beschaffenheit und den Betrieb nicht genehmigungsbedürftiger Anlagen. (1) ¹Die Bundesregie-

rung wird ermächtigt, nach Anhörung der beteiligten Kreise (§ 51) durch Rechtsverordnung[1]) mit Zustimmung des Bundesrates vorzuschreiben, dass die Errichtung, die Beschaffenheit und der Betrieb nicht genehmigungsbedürftiger Anlagen bestimmten Anforderungen zum Schutz der Allgemeinheit und der Nachbarschaft vor schädlichen Umwelteinwirkungen und, soweit diese Anlagen gewerblichen Zwecken dienen oder im Rahmen wirtschaftlicher Unternehmungen Verwendung finden und Betriebsbereiche oder Bestandteile von Betriebsbereichen sind, vor sonstigen Gefahren zur Verhütung schwerer Unfälle im Sinne des Artikels 3 Nummer 13 der Richtlinie 2012/18/EU und zur Begrenzung der Auswirkungen derartiger Unfälle für Mensch und Umwelt sowie zur Vorsorge gegen schädliche Umwelteinwirkungen genügen müssen, insbesondere dass

1. die Anlagen bestimmten technischen Anforderungen entsprechen müssen,
2. die von Anlagen ausgehenden Emissionen bestimmte Grenzwerte nicht überschreiten dürfen,
3. die Betreiber von Anlagen Messungen von Emissionen und Immissionen nach in der Rechtsverordnung näher zu bestimmenden Verfahren vorzunehmen haben oder von einer in der Rechtsverordnung zu bestimmenden Stelle vornehmen lassen müssen,
4. die Betreiber bestimmter Anlagen der zuständigen Behörde unverzüglich die Inbetriebnahme oder eine Änderung einer Anlage, die für die Erfüllung von in der Rechtsverordnung vorgeschriebenen Pflichten von Bedeutung sein kann, anzuzeigen haben,
4a. die Betreiber von Anlagen, die Betriebsbereiche oder Bestandteile von Betriebsbereichen sind, innerhalb einer angemessenen Frist vor Errichtung, vor Inbetriebnahme oder vor einer Änderung dieser Anlagen, die für die Erfüllung von in der Rechtsverordnung vorgeschriebenen Pflichten von Bedeutung sein kann, dies der zuständigen Behörde anzuzeigen haben und

---

[1]) Siehe die VO über über kleine und mittlere Feuerungsanlagen – 1. BImSchV (Nr. **6.1.1**), die VO zur zur Emissionsbegrenzung von leichtflüchtigen halogenierten organischen Verbindungen – 2. BImSchV v. 10.12.1990 (BGBl. I S. 2694), zuletzt geänd. durch VO v. 19.6.2020 (BGBl. I S. 1328), die VO zur Auswurfbegrenzung von Holzstaub – 7. BImSchV v. 18.12.1975 (BGBl. I S. 3133), die VO über die Beschaffenheit und die Auszeichnung der Qualitäten von Kraft- und Brennstoffen – 10. BImSchV v. 8.12.2010 (BGBl. I S. 1849), zuletzt geänd. durch VO v. 13.12.2019 (BGBl. I S. 2739), die StörfallVO – 12. BImSchV (Nr. **6.1.12**), die SportanlagenlärmschutzVO – 18. BImSchV (Nr. **6.1.18**), die VO zur Begrenzung der Emissionen flüchtiger organischer Verbindungen beim Umfüllen und Lagern von Ottokraftstoffen, Kraftstoffgemischen oder Rohbenzin – 20. BImSchV idF der Bek. v. 18.8.2014 (BGBl. I S. 1447), zuletzt geänd. durch G v. 27.7.2021 (BGBl. I S. 3146), die VO zur Begrenzung der Kohlenwasserstoffemissionen bei der Betankung von Kraftfahrzeugen – 21. BImSchV idF der Bek. v. 18.8.2014 (BGBl. I S. 1453), zuletzt geänd. durch G v. 27.7.2021 (BGBl. I S. 3146), die VO über elektromagnetische Felder – 26. BImSchV (Nr. **6.1.26**), die VO über Anlagen zur Feuerbestattung – 27. BImSchV v. 19.3.1997 (BGBl. I S. 545), zuletzt geänd. durch VO v. 2.5.2013 (BGBl. I S. 973), die VO zur Begrenzung der Emissionen flüchtiger organischer Verbindungen bei der Verwendung organischer Lösemittel in bestimmten Anlagen – 31. BImSchV v. 21.8.2001 (BGBl. I S. 2180), zuletzt geänd. durch G v. 27.7.2021 (BGBl. I S. 3146), die Geräte- und MaschinenlärmschutzVO – 32. BImSchV (Nr. **6.1.32**), die VO über mittelgroße Feuerungs-, Gasturbinen- und Verbrennungsmotoranlagen – 44. BImSchV v. 13.6.2019 (BGBl. I S. 804), geänd. durch VO v. 6.7.2021 (BGBl. I S. 2514), die AltölVO (Nr. **5.1.7**), die GefahrstoffVO (Nr. **9.1.3**) und die KWK-Kosten-Nutzen-Vergleich-VO v. 28.4.2015 (BGBl. I S. 670), zuletzt geänd. durch VO v. 6.7.2021 (BGBl. I S. 2514) sowie die VO über Verdunstungskühlanlagen, Kühltürme und Nassabscheider – 42. BImSchV v. 12.7.2017 (BGBl. I S. 2379, ber. 2018 S. 202).

5. bestimmte Anlagen nur betrieben werden dürfen, nachdem die Bescheinigung eines von der nach Landesrecht zuständigen Behörde bekannt gegebenen Sachverständigen vorgelegt worden ist, dass die Anlage den Anforderungen der Rechtsverordnung oder einer Bauartzulassung nach § 33 entspricht.

²In der Rechtsverordnung nach Satz 1 können auch die Anforderungen bestimmt werden, denen Sachverständige hinsichtlich ihrer Fachkunde, Zuverlässigkeit und gerätetechnischen Ausstattung genügen müssen. ³Wegen der Anforderungen nach Satz 1 Nummer 1 bis 3 gilt § 7 Absatz 5 entsprechend.

(1a) ¹Für bestimmte nicht genehmigungsbedürftige Anlagen kann durch Rechtsverordnung nach Absatz 1 vorgeschrieben werden, dass auf Antrag des Trägers des Vorhabens ein Verfahren zur Erteilung einer Genehmigung nach § 4 Absatz 1 Satz 1 in Verbindung mit § 6 durchzuführen ist. ²Im Falle eines Antrags nach Satz 1 sind für die betroffene Anlage an Stelle der für nicht genehmigungsbedürftige Anlagen geltenden Vorschriften die Vorschriften über genehmigungsbedürftige Anlagen anzuwenden. ³Für das Verfahren gilt § 19 Absatz 2 und 3 entsprechend.

(2) ¹Soweit die Bundesregierung von der Ermächtigung keinen Gebrauch macht, sind die Landesregierungen ermächtigt, durch Rechtsverordnung Vorschriften im Sinne des Absatzes 1 zu erlassen. ²Die Landesregierungen können die Ermächtigung auf eine oder mehrere oberste Landesbehörden übertragen.

**§ 23a Anzeigeverfahren für nicht genehmigungsbedürftige Anlagen, die Betriebsbereich oder Bestandteil eines Betriebsbereichs sind.**

(1) ¹Die störfallrelevante Errichtung und der Betrieb oder die störfallrelevante Änderung einer nicht genehmigungsbedürftigen Anlage, die Betriebsbereich oder Bestandteil eines Betriebsbereichs ist, ist der zuständigen Behörde vor ihrer Durchführung schriftlich oder elektronisch anzuzeigen, sofern eine Genehmigung nach Absatz 3 in Verbindung mit § 23b nicht beantragt wird. ²Der Anzeige sind alle Unterlagen beizufügen, die für die Feststellung nach Absatz 2 erforderlich sein können; die zuständige Behörde kann bei einer elektronischen Anzeige Mehrausfertigungen sowie die Übermittlung der der Anzeige beizufügenden Unterlagen auch in schriftlicher Form verlangen. ³Soweit es zur Ermittlung des angemessenen Sicherheitsabstands erforderlich ist, kann die zuständige Behörde ein Gutachten zu den Auswirkungen verlangen, die bei schweren Unfällen durch die Anlage hervorgerufen werden können. ⁴Die zuständige Behörde hat dem Träger des Vorhabens den Eingang der Anzeige und der beigefügten Unterlagen unverzüglich schriftlich oder elektronisch zu bestätigen. ⁵Sie teilt dem Träger des Vorhabens nach Eingang der Anzeige unverzüglich mit, welche zusätzlichen Unterlagen sie für die Feststellung nach Absatz 2 benötigt.

(2) ¹Die zuständige Behörde hat festzustellen, ob durch die störfallrelevante Errichtung und den Betrieb oder die störfallrelevante Änderung der Anlage der angemessene Sicherheitsabstand zu benachbarten Schutzobjekten erstmalig unterschritten wird, räumlich noch weiter unterschritten wird oder eine erhebliche Gefahrenerhöhung ausgelöst wird. ²Diese Feststellung ist dem Träger des Vorhabens spätestens zwei Monate nach Eingang der Anzeige und der erforderlichen Unterlagen bekannt zu geben und der Öffentlichkeit nach den Bestimmungen des Bundes und der Länder über den Zugang zu Umweltinformationen zugänglich zu machen. ³Wird kein Genehmigungsverfahren nach § 23b

durchgeführt, macht die zuständige Behörde dies in ihrem amtlichen Veröffentlichungsblatt und entweder im Internet oder in örtlichen Tageszeitungen, die im Bereich des Standortes des Betriebsbereichs verbreitet sind, öffentlich bekannt. [4]Der Träger des Vorhabens darf die Errichtung und den Betrieb oder die Änderung vornehmen, sobald die zuständige Behörde ihm mitteilt, dass sein Vorhaben keiner Genehmigung bedarf.

(3) Auf Antrag des Trägers des Vorhabens führt die zuständige Behörde das Genehmigungsverfahren nach § 23b auch ohne die Feststellung nach Absatz 2 Satz 1 durch.

**§ 23b Störfallrechtliches Genehmigungsverfahren.** (1) [1]Ergibt die Feststellung nach § 23a Absatz 2 Satz 1, dass der angemessene Sicherheitsabstand erstmalig unterschritten wird, räumlich noch weiter unterschritten wird oder eine erhebliche Gefahrenerhöhung ausgelöst wird, bedarf die störfallrelevante Errichtung und der Betrieb oder die störfallrelevante Änderung einer nicht genehmigungsbedürftigen Anlage, die Betriebsbereich oder Bestandteil eines Betriebsbereichs ist, einer störfallrechtlichen Genehmigung. [2]Dies gilt nicht, soweit dem Gebot, den angemessenen Sicherheitsabstand zu wahren, bereits auf Ebene einer raumbedeutsamen Planung oder Maßnahme durch verbindliche Vorgaben Rechnung getragen worden ist. [3]Die Genehmigung setzt einen schriftlichen oder elektronischen Antrag voraus. [4]§ 10 Absatz 1 Satz 4 und Absatz 2 gilt entsprechend. [5]Die Genehmigung ist zu erteilen, wenn sichergestellt ist, dass die Anforderungen des § 22 und der auf Grundlage des § 23 erlassenen Rechtsverordnungen eingehalten werden und andere öffentlich-rechtliche Vorschriften und Belange des Arbeitsschutzes nicht entgegenstehen. [6]Die Genehmigung kann unter Bedingungen erteilt und mit Auflagen verbunden werden, soweit dies erforderlich ist, um die Erfüllung der Genehmigungsvoraussetzungen sicherzustellen. [7]Die Genehmigung schließt andere die Anlage betreffende behördliche Entscheidungen ein mit Ausnahme von Planfeststellungen, Zulassungen bergrechtlicher Betriebspläne, behördlichen Entscheidungen auf Grund atomrechtlicher Vorschriften und wasserrechtlichen Erlaubnissen und Bewilligungen nach § 8 in Verbindung mit § 10 des Wasserhaushaltsgesetzes[1]). [8]Die §§ 8, 8a, 9 und 18 gelten entsprechend.

(2) [1]Im Genehmigungsverfahren ist die Öffentlichkeit zu beteiligen. [2]Dazu macht die zuständige Behörde das Vorhaben öffentlich bekannt und legt den Antrag, die vom Antragsteller vorgelegten Unterlagen mit Ausnahme der Unterlagen nach Absatz 1 Satz 4 sowie die entscheidungserheblichen Berichte und Empfehlungen, die der Behörde im Zeitpunkt der Bekanntmachung vorliegen, einen Monat zur Einsicht aus. [3]Personen, deren Belange durch das Vorhaben berührt werden sowie Vereinigungen, welche die Anforderungen von § 3 Absatz 1 oder § 2 Absatz 2 des Umwelt-Rechtsbehelfsgesetzes[2]) erfüllen, können innerhalb der in § 10 Absatz 3 Satz 4 erster Halbsatz genannten Frist gegenüber der zuständigen Behörde schriftlich oder elektronisch Einwendungen erheben. [4]§ 10 Absatz 3 Satz 5 und Absatz 3a gilt entsprechend. [5]Einwendungen, die auf besonderen privatrechtlichen Titeln beruhen, sind auf den Rechtsweg vor den ordentlichen Gerichten zu verweisen.

---

[1]) Nr. **4.1**.
[2]) Nr. **12.1**.

(3) ¹Die Genehmigungsbehörde holt die Stellungnahmen der Behörden ein, deren Aufgabenbereich durch das Vorhaben berührt wird. ²Soweit für das Vorhaben selbst oder für weitere damit unmittelbar in Zusammenhang stehende Vorhaben, die Auswirkungen auf die Umwelt haben können und die für die Genehmigung Bedeutung haben, eine Zulassung nach anderen Gesetzen vorgeschrieben ist, hat die Genehmigungsbehörde eine vollständige Koordinierung der Zulassungsverfahren sowie der Inhalts- und Nebenbestimmungen sicherzustellen.

(3a) Betrifft das Vorhaben eine Anlage, die in den Anwendungsbereich der Richtlinie (EU) 2018/2001 des Europäischen Parlaments und des Rates vom 11. Dezember 2018 zur Förderung der Nutzung von Energie aus erneuerbaren Quellen (Neufassung) (ABl. L 328 vom 21.12.2018, S. 82) fällt, gilt ergänzend Folgendes:

1. Auf Antrag des Trägers des Vorhabens wird das störfallrechtliche Genehmigungsverfahren sowie alle sonstigen Zulassungsverfahren, die für die Durchführung des Vorhabens nach Bundes- oder Landesrecht erforderlich sind, über eine einheitliche Stelle abgewickelt.

2. ¹Die einheitliche Stelle nach Nummer 1 stellt ein Verfahrenshandbuch für Träger von Vorhaben bereit und macht diese Informationen auch im Internet zugänglich. ²In den im Internet veröffentlichten Informationen weist die einheitliche Stelle auch darauf hin, für welche Vorhaben sie zuständig ist und welche weiteren einheitlichen Stellen im jeweiligen Land für Vorhaben nach Satz 1 zuständig sind.

3. ¹Die zuständige und die zu beteiligenden Behörden sollen die zur Prüfung des Antrags zusätzlich erforderlichen Unterlagen in einer einmaligen Mitteilung an den Antragsteller zusammenfassen. ²Nach Eingang der vollständigen Antragsunterlagen erstellt die zuständige Behörde einen Zeitplan für das weitere Verfahren und teilt diesen Zeitplan in den Fällen der Nummer 1 der einheitlichen Stelle, andernfalls dem Antragsteller mit.

4. § 16b ist entsprechend anzuwenden.

(4) ¹Über den Antrag auf störfallrelevante Errichtung und Betrieb einer Anlage hat die zuständige Behörde innerhalb einer Frist von sieben Monaten nach Eingang des Antrags und der erforderlichen Unterlagen zu entscheiden. ²Über den Antrag auf störfallrelevante Änderung einer Anlage ist innerhalb einer Frist von sechs Monaten nach Eingang des Antrags und der erforderlichen Unterlagen zu entscheiden. ³Die zuständige Behörde kann die jeweilige Frist um drei Monate verlängern, wenn dies wegen der Schwierigkeit der Prüfung oder aus Gründen, die dem Antragsteller zuzurechnen sind, erforderlich ist. ⁴Die Fristverlängerung soll gegenüber dem Antragsteller begründet werden. ⁵§ 10 Absatz 7 Satz 1 gilt entsprechend.

(5) Die Bundesregierung wird ermächtigt, durch Rechtsverordnung mit Zustimmung des Bundesrates weitere Einzelheiten des Verfahrens nach den Absätzen 1 bis 4 zu regeln, insbesondere

1. Form und Inhalt des Antrags,

2. Verfahren und Inhalt der Bekanntmachung und Auslegung des Vorhabens durch die zuständige Behörde sowie

3. Inhalt und Bekanntmachung des Genehmigungsbescheids.

Bundes-Immissionsschutzgesetz §§ 23c–25 BImSchG 6.1

**§ 23c Betriebsplanzulassung nach dem Bundesberggesetz.** ¹Die §§ 23a und 23b Absatz 1, 3 und 4 gelten nicht für die störfallrelevante Errichtung und den Betrieb oder die störfallrelevante Änderung einer nicht genehmigungsbedürftigen Anlage, die Betriebsbereich oder Bestandteil eines Betriebsbereichs ist, wenn für die Errichtung und den Betrieb oder die Änderung eine Betriebsplanzulassung nach dem Bundesberggesetz erforderlich ist. ²§ 23b Absatz 2 ist für die in Satz 1 genannten Vorhaben unter den in § 57d des Bundesberggesetzes genannten Bedingungen entsprechend anzuwenden. ³Die Regelungen, die auf Grundlage des § 23b Absatz 5 durch Rechtsverordnung getroffen werden, gelten für die in Satz 1 genannten Vorhaben, soweit § 57d des Bundesberggesetzes dies anordnet.

**§ 24 Anordnungen im Einzelfall.** ¹Die zuständige Behörde kann im Einzelfall die zur Durchführung des § 22 und der auf dieses Gesetz gestützten Rechtsverordnungen erforderlichen Anordnungen treffen. ²Kann das Ziel der Anordnung auch durch eine Maßnahme zum Zwecke des Arbeitsschutzes erreicht werden, soll diese angeordnet werden.

**§ 25 Untersagung.** (1) Kommt der Betreiber einer Anlage einer vollziehbaren behördlichen Anordnung nach § 24 Satz 1 nicht nach, so kann die zuständige Behörde den Betrieb der Anlage ganz oder teilweise bis zur Erfüllung der Anordnung untersagen.

(1a) ¹Die zuständige Behörde hat die Inbetriebnahme oder Weiterführung einer nicht genehmigungsbedürftigen Anlage, die Betriebsbereich oder Bestandteil eines Betriebsbereichs ist und gewerblichen Zwecken dient oder im Rahmen wirtschaftlicher Unternehmungen Verwendung findet, ganz oder teilweise zu untersagen, solange und soweit die von dem Betreiber getroffenen Maßnahmen zur Verhütung schwerer Unfälle im Sinne des Artikels 3 Nummer 13 der Richtlinie 2012/18/EU oder zur Begrenzung der Auswirkungen derartiger Unfälle eindeutig unzureichend sind. ²Bei der Entscheidung über eine Untersagung berücksichtigt die zuständige Behörde auch schwerwiegende Unterlassungen in Bezug auf erforderliche Folgemaßnahmen, die in einem Überwachungsbericht nach § 16 Absatz 2 Nummer 1 der Störfall-Verordnung[1]) festgelegt worden sind. ³Die zuständige Behörde kann die Inbetriebnahme oder die Weiterführung einer Anlage im Sinne des Satzes 1 außerdem ganz oder teilweise untersagen, wenn der Betreiber

1. die in einer zur Umsetzung der Richtlinie 2012/18/EU erlassenen Rechtsverordnung vorgeschriebenen Mitteilungen, Berichte oder sonstige Informationen nicht fristgerecht übermittelt oder

2. eine nach § 23a erforderliche Anzeige nicht macht oder die Anlage ohne die nach § 23b erforderliche Genehmigung störfallrelevant errichtet, betreibt oder störfallrelevant ändert.

(2) Wenn die von einer Anlage hervorgerufenen schädlichen Umwelteinwirkungen das Leben oder die Gesundheit von Menschen oder bedeutende Sachwerte gefährden, soll die zuständige Behörde die Errichtung oder den Betrieb der Anlage ganz oder teilweise untersagen, soweit die Allgemeinheit oder die Nachbarschaft nicht auf andere Weise ausreichend geschützt werden kann.

---

[1]) Nr. **6.1.12.**

## 6.1 BImSchG §§ 25a–27

**§ 25a Stilllegung und Beseitigung nicht genehmigungsbedürftiger Anlagen, die Betriebsbereich oder Bestandteil eines Betriebsbereichs sind.** ¹Die zuständige Behörde kann anordnen, dass eine Anlage, die Betriebsbereich oder Bestandteil eines Betriebsbereichs ist und ohne die erforderliche Genehmigung nach § 23b störfallrelevant errichtet oder geändert wird, ganz oder teilweise stillzulegen oder zu beseitigen ist. ²Sie soll die Beseitigung anordnen, wenn die Allgemeinheit oder die Nachbarschaft nicht auf andere Weise ausreichend geschützt werden kann.

### Dritter Abschnitt. Ermittlung von Emissionen und Immissionen, sicherheitstechnische Prüfungen

**§ 26 Messungen aus besonderem Anlass.** ¹Die zuständige Behörde kann anordnen, dass der Betreiber einer genehmigungsbedürftigen Anlage oder, soweit § 22 Anwendung findet, einer nicht genehmigungsbedürftigen Anlage Art und Ausmaß der von der Anlage ausgehenden Emissionen sowie die Immissionen im Einwirkungsbereich der Anlage durch eine der von der zuständigen Behörde eines Landes bekannt gegebenen Stellen ermitteln lässt, wenn zu befürchten ist, dass durch die Anlage schädliche Umwelteinwirkungen hervorgerufen werden. ²Die zuständige Behörde ist befugt, Einzelheiten über Art und Umfang der Ermittlungen sowie über die Vorlage des Ermittlungsergebnisses vorzuschreiben.

**§ 27 Emissionserklärung.** (1) ¹Der Betreiber einer genehmigungsbedürftigen Anlage ist verpflichtet, der zuständigen Behörde innerhalb einer von ihr zu setzenden Frist oder zu dem in der Rechtsverordnung nach Absatz 4 festgesetzten Zeitpunkt Angaben zu machen über Art, Menge, räumliche und zeitliche Verteilung der Luftverunreinigungen, die von der Anlage in einem bestimmten Zeitraum ausgegangen sind, sowie über die Austrittsbedingungen (Emissionserklärung); er hat die Emissionserklärung nach Maßgabe der Rechtsverordnung nach Absatz 4 entsprechend dem neuesten Stand zu ergänzen. ² § 52 Absatz 5 gilt sinngemäß. ³Satz 1 gilt nicht für Betreiber von Anlagen, von denen nur in geringem Umfang Luftverunreinigungen ausgehen können.

(2) ¹Auf die nach Absatz 1 erlangten Kenntnisse und Unterlagen sind die §§ 93, 97, 105 Absatz 1, § 111 Absatz 5 in Verbindung mit § 105 Absatz 1 sowie § 116 Absatz 1 der Abgabenordnung nicht anzuwenden. ²Dies gilt nicht, soweit die Finanzbehörden die Kenntnisse für die Durchführung eines Verfahrens wegen einer Steuerstraftat sowie eines damit zusammenhängenden Besteuerungsverfahrens benötigen, an deren Verfolgung ein zwingendes öffentliches Interesse besteht, oder soweit es sich um vorsätzlich falsche Angaben des Auskunftspflichtigen oder der für ihn tätigen Personen handelt.

(3) ¹Der Inhalt der Emissionserklärung ist Dritten auf Antrag bekannt zu geben. ²Einzelangaben der Emissionserklärung dürfen nicht veröffentlicht oder Dritten bekannt gegeben werden, wenn aus diesen Rückschlüsse auf Betriebs- oder Geschäftsgeheimnisse gezogen werden können. ³Bei Abgabe der Emissionserklärung hat der Betreiber der zuständigen Behörde mitzuteilen und zu begründen, welche Einzelangaben der Emissionserklärung Rückschlüsse auf Betriebs- oder Geschäftsgeheimnisse erlauben.

(4) ¹Die Bundesregierung wird ermächtigt, durch Rechtsverordnung[1] mit Zustimmung des Bundesrates Inhalt, Umfang, Form und Zeitpunkt der Abgabe der Emissionserklärung, das bei der Ermittlung der Emissionen einzuhaltende Verfahren und den Zeitraum, innerhalb dessen die Emissionserklärung zu ergänzen ist, zu regeln. ²In der Rechtsverordnung wird auch bestimmt, welche Betreiber genehmigungsbedürftiger Anlagen nach Absatz 1 Satz 3 von der Pflicht zur Abgabe einer Emissionserklärung befreit sind. ³Darüber hinaus kann zur Erfüllung der Pflichten aus bindenden Rechtsakten der Europäischen Gemeinschaften oder der Europäischen Union in der Rechtsverordnung vorgeschrieben werden, dass die zuständigen Behörden über die nach Landesrecht zuständige Behörde dem Bundesministerium für Umwelt, Naturschutz und nukleare Sicherheit zu einem festgelegten Zeitpunkt Emissionsdaten zur Verfügung stellen, die den Emissionserklärungen zu entnehmen sind.

**§ 28 Erstmalige und wiederkehrende Messungen bei genehmigungsbedürftigen Anlagen.** ¹Die zuständige Behörde kann bei genehmigungsbedürftigen Anlagen

1. nach der Inbetriebnahme oder einer Änderung im Sinne des § 15 oder des § 16 und sodann
2. nach Ablauf eines Zeitraums von jeweils drei Jahren

Anordnungen nach § 26 auch ohne die dort genannten Voraussetzungen treffen. ²Hält die Behörde wegen Art, Menge und Gefährlichkeit der von der Anlage ausgehenden Emissionen Ermittlungen auch während des in Nummer 2 genannten Zeitraums für erforderlich, so soll sie auf Antrag des Betreibers zulassen, dass diese Ermittlungen durch den Immissionsschutzbeauftragten durchgeführt werden, wenn dieser hierfür die erforderliche Fachkunde, Zuverlässigkeit und gerätetechnische Ausstattung besitzt.

**§ 29 Kontinuierliche Messungen.** (1) ¹Die zuständige Behörde kann bei genehmigungsbedürftigen Anlagen anordnen, dass statt durch Einzelmessungen nach § 26 oder § 28 oder neben solchen Messungen bestimmte Emissionen oder Immissionen unter Verwendung aufzeichnender Messgeräte fortlaufend ermittelt werden. ²Bei Anlagen mit erheblichen Emissionsmassenströmen luftverunreinigender Stoffe sollen unter Berücksichtigung von Art und Gefährlichkeit dieser Stoffe Anordnungen nach Satz 1 getroffen werden, soweit eine Überschreitung der in Rechtsvorschriften, Auflagen oder Anordnungen festgelegten Emissionsbegrenzungen nach der Art der Anlage nicht ausgeschlossen werden kann.

(2) Die zuständige Behörde kann bei nicht genehmigungsbedürftigen Anlagen, soweit § 22 anzuwenden ist, anordnen, dass statt durch Einzelmessungen nach § 26 oder neben solchen Messungen bestimmte Emissionen oder Immissionen unter Verwendung aufzeichnender Messgeräte fortlaufend ermittelt werden, wenn dies zur Feststellung erforderlich ist, ob durch die Anlage schädliche Umwelteinwirkungen hervorgerufen werden.

**§ 29a Anordnung sicherheitstechnischer Prüfungen.** (1) ¹Die zuständige Behörde kann anordnen, dass der Betreiber einer genehmigungsbedürftigen

---

[1] Siehe die VO über Emissionserklärungen und Emissionsberichte – 11. BImSchV idF der Bek. v. 5.3.2007 (BGBl. I S. 289), zuletzt geänd. durch VO v. 9.1.2017 (BGBl. I S. 42), und die GefahrstoffVO (Nr. **9.1.3**).

Anlage oder einer Anlage innerhalb eines Betriebsbereichs nach § 3 Absatz 5a einen der von der zuständigen Behörde eines Landes bekannt gegebenen Sachverständigen mit der Durchführung bestimmter sicherheitstechnischer Prüfungen sowie Prüfungen von sicherheitstechnischen Unterlagen beauftragt. ²In der Anordnung kann die Durchführung der Prüfungen durch den Störfallbeauftragten (§ 58a), eine zugelassene Überwachungsstelle nach § 2 Nummer 4 des Gesetzes über überwachungsbedürftige Anlagen oder einen in einer für Anlagen nach § 2 Nummer 1 des Gesetzes über überwachungsbedürftige Anlagen erlassenen Rechtsverordnung genannten Sachverständigen gestattet werden, wenn diese die Anforderungen nach § 29b Absatz 2 Satz 2 und 3 erfüllen; das Gleiche gilt für einen nach § 36 Absatz 1 der Gewerbeordnung bestellten Sachverständigen oder für Sachverständige, die im Rahmen von § 13a der Gewerbeordnung ihre gewerbliche Tätigkeit nur vorübergehend und gelegentlich im Inland ausüben wollen, soweit eine besondere Sachkunde im Bereich sicherheitstechnischer Prüfungen nachgewiesen wird. ³Die zuständige Behörde ist befugt, Einzelheiten über Art und Umfang der sicherheitstechnischen Prüfungen sowie über die Vorlage des Prüfungsergebnisses vorzuschreiben.

(2) ¹Prüfungen können angeordnet werden

1. für einen Zeitpunkt während der Errichtung oder sonst vor der Inbetriebnahme der Anlage,
2. für einen Zeitpunkt nach deren Inbetriebnahme,
3. in regelmäßigen Abständen,
4. im Falle einer Betriebseinstellung oder
5. wenn Anhaltspunkte dafür bestehen, dass bestimmte sicherheitstechnische Anforderungen nicht erfüllt werden.

²Satz 1 gilt entsprechend bei einer Änderung im Sinne des § 15 oder des § 16.

(3) Der Betreiber hat die Ergebnisse der sicherheitstechnischen Prüfungen der zuständigen Behörde spätestens einen Monat nach Durchführung der Prüfungen vorzulegen; er hat diese Ergebnisse unverzüglich vorzulegen, sofern dies zur Abwehr gegenwärtiger Gefahren erforderlich ist.

**§ 29b Bekanntgabe von Stellen und Sachverständigen.** (1) Die Bekanntgabe von Stellen im Sinne von § 26, von Stellen im Sinne einer auf Grund dieses Gesetzes erlassenen Rechtsverordnung oder von Sachverständigen im Sinne von § 29a durch die zuständige Behörde eines Landes berechtigt die bekannt gegebenen Stellen und Sachverständigen, die in der Bekanntgabe festgelegten Ermittlungen oder Prüfungen auf Antrag eines Anlagenbetreibers durchzuführen.

(2) ¹Die Bekanntgabe setzt einen Antrag bei der zuständigen Behörde des Landes voraus. ²Sie ist zu erteilen, wenn der Antragsteller oder die Antragstellerin über die erforderliche Fachkunde, Unabhängigkeit, Zuverlässigkeit und gerätetechnische Ausstattung verfügt sowie die für die Aufgabenerfüllung erforderlichen organisatorischen Anforderungen erfüllt. ³Sachverständige im Sinne von § 29a müssen über eine Haftpflichtversicherung verfügen.

(3) ¹Die Bundesregierung wird ermächtigt, nach Anhörung der beteiligten Kreise (§ 51) durch Rechtsverordnung[1)] mit Zustimmung des Bundesrates

---

[1)] Siehe die BekanntgabeVO – 41. BImSchV v. 2.5.2013 (BGBl. I S. 973, 1001, ber. S. 3756), zuletzt geänd. durch G v. 10.8.2021 (BGBl. I S. 3436).

Anforderungen an die Bekanntgabe von Stellen und Sachverständigen sowie an bekannt gegebene Stellen und Sachverständige zu regeln. ²In der Rechtsverordnung nach Satz 1 können insbesondere

1. Anforderungen an die Gleichwertigkeit nicht inländischer Anerkennungen und Nachweise bestimmt werden,
2. Anforderungen an das Verfahren der Bekanntgabe und ihrer Aufhebung bestimmt werden,
3. Anforderungen an den Inhalt der Bekanntgabe bestimmt werden, insbesondere, dass sie mit Nebenbestimmungen versehen und für das gesamte Bundesgebiet erteilt werden kann,
4. Anforderungen an die Organisationsform der bekannt zu gebenden Stellen bestimmt werden,
5. Anforderungen an die Struktur bestimmt werden, die die Sachverständigen der Erfüllung ihrer Aufgaben zugrunde legen,
6. Anforderungen an die Fachkunde, Zuverlässigkeit, Unabhängigkeit und gerätetechnische Ausstattung der bekannt zu gebenden Stellen und Sachverständigen bestimmt werden,
7. Pflichten der bekannt gegebenen Stellen und Sachverständigen festgelegt werden.

## § 30 Kosten der Messungen und sicherheitstechnischen Prüfungen.

¹Die Kosten für die Ermittlungen der Emissionen und Immissionen sowie für die sicherheitstechnischen Prüfungen trägt der Betreiber der Anlage. ²Bei nicht genehmigungsbedürftigen Anlagen trägt der Betreiber die Kosten für Ermittlungen nach § 26 oder § 29 Absatz 2 nur, wenn die Ermittlungen ergeben, dass

1. Auflagen oder Anordnungen nach den Vorschriften dieses Gesetzes oder der auf dieses Gesetz gestützten Rechtsverordnungen nicht erfüllt worden sind oder
2. Anordnungen oder Auflagen nach den Vorschriften dieses Gesetzes oder der auf dieses Gesetz gestützten Rechtsverordnungen geboten sind.

## § 31 Auskunftspflichten des Betreibers.

(1) ¹Der Betreiber einer Anlage nach der Industrieemissions-Richtlinie hat nach Maßgabe der Nebenbestimmungen der Genehmigung oder auf Grund von Rechtsverordnungen der zuständigen Behörde jährlich Folgendes vorzulegen:
1. eine Zusammenfassung der Ergebnisse der Emissionsüberwachung,
2. sonstige Daten, die erforderlich sind, um die Einhaltung der Genehmigungsanforderungen gemäß § 6 Absatz 1 Nummer 1 zu überprüfen.

²Die Pflicht nach Satz 1 besteht nicht, soweit die erforderlichen Angaben der zuständigen Behörde bereits auf Grund anderer Vorschriften vorzulegen sind.
³Wird in einer Rechtsverordnung nach § 7 ein Emissionsgrenzwert nach § 7 Absatz 1a, in einer Verwaltungsvorschrift nach § 48 ein Emissionswert nach § 48 Absatz 1a oder in einer Genehmigung nach § 12 Absatz 1 oder einer nachträglichen Anordnung nach § 17 Absatz 2a eine Emissionsbegrenzung nach § 12 Absatz 1a oder § 17 Absatz 2a oberhalb der in den BVT-Schlussfolgerungen genannten Emissionsbandbreiten bestimmt, so hat die Zusammenfassung

nach Satz 1 Nummer 1 einen Vergleich mit den in den BVT-Schlussfolgerungen genannten Emissionsbandbreiten zu ermöglichen.

(2) ¹Der Betreiber einer Anlage nach der Industrieemissions-Richtlinie kann von der zuständigen Behörde verpflichtet werden, diejenigen Daten zu übermitteln, deren Übermittlung nach einem Durchführungsrechtsakt nach Artikel 72 Absatz 2 der Richtlinie 2010/75/EU vorgeschrieben ist und die zur Erfüllung der Berichtspflicht nach § 61 Absatz 1 erforderlich sind, soweit solche Daten nicht bereits auf Grund anderer Vorschriften bei der zuständigen Behörde vorhanden sind. ² § 3 Absatz 1 Satz 2 und § 5 Absatz 2 bis 6 des Gesetzes zur Ausführung des Protokolls über Schadstofffreisetzungs- und -verbringungsregister vom 21. Mai 2003 sowie zur Durchführung der Verordnung (EG) Nr. 166/2006 vom 6. Juni 2007 (BGBl. I S. 1002), das durch Artikel 1 des Gesetzes vom 9. Dezember 2020 (BGBl. I S. 2873) geändert worden ist, gelten entsprechend.

(2a) ¹Der Betreiber von Anlagen, die Betriebsbereich oder Bestandteil eines Betriebsbereichs sind, kann von der zuständigen Behörde verpflichtet werden, diejenigen Daten zu übermitteln, deren Übermittlung nach einem Durchführungsrechtsakt nach Artikel 21 Absatz 5 der Richtlinie 2012/18/EU vorgeschrieben ist und die zur Erfüllung der Berichtspflicht nach § 61 Absatz 2 erforderlich sind, soweit solche Daten nicht bereits auf Grund anderer Vorschriften bei der zuständigen Behörde vorhanden sind. ²Absatz 2 Satz 2 gilt entsprechend.

(3) Wird bei einer Anlage nach der Industrieemissions-Richtlinie festgestellt, dass Anforderungen gemäß § 6 Absatz 1 Nummer 1 nicht eingehalten werden, hat der Betreiber dies der zuständigen Behörde unverzüglich mitzuteilen.

(4) Der Betreiber einer Anlage nach der Industrieemissions-Richtlinie hat bei allen Ereignissen mit schädlichen Umwelteinwirkungen die zuständige Behörde unverzüglich zu unterrichten, soweit er hierzu nicht bereits nach § 4 des Umweltschadensgesetzes[1] oder nach § 19 der Störfall-Verordnung[2] verpflichtet ist.

(5) ¹Der Betreiber der Anlage hat das Ergebnis der auf Grund einer Anordnung nach § 26, § 28 oder § 29 getroffenen Ermittlungen der zuständigen Behörde auf Verlangen mitzuteilen und die Aufzeichnungen der Messgeräte nach § 29 fünf Jahre lang aufzubewahren. ²Die zuständige Behörde kann die Art der Übermittlung der Messergebnisse vorschreiben. ³Die Ergebnisse der Überwachung der Emissionen, die bei der Behörde vorliegen, sind für die Öffentlichkeit nach den Bestimmungen des Umweltinformationsgesetzes mit Ausnahme des § 12 zugänglich; für Landesbehörden gelten die landesrechtlichen Vorschriften.

---

[1] Nr. **2.9**.
[2] Nr. **6.1.12**.

**Dritter Teil. Beschaffenheit von Anlagen, Stoffen, Erzeugnissen, Brennstoffen, Treibstoffen und Schmierstoffen; Treibhausgasminderung bei Kraftstoffen**

**Erster Abschnitt. Beschaffenheit von Anlagen, Stoffen, Erzeugnissen, Brennstoffen, Treibstoffen und Schmierstoffen**

**§ 32 Beschaffenheit von Anlagen.** (1) [1]Die Bundesregierung wird ermächtigt, nach Anhörung der beteiligten Kreise (§ 51) durch Rechtsverordnung[1)] mit Zustimmung des Bundesrates vorzuschreiben, dass serienmäßig hergestellte Teile von Betriebsstätten und sonstigen ortsfesten Einrichtungen sowie die in § 3 Absatz 5 Nummer 2 bezeichneten Anlagen und hierfür serienmäßig hergestellte Teile gewerbsmäßig oder im Rahmen wirtschaftlicher Unternehmungen nur in den Verkehr gebracht oder eingeführt werden dürfen, wenn sie bestimmten Anforderungen zum Schutz vor schädlichen Umwelteinwirkungen durch Luftverunreinigungen, Geräusche, Erschütterungen oder nichtionisierende Strahlen genügen. [2]In den Rechtsverordnungen nach Satz 1 kann insbesondere vorgeschrieben werden, dass

1. die Emissionen der Anlagen oder der serienmäßig hergestellten Teile bestimmte Werte nicht überschreiten dürfen,
2. die Anlagen oder die serienmäßig hergestellten Teile bestimmten technischen Anforderungen zur Begrenzung der Emissionen entsprechen müssen.

[3]Emissionswerte nach Satz 2 Nummer 1 können unter Berücksichtigung der technischen Entwicklung auch für einen Zeitpunkt nach Inkrafttreten der Rechtsverordnung festgesetzt werden. [4]Wegen der Anforderungen nach den Sätzen 1 bis 3 gilt § 7 Absatz 5 entsprechend.

(2) In einer Rechtsverordnung kann ferner vorgeschrieben werden, dass die Anlagen oder die serienmäßig hergestellten Teile gewerbsmäßig oder im Rahmen wirtschaftlicher Unternehmungen nur in den Verkehr gebracht oder eingeführt werden dürfen, wenn sie mit Angaben über die Höhe ihrer Emissionen gekennzeichnet sind.

**§ 33 Bauartzulassung.** (1) Die Bundesregierung wird ermächtigt, zum Schutz vor schädlichen Umwelteinwirkungen sowie zur Vorsorge gegen schädliche Umwelteinwirkungen nach Anhörung der beteiligten Kreise (§ 51) durch Rechtsverordnung[2)] mit Zustimmung des Bundesrates

1. zu bestimmen, dass in § 3 Absatz 5 Nummer 1 oder 2 bezeichnete Anlagen oder bestimmte Teile von solchen Anlagen nach einer Bauartprüfung allgemein zugelassen und dass mit der Bauartzulassung Auflagen zur Errichtung und zum Betrieb verbunden werden können;
2. vorzuschreiben, dass bestimmte serienmäßig hergestellte Anlagen oder bestimmte hierfür serienmäßig hergestellte Teile gewerbsmäßig oder im Rahmen wirtschaftlicher Unternehmungen nur in Verkehr gebracht werden

---

[1)] Siehe die Geräte- und MaschinenlärmschutzVO – 32. BImSchV (Nr. **6.1.32**).
[2)] Siehe die VO zur Durchführung der unionsrechtlichen Emissionsgrenzwerte und die Typgenehmigung für Verbrennungsmotoren für nicht für den Straßenverkehr bestimmte mobile Maschinen und Geräte – 28. BImSchV v. 21.7.2021 (BGBl. I S. 3125), und die GebührenO für Maßnahmen bei Typprüfungen von Verbrennungsmotoren – 29. BImSchV v. 22.5.2000 (BGBl. I S. 735), zuletzt geänd. durch VO v. 14.8.2012 (BGBl. I S. 1712).

dürfen, wenn die Bauart der Anlage oder des Teils allgemein zugelassen ist und die Anlage oder der Teil dem zugelassenen Muster entspricht;
3. das Verfahren der Bauartzulassung zu regeln;
4. zu bestimmen, welche Gebühren und Auslagen für die Bauartzulassung zu entrichten sind; die Gebühren werden nur zur Deckung des mit den Prüfungen verbundenen Personal- und Sachaufwandes erhoben, zu dem insbesondere der Aufwand für die Sachverständigen, die Prüfeinrichtungen und -stoffe sowie für die Entwicklung geeigneter Prüfverfahren und für den Erfahrungsaustausch gehört; es kann bestimmt werden, dass eine Gebühr auch für eine Prüfung erhoben werden kann, die nicht begonnen oder nicht zu Ende geführt worden ist, wenn die Gründe hierfür von demjenigen zu vertreten sind, der die Prüfung veranlasst hat; die Höhe der Gebührensätze richtet sich nach der Zahl der Stunden, die ein Sachverständiger durchschnittlich für die verschiedenen Prüfungen der bestimmten Anlagenart benötigt; in der Rechtsverordnung können die Kostenbefreiung, die Kostengläubigerschaft, die Kostenschuldnerschaft, der Umfang der zu erstattenden Auslagen und die Kostenerhebung abweichend von den Vorschriften des Verwaltungskostengesetzes vom 23. Juni 1970 (BGBl. I S. 821) geregelt werden.

(2) Die Zulassung der Bauart darf nur von der Erfüllung der in § 32 Absatz 1 und 2 genannten oder in anderen Rechtsvorschriften festgelegten Anforderungen sowie von einem Nachweis der Höhe der Emissionen der Anlage oder des Teils abhängig gemacht werden.

**§ 34 Beschaffenheit von Brennstoffen, Treibstoffen und Schmierstoffen.** (1) [1]Die Bundesregierung wird ermächtigt, nach Anhörung der beteiligten Kreise (§ 51) durch Rechtsverordnung[1]) mit Zustimmung des Bundesrates vorzuschreiben, dass Brennstoffe, Treibstoffe, Schmierstoffe oder Zusätze zu diesen Stoffen gewerbsmäßig oder im Rahmen wirtschaftlicher Unternehmungen nur hergestellt, in den Verkehr gebracht oder eingeführt werden dürfen, wenn sie bestimmten Anforderungen zum Schutz vor schädlichen Umwelteinwirkungen durch Luftverunreinigungen genügen. [2]In den Rechtsverordnungen nach Satz 1 kann insbesondere bestimmt werden, dass
1. natürliche Bestandteile oder Zusätze von Brennstoffen, Treibstoffen oder Schmierstoffen nach Satz 1, die bei bestimmungsgemäßer Verwendung der Brennstoffe, Treibstoffe, Schmierstoffe oder Zusätze Luftverunreinigungen hervorrufen oder die Bekämpfung von Luftverunreinigungen behindern, nicht zugesetzt werden oder einen bestimmten Höchstgehalt nicht überschreiten dürfen,
1a. Zusätze zu Brennstoffen, Treibstoffen oder Schmierstoffen bestimmte Stoffe, die Luftverunreinigungen hervorrufen oder die Bekämpfung von Luftverunreinigungen behindern, nicht oder nur in besonderer Zusammensetzung enthalten dürfen,
2. Brennstoffe, Treibstoffe oder Schmierstoffe nach Satz 1 bestimmte Zusätze enthalten müssen, durch die das Entstehen von Luftverunreinigungen begrenzt wird,

---

[1]) Siehe die VO über die Beschaffenheit und die Auszeichnung der Qualitäten von Kraft- und Brennstoffen – 10. BImSchV v. 8.12.2010 (BGBl. I S. 1849), zuletzt geänd. durch VO v. 13.12.2019 (BGBl. I S. 2739) und die AltölVO (Nr. **5.1.7**).

3. Brennstoffe, Treibstoffe, Schmierstoffe oder Zusätze nach Satz 1 einer bestimmten Behandlung, durch die das Entstehen von Luftverunreinigungen begrenzt wird, unterworfen werden müssen,
4. derjenige, der gewerbsmäßig oder im Rahmen wirtschaftlicher Unternehmungen flüssige Brennstoffe, Treibstoffe, Schmierstoffe oder Zusätze zu diesen Stoffen herstellt, einführt oder sonst in den Geltungsbereich dieses Gesetzes verbringt, der zuständigen Bundesoberbehörde

   a) Zusätze zu flüssigen Brennstoffen, Treibstoffen oder Schmierstoffen, die in ihrer chemischen Zusammensetzung andere Elemente als Kohlenstoff, Wasserstoff und Sauerstoff enthalten, anzuzeigen hat und

   b) näher zu bestimmende Angaben über die Art und die eingesetzte Menge sowie die möglichen schädlichen Umwelteinwirkungen der Zusätze und deren Verbrennungsprodukte zu machen hat.

[3] Anforderungen nach Satz 2 können unter Berücksichtigung der technischen Entwicklung auch für einen Zeitpunkt nach Inkrafttreten der Rechtsverordnungen festgesetzt werden. [4] Wegen der Anforderungen nach den Sätzen 1 bis 3 gilt § 7 Absatz 5 entsprechend.

(2) Die Bundesregierung wird ermächtigt, durch Rechtsverordnung[1]) mit Zustimmung des Bundesrates vorzuschreiben,

1. dass bei der Einfuhr von Brennstoffen, Treibstoffen, Schmierstoffen oder Zusätzen, für die Anforderungen nach Absatz 1 Satz 1 festgesetzt worden sind, eine schriftliche Erklärung des Herstellers über die Beschaffenheit der Brennstoffe, Treibstoffe, Schmierstoffe oder Zusätze den Zolldienststellen vorzulegen, bis zum ersten Bestimmungsort der Sendung mitzuführen und bis zum Abgang der Sendung vom ersten Bestimmungsort dort verfügbar zu halten ist,
2. dass der Einführer diese Erklärung zu seinen Geschäftspapieren zu nehmen hat,
3. welche Angaben über die Beschaffenheit der Brennstoffe, Treibstoffe, Schmierstoffe oder Zusätze die schriftliche Erklärung enthalten muss,
4. dass Brennstoffe, Treibstoffe, Schmierstoffe oder Zusätze nach Absatz 1 Satz 1, die in den Geltungsbereich dieses Gesetzes, ausgenommen in Zollausschlüsse, verbracht werden, bei der Verbringung von dem Einführer den zuständigen Behörden des Bestimmungsortes zu melden sind,
5. dass bei der Lagerung von Brennstoffen, Treibstoffen, Schmierstoffen oder Zusätzen nach Absatz 1 Satz 1 Tankbelegbücher zu führen sind, aus denen sich die Lieferer der Brennstoffe, Treibstoffe, Schmierstoffe oder Zusätze nach Absatz 1 Satz 1 ergeben,
6. dass derjenige, der gewerbsmäßig oder im Rahmen wirtschaftlicher Unternehmungen an den Verbraucher Stoffe oder Zusätze nach Absatz 1 Satz 1 veräußert, diese deutlich sichtbar und leicht lesbar mit Angaben über bestimmte Eigenschaften kenntlich zu machen hat und
7. dass derjenige, der Stoffe oder Zusätze nach Absatz 1 Satz 1 gewerbsmäßig oder im Rahmen wirtschaftlicher Unternehmungen in den Verkehr bringt,

---

[1]) Siehe die VO über die Beschaffenheit und die Auszeichnung der Qualitäten von Kraft- und Brennstoffen – 10. BImSchV v. 8.12.2010 (BGBl. I S. 1849), zuletzt geänd. durch VO v. 13.12.2019 (BGBl. I S. 2739).

den nach Nummer 6 Auszeichnungspflichtigen über bestimmte Eigenschaften zu unterrichten hat.

(3) ¹Die Bundesregierung wird ermächtigt, nach Anhörung der beteiligten Kreise (§ 51) durch Rechtsverordnung[1]) mit Zustimmung des Bundesrates vorzuschreiben, dass, wer gewerbsmäßig oder im Rahmen wirtschaftlicher Unternehmungen Treibstoffe in den Verkehr bringt, zur Vermeidung von Schäden an Fahrzeugen verpflichtet werden kann, auch Treibstoffe mit bestimmten Eigenschaften, insbesondere mit nicht zu überschreitenden Höchstgehalten an Sauerstoff und Biokraftstoff, in den Verkehr zu bringen. ²In der Rechtsverordnung nach Satz 1 kann darüber hinaus die Unterrichtung der Verbraucher über biogene Anteile der Treibstoffe und den geeigneten Einsatz der verschiedenen Treibstoffmischungen geregelt werden; für die Regelung der Pflicht zur Unterrichtung gilt Absatz 2 Nummer 6 und 7 entsprechend.

(4) Die Bundesregierung wird ermächtigt, nach Anhörung der beteiligten Kreise (§ 51) durch Rechtsverordnung ohne Zustimmung des Bundesrates zu regeln, dass Unternehmen, die Treibstoffe in Verkehr bringen, jährlich folgende Daten der in der Rechtsverordnung zu bestimmenden Bundesbehörde vorzulegen haben:

a) die Gesamtmenge der jeweiligen Art von geliefertem Treibstoff unter Angabe des Erwerbsortes und des Ursprungs des Treibstoffs und

b) die Lebenszyklustreibhausgasemissionen pro Energieeinheit.

### § 35 Beschaffenheit von Stoffen und Erzeugnissen.

(1) ¹Die Bundesregierung wird ermächtigt, nach Anhörung der beteiligten Kreise (§ 51) durch Rechtsverordnung[2]) mit Zustimmung des Bundesrates vorzuschreiben, dass bestimmte Stoffe oder Erzeugnisse aus Stoffen, die geeignet sind, bei ihrer bestimmungsgemäßen Verwendung oder bei der Verbrennung zum Zwecke der Beseitigung oder der Rückgewinnung einzelner Bestandteile schädliche Umwelteinwirkungen durch Luftverunreinigungen hervorzurufen, gewerbsmäßig oder im Rahmen wirtschaftlicher Unternehmungen nur hergestellt, eingeführt oder sonst in den Verkehr gebracht werden dürfen, wenn sie zum Schutz vor schädlichen Umwelteinwirkungen durch Luftverunreinigungen bestimmten Anforderungen an ihre Zusammensetzung und das Verfahren zu ihrer Herstellung genügen. ²Die Ermächtigung des Satzes 1 erstreckt sich nicht auf Anlagen, Brennstoffe, Treibstoffe und Fahrzeuge.

(2) ¹Anforderungen nach Absatz 1 Satz 1 können unter Berücksichtigung der technischen Entwicklung auch für einen Zeitpunkt nach Inkrafttreten der Rechtsverordnung festgesetzt werden. ²Wegen der Anforderungen nach Absatz 1 und Absatz 2 Satz 1 gilt § 7 Absatz 5 entsprechend.

(3) Soweit dies mit dem Schutz der Allgemeinheit vor schädlichen Umwelteinwirkungen durch Luftverunreinigungen vereinbar ist, kann in der Rechtsverordnung nach Absatz 1 an Stelle der Anforderungen über die Zusammensetzung und das Herstellungsverfahren vorgeschrieben werden, dass die Stoffe und Erzeugnisse deutlich sichtbar und leicht lesbar mit dem Hinweis zu kenn-

---

[1]) Siehe die VO über die Beschaffenheit und die Auszeichnung der Qualitäten von Kraft- und Brennstoffen – 10. BImSchV v. 8.12.2010 (BGBl. I S. 1849), zuletzt geänd. durch VO v. 13.12.2019 (BGBl. I S. 2739).
[2]) Siehe die AltölVO (Nr. **5.1.7**).

zeichnen sind, dass bei ihrer bestimmungsgemäßen Verwendung oder bei ihrer Verbrennung schädliche Umwelteinwirkungen entstehen können oder dass bei einer bestimmten Verwendungsart schädliche Umwelteinwirkungen vermieden werden können.

**§ 36 Ausfuhr.** In den Rechtsverordnungen nach den §§ 32 bis 35 kann vorgeschrieben werden, dass die Vorschriften über das Herstellen, Einführen und das Inverkehrbringen nicht gelten für Anlagen, Stoffe, Erzeugnisse, Brennstoffe und Treibstoffe, die zur Lieferung in Gebiete außerhalb des Geltungsbereichs dieses Gesetzes bestimmt sind.

**§ 37 Erfüllung von zwischenstaatlichen Vereinbarungen und Rechtsakten der Europäischen Gemeinschaften oder der Europäischen Union.** [1]Zur Erfüllung von Verpflichtungen aus zwischenstaatlichen Vereinbarungen oder von bindenden Rechtsakten der Europäischen Gemeinschaften oder der Europäischen Union kann die Bundesregierung zu dem in § 1 genannten Zweck durch Rechtsverordnung[1]) mit Zustimmung des Bundesrates bestimmen, dass Anlagen, Stoffe, Erzeugnisse, Brennstoffe oder Treibstoffe gewerbsmäßig oder im Rahmen wirtschaftlicher Unternehmungen nur in den Verkehr gebracht werden dürfen, wenn sie nach Maßgabe der §§ 32 bis 35 bestimmte Anforderungen erfüllen. [2]In einer Rechtsverordnung nach Satz 1, die der Erfüllung bindender Rechtsakte der Europäischen Gemeinschaften oder der Europäischen Union über Maßnahmen zur Bekämpfung der Emission von gasförmigen Schadstoffen und luftverunreinigenden Partikeln aus Verbrennungsmotoren für mobile Maschinen und Geräte dient, kann das Kraftfahrt-Bundesamt als Genehmigungsbehörde bestimmt und insoweit der Fachaufsicht des Bundesministeriums für Umwelt, Naturschutz und nukleare Sicherheit unterstellt werden.

### Zweiter Abschnitt. Treibhausgasminderung bei Kraftstoffen

**§ 37a Pflichten für Inverkehrbringer von Kraftstoffen.** (1) [1]Wer gewerbsmäßig oder im Rahmen wirtschaftlicher Unternehmungen nach § 2 Absatz 1 Nummer 1 und 4 des Energiesteuergesetzes zu versteuernde Otto- oder Dieselkraftstoffe in Verkehr bringt, hat sicherzustellen, dass für die gesamte im Lauf eines Kalenderjahres (Verpflichtungsjahr) von ihm in Verkehr gebrachte Menge Kraftstoffs die Vorgaben des Absatzes 4 eingehalten werden. [2]Kraftstoff gilt mit dem Entstehen der Energiesteuer nach § 8 Absatz 1, § 9 Absatz 1, § 9a Absatz 4, § 15 Absatz 1 oder Absatz 2, auch jeweils in Verbindung mit § 15 Absatz 4, § 19b Absatz 1, § 22 Absatz 1 oder § 23 Absatz 1 oder Absatz 2, § 38 Absatz 1, § 42 Absatz 1 oder § 43 Absatz 1 des Energiesteuergesetzes als in Verkehr gebracht. [3]Die Abgabe von fossilem Otto- und fossilem Dieselkraftstoff an die Bundeswehr zu Zwecken der Verteidigung oder der Erfüllung zwischenstaatlicher Verpflichtungen gilt nicht als Inverkehrbringen im Sinne der Sätze 1 und 2. [4]Dies gilt auch für den Erwerb von fossilem Otto- und fossilem Diesel-

---

[1]) Siehe die VO über die Beschaffenheit und die Auszeichnung der Qualitäten von Kraft- und Brennstoffen – 10. BImSchV. v. 8.12.2010 (BGBl. I S. 1849), zuletzt geänd. durch VO v. 13.12.2019 (BGBl. I S. 2739), die VO zur Durchführung der unionsrechtlichen Emissionsgrenzwerte und die Typgenehmigung für Verbrennungsmotoren für nicht für den Straßenverkehr bestimmte mobile Maschinen und Geräte – 28. BImSchV v. 21.7.2021 (BGBl. I S. 3125), die Geräte- und MaschinenlärmschutzVO – 32. BImSchV (Nr. **6.1.32**) und die AltölVO (Nr. **5.1.7**).

## 6.1 BImSchG § 37a

kraftstoff durch die Bundeswehr zu einem in Satz 3 genannten Zweck. ⁵Der Bundeswehr gleichgestellt sind auf Grund völkerrechtlicher Verträge in der Bundesrepublik Deutschland befindliche Truppen sowie Einrichtungen, die die Bundeswehr oder diese Truppen zur Erfüllung ihrer jeweiligen Aufgaben einsetzt oder einsetzen. ⁶Die Abgabe von Kraftstoff im Eigentum des Erdölbevorratungsverbandes auf Grund einer Freigabe nach § 12 Absatz 1 des Erdölbevorratungsgesetzes durch den Erdölbevorratungsverband, Mitglieder des Erdölbevorratungsverbandes oder Dritte sowie nachfolgende Abgaben gelten nicht als Inverkehrbringen im Sinne der Sätze 1 und 2. ⁷Dies gilt auch für die Abgabe von Kraftstoff in den in Satz 6 genannten Fällen im Rahmen von Delegationen nach § 7 Absatz 1 des Erdölbevorratungsgesetzes durch Mitglieder des Erdölbevorratungsverbandes oder Dritte sowie für nachfolgende Abgaben. ⁸Die Abgabe von Ausgleichsmengen an unterversorgte Unternehmen zum Versorgungsausgleich im Sinne von § 1 Absatz 1 der Mineralölausgleichs-Verordnung vom 13. Dezember 1985 (BGBl. I S. 2267), die zuletzt durch Artikel 5 Absatz 3 des Gesetzes vom 26. Juni 2013 (BGBl. I S. 1738) geändert worden ist, in der jeweils geltenden Fassung gilt nicht als Inverkehrbringen im Sinne der Sätze 1 und 2. ⁹Ein Inverkehrbringen im Sinne der Sätze 1 und 2 liegt ebenfalls nicht vor, wenn der Erdölbevorratungsverband Kraftstoff aus seinem Eigentum abgibt und dieser Abgabe keine Rücklieferung am Abgabeort gegenüber steht oder er dafür Mineralölprodukte erwirbt, die nicht unter die Vorschrift des Satzes 1 fallen. ¹⁰Satz 9 gilt auch für die nachfolgenden Abgaben des Kraftstoffs.

(2) ¹Wer gewerbsmäßig oder im Rahmen wirtschaftlicher Unternehmungen nach § 27 Absatz 2 und 3 des Energiesteuergesetzes steuerbefreiten oder nach § 2 Absatz 1 Nummer 3 des Energiesteuergesetzes zu versteuernden Flugturbinenkraftstoff der Unterposition 2710 19 21 der Kombinierten Nomenklatur in Verkehr bringt, hat sicherzustellen, dass die im gesamten Verpflichtungsjahr von ihm in Verkehr gebrachte Menge Kraftstoffs die Vorgaben des Absatzes 4a eingehalten werden. ²Als in Verkehr gebracht gilt Flugturbinenkraftstoff mit dem Entstehen der Energiesteuer nach § 8 Absatz 1, § 9a Absatz 4, § 15 Absatz 1 und § 19b Absatz 1 des Energiesteuergesetzes; dies gilt auch, wenn sich an die Entnahme ein Verfahren der Steuerbefreiung nach § 24 in Verbindung mit § 27 Absatz 2 und 3 des Energiesteuergesetzes anschließt. ³Absatz 1 Satz 3 bis 10 gilt entsprechend.

(3) ¹Verpflichteter nach Absatz 1 Satz 1 und 2 ist der jeweilige Steuerschuldner im Sinne des Energiesteuergesetzes. ²Abweichend von Satz 1 ist in den Fällen des § 7 Absatz 4 Satz 1 des Energiesteuergesetzes der Dritte (Einlagerer) Verpflichteter. ³In den Fällen des § 22 Absatz 1 des Energiesteuergesetzes gilt allein derjenige als Verpflichteter im Sinne von Satz 1, der eine der dort jeweils genannten Handlungen zuerst vornimmt. ⁴Verpflichteter nach Absatz 2 Satz 1 und 2 ist der jeweilige Steuerschuldner im Sinne des Energiesteuergesetzes oder der Steuerlagerinhaber, der Flugturbinenkraftstoff zu steuerfreien Zwecken nach § 27 Absatz 2 und 3 des Energiesteuergesetzes abgibt. ⁵Verpflichteter ist abweichend von Satz 4

1. in den Fällen des § 7 Absatz 4 Satz 1 des Energiesteuergesetzes der Einlagerer,

2. in den Fällen des § 7 Absatz 6 des Energiesteuergesetzes derjenige, der die Betankung kaufmännisch veranlasst hat.

(4) [1] Verpflichtete nach Absatz 1 haben sicherzustellen, dass die Treibhausgasemissionen der von ihnen in Verkehr gebrachten fossilen Otto- und fossilen Dieselkraftstoffe zuzüglich der Treibhausgasemissionen der von ihnen eingesetzten Erfüllungsoptionen um einen festgelegten Prozentsatz gegenüber dem Referenzwert nach Satz 3 gemindert werden. [2] Die Höhe des in Satz 1 genannten Prozentsatzes beträgt

1. ab dem Kalenderjahr 2020 6 Prozent,
2. ab dem Kalenderjahr 2022 7 Prozent,
3. ab dem Kalenderjahr 2023 8 Prozent,
4. ab dem Kalenderjahr 2024 9,25 Prozent,
5. ab dem Kalenderjahr 2025 10,5 Prozent,
6. ab dem Kalenderjahr 2026 12 Prozent,
7. ab dem Kalenderjahr 2027 14,5 Prozent,
8. ab dem Kalenderjahr 2028 17,5 Prozent,
9. ab dem Kalenderjahr 2029 21 Prozent,
10. ab dem Kalenderjahr 2030 25 Prozent.

[3] Der Referenzwert, gegenüber dem die Treibhausgasminderung zu erfolgen hat, berechnet sich durch Multiplikation des Basiswertes mit der vom Verpflichteten in Verkehr gebrachten energetischen Menge an fossilen Otto- und fossilen Dieselkraftstoffen zuzüglich der energetischen Menge an eingesetzten Erfüllungsoptionen. [4] Der Basiswert wird festgelegt durch eine Verordnung nach § 37d Absatz 2 Satz 1 Nummer 6. [5] Die Treibhausgasemissionen von fossilen Otto- und fossilen Dieselkraftstoffen berechnen sich durch Multiplikation der Werte, die durch eine Verordnung nach § 37d Absatz 2 Satz 1 Nummer 9 festgelegt werden, mit der vom Verpflichteten in Verkehr gebrachten energetischen Menge fossiler Otto- und fossiler Dieselkraftstoffs. [6] Die Treibhausgasemissionen von Biokraftstoffen berechnen sich durch Multiplikation der in den anerkannten Nachweisen nach § 14 der Biokraftstoff-Nachhaltigkeitsverordnung vom 30. September 2009 (BGBl. I S. 3182), die zuletzt durch Artikel 2 der Verordnung vom 26. November 2012 (BGBl. I S. 2363) geändert worden ist, in der jeweils geltenden Fassung ausgewiesenen Treibhausgasemissionen in Kilogramm Kohlenstoffdioxid-Äquivalent pro Gigajoule mit der vom Verpflichteten in Verkehr gebrachten energetischen Menge Biokraftstoffs. [7] Biokraftstoffe werden wie fossile Otto- oder fossile Dieselkraftstoffe behandelt, sofern

1. für die Biokraftstoffe anerkannte Nachweise nach § 14 der Biokraftstoff-Nachhaltigkeitsverordnung nicht vorgelegt werden,
2. für die Biokraftstoffe anerkannte Nachweise nach § 14 der Biokraftstoff-Nachhaltigkeitsverordnung vorgelegt werden, die keine Treibhausgasemissionen ausweisen,
3. für die Biokraftstoffe anerkannte Nachweise nach § 14 der Biokraftstoff-Nachhaltigkeitsverordnung vorgelegt werden, die unwirksam im Sinne der Biokraftstoff-Nachhaltigkeitsverordnung sind und nicht anerkannt werden dürfen,
4. die Biokraftstoffe nach § 37b Absatz 8 Satz 1 von der Anrechenbarkeit ausgeschlossen sind oder
5. die Europäische Kommission nach Artikel 30 Absatz 10 der Richtlinie (EU) 2018/2001 des Europäischen Parlaments und des Rates vom 11. Dezember

2018 zur Förderung der Nutzung von Energie aus erneuerbaren Quellen (ABl. L 328 vom 21.12.2018, S. 82; L 311 vom 25.9.2020, S. 11) in der jeweils geltenden Fassung oder nach Artikel 7c Absatz 8 der Richtlinie 98/70/EG des Europäischen Parlaments und des Rates vom 13. Oktober 1998 über die Qualität von Otto- und Dieselkraftstoffen und zur Änderung der Richtlinie 93/12/EWG des Rates (ABl. L 350 vom 28.12.1998, S. 58), die zuletzt durch die Verordnung (EU) 2018/1999 (ABl. L 328 vom 21.12.2018, S. 1) geändert worden ist, in der jeweils geltenden Fassung entschieden hat, dass die Bundesrepublik Deutschland den Biokraftstoff für die in Artikel 25 Absatz 1 Unterabsatz 1 und 4 der Richtlinie (EU) 2018/2001 oder für die in Artikel 7a der Richtlinie 98/70/EG genannten Zwecke nicht berücksichtigen darf.

[8] Satz 7 erster Halbsatz gilt entsprechend für die in § 37b Absatz 2 bis 6 genannten Energieerzeugnisse, wenn diese keine Biokraftstoffe im Sinne dieses Gesetzes sind. [9] Bei der Berechnung des Referenzwertes nach den Sätzen 3 und 4 sowie der Treibhausgasemissionen nach den Sätzen 5 und 6 sind Kraftstoffmengen, für die dem Verpflichteten eine Steuerentlastung nach § 8 Absatz 7, nach § 46 Absatz 1 Satz 1 Nummer 1 oder Nummer 3 oder nach § 47 Absatz 1 Nummer 1, 2 oder Nummer 6 des Energiesteuergesetzes gewährt wurde oder wird, nicht zu berücksichtigen. [10] In den Fällen des Absatzes 5 Satz 1 Nummer 2 und 3 gilt Satz 9 unabhängig von der Person des Entlastungsberechtigten.

(4a) [1] Verpflichtete nach Absatz 2 haben einen Mindestanteil an Kraftstoff, der Flugturbinenkraftstoff ersetzt, aus erneuerbaren Energien nicht-biogenen Ursprungs sicherzustellen. [2] Die Höhe des in Satz 1 genannten Anteils beträgt

1. ab dem Kalenderjahr 2026    0,5 Prozent,
2. ab dem Kalenderjahr 2028    1 Prozent,
3. ab dem Kalenderjahr 2030    2 Prozent.

[3] Die Mindestanteile von Kraftstoff aus erneuerbaren Energien nicht-biogenen Ursprungs beziehen sich jeweils auf den Energiegehalt der Menge fossilen Flugturbinenkraftstoffs zuzüglich des Energiegehalts an Kraftstoff aus erneuerbaren Energien nicht-biogenen Ursprungs. [4] Anforderungen an diese Kraftstoffe regelt eine Rechtsverordnung nach § 37d Absatz 2 Satz 1.

(5) [1] Die Verpflichtungen nach Absatz 1 Satz 1 und 2 in Verbindung mit dem Absatz 4 können von Verpflichteten erfüllt werden durch folgende Optionen (Erfüllungsoptionen):

1. Inverkehrbringen von Biokraftstoff, der fossilem Otto- oder fossilem Dieselkraftstoff, welcher nach § 2 Absatz 1 Nummer 1 und 4 des Energiesteuergesetzes zu versteuern ist, beigemischt wurde,

2. Inverkehrbringen von reinem Biokraftstoff, der nach § 2 Absatz 1 Nummer 1 und 4 des Energiesteuergesetzes zu versteuern ist,

3. Inverkehrbringen von

   a) Biokraftstoff nach § 37b Absatz 6, der fossilem Erdgaskraftstoff, welcher nach § 2 Absatz 1 Nummer 7 oder Absatz 2 Nummer 1 des Energiesteuergesetzes zu versteuern ist, zugemischt wurde, und

   b) reinem Biokraftstoff nach § 37b Absatz 6, der nach § 2 Absatz 1 Nummer 7 oder Absatz 2 Nummer 1 des Energiesteuergesetzes zu versteuern ist,

4. elektrischen Strom zur Verwendung in Straßenfahrzeugen, soweit eine Rechtsverordnung der Bundesregierung nach § 37d Absatz 2 Satz 1 Nummer 11 dies zulässt und gegenüber der zuständigen Stelle nachgewiesen wird, dass der Strom ordnungsgemäß gemessen und überwacht wurde,

5. bis zum Verpflichtungsjahr 2026 Upstream-Emissionsminderungen, soweit eine Rechtsverordnung der Bundesregierung nach § 37d Absatz 2 Satz 1 Nummer 13 dies zulässt,

6. flüssige oder gasförmige erneuerbare Kraftstoffe nicht-biogenen Ursprungs, soweit eine Rechtsverordnung der Bundesregierung nach § 37d Absatz 2 Satz 1 Nummer 13 dies zulässt,

7. flüssige oder gasförmige erneuerbare Kraftstoffe nicht-biogenen Ursprungs, wenn sie als Zwischenprodukt zur Produktion konventioneller Kraftstoffe verwendet werden, soweit eine Rechtsverordnung der Bundesregierung nach § 37d Absatz 2 Satz 1 Nummer 13 dies zulässt,

8. flüssige oder gasförmige erneuerbare Kraftstoffe nicht-biogenen Ursprungs, die in einem raffinerietechnischen Verfahren gemeinsam mit mineralölstämmigen Ölen verarbeitet werden, wenn eine Rechtsverordnung der Bundesregierung nach § 37d Absatz 2 Satz 1 Nummer 13 dies zulässt,

9. andere Kraftstoffe, soweit eine Rechtsverordnung der Bundesregierung nach § 37d Absatz 2 Satz 1 Nummer 13 dies zulässt.

[2] Erfüllungsoptionen nach Satz 1 Nummer 6 bis 8 werden mindestens mit dem Doppelten ihres Energiegehaltes auf die Erfüllung der Verpflichtungen nach Absatz 1 Satz 1 und 2 in Verbindung mit dem Absatz 4 angerechnet. [3] Die Verpflichtung nach Absatz 2 in Verbindung mit Absatz 4a wird von Verpflichteten durch das Inverkehrbringen von flüssigen oder gasförmigen erneuerbaren Kraftstoffen nicht-biogenen Ursprungs erfüllt, soweit eine Rechtsverordnung der Bundesregierung nach § 37d Absatz 2 Satz 1 Nummer 13 dies zulässt.

(6) [1] Die Erfüllung von Verpflichtungen

1. nach Absatz 1 Satz 1 und 2 in Verbindung mit Absatz 4 und

2. nach Absatz 2 in Verbindung mit Absatz 4a

kann durch Vertrag, der der Schriftform bedarf, auf einen Dritten, der nicht selbst Verpflichteter ist, übertragen werden. [2] Der Vertrag muss mengenmäßige Angaben zum Umfang der vom Dritten gegenüber dem Verpflichteten eingegangenen Verpflichtung enthalten sowie Angaben, für welche Erfüllungsoptionen die Übertragung gilt. [3] Außerdem muss der Vertrag Angaben zu den Treibhausgasemissionen der Kraftstoffe in Kilogramm Kohlenstoffdioxid-Äquivalent enthalten. [4] Der Dritte kann den Vertrag ausschließlich durch Erfüllungsoptionen erfüllen, die er im Verpflichtungsjahr einsetzt oder eingesetzt hat. [5] Abweichend von Satz 4 kann der Dritte Verträge nach Satz 3 auch durch Erfüllungsoptionen erfüllen, die er bereits im Vorjahr des Verpflichtungsjahres in Verkehr gebracht hat, wenn die Erfüllungsoptionen nicht bereits Gegenstand eines Vertrages nach Satz 1 waren und der Dritte im Vorjahr des Verpflichtungsjahres nicht selbst Verpflichteter gewesen ist. [6] Absatz 1 Satz 2, Absatz 2 Satz 2, Absatz 5 Satz 1 und 2 gelten entsprechend. [7] Bei Vorliegen der Voraussetzungen nach den Sätzen 1 bis 6 ist der Verpflichtete so zu behandeln, als hätte er die vom Dritten eingesetzten Erfüllungsoptionen im Verpflichtungsjahr selbst in Verkehr gebracht. [8] Absatz 4 Satz 3 bis 10 gelten entsprechend. [9] Die vom Dritten zur Erfüllung einer nach Satz 1 übertragenen Verpflichtung eingesetzten Erfüllungsoptionen können nicht zur Erfüllung der Verpflichtung eines weiteren Verpflichteten eingesetzt werden.

(7) [1] Die Erfüllung von Verpflichtungen

1. nach Absatz 1 Satz 1 und 2 in Verbindung mit Absatz 4 und
2. nach Absatz 2 in Verbindung mit Absatz 4a

kann durch Vertrag, der der Schriftform bedarf, auf einen Dritten, der selbst Verpflichteter ist, übertragen werden. [2] Absatz 6 Satz 2 gilt entsprechend. [3] Der Vertrag zur Erfüllung von Verpflichtungen nach Absatz 1 Satz 1 und 2 in Verbindung mit Absatz 4 muss Angaben zum Umfang der vom Dritten im Verpflichtungsjahr sicherzustellenden Treibhausgasminderungsmenge in Kilogramm Kohlenstoffdioxid-Äquivalent enthalten. [4] Der Vertrag zur Erfüllung von Verpflichtungen nach Absatz 2 Satz 1 und 2 in Verbindung mit Absatz 4a muss Angaben zum Umfang der vom Dritten im Verpflichtungsjahr sicherzustellenden energetischen Menge erneuerbarer Kraftstoffe nicht-biogenen Ursprungs nach Absatz 5 Satz 2 in Gigajoule enthalten. [5] Der Dritte kann Verträge ausschließlich durch Erfüllungsoptionen erfüllen, die er im Verpflichtungsjahr einsetzt oder eingesetzt hat. [6] Absatz 1 Satz 2, Absatz 2 Satz 2, Absatz 5 Satz 1 und 2 gelten entsprechend. [7] Bei Vorliegen der Voraussetzungen nach den Sätzen 1 bis 5 werden zugunsten des Verpflichteten berücksichtigt

1. im Fall des Absatzes 1 Satz 1 und 2 in Verbindung mit Absatz 4 die vom Dritten erreichte Treibhausgasminderungsmenge ausschließlich bei der Berechnung der Treibhausgasemissionen nach Absatz 4 Satz 5 und 6 und
2. im Fall des Absatzes 2 in Verbindung mit Absatz 4a die vom Dritten eingesetzten Erfüllungsoptionen ausschließlich bei der Ermittlung der Mindestanteile von erneuerbaren Kraftstoffen nicht-biogenen Ursprungs nach Absatz 4a Satz 3.

[8] Im Fall des Satzes 6 Nummer 1 berechnet sich die Treibhausgasminderungsmenge in entsprechender Anwendung des Absatzes 4 Satz 3 bis 10. [9] Die vom Dritten zur Erfüllung einer nach Satz 1 übertragenen Verpflichtung eingesetzten Treibhausgasminderungs- und Kraftstoffmengen können nicht zur Erfüllung der eigenen Verpflichtung des Dritten oder der Verpflichtung eines weiteren Verpflichteten eingesetzt werden.

(8) Treibhausgasminderungs- oder Kraftstoffmengen, die den nach den Absätzen 4 oder 4a vorgeschriebenen Prozentsatz oder Mindestanteil für ein bestimmtes Verpflichtungsjahr übersteigen, werden auf Antrag des Verpflichteten auf den Prozentsatz oder Mindestanteil des folgenden Kalenderjahres angerechnet.

### § 37b Begriffsbestimmungen und Anrechenbarkeit von Biokraftstoffen.
(1) [1] Biokraftstoffe sind unbeschadet der Absätze 2 bis 6 Energieerzeugnisse ausschließlich aus Biomasse im Sinne der Biomasseverordnung[1]) vom 21. Juni 2001 (BGBl. I S. 1234), die zuletzt durch Artikel 12 des Gesetzes vom 21. Juli 2014 (BGBl. I S. 1066) geändert worden ist, in der jeweils geltenden Fassung. [2] Energieerzeugnisse, die anteilig aus Biomasse hergestellt werden, gelten in Höhe dieses Anteils als Biokraftstoff.

---

[1]) Nr. **8.2.1**.

Bundes-Immissionsschutzgesetz **§ 37b BImSchG 6.1**

(2) ¹Fettsäuremethylester (Biodiesel) sind abweichend von Absatz 1 nur dann Biokraftstoffe, wenn sie aus biogenen Ölen oder Fetten gewonnen werden, die selbst Biomasse im Sinne der Biomasseverordnung sind, und wenn ihre Eigenschaften mindestens den Anforderungen für Biodiesel nach § 5 der Verordnung über die Beschaffenheit und die Auszeichnung der Qualitäten von Kraft- und Brennstoffen vom 8. Dezember 2010 (BGBl. I S. 1849), die durch Artikel 8 Absatz 1 der Verordnung vom 2. Mai 2013 (BGBl. I S. 1021) geändert worden ist, in der jeweils geltenden Fassung entsprechen. ²Biodiesel ist unter diesen Voraussetzungen in vollem Umfang als Biokraftstoff zu behandeln.

(3) ¹Im Fall von Bioethanol, das fossilem Ottokraftstoff beigemischt wird, müssen die Eigenschaften des Bioethanols mindestens den Anforderungen der DIN EN 15376, Ausgabe März 2008 oder Ausgabe November 2009 oder Ausgabe April 2011, entsprechen. ²Im Fall von Bioethanol, das im Ethanolkraftstoff (E85) enthalten ist, müssen die Eigenschaften des Ethanolkraftstoffs (E85) außerdem mindestens den Anforderungen für Ethanolkraftstoff (E85) nach § 6 der Verordnung über die Beschaffenheit und die Auszeichnung der Qualitäten von Kraft- und Brennstoffen entsprechen. ³Für Energieerzeugnisse, die anteilig aus Bioethanol hergestellt werden, gilt für den Bioethanolanteil Satz 1 entsprechend.

(4) Pflanzenöl ist abweichend von Absatz 1 nur dann Biokraftstoff, wenn seine Eigenschaften mindestens den Anforderungen für Pflanzenölkraftstoff nach § 9 der Verordnung über die Beschaffenheit und die Auszeichnung der Qualitäten von Kraft- und Brennstoffen entsprechen.

(5) ¹Hydrierte biogene Öle sind abweichend von Absatz 1 nur dann Biokraftstoffe, wenn sie aus biogenen Ölen oder Fetten gewonnen werden, die selbst Biomasse im Sinne der Biomasseverordnung sind, und wenn die Hydrierung nicht in einem raffinerietechnischen Verfahren gemeinsam mit mineralölstämmigen Ölen erfolgt ist. ²Hydrierte biogene Öle sind unter diesen Voraussetzungen in vollem Umfang als Biokraftstoff zu behandeln.

(6) Biomethan ist abweichend von Absatz 1 nur dann Biokraftstoff, wenn es den Anforderungen für Erdgas nach § 8 der Verordnung über die Beschaffenheit und die Auszeichnung der Qualitäten von Kraft- und Brennstoffen entspricht.

(7) ¹Für die Kraftstoffe nach den Absätzen 1 bis 6 gilt § 11 der Verordnung über die Beschaffenheit und die Auszeichnung der Qualitäten von Kraft- und Brennstoffen entsprechend. ²Die in Satz 1 sowie den Absätzen 2 bis 4 und 6 genannten oder in Bezug genommenen Normen sind im Beuth Verlag GmbH, Berlin, erschienen und bei der Deutschen Nationalbibliothek archivmäßig gesichert niedergelegt.

(8) ¹Nicht auf die Erfüllung von Verpflichtungen nach § 37a Absatz 1 Satz 1 und 2 in Verbindung mit § 37a Absatz 4 angerechnet werden können

1. biogene Öle, die in einem raffinerietechnischen Verfahren gemeinsam mit mineralölstämmigen Ölen hydriert wurden,
2. der Biokraftstoffanteil von Energieerzeugnissen mit einem Bioethanolanteil von weniger als 70 Volumenprozent, denen Bioethanol enthaltende Waren der Unterposition 3824 90 99 der Kombinierten Nomenklatur zugesetzt wurden,
3. Biokraftstoffe, die vollständig oder teilweise aus tierischen Ölen oder Fetten hergestellt wurden, und

## 6.1 BImSchG § 37c

4. Wasserstoff aus biogenen Quellen.

²Abweichend von Satz 1 Nummer 3 und Absatz 1 Satz 1 können Biokraftstoffe, die vollständig oder teilweise aus tierischen Fetten und Ölen der Kategorie 1 und 2 gemäß Artikel 8 und 9 der Verordnung (EG) Nr. 1069/2009 des Europäischen Parlaments und des Rates vom 21. Oktober 2009 mit Hygienevorschriften für nicht für den menschlichen Verzehr bestimmte tierische Nebenprodukte und zur Aufhebung der Verordnung (EG) Nr. 1774/2002 (ABl. L 300 vom 14.11.2009, S. 1), die zuletzt durch die Verordnung (EU) 2019/1009 (ABl. L 170 vom 25.6.2019, S. 1) geändert worden ist, in ihrer jeweils geltenden Fassung bestehen, auf die Erfüllung von Verpflichtungen nach § 37a Absatz 1 Satz 1 und 2 in Verbindung mit § 37a Absatz 4 angerechnet werden. ³Abweichend von Satz 1 Nummer 4 und Absatz 1 Satz 1 wird Wasserstoff aus biogenen Quellen des Anhangs IX Teil A der Richtlinie (EU) 2018/2001, der in Straßenfahrzeugen eingesetzt wird, ab dem 1. Juli 2023 auf die Erfüllung nach § 37a Absatz 1 Satz 1 und 2 in Verbindung mit § 37a Absatz 4 angerechnet; eine Rechtsverordnung der Bundesregierung nach § 37d Absatz 2 Satz 1 Nummer 19 regelt weitere Bestimmungen. ⁴Ab dem Kalenderjahr 2023 wird für die Treibhausgasemissionen von Biokraftstoffen aus Rohstoffen mit hohem Risiko indirekter Landnutzungsänderung nach Artikel 3 der Verordnung (EU) 2019/807 der Basiswert zugrunde gelegt. ⁵Der Rechenfaktor nach § 37d Absatz 2 Satz 1 Nummer 2 für Biokraftstoffe aus Abwasser aus Palmölmühlen und leeren Palmfruchtbündeln beträgt eins.

(9) Das Bundesministerium für Umwelt, Naturschutz und nukleare Sicherheit gibt den Energiegehalt der verschiedenen Kraftstoffe sowie Änderungen ihres Energiegehaltes im Bundesanzeiger bekannt.[1]

**§ 37c Mitteilungs- und Abgabepflichten.** (1) ¹Verpflichtete haben der zuständigen Stelle jeweils bis zum Ablauf des 15. April des auf das Verpflichtungsjahr folgenden Kalenderjahres schriftlich mitzuteilen

1. die im Verpflichtungsjahr von ihnen in Verkehr gebrachte Menge fossilen Otto- und fossilen Dieselkraftstoffs oder fossilen Flugturbinenkraftstoffs,
2. die im Verpflichtungsjahr von ihnen eingesetzte Menge an Erfüllungsoptionen, bezogen auf die verschiedenen jeweils betroffenen Erfüllungsoptionen, und
3. die Treibhausgasemissionen in Kilogramm Kohlenstoffdioxid-Äquivalent der jeweiligen Mengen.

²In der Mitteilung sind darüber hinaus die Firma des Verpflichteten, der Ort der für das Inverkehrbringen verantwortlichen Niederlassung oder der Sitz des Unternehmens, die jeweils zugehörige Anschrift sowie der Name und die Anschrift des Vertretungsberechtigten anzugeben. ³Soweit die Erfüllung von Verpflichtungen nach § 37a Absatz 6 Satz 1 oder nach § 37a Absatz 7 Satz 1 vertraglich auf Dritte übertragen wurde, haben Verpflichtete der zuständigen Stelle zusätzlich die Angaben nach § 37a Absatz 6 Satz 2 oder Satz 3 oder § 37a Absatz 7 Satz 2 oder Satz 3 schriftlich mitzuteilen und eine Kopie des Vertrags mit dem Dritten vorzulegen. ⁴Im Fall des § 37a Absatz 6 hat der Dritte der zuständigen Stelle schriftlich mitzuteilen

---

[1] Siehe hierzu ua Treibhausgasminderungsquote-Bek. 2018 v. 23.11.2018 (BAnz AT 10.12.2018 B6) und Treibhausgasminderungsquote-Bek. 2020 v. 6.4.2020 (BAnz AT 07.05.2020 B5).

Bundes-Immissionsschutzgesetz **§ 37c BImSchG 6.1**

1. die auf Grund seiner vertraglichen Verpflichtung von ihm im Verpflichtungsjahr in Verkehr gebrachte Menge Kraftstoff, bezogen auf die verschiedenen jeweils betroffenen Erfüllungsoptionen, und
2. die Treibhausgasemissionen in Kilogramm Kohlenstoffdioxid-Äquivalent der jeweiligen Mengen.

[5] Im Fall des § 37a Absatz 6 Satz 5 gilt dies entsprechend für die im Vorjahr des Verpflichtungsjahres vom Dritten *eingesetzte*[1] Erfüllungsoptionen. [6] Im Fall des § 37a Absatz 7 hat der Dritte der zuständigen Stelle die auf Grund seiner vertraglichen Verpflichtung von ihm im Verpflichtungsjahr in Verkehr gebrachte Menge Kraftstoff, bezogen auf die verschiedenen jeweils betroffenen Erfüllungsoptionen, und die auf Grund seiner vertraglichen Verpflichtung im Verpflichtungsjahr sichergestellte Treibhausgasminderungsmenge in Kilogramm Kohlenstoffdioxid-Äquivalent schriftlich mitzuteilen. [7] Die zuständige Stelle erteilt jedem Verpflichteten eine Registriernummer und führt ein elektronisches Register, das für alle Verpflichteten die nach den Sätzen 1 bis 6 erforderlichen Angaben enthält.

(2) [1] Soweit Verpflichtete einer Verpflichtung nach § 37a Absatz 1 Satz 1 und 2 in Verbindung mit § 37a Absatz 4 oder nach § 37a Absatz 2 Satz 1 und 2 in Verbindung mit § 37a Absatz 4a nicht nachkommen, setzt die zuständige Stelle eine Abgabe fest

1. in den Fällen des § 37a Absatz 4 für die Fehlmenge der zu mindernden Treibhausgasemissionen oder
2. in den Fällen des § 37a Absatz 4a für die nach dem Energiegehalt berechnete Fehlmenge Kraftstoffs.

[2] Die Abgabenschuld des Verpflichteten entsteht mit Ablauf des 15. Aprils des auf das Verpflichtungsjahr folgenden Kalenderjahres. [3] In den Fällen, in denen ein Verpflichteter durch eine Rechtsverordnung der Bundesregierung nach § 37d Absatz 2 Satz 1 Nummer 8 einen Mindestanteil bestimmter Biokraftstoffe oder anderer erneuerbarer Kraftstoffe in Verkehr zu bringen hat, setzt die zuständige Stelle bis einschließlich zum Verpflichtungsjahr 2021 eine Abgabe in Höhe von 19 Euro pro Gigajoule und ab dem Verpflichtungsjahr 2022 eine Abgabe in Höhe von 45 Euro pro Gigajoule fest. [4] In den Fällen des § 37a Absatz 4a beträgt die Höhe der Abgabe 70 Euro pro Gigajoule. [5] In den Fällen des § 37a Absatz 4 wird die Abgabe nach der Fehlmenge der zu mindernden Treibhausgasemissionen berechnet und beträgt bis einschließlich zum Verpflichtungsjahr 2021 0,47 Euro pro Kilogramm Kohlenstoffdioxid-Äquivalent und ab dem Verpflichtungsjahr 2022 0,60 Euro pro Kilogramm Kohlenstoffdioxid-Äquivalent. [6] Soweit im Falle des § 37a Absatz 6 Satz 1 oder des § 37a Absatz 7 Satz 1 der Dritte seine vertragliche Verpflichtung nicht erfüllt, setzt die zuständige Stelle die Abgabe gegen den Verpflichteten fest.

(3) [1] Soweit der Verpflichtete der zuständigen Stelle die nach Absatz 1 Satz 1 und 3 erforderlichen Angaben nicht oder nicht ordnungsgemäß mitgeteilt hat, schätzt die zuständige Stelle die vom Verpflichteten im Verpflichtungsjahr in Verkehr gebrachten Mengen an Kraftstoffen und die Treibhausgasminderung. [2] Die Schätzung ist unwiderlegliche Basis für die Verpflichtung nach § 37a Absatz 1 Satz 1 und 2 in Verbindung mit § 37a Absatz 4 sowie nach § 37a

---

[1] Richtig wohl: „eingesetzten".

Absatz 2 Satz 1 und 2 in Verbindung mit § 37a Absatz 4a. ³Die Schätzung unterbleibt, soweit der Verpflichtete im Rahmen der Anhörung zum Festsetzungsbescheid nach Absatz 2 Satz 1 in Verbindung mit Absatz 2 Satz 3, 4 oder Satz 5 die Mitteilung nachholt. ⁴Soweit ein Dritter die nach Absatz 1 Satz 4 bis 6 erforderlichen Angaben nicht ordnungsgemäß mitgeteilt hat, geht die zuständige Stelle davon aus, dass der Dritte die von ihm eingegangene Verpflichtung nicht erfüllt hat. ⁵Satz 4 gilt nicht, soweit der Dritte im Rahmen der Anhörung zum Festsetzungsbescheid gegen den Verpflichteten nach Absatz 2 Satz 6 diese Mitteilung nachholt.

(4) ¹In den Fällen des § 37a Absatz 3 Satz 2 hat der Steuerlagerinhaber dem zuständigen Hauptzollamt mit der monatlichen Energiesteueranmeldung die für jeden Verpflichteten in Verkehr gebrachte Menge an Energieerzeugnissen schriftlich mitzuteilen. ²In den Fällen des § 37a Absatz 3 Satz 4 hat der Steuerlagerinhaber der zuständigen Stelle die in einem Verpflichtungsjahr für jeden Verpflichteten in Verkehr gebrachte Menge an Energieerzeugnissen zum Ablauf des 1. Februar des folgenden Kalenderjahres schriftlich mitzuteilen. ³Im Falle des § 37a Absatz 3 Satz 5 hat der Erlaubnisinhaber der zuständigen Stelle die in einem Verpflichtungsjahr für den Vertragspartner in Verkehr gebrachten Mengen zum Ablauf des 1. Februar des folgenden Kalenderjahres schriftlich mitzuteilen.

(5) ¹Hinsichtlich der Absätze 1 bis 4 finden die für die Verbrauchsteuern geltenden Vorschriften der Abgabenordnung entsprechende Anwendung. ²Die Mitteilungen nach Absatz 1 und Absatz 4 gelten als Steueranmeldungen im Sinne der Abgabenordnung. ³§ 170 Absatz 2 Satz 1 Nummer 1 der Abgabenordnung findet Anwendung. ⁴In den Fällen des Absatzes 2 ist der Verpflichtete vor der Festsetzung der Abgabe anzuhören.

**§ 37d Zuständige Stelle, Rechtsverordnungen.** (1) ¹Innerhalb der Bundesverwaltung werden eine oder mehrere Stellen errichtet, denen die Aufgaben übertragen werden, die Erfüllung der Verpflichtungen nach § 37a zu überwachen, die in § 37c geregelten Aufgaben zu erfüllen und die Berichte nach § 37f zu überprüfen. ²Die Bundesregierung wird ermächtigt, die jeweils zuständige Stelle durch Rechtsverordnung[1]) ohne Zustimmung des Bundesrates zu bestimmen.

(2) ¹Die Bundesregierung wird ermächtigt, nach Anhörung der beteiligten Kreise (§ 51) durch Rechtsverordnung[2]) ohne Zustimmung des Bundesrates

1. unter Berücksichtigung der technischen Entwicklung

---

[1]) Siehe die VO zur Anrechnung von strombasierten Kraftstoffen und mitverarbeiteten biogenen Ölen auf die Treibhausgasquote – 37. BImSchV v. 15.5.2017 (BGBl. I S. 1195), geänd. durch G v. 21.12.2020 (BGBl. I S. 3138).

[2]) Siehe die VO zur Durchführung der Regelungen der Biokraftstoffquote – 36. BImSchV v. 29.1.2007 (BGBl. I S. 60), zuletzt geänd. durch VO v. 12.11.2021 (BGBl. I S. 4932), die VO zur Anrechnung von strombasierten Kraftstoffen und mitverarbeiteten biogenen Ölen auf die Treibhausgasquote – 37. BImSchV v. 15.5.2017 (BGBl. I S. 1195), geänd. durch G v. 21.12.2020 (BGBl. I S. 3138), die VO zur Festlegung weiterer Bestimmungen zur Treibhausgasminderung bei Kraftstoffen – 38. BImSchV v. 8.12.2017 (BGBl. I S. 3892), zuletzt geänd. durch VO v. 12.11.2021 (BGBl. I S. 4932), die Upstream-Emissionsminderungs-VO v. 22.1.2018 (BGBl. I S. 169), zuletzt geänd. durch VO v. 12.11.2021 (BGBl. I S. 4932) und die Biokraftstoff-NachhaltigkeitsVO v. 2.12.2021 (BGBl. I S. 5126, 5143).

Bundes-Immissionsschutzgesetz **§ 37d BImSchG 6.1**

  a) auch in Abweichung von § 37b Absatz 1 bis 6 Energieerzeugnisse als Biokraftstoffe zu bestimmen,
  b) in Abweichung von § 37b Absatz 1 bis 6 festzulegen, dass bestimmte Energieerzeugnisse nicht oder nicht mehr in vollem Umfang als Biokraftstoffe gelten,
  c) die Anrechenbarkeit von biogenen Ölen aus Rohstoffen des Anhangs IX Teil A der Richtlinie (EU) 2018/2001 im Sinne von § 37b Absatz 8 Satz 1 Nummer 1 auf die Erfüllung von Verpflichtungen nach § 37a Absatz 1 Satz 1 und 2 in Verbindung mit § 37a Absatz 4 abweichend von § 37b Absatz 8 Satz 1 Nummer 1 zu regeln, soweit landwirtschaftliche Rohstoffe, Abfälle oder Reststoffe, die bei der Herstellung von biogenen Ölen verwendet werden sollen, nachhaltig erzeugt worden sind,
  d) die Anrechenbarkeit von Biomethan auf die Erfüllung von Verpflichtungen nach § 37a Absatz 1 Satz 1 und 2 in Verbindung mit § 37a Absatz 4 zu konkretisieren,
  e) die Anrechenbarkeit von Biomethan, das in das Erdgasnetz eingespeist wird, auf die Erfüllung von Verpflichtungen nach § 37a Absatz 1 Satz 1 und 2 in Verbindung mit § 37a Absatz 4 näher zu regeln,
  f) zu bestimmen, wie im Falle der Einspeisung von Biomethan in das Erdgasnetz der Nachweis über die Treibhausgasemissionen zu führen ist, sowie
  g) das Nachweisverfahren für die Anrechenbarkeit von Biomethan insgesamt näher zu regeln,
2. zu bestimmen, dass der Anteil an bestimmten Erfüllungsoptionen im Rahmen der Erfüllung von Verpflichtungen nach § 37a Absatz 1 Satz 1 und 2 in Verbindung mit § 37a Absatz 4 nach Maßgabe einer Multiplikation der tatsächlich in Verkehr gebrachten energetischen Menge der jeweiligen Erfüllungsoption mit einem bestimmten Rechenfaktor zu berechnen ist,
3. vorzuschreiben, dass Biokraftstoffe nur dann auf die Erfüllung von Verpflichtungen nach § 37a Absatz 1 Satz 1 und 2 in Verbindung mit § 37a Absatz 4 angerechnet werden, wenn bei der Erzeugung der eingesetzten Biomasse nachweislich bestimmte ökologische und soziale Anforderungen an eine nachhaltige Produktion der Biomasse sowie zum Schutz natürlicher Lebensräume erfüllt werden und wenn der Biokraftstoff eine bestimmte Treibhausgasminderung aufweist,
4. die Anforderungen im Sinne der Nummer 3 festzulegen,
5. die Höhe der Abgabe nach § 37c Absatz 2 Satz 3, 4 oder Satz 6 zu ändern, um im Fall von Änderungen des Preisniveaus für Kraftstoffe eine vergleichbare wirtschaftliche Belastung aller Verpflichteten sicherzustellen,
6. den Basiswert im Sinne des § 37a Absatz 4 Satz 4 zu bestimmen,
7. die Anrechenbarkeit bestimmter Biokraftstoffe auf die Verpflichtungen nach § 37a Absatz 1 Satz 1 und 2 in Verbindung mit § 37a Absatz 4 zu begrenzen, sofern die Richtlinie (EU) 2018/2001 eine Begrenzung der Anrechenbarkeit dieser Biokraftstoffe auf das Ziel von Artikel 25 Absatz 1 der Richtlinie (EU) 2018/2001 vorsieht, sowie das Nachweisverfahren zu regeln,
8. einen Mindestanteil bestimmter Biokraftstoffe oder anderer erneuerbarer Kraftstoffe zur Erfüllung der Verpflichtungen nach § 37a Absatz 1 Satz 1 und 2 in Verbindung mit § 37a Absatz 4 festzulegen sowie das Nachweisverfahren zu regeln,

9. das Berechnungsverfahren für die Treibhausgasemissionen von fossilen Otto- und fossilen Dieselkraftstoffen im Sinne des § 37a Absatz 4 Satz 5 festzulegen und das Nachweisverfahren zu regeln,
10. das Berechnungsverfahren für die Treibhausgasemissionen von Biokraftstoffen abweichend von § 37a Absatz 4 Satz 6 festzulegen und das Nachweisverfahren zu regeln,
11. die Anrechenbarkeit von elektrischem Strom zur Verwendung in Straßenfahrzeugen gemäß § 37a Absatz 5 Satz 1 Nummer 4 zu regeln und dabei insbesondere
    a) das Berechnungsverfahren für die Treibhausgasemissionen der eingesetzten Mengen elektrischen Stroms festzulegen und
    b) das Nachweisverfahren zu regeln und
    c) die erzeugten Treibhausgasminderungsmengen der energetischen Menge elektrischen Stroms, die nicht von Dritten der zuständigen Stelle mitgeteilt werden, zu versteigern und das erforderliche Verfahren zu regeln,
12. unter Berücksichtigung der technischen Entwicklung den Anwendungsbereich in § 37a Absatz 1 Satz 1 auf weitere Kraftstoffe auszudehnen und dabei insbesondere
    a) das Berechnungsverfahren für die Treibhausgasemissionen dieser Kraftstoffe festzulegen und
    b) das Nachweisverfahren zu regeln,
13. unter Berücksichtigung der technischen Entwicklung weitere Erfüllungsoptionen zu ergänzen und dabei insbesondere
    a) das Berechnungsverfahren für die Treibhausgasemissionen dieser Maßnahmen festzulegen,
    b) das Nachweisverfahren sowie die Übertragbarkeit der Nachweise zu regeln,
    c) Methoden zur Einhaltung der Anforderungen der Richtlinie (EU) 2018/2001 für den Bezug des elektrischen Stroms zur Produktion von Kraftstoffen festzulegen und
    d) Mindestwerte für die Treibhausgaseinsparung von Kraftstoffen festzulegen,
14. die Berichtspflicht nach § 37f Absatz 1 insbesondere zu Art, Form und Inhalt des Berichts näher auszugestalten sowie die zur Sicherstellung einer ordnungsgemäßen Berichterstattung erforderlichen Anordnungen der zuständigen Stelle zu regeln,
15. ein Nachweisverfahren festzulegen für die Voraussetzungen
    a) nach § 37a Absatz 4 Satz 7 Nummer 5,
    b) nach § 37b Absatz 1 bis 7, gegebenenfalls in Verbindung mit der Verordnung nach Nummer 1 Buchstabe a oder Buchstabe b,
    c) nach § 37b Absatz 8 Satz 1,
    d) der Verordnung nach Nummer 1 Buchstabe c und
    e) der Verordnung nach den Nummern 2 bis 4,
16. Ausnahmen von den Vorgaben nach § 37b Absatz 8 Satz 1 Nummer 3 festzulegen, sofern dies dem Sinn und Zweck der Regelung nicht entgegensteht,

17. von § 37c Absatz 1 und 3 bis 5 abweichende Verfahrensregelungen zu treffen,
18. Ausnahmen von der in § 37a Absatz 6 Satz 5 und Absatz 8 Satz 1 vorgesehenen Möglichkeit der Anrechnung von Übererfüllungen auf den Mindestanteil des Folgejahres festzulegen, sofern dies zur Einhaltung von Zielvorgaben aus bindenden Rechtsakten der Europäischen Gemeinschaften oder der Europäischen Union erforderlich ist,
19. unter Berücksichtigung der technischen Entwicklung Kriterien für die Anrechenbarkeit von Wasserstoff aus biogenen Quellen gemäß § 37b Absatz 8 Satz 3 festzulegen und dabei insbesondere
    a) das Berechnungsverfahren für die Treibhausgasemissionen,
    b) das Nachweisverfahren sowie die Übertragbarkeit der Nachweise und
    c) die Anforderungen an die erneuerbaren Energiequellen zur Erzeugung des Wasserstoffs.

²In Rechtsverordnungen nach Satz 1 kann die Zuständigkeit zur Durchführung einer in einer Rechtsverordnung nach Absatz 1 Satz 2 bestimmten Stelle übertragen werden. ³Rechtsverordnungen nach Satz 1 Nummer 1 Buchstabe c bedürfen der Zustimmung des Deutschen Bundestages. ⁴Rechtsverordnungen nach Satz 1 Nummer 13 oder 19 bedürfen der Zustimmung des Deutschen Bundestages, sofern Regelungen zu strombasierten Kraftstoffen oder Wasserstoff aus biogenen Quellen getroffen werden. ⁵Hat sich der Deutsche Bundestag nach Ablauf von vier Sitzungswochen seit Eingang der Rechtsverordnung nach Satz 3 oder 4 nicht mit ihr befasst, gilt die Zustimmung zu der unveränderten Rechtsverordnung als erteilt.

(3) Die Bundesregierung wird ermächtigt, durch Rechtsverordnung[1]) ohne Zustimmung des Bundesrates nähere Bestimmungen zur Durchführung der §§ 37a bis 37c sowie der auf Absatz 2 beruhenden Rechtsverordnungen zu erlassen und darin insbesondere

1. das Verfahren zur Sicherung und Überwachung der Erfüllung der Quotenverpflichtung in den Fällen des § 37a Absatz 6 und 7 und hinsichtlich der für die Ermittlung der Mindestanteile an Biokraftstoff oder der Treibhausgasminderung benötigten Daten näher zu regeln,
2. zur Sicherung und Überwachung der Erfüllung der Quotenverpflichtung abweichende Bestimmungen zu § 37a Absatz 4 Satz 9 und 10 sowie zu § 37a Absatz 6 und 7 zu erlassen,
3. die erforderlichen Nachweise und die Überwachung der Einhaltung der Anforderungen an Biokraftstoffe sowie die hierfür erforderlichen Probenahmen näher zu regeln,
4. zu bestimmen, dass das Entstehen von Verpflichtungen nach § 37a Absatz 1 Satz 1 und 2 in Verbindung mit § 37a Absatz 4 an das Inverkehrbringen einer bestimmten Mindestmenge an Kraftstoff geknüpft wird.

---

[1]) Siehe die VO zur Durchführung der Regelungen der Biokraftstoffquote – 36. BImSchV v. 29.1. 2007 (BGBl. I S. 60), zuletzt geänd. durch VO v. 12.11.2021 (BGBl. I S. 4932), die VO zur Anrechnung von strombasierten Kraftstoffen und mitverarbeiteten biogenen Ölen auf die Treibhausgasquote – 37. BImSchV v. 15.5.2017 (BGBl. I S. 1195), geänd. durch G v. 21.12.2020 (BGBl. I S. 3138) und die Biokraftstoff-NachhaltigkeitsVO v. 2.12.2021 (BGBl. I S. 5126, 5143).

**§ 37e Gebühren und Auslagen; Verordnungsermächtigung.** (1) Für Amtshandlungen, die auf Rechtsverordnungen beruhen

1. die auf der Grundlage des § 37d Absatz 2 Satz 1 Nummer 3 und 4 erlassen worden sind oder
2. die auf der Grundlage des § 37d Absatz 2 Satz 1 Nummer 13 erlassen worden sind,

werden zur Deckung des Verwaltungsaufwands Gebühren und Auslagen erhoben.

(2) ¹Das Bundesministerium für Ernährung und Landwirtschaft wird ermächtigt, im Einvernehmen mit dem Bundesministerium für Umwelt, Naturschutz und nukleare Sicherheit und dem Bundesministerium der Finanzen durch Rechtsverordnung ohne Zustimmung des Bundesrates die gebührenpflichtigen Tatbestände und Gebührensätze für Amtshandlungen im Sinne von Absatz 1 Nummer 1 zu bestimmen und dabei feste Sätze, auch in Form von Zeitgebühren oder Rahmensätzen, vorzusehen. ²In der Rechtsverordnung kann die Erstattung von Auslagen abweichend vom Verwaltungskostengesetz in der bis zum 14. August 2013 geltenden Fassung oder von § 12 Absatz 1 des Bundesgebührengesetzes vom 7. August 2013 (BGBl. I S. 3154), das zuletzt durch Artikel 3 des Gesetzes vom 31. März 2016 (BGBl. I S. 518) geändert worden ist, geregelt werden.

(3) ¹Das Bundesministerium für Umwelt, Naturschutz und nukleare Sicherheit wird ermächtigt, durch Rechtsverordnung[1]) ohne Zustimmung des Bundesrates die gebührenpflichtigen Tatbestände und Gebührensätze für Amtshandlungen im Sinne von Absatz 1 Nummer 2 zu bestimmen und dabei feste Sätze, auch in Form von Zeitgebühren oder Rahmensätzen, vorzusehen. ²In der Rechtsverordnung kann die Erstattung von Auslagen auch abweichend von § 12 Absatz 1 des Bundesgebührengesetzes geregelt werden.

**§ 37f Berichte über Kraftstoffe und Energieerzeugnisse.** (1) ¹Verpflichtete haben der zuständigen Stelle jährlich bis zum 31. März einen Bericht über die im vorangegangenen Verpflichtungsjahr in Verkehr gebrachten Kraftstoffe und Energieerzeugnisse vorzulegen, sofern eine Rechtsverordnung nach § 37d Absatz 2 Satz 1 Nummer 14 dies vorsieht. ²Der Bericht enthält zumindest folgende Angaben:

1. die Gesamtmenge jedes Typs von in Verkehr gebrachten Kraftstoffen und Energieerzeugnissen unter Angabe des Erwerbsortes und des Ursprungs und
2. die Treibhausgasemissionen pro Energieeinheit.

(2) ¹Die zuständige Stelle überprüft die Berichte. ²Der Verpflichtete hat der zuständigen Stelle auf Verlangen die Auskünfte zu erteilen und die Unterlagen vorzulegen, die zur Überprüfung der Berichte erforderlich sind.

**§ 37g Bericht der Bundesregierung.** ¹Nachdem der Bericht nach Artikel 22 der Richtlinie 2009/28/EG der Europäischen Kommission vorgelegt wurde, übermittelt die Bundesregierung den Bericht nach § 64 der Biokraftstoff-Nachhaltigkeitsverordnung dem Deutschen Bundestag und dem Bundesrat. ²Die Bundesregierung evaluiert die §§ 37a bis 37f dieses Gesetzes sowie die

---

[1]) Siehe die Upstream-Emissionsminderungs-VO v. 22.1.2018 (BGBl. I S. 169), zuletzt geänd. durch VO v. 12.11.2021 (BGBl. I S. 4932).

auf Grund dieser Regelungen erlassenen Verordnungen, insbesondere die Verordnung zur Durchführung der Regelungen der Biokraftstoffquote, die Verordnung zur Anrechnung von strombasierten Kraftstoffen und mitverarbeiteten biogenen Ölen auf die Treibhausgasquote, die Verordnung zur Festlegung weiterer Bestimmungen zur Treibhausgasminderung bei Kraftstoffen sowie die Biokraftstoff-Nachhaltigkeitsverordnung und legt dem Deutschen Bundestag bis zum 31. März 2024 und dann alle zwei Jahre einen Erfahrungsbericht vor.
[3] Der Bericht enthält insbesondere Angaben über

1. die Entwicklung des nachhaltigen Rohstoffpotenzials für die unterschiedlichen Erfüllungsoptionen,
2. den Stand der technischen Entwicklung und Kosten unterschiedlicher Herstellungstechnologien für Biokraftstoffe, Wasserstoff, strombasierte Kraftstoffe und anderer Erfüllungsoptionen,
3. die Produktionskapazitäten unterschiedlicher Erfüllungsoptionen, insbesondere der Mengen an Wasserstoff und strombasierten Kraftstoffen, die durch dieses Gesetz angereizt werden,
4. die Einhaltung der Nachhaltigkeitskriterien und Auswirkungen der ansteigenden Treibhausgasminderungs-Quote auf Natur, Umwelt und Artenvielfalt,
5. die Angemessenheit der Höhe der unterschiedlichen Anrechnungsfaktoren der betreffenden Erfüllungsoptionen und der Höhe der Ausgleichsabgaben.

[4] Der Bericht gibt auch Empfehlungen zur Weiterentwicklung des Regelwerkes.

**§ 37h Mechanismus zur Anpassung der Treibhausgasminderungs-Quote; Verordnungsermächtigung.** (1) Das Bundesministerium für Umwelt, Naturschutz und nukleare Sicherheit gibt die Summe der für ein Verpflichtungsjahr an die zuständige Stelle (§ 37d Absatz 1) gemeldeten Mengen an elektrischem Strom zur Verwendung in Straßenfahrzeugen im Bundesanzeiger bekannt.

(2) [1] Übersteigt die Summe der nach Absatz 1 bekannt gemachten Menge elektrischen Stroms

1. im Kalenderjahr 2022    5 Petajoule,
2. im Kalenderjahr 2023    9 Petajoule,
3. im Kalenderjahr 2024    13 Petajoule,
4. im Kalenderjahr 2025    19 Petajoule,
5. im Kalenderjahr 2026    25 Petajoule,
6. im Kalenderjahr 2027    38 Petajoule,
7. im Kalenderjahr 2028    53 Petajoule,
8. im Kalenderjahr 2029    71 Petajoule,
9. im Kalenderjahr 2030    88 Petajoule,

erhöht die Bundesregierung den Prozentsatz nach § 37a Absatz 4 Satz 2 durch Rechtsverordnung ohne Zustimmung des Bundesrates für alle nachfolgenden Verpflichtungsjahre. [2] Eine Erhöhung durch eine Rechtsverordnung nach Satz 1 erfolgt für das übernächste Verpflichtungsjahr. [3] Die Erhöhung hat sicherzustellen, dass andere Erfüllungsoptionen in gleichem Maße zur Erfüllung der Verpflichtung nach § 37a Absatz 1 Satz 1 und 2 in Verbindung mit Absatz 4 eingesetzt werden können. ⁴Die Erhöhung hat der halben bis eineinhalbfachen Treibhausgasminderung durch die Menge an elektrischem Strom, die Menge nach Satz 1 übersteigt, gegenüber der Summe der Referenzwerte aller Verpflichteten zu entsprechen.

**Vierter Teil. Beschaffenheit und Betrieb von Fahrzeugen, Bau und Änderung von Straßen und Schienenwegen**

**§ 38 Beschaffenheit und Betrieb von Fahrzeugen.** (1) ¹Kraftfahrzeuge und ihre Anhänger, Schienen-, Luft- und Wasserfahrzeuge sowie Schwimmkörper und schwimmende Anlagen müssen so beschaffen sein, dass ihre durch die Teilnahme am Verkehr verursachten Emissionen bei bestimmungsgemäßem Betrieb die zum Schutz vor schädlichen Umwelteinwirkungen einzuhaltenden Grenzwerte nicht überschreiten. ²Sie müssen so betrieben werden, dass vermeidbare Emissionen verhindert und unvermeidbare Emissionen auf ein Mindestmaß beschränkt bleiben.

(2) ¹Das Bundesministerium für Verkehr und digitale Infrastruktur und das Bundesministerium für Umwelt, Naturschutz und nukleare Sicherheit bestimmen nach Anhörung der beteiligten Kreise (§ 51) durch Rechtsverordnung[1]) mit Zustimmung des Bundesrates die zum Schutz vor schädlichen Umwelteinwirkungen notwendigen Anforderungen an die Beschaffenheit, die Ausrüstung, den Betrieb und die Prüfung der in Absatz 1 Satz 1 genannten Fahrzeuge und Anlagen, auch soweit diese den verkehrsrechtlichen Vorschriften des Bundes unterliegen. ²Dabei können Emissionsgrenzwerte unter Berücksichtigung der technischen Entwicklung auch für einen Zeitpunkt nach Inkrafttreten der Rechtsverordnung festgesetzt werden.

(3) Wegen der Anforderungen nach Absatz 2 gilt § 7 Absatz 5 entsprechend.

**§ 39 Erfüllung von zwischenstaatlichen Vereinbarungen und Rechtsakten der Europäischen Gemeinschaften oder der Europäischen Union.** ¹Zur Erfüllung von Verpflichtungen aus zwischenstaatlichen Vereinbarungen oder von bindenden Rechtsakten der Europäischen Gemeinschaften oder der Europäischen Union können zu dem in § 1 genannten Zweck das Bundesministerium für Verkehr und digitale Infrastruktur und das Bundesministerium für Umwelt, Naturschutz und nukleare Sicherheit durch Rechtsverordnung mit Zustimmung des Bundesrates bestimmen, dass die in § 38 genannten Fahrzeuge bestimmten Anforderungen an Beschaffenheit, Ausrüstung, Prüfung und Betrieb genügen müssen. ²Wegen der Anforderungen nach Satz 1 gilt § 7 Absatz 5 entsprechend.

**§ 40 Verkehrsbeschränkungen.** (1) ¹Die zuständige Straßenverkehrsbehörde beschränkt oder verbietet den Kraftfahrzeugverkehr nach Maßgabe der straßenverkehrsrechtlichen Vorschriften, soweit ein Luftreinhalteplan oder ein Plan für kurzfristig zu ergreifende Maßnahmen nach § 47 Absatz 1 oder 2 dies vorsehen. ²Die Straßenverkehrsbehörde kann im Einvernehmen mit der für den Immissionsschutz zuständigen Behörde Ausnahmen von Verboten oder

---
[1]) Siehe die VO über die Beschaffenheit und die Auszeichnung der Qualitäten von Kraft- und Brennstoffen – 10. BImSchV v. 8.12.2010 (BGBl. I S. 1849), zuletzt geänd. durch VO v. 13.12.2019 (BGBl. I S. 2739).

Beschränkungen des Kraftfahrzeugverkehrs zulassen, wenn unaufschiebbare und überwiegende Gründe des Wohls der Allgemeinheit dies erfordern.

(2) ¹Die zuständige Straßenverkehrsbehörde kann den Kraftfahrzeugverkehr nach Maßgabe der straßenverkehrsrechtlichen Vorschriften auf bestimmten Straßen oder in bestimmten Gebieten verbieten oder beschränken, wenn der Kraftfahrzeugverkehr zur Überschreitung von in Rechtsverordnungen nach § 48a Absatz 1a festgelegten Immissionswerten beiträgt und soweit die für den Immissionsschutz zuständige Behörde dies im Hinblick auf die örtlichen Verhältnisse für geboten hält, um schädliche Umwelteinwirkungen durch Luftverunreinigungen zu vermindern oder deren Entstehen zu vermeiden. ²Hierbei sind die Verkehrsbedürfnisse und die städtebaulichen Belange zu berücksichtigen. ³§ 47 Absatz 6 Satz 1 bleibt unberührt.

(3) ¹Die Bundesregierung wird ermächtigt, nach Anhörung der beteiligten Kreise (§ 51) durch Rechtsverordnung[1]) mit Zustimmung des Bundesrates zu regeln, dass Kraftfahrzeuge mit geringem Beitrag zur Schadstoffbelastung von Verkehrsverboten ganz oder teilweise ausgenommen sind oder ausgenommen werden können, sowie die hierfür maßgebenden Kriterien und die amtliche Kennzeichnung der Kraftfahrzeuge festzulegen. ²Die Verordnung kann auch regeln, dass bestimmte Fahrten oder Personen ausgenommen sind oder ausgenommen werden können, wenn das Wohl der Allgemeinheit oder unaufschiebbare und überwiegende Interessen des Einzelnen dies erfordern.

**§ 41 Straßen und Schienenwege.** (1) Bei dem Bau oder der wesentlichen Änderung öffentlicher Straßen sowie von Eisenbahnen, Magnetschwebebahnen und Straßenbahnen ist unbeschadet des § 50 sicherzustellen, dass durch diese keine schädlichen Umwelteinwirkungen durch Verkehrsgeräusche hervorgerufen werden können, die nach dem Stand der Technik vermeidbar sind.

(2) Absatz 1 gilt nicht, soweit die Kosten der Schutzmaßnahme außer Verhältnis zu dem angestrebten Schutzzweck stehen würden.

**§ 42 Entschädigung für Schallschutzmaßnahmen.** (1) ¹Werden im Falle des § 41 die in der Rechtsverordnung nach § 43 Absatz 1 Satz 1 Nummer 1 festgelegten Immissionsgrenzwerte überschritten, hat der Eigentümer einer betroffenen baulichen Anlage gegen den Träger der Baulast einen Anspruch auf angemessene Entschädigung in Geld, es sei denn, dass die Beeinträchtigung wegen der besonderen Benutzung der Anlage zumutbar ist. ²Dies gilt auch bei baulichen Anlagen, die bei Auslegung der Pläne im Planfeststellungsverfahren oder bei Auslegung des Entwurfs der Bauleitpläne mit ausgewiesener Wegeplanung bauaufsichtlich genehmigt waren.

(2) ¹Die Entschädigung ist zu leisten für Schallschutzmaßnahmen an den baulichen Anlagen in Höhe der erbrachten notwendigen Aufwendungen, soweit sich diese im Rahmen der Rechtsverordnung nach § 43 Absatz 1 Satz 1 Nummer 3 halten. ²Vorschriften, die weitergehende Entschädigungen gewähren, bleiben unberührt.

(3) ¹Kommt zwischen dem Träger der Baulast und dem Betroffenen keine Einigung über die Entschädigung zustande, setzt die nach Landesrecht zustän-

---

[1]) Siehe die VO zur Kennzeichnung der Kraftfahrzeuge mit geringem Beitrag zur Schadstoffbelastung – 35. BImSchV v. 10.10.2006 (BGBl. I S. 2218), zuletzt geänd. durch VO v. 31.8.2015 (BGBl. I S. 1474).

dige Behörde auf Antrag eines der Beteiligten die Entschädigung durch schriftlichen Bescheid fest. ²Im Übrigen gelten für das Verfahren die Enteignungsgesetze der Länder entsprechend.

**§ 43 Rechtsverordnung der Bundesregierung.** (1) ¹Die Bundesregierung wird ermächtigt, nach Anhörung der beteiligten Kreise (§ 51) durch Rechtsverordnung[1] mit Zustimmung des Bundesrates die zur Durchführung des § 41 und des § 42 Absatz 1 und 2 erforderlichen Vorschriften zu erlassen, insbesondere über

1. bestimmte Grenzwerte, die zum Schutz der Nachbarschaft vor schädlichen Umwelteinwirkungen durch Geräusche nicht überschritten werden dürfen, sowie über das Verfahren zur Ermittlung der Emissionen oder Immissionen,
2. bestimmte technische Anforderungen an den Bau von Straßen, Eisenbahnen, Magnetschwebebahnen und Straßenbahnen zur Vermeidung von schädlichen Umwelteinwirkungen durch Geräusche und
3. Art und Umfang der zum Schutz vor schädlichen Umwelteinwirkungen durch Geräusche notwendigen Schallschutzmaßnahmen an baulichen Anlagen.

²Der in den Rechtsverordnungen auf Grund des Satzes 1 zur Berücksichtigung der Besonderheiten des Schienenverkehrs vorgesehene Abschlag von 5 Dezibel (A) ist ab dem 1. Januar 2015 und für Schienenbahnen, die ausschließlich der Verordnung über den Bau und Betrieb der Straßenbahnen vom 11. Dezember 1987 (BGBl. I S. 2648) unterliegen, ab dem 1. Januar 2019 nicht mehr anzuwenden, soweit zu diesem Zeitpunkt für den jeweiligen Abschnitt eines Vorhabens das Planfeststellungsverfahren noch nicht eröffnet ist und die Auslegung des Plans noch nicht öffentlich bekannt gemacht wurde. ³Von der Anwendung des in Satz 2 genannten Abschlags kann bereits vor dem 1. Januar 2015 abgesehen werden, wenn die damit verbundenen Mehrkosten vom Vorhabenträger oder dem Bund getragen werden.

(2) Wegen der Anforderungen nach Absatz 1 gilt § 7 Absatz 5 entsprechend.

**Fünfter Teil. Überwachung und Verbesserung der Luftqualität, Luftreinhalteplanung,** *Lärmminderungspläne*[2]

**§ 44 Überwachung der Luftqualität.** (1) Zur Überwachung der Luftqualität führen die zuständigen Behörden regelmäßige Untersuchungen nach den Anforderungen der Rechtsverordnungen nach § 48a Absatz 1 oder 1a durch.

(2) Die Landesregierungen oder die von ihnen bestimmten Stellen werden ermächtigt, durch Rechtsverordnungen Untersuchungsgebiete festzulegen, in denen Art und Umfang bestimmter nicht von Absatz 1 erfasster Luftverunreinigungen in der Atmosphäre, die schädliche Umwelteinwirkungen hervorrufen können, in einem bestimmten Zeitraum oder fortlaufend festzustellen sowie die für die Entstehung der Luftverunreinigungen und ihrer Ausbreitung bedeutsamen Umstände zu untersuchen sind.

---

[1] Siehe die VerkehrslärmschutzVO – 16. BImSchV (Nr. **6.1.16**), die Verkehrswege-SchallschutzmaßnahmenVO – 24. BImSchV v. 4.2.1997 (BGBl. I S. 172, ber. S. 1253), geänd. durch VO v. 23.9.1997 (BGBl. I S. 2329) und die Magnetschwebebahn-Bau- und BetriebsO v. 23.9.1997 (BGBl. I S. 2329). Siehe auch das SchienenlärmschutzG (Nr. **6.5**).
[2] Wortlaut amtlich abweichend von Inhaltsübersicht.

**§ 45 Verbesserung der Luftqualität.** (1) ¹Die zuständigen Behörden ergreifen die erforderlichen Maßnahmen, um die Einhaltung der durch eine Rechtsverordnung nach § 48a festgelegten Immissionswerte sicherzustellen. ²Hierzu gehören insbesondere Pläne nach § 47.

(2) Die Maßnahmen nach Absatz 1
a) müssen einem integrierten Ansatz zum Schutz von Luft, Wasser und Boden Rechnung tragen;
b) dürfen nicht gegen die Vorschriften zum Schutz von Gesundheit und Sicherheit der Arbeitnehmer am Arbeitsplatz verstoßen;
c) dürfen keine erheblichen Beeinträchtigungen der Umwelt in anderen Mitgliedstaaten verursachen.

**§ 46 Emissionskataster.** Soweit es zur Erfüllung von bindenden Rechtsakten der Europäischen Gemeinschaften oder der Europäischen Union erforderlich ist, stellen die zuständigen Behörden Emissionskataster auf.

**§ 46a Unterrichtung der Öffentlichkeit.** ¹Die Öffentlichkeit ist nach Maßgabe der Rechtsverordnungen nach § 48a Absatz 1 über die Luftqualität zu informieren. ²Überschreitungen von in Rechtsverordnungen nach § 48a Absatz 1 festgelegten Informations- oder Alarmschwellen sind der Öffentlichkeit von der zuständigen Behörde unverzüglich durch Rundfunk, Fernsehen, Presse oder auf andere Weise bekannt zu geben.

**§ 47 Luftreinhaltepläne, Pläne für kurzfristig zu ergreifende Maßnahmen, Landesverordnungen.** (1) ¹Werden die durch eine Rechtsverordnung nach § 48a Absatz 1 festgelegten Immissionsgrenzwerte einschließlich festgelegter Toleranzmargen überschritten, hat die zuständige Behörde einen Luftreinhalteplan aufzustellen, welcher die erforderlichen Maßnahmen zur dauerhaften Verminderung von Luftverunreinigungen festlegt und den Anforderungen der Rechtsverordnung entspricht. ²Satz 1 gilt entsprechend, soweit eine Rechtsverordnung nach § 48a Absatz 1 zur Einhaltung von Zielwerten die Aufstellung eines Luftreinhalteplans regelt. ³Die Maßnahmen eines Luftreinhalteplans müssen geeignet sein, den Zeitraum einer Überschreitung von bereits einzuhaltenden Immissionsgrenzwerten so kurz wie möglich zu halten.

(2) ¹Besteht die Gefahr, dass die durch eine Rechtsverordnung nach § 48a Absatz 1 festgelegten Alarmschwellen überschritten werden, hat die zuständige Behörde einen Plan für kurzfristig zu ergreifende Maßnahmen aufzustellen, soweit die Rechtsverordnung dies vorsieht. ²Besteht die Gefahr, dass durch eine Rechtsverordnung nach § 48a Absatz 1 festgelegte Immissionsgrenzwerte oder Zielwerte überschritten werden, kann die zuständige Behörde einen Plan für kurzfristig zu ergreifende Maßnahmen aufstellen, soweit die Rechtsverordnung dies vorsieht. ³Die im Plan festgelegten Maßnahmen müssen geeignet sein, die Gefahr der Überschreitung der Werte zu verringern oder den Zeitraum, während dessen die Werte überschritten werden, zu verkürzen. ⁴Ein Plan für kurzfristig zu ergreifende Maßnahmen kann Teil eines Luftreinhalteplans nach Absatz 1 sein.

(3) ¹Liegen Anhaltspunkte dafür vor, dass die durch eine Rechtsverordnung nach § 48a Absatz 1a festgelegten Immissionswerte nicht eingehalten werden, oder sind in einem Untersuchungsgebiet im Sinne des § 44 Absatz 2 sonstige schädliche Umwelteinwirkungen zu erwarten, kann die zuständige Behörde

einen Luftreinhalteplan aufstellen. ²Bei der Aufstellung dieser Pläne sind die Ziele der Raumordnung zu beachten; die Grundsätze und sonstigen Erfordernisse der Raumordnung sind zu berücksichtigen.

(4) ¹Die Maßnahmen sind entsprechend des Verursacheranteils unter Beachtung des Grundsatzes der Verhältnismäßigkeit gegen alle Emittenten zu richten, die zum Überschreiten der Immissionswerte oder in einem Untersuchungsgebiet im Sinne des § 44 Absatz 2 zu sonstigen schädlichen Umwelteinwirkungen beitragen. ²Werden in Plänen nach Absatz 1 oder 2 Maßnahmen im Straßenverkehr erforderlich, sind diese im Einvernehmen mit den zuständigen Straßenbau- und Straßenverkehrsbehörden festzulegen. ³Werden Immissionswerte hinsichtlich mehrerer Schadstoffe überschritten, ist ein alle Schadstoffe erfassender Plan aufzustellen. ⁴Werden Immissionswerte durch Emissionen überschritten, die außerhalb des Plangebiets verursacht werden, hat in den Fällen der Absätze 1 und 2 auch die dort zuständige Behörde einen Plan aufzustellen.

(4a) ¹Verbote des Kraftfahrzeugverkehrs für Kraftfahrzeuge mit Selbstzündungsmotor kommen wegen der Überschreitung des Immissionsgrenzwertes für Stickstoffdioxid in der Regel nur in Gebieten in Betracht, in denen der Wert von 50 Mikrogramm Stickstoffdioxid pro Kubikmeter Luft im Jahresmittel überschritten worden ist. ²Folgende Kraftfahrzeuge sind von Verkehrsverboten ausgenommen:

1. Kraftfahrzeuge der Schadstoffklasse Euro 6,
2. Kraftfahrzeuge der Schadstoffklassen Euro 4 und Euro 5, sofern diese im praktischen Fahrbetrieb in entsprechender Anwendung des Artikels 2 Nummer 41 in Verbindung mit Anhang IIIa der Verordnung (EG) Nr. 692/2008 der Kommission vom 18. Juli 2008 zur Durchführung und Änderung der Verordnung (EG) Nr. 715/2007 des Europäischen Parlaments und des Rates über die Typgenehmigung von Kraftfahrzeugen hinsichtlich der Emissionen von leichten Personenkraftwagen und Nutzfahrzeugen (Euro 5 und Euro 6) und über den Zugang zu Reparatur- und Wartungsinformationen für Fahrzeuge (ABl. L 199 vom 28.7.2008, S. 1), die zuletzt durch die Verordnung (EU) 2017/1221 (ABl. L 174 vom 7.7.2017, S. 3) geändert worden ist, weniger als 270 Milligramm Stickstoffoxide pro Kilometer ausstoßen,
3. Kraftomnibusse mit einer Allgemeinen Betriebserlaubnis für ein Stickstoffoxid-Minderungssystem mit erhöhter Minderungsleistung, sofern die Nachrüstung finanziell aus einem öffentlichen Titel des Bundes gefördert worden ist, oder die die technischen Anforderungen erfüllen, die für diese Förderung erforderlich gewesen wären,
4. schwere Kommunalfahrzeuge mit einer Allgemeinen Betriebserlaubnis für ein Stickstoffoxid-Minderungssystem mit erhöhter Minderungsleistung, sofern die Nachrüstung finanziell aus einem öffentlichen Titel des Bundes gefördert worden ist, oder die die technischen Anforderungen erfüllen, die für diese Förderung erforderlich gewesen wären, sowie Fahrzeuge der privaten Entsorgungswirtschaft von mehr als 3,5 Tonnen mit einer Allgemeinen Betriebserlaubnis für ein Stickstoffoxid-Minderungssystem mit erhöhter Minderungsleistung, die die technischen Anforderungen erfüllen, die für diese Förderung erforderlich gewesen wären,
5. Handwerker- und Lieferfahrzeuge zwischen 2,8 und 7,5 Tonnen mit einer Allgemeinen Betriebserlaubnis für ein Stickstoffoxid-Minderungssystem mit

erhöhter Minderungsleistung, sofern die Nachrüstung finanziell aus einem öffentlichen Titel des Bundes gefördert worden ist, oder die die technischen Anforderungen erfüllen, die für diese Förderung erforderlich gewesen wären,

6. Kraftfahrzeuge der Schadstoffklasse Euro VI und
7. Kraftfahrzeuge im Sinne von Anhang 3 Nummer 5, 6 und 7 der Verordnung zur Kennzeichnung der Kraftfahrzeuge mit geringem Beitrag zur Schadstoffbelastung vom 10. Oktober 2006 (BGBl. I S. 2218), die zuletzt durch Artikel 85 der Verordnung vom 31. August 2015 (BGBl. I S. 1474) geändert worden ist.

³Im Einzelfall kann der Luftreinhalteplan im Fall des Satzes 2 Nummer 6 auch für diese Kraftfahrzeuge ein Verbot des Kraftfahrzeugverkehrs vorsehen, wenn die schnellstmögliche Einhaltung des Immissionsgrenzwertes für Stickstoffdioxid anderenfalls nicht sichergestellt werden kann. ⁴Weitere Ausnahmen von Verboten des Kraftfahrzeugverkehrs, insbesondere nach § 40 Absatz 1 Satz 2, können durch die zuständigen Behörden zugelassen werden. ⁵Die Vorschriften zu ergänzenden technischen Regelungen, insbesondere zu Nachrüstmaßnahmen bei Kraftfahrzeugen, im Straßenverkehrsgesetz und in der Straßenverkehrs-Zulassungs-Ordnung bleiben unberührt.

(5) ¹Die nach den Absätzen 1 bis 4 aufzustellenden Pläne müssen den Anforderungen des § 45 Absatz 2 entsprechen. ²Die Öffentlichkeit ist bei der Aufstellung von Plänen nach den Absätzen 1 und 3 zu beteiligen. ³Die Pläne müssen für die Öffentlichkeit zugänglich sein.

(5a) ¹Bei der Aufstellung oder Änderung von Luftreinhalteplänen nach Absatz 1 ist die Öffentlichkeit durch die zuständige Behörde zu beteiligen. ²Die Aufstellung oder Änderung eines Luftreinhalteplanes sowie Informationen über das Beteiligungsverfahren sind in einem amtlichen Veröffentlichungsblatt und auf andere geeignete Weise öffentlich bekannt zu machen. ³Der Entwurf des neuen oder geänderten Luftreinhalteplanes ist einen Monat zur Einsicht auszulegen; bis zwei Wochen nach Ablauf der Auslegungsfrist kann gegenüber der zuständigen Behörde schriftlich oder elektronisch Stellung genommen werden; der Zeitpunkt des Fristablaufs ist bei der Bekanntmachung nach Satz 2 mitzuteilen. ⁴Fristgemäß eingegangene Stellungnahmen werden von der zuständigen Behörde bei der Entscheidung über die Annahme des Plans angemessen berücksichtigt. ⁵Der aufgestellte Plan ist von der zuständigen Behörde in einem amtlichen Veröffentlichungsblatt und auf andere geeignete Weise öffentlich bekannt zu machen. ⁶In der öffentlichen Bekanntmachung sind das überplante Gebiet und eine Übersicht über die wesentlichen Maßnahmen darzustellen. ⁷Eine Ausfertigung des Plans, einschließlich einer Darstellung des Ablaufs des Beteiligungsverfahrens und der Gründe und Erwägungen, auf denen die getroffene Entscheidung beruht, wird zwei Wochen zur Einsicht ausgelegt. ⁸Dieser Absatz findet keine Anwendung, wenn es sich bei dem Luftreinhalteplan nach Absatz 1 um einen Plan handelt, für den nach dem Gesetz über die Umweltverträglichkeitsprüfung[1)] eine Strategische Umweltprüfung durchzuführen ist.

(5b) Werden nach Absatz 2 Pläne für kurzfristig zu ergreifende Maßnahmen aufgestellt, macht die zuständige Behörde der Öffentlichkeit sowohl die Ergeb-

---

[1)] Nr. 2.5.

nisse ihrer Untersuchungen zur Durchführbarkeit und zum Inhalt solcher Pläne als auch Informationen über die Durchführung dieser Pläne zugänglich.

(6) ¹Die Maßnahmen, die Pläne nach den Absätzen 1 bis 4 festlegen, sind durch Anordnungen oder sonstige Entscheidungen der zuständigen Träger öffentlicher Verwaltung nach diesem Gesetz oder nach anderen Rechtsvorschriften durchzusetzen. ²Sind in den Plänen planungsrechtliche Festlegungen vorgesehen, haben die zuständigen Planungsträger dies bei ihren Planungen zu berücksichtigen.

(7) ¹Die Landesregierungen oder die von ihnen bestimmten Stellen werden ermächtigt, bei der Gefahr, dass Immissionsgrenzwerte überschritten werden, die eine Rechtsverordnung nach § 48a Absatz 1 festlegt, durch Rechtsverordnung vorzuschreiben, dass in näher zu bestimmenden Gebieten bestimmte

1. ortsveränderliche Anlagen nicht betrieben werden dürfen,
2. ortsfeste Anlagen nicht errichtet werden dürfen,
3. ortsveränderliche oder ortsfeste Anlagen nur zu bestimmten Zeiten betrieben werden dürfen oder erhöhten betriebstechnischen Anforderungen genügen müssen,
4. Brennstoffe in Anlagen nicht oder nur beschränkt verwendet werden dürfen,

soweit die Anlagen oder Brennstoffe geeignet sind, zur Überschreitung der Immissionswerte beizutragen. ²Absatz 4 Satz 1 und § 49 Absatz 3 gelten entsprechend.

## Sechster Teil. Lärmminderungsplanung

**§ 47a Anwendungsbereich des Sechsten Teils.** ¹Dieser Teil des Gesetzes gilt für den Umgebungslärm, dem Menschen insbesondere in bebauten Gebieten, in öffentlichen Parks oder anderen ruhigen Gebieten eines Ballungsraums, in ruhigen Gebieten auf dem Land, in der Umgebung von Schulgebäuden, Krankenhäusern und anderen lärmempfindlichen Gebäuden und Gebieten ausgesetzt sind. ²Er gilt nicht für Lärm, der von der davon betroffenen Person selbst oder durch Tätigkeiten innerhalb von Wohnungen verursacht wird, für Nachbarschaftslärm, Lärm am Arbeitsplatz, in Verkehrsmitteln oder Lärm, der auf militärische Tätigkeiten in militärischen Gebieten zurückzuführen ist.

**§ 47b Begriffsbestimmungen.** Im Sinne dieses Gesetzes bezeichnen die Begriffe

1. „Umgebungslärm" belästigende oder gesundheitsschädliche Geräusche im Freien, die durch Aktivitäten von Menschen verursacht werden, einschließlich des Lärms, der von Verkehrsmitteln, Straßenverkehr, Eisenbahnverkehr, Flugverkehr sowie Geländen für industrielle Tätigkeiten ausgeht;
2. „Ballungsraum" ein Gebiet mit einer Einwohnerzahl von über 100 000 und einer Bevölkerungsdichte von mehr als 1 000 Einwohnern pro Quadratkilometer;
3. „Hauptverkehrsstraße" eine Bundesfernstraße, Landesstraße oder auch sonstige grenzüberschreitende Straße, jeweils mit einem Verkehrsaufkommen von über drei Millionen Kraftfahrzeugen pro Jahr;
4. „Haupteisenbahnstrecke" ein Schienenweg von Eisenbahnen nach dem Allgemeinen Eisenbahngesetz mit einem Verkehrsaufkommen von über 30 000 Zügen pro Jahr;

5. „Großflughafen" ein Verkehrsflughafen mit einem Verkehrsaufkommen von über 50 000 Bewegungen pro Jahr, wobei mit „Bewegung" der Start oder die Landung bezeichnet wird, hiervon sind ausschließlich der Ausbildung dienende Bewegungen mit Leichtflugzeugen ausgenommen.

**§ 47c Lärmkarten.** (1) ¹Die zuständigen Behörden arbeiten bis zum 30. Juni 2007 bezogen auf das vorangegangene Kalenderjahr Lärmkarten für Ballungsräume mit mehr als 250 000 Einwohnern sowie für Hauptverkehrsstraßen mit einem Verkehrsaufkommen von über sechs Millionen Kraftfahrzeugen pro Jahr, Haupteisenbahnstrecken mit einem Verkehrsaufkommen von über 60 000 Zügen pro Jahr und Großflughäfen aus. ²Gleiches gilt bis zum 30. Juni 2012 und danach alle fünf Jahre für sämtliche Ballungsräume sowie für sämtliche Hauptverkehrsstraßen und Haupteisenbahnstrecken.

(2) Die Lärmkarten haben den Mindestanforderungen des Anhangs IV der Richtlinie 2002/49/EG des Europäischen Parlaments und des Rates vom 25. Juni 2002 über die Bewertung und Bekämpfung von Umgebungslärm (ABl. EG Nr. L 189 S. 12) zu entsprechen und die nach Anhang VI der Richtlinie 2002/49/EG an die Kommission zu übermittelnden Daten zu enthalten.

(2a) Öffentliche Eisenbahninfrastrukturunternehmen sind verpflichtet, den für die Ausarbeitung von Lärmkarten zuständigen Behörden folgende für die Erarbeitung von Lärmkarten erforderlichen Daten unentgeltlich zur Verfügung zu stellen:

1. Daten zur Eisenbahninfrastruktur und
2. Daten zum Verkehr der Eisenbahnen auf den Schienenwegen.

(3) Die zuständigen Behörden arbeiten bei der Ausarbeitung von Lärmkarten für Grenzgebiete mit den zuständigen Behörden anderer Mitgliedstaaten der Europäischen Union zusammen.

(4) Die Lärmkarten werden mindestens alle fünf Jahre nach dem Zeitpunkt ihrer Erstellung überprüft und bei Bedarf überarbeitet.

(5) ¹Die zuständigen Behörden teilen dem Bundesministerium für Umwelt, Naturschutz und nukleare Sicherheit oder einer von ihm benannten Stelle zum 30. Juni 2005 und danach alle fünf Jahre die Ballungsräume mit mehr als 250 000 Einwohnern, die Hauptverkehrsstraßen mit einem Verkehrsaufkommen von über sechs Millionen Kraftfahrzeugen pro Jahr, die Haupteisenbahnstrecken mit einem Verkehrsaufkommen von über 60 000 Zügen pro Jahr und die Großflughäfen mit. ²Gleiches gilt zum 31. Dezember 2008 für sämtliche Ballungsräume sowie sämtliche Hauptverkehrsstraßen und Haupteisenbahnstrecken.

(6) Die zuständigen Behörden teilen Informationen aus den Lärmkarten, die in der Rechtsverordnung nach § 47f bezeichnet werden, dem Bundesministerium für Umwelt, Naturschutz und nukleare Sicherheit oder einer von ihm benannten Stelle mit.

**§ 47d Lärmaktionspläne.** (1) ¹Die zuständigen Behörden stellen bis zum 18. Juli 2008 Lärmaktionspläne auf, mit denen Lärmprobleme und Lärmauswirkungen geregelt werden für

1. Orte in der Nähe der Hauptverkehrsstraßen mit einem Verkehrsaufkommen von über sechs Millionen Kraftfahrzeugen pro Jahr, der Haupteisenbahnstre-

cken mit einem Verkehrsaufkommen von über 60 000 Zügen pro Jahr und der Großflughäfen,
2. Ballungsräume mit mehr als 250 000 Einwohnern.

²Gleiches gilt bis zum 18. Juli 2013 für sämtliche Ballungsräume sowie für sämtliche Hauptverkehrsstraßen und Haupteisenbahnstrecken. ³Die Festlegung von Maßnahmen in den Plänen ist in das Ermessen der zuständigen Behörden gestellt, sollte aber auch unter Berücksichtigung der Belastung durch mehrere Lärmquellen insbesondere auf die Prioritäten eingehen, die sich gegebenenfalls aus der Überschreitung relevanter Grenzwerte oder aufgrund anderer Kriterien ergeben, und insbesondere für die wichtigsten Bereiche gelten, wie sie in den Lärmkarten ausgewiesen werden.

(2) ¹Die Lärmaktionspläne haben den Mindestanforderungen des Anhangs V der Richtlinie 2002/49/EG zu entsprechen und die nach Anhang VI der Richtlinie 2002/49/EG an die Kommission zu übermittelnden Daten zu enthalten. ²Ziel dieser Pläne soll es auch sein, ruhige Gebiete gegen eine Zunahme des Lärms zu schützen.

(2a) Öffentliche Eisenbahninfrastrukturunternehmen sind verpflichtet, an der Aufstellung von Lärmaktionsplänen für Orte in der Nähe der Haupteisenbahnstrecken und für Ballungsräume mit Eisenbahnverkehr mitzuwirken.

(3) ¹Die Öffentlichkeit wird zu Vorschlägen für Lärmaktionspläne gehört. ²Sie erhält rechtzeitig und effektiv die Möglichkeit, an der Ausarbeitung und der Überprüfung der Lärmaktionspläne mitzuwirken. ³Die Ergebnisse der Mitwirkung sind zu berücksichtigen. ⁴Die Öffentlichkeit ist über die getroffenen Entscheidungen zu unterrichten. ⁵Es sind angemessene Fristen mit einer ausreichenden Zeitspanne für jede Phase der Beteiligung vorzusehen.

(4) § 47c Absatz 3 gilt entsprechend.

(5) Die Lärmaktionspläne werden bei bedeutsamen Entwicklungen für die Lärmsituation, ansonsten jedoch alle fünf Jahre nach dem Zeitpunkt ihrer Aufstellung überprüft und erforderlichenfalls überarbeitet.

(6) § 47 Absatz 3 Satz 2 und Absatz 6 gilt entsprechend.

(7) Die zuständigen Behörden teilen Informationen aus den Lärmaktionsplänen, die in der Rechtsverordnung nach § 47f bezeichnet werden, dem Bundesministerium für Umwelt, Naturschutz und nukleare Sicherheit oder einer von ihm benannten Stelle mit.

**§ 47e Zuständige Behörden.** (1) Zuständige Behörden für die Aufgaben dieses Teils des Gesetzes sind die Gemeinden oder die nach Landesrecht zuständigen Behörden, soweit nicht nachstehend Abweichendes geregelt ist.

(2) Die obersten Landesbehörden oder die von ihnen benannten Stellen sind zuständig für die Mitteilungen nach § 47c Absatz 5 und 6 sowie nach § 47d Absatz 7.

(3) Das Eisenbahn-Bundesamt ist zuständig für die Ausarbeitung der Lärmkarten für Schienenwege von Eisenbahnen des Bundes nach § 47c sowie insoweit für die Mitteilung der Haupteisenbahnstrecken nach § 47c Absatz 5, für die Mitteilung der Informationen nach § 47c Absatz 6 und für die Information der Öffentlichkeit über Lärmkarten nach § 47f Absatz 1 Satz 1 Nummer 3.

(4) ¹Abweichend von Absatz 1 ist ab dem 1. Januar 2015 das Eisenbahn-Bundesamt zuständig für die Aufstellung eines bundesweiten Lärmaktionsplanes

für die Haupteisenbahnstrecken des Bundes mit Maßnahmen in Bundeshoheit.
[2] Bei Lärmaktionsplänen für Ballungsräume wirkt das Eisenbahn-Bundesamt an der Lärmaktionsplanung mit.

**§ 47f Rechtsverordnungen.** (1) [1] Die Bundesregierung wird ermächtigt, nach Anhörung der beteiligten Kreise (§ 51) durch Rechtsverordnung[1]) mit Zustimmung des Bundesrates weitere Regelungen zur Umsetzung der Richtlinie 2002/49/EG in deutsches Recht zu erlassen, insbesondere

1. zur Definition von Lärmindizes und zu ihrer Anwendung,
2. zu den Berechnungsmethoden für Lärmindizes und zur Bewertung gesundheitsschädlicher Auswirkungen,
3. zur Information der Öffentlichkeit über zuständige Behörden sowie Lärmkarten und Lärmaktionspläne,
4. zu Kriterien für die Festlegung von Maßnahmen in Lärmaktionsplänen.

[2] Passt die Kommission gemäß Artikel 12 der Richtlinie 2002/49/EG deren Anhang I Abschnitt 3, Anhang II und Anhang III nach dem Verfahren des Artikels 13 Absatz 2 der Richtlinie 2002/49/EG an den wissenschaftlichen und technischen Fortschritt an, gilt Satz 1 auch insoweit.

(2) Die Bundesregierung wird ermächtigt, nach Anhörung der beteiligten Kreise (§ 51) durch Rechtsverordnung mit Zustimmung des Bundesrates weitere Regelungen zu erlassen

1. zum Format und Inhalt von Lärmkarten und Lärmaktionsplänen,
2. zur Datenerhebung und Datenübermittlung.

## Siebenter Teil. Gemeinsame Vorschriften

**§ 48 Verwaltungsvorschriften.** (1) [1] Die Bundesregierung erlässt nach Anhörung der beteiligten Kreise (§ 51) mit Zustimmung des Bundesrates zur Durchführung dieses Gesetzes und der auf Grund dieses Gesetzes erlassenen Rechtsverordnungen des Bundes allgemeine Verwaltungsvorschriften[2]), insbesondere über

1. Immissionswerte, die zu dem in § 1 genannten Zweck nicht überschritten werden dürfen,
2. Emissionswerte, deren Überschreiten nach dem Stand der Technik vermeidbar ist,
3. das Verfahren zur Ermittlung der Emissionen und Immissionen,
4. die von der zuständigen Behörde zu treffenden Maßnahmen bei Anlagen, für die Regelungen in einer Rechtsverordnung nach § 7 Absatz 2 oder 3 vorgesehen werden können, unter Berücksichtigung insbesondere der dort genannten Voraussetzungen,
5. äquivalente Parameter oder äquivalente technische Maßnahmen zu Emissionswerten,

---

[1]) Siehe die VO über die Lärmkartierung – 34. BImSchV v. 6.3.2006 (BGBl. I S. 516), zuletzt geänd. durch VO v. 28.5.2021 (BGBl. I S. 1251).
[2]) Siehe hierzu ua:
– Technische Anleitung zur Reinhaltung der Luft – TA Luft v. 18.8.2021 (GMBl S. 1050);
– Technische Anleitung zum Schutz gegen Lärm – TA Lärm v. 26.8.1998 (GMBl S. 503), geänd. durch VwV v. 1.6.2017 (BAnz AT 08.06.2017 B5).

6. angemessene Sicherheitsabstände gemäß § 3 Absatz 5c.

²Bei der Festlegung der Anforderungen sind insbesondere mögliche Verlagerungen von nachteiligen Auswirkungen von einem Schutzgut auf ein anderes zu berücksichtigen; ein hohes Schutzniveau für die Umwelt insgesamt ist zu gewährleisten.

(1a) ¹Nach jeder Veröffentlichung einer BVT-Schlussfolgerung ist unverzüglich zu gewährleisten, dass für Anlagen nach der Industrieemissions-Richtlinie bei der Festlegung von Emissionswerten nach Absatz 1 Satz 1 Nummer 2 die Emissionen unter normalen Betriebsbedingungen die in den BVT-Schlussfolgerungen genannten Emissionsbandbreiten nicht überschreiten. ²Im Hinblick auf bestehende Anlagen ist innerhalb eines Jahres nach Veröffentlichung von BVT-Schlussfolgerungen zur Haupttätigkeit eine Überprüfung und gegebenenfalls Anpassung der Verwaltungsvorschrift vorzunehmen.

(1b) ¹Abweichend von Absatz 1a

1. können in der Verwaltungsvorschrift weniger strenge Emissionswerte festgelegt werden, wenn

   a) wegen technischer Merkmale der betroffenen Anlagenart die Anwendung der in den BVT-Schlussfolgerungen genannten Emissionsbandbreiten unverhältnismäßig wäre und dies begründet wird oder

   b) in Anlagen Zukunftstechniken für einen Gesamtzeitraum von höchstens neun Monaten erprobt oder angewendet werden sollen, sofern nach dem festgelegten Zeitraum die Anwendung der betreffenden Technik beendet wird oder in der Anlage mindestens die mit den besten verfügbaren Techniken assoziierten Emissionsbandbreiten erreicht werden, oder

2. kann in der Verwaltungsvorschrift bestimmt werden, dass die zuständige Behörde weniger strenge Emissionsbegrenzungen festlegen kann, wenn

   a) wegen technischer Merkmale der betroffenen Anlagen die Anwendung der in den BVT-Schlussfolgerungen genannten Emissionsbandbreiten unverhältnismäßig wäre oder

   b) in Anlagen Zukunftstechniken für einen Gesamtzeitraum von höchstens neun Monaten erprobt oder angewendet werden sollen, sofern nach dem festgelegten Zeitraum die Anwendung der betreffenden Technik beendet wird oder in der Anlage mindestens die mit den besten verfügbaren Techniken assoziierten Emissionsbandbreiten erreicht werden.

²Absatz 1 Satz 2 bleibt unberührt. ³Emissionswerte und Emissionsbegrenzungen nach Satz 1 dürfen die in den Anhängen der Richtlinie 2010/75/EU festgelegten Emissionsgrenzwerte nicht überschreiten.

(2) *(aufgehoben)*

**§ 48a Rechtsverordnungen über Emissionswerte und Immissionswerte.** (1) ¹Zur Erfüllung von bindenden Rechtsakten der Europäischen Gemeinschaften oder der Europäischen Union kann die Bundesregierung zu dem in § 1 genannten Zweck mit Zustimmung des Bundesrates Rechtsverordnungen[1]

---

[1] Siehe die StörfallVO – 12. BImSchV (Nr. **6.1.12**), die VO über Großfeuerungs-, Gasturbinen- und Verbrennungsmotoranlagen – 13. BImSchV (Nr. **6.1.13**), die VO zur Begrenzung von Emissionen aus der Titandioxid-Industrie – 25. BImSchV idF der Bek. v. 30.7.2014 (BGBl. I S. 1316), zuletzt geänd. durch VO v. 24.3.2017 (BGBl. I S. 656), die VO zur Durchführung der unionsrechtlichen Emissionsgrenzwerte und die Typgenehmigung für Verbrennungsmotoren für nicht für den

über die Festsetzung von Immissions- und Emissionswerten einschließlich der Verfahren zur Ermittlung sowie Maßnahmen zur Einhaltung dieser Werte und zur Überwachung und Messung erlassen. ²In den Rechtsverordnungen kann auch geregelt werden, wie die Bevölkerung zu unterrichten ist.

(1a) ¹Über die Erfüllung von bindenden Rechtsakten der Europäischen Gemeinschaften oder der Europäischen Union hinaus kann die Bundesregierung zu dem in § 1 genannten Zweck mit Zustimmung des Bundesrates Rechtsverordnungen über die Festlegung von Immissionswerten für weitere Schadstoffe einschließlich der Verfahren zur Ermittlung sowie Maßnahmen zur Einhaltung dieser Werte und zur Überwachung und Messung erlassen. ²In den Rechtsverordnungen kann auch geregelt werden, wie die Bevölkerung zu unterrichten ist.

(2) Die in Rechtsverordnungen nach Absatz 1 festgelegten Maßnahmen sind durch Anordnungen oder sonstige Entscheidungen der zuständigen Träger öffentlicher Verwaltung nach diesem Gesetz oder nach anderen Rechtsvorschriften durchzusetzen; soweit planungsrechtliche Festlegungen vorgesehen sind, haben die zuständigen Planungsträger zu befinden, ob und inwieweit Planungen in Betracht zu ziehen sind.

(3) Zur Erfüllung von bindenden Rechtsakten der Europäischen Gemeinschaften oder der Europäischen Union kann die Bundesregierung zu dem in § 1 genannten Zweck mit Zustimmung des Bundesrates in Rechtsverordnungen[1]) von Behörden zu erfüllende Pflichten begründen und ihnen Befugnisse zur Erhebung, Verarbeitung und Nutzung personenbezogener Daten einräumen, soweit diese für die Beurteilung und Kontrolle der in den Beschlüssen gestellten Anforderungen erforderlich sind.

**§ 48b Beteiligung des Bundestages beim Erlass von Rechtsverordnungen.** ¹Rechtsverordnungen nach § 7 Absatz 1 Satz 1 Nummer 2, § 23 Absatz 1 Satz 1 Nummer 2, § 43 Absatz 1 Satz 1 Nummer 1, § 48a Absatz 1 und § 48a Absatz 1a dieses Gesetzes sind dem Bundestag zuzuleiten. ²Die Zuleitung erfolgt vor der Zuleitung an den Bundesrat. ³Die Rechtsverordnungen können durch Beschluss des Bundestages geändert oder abgelehnt werden. ⁴Der Beschluss des Bundestages wird der Bundesregierung zugeleitet. ⁵Hat sich der Bundestag nach Ablauf von vier Sitzungswochen seit Eingang der Rechtsverordnung nicht mit ihr befasst, wird die unveränderte Rechtsverordnung dem Bundesrat zugeleitet. ⁶Die Sätze 1 bis 5 gelten nicht bei Rechtsverordnungen nach § 7 Absatz 1 Satz 1 Nummer 2 für den Fall, dass wegen der Fortentwicklung des Standes der Technik die Umsetzung von BVT-Schlussfolgerungen nach § 7 Absatz 1a erforderlich ist.

---

*(Fortsetzung der Anm. von voriger Seite)*
Straßenverkehr bestimmte mobile Maschinen und Geräte − 28. BImSchV v. 21.7.2021 (BGBl. I S. 3125), die VO über Luftqualitätsstandards und Emissionshöchstmengen − 39. BImSchV (Nr. **6.1.39**), die VO über nationale Verpflichtungen zur Reduktion der Emissionen bestimmter Luftschadstoffe − 43. BImSchV v. 18.7.2018 (BGBl. I S. 1222) und die VO über mittelgroße Feuerungs-, Gasturbinen- und Verbrennungsmotoranlagen − 44. BImSchV v. 13.6.2019 (BGBl. I S. 804), geänd. durch VO v. 6.7.2021 (BGBl. I S. 2514).
[1]) Siehe die VO über Großfeuerungs-, Gasturbinen- und Verbrennungsmotoranlagen − 13. BImSchV (Nr. **6.1.13**), die VO zur Durchführung der unionsrechtlichen Emissionsgrenzwerte und die Typgenehmigung für Verbrennungsmotoren für nicht für den Straßenverkehr bestimmte mobile Maschinen und Geräte − 28. BImSchV v. 21.7.2021 (BGBl. I S. 3125), die VO über Luftqualitätsstandards und Emissionshöchstmengen − 39. BImSchV (Nr. **6.1.39**) und die GefahrstoffVO (Nr. **9.1.3**).

**§ 49 Schutz bestimmter Gebiete.** (1) Die Landesregierungen werden ermächtigt, durch Rechtsverordnung vorzuschreiben, dass in näher zu bestimmenden Gebieten, die eines besonderen Schutzes vor schädlichen Umwelteinwirkungen durch Luftverunreinigungen oder Geräusche bedürfen, bestimmte
1. ortsveränderliche Anlagen nicht betrieben werden dürfen,
2. ortsfeste Anlagen nicht errichtet werden dürfen,
3. ortsveränderliche oder ortsfeste Anlagen nur zu bestimmten Zeiten betrieben werden dürfen oder erhöhten betriebstechnischen Anforderungen genügen müssen oder
4. Brennstoffe in Anlagen nicht oder nur beschränkt verwendet werden dürfen,

soweit die Anlagen oder Brennstoffe geeignet sind, schädliche Umwelteinwirkungen durch Luftverunreinigungen oder Geräusche hervorzurufen, die mit dem besonderen Schutzbedürfnis dieser Gebiete nicht vereinbar sind, und die Luftverunreinigungen und Geräusche durch Auflagen nicht verhindert werden können.

(2) [1]Die Landesregierungen werden ermächtigt, durch Rechtsverordnung Gebiete festzusetzen, in denen während austauscharmer Wetterlagen ein starkes Anwachsen schädlicher Umwelteinwirkungen durch Luftverunreinigungen zu befürchten ist. [2]In der Rechtsverordnung kann vorgeschrieben werden, dass in diesen Gebieten
1. ortsveränderliche oder ortsfeste Anlagen nur zu bestimmten Zeiten betrieben oder
2. Brennstoffe, die in besonderem Maße Luftverunreinigungen hervorrufen, in Anlagen nicht oder nur beschränkt verwendet

werden dürfen, sobald die austauscharme Wetterlage von der zuständigen Behörde bekannt gegeben wird.

(3) Landesrechtliche Ermächtigungen für die Gemeinden und Gemeindeverbände zum Erlass von ortsrechtlichen Vorschriften, die Regelungen zum Schutz der Bevölkerung vor schädlichen Umwelteinwirkungen durch Luftverunreinigungen oder Geräusche zum Gegenstand haben, bleiben unberührt.

**§ 50 Planung.** [1]Bei raumbedeutsamen Planungen und Maßnahmen sind die für eine bestimmte Nutzung vorgesehenen Flächen einander so zuzuordnen, dass schädliche Umwelteinwirkungen und von schweren Unfällen im Sinne des Artikels 3 Nummer 13 der Richtlinie 2012/18/EU in Betriebsbereichen hervorgerufene Auswirkungen auf die ausschließlich oder überwiegend dem Wohnen dienenden Gebiete sowie auf sonstige schutzbedürftige Gebiete, insbesondere öffentlich genutzte Gebiete, wichtige Verkehrswege, Freizeitgebiete und unter dem Gesichtspunkt des Naturschutzes besonders wertvolle oder besonders empfindliche Gebiete und öffentlich genutzte Gebäude, so weit wie möglich vermieden werden. [2]Bei raumbedeutsamen Planungen und Maßnahmen in Gebieten, in denen die in Rechtsverordnungen nach § 48a Absatz 1 festgelegten Immissionsgrenzwerte und Zielwerte nicht überschritten werden, ist bei der Abwägung der betroffenen Belange die Erhaltung der bestmöglichen Luftqualität als Belang zu berücksichtigen.

**§ 51 Anhörung beteiligter Kreise.** Soweit Ermächtigungen zum Erlass von Rechtsverordnungen und allgemeinen Verwaltungsvorschriften die Anhörung der beteiligten Kreise vorschreiben, ist ein jeweils auszuwählender Kreis von

Vertretern der Wissenschaft, der Betroffenen, der beteiligten Wirtschaft, des beteiligten Verkehrswesens und der für den Immissionsschutz zuständigen obersten Landesbehörden zu hören.

**§ 51a Kommission für Anlagensicherheit.** (1) Beim Bundesministerium für Umwelt, Naturschutz und nukleare Sicherheit wird zur Beratung der Bundesregierung oder des zuständigen Bundesministeriums eine Kommission für Anlagensicherheit[1] gebildet.

(2) [1] Die Kommission für Anlagensicherheit soll gutachtlich in regelmäßigen Zeitabständen sowie aus besonderem Anlass Möglichkeiten zur Verbesserung der Anlagensicherheit aufzeigen. [2] Sie schlägt darüber hinaus dem Stand der Sicherheitstechnik entsprechende Regeln (sicherheitstechnische Regeln) unter Berücksichtigung der für andere Schutzziele vorhandenen Regeln vor. [3] Nach Anhörung der für die Anlagensicherheit zuständigen obersten Landesbehörden kann das Bundesministerium für Umwelt, Naturschutz und nukleare Sicherheit diese Regeln im Bundesanzeiger veröffentlichen. [4] Die Kommission für Anlagensicherheit überprüft innerhalb angemessener Zeitabstände, spätestens nach jeweils fünf Jahren, ob die veröffentlichten sicherheitstechnischen Regeln weiterhin dem Stand der Sicherheitstechnik entsprechen.

(3) In die Kommission für Anlagensicherheit sind im Einvernehmen mit dem Bundesministerium für Arbeit und Soziales neben Vertreterinnen oder Vertretern der beteiligten Bundesbehörden sowie der für den Immissions- und Arbeitsschutz zuständigen Landesbehörden insbesondere Vertreterinnen oder Vertreter der Wissenschaft, der Umweltverbände, der Gewerkschaften, der Sachverständigen nach § 29a und der zugelassenen Überwachungsstellen nach § 2 Nummer 4 des Gesetzes über überwachungsbedürftige Anlagen, der Berufsgenossenschaften, der beteiligten Wirtschaft sowie Vertreterinnen oder Vertreter der nach § 24 der Betriebssicherheitsverordnung und § 21 der Gefahrstoffverordnung[2] eingesetzten Ausschüsse zu berufen.

(4) [1] Die Kommission für Anlagensicherheit wählt aus ihrer Mitte eine Vorsitzende oder einen Vorsitzenden und gibt sich eine Geschäftsordnung. [2] Die Wahl der oder des Vorsitzenden und die Geschäftsordnung bedürfen der im Einvernehmen mit dem Bundesministerium für Arbeit und Soziales zu erteilenden Zustimmung des Bundesministeriums für Umwelt, Naturschutz und nukleare Sicherheit.

**§ 51b Sicherstellung der Zustellungsmöglichkeit.** [1] Der Betreiber einer genehmigungsbedürftigen Anlage hat sicherzustellen, dass für ihn bestimmte Schriftstücke im Geltungsbereich dieses Gesetzes zugestellt werden können. [2] Kann die Zustellung nur dadurch sichergestellt werden, dass ein Bevollmächtigter bestellt wird, so hat der Betreiber den Bevollmächtigten der zuständigen Behörde zu benennen.

**§ 52 Überwachung.** (1) [1] Die zuständigen Behörden haben die Durchführung dieses Gesetzes und der auf dieses Gesetz gestützten Rechtsverordnungen zu überwachen. [2] Sie können die dafür erforderlichen Maßnahmen treffen und bei der Durchführung dieser Maßnahmen Beauftragte einsetzen. [3] Sie haben

---

[1] Siehe hierzu die GO KAS idF der Bek. v. 26.2.2015 (BAnz AT 16.04.2015 B3), geänd. durch Beschl. v. 6.10.2021 (BAnz AT 02.11.2021 B2).
[2] Nr. 9.1.3.

Genehmigungen im Sinne des § 4 regelmäßig zu überprüfen und soweit erforderlich durch nachträgliche Anordnungen nach § 17 auf den neuesten Stand zu bringen. [4] Eine Überprüfung im Sinne von Satz 2 wird in jedem Fall vorgenommen, wenn

1. Anhaltspunkte dafür bestehen, dass der Schutz der Nachbarschaft und der Allgemeinheit nicht ausreichend ist und deshalb die in der Genehmigung festgelegten Begrenzungen der Emissionen überprüft oder neu festgesetzt werden müssen,
2. wesentliche Veränderungen des Standes der Technik eine erhebliche Verminderung der Emissionen ermöglichen,
3. eine Verbesserung der Betriebssicherheit erforderlich ist, insbesondere durch die Anwendung anderer Techniken, oder
4. neue umweltrechtliche Vorschriften dies fordern.

[5] Bei Anlagen nach der Industrieemissions-Richtlinie ist innerhalb von vier Jahren nach der Veröffentlichung von BVT-Schlussfolgerungen zur Haupttätigkeit

1. eine Überprüfung und gegebenenfalls Aktualisierung der Genehmigung im Sinne von Satz 3 vorzunehmen und
2. sicherzustellen, dass die betreffende Anlage die Genehmigungsanforderungen nach § 6 Absatz 1 Nummer 1 und der Nebenbestimmungen nach § 12 einhält.

[6] Satz 5 gilt auch für Genehmigungen, die nach Veröffentlichung von BVT-Schlussfolgerungen auf der Grundlage der bislang geltenden Rechts- und Verwaltungsvorschriften erteilt worden sind. [7] Wird festgestellt, dass eine Einhaltung der nachträglichen Anordnung nach § 17 oder der Genehmigung innerhalb der in Satz 5 bestimmten Frist wegen technischer Merkmale der betroffenen Anlage unverhältnismäßig wäre, kann die zuständige Behörde einen längeren Zeitraum festlegen. [8] Als Teil jeder Überprüfung der Genehmigung hat die zuständige Behörde die Festlegung weniger strenger Emissionsbegrenzungen nach § 7 Absatz 1b Satz 1 Nummer 2 Buchstabe a, § 12 Absatz 1b Satz 1 Nummer 1, § 17 Absatz 2b Satz 1 Nummer 1 und § 48 Absatz 1b Satz 1 Nummer 2 Buchstabe a erneut zu bewerten.

(1a) Im Falle des § 31 Absatz 1 Satz 3 hat die zuständige Behörde mindestens jährlich die Ergebnisse der Emissionsüberwachung zu bewerten, um sicherzustellen, dass die Emissionen unter normalen Betriebsbedingungen die in den BVT-Schlussfolgerungen festgelegten Emissionsbandbreiten nicht überschreiten.

(1b) [1] Zur Durchführung von Absatz 1 Satz 1 stellen die zuständigen Behörden zur regelmäßigen Überwachung von Anlagen nach der Industrieemissions-Richtlinie in ihrem Zuständigkeitsbereich Überwachungspläne und Überwachungsprogramme gemäß § 52a auf. [2] Zur Überwachung nach Satz 1 gehören insbesondere Vor-Ort-Besichtigungen, Überwachung der Emissionen und Überprüfung interner Berichte und Folgedokumente, Überprüfung der Eigenkontrolle, Prüfung der angewandten Techniken und der Eignung des Umweltmanagements der Anlage zur Sicherstellung der Anforderungen nach § 6 Absatz 1 Nummer 1.

(2) [1] Eigentümer und Betreiber von Anlagen sowie Eigentümer und Besitzer von Grundstücken, auf denen Anlagen betrieben werden, sind verpflichtet, den

Angehörigen der zuständigen Behörde und deren Beauftragten den Zutritt zu den Grundstücken und zur Verhütung dringender Gefahren für die öffentliche Sicherheit oder Ordnung auch zu Wohnräumen und die Vornahme von Prüfungen einschließlich der Ermittlung von Emissionen und Immissionen zu gestatten sowie die Auskünfte zu erteilen und die Unterlagen vorzulegen, die zur Erfüllung ihrer Aufgaben erforderlich sind. ²Das Grundrecht der Unverletzlichkeit der Wohnung (Artikel 13 des Grundgesetzes[1])) wird insoweit eingeschränkt. ³Betreiber von Anlagen, für die ein Immissionsschutzbeauftragter oder ein Störfallbeauftragter bestellt ist, haben diesen auf Verlangen der zuständigen Behörde zu Überwachungsmaßnahmen nach Satz 1 hinzuzuziehen. ⁴Im Rahmen der Pflichten nach Satz 1 haben die Eigentümer und Betreiber der Anlagen Arbeitskräfte sowie Hilfsmittel, insbesondere Treibstoffe und Antriebsaggregate, bereitzustellen.

(3) ¹Absatz 2 gilt entsprechend für Eigentümer und Besitzer von Anlagen, Stoffen, Erzeugnissen, Brennstoffen, Treibstoffen und Schmierstoffen, soweit diese den §§ 37a bis 37c oder der Regelung der nach den §§ 32 bis 35, 37 oder 37d erlassenen Rechtsverordnung unterliegen. ²Die Eigentümer und Besitzer haben den Angehörigen der zuständigen Behörde und deren Beauftragten die Entnahme von Stichproben zu gestatten, soweit dies zur Erfüllung ihrer Aufgaben erforderlich ist.

(4) ¹Kosten, die durch Prüfungen im Rahmen des Genehmigungsverfahrens entstehen, trägt der Antragsteller. ²Kosten, die bei der Entnahme von Stichproben nach Absatz 3 und deren Untersuchung entstehen, trägt der Auskunftspflichtige. ³Kosten, die durch sonstige Überwachungsmaßnahmen nach Absatz 2 oder 3 entstehen, trägt der Auskunftspflichtige, es sei denn, die Maßnahme betrifft die Ermittlung von Emissionen und Immissionen oder der Überwachung einer nicht genehmigungsbedürftigen Anlage außerhalb des Überwachungssystems nach der Zwölften Verordnung zur Durchführung des Bundes-Immissionsschutzgesetzes[2]); in diesen Fällen sind die Kosten dem Auskunftspflichtigen nur aufzuerlegen, wenn die Ermittlungen ergeben, dass

1. Auflagen oder Anordnungen nach den Vorschriften dieses Gesetzes oder der auf dieses Gesetz gestützten Rechtsverordnungen nicht erfüllt worden oder

2. Auflagen oder Anordnungen nach den Vorschriften dieses Gesetzes oder der auf dieses Gesetz gestützten Rechtsverordnungen geboten

sind.

(5) Der zur Auskunft Verpflichtete kann die Auskunft auf solche Fragen verweigern, deren Beantwortung ihn selbst oder einen der in § 383 Absatz 1 Nummer 1 bis 3 der Zivilprozessordnung bezeichneten Angehörigen der Gefahr strafgerichtlicher Verfolgung oder eines Verfahrens nach dem Gesetz über Ordnungswidrigkeiten[3]) aussetzen würde.

(6) ¹Soweit zur Durchführung dieses Gesetzes oder der auf dieses Gesetz gestützten Rechtsverordnungen Immissionen zu ermitteln sind, haben auch die Eigentümer und Besitzer von Grundstücken, auf denen Anlagen nicht betrieben werden, den Angehörigen der zuständigen Behörde und deren Beauftragten den Zutritt zu den Grundstücken und zur Verhütung dringender Gefahren

---

[1]) Nr. **1.1**.
[2]) Nr. **6.1.12**.
[3]) Auszugsweise abgedruckt unter Nr. **11.2**.

für die öffentliche Sicherheit oder Ordnung auch zu Wohnräumen und die Vornahme der Prüfungen zu gestatten. ²Das Grundrecht der Unverletzlichkeit der Wohnung (Artikel 13 des Grundgesetzes[1])) wird insoweit eingeschränkt. ³Bei Ausübung der Befugnisse nach Satz 1 ist auf die berechtigten Belange der Eigentümer und Besitzer Rücksicht zu nehmen; für entstandene Schäden hat das Land, im Falle des § 59 Absatz 1 der Bund, Ersatz zu leisten. ⁴Waren die Schäden unvermeidbare Folgen der Überwachungsmaßnahmen und haben die Überwachungsmaßnahmen zu Anordnungen der zuständigen Behörde gegen den Betreiber einer Anlage geführt, so hat dieser die Ersatzleistung dem Land oder dem Bund zu erstatten.

(7) ¹Auf die nach den Absätzen 2, 3 und 6 erlangten Kenntnisse und Unterlagen sind die §§ 93, 97, 105 Absatz 1, § 111 Absatz 5 in Verbindung mit § 105 Absatz 1 sowie § 116 Absatz 1 der Abgabenordnung nicht anzuwenden. ²Dies gilt nicht, soweit die Finanzbehörden die Kenntnisse für die Durchführung eines Verfahrens wegen einer Steuerstraftat sowie eines damit zusammenhängenden Besteuerungsverfahrens benötigen, an deren Verfolgung ein zwingendes öffentliches Interesse besteht, oder soweit es sich um vorsätzlich falsche Angaben des Auskunftspflichtigen oder der für ihn tätigen Personen handelt.

**§ 52a Überwachungspläne, Überwachungsprogramme für Anlagen nach der Industrieemissions-Richtlinie.** (1) ¹Überwachungspläne haben Folgendes zu enthalten:

1. den räumlichen Geltungsbereich des Plans,
2. eine allgemeine Bewertung der wichtigen Umweltprobleme im Geltungsbereich des Plans,
3. ein Verzeichnis der in den Geltungsbereich des Plans fallenden Anlagen,
4. Verfahren für die Aufstellung von Programmen für die regelmäßige Überwachung,
5. Verfahren für die Überwachung aus besonderem Anlass sowie
6. soweit erforderlich, Bestimmungen für die Zusammenarbeit zwischen verschiedenen Überwachungsbehörden.

²Die Überwachungspläne sind von den zuständigen Behörden regelmäßig zu überprüfen und, soweit erforderlich, zu aktualisieren.

(2) ¹Auf der Grundlage der Überwachungspläne erstellen oder aktualisieren die zuständigen Behörden regelmäßig Überwachungsprogramme, in denen auch die Zeiträume angegeben sind, in denen Vor-Ort-Besichtigungen stattfinden müssen. ²In welchem zeitlichen Abstand Anlagen vor Ort besichtigt werden müssen, richtet sich nach einer systematischen Beurteilung der mit der Anlage verbundenen Umweltrisiken insbesondere anhand der folgenden Kriterien:

1. mögliche und tatsächliche Auswirkungen der betreffenden Anlage auf die menschliche Gesundheit und auf die Umwelt unter Berücksichtigung der Emissionswerte und -typen, der Empfindlichkeit der örtlichen Umgebung und des von der Anlage ausgehenden Unfallrisikos,
2. bisherige Einhaltung der Genehmigungsanforderungen nach § 6 Absatz 1 Nummer 1 und der Nebenbestimmungen nach § 12,

---

[1]) Nr. 1.1.

3. Eintragung eines Unternehmens in ein Verzeichnis gemäß den Artikeln 13 bis 15 der Verordnung (EG) Nr. 1221/2009[1]) des Europäischen Parlaments und des Rates vom 25. November 2009 über die freiwillige Teilnahme von Organisationen an einem Gemeinschaftssystem für Umweltmanagement und Umweltbetriebsprüfung und zur Aufhebung der Verordnung (EG) Nr. 761/2001, sowie der Beschlüsse der Kommission 2001/681/EG und 2006/193/EG (ABl. L 342 vom 22.12.2009, S. 1).

(3) [1] Der Abstand zwischen zwei Vor-Ort-Besichtigungen darf die folgenden Zeiträume nicht überschreiten:

1. ein Jahr bei Anlagen, die der höchsten Risikostufe unterfallen, sowie

2. drei Jahre bei Anlagen, die der niedrigsten Risikostufe unterfallen.

[2] Wurde bei einer Überwachung festgestellt, dass der Betreiber einer Anlage in schwerwiegender Weise gegen die Genehmigung verstößt, hat die zuständige Behörde innerhalb von sechs Monaten nach der Feststellung des Verstoßes eine zusätzliche Vor-Ort-Besichtigung durchzuführen.

(4) Die zuständigen Behörden führen unbeschadet des Absatzes 2 bei Beschwerden wegen ernsthafter Umweltbeeinträchtigungen, bei Ereignissen mit erheblichen Umweltauswirkungen und bei Verstößen gegen die Vorschriften dieses Gesetzes oder der auf Grund dieses Gesetzes erlassenen Rechtsverordnungen eine Überwachung durch.

(5) [1] Nach jeder Vor-Ort-Besichtigung einer Anlage erstellt die zuständige Behörde einen Bericht mit den relevanten Feststellungen über die Einhaltung der Genehmigungsanforderungen nach § 6 Absatz 1 Nummer 1 und der Nebenbestimmungen nach § 12 sowie mit Schlussfolgerungen, ob weitere Maßnahmen notwendig sind. [2] Der Bericht ist dem Betreiber innerhalb von zwei Monaten nach der Vor-Ort-Besichtigung durch die zuständige Behörde zu übermitteln. [3] Der Bericht ist der Öffentlichkeit nach den Vorschriften über den Zugang zu Umweltinformationen innerhalb von vier Monaten nach der Vor-Ort-Besichtigung zugänglich zu machen.

**§ 52b Mitteilungspflichten zur Betriebsorganisation.** (1) [1] Besteht bei Kapitalgesellschaften das vertretungsberechtigte Organ aus mehreren Mitgliedern oder sind bei Personengesellschaften mehrere vertretungsberechtigte Gesellschafter vorhanden, so ist der zuständigen Behörde anzuzeigen, wer von ihnen nach den Bestimmungen über die Geschäftsführungsbefugnis für die Gesellschaft die Pflichten des Betreibers der genehmigungsbedürftigen Anlage wahrnimmt, die ihm nach diesem Gesetz und nach den auf Grund dieses Gesetzes erlassenen Rechtsverordnungen und allgemeinen Verwaltungsvorschriften obliegen. [2] Die Gesamtverantwortung aller Organmitglieder oder Gesellschafter bleibt hiervon unberührt.

(2) Der Betreiber der genehmigungsbedürftigen Anlage oder im Rahmen ihrer Geschäftsführungsbefugnis die nach Absatz 1 Satz 1 anzuzeigende Person hat der zuständigen Behörde mitzuteilen, auf welche Weise sichergestellt ist, dass die dem Schutz vor schädlichen Umwelteinwirkungen und vor sonstigen Gefahren, erheblichen Nachteilen und erheblichen Belästigungen dienenden Vorschriften und Anordnungen beim Betrieb beachtet werden.

---

[1]) Nr. 2.7.

## § 53 Bestellung eines Betriebsbeauftragten für Immissionsschutz.

(1) [1]Betreiber genehmigungsbedürftiger Anlagen haben einen oder mehrere Betriebsbeauftragte für Immissionsschutz (Immissionsschutzbeauftragte) zu bestellen, sofern dies im Hinblick auf die Art oder die Größe der Anlagen wegen der

1. von den Anlagen ausgehenden Emissionen,
2. technischen Probleme der Emissionsbegrenzung oder
3. Eignung der Erzeugnisse, bei bestimmungsgemäßer Verwendung schädliche Umwelteinwirkungen durch Luftverunreinigungen, Geräusche oder Erschütterungen hervorzurufen,

erforderlich ist. [2]Das Bundesministerium für Umwelt, Naturschutz und nukleare Sicherheit bestimmt nach Anhörung der beteiligten Kreise (§ 51) durch Rechtsverordnung[1)] mit Zustimmung des Bundesrates die genehmigungsbedürftigen Anlagen, deren Betreiber Immissionsschutzbeauftragte zu bestellen haben.

(2) Die zuständige Behörde kann anordnen, dass Betreiber genehmigungsbedürftiger Anlagen, für die die Bestellung eines Immissionsschutzbeauftragten nicht durch Rechtsverordnung vorgeschrieben ist, sowie Betreiber nicht genehmigungsbedürftiger Anlagen einen oder mehrere Immissionsschutzbeauftragte zu bestellen haben, soweit sich im Einzelfall die Notwendigkeit der Bestellung aus den in Absatz 1 Satz 1 genannten Gesichtspunkten ergibt.

## § 54 Aufgaben.
(1) [1]Der Immissionsschutzbeauftragte berät den Betreiber und die Betriebsangehörigen in Angelegenheiten, die für den Immissionsschutz bedeutsam sein können. [2]Er ist berechtigt und verpflichtet,

1. auf die Entwicklung und Einführung
   a) umweltfreundlicher Verfahren, einschließlich Verfahren zur Vermeidung oder ordnungsgemäßen und schadlosen Verwertung der beim Betrieb entstehenden Abfälle oder deren Beseitigung als Abfall sowie zur Nutzung von entstehender Wärme,
   b) umweltfreundlicher Erzeugnisse, einschließlich Verfahren zur Wiedergewinnung und Wiederverwendung,
   hinzuwirken,
2. bei der Entwicklung und Einführung umweltfreundlicher Verfahren und Erzeugnisse mitzuwirken, insbesondere durch Begutachtung der Verfahren und Erzeugnisse unter dem Gesichtspunkt der Umweltfreundlichkeit,
3. soweit dies nicht Aufgabe des Störfallbeauftragten nach § 58b Absatz 1 Satz 2 Nummer 3 ist, die Einhaltung der Vorschriften dieses Gesetzes und der auf Grund dieses Gesetzes erlassenen Rechtsverordnungen und die Erfüllung erteilter Bedingungen und Auflagen zu überwachen, insbesondere durch Kontrolle der Betriebsstätte in regelmäßigen Abständen, Messungen von Emissionen und Immissionen, Mitteilung festgestellter Mängel und Vorschläge über Maßnahmen zur Beseitigung dieser Mängel,
4. die Betriebsangehörigen über die von der Anlage verursachten schädlichen Umwelteinwirkungen aufzuklären sowie über die Einrichtungen und Maß-

---

[1)] Siehe die VO über Immissionsschutz- und Störfallbeauftragte – 5. BImSchV v. 30.7.1993 (BGBl. I S. 1433), zuletzt geänd. durch VO v. 28.4.2015 (BGBl. I S. 670).

nahmen zu ihrer Verhinderung unter Berücksichtigung der sich aus diesem Gesetz oder Rechtsverordnungen auf Grund dieses Gesetzes ergebenden Pflichten.

(2) Der Immissionsschutzbeauftragte erstattet dem Betreiber jährlich einen Bericht über die nach Absatz 1 Satz 2 Nummer 1 bis 4 getroffenen und beabsichtigten Maßnahmen.

**§ 55 Pflichten des Betreibers.** (1) ¹Der Betreiber hat den Immissionsschutzbeauftragten schriftlich zu bestellen und die ihm obliegenden Aufgaben genau zu bezeichnen. ²Der Betreiber hat die Bestellung des Immissionsschutzbeauftragten und die Bezeichnung seiner Aufgaben sowie Veränderungen in seinem Aufgabenbereich und dessen Abberufung der zuständigen Behörde unverzüglich anzuzeigen. ³Dem Immissionsschutzbeauftragten ist eine Abschrift der Anzeige auszuhändigen.

(1a) ¹Der Betreiber hat den Betriebs- oder Personalrat vor der Bestellung des Immissionsschutzbeauftragten unter Bezeichnung der ihm obliegenden Aufgaben zu unterrichten. ²Entsprechendes gilt bei Veränderungen im Aufgabenbereich des Immissionsschutzbeauftragten und bei dessen Abberufung.

(2) ¹Der Betreiber darf zum Immissionsschutzbeauftragten nur bestellen, wer die zur Erfüllung seiner Aufgaben erforderliche Fachkunde und Zuverlässigkeit besitzt. ²Werden der zuständigen Behörde Tatsachen bekannt, aus denen sich ergibt, dass der Immissionsschutzbeauftragte nicht die zur Erfüllung seiner Aufgaben erforderliche Fachkunde oder Zuverlässigkeit besitzt, kann sie verlangen, dass der Betreiber einen anderen Immissionsschutzbeauftragten bestellt. ³Das Bundesministerium für Umwelt, Naturschutz und nukleare Sicherheit wird ermächtigt, nach Anhörung der beteiligten Kreise (§ 51) durch Rechtsverordnung¹⁾ mit Zustimmung des Bundesrates vorzuschreiben, welche Anforderungen an die Fachkunde und Zuverlässigkeit des Immissionsschutzbeauftragten zu stellen sind.

(3) ¹Werden mehrere Immissionsschutzbeauftragte bestellt, so hat der Betreiber für die erforderliche Koordinierung in der Wahrnehmung der Aufgaben, insbesondere durch Bildung eines Ausschusses für Umweltschutz, zu sorgen. ²Entsprechendes gilt, wenn neben einem oder mehreren Immissionsschutzbeauftragten Betriebsbeauftragte nach anderen gesetzlichen Vorschriften bestellt werden. ³Der Betreiber hat ferner für die Zusammenarbeit der Betriebsbeauftragten mit den im Bereich des Arbeitsschutzes beauftragten Personen zu sorgen.

(4) Der Betreiber hat den Immissionsschutzbeauftragten bei der Erfüllung seiner Aufgaben zu unterstützen und ihm insbesondere, soweit dies zur Erfüllung seiner Aufgaben erforderlich ist, Hilfspersonal sowie Räume, Einrichtungen, Geräte und Mittel zur Verfügung zu stellen und die Teilnahme an Schulungen zu ermöglichen.

**§ 56 Stellungnahme zu Entscheidungen des Betreibers.** (1) Der Betreiber hat vor Entscheidungen über die Einführung von Verfahren und Erzeugnissen sowie vor Investitionsentscheidungen eine Stellungnahme des Immis-

---
¹⁾ Siehe die VO über Immissionsschutz- und Störfallbeauftragte – 5. BImSchV v. 30.7.1993 (BGBl. I S. 1433), zuletzt geänd. durch VO v. 28.4.2015 (BGBl. I S. 670).

sionsschutzbeauftragten einzuholen, wenn die Entscheidungen für den Immissionsschutz bedeutsam sein können.

(2) Die Stellungnahme ist so rechtzeitig einzuholen, dass sie bei den Entscheidungen nach Absatz 1 angemessen berücksichtigt werden kann; sie ist derjenigen Stelle vorzulegen, die über die Einführung von Verfahren und Erzeugnissen sowie über die Investition entscheidet.

**§ 57 Vortragsrecht.** [1] Der Betreiber hat durch innerbetriebliche Organisationsmaßnahmen sicherzustellen, dass der Immissionsschutzbeauftragte seine Vorschläge oder Bedenken unmittelbar der Geschäftsleitung vortragen kann, wenn er sich mit dem zuständigen Betriebsleiter nicht einigen konnte und er wegen der besonderen Bedeutung der Sache eine Entscheidung der Geschäftsleitung für erforderlich hält. [2] Kann der Immissionsschutzbeauftragte sich über eine von ihm vorgeschlagene Maßnahme im Rahmen seines Aufgabenbereichs mit der Geschäftsleitung nicht einigen, so hat diese den Immissionsschutzbeauftragten umfassend über die Gründe ihrer Ablehnung zu unterrichten.

**§ 58 Benachteiligungsverbot, Kündigungsschutz.** (1) Der Immissionsschutzbeauftragte darf wegen der Erfüllung der ihm übertragenen Aufgaben nicht benachteiligt werden.

(2) [1] Ist der Immissionsschutzbeauftragte Arbeitnehmer des zur Bestellung verpflichteten Betreibers, so ist die Kündigung des Arbeitsverhältnisses unzulässig, es sei denn, dass Tatsachen vorliegen, die den Betreiber zur Kündigung aus wichtigem Grund ohne Einhaltung einer Kündigungsfrist berechtigen. [2] Nach der Abberufung als Immissionsschutzbeauftragter ist die Kündigung innerhalb eines Jahres, vom Zeitpunkt der Beendigung der Bestellung an gerechnet, unzulässig, es sei denn, dass Tatsachen vorliegen, die den Betreiber zur Kündigung aus wichtigem Grund ohne Einhaltung einer Kündigungsfrist berechtigen.

**§ 58a Bestellung eines Störfallbeauftragten.** (1) [1] Betreiber genehmigungsbedürftiger Anlagen haben einen oder mehrere Störfallbeauftragte zu bestellen, sofern dies im Hinblick auf die Art und Größe der Anlage wegen der bei einer Störung des bestimmungsgemäßen Betriebs auftretenden Gefahren für die Allgemeinheit und die Nachbarschaft erforderlich ist. [2] Die Bundesregierung bestimmt nach Anhörung der beteiligten Kreise (§ 51) durch Rechtsverordnung[1]) mit Zustimmung des Bundesrates die genehmigungsbedürftigen Anlagen, deren Betreiber Störfallbeauftragte zu bestellen haben.

(2) Die zuständige Behörde kann anordnen, dass Betreiber genehmigungsbedürftiger Anlagen, für die die Bestellung eines Störfallbeauftragten nicht durch Rechtsverordnung vorgeschrieben ist, einen oder mehrere Störfallbeauftragte zu bestellen haben, soweit sich im Einzelfall die Notwendigkeit der Bestellung aus dem in Absatz 1 Satz 1 genannten Gesichtspunkt ergibt.

**§ 58b Aufgaben des Störfallbeauftragten.** (1) [1] Der Störfallbeauftragte berät den Betreiber in Angelegenheiten, die für die Sicherheit der Anlage bedeutsam sein können. [2] Er ist berechtigt und verpflichtet,

1. auf die Verbesserung der Sicherheit der Anlage hinzuwirken,

---

[1]) Siehe die VO über Immissionsschutz- und Störfallbeauftragte – 5. BImSchV v. 30.7.1993 (BGBl. I S. 1433), zuletzt geänd. durch VO v. 28.4.2015 (BGBl. I S. 670).

Bundes-Immissionsschutzgesetz   §§ 58c–58e   BImSchG   6.1

2. dem Betreiber unverzüglich ihm bekannt gewordene Störungen des bestimmungsgemäßen Betriebs mitzuteilen, die zu Gefahren für die Allgemeinheit und die Nachbarschaft führen können,
3. die Einhaltung der Vorschriften dieses Gesetzes und der auf Grund dieses Gesetzes erlassenen Rechtsverordnungen sowie die Erfüllung erteilter Bedingungen und Auflagen im Hinblick auf die Verhinderung von Störungen des bestimmungsgemäßen Betriebs der Anlage zu überwachen, insbesondere durch Kontrolle der Betriebsstätte in regelmäßigen Abständen, Mitteilung festgestellter Mängel und Vorschläge zur Beseitigung dieser Mängel,
4. Mängel, die den vorbeugenden und abwehrenden Brandschutz sowie die technische Hilfeleistung betreffen, unverzüglich dem Betreiber zu melden.

(2) ¹Der Störfallbeauftragte erstattet dem Betreiber jährlich einen Bericht über die nach Absatz 1 Satz 2 Nummer 1 bis 3 getroffenen und beabsichtigten Maßnahmen. ²Darüber hinaus ist er verpflichtet, die von ihm ergriffenen Maßnahmen zur Erfüllung seiner Aufgaben nach Absatz 1 Satz 2 Nummer 2 schriftlich oder elektronisch aufzuzeichnen. ³Er muss diese Aufzeichnungen mindestens fünf Jahre aufbewahren.

**§ 58c** Pflichten und Rechte des Betreibers gegenüber dem Störfallbeauftragten. (1) Die in den §§ 55 und 57 genannten Pflichten des Betreibers gelten gegenüber dem Störfallbeauftragten entsprechend; in Rechtsverordnungen[1] nach § 55 Absatz 2 Satz 3 kann auch geregelt werden, welche Anforderungen an die Fachkunde und Zuverlässigkeit des Störfallbeauftragten zu stellen sind.

(2) ¹Der Betreiber hat vor Investitionsentscheidungen sowie vor der Planung von Betriebsanlagen und der Einführung von Arbeitsverfahren und Arbeitsstoffen eine Stellungnahme des Störfallbeauftragten einzuholen, wenn diese Entscheidungen für die Sicherheit der Anlage bedeutsam sein können. ²Die Stellungnahme ist so rechtzeitig einzuholen, dass sie bei den Entscheidungen nach Satz 1 angemessen berücksichtigt werden kann; sie ist derjenigen Stelle vorzulegen, die die Entscheidungen trifft.

(3) Der Betreiber kann dem Störfallbeauftragten für die Beseitigung und die Begrenzung der Auswirkungen von Störungen des bestimmungsgemäßen Betriebs, die zu Gefahren für die Allgemeinheit und die Nachbarschaft führen können oder bereits geführt haben, Entscheidungsbefugnisse übertragen.

**§ 58d** Verbot der Benachteiligung des Störfallbeauftragten, Kündigungsschutz. § 58 gilt für den Störfallbeauftragten entsprechend.

**§ 58e** Erleichterungen für auditierte Unternehmensstandorte.

(1) Die Bundesregierung wird ermächtigt, zur Förderung der privaten Eigenverantwortung für EMAS-Standorte durch Rechtsverordnung[2] mit Zustimmung des Bundesrates Erleichterungen zum Inhalt der Antragsunterlagen im Genehmigungsverfahren sowie überwachungsrechtliche Erleichterungen vorzusehen, soweit die entsprechenden Anforderungen der Verordnung (EG)

---

[1] Siehe die VO über Immissionsschutz- und Störfallbeauftragte – 5. BImSchV v. 30.7.1993 (BGBl. I S. 1433), zuletzt geänd. durch VO v. 28.4.2015 (BGBl. I S. 670).
[2] Siehe die EMAS-Privilegierungs-VO (Nr. **2.8.1**).

Nr. 1221/2009[1)] gleichwertig mit den Anforderungen sind, die zur Überwachung und zu den Antragsunterlagen nach diesem Gesetz oder nach den auf Grund dieses Gesetzes erlassenen Rechtsverordnungen vorgesehen sind oder soweit die Gleichwertigkeit durch die Rechtsverordnung nach dieser Vorschrift sichergestellt wird.

(2) Durch Rechtsverordnung nach Absatz 1 können weitere Voraussetzungen für die Inanspruchnahme und die Rücknahme von Erleichterungen oder die vollständige oder teilweise Aussetzung von Erleichterungen für Fälle festgelegt werden, in denen die Voraussetzungen für deren Gewährung nicht mehr vorliegen.

(3) [1]Durch Rechtsverordnung nach Absatz 1 können ordnungsrechtliche Erleichterungen gewährt werden, wenn der Umweltgutachter oder die Umweltgutachterorganisation die Einhaltung der Umweltvorschriften geprüft hat, keine Abweichungen festgestellt hat und dies in der Validierung bescheinigt. [2]Dabei können insbesondere Erleichterungen vorgesehen werden zu

1. Kalibrierungen, Ermittlungen, Prüfungen und Messungen,
2. Messberichten sowie sonstigen Berichten und Mitteilungen von Ermittlungsergebnissen,
3. Aufgaben des Immissionsschutz- und Störfallbeauftragten,
4. Mitteilungspflichten zur Betriebsorganisation und
5. der Häufigkeit der behördlichen Überwachung.

**§ 59 Zuständigkeit bei Anlagen der Landesverteidigung.** Die Bundesregierung wird ermächtigt, durch Rechtsverordnung[2)] mit Zustimmung des Bundesrates zu bestimmen, dass der Vollzug dieses Gesetzes und der auf dieses Gesetz gestützten Rechtsverordnungen bei Anlagen, die der Landesverteidigung dienen, Bundesbehörden obliegt.

**§ 60 Ausnahmen für Anlagen der Landesverteidigung.** (1) [1]Das Bundesministerium der Verteidigung kann für Anlagen nach § 3 Absatz 5 Nummer 1 und 3, die der Landesverteidigung dienen, in Einzelfällen, auch für bestimmte Arten von Anlagen, Ausnahmen von diesem Gesetz und von den auf dieses Gesetz gestützten Rechtsverordnungen zulassen, soweit dies zwingende Gründe der Verteidigung oder die Erfüllung zwischenstaatlicher Verpflichtungen erfordern. [2]Dabei ist der Schutz vor schädlichen Umwelteinwirkungen zu berücksichtigen.

(2) [1]Die Bundeswehr darf bei Anlagen nach § 3 Absatz 5 Nummer 2, die ihrer Bauart nach ausschließlich zur Verwendung in ihrem Bereich bestimmt sind, von den Vorschriften dieses Gesetzes und der auf dieses Gesetz gestützten Rechtsverordnungen abweichen, soweit dies zur Erfüllung ihrer besonderen Aufgaben zwingend erforderlich ist. [2]Die auf Grund völkerrechtlicher Verträge in der Bundesrepublik Deutschland stationierten Truppen dürfen bei Anlagen nach § 3 Absatz 5 Nummer 2, die zur Verwendung in deren Bereich bestimmt sind, von den Vorschriften dieses Gesetzes und der auf dieses Gesetz gestützten Rechtsverordnungen abweichen, soweit dies zur Erfüllung ihrer besonderen Aufgaben zwingend erforderlich ist.

---

[1)] Nr. **2.7**.
[2)] Siehe die VO über Anlagen der Landesverteidigung – 14. BImSchV v. 9.4.1986 (BGBl. I S. 380).

## § 61 Berichterstattung an die Europäische Kommission.

(1) ¹Die Länder übermitteln dem Bundesministerium für Umwelt, Naturschutz und nukleare Sicherheit nach dessen Vorgaben Informationen über die Umsetzung der Richtlinie 2010/75/EU, insbesondere über repräsentative Daten über Emissionen und sonstige Arten von Umweltverschmutzung, über Emissionsgrenzwerte und darüber, inwieweit der Stand der Technik angewendet wird. ²Die Länder stellen diese Informationen auf elektronischem Wege zur Verfügung. ³Art und Form der von den Ländern zu übermittelnden Informationen sowie der Zeitpunkt ihrer Übermittlung richten sich nach den Anforderungen, die auf der Grundlage von Artikel 72 Absatz 2 der Richtlinie 2010/75/EU festgelegt werden. ⁴§ 5 Absatz 1 Satz 2 und Absatz 2 bis 6 des Gesetzes zur Ausführung des Protokolls über Schadstofffreisetzungs- und -verbringungsregister vom 21. Mai 2003 sowie zur Durchführung der Verordnung (EG) Nr. 166/2006 vom 6. Juni 2007 (BGBl. I S. 1002), das durch Artikel 1 des Gesetzes vom 9. Dezember 2020 (BGBl. I S. 2873) geändert worden ist, gilt entsprechend.

(2) ¹Die Länder übermitteln dem Bundesministerium für Umwelt, Naturschutz und nukleare Sicherheit nach dessen Vorgaben Informationen über die Umsetzung der Richtlinie 2012/18/EU sowie über die unter diese Richtlinie fallenden Betriebsbereiche. ²Art und Form der von den Ländern zu übermittelnden Informationen sowie der Zeitpunkt ihrer Übermittlung richten sich nach den Anforderungen, die auf der Grundlage von Artikel 21 Absatz 5 der Richtlinie 2012/18/EU festgelegt werden. ³Absatz 1 Satz 2 und 4 gilt entsprechend.

## § 62 Ordnungswidrigkeiten.

(1) Ordnungswidrig handelt, wer vorsätzlich oder fahrlässig

1. eine Anlage ohne die Genehmigung nach § 4 Absatz 1 errichtet,
2. einer auf Grund des § 7 erlassenen Rechtsverordnung oder auf Grund einer solchen Rechtsverordnung erlassenen vollziehbaren Anordnung zuwiderhandelt, soweit die Rechtsverordnung für einen bestimmten Tatbestand auf diese Bußgeldvorschrift verweist,
3. eine vollziehbare Auflage nach § 8a Absatz 2 Satz 2 oder § 12 Absatz 1 nicht, nicht richtig, nicht vollständig oder nicht rechtzeitig erfüllt,
4. die Lage, die Beschaffenheit oder den Betrieb einer genehmigungsbedürftigen Anlage ohne die Genehmigung nach § 16 Absatz 1 wesentlich ändert,
4a. ohne Genehmigung nach § 16a Satz 1 oder § 23b Absatz 1 Satz 1 eine dort genannte Anlage störfallrelevant ändert oder störfallrelevant errichtet,
5. einer vollziehbaren Anordnung nach § 17 Absatz 1 Satz 1 oder 2, jeweils auch in Verbindung mit Absatz 5, § 24 Satz 1, § 26, § 28 Satz 1 oder § 29 nicht, nicht richtig, nicht vollständig oder nicht rechtzeitig nachkommt,
6. eine Anlage entgegen einer vollziehbaren Untersagung nach § 25 Absatz 1 betreibt,
7. einer auf Grund der §§ 23, 32, 33 Absatz 1 Nummer 1 oder 2, §§ 34, 35, 37, 38 Absatz 2, § 39 oder § 48a Absatz 1 Satz 1 oder 2, Absatz 1a oder 3 erlassenen Rechtsverordnung oder einer auf Grund einer solchen Rechtsverordnung ergangenen vollziehbaren Anordnung zuwiderhandelt, soweit die Rechtsverordnung für einen bestimmten Tatbestand auf diese Bußgeldvorschrift verweist,

7a. entgegen § 38 Absatz 1 Satz 2 Kraftfahrzeuge und ihre Anhänger, die nicht zum Verkehr auf öffentlichen Straßen zugelassen sind, Schienen-, Luft- und Wasserfahrzeuge sowie Schwimmkörper und schwimmende Anlagen nicht so betreibt, dass vermeidbare Emissionen verhindert und unvermeidbare Emissionen auf ein Mindestmaß beschränkt bleiben oder

8. entgegen einer Rechtsverordnung nach § 49 Absatz 1 Nummer 2 oder einer auf Grund einer solchen Rechtsverordnung ergangenen vollziehbaren Anordnung eine ortsfeste Anlage errichtet, soweit die Rechtsverordnung für einen bestimmten Tatbestand auf diese Bußgeldvorschrift verweist,

9. entgegen § 37c Absatz 1 Satz 1 bis 3 der zuständigen Stelle die dort genannten Angaben nicht, nicht richtig, nicht vollständig oder nicht rechtzeitig mitteilt oder nicht oder nicht rechtzeitig eine Kopie des Vertrages mit dem Dritten vorlegt,

10. entgegen § 37c Absatz 1 Satz 4, auch in Verbindung mit Satz 5, oder Satz 6 der zuständigen Stelle die dort genannten Angaben nicht richtig mitteilt,

11. entgegen § 37f Absatz 1 Satz 1, auch in Verbindung mit einer Rechtsverordnung nach § 37d Absatz 2 Satz 1 Nummer 14, der zuständigen Stelle einen Bericht nicht, nicht richtig, nicht vollständig oder nicht rechtzeitig vorlegt.

(2) Ordnungswidrig handelt ferner, wer vorsätzlich oder fahrlässig

1. entgegen § 15 Absatz 1 oder 3 eine Anzeige nicht, nicht richtig, nicht vollständig oder nicht rechtzeitig macht,

1a. entgegen § 15 Absatz 2 Satz 2 eine Änderung vornimmt,

1b. entgegen § 23a Absatz 1 Satz 1 eine Anzeige nicht, nicht richtig, nicht vollständig oder nicht rechtzeitig macht,

2. entgegen § 27 Absatz 1 Satz 1 in Verbindung mit einer Rechtsverordnung nach Absatz 4 Satz 1 eine Emissionserklärung nicht, nicht richtig, nicht vollständig oder nicht rechtzeitig abgibt oder nicht, nicht richtig, nicht vollständig oder nicht rechtzeitig ergänzt,

3. entgegen § 31 Absatz 1 Satz 1 eine dort genannte Zusammenfassung oder dort genannte Daten nicht, nicht richtig, nicht vollständig oder nicht rechtzeitig vorlegt,

3a. entgegen § 31 Absatz 5 Satz 1 eine Mitteilung nicht, nicht richtig, nicht vollständig oder nicht rechtzeitig macht,

3b. einer Rechtsverordnung nach § 37d Absatz 3 Nummer 3 oder einer vollziehbaren Anordnung auf Grund einer solchen Rechtsverordnung zuwiderhandelt, soweit die Rechtsverordnung für einen bestimmten Tatbestand auf diese Bußgeldvorschrift verweist,

4. entgegen § 52 Absatz 2 Satz 1, 3 oder 4, auch in Verbindung mit Absatz 3 Satz 1 oder Absatz 6 Satz 1 Auskünfte nicht, nicht richtig, nicht vollständig oder nicht rechtzeitig erteilt, eine Maßnahme nicht duldet, Unterlagen nicht vorlegt, beauftragte Personen nicht hinzuzieht oder einer dort sonst genannten Verpflichtung zuwiderhandelt,

5. entgegen § 52 Absatz 3 Satz 2 die Entnahme von Stichproben nicht gestattet,

6. eine Anzeige nach § 67 Absatz 2 Satz 1 nicht, nicht richtig, nicht vollständig oder nicht rechtzeitig erstattet oder

7. entgegen § 67 Absatz 2 Satz 2 Unterlagen nicht, nicht richtig, nicht vollständig oder nicht rechtzeitig vorlegt.

(3) ¹Ordnungswidrig handelt, wer vorsätzlich oder fahrlässig
1. einer unmittelbar geltenden Vorschrift in Rechtsakten der Europäischen Union zuwiderhandelt, die inhaltlich
    a) einem in Absatz 1 Nummer 1, 3, 4, 5, 6, 7a, 9 oder Nummer 10 oder
    b) einem in Absatz 2
    bezeichneten Gebot oder Verbot entspricht, soweit eine Rechtsverordnung nach Satz 2 für einen bestimmten Tatbestand auf diese Bußgeldvorschrift verweist, oder
2. einer unmittelbar geltenden Vorschrift in Rechtsakten der Europäischen Union zuwiderhandelt, die inhaltlich einer Regelung entspricht, zu der die in Absatz 1 Nummer 2, 7 oder Nummer 8 genannten Vorschriften ermächtigen, soweit eine Rechtsverordnung nach Satz 2 für einen bestimmten Tatbestand auf diese Bußgeldvorschrift verweist.

²Das Bundesministerium für Umwelt, Naturschutz und nukleare Sicherheit wird ermächtigt, soweit dies zur Durchsetzung der Rechtsakte der Europäischen Union erforderlich ist, durch Rechtsverordnung mit Zustimmung des Bundesrates die Tatbestände zu bezeichnen, die als Ordnungswidrigkeit geahndet werden können.

(4) Die Ordnungswidrigkeit kann in den Fällen der Absätze 1 und 3 Nummer 1 Buchstabe a und Nummer 2 mit einer Geldbuße bis zu fünfzigtausend Euro und in den übrigen Fällen mit einer Geldbuße bis zu zehntausend Euro geahndet werden.

(5) Verwaltungsbehörde im Sinne des § 36 Absatz 1 Nummer 1 des Gesetzes über Ordnungswidrigkeiten ist in den Fällen des Absatzes 1 Nummer 9 bis 11 die zuständige Stelle.

**§ 63 Entfall der aufschiebenden Wirkung.** Widerspruch und Anfechtungsklage eines Dritten gegen die Zulassung einer Windenergieanlage an Land mit einer Gesamthöhe von mehr als 50 Metern haben keine aufschiebende Wirkung.

**§§ 64 bis 65** (weggefallen)

### Achter Teil. Schlussvorschriften

**§ 66 Fortgeltung von Vorschriften.** (1) (weggefallen)

(2) Bis zum Inkrafttreten von entsprechenden Rechtsverordnungen oder allgemeinen Verwaltungsvorschriften nach diesem Gesetz ist die Allgemeine Verwaltungsvorschrift zum Schutz gegen Baulärm – Geräuschimmissionen – vom 19. August 1970 (Beilage zum BAnz. Nr. 160 vom 1. September 1970) maßgebend.

**§ 67 Übergangsvorschrift.** (1) Eine Genehmigung, die vor dem Inkrafttreten dieses Gesetzes nach § 16 oder § 25 Absatz 1 der Gewerbeordnung erteilt worden ist, gilt als Genehmigung nach diesem Gesetz fort.

(2) ¹Eine genehmigungsbedürftige Anlage, die bei Inkrafttreten der Verordnung nach § 4 Absatz 1 Satz 3 errichtet oder wesentlich geändert ist oder mit

deren Errichtung oder wesentlichen Änderung begonnen worden ist, muss innerhalb eines Zeitraums von drei Monaten nach Inkrafttreten der Verordnung der zuständigen Behörde angezeigt werden, sofern die Anlage nicht nach § 16 Absatz 1 oder § 25 Absatz 1 der Gewerbeordnung genehmigungsbedürftig war oder nach § 16 Absatz 4 der Gewerbeordnung angezeigt worden ist. [2] Der zuständigen Behörde sind innerhalb eines Zeitraums von zwei Monaten nach Erstattung der Anzeige Unterlagen gemäß § 10 Absatz 1 über Art, Lage, Umfang und Betriebsweise der Anlage im Zeitpunkt des Inkrafttretens der Verordnung nach § 4 Absatz 1 Satz 3 vorzulegen.

(3) Die Anzeigepflicht nach Absatz 2 gilt nicht für ortsveränderliche Anlagen, die im vereinfachten Verfahren (§ 19) genehmigt werden können.

(4) Bereits begonnene Verfahren sind nach den Vorschriften dieses Gesetzes und der auf dieses Gesetz gestützten Rechts- und Verwaltungsvorschriften zu Ende zu führen.

(5) [1] Soweit durch das Gesetz zur Umsetzung der Richtlinie über Industrieemissionen vom 8. April 2013 (BGBl. I S. 734) neue Anforderungen festgelegt worden sind, sind diese Anforderungen von Anlagen nach der Industrieemissions-Richtlinie erst ab dem 7. Januar 2014 zu erfüllen, wenn vor dem 7. Januar 2013

1. die Anlage sich im Betrieb befand oder
2. eine Genehmigung für die Anlage erteilt wurde oder vom Vorhabenträger ein vollständiger Genehmigungsantrag gestellt wurde.

[2] Bestehende Anlagen nach Satz 1, die nicht von Anhang I der Richtlinie 2008/1/EG des Europäischen Parlaments und des Rates vom 15. Januar 2008 über die integrierte Vermeidung und Verminderung der Umweltverschmutzung (kodifizierte Fassung) (ABl. L 24 vom 29.1.2008, S. 8), die durch die Richtlinie 2009/31/EG (ABl. L 140 vom 5.6.2009, S. 114) geändert worden ist, erfasst wurden, haben abweichend von Satz 1 die dort genannten Anforderungen ab dem 7. Juli 2015 zu erfüllen.

(6) [1] Eine nach diesem Gesetz erteilte Genehmigung für eine Anlage zum Umgang mit

1. gentechnisch veränderten Mikroorganismen,
2. gentechnisch veränderten Zellkulturen, soweit sie nicht dazu bestimmt sind, zu Pflanzen regeneriert zu werden,
3. Bestandteilen oder Stoffwechselprodukten von Mikroorganismen nach Nummer 1 oder Zellkulturen nach Nummer 2, soweit sie biologisch aktive, rekombinante Nukleinsäure enthalten,

ausgenommen Anlagen, die ausschließlich Forschungszwecken dienen, gilt auch nach dem Inkrafttreten eines Gesetzes zur Regelung von Fragen der Gentechnik[1] fort. [2] Absatz 4 gilt entsprechend.

(7) [1] Eine Planfeststellung oder Genehmigung nach dem Abfallgesetz gilt als Genehmigung nach diesem Gesetz fort. [2] Eine Anlage, die nach dem Abfallgesetz angezeigt wurde, gilt als nach diesem Gesetz angezeigt. [3] Abfallentsorgungsanlagen, die weder nach dem Abfallgesetz planfestgestellt oder genehmigt noch angezeigt worden sind, sind unverzüglich bei der zuständigen Behörde anzuzeigen. [4] Absatz 2 Satz 2 gilt entsprechend.

---

[1] Siehe das GentechnikG (Nr. **9.6**).

(8) Für die für das Jahr 1996 abzugebenden Emissionserklärungen ist § 27 in der am 14. Oktober 1996 geltenden Fassung weiter anzuwenden.

(9) [1]Baugenehmigungen für Windkraftanlagen mit einer Gesamthöhe von mehr als 50 Metern, die bis zum 1. Juli 2005 erteilt worden sind, gelten als Genehmigungen nach diesem Gesetz. [2]Nach diesem Gesetz erteilte Genehmigungen für Windfarmen gelten als Genehmigungen für die einzelnen Windkraftanlagen. [3]Verfahren auf Erteilung einer Baugenehmigung für Windkraftanlagen, die vor dem 1. Juli 2005 rechtshängig geworden sind, werden nach den Vorschriften der Verordnung über die genehmigungsbedürftige Anlagen und der Anlage 1 des Gesetzes über die Umweltverträglichkeitsprüfung[1)] in der bisherigen Fassung abgeschlossen; für die in diesem Zusammenhang erteilten Baugenehmigungen gilt Satz 1 entsprechend. [4]Sofern ein Verfahren nach Satz 3 in eine Klage auf Erteilung einer Genehmigung nach diesem Gesetz geändert wird, gilt diese Änderung als sachdienlich.

(10) § 47 Absatz 5a gilt für die Verfahren zur Aufstellung oder Änderung von Luftreinhalteplänen nach § 47, die nach dem 25. Juni 2005 eingeleitet worden sind.

## § 67a Überleitungsregelung aus Anlass der Herstellung der Einheit Deutschlands.

(1) [1]In dem in Artikel 3 des Einigungsvertrages genannten Gebiet muss eine genehmigungsbedürftige Anlage, die vor dem 1. Juli 1990 errichtet worden ist oder mit deren Errichtung vor diesem Zeitpunkt begonnen wurde, innerhalb von sechs Monaten nach diesem Zeitpunkt der zuständigen Behörde angezeigt werden. [2]Der Anzeige sind Unterlagen über Art, Umfang und Betriebsweise beizufügen.

(2) In dem in Artikel 3 des Einigungsvertrages genannten Gebiet darf die Erteilung einer Genehmigung zur Errichtung und zum Betrieb oder zur wesentlichen Änderung der Lage, Beschaffenheit oder des Betriebs einer genehmigungsbedürftigen Anlage wegen der Überschreitung eines Immissionswertes durch die Immissionsvorbelastung nicht versagt werden, wenn

1. die Zusatzbelastung geringfügig ist und mit einer deutlichen Verminderung der Immissionsbelastung im Einwirkungsbereich der Anlage innerhalb von fünf Jahren ab Genehmigung zu rechnen ist oder

2. im Zusammenhang mit dem Vorhaben Anlagen stillgelegt oder verbessert werden und dadurch eine Verminderung der Vorbelastung herbeigeführt wird, die im Jahresmittel mindestens doppelt so groß ist wie die von der Neuanlage verursachte Zusatzbelastung.

(3) Soweit die Technische Anleitung zur Reinhaltung der Luft vom 27. Februar 1986 (GMBl S. 95, 202) die Durchführung von Maßnahmen zur Sanierung von Altanlagen bis zu einem bestimmten Termin vorsieht, verlängern sich die hieraus ergebenden Fristen für das in Artikel 3 des Einigungsvertrages genannte Gebiet um ein Jahr; als Fristbeginn gilt der 1. Juli 1990.

## §§ 68 bis 72 (Änderung von Rechtsvorschriften, Überleitung von Verweisungen, Aufhebung von Vorschriften)

---

[1)] Nr. 2.5.

## § 73 Bestimmungen zum Verwaltungsverfahren.
Von den in diesem Gesetz und auf Grund dieses Gesetzes getroffenen Regelungen des Verwaltungsverfahrens kann durch Landesrecht nicht abgewichen werden.

**Anlage**
(zu § 3 Absatz 6)

### Kriterien zur Bestimmung des Standes der Technik

*(Hier nicht wiedergegeben. Die Anlage ist wortgleich mit der Anl. 1 zu § 3 Nr. 11 WHG, Nr. 4.1.)*

## 6.1.1. Erste Verordnung zur Durchführung des Bundes-Immissionsschutzgesetzes (Verordnung über kleine und mittlere Feuerungsanlagen – 1. BImSchV)[1]

Vom 26. Januar 2010
(BGBl. I S. 38)
**FNA 2129-8-1-3**
zuletzt geänd. durch Art. 1 Erste ÄndVO v. 13.10.2021 (BGBl. I S. 4676)

Auf Grund des § 23 Absatz 1 in Verbindung mit § 48b sowie des § 59 des Bundes-Immissionsschutzgesetzes[2] in der Fassung der Bekanntmachung vom 26. September 2002 (BGBl. I S. 3830) verordnet die Bundesregierung nach Anhörung der beteiligten Kreise und unter Wahrung der Rechte des Bundestages:

### Abschnitt 1. Allgemeine Vorschriften

**§ 1 Anwendungsbereich.** (1) Diese Verordnung gilt für die Errichtung, die Beschaffenheit und den Betrieb von Feuerungsanlagen, die keiner Genehmigung nach § 4 des Bundes-Immissionsschutzgesetzes[2] bedürfen, mit Ausnahme von Feuerungsanlagen zur Verbrennung von gasförmigen oder flüssigen Brennstoffen mit einer Feuerungswärmeleistung von 1 Megawatt oder mehr.

(2) ¹Die §§ 4 bis 20 sowie die §§ 25 und 26 gelten nicht für

1. Feuerungsanlagen, die nach dem Stand der Technik ohne eine Einrichtung zur Ableitung der Abgase betrieben werden können, insbesondere Infrarotheizstrahler,

2. Feuerungsanlagen, die dazu bestimmt sind,
   a) Güter durch unmittelbare Berührung mit heißen Abgasen zu trocknen,
   b) Speisen durch unmittelbare Berührung mit heißen Abgasen zu backen oder in ähnlicher Weise zuzubereiten,
   c) Alkohol in Kleinbrennereien mit einer jährlichen Erzeugung von nicht mehr als 10 Hektoliter Alkohol und einer jährlichen Betriebszeit von nicht mehr als 20 Tagen herzustellen oder
   d) Warmwasser in Badeöfen zu erzeugen,

3. Feuerungsanlagen, von denen nach den Umständen zu erwarten ist, dass sie nicht länger als während der drei Monate, die auf die Inbetriebnahme folgen, an demselben Ort betrieben werden.

²Die §§ 14 und 19 bleiben in den Fällen von Satz 1 Nummer 2 Buchstabe b auf ab dem 20. Juni 2019 errichtete oder wesentlich geänderte stationäre Feuerungsanlagen zum Grillen oder Backen von Speisen zu gewerblichen Zwecken, die feste Brennstoffe nach § 3 Absatz 1 einsetzen, anwendbar.

---

[1] **Amtl. Anm.:** Die Verpflichtungen aus der Richtlinie 98/34/EG des Europäischen Parlaments und des Rates vom 22. Juni 1998 über ein Informationsverfahren auf dem Gebiet der Normen und technischen Vorschriften und der Vorschriften für die Dienste der Informationsgesellschaft (ABl. L 204 vom 21.7.1998, S. 37), die zuletzt durch die Richtlinie 2006/96/EG (ABl. L 363 vom 20.12.2006, S. 81) geändert worden ist, sind beachtet worden.
[2] Nr. **6.1**.

**§ 2 Begriffsbestimmungen.** In dieser Verordnung gelten die folgenden Begriffsbestimmungen:

1. Abgasverlust:
   die Differenz zwischen dem Wärmeinhalt des Abgases und dem Wärmeinhalt der Verbrennungsluft bezogen auf den Heizwert des Brennstoffes;
2. Brennwertgerät:
   Wärmeerzeuger, bei dem die Verdampfungswärme des im Abgas enthaltenen Wasserdampfes konstruktionsbedingt durch Kondensation nutzbar gemacht wird;
3. Einzelraumfeuerungsanlage:
   Feuerungsanlage, die vorrangig zur Beheizung des Aufstellraumes verwendet wird, sowie Herde mit oder ohne indirekt beheizte Backvorrichtung;
4. Emissionen:
   die von einer Feuerungsanlage ausgehenden Luftverunreinigungen; Konzentrationsangaben beziehen sich auf das Abgasvolumen im Normzustand (273 Kelvin, 1 013 Hektopascal) nach Abzug des Feuchtegehaltes an Wasserdampf;
5. Feuerungsanlage:
   eine Anlage, bei der durch Verfeuerung von Brennstoffen Wärme erzeugt wird; zur Feuerungsanlage gehören Feuerstätte und, soweit vorhanden, Einrichtungen zur Verbrennungsluftzuführung, Verbindungsstück und Abgaseinrichtung;
6. Feuerungswärmeleistung:
   der auf den unteren Heizwert bezogene Wärmeinhalt des Brennstoffs, der einer Feuerungsanlage im Dauerbetrieb je Zeiteinheit zugeführt werden kann;
7. Holzschutzmittel:
   bei der Be- und Verarbeitung des Holzes eingesetzte Stoffe mit biozider Wirkung gegen holzzerstörende Insekten oder Pilze sowie holzverfärbende Pilze; ferner Stoffe zur Herabsetzung der Entflammbarkeit von Holz;
8. Kern des Abgasstromes:
   der Teil des Abgasstromes, der im Querschnitt des Abgaskanals im Bereich der Messöffnung die höchste Temperatur aufweist;
9. naturbelassenes Holz:
   Holz, das ausschließlich mechanischer Bearbeitung ausgesetzt war und bei seiner Verwendung nicht mehr als nur unerheblich mit Schadstoffen kontaminiert wurde;
10. Nennwärmeleistung:
    die höchste von der Feuerungsanlage im Dauerbetrieb nutzbar abgegebene Wärmemenge je Zeiteinheit; ist die Feuerungsanlage für einen Nennwärmeleistungsbereich eingerichtet, so ist die Nennwärmeleistung die in den Grenzen des Nennwärmeleistungsbereichs fest eingestellte und auf einem Zusatzschild angegebene höchste nutzbare Wärmeleistung; ohne Zusatzschild gilt als Nennwärmeleistung der höchste Wert des Nennwärmeleistungsbereichs;
11. Nutzungsgrad:
    das Verhältnis der von einer Feuerungsanlage nutzbar abgegebenen Wärmemenge zu dem der Feuerungsanlage mit dem Brennstoff zugeführten

Wärmeinhalt bezogen auf eine Heizperiode mit festgelegter Wärmebedarfs-Häufigkeitsverteilung nach Anlage 3 Nummer 1;

12. offener Kamin:
Feuerstätte für feste Brennstoffe, die bestimmungsgemäß offen betrieben werden kann, soweit die Feuerstätte nicht ausschließlich für die Zubereitung von Speisen bestimmt ist;

13. Grundofen:
Einzelraumfeuerungsanlage als Wärmespeicherofen aus mineralischen Speichermaterialien, die an Ort und Stelle handwerklich gesetzt werden;

14. Ölderivate:
schwerflüchtige organische Substanzen, die sich bei der Bestimmung der Rußzahl auf dem Filterpapier niederschlagen;

15. Rußzahl:
die Kennzahl für die Schwärzung, die die im Abgas enthaltenen staubförmigen Emissionen bei der Rußzahlbestimmung nach DIN 51402 Teil 1, Ausgabe Oktober 1986, hervorrufen; Maßstab für die Schwärzung ist das optische Reflexionsvermögen; einer Erhöhung der Rußzahl um 1 entspricht eine Abnahme des Reflexionsvermögens um 10 Prozent;

16. wesentliche Änderung:
eine Änderung an einer Feuerungsanlage, die die Art oder Menge der Emissionen erheblich verändern kann; eine wesentliche Änderung liegt regelmäßig vor bei

a) Umstellung einer Feuerungsanlage auf einen anderen Brennstoff, es sei denn, die Feuerungsanlage ist bereits für wechselweisen Brennstoffeinsatz eingerichtet,

b) Austausch eines Kessels;

17. bestehende Feuerungsanlagen:
Feuerungsanlagen, die vor dem 22. März 2010 errichtet worden sind.

**§ 3 Brennstoffe.** (1) In Feuerungsanlagen nach § 1 dürfen nur die folgenden Brennstoffe eingesetzt werden:

1. Steinkohlen, nicht pechgebundene Steinkohlenbriketts, Steinkohlenkoks,

2. Braunkohlen, Braunkohlenbriketts, Braunkohlenkoks,

3. Brenntorf, Presslinge aus Brenntorf,

3a. Grill-Holzkohle, Grill-Holzkohlebriketts nach DIN EN 1860, Ausgabe September 2005,

4. naturbelassenes stückiges Holz einschließlich anhaftender Rinde, insbesondere in Form von Scheitholz und Hackschnitzeln, sowie Reisig und Zapfen,

5. naturbelassenes nicht stückiges Holz, insbesondere in Form von Sägemehl, Spänen und Schleifstaub, sowie Rinde,

5a. Presslinge aus naturbelassenem Holz in Form von Holzbriketts nach DIN 51731, Ausgabe Oktober 1996, oder in Form von Holzpellets nach den brennstofftechnischen Anforderungen des DINplus-Zertifizierungsprogramms „Holzpellets zur Verwendung in Kleinfeuerstätten nach DIN 51731-HP 5", Ausgabe August 2007, sowie andere Holzbriketts oder Holzpellets aus naturbelassenem Holz mit gleichwertiger Qualität,

## 6.1.1  1. BImSchV  § 3

6. gestrichenes, lackiertes oder beschichtetes Holz sowie daraus anfallende Reste, soweit keine Holzschutzmittel aufgetragen oder infolge einer Behandlung enthalten sind und Beschichtungen keine halogenorganischen Verbindungen oder Schwermetalle enthalten,
7. Sperrholz, Spanplatten, Faserplatten oder sonst verleimtes Holz sowie daraus anfallende Reste, soweit keine Holzschutzmittel aufgetragen oder infolge einer Behandlung enthalten sind und Beschichtungen keine halogenorganischen Verbindungen oder Schwermetalle enthalten,
8. Stroh und ähnliche pflanzliche Stoffe, nicht als Lebensmittel bestimmtes Getreide wie Getreidekörner und Getreidebruchkörner, Getreideganzpflanzen, Getreideausputz, Getreidespelzen und Getreidehalmreste sowie Pellets aus den vorgenannten Brennstoffen,
9. Heizöl leicht (Heizöl EL) nach DIN 51603-1, Ausgabe August 2008, und andere leichte Heizöle mit gleichwertiger Qualität sowie Methanol, Ethanol, naturbelassene Pflanzenöle oder Pflanzenölmethylester,
10. Gase der öffentlichen Gasversorgung, naturbelassenes Erdgas oder Erdölgas mit vergleichbaren Schwefelgehalten sowie Flüssiggas oder Wasserstoff,
11. Klärgas mit einem Volumengehalt an Schwefelverbindungen bis zu 1 Promille, angegeben als Schwefel, oder Biogas aus der Landwirtschaft,
12. Koksofengas, Grubengas, Stahlgas, Hochofengas, Raffineriegas und Synthesegas mit einem Volumengehalt an Schwefelverbindungen bis zu 1 Promille, angegeben als Schwefel, sowie
13. sonstige nachwachsende Rohstoffe, soweit diese die Anforderungen nach Absatz 5 einhalten.

(2) ¹Der Massegehalt an Schwefel der in Absatz 1 Nummer 1 und 2 genannten Brennstoffe darf 1 Prozent der Rohsubstanz nicht überschreiten. ²Bei Steinkohlenbriketts oder Braunkohlenbriketts gilt diese Anforderung als erfüllt, wenn durch eine besondere Vorbehandlung eine gleichwertige Begrenzung der Emissionen an Schwefeldioxid im Abgas sichergestellt ist.

(3) ¹Die in Absatz 1 Nummer 4 bis 8 und 13 genannten Brennstoffe dürfen in Feuerungsanlagen nur eingesetzt werden, wenn ihr Feuchtegehalt unter 25 Prozent bezogen auf das Trocken- oder Darrgewicht des Brennstoffs liegt. ²Satz 1 gilt nicht bei automatisch beschickten Feuerungsanlagen, die nach Angaben des Herstellers für Brennstoffe mit höheren Feuchtegehalten geeignet sind.

(4) ¹Presslinge aus Brennstoffen nach Absatz 1 Nummer 5a bis 8 und 13 dürfen nicht unter Verwendung von Bindemitteln hergestellt sein. ²Ausgenommen davon sind Bindemittel aus Stärke, pflanzlichem Stearin, Melasse und Zellulosefaser.

(5) Brennstoffe im Sinne des Absatzes 1 Nummer 13 müssen folgende Anforderungen erfüllen:
1. für den Brennstoff müssen genormte Qualitätsanforderungen vorliegen,
2. die Emissionsgrenzwerte nach Anlage 4 Nummer 2 müssen unter Prüfbedingungen eingehalten werden,
3. beim Einsatz des Brennstoffes im Betrieb dürfen keine höheren Emissionen an Dioxinen, Furanen und polyzyklischen aromatischen Kohlenwasserstoffen als bei der Verbrennung von Holz auftreten; dies muss durch ein mindestens

einjähriges Messprogramm an den für den Einsatz vorgesehenen Feuerungsanlagentyp nachgewiesen werden,
4. beim Einsatz des Brennstoffes im Betrieb müssen die Anforderungen nach § 5 Absatz 1 eingehalten werden können; dies muss durch ein mindestens einjähriges Messprogramm an den für den Einsatz vorgesehenen Feuerungsanlagentyp nachgewiesen werden.

## Abschnitt 2. Feuerungsanlagen für feste Brennstoffe

**§ 4 Allgemeine Anforderungen.** (1) [1] Feuerungsanlagen für feste Brennstoffe dürfen nur betrieben werden, wenn sie sich in einem ordnungsgemäßen technischen Zustand befinden. [2] Sie dürfen nur mit Brennstoffen nach § 3 Absatz 1 betrieben werden, für deren Einsatz sie nach Angaben des Herstellers geeignet sind. [3] Errichtung und Betrieb haben sich nach den Vorgaben des Herstellers zu richten.

(2) Emissionsbegrenzungen beziehen sich auf einen Volumengehalt an Sauerstoff im Abgas von 13 Prozent.

(3) Einzelraumfeuerungsanlagen für feste Brennstoffe, mit Ausnahme von Grundöfen und offenen Kaminen, die ab dem 22. März 2010 errichtet werden, dürfen nur betrieben werden, wenn für die Feuerstättenart der Einzelraumfeuerungsanlagen durch eine Typprüfung des Herstellers belegt werden kann, dass unter Prüfbedingungen die Anforderungen an die Emissionsgrenzwerte und den Mindestwirkungsgrad nach Anlage 4 eingehalten werden.

(4) [1] Offene Kamine dürfen nur gelegentlich betrieben werden. [2] In ihnen dürfen nur naturbelassenes stückiges Holz nach § 3 Absatz 1 Nummer 4 oder Presslinge in Form von Holzbriketts nach § 3 Absatz 1 Nummer 5a eingesetzt werden.

(5) [1] Grundöfen, die nach dem 31. Dezember 2014 errichtet und betrieben werden, sind mit nachgeschalteten Einrichtungen zur Staubminderung nach dem Stand der Technik auszustatten. [2] Satz 1 gilt nicht für Anlagen, bei denen die Einhaltung der Anforderungen nach Anlage 4 Nummer 1 zu Kachelofenheizeinsätzen mit Füllfeuerungen nach DIN EN 13229/A1, Ausgabe Oktober 2005, wie folgt nachgewiesen wird:
1. bei einer Messung von einer Schornsteinfegerin oder einem Schornsteinfeger unter sinngemäßer Anwendung der Bestimmungen der Anlage 4 Nummer 3 zu Beginn des Betriebes oder
2. im Rahmen einer Typprüfung des vorgefertigten Feuerraumes unter Anwendung der Bestimmungen der Anlage 4 Nummer 3.

(6) [1] Die nachgeschalteten Einrichtungen zur Staubminderung nach Absatz 5 dürfen nur verwendet werden, wenn ihre Eignung von der zuständigen Behörde festgestellt worden ist oder eine Bauartzulassung vorliegt. [2] Die Eignungsfeststellung und die Bauartzulassung entfallen, sofern nach den bauordnungsrechtlichen Vorschriften über die Verwendung von Bauprodukten auch die immissionsschutzrechtlichen Anforderungen eingehalten werden.

(7) Feuerungsanlagen für die in § 3 Absatz 1 Nummer 8 und 13 genannten Brennstoffe, die ab dem 22. März 2010 errichtet werden, dürfen nur betrieben werden, wenn für die Feuerungsanlage durch eine Typprüfung des Herstellers

belegt wird, dass unter Prüfbedingungen die Anforderungen an die Emissionsgrenzwerte nach Anlage 4 Nummer 2 eingehalten werden.

(8) Der Betreiber einer handbeschickten Feuerungsanlage für feste Brennstoffe hat sich nach der Errichtung oder nach einem Betreiberwechsel innerhalb eines Jahres hinsichtlich der sachgerechten Bedienung der Feuerungsanlage, der ordnungsgemäßen Lagerung des Brennstoffs sowie der Besonderheiten beim Umgang mit festen Brennstoffen von einer Schornsteinfegerin oder einem Schornsteinfeger im Zusammenhang mit anderen Schornsteinfegerarbeiten beraten zu lassen.

**§ 5 Feuerungsanlagen mit einer Nennwärmeleistung von 4 Kilowatt oder mehr.** (1) [1] Feuerungsanlagen für feste Brennstoffe mit einer Nennwärmeleistung von 4 Kilowatt oder mehr, ausgenommen Einzelraumfeuerungsanlagen, sind so zu errichten und zu betreiben, dass die nach Anlage 2 ermittelten Massenkonzentrationen die folgenden Emissionsgrenzwerte für Staub und Kohlenstoffmonoxid (CO) nicht überschreiten:

|  | Brennstoff nach § 3 Absatz 1 | Nennwärmeleistung (Kilowatt) | Staub ($g/m^3$) | CO ($g/m^3$) |
|---|---|---|---|---|
| Stufe 1: Anlagen, die ab dem 22. März 2010 errichtet werden | Nummer 1 bis 3a | $\geq 4 \leq 500$ | 0,09 | 1,0 |
| | | $> 500$ | 0,09 | 0,5 |
| | Nummer 4 bis 5 | $\geq 4 \leq 500$ | 0,10 | 1,0 |
| | | $> 500$ | 0,10 | 0,5 |
| | Nummer 5a | $\geq 4 \leq 500$ | 0,06 | 0,8 |
| | | $> 500$ | 0,06 | 0,5 |
| | Nummer 6 bis 7 | $\geq 30 \leq 100$ | 0,10 | 0,8 |
| | | $> 100 \leq 500$ | 0,10 | 0,5 |
| | | $> 500$ | 0,10 | 0,3 |
| | Nummer 8 und 13 | $\geq 4 < 100$ | 0,10 | 1,0 |
| Stufe 2: Anlagen, die nach dem 31.12. 2014 errichtet werden | Nummer 1 bis 5a | $\geq 4$ | 0,02 | 0,4 |
| | Nummer 6 bis 7 | $\geq 30 \leq 500$ | 0,02 | 0,4 |
| | | $> 500$ | 0,02 | 0,3 |
| | Nummer 8 und 13 | $\geq 4 < 100$ | 0,02 | 0,4 |

[2] Abweichend von Satz 1 gelten bei Feuerungsanlagen, in denen ausschließlich Brennstoffe nach § 3 Absatz 1 Nummer 4 in Form von Scheitholz eingesetzt werden, die Grenzwerte der Stufe 2 erst für Anlagen, die nach dem 31. Dezember 2016 errichtet werden.

(2) Die in § 3 Absatz 1 Nummer 6 oder Nummer 7 genannten Brennstoffe dürfen nur in Feuerungsanlagen mit einer Nennwärmeleistung von 30 Kilowatt oder mehr und nur in Betrieben der Holzbearbeitung oder Holzverarbeitung eingesetzt werden.

(3) [1] Die in § 3 Absatz 1 Nummer 8 und 13 genannten Brennstoffe dürfen nur in automatisch beschickten Feuerungsanlagen eingesetzt werden, die nach

FeuerungsanlagenVO § 6   1. BImSchV 6.1.1

Angaben des Herstellers für diese Brennstoffe geeignet sind und die im Rahmen der Typprüfung nach § 4 Absatz 7 mit den jeweiligen Brennstoffen geprüft wurden. ²Die in § 3 Absatz 1 Nummer 8 genannten Brennstoffe, ausgenommen Stroh und ähnliche pflanzliche Stoffe, dürfen nur in Betrieben der Land- und Forstwirtschaft, des Gartenbaus und in Betrieben des agrargewerblichen Sektors, die Umgang mit Getreide haben, insbesondere Mühlen und Agrarhandel, eingesetzt werden.

(4) ¹Bei Feuerungsanlagen mit flüssigem Wärmeträgermedium, ausgenommen Einzelraumfeuerungsanlagen, für den Einsatz der in § 3 Absatz 1 Nummer 4 bis 8 und 13 genannten Brennstoffe, die ab dem 22. März 2010 errichtet werden, soll ein Wasser-Wärmespeicher mit einem Volumen von zwölf Litern je Liter Brennstofffüllraum vorgehalten werden. ²Es ist mindestens ein Wasser-Wärmespeichervolumen von 55 Litern pro Kilowatt Nennwärmeleistung zu verwenden. ³Abweichend von Satz 1 genügt bei automatisch beschickten Anlagen ein Wasser-Wärmespeicher mit einem Volumen von mindestens 20 Litern je Kilowatt Nennwärmeleistung. ⁴Abweichend von den Sätzen 1 und 2 kann ein sonstiger Wärmespeicher gleicher Kapazität verwendet werden. ⁵Die Sätze 1 und 2 gelten nicht für

1. automatisch beschickte Feuerungsanlagen, die die Anforderungen nach Absatz 1 bei kleinster einstellbarer Leistung einhalten,
2. Feuerungsanlagen, die zur Abdeckung der Grund- und Mittellast in einem Wärmeversorgungssystem unter Volllast betrieben werden und die Spitzen- und Zusatzlasten durch einen Reservekessel abdecken, sowie
3. Feuerungsanlagen, die auf Grund ihrer bestimmungsgemäßen Funktion ausschließlich bei Volllast betrieben werden.

## Abschnitt 3. Öl- und Gasfeuerungsanlagen

**§ 6 Allgemeine Anforderungen.** (1) ¹Öl- und Gasfeuerungsanlagen zur Beheizung von Gebäuden oder Räumen mit Wasser als Wärmeträger und einer Feuerungswärmeleistung unter 1 Megawatt, die ab dem 22. März 2010 errichtet werden, dürfen nur betrieben werden, wenn für die eingesetzten Kessel-Brenner-Einheiten, Kessel und Brenner durch eine Bescheinigung des Herstellers belegt wird, dass der unter Prüfbedingungen nach dem Verfahren der Anlage 3 Nummer 2 ermittelte Gehalt des Abgases an Stickstoffoxiden, angegeben als Stickstoffdioxid, in Abhängigkeit von der Nennwärmeleistung die folgenden Werte nicht überschreitet:

1. bei Einsatz von Heizöl EL im Sinne des § 3 Absatz 1 Nummer 9:

| Nennwärmeleistung (kW) | Emissionen in mg/kWh |
|---|---|
| ≤ 120 | 110 |
| > 120 ≤ 400 | 120 |
| > 400 | 185 |

2. bei Einsatz von Gasen der öffentlichen Gasversorgung:

| Nennwärmeleistung (kW) | Emissionen in mg/kWh |
|---|---|
| ≤ 120 | 60 |
| > 120 ≤ 400 | 80 |
| > 400 | 120 |

²Die Möglichkeiten, die Emissionen an Stickstoffoxid durch feuerungstechnische Maßnahmen nach dem Stand der Technik weiter zu vermindern, sind auszuschöpfen.

(2) In Öl- und Gasfeuerungsanlagen zur Beheizung von Gebäuden oder Räumen mit Wasser als Wärmeträger, die ab dem 22. März 2010 errichtet oder durch Austausch des Kessels wesentlich geändert werden, dürfen Heizkessel mit einer Nennwärmeleistung von mehr als 400 Kilowatt nur eingesetzt werden, soweit durch eine Bescheinigung des Herstellers belegt werden kann, dass ihr unter Prüfbedingungen nach dem Verfahren der Anlage 3 Nummer 1 ermittelter Nutzungsgrad von 94 Prozent nicht unterschritten wird.

(3) *(aufgehoben)*

(4) Für Kessel-Brenner-Einheiten, Kessel und Brenner, die in einem Mitgliedstaat der Europäischen Union oder in einem anderen Vertragsstaat des Abkommens über den Europäischen Wirtschaftsraum hergestellt worden sind, kann der Gehalt des Abgases an Stickstoffoxiden abweichend von Absatz 1 auch nach einem dem Verfahren nach Anlage 3 Nummer 2 gleichwertigen Verfahren, insbesondere nach einem in einer europäischen Norm festgelegten Verfahren, ermittelt werden.

### § 7 Ölfeuerungsanlagen mit Verdampfungsbrenner.

¹Ölfeuerungsanlagen mit Verdampfungsbrenner sind so zu errichten und zu betreiben, dass

1. die nach dem Verfahren der Anlage 2 Nummer 3.2 ermittelte Schwärzung durch die staubförmigen Emissionen im Abgas die Rußzahl 2 nicht überschreitet,
2. die Abgase nach der nach dem Verfahren der Anlage 2 Nummer 3.3 vorgenommenen Prüfung frei von Ölderivaten sind,
3. die Grenzwerte für die Abgasverluste nach § 10 Absatz 1 eingehalten werden und
4. die Kohlenstoffmonoxidemissionen einen Wert von 1300 Milligramm je Kilowattstunde nicht überschreiten.

²Bei Anlagen mit einer Nennwärmeleistung von 11 Kilowatt oder weniger, die vor dem 1. November 1996 errichtet worden sind, darf abweichend von Satz 1 Nummer 1 die Rußzahl 3 nicht überschritten werden.

### § 8 Ölfeuerungsanlagen mit Zerstäubungsbrenner.

¹Ölfeuerungsanlagen mit Zerstäubungsbrenner sind so zu errichten und zu betreiben, dass

1. die nach dem Verfahren der Anlage 2 Nummer 3.2 ermittelte Schwärzung durch die staubförmigen Emissionen im Abgas die Rußzahl 1 nicht überschreitet,
2. die Abgase nach der nach dem Verfahren der Anlage 2 Nummer 3.3 vorgenommenen Prüfung frei von Ölderivaten sind,
3. die Grenzwerte für die Abgasverluste nach § 10 Absatz 1 eingehalten werden und
4. die Kohlenstoffmonoxidemissionen einen Wert von 1300 Milligramm je Kilowattstunde nicht überschreiten.

²Bei Anlagen, die bis zum 1. Oktober 1988, in dem in Artikel 3 des Einigungsvertrages genannten Gebiet bis zum 3. Oktober 1990, errichtet worden sind, darf abweichend von Satz 1 Nummer 1 die Rußzahl 2 nicht überschritten

Feuerungsanlagen VO  §§ 9–11  1. BImSchV  6.1.1

werden, es sei denn, die Anlagen sind nach diesen Zeitpunkten wesentlich geändert worden oder werden wesentlich geändert.

**§ 9 Gasfeuerungsanlagen.** (1) Für Feuerungsanlagen, die regelmäßig mit Gasen der öffentlichen Gasversorgung und während höchstens 300 Stunden im Jahr mit Heizöl EL im Sinne des § 3 Absatz 1 Nummer 9 betrieben werden, gilt während des Betriebs mit Heizöl EL für alle Betriebstemperaturen ein Emissionsgrenzwert für Stickstoffoxide von 250 Milligramm je Kilowattstunde Abgas.

(2) Gasfeuerungsanlagen sind so zu errichten und zu betreiben, dass die Grenzwerte für die Abgasverluste nach § 10 Absatz 1 eingehalten werden.

**§ 10 Begrenzung der Abgasverluste.** (1) [1] Bei Öl- und Gasfeuerungsanlagen dürfen die nach dem Verfahren der Anlage 2 Nummer 3.4 für die Feuerstätte ermittelten Abgasverluste die nachfolgend genannten Prozentsätze nicht überschreiten:

| Nennwärmeleistung in Kilowatt | Grenzwerte für die Abgasverluste in Prozent |
|---|---|
| ≥ 4 ≤ 25 | 11 |
| > 25 ≤ 50 | 10 |
| > 50 | 9 |

[2] Kann bei einer Öl- oder Gasfeuerungsanlage, die mit einem Heizkessel ausgerüstet ist, der die Anforderungen der Richtlinie 92/42/EWG des Rates vom 21. Mai 1992 über die Wirkungsgrade von mit flüssigen oder gasförmigen Brennstoffen beschickten neuen Warmwasserheizkesseln (ABl. L 167 vom 22.6.1992, S. 17, L 195 vom 14.7.1992, S. 32), die zuletzt durch die Richtlinie 2008/28/EG (ABl. L 81 vom 20.3.2008, S. 48) geändert worden ist, an den Wirkungsgrad des Heizkessels erfüllt, der Abgasverlust-Grenzwert nach Satz 1 auf Grund der Bauart des Kessels nicht eingehalten werden, so gilt ein um 1 Prozentpunkt höherer Wert, wenn der Heizkessel in der Konformitätserklärung nach Artikel 7 Absatz 2 der Richtlinie 92/42/EWG als Standardheizkessel nach Artikel 2 der Richtlinie 92/42/EWG ausgewiesen und mit einem CE-Kennzeichen nach Artikel 7 Absatz 1 der Richtlinie 92/42/EWG gekennzeichnet ist.

(2) Öl- und Gasfeuerungsanlagen, bei denen die Grenzwerte für die Abgasverluste nach Absatz 1 auf Grund ihrer bestimmungsgemäßen Funktionen nicht eingehalten werden können, sind so zu errichten und zu betreiben, dass sie dem Stand der Technik des jeweiligen Prozesses oder der jeweiligen Bauart entsprechen.

(3) Absatz 1 gilt nicht für

1. Einzelraumfeuerungsanlagen mit einer Nennwärmeleistung von 11 Kilowatt oder weniger und

2. Feuerungsanlagen, die bei einer Nennwärmeleistung von 28 Kilowatt oder weniger ausschließlich der Brauchwasserbereitung dienen.

**§ 11** *(aufgehoben)*

## Abschnitt 4. Überwachung

**§ 12 Messöffnung.** [1]Der Betreiber einer Feuerungsanlage, für die nach den §§ 14 und 15 Messungen von einer Schornsteinfegerin oder einem Schornsteinfeger vorgeschrieben sind, hat eine Messöffnung herzustellen oder herstellen zu lassen, die den Anforderungen nach Anlage 1 entspricht. [2]Hat eine Feuerungsanlage mehrere Verbindungsstücke, ist in jedem Verbindungsstück eine Messöffnung einzurichten. [3]In anderen als den in Satz 1 genannten Fällen hat der Betreiber auf Verlangen der zuständigen Behörde die Herstellung einer Messöffnung zu gestatten.

**§ 13 Messeinrichtungen.** (1) Messungen zur Feststellung der Emissionen und der Abgasverluste müssen unter Einsatz von Messverfahren und Messeinrichtungen durchgeführt werden, die dem Stand der Messtechnik entsprechen.

(2) Die Messungen nach den §§ 14 und 15 sind mit geeigneten Messeinrichtungen durchzuführen.

(3) Die eingesetzten Messeinrichtungen sind halbjährlich einmal von einer nach Landesrecht zuständigen Behörde bekannt gegebenen Stelle zu überprüfen.

**§ 14 Überwachung neuer und wesentlich geänderter Feuerungsanlagen.** (1) Der Betreiber hat die Einhaltung der Anforderungen des § 19 vor der Inbetriebnahme der Anlage von einer Schornsteinfegerin oder einem Schornsteinfeger feststellen zu lassen; die Feststellung kann auch im Zusammenhang mit anderen Schornsteinfegerarbeiten erfolgen.

(2) Der Betreiber einer ab dem 22. März 2010 errichteten oder wesentlich geänderten Feuerungsanlage, für die in § 3 Absatz 3, § 4 Absatz 1, 3 bis 7, § 5, § 6 Absatz 1 oder 2 oder in den §§ 7 bis 10 Anforderungen festgelegt sind, hat die Einhaltung der jeweiligen Anforderungen innerhalb von vier Wochen nach der Inbetriebnahme von einer Schornsteinfegerin oder einem Schornsteinfeger feststellen zu lassen.

(3) Absatz 2 gilt nicht für

1. Einzelraumfeuerungsanlagen für den Einsatz von flüssigen Brennstoffen mit einer Nennwärmeleistung von 11 Kilowatt oder weniger,
2. Feuerungsanlagen mit einer Nennwärmeleistung von 11 Kilowatt oder weniger, die ausschließlich der Brauchwassererwärmung dienen,
3. Feuerungsanlagen, bei denen Methanol, Ethanol, Wasserstoff, Biogas, Klärgas, Grubengas, Stahlgas, Hochofengas oder Raffineriegas eingesetzt werden, sowie Feuerungsanlagen, bei denen naturbelassenes Erdgas oder Erdölgas jeweils an der Gewinnungsstelle eingesetzt werden,
4. Feuerungsanlagen, die als Brennwertgeräte eingerichtet sind, hinsichtlich der Anforderungen des § 10.

(4) [1]Die Messungen nach Absatz 2 sind während der üblichen Betriebszeit einer Feuerungsanlage nach der Anlage 2 durchzuführen. [2]Über das Ergebnis der Messungen sowie über die Durchführung der Überwachungstätigkeiten nach Absatz 1 und 2 hat die Schornsteinfegerin oder der Schornsteinfeger dem

Betreiber der Feuerungsanlage eine Bescheinigung nach Anlage 2 Nummer 4 und 5 auszustellen.

(5) ¹Ergibt eine Überprüfung nach Absatz 2, dass die Anforderungen nicht erfüllt sind, hat der Betreiber den Mangel abzustellen und von einer Schornsteinfegerin oder einem Schornsteinfeger eine Wiederholung zur Feststellung der Einhaltung der Anforderungen durchführen zu lassen. ²Das Schornsteinfeger-Handwerksgesetz vom 26. November 2008 (BGBl. I S. 2242) in der jeweils geltenden Fassung bleibt unberührt.

**§ 15 Wiederkehrende Überwachung.** (1) ¹Der Betreiber einer Feuerungsanlage für den Einsatz der in § 3 Absatz 1 Nummer 1 bis 8 und 13 genannten Brennstoffe mit einer Nennwärmeleistung von 4 Kilowatt oder mehr, ausgenommen Einzelraumfeuerungsanlagen, hat die Einhaltung der Anforderungen nach § 5 Absatz 1 und § 25 Absatz 1 Satz 1 ab den in diesen Vorschriften genannten Zeitpunkten einmal in jedem zweiten Kalenderjahr von einer Schornsteinfegerin oder einem Schornsteinfeger durch Messungen feststellen zu lassen. ²Im Rahmen der Überwachung nach Satz 1 ist die Einhaltung der Anforderungen an die Brennstoffe nach § 3 Absatz 3, § 4 Absatz 1 und § 5 Absatz 2 und 3 überprüfen zu lassen.

(2) Der Betreiber einer Einzelraumfeuerungsanlage für feste Brennstoffe hat die Einhaltung der Anforderung nach § 3 Absatz 3 und § 4 Absatz 1 im Zusammenhang mit der regelmäßigen Feuerstättenschau von dem Bezirksschornsteinfegermeister überprüfen zu lassen.

(3) ¹Der Betreiber einer Öl- oder Gasfeuerungsanlage mit einer Nennwärmeleistung von 4 Kilowatt und mehr, für die in den §§ 7 bis 10 Anforderungen festgelegt sind, hat die Einhaltung der jeweiligen Anforderungen
1. einmal in jedem dritten Kalenderjahr bei Anlagen, deren Inbetriebnahme oder wesentliche Änderung nach § 2 Nummer 16 Buchstabe b zwölf Jahre und weniger zurückliegt, und
2. einmal in jedem zweiten Kalenderjahr bei Anlagen, deren Inbetriebnahme oder wesentliche Änderung nach § 2 Nummer 16 Buchstabe b mehr als zwölf Jahre zurückliegt,

von einer Schornsteinfegerin oder einem Schornsteinfeger durch Messungen feststellen zu lassen. ²Abweichend von Satz 1 hat der Betreiber einer Anlage mit selbstkalibrierender kontinuierlicher Regelung des Verbrennungsprozesses die Einhaltung der Anforderungen einmal in jedem fünften Kalenderjahr von einer Schornsteinfegerin oder einem Schornsteinfeger durch Messungen feststellen zu lassen.

(4) Die Absätze 1 bis 3 gelten nicht für
1. Feuerungsanlagen nach § 14 Absatz 3 sowie
2. vor dem 1. Januar 1985 errichtete Gasfeuerungsanlagen mit Außenwandanschluss.

(5) § 14 Absatz 4 und 5 gilt entsprechend.

**§ 16 Zusammenstellung der Messergebnisse.** ¹Der Bezirksschornsteinfegermeister meldet die Ergebnisse der Messungen nach den §§ 14 und 15 kalenderjährlich nach näherer Weisung der Innung für das Schornsteinfegerhandwerk dem zuständigen Landesinnungsverband. ²Die Landesinnungsverbände für das Schornsteinfegerhandwerk erstellen für jedes Kalenderjahr Übersichten über die Ergebnisse der Messungen und legen diese Übersichten im Rahmen der gesetzlichen Auskunftspflichten der Innungen für das Schornsteinfegerhandwerk der für den Immissionsschutz zuständigen obersten Landesbehörde oder der nach Landesrecht zuständigen Behörde bis zum 30. April des folgenden Jahres vor. [3] Der zuständige Zentralinnungsverband des Schornsteinfegerhandwerks erstellt für jedes Kalenderjahr eine entsprechende länderübergreifende Übersicht und legt diese dem Bundesministerium für Umwelt, Naturschutz und nukleare Sicherheit bis zum 30. Juni des folgenden Jahres vor.

**§ 17 Eigenüberwachung.** (1) [1] Die Aufgaben der Schornsteinfegerinnen und der Schornsteinfeger und der Bezirksschornsteinfegermeister nach den §§ 14 bis 16 werden bei Feuerungsanlagen der Bundeswehr, soweit der Vollzug des Bundes-Immissionsschutzgesetzes[1)] und der auf dieses Gesetz gestützten Rechtsverordnungen nach § 1 der Verordnung über Anlagen der Landesverteidigung vom 9. April 1986 (BGBl. I S. 380) Bundesbehörden obliegt, von Stellen der zuständigen Verwaltung wahrgenommen. [2] Diese Stellen teilen die Wahrnehmung der Eigenüberwachung der für den Vollzug dieser Verordnung jeweils örtlich zuständigen Landesbehörde und dem Bezirksschornsteinfegermeister mit.

(2) [1] Die in Absatz 1 genannten Stellen richten die Bescheinigungen nach § 14 Absatz 4 sowie die Informationen nach § 16 Satz 1 an die zuständige Verwaltung. [2] Anstelle des Kehrbuchs führt sie vergleichbare Aufzeichnungen.

(3) Die zuständige Verwaltung erstellt landesweite Übersichten über die Ergebnisse der Messungen nach den §§ 14 und 15 und teilt diese den für den Immissionsschutz zuständigen obersten Landesbehörden oder den nach Landesrecht zuständigen Behörden und dem Bundesministerium für Umwelt, Naturschutz und nukleare Sicherheit innerhalb der Zeiträume nach § 16 Satz 2 und 3 mit.

**§ 18** *(aufgehoben)*

## Abschnitt 5. Gemeinsame Vorschriften

**§ 19 Ableitbedingungen für Abgase.** (1) [1] Bei einer Feuerungsanlage für feste Brennstoffe, die nach dem 31. Dezember 2021 errichtet wird, ist der Schornstein so auszuführen, dass die Austrittsöffnung des Schornsteins

1. firstnah angeordnet ist und
2. den First um mindestens 40 Zentimeter überragt.

[2] Firstnah angeordnet ist die Austrittsöffnung eines Schornsteins, wenn

1. ihr horizontaler Abstand vom First kleiner ist als ihr horizontaler Abstand von der Traufe und
2. ihr vertikaler Abstand vom First größer ist als ihr horizontaler Abstand vom First.

[3] Bei einer Dachneigung von weniger als 20 Grad ist die Höhe der Austrittsöffnung gemäß Satz 1 Nummer 2 auf einen fiktiven Dachfirst zu beziehen, dessen Höhe unter Zugrundelegung einer Dachneigung von 20 Grad zu berechnen ist. [4] Von den Anforderungen nach den Sätzen 1 bis 3 darf nur abge-

---

[1)] Nr. **6.1**.

FeuerungsanlagenVO  **§ 19   1. BImSchV  6.1.1**

wichen werden, wenn die Höhe der Austrittsöffnung für das Einzelgebäude nach Abschnitt 6.2.1 der Richtlinie VDI 3781 Blatt 4 (Ausgabe Juli 2017) bestimmt worden ist. [5] Der Schornstein ist so auszuführen, dass die Austrittsöffnung des Schornsteins bei einer Gesamtwärmeleistung der Feuerungsanlage

1. bis 50 Kilowatt in einem Umkreis von 15 Metern die Oberkanten der Lüftungsöffnungen, Fenster und Türen um mindestens 1 Meter überragt,
2. von mehr als 50 bis 100 Kilowatt in einem Umkreis von 17 Metern die Oberkanten der Lüftungsöffnungen, Fenster und Türen um mindestens 2 Meter überragt,
3. von mehr als 100 bis 150 Kilowatt in einem Umkreis von 19 Metern die Oberkanten der Lüftungsöffnungen, Fenster und Türen um mindestens 3 Meter überragt,
4. von mehr als 150 bis 200 Kilowatt in einem Umkreis von 21 Metern die Oberkanten der Lüftungsöffnungen, Fenster und Türen um mindestens 3 Meter überragt oder
5. von mehr als 200 Kilowatt die Oberkanten der Lüftungsöffnungen, Fenster und Türen in demjenigen Umkreis um diejenigen Mindesthöhen überragt, die in Tabelle 3 auf Seite 32 der Richtlinie VDI 3781 Blatt 4 (Ausgabe Juli 2017) vorgegeben sind.

[6] Können mit der Ausführung des Schornsteins nach den Sätzen 1 bis 5 schädliche Umwelteinwirkungen nicht verhindert werden, muss der Schornstein gemäß der Richtlinie VDI 3781 Blatt 4 (Ausgabe Juli 2017) unter Berücksichtigung der vorgelagerten Bebauung und der Hanglage ausgeführt werden. [7] Bei der Errichtung von Feuerungsanlagen für feste Brennstoffe in einem Gebäude, das vor dem 1. Januar 2022 errichtet wurde oder für das vor dem 1. Januar 2022 eine Baugenehmigung erteilt worden ist, ist Absatz 2 anzuwenden, wenn die Anforderungen der Sätze 1 bis 6 im Einzelfall unverhältnismäßig sind.

(2) [1] Die Austrittsöffnung von Schornsteinen bei Feuerungsanlagen für feste Brennstoffe, die vor dem 1. Januar 2022 errichtet und in Betrieb genommen wurden und ab dem 1. Januar 2022 wesentlich geändert werden, muss

1. bei Dachneigungen
   a) bis einschließlich 20 Grad den First um mindestens 40 Zentimeter überragen oder von der Dachfläche mindestens 1 Meter entfernt sein,
   b) von mehr als 20 Grad den First um mindestens 40 Zentimeter überragen oder einen horizontalen Abstand von der Dachfläche von mindestens 2 Meter und 30 Zentimeter haben;
2. bei Feuerungsanlagen mit einer Gesamtwärmeleistung bis 50 Kilowatt in einem Umkreis von 15 Metern die Oberkanten von Lüftungsöffnungen, Fenstern oder Türen um mindestens 1 Meter überragen; der Umkreis vergrößert sich um 2 Meter je weitere angefangene 50 Kilowatt bis auf höchstens 40 Meter.

[2] Satz 1 gilt für den Austausch der Feuerstätte entsprechend. [3] Die Übergangsvorschriften der §§ 25 und 26 bleiben unberührt. [4] Die Anforderungen des Satzes 1 gelten entsprechend, wenn eine Feuerungsanlage für flüssige oder gasförmige Brennstoffe, die vor dem 1. Januar 2022 errichtet und in Betrieb genommen wurde und ab dem 1. Januar 2022 durch eine Feuerungsanlage für feste Brennstoffe ersetzt wird.

## 6.1.1  1. BImSchV  §§ 20–24

**§ 20 Anzeige und Nachweise.** [1]Der Betreiber einer Feuerungsanlage hat dafür Sorge zu tragen, dass die Nachweise über die Durchführung aller von einer Schornsteinfegerin oder einem Schornsteinfeger durchzuführenden Tätigkeiten an den Bezirksschornsteinfegermeister gesendet werden. [2]Der Bezirksschornsteinfegermeister hat die durchgeführten Arbeiten in das Kehrbuch einzutragen.

**§ 21 Weitergehende Anforderungen.** Die Befugnis der zuständigen Behörde, auf Grund der §§ 24 und 25 des Bundes-Immissionsschutzgesetzes[1]) andere oder weiter gehende Anordnungen zu treffen, bleibt unberührt.

**§ 22 Zulassung von Ausnahmen.** Die zuständige Behörde kann auf Antrag Ausnahmen von den Anforderungen der §§ 3 bis 10, 19, 25 und 26 zulassen, soweit diese im Einzelfall wegen besonderer Umstände durch einen unangemessenen Aufwand oder in sonstiger Weise zu einer unbilligen Härte führen und schädliche Umwelteinwirkungen nicht zu befürchten sind.

**§ 23 Zugänglichkeit der Normen.** [1]DIN-, DIN EN-Normen sowie die VDI-Richtlinien, auf die in dieser Verordnung verwiesen wird, sind bei der Beuth Verlag GmbH, Berlin, erschienen. [2]Das in § 3 Absatz 1 Nummer 5a genannte Zertifizierungsprogramm für Holzpellets kann bei DIN CERTCO, Gesellschaft für Konformitätsbewertung mbH, Alboinstraße 56, 12103 Berlin, bezogen werden. [3]Die DIN-, DIN EN-Normen, die VDI-Richtlinien sowie das Zertifizierungsprogramm für Holzpellets sind beim Deutschen Patent- und Markenamt in München archivmäßig gesichert niedergelegt.

**§ 24 Ordnungswidrigkeiten.** Ordnungswidrig im Sinne des § 62 Absatz 1 Nummer 7 des Bundes-Immissionsschutzgesetzes[1]) handelt, wer vorsätzlich oder fahrlässig

1. entgegen § 3 Absatz 1 andere als die dort aufgeführten Brennstoffe einsetzt,
2. entgegen § 4 Absatz 1 Satz 2, Absatz 3 oder Absatz 7 eine Feuerungsanlage betreibt,
3. entgegen § 5 Absatz 1, § 7, § 8 oder § 9 Absatz 2 eine Feuerungsanlage nicht richtig errichtet oder nicht richtig betreibt,
4. entgegen § 5 Absatz 2 oder Absatz 3 Brennstoffe in anderen als den dort bezeichneten Feuerungsanlagen oder Betrieben einsetzt,
5. entgegen § 6 Absatz 2 einen Heizkessel in einer Feuerungsanlage einsetzt,
6. *(aufgehoben)*
7. entgegen § 12 Satz 3 die Herstellung einer Messöffnung nicht gestattet,
8. entgegen § 14 Absatz 2, § 15 Absatz 1, 2 oder Absatz 3 oder § 25 Absatz 4 Satz 1 oder Satz 2 die Einhaltung einer dort genannten Anforderung nicht oder nicht rechtzeitig feststellen lässt, nicht oder nicht rechtzeitig überprüfen lässt oder nicht oder nicht rechtzeitig überwachen lässt,
9.–14. *(aufgehoben)*

---

[1]) Nr. **6.1**.

15. entgegen § 20 Satz 1 nicht dafür Sorge trägt, dass ein dort genannter Nachweis gesendet wird,
16. entgegen § 25 Absatz 1 Satz 1 oder § 26 Absatz 1 Satz 1 eine Feuerungsanlage weiterbetreibt oder
17. entgegen § 25 Absatz 4 Satz 1 die Einhaltung einer dort genannten Anforderung nicht oder nicht rechtzeitig überwachen lässt.

## Abschnitt 6. Übergangsregelungen

**§ 25** **Übergangsregelung für Feuerungsanlagen für feste Brennstoffe, ausgenommen Einzelraumfeuerungsanlagen.** (1) [1] Bestehende Feuerungsanlagen, ausgenommen Einzelraumfeuerungsanlagen, für feste Brennstoffe dürfen nur weiterbetrieben werden, wenn die Grenzwerte der Stufe 1 des § 5 Absatz 1 Satz 1 in Abhängigkeit vom Zeitpunkt ihrer Errichtung ab folgenden Zeitpunkten eingehalten werden:

| Zeitpunkt der Errichtung | Zeitpunkt der Einhaltung der Grenzwerte der Stufe 1 des § 5 Absatz 1 |
|---|---|
| bis einschließlich 31. Dezember 1994 | 1. Januar 2015 |
| vom 1. Januar 1995 bis einschließlich 31. Dezember 2004 | 1. Januar 2019 |
| vom 1. Januar 2005 bis einschließlich 21. März 2010 | 1. Januar 2025 |

[2] Die Feststellung des Zeitpunktes, ab wann die Anlagen die Grenzwerte nach Satz 1 einhalten müssen, erfolgt spätestens bis zum 31. Dezember 2012 durch den Bezirksschornsteinfegermeister im Rahmen der Feuerstättenschau. [3] Sofern bis zum 31. Dezember 2012 keine Feuerstättenschau durchgeführt wird, kann die Feststellung des Zeitpunktes der Errichtung auch im Zusammenhang mit anderen Schornsteinfegerarbeiten erfolgen.

(2) [1] Vom 22. März 2010 bis zu den in Absatz 1 Satz 1 genannten Zeitpunkten gelten für bestehende Feuerungsanlagen für feste Brennstoffe mit einer Nennwärmeleistung von mehr als 15 Kilowatt, ausgenommen Einzelraumfeuerungsanlagen, in Abhängigkeit von den eingesetzten Brennstoffen folgende Grenzwerte, die nach Anlage 2 zu ermitteln sind:

## 6.1.1 1. BImSchV § 25

| Brennstoff nach § 3 Absatz 1 / Nennwärmeleistung in kW | Nummer 1 bis 3a | Nummer 4 bis 5a | |
|---|---|---|---|
| | Staub [g/m³] | Staub [g/m³] | CO [g/m³] |
| > 15 ≤ 50 | 0,15 | 0,15 | 4 |
| > 50 ≤ 150 | 0,15 | 0,15 | 2 |
| > 150 ≤ 500 | 0,15 | 0,15 | 1 |
| > 500 | 0,15 | 0,15 | 0,5 |

| Brennstoff nach § 3 Absatz 1 / Nennwärmeleistung in kW | Nummer 6 und 7 | |
|---|---|---|
| | Staub [g/m³] | CO [g/m³] |
| > 50 ≤ 100 | 0,15 | 0,8 |
| > 100 ≤ 500 | 0,15 | 0,5 |
| > 500 | 0,15 | 0,3 |

| Brennstoff nach § 3 Absatz 1 / Nennwärmeleistung in kW | Nummer 8 | |
|---|---|---|
| | Staub [g/m³] | CO [g/m³] |
| > 15 ≤ 100 | 0,15 | 4 |

[2] Abweichend von § 4 Absatz 2 beziehen sich bis zu den in Absatz 1 Satz 1 genannten Zeitpunkten die Emissionsbegrenzungen bei den Brennstoffen nach § 3 Absatz 1 Nummer 1 bis 3a auf einen Volumengehalt an Sauerstoff im Abgas von 8 Prozent. [3] Bei handbeschickten Feuerungsanlagen ohne Pufferspeicher sind bei Einsatz der in § 3 Absatz 1 Nummer 4 bis 8 genannten Brennstoffe die Anforderungen bei gedrosselter Verbrennungsluftzufuhr einzuhalten.

(3) Für Feuerungsanlagen für feste Brennstoffe mit einer Nennwärmeleistung von 4 Kilowatt und mehr, ausgenommen Einzelraumfeuerungsanlagen,

FeuerungsanlagenVO § 26 1. BImSchV 6.1.1

die ab dem 22. März 2010 und vor dem 1. Januar 2015 errichtet werden, gelten die Grenzwerte der Stufe 1 des § 5 Absatz 1 nach dem 1. Januar 2015 weiter.

(4) [1] Der Betreiber einer bestehenden Feuerungsanlage für feste Brennstoffe, für die in Absatz 2 Anforderungen festgelegt sind, hat die Einhaltung der Anforderungen bis einschließlich 31. Dezember 2011 und anschließend alle zwei Jahre von einer Schornsteinfegerin oder einem Schornsteinfeger überwachen zu lassen. [2] Im Rahmen der Überwachung nach Satz 1 ist die Einhaltung der Anforderungen nach § 3 Absatz 3, § 4 Absatz 1 und § 5 Absatz 2 und 3 Satz 1 überprüfen zu lassen. [3] § 14 Absatz 3 und 5 gilt entsprechend.

(5) Der Betreiber einer bestehenden handbeschickten Feuerungsanlage für feste Brennstoffe muss sich bis einschließlich 31. Dezember 2014 nach § 4 Absatz 8 von einer Schornsteinfegerin oder einem Schornsteinfeger beraten lassen.

(6) [1] Der Betreiber einer ab dem 22. März 2010 errichteten oder wesentlich geänderten Feuerungsanlage für feste Brennstoffe hat die Überwachung nach § 14 Absatz 2 auf die Einhaltung der in § 5 Absatz 1 genannten Anforderungen für Anlagen mit einer Nennwärmeleistung bis zu 15 Kilowatt, die mit den in § 3 Absatz 1 Nummer 1 bis 8 und 13 genannten Brennstoffen betrieben werden, erst sechs Monate nach der Bekanntgabe einer geeigneten Messeinrichtung im Sinne des § 13 Absatz 2 überprüfen zu lassen. [2] § 14 Absatz 2 bleibt im Übrigen unberührt.

(7) [1] Abweichend von Absatz 4 sowie § 15 Absatz 1 sind Feuerungsanlagen für feste Brennstoffe zur Einhaltung der Anforderungen nach den Absätzen 1 und 2 sowie § 5 Absatz 1 mit Ausnahme von

1. mechanisch beschickten Feuerungsanlagen für den Einsatz der in § 3 Absatz 1 Nummer 1 bis 5a, 8 oder Nummer 13 genannten Brennstoffen mit einer Nennwärmeleistung über 15 Kilowatt und

2. Feuerungsanlagen für den Einsatz der in § 3 Absatz 1 Nummer 6 oder Nummer 7 genannten festen Brennstoffe mit einer Nennwärmeleistung über 50 Kilowatt

erst sechs Monate nach der Bekanntgabe einer geeigneten Messeinrichtung im Sinne des § 13 Absatz 2 überprüfen zu lassen. [2] § 15 Absatz 1 Satz 2 bleibt unberührt.

**§ 26** Übergangsregelung für Einzelraumfeuerungsanlagen für feste Brennstoffe. (1) [1] Einzelraumfeuerungsanlagen für feste Brennstoffe, die vor dem 22. März 2010 errichtet und in Betrieb genommen wurden, dürfen nur weiterbetrieben werden, wenn nachfolgende Grenzwerte nicht überschritten werden:

1. Staub: 0,15 Gramm je Kubikmeter,

2. Kohlenmonoxid: 4 Gramm je Kubikmeter.

[2] Der Nachweis der Einhaltung der Grenzwerte kann

1. durch Vorlage einer Prüfstandsmessbescheinigung des Herstellers oder

2. durch eine Messung unter entsprechender Anwendung der Bestimmungen der Anlage 4 Nummer 3 durch eine Schornsteinfegerin oder einen Schornsteinfeger

geführt werden.

(2) ¹Kann ein Nachweis über die Einhaltung der Grenzwerte bis einschließlich 31. Dezember 2013 nicht geführt werden, sind bestehende Einzelraumfeuerungsanlagen in Abhängigkeit des Datums auf dem Typschild zu folgenden Zeitpunkten mit einer Einrichtung zur Reduzierung der Staubemissionen nach dem Stand der Technik nachzurüsten oder außer Betrieb zu nehmen:

| Datum auf dem Typschild | Zeitpunkt der Nachrüstung oder Außerbetriebnahme |
|---|---|
| bis einschließlich 31. Dezember 1974 oder Datum nicht mehr feststellbar | 31. Dezember 2014 |
| 1. Januar 1975 bis 31. Dezember 1984 | 31. Dezember 2017 |
| 1. Januar 1985 bis 31. Dezember 1994 | 31. Dezember 2020 |
| 1. Januar 1995 bis einschließlich 21. März 2010 | 31. Dezember 2024 |

²§ 4 Absatz 6 gilt entsprechend.

(3) Die Absätze 1 und 2 gelten nicht für

1. nichtgewerblich genutzte Herde und Backöfen mit einer Nennwärmeleistung unter 15 Kilowatt,
2. offene Kamine nach § 2 Nummer 12,
3. Grundöfen nach § 2 Nummer 13,
4. Einzelraumfeuerungsanlagen in Wohneinheiten, deren Wärmeversorgung ausschließlich über diese Anlagen erfolgt, sowie
5. Einzelraumfeuerungsanlagen, bei denen der Betreiber gegenüber dem Bezirksschornsteinfegermeister glaubhaft machen kann, dass sie vor dem 1. Januar 1950 hergestellt oder errichtet wurden.

(4) ¹Absatz 2 gilt nicht für Kamineinsätze, Kachelofeneinsätze oder vergleichbare Ofeneinsätze, die eingemauert sind. ²Diese sind spätestens bis zu den in Absatz 2 Satz 1 genannten Zeitpunkten mit nachgeschalteten Einrichtungen zur Minderung der Staubemission nach dem Stand der Technik auszustatten. ³§ 4 Absatz 6 gilt entsprechend.

(5) ¹Der Betreiber einer bestehenden Einzelraumfeuerungsanlage hat bis einschließlich 31. Dezember 2012 das Datum auf dem Typschild der Anlage vom Bezirksschornsteinfegermeister im Rahmen der Feuerstättenschau feststellen zu lassen. ²Sofern bis einschließlich 31. Dezember 2012 keine Feuerstättenschau durchgeführt wird, kann die Feststellung des Datums auf dem Typschild auch im Zusammenhang mit anderen Schornsteinfegerarbeiten erfolgen. ³Nachweise nach Absatz 1 Satz 2 müssen bis spätestens 31. Dezember 2012 dem Bezirksschornsteinfegermeister vorgelegt werden. ⁴Der Bezirksschornsteinfegermeister hat im Rahmen der Feuerstättenschau oder im Zusammenhang mit anderen Schornsteinfegerarbeiten spätestens zwei Jahre vor dem Zeitpunkt der Nachrüstung oder Außerbetriebnahme dem Betreiber der Anlage zu informieren.

(6) Für Einzelraumfeuerungsanlagen für feste Brennstoffe, die ab dem 22. März 2010 und vor dem 1. Januar 2015 errichtet werden, gelten die Grenzwerte der Stufe 1 der Anlage 4 Nummer 1 nach dem 1. Januar 2015 weiter.

(7) Der Betreiber einer bestehenden handbeschickten Einzelraumfeuerungsanlage für feste Brennstoffe muss sich bis einschließlich 31. Dezember 2014

nach § 4 Absatz 8 durch eine Schornsteinfegerin oder einen Schornsteinfeger im Zusammenhang mit anderen Schornsteinfegerarbeiten beraten lassen.

**§ 27 Übergangsregelung für Schornsteinfegerarbeiten nach dem 1. Januar 2013.** An die Stelle der Bezirksschornsteinfegermeister treten ab dem 1. Januar 2013 die bevollmächtigten Bezirksschornsteinfeger nach § 48 Satz 1 des Schornsteinfeger-Handwerksgesetzes.

## Abschnitt 7. Schlussvorschrift

**§ 28 Inkrafttreten, Außerkrafttreten.** [1] Diese Verordnung tritt am 22. März 2010 in Kraft. [2] Gleichzeitig tritt die Verordnung über kleine und mittlere Feuerungsanlagen in der Fassung der Bekanntmachung vom 14. März 1997 (BGBl. I S. 490), die zuletzt durch Artikel 4 der Verordnung vom 14. August 2003 (BGBl. I S. 1614) geändert worden ist, außer Kraft.

**Anlage 1**
(zu § 12)

### Messöffnung

*(Hier nicht wiedergegeben.)*

**Anlage 2**
(zu § 5 Absatz 1, §§ 7, 8, 10, 14 Absatz 4, § 15 Absatz 5, § 25 Absatz 2)

### Anforderungen an die Durchführung der Messungen im Betrieb

*(Hier nicht wiedergegeben.)*

**Anlage 3**
(zu § 2 Nummer 11, § 6)

### Bestimmung des Nutzungsgrades und des Stickstoffoxidgehaltes unter Prüfbedingungen

*(Hier nicht wiedergegeben.)*

**Anlage 4**
(zu § 3 Absatz 5 Nummer 2, § 4 Absatz 3, 5 und 7, § 26 Absatz 1 Satz 2 Nummer 2, Absatz 6)

### Anforderungen bei der Typprüfung

*(Hier nicht wiedergegeben.)*

## 6.1.4. Vierte Verordnung zur Durchführung des Bundes-Immissionsschutzgesetzes (Verordnung über genehmigungsbedürftige Anlagen – 4. BImSchV)

In der Fassung der Bekanntmachung vom 31. Mai 2017[1])

(BGBl. I S. 1440)

**FNA 2129-8-4-3**

geänd. durch Art. 1 Erste ÄndVO v. 12.1.2021 (BGBl. I S. 69)

**§ 1 Genehmigungsbedürftige Anlagen.** (1) ¹Die Errichtung und der Betrieb der im Anhang 1 genannten Anlagen bedürfen einer Genehmigung, soweit den Umständen nach zu erwarten ist, dass sie länger als während der zwölf Monate, die auf die Inbetriebnahme folgen, an demselben Ort betrieben werden. ²Für die in Nummer 8 des Anhangs 1 genannten Anlagen, ausgenommen Anlagen zur Behandlung am Entstehungsort, gilt Satz 1 auch, soweit sie weniger als während der zwölf Monate, die auf die Inbetriebnahme folgen, an demselben Ort betrieben werden sollen. ³Für die in den Nummern 2.10.2, 7.4, 7.5, 7.25, 7.28, 9.1, 9.3 und 9.11 des Anhangs 1 genannten Anlagen gilt Satz 1 nur, soweit sie gewerblichen Zwecken dienen oder im Rahmen wirtschaftlicher Unternehmungen verwendet werden. ⁴Hängt die Genehmigungsbedürftigkeit der im Anhang 1 genannten Anlagen vom Erreichen oder Überschreiten einer bestimmten Leistungsgrenze oder Anlagengröße ab, ist jeweils auf den rechtlich und tatsächlich möglichen Betriebsumfang der durch denselben Betreiber betriebenen Anlage abzustellen.

(2) Das Genehmigungserfordernis erstreckt sich auf alle vorgesehenen

1. Anlagenteile und Verfahrensschritte, die zum Betrieb notwendig sind, und
2. Nebeneinrichtungen, die mit den Anlagenteilen und Verfahrensschritten nach Nummer 1 in einem räumlichen und betriebstechnischen Zusammenhang stehen und die von Bedeutung sein können für
   a) das Entstehen schädlicher Umwelteinwirkungen,
   b) die Vorsorge gegen schädliche Umwelteinwirkungen oder
   c) das Entstehen sonstiger Gefahren, erheblicher Nachteile oder erheblicher Belästigungen.

(3) ¹Die im Anhang 1 bestimmten Voraussetzungen sind auch erfüllt, wenn mehrere Anlagen derselben Art in einem engen räumlichen und betrieblichen Zusammenhang stehen (gemeinsame Anlage) und zusammen die maßgebenden Leistungsgrenzen oder Anlagengrößen erreichen oder überschreiten werden. ²Ein enger räumlicher und betrieblicher Zusammenhang ist gegeben, wenn die Anlagen

1. auf demselben Betriebsgelände liegen,
2. mit gemeinsamen Betriebseinrichtungen verbunden sind und
3. einem vergleichbaren technischen Zweck dienen.

---

[1]) Neubekanntmachung der 4. BImSchV v. 2.5.2013 (BGBl. I S. 973, ber. S. 3756) in der ab 14.1.2017 geltenden Fassung.

Anlagenverordnung § 2 4. BImSchV 6.1.4

(4) Gehören zu einer Anlage Teile oder Nebeneinrichtungen, die je gesondert genehmigungsbedürftig wären, so bedarf es lediglich einer Genehmigung.

(5) Soll die für die Genehmigungsbedürftigkeit maßgebende Leistungsgrenze oder Anlagengröße durch die Erweiterung einer bestehenden Anlage erstmals überschritten werden, bedarf die gesamte Anlage der Genehmigung.

(6) Keiner Genehmigung bedürfen Anlagen, soweit sie der Forschung, Entwicklung oder Erprobung neuer Einsatzstoffe, Brennstoffe, Erzeugnisse oder Verfahren im Labor- oder Technikumsmaßstab dienen; hierunter fallen auch solche Anlagen im Labor- oder Technikumsmaßstab, in denen neue Erzeugnisse in der für die Erprobung ihrer Eigenschaften durch Dritte erforderlichen Menge vor der Markteinführung hergestellt werden, soweit die neuen Erzeugnisse noch weiter erforscht oder entwickelt werden.

(7) Keiner Genehmigung bedürfen Anlagen zur Lagerung von Stoffen, die eine Behörde in Erfüllung ihrer gesetzlichen Aufgabe zur Gefahrenabwehr sichergestellt hat.

**§ 2 Zuordnung zu den Verfahrensarten.** (1) ¹Das Genehmigungsverfahren wird durchgeführt nach

1. § 10 des Bundes-Immissionsschutzgesetzes[1)] für
   a) Anlagen, die in Spalte c des Anhangs 1 mit dem Buchstaben G gekennzeichnet sind,
   b) Anlagen, die sich aus in Spalte c des Anhangs 1 mit dem Buchstaben G und dem Buchstaben V gekennzeichneten Anlagen zusammensetzen,
   c) Anlagen, die in Spalte c des Anhangs 1 mit dem Buchstaben V gekennzeichnet sind und zu deren Genehmigung nach den §§ 3a bis 3f[2)] des Gesetzes über die Umweltverträglichkeitsprüfung[3)] eine Umweltverträglichkeitsprüfung durchzuführen ist,
2. § 19 des Bundes-Immissionsschutzgesetzes im vereinfachten Verfahren für in Spalte c des Anhangs 1 mit dem Buchstaben V gekennzeichnete Anlagen.

²Soweit die Zuordnung zu den Genehmigungsverfahren von der Leistungsgrenze oder Anlagengröße abhängt, gilt § 1 Absatz 1 Satz 4 entsprechend.

(2) Kann eine Anlage vollständig verschiedenen Anlagenbezeichnungen im Anhang 1 zugeordnet werden, so ist die speziellere Anlagenbezeichnung maßgebend.

(3) ¹Für in Spalte c des Anhangs 1 mit dem Buchstaben G gekennzeichnete Anlagen, die ausschließlich oder überwiegend der Entwicklung und Erprobung neuer Verfahren, Einsatzstoffe, Brennstoffe oder Erzeugnisse dienen (Versuchsanlagen), wird das vereinfachte Verfahren durchgeführt, wenn die Genehmigung für einen Zeitraum von höchstens drei Jahren nach Inbetriebnahme der Anlage erteilt werden soll; dieser Zeitraum kann auf Antrag um höchstens ein Jahr verlängert werden. ²Satz 1 ist auf Anlagen der Anlage 1 (Liste „UVP-pflichtige Vorhaben") zum Gesetz über die Umweltverträglichkeitsprüfung nur anzuwenden, soweit nach den Vorschriften dieses Gesetzes keine Umweltverträglichkeitsprüfung durchzuführen ist. ³Soll die Lage, die Beschaffenheit oder

---

[1)] Nr. **6.1**.
[2)] Der Verweis wurde amtlich noch nicht an die Änderung des UVPG durch G v. 20.7.2017 (BGBl. I S. 2808, ber. 2018 S. 472) angepasst.
[3)] Nr. **2.5**.

## 6.1.4  4. BImSchV  § 3, Anh. 1   Anlagenverordnung

der Betrieb einer nach Satz 1 genehmigten Anlage für einen anderen Entwicklungs- oder Erprobungszweck geändert werden, ist ein Verfahren nach Satz 1 durchzuführen.

(4) Wird die für die Zuordnung zu einer Verfahrensart maßgebende Leistungsgrenze oder Anlagengröße durch die Errichtung und den Betrieb einer weiteren Teilanlage oder durch eine sonstige Erweiterung der Anlage erreicht oder überschritten, so wird die Genehmigung für die Änderung in dem Verfahren erteilt, dem die Anlage nach der Summe ihrer Leistung oder Größe entspricht.

**§ 3 Anlagen nach der Industrieemissions-Richtlinie.** Anlagen nach Artikel 10 in Verbindung mit Anhang I der Richtlinie 2010/75/EU des Europäischen Parlaments und des Rates vom 24. November 2010 über Industrieemissionen (integrierte Vermeidung und Verminderung der Umweltverschmutzung) (Neufassung) (ABl. L 334 vom 17.12.2010, S. 17) sind Anlagen, die in Spalte d des Anhangs 1 mit dem Buchstaben E gekennzeichnet sind.

### Anhang 1

**Rohstoffbegriff in Nummer 7**
Der in Anlagenbeschreibungen unter Nummer 7 verwendete Begriff „Rohstoff" gilt unabhängig davon, ob dieser zuvor verarbeitet wurde oder nicht.

**Abfallbegriff in Nummer 8**
Der in den Anlagenbeschreibungen unter den Nummern 8.2 bis 8.15 verwendete Begriff „Abfall" betrifft jeweils ausschließlich Abfälle, auf die die Vorschriften des Kreislaufwirtschaftsgesetzes[1] Anwendung finden.

**Mischungsregel**
Wird in Anlagenbeschreibungen unter Nummer 7 auf diese Mischungsregel Bezug genommen, errechnet sich die Produktionskapazität **P** beim Einsatz tierischer und pflanzlicher Rohstoffe wie folgt:

$$P = \begin{cases} 75 & \textit{für } \mathbf{A} \geq 10 \\ [300 - (22{,}5 \cdot \mathbf{A})] & \textit{für } \mathbf{A} < 10 \end{cases}$$

wobei **A** den gewichtsprozentualen Anteil der tierischen Rohstoffe an den insgesamt eingesetzten Rohstoffen darstellt.

**Legende**
Nr.:
Ordnungsnummer der Anlagenart
Anlagenbeschreibung:
Die vollständige Beschreibung der Anlagenart ergibt sich aus dem fortlaufenden Text von der 2. bis zur jeweils letzten Gliederungsebene der Ordnungsnummer.
(z.B. ergibt sich die vollständige Beschreibung der Anlagenart von Nummer 1.2.4.1 aus dem fortlaufenden Text der Nummern 1.2, 1.2.4 und 1.2.4.1)

Verfahrensart:
**G: G**enehmigungsverfahren gemäß § 10 BImSchG[2] (mit Öffentlichkeitsbeteiligung)
**V: V**ereinfachtes Verfahren gemäß § 19 BImSchG[2] (ohne Öffentlichkeitsbeteiligung)

Anlage gemäß Art. 10 der Richtlinie 2010/75/EU:
**E:** Anlage gemäß § 3

---

[1] Nr. **5.1**.
[2] Nr. **6.1**.

Anlagenverordnung    Anh. 1   4. BImSchV 6.1.4

| Nr. | Anlagenbeschreibung | Verfahrensart | Anlage gemäß Art. 10 der RL 2010/75/EU |
|---|---|---|---|
| a | b | c | d |
| **1.** | **Wärmeerzeugung, Bergbau und Energie** | | |
| 1.1 | Anlagen zur Erzeugung von Strom, Dampf, Warmwasser, Prozesswärme oder erhitztem Abgas durch den Einsatz von Brennstoffen in einer Verbrennungseinrichtung (wie Kraftwerk, Heizkraftwerk, Heizwerk, Gasturbinenanlage, Verbrennungsmotoranlage, sonstige Feuerungsanlage), einschließlich zugehöriger Dampfkessel, mit einer Feuerungswärmeleistung von 50 Megawatt oder mehr; | G | E |
| 1.2 | Anlagen zur Erzeugung von Strom, Dampf, Warmwasser, Prozesswärme oder erhitztem Abgas in einer Verbrennungseinrichtung (wie Kraftwerk, Heizkraftwerk, Heizwerk, Gasturbinenanlage, Verbrennungsmotoranlage, sonstige Feuerungsanlage), einschließlich zugehöriger Dampfkessel, ausgenommen Verbrennungsmotoranlagen für Bohranlagen und Notstromaggregate, durch den Einsatz von | | |
| 1.2.1 | Kohle, Koks einschließlich Petrolkoks, Kohlebriketts, Torfbriketts, Brenntorf, naturbelassenem Holz sowie in der eigenen Produktionsanlage anfallendem gestrichenem, lackiertem oder beschichtetem Holz oder Sperrholz, Spanplatten, Faserplatten oder sonst verleimtem Holz sowie daraus anfallenden Resten, soweit keine Holzschutzmittel aufgetragen oder infolge einer Behandlung enthalten sind und Beschichtungen keine halogenorganischen Verbindungen oder Schwermetalle enthalten, emulgiertem Naturbitumen, Heizölen, ausgenommen Heizöl EL, mit einer Feuerungswärmeleistung von 1 Megawatt bis weniger als 50 Megawatt, | V | |
| 1.2.2 | gasförmigen Brennstoffen (insbesondere Koksofengas, Grubengas, Stahlgas, Raffineriegas, Synthesegas, Erdölgas aus der Tertiärförderung von Erdöl, Klärgas, Biogas), ausgenommen naturbelassenem Erdgas, Flüssiggas, Gasen der öffentlichen Gasversorgung oder Wasserstoff, mit einer Feuerungswärmeleistung von | | |
| 1.2.2.1 | 10 Megawatt bis weniger als 50 Megawatt, | V | |
| 1.2.2.2 | 1 Megawatt bis weniger als 10 Megawatt, bei Verbrennungsmotoranlagen oder Gasturbinenanlagen, | V | |
| 1.2.3 | Heizöl EL, Dieselkraftstoff, Methanol, Ethanol, naturbelassenen Pflanzenölen oder Pflanzenölmethylestern, naturbelassenem Erdgas, Flüssiggas, Gasen der öffentlichen Gasversorgung oder Wasserstoff mit einer Feuerungswärmeleistung von | | |
| 1.2.3.1 | 20 Megawatt bis weniger als 50 Megawatt, | V | |
| 1.2.3.2 | 1 Megawatt bis weniger als 20 Megawatt, bei Verbrennungsmotoranlagen oder Gasturbinenanlagen, | V | |
| 1.2.4 | anderen als in Nummer 1.2.1 oder 1.2.3 genannten festen oder flüssigen Brennstoffen mit einer Feuerungswärmeleistung von 100 Kilowatt bis weniger als 50 Megawatt; | V | |
| **1.3** | (nicht besetzt) | | |
| **1.4** | Verbrennungsmotoranlagen oder Gasturbinenanlagen zum Antrieb von Arbeitsmaschinen für den Einsatz von | | |
| 1.4.1 | Heizöl EL, Dieselkraftstoff, Methanol, Ethanol, naturbelassenen Pflanzenölen, Pflanzenölmethylestern, Koksofengas, Grubengas, Stahlgas, Raffineriegas, Synthesegas, Erdölgas | | |

# 6.1.4  4. BImSchV  Anh. 1    Anlagenverordnung

| Nr. | Anlagenbeschreibung | Verfahrensart | Anlage gemäß Art. 10 der RL 2010/75/EU |
|---|---|---|---|
| a | b | c | d |
| | aus der Tertiärförderung von Erdöl, Klärgas, Biogas, naturbelassenem Erdgas, Flüssiggas, Gasen der öffentlichen Gasversorgung oder Wasserstoff mit einer Feuerungswärmeleistung von | | |
| 1.4.1.1 | 50 Megawatt oder mehr, | G | E |
| 1.4.1.2 | 1 Megawatt bis weniger als 50 Megawatt, ausgenommen Verbrennungsmotoranlagen für Bohranlagen, | V | |
| 1.4.2 | anderen als in Nummer 1.4.1 genannten Brennstoffen mit einer Feuerungswärmeleistung von | | |
| 1.4.2.1 | 50 Megawatt oder mehr, | G | E |
| 1.4.2.2 | 100 Kilowatt bis weniger als 50 Megawatt; | V | |
| **1.5** | (nicht besetzt) | | |
| **1.6** | Anlagen zur Nutzung von Windenergie mit einer Gesamthöhe von mehr als 50 Metern und | | |
| 1.6.1 | 20 oder mehr Windkraftanlagen, | G | |
| 1.6.2 | weniger als 20 Windkraftanlagen; | V | |
| **1.7** | (nicht besetzt) | | |
| **1.8** | Elektroumspannanlagen mit einer Oberspannung von 220 Kilovolt oder mehr einschließlich der Schaltfelder, ausgenommen eingehauste Elektroumspannanlagen; | V | |
| **1.9** | Anlagen zum Mahlen oder Trocknen von Kohle mit einer Kapazität von 1 Tonne oder mehr je Stunde; | V | |
| **1.10** | Anlagen zum Brikettieren von Braun- oder Steinkohle; | G | |
| **1.11** | Anlagen zur Trockendestillation (z.B. Kokereien, Gaswerke und Schwelereien), insbesondere von Steinkohle oder Braunkohle, Holz, Torf oder Pech, ausgenommen Holzkohlenmeiler; | G | E |
| **1.12** | Anlagen zur Destillation oder Weiterverarbeitung von Teer oder Teererzeugnissen oder von Teer- oder Gaswasser; | G | |
| **1.13** | (nicht besetzt) | | |
| **1.14** | Anlagen zur Vergasung oder Verflüssigung von | | |
| 1.14.1 | Kohle, | G | E |
| 1.14.2 | bituminösem Schiefer mit einem Energieäquivalent von | | |
| 1.14.2.1 | 20 Megawatt oder mehr, | G | E |
| 1.14.2.2 | weniger als 20 Megawatt, | G | |
| 1.14.3 | anderen Brennstoffen als Kohle oder bituminösem Schiefer, insbesondere zur Erzeugung von Generator-, Wasser-, oder Holzgas, mit einer Produktionskapazität an Stoffen, entsprechend einem Energieäquivalent von | | |
| 1.14.3.1 | 20 Megawatt oder mehr, | G | E |
| 1.14.3.2 | 1 Megawatt bis weniger als 20 Megawatt; | V | |
| **1.15** | Anlagen zur Erzeugung von Biogas, soweit nicht von Nummer 8.6 erfasst, mit einer Produktionskapazität von 1,2 Million Normkubikmetern je Jahr Rohgas; | V | |
| **1.16** | Anlagen zur Aufbereitung von Biogas mit einer Verarbeitungskapazität von 1,2 Million Normkubikmetern je Jahr Rohgas oder mehr; | V | |
| **2.** | **Steine und Erden, Glas, Keramik, Baustoffe** | | |
| **2.1** | Steinbrüche mit einer Abbaufläche von | | |
| 2.1.1 | 10 Hektar oder mehr, | G | |

Anlagenverordnung                               Anh. 1   4. BImSchV 6.1.4

| Nr. | Anlagenbeschreibung | Verfahrensart | Anlage gemäß Art. 10 der RL 2010/75/EU |
|---|---|---|---|
| a | b | c | d |
| 2.1.2 | weniger als 10 Hektar, soweit Sprengstoffe verwendet werden; | V | |
| 2.2 | Anlagen zum Brechen, Trocknen, Mahlen oder Klassieren von natürlichem oder künstlichem Gestein, ausgenommen Klassieranlagen für Sand oder Kies sowie Anlagen, die nicht mehr als zehn Tage im Jahr betrieben werden; | V | |
| 2.3 | Anlagen zur Herstellung von Zementklinker oder Zementen mit einer Produktionskapazität von | | |
| 2.3.1 | 500 Tonnen oder mehr je Tag, | G | E |
| 2.3.2 | 50 Tonnen bis weniger als 500 Tonnen je Tag, soweit nicht in Drehrohröfen hergestellt, | G | E |
| 2.3.3 | weniger als 500 Tonnen je Tag, soweit in Drehrohröfen hergestellt, | V | |
| 2.3.4 | weniger als 50 Tonnen je Tag, soweit nicht in Drehrohröfen hergestellt; | V | |
| 2.4 | Anlagen zum Brennen von | | |
| 2.4.1 | Kalkstein, Magnesit oder Dolomit mit einer Produktionskapazität von | | |
| 2.4.1.1 | 50 Tonnen oder mehr Branntkalk oder Magnesiumoxid je Tag, | G | E |
| 2.4.1.2 | weniger als 50 Tonnen Branntkalk oder Magnesiumoxid je Tag, | V | |
| 2.4.2 | Bauxit, Gips, Kieselgur, Quarzit oder Ton zu Schamotte; | V | |
| 2.5 | Anlagen zur Gewinnung von Asbest; | G | E |
| 2.6 | Anlagen zur Be- oder Verarbeitung von Asbest oder Asbesterzeugnissen; | G | E |
| 2.7 | Anlagen zum Blähen von Perlite oder Schiefer; | V | |
| 2.8 | Anlagen zur Herstellung von Glas, auch soweit es aus Altglas hergestellt wird, einschließlich Anlagen zur Herstellung von Glasfasern, mit einer Schmelzkapazität von | | |
| 2.8.1 | 20 Tonnen oder mehr je Tag, | G | E |
| 2.8.2 | 100 Kilogramm bis weniger als 20 Tonnen je Tag, ausgenommen in Anlagen zur Herstellung von Glasfasern, die für medizinische oder fernmeldetechnische Zwecke bestimmt sind; | V | |
| 2.9 | (nicht besetzt) | | |
| 2.10 | Anlagen zum Brennen keramischer Erzeugnisse (einschließlich Anlagen zum Blähen von Ton) mit einer Produktionskapazität von | | |
| 2.10.1 | 75 Tonnen oder mehr je Tag, | G | E |
| 2.10.2 | weniger als 75 Tonnen je Tag, soweit der Rauminhalt der Brennanlage 4 Kubikmeter oder mehr beträgt oder die Besatzdichte mehr als 100 Kilogramm je Kubikmeter Rauminhalt der Brennanlage beträgt, ausgenommen elektrisch beheizte Brennöfen, die diskontinuierlich und ohne Abluftführung betrieben werden; | V | |
| 2.11 | Anlagen zum Schmelzen mineralischer Stoffe einschließlich Anlagen zur Herstellung von Mineralfasern mit einer Schmelzkapazität von | | |
| 2.11.1 | 20 Tonnen oder mehr je Tag, | G | E |
| 2.11.2 | weniger als 20 Tonnen je Tag; | V | |

## 6.1.4  4. BImSchV  Anh. 1

Anlagenverordnung

| Nr. | Anlagenbeschreibung | Verfahrensart | Anlage gemäß Art. 10 der RL 2010/75/EU |
|---|---|---|---|
| a | b | c | d |
| **2.12** | (nicht besetzt) | | |
| **2.13** | (nicht besetzt) | | |
| **2.14** | Anlagen zur Herstellung von Formstücken unter Verwendung von Zement oder anderen Bindemitteln durch Stampfen, Schocken, Rütteln oder Vibrieren mit einer Produktionskapazität von 10 Tonnen oder mehr je Stunde; | V | |
| **2.15** | Anlagen zur Herstellung oder zum Schmelzen von Mischungen aus Bitumen oder Teer mit Mineralstoffen, ausgenommen Anlagen, die Mischungen in Kaltbauweise herstellen, einschließlich Aufbereitungsanlagen für bituminöse Straßenbaustoffe und Teersplittanlagen; | V | |
| **3.** | **Stahl, Eisen und sonstige Metalle einschließlich Verarbeitung** | | |
| **3.1** | Anlagen zum Rösten (Erhitzen unter Luftzufuhr zur Überführung in Oxide), Schmelzen oder Sintern (Stückigmachen von feinkörnigen Stoffen durch Erhitzen) von Erzen; | G | E |
| **3.2** | Anlagen zur Herstellung oder zum Erschmelzen von Roheisen | | |
| 3.2.1 | und zur Weiterverarbeitung zu Rohstahl, bei denen sich Gewinnungs- und Weiterverarbeitungseinheiten nebeneinander befinden und in funktioneller Hinsicht miteinander verbunden sind (Integrierte Hüttenwerke), mit einer Schmelzkapazität von | | |
| 3.2.1.1 | 2,5 Tonnen oder mehr je Stunde, | G | E |
| 3.2.1.2 | weniger als 2,5 Tonnen je Stunde, | G | |
| 3.2.2 | oder Stahl, einschließlich Stranggießen, auch soweit Konzentrate oder sekundäre Rohstoffe eingesetzt werden, mit einer Schmelzkapazität von | | |
| 3.2.2.1 | 2,5 Tonnen oder mehr je Stunde, | G | E |
| 3.2.2.2 | weniger als 2,5 Tonnen je Stunde; | V | |
| **3.3** | Anlagen zur Herstellung von Nichteisenrohmetallen aus Erzen, Konzentraten oder sekundären Rohstoffen durch metallurgische, chemische oder elektrolytische Verfahren; | G | E |
| **3.4** | Anlagen zum Schmelzen, zum Legieren oder zur Raffination von Nichteisenmetallen mit einer Schmelzkapazität von | | |
| 3.4.1 | 4 Tonnen je Tag oder mehr bei Blei und Cadmium oder von 20 Tonnen je Tag oder mehr bei sonstigen Nichteisenmetallen, | G | E |
| 3.4.2 | 0,5 Tonnen bis weniger als 4 Tonnen je Tag bei Blei und Cadmium oder von 2 Tonnen bis weniger als 20 Tonnen je Tag bei sonstigen Nichteisenmetallen, ausgenommen<br>1. Vakuum-Schmelzanlagen,<br>2. Schmelzanlagen für Gusslegierungen aus Zinn und Wismut oder aus Feinzink und Aluminium in Verbindung mit Kupfer oder Magnesium,<br>3. Schmelzanlagen, die Bestandteil von Druck- oder Kokillengießmaschinen sind oder die ausschließlich im Zusammenhang mit einzelnen Druck- oder Kokillengießmaschinen gießfertige Nichteisenmetalle oder gießfertige Legierungen niederschmelzen, | V | |

Anlagenverordnung                    Anh. 1   4. BImSchV 6.1.4

| Nr. | Anlagenbeschreibung | Verfahrensart | Anlage gemäß Art. 10 der RL 2010/75/EU |
|---|---|---|---|
| a | b | c | d |
|  | 4. Schmelzanlagen für Edelmetalle oder für Legierungen, die nur aus Edelmetallen oder aus Edelmetallen und Kupfer bestehen,<br>5. Schwalllötbäder und<br>6. Heißluftverzinnungsanlagen; |  |  |
| **3.5** | Anlagen zum Abziehen der Oberflächen von Stahl, insbesondere von Blöcken, Brammen, Knüppeln, Platinen oder Blechen, durch Flämmen; | V |  |
| **3.6** | Anlagen zur Umformung von |  |  |
| 3.6.1 | Stahl durch Warmwalzen mit einer Kapazität je Stunde von |  |  |
| 3.6.1.1 | 20 Tonnen oder mehr, | G | E |
| 3.6.1.2 | weniger als 20 Tonnen, | V |  |
| 3.6.2 | Stahl durch Kaltwalzen mit einer Bandbreite von 650 Millimetern oder mehr, | V |  |
| 3.6.3 | Schwermetallen, ausgenommen Eisen oder Stahl, durch Walzen mit einer Kapazität von 1 Tonne oder mehr je Stunde, | V |  |
| 3.6.4 | Leichtmetallen durch Walzen mit einer Kapazität von 0,5 Tonnen oder mehr je Stunde; | V |  |
| **3.7** | Eisen-, Temper- oder Stahlgießereien mit einer Verarbeitungskapazität an Flüssigmetall von |  |  |
| 3.7.1 | 20 Tonnen oder mehr je Tag, | G | E |
| 3.7.2 | 2 Tonnen bis weniger als 20 Tonnen je Tag; | V |  |
| **3.8** | Gießereien für Nichteisenmetalle mit einer Verarbeitungskapazität an Flüssigmetall von |  |  |
| 3.8.1 | 4 Tonnen oder mehr je Tag bei Blei und Cadmium oder 20 Tonnen oder mehr je Tag bei sonstigen Nichteisenmetallen, | G | E |
| 3.8.2 | 0,5 Tonnen bis weniger als 4 Tonnen je Tag bei Blei und Cadmium oder 2 Tonnen bis weniger als 20 Tonnen je Tag bei sonstigen Nichteisenmetallen, ausgenommen<br>1. Gießereien für Glocken- oder Kunstguss,<br>2. Gießereien, in denen in metallische Formen abgegossen wird, und<br>3. Gießereien, in denen das Material in ortsbeweglichen Tiegeln niedergeschmolzen wird; | V |  |
| **3.9** | Anlagen zum Aufbringen von metallischen Schutzschichten |  |  |
| 3.9.1 | mit Hilfe von schmelzflüssigen Bädern auf Metalloberflächen mit einer Verarbeitungskapazität von |  |  |
| 3.9.1.1 | 2 Tonnen oder mehr Rohstahl je Stunde, | G | E |
| 3.9.1.2 | 2 Tonnen oder mehr Rohgut je Stunde, soweit nicht von der Nummer 3.9.1.1 erfasst, | G |  |
| 3.9.1.3 | 500 Kilogramm bis weniger als 2 Tonnen Rohgut je Stunde, ausgenommen Anlagen zum kontinuierlichen Verzinken nach dem Sendzimirverfahren, | V |  |
| 3.9.2 | durch Flamm-, Plasma- oder Lichtbogenspritzen |  |  |
| 3.9.2.1 | auf Metalloberflächen mit einer Verarbeitungskapazität von 2 Tonnen oder mehr Rohstahl je Stunde, | G | E |
| 3.9.2.2 | auf Metall- oder Kunststoffoberflächen mit einem Durchsatz an Blei, Zinn, Zink, Nickel, Kobalt oder ihren Legierungen von 2 Kilogramm oder mehr je Stunde; | V |  |

## 6.1.4 4. BImSchV Anh. 1

| Nr. | Anlagenbeschreibung | Verfahrensart | Anlage gemäß Art. 10 der RL 2010/75/EU |
|---|---|---|---|
| a | b | c | d |
| **3.10** | Anlagen zur Oberflächenbehandlung mit einem Volumen der Wirkbäder von | | |
| 3.10.1 | 30 Kubikmeter oder mehr bei der Behandlung von Metall- oder Kunststoffoberflächen durch ein elektrolytisches oder chemisches Verfahren, | G | E |
| 3.10.2 | 1 Kubikmeter bis weniger als 30 Kubikmeter bei der Behandlung von Metalloberflächen durch Beizen oder Brennen unter Verwendung von Fluss- oder Salpetersäure; | V | |
| **3.11** | Anlagen, die aus einem oder mehreren maschinell angetriebenen Hämmern oder Fallwerken bestehen, wenn die Schlagenergie eines Hammers oder Fallwerkes | | |
| 3.11.1 | 50 Kilojoule oder mehr und die Feuerungswärmeleistung der Wärmebehandlungsöfen 20 Megawatt oder mehr beträgt, | G | E |
| 3.11.2 | 50 Kilojoule oder mehr beträgt, soweit nicht von Nummer 3.11.1 erfasst, | G | |
| 3.11.3 | 1 Kilojoule bis weniger als 50 Kilojoule beträgt; | V | |
| **3.12** | (nicht besetzt) | | |
| **3.13** | Anlagen zur Sprengverformung oder zum Plattieren mit Sprengstoffen bei einem Einsatz von 10 Kilogramm Sprengstoff oder mehr je Schuss; | V | |
| **3.14 – 3.15** | (nicht besetzt) | | |
| **3.16** | Anlagen zur Herstellung von warmgefertigten nahtlosen oder geschweißten Rohren aus Stahl mit einer Produktionskapazität von | | |
| 3.16.1 | 20 Tonnen oder mehr je Stunde, | G | E |
| 3.16.2 | weniger als 20 Tonnen je Stunde; | G | |
| **3.17** | (nicht besetzt) | | |
| **3.18** | Anlage zur Herstellung oder Reparatur von Schiffskörpern oder -sektionen (Schiffswerft) aus Metall mit einer Länge von 20 Metern oder mehr; | G | |
| **3.19** | Anlagen zum Bau von Schienenfahrzeugen mit einer Produktionskapazität von 600 Schienenfahrzeugeinheiten oder mehr je Jahr; 1 Schienenfahrzeugeinheit entspricht 0,5 Lokomotiven, 1 Straßenbahn, 1 Wagen eines Triebzuges, 1 Triebkopf, 1 Personenwagen oder 3 Güterwagen; | G | |
| **3.20** | Anlagen zur Oberflächenbehandlung von Gegenständen aus Stahl, Blech oder Guss mit festen Strahlmitteln, die außerhalb geschlossener Räume betrieben werden, ausgenommen nicht begehbare Handstrahlkabinen sowie Anlagen mit einem Luftdurchsatz von weniger als 300 Kubikmetern je Stunde; | V | |
| **3.21** | Anlagen zur Herstellung von Bleiakkumulatoren; | V | |
| **3.22** | Anlagen zur Behandlung von Schrotten in Schredderanlagen, sofern nicht von Nummer 8.9 erfasst, mit einer Durchsatzkapazität an Eingangsstoffen von | | |
| 3.22.1 | 50 Tonnen oder mehr je Tag, | G | |
| 3.22.2 | 10 Tonnen bis weniger als 50 Tonnen je Tag; | V | |
| **3.23** | Anlagen zur Herstellung von Metallpulvern oder -pasten, insbesondere Aluminium-, Eisen- oder Magnesiumpulver oder -pasten oder blei- oder nickelhaltigen Pulvern oder | V | |

Anlagenverordnung    Anh. 1   4. BImSchV 6.1.4

| Nr. | Anlagenbeschreibung | Verfahrensart | Anlage gemäß Art. 10 der RL 2010/75/ EU |
|---|---|---|---|
| a | b | c | d |
|  | Pasten, ausgenommen Anlagen zur Herstellung von Edelmetallpulver; |  |  |
| 3.24 | Anlagen für den Bau und die Montage von Kraftfahrzeugen oder Anlagen für den Bau von Kraftfahrzeugmotoren mit einer Kapazität von jeweils 100 000 Stück oder mehr je Jahr; | G |  |
| 3.25 | Anlagen für Bau und Instandhaltung, ausgenommen die Wartung einschließlich kleinerer Reparaturen, von Luftfahrzeugen, |  |  |
| 3.25.1 | soweit je Jahr mehr als 50 Luftfahrzeuge hergestellt werden können, | G |  |
| 3.25.2 | soweit je Jahr mehr als 50 Luftfahrzeuge instand gehalten werden können; | V |  |
| 4. | **Chemische Erzeugnisse, Arzneimittel, Mineralölraffination und Weiterverarbeitung** |  |  |
| 4.1 | Anlagen zur Herstellung von Stoffen oder Stoffgruppen durch chemische, biochemische oder biologische Umwandlung in industriellem Umfang, ausgenommen Anlagen zur Erzeugung oder Spaltung von Kernbrennstoffen oder zur Aufarbeitung bestrahlter Kernbrennstoffe, zur Herstellung von |  |  |
| 4.1.1 | Kohlenwasserstoffen (lineare oder ringförmige, gesättigte oder ungesättigte, aliphatische oder aromatische), | G | E |
| 4.1.2 | sauerstoffhaltigen Kohlenwasserstoffen wie Alkohole, Aldehyde, Ketone, Carbonsäuren, Ester, Acetate, Ether, Peroxide, Epoxide, | G | E |
| 4.1.3 | schwefelhaltigen Kohlenwasserstoffen, | G | E |
| 4.1.4 | stickstoffhaltigen Kohlenwasserstoffen wie Amine, Amide, Nitroso-, Nitro- oder Nitratverbindungen, Nitrile, Cyanate, Isocyanate, | G | E |
| 4.1.5 | phosphorhaltigen Kohlenwasserstoffen, | G | E |
| 4.1.6 | halogenhaltigen Kohlenwasserstoffen, | G | E |
| 4.1.7 | metallorganischen Verbindungen, | G | E |
| 4.1.8 | Kunststoffen (Kunstharzen, Polymeren, Chemiefasern, Fasern auf Zellstoffbasis), | G | E |
| 4.1.9 | synthetischen Kautschuken, | G | E |
| 4.1.10 | Farbstoffen und Pigmenten sowie von Ausgangsstoffen für Farben und Anstrichmittel, | G | E |
| 4.1.11 | Tensiden, | G | E |
| 4.1.12 | Gasen wie Ammoniak, Chlor und Chlorwasserstoff, Fluor und Fluorwasserstoff, Kohlenstoffoxiden, Schwefelverbindungen, Stickstoffoxiden, Wasserstoff, Schwefeldioxid, Phosgen, | G | E |
| 4.1.13 | Säuren wie Chromsäure, Flusssäure, Phosphorsäure, Salpetersäure, Salzsäure, Schwefelsäure, Oleum, schwefelige Säuren, | G | E |
| 4.1.14 | Basen wie Ammoniumhydroxid, Kaliumhydroxid, Natriumhydroxid, | G | E |
| 4.1.15 | Salzen wie Ammoniumchlorid, Kaliumchlorat, Kaliumkarbonat, Natriumkarbonat, Perborat, Silbernitrat, | G | E |

## 6.1.4  4. BImSchV  Anh. 1                          Anlagenverordnung

| Nr. | Anlagenbeschreibung | Verfahrensart | Anlage gemäß Art. 10 der RL 2010/75/EU |
|---|---|---|---|
| a | b | c | d |
| 4.1.16 | Nichtmetallen, Metalloxiden oder sonstigen anorganischen Verbindungen wie Kalziumkarbid, Silizium, Siliziumkarbid, anorganische Peroxide, Schwefel, | G | E |
| 4.1.17 | phosphor-, stickstoff- oder kaliumhaltigen Düngemitteln (Einnährstoff- oder Mehrnährstoffdünger), | G | E |
| 4.1.18 | Pflanzenschutzmittel oder Biozide, | G | E |
| 4.1.19 | Arzneimittel einschließlich Zwischenerzeugnisse, | G | E |
| 4.1.20 | Explosivstoffen, | G | E |
| 4.1.21 | Stoffen oder Stoffgruppen, die keiner oder mehreren der Nummern 4.1.1 bis 4.1.20 entsprechen, | G | E |
| 4.1.22 | – organischen Grundchemikalien,<br>– anorganischen Grundchemikalien,<br>– phosphor-, stickstoff- oder kaliumhaltigen Düngemitteln (Einnährstoff oder Mehrnährstoff),<br>– Ausgangsstoffen für Pflanzenschutzmittel und Bioziden,<br>– Grundarzneimitteln unter Verwendung eines chemischen oder biologischen Verfahrens oder<br>– Explosivstoffen,<br>im Verbund, bei denen sich mehrere Einheiten nebeneinander befinden und in funktioneller Hinsicht miteinander verbunden sind (integrierte chemische Anlagen); | G | E |
| 4.2 | Anlagen, in denen Pflanzenschutzmittel, Biozide oder ihre Wirkstoffe gemahlen oder maschinell gemischt, abgepackt oder umgefüllt werden, soweit diese Stoffe in einer Menge von 5 Tonnen je Tag oder mehr gehandhabt werden; | V | |
| 4.3 | Anlagen zur Herstellung von Arzneimitteln oder Arzneimittelzwischenprodukten im industriellen Umfang, soweit nicht von Nummer 4.1.19 erfasst, ausgenommen Anlagen, die ausschließlich der Herstellung der Darreichungsform dienen, in denen | | |
| 4.3.1 | Pflanzen, Pflanzenteile oder Pflanzenbestandteile extrahiert, destilliert oder auf ähnliche Weise behandelt werden, ausgenommen Extraktionsanlagen mit Ethanol ohne Erwärmen, | V | |
| 4.3.2 | Tierkörper, auch lebender Tiere, sowie Körperteile, Körperbestandteile und Stoffwechselprodukte von Tieren eingesetzt werden; | V | |
| 4.4 | Anlagen zur Destillation oder Raffination oder sonstigen Weiterverarbeitung von Erdöl oder Erdölerzeugnissen in | | |
| 4.4.1 | Mineralölraffinerien, | G | E |
| 4.4.2 | Schmierstoffraffinerien, | G | |
| 4.4.3 | Gasraffinerien, | G | E |
| 4.4.4 | petrochemischen Werken oder bei der Gewinnung von Paraffin; | G | |
| 4.5 | Anlagen zur Herstellung von Schmierstoffen, wie Schmieröle, Schmierfette, Metallbearbeitungsöle; | V | |
| 4.6 | Anlagen zur Herstellung von Ruß; | G | E |
| 4.7 | Anlagen zur Herstellung von Kohlenstoff (Hartbrandkohle) oder Elektrographit durch Brennen oder Graphitieren, zum Beispiel für Elektroden, Stromabnehmer oder Apparateteile; | G | E |

Anlagenverordnung     Anh. 1   4. BImSchV 6.1.4

| Nr. | Anlagenbeschreibung | Verfahrensart | Anlage gemäß Art. 10 der RL 2010/75/EU |
|---|---|---|---|
| a | b | c | d |
| **4.8** | Anlagen zum Destillieren von flüchtigen organischen Verbindungen, die bei einer Temperatur von 293,15 Kelvin einen Dampfdruck von mindestens 0,01 Kilopascal haben, mit einer Durchsatzkapazität von 1 Tonne oder mehr je Stunde; | V | |
| **4.9** | Anlagen zum Erschmelzen von Naturharzen oder Kunstharzen mit einer Kapazität von 1 Tonne oder mehr je Tag; | V | |
| **4.10** | Anlagen zur Herstellung von Anstrich- oder Beschichtungsstoffen (Lasuren, Firnis, Lacke, Dispersionsfarben) oder Druckfarben unter Einsatz von 25 Tonnen oder mehr je Tag an flüchtige organischen Verbindungen, die bei einer Temperatur von 293,15 Kelvin einen Dampfdruck von mindestens 0,01 Kilopascal haben; | G | |
| **5.** | **Oberflächenbehandlung mit organischen Stoffen, Herstellung von bahnenförmigen Materialien aus Kunststoffen, sonstige Verarbeitung von Harzen und Kunststoffen** | | |
| **5.1** | Anlagen zur Behandlung von Oberflächen, ausgenommen Anlagen, soweit die Farben oder Lacke ausschließlich hochsiedende Öle (mit einem Dampfdruck von weniger als 0,01 Kilopascal bei einer Temperatur von 293,15 Kelvin) als organische Lösungsmittel enthalten und die Lösungsmittel unter den jeweiligen Verwendungsbedingungen keine höhere Flüchtigkeit aufweisen, | | |
| **5.1.1** | von Stoffen, Gegenständen oder Erzeugnissen einschließlich der dazugehörigen Trocknungsanlagen unter Verwendung von organischen Lösungsmitteln, insbesondere zum Appretieren, Bedrucken, Beschichten, Entfetten, Imprägnieren, Kaschieren, Kleben, Lackieren, Reinigen oder Tränken mit einem Verbrauch an organischen Lösungsmitteln von | | |
| 5.1.1.1 | 150 Kilogramm oder mehr je Stunde oder 200 Tonnen oder mehr je Jahr, | G | E |
| 5.1.1.2 | 25 Kilogramm bis weniger als 150 Kilogramm je Stunde oder 15 Tonnen bis weniger als 200 Tonnen je Jahr, ausgenommen zum Bedrucken, | V | |
| **5.1.2** | von bahnen- oder tafelförmigen Materialien mit Rotationsdruckmaschinen einschließlich der zugehörigen Trocknungsanlagen, soweit die Farben oder Lacke | | |
| 5.1.2.1 | organische Lösungsmittel mit einem Anteil von mehr als 50 Gew.-% an Ethanol enthalten und in der Anlage insgesamt 50 Kilogramm bis weniger als 150 Kilogramm je Stunde oder 30 Tonnen bis weniger als 200 Tonnen je Jahr an organischen Lösungsmitteln verbraucht werden, | V | |
| 5.1.2.2 | sonstige organische Lösungsmittel enthalten und in der Anlage insgesamt 25 Kilogramm bis weniger als 150 Kilogramm organische Lösungsmittel je Stunde oder 15 Tonnen bis weniger als 200 Tonnen je Jahr an organischen Lösungsmitteln verbraucht werden, | V | |
| 5.1.3 | zum Isolieren von Drähten unter Verwendung von phenol- oder kresolhaltigen Drahtlacken mit einem Verbrauch an organischen Lösungsmitteln von weniger als 150 Kilogramm je Stunde oder von weniger als 200 Tonnen je Jahr; | V | |

## 6.1.4  4. BImSchV  Anh. 1                           Anlagenverordnung

| Nr. | Anlagenbeschreibung | Verfahrensart | Anlage gemäß Art. 10 der RL 2010/75/EU |
|---|---|---|---|
| a | b | c | d |
| 5.2 | Anlagen zum Beschichten, Imprägnieren, Kaschieren, Lackieren oder Tränken von Gegenständen, Glas- oder Mineralfasern oder bahnen- oder tafelförmigen Materialien einschließlich der zugehörigen Trocknungsanlagen mit Kunstharzen, die unter weitgehender Selbstvernetzung ausreagieren (Reaktionsharze), wie Melamin-, Harnstoff-, Phenol-, Epoxid-, Furan-, Kresol-, Resorcin- oder Polyesterharzen, ausgenommen Anlagen für den Einsatz von Pulverbeschichtungsstoffen, mit einem Harzverbrauch von | | |
| 5.2.1 | 25 Kilogramm oder mehr je Stunde, | G | |
| 5.2.2 | 10 Kilogramm bis weniger als 25 Kilogramm je Stunde; | V | |
| 5.3 | Anlagen zur Konservierung von Holz oder Holzerzeugnissen mit Chemikalien, ausgenommen die ausschließliche Bläueschutzbehandlung, mit einer Produktionskapazität von mehr als 75 Kubikmetern je Tag; | G | E |
| 5.4 | Anlagen zum Tränken oder Überziehen von Stoffen oder Gegenständen mit Teer, Teeröl oder heißem Bitumen, soweit die Menge dieser Kohlenwasserstoffe 25 Kilogramm oder mehr je Stunde beträgt, ausgenommen Anlagen zum Tränken oder Überziehen von Kabeln mit heißem Bitumen; | V | |
| 5.5 | (nicht besetzt) | | |
| 5.6 | Anlagen zur Herstellung von bahnenförmigen Materialien auf Streichmaschinen einschließlich der zugehörigen Trocknungsanlagen unter Verwendung von Gemischen aus Kunststoffen und Weichmachern oder von Gemischen aus sonstigen Stoffen und oxidiertem Leinöl; | V | |
| 5.7 | Anlagen zur Verarbeitung von flüssigen ungesättigten Polyesterharzen mit Styrol-Zusatz oder flüssigen Epoxidharzen mit Aminen zu Formmassen (zum Beispiel Harzmatten oder Faserformmassen) oder Formteilen oder Fertigerzeugnissen, soweit keine geschlossenen Werkzeuge (Formen) verwendet werden, für einen Harzverbrauch von 500 Kilogramm oder mehr je Woche; | V | |
| 5.8 | Anlagen zur Herstellung von Gegenständen unter Verwendung von Amino- oder Phenoplasten, wie Furan-, Harnstoff-, Phenol-, Resorcin- oder Xylolharzen mittels Wärmebehandlung, soweit die Menge der Ausgangsstoffe 10 Kilogramm oder mehr je Stunde beträgt; | V | |
| 5.9 | Anlagen zur Herstellung von Reibbelägen unter Verwendung von 10 Kilogramm oder mehr je Stunde an Phenoplasten oder sonstigen Kunstharzbindemitteln, soweit kein Asbest eingesetzt wird; | V | |
| 5.10 | Anlagen zur Herstellung von künstlichen Schleifscheiben, -körpern, -papieren oder -geweben unter Verwendung organischer Binde- oder Lösungsmittel, ausgenommen Anlagen, die von Nummer 5.1 erfasst werden; | V | |
| 5.11 | Anlagen zur Herstellung von Polyurethanformteilen, Bauteilen unter Verwendung von Polyurethan, Polyurethanblöcken in Kastenformen oder zum Ausschäumen von Hohlräumen mit Polyurethan, soweit die Menge der Polyurethan-Ausgangsstoffe 200 Kilogramm oder mehr je Stunde beträgt, ausgenommen Anlagen zum Einsatz von thermoplastischem Polyurethangranulat; | V | |

Anlagenverordnung  Anh. 1  4. BImSchV 6.1.4

| Nr. | Anlagenbeschreibung | Verfahrensart | Anlage gemäß Art. 10 der RL 2010/75/EU |
|---|---|---|---|
| a | b | c | d |
| 5.12 | Anlagen zur Herstellung von PVC-Folien durch Kalandrieren unter Verwendung von Gemischen aus Kunststoffen und Zusatzstoffen mit einer Kapazität von 10 000 Tonnen oder mehr je Jahr; | V | |
| 6. | **Holz, Zellstoff** | | |
| 6.1 | Anlagen zur Gewinnung von Zellstoff aus Holz, Stroh oder ähnlichen Faserstoffen; | G | E |
| 6.2 | Anlagen zur Herstellung von Papier, Karton oder Pappe mit einer Produktionskapazität von | | |
| 6.2.1 | 20 Tonnen oder mehr je Tag, | G | E |
| 6.2.2 | weniger als 20 Tonnen je Tag, ausgenommen Anlagen, die aus einer oder mehreren Maschinen zur Herstellung von Papier, Karton oder Pappe bestehen, soweit die Bahnlänge des Papiers, des Kartons oder der Pappe bei allen Maschinen weniger als 75 Meter beträgt; | V | |
| 6.3 | Anlagen zur Herstellung von Holzspanplatten, Holzfaserplatten oder Holzfasermatten mit einer Produktionskapazität von | | |
| 6.3.1 | 600 Kubikmetern oder mehr je Tag, | G | E |
| 6.3.2 | weniger als 600 Kubikmetern je Tag; | V | |
| 6.4 | Anlagen zur Herstellung von Holzpresslingen (z.B. Holzpellets, Holzbriketts) mit einer Produktionskapazität von 10 000 Tonnen oder mehr je Jahr; | V | |
| 7. | **Nahrungs-, Genuss- und Futtermittel, landwirtschaftliche Erzeugnisse** | | |
| 7.1 | Anlagen zum Halten oder zur Aufzucht von | | |
| 7.1.1 | Hennen mit | | |
| 7.1.1.1 | 40 000 oder mehr Hennenplätzen, | G | E |
| 7.1.1.2 | 15 000 bis weniger als 40 000 Hennenplätzen, | V | |
| 7.1.2 | Junghennen mit | | |
| 7.1.2.1 | 40 000 oder mehr Junghennenplätzen, | G | E |
| 7.1.2.2 | 30 000 bis weniger als 40 000 Junghennenplätzen, | V | |
| 7.1.3 | Mastgeflügel mit | | |
| 7.1.3.1 | 40 000 oder mehr Mastgeflügelplätzen, | G | E |
| 7.1.3.2 | 30 000 bis weniger als 40 000 Mastgeflügelplätzen, | V | |
| 7.1.4 | Truthühnern mit | | |
| 7.1.4.1 | 40 000 oder mehr Truthühnermastplätzen, | G | E |
| 7.1.4.2 | 15 000 bis weniger als 40 000 Truthühnermastplätzen, | V | |
| 7.1.5 | Rindern (ausgenommen Plätze für Mutterkuhhaltung mit mehr als sechs Monaten Weidehaltung je Kalenderjahr) mit 600 oder mehr Rinderplätzen, | V | |
| 7.1.6 | Kälbern mit 500 oder mehr Kälbermastplätzen, | V | |
| 7.1.7 | Mastschweinen (Schweine von 30 Kilogramm oder mehr Lebendgewicht) mit | | |
| 7.1.7.1 | 2 000 oder mehr Mastschweineplätzen, | G | E |
| 7.1.7.2 | 1 500 bis weniger als 2 000 Mastschweineplätzen, | V | |
| 7.1.8 | Sauen einschließlich dazugehöriger Ferkelaufzuchtplätze (Ferkel bis weniger als 30 Kilogramm Lebendgewicht) mit | | |
| 7.1.8.1 | 750 oder mehr Sauenplätzen, | G | E |
| 7.1.8.2 | 560 bis weniger als 750 Sauenplätzen, | V | |

## 6.1.4 4. BImSchV Anh. 1

| Nr. | Anlagenbeschreibung | Verfahrensart | Anlage gemäß Art. 10 der RL 2010/75/EU |
|---|---|---|---|
| a | b | c | d |
| 7.1.9 | Ferkeln für die getrennte Aufzucht (Ferkel von 10 Kilogramm bis weniger als 30 Kilogramm Lebendgewicht) mit | | |
| 7.1.9.1 | 6 000 oder mehr Ferkelplätzen, | G | |
| 7.1.9.2 | 4 500 bis weniger als 6 000 Ferkelplätzen, | V | |
| 7.1.10 | Pelztieren mit | | |
| 7.1.10.1 | 1 000 oder mehr Pelztierplätzen, | G | |
| 7.1.10.2 | 750 bis weniger als 1 000 Pelztierplätzen, | V | |
| 7.1.11 | gemischten Beständen mit einem Wert von 100 oder mehr der Summe der Vom Hundert-Anteile, bis zu denen die Platzzahlen jeweils ausgeschöpft werden | | |
| 7.1.11.1 | in den Nummern 7.1.1.1, 7.1.2.1, 7.1.3.1, 7.1.4.1, 7.1.7.1 oder 7.1.8.1, | G | E |
| 7.1.11.2 | in den Nummern 7.1.1.1, 7.1.2.1, 7.1.3.1, 7.1.4.1, 7.1.7.1, 7.1.8.1 in Verbindung mit den Nummern 7.1.9.1 oder 7.1.10.1, soweit nicht von Nummer 7.1.11.1 erfasst, | G | |
| 7.1.11.3 | in den Nummern 7.1.1.2, 7.1.2.2, 7.1.3.2, 7.1.4.2, 7.1.5, 7.1.6, 7.1.7.2, 7.1.8.2, 7.1.9.2 oder 7.1.10.2, soweit nicht von Nummer 7.1.11.1 oder 7.1.11.2 erfasst; | V | |
| **7.2** | Anlagen zum Schlachten von Tieren mit einer Kapazität von | | |
| 7.2.1 | 50 Tonnen Lebendgewicht oder mehr je Tag, | G | E |
| 7.2.2 | 0,5 Tonnen bis weniger als 50 Tonnen Lebendgewicht je Tag bei Geflügel, | V | |
| 7.2.3 | 4 Tonnen bis weniger als 50 Tonnen Lebendgewicht je Tag bei sonstigen Tieren; | V | |
| **7.3** | Anlagen | | |
| 7.3.1 | zur Erzeugung von Speisefetten aus tierischen Rohstoffen, ausgenommen bei Verarbeitung von ausschließlich Milch, mit einer Produktionskapazität von | | |
| 7.3.1.1 | 75 Tonnen Fertigerzeugnissen oder mehr je Tag, | G | E |
| 7.3.1.2 | weniger als 75 Tonnen Fertigerzeugnissen je Tag, ausgenommen Anlagen zur Erzeugung von Speisefetten aus selbst gewonnenen tierischen Fetten in Fleischereien mit einer Kapazität von weniger als 200 Kilogramm Speisefett je Woche, | V | |
| 7.3.2 | zum Schmelzen von tierischen Fetten mit einer Produktionskapazität von | | |
| 7.3.2.1 | 75 Tonnen Fertigerzeugnissen oder mehr je Tag, | G | E |
| 7.3.2.2 | weniger als 75 Tonnen Fertigerzeugnissen je Tag, ausgenommen Anlagen zur Verarbeitung von selbst gewonnenen tierischen Fetten zu Speisefetten in Fleischereien mit einer Kapazität von weniger als 200 Kilogramm Speisefett je Woche; | V | |
| **7.4** | Anlagen zur Herstellung von Nahrungs- oder Futtermittelkonserven aus | | |
| 7.4.1 | tierischen Rohstoffen, allein, ausgenommen bei Verarbeitung von ausschließlich Milch, oder mit pflanzlichen Rohstoffen, mit einer Produktionskapazität von | | |
| 7.4.1.1 | **P** Tonnen Konserven oder mehr je Tag gemäß Mischungsregel, | G | E |

Anlagenverordnung  Anh. 1  4. BImSchV 6.1.4

| Nr. | Anlagenbeschreibung | Verfahrensart | Anlage gemäß Art. 10 der RL 2010/75/EU |
|---|---|---|---|
| a | b | c | d |
| 7.4.1.2 | 1 Tonne bis weniger als **P** Tonnen Konserven je Tag gemäß Mischungsregel, ausgenommen Anlagen zum Sterilisieren oder Pasteurisieren von Nahrungs- oder Futtermitteln in geschlossenen Behältnissen, | V | |
| 7.4.2 | ausschließlich pflanzlichen Rohstoffen mit einer Produktionskapazität von | | |
| 7.4.2.1 | 300 Tonnen Konserven oder mehr je Tag oder 600 Tonnen Konserven oder mehr je Tag, sofern die Anlage an nicht mehr als 90 aufeinander folgenden Tagen im Jahr in Betrieb ist, | G | E |
| 7.4.2.2 | 10 Tonnen bis weniger als 300 Tonnen Konserven je Tag, ausgenommen Anlagen zum Sterilisieren oder Pasteurisieren dieser Nahrungsmittel in geschlossenen Behältnissen oder weniger als 600 Tonnen Konserven je Tag, sofern die Anlage an nicht mehr als 90 aufeinander folgenden Tagen im Jahr in Betrieb ist; | V | |
| **7.5** | Anlagen zum Räuchern von Fleisch- oder Fischwaren mit einer Produktionskapazität von | | |
| 7.5.1 | 75 Tonnen geräucherten Waren oder mehr je Tag, | G | E |
| 7.5.2 | weniger als 75 Tonnen geräucherten Waren je Tag, ausgenommen<br>1. Anlagen in Gaststätten oder<br>2. Räuchereien mit einer Produktionskapazität von weniger als 1 Tonne Fleisch- oder Fischwaren je Woche; | V | |
| **7.6** | (nicht besetzt) | | |
| **7.7** | (nicht besetzt) | | |
| **7.8** | Anlagen zur Herstellung von Gelatine mit einer Produktionskapazität je Tag von | | |
| 7.8.1 | 75 Tonnen Fertigerzeugnissen oder mehr, | G | E |
| 7.8.2 | weniger als 75 Tonnen Fertigerzeugnissen, sowie Anlagen zur Herstellung von Hautleim, Lederleim oder Knochenleim; | V | |
| **7.9** | Anlagen zur Herstellung von Futter- oder Düngemitteln oder technischen Fetten aus den Schlachtnebenprodukten Knochen, Tierhaare, Federn, Hörner, Klauen oder Blut, soweit nicht durch Nummer 9.11 erfasst, mit einer Produktionskapazität von | | |
| 7.9.1 | 75 Tonnen oder mehr Fertigerzeugnissen je Tag, | G | E |
| 7.9.2 | weniger als 75 Tonnen Fertigerzeugnissen je Tag; | G | |
| **7.10** | (nicht besetzt) | | |
| **7.11** | Anlagen zum Lagern unbehandelter Knochen, ausgenommen Anlagen für selbst gewonnene Knochen in<br>1. Fleischereien mit einer Verarbeitungskapazität von weniger als 4 000 Kilogramm Fleisch je Woche,<br>2. Anlagen, die nicht durch Nummer 7.2 erfasst werden; | V | |
| **7.12** | Anlagen zur | | |
| 7.12.1 | Beseitigung oder Verwertung von Tierkörpern oder tierischen Abfällen mit einer Verarbeitungskapazität von | | |
| 7.12.1.1 | 10 Tonnen oder mehr je Tag, | G | E |
| 7.12.1.2 | 50 Kilogramm je Stunde bis weniger als 10 Tonnen je Tag, | G | |

## 6.1.4  4. BImSchV  Anh. 1

Anlagenverordnung

| Nr. | Anlagenbeschreibung | Verfahrensart | Anlage gemäß Art. 10 der RL 2010/75/EU |
|---|---|---|---|
| a | b | c | d |
| 7.12.1.3 | weniger als 50 Kilogramm je Stunde und weniger als 50 Kilogramm je Charge, | V | |
| 7.12.2 | Sammlung oder Lagerung von Tierkörpern, Tierkörperteilen oder Abfällen tierischer Herkunft zum Einsatz in Anlagen nach Nummer 7.12.1, ausgenommen die Aufbewahrung gemäß § 10 des Tierische Nebenprodukte-Beseitigungsgesetzes vom 25. Januar 2004 (BGBl. I S. 82), das zuletzt durch Artikel 1 des Gesetzes vom 4. August 2016 (BGBl. I S. 1966) geändert worden ist, und Anlagen mit einem gekühlten Lagervolumen von weniger als 2 Kubikmetern; | G | |
| **7.13** | Anlagen zum Trocknen, Einsalzen oder Lagern ungegerbter Tierhäute oder Tierfelle, ausgenommen Anlagen, in denen weniger Tierhäute oder Tierfelle je Tag behandelt werden können als beim Schlachten von weniger als 4 Tonnen sonstiger Tiere nach Nummer 7.2.3 anfallen; | V | |
| **7.14** | Anlagen zum Gerben einschließlich Nachgerben von Tierhäuten oder Tierfellen mit einer Verarbeitungskapazität von | | |
| 7.14.1 | 12 Tonnen Fertigerzeugnissen oder mehr je Tag, | G | E |
| 7.14.2 | weniger als 12 Tonnen Fertigerzeugnissen je Tag, ausgenommen Anlagen, in denen weniger Tierhäute oder Tierfelle behandelt werden können als beim Schlachten von weniger als 4 Tonnen sonstiger Tiere nach Nummer 7.2.3 anfallen; | V | |
| **7.15** | Kottrocknungsanlagen; | V | |
| **7.16** | Anlagen zur Herstellung von Fischmehl oder Fischöl mit einer Produktionskapazität von | | |
| 7.16.1 | 75 Tonnen oder mehr je Tag, | G | E |
| 7.16.2 | weniger als 75 Tonnen je Tag; | G | |
| **7.17** | Anlagen zur Aufbereitung, Verarbeitung, Lagerung oder zum Umschlag von Fischmehl oder Fischöl | | |
| 7.17.1 | mit einer Aufbereitungs- oder Verarbeitungskapazität von 75 Tonnen oder mehr je Tag, | G | E |
| 7.17.2 | mit einer Aufbereitungs- oder Verarbeitungskapazität von weniger als 75 Tonnen je Tag, | V | |
| 7.17.3 | in denen Fischmehl ungefasst gelagert wird, | V | |
| 7.17.4 | mit einer Umschlagkapazität für ungefasstes Fischmehl von 200 Tonnen oder mehr je Tag; | V | |
| **7.18** | Anlagen zum Brennen von Melasse, soweit nicht von Nummer 4.1.2 erfasst, mit einer Produktionskapazität von | | |
| 7.18.1 | 300 Tonnen oder mehr je Tag oder 600 Tonnen oder mehr je Tag, sofern die Anlage an nicht mehr als 90 aufeinanderfolgenden Tagen im Jahr in Betrieb ist, | G | E |
| 7.18.2 | weniger als 300 Tonnen je Tag oder weniger als 600 Tonnen je Tag, sofern die Anlage an nicht mehr als 90 aufeinanderfolgenden Tagen im Jahr in Betrieb ist; | V | |
| **7.19** | Anlagen zur Herstellung von Sauerkraut mit einer Produktionskapazität von | | |
| 7.19.1 | 300 Tonnen Sauerkraut oder mehr je Tag oder 600 Tonnen Sauerkraut oder mehr je Tag, sofern die Anlage an nicht mehr als 90 aufeinander folgenden Tagen im Jahr in Betrieb ist, | G | E |

Anlagenverordnung  Anh. 1  4. BImSchV 6.1.4

| Nr. | Anlagenbeschreibung | Verfahrensart | Anlage gemäß Art. 10 der RL 2010/75/EU |
|---|---|---|---|
| a | b | c | d |
| 7.19.2 | 10 Tonnen bis weniger als 300 Tonnen Sauerkraut je Tag oder weniger als 600 Tonnen Sauerkraut je Tag, sofern die Anlage an nicht mehr als 90 aufeinander folgenden Tagen im Jahr in Betrieb ist; | V | |
| **7.20** | Anlagen zur Herstellung von Braumalz (Mälzereien) mit einer Produktionskapazität von | | |
| 7.20.1 | 300 Tonnen Darrmalz oder mehr je Tag oder 600 Tonnen Braumalz oder mehr je Tag, sofern die Anlage an nicht mehr als 90 aufeinander folgenden Tagen im Jahr in Betrieb ist, | G | E |
| 7.20.2 | weniger als 300 Tonnen Darrmalz je Tag oder weniger als 600 Tonnen Braumalz je Tag, sofern die Anlage an nicht mehr als 90 aufeinander folgenden Tagen im Jahr in Betrieb ist; | V | |
| **7.21** | Anlagen zum Mahlen von Nahrungsmitteln, Futtermitteln oder ähnlichen nicht als Nahrungs- oder Futtermittel bestimmten pflanzlichen Stoffen (Mühlen) mit einer Produktionskapazität von 300 Tonnen Fertigerzeugnissen oder mehr je Tag oder 600 Tonnen Fertigerzeugnissen oder mehr je Tag, sofern die Anlage an nicht mehr als 90 aufeinander folgenden Tagen im Jahr in Betrieb ist; | G | E |
| **7.22** | Anlagen zur Herstellung von Hefe oder Stärkemehlen mit einer Produktionskapazität von | | |
| 7.22.1 | 300 Tonnen oder mehr Hefe oder Stärkemehlen je Tag oder 600 Tonnen Hefe oder Stärkemehlen oder mehr je Tag, sofern die Anlage an nicht mehr als 90 aufeinander folgenden Tagen im Jahr in Betrieb ist, | G | E |
| 7.22.2 | 1 Tonne bis weniger als 300 Tonnen Hefe oder Stärkemehlen je Tag oder weniger als 600 Tonnen Hefe oder Stärkemehlen je Tag, sofern die Anlage an nicht mehr als 90 aufeinander folgenden Tagen im Jahr in Betrieb ist; | V | |
| **7.23** | Anlagen zur Herstellung oder Raffination von Ölen oder Fetten aus pflanzlichen Rohstoffen mit einer Produktionskapazität von | | |
| 7.23.1 | 300 Tonnen Fertigerzeugnissen oder mehr je Tag oder 600 Tonnen Fertigerzeugnissen oder mehr je Tag, sofern die Anlage an nicht mehr als 90 aufeinander folgenden Tagen im Jahr in Betrieb ist, | G | E |
| 7.23.2 | weniger als 300 Tonnen Fertigerzeugnissen je Tag mit Hilfe von Extraktionsmitteln, soweit die Menge des eingesetzten Extraktionsmittels 1 Tonne oder mehr beträgt oder weniger als 600 Tonnen Fertigerzeugnissen je Tag mit Hilfe von Extraktionsmittel, sofern die Anlage an nicht mehr als 90 aufeinander folgenden Tagen im Jahr in Betrieb ist; | V | |
| **7.24** | Anlagen zur Herstellung oder Raffination von Zucker unter Verwendung von Zuckerrüben oder Rohzucker mit einer Produktionskapazität je Tag von | | |
| 7.24.1 | 300 Tonnen Fertigerzeugnissen oder mehr oder 600 Tonnen Fertigerzeugnissen oder mehr je Tag, sofern die Anlage an nicht mehr als 90 aufeinander folgenden Tagen im Jahr in Betrieb ist, | G | E |
| 7.24.2 | weniger als 300 Tonnen Fertigerzeugnissen oder weniger als 600 Tonnen Fertigerzeugnissen je Tag, sofern die Anlage an | G | |

## 6.1.4  4. BImSchV  Anh. 1 — Anlagenverordnung

| Nr. | Anlagenbeschreibung | Verfahrensart | Anlage gemäß Art. 10 der RL 2010/75/EU |
|---|---|---|---|
| a | b | c | d |
|  | nicht mehr als 90 aufeinander folgenden Tagen im Jahr in Betrieb ist; |  |  |
| **7.25** | Anlagen zur Trocknung von Grünfutter mit einer Produktionskapazität von |  |  |
| 7.25.1 | 300 Tonnen oder mehr je Tag oder 600 Tonnen oder mehr je Tag, sofern die Anlage an nicht mehr als 90 aufeinanderfolgenden Tagen im Jahr in Betrieb ist, | G | E |
| 7.25.2 | weniger als 300 Tonnen je Tag oder weniger als 600 Tonnen je Tag, sofern die Anlage an nicht mehr als 90 aufeinanderfolgenden Tagen im Jahr in Betrieb ist, ausgenommen Anlagen zur Trocknung von selbst gewonnenem Grünfutter im landwirtschaftlichen Betrieb; | V |  |
| **7.26** | Anlagen zur Trocknung von Biertreber mit einer Produktionskapazität von |  |  |
| 7.26.1 | 300 Tonnen oder mehr je Tag oder 600 Tonnen oder mehr je Tag, sofern die Anlage an nicht mehr als 90 aufeinanderfolgenden Tagen im Jahr in Betrieb ist, | G | E |
| 7.26.2 | weniger als 300 Tonnen je Tag oder weniger als 600 Tonnen je Tag, sofern die Anlage an nicht mehr als 90 aufeinanderfolgenden Tagen im Jahr in Betrieb ist; | V |  |
| **7.27** | Brauereien mit einer Produktionskapazität von |  |  |
| 7.27.1 | 3 000 Hektoliter Bier oder mehr je Tag oder 6 000 Hektoliter Bier oder mehr je Tag, sofern die Anlage an nicht mehr als 90 aufeinander folgenden Tagen im Jahr in Betrieb ist, | G | E |
| 7.27.2 | 200 Hektoliter Bier oder mehr je Tag als Vierteljahresdurchschnittswert, soweit nicht durch Nummer 7.27.1 erfasst; | V |  |
| **7.28** | Anlagen zur Herstellung von Speisewürzen aus |  |  |
| 7.28.1 | tierischen Rohstoffen, allein, ausgenommen bei Verarbeitung von ausschließlich Milch, oder mit pflanzlichen Rohstoffen mit einer Produktionskapazität von |  |  |
| 7.28.1.1 | **P** Tonnen Speisewürzen oder mehr je Tag gemäß Mischungsregel, | G | E |
| 7.28.1.2 | weniger als **P** Tonnen Speisewürzen je Tag gemäß Mischungsregel, | V |  |
| 7.28.2 | ausschließlich pflanzlichen Rohstoffen mit einer Produktionskapazität von |  |  |
| 7.28.2.1 | 300 Tonnen Speisewürzen oder mehr je Tag oder 600 Tonnen Speisewürzen oder mehr je Tag, sofern die Anlage an nicht mehr als 90 aufeinander folgenden Tagen im Jahr in Betrieb ist, | G | E |
| 7.28.2.2 | weniger als 300 Tonnen Speisewürzen je Tag oder weniger als 600 Tonnen Speisewürzen je Tag, sofern die Anlage an nicht mehr als 90 aufeinander folgenden Tagen im Jahr in Betrieb ist; | V |  |
| **7.29** | Anlagen zum Rösten oder Mahlen von Kaffee oder Abpacken von gemahlenem Kaffee mit einer Produktionskapazität von |  |  |
| 7.29.1 | 300 Tonnen geröstetem Kaffee oder mehr je Tag oder 600 Tonnen geröstetem Kaffee oder mehr je Tag, sofern die Anlage an nicht mehr als 90 aufeinander folgenden Tagen im Jahr in Betrieb ist, | G | E |

| Nr. | Anlagenbeschreibung | Verfahrensart | Anlage gemäß Art. 10 der RL 2010/75/EU |
|---|---|---|---|
| a | b | c | d |
| 7.29.2 | 0,5 Tonnen bis weniger als 300 Tonnen geröstetem Kaffee je Tag oder weniger als 600 Tonnen geröstetem Kaffee je Tag, sofern die Anlage an nicht mehr als 90 aufeinander folgenden Tagen im Jahr in Betrieb ist; | V | |
| **7.30** | Anlagen zum Rösten von Kaffee-Ersatzprodukten, Getreide, Kakaobohnen oder Nüssen mit einer Produktionskapazität von | | |
| 7.30.1 | 300 Tonnen gerösteten Erzeugnissen oder mehr je Tag oder 600 Tonnen Erzeugnissen oder mehr je Tag, sofern die Anlage an nicht mehr als 90 aufeinander folgenden Tagen im Jahr in Betrieb ist, | G | E |
| 7.30.2 | 1 Tonne bis weniger als 300 Tonnen gerösteten Erzeugnissen je Tag oder weniger als 600 Tonnen Erzeugnissen je Tag, sofern die Anlage an nicht mehr als 90 aufeinander folgenden Tagen im Jahr in Betrieb ist; | V | |
| **7.31** | Anlagen zur Herstellung von | | |
| 7.31.1 | Süßwaren oder Sirup mit einer Produktionskapazität von | | |
| 7.31.1.1 | **P** Tonnen oder mehr je Tag gemäß Mischungsregel bei der Verwendung von tierischen Rohstoffen, allein, ausgenommen bei Verarbeitung von ausschließlich Milch, oder mit pflanzlichen Rohstoffen, | G | E |
| 7.31.1.2 | 300 Tonnen oder mehr je Tag bei der Verwendung ausschließlich pflanzlicher Rohstoffe oder 600 Tonnen oder mehr je Tag bei der Verwendung ausschließlich pflanzlicher Rohstoffe, sofern die Anlage an nicht mehr als 90 aufeinander folgenden Tagen im Jahr in Betrieb ist, | G | E |
| 7.31.2 | Kakaomasse aus Rohkakao oder thermischen Veredelung von Kakao oder Schokoladenmasse mit einer Produktionskapazität von | | |
| 7.31.2.1 | 50 Kilogramm bis weniger als **P** Tonnen je Tag gemäß Mischungsregel bei der Verwendung tierischer Rohstoffe, allein, ausgenommen bei Verarbeitung von ausschließlich Milch, oder mit pflanzlichen Rohstoffen, | V | |
| 7.31.2.2 | 50 Kilogramm bis weniger als 300 Tonnen je Tag bei der Verwendung ausschließlich pflanzlicher Rohstoffe oder weniger als 600 Tonnen je Tag bei der Verwendung ausschließlich pflanzlicher Rohstoffe, sofern die Anlage an nicht mehr als 90 aufeinander folgenden Tagen im Jahr in Betrieb ist, | V | |
| 7.31.3 | Lakritz mit einer Produktionskapazität von | | |
| 7.31.3.1 | 50 Kilogramm bis weniger als **P** Tonnen je Tag gemäß Mischungsregel bei der Verwendung tierischer Rohstoffe, allein, ausgenommen bei Verarbeitung von ausschließlich Milch, oder mit pflanzlichen Rohstoffen, | V | |
| 7.31.3.2 | weniger als 300 Tonnen je Tag bei der Verwendung ausschließlich pflanzlicher Rohstoffe oder weniger als 600 Tonnen je Tag bei der Verwendung ausschließlich pflanzlicher Rohstoffe, sofern die Anlage an nicht mehr als 90 aufeinander folgenden Tagen im Jahr in Betrieb ist, | V | |
| **7.32** | Anlagen zur Behandlung oder Verarbeitung von | | |
| 7.32.1 | ausschließlich Milch mit einer Kapazität der eingehenden Milchmenge als Jahresdurchschnittswert von 200 Tonnen oder mehr Milch je Tag, | G | E |

## 6.1.4  4. BImSchV  Anh. 1

| Nr. | Anlagenbeschreibung | Verfahrensart | Anlage gemäß Art. 10 der RL 2010/75/EU |
|---|---|---|---|
| a | b | c | d |
| 7.32.2 | ausschließlich Milch in Sprühtrocknern mit einer Kapazität der eingehenden Milchmenge als Jahresdurchschnittswert von 5 Tonnen bis weniger als 200 Tonnen je Tag, | V | |
| 7.32.3 | Milcherzeugnissen oder Milchbestandteilen in Sprühtrocknern mit einer Produktionskapazität von 5 Tonnen oder mehr je Tag, soweit nicht von Nummer 7.34.1 erfasst; | V | |
| **7.33** | (nicht besetzt) | | |
| **7.34** | Anlagen zur Herstellung von sonstigen Nahrungs- oder Futtermittelerzeugnissen aus | | |
| 7.34.1 | tierischen Rohstoffen, allein, ausgenommen bei Verarbeitung von ausschließlich Milch, oder mit pflanzlichen Rohstoffen mit einer Produktionskapazität von P Tonnen Fertigerzeugnissen oder mehr je Tag gemäß Mischungsregel, | G | E |
| 7.34.2 | ausschließlich pflanzlichen Rohstoffen mit einer Produktionskapazität von 300 Tonnen Fertigerzeugnissen oder mehr je Tag; | G | E |
| **7.35** | (nicht besetzt) | | |
| **8.** | **Verwertung und Beseitigung von Abfällen und sonstigen Stoffen** | | |
| **8.1** | Anlagen zur Beseitigung oder Verwertung fester, flüssiger oder in Behältern gefasster gasförmiger Abfälle, Deponiegas oder anderer gasförmiger Stoffe mit brennbaren Bestandteilen durch | | |
| 8.1.1 | thermische Verfahren, insbesondere Entgasung, Plasmaverfahren, Pyrolyse, Vergasung, Verbrennung oder eine Kombination dieser Verfahren mit einer Durchsatzkapazität von | | |
| 8.1.1.1 | 10 Tonnen gefährlichen Abfällen oder mehr je Tag, | G | E |
| 8.1.1.2 | weniger als 10 Tonnen gefährlichen Abfällen je Tag, | G | |
| 8.1.1.3 | 3 Tonnen nicht gefährlichen Abfällen oder mehr je Stunde, | G | E |
| 8.1.1.4 | weniger als 3 Tonnen nicht gefährlichen Abfällen je Stunde, ausgenommen die Verbrennung von Altholz der Altholzkategorie A I und A II nach der Altholzverordnung vom 15. August 2002 (BGBl. I S. 3302), die zuletzt durch Artikel 6 der Verordnung vom 2. Dezember 2016 (BGBl. I S. 2770) geändert worden ist, | V | |
| 8.1.1.5 | weniger als 3 Tonnen nicht gefährlichen Abfällen je Stunde, soweit ausschließlich Altholz der Altholzkategorie A I und A II nach der Altholzverordnung verbrannt wird und die Feuerungswärmeleistung 1 Megawatt oder mehr beträgt, | V | |
| 8.1.2 | Verbrennen von Altöl oder Deponiegas in einer Verbrennungsmotoranlage mit einer Feuerungswärmeleistung von | | |
| 8.1.2.1 | 50 Megawatt oder mehr, | G | E |
| 8.1.2.2 | weniger als 50 Megawatt, | V | |
| 8.1.3 | Abfackeln von Deponiegas oder anderen gasförmigen Stoffen, ausgenommen über Notfackeln, die für den nicht bestimmungsgemäßen Betrieb erforderlich sind; | V | |
| **8.2** | (nicht besetzt) | | |
| **8.3** | Anlagen zur | | |
| 8.3.1 | thermischen Aufbereitung von Stahlwerksstäuben für die Gewinnung von Metallen oder Metallverbindungen im Drehrohr oder in einer Wirbelschicht, | G | |

| Nr. | Anlagenbeschreibung | Verfahrensart | Anlage gemäß Art. 10 der RL 2010/75/EU |
|---|---|---|---|
| a | b | c | d |
| 8.3.2 | Behandlung zum Zweck der Rückgewinnung von Metallen oder Metallverbindungen durch thermische Verfahren, insbesondere Pyrolyse, Verbrennung oder eine Kombination dieser Verfahren, sofern diese Abfälle nicht gefährlich sind, von | | |
| 8.3.2.1 | edelmetallhaltigen Abfällen, einschließlich der Präparation, soweit die Menge der Einsatzstoffe 10 Kilogramm oder mehr je Tag beträgt, | V | |
| 8.3.2.2 | von mit organischen Verbindungen verunreinigten Metallen, Metallspänen oder Walzzunder; | V | |
| 8.4 | Anlagen, in denen Stoffe aus in Haushaltungen anfallenden oder aus hausmüllähnlichen Abfällen durch Sortieren für den Wirtschaftskreislauf zurückgewonnen werden, mit einer Durchsatzkapazität von 10 Tonnen Einsatzstoffen oder mehr je Tag; | V | |
| 8.5 | Anlagen zur Erzeugung von Kompost aus organischen Abfällen mit einer Durchsatzkapazität an Einsatzstoffen von | | |
| 8.5.1 | 75 Tonnen oder mehr je Tag, | G | E |
| 8.5.2 | 10 Tonnen bis weniger als 75 Tonnen je Tag; | V | |
| 8.6 | Anlagen zur biologischen Behandlung, soweit nicht durch Nummer 8.5 oder 8.7 erfasst, von | | |
| 8.6.1 | gefährlichen Abfällen mit einer Durchsatzkapazität an Einsatzstoffen von | | |
| 8.6.1.1 | 10 Tonnen oder mehr je Tag, | G | E |
| 8.6.1.2 | 1 Tonne bis weniger als 10 Tonnen je Tag, | V | |
| 8.6.2 | nicht gefährlichen Abfällen, soweit nicht durch Nummer 8.6.3 erfasst, mit einer Durchsatzkapazität an Einsatzstoffen von | | |
| 8.6.2.1 | 50 Tonnen oder mehr je Tag, | G | E |
| 8.6.2.2 | 10 Tonnen bis weniger als 50 Tonnen je Tag, | V | |
| 8.6.3 | Gülle, soweit die Behandlung ausschließlich zur Verwertung durch anaerobe Vergärung (Biogaserzeugung) erfolgt, mit einer Durchsatzkapazität | | |
| 8.6.3.1 | 100 Tonnen oder mehr je Tag, | G | E |
| 8.6.3.2 | weniger als 100 Tonnen je Tag, soweit die Produktionskapazität von Rohgas 1,2 Mio. Normkubikmetern je Jahr oder mehr beträgt; | V | |
| 8.7 | Anlagen zur Behandlung von verunreinigtem Boden durch biologische Verfahren, Entgasen, Strippen oder Waschen mit einem Einsatz an verunreinigtem Boden bei | | |
| 8.7.1 | gefährlichen Abfällen von | | |
| 8.7.1.1 | 10 Tonnen oder mehr je Tag, | G | E |
| 8.7.1.2 | 1 Tonne bis weniger als 10 Tonnen je Tag, | V | |
| 8.7.2 | nicht gefährlichen Abfällen von | | |
| 8.7.2.1 | 50 Tonnen oder mehr je Tag, | G | E |
| 8.7.2.2 | 10 Tonnen bis weniger als 50 Tonnen je Tag; | V | |
| 8.8 | Anlagen zur chemischen Behandlung, insbesondere zur chemischen Emulsionsspaltung, Fällung, Flockung, Kalzinierung, Neutralisation oder Oxidation, von | | |
| 8.8.1 | gefährlichen Abfällen mit einer Durchsatzkapazität an Einsatzstoffen von | | |

## 6.1.4  4. BImSchV  Anh. 1

| Nr. | Anlagenbeschreibung | Verfahrensart | Anlage gemäß Art. 10 der RL 2010/75/EU |
|---|---|---|---|
| a | b | c | d |
| 8.8.1.1 | 10 Tonnen oder mehr je Tag, | G | E |
| 8.8.1.2 | weniger als 10 Tonnen je Tag, | G | |
| 8.8.2 | nicht gefährlichen Abfällen mit einer Durchsatzkapazität an Einsatzstoffen von | | |
| 8.8.2.1 | 50 Tonnen oder mehr je Tag, | G | E |
| 8.8.2.2 | 10 Tonnen bis weniger als 50 Tonnen je Tag; | V | |
| **8.9** | Anlagen zur Behandlung von | | |
| 8.9.1 | nicht gefährlichen metallischen Abfällen in Schredderanlagen mit einer Durchsatzkapazität an Einsatzstoffen von | | |
| 8.9.1.1 | 50 Tonnen oder mehr je Tag, | G | E |
| 8.9.1.2 | 10 Tonnen bis weniger als 50 Tonnen je Tag, | V | |
| 8.9.2 | Altfahrzeugen, sonstigen Nutzfahrzeugen, Bussen oder Sonderfahrzeugen (einschließlich der Trockenlegung) mit einer Durchsatzkapazität je Woche von 5 oder mehr Altfahrzeugen, sonstigen Nutzfahrzeugen, Bussen oder Sonderfahrzeugen; | V | |
| **8.10** | Anlagen zur physikalisch-chemischen Behandlung, insbesondere zum Destillieren, Trocknen oder Verdampfen, mit einer Durchsatzkapazität an Einsatzstoffen bei | | |
| 8.10.1 | gefährlichen Abfällen von | | |
| 8.10.1.1 | 10 Tonnen je Tag oder mehr, | G | E |
| 8.10.1.2 | 1 Tonne bis weniger als 10 Tonnen je Tag, | V | |
| 8.10.2 | nicht gefährlichen Abfällen von | | |
| 8.10.2.1 | 50 Tonnen je Tag oder mehr, | G | E |
| 8.10.2.2 | 10 Tonnen bis weniger als 50 Tonnen je Tag; | V | |
| **8.11** | Anlagen zur | | |
| 8.11.1 | Behandlung von gefährlichen Abfällen, ausgenommen Anlagen, die durch die Nummern 8.1 und 8.8 erfasst werden, 1. durch Vermengung oder Vermischung sowie durch Konditionierung, 2. zum Zweck der Hauptverwendung als Brennstoff oder der Energieerzeugung durch andere Mittel, 3. zum Zweck der Ölraffination oder anderer Wiedergewinnungsmöglichkeiten von Öl, 4. zum Zweck der Regenerierung von Basen oder Säuren, 5. zum Zweck der Rückgewinnung oder Regenerierung von organischen Lösungsmitteln oder 6. zum Zweck der Wiedergewinnung von Bestandteilen, die der Bekämpfung von Verunreinigungen dienen, einschließlich der Wiedergewinnung von Katalysatorbestandteilen, mit einer Durchsatzkapazität an Einsatzstoffen von | | |
| 8.11.1.1 | 10 Tonnen oder mehr je Tag, | G | E |
| 8.11.1.2 | 1 Tonne bis weniger als 10 Tonnen je Tag, | V | |
| 8.11.2 | sonstigen Behandlung, ausgenommen Anlagen, die durch die Nummern 8.1 bis 8.10 erfasst werden, mit einer Durchsatzkapazität von | | |
| 8.11.2.1 | gefährlichen Abfällen von 10 Tonnen oder mehr je Tag, | G | E |
| 8.11.2.2 | gefährlichen Abfällen von 1 Tonne bis weniger als 10 Tonnen je Tag, | V | |

Anlagenverordnung  Anh. 1  4. BImSchV 6.1.4

| Nr. | Anlagenbeschreibung | Verfahrensart | Anlage gemäß Art. 10 der RL 2010/75/EU |
|---|---|---|---|
| a | b | c | d |
| 8.11.2.3 | nicht gefährlichen Abfällen, soweit diese für die Verbrennung oder Mitverbrennung vorbehalten werden oder es sich um Schlacken oder Aschen handelt, von 50 Tonnen oder mehr je Tag, | G | E |
| 8.11.2.4 | nicht gefährlichen Abfällen, soweit nicht durch die Nummer 8.11.2.3 erfasst, von 10 Tonnen oder mehr je Tag; | V | |
| **8.12** | Anlagen zur zeitweiligen Lagerung von Abfällen, auch soweit es sich um Schlämme handelt, ausgenommen die zeitweilige Lagerung bis zum Einsammeln auf dem Gelände der Entstehung der Abfälle und Anlagen, die durch Nummer 8.14 erfasst werden bei | | |
| 8.12.1 | gefährlichen Abfällen mit einer Gesamtlagerkapazität von | | |
| 8.12.1.1 | 50 Tonnen oder mehr, | G | E |
| 8.12.1.2 | 30 Tonnen bis weniger als 50 Tonnen, | V | |
| 8.12.2 | nicht gefährlichen Abfällen mit einer Gesamtlagerkapazität von 100 Tonnen oder mehr, | V | |
| 8.12.3 | Eisen- oder Nichteisenschrotten, einschließlich Autowracks, mit | | |
| 8.12.3.1 | einer Gesamtlagerfläche von 15 000 Quadratmetern oder mehr oder einer Gesamtlagerkapazität von 1 500 Tonnen oder mehr, | G | |
| 8.12.3.2 | einer Gesamtlagerfläche von 1 000 bis weniger als 15 000 Quadratmetern oder einer Gesamtlagerkapazität von 100 bis weniger als 1 500 Tonnen; | V | |
| **8.13** | Anlagen zur zeitweiligen Lagerung von nicht gefährlichen Abfällen, soweit es sich um Gülle oder Gärreste handelt, mit einer Lagerkapazität von 6 500 Kubikmetern oder mehr; | V | |
| **8.14** | Anlagen zum Lagern von Abfällen über einen Zeitraum von jeweils mehr als einem Jahr mit | | |
| 8.14.1 | einer Gesamtlagerkapazität von mehr als 50 Tonnen, soweit die Lagerung untertägig erfolgt, | G | E |
| 8.14.2 | einer Aufnahmekapazität von 10 Tonnen oder mehr je Tag oder einer Gesamtlagerkapazität von 25 000 Tonnen oder mehr, | | |
| 8.14.2.1 | für andere Abfälle als Inertabfälle, | G | E |
| 8.14.2.2 | für Inertabfälle, | G | |
| 8.14.3 | einer Aufnahmekapazität von weniger als 10 Tonnen je Tag und einer Gesamtlagerkapazität von | | |
| 8.14.3.1 | weniger als 25 000 Tonnen, soweit es sich um gefährliche Abfälle handelt, | G | |
| 8.14.3.2 | 150 Tonnen bis weniger als 25 000 Tonnen, soweit es sich um nicht gefährliche Abfälle handelt, | G | |
| 8.14.3.3 | weniger als 150 Tonnen, soweit es sich um nicht gefährliche Abfälle handelt; | V | |
| **8.15** | Anlagen zum Umschlagen von Abfällen, ausgenommen Anlagen zum Umschlagen von Erdaushub oder von Gestein, das bei der Gewinnung oder Aufbereitung von Bodenschätzen anfällt, soweit nicht von Nummer 8.12 oder 8.14 erfasst, mit einer Kapazität von | | |
| 8.15.1 | 10 Tonnen oder mehr gefährlichen Abfällen je Tag, | G | |

813

## 6.1.4  4. BImSchV  Anh. 1 — Anlagenverordnung

| Nr. | Anlagenbeschreibung | Verfahrensart | Anlage gemäß Art. 10 der RL 2010/75/EU |
|---|---|---|---|
| a | b | c | d |
| 8.15.2 | 1 Tonne bis weniger als 10 Tonnen gefährlichen Abfällen je Tag, | V | |
| 8.15.3 | 100 Tonnen oder mehr nicht gefährlichen Abfällen je Tag; | V | |
| **9.** | **Lagerung, Be- und Entladen von Stoffen und Gemischen** | | |
| 9.1 | Anlagen, die der Lagerung von Stoffen oder Gemischen, die bei einer Temperatur von 293,15 Kelvin und einem Standarddruck von 101,3 Kilopascal vollständig gasförmig vorliegen und dabei einen Explosionsbereich in Luft haben (entzündbare Gase), in Behältern oder von Erzeugnissen, die diese Stoffe oder Gemische z.B. als Treibmittel oder Brenngas enthalten, dienen, ausgenommen Erdgasröhrenspeicher und Anlagen, die von Nummer 9.3 erfasst werden, | | |
| 9.1.1 | soweit es sich nicht ausschließlich um Einzelbehältnisse mit einem Volumen von jeweils nicht mehr als 1 000 Kubikzentimeter handelt, mit einem Fassungsvermögen von | | |
| 9.1.1.1 | 30 Tonnen oder mehr, | G | |
| 9.1.1.2 | 3 Tonnen bis weniger als 30 Tonnen, | V | |
| 9.1.2 | soweit es sich ausschließlich um Einzelbehältnisse mit einem Volumen von jeweils nicht mehr als 1 000 Kubikzentimeter handelt, mit einem Fassungsvermögen entzündbarer Gase von 30 Tonnen oder mehr; | V | |
| 9.2 | Anlagen, die der Lagerung von Flüssigkeiten dienen, ausgenommen Anlagen, die von Nummer 9.3 erfasst werden, mit einem Fassungsvermögen von | | |
| 9.2.1 | 10 000 Tonnen oder mehr, soweit die Flüssigkeiten einen Flammpunkt von 373,15 Kelvin oder weniger haben, | G | |
| 9.2.2 | 5 000 Tonnen bis weniger als 10 000 Tonnen, soweit die Flüssigkeiten einen Flammpunkt unter 294,15 Kelvin haben und deren Siedepunkt bei Normaldruck (101,3 Kilopascal) über 293,15 Kelvin liegt; | V | |
| 9.3 | Anlagen, die der Lagerung von in der Stoffliste zu Nummer 9.3 (Anhang 2) genannten Stoffen dienen, mit einer Lagerkapazität von | | |
| 9.3.1 | den in Spalte 4 der Stoffliste (Anhang 2) ausgewiesenen Mengen oder mehr, | G | |
| 9.3.2 | den in Spalte 3 der Stoffliste (Anhang 2) bis weniger als den in Spalte 4 der Anlage ausgewiesenen Mengen; | V | |
| 9.4 – 9.10 | (nicht besetzt) | | |
| 9.11 | Offene oder unvollständig geschlossene Anlagen, ausgenommen Anlagen, die von Nummer 9.3 erfasst werden, | | |
| 9.11.1 | zum Be- oder Entladen von Schüttgütern, die im trockenen Zustand stauben können, durch Kippen von Wagen oder Behältern oder unter Verwendung von Baggern, Schaufelladegeräten, Greifern, Saughebern oder ähnlichen Einrichtungen, soweit 400 Tonnen Schüttgüter oder mehr je Tag bewegt werden können, ausgenommen Anlagen zum Be- oder Entladen von Erdaushub oder von Gestein, das bei der Gewinnung oder Aufbereitung von Bodenschätzen anfällt, sowie Anlagen zur Erfassung von Getreide, Ölsaaten oder Hülsenfrüchten, | V | |

Anlagenverordnung  Anh. 1  4. BImSchV 6.1.4

| Nr. | Anlagenbeschreibung | Verfahrensart | Anlage gemäß Art. 10 der RL 2010/75/EU |
|---|---|---|---|
| a | b | c | d |
| 9.11.2 | zur Erfassung von Getreide, Ölsaaten oder Hülsenfrüchten, soweit 400 Tonnen oder mehr je Tag bewegt werden können und 25 000 Tonnen oder mehr je Kalenderjahr umgeschlagen werden können; | V | |
| 9.12 – 9.35 | (nicht besetzt) | | |
| 9.36 | Anlagen zur Lagerung von Gülle oder Gärresten mit einer Lagerkapazität von 6 500 Kubikmetern oder mehr; | V | |
| 9.37 | Anlagen, die der Lagerung von Erdöl, petrochemischen oder chemischen Stoffen oder Erzeugnissen dienen, ausgenommen Anlagen, die von den Nummern 9.1, 9.2 oder 9.3 erfasst werden, mit einem Fassungsvermögen von 25 000 Tonnen oder mehr; | G | |
| **10.** | **Sonstige Anlagen** | | |
| 10.1 | Anlagen, in denen mit explosionsgefährlichen oder explosionsfähigen Stoffen im Sinne des Sprengstoffgesetzes umgegangen wird zur<br>1. Herstellung, Bearbeitung oder Verarbeitung dieser Stoffe, zur Verwendung als Sprengstoffe, Zündstoffe, Treibstoffe, pyrotechnische Sätze oder zur Herstellung derselben, ausgenommen Anlagen im handwerklichen Umfang und zur Herstellung von Zündhölzern sowie ortsbewegliche Mischladegeräte, oder<br>2. Wiedergewinnung oder Vernichtung dieser Stoffe; | G | |
| 10.2 | (nicht besetzt) | | |
| 10.3 | Eigenständig betriebene Anlagen zur Behandlung der Abgase (Verminderung von Luftschadstoffen) aus nach den Nummern dieses Anhangs genehmigungsbedürftigen Anlagen, | | |
| 10.3.1 | soweit in Spalte d mit dem Buchstaben **E** gekennzeichnet, | G | E |
| 10.3.2 | soweit in Spalte d mit dem Buchstaben **E** nicht gekennzeichnet und | | |
| 10.3.2.1 | in Spalte c mit dem Buchstaben **G** gekennzeichnet, | G | |
| 10.3.2.2 | in Spalte c mit dem Buchstaben **V** gekennzeichnet; | V | |
| 10.4 | Eigenständig betriebene Anlagen zur Abscheidung von Kohlendioxid-Strömen aus nach den Nummern dieses Anhangs genehmigungsbedürftiger Anlagen zum Zwecke der dauerhaften geologischen Speicherung, soweit in Spalte d mit dem Buchstaben **E** gekennzeichnet; | G | E |
| 10.5 | (nicht besetzt) | | |
| 10.6 | Anlagen zur Herstellung von Klebemitteln, ausgenommen Anlagen, die diese Mittel ausschließlich unter Verwendung von Wasser als Verdünnungsmittel herstellen, mit einer Kapazität von 1 Tonne oder mehr je Tag; | V | |
| 10.7 | Anlagen zum Vulkanisieren von Natur- oder Synthesekautschuk unter Verwendung von | | |
| 10.7.1 | Schwefel oder Schwefelverbindungen mit einem Einsatz von | | |
| 10.7.1.1 | 25 Tonnen oder mehr Kautschuk je Stunde, | G | |
| 10.7.1.2 | weniger als 25 Tonnen Kautschuk je Stunde, ausgenommen Anlagen, in denen weniger als 50 Kilogramm Kautschuk je Stunde verarbeitet werden oder ausschließlich vorvulkanisierter Kautschuk eingesetzt wird, | V | |

## 6.1.4 4. BImSchV Anh. 1 — Anlagenverordnung

| Nr. | Anlagenbeschreibung | Verfahrensart | Anlage gemäß Art. 10 der RL 2010/75/EU |
|---|---|---|---|
| a | b | c | d |
| 10.7.2 | halogenierten Peroxiden mit einem Einsatz von | | |
| 10.7.2.1 | 25 Tonnen oder mehr Kautschuk je Stunde, | G | |
| 10.7.2.2 | weniger als 25 Tonnen Kautschuk je Stunde, ausgenommen Anlagen, in denen weniger als 30 Kilogramm Kautschuk je Stunde verarbeitet werden; | V | |
| **10.8** | Anlagen zur Herstellung von Bautenschutz-, Reinigungs- oder Holzschutzmitteln, soweit diese Produkte organische Lösungsmittel enthalten und von diesen 20 Tonnen oder mehr je Tag eingesetzt werden; | V | |
| **10.9** | Anlagen zur Herstellung von Holzschutzmitteln unter Verwendung von halogenierten aromatischen Kohlenwasserstoffen; | V | |
| **10.10** | Anlagen zur Vorbehandlung (Waschen, Bleichen, Mercerisieren) oder zum Färben von Fasern oder Textilien mit | | |
| 10.10.1 | einer Verarbeitungskapazität von 10 Tonnen oder mehr Fasern oder Textilien je Tag, | G | E |
| 10.10.2 | einer Färbekapazität von 2 Tonnen bis weniger als 10 Tonnen Fasern oder Textilien je Tag bei Anlagen zum Färben von Fasern oder Textilien unter Verwendung von Färbebeschleunigern einschließlich der Spannrahmenanlagen, ausgenommen Anlagen, die unter erhöhtem Druck betrieben werden, | V | |
| 10.10.3 | einer Bleichkapazität von weniger als 10 Tonnen Fasern oder Textilien je Tag bei Anlagen zum Bleichen von Fasern oder Textilien unter Verwendung von Chlor oder Chlorverbindungen; | V | |
| **10.11 – 10.14** | (nicht besetzt) | | |
| **10.15** | Prüfstände für oder mit | | |
| 10.15.1 | Verbrennungsmotoren, ausgenommen<br>1. Rollenprüfstände, die in geschlossenen Räumen betrieben werden, und<br>2. Anlagen, in denen mit Katalysator oder Dieselrußfilter ausgerüstete Serienmotoren geprüft werden,<br>mit einer Feuerungswärmeleistung von insgesamt 300 Kilowatt oder mehr, | V | |
| 10.15.2 | Gasturbinen oder Triebwerken mit einer Feuerungswärmeleistung von insgesamt | | |
| 10.15.2.1 | 200 Megawatt oder mehr, | G | |
| 10.15.2.2 | weniger als 200 Megawatt; | V | |
| **10.16** | Prüfstände für oder mit Luftschrauben; | V | |
| **10.17** | Renn- oder Teststrecken für Kraftfahrzeuge, | | |
| 10.17.1 | als ständige Anlagen, | G | |
| 10.17.2 | zur Übung oder Ausübung des Motorsports an fünf Tagen oder mehr je Jahr, ausgenommen Anlagen mit Elektromotorfahrzeugen und Anlagen in geschlossenen Hallen sowie Modellsportanlagen; | V | |
| **10.18** | Schießstände für Handfeuerwaffen, ausgenommen solche in geschlossenen Räumen und solche für Schusswaffen bis zu einem Kaliber von 5,6 mm lfB (.22 l.r.) für Munition mit Randfeuerzündung, wenn die Mündungsenergie der Geschosse höchstens 200 Joule (J) beträgt, (Kleinkaliberwaffen) | V | |

| Nr. | Anlagenbeschreibung | Verfahrensart | Anlage gemäß Art. 10 der RL 2010/75/EU |
|---|---|---|---|
| a | b | c | d |
| | und Schießplätze, ausgenommen solche für Kleinkaliberwaffen; | | |
| 10.19 | (nicht besetzt) | | |
| 10.20 | Anlagen zur Reinigung von Werkzeugen, Vorrichtungen oder sonstigen metallischen Gegenständen durch thermische Verfahren, soweit der Rauminhalt des Ofens 1 Kubikmeter oder mehr beträgt; | V | |
| 10.21 | Anlagen zur Innenreinigung von Eisenbahnkesselwagen, Straßentankfahrzeugen, Tankschiffen oder Tankcontainern sowie Anlagen zur automatischen Reinigung von Fässern einschließlich zugehöriger Aufarbeitungsanlagen, soweit die Behälter von organischen Stoffen gereinigt werden, ausgenommen Anlagen, in denen Behälter ausschließlich von Nahrungs-, Genuss- oder Futtermitteln gereinigt werden; | V | |
| 10.22 | Anlagen zur Begasung, Sterilisation oder Entgasung, | | |
| 10.22.1 | mit einem Rauminhalt der Begasungs- oder Sterilisationskammer oder des zu begasenden Behälters von 1 Kubikmeter oder mehr, soweit Stoffe oder Gemische eingesetzt werden, die gemäß der Verordnung (EG) Nr. 1272/2008 des Europäischen Parlaments und des Rates vom 16. Dezember 2008 über die Einstufung, Kennzeichnung und Verpackung von Stoffen und Gemischen, zur Änderung und Aufhebung der Richtlinien 67/548/EWG und 1999/45/EG und zur Änderung der Verordnung (EG) Nr. 1907/2006 (ABl. L 353 vom 31.12.2008, S. 1), die zuletzt durch die Verordnung (EU) 2016/918 (ABl. L 156 vom 14.6.2016, S. 1) geändert worden ist, in die Gefahrenklassen „akute Toxizität" Kategorien 1, 2 oder 3, „spezifische Zielorgan-Toxizität (einmalige Exposition)" Kategorie 1 oder „spezifische Zielorgan-Toxizität (wiederholte Exposition)" Kategorie 1 einzustufen sind, | V | |
| 10.22.2 | soweit 40 Entgasungen oder mehr je Jahr gemäß TRGS 512 Nummer 5.4.3 durchzuführen sind; | V | |
| 10.23 | Anlagen zur Textilveredlung durch Sengen, Thermofixieren, Thermosolieren, Beschichten, Imprägnieren oder Appretieren, einschließlich der zugehörigen Trocknungsanlagen, ausgenommen Anlagen, in denen weniger als 500 Quadratmeter Textilien je Stunde behandelt werden; | V | |
| 10.24 | (nicht besetzt) | | |
| 10.25 | Kälteanlagen mit einem Gesamtinhalt an Kältemittel von 3 Tonnen Ammoniak oder mehr. | V | |

## 6.1.4 4. BImSchV Anh. 2

**Anhang 2**

### Stoffliste zu Nr. 9.3 des Anhangs 1

| Nr. | Stoffe | Mengenschwelle Nr. 9.3.2 Anhang 1 (Tonnen) | Mengenschwelle Nr. 9.3.1 Anhang 1 (Tonnen) |
|---|---|---|---|
| Spalte 1 | Spalte 2 | Spalte 3 | Spalte 4 |
| 1 | Acrylnitril | 20 | 200 |
| 2 | Chlor | 10 | 75 |
| 3 | Schwefeldioxid | 20 | 250 |
| 4 | Sauerstoff | 200 | 2 000 |
| 5 | Ammoniumnitrat oder ammoniumnitrathaltige Zubereitungen der Gruppe A nach Anhang I Nummer 5 der Gefahrstoffverordnung[1] | 25 | 500 |
| 6 | Alkalichlorat | 5 | 100 |
| 7 | Schwefeltrioxid | 15 | 100 |
| 8 | ammoniumnitrathaltige Zubereitungen der Gruppe B nach Anhang I Nummer 5 der Gefahrstoffverordnung[1] | 100 | 2 500 |
| 9 | Ammoniak | 3 | 30 |
| 10 | Phosgen | 0,075 | 0,75 |
| 11 | Schwefelwasserstoff | 5 | 50 |
| 12 | Fluorwasserstoff | 5 | 50 |
| 13 | Cyanwasserstoff | 5 | 20 |
| 14 | Schwefelkohlenstoff | 20 | 200 |
| 15 | Brom | 20 | 200 |
| 16 | Acetylen (Ethin) | 5 | 50 |
| 17 | Wasserstoff | 3 | 30 |
| 18 | Ethylenoxid | 5 | 50 |
| 19 | Propylenoxid | 5 | 50 |
| 20 | Acrolein | 20 | 200 |
| 21 | Formaldehyd oder Paraformaldehyd (Konzentration ≥ 90 %) | 5 | 50 |
| 22 | Brommethan | 20 | 200 |
| 23 | Methylisocyanat | 0,015 | 0,15 |
| 24 | Tetraethylblei oder Tetramethylblei | 5 | 50 |
| 25 | 1,2-Dibromethan | 5 | 50 |
| 26 | Chlorwasserstoff (verflüssigtes Gas) | 20 | 200 |
| 27 | Diphenylmethandiisocyanat (MDI) | 20 | 200 |
| 28 | Toluylendiisocyanat (TDI) | 10 | 100 |
| 29 | Stoffe oder Gemische, die gemäß der Verordnung (EG) Nr. 1272/2008 in die Gefahrenklasse „akute Toxizität" Kategorien 1 oder 2 einzustufen sind | 2 | 20 |
| 30 | 1. Stoffe oder Gemische, die gemäß der Verordnung (EG) Nr. 1272/2008 in die Gefahrenklassen<br>– „akute Toxizität" Kategorien 1, 2 oder 3,<br>– „spezifische Zielorgan-Toxizität (einmalige Exposition)" Kategorie 1,<br>– „spezifische Zielorgan-Toxizität (wiederholte Exposition)" Kategorie 1,<br>– „explosive Stoffe, Gemische und Erzeugnisse mit Explosivstoff", | 10 | 200 |

[1] Nr. **9.1.3**.

| Nr. | Stoffe | Mengen-schwelle Nr. 9.3.2 Anhang 1 (Tonnen) | Mengen-schwelle Nr. 9.3.1 Anhang 1 (Tonnen) |
|---|---|---|---|
| Spalte 1 | Spalte 2 | Spalte 3 | Spalte 4 |
| | – „selbstzersetzliche Stoffe und Gemische",<br>– „organische Peroxide",<br>– „oxidierende Gase",<br>– „oxidierende Flüssigkeiten" oder<br>– „oxidierende Feststoffe"<br>einzustufen sind, ausgenommen Stoffe oder Gemische, die in die Gefahrenklassen<br>– „explosive Stoffe, Gemische und Erzeugnisse mit Explosivstoff", Unterklasse 1.6,<br>– „selbstzersetzliche Stoffe und Gemische", Typ G, oder<br>– „organische Peroxide", Typ G,<br>einzustufen sind, sowie<br>2. Stoffe und Gemische mit explosiven Eigenschaften nach Methode A.14 der Verordnung (EG) Nr. 440/2008 der Kommission vom 30. Mai 2008 zur Festlegung von Prüfmethoden gemäß der Verordnung (EG) Nr. 1907/2006 des Europäischen Parlaments und des Rates zur Registrierung, Bewertung, Zulassung und Beschränkung chemischer Stoffe (REACH) (ABl. L 142 vom 31.5.2008, S. 1), die zuletzt durch die Verordnung (EU) 2016/266 (ABl. L 54 vom 1.3.2016, S. 1) geändert worden ist, die nicht einzustufen sind in die Gefahrenklassen<br>– „explosive Stoffe, Gemische und Erzeugnisse mit Explosivstoff",<br>– „selbstzersetzliche Stoffe und Gemische" oder<br>– „organische Peroxide"<br>gemäß der Verordnung (EG) Nr. 1272/2008. | | |

## 6.1.9. Neunte Verordnung zur Durchführung des Bundes-Immissionsschutzgesetzes (Verordnung über das Genehmigungsverfahren – 9. BImSchV)[1]

In der Fassung der Bekanntmachung vom 29. Mai 1992[2]

(BGBl. I S. 1001)

**FNA 2129-8-9**

zuletzt geänd. durch Art. 2 VO zum Erlass einer VO über zentrale Internetportale des Bundes und der Länder im Rahmen der Umweltverträglichkeitsprüfung, zur Änd. der VO über das Genehmigungsverfahren und zur Änd. der Atomrechtlichen VerfahrensVO v. 11.11.2020 (BGBl. I S. 2428)

### Erster Teil. Allgemeine Vorschriften

#### Erster Abschnitt. Anwendungsbereich, Antrag und Unterlagen

**§ 1 Anwendungsbereich.** (1) Für die in der Vierten Verordnung zur Durchführung des Bundes-Immissionsschutzgesetzes (Verordnung über genehmigungsbedürftige Anlagen)[3] genannten Anlagen ist das Verfahren bei der Erteilung

1. einer Genehmigung
   a) zur Errichtung und zum Betrieb,
   b) zur wesentlichen Änderung der Lage, der Beschaffenheit oder des Betriebs oder zur störfallrelevanten Änderung (Änderungsgenehmigung),
   c) zur Errichtung oder zum Betrieb einer Anlage oder eines Teils einer Anlage oder zur Errichtung und zum Betrieb eines Teils einer Anlage (Teilgenehmigung),
2. eines Vorbescheides,
3. einer Zulassung des vorzeitigen Beginns oder
4. einer nachträglichen Anordnung nach § 17 Abs. 1a des Bundes-Immissionsschutzgesetzes[4]

nach dieser Verordnung durchzuführen, soweit es nicht in den §§ 8 bis 17 und 19 des Bundes-Immissionsschutzgesetzes oder in § 2 der Vierzehnten Verordnung zur Durchführung des Bundes-Immissionsschutzgesetzes (Verordnung über Anlagen der Landesverteidigung) geregelt ist; § 1 Absatz 2 des Gesetzes über die Umweltverträglichkeitsprüfung[5] bleibt unberührt.

(2) ¹Ist nach den §§ 6 bis 14 des Gesetzes über die Umweltverträglichkeitsprüfung für die Errichtung und den Betrieb einer Anlage eine Umweltverträglichkeitsprüfung durchzuführen (UVP-pflichtige Anlage), so ist die Umweltverträglichkeitsprüfung jeweils unselbständiger Teil der in Absatz 1 genannten Verfahren. ²Für die genehmigungsbedürftige Änderung einer Anlage gilt Satz 1 entsprechend. ³Soweit in den in Absatz 1 genannten Verfahren über die Zu-

---

[1] Die VO wurde erlassen auf Grund von § 10 Abs. 10 BImSchG (Nr. **6.1**).
[2] Neubekanntmachung der 9. BImSchV v. 18.2.1977 (BGBl. I S. 274) in der ab 1.6.1992 geltenden Fassung.
[3] Nr. **6.1.4**.
[4] Nr. **6.1**.
[5] Nr. **2.5**.

lässigkeit des Vorhabens entschieden wird, ist die Umweltverträglichkeitsprüfung nach den Vorschriften dieser Verordnung und den für diese Prüfung in den genannten Verfahren ergangenen allgemeinen Verwaltungsvorschriften durchzuführen.

**§ 1a Gegenstand der Prüfung der Umweltverträglichkeit.** [1] Das Prüfverfahren nach § 1 Absatz 2 umfasst die Ermittlung, Beschreibung und Bewertung der für die Prüfung der Genehmigungsvoraussetzungen sowie der für die Prüfung der Belange des Naturschutzes und der Landschaftspflege bedeutsamen Auswirkungen einer UVP-pflichtigen Anlage auf die folgenden Schutzgüter:

1. Menschen, insbesondere die menschliche Gesundheit,
2. Tiere, Pflanzen und die biologische Vielfalt,
3. Fläche, Boden, Wasser, Luft, Klima und Landschaft,
4. kulturelles Erbe und sonstige Sachgüter sowie
5. die Wechselwirkung zwischen den vorgenannten Schutzgütern.

[2] Die Auswirkungen nach Satz 1 schließen Auswirkungen des UVP-pflichtigen Vorhabens ein, die aufgrund von dessen Anfälligkeit für schwere Unfälle oder Katastrophen zu erwarten sind, soweit diese schweren Unfälle oder Katastrophen für das UVP-pflichtige Vorhaben relevant sind.

**§ 2 Antragstellung.** (1) [1] Der Antrag ist von dem Träger des Vorhabens bei der Genehmigungsbehörde schriftlich oder elektronisch zu stellen. [2] Träger des Vorhabens kann auch sein, wer nicht beabsichtigt, die Anlage zu errichten oder zu betreiben.

(2) [1] Sobald der Träger des Vorhabens die Genehmigungsbehörde über das geplante Vorhaben unterrichtet, soll diese ihn im Hinblick auf die Antragstellung beraten und mit ihm den zeitlichen Ablauf des Genehmigungsverfahrens sowie sonstige für die Durchführung dieses Verfahrens erhebliche Fragen erörtern. [2] Sie kann andere Behörden hinzuziehen, soweit dies für Zwecke des Satzes 1 erforderlich ist. [3] Die Erörterung soll insbesondere der Klärung dienen,

1. welche Antragsunterlagen bei Antragstellung vorgelegt werden müssen,
2. welche voraussichtlichen Auswirkungen das Vorhaben auf die Allgemeinheit und die Nachbarschaft haben kann und welche Folgerungen sich daraus für das Verfahren ergeben,
3. welche Gutachten voraussichtlich erforderlich sind und wie doppelte Gutachten vermieden werden können,
4. wie der zeitliche Ablauf des Genehmigungsverfahrens ausgestaltet werden kann und welche sonstigen Maßnahmen zur Vereinfachung und Beschleunigung des Genehmigungsverfahrens vom Träger des Vorhabens und von der Genehmigungsbehörde getroffen werden können,
5. ob eine Verfahrensbeschleunigung dadurch erreicht werden kann, dass der behördliche Verfahrensbevollmächtigte, der die Gestaltung des zeitlichen Verfahrensablaufs sowie die organisatorische und fachliche Abstimmung überwacht, sich auf Vorschlag oder mit Zustimmung und auf Kosten des Antragstellers eines Projektmanagers bedient,
6. welche Behörden voraussichtlich im Verfahren zu beteiligen sind.

[4] Bei UVP-pflichtigen Vorhaben gilt ergänzend § 2a.

## § 2a Unterrichtung über den Untersuchungsrahmen bei UVP-pflichtigen Vorhaben.

(1) [1] Auf Antrag des Trägers des UVP-pflichtigen Vorhabens oder wenn die Genehmigungsbehörde es für zweckmäßig hält, unterrichtet und berät die Genehmigungsbehörde den Träger des UVP-pflichtigen Vorhabens über die Beratung nach § 2 Absatz 2 hinaus entsprechend dem Planungsstand des UVP-pflichtigen Vorhabens frühzeitig über Art, Inhalt, Umfang und Detailtiefe der Angaben, die der Träger des UVP-pflichtigen Vorhabens voraussichtlich in die nach den §§ 3 bis 4e vorzulegenden Unterlagen aufnehmen muss (Untersuchungsrahmen). [2] Die Unterrichtung und Beratung kann sich auch auf weitere Gesichtspunkte des Verfahrens, insbesondere auf dessen zeitlichen Ablauf, auf die zu beteiligenden Behörden oder auf die Einholung von Sachverständigengutachten erstrecken. [3] Verfügen die Genehmigungsbehörde oder die zu beteiligenden Behörden über Informationen, die für die Beibringung der in den §§ 3 bis 4e genannten Unterlagen zweckdienlich sind, so weisen sie den Träger des UVP-pflichtigen Vorhabens darauf hin und stellen ihm diese Informationen zur Verfügung, soweit nicht Rechte Dritter oder öffentliche Interessen entgegenstehen.

(2) Der Träger des UVP-pflichtigen Vorhabens hat der Genehmigungsbehörde geeignete Unterlagen zu den Merkmalen des UVP-pflichtigen Vorhabens, einschließlich seiner Größe oder Leistung, und des Standorts sowie zu den möglichen Auswirkungen auf die in § 1a genannten Schutzgüter vorzulegen.

(3) [1] Vor der Unterrichtung über den Untersuchungsrahmen kann die zuständige Behörde dem Vorhabenträger sowie den nach § 11 zu beteiligenden Behörden Gelegenheit zu einer Besprechung über Art, Inhalt, Umfang und Detailtiefe der Unterlagen geben. [2] Die Besprechung soll sich auf den Gegenstand, den Umfang und die Methoden der Umweltverträglichkeitsprüfung sowie auf sonstige Fragen erstrecken, die für die Durchführung der Umweltverträglichkeitsprüfung erheblich sind. [3] Sachverständige und Dritte, insbesondere Standort- und Nachbargemeinden, können hinzugezogen werden. [4] Verfügen die Genehmigungsbehörde oder die zu beteiligenden Behörden über Informationen, die für die Beibringung der in den §§ 3 bis 4e genannten Unterlagen zweckdienlich sind, sollen sie den Träger des Vorhabens darauf hinweisen und ihm diese Informationen zur Verfügung stellen, soweit nicht Rechte Dritter entgegenstehen.

(4) [1] Bedarf das geplante Vorhaben der Zulassung durch mehrere Behörden, obliegen der Genehmigungsbehörde die Aufgaben nach Absatz 1 bis 3 nur, wenn sie auf Grund des § 31 Absatz 1 und 2 Satz 1 und 2 des Gesetzes über die Umweltverträglichkeitsprüfung[1)] als federführende Behörde bestimmt ist. [2] Die Genehmigungsbehörde nimmt diese Aufgaben im Zusammenwirken zumindest mit denjenigen Zulassungsbehörden und mit denjenigen für Naturschutz und Landschaftspflege zuständigen Behörde wahr, deren Aufgabenbereich durch das UVP-pflichtige Vorhaben berührt wird.

## § 3 Antragsinhalt.
[1] Der Antrag muss enthalten
1. die Angabe des Namens und des Wohnsitzes oder des Sitzes des Antragstellers,

---

[1)] Nr. 2.5.

2. die Angabe, ob eine Genehmigung oder ein Vorbescheid beantragt wird und im Falle eines Antrags auf Genehmigung, ob es sich um eine Änderungsgenehmigung handelt, ob eine Teilgenehmigung oder ob eine Zulassung des vorzeitigen Beginns beantragt wird,
3. die Angabe des Standortes der Anlage, bei ortsveränderlicher Anlage die Angabe der vorgesehenen Standorte,
4. Angaben über Art und Umfang der Anlage,
5. die Angabe, zu welchem Zeitpunkt die Anlage in Betrieb genommen werden soll.

²Soll die Genehmigungsbehörde zulassen, dass die Genehmigung abweichend von § 19 Absatz 1 und 2 des Bundes-Immissionsschutzgesetzes[1]) nicht in einem vereinfachten Verfahren erteilt wird, so ist dies im Antrag anzugeben.

**§ 4 Antragsunterlagen.** (1) ¹Dem Antrag sind die Unterlagen beizufügen, die zur Prüfung der Genehmigungsvoraussetzungen erforderlich sind. ²Dabei ist zu berücksichtigen, ob die Anlage Teil eines eingetragenen Standorts einer nach den Artikeln 13 bis 15 in Verbindung mit Artikel 2 Nummer 22 der Verordnung (EG) Nr. 1221/2009[2]) des Europäischen Parlaments und des Rates vom 25. November 2009 über die freiwillige Teilnahme von Organisationen an einem Gemeinschaftssystem für Umweltmanagement und Umweltbetriebsprüfung und zur Aufhebung der Verordnung (EG) Nr. 761/2001, sowie der Beschlüsse der Kommission 2001/681/EG und 2006/193/EG (ABl. L 342 vom 22.12.2009, S. 1), die zuletzt durch die Verordnung (EU) Nr. 517/2013 vom 13. Mai 2013 (ABl. L 158 vom 10.6.2013, S. 1) geändert worden ist, registrierten Organisation ist, für die Angaben in einer der zuständigen Genehmigungsbehörde vorliegenden und für gültig erklärten, der Registrierung zu Grunde gelegten Umwelterklärung oder in einem dieser Registrierung zu Grunde liegenden Umweltbetriebsprüfungsbericht enthalten sind. ³Die Unterlagen nach Satz 1 müssen insbesondere die nach den §§ 4a bis 4d erforderlichen Angaben enthalten, bei UVP-pflichtigen Anlagen darüber hinaus zusätzlich einen UVP-Bericht, der die erforderlichen Angaben nach § 4e und der Anlage enthält.

(2) ¹Soweit die Zulässigkeit oder die Ausführung des Vorhabens nach Vorschriften über Naturschutz und Landschaftspflege zu prüfen ist, sind die hierfür erforderlichen Unterlagen beizufügen; die Anforderungen an den Inhalt dieser Unterlagen bestimmen sich nach den naturschutzrechtlichen Vorschriften. ²Die Unterlagen nach Satz 1 müssen insbesondere Angaben über Maßnahmen zur Vermeidung, Verminderung, zum Ausgleich oder zum Ersatz erheblicher Beeinträchtigungen von Natur und Landschaft enthalten.

(3) ¹Der Antragsteller hat der Genehmigungsbehörde außer den in Absätzen 1 und 2 genannten Unterlagen eine allgemein verständliche, für die Auslegung geeignete Kurzbeschreibung vorzulegen, die einen Überblick über die Anlage, ihren Betrieb und die voraussichtlichen Auswirkungen auf die Allgemeinheit und die Nachbarschaft ermöglicht; bei UVP-pflichtigen Anlagen erstreckt sich die Kurzbeschreibung auch auf die allgemein verständliche, nichttechnische Zusammenfassung des UVP-Berichts nach § 4e Absatz 1 Satz 1

---

[1]) Nr. **6.1**.
[2]) Nr. **2.7**.

Nummer 7. ²Er hat ferner ein Verzeichnis der dem Antrag beigefügten Unterlagen vorzulegen, in dem die Unterlagen, die Geschäfts- oder Betriebsgeheimnisse enthalten, besonders gekennzeichnet sind.

(4) Bedarf das Vorhaben der Zulassung durch mehrere Behörden und ist auf Grund des § 31 Absatz 1 und 2 Satz 1 und 2 des Gesetzes über die Umweltverträglichkeitsprüfung[1] eine federführende Behörde, die nicht Genehmigungsbehörde ist, zur Entgegennahme der Unterlagen zur Prüfung der Umweltverträglichkeit bestimmt, hat die Genehmigungsbehörde die für die Prüfung der Umweltverträglichkeit erforderlichen Unterlagen auch der federführenden Behörde zuzuleiten.

**§ 4a Angaben zur Anlage und zum Anlagenbetrieb.** (1) Die Unterlagen müssen die für die Entscheidung nach § 20 oder § 21 erforderlichen Angaben enthalten über

1. die Anlagenteile, Verfahrensschritte und Nebeneinrichtungen, auf die sich das Genehmigungserfordernis gemäß § 1 Absatz 2 der Verordnung über genehmigungsbedürftige Anlagen[2] erstreckt,

2. den Bedarf an Grund und Boden und den Zustand des Anlagengrundstückes,

3. das vorgesehene Verfahren oder die vorgesehenen Verfahrenstypen einschließlich der erforderlichen Daten zur Kennzeichnung, wie Angaben zu Art, Menge und Beschaffenheit

   a) der Einsatzstoffe oder -stoffgruppen,

   b) der Zwischen-, Neben- und Endprodukte oder -produktgruppen,

   c) der anfallenden Abfälle

   und darüber hinaus, soweit ein Stoff für Zwecke der Forschung und Entwicklung hergestellt werden soll, der gemäß Artikel 9 Absatz 1, auch in Verbindung mit Absatz 7 der Verordnung (EG) Nr. 1907/2006 des Europäischen Parlaments und des Rates vom 18. Dezember 2006 zur Registrierung, Bewertung, Zulassung und Beschränkung chemischer Stoffe (REACH), zur Schaffung einer Europäischen Chemikalienagentur, zur Änderung der Richtlinie 1999/45/EG und zur Aufhebung der Verordnung (EWG) Nr. 793/93 des Rates, der Verordnung (EG) Nr. 1488/94 der Kommission, der Richtlinie 76/769/EWG des Rates sowie der Richtlinien 91/155/EWG, 93/67/EWG, 93/105/EG und 2000/21/EG der Kommission (ABl. L 396 vom 30.12.2006, S. 1), die zuletzt durch die Verordnung (EU) 2016/863 (ABl. L 144 vom 1.6.2016, S. 27) geändert worden ist, von der Registrierungspflicht ausgenommen ist,

   d) Angaben zur Identität des Stoffes, soweit vorhanden,

   e) dem Antragsteller vorliegende Prüfnachweise über physikalische, chemische und physikalisch-chemische sowie toxische und ökotoxische Eigenschaften des Stoffes einschließlich des Abbauverhaltens,

4. die in der Anlage verwendete und anfallende Energie,

5. mögliche Freisetzungen oder Reaktionen von Stoffen bei Störungen im Verfahrensablauf,

---

[1] Nr. **2.5**.
[2] Nr. **6.1.4**.

6. Art und Ausmaß der Emissionen, die voraussichtlich von der Anlage ausgehen werden, wobei sich diese Angaben, soweit es sich um Luftverunreinigungen handelt, auch auf das Rohgas vor einer Vermischung oder Verdünnung beziehen müssen, die Art, Lage und Abmessungen der Emissionsquellen, die räumliche und zeitliche Verteilung der Emissionen sowie über die Austrittsbedingungen und

7. die wichtigsten vom Antragsteller gegebenenfalls geprüften Alternativen in einer Übersicht.

(2) Soweit schädliche Umwelteinwirkungen hervorgerufen werden können, müssen die Unterlagen auch enthalten:

1. eine Prognose der zu erwartenden Immissionen, soweit Immissionswerte in Rechts- oder Verwaltungsvorschriften festgelegt sind und nach dem Inhalt dieser Vorschriften eine Prognose zum Vergleich mit diesen Werten erforderlich ist;

2. im Übrigen Angaben über Art, Ausmaß und Dauer von Immissionen sowie ihre Eignung, schädliche Umwelteinwirkungen herbeizuführen, soweit nach Rechts- oder Verwaltungsvorschriften eine Sonderfallprüfung durchzuführen ist.

(3) Für Anlagen, auf die die Verordnung über die Verbrennung und die Mitverbrennung von Abfällen[1]) anzuwenden ist, müssen die Unterlagen über Absatz 1 hinaus Angaben enthalten über

1. Art (insbesondere Abfallbezeichnung und -schlüssel gemäß der Verordnung über das Europäische Abfallverzeichnis) und Menge der zur Verbrennung vorgesehenen Abfälle,

2. die kleinsten und größten Massenströme der zur Verbrennung vorgesehenen Abfälle, angegeben als stündliche Einsatzmengen,

3. die kleinsten und größten Heizwerte der zur Verbrennung vorgesehenen Abfälle,

4. den größten Gehalt an Schadstoffen in den zur Verbrennung vorgesehenen Abfällen, insbesondere an polychlorierten Biphenylen (PCB), Pentachlorphenol (PCP), Chlor, Fluor, Schwefel und Schwermetallen,

5. die Maßnahmen für das Zuführen der Abfälle und den Einbau der Brenner, so dass ein möglichst weitgehender Ausbrand erreicht wird und

6. die Maßnahmen, wie die Emissionsgrenzwerte der Verordnung über die Verbrennung und die Mitverbrennung von Abfällen[1]) eingehalten werden.

(4) [1]Der Bericht über den Ausgangszustand nach § 10 Absatz 1a des Bundes-Immissionsschutzgesetzes[2]) hat die Informationen zu enthalten, die erforderlich sind, um den Stand der Boden- und Grundwasserverschmutzungen zu ermitteln, damit ein quantifizierter Vergleich mit dem Zustand bei der Betriebseinstellung der Anlage vorgenommen werden kann. [2]Der Bericht über den Ausgangszustand hat die folgenden Informationen zu enthalten:

1. Informationen über die derzeitige Nutzung und, falls verfügbar, über die frühere Nutzung des Anlagengrundstücks,

---

[1]) Auszugsweise abgedruckt unter Nr. **6.1.17**.
[2]) Nr. **6.1**.

2. Informationen über Boden- und Grundwassermessungen, die den Zustand zum Zeitpunkt der Erstellung des Berichts über den Ausgangszustand nach § 10 Absatz 1a des Bundes-Immissionsschutzgesetzes wiedergeben und die dem Stand der Messtechnik entsprechen; neue Boden- und Grundwassermessungen sind nicht erforderlich, soweit bereits vorhandene Informationen die Anforderungen des ersten Halbsatzes erfüllen.

[3] Erfüllen Informationen, die auf Grund anderer Vorschriften erstellt wurden, die Anforderungen der Sätze 1 und 2, so können diese Informationen in den Bericht über den Ausgangszustand aufgenommen oder diesem beigefügt werden. [4] Der Bericht über den Ausgangszustand ist für den Teilbereich des Anlagengrundstücks zu erstellen, auf dem durch Verwendung, Erzeugung oder Freisetzung der relevanten gefährlichen Stoffe durch die Anlage die Möglichkeit der Verschmutzung des Bodens oder des Grundwassers besteht. [5] Die Sätze 1 bis 4 sind bei einem Antrag für eine Änderungsgenehmigung nur dann anzuwenden, wenn mit der Änderung neue relevante gefährliche Stoffe verwendet, erzeugt oder freigesetzt werden oder wenn mit der Änderung erstmals relevante gefährliche Stoffe verwendet, erzeugt oder freigesetzt werden; ein bereits vorhandener Bericht über den Ausgangszustand ist zu ergänzen. [6] § 25 Absatz 2 bleibt unberührt.

**§ 4b Angaben zu den Schutzmaßnahmen.** (1) Die Unterlagen müssen die für die Entscheidung nach § 20 oder § 21 erforderlichen Angaben enthalten über

1. die vorgesehenen Maßnahmen zum Schutz vor und zur Vorsorge gegen schädliche Umwelteinwirkungen, insbesondere zur Verminderung der Emissionen, sowie zur Messung von Emissionen und Immissionen,
2. die vorgesehenen Maßnahmen zum Schutz der Allgemeinheit und der Nachbarschaft vor sonstigen Gefahren, erheblichen Nachteilen und erheblichen Belästigungen, wie Angaben über die vorgesehenen technischen und organisatorischen Vorkehrungen
    a) zur Verhinderung von Störungen des bestimmungsgemäßen Betriebs und
    b) zur Begrenzung der Auswirkungen, die sich aus Störungen des bestimmungsgemäßen Betriebs ergeben können,
3. die vorgesehenen Maßnahmen zum Arbeitsschutz,
4. die vorgesehenen Maßnahmen zum Schutz vor schädlichen Umwelteinwirkungen und sonstigen Gefahren, erheblichen Nachteilen und erheblichen Belästigungen für die Allgemeinheit und die Nachbarschaft im Falle der Betriebseinstellung und
5. die vorgesehenen Maßnahmen zur Überwachung der Emissionen in die Umwelt.

(2) [1] Soweit eine genehmigungsbedürftige Anlage Betriebsbereich oder Bestandteil eines Betriebsbereichs ist, für die ein Sicherheitsbericht nach § 9 der Störfall-Verordnung[1] anzufertigen ist, müssen die Teile des Sicherheitsberichts, die den Abschnitten II Nummer 1, 3 und 4 sowie den Abschnitten III bis V des Anhangs II der Störfall-Verordnung entsprechen, dem Antrag beigefügt werden, soweit sie sich auf die genehmigungsbedürftige Anlage beziehen oder für sie von Bedeutung sind. [2] In einem Genehmigungsverfahren nach § 16 des

---

[1] Nr. **6.1.12**.

Bundes-Immissionsschutzgesetzes[1]) gilt dies nur, soweit durch die beantragte Änderung sicherheitsrelevante Anlagenteile betroffen sind. ³In diesem Fall und im Fall eines Genehmigungsverfahrens nach § 16a des Bundes-Immissionsschutzgesetzes kann die Behörde zulassen, dass sich die vorzulegenden Teile des Sicherheitsberichts nur auf diese Anlagenteile beschränken, wenn sie trotz dieser Beschränkung aus sich heraus verständlich und prüffähig erstellt werden können.

(3) Bestehen Anhaltspunkte dafür, dass eine Bekanntgabe der Angaben nach den Absätzen 1 und 2 zu einer eine erhebliche Gefahr für die öffentliche Sicherheit darstellenden Störung der Errichtung oder des bestimmungsgemäßen Betriebs der Anlage durch Dritte führen kann, und sind Maßnahmen der Gefahrenabwehr gegenüber diesen nicht möglich, ausreichend oder zulässig, kann die Genehmigungsbehörde die Vorlage einer aus sich heraus verständlichen und zusammenhängenden Darstellung verlangen, die für die Auslegung geeignet ist.

**§ 4c Plan zur Behandlung der Abfälle.** Die Unterlagen müssen die für die Entscheidung nach § 20 oder § 21 erforderlichen Angaben enthalten über die Maßnahmen zur Vermeidung oder Verwertung von Abfällen; hierzu sind insbesondere Angaben zu machen zu

1. den vorgesehenen Maßnahmen zur Vermeidung von Abfällen,
2. den vorgesehenen Maßnahmen zur ordnungsgemäßen und schadlosen stofflichen oder thermischen Verwertung der anfallenden Abfälle,
3. den Gründen, warum eine weitergehende Vermeidung oder Verwertung von Abfällen technisch nicht möglich oder unzumutbar ist,
4. den vorgesehenen Maßnahmen zur Beseitigung nicht zu vermeidender oder zu verwertender Abfälle einschließlich der rechtlichen und tatsächlichen Durchführbarkeit dieser Maßnahmen und der vorgesehenen Entsorgungswege,
5. den vorgesehenen Maßnahmen zur Verwertung oder Beseitigung von Abfällen, die bei einer Störung des bestimmungsgemäßen Betriebs entstehen können, sowie
6. den vorgesehenen Maßnahmen zur Behandlung der bei einer Betriebseinstellung vorhandenen Abfälle.

**§ 4d Angaben zur Energieeffizienz.** Die Unterlagen müssen Angaben über vorgesehene Maßnahmen zur sparsamen und effizienten Energieverwendung enthalten, insbesondere Angaben über Möglichkeiten zur Erreichung hoher energetischer Wirkungs- und Nutzungsgrade, zur Einschränkung von Energieverlusten sowie zur Nutzung der anfallenden Energie.

**§ 4e Zusätzliche Angaben zur Prüfung der Umweltverträglichkeit; UVP-Bericht.** (1) ¹Der Träger des UVP-pflichtigen Vorhabens hat den Unterlagen einen Bericht zu den voraussichtlichen Auswirkungen des UVP-pflichtigen Vorhabens auf die in § 1a genannten Schutzgüter (UVP-Bericht) beizufügen, der zumindest folgende Angaben enthält:

---

[1]) Nr. **6.1**.

## 6.1.9  9. BImSchV  § 4e

1. eine Beschreibung des UVP-pflichtigen Vorhabens mit Angaben zum Standort, zur Art, zum Umfang und zur Ausgestaltung, zur Größe und zu anderen wesentlichen Merkmalen des Vorhabens,
2. eine Beschreibung der Umwelt und ihrer Bestandteile im Einwirkungsbereich des UVP-pflichtigen Vorhabens,
3. eine Beschreibung der Merkmale des UVP-pflichtigen Vorhabens und des Standorts, mit denen das Auftreten erheblicher nachteiliger Auswirkungen des UVP-pflichtigen Vorhabens auf die in § 1a genannten Schutzgüter vermieden, vermindert oder ausgeglichen werden soll,
4. eine Beschreibung der geplanten Maßnahmen, mit denen das Auftreten erheblicher nachteiliger Auswirkungen des UVP-pflichtigen Vorhabens auf die in § 1a genannten Schutzgüter vermieden, vermindert oder ausgeglichen werden soll, sowie eine Beschreibung geplanter Ersatzmaßnahmen,
5. eine Beschreibung der möglichen erheblichen Auswirkungen des UVP-pflichtigen Vorhabens auf die in § 1a genannten Schutzgüter,
6. eine Beschreibung der vernünftigen Alternativen zum Schutz vor und zur Vorsorge gegen schädliche Umwelteinwirkungen sowie zum Schutz der Allgemeinheit und der Nachbarschaft vor sonstigen Gefahren, erheblichen Nachteilen und erheblichen Belästigungen, die für das UVP-pflichtige Vorhaben und seine spezifischen Merkmale relevant und von dem Träger des UVP-pflichtigen Vorhabens geprüft worden sind, und die Angabe der wesentlichen Gründe für die getroffene Wahl unter Berücksichtigung der jeweiligen Auswirkungen auf die in § 1a genannten Schutzgüter sowie
7. eine allgemein verständliche, nichttechnische Zusammenfassung des UVP-Berichts.

²Bei einem UVP-pflichtigen Vorhaben, das einzeln oder im Zusammenwirken mit anderen Projekten oder Plänen geeignet ist, ein Natura 2000-Gebiet erheblich zu beeinträchtigen, muss der UVP-Bericht Angaben zu den Auswirkungen des UVP-pflichtigen Vorhabens auf die Erhaltungsziele dieses Gebiets enthalten.

(2) Der UVP-Bericht muss auch die in der Anlage zu § 4e genannten weiteren Angaben enthalten, soweit diese Angaben für die Entscheidung über die Zulassung des UVP-pflichtigen Vorhabens erforderlich sind.

(3) ¹Inhalt und Umfang des UVP-Berichts bestimmen sich nach den Rechtsvorschriften, die für die Entscheidung über die Zulassung des UVP-pflichtigen Vorhabens maßgebend sind. ²In den Fällen des § 2a stützt der Träger des UVP-pflichtigen Vorhabens den UVP-Bericht zusätzlich auf den Untersuchungsrahmen.

(4) ¹Der UVP-Bericht muss den gegenwärtigen Wissensstand und die gegenwärtigen Prüfmethoden berücksichtigen. ²Er muss die Angaben enthalten, die der Träger des UVP-pflichtigen Vorhabens mit zumutbarem Aufwand ermitteln kann. ³Die Angaben müssen ausreichend sein, um

1. der Genehmigungsbehörde eine begründete Bewertung der Auswirkungen des UVP-pflichtigen Vorhabens auf die in § 1a genannten Schutzgüter nach § 20 Absatz 1b zu ermöglichen und
2. Dritten die Beurteilung zu ermöglichen, ob und in welchem Umfang sie von den Auswirkungen des UVP-pflichtigen Vorhabens auf die in § 1a genannten Schutzgüter betroffen sein können.

(5) Zur Vermeidung von Mehrfachprüfungen hat der Träger des UVP-pflichtigen Vorhabens die vorhandenen Ergebnisse anderer rechtlich vorgeschriebener Prüfungen in den UVP-Bericht einzubeziehen.

(6) [1] Der Träger des UVP-pflichtigen Vorhabens muss durch geeignete Maßnahmen sicherstellen, dass der UVP-Bericht den Anforderungen nach den Absätzen 1 bis 5 entspricht. [2] Die Genehmigungsbehörde hat Nachbesserungen innerhalb einer angemessenen Frist zu verlangen, soweit der Bericht den Anforderungen nicht entspricht.

(7) [1] Sind kumulierende Vorhaben nach dem Gesetz über die Umweltverträglichkeitsprüfung, für die jeweils eine Umweltverträglichkeitsprüfung durchzuführen ist, Gegenstand paralleler oder verbundener Zulassungsverfahren, so können die Träger der UVP-pflichtigen Vorhaben einen gemeinsamen UVP-Bericht vorlegen. [2] Legen sie getrennte UVP-Berichte vor, so sind darin auch jeweils die Auswirkungen der anderen kumulierenden Vorhaben auf die in § 1a genannten Schutzgüter als Vorbelastung zu berücksichtigen.

**§ 5 Vordrucke.** Die Genehmigungsbehörde kann die Verwendung von Vordrucken für den Antrag und die Unterlagen verlangen.

**§ 6 Eingangsbestätigung.** Die Genehmigungsbehörde hat dem Antragsteller den Eingang des Antrags und der Unterlagen unverzüglich schriftlich oder elektronisch zu bestätigen.

**§ 7 Prüfung der Vollständigkeit, Verfahrensablauf.** (1) [1] Die Genehmigungsbehörde hat nach Eingang des Antrags und der Unterlagen unverzüglich, in der Regel innerhalb eines Monats, zu prüfen, ob der Antrag den Anforderungen des § 3 und die Unterlagen den Anforderungen der §§ 4 bis 4e entsprechen. [2] Die zuständige Behörde kann die Frist in begründeten Ausnahmefällen einmal um zwei Wochen verlängern. [3] Sind der Antrag oder die Unterlagen nicht vollständig, so hat die Genehmigungsbehörde den Antragsteller unverzüglich aufzufordern, den Antrag oder die Unterlagen innerhalb einer angemessenen Frist zu ergänzen. [4] Teilprüfungen sind auch vor Vorlage der vollständigen Unterlagen vorzunehmen, sobald dies nach den bereits vorliegenden Unterlagen möglich ist. [5] Die Behörde kann zulassen, dass Unterlagen, deren Einzelheiten für die Beurteilung der Genehmigungsfähigkeit der Anlage als solcher nicht unmittelbar von Bedeutung sind, insbesondere den Bericht über den Ausgangszustand nach § 10 Absatz 1a des Bundes-Immissionsschutzgesetzes[1], bis zum Beginn der Errichtung oder der Inbetriebnahme der Anlage nachgereicht werden können.

(2) Sind die Unterlagen vollständig, hat die Genehmigungsbehörde den Antragsteller über die voraussichtlich zu beteiligenden Behörden und den geplanten zeitlichen Ablauf des Genehmigungsverfahrens zu unterrichten.

### Zweiter Abschnitt. Beteiligung Dritter

**§ 8 Bekanntmachung des Vorhabens.** (1) [1] Sind die zur Auslegung (§ 10 Absatz 1) erforderlichen Unterlagen vollständig, so hat die Genehmigungsbehörde das Vorhaben in ihrem amtlichen Veröffentlichungsblatt und außerdem entweder im Internet oder in örtlichen Tageszeitungen, die im Bereich des

---
[1] Nr. **6.1**.

Standortes der Anlage verbreitet sind, öffentlich bekanntzumachen. ²Eine zusätzliche Bekanntmachung und Auslegung ist, auch in den Fällen der §§ 22 und 23, nur nach Maßgabe des Absatzes 2 erforderlich. ³Bei UVP-pflichtigen Anlagen erfolgt die Bekanntmachung durch die Genehmigungsbehörde auch über das jeweilige zentrale Internetportal nach § 20 Absatz 1 des Gesetzes über die Umweltverträglichkeitsprüfung[1]; dabei gelten die Vorgaben der UVP-Portale-Verordnung[2] vom 11. November 2020 (BGBl. I S. 2428) entsprechend. ⁴Maßgeblich ist der Inhalt der ausgelegten Unterlagen.

(2) ¹Wird das Vorhaben während eines Vorbescheidsverfahrens, nach Erteilung eines Vorbescheides oder während des Genehmigungsverfahrens geändert, so darf die Genehmigungsbehörde von einer zusätzlichen Bekanntmachung und Auslegung absehen, wenn in den nach § 10 Absatz 1 auszulegenden Unterlagen keine Umstände darzulegen wären, die nachteilige Auswirkungen für Dritte besorgen lassen. ²Dies ist insbesondere dann der Fall, wenn erkennbar ist, dass nachteilige Auswirkungen für Dritte durch die getroffenen oder vom Träger des Vorhabens vorgesehenen Vorkehrungen ausgeschlossen werden oder die Nachteile im Verhältnis zu den jeweils vergleichbaren Vorteilen gering sind. ³Betrifft das Vorhaben eine UVP-pflichtige Anlage, darf von einer zusätzlichen Bekanntmachung und Auslegung nur abgesehen werden, wenn keine zusätzlichen erheblichen oder anderen erheblichen Auswirkungen auf in § 1a genannte Schutzgüter zu besorgen sind. ⁴Ist eine zusätzliche Bekanntmachung und Auslegung erforderlich, werden die Einwendungsmöglichkeit und die Erörterung auf die vorgesehenen Änderungen beschränkt; hierauf ist in der Bekanntmachung hinzuweisen.

**§ 9 Inhalt der Bekanntmachung.** (1) ¹Die Bekanntmachung muss neben den Angaben nach § 10 Absatz 4 des Bundes-Immissionsschutzgesetzes[3] Folgendes enthalten:

1. die in § 3 bezeichneten Angaben,
2. den Hinweis auf die Auslegungs- und die Einwendungsfrist unter Angabe des jeweils ersten und letzten Tages und
3. die Bezeichnung der für das Vorhaben entscheidungserheblichen Berichte und Empfehlungen, die der Genehmigungsbehörde zum Zeitpunkt des Beginns des Beteiligungsverfahrens vorliegen.

²Auf die zuständige Genehmigungsbehörde, die für die Beteiligung der Öffentlichkeit maßgebenden Vorschriften sowie eine grenzüberschreitende Behörden- und Öffentlichkeitsbeteiligung nach § 11a ist hinzuweisen.

(1a) Ist das Vorhaben UVP-pflichtig, muss die Bekanntmachung zusätzlich folgende Angaben enthalten:

1. einen Hinweis auf die UVP-Pflicht des Vorhabens und
2. die Angabe, dass ein UVP-Bericht vorgelegt wurde.

(2) Zwischen der Bekanntmachung des Vorhabens und dem Beginn der Auslegungsfrist soll eine Woche liegen; maßgebend ist dabei der voraussichtliche Tag der Ausgabe des Veröffentlichungsblattes oder der Tageszeitung, die zuletzt erscheint.

---

[1] Nr. **2.5**.
[2] Nr. **2.5.1**.
[3] Nr. **6.1**.

**§ 10 Auslegung von Antrag und Unterlagen; Veröffentlichung des UVP-Berichts.** (1) ¹Bei der Genehmigungsbehörde und, soweit erforderlich, bei einer geeigneten Stelle in der Nähe des Standorts des Vorhabens sind der Antrag sowie die beigefügten Unterlagen auszulegen, die die Angaben über die Auswirkungen der Anlage auf die Nachbarschaft und die Allgemeinheit enthalten. ²Darüber hinaus sind, soweit vorhanden, die entscheidungserheblichen sonstigen der Genehmigungsbehörde vorliegenden behördlichen Unterlagen zu dem Vorhaben auszulegen, die Angaben über die Auswirkungen der Anlage auf die Nachbarschaft und die Allgemeinheit oder Empfehlungen zur Begrenzung dieser Auswirkungen enthalten. ³Verfügt die Genehmigungsbehörde bis zur Entscheidung über den Genehmigungsantrag über zusätzliche behördliche Stellungnahmen oder von ihr angeforderte Unterlagen, die Angaben über die Auswirkungen der Anlage auf die Nachbarschaft und die Allgemeinheit oder Empfehlungen zur Begrenzung dieser Auswirkungen enthalten, sind diese der Öffentlichkeit nach den Bestimmungen des Bundes[1]) und der Länder über den Zugang zu Umweltinformationen zugänglich zu machen. ⁴Betrifft das Vorhaben eine UVP-pflichtige Anlage, so ist auch der vom Antragsteller zur Durchführung einer Umweltverträglichkeitsprüfung zusätzlich beigefügte UVP-Bericht nach § 4e auszulegen; ferner sind der Antrag und die Unterlagen auch in den Gemeinden auszulegen, in denen sich das Vorhaben voraussichtlich auswirkt. ⁵Soweit eine Auslegung der Unterlagen nach § 4b Absatz 1 und 2 zu einer Störung im Sinne des § 4b Absatz 3 führen kann, ist an Stelle dieser Unterlagen die Darstellung nach § 4b Absatz 3 auszulegen. ⁶In den Antrag und die Unterlagen nach den Sätzen 1, 2 und 4 sowie in die Darstellung nach § 4b Absatz 3 ist während der Dienststunden Einsicht zu gewähren. ⁷Bei UVP-pflichtigen Vorhaben hat der Träger des Vorhabens den UVP-Bericht sowie die das Vorhaben betreffenden entscheidungserheblichen Berichte und Empfehlungen, die der Genehmigungsbehörde zum Zeitpunkt des Beginns des Beteiligungsverfahrens vorgelegen haben, auch elektronisch vorzulegen. ⁸§ 8 Absatz 1 Satz 3 und 4 gilt bei UVP-pflichtigen Vorhaben für diese Unterlagen entsprechend.

(2) Auf Aufforderung eines Dritten ist diesem eine Abschrift oder Vervielfältigung der Kurzbeschreibung nach § 4 Absatz 3 Satz 1 zu überlassen.

(3) ¹Soweit Unterlagen Geschäfts- oder Betriebsgeheimnisse enthalten, ist an ihrer Stelle die Inhaltsdarstellung nach § 10 Absatz 2 Satz 2 des Bundes-Immissionsschutzgesetzes[2]) auszulegen. ²Hält die Genehmigungsbehörde die Kennzeichnung der Unterlagen als Geschäfts- oder Betriebsgeheimnisse für unberechtigt, so hat sie vor der Entscheidung über die Auslegung dieser Unterlagen den Antragsteller zu hören.

**§ 10a Akteneinsicht.** ¹Die Genehmigungsbehörde gewährt Akteneinsicht nach pflichtgemäßem Ermessen; § 29 Absatz 1 Satz 3, Absatz 2 und 3 des Verwaltungsverfahrensgesetzes findet entsprechende Anwendung. ²Sonstige sich aus anderen Rechtsvorschriften ergebende Rechte auf Zugang zu Informationen bleiben unberührt.

**§ 11 Beteiligung anderer Behörden.** ¹Spätestens gleichzeitig mit der öffentlichen Bekanntmachung des Vorhabens fordert die Genehmigungsbehörde

---

[1]) Siehe das UmweltinformationsG (Nr. **2.6**).
[2]) Nr. **6.1**.

die Behörden, deren Aufgabenbereich durch das Vorhaben berührt wird, auf, für ihren Zuständigkeitsbereich eine Stellungnahme innerhalb einer Frist von einem Monat abzugeben. ²Die Antragsunterlagen sollen sternförmig an die zu beteiligenden Stellen versandt werden. ³Hat eine Behörde bis zum Ablauf der Frist keine Stellungnahme abgegeben, so ist davon auszugehen, dass die beteiligte Behörde sich nicht äußern will. ⁴Die Genehmigungsbehörde hat sich über den Stand der anderweitigen das Vorhaben betreffenden Zulassungsverfahren Kenntnis zu verschaffen und auf ihre Beteiligung hinzuwirken sowie mit den für diese Verfahren zuständigen Behörden frühzeitig den von ihr beabsichtigten Inhalt des Genehmigungsbescheides zu erörtern und abzustimmen.

**§ 11a Grenzüberschreitende Behörden- und Öffentlichkeitsbeteiligung.** (1) ¹Für nicht UVP-pflichtige Vorhaben einschließlich der Verfahren nach § 17 Absatz 1a des Bundes-Immissionsschutzgesetzes[1]) gelten für das Verfahren zur grenzüberschreitenden Behörden- und Öffentlichkeitsbeteiligung die Vorschriften der Abschnitte 1 und 3 des Teils 5 des Gesetzes über die Umweltverträglichkeitsprüfung[2]) sinngemäß. ²Abweichend von Satz 1 gelten nicht die Vorgaben zur Veröffentlichung von Informationen in dem jeweiligen zentralen Internetportal nach § 59 Absatz 4 des Gesetzes über die Umweltverträglichkeitsprüfung.

(2) Für UVP-pflichtige Vorhaben gelten für das Verfahren zur grenzüberschreitenden Behörden- und Öffentlichkeitsbeteiligung einschließlich Verfahren nach § 17 Absatz 1a des Bundes-Immissionsschutzgesetzes die Vorschriften der Abschnitte 1 und 3 des Teils 5 des Gesetzes über die Umweltverträglichkeitsprüfung sinngemäß.

(3) ¹Rechtsvorschriften zur Geheimhaltung, insbesondere gemäß § 30 des Verwaltungsverfahrensgesetzes sowie zum Schutz von Geschäfts- oder Betriebsgeheimnissen gemäß § 10 Absatz 2 des Bundes-Immissionsschutzgesetzes sowie gemäß § 10 Absatz 3 bleiben unberührt; entgegenstehende Rechte Dritter sind zu beachten. ²Ebenfalls unberührt bleiben die Vorschriften zur Datenübermittlung an Stellen im Ausland sowie an über- und zwischenstaatliche Stellen.

(4) Die Genehmigungsbehörde übermittelt den beteiligten Behörden des anderen Staates die Bezeichnung des für die betreffende Anlage maßgeblichen BVT-Merkblatts.

(5) Die Genehmigungsbehörde macht der Öffentlichkeit auch Aktualisierungen von Genehmigungen von Behörden anderer Staaten nach den Bestimmungen über den Zugang zu Umweltinformationen zugänglich.

**§ 12 Einwendungen.** (1) ¹Einwendungen können bei der Genehmigungsbehörde oder bei der Stelle erhoben werden, bei der Antrag und Unterlagen zur Einsicht auslegen. ²Bei UVP-pflichtigen Vorhaben gilt eine Einwendungsfrist von einem Monat nach Ablauf der Auslegungsfrist. ³Nach Ablauf der Einwendungsfrist entscheidet die Genehmigungsbehörde unter Berücksichtigung von § 14, ob im Genehmigungsverfahren ein Erörterungstermin nach § 10 Absatz 6 des Bundes-Immissionsschutzgesetzes[1]) durchgeführt wird. ⁴Das gilt auch für UVP-pflichtige Anlagen. ⁵Die Entscheidung ist öffentlich bekannt zu machen.

---

[1]) Nr. **6.1**.
[2]) Nr. **2.5**.

GenehmigungsverfahrensVO　　　　　　　**§ 13　9. BImSchV 6.1.9**

(2) ¹Die Einwendungen sind dem Antragsteller bekanntzugeben. ²Den nach § 11 beteiligten Behörden sind die Einwendungen bekanntzugeben, die ihren Aufgabenbereich berühren. ³Auf Verlangen des Einwenders sollen dessen Name und Anschrift vor der Bekanntgabe unkenntlich gemacht werden, wenn diese zur ordnungsgemäßen Durchführung des Genehmigungsverfahrens nicht erforderlich sind; auf diese Möglichkeit ist in der öffentlichen Bekanntmachung hinzuweisen.

**§ 13 Sachverständigengutachten.** (1) ¹Die Genehmigungsbehörde holt Sachverständigengutachten ein, soweit dies für die Prüfung der Genehmigungsvoraussetzungen notwendig ist. ²Der Auftrag hierzu soll möglichst bis zum Zeitpunkt der Bekanntmachung des Vorhabens (§ 8) erteilt werden. ³Ein Sachverständigengutachten ist in der Regel notwendig

1. zur Beurteilung der Angaben derjenigen Teile des Sicherheitsberichts nach § 9 der Störfall-Verordnung[1]), die Abschnitt II Nummer 1, 3 und 4 sowie den Abschnitten III bis V des Anhangs II der Störfall-Verordnung entsprechen, soweit sie dem Antrag nach § 4b Absatz 2 beizufügen sind;

2. zur Beurteilung der Wirtschaftlichkeitsanalyse einschließlich des Kosten-Nutzen-Vergleichs gemäß § 6 der KWK-Kosten-Nutzen-Vergleich-Verordnung, es sei denn, es liegt ein Testat einer für die Prüfung der Wirtschaftlichkeitsanalyse nach gesetzlichen Vorschriften zuständigen Bundesbehörde vor, sowie

3. zur Beurteilung der Angaben zur Finanzlage gemäß § 8 Absatz 2 der KWK-Kosten-Nutzen-Vergleich-Verordnung.

⁴Sachverständige können darüber hinaus mit Einwilligung des Antragstellers herangezogen werden, wenn zu erwarten ist, dass hierdurch das Genehmigungsverfahren beschleunigt wird.

(1a) Bei der Entscheidung, ob vorgelegte Unterlagen durch externe Sachverständige überprüft werden sollen, wird die Standorteintragung nach der Verordnung (EG) Nr. 761/2001 des Europäischen Parlaments und des Rates vom 19. März 2001 über die freiwillige Beteiligung von Organisationen an einem Gemeinschaftssystem für das Umweltmanagement und die Umweltbetriebsprüfung (EMAS) berücksichtigt.

(2) ¹Ein vom Antragsteller vorgelegtes Gutachten ist als sonstige Unterlage im Sinne von § 10 Absatz 1 Satz 2 des Bundes-Immissionsschutzgesetzes[2]) zu prüfen. ²Erteilt der Träger des Vorhabens den Gutachtenauftrag nach Abstimmung mit der Genehmigungsbehörde oder erteilt er ihn an einen Sachverständigen, der nach § 29b Absatz 1 des Bundes-Immissionsschutzgesetzes von der nach Landesrecht zuständigen Behörde für diesen Bereich bekanntgegeben ist, so gilt das vorgelegte Gutachten als Sachverständigengutachten im Sinne des Absatzes 1; dies gilt auch für Gutachten, die von einem Sachverständigen erstellt werden, der den Anforderungen des § 29a Absatz 1 Satz 2 des Bundes-Immissionsschutzgesetzes entspricht.

---

[1]) Nr. **6.1.12**.
[2]) Nr. **6.1**.

## Dritter Abschnitt. Erörterungstermin

**§ 14 Zweck.** (1) ¹Der Erörterungstermin dient dazu, die rechtzeitig erhobenen Einwendungen zu erörtern, soweit dies für die Prüfung der Genehmigungsvoraussetzungen von Bedeutung sein kann. ²Er soll denjenigen, die Einwendungen erhoben haben, Gelegenheit geben, ihre Einwendungen zu erläutern.

(2) Rechtzeitig erhoben sind Einwendungen, die innerhalb der Einwendungsfrist bei den in § 12 Absatz 1 genannten Behörden eingegangen sind.

**§ 15 Besondere Einwendungen.** Einwendungen, die auf besonderen privatrechtlichen Titeln beruhen, sind im Erörterungstermin nicht zu behandeln; sie sind durch schriftlichen Bescheid auf den Rechtsweg vor den ordentlichen Gerichten zu verweisen.

**§ 16 Wegfall.** (1) ¹Ein Erörterungstermin findet nicht statt, wenn
1. Einwendungen gegen das Vorhaben nicht oder nicht rechtzeitig erhoben worden sind,
2. die rechtzeitig erhobenen Einwendungen zurückgenommen worden sind,
3. ausschließlich Einwendungen erhoben worden sind, die auf besonderen privatrechtlichen Titeln beruhen oder
4. die erhobenen Einwendungen nach der Einschätzung der Behörde keiner Erörterung bedürfen.

²Das gilt auch für UVP-pflichtige Anlagen.

(2) Der Antragsteller ist vom Wegfall des Termins zu unterrichten.

**§ 17 Verlegung.** (1) ¹Die Genehmigungsbehörde kann den bekanntgemachten Erörterungstermin verlegen, wenn dies im Hinblick auf dessen zweckgerechte Durchführung erforderlich ist. ²Ort und Zeit des neuen Erörterungstermins sind zum frühestmöglichen Zeitpunkt zu bestimmen.

(2) ¹Der Antragsteller und diejenigen, die rechtzeitig Einwendungen erhoben haben, sind von der Verlegung des Erörterungstermins zu benachrichtigen. ²Sie können in entsprechender Anwendung des § 10 Absatz 3 Satz 1 des Bundes-Immissionsschutzgesetzes[1] durch öffentliche Bekanntmachung benachrichtigt werden.

**§ 18 Verlauf.** (1) ¹Der Erörterungstermin ist öffentlich. ²Im Einzelfall kann aus besonderen Gründen die Öffentlichkeit ausgeschlossen werden. ³Vertreter der Aufsichtsbehörden und Personen, die bei der Behörde zur Ausbildung beschäftigt sind, sind zur Teilnahme berechtigt.

(2) ¹Der Verhandlungsleiter kann bestimmen, dass Einwendungen zusammengefasst erörtert werden. ²In diesem Fall hat er die Reihenfolge der Erörterung bekanntzugeben. ³Er kann für einen bestimmten Zeitraum das Recht zur Teilnahme an dem Erörterungstermin auf die Personen beschränken, deren Einwendungen zusammengefasst erörtert werden sollen.

(3) Der Verhandlungsleiter erteilt das Wort und kann es demjenigen entziehen, der eine von ihm festgesetzte Redezeit für die einzelnen Wortmeldungen überschreitet oder Ausführungen macht, die nicht den Gegenstand des Erörte-

---

[1] Nr. **6.1**.

rungstermins betreffen oder nicht in sachlichem Zusammenhang mit der zu behandelnden Einwendung stehen.

(4) [1]Der Verhandlungsleiter ist für die Ordnung verantwortlich. [2]Er kann Personen, die seine Anordnungen nicht befolgen, entfernen lassen. [3]Der Erörterungstermin kann ohne diese Personen fortgesetzt werden.

(5) [1]Der Verhandlungsleiter beendet den Erörterungstermin, wenn dessen Zweck erreicht ist. [2]Er kann den Erörterungstermin ferner für beendet erklären, wenn, auch nach einer Vertagung, der Erörterungstermin aus dem Kreis der Teilnehmer erneut so gestört wird, dass seine ordnungsmäßige Durchführung nicht mehr gewährleistet ist. [3]Personen, deren Einwendungen noch nicht oder noch nicht abschließend erörtert wurden, können innerhalb eines Monats nach Aufhebung des Termins ihre Einwendungen gegenüber der Genehmigungsbehörde schriftlich oder elektronisch erläutern; hierauf sollen die Anwesenden bei Aufhebung des Termins hingewiesen werden.

**§ 19 Niederschrift.** (1) [1]Über den Erörterungstermin ist eine Niederschrift zu fertigen. [2]Die Niederschrift muss Angaben enthalten über

1. den Ort und den Tag der Erörterung,
2. den Namen des Verhandlungsleiters,
3. den Gegenstand des Genehmigungsverfahrens,
4. den Verlauf und die Ergebnisse des Erörterungstermins.

[3]Die Niederschrift ist von dem Verhandlungsleiter und, soweit ein Schriftführer hinzugezogen worden ist, auch von diesem zu unterzeichnen. [4]Der Aufnahme in die Verhandlungsniederschrift steht die Aufnahme in eine Schrift gleich, die ihr als Anlage beigefügt und als solche bezeichnet ist; auf die Anlage ist in der Verhandlungsniederschrift hinzuweisen. [5]Die Genehmigungsbehörde kann den Erörterungstermin zum Zwecke der Anfertigung der Niederschrift auf Tonträger aufzeichnen. [6]Die Tonaufzeichnungen sind nach dem Eintritt der Unanfechtbarkeit der Entscheidung über den Genehmigungsantrag zu löschen; liegen im Falle eines Vorbescheidsverfahrens die Voraussetzungen des § 9 Absatz 2 des Bundes-Immissionsschutzgesetzes[1]) vor, ist die Löschung nach Eintritt der Unwirksamkeit durchzuführen.

(2) [1]Dem Antragsteller ist eine Abschrift der Niederschrift zu überlassen. [2]Auf Anforderung ist auch demjenigen, der rechtzeitig Einwendungen erhoben hat, eine Abschrift der Niederschrift zu überlassen.

### Vierter Abschnitt. Genehmigung

**§ 20 Entscheidung.** (1) [1]Sind alle Umstände ermittelt, die für die Beurteilung des Antrags von Bedeutung sind, hat die Genehmigungsbehörde unverzüglich über den Antrag zu entscheiden. [2]Nach dem Ablauf der Einwendungsfrist oder, soweit ein Erörterungstermin nach § 10 Absatz 6 des Bundes-Immissionsschutzgesetzes[1]) durchgeführt worden ist, nach dem Erörterungstermin eingehende Stellungnahmen von nach § 11 beteiligten Behörden sollen dabei nicht mehr berücksichtigt werden, es sei denn, die vorgebrachten öffentlichen Belange sind der Genehmigungsbehörde bereits bekannt oder hätten ihr

---

[1]) Nr. **6.1**.

bekannt sein müssen oder sind für die Beurteilung der Genehmigungsvoraussetzungen von Bedeutung.

(1a) [1] Die Genehmigungsbehörde erarbeitet bei UVP-pflichtigen Anlagen eine zusammenfassende Darstellung
1. der möglichen Auswirkungen des UVP-pflichtigen Vorhabens auf die in § 1a genannten Schutzgüter, einschließlich der Wechselwirkung,
2. der Merkmale des UVP-pflichtigen Vorhabens und des Standorts, mit denen erhebliche nachteilige Auswirkungen auf die in § 1a genannten Schutzgüter vermieden, vermindert oder ausgeglichen werden sollen, und
3. der Maßnahmen, mit denen erhebliche nachteilige Auswirkungen auf die in § 1a genannten Schutzgüter vermieden, vermindert oder ausgeglichen werden sollen, sowie
4. der Ersatzmaßnahmen bei Eingriffen in Natur und Landschaft.

[2] Die Erarbeitung einer zusammenfassenden Darstellung erfolgt auf der Grundlage der nach den §§ 4 bis 4e beizufügenden Unterlagen, der behördlichen Stellungnahmen nach den §§ 11 und 11a, der Ergebnisse eigener Ermittlungen sowie der Äußerungen und Einwendungen Dritter. [3] Die Darstellung ist möglichst innerhalb eines Monats nach Ablauf der Einwendungsfrist oder, soweit ein Erörterungstermin nach § 10 Absatz 6 des Bundes-Immissionsschutzgesetzes durchgeführt worden ist, des Erörterungstermins zu bearbeiten. [4] Bedarf das Vorhaben der Zulassung durch mehrere Behörden, so obliegt die Erarbeitung der zusammenfassenden Darstellung der Genehmigungsbehörde nur, wenn sie gemäß § 31 Absatz 1 und 2 Satz 1 und 2 des Gesetzes über die Umweltverträglichkeitsprüfung[1]) als federführende Behörde bestimmt ist; sie hat die Darstellung im Zusammenwirken zumindest mit den anderen Zulassungsbehörden und der für Naturschutz und Landschaftspflege zuständigen Behörde zu erarbeiten, deren Aufgabenbereich durch das Vorhaben berührt wird.

(1b) [1] Die Genehmigungsbehörde bewertet auf der Grundlage der zusammenfassenden Darstellung und nach den für die Entscheidung maßgeblichen Rechts- und Verwaltungsvorschriften die Auswirkungen des UVP-pflichtigen Vorhabens auf die in § 1a genannten Schutzgüter. [2] Die Bewertung ist zu begründen. [3] Bedarf das Vorhaben der Zulassung durch mehrere Behörden, so haben diese im Zusammenwirken auf der Grundlage der zusammenfassenden Darstellung nach Absatz 1a eine Gesamtbewertung der Auswirkungen vorzunehmen; ist die Genehmigungsbehörde federführende Behörde, so hat sie das Zusammenwirken sicherzustellen. [4] Bei der Entscheidung über den Antrag berücksichtigt die Genehmigungsbehörde die vorgenommene Bewertung oder die Gesamtbewertung nach Maßgabe der hierfür geltenden Vorschriften. [5] Bei der Entscheidung über die Genehmigung der UVP-pflichtigen Anlage müssen die zusammenfassende Darstellung und die begründete Bewertung nach Einschätzung der Genehmigungsbehörde hinreichend aktuell sein.

(2) [1] Der Antrag ist abzulehnen, sobald die Prüfung ergibt, dass die Genehmigungsvoraussetzungen nicht vorliegen und ihre Erfüllung nicht durch Nebenbestimmungen sichergestellt werden kann. [2] Er soll abgelehnt werden, wenn der Antragsteller einer Aufforderung zur Ergänzung der Unterlagen innerhalb einer ihm gesetzten Frist, die auch im Falle ihrer Verlängerung drei Monate nicht überschreiten soll, nicht nachgekommen ist.

---

[1]) Nr. **2.5**.

(3) ¹Für die ablehnende Entscheidung gilt § 10 Absatz 7 des Bundes-Immissionsschutzgesetzes entsprechend. ²Betrifft die ablehnende Entscheidung eine UVP-pflichtige Anlage und ist eine zusammenfassende Darstellung nach Absatz 1a von der Genehmigungsbehörde erarbeitet worden, so ist diese in die Begründung für die Entscheidung aufzunehmen.

(4) ¹Wird das Genehmigungsverfahren auf andere Weise abgeschlossen, so sind der Antragsteller und die Personen, die Einwendungen erhoben haben, hiervon zu benachrichtigen. ²§ 10 Absatz 8 Satz 1 des Bundes-Immissionsschutzgesetzes gilt entsprechend.

**§ 21 Inhalt des Genehmigungsbescheides.** (1) Der Genehmigungsbescheid muss enthalten

1. die Angabe des Namens und des Wohnsitzes oder des Sitzes des Antragstellers,
2. die Angabe, dass eine Genehmigung, eine Teilgenehmigung oder eine Änderungsgenehmigung erteilt wird, und die Angabe der Rechtsgrundlage,
3. die genaue Bezeichnung des Gegenstandes der Genehmigung einschließlich des Standortes der Anlage sowie von den Bericht über den Ausgangszustand,
3a. die Festlegung der erforderlichen Emissionsbegrenzungen einschließlich der Begründung für die Festlegung weniger strenger Emissionsbegrenzungen nach § 7 Absatz 1b Satz 1 Nummer 2, § 12 Absatz 1b oder § 48 Absatz 1b Satz 1 Nummer 2 des Bundes-Immissionsschutzgesetzes[1],
4. die Nebenbestimmungen zur Genehmigung,
5. die Begründung, aus der die wesentlichen tatsächlichen und rechtlichen Gründe, die die Behörde zu ihrer Entscheidung bewogen haben, und die Behandlung der Einwendungen hervorgehen sollen,
6. Angaben über das Verfahren zur Beteiligung der Öffentlichkeit,
7. eine Rechtsbehelfsbelehrung.

(1a) Der Genehmigungsbescheid für UVP-pflichtige Anlagen muss neben den nach Absatz 1 erforderlichen Angaben zumindest noch folgende Angaben enthalten:
1. eine Beschreibung der vorgesehenen Überwachungsmaßnahmen und
2. eine ergänzende Begründung, in der folgende Angaben enthalten sind:
   a) die zusammenfassende Darstellung nach § 20 Absatz 1a,
   b) die begründete Bewertung nach § 20 Absatz 1b und
   c) eine Erläuterung, wie die begründete Bewertung nach § 20 Absatz 1b, insbesondere die Angaben des UVP-Berichts nach § 4e, die behördlichen Stellungnahmen nach den §§ 11 und 11a sowie die Äußerungen der Öffentlichkeit nach den §§ 11a und 12, in der Entscheidung berücksichtigt wurden oder wie ihnen anderweitig Rechnung getragen wurde.

(2) Der Genehmigungsbescheid soll den Hinweis enthalten, dass der Genehmigungsbescheid unbeschadet der behördlichen Entscheidungen ergeht, die nach § 13 des Bundes-Immissionsschutzgesetzes nicht von der Genehmigung eingeschlossen werden.

---

[1] Nr. **6.1**.

(2a) ¹Außer den nach Absatz 1 erforderlichen Angaben muss der Genehmigungsbescheid für Anlagen nach der Industrieemissions-Richtlinie folgende Angaben enthalten:
1. Auflagen zum Schutz des Bodens und des Grundwassers sowie Maßnahmen zur Überwachung und Behandlung der von der Anlage erzeugten Abfälle,
2. Regelungen für die Überprüfung der Einhaltung der Emissionsgrenzwerte oder sonstiger Anforderungen, im Fall von Messungen
    a) Anforderungen an die Messmethodik, die Messhäufigkeit und das Bewertungsverfahren zur Überwachung der Emissionen,
    b) die Vorgabe, dass in den Fällen, in denen ein Wert außerhalb der in den BVT-Schlussfolgerungen genannten Emissionsbandbreiten festgelegt wurde, die Ergebnisse der Emissionsüberwachung für die gleichen Zeiträume und Referenzbedingungen verfügbar sein müssen wie sie für die Emissionsbandbreiten der BVT-Schlussfolgerungen gelten,
3. Anforderungen an
    a) die regelmäßige Wartung,
    b) die Überwachung der Maßnahmen zur Vermeidung der Verschmutzung von Boden und Grundwasser sowie
    c) die Überwachung von Boden und Grundwasser hinsichtlich der in der Anlage verwendeten, erzeugten oder freigesetzten relevanten gefährlichen Stoffe, einschließlich der Zeiträume, in denen die Überwachung stattzufinden hat,
4. Maßnahmen im Hinblick auf von den normalen Betriebsbedingungen abweichende Bedingungen, wie das An- und Abfahren der Anlage, das unbeabsichtigte Austreten von Stoffen, Störungen, das kurzzeitige Abfahren der Anlage sowie die endgültige Stilllegung des Betriebs,
5. Vorkehrungen zur weitestgehenden Verminderung der weiträumigen oder grenzüberschreitenden Umweltverschmutzung.

²In den Fällen von Nummer 3 Buchstabe c sind die Zeiträume für die Überwachung so festzulegen, dass sie mindestens alle fünf Jahre für das Grundwasser und mindestens alle zehn Jahre für den Boden betragen, es sei denn, diese Überwachung erfolgt anhand einer systematischen Beurteilung des Verschmutzungsrisikos.

(3) Außer den nach Absatz 1 erforderlichen Angaben muss der Genehmigungsbescheid für Anlagen, auf die die Verordnung über die Verbrennung und die Mitverbrennung von Abfällen[1]) anzuwenden ist, Angaben enthalten über
1. Art (insbesondere Abfallschlüssel und -bezeichnung gemäß der Verordnung über das Europäische Abfallverzeichnis) und Menge der zur Verbrennung zugelassenen Abfälle,
2. die gesamte Abfallverbrennungs- oder Abfallmitverbrennungskapazität der Anlage,
3. die kleinsten und größten Massenströme der zur Verbrennung zugelassenen Abfälle, angegeben als stündliche Einsatzmenge,
4. die kleinsten und größten Heizwerte der zur Verbrennung zugelassenen Abfälle und

---

[1]) Auszugsweise abgedruckt unter Nr. **6.1.17**.

5. den größten Gehalt an Schadstoffen in den zur Verbrennung zugelassenen Abfällen, insbesondere an polychlorierten Biphenylen (PCB), Pentachlorphenol (PCP), Chlor, Fluor, Schwefel und Schwermetallen.

**§ 21a Öffentliche Bekanntmachung und Veröffentlichung des Genehmigungsbescheids.** (1) ¹Unbeschadet des § 10 Absatz 7 und 8 Satz 1 des Bundes-Immissionsschutzgesetzes[1]) ist die Entscheidung über den Antrag öffentlich bekannt zu machen, wenn das Verfahren mit Öffentlichkeitsbeteiligung durchgeführt wurde oder der Träger des Vorhabens dies beantragt. ² § 10 Absatz 8 Satz 2 und 3 des Bundes-Immissionsschutzgesetzes gelten entsprechend. ³In der öffentlichen Bekanntmachung ist anzugeben, wo und wann der Bescheid und seine Begründung eingesehen werden können.

(2) ¹Bei UVP-pflichtigen Vorhaben hat die Genehmigungsbehörde die Entscheidung über den Antrag unbeschadet des § 10 Absatz 7 und 8 Satz 1 des Bundes-Immissionsschutzgesetzes öffentlich bekannt zu machen sowie den Bescheid zur Einsicht auszulegen. ² § 10 Absatz 8 Satz 2 und 3 des Bundes-Immissionsschutzgesetzes gelten entsprechend. ³In der öffentlichen Bekanntmachung ist anzugeben, wo und wann der Bescheid und seine Begründung eingesehen werden können. ⁴ § 8 Absatz 1 Satz 3 gilt für den Genehmigungsbescheid entsprechend. ⁵ § 10 Absatz 8a Satz 1 und 2 des Bundes-Immissionsschutzgesetzes gilt entsprechend.

### Zweiter Teil. Besondere Vorschriften

**§ 22 Teilgenehmigung.** (1) ¹Ist ein Antrag im Sinne des § 8 des Bundes-Immissionsschutzgesetzes[1]) gestellt, so kann die Genehmigungsbehörde zulassen, dass in den Unterlagen endgültige Angaben nur hinsichtlich des Gegenstandes der Teilgenehmigung gemacht werden. ²Zusätzlich sind Angaben zu machen, die bei einer vorläufigen Prüfung ein ausreichendes Urteil darüber ermöglichen, ob die Genehmigungsvoraussetzungen im Hinblick auf die Errichtung und den Betrieb der gesamten Anlage vorliegen werden.

(2) Auszulegen sind der Antrag, die Unterlagen nach § 4, soweit sie den Gegenstand der jeweiligen Teilgenehmigung betreffen, sowie solche Unterlagen, die Angaben über die Auswirkungen der Anlage auf die Nachbarschaft und die Allgemeinheit enthalten.

(3) ¹Betrifft das Vorhaben eine UVP-pflichtige Anlage, so erstreckt sich im Verfahren zur Erteilung einer Teilgenehmigung die Umweltverträglichkeitsprüfung im Rahmen der vorläufigen Prüfung im Sinne des Absatzes 1 auf die erkennbaren Auswirkungen der gesamten Anlage auf die in § 1a genannten Schutzgüter und abschließend auf die Auswirkungen, deren Ermittlung, Beschreibung und Bewertung Voraussetzung für Feststellungen oder Gestattungen ist, die Gegenstand dieser Teilgenehmigung sind. ²Ist in einem Verfahren über eine weitere Teilgenehmigung unter Einbeziehung der Öffentlichkeit zu entscheiden, soll die Umweltverträglichkeitsprüfung im nachfolgenden Verfahren auf zusätzliche erhebliche oder andere erhebliche Auswirkungen auf die in § 1a genannten Schutzgüter beschränkt werden. ³Die Unterrichtung über den voraussichtlichen Untersuchungsrahmen nach § 2a beschränkt sich auf den zu erwartenden Umfang der durchzuführenden Umweltverträglichkeitsprüfung;

---

[1]) Nr. **6.1**.

für die dem Antrag zur Prüfung der Umweltverträglichkeit beizufügenden Unterlagen nach den §§ 4 bis 4e sowie die Auslegung dieser Unterlagen gelten die Absätze 1 und 2 entsprechend.

**§ 23 Vorbescheid.** (1) Der Antrag auf Erteilung eines Vorbescheides muss außer den in § 3 genannten Angaben insbesondere die bestimmte Angabe, für welche Genehmigungsvoraussetzungen oder für welchen Standort der Vorbescheid beantragt wird, enthalten.

(2) ¹Der Vorbescheid muss enthalten

1. die Angabe des Namens und des Wohnsitzes oder des Sitzes des Antragstellers,
2. die Angabe, dass ein Vorbescheid erteilt wird, und die Angabe der Rechtsgrundlage,
3. die genaue Bezeichnung des Gegenstandes des Vorbescheides,
4. die Voraussetzungen und die Vorbehalte, unter denen der Vorbescheid erteilt wird,
5. die Begründung, aus der die wesentlichen tatsächlichen und rechtlichen Gründe, die die Behörde zu ihrer Entscheidung bewogen haben, und die Behandlung der Einwendungen hervorgehen sollen.

²Bei UVP-pflichtigen Anlagen gilt § 20 Absatz 1a und 1b entsprechend.

(3) Der Vorbescheid soll enthalten

1. den Hinweis auf § 9 Absatz 2 des Bundes-Immissionsschutzgesetzes[1]),
2. den Hinweis, dass der Vorbescheid nicht zur Errichtung der Anlage oder von Teilen der Anlage berechtigt,
3. den Hinweis, dass der Vorbescheid unbeschadet der behördlichen Entscheidungen ergeht, die nach § 13 des Bundes-Immissionsschutzgesetzes nicht von der Genehmigung eingeschlossen werden, und
4. die Rechtsbehelfsbelehrung.

(4) § 22 gilt entsprechend.

**§ 23a Raumordnungsverfahren und Genehmigungsverfahren.**

(1) Die Genehmigungsbehörde hat die im Raumordnungsverfahren oder einem anderen raumordnerischen Verfahren, das den Anforderungen des § 15 Absatz 2 des Raumordnungsgesetzes entspricht (raumordnerisches Verfahren), ermittelten, beschriebenen und bewerteten Auswirkungen des Vorhabens auf die Umwelt nach Maßgabe des § 20 Absatz 1b bei der Entscheidung über den Antrag zu berücksichtigen.

(2) Im Genehmigungsverfahren soll hinsichtlich der im raumordnerischen Verfahren ermittelten und beschriebenen Auswirkungen auf die in § 1a genannten Schutzgüter von den Anforderungen der §§ 2a, 4 bis 4e, 11, 11a und 20 Absatz 1a insoweit abgesehen werden, als diese Verfahrensschritte bereits im raumordnerischen Verfahren erfolgt sind.

**§ 24 Vereinfachtes Verfahren.** ¹In dem vereinfachten Verfahren sind § 4 Abs. 3, die §§ 8 bis 10a, 12, 14 bis 19 und die Vorschriften, die die Durchführung der Umweltverträglichkeitsprüfung betreffen, nicht anzuwenden. ²In

---

¹) Nr. **6.1**.

dem vereinfachten Verfahren gelten zudem abweichend von § 11a Absatz 1 Satz 1 nicht die Vorschriften zur Öffentlichkeitsbeteiligung gemäß § 54 Absatz 5 und 6, §§ 56, 57 Absatz 2 und § 59 des Gesetzes über die Umweltverträglichkeitsprüfung. ³ § 11 gilt sinngemäß.

**§ 24a Zulassung vorzeitigen Beginns.** (1) Ist in einem Verfahren zur Erteilung einer Genehmigung ein Antrag auf Zulassung des vorzeitigen Beginns im Sinne des § 8a des Bundes-Immissionsschutzgesetzes[1] gestellt, so muss dieser

1. das öffentliche Interesse oder das berechtigte Interesse des Antragstellers an dem vorzeitigen Beginn darlegen und
2. die Verpflichtung des Trägers des Vorhabens enthalten, alle bis zur Erteilung der Genehmigung durch die Errichtung, den Probebetrieb und den Betrieb der Anlage verursachten Schäden zu ersetzen und, falls das Vorhaben nicht genehmigt wird, den früheren Zustand wiederherzustellen.

(2) Der Bescheid über die Zulassung des vorzeitigen Beginns muss enthalten

1. die Angabe des Namens und des Wohnsitzes oder des Sitzes des Antragstellers,
2. die Angabe, dass der vorzeitige Beginn zugelassen wird, und die Angabe der Rechtsgrundlage,
3. die genaue Bezeichnung des Gegenstandes des Bescheides,
4. die Nebenbestimmungen der Zulassung,
5. die Begründung, aus der die wesentlichen tatsächlichen und rechtlichen Gründe, die die Behörde zu ihrer Entscheidung bewogen haben, hervorgehen sollen.

(3) Der Bescheid über die Zulassung des vorzeitigen Beginns soll enthalten

1. die Bestätigung der Verpflichtung nach Absatz 1,
2. den Hinweis, dass die Zulassung jederzeit widerrufen werden kann,
3. die Bestimmung einer Sicherheitsleistung, sofern dies erforderlich ist, um die Erfüllung der Pflichten des Trägers des Vorhabens zu sichern.

**§ 24b Verbundene Prüfverfahren bei UVP-pflichtigen Vorhaben.**
¹Für ein UVP-pflichtiges Vorhaben, das einzeln oder im Zusammenwirken mit anderen Projekten oder Plänen geeignet ist, ein Natura 2000-Gebiet erheblich zu beeinträchtigen, wird die Verträglichkeitsprüfung nach § 34 Absatz 1 des Bundesnaturschutzgesetzes[2] im Verfahren zur Entscheidung über die Zulassung des UVP-pflichtigen Vorhabens vorgenommen. ²Die Umweltverträglichkeitsprüfung kann mit der Prüfung nach Satz 1 und mit anderen Prüfungen zur Ermittlung oder Bewertung von Auswirkungen auf die in § 1a genannten Schutzgüter verbunden werden.

### Dritter Teil. Schlussvorschriften

**§ 24c Vermeidung von Interessenkonflikten.** Ist die Genehmigungsbehörde bei der Umweltverträglichkeitsprüfung zugleich Trägerin des UVP-

---
[1] Nr. **6.1**.
[2] Nr. **3.1**.

pflichtigen Vorhabens, so ist die Unabhängigkeit des Behördenhandelns bei der Wahrnehmung der Aufgaben nach dieser Verordnung durch geeignete organisatorische Maßnahmen sicherzustellen, insbesondere durch eine angemessene funktionale Trennung.

**§ 25 Übergangsvorschrift.** (1) ¹Verfahren, die vor dem Inkrafttreten einer Änderung dieser Verordnung begonnen worden sind, sind nach den Vorschriften der geänderten Verordnung zu Ende zu führen. ²Eine Wiederholung von Verfahrensabschnitten ist nicht erforderlich.

(1a) Abweichend von Absatz 1 sind Verfahren für UVP-pflichtige Vorhaben nach der Fassung dieser Verordnung, die bis zum 16. Mai 2017 galt, zu Ende zu führen, wenn vor dem 16. Mai 2017

1. das Verfahren zur Unterrichtung über die voraussichtlich beizubringenden Unterlagen in der bis dahin geltenden Fassung des § 2a eingeleitet wurde oder

2. die Unterlagen nach den §§ 4 bis 4e der bis dahin geltenden Fassung dieser Verordnung vorgelegt wurden.

(2) ¹§ 4a Absatz 4 Satz 1 bis 5 ist bei Anlagen, die sich am 2. Mai 2013 in Betrieb befanden oder für die vor diesem Zeitpunkt eine Genehmigung erteilt oder für die vor diesem Zeitpunkt von ihren Betreibern ein vollständiger Genehmigungsantrag gestellt wurde, bei dem ersten nach dem 7. Januar 2014 gestellten Änderungsantrag hinsichtlich der gesamten Anlage anzuwenden, unabhängig davon, ob die beantragte Änderung der Verwendung, die Erzeugung oder die Freisetzung relevanter gefährlicher Stoffe betrifft. ²Anlagen nach Satz 1, die nicht von Anhang I der Richtlinie 2008/1/EG über die integrierte Vermeidung und Verminderung der Umweltverschmutzung erfasst wurden, haben abweichend von Satz 1 die dort genannten Anforderungen ab dem 7. Juli 2015 zu erfüllen.

**§§ 26, 27** *(aufgehoben)*

**Anlage**
(zu § 4e)

**Angaben des UVP-Berichts für die Umweltverträglichkeitsprüfung**

Soweit die nachfolgenden Angaben über die in § 4e Absatz 1 genannten Mindestanforderungen hinausgehen und sie für die Entscheidung über die Zulassung des UVP-pflichtigen Vorhabens erforderlich sind, muss nach § 4e Absatz 2 der UVP-Bericht hierzu Angaben enthalten.

1. Eine Beschreibung des UVP-pflichtigen Vorhabens, insbesondere

   a) eine Beschreibung des Standorts,

   b) eine Beschreibung der physischen Merkmale des gesamten UVP-pflichtigen Vorhabens, einschließlich der erforderlichen Abrissarbeiten, soweit relevant, sowie des Flächenbedarfs während der Bau- und der Betriebsphase,

   c) eine Beschreibung der wichtigsten Merkmale der Betriebsphase des UVP-pflichtigen Vorhabens (insbesondere von Produktionsprozessen), z.B.

   aa) Energiebedarf und Energieverbrauch,

   bb) Art und Menge der verwendeten Rohstoffe und

   cc) Art und Menge der natürlichen Ressourcen (insbesondere Fläche, Boden, Wasser, Tiere, Pflanzen und biologische Vielfalt),

   d) eine Abschätzung, aufgeschlüsselt nach Art und Quantität, aa) der erwarteten Rückstände und Emissionen (z.b. Verunreinigung des Wassers, der Luft, des Bodens und Untergrunds, Lärm, Erschütterungen, Licht, Wärme, Strahlung) sowie

bb) des während der Bau- und Betriebsphase erzeugten Abfalls.

2. Eine Beschreibung der von dem Träger des UVP-pflichtigen Vorhabens geprüften vernünftigen Alternativen (z.b. in Bezug auf Ausgestaltung, Technologie, Standort, Größe und Umfang des UVP-pflichtigen Vorhabens), die für das Vorhaben und seine spezifischen Merkmale relevant sind, und die Angabe der wesentlichen Gründe für die getroffene Wahl unter Berücksichtigung der jeweiligen Auswirkungen auf die in § 1a genannten Schutzgüter.

3. Eine Beschreibung des aktuellen Zustands der Umwelt und ihrer Bestandteile im Einwirkungsbereich des UVP-pflichtigen Vorhabens und eine Übersicht über die voraussichtliche Entwicklung der Umwelt bei Nichtdurchführung des UVP-pflichtigen Vorhabens, soweit diese Entwicklung gegenüber dem aktuellen Zustand mit zumutbarem Aufwand auf der Grundlage der verfügbaren Umweltinformationen und wissenschaftlichen Erkenntnissen abgeschätzt werden kann.

4. Eine Beschreibung der möglichen erheblichen Auswirkungen des UVP-pflichtigen Vorhabens auf die in § 1a genannten Schutzgüter.

Die Darstellung der Auswirkungen auf die in § 1a genannten Schutzgüter soll den Umweltschutzzielen Rechnung tragen, die nach den Rechtsvorschriften, einschließlich verbindlicher planerischer Vorgaben, maßgebend sind für die Entscheidung über die Zulassung des UVP-pflichtigen Vorhabens. Die Darstellung soll sich auf die Art der Auswirkungen auf die in§ 1a genannten Schutzgüter nach Buchstabe a erstrecken. Anzugeben sind jeweils die Art, in der Schutzgüter betroffen sind nach Buchstabe b, und die Ursachen der Auswirkungen nach Buchstabe c.

a) Art der Auswirkungen auf die in § 1a genannten Schutzgüter

Die Beschreibung der möglichen erheblichen Auswirkungen auf die in § 1a genannten Schutzgüter soll sich auf die direkten und die etwaigen indirekten, sekundären, kumulativen, grenzüberschreitenden, kurzfristigen, mittelfristigen und langfristigen, ständigen und vorübergehenden, positiven und negativen Auswirkungen des UVP-pflichtigen Vorhabens erstrecken.

b) Art, in der Schutzgüter betroffen sind

Bei der Angabe, in welcher Hinsicht die Schutzgüter von den Auswirkungen des UVP-pflichtigen Vorhabens betroffen sein können, sind in Bezug auf die nachfolgenden Schutzgüter insbesondere folgende Auswirkungen zu berücksichtigen:

| Schutzgut (Auswahl) | mögliche Art der Betroffenheit |
|---|---|
| Menschen, insbesondere die menschliche Gesundheit | Auswirkungen sowohl auf einzelne Menschen als auch auf die Bevölkerung |
| Tiere, Pflanzen, biologische Vielfalt | Auswirkungen auf Flora und Fauna |
| Fläche | Flächenverbrauch |
| Boden | Veränderung der organischen Substanz, Bodenerosion, Bodenverdichtung, Bodenversiegelung |
| Wasser | hydromorphologische Veränderungen, Veränderungen von Quantität oder Qualität des Wassers |
| Luft | Luftverunreinigungen |
| Klima | Veränderungen des Klimas, z.B. durch Treibhausgasemissionen, Veränderung des Kleinklimas am Standort |
| Kulturelles Erbe | Auswirkungen auf historisch, architektonisch oder archäologisch bedeutende Stätten und Bauwerke und auf Kulturlandschaften. |

c) Mögliche Ursachen der Auswirkungen auf die in § 1a genannten Schutzgüter

Bei der Beschreibung der Umstände, die zu erheblichen Auswirkungen des UVP-pflichtigen Vorhabens auf die in § 1a genannten Schutzgüter führen können, sind insbesondere folgende Gesichtspunkte zu berücksichtigen:

aa) die Durchführung baulicher Maßnahmen, einschließlich der Abrissarbeiten, soweit relevant, sowie die physische Anwesenheit der errichteten Anlagen oder Bauwerke,

bb) verwendete Techniken und eingesetzte Stoffe,

cc) die Nutzung natürlicher Ressourcen, insbesondere Fläche, Boden, Wasser, Tiere, Pflanzen und biologische Vielfalt und, soweit möglich, jeweils auch die nachhaltige Verfügbarkeit der betroffenen Ressource, dd) Emissionen und Belästigungen sowie Verwertung oder Beseitigung von Abfällen,

ee) Risiken für die menschliche Gesundheit, für Natur und Landschaft sowie für das kulturelle Erbe, z.B. durch schwere Unfälle oder Katastrophen,

ff) das Zusammenwirken mit den Auswirkungen anderer bestehender oder zugelassener Vorhaben oder Tätigkeiten; dabei ist auch auf Umweltprobleme einzugehen, die sich daraus ergeben, dass ökologisch empfindliche Gebiete nach Anlage 3 Nummer 2.3 des Gesetzes über die Umweltverträglichkeitsprüfung[1]) betroffen sind oder die sich aus einer Nutzung natürlicher Ressourcen ergeben,

gg) Auswirkungen des UVP-pflichtigen Vorhabens auf das Klima, z.B. durch Art und Ausmaß der mit dem Vorhaben verbundenen Treibhausgasemissionen,

hh) die Anfälligkeit des UVP-pflichtigen Vorhabens gegenüber den Folgen des Klimawandels (z.B. durch erhöhte Hochwassergefahr am Standort),

ii) die Anfälligkeit des UVP-pflichtigen Vorhabens für die Risiken von schweren Unfällen oder Katastrophen, soweit solche Risiken nach der Art, den Merkmalen und dem Standort des UVP-pflichtigen Vorhabens von Bedeutung sind.

5. Die Beschreibung der grenzüberschreitenden Auswirkungen des UVP-pflichtigen Vorhabens soll in einem gesonderten Abschnitt erfolgen.

6. Eine Beschreibung und Erläuterung der Merkmale des UVP-pflichtigen Vorhabens und seines Standorts, mit denen das Auftreten erheblicher nachteiliger Auswirkungen auf die in § 1a genannten Schutzgüter vermieden, vermindert oder ausgeglichen werden soll.

7. Eine Beschreibung und Erläuterung der geplanten Maßnahmen, mit denen das Auftreten erheblicher nachteiliger Auswirkungen auf die in § 1a genannten Schutzgüter vermieden, vermindert oder ausgeglichen werden soll, sowie eine Beschreibung geplanter Ersatzmaßnahmen und etwaiger Überwachungsmaßnahmen des Trägers des UVP-pflichtigen Vorhabens.

8. Soweit Auswirkungen aufgrund der Anfälligkeit des UVP-pflichtigen Vorhabens für die Risiken von schweren Unfällen oder Katastrophen zu erwarten sind, soll die Beschreibung, soweit möglich, auch auf vorgesehene Vorsorge- und Notfallmaßnahmen eingehen.

9. Die Beschreibung der Auswirkungen auf Natura 2000-Gebiete soll in einem gesonderten Abschnitt erfolgen.

10. Die Beschreibung der Auswirkungen auf besonders geschützte Arten soll in einem gesonderten Abschnitt erfolgen.

11. Eine Beschreibung der Methoden oder Nachweise, die zur Ermittlung der erheblichen Auswirkungen auf die in § 1a genannten Schutzgüter genutzt wurden, einschließlich näherer Hinweise auf Schwierigkeiten und Unsicherheiten, die bei der Zusammenstellung der Angaben aufgetreten sind, insbesondere soweit diese Schwierigkeiten auf fehlenden Kenntnissen und Prüfmethoden oder auf technischen Lücken beruhen.

12. Eine Referenzliste der Quellen, die für die im UVP-Bericht enthaltenen Angaben herangezogen wurden.

---

[1]) Nr. **2.5**.

## 6.1.12. Zwölfte Verordnung zur Durchführung des Bundes-Immissionsschutzgesetzes (Störfall-Verordnung – 12. BImSchV)[1)][2)]

In der Fassung der Bekanntmachung vom 15. März 2017[3)]
(BGBl. I S. 483, ber. S. 3527)

**FNA 2129-8-12-1**

zuletzt geänd. durch Art. 107 Elfte ZuständigkeitsanpassungsVO v. 19.6.2020 (BGBl. I S. 1328)

### Erster Teil. Allgemeine Vorschriften

**§ 1 Anwendungsbereich.** (1) ¹Die Vorschriften dieser Verordnung mit Ausnahme der §§ 9 bis 12 gelten für Betriebsbereiche der unteren und der oberen Klasse. ²Für Betriebsbereiche der oberen Klasse gelten außerdem die Vorschriften der §§ 9 bis 12.

(2) Die zuständige Behörde kann im Einzelfall dem Betreiber eines Betriebsbereichs der unteren Klasse, soweit es zur Verhinderung von Störfällen oder zur Begrenzung ihrer Auswirkungen erforderlich ist, Pflichten nach den §§ 9 bis 12 auferlegen.

(3) Die Absätze 1 und 2 gelten nicht für Einrichtungen, Gefahren und Tätigkeiten, die in Artikel 2 Absatz 2 Unterabsatz 1 der Richtlinie 2012/18/EU des Europäischen Parlaments und des Rates vom 4. Juli 2012 zur Beherrschung der Gefahren schwerer Unfälle mit gefährlichen Stoffen, zur Änderung und anschließenden Aufhebung der Richtlinie 96/82/EG des Rates (ABl. L 197 vom 24.7.2012, S. 1) genannt sind, es sei denn, es handelt sich um eine in Artikel 2 Absatz 2 Unterabsatz 2 der Richtlinie 2012/18/EU genannte Einrichtung, Gefahr oder Tätigkeit.

**§ 2 Begriffsbestimmungen.** Im Sinne dieser Verordnung sind

1. Betriebsbereich der unteren Klasse:
   ein Betriebsbereich, in dem gefährliche Stoffe in Mengen vorhanden sind, die die in Spalte 4 der Stoffliste in Anhang I genannten Mengenschwellen erreichen oder überschreiten, aber die Spalte 5 der Stoffliste in Anhang I genannten Mengenschwellen unterschreiten;

2. Betriebsbereich der oberen Klasse:
   ein Betriebsbereich, in dem gefährliche Stoffe in Mengen vorhanden sind, die die in Spalte 5 der Stoffliste in Anhang I genannten Mengenschwellen erreichen oder überschreiten;

3. benachbarter Betriebsbereich:

---

[1)] **Amtl. Anm.:** Diese Verordnung dient der Umsetzung der Richtlinie 2012/18/EU des Europäischen Parlaments und des Rates vom 4. Juli 2012 zur Beherrschung der Gefahren schwerer Unfälle mit gefährlichen Stoffen, zur Änderung und anschließenden Aufhebung der Richtlinie 96/82/EG des Rates (ABl. L 197 vom 24.7.2012, S. 1).
[2)] Die VO wurde erlassen aufgrund von § 7 Abs. 1 Nr. 1 und Abs. 4, § 23 Abs. 1 und § 48a Abs. 3 BImSchG (Nr. **6.1**) sowie § 19 Abs. 1 iVm Abs. 3 Nr. 6 und 8 ChemG (Nr. **9.1**).
[3)] Neubekanntmachung der 12. BImSchV idF der Bek. v. 8.6.2005 (BGBl. I S. 1598) in der ab 14.1.2017 geltenden Fassung.

ein Betriebsbereich, der sich so nah bei einem anderen Betriebsbereich befindet, dass dadurch das Risiko oder die Folgen eines Störfalls vergrößert werden;
4. gefährliche Stoffe:
Stoffe oder Gemische, die in Anhang I aufgeführt sind oder die dort festgelegten Kriterien erfüllen, einschließlich in Form von Rohstoffen, Endprodukten, Nebenprodukten, Rückständen oder Zwischenprodukten;
5. Vorhandensein gefährlicher Stoffe:
das tatsächliche oder vorgesehene Vorhandensein gefährlicher Stoffe oder ihr Vorhandensein im Betriebsbereich, soweit vernünftigerweise vorhersehbar ist, dass sie bei außer Kontrolle geratenen Prozessen, auch bei Lagerung in einer Anlage innerhalb des Betriebsbereichs, anfallen, und zwar in Mengen, die die in Anhang I genannten Mengenschwellen erreichen oder überschreiten;
6. Ereignis:
Störung des bestimmungsgemäßen Betriebs in einem Betriebsbereich unter Beteiligung eines oder mehrerer gefährlicher Stoffe;
7. Störfall:
ein Ereignis, das unmittelbar oder später innerhalb oder außerhalb des Betriebsbereichs zu einer ernsten Gefahr oder zu Sachschäden nach Anhang VI Teil 1 Ziffer I Nummer 4 führt;
8. ernste Gefahr:
eine Gefahr, bei der
   a) das Leben von Menschen bedroht wird oder schwerwiegende Gesundheitsbeeinträchtigungen von Menschen zu befürchten sind,
   b) die Gesundheit einer großen Zahl von Menschen beeinträchtigt werden kann oder
   c) die Umwelt, insbesondere Tiere und Pflanzen, der Boden, das Wasser, die Atmosphäre sowie Kultur- oder sonstige Sachgüter geschädigt werden können, falls durch eine Veränderung ihres Bestandes oder ihrer Nutzbarkeit das Gemeinwohl beeinträchtigt würde;
9. Überwachungssystem:
umfasst den Überwachungsplan, das Überwachungsprogramm und die Vor-Ort-Besichtigung sowie alle Maßnahmen, die von der zuständigen Behörde oder in ihrem Namen durchgeführt werden, um die Einhaltung der Bestimmungen dieser Verordnung durch die Betriebsbereiche zu überprüfen und zu fördern;
10. Stand der Sicherheitstechnik:
der Entwicklungsstand fortschrittlicher Verfahren, Einrichtungen und Betriebsweisen, der die praktische Eignung einer Maßnahme zur Verhinderung von Störfällen oder zur Begrenzung ihrer Auswirkungen gesichert erscheinen lässt. Bei der Bestimmung des Standes der Sicherheitstechnik sind insbesondere vergleichbare Verfahren, Einrichtungen oder Betriebsweisen heranzuziehen, die mit Erfolg im Betrieb erprobt worden sind.

## Zweiter Teil. Vorschriften für Betriebsbereiche
### Erster Abschnitt. Grundpflichten

**§ 3 Allgemeine Betreiberpflichten.** (1) Der Betreiber hat die nach Art und Ausmaß der möglichen Gefahren erforderlichen Vorkehrungen zu treffen, um Störfälle zu verhindern; Verpflichtungen nach anderen als immissionsschutzrechtlichen Vorschriften bleiben unberührt.

(2) Bei der Erfüllung der Pflicht nach Absatz 1 sind
1. betriebliche Gefahrenquellen,
2. umgebungsbedingte Gefahrenquellen, wie Erdbeben oder Hochwasser, und
3. Eingriffe Unbefugter

zu berücksichtigen, es sei denn, dass diese Gefahrenquellen oder Eingriffe als Störfallursachen vernünftigerweise ausgeschlossen werden können.

(3) Über Absatz 1 hinaus sind vorbeugend Maßnahmen zu treffen, um die Auswirkungen von Störfällen so gering wie möglich zu halten.

(4) Die Beschaffenheit und der Betrieb der Anlagen des Betriebsbereichs müssen dem Stand der Sicherheitstechnik entsprechen.

(5) Die Wahrung angemessener Sicherheitsabstände zwischen Betriebsbereich und benachbarten Schutzobjekten stellt keine Betreiberpflicht dar.

**§ 4 Anforderungen zur Verhinderung von Störfällen.** Der Betreiber hat zur Erfüllung der sich aus § 3 Absatz 1 ergebenden Pflicht insbesondere
1. Maßnahmen zu treffen, damit Brände und Explosionen
   a) innerhalb des Betriebsbereichs vermieden werden,
   b) nicht in einer die Sicherheit beeinträchtigenden Weise von einer Anlage auf andere Anlagen des Betriebsbereichs einwirken können und
   c) nicht in einer die Sicherheit des Betriebsbereichs beeinträchtigenden Weise von außen auf ihn einwirken können,
1a. Maßnahmen zu treffen, damit Freisetzungen gefährlicher Stoffe in Luft, Wasser oder Boden vermieden werden,
2. den Betriebsbereich mit ausreichenden Warn-, Alarm- und Sicherheitseinrichtungen auszurüsten,
3. die Anlagen des Betriebsbereichs mit zuverlässigen Messeinrichtungen und Steuer- oder Regeleinrichtungen auszustatten, die, soweit dies sicherheitstechnisch geboten ist, jeweils mehrfach vorhanden, verschiedenartig und voneinander unabhängig sind,
4. die sicherheitsrelevanten Teile des Betriebsbereichs vor Eingriffen Unbefugter zu schützen.

**§ 5 Anforderungen zur Begrenzung von Störfallauswirkungen.**

(1) Der Betreiber hat zur Erfüllung der sich aus § 3 Absatz 3 ergebenden Pflicht insbesondere
1. Maßnahmen zu treffen, damit durch die Beschaffenheit der Fundamente und der tragenden Gebäudeteile bei Störfällen keine zusätzlichen Gefahren hervorgerufen werden können,

2. die Anlagen des Betriebsbereichs mit den erforderlichen sicherheitstechnischen Einrichtungen auszurüsten sowie die erforderlichen technischen und organisatorischen Schutzvorkehrungen zu treffen.

(2) Der Betreiber hat dafür zu sorgen, dass in einem Störfall die für die Gefahrenabwehr zuständigen Behörden und die Einsatzkräfte unverzüglich, umfassend und sachkundig beraten werden.

**§ 6 Ergänzende Anforderungen.** (1) Der Betreiber hat zur Erfüllung der sich aus § 3 Absatz 1 oder 3 ergebenden Pflichten über die in den §§ 4 und 5 genannten Anforderungen hinaus

1. die Errichtung und den Betrieb der sicherheitsrelevanten Anlagenteile zu prüfen sowie die Anlagen des Betriebsbereichs in sicherheitstechnischer Hinsicht ständig zu überwachen und regelmäßig zu warten,
2. die Wartungs- und Reparaturarbeiten nach dem Stand der Technik durchzuführen,
3. die erforderlichen sicherheitstechnischen Vorkehrungen zur Vermeidung von Fehlbedienungen zu treffen,
4. durch geeignete Bedienungs- und Sicherheitsanweisungen und durch Schulung des Personals Fehlverhalten vorzubeugen.

(2) Die Betreiber der nach § 15 festgelegten Betriebsbereiche haben im Benehmen mit den zuständigen Behörden

1. untereinander alle erforderlichen Informationen auszutauschen, damit sie in ihrem Konzept zur Verhinderung von Störfällen, in ihren Sicherheitsmanagementsystemen, in ihren Sicherheitsberichten und ihren internen Alarm- und Gefahrenabwehrplänen der Art und dem Ausmaß der Gesamtgefahr eines Störfalls Rechnung tragen können, und
2. zur Information der Öffentlichkeit und benachbarter Betriebsstätten, die nicht unter den Anwendungsbereich dieser Verordnung fallen, sowie zur Übermittlung von Angaben an die für die Erstellung von externen Alarm- und Gefahrenabwehrplänen zuständige Behörde zusammenzuarbeiten.

(3) Der Betreiber hat der zuständigen Behörde auf Verlangen genügend Informationen zu liefern, die notwendig sind, damit die Behörde

1. die Möglichkeit des Eintritts eines Störfalls in voller Sachkenntnis beurteilen kann,
2. ermitteln kann, inwieweit sich die Wahrscheinlichkeit des Eintritts eines Störfalls erhöhen kann oder die Auswirkungen eines Störfalls verschlimmern können,
3. Entscheidungen über die Ansiedlung oder die störfallrelevante Änderung von Betriebsbereichen sowie über Entwicklungen in der Nachbarschaft von Betriebsbereichen treffen kann,
4. externe Alarm- und Gefahrenabwehrpläne erstellen kann und
5. Stoffe berücksichtigen kann, die auf Grund ihrer physikalischen Form, ihrer besonderen Merkmale oder des Ortes, an dem sie vorhanden sind, zusätzliche Vorkehrungen erfordern.

**§ 7 Anzeige.** (1) Der Betreiber hat der zuständigen Behörde mindestens einen Monat vor Beginn der Errichtung eines Betriebsbereichs, oder vor einer

störfallrelevanten Änderung nach § 3 Absatz 5b des Bundes-Immissionsschutzgesetzes[1], Folgendes schriftlich anzuzeigen:
1. Name oder Firma des Betreibers sowie vollständige Anschrift des betreffenden Betriebsbereichs,
2. eingetragener Firmensitz und vollständige Anschrift des Betreibers,
3. Name und Funktion der für den Betriebsbereich verantwortlichen Person, falls von der unter Nummer 1 genannten Person abweichend,
4. ausreichende Angaben zur Identifizierung der gefährlichen Stoffe und der Gefahrenkategorie von Stoffen, die gemäß § 2 Nummer 5 vorhanden sind,
5. Menge und physikalische Form der gefährlichen Stoffe,
6. Tätigkeit oder beabsichtigte Tätigkeit in den Anlagen des Betriebsbereichs,
7. Gegebenheiten in der unmittelbaren Umgebung des Betriebsbereichs, die einen Störfall auslösen oder dessen Folgen verschlimmern können, einschließlich, soweit verfügbar, Einzelheiten zu
   a) benachbarten Betriebsbereichen,
   b) anderen Betriebsstätten, die nicht unter den Anwendungsbereich dieser Verordnung fallen, und
   c) Bereichen und Entwicklungen, von denen ein Störfall ausgehen könnte oder bei denen sich die Wahrscheinlichkeit des Eintritts eines Störfalls erhöhen kann oder die Auswirkungen eines Störfalls und von Domino-Effekten nach § 15 verschlimmern können.

(2) Der Betreiber hat der zuständigen Behörde folgende Änderungen mindestens einen Monat vorher schriftlich anzuzeigen:
1. Änderungen der Angaben nach Absatz 1 Nummer 1 bis 3 und
2. die Einstellung des Betriebs, des Betriebsbereichs oder einer Anlage des Betriebsbereichs.

(3) Der Betreiber hat der zuständigen Behörde störfallrelevante Änderungen nach § 3 Absatz 5b des Bundes-Immissionsschutzgesetzes schriftlich anzuzeigen.

(4) Einer gesonderten Anzeige bedarf es nicht, soweit der Betreiber die entsprechenden Angaben der zuständigen Behörde nach Absatz 1 im Rahmen eines Genehmigungs- oder Anzeigeverfahrens vorgelegt hat.

**§ 8 Konzept zur Verhinderung von Störfällen.** (1) ¹Der Betreiber hat vor Inbetriebnahme ein schriftliches Konzept zur Verhinderung von Störfällen auszuarbeiten und es der zuständigen Behörde auf Verlangen vorzulegen. ²Bei Betriebsbereichen der oberen Klasse kann das Konzept Bestandteil des Sicherheitsberichts sein.

(2) ¹Das Konzept soll ein hohes Schutzniveau für die menschliche Gesundheit und die Umwelt gewährleisten und den Gefahren von Störfällen im Betriebsbereich angemessen sein. ²Es muss die übergeordneten Ziele und Handlungsgrundsätze des Betreibers, die Rolle und die Verantwortung der Leitung des Betriebsbereichs umfassen sowie die Verpflichtung beinhalten, die Beherrschung der Gefahren von Störfällen ständig zu verbessern und ein hohes Schutzniveau zu gewährleisten.

---

[1] Nr. **6.1**.

(3) Der Betreiber hat die Umsetzung des Konzeptes durch angemessene Mittel und Strukturen sowie durch ein Sicherheitsmanagementsystem nach Anhang III sicherzustellen.

(4) Der Betreiber hat das Konzept, das Sicherheitsmanagementsystem nach Anhang III sowie die Verfahren zu dessen Umsetzung zu überprüfen und soweit erforderlich zu aktualisieren, und zwar

1. mindestens alle fünf Jahre nach erstmaliger Erstellung oder Änderung,
2. vor einer Änderung nach § 7 Absatz 3 und
3. unverzüglich nach einem Ereignis nach Anhang VI Teil 1.

**§ 8a Information der Öffentlichkeit.** (1) [1] Der Betreiber hat der Öffentlichkeit die Angaben nach Anhang V Teil 1 ständig zugänglich zu machen, auch auf elektronischem Weg. [2] Die Angaben sind insbesondere bei einer störfallrelevanten Änderung nach § 3 Absatz 5b des Bundes-Immissionsschutzgesetzes[1]) auf dem neuesten Stand zu halten. [3] Die Informationspflicht ist mindestens einen Monat vor Inbetriebnahme eines Betriebsbereichs oder vor störfallrelevanten Änderungen nach § 3 Absatz 5b des Bundes-Immissionsschutzgesetzes zu erfüllen. [4] Andere öffentlich-rechtliche Vorschriften zur Information der Öffentlichkeit bleiben unberührt.

(2) Mit Zustimmung der zuständigen Behörde darf aus Gründen des Schutzes öffentlicher oder privater Belange nach den Bestimmungen des Bundes und der Länder über den Zugang zu Umweltinformationen von der Veröffentlichung von Informationen gemäß Absatz 1 abgesehen werden.

### Zweiter Abschnitt. Erweiterte Pflichten

**§ 9 Sicherheitsbericht.** (1) Der Betreiber eines Betriebsbereichs der oberen Klasse hat einen Sicherheitsbericht nach Absatz 2 zu erstellen, in dem dargelegt wird, dass

1. ein Konzept zur Verhinderung von Störfällen umgesetzt wurde und ein Sicherheitsmanagementsystem zu seiner Anwendung gemäß Anhang III vorhanden ist und umgesetzt wurde,
2. die Gefahren von Störfällen und mögliche Störfallszenarien ermittelt sowie alle erforderlichen Maßnahmen zur Verhinderung derartiger Störfälle und zur Begrenzung ihrer Auswirkungen auf die menschliche Gesundheit und die Umwelt ergriffen wurden,
3. die Auslegung, die Errichtung sowie der Betrieb und die Wartung sämtlicher Teile eines Betriebsbereichs, die im Zusammenhang mit der Gefahr von Störfällen im Betriebsbereich stehen, ausreichend sicher und zuverlässig sind,
4. interne Alarm- und Gefahrenabwehrpläne vorliegen und die erforderlichen Informationen zur Erstellung externer Alarm- und Gefahrenabwehrpläne gegeben werden sowie
5. ausreichende Informationen bereitgestellt werden, damit die zuständige Behörde Entscheidungen über die Ansiedlung neuer Tätigkeiten oder Entwicklungen in der Nachbarschaft bestehender Betriebsbereiche treffen kann.

(2) [1] Der Sicherheitsbericht enthält mindestens die in Anhang II aufgeführten Angaben und Informationen. [2] Er führt die Namen der an der Erstellung

---

[1]) Nr. **6.1**.

des Berichts maßgeblich Beteiligten auf. ³Er enthält ferner ein Verzeichnis der in dem Betriebsbereich vorhandenen gefährlichen Stoffe auf der Grundlage der Bezeichnungen und Einstufungen in Spalte 2 der Stoffliste des Anhangs I.

(3) Der Betreiber kann auf Grund anderer Rechtsvorschriften vorzulegende gleichwertige Berichte oder Teile solcher Berichte zu einem einzigen Sicherheitsbericht im Sinne dieses Paragraphen zusammenfassen, sofern alle Anforderungen dieses Paragraphen beachtet werden.

(4) Der Betreiber hat der zuständigen Behörde den Sicherheitsbericht nach den Absätzen 1 und 2 unbeschadet des § 4b Absatz 2 Satz 1 der Verordnung über das Genehmigungsverfahren[1] innerhalb einer angemessenen, von der zuständigen Behörde gesetzten Frist vor Inbetriebnahme vorzulegen.

(5) ¹Der Betreiber hat den Sicherheitsbericht zu überprüfen und soweit erforderlich zu aktualisieren, und zwar:

1. mindestens alle fünf Jahre,
2. bei einer störfallrelevanten Änderung nach § 3 Absatz 5b des Bundes-Immissionsschutzgesetzes[2],
3. nach einem Ereignis nach Anhang VI Teil 1 und
4. zu jedem anderen Zeitpunkt, wenn neue Umstände dies erfordern, oder um den neuen sicherheitstechnischen Kenntnisstand sowie aktuelle Erkenntnisse zur Beurteilung der Gefahren zu berücksichtigen.

²Soweit sich bei der Überprüfung nach Satz 1 herausstellt, dass sich erhebliche Auswirkungen hinsichtlich der mit einem Störfall verbundenen Gefahren ergeben könnten, hat der Betreiber den Sicherheitsbericht unverzüglich zu aktualisieren. ³Er hat der zuständigen Behörde die aktualisierten Teile des Sicherheitsberichts in Fällen der Nummern 1, 3 und 4 unverzüglich und in Fällen der Nummer 2 mindestens einen Monat vor Durchführung der Änderung vorzulegen.

(6) (weggefallen)

**§ 10 Alarm- und Gefahrenabwehrpläne.** (1) ¹Der Betreiber eines Betriebsbereichs der oberen Klasse hat nach Maßgabe des Satzes 2

1. interne Alarm- und Gefahrenabwehrpläne zu erstellen, die die in Anhang IV aufgeführten Informationen enthalten müssen, und
2. der zuständigen Behörde die für die Erstellung externer Alarm- und Gefahrenabwehrpläne erforderlichen Informationen zu übermitteln.

²Die Pflichten nach Satz 1 sind mindestens einen Monat vor Inbetriebnahme eines Betriebsbereichs oder vor Änderungen der Anlage oder der Tätigkeiten, auf Grund derer der Betriebsbereich unter den Anwendungsbereich dieser Verordnung fällt oder auf Grund derer ein Betriebsbereich der unteren Klasse zu einem Betriebsbereich der oberen Klasse wird, zu erfüllen.

(2) Wenn das Hoheitsgebiet eines anderen Staates von den Auswirkungen eines Störfalls betroffen werden kann, hat der Betreiber der zuständigen Behörde nach Absatz 1 Nummer 2 entsprechende Mehrausfertigungen der für die Erstellung externer Alarm- und Gefahrenabwehrpläne erforderlichen Informa-

---

[1] Nr. **6.1.9**.
[2] Nr. **6.1**.

tionen zur Weiterleitung an die zuständige Behörde des anderen Staates zu übermitteln.

(3) [1] Vor der Erstellung der internen Alarm- und Gefahrenabwehrpläne hat der Betreiber die Beschäftigten des Betriebsbereichs über die vorgesehenen Inhalte zu unterrichten und hierzu anzuhören. [2] Er hat die Beschäftigten ferner vor ihrer erstmaligen Beschäftigungsaufnahme und danach mindestens alle drei Jahre über die für sie in den internen Alarm- und Gefahrenabwehrplänen für den Störfall enthaltenen Verhaltensregeln zu unterweisen. [3] Die Pflichten aus den Sätzen 1 und 2 gelten sinngemäß auch gegenüber dem nicht nur vorübergehend beschäftigten Personal von Subunternehmen.

(4) [1] Der Betreiber hat die internen Alarm- und Gefahrenabwehrpläne in Abständen von höchstens drei Jahren zu überprüfen und zu erproben. [2] Bei der Überprüfung sind Veränderungen im betreffenden Betriebsbereich und in den betreffenden Notdiensten, neue technische Erkenntnisse und Erkenntnisse darüber, wie bei Störfällen zu handeln ist, zu berücksichtigen. [3] Soweit sich bei der Überprüfung nach Satz 1 herausstellt, dass sich erhebliche Auswirkungen hinsichtlich der bei einem Störfall zu treffenden Maßnahmen ergeben könnten, hat der Betreiber die Alarm- und Gefahrenabwehrpläne unverzüglich zu aktualisieren. [4] Absatz 1 Satz 1 Nummer 2 und Absatz 2 gelten entsprechend.

**§ 11 Weitergehende Information der Öffentlichkeit.** (1) [1] Über die Anforderungen des § 8a Absatz 1 hinaus hat der Betreiber eines Betriebsbereichs der oberen Klasse der Öffentlichkeit die Angaben nach Anhang V Teil 2 ständig zugänglich zu machen, auch auf elektronischem Weg. [2] Die Angaben sind auf dem neuesten Stand zu halten, insbesondere bei einer störfallrelevanten Änderung nach § 3 Absatz 5b des Bundes-Immissionsschutzgesetzes[1]. [3] Die Informationspflicht ist mindestens einen Monat vor Inbetriebnahme eines Betriebsbereichs oder vor einer störfallrelevanten Änderung nach § 3 Absatz 5b des Bundes-Immissionsschutzgesetzes zu erfüllen. [4] Andere öffentlich-rechtliche Vorschriften zur Information der Öffentlichkeit bleiben unberührt.

(2) Mit Zustimmung der zuständigen Behörde darf aus Gründen des Schutzes öffentlicher oder privater Belange nach den Bestimmungen des Bundes und der Länder über den Zugang zu Umweltinformationen von der Veröffentlichung von Informationen gemäß Absatz 1 abgesehen werden.

(3) [1] Der Betreiber eines Betriebsbereichs hat alle Personen und alle Einrichtungen mit Publikumsverkehr, wie öffentlich genutzte Gebäude und Gebiete, einschließlich Schulen und Krankenhäuser, sowie Betriebsstätten oder benachbarte Betriebsbereiche, die von einem Störfall in diesem Betriebsbereich betroffen sein könnten, vor Inbetriebnahme über die Sicherheitsmaßnahmen und das richtige Verhalten im Fall eines Störfalls in einer auf die speziellen Bedürfnisse der jeweiligen Adressatengruppe abgestimmten Weise zu informieren. [2] Die Informationen enthalten zumindest die in Anhang V Teil 1 und 2 aufgeführten Angaben. [3] Soweit die Informationen zum Schutze der Öffentlichkeit bestimmt sind, sind sie mit den für den Katastrophenschutz und die allgemeine Gefahrenabwehr zuständigen Behörden abzustimmen. [4] Die in diesem Absatz genannten Betreiberpflichten gelten auch gegenüber Personen, der Öffentlichkeit und den zuständigen Behörden in anderen Staaten, deren Hoheitsgebiet

---

[1] Nr. **6.1**.

von den grenzüberschreitenden Auswirkungen eines Störfalls in dem Betriebsbereich betroffen werden könnte.

(4) ¹Der Betreiber hat die Informationen nach Absatz 3 zu überprüfen, und zwar
1. mindestens alle drei Jahre und
2. bei einer störfallrelevanten Änderung nach § 3 Absatz 5b des Bundes-Immissionsschutzgesetzes.

²Soweit sich bei der Überprüfung Änderungen ergeben, die erhebliche Auswirkungen hinsichtlich der mit einem Störfall verbundenen Gefahren haben könnten, hat der Betreiber die Informationen unverzüglich zu aktualisieren und zu wiederholen; Absatz 3 gilt entsprechend. ³Der Zeitraum, innerhalb dessen die nach Absatz 3 übermittelten Informationen wiederholt werden müssen, darf in keinem Fall fünf Jahre überschreiten.

(5) Der Betreiber hat der Öffentlichkeit auf Anfrage den Sicherheitsbericht nach § 9 Absatz 1 und 2 oder Absatz 3 unverzüglich zugänglich zu machen.

(6) ¹Der Betreiber kann von der zuständigen Behörde verlangen, bestimmte Teile des Sicherheitsberichts aus Gründen nach Artikel 4 der Richtlinie 2003/4/EG nicht offenlegen zu müssen. ²Nach Zustimmung der zuständigen Behörde legt der Betreiber in solchen Fällen der Behörde einen geänderten Sicherheitsbericht vor, in dem die nicht offenzulegenden Teile ausgespart sind und der zumindest allgemeine Informationen über mögliche Auswirkungen eines Störfalls auf die menschliche Gesundheit und die Umwelt umfasst, und macht diesen der Öffentlichkeit auf Anfrage zugänglich.

**§ 12 Sonstige Pflichten.** (1) Der Betreiber eines Betriebsbereichs der oberen Klasse hat
1. auf Verlangen der zuständigen Behörde zu einer von ihr benannten, zur Informationsweitergabe geeigneten Stelle der öffentlichen Verwaltung eine jederzeit verfügbare und gegen Missbrauch geschützte Verbindung einzurichten und zu unterhalten sowie
2. eine Person oder Stelle mit der Begrenzung der Auswirkungen von Störfällen zu beauftragen und diese der zuständigen Behörde zu benennen.

(2) ¹Der Betreiber hat Unterlagen über die nach § 6 Abs. 1 Nr. 1 und 2 erforderliche Durchführung
1. der Prüfung der Errichtung und des Betriebs der sicherheitsrelevanten Anlagenteile,
2. der Überwachung und regelmäßigen Wartung der Anlage in sicherheitstechnischer Hinsicht,
3. der sicherheitsrelevanten Wartungs- und Reparaturarbeiten sowie
4. der Funktionsprüfungen der Warn-, Alarm- und Sicherheitseinrichtungen

zu erstellen. ²Die Unterlagen sind bis zur nächsten Vor-Ort-Besichtigung, jedoch mindestens fünf Jahre ab Erstellung zur Einsicht durch die zuständige Behörde aufzubewahren.

### Dritter Abschnitt. Behördenpflichten

**§ 13 Mitteilungspflicht gegenüber dem Betreiber.** ¹Vor Inbetriebnahme eines Betriebsbereichs und nach einer Aktualisierung des Sicherheitsberichts auf Grund der in § 9 Absatz 5 vorgeschriebenen Überprüfungen hat die zuständige Behörde dem Betreiber die Ergebnisse ihrer Prüfung des Sicherheitsberichts, gegebenenfalls nach Anforderung zusätzlicher Informationen, innerhalb einer angemessenen Frist nach Eingang des Sicherheitsberichts mitzuteilen, soweit der Sicherheitsbericht nicht Gegenstand eines immissionsschutzrechtlichen Genehmigungsverfahrens ist. [2] Satz 1 gilt entsprechend in den Fällen des § 20 Absatz 2 Nummer 1 und Absatz 4 Nummer 1.

**§ 14** (weggefallen)

**§ 15 Domino-Effekt.** (1) [1] Die zuständige Behörde hat gegenüber den Betreibern festzustellen, bei welchen Betriebsbereichen oder Gruppen von Betriebsbereichen auf Grund ihrer geographischen Lage, ihres Abstands zueinander und der in ihren Anlagen vorhandenen gefährlichen Stoffe eine erhöhte Wahrscheinlichkeit von Störfällen bestehen kann oder diese Störfälle folgenschwerer sein können. [2] Hierfür hat die zuständige Behörde insbesondere folgende Angaben zu verwenden:

1. die Angaben, die der Betreiber in der Anzeige nach § 7 und im Sicherheitsbericht nach § 9 übermittelt hat,
2. die Angaben, die im Anschluss an ein Ersuchen der zuständigen Behörde um zusätzliche Auskünfte vom Betreiber übermittelt wurden, und
3. die Informationen, die die zuständige Behörde durch Überwachungsmaßnahmen erlangt hat.

(2) Die zuständige Behörde hat Informationen, über die sie zusätzlich zu den vom Betreiber nach § 7 Absatz 1 Nummer 7 übermittelten Angaben verfügt, dem Betreiber unverzüglich zur Verfügung zu stellen, sofern dies für die Zusammenarbeit der Betreiber gemäß § 6 Absatz 2 erforderlich ist.

**§ 16 Überwachungssystem.** (1) [1] Die zuständige Behörde hat unbeschadet des § 13 ein angemessenes Überwachungssystem einzurichten. [2] Das Überwachungssystem hat eine planmäßige und systematische Prüfung der technischen, organisatorischen und managementspezifischen Systeme der betroffenen Betriebsbereiche zu ermöglichen, mit der sich die zuständige Behörde insbesondere vergewissert,

1. dass der Betreiber nachweisen kann, dass er im Zusammenhang mit den verschiedenen betriebsspezifischen Tätigkeiten die zur Verhinderung von Störfällen erforderlichen Maßnahmen ergriffen hat,
2. dass der Betreiber nachweisen kann, dass er angemessene Mittel zur Begrenzung von Störfallauswirkungen innerhalb und außerhalb des Betriebsbereichs vorgesehen hat,
3. dass die im Sicherheitsbericht oder in anderen vorgelegten Berichten enthaltenen Angaben und Informationen die Gegebenheiten in dem Betriebsbereich zutreffend wiedergeben,
4. dass die Informationen nach § 8a Absatz 1 und § 11 Absatz 1 der Öffentlichkeit zugänglich gemacht worden sind und dass die Informationen nach § 11 Absatz 3 erfolgt sind.

(2) Das Überwachungssystem gewährleistet, dass:

1. nach jeder Vor-Ort-Besichtigung von der zuständigen Behörde ein Bericht erstellt wird, welcher die relevanten Feststellungen der Behörde und erforderlichen Folgemaßnahmen enthält,
2. der Bericht dem Betreiber innerhalb von vier Monaten nach der Vor-Ort-Besichtigung durch die zuständige Behörde übermittelt wird,
3. baldmöglichst, aber spätestens innerhalb von sechs Monaten, eine Vor-Ort-Besichtigung oder eine sonstige Überwachungsmaßnahme durchgeführt wird, bei

    a) schwerwiegenden Beschwerden,

    b) Ereignissen nach Anhang VI Teil 1 und

    c) bedeutenden Verstößen gegen Vorschriften dieser Verordnung oder anderer für die Anlagensicherheit relevanter Rechtsvorschriften,
4. Vor-Ort-Besichtigungen mit Überwachungsmaßnahmen im Rahmen anderer Rechtsvorschriften wenn möglich koordiniert werden.

(3) Die zuständige Behörde beteiligt sich im Rahmen ihrer Möglichkeiten aktiv an Maßnahmen und Instrumenten zum Erfahrungsaustausch und zur Wissenskonsolidierung auf dem Gebiet der Überwachung von Betriebsbereichen.

(4) [1] Die zuständige Behörde kann einen geeigneten Sachverständigen mit Vor-Ort-Besichtigungen oder sonstigen Überwachungsmaßnahmen, der Erstellung des Berichts nach Absatz 2 Nummer 1 und der Überprüfung der Folgemaßnahmen beauftragen. [2] Bestandteil des Auftrags muss es sein, den Bericht nach Absatz 2 Nummer 1 und das Ergebnis der Überprüfung binnen vier Wochen nach Fertigstellung des Berichts oder nach Abschluss der Überprüfung der zuständigen Behörde zu übermitteln. [3] Als Sachverständige sind insbesondere die gemäß § 29b des Bundes-Immissionsschutzgesetzes[1]) bekannt gegebenen Sachverständigen geeignet.

**§ 17 Überwachungsplan und Überwachungsprogramm.** (1) [1] Die zuständige Behörde hat im Rahmen des Überwachungssystems einen Überwachungsplan zu erstellen. [2] Der Überwachungsplan muss Folgendes enthalten:
1. den räumlichen Geltungsbereich des Plans,
2. eine allgemeine Beurteilung der Anlagensicherheit im Geltungsbereich des Plans,
3. ein Verzeichnis der in den Geltungsbereich des Plans fallenden Betriebsbereiche,
4. ein Verzeichnis der Gruppen von Betriebsbereichen nach § 15,
5. ein Verzeichnis der Betriebsbereiche, in denen sich durch besondere umgebungsbedingte Gefahrenquellen die Wahrscheinlichkeit des Eintritts eines Störfalls erhöhen oder die Auswirkungen eines solchen Störfalls verschlimmern können,
6. die Verfahren für die Aufstellung von Programmen für die regelmäßige Überwachung,
7. die Verfahren für die Überwachung aus besonderem Anlass,
8. Bestimmungen für die Zusammenarbeit zwischen Überwachungsbehörden.

---

[1]) Nr. **6.1**.

³ Die Überwachungspläne sind von der zuständigen Behörde regelmäßig zu überprüfen und, soweit erforderlich, zu aktualisieren.

(2) ¹ Auf der Grundlage der Überwachungspläne erstellen und aktualisieren die zuständigen Behörden regelmäßig Überwachungsprogramme, in denen auch die Zeiträume angegeben sind, in denen Vor-Ort-Besichtigungen stattfinden müssen. ² Der Abstand zwischen zwei Vor-Ort-Besichtigungen darf die folgenden Zeiträume nicht überschreiten:

1. ein Jahr, bei Betriebsbereichen der oberen Klasse, sowie
2. drei Jahre, bei Betriebsbereichen der unteren Klasse,

es sei denn, die zuständige Behörde hat auf der Grundlage einer systematischen Beurteilung der mit den Betriebsbereichen verbundenen Gefahren von Störfällen andere zeitliche Abstände erarbeitet.

(3) Die systematische Beurteilung der Gefahren von Störfällen nach Absatz 2 muss mindestens folgende Kriterien berücksichtigen:

1. mögliche Auswirkungen des Betriebsbereichs auf die menschliche Gesundheit und auf die Umwelt,
2. die Einhaltung der Anforderungen dieser Verordnung und anderer für die Anlagensicherheit wesentlicher Rechtsvorschriften und
3. für die Anlagensicherheit wesentliche Ergebnisse von Überwachungsmaßnahmen, die im Rahmen anderer Rechtsvorschriften durchgeführt worden sind.

### Vierter Abschnitt. Genehmigungsverfahren nach § 23b des Bundes-Immissionsschutzgesetzes

**§ 18 Genehmigungsverfahren nach § 23b des Bundes-Immissionsschutzgesetzes.** (1) ¹ Der Träger des Vorhabens hat dem Antrag nach § 23b Absatz 1 des Bundes-Immissionsschutzgesetzes[1]) alle Unterlagen beizufügen, die für die Prüfung der Genehmigungsvoraussetzungen erforderlich sind. ² Die zuständige Behörde teilt dem Antragsteller nach Eingang des Antrags und der Unterlagen unverzüglich mit, welche zusätzlichen Unterlagen sie für die Prüfung benötigt. ³ Erfolgt die Antragstellung elektronisch, kann die zuständige Behörde Mehrfertigungen sowie die Übermittlung der dem Antrag beizufügenden Unterlagen auch in schriftlicher Form verlangen.

(2) ¹ Hat der Antragsteller den Antrag und die erforderlichen Unterlagen vollständig übermittelt, macht die zuständige Behörde das Vorhaben in ihrem amtlichen Veröffentlichungsblatt und außerdem entweder im Internet oder in örtlichen Tageszeitungen, die im Bereich des Standortes des Vorhabens verbreitet sind, öffentlich bekannt. ² In der Bekanntmachung ist die Öffentlichkeit über Folgendes zu informieren:

1. über den Gegenstand des Vorhabens,
2. gegebenenfalls über die Feststellung der UVP-Pflicht des Vorhabens nach § 5 des Gesetzes über die Umweltverträglichkeitsprüfung[2]) sowie erforderlichenfalls Durchführung einer grenzüberschreitenden Beteiligung nach den §§ 55 und 56 des Gesetzes über die Umweltverträglichkeitsprüfung oder das Be-

---

[1]) Nr. **6.1**.
[2]) Nr. **2.5**.

stehen einer grenzüberschreitenden Informationspflicht des Betreibers nach § 11 Absatz 3 Satz 4,

3. über die für die Genehmigung zuständige Behörde, bei der der Antrag nebst Unterlagen zur Einsicht ausgelegt wird, sowie wo und wann Einsicht genommen werden kann,

4. darüber, dass Personen, deren Belange berührt sind, und Vereinigungen, welche die Anforderungen von § 3 Absatz 1 oder § 2 Absatz 2 des Umwelt-Rechtsbehelfsgesetzes[1)] erfüllen (betroffene Öffentlichkeit), Einwendungen bei einer in der Bekanntmachung bezeichneten Stelle innerhalb der Frist gemäß § 23b Absatz 2 Satz 3 des Bundes-Immissionsschutzgesetzes erheben können,

5. die Art möglicher Entscheidungen oder, soweit vorhanden, den Entscheidungsentwurf,

6. darüber, dass die Zustellung der Entscheidung über die Einwendungen durch öffentliche Bekanntmachung ersetzt werden kann, sowie

7. gegebenenfalls über weitere Einzelheiten des Verfahrens zur Unterrichtung der Öffentlichkeit und Anhörung der betroffenen Öffentlichkeit.

[3] Weitere Informationen, die für die Entscheidung über die Genehmigung von Bedeutung sein können und die der zuständigen Behörde erst nach Beginn der Auslegung vorliegen, sind der Öffentlichkeit nach den Bestimmungen über den Zugang zu Umweltinformationen zugänglich zu machen. [4] Besteht für das Vorhaben eine UVP-Pflicht, muss die Bekanntmachung darüber hinaus den Anforderungen des § 19 Absatz 1 des Gesetzes über die Umweltverträglichkeitsprüfung entsprechen.

(3) [1] Die Auslegung des Antrags und der Unterlagen nach § 23b Absatz 2 Satz 2 des Bundes-Immissionsschutzgesetzes erfolgt bei der Genehmigungsbehörde und, soweit erforderlich, bei einer geeigneten Stelle in der Nähe des Standortes des Vorhabens. [2] Die Einwendungen können bei der Genehmigungsbehörde oder bei der Stelle erhoben werden, bei der Antrag und Unterlagen zur Einsicht ausliegen.

(4) [1] Der Genehmigungsbescheid ist schriftlich zu erlassen, schriftlich zu begründen und dem Antragsteller und den Personen, die Einwendungen erhoben haben, zuzustellen. [2] In der Begründung sind die wesentlichen tatsächlichen und rechtlichen Gründe, die die Behörde zu ihrer Entscheidung bewogen haben, die Behandlung der Einwendungen sowie Angaben über das Verfahren zur Beteiligung der Öffentlichkeit aufzunehmen. [3] Haben mehr als 50 Personen Einwendungen erhoben, kann die Zustellung durch die öffentliche Bekanntmachung nach Absatz 5 ersetzt werden.

(5) [1] Der Genehmigungsbescheid ist öffentlich bekannt zu machen. [2] Die öffentliche Bekanntmachung wird dadurch bewirkt, dass der verfügende Teil des Bescheids und die Rechtsbehelfsbelehrung in entsprechender Anwendung des Absatzes 2 Satz 1 bekannt gemacht werden; auf Auflagen ist hinzuweisen. [3] Eine Ausfertigung des gesamten Genehmigungsbescheids ist vom Tage nach der Bekanntmachung an zwei Wochen zur Einsicht auszulegen. [4] In der öffentlichen Bekanntmachung ist anzugeben, wo und wann der Bescheid und seine Begründung eingesehen und nach Satz 6 angefordert werden können. [5] Mit dem Ende der Auslegungsfrist gilt der Bescheid auch Dritten gegenüber, die

---

[1)] Nr. **12.1**.

keine Einwendungen erhoben haben, als zugestellt; darauf ist in der Bekanntmachung hinzuweisen. ⁶Nach der öffentlichen Bekanntmachung können der Bescheid und seine Begründung bis zum Ablauf der Widerspruchsfrist von den Personen, die Einwendungen erhoben haben, schriftlich angefordert werden.

(6) Die Absätze 1 bis 5 gelten für Vorhaben nach § 23c Satz 1 des Bundes-Immissionsschutzgesetzes entsprechend, soweit § 57d des Bundesberggesetzes dies anordnet.

### Dritter Teil. Meldeverfahren, Schlussvorschriften

**§ 19 Meldeverfahren.** (1) Der Betreiber hat der zuständigen Behörde unverzüglich den Eintritt eines Ereignisses, das die Kriterien des Anhangs VI Teil 1 erfüllt, mitzuteilen.

(2) ¹Der Betreiber hat der zuständigen Behörde unverzüglich, spätestens innerhalb einer Woche nach Eintritt eines Ereignisses nach Absatz 1 eine ergänzende schriftliche oder elektronische Mitteilung vorzulegen, die mindestens die Angaben nach Anhang VI Teil 2 enthält. ²Er hat die Mitteilung bei Vorliegen neuer Erkenntnisse unverzüglich zu ergänzen oder zu berichtigen.

(3) ¹Erhält die zuständige Behörde Kenntnis von einem Ereignis nach Anhang VI Teil 1 Ziffer I, hat sie

1. durch Vor-Ort-Besichtigungen, Untersuchungen oder andere geeignete Mittel die für eine vollständige Analyse der technischen, organisatorischen und managementspezifischen Gesichtspunkte dieses Ereignisses erforderlichen Informationen einzuholen,
2. geeignete Maßnahmen zu ergreifen, um sicherzustellen, dass der Betreiber alle erforderlichen Abhilfemaßnahmen trifft,
3. die von dem Störfall möglicherweise betroffenen Personen über diesen sowie gegebenenfalls über Maßnahmen zu unterrichten, die ergriffen wurden, um seine Auswirkungen zu mildern, und
4. Empfehlungen zu künftigen Verhinderungsmaßnahmen abzugeben, sobald die Analyse nach Nummer 1 vorliegt.

²Zur Erfüllung ihrer Verpflichtungen nach den Nummern 1, 2 und 4 kann die zuständige Behörde auch ein Gutachten vom Betreiber fordern.

(4) ¹Die zuständige Behörde hat dem Bundesministerium für Umwelt, Naturschutz und nukleare Sicherheit über die nach Landesrecht zuständige Behörde unverzüglich eine Kopie der Mitteilung nach Absatz 2 zuzuleiten. ²Das Bundesministerium für Umwelt, Naturschutz und nukleare Sicherheit unterrichtet die Europäische Kommission, wenn eines der Kriterien des Anhangs VI Teil 1 Ziffer I oder II erfüllt ist. ³Die Unterrichtung hat so bald wie möglich zu erfolgen, spätestens jedoch bis zum Ablauf eines Jahres nach dem Ereignis.

(5) ¹Die zuständige Behörde teilt das Ergebnis der Analyse nach Absatz 3 Nummer 1 und die Empfehlungen nach Absatz 3 Nummer 4 dem Bundesministerium für Umwelt, Naturschutz und nukleare Sicherheit schriftlich oder elektronisch über die nach Landesrecht zuständige Behörde mit. ²Das Bundesministerium für Umwelt, Naturschutz und nukleare Sicherheit unterrichtet die Europäische Kommission so bald wie möglich, spätestens jedoch bis zum Ablauf eines Jahres nach dem Ereignis, über das Ergebnis der Analyse und die Empfehlungen. ³Die Informationen sind zu aktualisieren, sobald Ergebnisse

weiterer Analysen und Empfehlungen verfügbar sind. [4]Die Unterrichtung darf zurückgestellt werden, wenn der Abschluss gerichtlicher Verfahren durch eine solche Informationsübermittlung beeinträchtigt werden könnte.

(6) Der Betreiber hat die Beschäftigten oder deren Personalvertretung über eine Mitteilung nach Absatz 1 unverzüglich zu unterrichten und ihnen auf Verlangen eine Kopie der Mitteilung nach Absatz 2 zugänglich zu machen.

**§ 20 Übergangsvorschriften.** (1) Der Betreiber eines Betriebsbereichs, der am 13. Januar 2017 unter den Anwendungsbereich dieser Verordnung fällt und dessen Einstufung als Betriebsbereich der oberen oder unteren Klasse sich ab dem 14. Januar 2017 nicht ändert, hat

1. der zuständigen Behörde die Angaben nach § 7 Absatz 1 bis zum Ablauf des 14. Juli 2017 schriftlich anzuzeigen, sofern der Betreiber der zuständigen Behörde die entsprechenden Angaben nicht bereits übermittelt hat,
2. das Konzept nach § 8 Absatz 1 Satz 1 unverzüglich, spätestens jedoch bis zum Ablauf des 14. Juli 2017, zu aktualisieren, soweit dies auf Grund der Anforderungen dieser Verordnung erforderlich ist.

(2) Sofern es sich in den Fällen des Absatzes 1 um einen Betriebsbereich der oberen Klasse handelt, hat der Betreiber zusätzlich

1. den Sicherheitsbericht nach § 9 Absatz 1 und 2 oder Absatz 3 bis zum Ablauf des 14. Juli 2017 zu aktualisieren und aktualisierte Teile der zuständigen Behörde bis zu diesem Zeitpunkt vorzulegen,
2. die internen Alarm- und Gefahrenabwehrpläne nach § 10 Absatz 1 Satz 1 Nummer 1 zu aktualisieren und den zuständigen Behörden nach § 10 Absatz 1 Satz 1 Nummer 2 unverzüglich, spätestens jedoch zum Ablauf des 14. Juli 2017 Informationen zu übermitteln, sofern nicht die bestehenden internen Alarm- und Gefahrenabwehrpläne sowie die Informationen nach § 10 Absatz 1 Satz 1 Nummer 2 unverändert geblieben sind und den Anforderungen dieser Verordnung entsprechen.

(3) [1]Der Betreiber eines Betriebsbereichs, der ab dem 1. Juni 2015 aus anderen Gründen als Änderungen seiner Anlagen oder seiner Tätigkeiten, die eine Änderung ihres Inventars gefährlicher Stoffe zur Folge haben, unter den Anwendungsbereich der Richtlinie 2012/18/EU fällt oder eine Änderung seiner Einstufung als Betriebsbereich der unteren oder oberen Klasse erfährt, hat

1. der zuständigen Behörde die Angaben nach § 7 Absatz 1 innerhalb von drei Monaten nach dem Zeitpunkt, zu dem diese Verordnung für den betreffenden Betriebsbereich gilt, schriftlich anzuzeigen, sofern der Betreiber der zuständigen Behörde die entsprechenden Angaben nicht bereits übermittelt hat,
2. das Konzept nach § 8 Absatz 1 Satz 1 unverzüglich, spätestens jedoch bis zum Ablauf von sechs Monaten nach dem Zeitpunkt, zu dem diese Verordnung für den betreffenden Betriebsbereich gilt, auszuarbeiten und seine Umsetzung sicherzustellen.

[2]In den Fällen des Satzes 1 gelten dessen Anforderungen abweichend von Absatz 1, wenn sie vor dem 13. Januar 2017 eintreten.

(4) Sofern es sich in den Fällen des Absatzes 3 um einen Betriebsbereich der oberen Klasse handelt, hat der Betreiber zusätzlich

1. den Sicherheitsbericht nach § 9 Absatz 1 und 2 unverzüglich, spätestens jedoch bis zum Ablauf eines Jahres nach dem Zeitpunkt, zu dem die Anforderungen an Betriebsbereiche der oberen Klasse für den betreffenden Betriebsbereich gelten, zu erstellen und der zuständigen Behörde vorzulegen, wobei § 9 Absatz 3 entsprechend gilt,
2. die Pflichten nach § 10 Absatz 1 Satz 1 unverzüglich, spätestens jedoch bis zum Ablauf eines Jahres nach dem Zeitpunkt, zu dem die Anforderungen an Betriebsbereiche der oberen Klasse für den betreffenden Betriebsbereich gelten, zu erfüllen, wobei § 10 Absatz 2 bis 4 entsprechend gilt.

**§ 21 Ordnungswidrigkeiten.** (1) Ordnungswidrig im Sinne des § 62 Absatz 1 Nummer 2 des Bundes-Immissionsschutzgesetzes[1] handelt, wer vorsätzlich oder fahrlässig

1. einer vollziehbaren Anordnung nach § 1 Absatz 2 zuwiderhandelt,
2. entgegen § 6 Absatz 3 eine Information nicht, nicht richtig, nicht vollständig oder nicht rechtzeitig liefert,
3. entgegen § 7 Absatz 1, 2 oder 3 oder § 20 Absatz 1 Nummer 1 oder Absatz 3 Nummer 1 eine Anzeige nicht, nicht richtig, nicht vollständig, nicht in der vorgeschriebenen Weise oder nicht rechtzeitig erstattet,
4. entgegen § 8 Absatz 3 oder § 20 Absatz 3 Satz 1 Nummer 2 die Umsetzung des Konzepts nicht sicherstellt,
5. entgegen § 8 Absatz 4, § 10 Absatz 4 Satz 3 oder § 20 Absatz 1 Nummer 2 ein Konzept oder einen Alarm- oder Gefahrenabwehrplan nicht, nicht richtig, nicht vollständig oder nicht rechtzeitig aktualisiert,
6. entgegen § 8a Absatz 1 Satz 1 oder § 11 Absatz 1 Satz 1 oder Absatz 5 Satz 1 eine Angabe oder einen Sicherheitsbericht nicht, nicht richtig, nicht vollständig oder nicht in der vorgeschriebenen Weise zugänglich macht,
7. entgegen § 9 Absatz 4 oder 5 Satz 3 oder § 20 Absatz 2 Nummer 1 oder Absatz 4 Nummer 1 oder § 19 Absatz 2 Satz 1 einen Sicherheitsbericht oder dessen aktualisierte Teile oder eine Mitteilung nicht, nicht richtig, nicht vollständig, nicht in der vorgeschriebenen Weise oder nicht rechtzeitig vorlegt,
8. entgegen § 10 Absatz 1 Satz 1, auch in Verbindung mit § 20 Absatz 2 Nummer 2 oder Absatz 4 Nummer 2, einen dort genannten Alarm- oder Gefahrenabwehrplan nicht, nicht richtig, nicht vollständig oder nicht rechtzeitig erstellt oder die erforderliche Information nicht, nicht richtig, nicht vollständig oder nicht rechtzeitig übermittelt,
9. entgegen § 10 Absatz 3 Satz 1 einen Beschäftigten nicht, nicht richtig, nicht vollständig oder nicht rechtzeitig unterrichtet oder nicht, nicht richtig, nicht vollständig oder nicht rechtzeitig anhört,
10. entgegen § 10 Absatz 3 Satz 2 einen Beschäftigten nicht, nicht richtig, nicht vollständig oder nicht rechtzeitig unterweist,
11. entgegen § 10 Absatz 4 Satz 1 einen Alarm- oder Gefahrenabwehrplan nicht, nicht richtig oder nicht rechtzeitig erprobt,
12. entgegen § 11 Absatz 3 Satz 1 eine Information nicht, nicht richtig, nicht vollständig, nicht in der vorgeschriebenen Weise oder nicht rechtzeitig gibt,

---

[1] Nr. 6.1.

13. entgegen § 12 Absatz 1 Nummer 1 eine Verbindung nicht, nicht richtig oder nicht rechtzeitig einrichtet,
14. entgegen § 12 Absatz 2 Satz 2 eine Unterlage nicht oder nicht bis zur nächsten Vor-Ort-Besichtigung, jedoch mindestens fünf Jahre aufbewahrt,
15. entgegen § 19 Absatz 1 eine Mitteilung nicht, nicht richtig, nicht vollständig oder nicht rechtzeitig macht oder
16. entgegen § 19 Absatz 2 Satz 2 eine Mitteilung nicht, nicht richtig oder nicht rechtzeitig ergänzt oder nicht, nicht richtig oder nicht rechtzeitig berichtigt.

(2) Ordnungswidrig im Sinne des § 62 Absatz 1 Nummer 7 des Bundes-Immissionsschutzgesetzes handelt, wer vorsätzlich oder fahrlässig eine in Absatz 1 bezeichnete Handlung in Bezug auf eine nicht genehmigungsbedürftige Anlage begeht, die Teil eines Betriebsbereichs ist.

**Anhang I bis VII**

*(Hier nicht wiedergegeben.)*

## 6.1.13. Dreizehnte Verordnung zur Durchführung des Bundes-Immissionsschutzgesetzes (Verordnung über Großfeuerungs-, Gasturbinen- und Verbrennungsmotoranlagen – 13. BImSchV)[1)][2)]

Vom 6. Juli 2021

(BGBl. I S. 2514)

FNA 2129-8-13-3

### Abschnitt 1. Gemeinsame Vorschriften

#### Unterabschnitt 1. Anwendungsbereich, Begriffsbestimmungen, Bezugssauerstoffgehalt und Aggregationsregeln

**§ 1 Anwendungsbereich.** (1) Diese Verordnung gilt für die Errichtung, die Beschaffenheit und den Betrieb von Feuerungsanlagen, einschließlich Gasturbinenanlagen und Verbrennungsmotoranlagen sowie Gasturbinenanlagen und Verbrennungsmotoranlagen zum Antrieb von Arbeitsmaschinen, mit einer Feuerungswärmeleistung von mindestens 50 Megawatt (MW), unabhängig davon, welche Brennstoffe oder welche Arten von Brennstoffen eingesetzt werden.

(2) Für jede Feuerungsanlage nach Absatz 1 gelten die Vorschriften der Abschnitte 1 und 7 dieser Verordnung in Verbindung mit den zusätzlichen Vorschriften des für die Feuerungsanlage jeweils maßgeblichen Abschnitts 2, 3, 4, 5 oder 6.

(3) Diese Verordnung gilt nicht für folgende Feuerungsanlagen:
1. Anlagen, in denen die Verbrennungsprodukte unmittelbar zum Erwärmen, zum Trocknen oder zu einer anderweitigen Behandlung von Gegenständen

---

[1)] Verkündet als Art. 1 VO v. 6.7.2021 (BGBl. I S. 2514); Inkrafttreten gem. Art. 4 Satz 1 dieser VO am 15.7.2021.

[2)] **Amtl. Anm. zur ArtikelVO:** Diese Verordnung dient der Umsetzung
- der Richtlinie 2010/75/EU des Europäischen Parlaments und des Rates vom 24. November 2010 über Industrieemissionen (integrierte Vermeidung und Verminderung der Umweltverschmutzung) (Neufassung) (ABl. L 334 vom 17.12.2010, S. 17),
- des Durchführungsbeschlusses 2014/687/EU der Kommission vom 26. September 2014 über Schlussfolgerungen zu den besten verfügbaren Techniken (BVT) gemäß der Richtlinie 2010/75/EU des Europäischen Parlaments und des Rates in Bezug auf die Herstellung von Zellstoff, Papier und Karton (ABl. L 284 vom 30.9.2014, S. 76),
- des Durchführungsbeschlusses 2014/738/EU der Kommission vom 9. Oktober 2014 über Schlussfolgerungen zu den besten verfügbaren Techniken (BVT) gemäß der Richtlinie 2010/75/EU des Europäischen Parlaments und des Rates über Industrieemissionen in Bezug auf das Raffinieren von Mineralöl und Gas (ABl. L 307 vom 28.10.2014, S. 38),
- des Durchführungsbeschlusses 2017/1442/EU der Kommission vom 31. Juli 2017 über Schlussfolgerungen zu den besten verfügbaren Techniken (BVT) gemäß der Richtlinie 2010/75/EU des Europäischen Parlaments und des Rates für Großfeuerungsanlagen (ABl. L 212 vom 17.8.2017, S. 1),
- des Durchführungsbeschlusses 2017/2117/EU der Kommission vom 21. November 2017 über Schlussfolgerungen zu den besten verfügbaren Techniken (BVT) gemäß der Richtlinie 2010/75/EU des Europäischen Parlaments und des Rates in Bezug auf die Herstellung von organischen Grundchemikalien (ABl. L 323 vom 7.12.2017, S. 1).

oder Materialien verwendet werden, zum Beispiel Wärme- und Wärmebehandlungsöfen und Hochöfen,
2. Nachverbrennungsanlagen, die dafür ausgelegt sind, die Abgase durch Verbrennung zu reinigen und die nicht als unabhängige Feuerungsanlagen betrieben werden,
3. Einrichtungen zum Regenerieren von Katalysatoren für katalytisches Kracken,
4. Einrichtungen für die Umwandlung von Schwefelwasserstoff in Schwefel nach dem Claus-Prozess,
5. Feuerungsanlagen in der chemischen Industrie, die der unmittelbaren Beheizung von Gütern in Reaktoren dienen,
6. Koksöfen,
7. Winderhitzer,
8. technische Geräte, die unmittelbar zum Antrieb von Fahrzeugen, Schiffen oder Flugzeugen eingesetzt werden,
9. Gasturbinen und Gasmotoren, die auf Offshore-Plattformen eingesetzt werden,
10. Anlagen, die als Brennstoff andere feste oder flüssige Abfälle als die in § 2 Absatz 4 Nummer 2 genannten Abfälle verwenden, und
11. Feuerungsanlagen, die der Forschung, Entwicklung oder Erprobung neuer Einsatzstoffe, Brennstoffe, Erzeugnisse oder Verfahren im Labor- oder Technikumsmaßstab dienen, sowie Prüfstände für oder mit Verbrennungsmotoren und Prüfstände für oder mit Gasturbinen oder Triebwerke von Luftfahrzeugen.

(4) Diese Verordnung enthält Anforderungen an Feuerungsanlagen
1. zur Vorsorge gegen schädliche Umwelteinwirkungen nach § 5 Absatz 1 Nummer 2 des Bundes-Immissionsschutzgesetzes[1]) und zur Nutzung der entstehenden Wärme nach § 5 Absatz 1 Nummer 4 des Bundes-Immissionsschutzgesetzes und
2. zur Erfüllung von Luftqualitätsanforderungen der Europäischen Gemeinschaften oder der Europäischen Union nach § 48a Absatz 1 und 3 des Bundes-Immissionsschutzgesetzes.

**§ 2 Begriffsbestimmungen.** (1) „Abgas" im Sinne dieser Verordnung ist das Trägergas mit den festen, flüssigen oder gasförmigen Emissionen, angegeben als Volumenstrom in der Einheit Kubikmeter je Stunde ($m^3/h$) und bezogen auf das Abgasvolumen im Normzustand (Temperatur 273,15 Kelvin (K), Druck 101,3 Kilopascal (kPa)) nach Abzug des Feuchtegehalts an Wasserdampf.

(2) „Abgasreinigungseinrichtung" im Sinne dieser Verordnung ist eine der Feuerung nachgeschaltete Einrichtung zur Verminderung von Luftverunreinigungen einschließlich Einrichtungen zur selektiven nichtkatalytischen Reduktion und zur selektiven katalytischen Oxidation.

(3) „Bezugssauerstoffgehalt" im Sinne dieser Verordnung ist der jeweils vorgegebene oder zu berechnende Volumengehalt an Sauerstoff im Abgas, auf den der jeweilige Emissionsgrenzwert nach Anlage 5 zu beziehen ist.

(4) „Biobrennstoffe" im Sinne dieser Verordnung sind

---

[1]) Nr. **6.1**.

1. die Produkte land- oder forstwirtschaftlichen Ursprungs aus pflanzlichem Material oder Teilen davon, soweit sie zur Nutzung ihres Energieinhalts verwendet werden, und
2. nachstehende Abfälle, wenn die erzeugte Wärme genutzt wird:
   a) pflanzliche Abfälle aus der Land- und Forstwirtschaft,
   b) pflanzliche Abfälle aus der Nahrungsmittelindustrie,
   c) natürliche, nicht gefährliche Hölzer aus der Landschaftspflege, wenn sie aufgrund ihrer stofflichen Beschaffenheit mit den Hölzern aus der Forstwirtschaft vergleichbar sind,
   d) faserige pflanzliche Abfälle und Ablaugen aus der Herstellung von natürlichem Zellstoff und aus der Herstellung von Papier aus Zellstoff, sofern sie am Herstellungsort mitverbrannt werden,
   e) Korkabfälle,
   f) Holzabfälle; hiervon ausgenommen sind Holzabfälle, die infolge einer Behandlung mit Holzschutzmitteln oder infolge einer Beschichtung halogenorganische Verbindungen oder Schwermetalle enthalten können, insbesondere Holzabfälle aus Bau- und Abbruchabfällen.

(5) „Brennstoffbezogener Nettowirkungsgrad" im Sinne dieser Verordnung ist das Verhältnis von der Summe von elektrischer oder mechanischer Nettoleistung und von der nutzbaren Nettowärmeleistung zur Feuerungswärmeleistung.

(6) „Brennstoffe" im Sinne dieser Verordnung sind alle festen, flüssigen oder gasförmigen brennbaren Stoffe einschließlich ihrer nicht brennbaren Bestandteile; hiervon ausgenommen sind brennbare Stoffe, soweit sie dem Anwendungsbereich der Verordnung über die Verbrennung und die Mitverbrennung von Abfällen unterliegen.

(7) „Dieselkraftstoff" im Sinne dieser Verordnung ist Kraftstoff, der die Anforderungen nach § 4 Absatz 1 der Verordnung über die Beschaffenheit und die Auszeichnung der Qualitäten von Kraft- und Brennstoffen erfüllt.

(8) „Dieselmotoranlage" im Sinne dieser Verordnung ist eine nach dem Dieselprinzip arbeitende Verbrennungsmotoranlage mit Selbstzündung des Kraftstoffs.

(9) „Elektrischer Nettowirkungsgrad" im Sinne dieser Verordnung ist das Verhältnis der netto bereitstellbaren elektrischen Leistung zur Feuerungswärmeleistung.

(10) „Emissionen" im Sinne dieser Verordnung sind die von einer Anlage ausgehenden Luftverunreinigungen, angegeben als Massenkonzentrationen in der Einheit Milligramm je Kubikmeter Abgas (mg/m$^3$) oder Nanogramm je Kubikmeter Abgas (ng/m$^3$) oder als Massenstrom in der Einheit Megagramm pro Jahr (Mg/a); Staubemissionen können als Rußzahl angegeben werden.

(11) „Emissionsgrenzwert" im Sinne dieser Verordnung ist die Emission einer Anlage, die zulässigerweise in die Luft abgeleitet werden darf, angegeben als Massenkonzentration und bezogen auf den jeweiligen Bezugssauerstoffgehalt, im Fall von Staubemission auch angegeben als zulässige Rußzahl.

(12) „Entschwefelungsgrad der Rauchgasentschwefelungseinrichtung" im Sinne dieser Verordnung ist das Verhältnis der Menge an Schwefeloxiden, die von der Rauchgasentschwefelungseinrichtung abgeschieden worden ist, zu der Menge an Schwefeloxiden, die der Rauchgasentschwefelungseinrichtung mit dem Abgas zugeführt worden ist.

GroßfeuerungsanlagenVO  **§ 2  13. BImSchV 6.1.13**

(13) „Erdgas" im Sinne dieser Verordnung ist oder sind
1. natürlich vorkommendes Methangas mit nicht mehr als 20 Volumen-Prozent an Inertgasen und sonstigen Bestandteilen, das den Anforderungen des DVGW-Arbeitsblatts G 260 (DVGW: Deutscher Verein des Gas- und Wasserfaches e.V.), Ausgabe März 2013, für Gase der zweiten Gasfamilie entspricht, sowie
2. Klär-, Bio- und Grubengase nach dem DVGW-Arbeitsblatt G 262, Ausgabe September 2011, die die Bedingungen des DVGW-Arbeitsblatts G 260 als Austauschgas oder als Zusatzgas zur Konditionierung erfüllen und insoweit die Grundgase der zweiten Gasfamilie in der öffentlichen Gasversorgung ersetzen oder ergänzen.

(14) „Feuerungsanlage" im Sinne dieser Verordnung ist jede Anlage, in der Brennstoff zur Nutzung der erzeugten Wärme oxidiert wird.

(15) „Feuerungswärmeleistung" im Sinne dieser Verordnung ist der auf den unteren Heizwert bezogene Wärmeinhalt der Brennstoffe, der einer Anlage im Dauerbetrieb je Zeiteinheit zugeführt wird, angegeben in Megawatt.

(16) „Gasturbinenanlage" im Sinne dieser Verordnung ist eine Feuerungsanlage mit einer rotierenden Maschine, die thermische Energie in mechanische Arbeit umwandelt und im Wesentlichen aus einem Verdichter, aus einer Brennkammer, in der Brennstoff zur Erhitzung des Arbeitsmediums oxidiert wird, und aus einer Turbine besteht.

(17) „Gasturbine mit Zusatzfeuerung" im Sinne dieser Verordnung ist eine Gasturbine, deren Abgase einer nachgeschalteten Feuerung mit eigener Brennstoffzufuhr als Verbrennungsluft zugeführt werden.

(18) „Gasmotoranlage" im Sinne dieser Verordnung ist eine arbeitende Verbrennungsmotoranlage
1. mit Fremdzündung des Kraftstoffs oder
2. im Fall von Zweistoffmotoren mit Selbstzündung des Kraftstoffs.

(19) „Großfeuerungsanlage" im Sinne dieser Verordnung ist eine Feuerungsanlage, die keine Gasturbinenanlage oder Verbrennungsmotoranlage ist.

(20) „Leichtes Heizöl" im Sinne dieser Verordnung ist Heizöl nach DIN 51603 Teil 1, Ausgabe September 2020, oder Heizöl nach DIN SPEC 51603 Teil 6, Ausgabe März 2017.

(20a) „Magerbetrieb" im Sinne dieser Verordnung liegt vor, wenn ein Motor im Dauerbetrieb mit hohem Luftüberschuss gefahren wird.

(21) „Mechanischer Nettowirkungsgrad" im Sinne dieser Verordnung ist das Verhältnis der netto bereitstellbaren mechanischen Leistung zur Feuerungswärmeleistung.

(22) „Mehrstofffeuerung" im Sinne dieser Verordnung ist eine Einzelfeuerung, die mit zwei oder mehr Brennstoffen wechselweise betrieben werden kann.

(23) „Mischfeuerung" im Sinne dieser Verordnung ist eine Einzelfeuerung, die mit zwei oder mehr Brennstoffen gleichzeitig betrieben werden kann.

(24) „Netzstabilitätsanlage" ist eine Anlage zur Stromerzeugung, die nicht am Strommarkt teilnimmt und deren Einsatz als besonderes netztechnisches Betriebsmittel nach § 11 Absatz 3 des Energiewirtschaftsgesetzes vom 7. Juli 2005 (BGBl. I S. 1970, 3621), das zuletzt durch Artikel 4 des Gesetzes vom

8. August 2020 (BGBl. I S. 1818) geändert worden ist, sich auf einen Notbetrieb zur Wiederherstellung der Sicherheit und Zuverlässigkeit des Elektrizitätsversorgungssystems bei einem tatsächlichen örtlichen Ausfall eines oder mehrerer Betriebsmittel im Übertragungsnetz beschränkt.

(24a) „Periodische Messung" ist die Ermittlung einer Messgröße (einer bestimmten, quantitativ zu messenden Größe) in festgelegten Zeitabständen.

(25) „Rauchgasentschwefelungseinrichtung" ist eine aus einer Abgasreinigungseinrichtung oder aus einer Kombination von Abgasreinigungseinrichtungen bestehende Einrichtung zur Senkung der Schwefeloxid-Emissionen einer Feuerungsanlage.

(26) „Schornstein" im Sinne dieser Verordnung ist eine Konstruktion, die einen oder mehrere Züge aufweist, über die Abgase in die Luft abgeleitet werden.

(27) „Schwefelabscheidegrad" im Sinne dieser Verordnung ist das Verhältnis der Schwefelmenge, die von einer Feuerungsanlage in einem bestimmten Zeitraum nicht in die Luft abgeleitet wird, zu der Schwefelmenge des Brennstoffs, der im gleichen Zeitraum in die Feuerungsanlage eingebracht und verbraucht wird, angegeben als Prozentsatz.

(28) „Verbrennungsmotoranlage" im Sinne dieser Verordnung ist eine Feuerungsanlage in Form einer Dieselmotoranlage oder einer Gasmotoranlage.

**§ 3 Bezugssauerstoffgehalt.** Emissionsgrenzwerte beziehen sich auf einen Volumengehalt an Sauerstoff im Abgas von

1. 3 Prozent bei Großfeuerungsanlagen für flüssige und gasförmige Brennstoffe,
2. 6 Prozent bei Großfeuerungsanlagen für feste Brennstoffe und Biobrennstoffe,
3. 15 Prozent bei Gasturbinenanlagen sowie
4. 5 Prozent bei Verbrennungsmotoranlagen.

**§ 4 Aggregationsregeln.** (1) Werden in einer gemeinsamen Anlage im Sinne des § 1 Absatz 3 der Verordnung über genehmigungsbedürftige Anlagen[1] die Abgase von zwei oder mehr gesonderten Feuerungsanlagen gemeinsam über einen Schornstein abgeleitet, so gilt die von solchen Feuerungsanlagen gebildete Kombination als eine einzige Feuerungsanlage; die Feuerungswärmeleistung dieser Feuerungsanlage ergibt sich durch Addition der Feuerungswärmeleistungen der gesonderten Feuerungsanlagen.

(2) [1] Wird eine gemeinsame Anlage im Sinne des § 1 Absatz 3 der Verordnung über genehmigungsbedürftige Anlagen

1. aus zwei oder mehr gesonderten Feuerungsanlagen derart errichtet oder
2. als bestehende Anlage durch eine oder mehrere neue Feuerungsanlagen derart erweitert,

dass ihre Abgase unter Berücksichtigung technischer und wirtschaftlicher Faktoren nach Beurteilung der zuständigen Behörde gemeinsam über einen Schornstein abgeleitet werden können, so gilt die von solchen Feuerungsanlagen gebildete Kombination als eine einzige Feuerungsanlage; die Feuerungswärmeleistung dieser Feuerungsanlage ergibt sich durch Addition der Feue-

---

[1] Nr. **6.1.4**.

rungswärmeleistungen der gesonderten Feuerungsanlagen. ²Die Behörde kann von der Addition nach Satz 1 im Einzelfall absehen, wenn der Betreiber plausible Gründe benennt, die der Addition entgegenstehen.

(3) ¹Für die Berechnung der Feuerungswärmeleistung einer in den Absätzen 1 und 2 genannten Kombination gesonderter Feuerungsanlagen werden einzelne Feuerungsanlagen mit einer Feuerungswärmeleistung von weniger als 15 MW nicht berücksichtigt. ²Die Grenzwerte dieser Verordnung sind bei diesen Anlagen nicht anzuwenden.

(4) ¹Leitet ein Teil einer Feuerungsanlage, die die Voraussetzungen von Absatz 1 oder 2 erfüllt, seine Abgase über einen oder mehrere gesonderte Schornsteinzüge oder Rauchgaskanäle im Schornstein ab und ist er im gleitenden Durchschnitt über einen Zeitraum von fünf Jahren höchstens 1 500 Stunden jährlich in Betrieb, kann dieser Teil der Feuerungsanlage für die Zwecke dieser Verordnung gesondert betrachtet werden. ²In Fällen dieser Art werden die durch jeden dieser Schornsteinzüge oder Rauchgaskanäle abgeleiteten Emissionen des Anlagenteils gesondert überwacht und die zugehörigen Betriebsstunden erfasst. ³Der Betreiber einer Feuerungsanlage nach Satz 1 hat jeweils bis zum 31. März eines Jahres einen Nachweis über die Einhaltung der Betriebszeit zu führen und der zuständigen Behörde auf Verlangen vorzulegen.

**Unterabschnitt 2. Gemeinsame Anforderungen an die Errichtung und den Betrieb**

**§ 5 Anforderungen und im Jahresmittel einzuhaltende Emissionsgrenzwerte zur Absicherung von Umweltqualitätszielen.** (1) Großfeuerungsanlagen mit einer Feuerungswärmeleistung von mehr als 300 MW sind so zu errichten und zu betreiben, dass kein Jahresmittelwert von Gesamtstaub einen Emissionsgrenzwert von 10 mg/m³ überschreitet.

(2) Großfeuerungsanlagen sind bei Einsatz fester Brennstoffe und Biobrennstoffe so zu errichten und zu betreiben, dass kein Jahresmittelwert von Quecksilber und seinen Verbindungen, angegeben als Quecksilber, einen Emissionsgrenzwert von 0,01 mg/m³ überschreitet.

(3) Großfeuerungsanlagen, die nach dem 6. Januar 2014 in Betrieb gegangen sind oder gehen, sind bei Einsatz von festen oder flüssigen Brennstoffen oder bei Einsatz von Biobrennstoffen so zu errichten und zu betreiben, dass kein Jahresmittelwert die folgenden Emissionsgrenzwerte von Stickstoffmonoxid und Stickstoffdioxid, angegeben als Stickstoffdioxid, überschreitet:
1. bei Anlagen mit einer Feuerungswärmeleistung von
 50 MW bis 100 MW: 250 mg/m³;
2. bei Anlagen mit einer Feuerungswärmeleistung von
 mehr als 100 MW: 100 mg/m³.

(4) Die Anforderungen der Absätze 2 und 3 gelten nicht für Großfeuerungsanlagen,
1. die ausschließlich zur Abdeckung der Spitzenlast bei der Energieversorgung während bis zu 300 Stunden im Kalenderjahr dienen oder
2. die ausschließlich dem Notbetrieb während bis zu 300 Stunden im Kalenderjahr dienen.

(5) ¹Der Betreiber einer Anlage nach Absatz 4 Nummer 1 oder 2 hat jeweils bis zum Ablauf des 31. März eines Kalenderjahres für das vorhergehende Kalenderjahr einen Nachweis über die Einhaltung der Betriebszeit zu führen. ²Der Betreiber hat den Nachweis nach dem Ende des Nachweiszeitraums fünf Jahre lang aufzubewahren und der zuständigen Behörde auf Verlangen vorzulegen.

### § 6 Emissionsgrenzwerte bei Betrieb mit mehreren Brennstoffen.

(1) Feuerungsanlagen sind beim Betrieb mit mehreren Brennstoffen so zu betreiben, dass

1. kein Jahres- und kein Tagesmittelwert den sich aus Absatz 2 oder 3 jeweils ergebenden Emissionsgrenzwert für das Jahr und den Tag überschreitet und
2. kein Halbstundenmittelwert das Doppelte des gemäß Nummer 1 bestimmten Emissionsgrenzwertes für den Tag überschreitet.

(2) ¹Bei Mischfeuerungen sind die für den jeweiligen Brennstoff maßgeblichen Emissionsgrenzwerte und der jeweilige Bezugssauerstoffgehalt nach dem Verhältnis der mit diesem Brennstoff zugeführten Feuerungswärmeleistung zu der insgesamt zugeführten Feuerungswärmeleistung zu ermitteln. ²Die für die Feuerungsanlage maßgeblichen Emissionsgrenzwerte und der für die Feuerungsanlage maßgebliche Bezugssauerstoffgehalt ergeben sich durch Addition der nach Satz 1 ermittelten Werte.

(3) Bei Mehrstofffeuerungen gelten die Anforderungen, die für den jeweils eingesetzten Brennstoff gelten.

### § 7 Kraft-Wärme-Kopplung und Kopplung von Gas- und Dampfturbinen.
(1) ¹Der Betreiber hat bei der Errichtung oder der wesentlichen Änderung einer Feuerungsanlage Maßnahmen zur Kraft-Wärme-Kopplung durchzuführen, es sei denn, dies ist technisch nicht möglich oder unverhältnismäßig. ²Ist die Durchführung der Maßnahmen zur Kraft-Wärme-Kopplung technisch nicht möglich oder unverhältnismäßig, hat der Betreiber diesen Umstand unverzüglich der zuständigen Behörde anzuzeigen.

(2) ¹Wird bei der Errichtung oder der wesentlichen Änderung einer mit Erdgas betriebenen Gasturbinen- oder Verbrennungsmotoranlage zur Stromerzeugung, die auch für einen Betrieb mit jährlich 1 500 Betriebsstunden oder mehr im gleitenden Durchschnitt über einen Zeitraum von fünf Jahren verfügbar sein soll, keine Maßnahme zur Kraft-Wärme-Kopplung durchgeführt, so hat der Betreiber Maßnahmen zur Kopplung von Gas- und Dampfturbinen (Gas- und Dampfturbinenprozess) oder von Verbrennungsmotoren und Dampfturbinen durchzuführen, es sei denn, dies ist technisch nicht möglich oder unverhältnismäßig. ²Ist die Durchführung der Maßnahmen zur Kopplung von Gas- und Dampfturbinen oder von Verbrennungsmotoren und Dampfturbinen nicht möglich, hat der Betreiber diesen Umstand der zuständigen Behörde anzuzeigen.

### § 8 Wesentliche Änderung einer Feuerungsanlage.
¹Wird eine Feuerungsanlage wesentlich geändert, sind die Anforderungen dieses Unterabschnitts sowie die zusätzlichen Anforderungen an die Errichtung und den Betrieb im jeweils maßgeblichen Abschnitt 2, 3, 4, 5 oder 6 anzuwenden auf

1. die Anlagenteile und Verfahrensschritte, die geändert werden sollen, sowie

2. die Anlagenteile und Verfahrensschritte, auf die sich die Änderung auswirken wird.

[2] Für die Bestimmung, welche Anforderungen anzuwenden sind, ist die Gesamtleistung der Feuerungsanlage nach erfolgter wesentlicher Änderung maßgeblich.

### § 9 Anlagen zur Abscheidung und Kompression von Kohlendioxid.
(1) Vor der erstmaligen Genehmigung der Errichtung oder des Betriebs einer Feuerungsanlage zur Erzeugung von Strom mit einer elektrischen Nennleistung von 300 MW oder mehr hat der Betreiber zu prüfen, ob
1. geeignete Kohlendioxidspeicher zur Verfügung stehen und
2. der Zugang zu Anlagen für den Transport des Kohlendioxids sowie die Nachrüstung von Anlagen für die Abscheidung und Kompression von Kohlendioxid technisch möglich und wirtschaftlich zumutbar sind.

(2) [1] Dies gilt entsprechend für die Änderung oder Erweiterung einer Feuerungsanlage um eine elektrische Nennleistung von 300 MW oder mehr. [2] Der Betreiber hat das Ergebnis der Prüfung der zuständigen Behörde darzulegen. [3] Sind die Voraussetzungen nach Absatz 1 erfüllt, hat der Betreiber auf dem Betriebsgelände eine hinreichend große Fläche für die Nachrüstung der errichteten Anlage mit den für die Abscheidung und Kompression von Kohlendioxid erforderlichen Anlagen freizuhalten.

### § 10 Begrenzung der Emissionen bei Lagerungs- und Transportvorgängen.
(1) Bei der Lagerung und beim Transport von Stoffen sind nach näherer Bestimmung der zuständigen Behörde Maßnahmen zur Begrenzung der Emissionen nach den Anforderungen der Technischen Anleitung zur Reinhaltung der Luft zu treffen.

(2) Staubförmige Emissionen, die beim Entleeren von Filteranlagen entstehen können, sind dadurch zu vermindern, dass die Stäube in geschlossene Behältnisse abgezogen oder an den Austragsstellen befeuchtet werden.

(3) Für staubförmige Verbrennungsrückstände sind geschlossene Transporteinrichtungen und geschlossene Zwischenlager zu verwenden.

### § 11 Ableitbedingungen für Abgase.
[1] Abgase sind in kontrollierter Weise so abzuleiten, dass ein ungestörter Abtransport mit der freien Luftströmung ermöglicht wird. [2] Zur Ermittlung der Ableitungshöhen sind die Anforderungen der Technischen Anleitung zur Reinhaltung der Luft heranzuziehen. [3] Die näheren Bestimmungen sind in der Genehmigung festzulegen.

### § 12 Abgasreinigungseinrichtungen.
(1) Soweit zur Einhaltung der Emissionsgrenzwerte Abgasreinigungseinrichtungen erforderlich sind, muss der gesamte Abgasstrom behandelt werden.

(2) [1] Der Betreiber einer Anlage hat bei einer Betriebsstörung an einer Abgasreinigungseinrichtung oder bei ihrem Ausfall unverzüglich die erforderlichen Maßnahmen für die Wiederherstellung eines ordnungsgemäßen Betriebs zu ergreifen. [2] Er hat den Betrieb der Anlage einzuschränken oder sie außer Betrieb zu nehmen, wenn ein ordnungsgemäßer Betrieb nicht innerhalb von 24 Stunden sichergestellt werden kann. [3] In jedem Fall hat er die zuständige Behörde unverzüglich, spätestens innerhalb von 48 Stunden zu unterrichten.

(3) ¹Die zuständige Behörde hat in der Genehmigung geeignete Maßnahmen für den Fall einer Betriebsstörung an der Abgasreinigungseinrichtung oder ihres Ausfalls vorzusehen. ²Beim Ausfall einer Abgasreinigungseinrichtung darf eine Anlage während eines Zeitraums von zwölf aufeinanderfolgenden Monaten höchstens 120 Stunden ohne diese Abgasreinigungseinrichtung betrieben werden.

### Unterabschnitt 3. Gemeinsame Vorschriften zur Messung, Überwachung und Berichterstattung

**§ 13 Brennstoffkontrolle.** (1) ¹Der Betreiber hat die Brennstoffdaten der der Feuerungsanlage zugeführten Brennstoffe, ausgenommen Zündbrennstoffe, gemäß Anlage 1 zu ermitteln (Brennstoffkontrolle). ²Der Betreiber hat dazu mit einer Stichprobe die Brennstoffdaten nach allgemein anerkannten Regeln der Technik im Sinne von § 66 Absatz 3 zu ermitteln.

(2) ¹Der Betreiber kann die Pflicht zur Durchführung der Brennstoffkontrolle auf den Brennstofflieferanten übertragen. ²Überträgt der Betreiber die Pflicht auf den Brennstofflieferanten, verpflichtet der Betreiber diesen, ihm die vollständigen Ergebnisse der Brennstoffkontrolle in Form einer Produkt- oder Brennstoffspezifikation oder einer Garantie vorzulegen.

(3) ¹Der Betreiber führt die Brennstoffkontrolle bei Einsatz von Braunkohle regelmäßig wiederkehrend einmal vierteljährlich durch, bei Einsatz von anderen Brennstoffen regelmäßig wiederkehrend jedes Kalenderjahr. ²Weicht das Ergebnis einer Brennstoffkontrolle vom Mittelwert der drei vorhergehenden Brennstoffkontrollen um weniger als 15 Prozent ab, ist abweichend von Satz 1 bei Einsatz von Braunkohle die Brennstoffkontrolle wiederkehrend einmal halbjährlich und bei Einsatz von anderen Brennstoffen wiederkehrend alle zwei Kalenderjahre durchzuführen.

(4) Bei Einsatz eines bisher nicht eingesetzten Brennstoffs, führt der Betreiber umgehend eine erneute Ermittlung nach Absatz 1 aus.

(5) ¹Die Ergebnisse der nach den Absätzen 1 bis 4 vorgenommenen Brennstoffkontrollen sind der zuständigen Behörde auf Verlangen unverzüglich vorzulegen. ²Die Ergebnisse sind nach dem Ende des Zeitraums, für den die Brennstoffkontrolle durchgeführt worden ist, fünf Jahre lang aufzubewahren.

**§ 14 Energieeffizienzkontrolle.** (1) ¹Der Betreiber einer Feuerungsanlage zur Bereitstellung von elektrischer oder mechanischer Energie hat den elektrischen oder mechanischen Nettowirkungsgrad zu bestimmen. ²Bei Feuerungsanlagen nach Satz 1, die in Kraft-Wärme-Kopplung betrieben werden, bestimmt der Betreiber zusätzlich den brennstoffbezogenen Nettowirkungsgrad. ³Bei Feuerungsanlagen zur ausschließlichen Bereitstellung von Nutzwärme bestimmt der Betreiber den brennstoffbezogenen Nettowirkungsgrad.

(2) ¹Die Bestimmungen nach Absatz 1 hat der Betreiber im Zuge eines Leistungstests, wenn die Anlage mit der höchsten Leistung betrieben wird, für die sie für den Dauerbetrieb zugelassen ist, nach der Inbetriebnahme der Feuerungsanlage und nach jeder Änderung der Feuerungsanlage mit signifikanter Auswirkung auf die Bestimmungsgrößen vorzunehmen. ²Der Leistungstest ist nach den allgemein anerkannten Regeln der Technik im Sinne des § 66 Absatz 3 durchzuführen. ³Ist ein Betrieb mit der höchsten Leistung während

der Messung nicht möglich, erfolgt die Messung unter repräsentativen Betriebsbedingungen.

(3) Kann der Leistungstest nach Absatz 2 Satz 1 bei Feuerungsanlagen mit Kraft-Wärme-Kopplung aus technischen Gründen nicht mit Volllast in der Wärmeabgabe gefahren werden, erfolgt der Leistungstest bei der aktuell möglichen Wärmeabgabe und seine Ergebnisse fließen in die rechnerische Bestimmung der volllastbezogenen Werte ein.

(4) ¹Der Betreiber kann die sich aus den Absätzen 1 bis 3 ergebenden Pflichten auf den Hersteller oder den Lieferanten der Feuerungsanlage übertragen. ²Überträgt der Betreiber die Pflicht auf den Hersteller oder den Lieferanten, verpflichtet der Betreiber diesen, ihm einen Bericht über das Ergebnis des Leistungstests vorzulegen.

(5) ¹Die Ergebnisse der nach Absatz 1 vorgenommenen Bestimmungen des Nettowirkungsgrades sind der zuständigen Behörde auf Verlangen vorzulegen. ²Die Ergebnisse sind bis zur Durchführung einer erneuten Bestimmung aufzubewahren, mindestens jedoch für einen Zeitraum von fünf Jahren nach dem Ende des Leistungstests.

**§ 15 Messplätze.** ¹Der Betreiber hat vor der Inbetriebnahme einer Anlage für die Messungen zur Feststellung der Emissionen sowie zur Ermittlung der Bezugs- oder Betriebsgrößen Messplätze einzurichten. ²Die Messplätze sollen ausreichend groß, leicht begehbar und so beschaffen sein sowie so ausgewählt werden, dass die Vorgaben der DIN EN 15259, Ausgabe Januar 2008, erfüllt und repräsentative und einwandfreie Messungen gewährleistet sind. ³Näheres bestimmt die zuständige Behörde.

**§ 16 Messverfahren und Messeinrichtungen.** (1) ¹Der Betreiber hat sicherzustellen, dass für Messungen die dem Stand der Messtechnik entsprechenden Messverfahren angewendet und geeignete Messeinrichtungen, die den Anforderungen der Anlage 4 entsprechen, verwendet werden. ²Näheres bestimmt die zuständige Behörde.

(2) Der Betreiber hat sicherzustellen, dass die Probenahme und Analyse aller Schadstoffe sowie die Qualitätssicherung von automatischen Messsystemen und die Referenzmessverfahren zur Kalibrierung automatischer Messsysteme nach allgemein anerkannten Regeln der Technik im Sinne des § 66 Absatz 3 durchgeführt werden.

(3) ¹Der Betreiber hat den ordnungsgemäßen Einbau von Mess- und Auswerteeinrichtungen zur kontinuierlichen Überwachung vor der Inbetriebnahme der Feuerungsanlage der zuständigen Behörde nachzuweisen. ²Hierzu hat der Betreiber der zuständigen Behörde die Bescheinigung einer Stelle für Kalibrierungen, die von der zuständigen Landesbehörde oder von der nach Landesrecht bestimmten Behörde nach § 29b des Bundes-Immissionsschutzgesetzes[1)] für diesen Tätigkeitsbereich bekannt gegeben wurde, vorzulegen.

(4) Der Betreiber hat Messeinrichtungen, die zur kontinuierlichen Feststellung der Emissionen oder der Betriebsgrößen eingesetzt werden, durch eine Stelle, die von der zuständigen Landesbehörde oder von der nach Landesrecht bestimmten Behörde nach § 29b des Bundes-Immissionsschutzgesetzes für diesen Tätigkeitsbereich bekannt gegeben wurde, gemäß Absatz 5

---

[1)] Nr. **6.1**.

1. kalibrieren zu lassen und
2. auf Funktionsfähigkeit prüfen zu lassen.

(5) ¹Die Funktionsfähigkeit der Messeinrichtung ist jährlich mittels Parallelmessungen unter Verwendung der Referenzmethode prüfen zu lassen. ²Die Kalibrierung ist nach der Errichtung und nach jeder wesentlichen Änderung der Feuerungsanlage durchführen zu lassen, sobald der ungestörte Betrieb erreicht ist, jedoch frühestens drei Monate und spätestens sechs Monate nach der Inbetriebnahme. ³Die Kalibrierung der Messeinrichtung ist nach ihrer Errichtung und jeder wesentlichen Änderung an der Messeinrichtung durchführen zu lassen, sobald die Errichtung oder Instandsetzung der Messeinrichtung abgeschlossen ist. ⁴Eine Kalibrierung ist mindestens alle drei Jahre vorzunehmen.

(6) Der Betreiber hat die Berichte über das Ergebnis der Kalibrierung und der Prüfung der Funktionsfähigkeit und über die entsprechende Konfiguration der Datenerfassungs- und Auswerteeinrichtung innerhalb von zwölf Wochen nach der Kalibrierung oder der Prüfung der zuständigen Behörde vorzulegen.

**§ 17 Kontinuierliche Messungen.** (1) ¹Der Betreiber hat folgende Parameter kontinuierlich zu ermitteln, zu registrieren, gemäß § 19 Absatz 1 Satz 1 bis 4 und Absatz 2 und 3 auszuwerten und im Fall von § 19 Absatz 4 Satz 3 der zuständigen Behörde unverzüglich zu übermitteln:

1. die Massenkonzentration der Emissionen an Gesamtstaub, Quecksilber, Gesamtkohlenstoff, Kohlenmonoxid, Stickstoffmonoxid, Stickstoffdioxid, Schwefeldioxid, Schwefeltrioxid, Ammoniak, gasförmigen anorganischen Chlorverbindungen, angegeben als Chlorwasserstoff, und die Rußzahl, soweit Emissionsgrenzwerte oder eine Begrenzung der Rußzahl festgelegt sind oder ist,
2. den Volumengehalt an Sauerstoff im Abgas und
3. die zur Beurteilung des ordnungsgemäßen Betriebs erforderlichen Betriebsgrößen, insbesondere Leistung, Abgastemperatur, Abgasvolumenstrom, Feuchtegehalt, Wasserstoffgehalt und Druck.

²Der Betreiber hat hierzu die Anlagen vor der Inbetriebnahme mit geeigneten Mess- und Auswerteeinrichtungen auszurüsten.

(2) ¹Messeinrichtungen für den Feuchtegehalt sind nicht notwendig, soweit das Abgas vor der Ermittlung der Massenkonzentration der Emissionen getrocknet wird. ²Ergibt sich aufgrund der Bauart und Betriebsweise von Nass-Abgasentschwefelungsanlagen infolge des Sättigungszustandes des Abgases und der konstanten Abgastemperatur, dass der Feuchtegehalt im Abgas an der Messstelle einen konstanten Wert annimmt, soll die zuständige Behörde auf die kontinuierliche Messung des Feuchtegehalts verzichten und die Verwendung des in periodischen Messungen ermittelten Wertes zulassen. ³In diesem Fall hat der Betreiber Nachweise über das Vorliegen der vorgenannten Voraussetzungen bei der Kalibrierung zu führen und der zuständigen Behörde auf Verlangen vorzulegen. ⁴Der Betreiber hat die Nachweise nach der Kalibrierung fünf Jahre lang aufzubewahren.

(3) Die Gesamtstaubemission ist ohne Beitrag des Schwefeltrioxids zum Messwert auszuweisen.

(4) ¹Ergibt sich aufgrund der Einsatzstoffe, der Bauart, der Betriebsweise oder aufgrund von periodischen Messungen, dass der Anteil des Stickstoffdioxids an den Stickstoffoxidemissionen unter 5 Prozent liegt, soll die zuständige Behörde auf die kontinuierliche Messung des Stickstoffdioxids verzichten und die Bestimmung des Anteils durch Berechnung zulassen. ²In diesem Fall hat der Betreiber Nachweise über den Anteil des Stickstoffdioxids bei der Kalibrierung zu führen und der zuständigen Behörde auf Verlangen vorzulegen. ³Der Betreiber hat die Nachweise nach der Kalibrierung jeweils fünf Jahre lang aufzubewahren.

(5) Wird die Massenkonzentration an Schwefeldioxid kontinuierlich gemessen, kann die Massenkonzentration an Schwefeltrioxid bei der Kalibrierung ermittelt und durch Berechnung berücksichtigt werden.

(6) ¹Zur Feststellung des Schwefelabscheidegrades sind die Messwerte der Emissionen an Schwefeldioxid und Schwefeltrioxid im Abgas sowie der nach § 13 ermittelte Wert des Schwefelgehalts im eingesetzten Brennstoff heranzuziehen. ²Die zuständige Behörde bestimmt näher, wie nachgewiesen wird, dass die Schwefelabscheidegrade als Tagesmittelwert eingehalten werden.

## § 18 Ausnahmen vom Erfordernis kontinuierlicher Messungen.

(1) Die zuständige Behörde kann bei Feuerungsanlagen mit einer Lebensdauer von weniger als 10 000 Betriebsstunden beschließen, von den kontinuierlichen Messungen gemäß § 17 Absatz 1 abzusehen.

(2) Abweichend von § 17 Absatz 1 sind bei Feuerungsanlagen, die ausschließlich mit Erdgas, Wasserstoff oder Flüssiggas betrieben werden, kontinuierliche Messungen zur Feststellung der Emissionen an Gesamtstaub nicht erforderlich.

(3) ¹Abweichend von § 17 Absatz 1 sind bei Großfeuerungsanlagen mit einer Feuerungswärmeleistung von höchstens 100 MW, die im gleitenden Durchschnitt über einen Zeitraum von fünf Jahren höchstens 1 500 Stunden jährlich in Betrieb sind und die ausschließlich mit leichtem Heizöl betrieben werden, Messungen zur Feststellung der Emissionen an Gesamtstaub nicht erforderlich. ²In diesem Fall hat der Betreiber periodische Messungen für Staub regelmäßig wiederkehrend nach § 20 Absatz 3 durchführen zu lassen.

(4) ¹Abweichend von § 17 Absatz 1 sind bei Feuerungsanlagen, die ausschließlich mit leichtem Heizöl, Dieselkraftstoff oder Erdgas betrieben werden, einzeln oder bei Einsatz in Zweistoffmotoren auch in Kombination, Messungen zur Feststellung der Emissionen an Schwefeloxiden nicht erforderlich. ²In diesem Fall hat der Betreiber die Brennstoffkontrolle bezüglich des Schwefelgehalts und des unteren Heizwertes abweichend von § 13 Absatz 3 bei Einsatz von Erdgas regelmäßig wiederkehrend halbjährlich und bei ausschließlichem Einsatz von leichtem Heizöl oder Dieselkraftstoff regelmäßig wiederkehrend vierteljährlich vorzunehmen. ³Der Betreiber hat die Nachweise nach ihrer Erstellung jeweils fünf Jahre lang aufzubewahren.

(5) ¹Abweichend von § 17 Absatz 1 sind bei Feuerungsanlagen, die ausschließlich mit Biobrennstoffen betrieben werden, Messungen zur Feststellung der Emissionen an Schwefeloxiden nicht erforderlich, wenn die Emissionsgrenzwerte durch den Einsatz entsprechender Brennstoffe eingehalten werden. ²In diesem Fall hat der Betreiber die Brennstoffkontrolle bezüglich des Schwe-

felgehalts und des unteren Heizwertes abweichend von § 13 Absatz 3 regelmäßig wiederkehrend einmal halbjährlich auszuführen.

(6) ¹Abweichend von § 17 Absatz 1 sind bei mit Erdgas oder flüssigen Brennstoffen betriebenen Gasturbinen- und Verbrennungsmotoranlagen mit einer Feuerungswärmeleistung von weniger als 100 MW, die im gleitenden Durchschnitt über einen Zeitraum von fünf Jahren höchstens 1 500 Betriebsstunden jährlich in Betrieb sind, kontinuierliche Messungen zur Feststellung der Emissionen an Kohlenmonoxid, Stickstoffmonoxid und Stickstoffdioxid nicht erforderlich, wenn durch andere Prüfungen, insbesondere der Prozessbedingungen, und durch Nachweise über den dauerhaften emissionsmindernden Betrieb von Abgasreinigungseinrichtungen nach § 20 Absatz 7 sichergestellt ist, dass die Emissionsgrenzwerte eingehalten werden. ²In diesem Fall hat der Betreiber periodische Messungen nach § 20 Absatz 3 durchführen zu lassen sowie Nachweise über die Korrelation zwischen den Prüfungen und den Emissionsgrenzwerten zu führen und der zuständigen Behörde zusammen mit dem Messbericht nach § 21 Absatz 1 vorzulegen.

(7) ¹Für Quecksilber und seine Verbindungen, angegeben als Quecksilber, soll die zuständige Behörde auf Antrag auf die kontinuierliche Messung verzichten, wenn durch andere Prüfungen, insbesondere der Brennstoffe nach § 13, sichergestellt ist, dass

1. die Emissionen nach § 5 Absatz 2 und nach § 28 Absatz 1 Satz 2 Nummer 1 Buchstabe b und Nummer 2 Buchstabe b oder nach § 29 Absatz 1 Satz 2 Nummer 2 Buchstabe b oder nach § 42 Absatz 1 Satz 2 Nummer 1 Buchstabe b für Quecksilber und seine Verbindungen weniger als 50 Prozent der Emissionsgrenzwerte betragen und
2. sich aus den periodischen Messungen ergibt, dass die jeweils geltenden Emissionsgrenzwerte für den Jahresmittelwert und den Tagesmittelwert sicher eingehalten werden.

²In diesem Fall hat der Beteiber periodische Messungen nach § 20 Absatz 3 durchführen zu lassen sowie Nachweise über die Korrelation zwischen den Prüfungen und den Emissionsgrenzwerten zu führen und der zuständigen Behörde auf Verlangen vorzulegen. ³Der Betreiber hat die Nachweise nach dem Ende des Nachweiszeitraums jeweils fünf Jahre lang aufzubewahren. ⁴Bei Feuerungsanlagen für den alleinigen Einsatz von naturbelassenem Holz, das den Anforderungen der DIN EN 17225, Ausgabe September 2014, genügt, sind Quecksilbermessungen nicht erforderlich.

(8) ¹Für die Überwachung der im Jahresmittel einzuhaltenden Emissionsgrenzwerte nach § 28 Absatz 3 Nummer 2 Buchstabe a für Quecksilber und seine Verbindungen, angegeben als Quecksilber, kann auf Antrag des Betreibers alternativ zur kontinuierlichen Messung der Einsatz eines anderen geeigneten, validierten Verfahrens erfolgen. ²Die Überwachung der im Tagesmittel und der im Halbstundenmittel einzuhaltenden Emissionsgrenzwerte für Quecksilber und seine Verbindungen, angegeben als Quecksilber, durch kontinuierliche Messung nach § 17 Absatz 1 Satz 1 Nummer 1 bleibt unberührt.

(9) ¹Die Nachweise in den Fällen der Absätze 3 bis 7 sind durch Verfahren nach den allgemein anerkannten Regeln der Technik im Sinne des § 66 Absatz 3 zu erbringen. ²Das Verfahren ist der zuständigen Behörde anzuzeigen und von dieser billigen zu lassen. ³Die Billigung gilt als erteilt, wenn die zuständige Behörde nicht innerhalb einer Frist von vier Wochen widerspricht.

## § 19 Auswertung und Beurteilung von kontinuierlichen Messungen.

(1) ¹Während des Betriebs der Anlage ist aus den nach § 17 ermittelten Messwerten für jede halbe Stunde jeweils der Halbstundenmittelwert zu bilden und nach Anlage 5 auf den Bezugssauerstoffgehalt umzurechnen. ²Für die Stoffe, deren Emissionen durch Abgasreinigungseinrichtungen gemindert und begrenzt werden, darf die Umrechnung der Messwerte in Tages- und Halbstundenmittelwerte nur für die Zeiten erfolgen, in denen der gemessene Sauerstoffgehalt über dem Bezugssauerstoffgehalt liegt. ³Aus den Halbstundenmittelwerten ist für jeden Tag der Tagesmittelwert, bezogen auf die tägliche Betriebszeit, zu bilden. ⁴Jeder Tagesmittelwert, der aus mehr als sechs Halbstundenmittelwerten gebildet wird, welche wegen Störung oder Wartung des kontinuierlichen Messsystems ungültig sind, ist ungültig. ⁵Sind mehr als zehn Tagesmittelwerte im Jahr wegen solcher Situationen ungültig, hat der Betreiber geeignete Maßnahmen einzuleiten, um die Zuverlässigkeit des kontinuierlichen Überwachungssystems zu verbessern und die Behörde unaufgefordert innerhalb von vier Wochen über die eingeleiteten Maßnahmen zu informieren. ⁶Für An- und Abfahrvorgänge, bei denen ein Überschreiten des Zweifachen der festgelegten Emissionsgrenzwerte nicht verhindert werden kann, sind durch die zuständige Behörde Sonderregelungen zu treffen.

(2) Jahresmittelwerte hat der Betreiber auf der Grundlage der validierten Halbstundenmittelwerte ohne Anwendung von Absatz 1 Satz 2 zu berechnen; hierzu sind die validierten Halbstundenmittelwerte eines Kalenderjahres ohne Anwendung von Absatz 1 Satz 2 zusammenzuzählen und durch die Anzahl der validierten Halbstundenmittelwerte zu teilen.

(3) Monatsmittelwerte hat der Betreiber auf der Grundlage der validierten Halbstundenmittelwerte zu berechnen; hierzu sind über einen gleitenden Zeitraum von 30 Tagen die validierten Halbstundenmittelwerte zusammenzuzählen und durch die Anzahl der validierten Halbstundenmittelwerte zu teilen.

(4) ¹Über die Ergebnisse der kontinuierlichen Messungen hat der Betreiber für jedes Kalenderjahr einen Messbericht zu erstellen und der zuständigen Behörde bis zum Ablauf des 31. März des Folgejahres vorzulegen. ²Der Betreiber hat den Bericht nach Satz 1 sowie die zugehörigen Aufzeichnungen der Messgeräte nach dem Ende des Berichtszeitraums nach Satz 1 fünf Jahre lang aufzubewahren. ³Soweit die Messergebnisse der zuständigen Behörde durch geeignete telemetrische Übermittlung vorliegen, entfällt die Pflicht nach Satz 1, ihr den Messbericht vorzulegen.

(5) Die Emissionsgrenzwerte sind eingehalten, wenn

1. kein Ergebnis eines nach Anlage 4 validierten Jahres-, Monats-, Tages- und Halbstundenmittelwertes den jeweils maßgebenden Emissionsgrenzwert überschreitet und

2. kein Ergebnis den jeweils maßgebenden Schwefelabscheidegrad und den Entschwefelungsgrad der Rauchgasentschwefelungseinrichtung unterschreitet.

(6) Bei Anwendung der Langzeitprobenahme zur Bestimmung der Emissionen an Quecksilber und seinen Verbindungen, angegeben als Quecksilber, nach § 18 Absatz 8 gilt der im Jahresmittel einzuhaltende Emissionsgrenzwert als eingehalten, wenn der Durchschnittswert der im Jahr erhaltenen Messwerte den vorgeschriebenen Grenzwert nicht übersteigt.

## 6.1.13  13. BImSchV  § 20

**§ 20 Periodische Messungen.** (1) ¹Soweit auf der Grundlage dieser Verordnung periodische Messungen durchzuführen sind, hat der Betreiber diese nach Inbetriebnahme oder wesentlicher Änderung der Feuerungsanlage von einer nach § 29b des Bundes-Immissionsschutzgesetzes[1)] für diesen Tätigkeitsbereich bekannt gegebenen Stelle gemäß den Absätzen 2 und 4 durchführen zu lassen. ²Abweichend von Satz 1 kann die zuständige Behörde für die wiederkehrende Durchführung von Messungen mit Intervallen kürzer als drei Jahre auf Antrag zulassen, dass die Durchführung durch den Immissionsschutzbeauftragten erfolgt, wenn dieser hierfür die erforderliche Fachkunde, Zuverlässigkeit und gerätetechnische Ausstattung besitzt.

(2) ¹Der Betreiber hat Messungen nach Absatz 1 nach Erreichen des ungestörten Betriebs, jedoch frühestens drei Monate und spätestens sechs Monate nach Inbetriebnahme an mindestens drei Tagen durchführen zu lassen. ²Soweit die Abschnitte 2, 3, 4, 5 oder 6 keine abweichenden Vorschriften zur Wiederholungsmessung enthalten, hat der Betreiber Wiederholungsmessungen regelmäßig wiederkehrend spätestens alle drei Jahre nach der letzten Messung durchführen zu lassen. ³Messungen nach Satz 1 und Wiederholungsmessungen nach Satz 2 umfassen mindestens sechs einzelne Messungen über jeweils 30 Minuten. ⁴Abweichend von Satz 3 sind im Fall der Überwachung von Emissionen nach Anlage 2 Nummer 1 bis 5 mindestens drei einzelne Messungen vorgeschrieben. ⁵Die zuständige Behörde kann Ausnahmen von den sich aus diesem Absatz ergebenden Überwachungshäufigkeiten in Fällen vorsehen, in denen der Anlagenbetrieb dem alleinigen Zweck der Durchführung einer Emissionsmessung dienen würde.

(3) ¹Soweit § 18 Ausnahmen von der kontinuierlichen Messung zulässt und anstelle dessen periodische Messungen allein oder in Verbindung mit anderen Prüfungen vorschreibt, sind die periodischen Messungen nach Absatz 1 vorzunehmen. ²Der Betreiber hat Wiederholungsmessungen nach § 18 Absatz 3, 6 und 7 abweichend von Absatz 2 Satz 2 regelmäßig wiederkehrend halbjährlich an mindestens drei Tagen durchführen zu lassen. ³Für den Fall, dass der Maximalwert der periodischen Messungen nach Satz 2 mit einem Vertrauensniveau von 50 Prozent nach der Richtlinie VDI 2448 Blatt 2, Ausgabe Juli 1997, (VDI: Verein Deutscher Ingenieure e.V.) den jeweiligen Emissionsgrenzwert nicht überschreitet, hat der Betreiber die Wiederholungsmessungen abweichend von Satz 2 einmal jährlich durchführen zu lassen. ⁴Absatz 2 Satz 3 und 5 gilt entsprechend.

(4) ¹Der Betreiber hat die Messungen nach Absatz 1 durchführen zu lassen, wenn die Anlage mit der höchsten Leistung betrieben wird, für die sie bei den während der Messung verwendeten Einsatzstoffen für den Dauerbetrieb zugelassen ist. ²Ist ein Betrieb mit der höchsten Leistung in begründeten Einzelfällen während der Messung nicht mit verhältnismäßigem Aufwand möglich, erfolgt die Messung unter repräsentativen Betriebsbedingungen. ³Bei Verbrennungsmotoranlagen sind die Emissionen auch im Teillastbetrieb nach Maßgabe der zuständigen Behörde zu ermitteln. ⁴Bei Anlagen mit überwiegend zeitlich veränderlichen Betriebsbedingungen sind Messungen in ausreichender Zahl und unter Einschluss von Betriebsbedingungen, die erfahrungsgemäß zu den höchsten Emissionen führen können, durchzuführen. ⁵Näheres bestimmt die zuständige Behörde.

---

[1)] Nr. **6.1**.

(5) [1]Zur Überwachung der Anforderungen nach § 28 Absatz 1 Satz 2 Nummer 4 Buchstabe c, § 29 Absatz 1 Satz 2 Nummer 4 Buchstabe b, § 30 Absatz 1 Satz 2 Nummer 4, § 32 Absatz 1 Satz 2 Nummer 4 Buchstabe d, § 42 Absatz 1 Satz 2 Nummer 3 und § 49 Absatz 1 Satz 2 Nummer 3 ist die Probenahmedauer in Abhängigkeit des Probenahmeverfahrens und des Probenahmegeräts festzulegen. [2]Dabei ist die Dauer der Probenahme mindestens auf einen Wert festzusetzen, der garantiert, dass die jeweils maßgebliche Nachweisgrenze überschritten wird. [3]Für die in Anlage 2 Nummer 4 und 5 und die in Anlage 3 genannten Stoffe soll die Bestimmungsgrenze des eingesetzten Analyseverfahrens nicht über 0,005 ng/m$^3$ Abgas liegen.

(6) [1]Wiederholungsmessungen zur Überprüfung der Anforderungen nach § 28 Absatz 1 Satz 2 Nummer 4 Buchstabe c, § 29 Absatz 1 Satz 2 Nummer 4 Buchstabe b, § 30 Absatz 1 Satz 2 Nummer 4, § 42 Absatz 1 Satz 2 Nummer 3 und § 49 Absatz 1 Satz 2 Nummer 3 sind nicht erforderlich, wenn durch regelmäßige Kontrollen der Brennstoffe nach § 13 und des bestimmungsgemäßen Betriebs der Abgasreinigungseinrichtungen nach Absatz 7 zuverlässig nachgewiesen ist, dass die Emissionen weniger als 50 Prozent der Emissionsgrenzwerte betragen. [2]§ 13 Absatz 4 bleibt unberührt. [3]Satz 1 gilt nicht bei einer wesentlichen Änderung der Abgasreinigungseinrichtung.

(7) Wird zur Minderung der Emission eines Schadstoffs, dessen Emission durch periodische Messung überwacht wird, eine Abgasreinigungseinrichtung eingesetzt, hat der Betreiber Nachweise über ihren dauerhaften emissionsmindernden Betrieb zu führen und der zuständigen Behörde zusammen mit den Ergebnissen der Einzelmessung für den entsprechenden Schadstoff auf Verlangen vorzulegen.

### § 21 Messberichte; Beurteilung von periodischen Messungen.

(1) [1]Der Betreiber hat über die Ergebnisse der Messungen nach § 20 einen Messbericht gemäß Satz 2 zu erstellen. [2]Den Messbericht hat der Betreiber der zuständigen Behörde innerhalb von zwölf Wochen nach Durchführung der Messung vorzulegen. [3]Der Messbericht muss Folgendes enthalten:

1. Angaben über die Messplanung,

2. das Ergebnis jeder periodischen Messung,

3. das verwendete Messverfahren und

4. die Betriebsbedingungen, die für die Beurteilung der Messergebnisse von Bedeutung sind

und soll dem Anhang A der VDI 4220 Blatt 2 (Ausgabe November 2018) entsprechen.

(2) Die Emissionsgrenzwerte gelten als eingehalten, wenn kein Ergebnis einer periodischen Messung den jeweils geltenden Emissionsgrenzwert überschreitet.

### § 22 Jährliche Berichte über Emissionen.
(1) Der Betreiber hat der zuständigen Behörde jährlich jeweils bis zum Ablauf des 30. April des Folgejahres für jede einzelne Anlage unter Beachtung der Aggregationsregeln nach § 4 Folgendes zu berichten:

1. die installierte Feuerungswärmeleistung der Feuerungsanlage, in Megawatt,

2. die Art der Feuerungsanlage: Kesselfeuerung, Gasturbine, Gasmotor, Dieselmotor, andere Feuerungsanlage mit genauer Angabe der Art der Feuerungsanlage,
3. die Angabe, ob die Feuerungsanlage Teil einer Raffinerie ist,
4. das Datum der Betriebsaufnahme und der letzten wesentlichen Änderung der Feuerungsanlage, einschließlich der Benennung der wesentlichen Änderung,
5. die Jahresgesamtemissionen, in Megagramm pro Jahr, an Schwefeloxiden, angegeben als Schwefeldioxid, Stickstoffoxiden, angegeben als Stickstoffdioxid, und Staub, angegeben als Schwebstoffe insgesamt; hierbei sind die normierten Messwerte zur Berechnung entsprechend § 19 Absatz 2 heranzuziehen,
6. die jährlichen Betriebsstunden der Feuerungsanlage,
7. den jährlichen Gesamtenergieeinsatz, in Terajoule pro Jahr, bezogen auf den unteren Heizwert, aufgeschlüsselt nach den folgenden Brennstoffkategorien:

   a) Steinkohle,

   b) Braunkohle,

   c) Biobrennstoffe,

   d) Torf,

   e) andere feste Brennstoffe mit genauer Angabe der Bezeichnung des festen Brennstoffs,

   f) flüssige Brennstoffe,

   g) Erdgas,

   h) sonstige Gase mit genauer Angabe der Bezeichnung des Gases,

8. für Feuerungsanlagen, die schwefelreiche einheimische feste Brennstoffe einsetzen, den Schwefelgehalt dieser Brennstoffe und den erzielten Schwefelabscheidegrad, gemittelt über jeden Monat; Feuerungsanlagen, auf die § 28 Absatz 5 oder 10 anzuwenden ist, berichten zusätzlich den Jahresbetriebswert des Entschwefelungsgrades der Rauchgasentschwefelungseinrichtung und im ersten Jahr der Anwendung des § 28 Absatz 5 oder 10 auch die technische Begründung dafür, warum die in § 28 genannten Regel-Emissionsgrenzwerte nicht eingehalten werden können,
9. für Feuerungsanlagen, die im gleitenden Durchschnitt über einen Zeitraum von fünf Jahren nicht mehr als 1 500 Stunden pro Jahr in Betrieb sind, die Zahl der Betriebsstunden pro Jahr für das Berichtsjahr und die vorangegangenen vier Kalenderjahre.

(2) [1]Die nach Landesrecht zuständigen obersten Landesbehörden oder die von ihnen bestimmten Behörden prüfen den Bericht nach Absatz 1 auf Plausibilität und leiten ihn dem Umweltbundesamt bis zum Ablauf des 31. Oktober des auf das Berichtsjahr folgenden Jahres auf elektronischem Weg zur Weiterleitung an die Europäische Kommission zu. [2]Das Umweltbundesamt hat die Berichte zu Aufstellungen für jedes einzelne Berichtsjahr und für Dreijahreszeiträume zusammenzustellen. [3]Die Angaben zu Feuerungsanlagen in Raffinerien sind gesondert aufzuführen.

## Unterabschnitt 4. Zulassung von Ausnahmen und weitergehende Anforderungen

**§ 23 Zulassung von Ausnahmen.** (1) Die zuständige Behörde kann auf Antrag des Betreibers Ausnahmen von Vorschriften dieser Verordnung zulassen, soweit unter Berücksichtigung der besonderen Umstände des Einzelfalls

1. einzelne Anforderungen dieser Verordnung nicht oder nur mit unverhältnismäßigem Aufwand erfüllbar sind,
2. im Übrigen die dem Stand der Technik entsprechenden Maßnahmen zur Emissionsbegrenzung durchgeführt werden,
3. die Schornsteinhöhe nach der Technischen Anleitung zur Reinhaltung der Luft in der jeweils geltenden Fassung auch für einen als Ausnahme zugelassenen Emissionsgrenzwert ausgelegt ist, es sei denn, auch insoweit liegen die Voraussetzungen der Nummer 1 vor, und
4. die Ausnahmen den Anforderungen aus der Richtlinie 2010/75/EU des Europäischen Parlaments und des Rates vom 24. November 2010 über Industrieemissionen (integrierte Vermeidung und Verminderung der Umweltverschmutzung) (Neufassung) (ABl. L 334 vom 17.12.2010, S. 17) nicht entgegenstehen.

(2) Soweit in Übereinstimmung mit der Richtlinie 2010/75/EU Ausnahmen zugelassen werden, die zu einer Berichtspflicht an die Europäische Kommission führen, hat die zuständige Behörde unverzüglich eine Ausfertigung der Ausnahmegenehmigung nach Absatz 1 dem Bundesministerium für Umwelt, Naturschutz und nukleare Sicherheit zur Weiterleitung an die Europäische Kommission zuzuleiten.

**§ 24 Weitergehende Anforderungen.** (1) Die Befugnis der zuständigen Behörde, andere oder weitergehende Anforderungen, insbesondere zur Vermeidung schädlicher Umwelteinwirkungen nach § 5 Absatz 1 Nummer 1 des Bundes-Immissionsschutzgesetzes[1)], zu stellen, bleibt unberührt.

(2) Hat die zuständige Behörde bei einer Anlage im Einzelfall bereits Anforderungen zur Vorsorge gegen schädliche Umwelteinwirkungen durch Luftverunreinigungen gestellt, die über die Anforderungen dieser Verordnung hinausgehen, sind diese weiterhin maßgeblich.

## Abschnitt 2. Vorschriften für Feuerungsanlagen im Anwendungsbereich des Durchführungsbeschlusses (EU) 2017/1442 der Kommission vom 31. Juli 2017 zu den besten verfügbaren Techniken für Großfeuerungsanlagen

### Unterabschnitt 1. Allgemeine Vorschriften zu Abschnitt 2

**§ 25 Anwendungsbereich.** Die Vorschriften dieses Abschnitts gelten für alle Feuerungsanlagen im Anwendungsbereich nach § 1, soweit die Feuerungsanlagen nicht in den Anwendungsbereich des Abschnitts 3, 4, 5 oder 6 fallen.

**§ 26 Begriffsbestimmungen.** (1) Altanlage im Sinne dieses Abschnitts ist eine bestehende Anlage,

---

[1)] Nr. **6.1**.

**6.1.13  13. BImSchV  § 27**  GroßfeuerungsanlagenVO

1. die nach § 67 Absatz 2 oder § 67a Absatz 1 des Bundes-Immissionsschutzgesetzes[1]) oder vor Inkrafttreten des Bundes-Immissionsschutzgesetzes nach § 16 Absatz 4 der Gewerbeordnung anzuzeigen war,
2. für die die erste Genehmigung zur Errichtung und zum Betrieb nach § 4 oder § 16 des Bundes-Immissionsschutzgesetzes vor dem 7. Januar 2013 erteilt worden ist und die vor dem 7. Januar 2014 in Betrieb gegangen ist, oder
3. für die der Betreiber vor dem 7. Januar 2013 einen vollständigen Genehmigungsantrag zur Errichtung und zum Betrieb nach § 4 oder § 16 des Bundes-Immissionsschutzgesetzes gestellt hat und die vor dem 7. Januar 2014 in Betrieb gegangen ist.

(2) Bestehende Anlage im Sinne dieses Abschnitts ist eine Anlage,

1. die nach § 67 Absatz 2 oder § 67a Absatz 1 des Bundes-Immissionsschutzgesetzes oder vor Inkrafttreten des Bundes-Immissionsschutzgesetzes nach § 16 Absatz 4 der Gewerbeordnung anzuzeigen war, oder
2. für die die erste Genehmigung zur Errichtung und zum Betrieb nach § 4 oder § 16 des Bundes-Immissionsschutzgesetzes vor dem 18. August 2017 erteilt worden ist und die vor dem 18. August 2021 in Betrieb gegangen ist.

(3) 2003-Altanlage im Sinne dieses Abschnitts ist eine bestehende Anlage,

1. die nach § 67 Absatz 2 oder § 67a Absatz 1 des Bundes-Immissionsschutzgesetzes oder vor Inkrafttreten des Bundes-Immissionsschutzgesetzes nach § 16 Absatz 4 der Gewerbeordnung anzuzeigen war,
2. für die die erste Genehmigung zur Errichtung und zum Betrieb nach § 4 oder § 16 des Bundes-Immissionsschutzgesetzes vor dem 27. November 2002 erteilt worden ist und die vor dem 27. November 2003 in Betrieb gegangen ist, oder
3. für die der Betreiber vor dem 27. November 2002 einen vollständigen Genehmigungsantrag zur Errichtung und zum Betrieb nach § 4 oder § 16 des Bundes-Immissionsschutzgesetzes gestellt hat und die vor dem 27. November 2003 in Betrieb gegangen ist.

### Unterabschnitt 2. Zusätzliche Anforderungen an Errichtung und Betrieb zu Abschnitt 2

**§ 27 Emissionsgrenzwerte für Ammoniak.** ¹Sofern zur Minderung der Emissionen von Stickstoffoxiden ein Verfahren zur selektiven katalytischen Reduktion oder ein Verfahren zur selektiven nichtkatalytischen Reduktion eingesetzt wird, sind Feuerungsanlagen so zu errichten und zu betreiben, dass für Ammoniak ein Emissionsgrenzwert von 10 mg/m³ für den Jahres- und den Tagesmittelwert und von 20 mg/m³ für den Halbstundenmittelwert nicht überschritten wird. ²Gasturbinenanlagen sind so zu errichten und zu betreiben, dass Gasturbinen, die zur Minderung der Emissionen von Stickstoffoxiden ein Verfahren zur selektiven katalytischen Reduktion einsetzen, für Ammoniak einen Emissionsgrenzwert von 5 mg/m³ für den Jahresmittelwert, 10 mg/m³ für den Tagesmittelwert und 20 mg/m³ für den Halbstundenmittelwert nicht über-

---

[1]) Nr. **6.1**.

schreiten. ³Die Emissionsgrenzwerte nach den Sätzen 1 und 2 sind auf den nach § 3 jeweils maßgeblichen Bezugssauerstoffgehalt zu beziehen.

**§ 28 Emissionsgrenzwerte für Großfeuerungsanlagen bei Einsatz fester Brennstoffe, ausgenommen Biobrennstoffe.** (1) ¹Großfeuerungsanlagen, die feste Brennstoffe mit Ausnahme von Biobrennstoffen einsetzen, sind so zu errichten und zu betreiben, dass die Anforderungen dieses Absatzes und der Absätze 2 bis 5, des Absatzes 6 Satz 1, des Absatzes 7, des Absatzes 8 Satz 1 und 3, des Absatzes 9 Satz 1 und der Absätze 10 bis 15 eingehalten werden.
²Der Betreiber hat dafür zu sorgen, dass

1. kein Jahresmittelwert die folgenden Emissionsgrenzwerte überschreitet:
   a) Gesamtstaub: 5 mg/m³,
   b) Quecksilber und seine Verbindungen, angegeben als Quecksilber, bei einer Feuerungswärmeleistung von
      aa) 50 MW bis weniger als 300 MW: 0,002 mg/m³,
      bb) 300 MW oder mehr: 0,001 mg/m³,
   c) Stickstoffmonoxid und Stickstoffdioxid, angegeben als Stickstoffdioxid, bei einer Feuerungswärmeleistung von
      aa) 50 MW bis weniger als 100 MW: 150 mg/m³,
      bb) 100 MW bis weniger als 300 MW: 100 mg/m³,
      cc) 300 MW oder mehr: 85 mg/m³,
   d) Schwefeldioxid und Schwefeltrioxid, angegeben als Schwefeldioxid, bei einer Feuerungswärmeleistung von
      aa) 50 MW bis weniger als 100 MW: 200 mg/m³,
      bb) 100 MW bis weniger als 300 MW: 150 mg/m³,
      cc) 300 MW oder mehr: 75 mg/m³;

2. kein Tagesmittelwert die folgenden Emissionsgrenzwerte überschreitet und kein Tagesmittelwert die folgenden Schwefelabscheidegrade unterschreitet:
   a) Gesamtstaub: 10 mg/m³,
   b) Quecksilber und seine Verbindungen, angegeben als Quecksilber: 0,02 mg/m³,
   c) Kohlenmonoxid bei einer Feuerungswärmeleistung von
      aa) 50 MW bis weniger als 100 MW: 150 mg/m³,
      bb) 100 MW oder mehr: 200 mg/m³,
   d) Stickstoffmonoxid und Stickstoffdioxid, angegeben als Stickstoffdioxid, bei einer Feuerungswärmeleistung von
      aa) 50[1] bis weniger als 100 MW: 200 mg/m³,
      bb) 100 MW bis weniger als 300 MW: 130 mg/m³,
      cc) 300 MW oder mehr: 125 mg/m³,
   e) Schwefeldioxid und Schwefeltrioxid, angegeben als Schwefeldioxid, bei einer Feuerungswärmeleistung von
      aa) 50 MW bis weniger als 100 MW: 220 mg/m³,

---

[1] Wortlaut amtlich.

bb) 100 MW bis weniger als 300 MW: 200 mg/m³,
cc) 300 MW oder mehr: 110 mg/m³,
es darf zusätzlich zur Begrenzung der Massenkonzentration ein Schwefelabscheidegrad von mindestens 85 Prozent nicht unterschritten werden; soweit diese Anforderung zu Emissionen von weniger als 50 mg/m³ für den Tagesmittelwert führt, ist mindestens ein Schwefelabscheidegrad einzuhalten, der zu Emissionen von nicht mehr als 50 mg/m³ für den Tagesmittelwert führt;
3. kein Halbstundenmittelwert das Doppelte der in Nummer 2 bestimmten Emissionsgrenzwerte überschreitet und
4. kein Mittelwert, der über die jeweilige Probenahmezeit gebildet ist, die nachfolgenden Emissionsgrenzwerte überschreitet:
   a) anorganische gasförmige Chlorverbindungen, angegeben als Chlorwasserstoff, bei einer Feuerungswärmeleistung von
      aa) 50 MW bis weniger als 100 MW: 6 mg/m³,
      bb) 100 MW oder mehr: 3 mg/m³,
   b) anorganische gasförmige Fluorverbindungen, angegeben als Fluorwasserstoff, bei einer Feuerungswärmeleistung von
      aa) 50 MW bis weniger als 100 MW: 3 mg/m³,
      bb) 100 MW oder mehr: 2 mg/m³,
   c) die Emissionsgrenzwerte nach Anlage 2 Nummer 1 bis 4.

(2) Die Emissionsgrenzwerte dieser Vorschrift sind auch bei der Heizflächenreinigung einzuhalten.

(3) [1] Abweichend von den in Absatz 1 Satz 2 Nummer 1 Buchstabe b bestimmten Emissionsgrenzwerten für Quecksilber und seine Verbindungen, angegeben als Quecksilber, dürfen bei bestehenden Anlagen die folgenden Emissionsgrenzwerte für den Jahresmittelwert nicht überschritten werden:

1. bei bestehenden Anlagen mit einer Feuerungswärmeleistung von 50 MW bis weniger als 300 MW bei Einsatz von
   a) Steinkohle: 0,005 mg/m³,
   b) Braunkohle: 0,010 mg/m³;

2. bei bestehenden Anlagen mit einer Feuerungswärmeleistung von 300 MW oder mehr bei Einsatz von
   a) Steinkohle: 0,004 mg/m³
      und ab dem 15. Juli 2025 0,003 mg/m³,
   b) Braunkohle: 0,005 mg/m³
      und ab dem 15. Juli 2025 0,004 mg/m³.

[2] Abweichend von Satz 1 Nummer 2 Buchstabe a ist bei einer Anlage oder einer gesonderten Feuerungsanlage, die vor dem 15. Juli 2025 nach § 13b Absatz 5 des Energiewirtschaftsgesetzes vom 7. Juli 2005 (BGBl. I S. 1970, 3621), das zuletzt durch Artikel 2 des Gesetzes vom 25. Februar 2021 (BGBl. I S. 298) geändert worden ist, als systemrelevant ausgewiesen worden ist oder nach § 13e des Energiewirtschaftsgesetzes in der Kapazitätsreserve gebunden

worden ist, der Emissionsgrenzwert für Quecksilber von 0,004 mg/m³ einzuhalten.

(4) [1] Abweichend von Absatz 3 Satz 1 Nummer 2 Buchstabe b darf bei Altanlagen mit einer Feuerungswärmeleistung von 300 MW oder mehr ein Emissionsgrenzwert von 0,007 mg/m³ und ab dem 15. Juli 2025 von 0,006 mg/m³ für den Jahresmittelwert nicht überschritten werden, wenn

1. der Quecksilbergehalt im eingesetzten Brennstoff 0,1 mg/kg oder mehr aufweist oder
2. die betreffende Anlage über einen Dampferzeuger mit einer Verweilzeit des Rauchgases von 4 Sekunden oder mehr im Dampferzeuger bis zum Ende der Brennkammer verfügt.

[2] Abweichend von Satz 1 darf bei Altanlagen mit einer auf die gesonderte Feuerungsanlage bezogene Feuerungswärmeleistung von weniger als 1 500 MW ein Emissionsgrenzwert von 0,007 mg/m³ für den Jahresmittelwert nicht überschritten werden, wenn der Quecksilbergehalt im eingesetzten Brennstoff 0,15 mg/kg oder mehr aufweist. [3] Für die Zwecke nach Satz 1 Nummer 1 und Satz 2 hat der Betreiber den Nachweis zu führen, dass der Quecksilbergehalt im eingesetzten Brennstoff (wasser- und aschefrei) den Mindestwert im Jahresmittel erreicht oder überschritten hat. [4] Der Betreiber hat der zuständigen Behörde auf Verlangen einmal jährlich geeignete Unterlagen vorzulegen, die den Quecksilbergehalt im eingesetzten Brennstoff belegen. [5] Verfügt die Anlage über einen Dampferzeuger nach Satz 1 Nummer 2, hat der Anlagenbetreiber die Verweilzeit des Rauchgases in der Brennkammer gegenüber der zuständigen Behörde nachzuweisen. [6] Der Nachweis der Verweilzeit erfolgt einmalig durch ein von der zuständigen Behörde anerkanntes Gutachten.

(5) Abweichend von Absatz 1 Satz 2 Nummer 1 Buchstabe d, Nummer 2 Buchstabe e und Nummer 3 darf für die Emissionen an Schwefeldioxid und Schwefeltrioxid, angegeben als Schwefeldioxid, soweit auf Grund des Schwefelgehalts der eingesetzten einheimischen Brennstoffe die in Absatz 1 bestimmten Emissionsgrenzwerte mit einem verhältnismäßigen Aufwand nicht eingehalten werden können, bei einer Feuerungswärmeleistung von

1. 50 MW bis weniger als 100 MW alternativ ein Schwefelabscheidegrad von mindestens 93 Prozent als Tagesmittelwert nicht unterschritten werden,
2. 100 MW bis weniger als 300 MW alternativ ein Emissionsgrenzwert von 300 mg/m³ für den Tagesmittelwert und 600 mg/m³ für den Halbstundenmittelwert nicht überschritten und zusätzlich ein Schwefelabscheidegrad von mindestens 93 Prozent als Tagesmittelwert nicht unterschritten werden,
3. 300 MW oder mehr alternativ ein Emissionsgrenzwert von 200 mg/m³ für den Jahresmittelwert, 400 mg/m³ für den Tagesmittelwert und 800 mg/m³ für den Halbstundenmittelwert nicht überschritten werden und zusätzlich ein Entschwefelungsgrad der Rauchgasentschwefelungseinrichtung von 99 Prozent als Jahresmittelwert und ein Schwefelabscheidegrad von 97 Prozent als Tagesmittelwert nicht unterschritten werden.

(6) [1] Abweichend von den in Absatz 1 Satz 2 Nummer 1 Buchstabe a, Nummer 2 Buchstabe a und Nummer 3 bestimmten Emissionsgrenzwerten für Gesamtstaub darf

1. bei bestehenden Anlagen mit einer Feuerungswärmeleistung von 50 MW bis weniger als 1 000 MW ein Emissionsgrenzwert von 10 mg/m³ für den Jahres-

mittelwert, 10 mg/m³ für den Tagesmittelwert und 20 mg/m³ für den Halbstundenmittelwert nicht überschritten werden;
2. bei bestehenden Anlagen mit einer Feuerungswärmeleistung von 1 000 MW oder mehr ein Emissionsgrenzwert von 8 mg/m³ für den Jahresmittelwert, 10 mg/m³ für den Tagesmittelwert und 20 mg/m³ für den Halbstundenmittelwert nicht überschritten werden;
3. bei Altanlagen mit einer Feuerungswärmeleistung von 50 MW bis weniger als 100 MW ein Emissionsgrenzwert von 18 mg/m³ für den Jahresmittelwert, 20 mg/m³ für den Tagesmittelwert und 40 mg/m³ für den Halbstundenmittelwert nicht überschritten werden;
4. bei Altanlagen mit einer Feuerungswärmeleistung von 100 MW bis weniger als 300 MW ein Emissionsgrenzwert von 14 mg/m³ für den Jahresmittelwert, 20 mg/m³, für den Tagesmittelwert und 40 mg/m³ für den Halbstundenmittelwert nicht überschritten werden;
5. bei Altanlagen mit einer Feuerungswärmeleistung von 300 MW bis weniger als 1 000 MW ein Emissionsgrenzwert von 10 mg/m³ für den Jahresmittelwert, 20 mg/m³ für den Tagesmittelwert und 40 mg/m³ für den Halbstundenmittelwert nicht überschritten werden;
6. bei Altanlagen mit einer Feuerungswärmeleistung von 1 000 MW oder mehr ein Emissionsgrenzwert von 8 mg/m³ für den Jahresmittelwert, 14 mg/m³ für den Tagesmittelwert und 28 mg/m³ für den Halbstundenmittelwert nicht überschritten werden.

²Die Behörde kann auf Antrag des Betreibers eine bestehende Anlage, die im gleitenden Durchschnitt über einen Zeitraum von fünf Jahren höchstens 1 500 Betriebsstunden jährlich in Betrieb ist, von der Pflicht zur Einhaltung der Emissionsgrenzwerte für den Jahresmittelwert nach Satz 1 Nummern 1, 2, 3, 4, 5 oder 6 befreien.

(7) Abweichend von den in Absatz 1 Satz 2 Nummer 2 Buchstabe c und Nummer 3 bestimmten Emissionsgrenzwerten für Kohlenmonoxid darf bei 2003-Altanlagen mit einer Feuerungswärmeleistung von 100 MW oder mehr ein Emissionsgrenzwert von 250 mg/m³ für den Tagesmittelwert und von 500 mg/m³ für den Halbstundenmittelwert nicht überschritten werden.

(8) ¹Abweichend von den in Absatz 1 Satz 2 Nummer 1 Buchstabe c, Nummer 2 Buchstabe d und Nummer 3 bestimmten Emissionsgrenzwerten für Stickstoffmonoxid und Stickstoffdioxid, angegeben als Stickstoffdioxid, darf

1. bei bestehenden Anlagen mit einer Feuerungswärmeleistung von 50 MW bis weniger als 100 MW ein Emissionsgrenzwert von 250 mg/m³ für den Jahresmittelwert, 300 mg/m³ für den Tagesmittelwert und 600 mg/m³ für den Halbstundenmittelwert nicht überschritten werden;
2. bei bestehenden Anlagen mit einer Feuerungswärmeleistung von 100 MW oder mehr ein Emissionsgrenzwert von 100 mg/m³ für den Jahresmittelwert, 200 mg/m³ für den Tagesmittelwert, davon abweichend für andere als Braunkohlestaubfeuerungen bei einer Feuerungswärmeleistung von 300 MW oder mehr 150 mg/m³ für den Tagesmittelwert, und 400 mg/m³ für den Halbstundenmittelwert nicht überschritten werden;
3. bei Altanlagen mit einer Feuerungswärmeleistung von 100 MW bis weniger als 300 MW ein Emissionsgrenzwert von 180 mg/m³ für den Jahresmittel-

wert, 200 mg/m³ für den Tagesmittelwert und 400 mg/m³ für den Halbstundenmittelwert nicht überschritten werden;
4. bei Altanlagen mit steinkohlegefeuerten Staubfeuerungen mit einer Feuerungswärmeleistung von 300 MW oder mehr ein Emissionsgrenzwert von 150 mg/m³ für den Jahresmittelwert, 200 mg/m³ für den Tagesmittelwert und 400 mg/m³ für den Halbstundenmittelwert nicht überschritten werden;
5. bei Altanlagen mit Wirbelschichtfeuerung mit einer Feuerungswärmeleistung von 300 MW oder mehr ein Emissionsgrenzwert von 175 mg/m³ für den Jahresmittelwert, 200 mg/m³ für den Tagesmittelwert und 400 mg/m³ für den Halbstundenmittelwert nicht überschritten werden;
6. bei Altanlagen mit braunkohlegefeuerter Staubfeuerung mit einer Feuerungswärmeleistung von 300 MW oder mehr ein Emissionsgrenzwert von 175 mg/m³ für den Jahresmittelwert, 200 mg/m³ für den Tagesmittelwert und 400 mg/m³ für den Halbstundenmittelwert nicht überschritten werden.

²Die Behörde kann auf Antrag des Betreibers eine bestehende Anlage, die im gleitenden Durchschnitt über einen Zeitraum von fünf Jahren höchstens 1 500 Betriebsstunden jährlich in Betrieb ist, von der Pflicht zur Einhaltung der Emissionsgrenzwerte für den Jahresmittelwert nach Satz 1 Nummer 1, 2, 3, 4, 5 oder 6 oder nach Absatz 1 Satz 2 Nummer 1 Buchstabe c befreien. ³2003-Altanlagen mit einer Feuerungswärmeleistung von 50 MW bis weniger als 100 MW, die im gleitenden Durchschnitt über einen Zeitraum von fünf Jahren höchstens 1 500 Stunden jährlich in Betrieb sind, sowie steinkohlegefeuerte Altanlagen mit einer Feuerungswärmeleistung von 100 MW bis weniger als 300 MW, die vor dem 1. Juli 1987 in Betrieb gegangen sind und die im gleitenden Durchschnitt über einen Zeitraum von fünf Jahren höchstens 1 500 Stunden jährlich in Betrieb sind, dürfen abweichend von Satz 1 Nummer 1, 2 und 3 einen Emissionsgrenzwert von 330 mg/m³ für den Tagesmittelwert und 660 mg/m³ für den Halbstundenmittelwert nicht überschreiten, wobei der Emissionsgrenzwert für den Jahresmittelwert keine Anwendung findet.

(9) ¹Abweichend von den in Absatz 1 Satz 2 Nummer 1 Buchstabe d, Nummer 2 Buchstabe e und Nummer 3 bestimmten Emissionsgrenzwerten für Schwefeldioxid und Schwefeltrioxid, angegeben als Schwefeldioxid, darf

1. bei bestehenden Anlagen mit Wirbelschichtfeuerung mit einer Feuerungswärmeleistung von 50 MW bis weniger als 100 MW ein Emissionsgrenzwert von 350 mg/m³ für den Jahres- und den Tagesmittelwert und von 700 mg/m³ für den Halbstundenmittelwert nicht überschritten werden, wobei der Schwefelabscheidegrad einen Wert von mindestens 75 Prozent nicht unterschreiten darf;
2. bei anderen als den in Nummer 1 genannten bestehenden Anlagen mit einer Feuerungswärmeleistung von 50 MW bis weniger als 100 MW ein Emissionsgrenzwert von 360 mg/m³ für den Jahresmittelwert, 400 mg/m³ für den Tagesmittelwert und von 800 mg/m³ für den Halbstundenmittelwert nicht überschritten werden;
3. bei bestehenden Anlagen mit einer Feuerungswärmeleistung von 100 MW bis weniger als 300 MW ein Emissionsgrenzwert von 200 mg/m³ für den Jahres- und den Tagesmittelwert und von 400 mg/m³ für den Halbstundenmittelwert nicht überschritten werden, wobei der Schwefelabscheidegrad einen Wert von mindestens 85 Prozent nicht unterschreiten darf;

4. bei 2003-Altanlagen mit einer Feuerungswärmeleistung von 100 MW bis weniger als 300 MW ein Emissionsgrenzwert von 200 mg/m³ für den Jahresmittelwert, 250 mg/m³ für den Tagesmittelwert und von 500 mg/m³ für den Halbstundenmittelwert nicht überschritten werden, wobei der Schwefelabscheidegrad einen Wert von mindestens 75 Prozent nicht unterschreiten darf;

5. bei bestehenden Anlagen mit zirkulierender oder druckaufgeladener Wirbelschichtfeuerung mit einer Feuerungswärmeleistung von 300 MW oder mehr ein Emissionsgrenzwert von 180 mg/m³ für den Jahresmittelwert, 200 mg/m³ für den Tagesmittelwert und von 400 mg/m³ für den Halbstundenmittelwert nicht überschritten werden, wobei der Schwefelabscheidegrad einen Wert von mindestens 85 Prozent nicht unterschreiten darf;

6. bei bestehenden sonstigen Anlagen mit einer Feuerungswärmeleistung von 300 MW oder mehr eine Emissionsgrenzwert von 130 mg/m³ für den Jahresmittelwert, 150 mg/m³ für den Tagesmittelwert und von 300 mg/m³ für den Halbstundenmittelwert nicht überschritten werden, wobei der Schwefelabscheidegrad einen Wert von mindestens 85 Prozent nicht unterschreiten darf;

7. bei Altanlagen, ausgenommen Anlagen mit zirkulierender oder druckaufgeladener Wirbelschichtfeuerung, mit einer Feuerungswärmeleistung von 300 MW oder mehr ein Emissionsgrenzwert von 130 mg/m³ für den Jahresmittelwert, 200 mg/m³ für den Tagesmittelwert und von 400 mg/m³ für den Halbstundenmittelwert nicht überschritten werden, wobei der Schwefelabscheidegrad einen Wert von mindestens 85 Prozent nicht unterschreiten darf;

8. bei 2003-Altanlagen mit einer Feuerungswärmeleistung von 300 MW oder mehr, die im gleitenden Durchschnitt über einen Zeitraum von fünf Jahren höchstens 1 500 Stunden jährlich in Betrieb sind, ein Emissionsgrenzwert von 220 mg/m³ für den Tagesmittelwert und von 440 mg/m³ für den Halbstundenmittelwert nicht überschritten werden, wobei der Emissionsgrenzwert für den Jahresmittelwert keine Anwendung findet und der Schwefelabscheidegrad einen Wert von 85 Prozent nicht unterschreiten darf.

[2] Die Behörde kann auf Antrag des Betreibers eine bestehende Anlage, die im gleitenden Durchschnitt über einen Zeitraum von fünf Jahren höchstens 1 500 Betriebsstunden jährlich in Betrieb ist, von der Pflicht zur Einhaltung der Emissionsgrenzwerte für den Jahresmittelwert in Satz 1 Nummer 1, 2, 3, 4, 5, 6 oder 7 befreien.

(10) Abweichend von Absatz 1 Satz 2 Nummer 1 Buchstabe d, Nummer 2 Buchstabe e und Nummer 3 und Absatz 4 darf nach Validierung des Schwefelgehalts des eingesetzten einheimischen Brennstoffs und des erzielten Schwefelabscheidegrades, gemittelt über jeden Monat, bei bestehenden Anlagen für die Emissionen an Schwefeldioxid und Schwefeltrioxid, angegeben als Schwefeldioxid, soweit auf Grund des Schwefelgehalts der eingesetzten einheimischen Brennstoffe die in Absatz 1 bestimmten Emissionsgrenzwerte mit einem verhältnismäßigen Aufwand nicht eingehalten werden können, bei einer Feuerungswärmeleistung von 300 MW oder mehr ein Emissionsgrenzwert von 320 mg/m³ für den Jahresmittelwert, 400 mg/m³ für den Tagesmittelwert und 800 mg/m³ für den Halbstundenmittelwert nicht überschritten werden und zusätzlich ein Entschwefelungsgrad der Rauchgasentschwefelungseinrichtung von 97

Prozent als Jahresmittelwert und ein Schwefelabscheidegrad von 97 Prozent als Tagesmittelwert nicht unterschritten werden.

(11) Abweichend von Absatz 1 Satz 2 Nummer 1 Buchstabe d, Nummer 2 Buchstabe e und Nummer 3 und Absatz 4 darf nach Validierung des Schwefelgehalts des eingesetzten einheimischen Brennstoffs und des erzielten Schwefelabscheidegrades, gemittelt über jeden Monat, bei Altanlagen für die Emissionen an Schwefeldioxid und Schwefeltrioxid, angegeben als Schwefeldioxid, soweit auf Grund des Schwefelgehalts der eingesetzten einheimischen Brennstoffe die in Absatz 1 bestimmten Emissionsgrenzwerte mit einem verhältnismäßigen Aufwand nicht eingehalten werden können, bei einer Feuerungswärmeleistung von

1. 50 MW bis weniger als 100 MW alternativ ein Schwefelabscheidegrad von mindestens 92 Prozent als Tagesmittelwert nicht unterschritten werden,
2. 100 MW bis weniger als 300 MW alternativ ein Emissionsgrenzwert von 300 mg/m$^3$ für den Tagesmittelwert und 600 mg/m$^3$ für den Halbstundenmittelwert nicht überschritten und zusätzlich ein Schwefelabscheidegrad von mindestens 92 Prozent als Tagesmittelwert nicht unterschritten werden,
3. 300 MW oder mehr ein Emissionsgrenzwert von 320 mg/m$^3$ für den Jahresmittelwert, 400 mg/m$^3$ für den Tagesmittelwert und 800 mg/m$^3$ für den Halbstundenmittelwert nicht überschritten werden und zusätzlich ein Entschwefelungsgrad der Rauchgasentschwefelungseinrichtung von 97 Prozent als Jahresmittelwert und ein Schwefelabscheidegrad von 96 Prozent als Tagesmittelwert nicht unterschritten werden.

(12) [1] Abweichend von den in Absatz 1 Satz 2 Nummer 4 Buchstabe a bestimmten Emissionsgrenzwerten für die Emissionen an anorganischen gasförmigen Chlorverbindungen, angegeben als Chlorwasserstoff, darf bei bestehenden Anlagen bei Einsatz von Brennstoffen mit einem mittleren Chlorgehalt von 1 000 mg/kg trocken oder mehr, oder bei bestehenden Anlagen mit Wirbelschichtfeuerung oder bei bestehenden Anlagen, die im gleitenden Durchschnitt über einen Zeitraum von fünf Jahren höchstens 1 500 Stunden jährlich in Betrieb sind, ein Emissionsgrenzwert von 20 mg/m$^3$ für den Jahresmittelwert nicht überschritten werden. [2] Andere als in Satz 1 genannte bestehende Anlagen mit einer Feuerungswärmeleistung von 50 MW bis weniger als 100 MW dürfen einen Emissionsgrenzwert von 10 mg/m$^3$ nicht überschreiten. [3] Andere als in Satz 1 genannte bestehende Anlagen mit einer Feuerungswärmeleistung von 100 MW oder mehr dürfen bei Einsatz einer nass arbeitenden Entschwefelungseinrichtung mit nachgeschaltetem rotierendem Gas-Gas-Wärmetauscher einen Emissionsgrenzwert von 7 mg/m$^3$, ansonsten von 5 mg/m$^3$ für den Jahresmittelwert nicht überschreiten.

(13) [1] Abweichend von den in Absatz 1 Satz 2 Nummer 4 Buchstabe b bestimmten Emissionsgrenzwerten für die Emissionen an anorganischen gasförmigen Fluorverbindungen, angegeben als Fluorwasserstoff, darf bei bestehenden Anlagen bei Einsatz einer nass arbeitenden Entschwefelungseinrichtung mit nachgeschaltetem rotierendem Gas-Gas-Wärmetauscher, bei bestehenden Anlagen mit Wirbelschichtfeuerung oder bei bestehenden Anlagen, die im gleitenden Durchschnitt über einen Zeitraum von fünf Jahren höchstens 1 500 Stunden jährlich in Betrieb sind, ein Emissionsgrenzwert von 7 mg/m$^3$ für den Jahresmittelwert nicht überschritten werden. [2] Andere als in Satz 1 genannte bestehende Anlagen mit einer Feuerungswärmeleistung von 50 MW bis weni-

ger als 100 MW dürfen einen Emissionsgrenzwert von 6 mg/m³, Anlagen mit einer Feuerungswärmeleistung von 100 MW oder mehr einen Emissionsgrenzwert von 3 mg/m³ für den Jahresmittelwert nicht überschreiten.

(14) ¹Der Betreiber hat in dem Fall von Absatz 12 Satz 1, soweit der abweichende Emissionsgrenzwert von 20 mg/m³ für den Jahresmittelwert auf den mittleren Chlorgehalt im Brennstoff zurückgeht, Nachweise über das Vorliegen der Voraussetzungen für die Inanspruchnahme der abweichenden Anforderung, insbesondere auf der Grundlage der Brennstoffkontrollen nach § 13, jeweils bis zum Ablauf des 31. März eines Jahres für das vorhergehende Kalenderjahr zu führen und der zuständigen Behörde auf Verlangen vorzulegen. ²Der Betreiber hat die Nachweise nach dem Ende des Nachweiszeitraums nach Satz 1 jeweils fünf Jahre lang aufzubewahren.

(15) ¹Der Betreiber einer Anlage, die die Behörde nach Absatz 6 Satz 2, Absatz 8 Satz 2 oder Absatz 9 Satz 2 von der Pflicht zur Einhaltung des Emissionsgrenzwertes für den Jahresmittelwert befreit hat und der Betreiber einer Anlage nach Absatz 8 Satz 3 oder Absatz 9 Satz 1 Nummer 8 sowie der Betreiber einer Anlage nach Absatz 12 Satz 1 oder Absatz 13 Satz 1, soweit der abweichende Emissionsgrenzwert von 20 mg/m³ für den Jahresmittelwert für die Emissionen an anorganischen gasförmigen Chlorverbindungen oder von 7 mg/m³ für den Jahresmittelwert für die Emissionen an anorganischen gasförmigen Fluorverbindungen auf die Begrenzung der jährlichen Betriebsstunden zurückgeht, hat jeweils bis zum Ablauf des 31. März eines Jahres für die vorhergehenden fünf Kalenderjahre einen Nachweis über die Einhaltung der Betriebszeit zu führen und diesen der zuständigen Behörde auf Verlangen vorzulegen. ²Der Betreiber hat den Nachweis nach dem Ende des Nachweiszeitraums jeweils fünf Jahre lang aufzubewahren.

## § 29 Emissionsgrenzwerte für Großfeuerungsanlagen bei Einsatz von Biobrennstoffen.

(1) ¹Großfeuerungsanlagen, die Biobrennstoffe einsetzen, sind so zu errichten und zu betreiben, dass die Anforderungen dieses Absatzes und des Absatzes 2, des Absatzes 3 Satz 1, des Absatzes 4 Satz 1, des Absatzes 5 Satz 1, des Absatzes 6 Satz 1 bis 3, des Absatzes 7, des Absatzes 8 Satz 1 und der Absätze 9 und 10 eingehalten werden. ²Der Betreiber hat dafür zu sorgen, dass

1. kein Jahresmittelwert die folgenden Emissionsgrenzwerte überschreitet:

    a) Gesamtstaub: 5 mg/m³,

    b) Stickstoffmonoxid und Stickstoffdioxid, angegeben als Stickstoffdioxid, bei einer Feuerungswärmeleistung von

        aa) 50 MW bis weniger als 100 MW

            aaa) bei Einsatz von Brennstoffen mit einem Kaliumgehalt von 2 000 mg/kg trocken oder mehr oder von Brennstoffen mit einem Natriumgehalt von 300 mg/kg oder mehr: 200 mg/m³,

            bbb) bei Einsatz von sonstigen Biobrennstoffen: 150 mg/m³,

        bb) 100 MW oder mehr: 100 mg/m³,

    c) Schwefeldioxid und Schwefeltrioxid, angegeben als Schwefeldioxid, bei einer Feuerungswärmeleistung von

        aa) 50 MW bis weniger als 100 MW: 70 mg/m³,

        bb) 100 MW bis weniger als 300 MW: 50 mg/m³,

cc) 300 MW oder mehr: 35 mg/m³,
d) anorganische gasförmige Chlorverbindungen, angegeben als Chlorwasserstoff, bei einer Feuerungswärmeleistung von
   aa) 50 MW bis weniger als 100 MW: 7 mg/m³,
   bb) 100 MW oder mehr: 5 mg/m³,

2. kein Tagesmittelwert die folgenden Emissionsgrenzwerte überschreitet:
   a) Gesamtstaub: 10 mg/m³,
   b) Quecksilber und seine Verbindungen, angegeben als Quecksilber: 0,005 mg/m³,
   c) Kohlenmonoxid
      aa) bei einer Feuerungswärmeleistung von 50 MW bis weniger als 100 MW
         aaa) bei dem Einsatz von naturbelassenem Holz: 150 mg/m³,
         bbb) bei dem Einsatz von sonstigen Biobrennstoffen: 250 mg/m³,
      bb) bei einer Feuerungswärmeleistung von 100 MW oder mehr
         aaa) bei dem Einsatz von naturbelassenem Holz: 200 mg/m³,
         bbb) bei dem Einsatz von sonstigen Biobrennstoffen: 250 mg/m³,
   d) Stickstoffmonoxid und Stickstoffdioxid, angegeben als Stickstoffdioxid,
      aa) bei einer Feuerungswärmeleistung von 50 MW bis weniger als 100 MW
         aaa) bei Einsatz von Brennstoffen mit einem Kaliumgehalt von 2 000 mg/kg trocken oder mehr oder von Brennstoffen mit einem Natriumgehalt von 300 mg/kg oder mehr: 250 mg/m³,
         bbb) bei Einsatz von sonstigen Biobrennstoffen: 200 mg/m³,
      bb) bei einer Feuerungswärmeleistung von 100 MW bis weniger als 300 MW: 200 mg/m³,
      cc) bei einer Feuerungswärmeleistung von 300 MW oder mehr: 150 mg/m³,
   e) Schwefeldioxid und Schwefeltrioxid, angegeben als Schwefeldioxid, bei einer Feuerungswärmeleistung von
      aa) 50 MW bis weniger als 100 MW: 175 mg/m³,
      bb) 100 MW bis weniger als 300 MW: 85 mg/m³,
      cc) 300 MW oder mehr: 70 mg/m³,
   f) anorganische gasförmige Chlorverbindungen, angegeben als Chlorwasserstoff: 12 mg/m³,
   g) organische Stoffe, angegeben als Gesamtkohlenstoff: 10 mg/m³,

3. kein Halbstundenmittelwert das Doppelte der in Nummer 2 bestimmten Emissionsgrenzwerte überschreitet und

4. kein Mittelwert, der über die jeweilige Probenahmezeit gebildet ist, die nachfolgenden Emissionsgrenzwerte überschreitet:

a) anorganische gasförmige Fluorverbindungen, angegeben als Fluorwasserstoff: 1 mg/m³,
b) die Emissionsgrenzwerte nach Anlage 2 Nummer 1, 2, 3 und 4.

(2) Die Emissionsgrenzwerte dieser Vorschrift sind auch bei der Heizflächenreinigung einzuhalten.

(3) ¹Abweichend von den in Absatz 1 Satz 2 Nummer 1 Buchstabe a, Nummer 2 Buchstabe a und Nummer 3 bestimmten Emissionsgrenzwerten für Gesamtstaub darf

1. bei bestehenden Anlagen ein Emissionsgrenzwert von 10 mg/m³ für den Jahres- und den Tagesmittelwert und 20 mg/m³ für den Halbstundenmittelwert nicht überschritten werden;
2. bei Altanlagen mit einer Feuerungswärmeleistung von 50 MW bis weniger als 100 MW ein Emissionsgrenzwert von 15 mg/m³ für den Jahresmittelwert, 20 mg/m³ für den Tagesmittelwert und 40 mg/m³ für den Halbstundenmittelwert nicht überschritten werden;
3. bei Altanlagen mit einer Feuerungswärmeleistung von 100 MW bis weniger als 300 MW ein Emissionsgrenzwert von 12 mg/m³ für den Jahresmittelwert, 18 mg/m³ für den Tagesmittelwert und 36 mg/m³ für den Halbstundenmittelwert nicht überschritten werden;
4. bei Altanlagen mit einer Feuerungswärmeleistung von 300 MW oder mehr ein Emissionsgrenzwert von 10 mg/m³ für den Jahresmittelwert, 16 mg/m³ für den Tagesmittelwert und 32 mg/m³ für den Halbstundenmittelwert nicht überschritten werden.

²Die Behörde kann auf Antrag des Betreibers eine bestehende Anlage, die im gleitenden Durchschnitt über einen Zeitraum von fünf Jahren höchstens 1 500 Betriebsstunden jährlich in Betrieb ist, von der Pflicht zur Einhaltung der Emissionsgrenzwerte für den Jahresmittelwert nach Satz 1 Nummer 1, 2, 3 oder 4 befreien.

(4) ¹Abweichend von den in Absatz 1 Satz 2 Nummer 1 Buchstabe b, Nummer 2 Buchstabe d und Nummer 3 bestimmten Emissionsgrenzwerten für Stickstoffmonoxid und Stickstoffdioxid, angegeben als Stickstoffdioxid, darf

1. bei bestehenden Anlagen mit einer Feuerungswärmeleistung von 50 MW bis weniger als 100 MW bei Einsatz von Brennstoffen mit einem Kaliumgehalt von 2 000 mg/kg trocken oder mehr oder von Brennstoffen mit einem Natriumgehalt von 300 mg/kg oder mehr ein Emissionsgrenzwert von 250 mg/m³ für den Jahres- und den Tagesmittelwert und 500 mg/m³ für den Halbstundenmittelwert nicht überschritten werden;
2. bei bestehenden Anlagen mit einer Feuerungswärmeleistung von 50 MW bis weniger als 100 MW bei Einsatz anderer als in Nummer 1 genannter Biobrennstoffe ein Emissionsgrenzwert von 225 mg/m³ für den Jahresmittelwert, 250 mg/m³ für den Tagesmittelwert und 500 mg/m³ für den Halbstundenmittelwert nicht überschritten werden;
3. bei Altanlagen mit einer Feuerungswärmeleistung von 50 MW bis weniger als 100 MW bei Einsatz von Brennstoffen mit einem Kaliumgehalt von 2 000 mg/kg trocken oder mehr oder von Brennstoffen mit einem Natriumgehalt von 300 mg/kg oder mehr ein Emissionsgrenzwert von 250 mg/m³ für den

Jahresmittelwert, 300 mg/m$^3$ für den Tagesmittelwert und 600 mg/m$^3$ für den Halbstundenmittelwert nicht überschritten werden;
4. bei Altanlagen mit einer Feuerungswärmeleistung von 100 MW bis weniger als 300 MW ein Emissionsgrenzwert von 180 mg/m$^3$ für den Jahresmittelwert, 220 mg/m$^3$ für den Tagesmittelwert und 440 mg/m$^3$ für den Halbstundenmittelwert nicht überschritten werden;
5. bei Altanlagen mit einer Feuerungswärmeleistung von 300 MW oder mehr ein Emissionsgrenzwert von 150 mg/m$^3$ für den Jahresmittelwert, 200 mg/m$^3$ für den Tagesmittelwert und 400 mg/m$^3$ für den Halbstundenmittelwert nicht überschritten werden.

²Die Behörde kann auf Antrag des Betreibers eine bestehende Anlage, die im gleitenden Durchschnitt über einen Zeitraum von fünf Jahren höchstens 1 500 Betriebsstunden jährlich in Betrieb ist, von der Pflicht zur Einhaltung der Emissionsgrenzwerte für den Jahresmittelwert nach Satz 1 Nummer 1, 2, 3, 4 oder 5 befreien.

(5) ¹Abweichend von den in Absatz 1 Satz 2 Nummer 1 Buchstabe c, Nummer 2 Buchstabe e und Nummer 3 bestimmten Emissionsgrenzwerten für Schwefeldioxid und Schwefeltrioxid, angegeben als Schwefeldioxid, darf

1. bei bestehenden Anlagen mit einer Feuerungswärmeleistung von 50 MW bis weniger als 100 MW ein Emissionsgrenzwert von 100 mg/m$^3$ für den Jahresmittelwert, 200 mg/m$^3$ für den Tagesmittelwert und von 400 mg/m$^3$ für den Halbstundenmittelwert nicht überschritten werden;

2. bei bestehenden Anlagen mit einer Feuerungswärmeleistung von 100 MW bis weniger als 300 MW bei Einsatz von Brennstoffen mit einem Schwefelgehalt von 0,1 Gewichts-Prozent oder mehr ein Emissionsgrenzwert von 100 mg/m$^3$ für den Jahresmittelwert, 200 mg/m$^3$ für den Tagesmittelwert und von 400 mg/m$^3$ für den Halbstundenmittelwert nicht überschritten werden, bei Einsatz von sonstigen Biobrennstoffen ein Emissionsgrenzwert von 70 mg/m$^3$ für den Jahresmittelwert, 175 mg/m$^3$ für den Tagesmittelwert und von 350 mg/m$^3$ für den Halbstundenmittelwert nicht überschritten werden;

3. bei bestehenden Anlagen mit einer Feuerungswärmeleistung von 300 MW oder mehr bei Einsatz von Brennstoffen mit einem Schwefelgehalt von 0,1 Gewichts-Prozent oder mehr ein Emissionsgrenzwert von 100 mg/m$^3$ für den Jahresmittelwert, 150 mg/m$^3$ für den Tagesmittelwert und von 300 mg/m$^3$ für den Halbstundenmittelwert, bei Einsatz von sonstigen Biobrennstoffen ein Emissionsgrenzwert von 50 mg/m$^3$ für den Jahresmittelwert, 85 mg/m$^3$ für den Tagesmittelwert und von 170 mg/m$^3$ für den Halbstundenmittelwert nicht überschritten werden;

4. bei Altanlagen mit einer Feuerungswärmeleistung von 300 MW oder mehr bei Einsatz von Brennstoffen mit einem Schwefelgehalt von 0,1 Gewichts-Prozent oder mehr ein Emissionsgrenzwert von 100 mg/m$^3$ für den Jahresmittelwert, 200 mg/m$^3$ für den Tagesmittelwert und von 400 mg/m$^3$ für den Halbstundenmittelwert nicht überschritten werden.

²Die Behörde kann auf Antrag des Betreibers eine bestehende Anlage, die im gleitenden Durchschnitt über einen Zeitraum von fünf Jahren höchstens 1 500 Betriebsstunden jährlich in Betrieb ist, von der Pflicht zur Einhaltung der

Emissionsgrenzwerte für den Jahresmittelwert nach Satz 1 Nummer 1, 2, 3 oder 4 befreien.

(6) ¹Abweichend von den in Absatz 1 Satz 2 Nummer 1 Buchstabe d, Nummer 2 Buchstabe f und Nummer 3 bestimmten Emissionsgrenzwerten für anorganische Chlorverbindungen, angegeben als Chlorwasserstoff, darf

1. bei Einsatz von Brennstoffen mit einem mittleren Chlorgehalt von 0,1 Gewichts-Prozent trocken oder mehr sowie in Anlagen, die im gleitenden Durchschnitt über einen Zeitraum von fünf Jahren höchstens 1 500 Stunden jährlich in Betrieb sind, ein Emissionsgrenzwert von 15 mg/m³ für den Jahresmittelwert, 35 mg/m³ für den Tagesmittelwert und 70 mg/m³ für den Halbstundenmittelwert nicht überschritten werden;
2. bei bestehenden Anlagen mit einer Feuerungswärmeleistung von 50 MW bis weniger als 100 MW ein Emissionsgrenzwert von 15 mg/m³ für den Jahresmittelwert, 35 mg/m³ für den Tagesmittelwert und 70 mg/m³ für den Halbstundenmittelwert nicht überschritten werden;
3. bei bestehenden Anlagen mit einer Feuerungswärmeleistung von 100 MW bis weniger als 300 MW ein Emissionsgrenzwert von 9 mg/m³ für den Jahresmittelwert, 12 mg/m³ für den Tagesmittelwert und 24 mg/m³ für den Halbstundenmittelwert nicht überschritten werden.

²Abweichend von Satz 1 Nummer 2 und 3 darf bei bestehenden Anlagen bei Einsatz von Brennstoffen mit einem mittleren Chlorgehalt von 0,1 Gewichts-Prozent trocken oder mehr sowie bei bestehenden Anlagen, die im gleitenden Durchschnitt über einen Zeitraum von fünf Jahren höchstens 1 500 Stunden jährlich in Betrieb sind, ein Emissionsgrenzwert von 25 mg/m³ für den Jahresmittelwert, 50 mg/m³ für den Tagesmittelwert und 100 mg/m³ für den Halbstundenmittelwert nicht überschritten werden. ³Abweichend von Satz 1 Nummer 1 dürfen bei bestehenden Anlagen mit einer Feuerungswärmeleistung von 300 MW oder mehr die in Satz 2 vorgeschriebenen Emissionsgrenzwerte nicht überschritten werden. ⁴Die Behörde kann auf Antrag des Betreibers eine bestehende Anlage, die im gleitenden Durchschnitt über einen Zeitraum von fünf Jahren höchstens 1 500 Betriebsstunden jährlich in Betrieb ist, von der Pflicht zur Einhaltung der Emissionsgrenzwerte für den Jahresmittelwert nach Satz 1 Nummer 1, 2 oder 3 oder nach Satz 2 befreien.

(7) Abweichend von dem in Absatz 1 Satz 2 Nummer 4 Buchstabe a bestimmten Emissionsgrenzwert für anorganische Fluorverbindungen, angegeben als Fluorwasserstoff, darf bei bestehenden Anlagen mit einer Feuerungswärmeleistung von 50 MW bis weniger als 100 MW ein Emissionsgrenzwert von 1,5 mg/m³ nicht überschritten werden.

(8) ¹Die Emissionsgrenzwerte nach Absatz 1 Satz 2 Nummer 4 Buchstabe b gelten bezüglich der Anforderung in Anlage 2 Nummer 4 nicht für den Einsatz von

1. naturbelassenem Holz,
2. Holzabfällen gemäß § 2 Absatz 4 Nummer 2 Buchstabe f oder
3. ausschließlich aus naturbelassenem Holz hergestellten Brennstoffen, soweit dadurch keine anderen oder höheren Emissionen entstehen als bei Einsatz von naturbelassenem Holz.

²Die Emissionsgrenzwerte nach Absatz 1 Satz 2 Nummer 4 Buchstabe b gelten bezüglich der Anforderungen in Anlage 2 Nummer 1, 2 und 3 nicht für den

Einsatz von Stoffen nach Satz 1, wenn die Ergebnisse der Brennstoffkontrollen nach § 13 zweifelsfrei die Einhaltung dieser Emissionsgrenzwerte belegen können.

(9) ¹Der Betreiber hat in den Fällen von Absatz 1 Satz 2 Nummer 2 Buchstabe d Doppelbuchstabe aa Dreifachbuchstabe aaa, Absatz 4 Satz 1 Nummer 1 oder 3, Absatz 5 Nummer 2, 3 oder 4, Absatz 6 Satz 1 Nummer 1, 2 und Absatz 8 Satz 1 Nummer 3 Nachweise über die Einhaltung der die abweichenden Regelungen begründenden brennstoffspezifischen Voraussetzungen, insbesondere durch regelmäßige Kontrollen der Brennstoffe auf der Grundlage der Brennstoffkontrollen nach § 13, jeweils bis zum Ablauf des 31. März eines Jahres für das vorhergehende Kalenderjahr zu führen und diese der zuständigen Behörde auf Verlangen vorzulegen. ²Der Betreiber hat die Nachweise nach dem Ende des Nachweiszeitraums nach Satz 1 jeweils fünf Jahre lang aufzubewahren.

(10) ¹Der Betreiber einer Anlage, die die Behörde nach Absatz 3 Satz 2, Absatz 4 Satz 2, Absatz 5 Satz 2 oder nach Absatz 6 Satz 4 von der Pflicht zur Einhaltung des Emissionsgrenzwertes für den Jahresmittelwert befreit hat, sowie der Betreiber einer Anlage nach Absatz 6 Satz 1 Nummer 1 oder Satz 2, soweit die Inanspruchnahme dieser abweichenden Regelungen auf die Begrenzung der jährlichen Betriebsstunden zurückgeht, hat jeweils bis zum Ablauf des 31. März eines Jahres für die vorhergehenden fünf Kalenderjahre einen Nachweis über die Einhaltung der Betriebszeit zu führen und der zuständigen Behörde auf Verlangen vorzulegen. ²Der Betreiber hat den Nachweis nach dem Ende des Nachweiszeitraums jeweils fünf Jahre lang aufzubewahren.

**§ 30 Emissionsgrenzwerte für Großfeuerungsanlagen bei Einsatz flüssiger Brennstoffe, ausgenommen flüssige Brennstoffe aus Produktionsrückständen der chemischen Industrie.** (1) ¹Großfeuerungsanlagen, die flüssige Brennstoffe, ausgenommen flüssige Brennstoffe aus Produktionsrückständen der chemischen Industrie, einsetzen, sind so zu errichten und zu betreiben, dass die Anforderungen dieses Absatzes und die Anforderungen der Absätze 2 bis 4, des Absatzes 5 Satz 1, des Absatzes 6, des Absatzes 7 Satz 1 bis 6, des Absatzes 8 Satz 1 und 2 und des Absatzes 9 eingehalten werden. ²Der Betreiber hat dafür zu sorgen, dass

1. kein Jahresmittelwert die folgenden Emissionsgrenzwerte überschreitet:
    a) Gesamtstaub bei einer Feuerungswärmeleistung von
        aa) 50 MW bis weniger als 300 MW: 10 mg/m³,
        bb) 300 MW oder mehr: 5 mg/m³,
    b) Stickstoffmonoxid und Stickstoffdioxid, angegeben als Stickstoffdioxid: 75 mg/m³,
    c) Schwefeldioxid und Schwefeltrioxid, angegeben als Schwefeldioxid, bei einer Feuerungswärmeleistung von
        aa) 50 MW bis weniger als 300 MW: 175 mg/m³,
        bb) 300 MW oder mehr: 50 mg/m³;

2. kein Tagesmittelwert die folgenden Emissionsgrenzwerte überschreitet und kein Tagesmittelwert die folgenden Schwefelabscheidegrade unterschreitet:
    a) Gesamtstaub: 10 mg/m³,

b) Kohlenmonoxid: 80 mg/m³,
c) Stickstoffmonoxid und Stickstoffdioxid, angegeben als
   Stickstoffdioxid: 100 mg/m³,
d) Schwefeldioxid und Schwefeltrioxid, angegeben als Schwefeldioxid, bei einer Feuerungswärmeleistung von
   aa) 50 MW bis weniger als 300 MW: 200 mg/m³,
   bb) 300 MW oder mehr: 120 mg/m³,
   es darf zusätzlich zur Begrenzung der Massenkonzentration ein Schwefelabscheidegrad von mindestens 85 Prozent nicht unterschritten werden; soweit diese Anforderung zu Emissionen von weniger als 50 mg/m³ für den Tagesmittelwert führt, ist mindestens ein Schwefelabscheidegrad einzuhalten, der zu Emissionen von nicht mehr als 50 mg/m³ für den Tagesmittelwert führt;

3. kein Halbstundenmittelwert das Doppelte der in Nummer 2 bestimmten Emissionsgrenzwerte überschreitet und
4. kein Mittelwert, der über die jeweilige Probenahmezeit gebildet ist, die Emissionsgrenzwerte nach Anlage 2 Nummer 1, 2, 3 und 4 überschreitet.

(2) Die Emissionsgrenzwerte dieser Vorschrift sind auch bei der Heizflächenreinigung einzuhalten.

(3) Abweichend von den in Absatz 1 Satz 2 Nummer 1 Buchstabe a und Nummer 2 Buchstabe a festgelegten Emissionsgrenzwerten für Gesamtstaub kann bei Einsatz von leichtem Heizöl die Rußzahlbegrenzung auf den Wert 1 für den Drei-Minuten-Mittelwert festgelegt werden, wenn durch periodische Messung der Staubkonzentration nachgewiesen wird, dass mit der Einhaltung der vorgenannten Rußzahlbegrenzung die Anforderungen des Absatzes 1 Satz 2 Nummer 1 Buchstabe a und Nummer 2 Buchstabe a stets erfüllt sind.

(4) ¹Abweichend von Absatz 1 Satz 2 Nummer 1 Buchstabe a Doppelbuchstabe bb für Gesamtstaub darf bei bestehenden Anlagen mit einer Feuerungswärmeleistung von 300 MW oder mehr ein Emissionsgrenzwert von 10 mg/m³ für den Jahres- und Tagesmittelwert und 20 mg/m³ für den Halbstundenmittelwert nicht überschritten werden. ²Die Behörde kann auf Antrag des Betreibers eine bestehende Anlage, die im gleitenden Durchschnitt über einen Zeitraum von fünf Jahren höchstens 1 500 Betriebsstunden jährlich in Betrieb ist, von der Pflicht zur Einhaltung der Emissionsgrenzwerte für den Jahresmittelwert nach Satz 1 befreien.

(5) ¹Abweichend von Absatz 1 Satz 2 Nummer 1 Buchstabe a, Nummer 2 Buchstabe a und Nummer 3 für Gesamtstaub darf bei Altanlagen mit einer Feuerungswärmeleistung von

1. 50 MW bis weniger als 300 MW ein Emissionsgrenzwert von 20 mg/m³ für den Jahres- und den Tagesmittelwert und 40 mg/m³ für den Halbstundenmittelwert nicht überschritten werden,
2. 300 MW oder mehr ein Emissionsgrenzwert von 10 mg/m³ für den Jahresmittelwert, 15 mg/m³ für den Tagesmittelwert und 30 mg/m³ für den Halbstundenmittelwert nicht überschritten werden.

²Die Behörde kann auf Antrag des Betreibers eine Altanlage, die im gleitenden Durchschnitt über einen Zeitraum von fünf Jahren höchstens 1 500 Betriebs-

stunden jährlich in Betrieb ist, von der Pflicht zur Einhaltung der Emissionsgrenzwerte für den Jahresmittelwert nach Satz 1 befreien.

(6) Abweichend von den in Absatz 1 Satz 2 Nummer 1 Buchstabe b, Nummer 2 Buchstabe c und Nummer 3 bestimmten Emissionsgrenzwerten für Stickstoffmonoxid und Stickstoffdioxid, angegeben als Stickstoffdioxid, dürfen bei Anlagen mit einer Feuerungswärmeleistung von 50 MW bis weniger als 100 MW, die ausschließlich mit leichtem Heizöl betrieben werden und die im gleitenden Durchschnitt über einen Zeitraum von fünf Jahren höchstens 1 500 Stunden jährlich in Betrieb sind, sowie bei bestehenden Anlagen mit einer Feuerungswärmeleistung von 50 MW bis weniger als 100 MW, die ausschließlich mit leichtem Heizöl betrieben werden, die folgenden Emissionsgrenzwerte nicht überschritten werden:

1. bei Kesseln mit einem Einstellwert der Sicherheitseinrichtung, insbesondere durch einen Sicherheitstemperaturbegrenzer oder ein Sicherheitsdruckventil, gegen Überschreitung einer Temperatur von weniger als 383,15 K oder eines Überdrucks von weniger als 0,05 MPa: 150 mg/m$^3$ für den Jahres- und den Tagesmittelwert und 300 mg/m$^3$ für den Halbstundenmittelwert,

2. bei Kesseln mit einem Einstellwert der Sicherheitseinrichtung, insbesondere durch einen Sicherheitstemperaturbegrenzer oder ein Sicherheitsdruckventil, gegen Überschreitung einer Temperatur von 383,15 K bis 483,15 K oder eines Überdrucks von 0,05 MPa bis 1,8 MPa: 170 mg/m$^3$ für den Jahres- und den Tagesmittelwert und 340 mg/m$^3$ für den Halbstundenmittelwert,

3. bei Kesseln mit einem Einstellwert der Sicherheitseinrichtung, insbesondere durch einen Sicherheitstemperaturbegrenzer oder ein Sicherheitsdruckventil, gegen Überschreitung einer Temperatur von mehr als 483,15 K oder eines Überdrucks von mehr als 1,8 MPa: 200 mg/m$^3$ für den Jahres- und den Tagesmittelwert und 400 mg/m$^3$ für den Halbstundenmittelwert.

(7) [1] Abweichend von den in Absatz 1 Satz 2 Nummer 1 Buchstabe b, Nummer 2 Buchstabe c und Nummer 3 bestimmten Emissionsgrenzwerten für Stickstoffmonoxid und Stickstoffdioxid, angegeben als Stickstoffdioxid, darf bei bestehenden Anlagen mit einer Feuerungswärmeleistung von

1. 50 MW bis weniger als 100 MW bei Einsatz von anderen flüssigen Brennstoffen als leichtem Heizöl ein Emissionsgrenzwert von 250 mg/m$^3$ für den Jahresmittelwert, 300 mg/m$^3$ für den Tagesmittelwert und 600 mg/m$^3$ für den Halbstundenmittelwert nicht überschritten werden,

2. 100 MW bis weniger als 300 MW ein Emissionsgrenzwert von 100 mg/m$^3$ für den Jahresmittelwert, 145 mg/m$^3$ für den Tagesmittelwert und 290 mg/m$^3$ für den Halbstundenmittelwert nicht überschritten werden,

3. 300 MW oder mehr ein Emissionsgrenzwert von 100 mg/m$^3$ für den Jahres- und den Tagesmittelwert und 200 mg/m$^3$ für den Halbstundenmittelwert nicht überschritten werden.

[2] Abweichend von Satz 1 Nummer 1 darf bei Altanlagen ein Emissionsgrenzwert von 270 mg/m$^3$ für den Jahresmittelwert, 330 mg/m$^3$ für den Tagesmittelwert und 660 mg/m$^3$ für den Halbstundenmittelwert nicht überschritten werden. [3] Abweichend von Satz 1 Nummer 1 darf bei 2003-Altanlagen, die im gleitenden Durchschnitt über einen Zeitraum von fünf Jahren höchstens 1 500 Stunden jährlich in Betrieb sind, ein Emissionsgrenzwert von 400 mg/m$^3$ für den Tagesmittelwert und 800 mg/m$^3$ für den Halbstundenmittelwert nicht

überschritten werden, wobei der Emissionsgrenzwert für den Jahresmittelwert keine Anwendung findet. [4] Abweichend von Satz 1 Nummer 2 darf bei 2003-Altanlagen, die im gleitenden Durchschnitt über einen Zeitraum von fünf Jahren höchstens 1 500 Stunden jährlich in Betrieb sind, bei Einsatz von anderen flüssigen Brennstoffen als leichtem Heizöl ein Emissionsgrenzwert von 365 mg/m$^3$ für den Tagesmittelwert und 730 mg/m$^3$ für den Halbstundenmittelwert nicht überschritten werden, wobei der Emissionsgrenzwert für den Jahresmittelwert keine Anwendung findet. [5] Abweichend von Satz 1 Nummer 3 darf bei Altanlagen bei Einsatz von anderen flüssigen Brennstoffen als leichtem Heizöl ein Emissionsgrenzwert von 110 mg/m$^3$ für den Jahresmittelwert, 145 mg/m$^3$ für den Tagesmittelwert und 290 mg/m$^3$ für den Halbstundenmittelwert nicht überschritten werden. [6] Abweichend von den in Absatz 1 Satz 2 Nummer 2 Buchstabe c und Nummer 3 bestimmten Emissionsgrenzwerten für Stickstoffmonoxid und Stickstoffdioxid, angegeben als Stickstoffdioxid, darf bei 2003-Altanlagen, die ausschließlich zur Abdeckung der Spitzenlast bei der Energieversorgung während bis zu 300 Stunden im Jahr dienen, bei Einsatz von leichtem Heizöl ein Emissionsgrenzwert von 300 mg/m$^3$ für den Tagesmittelwert und 600 mg/m$^3$ für den Halbstundenmittelwert nicht überschritten werden, wobei der Emissionsgrenzwert für den Jahresmittelwert keine Anwendung findet. [7] Die Behörde kann auf Antrag des Betreibers eine bestehende Anlage, die im gleitenden Durchschnitt über einen Zeitraum von fünf Jahren höchstens 1 500 Betriebsstunden jährlich in Betrieb ist, von der Pflicht zur Einhaltung der Emissionsgrenzwerte für den Jahresmittelwert nach Satz 1, Satz 2 oder Satz 5 befreien.

(8) [1] Abweichend von den in Absatz 1 Satz 2 Nummer 1 Buchstabe c, Nummer 2 Buchstabe d und Nummer 3 bestimmten Emissionsgrenzwerten darf für Schwefeldioxid und Schwefeltrioxid, angegeben als Schwefeldioxid,

1. bei bestehenden Anlagen mit einer Feuerungswärmeleistung von 300 MW oder mehr ein Emissionsgrenzwert von 110 mg/m$^3$ für den Jahresmittelwert, 150 mg/m$^3$ für den Tagesmittelwert und von 300 mg/m$^3$ für den Halbstundenmittelwert nicht überschritten werden;

2. bei 2003-Altanlagen für den Einsatz von anderen flüssigen Brennstoffen als leichtem Heizöl, die im gleitenden Durchschnitt über einen Zeitraum von fünf Jahren höchstens 1 500 Stunden jährlich in Betrieb sind, mit einer Feuerungswärmeleistung von

   a) 50 MW bis weniger als 300 MW ein Emissionsgrenzwert von 350 mg/m$^3$ für den Tagesmittelwert und von 700 mg/m$^3$ für den Halbstundenmittelwert nicht überschritten werden,

   b) 300 MW oder mehr ein Emissionsgrenzwert von 200 mg/m$^3$ für den Tagesmittelwert und von 400 mg/m$^3$ für den Halbstundenmittelwert nicht überschritten werden,

wobei die Emissionsgrenzwerte für den Jahresmittelwert keine Anwendung finden.

[2] Für 2003-Altanlagen nach Satz 1 Nummer 2 Buchstabe a darf zusätzlich zur Begrenzung der Massenkonzentration ein Schwefelabscheidegrad von mindestens 75 Prozent nicht unterschritten werden. [3] Für alle nicht unter Satz 1 Nummer 2 Buchstabe a fallenden 2003-Altanlagen sowie für bestehende Anlagen und Altanlagen bleiben die Vorschriften des Absatzes 1 Satz 2 Nummer 2 Buchstabe d zum Schwefelabscheidegrad unberührt. [4] Die Behörde kann auf

Antrag des Betreibers eine bestehende Anlage, die im gleitenden Durchschnitt über einen Zeitraum von fünf Jahren höchstens 1 500 Betriebsstunden jährlich in Betrieb ist, von der Pflicht zur Einhaltung der Emissionsgrenzwerte für den Jahresmittelwert nach Satz 1 Nummer 1 befreien.

(9) [1]Der Betreiber einer Anlage, die die Behörde nach Absatz 5 Satz 2, Absatz 7 Satz 7 oder Absatz 8 Satz 4 von der Pflicht zur Einhaltung des Emissionsgrenzwertes für den Jahresmittelwert befreit hat, der Betreiber einer Anlage, auf die die abweichenden Vorschriften des Absatzes 6 infolge der begrenzten Jahresbetriebsstunden Anwendung finden, der Betreiber einer Anlage nach Absatz 7 Satz 3, 4 oder 6 sowie der Betreiber einer Anlage nach Absatz 8 Satz 1 Nummer 2 hat jeweils bis zum Ablauf des 31. März eines Jahres für die vorhergehenden fünf Kalenderjahre einen Nachweis über die Einhaltung der Betriebszeit zu führen und diesen der zuständigen Behörde auf Verlangen vorzulegen. [2]Der Betreiber hat den Nachweis nach dem Ende des Nachweiszeitraums jeweils fünf Jahre lang aufzubewahren.

(10) Bei Einsatz von leichtem Heizöl, das die Anforderungen an leichtes Heizöl der Verordnung über die Beschaffenheit und die Auszeichnung der Qualitäten von Kraft- und Brennstoffen bezüglich des Schwefelgehalts erfüllt, sind die in Absatz 1 Satz 2 Nummer 2 Buchstabe d genannten Anforderungen zum Schwefelabscheidegrad nicht anzuwenden.

(11) Bei Einsatz von leichtem Heizöl sind die Emissionsgrenzwerte nach Absatz 1 Satz 2 Nummer 4 nicht anzuwenden.

**§ 31 Emissionsgrenzwerte für Großfeuerungsanlagen bei Einsatz von gasförmigen Brennstoffen, ausgenommen gasförmige Brennstoffe aus Produktionsrückständen der chemischen Industrie.** (1) [1]Großfeuerungsanlagen, die gasförmige Brennstoffe, ausgenommen gasförmige Brennstoffe aus Produktionsrückständen der chemischen Industrie, einsetzen, sind so zu errichten und zu betreiben, dass die Anforderungen dieses Absatzes und des Absatzes 2 eingehalten werden. [2]Der Betreiber hat dafür zu sorgen, dass

1. kein Jahresmittelwert die folgenden Emissionsgrenzwerte überschreitet:
   a) Gesamtstaub bei Einsatz von Hochofengas oder Koksofengas: $7 \text{ mg/m}^3$,
   b) Stickstoffmonoxid und Stickstoffdioxid, angegeben als Stickstoffdioxid: $60 \text{ mg/m}^3$,
   c) Schwefeldioxid und Schwefeltrioxid, angegeben als Schwefeldioxid, bei Einsatz von Hochofengas oder Koksofengas: $150 \text{ mg/m}^3$,
2. kein Tagesmittelwert die folgenden Emissionsgrenzwerte überschreitet:
   a) Gesamtstaub bei Einsatz von
      aa) Hochofengas oder Koksofengas: $10 \text{ mg/m}^3$,
      bb) sonstigen gasförmigen Brennstoffen, ausgenommen Erdgas, Flüssiggas und Wasserstoff: $5 \text{ mg/m}^3$,
   b) Kohlenmonoxid bei Einsatz von
      aa) Erdgas: $50 \text{ mg/m}^3$,
      bb) Hochofengas oder Koksofengas: $100 \text{ mg/m}^3$,
      cc) sonstigen gasförmigen Brennstoffen: $80 \text{ mg/m}^3$,

c) Stickstoffmonoxid und Stickstoffdioxid, angegeben als Stickstoffdioxid: 85 mg/m³,
d) Schwefeldioxid und Schwefeltrioxid, angegeben als Schwefeldioxid, bei Einsatz von
  aa) Flüssiggas: 5 mg/m³,
  bb) Erdgas: 35 mg/m³,
  cc) Hochofengas und Koksofengas mit einem Koksofengasanteil von bis zu 50 Prozent: 200 mg/m³,
  dd) Hochofengas und Koksofengas mit einem Koksofengasanteil von mehr als 50 Prozent: 300 mg/m³,
  ee) sonstigen gasförmigen Brennstoffen: 35 mg/m³,
3. kein Halbstundenmittelwert das Doppelte der in Nummer 2 bestimmten Emissionsgrenzwerte überschreitet.

(2) ¹Abweichend von den in Absatz 1 Satz 2 Nummer 1 Buchstabe b, Nummer 2 Buchstabe c und Nummer 3 bestimmten Emissionsgrenzwerten darf für Stickstoffmonoxid und Stickstoffdioxid, angegeben als Stickstoffdioxid, bei bestehenden Anlagen ein Emissionsgrenzwert von 100 mg/m³ für den Jahres- und den Tagesmittelwert und 200 mg/m³ für den Halbstundenmittelwert nicht überschritten werden. ²Abweichend von Satz 1 darf bei Altanlagen mit einer Feuerungswärmeleistung von 50 MW bis weniger als 300 MW

1. bei Einsatz von Hochofengas und Koksofengas mit einem Koksofengasanteil von bis zu 50 Prozent ein Emissionsgrenzwert von 100 mg/m³ für den Jahresmittelwert, 160 mg/m³ für den Tagesmittelwert und 320 mg/m³ für den Halbstundenmittelwert nicht überschritten werden,
2. bei Einsatz von Hochofengas und Koksofengas mit einem Koksofengasanteil von mehr als 50 Prozent ein Emissionsgrenzwert von 100 mg/m³ für den Jahresmittelwert, 200 mg/m³ für den Tagesmittelwert und 400 mg/m³ für den Halbstundenmittelwert nicht überschritten werden.

³Abweichend von Satz 1 darf bei 2003-Altanlagen mit einer Feuerungswärmeleistung von 300 MW oder mehr bei Einsatz von Hochofengas oder Koksofengas ein Emissionsgrenzwert von 100 mg/m³ für den Jahresmittelwert, 135 mg/m³ für den Tagesmittelwert und 270 mg/m³ für den Halbstundenmittelwert nicht überschritten werden. ⁴Abweichend von Satz 1 darf bei bestehenden Anlagen, die andere gasförmige Brennstoffe als Erdgas, Hochofengas oder Koksofengas einsetzen, bei einer Feuerungswärmeleistung

1. bis weniger als 300 MW ein Emissionsgrenzwert von 150 mg/m³ für den Tagesmittelwert und 300 mg/m³ für den Halbstundenmittelwert nicht überschritten werden,
2. von 300 MW oder mehr ein Emissionsgrenzwert von 100 mg/m³ für den Tagesmittelwert und 200 mg/m³ für den Halbstundenmittelwert nicht überschritten werden,

wobei der Emissionsgrenzwert für den Jahresmittelwert keine Anwendung findet.

## § 32 Emissionsgrenzwerte für Großfeuerungsanlagen bei Einsatz von flüssigen und gasförmigen Produktionsrückständen aus der chemischen Industrie. (1) ¹Großfeuerungsanlagen, die flüssige oder gasförmige

Großfeuerungsanlagen VO  **§ 32 13. BImSchV 6.1.13**

Produktionsrückstände aus der chemischen Industrie einsetzen, sind so zu errichten und zu betreiben, dass die Anforderungen dieses Absatzes und der Absätze 2 bis 5, des Absatzes 6 Satz 2 und 3 und des Absatzes 7 eingehalten werden. ²Der Betreiber hat dafür zu sorgen, dass

1. kein Jahresmittelwert die folgenden Emissionsgrenzwerte überschreitet:
   a) Gesamtstaub: 5 mg/m³,
   b) Stickstoffmonoxid und Stickstoffdioxid, angegeben als Stickstoffdioxid:
      aa) bei ausschließlichem Einsatz von gasförmigen Produktionsrückständen aus der chemischen Industrie: 80 mg/m³,
      bb) in allen nicht in Doppelbuchstabe aa genannten Fällen: 85 mg/m³,
   c) Schwefeldioxid und Schwefeltrioxid, angegeben als Schwefeldioxid: 100 mg/m³,

2. kein Tagesmittelwert die folgenden Emissionsgrenzwerte überschreitet:
   a) Gesamtstaub: 10 mg/m³,
   b) Kohlenmonoxid: 80 mg/m³,
   c) Stickstoffmonoxid und Stickstoffdioxid, angegeben als Stickstoffdioxid, bei einer Feuerungswärmeleistung von
      aa) 50 MW bis weniger als 300 MW:
         aaa) bei ausschließlichem Einsatz von gasförmigen Produktionsrückständen aus der chemischen Industrie: 100 mg/m³,
         bbb) in allen nicht in Dreifachbuchstabe aaa genannten Fällen: 110 mg/m³,
      bb) 300 MW oder mehr: 100 mg/m³,
   d) Schwefeldioxid und Schwefeltrioxid, angegeben als Schwefeldioxid:
      aa) bei ausschließlichem Einsatz von gasförmigen Produktionsrückständen der chemischen Industrie: 35 mg/m³,
      bb) in allen nicht in Doppelbuchstabe aa genannten Fällen:
         aaa) bei einer Feuerungswärmeleistung von 50 MW bis weniger als 300 MW: 200 mg/m³,
         bbb) bei einer Feuerungswärmeleistung von 300 MW oder mehr: 150 mg/m³,

3. kein Halbstundenmittelwert das Doppelte der in Nummer 2 bestimmten Emissionsgrenzwerte überschreitet und

4. kein Mittelwert, der über die jeweilige Probenahmezeit gebildet ist, die folgenden Emissionsgrenzwerte überschreitet:
   a) gasförmige anorganische Chlorverbindungen, angegeben als Chlorwasserstoff, bei einer Feuerungswärmeleistung von
      aa) 50 MW bis weniger als 100 MW: 7 mg/m³,
      bb) 100 MW oder mehr: 5 mg/m³,
   b) gasförmige anorganische Fluorverbindungen, angegeben als Fluorwasserstoff, bei einer Feuerungswärmeleistung von
      aa) 50 MW bis weniger als 100 MW: 3 mg/m³,

bb) 100 MW oder mehr: 2 mg/m$^3$,
c) organische Stoffe, angegeben als Gesamtkohlenstoff: 10 mg/m$^3$,
d) den Emissionsgrenzwert nach Anlage 2 Nummer 5.

(2) Die Emissionsgrenzwerte dieser Vorschrift sind auch bei der Heizflächenreinigung einzuhalten.

(3) Abweichend von den in Absatz 1 Satz 2 Nummer 1 Buchstabe a, Nummer 2 Buchstabe a und Nummer 3 bestimmten Emissionsgrenzwerten für Gesamtstaub darf bei Einsatz von flüssigen Produktionsrückständen der chemischen Industrie allein oder zusammen mit gasförmigen Brennstoffen der chemischen Industrie in

1. bestehenden Anlagen ein Emissionsgrenzwert von 10 mg/m$^3$ für den Jahres- und den Tagesmittelwert und 20 mg/m$^3$ für den Halbstundenmittelwert nicht überschritten werden,
2. Altanlagen mit einer Feuerungswärmeleistung von
   a) 50 MW bis weniger als 300 MW ein Emissionsgrenzwert von 15 mg/m$^3$ für den Jahresmittelwert, 20 mg/m$^3$ für den Tagesmittelwert und 40 mg/m$^3$ für den Halbstundenmittelwert nicht überschritten werden,
   b) 300 MW oder mehr ein Emissionsgrenzwert von 10 mg/m$^3$ für den Jahresmittelwert, 20 mg/m$^3$ für den Tagesmittelwert und 40 mg/m$^3$ für den Halbstundenmittelwert nicht überschritten werden.

(4) [1]Abweichend von den in Absatz 1 Satz 2 Nummer 1 Buchstabe b, Nummer 2 Buchstabe c Doppelbuchstabe aa und Nummer 3 bestimmten Emissionsgrenzwerten für Stickstoffmonoxid und Stickstoffdioxid, angegeben als Stickstoffdioxid, darf in bestehenden Anlagen mit einer Feuerungswärmeleistung von 50 MW bis weniger 300 MW, in denen gasförmige Produktionsrückstände der chemischen Industrie eingesetzt werden, ein Emissionsgrenzwert von 100 mg/m$^3$ für den Jahresmittelwert, 110 mg/m$^3$ für den Tagesmittelwert und 220 mg/m$^3$ für den Halbstundenmittelwert nicht überschritten werden. [2]Abweichend von Satz 1 darf in Altanlagen ein Emissionsgrenzwert von 180 mg/m$^3$ für den Jahresmittelwert, 200 mg/m$^3$ für den Tagesmittelwert und 400 mg/m$^3$ für den Halbstundenmittelwert nicht überschritten werden.

(5) [1]Abweichend von den in Absatz 1 Satz 2 Nummer 1 Buchstabe b, Nummer 2 Buchstabe c und Nummer 3 bestimmten Emissionsgrenzwerten für Stickstoffmonoxid und Stickstoffdioxid, angegeben als Stickstoffdioxid, darf in bestehenden Anlagen, in denen flüssige Produktionsrückstände der chemischen Industrie eingesetzt werden, bei einer Feuerungswärmeleistung von

1. 50 MW bis weniger als 100 MW ein Emissionsgrenzwert von 250 mg/m$^3$ für den Jahresmittelwert, 300 mg/m$^3$ für den Tagesmittelwert und 600 mg/m$^3$ für den Halbstundenmittelwert nicht überschritten werden,
2. 100 MW bis weniger als 300 MW ein Emissionsgrenzwert von 100 mg/m$^3$ für den Jahresmittelwert, 150 mg/m$^3$ für den Tagesmittelwert und 300 mg/m$^3$ für den Halbstundenmittelwert nicht überschritten werden,
3. 300 MW oder mehr ein Emissionsgrenzwert von 100 mg/m$^3$ für den Jahres- und den Tagesmittelwert und 200 mg/m$^3$ für den Halbstundenmittelwert nicht überschritten werden.

[2]Abweichend von Satz 1 Nummer 1 darf bei Altanlagen ein Emissionsgrenzwert von 290 mg/m$^3$ für den Jahresmittelwert, 330 mg/m$^3$ für den Tagesmittel-

Großfeuerungsanlagen VO  § 33  13. BImSchV 6.1.13

wert und 660 mg/m³ für den Halbstundenmittelwert nicht überschritten werden. ³Abweichend von Satz 2 darf bei 2003-Altanlagen, deren Brennstoff einen Stickstoffgehalt von 0,6 Gewichts-Prozent übersteigt, ein Emissionsgrenzwert von 380 mg/m³ für den Jahres- und den Tagesmittelwert und 760 mg/m³ für den Halbstundenmittelwert nicht überschritten werden. ⁴Abweichend von Satz 1 Nummer 2 darf bei Altanlagen ein Emissionsgrenzwert von 200 mg/m³ für den Jahres- und den Tagesmittelwert und 400 mg/m³ für den Halbstundenmittelwert nicht überschritten werden. ⁵Abweichend von Satz 4 darf bei 2003-Altanlagen, die im gleitenden Durchschnitt über einen Zeitraum von fünf Jahren höchstens 1 500 Stunden jährlich in Betrieb sind und deren Brennstoff einen Stickstoffgehalt von 0,6 Gewichts-Prozent übersteigt, ein Emissionsgrenzwert von 380 mg/m³ für den Tagesmittelwert und 760 mg/m³ für den Halbstundenmittelwert nicht überschritten werden, wobei der Emissionsgrenzwert für den Jahresmittelwert keine Anwendung findet. ⁶Abweichend von Satz 1 Nummer 3 darf bei Altanlagen ein Emissionsgrenzwert von 150 mg/m³ für den Jahres- und den Tagesmittelwert und 300 mg/m³ für den Halbstundenmittelwert nicht überschritten werden.

(6) ¹Die Behörde kann auf Antrag des Betreibers eine bestehende Anlage, die im gleitenden Durchschnitt über einen Zeitraum von fünf Jahren höchstens 1 500 Betriebsstunden jährlich in Betrieb ist, von der Pflicht zur Einhaltung der Emissionsgrenzwerte für den Jahresmittelwert nach Absatz 1, 3, 4 oder 5 befreien. ²Hat die Behörde nach Satz 1 die Anlage von der Pflicht zur Einhaltung der Emissionsgrenzwerte für den Jahresmittelwert befreit oder betreibt der Betreiber eine Anlage nach Absatz 5 Satz 5, so hat der Betreiber bis zum Ablauf des 31. März eines Jahres für die vorhergehenden fünf Kalenderjahre einen Nachweis über die Einhaltung der Betriebszeit zu führen und diesen der zuständigen Behörde auf Verlangen vorzulegen. ³Der Betreiber hat den Nachweis nach dem Ende des Nachweiszeitraums fünf Jahre lang aufzubewahren.

(7) ¹Der Betreiber hat in den Fällen des Absatzes 5 Satz 3 oder 5 Nachweise über die Erfüllung der die abweichenden Regelungen begründenden brennstoffspezifischen Voraussetzungen, insbesondere durch regelmäßige Kontrollen der Brennstoffe auf der Grundlage der Brennstoffkontrollen nach § 13, jeweils bis zum Ablauf des 31. März eines Jahres für das vorhergehende Kalenderjahr zu führen und diese der zuständigen Behörde auf Verlangen vorzulegen. ²Der Betreiber hat die Nachweise nach dem Ende des Nachweiszeitraums nach Satz 1 jeweils fünf Jahre lang aufzubewahren.

**§ 33 Emissionsgrenzwerte für Gasturbinenanlagen.** (1) ¹Gasturbinenanlagen sind so zu errichten und zu betreiben, dass die Anforderungen dieses Absatzes und der Absätze 2 bis 4, des Absatzes 5 Satz 1 Nummer 1, der Absätze 6 bis 10 und des Absatzes 13 eingehalten werden. ²Der Betreiber hat dafür zu sorgen, dass

1. kein Jahresmittelwert die folgenden Emissionsgrenzwerte überschreitet:
   a) Gesamtstaub bei Einsatz von flüssigen Brennstoffen: 5 mg/m³,
   b) Stickstoffmonoxid und Stickstoffdioxid, angegeben als Stickstoffdioxid, bei Einsatz
      aa) von Erdgas
         aaa) in Anlagen im Kombibetrieb (Gas- und Dampfturbinenprozess): 15 mg/m³,

|  |  | bbb) | in sonstigen Gasturbinenanlagen: | 30 mg/m³, |
|---|---|---|---|---|

    bb)  von Hochofengas oder Koksofengas:     35 mg/m³;

2. kein Tagesmittelwert die folgenden Emissionsgrenzwerte überschreitet:
   - a) Gesamtstaub bei Einsatz von flüssigen Brennstoffen:   10 mg/m³,
   - b) Kohlenmonoxid:   100 mg/m³,
   - c) Stickstoffmonoxid und Stickstoffdioxid, angegeben als Stickstoffdioxid, bei Einsatz
     - aa) von Erdgas
       - aaa) in Anlagen im Kombibetrieb (Gas- und Dampfturbinenprozess):   40 mg/m³,
       - bbb) in sonstigen Gasturbinenanlagen:   50 mg/m³,
     - bb) von anderen gasförmigen Brennstoffen, ausgenommen Wasserstoff und gasförmige Brennstoffe mit einem Wasserstoffanteil von 10 Volumen-Prozent oder mehr, und flüssigen Brennstoffen:   50 mg/m³;
3. kein Halbstundenmittelwert das Doppelte der in Nummer 2 bestimmten Emissionsgrenzwerte überschreitet;
4. kein Mittelwert, der über die jeweilige Probenahmezeit gebildet ist, den Emissionsgrenzwert von 5 mg/m³ für Formaldehyd bei Betrieb mit einer Last von 70 Prozent überschreitet; für den Betrieb bei einer Last unter 70 Prozent legt die zuständige Behörde den zu überwachenden Teillastbereich sowie die in diesem Bereich einzuhaltende Emissionsbegrenzung fest.

³Abweichend von Satz 1 Nummer 1 Buchstabe b Doppelbuchstabe aa ist für Anlagen, die im gleitenden Durchschnitt über einen Zeitraum von fünf Jahren höchstens 1 500 Stunden jährlich in Betrieb sind, oder in Anlagen, für die der Betreiber vor dem 15. Juli 2022 einen vollständigen Genehmigungsantrag zur Errichtung und zum Betrieb nach § 4 oder § 16 des Bundes-Immissionsschutzgesetzes[1]) gestellt hat, in Anlagen im Kombibetrieb ein Emissionsgrenzwert von 30 mg/m³ und in sonstigen Gasturbinenanlagen ein Emissionsgrenzwert von 35 mg/m³ im Jahresmittel einzuhalten.

(2) Soweit zur Einhaltung der Anforderungen an die Begrenzung der Emissionen von Stickstoffmonoxid und Stickstoffdioxid, angegeben als Stickstoffdioxid, nach Absatz 1 Satz 2 Nummer 1 Buchstabe b, Nummer 2 Buchstabe c oder Satz 3 der erstmalige Einsatz eines Verfahrens zur selektiven katalytischen Reduktion von Stickstoffoxiden erforderlich ist, ist diese Maßnahme zur Emissionsminderung so zu errichten und zu betreiben, dass ein Emissionsgrenzwert von 20 mg/m³ für den Jahresmittelwert nicht überschritten wird; die Anforderungen zur Einhaltung der auf den Tagesmittelwert bezogenen Emissionsgrenzwerte nach Absatz 1 Satz 2 Nummer 2 Buchstabe c bleiben unberührt.

(3) ¹Die in den Absätzen 1 und 2 festgelegten Emissionsgrenzwerte zur Begrenzung der Emissionen von Kohlenmonoxid und von Stickstoffmonoxid und Stickstoffdioxid, angegeben als Stickstoffdioxid, gelten bei Betrieb ab einer Last von 70 Prozent bei einer Temperatur von 288,15 K, einem Druck von 101,3 kPa und einer relativen Luftfeuchte von 60 Prozent (ISO-Bedingungen). ²Für den Betrieb bei Lasten unter 70 Prozent legt die zuständige Behörde den

---

[1]) Nr. **6.1**.

zu überwachenden Teillastbereich sowie die in diesem Bereich einzuhaltenden Emissionsgrenzwerte für die in Satz 1 genannten Schadstoffe fest. ³Abweichend von den Sätzen 1 und 2 gelten für den Einsatz von Erdgas in Gasturbinen, die mit Einrichtungen zur trockenen Vormischung von Brennstoff und Verbrennungsluft (NOx-arme Trockenbrenner) ausgestattet sind, die in Absatz 1 festgelegten Emissionsgrenzwerte zur Begrenzung der Emissionen von Kohlenmonoxid und von Stickstoffmonoxid und Stickstoffdioxid, angegeben als Stickstoffdioxid, in dem Lastbereich, in dem der Betrieb des NOx-armen Trockenbrenners wirksam ist, mindestens jedoch ab einer Last von 70 Prozent unter ISO-Bedingungen. ⁴Der Betreiber hat den Minimallastpunkt für einen wirksamen Betrieb des NOx-armen Trockenbrenners, ab dem ein sicherer und stabiler Betrieb der Anlage möglich ist, der zuständigen Behörde mitzuteilen. ⁵Für den Lastbereich zwischen dem vom Betreiber anzugebenden Minimallastpunkt nach Satz 4 und einem vom Betreiber zu benennenden tieferen Lastpunkt, ab dem ein bestimmungsgemäßer Betrieb der Anlage möglich ist, legt die Behörde die in diesem Bereich einzuhaltenden Emissionsgrenzwerte von Kohlenmonoxid und von Stickstoffmonoxid und Stickstoffdioxid, angegeben als Stickstoffdioxid, fest.

(4) Abweichend von Absatz 1 Satz 2 Nummer 1 Buchstabe b, Nummer 2 Buchstabe c und Satz 3 ist in den folgenden Fällen der Emissionsgrenzwert für den Jahresmittelwert und den Tagesmittelwert entsprechend der prozentualen Wirkungsgraderhöhung heraufzusetzen:

1. für Gasturbinenanlagen, ausgenommen Gasturbinen im Kombibetrieb, deren elektrischer oder mechanischer Nettowirkungsgrad bei Betrieb unter ISO-Bedingungen mehr als 39 Prozent beträgt,
2. für Gasturbinen im Kombibetrieb, deren elektrischer oder mechanischer Nettowirkungsgrad bei Betrieb ohne Wärmeauskopplung unter ISO-Bedingungen mehr als 55 Prozent beträgt.

(5) ¹Bei Gasturbinen, die ausschließlich dem Notbetrieb während bis zu 300 Stunden im Jahr dienen, sind bei Einsatz von

1. Erdgas die Absätze 1 bis 4 anzuwenden, es sei denn, die Prüfung durch die zuständige Behörde ergibt, dass ihre Anwendung unverhältnismäßig ist,
2. anderen gasförmigen Brennstoffen als Erdgas die Absätze 1 bis 4 nicht anzuwenden.

²Bei Gasturbinen, die ausschließlich dem Notbetrieb während bis zu 300 Stunden im Jahr dienen, sind bei Einsatz von flüssigen Brennstoffen die Absätze 1 bis 4 mit Ausnahme von Absatz 1 Satz 2 Nummer 1 Buchstabe a und Nummer 2 Buchstabe a nicht anzuwenden; Absatz 1 Satz 2 Nummer 1 Buchstabe a und Nummer 2 Buchstabe a ist nicht anzuwenden, wenn die Prüfung durch die zuständige Behörde ergibt, dass die Anwendung dieser Vorschriften unverhältnismäßig ist.

(6) Anstelle der in Absatz 1 Satz 2 Nummer 1 Buchstabe a und in Nummer 2 Buchstabe a festgelegten Emissionsgrenzwerte für Gesamtstaub kann bei Einsatz von flüssigen Brennstoffen die Rußzahlbegrenzung auf den Wert 2 im Dauerbetrieb und den Wert 4 beim Anfahren festgelegt werden, wenn durch periodische Messung der Staubkonzentration nachgewiesen wird, dass mit der Einhaltung der vorgenannten Rußzahlbegrenzung die Anforderungen des Absatzes 1 Satz 2 Nummer 1 Buchstabe a und Nummer 2 Buchstabe a stets erfüllt sind.

(7) ¹Bei Einsatz flüssiger Brennstoffe darf bei Gasturbinen nur Dieselkraftstoff oder leichtes Heizöl, das bezüglich des Schwefelgehalts die Anforderungen an leichtes Heizöl nach der Verordnung über die Beschaffenheit und die Auszeichnung der Qualitäten von Kraft- und Brennstoffen erfüllt, verwendet werden. ²Abweichend von Satz 1 dürfen andere Brennstoffe verwendet werden, wenn gleichwertige Maßnahmen zur Emissionsminderung von Schwefeloxiden angewendet werden.

(8) Für Schwefeldioxid und Schwefeltrioxid, angegeben als Schwefeldioxid, sind bei Einsatz gasförmiger Brennstoffe, ausgenommen Erdgas und Wasserstoff, die Emissionsgrenzwerte des § 31 Absatz 1 Satz 2 Nummer 2 Buchstabe d und Nummer 3 für Schwefeldioxid und Schwefeltrioxid, angegeben als Schwefeldioxid, auf einen Bezugssauerstoffgehalt von 15 Prozent umzurechnen.

(9) ¹Abweichend von den in Absatz 1 Satz 2 Nummer 1 Buchstabe b, Nummer 2 Buchstabe c, Nummer 3 und Satz 3 festgelegten Emissionsgrenzwerten für Stickstoffmonoxid und Stickstoffdioxid, angegeben als Stickstoffdioxid, darf bei bestehenden Anlagen bei Einsatz von Erdgas

1. im Kombibetrieb (Gas- und Dampfturbinenprozess) ein Emissionsgrenzwert für den Tagesmittelwert von 50 mg/m³, für den Halbstundenmittelwert von 100 mg/m³ und für den Jahresmittelwert bei Anlagen mit
   a) einem brennstoffbezogenen Nettowirkungsgrad von weniger als 75 Prozent und einer Feuerungswärmeleistung von
      aa) bis zu 600 MW: 45 mg/m³,
      bb) 600 MW oder mehr: 40 mg/m³,
   b) einem brennstoffbezogenen Nettowirkungsgrad von 75 Prozent oder mehr: 50 mg/m³,
   nicht überschritten werden;
2. in anderen als den in Nummer 1 aufgeführten Gasturbinenanlagen ein Emissionsgrenzwert von 50 mg/m³ für den Jahres- und den Tagesmittelwert sowie 100 mg/m³ für den Halbstundenmittelwert nicht überschritten werden.

²Abweichend von Satz 1 Nummer 1 darf bei Altanlagen mit einem brennstoffbezogenen Nettowirkungsgrad von mindestens 75 Prozent und einer Feuerungswärmeleistung von

1. bis zu 600 MW ein Emissionsgrenzwert von 55 mg/m³ für den Jahresmittelwert, 75 mg/m³ für den Tagesmittelwert und 150 mg/m³ für den Halbstundenmittelwert nicht überschritten werden,
2. 600 MW oder mehr ein Emissionsgrenzwert von 50 mg/m³ für den Jahresmittelwert, 65 mg/m³ für den Tagesmittelwert und 130 mg/m³ für den Halbstundenmittelwert nicht überschritten werden.

³Abweichend von Satz 1 Nummer 1 darf bei Altanlagen mit einem brennstoffbezogenen Nettowirkungsgrad von weniger als 75 Prozent und einer Feuerungswärmeleistung von

1. bis zu 600 MW ein Emissionsgrenzwert von 45 mg/m³ für den Jahresmittelwert, 50 mg/m³ für den Tagesmittelwert und 100 mg/m³ für den Halbstundenmittelwert nicht überschritten werden,
2. 600 MW oder mehr ein Emissionsgrenzwert von 40 mg/m³ für den Jahresmittelwert, 50 mg/m³ für den Tagesmittelwert und 100 mg/m³ für den Halbstundenmittelwert nicht überschritten werden.

GroßfeuerungsanlagenVO  **§ 33   13. BImSchV   6.1.13**

[4] Abweichend von Satz 1 Nummer 2 darf

1. bei Altanlagen zum Antrieb von Arbeitsmaschinen ein Emissionsgrenzwert von 60 mg/m$^3$ für den Jahresmittelwert, 65 mg/m$^3$ für den Tagesmittelwert und 130 mg/m$^3$ für den Halbstundenmittelwert nicht überschritten werden,
2. bei 2003-Altanlagen, die ausschließlich zur Abdeckung der Spitzenlast bei der Energieversorgung während bis zu 300 Betriebsstunden jährlich in Betrieb sind, ein Emissionsgrenzwert von 150 mg/m$^3$ für den Tagesmittelwert und von 300 mg/m$^3$ für den Halbstundenmittelwert nicht überschritten werden, wobei der Emissionsgrenzwert für den Jahresmittelwert keine Anwendung findet.

[5] Abweichend von Satz 1 darf in 2003-Altanlagen, die im gleitenden Durchschnitt über einen Zeitraum von fünf Jahren höchstens 1 500 Stunden jährlich in Betrieb sind, ein Emissionsgrenzwert von 75 mg/m$^3$ für den Tagesmittelwert und 150 mg/m$^3$ für den Halbstundenmittelwert nicht überschritten werden, wobei der Emissionsgrenzwert für den Jahresmittelwert keine Anwendung findet. [6] Satz 4 Nummer 2 bleibt unberührt. [7] Für die von Absatz 1 abweichenden Vorschriften dieses Absatzes findet Absatz 2 entsprechende Anwendung.

(10) [1] Abweichend von dem in Absatz 1 Satz 2 Nummer 1 Buchstabe b Doppelbuchstabe bb festgelegten Emissionsgrenzwert für Stickstoffmonoxid und Stickstoffdioxid, angegeben als Stickstoffdioxid, darf bei bestehenden Anlagen bei Einsatz von Hochofengas oder Koksofengas ein Emissionsgrenzwert von 50 mg/m$^3$ für den Jahresmittelwert nicht überschritten werden. [2] Abweichend von dem in Absatz 1 Satz 2 Nummer 2 Buchstabe c Doppelbuchstabe bb festgelegten Emissionsgrenzwert für Stickstoffmonoxid und Stickstoffdioxid, angegeben als Stickstoffdioxid, darf bei Altanlagen bei Einsatz von Hochofengas oder Koksofengas ein Emissionsgrenzwert von 70 mg/m$^3$ für den Tagesmittelwert nicht überschritten werden. [3] Für die von Absatz 1 abweichenden Vorschriften dieses Absatzes findet Absatz 2 keine Anwendung.

(11) [1] Abweichend von den in Absatz 1 Satz 2 Nummer 2 Buchstabe c und Nummer 3 festgelegten Emissionsgrenzwerten für Stickstoffmonoxid und Stickstoffdioxid, angegeben als Stickstoffdioxid, darf bei

1. Altanlagen, die flüssige Brennstoffe oder andere gasförmige Brennstoffe als Erdgas, Hochofengas und Koksofengas einsetzen, ein Emissionsgrenzwert von 120 mg/m$^3$ für den Tagesmittelwert und von 240 mg/m$^3$ für den Halbstundenmittelwert nicht überschritten werden,
2. 2003-Altanlagen, die flüssige Brennstoffe oder andere gasförmige Brennstoffe als Erdgas, Hochofengas und Koksofengas einsetzen und im gleitenden Durchschnitt über einen Zeitraum von fünf Jahren höchstens 1 500 Stunden jährlich in Betrieb sind, ein Emissionsgrenzwert von 150 mg/m$^3$ für den Tagesmittelwert und von 300 mg/m$^3$ für den Halbstundenmittelwert nicht überschritten werden,
3. 2003-Altanlagen, die ausschließlich zur Abdeckung der Spitzenlast bei der Energieversorgung während bis zu 300 Betriebsstunden jährlich in Betrieb sind, bei Einsatz von anderen gasförmigen Brennstoffen als Erdgas, Hochofengas und Koksofengas oder bei Einsatz von flüssigen Brennstoffen ein Emissionsgrenzwert von 200 mg/m$^3$ für den Tagesmittelwert und von 400 mg/m$^3$ für den Halbstundenmittelwert nicht überschritten werden.

² Für die von Absatz 1 abweichenden Vorschriften dieses Absatzes findet Absatz 2 entsprechend Anwendung.

(12) Die Behörde kann auf Antrag des Betreibers eine bestehende Anlage, die im gleitenden Durchschnitt über einen Zeitraum von fünf Jahren höchstens 1 500 Betriebsstunden jährlich in Betrieb ist, von der Pflicht zur Einhaltung der Emissionsgrenzwerte für den Jahresmittelwert nach Absatz 1 Satz 2 Nummer 1 Buchstabe a, Absatz 9 Satz 1 Nummer 1 oder 2, Absatz 9 Satz 2 Nummer 1 oder 2, Absatz 9 Satz 3 Nummer 1 oder 2, Absatz 9 Satz 4 Nummer 1 oder Absatz 10 Satz 1 befreien.

(13) ¹ Der Betreiber einer Anlage nach Absatz 9 Satz 4 Nummer 2, Satz 5 oder Absatz 11 Satz 1 Nummer 2 oder 3 oder einer Anlage, die die Behörde nach Absatz 12 von der Pflicht zur Einhaltung des Emissionsgrenzwertes für den Jahresmittelwert befreit hat, hat jeweils bis zum Ablauf des 31. März eines Jahres für die vorhergehenden fünf Kalenderjahre einen Nachweis über die Einhaltung der Betriebszeit zu führen und diesen der zuständigen Behörde auf Verlangen vorzulegen. ² Der Betreiber einer Anlage nach Absatz 9 Satz 1 Nummer 1 Buchstabe b oder Satz 2 Nummer 1 oder 2 hat einen Nachweis über die Einhaltung des jeweiligen brennstoffbezogenen Nettowirkungsgrades zu führen und diesen der zuständigen Behörde auf Verlangen vorzulegen. ³ Der Betreiber hat den Nachweis nach Satz 1 jeweils fünf Jahre nach dem Ende des Nachweiszeitraums aufzubewahren. ⁴ Der Betreiber hat den Nachweis nach Satz 2 fünf Jahre nach der Erbringung des Nachweises aufzubewahren.

(14) Für Gasturbinen mit Zusatzfeuerung hat die Behörde die Emissionsgrenzwerte und die zugehörigen Bezugssauerstoffgehalte auf der Grundlage der jeweils maßgeblichen Anforderungen an die Gasturbine nach dieser Vorschrift und an die Zusatzfeuerung nach § 30 oder 31 im Einzelfall festzulegen.

**§ 34 Emissionsgrenzwerte für Verbrennungsmotoranlagen.** (1) ¹ Verbrennungsmotoranlagen sind so zu errichten und zu betreiben, dass die Anforderungen dieses Absatzes, der Absätze 2 bis 6 Nummer 1 Satz 1 und Nummer 2 und der Absätze 7 und 8 eingehalten werden. ² Der Betreiber hat dafür zu sorgen, dass

1. kein Jahresmittelwert die folgenden Emissionsgrenzwerte überschreitet:
    a) Gesamtstaub bei Einsatz von flüssigen Brennstoffen: 20 mg/m³,
    b) Stickstoffmonoxid und Stickstoffdioxid, angegeben als Stickstoffdioxid, bei Einsatz von
        aa) flüssigen Brennstoffen: 140 mg/m³,
        bb) gasförmigen Brennstoffen: 100 mg/m³;
2. kein Tagesmittelwert die folgenden Emissionsgrenzwerte überschreitet:
    a) Gesamtstaub bei Einsatz von
        aa) flüssigen Brennstoffen: 20 mg/m³,
        bb) gasförmigen Brennstoffen, ausgenommen Erdgas, Flüssiggas und Wasserstoff: 10 mg/m³,
    b) Kohlenmonoxid bei Einsatz von
        aa) flüssigen Brennstoffen: 300 mg/m³,
        bb) gasförmigen Brennstoffen: 250 mg/m³,
    c) Methan bei Einsatz von gasförmigen Brennstoffen

aa) in Fremdzündungsmotoren im Magerbetrieb: 900 mg/m³,
bb) in anderen als in Doppelbuchstabe aa genannten
Fremdzündungsmotoren: 300 mg/m³,
cc) in Zweistoffmotoren: 1330 mg/m³,
d) Stickstoffmonoxid und Stickstoffdioxid, angegeben als Stickstoffdioxid, bei Einsatz von
aa) flüssigen Brennstoffen: 140 mg/m³,
bb) gasförmigen Brennstoffen: 100 mg/m³;
3. kein Halbstundenmittelwert das Doppelte der in Nummer 2 bestimmten Emissionsgrenzwerte überschreitet;
4. kein Mittelwert, der über die jeweilige Probenahmezeit gebildet ist, für Formaldehyd den Emissionsgrenzwert von 20 mg/m³ überschreitet.

(2) Bis zum Beginn des 15. Juli 2024 gilt abweichend von Absatz 1 Satz 2 Nummer 2 Buchstabe c Doppelbuchstabe aa ein Emissionsgrenzwert für Methan von 1050 mg/m³ für den Tagesmittelwert.

(3) Der in Absatz 1 Satz 2 Nummer 2 Buchstabe c sowie in Absatz 2 festgelegte Emissionsgrenzwert wird als Gesamtkohlenstoff (C) bei Volllastbetrieb ausgedrückt.

(4) ¹Bei Einsatz flüssiger Brennstoffe darf bei Verbrennungsmotoren nur Dieselkraftstoff oder leichtes Heizöl, das bezüglich des Schwefelgehalts die Anforderungen an leichtes Heizöl nach der Verordnung über die Beschaffenheit und die Auszeichnung der Qualitäten von Kraft- und Brennstoffen erfüllt, verwendet werden. ²Abweichend von Satz 1 dürfen andere Brennstoffe verwendet werden, wenn gleichwertige Maßnahmen zur Emissionsminderung von Schwefeloxiden angewendet werden.

(5) Für Schwefeldioxid und Schwefeltrioxid, angegeben als Schwefeldioxid, sind bei Einsatz gasförmiger Brennstoffe, ausgenommen Erdgas und Wasserstoff, die Emissionsgrenzwerte des § 31 Absatz 1 Satz 2 Nummer 2 Buchstabe d und Nummer 3 für Schwefeldioxid und Schwefeltrioxid, angegeben als Schwefeldioxid, auf einen Bezugssauerstoffgehalt von 5 Prozent umzurechnen.

(6) Auf Verbrennungsmotoranlagen, die ausschließlich für den Notbetrieb während bis zu 300 Stunden im Jahr dienen und die flüssige Brennstoffe einsetzen, finden folgende abweichende Regelungen Anwendung:
1. Abweichend von den in Absatz 1 Satz 2 Nummer 1 Buchstabe b Doppelbuchstabe aa und Nummer 2 Buchstabe d Doppelbuchstabe aa und Nummer 3 festgelegten Emissionsgrenzwerten für Stickstoffmonoxid und Stickstoffdioxid, angegeben als Stickstoffdioxid, darf ein Emissionsgrenzwert von 500 mg/m³ für den Jahresmittelwert, 800 mg/m³ für den Tagesmittelwert und 1 600 mg/m³ für den Halbstundenmittelwert nicht überschritten werden. Auf bestehende Anlagen finden die emissionsbegrenzenden Anforderungen dieser Nummer keine Anwendung.
2. Abweichend von dem in Absatz 1 Satz 2 Nummer 4 festgelegten Emissionsgrenzwert für Formaldehyd darf kein Mittelwert einen Emissionsgrenzwert von 60 mg/m³ überschreiten.

(7) Auf Verbrennungsmotoranlagen, die ausschließlich dem Notbetrieb während bis zu 300 Stunden im Jahr dienen und die gasförmige Brennstoffe einsetzen, finden folgende abweichende Regelungen Anwendung:

1. Abweichend von den in Absatz 1 Satz 2 Nummer 1 Buchstabe b Doppelbuchstabe bb und Nummer 2 Buchstabe d Doppelbuchstabe bb und Nummer 3 festgelegten Emissionsgrenzwerten für Stickstoffmonoxid und Stickstoffdioxid, angegeben als Stickstoffdioxid, darf ein Emissionsgrenzwert von 200 mg/m$^3$ für den Jahresmittelwert, 225 mg/m$^3$ für den Tagesmittelwert und 450 mg/m$^3$ für den Halbstundenmittelwert nicht überschritten werden; abweichend hiervon dürfen bestehende Anlagen einen Emissionsgrenzwert von 450 mg/m$^3$ für den Tagesmittelwert und 900 mg/m$^3$ für den Halbstundenmittelwert nicht überschreiten, wobei der Jahresgrenzwert keine Anwendung findet.
2. Abweichend von dem in Absatz 1 Satz 2 Nummer 4 festgelegten Emissionsgrenzwert für Formaldehyd darf kein Mittelwert einen Emissionsgrenzwert von 60 mg/m$^3$ überschreiten.

(8) [1]Der Betreiber einer Anlage nach Absatz 6 oder 7 hat jeweils bis zum Ablauf des 31. März eines Jahres für das vorhergehende Kalenderjahr einen Nachweis über die Einhaltung der Betriebszeit zu führen und diesen der zuständigen Behörde auf Verlangen vorzulegen. [2]Der Betreiber hat den Nachweis nach dem Ende des Nachweiszeitraums jeweils fünf Jahre lang aufzubewahren.

**§ 35** Netzstabilitätsanlagen. (1) [1]Vor der erstmaligen Genehmigung zur Errichtung oder zum Betrieb einer Netzstabilitätsanlage hat der Betreiber die maximal zu erwartenden jährlichen Betriebsstunden festzustellen. [2]Übersteigt der nach Satz 1 festzustellende Wert einen Wert von 300 Stunden im Jahr, hat der Betreiber die Anlage so zu errichten, dass eine technische Nachrüstung durchführbar ist, soweit diese zur Einhaltung der Regelanforderungen zur Emissionsbegrenzung nach § 33 oder 34 notwendig ist.

(2) Der Betreiber hat gemäß Absatz 3 die Nachrüstung nach Absatz 1 Satz 2 durchzuführen, wenn die jährlichen Betriebsstunden der Netzstabilitätsanlage im gleitenden Durchschnitt über einen Zeitraum von fünf Jahren einen Wert von 300 Stunden übersteigen.

(3) Die Nachrüstung nach Absatz 2 ist innerhalb von zwei Jahren durchzuführen, gerechnet ab dem Zeitpunkt, ab dem die jährlichen Betriebsstunden im gleitenden Durchschnitt über einen Zeitraum von fünf Jahren erstmals über einem Wert von 300 Stunden liegen.

(4) Der Betreiber eine Netzstabilitätsanlage hat der zuständigen Behörde jährlich jeweils bis zum Ablauf des 31. März des Folgejahres die Betriebsstunden des abgelaufenen Kalenderjahres zu berichten.

## Unterabschnitt 3. Zusätzliche Anforderungen an Messung und Überwachung zu Abschnitt 2

**§ 36** Ausnahme vom Erfordernis kontinuierlicher Messungen.

(1) [1]Abweichend von § 17 Absatz 1 sind bei Feuerungsanlagen mit einer Feuerungswärmeleistung von 50 MW bis weniger als 100 MW, die im gleitenden Durchschnitt über einen Zeitraum von fünf Jahren höchstens 1 500 Stunden jährlich in Betrieb sind und die ausschließlich mit Biobrennstoffen betrieben werden, Messungen zur Feststellung der Emissionen an Schwefeloxiden nicht erforderlich. [2]In diesem Fall hat der Betreiber regelmäßig wiederkehrend

GroßfeuerungsanlagenVO  **§ 37  13. BImSchV  6.1.13**

einmal halbjährlich periodische Messungen gemäß § 20 Absatz 1, 2 Satz 1 und Absatz 4 durchführen zu lassen. ³§ 18 Absatz 5 bleibt unberührt.

(2) ¹Abweichend von § 17 Absatz 1 sind bei Feuerungsanlagen mit einer Feuerungswärmeleistung von 50 MW bis weniger als 100 MW, die im gleitenden Durchschnitt über einen Zeitraum von fünf Jahren höchstens 1 500 Stunden jährlich in Betrieb sind, Messungen zur Feststellung der Emissionen an Ammoniak nicht erforderlich. ²In diesem Fall hat der Betreiber regelmäßig wiederkehrend einmal halbjährlich periodische Messungen gemäß § 20 Absatz 1, 2 Satz 1 und Absatz 4 durchführen zu lassen.

(3) ¹Abweichend von § 17 Absatz 1 sind bei Feuerungsanlagen, die zur Minderung der Emissionen von Stickstoffoxiden ein Verfahren zur selektiven katalytischen oder selektiven nichtkatalytischen Reduktion einsetzen, und die nachfolgend mit Einrichtungen zur nassen Entschwefelung oder mit einem Sprühabsorptionsverfahren ausgestattet sind, Messungen zur Feststellung der Emissionen an Ammoniak nicht erforderlich. ²In diesem Fall hat der Betreiber regelmäßig wiederkehrend einmal jährlich periodische Messungen gemäß § 20 Absatz 1, 2 Satz 1 und Absatz 4 durchführen zu lassen.

(4) Messungen von Methan, angegeben als Gesamtkohlenstoff, nach § 34 Absatz 2 hat der Betreiber regelmäßig wiederkehrend einmal jährlich durchführen zu lassen.

**§ 37 Abweichende Vorschriften zu periodischen Messungen.** (1) Abweichend von § 20 Absatz 2 Satz 2 hat der Betreiber Wiederholungsmessungen zur Überwachung der Einhaltung der Anforderungen nach § 28 Absatz 1 Satz 2 Nummer 4 Buchstabe c, nach § 29 Absatz 1 Satz 2 Nummer 4 Buchstabe b und nach § 30 Absatz 1 Satz 2 Nummer 4, jeweils bezüglich der Emissionsgrenzwerte nach Anlage 2 Nummer 1 bis 3, regelmäßig wiederkehrend einmal jährlich durchführen zu lassen.

(2) ¹Abweichend von § 20 Absatz 2 Satz 2 hat der Betreiber Wiederholungsmessungen zur Überwachung der Einhaltung der Anforderungen nach § 32 Absatz 1 Satz 2 Nummer 4 Buchstabe d regelmäßig wiederkehrend einmal halbjährlich durchführen zu lassen. ²Sofern der Chlorgehalt in den eingesetzten Brennstoffen nachweislich im Zuge der Brennstoffkontrollen nach § 13 unter der Nachweisgrenze liegt, entfällt die Wiederholungsmessung nach Satz 1.

(3) Abweichend von § 20 Absatz 2 Satz 2 hat der Betreiber Wiederholungsmessungen zur Überwachung der Einhaltung der Anforderungen nach § 28 Absatz 1 Satz 2 Nummer 4 Buchstabe a und b und nach § 32 Absatz 1 Satz 2 Nummer 4 Buchstabe a und b jeweils einmal vierteljährlich, bei Anlagen mit einer Feuerungswärmeleistung von weniger als 100 MW, die im gleitenden Durchschnitt über einen Zeitraum von fünf Jahren höchstens 1 500 Stunden jährlich in Betrieb sind, jeweils einmal halbjährlich, regelmäßig wiederkehrend durchführen zu lassen.

(4) Abweichend von § 20 Absatz 2 Satz 2 hat der Betreiber Wiederholungsmessungen zur Überwachung der Einhaltung der Anforderung nach § 29 Absatz 1 Satz 2 Nummer 4 Buchstabe a regelmäßig wiederkehrend einmal jährlich durchführen zu lassen.

(5) Abweichend von § 20 Absatz 2 Satz 2 hat der Betreiber Wiederholungsmessungen zur Überwachung der Einhaltung der Anforderung nach § 32 Ab-

satz 1 Satz 2 Nummer 4 Buchstabe c regelmäßig wiederkehrend einmal halbjährlich durchführen zu lassen.

(6) Abweichend von § 20 Absatz 2 Satz 2 hat der Betreiber bei Verbrennungsmotoranlagen Wiederholungsmessungen zur Überwachung der Einhaltung der Anforderungen nach § 34 Absatz 1 Satz 2 Nummer 4 und Absatz 6 Nummer 2 und Absatz 7 Nummer 2 wiederkehrend einmal jährlich durchführen zu lassen.

(7) § 20 Absatz 3 Satz 3 gilt für die Absätze 2, 3 und 6 entsprechend.

**§ 38 Zusätzliche periodische Messungen.** [1] Der Betreiber von Großfeuerungsanlagen mit zirkulierender Wirbelschichtfeuerung zum Einsatz von festen Brennstoffen oder Biobrennstoffen hat einmal jährlich die Emission von Distickstoffoxid als Mittelwert über die jeweilige Probenahmezeit und unter Zugrundelegung eines für die Messaufgabe maßgeblichen Richtwertes von 150 mg/m$^3$ zu ermitteln. [2] Dabei finden die auf die Durchführung und den Bericht von periodischen Messungen bezogenen Vorschriften der §§ 20 und 21 Anwendung.

### Unterabschnitt 4. Übergangsvorschriften zu Abschnitt 2

**§ 39 Übergangsregelungen.** (1) [1] Für bestehende Anlagen im Anwendungsbereich des Abschnitts 2 gelten die Anforderungen dieser Verordnung ab dem 18. August 2021. [2] Abweichend von Satz 1 gelten die jahresbezogenen Emissionsgrenzwerte ab dem Kalenderjahr 2022. [3] Bis zu den in den Sätzen 1 und 2 genannten Stichtagen ist insoweit die Verordnung über Großfeuerungs- und Gasturbinenanlagen vom 2. Mai 2013 (BGBl. I S. 1021, 1023, 3754), die zuletzt durch Artikel 108 der Verordnung vom 19. Juni 2020 (BGBl. I S. 1328) geändert worden ist, weiter anzuwenden. [4] Anforderungen, die die zuständige Behörde im Einzelfall zur Vorsorge gegen schädliche Umwelteinwirkungen durch Luftverunreinigungen gestellt hat, bleiben unberührt.

(2) [1] Abweichend von Absatz 1 gelten für 2003-Altanlagen im Anwendungsbereich des Abschnitts 2 mit einer Feuerungswärmeleistung von 50 MW bis 200 MW, die mindestens 50 Prozent der erzeugten Nutzwärme der Anlage, berechnet als gleitender Durchschnitt über einen Zeitraum von fünf Jahren, als Dampf oder Warmwasser in ein öffentliches Fernwärmenetz abgeben, die Anforderungen dieser Verordnung ab dem 1. Januar 2023. [2] Bis zu dem in Satz 1 genannten Stichtag ist für die betreffenden Anlagen die Verordnung über Großfeuerungs- und Gasturbinenanlagen vom 20. Juli 2004 (BGBl. I S. 1717), die zuletzt durch Artikel 1 der Verordnung vom 27. Januar 2009 (BGBl. I S. 129) geändert worden ist, in der bis zum Ablauf des 2. Mai 2013 geltenden Fassung weiter anzuwenden. [3] Darüber hinaus gelten bis zu den in Satz 1 genannten Stichtagen die Anforderungen der Richtlinie 2010/75/EU, soweit sie über die Anforderungen der in Satz 2 genannten Verordnung hinausgehen. [4] Sofern eine Anlage nach Satz 1 den Anforderungen zur Begrenzung der Emissionen von Schwefeldioxid, Stickstoffoxiden, Kohlenmonoxid und Staub des Anhangs V Teil 1 und im Fall des Einsatzes von schwefelreichen einheimischen Brennstoffen den Anforderungen an den Mindest-Schwefelabscheidegrad des Anhangs V Teil 5 zu der Richtlinie 2010/75/EU nicht genügt, hat der Betreiber für jedes Kalenderjahr eine Aufstellung über den Anteil der erzeugten Nutzwärme der Anlage, der als Dampf oder Warmwasser in ein öffentliches Fernwärmenetz abgegeben wurde, berechnet als Durchschnitt über den Zeitraum

der vorangegangenen fünf Kalenderjahre, zu erstellen und diese Aufstellung bis zum Ablauf des 31. März des Folgejahres der zuständigen Behörde vorzulegen. ⁵ Anforderungen, die die zuständige Behörde im Einzelfall zur Vorsorge gegen schädliche Umwelteinwirkungen durch Luftverunreinigungen gestellt hat, bleiben unberührt.

(3) ¹ Abweichend von Absatz 1 gelten für eine bestehende Anlage im Anwendungsbereich des Abschnitts 2, für die der Betreiber bis zum Ablauf des 1. Januar 2014 gegenüber der zuständigen Behörde schriftlich erklärt hat, dass er diese Anlage unter Verzicht auf die Berechtigung zum Betrieb aus der Genehmigung bis zum Ablauf des 31. Dezember 2023 stilllegt und ab dem 1. Januar 2016 höchstens 17 500 Stunden betreibt, die Anforderungen der Richtlinie 2001/80/EG des Europäischen Parlaments und des Rates vom 23. Oktober 2001 zur Begrenzung von Schadstoffemissionen von Großfeuerungsanlagen in die Luft (ABl. L 309 vom 27.11.2001, S. 1), die zuletzt durch die Richtlinie 2006/105/EG (ABl. L 363 vom 20.12.2006, S. 368) geändert worden ist. ² Abweichend von Satz 1 gelten die Anforderungen der Verordnung über Großfeuerungs- und Gasturbinenanlagen vom 20. Juli 2004 (BGBl. I S. 1717), die zuletzt durch Artikel 1 der Verordnung vom 27. Januar 2009 (BGBl. I S. 129) geändert worden ist, in der bis zum Ablauf des 2. Mai 2013 geltenden Fassung, soweit sie über die Anforderungen der in Satz 1 genannten Richtlinie hinausgehen. ³ Anforderungen, die die zuständige Behörde im Einzelfall zur Vorsorge gegen schädliche Umwelteinwirkungen durch Luftverunreinigungen gestellt hat, bleiben unberührt.

(4) Sofern eine Anlage nach Absatz 3 den Anforderungen zur Begrenzung der Emissionen von Schwefeldioxid, Stickstoffoxiden, Kohlenmonoxid und Gesamtstaub des Anhangs V Teil 1 der Richtlinie 2010/75/EU genügt und im Fall des Einsatzes von schwefelreichen einheimischen Brennstoffen den Anforderungen an den Mindest-Schwefelabscheidegrad des Anhangs V Teil 5 zu der Richtlinie 2010/75/EU nicht genügt, hat der Betreiber dieser Anlage für jedes Kalenderjahr eine Übersicht über die Zahl der geleisteten Betriebsstunden zu erstellen und diese Übersicht der zuständigen Behörde bis zum Ablauf des 31. März des Folgejahres vorzulegen.

(5) ¹ Die nach Landesrecht zuständigen obersten Landesbehörden oder die von ihnen bestimmten Behörden prüfen die in der Aufstellung nach Absatz 2 Satz 4 und die in der Übersicht nach Absatz 4 vorgelegten Angaben auf Plausibilität. ² Sie leiten diese Angaben dem Umweltbundesamt bis zum Ablauf des 31. Oktober des auf das Berichtsjahr folgenden Kalenderjahres elektronisch zu. ³ Das Umweltbundesamt leitet die übermittelten Daten an die Europäische Kommission weiter.

(6) Das Bundesministerium für Umwelt, Naturschutz und nukleare Sicherheit prüft im Einvernehmen mit dem Bundesministerium für Wirtschaft und Energie im Jahr 2025 das Emissionsverhalten der von den Anforderungen nach § 34 betroffenen und im Dauerbetrieb befindlichen Gasmotoranlagen und die zur Minderung der Emissionen eingesetzte Anlagentechnik im Hinblick auf Methan und legt erforderlichenfalls einen Vorschlag zur Fortschreibung der Emissionsanforderungen gemäß § 34 Absatz 1 Satz 2 Nummer 2 Buchstabe c unter Berücksichtigung des Standes der Technik, der Verhältnismäßigkeit und angemessener Übergangsfristen für bis dahin errichtete Anlagen vor.

### Abschnitt 3. Vorschriften für Großfeuerungsanlagen im Anwendungsbereich des Durchführungsbeschlusses (EU) 2014/687 der Kommission vom 26. September 2014 zu den besten verfügbaren Techniken in Bezug auf die Herstellung von Zellstoff, Papier und Karton

#### Unterabschnitt 1. Allgemeine Vorschriften zu Abschnitt 3

**§ 40 Anwendungsbereich.** Die Vorschriften dieses Abschnitts gelten für Großfeuerungsanlagen der Zellstoffindustrie, die Brennstoffe nach § 2 Absatz 4 Nummer 2 Buchstabe d einsetzen.

**§ 41 Begriffsbestimmungen.** (1) Altanlage im Sinne dieses Abschnitts ist eine bestehende Anlage,

1. die nach § 67 Absatz 2 oder § 67a Absatz 1 des Bundes-Immissionsschutzgesetzes[1] oder vor Inkrafttreten des Bundes-Immissionsschutzgesetzes nach § 16 Absatz 4 der Gewerbeordnung anzuzeigen war,
2. für die die erste Genehmigung zur Errichtung und zum Betrieb nach § 4 oder § 16 des Bundes-Immissionsschutzgesetzes vor dem 27. November 2002 erteilt worden ist und die vor dem 27. November 2003 in Betrieb gegangen ist oder
3. für die der Betreiber vor dem 27. November 2002 einen vollständigen Genehmigungsantrag zur Errichtung und zum Betrieb nach § 4 oder § 16 des Bundes-Immissionsschutzgesetzes gestellt hat und die vor dem 27. November 2003 in Betrieb gegangen ist.

(2) Bestehende Anlage im Sinne dieses Abschnitts ist eine Anlage,

1. die nach § 67 Absatz 2 oder § 67a Absatz 1 des Bundes-Immissionsschutzgesetzes oder vor Inkrafttreten des Bundes-Immissionsschutzgesetzes nach § 16 Absatz 4 der Gewerbeordnung anzuzeigen war,
2. für die die erste Genehmigung zur Errichtung und zum Betrieb nach § 4 oder § 16 des Bundes-Immissionsschutzgesetzes vor dem 1. Oktober 2014 erteilt worden ist und die vor dem 1. Oktober 2015 in Betrieb gegangen ist oder
3. für die der Betreiber einen vollständigen Genehmigungsantrag zur Errichtung und zum Betrieb vor dem 1. Oktober 2014 gestellt hat und die vor dem 1. Oktober 2015 in Betrieb gegangen ist.

#### Unterabschnitt 2. Zusätzliche Anforderungen an Errichtung und Betrieb zu Abschnitt 3

**§ 42 Gemeinsame Emissionsgrenzwerte für Großfeuerungsanlagen bei Einsatz von Ablaugen der Zellstoffherstellung.** (1) ¹Großfeuerungsanlagen, die Ablaugen aus der Zellstoffindustrie einsetzen, sind so zu errichten und zu betreiben, dass die Anforderungen dieses Absatzes und der Absätze 2 und 3 eingehalten werden. ²Der Betreiber hat dafür zu sorgen, dass

1. kein Tagesmittelwert die folgenden Emissionsgrenzwerte überschreitet:

---

[1] Nr. **6.1**.

Großfeuerungsanlagen VO  **§ 43  13. BImSchV  6.1.13**

a) Gesamtstaub: 10 mg/m³,
b) Quecksilber und seine Verbindungen, angegeben als Quecksilber: 0,03 mg/m³,
c) Kohlenmonoxid: 250 mg/m³,

2. kein Halbstundenmittelwert das Doppelte der in Nummer 1 bestimmten Emissionsgrenzwerte überschreitet,
3. kein Mittelwert, der über die jeweilige Probenahmezeit gebildet ist, die Emissionsgrenzwerte nach Anlage 2 Nummer 1 bis 4 überschreitet.

(2) Abweichend von Absatz 1 Satz 2 Nummer 2 darf für die Emissionen an Quecksilber und seinen Verbindungen, angegeben als Quecksilber, ein Emissionsgrenzwert von 0,05 mg/m³ für den Halbstundenmittelwert nicht überschritten werden.

(3) Abweichend von den in Absatz 1 Satz 2 Nummer 1 Buchstabe a und Nummer 2 bestimmten Emissionsgrenzwerten darf für Gesamtstaub bei bestehenden Anlagen ein Emissionsgrenzwert von 20 mg/m³ für den Tagesmittelwert und von 40 mg/m³ für den Halbstundenmittelwert nicht überschritten werden.

(4) Die Emissionsgrenzwerte der §§ 42 bis 44 sind auch bei der Heizflächenreinigung einzuhalten.

**§ 43 Zusätzliche Emissionsgrenzwerte für Großfeuerungsanlagen bei Einsatz von Sulfat-Ablaugen der Zellstoffherstellung.** (1) ¹Großfeuerungsanlagen, die Sulfat-Ablaugen aus der Zellstoffindustrie einsetzen, sind so zu errichten und zu betreiben, dass zusätzlich die Anforderungen dieses Absatzes und des Absatz 2 eingehalten werden. ²Der Betreiber hat dafür zu sorgen, dass

1. kein Jahresmittelwert die folgenden Emissionsgrenzwerte überschreitet:
    a) Stickstoffmonoxid und Stickstoffdioxid, angegeben als Stickstoffdioxid, bei einer Feuerungswärmeleistung von
        aa) 50 MW bis 300 MW: 200 mg/m³,
        bb) mehr als 300 MW: 150 mg/m³,
    b) Schwefeldioxid und Schwefeltrioxid, angegeben als Schwefeldioxid: 25 mg/m³,

2. kein Tagesmittelwert die folgenden Emissionsgrenzwerte überschreitet:
    a) Stickstoffmonoxid und Stickstoffdioxid, angegeben als Stickstoffdioxid, bei einer Feuerungswärmeleistung von
        aa) 50 MW bis 100 MW: 250 mg/m³,
        bb) mehr als 100 MW bis 300 MW: 200 mg/m³,
        cc) mehr als 300 MW: 150 mg/m³,
    b) Schwefeldioxid und Schwefeltrioxid, angegeben als Schwefeldioxid: 50 mg/m³,
    c) Gesamtkohlenstoff: 10 mg/m³,

3. kein Halbstundenmittelwert das Doppelte der in Nummer 2 bestimmten Emissionsgrenzwerte überschreitet.

(2) ¹Abweichend von den in Absatz 1 Satz 2 Nummer 1 Buchstabe a Doppelbuchstabe bb bestimmten Emissionsgrenzwerten für Stickstoffmonoxid und Stickstoffdioxid, angegeben als Stickstoffdioxid, darf bei bestehenden Anlagen ein Jahresmittelwert von 200 mg/m³ nicht überschritten werden. ²Abweichend von den in Absatz 1 Satz 2 Nummer 2 Buchstabe a und Nummer 3 bestimmten Emissionsgrenzwerten für Stickstoffmonoxid und Stickstoffdioxid, angegeben als Stickstoffdioxid, darf bei bestehenden Anlagen mit einer Feuerungswärmeleistung von

1. 50 MW bis 100 MW ein Emissionsgrenzwert von 300 mg/m³ für den Tagesmittelwert und von 600 mg/m³ für den Halbstundenmittelwert nicht überschritten werden,
2. mehr als 100 MW bis 300 MW ein Emissionsgrenzwert von 250 mg/m³ für den Tagesmittelwert und von 500 mg/m³ für den Halbstundenmittelwert nicht überschritten werden,
3. mehr als 300 MW ein Emissionsgrenzwert von 200 mg/m³ für den Tagesmittelwert und von 400 mg/m³ für den Halbstundenmittelwert nicht überschritten werden.

**§ 44 Zusätzliche Emissionsgrenzwerte für Großfeuerungsanlagen bei Einsatz von Sulfit-Ablaugen der Zellstoffherstellung.** (1) ¹Großfeuerungsanlagen, die Sulfit-Ablaugen aus der Zellstoffindustrie einsetzen, sind so zu errichten und zu betreiben, dass zusätzlich die Anforderungen dieses Absatzes sowie der Absätze 2 bis 4 eingehalten werden. ²Der Betreiber hat dafür zu sorgen, dass

1. kein Tagesmittelwert die folgenden Emissionsgrenzwerte überschreitet:
    a) Stickstoffmonoxid und Stickstoffdioxid, angegeben als Stickstoffdioxid, bei einer Feuerungswärmeleistung von
        aa) 50 MW bis 100 MW: 250 mg/m³,
        bb) mehr als 100 MW bis 300 MW: 200 mg/m³,
        cc) mehr als 300 MW: 150 mg/m³,
    b) Schwefeldioxid und Schwefeltrioxid, angegeben als Schwefeldioxid, bei einer Feuerungswärmeleistung von
        aa) 50 MW bis 300 MW: 200 mg/m³,
        bb) mehr als 300 MW: 150 mg/m³,
2. kein Halbstundenmittelwert das Doppelte der in Nummer 1 bestimmten Emissionsgrenzwerte überschreitet.

(2) Für Ammoniak darf, sofern zur Minderung der Emissionen von Stickstoffoxiden ein Verfahren der selektiven nichtkatalytischen Reduktion eingesetzt wird, ein Emissionsgrenzwert von 5 mg/m³ für den Jahresmittelwert, von 10 mg/m³ für den Tagesmittelwert und von 15 mg/m³ für den Halbstundenmittelwert nicht überschritten werden.

(3) Abweichend von den in Absatz 1 Satz 2 Nummer 1 Buchstabe a Doppelbuchstabe bb und Nummer 2 bestimmten Emissionsgrenzwerten für Stickstoffmonoxid und Stickstoffdioxid, angegeben als Stickstoffdioxid, darf bei Altanlagen ein Emissionsgrenzwert von 325 mg/m³ für den Tagesmittelwert und von 650 mg/m³ für den Halbstundenmittelwert nicht überschritten werden.

(4) ¹Abweichend von den in Absatz 1 Satz 2 Nummer 1 Buchstabe b Doppelbuchstabe aa bestimmten Emissionsgrenzwerten für Schwefeldioxid und Schwefeltrioxid, angegeben als Schwefeldioxid, darf bei Altanlagen ein Emissionsgrenzwert von 280 mg/m³ für den Tagesmittelwert und von 560 mg/m³ für den Halbstundenmittelwert sowie zusätzlich ein Emissionsgrenzwert von 230 mg/m³ für den Jahresmittelwert nicht überschritten werden. ²Abweichend von Satz 1 darf in Altanlagen, die mehrstufige Venturiwäscher für die Abscheidung von Staub und Schwefeloxiden einsetzen, ein Emissionsgrenzwert von 375 mg/m³ für den Tagesmittelwert und von 750 mg/m³ für den Halbstundenmittelwert sowie zusätzlich ein Emissionsgrenzwert von 320 mg/m³ für den Jahresmittelwert nicht überschritten werden.

### Unterabschnitt 3. Übergangsvorschriften zu Abschnitt 3

**§ 45 Übergangsregelungen.** (1) Soweit Anforderungen aus Abschnitt 1 dieser Verordnung über die Anforderungen der Verordnung über Großfeuerungs-, Gasturbinen- und Verbrennungsmotoranlagen vom 2. Mai 2013 (BGBl. I S. 1021, 1023, 3754), die zuletzt durch Artikel 108 der Verordnung vom 19. Juni 2020 (BGBl. I S. 1328) geändert worden ist, hinausgehen, gelten diese Anforderungen für bestehende Anlagen im Anwendungsbereich des Abschnitts 3 ab dem Kalenderjahr, das auf das Inkrafttreten der vorliegenden Verordnung folgt.

(2) ¹Für Anforderungen, für die die Übergangsfrist aus Absatz 1 anzuwenden ist, sind bis zum Ablauf des 31. Dezember des Kalenderjahres, in dem die vorliegende Verordnung in Kraft tritt, die Anforderungen der Verordnung über Großfeuerungs-, Gasturbinen- und Verbrennungsmotoranlagen vom 2. Mai 2013 (BGBl. I S. 1021, 1023, 3754), die zuletzt durch Artikel 108 der Verordnung vom 19. Juni 2020 (BGBl. I S. 1328) geändert worden ist, in der bis zum Ablauf des 14. Juli 2021 geltenden Fassung weiter anzuwenden. ²Anforderungen, die die zuständige Behörde im Einzelfall zur Vorsorge gegen schädliche Umwelteinwirkungen durch Luftverunreinigungen gestellt hat, bleiben unberührt.

## Abschnitt 4. Vorschriften für Feuerungsanlagen im Anwendungsbereich des Durchführungsbeschlusses (EU) 2014/738 der Kommission vom 9. Oktober 2014 zu den besten verfügbaren Techniken in Bezug auf das Raffinieren von Mineralöl und Gas

### Unterabschnitt 1. Allgemeine Vorschriften zu Abschnitt 4

**§ 46 Anwendungsbereich.** Die Vorschriften dieses Abschnitts gelten für Feuerungsanlagen in Raffinerien, die Raffinerieheizgase oder Destillations- oder Konversionsrückstände einsetzen.

**§ 47 Begriffsbestimmungen.** (1) Altanlage im Sinne dieses Abschnitts ist eine bestehende Anlage,

1. die nach § 67 Absatz 2 oder § 67a Absatz 1 des Bundes-Immissionsschutzgesetzes[1)] oder vor Inkrafttreten des Bundes-Immissionsschutzgesetzes nach § 16 Absatz 4 der Gewerbeordnung anzuzeigen war,

---

[1)] Nr. **6.1**.

2. für die die erste Genehmigung zur Errichtung und zum Betrieb nach § 4 oder § 16 des Bundes-Immissionsschutzgesetzes vor dem 27. November 2002 erteilt worden ist und die vor dem 27. November 2003 in Betrieb gegangen ist oder
3. für die der Betreiber vor dem 27. November 2002 einen vollständigen Genehmigungsantrag zur Errichtung und zum Betrieb nach § 4 oder § 16 des Bundes-Immissionsschutzgesetzes gestellt hat und die vor dem 27. November 2003 in Betrieb gegangen ist.

(2) Bestehende Anlage im Sinne dieses Abschnitts ist eine Anlage,

1. die nach § 67 Absatz 2 oder § 67a Absatz 1 des Bundes-Immissionsschutzgesetzes oder vor Inkrafttreten des Bundes-Immissionsschutzgesetzes nach § 16 Absatz 4 der Gewerbeordnung anzuzeigen war,
2. für die die erste Genehmigung zur Errichtung und zum Betrieb nach § 4 oder § 16 des Bundes-Immissionsschutzgesetzes vor dem 29. Oktober 2014 erteilt worden ist und die vor dem 29. Oktober 2015 in Betrieb gegangen ist oder
3. für die der Betreiber einen vollständigen Genehmigungsantrag zur Errichtung und zum Betrieb vor dem 29. Oktober 2014 gestellt hat und die vor dem 29. Oktober 2015 in Betrieb gegangen ist.

### Unterabschnitt 2. Zusätzliche Anforderungen an Errichtung und Betrieb zu Abschnitt 4

**§ 48 Gemeinsame Emissionsgrenzwerte für Großfeuerungsanlagen in Raffinerien, die Raffinerieheizgase oder Destillations- oder Konversionsrückstände einsetzen.** Großfeuerungsanlagen in Raffinerien sind so zu errichten und zu betreiben, dass

1. kein Tagesmittelwert die folgenden Emissionsgrenzwerte überschreitet:

    a) Ammoniak, sofern zur Minderung der Emissionen von Stickstoffoxiden ein Verfahren der selektiven katalytischen oder nichtkatalytischen Reduktion eingesetzt wird: 10 mg/m$^3$,

    b) Kohlenmonoxid: 80 mg/m$^3$,

2. kein Halbstundenmittelwert das Doppelte der in Nummer 1 bestimmten Emissionsgrenzwerte überschreitet.

**§ 49 Emissionsgrenzwerte für Großfeuerungsanlagen für den Einsatz von Destillations- oder Konversionsrückständen.** (1) $^1$Großfeuerungsanlagen in Raffinerien, die Destillations- oder Konversionsrückstände einsetzen, sind so zu errichten und zu betreiben, dass die Anforderungen dieses Absatzes, der Absätze 2 und 3, des Absatzes 4 Satz 1, des Absatzes 5 Satz 1 und der Absätze 6 bis 8 sowie die Anforderungen des § 48 eingehalten werden.
$^2$Der Betreiber hat dafür zu sorgen, dass

1. kein Tagesmittelwert die folgenden Emissionsgrenzwerte überschreitet:

    a) Gesamtstaub: 10 mg/m$^3$,

    b) Stickstoffmonoxid und Stickstoffdioxid, angegeben als Stickstoffdioxid, bei einer Feuerungswärmeleistung von

aa) 50 MW bis 100 MW: 300 mg/m³,
bb) mehr als 100 MW bis 300 MW: 150 mg/m³,
cc) mehr als 300 MW: 100 mg/m³,
c) Schwefeldioxid und Schwefeltrioxid, angegeben als Schwefeldioxid, bei einer Feuerungswärmeleistung von
aa) 50 MW bis 100 MW: 350 mg/m³,
bb) mehr als 100 MW bis 300 MW: 200 mg/m³,
cc) mehr als 300 MW: 150 mg/m³;
bei Großfeuerungsanlagen mit einer Feuerungswärmeleistung von mehr als 100 MW darf zusätzlich zur Begrenzung der Massenkonzentration ein Schwefelabscheidegrad von mindestens 85 Prozent nicht unterschritten werden; soweit diese Anforderung zu Emissionen von weniger als 50 mg/m³ für den Tagesmittelwert führt, ist mindestens ein Schwefelabscheidegrad einzuhalten, der zu Emissionen von nicht mehr als 50 mg/m³ für den Tagesmittelwert führt;

2. kein Halbstundenmittelwert das Doppelte der in Nummer 1 bestimmten Emissionsgrenzwerte überschreitet und
3. kein Mittelwert, der über die jeweilige Probenahmezeit gebildet ist, die Emissionsgrenzwerte nach Anlage 2 Nummer 1 bis 4 überschreitet.

(2) Abweichend von den in Absatz 1 Satz 2 Nummer 1 Buchstabe a und Nummer 2 bestimmten Emissionsgrenzwerten für Gesamtstaub darf bei bestehenden Anlagen ein Emissionsgrenzwert von 20 mg/m³ für den Tagesmittelwert und von 40 mg/m³ für den Halbstundenmittelwert nicht überschritten werden.

(3) [1]Abweichend von den in Absatz 1 Satz 2 Nummer 1 Buchstabe b Doppelbuchstabe bb oder cc und Nummer 2 bestimmten Emissionsgrenzwerten für Stickstoffmonoxid und Stickstoffdioxid, angegeben als Stickstoffdioxid, darf bei bestehenden Anlagen mit einer Feuerungswärmeleistung von

1. mehr als 100 MW bis 300 MW ein Emissionsgrenzwert von 200 mg/m³ für den Tagesmittelwert und von 400 mg/m³ für den Halbstundenmittelwert nicht überschritten werden,
2. mehr als 300 MW ein Emissionsgrenzwert von 150 mg/m³ für den Tagesmittelwert und von 300 mg/m³ für den Halbstundenmittelwert nicht überschritten werden.

[2]Abweichend von Satz 1 Nummer 1 darf bei Altanlagen ein Emissionsgrenzwert von 300 mg/m³ für den Tagesmittelwert und von 600 mg/m³ für den Halbstundenmittelwert nicht überschritten werden.

(4) [1]Abweichend von den in Absatz 1 Satz 2 Nummer 1 Buchstabe c Doppelbuchstabe bb oder cc und Nummer 2 bestimmten Emissionsgrenzwerten für Schwefeldioxid und Schwefeltrioxid, angegeben als Schwefeldioxid, darf bei bestehenden Anlagen mit einer Feuerungswärmeleistung von

1. mehr als 100 MW bis 300 MW ein Emissionsgrenzwert von 250 mg/m³ für den Tagesmittelwert und von 500 mg/m³ für den Halbstundenmittelwert nicht überschritten werden,

**6.1.13   13. BImSchV   § 50**     GroßfeuerungsanlagenVO

2. mehr als 300 MW ein Emissionsgrenzwert von 200 mg/m³ für den Tagesmittelwert und von 400 mg/m³ für den Halbstundenmittelwert nicht überschritten werden.

²Die Anforderungen an den Schwefelabscheidegrad nach Absatz 1 Satz 2 Nummer 1 Buchstabe c bleiben unberührt.

(5) ¹Abweichend von den in Absatz 1 Satz 2 Nummer 1 Buchstabe c und Nummer 2 bestimmten Emissionsgrenzwerten für Schwefeldioxid und Schwefeltrioxid, angegeben als Schwefeldioxid, darf bei Altanlagen, die im gleitenden Durchschnitt über einen Zeitraum von fünf Jahren höchstens 1 500 Betriebsstunden jährlich in Betrieb sind, mit einer Feuerungswärmeleistung von

1. 50 MW bis 100 MW ein Emissionsgrenzwert von 850 mg/m³ für den Tagesmittelwert und von 1 700 mg/m³ für den Halbstundenmittelwert nicht überschritten werden,

2. mehr als 100 MW bis 300 MW ein Emissionsgrenzwert von 850 mg/m³ für den Tagesmittelwert und von 1 700 mg/m³ für den Halbstundenmittelwert nicht überschritten werden sowie ein Schwefelabscheidegrad von mindestens 60 Prozent nicht unterschritten werden,

3. mehr als 300 MW ein Emissionsgrenzwert von 300 mg/m³ für den Tagesmittelwert und von 600 mg/m³ für den Halbstundenmittelwert nicht überschritten werden.

²Soweit dieser Absatz keine abweichenden Regelungen zum Schwefelabscheidegrad vorsieht, bleiben die Vorschriften des Absatzes 1 Satz 2 Nummer 1 Buchstabe c zum Schwefelabscheidegrad unberührt.

(6) ¹Abweichend von Absatz 1 Satz 2 Nummer 3 ist bei Anlagen, in denen Destillations- oder Konversionsrückstände zum Eigenverbrauch in Raffinerien eingesetzt werden, der Emissionsgrenzwert nach Anlage 2 Nummer 2 ohne die Berücksichtigung von Vanadium zu bilden; für Vanadium und seine Verbindungen, angegeben als Vanadium, darf ein Emissionsgrenzwert von 0,5 mg/m³ nicht überschritten werden. ²Abweichend von Satz 1 zweiter Halbsatz darf bei bestehenden Anlagen für Vanadium und seine Verbindungen, angegeben als Vanadium, ein Emissionsgrenzwert von 1,0 mg/m³ nicht überschritten werden.

(7) Die Emissionsgrenzwerte dieser Vorschrift sind auch bei der Heizflächenreinigung einzuhalten.

(8) ¹Der Betreiber einer Anlage nach Absatz 3 Satz 2 oder Absatz 5 hat jeweils bis zum Ablauf des 31. März eines Jahres für die vorhergehenden fünf Kalenderjahre einen Nachweis über die Einhaltung der Betriebszeit zu führen und diesen der zuständigen Behörde auf Verlangen vorzulegen. ²Der Betreiber hat den Nachweis nach dem Ende des Nachweiszeitraums jeweils fünf Jahre lang aufzubewahren.

**§ 50 Emissionsgrenzwerte für Großfeuerungsanlagen für den Einsatz von Raffinerieheizgasen.** (1) ¹Großfeuerungsanlagen in Raffinerien, die Raffinerieheizgase einsetzen, sind so zu errichten und zu betreiben, dass die Anforderungen dieses Absatzes und des Absatzes 2 sowie die Anforderungen des § 48 eingehalten werden. ²Der Betreiber hat dafür zu sorgen, dass

1. kein Tagesmittelwert die folgenden Emissionsgrenzwerte überschreitet:

   a)   Gesamtstaub:                                                            5 mg/m³,

b) Stickstoffmonoxid und Stickstoffdioxid, angegeben als
Stickstoffdioxid: 100 mg/m³,
c) Schwefeldioxid und Schwefeltrioxid, angegeben als
Schwefeldioxid: 35 mg/m³;
2. kein Halbstundenmittelwert das Doppelte der in Nummer 1 bestimmten Emissionsgrenzwerte überschreitet.

(2) ¹Abweichend von Absatz 1 Satz 2 Nummer 1 Buchstabe b und Nummer 2 darf bei bestehenden Anlagen für Stickstoffmonoxid und Stickstoffdioxid, angegeben als Stickstoffdioxid, ein Emissionsgrenzwert von 150 mg/m³ für den Monatsmittelwert und von 500 mg/m³ für den Halbstundenmittelwert nicht überschritten werden. ²Abweichend von Satz 1 darf bei bestehenden Anlagen, wenn

1. die zugeführte Verbrennungsluft eine Temperatur von mehr als 200 Grad Celsius hat oder

2. der Wasserstoffgehalt des eingesetzten Brennstoffs mehr als 50 Prozent beträgt und der Betreiber die Anlage mit geeigneten Messeinrichtungen für die kontinuierliche Bestimmung des Wasserstoffgehalts im eingesetzten gasförmigen Brennstoff ausgerüstet hat,

für Stickstoffmonoxid und Stickstoffdioxid, angegeben als Stickstoffdioxid, ein Emissionsgrenzwert von 200 mg/m³ für den Monatsmittelwert und von 500 mg/m³ für den Halbstundenmittelwert nicht überschritten werden.

**§ 51 Emissionsgrenzwerte in Raffinerien bei Betrieb mit mehreren Brennstoffen.** ¹Bei bestehenden Mischfeuerungen in Feuerungsanlagen, in denen Destillations- oder Konversionsrückstände zum Eigenverbrauch in Raffinerien eingesetzt werden, gilt

1. der Emissionsgrenzwert für den Brennstoff mit dem höchsten Emissionsgrenzwert, sofern die mit dem Brennstoff mit dem höchsten Emissionsgrenzwert zugeführte Feuerungswärmeleistung mindestens 50 Prozent der insgesamt zugeführten Feuerungswärmeleistung ausmacht,

2. im Übrigen § 6 Absatz 2 mit der Maßgabe, dass als Emissionsgrenzwert für den Brennstoff mit dem höchsten Emissionsgrenzwert das Doppelte dieses Wertes abzüglich des Emissionsgrenzwertes für den Brennstoff mit dem niedrigsten Emissionsgrenzwert angesetzt wird.

²Abweichend von Satz 1 kann innerhalb einer Raffinerie die zuständige Behörde auf Antrag für bestehende Großfeuerungsanlagen, die Destillations- oder Konversionsrückstände aus der Rohölraffinierung allein oder zusammen mit anderen Brennstoffen für den Eigenverbrauch verfeuern, für Schwefeldioxid und Schwefeltrioxid, angegeben als Schwefeldioxid, einen Emissionsgrenzwert von 600 mg/m³ für den Tagesmittelwert und von 1 200 mg/m³ für den Halbstundenmittelwert als über die Abgasvolumenströme gewichteten Durchschnittswert zulassen.

**§ 52 Emissionsgrenzwerte für Gasturbinen in Raffinerien, die Raffinerieheizgase einsetzen.** (1) ¹Gasturbinenanlagen in Raffinerien, die Raffinerieheizgase einsetzen, sind so zu errichten und zu betreiben, dass die Anforderungen dieses Absatzes und der Absätze 2 bis 6 eingehalten werden.
²Der Betreiber hat dafür zu sorgen, dass

**6.1.13  13. BImSchV  § 53**  GroßfeuerungsanlagenVO

1. kein Tagesmittelwert die folgenden Emissionsgrenzwerte überschreitet:
   a) Stickstoffmonoxid und Stickstoffdioxid, angegeben als
      Stickstoffdioxid: 50 mg/m$^3$,
   b) Kohlenmonoxid: 100 mg/m$^3$,
   c) Ammoniak, sofern zur Minderung der Emissionen von
      Stickstoffoxiden ein Verfahren der selektiven katalytischen oder nichtkatalytischen Reduktion eingesetzt
      wird: 10 mg/m$^3$;
2. kein Halbstundenmittelwert das Doppelte der in Nummer 1 bestimmten Emissionsgrenzwerte überschreitet.

(2) $^1$Die Emissionsgrenzwerte nach Absatz 1 gelten bei Betrieb ab einer Last von 70 Prozent, bei einer Temperatur von 288,15 K, einem Druck von 101,3 kPa und einer relativen Luftfeuchte von 60 Prozent (ISO-Bedingungen). $^2$Für den Betrieb bei Lasten bis 70 Prozent legt die zuständige Behörde den zu überwachenden Teillastbereich sowie die in diesem Bereich einzuhaltenden Emissionsbegrenzungen für die in Absatz 1 genannten Schadstoffe fest.

(3) $^1$Abweichend von Absatz 1 Satz 2 Nummer 1 Buchstabe a ist bei Gasturbinen im Solobetrieb, deren Wirkungsgrad unter ISO-Bedingungen mehr als 35 Prozent beträgt, der Emissionsgrenzwert für Stickstoffmonoxid und Stickstoffdioxid, angegeben als Stickstoffdioxid, entsprechend der prozentualen Wirkungsgraderhöhung heraufzusetzen. $^2$Ein Emissionsgrenzwert von 75 mg/m$^3$ für den Tagesmittelwert darf nicht überschritten werden.

(4) Abweichend von Absatz 1 Satz 2 Nummer 1 Buchstabe a und Nummer 2 darf bei bestehenden Anlagen für Stickstoffmonoxid und Stickstoffdioxid, angegeben als Stickstoffdioxid, ein Emissionsgrenzwert von 120 mg/m$^3$ für den Tagesmittelwert und von 240 mg/m$^3$ für den Halbstundenmittelwert nicht überschritten werden.

(5) Bei Einsatz gasförmiger Brennstoffe sind die Emissionsgrenzwerte von § 50 Absatz 1 Satz 2 Nummer 1 Buchstabe c und Nummer 2 für Schwefeldioxid und Schwefeltrioxid, angegeben als Schwefeldioxid, auf einen Bezugssauerstoffgehalt von 15 Prozent umzurechnen.

(6) Für Gasturbinen mit Zusatzfeuerung sind Emissionsgrenzwerte und zugehörige Bezugssauerstoffgehalte auf der Grundlage der jeweils maßgeblichen Anforderungen an die Gasturbine nach dieser Vorschrift und den jeweils maßgeblichen Anforderungen an die Zusatzfeuerung nach § 49 oder § 50 durch die Behörde im Einzelfall festzulegen.

**§ 53 Kompensationsmöglichkeit in Raffinerien.** (1) $^1$Abweichend von den in den §§ 6, 49 bis 52 bestimmten Emissionsgrenzwerten für Stickstoffmonoxid und Stickstoffdioxid, angegeben als Stickstoffdioxid, kann die zuständige Behörde auf Antrag innerhalb einer Raffinerie für einige oder sämtliche Feuerungsanlagen, bei Einsatz von Raffinerieheizgasen oder Destillations- oder Konversionsrückständen, im alleinigen Einsatz oder bei gleichzeitiger Verwendung mit anderen Brennstoffen, lediglich einen Emissionsgrenzwert nach folgender Berechnung zulassen:

$$EGW_{NOx} < \frac{\Sigma[(Q_i) \times (C_{i\ NOx})]}{\Sigma(Q_i)}.$$

²Darin bedeuten:

1. $EGW_{NOx}$: berechneter Emissionsgrenzwert für Stickstoffmonoxid und Stickstoffdioxid, angegeben als Stickstoffdioxid, in mg/m³ für den Tagesmittelwert,
2. $Q_i$: repräsentativer Abgasvolumenstrom der jeweiligen Anlage im Normalbetrieb in m³/h,
3. $C_{i\ NOx}$: nach § 6 oder 51 oder den §§ 49, 50 oder 52 bestimmter Emissionsgrenzwert für Stickstoffmonoxid und Stickstoffdioxid, angegeben als Stickstoffdioxid, der jeweiligen Anlage in mg/m³ für den Tagesmittelwert; vorhandene Monatsmittelwerte sind nach den Kriterien zur Beurteilung der Einhaltung der Emissionsgrenzwerte für validierte Tagesmittelwerte des Anhangs V Teil 4 zu der Richtlinie 2010/75/EU in Tagesmittelwerte umzurechnen,
4. $\Sigma Q_i$: repräsentativer Abgasvolumenstrom der Anlagen im Normalbetrieb in m³/h.

³In diese Berechnung können auf Antrag bei der zuständigen Behörde innerhalb einer Raffinerie Anlagen nach der Allgemeinen Verwaltungsvorschrift zur Umsetzung des Durchführungsbeschlusses 2014/738/EU der Kommission vom 9. Oktober 2014 über Schlussfolgerungen zu den besten verfügbaren Techniken (BVT) gemäß der Richtlinie 2010/75/EU des Europäischen Parlaments und des Rates über Industrieemissionen in Bezug auf das Raffinieren von Mineralöl und Gas mit einbezogen werden, für die eine gleichlautende Regelung zur Berechnung vorgegeben ist. ⁴Es ist sicherzustellen, dass die bei Anwendung der Sätze 1 bis 3 entstehenden Emissionen geringer sind als die, die bei Einhaltung der einzelquellbezogenen Emissionsbegrenzungen entstehen würden. ⁵Bei Änderung einer der in dieser Berechnung berücksichtigten Anlage ist der berechnete Emissionsgrenzwert zu überprüfen und gegebenenfalls neu zu ermitteln.

(2) ¹Abweichend von den in den §§ 6, 49 bis 51 Satz 1 bestimmten Emissionsgrenzwerten für Schwefeldioxid und Schwefeltrioxid, angegeben als Schwefeldioxid, kann die zuständige Behörde auf Antrag innerhalb einer Raffinerie für einige oder sämtliche Großfeuerungsanlagen, bei Einsatz von Raffinerieheizgasen oder Destillations- oder Konversionsrückständen, im alleinigen Einsatz oder bei gleichzeitiger Verwendung mit anderen Brennstoffen, lediglich einen Emissionsgrenzwert nach folgender Berechnung zulassen:

$$EGW_{SOx} < \frac{\Sigma[(Q_i) \times (C_{i\ SOx})]}{\Sigma(Q_i)}.$$

²Darin bedeuten:

1. $EGW_{SOx}$: berechneter Emissionsgrenzwert für Schwefeldioxid und Schwefeltrioxid, angegeben als Schwefeldioxid, in mg/m³ für den Tagesmittelwert,
2. $Q_i$: repräsentativer Abgasvolumenstrom der jeweiligen Anlage im Normalbetrieb in m³/h,
3. $C_{i\ SOx}$: nach § 6 oder 51 Satz 1 oder § 49 oder 50 bestimmter Emissionsgrenzwert für Schwefeldioxid und Schwefeltrioxid, angegeben als Schwefeldioxid, der jeweiligen Anlage in mg/m³ für den Tagesmittelwert,

4. $\Sigma Q_i$: repräsentativer Abgasvolumenstrom der Anlagen im Normalbetrieb in m³/h.

³In diese Berechnung können auf Antrag bei der zuständigen Behörde innerhalb einer Raffinerie Anlagen nach der Allgemeinen Verwaltungsvorschrift zur Umsetzung des Durchführungsbeschlusses 2014/738/EU der Kommission vom 9. Oktober 2014 über Schlussfolgerungen zu den besten verfügbaren Techniken (BVT) gemäß der Richtlinie 2010/75/EU des Europäischen Parlaments und des Rates über Industrieemissionen in Bezug auf das Raffinieren von Mineralöl und Gas mit einbezogen werden, für die eine gleichlautende Regelung zur Berechnung vorgegeben ist. ⁴Es ist sicherzustellen, dass die bei Anwendung der Sätze 1 bis 3 entstehenden Emissionen geringer sind als die, die bei Einhaltung der einzelquellbezogenen Emissionsbegrenzungen entstehen würden. ⁵Bei Änderung einer der in dieser Berechnung berücksichtigten Anlage ist der berechnete Emissionsgrenzwert zu überprüfen und gegebenenfalls neu zu ermitteln.

### Unterabschnitt 3. Zusätzliche Anforderungen an Messung und Überwachung zu Abschnitt 4

**§ 54 Kontinuierliche Messungen.** Bei Anwendung von § 53 bleiben die Anforderungen zur Messung und Überwachung an der jeweiligen Einzelquelle nach § 17 sowie die Anforderungen der Technischen Anleitung zur Reinhaltung der Luft unberührt.

**§ 55 Abweichende Vorschriften zu periodischen Messungen.** ¹Abweichend von § 20 Absatz 2 Satz 2 hat der Betreiber die Wiederholungsmessungen zur Überwachung der Einhaltung der Anforderung nach § 49 Absatz 1 Satz 2 Nummer 3 bezüglich der Einhaltung der Grenzwerte nach Anlage 2 Nummer 2 einmal halbjährlich durchführen zu lassen. ²§ 20 Absatz 6 bleibt unberührt.
³§ 20 Absatz 3 Satz 3 gilt entsprechend.

### Unterabschnitt 4. Übergangsvorschriften zu Abschnitt 4

**§ 56 Übergangsregelungen.** (1) Soweit Anforderungen aus Abschnitt 1 dieser Verordnung über die Anforderungen der Verordnung über Großfeuerungs-, Gasturbinen- und Verbrennungsmotoranlagen vom 2. Mai 2013 (BGBl. I S. 1021, 1023, 3754), die zuletzt durch Artikel 108 der Verordnung vom 19. Juni 2020 (BGBl. I S. 1328) geändert worden ist, hinausgehen, gelten diese Anforderungen für bestehende Anlagen im Anwendungsbereich des Abschnitts 4 ab dem Kalenderjahr, das auf das Inkrafttreten der vorliegenden Verordnung folgt.

(2) ¹Für Anforderungen, für die die Übergangsfrist aus Absatz 1 anzuwenden ist, sind bis zum Ablauf des 31. Dezember des Kalenderjahres, in dem die vorliegende Verordnung in Kraft tritt, die Anforderungen der Verordnung über Großfeuerungs-, Gasturbinen- und Verbrennungsmotoranlagen vom 2. Mai 2013 (BGBl. I S. 1021, 1023, 3754), die zuletzt durch Artikel 108 der Verordnung vom 19. Juni 2020 (BGBl. I S. 1328) geändert worden ist, in der bis zum Ablauf des 14. Juli 2021 geltenden Fassung weiter anzuwenden. ²Anforderungen, die die zuständige Behörde im Einzelfall zur Vorsorge gegen schädliche Umwelteinwirkungen durch Luftverunreinigungen gestellt hat, bleiben unberührt.

## Abschnitt 5. Vorschriften für Großfeuerungsanlagen im Anwendungsbereich des Durchführungsbeschlusses (EU) 2017/2117 der Kommission vom 21. November 2017 zu den besten verfügbaren Techniken in Bezug auf die Herstellung von organischen Grundchemikalien

### Unterabschnitt 1. Allgemeine Vorschriften zu Abschnitt 5

**§ 57** Anwendungsbereich. Die Vorschriften dieses Abschnitts gelten für Großfeuerungsanlagen zur Herstellung von Alkenen durch Spalten von Kohlenwasserstoffen und für Großfeuerungsanlagen zum Spalten von 1,2-Dichlorethan.

**§ 58** Begriffsbestimmungen. (1) Altanlage im Sinne dieses Abschnitts ist eine Anlage,

1. die nach § 67 Absatz 2 oder § 67a Absatz 1 des Bundes-Immissionsschutzgesetzes[1]) oder vor Inkrafttreten des Bundes-Immissionsschutzgesetzes nach § 16 Absatz 4 der Gewerbeordnung anzuzeigen war,
2. für die die erste Genehmigung zur Errichtung und zum Betrieb nach § 4 oder § 16 des Bundes-Immissionsschutzgesetzes vor dem 27. November 2002 erteilt worden ist und die vor dem 27. November 2003 in Betrieb gegangen ist oder
3. für die der Betreiber vor dem 27. November 2002 einen vollständigen Genehmigungsantrag zur Errichtung und zum Betrieb nach § 4 oder § 16 des Bundes-Immissionsschutzgesetzes gestellt hat und die vor dem 27. November 2003 in Betrieb gegangen ist.

(2) Bestehende Anlage im Sinne dieses Abschnitts ist eine Anlage,

1. die nach § 67 Absatz 2 oder § 67a Absatz 1 des Bundes-Immissionsschutzgesetzes oder vor Inkrafttreten des Bundes-Immissionsschutzgesetzes nach § 16 Absatz 4 der Gewerbeordnung anzuzeigen war,
2. für die die erste Genehmigung zur Errichtung und zum Betrieb nach § 4 oder § 16 des Bundes-Immissionsschutzgesetzes vor dem 8. Dezember 2017 erteilt worden ist und die vor dem 8. Dezember 2018 in Betrieb gegangen ist oder
3. für die der Betreiber einen vollständigen Genehmigungsantrag zur Errichtung und zum Betrieb vor dem 8. Dezember 2017 gestellt hat und die vor dem 8. Dezember 2018 in Betrieb gegangen ist.

### Unterabschnitt 2. Zusätzliche Anforderungen an Errichtung und Betrieb zu Abschnitt 5

**§ 59** Emissionsgrenzwerte. (1) ¹Großfeuerungsanlagen im Anwendungsbereich dieses Abschnitts sind so zu errichten und zu betreiben, dass die Anforderungen dieses Absatzes und der Absätze 2 bis 3 eingehalten werden. ²Der Betreiber hat dafür zu sorgen, dass

1. kein Tagesmittelwert die folgenden Emissionsgrenzwerte überschreitet:

---

[1]) Nr. **6.1**.

a)  Ammoniak, sofern zur Minderung der Emissionen von
    Stickstoffoxiden ein Verfahren der selektiven katalyti-
    schen oder nichtkatalytischen Reduktion eingesetzt
    wird: 10 mg/m³,
b)  Gesamtstaub: 5 mg/m³,
c)  Kohlenmonoxid bei Einsatz von
    aa) Erdgas: 50 mg/m³,
    bb) sonstigen Gasen: 80 mg/m³,
d)  Stickstoffmonoxid und Stickstoffdioxid, angegeben als
    Stickstoffdioxid: 100 mg/m³,
e)  Schwefeldioxid und Schwefeltrioxid, angegeben als
    Schwefeldioxid: 35 mg/m³,

2. kein Halbstundenmittelwert das Doppelte der in Nummer 1 bestimmten Emissionsgrenzwerte überschreitet.

(2) Abweichend von den in Absatz 1 Satz 2 Nummer 1 Buchstabe d und Nummer 2 bestimmten Emissionsgrenzwerten für Stickstoffmonoxid und Stickstoffdioxid, angegeben als Stickstoffdioxid, darf bei bestehenden Anlagen zur Herstellung von Alkenen durch Spalten von Kohlenwasserstoffen mit einer Feuerungswärmeleistung von 50 MW bis weniger als 300 MW bei Einsatz von anderen Gasen als Erdgas ein Emissionsgrenzwert von 200 mg/m³ für den Tagesmittelwert und von 400 mg/m³ für den Halbstundenmittelwert nicht überschritten werden.

(3) Abweichend von den in Absatz 1 Satz 2 Nummer 1 Buchstabe d und Nummer 2 bestimmten Emissionsgrenzwerten für Stickstoffmonoxid und Stickstoffdioxid, angegeben als Stickstoffdioxid, darf bei Altanlagen zur Herstellung von Alkenen durch Spalten von Kohlenwasserstoffen

1. mit einer Feuerungswärmeleistung von 50 MW bis weniger als 300 MW ein Emissionsgrenzwert von 200 mg/m³ für den Tagesmittelwert und von 400 mg/m³ für den Halbstundenmittelwert nicht überschritten werden;
2. mit einer Feuerungswärmeleistung von 300 MW oder mehr ein Emissionsgrenzwert von 150 mg/m³ für den Tagesmittelwert und von 300 mg/m³ für den Halbstundenmittelwert nicht überschritten werden.

### Unterabschnitt 3. Zusätzliche Vorschriften zur Messung und Überwachung zu Abschnitt 5

**§ 60 Ausnahmen vom Erfordernis kontinuierlicher Messungen.** Abweichend von § 17 Absatz 1 sind bei Feuerungsanlagen, die ausschließlich mit gasförmigen Brennstoffen betrieben werden, Messungen zur Feststellung der Emissionen an Gesamtstaub nicht erforderlich.

### Unterabschnitt 4. Übergangsvorschriften zu Abschnitt 5

**§ 61 Übergangsregelungen.** (1) ¹Soweit Anforderungen aus Abschnitt 1 dieser Verordnung über die Anforderungen der Verordnung über Großfeuerungs-, Gasturbinen- und Verbrennungsmotoranlagen vom 2. Mai 2013 (BGBl. I S. 1021, 1023, 3754), die zuletzt durch Artikel 108 der Verordnung vom 19. Juni 2020 (BGBl. I S. 1328) geändert worden ist, hinausgehen, gelten diese Anforderungen für bestehende Anlagen im Anwendungsbereich des Abschnitts 5 ab dem Kalenderjahr, das auf das Inkrafttreten der vorliegenden Verordnung folgt. ²Für Anforderungen, für die die Übergangsfrist aus Satz 1 anzuwenden ist, sind bis zum Ablauf des 31. Dezember des Kalenderjahres, in dem die vorliegende Verordnung in Kraft tritt, die Anforderungen der Verordnung über Großfeuerungs-, Gasturbinen- und Verbrennungsmotoranlagen vom 2. Mai 2013 (BGBl. I S. 1021, 1023, 3754), die zuletzt durch Artikel 108 der Verordnung vom 19. Juni 2020 (BGBl. I S. 1328) geändert worden ist, in der bis zum Ablauf des 14. Juli 2021 geltenden Fassung weiter anzuwenden. ³Anforderungen, die die zuständige Behörde im Einzelfall zur Vorsorge gegen schädliche Umwelteinwirkungen durch Luftverunreinigungen gestellt hat, bleiben unberührt.

(2) ¹Für bestehende Anlagen im Anwendungsbereich des Abschnitts 5 gelten die Anforderungen dieser Verordnung, ausgenommen die unter Absatz 1 fallenden Anforderungen, ab dem 8. Dezember 2021. ²Für Anforderungen, für die die Übergangsfrist aus Satz 1 anzuwenden ist, sind bis zum Ablauf des 7. Dezember 2021 die Anforderungen der Verordnung über Großfeuerungs-, Gasturbinen- und Verbrennungsmotoranlagen vom 2. Mai 2013 (BGBl. I S. 1021, 1023, 3754), die zuletzt durch Artikel 108 der Verordnung vom 19. Juni 2020 (BGBl. I S. 1328) geändert worden ist, in der bis zum Ablauf des 14. Juli 2021 geltenden Fassung weiter anzuwenden. ³Anforderungen, die die zuständige Behörde im Einzelfall zur Vorsorge gegen schädliche Umwelteinwirkungen durch Luftverunreinigungen gestellt hat, bleiben unberührt.

## Abschnitt 6. Vorschriften für Großfeuerungsanlagen in der chemischen Industrie, die der mittelbaren Beheizung von Gütern in Reaktoren dienen

### Unterabschnitt 1. Allgemeine Vorschriften zu Abschnitt 6

**§ 62 Anwendungsbereich.** Die Vorschriften dieses Abschnitts gelten für Großfeuerungsanlagen zum Reformieren von Erdgas sowie in anderen Großfeuerungsanlagen der chemischen Industrie, die der mittelbaren Beheizung von Gütern in chemischen Reaktoren dienen und die nicht im Anwendungsbereich von Abschnitt 5 liegen.

**§ 63 Begriffsbestimmungen.** Altanlage im Sinne dieses Abschnitts ist eine Anlage,

1. die nach § 67 Absatz 2 oder § 67a Absatz 1 des Bundes-Immissionsschutzgesetzes[1]) oder vor Inkrafttreten des Bundes-Immissionsschutzgesetzes nach § 16 Absatz 4 der Gewerbeordnung anzuzeigen war,
2. für die die erste Genehmigung zur Errichtung und zum Betrieb nach § 4 oder § 16 des Bundes-Immissionsschutzgesetzes vor dem 27. November 2002 erteilt worden ist und die vor dem 27. November 2003 in Betrieb gegangen ist oder
3. für die der Betreiber einen vollständigen Genehmigungsantrag zur Errichtung und zum Betrieb vor dem 27. November 2002 gestellt hat und die vor dem 27. November 2003 in Betrieb gegangen ist.

---

[1]) Nr. **6.1**.

## Unterabschnitt 2. Zusätzliche Anforderungen an Errichtung und Betrieb zu Abschnitt 6

**§ 64 Emissionsgrenzwerte.** (1) [1] Großfeuerungsanlagen im Anwendungsbereich dieses Abschnitts sind so zu errichten und zu betreiben, dass die Anforderungen dieses Absatzes und des Absatzes 2 eingehalten werden. [2] Der Betreiber hat dafür zu sorgen, dass

1. kein Tagesmittelwert die folgenden Emissionsgrenzwerte überschreitet:
   a) Gesamtstaub: 5 mg/m$^3$,
   b) Kohlenmonoxid bei Einsatz von
      aa) Erdgas: 50 mg/m$^3$,
      bb) sonstigen gasförmigen Brennstoffen: 80 mg/m$^3$,
   c) Stickstoffmonoxid und Stickstoffdioxid, angegeben als Stickstoffdioxid, bei einer Feuerungswärmeleistung von
      aa) 50 MW bis 300 MW und bei Einsatz von
         aaa) Erdgas: 100 mg/m$^3$,
         bbb) sonstigen gasförmigen Brennstoffen: 200 mg/m$^3$
      bb) mehr als 300 MW: 100 mg/m$^3$,
   d) Schwefeldioxid und Schwefeltrioxid, angegeben als Schwefeldioxid: 35 mg/m$^3$,
2. kein Halbstundenmittelwert das Doppelte der in Nummer 1 bestimmten Emissionsgrenzwerte überschreitet.

(2) Abweichend von den in Absatz 1 Satz 2 Nummer 1 Buchstabe c und Nummer 2 bestimmten Emissionsgrenzwerten für Stickstoffmonoxid und Stickstoffdioxid, angegeben als Stickstoffdioxid, darf bei Altanlagen zum Reformieren von Erdgas mit einer Feuerungswärmeleistung von

1. mehr als 100 MW bis 300 MW ein Emissionsgrenzwert von 200 mg/m$^3$ für den Tagesmittelwert und von 400 mg/m$^3$ für den Halbstundenmittelwert nicht überschritten werden,
2. mehr als 300 MW ein Emissionsgrenzwert von 150 mg/m$^3$ für den Tagesmittelwert und von 300 mg/m$^3$ für den Halbstundenmittelwert nicht überschritten werden.

## Unterabschnitt 3. Übergangsvorschriften zu Abschnitt 6

**§ 65 Übergangsregelungen.** (1) Soweit Anforderungen aus Abschnitt 1 dieser Verordnung über die Anforderungen der Verordnung über Großfeuerungs-, Gasturbinen- und Verbrennungsmotoranlagen vom 2. Mai 2013 (BGBl. I S. 1021, 1023, 3754), die zuletzt durch Artikel 108 der Verordnung vom 19. Juni 2020 (BGBl. I S. 1328) geändert worden ist, hinausgehen, gelten diese Anforderungen für bestehende Anlagen im Anwendungsbereich des Abschnitts 6 ab dem Kalenderjahr, das auf das Inkrafttreten der vorliegenden Verordnung folgt.

(2) [1] Für Anforderungen, für die die Übergangsfrist aus Absatz 1 anzuwenden ist, sind bis zum Ablauf des 31. Dezember des Kalenderjahres, in dem die vorliegende Verordnung in Kraft tritt, die Anforderungen der Verordnung über Großfeuerungs-, Gasturbinen- und Verbrennungsmotoranlagen vom 2. Mai

GroßfeuerungsanlagenVO  §§ 66, 67  13. BImSchV 6.1.13

2013 (BGBl. I S. 1021, 1023, 3754), die zuletzt durch Artikel 108 der Verordnung vom 19. Juni 2020 (BGBl. I S. 1328) geändert worden ist, in der bis zum Ablauf des 14. Juli 2021 geltenden Fassung weiter anzuwenden. ²Anforderungen, die die zuständige Behörde im Einzelfall zur Vorsorge gegen schädliche Umwelteinwirkungen durch Luftverunreinigungen gestellt hat, bleiben unberührt.

### Abschnitt 7. Schlussvorschriften

**§ 66 Zugänglichkeit und Gleichwertigkeit von Normen und Arbeitsblättern.** (1) ¹Die in den §§ 2, 15 und 18 genannten DIN-, DIN-SPEC- oder DIN-EN-Normen sind bei der Beuth Verlag GmbH, Berlin, zu beziehen. ²Die in § 2 Absatz 13 genannten DVGW-Arbeitsblätter sind bei der Wirtschafts- und Verlagsgesellschaft Gas und Wasser mbH, Bonn, zu beziehen. ³Die in § 20 Absatz 3 genannte VDI-Richtlinie ist bei dem VDI Verein Deutscher Ingenieure e.V., Düsseldorf, zu beziehen. ⁴Die genannten DIN-Normen sind in der Deutschen Nationalbibliothek, die genannten CEN-Normen sowie die genannten Arbeitsblätter sind beim Deutschen Patent- und Markenamt in München archivmäßig gesichert niedergelegt.

(2) Den in den §§ 2, 15 und 18 genannten DIN- oder DIN-SPEC-Normen und DVGW-Arbeitsblättern stehen diesen entsprechende einschlägige CEN-Normen und, soweit keine solchen CEN-Normen verfügbar sind, ISO-Normen oder sonstige internationale Normen, die den nationalen Normen nachgewiesenermaßen gleichwertige Anforderungen stellen, gleich.

(3) ¹Die allgemein anerkannten Regeln der Technik im Sinne von § 13 Absatz 1, § 14 Absatz 2, § 16 Absatz 2, § 18 Absatz 9 werden durch CEN-Normen bestimmt. ²ISO-Normen, nationale oder andere internationale Normen können angewendet werden, wenn sie die Bereitstellung von Daten gleichwertiger wissenschaftlicher Qualität gewährleisten.

**§ 67 Ordnungswidrigkeiten.** (1) Ordnungswidrig im Sinne des § 62 Absatz 1 Nummer 2 des Bundes-*Immissionsschutzes*[1] handelt, wer vorsätzlich oder fahrlässig

1. entgegen § 6 Absatz 1, § 27 Satz 1 oder 2, § 28 Absatz 1 Satz 1, § 29 Absatz 1 Satz 1, § 30 Absatz 1 Satz 1, § 31 Absatz 1 Satz 1, § 32 Absatz 1 Satz 1, § 33 Absatz 1 Satz 1, § 34 Absatz 1 Satz 1, § 35 Absatz 1 Satz 2, § 42 Absatz 1 Satz 1, § 43 Absatz 1 Satz 1, § 44 Absatz 1 Satz 1, den §§ 48, 49 Absatz 1 Satz 1, § 50 Absatz 1 Satz 1, § 52 Absatz 1 Satz 1, § 59 Absatz 1 Satz 1 oder § 64 Absatz 1 Satz 1 eine dort genannte Anlage nicht richtig errichtet oder nicht richtig betreibt,

2. entgegen § 7 Absatz 1 Satz 2 eine Anzeige nicht, nicht richtig oder nicht rechtzeitig erstattet,

3. entgegen § 9 Absatz 2 eine dort genannte Fläche nicht freihält,

4. entgegen § 12 Absatz 2 Satz 1 eine dort genannte Maßnahme nicht, nicht richtig oder nicht rechtzeitig ergreift,

---

[1] Richtig wohl: „Immissionsschutzgesetzes".

## 6.1.13  13. BImSchV  § 67  GroßfeuerungsanlagenVO

5. entgegen § 12 Absatz 2 Satz 2 den Betrieb einer Anlage nicht oder nicht rechtzeitig einschränkt oder eine Anlage nicht oder nicht rechtzeitig außer Betrieb nimmt,
6. entgegen § 12 Absatz 2 Satz 3 eine Unterrichtung nicht, nicht richtig, nicht vollständig oder nicht rechtzeitig vornimmt,
7. entgegen § 13 Absatz 5 oder § 14 Absatz 5 ein dort genanntes Ergebnis nicht, nicht richtig, nicht vollständig oder nicht rechtzeitig vorlegt oder nicht oder nicht mindestens fünf Jahre aufbewahrt,
8. entgegen § 15 Satz 1 einen Messplatz nicht, nicht richtig oder nicht rechtzeitig einrichtet,
9. entgegen § 16 Absatz 1 Satz 1 nicht sicherstellt, dass ein dort genanntes Messverfahren angewendet oder eine dort genannte Messeinrichtung verwendet wird,
10. entgegen § 16 Absatz 3 Satz 1 einen dort genannten Nachweis nicht, nicht richtig, nicht in der vorgeschriebenen Weise oder nicht rechtzeitig erbringt,
11. entgegen § 16 Absatz 4 eine Messeinrichtung nicht oder nicht rechtzeitig kalibrieren lässt oder nicht oder nicht rechtzeitig auf Funktionsfähigkeit prüfen lässt,
12. entgegen § 16 Absatz 6, § 19 Absatz 4 Satz 1 oder 2, § 21 Absatz 1 Satz 2, § 22 Absatz 1, § 35 Absatz 4, § 39 Absatz 2 Satz 4 oder Absatz 4 einen dort genannten Bericht, eine dort genannte Aufstellung oder eine Übersicht nicht, nicht richtig, nicht vollständig oder nicht rechtzeitig vorlegt oder nicht oder nicht mindestens fünf Jahre aufbewahrt,
13. entgegen § 17 Absatz 1 Satz 1 einen dort genannten Parameter nicht, nicht richtig oder nicht vollständig ermittelt, nicht, nicht richtig oder nicht vollständig registriert, nicht, nicht richtig, nicht vollständig oder nicht rechtzeitig auswertet oder nicht, nicht richtig, nicht vollständig oder nicht rechtzeitig übermittelt,
14. entgegen § 17 Absatz 1 Satz 2 eine Anlage nicht, nicht richtig oder nicht rechtzeitig ausrüstet,
15. entgegen § 17 Absatz 2 Satz 3 oder 4 oder Absatz 4 Satz 2 oder 3, § 18 Absatz 4 Satz 3, Absatz 6 Satz 2 oder Absatz 7 Satz 2 oder 3 oder § 20 Absatz 7 einen dort genannten Nachweis nicht, nicht richtig oder nicht vollständig führt, nicht, nicht richtig, nicht vollständig oder nicht rechtzeitig vorlegt oder nicht oder nicht mindestens fünf Jahre aufbewahrt,
16. einer vollziehbaren Anordnung nach § 17 Absatz 6 Satz 2, § 19 Absatz 1 Satz 6 oder § 52 Absatz 2 Satz 2 zuwiderhandelt,
17. entgegen § 18 Absatz 3 Satz 2, Absatz 6 Satz 2 oder Absatz 7 Nummer 2 Satz 2, § 20 Absatz 1 Satz 1, § 36 Absatz 1 Satz 2, Absatz 2 Satz 2 oder Absatz 3 Satz 2, § 37 Absatz 1, 2 Satz 1, Absatz 3, 4, 5 oder 6 oder § 55 Satz 1 eine dort genannte Messung nicht, nicht richtig oder nicht rechtzeitig durchführen lässt oder
18. entgegen § 35 Absatz 2 eine Nachrüstung nicht, nicht richtig oder nicht rechtzeitig durchführt.

(2) Ordnungswidrig im Sinne des § 62 Absatz 1 Nummer 7 des Bundes-Immissionsschutzgesetzes[1] handelt, wer vorsätzlich oder fahrlässig

1. entgegen § 5 Absatz 1, 2 oder 3 eine dort genannte Anlage nicht richtig errichtet oder nicht richtig betreibt oder
2. entgegen § 5 Absatz 5 einen Nachweis nicht, nicht richtig oder nicht vollständig führt, nicht, nicht richtig, nicht vollständig oder nicht rechtzeitig vorlegt oder nicht oder nicht mindestens fünf Jahre aufbewahrt.

**Anlage 1**
(zu § 13 Absatz 1)

### Brennstoffkontrolle

*(Hier nicht wiedergegeben.)*


**Anlage 2**
(zu § 20 Absatz 5, § 28 Absatz 1, § 29 Absatz 1 und 8, § 30 Absatz 1, § 32 Absatz 1, § 42 Absatz 1, § 49 Absatz 1 und 6 und § 55)

### Emissionsgrenzwerte für Schwermetalle und krebserzeugende Stoffe

*(Hier nicht wiedergegeben.)*


**Anlage 3**
(zu § 20 Absatz 5 und Anlage 2 Nummer 4 und 5)

### Äquivalenzfaktoren

*(Hier nicht wiedergegeben.)*


**Anlage 4**
(zu § 16 Absatz 1 und § 19 Absatz 5)

### Anforderungen an die kontinuierlichen Messeinrichtungen und die Validierung der Messergebnisse

*(Hier nicht wiedergegeben.)*


**Anlage 5**
(zu § 2 Absatz 3 und § 19 Absatz 1)

### Umrechnungsformel

*(Hier nicht wiedergegeben.)*

---

[1] Nr. **6.1**.

## 6.1.16. Sechzehnte Verordnung zur Durchführung des Bundes-Immissionsschutzgesetzes (Verkehrslärmschutzverordnung – 16. BImSchV)

Vom 12. Juni 1990

(BGBl. I S. 1036)

**FNA 2129-8-16**

zuletzt geänd. durch Art. 1 Zweite ÄndVO v. 4.11.2020 (BGBl. I S. 2334)

Auf Grund des § 43 Abs. 1 Satz 1 Nr. 1 des Bundes-Immissionsschutzgesetzes[1] vom 15. März 1974 (BGBl. I S. 721, 1193) verordnet die Bundesregierung nach Anhörung der beteiligten Kreise:

**§ 1 Anwendungsbereich.** (1) Die Verordnung gilt für den Bau oder die wesentliche Änderung von öffentlichen Straßen sowie von Schienenwegen der Eisenbahnen und Straßenbahnen (Straßen und Schienenwege).

(2) [1] Die Änderung ist wesentlich, wenn

1. eine Straße um einen oder mehrere durchgehende Fahrstreifen für den Kraftfahrzeugverkehr oder ein Schienenweg um ein oder mehrere durchgehende Gleise baulich erweitert wird oder
2. durch einen erheblichen baulichen Eingriff der Beurteilungspegel des von dem zu ändernden Verkehrsweg ausgehenden Verkehrslärms um mindestens 3 Dezibel (A) oder auf mindestens 70 Dezibel (A) am Tage oder mindestens 60 Dezibel (A) in der Nacht erhöht wird.

[2] Eine Änderung ist auch wesentlich, wenn der Beurteilungspegel des von dem zu ändernden Verkehrsweg ausgehenden Verkehrslärms von mindestens 70 Dezibel (A) am Tage oder 60 Dezibel (A) in der Nacht durch einen erheblichen baulichen Eingriff erhöht wird; dies gilt nicht in Gewerbegebieten.

**§ 2 Immissionsgrenzwerte.** (1) Zum Schutz der Nachbarschaft vor schädlichen Umwelteinwirkungen durch Verkehrsgeräusche ist bei dem Bau oder der wesentlichen Änderung sicherzustellen, daß der Beurteilungspegel einen der folgenden Immissionsgrenzwerte nicht überschreitet:

| Tag | Nacht |
|---|---|
| 1. an Krankenhäusern, Schulen, Kurheimen und Altenheimen | |
| 57 Dezibel (A) | 47 Dezibel (A) |
| 2. in reinen und allgemeinen Wohngebieten und Kleinsiedlungsgebieten | |
| 59 Dezibel (A) | 49 Dezibel (A) |
| 3. in Kerngebieten, Dorfgebieten, Mischgebieten und Urbanen Gebieten | |
| 64 Dezibel (A) | 54 Dezibel (A) |
| 4. in Gewerbegebieten | |
| 69 Dezibel (A) | 59 Dezibel (A) |

(2) [1] Die Art der in Absatz 1 bezeichneten Anlagen und Gebiete ergibt sich aus den Festsetzungen in den Bebauungsplänen. [2] Sonstige in Bebauungsplänen

---

[1] Nr. **6.1**.

festgesetzte Flächen für Anlagen und Gebiete sowie Anlagen und Gebiete, für die keine Festsetzungen bestehen, sind nach Absatz 1, bauliche Anlagen im Außenbereich nach Absatz 1 Nr. 1, 3 und 4 entsprechend der Schutzbedürftigkeit zu beurteilen.

(3) Wird die zu schützende Nutzung nur am Tage oder nur in der Nacht ausgeübt, so ist nur der Immissionsgrenzwert für diesen Zeitraum anzuwenden.

(4) [1]Die Bundesregierung erstattet spätestens im Jahre 2025 und dann fortlaufend alle zehn Jahre dem Deutschen Bundestag Bericht über die Durchführung der Verordnung. [2]In dem Bericht wird insbesondere dargestellt, ob die in § 2 Absatz 1 genannten Immissionsgrenzwerte dem Stand der Lärmwirkungsforschung entsprechen und ob weitere Maßnahmen zum Schutz vor schädlichen Umwelteinwirkungen durch Verkehrsgeräusche erforderlich sind.

**§ 3 Berechnung des Beurteilungspegels für Straßen.** (1) [1]Der Beurteilungspegel für Straßen ist nach Abschnitt 3 in Verbindung mit Abschnitt 1 der Richtlinien für den Lärmschutz an Straßen – Ausgabe 2019 – RLS-19 (VkBl. 2019, Heft 20, lfd. Nr. 139, S. 698) zu berechnen. [2]Die Berechnung hat getrennt für den Beurteilungszeitraum Tag (6 Uhr bis 22 Uhr) und den Beurteilungszeitraum Nacht (22 Uhr bis 6 Uhr) zu erfolgen.

(2) Bei der Berechnung sind insbesondere folgende Rahmenbedingungen zu beachten:

1. die Geräuschemissionen von den Kraftfahrzeugen,
2. die akustischen Eigenschaften der Straßendeckschicht und
3. die Einflüsse auf dem Ausbreitungsweg.

(3) Die akustischen Eigenschaften der Straßendeckschicht nach Absatz 2 Nummer 2 werden beachtet, indem die Bauweise einem Straßendeckschichttyp zugeordnet wird, der aufgeführt ist in der jeweils jüngsten veröffentlichten Fassung der Tabellen 4a oder 4b der Richtlinien für den Lärmschutz an Straßen – Ausgabe 2019 – RLS-19 (VkBl. 2019, Heft 20, lfd. Nr. 139, S. 698) und mit der festgelegten Straßendeckschichtkorrektur in die Berechnung eingestellt wird.

**§ 3a Festlegung der Straßendeckschichtkorrektur.** (1) Für eine Bauweise, die keinem Straßendeckschichttyp entspricht, der aufgeführt ist in der jeweils jüngsten veröffentlichten Fassung der Tabellen 4a oder 4b der Richtlinien für den Lärmschutz an Straßen – Ausgabe 2019 – RLS-19 (VkBl. 2019, Heft 20, lfd. Nr. 139, S. 698), legt das Bundesministerium für Verkehr und digitale Infrastruktur im Einvernehmen mit dem Bundesministerium für Umwelt, Naturschutz und nukleare Sicherheit eine Straßendeckschichtkorrektur fest, wenn

1. die Bauweise mindestens den allgemein anerkannten Regeln der Technik entspricht und
2. die Bundesanstalt für Straßenwesen eine Straßendeckschichtkorrektur nach den Technischen Prüfvorschriften zur Korrekturwertbestimmung der Geräuschemission von Straßendeckschichten – Ausgabe 2019 – TP KoSD-19 (VkBl. 2019, Heft 20, lfd. Nr. 140, S. 698) ermittelt hat.

(2) [1]Das Bundesministerium für Verkehr und digitale Infrastruktur gibt die Straßendeckschichtkorrektur im Verkehrsblatt bekannt. [2]Die Bekanntgabe erfolgt durch die Ergänzung oder Änderung der Tabellen 4a oder 4b der Richt-

linien für den Lärmschutz an Straßen – Ausgabe 2019 – RLS-19 (VkBl. 2019, Heft 20, lfd. Nr. 139, S. 698). ³Ab dem Zeitpunkt der Bekanntmachung ist die Straßendeckschichtkorrektur in die Berechnung nach § 3 einzustellen.

(3) ¹Ändert sich die Bauweise für einen Straßendeckschichttyp, der aufgeführt ist in der jeweils jüngsten veröffentlichten Fassung der Tabellen 4a oder 4b der Richtlinien für den Lärmschutz an Straßen – Ausgabe 2019 – RLS-19 (VkBl. 2019, Heft 20, lfd. Nr. 139, S. 698), kann das Bundesministerium für Verkehr und digitale Infrastruktur im Einvernehmen mit dem Bundesministerium für Umwelt, Naturschutz und nukleare Sicherheit festlegen, dass die bisherige Straßendeckschichtkorrektur anzuwenden ist, wenn die geänderte Bauweise

1. mindestens den allgemein anerkannten Regeln der Technik entspricht und
2. die akustischen Eigenschaften der Straßendeckschicht nicht verschlechtert.

²Die bisherige Straßendeckschichtkorrektur ist solange anzuwenden, bis für die geänderte Bauweise eine neue Straßendeckschichtkorrektur nach Maßgabe der Absätze 1 und 2 festgelegt und bekanntgemacht wird.

**§ 4 Berechnung des Beurteilungspegels für Schienenwege.** (1) ¹Der Beurteilungspegel für Schienenwege ist nach Anlage 2 zu berechnen. ²Die Berechnung hat getrennt für den Beurteilungszeitraum Tag (6 Uhr bis 22 Uhr) und den Beurteilungszeitraum Nacht (22 Uhr bis 6 Uhr) zu erfolgen.

(2) Bei der Berechnung sind insbesondere folgende Rahmenbedingungen zu beachten:

1. die Schallpegelkennwerte von Fahrzeugen und Fahrwegen,
2. die Einflüsse auf dem Ausbreitungsweg,
3. die Besonderheiten des Schienenverkehrs durch Auf- oder Abschläge
   a) für die Lästigkeit von Geräuschen infolge ihres zeitlichen Verlaufs, ihrer Dauer, ihrer Häufigkeit und ihrer Frequenz sowie
   b) für die Lästigkeit ton- oder impulshaltiger Geräusche.

(3) ¹Abweichend von Absatz 1 Satz 1 ist für Abschnitte von Vorhaben, für die bis zum 31. Dezember 2014 das Planfeststellungsverfahren bereits eröffnet und die Auslegung des Plans öffentlich bekannt gemacht worden ist, § 3 in Verbindung mit Anlage 2 in der bis zum 31. Dezember 2014 geltenden Fassung weiter anzuwenden. ² § 43 Absatz 1 Satz 3 des Bundes-Immissionsschutzgesetzes[1]) bleibt unberührt.

**§ 5 Festlegung akustischer Kennwerte für abweichende Bahntechnik und schalltechnische Innovationen.** (1) ¹Abweichende Bahntechnik oder schalltechnische Innovationen dürfen bei der Berechnung des Beurteilungspegels nach § 4 Absatz 1 Satz 1 nur berücksichtigt werden, wenn die zuständige Behörde in einem Verfahren nach Maßgabe der Absätze 2 bis 4 für die Berechnung akustische Kennwerte festgelegt hat. ²Abweichende Bahntechnik ist Technik, die nicht in Anlage 2 Nummer 3 bis 6 oder Beiblatt 1 bis 3 aufgeführt ist und die einem der folgenden Bereiche zuzuordnen ist:

1. Fahrbahnarten,
2. Schallminderungsmaßnahmen am Gleis oder am Rad oder

---

[1]) Nr. **6.1**.

3. bahnspezifische Schallminderungsmaßnahmen im Ausbreitungsweg.

³ Schalltechnische Innovationen sind technische Neu- und Weiterentwicklungen zu der in Anlage 2 Nummer 3 bis 6 oder Beiblatt 1 bis 3 aufgeführten Bahntechnik, die Auswirkungen auf die Geräuschemission und -immission dieser Bahntechnik haben.

(2) ¹ Über die Festlegung akustischer Kennwerte entscheidet auf Antrag für die Eisenbahnen des Bundes das Eisenbahn-Bundesamt und für sonstige Bahnen die jeweils nach Landesrecht zuständige Behörde. ² Ein akustischer Kennwert ist festzulegen, wenn die Emissionsdaten der abweichenden Bahntechnik oder der schalltechnischen Innovationen für diese Technik bezeichnend sind und wenn bei schalltechnischen Innovationen die akustischen Kennwerte von den in Anlage 2 Nummer 3 bis 6 oder Beiblatt 1 bis 3 jeweils genannten Kennwerten wesentlich abweichen. ³ Eine wesentliche Abweichung muss mindestens die in der Anlage 2 Nummer 9.2.2 genannten Werte erreichen.

(3) Berechtigt, einen Antrag nach Absatz 2 Satz 1 zu stellen, sind
1. Eisenbahninfrastrukturunternehmen,
2. Inhaber der Schutzrechte von abweichenden Bahntechniken oder von schalltechnischen Innovationen und
3. Lizenznehmer von abweichenden Bahntechniken oder von schalltechnischen Innovationen.

(4) Der Antrag nach Absatz 2 Satz 1 muss folgende Angaben und Unterlagen enthalten:
1. eine Beschreibung der abweichenden Bahntechnik oder schalltechnischen Innovation, für die die Festlegung akustischer Kennwerte beantragt wird, wobei insbesondere darzulegen ist, worin sich die abweichende Bahntechnik oder schalltechnische Innovation von der in Anlage 2 aufgeführten entsprechenden Technik unterscheidet,
2. das Gutachten einer anerkannten Messstelle nach Anlage 2 Nummer 9.3,
3. einen Vorschlag, zu welcher Regelung der Anlage 2 Nummer 3 bis 6 oder Beiblatt 1 bis 3 die abweichende Bahntechnik ergänzend oder die schalltechnische Innovation abweichend beschrieben werden kann, unter Beifügung eines Datenblattes, das die in der vorgeschlagenen Zuordnung üblichen akustischen Kennwerte darstellt,
4. eine Beschreibung, wie sich die akustische Wirksamkeit durch betriebsüblichen Verschleiß verändert.

(5) ¹ Die zuständige Behörde gibt dem Antragsteller die Entscheidung nach Absatz 2 Satz 1 schriftlich bekannt. ² Die zuständige Behörde macht zudem eine Festlegung akustischer Kennwerte nach Absatz 2 Satz 1 öffentlich bekannt.

## § 6 Übergangsregelung für die Berechnung des Beurteilungspegels für Straßen.
Der Beurteilungspegel für den jeweiligen Abschnitt eines Straßenbauvorhabens berechnet sich nach den Vorschriften dieser Verordnung in der bis zum Ablauf des 28. Februar 2021 geltenden Fassung, wenn vor dem Ablauf des 1. März 2021
1. der Antrag auf Durchführung des Planfeststellungs- oder Plangenehmigungsverfahrens gestellt worden ist oder

2. für den Fall, dass ein Bebauungsplan die Planfeststellung ersetzt, der Beschluss nach § 2 Absatz 1 Satz 2 des Baugesetzbuchs in der Fassung der Bekanntmachung vom 3. November 2017 (BGBl. I S. 3634), gefasst und ortsüblich bekannt gemacht worden ist.

**Anlage 1**

*(aufgehoben)*

**Anlage 2**
(zu § 4)

**Berechnung des Beurteilungspegels für Schienenwege** (Schall 03)

*(Hier nicht wiedergegeben.)*

## 6.1.17. Siebzehnte Verordnung zur Durchführung des Bundes-Immissionsschutzgesetzes (Verordnung über die Verbrennung und die Mitverbrennung von Abfällen – 17. BImSchV)[1][2]

Vom 2. Mai 2013

(BGBl. I S. 1021, 1044, ber. S. 3754)

**FNA 2129-8-17-1**

geänd. durch Art. 2 VO zur Neufassung der VO über Großfeuerungs-, Gasturbinen- und Verbrennungsmotoranlagen und zur Änd. der VO über die Verbrennung und die Mitverbrennung von Abfällen v. 6.7.2021 (BGBl. I S. 2514)

– Auszug –

**§ 1 Anwendungsbereich.** (1) Diese Verordnung gilt für die Errichtung, die Beschaffenheit und den Betrieb von Abfallverbrennungs- und Abfallmitverbrennungsanlagen, die nach § 4 des Bundes-Immissionsschutzgesetzes[3] in Verbindung mit der in Nummer 2 genannten Verordnung genehmigungsbedürftig sind und in denen folgende Abfälle und Stoffe eingesetzt werden:

1. feste, flüssige oder in Behältern gefasste gasförmige Abfälle oder

2. ähnliche feste oder flüssige brennbare Stoffe, die nicht in den Nummern 1.2.1, 1.2.2 oder Nummer 1.2.3 des Anhangs 1 der Verordnung über genehmigungsbedürftige Anlagen[4] vom 2. Mai 2013 (BGBl. I S. 973) aufgeführt sind, ausgenommen ähnliche flüssige brennbare Stoffe, soweit bei ihrer Verbrennung keine anderen oder keine höheren Emissionen als bei der Verbrennung von leichtem Heizöl auftreten können, oder

3. feste, flüssige oder gasförmige Stoffe, die bei der Pyrolyse oder Vergasung von Abfällen entstehen.

(2) Diese Verordnung gilt weder für Abfallverbrennungs- oder -mitverbrennungsanlagen noch für einzelne Abfallverbrennungs- oder -mitverbrennungslinien, die, abgesehen vom Einsatz der in den Nummern 1.2.1, 1.2.2 und 1.2.3 des Anhangs 1 der Verordnung über genehmigungsbedürftige Anlagen aufgeführten Stoffe, ausschließlich bestimmt sind für den Einsatz von

---

[1] Verkündet als Art. 3 VO v. 2.5.2013 (BGBl. I S. 1021, ber. S. 3754); Inkrafttreten gem. Art. 10 Abs. 1 dieser VO am 2.5.2013. Die VO wurde erlassen aufgrund von § 5 Abs. 2 und § 7 Abs. 1 und 4 BImSchG.
[2] **Amtl. Anm. zur MantelVO:** Diese Verordnung dient der Umsetzung der
– Richtlinie 2010/75/EU des Europäischen Parlaments und des Rates vom 24. November 2010 über Industrieemissionen (integrierte Vermeidung und Verminderung der Umweltverschmutzung) (Neufassung) (ABl. L 334 vom 17.12.2010, S. 17),
– Richtlinie 2001/81/EG des Europäischen Parlaments und des Rates vom 23. Oktober 2001 über nationale Emissionshöchstmengen für bestimmte Luftschadstoffe (ABl. L 309 vom 27.11.2001, S. 22) sowie
– Richtlinie 2008/50/EG des Europäischen Parlaments und des Rates vom 21. Mai 2008 über Luftqualität und saubere Luft für Europa (ABl. L 152 vom 11.6.2008, S. 1).
[3] Nr. **6.1**.
[4] Nr. **6.1.4**.

**6.1.17 17. BImSchV § 2** AbfallverbrennungsVO (Auszug)

1. Biobrennstoffen gemäß § 2 Absatz 4 Nummer 2 der Verordnung über Großfeuerungs-, Gasturbinen- und Verbrennungsmotoranlagen[1)] vom 6. Juli 2021 (BGBl. I S. 2514) in der jeweils geltenden Fassung,
2. Tierkörpern im Sinne der Verordnung (EG) Nr. 1069/2009 des Europäischen Parlaments und des Rates vom 21. Oktober 2009 mit Hygienevorschriften für nicht für den menschlichen Verzehr bestimmte tierische Nebenprodukte und zur Aufhebung der Verordnung (EG) Nr. 1774/2002 (Verordnung über tierische Nebenprodukte) (ABl. L 300 vom 14.11.2009, S. 1), die durch die Richtlinie 2010/63/EU (ABl. L 276 vom 20.10.2010, S. 33) geändert worden ist, oder
3. Abfällen, die beim Aufsuchen von Erdöl- und Erdgasvorkommen und deren Förderung auf Bohrinseln entstehen und dort verbrannt werden.

(3) Die Verordnung ist nicht anzuwenden auf

1. Abfallverbrennungs- oder -mitverbrennungslinien, die für Forschungs-, Entwicklungs- und Prüfzwecke zur Verbesserung des Verbrennungsprozesses weniger als 50 Megagramm Abfälle im Jahr behandeln, und
2. gasförmige Stoffe nach Absatz 1 Nummer 3, die in Abfallmitverbrennungsanlagen eingesetzt werden, wenn ihre Verbrennung auf Grund ihrer Zusammensetzung keine anderen oder höheren Emissionen verursacht als die Verbrennung von Erdgas.

(4) Diese Verordnung enthält Anforderungen an Abfallverbrennungs- und Abfallmitverbrennungsanlagen,

1. die nach § 5 Absatz 1 Nummer 1 bis 4 des Bundes-Immissionsschutzgesetzes zu erfüllen sind bei der Errichtung und beim Betrieb der Anlagen zur
   a) Bekämpfung von Brandgefahren,
   b) Vorsorge gegen schädliche Umwelteinwirkungen,
   c) Behandlung von Abfällen und
   d) Nutzung der entstehenden Wärme sowie
2. zur Erfüllung von Luftqualitätsanforderungen der Europäischen Gemeinschaften oder Europäischen Union nach § 48a Absatz 1 und 3 des Bundes-Immissionsschutzgesetzes.

**§ 2 Begriffsbestimmungen.** (1) „Abfall" im Sinne dieser Verordnung sind Stoffe oder Gegenstände, die gemäß den Bestimmungen des Kreislaufwirtschaftsgesetzes[2)] vom 24. Februar 2012 (BGBl. I S. 212) in der jeweils geltenden Fassung Abfälle sind.

(2) „Abfallmitverbrennende Feuerungsanlage" im Sinne dieser Verordnung ist eine Abfallmitverbrennungsanlage mit einer Feuerungswärmeleistung unter 50 Megawatt (MW), die bei Betrieb ohne Abfallmitverbrennung im Anwendungsbereich der Verordnung über mittelgroße Feuerungs-, Gasturbinen- und Verbrennungsmotoranlagen vom 13. Juni 2019 (BGBl. I S. 804) liegt.

(3) „Abfallmitverbrennende Großfeuerungsanlage" im Sinne dieser Verordnung ist eine Abfallmitverbrennungsanlage mit einer Feuerungswärmeleistung von 50 MW oder mehr, die bei Betrieb ohne Abfallmitverbrennung im An-

---
[1)] Nr. **6.1.13**.
[2)] Nr. **5.1**.

wendungsbereich der Verordnung über Großfeuerungs-, Gasturbinen- und Verbrennungsmotoranlagen vom 6. Juli 2021 liegt.

(4) ¹ „Abfallmitverbrennungsanlage" im Sinne dieser Verordnung ist eine Feuerungsanlage, deren Hauptzweck in der Energiebereitstellung oder der Produktion stofflicher Erzeugnisse besteht und in der Abfälle oder Stoffe nach § 1 Absatz 1, bei gemischten Siedlungsabfällen nur soweit es sich um aufbereitete gemischte Siedlungsabfälle handelt,

1. als regelmäßige oder zusätzliche Brennstoffe verwendet werden oder
2. mit dem Ziel der Beseitigung thermisch behandelt werden.

²Die Anlage in diesem Sinne erstreckt sich auf die gesamte Abfallmitverbrennungsanlage, dazu gehören alle Abfallmitverbrennungslinien, die Annahme und Lagerung der Abfälle und Stoffe nach § 1 Absatz 1, die auf dem Gelände befindlichen Vorbehandlungsanlagen, das Zufuhrsystem für Abfälle und Stoffe nach § 1 Absatz 1, für Brennstoffe und Luft, der Kessel, die Abgasbehandlungsanlagen, die auf dem Gelände befindlichen Anlagen zur Behandlung und Lagerung von Abfällen und Abwässern, die bei der Abfallmitverbrennung entstehen, der Schornstein, die Vorrichtungen und Systeme zur Kontrolle der Verbrennungsvorgänge, zur Aufzeichnung und zur Überwachung der Verbrennungsbedingungen. ³Falls die Abfallmitverbrennung in solch einer Weise erfolgt, dass der Hauptzweck der Anlage nicht in der Energiebereitstellung oder der Produktion stofflicher Erzeugnisse, sondern in der thermischen Behandlung von Abfällen besteht, gilt die Anlage als Abfallverbrennungsanlage im Sinne des Absatzes 4.

(5) ¹ „Abfallverbrennungsanlage" im Sinne dieser Verordnung ist eine Feuerungsanlage, deren Hauptzweck darin besteht, thermische Verfahren zur Behandlung von Abfällen oder Stoffen nach § 1 Absatz 1 zu verwenden. ²Diese Verfahren umfassen die Verbrennung durch Oxidation der oben genannten Stoffe und andere vergleichbare thermische Verfahren wie Pyrolyse, Vergasung oder Plasmaverfahren, soweit die bei den vorgenannten thermischen Verfahren aus Abfällen entstehenden festen, flüssigen oder gasförmigen Stoffe verbrannt werden. ³Die Anlage in diesem Sinne erstreckt sich auf die gesamte Abfallverbrennungsanlage, dazu gehören alle Abfallverbrennungslinien, die Annahme und Lagerung der Abfälle und Stoffe nach § 1 Absatz 1, die auf dem Gelände befindlichen Vorbehandlungsanlagen, das Zufuhrsystem für Abfälle und Stoffe nach § 1 Absatz 1, für Brennstoffe und Luft, der Kessel, die Abgasbehandlungsanlagen, die auf dem Gelände befindlichen Anlagen zur Behandlung und Lagerung von Abfällen und Abwässern, die bei der Abfallverbrennung entstehen, der Schornstein, die Vorrichtungen und Systeme zur Kontrolle der Verbrennungsvorgänge, zur Aufzeichnung und zur Überwachung der Verbrennungsbedingungen.

(6) „Abfallverbrennungs- oder -mitverbrennungslinie" im Sinne dieser Verordnung ist die jeweilige technische Einrichtung der Abfallverbrennungs- oder -mitverbrennungsanlage; dazu gehören ein Brennraum, gegebenenfalls ein Brenner, und die dazugehörige Steuerungseinheit, eine Abgasreinigungseinrichtung sowie sonstige Nebeneinrichtungen entsprechend § 1 Absatz 2 Nummer 2 der Verordnung über genehmigungsbedürftige Anlagen[1]).

---

[1]) Nr. **6.1.4**.

## 6.1.17  17. BImSchV  § 2

(7) „Abgas" im Sinne dieser Verordnung ist das Trägergas mit den festen, flüssigen oder gasförmigen Emissionen, angegeben als Volumenstrom in der Einheit Kubikmeter je Stunde (m³/h) und bezogen auf das Abgasvolumen im Normzustand (Temperatur 273,15 Kelvin (K), Druck 101,3 Kilopascal (kPa)) nach Abzug des Feuchtegehalts an Wasserdampf.

(8) „Aufbereitete gemischte Siedlungsabfälle" im Sinne dieser Verordnung sind gemischte Siedlungsabfälle, für die zum Zwecke der Mitverbrennung Maßnahmen ergriffen wurden, die eine Belastung mit anorganischen Schadstoffen, insbesondere Schwermetallen, deutlich reduzieren; Trocknen, Pressen oder Mischen zählen in der Regel nicht zu diesen Maßnahmen.

(9) „Bestehende abfallmitverbrennende Feuerungsanlage" im Sinne dieser Verordnung ist eine abfallmitverbrennende Feuerungsanlage, die vor dem 20. Dezember 2018 in Betrieb genommen wurde.

(10) „Bestehende abfallmitverbrennende Großfeuerungsanlage" im Sinne dieser Verordnung ist eine abfallmitverbrennende Großfeuerungsanlage,

1. die nach § 67 Absatz 2 oder § 67a Absatz 1 des Bundes-Immissionsschutzgesetzes[1]) oder vor Inkrafttreten des Bundes-Immissionsschutzgesetzes nach § 16 Absatz 4 der Gewerbeordnung anzuzeigen war oder
2. für die die erste Genehmigung zur Errichtung und zum Betrieb nach § 4 oder § 16 des Bundes-Immissionsschutzgesetzes vor dem 18. August 2017 erteilt worden ist und die vor dem 18. August 2021 in Betrieb gegangen ist.

(11) „Bestehende Abfallverbrennungs- oder -mitverbrennungsanlage" im Sinne dieser Verordnung ist eine Abfallverbrennungs- oder -mitverbrennungsanlage, ausgenommen abfallmitverbrennende Feuerungs- und Großfeuerungsanlagen, die vor dem 2. Mai 2013 genehmigt oder errichtet wurde.

(12) „Bezugssauerstoffgehalt" im Sinne dieser Verordnung ist der jeweils vorgegebene oder zu berechnende Volumengehalt an Sauerstoff im Abgas, auf den der jeweilige Emissionsgrenzwert unter Berücksichtigung von Anlage 5 zu beziehen ist.

(13) „Biobrennstoffe" im Sinne dieser Verordnung sind Biobrennstoffe gemäß § 2 Absatz 4 der Verordnung über Großfeuerungs-, Gasturbinen- und Verbrennungsmotoranlagen[2]).

(14) „Emissionen" im Sinne dieser Verordnung sind die von einer Anlage ausgehenden Luftverunreinigungen; angegeben als Massenkonzentration in der Einheit Milligramm je Kubikmeter Abgas (mg/m³) oder Nanogramm je Kubikmeter Abgas (ng/m³) oder als Massenstrom in der Einheit Megagramm pro Jahr (Mg/a).

(15) „Emissionsgrenzwert" im Sinne dieser Verordnung ist die Emission einer Anlage, die zulässigerweise in die Luft abgeleitet werden darf, angegeben als Massenkonzentration und bezogen auf den jeweiligen Bezugssauerstoffgehalt.

(16) „Entschwefelungsgrad der Rauchgasentschwefelungseinrichtung" im Sinne dieser Verordnung ist das Verhältnis der von der Rauchgasentschwefelungseinrichtung abgeschiedenen Menge an Schwefeloxiden zu der der Rauch-

---

[1]) Nr. **6.1**.
[2]) Nr. **6.1.13**.

gasentschwefelungseinrichtung mit dem Abgas zugeführten Menge an Schwefeloxiden.

(17) „Erdgas" im Sinne dieser Verordnung sind
1. natürlich vorkommendes Methangas mit nicht mehr als 20 Volumenprozent an Inertgasen und sonstigen Bestandteilen, das den Anforderungen des DVGW-Arbeitsblattes G 260 vom März 2013 für Gase der 2. Gasfamilie entspricht, sowie
2. Klär-, Bio- und Grubengase nach DVGW-Arbeitsblatt G 262 vom September 2011, die die Bedingungen des DVGW-Arbeitsblattes G 260 als Austauschgas oder als Zusatzgas zur Konditionierung erfüllen und insoweit die Grundgase der 2. Gasfamilie in der öffentlichen Gasversorgung ersetzen oder ergänzen.

(18) „Feuerungsanlage" im Sinne dieser Verordnung ist jede Anlage, in der Brennstoff zur Nutzung der erzeugten Wärme oxidiert wird.

(19) „Feuerungswärmeleistung" im Sinne dieser Verordnung ist der auf den unteren Heizwert bezogene Wärmeinhalt der Brenn- oder Einsatzstoffe, der einer Anlage im Dauerbetrieb je Zeiteinheit zugeführt wird, angegeben in Megawatt.

(20) [1] „Gemischte Siedlungsabfälle" im Sinne dieser Verordnung sind Abfälle aus Haushaltungen sowie gewerbliche, industrielle Abfälle und Abfälle aus Einrichtungen, die auf Grund ihrer Beschaffenheit oder Zusammensetzung den Abfällen aus Haushaltungen ähnlich sind. [2] Zu den gemischten Siedlungsabfällen im Sinne dieser Verordnung gehören weder die unter der Abfallgruppe 20 01 der Abfallverzeichnis-Verordnung[1]) genannten Abfallfraktionen, die am Entstehungsort getrennt eingesammelt werden, noch die unter der Abfallgruppe 20 02 derselben Verordnung genannten Abfälle.

(21) „Gefährliche Abfälle" im Sinne dieser Verordnung sind gefährliche Abfälle gemäß der Abfallverzeichnis-Verordnung.

(22) „Leichtes Heizöl" im Sinne dieser Verordnung ist Heizöl EL nach DIN 51603-1, Ausgabe März 2017, oder Heizöl nach DIN SEPC 51603 Teil 6, Ausgabe März 2017.

(23) „Rauchgasentschwefelungseinrichtung" ist eine aus einer Abgasreinigungseinrichtung oder einer Kombination von Abgasreinigungseinrichtungen bestehende Einrichtung zur Senkung der Schwefeloxid-Emissionen einer Feuerungsanlage.

(24) „Schwefelabscheidegrad" im Sinne dieser Verordnung ist das Verhältnis der Schwefelmenge, die von einer Feuerungsanlage in einem bestimmten Zeitraum nicht in die Luft abgeleitet wird, zu der Schwefelmenge des Brennstoffs, der im gleichen Zeitraum in die Feuerungsanlage eingebracht und verbraucht wird, angegeben als Prozentsatz.

### § 3 Anforderungen an die Anlieferung, die Annahme und die Zwischenlagerung der Einsatzstoffe.
(1) Der Betreiber einer Abfallverbrennungs- oder -mitverbrennungsanlage hat alle erforderlichen Vorsichtsmaßnahmen hinsichtlich der Anlieferung und Annahme der Abfälle zu ergreifen, um

---

[1]) **Amtl. Anm.:** Hinweis der Schriftleitung:
Abfallverzeichnis-Verordnung vom 10. Dezember 2001 (BGBl. I S. 3379), die zuletzt durch Artikel 5 Absatz 22 des Gesetzes vom 24. Februar 2012 (BGBl. I S. 212) geändert worden ist.

die Verschmutzung der Luft, des Bodens, des Oberflächenwassers und des Grundwassers, andere Belastungen der Umwelt, Geruchs- und Lärmbelästigungen sowie direkte Gefahren für die menschliche Gesundheit zu vermeiden oder, so weit wie möglich zu begrenzen. ...

**§ 4 Errichtung und Beschaffenheit der Anlagen.** (1) [1] Abfallverbrennungs- oder -mitverbrennungsanlagen sind so auszulegen, zu errichten und zu betreiben, dass ein unerlaubtes und unbeabsichtigtes Freisetzen von Schadstoffen in den Boden, in das Oberflächenwasser oder das Grundwasser vermieden wird. [2] Außerdem muss für das auf dem Gelände der Abfallverbrennungs- oder -mitverbrennungsanlage anfallende verunreinigte Regenwasser und für verunreinigtes Wasser, das bei Störungen oder bei der Brandbekämpfung anfällt, eine ausreichende Speicherkapazität vorgesehen werden. [3] Sie ist ausreichend, wenn das anfallende Wasser geprüft und erforderlichenfalls vor der Ableitung behandelt werden kann. ...

**§ 6 Verbrennungsbedingungen für Abfallverbrennungsanlagen.**

(1) Abfallverbrennungsanlagen sind so zu errichten und zu betreiben, dass für die Verbrennungsgase, die bei der Verbrennung von Abfällen oder Stoffen nach § 1 Absatz 1 entstehen, nach der letzten Verbrennungsluftzuführung eine Mindesttemperatur von 850 Grad Celsius eingehalten wird.

(2) Bei der Verbrennung von gefährlichen Abfällen mit einem Halogengehalt aus halogenorganischen Stoffen von mehr als 1 Prozent des Gewichts, berechnet als Chlor, hat der Betreiber dafür zu sorgen, dass abweichend von Absatz 1 eine Mindesttemperatur von 1 100 Grad Celsius eingehalten wird.

(3) Die Mindesttemperatur muss auch unter ungünstigsten Bedingungen bei gleichmäßiger Durchmischung der Verbrennungsgase mit der Verbrennungsluft für eine Verweilzeit von mindestens zwei Sekunden eingehalten werden. ...

**§ 7 Verbrennungsbedingungen für Abfallmitverbrennungsanlagen.**

(1) Abfallmitverbrennungsanlagen sind so zu errichten und zu betreiben, dass für die Verbrennungsgase, die bei der Abfallmitverbrennung entstehen, eine Mindesttemperatur von 850 Grad Celsius eingehalten wird.

(2) Bei der Verbrennung von gefährlichen Abfällen mit einem Halogengehalt aus halogenorganischen Stoffen von mehr als 1 Prozent des Gewichts, berechnet als Chlor, hat der Betreiber dafür zu sorgen, dass abweichend von Absatz 1 eine Mindesttemperatur von 1 100 Grad Celsius eingehalten wird.

(3) Die Mindesttemperatur muss auch unter ungünstigsten Bedingungen für eine Verweilzeit von mindestens zwei Sekunden eingehalten werden. ...

**§ 8 Emissionsgrenzwerte für Abfallverbrennungsanlagen.** (1) Abfallverbrennungsanlagen sind so zu errichten und zu betreiben, dass

1. kein Tagesmittelwert die folgenden Emissionsgrenzwerte überschreitet:

| | | |
|---|---|---|
| a) | Gesamtstaub | 5 mg/m$^3$, |
| b) | organische Stoffe, angegeben als Gesamtkohlenstoff, | 10 mg/m$^3$, |
| c) | gasförmige anorganische Chlorverbindungen, angegeben als Chlorwasserstoff, | 10 mg/m$^3$, |
| d) | gasförmige anorganische Fluorverbindungen, | 1 mg/m$^3$, |

AbfallverbrennungsVO (Auszug) § 8  17. BImSchV 6.1.17

    angegeben als Fluorwasserstoff,
- e) Schwefeldioxid und Schwefeltrioxid,
  angegeben als Schwefeldioxid, 50 mg/m³,
- f) Stickstoffmonoxid und Stickstoffdioxid,
  angegeben als Stickstoffdioxid, 150 mg/m³,
- g) Quecksilber und seine Verbindungen,
  angegeben als Quecksilber, 0,03 mg/m³,
- h) Kohlenmonoxid 50 mg/m³,
- i) Ammoniak, sofern zur Minderung der Emissionen von Stickstoffoxiden ein Verfahren zur selektiven katalytischen oder nichtkatalytischen Reduktion eingesetzt wird 10 mg/m³;

2. kein Halbstundenmittelwert die folgenden Emissionsgrenzwerte überschreitet:
- a) Gesamtstaub 20 mg/m³,
- b) organische Stoffe,
  angegeben als Gesamtkohlenstoff, 20 mg/m³,
- c) gasförmige anorganische Chlorverbindungen,
  angegeben als Chlorwasserstoff, 60 ing/m³,
- d) gasförmige anorganische Fluorverbindungen,
  angegeben als Fluorwasserstoff, 4 mg/m³,
- e) Schwefeldioxid und Schwefeltrioxid,
  angegeben als Schwefeldioxid, 200 mg/m³,
- f) Stickstoffmonoxid und Stickstoffdioxid,
  angegeben als Stickstoffdioxid, 400 mg/m³,
- g) Quecksilber und seine Verbindungen,
  angegeben als Quecksilber, 0,05 mg/m³,
- h) Kohlenmonoxid 100 mg/m³,
- i) Ammoniak, sofern zur Minderung der Emissionen von Stickstoffoxiden ein Verfahren zur selektiven katalytischen oder nichtkatalytischen Reduktion eingesetzt wird 15 mg/m³;

3. kein Mittelwert, der über die jeweilige Probenahmezeit gebildet ist, die Emissionsgrenzwerte nach Anlage 1 überschreitet.

(2) Für Abfallverbrennungsanlagen mit einer Feuerungswärmeleistung von weniger als 50 MW gilt

1. abweichend von Absatz 1 Nummer 1 Buchstabe a ein Emissionsgrenzwert für Gesamtstaub von 10 mg/m³ für den Tagesmittelwert und

2. abweichend von Absatz 1 Nummer 1 Buchstabe f ein Emissionsgrenzwert für Stickstoffmonoxid und Stickstoffdioxid, angegeben als Stickstoffdioxid, von 200 mg/m³ für den Tagesmittelwert.

(3) [1]Die Emissionsgrenzwerte nach Absatz 1 beziehen sich auf einen Bezugssauerstoffgehalt von 11 Prozent. [2]Soweit ausschließlich gasförmige Stoffe, die bei der Pyrolyse oder Vergasung von Abfällen entstehen, oder Altöle im Sinne

von § 1a Absatz 1 der Altölverordnung[1)] in der Fassung der Bekanntmachung vom 16. April 2002 (BGBl. I S. 1368), die zuletzt durch Artikel 5 Absatz 14 des Gesetzes vom 24. Februar 2012 (BGBl. I S. 212) geändert worden ist, eingesetzt werden, beträgt der Bezugssauerstoffgehalt 3 Prozent.

**§ 9 Emissionsgrenzwerte für Abfallmitverbrennungsanlagen.** (1) [1] Abfallmitverbrennungsanlagen sind so zu errichten und zu betreiben, dass folgende Emissionsgrenzwerte in den Abgasen eingehalten werden:

1. die Emissionsgrenzwerte nach Anlage 3, sofern
   a) die Anlage nicht mehr als 25 Prozent der jeweils gefahrenen Feuerungswärmeleistung einer Abfallmitverbrennungslinie aus Mitverbrennungsstoffen erzeugt, und
   b) bei Einsatz gemischter Siedlungsabfälle nur aufbereitete gemischte Siedlungsabfälle eingesetzt werden, sowie
2. die Emissionsgrenzwerte nach § 8 Absatz 1 und § 10 Absatz 1, sofern
   a) die Anlage mehr als 25 Prozent der jeweils gefahrenen Feuerungswärmeleistung einer Abfallmitverbrennungslinie aus Mitverbrennungsstoffen erzeugt oder
   b) bei Einsatz gemischter Siedlungsabfälle keine aufbereiteten gemischten Siedlungsabfälle eingesetzt werden.

[2] Mitverbrennungsstoffe sind dabei die eingesetzten Abfälle und Stoffe nach § 1 Absatz 1 sowie die für ihre Mitverbrennung zusätzlich benötigten Brennstoffe.

(2) Für Anlagen zur Herstellung von Zementklinker oder Zementen oder für Anlagen zum Brennen von Kalkstein gemäß Nummer 2.3 oder 2.4 des Anhangs 1 der Verordnung über genehmigungsbedürftige Anlagen[2)] gelten die Regelungen in der Anlage 3 Nummer 2 auch dann, wenn abweichend von Absatz 1 Satz 1 Nummer 1 Buchstabe a der Anteil der Mitverbrennungsstoffe an der jeweils gefahrenen Feuerungswärmeleistung 25 Prozent übersteigt.

(3) [1] Werden in Anlagen nach Absatz 2 mehr als 40 Prozent der jeweils gefahrenen Feuerungswärmeleistung aus gefährlichen Abfällen einschließlich des für deren Verbrennung zusätzlich benötigten Brennstoffs erzeugt, gelten abweichend von Absatz 2 die Grenzwerte nach § 8 Absatz 1 und § 10 Absatz 1. [2] Für die Ermittlung des prozentualen Anteils nach Satz 1 unberücksichtigt bleiben flüssige brennbare Abfälle und Stoffe nach § 1 Absatz 1, wenn

1. deren Massengehalt an polychlorierten aromatischen Kohlenwasserstoffen, wie zum Beispiel polychlorierte Biphenyle oder Pentachlorphenol, weniger als 10 Milligramm je Kilogramm und deren unterer Heizwert mindestens 30 Megajoule je Kilogramm beträgt oder
2. auf Grund ihrer Zusammensetzung keine anderen oder keine höheren Emissionen als bei der Verbrennung von leichtem Heizöl auftreten können.

(4) [1] Die Emissionsgrenzwerte beziehen sich auf einen Volumengehalt an Sauerstoff im Abgas, wie er in Anlage 3 festgelegt oder nach dem in Anlage 3 vorgegebenen Verfahren ermittelt wurde. [2] Soweit in Anlage 3 nicht anders festgelegt ist, dürfen die Halbstundenmittelwerte das Zweifache der jeweils festgelegten Tagesmittelwerte nicht überschreiten. [3] Soweit Emissionsgrenzwer-

---

[1)] Nr. **5.1.7**.
[2)] Nr. **6.1.4**.

te nach Anlage 3 Nummer 3 von der Feuerungswärmeleistung abhängig sind, ist für abfallmitverbrennende Großfeuerungsanlagen die Feuerungswärmeleistung gemäß § 3 der Verordnung über Großfeuerungs-, Gasturbinen- und Verbrennungsmotoranlagen[1]) und für abfallmitverbrennende Feuerungsanlagen die Feuerungswärmeleistung gemäß § 4 der Verordnung über mittelgroße Feuerungs-, Gasturbinen- und Verbrennungsmotoranlagen maßgeblich.

(5) Die zuständige Behörde hat die jeweiligen Emissionsgrenzwerte, insbesondere soweit sie nach Anlage 3 rechnerisch zu ermitteln sind oder abweichend festgelegt werden können, im Genehmigungsbescheid oder in einer nachträglichen Anordnung festzusetzen.

**§ 10 Im Jahresmittel einzuhaltende Emissionsgrenzwerte.** (1) Abfallverbrennungsanlagen sind so zu errichten und zu betreiben, dass kein Jahresmittelwert folgende Emissionsgrenzwerte überschreitet:
1. Stickstoffmonoxid und Stickstoffdioxid,
angegeben als Stickstoffdioxid, 100 mg/m$^3$,
2. Quecksilber und seine Verbindungen,
angegeben als Quecksilber, 0,01 mg/m$^3$.

(2) Abfallmitverbrennungsanlagen sind so zu errichten und zu betreiben, dass kein Jahresmittelwert die Emissionsgrenzwerte gemäß Anlage 3 Nummer 2.3, 3.1, 3.4, 3.5 oder 4.3 überschreitet.

(3) Die Absätze 1 und 2 sind für bestehende Anlagen mit einer Feuerungswärmeleistung von 50 MW oder weniger nicht anzuwenden.

**§ 12 Behandlung der bei der Abfallverbrennung und Abfallmitverbrennung entstehenden Rückstände.** (1) ¹Rückstände, wie Schlacken, Rostaschen, Filter- und Kesselstäube sowie Reaktionsprodukte und sonstige Abfälle der Abgasbehandlung, sind nach § 5 Absatz 1 Nummer 3 des Bundes-Immissionsschutzgesetzes[2]) zu vermeiden, zu verwerten oder zu beseitigen. ²Soweit die Verwertung der Rückstände technisch nicht möglich oder unzumutbar ist, sind sie ohne Beeinträchtigung des Wohls der Allgemeinheit zu beseitigen.

(2) ¹Der Betreiber hat dafür zu sorgen, dass Filter- und Kesselstäube, die bei der Abgasentstaubung sowie bei der Reinigung von Kesseln, Heizflächen und Abgaszügen anfallen, getrennt von anderen festen Abfällen erfasst werden. ²Satz 1 gilt nicht für Anlagen mit einer Wirbelschichtfeuerung.

(3) Soweit es zur Erfüllung der Pflichten nach Absatz 1 erforderlich ist, sind die Bestandteile an organischen und löslichen Stoffen in den Abfällen und sonstigen Stoffen zu vermindern. ...

**§ 13 Wärmenutzung.** ¹Wärme, die in Abfallverbrennungs- oder -mitverbrennungsanlagen entsteht und die nicht an Dritte abgegeben wird, ist in Anlagen des Betreibers zu nutzen, soweit dies nach Art und Standort dieser Anlagen technisch möglich und zumutbar ist. ²Der Betreiber hat, soweit aus entstehender Wärme, die nicht an Dritte abgegeben wird oder die nicht in Anlagen des Betreibers genutzt wird, eine elektrische Klemmenleistung von

---
[1]) Nr. **6.1.13**.
[2]) Nr. **6.1**.

mehr als einem halben Megawatt erzeugbar ist, elektrischen Strom zu erzeugen.

**§ 23 Veröffentlichungspflichten.** [1] Der Betreiber einer Abfallverbrennungs- oder -mitverbrennungsanlage hat nach erstmaliger Kalibrierung der Messeinrichtungen und danach einmal jährlich Folgendes zu veröffentlichen:

1. die Ergebnisse der Emissionsmessungen,
2. einen Vergleich der Ergebnisse der Emissionsmessungen mit den Emissionsgrenzwerten und
3. eine Beurteilung der Verbrennungsbedingungen.

[2] Satz 1 gilt nicht für solche Angaben, aus denen Rückschlüsse auf Betriebs- oder Geschäftsgeheimnisse gezogen werden können. [3] Die zuständige Behörde legt Art und Form der Veröffentlichung fest.

## 6.1.18. Achtzehnte Verordnung zur Durchführung des Bundes-Immissionsschutzgesetzes (Sportanlagenlärmschutzverordnung – 18. BImSchV)

Vom 18. Juli 1991
(BGBl. I S. 1588, ber. S. 1790)
**FNA 2129-8-18**
zuletzt geänd. durch Art. 1 Dritte ÄndVO v. 8.10.2021 (BGBl. I S. 4644)

Auf Grund des § 23 Abs. 1 des Bundes-Immissionsschutzgesetzes[1] in der Fassung der Bekanntmachung vom 14. Mai 1990 (BGBl. I S. 880) verordnet die Bundesregierung nach Anhörung der beteiligten Kreise:

**§ 1 Anwendungsbereich.** (1) Diese Verordnung gilt für die Errichtung, die Beschaffenheit und den Betrieb von Sportanlagen, soweit sie zum Zwecke der Sportausübung betrieben werden und einer Genehmigung nach § 4 des Bundes-Immissionsschutzgesetzes[1] nicht bedürfen.

(2) Sportanlagen sind ortsfeste Einrichtungen im Sinne des § 3 Abs. 5 Nr. 1 des Bundes-Immissionsschutzgesetzes, die zur Sportausübung bestimmt sind.

(3) [1] Zur Sportanlage zählen auch Einrichtungen, die mit der Sportanlage in einem engen räumlichen und betrieblichen Zusammenhang stehen. [2] Zur Nutzungsdauer der Sportanlage gehören auch die Zeiten des An- und Abfahrverkehrs sowie des Zu- und Abgangs.

**§ 2 Immissionsrichtwerte.** (1) Sportanlagen sind so zu errichten und zu betreiben, daß die in den Absätzen 2 bis 4 genannten Immissionsrichtwerte unter Einrechnung der Geräuschimmissionen anderer Sportanlagen nicht überschritten werden.

(2) Die Immissionsrichtwerte betragen für Immissionsorte außerhalb von Gebäuden

1. in Gewerbegebieten
   tags außerhalb der Ruhezeiten 65 dB(A),
   tags innerhalb der Ruhezeiten am Morgen 60 dB(A), im Übrigen 65 dB(A),
   nachts 50 dB(A),
1a. in urbanen Gebieten
   tags außerhalb der Ruhezeiten 63 dB(A),
   tags innerhalb der Ruhezeiten am Morgen 58 dB(A), im Übrigen 63 dB(A),
   nachts 45 dB(A),
2. in Kerngebieten, Dorfgebieten und Mischgebieten
   tags außerhalb der Ruhezeiten 60 dB(A),
   tags innerhalb der Ruhezeiten am Morgen 55 dB(A), im Übrigen 60 dB(A),
   nachts 45 dB(A),
3. in allgemeinen Wohngebieten und Kleinsiedlungsgebieten
   tags außerhalb der Ruhezeiten 55 dB(A),
   tags innerhalb der Ruhezeiten am Morgen 50 dB(A), im Übrigen 55 dB(A),
   nachts 40 dB(A),

---

[1] Nr. **6.1**.

4. in reinen Wohngebieten
   tags außerhalb der Ruhezeiten 50 dB(A),
   tags innerhalb der Ruhezeiten am Morgen 45 dB(A), im Übrigen 50 dB(A),
   nachts 35 dB(A),
5. in Kurgebieten, für Krankenhäuser und Pflegeanstalten
   tags außerhalb der Ruhezeiten 45 dB(A),
   tags innerhalb der Ruhezeiten 45 dB(A),
   nachts 35 dB(A).

(3) Werden bei Geräuschübertragung innerhalb von Gebäuden in Aufenthaltsräumen von Wohnungen, die baulich aber nicht betrieblich mit der Sportanlage verbunden sind, von der Sportanlage verursachte Geräuschimmissionen mit einem Beurteilungspegel von mehr als 35 dB(A) tags oder 25 dB(A) nachts festgestellt, hat der Betreiber der Sportanlage Maßnahmen zu treffen, welche die Einhaltung der genannten Immissionsrichtwerte sicherstellen; dies gilt unabhängig von der Lage der Wohnung in einem der in Absatz 2 genannten Gebiete.

(4) Einzelne kurzzeitige Geräuschspitzen sollen die Immissionsrichtwerte nach Absatz 2 tags um nicht mehr als 30 dB(A) sowie nachts um nicht mehr als 20 dB(A) überschreiten; ferner sollen einzelne kurzzeitige Geräuschspitzen die Immissionsrichtwerte nach Absatz 3 um nicht mehr als 10 dB(A) überschreiten.

(5) [1] Die Immissionsrichtwerte beziehen sich auf folgende Zeiten:

| | | |
|---|---|---:|
| 1. tags | an Werktagen | 6.00 bis 22.00 Uhr, |
| | an Sonn- und Feiertagen | 7.00 bis 22.00 Uhr, |
| 2. nachts | an Werktagen | 0.00 bis 6.00 Uhr |
| | und | 22.00 bis 24.00 Uhr, |
| | an Sonn- und Feiertagen | 0.00 bis 7.00 Uhr |
| | und | 22.00 bis 24.00 Uhr, |
| 3. Ruhezeit | an Werktagen | 6.00 bis 8.00 Uhr |
| | und | 20.00 bis 22.00 Uhr, |
| | an Sonn- und Feiertagen | 7.00 bis 9.00 Uhr, |
| | | 13.00 bis 15.00 Uhr |
| | und | 20.00 bis 22.00 Uhr. |

[2] Die Ruhezeit von 13.00 bis 15.00 Uhr an Sonn- und Feiertagen ist nur zu berücksichtigen, wenn die Nutzungsdauer der Sportanlage oder der Sportanlagen an Sonn- und Feiertagen in der Zeit von 9.00 bis 20.00 Uhr 4 Stunden oder mehr beträgt.

(6) [1] Die Art der in Absatz 2 bezeichneten Gebiete und Anlagen ergibt sich aus den Festsetzungen in den Bebauungsplänen. [2] Sonstige in Bebauungsplänen festgesetzte Flächen für Gebiete und Anlagen sowie Gebiete und Anlagen, für die keine Festsetzungen bestehen, sind nach Absatz 2 entsprechend der Schutzbedürftigkeit zu beurteilen. [3] Weicht die tatsächliche bauliche Nutzung im Einwirkungsbereich der Anlage erheblich von der im Bebauungsplan festgesetzten baulichen Nutzung ab, ist von der tatsächlichen baulichen Nutzung unter Berücksichtigung der vorgesehenen baulichen Entwicklung des Gebietes auszugehen.

(7) Die von der Sportanlage oder den Sportanlagen verursachten Geräuschimmissionen sind nach dem Anhang zu dieser Verordnung zu ermitteln und zu beurteilen.

**§ 3 Maßnahmen.** Zur Erfüllung der Pflichten nach § 2 Abs. 1 hat der Betreiber insbesondere

1. an Lautsprecheranlagen und ähnlichen Einrichtungen technische Maßnahmen, wie dezentrale Aufstellung von Lautsprechern und Einbau von Schallpegelbegrenzern, zu treffen,
2. technische und bauliche Schallschutzmaßnahmen, wie die Verwendung lärmgeminderter oder lärmmindernder Ballfangzäune, Bodenbeläge, Schallschutzwände und -wälle, zu treffen,
3. Vorkehrungen zu treffen, daß Zuschauer keine übermäßig lärmerzeugenden Instrumente wie pyrotechnische Gegenstände oder druckgasbetriebene Lärmfanfaren verwenden, und
4. An- und Abfahrtswege und Parkplätze durch Maßnahmen betrieblicher und organisatorischer Art so zu gestalten, daß schädliche Umwelteinwirkungen durch Geräusche auf ein Mindestmaß beschränkt werden.

**§ 4 Weitergehende Vorschriften.** Weitergehende Vorschriften, vor allem zum Schutz der Sonn- und Feiertags-, Mittags- und Nachtruhe oder zum Schutz besonders empfindlicher Gebiete, bleiben unberührt.

**§ 5 Nebenbestimmungen und Anordnungen im Einzelfall.** (1) Die zuständige Behörde soll von Nebenbestimmungen zu erforderlichen Zulassungsentscheidungen und Anordnungen zur Durchführung dieser Verordnung absehen, wenn die von der Sportanlage ausgehenden Geräusche durch ständig vorherrschende Fremdgeräusche nach Nummer 1.4 des Anhangs überlagert werden.

(2) Die zuständige Behörde kann zur Erfüllung der Pflichten nach § 2 Abs. 1 außer der Festsetzung von Nebenbestimmungen zu erforderlichen Zulassungsentscheidungen oder der Anordnung von Maßnahmen nach § 3 für Sportanlagen Betriebszeiten (ausgenommen für Freibäder von 7.00 Uhr bis 22.00 Uhr) festsetzen; hierbei sind der Schutz der Nachbarschaft und der Allgemeinheit sowie die Gewährleistung einer sinnvollen Sportausübung auf der Anlage gegeneinander abzuwägen.

(3) [1] Die zuständige Behörde soll von einer Festsetzung von Betriebszeiten absehen, soweit der Betrieb einer Sportanlage dem Schulsport oder der Durchführung von Sportstudiengängen an Hochschulen dient. [2] Dient die Anlage auch der allgemeinen Sportausübung, sind bei der Ermittlung der Geräuschimmissionen die dem Schulsport oder der Durchführung von Sportstudiengängen an Hochschulen zuzurechnenden Teilzeiten nach Nummer 1.3.2.3 des Anhangs außer Betracht zu lassen; die Beurteilungszeit wird um die dem Schulsport oder der Durchführung von Sportstudiengängen an Hochschulen tatsächlich zuzurechnenden Teilzeiten verringert. [3] Die Sätze 1 und 2 gelten entsprechend für Sportanlagen, die der Sportausbildung im Rahmen der Landesverteidigung dienen.

(4) Bei Sportanlagen, die vor Inkrafttreten dieser Verordnung baurechtlich genehmigt oder – soweit eine Baugenehmigung nicht erforderlich war – errichtet waren und danach nicht wesentlich geändert werden[1]), soll die zuständige Behörde von einer Festsetzung von Betriebszeiten absehen, wenn die Immissions-

---

[1]) Zu „Maßnahmen, die in der Regel keine wesentliche Änderung im Sinne von § 5 Absatz 4 darstellen", siehe den hier nicht wiedergegebenen Anhang 2 der 18. BImSchV.

richtwerte an den in § 2 Abs. 2 genannten Immissionsorten jeweils um weniger als 5 dB(A) überschritten werden; dies gilt nicht an den in § 2 Abs. 2 Nr. 5 genannten Immissionsorten.

(5) Die zuständige Behörde soll von einer Festsetzung von Betriebszeiten absehen, wenn infolge des Betriebs einer oder mehrerer Sportanlagen bei seltenen Ereignissen nach Nummer 1.5 des Anhangs Überschreitungen der Immissionsrichtwerte nach § 2 Abs. 2

1. die Geräuschimmissionen außerhalb von Gebäuden die Immissionsrichtwerte nach § 2 Abs. 2 um nicht mehr als 10 dB(A), keinesfalls aber die folgenden Höchstwerte überschreiten:

| | |
|---|---|
| tags außerhalb der Ruhezeiten | 70 dB(A), |
| tags innerhalb der Ruhezeiten | 65 dB(A), |
| nachts | 55 dB(A) |

und

2. einzelne kurzzeitige Geräuschspitzen die nach Nummer 1 für seltene Ereignisse geltenden Immissionsrichtwerte tags um nicht mehr als 20 dB(A) und nachts um nicht mehr als 10 dB(A) überschreiten.

(6) In dem in Artikel 3 des Einigungsvertrages genannten Gebiet soll die zuständige Behörde für die Durchführung angeordneter Maßnahmen nach § 3 Nr. 1 und 2 eine Frist setzen, die bis zu zehn Jahre betragen kann.

(7) Im übrigen Geltungsbereich dieser Verordnung soll die zuständige Behörde bei Sportanlagen, die vor Inkrafttreten der Verordnung baurechtlich genehmigt oder – soweit eine Baugenehmigung nicht erforderlich war – errichtet waren, für die Durchführung angeordneter Maßnahmen nach § 3 Nr. 1 und 2 eine angemessene Frist gewähren.

**§ 6 Zulassung von Ausnahmen.** [1]Die zuständige Behörde kann für internationale oder nationale Sportveranstaltungen von herausragender Bedeutung im öffentlichen Interesse Ausnahmen von den Bestimmungen des § 5 Abs. 5, einschließlich einer Überschreitung der Anzahl der seltenen Ereignisse nach Nummer 1.5 des Anhangs, zulassen. [2]Satz 1 gilt entsprechend auch für Verkehrsgeräusche auf öffentlichen Verkehrsflächen außerhalb der Sportanlage durch das der Anlage zuzurechnende Verkehrsaufkommen nach Nummer 1.1 Satz 2 des Anhangs einschließlich der durch den Zu- und Abgang der Zuschauer verursachten Geräusche.

**§ 7 Zugänglichkeit der Norm- und Richtlinienblätter.** [1]Die in den Nummern 2.1, 2.3, 3.1 und 3.2 des Anhangs genannten DIN-Normblätter und VDI-Richtlinien sind bei der Beuth Verlag GmbH, Berlin, zu beziehen. [2]Die genannten Normen und Richtlinien sind bei dem Deutschen Patentamt archivmäßig gesichert niedergelegt.

**§ 8 Inkrafttreten.** Diese Verordnung tritt drei Monate nach der Verkündung[1] in Kraft.

**Anhang 1, 2**
*(Hier nicht wiedergegeben).*

---

[1] Verkündet am 26.7.1991.

## 6.1.26. Sechsundzwanzigste Verordnung zur Durchführung des Bundes-Immissionsschutzgesetzes (Verordnung über elektromagnetische Felder – 26. BImSchV)

In der Fassung der Bekanntmachung vom 14. August 2013[1)]

(BGBl. I S. 3266, ber. S. 3942)

FNA 2129-8-26

**§ 1 Anwendungsbereich.** (1) [1]Diese Verordnung gilt für die Errichtung und den Betrieb von Hochfrequenzanlagen, Niederfrequenzanlagen und Gleichstromanlagen nach Absatz 2. [2]Sie enthält Anforderungen zum Schutz der Allgemeinheit und der Nachbarschaft vor schädlichen Umwelteinwirkungen und zur Vorsorge gegen schädliche Umwelteinwirkungen durch elektrische, magnetische und elektromagnetische Felder. [3]Die Verordnung berücksichtigt nicht die Wirkungen elektrischer, magnetischer und elektromagnetischer Felder auf elektrisch oder elektronisch betriebene Implantate.

(2) Im Sinne dieser Verordnung sind:

1. Hochfrequenzanlagen:
ortsfeste Anlagen, die elektromagnetische Felder im Frequenzbereich von 9 Kilohertz bis 300 Gigahertz erzeugen, ausgenommen sind Anlagen, die breitbandige elektromagnetische Impulse erzeugen und der Landesverteidigung dienen,

2. Niederfrequenzanlagen:
ortsfeste Anlagen zur Umspannung und Fortleitung von Elektrizität mit einer Nennspannung von 1 000 Volt oder mehr, einschließlich Bahnstromfern- und Bahnstromoberleitungen und sonstiger vergleichbarer Anlagen im Frequenzbereich von 1 Hertz bis 9 Kilohertz,

3. Gleichstromanlagen:
ortsfeste Anlagen zur Fortleitung, Umspannung und Umrichtung, einschließlich der Schaltfelder, von Gleichstrom mit einer Nennspannung von 2 000 Volt oder mehr.

**§ 2 Hochfrequenzanlagen.** (1) [1]Zum Schutz vor schädlichen Umwelteinwirkungen sind Hochfrequenzanlagen mit einer äquivalenten isotropen Strahlungsleistung (EIRP) von 10 Watt oder mehr so zu errichten und zu betreiben, dass in ihrem Einwirkungsbereich an Orten, die zum dauerhaften oder vorübergehenden Aufenthalt von Menschen bestimmt sind, bei höchster betrieblicher Anlagenauslastung

1. die in Anhang 1a und 1b bestimmten Grenzwerte für den jeweiligen Frequenzbereich unter Berücksichtigung von Immissionen durch andere ortsfeste Hochfrequenzanlagen sowie Niederfrequenzanlagen gemäß Anhang 2 nicht überschritten werden und

---

[1)] Neubekanntmachung der 26. BImSchV v. 16.12.1996 (BGBl. I S. 1966) in der ab 22.8.2013 geltenden Fassung.

2. bei gepulsten elektromagnetischen Feldern zusätzlich die in Anhang 3 festgelegten Kriterien eingehalten werden.

²Das Gleiche gilt für eine Hochfrequenzanlage mit einer äquivalenten isotropen Strahlungsleistung (EIRP) von weniger als 10 Watt, wenn diese an einem Standort gemäß § 2 Nummer 3 der Verordnung über das Nachweisverfahren zur Begrenzung elektromagnetischer Felder vom 20. August 2002 (BGBl. I S. 3366), die zuletzt durch Artikel 3 Absatz 20 des Gesetzes vom 7. Juli 2005 (BGBl. I S. 1970) geändert worden ist, in der jeweils geltenden Fassung, mit einer äquivalenten isotropen Strahlungsleistung (EIRP) der dort vorhandenen Hochfrequenzanlagen (Gesamtstrahlungsleistung) von 10 Watt oder mehr errichtet wird oder wenn durch diese die Gesamtstrahlungsleistung von 10 Watt erreicht oder überschritten wird. ³Satz 2 gilt nicht für Hochfrequenzanlagen, die eine äquivalente isotrope Strahlungsleistung (EIRP) von 100 Milliwatt oder weniger aufweisen.

(2) Kurzzeitige Überschreitungen der nach Absatz 1 Satz 1 Nummer 1, auch in Verbindung mit Absatz 1 Satz 2, zu beachtenden Grenzwerte aufgrund einer vorübergehenden Gefahr für die öffentliche Sicherheit und Ordnung oder zum Schutz der Sicherheit des Staates bleiben außer Betracht.

**§ 3 Niederfrequenzanlagen.** (1) ¹Zum Schutz vor schädlichen Umwelteinwirkungen sind Niederfrequenzanlagen, die vor dem 22. August 2013 errichtet worden sind, so zu betreiben, dass sie in ihrem Einwirkungsbereich an Orten, die zum nicht nur vorübergehenden Aufenthalt von Menschen bestimmt sind, bei höchster betrieblicher Anlagenauslastung die im Anhang 1a genannten Grenzwerte nicht überschreiten, wobei Niederfrequenzanlagen mit einer Frequenz von 50 Hertz die Hälfte des in Anhang 1a genannten Grenzwertes der magnetischen Flussdichte nicht überschreiten dürfen. ²Dabei bleiben, soweit nicht im Einzelfall hinreichende Anhaltspunkte für insbesondere durch Berührungsspannungen hervorgerufene Belästigungen bestehen, die nach Art, Ausmaß oder Dauer für die Nachbarschaft unzumutbar sind, außer Betracht

1. kurzzeitige Überschreitungen der Grenzwerte nach Satz 1 in Verbindung mit Anhang 1a um nicht mehr als 100 Prozent mit einer Dauer von nicht mehr als 5 Prozent eines Beurteilungszeitraumes von einem Tag und
2. kleinräumige Überschreitungen der Grenzwerte der elektrischen Feldstärke nach Satz 1 in Verbindung mit Anhang 1a um nicht mehr als 100 Prozent außerhalb von Gebäuden.

(2) ¹Zum Schutz vor schädlichen Umwelteinwirkungen sind Niederfrequenzanlagen, die nach dem 22. August 2013 errichtet werden, so zu errichten und zu betreiben, dass sie bei höchster betrieblicher Anlagenauslastung in ihrem Einwirkungsbereich an Orten, die zum nicht nur vorübergehenden Aufenthalt von Menschen bestimmt sind, die im Anhang 1a genannten Grenzwerte nicht überschreiten, wobei Niederfrequenzanlagen mit einer Frequenz von 50 Hertz die Hälfte des in Anhang 1a genannten Grenzwertes der magnetischen Flussdichte nicht überschreiten dürfen. ²Bestehende Genehmigungen und Planfeststellungsbeschlüsse bleiben unberührt.

(3) Bei der Ermittlung der elektrischen Feldstärke und der magnetischen Flussdichte nach Absatz 1 und Absatz 2 sind alle Immissionen zu berücksichtigen, die durch andere Niederfrequenzanlagen sowie durch ortsfeste Hochfrequenzanlagen mit Frequenzen zwischen 9 Kilohertz und 10 Megahertz, die

einer Standortbescheinigung nach §§ 4 und 5 der Verordnung über das Nachweisverfahren zur Begrenzung elektromagnetischer Felder bedürfen, gemäß Anhang 2a entstehen.

(4) Wirkungen wie Funkenentladungen auch zwischen Personen und leitfähigen Objekten sind zu vermeiden, wenn sie zu erheblichen Belästigungen oder Schäden führen können.

**§ 3a Gleichstromanlagen.** [1]Zum Schutz vor schädlichen Umwelteinwirkungen sind Gleichstromanlagen so zu errichten und zu betreiben, dass in ihrem Einwirkungsbereich an Orten, die zum dauerhaften oder vorübergehenden Aufenthalt von Menschen bestimmt sind, bei höchster betrieblicher Anlagenauslastung
1. der in Anhang 1a genannte Grenzwert der magnetischen Flussdichte nicht überschritten wird, sowie
2. Wirkungen wie Funkenentladungen auch zwischen Personen und leitfähigen Objekten, die zu erheblichen Belästigungen oder Schäden führen können, vermieden werden.

[2]Dabei sind alle relevanten Immissionen zu berücksichtigen.

**§ 4 Anforderungen zur Vorsorge.** (1) [1]Zum Zweck der Vorsorge darf eine wesentliche Änderung von Niederfrequenzanlagen in der Nähe von Wohnungen, Krankenhäusern, Schulen, Kindergärten, Kinderhorten, Spielplätzen oder ähnlichen Einrichtungen nur vorgenommen werden, wenn in diesen Gebäuden oder auf diesen Grundstücken abweichend von § 3 Absatz 1 Satz 2 auch die maximale Effektivwerte der elektrischen Feldstärke und magnetischen Flussdichte den Anforderungen nach § 3 Absatz 1 Satz 1 entsprechen. [2]Für Niederfrequenzanlagen, die nach dem 16. Dezember 1996 errichtet oder wesentlich geändert wurden, gelten die Vorsorgeanforderungen aus der Verordnung über elektromagnetische Felder in der Fassung vom 16. Dezember 1996 weiter fort.

(2) [1]Bei Errichtung und wesentlicher Änderung von Niederfrequenzanlagen sowie Gleichstromanlagen sind die Möglichkeiten auszuschöpfen, die von der jeweiligen Anlage ausgehenden elektrischen, magnetischen und elektromagnetischen Felder nach dem Stand der Technik unter Berücksichtigung von Gegebenheiten im Einwirkungsbereich zu minimieren. [2]Das Nähere regelt eine Verwaltungsvorschrift gemäß § 48 des Bundes-Immissionsschutzgesetzes[1].

(3) [1]Niederfrequenzanlagen zur Fortleitung von Elektrizität mit einer Frequenz von 50 Hertz und einer Nennspannung von 220 Kilovolt und mehr, die in einer neuen Trasse errichtet werden, dürfen Gebäude oder Gebäudeteile nicht überspannen, die zum dauerhaften Aufenthalt von Menschen bestimmt sind. [2]Bestehende Genehmigungen und Planfeststellungsbeschlüsse sowie bis zum 22. August 2013 beantragte Planfeststellungs- und Plangenehmigungsverfahren, für die ein vollständiger Antrag zu diesem Zeitpunkt vorlag, bleiben unberührt.

**§ 5 Ermittlung der Feldstärke- und Flussdichtewerte.** [1]Messgeräte, Mess- und Berechnungsverfahren, die bei der Ermittlung der elektrischen und magnetischen Feldstärke und magnetischen Flussdichte einschließlich der Be-

---

[1] Nr. 6.1.

rücksichtigung der vorhandenen Immissionen eingesetzt werden, müssen dem Stand der Mess- und Berechnungstechnik entsprechen. ²Soweit anwendbar sind die Mess- und Berechnungsverfahren der DIN EN 50413 (Ausgabe August 2009) einzusetzen, die bei der VDE-Verlag GmbH oder der Beuth Verlag GmbH, beide Berlin, zu beziehen und beim Deutschen Patent- und Markenamt archivmäßig gesichert niedergelegt ist. ³Messungen sind an den nach den §§ 2, 3 oder 3a maßgeblichen Einwirkungsorten mit der jeweils stärksten Exposition durchzuführen. ⁴Sie sind nicht erforderlich, wenn die Einhaltung der Grenzwerte durch Berechnungsverfahren festgestellt werden kann.

**§ 6 Weitergehende Anforderungen.** Weitergehende Anforderungen aufgrund anderer Rechtsvorschriften, insbesondere von Rechtsvorschriften zur elektromagnetischen Verträglichkeit und des Telekommunikationsrechts, bleiben unberührt.

**§ 7 Anzeige.** (1) ¹Die zuständige Behörde ist berechtigt, die vom Betreiber einer ortsfesten Funkanlage, die privaten oder gewerblichen Zwecken dient oder im Rahmen wirtschaftlicher Unternehmungen Anwendung findet, nach den §§ 9, 11 und 12 der Verordnung über das Nachweisverfahren zur Begrenzung elektromagnetischer Felder angezeigten Daten sowie die nach § 5 der vorgenannten Verordnung erteilten Standortbescheinigungen, einschließlich der nach § 4 Absatz 5 der vorgenannten Verordnung vorgelegten Antragsunterlagen, bei der Bundesnetzagentur für Elektrizität, Gas, Telekommunikation, Post und Eisenbahnen abzurufen, soweit dies zur Wahrnehmung ihrer Aufgaben zum Vollzug dieser Verordnung erforderlich ist. ²Die Bundesnetzagentur für Elektrizität, Gas, Telekommunikation, Post und Eisenbahnen stellt der zuständigen Behörde die Daten nach Satz 1 spätestens eine Woche nach Erhalt elektronisch zur Verfügung.

(2) ¹Der Betreiber einer Niederfrequenzanlage mit einer Nennspannung von 110 Kilovolt und mehr oder einer Gleichstromanlage hat diese der zuständigen Behörde mindestens zwei Wochen vor der Inbetriebnahme oder einer wesentlichen Änderung anzuzeigen, soweit

1. die Anlage auf einem Grundstück im Bereich eines Bebauungsplans oder innerhalb eines im Zusammenhang bebauten Ortsteils oder auf einem mit Wohngebäuden bebauten Grundstück im Außenbereich belegen ist oder derartige Grundstücke überquert und
2. die Anlage oder ihre wesentliche Änderung nicht einer Genehmigung, Planfeststellung oder sonstigen behördlichen Entscheidung nach anderen Rechtsvorschriften bedarf, bei der die Belange des Immissionsschutzes berücksichtigt werden.

²Bei Leitungen genügt die Anzeige derjenigen Leitungsabschnitte, für die die Voraussetzungen nach Satz 1 vorliegen.

(3) ¹Bei Anzeigen nach Absatz 2 soll der Betreiber die für die Anlage maßgebenden Daten angeben und der Anzeige einen Lageplan beifügen. ²Der Betreiber einer Niederfrequenzanlage mit einer Nennspannung von weniger als 110 Kilovolt hat für diejenigen Leitungsabschnitte, für die die Voraussetzungen nach Absatz 2 Satz 1 Nummer 1 und 2 vorliegen, die maßgeblichen Daten sowie einen Lageplan vorzuhalten und der zuständigen Behörde auf Verlangen unverzüglich vorzulegen.

**§ 7a Beteiligung der Kommunen.** ¹Die Kommune, in deren Gebiet die Hochfrequenzanlage errichtet werden soll, wird bei der Auswahl von Standorten für Hochfrequenzanlagen, die nach dem 22. August 2013 errichtet werden, durch die Betreiber gehört. ²Sie erhält rechtzeitig die Möglichkeit zur Stellungnahme und zur Erörterung der Baumaßnahme. ³Die Ergebnisse der Beteiligung sind zu berücksichtigen.

**§ 8 Zulassung von Ausnahmen.** (1) Die zuständige Behörde kann auf Antrag Ausnahmen von den Anforderungen der §§ 2, 3 und 3a zulassen, soweit unter Berücksichtigung der besonderen Umstände des Einzelfalls, insbesondere Art und Dauer der Anlagenauslastung und des tatsächlichen Aufenthalts von Personen im Einwirkungsbereich der Anlage, schädliche Umwelteinwirkungen nicht zu erwarten sind.

(2) Die zuständige Behörde kann Ausnahmen von den Anforderungen des § 4 zulassen, soweit die Anforderungen des § 4 im Einzelfall unverhältnismäßig sind.

**§ 9 Ordnungswidrigkeiten.** Ordnungswidrig im Sinne des § 62 Abs. 1 Nr. 7 des Bundes-Immissionsschutzgesetzes[1]) handelt, wer vorsätzlich oder fahrlässig

1. entgegen § 2 Satz 1 auch in Verbindung mit Satz 2, entgegen § 3 Absatz 1 Satz 1 oder Absatz 2 Satz 1 oder entgegen § 3a Satz 1 eine dort genannte Anlage errichtet oder betreibt,
2. entgegen § 4 Absatz 1 eine Niederfrequenzanlage wesentlich ändert,
3. entgegen § 7 Absatz 2 Satz 1 oder entgegen § 10 Absatz 2 eine Anzeige nicht, nicht richtig, nicht vollständig oder nicht rechtzeitig erstattet.

**§ 10 Übergangsvorschriften.** (1) Niederfrequenzanlagen mit einer Frequenz von 16,7 Hertz, die vor dem 22. August 2013 errichtet worden sind, sind bis zum 22. August 2018 so zu betreiben, dass sie in ihrem Einwirkungsbereich an Orten, die zum nicht nur vorübergehenden Aufenthalt von Menschen bestimmt sind, bei höchster betrieblicher Anlagenauslastung das Doppelte des im Anhang 1a genannten Grenzwerts der elektrischen Feldstärke nicht überschreiten.

(2) ¹Werden Gleichstromanlagen am 22. August 2013 bereits betrieben, so hat die Anzeige des Betriebs nach § 7 Absatz 2 bis zum 23. September 2013 zu erfolgen. ²Wurde mit ihrer Errichtung bereits vor dem 22. August 2013 begonnen, erfolgt der Betrieb aber erst vor dem 23. September 2013, so hat die Anzeige des Betriebs nach § 7 Absatz 2 innerhalb von vier Wochen nach Inbetriebnahme zu erfolgen.

---

[1]) Nr. **6.1**.

## Anhang 1
(zu §§ 2, 3, 3a, 10)

### Anhang 1a

| Frequenz (f) | Grenzwerte | |
| --- | --- | --- |
| in Hertz (Hz) | Elektrische Feldstärke in Kilovolt pro Meter (kV/m) (effektiv) | Magnetische Flussdichte in Mikrotesla (µT) (effektiv) |
| 0 | – | 500 |
| 1 – 8 | 5 | $40\,000/f^2$ |
| 8 – 25 | 5 | $5\,000/f$ |
| 25 – 50 | 5 | 200 |
| 50 – 400 | $250/f$ | 200 |
| 400 – 3 000 | $250/f$ | $80\,000/f$ |
| 3 000 – 10 000 000 | 0,083 | 27 |

### Anhang 1b

| Frequenz (f) | Grenzwerte, quadratisch gemittelt über 6-Minuten-Intervalle | |
| --- | --- | --- |
| in Megahertz (MHz) | Elektrische Feldstärke in Volt pro Meter (V/m) (effektiv) | Magnetische Feldstärke in Ampere pro Meter (A/m) (effektiv) |
| 0,1 – 1 | 87 | $0,73/f$ |
| 1 – 10 | $87/f^{1/2}$ | $0,73/f$ |
| 10 – 400 | 28 | 0,073 |
| 400 – 2 000 | $1,375\, f^{1/2}$ | $0,0037\, f^{1/2}$ |
| 2 000 – 300 000 | 61 | 0,16 |

## Anhang 2
(zu §§ 2, 3)

### Berücksichtigung von Immissionsbeiträgen anderer Anlagen

#### Anhang 2a

Immissionsbeiträge der elektrischen und magnetischen Felder aller Niederfrequenzanlagen und von Hochfrequenzanlagen mit Frequenzen zwischen 9 kHz und 10 MHz müssen die folgenden Bedingungen erfüllen:

**Elektrische Felder:**

$$\sum_{1Hz}^{10MHz} \frac{I_{E,i}}{G_{E,i}} \leq 1$$

mit

$I_{E,i}$ = Immissionsbeitrag des elektrischen Feldes bei der Frequenz i im Bereich von 1 Hz bis 10 MHz,
$G_{E,i}$ = Grenzwert der elektrischen Feldstärke bei der Frequenz i im Bereich von 1 Hz bis 10 MHz, gemäß Anhang 1a

**Magnetische Felder:**

$$\sum_{1Hz}^{10MHz} \frac{I_{M,i}}{G_{M,i}} \leq 1$$

mit

$I_{M,i}$ = Immissionsbeitrag des magnetischen Feldes bei der Frequenz i im Bereich von 1 Hz bis 10 MHz,
$G_{M,i}$ = Grenzwert der magnetischen Flussdichte bei der Frequenz i im Bereich von 1 Hz bis 10 MHz, gemäß Anhang 1a in Verbindung mit § 3

ElektrosmogVO  Anh. 3  26. BImSchV  6.1.26

**Anhang 2b**

Immissionsbeiträge der elektrischen und magnetischen Felder von Hochfrequenzanlagen mit Frequenzen > 100 kHz müssen zusätzlich die folgenden Bedingungen erfüllen:

**Elektrische Felder:**

$$\sum_{100\,kHz}^{300\,GHz} \left(\frac{I_{E,i}}{G_{E,i}}\right)^2 \leq 1$$

mit

$I_{E,j}$ = Immissionsbeitrag des elektrischen Feldes bei der Frequenz j im Bereich von 100 kHz bis 300 GHz (quadratisch gemittelt über 6-Minuten-Intervalle),

$G_{E,j}$ = Grenzwert der elektrischen Feldstärke bei der Frequenz j im Frequenzbereich von 100 kHz bis 300 GHz (quadratisch gemittelt über 6-Minuten-Intervalle), gemäß Anhang 1b

**Magnetische Felder:**

$$\sum_{100\,kHz}^{300\,GHz} \left(\frac{I_{M,i}}{G_{M,i}}\right)^2 \leq 1$$

mit

$I_{M,j}$ = Immissionsbeitrag des magnetischen Feldes bei der Frequenz j im Bereich von 100 kHz bis 300 GHz (quadratisch gemittelt über 6-Minuten-Intervalle),

$G_{M,j}$ = Grenzwert der magnetischen Feldstärke bei der Frequenz j im Frequenzbereich von 100 kHz bis 300 GHz (quadratisch gemittelt über 6-Minuten-Intervalle), gemäß Anhang 1b.

**Anhang 3**
(zu § 2)

### Gepulste Felder von Hochfrequenzanlagen

Bei gepulsten elektromagnetischen Feldern im Frequenzbereich von 9 kHz bis 100 kHz darf der Spitzenwert für die elektrische und die magnetische Feldstärke das 1,5-fache der Werte des Anhangs 1a nicht überschreiten.

Bei gepulsten elektromagnetischen Feldern im Frequenzbereich über 100 kHz bis 10 MHz darf der Spitzenwert für die elektrische und die magnetische Feldstärke das 6,93 $f^{0,664}$-fache der Werte des Anhangs 1b (f in MHz) nicht überschreiten.

Bei gepulsten elektromagnetischen Feldern im Frequenzbereich über 10 MHz bis 300 GHz darf der Spitzenwert für die elektrische und die magnetische Feldstärke das 32-fache der Werte des Anhangs 1b nicht überschreiten.

## 6.1.32. 32. Verordnung zur Durchführung des Bundes-Immissionsschutzgesetzes (Geräte- und Maschinenlärmschutzverordnung – 32. BImSchV)[1)]

Vom 29. August 2002

(BGBl. I S. 3478)

**FNA 2129-8-32**

zuletzt geänd. durch Art. 14 G zur Anpassung des ProduktsicherheitsG und zur Neuordnung des Rechts der überwachungsbedürftigen Anlagen v. 27.7.2021 (BGBl. I S. 3146)

### Abschnitt 1. Allgemeine Vorschriften

**§ 1 Anwendungsbereich.** (1) Diese Verordnung gilt für Geräte und Maschinen, die nach Artikel 2 der Richtlinie 2000/14/EG des Europäischen Parlaments und des Rates vom 8. Mai 2000 zur Angleichung der Rechtsvorschriften der Mitgliedstaaten über umweltbelastende Geräuschemissionen von zur Verwendung im Freien vorgesehenen Geräten und Maschinen (ABl. EG Nr. L 162 S. 1, Nr. L 311 S. 50), die durch die Richtlinie 2005/88/EG des Europäischen Parlaments und des Rates vom 14. Dezember 2005 (ABl. EU Nr. L 344 S. 44) geändert worden ist, in den Anwendungsbereich der Richtlinie fallen; sie sind im Anhang dieser Verordnung aufgelistet.

(2) Die Lärm- und Vibrations-Arbeitsschutzverordnung und die Maschinenverordnung bleiben unberührt.

**§ 2 Begriffsbestimmungen.** Im Sinne dieser Verordnung bedeuten die Begriffe

1. in Verkehr bringen:
   die erstmalige entgeltliche oder unentgeltliche Bereitstellung eines Gerätes oder einer Maschine auf dem deutschen Markt für den Vertrieb oder die Benutzung in Deutschland oder, entsprechend dem Regelungszusammenhang dieser Verordnung, auf dem Gemeinschaftsmarkt für den Vertrieb oder die Benutzung im Gebiet der Europäischen Gemeinschaft;
2. in Betrieb nehmen:
   die erstmalige Benutzung eines Gerätes oder einer Maschine in Deutschland oder, entsprechend dem Regelungszusammenhang dieser Verordnung, im Gebiet der Europäischen Gemeinschaft;
3. zur Verwendung im Freien vorgesehene Geräte und Maschinen:
   Geräte und Maschinen im Sinne von Artikel 3 Buchstabe a der Richtlinie 2000/14/EG;
4. CE-Kennzeichnung:
   Kennzeichnung im Sinne von Artikel 3 Buchstabe c der Richtlinie 2000/14/EG;
5. Konformitätsbewertungsverfahren:
   Verfahren im Sinne von Artikel 3 Buchstabe b der Richtlinie 2000/14/EG;

---

[1)] Verkündet als Art. 1 VO v. 29.8.2002 (BGBl. I S. 3478) v. 29.8.2002; Inkrafttreten gem. Art. 3 dieser VO am 6.9.2002. Die VO wurde erlassen aufgrund von § 23 Abs. 1, §§ 32 und 37 BImSchG (Nr. **6.1**) sowie § 4 Abs. 1 GSG.

GerätelärmschutzVO § 3  32. BImSchV 6.1.32

6. garantierter Schallleistungspegel:
Schallleistungspegel im Sinne von Artikel 3 Buchstabe f der Richtlinie 2000/14/EG;
7. lärmarme Geräte und Maschinen:
Geräte und Maschinen, an die das gemeinschaftliche Umweltzeichen nach den Artikeln 7 und 9 der Verordnung Nr. 1980/2000 des Europäischen Parlaments und des Rates vom 17. Juli 2000 zur Revision des gemeinschaftlichen Systems zur Vergabe eines Umweltzeichens (ABl. EG Nr. L 237 S. 1) vergeben worden ist und die mit dem Umweltzeichen nach Artikel 8 der Verordnung Nr. 1980/2000 gekennzeichnet sind. Liegt eine derartige Kennzeichnung nicht vor, gelten Geräte und Maschinen als lärmarm, die den Anforderungen an den zulässigen Schallleistungspegel der Stufe II in Artikel 12 der Richtlinie 2000/14/EG genügen.

## Abschnitt 2. Marktverkehrsregelungen für Geräte und Maschinen

**§ 3 Inverkehrbringen.** (1) [1] Geräte und Maschinen nach dem Anhang dürfen in Deutschland nur in Verkehr gebracht oder in Betrieb genommen werden, wenn der Hersteller oder sein in der Europäischen Gemeinschaft ansässiger Bevollmächtigter sichergestellt hat, dass

1. jedes Gerät oder jede Maschine mit der CE-Kennzeichnung und der Angabe des garantierten Schallleistungspegels nach Artikel 11 Abs. 1, 2 und 5 der Richtlinie 2000/14/EG und nach Satz 2 und 3 versehen ist,
2. jedem Gerät oder jeder Maschine eine Kopie der EG-Konformitätserklärung nach Artikel 8 Abs. 1 der Richtlinie 2000/14/EG und nach Satz 5 beigefügt ist, die für jeden Typ eines Gerätes oder einer Maschine auszustellen ist,
3. für den Typ des Gerätes oder der Maschine eine Kopie der EG-Konformitätserklärung nach Artikel 8 Abs. 1 der Richtlinie 2000/14/EG der Europäischen Kommission übermittelt worden ist,
4. der Typ des Gerätes oder der Maschine einem Konformitätsbewertungsverfahren unterzogen worden ist nach
    a) Artikel 14 Abs. 1 der Richtlinie 2000/14/EG, soweit es sich um ein Gerät oder eine Maschine nach dem Anhang Spalte 1 handelt,
    b) Artikel 14 Abs. 2 der Richtlinie 2000/14/EG, soweit es sich um ein Gerät oder eine Maschine nach dem Anhang Spalte 2 handelt, und
5. der garantierte Schallleistungspegel des Gerätes oder der Maschine den zulässigen Schallleistungspegel nach Artikel 12 der Richtlinie 2000/14/EG nicht überschreitet, soweit es sich um ein Gerät oder eine Maschine nach dem Anhang Spalte 1 handelt.

[2] Die CE-Kennzeichnung und die Angabe des garantierten Schallleistungspegels müssen sichtbar, lesbar und dauerhaft haltbar an jedem Gerät und jeder Maschine angebracht sein. [3] Die Sichtbarkeit und Lesbarkeit der CE-Kennzeichnung und der Angabe des garantierten Schallleistungspegels darf durch andere Kennzeichnungen auf den Geräten und Maschinen nicht beeinträchtigt sein. [4] Zeichen oder Aufschriften, die hinsichtlich der Bedeutung oder Form der CE-Kennzeichnung oder der Angabe des garantierten Schallleistungspegels irreführend sein können, dürfen nicht angebracht werden. [5] Ist die beigefügte EG-Konformitätserklärung nicht in deutscher Sprache ausgestellt, muss ferner die Kopie einer deutschen Übersetzung beigefügt sein.

(2) Ist weder der Hersteller noch sein Bevollmächtigter in der Europäischen Gemeinschaft ansässig, gilt Absatz 1 mit der Maßgabe, dass die dort genannten Anforderungen jeder sonstigen Person obliegen, die die Geräte und Maschinen in der Europäischen Gemeinschaft in Verkehr bringt oder in Betrieb nimmt.

**§ 4 Übermittlung der Konformitätserklärung.** Der in Deutschland ansässige Hersteller oder andernfalls sein in Deutschland ansässiger Bevollmächtigter hat der nach Landesrecht zuständigen Behörde des Landes, in dem er seinen Sitz hat, und der Europäischen Kommission eine Kopie der EG-Konformitätserklärung für jeden Typ eines Gerätes und einer Maschine nach dem Anhang zu übermitteln, wenn Geräte und Maschinen dieses Typs in der Europäischen Gemeinschaft in Verkehr gebracht oder in Betrieb genommen werden.

**§ 5 Aufbewahrung und Übermittlung von Informationen aus der Konformitätsbewertung.** [1]Der in Deutschland ansässige Hersteller oder andernfalls sein in Deutschland ansässiger Bevollmächtigter hat nach Herstellung des letzten Gerätes oder der letzten Maschine eines Typs zehn Jahre lang alle Informationen, die im Laufe des Konformitätsbewertungsverfahrens für den Geräte- oder Maschinentyp verwendet wurden, insbesondere die in Artikel 14 Abs. 3 der Richtlinie 2000/14/EG angegebenen technischen Unterlagen, sowie ein Exemplar der EG-Konformitätserklärung aufzubewahren. [2]Auf Verlangen hat er der nach Landesrecht zuständigen Behörde Einsicht in die Informationen zu geben und ihr Kopien der Informationen zur Verfügung zu stellen.

**§ 6 Mitteilungspflichten.** (1) Die zuständige Landesbehörde teilt Marktüberwachungsmaßnahmen nach § 8 des Marktüberwachungsgesetzes dem Bundesministerium für Umwelt, Naturschutz und nukleare Sicherheit im Hinblick auf die nach Artikel 9 Abs. 2 der Richtlinie 2000/14/EG erforderliche Unterrichtung der anderen Mitgliedstaaten der Europäischen Gemeinschaft und der Europäischen Kommission unverzüglich mit.

(2) [1]Die zuständige Landesbehörde nach § 9 Absatz 1 des Produktsicherheitsgesetzes teilt dem Bundesministerium für Umwelt, Naturschutz und nukleare Sicherheit im Hinblick auf die nach Artikel 15 Abs. 3 der Richtlinie 2000/14/EG erforderliche Meldung an die Mitgliedstaaten der Europäischen Gemeinschaft und an die Europäische Kommission mit, welche Stellen sie benannt hat. [2]In der Mitteilung ist anzugeben, für welche Geräte und Maschinen sowie Konformitätsbewertungsverfahren die Benennung gilt. [3]Satz 1 gilt entsprechend für einen Widerruf sowie eine Rücknahme, einen Ablauf oder ein Erlöschen der Benennung im Hinblick auf Artikel 15 Abs. 5 der Richtlinie 2000/14/EG.

### Abschnitt 3. Betriebsregelungen für Geräte und Maschinen

**§ 7 Betrieb in Wohngebieten.** (1) [1]In reinen, allgemeinen und besonderen Wohngebieten, Kleinsiedlungsgebieten, Sondergebieten, die der Erholung dienen, Kur- und Klinikgebieten und Gebieten für die Fremdenbeherbergung nach den §§ 2, 3, 4, 4a, 10 und 11 Abs. 2 der Baunutzungsverordnung sowie auf dem Gelände von Krankenhäusern und Pflegeanstalten dürfen im Freien

GerätelärmschutzVO **§ 8 32. BImSchV 6.1.32**

1. Geräte und Maschinen nach dem Anhang an Sonn- und Feiertagen ganztägig sowie an Werktagen in der Zeit von 20.00 Uhr bis 07.00 Uhr nicht betrieben werden,
2. Geräte und Maschinen nach dem Anhang Nr. 02, 24, 34 und 35 an Werktagen auch in der Zeit von 07.00 Uhr bis 09.00 Uhr, von 13.00 Uhr bis 15.00 Uhr und von 17.00 Uhr bis 20.00 Uhr nicht betrieben werden, es sei denn, dass für die Geräte und Maschinen das gemeinschaftliche Umweltzeichen nach den Artikeln 7 und 9 der Verordnung Nr. 1980/2000 des Europäischen Parlaments und des Rates vom 17. Juli 2000 zur Revision des gemeinschaftlichen Systems zur Vergabe eines Umweltzeichens (ABl. EG Nr. L 237 S. 1) vergeben worden ist und sie mit dem Umweltzeichen nach Artikel 8 der Verordnung Nr. 1980/2000/EG gekennzeichnet sind.

²Satz 1 gilt nicht für Bundesfernstraßen und Schienenwege von Eisenbahnen des Bundes, die durch Gebiete nach Satz 1 führen. ³Die Länder können für Landesstraßen und nichtbundeseigene Schienenwege, die durch Gebiete nach Satz 1 führen, die Geltung des Satzes 1 einschränken.

(2) ¹Die nach Landesrecht zuständige Behörde kann im Einzelfall Ausnahmen von den Einschränkungen des Absatzes 1 zulassen. ²Der Zulassung bedarf es nicht, wenn der Betrieb der Geräte und Maschinen im Einzelfall zur Abwendung einer Gefahr bei Unwetter oder Schneefall oder zur Abwendung einer sonstigen Gefahr für Mensch, Umwelt oder Sachgüter erforderlich ist. ³Der Betreiber hat die zuständige Behörde auf Verlangen über den Betrieb nach Satz 2 zu unterrichten. ⁴Von Amts wegen können im Einzelfall Ausnahmen von den Einschränkungen des Absatzes 1 zugelassen werden, wenn der Betrieb der Geräte und Maschinen zur Abwendung einer Gefahr für die Allgemeinheit oder im sonstigen öffentlichen Interesse erforderlich ist.

(3) Weitergehende landesrechtliche Vorschriften zum Schutz von Wohn- und sonstiger lärmempfindlicher Nutzung und allgemeine Vorschriften des Lärmschutzes, insbesondere zur Sonn- und Feiertagsruhe und zur Nachtruhe, bleiben unberührt.

**§ 8 Betrieb in empfindlichen Gebieten.** Die Länder können

1. unter Beachtung des Artikels 17 der Richtlinie Nr. 2000/14/EG weitergehende Regelungen für Einschränkungen des Betriebs von Geräten und Maschinen nach dem Anhang in von ihnen als empfindlich eingestuften Gebieten treffen,
2. unter Beachtung der allgemeinen Vorschriften des Lärmschutzes Regelungen zu weitergehenden Ausnahmen von Einschränkungen des Betriebs von Geräten und Maschinen nach dem Anhang treffen, soweit

    a) lärmarme Geräte und Maschinen eingesetzt werden, deren Betrieb nicht erheblich stört oder unter Abwägung öffentlicher und privater Belange sowie unter Berücksichtigung anderweitiger Lösungsmöglichkeiten Vorrang hat, oder

    b) der Betrieb im öffentlichen Interesse erforderlich ist.

## Abschnitt 4. Schlussvorschriften

**§ 9 Ordnungswidrigkeiten.** (1) Ordnungswidrig im Sinne des § 28 Absatz 1 Nummer 7 Buchstabe a des Produktsicherheitsgesetzes handelt, wer vorsätzlich oder fahrlässig

1. entgegen § 3 Abs. 1 Satz 1, auch in Verbindung mit Abs. 2, ein Gerät oder eine Maschine in Verkehr bringt oder in Betrieb nimmt,
1a. entgegen § 3 Absatz 1 Satz 4 ein Zeichen oder eine Aufschrift anbringt oder
2. entgegen § 4 eine Kopie nicht oder nicht rechtzeitig übermittelt.

(1a) Ordnungswidrig im Sinne des § 28 Absatz 1 Nummer 7 Buchstabe b des Produktsicherheitsgesetzes handelt, wer vorsätzlich oder fahrlässig entgegen § 5 Satz 1 eine Information oder ein Exemplar nicht oder nicht mindestens zehn Jahre aufbewahrt.

(2) Ordnungswidrig im Sinne des § 62 Abs. 1 Nr. 7 des Bundes-Immissionsschutzgesetzes[1] handelt, wer vorsätzlich oder fahrlässig

1. entgegen § 7 Abs. 1 Satz 1 ein Gerät oder eine Maschine betreibt oder
2. entgegen § 7 Abs. 2 Satz 3 die zuständige Behörde nicht, nicht richtig, nicht vollständig oder nicht rechtzeitig unterrichtet.

**§ 10 Übergangsvorschrift.** (1) Für Geräte und Maschinen nach dem Anhang, die vor dem 6. September 2002 in Verkehr gebracht oder in Betrieb genommen worden sind, gelten nur § 7 Abs. 1 und 2 sowie § 9 Abs. 2.

(2) Soweit ab dem 3. Juli 2001 und vor dem 6. September 2002 der Hersteller oder sein in der Europäischen Gemeinschaft ansässiger Bevollmächtigter auf der Grundlage von Artikel 22 Abs. 2 Satz 2 der Richtlinie 2000/14/EG ein Gerät oder eine Maschine nach dem Anhang mit der CE-Kennzeichnung nach Artikel 11 der Richtlinie 2000/14/EG versehen hat, gelten für diese Geräte und Maschinen ab dem 6. September 2002 die Vorschriften dieser Verordnung.

(3) Baumusterprüfbescheinigungen und Messergebnisse zu Geräten und Maschinen, die im Rahmen der aufgehobenen Rasenmäherlärm-Verordnung oder der aufgehobenen Baumaschinenlärm-Verordnung ausgestellt beziehungsweise ermittelt wurden, können bei der Abfassung der technischen Unterlagen nach Anhang V Nr. 3, Anhang VI Nr. 3, Anhang VII Nr. 2 sowie Anhang VIII Nr. 3.1 und 3.3 der Richtlinie 2000/14/EG verwendet werden.

**§ 11 Anpassungsvorschrift.** [1] Wird Anhang III der in § 3 in Bezug genommenen Richtlinie 2000/14/EG im Verfahren nach Artikel 18 Abs. 2 dieser Richtlinie an den technischen Fortschritt angepasst, so gilt er in der geänderten, im Amtsblatt der Europäischen Gemeinschaften veröffentlichten Fassung. [2] Die Änderungen gelten von dem Tage an, den die Richtlinie bestimmt. [3] Fehlt eine solche Bestimmung, so gelten sie vom ersten Tage des dritten auf die Veröffentlichung folgenden Monats an.

---

[1] Nr. **6.1**.

GerätelärmschutzVO  Anh. 32. BImSchV 6.1.32

## Anhang

Nachstehende Geräte und Maschinen fallen nach § 1 in den Anwendungsbereich der Verordnung.

**Legende:**

| | | |
|---|---|---|
| Nr. | = | Ordnungsnummer des Gerätes oder der Maschine, entsprechend der Auflistung in Anhang I der Richtlinie 2000/14/EG |
| Gerät/Maschine | = | Art des Gerätes und der Maschine, ggf. mit Leistungswerten |
| Sp. 1 | = | Spalte 1, entsprechend dem Anwendungsbereich von Artikel 12 der Richtlinie 2000/14/EG |
| Sp. 2 | = | Spalte 2, entsprechend dem Anwendungsbereich von Artikel 13 der Richtlinie 2000/14/EG |
| X in der Spalte 1 bzw. 2 | = | Gerät oder Maschine fällt in den Anwendungsbereich der Spalte 1 bzw. der Spalte 2 |

| Nr. | Gerät/Maschine | Sp. 1 | Sp. 2 |
|---|---|---|---|
| 01 | Hubarbeitsbühne mit Verbrennungsmotor | | X |
| 02 | Freischneider | | X |
| 03 | Bauaufzug für den Materialtransport mit | | |
| 03.1 | Verbrennungsmotor | X | |
| 03.2 | Elektromotor | | X |
| 04 | Baustellenbandsägemaschine | | X |
| 05 | Baustellenkreissägemaschine | | X |
| 06 | Tragbare Motorkettensäge | | X |
| 07 | Kombiniertes Hochdruckspül- und Saugfahrzeug | | X |
| 08 | Verdichtungsmaschine in der Bauart von | | |
| 08.1 | Vibrationswalzen und nichtvibrierende Walzen, Rüttelplatten und Vibrationsstampfer | X | |
| 08.2 | Explosionsstampfer | | X |
| 09 | Kompressor (< 350 kW) | X | |
| 10 | Handgeführter Betonbrecher und Abbau-, Aufbruch- und Spatenhammer | X | |
| 11 | Beton- und Mörtelmischer | | X |
| 12 | Bauwinde mit | | |
| 12.1 | Verbrennungsmotor | X | |
| 12.2 | Elektromotor | | X |
| 13 | Förder- und Spritzmaschine für Beton und Mörtel | | X |
| 14 | Förderband | | X |
| 15 | Fahrzeugkühlaggregat | | X |
| 16 | Planiermaschine (< 500 kW) | X | |
| 17 | Bohrgerät | | X |
| 18 | Muldenfahrzeug (< 500 kW) | X | |
| 19 | Be- und Entladeaggregat von Silo- oder Tankfahrzeugen | | X |
| 20 | Hydraulik- und Seilbagger (< 500 kW) | X | |
| 21 | Baggerlader (< 500 kW) | X | |
| 22 | Altglassammelbehälter | | X |
| 23 | Grader (< 500 kW) | X | |
| 24 | Grastrimmer/Graskantenschneider | | X |
| 25 | Heckenschere | | X |
| 26 | Hochdruckspülfahrzeug | | X |
| 27 | Hochdruckwasserstrahlmaschine | | X |
| 28 | Hydraulikhammer | | X |
| 29 | Hydraulikaggregat | X | |
| 30 | Fugenschneider | | X |
| 31 | Müllverdichter, der Bauart nach ein Lader mit Schaufel (< 500 kW) | X | |

## 6.1.32  32. BImSchV  Anh.                                    GerätelärmschutzVO

| Nr. | Gerät/Maschine | Sp. 1 | Sp. 2 |
|---|---|---|---|
| 32 | Rasenmäher (mit Ausnahme von<br>– land- und forstwirtschaftlichen Geräten<br>– Mehrzweckgeräten, deren Hauptantrieb eine installierte Leistung von mehr als 20 kW aufweist) | X | |
| 33 | Rasentrimmer/Rasenkantenschneider | X | |
| 34 | Laubbläser | | X |
| 35 | Laubsammler | | X |
| 36 | Gegengewichtsstapler mit Verbrennungsmotor | | |
| 36.1 | geländegängiger Gabelstapler (Gegengewichtsstapler auf Rädern, der in erster Linie für naturbelassenes gewachsenes und aufgewühltes Gelände, z.B. auf Baustellen, bestimmt ist) | X | |
| 36.2 | sonstiger Gegengewichtsstapler mit einer Tragfähigkeit von höchstens 10 Tonnen, ausgenommen Gegengewichtsstapler, die speziell für die Containerbeförderung gebaut sind | | X |
| 37 | Lader (< 500 kW) | X | |
| 38 | Mobilkran | X | |
| 39 | Rollbarer Müllbehälter | | X |
| 40 | Motorhacke (< 3 kW) | X | |
| 41 | Straßenfertiger | | |
| 41.1 | ohne Hochverdichtungsbohle | X | |
| 41.2 | mit Hochverdichtungsbohle | | X |
| 42 | Rammausrüstung | | X |
| 43 | Rohrleger | | X |
| 44 | Pistenraupe | | X |
| 45 | Kraftstromerzeuger | | |
| 45.1 | < 400 kW | X | |
| 45.2 | ≥ 400 kW | | X |
| 46 | Kehrmaschine | | X |
| 47 | Müllsammelfahrzeug | | X |
| 48 | Straßenfräse | | X |
| 49 | Vertikutierer | | X |
| 50 | Schredder/Zerkleinerer | | X |
| 51 | Schneefräse (selbstfahrend, ausgenommen Anbaugeräte) | | X |
| 52 | Saugfahrzeug | | X |
| 53 | Turmdrehkran | X | |
| 54 | Grabenfräse | | X |
| 55 | Transportbetonmischer | | X |
| 56 | Wasserpumpe (nicht für Unterwasserbetrieb) | | X |
| 57 | Schweißstromerzeuger | X | |

## 6.1.39. Neununddreißigste Verordnung zur Durchführung des Bundes-Immissionsschutzgesetzes (Verordnung über Luftqualitätsstandards und Emissionshöchstmengen – 39. BImSchV)[1)][2)]

Vom 2. August 2010
(BGBl. I S. 1065)
FNA 2129-8-39

zuletzt geänd. durch Art. 112 Elfte ZuständigkeitsanpassungsVO v. 19.6.2020 (BGBl. I S. 1328)

### Teil 1. Allgemeine Vorschriften

**§ 1 Begriffsbestimmungen.** In dieser Verordnung gelten folgende Begriffsbestimmungen:

1. „Alarmschwelle" ist ein Wert, bei dessen Überschreitung bei kurzfristiger Exposition ein Risiko für die Gesundheit der Gesamtbevölkerung besteht und unverzüglich Maßnahmen ergriffen werden müssen;
2. „AOT40", ausgedrückt in $\frac{Mikrogramm}{Kubikmeter} \times Stunden$, ist die über einen vorgegebenen Zeitraum summierte Differenz zwischen Ozonwerten über 80 Mikrogramm pro Kubikmeter und 80 Mikrogramm pro Kubikmeter unter ausschließlicher Verwendung der täglichen Einstundenmittelwerte zwischen 8.00 Uhr und 20.00 Uhr mitteleuropäischer Zeit (MEZ);
3. „Arsen", „Kadmium", „Nickel" und „Benzo[a]pyren" bezeichnen den Gesamtgehalt des jeweiligen Elements oder der Verbindung in der $PM_{10}$-Fraktion;
4. „Ballungsraum" ist ein städtisches Gebiet mit mindestens 250 000 Einwohnern und Einwohnerinnen, das aus einer oder mehreren Gemeinden besteht, oder ein Gebiet, das aus einer oder mehreren Gemeinden besteht, welche jeweils eine Einwohnerdichte von 1 000 Einwohnern und Einwohnerinnen oder mehr je Quadratkilometer bezogen auf die Gemarkungsfläche haben und die zusammen mindestens eine Fläche von 100 Quadratkilometern darstellen;
5. „Beurteilung" ist die Ermittlung und Bewertung der Luftqualität durch Messung, Berechnung, Vorhersage oder Schätzung anhand der Methoden und Kriterien, die in dieser Verordnung genannt sind;
6. „Emissionen" sind Schadstoffe, die durch menschliche Tätigkeit aus Quellen auf dem Gebiet der Bundesrepublik Deutschland und ihrer ausschließlichen Wirtschaftszone freigesetzt werden, ausgenommen Schadstoffe des

---

[1)] **Amtl. Anm.:** Diese Verordnung dient der Umsetzung der Richtlinie 2008/50/EG des Europäischen Parlaments und des Rates vom 21. Mai 2008 über Luftqualität und saubere Luft für Europa (ABl. L 152 vom 11.6.2008, S. 1), der Richtlinie 2004/107/EG des Europäischen Parlaments und des Rates vom 15. Dezember 2004 über Arsen, Kadmium, Quecksilber, Nickel und polyzyklische aromatische Kohlenwasserstoffe in der Luft (ABl. L 23 vom 26.1.2005, S. 3) sowie der Richtlinie 2001/81/EG des Europäischen Parlaments und des Rates vom 23. Oktober 2001 über nationale Emissionshöchstmengen für bestimmte Luftschadstoffe (ABl. L 309 vom 27.11.2001, S. 22).
[2)] Verkündet als Art. 1 VO v. 2.8.2010 (BGBl. I S. 1065); Inkrafttreten gem. Art. 2 Satz 1 dieser VO am 6.8.2010.

internationalen Seeverkehrs und von Flugzeugen außerhalb des Lande- und Startzyklus;
7. „Emissionsbeiträge aus natürlichen Quellen" sind Schadstoffemissionen, die nicht unmittelbar oder mittelbar durch menschliche Tätigkeit verursacht werden, einschließlich Naturereignissen wie Vulkanausbrüchen, Erdbeben, geothermischen Aktivitäten, Freilandbränden, Stürmen, Meeresgischt oder der atmosphärischen Aufwirbelung oder des atmosphärischen Transports natürlicher Partikel aus Trockengebieten;
8. „flüchtige organische Verbindungen" (NMVOC = non methane volatile organic compounds) sind alle organischen Verbindungen mit Ausnahme von Methan, die natürlichen Ursprungs sind oder durch menschliche Tätigkeit verursacht werden und durch Reaktion mit Stickstoffoxiden bei Sonnenlicht photochemische Oxidantien erzeugen können; die §§ 33 und 34 umfassen, soweit sie sich auf die Einhaltung der nationalen Emissionshöchstmengen von NMVOC beziehen, nur NMVOC, die durch menschliche Tätigkeit verursacht werden;
9. „Gebiet" ist ein von den zuständigen Behörden für die Beurteilung und Kontrolle der Luftqualität abgegrenzter Teil der Fläche eines Landes;
10. „geplante Maßnahmen" des Programms nach § 34 sind eine Zusammenstellung der von der Bundesregierung beabsichtigten Rechts- oder Verwaltungsvorschriften des Bundes sowie anderer in der Zuständigkeit der Bundesregierung liegender Maßnahmen, mit deren Hilfe die Werte für Ozon und Emissionshöchstmengen eingehalten werden sollen;
11. „Gesamtablagerung" ist die Gesamtmenge der Schadstoffe, die auf einer bestimmten Fläche innerhalb eines bestimmten Zeitraums aus der Luft auf Oberflächen (zum Beispiel Boden, Vegetation, Gewässer, Gebäude und so weiter) gelangt;
12. „gesamtes gasförmiges Quecksilber" ist elementarer Quecksilberdampf (Hg°) und reaktives gasförmiges Quecksilber; reaktives gasförmiges Quecksilber besteht aus wasserlöslichen Quecksilberverbindungen mit ausreichend hohem Dampfdruck, um in der Gasphase zu existieren;
13. „höchster Achtstundenmittelwert eines Tages" ist ein Wert, der ermittelt wird, indem die gleitenden Achtstundenmittelwerte aus Einstundenmittelwerten gebildet und stündlich aktualisiert werden; jeder auf diese Weise errechnete Achtstundenmittelwert gilt für den Tag, an dem dieser Zeitraum endet; das heißt, dass der erste Berechnungszeitraum für jeden einzelnen Tag die Zeitspanne von 17.00 Uhr des vorangegangenen Tages bis 1.00 Uhr des betreffenden Tages umfasst, während für den letzten Berechnungszeitraum jeweils die Stunden von 16.00 Uhr bis 24.00 Uhr des betreffenden Tages zu Grunde gelegt werden;
14. „Indikator für die durchschnittliche Exposition" ist ein Wert, der anhand von Messungen an Messstationen für den städtischen Hintergrund die durchschnittliche Exposition der Bevölkerung mit $PM_{2,5}$ angibt. Dieser Wert dient der Berechnung des nationalen Ziels der Reduzierung der Exposition und der Berechnung der Verpflichtung in Bezug auf die Expositionskonzentration;
15. „Immissionsgrenzwert" ist ein Wert, der auf Grund wissenschaftlicher Erkenntnisse mit dem Ziel festgelegt wird, schädliche Auswirkungen auf die menschliche Gesundheit oder die Umwelt insgesamt zu vermeiden, zu

verhüten oder zu verringern, und der innerhalb eines bestimmten Zeitraums eingehalten werden muss und danach nicht überschritten werden darf;
16. „Informationsschwelle" ist ein Ozonwert in der Luft, bei dessen Überschreitung schon bei kurzfristiger Exposition ein Risiko für die Gesundheit besonders empfindlicher Bevölkerungsgruppen besteht und bei dem unverzüglich geeignete Informationen erforderlich sind;
17. „kritischer Wert" ist ein auf Grund wissenschaftlicher Erkenntnisse festgelegter Wert, dessen Überschreitung unmittelbare schädliche Auswirkungen für manche Rezeptoren wie Bäume, sonstige Pflanzen oder natürliche Ökosysteme, aber nicht für den Menschen haben kann;
18. „Pläne für kurzfristige Maßnahmen" sind Pläne mit den Maßnahmen, die kurzfristig zu ergreifen sind, um die Gefahr der Überschreitung von Alarmschwellen für Schwefeldioxid und Stickstoffdioxid zu verringern oder deren Dauer zu beschränken;
19. „langfristiges Ziel" ist ein Wert zum Schutz der menschlichen Gesundheit und der Umwelt, der unter Berücksichtigung von § 23 langfristig einzuhalten ist;
20. „Luft" ist die Außenluft in der Troposphäre mit Ausnahme von Arbeitsstätten im Sinne der Richtlinie 89/654/EWG des Rates vom 30. November 1989 über Mindestvorschriften für Sicherheit und Gesundheitsschutz in Arbeitsstätten (ABl. L 393 vom 30.12.1989, S. 1), die durch die Richtlinie 2007/30/EG (ABl. L 165 vom 27.6.2007, S. 21) geändert worden ist; an diesen Arbeitsstätten, zu denen die Öffentlichkeit normalerweise keinen Zugang hat, gelten die Bestimmungen für Gesundheitsschutz und Sicherheit am Arbeitsplatz;
21. „Luftreinhaltepläne" sind Pläne, in denen Maßnahmen zur Erreichung der Immissionsgrenzwerte oder des $PM_{2,5}$-Zielwerts festgelegt sind;
22. „Messstationen für den städtischen Hintergrund" sind Messstationen an Standorten in städtischen Gebieten, an denen die Werte repräsentativ für die Exposition der städtischen Bevölkerung sind;
23. „nationales Ziel für die Reduzierung der Exposition" ist eine prozentuale Reduzierung der durchschnittlichen Exposition der Bevölkerung der Bundesrepublik Deutschland, die für das Bezugsjahr mit dem Ziel festgesetzt wird, schädliche Auswirkungen auf die menschliche Gesundheit zu verringern;
24. „obere Beurteilungsschwelle" ist ein Wert, unterhalb dessen eine Kombination von ortsfesten Messungen und Modellrechnungen oder orientierenden Messungen angewandt werden kann, um die Luftqualität zu beurteilen;
25. „orientierende Messungen" sind Messungen, die weniger strenge Datenqualitätsziele erfüllen als ortsfeste Messungen;
26. „ortsfeste Messungen" sind kontinuierlich oder stichprobenartig an festen Orten durchgeführte Messungen, um Werte entsprechend den jeweiligen Datenqualitätszielen zu ermitteln;
27. „Ozonvorläuferstoffe" sind Stoffe, die zur Bildung von bodennahem Ozon beitragen;
28. „$PM_{10}$" sind Partikel, die einen größenselektierenden Lufteinlass passieren, der für einen aerodynamischen Durchmesser von 10 Mikrometern einen Abscheidegrad von 50 Prozent aufweist;

29. „PM$_{2,5}$" sind Partikel, die einen größenselektierenden Lufteinlass passieren, der für einen aerodynamischen Durchmesser von 2,5 Mikrometern einen Abscheidegrad von 50 Prozent aufweist;
30. „polyzyklische aromatische Kohlenwasserstoffe" sind organische Verbindungen, die sich aus mindestens zwei miteinander verbundenen aromatischen Ringen zusammensetzen, die ausschließlich aus Kohlenstoff und Wasserstoff bestehen;
31. „Schadstoff" ist jeder in der Luft vorhandene Stoff, der schädliche Auswirkungen auf die menschliche Gesundheit oder die Umwelt insgesamt haben kann;
32. „Stickstoffoxide" sind die Summe der Volumenmischungsverhältnisse von Stickstoffmonoxid und Stickstoffdioxid, ausgedrückt in der Einheit der Massenkonzentration von Stickstoffdioxid in Mikrogramm pro Kubikmeter;
33. „Toleranzmarge" bezeichnet den Prozentsatz, um den der in dieser Verordnung festgelegte Immissionsgrenzwert überschritten werden darf, unter der Voraussetzung, dass die in dieser Verordnung festgelegten Bedingungen erfüllt sind; im Fall zukünftiger Grenzwerte bezeichnet „Toleranzmarge" einen in jährlichen Stufen abnehmenden Wert, um den der Immissionsgrenzwert bis zur jeweils festgesetzten Frist überschritten werden darf, ohne die Erstellung von Plänen zu bedingen;
34. „untere Beurteilungsschwelle" ist ein Wert, unterhalb dessen für die Beurteilung der Luftqualität nur Modellrechnungen oder Schätzverfahren angewandt zu werden brauchen;
35. „Verpflichtung in Bezug auf die Expositionskonzentration" ist ein Niveau, das anhand des Indikators für die durchschnittliche Exposition mit dem Ziel festgesetzt wird, schädliche Auswirkungen auf die menschliche Gesundheit zu verringern, und das in einem bestimmten Zeitraum erreicht werden muss;
36. „Wert" ist die Konzentration eines Schadstoffs in der Luft im Normzustand gemäß Anlage 6 Abschnitt C oder die Ablagerung eines Schadstoffs auf bestimmten Flächen in bestimmten Zeiträumen;
37. „Zielwert" ist ein Wert, der mit dem Ziel festgelegt wird, schädliche Auswirkungen auf die menschliche Gesundheit oder die Umwelt insgesamt zu vermeiden, zu verhindern oder zu verringern, und der nach Möglichkeit innerhalb eines bestimmten Zeitraums eingehalten werden muss.

### Teil 2. Immissionswerte

**§ 2 Immissionsgrenzwerte, Alarmschwelle und kritischer Wert für Schwefeldioxid.** (1) Zum Schutz der menschlichen Gesundheit beträgt der über eine volle Stunde gemittelte Immissionsgrenzwert für Schwefeldioxid

350 Mikrogramm pro Kubikmeter

bei 24 zugelassenen Überschreitungen im Kalenderjahr.

(2) Zum Schutz der menschlichen Gesundheit beträgt der über den Tag gemittelte Immissionsgrenzwert für Schwefeldioxid

125 Mikrogramm pro Kubikmeter

bei drei zugelassenen Überschreitungen im Kalenderjahr.

(3) Die Alarmschwelle für Schwefeldioxid beträgt über eine volle Stunde gemittelt
>500 Mikrogramm pro Kubikmeter,

gemessen an drei aufeinanderfolgenden Stunden an den von den zuständigen Behörden gemäß Anlage 3 eingerichteten Probenahmestellen, die für die Luftqualität in einem Bereich von mindestens 100 Quadratkilometern oder im gesamten Gebiet oder Ballungsraum repräsentativ sind; maßgebend ist die kleinste dieser Flächen.

(4) Zum Schutz der Vegetation beträgt der kritische Wert für Schwefeldioxid für das Kalenderjahr sowie für das Winterhalbjahr (1. Oktober des laufenden Jahres bis 31. März des Folgejahres)
>20 Mikrogramm pro Kubikmeter.

**§ 3 Immissionsgrenzwerte und Alarmschwelle für Stickstoffdioxid ($NO_2$); kritischer Wert für Stickstoffoxide ($NO_x$).** (1) Zum Schutz der menschlichen Gesundheit beträgt der über eine volle Stunde gemittelte Immissionsgrenzwert für Stickstoffdioxid ($NO_2$)
>200 Mikrogramm pro Kubikmeter

bei 18 zugelassenen Überschreitungen im Kalenderjahr.

(2) Zum Schutz der menschlichen Gesundheit beträgt der über ein Kalenderjahr gemittelte Immissionsgrenzwert für Stickstoffdioxid ($NO_2$)
>40 Mikrogramm pro Kubikmeter.

(3) Die Alarmschwelle für Stickstoffdioxid ($NO_2$) beträgt über eine volle Stunde gemittelt
>400 Mikrogramm pro Kubikmeter,

gemessen an drei aufeinanderfolgenden Stunden an den von den zuständigen Behörden gemäß Anlage 3 eingerichteten Probenahmestellen, die für die Luftqualität in einem Bereich von mindestens 100 Quadratkilometern oder im gesamten Gebiet oder Ballungsraum repräsentativ sind; maßgebend ist die kleinste dieser Flächen.

(4) Zum Schutz der Vegetation beträgt der über ein Kalenderjahr gemittelte kritische Wert für Stickstoffoxide ($NO_x$)
>30 Mikrogramm pro Kubikmeter.

**§ 4 Immissionsgrenzwerte für Partikel ($PM_{10}$).** (1) Zum Schutz der menschlichen Gesundheit beträgt der über den Tag gemittelte Immissionsgrenzwert für Partikel $PM_{10}$
>50 Mikrogramm pro Kubikmeter

bei 35 zugelassenen Überschreitungen im Kalenderjahr.

(2) Zum Schutz der menschlichen Gesundheit beträgt der über ein Kalenderjahr gemittelte Immissionsgrenzwert für Partikel $PM_{10}$
>40 Mikrogramm pro Kubikmeter.

**§ 5 Zielwert, Immissionsgrenzwert, Verpflichtung in Bezug auf die Expositionskonzentration sowie nationales Ziel für die Reduzierung der Exposition für Partikel (PM$_{2,5}$).** (1) Zum Schutz der menschlichen Gesundheit beträgt der über ein Kalenderjahr gemittelte Zielwert für PM$_{2,5}$

25 Mikrogramm pro Kubikmeter.

(2) Zum Schutz der menschlichen Gesundheit beträgt der ab 1. Januar 2015 einzuhaltende über ein Kalenderjahr gemittelte Immissionsgrenzwert für PM$_{2,5}$

25 Mikrogramm pro Kubikmeter.

(3) [1] Für den Grenzwert des Absatzes 2 beträgt die Toleranzmarge 5 Mikrogramm pro Kubikmeter. [2] Sie vermindert sich ab dem 1. Januar 2009 jährlich um ein Siebentel bis auf den Wert 0 zum 1. Januar 2015.

(4) Zum Schutz der menschlichen Gesundheit und um die Verpflichtung in Bezug auf die Expositionskonzentration einzuhalten, darf der Indikator für die durchschnittliche PM$_{2,5}$-Exposition nach § 15 ab dem 1. Januar 2015 den Wert von

20 Mikrogramm pro Kubikmeter

nicht mehr überschreiten.

(5) [1] Ab dem 1. Januar 2020 ist zum Schutz der menschlichen Gesundheit ein nationales Ziel für die Reduzierung der PM$_{2,5}$-Exposition einzuhalten. [2] Die Höhe dieses Ziels ist vom Wert des Indikators für die durchschnittliche PM$_{2,5}$-Exposition nach § 15 im Referenzjahr 2010 abhängig. [3] Die Beurteilung wird gemäß Anlage 12 Abschnitt B vom Umweltbundesamt vorgenommen.

**§ 6 Immissionsgrenzwert für Blei.** Zum Schutz der menschlichen Gesundheit beträgt der über ein Kalenderjahr gemittelte Immissionsgrenzwert für Blei

0,5 Mikrogramm pro Kubikmeter.

**§ 7 Immissionsgrenzwert für Benzol.** Zum Schutz der menschlichen Gesundheit beträgt der über ein Kalenderjahr gemittelte Immissionsgrenzwert für Benzol

5 Mikrogramm pro Kubikmeter.

**§ 8 Immissionsgrenzwert für Kohlenmonoxid.** Zum Schutz der menschlichen Gesundheit beträgt der als höchster Achtstundenmittelwert pro Tag zu ermittelnde Immissionsgrenzwert für Kohlenmonoxid

10 Milligramm pro Kubikmeter.

**§ 9 Zielwerte, langfristige Ziele, Informationsschwelle und Alarmschwelle für bodennahes Ozon.** (1) [1] Der Zielwert zum Schutz der menschlichen Gesundheit vor Ozon beträgt

120 Mikrogramm pro Kubikmeter

als höchster Achtstundenmittelwert während eines Tages bei 25 zugelassenen Überschreitungen im Kalenderjahr. [2] Maßgebend für die Beurteilung, ob der Zielwert zum 1. Januar 2010 erreicht wurde, ist die Zahl der Überschreitungstage pro Kalenderjahr, gemittelt über drei Jahre. [3] Das Jahr 2010 ist das erste

Jahr, das zur Berechnung der Zahl der Überschreitungstage pro Kalenderjahr herangezogen wird.

(2) ¹Der Zielwert zum Schutz der Vegetation vor Ozon beträgt

$$18\,000 \, \frac{Mikrogramm}{Kubikmeter} \times Stunden$$

als AOT40 für den Zeitraum von Mai bis Juli. ²Maßgebend für die Beurteilung, ob der Zielwert zum 1. Januar 2010 erreicht wurde, ist der AOT40-Wert für diesen Zeitraum, gemittelt über fünf Jahre. ³Das Jahr 2010 ist das erste Jahr, das zur Berechnung des AOT40-Werts für den Zeitraum von Mai bis Juli herangezogen wird.

(3) Das langfristige Ziel zum Schutz der menschlichen Gesundheit vor Ozon beträgt

$$120 \text{ Mikrogramm pro Kubikmeter}$$

als höchster Achtstundenmittelwert während eines Tages.

(4) Das langfristige Ziel zum Schutz der Vegetation vor Ozon beträgt

$$6\,000 \, \frac{Mikrogramm}{Kubikmeter} \times Stunden$$

als AOT40 für den Zeitraum von Mai bis Juli.

(5) Die Informationsschwelle für Ozon liegt bei

$$180 \text{ Mikrogramm pro Kubikmeter}$$

als Einstundenmittelwert.

(6) Die Alarmschwelle für Ozon liegt bei

$$240 \text{ Mikrogramm pro Kubikmeter}$$

als Einstundenmittelwert.

(7) Die Kriterien zur Prüfung der Werte sind in Anlage 7 Abschnitt A festgelegt.

## § 10 Zielwerte für Arsen, Kadmium, Nickel und Benzo[a]pyren.

Um schädliche Auswirkungen von Arsen, Kadmium, Nickel und Benzo[a]pyren als Marker für polyzyklische aromatische Kohlenwasserstoffe auf die menschliche Gesundheit und die Umwelt insgesamt zu vermeiden, zu verhindern oder zu verringern, werden folgende ab dem 1. Januar 2013 einzuhaltende Zielwerte als Gesamtgehalt in der $PM_{10}$-Fraktion über ein Kalenderjahr gemittelt festgesetzt:

| Schadstoff | Zielwert in Nanogramm pro Kubikmeter |
|---|---|
| Arsen | 6 |
| Kadmium | 5 |
| Nickel | 20 |
| Benzo[a]pyren | 1 |

## Teil 3. Beurteilung der Luftqualität

**§ 11 Festlegung von Gebieten und Ballungsräumen.** Die zuständigen Behörden legen für die gesamte Fläche ihres Landes Gebiete und Ballungsräume fest.

**§ 12 Einstufung der Gebiete und Ballungsräume für Schwefeldioxid, Stickstoffdioxid und Stickstoffoxide, Partikel ($PM_{10}$ und $PM_{2,5}$), Blei, Benzol und Kohlenmonoxid.** (1) ¹Für Schwefeldioxid, Stickstoffdioxid und Stickstoffoxide, Partikel ($PM_{10}$ und $PM_{2,5}$), Blei, Benzol und Kohlenmonoxid gelten die in Anlage 2 Abschnitt A festgelegten oberen und unteren Beurteilungsschwellen. ²Alle Gebiete und Ballungsräume werden anhand dieser Beurteilungsschwellen eingestuft.

(2) ¹Die Einstufung nach Absatz 1 wird spätestens alle fünf Jahre gemäß dem in Anlage 2 Abschnitt B festgelegten Verfahren überprüft. ²Bei signifikanten Änderungen der Aktivitäten, die für die Konzentration von Schwefeldioxid, Stickstoffdioxid oder gegebenenfalls Stickstoffoxiden, Partikeln ($PM_{10}$ und $PM_{2,5}$), Blei, Benzol oder Kohlenmonoxid in der Luft von Bedeutung sind, sind die Einstufungen je nach Signifikanz in kürzeren Intervallen zu überprüfen.

**§ 13 Vorschriften zur Ermittlung von Schwefeldioxid, Stickstoffdioxid und Stickstoffoxiden, Partikeln ($PM_{10}$ und $PM_{2,5}$), Blei, Benzol und Kohlenmonoxid.** (1) Die Luftqualität wird in Bezug auf die in § 12 Absatz 1 genannten Schadstoffe in allen Gebieten und Ballungsräumen anhand der in den Absätzen 2 bis 4 sowie in der Anlage 3 festgelegten Kriterien beurteilt.

(2) ¹In allen Gebieten und Ballungsräumen, in denen der Wert der in Absatz 1 genannten Schadstoffe die für diese Schadstoffe festgelegte obere Beurteilungsschwelle überschreitet, sind zur Beurteilung der Luftqualität ortsfeste Messungen durchzuführen. ²Über diese ortsfesten Messungen hinaus können Modellrechnungen sowie orientierende Messungen durchgeführt werden, um angemessene Informationen über die räumliche Verteilung der Luftqualität zu erhalten.

(3) In allen Gebieten und Ballungsräumen, in denen der Wert der in Absatz 1 genannten Schadstoffe die für diese Schadstoffe festgelegte obere Beurteilungsschwelle unterschreitet, kann zur Beurteilung der Luftqualität eine Kombination von ortsfesten Messungen und Modellrechnungen oder orientierenden Messungen angewandt werden.

(4) In allen Gebieten und Ballungsräumen, in denen der Wert der in Absatz 1 genannten Schadstoffe die für diese Schadstoffe festgelegte untere Beurteilungsschwelle unterschreitet, genügen zur Beurteilung der Luftqualität Modellrechnungen, Techniken der objektiven Schätzung oder beides.

(5) ¹Zusätzlich zu den Beurteilungskriterien gemäß den Absätzen 2 bis 4 sind Messungen an Messstationen im ländlichen Hintergrund abseits signifikanter Luftverschmutzungsquellen gemäß Anlage 3 durchzuführen, um zumindest Informationen über die Gesamtmassenkonzentration und die Konzentration von Staubinhaltsstoffen von Partikeln ($PM_{2,5}$) im Jahresdurchschnitt zu erhalten. ²Diese Messungen sind anhand der folgenden Kriterien durchzuführen:

1. es ist eine Probenahmestelle je 100 000 Quadratkilometer einzurichten;
2. Anlage 1 Abschnitt A und C gilt für die Datenqualitätsziele für Massenkonzentrationsmessungen von Partikeln; Anlage 4 ist uneingeschränkt anzuwenden.

**§ 14 Probenahmestellen zur Messung von Schwefeldioxid, Stickstoffdioxid und Stickstoffoxiden, Partikeln ($PM_{10}$ und $PM_{2,5}$), Blei, Benzol und Kohlenmonoxid.** (1) Für die Festlegung des Standorts von Probenahmestellen, an denen die in § 12 Absatz 1 genannten Schadstoffe in der Luft gemessen werden, gelten die Kriterien der Anlage 3.

(2) In Gebieten und Ballungsräumen, in denen ortsfeste Messungen die einzige Informationsquelle für die Beurteilung der Luftqualität darstellen, darf die Anzahl der Probenahmestellen für jeden relevanten Schadstoff nicht unter der in Anlage 5 Abschnitt A festgelegten Mindestanzahl liegen.

(3) [1] Für Gebiete und Ballungsräume, in denen die Informationen aus Probenahmestellen für ortsfeste Messungen durch solche aus Modellrechnungen oder orientierenden Messungen ergänzt werden, kann die in Anlage 5 Abschnitt A festgelegte Gesamtzahl der Probenahmestellen um bis zu 50 Prozent verringert werden, sofern

1. die zusätzlichen Methoden die notwendigen Informationen für die Beurteilung der Luftqualität in Bezug auf Immissionsgrenzwerte und Alarmschwellen sowie angemessene Informationen für die Öffentlichkeit liefern;
2. die Zahl der einzurichtenden Probenahmestellen und die räumliche Repräsentativität anderer Techniken ausreichen, um bei der Ermittlung des Werts des relevanten Schadstoffs die in Anlage 1 Abschnitt A festgelegten Datenqualitätsziele zu erreichen und Beurteilungsergebnisse ermöglichen, die den in Anlage 1 Abschnitt B festgelegten Kriterien entsprechen.

[2] Die Ergebnisse von Modellrechnungen oder orientierenden Messungen werden bei der Beurteilung, ob die Immissionsgrenzwerte eingehalten wurden, berücksichtigt.

(4) Das Bundesministerium für Umwelt, Naturschutz und nukleare Sicherheit oder die von ihm beauftragte Stelle errichtet und betreibt im Bundesgebiet mindestens drei Messstationen gemäß § 13 Absatz 5.

(5) [1] Die zuständigen Behörden weisen gemäß Anlage 5 Abschnitt C Probenahmestellen aus, die für den Schutz der Vegetation repräsentativ sind. [2] Die Absätze 2 und 3 gelten sinngemäß.

**§ 15 Indikator für die durchschnittliche $PM_{2,5}$-Exposition.** [1] Der Indikator für die durchschnittliche $PM_{2,5}$-Exposition wird vom Umweltbundesamt berechnet. [2] Die Länder ermitteln die dafür notwendigen $PM_{2,5}$-Werte nach Maßgabe von Anlage 12 Abschnitt A. [3] Die Mindestzahl der Probenahmestellen darf nicht unter der gemäß Anlage 5 Abschnitt B vorgesehenen Anzahl liegen.

**§ 16 Referenzmessmethoden für die Beurteilung von Schwefeldioxid, Stickstoffdioxid und Stickstoffoxiden, Partikeln ($PM_{10}$ und $PM_{2,5}$), Blei, Benzol und Kohlenmonoxid.** (1) Es gelten die in Anlage 6 Abschnitt A und C festgelegten Referenzmessmethoden und Kriterien.

(2) Andere Messmethoden können angewandt werden, sofern die in Anlage 6 Abschnitt B festgelegten Bedingungen erfüllt sind.

**§ 17 Vorschriften zur Ermittlung von Ozonwerten.** (1) Liegen in einem Gebiet oder Ballungsraum die Ozonwerte in einem Jahr der vorangehenden fünfjährigen Messperiode oberhalb der in § 9 Absatz 3 und 4 festgelegten langfristigen Ziele, so sind ortsfeste Messungen vorzunehmen.

(2) Liegen die Daten für die vorangehende fünfjährige Messperiode nicht vollständig vor, so können die Ergebnisse von vorliegenden kürzeren Messperioden, während derjenigen Jahreszeit und an denjenigen Stellen, an denen wahrscheinlich die höchsten Werte für Ozon erreicht werden und die Rückschlüsse auf den Gesamtzeitraum zulassen, mit Informationen aus Emissionskatastern und Modellen verbunden werden, um zu bestimmen, ob die Ozonwerte während dieser fünf Jahre oberhalb der in Absatz 1 genannten langfristigen Ziele lagen.

**§ 18 Probenahmestellen zur Messung von Ozonwerten.** (1) Für die Festlegung des Standorts von Probenahmestellen zur Messung von Ozon gelten die Kriterien der Anlage 8.

(2) In Gebieten und Ballungsräumen, in denen Messungen die einzige Informationsquelle für die Beurteilung der Luftqualität darstellen, darf die Zahl der Probenahmestellen für ortsfeste Messungen von Ozon nicht unter der in Anlage 9 Abschnitt A festgelegten Mindestanzahl liegen.

(3) [1] Für Gebiete und Ballungsräume, in denen die Informationen aus Probenahmestellen für ortsfeste Messungen durch solche aus Modellrechnungen oder orientierenden Messungen ergänzt werden, kann die in Anlage 9 Abschnitt A festgelegte Gesamtzahl der Probenahmestellen verringert werden, sofern

1. die zusätzlichen Methoden die notwendigen Informationen für die Beurteilung der Luftqualität in Bezug auf die Zielwerte, die langfristigen Ziele sowie die Informations- und Alarmschwellen liefern;
2. die Zahl der einzurichtenden Probenahmestellen und die räumliche Repräsentativität anderer Techniken ausreichen, um bei der Ermittlung der Ozonwerte die in Anlage 1 Abschnitt A festgelegten Datenqualitätsziele zu erreichen, und Beurteilungsergebnisse ermöglichen, die den in Anlage 1 Abschnitt B festgelegten Kriterien entsprechen;
3. in jedem Gebiet oder Ballungsraum mindestens eine Probenahmestelle je zwei Millionen Einwohner und Einwohnerinnnen oder eine Probenahmestelle je 50 000 Quadratkilometer vorhanden ist, je nachdem, was zur größeren Zahl von Probenahmestellen führt; in jedem Fall muss es in jedem Gebiet oder Ballungsraum mindestens eine Probenahmestelle geben und
4. Stickstoffdioxid an allen verbleibenden Probenahmestellen mit Ausnahme von Stationen im ländlichen Hintergrund im Sinne von Anlage 8 Abschnitt A gemessen wird.

[2] Die Ergebnisse von Modellrechnungen oder orientierenden Messungen werden bei der Beurteilung der Luftqualität in Bezug auf die Zielwerte berücksichtigt.

(4) [1] Die Stickstoffdioxidwerte sind an mindestens 50 Prozent der nach Anlage 9 Abschnitt A erforderlichen Ozonprobenahmestellen zu messen. [2] Au-

ßer bei Messstationen im ländlichen Hintergrund im Sinne von Anlage 8 Abschnitt A, wo andere Messmethoden angewandt werden können, sind diese Messungen kontinuierlich vorzunehmen.

(5) In Gebieten und Ballungsräumen, in denen in jedem Jahr während der vorangehenden fünfjährigen Messperiode die Werte unter den langfristigen Zielen liegen, ist die Zahl der Probenahmestellen für ortsfeste Messungen gemäß Anlage 9 Abschnitt B zu bestimmen.

(6) [1] Das Bundesministerium für Umwelt, Naturschutz und nukleare Sicherheit oder die von ihm beauftragte Stelle errichtet und betreibt im Bundesgebiet mindestens eine Probenahmestelle zur Erfassung der Werte der in der Anlage 10 aufgelisteten Ozonvorläuferstoffe. [2] Sofern die Länder Ozonvorläuferstoffe messen, stimmen sie sich mit dem Bundesministerium für Umwelt, Naturschutz und nukleare Sicherheit oder der von ihm beauftragten Stelle ab.

### § 19 Referenzmessmethoden für die Beurteilung von Ozonwerten.

(1) Es gilt die in Anlage 6 Abschnitt A Nummer 8 festgelegte Referenzmethode für die Messung von Ozon.

(2) Andere Messmethoden können angewandt werden, sofern die in Anlage 6 Abschnitt B festgelegten Bedingungen erfüllt sind.

### § 20 Vorschriften zur Ermittlung von Arsen, Kadmium, Nickel und Benzo[a]pyren und Quecksilber.

(1) Die zuständigen Behörden erstellen für Arsen, Kadmium, Nickel und Benzo[a]pyren jeweils eine Liste von Gebieten und Ballungsräumen, in denen

1. der Wert den jeweiligen Zielwert nach § 10 erreicht oder unter diesem liegt und
2. der Wert den jeweiligen Zielwert überschreitet. Für diese Gebiete und Ballungsräume ist anzugeben, in welchen Teilgebieten die Zielwerte überschritten werden und welche Quellen hierzu beitragen.

(2) Die oberen und unteren Beurteilungsschwellen für Arsen, Kadmium, Nickel und Benzo[a]pyren sind in Anlage 15 festgelegt.

(3) [1] In Gebieten und Ballungsräumen, in denen die Werte von Arsen, Kadmium, Nickel und Benzo[a]pyren über der unteren Beurteilungsschwelle liegen, ist eine Messung entsprechend den Kriterien aus Anlage 16 Abschnitt A und B vorzusehen. [2] In Gebieten und Ballungsräumen, in denen ortsfeste Messungen die einzige Informationsquelle für die Beurteilung der Luftqualität darstellen, darf die Anzahl der Probenahmestellen nicht unter der in Anlage 16 Abschnitt D festgelegten Mindestanzahl liegen.

(4) [1] Die Messungen können durch Modellrechnungen ergänzt werden, damit in angemessenem Umfang Informationen über die Luftqualität gewonnen werden. [2] Eine Kombination von Messungen, einschließlich orientierender Messungen nach Anlage 17 Abschnitt A, und Modellrechnungen kann herangezogen werden, um die Luftqualität in Gebieten und Ballungsräumen zu beurteilen, in denen die Werte während eines repräsentativen Zeitraums zwischen der oberen und der unteren Beurteilungsschwelle liegen.

(5) In Gebieten und Ballungsräumen, in denen die Werte unter der unteren Beurteilungsschwelle gemäß Anlage 15 Abschnitt A liegen, brauchen für die Beurteilung der Werte nur Modellrechnungen oder Methoden der objektiven Schätzung angewandt zu werden.

(6) [1] Die Einstufung von Gebieten und Ballungsräumen ist spätestens alle fünf Jahre zu überprüfen. [2] Hierfür ist das Verfahren der Anlage 15 Abschnitt B anzuwenden. [3] Die Einstufung ist bei signifikanten Änderungen der Aktivitäten, die Auswirkungen auf die Werte von Arsen, Kadmium, Nickel oder Benzo[a]pyren haben, früher zu überprüfen.

(7) [1] Dort, wo die Werte von Arsen, Kadmium, Nickel und Benzo[a]pyren gemessen werden müssen, sind die Messungen kontinuierlich oder stichprobenartig an festen Orten durchzuführen. [2] Die Messungen sind so häufig durchzuführen, dass die Werte entsprechend beurteilt werden können.

(8) [1] Um den Anteil von Benzo[a]pyren-Immissionen an der Gesamtimmission von polyzyklischen aromatischen Kohlenwasserstoffen beurteilen zu können, werden an einer begrenzten Zahl von Probenahmestellen des Umweltbundesamtes andere relevante polyzyklische aromatische Kohlenwasserstoffe überwacht. [2] Diese Verbindungen umfassen mindestens:

1. Benzo[a]anthracen,
2. Benzo[b]fluoranthen,
3. Benzo[j]fluoranthen,
4. Benzo[k]fluoranthen,
5. Indeno[1,2,3-cd]pyren und
6. Dibenz[a,h]anthracen.

[3] Die Überwachungsstellen für diese polyzyklischen aromatischen Kohlenwasserstoffe werden mit Probenahmestellen für Benzo[a]pyren zusammengelegt und so gewählt, dass geographische Unterschiede und langfristige Trends bestimmt werden können. [4] Es gelten die Bestimmungen der Anlage 16 Abschnitt A bis C. [5] Sofern die Länder diese Stoffe messen, stimmen sie sich mit dem Bundesministerium für Umwelt, Naturschutz und nukleare Sicherheit oder der von ihm beauftragten Stelle ab.

(9) [1] Ungeachtet der Werte wird für eine Fläche von je 100 000 Quadratkilometern jeweils eine Hintergrundprobenahmestelle installiert, die zur orientierenden Messung von Arsen, Kadmium, Nickel, dem gesamten gasförmigen Quecksilber, Benzo[a]pyren und den übrigen in Absatz 8 genannten polyzyklischen aromatischen Kohlenwasserstoffen in der Luft dient. [2] Gemessen wird außerdem die Ablagerung von Arsen, Kadmium, Quecksilber und seinen Verbindungen, Nickel, Benzo[a]pyren und der übrigen in Absatz 8 genannten polyzyklischen aromatischen Kohlenwasserstoffe. [3] Das Bundesministerium für Umwelt, Naturschutz und nukleare Sicherheit oder die von ihm beauftragte Stelle errichtet und betreibt im Bundesgebiet mindestens drei Messstationen, um die notwendige räumliche Auflösung zu erreichen. [4] An einer der Hintergrundprobenahmestellen erfolgt zusätzlich die Messung von partikel- und gasförmigem zweiwertigem Quecksilber. [5] Die Probenahmestellen für diese Schadstoffe werden so gewählt, dass geographische Unterschiede und langfristige Trends bestimmt werden können. [6] Es gelten die Bestimmungen der Anlage 16 Abschnitt A, B und C.

(10) Die Verwendung von Bioindikatoren kann erwogen werden, wo regionale Muster der Auswirkungen der in Absatz 1 genannten Schadstoffe auf Ökosysteme beurteilt werden sollen.

(11) In Gebieten und Ballungsräumen, in denen Informationen von ortsfesten Messstationen durch Informationen aus anderen Quellen, zum Beispiel

Emissionskataster, orientierende Messmethoden oder Modellierung der Luftqualität, ergänzt werden, müssen die Zahl einzurichtender ortsfester Messstationen und die räumliche Auflösung anderer Techniken ausreichen, um die Luftschadstoffwerte gemäß Anlage 16 Abschnitt A und Anlage 17 Abschnitt A zu ermitteln.

(12) ¹Die Kriterien für die Datenqualität werden in Anlage 17 Abschnitt A festgelegt. ²Werden Modelle zur Beurteilung der Luftqualität verwendet, so gilt Anlage 17 Abschnitt B.

(13) ¹Die Referenzmethoden für die Probenahmen und die Analyse der Werte von Arsen, Kadmium, Quecksilber, Nickel und polyzyklischen aromatischen Kohlenwasserstoffen in der Luft sind in Anlage 18 Abschnitte A bis C festgelegt. ²Anlage 18 Abschnitt D enthält Referenzmethoden zur Messung der Ablagerung von Arsen, Kadmium, Quecksilber, Nickel und polyzyklischen aromatischen Kohlenwasserstoffen. ³Anlage 18 Abschnitt E betrifft Referenzmethoden zur Erstellung von Luftqualitätsmodellen, soweit solche Methoden verfügbar sind.

### Teil 4. Kontrolle der Luftqualität

**§ 21 Regelungen für die Einhaltung der Immissionsgrenzwerte für Schwefeldioxid, Stickstoffdioxid, Partikel (PM$_{10}$ und PM$_{2,5}$), Blei, Benzol und Kohlenmonoxid.** (1) Die Einhaltung der Immissionsgrenzwerte für Schwefeldioxid, Stickstoffdioxid, Partikel PM$_{10}$, Partikel PM$_{2,5}$, Blei, Benzol und Kohlenmonoxid wird nach Anlage 3 beurteilt.

(2) Sofern die zuständigen Stellen in den Ländern eine Fristverlängerung nach Artikel 22 Absatz 1 der Richtlinie 2008/50/EG für die Stoffe Stickstoffdioxid und Benzol oder eine Ausnahme zur Verpflichtung der Einhaltung der Immissionsgrenzwerte für Partikel PM$_{10}$ nach Artikel 22 Absatz 2 der Richtlinie 2008/50/EG in Anspruch nehmen wollen, muss dies der Kommission nach Maßgabe des Artikels 22 Absatz 4 der Richtlinie 2008/50/EG über die zuständige oberste Landesbehörde durch die Bundesregierung mitgeteilt werden.

(3) ¹Eine Ausnahme zur Verpflichtung zur Einhaltung der Immissionsgrenzwerte für Partikel PM$_{10}$ nach Absatz 2 kann bis einschließlich 11. Juni 2011 in Anspruch genommen werden, wenn diese auf Grund standortspezifischer Ausbreitungsbedingungen, ungünstiger klimatischer Bedingungen oder grenzüberschreitender Schadstoffeinträge nicht eingehalten werden. ²Eine Fristverlängerung nach Absatz 2 bezüglich Stickstoffdioxid und Benzol kann bis einschließlich 31. Dezember 2014 in Anspruch genommen werden.

(4) ¹Hat die Kommission neun Monate nach Eingang der Mitteilung nach Absatz 2 keine Einwände erhoben, so entfällt die Verpflichtung zur Einhaltung der Immissionsgrenzwerte bis zu dem in der Mitteilung für den jeweiligen Stoff genannten Zeitpunkt. ²Dabei muss sichergestellt werden, dass der Wert für den jeweiligen Schadstoff den Immissionsgrenzwert um nicht mehr als die in Anlage 11 festgelegte Toleranzmarge überschreitet.

**§ 22 Anforderungen an Gebiete und Ballungsräume, in denen die Zielwerte für Arsen, Kadmium, Nickel und Benzo[*a*]pyren überschritten sind.** ¹Werden in Teilgebieten nach § 20 Absatz 1 Nummer 2 die Zielwerte für Arsen, Kadmium, Nickel und Benzo[*a*]pyren überschritten, stellen die zuständigen Behörden zur Weiterleitung an die Kommission dar, welche Maßnahmen für diese Gebiete ergriffen wurden, um die Zielwerte zu erreichen. ²Dies betrifft vor allem die vorherrschenden Emissionsquellen. ³Für Industrieanlagen, die unter die Richtlinie 2008/1/EG des Europäischen Parlaments und des Rates vom 15. Januar 2008 über die integrierte Vermeidung und Verminderung der Umweltverschmutzung (ABl. L 24 vom 29.1.2008, S. 8) fallen, bedeutet dies, dass die besten verfügbaren Techniken im Sinne des Artikels 2 Nummer 12 jener Richtlinie angewandt wurden.

**§ 23 Einhaltung von langfristigem Ziel, nationalem Ziel und Zielwerten.** Die Einhaltung

1. des langfristigen Ziels für Ozon,
2. des nationalen Ziels für $PM_{2,5}$ sowie
3. der Zielwerte für $PM_{2,5}$, Ozon, Arsen, Kadmium, Nickel und Benzo[a]pyren

ist sicherzustellen, soweit dies mit verhältnismäßigen Maßnahmen, insbesondere solchen, die keine unverhältnismäßigen Kosten verursachen, möglich ist.

**§ 24 Überschreitung von Immissionsgrenzwerten durch Emissionsbeiträge aus natürlichen Quellen.** (1) ¹Die zuständigen Behörden übermitteln dem Bundesministerium für Umwelt, Naturschutz und nukleare Sicherheit über die nach Landesrecht zuständige Behörde zur Weiterleitung an die Kommission für das jeweilige Jahr eine Aufstellung der ausgewiesenen Gebiete und Ballungsräume, in denen die Überschreitungen der Immissionsgrenzwerte für einen bestimmten Schadstoff Emissionsbeiträgen aus natürlichen Quellen zuzurechnen sind. ²Sie fügen Angaben zu den Konzentrationen und Quellen sowie Unterlagen dafür bei, dass die Überschreitungen auf natürliche Quellen zurückzuführen sind.

(2) Emissionsbeiträge aus natürlichen Quellen bleiben bei der Ermittlung von Überschreitungen von Immissionsgrenzwerten außer Ansatz.

**§ 25 Überschreitung von Immissionsgrenzwerten für Partikel $PM_{10}$ auf Grund der Ausbringung von Streusand oder -salz auf Straßen im Winterdienst.** (1) Die zuständigen Behörden übermitteln dem Bundesministerium für Umwelt, Naturschutz und nukleare Sicherheit über die nach Landesrecht zuständige Behörde zur Weiterleitung an die Kommission eine Liste der Gebiete und Ballungsräume, in denen die Immissionsgrenzwerte für Partikel $PM_{10}$ in der Luft auf Grund der Aufwirbelung von Partikeln nach der Ausbringung abstumpfender Streumittel auf Straßen im Winterdienst überschritten werden, sowie Informationen über die dortigen Werte und Quellen von $PM_{10}$-Partikeln.

(2) Bei der Übermittlung fügen die zuständigen Behörden die erforderlichen Unterlagen dafür bei, dass die Überschreitungen auf aufgewirbelte Partikel zurückzuführen sind und angemessene Maßnahmen zur Verringerung der Werte getroffen wurden.

(3) Für Gebiete und Ballungsräume gemäß Absatz 1 ist ein Luftreinhalteplan gemäß § 27 nur insoweit zu erstellen, als Überschreitungen auf andere Partikel $PM_{10}$-Quellen als die Ausbringung von Streusand oder -salz auf Straßen im Winterdienst zurückzuführen sind.

(4) Emissionsbeiträge im Sinne des Absatzes 1 bleiben bei der Ermittlung von Überschreitungen von Immissionsgrenzwerten außer Ansatz.

**§ 26 Erhalten der bestmöglichen Luftqualität.** (1) ¹In Gebieten und Ballungsräumen, in denen die Werte von Schwefeldioxid, Stickstoffdioxid, Partikel $PM_{10}$, Partikel $PM_{2,5}$, Blei, Benzol und Kohlenmonoxid in der Luft unter den jeweiligen Immissionsgrenzwerten liegen, halten die zuständigen Behörden die Werte dieser Schadstoffe unterhalb dieser Grenzwerte. ²In Gebieten und Ballungsräumen, in denen die Werte von Arsen, Kadmium, Nickel und Benzo[*a*]pyren in der Luft unter den jeweiligen in § 10 festgelegten Zielwerten liegen, halten die zuständigen Behörden die Werte dieser Schadstoffe unterhalb dieser Zielwerte.

(2) In Gebieten und Ballungsräumen, in denen die Ozonwerte die langfristigen Ziele erreichen, halten die zuständigen Behörden die Werte unterhalb der langfristigen Ziele, soweit Faktoren wie der grenzüberschreitende Charakter der Ozonbelastung und die meteorologischen Gegebenheiten dies zulassen.

(3) ¹Die zuständigen Behörden bemühen sich darum, die bestmögliche Luftqualität, die mit einer nachhaltigen Entwicklung in Einklang zu bringen ist, aufrechtzuerhalten. ²Sie berücksichtigen dieses Ziel bei allen für die Luftqualität relevanten Planungen.

## Teil 5. Pläne

**§ 27 Luftreinhaltepläne.** (1) Überschreiten in bestimmten Gebieten oder Ballungsräumen die Werte für Schadstoffe in der Luft einen Immissionsgrenzwert zuzüglich einer jeweils dafür geltenden Toleranzmarge oder den in Anlage 12 Abschnitt D genannten Zielwert, erstellen die zuständigen Behörden für diese Gebiete oder Ballungsräume Luftreinhaltepläne.

(2) ¹Ein Luftreinhalteplan muss geeignete Maßnahmen enthalten, um den Zeitraum einer Nichteinhaltung so kurz wie möglich zu halten, wenn

1. einer der in Anlage 11 Abschnitt B genannten Immissionsgrenzwerte überschritten wird oder diese Überschreitung nach Ablauf einer nach § 21 Absatz 2 bis 4 verlängerten Frist zur Einhaltung von Immissionsgrenzwerten eintritt,
2. der in Anlage 12 Abschnitt E genannte Immissionsgrenzwert nach Ablauf der Einhaltefrist überschritten wurde.

²Die genannten Pläne können zusätzlich gezielte Maßnahmen zum Schutz empfindlicher Bevölkerungsgruppen, einschließlich Maßnahmen zum Schutz von Kindern, vorsehen.

(3) Diese Luftreinhaltepläne müssen mindestens die in Anlage 13 aufgeführten Angaben umfassen und können Maßnahmen nach den §§ 22 und 28 enthalten.

(4) Müssen für mehrere Schadstoffe Luftreinhaltepläne ausgearbeitet oder durchgeführt werden, so arbeiten die zuständigen Behörden gegebenenfalls für alle betreffenden Schadstoffe einen integrierten Luftreinhalteplan aus und führen ihn durch.

(5) Die zuständigen Behörden stellen, soweit möglich, die Übereinstimmung der Luftreinhaltepläne mit den Lärmaktionsplänen nach § 47d des Bundes-Immissionsschutzgesetzes[1]) und mit dem Programm zur Verminderung der

---

[1]) Nr. **6.1**.

Ozonwerte und zur Einhaltung der Emissionshöchstmengen nach § 34 sicher, um die entsprechenden Umweltziele zu erreichen.

### § 28 Pläne für kurzfristige Maßnahmen.

(1) ¹Besteht in einem bestimmten Gebiet oder Ballungsraum die Gefahr, dass die Werte für Schadstoffe die in § 2 Absatz 3 und § 3 Absatz 3 genannten Alarmschwellen überschreiten, erstellen die zuständigen Behörden Pläne mit den Maßnahmen, die kurzfristig zu ergreifen sind, um die Gefahr der Überschreitung zu verringern oder deren Dauer zu beschränken. ²Besteht diese Gefahr bei einem oder mehreren der in Anlage 11 genannten Immissionsgrenzwerte oder bei dem in Anlage 12 genannten Partikel $PM_{2,5}$-Zielwert, können die zuständigen Behörden Pläne gegebenenfalls für kurzfristige Maßnahmen erstellen.

(2) ¹In diesen Plänen können im Einzelfall Maßnahmen zur Beschränkung und, soweit erforderlich, zur Aussetzung der Tätigkeiten vorgesehen werden, die die Gefahr einer Überschreitung der entsprechenden Immissionsgrenzwerte, Zielwerte oder Alarmschwellen erhöhen. ²Diese Pläne können Maßnahmen enthalten, die den Kraftfahrzeugverkehr, Bautätigkeiten, Schiffe an Liegeplätzen, den Betrieb von Industrieanlagen, die Verwendung von Erzeugnissen oder den Bereich Haushaltsheizungen betreffen. ³Ausnahmen für Anlagen der Landesverteidigung nach § 60 des Bundes-Immissionsschutzgesetzes[1] bleiben unberührt. ⁴Außerdem können in diesen Plänen gezielte Maßnahmen zum Schutz empfindlicher Bevölkerungsgruppen, einschließlich Maßnahmen zum Schutz von Kindern, vorgesehen werden.

### § 29 Maßnahmen bei grenzüberschreitender Luftverschmutzung.

(1) Wird eine Alarmschwelle, ein Immissionsgrenzwert oder ein Zielwert zuzüglich der dafür geltenden Toleranzmarge oder ein langfristiges Ziel auf Grund erheblicher grenzüberschreitender Transporte von Schadstoffen oder ihrer Vorläuferstoffe überschritten, so arbeiten die zuständigen Behörden mit den betroffenen Mitgliedstaaten der Europäischen Union zusammen und sehen gegebenenfalls gemeinsame Maßnahmen vor, beispielsweise gemeinsame oder koordinierte Luftreinhaltepläne, um solche Überschreitungen durch geeignete, angemessene Maßnahmen zu beheben.

(2) ¹Die zuständigen Behörden arbeiten, gegebenenfalls nach § 28, gemeinsame Pläne für kurzfristige Maßnahmen aus, die sich auf benachbarte Gebiete anderer Mitgliedstaaten der Europäischen Union erstrecken, und setzen sie um. ²Die zuständigen Behörden gewährleisten, dass die Behörden der benachbarten Gebiete in anderen Mitgliedstaaten der Europäischen Union, die Pläne für kurzfristige Maßnahmen entwickelt haben, alle zweckdienlichen Informationen erhalten.

(3) Werden die Informationsschwelle oder die Alarmschwellen in Gebieten oder Ballungsräumen nahe den Landesgrenzen überschritten, sind die zuständigen Behörden der betroffenen benachbarten Mitgliedstaaten der Europäischen Union so schnell wie möglich zu informieren.

---

[1] Nr. **6.1**.

## Teil 6. Unterrichtung der Öffentlichkeit und Berichtspflichten

**§ 30 Unterrichtung der Öffentlichkeit.** (1) ¹Die zuständigen Behörden unterrichten die Öffentlichkeit, insbesondere relevante Organisationen wie Umweltschutzorganisationen, Verbraucherverbände, Interessenvertretungen empfindlicher Bevölkerungsgruppen, andere mit dem Gesundheitsschutz befasste relevante Stellen und die betroffenen Wirtschaftsverbände über

1. die Luftqualität gemäß Anlage 14,
2. Fristverlängerungen und Ausnahmen nach § 21 Absatz 2 bis 4 und
3. Luftreinhaltepläne.

²Diese Informationen sind kostenlos über leicht zugängliche Medien einschließlich des Internets oder jede andere geeignete Form der Telekommunikation zur Verfügung zu stellen; sie müssen den Bestimmungen der Richtlinie 2007/2/EG des Europäischen Parlaments und des Rates vom 14. März 2007 zur Schaffung einer Geodateninfrastruktur in der Europäischen Gemeinschaft (INSPIRE) (ABl. L 108 vom 25.4.2007, S. 1) entsprechen.

(2) ¹Die zuständigen Behörden veröffentlichen jährliche Jahresberichte für die von dieser Verordnung erfassten Schadstoffe. ²Die Jahresberichte enthalten eine Zusammenfassung der Überschreitungen von Grenzwerten, Zielwerten und langfristigen Zielen, Informationsschwellen und Alarmschwellen in den relevanten Mittelungszeiträumen gemäß den §§ 2 bis 10. ³Anhand der in den Jahresberichten enthaltenen Daten werden die Auswirkungen der Überschreitungen von den zuständigen Behörden zusammenfassend bewertet.

(3) Werden die in § 2 oder § 3 festgelegten Alarmschwellen oder die in § 9 festgelegte Alarmschwelle oder Informationsschwelle überschritten, informieren die zuständigen Behörden die Öffentlichkeit über Rundfunk, Fernsehen, Zeitungen oder Internet gemäß der in Anlage 14 festgelegten Maßnahmen.

(4) Wenn die zuständige Behörde in der Bundesrepublik Deutschland von der zuständigen Behörde eines benachbarten Mitgliedstaats der Europäischen Union die Mitteilung erhält, dass in diesem Mitgliedstaat eine Informationsschwelle oder eine Alarmschwelle in Gebieten oder Ballungsräumen nahe der Landesgrenzen überschritten wurde, hat sie die Öffentlichkeit so schnell wie möglich darüber zu informieren.

(5) Falls die zuständigen Behörden einen Plan für kurzfristige Maßnahmen erstellt haben, machen sie der Öffentlichkeit, insbesondere Umweltschutzorganisationen, Verbraucherverbänden, Interessenvertretungen empfindlicher Bevölkerungsgruppen, anderen mit dem Gesundheitsschutz befassten relevanten Stellen und den betroffenen Wirtschaftsverbänden sowohl die Ergebnisse ihrer Untersuchungen zu Durchführbarkeit und Inhalt spezifischer Pläne für kurzfristige Maßnahmen als auch Informationen über die Durchführung dieser Pläne zugänglich.

(6) ¹Die zuständigen Behörden stellen sicher, dass die Öffentlichkeit, insbesondere Umweltschutzorganisationen, Verbraucherverbände, Interessenvertretungen empfindlicher Bevölkerungsgruppen und andere relevante Gruppen im Gesundheitsbereich angemessen und rechtzeitig über die Immissionswerte und Ablagerungsraten von Arsen, Kadmium, Quecksilber, Nickel und Benzo[a]pyren und den übrigen polyzyklischen aromatischen Kohlenwasserstoffen

zum Beispiel über das Internet unterrichtet werden. ²Die Informationen nach Satz 1 müssen auch Folgendes enthalten:

1. Angaben zu jeder jährlichen Überschreitung der in § 10 festgelegten Zielwerte für Arsen, Kadmium, Nickel und Benzo[a]pyren,
2. Gründe für die Überschreitung und das Gebiet, in dem die Überschreitung festgestellt wurde,
3. eine kurze Beurteilung anhand des Zielwerts sowie
4. einschlägige Angaben über Auswirkungen auf die menschliche Gesundheit und Umweltfolgen.

³Darüber hinaus werden alle genannten Stellen darüber informiert, welche Maßnahmen zur Einhaltung der Zielwerte ergriffen wurden.

(7) Das Bundesministerium für Umwelt, Naturschutz und nukleare Sicherheit veröffentlicht die nach den §§ 34 und 35 erstellten Programme.

(8) Die zuständigen Behörden unterrichten die Öffentlichkeit zum Beispiel über das Internet über ihre Zuständigkeiten bei der Beurteilung der Luftqualität, der Zulassung von Messsystemen und bei der Qualitätssicherung.

**§ 31 Übermittlung von Informationen und Berichten für Schwefeldioxid, Stickstoffoxide, Partikel $PM_{10}$, Partikel $PM_{2,5}$, Blei, Benzol, Kohlenmonoxid, Staubinhaltsstoffe und Ozon.** Die zuständigen Behörden übermitteln dem Bundesministerium für Umwelt, Naturschutz und nukleare Sicherheit oder der von ihm beauftragten Stelle über die nach Landesrecht zuständige Behörde zur Weiterleitung an die Kommission die gemäß der Richtlinie 2008/50/EG erforderlichen Informationen.

**§ 32 Übermittlung von Informationen und Berichten für Arsen, Kadmium, Nickel und Benzo[a]pyren.** (1) Die zuständigen Behörden übermitteln dem Bundesministerium für Umwelt, Naturschutz und nukleare Sicherheit oder der von ihm beauftragten Stelle über die nach Landesrecht zuständige Behörde zur Weiterleitung an die Kommission in Bezug auf Gebiete und Ballungsräume, in denen einer der in § 10 festgelegten Zielwerte überschritten wird, folgende Informationen:

1. die Listen der betreffenden Gebiete und Ballungsräume,
2. die Teilgebiete, in denen die Werte überschritten werden,
3. die beurteilten Werte,
4. die Gründe für die Überschreitung der Zielwerte und insbesondere die Quellen, die zur Überschreitung der Zielwerte beitragen,
5. die Teile der Bevölkerung, die den überhöhten Werten ausgesetzt sind.

(2) ¹Die zuständigen Behörden übermitteln ferner zur Weiterleitung an die Kommission alle gemäß § 20 beurteilten Daten, sofern diese nicht bereits auf Grund der Entscheidung 97/101/EG des Rates vom 27. Januar 1997 zur Schaffung eines Austausches von Informationen und Daten aus den Netzen und Einzelstationen zur Messung der Luftverschmutzung in den Mitgliedstaaten (ABl. L 35 vom 5.2.1997, S. 14), die zuletzt durch die Richtlinie 2008/50/EG geändert worden ist, gemeldet worden sind. ²Diese Informationen werden für jedes Kalenderjahr bis spätestens zum 31. Juli des darauffolgenden Jahres übermittelt.

(3) Zusätzlich zu den in Absatz 1 geforderten Angaben melden die zuständigen Behörden zur Weiterleitung an die Kommission alle gemäß § 22 ergriffenen Maßnahmen.

### Teil 7. Emissionshöchstmengen, Programme der Bundesregierung

**§ 33 Emissionshöchstmengen, Emissionsinventare und -prognosen.**
(1) Für die Bundesrepublik Deutschland werden für die Stoffe Schwefeldioxid ($SO_2$), Stickstoffoxide ($NO_x$), flüchtige organische Verbindungen (NMVOC) und Ammoniak ($NH_3$) folgende Emissionshöchstmengen in Kilotonnen pro Kalenderjahr bis einschließlich 31. Dezember 2019 festgelegt:

1. $SO_2$ 520
2. $NO_x$ 1 051
3. NMVOC 995
4. $NH_3$ 550.

(2) Die Emissionen sind mit Maßnahmen des in § 34 beschriebenen Programms spätestens ab dem Jahr 2011 auf die in Absatz 1 genannten Höchstmengen zu begrenzen und dürfen bis einschließlich 31. Dezember 2019 nicht mehr überschritten werden.

(3) Das Umweltbundesamt erstellt für die in Absatz 1 genannten Stoffe jährlich Emissionsinventare und Emissionsprognosen für die Jahre 2015 und 2020.

**§ 34 Programm der Bundesregierung zur Verminderung der Ozonwerte und zur Einhaltung der Emissionshöchstmengen.** (1) Die Bundesregierung erstellt, nach Anhörung der Länder und der beteiligten Kreise gemäß § 51 des Bundes-Immissionsschutzgesetzes[1], ein Programm, das dauerhafte Maßnahmen zur Verminderung der Ozonwerte nach § 9 und zur Einhaltung der Emissionshöchstmengen für die in § 33 Absatz 1 genannten Stoffe enthält.

(2) Dieses Programm wird jährlich überprüft und, soweit erforderlich, fortgeschrieben.

(3) Die im Programm enthaltenen Maßnahmen zielen darauf ab,
1. die Emissionen der in § 33 Absatz 1 genannten Stoffe so weit zu vermindern, dass die dort festgelegten Emissionshöchstmengen ab dem genannten Termin eingehalten werden;
2. die in § 9 Absatz 1 und 2 festgelegten Zielwerte einzuhalten;
3. die in § 9 Absatz 3 und 4 festgelegten langfristigen Ziele zu erreichen;
4. in den Gebieten der Bundesrepublik Deutschland, in denen die Ozonwerte unter den langfristigen Zielen liegen, die bestmögliche Luftqualität im Einklang mit einer dauerhaften und umweltgerechten Entwicklung sowie ein hohes Schutzniveau für die Umwelt und die menschliche Gesundheit zu erhalten, soweit insbesondere der grenzüberschreitende Charakter der Ozonbelastung und die meteorologischen Gegebenheiten dies zulassen.

(4) ¹Das Programm enthält Informationen über eingeführte und geplante Maßnahmen zur Schadstoffreduzierung sowie quantifizierte Schätzungen über deren Auswirkungen auf die Schadstoffemissionen ab dem Jahr 2010. ²Werden

---

[1] Nr. **6.1**.

erhebliche Veränderungen der geographischen Verteilung der nationalen Emissionen erwartet, sind diese anzugeben. ³Soweit das Programm auf die Verminderung der Ozonwerte beziehungsweise deren Vorläuferstoffe abzielt, sind die in Anlage 13 genannten Angaben zu machen.

(5) Die Maßnahmen des Programms müssen unter Berücksichtigung von Aufwand und Nutzen verhältnismäßig sein.

## § 35 Programme der Bundesregierung zur Einhaltung der Verpflichtung in Bezug auf die $PM_{2,5}$-Expositionskonzentration sowie des nationalen Ziels für die Reduzierung der $PM_{2,5}$-Exposition.

(1) Besteht die Gefahr, dass die Verpflichtung nach Anlage 12 Abschnitt C in Bezug auf die $PM_{2,5}$-Expositionskonzentration gemäß § 5 Absatz 4 bis zum festgelegten Zeitpunkt nicht eingehalten werden kann, erstellt die Bundesregierung, nach Anhörung der Länder und der beteiligten Kreise gemäß § 51 des Bundes-Immissionsschutzgesetzes[1]), ein Programm mit dauerhaften Maßnahmen zur Einhaltung dieser Verpflichtung.

(2) Besteht die Gefahr, dass das nationale Ziel für die Reduzierung der $PM_{2,5}$-Exposition gemäß § 5 Absatz 5 bis zum festgelegten Zeitpunkt nicht eingehalten werden kann, erstellt die Bundesregierung nach Anhörung der Länder und der beteiligten Kreise gemäß § 51 des Bundes-Immissionsschutzgesetzes ein Programm, um das nationale Ziel zu erreichen.

## Teil 8. Gemeinsame Vorschriften

**§ 36 Zugänglichkeit der Normen.** ¹DIN-, DIN EN- sowie DIN ISO-Normen, auf die in Anlage 1, 6, 17 und 18 verwiesen wird, sind bei der Beuth Verlag GmbH Berlin erschienen. ²Die DIN-, DIN EN- sowie DIN ISO-Normen sind bei dem Deutschen Patent- und Markenamt in München archivmäßig gesichert niedergelegt.

**Anlagen 1–12**
*(Hier nicht wiedergegeben.)*

**Anlage 13**
(zu den §§ 27 und 34)

### Erforderlicher Inhalt von Luftreinhalteplänen

1. Ort der Überschreitung:
   a) Region
   b) Ortschaft (Karte)
   c) Messstation (Karte, geographische Koordinaten)
2. Allgemeine Informationen:
   a) Art des Gebiets (Stadt, Industriegebiet oder ländliches Gebiet)
   b) Schätzung der Größe des verschmutzten Gebiets in Quadratkilometern und der der Verschmutzung ausgesetzten Bevölkerung
   c) zweckdienliche Klimaangaben
   d) zweckdienliche topographische Daten
   e) Art der in dem betreffenden Gebiet zu schützenden Ziele
3. Zuständige Behörden:

---

[1]) Nr. **6.1**.

und Emissionshöchstmengen  Anl. 14  39. BImSchV 6.1.39

Namen und Anschriften der für die Ausarbeitung und Durchführung der Verbesserungspläne zuständigen Personen

4. Art und Beurteilung der Verschmutzung
   a) in den vorangehenden Jahren (vor der Durchführung der Verbesserungsmaßnahmen) festgestellten Werte
   b) seit dem Beginn des Vorhabens gemessene Werte
   c) angewandte Beurteilungstechniken

5. Ursprung der Verschmutzung:
   a) Liste der wichtigsten Emissionsquellen, die für die Verschmutzung verantwortlich sind (Karte)
   b) Gesamtmenge der Emissionen aus diesen Quellen (Tonnen/Jahr)
   c) Informationen über Verschmutzungen, die ihren Ursprung in anderen Gebieten haben

6. Analyse der Lage:
   a) Einzelheiten über Faktoren, die zu den Überschreitungen geführt haben (zum Beispiel Verkehr, einschließlich grenzüberschreitender Verkehr, Entstehung sekundärer Schadstoffe in der Atmosphäre)
   b) Einzelheiten über mögliche Maßnahmen zur Verbesserung der Luftqualität

7. Angaben zu den bereits vor dem 11. Juni 2008 durchgeführten Maßnahmen oder bestehenden Verbesserungsvorhaben:
   a) örtliche, regionale, nationale und internationale Maßnahmen
   b) festgestellte Wirkungen

8. Angaben zu den Maßnahmen oder Vorhaben, die nach dem Inkrafttreten der Richtlinie 2008/50/EG am 11. Juni 2008 zur Verminderung der Verschmutzung beschlossen oder entsprechend Anhang XV Abschnitt B Nummer 3 der Richtlinie 2008/50/EG berücksichtigt wurden:
   a) Auflistung und Beschreibung aller in den Vorhaben genannten Maßnahmen
   b) Zeitplan für die Durchführung
   c) Schätzung der angestrebten Verbesserung der Luftqualität und des für die Verwirklichung dieser Ziele veranschlagten Zeitraums

9. Angaben zu den geplanten oder langfristig angestrebten Maßnahmen oder Vorhaben

10. Liste der Veröffentlichungen, Dokumente, Arbeiten usw., die die in dieser Anlage vorgeschriebenen Informationen ergänzen

**Anlage 14**
(zu § 30)

### Unterrichtung der Öffentlichkeit

1. Die aktuellen Informationen über die Werte der in dieser Verordnung geregelten Schadstoffe in der Luft werden der Öffentlichkeit routinemäßig zugänglich gemacht.

2. Die Werte sind als Durchschnittswerte entsprechend dem jeweiligen Mittelungszeitraum vorzulegen. Die Informationen müssen zumindest die Werte enthalten, die oberhalb der Luftqualitätsziele (Immissionsgrenzwerte, Zielwerte, Alarmschwellen, Informationsschwellen und langfristige Ziele für die regulierten Schadstoffe) liegen. Hinzuzufügen sind ferner eine kurze Beurteilung anhand der Luftqualitätsziele sowie einschlägige Angaben über gesundheitliche Auswirkungen bzw. gegebenenfalls Auswirkungen auf die Vegetation.

3. Die Informationen über die Werte von Schwefeldioxid, Stickstoffdioxid, Partikeln (mindestens $PM_{10}$), Ozon und Kohlenmonoxid in der Luft sind, falls eine stündliche Aktualisierung nicht möglich ist, mindestens täglich zu aktualisieren. Die Informationen über die Werte von Blei und Benzol in der Luft sind in Form eines Durchschnittswerts für die letzten zwölf Monate vorzulegen und, falls eine monatliche Aktualisierung nicht möglich ist, alle drei Monate zu aktualisieren.

4. Die Bevölkerung wird rechtzeitig über festgestellte oder vorhergesagte Überschreitungen der Alarmschwellen und Informationsschwellen unterrichtet. Die Angaben müssen mindestens Folgendes umfassen:
   a) Informationen über eine oder mehrere festgestellte Überschreitungen:
      – Ort oder Gebiet der Überschreitung
      – Art der überschrittenen Schwelle (Informationsschwelle oder Alarmschwelle)

- Beginn und Dauer der Überschreitung
- höchster Einstundenwert und höchster Achtstundenmittelwert für Ozon

b) Vorhersage für den kommenden Nachmittag/Tag (die kommenden Nachmittage/Tage):
- geographisches Gebiet erwarteter Überschreitungen der Informationsschwelle oder Alarmschwelle
- erwartete Änderungen bei der Luftverschmutzung (Verbesserung, Stabilisierung oder Verschlechterung) sowie die Gründe für diese Änderungen

c) Informationen über die betroffene Bevölkerungsgruppe, mögliche gesundheitliche Auswirkungen und empfohlenes Verhalten:
- Informationen über empfindliche Bevölkerungsgruppen
- Beschreibung möglicher Symptome
- der betroffenen Bevölkerung empfohlene Vorsichtsmaßnahmen
- weitere Informationsquellen

d) Informationen über vorbeugende Maßnahmen zur Verminderung der Luftverschmutzung oder der Exposition (Angabe der wichtigsten Verursachersektoren); Empfehlungen für Maßnahmen zur Verringerung der Emissionen.

Im Zusammenhang mit vorhergesagten Überschreitungen ergreifen die zuständigen Behörden die erforderlichen Maßnahmen, um die Bereitstellung dieser Angaben sicherzustellen, soweit dies keinen unverhältnismäßigen Aufwand erfordert.

**Anlagen 15–18**
*(Hier nicht wiedergegeben.)*

## 6.2. Gesetz zur Verminderung von Luftverunreinigungen durch Bleiverbindungen in Ottokraftstoffen für Kraftfahrzeugmotore (Benzinbleigesetz – BzBlG)

Vom 5. August 1971
(BGBl. I S. 1234)
FNA 2129-5
zuletzt geänd. durch Art. 102 Elfte ZuständigkeitsanpassungsVO v. 19.6.2020 (BGBl. I S. 1328)

Der Bundestag hat mit Zustimmung des Bundesrates folgendes Gesetz beschlossen:

**§ 1 Zweck und Anwendungsbereich des Gesetzes.** (1) [1]Zweck dieses Gesetzes ist es, zum Schutz der Gesundheit den Gehalt an Bleiverbindungen und anderen an Stelle von Blei zugesetzten Metallverbindungen in Ottokraftstoffen zu beschränken. [2]Soweit es mit dem Schutz der Gesundheit vereinbar ist, sollen dabei Versorgungsstörungen, Wettbewerbsverzerrungen oder Nachteile hinsichtlich der Verwendbarkeit der Ottokraftstoffe vermieden werden.

(2) Dieses Gesetz ist anzuwenden auf Ottokraftstoffe, die für Kraftfahrzeugmotore bestimmt sind.

**§ 2 Begrenzung und Verbot von Zusätzen mit Metallverbindungen.**

(1) [1]Ottokraftstoffe, deren Gehalt an Bleiverbindungen, berechnet als Blei, mehr als 0,15 Gramm im Liter (gemessen bei + 15 °C) beträgt, dürfen gewerbsmäßig oder im Rahmen wirtschaftlicher Unternehmungen nicht hergestellt, eingeführt oder sonst in den Geltungsbereich dieses Gesetzes verbracht werden. [2]Ottokraftstoffe, deren Motoroktanzahl den Wert 85 und deren Researchoktanzahl den Wert 95 unterschreitet, dürfen ab 1. Februar 1988 nur in den Verkehr gebracht werden, wenn ihr Gehalt an Bleiverbindungen, berechnet als Blei, nicht mehr als 0,013 Gramm im Liter (gemessen bei + 15 °C) beträgt. [3]Die Oktanzahlen nach Satz 2 sind nach dem hierfür in der Verordnung nach § 2a Abs. 3 vorgeschriebenen Prüfverfahren zu bestimmen. [4]Dem Herstellen im Sinne dieses Gesetzes steht das Zusetzen von Bleiverbindungen gleich.

(2) [1]Ottokraftstoffe, die nicht zugelassene Zusätze mit anderen Metallverbindungen enthalten, dürfen gewerbsmäßig oder im Rahmen wirtschaftlicher Unternehmungen nicht hergestellt, eingeführt oder sonst in den Geltungsbereich dieses Gesetzes verbracht werden. [2]Absatz 1 Satz 4 gilt für diese Zusätze entsprechend. [3]Bundesamt für Wirtschaft und Ausfuhrkontrolle (BAFA) kann auf Antrag im Einvernehmen mit dem Umweltbundesamt Zusätze nach Satz 1 bis zu einem bestimmten zulässigen Höchstgehalt im Ottokraftstoff zulassen, soweit dies mit dem Schutz der Allgemeinheit, insbesondere dem Schutz vor schädlichen Umwelteinwirkungen vereinbar ist. [4]Die Zulassung kann unter Bedingungen erteilt, mit Auflagen verbunden und befristet werden. [5]Sie kann widerrufen werden, wenn die Voraussetzungen für die Zulassung nicht mehr vorliegen. [6]Das Bundesministerium für Umwelt, Naturschutz und nukleare Sicherheit erläßt im Einvernehmen mit dem Bundesministerium für Wirtschaft und Energie Verwaltungsvorschriften über die Grundsätze der Zulassung der Zusätze nach Satz 1.

**§ 2a Verbraucherschutz.** (1) ¹Wer im geschäftlichen Verkehr Ottokraftstoffe an den Verbraucher veräußert, hat die vom Hersteller mindestens gewährleistete Qualität der angebotenen Ottokraftstoffe hinsichtlich der Auswirkungen auf das motorische Verhalten gemäß der Rechtsverordnung nach Absatz 3 durch Auszeichnung an den Zapfsäulen oder sonst an der Tankstelle deutlich sichtbar kenntlich zu machen. ²Der Lieferer hat den Auszeichnungspflichtigen über die Qualität des angelieferten Ottokraftstoffes zu unterrichten.

(2) Die Hersteller und gewerblichen Einführer von Kraftfahrzeugen haben die für ihre Ottomotoren empfohlenen Kraftstoffqualitäten gemäß der Rechtsverordnung nach Absatz 3 öffentlich bekanntzugeben.

(3) Die Bundesregierung wird ermächtigt, durch Rechtsverordnung[1]), die nicht der Zustimmung des Bundesrates bedarf, Näheres über Form und Inhalt der Auszeichnung nach Absatz 1 Satz 1, der Unterrichtung nach Absatz 1 Satz 2 und der Bekanntgabe nach Absatz 2 zu bestimmen und festzulegen, auf welche noch im Betrieb befindlichen Kraftfahrzeuge sich die Verpflichtung nach Absatz 2 erstreckt.

**§ 3 Ausnahmen.** (1) Das Bundesamt für Wirtschaft und Ausfuhrkontrolle (BAFA) kann auf Antrag Ausnahmen von dem Verbot des § 2 Abs. 1 bewilligen, soweit die Einhaltung des zulässigen Höchstgehalts an Bleiverbindungen zu einer erheblichen Gefährdung der Versorgung führen würde.

(2) Das Bundesamt für Wirtschaft und Ausfuhrkontrolle (BAFA) kann auf Antrag Ausnahmen von dem Verbot des § 2 Abs. 1 bewilligen, soweit die Einhaltung des zulässigen Höchstgehalts an Bleiverbindungen für den Antragsteller eine unzumutbare Härte bedeuten würde und die Ausnahmen dem Zweck des Gesetzes nicht zuwiderlaufen.

(2a) Das Bundesamt für Wirtschaft und Ausfuhrkontrolle (BAFA) kann auf Antrag Ausnahmen von dem Verbot des § 2 Abs. 1 ferner bewilligen

1. dem Hersteller für zur Ausfuhr bestimmte Ottokraftstoffe, soweit dadurch keine Gefährdung der Versorgung zu besorgen ist und das Recht des betreffenden Staates nicht entgegensteht,
2. dem Einführer oder Verbringer für zur Vermischung bestimmte Ottokraftstoffe, soweit der Gehalt der Mischung an Bleiverbindungen unter die Begrenzung des § 2 Abs. 1 abgesenkt wird.

(3) ¹Die Bewilligung kann unter Bedingungen erteilt und mit Auflagen verbunden werden; sie kann widerrufen werden. ²Die Bewilligung ist zu befristen, im Falle des Absatzes 2 bei einer Ausnahme von der Begrenzung auf 0,40 Gramm Blei im Liter längstens bis zum 31. Dezember 1973 und bei einer Ausnahme von der Begrenzung auf 0,15 Gramm Blei im Liter längstens bis zum 31. Dezember 1977.

(4) Das Bundesministerium für Umwelt, Naturschutz und nukleare Sicherheit erlässt im Einvernehmen mit dem Bundesministerium der Finanzen und dem Bundesministerium für Wirtschaft und Energie Verwaltungsvorschriften über die Grundsätze, die bei der Bewilligung der Ausnahmen zu beachten sind.

---

[1]) Siehe die VO über die Beschaffenheit und die Auszeichnung der Qualitäten von Kraft- und Brennstoffen – 10. BImSchV v. 8.12.2010 (BGBl. I S. 1849), zuletzt geänd. durch VO v. 13.12.2019 (BGBl. I S. 2739).

# § 3a Abgabe zum Ausgleich von Wettbewerbsvorteilen bei Ausnahmebewilligung.

(1) ¹Für eine Ausnahmebewilligung, die für einen Zeitraum zwischen dem 1. Januar 1976 und dem 31. Dezember 1977 nach § 3 Abs. 1 oder 2 erteilt wird, hat derjenige, dem die Ausnahme bewilligt wird, an den Bund eine Abgabe von 0,5 Cent je Liter Ottokraftstoff mit einem Bleigehalt bis 0,25 Gramm und eine Abgabe von einem Cent je Liter Ottokraftstoff mit einem höheren Bleigehalt zu entrichten. ²Die abgabenpflichtige Menge ist das Volumen bei + 12 °C. ³Die Abgabe entsteht, wenn Ottokraftstoff im Rahmen der Ausnahmebewilligung in Herstellungsbetrieben oder Lagern hergestellt, eingeführt oder sonst in den Geltungsbereich dieses Gesetzes verbracht wird. ⁴Sie wird jeweils mit Ablauf des zweiten auf diesen Zeitpunkt folgenden Monats fällig.

(2) ¹Der Schuldner hat für jeden Monat des Zeitraumes, auf den die Ausnahmebewilligung befristet worden ist, dem zuständigen Hauptzollamt bis zum Ende des folgenden Monats anzumelden, ob und in welcher Höhe eine Abgabe entstanden ist. ²Geht die Anmeldung nicht oder nicht rechtzeitig ein, so wird vermutet, daß die Ausnahmebewilligung voll ausgenutzt worden und die Abgabe nach Absatz 1 entstanden ist. ³Die Abgabe ist unaufgefordert bis zum Fälligkeitstag an das zuständige Hauptzollamt zu entrichten. ⁴Soweit dieses Gesetz nichts anderes bestimmt, finden für die Festsetzung, Erhebung, Vollstreckung und das außergerichtliche Rechtsbehelfsverfahren die Vorschriften des Ersten bis Siebenten Teils der Abgabenordnung mit Ausnahme ihrer §§ 30, 76, 172 Abs. 1 Nr. 2, §§ 215 und 221 entsprechende Anwendung. ⁵Die Festsetzungsfrist beträgt ein Jahr. Sie beginnt mit Ablauf des Kalenderjahres, in dem die Abgabe entstanden ist. Für die Zahlungsverjährung gelten die §§ 228 bis 232 der Abgabenordnung entsprechend.

(3) Das Bundesministerium der Finanzen erläßt im Einvernehmen mit dem Bundesministerium für Umwelt, Naturschutz und nukleare Sicherheit und dem Bundesministerium für Wirtschaft und Energie Verwaltungsvorschriften über das bei der Festsetzung, Erhebung und Beitreibung der Abgabe anzuwendende Verfahren.

# § 4 Erklärung über die Beschaffenheit einzuführender Ottokraftstoffe.

(1) ¹Bei der Einfuhr oder dem sonstigen Verbringen von Ottokraftstoffen in den Geltungsbereich dieses Gesetzes ist eine schriftliche Erklärung über die Beschaffenheit des Ottokraftstoffes mitzuführen und den Zolldienststellen vorzulegen. ²Der Einführer oder derjenige, der sonst Ottokraftstoffe in den Geltungsbereich dieses Gesetzes verbringt, hat diese Erklärung als Teil seiner geschäftlichen Unterlagen aufzubewahren.

(2) Die Bundesregierung wird ermächtigt, durch Rechtsverordnung[1]) mit Zustimmung des Bundesrates vorzuschreiben, welche Angaben über die Beschaffenheit des Ottokraftstoffs die schriftliche Erklärung nach Absatz 1 enthalten muß.

# § 5 Überwachung.

(1) Eigentümer oder Betreiber von Anlagen, in denen Ottokraftstoffe gewerbsmäßig oder im Rahmen wirtschaftlicher Unternehmungen hergestellt werden, Eigentümer und Besitzer von Grundstücken, auf denen Ottokraftstoffe gewerbsmäßig oder im Rahmen wirtschaftlicher Unter-

---

[1]) Siehe die Erste VO zur Durchführung des BenzinbleiG v. 7.12.1971 (BGBl. I S. 1966).

nehmungen gelagert werden, sowie diejenigen, die Ottokraftstoffe gewerbsmäßig oder im Rahmen wirtschaftlicher Unternehmungen einführen oder sonst in den Geltungsbereich dieses Gesetzes verbringen, haben der nach Landesrecht zuständigen Behörde auf Verlangen die Auskünfte zu erteilen, die zur Durchführung dieses Gesetzes oder einer auf Grund dieses Gesetzes erlassenen Rechtsverordnung erforderlich sind.

(2) Der zur Auskunft Verpflichtete kann die Auskunft auf solche Fragen verweigern, deren Beantwortung ihn selbst oder einen der in § 383 Abs. 1 Nr. 1 bis 3 der Zivilprozeßordnung bezeichneten Angehörigen der Gefahr strafgerichtlicher Verfolgung oder eines Verfahrens nach dem Gesetz über Ordnungswidrigkeiten aussetzen würde.

(3) [1] Die von der zuständigen Behörde mit der Einholung von Auskünften beauftragten Personen sind im Rahmen des Absatzes 1 befugt, Grundstücke, Anlagen und Geschäftsräume des Auskunftspflichtigen zu betreten, dort Prüfungen und Besichtigungen vorzunehmen, Stichproben zu entnehmen und in die geschäftlichen Unterlagen des Auskunftspflichtigen Einsicht zu nehmen. [2] Die Kosten, die bei der Entnahme der Proben und deren Untersuchung entstehen, trägt der Auskunftspflichtige.

(4) [1] Auf die nach den Absätzen 1 und 3 erlangten Kenntnisse und Unterlagen sind §§ 93, 97, 105 Abs. 1, § 111 Abs. 5 in Verbindung mit § 105 Abs. 1 sowie § 116 Abs. 1 der Abgabenordnung nicht anzuwenden. [2] Dies gilt nicht, soweit die Finanzbehörden die Kenntnisse für die Durchführung eines Verfahrens wegen einer Steuerstraftat sowie eines damit zusammenhängenden Besteuerungsverfahrens benötigen, an deren Verfolgung ein zwingendes öffentliches Interesse besteht, oder soweit es sich um vorsätzlich falsche Angaben des Auskunftspflichtigen oder der für ihn tätigen Personen handelt.

## § 6 *(aufgehoben)*

## § 7 Ordnungswidrigkeiten.

(1) Ordnungswidrig handelt, wer vorsätzlich oder fahrlässig

1. Ottokraftstoffe,
   a) die einen höheren als den nach § 2 Abs. 1 zulässigen Gehalt an Bleiverbindungen enthalten,
   b) die nicht zugelassene Zusätze mit anderen Metallverbindungen enthalten,
   
   gewerbsmäßig oder im Rahmen einer wirtschaftlichen Unternehmung herstellt, einführt, sonst in den Geltungsbereich dieses Gesetzes verbringt oder in den Verkehr bringt,
2. a) entgegen § 2a Abs. 1 Satz 1 die mindestens gewährleistete Qualität der angebotenen Ottokraftstoffe nicht oder nicht richtig kenntlich macht,
   b) entgegen § 2a Abs. 1 Satz 2 den Kennzeichnungspflichtigen nicht oder nicht richtig unterrichtet,
   c) entgegen § 2a Abs. 2 die empfohlenen Kraftstoffqualitäten nicht bekanntgibt,
3. entgegen § 4 Abs. 1 Satz 2 die schriftliche Erklärung des Herstellers nicht aufbewahrt,
4. entgegen § 5 Abs. 1 eine Auskunft nicht, nicht richtig, nicht vollständig oder nicht rechtzeitig erteilt oder

5. entgegen § 5 Abs. 3 eine Prüfung oder Besichtigung, die Entnahme von Stichproben oder die Einsicht in geschäftliche Unterlagen nicht gestattet.

(2) Die Ordnungswidrigkeit kann mit einer Geldbuße bis zu fünfundzwanzigtausend Euro geahndet werden.

(3) [1] Ottokraftstoffe, auf die sich eine Ordnungswidrigkeit nach Absatz 1 Nr. 1 bezieht, können eingezogen werden. [2] § 23 des Gesetzes über Ordnungswidrigkeiten ist anzuwenden.

**§ 8 Einfuhr von Ottokraftstoffen zu Verteidigungszwecken.** Dieses Gesetz findet keine Anwendung auf die Einfuhr von Ottokraftstoffen mit einem höheren als dem in § 2 Abs. 1 festgelegten Gehalt an Bleiverbindungen, wenn die Einfuhr auf Grund entsprechender internationaler Vereinbarungen der Bundesrepublik Deutschland zu Verteidigungszwecken erforderlich ist.

**§ 9 Berlin-Klausel.** *(gegenstandslos)*

**§ 10 Inkrafttreten.** Dieses Gesetz tritt am Tage nach seiner Verkündung[1] in Kraft.

---

[1] Verkündet am 7.8.1971.

## 6.3. Gesetz zum Schutz gegen Fluglärm
In der Fassung der Bekanntmachung vom 31. Oktober 2007[1]
(BGBl. I S. 2550)
FNA 2129-4

**§ 1 Zweck und Geltungsbereich.** Zweck dieses Gesetzes ist es, in der Umgebung von Flugplätzen bauliche Nutzungsbeschränkungen und baulichen Schallschutz zum Schutz der Allgemeinheit und der Nachbarschaft vor Gefahren, erheblichen Nachteilen und erheblichen Belästigungen durch Fluglärm sicherzustellen.

**§ 2 Einrichtung von Lärmschutzbereichen.** (1) In der Umgebung von Flugplätzen werden Lärmschutzbereiche eingerichtet, die das Gebiet der in dem nachfolgenden Absatz genannten Schutzzonen außerhalb des Flugplatzgeländes umfassen.

(2) ¹Der Lärmschutzbereich eines Flugplatzes wird nach dem Maße der Lärmbelastung in zwei Schutzzonen für den Tag und eine Schutzzone für die Nacht gegliedert. ²Schutzzonen sind jeweils diejenigen Gebiete, in denen der durch Fluglärm hervorgerufene äquivalente Dauerschallpegel $L_{Aeq}$ sowie bei der Nacht-Schutzzone auch der fluglärmbedingte Maximalpegel $L_{Amax}$ die nachfolgend genannten Werte übersteigt, wobei die Häufigkeit aus dem Mittelwert über die sechs verkehrsreichsten Monate des Prognosejahres bestimmt wird (Anlage zu § 3):

1. Werte für neue oder wesentlich baulich erweiterte zivile Flugplätze im Sinne des § 4 Abs. 1 Nr. 1 und 2:

   Tag-Schutzzone 1:
   $L_{Aeq\,Tag}$ = 60 dB(A),
   Tag-Schutzzone 2:
   $L_{Aeq\,Tag}$ = 55 dB(A),
   Nacht-Schutzzone
   a) bis zum 31. Dezember 2010:
   $L_{Aeq\,Nacht}$ = 53 dB(A),
   $L_{Amax}$ = 6 mal 57 dB(A),
   b) ab dem 1. Januar 2011:
   $L_{Aeq\,Nacht}$ = 50 dB(A),
   $L_{Amax}$ = 6 mal 53 dB(A);

2. Werte für bestehende zivile Flugplätze im Sinne des § 4 Abs. 1 Nr. 1 und 2:

   Tag-Schutzzone 1:
   $L_{Aeq\,Tag}$ = 65 dB(A),
   Tag-Schutzzone 2:
   $L_{Aeq\,Tag}$ = 60 dB(A),

---

[1] Neubekanntmachung des G zum Schutz gegen Fluglärm v. 30.3.1971 (BGBl. I S. 282) in der ab 7.6.2007 geltenden Fassung.

Nacht-Schutzzone:

$L_{Aeq\,Nacht}$ = 55 dB(A),
$L_{Amax}$ = 6 mal 57 dB(A);

3. Werte für neue oder wesentlich baulich erweiterte militärische Flugplätze im Sinne des § 4 Abs. 1 Nr. 3 und 4:

Tag-Schutzzone 1:
$L_{Aeq\,Tag}$ = 63 dB(A),
Tag-Schutzzone 2:
$L_{Aeq\,Tag}$ = 58 dB(A),
Nacht-Schutzzone
a) bis zum 31. Dezember 2010:
$L_{Aeq\,Nacht}$ = 53 dB(A),
$L_{Amax}$ = 6 mal 57 dB(A),
b) ab dem 1. Januar 2011:
$L_{Aeq\,Nacht}$ = 50 dB(A),
$L_{Amax}$ = 6 mal 53 dB(A);

4. Werte für bestehende militärische Flugplätze im Sinne des § 4 Abs. 1 Nr. 3 und 4:

Tag-Schutzzone 1:
$L_{Aeq\,Tag}$ = 68 dB(A),
Tag-Schutzzone 2:
$L_{Aeq\,Tag}$ = 63 dB(A),
Nacht-Schutzzone:
$L_{Aeq\,Nacht}$ = 55 dB(A),
$L_{Amax}$ = 6 mal 57 dB(A).

[3] Neue oder wesentlich baulich erweiterte Flugplätze im Sinne dieser Vorschrift sind Flugplätze, für die ab dem 7. Juni 2007 eine Genehmigung, eine Planfeststellung oder eine Plangenehmigung nach § 6 oder § 8 des Luftverkehrsgesetzes für ihre Anlegung, den Bau einer neuen Start- oder Landebahn oder eine sonstige wesentliche bauliche Erweiterung erteilt wird. [4] Die sonstige bauliche Erweiterung eines Flugplatzes ist wesentlich, wenn sie zu einer Erhöhung des äquivalenten Dauerschallpegels $L_{Aeq\,Tag}$ an der Grenze der Tag-Schutzzone 1 oder des äquivalenten Dauerschallpegels $L_{Aeq\,Nacht}$ an der Grenze der Nacht-Schutzzone um mindestens 2 dB(A) führt. [5] Bestehende Flugplätze im Sinne dieser Vorschrift sind Flugplätze, bei denen die Voraussetzungen der Sätze 3 und 4 nicht erfüllt sind.

(3) Die Bundesregierung erstattet spätestens im Jahre 2017 und spätestens nach Ablauf von jeweils weiteren zehn Jahren dem Deutschen Bundestag Bericht über die Überprüfung der in Absatz 2 genannten Werte unter Berücksichtigung des Standes der Lärmwirkungsforschung und der Luftfahrttechnik.

**§ 3 Ermittlung der Lärmbelastung.** (1) Der äquivalente Dauerschallpegel $L_{Aeq\,Tag}$ für die Tag-Schutzzonen 1 und 2 sowie der äquivalente Dauerschallpegel $L_{Aeq\,Nacht}$ und der Maximalpegel $L_{Amax}$ für die Nacht-Schutzzone werden unter Berücksichtigung von Art und Umfang des voraussehbaren Flugbetriebs nach der Anlage zu diesem Gesetz ermittelt.

(2) Die Bundesregierung wird ermächtigt, nach Anhörung der beteiligten Kreise (§ 15) durch Rechtsverordnung[1]) mit Zustimmung des Bundesrates Art und Umfang der erforderlichen Auskünfte der nach § 11 Verpflichteten und die Berechnungsmethode für die Ermittlung der Lärmbelastung zu regeln.

**§ 4 Festsetzung von Lärmschutzbereichen.** (1) Ein Lärmschutzbereich ist für folgende Flugplätze festzusetzen:

1. Verkehrsflughäfen mit Fluglinien- oder Pauschalflugreiseverkehr,
2. Verkehrslandeplätze mit Fluglinien- oder Pauschalflugreiseverkehr und mit einem Verkehrsaufkommen von über 25 000 Bewegungen pro Jahr; hiervon sind ausschließlich der Ausbildung dienende Bewegungen mit Leichtflugzeugen ausgenommen,
3. militärische Flugplätze, die dem Betrieb von Flugzeugen mit Strahltriebwerken zu dienen bestimmt sind,
4. militärische Flugplätze, die dem Betrieb von Flugzeugen mit einer höchstzulässigen Startmasse von mehr als 20 Tonnen zu dienen bestimmt sind, mit einem Verkehrsaufkommen von über 25 000 Bewegungen pro Jahr; hiervon sind ausschließlich der Ausbildung dienende Bewegungen mit Leichtflugzeugen ausgenommen.

(2) ¹Die Festsetzung des Lärmschutzbereichs erfolgt durch Rechtsverordnung[2]) der Landesregierung. ²Karten und Pläne, die Bestandteil der Rechtsverordnung sind, können dadurch verkündet werden, dass sie bei einer Amtsstelle zu jedermanns Einsicht archivmäßig gesichert niedergelegt werden. ³In der Rechtsverordnung ist darauf hinzuweisen.

(3) ¹Der Lärmschutzbereich für einen neuen Flugplatz im Sinne des § 2 Abs. 2 Satz 2 Nr. 1 und 3 ist auf der Grundlage der dort angegebenen Werte festzusetzen. ²Auf derselben Grundlage ist der Lärmschutzbereich für einen wesentlich baulich erweiterten Flugplatz im Sinne des § 2 Abs. 2 Satz 2 Nr. 1 und 3 neu festzusetzen oder erstmalig festzusetzen, wenn bislang noch keine Festsetzung erfolgt ist. ³Die Festsetzung soll vorgenommen werden, sobald die Genehmigung, die Planfeststellung oder die Plangenehmigung für die Anlegung oder die Erweiterung des Flugplatzes erteilt ist.

(4) ¹Der Lärmschutzbereich für einen bestehenden Flugplatz im Sinne des § 2 Abs. 2 Satz 2 Nr. 2 und 4 ist auf der Grundlage der dort angegebenen Werte spätestens bis zum Ende des Jahres 2009 neu festzusetzen oder erstmalig festzusetzen, wenn bislang noch keine Festsetzung erfolgt ist. ²Ist eine wesentliche bauliche Erweiterung beantragt, ist eine Festsetzung für den bestehenden Flugplatz, die den bisherigen Bestand zur Grundlage hat, nicht mehr erforder-

---

[1]) Siehe die VO über die Datenerfassung und das Berechnungsverfahren für die Festsetzung von Lärmschutzbereichen v. 27.12.2008 (BGBl. I S. 2980), zuletzt geänd. durch VO v. 19.6.2020 (BGBl. I S. 1328), die Flugplatz-SchallschutzmaßnahmenVO v. 8.9.2009 (BGBl. I S. 2992) und die FluglärmAußenwohnbereichsentschädigungs-VO v. 20.8.2013 (BGBl. I S. 3292).
[2]) Siehe die bis zur Festsetzung der Lärmschutzbereiche durch VO der Landesregierung gem. Art. 3 Fluglärmschutz-VerbesserungsG v. 1.6.2007 (BGBl. I S. 986) fortgeltenden, bis zum 6.6.2007 erlassenen VOen des Bundes über die Festsetzung des Lärmschutzbereichs. Zu den aufgehobenen VOen des Bundes zur Festsetzung von Lärmschutzbereichen siehe Art. 43 Zweites G über die weitere Bereinigung von Bundesrecht v. 8.7.2016 (BGBl. I S. 1594).

lich, wenn eine Festsetzung des Lärmschutzbereichs für den wesentlich baulich erweiterten Flugplatz vorgenommen wird und die Inbetriebnahme des erweiterten Flugplatzes unmittelbar folgt. ³Die Festsetzungen für verschiedene Flugplätze sollen nach Prioritäten vorgenommen werden, die sich aus der voraussichtlichen Größe der Lärmschutzbereiche und der betroffenen Bevölkerung ergeben; die vorgesehene Abfolge der Festsetzungen und ihr voraussichtlicher Zeitpunkt sind festzulegen und der Öffentlichkeit mitzuteilen.

(5) ¹Der Lärmschutzbereich für einen neuen, wesentlich baulich erweiterten oder bestehenden Flugplatz im Sinne des § 2 Abs. 2 Satz 2 Nr. 1 bis 4 ist neu festzusetzen, wenn eine Änderung in der Anlage oder im Betrieb des Flugplatzes zu einer wesentlichen Veränderung der Lärmbelastung in der Umgebung des Flugplatzes führen wird. ²Eine Veränderung der Lärmbelastung ist insbesondere dann als wesentlich anzusehen, wenn sich die Höhe des äquivalenten Dauerschallpegels $L_{Aeq\ Tag}$ an der Grenze der Tag-Schutzzone 1 oder des äquivalenten Dauerschallpegels $L_{Aeq\ Nacht}$ an der Grenze der Nacht-Schutzzone um mindestens 2 dB(A) ändert. ³Die Neufestsetzung ist für einen neuen oder wesentlich baulich erweiterten Flugplatz im Sinne des § 2 Abs. 2 Satz 2 Nr. 1 und 3 auf der Grundlage der dort angegebenen Werte vorzunehmen. ⁴Die Neufestsetzung ist für einen bestehenden Flugplatz im Sinne des § 2 Abs. 2 Satz 2 Nr. 2 und 4 auf der Grundlage der dort angegebenen Werte vorzunehmen, solange kein Fall des Absatzes 4 Satz 2 vorliegt.

(6) ¹Spätestens nach Ablauf von zehn Jahren seit Festsetzung des Lärmschutzbereichs ist zu prüfen, ob sich die Lärmbelastung wesentlich verändert hat oder innerhalb der nächsten zehn Jahre voraussichtlich wesentlich verändern wird. ²Die Prüfung ist in Abständen von zehn Jahren zu wiederholen, sofern nicht besondere Umstände eine frühere Prüfung erforderlich machen.

(7) ¹Für einen Flugplatz nach Absatz 1 ist kein Lärmschutzbereich festzusetzen oder neu festzusetzen, wenn dieser innerhalb einer Frist von zehn Jahren nach Vorliegen eines Festsetzungserfordernisses nach den Absätzen 4 und 5 geschlossen werden soll und für seine Schließung das Verwaltungsverfahren bereits begonnen hat. ²Nach der Schließung eines Flugplatzes ist ein bestehender Lärmschutzbereich aufzuheben. ³Die Sätze 1 und 2 gelten entsprechend für einen Flugplatz nach Absatz 1, wenn dieser die dort genannten Merkmale in sonstiger Weise dauerhaft verliert; Absatz 8 bleibt unberührt.

(8) ¹Wenn der Schutz der Allgemeinheit es erfordert, sollen auch für andere als in Absatz 1 genannte Flugplätze Lärmschutzbereiche festgesetzt werden. ²Die Absätze 2 bis 7 gelten entsprechend.

**§ 5 Bauverbote.** (1) ¹In einem Lärmschutzbereich dürfen Krankenhäuser, Altenheime, Erholungsheime und ähnliche in gleichem Maße schutzbedürftige Einrichtungen nicht errichtet werden. ²In den Tag-Schutzzonen des Lärmschutzbereichs gilt Gleiches für Schulen, Kindergärten und ähnliche in gleichem Maße schutzbedürftige Einrichtungen. ³Die nach Landesrecht zuständige Behörde kann Ausnahmen zulassen, wenn dies zur Versorgung der Bevölkerung mit öffentlichen Einrichtungen oder sonst im öffentlichen Interesse dringend geboten ist.

(2) In der Tag-Schutzzone 1 und in der Nacht-Schutzzone dürfen Wohnungen nicht errichtet werden.

(3) ¹Das Verbot nach Absatz 2 gilt nicht für die Errichtung von

## 6.3 FluglärmG §§ 6–8

1. Wohnungen für Aufsichts- und Bereitschaftspersonen von Betrieben oder öffentlichen Einrichtungen sowie für Betriebsinhaber und Betriebsleiter,
2. Wohnungen, die nach § 35 Abs. 1 des Baugesetzbuchs im Außenbereich zulässig sind,
3. Wohnungen und Gemeinschaftsunterkünften für Angehörige der Bundeswehr und der auf Grund völkerrechtlicher Verträge in der Bundesrepublik Deutschland stationierten Streitkräfte,
4. Wohnungen im Geltungsbereich eines vor der Festsetzung des Lärmschutzbereichs bekannt gemachten Bebauungsplans,
5. Wohnungen innerhalb der im Zusammenhang bebauten Ortsteile nach § 34 des Baugesetzbuchs,
6. Wohnungen im Geltungsbereich eines nach der Festsetzung des Lärmschutzbereichs bekannt gemachten Bebauungsplans, wenn dieser der Erhaltung, der Erneuerung, der Anpassung oder dem Umbau von vorhandenen Ortsteilen mit Wohnbebauung dient.

[2] Satz 1 Nr. 4 gilt nicht für Grundstücke, auf denen die Errichtung von Wohnungen bauplanungsrechtlich mehr als sieben Jahre nach einer nach dem 6. Juni 2007 erfolgten Festsetzung des Lärmschutzbereichs vorgesehen gewesen ist, sofern im Geltungsbereich des Bebauungsplans noch nicht mit der Erschließung oder der Bebauung begonnen worden ist.

(4) Absatz 1 Satz 1 und 2 und Absatz 2 gelten nicht für bauliche Anlagen, für die vor der Festsetzung des Lärmschutzbereichs eine Baugenehmigung erteilt worden ist, sowie für nichtgenehmigungsbedürftige bauliche Anlagen, mit deren Errichtung nach Maßgabe des Bauordnungsrechts vor der Festsetzung des Lärmschutzbereichs hätte begonnen werden dürfen.

**§ 6 Sonstige Beschränkungen der baulichen Nutzung.** Die nach § 5 Abs. 1 Satz 3, Abs. 2 Satz 2 und Abs. 3 zulässigen baulichen Anlagen sowie Wohnungen in der Tag-Schutzzone 2 dürfen nur errichtet werden, sofern sie den nach § 7 festgesetzten Schallschutzanforderungen genügen.

**§ 7 Schallschutz.** Die Bundesregierung wird ermächtigt, nach Anhörung der beteiligten Kreise (§ 15) durch Rechtsverordnung[1] mit Zustimmung des Bundesrates Schallschutzanforderungen einschließlich Anforderungen an Belüftungseinrichtungen unter Beachtung des Standes der Schallschutztechnik im Hochbau festzusetzen, denen die baulichen Anlagen zum Schutz ihrer Bewohner vor Fluglärm in dem Fall des § 6 genügen müssen.

**§ 8 Entschädigung bei Bauverboten.** (1) [1] Wird durch ein Bauverbot nach § 5 Abs. 1 Satz 1 und 2 oder Absatz 2 Satz 1 die bisher zulässige bauliche Nutzung aufgehoben und tritt dadurch eine nicht nur unwesentliche Wertminderung des Grundstücks ein, so kann der Eigentümer insoweit eine angemessene Entschädigung in Geld verlangen. [2] Der Eigentümer kann ferner eine angemessene Entschädigung in Geld verlangen, soweit durch das Bauverbot Aufwendungen für Vorbereitungen zur baulichen Nutzung des Grundstücks an Wert verlieren, die der Eigentümer im Vertrauen auf den Bestand der bisher zulässigen baulichen Nutzung gemacht hat.

---

[1] Siehe die Flugplatz-SchallschutzmaßnahmenVO v. 8.9.2009 (BGBl. I S. 2992).

(2) Die Vorschriften des § 93 Abs. 2, 3 und 4, des § 95 Abs. 1, 2 und 4, der §§ 96, 97, 98 und 99 Abs. 1 des Baugesetzbuchs sowie die Vorschriften der §§ 17, 18 Abs. 1, 2 Satz 1, Abs. 3 und der §§ 19 bis 25 des Schutzbereichgesetzes vom 7. Dezember 1956 (Bundesgesetzbl. I S. 899), zuletzt geändert durch Artikel 1 Abs. 6 der Verordnung vom 5. April 2002 (BGBl. I S. 1250), sind sinngemäß anzuwenden.

## § 9 Erstattung von Aufwendungen für bauliche Schallschutzmaßnahmen, Entschädigung für Beeinträchtigungen des Außenwohnbereichs.

(1) [1] Dem Eigentümer eines in der Tag-Schutzzone 1 gelegenen Grundstücks, auf dem bei Festsetzung des Lärmschutzbereichs Einrichtungen nach § 5 Abs. 1 Satz 1 und 2 oder Wohnungen errichtet sind oder auf dem die Errichtung von baulichen Anlagen nach § 5 Abs. 4 zulässig ist, werden auf Antrag Aufwendungen für bauliche Schallschutzmaßnahmen nach Maßgabe der Absätze 3 und 4 und des § 10 erstattet. [2] Soweit für einen bestehenden zivilen Flugplatz im Sinne des § 2 Abs. 2 Satz 2 Nr. 2 der durch Fluglärm hervorgerufene äquivalente Dauerschallpegel $L_{Aeq\ Tag}$ bei einem Grundstück den Wert von 70 dB(A) übersteigt, entsteht der Anspruch mit der Festsetzung des Lärmschutzbereichs; ansonsten entsteht der Anspruch mit Beginn des sechsten Jahres nach Festsetzung des Lärmschutzbereichs. [3] Für einen bestehenden militärischen Flugplatz im Sinne des § 2 Abs. 2 Satz 2 Nr. 4 gilt Satz 2 mit der Maßgabe, dass auf einen Wert von 73 dB(A) abzustellen ist. [4] Für einen neuen oder wesentlich baulich erweiterten zivilen Flugplatz im Sinne des § 2 Abs. 2 Satz 2 Nr. 1 gilt Satz 2 mit der Maßgabe, dass auf einen Wert von 65 dB(A) abzustellen ist. [5] Für einen neuen oder wesentlich baulich erweiterten militärischen Flugplatz im Sinne des § 2 Abs. 2 Satz 2 Nr. 3 gilt Satz 2 mit der Maßgabe, dass auf einen Wert von 68 dB(A) abzustellen ist.

(2) [1] Dem Eigentümer eines in der Nacht-Schutzzone gelegenen Grundstücks, auf dem bei Festsetzung des Lärmschutzbereichs Einrichtungen nach § 5 Abs. 1 Satz 1 oder Wohnungen errichtet sind oder auf dem die Errichtung von solchen baulichen Anlagen gemäß § 5 Abs. 4 zulässig ist, werden für Räume, die in nicht nur unwesentlichem Umfang zum Schlafen benutzt werden, Aufwendungen für bauliche Schallschutzmaßnahmen, bei einem zivilen Flugplatz im Sinne des § 2 Abs. 2 Satz 2 Nr. 1 und 2 einschließlich des Einbaus von Belüftungseinrichtungen, nach Maßgabe der Absätze 3 und 4 und des § 10 erstattet. [2] Soweit für einen bestehenden Flugplatz im Sinne des § 2 Abs. 2 Satz 2 Nr. 2 und 4 der durch Fluglärm hervorgerufene äquivalente Dauerschallpegel $L_{Aeq\ Nacht}$ bei einem Grundstück den Wert von 60 dB(A) übersteigt, entsteht der Anspruch mit der Festsetzung des Lärmschutzbereichs; ansonsten entsteht der Anspruch mit Beginn des sechsten Jahres nach Festsetzung des Lärmschutzbereichs. [3] Für einen neuen oder wesentlich baulich erweiterten Flugplatz im Sinne des § 2 Abs. 2 Satz 2 Nr. 1 Buchstabe a und Nr. 3 Buchstabe a gilt Satz 2 mit der Maßgabe, dass auf einen Wert von 58 dB(A) abzustellen ist; für einen Flugplatz im Sinne des § 2 Abs. 2 Satz 2 Nr. 1 Buchstabe b und Nr. 3 Buchstabe b ist auf einen Wert von 55 dB(A) abzustellen.

(3) [1] Ist ein Lärmschutzbereich auf Grund des § 4 Abs. 3, 4 oder 5 neu festgesetzt worden, werden Aufwendungen für bauliche Schallschutzmaßnahmen nicht erstattet, wenn gemäß § 6 bauliche Anlagen sowie Wohnungen schon bei der Errichtung in der bis zur Neufestsetzung geltenden Tag-Schutz-

zone 2 den Schallschutzanforderungen genügen mussten und die danach erforderlichen Schallschutzmaßnahmen sich im Rahmen der nach § 7 erlassenen Rechtsverordnung halten. ²Ferner ist eine Erstattung ausgeschlossen, wenn der nach § 12 Zahlungspflichtige bereits im Rahmen freiwilliger Schallschutzprogramme oder in sonstigen Fällen Aufwendungen für bauliche Schallschutzmaßnahmen erstattet hat, die sich im Rahmen der nach § 7 erlassenen Rechtsverordnung halten. ³Einer Erstattung steht nicht entgegen, dass ein Grundstückseigentümer oder ein sonstiger nach Absatz 7 Anspruchsberechtigter bauliche Schallschutzmaßnahmen vor dem Zeitpunkt des Entstehens des Anspruchs auf Erstattung der Aufwendungen durchgeführt hat, soweit die Durchführung nach der Festsetzung des der Anspruchsentstehung zugrunde liegenden Lärmschutzbereichs erfolgt ist.

(4) ¹Die Aufwendungen für bauliche Schallschutzmaßnahmen werden nur erstattet, soweit sich die Maßnahmen im Rahmen der nach § 7 erlassenen Rechtsverordnung halten. ²Die Bundesregierung wird ermächtigt, durch Rechtsverordnung[1)] mit Zustimmung des Bundesrates den Höchstbetrag der Erstattung je Quadratmeter Wohnfläche und die Berechnung der Wohnfläche, pauschalierte Erstattungsbeträge sowie Art und Umfang der erstattungsfähigen Nebenleistungen zu regeln.

(5) ¹Der Eigentümer eines in der Tag-Schutzzone 1 gelegenen Grundstücks, auf dem bei Festsetzung des Lärmschutzbereichs für einen neuen oder wesentlich baulich erweiterten Flugplatz im Sinne des § 2 Abs. 2 Satz 2 Nr. 1 und 3 Einrichtungen nach § 5 Abs. 1 Satz 1 und 2 oder Wohnungen errichtet sind oder auf dem die Errichtung von solchen baulichen Anlagen gemäß § 5 Abs. 4 zulässig ist, kann eine angemessene Entschädigung für Beeinträchtigungen des Außenwohnbereichs in Geld nach Maßgabe der nach Absatz 6 erlassenen Rechtsverordnung verlangen. ²Soweit für einen neuen oder wesentlich baulich erweiterten zivilen Flugplatz im Sinne des § 2 Abs. 2 Satz 2 Nr. 1 der durch Fluglärm hervorgerufene äquivalente Dauerschallpegel $L_{Aeq\ Tag}$ bei einem Grundstück den Wert von 65 dB(A) übersteigt, entsteht der Anspruch auf Erstattung mit der Inbetriebnahme des neuen oder wesentlich baulich erweiterten Flugplatzes; ansonsten entsteht der Anspruch mit Beginn des sechsten Jahres nach Festsetzung des Lärmschutzbereichs. ³Für einen neuen oder wesentlich baulich erweiterten militärischen Flugplatz im Sinne des § 2 Abs. 2 Satz 2 Nr. 3 gilt Satz 2 mit der Maßgabe, dass auf einen Wert von 68 dB(A) abzustellen ist.

(6) ¹Die Bundesregierung wird ermächtigt, durch Rechtsverordnung[2)] mit Zustimmung des Bundesrates Regelungen über die Entschädigung für Beeinträchtigungen des Außenwohnbereichs zu treffen, insbesondere über den schutzwürdigen Umfang des Außenwohnbereichs und die Bemessung der Wertminderung und Entschädigung, auch unter Berücksichtigung der Intensität der Fluglärmbelastung, der Vorbelastung und der Art der baulichen Nutzung der betroffenen Flächen. ²Im Übrigen gelten für das Verfahren die Enteignungsgesetze der Länder.

(7) ¹An die Stelle des nach den Absätzen 1, 2 und 5 anspruchsberechtigten Grundstückseigentümers tritt der Erbbauberechtigte oder der Wohnungseigentümer, wenn das auf dem Grundstück stehende Gebäude oder Teile des Gebäudes im Eigentum eines Erbbauberechtigten oder eines Wohnungseigentü-

---

[1)] Siehe die Flugplatz-SchallschutzmaßnahmenVO v. 8.9.2009 (BGBl. I S. 2992).
[2)] Siehe die Fluglärm-Außenwohnbereichsentschädigungs-VO v. 20.8.2013 (BGBl. I S. 3292).

mers stehen. ²Der Anspruch nach den Absätzen 1, 2 und 5 kann nur innerhalb einer Frist von fünf Jahren nach Entstehung des Anspruchs geltend gemacht werden.[1)]

**§ 10 Verfahren bei der Erstattung von Aufwendungen.** ¹Die nach Landesrecht zuständige Behörde setzt nach Anhörung der Beteiligten (Zahlungsempfänger und Zahlungspflichtiger) durch schriftlichen Bescheid fest, in welcher Höhe die Aufwendungen erstattungsfähig sind. ²Der Bescheid muss eine Rechtsmittelbelehrung enthalten. ³Er ist den Beteiligten zuzustellen.

**§ 11 Auskunft.** (1) Der Halter eines Flugplatzes und die mit der Flugsicherung Beauftragten sind verpflichtet, der nach Landesrecht zuständigen Behörde die zur Ermittlung der Lärmbelastung nach § 3 erforderlichen Auskünfte zu erteilen sowie die erforderlichen Daten, Unterlagen und Pläne vorzulegen.

(2) Der zur Erteilung einer Auskunft Verpflichtete kann die Auskunft auf solche Fragen verweigern, deren Beantwortung ihn selbst oder einen der in § 383 Abs. 1 Nr. 1 bis 3 der Zivilprozessordnung bezeichneten Angehörigen der Gefahr strafgerichtlicher Verfolgung oder eines Verfahrens nach dem Gesetz über Ordnungswidrigkeiten[2)] aussetzen würde.

(3) ¹Auf die nach Absatz 1 erlangten Kenntnisse und Unterlagen sind §§ 93, 97, 105 Abs. 1, § 111 Abs. 5 in Verbindung mit § 105 Abs. 1 sowie § 116 Abs. 1 der Abgabenordnung nicht anzuwenden. ²Dies gilt nicht, soweit die Finanzbehörden die Kenntnisse für die Durchführung eines Verfahrens wegen einer Steuerstraftat sowie eines damit zusammenhängenden Besteuerungsverfahrens benötigen, an deren Verfolgung ein zwingendes öffentliches Interesse besteht, oder soweit es sich um vorsätzlich falsche Angaben des Auskunftspflichtigen oder der für ihn tätigen Personen handelt.

**§ 12 Zahlungspflichtiger.** (1) Zur Zahlung der Entschädigung nach § 8, zur Erstattung der Aufwendungen für bauliche Schallschutzmaßnahmen nach § 9 Abs. 1 und 2 und zur Zahlung der Entschädigung für Beeinträchtigungen des Außenwohnbereichs nach § 9 Abs. 5 ist der Flugplatzhalter verpflichtet.

(2) ¹Soweit die auf Grund völkerrechtlicher Verträge in der Bundesrepublik Deutschland stationierten Streitkräfte Flugplätze im Bundesgebiet benutzen und ein Entsendestaat als Flugplatzhalter zahlungspflichtig ist, steht die Bundesrepublik für die Erfüllung der Zahlungspflicht ein. ²Rechtsstreitigkeiten wegen der Zahlung einer Entschädigung oder der Erstattung von Aufwendungen für bauliche Schallschutzmaßnahmen werden von der Bundesrepublik Deutschland im eigenen Namen für den Entsendestaat geführt, gegen den sich der Anspruch richtet.

**§ 13 Sonstige Vorschriften.** (1) ¹Dieses Gesetz regelt in der ab dem 7. Juni 2007 geltenden Fassung für die Umgebung von Flugplätzen mit Wirkung auch für das Genehmigungsverfahren nach § 6 des Luftverkehrsgesetzes sowie das Planfeststellungs- und Plangenehmigungsverfahren nach § 8 des Luftverkehrs-

---

[1)] Gem. Art. 4 FluglärmschutzVerbesserungsG v. 1.6.2007 (BGBl. I S. 986) findet die Regelung des § 9 Abs. 7 Satz 2 auf Ansprüche, die vor dem 7.6.2007 entstanden sind, mit der Maßgabe Anwendung, dass die Fünfjahresfrist sich nicht durch die Neufestsetzung eines Lärmschutzbereichs verlängert.
[2)] Auszugsweise abgedruckt unter Nr. **11.2**.

## 6.3 FluglärmG §§ 14–18, Anl.

gesetzes die Erstattung von Aufwendungen für bauliche Schallschutzmaßnahmen, einschließlich der zugrunde liegenden Schallschutzanforderungen, nach § 9 Abs. 1 bis 4 und die Entschädigung für Beeinträchtigungen des Außenwohnbereichs in der Umgebung neuer und wesentlich baulich erweiterter Flugplätze nach § 9 Abs. 5 und 6. ²Soweit in einer Genehmigung, Planfeststellung oder Plangenehmigung, die bis zum 6. Juni 2007 erteilt worden ist, weitergehende Regelungen getroffen worden sind, bleiben diese unberührt. ³Solange die Genehmigung, Planfeststellung oder Plangenehmigung nicht bestandskräftig ist, ist die Vollziehung der weitergehenden Regelungen ausgesetzt.

(2) Vorschriften, die weitergehende Planungsmaßnahmen zulassen, bleiben unberührt.

**§ 14 Schutzziele für die Lärmaktionsplanung.** Bei der Lärmaktionsplanung nach § 47d des Bundes-Immissionsschutzgesetzes[1] sind für Flugplätze die jeweils anwendbaren Werte des § 2 Abs. 2 des Gesetzes zum Schutz gegen Fluglärm zu beachten.

**§ 15 Anhörung beteiligter Kreise.** Soweit Ermächtigungen zum Erlass von Rechtsverordnungen die Anhörung der beteiligten Kreise vorschreiben, ist ein jeweils auszuwählender Kreis von Vertretern der Wissenschaft, der Technik, der Flugplatzhalter, der Luftfahrtunternehmen, der kommunalen Spitzenverbände, der Lärmschutz- und Umweltverbände, der Kommissionen nach § 32b des Luftverkehrsgesetzes und der für die Luftfahrt und den Immissionsschutz zuständigen obersten Landesbehörden zu hören.

**§ 16** (weggefallen)

**§ 17** (weggefallen)

**§ 18** (weggefallen)

### Anlage
(zu § 3)

Der äquivalente Dauerschallpegel für die Tag-Schutzzonen 1 und 2 wird nach Gleichung (1) und für die Nacht-Schutzzone nach Gleichung (2) ermittelt:

(1)
$$L_{Aeq\,Tag} = 10 \lg \left[ \frac{0,75}{T} \sum_{i=1}^{n} t_{10,i} \cdot 10^{0,1\,L_{Amax,i}} \right]$$

(2)
$$L_{Aeq\,Nacht} = 10 \lg \left[ \frac{1,5}{T} \sum_{i=1}^{n} t_{10,i} \cdot 10^{0,1\,L_{Amax,i}} \right]$$

mit

$L_{Aeq\,Tag}$ — äquivalenter Dauerschallpegel während der Beurteilungszeit T tags (6 bis 22 Uhr) in dB(A)

---

[1] Nr. **6.1**.

Fluglärmgesetz  **Anl. FluglärmG 6.3**

| | |
|---|---|
| $L_{Aeq\ Nacht}$ | – äquivalenter Dauerschallpegel während der Beurteilungszeit T nachts (22 bis 6 Uhr) in dB(A) |
| lg | – Logarithmus zur Basis 10 |
| T | – Beurteilungszeit T in s; die Beurteilungszeit umfasst die sechs verkehrsreichsten Monate (180 Tage) des Prognosejahres |
| $\sum_{i=1}^{n}$ | – Summe über alle Flugbewegungen tags (6 bis 22 Uhr) bzw. nachts (22 bis 6 Uhr) während der Beurteilungszeit T, wobei die prognostizierten Flugbewegungszahlen für die einzelnen Betriebsrichtungen jeweils um einen Zuschlag zur Berücksichtigung der zeitlich variierenden Nutzung der einzelnen Betriebsrichtungen erhöht werden. Für die Tag-Schutzzonen 1 und 2 sowie für die Nacht-Schutzzone beträgt der Zuschlag dreimal die Streuung der Nutzungsanteile der jeweiligen Betriebsrichtung in den zurückliegenden 10 Jahren (3 Sigma). |
| i | – laufender Index des einzelnen Fluglärmereignisses |
| $t_{10,\ i}$ | – Dauer des Geräusches des i-ten Fluglärmereignisses am Immissionsort in s (Zeitdauer des Schallpegels höchstens 10 dB(A) unter dem höchsten Schallpegel liegt (10 dB-down-time)) |
| $L_{Amax,\ i}$ | – Maximalwert des Schalldruckpegels des i-ten Fluglärmereignisses am Immissionsort in dB(A), ermittelt aus der Geräuschemission des Luftfahrzeuges unter Berücksichtigung des Abstandes zur Flugbahn und der Schallausbreitungsverhältnisse |

Zusätzlich wird auf der Grundlage der nach § 3 Abs. 2 erlassenen Rechtsverordnung für die Nachtzeit (22 bis 6 Uhr) die Kontur gleicher Pegelhäufigkeit für das Häufigkeits-Maximalpegelkriterium unter Berücksichtigung eines Pegelunterschiedes zwischen außen und innen von 15 dB(A) ermittelt. Die Nacht-Schutzzone bestimmt sich als Umhüllende dieser Kontur und der Kontur gleichen äquivalenten Dauerschallpegels während der Beurteilungszeit T nachts.

# 6.4. Gesetz über den Handel mit Berechtigungen zur Emission von Treibhausgasen (Treibhausgas-Emissionshandelsgesetz – TEHG)[1) 2) 3)]

Vom 21. Juli 2011

(BGBl. I S. 1475)

**FNA 2129-55**

zuletzt geänd. durch Art. 18 PersonengesellschaftsrechtsmodernisierungsG (MoPeG) v. 10.8.2021 (BGBl. I S. 3436)

## Abschnitt 1. Allgemeine Vorschriften

**§ 1 Zweck des Gesetzes.** [1]Zweck dieses Gesetzes ist es, für die in Anhang 1 Teil 2 genannten Tätigkeiten, durch die in besonderem Maße Treibhausgase emittiert werden, die Grundlagen für den Handel mit Berechtigungen zur Emission von Treibhausgasen in einem gemeinschaftsweiten Emissionshandelssystem zu schaffen, um damit durch eine kosteneffiziente Verringerung von Treibhausgasen zum weltweiten Klimaschutz beizutragen. [2]Das Gesetz dient auch der Umsetzung der europäischen und internationalen Vorgaben zur Einbeziehung des Luftverkehrs in Maßnahmen zur Erfassung, Reduktion und Kompensation von Treibhausgasen und zur Umsetzung der europäischen Vorgaben zur Erfassung von Treibhausgasen im Seeverkehr.

**§ 2 Anwendungsbereich.** (1) [1]Dieses Gesetz gilt für die Emission der in Anhang 1 Teil 2 genannten Treibhausgase durch die dort genannten Tätigkeiten. [2]Für die in Anhang 1 Teil 2 genannten Anlagen gilt dieses Gesetz auch dann, wenn sie Teile oder Nebeneinrichtungen einer Anlage sind, die nicht in Anhang 1 Teil 2 aufgeführt ist.

(2) [1]Der Anwendungsbereich dieses Gesetzes erstreckt sich bei den in Anhang 1 Teil 2 Nummer 2 bis 31 genannten Anlagen auf alle

1. Anlagenteile und Verfahrensschritte, die zum Betrieb notwendig sind, und

2. Nebeneinrichtungen, die mit den Anlagenteilen und Verfahrensschritten nach Nummer 1 in einem räumlichen und betriebstechnischen Zusammenhang stehen und die für das Entstehen von den in Anhang 1 Teil 2 genannten Treibhausgasen von Bedeutung sein können.

---

[1)] **Amtl. Anm.:** Dieses Gesetz dient der Umsetzung der Richtlinie 2003/87/EG des Europäischen Parlaments und des Rates vom 13. Oktober 2003 über ein System für den Handel mit Treibhausgasemissionszertifikaten in der Gemeinschaft und zur Änderung der Richtlinie 96/61/EG des Rates (ABl. L 275 vom 25.10.2003, S. 32), die zuletzt durch die Richtlinie 2009/29/EG (ABl. L 140 vom 5.6.2009, S. 63) geändert worden ist, und der Richtlinie 2006/123/EG des Europäischen Parlaments und des Rates vom 12. Dezember 2006 über Dienstleistungen im Binnenmarkt (ABl. L 376 vom 27.12.2006, S. 36).
[2)] Verkündet als Art. 1 G v. 21.7.2011 (BGBl. I S. 1475); Inkrafttreten gem. Art. 15 Abs. 2 Satz 1 dieses G am 28.7.2011.
[3)] Die Änderungen durch G v. 10.8.2021 (BGBl. I S. 3436) treten erst **mWv 1.1.2024** in Kraft und sind im Text noch nicht berücksichtigt.

Emissionshandelsgesetz **§ 2 TEHG 6.4**

²Satz 1 gilt für Verbrennungseinheiten nach Anhang 1 Teil 2 Nummer 1 entsprechend.

(3) ¹Die in Anhang 1 bestimmten Voraussetzungen liegen auch vor, wenn mehrere Anlagen derselben Art in einem engen räumlichen und betrieblichen Zusammenhang stehen und zusammen die nach Anhang 1 maßgeblichen Leistungsgrenzen oder Anlagengrößen erreichen oder überschreiten werden. ²Ein enger räumlicher und betrieblicher Zusammenhang ist gegeben, wenn die Anlagen

1. auf demselben Betriebsgelände liegen,
2. mit gemeinsamen Betriebseinrichtungen verbunden sind und
3. einem vergleichbaren technischen Zweck dienen.

(4) ¹Bedürfen Anlagen nach Anhang 1 Teil 2 Nummer 2 bis 30 einer Genehmigung nach § 4 Absatz 1 Satz 3 des Bundes-Immissionsschutzgesetzes[1], so sind hinsichtlich der Abgrenzung der Anlagen nach den Absätzen 2 und 3 die Festlegungen in der immissionsschutzrechtlichen Genehmigung für die Anlage maßgeblich. ²Satz 1 gilt für Verbrennungseinheiten nach Anhang 1 Teil 2 Nummer 1 entsprechend. ³In den Fällen des Absatzes 1 Satz 2 gilt Satz 1 hinsichtlich der Festlegungen in der immissionsschutzrechtlichen Genehmigung zu den Anlagenteilen oder Nebeneinrichtungen entsprechend.

(5) Dieses Gesetz gilt nicht für:

1. Anlagen oder Anlagenteile, soweit sie der Forschung oder der Entwicklung oder Erprobung neuer Einsatzstoffe, Brennstoffe, Erzeugnisse oder Verfahren im Labor- oder Technikumsmaßstab dienen; hierunter fallen auch solche Anlagen im Labor- oder Technikumsmaßstab, in denen neue Erzeugnisse in der für die Erprobung ihrer Eigenschaften durch Dritte erforderlichen Menge vor der Markteinführung hergestellt werden, soweit die neuen Erzeugnisse noch weiter erforscht oder entwickelt werden,
2. Anlagen, die nach § 4 Absatz 1 Satz 3 des Bundes-Immissionsschutzgesetzes genehmigungsbedürftig sind und bei denen nach ihrer immissionsschutzrechtlichen Genehmigung außer für Zwecke der Zünd- und Stützfeuerung als Brennstoff nur Klärgas, Deponiegas, Biogas oder Biomasse im Sinne des Artikels 2 Absatz 2 Satz 2 Buchstabe a und e der Richtlinie 2009/28/EG des Europäischen Parlaments und des Rates vom 23. April 2009 zur Förderung der Nutzung von Energie aus erneuerbaren Quellen und zur Änderung und anschließenden Aufhebung der Richtlinien 2001/77/EG und 2003/30/EG (ABl. L 140 vom 5.6.2009, S. 16) in der jeweils geltenden Fassung eingesetzt werden darf und
3. Anlagen oder Verbrennungseinheiten nach Anhang 1 Teil 2 Nummer 1 bis 6 zur Verbrennung von gefährlichen Abfällen oder Siedlungsabfällen, die nach Nummer 8.1 des Anhangs zur Verordnung über genehmigungsbedürftige Anlagen[2] genehmigungsbedürftig sind.

(6) ¹Bei Luftverkehrstätigkeiten erstreckt sich der Anwendungsbereich dieses Gesetzes auf alle Emissionen eines Luftfahrzeugs, die durch den Verbrauch von Treibstoffen entstehen. ²Zum Treibstoffverbrauch eines Luftfahrzeugs zählt

---

[1] Nr. **6.1**.
[2] Nr. **6.1.4**.

auch der Treibstoffverbrauch von Hilfsmotoren. ³Dieses Gesetz gilt nur für Luftverkehrstätigkeiten, die von Luftfahrzeugbetreibern durchgeführt werden,

1. die eine gültige deutsche Betriebsgenehmigung im Sinne des Artikels 3 der Verordnung (EG) Nr. 1008/2008 des Europäischen Parlaments und des Rates vom 24. September 2008 über gemeinsame Vorschriften für die Durchführung von Luftverkehrsdiensten in der Gemeinschaft (ABl. L 293 vom 31.10. 2008, S. 3) in der jeweils geltenden Fassung besitzen oder
2. die der Bundesrepublik Deutschland als zuständigem Verwaltungsmitgliedstaat zugewiesen sind nach der Verordnung (EG) Nr. 748/2009 der Kommission vom 5. August 2009 über die Liste der Luftfahrzeugbetreiber, die am oder nach dem 1. Januar 2006 einer Luftverkehrstätigkeit im Sinne von Anhang I der Richtlinie 2003/87/EG nachgekommen sind, mit Angabe des für die einzelnen Luftfahrzeugbetreiber zuständigen Verwaltungsmitgliedstaats (ABl. L 219 vom 22.8.2009, S. 1), die durch die Verordnung (EU) Nr. 82/2010 (ABl. L 25 vom 29.1.2010, S. 12) geändert worden ist, in der jeweils geltenden Fassung, und keine gültige Betriebsgenehmigung eines anderen Vertragsstaats des Abkommens über den Europäischen Wirtschaftsraum besitzen.

⁴Alle Luftverkehrstätigkeiten, die der Luftfahrzeugbetreiber ab Beginn des Kalenderjahres durchführt, in dem die Voraussetzungen nach Satz 3 erstmals erfüllt sind, fallen in den Anwendungsbereich dieses Gesetzes.

(7) Dieses Gesetz gilt auch für Aufgaben im Zusammenhang mit der Bewilligung von Beihilfen zur Kompensation indirekter $CO_2$-Kosten, soweit solche Beihilfen nach einer Förderrichtlinie nach Artikel 10a Absatz 6 der Richtlinie 2003/87/EG vorgesehen sind.

(8) Dieses Gesetz gilt auch für Aufgaben im Zusammenhang mit der Überwachung und der Ahndung von Verstößen gegen die Überwachungs- und Berichterstattungspflichten der MRV-Seeverkehrsverordnung.

(9) Für Luftfahrzeugbetreiber nach Absatz 6 Satz 3 Nummer 1 gelten im Hinblick auf ihre Verpflichtungen nach dem globalen marktbasierten Mechanismus der Internationalen Zivilluftfahrt-Organisation gemäß einer nach Artikel 28c der Richtlinie 2003/87/EG erlassenen Verordnung zur Überwachung, Berichterstattung oder Prüfung von Treibhausgasemissionen nach dem globalen marktbasierten Mechanismus Abschnitt 4 sowie § 32 Absatz 3 Nummer 6 dieses Gesetzes.

**§ 3 Begriffsbestimmungen.** Für dieses Gesetz gelten die folgenden Begriffsbestimmungen:
1. Anlage
   eine Betriebsstätte oder sonstige ortsfeste Einrichtung;
2. Anlagenbetreiber
   eine natürliche oder juristische Person oder Personengesellschaft, die die unmittelbare Entscheidungsgewalt über eine Anlage innehat, in der eine Tätigkeit nach Anhang 1 Teil 2 Nummer 1 bis 32 durchgeführt wird, und die dabei die wirtschaftlichen Risiken trägt; wer im Sinne des Bundes-Immissionsschutzgesetzes eine genehmigungsbedürftige Anlage betreibt, in der eine Tätigkeit nach Anhang 1 Teil 2 Nummer 1 bis 30 durchgeführt wird, ist Anlagenbetreiber nach Halbsatz 1;

3. Berechtigung
die Befugnis zur Emission von einer Tonne Kohlendioxidäquivalent in einem bestimmten Zeitraum; eine Tonne Kohlendioxidäquivalent ist eine Tonne Kohlendioxid oder die Menge eines anderen Treibhausgases, die in ihrem Potenzial zur Erwärmung der Atmosphäre einer Tonne Kohlendioxid entspricht;
4. Betreiber
ein Anlagenbetreiber oder Luftfahrzeugbetreiber;
5. Emission
die Freisetzung von Treibhausgasen durch eine Tätigkeit nach Anhang 1 Teil 2; die Weiterleitung von Treibhausgasen steht nach Maßgabe der Monitoring-Verordnung der Freisetzung gleich;
6. *(aufgehoben)*
7. Luftfahrzeugbetreiber
eine natürliche oder juristische Person oder Personengesellschaft, die die unmittelbare Entscheidungsgewalt über ein Luftfahrzeug zu dem Zeitpunkt innehat, zu dem mit diesem eine Luftverkehrstätigkeit durchgeführt wird, und die dabei die wirtschaftlichen Risiken der Luftverkehrstätigkeit trägt, oder, wenn die Identität dieser Person nicht bekannt ist oder vom Luftfahrzeugeigentümer nicht angegeben wird, der Eigentümer des Luftfahrzeugs;
8. Luftverkehrsberechtigung
eine Berechtigung, die für Emissionen des Luftverkehrs vergeben wird;
9. Luftverkehrstätigkeit
eine Tätigkeit nach Anhang 1 Teil 2 Nummer 33;
10. Monitoring-Verordnung
die Verordnung (EU) Nr. 601/2012 der Kommission vom 21. Juni 2012 über die Überwachung von und die Berichterstattung über Treibhausgasemissionen gemäß der Richtlinie 2003/87/EG des Europäischen Parlaments und des Rates (ABl. L 181 vom 12.7.2012, S. 30) in der jeweils geltenden Fassung;
11. MRV-Seeverkehrsverordnung
die Verordnung (EU) 2015/757 des Europäischen Parlaments und des Rates vom 29. April 2015 über die Überwachung von Kohlendioxidemissionen aus dem Seeverkehr, die Berichterstattung darüber und die Prüfung dieser Emissionen und zur Änderung der Richtlinie 2009/16/EG (ABl. L 123 vom 19.5.2015, S. 55);
12. *(aufgehoben)*
13. Produktionsleistung
die tatsächlich und rechtlich maximal mögliche Produktionsmenge pro Jahr;
14. Tätigkeit
eine in Anhang 1 Teil 2 genannte Tätigkeit;
15. Transportleistung
das Produkt aus Flugstrecke und Nutzlast;
16. Treibhausgase
Kohlendioxid ($CO_2$), Methan ($CH_4$), Distickstoffoxid ($N_2O$), teilfluorierte Kohlenwasserstoffe (HFKW), perfluorierte Kohlenwasserstoffe (PFC) und Schwefelhexafluorid ($SF_6$);

17. Überwachungsplan
eine Darstellung der Methode, die ein Betreiber anwendet, um seine Emissionen zu ermitteln und darüber Bericht zu erstatten;
18. *(aufgehoben)*

## Abschnitt 2. Genehmigung und Überwachung von Emissionen

**§ 4 Emissionsgenehmigung.** (1) [1]Der Anlagenbetreiber bedarf zur Freisetzung von Treibhausgasen durch eine Tätigkeit nach Anhang 1 Teil 2 Nummer 1 bis 32 einer Genehmigung. [2]Die Genehmigung ist auf Antrag des Anlagenbetreibers von der zuständigen Behörde zu erteilen, wenn die zuständige Behörde auf der Grundlage der vorgelegten Antragsunterlagen die Angaben nach Absatz 3 feststellen kann.

(2) Der Antragsteller hat dem Genehmigungsantrag insbesondere folgende Angaben beizufügen:
1. Name und Anschrift des Anlagenbetreibers,
2. eine Beschreibung der Tätigkeit, des Standorts und der Art und des Umfangs der dort durchgeführten Verrichtungen und der verwendeten Technologien,
3. in den Fällen des § 2 Absatz 1 Satz 2 eine Beschreibung der räumlichen Abgrenzung der Anlagenteile, Verfahrensschritte und Nebeneinrichtungen nach § 2 Absatz 2,
4. die Quellen von Emissionen und
5. den Zeitpunkt, zu dem die Anlage in Betrieb genommen worden ist oder werden soll.

(3) Die Genehmigung enthält folgende Angaben:
1. Name und Anschrift des Anlagenbetreibers,
2. eine Beschreibung der Tätigkeit und des Standorts, an dem die Tätigkeit durchgeführt wird,
3. in den Fällen des § 2 Absatz 1 Satz 2 eine Beschreibung der räumlichen Abgrenzung der einbezogenen Anlagenteile, Verfahrensschritte und Nebeneinrichtungen nach § 2 Absatz 2 und
4. eine Auflistung der einbezogenen Quellen von Emissionen.

(4) [1]Bei Anlagen, die vor dem 1. Januar 2013 nach den Vorschriften des Bundes-Immissionsschutzgesetzes[1)] genehmigt worden sind, ist die immissionsschutzrechtliche Genehmigung die Genehmigung nach Absatz 1. [2]Der Anlagenbetreiber kann aber auch im Fall des Satzes 1 eine gesonderte Genehmigung nach Absatz 1 beantragen. [3]In diesem Fall ist Satz 1 nur bis zur Erteilung der gesonderten Genehmigung anwendbar.

(5) [1]Der Anlagenbetreiber ist verpflichtet, der zuständigen Behörde eine geplante Änderung der Tätigkeit in Bezug auf die Angaben nach Absatz 3 mindestens einen Monat vor ihrer Verwirklichung vollständig und richtig anzuzeigen, soweit diese Änderung Auswirkungen auf die Emissionen haben kann. [2]Die zuständige Behörde ändert die Genehmigung entsprechend. [3]Die zuständige Behörde überprüft unabhängig von Satz 2 mindestens alle fünf Jahre die Angaben nach Absatz 3 und ändert die Genehmigung im Bedarfsfall ent-

---

[1)] Nr. **6.1**.

sprechend. [4] Für die genannten Änderungen der Genehmigung gilt Absatz 4 Satz 3 entsprechend.

(6) In den Verfahren zur Erteilung oder Änderung der Emissionsgenehmigung nach den Absätzen 1, 4 Satz 2 und Absatz 5 ist der nach § 19 Absatz 1 Nummer 3 zuständigen Behörde Gelegenheit zur Stellungnahme in angemessener Frist zu geben.

**§ 5 Ermittlung von Emissionen und Emissionsbericht.** (1) Der Betreiber hat die durch seine Tätigkeit in einem Kalenderjahr verursachten Emissionen nach Maßgabe des Anhangs 2 Teil 2 zu ermitteln und der zuständigen Behörde bis zum 31. März des Folgejahres über die Emissionen zu berichten.

(2) Die Angaben im Emissionsbericht nach Absatz 1 müssen von einer Prüfstelle nach § 21 verifiziert worden sein.

**§ 6 Überwachungsplan.** (1) [1] Der Betreiber ist verpflichtet, bei der zuständigen Behörde für jede Handelsperiode einen Überwachungsplan für die Emissionsermittlung und Berichterstattung nach § 5 Absatz 1 einzureichen. [2] Dabei hat er die in Anhang 2 Teil 1 Nummer 1 genannten Fristen einzuhalten.

(2) [1] Die Genehmigung ist zu erteilen, wenn der Überwachungsplan den Vorgaben der Monitoring-Verordnung, der Rechtsverordnung nach § 28 Absatz 2 Nummer 1 und, soweit diese keine Regelungen treffen, des Anhangs 2 Teil 2 Satz 3 entspricht. [2] Entspricht ein vorgelegter Überwachungsplan nicht diesen Vorgaben, ist der Betreiber verpflichtet, die festgestellten Mängel innerhalb einer von der zuständigen Behörde festzusetzenden Frist zu beseitigen und den geänderten Überwachungsplan vorzulegen. [3] Im Verfahren zur Genehmigung des Überwachungsplans ist in den Fällen des § 19 Absatz 1 Nummer 1 der danach zuständigen Behörde Gelegenheit zur Stellungnahme zu geben. [4] Die zuständige Behörde kann die Genehmigung mit Auflagen für die Überwachung von und Berichterstattung über Emissionen verbinden.

(3) [1] Der Betreiber ist verpflichtet, den Überwachungsplan innerhalb einer Handelsperiode unverzüglich anzupassen und bei der zuständigen Behörde einzureichen, soweit sich folgende Änderungen bezüglich der Anforderungen an die Emissionsermittlung oder an ihre Berichterstattung ergeben:

1. Änderung der Vorgaben nach Absatz 2 Satz 2,
2. Änderung seiner Emissionsgenehmigung oder
3. eine erhebliche Änderung der Überwachung nach Artikel 15 Absatz 3 und 4 der Monitoring-Verordnung.

[2] Für den angepassten Überwachungsplan gilt Absatz 2 entsprechend.

### Abschnitt 3. Berechtigungen und Zuteilung

**§ 7 Berechtigungen.** (1) Der Betreiber hat jährlich bis zum 30. April an die zuständige Behörde eine Anzahl von Berechtigungen abzugeben, die den durch seine Tätigkeit im vorangegangenen Kalenderjahr verursachten Emissionen entspricht.

(2) [1] Berechtigungen, die ab dem 1. Januar 2013 ausgegeben werden, sind unbegrenzt gültig. [2] Beginnend mit der Ausgabe für die am 1. Januar 2021 beginnende Handelsperiode ist auf den Berechtigungen die Zuordnung zu einer jeweils zehnjährigen Handelsperiode erkennbar; diese Berechtigungen

sind für Emissionen ab dem ersten Jahr der jeweiligen Handelsperiode gültig.
³Der Inhaber von Berechtigungen kann jederzeit auf sie verzichten und ihre Löschung verlangen.

(3) ¹Berechtigungen sind übertragbar. ²Die Übertragung von Berechtigungen erfolgt durch Einigung und Eintragung auf dem Konto des Erwerbers im Emissionshandelsregister nach § 17. ³Die Eintragung erfolgt auf Anweisung des Veräußerers an die kontoführende Stelle, Berechtigungen von seinem Konto auf das Konto des Erwerbers zu übertragen.

(4) ¹Soweit für jemanden eine Berechtigung in das Emissionshandelsregister eingetragen ist, gilt der Inhalt des Registers als richtig. ²Dies gilt nicht für den Empfänger ausgegebener Berechtigungen, wenn ihm die Unrichtigkeit bei Ausgabe bekannt ist.

**§ 8 Versteigerung von Berechtigungen.** (1) ¹Die Versteigerung von Berechtigungen erfolgt nach den Regeln der Verordnung (EU) Nr. 1031/2010 der Kommission vom 12. November 2010 über den zeitlichen und administrativen Ablauf sowie sonstige Aspekte der Versteigerung von Treibhausgasemissionszertifikaten gemäß der Richtlinie 2003/87/EG des Europäischen Parlaments und des Rates über ein System für den Handel mit Treibhausgasemissionszertifikaten in der Gemeinschaft (ABl. L 302 vom 18.11.2010, S. 1) in der jeweils geltenden Fassung. ²Im Fall des Verbots der Kohleverfeuerung nach Teil 6 des Gesetzes zur Reduzierung und zur Beendigung der Kohleverstromung werden Berechtigungen aus der zu versteigernden Menge an Berechtigungen in dem Umfang gelöscht, der der zusätzlichen Emissionsminderung durch die Stilllegung der Stromerzeugungskapazitäten entspricht, soweit diese Menge dem Markt nicht durch die mit dem Beschluss (EU) 2015/1814 des Europäischen Parlaments und des Rates vom 6. Oktober 2015 über die Einrichtung und Anwendung einer Marktstabilitätsreserve für das System für den Handel mit Treibhausgasemissionszertifikaten in der Union und zur Änderung der Richtlinie 2003/87/EG (ABl. L 264 vom 9.10.2015, S. 1) eingerichtete Marktstabilitätsreserve entzogen wird und soweit dies den Vorgaben nach Artikel 12 Absatz 4 der Richtlinie 2003/87/EG entspricht. ³Diese Menge wird für das jeweils vorangegangene Kalenderjahr ermittelt und durch Beschluss der Bundesregierung festgestellt.

(2) Das Bundesministerium für Umwelt, Naturschutz und nukleare Sicherheit beauftragt im Einvernehmen mit dem Bundesministerium der Finanzen und dem Bundesministerium für Wirtschaft und Energie eine geeignete Stelle mit der Durchführung der Versteigerung.

(3) ¹Die Erlöse aus der Versteigerung der Berechtigungen nach Absatz 1 stehen dem Bund zu. ²Die Kosten, die dem Bund durch die Wahrnehmung der ihm im Rahmen des Emissionshandels zugewiesenen Aufgaben entstehen und nicht durch Gebühren nach dem Bundesgebührengesetz und der Besonderen Gebührenverordnung des Bundesministeriums für Umwelt, Naturschutz und nukleare Sicherheit nach § 22 Absatz 4 des Bundesgebührengesetzes gedeckt sind, werden aus den Erlösen nach Satz 1 gedeckt.

(4) ¹Zur Gebotseinstellung auf eigene Rechnung oder im Namen der Kunden ihres Hauptgeschäftes bedürfen die in § 3 Absatz 1 Nummer 8 des Wertpapierhandelsgesetzes genannten Unternehmen einer Erlaubnis der Bundesanstalt für Finanzdienstleistungsaufsicht (Bundesanstalt). ²Die Erlaubnis wird erteilt, sofern das Unternehmen die Bedingungen des Artikels 59 Absatz 5 der

Verordnung (EU) Nr. 1031/2010 erfüllt. ³Die Bundesanstalt kann die Erlaubnis außer nach den Vorschriften des Verwaltungsverfahrensgesetzes aufheben, wenn ihr Tatsachen bekannt werden, welche eine Erteilung der Erlaubnis nach Satz 2 ausschließen würden.

**§ 9 Zuteilung von kostenlosen Berechtigungen an Anlagenbetreiber.**
(1) Anlagenbetreiber erhalten eine Zuteilung von kostenlosen Berechtigungen nach Maßgabe einer nach Artikel 10a Absatz 1 Satz 1 der Richtlinie 2003/87/EG erlassenen Verordnung der Kommission.

(2) ¹Die Zuteilung von kostenlosen Berechtigungen setzt einen Antrag bei der zuständigen Behörde voraus. ²Der Antrag auf Zuteilung ist innerhalb einer Frist zu stellen, die von der zuständigen Behörde mindestens drei Monate vor Fristablauf im Bundesanzeiger bekannt gegeben wird. ³Dem Antrag sind die zur Prüfung des Anspruchs erforderlichen Unterlagen beizufügen. ⁴Die tatsächlichen Angaben im Zuteilungsantrag müssen von einer Prüfstelle nach § 21 verifiziert worden sein. Bei verspätetem Antrag besteht kein Anspruch auf kostenlose Zuteilung.

(3) ¹Die zuständige Behörde berechnet die vorläufigen Zuteilungsmengen, veröffentlicht eine Liste aller unter den Anwendungsbereich dieses Gesetzes fallenden Anlagen und der vorläufigen Zuteilungsmengen im Bundesanzeiger und meldet die Liste der Europäischen Kommission. ²Bei der Berechnung der vorläufigen Zuteilungsmengen werden nur solche Angaben des Betreibers berücksichtigt, deren Richtigkeit ausreichend gesichert ist. ³Rechtsbehelfe im Hinblick auf die Meldung der Zuteilungsmengen können nur gleichzeitig mit den gegen die Zuteilungsentscheidung zulässigen Rechtsbehelfen geltend gemacht werden.

(4) ¹Die zuständige Behörde entscheidet vor Beginn der Handelsperiode über die Zuteilung von kostenlosen Berechtigungen für eine Anlage an Anlagenbetreiber, die innerhalb der nach Absatz 2 Satz 2 bekannt gegebenen Frist einen Antrag gestellt haben. ²Im Übrigen gelten für das Zuteilungsverfahren die Vorschriften des Verwaltungsverfahrensgesetzes.

(5) ¹Die Zuteilungsentscheidung ist aufzuheben, soweit sie auf Grund eines Rechtsakts der Europäischen Union nachträglich geändert werden muss. ²Die §§ 48 und 49 des Verwaltungsverfahrensgesetzes bleiben im Übrigen unberührt.

**§ 10** *(aufgehoben)*

**§ 11 Zuteilung von kostenlosen Berechtigungen an Luftfahrzeugbetreiber.** (1) ¹Für Luftfahrzeugbetreiber, die nach § 11 oder § 12 in der bis zum 24. Januar 2019 geltenden Fassung eine Zuteilung von kostenlosen Berechtigungen für die Handelsperiode 2013 bis 2020 erhalten haben, gilt die Zuteilung in Höhe der für das Jahr 2020 zugeteilten Anzahl an Berechtigungen für die Jahre 2021 bis 2023 nach Artikel 28a Absatz 2 der Richtlinie 2003/87/EG fort. ²Auf die Zuteilung ist der für die Jahre ab 2021 geltende lineare Reduktionsfaktor nach Artikel 9 der Richtlinie 2003/87/EG anzuwenden.

(2) ¹Die Zuteilung für die nachfolgende Zuteilungsperiode setzt einen Antrag bei der zuständigen Behörde voraus, der spätestens zwölf Monate vor Beginn der Zuteilungsperiode gestellt werden muss. ²Bei einem verspäteten

Antrag besteht kein Anspruch mehr auf Zuteilung kostenloser Luftverkehrsberechtigungen.

(3) ¹In dem Antrag muss der Antragsteller die nach Artikel 56 der Monitoring-Verordnung ermittelte Transportleistung angeben, die er im Basisjahr durch seine Luftverkehrstätigkeit erbracht hat. ²Die Angaben zur Transportleistung müssen von einer Prüfstelle nach § 21 verifiziert worden sein.

(4) ¹Die zuständige Behörde überprüft die Angaben des Antragstellers zur Transportleistung und übermittelt nur solche Angaben an die Europäische Kommission, deren Richtigkeit ausreichend gesichert ist. ²Der Luftfahrzeugbetreiber ist verpflichtet, auf Verlangen der zuständigen Behörde zur Prüfung des Antrags zusätzliche Angaben oder Nachweise zu übermitteln.

(5) Die zuständige Behörde veröffentlicht im Bundesanzeiger eine Liste mit den Namen der Luftfahrzeugbetreiber und der Höhe der zugeteilten Berechtigungen.

(6) ¹Die Zuteilungsentscheidung ist aufzuheben, soweit sie auf Grund eines Rechtsakts der Europäischen Union, insbesondere auch in Folge der Überprüfung nach Artikel 28b der Richtlinie 2003/87/EG, nachträglich geändert werden muss oder wenn ein Luftfahrzeugbetreiber keine Luftverkehrstätigkeit mehr ausübt. ²Die §§ 48 und 49 des Verwaltungsverfahrensgesetzes bleiben im Übrigen unberührt.

## §§ 12, 13 *(aufgehoben)*

## § 14 Ausgabe von Berechtigungen.

(1) Die zuständige Behörde gibt die nach § 9 Absatz 4 zugeteilten Berechtigungen nach Maßgabe der Zuteilungsentscheidung bis zum 28. Februar eines Jahres, für das Berechtigungen abzugeben sind, aus.

(2) ¹Abweichend von Absatz 1 werden für Anlagen, die nach Beginn der Handelsperiode in Betrieb genommen wurden, für das erste Betriebsjahr zugeteilte Berechtigungen unverzüglich nach der Zuteilungsentscheidung ausgegeben. ²Ergeht die Zuteilungsentscheidung vor dem 28. Februar eines Kalenderjahres, so werden Berechtigungen nach Satz 1 erstmals zum 28. Februar desselben Jahres ausgegeben.

(3) Bei der Zuteilung für Luftfahrzeugbetreiber nach § 11 gibt die zuständige Behörde die Luftverkehrsberechtigungen jeweils bis zum 28. Februar eines Jahres aus.

## § 15 Durchsetzung von Rückgabeverpflichtungen.

¹Soweit der Betreiber im Fall der Aufhebung der Zuteilungsentscheidung zur Rückgabe zu viel ausgegebener Berechtigungen verpflichtet ist, kann die zuständige Behörde diese Verpflichtung nach den Vorschriften des Verwaltungs-Vollstreckungsgesetzes durchsetzen. ²Die Höhe des Zwangsgeldes beträgt bis zu 500 000 Euro.

## § 16 Anerkennung von Emissionsberechtigungen.

Emissionsberechtigungen, die von Drittländern ausgegeben werden, mit denen Abkommen über die gegenseitige Anerkennung von Berechtigungen gemäß Artikel 25 Absatz 1 der Richtlinie 2003/87/EG geschlossen wurden, stehen nach Maßgabe der Vorgaben einer nach Artikel 19 Absatz 3 und 4 der Richtlinie 2003/87/EG erlassenen Verordnung der Kommission Berechtigungen gleich.

Emissionshandelsgesetz §§ 17–19 TEHG 6.4

**§ 17 Emissionshandelsregister.** Berechtigungen werden in einem Emissionshandelsregister nach der Verordnung gemäß Artikel 19 Absatz 3 der Richtlinie 2003/87/EG gehalten und übertragen.

### Abschnitt 4. Globaler marktbasierter Mechanismus für den internationalen Luftverkehr

**§ 18 Überwachung, Berichterstattung und Prüfung.** (1) Die Verpflichtungen für Luftfahrzeugbetreiber zur Überwachung, Berichterstattung und Prüfung der von ihnen bei internationalen Flügen freigesetzten Treibhausgase nach dem globalen marktbasierten Mechanismus der Internationalen Zivilluftfahrt-Organisation bestimmen sich nach einer nach Artikel 28c der Richtlinie 2003/87/EG erlassenen Verordnung und der Rechtsverordnung nach Absatz 4.

(2) ¹Das Umweltbundesamt ist die zuständige Behörde für den Vollzug des globalen marktbasierten Mechanismus. ²§ 19 Absatz 2 gilt entsprechend.

(3) Die §§ 3, 20 und 22 Absatz 3 sowie § 23 gelten entsprechend.

(4) Die Bundesregierung wird ermächtigt, durch Rechtsverordnung, die nicht der Zustimmung des Bundesrates bedarf, Einzelheiten zur Ermittlung von und Berichterstattung über Emissionen nach dem globalen marktbasierten Mechanismus sowie zur Verifizierung der berichteten Angaben zu regeln, soweit diese Sachverhalte in einer nach Artikel 28c der Richtlinie 2003/87/EG erlassenen Verordnung nicht abschließend geregelt sind.

### Abschnitt 5. Gemeinsame Vorschriften

**§ 19 Zuständigkeiten.** (1) Zuständige Behörde ist
1. für den Vollzug des § 4 bei genehmigungsbedürftigen Anlagen nach § 4 Absatz 1 Satz 3 des Bundes-Immissionsschutzgesetzes[1]) die nach Landesrecht für den Vollzug des § 4 zuständige Behörde,
1a. für den Vollzug des § 2 Absatz 8 im Rahmen der Hafenstaatkontrolle die Berufsgenossenschaft Verkehrswirtschaft Post-Logistik Telekommunikation; hiervon ausgenommen sind die Aufgaben der Bußgeldbehörde,
2. für den Vollzug des § 31 Absatz 2 im Fall eines gewerblichen Luftfahrzeugbetreibers das Luftfahrt-Bundesamt,
3. im Übrigen das Umweltbundesamt.

(2) Ist für Streitigkeiten nach diesem Gesetz der Verwaltungsrechtsweg gegeben, ist für Klagen, die sich gegen eine Handlung oder Unterlassung des Umweltbundesamtes richten, das Verwaltungsgericht am Sitz der Deutschen Emissionshandelsstelle im Umweltbundesamt örtlich zuständig.

(3) Soweit die nach Absatz 1 Nummer 3 zuständige Behörde Aufgaben nach § 2 Absatz 7 wahrnimmt, unterliegt sie der gemeinsamen Fachaufsicht durch das Bundesministerium für Wirtschaft und Energie und das Bundesministerium für Umwelt, Naturschutz und nukleare Sicherheit.

(4) ¹Die Berufsgenossenschaft Verkehrswirtschaft Post-Logistik Telekommunikation überprüft im Rahmen der Hafenstaatkontrolle nach § 6 Absatz 1 des Seeaufgabengesetzes in der Fassung der Bekanntmachung vom 17. Juni

---

[1]) Nr. **6.1**.

2016 (BGBl. I S. 1489), das zuletzt durch Artikel 21 des Gesetzes vom 13. Oktober 2016 (BGBl. I S. 2258) geändert worden ist, in Verbindung mit § 12 der Schiffssicherheitsverordnung vom 18. September 1998 (BGBl. I S. 3013, 3023), die zuletzt durch Artikel 177 des Gesetzes vom 29. März 2017 (BGBl. I S. 626) geändert worden ist, auch, ob eine gültige Konformitätsbescheinigung nach Artikel 18 der MRV-Seeverkehrsverordnung an Bord mitgeführt wird. [2] Zu diesem Zweck kann sie in den Betriebsräumen des Schiffes zu den üblichen Betriebs- und Geschäftszeiten Kontrollen durchführen. [3] Stellt die Berufsgenossenschaft Verkehrswirtschaft Post-Logistik Telekommunikation fest, dass eine gültige Konformitätsbescheinigung nach Satz 1 fehlt, meldet sie dies an die nach Nummer 3 zuständige Behörde zur Prüfung, ob ein Verstoß gegen § 32 Absatz 3a vorliegt. [4] § 9e des Seeaufgabengesetzes ist in diesem Fall entsprechend anzuwenden.

**§ 20 Überwachung, Datenübermittlung.** (1) Die nach § 19 jeweils zuständige Behörde hat die Durchführung dieses Gesetzes und der auf dieses Gesetz gestützten Rechtsverordnungen zu überwachen.

(2) [1] Betreiber sowie Eigentümer und Besitzer von Luftfahrzeugen oder von Grundstücken, auf denen sich Luftfahrzeuge befinden oder auf denen Anlagen betrieben werden, sind verpflichtet, den Angehörigen der zuständigen Behörde und deren Beauftragten unverzüglich

1. den Zutritt zu den Anlagen, Luftfahrzeugen oder Grundstücken zu den Geschäftszeiten zu gestatten,
2. die Vornahme von Prüfungen einschließlich der Ermittlung von Emissionen zu den Geschäftszeiten zu gestatten sowie
3. auf Anforderung die Auskünfte zu erteilen und die Unterlagen vorzulegen, die zur Erfüllung ihrer Aufgaben erforderlich sind.

[2] Im Rahmen der Pflichten nach Satz 1 haben die Betreiber Arbeitskräfte sowie Hilfsmittel bereitzustellen.

(3) Für die zur Auskunft verpflichtete Person gilt § 55 der Strafprozessordnung entsprechend.

(4) [1] Auf Ersuchen einer nach § 19 Absatz 1 Nummer 1 zuständigen Behörde kann das Umweltbundesamt nach § 5 übermittelte Daten von Anlagen aus dem betroffenen Land an die ersuchende Behörde übermitteln, soweit diese Daten zur Erfüllung der Aufgaben der ersuchenden Behörde erforderlich sind. [2] Die ersuchende Behörde hat darzulegen, für welche Zwecke und in welchem Umfang sie die Daten benötigt. [3] Enthalten die Daten Betriebs- und Geschäftsgeheimnisse, weist das Umweltbundesamt die ersuchende Behörde ausdrücklich darauf hin. [4] Die ersuchende Behörde ist für den Schutz der Vertraulichkeit der übermittelten Daten verantwortlich.

**§ 21 Prüfstellen.** (1) Zur Prüfung von Emissionsberichten nach § 5 Absatz 2 und zur Prüfung von Zuteilungsanträgen nach § 9 Absatz 2 Satz 4, § 11 Absatz 3 Satz 2 sind berechtigt:

1. akkreditierte Prüfstellen nach der Verordnung (EU) Nr. 600/2012 der Kommission vom 21. Juni 2012 über die Prüfung von Treibhausgasemissionsberichten und Tonnenkilometerberichten sowie die Akkreditierung von Prüfstellen gemäß der Richtlinie 2003/87/EG des Europäischen Parlaments

Emissionshandelsgesetz §§ 22–25 TEHG 6.4

und des Rates (ABl. L 181 vom 12.7.2012, S. 1) in der jeweils geltenden Fassung,
2. zertifizierte Prüfstellen, die durch die auf Grundlage des § 28 Absatz 4 Satz 1 Nummer 1 beliehene Zulassungsstelle oder durch die entsprechende nationale Behörde eines anderen Mitgliedstaates nach Artikel 54 Absatz 2 der Verordnung (EU) Nr. 600/2012 zertifiziert sind.

(2) Die Prüfstelle hat die Emissionsberichte, die Zuteilungsanträge und die Datenmitteilungen nach den Vorgaben der Verordnung (EU) Nr. 600/2012 in der jeweils geltenden Fassung, einer nach Artikel 10a Absatz 1 Satz 1 der Richtlinie 2003/87/EG erlassenen Verordnung sowie den nach § 28 Absatz 1 Nummer 3 und Absatz 2 Nummer 1 erlassenen Rechtsverordnungen zu prüfen.

(3) Die Prüfstelle nimmt die ihr nach Absatz 2 zugewiesenen Aufgaben nur im öffentlichen Interesse wahr.

**§ 22** *(aufgehoben)*

**§ 23 Elektronische Kommunikation.** (1) [1] Die zuständige Behörde kann für die in Satz 3 genannten Dokumente, für die Bekanntgabe von Entscheidungen und für die sonstige Kommunikation die Verwendung der Schriftform oder der elektronischen Form vorschreiben. [2] Wird die elektronische Form vorgeschrieben, kann die zuständige Behörde eine bestimmte Verschlüsselung sowie die Eröffnung eines Zugangs für die Übermittlung elektronischer Dokumente vorschreiben. [3] Die zuständige Behörde kann auch vorschreiben, dass Betreiber oder Prüfstellen zur Erstellung von Überwachungsplänen oder Berichten oder zur Stellung von Anträgen nur die auf ihrer Internetseite zur Verfügung gestellten elektronischen Formularvorlagen zu benutzen und die ausgefüllten Formularvorlagen in elektronischer Form sowie unter Verwendung einer qualifizierten Signatur zu übermitteln haben. [4] Wenn die Benutzung elektronischer Formatvorlagen vorgeschrieben wird, ist die Übermittlung zusätzlicher Dokumente als Ergänzung der Formatvorlagen unter Beachtung der Formvorschriften des Satzes 3 möglich. [5] Soweit das Umweltbundesamt zuständige Behörde ist, werden Anordnungen nach den Sätzen 1 bis 3 im Bundesanzeiger bekannt gemacht; im Übrigen werden sie im amtlichen Veröffentlichungsblatt der zuständigen Behörde bekannt gemacht.

(2) Für Verfahren zur Bewilligung von Beihilfen im Sinne von § 2 Absatz 7 gilt Absatz 1 entsprechend.

**§ 24 Einheitliche Anlage.** Auf Antrag stellt die zuständige Behörde fest, dass das Betreiben mehrerer Anlagen im Sinne von Anhang 1 Teil 2 Nummer 7 sowie Nummer 8 bis 11, die von demselben Betreiber an demselben Standort in einem technischen Verbund betrieben werden, zur Anwendung der §§ 5 bis 7 und 9 als Betrieb einer einheitlichen Anlage gilt, wenn die erforderliche Genauigkeit bei der Ermittlung der Emissionen gewährleistet ist.

**§ 25 Änderung der Identität oder Rechtsform des Betreibers.**
(1) [1] Ändert sich die Identität oder die Rechtsform eines Betreibers, so hat der neue Betreiber dies unverzüglich nach der Änderung der Behörde anzuzeigen, die für den Vollzug von § 6 Absatz 3 Satz 1 zuständig ist, und bei immissionsschutzrechtlich genehmigten Anlagen der Behörde, die für den Voll-

zug von § 4 Absatz 5 Satz 1 zuständig ist. ²Der neue Betreiber übernimmt die noch nicht erfüllten Pflichten des ursprünglichen Betreibers nach den §§ 5 und 7.

(2) ¹Ein Wechsel des Betreibers im Verlauf der Handelsperiode lässt die Zuteilungsentscheidung unberührt. ²Noch nicht ausgegebene Berechtigungen werden ab dem Nachweis des Betreiberwechsels an den neuen Betreiber ausgegeben, soweit er die Tätigkeit übernommen hat.

(3) ¹Wird über das Vermögen eines Betreibers das Insolvenzverfahren eröffnet, hat der Insolvenzverwalter die zuständige Behörde unverzüglich darüber zu unterrichten. ²Soweit der Betrieb im Rahmen eines Insolvenzverfahrens fortgeführt wird, bestehen die Verpflichtungen des Betreibers aus diesem Gesetz fort. ³Der Insolvenzverwalter teilt der zuständigen Behörde die natürlichen Personen mit, die während des Insolvenzverfahrens berechtigt sind, Übertragungen nach § 7 Absatz 3 vorzunehmen. ⁴Die Sätze 1 bis 3 gelten entsprechend für den vorläufigen Insolvenzverwalter mit Verfügungsbefugnis über das Vermögen des Betreibers sowie für den Betreiber als eigenverwaltenden Schuldner.

**§ 26 Ausschluss der aufschiebenden Wirkung.** Widerspruch und Anfechtungsklage gegen Zuteilungsentscheidungen oder Entscheidungen nach § 29 Satz 1 oder § 31 Absatz 2 Satz 1 haben keine aufschiebende Wirkung.

**§ 27 Kleinemittenten, Verordnungsermächtigung.** Die Bundesregierung wird ermächtigt, durch Rechtsverordnung[1], die nicht der Zustimmung des Bundesrates bedarf, im Rahmen der Vorgaben der Artikel 27 und 27a der Richtlinie 2003/87/EG den Ausschluss von Kleinemittenten aus dem europäischen Emissionshandelssystem auf Antrag des Anlagenbetreibers sowie weitere Erleichterungen für Kleinemittenten zu regeln, insbesondere

1. Erleichterungen bei der Emissionsberichterstattung für Anlagen mit jährlichen Emissionen von bis zu 5 000 Tonnen Kohlendioxid,
2. vereinfachte Emissionsnachweise für Anlagen mit jährlichen Emissionen von bis zu 2 500 Tonnen Kohlendioxid,
3. Vereinfachungen für die Verifizierung von Emissionsberichten,
4. Ausnahmen für die Verifizierung von Emissionsberichten,
5. im Rahmen der Umsetzung des Artikels 27 der Richtlinie 2003/87/EG die Festlegung gleichwertiger Maßnahmen, insbesondere die Zahlung eines Ausgleichsbetrages als Kompensation für die wirtschaftlichen Vorteile aus der Freistellung von der Pflicht nach § 7, einschließlich Regelungen zur Erhöhung dieses Ausgleichsbetrages im Falle nicht rechtzeitiger Zahlung; die Höhe des Ausgleichsbetrages orientiert sich am Zukaufbedarf von Berechtigungen für die Anlage,
6. den Ausschluss von Kleinemittenten auf einzelne Zuteilungsperioden zu begrenzen.

---

[1] Siehe die EmissionshandelsVO 2030 v. 29.4.2019 (BGBl. I S. 538), geänd. durch G v. 10.8.2021 (BGBl. I S. 3436).

Emissionshandelsgesetz **§ 28 TEHG 6.4**

**§ 28 Verordnungsermächtigungen.** (1) Die Bundesregierung wird ermächtigt, durch Rechtsverordnung[1], die nicht der Zustimmung des Bundesrates bedarf,
1. die Kohlendioxidäquivalente im Sinne des § 3 Absatz 1 Nummer 3 für die einzelnen Treibhausgase nach Maßgabe internationaler Standards zu bestimmen;
2. Einzelheiten für die Versteigerung nach § 8 vorzusehen; dabei kann die Bundesregierung insbesondere Vorschriften erlassen über die Zulassung von Stellen, die Versteigerungen durchführen, über die Aufsicht über diese Stellen sowie über die Zulassung von weiteren Bietern;
3. Einzelheiten zu regeln für die Zuteilung von kostenlosen Berechtigungen an Anlagenbetreiber nach § 9 Absatz 1, soweit diese Sachverhalte nicht in einer nach Artikel 10a Absatz 1 Satz 1 der Richtlinie 2003/87/EG erlassenen Verordnung abschließend geregelt sind, sowie weiterhin Einzelheiten zu regeln für die Anpassung der Zuteilung zur Umsetzung des Durchführungsrechtsakts nach Artikel 10a Absatz 21 der Richtlinie 2003/87/EG; insbesondere:
    a) die Erhebung von Daten über die Emissionen und die Produktion von Anlagen und sonstiger für das Zuteilungsverfahren relevanter Daten,
    b) die Bestimmung der Produktionsmenge oder sonstiger Größen, die zur Berechnung der Zuteilungsmenge und ihrer dynamischen Anpassung während der Handelsperiode erforderlich sind,
    c) die Zuteilung für Neuanlagen, einschließlich der Bestimmung der Auslastung dieser Anlagen,
    d) die Bestimmung der jährlich auszugebenden Mengen von kostenlosen Berechtigungen in der Zuteilungsentscheidung sowie den Übergang der Zuteilung im Falle der Teilung oder Zusammenlegung von Anlagen,
    e) die im Antrag nach § 9 Absatz 2 Satz 1
        aa) erforderlichen Angaben und
        bb) erforderlichen Unterlagen sowie die Art der beizubringenden Nachweise und
    f) die Anforderungen an die Verifizierung von Zuteilungsanträgen und Datenmitteilungen im Zusammenhang mit der Zuteilung sowie Ausnahmen von der Verifizierungspflicht;
4. Einzelheiten zur Anwendung des § 24 für Anlagen, die von demselben Betreiber am gleichen Standort in einem technischen Verbund betrieben werden, zu regeln; dies umfasst insbesondere Regelungen, dass
    a) der Antrag nach § 24 auch zulässig ist für einheitliche Anlagen aus Anlagen nach Anhang 1 Teil 2 Nummer 1 bis 6 und anderen Anlagen nach Anhang 1 Teil 2,
    b) bei Anlagen nach Anhang 1 Teil 2 Nummer 8 bis 11 die Produktionsmengen der in den einbezogenen Anlagen hergestellten Produkte anzugeben sind,

---

[1] Siehe die ZuteilungsVO 2020 v. 26.9.2011 (BGBl. I S. 1921), geänd. durch G v. 13.7.2017 (BGBl. I S. 2354), die EmissionshandelsVO 2020 v. 20.8.2013 (BGBl. I S. 3295), zuletzt geänd. durch VO v. 19.6.2020 (BGBl. I S. 1328), und die EmissionshandelsVO 2030 v. 29.4.2019 (BGBl. I S. 538), geänd. durch G v. 10.8.2021 (BGBl. I S. 3436).

## 6.4 TEHG § 28

c) Anlagen nach Anhang 1 Teil 2 Nummer 7 mit sonstigen in Anhang 1 Teil 2 aufgeführten Anlagen als einheitliche Anlage gelten;

5. Einzelheiten zur Erstellung und Änderung des Überwachungsplans nach § 6 zu regeln, soweit diese Sachverhalte nicht in der Monitoring-Verordnung abschließend geregelt sind; abweichend von § 6 Absatz 3 Satz 1 können dabei auch für bestimmte Fallgruppen von Änderungen der Überwachung verlängerte Fristen für die Vorlage des geänderten Überwachungsplans festgelegt werden.

(2) Das Bundesministerium für Umwelt, Naturschutz und nukleare Sicherheit wird ermächtigt, durch Rechtsverordnung[1], die nicht der Zustimmung des Bundesrates bedarf, zu regeln:

1. Einzelheiten zur Ermittlung von und Berichterstattung über Emissionen nach § 5 Absatz 1, zur Verifizierung der Angaben in Emissionsberichten nach § 5 Absatz 2 und zur Verifizierung der Angaben zur Transportleistung in Anträgen nach § 11 Absatz 3 Satz 2, soweit diese Sachverhalte nicht den Vollzug des § 4 betreffen und nicht in der Monitoring-Verordnung oder in der Verordnung (EU) Nr. 600/2012 in ihrer jeweils geltenden Fassung abschließend geregelt sind;

2. im Einvernehmen mit dem Bundesministerium für Wirtschaft und Energie Einzelheiten zur Überführung von Emissionsberechtigungen, die von Drittländern ausgegeben werden, nach § 16 und

3. Einzelheiten zur Einrichtung und Führung eines Emissionshandelsregisters nach § 17, insbesondere die in der Verordnung nach Artikel 19 Absatz 3 der Richtlinie 2003/87/EG aufgeführten Sachverhalte zur ergänzenden Regelung durch die Mitgliedstaaten.

(3) ¹Das Bundesministerium für Umwelt, Naturschutz und nukleare Sicherheit wird ermächtigt, durch Rechtsverordnung, die nicht der Zustimmung des Bundesrates bedarf, eine juristische Person des Privatrechts mit der Wahrnehmung aller oder eines Teils der Aufgaben des Umweltbundesamtes nach diesem Gesetz und den hierfür erforderlichen hoheitlichen Befugnissen zu beleihen, wenn diese Gewähr dafür bietet, dass die übertragenen Aufgaben ordnungsgemäß und zentral für das Bundesgebiet erfüllt werden. ²Dies gilt nicht für Befugnisse nach § 20 Absatz 2 Nummer 1 und 2 und Abschnitt 6 dieses Gesetzes sowie für Maßnahmen nach dem Verwaltungs-Vollstreckungsgesetz. ³Eine juristische Person bietet Gewähr im Sinne des Satzes 1, wenn

1. diejenigen, die die Geschäftsführung oder die Vertretung der juristischen Person wahrnehmen, zuverlässig und fachlich geeignet sind,

2. die juristische Person über die zur Erfüllung ihrer Aufgaben notwendige Ausstattung und Organisation verfügt und ein ausreichendes Anfangskapital hat und

3. eine wirtschaftliche oder organisatorische Nähe zu Personen ausgeschlossen ist, die dem Anwendungsbereich dieses Gesetzes unterfallen.

⁴Die Beliehene untersteht der Aufsicht des Umweltbundesamtes.

---

[1] Siehe die EmissionshandelsVO 2020 v. 20.8.2013 (BGBl. I S. 3295), zuletzt geänd. durch VO v. 19.6.2020 (BGBl. I S. 1328), und die EmissionshandelsVO 2030 v. 29.4.2019 (BGBl. I S. 538), geänd. durch G v. 10.8.2021 (BGBl. I S. 3436).

Emissionshandelsgesetz §§ 29, 30 TEHG 6.4

(4) ¹Das Bundesministerium für Umwelt, Naturschutz und nukleare Sicherheit wird ermächtigt, durch Rechtsverordnung[1], die nicht der Zustimmung des Bundesrates bedarf,
1. eine juristische Person mit den Aufgaben und Befugnissen einer Zulassungsstelle für Prüfstellen zu beleihen;
2. Anforderungen an die Zulassungsstelle und den Informationsaustausch mit der zuständigen Behörde nach § 19 Absatz 1 Nummer 3 sowie mit den für den Emissionshandel zuständigen Behörden anderer Mitgliedstaaten zu regeln;
3. Einzelheiten zum Zertifizierungsverfahren, insbesondere zu Anforderungen an die zu zertifizierenden Prüfstellen nach § 21 und zu deren Aufgaben und Pflichten, sowie zur Aufsicht über die Prüfstellen zu regeln;
4. die Erhebung von Gebühren und Auslagen für Amtshandlungen der Zulassungsstelle zu regeln.

²Die Beleihung nach Satz 1 Nummer 1 ist nur zulässig, wenn die zu beleihende juristische Person die Gewähr für die ordnungsgemäße Erfüllung der Aufgaben der Zulassungsstelle im Einklang mit den Anforderungen der Verordnung (EU) Nr. 600/2012 in ihrer jeweils geltenden Fassung bietet; die Beliehene untersteht der Aufsicht des Bundesministeriums für Umwelt, Naturschutz und nukleare Sicherheit.

## Abschnitt 6. Sanktionen

**§ 29 Durchsetzung der Berichtspflicht.** ¹Kommt ein Betreiber seiner Berichtspflicht nach § 5 Absatz 1 nicht nach, so verfügt die zuständige Behörde die Sperrung seines Kontos. ²Die Sperrung ist unverzüglich aufzuheben, sobald der Betreiber der zuständigen Behörde einen den Anforderungen nach § 5 entsprechenden Bericht vorlegt oder eine Schätzung der Emissionen nach § 30 Absatz 2 Satz 1 erfolgt.

**§ 30 Durchsetzung der Abgabepflicht.** (1) ¹Kommt ein Betreiber seiner Pflicht nach § 7 Absatz 1 nicht nach, so setzt die zuständige Behörde für jede emittierte Tonne Kohlendioxidäquivalent, für die der Betreiber keine Berechtigungen abgegeben hat, eine Zahlungspflicht von 100 Euro fest. ²Die Zahlungspflicht erhöht sich entsprechend dem Anstieg des Europäischen Verbraucherpreisindex für das Berichtsjahr gegenüber dem Bezugsjahr 2012; diese Jahresindizes werden vom Statistischen Amt der Europäischen Union (Eurostat) veröffentlicht. ³Von der Festsetzung einer Zahlungspflicht kann abgesehen werden, wenn der Betreiber seiner Pflicht nach § 7 Absatz 1 auf Grund höherer Gewalt nicht nachkommen konnte.

(2) ¹Soweit ein Betreiber nicht ordnungsgemäß über die durch seine Tätigkeit verursachten Emissionen berichtet hat, schätzt die zuständige Behörde die durch die Tätigkeit verursachten Emissionen entsprechend den Vorgaben des Anhangs 2 Teil 2. ²Die Schätzung ist Basis für die Verpflichtung nach § 7 Absatz 1. ³Die Schätzung unterbleibt, wenn der Betreiber im Rahmen der

---

[1] Siehe die EmissionshandelsVO 2020 v. 20.8.2013 (BGBl. I S. 3295), zuletzt geänd. durch VO v. 19.6.2020 (BGBl. I S. 1328), und die EmissionshandelsVO 2030 v. 29.4.2019 (BGBl. I S. 538), geänd. durch G v. 10.8.2021 (BGBl. I S. 3436).

Anhörung zum Festsetzungsbescheid nach Absatz 1 seiner Berichtspflicht ordnungsgemäß nachkommt.

(3) [1] Der Betreiber bleibt verpflichtet, die fehlenden Berechtigungen bis zum 31. Januar des Folgejahres abzugeben; sind die Emissionen nach Absatz 2 geschätzt worden, so sind die Berechtigungen nach Maßgabe der erfolgten Schätzung abzugeben. [2] Gibt der Betreiber die fehlenden Berechtigungen nicht bis zum 31. Januar des Folgejahres ab, so werden Berechtigungen, auf deren Zuteilung oder Ausgabe der Betreiber einen Anspruch hat, auf seine Verpflichtung nach Satz 1 angerechnet.

(4) [1] Die Namen der Betreiber, die gegen ihre Verpflichtung nach § 7 Absatz 1 verstoßen, werden im Bundesanzeiger veröffentlicht. [2] Die Veröffentlichung setzt einen bestandskräftigen Zahlungsbescheid voraus.

## § 31 Betriebsuntersagung gegen Luftfahrzeugbetreiber.

(1) [1] Erfüllt ein Luftfahrzeugbetreiber seine Pflichten aus diesem Gesetz nicht und konnte die Einhaltung der Vorschriften nicht durch andere Durchsetzungsmaßnahmen gewährleistet werden, so kann die zuständige Behörde die Europäische Kommission ersuchen, eine Betriebsuntersagung für den betreffenden Luftfahrzeugbetreiber zu beschließen. [2] Die zuständige Behörde hat dabei eine Empfehlung für den Geltungsbereich der Betriebsuntersagung und für Auflagen, die zu erfüllen sind, abzugeben. [3] Die zuständige Behörde hat bei dem Ersuchen im Fall eines gewerblichen Luftfahrzeugbetreibers Einvernehmen mit dem Luftfahrt-Bundesamt herzustellen.

(2) [1] Hat die Europäische Kommission gemäß Artikel 16 Absatz 10 der Richtlinie 2003/87/EG die Verhängung einer Betriebsuntersagung gegen einen Luftfahrzeugbetreiber beschlossen, so ergreift im Fall eines gewerblichen Luftfahrzeugbetreibers das Luftfahrt-Bundesamt und im Fall eines nichtgewerblichen Luftfahrzeugbetreibers das Umweltbundesamt die zur Durchsetzung dieses Beschlusses erforderlichen Maßnahmen. [2] Dazu können sie insbesondere

1. ein Startverbot verhängen,
2. ein Einflugverbot verhängen und
3. die Erlaubnis nach § 2 Absatz 7 des Luftverkehrsgesetzes oder die Betriebsgenehmigung nach § 20 Absatz 4 oder § 21a des Luftverkehrsgesetzes, soweit vorhanden, widerrufen.

## § 32 Bußgeldvorschriften.

(1) Ordnungswidrig handelt, wer

1. entgegen § 5 Absatz 1 in Verbindung mit Anhang 2 Teil 2 Satz 1 einen Bericht nicht, nicht richtig, nicht vollständig oder nicht rechtzeitig erstattet,
2. entgegen § 11 Absatz 3 Satz 1 eine Angabe nicht richtig macht,
3. entgegen § 11 Absatz 4 Satz 2 eine Angabe oder einen Nachweis nicht, nicht richtig, nicht vollständig oder nicht rechtzeitig übermittelt oder
4. einer Rechtsverordnung nach § 28 Absatz 1 Nummer 3 Buchstabe e Doppelbuchstabe aa oder einer vollziehbaren Anordnung auf Grund einer solchen Rechtsverordnung zuwiderhandelt, soweit die Rechtsverordnung für einen bestimmten Tatbestand auf diese Bußgeldvorschrift verweist.

(2) Ordnungswidrig handelt, wer eine in Absatz 1 bezeichnete Handlung fahrlässig begeht.

Emissionshandelsgesetz **§§ 33, 34 TEHG 6.4**

(3) Ordnungswidrig handelt, wer vorsätzlich oder fahrlässig
1. ohne Genehmigung nach § 4 Absatz 1 Satz 1 Treibhausgase freisetzt,
2. entgegen § 4 Absatz 2 eine Angabe nicht richtig oder nicht vollständig beifügt,
3. entgegen § 4 Absatz 5 Satz 1 oder § 25 Absatz 1 Satz 1 eine Anzeige nicht, nicht richtig, nicht vollständig oder nicht rechtzeitig erstattet,
4. entgegen § 6 Absatz 1 oder 3 Satz 1 einen Überwachungsplan nicht, nicht richtig, nicht vollständig oder nicht rechtzeitig einreicht,
5. *(aufgehoben)*
6. einer Rechtsverordnung nach § 18 Absatz 4, § 27 Nummer 1 bis 3 oder § 28 Absatz 1 Nummer 3 Buchstabe a oder Buchstabe e Doppelbuchstabe bb oder einer vollziehbaren Anordnung auf Grund einer solchen Rechtsverordnung zuwiderhandelt, soweit die Rechtsverordnung für einen bestimmten Tatbestand auf diese Bußgeldvorschrift verweist, oder
7. entgegen § 20 Absatz 2 eine dort genannte Handlung nicht gestattet, eine Auskunft nicht, nicht richtig, nicht vollständig oder nicht rechtzeitig erteilt, eine Unterlage nicht, nicht richtig oder nicht rechtzeitig vorlegt oder eine Arbeitskraft oder ein Hilfsmittel nicht oder nicht rechtzeitig bereitstellt.

(3a) Ordnungswidrig handelt, wer vorsätzlich oder fahrlässig entgegen Artikel 11 Absatz 1 der Verordnung (EU) 2015/757 des Europäischen Parlaments und des Rates vom 29. April 2015 über die Überwachung von Kohlendioxidemissionen aus dem Seeverkehr, die Berichterstattung darüber und die Prüfung dieser Emissionen und zur Änderung der Richtlinie 2009/16/EG (ABl. L 123 vom 19.5.2015, S. 55) einen Emissionsbericht zu den $CO_2$-Emissionen nicht oder nicht rechtzeitig vorlegt.

(4) Die Ordnungswidrigkeit kann in den Fällen des Absatzes 1 mit einer Geldbuße bis zu fünfhunderttausend Euro und in den Fällen der Absätze 2 bis 3a mit einer Geldbuße bis zu fünfzigtausend Euro geahndet werden.

## Abschnitt 7. Übergangsregelungen

**§ 33 Übergangsregelung zur Gebührenerhebung.** [1] § 22 Absatz 1 ist für die Erhebung von Gebühren für die Eröffnung und Verwaltung von Konten erst ab der Handelsperiode 2021 bis 2030 anzuwenden. [2] § 22 Absatz 1 in der bis zum Ablauf des 24. Januar 2019 geltenden Fassung, ist für die Verwaltung von Konten für die Handelsperiode 2013 bis 2020 weiter anzuwenden.

**§ 34 Übergangsregelung für Anlagenbetreiber.** (1) [1] Für die Freisetzung von Treibhausgasen durch Tätigkeiten im Sinne des Anhangs 1 sind in Bezug auf die Handelsperiode 2013 bis 2020 die §§ 1 bis 36 in der bis zum Ablauf des 24. Januar 2019 geltenden Fassung weiter anzuwenden. [2] Dies gilt auch, wenn die Anlage, in der die Tätigkeit ausgeübt wird, erst zwischen dem 25. Januar 2019 und dem 31. Dezember 2020 in Betrieb genommen wird.

(2) [1] Für Anlagenbetreiber gelten die Pflichten nach den §§ 4, 5 und 7 erst ab dem 1. Januar 2021. [2] Soweit sich diese Vorschriften auf Emissionen beziehen, sind sie für Treibhausgase, die ab dem 1. Januar 2021 freigesetzt werden, anzuwenden. [3] Die §§ 9 und 14 sind erst auf die Zuteilung und die Ausgabe von Berechtigungen für die Handelsperiode 2021 bis 2030 anzuwenden. [4] § 24 ist auf die Feststellung einheitlicher Anlagen ab der Handelsperiode 2021 bis

2030 anzuwenden. ⁵Die zuständige Behörde kann Feststellungen nach § 24 in der bis zum Ablauf des 24. Januar 2019 geltenden Fassung mit Wirkung ab der Handelsperiode 2021 bis 2030 widerrufen, sofern diese Feststellungen nach § 24 oder nach der Rechtsverordnung nach § 28 Absatz 1 Nummer 4 nicht getroffen werden durften.

**§ 35 Übergangsregelung für Luftfahrzeugbetreiber.** (1) ¹Für die Freisetzung von Treibhausgasen durch Luftverkehrstätigkeiten im Sinne des Anhangs 1 Teil 2 Nummer 33 sind in Bezug auf die Handelsperiode 2013 bis 2020 die §§ 1 bis 36 in der bis zum Ablauf des 24. Januar 2019 geltenden Fassung weiter anzuwenden. ²Dies gilt auch, wenn die Luftverkehrstätigkeit erst zwischen dem 25. Januar 2019 und dem 31. Dezember 2020 aufgenommen wird.

(2) Abweichend von § 6 Absatz 1 und 2 gilt der für das Jahr 2020 genehmigte Überwachungsplan für die Jahre 2021 bis 2023 fort.

**§ 36** *(aufgehoben)*

**Anhang 1**
(zu § 1, § 2 Absatz 1 bis 3 Satz 1, Absatz 4 Satz 1, Absatz 5 Nummer 3, § 3 Nummer 2, 5 und 9, § 4 Absatz 1 Satz 1, § 7 Absatz 2 Satz 1 Nummer 1, § 24 und § 28 Absatz 1 Nummer 4)

### Einbezogene Tätigkeiten und Treibhausgase

**Teil 1. Grundsätze**

1. Zur Berechnung der Gesamtfeuerungswärmeleistung einer in Teil 2 Nummer 2 bis 6, 11, 13, 19 und 22 genannten Anlage oder der Gesamtfeuerungswärmeleistung der Verbrennungseinheiten einer Anlage nach Teil 2 Nummer 1 werden die Feuerungswärmeleistungen aller technischen Einheiten addiert, die Bestandteil der Anlage sind und in denen Brennstoffe verbrannt werden. Bei diesen Einheiten handelt es sich insbesondere um alle Arten von Heizkesseln, Turbinen, Erhitzern, Industrieöfen, Verbrennungsöfen, Kalzinierungsöfen, Brennöfen, sonstigen Öfen, Trocknern, Motoren, Brennstoffzellen, Fackeln und thermischen oder katalytischen Nachbrennern. Einheiten mit einer Feuerungswärmeleistung von weniger als 3 Megawatt (MW), Notfackeln zur Anlagenentlastung bei Betriebsstörungen, Notstromaggregate und Einheiten, die ausschließlich Biomasse nutzen, werden bei dieser Berechnung nicht berücksichtigt. Ist der Schwellenwert für die Gesamtfeuerungswärmeleistung überschritten, sind alle Einheiten erfasst, in denen Brennstoffe verbrannt werden.

2. Für die Zuordnung einer Anlage, die sowohl einer Tätigkeit mit einem als Produktionsleistung angegebenen Schwellenwert als auch einer Tätigkeit mit einem als Gesamtfeuerungswärmeleistung angegebenen Schwellenwert zugeordnet werden kann, gilt Folgendes:

    a) Wenn die Anlage sowohl den Schwellenwert der Produktionsleistung als auch den Schwellenwert der Gesamtfeuerungswärmeleistung erreicht oder überschreitet, so ist die Anlage derjenigen Tätigkeit zuzuordnen, für die Schwellenwert als Produktionsleistung angegeben ist.

    b) Wenn die Anlage entweder nur den Schwellenwert der Gesamtfeuerungswärmeleistung oder nur den Schwellenwert der Produktionsleistung erreicht oder überschreitet, ist sie derjenigen Tätigkeit zuzuordnen, deren Schwellenwert sie erreicht.

**Teil 2. Tätigkeiten**

| Nr. | Tätigkeiten | Treibhausgas |
|---|---|---|
| 1 | Verbrennungseinheiten zur Verbrennung von Brennstoffen mit einer Gesamtfeuerungswärmeleistung von insgesamt 20 MW oder mehr in einer Anlage, soweit nicht von einer der nachfolgenden Nummern erfasst | $CO_2$ |
| 2 | Anlagen zur Erzeugung von Strom, Dampf, Warmwasser, Prozesswärme oder erhitztem Abgas durch den Einsatz von Brennstoffen in einer Verbrennungseinrichtung (wie Kraftwerk, Heizkraftwerk, Heizwerk, Gasturbinenanlage, Verbrennungsmotoranlage, sonstige Feuerungsanlage), einschließlich zugehöriger Dampfkessel, mit einer Feuerungswärmeleistung von 50 MW oder mehr | $CO_2$ |

| Nr. | Tätigkeiten | Treibhausgas |
|---|---|---|
| 3 | Anlagen zur Erzeugung von Strom, Dampf, Warmwasser, Prozesswärme oder erhitztem Abgas durch den Einsatz von Kohle, Koks, einschließlich Petrolkoks, Kohlebriketts, Torfbriketts, Brenntorf, naturbelassenem Holz, emulgiertem Naturbitumen, Heizölen, gasförmigen Brennstoffen (insbesondere Koksofengas, Grubengas, Stahlgas, Raffineriegas, Synthesegas, Erdölgas aus der Tertiärförderung von Erdöl, Klärgas, Biogas), Methanol, Ethanol, naturbelassenen Pflanzenölen, Pflanzenölmethylestern, naturbelassenem Erdgas, Flüssiggas, Gasen der öffentlichen Gasversorgung oder Wasserstoff mit einer Feuerungswärmeleistung von mehr als 20 MW bis weniger als 50 MW in einer Verbrennungseinrichtung (wie Kraftwerk, Heizkraftwerk, Heizwerk, Gasturbinenanlage, Verbrennungsmotoranlage, sonstige Feuerungsanlage), einschließlich zugehöriger Dampfkessel | $CO_2$ |
| 4 | Anlagen zur Erzeugung von Strom, Dampf, Warmwasser, Prozesswärme oder erhitztem Abgas durch den Einsatz anderer als in Nummer 3 genannter fester oder flüssiger Brennstoffe in einer Verbrennungseinrichtung (wie Kraftwerk, Heizkraftwerk, Heizwerk, Gasturbinenanlage, Verbrennungsmotoranlage, sonstige Feuerungsanlage), einschließlich zugehöriger Dampfkessel, mit einer Feuerungswärmeleistung von mehr als 20 MW bis weniger als 50 MW | $CO_2$ |
| 5 | Verbrennungsmotoranlagen zum Antrieb von Arbeitsmaschinen für den Einsatz von Heizöl EL, Dieselkraftstoff, Methanol, Ethanol, naturbelassenen Pflanzenölen, Pflanzenölmethylestern oder gasförmigen Brennstoffen (insbesondere Koksofengas, Grubengas, Stahlgas, Raffineriegas, Synthesegas, Erdölgas aus der Tertiärförderung von Erdöl, Klärgas, Biogas, naturbelassenem Erdgas, Flüssiggas, Gasen der öffentlichen Gasversorgung, Wasserstoff) mit einer Feuerungswärmeleistung von 20 MW oder mehr | $CO_2$ |
| 6 | Gasturbinenanlagen zum Antrieb von Arbeitsmaschinen für den Einsatz von Heizöl EL, Dieselkraftstoff, Methanol, Ethanol, naturbelassenen Pflanzenölen, Pflanzenölmethylestern oder gasförmigen Brennstoffen (insbesondere Koksofengas, Grubengas, Stahlgas, Raffineriegas, Synthesegas, Erdölgas aus der Tertiärförderung von Erdöl, Klärgas, Biogas, naturbelassenem Erdgas, Flüssiggas, Gasen der öffentlichen Gasversorgung, Wasserstoff) mit einer Feuerungswärmeleistung von mehr als 20 MW | $CO_2$ |
| 7 | Anlagen zur Destillation oder Raffination oder sonstigen Weiterverarbeitung von Erdöl oder Erdölerzeugnissen in Mineralöl- oder Schmierstoffraffinerien | $CO_2$ |
| 8 | Anlagen zur Trockendestillation von Steinkohle oder Braunkohle (Kokereien) | $CO_2$ |
| 9 | Anlagen zum Rösten, Schmelzen, Sintern oder Pelletieren von Metallerzen | $CO_2$ |
| 10 | Anlagen zur Herstellung oder zum Erschmelzen von Roheisen oder Stahl einschließlich Stranggießen, auch soweit Konzentrate oder sekundäre Rohstoffe eingesetzt werden, mit einer Schmelzleistung von 2,5 Tonnen oder mehr je Stunde, auch soweit in integrierten Hüttenwerken betrieben | $CO_2$ |
| 11 | Anlagen zur Herstellung oder Verarbeitung von Eisenmetallen (einschließlich Eisenlegierung) bei Betrieb von Verbrennungseinheiten mit einer Gesamtfeuerungswärmeleistung von 20 MW oder mehr, soweit nicht von Nummer 10 erfasst; die Verarbeitung umfasst insbesondere Walzwerke, Öfen zum Wiederaufheizen, Glühöfen, Schmiedewerke, Gießereien, Beschichtungs- und Beizanlagen | $CO_2$ |
| 12 | Anlagen zur Herstellung von Primäraluminium | $CO_2$, PFC |
| 13 | Anlagen zum Schmelzen, zum Legieren oder zur Raffination von Nichteisenmetallen bei Betrieb von Verbrennungseinheiten mit einer Gesamtfeuerungswärmeleistung (einschließlich der als Reduktionsmittel verwendeten Brennstoffe) von 20 MW oder mehr | $CO_2$ |
| 14 | Anlagen zur Herstellung von Zementklinker mit einer Produktionsleistung von mehr als 500 Tonnen je Tag in Drehrohröfen oder mehr als 50 Tonnen je Tag in anderen Öfen | $CO_2$ |
| 15 | Anlagen zum Brennen von Kalkstein, Magnesit oder Dolomit mit einer Produktionsleistung von mehr als 50 Tonnen Branntkalk, gebranntem Magnesit oder gebranntem Dolomit je Tag | $CO_2$ |

## 6.4 TEHG Anh. 1

| Nr. | Tätigkeiten | Treibhausgas |
|---|---|---|
| 16 | Anlagen zur Herstellung von Glas, auch soweit es aus Altglas hergestellt wird, einschließlich Anlagen zur Herstellung von Glasfasern, mit einer Schmelzleistung von mehr als 20 Tonnen je Tag | $CO_2$ |
| 17 | Anlagen zum Brennen keramischer Erzeugnisse mit einer Produktionsleistung von mehr als 75 Tonnen je Tag | $CO_2$ |
| 18 | Anlagen zum Schmelzen mineralischer Stoffe, einschließlich Anlagen zur Herstellung von Mineralfasern, mit einer Schmelzleistung von mehr als 20 Tonnen je Tag | $CO_2$ |
| 19 | Anlagen zum Trocknen oder Brennen von Gips oder zur Herstellung von Gipskartonplatten und sonstigen Gipserzeugnissen bei Betrieb von Verbrennungseinheiten mit einer Gesamtfeuerungswärmeleistung von 20 MW oder mehr | $CO_2$ |
| 20 | Anlagen zur Gewinnung von Zellstoff aus Holz, Stroh oder ähnlichen Faserstoffen | $CO_2$ |
| 21 | Anlagen zur Herstellung von Papier, Karton oder Pappe mit einer Produktionsleistung von mehr als 20 Tonnen je Tag | $CO_2$ |
| 22 | Anlagen zur Herstellung von Industrieruß bei Betrieb von Verbrennungseinheiten mit einer Gesamtfeuerungswärmeleistung von 20 MW oder mehr | $CO_2$ |
| 23 | Anlagen zur Herstellung von Salpetersäure | $CO_2$, $N_2O$ |
| 24 | Anlagen zur Herstellung von Adipinsäure | $CO_2$, $N_2O$ |
| 25 | Anlagen zur Herstellung von Glyoxal oder Glyoxylsäure | $CO_2$, $N_2O$ |
| 26 | Anlagen zur Herstellung von Ammoniak | $CO_2$ |
| 27 | Anlagen zur Herstellung von<br>a) organischen Grundchemikalien (Alkene und chlorierte Alkene; Alkine; Aromaten und alkylierte Aromaten; Phenole, Alkohole; Aldehyde, Ketone; Carbonsäuren, Dicarbonsäuren, Carbonsäureanhydride und Dimethylterephthalat; Epoxide; Vinylacetat, Acrylnitril; Caprolactam und Melamin) oder<br>b) Polymeren (Polyethylen, Polypropylen, Polystyrol, Polyvinylchlorid, Polycarbonate, Polyamide, Polyurethane, Silikone)<br>mit einer Produktionsleistung von mehr als 100 Tonnen je Tag | $CO_2$ |
| 28 | Anlagen zur Herstellung von Wasserstoff oder Synthesegas durch Reformieren, partielle Oxidation, Wassergas-Shiftreaktion oder ähnliche Verfahren mit einer Produktionsleistung von mehr als 25 Tonnen je Tag | $CO_2$ |
| 29 | Anlagen zur Herstellung von Natriumkarbonat und Natriumhydrogenkarbonat | $CO_2$ |
| 30 | Anlagen zur Abscheidung von Treibhausgasen aus Anlagen nach den Nummern 1 bis 29 zum Zwecke der Beförderung und geologischen Speicherung in einer in Übereinstimmung mit der Richtlinie 2009/31/EG des Europäischen Parlaments und des Rates vom 23. April 2009 über die geologische Speicherung von Kohlendioxid und zur Änderung der Richtlinie 85/337/EWG des Rates sowie der Richtlinien 2000/60/EG, 2001/80/EG, 2004/35/EG, 2006/12/EG und 2008/1/EG des Europäischen Parlaments und des Rates sowie der Verordnung (EG) Nr. 1013/2006 (ABl. L 140 vom 5.6.2009, S. 114) zugelassenen Speicherstätte | $CO_2$ |
| 31 | Rohrleitungsanlagen zur Beförderung von Treibhausgasen zum Zwecke der geologischen Speicherung in einer in Übereinstimmung mit der Richtlinie 2009/31/EG zugelassenen Speicherstätte | $CO_2$ |
| 32 | Speicherstätte zur geologischen Speicherung von Treibhausgasen, die in Übereinstimmung mit der Richtlinie 2009/31/EG zugelassen ist | $CO_2$ |
| 33 | Flüge, die von einem Flugplatz abgehen oder auf einem Flugplatz enden, der sich in einem Hoheitsgebiet eines Vertragsstaats des Abkommens über den Europäischen Wirtschaftsraum befindet, bei Mitgliedstaaten der Europäischen Union jedoch nur, soweit der Vertrag über die Europäische Union in dem Gebiet Anwendung findet.<br>Nicht unter diese Tätigkeit fallen:<br>a) Flüge, die ausschließlich durchgeführt werden, um<br>  aa) regierende Monarchinnen und Monarchen und ihre unmittelbaren Familienangehörigen, | $CO_2$ |

| Nr. | Tätigkeiten | Treibhausgas |
|---|---|---|
| | bb) Staatschefinnen und Staatschefs, Regierungschefinnen und Regierungschefs und zur Regierung gehörende Ministerinnen und Minister eines Nichtmitgliedstaats des Abkommens über den Europäischen Wirtschaftsraum in offizieller Mission zu befördern, soweit dies durch einen entsprechenden Statusindikator im Flugplan vermerkt ist;<br>b) Militärflüge in Militärluftfahrzeugen sowie Zoll- und Polizeiflüge;<br>c) Flüge im Zusammenhang mit Such- und Rettungseinsätzen, Löschflüge, Flüge im humanitären Einsatz sowie Ambulanzflüge in medizinischen Notfällen, soweit eine Genehmigung der jeweils zuständigen Behörde vorliegt;<br>d) Flüge, die ausschließlich nach Sichtflugregeln im Sinne der §§ 28 und 31 bis 34 der Luftverkehrs-Ordnung durchgeführt werden;<br>e) Flüge, bei denen das Luftfahrzeug ohne Zwischenlandung wieder zum Ausgangsflugplatz zurückkehrt;<br>f) Übungsflüge, die ausschließlich zum Erwerb eines Pilotenscheins oder einer Berechtigung für die Cockpit-Besatzung durchgeführt werden, sofern dies im Flugplan vermerkt ist; diese Flüge dürfen nicht zur Beförderung von Fluggästen oder Fracht oder zur Positionierung oder Überführung von Luftfahrzeugen dienen;<br>g) Flüge, die ausschließlich der wissenschaftlichen Forschung oder der Kontrolle, Erprobung oder Zulassung von Luftfahrzeugen oder Ausrüstung dienen, unabhängig davon, ob es sich um Bord- oder Bodenausrüstung handelt;<br>h) Flüge von Luftfahrzeugen mit einer höchstzulässigen Startmasse von weniger als 5 700 Kilogramm;<br>i) Flüge im Rahmen von gemeinwirtschaftlichen Verpflichtungen nach Maßgabe des Artikels 16 der Verordnung (EG) Nr. 1008/2008 auf Routen innerhalb von Gebieten in äußerster Randlage im Sinne des Artikels 349 des Vertrags über die Arbeitsweise in der Europäischen Union oder auf Routen mit einer angebotenen Kapazität von höchstens 30 000 Sitzplätzen pro Jahr,<br>j) Flüge, die nicht bereits von den Buchstaben a bis i erfasst sind und von einem Luftfahrzeugbetreiber durchgeführt werden, der gegen Entgelt Linien- oder Bedarfsflugverkehrsleistungen für die Öffentlichkeit erbringt, bei denen Fluggäste, Fracht oder Post befördert (gewerblicher Luftfahrzeugbetreiber), sofern<br>   aa) dieser Luftfahrzeugbetreiber innerhalb eines Kalenderjahres jeweils weniger als 243 solcher Flüge in den Zeiträumen Januar bis April, Mai bis August und September bis Dezember durchführt oder<br>   bb) die jährlichen Gesamtemissionen solcher Flüge dieses Luftfahrzeugbetreibers weniger als 10 000 Tonnen betragen;<br>diese Ausnahme gilt nicht für Flüge, die ausschließlich zur Beförderung von regierenden Monarchinnen und Monarchen und ihren unmittelbaren Familienangehörigen sowie von Staatschefinnen und Staatschefs, Regierungschefinnen und Regierungschefs und zur Regierung gehörenden Ministerinnen und Ministern eines Mitgliedstaats des Abkommens über den Europäischen Wirtschaftsraum in Ausübung ihres Amtes durchgeführt werden, sowie<br>k) bis zum 31. Dezember 2030 Flüge, die nicht unter die Buchstaben a bis j fallen und von einem nichtgewerblichen Luftfahrzeugbetreiber durchgeführt werden, dessen Flüge jährliche Gesamtemissionen von weniger als 1 000 Tonnen aufweisen. | . |

## Anhang 2
(zu § 5 Absatz 1, § 6 Absatz 1 Satz 2, Absatz 2 Satz 2, § 30 Absatz 2 Satz 1 und § 32 Absatz 1 Nummer 1)

**Anforderungen an die Vorlage und Genehmigung von Überwachungsplänen nach § 6 sowie an die Ermittlung von Emissionen und die Berichterstattung nach § 5**

### Teil 1. Fristen für die Vorlage eines Überwachungsplans

Für die Einreichung eines Überwachungsplans nach § 6 Absatz 1 Satz 1 gelten folgende Fristen:

a) Für Betreiber von Anlagen, die spätestens zehn Monate vor Beginn einer Handelsperiode in Betrieb genommen wurden, endet die Frist fünf Monate vor Beginn der Handelsperiode;

b) Betreiber von Anlagen, die später als zehn Monate vor Beginn einer Handelsperiode erstmalig den Pflichten nach § 5 unterliegen, müssen den Überwachungsplan vor dem Zeitpunkt, zu dem sie erstmals den Pflichten nach § 5 unterliegen, vorlegen;

c) Luftfahrzeugbetreiber, die ihre Luftverkehrstätigkeit in einer laufenden Handelsperiode aufnehmen, müssen unverzüglich nach Aufnahme der Luftverkehrstätigkeit einen Überwachungsplan über die Emissionsberichterstattung für diese Handelsperiode vorlegen.

### Teil 2. Anforderungen an die Ermittlung von Emissionen und an die Emissionsberichterstattung

Der Betreiber hat seine Emissionen nach seinem genehmigten Überwachungsplan zu ermitteln. Soweit dieser Überwachungsplan keine Regelungen trifft, hat er die Emissionen nach der Monitoring-Verordnung und nach einer nach § 28 Absatz 2 Nummer 1 erlassenen Rechtsverordnung zu ermitteln und darüber zu berichten. Soweit diese Verordnungen keine Regelungen treffen, ist bei Oxidationsprozessen ein Oxidationsfaktor von 1 zugrunde zu legen; eine unvollständige Verbrennung bleibt auch bei der Bestimmung des Emissionsfaktors unberücksichtigt.

Die $CO_2$-Emissionen von Anlagen im Sinne des Anhangs 1 Teil 2 Nummer 8 bis 10 sind über die Bilanzierung und Saldierung der Kohlenstoffgehalte der $CO_2$-relevanten Inputs und Outputs zu erfassen, soweit diese Anlagen nach § 24 als einheitliche Anlage gelten; Verbundkraftwerke am Standort von Anlagen zur Eisen- und Stahlerzeugung dürfen nicht gemeinsam mit den übrigen Anlagen bilanziert werden.


**Anhang 3–5**
*(aufgehoben)*

## 6.5. Gesetz zum Verbot des Betriebs lauter Güterwagen (Schienenlärmschutzgesetz – SchlärmschG)[1]

Vom 20. Juli 2017
(BGBl. I S. 2804)
**FNA 2129-60**
geänd. durch Art. 3 G zur Änd. von Vorschriften im Eisenbahnbereich v. 9.6.2021 (BGBl. I S. 1730)

**§ 1 Anwendungsbereich des Gesetzes.** Dieses Gesetz findet Anwendung auf laute Güterwagen, die auf der regelspurigen öffentlichen Eisenbahninfrastruktur in Deutschland zum Einsatz kommen.

**§ 2 Begriffsbestimmungen.** (1) „Lauter Güterwagen" im Sinne dieses Gesetzes ist ein Güterwagen, der bei der Inbetriebnahme nicht den Anforderungen der Verordnung (EU) Nr. 1304/2014 der Kommission vom 26. November 2014 über die technische Spezifikation für die Interoperabilität des Teilsystems „Fahrzeuge – Lärm" sowie zur Änderung der Entscheidung 2008/232/EG und Aufhebung des Beschlusses 2011/229/EU (ABl. L 356 vom 12.12.2014, S. 421) oder des Beschlusses 2011/229/EU der Kommission vom 4. April 2011 über die Technische Spezifikation für die Interoperabilität (TSI) zum Teilsystem „Fahrzeuge – Lärm" des konventionellen transeuropäischen Bahnsystems (ABl. L 99 vom 13.4.2011, S. 1) entsprochen hat.

(2) „Maximal zulässige Schallemission" im Sinne dieses Gesetzes ist eine Schallemission, die den fiktiven Schallleistungspegel nicht überschreitet.

(3) [1] „Fiktiver Schallleistungspegel" im Sinne dieses Gesetzes ist der Wert, der sich ergibt, wenn der Pegel der längenbezogenen Schallleistung für einen Zug berechnet wird, der

1. hinsichtlich Fahrzeuganzahl und Fahrzeugbauarten mit Ausnahme der Bremsausrüstung mit dem Güterzug identisch ist, für den eine Trasse beantragt und zugewiesen wird, und
2. ausschließlich aus Güterwagen besteht, die keine lauten Güterwagen sind.

[2] Bei der Berechnung werden lediglich Fahrzeuge nach Anlage 2 Beiblatt 1 Kategorie 10 Zeile 5, 8, 18 oder 21 der Verkehrslärmschutzverordnung[2] vom 12. Juni 1990 (BGBl. I S. 1036), die zuletzt durch Artikel 1 der Verordnung vom 18. Dezember 2014 (BGBl. I S. 2269) geändert worden ist, berücksichtigt.

**§ 3 Verbot lauter Güterwagen.** (1) Mit Beginn des Netzfahrplans 2020/2021 am 13. Dezember 2020 ist das Fahren oder Fahrenlassen von Güterzügen, in die laute Güterwagen eingestellt sind, auf dem deutschen Schienennetz verboten.

(2) Folgende Güterwagen sind einem Güterwagen gleichgestellt, der bei der Inbetriebnahme die Voraussetzungen der in § 2 Absatz 1 genannten Vorschriften erfüllt hat:

---

[1] Verkündet als Art. 1 G v. 20.7.2017 (BGBl. I S. 2804); Inkrafttreten gem. Art. 3 dieses G am 29.7.2017.
[2] Nr. **6.1.16**.

1. ohne Erbringung eines Nachweises ein Güterwagen, der von Grauguss-Bremssohlen auf Verbundstoff-Bremssohlen oder Scheibenbremsen umgerüstet worden ist, oder
2. mit Erbringung eines Nachweises ein Güterwagen, der auf andere als die in Nummer 1 genannte Weise so umgebaut worden ist, dass er die für die Inbetriebnahme nachzuweisenden Emissionsgrenzwerte der in § 2 Absatz 1 genannten Vorschriften einhält.

(3) Ein Personenzug, in den ein oder mehrere laute Güterwagen eingestellt sind, ist einem Güterzug gleichgestellt, in den ein oder mehrere laute Güterwagen eingestellt sind.

**§ 4 Ausnahmen vom Verbot.** Abweichend von § 3 ist der Betrieb lauter Güterwagen zulässig,
1. sofern die Schallemission, die beim Betrieb eines Güterzuges mit lauten Güterwagen entsteht, aufgrund einer aus der Zuweisung der Schienenwegkapazität folgenden und im Fahrplan festgelegten niedrigen Geschwindigkeit den fiktiven Schallleistungspegel nicht überschreitet, oder
2. auf Schienenwegen, an denen die Außenpegel der Immissionsgrenzwerte der Verkehrslärmschutzverordnung[1]) wegen folgender Merkmale auch dann durchgehend eingehalten werden, wenn die dort verkehrenden Güterzüge laute Güterwagen umfassen:
   a) Art und Umfang des Eisenbahnbetriebes,
   b) Schallschutzmaßnahmen,
   c) lärmabschirmende Bebauung,
   d) Topografie oder
   e) Abstand zwischen Schienenweg und schutzbedürftigen Nutzungen.

**§ 5 Befreiungen vom Verbot.** (1) Auf Antrag eines Zugangsberechtigten oder eines Halters von Eisenbahnfahrzeugen kann die zuständige Behörde Befreiungen von dem Verbot nach § 3 für den Betrieb einzelner Güterwagen erteilen,
1. wenn nachgewiesen wird, dass es noch keine zugelassene Technologie gibt, bei deren Verwendung die Güterwagen keine lauten Güterwagen mehr wären,
2. wenn die Güterwagen im Vor- oder Nachlauf zu ihrem Hauptlauf auf Steilstrecken verkehren und ausschließlich für Verkehre mit Fahrtanteil auf Steilstrecken zum Einsatz kommen, solange keine Betriebsgenehmigung für eine Technologie erteilt ist, die an Stelle der Grauguss-Bremssohle auf Steilstrecken zum Einsatz kommen kann; die Güterwagen sind zu kennzeichnen,
3. wenn die Güterwagen ausschließlich aus Gründen des historischen Interesses oder zu touristischen Zwecken betrieben werden; hierzu gehört auch die Einstellung dieser Güterwagen in Züge zur Zufahrt oder Abfahrt zu eisenbahnhistorischen oder touristischen Veranstaltungen.

(2) [1] Die Befreiung ist in den Fällen des Absatzes 1 Nummer 1 und 2 bis zum Ablauf von fünf Netzfahrplanperioden, die auf die Netzfahrplanperiode folgen, in der die Befreiung erteilt wurde, zu befristen. [2] Sie kann vorzeitig widerrufen

---

[1]) Nr. **6.1.16**.

Schienenlärmschutzgesetz §§ 6, 7 SchlärmschG 6.5

werden, sobald eine zugelassene Technologie zur Verfügung steht, bei deren Verwendung die befreiten Güterwagen keine lauten Güterwagen mehr wären und die Restlaufzeit der Befreiung mehr als 18 Monate beträgt.

(3) ¹In den Fällen des Absatzes 1 Nummer 3 ist die Befreiung unbefristet zu erteilen. ²Sie erlischt, wenn der Güterwagen nicht mehr ausschließlich für einen der beiden in Absatz 1 Nummer 3 genannten Zwecke vorgehalten wird.

**§ 6 Berechnung der Schallemission und Schallimmission.** (1) ¹Bei der Ermittlung des fiktiven Schallleistungspegels wird unterstellt, dass der Zug mit der für Güterwagen dieser Bauart zulässigen Höchstgeschwindigkeit fährt. ²Liegt die zulässige Streckenhöchstgeschwindigkeit unter der bauartbedingten Höchstgeschwindigkeit, so ist die zulässige Streckenhöchstgeschwindigkeit für die Berechnung des fiktiven Schallleistungspegels heranzuziehen. ³Für die Vergleichsrechnung sind die Fahrbahneigenschaften gemäß Anlage 2 der Verkehrslärmschutzverordnung[1]) zugrunde zu legen.

(2) ¹Die beim Betrieb entstehende Schallemission nach § 4 Nummer 1 wird durch Berechnung des Pegels der längenbezogenen Schallleistung nach den in Anlage 2 der Verkehrslärmschutzverordnung festgelegten Verfahren, Werten und Definitionen bestimmt. ²In den Fällen nach § 4 Nummer 2 ist der Beurteilungspegel für den jeweiligen Beurteilungszeitraum und für das vollständige Betriebsprogramm unter Einschluss aller für diese Schienenwege vorgesehenen Güterzüge, die laute Güterwagen umfassen, maßgeblich.

(3) ¹Ein Güterzug, der mindestens einen lauten Güterwagen umfasst, geht in die Berechnung als vollständig aus lauten Güterwagen bestehender Zug ein. ²Bei der Berechnung eines lauten Güterzugs sind ausschließlich Güterwagen nach Anlage 2 Beiblatt 1 Kategorie 10 Zeile 2 oder 15 Verkehrslärmschutzverordnung zu berücksichtigen.

**§ 7 Pflichten der Betreiber der Schienenwege und der Zugangsberechtigten.** (1) ¹Die Ausnahmen gemäß § 4 gelten ausschließlich für den Gelegenheitsverkehr. ²Dabei darf die Schienenwegkapazität für laute Güterzüge frühestens fünf Arbeitstage vor der beabsichtigten Trassennutzung an den Zugangsberechtigten vergeben werden. ³Bei der Trassenkonstruktion zu berücksichtigen ist die Kapazität, die bis fünf Arbeitstage vor der beabsichtigten Trassennutzung nicht für andere Trassen in Anspruch genommen wurde.

(2) ¹Die Betreiber der Schienenwege dürfen nur solche Schienenwegkapazität zuweisen, bei der das Geschwindigkeitsprofil so konstruiert ist, dass der maximal zulässige Schallleistungspegel nicht überschritten wird. ²Kann der Zugangsberechtigte bei der Beantragung von Schienenwegkapazität nicht ausschließen, dass ein Güterzug, für den die Zuweisung der Schienenwegkapazität beantragt wird, auch laute Güterwagen umfasst, darf nur die Zuweisung solcher Schienenwegkapazität beantragt werden, bei der aufgrund ihrer Konstruktion, insbesondere durch einen besonderen Fahrwegverlauf oder verminderte Geschwindigkeiten, sichergestellt werden kann, dass die maximal zulässige Schallemission durch den betroffenen Güterzug nicht überschritten wird. ³Dies gilt nicht, falls für sämtliche der für den Einsatz vorgesehenen lauten Güterwagen eine Befreiung gemäß § 5 erteilt ist. ⁴Die Betreiber der Schienenwege unter-

---

[1]) Nr. **6.1.16**.

stützen die Zugangsberechtigten bei der sachgerechten Beantragung der Schienenwegkapazität.

(3) ¹Die Betreiber der Schienenwege dürfen bei Güterzügen mit lauten Güterwagen nur solche Schienenwegkapazität zuweisen und solche Nutzungen der Schienenwegkapazität zulassen, bei denen eine Ausnahme gemäß § 4 oder eine Befreiung gemäß § 5 Absatz 1 vorliegen. ²Die Betreiber der Schienenwege müssen regelmäßig und in Stichproben bei der Nutzung der Schienenwegkapazität prüfen, dass die Voraussetzungen nach Satz 1 erfüllt sind.

(4) ¹Güterzüge, in die auch laute Güterwagen eingestellt sind, für die keine Befreiung erteilt wurde, dürfen nur mit dem durch den Betreiber der Schienenwege gemäß Absatz 2 Satz 1 vorgegebenen Geschwindigkeitsprofil gefahren werden. ²Die Zugangsberechtigten müssen dem Triebfahrzeugführer die Geschwindigkeitsprofile vor Beginn der Fahrt zugänglich machen.

**§ 8 Auskunftspflichten für Betreiber der Schienenwege und für Zugangsberechtigte.** (1) ¹Die Zugangsberechtigten sind verpflichtet, dem Betreiber der Schienenwege bei der Beantragung von Schienenwegkapazität sowohl zum Netzfahrplan als auch im Gelegenheitsverkehr mitzuteilen, ob laute Güterwagen in den Zug eingestellt werden. ²Liegt für die lauten Güterwagen eine Befreiung nach § 5 vor, ist die Befreiung bei der Antragstellung anzugeben und vor der Nutzung der Schienenwegkapazität dem Betreiber der Schienenwege nachzuweisen.

(2) Die Betreiber der Schienenwege und die Zugangsberechtigten sind verpflichtet, den zuständigen Behörden auf deren Verlangen innerhalb von einem Monat folgende Daten zu übermitteln:
1. die Daten, die zur Überwachung der Einhaltung des Verbots nach § 3 Absatz 1 erforderlich sind,
2. die Daten, die zum Nachweis des Ausnahmetatbestands nach § 4 erforderlich sind,
3. die Daten, die zum Nachweis des Befreiungstatbestands nach § 5 Absatz 1 erforderlich sind.

(3) ¹Die Übermittlung hat kostenfrei zu erfolgen. ²Die zuständige Behörde kann Einzelheiten zur Art und Aufbereitung der Daten bestimmen. ³Die Daten nach Absatz 2 sind auf Verlangen der zuständigen Behörde elektronisch zu übermitteln.

(4) Die Betreiber der Schienenwege und die Zugangsberechtigten sind verpflichtet, die in Absatz 2 genannten Daten nach Durchführung der Zugfahrt auf der zugewiesenen Trasse für mindestens zwölf Monate bereitzuhalten.

**§ 9 Zuständige Behörden.** ¹Zuständige Behörde für die Durchführung und Überwachung dieses Gesetzes auf den Schienenwegen der Eisenbahnen des Bundes ist das Eisenbahn-Bundesamt. ²Auf anderen Schienenwegen nimmt die nach Landesrecht zuständige Behörde diese Aufgabe wahr. ³Die Zuständigkeit der Regulierungsbehörde bleibt unberührt.

**§ 10 Überwachung durch die zuständigen Behörden.** (1) ¹Die zuständigen Behörden überwachen, dass das Verbot nach § 3 eingehalten wird. ²Sie prüfen für mehrere Streckenabschnitte im Streckennetz des Betreibers der Schienenwege und für ein ausgewähltes Datum für die Tag- und Nachtzeit, anhand von Wagenlisten und Fahrplanunterlagen, ob Güterwagen zum Einsatz gekommen sind, die nach diesem Gesetz nicht zum Betrieb zugelassen sind oder die bei einer Fahrt mit der im Fahrplan festgelegten Geschwindigkeit den maximal zulässigen Schallleistungspegel nicht einhalten. ³Bei der Festlegung der Streckenabschnitte, auf denen die Schallemissionswerte überprüft werden, sind die Hauptabfuhrstrecken zu berücksichtigen. ⁴Die Prüfung kann auch nachträglich erfolgen.

(2) ¹Die zuständigen Behörden überwachen, dass Zugangsberechtigte und Betreiber der Schienenwege die Verpflichtung nach § 7 zur Beantragung und Zuweisung ordnungsgemäßer Zugtrassen einhalten. ²Hierzu überprüfen sie, ob die zur Trassenanmeldung erforderlichen Angaben vollständig und zutreffend waren und ob die zugewiesene Zugtrasse den Vorgaben dieses Gesetzes entspricht. ³Die Prüfung erfolgt nachträglich.

(3) ¹Die für Eisenbahnen des Bundes zuständige Behörde führt die jeweilige Prüfung mindestens einmal pro Kalendervierteljahr durch. ²Die für nicht bundeseigene Eisenbahnen zuständige Behörde führt die Prüfung für Güterzüge, die nicht auf Schienenwege der Eisenbahnen des Bundes übergehen, mindestens einmal im Kalenderjahr durch.

(4) Die zuständigen Behörden veröffentlichen die Ergebnisse ihrer Überprüfung jährlich.

**§ 11 Maßnahmen bei Verstößen.** (1) ¹Stellt die zuständige Behörde fest, dass für einen bestimmten Streckenabschnitt wiederholt gegen das Verbot nach § 3 Absatz 1 Satz 1 oder gegen die Verpflichtungen nach § 7 Absatz 2 Satz 1, Absatz 3 oder 4, oder nach § 8 Absatz 1, 2, 3 Satz 3 oder Absatz 4 verstoßen wurde, so kann sie dem Betreiber der Schienenwege und dem Zugangsberechtigten für diesen Streckenabschnitt folgende Maßnahmen auferlegen:

1. strecken- und tageszeitbezogene Höchstgeschwindigkeiten oder
2. nächtliche Fahrverbote.

²Dem Betreiber der Schienenwege kann sie unter den in Satz 1 genannten Voraussetzungen auferlegen, die Güterwagen des Zugangsberechtigten vor Fahrtantritt dahingehend zu überprüfen, ob ausschließlich Güterwagen in den Zug eingestellt wurden, mit denen der maximal zulässige Schallleistungspegel bei Einhaltung der im Fahrplanprofil festgelegten Geschwindigkeiten möglich ist.

(2) Soweit der Zugang zu Schienenwegen betroffen ist, setzen sich die zuständigen Behörden vor dem Erlass von Maßnahmen mit der zuständigen Regulierungsbehörde ins Benehmen.

**§ 12 Zwangsgeld.** ¹Die nach diesem Gesetz zuständige Behörde kann ihre Anordnungen nach den für die Vollstreckung von Verwaltungsmaßnahmen geltenden Vorschriften durchsetzen. ²Die Höhe des Zwangsgeldes beträgt bis zu 500 000 Euro.

**§ 13 Bußgeldvorschriften.** (1) Ordnungswidrig handelt, wer vorsätzlich oder fahrlässig

1. entgegen § 3 Absatz 1 einen Güterwagen fährt oder fahren lässt,
2. entgegen § 7 Absatz 2 Satz 1 Schienenwegkapazität zuweist,
3. entgegen § 7 Absatz 3 Satz 1 eine Nutzung der Schienenwegkapazität zulässt,

4. entgegen § 7 Absatz 4 Satz 1 ein dort genanntes Geschwindigkeitsprofil nicht einhält,
5. entgegen § 7 Absatz 4 Satz 2 ein Geschwindigkeitsprofil nicht, nicht richtig, nicht vollständig oder nicht rechtzeitig zugänglich macht,
6. entgegen § 8 Absatz 2 oder 3 Satz 3 Daten nicht, nicht richtig, nicht vollständig, nicht in der vorgeschriebenen Weise oder nicht rechtzeitig übermittelt,
7. entgegen § 8 Absatz 4 Daten nicht oder nicht mindestens zwölf Monate bereithält.

(2) Die Ordnungswidrigkeit kann in den Fällen des Absatzes 1 Nummer 1 bis 3, 5 und 7 mit einer Geldbuße bis zu fünfzigtausend Euro, in den Fällen des Absatzes 1 Nummer 6 mit einer Geldbuße bis zu dreißigtausend Euro und in den Fällen des Absatzes 1 Nummer 4 mit einer Geldbuße bis zu eintausend Euro geahndet werden.

(3) Verwaltungsbehörde im Sinne des § 36 Absatz 1 Nummer 1 des Gesetzes über Ordnungswidrigkeiten ist für Schienenwege der Eisenbahnen des Bundes das Eisenbahn-Bundesamt.

**§ 14 Abweichungsfestigkeit.** Von den in den § 10 getroffenen Regelungen des Verwaltungsverfahrens darf durch Landesrecht nicht abgewichen werden.

## 6.6. Bundes-Klimaschutzgesetz (KSG)[1]

Vom 12. Dezember 2019
(BGBl. I S. 2513)

**FNA 2129-64**

zuletzt geänd. durch Art. 1 Erstes ÄndG v. 18.8.2021 (BGBl. I S. 3905)

### Abschnitt 1. Allgemeine Vorschriften

**§ 1 Zweck des Gesetzes.** ¹Zweck dieses Gesetzes ist es, zum Schutz vor den Auswirkungen des weltweiten Klimawandels die Erfüllung der nationalen Klimaschutzziele sowie die Einhaltung der europäischen Zielvorgaben zu gewährleisten. ²Die ökologischen, sozialen und ökonomischen Folgen werden berücksichtigt. ³Grundlage bildet die Verpflichtung nach dem Übereinkommen von Paris aufgrund der Klimarahmenkonvention der Vereinten Nationen, wonach der Anstieg der globalen Durchschnittstemperatur auf deutlich unter 2 Grad Celsius und möglichst auf 1,5 Grad Celsius gegenüber dem vorindustriellen Niveau zu begrenzen ist, um die Auswirkungen des weltweiten Klimawandels so gering wie möglich zu halten.

**§ 2 Begriffsbestimmungen.** Im Sinne dieses *Gesetz*[2] ist oder sind:
1. Treibhausgase: Kohlendioxid ($CO_2$), Methan ($CH_4$), Distickstoffoxid ($N_2O$), Schwefelhexafluorid ($SF_6$), Stickstofftrifluorid ($NF_3$) sowie teilfluorierte Kohlenwasserstoffe (HFKW) und perfluorierte Kohlenwasserstoffe (PFKW) gemäß Anhang V Teil 2 der Europäischen Governance-Verordnung in der jeweils geltenden Fassung;
2. Treibhausgasemissionen: die anthropogene Freisetzung von Treibhausgasen in Tonnen Kohlendioxidäquivalent, wobei eine Tonne Kohlendioxidäquivalent eine Tonne Kohlendioxid oder die Menge eines anderen Treibhausgases ist, die in ihrem Potenzial zur Erwärmung der Atmosphäre einer Tonne Kohlendioxid entspricht; das Potenzial richtet sich nach der Delegierten Verordnung (EU) Nr. 666/2014 der Kommission vom 12. März 2014 über die grundlegenden Anforderungen an ein Inventarsystem der Union und zur Berücksichtigung von Veränderungen der Treibhauspotenziale und der international vereinbarten Inventarleitlinien gemäß der Verordnung (EU) Nr. 525/2013 des Europäischen Parlaments und des Rates (ABl. L 179 vom 19.6.2014, S. 26) oder nach einer aufgrund von Artikel 26 Absatz 6 Buchstabe b der Europäischen Governance-Verordnung erlassenen Nachfolgeregelung;
3. Europäische Governance-Verordnung: die Verordnung (EU) 2018/1999 des Europäischen Parlaments und des Rates vom 11. Dezember 2018 über das Governance-System für die Energieunion und für den Klimaschutz, zur Änderung der Verordnungen (EG) Nr. 663/2009 und (EG) Nr. 715/2009 des Europäischen Parlaments und des Rates, der Richtlinien 94/22/EG, 98/70/EG, 2009/31/EG, 2009/73/EG, 2010/31/EU, 2012/27/EU und 2013/

---

[1] Verkündet als Art. 1 G v. 12.12.2019 (BGBl. I S. 2513); Inkrafttreten gem. Art. 4 dieses G am 18.12.2019.
[2] Richtig wohl: „Gesetzes".

30/EU des Europäischen Parlaments und des Rates, der Richtlinien 2009/119/EG und (EU) 2015/652 des Rates und zur Aufhebung der Verordnung (EU) Nr. 525/2013 des Europäischen Parlaments und des Rates (ABl. L 328 vom 21.12.2018, S. 1), die durch den Beschluss (EU) 2019/504 (ABl. L 85 I vom 27.3.2019, S. 66) geändert worden ist;

4. Europäische Klimaschutzverordnung: die Verordnung (EU) 2018/842 des Europäischen Parlaments und des Rates vom 30. Mai 2018 zur Festlegung verbindlicher nationaler Jahresziele für die Reduzierung der Treibhausgasemissionen im Zeitraum 2021 bis 2030 als Beitrag zu Klimaschutzmaßnahmen zwecks Erfüllung der Verpflichtungen aus dem Übereinkommen von Paris sowie zur Änderung der Verordnung (EU) Nr. 525/2013 (ABl. L 156 vom 19.6.2018, S. 26);

5. Europäische Klimaberichterstattungsverordnung: die Durchführungsverordnung (EU) Nr. 749/2014 der Kommission vom 30. Juni 2014 über die Struktur, das Format, die Verfahren der Vorlage und die Überprüfung der von den Mitgliedstaaten gemäß der Verordnung (EU) Nr. 525/2013 des Europäischen Parlaments und des Rates gemeldeten Informationen (ABl. L 203 vom 11.7.2014, S. 23);

6. Übereinkommen von Paris: das von den Vertragsstaaten der Klimarahmenkonvention der Vereinten Nationen unterzeichnete und mit Gesetz vom 28. September 2016 ratifizierte Übereinkommen von Paris vom 12. Dezember 2015 (BGBl. 2016 II S. 1082, 1083);

7. Klimaschutzplan: die deutsche Langfriststrategie nach dem Übereinkommen von Paris und nach Artikel 15 der Europäischen Governance-Verordnung;

8. Landnutzung, Landnutzungsänderung und Forstwirtschaft: der in Anlage 1 Nummer 7 definierte Sektor Landnutzung, Landnutzungsänderung und Forstwirtschaft; für diesen Sektor sind § 3 Absatz 1 und die §§ 4, 7 und 8 nicht anzuwenden.

9. Netto-Treibhausgasneutralität: das Gleichgewicht zwischen den anthropogenen Emissionen von Treibhausgasen aus Quellen und dem Abbau solcher Gase durch Senken.

## Abschnitt 2. Klimaschutzziele und Jahresemissionsmengen

**§ 3 Nationale Klimaschutzziele.** (1) Die Treibhausgasemissionen werden im Vergleich zum Jahr 1990 schrittweise wie folgt gemindert:

1. bis zum Jahr 2030 um mindestens 65 Prozent,
2. bis zum Jahr 2040 um mindestens 88 Prozent.

(2) ¹Bis zum Jahr 2045 werden die Treibhausgasemissionen so weit gemindert, dass Netto- Treibhausgasneutralität erreicht wird. ²Nach dem Jahr 2050 sollen negative Treibhausgasemissionen erreicht werden.

(3) Die Möglichkeit, die nationalen Klimaschutzziele teilweise im Rahmen von staatenübergreifenden Mechanismen zur Minderung von Treibhausgasemissionen zu erreichen, bleibt unberührt.

(4) ¹Sollten zur Erfüllung europäischer oder internationaler Klimaschutzziele höhere nationale Klimaschutzziele erforderlich werden, so leitet die Bundesregierung die zur Erhöhung der Zielwerte nach Absatz 1 notwendigen Schritte ein. ²Klimaschutzziele können erhöht, aber nicht abgesenkt werden.

## § 3a Beitrag des Sektors Landnutzung, Landnutzungsänderung und Forstwirtschaft.
(1) ¹Der Beitrag des Sektors Landnutzung, Landnutzungsänderung und Forstwirtschaft zum Klimaschutz soll gestärkt werden. ²Der Mittelwert der jährlichen Emissionsbilanzen des jeweiligen Zieljahres und der drei vorherigen Kalenderjahre des Sektors Landnutzung, Landnutzungsänderung und Forstwirtschaft soll wie folgt verbessert werden:

1. auf mindestens minus 25 Millionen Tonnen Kohlendioxidäquivalent bis zum Jahr 2030,
2. auf mindestens minus 35 Millionen Tonnen Kohlendioxidäquivalent bis zum Jahr 2040,
3. auf mindestens minus 40 Millionen Tonnen Kohlendioxidäquivalent bis zum Jahr 2045.

³Grundlage für die Emissionsbilanzen sind die Daten nach § 5 Absatz 2 Nummer 3.

(2) ¹Für die Einhaltung der Ziele nach Absatz 1 ist das aufgrund seines Geschäftsbereichs für den Sektor Landnutzung, Landnutzungsänderung und Forstwirtschaft überwiegend zuständige Bundesministerium verantwortlich. ²Es hat die Aufgabe, die für die Einhaltung der Ziele nach Absatz 1 erforderlichen nationalen Maßnahmen vorzulegen und umzusetzen. ³§ 4 Absatz 4 Satz 3 und 4 gilt entsprechend.

(3) Die Bundesregierung wird ermächtigt, durch Rechtsverordnung, die nicht der Zustimmung des Bundesrates bedarf,

1. die Anrechnung und Verbuchung gemäß unionsrechtlicher Vorgaben zu regeln,
2. den Umgang mit und die Anrechenbarkeit von natürlichen Störungen zu regeln,
3. nähere Bestimmungen zu den Methoden und Grundlagen für die umfassende Berichterstattung über Treibhausgasemissionen und den Abbau von Kohlendioxid im Sektor Landnutzung, Landnutzungsänderung und Forstwirtschaft, insbesondere zur Erstellung der jährlichen Emissionsbilanzen nach Absatz 1, zu erlassen, und
4. nähere Bestimmungen zur Erhebung, Nutzung und Auswertung von Daten der Fernerkundung, insbesondere mittels satellitengestützter Systeme, für die Treibhausgas-Berichterstattung für den Sektor Landnutzung, Landnutzungsänderung und Forstwirtschaft zu erlassen.

## § 4 Zulässige Jahresemissionsmengen und jährliche Minderungsziele, Verordnungsermächtigung.
(1) ¹Zur Erreichung der nationalen Klimaschutzziele nach § 3 Absatz 1 werden jährliche Minderungsziele durch die Vorgabe von Jahresemissionsmengen für die folgenden Sektoren festgelegt:

1. Energiewirtschaft,
2. Industrie,
3. Verkehr,
4. Gebäude,
5. Landwirtschaft,
6. Abfallwirtschaft und Sonstiges.

## 6.6 KSG § 4

²Die Emissionsquellen der einzelnen Sektoren und deren Abgrenzung ergeben sich aus Anlage 1. ³Die Jahresemissionsmengen für den Zeitraum bis zum Jahr 2030 richten sich nach Anlage 2. ⁴Im Sektor Energiewirtschaft sinken die Treibhausgasemissionen zwischen den angegebenen Jahresemissionsmengen möglichst stetig. ⁵Die Bundesregierung wird die in Anlage 2 festgelegten zulässigen Jahresemissionsmengen im Lichte möglicher Änderungen der Europäischen Klimaschutzverordnung und der Europäischen Emissionshandelsrichtlinie zur Umsetzung des erhöhten Klimaziels der Europäischen Union für das Jahr 2030 überprüfen und spätestens sechs Monate nach deren Inkrafttreten einen Gesetzgebungsvorschlag zur Anpassung der zulässigen Jahresemissionsmengen in Anlage 2 vorlegen, soweit dies erforderlich erscheint. ⁶Die jährlichen Minderungsziele für die Jahre 2031 bis 2040 richten sich nach Anlage 3. ⁷Spätestens im Jahr 2032 legt die Bundesregierung einen Gesetzgebungsvorschlag zur Festlegung der jährlichen Minderungsziele für die Jahre 2041 bis 2045 vor. ⁸Die Aufteilung der jährlichen Minderungsziele in zulässige Jahresemissionsmengen für die einzelnen Sektoren für die Jahre 2031 bis 2045 erfolgt durch Rechtsverordnung gemäß Absatz 6. ⁹Die Jahresemissionsmengen und jährlichen Minderungsziele sind verbindlich, soweit dieses Gesetz auf sie Bezug nimmt. ¹⁰Subjektive Rechte und klagbare Rechtspositionen werden durch dieses Gesetz oder aufgrund dieses Gesetzes nicht begründet.

(2) Die Bundesregierung wird ermächtigt, durch Rechtsverordnung, die nicht der Zustimmung des Bundesrates bedarf, die Zuordnung von Emissionsquellen zu den Sektoren in Anlage 1 zu ändern, sofern dies zur Sicherstellung der einheitlichen internationalen Berichterstattung über Treibhausgasemissionen erforderlich ist und unionsrechtliche Vorgaben nicht entgegenstehen.

(3) ¹Über- oder unterschreiten die Treibhausgasemissionen ab dem Jahr 2021 in einem Sektor die jeweils zulässige Jahresemissionsmenge, so wird die Differenzmenge auf die verbleibenden Jahresemissionsmengen des Sektors bis zum nächsten in § 3 Absatz 1 genannten Zieljahr gleichmäßig angerechnet. ²Die Vorgaben der Europäischen Klimaschutzverordnung bleiben unberührt.

(4) ¹Für die Einhaltung der Jahresemissionsmengen ist das aufgrund seines Geschäftsbereichs für einen Sektor überwiegend zuständige Bundesministerium verantwortlich. ²Es hat die Aufgabe, die für die Einhaltung erforderlichen nationalen Maßnahmen zu veranlassen, insbesondere die Maßnahmen nach den §§ 8 und 9 vorzulegen und umzusetzen. ³Die Zuständigkeitsverteilung innerhalb der Bundesregierung bleibt unberührt. ⁴Die Bundesregierung kann bei Überschneidungen zwischen den Zuständigkeiten einzelner Bundesministerien nach Satz 1, insbesondere in Ansehung der Klimaschutzprogramme nach § 9, die Verantwortlichkeit nach Satz 1 zuweisen.

(5) ¹Die Bundesregierung wird ermächtigt, durch Rechtsverordnung ohne Zustimmung des Bundesrates die Jahresemissionsmengen der Sektoren in Anlage 2 mit Wirkung zum Beginn des jeweils nächsten Kalenderjahres zu ändern. ²Diese Veränderungen müssen im Einklang mit der Erreichung der Klimaschutzziele dieses Gesetzes und mit den unionsrechtlichen Anforderungen stehen. ³Die Rechtsverordnung bedarf der Zustimmung des Deutschen Bundestages. ⁴Hat sich der Deutsche Bundestag nach Ablauf von drei Sitzungswochen seit Eingang der Rechtsverordnung nicht mit ihr befasst, gilt seine Zustimmung zu der unveränderten Rechtsverordnung als erteilt.

(6) ¹Durch Rechtsverordnung legt die Bundesregierung die jährlich in grundsätzlich gleichmäßigen Schritten absinkenden zulässigen Jahresemissions-

mengen der einzelnen Sektoren im Jahr 2024 für die Jahre 2031 bis 2040 und im Jahr 2034 für die Jahre 2041 bis 2045 fest. ²Diese Jahresemissionsmengen müssen im Einklang stehen mit der Erreichung der nationalen Klimaschutzziele dieses Gesetzes, mit den jährlichen Minderungszielen gemäß Absatz 1 Satz 6 und 7 und den unionsrechtlichen Anforderungen. ³Dabei ist sicherzustellen, dass in jedem Sektor deutliche Reduzierungen der Treibhausgase erreicht werden. ⁴Die zulässigen Jahresemissionsmengen gelten, soweit nicht auf der Grundlage des § 4 Absatz 7 eine abweichende Regelung getroffen wird. ⁵Rechtsverordnungen nach Satz 1 bedürfen der Zustimmung des Deutschen Bundestages. ⁶Hat sich der Deutsche Bundestag nach Ablauf von sechs Sitzungswochen seit Eingang der Rechtsverordnung nicht mit ihr befasst, gilt seine Zustimmung zu der unveränderten Rechtsverordnung als erteilt.

(7) ¹Die Bundesregierung wird dem Deutschen Bundestag im Jahr 2028 einen Bericht zum Stand und zur weiteren Entwicklung der $CO_2$-Bepreisung innerhalb der Europäischen Union sowie zu technischen Entwicklungen vorlegen. ²In dem Bericht wird die Bundesregierung auch untersuchen, ob in der Zeit ab dem Jahr 2031 im Lichte dieser Entwicklungen auf die Zuweisung von zulässigen Jahresemissionsmengen für einzelne Sektoren verzichtet werden kann. ³In diesem Fall legt die Bundesregierung einen entsprechenden Gesetzgebungsvorschlag vor.

## § 5 Emissionsdaten, Verordnungsermächtigung.

(1) ¹Das Umweltbundesamt erstellt die Daten der Treibhausgasemissionen in den Sektoren nach Anlage 1 (Emissionsdaten) für das zurückliegende Kalenderjahr (Berichtsjahr), beginnend mit dem Berichtsjahr 2020 auf der Grundlage der methodischen Vorgaben der Europäischen Klimaberichterstattungsverordnung oder auf der Grundlage einer nach Artikel 26 der Europäischen Governance-Verordnung erlassenen Nachfolgeregelung. ²Das Umweltbundesamt veröffentlicht und übersendet bis zum 15. März eines jeden Jahres die Emissionsdaten des Berichtsjahres an den Expertenrat für Klimafragen nach § 10.

(2) Ab dem Berichtsjahr 2021 wird zusätzlich zu den Emissionsdaten Folgendes dargestellt:

1. für das jeweilige Berichtsjahr die Angabe für jeden Sektor, ob die Emissionsdaten die Jahresemissionsmengen nach Anlage 2 über- oder unterschreiten,
2. die Jahresemissionsmengen der einzelnen Sektoren für die auf das Berichtsjahr folgenden Jahre gemäß § 4 Absatz 3,
3. für den Sektor Landnutzung, Landnutzungsänderung und Forstwirtschaft auch Quellen und Senken von Treibhausgasen,
4. ein Anhang, in dem die an die Europäische Kommission übermittelten Emissionsdaten der Vorjahre ab dem Berichtsjahr 2020 beigefügt sind und in dem diejenigen Emissionsanteile der Sektoren separat ausgewiesen werden, die der Europäischen Klimaschutzverordnung unterliegen.

(3) ¹Das Umweltbundesamt darf die zur Erfüllung der Aufgaben nach den Absätzen 1 und 2 erforderlichen Daten erheben. ²Die Erhebung der Daten von natürlichen und juristischen Personen des privaten und öffentlichen Rechts sowie von Personenvereinigungen ist ausgeschlossen, soweit diese Daten bereits auf der Grundlage sonstiger Rechtsvorschriften gegenüber Behörden des Bundes oder der Länder mitgeteilt wurden oder werden. ³Dem Umweltbundesamt wird jedoch insoweit Zugang zu diesen Daten eingeräumt, als die Erhebung

der Daten zur Erfüllung der Aufgaben gemäß Absatz 1 erforderlich ist. ⁴Dies gilt auch, wenn die Daten für andere Zwecke erhoben wurden.

(4) Die Bundesregierung kann durch Rechtsverordnung, die nicht der Zustimmung des Bundesrates bedarf,

1. die Verantwortlichkeit für die Ermittlung und die Mitteilung der Daten festlegen,
2. bestimmen, welche Daten ermittelt und mitgeteilt werden müssen,
3. Anforderungen an die Ermittlung und die Mitteilung der Daten festlegen sowie
4. das Verfahren für die Ermittlung und die Mitteilung der Daten regeln.

**§ 6 Bußgeldvorschriften.** (1) Ordnungswidrig handelt, wer vorsätzlich oder fahrlässig einer Rechtsverordnung nach § 5 Absatz 4 oder einer vollziehbaren Anordnung aufgrund einer solchen Rechtsverordnung zuwiderhandelt, soweit die Rechtsverordnung für einen bestimmten Tatbestand auf diese Bußgeldvorschrift verweist.

(2) Die Ordnungswidrigkeit kann mit einer Geldbuße bis zu fünfzigtausend Euro geahndet werden.

**§ 7 Durchführungsvorschriften zur Europäischen Klimaschutzverordnung.** (1) ¹Der Ankauf von Emissionszuweisungen zur Erfüllung der Pflichten nach der Europäischen Klimaschutzverordnung wird zentral durch das für die Durchführung der Europäischen Klimaschutzverordnung zuständige Bundesministerium nach Maßgabe der im Bundeshaushalt zur Verfügung stehenden Mittel durchgeführt. ²Beim Ankauf von Emissionszuweisungen hat das Bundesministerium nach Satz 1 darauf zu achten, dass der Verkäuferstaat zusichert, die erzielten Einnahmen für die Bekämpfung des Klimawandels zu verwenden.

(2) ¹Die Bundesregierung legt dem Deutschen Bundestag und dem Bundesrat zusammen mit dem Entwurf des Bundeshaushaltsplans eine zahlenmäßige Übersicht vor, die insbesondere Folgendes enthält:

1. eine Übersicht über die Einhaltung und die Über- oder Unterschreitungen der Jahresemissionsmengen der Sektoren nach Anlage 2 im jeweils zurückliegenden Kalenderjahr und seit dem Jahr 2021,
2. eine Übersicht über die nach der Europäischen Klimaschutzverordnung zur Verfügung stehenden Emissionszuweisungen im Haushaltsjahr und
3. die Anzahl der im zurückliegenden Kalenderjahr erworbenen Emissionszuweisungen und die Anzahl der seit dem Jahr 2021 insgesamt erworbenen Emissionszuweisungen.

²Darüber hinaus ist eine Übersicht der aufgewendeten Haushaltsmittel für den Erwerb beizufügen.

**§ 8 Sofortprogramm bei Überschreitung der Jahresemissionsmengen.**

(1) Weisen die Emissionsdaten nach § 5 Absatz 1 und 2 eine Überschreitung der zulässigen Jahresemissionsmenge für einen Sektor in einem Berichtsjahr aus, so legt das nach § 4 Absatz 4 zuständige Bundesministerium der Bundesregierung innerhalb von drei Monaten nach der Vorlage der Bewertung der Emissionsdaten durch den Expertenrat für Klimafragen nach § 11 Absatz 1 ein Sofortprogramm für den jeweiligen Sektor vor, das die Einhaltung der Jahresemissionsmengen des Sektors für die folgenden Jahre sicherstellt.

(2) ¹Die Bundesregierung berät über die zu ergreifenden Maßnahmen im betroffenen Sektor oder in anderen Sektoren oder über sektorübergreifende Maßnahmen und beschließt diese schnellstmöglich. ²Dabei kann sie die bestehenden Spielräume der Europäischen Klimaschutzverordnung berücksichtigen und die Jahresemissionsmengen der Sektoren gemäß § 4 Absatz 5 ändern. ³Vor Erstellung der Beschlussvorlage über die Maßnahmen sind dem Expertenrat für Klimafragen die den Maßnahmen zugrunde gelegten Annahmen zur Treibhausgasreduktion zur Prüfung zu übermitteln. ⁴Das Prüfungsergebnis wird der Beschlussvorlage beigefügt.

(3) Die Bundesregierung unterrichtet den Deutschen Bundestag über die beschlossenen Maßnahmen.

(4) Für den Sektor Energiewirtschaft sind die Absätze 1 bis 3 beginnend mit dem Berichtsjahr 2023 im Turnus von drei Jahren entsprechend anzuwenden.

## Abschnitt 3. Klimaschutzplanung

**§ 9 Klimaschutzprogramme.** (1) ¹Die Bundesregierung beschließt mindestens nach jeder Fortschreibung des Klimaschutzplans ein Klimaschutzprogramm; darüber hinaus wird bei Zielverfehlungen eine Aktualisierung des bestehenden Klimaschutzprogramms um Maßnahmen nach § 8 Absatz 2 vorgenommen. ²In jedem Klimaschutzprogramm legt die Bundesregierung unter Berücksichtigung des jeweils aktuellen Klimaschutz-Projektionsberichts nach § 10 Absatz 2 fest, welche Maßnahmen sie zur Erreichung der nationalen Klimaschutzziele in den einzelnen Sektoren ergreifen wird. ³Maßgeblich für die Maßnahmen nach Satz 2 ist die Einhaltung der in § 4 festgelegten zulässigen Jahresemissionsmengen. ⁴Zudem legt die Bundesregierung fest, welche Maßnahmen sie zur Erreichung der Ziele nach § 3a ergreifen wird.

(2) ¹Das Klimaschutzprogramm wird spätestens im Kalenderjahr nach der Fortschreibung des Klimaschutzplans beschlossen. ²Die nach § 4 Absatz 4 für die Sektoren zuständigen Bundesministerien schlagen innerhalb von sechs Monaten nach Fortschreibung des Klimaschutzplans Maßnahmen vor, die geeignet sind, die in den jeweiligen Sektoren erforderlichen zusätzlichen Treibhausgasminderungen zu erzielen. ³Die Maßnahmenvorschläge enthalten neben wissenschaftlichen Abschätzungen zu den voraussichtlichen Treibhausgasminderungswirkungen auch wissenschaftliche Abschätzungen zu möglichen ökonomischen, sozialen und weiteren ökologischen Folgen. ⁴Diese Abschätzungen schließen soweit möglich auch Auswirkungen auf die Beschäftigungsentwicklung, die Wirtschaftsstruktur, die Gleichwertigkeit der Lebensverhältnisse auch im ländlichen Raum sowie die Effizienz des Einsatzes von natürlichen Ressourcen ein. ⁵Das Bundesministerium für Umwelt, Naturschutz und nukleare Sicherheit ermittelt in Abstimmung mit dem Bundesministerium für Wirtschaft und Energie die voraussichtliche Treibhausgasgesamtminderungswirkung der vorgeschlagenen Maßnahmen.

(3) Für jedes Klimaschutzprogramm bezieht die Bundesregierung in einem öffentlichen Konsultationsverfahren Länder, Kommunen, Wirtschaftsverbände und zivilgesellschaftliche Verbände sowie die Wissenschaftsplattform Klimaschutz und wissenschaftliche Begleitgremien der Bundesregierung ein.

**§ 10 Berichterstattung.** (1) ¹Die Bundesregierung erstellt jährlich einen Klimaschutzbericht, der die Entwicklung der Treibhausgasemissionen in den verschiedenen Sektoren, den Stand der Umsetzung der Klimaschutzprogramme nach § 9 und der Sofortprogramme nach § 8 sowie eine Prognose der zu erwartenden Treibhausgasminderungswirkungen enthält. ²Erstmals im Jahr 2024 und dann alle zwei Jahre enthält der Klimaschutzbericht eine Darstellung zum Stand und zur weiteren Entwicklung der $CO_2$- Bepreisung innerhalb der Europäischen Union sowie zu technischen und internationalen Entwicklungen und zu ihrer Kompatibilität mit der nationalen $CO_2$-Bepreisung sowie den nationalen Klimaschutzzielen einschließlich der Wirkung auf die Sektoren nach § 4 Absatz 1. ³Die Bundesregierung leitet den Klimaschutzbericht für das jeweilige Vorjahr bis zum 30. Juni dem Deutschen Bundestag zu.

(2) ¹Die Bundesregierung erstellt ab dem Jahr 2021 alle zwei Jahre einen Klimaschutz-Projektionsbericht nach den Vorgaben des Artikels 18 der Europäischen Governance-Verordnung, der die Projektionen von Treibhausgasemissionen, einschließlich der Quellen und Senken des Sektors Landnutzung, Landnutzungsänderung und Forstwirtschaft, und die nationalen Politiken und Maßnahmen zu deren Minderung enthält. ²Die Bundesregierung leitet den Klimaschutz-Projektionsbericht bis zum 31. März des jeweiligen Jahres dem Deutschen Bundestag zu.

(3) Der Klimaschutz-Projektionsbericht ist maßgeblich für die integrierten nationalen Fortschrittsberichte gemäß Artikel 17 der Europäischen Governance-Verordnung, die das Bundesministerium für Wirtschaft und Energie im Einvernehmen mit dem Bundesministerium für Umwelt, Naturschutz und nukleare Sicherheit erstellt.

## Abschnitt 4. Expertenrat für Klimafragen

**§ 11 Unabhängiger Expertenrat für Klimafragen, Verordnungsermächtigung.** (1) ¹Es wird ein Expertenrat für Klimafragen aus fünf sachverständigen Personen verschiedener Disziplinen eingerichtet. ²Die Bundesregierung benennt für die Dauer von fünf Jahren die Mitglieder, davon jeweils mindestens ein Mitglied mit hervorragenden wissenschaftlichen Kenntnissen und Erfahrungen aus einem der Bereiche Klimawissenschaften, Wirtschaftswissenschaften, Umweltwissenschaften sowie soziale Fragen. ³Der Expertenrat soll als Ganzes auch übergreifende Expertise zu den Sektoren nach § 4 Absatz 1 abbilden. ⁴Die gleichberechtigte Vertretung von Frauen und Männern ist sicherzustellen. ⁵Eine einmalige Wiederernennung ist möglich.

(2) ¹Der Expertenrat für Klimafragen wählt aus seiner Mitte in geheimer Wahl eine vorsitzende Person und eine Stellvertretung für die vorsitzende Person. ²Der Expertenrat für Klimafragen gibt sich eine Geschäftsordnung.

(3) ¹Der Expertenrat für Klimafragen ist nur an den durch dieses Gesetz begründeten Auftrag gebunden und in seiner Tätigkeit unabhängig. ²Der Bund trägt die Kosten des Expertenrats für Klimafragen nach Maßgabe des Bundeshaushaltes.

(4) ¹Der Expertenrat für Klimafragen wird bei der Durchführung seiner Arbeit von einer Geschäftsstelle unterstützt. ²Diese wird durch die Bundesregierung eingesetzt und untersteht fachlich dem Expertenrat für Klimafragen.

(5) Die Bundesregierung wird ermächtigt, durch Rechtsverordnung[1]) ohne Zustimmung des Bundesrates Regelungen zum Sitz, zur Geschäftsstelle, zur pauschalen Entschädigung der Mitglieder, zur Reisekostenerstattung, zur Verschwiegenheit sowie zu sonstigen organisatorischen Angelegenheiten zu bestimmen.

**§ 12 Aufgaben des Expertenrats für Klimafragen.** (1) Der Expertenrat für Klimafragen prüft die Emissionsdaten nach § 5 Absatz 1 und 2 und legt der Bundesregierung und dem Deutschen Bundestag innerhalb von einem Monat nach Übersendung durch das Umweltbundesamt eine Bewertung der veröffentlichten Daten vor.

(2) Vor der Erstellung der Beschlussvorlage für die Bundesregierung über die Maßnahmen nach § 8 Absatz 2 prüft der Expertenrat für Klimafragen die den Maßnahmen zugrunde gelegten Annahmen zur Treibhausgasreduktion.

(3) Die Bundesregierung holt zu folgenden Maßnahmen eine Stellungnahme des Expertenrats für Klimafragen im Hinblick auf die diesen zugrunde liegenden Annahmen zur Treibhausgasreduktion ein, bevor sie diese veranlasst:
1. Änderungen oder Festlegungen der Jahresemissionsmengen nach diesem Gesetz;
2. Fortschreibung des Klimaschutzplans;
3. Beschluss von Klimaschutzprogrammen nach § 9.

(4) ¹Der Expertenrat für Klimafragen legt erstmals im Jahr 2022 und dann alle zwei Jahre dem Deutschen Bundestag und der Bundesregierung ein Gutachten zu bisherigen Entwicklungen der Treibhausgasemissionen, Trends bezüglich der Jahresemissionsmengen und Wirksamkeit von Maßnahmen mit Blick auf die Zielerreichung nach diesem Gesetz vor. ²Darüber hinaus können der Deutsche Bundestag oder die Bundesregierung durch Beschluss den Expertenrat für Klimafragen mit der Erstellung von Sondergutachten beauftragen.

(5) ¹Alle öffentlichen Stellen des Bundes im Sinne des § 2 Absatz 1 des Bundesdatenschutzgesetzes gewähren dem Expertenrat für Klimafragen Einsicht in die zur Wahrnehmung seiner Aufgaben benötigten Daten und stellen diese zur Verfügung. ²Die Bundesregierung stellt sicher, dass der Schutz von Betriebs- und Geschäftsgeheimnissen Dritter sowie personenbezogener Daten gewährleistet ist. ³Der Expertenrat für Klimafragen kann zu klimaschutzbezogenen Themen Behörden, sowie Sachverständige, insbesondere Vertreter und Vertreterinnen von Organisationen der Wirtschaft und der Umweltverbände, anhören und befragen.

## Abschnitt 5. Vorbildfunktion der öffentlichen Hand

**§ 13 Berücksichtigungsgebot.** (1) ¹Die Träger öffentlicher Aufgaben haben bei ihren Planungen und Entscheidungen den Zweck dieses Gesetzes und die zu seiner Erfüllung festgelegten Ziele zu berücksichtigen. ²Die Kompetenzen der Länder, Gemeinden und Gemeindeverbände, das Berücksichtigungsgebot innerhalb ihrer jeweiligen Verantwortungsbereiche auszugestalten, bleiben unberührt. ³Bei der Planung, Auswahl und Durchführung von Investitionen und bei der Beschaffung auf Bundesebene ist für die Vermeidung oder

---

[1]) Siehe die ExpertenratVO v. 9.11.2020 (BGBl. I S. 2386).

Verursachung von Treibhausgasemissionen ein $CO_2$-Preis, mindestens der nach § 10 Absatz 2 Brennstoffemissionshandelsgesetz[1]) gültige Mindestpreis oder Festpreis zugrunde zu legen.

(2) [1] Der Bund prüft bei der Planung, Auswahl und Durchführung von Investitionen und bei der Beschaffung, wie damit jeweils zum Erreichen der nationalen Klimaschutzziele nach § 3 beigetragen werden kann. [2] Kommen mehrere Realisierungsmöglichkeiten in Frage, dann ist in Abwägung mit anderen relevanten Kriterien mit Bezug zum Ziel der jeweiligen Maßnahme solchen der Vorzug zu geben, mit denen das Ziel der Minderung von Treibhausgasemissionen über den gesamten Lebenszyklus der Maßnahme zu den geringsten Kosten erreicht werden kann. [3] Mehraufwendungen sollen nicht außer Verhältnis zu ihrem Beitrag zur Treibhausgasminderung stehen. [4] Soweit vergaberechtliche Bestimmungen anzuwenden sind, sind diese zu beachten.

(3) Bei der Anwendung von Wirtschaftlichkeitskriterien sind bei vergleichenden Betrachtungen die dem Bund entstehenden Kosten und Einsparungen über den jeweiligen gesamten Lebenszyklus der Investition oder Beschaffung zugrunde zu legen.

**§ 14 Bund-Länder-Zusammenarbeit.** (1) [1] Unbeschadet der Vereinbarkeit mit Bundesrecht können die Länder eigene Klimaschutzgesetze erlassen. [2] Die bestehenden Klimaschutzgesetze der Länder gelten unbeschadet der Vereinbarkeit mit Bundesrecht fort.

(2) Der Bund und die Länder arbeiten in geeigneter Form zusammen, um die Ziele dieses Gesetzes zu erreichen.

**§ 15 Klimaneutrale Bundesverwaltung.** (1) [1] Der Bund setzt sich zum Ziel, die Bundesverwaltung bis zum Jahr 2030 klimaneutral zu organisieren. [2] Zur Verwirklichung dieses Zieles verabschiedet die Bundesregierung spätestens im Jahr 2023 und im Folgenden alle fünf Jahre Maßnahmen, die von den Behörden des Bundes und von sonstigen Bundeseinrichtungen ohne eigene Rechtspersönlichkeit, wenn sie der unmittelbaren Organisationsgewalt des Bundes unterliegen, einzuhalten sind. [3] Sind zur Verwirklichung des in Satz 1 genannten Zieles gesetzliche Regelungen erforderlich, legt die Bundesregierung dem Deutschen Bundestag innerhalb von sechs Monaten nach dem Beschluss der Maßnahmen einen Entwurf vor.

(2) [1] Die Klimaneutralität der Bundesverwaltung soll insbesondere durch die Einsparung von Energie, durch die effiziente Bereitstellung, Umwandlung, Nutzung und Speicherung von Energie sowie durch die effiziente Nutzung erneuerbarer Energien und die Wahl möglichst klimaschonender Verkehrsmittel erreicht werden. [2] Dabei ist auf die effiziente Nutzung natürlicher Ressourcen zu achten. [3] Bei Verwaltungshandeln des Bundes im Ausland, wie etwa der Errichtung oder Sanierung von Gebäuden des Bundes, sind lokale Vorschriften und technische Standards sowie Marktverhältnisse zu berücksichtigen.

(3) Der Bund wirkt in den unter seiner Aufsicht stehenden Körperschaften, Anstalten und Stiftungen, in seinen Sondervermögen sowie in den sich ausschließlich oder zum Teil in seinem Eigentum befindenden juristischen Personen des Privatrechts darauf hin, dass auch diese ihre Verwaltungstätigkeit klimaneutral organisieren.

---

[1]) Nr. **6.7.**

Bundes-KlimaschutzG **Anl. 1 KSG 6.6**

(4) Die Bundesregierung führt mit den Ländern einen Erfahrungsaustausch durch, um die Länder bei der Prüfung und im Falle der Erstellung von Regelungen, die mit den Regelungen nach den Absätzen 1 bis 3 vergleichbar sind, für ihren Verantwortungsbereich zu unterstützen.

**Anlage 1**
(zu den §§ 4 und 5)

Sektoren

Die Abgrenzung der Sektoren erfolgt entsprechend der Quellkategorien des gemeinsamen Berichtsformats (Common Reporting Format – CRF) nach der Europäischen Klimaberichterstattungsverordnung oder entsprechend einer auf der Grundlage von Artikel 26 Absatz 7 der Europäischen Governance-Verordnung erlassenen Nachfolgeregelung.

| Sektoren | Beschreibung der Quellkategorien des gemeinsamen Berichtsformats (Common Reporting Formats – CRF) | Quellkategorie CRF |
|---|---|---|
| 1. Energiewirtschaft | Verbrennung von Brennstoffen in der Energiewirtschaft; | 1.A.1 |
| | Pipelinetransport (übriger Transport); | 1.A.3.e |
| | Flüchtige Emissionen aus Brennstoffen | 1.B |
| 2. Industrie | Verbrennung von Brennstoffen im verarbeitenden Gewerbe und in der Bauwirtschaft; | 1.A.2 |
| | Industrieprozesse und Produktverwendung; | 2 |
| | $CO_2$-Transport und -Lagerung | 1.C |
| 3. Gebäude | Verbrennung von Brennstoffen in: | |
| | Handel und Behörden; | 1.A.4.a |
| | Haushalten. | 1.A.4.b |
| | Sonstige Tätigkeiten im Zusammenhang mit der Verbrennung von Brennstoffen (insbesondere in militärischen Einrichtungen) | 1.A.5 |
| 4. Verkehr | Transport (ziviler inländischer Luftverkehr; Straßenverkehr; Schienenverkehr; inländischer Schiffsverkehr) ohne Pipelinetransport | 1.A.3.a; 1.A.3.b; 1.A.3.c; 1.A.3.d |
| 5. Landwirtschaft | Landwirtschaft; | 3 |
| | Verbrennung von Brennstoffen in Land- und Forstwirtschaft und in der Fischerei | 1.A.4.c |
| 6. Abfallwirtschaft und Sonstiges | Abfall und Abwasser; | 5 |
| | Sonstige | 6 |
| 7. Landnutzung, Landnutzungsänderung und Forstwirtschaft | Wald, Acker, Grünland, Feuchtgebiete, Siedlungen; Holzprodukte; Änderungen zwischen Landnutzungskategorien | 4 |

## Anlage 2
(zu § 4)

Zulässige Jahresemissionsmengen für die Jahre 2020 bis 2030

| Jahresemissionsmenge in Millionen Tonnen CO$_2$-Äquivalent | 2020 | 2021 | 2022 | 2023 | 2024 | 2025 | 2026 | 2027 | 2028 | 2029 | 2030 |
|---|---|---|---|---|---|---|---|---|---|---|---|
| Energiewirtschaft | 280 | | 257 | | | | | | | | 108 |
| Industrie | 186 | 182 | 177 | 172 | 165 | 157 | 149 | 140 | 132 | 125 | 118 |
| Gebäude | 118 | 113 | 108 | 102 | 97 | 92 | 87 | 82 | 77 | 72 | 67 |
| Verkehr | 150 | 145 | 139 | 134 | 128 | 123 | 117 | 112 | 105 | 96 | 85 |
| Landwirtschaft | 70 | 68 | 67 | 66 | 65 | 63 | 62 | 61 | 59 | 57 | 56 |
| Abfallwirtschaft und Sonstiges | 9 | 9 | 8 | 8 | 7 | 7 | 6 | 6 | 5 | 5 | 4 |

## Anlage 3
(zu § 4)

Jährliche Minderungsziele für die Jahre 2031 bis 2040

| | 2031 | 2032 | 2033 | 2034 | 2035 | 2036 | 2037 | 2038 | 2039 | 2040 |
|---|---|---|---|---|---|---|---|---|---|---|
| Jährliche Minderungsziele gegenüber 1990 | 67 % | 70 % | 72 % | 74 % | 77 % | 79 % | 81 % | 83 % | 86 % | 88 % |

## 6.7. Gesetz über einen nationalen Zertifikatehandel für Brennstoffemissionen (Brennstoffemissionshandelsgesetz – BEHG)[1)]

Vom 12. Dezember 2019
(BGBl. I S. 2728)
FNA 2129-63

geänd. durch Art. 1 Erstes G zur Änd. des BrennstoffemissionshandelsG v. 3.11.2020 (BGBl. I S. 2291)

### Abschnitt 1. Allgemeine Vorschriften

**§ 1 Zweck des Gesetzes.** [1]Zweck dieses Gesetzes ist es, die Grundlagen für den Handel mit Zertifikaten für Emissionen aus Brennstoffen zu schaffen und für eine Bepreisung dieser Emissionen zu sorgen, soweit diese Emissionen nicht vom EU-Emissionshandel erfasst sind, um damit zur Erreichung der nationalen Klimaschutzziele, einschließlich des langfristigen Ziels der Treibhausgasneutralität bis 2050, und zur Erreichung der Minderungsziele nach der EU-Klimaschutzverordnung sowie zur Verbesserung der Energieeffizienz beizutragen. [2]Zweck des nationalen Emissionshandelssystems ist die Bepreisung fossiler Treibhausgasemissionen.

**§ 2 Anwendungsbereich.** (1) Dieses Gesetz gilt für die Emission von Treibhausgasen aus den in Anlage 1 genannten Brennstoffen, die gemäß Absatz 2 in Verkehr gebracht werden.

(2) [1]Brennstoffe gelten mit dem Entstehen der Energiesteuer nach § 8 Absatz 1, § 9 Absatz 1, § 9a Absatz 4, § 14 Absatz 2, § 15 Absatz 1 oder Absatz 2, § 18 Absatz 2, § 18a Absatz 1, § 19b Absatz 1, § 22 Absatz 1, § 23 Absatz 1 und 1a, § 30 Absatz 1, § 32 Absatz 1, den §§ 34, 35, 36 Absatz 1, § 37 Absatz 2 Satz 5 und 6, Absatz 3 Satz 2, Absatz 4 Satz 1, § 38 Absatz 1, § 40 Absatz 1, § 41 Absatz 1, § 43 Absatz 1 oder § 44 Absatz 4 Satz 2 des Energiesteuergesetzes als in Verkehr gebracht. [2]Brennstoffe gelten ebenfalls als in Verkehr gebracht, wenn sich an das Entstehen der Energiesteuer ein Verfahren der Steuerbefreiung nach § 37 Absatz 2 Nummer 3 oder Nummer 4 des Energiesteuergesetzes anschließt.

(3) Dieses Gesetz gilt auch für Aufgaben im Zusammenhang mit Maßnahmen nach diesem Gesetz zur Kompensation der Doppelerfassung von Emissionen im EU-Emissionshandel und mit Maßnahmen zum Erhalt der internationalen Wettbewerbsfähigkeit sowie zum Ausgleich unzumutbarer Härten.

**§ 3 Begriffsbestimmungen.** Im Sinne dieses Gesetzes ist oder sind:
1. Brennstoffemission:
   die Menge Kohlendioxid in Tonnen, die bei einer Verbrennung von Brennstoffen nach Anlage 1 freigesetzt werden kann und dem Verantwortlichen infolge des Inverkehrbringens nach § 2 Absatz 2 zugerechnet wird;

---

[1)] Siehe auch das Wohngeld-$CO_2$-BepreisungsentlastungsG v. 15.5.2020 (BGBl. I S. 1015).

2. Emissionszertifikat:
   das Zertifikat, das zur Emission einer Tonne Treibhausgase in Tonnen Kohlendioxidäquivalent in einem bestimmten Zeitraum berechtigt;
3. Verantwortlicher:
   die natürliche oder juristische Person oder Personengesellschaft, die für die Tatbestände nach § 2 Absatz 2 als Steuerschuldner definiert ist, auch wenn sich ein Verfahren der Steuerbefreiung anschließt; in den Fällen des § 7 Absatz 4 Satz 1 des Energiesteuergesetzes tritt der Dritte (Einlagerer) als Verantwortlicher an die Stelle des Steuerlagerinhabers;
4. EU-Emissionshandel:
   das unionsweite System zur Erfassung und Begrenzung von Treibhausgasemissionen, geregelt durch die Richtlinie 2003/87/EG des Europäischen Parlaments und des Rates vom 13. Oktober 2003 über ein System für den Handel mit Treibhausgasemissionszertifikaten in der Gemeinschaft und zur Änderung der Richtlinie 96/61/EG des Rates (ABl. L 275 vom 25.10.2003, S. 32; L 140 vom 14.5.2014, S. 177), die zuletzt durch die Richtlinie (EU) 2018/410 (ABl. L 76 vom 19.3.2018, S. 3) geändert worden ist, in der jeweils geltenden Fassung;
5. EU-Klimaschutzverordnung:
   die Verordnung (EU) 2018/842 des Europäischen Parlaments und des Rates vom 30. Mai 2018 zur Festlegung verbindlicher nationaler Jahresziele für die Reduzierung der Treibhausgasemissionen im Zeitraum 2021 bis 2030 als Beitrag zu Klimaschutzmaßnahmen zwecks Erfüllung der Verpflichtungen aus dem Übereinkommen von Paris sowie zur Änderung der Verordnung (EU) Nr. 525/2013 (ABl. L 156 vom 19.6.2018, S. 26) in der jeweils geltenden Fassung;
6. Handelsperiode:
   der Zeitraum, der dem in der EU-Klimaschutzverordnung festgelegten Zeitraum entspricht;
7. Kombinierte Nomenklatur:
   die Warennomenklatur nach Artikel 1 der Verordnung (EWG) Nr. 2658/87 des Rates vom 23. Juli 1987 über die zolltarifliche und statistische Nomenklatur sowie den Gemeinsamen Zolltarif (ABl. L 256 vom 7.9.1987, S. 1; L 341 vom 3.12.1987, S. 38; L 378 vom 31.12.1987, S. 120; L 130 vom 26.5.1988, S. 42; L 151 vom 8.6.2016, S. 22) in der durch die Durchführungsverordnung (EU) 2017/1925 (ABl. L 282 vom 31.10.2017, S. 1) geänderten, am 1. Januar 2018 geltenden Fassung;
8. Überwachungsplan:
   eine Darstellung der Methode, die ein Verantwortlicher anwendet, um seine Brennstoffemissionen zu ermitteln und darüber Bericht zu erstatten;
9. Treibhausgase:
   die in § 3 Nummer 16 des Treibhausgas-Emissionshandelsgesetzes[1] aufgeführten Treibhausgase;
10. Energiesteuergesetz:
    das Energiesteuergesetz vom 15. Juli 2006 (BGBl. I S. 1534; 2008 I S. 660, 1007), das zuletzt durch Artikel 3 des Gesetzes vom 22. Juni 2019 (BGBl. I S. 856, 908) geändert worden ist.

---

[1] Nr. **6.4**.

## Abschnitt 2. Mengenplanung

**§ 4 Jährliche Emissionsmengen.** (1) ¹Für jedes Kalenderjahr innerhalb einer Handelsperiode wird eine Menge an Brennstoffemissionen in Deutschland festgelegt, welche hinsichtlich der Brennstoffemissionen die Einhaltung der Minderungsverpflichtung der Bundesrepublik Deutschland nach Artikel 4 Absatz 1 in Verbindung mit Anhang 1 der EU-Klimaschutzverordnung gewährleistet (jährliche Emissionsmenge). ²Die jährliche Emissionsmenge wird aus den jährlichen Emissionszuweisungen für die Bundesrepublik Deutschland nach Artikel 4 Absatz 3 der EU-Klimaschutzverordnung, multipliziert mit dem prozentualen Anteil der nicht vom EU-Emissionshandel erfassten Brennstoffemissionen an den nicht vom EU-Emissionshandel erfassten gesamten Treibhausgasemissionen in Deutschland im Durchschnitt des fünften bis dritten Jahres vor Beginn der jeweiligen Handelsperiode, gebildet.

(2) Die Bundesregierung wird ermächtigt, durch Rechtsverordnung, die nicht der Zustimmung des Bundesrates bedarf, die jährlichen Emissionsmengen nach Maßgabe des Absatzes 1 festzulegen.

(3) ¹Die jährliche Emissionsmenge nach Absatz 1 ist jeweils um die Menge an Brennstoffemissionen zu erhöhen, für die sowohl nach diesem Gesetz Emissionszertifikate als auch nach dem Treibhausgas-Emissionshandelsgesetz[1]) Berechtigungen für direkte Emissionen abgegeben werden müssen. ²Sofern sich nachträglich Abweichungen des geschätzten vom tatsächlichen Umfang der Brennstoffemissionen ergeben, für die sowohl nach diesem Gesetz Zertifikate als auch nach dem Treibhausgas-Emissionshandelsgesetz Berechtigungen abgegeben werden müssen, ist dies bei der Erhöhung der Menge in den Folgejahren zu berücksichtigen.

(4) Die Bundesregierung wird ermächtigt, durch Rechtsverordnung, die nicht der Zustimmung des Bundesrates bedarf, Einzelheiten zur Berechnung der jährlichen Erhöhung nach Absatz 3 festzulegen.

(5) Die zuständige Behörde bestimmt die jährliche Erhöhungsmenge nach den Vorgaben des Absatzes 3 sowie nach den Vorgaben der Rechtsverordnung nach Absatz 4 und macht diese im Bundesanzeiger bekannt.

**§ 5 Flexibilisierungsinstrumente nach der EU-Klimaschutzverordnung.** (1) Soweit während der Einführungsphase nach § 10 Absatz 2 Satz 1 und 2 und für die Dauer der Anwendung eines Preiskorridors die jährliche Emissionsmenge nach § 4 Absatz 1 und 3 für ein Kalenderjahr innerhalb der Handelsperiode überschritten wird und die Jahresmengen der EU-Klimaschutzverordnung nicht eingehalten werden, wird der darüber hinausgehende Bedarf an Emissionszertifikaten durch Nutzung von Flexibilisierungsmöglichkeiten nach der EU-Klimaschutzverordnung, einschließlich des Zukaufs einer entsprechenden Menge an Emissionszuweisungen aus anderen Mitgliedstaaten, gedeckt.

(2) Die Bundesregierung wird ermächtigt, durch Rechtsverordnung, die nicht der Zustimmung des Bundesrates bedarf, Einzelheiten zur Berechnung des zusätzlichen Bedarfs nach Absatz 1 zu regeln, insbesondere zur Berücksichtigung

---

[1]) Nr. **6.4**.

1. der Anrechnung möglicher Überschüsse an Emissionszuweisungen durch Minderungen in anderen Sektoren,
2. der Menge der ausgegebenen, aber nicht abgegebenen Emissionszertifikate in einem Jahr und
3. der tatsächlichen Schnittmenge, die sich nach § 4 Absatz 3 ergibt.

### Abschnitt 3. Grundpflichten der Verantwortlichen

**§ 6 Überwachungsplan, vereinfachter Überwachungsplan.** (1) [1] Der Verantwortliche ist verpflichtet, bei der zuständigen Behörde für jede Handelsperiode einen Überwachungsplan für die Ermittlung von Brennstoffemissionen und die Berichterstattung nach § 7 Absatz 1 einzureichen. [2] Soweit der Verantwortliche die Brennstoffemissionen ausschließlich unter Anwendung von Standardemissionsfaktoren für die in Verkehr gebrachten Brennstoffe ermittelt, ist es ausreichend, wenn der Verantwortliche einen vereinfachten Überwachungsplan einreicht. [3] Der Überwachungsplan und der vereinfachte Überwachungsplan bedürfen einer Genehmigung der zuständigen Behörde.

(2) [1] Die Genehmigung für den Überwachungsplan ist zu erteilen, wenn der Überwachungsplan den Vorgaben der Rechtsverordnung nach Absatz 5 entspricht. [2] Entspricht ein vorgelegter Überwachungsplan nicht diesen Vorgaben, ist der Verantwortliche verpflichtet, die von der zuständigen Behörde festgestellten Mängel innerhalb einer von der zuständigen Behörde festzusetzenden Frist zu beseitigen und den geänderten Überwachungsplan vorzulegen. [3] Die zuständige Behörde kann die Genehmigung mit Auflagen für die Überwachung von und Berichterstattung über Brennstoffemissionen verbinden.

(3) [1] Die Genehmigung für den vereinfachten Überwachungsplan ist zu erteilen, wenn der Verantwortliche erklärt, die Brennstoffemissionen nur unter Anwendung von Standardemissionsfaktoren zu ermitteln und die vom Verantwortlichen vorgesehene Methodik zur Erfassung von Art und Menge der in Verkehr gebrachten Brennstoffe den Vorgaben der Rechtsverordnung nach Absatz 5 entspricht. [2] Absatz 2 Satz 2 und 3 gilt entsprechend. [3] Die Genehmigung für den vereinfachten Überwachungsplan gilt als erteilt, wenn die zuständige Behörde den Verantwortlichen nicht innerhalb von zwei Monaten nach Einreichung des vereinfachten Überwachungsplans auffordert, festgestellte Mängel zu beseitigen oder fehlende Erläuterungen nachzureichen.

(4) [1] Der Verantwortliche ist verpflichtet, den Überwachungsplan oder den vereinfachten Überwachungsplan innerhalb einer Handelsperiode unverzüglich anzupassen und bei der zuständigen Behörde einzureichen, wenn

1. sich die Vorgaben in der Rechtsverordnung nach Absatz 5 ändern,
2. der Verantwortliche plant, andere Arten von Brennstoffen in Verkehr zu bringen, die eine Änderung der Überwachungsmethodik erfordern, oder
3. ein Verantwortlicher mit vereinfachtem Überwachungsplan entscheidet, seine Brennstoffemissionen im Folgejahr nicht mehr ausschließlich durch Anwendung von Standardemissionsfaktoren zu ermitteln.

[2] Für den angepassten Überwachungsplan nach Satz 1 gelten die Absätze 1 bis 3 entsprechend.

(5) Die Bundesregierung wird ermächtigt, durch Rechtsverordnung[1], die nicht der Zustimmung des Bundesrates bedarf, Fristen zur Einreichung des Überwachungsplans oder des vereinfachten Überwachungsplans festzulegen sowie Anforderungen an den Mindestinhalt des Überwachungsplans oder des vereinfachten Überwachungsplans zu bestimmen, insbesondere an

1. die Dokumentation der Methodik zur Ermittlung der Brennstoffemissionen sowie von Art und Menge der vom Verantwortlichen in Verkehr gebrachten Brennstoffe sowie
2. Einzelheiten zur Methodik der Berichterstattung über Brennstoffemissionen der Verantwortlichen.

**§ 7 Ermittlung und Bericht über Brennstoffemissionen.** (1) Der Verantwortliche hat die Brennstoffemissionen für die in einem Kalenderjahr in Verkehr gebrachten Brennstoffe auf Grundlage des Überwachungsplans zu ermitteln und der zuständigen Behörde bis zum 31. Juli des Folgejahres über die Brennstoffemissionen zu berichten.

(2) [1] Die Berichtspflicht nach Absatz 1 gilt erstmals für das Kalenderjahr 2021. [2] Für die Kalenderjahre 2021 und 2022 ist die Berichtspflicht nach Absatz 1 auf die Brennstoffe nach Anlage 2 beschränkt.

(3) Die Angaben im Emissionsbericht nach Absatz 1 müssen von einer Prüfstelle nach § 15 verifiziert worden sein.

(4) Die Bundesregierung wird ermächtigt, durch Rechtsverordnung[1], die nicht der Zustimmung des Bundesrates bedarf, die Anforderungen an die Ermittlung der Brennstoffemissionen und die Berichterstattung zu regeln, insbesondere kann sie

1. Vorgaben an die Emissionsermittlung, die Berichterstattung und die Verifizierung machen,
2. Standardwerte für Emissionsfaktoren von Brennstoffen festlegen; dabei sollen die biogenen Brennstoffemissionen bei entsprechendem Nachhaltigkeitsnachweis sowie Klärschlämme mit dem Emissionsfaktor Null belegt werden,
3. Erleichterungen für die Berichterstattung und für die Verifizierung bei ausschließlicher Ermittlung und Berichterstattung nach Standardemissionsfaktoren vorsehen,
4. für die ersten beiden Berichtsjahre anordnen, dass die Ermittlung der Brennstoffemissionen ausschließlich unter Anwendung der Standardemissionsfaktoren vorgenommen wird,
5. Einzelheiten regeln zur Vermeidung von Doppelerfassungen durch Freistellung von der Berichtspflicht für Brennstoffemissionen, die bereits nachweislich Gegenstand der Emissionsberichterstattung waren.

(5) [1] Doppelbelastungen infolge des Einsatzes von Brennstoffen in einer dem EU-Emissionshandel unterliegenden Anlage sind möglichst vorab zu vermeiden. [2] Die Bundesregierung wird bis zum 31. Dezember 2020 durch Rechtsverordnung, die nicht der Zustimmung des Bundesrates bedarf, Anforderungen und Verfahren festlegen, wie der Verantwortliche insbesondere im Falle einer Direktlieferung von Brennstoffen an ein Unternehmen und deren Einsatzes in einer dem EU-Emissionshandel unterliegenden Anlage eine entsprechende

---

[1] Siehe die EmissionsberichterstattungsVO 2022 v. 17.12.2020 (BGBl. I S. 3016).

Menge an Brennstoffemissionen von den nach Absatz 1 zu berichtenden Brennstoffemissionen abziehen kann, soweit durch den Emissionsbericht nach § 5 des Treibhausgas-Emissionshandelsgesetzes[1]) der Einsatz dieser Brennstoffe nachgewiesen ist.

**§ 8 Abgabe von Emissionszertifikaten.** Der Verantwortliche hat jährlich bis zum 30. September an die zuständige Behörde eine Anzahl von Emissionszertifikaten abzugeben, die der nach § 7 berichteten Gesamtmenge an Brennstoffemissionen im vorangegangenen Kalenderjahr entspricht.

### Abschnitt 4. Emissionszertifikate, Veräußerung und Register

**§ 9 Emissionszertifikate.** (1) [1]Auf den Emissionszertifikaten ist die Zuordnung zu einer Handelsperiode sowie zu einem Kalenderjahr innerhalb dieser Handelsperiode erkennbar. [2]Die Emissionszertifikate für Brennstoffemissionen sind ab dem ersten Jahr der jeweiligen Handelsperiode gültig. [3]Abweichend von den Sätzen 1 und 2 sind Emissionszertifikate, die während der Einführungsphase nach § 10 Absatz 2 Satz 2 veräußert werden, nur für das auf dem Emissionszertifikat erkennbare Kalenderjahr für die Abdeckung der Brennstoffemissionen dieses Kalenderjahres oder des Vorjahres gültig. [4]Die Bundesregierung wird ermächtigt, durch Rechtsverordnung, die nicht der Zustimmung des Bundesrates bedarf, für die Dauer der Anwendung des Preiskorridors nach § 10 Absatz 2 Satz 4 die Gültigkeit der Emissionszertifikate abweichend von Satz 2 zu beschränken. [5]Der Inhaber von Emissionszertifikaten kann jederzeit auf sie verzichten und ihre Löschung verlangen.

(2) [1]Emissionszertifikate sind übertragbar. [2]Die Übertragung von Emissionszertifikaten erfolgt durch Einigung und Eintragung auf dem Konto des Erwerbers im nationalen Emissionshandelsregister nach § 12. [3]Die Eintragung erfolgt auf Anweisung des Veräußerers an die zuständige Behörde, Emissionszertifikate von seinem Konto auf das Konto des Erwerbers zu übertragen.

(3) [1]Soweit für jemanden ein Emissionszertifikat auf seinem Konto im nationalen Emissionshandelsregister eingetragen ist, gilt der Inhalt des Emissionshandelsregisters als richtig. [2]Dies gilt nicht, wenn die Unrichtigkeit dem Empfänger von Emissionszertifikaten bei der Übertragung im Zeitpunkt der Eintragung auf dem Konto bekannt ist.

**§ 10 Veräußerung von Emissionszertifikaten.** (1) [1]Die nach § 4 Absatz 1 und 3 festgelegte Menge an Emissionszertifikaten sowie der zusätzliche Bedarf, der sich in der Einführungsphase nach Absatz 2 ergeben kann, werden durch die zuständige Behörde veräußert. [2]Die Emissionszertifikate werden zum Festpreis verkauft und ab 2026 versteigert. [3]Im Falle der Versteigerung wird die in einem Kalenderjahr zur Verfügung stehende Versteigerungsmenge in regelmäßigen Abständen in gleichen Teilmengen angeboten. [4]Die zuständige Behörde stellt sicher, dass die Versteigerungstermine nach Absatz 3 spätestens zwei Monate im Voraus bekannt gemacht werden.

(2) [1]In der Einführungsphase werden die Emissionszertifikate zunächst zum Festpreis verkauft. [2]Für die Dauer des Verkaufs beträgt der Festpreis pro Emissionszertifikat

---

[1]) Nr. **6.4**.

1. im Zeitraum vom 1. Januar 2021 bis zum 31. Dezember 2021: 25 Euro,
2. im Zeitraum vom 1. Januar 2022 bis zum 31. Dezember 2022: 30 Euro,
3. im Zeitraum vom 1. Januar 2023 bis zum 31. Dezember 2023: 35 Euro,
4. im Zeitraum vom 1. Januar 2024 bis zum 31. Dezember 2024: 45 Euro,
5. im Zeitraum vom 1. Januar 2025 bis zum 31. Dezember 2025: 55 Euro.

³ Verantwortliche können bis zu 10 Prozent der in einem der Jahre 2021 bis 2025 erworbenen Emissionszertifikate bis zum 30. September des jeweiligen Folgejahres zur Erfüllung der Abgabepflicht nach § 8 für das Vorjahr zu dem für dieses Jahr festgelegten Festpreis erwerben. ⁴ Für das Jahr 2026 wird ein Preiskorridor mit einem Mindestpreis von 55 Euro pro Emissionszertifikat und einem Höchstpreis von 65 Euro pro Emissionszertifikat festgelegt.

(3) ¹ Die Bundesregierung wird ermächtigt, durch Rechtsverordnung[1], die nicht der Zustimmung des Bundesrates bedarf, das Versteigerungsverfahren sowie Einzelheiten zum Verkauf zum Festpreis zu regeln. ² In der Rechtsverordnung sind insbesondere

1. die zuständige Stelle festzulegen und
2. die Regeln für die Durchführung des Versteigerungsverfahrens festzulegen; diese müssen objektiv, nachvollziehbar und diskriminierungsfrei sein und Vorkehrungen gegen die Beeinflussung der Preisbildung durch das Verhalten einzelner Bieter treffen.

³ Im Falle des Verkaufs zum Festpreis kann in der Rechtsverordnung die Beauftragung einer anderen Stelle durch die zuständige Behörde vorgesehen werden.

(4) ¹ Die Erlöse aus der Veräußerung stehen dem Bund zu. ² Die Kosten, die dem Bund durch die Wahrnehmung der ihm im Rahmen dieses Gesetzes zugewiesenen Aufgaben, einschließlich der gemäß § 11 entstehenden Ausgaben, entstehen und nicht durch Gebühren nach § 16 gedeckt sind, werden aus den Erlösen nach Satz 1 gedeckt, mit Ausnahme der Kosten nach § 5.

**§ 11 Ausgleich indirekter Belastungen.** (1) ¹ Entsteht durch die Einführung des Brennstoffemissionshandels nach diesem Gesetz eine unzumutbare Härte für ein betroffenes Unternehmen und ein mit diesem verbundenes Unternehmen, das mit seinem Kapital aus handels- oder gesellschaftsrechtlichem Rechtsgrund für die Risiken des Geschäftsbetriebes des betroffenen Unternehmens einstehen muss, gewährt die zuständige Behörde auf Antrag eine finanzielle Kompensation in der zur Vermeidung der unzumutbaren Härte erforderlichen Höhe. ² Dies gilt nicht für Verantwortliche im Sinne des § 3 Nummer 3. ³ Von einer unzumutbaren Härte ist in der Regel nicht auszugehen, sofern die Brennstoffkosten eines Unternehmens, auch unter Berücksichtigung der durch die Einführung des Brennstoffemissionshandels verursachten direkten und indirekten zusätzlichen Kosten, nicht mehr als 20 Prozent der betriebswirtschaftlichen Gesamtkosten ausmachen oder wenn der Anteil der Zusatzkosten durch die Einführung des Brennstoffemissionshandels an der Bruttowertschöpfung nicht mehr als 20 Prozent beträgt. ⁴ Die Bundesregierung wird ermächtigt, durch Rechtsverordnung, die nicht der Zustimmung des Bundesrates bedarf,

1. Einzelheiten zur Antragstellung und zu erbringenden Nachweisen zu regeln und

---

[1] Siehe die BrennstoffemissionshandelsVO v. 17.12.2020 (BGBl. I S. 3026).

2. die in den Sätzen 2 und 3 genannten Schwellenwerte anzupassen.

(2) ¹Die Bundesregierung wird durch Rechtsverordnung, die nicht der Zustimmung des Bundesrates bedarf, Einzelheiten regeln über die vollständige finanzielle Kompensation für Anlagenbetreiber im Sinne des § 3 Nummer 2 des Treibhausgas-Emissionshandelsgesetzes[1], die Brennstoffe nach Anlage 1 einsetzen, für die nach diesem Gesetz Emissionszertifikate abgegeben wurden und aufgrund deren Einsatz in der emissionshandelspflichtigen Anlage auch nach dem Treibhausgas-Emissionshandelsgesetz Berechtigungen abgegeben werden müssen. ²Die Rechtsverordnung bedarf der Zustimmung des Deutschen Bundestages. ³Hat sich der Deutsche Bundestag nach Ablauf von drei Sitzungswochen seit Eingang der Rechtsverordnung nicht mit ihr befasst, gilt seine Zustimmung zu der unveränderten Rechtsverordnung als erteilt.

(3) ¹Die Bundesregierung wird ermächtigt, durch Rechtsverordnung,[2] die nicht der Zustimmung des Bundesrates bedarf, die erforderlichen Maßnahmen zur Vermeidung von Carbon-Leakage und zum Erhalt der grenzüberschreitenden Wettbewerbsfähigkeit betroffener Unternehmen zu regeln. ²Die Maßnahmen sollen vorrangig durch finanzielle Unterstützung für klimafreundliche Investitionen erfolgen. ³Die Rechtsverordnung bedarf der Zustimmung des Deutschen Bundestages. ⁴Hat sich der Deutsche Bundestag nach Ablauf von sechs Sitzungswochen seit Eingang der Rechtsverordnung nicht mit ihr befasst, gilt seine Zustimmung zu der unveränderten Rechtsverordnung als erteilt.

**§ 12 Nationales Emissionshandelsregister.** (1) ¹Die zuständige Behörde führt ein nationales Emissionshandelsregister in der Form einer elektronischen Datenbank. ²Das Emissionshandelsregister enthält Konten für Emissionszertifikate und weist Verfügungsbeschränkungen aus. ³Es enthält ein Verzeichnis der berichteten und geprüften Brennstoffemissionen der Verantwortlichen. ⁴Bei der Einrichtung und beim Betrieb des Emissionshandelsregisters sind dem jeweiligen Stand der Technik entsprechende Maßnahmen zur Sicherstellung von Datenschutz und Datensicherheit zu treffen.

(2) ¹Jeder Verantwortliche erhält ein Konto, in dem die Ausgabe, der Besitz, die Übertragung, die Löschung und die Abgabe von Emissionszertifikaten verzeichnet werden. ²Abgegebene Emissionszertifikate werden von der zuständigen Behörde gelöscht. ³Jede Person erhält auf Antrag ein Konto, in dem der Besitz, die Löschung und die Übertragung von Emissionszertifikaten verzeichnet werden.

(3) Jeder Kontoinhaber hat freien Zugang zu den auf seinen Konten gespeicherten Informationen.

(4) ¹Die im Emissionshandelsregister verfügbaren Daten über die berichteten und geprüften Brennstoffemissionen der Verantwortlichen sowie über die von den Verantwortlichen zur Erfüllung der Abgabepflicht nach § 8 abgegebenen Mengen an Emissionszertifikaten werden von der zuständigen Behörde öffentlich zugänglich gemacht. ²Die zuständige Behörde macht die Daten zu den von den Verantwortlichen vorgenommenen Übertragungen von Emissionszertifikaten nach Ablauf von fünf Jahren nach der Übertragung öffentlich zugänglich.

---

[1] Nr. **6.4**.
[2] Siehe die BEHG-Carbon-Leakage-VO v. 21.7.2021 (BGBl. I S. 3129).

(5) Das Bundesministerium für Umwelt, Naturschutz und nukleare Sicherheit wird ermächtigt, durch Rechtsverordnung[1], die nicht der Zustimmung des Bundesrates bedarf, Einzelheiten zur Einrichtung, zum Betrieb und zur Führung des Emissionshandelsregisters zu regeln.

### Abschnitt 5. Gemeinsame Vorschriften

**§ 13 Zuständigkeiten.** (1) Zuständige Behörde ist das Umweltbundesamt.

(2) Ist für Streitigkeiten nach diesem Gesetz der Verwaltungsrechtsweg gegeben, ist für Klagen, die sich gegen eine Handlung oder Unterlassung des Umweltbundesamtes richten, das Verwaltungsgericht örtlich zuständig, in dessen Bezirk die Deutsche Emissionshandelsstelle im Umweltbundesamt ihren Sitz hat.

**§ 14 Überwachung, Datenübermittlung.** (1) Die zuständige Behörde hat die Durchführung dieses Gesetzes und der auf dieses Gesetz gestützten Rechtsverordnungen zu überwachen.

(2) [1]Die Verantwortlichen sind verpflichtet, den Angehörigen der zuständigen Behörde und deren Beauftragten unverzüglich
1. den Zutritt zu den Betriebsräumen oder Grundstücken zu den Geschäftszeiten zu gestatten,
2. die Vornahme von Prüfungen zu den Geschäftszeiten zu gestatten sowie
3. auf Anforderung die Auskünfte zu erteilen und die Unterlagen vorzulegen, die zur Erfüllung ihrer Aufgaben erforderlich sind.

[2]Im Rahmen der Pflichten nach Satz 1 haben die Verantwortlichen Arbeitskräfte sowie Hilfsmittel bereitzustellen.

(3) Für die zur Auskunft verpflichtete Person gilt § 55 der Strafprozessordnung entsprechend.

(4) [1]Im Rahmen der Überprüfung der von Verantwortlichen nach § 7 übermittelten Daten durch die zuständige Behörde übermittelt die Generalzolldirektion auf Ersuchen der zuständigen Behörde die im Rahmen des Besteuerungsverfahrens nach dem Energiesteuergesetz gemachten Angaben der Verantwortlichen, soweit diese Daten und Angaben für die Prüfung der Emissionsberichterstattung dieser Verantwortlichen von Bedeutung sind. [2]Die Bundesregierung wird ermächtigt, durch Rechtsverordnung, die nicht der Zustimmung des Bundesrates bedarf, Einzelheiten zur Datenübermittlung zu regeln, insbesondere das Nähere über den Umfang und die Form der erforderlichen Daten, die Festlegungen zur Auskunftsfrequenz und zur Bearbeitungsfrist, die Anforderung an das Verfahren zur Datenübermittlung einschließlich der Art und Weise der Übermittlung der Daten. [3]Im Falle eines automatisierten Abrufverfahrens oder eines automatisierten Anfrage- und Auskunftsverfahrens haben die beteiligten Stellen zu gewährleisten, dass dem jeweiligen Stand der Technik entsprechende Maßnahmen zur Sicherstellung von Datenschutz und Datensicherheit getroffen werden, die insbesondere die Vertraulichkeit und Integrität der Daten gewährleisten; im Falle der Nutzung allgemein zugänglicher Netze sind dem jeweiligen Stand der Technik entsprechende Verschlüsselungsverfahren anzuwenden.

---

[1] Siehe die BrennstoffemissionshandelsVO v. 17.12.2020 (BGBl. I S. 3026).

## § 15 Prüfstellen.

(1) ¹Zur Prüfung von Emissionsberichten nach § 7 Absatz 1 sind berechtigt:

1. die für die Tätigkeitsgruppen nach den Nummern 1a bis 2 des Anhangs I der Durchführungsverordnung (EU) 2018/2067 der Kommission vom 19. Dezember 2018 über die Prüfung von Daten und die Akkreditierung von Prüfstellen gemäß der Richtlinie 2003/87/EG des Europäischen Parlaments und des Rates (ABl. L 334 vom 31.12.2018, S. 94) akkreditierten Prüfstellen für Berichte über Brennstoffemissionen in ihrem jeweiligen Tätigkeitsbereich,
2. die nach dem Umweltauditgesetz[1]) in der Fassung der Bekanntmachung vom 4. September 2002 (BGBl. I S. 3490), das zuletzt durch Artikel 13 des Gesetzes vom 27. Juni 2017 (BGBl. I S. 1966) geändert worden ist, in der jeweiligen Fassung zugelassenen Umweltgutachter für Berichte über Brennstoffemissionen von Verantwortlichen in dem Bereich, für den die Umweltgutachter zugelassen sind, sowie
3. weitere Prüfstellen nach Maßgabe einer Rechtsverordnung nach Absatz 2.

²Die Prüfstelle nimmt die ihr zugewiesenen Aufgaben nur im öffentlichen Interesse wahr.

(2) ¹Die Bundesregierung wird ermächtigt, durch Rechtsverordnung, die nicht der Zustimmung des Bundesrates bedarf, weiteren sachverständigen Stellen oder Berufsgruppen die Berechtigung zur Prüfung von Emissionsberichten nach Absatz 1 zu erteilen. ²In der Rechtsverordnung kann diese Berechtigung von einer vorherigen Bekanntgabe durch die zuständige Behörde abhängig gemacht werden; in diesem Falle regelt die Verordnung auch Voraussetzungen und das Verfahren der Zulassungsprüfung sowie die Voraussetzungen und das Verfahren der Bekanntgabe von Prüfstellen.

## § 16 Gebühren für individuell zurechenbare öffentliche Leistungen.

(1) Für die Eröffnung eines Personen- oder Händlerkontos im nationalen Emissionshandelsregister erhebt die zuständige Behörde von dem Kontoinhaber eine Gebühr von 170 Euro, für die Verwaltung eines Personen- oder Händlerkontos eine Gebühr von 600 Euro pro Handelsperiode sowie für die Umfirmierung eines Kontos oder für die Änderung eines Kontobevollmächtigten eine Gebühr von jeweils 60 Euro.

(2) ¹Wird ein Widerspruch gegen Entscheidungen nach diesem Gesetz vollständig oder teilweise zurückgewiesen, beträgt die Gebühr entsprechend dem entstandenen Verwaltungsaufwand 50 bis 4 000 Euro. ²Dies gilt nicht, wenn der Widerspruch nur deshalb keinen Erfolg hat, weil die Verletzung einer Verfahrens- oder Formvorschrift nach § 45 des Verwaltungsverfahrensgesetzes unbeachtlich ist. ³Wird der Widerspruch nach Beginn der sachlichen Bearbeitung jedoch vor deren Beendigung zurückgenommen, ermäßigt sich die Gebühr um mindestens 25 Prozent.

## § 17 Elektronische Kommunikation.

(1) ¹Die zuständige Behörde kann für Überwachungspläne, Berichte und Anträge, für die Bekanntgabe von Entscheidungen und für die sonstige Kommunikation die Verwendung der Schriftform oder der elektronischen Form vorschreiben. ²Wird die elektronische

---

[1]) Nr. 2.8.

Form vorgeschrieben, kann die zuständige Behörde eine bestimmte Verschlüsselung sowie die Eröffnung eines Zugangs für die Übermittlung elektronischer Dokumente vorschreiben. ³Die zuständige Behörde kann auch vorschreiben, dass Verantwortliche oder Prüfstellen zur Erstellung von Überwachungsplänen oder Berichten oder zur Stellung von Anträgen nur die auf ihrer Internetseite zur Verfügung gestellten elektronischen Formularvorlagen zu benutzen und die ausgefüllten Formularvorlagen in elektronischer Form sowie unter Verwendung einer qualifizierten Signatur zu übermitteln haben. ⁴Wenn die Benutzung elektronischer Formatvorlagen vorgeschrieben ist, ist die Übermittlung zusätzlicher Dokumente als Ergänzung der Formatvorlagen unter Beachtung der Formvorschriften des Satzes 3 möglich. ⁵Anordnungen nach den Sätzen 1 bis 3 werden im Bundesanzeiger bekannt gemacht.

(2) Für Verfahren für Maßnahmen im Sinne von § 2 Absatz 3 gilt Absatz 1 entsprechend.

**§ 18 Änderung der Identität oder Rechtsform des Verantwortlichen.**

(1) ¹Ändert sich die Identität oder die Rechtsform eines Verantwortlichen, so hat der neue Verantwortliche dies unverzüglich bei der Änderung der zuständigen Behörde anzuzeigen. ²Der neue Verantwortliche übernimmt die noch nicht erfüllten Pflichten des ursprünglichen Verantwortlichen nach den §§ 6 bis 8.

(2) ¹Wird über das Vermögen eines Verantwortlichen das Insolvenzverfahren eröffnet, hat der Insolvenzverwalter die zuständige Behörde unverzüglich darüber zu unterrichten. ²Alle Verpflichtungen des Verantwortlichen aus diesem Gesetz bestehen während des Insolvenzverfahrens fort. ³Der Insolvenzverwalter teilt der zuständigen Behörde die natürlichen Personen mit, die während des Insolvenzverfahrens berechtigt sind, Übertragungen nach § 9 Absatz 2 vorzunehmen. ⁴Die Sätze 1 bis 3 gelten entsprechend für den vorläufigen Insolvenzverwalter mit Verfügungsbefugnis über das Vermögen des Verantwortlichen sowie für den Verantwortlichen als eigenverwaltenden Schuldner.

**§ 19 Ausschluss der aufschiebenden Wirkung.** Widerspruch und Anfechtungsklage gegen Entscheidungen nach § 6 Absatz 2 Satz 3, § 20 Satz 1 oder § 21 Absatz 2 Satz 1 haben keine aufschiebende Wirkung.

## Abschnitt 6. Sanktionen

**§ 20 Durchsetzung der Berichtspflicht.** ¹Kommt ein Verantwortlicher nach Ende der Einführungsphase nach § 10 Absatz 2 Satz 1 und 2 seiner Berichtspflicht nach § 7 Absatz 1 nicht nach, so verfügt die zuständige Behörde die Sperrung seines Kontos im nationalen Emissionshandelsregister. ²Die Sperrung ist aufzuheben, sobald der Verantwortliche der zuständigen Behörde einen Emissionsbericht vorlegt und die zuständige Behörde diesen Bericht als den Anforderungen nach § 7 genügend anerkennt oder eine Schätzung der Emissionen nach § 21 Absatz 2 Satz 1 erfolgt.

**§ 21 Durchsetzung der Abgabepflicht.** (1) ¹Kommt ein Verantwortlicher seiner Abgabepflicht nach § 8 nicht nach, so setzt die zuständige Behörde für jede Tonne Kohlendioxidäquivalent, für die der Verantwortliche kein Emissionszertifikat abgegeben hat, eine Zahlungspflicht fest. ²Die Höhe der Zahlungspflicht entspricht

1. in der Einführungsphase nach § 10 Absatz 2 Satz 1 und 2 für die Jahre mit einem Verkauf zum Festpreis für jedes nicht abgegebene Emissionszertifikat dem Doppelten des jeweiligen Festpreises,
2. ansonsten der Höhe der für das entsprechende Jahr festzusetzenden Zahlungspflicht nach § 30 Absatz 1 Satz 1 und 2 des Treibhausgas-Emissionshandelsgesetzes[1].

³Von einem Leistungsbescheid nach Satz 1 kann abgesehen werden, wenn der Verantwortliche seiner Abgabepflicht nach § 8 aufgrund höherer Gewalt nicht nachkommen konnte. ⁴Hat der Verantwortliche über die Brennstoffemissionen nach § 7 berichtet, ist die Festsetzung der Zahlungspflicht nur zulässig, soweit die Menge der abgegebenen Emissionszertifikate geringer ist als die Höhe der verifizierten Brennstoffemissionen im Emissionsbericht.

(2) ¹Soweit ein Verantwortlicher nicht ordnungsgemäß über die Brennstoffemissionen berichtet hat, schätzt die zuständige Behörde die dem Verantwortlichen zuzurechnenden Brennstoffemissionen. ²Die Schätzung ist Basis für die Abgabepflicht nach § 8. ³Die Schätzung unterbleibt, wenn der Verantwortliche im Rahmen der Anhörung zum Leistungsbescheid nach Absatz 1 seiner Berichtspflicht ordnungsgemäß nachkommt.

(3) Der Verantwortliche bleibt ungeachtet geleisteter Zahlungen nach Absatz 1 verpflichtet, die fehlenden Emissionszertifikate bis zum 30. September des Jahres abzugeben, das dem Verstoß gegen die Abgabe- oder Berichtspflicht folgt; sind die Brennstoffemissionen nach Absatz 2 geschätzt worden, so sind die Emissionszertifikate nach Maßgabe der erfolgten Schätzung abzugeben.

**§ 22 Bußgeldvorschriften.** (1) Ordnungswidrig handelt, wer entgegen § 7 Absatz 1 einen Bericht nicht, nicht richtig, nicht vollständig oder nicht rechtzeitig erstattet.

(2) Ordnungswidrig handelt, wer eine in Absatz 1 bezeichnete Handlung fahrlässig begeht.

(3) Ordnungswidrig handelt, wer vorsätzlich oder fahrlässig
1. entgegen § 6 Absatz 1 Satz 1 oder Absatz 4 Satz 1 einen Überwachungsplan nicht, nicht richtig, nicht vollständig oder nicht rechtzeitig einreicht,
2. entgegen § 14 Absatz 2 eine dort genannte Handlung nicht gestattet, eine Auskunft nicht, nicht richtig, nicht vollständig oder nicht rechtzeitig erteilt, eine Unterlage nicht, nicht richtig, nicht vollständig oder nicht rechtzeitig vorlegt oder eine Arbeitskraft oder ein Hilfsmittel nicht oder nicht rechtzeitig bereitstellt,
3. einer Rechtsverordnung nach § 11 Absatz 1 Satz 3 oder einer vollziehbaren Anordnung aufgrund einer solchen Rechtsverordnung zuwiderhandelt, soweit die Rechtsverordnung für einen bestimmten Tatbestand auf diese Bußgeldvorschrift verweist,
4. entgegen § 18 Absatz 1 Satz 1 eine Anzeige nicht, nicht richtig, nicht vollständig oder nicht rechtzeitig erstattet.

(4) Die Ordnungswidrigkeit kann in den Fällen des Absatzes 1 mit einer Geldbuße bis zu fünfhunderttausend Euro und in den Fällen der Absätze 2 und 3 mit einer Geldbuße bis zu fünfzigtausend Euro geahndet werden.

---

[1] Nr. **6.4**.

## Abschnitt 7. Evaluierung

**§ 23 Erfahrungsbericht.** (1) ¹Die Bundesregierung evaluiert dieses Gesetz und legt dem Bundestag bis zum 30. November 2022 sowie bis zum 30. November 2024 und dann alle vier Jahre einen Erfahrungsbericht vor. ²In dem Bericht berichtet sie insbesondere über den Stand der Implementierung und die Wirksamkeit des nationalen Emissionshandelssystems, über Auswirkungen der Festpreise und Preiskorridore nach § 10 Absatz 2 und macht auf dieser Basis erforderlichenfalls Vorschläge für gesetzliche Änderungen zur Anpassung und Fortentwicklung des Emissionshandelssystems. ³Dabei berücksichtigt sie die jährlichen Klimaschutzberichte nach § 10 des Bundes-Klimaschutzgesetzes[1]. ⁴Die Möglichkeit zur gesetzlichen Anpassung der Festpreise und Preiskorridore bleibt unberührt. ⁵Sofern die Bundesregierung auf Grundlage des bis zum 30. November 2024 vorzulegenden Berichts eine Fortführung des Preiskorridors bei der Versteigerung für sinnvoll und erforderlich erachtet, macht sie im Jahr 2025 einen Vorschlag für die rechtliche Umsetzung.

(2) ¹Das Umweltbundesamt unterstützt das Bundesministerium für Umwelt, Naturschutz und nukleare Sicherheit bei der Erstellung des Erfahrungsberichts. ²Die betroffenen Bundesministerien werden durch das Bundesministerium für Umwelt, Naturschutz und nukleare Sicherheit frühzeitig beteiligt und unterstützen das Bundesministerium für Umwelt, Naturschutz und nukleare Sicherheit bei der Erarbeitung des Erfahrungsberichts.

## Abschnitt 8. Schlussvorschriften

**§ 24 Inkrafttreten.** (1) Dieses Gesetz tritt vorbehaltlich des Absatzes 2 am Tag nach der Verkündung[2] in Kraft.

(2) ¹§ 11 Absatz 1 und 2 tritt

1. am ersten Tag des Monats in Kraft, der auf den Tag folgt, an dem die Europäische Kommission die zu § 11 Absatz 1 und 2 erforderliche beihilferechtliche Genehmigung erteilt hat,
2. frühestens jedoch am Tag nach der Verkündung dieses Gesetzes.

²Der Tag des Inkrafttretens ist vom Bundesministerium für Umwelt, Naturschutz und nukleare Sicherheit im Bundesgesetzblatt gesondert bekannt zu geben.

**Anlage 1**
(zu § 2 Absatz 1)

### Brennstoffe

Brennstoffe im Sinne dieses Gesetzes sind:

1. Waren der Positionen 1507 bis 1518 der Kombinierten Nomenklatur, die dazu bestimmt sind, als Kraft- oder Heizstoff verwendet zu werden,
2. Waren der Positionen 2701, 2702 und 2704 bis 2715 der Kombinierten Nomenklatur,
3. Waren der Positionen 2901 und 2902 der Kombinierten Nomenklatur,

---

[1] Nr. **6.6**.
[2] Verkündet am 19.12.2019.

4. Waren der Unterposition 2905 11 00 der Kombinierten Nomenklatur, die nicht von synthetischer Herkunft sind und die dazu bestimmt sind, als Kraft- oder Heizstoff verwendet zu werden,

5. Waren der Positionen 3403, 3811 und 3817 der Kombinierten Nomenklatur,

6. Waren der Unterpositionen
   a) 3824 99 86, 3824 99 93,
   b) 3824 99 92 und 3824 99 96 (jeweils ausgenommen zubereitete Rostschutzmittel, Amine als wirksame Bestandteile enthaltend, sowie zusammengesetzte anorganische Löse- und Verdünnungsmittel für Lacke und ähnliche Erzeugnisse),
   c) 3826 00 10 und 3826 00 90 der Kombinierten Nomenklatur,

   die dazu bestimmt sind, als Kraft- oder Heizstoff verwendet zu werden.

Als Brennstoffe im Sinne dieses Gesetzes gelten mit Ausnahme von Torf und Waren der Positionen 4401 und 4402 der Kombinierten Nomenklatur auch

1. andere als die in Satz 1 genannten Waren, die zur Verwendung als Kraftstoff oder als Zusatz oder Verlängerungsmittel von Kraftstoffen bestimmt sind oder als solche zum Verkauf angeboten oder verwendet werden,

2. andere als die in Satz 1 genannten Waren, ganz oder teilweise aus Kohlenwasserstoffen, die zur Verwendung als Heizstoff bestimmt sind oder als solche zum Verkauf angeboten oder verwendet werden.

Satz 2 gilt nicht für Waren, die sich in einem Steueraussetzungsverfahren nach den Vorschriften des Alkoholsteuergesetzes befinden.

**Anlage 2**
(zu § 7 Absatz 2)

### Brennstoffe für die Emissionsberichterstattung in den Jahren 2021 und 2022

Für die Emissionsberichterstattung für die Kalenderjahre 2021 und 2022 sind Brennstoffe im Sinne dieses Gesetzes:

1. Benzin der Unterpositionen 2710 12 41, 2710 12 45 und 2710 12 49 und der Unterpositionen 2710 12 31, 2710 12 51 und 2710 12 59 der Kombinierten Nomenklatur;

2. Gasöle der Unterpositionen 2710 19 43 bis 2710 19 48 und der Unterpositionen 2710 20 11 bis 2710 20 19 der Kombinierten Nomenklatur;

3. Heizöle der Unterpositionen 2710 19 62 bis 2710 19 68 und der Unterpositionen 2710 20 31 bis 2710 20 39 der Kombinierten Nomenklatur;

4. Erdgas: Waren der Unterpositionen 2711 11 (verflüssigtes Erdgas) und 2711 21 der Kombinierten Nomenklatur und gasförmige Energieerzeugnisse, die beim Kohleabbau aufgefangen werden, ohne gasförmige Biokraft- und Bioheizstoffe;

5. Flüssiggase: Waren der Unterpositionen 2711 12 bis 2711 19 der Kombinierten Nomenklatur.

# 7.0.1. Gesetz über die Errichtung eines Bundesamtes für Strahlenschutz[1)]

Vom 9. Oktober 1989
(BGBl. I S. 1830)

**FNA 2129-19**

zuletzt geänd. durch Art. 116 Elfte ZuständigkeitsanpassungsVO v. 19.6.2020 (BGBl. I S. 1328)

**§ 1 Errichtung und Sitz.** (1) Im Geschäftsbereich des Bundesministeriums für Umwelt, Naturschutz und nukleare Sicherheit wird ein „Bundesamt für Strahlenschutz" als selbstständige Bundesoberbehörde errichtet.

(2) Das Bundesamt für Strahlenschutz hat seinen Sitz in Salzgitter.

**§ 2 Aufgaben.** (1) Das Bundesamt für Strahlenschutz erledigt Verwaltungsaufgaben des Bundes auf den Gebieten des Strahlenschutzes einschließlich des Notfallschutzes, die ihm durch das Atomgesetz[2)], das Strahlenschutzgesetz oder andere Bundesgesetze oder aufgrund dieser Gesetze zugewiesen werden.

(2) Das Bundesamt für Strahlenschutz unterstützt das Bundesministerium für Umwelt, Naturschutz und nukleare Sicherheit fachlich und wissenschaftlich auf den in Absatz 1 genannten Gebieten, insbesondere bei der Wahrnehmung der Bundesaufsicht, der Erarbeitung von Rechts- und Verwaltungsvorschriften sowie bei der zwischenstaatlichen Zusammenarbeit.

(3) Das Bundesamt für Strahlenschutz betreibt zur Erfüllung seiner Aufgaben wissenschaftliche Forschung auf den in Absatz 1 genannten Gebieten.

(4) Das Bundesamt für Strahlenschutz erledigt, soweit keine andere Zuständigkeit gesetzlich festgelegt ist, Aufgaben des Bundes auf den in Absatz 1 genannten Gebieten, mit deren Durchführung es vom Bundesministerium für Umwelt, Naturschutz und nukleare Sicherheit oder mit seiner Zustimmung von der sachlich zuständigen obersten Bundesbehörde beauftragt wird.

(5) Das Bundesamt für Strahlenschutz unterstützt die zuständigen Behörden auf deren Ersuchen in Fällen des Verlustes oder Fundes radioaktiver Stoffe oder radioaktiv kontaminierter Stoffe sowie im Falle des Verdachts einer Straftat im Zusammenhang mit solchen Stoffen bei der Nachforschung und bei der Analyse solcher Stoffe und bei Schutzmaßnahmen im Rahmen von deren Sicherstellung, soweit eine erhebliche Gefährdung von Leben, Gesundheit und Sachgütern zu befürchten ist und die zuständigen Behörden diese Maßnahmen aus tatsächlichen Gründen ohne diese Unterstützung nicht oder nur unter erheblichen Schwierigkeiten vornehmen können.

(6) [1]Das Bundesamt für Strahlenschutz beantwortet Sachfragen von Privatpersonen auf dem Gebiet des Strahlenschutzes. [2]Es ist befugt, die ihm im Rahmen einer Anfrage mitgeteilten personenbezogenen Daten, einschließlich Gesundheitsdaten, zu verarbeiten, soweit dies für die Erfüllung der Aufgabe nach Satz 1 erforderlich ist.

---

[1)] Verkündet als Art. 1 G v. 9.10.1989 (BGBl. I S. 1830); Inkrafttreten gem. Art. 5 dieses G am 1.11.1989.
[2)] Nr. **7.1**.

**§ 3 Fachaufsicht.** Soweit das Bundesamt für Strahlenschutz Aufgaben aus einem anderen Geschäftsbereich als dem des Bundesministeriums für Umwelt, Naturschutz und nukleare Sicherheit wahrnimmt, untersteht es den fachlichen Weisungen der sachlich zuständigen obersten Bundesbehörde.

**§ 4** *(aufgehoben)*

## 7.0.2. Gesetz über die Errichtung eines Bundesamtes für die Sicherheit der nuklearen Entsorgung[1)][2)]

Vom 23. Juli 2013
(BGBl. I S. 2553, 2563)

**FNA 751-18**

zuletzt geänd. durch Art. 242 Elfte ZuständigkeitsanpassungsVO v. 19.6.2020 (BGBl. I S. 1328)

**§ 1 Errichtung.** [1]Im Geschäftsbereich des Bundesministeriums für Umwelt, Naturschutz und nukleare Sicherheit wird ein „Bundesamt für die Sicherheit der nuklearen Entsorgung" als selbständige Bundesoberbehörde errichtet. [2]Das Bundesamt für die Sicherheit der nuklearen Entsorgung wird von einer Präsidentin oder einem Präsidenten geleitet. [3]Die Präsidentin oder der Präsident hat eine ständige Vertreterin (Vizepräsidentin) oder einen ständigen Vertreter (Vizepräsident). [4]Der Aufbau des Bundesamtes für die Sicherheit der nuklearen Entsorgung, die Bestellung der Präsidentin oder des Präsidenten, des Vizepräsidenten oder der Vizepräsidentin sowie eine Einstellung von sonstigen Mitarbeiterinnen und Mitarbeitern erfolgen im Laufe des Jahres 2014.

**§ 2 Aufgaben.** (1) Das Bundesamt für die Sicherheit der nuklearen Entsorgung erledigt Verwaltungsaufgaben des Bundes auf den Gebieten der Planfeststellung, Genehmigung und Überwachung von Anlagen des Bundes zur Sicherstellung und zur Endlagerung radioaktiver Abfälle, der Entsorgung radioaktiver Abfälle, der Beförderung und Aufbewahrung radioaktiver Stoffe sowie der kerntechnischen Sicherheit, die ihm durch das Atomgesetz[3)], das Standortauswahlgesetz[4)] oder andere Bundesgesetze oder aufgrund dieser Gesetze zugewiesen werden.

(2) Das Bundesamt für die Sicherheit der nuklearen Entsorgung unterstützt das Bundesministerium für Umwelt, Naturschutz und nukleare Sicherheit fachlich und wissenschaftlich auf den in Absatz 1 genannten Gebieten.

(3) Das Bundesamt für die Sicherheit der nuklearen Entsorgung erledigt, soweit keine andere Zuständigkeit gesetzlich festgelegt ist, Aufgaben des Bundes auf den in Absatz 1 genannten Gebieten, mit deren Durchführung es vom Bundesministerium für Umwelt, Naturschutz und nukleare Sicherheit oder mit seiner Zustimmung von der sachlich zuständigen obersten Bundesbehörde beauftragt wird.

(4) Das Bundesamt für die Sicherheit der nuklearen Entsorgung betreibt zur Erfüllung seiner Aufgaben wissenschaftliche Forschung auf den in Absatz 1 genannten Gebieten.

**§ 3 Aufsicht.** [1]Das Bundesamt für die Sicherheit der nuklearen Entsorgung untersteht der Aufsicht des Bundesministeriums für Umwelt, Naturschutz und nukleare Sicherheit. [2]Soweit es Aufgaben aus einem anderen Geschäftsbereich

---

[1)] Verkündet als Art. 3 G v. 23.7.2013 (BGBl. I S. 2553); Inkrafttreten gem. Art. 6 Abs. 2 dieses G am 1.1.2014.
[2)] Das BASE hat zum 1.9.2014 als Bundesamt für kerntechnische Entsorgung seine Tätigkeit aufgenommen; siehe den Organisationerlass v. 5.8.2014 (BAnz AT 27.08.2014 B4).
[3)] Nr. **7.1**.
[4)] Auszugsweise abgedruckt unter Nr. **7.3**.

**7.0.2 BASEG § 4** Bundesamt für Sicherheit der nuklearen Entsorgung

als dem des Bundesministeriums für Umwelt, Naturschutz und nukleare Sicherheit wahrnimmt, untersteht es den fachlichen Weisungen der sachlich zuständigen obersten Bundesbehörde.

**§ 4 Übergangsvorschriften.** (1) ¹Nach der Errichtung des Bundesamtes finden innerhalb von sechs Monaten Wahlen zur Personalvertretung statt. ²Bis zur Konstituierung des Personalrates werden die Aufgaben der Personalvertretung beim Bundesamt vom Hauptpersonalrat beim Bundesministerium für Umwelt, Naturschutz und nukleare Sicherheit als Übergangspersonalrat wahrgenommen.

(2) Der Übergangspersonalrat bestellt unverzüglich den Vorstand für die Durchführung der Personalratswahlen im Bundesamt.

(3) Die Absätze 1 und 2 gelten entsprechend für die Jugend- und Auszubildendenvertretung sowie die Schwerbehindertenvertretung.

(4) ¹Nach Errichtung des Bundesamtes findet innerhalb von sechs Monaten die Wahl der Gleichstellungsbeauftragten und ihrer Stellvertreterin statt. ²Bis zur Bestellung der Gleichstellungsbeauftragten und ihrer Stellvertreterin werden die Aufgaben von der Gleichstellungsbeauftragten und ihrer Stellvertreterin beim Bundesministerium für Umwelt, Naturschutz und nukleare Sicherheit wahrgenommen.

# 7.1. Gesetz über die friedliche Verwendung der Kernenergie und den Schutz gegen ihre Gefahren (Atomgesetz)[1) 2) 3)]

In der Fassung der Bekanntmachung vom 15. Juli 1985[4)]

(BGBl. I S. 1565)

**FNA 751-1**

zuletzt geänd. durch Art. 1 18. AtGÄndG v. 10.8.2021 (BGBl. I S. 3530)

## Erster Abschnitt. Allgemeine Vorschriften

**§ 1 Zweckbestimmung des Gesetzes.** Zweck dieses Gesetzes ist,

1. die Nutzung der Kernenergie zur gewerblichen Erzeugung von Elektrizität geordnet zu beenden und bis zum Zeitpunkt der Beendigung den geordneten Betrieb sicherzustellen,
2. Leben, Gesundheit und Sachgüter vor den Gefahren der Kernenergie und der schädlichen Wirkung ionisierender Strahlen zu schützen und durch Kernenergie oder ionisierende Strahlen verursachte Schäden auszugleichen,
3. zu verhindern, daß durch Anwendung oder Freiwerden der Kernenergie oder ionisierender Strahlen die innere oder äußere Sicherheit der Bundesrepublik Deutschland gefährdet wird,

---

[1)] Siehe auch das G zur Errichtung eines Sondervermögens „Energie- und Klimafonds" v. 8.12.2010 (BGBl. I S. 1807), zuletzt geänd. durch G v. 14.7.2020 (BGBl. I S. 1683), das Pariser Atomhaftungs-Übereinkommen idF der Bek. v. 15.7.1985 (BGBl. II S. 964), geänd. durch Prot. v. 12.2.2004 (BGBl. 2008 II S. 902, 904), das Brüsseler Zusatzübereinkommen idF der Bek. v. 15.7.1985 (BGBl. II S. 963, 970), geänd. durch Prot. v. 12.2.2004 (BGBl. 2008 II S. 902, 920), und das G zu dem IAEO-Benachrichtigungsübereinkommen und zu dem IAEO-Hilfeleistungsübereinkommen v. 16.5.1989 (BGBl. II S. 434) sowie das StandortauswahlG (auszugsweise abgedruckt unter Nr. **7.3**) und das BfE-ErrichtungsG (Nr. **7.0.2**). Siehe auch das StrahlenschutzG v. 27.6.2017 (BGBl. I S. 1966), zuletzt geänd. durch G v. 20.5.2021 (BGBl. I S. 1194) mit der StrahlenschutzVO v. 29.11.2018 (BGBl. I S. 2034, 2036), zuletzt geänd. durch VO v. 8.10.2021 (BGBl. I S. 4645), und die IMIS-ZuständigkeitsVO v. 5.10.2017 (BGBl. I S. 3536) sowie das gem. Bek. v. 16.6.2017 (BGBl. I S. 1676) am 16.6.2017 in Kraft getretene MantelG zur Neuordnung der Verantwortung in der kerntechnischen Entsorgung v. 27.1.2017 (BGBl. I S. 114) mit dem EntsorgungsfondsG v. 27.1.2017 (BGBl. I S. 114), zuletzt geänd. durch G v. 25.6.2021 (BGBl. I S. 2137), und der VO über die Vereinnahmung von Zahlungen nach dem EntsorgungsfondsG v. 16.6.2017 (BGBl. I S. 1674), dem Entsorgungsübergangs G v. 27.1.2017 (BGBl. I S. 114) mit dem EntsorgungsfondsG v. 25.6.2021 (BGBl. I S. 2137), dem TransparenzG v. 27.1.2017 (BGBl. I S. 114, 125), zuletzt geänd. durch VO v. 19.6.2020 (BGBl. I S. 1328), und dem NachhaftungsG v. 27.1.2017 (BGBl. I S. 114, 127), geänd. durch G v. 5.5.2017 (BGBl. I S. 1074).
[2)] Die Änderungen durch Art. 1 G v. 29.8.2008 (BGBl. I S. 1793) treten gem. Art. 5 Abs. 1 Satz 1 dieses G an dem Tag in Kraft, an dem das Protokoll v. 12.2.2004 zur Änd. des Pariser Übereinkommens vom 29.7.1960 idF des Zusatzprotokolls vom 28.1.1964 und des Protokolls vom 16.11.1982 nach seinem Art. 20 in Kraft tritt. Der Tag des Inkrafttretens wurde bisher nicht im BGBl. bekannt gegeben; die Änderungen sind im Text noch nicht berücksichtigt.
[3)] Zur Sicherstellung ordnungsgemäßer Planungs-und Genehmigungsverfahren während der COVID-19-Pandemie siehe das PlanungssicherstellungsG v. 20.5.2020 (BGBl. I S. 1041), zuletzt geänd. durch G v. 18.3.2021 (BGBl. I S. 353).
[4)] Neubekanntmachung des AtG idF der Bek. v. 31.10.1976 (BGBl. I S. 3053) in der ab 1.8.1985 geltenden Fassung.

4. die Erfüllung internationaler Verpflichtungen der Bundesrepublik Deutschland auf dem Gebiet der Kernenergie und des Strahlenschutzes zu gewährleisten.

**§ 2 Begriffsbestimmungen.** (1) [1] Radioaktive Stoffe (Kernbrennstoffe und sonstige radioaktive Stoffe) im Sinne dieses Gesetzes sind alle Stoffe, die ein Radionuklid oder mehrere Radionuklide enthalten und deren Aktivität oder spezifische Aktivität im Zusammenhang mit der Kernenergie oder dem Strahlenschutz nach den Regelungen dieses Gesetzes oder einer auf Grund dieses Gesetzes erlassenen Rechtsverordnung nicht außer Acht gelassen werden kann.
[2] Kernbrennstoffe sind besondere spaltbare Stoffe in Form von

1. Plutonium 239 und Plutonium 241,
2. mit den Isotopen 235 oder 233 angereichertem Uran,
3. jedem Stoff, der einen oder mehrere der in den Nummern 1 und 2 genannten Stoffe enthält,
4. Stoffen, mit deren Hilfe in einer geeigneten Anlage eine sich selbst tragende Kettenreaktion aufrechterhalten werden kann und die in einer Rechtsverordnung bestimmt werden;

der Ausdruck „mit den Isotopen 235 und 233 angereichertem Uran" bedeutet Uran, das die Isotope 235 oder 233 oder diese beiden Isotope in einer solchen Menge enthält, dass die Summe der Mengen dieser beiden Isotope größer ist als die Menge des Isotops 238 multipliziert mit dem in der Natur auftretenden Verhältnis des Isotops 235 zum Isotop 238.

(2) [1] Die Aktivität oder spezifische Aktivität eines Stoffes kann im Sinne des Absatzes 1 Satz 1 außer Acht gelassen werden, wenn dieser nach einer auf Grund dieses Gesetzes erlassenen Rechtsverordnung

1. festgelegte Freigrenzen unterschreitet,
2. soweit es sich um einen im Rahmen einer genehmigungspflichtigen Tätigkeit nach diesem Gesetz oder nach einer auf Grund dieses Gesetzes erlassenen Rechtsverordnung anfallenden Stoff handelt, festgelegte Freigabewerte unterschreitet und der Stoff freigegeben worden ist,
3. soweit es sich um einen Stoff natürlichen Ursprungs handelt, der nicht auf Grund seiner Radioaktivität, als Kernbrennstoff oder zur Erzeugung von Kernbrennstoff genutzt wird, nicht der Überwachung nach diesem Gesetz oder einer auf Grund dieses Gesetzes erlassenen Rechtsverordnung unterliegt.

[2] Abweichend von Satz 1 kann eine auf Grund dieses Gesetzes erlassene Rechtsverordnung für die Verwendung von Stoffen am Menschen oder für den zweckgerichteten Zusatz von Stoffen bei der Herstellung von Arzneimitteln, Medizinprodukten, Pflanzenschutzmitteln, Schädlingsbekämpfungsmitteln, Stoffen nach § 2 Nummer 1 bis 8 des Düngegesetzes[1)] oder Konsumgütern oder deren Aktivierung festlegen, in welchen Fällen die Aktivität oder spezifische Aktivität eines Stoffes nicht außer Acht gelassen werden kann.

(3) [1] Für die Anwendung von Genehmigungsvorschriften nach diesem Gesetz oder der auf Grund dieses Gesetzes erlassenen Rechtsverordnungen gelten Stoffe, in denen der Anteil der Isotope Uran 233, Uran 235, Plutonium 239

---

[1)] Nr. **9.5**.

Atomgesetz § 2 AtG 7.1

und Plutonium 241 insgesamt 15 Gramm oder die Konzentration der genannten Isotope 15 Gramm pro 100 Kilogramm nicht überschreitet, als sonstige radioaktive Stoffe. ²Satz 1 gilt nicht für verfestigte hochradioaktive Spaltproduktlösungen aus der Aufarbeitung von Kernbrennstoffen.

(3a) Des Weiteren ist im Sinne dieses Gesetzes:

1. kerntechnische Anlage:
   a) ortsfeste Anlagen zur Erzeugung oder zur Bearbeitung oder Verarbeitung oder zur Spaltung von Kernbrennstoffen oder zur Aufarbeitung bestrahlter Kernbrennstoffe nach § 7 Absatz 1,
   b) Aufbewahrungen von bestrahlten Kernbrennstoffen nach § 6 Absatz 1 oder Absatz 3,
   c) Zwischenlagerungen für radioaktive Abfälle, wenn die Zwischenlagerungen direkt mit der jeweiligen kerntechnischen Anlage im Sinne des Buchstaben a oder b in Zusammenhang stehen und sich auf dem Gelände der Anlagen befinden;

2. nukleare Sicherheit:
   das Erreichen und Aufrechterhalten ordnungsgemäßer Betriebsbedingungen, die Verhütung von Unfällen und die Abmilderung von Unfallfolgen, so dass Leben, Gesundheit und Sachgüter vor den Gefahren der Kernenergie und der schädlichen Wirkung ionisierender Strahlen geschützt werden;

3. Umgang:
   a) Gewinnung, Erzeugung, Lagerung, Bearbeitung, Verarbeitung, sonstige Verwendung und Beseitigung von
      aa) künstlich erzeugten radioaktiven Stoffen und
      bb) natürlich vorkommenden radioaktiven Stoffen auf Grund ihrer Radioaktivität, zur Nutzung als Kernbrennstoff oder zur Erzeugung von Kernbrennstoffen,
   b) der Betrieb von Bestrahlungsvorrichtungen und
   c) das Aufsuchen, die Gewinnung und die Aufbereitung von Bodenschätzen im Sinne des Bundesberggesetzes.

(4) Für die Anwendung der Vorschriften über die Haftung und Deckung entsprechen die Begriffe nukleares Ereignis, Kernanlage, Inhaber einer Kernanlage, Kernmaterialien und Sonderziehungsrechte den Begriffsbestimmungen in Anlage 1 zu diesem Gesetz.

(5) Pariser Übereinkommen bedeutet das Übereinkommen vom 29. Juli 1960 über die Haftung gegenüber Dritten auf dem Gebiet der Kernenergie in der Fassung der Bekanntmachung vom 5. Februar 1976 (BGBl. II S. 310, 311) und des Protokolls vom 16. November 1982 (BGBl. 1985 II S. 690).

(6) Brüsseler Zusatzübereinkommen bedeutet das Zusatzübereinkommen vom 31. Januar 1963 zum Pariser Übereinkommen in der Fassung der Bekanntmachung vom 5. Februar 1976 (BGBl. II S. 310, 318) und des Protokolls vom 16. November 1982 (BGBl. 1985 II S. 690).

(7) Gemeinsames Protokoll bedeutet das Gemeinsame Protokoll vom 21. September 1988 über die Anwendung des Wiener Übereinkommens und des Pariser Übereinkommens (BGBl. 2001 II S. 202, 203).

(8) Wiener Übereinkommen bedeutet das Wiener Übereinkommen vom 21. Mai 1963 über die zivilrechtliche Haftung für nukleare Schäden

(BGBl. 2001 II S. 202, 207) in der für die Vertragsparteien dieses Übereinkommens jeweils geltenden Fassung.

**§ 2a Umweltverträglichkeitsprüfung.** (1) ¹Besteht nach dem Gesetz über die Umweltverträglichkeitsprüfung[1]) eine Verpflichtung zur Durchführung einer Umweltverträglichkeitsprüfung für Vorhaben, die einer Genehmigung oder Planfeststellung nach diesem Gesetz oder einer auf Grund dieses Gesetzes erlassenen Rechtsverordnung bedürfen (UVP-pflichtige Vorhaben), ist die Umweltverträglichkeitsprüfung unselbständiger Teil der Verfahren zur Erteilung der nach diesem Gesetz oder der nach einer auf Grund dieses Gesetzes erlassenen Rechtsverordnung erforderlichen Genehmigung oder Planfeststellung. ²Die Umweltverträglichkeitsprüfung ist nach den Vorschriften des § 7 Abs. 4 Satz 1 und 2 und der Rechtsverordnung nach § 7 Abs. 4 Satz 3 über den Gegenstand der Umweltverträglichkeitsprüfung, die Antragsunterlagen, die Bekanntmachung des Vorhabens und des Erörterungstermins, die Auslegung und Zugänglichmachung, auch über das einschlägige zentrale Internetportal nach dem Gesetz über die Umweltverträglichkeitsprüfung von Antragsunterlagen, die Erhebung von Einwendungen, die Beteiligung von Behörden, die Durchführung des Erörterungstermins, den Inhalt des Genehmigungsbescheids und die Zustellung, öffentliche Bekanntmachung und Zugänglichmachung, auch über das einschlägige zentrale Internetportal nach dem Gesetz über die Umweltverträglichkeitsprüfung der Entscheidung durchzuführen. ³§ 31 des Gesetzes über die Umweltverträglichkeitsprüfung sowie § 9b Abs. 2 und 5 Nr. 1 bleiben unberührt.

(1a) Besteht nach dem Gesetz über die Umweltverträglichkeitsprüfung eine Verpflichtung zur Durchführung einer Vorprüfung für Vorhaben, die einer Genehmigung oder Planfeststellung nach diesem Gesetz oder einer auf Grund dieses Gesetzes erlassenen Rechtsverordnung bedürfen, wird die Vorprüfung nach den Bestimmungen des Gesetzes über die Umweltverträglichkeitsprüfung durchgeführt.

(2) Vor Erhebung einer verwaltungsgerichtlichen Klage, die einen nach Durchführung einer Umweltverträglichkeitsprüfung erlassenen Verwaltungsakt zum Gegenstand hat, bedarf es keiner Nachprüfung in einem Vorverfahren.

**§ 2b Elektronische Kommunikation.** (1) Die Vorschriften des Verwaltungsverfahrensgesetzes über die elektronische Kommunikation finden Anwendung, soweit nicht durch Rechtsvorschriften dieses Gesetzes oder einer auf Grund dieses Gesetzes erlassenen Rechtsverordnung[2]) etwas anderes bestimmt ist.

(2) Elektronische Verwaltungsakte nach diesem Gesetz oder nach einer auf Grund dieses Gesetzes erlassenen Rechtsverordnung sind mit einer dauerhaft überprüfbaren qualifizierten elektronischen Signatur nach § 37 Abs. 4 des Verwaltungsverfahrensgesetzes zu versehen.

(3) Erfolgt die Antragstellung in elektronischer Form, kann die zuständige Behörde Mehrfertigungen sowie die Übermittlung der dem Antrag beizufügenden Unterlagen auch in schriftlicher Form verlangen.

---

[1]) Nr. **2.5**.
[2]) Siehe die Atomrechtliche Sicherheitsbeauftragten- und MeldeVO v. 14.10.1992 (BGBl. I S. 1766), zuletzt geänd. durch VO v. 29.11.2018 (BGBl. I S. 2034).

**§ 2c Nationales Entsorgungsprogramm.** (1) Die Bundesregierung legt in einem Nationalen Entsorgungsprogramm dar, wie die nationale Strategie für eine verantwortungsvolle und sichere Entsorgung abgebrannter Brennelemente und radioaktiver Abfälle umgesetzt werden soll.

(2) ¹Das Nationale Entsorgungsprogramm umfasst eine Darlegung folgender Bestandteile:
1. die Gesamtziele der nationalen Strategie in Bezug auf die Entsorgung abgebrannter Brennelemente und radioaktiver Abfälle,
2. die maßgeblichen Zwischenetappen und klaren Zeitpläne für die Erreichung dieser Zwischenetappen unter Beachtung der übergreifenden Ziele des Nationalen Entsorgungsprogramms,
3. eine nationale Bestandsaufnahme sämtlicher abgebrannter Brennelemente und radioaktiver Abfälle sowie Schätzungen der künftigen Mengen, auch aus der Stilllegung von Anlagen und Einrichtungen, wobei aus der Bestandsaufnahme der Standort und die Menge radioaktiver Abfälle und abgebrannter Brennelemente gemäß einer geeigneten Klassifizierung der radioaktiven Abfälle eindeutig hervorgehen müssen,
4. die Konzepte oder Pläne und die technischen Lösungen für die Entsorgung abgebrannter Brennelemente und radioaktiver Abfälle vom Anfall bis zur Endlagerung,
5. die Konzepte oder Pläne für den Zeitraum nach Beendigung der Stilllegung von Anlagen zur Endlagerung radioaktiver Abfälle nach § 9a Absatz 3, einschließlich vorgesehener Angaben über Kontrollzeiträume und vorgesehener Maßnahmen, um das Wissen über die Anlagen längerfristig zu bewahren,
6. die Forschungs-, Entwicklungs- und Erprobungstätigkeiten, die erforderlich sind, um Lösungen für die Entsorgung abgebrannter Brennelemente und radioaktiver Abfälle umzusetzen,
7. die Zuständigkeit für die Umsetzung des Nationalen Entsorgungsprogramms und die Leistungskennzahlen für die Überwachung der Fortschritte bei der Umsetzung,
8. eine Abschätzung der Kosten des Nationalen Entsorgungsprogramms sowie die Grundlagen und Annahmen, auf denen diese Abschätzung beruht, einschließlich einer Darstellung des zeitlichen Profils der voraussichtlichen Kostenentwicklung,
9. die geltenden Finanzierungsregelungen,
10. die geltenden Transparenzregelungen sowie
11. gegebenenfalls mit einem Mitgliedstaat der Europäischen Union oder einem Drittland geschlossene Abkommen über Entsorgungsmaßnahmen in Bezug auf abgebrannte Brennelemente und radioaktive Abfälle; § 1 Absatz 1 des Standortauswahlgesetzes[1]) bleibt unberührt.

²Das Nationale Entsorgungsprogramm kann in einem oder in mehreren Dokumenten niedergelegt werden.

(3) Die Bundesregierung überprüft das Nationale Entsorgungsprogramm regelmäßig, mindestens aber alle zehn Jahre ab der erstmaligen Erstellung, spätestens ab dem 23. August 2015, und aktualisiert es danach bei Bedarf,

---

[1]) Nr. 7.3.

wobei sie gegebenenfalls den wissenschaftlichen und technischen Fortschritt sowie Empfehlungen, Erfahrungen und bewährte Praktiken, die sich aus den Prüfungen durch Experten ergeben, berücksichtigt.

(4) ¹ Zur Vorbereitung der Darlegung der Bestandteile des Nationalen Entsorgungsprogramms sind die nach § 9a Absatz 1 Satz 1 Entsorgungspflichtigen und die Besitzer abgebrannter Brennelemente oder radioaktiver Abfälle, sofern beide ihre radioaktiven Abfälle nicht nach einer aufgrund dieses Gesetzes erlassenen Rechtsverordnung an eine Landessammelstelle abzuliefern haben, verpflichtet, auf Verlangen des für die kerntechnische Sicherheit und den Strahlenschutz zuständigen Bundesministeriums die erforderlichen Auskünfte zu erteilen über

1. die bestehenden Entsorgungskonzepte, einschließlich realistischer Angaben über die technischen, organisatorischen und zeitlichen Planungen für die einzelnen Entsorgungsschritte vom Anfall abgebrannter Brennelemente und radioaktiver Abfälle bis zur Ablieferung an eine Anlage zur Endlagerung,
2. die Mengen, Arten, Eigenschaften und Standorte der bei ihnen bisher angefallenen oder gelagerten abgebrannten Brennelemente und radioaktiven Abfälle sowie
3. eine Schätzung der zukünftig bei ihnen anfallenden oder zu lagernden Mengen abgebrannter Brennelemente und radioaktiver Abfälle, klassifiziert nach Arten und Eigenschaften sowie unter Berücksichtigung von Stilllegungsmaßnahmen.

² Die Übermittlung des Auskunftsverlangens nach diesem Absatz an die Auskunftsverpflichteten und der erteilten Auskünfte an das für die kerntechnische Sicherheit und den Strahlenschutz zuständige Bundesministerium erfolgt über die zuständigen Behörden der Länder.

**§ 2d Grundsätze der nuklearen Entsorgung.** Das Nationale Entsorgungsprogramm nach § 2c berücksichtigt folgende Grundsätze:
1. der Anfall radioaktiver Abfälle wird durch eine geeignete Auslegung sowie Betriebs- und Stilllegungsverfahren, einschließlich der Weiter- und Wiederverwendung von Material, auf das Maß beschränkt, das hinsichtlich Aktivität und Volumen der radioaktiven Abfälle vernünftigerweise realisierbar ist,
2. die wechselseitigen Abhängigkeiten der einzelnen Schritte beim Anfall und bei der Entsorgung abgebrannter Brennelemente und radioaktiver Abfälle werden berücksichtigt,
3. abgebrannte Brennelemente und radioaktive Abfälle werden sicher entsorgt, wobei im Hinblick auf die langfristige Sicherheit auch die Aspekte der passiven Sicherheit zu berücksichtigen sind,
4. die Durchführung von Maßnahmen erfolgt nach einem abgestuften Konzept,
5. die Kosten der Entsorgung abgebrannter Brennelemente und radioaktiver Abfälle werden nach Maßgabe der hierzu erlassenen Rechtsvorschriften einschließlich des Entsorgungsfondsgesetzes von den Abfallerzeugern getragen und
6. in Bezug auf alle Stufen der Entsorgung abgebrannter Brennelemente und radioaktiver Abfälle wird ein faktengestützter und dokumentierter Entscheidungsprozess angewendet.

## Zweiter Abschnitt. Überwachungsvorschriften

**§ 3 Einfuhr und Ausfuhr.** (1) Wer Kernbrennstoffe einführt oder ausführt, bedarf der Genehmigung.

(2) Die Genehmigung zur Einfuhr ist zu erteilen, wenn

1. keine Tatsachen vorliegen, aus denen sich Bedenken gegen die Zuverlässigkeit des Einführers ergeben, und
2. gewährleistet ist, daß die einzuführenden Kernbrennstoffe unter Beachtung der Vorschriften dieses Gesetzes, der auf Grund dieses Gesetzes erlassenen Rechtsverordnungen und der internationalen Verpflichtungen der Bundesrepublik Deutschland auf dem Gebiet der Kernenergie verwendet werden.

(3) Die Genehmigung zur Ausfuhr ist zu erteilen, wenn

1. keine Tatsachen vorliegen, aus denen sich Bedenken gegen die Zuverlässigkeit des Ausführers ergeben, und
2. gewährleistet ist, daß die auszuführenden Kernbrennstoffe nicht in einer die internationalen Verpflichtungen der Bundesrepublik Deutschland auf dem Gebiet der Kernenergie oder die innere oder äußere Sicherheit der Bundesrepublik Deutschland gefährdenden Weise verwendet werden.

(4) Andere Rechtsvorschriften über die Einfuhr und Ausfuhr bleiben unberührt.

(5) Der Einfuhr oder Ausfuhr im Sinne dieses Gesetzes steht jede sonstige Verbringung in den Geltungsbereich oder aus dem Geltungsbereich dieses Gesetzes gleich.

(6) [1]Die Erteilung einer Genehmigung zur Ausfuhr von aus dem Betrieb von Anlagen zur Spaltung von Kernbrennstoffen zu Forschungszwecken stammenden bestrahlten Brennelementen darf nur aus schwerwiegenden Gründen der Nichtverbreitung von Kernbrennstoffen oder aus Gründen einer ausreichenden Versorgung deutscher Forschungsreaktoren mit Brennelementen für medizinische und sonstige Zwecke der Spitzenforschung erfolgen. [2]Davon ausgenommen ist die Verbringung der Brennelemente nach Satz 1 mit dem Ziel der Herstellung in Deutschland endlagerfähiger und endzulagernder Abfallgebinde. [3]Abweichend von Satz 1 darf eine Genehmigung zur Ausfuhr bestrahlter Brennelemente nach Satz 1 nicht erteilt werden, wenn diese Brennelemente auf der Grundlage einer Genehmigung nach § 6 im Inland zwischengelagert sind.

**§ 4 Beförderung von Kernbrennstoffen.** (1) [1]Die Beförderung von Kernbrennstoffen außerhalb eines abgeschlossenen Geländes, auf dem Kernbrennstoffe staatlich verwahrt werden oder eine nach den §§ 6, 7 und 9 genehmigte Tätigkeit ausgeübt wird, bedarf der Genehmigung. [2]Diese wird dem Absender oder demjenigen erteilt, der es übernimmt, die Versendung oder Beförderung der Kernbrennstoffe zu besorgen.

(2) Die Genehmigung ist zu erteilen, wenn

1. keine Tatsachen vorliegen, aus denen sich Bedenken gegen die Zuverlässigkeit des Antragstellers, des Beförderers und der den Transport ausführenden Personen ergeben, und, falls ein Strahlenschutzbeauftragter nicht notwendig

ist, eine der für die Beförderung der Kernbrennstoffe verantwortlichen natürlichen Personen die hierfür erforderliche Fachkunde besitzt,
2. gewährleistet ist, daß die Beförderung durch Personen ausgeführt wird, die die notwendigen Kenntnisse über die mögliche Strahlengefährdung und die anzuwendenden Schutzmaßnahmen für die beabsichtigte Beförderung von Kernbrennstoffen besitzen,
3. gewährleistet ist, daß die Kernbrennstoffe unter Beachtung der für den jeweiligen Verkehrsträger geltenden Rechtsvorschriften über die Beförderung gefährlicher Güter befördert werden oder, soweit solche Vorschriften fehlen, auf andere Weise die nach dem Stand von Wissenschaft und Technik erforderliche Vorsorge gegen Schäden durch die Beförderung der Kernbrennstoffe getroffen ist,
4. die erforderliche Vorsorge für die Erfüllung gesetzlicher Schadensersatzverpflichtungen getroffen ist,
5. der erforderliche Schutz gegen Störmaßnahmen oder sonstige Einwirkungen Dritter gewährleistet ist,
6. überwiegende öffentliche Interessen der Wahl der Art, der Zeit und des Weges der Beförderung nicht entgegenstehen,
7. für die Beförderung bestrahlter Brennelemente von Anlagen zur Spaltung von Kernbrennstoffen zur gewerblichen Erzeugung von Elektrizität zu zentralen Zwischenlagern nach § 6 Abs. 1 nachgewiesen ist, dass eine Lagermöglichkeit in einem nach § 9a Abs. 2 Satz 3 zu errichtenden standortnahen Zwischenlager nicht verfügbar ist.

(3) Der nach Absatz 2 Nr. 4 erforderlichen Vorsorge für die Erfüllung gesetzlicher Schadensersatzverpflichtungen bedarf es nicht für die Beförderung der in Anlage 2 zu diesem Gesetz bezeichneten Kernbrennstoffe.

(4) Die Genehmigung ist für den einzelnen Beförderungsvorgang zu erteilen; sie kann jedoch einem Antragsteller allgemein auf längstens drei Jahre erteilt werden, soweit die in § 1 Nr. 2 bis 4 bezeichneten Zwecke nicht entgegenstehen.

(5) [1] Eine Ausfertigung oder eine öffentlich beglaubigte Abschrift des Genehmigungsbescheids ist bei der Beförderung mitzuführen. [2] Der Beförderer hat ferner eine Bescheinigung mit sich zu führen, die den Anforderungen des Artikels 4 Abs. c des Pariser Übereinkommens entspricht, sofern es sich nicht um eine Beförderung handelt, die nach Absatz 3 einer Vorsorge für die Erfüllung gesetzlicher Schadensersatzverpflichtungen nicht bedarf. [3] Der Bescheid und die Bescheinigung sind der für die Kontrolle zuständigen Behörde und den von ihr Beauftragten auf Verlangen vorzuzeigen.

(6) [1] Absatz 5 Satz 1 gilt nicht für die Beförderung mit der Eisenbahn durch einen Eisenbahnunternehmer. [2] Im übrigen bleiben die für die jeweiligen Verkehrsträger geltenden Rechtsvorschriften über die Beförderung gefährlicher Güter unberührt.

## § 4a Deckungsvorsorge bei grenzüberschreitender Beförderung.

(1) Die nach § 4 Abs. 2 Nr. 4 erforderliche Vorsorge für die Erfüllung gesetzlicher Schadensersatzverpflichtungen ist vorbehaltlich der Absätze 3 und 4 bei der grenzüberschreitenden Beförderung von Kernbrennstoffen getroffen, wenn sich die nach Artikel 4 Abs. c des Pariser Übereinkommens erforderliche Bescheinigung über die Deckungsvorsorge auf den Inhaber einer

in einem Vertragsstaat des Pariser Übereinkommens gelegenen Kernanlage bezieht.

(2) ¹Versicherer im Sinne des Artikels 4 Abs. c des Pariser Übereinkommens ist

1. ein im Inland zum Betrieb der Haftpflichtversicherung befugtes Versicherungsunternehmen oder
2. ein Versicherungsunternehmen eines Drittstaates im Sinne des § 7 Nummer 34 des Versicherungsaufsichtsgesetzes, das in seinem Sitzland zum Betrieb der Haftpflichtversicherung befugt ist, wenn neben ihm ein nach Nummer 1 befugtes Versicherungsunternehmen oder ein Verband solcher Versicherungsunternehmen die Pflichten eines Haftpflichtversicherers übernimmt.

²Eine sonstige finanzielle Sicherheit kann anstelle der Versicherung zugelassen werden, wenn gewährleistet ist, daß der zur Deckungsvorsorge Verpflichtete, solange mit seiner Inanspruchnahme gerechnet werden muß, in der Lage sein wird, seine gesetzlichen Schadensersatzverpflichtungen im Rahmen der Festsetzung der Deckungsvorsorge zu erfüllen.

(3) ¹Ist für einen Vertragsstaat des Pariser Übereinkommens das Brüsseler Zusatzübereinkommen nicht in Kraft getreten, so kann im Falle der Durchfuhr von Kernbrennstoffen die Genehmigung nach § 4 davon abhängig gemacht werden, daß der nach dem Recht dieses Vertragsstaates vorgesehene Haftungshöchstbetrag des Inhabers der Kernanlage für nukleare Ereignisse, die im Verlaufe der Beförderung im Inland eintreten, soweit erhöht wird, wie dies nach Menge und Beschaffenheit der Kernbrennstoffe sowie den getroffenen Sicherheitsmaßnahmen erforderlich ist. ²Der Inhaber der Kernanlage hat durch Vorlage einer von der zuständigen Behörde des Vertragsstaates ausgestellten Bescheinigung den Nachweis der Deckungsvorsorge für den erhöhten Haftungshöchstbetrag zu erbringen.

(4) Im Falle der Einfuhr oder Ausfuhr von Kernbrennstoffen aus einem oder in einen anderen Vertragsstaat des Pariser Übereinkommens, für den das Brüsseler Zusatzübereinkommen nicht in Kraft getreten ist, kann die Genehmigung nach § 4 davon abhängig gemacht werden, daß der Inhaber der im Inland gelegenen Kernanlage, zu oder von der die Kernbrennstoffe befördert werden sollen, die Haftung für nukleare Ereignisse, die im Verlaufe der Beförderung im Inland eintreten, nach den Vorschriften dieses Gesetzes übernimmt, wenn der in dem anderen Vertragsstaat des Pariser Übereinkommens vorgesehene Haftungshöchstbetrag im Hinblick auf die Menge und Beschaffenheit der Kernbrennstoffe sowie die getroffenen Sicherheitsmaßnahmen nicht angemessen ist.

**§ 4b Beförderung von Kernmaterialien in besonderen Fällen.** (1) ¹Wer Kernmaterialien befördert, ohne einer Genehmigung nach § 4 zu bedürfen, hat vor Beginn der Beförderung der zuständigen Behörde die erforderliche Vorsorge für die Erfüllung gesetzlicher Schadensersatzverpflichtungen nachzuweisen. ²Reicht die angebotene Vorsorge nicht aus, so hat die Verwaltungsbehörde die erforderliche Deckungsvorsorge nach den Grundsätzen des § 13 Abs. 2 Nr. 1 festzusetzen. ³§ 4 Abs. 5 Satz 2 und 3 und § 4a sind anzuwenden.

(2) Absatz 1 ist nicht anzuwenden, soweit es sich um die Beförderung von Kernmaterialien handelt, die in Anlage 2 zu diesem Gesetz bezeichnet sind.

## § 5 Berechtigung zum Besitz von Kernbrennstoffen; staatliche Verwahrung.

(1) ¹Zum Besitz von Kernbrennstoffen ist berechtigt, wer auf Grund einer nach diesem Gesetz oder einer auf Grund dieses Gesetzes erlassenen Rechtsverordnung erteilten Genehmigung mit Kernbrennstoffen umgeht oder Kernbrennstoffe befördert, insbesondere Kernbrennstoffe

1. nach § 4 berechtigt befördert,
2. auf Grund einer Genehmigung nach § 6 aufbewahrt,
3. in einer nach § 7 genehmigten Anlage oder auf Grund einer Genehmigung nach § 9 bearbeitet, verarbeitet oder sonst verwendet,
4. auf Grund der §§ 9a bis 9c in einer Landessammelstelle zwischenlagert oder in einer Anlage zur Sicherstellung oder zur Endlagerung radioaktiver Abfälle aufbewahrt oder beseitigt.

²Zum Besitz von Kernbrennstoffen berechtigt auch eine Anordnung nach § 19 Abs. 3 Satz 2 Nr. 2 zur Aufbewahrung von Kernbrennstoffen.

(2) ¹Wer Kernbrennstoffe in unmittelbarem Besitz hat, ohne nach Absatz 1 Satz 1 dazu berechtigt zu sein, hat zum Schutz der Allgemeinheit für den Verbleib der Kernbrennstoffe bei einem nach Absatz 1 Satz 1 zum Besitz der Kernbrennstoffe Berechtigten zu sorgen. ²Satz 1 gilt nicht für denjenigen, der Kernbrennstoffe findet und an sich nimmt, ohne seinen Willen die tatsächliche Gewalt über Kernbrennstoffe erlangt oder die tatsächliche Gewalt über Kernbrennstoffe erlangt, ohne zu wissen, dass diese Kernbrennstoffe sind.

(3) ¹Kann im Falle des Absatzes 2 Satz 1 eine Aufbewahrung beim unmittelbaren Besitzer auf Grund einer Genehmigung nach § 6 oder ein anderweitiger berechtigter Besitz nach Absatz 1 Satz 1 nicht herbeigeführt werden, sind bis zur Herstellung eines berechtigten Besitzes die Kernbrennstoffe unverzüglich staatlich zu verwahren und hierfür der Verwahrungsbehörde abzuliefern, soweit nicht eine Anordnung nach § 19 Abs. 3 Satz 2 Nr. 2 Abweichendes bestimmt oder zulässt. ²Wer nach Satz 1 Kernbrennstoffe abgeliefert hat, hat zum Schutz der Allgemeinheit für einen berechtigten Besitz nach Absatz 1 Satz 1 in Verbindung mit Absatz 2 Satz 1 zu sorgen. ³Satz 2 gilt entsprechend für den Inhaber des Nutzungs- und Verbrauchsrechts an Kernbrennstoffen, die staatlich verwahrt werden, und für denjenigen, der Kernbrennstoffe von einem Dritten zu übernehmen oder zurückzunehmen hat, ohne nach Absatz 1 Satz 1 zum Besitz der Kernbrennstoffe berechtigt zu sein.

(4) Kernbrennstoffe, bei denen ein nach Absatz 1 zum Besitz Berechtigter nicht feststellbar oder nicht heranziehbar ist, sind staatlich zu verwahren.

(5) Bei der staatlichen Verwahrung ist die nach dem Stand von Wissenschaft und Technik erforderliche Vorsorge gegen Schäden durch die Aufbewahrung von Kernbrennstoffen zu treffen und der erforderliche Schutz gegen Störmaßnahmen oder sonstige Einwirkungen Dritter zu gewährleisten.

(6) Die Herausgabe von Kernbrennstoffen aus der staatlichen Verwahrung oder die Abgabe von Kernbrennstoffen ist nur an einen nach Absatz 1 Satz 1 berechtigten Besitzer zulässig.

(7) ¹Zur Durchsetzung der Pflichten nach Absatz 2 Satz 1 und Absatz 3 Satz 2 und 3 kann die Verwahrungsbehörde Anordnungen gegenüber den dort genannten Personen zum Verbleib der Kernbrennstoffe beim Verpflichteten oder zur Abgabe an einen zum Besitz Berechtigten treffen. ²Abweichend von § 11 Abs. 3 des Verwaltungsvollstreckungsgesetzes beträgt die Höhe des

Zwangsgeldes bis zu 500 000 Euro. [3] Die Befugnisse der Aufsichtsbehörden nach § 19 Abs. 3 bleiben unberührt.

(8) Die Absätze 1 bis 7 gelten nicht für Kernbrennstoffe, die in radioaktiven Abfällen enthalten sind.

**§ 6 Genehmigung zur Aufbewahrung von Kernbrennstoffen.** (1) [1] Wer Kernbrennstoffe außerhalb der staatlichen Verwahrung aufbewahrt, bedarf der Genehmigung. [2] Einer Genehmigung bedarf ferner, wer eine genehmigte Aufbewahrung wesentlich verändert.

(2) Die Genehmigung ist zu erteilen, wenn ein Bedürfnis für eine solche Aufbewahrung besteht und wenn

1. keine Tatsachen vorliegen, aus denen sich Bedenken gegen die Zuverlässigkeit des Antragstellers und der für die Leitung und Beaufsichtigung der Aufbewahrung verantwortlichen Personen ergeben, und die für die Leitung und Beaufsichtigung der Aufbewahrung verantwortlichen Personen die hierfür erforderliche Fachkunde besitzen,
2. die nach dem Stand von Wissenschaft und Technik erforderliche Vorsorge gegen Schäden durch die Aufbewahrung der Kernbrennstoffe getroffen ist,
3. die erforderliche Vorsorge für die Erfüllung gesetzlicher Schadensersatzverpflichtungen getroffen ist,
4. der erforderliche Schutz gegen Störmaßnahmen oder sonstige Einwirkungen Dritter gewährleistet ist.

(3) [1] Wer zur Erfüllung der Verpflichtung nach § 9a Abs. 2 Satz 3 innerhalb des abgeschlossenen Geländes einer Anlage zur Spaltung von Kernbrennstoffen zur gewerblichen Erzeugung von Elektrizität in einem gesonderten Lagergebäude in Transport- und Lagerbehältern bestrahlte Kernbrennstoffe bis zu deren Ablieferung an eine Anlage zur Endlagerung radioaktiver Abfälle aufbewahrt, bedarf einer Genehmigung nach Absatz 1. [2] Die Genehmigungsvoraussetzungen der Nummern 1 bis 4 des Absatzes 2 gelten entsprechend.

(4) Die Anfechtungsklage gegen eine Veränderungsgenehmigung nach Absatz 1 Satz 2, die zur Erfüllung der Verpflichtung nach § 9a Absatz 2a erteilt wurde, hat keine aufschiebende Wirkung.

(5) [1] Die Aufbewahrung von Kernbrennstoffen in kerntechnischen Anlagen nach Absatz 3 in Verbindung mit Absatz 1 soll 40 Jahre ab Beginn der ersten Einlagerung eines Behälters nicht überschreiten. [2] Eine Verlängerung von Genehmigungen nach Satz 1 darf nur aus unabweisbaren Gründen und nach der vorherigen Befassung des Deutschen Bundestages erfolgen.

**§ 7 Genehmigung von Anlagen.** (1) [1] Wer eine ortsfeste Anlage zur Erzeugung oder zur Bearbeitung oder Verarbeitung oder zur Spaltung von Kernbrennstoffen oder zur Aufarbeitung bestrahlter Kernbrennstoffe errichtet, betreibt oder sonst innehat oder die Anlage oder ihren Betrieb wesentlich verändert, bedarf der Genehmigung. [2] Für die Errichtung und den Betrieb von Anlagen zur Spaltung von Kernbrennstoffen zur gewerblichen Erzeugung von Elektrizität und von Anlagen zur Aufarbeitung bestrahlter Kernbrennstoffe werden keine Genehmigungen erteilt. [3] Dies gilt nicht für wesentliche Veränderungen von Anlagen oder ihres Betriebs.

(1a) ¹*Die Berechtigung zum Leistungsbetrieb einer Anlage zur Spaltung von Kernbrennstoffen zur gewerblichen Erzeugung von Elektrizität erlischt, wenn die in Anlage 3 Spalte 2 für die Anlage aufgeführte Elektrizitätsmenge oder die sich auf Grund von Übertragungen nach Absatz 1b ergebende Elektrizitätsmenge erzeugt ist, jedoch spätestens*

1. *mit Ablauf des 6. August 2011 für die Kernkraftwerke Biblis A, Neckarwestheim 1, Biblis B, Brunsbüttel, Isar 1, Unterweser, Philippsburg 1 und Krümmel,*
2. *mit Ablauf des 31. Dezember 2015 für das Kernkraftwerk Grafenrheinfeld,*
3. *mit Ablauf des 31. Dezember 2017 für das Kernkraftwerk Gundremmingen B,*
4. *mit Ablauf des 31. Dezember 2019 für das Kernkraftwerk Philippsburg 2,*
5. *mit Ablauf des 31. Dezember 2021 für die Kernkraftwerke Grohnde, Gundremmingen C und Brokdorf,*
6. *mit Ablauf des 31. Dezember 2022 für die Kernkraftwerke Isar 2, Emsland und Neckarwestheim 2.*[1)]

²Die Erzeugung der in Anlage 3 Spalte 2 aufgeführten Elektrizitätsmengen ist durch ein Messgerät zu messen. ³Das Messgerät nach Satz 2 muss den Vorschriften des Mess- und Eichgesetzes und den auf Grund des Mess- und Eichgesetzes erlassenen Rechtsverordnungen entsprechen. ⁴Ein Messgerät nach Satz 2 darf erst in Betrieb genommen werden, nachdem eine Behörde nach § 54 Absatz 1 des Mess- und Eichgesetzes dessen Eignung und ordnungsgemäßes Verwenden festgestellt hat. ⁵Wer ein Messgerät nach Satz 2 verwendet, muss das Messgerät unverzüglich so aufstellen und anschließen sowie so handhaben und warten, dass die Richtigkeit der Messung und die zuverlässige Ablesung der Anzeige gewährleistet sind. ⁶Die Vorschriften des Mess- und Eichgesetzes und der auf Grund dieses Gesetzes erlassenen Rechtsverordnung finden Anwendung. ⁷Der Genehmigungsinhaber hat den bestimmungsgemäßen Zustand des Messgerätes in jedem Kalenderjahr durch eine Sachverständigenorganisation und die in jedem Kalenderjahr erzeugte Elektrizitätsmenge binnen eines Monats durch einen Wirtschaftsprüfer oder eine Wirtschaftsprüfungsgesellschaft überprüfen und bescheinigen zu lassen.

(1b) ¹Elektrizitätsmengen nach Anlage 3 Spalte 2 können ganz oder teilweise von einer Anlage auf eine andere Anlage übertragen werden, wenn die empfangende Anlage den kommerziellen Leistungsbetrieb später als die abgebende Anlage begonnen hat. ²Elektrizitätsmengen können abweichend von Satz 1 auch von einer Anlage übertragen werden, die den kommerziellen Leistungsbetrieb später begonnen hat, wenn das Bundesministerium für Umwelt, Naturschutz und nukleare Sicherheit im Einvernehmen mit dem Bundeskanzleramt und dem Bundesministerium für Wirtschaft und Energie der Übertragung zugestimmt hat. ³Die Zustimmung nach Satz 2 ist nicht erforderlich, wenn die abgebende Anlage den Leistungsbetrieb dauerhaft einstellt und ein Antrag nach Absatz 3 Satz 1 zur Stilllegung der Anlage gestellt worden ist. ⁴Elektrizitätsmengen nach Anlage 3 Spalte 2 können vorbehaltlich des Satzes 5 von Anlagen nach Absatz 1a Satz 1 Nummer 1 bis 6 auch nach Erlöschen der

---

[1)] § 7 Abs. 1a Satz 1 ist gem. Urt. des BVerfG v. 6.12.2016 (BGBl. I S. 3451) unvereinbar mit Art. 14 Abs. 1 GG (Nr. **1.1**), soweit das Gesetz nicht eine im Wesentlichen vollständige Verstromung der den Kernkraftwerken in Anl. 3 Spalte 2 zum Atomgesetz zugewiesenen Elektrizitätsmengen sicherstellt und keinen angemessenen Ausgleich hierfür gewährt. Der Gesetzgeber ist verpflichtet, eine Neuregelung spätestens bis zum 30. Juni 2018 zu treffen. § 7 Abs. 1a Satz 1 ist bis zu einer Neuregelung weiter anwendbar.

Berechtigung zum Leistungsbetrieb nach den Sätzen 1 bis 3 übertragen werden. ⁵Aus den Elektrizitätsmengenkontingenten der Kernkraftwerke Brunsbüttel und Krümmel gemäß Anlage 3 Spalte 2 sind von einer Übertragung nach den Sätzen 1 bis 4 ausgenommen

1. für das Kernkraftwerk Brunsbüttel Elektrizitätsmengen von 7333,113 Gigawattstunden und

2. für das Kernkraftwerk Krümmel Elektrizitätsmengen von 26 022,555 Gigawattstunden.

(1c) ¹Der Genehmigungsinhaber hat der zuständigen Behörde

1. monatlich die im Sinne des Absatzes 1a in Verbindung mit der Anlage 3 Spalte 2 im Vormonat erzeugten Elektrizitätsmengen mitzuteilen,

2. die Ergebnisse der Überprüfungen und die Bescheinigungen nach Absatz 1a Satz 3 binnen eines Monats nach deren Vorliegen vorzulegen,

3. die zwischen Anlagen vorgenommenen Übertragungen nach Absatz 1b binnen einer Woche nach Festlegung der Übertragung mitzuteilen.

²Der Genehmigungsinhaber hat in der ersten monatlichen Mitteilung über die erzeugte Elektrizitätsmenge nach Satz 1 Nr. 1 eine Mitteilung über die seit dem 1. Januar 2000 bis zum letzten Tag des April 2002 erzeugte Elektrizitätsmenge zu übermitteln, die von einem Wirtschaftsprüfer oder einer Wirtschaftsprüfungsgesellschaft überprüft und bescheinigt worden ist. ³Der Zeitraum der ersten monatlichen Mitteilung beginnt ab dem 1. Mai 2002. ⁴Die übermittelten Informationen nach Satz 1 Nummer 1 bis 3 sowie die Angabe der jeweils noch verbleibenden Elektrizitätsmenge werden durch die zuständige Behörde im Bundesanzeiger bekannt gemacht; hierbei werden die erzeugten Elektrizitätsmengen im Sinne des Satzes 1 Nummer 1 jährlich zusammengerechnet für ein Kalenderjahr im Bundesanzeiger bekannt gemacht, jedoch bei einer voraussichtlichen Restlaufzeit von weniger als sechs Monaten monatlich.

(1d) ¹Für das Kernkraftwerk Mülheim-Kärlich gelten Absatz 1a Satz 1, Absatz 1b Satz 1 bis 3 und Absatz 1c Satz 1 Nr. 3 mit der Maßgabe, dass vorbehaltlich des Satzes 2 die in Anlage 3 Spalte 2 aufgeführte Elektrizitätsmenge nur nach Übertragung auf die dort aufgeführten Kernkraftwerke in diesen produziert werden darf. ²Aus dem Elektrizitätsmengenkontingent des Kernkraftwerks Mülheim-Kärlich gemäß Anlage 3 Spalte 2 sind von einer Übertragung nach Absatz 1b Satz 1 bis 3 ausgenommen Elektrizitätsmengen von 25 900,00 Gigawattstunden.

(2) Die Genehmigung darf nur erteilt werden, wenn

1. keine Tatsachen vorliegen, aus denen sich Bedenken gegen die Zuverlässigkeit des Antragstellers und der für die Errichtung, Leitung und Beaufsichtigung des Betriebs der Anlage verantwortlichen Personen ergeben, und die für die Errichtung, Leitung und Beaufsichtigung des Betriebs der Anlage verantwortlichen Personen die hierfür erforderliche Fachkunde besitzen,

2. gewährleistet ist, daß die bei dem Betrieb der Anlage sonst tätigen Personen die notwendigen Kenntnisse über einen sicheren Betrieb der Anlage, die möglichen Gefahren und die anzuwendenden Schutzmaßnahmen besitzen,

## 7.1 AtG § 7

3. die nach dem Stand von Wissenschaft und Technik erforderliche Vorsorge gegen Schäden durch die Errichtung und den Betrieb der Anlage getroffen ist,[1)]
4. die erforderliche Vorsorge für die Erfüllung gesetzlicher Schadensersatzverpflichtungen getroffen ist,
5. der erforderliche Schutz gegen Störmaßnahmen oder sonstige Einwirkungen Dritter gewährleistet ist,
6. überwiegende öffentliche Interessen, insbesondere im Hinblick auf die Umweltauswirkungen, der Wahl des Standorts der Anlage nicht entgegenstehen.

(3) [1]Die Stillegung einer Anlage nach Absatz 1 Satz 1 sowie der sichere Einschluß der endgültig stillgelegten Anlage oder der Abbau der Anlage oder von Anlagenteilen bedürfen der Genehmigung. [2]Absatz 2 gilt sinngemäß. [3]Eine Genehmigung nach Satz 1 ist nicht erforderlich, soweit die geplanten Maßnahmen bereits Gegenstand einer Genehmigung nach Absatz 1 Satz 1 oder Anordnung nach § 19 Abs. 3 gewesen sind. [4]Anlagen nach Absatz 1 Satz 1, deren Berechtigung zum Leistungsbetrieb nach Absatz 1a erloschen ist oder deren Leistungsbetrieb endgültig beendet ist und deren Betreiber Einzahlende nach § 2 Absatz 1 Satz 1 des Entsorgungsfondsgesetzes sind, sind unverzüglich stillzulegen und abzubauen. [5]Die zuständige Behörde kann im Einzelfall für Anlagenteile vorübergehende Ausnahmen von Satz 4 zulassen, soweit und solange dies aus Gründen des Strahlenschutzes erforderlich ist.

(4) [1]Im Genehmigungsverfahren sind alle Behörden des Bundes, der Länder, der Gemeinden und der sonstigen Gebietskörperschaften zu beteiligen, deren Zuständigkeitsbereich berührt wird. [2]Bestehen zwischen der Genehmigungsbehörde und einer beteiligten Bundesbehörde Meinungsverschiedenheiten, so hat die Genehmigungsbehörde die Weisung des für die kerntechnische Sicherheit und den Strahlenschutz zuständigen Bundesministeriums einzuholen. [3]Im übrigen wird das Genehmigungsverfahren nach den Grundsätzen der §§ 8, 10 Abs. 1 bis 4, 6 bis 8, 10 Satz 2 und des § 18 des Bundes-Immissionsschutzgesetzes[2)] durch Rechtsverordnung[3)] geregelt; dabei kann vorgesehen werden, dass bei der Prüfung der Umweltverträglichkeit der insgesamt zur Stilllegung, zum sicheren Einschluss oder zum Abbau von Anlagen zur Spaltung von Kernbrennstoffen oder von Anlagenteilen geplanten Maßnahmen von einem Erörterungstermin abgesehen werden kann.

(5) [1]Für ortsveränderliche Anlagen gelten die Absätze 1, 2 und 4 entsprechend. [2]Jedoch kann die in Absatz 4 Satz 3 genannte Rechtsverordnung vorsehen, daß von einer Bekanntmachung des Vorhabens und einer Auslegung der Unterlagen abgesehen werden kann und daß insoweit eine Erörterung von Einwendungen unterbleibt.

(6) § 14 des Bundes-Immissionsschutzgesetzes gilt sinngemäß für Einwirkungen, die von einer genehmigten Anlage auf ein anderes Grundstück ausgehen.

---

[1)] Siehe hierzu ua die Sicherheitsanforderungen an Kernkraftwerke idF der Bek. v. 3.3.2015 (BAnz AT 30.03.2015 B2).
[2)] Nr. **6.1**.
[3)] Siehe die Atomrechtliche VerfahrensVO idF der Bek. v. 3.2.1995 (BGBl. I S. 180), zuletzt geänd. durch VO v. 11.11.2020 (BGBl. I S. 2428), und die UVP-Portale-VO (Nr. **2.5.1**).

Atomgesetz **§§ 7a–7c AtG 7.1**

**§ 7a Vorbescheid.** (1) ¹Auf Antrag kann zu einzelnen Fragen, von denen die Erteilung der Genehmigung einer Anlage nach § 7 abhängt, insbesondere zur Wahl des Standorts einer Anlage, ein Vorbescheid erlassen werden. ²Der Vorbescheid wird unwirksam, wenn der Antragsteller nicht innerhalb von zwei Jahren nach Eintritt der Unanfechtbarkeit die Genehmigung beantragt; die Frist kann auf Antrag bis zu zwei Jahren verlängert werden.

(2) § 7 Abs. 4 und 5 sowie die §§ 17 und 18 gelten entsprechend.

**§ 7b Einwendungen Dritter bei Teilgenehmigung und Vorbescheid.**

Soweit in einer Teilgenehmigung oder in einem Vorbescheid über einen Antrag nach § 7 oder § 7a entschieden worden und diese Entscheidung unanfechtbar geworden ist, können in einem weiteren Verfahren zur Genehmigung der Anlage Einwendungen Dritter nicht mehr auf Grund von Tatsachen erhoben werden, die schon vorgebracht waren oder von dem Dritten nach den ausgelegten Unterlagen oder dem ausgelegten Bescheid hätten vorgebracht werden können.

**§ 7c Pflichten des Genehmigungsinhabers.** (1) ¹Die Verantwortung für die nukleare Sicherheit obliegt dem Inhaber der Genehmigung für die kerntechnische Anlage. ²Diese Verantwortung kann nicht delegiert werden und erstreckt sich auch auf die Tätigkeiten der Auftragnehmer und Unterauftragnehmer, deren Tätigkeiten die nukleare Sicherheit einer kerntechnischen Anlage beeinträchtigen könnten.

(2) Der Genehmigungsinhaber nach Absatz 1 ist verpflichtet,

1. ein Managementsystem einzurichten und anzuwenden, das der nuklearen Sicherheit gebührenden Vorrang einräumt,
2. dauerhaft angemessene finanzielle und personelle Mittel zur Erfüllung seiner Pflichten in Bezug auf die nukleare Sicherheit der jeweiligen kerntechnischen Anlage vorzusehen und bereitzuhalten und sicherzustellen, dass seine Auftragnehmer und Unterauftragnehmer, deren Tätigkeiten die nukleare Sicherheit einer kerntechnischen Anlage beeinträchtigen könnten, personelle Mittel mit angemessenen Kenntnissen und Fähigkeiten zur Erfüllung ihrer Pflichten in Bezug auf die nukleare Sicherheit der jeweiligen kerntechnischen Anlage vorsehen und einsetzen,
3. für die Aus- und Fortbildung seines Personals zu sorgen, das mit Aufgaben im Bereich der nuklearen Sicherheit kerntechnischer Anlagen betraut ist, um dessen Kenntnisse und Fähigkeiten auf dem Gebiet der nuklearen Sicherheit aufrechtzuerhalten und auszubauen,
4. im Rahmen seiner Kommunikationspolitik und unter Wahrung seiner Rechte und Pflichten die Öffentlichkeit über den bestimmungsgemäßen Betrieb der kerntechnischen Anlage, über meldepflichtige Ereignisse und Unfälle zu informieren und dabei die lokale Bevölkerung und die Interessenträger in der Umgebung der kerntechnischen Anlage besonders zu berücksichtigen.

(3) ¹Der Genehmigungsinhaber ist verpflichtet, angemessene Verfahren und Vorkehrungen für den anlageninternen Notfallschutz vorzusehen. ²Dabei hat der Genehmigungsinhaber präventive und mitigative Maßnahmen des anlageninternen Notfallschutzes vorzusehen,

## 7.1 AtG §§ 7d, 7e

1. die weder den bestimmungsgemäßen Betrieb noch den auslegungsgemäßen Einsatz von Sicherheits- und Notstandseinrichtungen beeinträchtigen und deren Verträglichkeit mit dem Sicherheitskonzept gewährleistet ist,
2. die bei Unfällen anwendbar sind, die gleichzeitig mehrere Blöcke betreffen oder beeinträchtigen,
3. deren Funktionsfähigkeit durch Wartung und wiederkehrende Prüfungen der vorgesehenen Einrichtungen sicherzustellen ist,
4. die regelmäßig in Übungen angewandt und geprüft werden und
5. die unter Berücksichtigung der aus Übungen und aus Unfällen gewonnenen Erkenntnisse regelmäßig überprüft und aktualisiert werden.

³Die organisatorischen Vorkehrungen des anlageninternen Notfallschutzes müssen die eindeutige Zuweisung von Zuständigkeiten, die Koordinierung mit den zuständigen Behörden sowie Vorkehrungen zur Annahme externer Unterstützung beinhalten. ⁴Bei den Verfahren und Vorkehrungen für den anlageninternen Notfallschutz hat der Genehmigungsinhaber Planungen und Maßnahmen des anlagenexternen Notfallschutzes zu berücksichtigen.

**§ 7d**[1)] **Weitere Vorsorge gegen Risiken.** Der Inhaber einer Genehmigung zum Betrieb einer Anlage zur Spaltung von Kernbrennstoffen zur gewerblichen Erzeugung von Elektrizität hat entsprechend dem fortschreitenden Stand von Wissenschaft und Technik dafür zu sorgen, dass die Sicherheitsvorkehrungen verwirklicht werden, die jeweils entwickelt, geeignet und angemessen sind, um zusätzlich zu den Anforderungen des § 7 Absatz 2 Nummer 3 einen nicht nur geringfügigen Beitrag zur weiteren Vorsorge gegen Risiken für die Allgemeinheit zu leisten.

**§ 7e Finanzieller Ausgleich.** (1) Als Ausgleich für Investitionen, die im berechtigten Vertrauen auf die durch das Elfte Gesetz zur Änderung des Atomgesetzes vom 8. Dezember 2010 (BGBl. I S. 1814) in Anlage 3 Spalte 4 zusätzlich zugewiesenen Elektrizitätsmengen vorgenommen, durch das Dreizehnte Gesetz zur Änderung des Atomgesetzes vom 31. Juli 2011 (BGBl. I S. 1704) jedoch entwertet wurden, hat
1. die EnBW Energie Baden-Württemberg AG einen Anspruch auf Zahlung von 80 Millionen Euro,
2. die PreussenElektra GmbH einen Anspruch auf Zahlung von 42,5 Millionen Euro,
3. die RWE Nuclear GmbH einen Anspruch auf Zahlung von 20 Millionen Euro.

(2) Als Ausgleich für Elektrizitätsmengen aus den Elektrizitätsmengenkontingenten der Kernkraftwerke Brunsbüttel, Krümmel und Mülheim-Kärlich gemäß Anlage 3 Spalte 2, die auf Grund des Dreizehnten Gesetzes zur Änderung des Atomgesetzes vom 31. Juli 2011 (BGBl. I S. 1704) in konzerneigenen Kernkraftwerken nicht verwertet werden können, hat
1. die RWE Nuclear GmbH einen Anspruch auf Zahlung von 860,398 Millionen Euro für Elektrizitätsmengen von 25 900,00 Gigawattstunden des Kernkraftwerks Mülheim-Kärlich,

---

[1)] Siehe hierzu ua die Sicherheitsanforderungen an Kernkraftwerke idF der Bek. v. 3.3.2015 (BAnz AT 30.03.2015 B2).

2. die Vattenfall Europe Nuclear Energy GmbH einen Anspruch auf Zahlung von
   a) 243,606 025 Millionen Euro für Elektrizitätsmengen von 7333,113 Gigawattstunden des Kernkraftwerks Brunsbüttel und
   b) 1,181 809 277 Milliarden Euro für Elektrizitätsmengen von 41022,555 Gigawattstunden des Kernkraftwerks Krümmel.

(3) ¹Der Bund fordert einen Ausgleich, der auf Grund der Absätze 1 und 2 geleistet worden ist, zurück, soweit die Europäische Kommission durch bestandskräftigen Beschluss gemäß Artikel 9 Absatz 5 oder Artikel 13 der Verordnung (EU) 2015/1589 des Rates vom 13. Juli 2015 über besondere Vorschriften für die Anwendung von Artikel 108 des Vertrags über die Arbeitsweise der Europäischen Union (ABl. L 248 vom 24.9.2015, S. 9) oder ein Unionsgericht rechtskräftig festgestellt hat, dass der Ausgleich eine mit dem Binnenmarkt unvereinbare Beihilfe ist. ²Der zurückzuzahlende Betrag ist ab dem Zeitpunkt, zu dem der Anspruchsinhaber ihn empfangen hat, in Höhe des von der Europäischen Kommission festgelegten Zinssatzes auf Grund der Verordnung (EG) Nr. 794/2004 der Kommission vom 21. April 2004 zur Durchführung der Verordnung (EG) Nr. 659/1999 des Rates über besondere Vorschriften für die Anwendung von Artikel 93 des EG-Vertrags (ABl. L 140 vom 30.4.2004, S. 1; L 25 vom 28.1.2005, S. 74; L 131 vom 25.5.2005, S. 45), die zuletzt durch die Verordnung (EU) 2016/2105 (ABl. L 327 vom 2.12.2016, S. 19) geändert worden ist, zu verzinsen.

**§ 7f Zahlung an den Bund.** Werden Elektrizitätsmengen auf Grund von § 7 Absatz 1b Satz 1 und 4 vom Kernkraftwerk Krümmel auf das Kernkraftwerk Neckarwestheim 2 übertragen, hat die EnBW Energie Baden-Württemberg AG dem Bund für jede hieraus erzeugte Megawattstunde einen Betrag in Höhe von 13,92 Euro zuzüglich Umsatzsteuer zu zahlen.

**§ 7g Ermächtigung zum Abschluss eines öffentlich-rechtlichen Vertrages.** ¹Das Bundesministerium für Umwelt, Naturschutz und nukleare Sicherheit, das Bundesministerium der Finanzen und das Bundesministerium für Wirtschaft und Energie werden ermächtigt, für die Bundesrepublik Deutschland mit der EnBW Energie Baden-Württemberg AG, der E.ON SE, der RWE AG und der Vattenfall AB sowie Gesellschaften, an denen sie unmittelbar oder mittelbar Anteile halten und die durch das Dreizehnte Gesetz zur Änderung des Atomgesetzes betroffen sind, einen öffentlich-rechtlichen Vertrag zu schließen. ²In dem Vertrag dürfen die aus den §§ 7e und 7f folgenden Rechte und Pflichten zusätzlich geregelt werden. ³In dem Vertrag können zudem insbesondere konkretisierende Regelungen getroffen werden

1. zu Elektrizitätsmengenübertragungen auf Grund von § 7 Absatz 1b,
2. zur Rückzahlung von Erlösen aus Elektrizitätsmengenübertragungen auf Grund von § 7 Absatz 1b,
3. zur konzernbezogenen Zuordnung von Elektrizitätsmengen gemäß Anlage 3 Spalte 2,
4. zu Ausgleichszahlungen auf Grund von § 7e Absatz 2 für in konzerneigenen Kernkraftwerken nicht verwertbare Elektrizitätsmengen gemäß Anlage 3 Spalte 2, einschließlich der dazugehörigen Auszahlungsmodalitäten,

5. zur Zahlungsverpflichtung der EnBW Energie Baden-Württemberg AG gegenüber dem Bund auf Grund von § 7f,
6. zu Ausgleichszahlungen für entwertete Investitionen auf Grund von § 7e Absatz 1, einschließlich der dazugehörigen Auszahlungsmodalitäten,
7. zur Anpassung der Ausgleichsregelungen, soweit die Europäische Kommission, ohne dass sie einen Beschluss erlässt, Beanstandungen äußert oder Änderungen anregt,
8. zur Anpassung der Ausgleichsregelungen, soweit eine beihilferechtliche Genehmigung der Europäischen Kommission bestandskräftig mit Auflagen und Bedingungen verbunden wird,
9. zur Anpassung der Ausgleichsregelungen, soweit die Europäische Kommission durch bestandskräftigen Beschluss oder ein Unionsgericht rechtskräftig festgestellt hat, dass der Ausgleich eine mit dem Binnenmarkt unvereinbare Beihilfe ist,
10. zur Durchsetzung des Unionsrechts und zur Rückforderung des Ausgleichs durch den Bund, soweit die Europäische Kommission durch bestandskräftigen Beschluss oder ein Unionsgericht rechtskräftig festgestellt hat, dass der Ausgleich eine mit dem Binnenmarkt unvereinbare Beihilfe ist,
11. zur Ruhendstellung und Beendigung von Klage- und Schiedsgerichtsverfahren einschließlich der Rücknahme anhängiger Rechtsbehelfe,
12. zur Rücknahme von Anträgen, die auf Grund von § 7e des Sechzehnten Gesetzes zur Änderung des Atomgesetzes (BGBl. I S. 1122) beim Bundesministerium für Umwelt, Naturschutz und nukleare Sicherheit eingereicht worden sind,
13. zum Verzicht auf Ansprüche und Rechtsbehelfe, insbesondere auf Klage- und Schiedsgerichtsverfahren.

**§ 8 Verhältnis zum Bundes-Immissionsschutzgesetz und zum Gesetz über überwachungsbedürftige Anlagen.** (1) Die Vorschriften des Bundes-Immissionsschutzgesetzes über genehmigungsbedürftige Anlagen sowie über die Untersagung der ferneren Benutzung solcher Anlagen finden auf genehmigungspflichtige Anlagen im Sinne des § 7 keine Anwendung, soweit es sich um den Schutz vor den Gefahren der Kernenergie oder der schädlichen Wirkung ionisierender Strahlen handelt.

(2) [1] Bedarf eine nach § 4 des Bundes-Immissionsschutzgesetzes[1]) genehmigungsbedürftige Anlage einer Genehmigung nach § 7, so schließt diese Genehmigung die Genehmigung nach § 4 des Bundes-Immissionsschutzgesetzes ein. [2] Die atomrechtliche Genehmigungsbehörde hat die Entscheidung im Einvernehmen mit der für den Immissionsschutz zuständigen Landesbehörde nach Maßgabe der Vorschriften des Bundes-Immissionsschutzgesetzes und der dazu erlassenen Rechtsverordnungen zu treffen.

(3) Für überwachungsbedürftige Anlagen nach § 2 Nummer 1 des Gesetzes über überwachungsbedürftige Anlagen, die in genehmigungspflichtigen Anlagen im Sinne des § 7 Verwendung finden, kann die Genehmigungsbehörde im Einzelfall Ausnahmen von den geltenden Rechtsvorschriften über die Errichtung und den Betrieb überwachungsbedürftiger Anlagen zulassen, soweit dies durch die besondere technische Eigenart der Anlagen nach § 7 bedingt ist.

---

[1]) Nr. **6.1**.

**§ 9 Bearbeitung, Verarbeitung und sonstige Verwendung von Kernbrennstoffen außerhalb genehmigungspflichtiger Anlagen.** (1) ¹Wer Kernbrennstoffe außerhalb von Anlagen der in § 7 bezeichneten Art bearbeitet, verarbeitet oder sonst verwendet, bedarf der Genehmigung. ²Einer Genehmigung bedarf ferner, wer von dem in der Genehmigungsurkunde festgelegten Verfahren für die Bearbeitung, Verarbeitung oder sonstige Verwendung wesentlich abweicht oder die in der Genehmigungsurkunde bezeichnete Betriebsstätte oder deren Lage wesentlich verändert.

(2) Die Genehmigung darf nur erteilt werden, wenn

1. keine Tatsachen vorliegen, aus denen sich Bedenken gegen die Zuverlässigkeit des Antragstellers und der für die Leitung und Beaufsichtigung der Verwendung der Kernbrennstoffe verantwortlichen Personen ergeben, und die für die Leitung und Beaufsichtigung der Verwendung der Kernbrennstoffe verantwortlichen Personen die hierfür erforderliche Fachkunde besitzen,
2. gewährleistet ist, daß die bei der beabsichtigten Verwendung von Kernbrennstoffen sonst tätigen Personen die notwendigen Kenntnisse über die möglichen Gefahren und die anzuwendenden Schutzmaßnahmen besitzen,
3. die nach dem Stand von Wissenschaft und Technik erforderliche Vorsorge gegen Schäden durch die Verwendung der Kernbrennstoffe getroffen ist,
4. die erforderliche Vorsorge für die Erfüllung gesetzlicher Schadensersatzverpflichtungen getroffen ist,
5. der erforderliche Schutz gegen Störmaßnahmen oder sonstige Einwirkungen Dritter gewährleistet ist,
6. überwiegende öffentliche Interessen, insbesondere im Hinblick auf die Reinhaltung des Wassers, der Luft und des Bodens, der Wahl des Ortes der Verwendung von Kernbrennstoffen nicht entgegenstehen.

**§ 9a Verwertung radioaktiver Reststoffe und Beseitigung radioaktiver Abfälle.** (1) ¹Wer Anlagen, in denen mit Kernbrennstoffen umgegangen wird, errichtet, betreibt, sonst innehat, wesentlich verändert, stillegt oder beseitigt, außerhalb solcher Anlagen mit radioaktiven Stoffen umgeht oder Anlagen zur Erzeugung ionisierender Strahlung im Sinne des § 5 Absatz 2 des Strahlenschutzgesetzes betreibt, hat dafür zu sorgen, daß anfallende radioaktive Reststoffe sowie ausgebaute oder abgebaute radioaktive Anlagenteile den in § 1 Nr. 2 bis 4 bezeichneten Zwecken entsprechend schadlos verwertet oder als radioaktive Abfälle geordnet beseitigt werden (direkte Endlagerung); die Pflicht nach Satz 1 erster Halbsatz kann an einen vom Bund mit der Wahrnehmung der Zwischenlagerung beauftragten Dritten nach § 2 Absatz 1 Satz 1 des Entsorgungsübergangsgesetzes übergehen. ²Die Abgabe von aus dem Betrieb von Anlagen zur Spaltung von Kernbrennstoffen zur gewerblichen Erzeugung von Elektrizität stammenden bestrahlten Kernbrennstoffen zur schadlosen Verwertung an eine Anlage zur Aufarbeitung bestrahlter Kernbrennstoffe ist vom 1. Juli 2005 an unzulässig.

(1a) ¹Die Betreiber von Anlagen zur Spaltung von Kernbrennstoffen zur gewerblichen Erzeugung von Elektrizität haben nachzuweisen, dass sie für Erfüllung ihrer Pflichten nach Absatz 1 für angefallene und in dem unter Berücksichtigung des § 7 Abs. 1a und 1b vorgesehenen Betriebszeitraum noch anfallende bestrahlte Kernbrennstoffe einschließlich der im Falle der Aufarbei-

## 7.1 AtG § 9a Atomgesetz

tung bestrahlter Kernbrennstoffe zurückzunehmenden radioaktiven Abfälle ausreichende Vorsorge getroffen haben (Entsorgungsvorsorgenachweis). ²Satz 1 gilt nicht, soweit die dort genannten bestrahlten Kernbrennstoffe und radioaktiven Abfälle an den vom Bund mit der Wahrnehmung der Zwischenlagerung beauftragten Dritten nach § 2 Absatz 1 Satz 1 des Entsorgungsübergangsgesetzes abgegeben worden sind. ³Der Nachweis ist jährlich zum 31. Dezember fortzuschreiben und bis spätestens 31. März des darauf folgenden Jahres vorzulegen. ⁴Eine erhebliche Veränderung der der Entsorgungsvorsorge zugrunde liegenden Voraussetzungen ist der zuständigen Behörde unverzüglich mitzuteilen.

(1b) ¹Für die geordnete Beseitigung ist nachzuweisen, dass der sichere Verbleib für bestrahlte Kernbrennstoffe sowie für aus der Aufarbeitung bestrahlter Kernbrennstoffe zurückzunehmende radioaktive Abfälle in Zwischenlagern bis zu deren Ablieferung an eine Anlage zur Endlagerung radioaktiver Abfälle gewährleistet ist. ²Der Nachweis für die Beseitigung bestrahlter Kernbrennstoffe wird durch realistische Planungen über ausreichende, bedarfsgerecht zur Verfügung stehende Zwischenlagermöglichkeiten erbracht. ³Für den nach der realistischen Planung jeweils in den nächsten zwei Jahren bestehenden Zwischenlagerbedarf für bestrahlte Kernbrennstoffe ist nachzuweisen, dass hierfür rechtlich und technisch verfügbare Zwischenlager des Entsorgungspflichtigen oder Dritter bereitstehen. ⁴Der Nachweis für die Beseitigung der aus der Aufarbeitung bestrahlter Kernbrennstoffe zurückzunehmenden radioaktiven Abfälle wird durch realistische Planungen erbracht, aus denen sich ergibt, dass zum Zeitpunkt der verbindlich vereinbarten Rücknahme dieser radioaktiven Abfälle ausreichende Zwischenlagermöglichkeiten zur Verfügung stehen werden. ⁵Abweichend von Absatz 1a Satz 1 kann die Nachweisführung für die geordnete Beseitigung der aus der Aufarbeitung zurückzunehmenden radioaktiven Abfälle von einem Dritten erbracht werden, wenn die Zwischenlagerung der zurückzunehmenden radioaktiven Abfälle für den Entsorgungspflichtigen durch den Dritten erfolgt. ⁶Neben einer realistischen Planung nach Satz 4 hat der Dritte nachzuweisen, dass der Zwischenlagerbedarf des Entsorgungspflichtigen bedarfsgerecht vertraglich gesichert sein wird. ⁷Für den Fall, dass mehrere Entsorgungspflichtige die Nachweisführung auf denselben Dritten übertragen haben, kann dieser für die Entsorgungspflichtigen einen gemeinsamen Nachweis führen (Sammelnachweis). ⁸Der Sammelnachweis besteht aus einer realistischen Planung nach Satz 4 für den Gesamtzwischenlagerbedarf der Entsorgungspflichtigen sowie der Darlegung, dass dieser bedarfsgerecht vertraglich gesichert sein wird.

(1c) ¹Soweit die nach Absatz 1 Satz 2 zulässige schadlose Verwertung bestrahlter Kernbrennstoffe vorgesehen ist, ist nachzuweisen, dass der Wiedereinsatz des aus der Aufarbeitung gewonnenen und des noch zu gewinnenden Plutoniums in Anlagen zur Spaltung von Kernbrennstoffen zur gewerblichen Erzeugung von Elektrizität gewährleistet ist; dies gilt nicht für Plutonium, das bis zum 31. August 2000 bereits wieder eingesetzt worden ist oder für bereits gewonnenes Plutonium, für das bis zu diesem Zeitpunkt die Nutzungs- und Verbrauchsrechte an Dritte übertragen worden sind. ²Dieser Nachweis ist für den Wiedereinsatz in innerhalb des Geltungsbereichs dieses Gesetzes betriebenen Anlagen zur Spaltung von Kernbrennstoffen zur gewerblichen Erzeugung von Elektrizität erbracht, wenn realistische Planungen für die Aufarbeitung bestrahlter Kernbrennstoffe, für die Fertigung von Brennelementen mit dem aus der Aufarbeitung angefallenen und noch anfallenden Plutonium sowie für den Einsatz dieser Brennelemente vorgelegt werden und wenn die zur Verwirklichung dieser Planung jeweils innerhalb der nächsten zwei Jahre vorgesehenen Maßnahmen durch Vorlage von Verträgen oder Vertragsauszügen oder von entsprechenden Bestätigungen Dritter, die über hierfür geeignete Anlagen verfügen, oder im Falle des Einsatzes der Brennelemente in geeigneten Anlagen des Entsorgungspflichtigen durch die Vorlage der Planung ihres Einsatzes nachgewiesen sind. ³Der Nachweis für den Wiedereinsatz in anderen, innerhalb der Europäischen Union oder der Schweiz betriebenen Anlagen zur Spaltung von Kernbrennstoffen zur gewerblichen Erzeugung von Elektrizität ist erbracht, wenn verbindliche Bestätigungen über die Übertragung von Nutzungs- und Verbrauchsrechten zum Zwecke des Wiedereinsatzes an aus der Aufarbeitung angefallenem Plutonium vorgelegt werden.

(1d) ¹Für das aus der Aufarbeitung von bestrahlten Kernbrennstoffen gewonnene Uran haben die Entsorgungspflichtigen den sicheren Verbleib durch realistische Planungen über ausreichende, bedarfsgerecht zur Verfügung stehende Zwischenlagermöglichkeiten nachzuweisen. ²Absatz 1b Satz 3 gilt entsprechend. ³Sobald das zwischengelagerte Uran aus der Zwischenlagerung verbracht werden soll, ist dies, einschließlich des geplanten Entsorgungsweges zur Erfüllung der Pflichten nach Absatz 1, der zuständigen Behörde mitzuteilen.

(1e) Absatz 1a gilt entsprechend für Betreiber von Anlagen zur Spaltung von Kernbrennstoffen zu Forschungszwecken.

(2) ¹Wer radioaktive Abfälle besitzt, hat diese an eine Anlage nach Absatz 3 abzuliefern. ²Dies gilt nicht, soweit Abweichendes nach Satz 3 oder durch eine auf Grund dieses Gesetzes erlassene Rechtsverordnung bestimmt oder auf Grund dieses Gesetzes oder einer solchen Rechtsverordnung angeordnet oder genehmigt oder in einem öffentlich-rechtlichen Vertrag vereinbart worden ist. ³Der Betreiber einer Anlage zur Spaltung von Kernbrennstoffen zur gewerblichen Erzeugung von Elektrizität hat dafür zu sorgen, dass ein Zwischenlager nach § 6 Abs. 1 und 3 innerhalb des abgeschlossenen Geländes der Anlage oder nach § 6 Abs. 1 in der Nähe der Anlage errichtet wird (standortnahes Zwischenlager) und die anfallenden bestrahlten Kernbrennstoffe bis zu deren Ablieferung an eine Anlage zur Endlagerung radioaktiver Abfälle dort aufbewahrt werden. ⁴§ 2 des Entsorgungsübergangsgesetzes bleibt unberührt.

(2a) ¹Der Betreiber von Anlagen zur Spaltung von Kernbrennstoffen zur gewerblichen Erzeugung von Elektrizität hat auch dafür zu sorgen, dass die aus der Aufarbeitung bestrahlter Kernbrennstoffe im Ausland stammenden verfestigten Spaltproduktlösungen zurückgenommen und in standortnahen Zwischenlagern nach Absatz 2 Satz 3 bis zu deren Ablieferung an eine Anlage zur Endlagerung radioaktiver Abfälle aufbewahrt werden. ²Die Möglichkeit der Abgabe der radioaktiven Abfälle an den vom Bund mit der Wahrnehmung der Zwischenlagerung beauftragten Dritten nach § 2 Absatz 1 Satz 1 des Entsorgungsübergangsgesetzes bleibt unberührt.

(3) ¹Die Länder haben Landessammelstellen für die Zwischenlagerung der in ihrem Gebiet angefallenen radioaktiven Abfälle, der Bund hat Anlagen zur Sicherstellung und zur Endlagerung radioaktiver Abfälle einzurichten; § 24 der Bundeshaushaltsordnung findet für Anlagen zur Endlagerung radioaktiver Abfälle keine Anwendung. ²Die Länder können sich zur Erfüllung ihrer Pflichten Dritter bedienen; der Bund hat die Wahrnehmung seiner Aufgaben einem Dritten zu übertragen, der in privater Rechtsform zu organisieren und dessen

alleiniger Gesellschafter der Bund ist. ³Der Bund überträgt diesem Dritten die hierfür erforderlichen hoheitlichen Befugnisse im Weg der Beleihung; insoweit untersteht der Dritte der Aufsicht des Bundes. ⁴Der mit der Wahrnehmung der Aufgaben betraute Dritte nimmt die sich daraus ergebenden Pflichten grundsätzlich selbst wahr. ⁵Das Bundesministerium für Umwelt, Naturschutz und nukleare Sicherheit ist zuständig für die Aufgaben nach Satz 2 zweiter Halbsatz sowie nach Satz 3. ⁶Der Dritte nach Satz 3 kann für die Benutzung von Anlagen zur Sicherstellung und Endlagerung anstelle von Kosten ein Entgelt erheben. ⁷Soweit die Aufgabenwahrnehmung nach Satz 3 übertragen wird, gelten die nach § 21b erhobenen Beiträge, die nach der auf Grund des § 21b Abs. 3 erlassenen Rechtsverordnung erhobenen Vorausleistungen sowie die von den Landessammelstellen nach § 21a Abs. 2 Satz 9 abgeführten Beträge als Leistungen, die dem Dritten gegenüber erbracht worden sind. ⁸Eine Verantwortlichkeit des Bundes für Amtspflichtverletzungen anstelle des Dritten nach Satz 3 besteht nicht; zur Deckung von Schäden aus Amtspflichtverletzungen hat der Dritte eine ausreichende Haftpflichtversicherung abzuschließen. ⁹§ 25 bleibt unberührt. ¹⁰Soweit die Aufgabenwahrnehmung vom Bund auf den Dritten nach Satz 2 übertragen wird, stellt der Bund diesen von Schadensersatzverpflichtungen nach § 25 bis zur Höhe von 2,5 Milliarden Euro frei. ¹¹Über Widersprüche gegen Verwaltungsakte, die von dem Dritten nach Satz 3 erlassen worden sind, entscheidet die Aufsichtsbehörde.

**§ 9b Zulassungsverfahren.** (1) ¹Die Errichtung, der Betrieb und die Stilllegung der in § 9a Abs. 3 genannten Anlagen des Bundes sowie die wesentliche Veränderung solcher Anlagen oder ihres Betriebes bedürfen der Planfeststellung. ²Auf Antrag kann das Vorhaben in Stufen durchgeführt und dementsprechend können Teilplanfeststellungsbeschlüsse erteilt werden, wenn eine vorläufige Prüfung ergibt, dass die Voraussetzungen nach Absatz 4 im Hinblick auf die Errichtung, den Betrieb der gesamten Anlage und die Stilllegung vorliegen werden. ³§ 74 Abs. 6 des Verwaltungsverfahrensgesetzes gilt mit der Maßgabe, daß die zuständige Behörde nur dann auf Antrag oder von Amts wegen an Stelle eines Planfeststellungsbeschlusses eine Plangenehmigung erteilen kann, wenn die wesentliche Veränderung der in Satz 1 genannten Anlagen oder ihres Betriebes beantragt wird und die Veränderung keine erheblichen nachteiligen Auswirkungen auf ein in § 2 Absatz 1 des Gesetzes über die Umweltverträglichkeitsprüfung¹⁾ genanntes Schutzgut haben kann. ⁴§ 76 des Verwaltungsverfahrensgesetzes findet keine Anwendung.

(1a) ¹In den Fällen, in denen der Standort durch Bundesgesetz festgelegt wurde, tritt an die Stelle der Planfeststellung eine Genehmigung. ²Die Genehmigung darf nur erteilt werden, wenn die in § 7 Absatz 2 Nummer 1 bis 3 und 5 genannten Voraussetzungen erfüllt sind; für die Stilllegung gelten diese Voraussetzungen sinngemäß. ³Die Genehmigung ist zu versagen, wenn

1. von der Errichtung, dem Betrieb oder der Stilllegung der geplanten Anlage Beeinträchtigungen des Wohls der Allgemeinheit zu erwarten sind, die durch inhaltliche Beschränkungen und Auflagen nicht verhindert werden können, oder

---

¹⁾ Nr. **2.5**.

2. sonstige öffentlich-rechtliche Vorschriften, insbesondere im Hinblick auf die Umweltverträglichkeit, der Errichtung, dem Betrieb oder der Stilllegung der Anlage entgegenstehen.

⁴Durch die Genehmigung wird die Zulässigkeit des Vorhabens im Hinblick auf alle von ihm berührten öffentlichen Belange festgestellt; neben der Genehmigung sind andere behördliche Entscheidungen, insbesondere öffentlich-rechtliche Genehmigungen, Verleihungen, Erlaubnisse, Bewilligungen, Zustimmungen und Planfeststellungen nicht erforderlich, mit Ausnahme von wasserrechtlichen Erlaubnissen und Bewilligungen sowie der Entscheidungen über die Zulässigkeit des Vorhabens nach den Vorschriften des Berg- und Tiefspeicherrechts. ⁵Bei der Genehmigungsentscheidung sind sämtliche Behörden des Bundes, der Länder, der Gemeinden und der sonstigen Gebietskörperschaften zu beteiligen, deren Zuständigkeitsbereich berührt wird. ⁶Die Entscheidung ist im Benehmen mit den jeweils zuständigen Behörden zu treffen. ⁷§ 7b und die Atomrechtliche Verfahrensverordnung finden entsprechende Anwendung.

(2) ¹Bei der Planfeststellung ist die Umweltverträglichkeit der Anlage zu prüfen. ²Die Umweltverträglichkeitsprüfung ist Teil der Prüfung nach Absatz 4. ³In den Fällen des Absatzes 1a ist die Umweltverträglichkeit der Anlage zu prüfen; diese kann auf Grund der in dem Standortauswahlverfahren nach den Bestimmungen des Standortauswahlgesetzes[1] bereits durchgeführten Umweltverträglichkeitsprüfung auf zusätzliche oder andere erhebliche Umweltauswirkungen der zuzulassenden Anlage beschränkt werden.

(3) ¹Der Planfeststellungsbeschluß kann zur Erreichung der in § 1 bezeichneten Zwecke inhaltlich beschränkt und mit Auflagen verbunden werden. ²Soweit es zur Erreichung der in § 1 Nr. 2 bis 4 bezeichneten Zwecke erforderlich ist, sind nachträgliche Auflagen zulässig.

(4) ¹Der Planfeststellungsbeschluss darf nur erteilt werden, wenn die in § 7 Absatz 2 Nummer 1 bis 3 und 5 genannten Voraussetzungen erfüllt sind; für die Stilllegung gelten diese Voraussetzungen sinngemäß. ²Der Planfeststellungsbeschluss ist zu versagen, wenn

1. von der Errichtung, dem Betrieb oder der Stilllegung der geplanten Anlage Beeinträchtigungen des Wohls der Allgemeinheit zu erwarten sind, die durch inhaltliche Beschränkungen und Auflagen nicht verhindert werden können oder

2. sonstige öffentlich-rechtliche Vorschriften, insbesondere im Hinblick auf die Umweltverträglichkeit, der Errichtung, dem Betrieb oder der Stilllegung der Anlage entgegenstehen.

(5) Für das Planfeststellungsverfahren gelten die §§ 72 bis 75, 77 und 78 des Verwaltungsverfahrensgesetzes mit folgender Maßgabe:

1. ¹Die Bekanntmachung des Vorhabens und des Erörterungstermins, die Auslegung des Plans, die Erhebung von Einwendungen, die Durchführung des Erörterungstermins und die Zustellung der Entscheidungen sind nach der Rechtsverordnung nach § 7 Abs. 4 Satz 3 vorzunehmen. ²Für Form und Inhalt sowie Art und Umfang des einzureichenden Plans gelten im Hinblick auf die kerntechnische Sicherheit und den Strahlenschutz die in dieser Rechtsverordnung enthaltenen Vorschriften entsprechend.

---

[1] Auszugsweise abgedruckt unter Nr. **7.3**.

2. Vor einer vorbehaltenen Entscheidung kann von einer Bekanntmachung und Auslegung der nachgereichten Unterlagen abgesehen werden, wenn ihre Bekanntmachung und Auslegung keine weiteren Umstände offenbaren würde, die für die Belange Dritter erheblich sein können.
3. [1] Die Planfeststellung erstreckt sich nicht auf die Zulässigkeit des Vorhabens nach den Vorschriften des Berg- und Tiefspeicherrechts. [2] Hierüber entscheidet die nach § 23d Satz 1 Nummer 3 zuständige Behörde.
4. § 7b dieses Gesetzes sowie § 18 der Atomrechtlichen Verfahrensverordnung gelten entsprechend für Teilplanfeststellungsbeschlüsse für Anlagen des Bundes nach § 9a Absatz 3.

**§ 9c Landessammelstellen.** Für das Lagern oder Bearbeiten radioaktiver Abfälle in Landessammelstellen nach § 9a Abs. 3 Satz 1 erster Halbsatz sind die für den Umgang mit diesen radioaktiven Stoffen geltenden Genehmigungsvorschriften dieses Gesetzes, des Strahlenschutzgesetzes und der auf Grund dieser Gesetze erlassenen Rechtsverordnungen anwendbar.

**§ 9d Enteignung.** (1) Für Zwecke der Errichtung und des Betriebs von Anlagen zur Endlagerung radioaktiver Abfälle sowie für Zwecke der Vornahme wesentlicher Veränderungen solcher Anlagen oder ihres Betriebs ist die Enteignung zulässig, soweit sie zur Ausführung eines nach § 9b festgestellten oder genehmigten Plans notwendig ist.

(2) [1] Die Enteignung ist ferner zulässig für Zwecke der vorbereitenden Standorterkundung für Anlagen zur Endlagerung radioaktiver Abfälle, soweit sie zur Durchführung von Erkundungsmaßnahmen auf der Grundlage der Vorschriften des Bundesberggesetzes sowie zu deren Offenhaltung ab der Entscheidung über eine übertägige Erkundung nach § 15 Absatz 3 des Standortauswahlgesetzes[1)] notwendig ist. [2] Die Enteignung ist insbesondere dann zur Durchführung von Erkundungsmaßnahmen notwendig, wenn die Eignung bestimmter geologischer Formationen als Endlagerstätte für radioaktive Abfälle ohne die Enteignung nicht oder nicht in dem erforderlichen Umfang untersucht werden könnte oder wenn die Untersuchung der Eignung ohne die Enteignung erheblich behindert, verzögert oder sonst erschwert würde. [3] Die besonderen Vorschriften des Bundesberggesetzes über die Zulegung und die Grundabtretung sowie über sonstige Eingriffe in Rechte Dritter für bergbauliche Zwecke bleiben unberührt.

**§ 9e Gegenstand und Zulässigkeit der Enteignung; Entschädigung.**
(1) [1] Durch die Enteignung nach § 9d können
1. das Eigentum oder andere Rechte an Grundstücken und grundstücksgleichen Rechten entzogen oder belastet werden,
2. Rechte und Befugnisse entzogen werden, die zum Erwerb, zum Besitz oder zur Nutzung von Grundstücken oder grundstücksgleichen Rechten berechtigen oder die den Verpflichteten in der Nutzung von Grundstücken oder grundstücksgleichen Rechten beschränken,
3. Bergbauberechtigungen sowie nach dem Bundesberggesetz aufrecht erhaltene alte Rechte entzogen oder belastet werden,

---

[1)] Nr. 7.3.

4. Rechtsverhältnisse begründet werden, die Rechte der in Nummer 2 bezeichneten Art gewähren.

²Grundstücksteile stehen Grundstücken nach Satz 1 gleich.

(2) ¹Die Enteignung ist nur zulässig, wenn das Wohl der Allgemeinheit, insbesondere die Sicherstellung der Endlagerung radioaktiver Abfälle nach § 9a, sie erfordert und wenn der Enteignungszweck unter Beachtung der Standortgebundenheit des Vorhabens auf andere zumutbare Weise nicht erreicht werden kann. ²Im Fall des § 9d Absatz 1 ist der festgestellte oder genehmigte Plan dem Enteignungsverfahren zugrunde zu legen und für die Enteignungsbehörde bindend. ³Die Enteignung setzt voraus, dass sich der Antragsteller ernsthaft um den freihändigen Erwerb der Rechte oder Befugnisse nach Absatz 1 oder um die Vereinbarung eines Nutzungsverhältnisses zu angemessenen Bedingungen vergeblich bemüht hat. ⁴Rechte und Befugnisse dürfen nur in dem Umfang enteignet werden, in dem dies zur Verwirklichung des Enteignungszwecks erforderlich ist. ⁵Soll ein Grundstück oder ein räumlich oder wirtschaftlich zusammenhängender Grundbesitz nur zu einem Teil enteignet werden, kann der Eigentümer die Ausdehnung der Enteignung auf das Restgrundstück oder den Restbesitz insoweit verlangen, als das Restgrundstück oder der Restbesitz nicht mehr in angemessenem Umfang baulich oder wirtschaftlich genutzt werden kann.

(3) ¹Für die Enteignung ist eine Entschädigung durch den Antragsteller zu leisten. ²§ 21b bleibt unberührt. ³Die Entschädigung wird gewährt für den durch die Enteignung eintretenden Rechtsverlust sowie für andere durch die Enteignung eintretende Vermögensnachteile. ⁴Die Entschädigung für den Rechtsverlust bestimmt sich nach dem Verkehrswert der zu enteignenden Rechte oder Befugnisse nach Absatz 1. ⁵Hat sich ein Beteiligter mit der Übertragung, Belastung oder sonstigen Beschränkung von Rechten oder Befugnissen nach Absatz 1 schriftlich einverstanden erklärt, kann das Entschädigungsverfahren unmittelbar durchgeführt werden.

(4) ¹Für die Enteignung und die Entschädigung gelten im Übrigen die §§ 93 bis 103 und 106 bis 122 des Baugesetzbuches entsprechend. ²Bei der Enteignung von Bergbauberechtigungen und Rechten im Sinne des § 9e Absatz 1 Satz 1 Nummer 3 gilt § 116 des Baugesetzbuches mit der Maßgabe, dass die Ausübung der vorgenannten Rechte dem Berechtigten vorläufig entzogen und, soweit dies für die in § 9d Absatz 1 und 2 genannten Zwecke erforderlich ist, auf den Antragsteller vorläufig übertragen werden kann.

(5) ¹Für Rechtsbehelfe gegen Entscheidungen der Enteignungsbehörde gelten die §§ 217 bis 231 des Baugesetzbuches. ²Rechtsbehelfe gegen Beschlüsse nach § 116 des Baugesetzbuches haben keine aufschiebende Wirkung. ³Der Antrag auf Anordnung der aufschiebenden Wirkung nach § 80 Absatz 5 Satz 1 der Verwaltungsgerichtsordnung kann nur innerhalb eines Monats nach der Zustellung des Beschlusses gestellt und begründet werden. ⁴Darauf ist in der Rechtsbehelfsbelehrung hinzuweisen.

**§ 9f Vorarbeiten an Grundstücken.** (1) ¹Eigentümer und sonstige Nutzungsberechtigte haben zu dulden, dass zur Vorbereitung der Planfeststellung nach § 9b sowie zur obertägigen Standorterkundung für Anlagen zur Endlagerung radioaktiver Abfälle Grundstücke betreten und befahren sowie Vermessungen, Boden- und Grundwasseruntersuchungen und ähnliche vorübergehende Vorarbeiten auf Grundstücken durch die dafür zuständigen Personen ausgeführt werden. ²Die Absicht, Grundstücke zu betreten und solche Arbeiten auszuführen, ist dem Eigentümer und den sonstigen Nutzungsberechtigten rechtzeitig vorher bekannt zu geben.

(2) ¹Nach Abschluss der Vorarbeiten ist der frühere Zustand der Grundstücke wieder herzustellen. ²Die zuständige Behörde kann anordnen, dass im Rahmen der Vorarbeiten geschaffene Einrichtungen verbleiben können.

(3) ¹Entstehen durch eine Maßnahme nach Absatz 1 oder durch eine Anordnung nach Absatz 2 Satz 2 dem Eigentümer oder sonstigen Nutzungsberechtigten unmittelbare Vermögensnachteile, so ist eine angemessene Entschädigung in Geld zu leisten. ² § 21b bleibt unberührt.

**§ 9g Veränderungssperre.** (1) ¹Zur Sicherung von Planungen für Vorhaben nach § 9b oder zur Sicherung oder Fortsetzung einer Standorterkundung für Anlagen zur Endlagerung radioaktiver Abfälle können durch Rechtsverordnung für die Dauer von höchstens zehn Jahren Planungsgebiete festgelegt werden, auf deren Flächen oder in deren Untergrund wesentlich wertsteigernde oder das Vorhaben nach § 9b oder die Standorterkundung erheblich erschwerende Veränderungen nicht vorgenommen werden dürfen. ²Eine zweimalige Verlängerung der Festlegung um jeweils höchstens zehn Jahre durch Rechtsverordnung ist zulässig, wenn die Voraussetzungen nach Satz 1 fortbestehen. ³Vor einer Festlegung nach den Sätzen 1 und 2 sind die Gemeinden und Kreise, deren Gebiet von der Festlegung betroffen wird, zu hören. ⁴Die Festlegung nach den Sätzen 1 und 2 ist vor Ablauf der bezeichneten Fristen aufzuheben, wenn die Voraussetzungen für eine Festlegung weggefallen sind. ⁵Die Festlegung nach den Sätzen 1 und 2 tritt mit dem Beginn der Auslegung des Plans im Planfeststellungsverfahren nach § 9b oder nach § 57a des Bundesberggesetzes außer Kraft.

(2) ¹Vom Beginn der Auslegung des Plans im Planfeststellungsverfahren nach § 9b an dürfen auf den vom Plan betroffenen Flächen und im Bereich des vom Plan erfaßten Untergrunds wesentlich wertsteigernde oder das Vorhaben erheblich erschwerende Veränderungen bis zur planmäßigen Inanspruchnahme nicht vorgenommen werden. ²Veränderungen, die in rechtlich zulässiger Weise vorher begonnen worden sind, Unterhaltungsarbeiten und die Fortführung einer bisher rechtmäßig ausgeübten Nutzung werden hiervon nicht berührt.

(3) Absatz 2 gilt entsprechend bei Vorhaben zur untertägigen vorbereitenden Standorterkundung für Anlagen zur Endlagerung radioaktiver Abfälle auf der Grundlage der Vorschriften des Bundesberggesetzes; an die Stelle der Auslegung des Plans im Planfeststellungsverfahren nach § 9b tritt die Auslegung des Plans im Planfeststellungsverfahren nach § 57a des Bundesberggesetzes.

(4) Das Bundesamt für die Sicherheit der nuklearen Entsorgung hat auf Antrag Ausnahmen von der Veränderungssperre nach den Absätzen 1 bis 3 zuzulassen, wenn überwiegende öffentliche Belange nicht entgegenstehen und wenn die Einhaltung der Veränderungssperre im Einzelfall zu einer offenbar nicht beabsichtigten Härte führen würde.

(5) ¹Dauert die Veränderungssperre nach den Absätzen 1 bis 3 länger als fünf Jahre, so können die Eigentümer und die sonstigen Nutzungsberechtigten für die dadurch entstandenen Vermögensnachteile eine angemessene Entschädigung in Geld verlangen. ²Die Entschädigung ist vom Vorhabensträger zu leisten. ³ § 21b bleibt unberührt.

**§ 9h Pflichten des Zulassungsinhabers.** Die §§ 7c und 19a Absatz 3 und 4 gelten entsprechend für:

1. den Inhaber eines Planfeststellungsbeschlusses oder einer Genehmigung nach § 9b sowie
2. den Inhaber einer Genehmigung zum Umgang mit radioaktiven Stoffen zum Zweck der Lagerung, Bearbeitung oder Verarbeitung als radioaktive Abfälle, mit dem Ziel, diese radioaktiven Abfälle geordnet zu beseitigen, soweit es sich nicht um die Genehmigung für eine kerntechnische Anlage im Sinne des § 2 Absatz 3a Nummer 1 handelt.

**§ 9i Bestandsaufnahme und Schätzung.** (1) Das für die kerntechnische Sicherheit und den Strahlenschutz zuständige Bundesministerium erstellt erstmals bis spätestens 23. August 2015 und danach alle drei Jahre

1. eine nationale Bestandsaufnahme der Mengen, Arten, Eigenschaften und Standorte aller angefallenen oder gelagerten abgebrannten Brennelemente und radioaktiven Abfälle sowie
2. eine Schätzung der zukünftig anfallenden oder zu lagernden Mengen abgebrannter Brennelemente und radioaktiver Abfälle, klassifiziert nach Arten und Eigenschaften sowie unter Berücksichtigung von Stilllegungsmaßnahmen.

(2) [1] Zur Vorbereitung der Erstellung der Bestandsaufnahme nach Absatz 1 sind die nach § 9a Absatz 1 Satz 1 Entsorgungspflichtigen und die Besitzer abgebrannter Brennelemente oder radioaktiver Abfälle, sofern beide ihre radioaktiven Abfälle nicht nach einer aufgrund dieses Gesetzes erlassenen Rechtsverordnung an eine Landessammelstelle abzuliefern haben, verpflichtet, die erforderlichen und nicht bereits nach § 2c Absatz 4 vorzulegenden Auskünfte auf Verlangen des zuständigen Bundesministeriums zu erteilen. [2] Die Übermittlung des Auskunftsverlangens nach diesem Absatz an die Auskunftsverpflichteten und der erteilten Auskünfte an das für die kerntechnische Sicherheit und den Strahlenschutz zuständige Bundesministerium erfolgt über die zuständigen Behörden der Länder.

**§ 10 [Ermächtigung zur Zulassung von Ausnahmen]** [1] Durch Rechtsverordnung können Ausnahmen von den Vorschriften der §§ 3 bis 7 und 9 zugelassen werden, soweit wegen der Menge oder Beschaffenheit der Kernbrennstoffe oder wegen bestimmter Schutzmaßnahmen oder Schutzeinrichtungen nicht mit Schäden infolge einer sich selbst tragenden Kettenreaktion oder infolge der Wirkung ionisierender Strahlen zu rechnen ist und soweit die in § 1 Nr. 3 und 4 bezeichneten Zwecke nicht entgegenstehen. [2] Für radioaktive Abfälle können durch Rechtsverordnung nach § 11 Abs. 1 Nr. 6 Ausnahmen von den Vorschriften des § 3 getroffen werden.

**§ 10a Erstreckung auf strahlenschutzrechtliche Genehmigungen; Ausnahmen vom Erfordernis der Genehmigung.** (1) Eine Genehmigung nach § 3 Absatz 1 kann sich auch auf eine genehmigungsbedürftige Verbringung nach der auf Grund des § 30 des Strahlenschutzgesetzes erlassenen Rechtsverordnung beziehen.

(2) Eine Genehmigung nach den §§ 6, 7, 9 oder 9b oder ein Planfeststellungsbeschluss nach § 9b kann sich auch auf einen genehmigungsbedürfti-

gen Umgang nach § 12 Absatz 1 Nummer 3 des Strahlenschutzgesetzes beziehen.

(3) Eine Genehmigung nach § 4 Absatz 1 kann sich auf eine genehmigungsbedürftige Beförderung nach § 27 des Strahlenschutzgesetzes beziehen, soweit es sich um denselben Beförderungsvorgang handelt.

(4) Wer als Arbeitnehmer oder Arbeitnehmerin oder anderweitig unter der Aufsicht stehend im Rahmen einer nach diesem Gesetz genehmigungsbedürftigen Tätigkeit beschäftigt wird, bedarf keiner Genehmigung nach diesem Gesetz.

**§ 11 Ermächtigungsvorschriften (Genehmigung, Anzeige, allgemeine Zulassung)** (1) Soweit nicht durch dieses Gesetz für Kernbrennstoffe und für Anlagen im Sinne des § 7 eine besondere Regelung getroffen ist, kann durch Rechtsverordnung[1]) zur Erreichung der in § 1 bezeichneten Zwecke bestimmt werden,

1. daß die Aufsuchung von radioaktiven Stoffen, der Umgang mit radioaktiven Stoffen, der Verkehr mit radioaktiven Stoffen (Erwerb und Abgabe an andere), die Beförderung und die Ein- und Ausfuhr dieser Stoffe einer Genehmigung oder Anzeige bedürfen sowie unter welchen Voraussetzungen und mit welchen Nebenbestimmungen sowie in welchem Verfahren eine Freigabe radioaktiver Stoffe zum Zweck der Entlassung aus der Überwachung nach diesem Gesetz oder einer auf Grund dieses Gesetzes erlassenen Rechtsverordnung oder eine Entlassung radioaktiver Stoffe natürlichen Ursprungs aus der Überwachung nach diesen Vorschriften erfolgt, wer die Freigabe beantragen kann und welche Pflichten im Zusammenhang mit der Freigabe zu beachten sind, insbesondere, dass und auf welche Weise über diese Stoffe Buch zu führen und der zuständigen Behörde Mitteilung zu erstatten ist und welches Verfahren anzuwenden ist sowie welche Mitteilungspflichten bestehen, wenn die Voraussetzungen für die Freigabe nicht mehr bestehen,

2. daß sicherheitstechnisch bedeutsame Anlagenteile, mit deren Fertigung bereits vor Antragstellung oder vor Erteilung einer Genehmigung begonnen werden soll, in Anlagen nach § 7 Abs. 1 Satz 1 nur dann eingebaut werden dürfen, wenn für die Vorfertigung ein berechtigtes Interesse besteht und in einem Prüfverfahren nachgewiesen wird, daß Werkstoffe, Auslegung, Konstruktion und Fertigung die Voraussetzungen nach § 7 Abs. 2 Nr. 3 erfüllen, welche Behörde für das Verfahren zuständig ist, welche Unterlagen beizubringen sind und welche Rechtswirkungen der Zulassung der Vorfertigung zukommen sollen,

3. daß radioaktive Stoffe in bestimmter Art und Weise oder für bestimmte Zwecke nicht verwendet oder nur in bestimmter Art und Weise beseitigt oder nicht in Verkehr gebracht oder grenzüberschreitend verbracht werden dürfen, soweit das Verbot zum Schutz von Leben und Gesundheit der Bevölkerung vor den Gefahren radioaktiver Stoffe oder zur Durchsetzung von Beschlüssen internationaler Organisationen, deren Mitglied die Bundesrepublik Deutschland ist, erforderlich ist,

---

[1]) Siehe die Atomrechtliche Sicherheitsbeauftragten- und MeldeVO v. 14.10.1992 (BGBl. I S. 1766), zuletzt geänd. durch VO v. 29.11.2018 (BGBl. I S. 2034), und die Atomrechtliche AbfallverbringungsVO v. 30.4.2009 (BGBl. I S. 1000), zuletzt geänd. durch VO v. 19.6.2020 (BGBl. I S. 1328).

Atomgesetz § 12 AtG 7.1

4. daß zur Umsetzung von Rechtsakten der Europäischen Gemeinschaften die Ein-, Aus- und Durchfuhr (grenzüberschreitende Verbringung) radioaktiver Stoffe einer Genehmigung oder Zustimmung bedarf, Anzeigen und Meldungen zu erstatten und Unterlagen mitzuführen sind. Es kann weiterhin bestimmt werden, daß Zustimmungen mit Nebenbestimmungen versehen werden können,

(2) Die Rechtsverordnung kann Genehmigungen, Zustimmungen nach Absatz 1 Nummer 4 und allgemeine Zulassungen im Rahmen der Zweckbestimmung dieses Gesetzes von persönlichen und sachlichen Voraussetzungen abhängig machen sowie das Verfahren bei Genehmigungen, Zustimmungen nach Absatz 1 Nummer 4 und allgemeinen Zulassungen regeln.

(3) Sofern eine Freigabe radioaktiver Stoffe oder eine Entlassung radioaktiver Stoffe natürlichen Ursprungs nach einer auf Grund von Absatz 1 Nr. 1 erlassenen Rechtsverordnung die Beseitigung nach den Vorschriften des Kreislaufwirtschaftsgesetzes[1] oder den auf dessen Grundlage oder auf der Grundlage des bis zum 1. Juni 2012 geltenden Kreislaufwirtschafts- und Abfallgesetzes erlassenen Rechtsverordnungen vorsieht, dürfen diese Stoffe nach den genannten Vorschriften nicht wieder verwendet oder verwertet werden.

**§ 12 Ermächtigungsvorschriften (Schutzmaßnahmen)** [1]Durch Rechtsverordnung[2] kann zur Erreichung der in § 1 bezeichneten Zwecke bestimmt werden,

1. welche Vorsorge- und Überwachungsmaßnahmen zum Schutz Einzelner und der Allgemeinheit beim Umgang und Verkehr mit radioaktiven Stoffen sowie bei der Errichtung, beim Betrieb und beim Besitz von Anlagen der in § 7 bezeichneten Art zu treffen sind,
2. welche Vorsorge dafür zu treffen ist, daß bestimmte Strahlendosen und bestimmte Konzentrationen radioaktiver Stoffe in Luft und Wasser nicht überschritten werden,
3. daß und auf welche Weise über die Erzeugung, die Gewinnung, den Erwerb, den Besitz, die Abgabe und den sonstigen Verbleib von radioaktiven Stoffen und über Messungen von Dosis und Dosisleistungen ionisierender Strahlen Buch zu führen ist und Meldungen zu erstatten sind,
4. daß und in welcher Weise und in welchem Umfang der Inhaber einer Anlage, in der mit radioaktiven Stoffen umgegangen wird oder umgegangen werden soll, verpflichtet ist, der Aufsichtsbehörde mitzuteilen, ob und welche Abweichungen von den Angaben zum Genehmigungsantrag einschließlich der beigefügten Unterlagen oder von der Genehmigung eingetreten sind,
5. daß sicherheitstechnisch bedeutsame Abweichungen vom bestimmungsgemäßen Betrieb, insbesondere Unfälle und sonstige Schadensfälle beim Umgang mit radioaktiven Stoffen, bei Errichtung und beim Betrieb von Anlagen, in denen mit radioaktiven Stoffen umgegangen wird, der Aufsichtsbehörde zu melden sind und unter welchen Voraussetzungen und in

---

[1] Nr. **5.1**.
[2] Siehe die Atomrechtliche Sicherheitsbeauftragten- und MeldeVO – AtSMV v. 14.10.1992 (BGBl. I S. 1766), zuletzt geänd. durch VO v. 29.11.2018 (BGBl. I S. 2034), und die Atomrechtliche ZuverlässigkeitsüberprüfungsVO v. 1.7.1999 (BGBl. I S. 1525), zuletzt geänd. durch G v. 10.8.2021 (BGBl. I S. 3436).

## 7.1 AtG § 12

welcher Weise die gewonnenen Erkenntnisse, ausgenommen Einzelangaben über persönliche und sachliche Verhältnisse, zum Zwecke der Verbesserung der Sicherheitsvorkehrungen durch in der Rechtsverordnung zu bezeichnende Stellen veröffentlicht werden dürfen,

6. welche radioaktiven Abfälle an die Landessammelstellen und an die Anlagen des Bundes nach § 9a Abs. 3 abzuliefern sind und daß im Hinblick auf das Ausmaß der damit verbundenen Gefahr unter bestimmten Voraussetzungen eine anderweitige Zwischenlagerung oder sonstige Ausnahmen von der Ablieferungspflicht zulässig sind oder angeordnet oder genehmigt werden können,

7. welchen Anforderungen die schadlose Verwertung und die geordnete Beseitigung radioaktiver Reststoffe sowie ausgebauter oder abgebauter radioaktiver Anlagenteile zu genügen hat, dass und mit welchem Inhalt Angaben zur Erfüllung der Pflichten nach § 9a Abs. 1 bis 1e vorzulegen und fortzuschreiben sind, dass und in welcher Weise radioaktive Abfälle vor der Ablieferung an die Landessammelstellen und an die Anlagen des Bundes zu behandeln, zwischenzulagern und hierbei sowie bei der Beförderung nach Menge und Beschaffenheit nachzuweisen sind, wie die Ablieferung durchzuführen ist, wie sie in den Landessammelstellen und in den Anlagen des Bundes sicherzustellen und zu lagern sind, unter welchen Voraussetzungen und wie sie von den Landessammelstellen an Anlagen des Bundes abzuführen sind und wie Anlagen nach § 9a Abs. 3 zu überwachen sind,

8. auf welche Weise der Schutz von radioaktiven Stoffen, von Anlagen im Sinne des § 7 sowie von Anlagen des Bundes nach § 9a Abs. 3 gegen Störmaßnahmen und sonstige Einwirkungen Dritter zu gewährleisten ist,

9. welche Anforderungen an die Ausbildung, die beruflichen Kenntnisse und Fähigkeiten, insbesondere hinsichtlich Berufserfahrung, Eignung, Einweisung in die Sachverständigentätigkeit, Umfang an Prüftätigkeit und sonstiger Voraussetzungen und Pflichten sowie an die Zuverlässigkeit und Unparteilichkeit der in § 20 genannten Sachverständigen zu stellen sind und welche Voraussetzungen im Hinblick auf die technische Ausstattung und die Zusammenarbeit von Angehörigen verschiedener Fachrichtungen Organisationen erfüllen müssen, die als Sachverständige im Sinne des § 20 hinzugezogen werden sollen,

10. welche Anforderungen an die erforderliche Fachkunde oder an die notwendigen Kenntnisse der Personen zu stellen sind, die beim Umgang mit oder bei der Beförderung von radioaktiven Stoffen sowie bei der Errichtung und dem Betrieb von Anlagen nach den §§ 7 und 9a Absatz 3 Satz 1 zweiter Halbsatz oder bei der Stilllegung oder dem Abbau von Anlagen oder von Anlagenteilen nach § 7 Abs. 3 tätig sind oder den sicheren Einschluss oder damit zusammenhängende Tätigkeiten ausüben, welche Nachweise hierüber zu erbringen sind und auf welche Weise die nach den §§ 23, 23d und 24 zuständigen Genehmigungs- und Aufsichtsbehörden das Vorliegen der erforderlichen Fachkunde oder der notwendigen Kenntnisse prüfen, welche Anforderungen an die Anerkennung von Lehrgängen bei der Erbringung des Fachkundenachweises zu stellen sind und inwieweit die Personen in bestimmten Abständen an einem anerkannten Lehrgang teilzunehmen haben,

11. daß die Aufsichtsbehörde Verfügungen zur Durchführung der auf Grund der Nummern 1 bis 10 ergangenen Rechtsvorschriften erlassen kann.

Atomgesetz    §§ 12a, 12b    AtG 7.1

²Satz 1 Nr. 1 und 7 gilt entsprechend für die Beförderung radioaktiver Stoffe, soweit es sich um die Erreichung der in § 1 Nr. 1, 3 und 4 genannten Zwecke und um Regelungen über die Deckungsvorsorge handelt.

**§ 12a Ermächtigungsvorschrift (Entscheidung des Direktionsausschusses)** Die Bundesregierung wird ermächtigt, mit Zustimmung des Bundesrates Entscheidungen des Direktionsausschusses der Europäischen Kernenergieagentur oder seines Funktionsnachfolgers nach Artikel 1 Abs. a Unterabs. ii und iii und nach Artikel 1 Abs. b des Pariser Übereinkommens durch Rechtsverordnung in Kraft zu setzen und insoweit die Anlage 1 Abs. 1 Nr. 2 und 3 und die Anlage 2 zu diesem Gesetz zu ändern oder aufzuheben, sofern dies zur Erfüllung der in § 1 bezeichneten Zwecke erforderlich ist.

**§ 12b Überprüfung der Zuverlässigkeit von Personen zum Schutz gegen Entwendung oder Freisetzung radioaktiver Stoffe.** (1) ¹Zum Schutz gegen unbefugte Handlungen, die zu einer Entwendung oder Freisetzung radioaktiver Stoffe führen können, führen die nach den §§ 23d und 24 sowie die nach den §§ 184, 185, 186, 189, 190 und 191 des Strahlenschutzgesetzes zuständigen Genehmigungs- und Aufsichtsbehörden eine Überprüfung der Zuverlässigkeit folgender Personen durch:

1. Antragsteller oder Genehmigungsinhaber und sonstige als Verantwortliche benannte Personen in Genehmigungs-, Planfeststellungs- und Aufsichtsverfahren, die sich auf Anlagen oder Tätigkeiten nach den §§ 4, 6, 7, 9, 9a Abs. 3 oder auf Anlagen zur Erzeugung ionisierender Strahlung nach § 5 Absatz 2 des Strahlenschutzgesetzes beziehen,
2. Personen, die bei der Errichtung oder dem Betrieb von Anlagen im Sinne des § 7, von Anlagen des Bundes nach § 9a Absatz 3 oder von Anlagen zur Erzeugung ionisierender Strahlung nach § 5 Absatz 2 des Strahlenschutzgesetzes tätig sind,
3. Personen, die beim Umgang mit radioaktiven Stoffen oder bei der Beförderung von radioaktiven Stoffen tätig sind, sowie
4. Sachverständige (§ 20).

²Bedienstete der nach Satz 1 zuständigen Genehmigungs- und Aufsichtsbehörden und Bedienstete anderer Behörden mit gesetzlichem Zutrittsrecht zu den jeweiligen Anlagen oder Einrichtungen sind von der Überprüfung der Zuverlässigkeit ausgenommen.

(2) Die Überprüfung der Zuverlässigkeit erfolgt mit vorheriger schriftlicher Zustimmung der zu überprüfenden Person (Betroffener).

(3) ¹Zur Überprüfung darf die zuständige Behörde
1. die Identität des Betroffenen prüfen,
2. bei den Polizeivollzugs- und Verfassungsschutzbehörden des Bundes und der Länder sowie, soweit im Einzelfall erforderlich, dem Militärischen Abschirmdienst, dem Bundesnachrichtendienst und dem Zollkriminalamt nach vorhandenen, für die Beurteilung der Zuverlässigkeit bedeutsamen Erkenntnissen anfragen,
3. bei dem Bundesbeauftragten für die Unterlagen des Staatssicherheitsdienstes der ehemaligen Deutschen Demokratischen Republik zur Feststellung einer hauptamtlichen oder inoffiziellen Tätigkeit des Betroffenen für den Staatssicherheitsdienst der ehemaligen Deutschen Demokratischen Republik an-

fragen, wenn der Betroffene vor dem 1. Januar 1970 geboren wurde und Anhaltspunkte für eine solche Tätigkeit vorliegen,
4. eine unbeschränkte Auskunft aus dem Bundeszentralregister oder ein Führungszeugnis für Behörden nach § 30 Abs. 5 des Bundeszentralregistergesetzes einholen,
5. soweit im Einzelfall bei einem ausländischen Betroffenen erforderlich, um eine Übermittlung von Daten aus dem Ausländerzentralregister ersuchen und ein Ersuchen an die zuständige Ausländerbehörde nach vorhandenen, für die Beurteilung der Zuverlässigkeit bedeutsamen Erkenntnissen stellen.

²Maßnahmen nach Satz 1 sind unter Berücksichtigung der Art der Anlage oder Einrichtung, insbesondere der Art und Menge der darin vorhandenen radioaktiven Stoffe, der Art der Tätigkeit, des Umfangs der Zutrittsberechtigung und der Verantwortung des Betroffenen sowie bei der Beförderung radioaktiver Stoffe zusätzlich unter Berücksichtigung von Verpackung und Transportmittel verhältnismäßig abzustufen.

(4) Bei tatsächlichen Anhaltspunkten für Zweifel an der Zuverlässigkeit des Betroffenen ist die zuständige Behörde befugt, zusätzlich
1. die Strafverfolgungsbehörden und Strafgerichte einschließlich der für Steuerstrafverfahren zuständigen Finanzbehörden um die Erteilung von Auskunft und, sofern die Zweifel fortbestehen, um Akteneinsicht zu ersuchen,
2. bei den Behörden anzufragen, die für die Ausführung des Gesetzes über die Kontrolle von Kriegswaffen, des Gefahrgutbeförderungsgesetzes, des Waffengesetzes, des Beschussgesetzes, des Sprengstoffgesetzes oder einer auf Grund dieser Gesetze erlassenen Rechtsverordnung zuständig sind, und, sofern die Zweifel fortbestehen, in die über den Betroffenen bei der zuständigen Behörde geführten Akten einzusehen,
3. in Verfahren zur Genehmigung der Beförderung von radioaktiven Stoffen eine Auskunft aus dem Fahreignungsregister einzuholen.

(5) Die zuständige Behörde gibt dem Betroffenen Gelegenheit, sich zu äußern, wenn auf Grund der eingeholten Auskünfte Zweifel an seiner Zuverlässigkeit bestehen.

(6) Die zuständige Behörde darf die zur Überprüfung erhobenen personenbezogenen Daten nur verarbeiten und nutzen, soweit dies für die Zwecke der Überprüfung erforderlich ist.

(7) ¹Die Verfassungsschutzbehörden des Bundes und der Länder, der Militärische Abschirmdienst, der Bundesnachrichtendienst, das Bundeskriminalamt, das Zollkriminalamt und die zuständige Ausländerbehörde teilen der zuständigen Behörde unverzüglich Informationen mit, die ihnen nach Beantwortung einer Anfrage nach Absatz 3 Satz 1 Nr. 2 oder Nr. 5 bekannt geworden sind und die für die Beurteilung der Zuverlässigkeit bedeutsam sind (Nachbericht). ²Zu diesem Zweck dürfen sie über die Beantwortung der Anfrage hinaus die Personalien des Betroffenen (Geschlecht; Familienname, Geburtsname, sämtliche Vornamen und alle früher geführten Namen; Tag und Ort der Geburt; Geburtsstaat; Wohnort; Staatsangehörigkeit, auch frühere und doppelte Staatsangehörigkeiten) sowie die Aktenfundstelle speichern. ³Die Verfassungsschutzbehörden des Bundes und der Länder dürfen die in Satz 2 genannten Daten und ihre Aktenfundstelle zusätzlich auch in den gemeinsamen Dateien nach § 6 des Bundesverfassungsschutzgesetzes speichern.

(8) ¹Die zuständige Behörde löscht die zum Zweck der Überprüfung der Zuverlässigkeit gespeicherten personenbezogenen Daten spätestens fünf Jahre und sechs Monate nach Erlass der Entscheidung. ²Eine ablehnende Entscheidung sowie den Widerruf oder die Rücknahme einer Entscheidung teilt die zuständige Behörde den zum Nachbericht verpflichteten Behörden mit; diese löschen die Anfrage nach Absatz 3 Satz 1 Nr. 2 oder Nr. 5, die Beantwortung der Anfrage und die sonstigen nach Absatz 7 Satz 2 gespeicherten personenbezogenen Daten unverzüglich nach Kenntniserlangung. ³In den übrigen Fällen löschen die zum Nachbericht verpflichteten Behörden die in Satz 2 genannten personenbezogenen Daten spätestens fünf Jahre und sechs Monate nach Beantwortung der Anfrage.

(9) Die Einzelheiten der Überprüfung, die Zulässigkeit von Maßnahmen und die Festlegung von Überprüfungskategorien nach Maßgabe des Absatzes 3, die maßgeblichen Kriterien zur Beurteilung der Zuverlässigkeit, die Bestimmung der Frist, in der Überprüfungen zu wiederholen sind, und weitere Ausnahmen von der Überprüfung werden in einer Rechtsverordnung¹⁾ geregelt.

**§ 13 Vorsorge für die Erfüllung gesetzlicher Schadensersatzverpflichtungen.** (1) ¹Die Verwaltungsbehörde hat im Genehmigungsverfahren Art, Umfang und Höhe der Vorsorge für die Erfüllung gesetzlicher Schadensersatzverpflichtungen (Deckungsvorsorge) festzusetzen, die der Antragsteller zu treffen hat. ²Die Festsetzung ist im Abstand von jeweils zwei Jahren sowie bei erheblicher Änderung der Verhältnisse erneut vorzunehmen; hierbei hat die Verwaltungsbehörde dem zur Deckungsvorsorge Verpflichteten eine angemessene Frist zu bestimmen, binnen deren die Deckungsvorsorge nachgewiesen sein muß.

(2) Die Vorsorge nach Absatz 1 muß

1. bei Anlagen und Tätigkeiten, bei denen eine Haftung nach dem Pariser Übereinkommen in Verbindung mit § 25 Abs. 1 bis 4, nach § 25a oder nach einem der in § 25a Abs. 2 genannten internationalen Verträge in Betracht kommt, in einem angemessenen Verhältnis zur Gefährlichkeit der Anlage oder der Tätigkeit stehen,
2. in den übrigen Fällen einer Tätigkeit, die auf Grund dieses Gesetzes oder auf Grund einer nach diesem Gesetz erlassenen Rechtsverordnung der Genehmigung bedarf, die Erfüllung gesetzlicher Schadensersatzverpflichtungen in dem nach den Umständen gebotenen Ausmaß sicherstellen.

(3) ¹In dem durch Absatz 2 gezogenen Rahmen und zur Erreichung der in § 1 bezeichneten Zwecke können durch Rechtsverordnung²⁾ nähere Vorschriften darüber erlassen werden, welche Maßnahmen zur Vorsorge für die Erfüllung gesetzlicher Schadensersatzverpflichtungen erforderlich sind. ²Dabei ist die Höhe der Deckungsvorsorge im Rahmen einer Höchstgrenze von 2,5 Milliarden Euro zu regeln; Höchstgrenze und Deckungssummen sind im Abstand von jeweils fünf Jahren mit dem Ziel der Erhaltung des realen Wertes der Deckungsvorsorge zu überprüfen.

---

¹⁾ Siehe die Atomrechtliche ZuverlässigkeitsüberprüfungsVO v. 1.7.1999 (BGBl. I S. 1525), zuletzt geänd. durch G v. 10.8.2021 (BGBl. I S. 3436).
²⁾ Siehe die Atomrechtliche DeckungsvorsorgeVO v. 25.1.1977 (BGBl. I S. 220), zuletzt geänd. durch VO v. 29.11.2018 (BGBl. I S. 2034).

(4) ¹ Der Bund und die Länder sind nicht zur Deckungsvorsorge verpflichtet; dies gilt entsprechend für den Dritten nach § 9a Absatz 3 Satz 2 zweiter Halbsatz. ² Soweit für ein Land eine Haftung nach dem Pariser Übereinkommen in Verbindung mit § 25 Abs. 1 bis 4, nach § 25a oder nach einem der in § 25a Abs. 2 genannten internationalen Verträge in Betracht kommt, setzt die Genehmigungsbehörde in entsprechender Anwendung der Absätze 1, 2 und der zu Absatz 3 ergehenden Rechtsverordnung fest, in welchem Umfang und in welcher Höhe das Land für die Erfüllung gesetzlicher Schadensersatzverpflichtungen ohne Deckung durch die Freistellungsverpflichtung nach § 34 einzustehen hat. ³ Diese Einstandspflicht steht bei Anwendung dieses Gesetzes der Deckungsvorsorge gleich. ⁴ Für den Bund gelten die Sätze 2 und 3 nicht.

(5) ¹ Gesetzliche Schadensersatzverpflichtungen im Sinne dieses Gesetzes sind die auf gesetzlichen Haftpflichtbestimmungen privatrechtlichen Inhalts beruhenden Schadensersatzverpflichtungen. ² Zu den gesetzlichen Schadensersatzverpflichtungen im Sinne dieses Gesetzes gehören Verpflichtungen aus den §§ 110, 111 des Siebten Buches Sozialgesetzbuch nicht, Verpflichtungen zur Schadloshaltung, die sich aus § 7 Abs. 6 dieses Gesetzes in Verbindung mit § 14 des Bundes-Immissionsschutzgesetzes[1]) ergeben, sowie ähnliche Entschädigungs- oder Ausgleichsverpflichtungen nur insoweit, als der Schaden oder die Beeinträchtigung durch Unfall entstanden ist.

**§ 14 Haftpflichtversicherung und sonstige Deckungsvorsorge.**

(1) ¹ Wird die Deckungsvorsorge bei Anlagen und Tätigkeiten, bei denen eine Haftung nach dem Pariser Übereinkommen in Verbindung mit § 25 Abs. 1 bis 4, nach § 25a, nach einem der in § 25a Abs. 2 genannten internationalen Verträge oder nach § 26 Abs. 1 in Verbindung mit Abs. 1a in Betracht kommt, durch eine Haftpflichtversicherung erbracht, gelten für diese, ohne dass ein Direktanspruch im Sinn von § 115 des Versicherungsvertragsgesetzes begründet wird, die §§ 117 und 119 bis 122 des Versicherungsvertragsgesetzes entsprechend mit der Maßgabe, dass die Frist des § 117 Abs. 2 des Versicherungsvertragsgesetzes zwei Monate beträgt und ihr Ablauf bei der Haftung für die Beförderung von Kernmaterialien und radioaktiven Stoffen, die ihnen nach § 26 Abs. 1a gleichgestellt sind, für die Dauer der Beförderung gehemmt ist; bei Anwendung des § 117 Abs. 3 Satz 2 des Versicherungsvertragsgesetzes bleibt die Freistellungsverpflichtung nach § 34 außer Betracht. ² § 109 des Versicherungsvertragsgesetzes ist nicht anzuwenden.

(2) Wird die Deckungsvorsorge anstatt durch eine Haftpflichtversicherung durch eine sonstige finanzielle Sicherheit erbracht, gilt Absatz 1 entsprechend.

**§ 15 Rangfolge der Befriedigung aus der Deckungsvorsorge.** (1) ¹ Sind der zur Deckungsvorsorge verpflichtete Inhaber einer Kernanlage und ein Geschädigter im Zeitpunkt des Eintritts des nuklearen Ereignisses Konzernunternehmen eines Konzerns im Sinne des § 18 des Aktiengesetzes, so darf die Deckungsvorsorge zur Erfüllung gesetzlicher Schadensersatzansprüche dieses Geschädigten nur herangezogen werden, wenn dadurch nicht die Deckung der Ersatzansprüche sonstiger Geschädigter beeinträchtigt wird. ² Kernanlagen im Sinne des Satzes 1 sind auch Reaktoren, die Teil eines Beförderungsmittels sind.

---

[1]) Nr. **6.1**.

(2) Ist ein Schaden an einer industriellen Anlage in der Nähe der Kernanlage eingetreten, so findet Absatz 1 Satz 1 entsprechende Anwendung, wenn der Standort dazu dient, aus der Kernanlage stammende Energie für Produktionsprozesse zu nutzen.

(3) Die Deckungsvorsorge darf zur Erfüllung von Ansprüchen nach § 28 Absatz 3 nur herangezogen werden, wenn dadurch nicht die Deckung der Ersatzansprüche sonstiger Geschädigter beeinträchtigt wird.

(4) ¹Die nach Absatz 3 nachrangig zu erfüllenden Ersatzansprüche gehen den nachrangig zu erfüllenden Ersatzansprüchen nach den Absätzen 1 und 2 vor. ²Die nach den Absätzen 1 und 2 nachrangig zu erfüllenden Ersatzansprüche sind untereinander gleichrangig.

## § 16 (weggefallen)

## § 17 Inhaltliche Beschränkungen, Auflagen, Widerruf, Bezeichnung als Inhaber einer Kernanlage.
(1) ¹Genehmigungen und allgemeine Zulassungen nach diesem Gesetz oder nach einer auf Grund dieses Gesetzes erlassenen Rechtsverordnung sind schriftlich, aber nicht in elektronischer Form zu erteilen; abweichend hiervon kann in den auf Grund dieses Gesetzes erlassenen Rechtsverordnungen vorgesehen werden, dass die Genehmigung oder allgemeine Zulassung auch in elektronischer Form mit einer dauerhaft überprüfbaren Signatur nach § 37 Abs. 4 des Verwaltungsverfahrensgesetzes erteilt werden kann. ²Sie können zur Erreichung der in § 1 bezeichneten Zwecke inhaltlich beschränkt und mit Auflagen verbunden werden. ³Soweit es zur Erreichung der in § 1 Nr. 2 und 3 bezeichneten Zwecke erforderlich ist, sind nachträgliche Auflagen zulässig. ⁴Genehmigungen, mit Ausnahme derjenigen nach § 7, sowie allgemeine Zulassungen können befristet werden.

(2) Genehmigungen und allgemeine Zulassungen können zurückgenommen werden, wenn eine ihrer Voraussetzungen bei der Erteilung nicht vorgelegen hat.

(3) Genehmigungen und allgemeine Zulassungen können widerrufen werden, wenn

1. von ihnen innerhalb von zwei Jahren kein Gebrauch gemacht worden ist, soweit nicht die Genehmigung oder allgemeine Zulassung etwas anderes bestimmt,
2. eine ihrer Voraussetzungen später weggefallen ist und nicht in angemessener Zeit Abhilfe geschaffen wird oder
3. gegen die Vorschriften dieses Gesetzes oder der auf Grund dieses Gesetzes erlassenen Rechtsverordnungen, gegen die hierauf beruhenden Anordnungen und Verfügungen der Aufsichtsbehörden oder gegen die Bestimmungen des Bescheids über die Genehmigung oder allgemeine Zulassung erheblich oder wiederholt verstoßen oder wenn eine nachträgliche Auflage nicht eingehalten worden ist und nicht in angemessener Zeit Abhilfe geschaffen wird,
4. auch nach Setzung einer angemessenen Nachfrist ein ordnungsgemäßer Nachweis nach § 9a Abs. 1a bis 1e nicht vorgelegt wird oder auch nach Setzung einer angemessenen Nachfrist keine Ergebnisse der nach § 19a Abs. 1 durchzuführenden Sicherheitsüberprüfung vorgelegt werden.

## 7.1 AtG § 18

(4) Genehmigungen sind zu widerrufen, wenn die Deckungsvorsorge nicht der Festsetzung nach § 13 Abs. 1 entspricht und der zur Deckungsvorsorge Verpflichtete eine der Festsetzung entsprechende Deckungsvorsorge nicht binnen einer von der Verwaltungsbehörde festzusetzenden angemessenen Frist nachweist.

(5) Genehmigungen oder allgemeine Zulassungen sind außerdem zu widerrufen, wenn dies wegen einer erheblichen Gefährdung der Beschäftigten, Dritter oder der Allgemeinheit erforderlich ist und nicht durch nachträgliche Auflagen in angemessener Zeit Abhilfe geschaffen werden kann.

(6) Bei der Genehmigung von Tätigkeiten, die zum Betrieb einer Kernanlage berechtigen, ist der Genehmigungsinhaber in dem Genehmigungsbescheid ausdrücklich als Inhaber einer Kernanlage zu bezeichnen.

**§ 18 Entschädigung.** (1) [1] Im Falle der Rücknahme oder des Widerrufs einer nach diesem Gesetz oder nach einer auf Grund dieses Gesetzes erlassenen Rechtsverordnung erteilten Genehmigung oder allgemeinen Zulassung muß dem Berechtigten eine angemessene Entschädigung in Geld geleistet werden. [2] Wird die Rücknahme oder der Widerruf von einer Behörde des Bundes ausgesprochen, so ist der Bund, wird die Rücknahme oder der Widerruf von einer Landesbehörde ausgesprochen, so ist das Land, dessen Behörde die Rücknahme oder den Widerruf ausgesprochen hat, zur Leistung der Entschädigung verpflichtet. [3] Die Entschädigung ist unter gerechter Abwägung der Interessen der Allgemeinheit und des Betroffenen sowie der Gründe, die zur Rücknahme oder zum Widerruf führten, zu bestimmen. [4] Die Entschädigung ist begrenzt durch die Höhe der vom Betroffenen gemachten Aufwendungen, bei Anlagen durch die Höhe ihres Zeitwerts. [5] Wegen der Höhe der Entschädigung steht der Rechtsweg vor den ordentlichen Gerichten offen.

(2) Eine Entschädigungspflicht ist nicht gegeben, wenn

1. der Inhaber die Genehmigung oder allgemeine Zulassung auf Grund von Angaben erhalten hat, die in wesentlichen Punkten unrichtig oder unvollständig waren,
2. der Inhaber der Genehmigung oder allgemeinen Zulassung oder die für ihn im Zusammenhang mit der Ausübung der Genehmigung oder allgemeinen Zulassung tätigen Personen durch ihr Verhalten Anlaß zum Widerruf der Genehmigung oder allgemeinen Zulassung gegeben haben, insbesondere durch erhebliche oder wiederholte Verstöße gegen die Vorschriften dieses Gesetzes oder der auf Grund dieses Gesetzes ergangenen Rechtsverordnungen oder gegen die hierauf beruhenden Anordnungen und Verfügungen der Aufsichtsbehörden oder gegen die Bestimmungen des Bescheids über die Genehmigung oder allgemeine Zulassung oder durch Nichteinhaltung nachträglicher Auflagen,
3. der Widerruf wegen einer nachträglich eingetretenen, in der genehmigten Anlage oder Tätigkeit begründeten erheblichen Gefährdung der Beschäftigten, Dritter oder der Allgemeinheit ausgesprochen werden mußte.

(3) Die Absätze 1 und 2 gelten entsprechend für nachträgliche Auflagen nach § 17 Abs. 1 Satz 3.

(4) [1] Wenn das Land eine Entschädigung zu leisten hat, sind der Bund oder ein anderes Land entsprechend ihrem sich aus der Gesamtlage ergebenden Interesse an der Rücknahme oder am Widerruf verpflichtet, diesem Land

Ausgleich zu leisten. ²Entsprechendes gilt, wenn der Bund eine Entschädigung zu leisten hat.

**§ 19 Staatliche Aufsicht.** (1) ¹Der Umgang und Verkehr mit radioaktiven Stoffen, die Errichtung, der Betrieb und der Besitz von Anlagen der in § 7 bezeichneten Art und die Beförderung dieser Stoffe und Anlagen unterliegen der staatlichen Aufsicht. ²Die Aufsichtsbehörden haben insbesondere darüber zu wachen, daß nicht gegen die Vorschriften dieses Gesetzes und der auf Grund dieses Gesetzes erlassenen Rechtsverordnungen, die hierauf beruhenden Anordnungen und Verfügungen der Aufsichtsbehörden und die Bestimmungen des Bescheides über die Genehmigung oder allgemeine Zulassung verstoßen wird und daß nachträgliche Auflagen eingehalten werden. ³Auf die Befugnisse und Obliegenheiten der Aufsichtsbehörden finden die Vorschriften des § 139b der Gewerbeordnung entsprechende Anwendung. ⁴Das für die kerntechnische Sicherheit und den Strahlenschutz zuständige Bundesministerium kann die ihm von den nach den §§ 22 bis 24 zuständigen Behörden übermittelten Informationen, die auf Verstöße gegen Ein- und Ausfuhrvorschriften dieses Gesetzes oder der auf Grund dieses Gesetzes erlassenen Rechtsverordnungen, gegen die hierauf beruhenden Anordnungen und Verfügungen der Aufsichtsbehörden oder gegen die Bestimmungen des Bescheids über die Genehmigung hinweisen, an das Bundesministerium des Innern, für Bau und Heimat übermitteln, soweit dies für die Wahrnehmung der Aufgaben des Bundeskriminalamtes bei der Verfolgung von Straftaten im Außenwirtschaftsverkehr erforderlich ist; die übermittelten Informationen dürfen, soweit gesetzlich nichts anderes bestimmt ist, nur für den Zweck verwendet werden, zu dem sie übermittelt worden sind.

(2) ¹Die Beauftragten der Aufsichtsbehörde und die von ihr nach § 20 zugezogenen Sachverständigen oder die Beauftragten anderer zugezogener Behörden sind befugt, Orte, an denen sich radioaktive Stoffe oder Anlagen der in § 7 bezeichneten Art oder Anlagen, Geräte und Vorrichtungen der in § 11 Abs. 1 Nr. 3 bezeichneten Art befinden oder an denen hiervon herrührende Strahlen wirken, oder Orte, für die diese Voraussetzungen den Umständen nach anzunehmen sind, jederzeit zu betreten und dort alle Prüfungen anzustellen, die zur Erfüllung ihrer Aufgabe notwendig sind. ²Sie können hierbei von den verantwortlichen oder dort beschäftigten Personen die erforderlichen Auskünfte verlangen. ³Im übrigen gilt § 7 Absatz 4 und 5 des Gesetzes über überwachungsbedürftige Anlagen entsprechend. ⁴Das Grundrecht des Artikels 13 des Grundgesetzes[1]) über die Unverletzlichkeit der Wohnung wird eingeschränkt, soweit es diesen Befugnissen entgegensteht.

(3) ¹Die Aufsichtsbehörde kann anordnen, daß ein Zustand beseitigt wird, der den Vorschriften dieses Gesetzes oder der auf Grund dieses Gesetzes erlassenen Rechtsverordnungen, den Bestimmungen des Bescheids über die Genehmigung oder allgemeine Zulassung oder einer nachträglich angeordneten Auflage widerspricht oder aus dem sich durch die Wirkung ionisierender Strahlen Gefahren für Leben, Gesundheit oder Sachgüter ergeben können. ²Sie kann insbesondere anordnen,

1. daß und welche Schutzmaßnahmen zu treffen sind,
2. daß radioaktive Stoffe bei einer von ihr bestimmten Stelle aufbewahrt oder verwahrt werden,

---

[1]) Nr. **1.1**.

3. dass der Umgang mit radioaktiven Stoffen, die Errichtung und der Betrieb von Anlagen der in § 7 bezeichneten Art einstweilen oder, wenn eine erforderliche Genehmigung nicht erteilt oder rechtskräftig widerrufen ist, endgültig eingestellt wird.

(4) Die Aufsichtsbefugnisse nach anderen Rechtsvorschriften und die sich aus den landesrechtlichen Vorschriften ergebenden allgemeinen Befugnisse bleiben unberührt.

(5) Die Absätze 1 bis 4 gelten entsprechend für Anlagen des Bundes nach § 9a Absatz 3 Satz 1 und für die Schachtanlage Asse II.

**§ 19a Überprüfung, Bewertung und kontinuierliche Verbesserung kerntechnischer Anlagen.** (1) [1]Wer eine Anlage zur Spaltung von Kernbrennstoffen zur gewerblichen Erzeugung von Elektrizität betreibt, hat eine Sicherheitsüberprüfung und Bewertung der Anlage durchzuführen und auf deren Grundlage die nukleare Sicherheit der Anlage kontinuierlich zu verbessern. [2]Die Ergebnisse der Sicherheitsüberprüfung und Bewertung sind bis zu dem in Anlage 4 zu diesem Gesetz genannten Datum, soweit dieses nach dem 27. April 2002 liegt, der Aufsichtsbehörde vorzulegen. [3]Jeweils alle zehn Jahre nach dem in Anlage 4 genannten Datum sind die Ergebnisse einer erneuten Sicherheitsüberprüfung und Bewertung vorzulegen.

(2) [1]Die Pflicht zur Vorlage der Ergebnisse einer Sicherheitsüberprüfung und Bewertung entfällt, wenn der Genehmigungsinhaber gegenüber der Aufsichtsbehörde und der Genehmigungsbehörde verbindlich erklärt, dass er den Leistungsbetrieb der Anlage spätestens drei Jahre nach den in Anlage 4 genannten Terminen endgültig einstellen wird. [2]Die Berechtigung zum Leistungsbetrieb der Anlage erlischt zu dem Zeitpunkt, den er in seiner Erklärung nach Satz 1 benannt hat. [3]Die Sätze 1 und 2 gelten im Falle des Absatzes 1 Satz 3 entsprechend.

(3) [1]Wer eine sonstige kerntechnische Anlage nach § 2 Absatz 3a Nummer 1 betreibt, hat alle zehn Jahre eine Überprüfung und Bewertung der nuklearen Sicherheit der jeweiligen Anlage durchzuführen und die nukleare Sicherheit der Anlage kontinuierlich zu verbessern. [2]Die Ergebnisse der Überprüfung und Bewertung sind der Aufsichtbehörde vorzulegen.

(4) [1]Die Bewertungen nach Absatz 1 oder Absatz 3 umfassen auch die Überprüfung, dass Maßnahmen zur Verhütung von Unfällen und zur Abmilderung von Unfallfolgen getroffen sind, einschließlich der Überprüfung der physischen Barrieren sowie der administrativen Schutzvorkehrungen des Genehmigungsinhabers, die versagen müssen, bevor Leben, Gesundheit und Sachgüter durch die Wirkung ionisierender Strahlen geschädigt würden. [2]Die zuständige Aufsichtsbehörde kann nähere Anordnungen zu dem Umfang der Überprüfung und Bewertung durch den Genehmigungsinhaber treffen.

**§ 20 Sachverständige.** [1]Im Genehmigungs- und Aufsichtsverfahren nach diesem Gesetz und den auf Grund dieses Gesetzes ergangenen Rechtsverordnungen können von den zuständigen Behörden Sachverständige zugezogen werden. [2]§ 7 Absatz 4 und 5 des Gesetzes über überwachungsbedürftige Anlagen findet entsprechende Anwendung.

**§ 21 Kosten.** (1) Kosten (Gebühren und Auslagen) werden erhoben
1. für Entscheidungen über Anträge nach den §§ 4, 6, 7, 7a, 9, 9a und 9b;

Atomgesetz **§ 21 AtG 7.1**

2. für Festsetzungen nach § 4b Abs. 1 Satz 2 und § 13 Abs. 1 Satz 2, für Entscheidungen nach § 9b Abs. 3 Satz 2, für Entscheidungen nach § 17 Abs. 1 Satz 3, Abs. 2, 3, 4 und 5, soweit nach § 18 Abs. 2 eine Entschädigungspflicht nicht gegeben ist, und für Entscheidungen nach § 19 Abs. 3;
3. für die staatliche Verwahrung von Kernbrennstoffen nach § 5 Abs. 1;
4. für sonstige Amtshandlungen einschließlich Prüfungen und Untersuchungen des Bundesamtes für die Sicherheit der nuklearen Entsorgung, soweit es nach § 23d zuständig ist;
4a. für Entscheidungen nach §§ 9d bis 9g;
5. für die in der Rechtsverordnung nach Absatz 3 näher zu bestimmenden sonstigen Aufsichtsmaßnahmen nach § 19;
6. für die Prüfung der Ergebnisse der Sicherheitsüberprüfung und Bewertung nach § 19a Absatz 1 sowie für die Prüfung der Ergebnisse der Überprüfung und Bewertung nach § 19a Absatz 3.

(1a) ¹In den Fällen
1. des Widerrufs oder der Rücknahme einer in Absatz 1 bezeichneten Amtshandlung, sofern der Betroffene dies zu vertreten hat und nicht bereits nach Absatz 1 Kosten erhoben werden,
2. der Ablehnung eines Antrages auf Vornahme einer in Absatz 1 bezeichneten Amtshandlung aus anderen Gründen als wegen Unzuständigkeit der Behörde,
3. der Zurücknahme eines Antrages auf Vornahme einer in Absatz 1 bezeichneten Amtshandlung nach Beginn der sachlichen Bearbeitung, jedoch vor deren Beendigung,
4. der vollständigen oder teilweisen Zurückweisung oder der Zurücknahme eines Widerspruchs gegen
   a) eine in Absatz 1 bezeichnete Amtshandlung oder
   b) eine nach Absatz 1 in Verbindung mit der nach Absatz 3 erlassenen Rechtsverordnung festgesetzte Kostenentscheidung

werden Kosten erhoben. ²Die Gebühr darf in den Fällen des Satzes 1 Nr. 1, 2 und 4 Buchstabe a bis zur Höhe der für eine Amtshandlung festzusetzenden Gebühr, in den Fällen des Satzes 1 Nr. 3 bis zur Höhe von drei Vierteln der für die Amtshandlung festzusetzenden Gebühr und in den Fällen des Satzes 1 Nr. 4 Buchstabe b bis zur Höhe von 10 vom Hundert des streitigen Beitrages festgesetzt werden. ³Für Entscheidungen über Anträge nach § 6, die auf Grund der Verpflichtung nach § 9a Absatz 2a gestellt werden, werden keine Gebühren erhoben.

(1b) ¹Die Absätze 1 und 1a gelten nicht für Entscheidungen von Landesbehörden über Anträge auf Genehmigung von Maßnahmen im Zusammenhang mit dem Weiterbetrieb der Schachtanlage Asse II nach § 57b Absatz 2 Satz 2, einschließlich einer Rückholung radioaktiver Abfälle und hiermit im Zusammenhang stehender Maßnahmen, bis zur Stilllegung. ²Auf Entscheidungen nach Satz 1 findet Absatz 2 Anwendung.

(2) Vergütungen für Sachverständige sind als Auslagen zu erstatten, soweit sie sich auf Beträge beschränken, die unter Berücksichtigung der erforderlichen fachlichen Kenntnisse und besonderer Schwierigkeiten der Begutachtung, Prü-

fung und Untersuchung als Gegenleistung für die Tätigkeit des Sachverständigen angemessen sind.

(3) [1] Das Nähere wird durch Rechtsverordnung[1]) nach den Grundsätzen des Verwaltungskostengesetzes in der bis zum 14. August 2013 geltenden Fassung geregelt. [2] Dabei sind die gebührenpflichtigen Tatbestände näher zu bestimmen und die Gebühren durch feste Sätze, Rahmensätze oder nach dem Wert des Gegenstandes zu bestimmen. [3] Die Gebührensätze sind so zu bemessen, daß der mit den Amtshandlungen, Prüfungen oder Untersuchungen verbundene Personal- und Sachaufwand gedeckt wird; bei begünstigenden Amtshandlungen kann daneben die Bedeutung, der wirtschaftliche Wert oder der sonstige Nutzen für den Gebührenschuldner angemessen berücksichtigt werden. [4] In der Verordnung können die Kostenbefreiung des Bundesamtes für Strahlenschutz und die Verpflichtung zur Zahlung von Gebühren für die Amtshandlungen bestimmter Behörden abweichend von § 8 des Verwaltungskostengesetzes in der bis zum 14. August 2013 geltenden Fassung geregelt werden. [5] Die Verjährungsfrist der Kostenschuld kann abweichend von § 20 des Verwaltungskostengesetzes in der bis zum 14. August 2013 geltenden Fassung verlängert werden. [6] Es kann bestimmt werden, daß die Verordnung auch auf die bei ihrem Inkrafttreten anhängige Verwaltungsverfahren anzuwenden ist, soweit in diesem Zeitpunkt die Kosten nicht bereits festgesetzt sind.

(4) Die Aufwendungen für Schutzmaßnahmen und für ärztliche Untersuchungen, die auf Grund dieses Gesetzes oder einer nach diesem Gesetz erlassenen Rechtsverordnung durchgeführt werden, trägt, wer nach diesem Gesetz oder einer nach diesem Gesetz zu erlassenen Rechtsverordnung einer Genehmigung bedarf oder verpflichtet ist, die Tätigkeit anzuzeigen, zu der die Schutzmaßnahme oder die ärztliche Untersuchung erforderlich wird.

(5) Im übrigen gelten bei der Ausführung dieses Gesetzes und von Rechtsverordnungen, die auf Grund des § 7 Abs. 4 Satz 3 und Abs. 5, des § 7a Abs. 2 und der §§ 10 bis 12 erlassen sind, durch Landesbehörden vorbehaltlich des Absatzes 2 die landesrechtlichen Kostenvorschriften.

### § 21a Kosten (Gebühren und Auslagen) oder Entgelte für die Benutzung von Anlagen nach § 9a Abs. 3.

(1) [1] Für die Benutzung von Anlagen nach § 9a Abs. 3 werden von den Ablieferungspflichtigen Kosten (Gebühren und Auslagen) erhoben. [2] Als Auslagen können auch Vergütungen nach § 21 Abs. 2 und Aufwendungen nach § 4 erhoben werden. [3] Die allgemeinen gebührenrechtlichen Grundsätze über Entstehung der Gebühr, Gebührengläubiger, Gebührenschuldner, Gebührenentscheidung, Vorschußzahlung, Sicherheitsleistung, Fälligkeit, Säumniszuschlag, Stundung, Niederschlagung, Erlaß, Verjährung, Erstattung und Rechtsbehelfe finden nach Maßgabe der §§ 11, 12, 13 Abs. 2, §§ 14 und 16 bis 22 des Verwaltungskostengesetzes in der bis zum 14. August 2013 geltenden Fassung Anwendung, soweit nicht in der Rechtsverordnung nach Absatz 2 Abweichendes bestimmt wird. [4] Im Übrigen gelten bei der Erhebung von Kosten in Ausführung dieses Gesetzes durch Landesbehörden die landesrechtlichen Kostenvorschriften.

(2) [1] Durch Rechtsverordnung können die kostenpflichtigen Tatbestände nach Absatz 1 näher bestimmt und dabei feste Sätze oder Rahmensätze vor-

---

[1]) Siehe die KostenVO zum Atomgesetz v. 17.12.1981 (BGBl. I S. 1457), zuletzt geänd. durch G v. 20.5.2021 (BGBl. I S. 1194).

gesehen werden. ²Die Gebührensätze sind so zu bemessen, daß sie die nach betriebswirtschaftlichen Grundsätzen ansatzfähigen Kosten der laufenden Verwaltung und Unterhaltung der Anlagen nach § 9a Abs. 3 decken. ³Dazu gehören auch die Verzinsung und die Abschreibung des aufgewandten Kapitals. ⁴Die Abschreibung ist nach der mutmaßlichen Nutzungsdauer und der Art der Nutzung gleichmäßig zu bemessen. ⁵Der aus Beiträgen nach § 21b sowie aus Leistungen und Zuschüssen Dritter aufgebrachte Kapitalanteil bleibt bei der Verzinsung unberücksichtigt. ⁶Bei der Gebührenbemessung sind ferner Umfang und Art der jeweiligen Benutzung zu berücksichtigen. ⁷Zur Deckung des Investitionsaufwandes für Landessammelstellen kann bei der Benutzung eine Grundgebühr erhoben werden. ⁸Bei der Bemessung der Kosten oder Entgelte, die bei der Ablieferung an eine Landessammelstelle erhoben werden, können die Aufwendungen, die bei der anschließenden Abführung an Anlagen des Bundes anfallen, sowie Vorausleistungen nach § 21b Abs. 2 einbezogen werden. ⁹Sie sind an den Bund abzuführen.

(3) ¹Die Landessammelstellen können für die Benutzung an Stelle von Kosten ein Entgelt nach Maßgabe einer Benutzungsordnung erheben. ²Bei der Berechnung des Entgeltes sind die in Absatz 2 enthaltenen Bemessungsgrundsätze zu berücksichtigen.

**§ 21b Beiträge.** (1) ¹Zur Deckung des notwendigen Aufwandes für die Planung, den Erwerb von Grundstücken und Rechten, die anlagenbezogene Forschung und Entwicklung, die Erkundung, die Unterhaltung von Grundstücken und Einrichtungen sowie die Errichtung, die Erweiterung und die Erneuerung von Anlagen des Bundes nach § 9a Abs. 3 werden von demjenigen, dem sich ein Vorteil durch die Möglichkeit der Inanspruchnahme dieser Anlagen zur geordneten Beseitigung radioaktiver Abfälle nach § 9a Abs. 1 Satz 1 bietet, Beiträge erhoben. ²Der notwendige Aufwand umfaßt auch den Wert der aus dem Vermögen des Trägers der Anlage bereitgestellten Sachen und Rechte im Zeitpunkt der Bereitstellung.

(2) Von demjenigen, der einen Antrag auf Erteilung einer Genehmigung nach den §§ 6, 7 oder 9 oder nach § 12 Absatz 1 Nummer 1 oder 3 des Strahlenschutzgesetzes zum Umgang mit radioaktiven Stoffen oder zur Erzeugung ionisierender Strahlung gestellt hat oder dem eine entsprechende Genehmigung erteilt worden ist, können Vorausleistungen auf den Betrag verlangt werden, wenn mit der Durchführung einer Maßnahme nach Absatz 1 Satz 1 begonnen worden ist.

(3) ¹Das Nähere über Erhebung, Befreiung, Stundung, Erlaß und Erstattung von Beiträgen und von Vorausleistungen kann durch Rechtsverordnung[1]) geregelt werden. ²Dabei können die Beitragsberechtigten, die Beitragspflichtigen und der Zeitpunkt der Entstehung der Beitragspflicht bestimmt werden. ³Die Beiträge sind so zu bemessen, daß sie den nach betriebswirtschaftlichen Grundsätzen ansatzfähigen Aufwand nach Absatz 1 decken. ⁴Die Beiträge müssen in einem angemessenen Verhältnis zu den Vorteilen stehen, die der Beitragspflichtige durch die Anlage erlangt. ⁵Vorausleistungen auf Beiträge sind mit angemessener Verzinsung zu erstatten, soweit sie die nach dem tatsächlichen Aufwand ermittelten Beiträge übersteigen.

---

[1]) Siehe die EndlagervorausleistungsVO v. 28.4.1982 (BGBl. I S. 562), zuletzt geänd. durch G v. 7.12.2020 (BGBl. I S. 2760).

(4) Bereits erhobene Beiträge oder Vorausleistungen, soweit sie zur Deckung entstandener Aufwendungen erhoben worden sind, werden nicht erstattet, wenn eine Anlage des Bundes nach § 9a Abs. 3 endgültig nicht errichtet oder betrieben wird oder wenn der Beitrags- oder Vorausleistungspflichtige den Vorteil nach Absatz 1 Satz 1 nicht wahrnimmt.

**§ 21c Öffentlich-rechtlicher Vertrag.** Zur Ablösung der nach den §§ 21a und 21b zu erhebenden Kosten, Entgelte und Beiträge können im Einzelfall unter Berücksichtigung der in § 21a Absatz 2 Satz 2 bis 6 und § 21b Absatz 3 Satz 3 bis 5 geregelten Grundsätze öffentlich-rechtliche Verträge geschlossen werden.

### Dritter Abschnitt. Verwaltungsbehörden

**§ 22 Zuständigkeit für grenzüberschreitende Verbringungen und deren Überwachung.** (1) [1]Über Anträge auf Erteilung einer Genehmigung nach § 3 sowie über die Rücknahme oder den Widerruf einer erteilten Genehmigung entscheidet das Bundesamt für Wirtschaft und Ausfuhrkontrolle (BAFA). [2]Das Gleiche gilt, soweit die auf Grund des § 11 ergehenden Rechtsverordnungen das Erfordernis von Genehmigungen und Zustimmungen sowie die Prüfung von Anzeigen für grenzüberschreitende Verbringungen vorsehen.

(2) [1]Die Zollbehörden wirken bei der Überwachung von grenzüberschreitenden Verbringungen mit. [2]Die Zollbehörden können

1. grenzüberschreitend verbrachte Sendungen mit radioaktiven Stoffen sowie deren Beförderungsmittel, Behälter, Lademittel und Verpackungsmittel zur Überwachung anhalten,
2. einen auf Grund tatsächlicher Anhaltspunkte bestehenden Verdacht von Verstößen gegen Verbote und Beschränkungen nach diesem Gesetz oder einer auf Grund des § 11 ergehenden Rechtsverordnung, der sich bei der Wahrnehmung ihrer Aufgaben ergibt, den zuständigen Behörden mitteilen und
3. in den Fällen der Nummer 2 anordnen, dass Sendungen nach Nummer 1 auf Kosten und Gefahr des Verfügungsberechtigten den zuständigen Behörden vorgeführt werden.

[3]Das Brief- und Postgeheimnis nach Artikel 10 des Grundgesetzes wird nach Maßgabe der Sätze 1 und 2 eingeschränkt.

(3) Soweit das Bundesamt für Wirtschaft und Ausfuhrkontrolle (BAFA) auf Grund des Absatzes 1 entscheidet, ist es unbeschadet seiner Unterstellung unter das Bundesministerium für Wirtschaft und Energie und dessen auf anderen Rechtsvorschriften beruhender Weisungsbefugnisse an die fachlichen Weisungen des für die kerntechnische Sicherheit und den Strahlenschutz zuständigen Bundesministeriums gebunden.

**§ 23 Ausstattung der zuständigen Behörden.** Die für die Ausführung dieses Gesetzes zuständigen Behörden verfügen über eine zur Erfüllung ihrer gesetzlichen Aufgaben angemessene Ausstattung an Finanzmitteln und eine angemessene Personalausstattung.

**§ 23a Zuständigkeit des Bundesverwaltungsamtes.** Das Bundesverwaltungsamt ist für Entscheidungen nach den §§ 9d bis 9g zuständig.

**§§ 23b, 23c** *(aufgehoben)*

**§ 23d**[1]) **Zuständigkeit des Bundesamtes für die Sicherheit der nuklearen Entsorgung.** ¹Das Bundesamt für die Sicherheit der nuklearen Entsorgung ist zuständig für

1. die Planfeststellung und Genehmigung nach § 9b und deren Aufhebung,
2. die Aufsicht über Anlagen des Bundes nach § 9a Absatz 3 Satz 1 und die Schachtanlage Asse II nach § 19 Absatz 5,
3. die Erteilung der bergrechtlichen Zulassungen und sonstiger erforderlicher bergrechtlicher Erlaubnisse und Genehmigungen bei Zulassungsverfahren nach § 9b für die Errichtung, den Betrieb und die Stilllegung von Anlagen des Bundes zur Sicherstellung und Endlagerung nach § 9a Absatz 3 im Benehmen mit der zuständigen Bergbehörde des jeweiligen Landes,
4. die Bergaufsicht nach den §§ 69 bis 74 des Bundesberggesetzes über Anlagen des Bundes zur Sicherstellung und Endlagerung nach § 9a Absatz 3,
5. die Erteilung von wasserrechtlichen Erlaubnissen oder Bewilligungen bei Zulassungsverfahren nach § 9b für Anlagen des Bundes zur Sicherstellung und Endlagerung nach § 9a Absatz 3 im Benehmen mit der zuständigen Wasserbehörde,
6. die Genehmigung der Beförderung von Kernbrennstoffen sowie deren Rücknahme oder Widerruf,
7. die Genehmigung der Aufbewahrung von Kernbrennstoffen außerhalb der staatlichen Verwahrung, soweit diese nicht Vorbereitung oder Teil einer nach § 7 oder § 9 genehmigungsbedürftigen Tätigkeit ist, sowie deren Rücknahme oder Widerruf,
8. die staatliche Verwahrung von Kernbrennstoffen einschließlich des Erlasses von Entscheidungen nach § 5 Absatz 7 Satz 1 und
9. die Entgegennahme und Bekanntmachung von Informationen nach § 7 Absatz 1c.

²In den Fällen, in denen der Standort nach dem Standortauswahlgesetz[2]) durch Bundesgesetz festgelegt wird, gelten die Zuständigkeitsregelungen des Satzes 1 erst nach dieser abschließenden Entscheidung über den Standort.

**§ 24 Zuständigkeit der Landesbehörden.** (1) ¹Die übrigen Verwaltungsaufgaben nach diesem Gesetz und den hierzu ergehenden Rechtsverordnungen werden im Auftrage des Bundes durch die Länder ausgeführt. ²Die Beaufsichtigung der Beförderung radioaktiver Stoffe im Schienen- und Schiffsverkehr der Eisenbahnen sowie im Magnetschwebebahnverkehr obliegt dem Eisenbahn-Bundesamt; dies gilt nicht für die Beförderung radioaktiver Stoffe durch nicht bundeseigene Eisenbahnen, wenn die Verkehre ausschließlich über Schienenwege dieser Eisenbahnen führen. ³Satz 2 gilt auch für die Genehmigung solcher Beförderungen, soweit eine Zuständigkeit nach § 23d nicht gegeben ist.

(2) ¹Für Genehmigungen nach den §§ 7, 7a und 9 sowie deren Rücknahme und Widerruf sind die durch die Landesregierungen bestimmten obersten

---

[1]) Das Bundesamt für die Sicherheit der nuklearen Entsorgung (BASE) hat zum 1.9.2014 seine Tätigkeit aufgenommen; siehe das BASE-ErrichtungsG (Nr. **7.0.2**) und den Organisationserlass zur Errichtung des Bundesamtes für kerntechnische Entsorgung v. 5.8.2014 (BAnz AT 27.08.2014 B4).
[2]) Auszugsweise abgedruckt unter Nr. **7.3**.

Landesbehörden zuständig. ²Diese Behörden üben die Aufsicht über Anlagen nach § 7 und die Verwendung von Kernbrennstoffen außerhalb dieser Anlagen aus. ³Sie können im Einzelfall nachgeordnete Behörden damit beauftragen. ⁴Über Beschwerden gegen deren Verfügungen entscheidet die oberste Landesbehörde. ⁵Soweit Vorschriften außerhalb dieses Gesetzes anderen Behörden Aufsichtsbefugnisse verleihen, bleiben diese Zuständigkeiten unberührt.

(3) ¹Für den Geschäftsbereich des Bundesministeriums der Verteidigung werden die in den Absätzen 1 und 2 bezeichneten Zuständigkeiten durch dieses Bundesministerium oder die von ihm bezeichneten Dienststellen im Benehmen mit dem für die kerntechnische Sicherheit und den Strahlenschutz zuständigen Bundesministerium wahrgenommen. ²Dies gilt auch für zivile Arbeitskräfte bei sich auf Grund völkerrechtlicher Verträge in der Bundesrepublik Deutschland aufhaltenden Truppen und zivilen Gefolgen.

## § 24a Information der Öffentlichkeit; Informationsübermittlung.

(1) ¹Die zuständigen Behörden unterrichten die Öffentlichkeit für den Bereich der nuklearen Sicherheit mindestens über Folgendes:

1. Informationen über den bestimmungsgemäßen Betrieb der kerntechnischen Anlagen sowie
2. Informationen bei meldepflichtigen Ereignissen und bei Unfällen.

²Das Umweltinformationsgesetz und die Bestimmungen der Länder über die Verbreitung von Umweltinformationen bleiben unberührt.

(2) ¹Das für die kerntechnische Sicherheit und den Strahlenschutz zuständige Bundesministerium kann Informationen, die in atomrechtlichen Genehmigungen der nach den §§ 22 bis 24 zuständigen Behörden enthalten sind (Inhaber, Rechtsgrundlagen, wesentlicher Inhalt), an die für den Außenwirtschaftsverkehr zuständigen obersten Bundesbehörden zur Erfüllung ihrer Aufgaben bei Genehmigungen oder der Überwachung des Außenwirtschaftsverkehrs übermitteln. ²Reichen diese Informationen im Einzelfall nicht aus, können weitere Informationen aus der atomrechtlichen Genehmigung übermittelt werden. ³Die Empfänger dürfen die übermittelten Informationen, soweit gesetzlich nichts anderes bestimmt ist, nur zu dem Zweck verwenden, zu dem sie übermittelt worden sind.

## § 24b Selbstbewertung und internationale Prüfung.

(1) ¹Mit dem Ziel der kontinuierlichen Verbesserung der nuklearen Sicherheit und der Sicherheit der Entsorgung abgebrannter Brennelemente und radioaktiver Abfälle

1. führt das für die kerntechnische Sicherheit und den Strahlenschutz zuständige Bundesministerium eine Selbstbewertung des Gesetzes-, Vollzugs- und Organisationsrahmens für die nukleare Sicherheit kerntechnischer Anlagen und für die sichere Entsorgung abgebrannter Brennelemente und radioaktiver Abfälle sowie des diesbezüglichen Behördenhandelns durch;
2. lädt das für die kerntechnische Sicherheit und den Strahlenschutz zuständige Bundesministerium internationale Experten zu einer Prüfung passender Segmente des Gesetzes-, Vollzugs- und Organisationsrahmens für die nukleare Sicherheit kerntechnischer Anlagen und für die sichere Entsorgung abgebrannter Brennelemente und radioaktiver Abfälle sowie der jeweils teilnehmenden zuständigen Behörden ein; über die Ergebnisse der Prüfung berichtet das für die kerntechnische Sicherheit und den Strahlenschutz zuständige

Bundesministerium den Mitgliedstaaten der Europäischen Union und der Europäischen Kommission, sobald diese Ergebnisse verfügbar sind.

²Die Maßnahmen nach Satz 1 erfolgen mindestens alle zehn Jahre. ³Die Maßnahmen nach Satz 1 können getrennt für die nukleare Sicherheit kerntechnischer Anlagen und für die sichere Entsorgung abgebrannter Brennelemente und radioaktiver Abfälle durchgeführt werden. ⁴Die Selbstbewertung nach Satz 1 Nummer 1 umfasst für die Entsorgung abgebrannter Brennelemente und radioaktiver Abfälle auch das Nationale Entsorgungsprogramm nach § 2c sowie dessen Umsetzung.

(2) ¹Das für die kerntechnische Sicherheit und den Strahlenschutz zuständige Bundesministerium

1. veranlasst im Hinblick auf ein ausgewähltes technisches Thema im Zusammenhang mit der nuklearen Sicherheit eine Selbstbewertung der in Betracht kommenden und sich im Geltungsbereich dieses Gesetzes befindlichen kerntechnischen Anlagen,
2. lädt zu der gegenseitigen Überprüfung der Bewertung nach Nummer 1 alle Mitgliedstaaten der Europäischen Union sowie, als Beobachter, die Europäische Kommission ein,
3. veranlasst angemessene Folgemaßnahmen zu den Erkenntnissen, die aus dieser gegenseitigen Überprüfung gewonnen wurden und
4. veröffentlicht einen Bericht über das Bewertungsverfahren und dessen wichtigste Ergebnisse, sobald diese vorliegen.

²Die erste Selbstbewertung nach Absatz 2 Satz 1 Nummer 1 leitet das für die kerntechnische Sicherheit und den Strahlenschutz zuständige Bundesministerium im Jahr 2017 ein, danach mindestens alle sechs Jahre.

(3) Im Falle eines Unfalls in einer kerntechnischen Anlage, der Maßnahmen des anlagenexternen Notfallschutzes erfordert, lädt das für die kerntechnische Sicherheit und den Strahlenschutz zuständige Bundesministerium unverzüglich zu einer internationalen Überprüfung ein.

### Vierter Abschnitt. Haftungsvorschriften

**§ 25 Haftung für Kernanlagen.** (1) ¹Beruht ein Schaden auf einem von einer Kernanlage ausgehenden nuklearen Ereignis, so gelten für die Haftung des Inhabers der Kernanlage ergänzend zu den Bestimmungen des Pariser Übereinkommens und des Gemeinsamen Protokolls die Vorschriften dieses Gesetzes. ²Das Pariser Übereinkommen ist unabhängig von seiner völkerrechtlichen Verbindlichkeit für die Bundesrepublik Deutschland innerstaatlich anzuwenden, soweit nicht seine Regeln eine durch das Inkrafttreten des Übereinkommens bewirkte Gegenseitigkeit voraussetzen.

(2) ¹Hat im Falle der Beförderung von Kernmaterialien einschließlich der damit zusammenhängenden Lagerung der Beförderer durch Vertrag die Haftung anstelle des Inhabers einer im Geltungsbereich dieses Gesetzes gelegenen Kernanlage übernommen, gilt er als Inhaber einer Kernanlage vom Zeitpunkt der Haftungsübernahme an. ²Der Vertrag bedarf der Schriftform. ³Die Haftungsübernahme ist nur wirksam, wenn sie vor Beginn der Beförderung oder der damit zusammenhängenden Lagerung von Kernmaterialien durch die für die Genehmigung der Beförderung zuständige Behörde auf Antrag des Beför-

derers genehmigt worden ist. ⁴Die Genehmigung darf nur erteilt werden, wenn der Beförderer im Geltungsbereich dieses Gesetzes als Frachtführer zugelassen ist oder als Spediteur im Geltungsbereich dieses Gesetzes seine geschäftliche Hauptniederlassung hat und der Inhaber der Kernanlage gegenüber der Behörde seine Zustimmung erklärt hat.

(3) ¹Die Bestimmungen des Artikels 9 des Pariser Übereinkommens über den Haftungsausschluß bei Schäden, die auf nuklearen Ereignissen beruhen, die unmittelbar auf Handlungen eines bewaffneten Konfliktes, von Feindseligkeiten, eines Bürgerkrieges, eines Aufstandes oder auf eine schwere Naturkatastrophe außergewöhnlicher Art zurückzuführen sind, sind nicht anzuwenden. ²Tritt der Schaden in einem anderen Staat ein, so gilt Satz 1 nur, soweit der andere Staat zum Zeitpunkt des nuklearen Ereignisses im Verhältnis zur Bundesrepublik Deutschland eine nach Art, Ausmaß und Höhe gleichwertige Regelung sichergestellt hat.

(4) ¹Der Inhaber einer Kernanlage haftet unabhängig vom Ort des Schadenseintritts. ²Artikel 2 des Pariser Übereinkommens findet keine Anwendung.

(5) Der Inhaber einer Kernanlage haftet nicht nach dem Pariser Übereinkommen, sofern der Schaden durch ein nukleares Ereignis verursacht wurde, das auf Kernmaterialien zurückzuführen ist, die in Anlage 2 zu diesem Gesetz bezeichnet sind.

**§ 25a Haftung für Reaktorschiffe.** (1) Auf die Haftung des Inhabers eines Reaktorschiffes finden die Vorschriften dieses Abschnitts mit folgender Maßgabe entsprechende Anwendung:

1. An die Stelle der Bestimmungen des Pariser Übereinkommens treten die entsprechenden Bestimmungen des Brüsseler Reaktorschiff-Übereinkommens (BGBl. 1975 II S. 977). Dieses ist unabhängig von seiner völkerrechtlichen Verbindlichkeit für die Bundesrepublik Deutschland innerstaatlich anzuwenden, soweit nicht seine Regeln eine durch das Inkrafttreten des Übereinkommens bewirkte Gegenseitigkeit voraussetzen.

2. Tritt der Schaden in einem anderen Staat ein, so gilt § 31 Abs. 1 hinsichtlich des den Höchstbetrag des Brüsseler Reaktorschiff-Übereinkommens überschreitenden Betrags nur, soweit das Recht dieses Staates zum Zeitpunkt des nuklearen Ereignisses eine auch im Verhältnis zur Bundesrepublik Deutschland anwendbare, nach Art, Ausmaß und Höhe gleichwertige Regelung der Haftung der Inhaber von Reaktorschiffen vorsieht. § 31 Abs. 2, §§ 36, 38 Abs. 1 und § 40 sind nicht anzuwenden.

3. § 34 gilt nur für Reaktorschiffe, die berechtigt sind, die Bundesflagge zu führen. Wird ein Reaktorschiff im Geltungsbereich dieses Gesetzes für einen anderen Staat oder Personen eines anderen Staates gebaut oder mit einem Reaktor ausgerüstet, so gilt § 34 bis zu dem Zeitpunkt, in dem das Reaktorschiff in dem anderen Staat registriert wird oder das Recht erwirbt, die Flagge eines anderen Staates zu führen. Die sich aus § 34 ergebende Freistellungsverpflichtung ist zu 75 vom Hundert vom Bund und im übrigen von dem für die Genehmigung des Reaktorschiffs nach § 7 zuständigen Land zu tragen.

4. Bei Reaktorschiffen, die nicht berechtigt sind, die Bundesflagge zu führen, gilt dieser Abschnitt nur, wenn durch das Reaktorschiff verursachte nukleare Schäden im Geltungsbereich dieses Gesetzes eingetreten sind.
5. Für Schadensersatzansprüche sind die Gerichte des Staates zuständig, dessen Flagge das Reaktorschiff zu führen berechtigt ist; in den Fällen der Nummer 4 ist auch das Gericht des Ortes im Geltungsbereich dieses Gesetzes zuständig, an dem der nukleare Schaden eingetreten ist.

(2) Soweit internationale Verträge über die Haftung für Reaktorschiffe zwingend abweichende Bestimmungen enthalten, haben diese Vorrang vor den Bestimmungen dieses Gesetzes.

**§ 26 Haftung in anderen Fällen.** (1) ¹Wird in anderen als den in dem Pariser Übereinkommen in Verbindung mit den in § 25 Abs. 1 bis 4 bezeichneten Fällen durch die Wirkung eines Kernspaltungsvorgangs oder der Strahlen eines radioaktiven Stoffes oder durch die von einer Anlage zur Erzeugung ionisierender Strahlen ausgehende Wirkung ionisierender Strahlen ein Mensch getötet oder der Körper oder die Gesundheit eines anderen verletzt oder eine Sache beschädigt, so ist der Besitzer des von der Kernspaltung betroffenen Stoffes, des radioaktiven Stoffes oder der Anlage zur Erzeugung ionisierender Strahlen verpflichtet, den daraus entstehenden Schaden nach den §§ 27 bis 30, 31 Abs. 3, § 32 Abs. 1, 4 und 5 und § 33 zu ersetzen. ²Die Ersatzpflicht tritt nicht ein, wenn der Schaden durch ein Ereignis verursacht wird, das der Besitzer und die für ihn im Zusammenhang mit dem Besitz tätigen Personen auch bei Anwendung jeder nach den Umständen gebotenen Sorgfalt nicht vermeiden konnten und das weder auf *einen*[1] Fehler in der Beschaffenheit der Schutzeinrichtung noch auf einem Versagen ihrer Verrichtungen beruht.

(1a) Absatz 1 Satz 2 findet keine Anwendung auf Schäden, die durch radioaktive Stoffe entstehen, die bei Anwendung des Pariser Übereinkommens, des Brüsseler Reaktorschiff-Übereinkommens oder des Wiener Übereinkommens in Verbindung mit dem Gemeinsamen Protokoll unter die Begriffsbestimmungen Kernbrennstoffe sowie radioaktive Erzeugnisse und Abfälle dieser Übereinkommen fallen würden.

(2) Absatz 1 gilt entsprechend in Fällen, in denen ein Schaden der in Absatz 1 bezeichneten Art durch die Wirkung eines Kernvereinigungsvorgangs verursacht wird.

(3) In gleicher Weise wie der Besitzer haftet derjenige, der den Besitz des Stoffes verloren hat, ohne ihn auf eine Person zu übertragen, die nach diesem Gesetz oder nach einer auf Grund dieses Gesetzes erlassenen Rechtsverordnung zum Besitz berechtigt ist.

(4) Die Vorschriften der Absätze 1 bis 3 gelten nicht,
1. wenn die radioaktiven Stoffe oder die Anlagen zur Erzeugung ionisierender Strahlen gegenüber dem Verletzten von einem Arzt oder Zahnarzt oder unter der Aufsicht eines Arztes oder Zahnarztes bei der Ausübung der Heilkunde angewendet worden sind und die verwendeten Stoffe oder Anlagen zur Erzeugung ionisierender Strahlen sowie die notwendigen Messgeräte nach den Regelungen einer Rechtsverordnung den jeweils geltenden Anforderungen der Verordnung (EU) 2017/745 des Europäischen Parlaments und des

---

[1] Richtig wohl: „einem".

Rates vom 5. April 2017 über Medizinprodukte, zur Änderung der Richtlinie 2001/83/EG, der Verordnung (EG) Nr. 178/2002 und der Verordnung (EG) Nr. 1223/2009 und zur Aufhebung der Richtlinien 90/385/EWG und 93/42/EWG des Rates (ABl. L 117 vom 5.5.2017, S. 1; L 117 vom 3.5. 2019, S. 9; L 334 vom 27.12.2019, S. 165), die durch die Verordnung (EU) 2020/561 (ABl. L 130 vom 24.4.2020, S. 18) geändert worden ist, in der jeweils geltenden Fassung oder, soweit solche fehlen, dem jeweiligen Stand von Wissenschaft und Technik entsprochen haben und der Schaden nicht darauf zurückzuführen ist, dass die Stoffe, Anlagen zur Erzeugung ionisierender Strahlen oder Messgeräte nicht oder nicht ausreichend gewartet worden sind,
2. wenn zwischen dem Besitzer und dem Verletzten ein Rechtsverhältnis besteht, auf Grund dessen dieser die von dem Stoff oder von der Anlage zur Erzeugung ionisierender Strahlen ausgehende Gefahr in Kauf genommen hat.

(5) [1] Absatz 1 Satz 2 und Absatz 4 Nr. 2 gelten nicht für die Anwendung von radioaktiven Stoffen oder ionisierenden Strahlen am Menschen in der medizinischen Forschung. [2] Bestreitet der Besitzer des radioaktiven Stoffes oder der Anlage zur Erzeugung ionisierender Strahlen den ursächlichen Zusammenhang zwischen der Anwendung der radioaktiven Stoffe oder der ionisierenden Strahlen und einem aufgetretenen Schaden, so hat er zu beweisen, dass nach dem Stand der medizinischen Wissenschaft keine hinreichende Wahrscheinlichkeit eines ursächlichen Zusammenhangs besteht.

(6) [1] Nach den Vorschriften der Absätze 1 bis 3 ist nicht ersatzpflichtig, wer die Stoffe für einen anderen befördert. [2] Die Ersatzpflicht nach diesen Vorschriften trifft, solange nicht der Empfänger die Stoffe übernommen hat, den Absender, ohne Rücksicht darauf, ob er Besitzer der Stoffe ist.

(7) Unberührt bleiben im Anwendungsbereich des Absatzes 1 Satz 1 gesetzliche Vorschriften, nach denen der dort genannte Besitzer und die ihm nach Absatz 3 gleichgestellten Personen in weiterem Umfang haften als nach den Vorschriften dieses Gesetzes oder nach denen ein anderer für den Schaden verantwortlich ist.

**§ 27 Mitwirkendes Verschulden des Verletzten.** Hat bei Entstehung des Schadens ein Verschulden des Verletzten mitgewirkt, so gilt § 254 des Bürgerlichen Gesetzbuchs[1]; bei Beschädigung einer Sache steht das Verschulden desjenigen, der die tatsächliche Gewalt über sie ausübt, dem Verschulden des Verletzten gleich.

**§ 28 Umfang des Schadensersatzes bei Tötung.** (1) [1] Im Falle der Tötung ist der Schadensersatz durch Ersatz der Kosten einer versuchten Heilung sowie des Vermögensnachteils zu leisten, den der Getötete dadurch erlitten hat, daß während der Krankheit seine Erwerbsfähigkeit aufgehoben oder gemindert, eine Vermehrung seiner Bedürfnisse eingetreten oder sein Fortkommen erschwert war. [2] Der Ersatzpflichtige hat außerdem die Kosten der Beerdigung demjenigen zu ersetzen, dem die Verpflichtung obliegt, diese Kosten zu tragen.

(2) [1] Stand der Getötete zur Zeit der Verletzung zu einem Dritten in einem Verhältnis, vermöge dessen er diesem gegenüber kraft Gesetzes unterhaltspflich-

---

[1] Nr. 10.1.

tig war oder unterhaltspflichtig werden konnte, und ist dem Dritten infolge der Tötung das Recht auf Unterhalt entzogen, so hat der Ersatzpflichtige dem Dritten insoweit Schadensersatz zu leisten, als der Getötete während der mutmaßlichen Dauer seines Lebens zur Gewährung des Unterhalts verpflichtet gewesen wäre. ²Die Ersatzpflicht tritt auch dann ein, wenn der Dritte zur Zeit der Verletzung erzeugt, aber noch nicht geboren war.

(3) ¹Der Ersatzpflichtige hat dem Hinterbliebenen, der zur Zeit der Verletzung zu dem Getöteten in einem besonderen persönlichen Näheverhältnis stand, für das dem Hinterbliebenen zugefügte seelische Leid eine angemessene Entschädigung in Geld zu leisten. ²Ein besonderes persönliches Näheverhältnis wird vermutet, wenn der Hinterbliebene der Ehegatte, der Lebenspartner, ein Elternteil oder ein Kind des Getöteten war.

**§ 29 Umfang des Schadensersatzes bei Körperverletzung.** (1) Im Falle der Verletzung des Körpers oder der Gesundheit ist der Schadensersatz durch Ersatz der Kosten der Heilung sowie des Vermögensnachteils zu leisten, den der Verletzte dadurch erleidet, daß infolge der Verletzung zeitweise oder dauernd seine Erwerbsfähigkeit aufgehoben oder gemindert, eine Vermehrung seiner Bedürfnisse eingetreten oder sein Fortkommen erschwert ist.

(2) Wegen des Schadens, der nicht Vermögensschaden ist, kann auch eine billige Entschädigung in Geld gefordert werden.

**§ 30 Geldrente.** (1) Der Schadensersatz wegen Aufhebung oder Minderung der Erwerbsfähigkeit, wegen Vermehrung der Bedürfnisse oder wegen Erschwerung des Fortkommens des Verletzten sowie der nach § 28 Abs. 2 einem Dritten zu gewährende Schadensersatz ist für die Zukunft durch Entrichtung einer Geldrente zu leisten.

(2) Die Vorschriften des § 843 Abs. 2 bis 4 des Bürgerlichen Gesetzbuchs finden entsprechende Anwendung.

(3) Ist bei der Verurteilung des Verpflichteten zur Entrichtung einer Geldrente nicht auf Sicherheitsleistung erkannt worden, so kann der Berechtigte gleichwohl Sicherheitsleistung verlangen, wenn die Vermögensverhältnisse des Verpflichteten sich erheblich verschlechtert haben; unter der gleichen Voraussetzung kann er eine Erhöhung der in dem Urteil bestimmten Sicherheit verlangen.

**§ 31 Haftungshöchstgrenzen.** (1) ¹Die Haftung des Inhabers einer Kernanlage nach dem Pariser Übereinkommen in Verbindung mit § 25 Abs. 1, 2 und 4 sowie nach dem Pariser Übereinkommen und dem Gemeinsamen Protokoll in Verbindung mit § 25 Abs. 1, 2 und 4 ist summenmäßig unbegrenzt. ²In den Fällen des § 25 Abs. 3 wird die Haftung des Inhabers auf den Höchstbetrag der staatlichen Freistellungsverpflichtung begrenzt.

(2) ¹Tritt der Schaden in einem anderen Staat ein, so findet Absatz 1 nur dann und insoweit Anwendung, als der andere Staat zum Zeitpunkt des nuklearen Ereignisses im Verhältnis zur Bundesrepublik Deutschland eine dem Absatz 1 nach Art, Ausmaß und Höhe gleichwertige Regelung sichergestellt hat. ²Im Übrigen ist bei Schäden in einem anderen Staat die Haftung des Inhabers einer Kernanlage auf den Betrag begrenzt, den der andere Staat im Zeitpunkt des nuklearen Ereignisses unter Einbeziehung einer zusätzlichen Entschädigung auf Grund internationaler Übereinkommen für den Ersatz von Schäden infolge

nuklearer Ereignisse im Verhältnis zur Bundesrepublik Deutschland vorsieht.
³ Im Verhältnis zu Staaten, auf deren Hoheitsgebiet sich keine Kernanlagen befinden, ist die Haftung des Inhabers einer Kernanlage auf den Höchstbetrag nach dem Brüsseler Zusatzübereinkommen beschränkt.

(2a) Absatz 2 gilt auch für die Haftung des Besitzers eines radioaktiven Stoffes in den Fällen des § 26 Abs. 1a.

(3) ¹ Der nach dem Pariser Übereinkommen in Verbindung mit § 25 Abs. 1, 2 und 4 sowie nach dem Pariser Übereinkommen und dem Gemeinsamen Protokoll in Verbindung mit § 25 Abs. 1, 2 und 4 oder der nach § 26 Ersatzpflichtige haftet im Falle der Sachbeschädigung nur bis zur Höhe des gemeinen Wertes der beschädigten Sache zuzüglich der Kosten für die Sicherung gegen die von ihr ausgehende Strahlengefahr. ² Bei einer Haftung nach dem Pariser Übereinkommen in Verbindung mit § 25 Abs. 1, 2 und 4 ist Ersatz für Schäden am Beförderungsmittel, auf dem sich die Kernmaterialien zur Zeit des nuklearen Ereignisses befunden haben, nur dann zu leisten, wenn die Befriedigung anderer Schadensersatzansprüche in den Fällen des Absatzes 1 aus dem Höchstbetrag der staatlichen Freistellungsverpflichtung, in den Fällen des Absatzes 2 aus der Haftungshöchstsumme sichergestellt ist.

**§ 32 Verjährung.** (1) Die nach diesem Abschnitt begründeten Ansprüche auf Schadensersatz verjähren in drei Jahren von dem Zeitpunkt an, in welchem der Ersatzberechtigte von dem Schaden und von der Person des Ersatzpflichtigen Kenntnis erlangt hat oder hätte erlangen müssen, ohne Rücksicht darauf in dreißig Jahren von dem schädigenden Ereignis an.

(2) In den Fällen des Artikels 8 Abs. b des Pariser Übereinkommens tritt an die Stelle der dreißigjährigen Verjährungsfrist des Absatzes 1 eine Verjährungsfrist von zwanzig Jahren ab Diebstahl, Verlust, Überbordwerfen oder Besitzaufgabe.

(3) Ansprüche auf Grund des Pariser Übereinkommens, die innerhalb von zehn Jahren nach dem nuklearen Ereignis gegen den Inhaber der Kernanlage wegen der Tötung oder Verletzung eines Menschen gerichtlich geltend gemacht werden, haben Vorrang vor Ansprüchen, die nach Ablauf dieser Frist erhoben werden.

(4) Schweben zwischen dem Ersatzpflichtigen und dem Ersatzberechtigten Verhandlungen über den zu leistenden Schadensersatz, so ist die Verjährung gehemmt, bis der eine oder der andere Teil die Fortsetzung der Verhandlungen verweigert.

(5) Im übrigen finden die Vorschriften des Bürgerlichen Gesetzbuchs über die Verjährung Anwendung.

**§ 33 Mehrere Verursacher.** (1) Sind für einen Schaden, der durch ein nukleares Ereignis oder in sonstiger Weise durch die Wirkung eines Kernspaltungsvorgangs oder der Strahlen eines radioaktiven Stoffes oder durch die von einem Beschleuniger ausgehende Wirkung ionisierender Strahlen verursacht ist, mehrere einem Dritten kraft Gesetzes zum Schadensersatz verpflichtet, so haften sie, sofern sich nicht aus Artikel 5 Abs. d des Pariser Übereinkommens etwas anderes ergibt, dem Dritten gegenüber als Gesamtschuldner.

(2) ¹ In den Fällen des Absatzes 1 hängt im Verhältnis der Ersatzpflichtigen untereinander die Verpflichtung zum Ersatz von den Umständen, insbesondere davon ab, inwieweit der Schaden vorwiegend von dem einen oder anderen Teil

verursacht worden ist, sofern sich aus Artikel 5 Abs. d des Pariser Übereinkommens nicht etwas anderes ergibt. ²Der Inhaber einer Kernanlage ist jedoch nicht verpflichtet, über die Haftungshöchstbeträge des § 31 Abs. 1 und 2 hinaus Ersatz zu leisten.

**§ 34 Freistellungsverpflichtung.** (1) ¹Haben sich infolge von Wirkungen eines nuklearen Ereignisses gesetzliche Schadensersatzverpflichtungen des Inhabers einer im Geltungsbereich dieses Gesetzes gelegenen Kernanlage nach den Bestimmungen des Pariser Übereinkommens in Verbindung mit § 25 Abs. 1 bis 4 sowie des Pariser Übereinkommens und des Gemeinsamen Protokolls in Verbindung mit § 25 Abs. 1 bis 4 oder auf Grund des auf den Schadensfall anwendbaren Rechts eines fremden Staates oder in den Fällen des § 26 Abs. 1a ergeben, so hat der Bund den Inhaber der Kernanlage oder den Besitzer radioaktiver Stoffe von Schadensersatzverpflichtungen freizustellen, soweit diese von der Deckungsvorsorge nicht gedeckt sind oder aus ihr nicht erfüllt werden können. ²Der Höchstbetrag der Freistellungsverpflichtung beträgt 2,5 Milliarden Euro. ³Die Freistellungsverpflichtung beschränkt sich auf diesen Höchstbetrag abzüglich des Betrages, in dessen Höhe die entstandenen Schadensersatzverpflichtungen von der Deckungsvorsorge gedeckt sind und aus ihr erfüllt werden können.

(2) Ist nach dem Eintritt eines schädigenden Ereignisses mit einer Inanspruchnahme der Freistellungsverpflichtung zu rechnen, so ist der Inhaber der Kernanlage oder der Besitzer eines radioaktiven Stoffes verpflichtet,

1. dem von der Bundesregierung bestimmten Bundesministerium dieses unverzüglich anzuzeigen,
2. dem zuständigen Bundesministerium unverzüglich von erhobenen Schadensersatzansprüchen oder eingeleiteten Ermittlungsverfahren Mitteilung zu machen und auf Verlangen jede Auskunft zu erteilen, die zur Prüfung des Sachverhalts und seiner rechtlichen Würdigung erforderlich ist,
3. bei außergerichtlichen oder gerichtlichen Verhandlungen über die erhobenen Schadensersatzansprüche die Weisungen des für die kerntechnische Sicherheit und den Strahlenschutz zuständigen Bundesministeriums zu beachten,
4. nicht ohne Zustimmung des für die kerntechnische Sicherheit und den Strahlenschutz zuständigen Bundesministeriums einen Schadensersatzanspruch anzuerkennen oder zu befriedigen, es sei denn, daß er die Anerkennung oder Befriedigung ohne offenbare Unbilligkeit nicht verweigern kann.

(3) Im Übrigen finden auf die Freistellungsverpflichtung die §§ 83 und 87 und die Vorschriften des Teils 2 Kapitel 1 des Versicherungsvertragsgesetzes mit Ausnahme der §§ 103 und 118 entsprechende Anwendung, ohne dass gegen den zur Freistellung Verpflichteten ein Direktanspruch im Sinn von § 115 des Versicherungsvertragsgesetzes begründet wird.

**§ 35 Verteilungsverfahren.** (1) Ist damit zu rechnen, daß die gesetzlichen Schadensersatzverpflichtungen aus einem Schadensereignis die zur Erfüllung der Schadensersatzverpflichtungen zur Verfügung stehenden Mittel übersteigen, so wird ihre Verteilung sowie das dabei zu beobachtende Verfahren durch Gesetz, bis zum Erlaß eines solchen Gesetzes durch Rechtsverordnung geregelt.

(2) ¹Die in Absatz 1 bezeichnete Rechtsverordnung kann über die Verteilung der zur Erfüllung gesetzlicher Schadensersatzverpflichtungen zur Verfügung stehenden Mittel nur solche Regelungen treffen, die zur Abwendung von Notständen erforderlich sind. ²Sie muß sicherstellen, daß die Befriedigung der Gesamtheit aller Geschädigten nicht durch die Befriedigung einzelner Geschädigter unangemessen beeinträchtigt wird.

**§ 36** *(aufgehoben)*

**§ 37 Rückgriff bei der Freistellung.** (1) Ist der Inhaber einer Kernanlage oder der Besitzer eines radioaktiven Stoffes nach § 34 von Schadensersatzverpflichtungen freigestellt worden, so kann gegen den Inhaber der Kernanlage oder gegen den Besitzer eines radioaktiven Stoffes in Höhe der erbrachten Leistungen Rückgriff genommen werden, soweit

1. dieser seine sich aus § 34 Abs. 2 oder 3 ergebenden Verpflichtungen verletzt; der Rückgriff ist jedoch insoweit ausgeschlossen, als die Verletzung weder Einfluß auf die Feststellung des Schadens noch auf die Feststellung oder den Umfang der erbrachten Leistungen gehabt hat;
2. dieser oder, falls es sich um eine juristische Person handelt, sein gesetzlicher Vertreter in Ausführung der ihm zustehenden Verrichtungen den Schaden vorsätzlich oder grob fahrlässig herbeigeführt hat;
3. die Leistungen erbracht worden sind, weil die vorhandene Deckungsvorsorge in Umfang und Höhe nicht der behördlichen Festsetzung entsprochen hat.

(2) Gegen den Inhaber der Kernanlage oder den Besitzer eines radioaktiven Stoffes kann ohne Vorliegen der in Absatz 1 genannten Voraussetzungen Rückgriff genommen werden, soweit er kein Deutscher ist und seinen Sitz, Wohnsitz oder ständigen Aufenthalt in einem Staat hat, der weder Vertragsstaat der Verträge über die Europäischen Gemeinschaften noch des Pariser Übereinkommens noch des Wiener Übereinkommens in Verbindung mit dem Gemeinsamen Protokoll noch eines sonstigen, zum Zeitpunkt des schädigenden Ereignisses in Kraft befindlichen Übereinkommens mit der Bundesrepublik Deutschland über die Haftung für nukleare Schäden ist.

**§ 38 Ausgleich durch den Bund.** (1) Hat ein durch ein nukleares Ereignis Geschädigter seinen Schaden im Geltungsbereich dieses Gesetzes erlitten und kann er nach dem auf den Schadensfall anwendbaren Recht eines anderen Vertragsstaates des Pariser Übereinkommens oder des Wiener Übereinkommens in Verbindung mit dem Gemeinsamen Protokoll keinen Ersatz verlangen, weil

1. das nukleare Ereignis im Hoheitsgebiet eines Nichtvertragsstaates des Pariser Übereinkommens oder des Wiener Übereinkommens in Verbindung mit dem Gemeinsamen Protokoll eingetreten ist,
2. der Schaden durch ein nukleares Ereignis verursacht worden ist, das unmittelbar auf Handlungen eines bewaffneten Konfliktes, von Feindseligkeiten, eines Bürgerkrieges, eines Aufstandes oder auf eine schwere Naturkatastrophe außergewöhnlicher Art zurückzuführen ist,
3. das anzuwendende Recht eine Haftung für Schäden an dem Beförderungsmittel, auf dem sich die Kernmaterialien zur Zeit des Eintritts des nuklearen Ereignisses befunden haben, nicht vorsieht,

4. das anzuwendende Recht eine Haftung des Inhabers nicht vorsieht, wenn der Schaden durch die ionisierende Strahlung einer sonstigen in der Kernanlage befindlichen Strahlenquelle verursacht worden ist,
5. das anzuwendende Recht eine kürzere Verjährung oder Ausschlußfrist als dieses Gesetz vorsieht oder
6. die zum Schadensersatz zur Verfügung stehenden Mittel hinter dem Höchstbetrag der staatlichen Freistellungsverpflichtung zurückbleiben,

so gewährt der Bund bis zum Höchstbetrag der staatlichen Freistellungsverpflichtung einen Ausgleich.

(2) Der Bund gewährt ferner bis zum Höchstbetrag der staatlichen Freistellungsverpflichtung einen Ausgleich, wenn das auf einen im Geltungsbereich dieses Gesetzes erlittenen Schaden anwendbare ausländische Recht oder die Bestimmungen eines völkerrechtlichen Vertrages dem Verletzten Ansprüche gewähren, die nach Art, Ausmaß und Umfang des Ersatzes wesentlich hinter dem Schadensersatz zurückbleiben, der dem Geschädigten bei Anwendung dieses Gesetzes zugesprochen worden wäre, oder wenn die Rechtsverfolgung in dem Staat, von dessen Hoheitsgebiet das schädigende Ereignis ausgegangen ist, aussichtslos ist.

(3) Die Absätze 1 und 2 sind auf Geschädigte, die nicht Deutsche im Sinne des Artikels 116 Abs. 1 des Grundgesetzes sind und die ihren gewöhnlichen Aufenthalt nicht im Geltungsbereich dieses Gesetzes haben, nicht anzuwenden, soweit der Heimatstaat im Zeitpunkt des nuklearen Ereignisses im Verhältnis zur Bundesrepublik Deutschland eine nach Art, Ausmaß und Höhe gleichwertige Regelung nicht sichergestellt hat.

(4) [1] Ansprüche nach den Absätzen 1 und 2 sind bei dem Bundesverwaltungsamt geltend zu machen. [2] Sie erlöschen in drei Jahren von dem Zeitpunkt an, in dem die auf Grund ausländischen oder internationalen Rechts ergangene Entscheidung über den Schadensersatz unanfechtbar geworden ist oder erkennbar wird, dass die Rechtsverfolgung im Sinne des Absatzes 2 aussichtslos ist.

**§ 39 Ausnahmen von den Leistungen des Bundes.** (1) Bei der Freistellungsverpflichtung nach § 34 und dem Ausgleich nach § 38 sind die nach § 15 Abs. 1 bis 3 nachrangig zu befriedigenden Ersatzansprüche nicht zu berücksichtigen.

(2) Entschädigungen nach § 29 Abs. 2 sind in die Freistellungsverpflichtung nach § 34 und den Ausgleich nach § 38 nur miteinzubeziehen, wenn die Leistung einer Entschädigung wegen der besonderen Schwere der Verletzung zur Vermeidung einer groben Unbilligkeit erforderlich ist.

**§ 40 Klagen gegen den Inhaber einer Kernanlage, die in einem anderen Vertragsstaat gelegen ist.** (1) Ist nach den Bestimmungen des Pariser Übereinkommens ein Gericht im Geltungsbereich dieses Gesetzes für die Entscheidung über die Schadensersatzklage gegen den Inhaber einer in einem anderen Vertragsstaat des Pariser Übereinkommens gelegenen Kernanlage zuständig, so bestimmt sich die Haftung des Inhabers nach den Vorschriften dieses Gesetzes.

(2) Abweichend von Absatz 1 bestimmt sich nach dem Recht des Vertragsstaates, in dem die Kernanlage gelegen ist,
1. wer als Inhaber anzusehen ist,

2. ob sich die Ersatzpflicht des Inhabers auch auf nukleare Schäden in einem Staat erstreckt, der nicht Vertragsstaat des Pariser Übereinkommens ist,
3. ob sich die Haftung des Inhabers auf nukleare Schäden erstreckt, die durch die Strahlen einer sonstigen in einer Kernanlage befindlichen Strahlungsquelle verursacht sind,
4. ob und inwieweit sich die Haftung des Inhabers auf Schäden an dem Beförderungsmittel erstreckt, auf dem sich die Kernmaterialien zur Zeit des nuklearen Ereignisses befunden haben,
5. bis zu welchem Höchstbetrag der Inhaber haftet,
6. nach welcher Frist der Anspruch gegen den Inhaber verjährt oder ausgeschlossen ist,
7. ob und inwieweit ein nuklearer Schaden in den Fällen des Artikels 9 des Pariser Übereinkommens ersetzt wird.

### Fünfter Abschnitt. Sicherung

**§ 41 Integriertes Sicherungs- und Schutzkonzept.** ¹Das integrierte Sicherungs- und Schutzkonzept besteht aus Sicherungsmaßnahmen des Genehmigungsinhabers der kerntechnischen Anlage oder Tätigkeit (erforderlicher Schutz gegen Störmaßnahmen oder sonstige Einwirkungen Dritter) sowie Schutzmaßnahmen des Staates. ²Die Maßnahmen werden aufeinander abgestimmt.

**§ 42 Schutzziele.** Ziele der Maßnahmen nach § 41 für den Schutz von kerntechnischen Anlagen und Tätigkeiten sind die Verhinderung

1. der Freisetzung und der missbräuchlichen Nutzung der ionisierenden Strahlung von Kernbrennstoffen oder ihrer Folgeprodukte in erheblichen Mengen vor Ort,
2. der einfachen oder wiederholten Entwendung von Kernbrennstoffen oder ihrer Folgeprodukte in erheblichen Mengen mit dem Ziel der Freisetzung oder der missbräuchlichen Nutzung ionisierender Strahlung an einem beliebigen Ort und
3. der einfachen oder wiederholten Entwendung von Kernbrennstoffen in Mengen, die in der Summe zur Herstellung einer kritischen Anordnung ausreichen.

**§ 43 Umfang des erforderlichen Schutzes gegen Störmaßnahmen oder sonstige Einwirkungen Dritter.** (1) ¹Der Genehmigungsinhaber stellt den erforderlichen Schutz gegen Störmaßnahmen oder sonstige Einwirkungen Dritter nach § 4 Absatz 2 Nummer 5, § 6 Absatz 2 Nummer 4, § 6 Absatz 3 in Verbindung mit Absatz 2 Nummer 4, § 7 Absatz 2 Nummer 5, § 7 Absatz 3 Satz 2 in Verbindung mit Absatz 2 Nummer 5, § 9 Absatz 2 Nummer 5 und § 9b Absatz 1 in Verbindung mit Absatz 4 Satz 1 sowie § 9b Absatz 1a Satz 2, jeweils in Verbindung mit § 7 Absatz 2 Nummer 5, durch präventive und reaktive Maßnahmen sicher. ²Diese Maßnahmen umfassen bauliche und sonstige technische sowie personelle und organisatorische Maßnahmen. ³§ 7c Absatz 1 Satz 2 und Absatz 2 Nummer 1, 2 und 3 gilt entsprechend.

(2) Maßnahmen der nuklearen Sicherheit und des erforderlichen Schutzes gegen Störmaßnahmen oder sonstige Einwirkungen Dritter sind aufeinander abzustimmen.

**§ 44 Funktionsvorbehalt.** (1) ¹Die zu unterstellenden Störmaßnahmen oder sonstigen Einwirkungen Dritter werden nach dem Stand der Erkenntnisse durch die zuständigen Behörden festgelegt (Lastannahmen). ²Grundlage für den Stand der Erkenntnisse nach Satz 1 sind die Erkenntnisse und die Bewertungen der Sicherheits-, Genehmigungs- und Aufsichtsbehörden des Bundes und der Länder.

(2) ¹Ausgehend von den Lastannahmen werden allgemeine sowie anlagentyp- und tätigkeitsspezifische Anforderungen und Maßnahmen für den erforderlichen Schutz der kerntechnischen Anlagen und Tätigkeiten in Richtlinien für den Schutz gegen Störmaßnahmen oder sonstige Einwirkungen Dritter (SEWD-Richtlinien) festgelegt. ²Der erforderliche Umfang der Anforderungen und Maßnahmen nach Satz 1 sowie deren Festlegung im Genehmigungsverfahren oder als nachträgliche Auflage wird unter Berücksichtigung des Gefahrenpotenzials der kerntechnischen Anlage oder Tätigkeit bestimmt. ³Bei der Festlegung von Anforderungen und Maßnahmen nach Satz 1 ist eine effektive Folgedosis von 100 Millisievert bis zum 70. Lebensjahr als Summe von Inhalation und sieben Tagen äußerer Bestrahlung als Richtwert zugrunde zu legen. ⁴Die Methode zur Berechnung dieser effektiven Folgedosis ist in einer Richtlinie nach Satz 1 festzulegen.

(3) Der erforderliche Schutz gegen Störmaßnahmen oder sonstige Einwirkungen Dritter nach § 4 Absatz 2 Nummer 5, § 6 Absatz 2 Nummer 4, § 6 Absatz 3 in Verbindung mit Absatz 2 Nummer 4, § 7 Absatz 2 Nummer 5, § 7 Absatz 3 Satz 2 in Verbindung mit Absatz 2 Nummer 5, § 9 Absatz 2 Nummer 5 und § 9b Absatz 1 in Verbindung mit Absatz 4 Satz 1 sowie § 9b Absatz 1a Satz 2, jeweils in Verbindung mit § 7 Absatz 2 Nummer 5, ist gegeben, wenn der Schutz der kerntechnischen Anlage oder Tätigkeit nach der Bewertung der Genehmigungs- oder Aufsichtsbehörde durch die in der Genehmigung festgelegten Maßnahmen gegen die nach Absatz 1 zu unterstellenden Störmaßnahmen oder sonstigen Einwirkungen Dritter sichergestellt ist.

**§ 44b¹⁾ Meldewesen für die Sicherheit in der Informationstechnik.**
¹Genehmigungsinhaber nach den §§ 6, 7 und 9 haben Beeinträchtigungen ihrer informationstechnischen Systeme, Komponenten oder Prozesse, die zu einer Gefährdung oder Störung der nuklearen Sicherheit der betroffenen kerntechnischen Anlage oder Tätigkeit führen können oder bereits geführt haben, unverzüglich an das Bundesamt für Sicherheit in der Informationstechnik als zentrale Meldestelle zu melden. ²§ 8b Absatz 1, 2 Nummer 1 bis 3, Nummer 4 Buchstabe a bis c und Absatz 7 des BSI-Gesetzes sind entsprechend anzuwenden. ³Die Meldung muss Angaben zu der Störung sowie zu den technischen Rahmenbedingungen, insbesondere der vermuteten oder tatsächlichen Ursache, und der betroffenen Informationstechnik enthalten. ⁴Das Bundesamt für Sicherheit in der Informationstechnik leitet diese Meldungen unverzüglich an die für die nukleare Sicherheit und Sicherung zuständigen Genehmigungs- und

---

¹⁾ Paragraphenzählung amtlich.

Aufsichtsbehörden des Bundes und der Länder und an die von diesen bestimmten Sachverständigen nach § 20 weiter.

## Sechster Abschnitt. Bußgeldvorschriften

**§ 45** (weggefallen)

**§ 46 Ordnungswidrigkeiten.** (1) Ordnungswidrig handelt, wer vorsätzlich oder fahrlässig

1. entgegen § 2c Absatz 4 oder § 9i Satz 2 eine Auskunft nicht, nicht richtig, nicht vollständig oder nicht rechtzeitig erteilt,

1a. Kernmaterialien befördert, ohne die nach § 4b Abs. 1 Satz 1 oder 2 erforderliche Deckungsvorsorge nachgewiesen zu haben,

2. Anlagen zur Erzeugung oder zur Bearbeitung oder Verarbeitung oder zur Spaltung von Kernbrennstoffen oder zur Aufarbeitung bestrahlter Kernbrennstoffe ohne die nach § 7 Abs. 1 Satz 1, auch in Verbindung mit Abs. 5 Satz 1 erforderliche Genehmigung errichtet,

2a. entgegen § 7 Abs. 1a Satz 4 ein Messgerät verwendet,

2b. entgegen § 7 Abs. 1a Satz 5 ein Messgerät nicht, nicht richtig oder nicht rechtzeitig aufstellt, nicht, nicht richtig oder nicht rechtzeitig anschließt, nicht oder nicht richtig handhabt oder nicht oder nicht rechtzeitig wartet,

2c. entgegen § 7 Abs. 1a Satz 7 den Zustand des Messgerätes oder die erzeugte Elektrizitätsmenge nicht oder nicht rechtzeitig überprüfen oder nicht oder nicht rechtzeitig testieren lässt,

2d. entgegen § 7 Abs. 1c Satz 1 Nr. 1 oder 2 oder Satz 2 eine Mitteilung nicht, nicht richtig, nicht vollständig oder nicht rechtzeitig macht oder nicht, nicht richtig, nicht vollständig oder nicht rechtzeitig übermittelt oder ein Ergebnis oder ein Testat nicht oder nicht rechtzeitig vorlegt,

2e. entgegen § 7 Abs. 1c Satz 1 Nr. 3 eine Mitteilung nicht, nicht richtig, nicht vollständig oder nicht rechtzeitig macht,

3. einer Festsetzung nach § 13 Abs. 1, einer vollziehbaren Auflage nach § 17 Abs. 1 Satz 2 oder 3 oder einer vollziehbaren Anordnung nach § 19 Abs. 3 zuwiderhandelt,

4. einer Rechtsverordnung nach § 11 Abs. 1, § 12 Abs. 1 Satz 1 Nr. 1 bis 7a, 9 bis 11 oder 12 oder einer auf Grund einer Rechtsverordnung nach § 12 Abs. 1 Satz 1 Nr. 13 ergangenen vollziehbaren Verfügung zuwiderhandelt, soweit die Rechtsverordnung für einen bestimmten Tatbestand auf diese Bußgeldvorschrift verweist,

5. entgegen § 4 Abs. 5 Satz 1 den Genehmigungsbescheid oder entgegen § 4 Abs. 5 Satz 2 die dort bezeichnete Bescheinigung nicht mitführt oder entgegen § 4 Abs. 5 Satz 3 den Bescheid oder die Bescheinigung auf Verlangen nicht vorzeigt,

6. entgegen § 19 Absatz 2 Satz 1 das Betreten der dort beschriebenen Orte nicht duldet oder dort beschriebene Prüfungen nicht duldet oder entgegen § 19 Absatz 2 Satz 2 Auskünfte nicht, nicht richtig, nicht rechtzeitig oder nicht vollständig erteilt oder entgegen § 19 Absatz 2 Satz 3 in Verbindung mit § 7 Absatz 4 und 5 des Gesetzes über überwachungsbedürftige Anlagen Anlagen nicht zugänglich macht oder Prüfungen nicht gestattet oder die hierfür benötigten Arbeitskräfte und Hilfsmittel nicht bereitstellt oder An-

gaben nicht macht und Unterlagen nicht vorlegt, die zur Erfüllung der Aufgaben der Aufsichtsbehörde erforderlich sind.

(2) Die Ordnungswidrigkeit kann in den Fällen des Absatzes 1 Nummer 1, 1a, 2, 2a, 2b, 2c, 2e, 3, 4 und 6 mit einer Geldbuße bis zu fünfzigtausend Euro, in den übrigen Fällen mit einer Geldbuße bis zu eintausend Euro geahndet werden.

(3) Verwaltungsbehörde im Sinne des § 36 Abs. 1 Nr. 1 des Gesetzes über Ordnungswidrigkeiten ist

1. das Bundesausfuhramt in den Fällen des Absatzes 1 Nr. 4, soweit es sich um Zuwiderhandlungen gegen eine nach § 11 Abs. 1 Nr. 1 oder 6 bestimmte Genehmigungs-, Anzeige- oder sonstige Handlungspflicht bei der grenzüberschreitenden Verbringung radioaktiver Stoffe oder gegen eine damit verbundene Auflage handelt,
2. das Bundesamt für die Sicherheit der nuklearen Entsorgung in den Fällen des Absatzes 1 Nr. 2a bis 2e.

**§§ 47 und 48** (weggefallen)

**§ 49 Einziehung.** Ist eine vorsätzliche Ordnungswidrigkeit nach § 46 Absatz 1 Nummer 1a, 2, 3 oder 4 begangen worden, so können Gegenstände,

1. auf die sich die Ordnungswidrigkeit bezieht oder
2. die zur Begehung oder Vorbereitung gebraucht wurden oder bestimmt gewesen sind,

eingezogen werden.

**§§ 50 bis 52** (weggefallen)

### Siebter Abschnitt. Schlußvorschriften

**§ 53 Erfassung von Schäden aus ungeklärter Ursache.** Schäden, die nach dem Stand der wissenschaftlichen Erkenntnis aus der Einwirkung von Strahlen radioaktiver Stoffe herrühren und deren Verursacher nicht festgestellt werden kann, sind bei dem für die kerntechnische Sicherheit und den Strahlenschutz zuständigen Bundesministerium zu registrieren und zu untersuchen.

**§ 54 Erlaß von Rechtsverordnungen.** (1) [1]Rechtsverordnungen auf Grund der §§ 2, 9g, 11, 12, 12b, 13, 21 Abs. 3, § 21a Abs. 2 und § 21b Abs. 3 erläßt die Bundesregierung. [2]Das gleiche gilt für Rechtsverordnungen auf Grund des § 10, soweit Ausnahmen von dem Erfordernis einer Genehmigung nach § 7 zugelassen werden. [3]Die übrigen in diesem Gesetz vorgesehenen Rechtsverordnungen erläßt das für die kerntechnische Sicherheit und den Strahlenschutz zuständige Bundesministerium.

(2) [1]Die Rechtsverordnungen bedürfen der Zustimmung des Bundesrates. [2]Dies gilt nicht für Rechtsverordnungen, die sich darauf beschränken, die in Rechtsverordnungen nach den §§ 11 und 12 festgelegten physikalischen, technischen und strahlenbiologischen Werte durch andere Werte zu ersetzen.

(3) Die Bundesregierung kann durch Rechtsverordnung die in den §§ 11 und 12 bezeichneten Ermächtigungen ganz oder teilweise auf das für die kern-

technische Sicherheit und den Strahlenschutz zuständige Bundesministerium übertragen.

**§ 55** (Aufhebung von Rechtsvorschriften)

**§ 56 Genehmigungen auf Grund Landesrechts.** (1) ¹Die auf Grund Landesrechts erteilten Genehmigungen, Befreiungen und Zustimmungen für die Errichtung und den Betrieb von Anlagen im Sinne des § 7 bleiben wirksam. ²Sie stehen einer nach § 7 erteilten Genehmigung, die mit ihnen verbundenen Auflagen den gemäß § 17 Abs. 1 angeordneten Auflagen gleich. ³Soweit mit der landesrechtlichen Genehmigung Bestimmungen über die vom Inhaber der Anlage zu treffende Vorsorge für die Erfüllung gesetzlicher Schadensersatzverpflichtungen verbunden sind, gelten diese vorbehaltlich des Absatzes 2 als Festsetzung im Sinne des § 13 Abs. 1.

(2) ¹Die vom Inhaber der Anlage zu treffende Deckungsvorsorge wird von der Verwaltungsbehörde (§ 24 Abs. 2) innerhalb von drei Monaten nach Inkrafttreten des Gesetzes festgesetzt; § 13 Abs. 1 Satz 2 letzter Halbsatz gilt entsprechend. ²Wird gemäß § 13 Abs. 4 eine Einstandspflicht festgesetzt, so wirkt diese auf den Zeitpunkt des Inkrafttretens dieses Gesetzes zurück.

**§ 57 Abgrenzungen.** Auf den Umgang mit Kernbrennstoffen finden das Sprengstoffgesetz und die auf Grund dieses Gesetzes erlassenen Rechtsvorschriften sowie landesrechtliche Vorschriften auf dem Gebiet des Sprengstoffwesens keine Anwendung.

**§ 57a Überleitungsregelung aus Anlaß der Herstellung der Einheit Deutschlands.** Für bis zum 30. Juni 1990 in dem in Artikel 3 des Einigungsvertrages genannten Gebiet erteilte Genehmigungen, Erlaubnisse und Zulassungen gilt folgendes:

1.–3. *(aufgehoben)*

4. Die in Genehmigungen, Erlaubnissen und Zulassungen zur Annahme von weiteren radioaktiven Abfällen oder zu deren Einlagerung zum Zwecke der Endlagerung oder zur Annahme von weiteren Kernbrennstoffen oder sonstigen radioaktiven Stoffen zum Zwecke der Aufbewahrung oder Lagerung enthaltenen Gestattungen

    a) zur Annahme von weiteren radioaktiven Abfällen oder zu deren Einlagerung zum Zwecke der Endlagerung oder

    b) zur Annahme von weiteren Kernbrennstoffen oder sonstigen radioaktiven Stoffen zum Zwecke der Aufbewahrung oder Lagerung

    werden mit dem 27. April 2002 unwirksam; im Übrigen bestehen diese Genehmigungen, Erlaubnisse oder Zulassungen als Genehmigungen nach den Vorschriften dieses Gesetzes fort. Die nach Satz 1 fortbestehenden Genehmigungen können nach den Vorschriften dieses Gesetzes geändert oder mit Anordnungen versehen werden.

**§ 57b Betrieb und Stilllegung der Schachtanlage Asse II.** (1) Für den Betrieb und die Stilllegung der Schachtanlage Asse II gelten die für die Anlagen des Bundes nach § 9a Absatz 3 geltenden Vorschriften nach Maßgabe der Absätze 2 bis 7.

Atomgesetz **§ 57b AtG 7.1**

(2) ¹Die Schachtanlage ist unverzüglich stillzulegen. ²Für den Weiterbetrieb, einschließlich einer Rückholung radioaktiver Abfälle und hiermit im Zusammenhang stehender Maßnahmen, bis zur Stilllegung bedarf es keiner Planfeststellung nach § 9b. ³Die Stilllegung soll nach Rückholung der radioaktiven Abfälle erfolgen. ⁴Die Rückholung ist abzubrechen, wenn deren Durchführung für die Bevölkerung und die Beschäftigten aus radiologischen oder sonstigen sicherheitsrelevanten Gründen nicht vertretbar ist. ⁵Dies ist insbesondere der Fall, wenn die Dosisbegrenzung nach § 5 der Strahlenschutzverordnung vom 20. Juli 2001 (BGBl. I S. 1714; 2002 I S. 1459), die zuletzt durch Artikel 5 Absatz 7 des Gesetzes vom 24. Februar 2012 (BGBl. I S. 212) geändert worden ist, nicht eingehalten oder die bergtechnische Sicherheit nicht mehr gewährleistet werden kann. ⁶Sind die Rückholung sowie alle Optionen zur Stilllegung nur unter Abweichung von gesetzlichen Anforderungen möglich, ist die Schachtanlage Asse II mit der nach einer Abwägung der Vor- und Nachteile bestmöglichen Option stillzulegen. ⁷Vor einer Entscheidung nach Satz 4 oder Satz 6 ist der Deutsche Bundestag von dem für die kerntechnische Sicherheit und den Strahlenschutz zuständigen Bundesministerium zu unterrichten sowie von dem Bundesamt für die Sicherheit der nuklearen Entsorgung der Öffentlichkeit Gelegenheit zur Stellungnahme zu geben, sofern kein sofortiges Handeln erforderlich ist. ⁸Die Dosisgrenzwerte der Strahlenschutzverordnung vom 20. Juli 2001 (BGBl. I S. 1714; 2002 I S. 1459), die zuletzt durch Artikel 5 Absatz 7 des Gesetzes vom 24. Februar 2012 (BGBl. I S. 212) geändert worden ist, für die Bevölkerung und für die beruflich strahlenexponierten Personen dürfen unbeschadet der Regelung in Satz 6 nicht überschritten werden.

(3) ¹Bis zur Bestandskraft eines Planfeststellungsbeschlusses zur Stilllegung bedarf der Umgang mit radioaktiven Stoffen einer Genehmigung nach den Vorschriften dieses Gesetzes oder des Strahlenschutzgesetzes; § 19 Absatz 1 bis 4 in Verbindung mit § 24 findet insoweit keine Anwendung. ²Die Genehmigungsbehörde kann in einem Genehmigungsverfahren für die Rückholung radioaktiver Abfälle und für damit zusammenhängende Maßnahmen auf Antrag zulassen, dass mit zulassungsbedürftigen Vorbereitungsmaßnahmen bereits vor Erteilung der Genehmigung begonnen wird, wenn mit einer Entscheidung zugunsten des Antragstellers gerechnet werden kann und ein berechtigtes Interesse des Antragstellers an dem vorzeitigen Beginn besteht; die vorläufige Zulassung kann jederzeit widerrufen, beschränkt oder mit Auflagen versehen werden. ³Bedürfen die Errichtung und der Betrieb einer Anlage oder Einrichtung der Genehmigung nach diesem Gesetz, können auf Antrag Teilgenehmigungen erteilt werden, wenn eine vorläufige Prüfung ergibt, dass die Genehmigungsvoraussetzungen im Hinblick auf die gesamte jeweils beantragte Maßnahme vorliegen und ein berechtigtes Interesse an der Erteilung einer Teilgenehmigung besteht. ⁴§ 7b dieses Gesetzes und § 18 der Rechtsverordnung nach § 7 Absatz 4 Satz 3 finden auf die Teilgenehmigungen entsprechende Anwendung. ⁵Ist neben der Genehmigung nach diesem Gesetz, *des Strahlenschutzgesetzes*[1]) oder den auf Grund dieser Gesetze erlassenen Rechtsverordnungen eine Zulassung nach anderen Rechtsvorschriften erforderlich, schließt die Genehmigung nach diesem Gesetz, *des Strahlenschutzgesetzes*[1]) oder den auf Grund dieser Gesetze erlassenen Rechtsverordnungen die Zulassung ein, soweit dies beantragt wird; die Entscheidung über die Genehmigung ist im Benehmen

---

¹) Richtig wohl: „dem Strahlenschutzgesetz".

1117

mit der nach den anderen Rechtsvorschriften zuständigen Behörde zu treffen. ⁶Über einen Antrag auf Genehmigung nach Satz 1 oder Satz 3 soll nach Eingang des Antrags und der vollständigen Antragsunterlagen unverzüglich, spätestens innerhalb einer Frist von sechs Monaten, entschieden werden.

(4) Soweit für mehrere Genehmigungen nach Absatz 3 Satz 1 für die Rückholung und hiermit im Zusammenhang stehende Maßnahmen der Entsorgung eine Umweltverträglichkeitsprüfung nach dem Gesetz über die Umweltverträglichkeitsprüfung[1)] erforderlich ist, können Verfahrensschritte der Umweltverträglichkeitsprüfungen zusammengefasst werden, sofern dies sachdienlich ist.

(5) ¹ § 114 der Strahlenschutzverordnung vom 20. Juli 2001 (BGBl. I S. 1714; 2002 I S. 1459), die zuletzt durch Artikel 5 Absatz 7 des Gesetzes vom 24. Februar 2012 (BGBl. I S. 212) geändert worden ist, findet Anwendung. ²Wer radioaktive Stoffe, die nicht als radioaktive Abfälle in die Schachtanlage Asse II eingebracht wurden, untertage in der Schachtanlage Asse II bearbeitet, verarbeitet, lagert oder sonst verwendet, bedarf hierfür keiner Genehmigung nach § 9 dieses Gesetzes oder nach § 12 Absatz 1 Nummer 3 des Strahlenschutzgesetzes, wenn

1. die Aktivität der Stoffe das Zehnfache der Freigrenzen der Anlage III Tabelle 1 Spalte 3 der Strahlenschutzverordnung nicht überschreitet und
2. er den Beginn der Bearbeitung, Verarbeitung, Lagerung oder sonstigen Verwendung der zuständigen Genehmigungsbehörde vorher anzeigt.

³Der Störfallplanungswert für die Planung von Rückholungs- und Stilllegungsmaßnahmen bei der Schachtanlage Asse II ist abweichend von § 117 Absatz 16 der Strahlenschutzverordnung bis zum Inkrafttreten allgemeiner Verwaltungsvorschriften zur Störfallvorsorge nach § 50 Absatz 4 der Strahlenschutzverordnung von der Genehmigungsbehörde im Einzelfall festzulegen.

(6) Die Kosten für den Weiterbetrieb und die Stilllegung trägt der Bund.

(7) Die Erteilung von Genehmigungen zur Annahme von radioaktiven Abfällen und deren Einlagerung ist unzulässig.

(8) ¹Zur umfassenden Unterrichtung der Öffentlichkeit werden auf einer Internetplattform die die Schachtanlage Asse II betreffenden wesentlichen Unterlagen nach § 10 des Umweltinformationsgesetzes[2)] vom 22. Dezember 2004 (BGBl. I S. 3704) verbreitet. ²Die wesentlichen Unterlagen umfassen insbesondere auch Weisungen, Empfehlungen und Verwaltungsvorschriften.

(9) § 24 Absatz 2 in der bis zum Inkrafttreten dieses Gesetzes geltenden Fassung gilt für die Schachtanlage Asse II fort; § 23d Satz 1 findet mit Ausnahme von Nummer 2 keine Anwendung.

**§ 58 Übergangsvorschriften.** (1) § 21 Abs. 1a ist auch auf die am 11. Mai 2000 anhängigen Verwaltungsverfahren anzuwenden, soweit zu diesem Zeitpunkt die Kosten nicht bereits festgesetzt sind.

(2) § 23d Satz 1 gilt mit Ausnahme von Nummer 2 nicht für das Endlager Schacht Konrad bis zur Erteilung der Zustimmung zur Inbetriebnahme durch die atomrechtliche Aufsicht; § 24 Absatz 2 in der bis zum Inkrafttreten dieses Gesetzes geltenden Fassung gilt bis zur Erteilung der Zustimmung zur Inbetriebnahme durch die atomrechtliche Aufsicht.

---

[1)] Nr. **2.5**.
[2)] Nr. **2.6**.

(3) § 24 Absatz 2 in der bis zum 26. Juli 2013 geltenden Fassung ist auf das zu diesem Zeitpunkt anhängige Verwaltungsverfahren zur Stilllegung des Endlagers für radioaktive Abfälle Morsleben bis zur Vollziehbarkeit des Planfeststellungsbeschlusses und auf bis zu diesem Zeitpunkt erforderliche Verwaltungsverfahren zur Änderung der Dauerbetriebsgenehmigung vom 22. April 1986 weiter anzuwenden; § 23d Satz 1 findet mit Ausnahme von Nummer 2 keine Anwendung.

(4) Bei Übertragung der Aufgabenwahrnehmung durch den Bund auf einen Dritten nach § 9a Absatz 3 Satz 2 zweiter Halbsatz gelten die in Bezug auf den bisherigen Betreiber erteilten Genehmigungen, Erlaubnisse und Zulassungen in Bezug auf die bestehenden Anlagen nach § 9a Absatz 3 Satz 1 auch für und gegen den Dritten; die zuständige Behörde hat in angemessener Zeit zu prüfen, ob der Dritte durch organisatorische Maßnahmen und durch die Bereitstellung von sachlichen und persönlichen Mitteln die Fortführung der Errichtung, des Betriebs und der Stilllegung der Anlage gewährleistet.

(5) ¹§ 9a Absatz 3 Satz 4 wird für das Endlager für radioaktive Abfälle Morsleben, das Endlager Schacht Konrad und die Schachtanlage Asse II erst ab dem 1. Januar 2018 angewendet. ² Gleiches gilt für das nach § 36 Absatz 2 des Standortauswahlgesetzes[1)] offenzuhaltende Bergwerk.

## § 58a *(aufgehoben)*

## § 59 (Inkrafttreten)[2)]

**Anlage 1**

### Begriffsbestimmungen nach § 2 Abs. 4

(1) Es bedeuten die Begriffe:

1. „nukleares Ereignis": jedes einen Schaden verursachende Geschehnis oder jede Reihe solcher aufeinander folgender Geschehnisse desselben Ursprungs, sofern das Geschehnis oder die Reihe von Geschehnissen oder der Schaden von den radioaktiven Eigenschaften oder einer Verbindung der radioaktiven Eigenschaften mit giftigen, explosiven oder sonstigen gefährlichen Eigenschaften von Kernbrennstoffen oder radioaktiven Erzeugnissen oder Abfällen oder von den von einer anderen Strahlenquelle innerhalb der Kernanlage ausgehenden ionisierenden Strahlungen herrührt oder sich daraus ergibt;

2. „Kernanlage": Reaktoren, ausgenommen solche, die Teil eines Beförderungsmittels sind; Fabriken für die Erzeugung oder Bearbeitung von Kernmaterialien, Fabriken zur Trennung der Isotope von Kernbrennstoffen, Fabriken für die Aufarbeitung bestrahlter Kernbrennstoffe; Anlagen zur endgültigen Beseitigung von Kernmaterialien; Einrichtungen für die Lagerung von Kernmaterialien, ausgenommen die Lagerung solcher Materialien während der Beförderung; eine Kernanlage kann auch bestehen aus zwei oder mehr Kernanlagen eines einzigen Inhabers, die sich auf demselben Gelände befinden, zusammen mit anderen Anlagen auf diesem Gelände, in denen sich radioaktive Materialien befinden;

3. „Kernbrennstoffe": spaltbare Materialien in Form von Uran als Metall, Legierung oder chemischer Verbindung (einschließlich natürlichen Urans), Plutonium als Metall, Legierung oder chemischer Verbindung;

4. „radioaktive Erzeugnisse oder Abfälle": radioaktive Materialien, die dadurch hergestellt oder radioaktiv gemacht werden, daß sie einer mit dem Vorgang der Herstellung oder Verwendung von Kernbrennstoffen verbundenen Bestrahlung ausgesetzt werden, ausgenommen

   a) Kernbrennstoffe,

---

[1)] Nr. **7.3**.
[2)] Das Gesetz in seiner ursprünglichen Fassung ist am 1.12.1960 in Kraft getreten.

# 7.1 AtG   Anl. 2, 3

b) Radioisotope außerhalb einer Kernanlage, die das Endstadium der Herstellung erreicht haben, so daß sie für industrielle, kommerzielle, landwirtschaftliche, medizinische, wissenschaftliche Zwecke oder zum Zweck der Ausbildung verwendet werden können;

5. „Kernmaterialien": Kernbrennstoffe (ausgenommen natürliches und abgereichertes Uran) sowie radioaktive Erzeugnisse und Abfälle;

6. „Inhaber einer Kernanlage": derjenige, der von der zuständigen Behörde als Inhaber einer solchen bezeichnet oder angesehen wird.

(2) Sonderziehungsrechte im Sinne dieses Gesetzes sind Sonderziehungsrechte des Internationalen Währungsfonds (BGBl. 1978 II S. 13), wie er sie für seine eigenen Operationen und Transaktionen verwendet.

## Anlage 2

### Haftungs- und Deckungsfreigrenzen

§ 4 Abs. 3, § 4b Abs. 2 und § 25 Abs. 5 erfassen Kernbrennstoffe oder Kernmaterialien, deren Aktivität oder Menge

1. in dem einzelnen Beförderungs- oder Versandstück oder

2. in dem einzelnen Betrieb oder selbständigen Zweigbetrieb, bei Nichtgewerbetreibenden an dem Ort der Ausübung der Tätigkeit des Antragstellers

das $10^5$fache der Freigrenze nicht überschreitet und die bei angereichertem Uran nicht mehr als 350 Gramm Uran 235 enthalten. Freigrenze ist die Aktivität oder Menge, bis zu der es für den Umgang einer Genehmigung oder Anzeige nach diesem Gesetz, dem Strahlenschutzgesetz oder einer auf Grund dieser Gesetze erlassenen Rechtsverordnung nicht bedarf.

## Anlage 3
(zu § 7 Absatz 1a)

### Elektrizitätsmengen nach § 7 Absatz 1a

| Anlage | Elektrizitätsmengen ab 1.1.2000 (TWh netto) | Beginn des kommerziellen Leistungsbetriebs |
|---|---|---|
| Obrigheim | 8,70 | 1. 4.1969 |
| Stade | 23,18 | 19. 5.1972 |
| Biblis A | 62,00 | 26. 2.1975 |
| Neckarwestheim 1 | 57,35 | 1.12.1976 |
| Biblis B | 81,46 | 31. 1.1977 |
| Brunsbüttel | 47,67 | 9. 2.1977 |
| Isar 1 | 78,35 | 21. 3.1979 |
| Unterweser | 117,98 | 6. 9.1979 |
| Philippsburg 1 | 87,14 | 26. 3.1980 |
| Grafenrheinfeld | 150,03 | 17. 6.1982 |
| Krümmel | 158,22 | 28. 3.1984 |
| Gundremmingen B | 160,92 | 19. 7.1984 |
| Philippsburg 2 | 198,61 | 18. 4.1985 |
| Grohnde | 200,90 | 1. 2.1985 |
| Gundremmingen C | 168,35 | 18. 1.1985 |
| Brokdorf | 217,88 | 22.12.1986 |
| Isar 2 | 231,21 | 9. 4.1988 |
| Emsland | 230,07 | 20. 6.1988 |
| Neckarwestheim 2 | 236,04 | 15. 4.1989 |
| Summe | 2 516,06 | |

Atomgesetz **Anl. 4 AtG 7.1**

| Anlage | Elektrizitätsmengen ab 1.1.2000 (TWh netto) | Beginn des kommerziellen Leistungsbetriebs |
|---|---|---|
| Mühlheim-Kärlich[1] | 107,25 | |
| Gesamtsumme | 2 623,31 | |

**Anlage 4**

**Sicherheitsüberprüfung nach § 19a Abs. 1**

| Anlage | Termin |
|---|---|
| Obrigheim | 31.12.1998 |
| Stade | 31.12.2000 |
| Biblis A | 31.12.2001 |
| Biblis B | 31.12.2000 |
| Neckarwestheim 1 | 31.12.2007 |
| Brunsbüttel | 30. 6.2001 |
| Isar 1 | 31.12.2004 |
| Unterweser | 31.12.2001 |
| Philippsburg 1 | 31. 8.2005 |
| Grafenrheinfeld | 31.10.2008 |
| Krümmel | 30. 6.2008 |
| Gundremmingen B/C | 31.12.2007 |
| Grohnde | 31.12.2000 |
| Philippsburg 2 | 31.10.2008 |
| Brokdorf | 31.10.2006 |
| Isar 2 | 31.12.2009 |
| Emsland | 31.12.2009 |
| Neckarwestheim 2 | 31.12.2009 |

---

[1] **Amtl. Anm.:** Die für das Kernkraftwerk Mülheim-Kärlich aufgeführte Elektrizitätsmenge von 107,25 TWh kann auf die Kernkraftwerke Emsland, Neckarwestheim 2, Isar 2, Brokdorf sowie Gundremmingen B und C übertragen werden.

## 7.3. Gesetz zur Suche und Auswahl eines Standortes für ein Endlager für hochradioaktive Abfälle (Standortauswahlgesetz – StandAG)[1)][2)]

Vom 5. Mai 2017
(BGBl. I S. 1074)
**FNA 751-23**

zuletzt geänd. durch Art. 1 G zur Anpassung der Kostenvorschriften im Bereich der Entsorgung radioaktiver Abfälle sowie zur Änd. weiterer Vorschriften v. 7.12.2020 (BGBl. I S. 2760)

– Auszug –

### Teil 1. Allgemeine Vorschriften

**§ 1 Zweck des Gesetzes.** (1) Dieses Gesetz regelt das Standortauswahlverfahren.

(2) ¹Mit dem Standortauswahlverfahren soll in einem partizipativen, wissenschaftsbasierten, transparenten, selbsthinterfragenden und lernenden Verfahren für die im Inland verursachten hochradioaktiven Abfälle ein Standort mit der bestmöglichen Sicherheit für eine Anlage zur Endlagerung nach § 9a Absatz 3 Satz 1 des Atomgesetzes[3)] in der Bundesrepublik Deutschland ermittelt werden. ²Der Standort mit der bestmöglichen Sicherheit ist der Standort, der im Zuge eines vergleichenden Verfahrens aus den in der jeweiligen Phase nach den hierfür maßgeblichen Anforderungen dieses Gesetzes geeigneten Standorten bestimmt wird und die bestmögliche Sicherheit für den dauerhaften Schutz von Mensch und Umwelt vor ionisierender Strahlung und sonstigen schädlichen Wirkungen dieser Abfälle für einen Zeitraum von einer Million Jahren gewährleistet. ³Dazu gehört auch die Vermeidung unzumutbarer Lasten und Verpflichtungen für zukünftige Generationen. ⁴Zur Erreichung dieses Ziels werden zwischen der Bundesrepublik Deutschland und anderen Staaten keine Abkommen geschlossen, mit denen nach den Bestimmungen der Richtlinie 2011/70/EURATOM des Rates vom 19. Juli 2011 über einen Gemeinschaftsrahmen für die verantwortungsvolle und sichere Entsorgung abgebrannter Brennelemente und radioaktiver Abfälle (ABl. L 199 vom 2.8.2011, S. 48) eine Verbringung radioaktiver Abfälle einschließlich abgebrannter Brennelemente zum Zweck der Endlagerung außerhalb Deutschlands ermöglicht würde.

(3) In Deutschland kommen grundsätzlich für die Endlagerung hochradioaktiver Abfälle die Wirtsgesteine Steinsalz, Tongestein und Kristallingestein in Betracht.

(4) ¹An dem auszuwählenden Standort soll die Endlagerung in tiefen geologischen Formationen in einem für diese Zwecke errichteten Endlagerbergwerk mit dem Ziel des endgültigen Verschlusses erfolgen. ²Die Möglichkeit einer Rückholbarkeit für die Dauer der Betriebsphase des Endlagers und die

---

[1)] Verkündet als Art. 1 G v. 5.5.2017 (BGBl. I S. 1074); Inkrafttreten gem. Art. 5 Abs. 3 Satz 1 dieses G am 16.5.2017 mit Ausnahme von § 21 Abs. 2 Sätze 3–5, die gem. Art. 5 Abs. 1 des G am 15.8.2017 in Kraft treten.
[2)] Siehe auch das GeologiedatenG v. 19.6.2020 (BGBl. I S. 1387).
[3)] Nr. **7.1**.

Standortauswahlgesetz (Auszug)        § 2   **StandAG 7.3**

Möglichkeit einer Bergung für 500 Jahre nach dem geplanten Verschluss des Endlagers sind vorzusehen.

(5) ¹Das Standortauswahlverfahren ist nach Maßgabe der §§ 12 ff. reversibel. ²Die Festlegung des Standortes wird für das Jahr 2031 angestrebt.

(6) Die Endlagerung schwach- und mittelradioaktiver Abfälle am auszuwählenden Standort ist zulässig, wenn die gleiche bestmögliche Sicherheit des Standortes wie bei der alleinigen Endlagerung hochradioaktiver Abfälle gewährleistet ist.

### § 2 Begriffsbestimmungen.
Im Sinne dieses Gesetzes sind

1. Endlagerung
   die Einlagerung radioaktiver Abfälle in eine Anlage des Bundes nach § 9a Absatz 3 Satz 1 des Atomgesetzes[1] (Endlager), wobei eine Rückholung nicht beabsichtigt ist;
2. Erkundung
   die über- und untertägige Untersuchung des Untergrundes auf seine Eignung zur Einrichtung eines Endlagers für hochradioaktive Abfälle;
3. Rückholbarkeit
   die geplante technische Möglichkeit zum Entfernen der eingelagerten Abfallbehälter mit radioaktiven Abfällen während der Betriebsphase;
4. Bergung
   ungeplantes Herausholen von radioaktiven Abfällen aus einem Endlager;
5. Reversibilität
   die Möglichkeit der Umsteuerung im laufenden Verfahren zur Ermöglichung von Fehlerkorrekturen;
6. Gebiete
   sämtliche hinsichtlich ihrer Eignung als Endlagerstandort zu bewertenden räumlichen Bereiche innerhalb Deutschlands; ein Gebiet umfasst die übertägigen Flächen und die darunterliegenden untertägigen Gesteinsformationen;
7. geologische Barrieren
   geologische Einheiten, die eine Ausbreitung von Radionukliden be- oder verhindern;
8. technische und geotechnische Barrieren
   künstlich erstellte Einheiten, die eine Ausbreitung von Radionukliden be- oder verhindern;
9. einschlusswirksamer Gebirgsbereich
   der Teil eines Gebirges, der bei Endlagersystemen, die wesentlich auf geologischen Barrieren beruhen, im Zusammenwirken mit den technischen und geotechnischen Verschlüssen den sicheren Einschluss der radioaktiven Abfälle in einem Endlager gewährleistet;
10. Einlagerungsbereich
    der räumliche Bereich des Gebirges, in den die radioaktiven Abfälle eingelagert werden sollen; falls das Einschlussvermögen des Endlagersystems wesentlich auf technischen und geotechnischen Barrieren beruht, zählt hierzu auch der Bereich des Gebirges, der die Funktionsfähigkeit und den Erhalt dieser Barrieren gewährleistet;

---

[1] Nr. **7.1**.

## 7.3 StandAG § 2

Standortauswahlgesetz (Auszug)

11. Endlagersystem
    das den sicheren Einschluss der radioaktiven Abfälle durch das Zusammenwirken der verschiedenen Komponenten bewirkende System, das aus dem Endlagerbergwerk, den Barrieren und den das Endlagerbergwerk und die Barrieren umgebenden oder überlagernden geologischen Schichten bis zur Erdoberfläche besteht, soweit sie zur Sicherheit des Endlagers beitragen;
12. Endlagerbereich
    der Gebirgsbereich, in dem ein Endlagersystem realisiert ist oder realisiert werden soll;
13. Deckgebirge
    der Teil des Gebirges oberhalb des einschlusswirksamen Gebirgsbereichs und bei Endlagersystemen, die auf technischen und geotechnischen Barrieren beruhen, oberhalb des Einlagerungsbereichs;
14. Prüfkriterien
    die nach § 16 Absatz 2, § 17 Absatz 4 und § 18 Absatz 2 für die Bewertung der Ergebnisse der untertägigen Erkundung aufzustellenden und anzuwendenden standortspezifischen Prüfmaßstäbe;
15. Sicherheitsanforderungen
    die nach § 26 Absatz 3 durch Rechtsverordnung zu erlassenden Bestimmungen, die festlegen, welches Sicherheitsniveau ein Endlager für hochradioaktive Abfälle in tiefen geologischen Formationen zur Erfüllung der atomrechtlichen Anforderungen einzuhalten hat;
16. vorläufige Sicherheitsuntersuchungen
    die auf der Grundlage von § 27 und einer Rechtsverordnung nach § 27 Absatz 6 durchzuführenden Untersuchungen, die in den Verfahrensschritten nach § 14 Absatz 1 auf Grundlage der erhobenen, bei den Behörden des Bundes und der Länder vorliegenden Daten, nach § 16 Absatz 1 auf Grundlage der Ergebnisse der übertägigen Erkundung und nach § 18 Absatz 1 auf Grundlage der Ergebnisse der untertägigen Erkundung sowie auf Grundlage des dem jeweiligen Verfahrensstand entsprechenden konkretisierten Endlagerkonzeptes anzufertigen sind;
17. Erkundungsprogramme
    die Gesamtheit der nach § 15 Absatz 4 und § 17 Absatz 4 für die über- und untertägige Erkundung vorzusehenden Maßnahmen, die dazu dienen, die standortbezogenen geowissenschaftlichen Daten zu ermitteln, die für die erneute Anwendung der geowissenschaftlichen Anforderungen und Kriterien und zur Durchführung der vorläufigen Sicherheitsuntersuchungen jeweils erforderlich sind;
18. Teilgebiete
    die nach § 13 zu ermittelnden Gebiete, die günstige geologische Voraussetzungen für die sichere Endlagerung hochradioaktiver Abfälle erwarten lassen;
19. Standortregionen
    die nach § 14 zu ermittelnden Gebiete, die innerhalb der Teilgebiete liegen und die für die übertägige Erkundung zur Ermittlung der in diesen Regionen liegenden möglicherweise geeigneten Endlagerstandorte in Betracht kommen;

Standortauswahlgesetz (Auszug) §§ 3–5 StandAG 7.3

20. Standorte
die nach § 16 Absatz 2 zu ermittelnden Gebiete, die innerhalb der Standortregionen liegen und für die untertägige Erkundung zur Ermittlung ihrer Eignung als Endlagerstandort in Betracht kommen.

**§ 3 Vorhabenträger.** (1) ¹Vorhabenträger ist der Dritte nach § 9a Absatz 3 Satz 2 zweiter Halbsatz des Atomgesetzes[1].[2] ²Der Vorhabenträger hat die Aufgabe, das Standortauswahlverfahren durchzuführen, insbesondere:
1. Teilgebiete nach § 13 zu ermitteln,
2. Vorschläge für die Auswahl der Standortregionen und der zu erkundenden Standorte nach § 14 Absatz 2 und § 16 Absatz 3 zu erarbeiten,
3. Erkundungsprogramme nach § 14 Absatz 1 und § 16 Absatz 2 sowie Prüfkriterien nach § 16 Absatz 2 zu erarbeiten,
4. die übertägige und untertägige Erkundung nach den §§ 16 und 18 durchzuführen,
5. die jeweiligen vorläufigen Sicherheitsuntersuchungen nach § 14 Absatz 1, § 16 Absatz 1, § 18 Absatz 1 und § 26 zu erstellen,
6. dem Bundesamt für die Sicherheit der nuklearen Entsorgung den Standort für ein Endlager nach § 18 Absatz 3 vorzuschlagen.

(2) Der Vorhabenträger informiert die Öffentlichkeit über die im Rahmen des Standortauswahlverfahrens von ihm vorgenommenen Maßnahmen.

**§ 4 Bundesamt für die Sicherheit der nuklearen Entsorgung.** (1) Das Bundesamt für die Sicherheit der nuklearen Entsorgung hat im Standortauswahlverfahren insbesondere die Aufgaben:
1. Erkundungsprogramme nach § 15 Absatz 4 und § 17 Absatz 4 sowie Prüfkriterien nach § 17 Absatz 4 festzulegen,
2. die Vorschläge des Vorhabenträgers nach § 14 Absatz 2, § 16 Absatz 3 und § 18 Absatz 3 zu prüfen und hierzu begründete Empfehlungen zu erarbeiten,
3. den Vollzug des Standortauswahlverfahrens entsprechend § 19 Absatz 1 bis 4 des Atomgesetzes[1] zu überwachen.

(2) ¹Das Bundesamt für die Sicherheit der nuklearen Entsorgung ist Träger der Öffentlichkeitsbeteiligung im Standortauswahlverfahren. ²Es informiert die Öffentlichkeit umfassend und systematisch über das Standortauswahlverfahren. ³Es veröffentlicht die Vorschläge jeweils unmittelbar nach Übermittlung durch den Vorhabenträger.

## Teil 2. Beteiligungsverfahren

**§ 5 Grundsätze der Öffentlichkeitsbeteiligung.** (1) ¹Ziel der Öffentlichkeitsbeteiligung ist eine Lösung zu finden, die in einem breiten gesellschaftlichen Konsens getragen wird und damit auch von den Betroffenen toleriert werden kann. ²Hierzu sind Bürgerinnen und Bürger als Mitgestalter des Verfahrens einzubeziehen.

---
[1] Nr. **7.1**.
[2] Mit den Aufgaben des Vorhabenträgers wurde die bundeseigene Gesellschaft für Endlagerung GmbH (BGE) mit Sitz in Peine beliehen.

(2) [1] Das Bundesamt für die Sicherheit der nuklearen Entsorgung hat nach diesem Gesetz dafür zu sorgen, dass die Öffentlichkeit frühzeitig und während der Dauer des Standortauswahlverfahrens umfassend und systematisch über die Ziele des Vorhabens, die Mittel und den Stand seiner Verwirklichung sowie seine voraussichtlichen Auswirkungen unterrichtet und über die vorgesehenen Beteiligungsformen beteiligt wird. [2] Dies soll in einem dialogorientierten Prozess erfolgen. [3] Hierzu soll es sich des Internets und anderer geeigneter Medien bedienen.

(3) [1] Das Verfahren zur Beteiligung der Öffentlichkeit wird entsprechend fortentwickelt. [2] Hierzu können sich die Beteiligten über die gesetzlich geregelten Mindestanforderungen hinaus weiterer Beteiligungsformen bedienen. [3] Die Geeignetheit der Beteiligungsformen ist in angemessenen zeitlichen Abständen zu prüfen.

**§ 6 Informationsplattform.** [1] Zur umfassenden Unterrichtung der Öffentlichkeit errichtet das Bundesamt für die Sicherheit der nuklearen Entsorgung eine Internetplattform mit einem Informationsangebot; darin werden fortlaufend die das Standortauswahlverfahren betreffenden wesentlichen Unterlagen des Bundesamtes für die Sicherheit der nuklearen Entsorgung und des Vorhabenträgers nach § 10 des Umweltinformationsgesetzes[1]) zur Verfügung gestellt. [2] Zu den wesentlichen Unterlagen gehören insbesondere Gutachten, Stellungnahmen, Datensammlungen und Berichte.

**§ 7 Stellungnahmeverfahren; Erörterungstermine.** (1) [1] Das Bundesamt für die Sicherheit der nuklearen Entsorgung gibt der Öffentlichkeit und den Trägern öffentlicher Belange, deren Aufgabenbereich durch einen Vorschlag des Vorhabenträgers nach Absatz 2 berührt wird, nach Übermittlung des jeweiligen Vorschlags sowie im Fall einer Nachprüfung nach abgeschlossenem Nachprüfverfahren nach § 10 Absatz 5 Gelegenheit zur Stellungnahme zu den Vorschlägen sowie den dazu jeweils vorliegenden Berichten und Unterlagen. [2] Die Stellungnahmen sind innerhalb einer Frist von drei Monaten abzugeben. [3] Die Stellungnahmen sind bei den weiteren Verfahrensschritten zu berücksichtigen; das Bundesamt für die Sicherheit der nuklearen Entsorgung und der Vorhabenträger werten die Stellungnahmen aus.

(2) Zu den bereitzustellenden Informationen, zu denen die Öffentlichkeit Stellung nehmen kann, gehören insbesondere

1. der Vorschlag für die übertägig zu erkundenden Standortregionen nach § 14 Absatz 2 mit den dazugehörigen standortbezogenen Erkundungsprogrammen für die übertägige Erkundung,

2. der Vorschlag für die untertägig zu erkundenden Standorte nach § 16 Absatz 3 mit den dazugehörigen Erkundungsprogrammen und Prüfkriterien für die untertägige Erkundung,

3. der Standortvorschlag nach § 18 Absatz 3.

(3) Nach Abschluss des jeweiligen Stellungnahmeverfahrens führt das Bundesamt für die Sicherheit der nuklearen Entsorgung in den betroffenen Gebieten einen Erörterungstermin zu den Vorschlägen nach Absatz 2 sowie den dazu

---

[1]) Nr. 2.6.

Standortauswahlgesetz (Auszug) **§ 8 StandAG 7.3**

jeweils vorliegenden Berichten und Unterlagen auf Grundlage der ausgewerteten Stellungnahmen durch.

(4) [1] Die wesentlichen, den Erörterungsgegenstand betreffenden Unterlagen sind auf der Internetplattform des Bundesamtes für die Sicherheit der nuklearen Entsorgung zu veröffentlichen und für die Dauer von mindestens einem Monat im räumlichen Bereich der betroffenen Gebiete auszulegen. [2] Die Auslegung ist im Bundesanzeiger, auf der Internetplattform des Bundesamtes für die Sicherheit der nuklearen Entsorgung und in örtlichen Tageszeitungen, die im Bereich des Vorhabens verbreitet sind, bekannt zu machen.

(5) [1] An den Erörterungsterminen sollen neben der Öffentlichkeit und den Trägern öffentlicher Belange auch der Vorhabenträger, Vertreter der in den §§ 10 und 11 geregelten Konferenzen, die jeweils zuständigen obersten Landesbehörden und die betroffenen Gebietskörperschaften teilnehmen. [2] Der Erörterungstermin ist jeweils im räumlichen Bereich des Vorhabens durchzuführen. [3] Er ist mindestens einen Monat vor seiner Durchführung entsprechend Absatz 4 Satz 2 bekannt zu machen.

**§ 8 Nationales Begleitgremium.** (1) [1] Aufgabe des pluralistisch zusammengesetzten Nationalen Begleitgremiums ist die vermittelnde und unabhängige Begleitung des Standortauswahlverfahrens, insbesondere der Öffentlichkeitsbeteiligung, mit dem Ziel, so Vertrauen in die Verfahrensdurchführung zu ermöglichen. [2] Es kann sich unabhängig und wissenschaftlich mit sämtlichen Fragestellungen das Standortauswahlverfahren betreffend befassen, die zuständigen Institutionen jederzeit befragen und Stellungnahmen abgeben. [3] Es kann dem Deutschen Bundestag weitere Empfehlungen zum Standortauswahlverfahren geben.

(2) [1] Die Mitglieder erhalten Einsicht in alle Akten und Unterlagen des Standortauswahlverfahrens des Bundesamtes für die Sicherheit der nuklearen Entsorgung, des Vorhabenträgers, der Bundesanstalt für Geowissenschaften und Rohstoffe sowie der geologischen Dienste. [2] Die Beratungsergebnisse werden veröffentlicht. [3] Abweichende Voten sind bei der Veröffentlichung von Empfehlungen und Stellungnahmen zu dokumentieren.

(3) [1] Die Mitglieder dürfen weder einer gesetzgebenden Körperschaft des Bundes oder eines Landes noch der Bundes- oder einer Landesregierung angehören; sie dürfen keine wirtschaftlichen Interessen in Bezug auf die Standortauswahl oder der Endlagerung im weitesten Sinne haben. [2] Die Amtszeit eines Mitgliedes beträgt drei Jahre. [3] Eine Wiederberufung ist zweimal möglich. [4] Das Nationale Begleitgremium soll aus 18 Mitgliedern bestehen. [5] Zwölf Mitglieder sollen anerkannte Persönlichkeiten des öffentlichen Lebens sein. [6] Sie werden vom Deutschen Bundestag und vom Bundesrat auf der Grundlage eines gleichlautenden Wahlvorschlages gewählt; daneben werden sechs Bürgerinnen oder Bürger, darunter zwei Vertreterinnen oder Vertreter der jungen Generation, die zuvor in einem dafür geeigneten Verfahren der Bürgerbeteiligung nominiert worden sind, von der Bundesministerin oder dem Bundesminister für Umwelt, Naturschutz und nukleare Sicherheit ernannt.

(4) [1] Das Nationale Begleitgremium wird bei der Durchführung seiner Aufgaben von einer Geschäftsstelle unterstützt. [2] Diese wird vom Bundesministerium für Umwelt, Naturschutz und nukleare Sicherheit eingesetzt und untersteht fachlich dem Nationalen Begleitgremium. [3] Das Nationale Begleitgremium gibt

## 7.3 StandAG §§ 9, 10

sich eine Geschäftsordnung; es kann sich durch Dritte wissenschaftlich beraten lassen.

(5) [1] Das Nationale Begleitgremium beruft einen Partizipationsbeauftragten, der als Angehöriger der Geschäftsstelle die Aufgabe der frühzeitigen Identifikation möglicher Konflikte und der Entwicklung von Vorschlägen zu deren Auflösung im Standortauswahlverfahren übernimmt. [2] Das Bundesamt für die Sicherheit der nuklearen Entsorgung, der Vorhabenträger und die Konferenzen nach den §§ 9 bis 11 können den Partizipationsbeauftragten bei Fragen zum Beteiligungsverfahren hinzuziehen. [3] Dieser berichtet dem Nationalen Begleitgremium über seine Tätigkeit.

**§ 9 Fachkonferenz Teilgebiete.** (1) [1] Das Bundesamt für die Sicherheit der nuklearen Entsorgung beruft nach Erhalt des Zwischenberichts nach § 13 Absatz 2 Satz 3 eine Fachkonferenz Teilgebiete. [2] Teilnehmende Personen sind Bürgerinnen und Bürger, Vertreter der Gebietskörperschaften der nach § 13 Absatz 2 ermittelten Teilgebiete, Vertreter gesellschaftlicher Organisationen sowie Wissenschaftlerinnen und Wissenschaftler.

(2) [1] Die Fachkonferenz Teilgebiete erörtert den Zwischenbericht des Vorhabenträgers nach § 13 Absatz 2 in höchstens drei Terminen innerhalb von sechs Monaten. [2] Hierzu erläutert der Vorhabenträger den Teilnehmern der Fachkonferenz Teilgebiete die Inhalte des Zwischenberichts. [3] Die Fachkonferenz Teilgebiete legt dem Vorhabenträger ihre Beratungsergebnisse innerhalb eines Monats nach dem letzten Termin vor. [4] Mit Übermittlung der Beratungsergebnisse an den Vorhabenträger löst sich die Fachkonferenz Teilgebiete auf. [5] Der Vorhabenträger berücksichtigt die Beratungsergebnisse bei seinem Vorschlag für die übertägig zu erkundenden Standortregionen nach § 14 Absatz 2.

(3) Die Fachkonferenz Teilgebiete wird von einer Geschäftsstelle unterstützt, die beim Bundesamt für die Sicherheit der nuklearen Entsorgung eingerichtet wird.

**§ 10 Regionalkonferenzen.** (1) [1] Das Bundesamt für die Sicherheit der nuklearen Entsorgung richtet in jeder nach § 14 Absatz 2 zur übertägigen Erkundung vorgeschlagenen Standortregion eine Regionalkonferenz ein. [2] Diese besteht jeweils aus einer Vollversammlung und einem Vertretungskreis. [3] Die Regionalkonferenz gibt sich eine Geschäftsordnung; darin sind insbesondere Regelungen zu einer Anhörung der Vollversammlung festzulegen.

(2) [1] Die Vollversammlung besteht aus Personen, die in den kommunalen Gebietskörperschaften der jeweiligen Standortregion oder unmittelbar angrenzenden kommunalen Gebietskörperschaften nach dem Bundesmeldegesetz angemeldet sind und das 16. Lebensjahr vollendet haben. [2] Grenzt die Standortregion an einen anderen Staat, sind die Interessen der dort betroffenen Bürgerinnen und Bürger gleichwertig zu berücksichtigen; das Nähere regelt die Geschäftsordnung.

(3) [1] Der Vertretungskreis besteht zu je einem Drittel aus Bürgerinnen und Bürgern der Vollversammlung, Vertretern der kommunalen Gebietskörperschaften der Standortregion sowie Vertretern gesellschaftlicher Gruppen; er soll die Anzahl von 30 Teilnehmern nicht überschreiten. [2] Die Teilnehmer werden von der Vollversammlung in den Vertretungskreis gewählt. [3] Sie werden für einen Zeitraum von drei Jahren berufen und können zweimal wiedergewählt

Standortauswahlgesetz (Auszug) § 11 StandAG 7.3

werden. ⁴Der Vertretungskreis nimmt die Aufgaben der Regionalkonferenz nach den Absätzen 4 und 5 wahr.

(4) ¹Die Regionalkonferenzen begleiten das Standortauswahlverfahren und erhalten vor dem Erörterungstermin nach § 7 Gelegenheit zur Stellungnahme zu den Vorschlägen nach § 14 Absatz 2, § 16 Absatz 3 und § 18 Absatz 3. ²Sie erhalten ebenfalls Gelegenheit zur Stellungnahme bei der Erarbeitung der sozioökonomischen Potenzialanalysen nach § 16 Absatz 1 Satz 3. ³Sie erarbeiten Konzepte zur Förderung der Regionalentwicklung und sind bei der letztendlichen Standortvereinbarung zu beteiligen. ⁴Die Regionalkonferenzen informieren die Öffentlichkeit in angemessenem Umfang. ⁵Sie können ihre Unterlagen auf der Informationsplattform des Bundesamtes für die Sicherheit der nuklearen Entsorgung nach § 6 veröffentlichen. ⁶Die Regionalkonferenzen können sich wissenschaftlicher Beratung bedienen.

(5) ¹Jede Regionalkonferenz kann innerhalb einer angemessenen Frist, die sechs Monate nicht überschreiten darf, einen Nachprüfauftrag an das Bundesamt für die Sicherheit der nuklearen Entsorgung richten, wenn sie einen Mangel in den Vorschlägen des Vorhabenträgers nach § 14 Absatz 2, § 16 Absatz 3 und § 18 Absatz 3 rügt. ²Der Nachprüfauftrag darf von jeder Regionalkonferenz zu jedem der vorgenannten Vorschläge einmal geltend gemacht werden; er ist jeweils nach Übermittlung des Vorschlags nach § 14 Absatz 2, § 16 Absatz 3 und § 18 Absatz 3 zu stellen und muss den gerügten Mangel sowie den Umfang der geforderten Nachprüfung konkret benennen. ³Ein Nachprüfauftrag kann nicht mehr gestellt werden, nachdem der Erörterungstermin zu dem jeweiligen Vorschlag bekannt gemacht wurde. ⁴Unter Berücksichtigung des Nachprüfauftrags prüft das Bundesamt für die Sicherheit der nuklearen Entsorgung den jeweiligen Vorschlag. ⁵Ergibt sich aus der Nachprüfung Überarbeitungsbedarf, fordert das Bundesamt für die Sicherheit der nuklearen Entsorgung den Vorhabenträger auf, den gerügten Mangel zu beheben und den jeweiligen Vorschlag vor Durchführung des Stellungnahmeverfahrens nach § 7 Absatz 1 zu ergänzen; es gibt der die Nachprüfung auslösenden Regionalkonferenz Gelegenheit zur Stellungnahme.

(6) Die Regionalkonferenzen werden von jeweils einer Geschäftsstelle unterstützt, die vom Bundesamt für die Sicherheit der nuklearen Entsorgung eingerichtet wird.

(7) Mit dem Ausscheiden einer Region aus dem Auswahlverfahren löst sich die dazugehörige Regionalkonferenz auf.

**§ 11 Fachkonferenz Rat der Regionen.** (1) ¹Das Bundesamt für die Sicherheit der nuklearen Entsorgung richtet nach Bildung der Regionalkonferenzen eine Fachkonferenz Rat der Regionen ein. ²Diese setzt sich aus Vertretern der Regionalkonferenzen und von Gemeinden, in denen radioaktive Abfälle zwischengelagert werden, zusammen. ³Die Anzahl aller Vertreter der Zwischenlagerstandorte soll der Anzahl der delegierten Vertreter einer Regionalkonferenz entsprechen. ⁴Die Fachkonferenz Rat der Regionen soll die Anzahl von 30 Teilnehmern nicht überschreiten.

(2) Die Fachkonferenz Rat der Regionen begleitet die Prozesse der Regionalkonferenzen aus überregionaler Sicht und leistet Hilfestellung beim Ausgleich widerstreitender Interessen der Standortregionen.

(3) Die Fachkonferenz Rat der Regionen wird von einer Geschäftsstelle unterstützt, die beim Bundesamt für die Sicherheit der nuklearen Entsorgung eingerichtet wird.

## Teil 3. Standortauswahlverfahren

### Kapitel 1. Allgemeine Bestimmungen

**§ 12 Erkundung; Verhältnis zur Raumordnung.** (1) [1] Für die Erkundung sind die §§ 3 bis 29, 39, 40, 48 und 50 bis 104, 106 und 145 bis 148 des Bundesberggesetzes entsprechend anzuwenden. [2] Im Übrigen bleiben die Vorschriften des Bundesberggesetzes unberührt. [3] Für die Anwendung dieser Vorschriften gilt, dass die übertägige und untertägige Erkundung aus zwingenden Gründen des öffentlichen Interesses erfolgt. [4] Für die Erkundung nach diesem Gesetz und die jeweiligen Standortentscheidungen gelten die §§ 9d bis 9f sowie § 9g Absatz 3 bis 5 des Atomgesetzes[1]).

(2) Die Entscheidungen im Standortauswahlverfahren einschließlich der Zulassungen und Erlaubnisse nach Absatz 1 haben Vorrang vor Landesplanungen und Bauleitplanungen.

(3) [1] Bei der Durchführung seiner Tätigkeiten arbeitet der Vorhabenträger mit Forschungs- und Beratungseinrichtungen im Geschäftsbereich des Bundesministeriums für Bildung und Forschung und des Bundesministeriums für Wirtschaft und Energie zusammen und kann wissenschaftliche Erkenntnisse anderer wissenschaftlicher Einrichtungen heranziehen. [2] Soweit für die Erkundung und den Standortvergleich Geodaten, insbesondere geowissenschaftliche und hydrogeologische Daten, die bei den zuständigen Landesbehörden vorhanden sind, benötigt werden, sind diese Daten dem Vorhabenträger unentgeltlich für die Zwecke des Standortauswahlverfahrens zur Verfügung zu stellen; dies gilt auch für Daten, an denen Rechte Dritter bestehen. [3] Zu den zur Verfügung zu stellenden Daten gehören auch Informationen über die nach § 21 zugelassenen Vorhaben.

(4) Die Funktionen der Länder als amtliche Sachverständige und Träger öffentlicher Belange bleiben unberührt.

### Kapitel 2. Ablauf des Standortauswahlverfahrens

**§ 13 Ermittlung von Teilgebieten.** (1) Der Vorhabenträger hat unter Anwendung der in den §§ 22 bis 24 festgelegten geowissenschaftlichen Anforderungen und Kriterien Teilgebiete zu ermitteln, die günstige geologische Voraussetzungen für die sichere Endlagerung radioaktiver Abfälle erwarten lassen.

(2) [1] Der Vorhabenträger wendet hierzu auf die ihm von den zuständigen Behörden des Bundes und der Länder zur Verfügung zu stellenden geologischen Daten für das gesamte Bundesgebiet zunächst die geowissenschaftlichen Ausschlusskriterien nach § 22 und auf das verbleibende Gebiet die Mindestanforderungen nach § 23 an. [2] Aus den identifizierten Gebieten ermittelt der Vorhabenträger durch Anwendung der geowissenschaftlichen Abwägungskriterien nach § 24 die Teilgebiete, die sich auf Basis der Abwägung als günstig erweisen. [3] Der Vorhabenträger veröffentlicht das Ergebnis in einem Zwischenbericht und übermittelt diesen unverzüglich an das Bundesamt für die Sicher-

---

[1]) Nr. 7.1.

heit der nuklearen Entsorgung. ⁴ In dem Zwischenbericht werden sämtliche für die getroffene Auswahl entscheidungserheblichen Tatsachen und Erwägungen dargestellt; sofern Gebiete vorhanden sind, die aufgrund nicht hinreichender geologischer Daten nicht eingeordnet werden können, sind diese ebenfalls aufzuführen und ist eine Empfehlung zum weiteren Umgang mit diesen Gebieten aufzunehmen. ⁵ § 23 Absatz 2 bleibt unberührt.

**§ 14 Ermittlung von Standortregionen für übertägige Erkundung.**

(1) ¹ Der Vorhabenträger ermittelt aus den Teilgebieten nach § 13 Absatz 1 Standortregionen für die übertägige Erkundung. ² Er führt für die Teilgebiete repräsentative vorläufige Sicherheitsuntersuchungen nach § 27 durch. ³ Auf der Grundlage der daraus ermittelten Ergebnisse hat der Vorhabenträger unter erneuter Anwendung der geowissenschaftlichen Abwägungskriterien nach § 24 günstige Standortregionen zu ermitteln. ⁴ Planungswissenschaftliche Abwägungskriterien sind nach den Vorgaben in § 25 anzuwenden. ⁵ Für die Standortregionen nach Absatz 2 erarbeitet er standortbezogene Erkundungsprogramme für die übertägige Erkundung nach Maßgabe der Anforderungen und Kriterien nach den §§ 22 bis 24 und für die Durchführung der weiterentwickelten vorläufigen Sicherheitsuntersuchungen nach § 16 Absatz 1.

(2) ¹ Der Vorhabenträger übermittelt den Vorschlag für die übertägig zu erkundenden Standortregionen mit Begründung und den Ergebnissen der Beteiligung zu dem Zwischenbericht nach § 13 Absatz 2 an das Bundesamt für die Sicherheit der nuklearen Entsorgung. ² Liegen zu einzelnen Gebieten keine hinreichenden Informationen für die Anwendung der Kriterien nach den §§ 22 bis 24 vor, ist eine begründete Empfehlung zum weiteren Verfahren mit diesen Gebieten aufzunehmen.

(3) Mit dem Vorschlag legt der Vorhabenträger dem Bundesamt für die Sicherheit der nuklearen Entsorgung die standortbezogenen Erkundungsprogramme für die übertägige Erkundung zur Festlegung vor.

**§ 15 Entscheidung über übertägige Erkundung und Erkundungsprogramme.** (1) ¹ Das Bundesamt für die Sicherheit der nuklearen Entsorgung prüft den Vorschlag des Vorhabenträgers. ² Will das Bundesamt für die Sicherheit der nuklearen Entsorgung von dem Vorschlag des Vorhabenträgers abweichen, hat es ihm zuvor Gelegenheit zur Stellungnahme zu geben.

(2) ¹ Das Bundesamt für die Sicherheit der nuklearen Entsorgung übermittelt dem Bundesministerium für Umwelt, Naturschutz und nukleare Sicherheit den Vorschlag des Vorhabenträgers gemäß § 14 Absatz 2, die darauf bezogenen Ergebnisse des Beteiligungsverfahrens einschließlich der Beratungsergebnisse des Nationalen Begleitgremiums und eine begründete Empfehlung zum Vorschlag des Vorhabenträgers. ² Die Bundesregierung unterrichtet den Deutschen Bundestag und den Bundesrat über die Standortregionen, die übertägig erkundet werden sollen, und legt insbesondere die Unterlagen nach Satz 1 vor.

(3) Die übertägig zu erkundenden Standortregionen und das weitere Verfahren mit den Gebieten, zu denen keine hinreichenden Informationen für die Anwendung der Kriterien nach den §§ 22 bis 24 vorliegen, werden durch Bundesgesetz bestimmt.

(4) Das Bundesamt für die Sicherheit der nuklearen Entsorgung prüft die standortbezogenen Erkundungsprogramme zur übertägigen Erkundung für die

durch Bundesgesetz ausgewählten Standortregionen, legt diese fest und veröffentlicht sie sowie Änderungen im Bundesanzeiger.

**§ 16 Übertägige Erkundung und Vorschlag für untertägige Erkundung.** (1) ¹Der Vorhabenträger hat die durch Bundesgesetz ausgewählten Standortregionen übertägig nach den standortbezogenen Erkundungsprogrammen zu erkunden. ²Auf der Grundlage der Erkundungsergebnisse hat der Vorhabenträger weiterentwickelte vorläufige Sicherheitsuntersuchungen durchzuführen. ³Er führt in den Standortregionen sozioökonomische Potenzialanalysen durch.

(2) ¹Auf Grundlage der nach Absatz 1 ermittelten Ergebnisse hat der Vorhabenträger unter erneuter Anwendung der Anforderungen und Kriterien nach den §§ 22 bis 24 günstige Standorte nach Absatz 3 zu ermitteln. ²Planungswissenschaftliche Abwägungskriterien sind nach den Vorgaben in § 25 anzuwenden. ³Für die Standorte nach Absatz 3 erarbeitet er Erkundungsprogramme und Prüfkriterien für die untertägige Erkundung nach Maßgabe der Anforderungen und Kriterien nach den §§ 22 bis 24 und für die Durchführung der umfassenden vorläufigen Sicherheitsuntersuchungen nach § 18 Absatz 1.

(3) ¹Der Vorhabenträger übermittelt seinen Vorschlag für die untertägig zu erkundenden Standorte mit Begründung an das Bundesamt für die Sicherheit der nuklearen Entsorgung. ²Dabei sind auch die möglichen Umweltauswirkungen sowie sonstige mögliche Auswirkungen eines Endlagervorhabens darzustellen.

(4) Mit dem Vorschlag legt der Vorhabenträger dem Bundesamt für die Sicherheit der nuklearen Entsorgung die Erkundungsprogramme und Prüfkriterien für die untertägige Erkundung zur Festlegung vor.

**§ 17 Entscheidung über untertägige Erkundung und Erkundungsprogramme.** (1) ¹Das Bundesamt für die Sicherheit der nuklearen Entsorgung prüft den Vorschlag des Vorhabenträgers. ²Will das Bundesamt für die Sicherheit der nuklearen Entsorgung von dem Vorschlag des Vorhabenträgers abweichen, hat es ihm zuvor Gelegenheit zur Stellungnahme zu geben.

(2) ¹Das Bundesamt für die Sicherheit der nuklearen Entsorgung übermittelt dem Bundesministerium für Umwelt, Naturschutz und nukleare Sicherheit den Vorschlag des Vorhabenträgers nach § 16 Absatz 3, die Ergebnisse des Beteiligungsverfahrens einschließlich der Beratungsergebnisse des Nationalen Begleitgremiums und eine begründete Empfehlung zum Vorschlag des Vorhabenträgers. ²Die Übermittlung des Vorschlags an das Bundesministerium für Umwelt, Naturschutz und nukleare Sicherheit darf erst erfolgen, wenn gegen den Bescheid nach Absatz 3 keine Rechtsbehelfe mehr eingelegt werden können oder das Bundesverwaltungsgericht über den Bescheid nach Absatz 3 rechtskräftig entschieden hat. ³Die Bundesregierung unterrichtet den Deutschen Bundestag und den Bundesrat über Standorte, die untertägig erkundet werden sollen, und legt insbesondere die Unterlagen nach Satz 1 vor. ⁴Die untertägig zu erkundenden Standorte werden durch Bundesgesetz bestimmt.

(3) ¹Vor Übermittlung des Vorschlags nach § 17 Absatz 2 stellt das Bundesamt für die Sicherheit der nuklearen Entsorgung durch Bescheid fest, ob das bisherige Standortauswahlverfahren nach den Regelungen dieses Gesetzes durchgeführt wurde und der Auswahlvorschlag diesen entspricht. ²Der Bescheid ist in entsprechender Anwendung der Bestimmungen über die öffent-

liche Bekanntmachung von Genehmigungsbescheiden der Atomrechtlichen Verfahrensverordnung öffentlich bekannt zu machen. ³Für Rechtsbehelfe gegen die Entscheidung nach Satz 1 findet das Umwelt-Rechtsbehelfsgesetz[1]) mit der Maßgabe entsprechende Anwendung, dass die kommunalen Gebietskörperschaften, in deren Gebiet ein zur untertägigen Erkundung vorgeschlagener Standort liegt, und deren Einwohnerinnen und Einwohner sowie deren Grundstückseigentümerinnen und Grundstückseigentümer den nach § 3 des Umwelt-Rechtsbehelfsgesetzes anerkannten Vereinigungen gleichstehen. ⁴Einer Nachprüfung der Entscheidung nach Satz 1 in einem Vorverfahren nach § 68 der Verwaltungsgerichtsordnung bedarf es nicht. ⁵Über Klagen gegen die Entscheidung nach Satz 1 entscheidet im ersten und letzten Rechtszug das Bundesverwaltungsgericht.

(4) Das Bundesamt für die Sicherheit der nuklearen Entsorgung prüft die Erkundungsprogramme und Prüfkriterien für die durch Bundesgesetz ausgewählten Standorte, legt diese fest und veröffentlicht sie sowie Änderungen im Bundesanzeiger.

**§ 18 Untertägige Erkundung.** (1) ¹Der Vorhabenträger hat die durch Bundesgesetz ausgewählten Standorte nach den Erkundungsprogrammen untertägig zu erkunden. ²Auf der Grundlage der Erkundungsergebnisse hat der Vorhabenträger umfassende vorläufige Sicherheitsuntersuchungen durchzuführen sowie den UVP-Bericht nach § 16 des Gesetzes über die Umweltverträglichkeitsprüfung[2]) zu erstellen.

(2) ¹Auf Grundlage der nach Absatz 1 ermittelten Ergebnisse hat der Vorhabenträger unter Anwendung der Prüfkriterien sowie erneuter Anwendung der Anforderungen und Kriterien nach den §§ 22 bis 24 geeignete Standorte nach Absatz 3 zu ermitteln. ²Planungswissenschaftliche Abwägungskriterien sind nach den Vorgaben in § 25 anzuwenden.

(3) ¹Der Vorhabenträger übermittelt seinen Standortvorschlag für ein Endlager mit Begründung an das Bundesamt für die Sicherheit der nuklearen Entsorgung. ²Die Begründung enthält eine vergleichende Bewertung der zu betrachtenden Standorte. ³Das Bundesamt für die Sicherheit der nuklearen Entsorgung führt auf Grundlage der vom Vorhabenträger vorgelegten Unterlagen die Umweltverträglichkeitsprüfung hinsichtlich des Standortes entsprechend den §§ 17 bis 21 und 54 bis 57 des Gesetzes über die Umweltverträglichkeitsprüfung durch.

**§ 19 Abschließender Standortvergleich und Standortvorschlag.**

(1) ¹Das Bundesamt für die Sicherheit der nuklearen Entsorgung prüft den Vorschlag des Vorhabenträgers einschließlich des zugrunde liegenden Standortvergleichs von mindestens zwei Standorten. ²Auf Grundlage des Ergebnisses dieser Prüfung und unter Abwägung sämtlicher privater und öffentlicher Belange sowie der Ergebnisse des Beteiligungsverfahrens bewertet das Bundesamt für die Sicherheit der nuklearen Entsorgung, welches der Standort mit der bestmöglichen Sicherheit ist. ³Der Standortvorschlag muss erwarten lassen, dass die nach dem Stand von Wissenschaft und Technik erforderliche Vorsorge gegen Schäden durch die Errichtung, den Betrieb und die Stillegung des

---

[1]) Nr. **12.1**.
[2]) Nr. **2.5**.

Endlagers nach § 9b Absatz 1a des Atomgesetzes[1] gewährleistet ist und sonstige öffentlich-rechtliche Vorschriften nicht entgegenstehen. [4] Der durch das Bundesamt für die Sicherheit der nuklearen Entsorgung zu übermittelnde Standortvorschlag muss eine zusammenfassende Darstellung und Bewertung der Ergebnisse des Beteiligungsverfahrens, der Umweltauswirkungen entsprechend den §§ 24 und 25 des Gesetzes über die Umweltverträglichkeitsprüfung[2] und eine Begründung der Raumverträglichkeit umfassen.

(2) [1] Das Bundesamt für die Sicherheit der nuklearen Entsorgung hat dem Bundesministerium für Umwelt, Naturschutz und nukleare Sicherheit den begründeten Standortvorschlag einschließlich aller hierfür erforderlichen Unterlagen zu übermitteln. [2] Die Übermittlung des Vorschlags an das Bundesministerium für Umwelt, Naturschutz und nukleare Sicherheit darf erst erfolgen, wenn gegen den Bescheid nach Satz 3 keine Rechtsbehelfe mehr eingelegt werden können oder das Bundesverwaltungsgericht über den Bescheid nach Satz 3 rechtskräftig entschieden hat. [3] Vor Übermittlung des Standortvorschlags stellt das Bundesamt für die Sicherheit der nuklearen Entsorgung durch Bescheid fest, ob das bisherige Standortauswahlverfahren nach den Regelungen dieses Gesetzes durchgeführt wurde und der Standortvorschlag diesen entspricht. [4] Das Bundesamt für die Sicherheit der nuklearen Entsorgung ist in seiner Beurteilung an die im Bescheid nach § 17 Absatz 3 Satz 1 enthaltene Feststellung zur Rechtmäßigkeit des Verfahrens gebunden, soweit dieser Bescheid unanfechtbar ist. [5] Der Bescheid ist in entsprechender Anwendung der Bestimmungen über die öffentliche Bekanntmachung von Genehmigungsbescheiden der Atomrechtlichen Verfahrensverordnung öffentlich bekannt zu machen. [6] Für Rechtsbehelfe gegen die Entscheidung nach Satz 3 findet das Umwelt-Rechtsbehelfsgesetz[3] mit der Maßgabe entsprechende Anwendung, dass die betroffenen kommunalen Gebietskörperschaften, in deren Gebiet der vorgeschlagene Standort liegt, und deren Einwohnerinnen und Einwohner sowie deren Grundstückseigentümerinnen und Grundstückseigentümer den nach § 3 des Umwelt-Rechtsbehelfsgesetzes anerkannten Vereinigungen gleichstehen. [7] Einer Nachprüfung der Entscheidung nach Satz 3 in einem Vorverfahren nach § 68 der Verwaltungsgerichtsordnung bedarf es nicht. [8] Über Klagen gegen die Entscheidung nach Satz 3 entscheidet im ersten und letzten Rechtszug das Bundesverwaltungsgericht.

**§ 20 Standortentscheidung.** (1) [1] Die Bundesregierung legt dem Deutschen Bundestag und dem Bundesrat den Standortvorschlag in Form eines Gesetzentwurfs vor. [2] Zu den von der Bundesregierung ergänzend vorzulegenden, für die Bewertung des Standortes erforderlichen Unterlagen gehören insbesondere ein zusammenfassender Bericht über die Ergebnisse des Standortauswahlverfahrens und die Ergebnisse des Beteiligungsverfahrens einschließlich der Beratungsergebnisse des Nationalen Begleitgremiums.

(2) Über die Annahme des Standortvorschlags wird durch Bundesgesetz entschieden.

(3) [1] Die Standortentscheidung nach Absatz 2 ist für das anschließende Genehmigungsverfahren nach § 9b Absatz 1a des Atomgesetzes[1] für die Errich-

---

[1] Nr. 7.1.
[2] Nr. 2.5.
[3] Nr. 12.1.

tung, den Betrieb und die Stilllegung des Endlagers verbindlich. ²Auf der Grundlage dieser Entscheidung ist die Eignung des Vorhabens im Genehmigungsverfahren vollumfänglich zu prüfen.

(4) Abweichend von § 15 Absatz 1 des Raumordnungsgesetzes in Verbindung mit § 1 Satz 3 Nummer 16 der Raumordnungsverordnung und anderen raumordnungsrechtlichen Vorschriften findet ein Raumordnungsverfahren für die Errichtung des Endlagers nicht statt.

**§ 21 Sicherungsvorschriften.** (1) ¹Gebiete, die als bestmöglich sicherer Standort für die Endlagerung in Betracht kommen, sind vor Veränderungen zu schützen, die ihre Eignung als Endlagerstandort beeinträchtigen können. ²Der Schutz erfolgt nach Maßgabe der Absätze 2 bis 4. ³§ 12 Absatz 1 Satz 4 bleibt unberührt. ...

### Kapitel 3. Kriterien und Anforderungen für die Standortauswahl

**§ 22 Ausschlusskriterien.** (1) Ein Gebiet ist nicht als Endlagerstandort geeignet, wenn mindestens eines der Ausschlusskriterien nach Absatz 2 in diesem Gebiet erfüllt ist. ...

**§ 23 Mindestanforderungen.** (1) ¹Für die Endlagerung hochradioaktiver Abfälle kommen die Wirtsgesteine Steinsalz, Tongestein und Kristallingestein in Betracht. ²Für das Wirtsgestein Kristallingestein ist unter den Voraussetzungen des Absatzes 4 für den sicheren Einschluss ein alternatives Konzept zu einem einschlusswirksamen Gebirgsbereich möglich, das deutlich höhere Anforderungen an die Langzeitintegrität des Behälters stellt.

(2) Gebiete, die kein Ausschlusskriterium nach § 22 erfüllen, sind nur als Endlagerstandort geeignet, wenn sämtliche in Absatz 5 genannten Mindestanforderungen erfüllt sind. ...

**§ 24 Geowissenschaftliche Abwägungskriterien.** (1) ¹Anhand geowissenschaftlicher Abwägungskriterien wird jeweils bewertet, ob in einem Gebiet eine günstige geologische Gesamtsituation vorliegt. ²Die günstige geologische Gesamtsituation ergibt sich nach einer sicherheitsgerichteten Abwägung der Ergebnisse zu allen Abwägungskriterien. ³Die in den Absätzen 3 bis 5 aufgeführten Kriterien dienen hierbei als Bewertungsmaßstab. ...

**§ 25 Planungswissenschaftliche Abwägungskriterien.** ¹Die planungswissenschaftlichen Abwägungskriterien dienen vorrangig der Einengung von großen, potenziell für ein Endlager geeigneten Gebieten, soweit eine Einengung sich nicht bereits aus der Anwendung der geowissenschaftlichen Kriterien nach den §§ 22 bis 24 und auf Grundlage der Ergebnisse der vorläufigen Sicherheitsuntersuchungen ergibt. ²Sie können auch für einen Vergleich zwischen Gebieten herangezogen werden, die unter Sicherheitsaspekten als gleichwertig zu betrachten sind. ...

**§ 26 Sicherheitsanforderungen.** (1) ¹Sicherheitsanforderungen sind die Anforderungen, denen die Errichtung, der Betrieb und die Stilllegung einer nach § 9b Absatz 1a des Atomgesetzes[1] genehmigungsbedürftigen Anlage zur Gewährleistung der nach dem Stand von Wissenschaft und Technik erforderli-

---

[1] Nr. **7.1.**

chen Vorsorge gegen Schäden genügen müssen und die damit das bei der Endlagerung zu erreichende Schutzniveau festlegen. ²Sie bilden die wesentliche Grundlage für die nach den §§ 14, 16 und 18 im Rahmen der vorläufigen Sicherheitsuntersuchungen nach § 27 durchzuführende Bewertung, ob an einem Standort in Verbindung mit dem vorgesehenen Endlagerkonzept der sichere Einschluss der radioaktiven Abfälle erwartet werden kann. ...

**§ 27 Vorläufige Sicherheitsuntersuchungen.** (1) ¹Gegenstand der vorläufigen Sicherheitsuntersuchungen nach § 14 Absatz 1, § 16 Absatz 1 und § 18 Absatz 1 ist die Bewertung, inwieweit der sichere Einschluss der radioaktiven Abfälle unter Ausnutzung der geologischen Standortgegebenheiten erwartet werden kann. ²Dabei sind die Sicherheitsanforderungen nach § 26 zugrunde zu legen und die Anforderungen an die Durchführung der Sicherheitsuntersuchungen nach Absatz 6 einzuhalten. ...

## Teil 4. Kosten

**§ 28 Umlage.** (1) ¹Der Vorhabenträger und das Bundesamt für die Sicherheit der nuklearen Entsorgung legen ihre umlagefähigen Kosten für die Umsetzung des Standortauswahlverfahrens nach Maßgabe der Absätze 2 bis 4 und der §§ 29 bis 35 anteilig auf die Umlagepflichtigen um. ²§ 21b des Atomgesetzes[1]) und die Endlagervorausleistungsverordnung finden insoweit keine Anwendung. ...

(4) Bei der Umsetzung des Standortauswahlverfahrens sind die Grundsätze der Wirtschaftlichkeit und Sparsamkeit zu beachten.

**§ 29 Umlagepflichtige und Umlagebetrag.** (1) ¹Umlagepflichtig ist derjenige, dem eine Genehmigung nach den §§ 6, 7 oder 9 des Atomgesetzes[1]), nach § 12 Absatz 1 Nummer 3 sowie Absatz 3 und 4 des Strahlenschutzgesetzes oder nach § 7 der Strahlenschutzverordnung vom 20. Juli 2001 (BGBl. I S. 1714; 2002 I S. 1459) erteilt worden ist oder war, wenn aufgrund der genehmigten Tätigkeit radioaktive Abfälle, die an ein Endlager nach § 9a Absatz 3 des Atomgesetzes abgeliefert werden müssen, angefallen sind oder damit zu rechnen ist. ²Soweit die Finanzierungspflicht für Anlagen zur Endlagerung radioaktiver Abfälle nach § 1 des Entsorgungsübergangsgesetzes auf den Fonds im Sinne von § 1 des Entsorgungsfondsgesetzes übergegangen ist, ist der Fonds im Sinne von § 1 des Entsorgungsfondsgesetzes anstelle des Genehmigungsinhabers umlagepflichtig. ³Landessammelstellen nach § 9a des Atomgesetzes sind nicht umlagepflichtig.

(2) Der zu entrichtende Anteil eines Umlagepflichtigen an den umlagefähigen Kosten (Umlagebetrag) bemisst sich aufwandsgerecht entsprechend § 6 Absatz 1 Nummer 2 und Absatz 3 der Endlagervorausleistungsverordnung.

## Teil 5. Schlussvorschriften

**§ 36 Salzstock Gorleben.** (1) ¹Der Salzstock Gorleben wird wie jeder andere in Betracht kommende Standort gemäß den nach den §§ 22 bis 26 festgelegten Kriterien und Anforderungen in das Standortauswahlverfahren einbezogen. ²Er kann lediglich im jeweiligen Verfahrensabschnitt nach den §§ 13

---

[1]) Nr. 7.1.

bis 20 des Standortauswahlgesetzes mit einem oder mehreren anderen Standorten verglichen werden, solange er nicht nach Satz 5 ausgeschlossen wurde.
[3] Er dient nicht als Referenzstandort für andere zu erkundende Standorte. [4] Der Umstand, dass für den Standort Gorleben Erkenntnisse aus der bisherigen Erkundung vorliegen, darf ebenso wenig in die vergleichende Bewertung einfließen wie der Umstand, dass für den Standort Gorleben bereits Infrastruktur für die Erkundung geschaffen ist. [5] Der Ausschluss nach dem Standortauswahlgesetz erfolgt, wenn der Salzstock Gorleben

1. nicht zu den nach § 13 Absatz 2 ermittelten Teilgebieten gehört,
2. nicht zu den nach § 15 Absatz 3 festgelegten übertägig zu erkundenden Standortregionen gehört,
3. nicht zu den nach § 17 Absatz 2 festgelegten untertägig zu erkundenden Standorten gehört oder
4. nicht der Standort nach § 20 Absatz 2 ist.

(2) [1] Die bergmännische Erkundung des Salzstocks Gorleben ist beendet. [2] Maßnahmen, die der Standortauswahl dienen, dürfen nur noch nach diesem Gesetz und in dem hier vorgesehenen Verfahrensschritt des Standortauswahlverfahrens durchgeführt werden. [3] Das Bergwerk wird bis zu der Standortentscheidung nach dem Standortauswahlgesetz unter Gewährleistung aller rechtlichen Erfordernisse und der notwendigen Erhaltungsarbeiten offen gehalten, sofern der Salzstock Gorleben nicht nach Absatz 1 aus dem Verfahren ausgeschlossen wurde. [4] Der Bund ist für das Bergwerk Gorleben zuständig. [5] Ein Salzlabor im Salzstock Gorleben zur standortunabhängigen Forschung zum Medium Salz als Wirtsgestein wird dort nicht betrieben.

## 8.1. Gesetz zur Einsparung von Energie und zur Nutzung erneuerbarer Energien zur Wärme- und Kälteerzeugung in Gebäuden (Gebäudeenergiegesetz – GEG)[1) 2) 3)]

Vom 8. August 2020

(BGBl. I S. 1728)

**FNA 754-30**

### Teil 1. Allgemeiner Teil

**§ 1 Zweck und Ziel.** (1) Zweck dieses Gesetzes ist ein möglichst sparsamer Einsatz von Energie in Gebäuden einschließlich einer zunehmenden Nutzung erneuerbarer Energien zur Erzeugung von Wärme, Kälte und Strom für den Gebäudebetrieb.

(2) Unter Beachtung des Grundsatzes der Wirtschaftlichkeit soll das Gesetz im Interesse des Klimaschutzes, der Schonung fossiler Ressourcen und der Minderung der Abhängigkeit von Energieimporten dazu beitragen, die energie- und klimapolitischen Ziele der Bundesregierung sowie eine weitere Erhöhung des Anteils erneuerbarer Energien am Endenergieverbrauch für Wärme und Kälte zu erreichen und eine nachhaltige Entwicklung der Energieversorgung zu ermöglichen.

**§ 2 Anwendungsbereich.** (1) ¹Dieses Gesetz ist anzuwenden auf

1. Gebäude, soweit sie nach ihrer Zweckbestimmung unter Einsatz von Energie beheizt oder gekühlt werden, und
2. deren Anlagen und Einrichtungen der Heizungs-, Kühl-, Raumluft- und Beleuchtungstechnik sowie der Warmwasserversorgung.

²Der Energieeinsatz für Produktionsprozesse in Gebäuden ist nicht Gegenstand dieses Gesetzes.

(2) Mit Ausnahme der §§ 74 bis 78 ist dieses Gesetz nicht anzuwenden auf

1. Betriebsgebäude, die überwiegend zur Aufzucht oder zur Haltung von Tieren genutzt werden,

---

[1)] **Amtl. Anm.:** Artikel 1 dieses Gesetzes *[Red. Anm.: G zur Vereinheitlichung des Energieeinsparrechts für Gebäude und zur Änd. weiterer Gesetze v. 8.8.2020 (BGBl. I S. 1728)]* dient der Umsetzung der Richtlinie 2010/31/EU des Europäischen Parlaments und des Rates vom 19. Mai 2010 über die Gesamtenergieeffizienz von Gebäuden (Neufassung) (ABl. L 153 vom 18.6.2010, S. 13; L 155 vom 22.6.2010, S. 61) und der Richtlinie (EU) 2018/844 des Europäischen Parlaments und des Rates vom 30. Mai 2018 zur Änderung der Richtlinie 2010/31/EU über die Gesamtenergieeffizienz von Gebäuden und der Richtlinie 2012/27/EU über Energieeffizienz (ABl. L 156 vom 19.6.2018, S. 75) und der Richtlinie (EU) 2018/2002 des Europäischen Parlaments und des Rates vom 11. Dezember 2018 zur Änderung der Richtlinie 2012/27/EU zur Energieeffizienz (ABl. L 328 vom 21.12.2018, S. 210) und der Richtlinie (EU) 2018/2001 des Europäischen Parlaments und des Rates vom 11. Dezember 2018 zur Förderung der Nutzung von Energie aus erneuerbaren Quellen (Neufassung) (ABl. L 328 vom 21.12.2018, S. 82).
[2)] Verkündet als Art. 1 G v. 8.8.2020 (BGBl. I S. 1728); Inkrafttreten gem. Art. 10 Abs. 1 Satz 1 dieses G am 1.11.2020.
[3)] Siehe auch das Gebäude-Elektromobilitätsinfrastruktur-G v. 18.3.2021 (BGBl. I S. 354).

2. Betriebsgebäude, soweit sie nach ihrem Verwendungszweck großflächig und lang anhaltend offen gehalten werden müssen,
3. unterirdische Bauten,
4. Unterglasanlagen und Kulturräume für Aufzucht, Vermehrung und Verkauf von Pflanzen,
5. Traglufthallen und Zelte,
6. Gebäude, die dazu bestimmt sind, wiederholt aufgestellt und zerlegt zu werden, und provisorische Gebäude mit einer geplanten Nutzungsdauer von bis zu zwei Jahren,
7. Gebäude, die dem Gottesdienst oder anderen religiösen Zwecken gewidmet sind,
8. Wohngebäude, die
   a) für eine Nutzungsdauer von weniger als vier Monaten jährlich bestimmt sind oder
   b) für eine begrenzte jährliche Nutzungsdauer bestimmt sind und deren zu erwartender Energieverbrauch für die begrenzte jährliche Nutzungsdauer weniger als 25 Prozent des zu erwartenden Energieverbrauchs bei ganzjähriger Nutzung beträgt, und
9. sonstige handwerkliche, landwirtschaftliche, gewerbliche, industrielle oder für öffentliche Zwecke genutzte Betriebsgebäude, die nach ihrer Zweckbestimmung
   a) auf eine Raum-Solltemperatur von weniger als 12 Grad Celsius beheizt werden oder
   b) jährlich weniger als vier Monate beheizt sowie jährlich weniger als zwei Monate gekühlt werden.

(3) Auf Bestandteile von Anlagen der Heizungs-, Kühl- und Raumlufttechnik sowie der Warmwasserversorgung, die sich nicht im räumlichen Zusammenhang mit Gebäuden nach Absatz 1 Satz 1 Nummer 1 befinden, ist dieses Gesetz nicht anzuwenden.

**§ 3 Begriffsbestimmungen.** (1) Im Sinne dieses Gesetzes ist
1. „Abwärme" die Wärme oder Kälte, die aus technischen Prozessen und aus baulichen Anlagen stammenden Abluft- und Abwasserströmen entnommen wird,
2. „Aperturfläche" die Lichteintrittsfläche einer solarthermischen Anlage,
3. „Baudenkmal" ein nach Landesrecht geschütztes Gebäude oder eine nach Landesrecht geschützte Gebäudemehrheit,
4. „beheizter Raum" ein Raum, der nach seiner Zweckbestimmung direkt oder durch Raumverbund beheizt wird,
5. „Brennwertkessel" ein Heizkessel, der die energetische Nutzung des in den Abgasen enthaltenen Wasserdampfes durch Kondensation des Wasserdampfes im Betrieb vorsieht,
6. „einseitig angebautes Wohngebäude" ein Wohngebäude, von dessen nach einer Himmelsrichtung weisenden vertikalen Flächen ein Anteil von 80 Prozent oder mehr an ein anderes Wohngebäude oder ein Nichtwohngebäude mit einer Raum-Solltemperatur von mindestens 19 Grad Celsius angrenzt,

7. „Elektroenergiebedarf für Nutzeranwendungen" die weiteren Elektroenergieverbräuche nach DIN V 18599-9: 2018-09[1]),
8. „Energiebedarfsausweis" ein Energieausweis, der auf der Grundlage des berechneten Energiebedarfs ausgestellt wird,
9. „Energieverbrauchsausweis" ein Energieausweis, der auf der Grundlage des erfassten Energieverbrauchs ausgestellt wird,
10. „Gebäudenutzfläche" die Nutzfläche eines Wohngebäudes nach DIN V 18599: 2018-09, die beheizt oder gekühlt wird,
11. „gekühlter Raum" ein Raum, der nach seiner Zweckbestimmung direkt oder durch Raumverbund gekühlt wird,
12. „Gesamtenergiebedarf" der nach Maßgabe dieses Gesetzes bestimmte Jahres-Primärenergiebedarf
    a) eines Wohngebäudes für Heizung, Warmwasserbereitung, Lüftung sowie Kühlung oder
    b) eines Nichtwohngebäudes für Heizung, Warmwasserbereitung, Lüftung, Kühlung sowie eingebaute Beleuchtung,
13. „Geothermie" die dem Erdboden entnommene Wärme,
14. „Heizkessel" ein aus Kessel und Brenner bestehender Wärmeerzeuger, der dazu dient, die durch die Verbrennung freigesetzte Wärme an einen Wärmeträger zu übertragen,
15. „Jahres-Primärenergiebedarf" der jährliche Gesamtenergiebedarf eines Gebäudes, der zusätzlich zum Energiegehalt der eingesetzten Energieträger und von elektrischem Strom auch die vorgelagerten Prozessketten bei der Gewinnung, Umwandlung, Speicherung und Verteilung mittels Primärenergiefaktoren einbezieht,
16. „Kälte aus erneuerbaren Energien" die dem Erdboden oder dem Wasser entnommene und technisch nutzbar gemachte oder aus Wärme nach Absatz 2 Nummer 1 bis 5 technisch nutzbar gemachte Kälte,
17. „kleines Gebäude" ein Gebäude mit nicht mehr als 50 Quadratmetern Nutzfläche,
18. „Klimaanlage" die Gesamtheit aller zu einer gebäudetechnischen Anlage gehörenden Anlagenbestandteile, die für eine Raumluftbehandlung erforderlich sind, durch die die Temperatur geregelt wird,
19. „Nah-/Fernwärme" die Wärme, die mittels eines Wärmeträgers durch ein Wärmenetz verteilt wird,
20. „Nah-/Fernkälte" die Kälte, die mittels eines Kälteträgers durch ein Kältenetz verteilt wird,
21. „Nennleistung" die vom Hersteller festgelegte und im Dauerbetrieb unter Beachtung des vom Hersteller angegebenen Wirkungsgrades als einhaltbar garantierte größte Wärme- oder Kälteleistung in Kilowatt,
22. „Nettogrundfläche" die Nutzfläche eines Nichtwohngebäudes nach DIN V 18599: 2018-09, die beheizt oder gekühlt wird,
23. „Nichtwohngebäude" ein Gebäude, das nicht unter Nummer 33 fällt,

---

[1]) **Amtlicher Hinweis:** Alle zitierten DIN-Vornormen und -Normen sind im Beuth-Verlag GmbH, Berlin, veröffentlicht und beim Deutschen Patent- und Markenamt in München archivmäßig gesichert niedergelegt.

24. „Niedertemperatur-Heizkessel" ein Heizkessel, der kontinuierlich mit einer Eintrittstemperatur von 35 Grad Celsius bis 40 Grad Celsius betrieben werden kann und in dem es unter bestimmten Umständen zur Kondensation des in den Abgasen enthaltenen Wasserdampfes kommen kann,

25. „Niedrigstenergiegebäude" ein Gebäude, das eine sehr gute Gesamtenergieeffizienz aufweist und dessen Energiebedarf sehr gering ist und, soweit möglich, zu einem ganz wesentlichen Teil durch Energie aus erneuerbaren Quellen gedeckt werden soll,

26. „Nutzfläche"
    a) bei einem Wohngebäude die Gebäudenutzfläche oder
    b) bei einem Nichtwohngebäude die Nettogrundfläche,

27. „Nutzfläche mit starkem Publikumsverkehr" die öffentlich zugängliche Nutzfläche, die während ihrer Öffnungszeiten von einer großen Zahl von Menschen aufgesucht wird; eine solche Fläche kann sich insbesondere in einer öffentlichen oder einer privaten Einrichtung befinden, die für gewerbliche, freiberufliche, kulturelle, soziale oder behördliche Zwecke genutzt wird,

28. „oberste Geschossdecke" die zugängliche Decke beheizter Räume zum unbeheizten Dachraum,

29. „Stromdirektheizung" ein Gerät zur direkten Erzeugung von Raumwärme durch Ausnutzung des elektrischen Widerstands auch in Verbindung mit Festkörper-Wärmespeichern,

30. „Umweltwärme" die der Luft, dem Wasser oder der aus technischen Prozessen und baulichen Anlagen stammenden Abwasserströmen entnommene und technisch nutzbar gemachte Wärme oder Kälte mit Ausnahme der aus technischen Prozessen und baulichen Anlagen stammenden Abluftströmen entnommenen Wärme,

31. „Wärme- und Kälteenergiebedarf" die Summe aus
    a) der zur Deckung des Wärmebedarfs für Heizung und Warmwasserbereitung jährlich benötigten Wärmemenge, einschließlich des thermischen Aufwands für Übergabe, Verteilung und Speicherung der Energiemenge und
    b) der zur Deckung des Kältebedarfs für Raumkühlung jährlich benötigten Kältemenge, einschließlich des thermischen Aufwands für Übergabe, Verteilung und Speicherung der Energiemenge,

32. „Wohnfläche" die Fläche, die nach der Wohnflächenverordnung vom 25. November 2003 (BGBl. I S. 2346) oder auf der Grundlage anderer Rechtsvorschriften oder anerkannter Regeln der Technik zur Berechnung von Wohnflächen ermittelt worden ist,

33. „Wohngebäude" ein Gebäude, das nach seiner Zweckbestimmung überwiegend dem Wohnen dient, einschließlich von Wohn-, Alten- oder Pflegeheimen sowie ähnlicher Einrichtungen,

34. „zweiseitig angebautes Wohngebäude" ein Wohngebäude, von dessen nach zwei unterschiedlichen Himmelsrichtungen weisenden vertikalen Flächen im Mittel ein Anteil von 80 Prozent oder mehr an ein anderes Wohngebäude oder ein Nichtwohngebäude mit einer Raum-Solltemperatur von mindestens 19 Grad Celsius angrenzt.

(2) Erneuerbare Energien im Sinne dieses Gesetzes ist oder sind

1. Geothermie,
2. Umweltwärme,
3. die technisch durch im unmittelbaren räumlichen Zusammenhang mit dem Gebäude stehenden Anlagen zur Erzeugung von Strom aus solarer Strahlungsenergie oder durch solarthermische Anlagen zur Wärme- oder Kälteerzeugung nutzbar gemachte Energie,
4. die technisch durch gebäudeintegrierte Windkraftanlagen zur Wärme- oder Kälteerzeugung nutzbar gemachte Energie,
5. die aus fester, flüssiger oder gasförmiger Biomasse erzeugte Wärme; die Abgrenzung erfolgt nach dem Aggregatzustand zum Zeitpunkt des Eintritts der Biomasse in den Wärmeerzeuger; oder
6. Kälte aus erneuerbaren Energien.

(3) Biomasse im Sinne von Absatz 2 Nummer 5 ist oder sind

1. Biomasse im Sinne der Biomasseverordnung[1] vom 21. Juni 2001 (BGBl. I S. 1234) in der bis zum 31. Dezember 2011 geltenden Fassung,
2. Altholz der Kategorien A I und A II nach § 2 Nummer 4 Buchstabe a und b der Altholzverordnung vom 15. August 2002 (BGBl. I S. 3302), die zuletzt durch Artikel 120 der Verordnung vom 19. Juni 2020 (BGBl. I S. 1328) geändert worden ist,
3. biologisch abbaubare Anteile von Abfällen aus Haushalten und Industrie,
4. Deponiegas,
5. Klärgas,
6. Klärschlamm im Sinne der Klärschlammverordnung vom 27. September 2017 (BGBl. I S. 3465), die zuletzt durch Artikel 137 der Verordnung vom 19. Juni 2020 (BGBl. I S. 1328) geändert worden ist, in der jeweils geltenden Fassung oder
7. Pflanzenölmethylester.

**§ 4 Vorbildfunktion der öffentlichen Hand.** (1) ¹Einem Nichtwohngebäude, das sich im Eigentum der öffentlichen Hand befindet und von einer Behörde genutzt wird, kommt eine Vorbildfunktion zu. ²§ 13 Absatz 2 des Bundes-Klimaschutzgesetzes[2] vom 12. Dezember 2019 (BGBl. I S. 2513) bleibt unberührt.

(2) Wenn die öffentliche Hand ein Nichtwohngebäude im Sinne des Absatzes 1 Satz 1 errichtet oder einer grundlegenden Renovierung gemäß § 52 Absatz 2 unterzieht, muss sie prüfen, ob und in welchem Umfang Erträge durch die Errichtung einer im unmittelbaren räumlichen Zusammenhang mit dem Gebäude stehenden Anlage zur Erzeugung von Strom aus solarer Strahlungsenergie oder durch solarthermische Anlagen zur Wärme- und Kälteerzeugung erzielt und genutzt werden können.

(3) ¹Die öffentliche Hand informiert über die Erfüllung der Vorbildfunktion im Internet oder auf sonstige geeignete Weise; dies kann im Rahmen der Information der Öffentlichkeit nach den Bestimmungen des Bundes und der Länder über den Zugang zu Umweltinformationen geschehen. ²Der Bund

---
[1] Nr. **8.2.1**.
[2] Nr. **6.6**.

berichtet über die Erfüllung der Vorbildfunktion im Klimaschutzbericht der Bundesregierung.

**§ 5 Grundsatz der Wirtschaftlichkeit.** ¹Die Anforderungen und Pflichten, die in diesem Gesetz oder in den auf Grund dieses Gesetzes erlassenen Rechtsverordnungen aufgestellt werden, müssen nach dem Stand der Technik erfüllbar sowie für Gebäude gleicher Art und Nutzung und für Anlagen oder Einrichtungen wirtschaftlich vertretbar sein. ²Anforderungen und Pflichten gelten als wirtschaftlich vertretbar, wenn generell die erforderlichen Aufwendungen innerhalb der üblichen Nutzungsdauer durch die eintretenden Einsparungen erwirtschaftet werden können. ³Bei bestehenden Gebäuden, Anlagen und Einrichtungen ist die noch zu erwartende Nutzungsdauer zu berücksichtigen.

**§ 6 Verordnungsermächtigung zur Verteilung der Betriebskosten und zu Abrechnungs- und Verbrauchsinformationen.** (1) Die Bundesregierung wird ermächtigt, durch Rechtsverordnung[1]) mit Zustimmung des Bundesrates vorzuschreiben, dass

1. der Energieverbrauch der Benutzer von heizungs-, kühl- oder raumlufttechnischen oder der Versorgung mit Warmwasser dienenden gemeinschaftlichen Anlagen oder Einrichtungen erfasst wird,
2. die Betriebskosten dieser Anlagen oder Einrichtungen so auf die Benutzer zu verteilen sind, dass dem Energieverbrauch der Benutzer Rechnung getragen wird,
3. die Benutzer in regelmäßigen, im Einzelnen zu bestimmenden Abständen auf klare und verständliche Weise Informationen erhalten über Daten, die für die Einschätzung, den Vergleich und die Steuerung des Energieverbrauchs und der Betriebskosten von heizungs-, kühl- oder raumlufttechnischen oder der Versorgung mit Warmwasser dienenden gemeinschaftlichen Anlagen oder Einrichtungen relevant sind, und über Stellen, bei denen weitergehende Informationen und Dienstleistungen zum Thema Energieeffizienz verfügbar sind,
4. die zum Zwecke der Datenverarbeitung eingesetzte Technik einem Stand der Technik entsprechen muss, der Datenschutz, Datensicherheit und Interoperabilität gewährleistet, und
5. bei einem Wechsel des Abrechnungsdienstleisters oder einer Übernahme der Abrechnung durch den Gebäudeeigentümer die für die Abrechnung notwendigen Daten dem neuen Abrechnungsdienstleister oder dem Gebäudeeigentümer zugänglich gemacht werden müssen.

(2) In der Rechtsverordnung nach Absatz 1 können die Erfassung und Kostenverteilung abweichend von Vereinbarungen der Benutzer und von Vorschriften des Wohnungseigentumsgesetzes geregelt und es kann näher bestimmt werden, wie diese Regelungen sich auf die Rechtsverhältnisse zwischen den Beteiligten auswirken.

(3) In der Rechtsverordnung nach Absatz 1 ist vorzusehen, dass auf Antrag des Verpflichteten von den Anforderungen befreit werden kann, soweit diese im Einzelfall wegen besonderer Umstände durch einen unangemessenen Aufwand oder in sonstiger Weise zu einer unbilligen Härte führen.

---

[1]) Siehe die VO über Heizkostenabrechnung idF der Bek. v. 5.10.2009 (BGBl. I S. 3250), zuletzt geänd. durch VO v. 24.11.2021 (BGBl. I S. 4964).

(4) In der Rechtsverordnung nach Absatz 1 sind die erforderlichen technischen und organisatorischen Maßnahmen nach den Artikeln 24, 25 und 32 der Verordnung (EU) 2016/679 des Europäischen Parlaments und des Rates vom 27. April 2016 zum Schutz natürlicher Personen bei der Verarbeitung personenbezogener Daten, zum freien Datenverkehr und zur Aufhebung der Richtlinie 95/46/EG (Datenschutz-Grundverordnung) (ABl. L 119 vom 4.5. 2016, S. 1; L 314 vom 22.11.2016, S. 72; L 127 vom 23.5.2018, S. 2) in der jeweils geltenden Fassung zur Sicherstellung von Datenschutz und Datensicherheit bei der Verarbeitung der für die in Absatz 1 Nummer 1 bis 4 genannten Zwecke erforderlichen personenbezogenen Daten festzulegen.

(5) Die Rechtsverordnung nach Absatz 1 hat vorzusehen, dass der Stand der Technik nach Absatz 1 Nummer 4 jeweils in Technischen Richtlinien und Schutzprofilen des Bundesamts für Sicherheit in der Informationstechnik festgelegt wird.

**§ 6a Verordnungsermächtigung zur Versorgung mit Fernkälte.** ¹Das Bundesministerium für Wirtschaft und Energie kann im Einvernehmen mit dem Bundesministerium der Justiz und für Verbraucherschutz durch Rechtsverordnung[1]) mit Zustimmung des Bundesrates die Allgemeinen Bedingungen für die Versorgung mit Fernkälte einschließlich von Rahmenregelungen über die Entgelte ausgewogen gestalten und hierbei unter angemessener Berücksichtigung der beiderseitigen Interessen

1. die Bestimmungen der Verträge einheitlich festsetzen,
2. Regelungen über den Vertragsschluss, den Gegenstand und die Beendigung der Verträge treffen sowie
3. die Rechte und Pflichten der Vertragsparteien festlegen.

²Satz 1 gilt entsprechend für Bedingungen öffentlich-rechtlich gestalteter Versorgungsverhältnisse mit Ausnahme der Regelung des Verwaltungsverfahrens.

**§ 7 Regeln der Technik.** (1) Das Bundesministerium für Wirtschaft und Energie kann gemeinsam mit dem Bundesministerium des Innern, für Bau und Heimat durch Bekanntmachung im Bundesanzeiger auf Veröffentlichungen sachverständiger Stellen über anerkannte Regeln der Technik hinweisen, soweit in diesem Gesetz auf solche Regeln Bezug genommen wird.

(2) Zu den anerkannten Regeln der Technik gehören auch Normen, technische Vorschriften oder sonstige Bestimmungen anderer Mitgliedstaaten der Europäischen Union und anderer Vertragsstaaten des Abkommens über den Europäischen Wirtschaftsraum sowie der Republik Türkei, wenn ihre Einhaltung das geforderte Schutzniveau in Bezug auf Energieeinsparung und Wärmeschutz dauerhaft gewährleistet.

(3) ¹Wenn eine Bewertung von Baustoffen, Bauteilen und Anlagen im Hinblick auf die Anforderungen dieses Gesetzes auf Grund anerkannter Regeln der Technik nicht möglich ist, weil solche Regeln nicht vorliegen oder wesentlich von ihnen abgewichen wird, sind der nach Landesrecht zuständigen Behörde die erforderlichen Nachweise für eine anderweitige Bewertung vorzulegen. ²Satz 1 ist nicht anzuwenden auf Baustoffe, Bauteile und Anlagen,

---

[1]) Siehe die Fernwärme- oder Fernkälte-Verbrauchserfassungs- und -AbrechnungsVO v. 28.9.2021 (BGBl. I S. 4591, ber. S. 4831).

1. wenn für sie die Bewertung auch im Hinblick auf die Anforderungen zur Energieeinsparung im Sinne dieses Gesetzes durch die Verordnung (EU) Nr. 305/2011 des Europäischen Parlaments und des Rates vom 9. März 2011 zur Festlegung harmonisierter Bedingungen für die Vermarktung von Bauprodukten und zur Aufhebung der Richtlinie 89/106/EWG des Rates (ABl. L 88 vom 4.4.2011, S. 5; L 103 vom 12.4.2013, S. 10; L 92 vom 8.4. 2015, S. 118), die zuletzt durch die Delegierte Verordnung (EU) Nr. 574/2014 (ABl. L 159 vom 28.5.2014, S. 41) geändert worden ist, oder durch nationale Rechtsvorschriften zur Umsetzung oder Durchführung von Rechtsvorschriften der Europäischen Union gewährleistet wird, erforderliche CE-Kennzeichnungen angebracht wurden und nach den genannten Vorschriften zulässige Klassen und Leistungsstufen nach Maßgabe landesrechtlicher Vorschriften eingehalten werden oder
2. bei denen nach bauordnungsrechtlichen Vorschriften über die Verwendung von Bauprodukten auch die Einhaltung dieses Gesetzes sichergestellt wird.

(4) Verweisen die nach diesem Gesetz anzuwendenden datierten technischen Regeln auf undatierte technische Regeln, sind diese in der Fassung anzuwenden, die dem Stand zum Zeitpunkt der Herausgabe der datierten technischen Regel entspricht.

(5) Das Bundesministerium für Wirtschaft und Energie und das Bundesministerium des Innern, für Bau und Heimat werden dem Deutschen Bundestag bis zum 31. Dezember 2022 gemeinsam einen Bericht über die Ergebnisse von Forschungsprojekten zu Methodiken zur ökobilanziellen Bewertung von Wohn- und Nichtwohngebäuden vorlegen.

**§ 8 Verantwortliche.** (1) Für die Einhaltung der Vorschriften dieses Gesetzes ist der Bauherr oder Eigentümer verantwortlich, soweit in diesem Gesetz nicht ausdrücklich ein anderer Verantwortlicher bezeichnet ist.

(2) Für die Einhaltung der Vorschriften dieses Gesetzes sind im Rahmen ihres jeweiligen Wirkungskreises auch die Personen verantwortlich, die im Auftrag des Eigentümers oder des Bauherrn bei der Errichtung oder Änderung von Gebäuden oder der Anlagentechnik in Gebäuden tätig werden.

**§ 9 Überprüfung der Anforderungen an zu errichtende und bestehende Gebäude.** (1) [1]Das Bundesministerium für Wirtschaft und Energie und das Bundesministerium des Innern, für Bau und Heimat werden die Anforderungen an zu errichtende Gebäude nach Teil 2 und die Anforderungen an bestehende Gebäude nach Teil 3 Abschnitt 1 nach Maßgabe von § 5 und unter Wahrung des Grundsatzes der Technologieoffenheit im Jahr 2023 überprüfen und nach Maßgabe der Ergebnisse der Überprüfung innerhalb von sechs Monaten nach Abschluss der Überprüfung einen Gesetzgebungsvorschlag für eine Weiterentwicklung der Anforderungen an zu errichtende und bestehende Gebäude vorlegen. [2]Die Bezahlbarkeit des Bauens und Wohnens ist ein zu beachtender wesentlicher Eckpunkt.

(2) Das Bundesministerium für Wirtschaft und Energie und das Bundesministerium des Innern, für Bau und Heimat werden unter Wahrung der Maßgaben des Absatzes 1 bis zum Jahr 2023 prüfen, auf welche Weise und in welchem Umfang synthetisch erzeugte Energieträger in flüssiger oder gasförmiger Form bei der Erfüllung der Anforderungen an zu errichtende Gebäude

nach Teil 2 und bei der Erfüllung der Anforderungen an bestehende Gebäude nach Teil 3 Abschnitt 1 Berücksichtigung finden können.

## Teil 2. Anforderungen an zu errichtende Gebäude
### Abschnitt 1. Allgemeiner Teil

**§ 10 Grundsatz und Niedrigstenergiegebäude.** (1) Wer ein Gebäude errichtet, hat dieses als Niedrigstenergiegebäude nach Maßgabe von Absatz 2 zu errichten.

(2) Das Gebäude ist so zu errichten, dass

1. der Gesamtenergiebedarf für Heizung, Warmwasserbereitung, Lüftung und Kühlung, bei Nichtwohngebäuden auch für eingebaute Beleuchtung, den jeweiligen Höchstwert nicht überschreitet, der sich nach § 15 oder § 18 ergibt,
2. Energieverluste beim Heizen und Kühlen durch baulichen Wärmeschutz nach Maßgabe von § 16 oder § 19 vermieden werden und
3. der Wärme- und Kälteenergiebedarf zumindest anteilig durch die Nutzung erneuerbarer Energien nach Maßgabe der §§ 34 bis 45 gedeckt wird.

(3) Die Anforderungen an die Errichtung von einem Gebäude nach diesem Gesetz finden keine Anwendung, soweit ihre Erfüllung anderen öffentlich-rechtlichen Vorschriften zur Standsicherheit, zum Brandschutz, zum Schallschutz, zum Arbeitsschutz oder zum Schutz der Gesundheit entgegensteht.

(4) Bei einem zu errichtenden Nichtwohngebäude ist die Anforderung nach Absatz 2 Nummer 3 nicht für Gebäudezonen mit mehr als 4 Metern Raumhöhe anzuwenden, die durch dezentrale Gebläse oder Strahlungsheizungen beheizt werden.

(5) Die Anforderung nach Absatz 2 Nummer 3 ist nicht auf ein Gebäude, das der Landesverteidigung dient, anzuwenden, soweit ihre Erfüllung der Art und dem Hauptzweck der Landesverteidigung entgegensteht.

**§ 11 Mindestwärmeschutz.** (1) Bei einem zu errichtenden Gebäude sind Bauteile, die gegen die Außenluft, das Erdreich oder gegen Gebäudeteile mit wesentlich niedrigeren Innentemperaturen abgrenzen, so auszuführen, dass die Anforderungen des Mindestwärmeschutzes nach DIN 4108-2: 2013-02 und DIN 4108-3: 2018-10 erfüllt werden.

(2) Ist bei einem zu errichtenden Gebäude bei aneinandergereihter Bebauung die Nachbarbebauung nicht gesichert, müssen die Gebäudetrennwände den Anforderungen an den Mindestwärmeschutz nach Absatz 1 genügen.

**§ 12 Wärmebrücken.** Ein Gebäude ist so zu errichten, dass der Einfluss konstruktiver Wärmebrücken auf den Jahres-Heizwärmebedarf nach den anerkannten Regeln der Technik und nach den im jeweiligen Einzelfall wirtschaftlich vertretbaren Maßnahmen so gering wie möglich gehalten wird.

**§ 13 Dichtheit.** [1] Ein Gebäude ist so zu errichten, dass die wärmeübertragende Umfassungsfläche einschließlich der Fugen dauerhaft luftundurchlässig nach den anerkannten Regeln der Technik abgedichtet ist. [2] Öffentlich-rechtliche Vorschriften über den zum Zweck der Gesundheit und Beheizung erforderlichen Mindestluftwechsel bleiben unberührt.

## § 14 Sommerlicher Wärmeschutz.

(1) [1]Ein Gebäude ist so zu errichten, dass der Sonneneintrag durch einen ausreichenden baulichen sommerlichen Wärmeschutz nach den anerkannten Regeln der Technik begrenzt wird. [2]Bei der Ermittlung eines ausreichenden sommerlichen Wärmeschutzes nach den Absätzen 2 und 3 bleiben die öffentlich-rechtlichen Vorschriften über die erforderliche Tageslichtversorgung unberührt.

(2) [1]Ein ausreichender sommerlicher Wärmeschutz nach Absatz 1 liegt vor, wenn die Anforderungen nach DIN 4108-2: 2013-02 Abschnitt 8 eingehalten werden und die rechnerisch ermittelten Werte des Sonnenenergieeintrags über transparente Bauteile in Gebäude (Sonneneintragskennwert) die in DIN 4108-2: 2013-02 Abschnitt 8.3.3 festgelegten Anforderungswerte nicht überschreiten. [2]Der Sonneneintragskennwert des zu errichtenden Gebäudes ist nach dem in DIN 4108-2: 2013-02 Abschnitt 8.3.2 genannten Verfahren zu bestimmen.

(3) Ein ausreichender sommerlicher Wärmeschutz nach Absatz 1 liegt auch vor, wenn mit einem Berechnungsverfahren nach DIN 4108-2: 2013-02 Abschnitt 8.4 (Simulationsrechnung) gezeigt werden kann, dass unter den dort genannten Randbedingungen die für den Standort des Gebäudes in DIN 4108-2: 2013-02 Abschnitt 8.4 Tabelle 9 angegebenen Übertemperatur-Gradstunden nicht überschritten werden.

(4) Wird bei Gebäuden mit Anlagen zur Kühlung die Berechnung nach Absatz 3 durchgeführt, sind bauliche Maßnahmen zum sommerlichen Wärmeschutz gemäß DIN 4108-2: 2013-02 Abschnitt 4.3 insoweit vorzusehen, wie sich die Investitionen für diese baulichen Maßnahmen innerhalb deren üblicher Nutzungsdauer durch die Einsparung von Energie zur Kühlung unter Zugrundelegung der im Gebäude installierten Anlagen zur Kühlung erwirtschaften lassen.

(5) Auf Berechnungen nach den Absätzen 2 bis 4 kann unter den Voraussetzungen des Abschnitts 8.2.2 der DIN 4108-2: 2013-02 verzichtet werden.

### Abschnitt 2. Jahres-Primärenergiebedarf und baulicher Wärmeschutz bei zu errichtenden Gebäuden

#### Unterabschnitt 1. Wohngebäude

## § 15 Gesamtenergiebedarf.

(1) Ein zu errichtendes Wohngebäude ist so zu errichten, dass der Jahres-Primärenergiebedarf für Heizung, Warmwasserbereitung, Lüftung und Kühlung das 0,75fache des auf die Gebäudenutzfläche bezogenen Wertes des Jahres-Primärenergiebedarfs eines Referenzgebäudes, das die gleiche Geometrie, Gebäudenutzfläche und Ausrichtung wie das zu errichtende Gebäude aufweist und der technischen Referenzausführung der Anlage 1 entspricht, nicht überschreitet.

(2) Der Höchstwert des Jahres-Primärenergiebedarfs eines zu errichtenden Wohngebäudes nach Absatz 1 ist nach Maßgabe des § 20, der §§ 22 bis 24, des § 25 Absatz 1 bis 3 und 10, der §§ 26 bis 29, des § 31 und des § 33 zu berechnen.

## § 16 Baulicher Wärmeschutz.

Ein zu errichtendes Wohngebäude ist so zu errichten, dass der Höchstwert des spezifischen, auf die wärmeübertragende Umfassungsfläche bezogenen Transmissionswärmeverlusts das 1,0fache des entsprechenden Wertes des jeweiligen Referenzgebäudes nach § 15 Absatz 1 nicht überschreitet.

Gebäudeenergiegesetz **§§ 17–20 GEG 8.1**

**§ 17 Aneinandergereihte Bebauung.** [1] Werden aneinandergereihte Wohngebäude gleichzeitig errichtet, dürfen sie hinsichtlich der Anforderungen der §§ 12, 14, 15 und 16 wie ein Gebäude behandelt werden. [2] Die Vorschriften des Teiles 5 bleiben unberührt.

### Unterabschnitt 2. Nichtwohngebäude

**§ 18 Gesamtenergiebedarf.** (1) [1] Ein zu errichtendes Nichtwohngebäude ist so zu errichten, dass der Jahres-Primärenergiebedarf für Heizung, Warmwasserbereitung, Lüftung, Kühlung und eingebaute Beleuchtung das 0,75fache des auf die Nettogrundfläche bezogenen Wertes des Jahres-Primärenergiebedarfs eines Referenzgebäudes, das die gleiche Geometrie, Nettogrundfläche, Ausrichtung und Nutzung, einschließlich der Anordnung der Nutzungseinheiten, wie das zu errichtende Gebäude aufweist und der technischen Referenzausführung der Anlage 2 entspricht, nicht überschreitet. [2] Die technische Referenzausführung in der Anlage 2 Nummer 1.13 bis 9 ist nur insoweit zu berücksichtigen, wie eines der dort genannten Systeme in dem zu errichtenden Gebäude ausgeführt wird.

(2) Der Höchstwert des Jahres-Primärenergiebedarfs nach Absatz 1 eines zu errichtenden Nichtwohngebäudes ist nach Maßgabe der §§ 21 bis 24, des § 25 Absatz 1, 2 und 4 bis 8, der §§ 26 und 27, des § 30 und der §§ 32 und 33 zu berechnen.

(3) [1] Wird ein zu errichtendes Nichtwohngebäude für die Berechnung des Jahres-Primärenergiebedarfs nach unterschiedlichen Nutzungen unterteilt und kommt für die unterschiedlichen Nutzungen jeweils das Berechnungsverfahren nach § 21 Absatz 1 und 2 mit deren jeweiligen Randbedingungen zur Anwendung, muss die Unterteilung hinsichtlich der Nutzung sowie der verwendeten Berechnungsverfahren und Randbedingungen beim Referenzgebäude mit der des zu errichtenden Gebäudes übereinstimmen. [2] Bei der Unterteilung hinsichtlich der anlagentechnischen Ausstattung und der Tageslichtversorgung sind Unterschiede zulässig, die durch die technische Ausführung des zu errichtenden Gebäudes bedingt sind.

**§ 19 Baulicher Wärmeschutz.** Ein zu errichtendes Nichtwohngebäude ist so zu errichten, dass die Höchstwerte der mittleren Wärmedurchgangskoeffizienten der wärmeübertragenden Umfassungsfläche der Anlage 3 nicht überschritten werden.

### Abschnitt 3. Berechnungsgrundlagen und verfahren

**§ 20 Berechnung des Jahres-Primärenergiebedarfs eines Wohngebäudes.** (1) Für das zu errichtende Wohngebäude und das Referenzgebäude ist der Jahres-Primärenergiebedarf nach DIN V 18599: 2018-09 zu ermitteln.

(2) [1] Bis zum 31. Dezember 2023 kann für das zu errichtende Wohngebäude und das Referenzgebäude der Jahres-Primärenergiebedarf auch nach DIN V 4108-6: 2003-06, geändert durch DIN V 4108-6 Berichtigung 1: 2004-03, in Verbindung mit DIN V 4701-10: 2003-08 ermittelt werden, wenn das Gebäude nicht gekühlt wird. [2] Der in diesem Rechengang zu bestimmende Jahres-Heizwärmebedarf ist nach dem Monatsbilanzverfahren nach DIN V 4108-6: 2003-06, geändert durch DIN V 4108-6 Berichtigung 1: 2004-03, mit den dort in Anhang D.3 genannten Randbedingungen zu ermitteln. [3] Als Referenz-

klima ist abweichend von DIN V 4108-6: 2003-06, geändert durch DIN V 4108-6 Berichtigung 1: 2004-03, das Klima nach DIN V 18599-10: 2018-09 Anhang E zu verwenden. [4]Der Nutzwärmebedarf für die Warmwasserbereitung nach DIN V 4701-10: 2003-08 ist mit 12,5 Kilowattstunden je Quadratmeter Gebäudenutzfläche und Jahr anzusetzen. [5]Zur Berücksichtigung von Lüftungsanlagen mit Wärmerückgewinnung sind die methodischen Hinweise in DIN V 4701-10: 2003-08 Abschnitt 4.1 zu beachten.

(3) Die Berechnungen sind für das zu errichtende Gebäude und das Referenzgebäude mit demselben Verfahren durchzuführen.

(4) Abweichend von DIN V 18599-1: 2018-09 sind bei der Berechnung des Endenergiebedarfs diejenigen Anteile nicht zu berücksichtigen, die durch in unmittelbarem räumlichen Zusammenhang zum Gebäude gewonnene solare Strahlungsenergie sowie Umweltwärme gedeckt werden.

(5) Abweichend von DIN V 18599-1: 2018-09 ist bei der Berechnung des Primärenergiebedarfs der Endenergiebedarf für elektrische Nutzeranwendungen in der Bilanzierung nicht zu berücksichtigen.

(6) Werden in den Berechnungen nach den Absätzen 1 und 2 Wärmedurchgangskoeffizienten berechnet, sind folgende Berechnungsverfahren anzuwenden:

1. DIN V 18599-2: 2018-09 Abschnitt 6.1.4.3 für die Berechnung der an Erdreich grenzenden Bauteile,
2. DIN 4108-4: 2017-03 in Verbindung mit DIN EN ISO 6946: 2008-04 für die Berechnung opaker Bauteile und
3. DIN 4108-4: 2017-03 für die Berechnung transparenter Bauteile sowie von Vorhangfassaden.

**§ 21 Berechnung des Jahres-Primärenergiebedarfs eines Nichtwohngebäudes.** (1) Für das zu errichtende Nichtwohngebäude und das Referenzgebäude ist der Jahres-Primärenergiebedarf nach DIN V 18599: 2018-09 zu ermitteln.

(2) [1]Soweit sich bei einem Nichtwohngebäude Flächen hinsichtlich ihrer Nutzung, ihrer technischen Ausstattung, ihrer inneren Lasten oder ihrer Versorgung mit Tageslicht wesentlich unterscheiden, ist das Gebäude nach Maßgabe der DIN V 18599: 2018-09 in Verbindung mit § 18 Absatz 3 für die Berechnung nach Absatz 1 in Zonen zu unterteilen. [2]Die Vereinfachungen zur Zonierung, zur pauschalierten Zuweisung der Eigenschaften der Hüllfläche und zur Ermittlung von tageslichtversorgten Bereichen gemäß DIN V 18599-1: 2018-09 Anhang D dürfen nach Maßgabe der dort angegebenen Bedingungen auch für zu errichtende Nichtwohngebäude verwendet werden.

(3) [1]Für Nutzungen, die nicht in DIN V 18599-10: 2018-09 aufgeführt sind, kann

1. die Nutzung 17 der Tabelle 5 in DIN V 18599-10: 2018-09 verwendet werden oder
2. eine Nutzung auf der Grundlage der DIN V 18599-10: 2018-09 unter Anwendung gesicherten allgemeinen Wissensstands individuell bestimmt und verwendet werden.

[2]Steht bei der Errichtung eines Nichtwohngebäudes die Nutzung einer Zone noch nicht fest, ist nach Satz 1 Nummer 1 zu verfahren. [3]In den Fällen des

Satzes 1 Nummer 2 ist die individuell bestimmte Nutzung zu begründen und den Berechnungen beizufügen. ⁴Wird bei der Errichtung eines Nichtwohngebäudes in einer Zone keine Beleuchtungsanlage eingebaut, ist eine direktindirekte Beleuchtung mit stabförmigen Leuchtstofflampen mit einem Durchmesser von 16 Millimetern und mit einem elektronischen Vorschaltgerät anzunehmen.

(4) § 20 Absatz 3 bis 6 ist entsprechend anzuwenden.

**§ 22 Primärenergiefaktoren.** (1) ¹Zur Ermittlung des Jahres-Primärenergiebedarfs nach § 20 Absatz 1 oder Absatz 2 und nach § 21 Absatz 1 und 2 sind als Primärenergiefaktoren die Werte für den nicht erneuerbaren Anteil der Anlage 4 mit folgenden Maßgaben zu verwenden:

1. für flüssige oder gasförmige Biomasse kann abweichend von Anlage 4 Nummer 6 und 7 für den nicht erneuerbaren Anteil der Wert 0,3 verwendet werden,

   a) wenn die flüssige oder gasförmige Biomasse im unmittelbaren räumlichen Zusammenhang mit dem Gebäude oder mit mehreren Gebäuden, die im räumlichen Zusammenhang stehen, erzeugt wird und

   b) diese Gebäude unmittelbar mit der flüssigen oder gasförmigen Biomasse versorgt werden; mehrere Gebäude müssen gemeinsam versorgt werden,

2. für gasförmige Biomasse, die aufbereitet und in das Erdgasnetz eingespeist worden ist (Biomethan) und in zu errichtenden Gebäuden eingesetzt wird, kann abweichend von Anlage 4 Nummer 6 für den nicht erneuerbaren Anteil

   a) der Wert 0,7 verwendet werden, wenn die Nutzung des Biomethans in einem Brennwertkessel erfolgt, oder

   b) der Wert 0,5 verwendet werden, wenn die Nutzung des Biomethans in einer hocheffizienten KWK-Anlage im Sinne des § 2 Nummer 8a des Kraft-Wärme-Kopplungsgesetzes vom 21. Dezember 2015 (BGBl. I S. 2498), das zuletzt durch Artikel 266 der Verordnung vom 19. Juni 2020 (BGBl. I S. 1328) geändert worden ist, erfolgt, und wenn

   c) bei der Aufbereitung und Einspeisung des Biomethans die Voraussetzungen nach Anlage 1 Nummer 1 Buchstabe a bis c des Erneuerbare-Energien-Gesetzes[1]) vom 25. Oktober 2008 (BGBl. I S. 2074) in der am 31. Juli 2014 geltenden Fassung erfüllt worden sind, und

   d) die Menge des entnommenen Biomethans im Wärmeäquivalent am Ende eines Kalenderjahres der Menge von Gas aus Biomasse entspricht, das an anderer Stelle in das Gasnetz eingespeist worden ist, und Massenbilanzsysteme für den gesamten Transport und Vertrieb des Biomethans von seiner Herstellung über seine Einspeisung in das Erdgasnetz und seinen Transport im Erdgasnetz bis zu seiner Entnahme aus dem Erdgasnetz verwendet worden sind,

3. für gasförmige Biomasse, die unter Druck verflüssigt worden ist (biogenes Flüssiggas) und in zu errichtenden Gebäuden eingesetzt wird, kann abweichend von Anlage 4 Nummer 6 für den nicht erneuerbaren Anteil

   a) der Wert 0,7 verwendet werden, wenn die Nutzung des biogenen Flüssiggases in einem Brennwertkessel erfolgt, oder

---

¹⁾ Nr. **8.2**.

b) der Wert 0,5 verwendet werden, wenn die Nutzung des biogenen Flüssiggases in einer hocheffizienten KWK-Anlage im Sinne des § 2 Nummer 8a des Kraft-Wärme-Kopplungsgesetzes erfolgt, und wenn

c) die Menge des entnommenen Gases am Ende eines Kalenderjahres der Menge von Gas aus Biomasse entspricht, das an anderer Stelle hergestellt worden ist, und Massenbilanzsysteme für den gesamten Transport und Vertrieb des biogenen Flüssiggases von seiner Herstellung über seine Zwischenlagerung und seinen Transport bis zu seiner Einlagerung in den Verbrauchstank verwendet worden sind,

4. für die Versorgung eines neu zu errichtenden Gebäudes mit aus Erdgas oder Flüssiggas erzeugter Wärme darf abweichend von Anlage 4 Nummer 15 für die in einer hocheffizienten KWK-Anlage im Sinne des § 2 Nummer 8a des Kraft-Wärme-Kopplungsgesetzes erzeugte Wärme für den nicht erneuerbaren Anteil der Wert 0,6 verwendet werden, wenn

a) die Wärmerzeugungsanlage das zu errichtende Gebäude und ein oder mehrere bestehende Gebäude, die mit dem zu errichtenden Gebäude in einem räumlichen Zusammenhang stehen, dauerhaft mit Wärme versorgt und

b) vorhandene mit fossilen Brennstoffen beschickte Heizkessel des oder der mitversorgten bestehenden Gebäude außer Betrieb genommen werden.

²Durch eine Maßnahme nach Satz 1 Nummer 4 darf die Wärmeversorgung des oder der mitversorgten bestehenden Gebäude nicht in der Weise verändert werden, dass die energetische Qualität dieses oder dieser Gebäude verschlechtert wird.

(2) ¹Wird ein zu errichtendes Gebäude mit Fernwärme versorgt, kann zur Ermittlung des Jahres-Primärenergiebedarfs nach § 20 Absatz 1 oder Absatz 2 und nach § 21 Absatz 1 und 2 als Primärenergiefaktor der Wert für den nicht erneuerbaren Anteil nach Maßgabe der Sätze 2 und 3 sowie von Absatz 3 verwendet werden, den das Fernwärmeversorgungsunternehmen für den Wärmeträger in dem Wärmenetz, an das das Gebäude angeschlossen wird, ermittelt und veröffentlicht hat. ²Der ermittelte und veröffentlichte Wert nach Satz 1 kann verwendet werden, wenn das Fernwärmeversorgungsunternehmen zur Ermittlung des Primärenergiefaktors die zur Erzeugung und Verteilung der Wärme in einem Wärmenetz eingesetzten Brennstoffe und Strom, einschließlich Hilfsenergien, ermittelt, mit den Primärenergiefaktoren der Anlage 4 gewichtet und auf die abgegebene Wärmemenge bezogen sowie die Anwendung dieses Berechnungsverfahrens in der Veröffentlichung angegeben hat. ³Wird in einem Wärmenetz Wärme genutzt, die in einer KWK-Anlage erzeugt wird, kann der ermittelte und veröffentlichte Wert nach Satz 1 verwendet werden, wenn das Fernwärmeversorgungsunternehmen zur Ermittlung des Primärenergiefaktors der Wärme aus der KWK-Anlage das Berechnungsverfahren nach DIN V 18599-1: 2018-09 Anhang A Abschnitt A.4 mit den Primärenergiefaktoren der Anlage 4 angewendet und die Anwendung dieser Methode in der Veröffentlichung angegeben hat.

(3) ¹Liegt der ermittelte und veröffentlichte Wert des Primärenergiefaktors eines Wärmenetzes unter einem Wert von 0,3, ist als Primärenergiefaktor der Wert von 0,3 zu verwenden. ²Abweichend von Satz 1 darf ein ermittelter und veröffentlichter Wert, der unter 0,3 liegt, verwendet werden, wenn der Wert von 0,3 um den Wert von 0,001 für jeden Prozentpunkt des aus erneuerbaren

Gebäudeenergiegesetz § 23 GEG 8.1

Energien oder aus Abwärme erzeugten Anteils der in einem Wärmenetz genutzten Wärme verringert wird und das Fernwärmeversorgungsunternehmen dies in der Veröffentlichung angegeben hat.

(4) Hat das Fernwärmeversorgungsunternehmen den Primärenergiefaktor für den Wärmeträger in dem Wärmenetz, an das das zu errichtende Gebäude angeschlossen wird, nicht ermittelt und veröffentlicht, kann als Primärenergiefaktor der Wert für den nicht erneuerbaren Anteil verwendet werden, der in den nach § 20 Absatz 1 oder Absatz 2 und nach § 21 Absatz 1 und 2 zur Ermittlung des Jahres-Primärenergiebedarfs zu verwendenden Berechnungsverfahren für die genutzte Fernwärme aufgeführt ist.

(5) ¹Das Bundesministerium für Wirtschaft und Energie wird gemeinsam mit dem Bundesministerium des Innern, für Bau und Heimat das Berechnungsverfahren zur Ermittlung der Primärenergiefaktoren von Wärmenetzen, in denen Wärme genutzt wird, die in KWK-Anlagen erzeugt wird, überprüfen. ²Dabei wird unter Beachtung des Grundsatzes der Wirtschaftlichkeit die Umstellung des Berechnungsverfahrens auf ein Verfahren zur Ermittlung des Brennstoffanteils für die Wärmeerzeugung untersucht, das der in DIN EN 15316-4-5: 2017-09 Abschnitt 6.2.2.1.6.3 beschriebenen Methode entspricht. ³In die Untersuchung wird die Ermittlung eines Faktors einbezogen, mit dem der Anteil bestehender Gebäude an den an ein Fernwärmenetz angeschlossenen Gebäuden berücksichtigt wird. ⁴Das Bundesministerium für Wirtschaft und Energie hat gemeinsam mit dem Bundesministerium des Innern, für Bau und Heimat dem Deutschen Bundestag bis zum 31. Dezember 2025 einen Bericht über das Ergebnis der Überprüfung vorzulegen. ⁵Der Bericht enthält einen Vorschlag für eine gesetzliche Regelung zur Umstellung des Berechnungsverfahrens ab dem Jahr 2030.

**§ 23 Anrechnung von Strom aus erneuerbaren Energien.** (1) Strom aus erneuerbaren Energien, der in einem zu errichtenden Gebäude eingesetzt wird, darf bei der Ermittlung des Jahres-Primärenergiebedarfs des zu errichtenden Gebäudes nach § 20 Absatz 1 oder Absatz 2 und nach § 21 Absatz 1 und 2 nach Maßgabe der Absätze 2 bis 4 in Abzug gebracht werden, soweit er

1. im unmittelbaren räumlichen Zusammenhang zu dem Gebäude erzeugt wird und

2. vorrangig in dem Gebäude unmittelbar nach Erzeugung oder nach vorübergehender Speicherung selbst genutzt und nur die überschüssige Strommenge in das öffentliche Netz eingespeist wird.

(2) ¹Bei der Ermittlung des Jahres-Primärenergiebedarfs des zu errichtenden Wohngebäudes dürfen vom Ausgangswert in Abzug gebracht werden:

1. für eine Anlage zur Erzeugung von Strom aus erneuerbaren Energien ohne Nutzung eines elektrochemischen Speichers 150 Kilowattstunden je Kilowatt installierter Nennleistung und ab einer Anlagengröße mit einer Nennleistung in Kilowatt in Höhe des 0,03fachen der Gebäudenutzfläche geteilt durch die Anzahl der beheizten oder gekühlten Geschosse nach DIN V 18599-1: 2018-09 zuzüglich das 0,7fache des jährlichen absoluten elektrischen Endenergiebedarfs der Anlagentechnik, jedoch insgesamt höchstens 30 Prozent des Jahres-Primärenergiebedarfs des Referenzgebäudes nach § 15 Absatz 1, und

2. für eine Anlage zur Erzeugung von Strom aus erneuerbaren Energien mit Nutzung eines elektrochemischen Speichers von mindestens 1 Kilowattstunde Nennkapazität je Kilowatt installierter Nennleistung der Erzeugungsanlage 200 Kilowattstunden je Kilowatt installierter Nennleistung und ab einer Anlagengröße mit einer Nennleistung in Kilowatt in Höhe des 0,03fachen der Gebäudenutzfläche geteilt durch die Anzahl der beheizten oder gekühlten Geschosse nach DIN V 18599-1: 2018-09 zuzüglich das 1,0fache des jährlichen absoluten elektrischen Endenergiebedarfs der Anlagentechnik, jedoch insgesamt höchstens 45 Prozent des Jahres-Primärenergiebedarfs des Referenzgebäudes nach § 15 Absatz 1.

² Als Ausgangswert ist der Jahres-Primärenergiebedarf nach § 20 Absatz 1 oder Absatz 2 zu verwenden, der sich ohne Anrechnung des Stroms aus erneuerbaren Energien nach Absatz 1 ergibt.

(3) ¹ Bei der Ermittlung des Jahres-Primärenergiebedarfs des zu errichtenden Nichtwohngebäudes dürfen vom Ausgangswert in Abzug gebracht werden:

1. für eine Anlage zur Erzeugung von Strom aus erneuerbaren Energien ohne Nutzung eines elektrochemischen Speichers 150 Kilowattstunden je Kilowatt installierter Nennleistung und ab einer Anlagengröße von 0,01 Kilowatt Nennleistung je Quadratmeter Nettogrundfläche zuzüglich das 0,7fache des jährlichen absoluten elektrischen Endenergiebedarfs der Anlagentechnik, jedoch insgesamt höchstens 30 Prozent des Jahres-Primärenergiebedarfs des Referenzgebäudes nach § 18 Absatz 1 und gleichzeitig insgesamt höchstens das 1,8fache des bilanzierten endenergetischen Jahresertrags der Anlage, und

2. für eine Anlage zur Erzeugung von Strom aus erneuerbaren Energien mit Nutzung eines elektrochemischen Speichers von mindestens 1 Kilowattstunde Nennkapazität je Kilowatt installierter Nennleistung der Erzeugungsanlage 200 Kilowattstunden je Kilowatt installierter Nennleistung und ab einer Anlagengröße von 0,01 Kilowatt Nennleistung je Quadratmeter Nettogrundfläche zuzüglich das 1,0fache des jährlichen absoluten elektrischen Endenergiebedarfs der Anlagentechnik, jedoch insgesamt höchstens 45 Prozent des Jahres-Primärenergiebedarfs des Referenzgebäudes nach § 18 Absatz 1 und gleichzeitig insgesamt höchstens das 1,8fache des bilanzierten endenergetischen Jahresertrags der Anlage.

² Als Ausgangswert ist der Jahres-Primärenergiebedarf nach § 21 Absatz 1 und 2 zu verwenden, der sich ohne Anrechnung des Stroms aus erneuerbaren Energien nach Absatz 1 ergibt.

(4) ¹ Wenn in einem zu errichtenden Gebäude Strom aus erneuerbaren Energien für Stromdirektheizungen genutzt wird oder in einem zu errichtenden Nichtwohngebäude die Nutzung von Strom für Lüftung, Kühlung, Beleuchtung und Warmwasserversorgung die Energienutzung für die Beheizung überwiegt, ist abweichend von den Absätzen 2 und 3 der monatliche Ertrag der Anlage zur Erzeugung von Strom aus erneuerbaren Energien dem tatsächlichen Strombedarf gegenüberzustellen. ² Für die Berechnung ist der monatliche Ertrag nach DIN V 18599-9: 2018-09 zu bestimmen. ³ Bei Anlagen zur Erzeugung von Strom aus solarer Strahlungsenergie sind die monatlichen Stromerträge unter Verwendung der mittleren monatlichen Strahlungsintensitäten der Referenzklimazone Potsdam nach DIN V 18599-10: 2018-09 Anhang E sowie der Standardwerte zur Ermittlung der Nennleistung des Photovoltaikmoduls nach DIN V 18599-9: 2018-09 Anhang B zu ermitteln.

**§ 24 Einfluss von Wärmebrücken.** [1] Unbeschadet der Regelung in § 12 ist der verbleibende Einfluss von Wärmebrücken bei der Ermittlung des Jahres-Primärenergiebedarfs nach § 20 Absatz 1 oder Absatz 2 und nach § 21 Absatz 1 und 2 nach einer der in DIN V 18599-2: 2018-09 oder bis zum 31. Dezember 2023 auch in DIN V 4108-6: 2003-06, geändert durch DIN V 4108-6 Berichtigung 1: 2004-03 genannten Vorgehensweisen zu berücksichtigen. [2] Soweit dabei Gleichwertigkeitsnachweise zu führen sind, ist dies für solche Wärmebrücken nicht erforderlich, bei denen die angrenzenden Bauteile kleinere Wärmedurchgangskoeffizienten aufweisen als in den Musterlösungen der DIN 4108 Beiblatt 2: 2019-06 zugrunde gelegt sind. [3] Wärmebrückenzuschläge mit Überprüfung und Einhaltung der Gleichwertigkeit nach DIN V 18599-2: 2018-09 oder DIN V 4108-6: 2003-06, geändert durch DIN V 4108-6 Berichtigung 1: 2004-03 sind nach DIN 4108 Beiblatt 2: 2019-06 zu ermitteln. [4] Abweichend von DIN V 4108-6: 2003-06, geändert durch DIN V 4108-6 Berichtigung 1: 2004-03 kann bei Nachweis der Gleichwertigkeit nach DIN 4108 Beiblatt 2: 2019-06 der pauschale Wärmebrückenzuschlag nach Kategorie A oder Kategorie B verwendet werden.

**§ 25 Berechnungsrandbedingungen.** (1) [1] Bei den Berechnungen für die Ermittlung des Jahres-Primärenergiebedarfs nach § 20 Absatz 1 oder Absatz 2 und nach § 21 Absatz 1 und 2 ist für das zu errichtende Gebäude eine Ausstattung mit einem System für die Gebäudeautomation der Klasse C nach DIN V 18599-11: 2018-09 zugrunde zu legen. [2] Eine Gebäudeautomation der Klassen A oder B nach DIN V 18599-11: 2018-09 kann zugrunde gelegt werden, wenn das zu errichtende Gebäude mit einem System einer dieser Klassen ausgestattet ist.

(2) Bei den Berechnungen für die Ermittlung des Jahres-Primärenergiebedarfs nach § 20 Absatz 1 oder Absatz 2 und nach § 21 Absatz 1 und 2 ist für das zu errichtende Gebäude und das Referenzgebäude ein Verschattungsfaktor von 0,9 zugrunde zu legen, soweit die baulichen Bedingungen nicht detailliert berücksichtigt werden.

(3) Bei den Berechnungen für die Ermittlung des Jahres-Primärenergiebedarfs nach § 20 Absatz 1 sind für den Anteil mitbeheizter Flächen für das zu errichtende Wohngebäude und das Referenzgebäude die Standardwerte nach DIN V 18599: 2018-09 Tabelle 4 zu verwenden.

(4) Bei den Berechnungen für die Ermittlung des Jahres-Primärenergiebedarfs nach § 21 Absatz 1 und 2 sind für das zu errichtende Nichtwohngebäude die in DIN V 18599-10: 2018-09 Tabelle 5 bis 9 aufgeführten Nutzungsrandbedingungen und Klimadaten zu verwenden; bei der Berechnung des Referenzgebäudes müssen die in DIN V 18599-10: 2018-09 Tabelle 5 enthaltenen Werte angesetzt werden.

(5) Bei den Berechnungen für die Ermittlung des Jahres-Primärenergiebedarfs nach § 21 Absatz 1 und 2 sind für das zu errichtende Nichtwohngebäude und das Referenzgebäude bei Heizsystemen in Raumhöhen von 4 Metern oder weniger ein Absenkbetrieb gemäß DIN V 18599-2: 2018-09 Gleichung 29 und bei Heizsystemen in Raumhöhen von mehr als 4 Metern ein Abschaltbetrieb gemäß DIN V 18599-2: 2018-09 Gleichung 30 zugrunde zu legen, jeweils mit einer Dauer gemäß den Nutzungsrandbedingungen in DIN V 18599-10: 2018-09 Tabelle 5.

(6) Bei den Berechnungen für die Ermittlung des Jahres-Primärenergiebedarfs nach § 21 Absatz 1 und 2 ist für das zu errichtende Nichtwohngebäude und das Referenzgebäude ein Verbauungsindex von 0,9 zugrunde zu legen, soweit die Verbauung nicht genau nach DIN V 18599-4: 2018-09 Abschnitt 5.5.2 ermittelt wird.

(7) Bei den Berechnungen für die Ermittlung des Jahres-Primärenergiebedarfs nach § 21 Absatz 1 und 2 ist für das zu errichtende Nichtwohngebäude und das Referenzgebäude der Wartungsfaktor in den Zonen der Nutzungen 14, 15 und 22 nach DIN V 18599-10: 2018-09 Tabelle 5 mit 0,6 und im Übrigen mit 0,8 anzusetzen.

(8) [1] Bei den Berechnungen für die Ermittlung des Jahres-Primärenergiebedarfs nach § 21 Absatz 1 und 2 darf abweichend von DIN V 18599-10: 2018-09 für das zu errichtende Nichtwohngebäude und das Referenzgebäude bei Zonen der DIN V 18599-10: 2018-09 Tabelle 5 Nutzung 6 und 7 die tatsächliche Beleuchtungsstärke angesetzt werden, jedoch bei Zonen der Nutzung 6 nicht mehr als 1 500 Lux und bei Zonen der Nutzung 7 nicht mehr als 1 000 Lux. [2] Beim Referenzgebäude ist der Primärenergiebedarf für die Beleuchtung mit dem Tabellenverfahren nach DIN V 18599-4: 2018-09 zu berechnen.

(9) [1] Für die Ermittlung des Höchstwerts des Transmissionswärmeverlusts nach § 16 ist die wärmeübertragende Umfassungsfläche eines Wohngebäudes in Quadratmetern nach den in DIN V 18599-1: 2018-09 Abschnitt 8 angegebenen Bemaßungsregeln so festzulegen, dass sie mindestens alle beheizten und gekühlten Räume einschließt. [2] Für alle umschlossenen Räume sind dabei die gleichen Bedingungen anzunehmen, die bei der Berechnung nach § 20 Absatz 1 oder Absatz 2 in Verbindung mit § 20 Absatz 3 und 4, § 22 und den Absätzen 1 bis 3 zugrunde zu legen sind.

(10) [1] Das beheizte Gebäudevolumen eines Wohngebäudes in Kubikmetern ist das Volumen, das von der nach Absatz 9 ermittelten wärmeübertragenden Umfassungsfläche umschlossen wird. [2] Die Gebäudenutzfläche eines Wohngebäudes ist nach DIN V 18599-1: 2018-09 Gleichung 30 zu ermitteln. [3] Abweichend von Satz 1 ist die Gebäudenutzfläche nach DIN V 18599-1: 2018-09 Gleichung 31 zu ermitteln, wenn die durchschnittliche Geschosshöhe eines Wohngebäudes, gemessen von der Oberfläche des Fußbodens zur Oberfläche des Fußbodens des darüber liegenden Geschosses, mehr als 3 Meter oder weniger als 2,5 Meter beträgt.

(11) Abweichend von DIN V 18599-10: 2018-09 sind die Zonen nach DIN V 18599-10: 2018-09 Tabelle 5 Nutzung 32 und 33 als unbeheizt und ungekühlt anzunehmen und damit nicht Gegenstand von Berechnungen und Anforderungen nach diesem Gesetz.

**§ 26 Prüfung der Dichtheit eines Gebäudes.** (1) [1] Wird die Luftdichtheit eines zu errichtenden Gebäudes vor seiner Fertigstellung nach DIN EN ISO 9972: 2018-12 Anhang NA überprüft, darf die gemessene Netto-Luftwechselrate bei der Ermittlung des Jahres-Primärenergiebedarfs nach § 20 Absatz 1 oder Absatz 2 und nach § 21 Absatz 1 und 2 nach Maßgabe der Absätze 2 bis 5 als Luftwechselrate in Ansatz gebracht werden. [2] Bei der Überprüfung der Luftdichtheit sind die Messungen nach den Absätzen 2 bis 5 sowohl mit Über- als auch mit Unterdruck durchzuführen. [3] Die genannten Höchstwerte sind für beide Fälle einzuhalten.

(2) Der bei einer Bezugsdruckdifferenz von 50 Pascal gemessene Volumenstrom in Kubikmeter pro Stunde darf

1. ohne raumlufttechnische Anlagen höchstens das 3fache des beheizten oder gekühlten Luftvolumens des Gebäudes in Kubikmetern betragen und
2. mit raumlufttechnischen Anlagen höchstens das 1,5fache des beheizten oder gekühlten Luftvolumens des Gebäudes in Kubikmetern betragen.

(3) Abweichend von Absatz 2 darf bei Gebäuden mit einem beheizten oder gekühlten Luftvolumen von über 1 500 Kubikmetern der bei einer Bezugsdruckdifferenz von 50 Pascal gemessene Volumenstrom in Kubikmeter pro Stunde

1. ohne raumlufttechnische Anlagen höchstens das 4,5fache der Hüllfläche des Gebäudes in Quadratmetern betragen und
2. mit raumlufttechnischen Anlagen höchstens das 2,5fache der Hüllfläche des Gebäudes in Quadratmetern betragen.

(4) Wird bei Nichtwohngebäuden die Dichtheit lediglich für bestimmte Zonen berücksichtigt oder ergeben sich für einzelne Zonen aus den Absätzen 2 und 3 unterschiedliche Anforderungen, so kann der Nachweis der Dichtheit für diese Zonen getrennt durchgeführt werden.

(5) Besteht ein Gebäude aus gleichartigen, nur von außen erschlossenen Nutzeinheiten, so darf die Messung nach Absatz 1 nach Maßgabe von DIN EN ISO 9972: 2018-12 Anhang NB auf eine Stichprobe dieser Nutzeinheiten begrenzt werden.

**§ 27 Gemeinsame Heizungsanlage für mehrere Gebäude.** [1] Wird ein zu errichtendes Gebäude mit Wärme aus einer Heizungsanlage versorgt, aus der auch andere Gebäude oder Teile davon Wärme beziehen, ist es abweichend von DIN V 18599: 2018-09 und bis zum 31. Dezember 2023 auch von DIN V 4701-10: 2003-08 zulässig, bei der Ermittlung des Jahres-Primärenergiebedarfs des zu errichtenden Gebäudes eigene zentrale Einrichtungen der Wärmeerzeugung, Wärmespeicherung oder Warmwasserbereitung anzunehmen, die hinsichtlich ihrer Bauart, ihres Baualters und ihrer Betriebsweise den gemeinsam genutzten Einrichtungen entsprechen, hinsichtlich ihrer Größe und Leistung jedoch nur auf das zu berechnende Gebäude ausgelegt sind. [2] Soweit dabei zusätzliche Wärmeverteil- und Warmwasserleitungen zur Verbindung der versorgten Gebäude verlegt werden, sind deren Wärmeverluste anteilig zu berücksichtigen.

**§ 28 Anrechnung mechanisch betriebener Lüftungsanlagen.** (1) Im Rahmen der Berechnung nach § 20 Absatz 1 oder Absatz 2 ist bei mechanischen Lüftungsanlagen die Anrechnung der Wärmerückgewinnung oder einer regelungstechnisch verminderten Luftwechselrate nur zulässig, wenn

1. die Dichtheit des Gebäudes nach § 13 in Verbindung mit § 26 nachgewiesen wird,
2. die Lüftungsanlage mit Einrichtungen ausgestattet ist, die eine Beeinflussung der Luftvolumenströme jeder Nutzeinheit durch den Nutzer erlauben und
3. sichergestellt ist, dass die aus der Abluft gewonnene Wärme vorrangig vor der vom Heizsystem bereitgestellten Wärme genutzt wird.

(2) Die bei der Anrechnung der Wärmerückgewinnung anzusetzenden Kennwerte der Lüftungsanlage sind nach den anerkannten Regeln der Technik zu bestimmen oder den allgemeinen bauaufsichtlichen Zulassungen der verwendeten Produkte zu entnehmen.

(3) Auf ein Wohngebäude mit nicht mehr als zwei Wohnungen, von denen eine nicht mehr als 50 Quadratmeter Gebäudenutzfläche hat, ist Absatz 1 Nummer 2 nicht anzuwenden.

**§ 29 Berechnung des Jahres-Primärenergiebedarfs und des Transmissionswärmeverlustes bei aneinandergereihter Bebauung von Wohngebäuden.** (1) Bei der Berechnung des Jahres-Primärenergiebedarfs nach § 20 und des Transmissionswärmeverlustes von aneinandergereihten Wohngebäuden werden Gebäudetrennwände zwischen

1. Gebäuden, die nach ihrem Verwendungszweck auf Innentemperaturen von mindestens 19 Grad Celsius beheizt werden, als nicht wärmedurchlässig angenommen und bei der Ermittlung der wärmeübertragenden Umfassungsfläche nicht berücksichtigt,

2. Wohngebäuden und Gebäuden, die nach ihrem Verwendungszweck auf Innentemperaturen von mindestens 12 Grad Celsius und weniger als 19 Grad Celsius beheizt werden, bei der Berechnung des Wärmedurchgangskoeffizienten mit einem Temperatur-Korrekturfaktor nach DIN V 18599-2: 2018-09 oder bis zum 31. Dezember 2023 auch nach DIN V 4108-6: 2003-06, geändert durch DIN V 4108-6 Berichtigung 1: 2004-03, gewichtet und

3. Wohngebäuden und Gebäuden oder Gebäudeteilen, in denen keine beheizten Räume im Sinne des § 3 Absatz 1 Nummer 4 vorhanden sind, bei der Berechnung des Wärmedurchgangskoeffizienten mit einem Temperaturfaktor in Höhe von 0,5 gewichtet.

(2) Werden beheizte Teile eines Gebäudes getrennt berechnet, ist Absatz 1 Nummer 1 sinngemäß für die Trennflächen zwischen den Gebäudeteilen anzuwenden.

**§ 30 Zonenweise Berücksichtigung von Energiebedarfsanteilen bei einem zu errichtenden Nichtwohngebäude.** (1) Ist ein zu errichtendes Nichtwohngebäude nach § 21 Absatz 2 für die Berechnung des Jahres-Primärenergiebedarfs nach § 21 Absatz 1 in Zonen zu unterteilen, sind Energiebedarfsanteile nach Maßgabe der Absätze 2 bis 7 in die Ermittlung des Jahres-Primärenergiebedarfs einer Zone einzubeziehen.

(2) Der Primärenergiebedarf für das Heizungssystem und die Heizfunktion der raumlufttechnischen Anlage ist zu bilanzieren, wenn die Raum-Solltemperatur des Gebäudes oder einer Gebäudezone für den Heizfall mindestens 12 Grad Celsius beträgt und eine durchschnittliche Nutzungsdauer für die Gebäudeheizung auf Raum-Solltemperatur von mindestens vier Monaten pro Jahr vorgesehen ist.

(3) Der Primärenergiebedarf für das Kühlsystem und die Kühlfunktion der raumlufttechnischen Anlage ist zu bilanzieren, wenn für das Gebäude oder eine Gebäudezone für den Kühlfall der Einsatz von Kühltechnik und eine durchschnittliche Nutzungsdauer für Gebäudekühlung auf Raum-Solltemperatur von mehr als zwei Monaten pro Jahr und mehr als zwei Stunden pro Tag vorgesehen sind.

Gebäudeenergiegesetz **§§ 31, 32   GEG   8.1**

(4) Der Primärenergiebedarf für die Dampfversorgung ist zu bilanzieren, wenn für das Gebäude oder eine Gebäudezone eine solche Versorgung wegen des Einsatzes einer raumlufttechnischen Anlage nach Absatz 3 für durchschnittlich mehr als zwei Monate pro Jahr und mehr als zwei Stunden pro Tag vorgesehen ist.

(5) Der Primärenergiebedarf für Warmwasser ist zu bilanzieren, wenn ein Nutzenergiebedarf für Warmwasser in Ansatz zu bringen ist und der durchschnittliche tägliche Nutzenergiebedarf für Warmwasser wenigstens 0,2 Kilowattstunden pro Person und Tag oder 0,2 Kilowattstunden pro Beschäftigtem und Tag beträgt.

(6) Der Primärenergiebedarf für Beleuchtung ist zu bilanzieren, wenn in einem Gebäude oder einer Gebäudezone eine Beleuchtungsstärke von mindestens 75 Lux erforderlich ist und eine durchschnittliche Nutzungsdauer von mehr als zwei Monaten pro Jahr und mehr als zwei Stunden pro Tag vorgesehen ist.

(7) [1]Der Primärenergiebedarf für Hilfsenergien ist zu bilanzieren, wenn er beim Heizungssystem und bei der Heizfunktion der raumlufttechnischen Anlage, beim Kühlsystem und bei der Kühlfunktion der raumlufttechnischen Anlage, bei der Dampfversorgung, bei der Warmwasseranlage und der Beleuchtung auftritt. [2]Der Anteil des Primärenergiebedarfs für Hilfsenergien für Lüftung ist zu bilanzieren, wenn eine durchschnittliche Nutzungsdauer der Lüftungsanlage von mehr als zwei Monaten pro Jahr und mehr als zwei Stunden pro Tag vorgesehen ist.

**§ 31 Vereinfachtes Nachweisverfahren für ein zu errichtendes Wohngebäude.** (1) Ein zu errichtendes Wohngebäude erfüllt die Anforderungen nach § 10 Absatz 2 in Verbindung mit den §§ 15 bis 17 und den §§ 34 bis 45, wenn

1. es die Voraussetzungen nach Anlage 5 Nummer 1 erfüllt und
2. seine Ausführung einer der in Anlage 5 Nummer 2 beschriebenen Ausführungsvarianten unter Berücksichtigung der Beschreibung der Wärmeschutz- und Anlagenvarianten nach Anlage 5 Nummer 3 entspricht.

(2) Das Bundesministerium für Wirtschaft und Energie macht gemeinsam mit dem Bundesministerium des Innern, für Bau und Heimat im Bundesanzeiger bekannt, welche Angaben für die auf Grundlage von Absatz 1 zu errichtenden Wohngebäude ohne besondere Berechnungen in Energiebedarfsausweisen zu verwenden sind.

**§ 32 Vereinfachtes Berechnungsverfahren für ein zu errichtendes Nichtwohngebäude.** (1) Abweichend von § 21 Absatz 1 und 2 darf der Jahres-Primärenergiebedarf des zu errichtenden Nichtwohngebäudes und des Referenzgebäudes unter Verwendung eines Ein-Zonen-Modells ermittelt werden, wenn

1. die Summe der Nettogrundflächen aus der typischen Hauptnutzung und den Verkehrsflächen des Gebäudes mehr als zwei Drittel der gesamten Nettogrundfläche des Gebäudes beträgt,
2. in dem Gebäude die Beheizung und die Warmwasserbereitung für alle Räume auf dieselbe Art erfolgen,
3. das Gebäude nicht gekühlt wird,

## 8.1 GEG § 32

4. höchstens 10 Prozent der Nettogrundfläche des Gebäudes durch Glühlampen, Halogenlampen oder durch die Beleuchtungsart „indirekt" nach DIN V 18599: 2018-09 beleuchtet werden und

5. außerhalb der Hauptnutzung keine raumlufttechnische Anlage eingesetzt wird, deren Werte für die spezifische Leistungsaufnahme der Ventilatoren die entsprechenden Werte der Anlage 2 Nummer 6.1 und 6.2 überschreiten.

(2) Das vereinfachte Berechnungsverfahren kann angewandt werden für

1. ein Bürogebäude, auch mit Verkaufseinrichtung, einen Gewerbebetrieb oder eine Gaststätte,

2. ein Gebäude des Groß- und Einzelhandels mit höchstens 1 000 Quadratmetern Nettogrundfläche, wenn neben der Hauptnutzung nur Büro-, Lager-, Sanitär- oder Verkehrsflächen vorhanden sind,

3. einen Gewerbebetrieb mit höchstens 1 000 Quadratmetern Nettogrundfläche, wenn neben der Hauptnutzung nur Büro-, Lager-, Sanitär- oder Verkehrsflächen vorhanden sind,

4. eine Schule, eine Turnhalle, einen Kindergarten und eine Kindertagesstätte oder eine ähnliche Einrichtung,

5. eine Beherbergungsstätte ohne Schwimmhalle, Sauna oder Wellnessbereich oder

6. eine Bibliothek.

(3) ¹Bei Anwendung des vereinfachten Verfahrens sind abweichend von den Maßgaben des § 21 Absatz 2 bei der Berechnung des Jahres-Primärenergiebedarfs die Bestimmungen für die Nutzung und die Werte für den Nutzenergiebedarf für Warmwasser der Anlage 6 zu verwenden. ²§ 30 Absatz 5 ist entsprechend anzuwenden.

(4) ¹Abweichend von Absatz 1 Nummer 3 kann das vereinfachte Verfahren auch angewendet werden, wenn in einem Bürogebäude eine Verkaufseinrichtung, ein Gewerbebetrieb oder eine Gaststätte gekühlt wird und die Nettogrundfläche der gekühlten Räume jeweils 450 Quadratmeter nicht übersteigt. ²Der Energiebedarf für die Kühlung von Anlagen der Datenverarbeitung bleibt als Energieeinsatz für Produktionsprozesse im Sinne von § 2 Absatz 1 Satz 2 außer Betracht.

(5) ¹Bei Anwendung des vereinfachten Verfahrens sind in den Fällen des Absatzes 4 Satz 1 der Höchstwert und der Referenzwert des Jahres-Primärenergiebedarfs pauschal um 50 Kilowattstunden pro Quadratmeter und Jahr je Quadratmeter gekühlter Nettogrundfläche der Verkaufseinrichtung, des Gewerbebetriebes oder der Gaststätte zu erhöhen. ²Dieser Betrag ist im Energiebedarfsausweis als elektrische Energie für Kühlung auszuweisen.

(6) Der Jahres-Primärenergiebedarf für Beleuchtung darf vereinfacht für den Bereich der Hauptnutzung berechnet werden, der die geringste Tageslichtversorgung aufweist.

(7) ¹Der im vereinfachten Verfahren ermittelte Jahres-Primärenergiebedarf des Referenzgebäudes nach § 18 Absatz 1 in Verbindung mit der Anlage 2 ist um 10 Prozent zu reduzieren. ²Der reduzierte Wert ist der Höchstwert des Jahres-Primärenergiebedarfs des zu errichtenden Gebäudes.

(8) § 20 Absatz 3 ist entsprechend anzuwenden.

**§ 33 Andere Berechnungsverfahren.** Werden in einem Gebäude bauliche oder anlagentechnische Komponenten eingesetzt, für deren energetische Bewertung weder anerkannte Regeln der Technik noch nach § 50 Absatz 4 Satz 2 bekannt gemachte gesicherte Erfahrungswerte vorliegen, so dürfen die energetischen Eigenschaften dieser Komponenten unter Verwendung derselben Randbedingungen wie in den Berechnungsverfahren und Maßgaben nach den §§ 20 bis 30 durch dynamisch-thermische Simulationsrechnungen ermittelt werden oder es sind hierfür andere Komponenten anzusetzen, die ähnliche energetische Eigenschaften besitzen und für deren energetische Bewertung anerkannte Regeln der Technik oder bekannt gemachte gesicherte Erfahrungswerte vorliegen.

### Abschnitt 4. Nutzung von erneuerbaren Energien zur Wärme- und Kälteerzeugung bei einem zu errichtenden Gebäude

**§ 34 Nutzung erneuerbarer Energien zur Deckung des Wärme- und Kälteenergiebedarfs.** (1) Der Wärme- und Kälteenergiebedarf im Sinne des § 10 Absatz 2 Nummer 3 ist nach den Vorschriften des § 20, des § 21 und der §§ 24 bis 29 zu ermitteln.

(2) ¹Die Maßnahmen nach den §§ 35 bis 45 können miteinander kombiniert werden. ²Die prozentualen Anteile der tatsächlichen Nutzung der einzelnen Maßnahmen im Verhältnis zu der jeweils nach den §§ 35 bis 45 vorgesehenen Nutzung müssen in der Summe 100 Prozent Erfüllungsgrad ergeben.

(3) Wenn mehrere zu errichtende Nichtwohngebäude, die sich im Eigentum der öffentlichen Hand befinden und von mindestens einer Behörde genutzt werden, in einer Liegenschaft stehen, kann die Anforderung nach § 10 Absatz 2 Nummer 3 auch dadurch erfüllt werden, dass der Wärme- und Kälteenergiebedarf dieser Gebäude insgesamt in einem Umfang gedeckt wird, der der Summe der einzelnen Maßgaben der §§ 35 bis 45 entspricht.

(4) § 31 bleibt unberührt.

**§ 35 Nutzung solarthermischer Anlagen.** (1) Die Anforderung nach § 10 Absatz 2 Nummer 3 ist erfüllt, wenn durch die Nutzung von solarer Strahlungsenergie mittels solarthermischer Anlagen der Wärme- und Kälteenergiebedarf zu mindestens 15 Prozent gedeckt wird.

(2) Die Anforderung bezüglich des Mindestanteils nach Absatz 1 gilt als erfüllt, wenn

1. bei Wohngebäuden mit höchstens zwei Wohnungen solarthermische Anlagen mit einer Fläche von mindestens 0,04 Quadratmetern Aperturfläche je Quadratmeter Nutzfläche installiert und betrieben werden und
2. bei Wohngebäuden mit mehr als zwei Wohnungen solarthermische Anlagen mit einer Fläche von mindestens 0,03 Quadratmetern Aperturfläche je Quadratmeter Nutzfläche installiert und betrieben werden.

(3) ¹Wird eine solarthermische Anlage mit Flüssigkeiten als Wärmeträger genutzt, müssen die darin enthaltenen Kollektoren oder das System mit dem europäischen Prüfzeichen „Solar Keymark" zertifiziert sein, solange und soweit die Verwendung einer CE-Kennzeichnung nach Maßgabe eines Durchführungsrechtsaktes auf der Grundlage der Richtlinie 2009/125/EG des Europäischen Parlaments und des Rates vom 21. Oktober 2009 zur Schaffung eines Rahmens für die Festlegung von Anforderungen an die umweltgerechte Ge-

staltung energieverbrauchsrelevanter Produkte (ABl. L 285 vom 31.10.2009, S. 10), die zuletzt durch die Richtlinie 2012/27/EU (ABl. L 315 vom 14.11. 2012, S. 1) geändert worden ist, nicht zwingend vorgeschrieben ist. [2]Die Zertifizierung muss nach den anerkannten Regeln der Technik erfolgen.

**§ 36 Nutzung von Strom aus erneuerbaren Energien.** [1]Die Anforderung nach § 10 Absatz 2 Nummer 3 ist erfüllt, wenn durch die Nutzung von Strom aus erneuerbaren Energien nach Maßgabe des § 23 Absatz 1 der Wärme- und Kälteenergiebedarf zu mindestens 15 Prozent gedeckt wird. [2]Wird bei Wohngebäuden Strom aus solarer Strahlungsenergie genutzt, gilt die Anforderung bezüglich des Mindestanteils nach Satz 1 als erfüllt, wenn eine Anlage zur Erzeugung von Strom aus solarer Strahlungsenergie installiert und betrieben wird, deren Nennleistung in Kilowatt mindestens das 0,03fache der Gebäudenutzfläche geteilt durch die Anzahl der beheizten oder gekühlten Geschosse nach DIN V 18599-1: 2018-09 beträgt.

**§ 37 Nutzung von Geothermie oder Umweltwärme.** Die Anforderung nach § 10 Absatz 2 Nummer 3 ist erfüllt, wenn durch die Nutzung von Geothermie, Umweltwärme oder Abwärme aus Abwasser, die mittels elektrisch oder mit fossilen Brennstoffen angetriebener Wärmepumpen technisch nutzbar gemacht wird, der Wärme- und Kälteenergiebedarf zu mindestens 50 Prozent aus den Anlagen zur Nutzung dieser Energien gedeckt wird.

**§ 38 Nutzung von fester Biomasse.** (1) Die Anforderung nach § 10 Absatz 2 Nummer 3 ist erfüllt, wenn durch die Nutzung von fester Biomasse nach Maßgabe des Absatzes 2 der Wärme- und Kälteenergiebedarf zu mindestens 50 Prozent gedeckt wird.

(2) Wenn eine Feuerungsanlage im Sinne der Verordnung über kleine und mittlere Feuerungsanlagen[1)] vom 26. Januar 2010 (BGBl. I S. 38), die zuletzt durch Artikel 105 der Verordnung vom 19. Juni 2020 (BGBl. I S. 1328) geändert worden ist, in der jeweils geltenden Fassung betrieben wird, müssen folgende Voraussetzungen erfüllt sein:

1. die Biomasse muss genutzt werden in einem
    a) Biomassekessel oder
    b) automatisch beschickten Biomasseofen mit Wasser als Wärmeträger,
2. es darf ausschließlich Biomasse nach § 3 Absatz 1 Nummer 4, 5, 5a, 8 oder Nummer 13 der Verordnung über kleine und mittlere Feuerungsanlagen eingesetzt werden.

**§ 39 Nutzung von flüssiger Biomasse.** (1) Die Anforderung nach § 10 Absatz 2 Nummer 3 ist erfüllt, wenn durch die Nutzung von flüssiger Biomasse nach Maßgabe der Absätze 2 und 3 der Wärme- und Kälteenergiebedarf zu mindestens 50 Prozent gedeckt wird.

(2) Die Nutzung muss in einer KWK-Anlage oder in einem Brennwertkessel erfolgen.

(3) [1]Unbeschadet des Absatzes 2 muss die zur Wärmeerzeugung eingesetzte Biomasse den Anforderungen an einen nachhaltigen Anbau und eine nachhaltige Herstellung, die die Biomassestrom-Nachhaltigkeitsverordnung vom

---

[1)] Nr. **6.1.1**.

23. Juli 2009 (BGBl. I S. 2174), die zuletzt durch Artikel 262 der Verordnung vom 19. Juni 2020 (BGBl. I S. 1328) geändert worden ist, in der jeweils geltenden Fassung stellt, genügen. ²§ 10 der Biomassestrom-Nachhaltigkeitsverordnung ist nicht anzuwenden.

**§ 40 Nutzung von gasförmiger Biomasse.** (1) Die Anforderung nach § 10 Absatz 2 Nummer 3 ist erfüllt, wenn durch die Nutzung von gasförmiger Biomasse nach Maßgabe der Absätze 2 bis 4 der Wärme- und Kälteenergiebedarf mindestens zu dem Anteil nach Absatz 2 Satz 2 gedeckt wird.

(2) ¹Die Nutzung muss in einer hocheffizienten KWK-Anlage im Sinne des § 2 Nummer 8a des Kraft-Wärme-Kopplungsgesetzes oder in einem Brennwertkessel erfolgen. ²Der Wärme- und Kälteenergiebedarf muss

1. zu mindestens 30 Prozent gedeckt werden, wenn die Nutzung in einer KWK-Anlage nach Satz 1 erfolgt oder

2. zu mindestens 50 Prozent gedeckt werden, wenn die Nutzung in einem Brennwertkessel erfolgt.

(3) Wenn Biomethan genutzt wird, müssen unbeschadet des Absatzes 2 folgende Voraussetzungen erfüllt sein:

1. bei der Aufbereitung und Einspeisung des Biomethans müssen die Voraussetzungen nach Anlage 1 Nummer 1 Buchstabe a bis c des Erneuerbare-Energien-Gesetzes[1]) vom 25. Oktober 2008 (BGBl. I S. 2074) in der am 31. Juli 2014 geltenden Fassung erfüllt worden sein und

2. die Menge des entnommenen Biomethans im Wärmeäquivalent am Ende eines Kalenderjahres muss der Menge von Gas aus Biomasse entsprechen, das an anderer Stelle in das Gasnetz eingespeist worden ist, und es müssen Massenbilanzsysteme für den gesamten Transport und Vertrieb des Biomethans von seiner Herstellung über seine Einspeisung in das Erdgasnetz und seinen Transport im Erdgasnetz bis zu seiner Entnahme aus dem Erdgasnetz verwendet worden sein.

(4) Wenn biogenes Flüssiggas genutzt wird, muss die Menge des entnommenen Gases am Ende eines Kalenderjahres der Menge von Gas aus Biomasse entsprechen, das an anderer Stelle hergestellt worden ist, und müssen Massenbilanzsysteme für den gesamten Transport und Vertrieb des biogenen Flüssiggases von seiner Herstellung über seine Zwischenlagerung und seinen Transport bis zu seiner Einlagerung in den Verbrauchstank verwendet worden sein.

**§ 41 Nutzung von Kälte aus erneuerbaren Energien.** (1) ¹Die Anforderung nach § 10 Absatz 2 Nummer 3 ist erfüllt, wenn durch die Nutzung von Kälte aus erneuerbaren Energien nach Maßgabe der Absätze 2 bis 4 der Wärme- und Kälteenergiebedarf mindestens in Höhe des Anteils nach Satz 2 gedeckt wird. ²Maßgeblicher Anteil ist der Anteil, der nach den §§ 35 bis 40 für diejenige erneuerbare Energie gilt, aus der die Kälte erzeugt wird. ³Wird die Kälte mittels einer thermischen Kälteerzeugungsanlage durch die direkte Zufuhr von Wärme erzeugt, ist der Anteil maßgebend, der auch im Fall einer reinen Wärmeerzeugung aus dem gleichen Energieträger gilt. ⁴Wird die Kälte unmittelbar durch Nutzung von Geothermie oder Umweltwärme bereit-

---

[1]) Nr. **8.2**.

gestellt, so ist der auch bei Wärmeerzeugung aus diesem Energieträger geltende Anteil von 50 Prozent am Wärme- und Kälteenergiebedarf maßgebend.

(2) Die Kälte muss technisch nutzbar gemacht werden

1. durch unmittelbare Kälteentnahme aus dem Erdboden oder aus Grund- oder Oberflächenwasser oder
2. durch thermische Kälteerzeugung mit Wärme aus erneuerbaren Energien im Sinne des § 3 Absatz 2 Nummer 1 bis 5.

(3) ¹Die Kälte muss zur Deckung des Kältebedarfs für Raumkühlung nach § 3 Absatz 1 Nummer 31 Buchstabe b genutzt werden. ²Der Endenergieverbrauch für die Erzeugung der Kälte, für die Rückkühlung und für die Verteilung der Kälte muss nach der jeweils besten verfügbaren Technik gesenkt worden sein.

(4) Die für die Erfüllung der Anforderung nach Absatz 1 anrechenbare Kältemenge umfasst die für die Zwecke nach Absatz 3 Satz 1 nutzbar gemachte Kälte, nicht jedoch die zum Antrieb thermischer Kälteerzeugungsanlagen genutzte Wärme.

(5) Die technischen Anforderungen nach den §§ 35 bis 40 sind entsprechend anzuwenden, solange und soweit die Verwendung einer CE-Kennzeichnung nach Maßgabe eines Durchführungsrechtsaktes auf der Grundlage der Richtlinie 2009/125/EG nicht zwingend vorgeschrieben ist.

**§ 42 Nutzung von Abwärme.** (1) Anstelle der anteiligen Deckung des Wärme- und Kälteenergiebedarfs durch die Nutzung erneuerbarer Energien kann die Anforderung nach § 10 Absatz 2 Nummer 3 auch dadurch erfüllt werden, dass durch die Nutzung von Abwärme nach Maßgabe der Absätze 2 und 3 der Wärme- und Kälteenergiebedarf direkt oder mittels Wärmepumpen zu mindestens 50 Prozent gedeckt wird.

(2) Sofern Kälte genutzt wird, die durch eine Anlage technisch nutzbar gemacht wird, der Abwärme unmittelbar zugeführt wird, ist § 41 Absatz 3 und 4 entsprechend anzuwenden.

(3) Sofern Abwärme durch eine andere Anlage genutzt wird, muss die Nutzung nach dem Stand der Technik erfolgen.

**§ 43 Nutzung von Kraft-Wärme-Kopplung.** (1) Anstelle der anteiligen Deckung des Wärme- und Kälteenergiebedarfs durch die Nutzung erneuerbarer Energien kann die Anforderung nach § 10 Absatz 2 Nummer 3 auch dadurch erfüllt werden, dass

1. durch die Nutzung von Wärme aus einer hocheffizienten KWK-Anlage im Sinne des § 2 Nummer 8a des Kraft-Wärme-Kopplungsgesetzes der Wärme- und Kälteenergiebedarf zu mindestens 50 Prozent gedeckt wird oder
2. durch die Nutzung von Wärme aus einer Brennstoffzellenheizung der Wärme- und Kälteenergiebedarf zu mindestens 40 Prozent gedeckt wird.

(2) ¹Sofern Kälte genutzt wird, die durch eine Anlage technisch nutzbar gemacht wird, der unmittelbar Wärme aus einer KWK-Anlage zugeführt wird, muss die KWK-Anlage den Anforderungen des Absatzes 1 Nummer 1 genügen. ²§ 41 Absatz 3 und 4 ist entsprechend anzuwenden.

**§ 44 Fernwärme oder Fernkälte.** (1) ¹Anstelle der anteiligen Deckung des Wärme- und Kälteenergiebedarfs durch die Nutzung erneuerbarer Energien kann die Anforderung nach § 10 Absatz 2 Nummer 3 auch dadurch erfüllt werden, dass durch den Bezug von Fernwärme oder Fernkälte nach Maßgabe von Absatz 2 der Wärme- und Kälteenergiebedarf mindestens in Höhe des Anteils nach den Sätzen 2 und 3 gedeckt wird. ²Maßgeblicher Anteil ist der Anteil, der nach den §§ 35 bis 40 oder nach den §§ 42 und 43 für diejenige Energie anzuwenden ist, aus der die Fernwärme oder Fernkälte ganz oder teilweise stammt. ³Bei der Berechnung nach Satz 1 wird nur die bezogene Menge der Fernwärme oder Fernkälte angerechnet, die rechnerisch aus erneuerbaren Energien, aus Anlagen zur Nutzung von Abwärme oder aus KWK-Anlagen stammt.

(2) ¹Die in dem Wärme- oder Kältenetz insgesamt verteilte Wärme oder Kälte muss stammen zu

1. einem wesentlichen Anteil aus erneuerbaren Energien,
2. mindestens 50 Prozent aus Anlagen zur Nutzung von Abwärme,
3. mindestens 50 Prozent aus KWK-Anlagen oder
4. mindestens 50 Prozent durch eine Kombination der in den Nummern 1 bis 3 genannten Maßnahmen.

²§ 35 und die §§ 37 bis 43 sind entsprechend anzuwenden.

**§ 45 Maßnahmen zur Einsparung von Energie.** Anstelle der anteiligen Deckung des Wärme- und Kälteenergiebedarfs durch die Nutzung erneuerbarer Energien kann die Anforderung nach § 10 Absatz 2 Nummer 3 auch dadurch erfüllt werden, dass bei einem Wohngebäude die Anforderungen nach § 16 sowie bei einem Nichtwohngebäude die Anforderungen nach § 19 um mindestens 15 Prozent unterschritten werden.

## Teil 3. Bestehende Gebäude

### Abschnitt 1. Anforderungen an bestehende Gebäude

**§ 46 Aufrechterhaltung der energetischen Qualität; entgegenstehende Rechtsvorschriften.** (1) ¹Außenbauteile eines bestehenden Gebäudes dürfen nicht in einer Weise verändert werden, dass die energetische Qualität des Gebäudes verschlechtert wird. ²Satz 1 ist nicht anzuwenden auf Änderungen von Außenbauteilen, wenn die Fläche der geänderten Bauteile nicht mehr als 10 Prozent der gesamten Fläche der jeweiligen Bauteilgruppe nach Anlage 7 betrifft.

(2) Die Anforderungen an ein bestehendes Gebäude nach diesem Teil sind nicht anzuwenden, soweit ihre Erfüllung anderen öffentlich-rechtlichen Vorschriften zur Standsicherheit, zum Brandschutz, zum Schallschutz, zum Arbeitsschutz oder zum Schutz der Gesundheit entgegensteht.

**§ 47 Nachrüstung eines bestehenden Gebäudes.** (1) ¹Eigentümer eines Wohngebäudes sowie Eigentümer eines Nichtwohngebäudes, die nach ihrer Zweckbestimmung jährlich mindestens vier Monate auf Innentemperaturen von mindestens 19 Grad Celsius beheizt werden, müssen dafür sorgen, dass oberste Geschossdecken, die nicht den Anforderungen an den Mindestwärmeschutz nach DIN 4108-2: 2013-02 genügen, so gedämmt sind, dass der Wärmedurchgangskoeffizient der obersten Geschossdecke 0,24 Watt pro Quadratmeter und Kelvin nicht überschreitet. ²Die Pflicht nach Satz 1 gilt als erfüllt, wenn anstelle der obersten Geschossdecke das darüber liegende Dach entsprechend gedämmt ist oder den Anforderungen an den Mindestwärmeschutz nach DIN 4108-2: 2013-02 genügt.

(2) ¹Wird der Wärmeschutz nach Absatz 1 Satz 1 durch Dämmung in Deckenzwischenräumen ausgeführt und ist die Dämmschichtdicke im Rahmen dieser Maßnahmen aus technischen Gründen begrenzt, so gelten die Anforderungen als erfüllt, wenn die nach anerkannten Regeln der Technik höchstmögliche Dämmschichtdicke eingebaut wird, wobei ein Bemessungswert der Wärmeleitfähigkeit von 0,035 Watt pro Meter und Kelvin einzuhalten ist. ²Abweichend von Satz 1 ist ein Bemessungswert der Wärmeleitfähigkeit von 0,045 Watt pro Meter und Kelvin einzuhalten, soweit Dämmmaterialien in Hohlräume eingeblasen oder Dämmmaterialien aus nachwachsenden Rohstoffen verwendet werden. ³Wird der Wärmeschutz nach Absatz 1 Satz 2 als Zwischensparrendämmung ausgeführt und ist die Dämmschichtdicke wegen einer innenseitigen Bekleidung oder der Sparrenhöhe begrenzt, sind die Sätze 1 und 2 entsprechend anzuwenden.

(3) ¹Bei einem Wohngebäude mit nicht mehr als zwei Wohnungen, von denen der Eigentümer eine Wohnung am 1. Februar 2002 selbst bewohnt hat, ist die Pflicht nach Absatz 1 erst im Fall eines Eigentümerwechsels nach dem 1. Februar 2002 von dem neuen Eigentümer zu erfüllen. ²Die Frist zur Pflichterfüllung beträgt zwei Jahre ab dem ersten Eigentumsübergang nach dem 1. Februar 2002.

(4) Die Absätze 1 bis 3 sind nicht anzuwenden, soweit die für eine Nachrüstung erforderlichen Aufwendungen durch die eintretenden Einsparungen nicht innerhalb angemessener Frist erwirtschaftet werden können.

### § 48 Anforderungen an ein bestehendes Gebäude bei Änderung.

¹Soweit bei beheizten oder gekühlten Räumen eines Gebäudes Außenbauteile im Sinne der Anlage 7 erneuert, ersetzt oder erstmalig eingebaut werden, sind diese Maßnahmen so auszuführen, dass die betroffenen Flächen des Außenbauteils die Wärmedurchgangskoeffizienten der Anlage 7 nicht überschreiten. ²Ausgenommen sind Änderungen von Außenbauteilen, die nicht mehr als 10 Prozent der gesamten Fläche der jeweiligen Bauteilgruppe des Gebäudes betreffen. ³Nimmt der Eigentümer eines Wohngebäudes mit nicht mehr als zwei Wohnungen Änderungen im Sinne der Sätze 1 und 2 an dem Gebäude vor und werden unter Anwendung des § 50 Absatz 1 und 2 für das gesamte Gebäude Berechnungen nach § 50 Absatz 3 durchgeführt, hat der Eigentümer vor Beauftragung der Planungsleistungen ein informatorisches Beratungsgespräch mit einer nach § 88 zur Ausstellung von Energieausweisen berechtigten Person zu führen, wenn ein solches Beratungsgespräch als einzelne Leistung unentgeltlich angeboten wird. ⁴Wer geschäftsmäßig an oder in einem Gebäude Arbeiten im Sinne des Satzes 3 für den Eigentümer durchführen will, hat bei Abgabe eines Angebots auf die Pflicht zur Führung eines Beratungsgesprächs schriftlich hinzuweisen.

### § 49 Berechnung des Wärmedurchgangskoeffizienten.

(1) ¹Der Wärmedurchgangskoeffizient eines Bauteils nach § 48 wird unter Berücksichtigung der neuen und der vorhandenen Bauteilschichten berechnet. ²Für die Berechnung sind folgende Verfahren anzuwenden:

1. DIN V 18599-2: 2018-09 Abschnitt 6.1.4.3 für die Berechnung der an Erdreich grenzenden Bauteile,
2. DIN 4108-4: 2017-03 in Verbindung mit DIN EN ISO 6946: 2008-04 für die Berechnung opaker Bauteile und
3. DIN 4108-4: 2017-03 für die Berechnung transparenter Bauteile sowie von Vorhangfassaden.

(2) [1] Werden bei Maßnahmen nach § 48 Gefälledächer durch die keilförmige Anordnung einer Dämmschicht aufgebaut, so ist der Wärmedurchgangskoeffizient nach Anhang C der DIN EN ISO 6946: 2008-04 in Verbindung mit DIN 4108-4: 2017-03 zu ermitteln. [2] Dabei muss der Bemessungswert des Wärmedurchgangswiderstandes am tiefsten Punkt der neuen Dämmschicht den Mindestwärmeschutz nach § 11 erfüllen.

**§ 50 Energetische Bewertung eines bestehenden Gebäudes.** (1) [1] Die Anforderungen des § 48 gelten als erfüllt, wenn

1. das geänderte Wohngebäude insgesamt
   a) den Jahres-Primärenergiebedarf für Heizung, Warmwasserbereitung, Lüftung und Kühlung den auf die Gebäudenutzfläche bezogenen Wert des Jahres-Primärenergiebedarfs eines Referenzgebäudes, das die gleiche Geometrie, Gebäudenutzfläche und Ausrichtung wie das geänderte Gebäude aufweist und der technischen Referenzausführung der Anlage 1 entspricht, um nicht mehr als 40 Prozent überschreitet und
   b) den Höchstwert des spezifischen, auf die wärmeübertragende Umfassungsfläche bezogenen Transmissionswärmeverlusts nach Absatz 2 um nicht mehr als 40 Prozent überschreitet,
2. das geänderte Nichtwohngebäude insgesamt
   a) den Jahres-Primärenergiebedarf für Heizung, Warmwasserbereitung, Lüftung, Kühlung und eingebaute Beleuchtung den auf die Nettogrundfläche bezogenen Wert des Jahres-Primärenergiebedarfs eines Referenzgebäudes, das die gleiche Geometrie, Nettogrundfläche, Ausrichtung und Nutzung, einschließlich der Anordnung der Nutzungseinheiten, wie das geänderte Gebäude aufweist und der technischen Referenzausführung der Anlage 2 entspricht, um nicht mehr als 40 Prozent überschreitet und
   b) das auf eine Nachkommastelle gerundete 1,25fache der Höchstwerte der mittleren Wärmedurchgangskoeffizienten der wärmeübertragenden Umfassungsfläche gemäß der Anlage 3 um nicht mehr als 40 Prozent überschreitet.

[2] § 18 Absatz 1 Satz 2 ist entsprechend anzuwenden.

(2) Der Höchstwert nach Absatz 1 Satz 1 Nummer 1 Buchstabe b beträgt
1. bei einem freistehenden Wohngebäude mit einer Gebäudenutzfläche von bis zu 350 Quadratmetern 0,40 Watt pro Quadratmeter und Kelvin,
2. bei einem freistehenden Wohngebäude mit einer Gebäudenutzfläche von mehr als 350 Quadratmetern 0,50 Watt pro Quadratmeter und Kelvin,
3. bei einem einseitig angebauten Wohngebäude 0,45 Watt pro Quadratmeter und Kelvin oder
4. bei allen anderen Wohngebäuden 0,65 Watt pro Quadratmeter und Kelvin.

(3) In den Fällen des Absatzes 1 sind die Berechnungsverfahren nach § 20 Absatz 1 oder Absatz 2 oder nach § 21 Absatz 1 und 2 unter Beachtung der Maßgaben nach § 20 Absatz 3 bis 6, der §§ 22 bis 30 und der §§ 32 und 33 sowie nach Maßgabe von Absatz 4 entsprechend anzuwenden.

(4) [1] Fehlen Angaben zu geometrischen Abmessungen eines Gebäudes, können diese durch vereinfachtes Aufmaß ermittelt werden. [2] Liegen energetische Kennwerte für bestehende Bauteile und Anlagenkomponenten nicht vor, können gesicherte Erfahrungswerte für Bauteile und Anlagenkomponenten vergleichbarer Altersklassen verwendet werden. [3] In den Fällen der Sätze 1 und 2 können anerkannte Regeln der Technik verwendet werden. [4] Die Einhaltung solcher Regeln wird vermutet, soweit Vereinfachungen für die Datenaufnahme und die Ermittlung der energetischen Eigenschaften sowie gesicherte Erfahrungswerte verwendet werden, die vom Bundesministerium für Wirtschaft und Energie und vom Bundesministerium des Innern, für Bau und Heimat gemeinsam im Bundesanzeiger bekannt gemacht worden sind.

(5) Absatz 4 kann auch in den Fällen des § 48 sowie des § 51 angewendet werden.

**§ 51 Anforderungen an ein bestehendes Gebäude bei Erweiterung und Ausbau.** (1) Bei der Erweiterung und dem Ausbau eines Gebäudes um beheizte oder gekühlte Räume darf

1. bei Wohngebäuden der spezifische, auf die wärmeübertragende Umfassungsfläche bezogene Transmissionswärmeverlust der Außenbauteile der neu hinzukommenden beheizten oder gekühlten Räume das 1,2fache des entsprechenden Wertes des Referenzgebäudes gemäß der Anlage 1 nicht überschreiten oder

2. bei Nichtwohngebäuden die mittleren Wärmedurchgangskoeffizienten der wärmeübertragenden Umfassungsfläche der Außenbauteile der neu hinzukommenden beheizten oder gekühlten Räume das auf eine Nachkommastelle gerundete 1,25fache der Höchstwerte gemäß der Anlage 3 nicht überschreiten.

(2) Ist die hinzukommende zusammenhängende Nutzfläche größer als 50 Quadratmeter, sind außerdem die Anforderungen an den sommerlichen Wärmeschutz nach § 14 einzuhalten.

### Abschnitt 2. Nutzung erneuerbarer Energien zur Wärmeerzeugung bei bestehenden öffentlichen Gebäuden

**§ 52 Pflicht zur Nutzung von erneuerbaren Energien bei einem bestehenden öffentlichen Gebäude.** (1) [1] Wenn die öffentliche Hand ein bestehendes Nichtwohngebäude, das sich in ihrem Eigentum befindet und von mindestens einer Behörde genutzt wird, gemäß Absatz 2 grundlegend renoviert, muss sie den Wärme- und Kälteenergiebedarf dieses Gebäudes durch die anteilige Nutzung von erneuerbaren Energien nach Maßgabe der Absätze 3 und 4 decken. [2] Auf die Berechnung des Wärme- und Kälteenergiebedarfs ist § 34 Absatz 1 entsprechend anzuwenden.

(2) Eine grundlegende Renovierung ist jede Maßnahme, durch die an einem Gebäude in einem zeitlichen Zusammenhang von nicht mehr als zwei Jahren

Gebäudeenergiegesetz **§ 53 GEG 8.1**

1. ein Heizkessel ausgetauscht oder die Heizungsanlage auf einen fossilen Energieträger oder auf einen anderen fossilen Energieträger als den bisher eingesetzten umgestellt wird und
2. mehr als 20 Prozent der Oberfläche der Gebäudehülle renoviert werden.

(3) [1]Bei der Nutzung von gasförmiger Biomasse wird die Pflicht nach Absatz 1 dadurch erfüllt, dass der Wärme- und Kälteenergiebedarf zu mindestens 25 Prozent durch gasförmige Biomasse gedeckt wird. [2]Die Nutzung von gasförmiger Biomasse muss in einem Heizkessel, der der besten verfügbaren Technik entspricht, oder in einer KWK-Anlage erfolgen. [3]Im Übrigen ist § 40 Absatz 2 und 3 entsprechend anzuwenden.

(4) Bei Nutzung sonstiger erneuerbarer Energien wird die Pflicht nach Absatz 1 dadurch erfüllt, dass der Wärme- und Kälteenergiebedarf zu mindestens 15 Prozent durch erneuerbare Energien nach folgenden Maßgaben gedeckt wird:

1. bei der Nutzung von solarer Strahlungsenergie durch solarthermische Anlagen ist § 35 Absatz 2 entsprechend anzuwenden,
2. bei der Nutzung von fester Biomasse ist § 38 Absatz 2 entsprechend anzuwenden,
3. bei der Nutzung von flüssiger Biomasse ist § 39 Absatz 2 und 3 entsprechend anzuwenden,
4. bei der Nutzung von Kälte aus erneuerbaren Energien ist § 41 Absatz 2 bis 5 entsprechend anzuwenden.

(5) Wenn mehrere bestehende Nichtwohngebäude, die sich im Eigentum der öffentlichen Hand befinden und von mindestens einer Behörde genutzt werden, in einer Liegenschaft stehen, kann die Pflicht nach Absatz 1 auch dadurch erfüllt werden, dass der Wärme- und Kälteenergiebedarf dieser Gebäude insgesamt in einem Umfang gedeckt wird, der der Summe der einzelnen Maßgaben der Absätze 3 und 4 entspricht.

**§ 53 Ersatzmaßnahmen.** (1) [1]Die Pflicht nach § 52 Absatz 1 kann auch dadurch erfüllt werden, dass

1. der Wärme- und Kälteenergiebedarf des renovierten Gebäudes zu mindestens 50 Prozent gedeckt wird aus
   a) einer Anlage zur Nutzung von Abwärme nach Maßgabe von § 42 Absatz 2 und 3 oder
   b) einer KWK-Anlage nach Maßgabe von § 43,
2. Maßnahmen zur Einsparung von Energie nach Maßgabe von Absatz 2 getroffen werden oder
3. Fernwärme oder Fernkälte nach Maßgabe von § 44 bezogen wird.

[2]§ 41 Absatz 1 Satz 3 und § 52 Absatz 5 sind entsprechend anzuwenden.

(2) [1]Bei Maßnahmen zur Einsparung von Energie muss das auf eine Nachkommastelle gerundete 1,25fache der Höchstwerte der mittleren Wärmedurchgangskoeffizienten der wärmeübertragenden Umfassungsfläche nach Anlage 3 um mindestens 10 Prozent unterschritten werden. [2]Satz 1 gilt auch dann als erfüllt, wenn das Gebäude nach der grundlegenden Renovierung insgesamt den Jahres-Primärenergiebedarf des Referenzgebäudes nach Anlage 2 und das auf eine Nachkommastelle gerundete 1,25fache der Höchstwerte der mittleren

Wärmedurchgangskoeffizienten der wärmeübertragenden Umfassungsfläche nach Anlage 3 einhält.

(3) ¹Die Pflicht nach § 52 Absatz 1 kann auch dadurch erfüllt werden, dass auf dem Dach des öffentlichen Gebäudes solarthermische Anlagen mit einer Fläche von mindestens 0,06 Quadratmetern Brutto-Kollektorfläche je Quadratmeter Nettogrundfläche von dem Eigentümer oder einem Dritten installiert und betrieben werden, wenn die mit diesen Anlagen erzeugte Wärme oder Kälte Dritten zur Deckung des Wärme- und Kälteenergiebedarfs von Gebäuden zur Verfügung gestellt wird und von diesen Dritten nicht zur Erfüllung der Anforderung nach § 10 Absatz 2 Nummer 3 genutzt wird. ²§ 35 Absatz 3 ist entsprechend anzuwenden.

**§ 54 Kombination.** ¹Zur Erfüllung der Pflicht nach § 52 Absatz 1 können die Maßnahmen nach § 52 Absatz 3 und 4 und die Ersatzmaßnahmen nach § 53 untereinander und miteinander kombiniert werden. ²Die prozentualen Anteile der einzelnen Maßnahmen an der nach § 52 Absatz 3 und 4 sowie nach § 53 vorgesehenen Nutzung müssen in der Summe mindestens 100 ergeben.

**§ 55 Ausnahmen.** (1) ¹Die Pflicht nach § 52 Absatz 1 besteht nicht, soweit ihre Erfüllung im Einzelfall wegen besonderer Umstände durch einen unangemessenen Aufwand oder in sonstiger Weise zu einer unbilligen Härte führt. ²Dies ist insbesondere der Fall, wenn jede Maßnahme, mit der die Pflicht nach § 52 Absatz 1 erfüllt werden kann, mit Mehrkosten verbunden ist und diese Mehrkosten auch unter Berücksichtigung der Vorbildfunktion nicht unerheblich sind. ³Bei der Berechnung sind alle Kosten und Einsparungen zu berücksichtigen, auch solche, die innerhalb der noch zu erwartenden Nutzungsdauer der Anlagen oder Gebäudeteile zu erwarten sind.

(2) Die Pflicht nach § 52 Absatz 1 besteht ferner nicht bei einem Gebäude im Eigentum einer Gemeinde oder eines Gemeindeverbandes, wenn

1. die Gemeinde oder der Gemeindeverband zum Zeitpunkt des Beginns der grundlegenden Renovierung überschuldet ist oder durch die Erfüllung der Pflicht nach § 52 Absatz 1 und die Durchführung von Ersatzmaßnahmen nach § 53 überschuldet würde,
2. jede Maßnahme, mit der die Pflicht nach § 52 Absatz 1 erfüllt werden kann, mit Mehrkosten verbunden ist, die auch unter Berücksichtigung der Vorbildfunktion nicht unerheblich sind; im Übrigen ist Absatz 1 Satz 2 und 3 entsprechend anzuwenden, und
3. die Gemeinde oder der Gemeindeverband durch Beschluss das Vorliegen der Voraussetzungen nach Nummer 2 feststellt; die jeweiligen Regelungen zur Beschlussfassung bleiben unberührt.

(3) Die Pflicht nach § 52 Absatz 1 besteht nicht für ein Gebäude, das der Landesverteidigung dient, soweit ihre Erfüllung der Art und dem Hauptzweck der Landesverteidigung entgegensteht.

**§ 56 Abweichungsbefugnis.** Die Länder können

1. für bestehende öffentliche Gebäude, mit Ausnahme der öffentlichen Gebäude des Bundes, eigene Regelungen zur Erfüllung der Vorbildfunktion nach § 4 treffen und zu diesem Zweck von den Vorschriften dieses Abschnitts abweichen und

Gebäudeenergiegesetz §§ 57–61 GEG 8.1

2. für bestehende Gebäude, die keine öffentlichen Gebäude sind, eine Pflicht zur Nutzung von erneuerbaren Energien festlegen.

## Teil 4. Anlagen der Heizungs-, Kühl- und Raumlufttechnik sowie der Warmwasserversorgung

### Abschnitt 1. Aufrechterhaltung der energetischen Qualität bestehender Anlagen

#### Unterabschnitt 1. Veränderungsverbot

**§ 57 Verbot von Veränderungen; entgegenstehende Rechtsvorschriften.** (1) Eine Anlage und Einrichtung der Heizungs-, Kühl- oder Raumlufttechnik oder der Warmwasserversorgung darf, soweit sie zum Nachweis der Anforderungen energieeinsparrechtlicher Vorschriften des Bundes zu berücksichtigen war, nicht in einer Weise verändert werden, dass die energetische Qualität des Gebäudes verschlechtert wird.

(2) Die Anforderungen an Anlagen und Einrichtungen nach diesem Teil sind nicht anzuwenden, soweit ihre Erfüllung anderen öffentlich-rechtlichen Vorschriften zur Standsicherheit, zum Brandschutz, zum Schallschutz, zum Arbeitsschutz oder zum Schutz der Gesundheit entgegensteht.

#### Unterabschnitt 2. Betreiberpflichten

**§ 58 Betriebsbereitschaft.** (1) Energiebedarfssenkende Einrichtungen in Anlagen und Einrichtungen der Heizungs-, Kühl- und Raumlufttechnik sowie der Warmwasserversorgung sind vom Betreiber betriebsbereit zu erhalten und bestimmungsgemäß zu nutzen.

(2) Der Betreiber kann seine Pflicht nach Absatz 1 auch dadurch erfüllen, dass er andere anlagentechnische oder bauliche Maßnahmen trifft, die den Einfluss einer energiebedarfssenkenden Einrichtung auf den Jahres-Primärenergiebedarf ausgleicht.

**§ 59 Sachgerechte Bedienung.** Eine Anlage und Einrichtung der Heizungs-, Kühl- oder Raumlufttechnik oder der Warmwasserversorgung ist vom Betreiber sachgerecht zu bedienen.

**§ 60 Wartung und Instandhaltung.** (1) Komponenten, die einen wesentlichen Einfluss auf den Wirkungsgrad von Anlagen und Einrichtungen der Heizungs-, Kühl- und Raumlufttechnik sowie der Warmwasserversorgung haben, sind vom Betreiber regelmäßig zu warten und instand zu halten.

(2) [1] Für die Wartung und Instandhaltung ist Fachkunde erforderlich. [2] Fachkundig ist, wer die zur Wartung und Instandhaltung notwendigen Fachkenntnisse und Fertigkeiten besitzt. [3] Die Handwerksordnung bleibt unberührt.

### Abschnitt 2. Einbau und Ersatz

#### Unterabschnitt 1. Verteilungseinrichtungen und Warmwasseranlagen

**§ 61 Verringerung und Abschaltung der Wärmezufuhr sowie Ein- und Ausschaltung elektrischer Antriebe.** (1) [1] Wird eine Zentralheizung in ein Gebäude eingebaut, hat der Bauherr oder der Eigentümer dafür Sorge zu tragen, dass die Zentralheizung mit zentralen selbsttätig wirkenden Einrichtungen zur Verringerung und Abschaltung der Wärmezufuhr sowie zur Ein- und Ausschaltung elektrischer Antriebe ausgestattet ist. ²Die Regelung der Wärmezufuhr sowie der elektrischen Antriebe im Sinne von Satz 1 erfolgt in Abhängigkeit von

1. der Außentemperatur oder einer anderen geeigneten Führungsgröße und
2. der Zeit.

(2) Soweit die in Absatz 1 Satz 1 geforderte Ausstattung bei einer Zentralheizung in einem bestehenden Gebäude nicht vorhanden ist, muss der Eigentümer sie bis zum 30. September 2021 nachrüsten.

(3) Wird in einem Wohngebäude, das mehr als fünf Wohnungen hat, eine Zentralheizung eingebaut, die jede einzelne Wohnung mittels Wärmeübertrager im Durchlaufprinzip mit Wärme für die Beheizung und die Warmwasserbereitung aus dem zentralen System versorgt, kann jede einzelne Wohnung mit den Einrichtungen nach Absatz 1 ausgestattet werden.

**§ 62 Wasserheizung, die ohne Wärmeübertrager an eine Nah- oder Fernwärmeversorgung angeschlossen ist.** Bei einer Wasserheizung, die ohne Wärmeübertrager an eine Nah- oder Fernwärmeversorgung angeschlossen ist, kann die Pflicht nach § 61 hinsichtlich der Verringerung und Abschaltung der Wärmezufuhr auch ohne entsprechende Einrichtung in der Haus- und Kundenanlage dadurch erfüllt werden, dass die Vorlauftemperatur des Nah- oder Fernwärmenetzes in Abhängigkeit von der Außentemperatur und der Zeit durch eine entsprechende Einrichtung in der zentralen Erzeugungsanlage geregelt wird.

**§ 63 Raumweise Regelung der Raumtemperatur.** (1) ¹Wird eine heizungstechnische Anlage mit Wasser als Wärmeträger in ein Gebäude eingebaut, hat der Bauherr oder der Eigentümer dafür Sorge zu tragen, dass die heizungstechnische Anlage mit einer selbsttätig wirkenden Einrichtung zur raumweisen Regelung der Raumtemperatur ausgestattet ist. ²Satz 1 ist nicht anzuwenden auf

1. eine Fußbodenheizung in Räumen mit weniger als sechs Quadratmetern Nutzfläche oder
2. ein Einzelheizgerät, das zum Betrieb mit festen oder flüssigen Brennstoffen eingerichtet ist.

(2) Mit Ausnahme von Wohngebäuden ist für Gruppen von Räumen gleicher Art und Nutzung eine Gruppenregelung zulässig.

(3) ¹Soweit die in Absatz 1 Satz 1 geforderte Ausstattung bei einem bestehenden Gebäude nicht vorhanden ist, muss der Eigentümer sie nachrüsten. ²Absatz 1 Satz 2 und Absatz 2 sind entsprechend anzuwenden.

(4) Eine Fußbodenheizung, die vor dem 1. Februar 2002 eingebaut worden ist, darf abweichend von Absatz 1 Satz 1 mit einer Einrichtung zur raumweisen Anpassung der Wärmeleistung an die Heizlast ausgestattet werden.

**§ 64 Umwälzpumpe, Zirkulationspumpe.** (1) Eine Umwälzpumpe, die im Heizkreis einer Zentralheizung mit mehr als 25 Kilowatt Nennleistung eingebaut wird, ist so auszustatten, dass die elektrische Leistungsaufnahme dem betriebsbedingten Förderbedarf selbsttätig in mindestens drei Stufen angepasst wird, soweit die Betriebssicherheit des Heizkessels dem nicht entgegensteht.

(2) ¹Eine Zirkulationspumpe muss beim Einbau in eine Warmwasseranlage mit einer selbsttätig wirkenden Einrichtung zur Ein- und Ausschaltung ausgestattet werden. ²Die Trinkwasserverordnung bleibt unberührt.

### Unterabschnitt 2. Klimaanlagen und sonstige Anlagen der Raumlufttechnik

**§ 65 Begrenzung der elektrischen Leistung.** ¹Beim Einbau einer Klimaanlage, die eine Nennleistung für den Kältebedarf von mehr als 12 Kilowatt hat, und einer raumlufttechnischen Anlage mit Zu- und Abluftfunktion, die für einen Volumenstrom der Zuluft von wenigstens 4 000 Kubikmetern je Stunde ausgelegt ist, in ein Gebäude sowie bei der Erneuerung von einem Zentralgerät oder Luftkanalsystem einer solchen Anlage muss diese Anlage so ausgeführt werden, dass bei Auslegungsvolumenstrom der Grenzwert für die spezifische Ventilatorleistung nach DIN EN 16798-3: 2017-11 Kategorie 4 nicht überschritten wird von

1. der auf das Fördervolumen bezogenen elektrischen Leistung der Einzelventilatoren oder
2. dem gewichteten Mittelwert der auf das jeweilige Fördervolumen bezogenen elektrischen Leistung aller Zu- und Abluftventilatoren.

²Der Grenzwert für die spezifische Ventilatorleistung der Kategorie 4 kann um Zuschläge nach DIN EN 16798: 2017-11 Abschnitt 9.5.2.2 für Gas- und Schwebstofffilter- sowie Wärmerückführungsbauteile der Klasse H2 nach DIN EN 13053: 2012-02 erweitert werden.

**§ 66 Regelung der Be- und Entfeuchtung.** (1) Soweit eine Anlage nach § 65 Satz 1 dazu bestimmt ist, die Feuchte der Raumluft unmittelbar zu verändern, muss diese Anlage beim Einbau in ein Gebäude und bei Erneuerung des Zentralgerätes einer solcher Anlage mit einer selbsttätig wirkenden Regelungseinrichtung ausgestattet werden, bei der getrennte Sollwerte für die Be- und die Entfeuchtung eingestellt werden können und als Führungsgröße mindestens die direkt gemessene Zu- oder Abluftfeuchte dient.

(2) ¹Sind solche Einrichtungen in einer bestehenden Anlage nach § 65 Satz 1 nicht vorhanden, muss der Betreiber sie innerhalb von sechs Monaten nach Ablauf der Frist des § 76 Absatz 1 Satz 2 nachrüsten. ²Für sonstige raumlufttechnische Anlagen ist Satz 1 entsprechend anzuwenden.

**§ 67 Regelung der Volumenströme.** (1) Beim Einbau einer Anlage nach § 65 Satz 1 in Gebäude und bei der Erneuerung eines Zentralgerätes oder eines Luftkanalsystems einer solcher Anlage muss diese Anlage mit einer Einrichtung zur selbsttätigen Regelung der Volumenströme in Abhängigkeit von den thermischen und stofflichen Lasten oder zur Einstellung der Volumenströme in Abhängigkeit von der Zeit ausgestattet werden, wenn der Zuluftvolumenstrom dieser Anlage höher ist als

1. neun Kubikmeter pro Stunde je Quadratmeter versorgter Nettogrundfläche des Nichtwohngebäudes oder
2. neun Kubikmeter pro Stunde je Quadratmeter versorgter Gebäudenutzfläche des Wohngebäudes.

(2) Absatz 1 ist nicht anzuwenden, soweit in den versorgten Räumen auf Grund des Arbeits- und Gesundheitsschutzes erhöhte Zuluftvolumenströme

erforderlich oder Laständerungen weder messtechnisch noch hinsichtlich des zeitlichen Verlaufs erfassbar sind.

**§ 68 Wärmerückgewinnung.** ¹Wird eine Anlage nach § 65 Satz 1 in Gebäude eingebaut oder ein Zentralgerät einer solchen Anlage erneuert, muss diese mit einer Einrichtung zur Wärmerückgewinnung ausgestattet sein, es sei denn, die rückgewonnene Wärme kann nicht genutzt werden oder das Zu- und das Abluftsystem sind räumlich vollständig getrennt. ²Die Einrichtung zur Wärmerückgewinnung muss mindestens der DIN EN 13053: 2007-11 Klassifizierung H3 entsprechen. ³Für die Betriebsstundenzahl sind die Nutzungsrandbedingungen nach DIN V 18599-10: 2018-09 und für den Luftvolumenstrom der Außenluftvolumenstrom maßgebend.

### Unterabschnitt 3. Wärmedämmung von Rohrleitungen und Armaturen

**§ 69 Wärmeverteilungs- und Warmwasserleitungen sowie Armaturen.**

Werden Wärmeverteilungs- und Warmwasserleitungen sowie Armaturen erstmalig in ein Gebäude eingebaut oder werden sie ersetzt, hat der Bauherr oder der Eigentümer dafür Sorge zu tragen, dass die Wärmeabgabe der Rohrleitungen und Armaturen nach Anlage 8 begrenzt wird.

**§ 70 Kälteverteilungs- und Kaltwasserleitungen sowie Armaturen.**

Werden Kälteverteilungs- und Kaltwasserleitungen sowie Armaturen, die zu Klimaanlagen oder sonstigen Anlagen der Raumlufttechnik im Sinne des § 65 Satz 1 gehören, erstmalig in ein Gebäude eingebaut oder werden sie ersetzt, hat der Bauherr oder der Eigentümer dafür Sorge zu tragen, dass die Wärmeaufnahme der eingebauten oder ersetzten Kälteverteilungs- und Kaltwasserleitungen sowie Armaturen nach Anlage 8 begrenzt wird.

### Unterabschnitt 4. Nachrüstung bei heizungstechnischen Anlagen; Betriebsverbot für Heizkessel

**§ 71 Dämmung von Wärmeverteilungs- und Warmwasserleitungen.**

(1) Der Eigentümer eines Gebäudes hat dafür Sorge zu tragen, dass bei heizungstechnischen Anlagen bisher ungedämmte, zugängliche Wärmeverteilungs- und Warmwasserleitungen, die sich nicht in beheizten Räumen befinden, die Wärmeabgabe der Rohrleitungen nach Anlage 8 begrenzt wird.

(2) Absatz 1 ist nicht anzuwenden, soweit die für eine Nachrüstung erforderlichen Aufwendungen durch die eintretenden Einsparungen nicht innerhalb angemessener Frist erwirtschaftet werden können.

**§ 72 Betriebsverbot für Heizkessel, Ölheizungen.** (1) Eigentümer von Gebäuden dürfen ihre Heizkessel, die mit einem flüssigen oder gasförmigen Brennstoff beschickt werden und vor dem 1. Januar 1991 eingebaut oder aufgestellt worden sind, nicht mehr betreiben.

(2) Eigentümer von Gebäuden dürfen ihre Heizkessel, die mit einem flüssigen oder gasförmigen Brennstoff beschickt werden und ab dem 1. Januar 1991 eingebaut oder aufgestellt worden sind, nach Ablauf von 30 Jahren nach Einbau oder Aufstellung nicht mehr betreiben.

(3) Die Absätze 1 und 2 sind nicht anzuwenden auf

1. Niedertemperatur-Heizkessel und Brennwertkessel sowie

Gebäudeenergiegesetz §§ 73, 74 GEG 8.1

2. heizungstechnische Anlagen, deren Nennleistung weniger als 4 Kilowatt oder mehr als 400 Kilowatt beträgt.

(4) ¹Ab dem 1. Januar 2026 dürfen Heizkessel, die mit Heizöl oder mit festem fossilen Brennstoff beschickt werden, zum Zwecke der Inbetriebnahme in ein Gebäude nur eingebaut oder in einem Gebäude nur aufgestellt werden, wenn

1. ein Gebäude so errichtet worden ist oder errichtet wird, dass der Wärme- und Kälteenergiebedarf nach § 10 Absatz 2 Nummer 3 anteilig durch erneuerbare Energien nach Maßgabe der §§ 34 bis 41 und nicht durch Maßnahmen nach den §§ 42 bis 45 gedeckt wird,
2. ein bestehendes öffentliches Gebäude nach § 52 Absatz 1 so geändert worden ist oder geändert wird, dass der Wärme- und Kälteenergiebedarf anteilig durch erneuerbare Energien nach Maßgabe von § 52 Absatz 3 und 4 gedeckt wird und die Pflicht nach § 52 Absatz 1 nicht durch eine Ersatzmaßnahme nach § 53 erfüllt worden ist oder erfüllt wird,
3. ein bestehendes Gebäude so errichtet oder geändert worden ist oder geändert wird, dass der Wärme- und Kälteenergiebedarf anteilig durch erneuerbare Energien gedeckt wird, oder
4. bei einem bestehenden Gebäude kein Anschluss an ein Gasversorgungsnetz oder an ein Fernwärmeverteilungsnetz hergestellt werden kann, weil kein Gasversorgungsnetz der allgemeinen Versorgung oder kein Verteilungsnetz eines Fernwärmeversorgungsunternehmens am Grundstück anliegt und eine anteilige Deckung des Wärme- und Kälteenergiebedarfs durch erneuerbare Energien technisch nicht möglich ist oder zu einer unbilligen Härte führt.

²Die Pflichten nach § 10 Absatz 2 Nummer 3 und nach § 52 Absatz 1 bleiben unberührt.

(5) Absatz 4 Satz 1 ist nicht anzuwenden, wenn die Außerbetriebnahme einer mit Heizöl oder mit festem fossilem Brennstoff betriebenen Heizung und der Einbau einer neuen nicht mit Heizöl oder mit festem fossilem Brennstoff betriebenen Heizung im Einzelfall wegen besonderer Umstände durch einen unangemessenen Aufwand oder in sonstiger Weise zu einer unbilligen Härte führen.

**§ 73 Ausnahme.** (1) Bei einem Wohngebäude mit nicht mehr als zwei Wohnungen, von denen der Eigentümer eine Wohnung am 1. Februar 2002 selbst bewohnt hat, sind die Pflichten nach § 71 und § 72 Absatz 1 und 2 erst im Falle eines Eigentümerwechsels nach dem 1. Februar 2002 von dem neuen Eigentümer zu erfüllen.

(2) Die Frist zur Pflichterfüllung beträgt zwei Jahre ab dem ersten Eigentumsübergang nach dem 1. Februar 2002.

### Abschnitt 3. Energetische Inspektion von Klimaanlagen

**§ 74 Betreiberpflicht.** (1) Der Betreiber von einer in ein Gebäude eingebauten Klimaanlage mit einer Nennleistung für den Kältebedarf von mehr als 12 Kilowatt oder einer kombinierten Klima- und Lüftungsanlage mit einer Nennleistung für den Kältebedarf von mehr als 12 Kilowatt hat innerhalb der in § 76 genannten Zeiträume energetische Inspektionen dieser Anlage durch eine berechtigte Person im Sinne des § 77 Absatz 1 durchführen zu lassen.

(2) ¹Der Betreiber kann die Pflicht nach Absatz 1 Satz 1 durch eine stichprobenweise Inspektion nach Maßgabe von § 75 Absatz 4 erfüllen, wenn er mehr als zehn Klimaanlagen mit einer Nennleistung für den Kältebedarf von mehr als 12 Kilowatt und bis zu 70 Kilowatt oder mehr als zehn kombinierte Klima- und Lüftungsanlagen mit einer Nennleistung für den Kältebedarf von mehr als 12 Kilowatt und bis zu 70 Kilowatt betreibt, die in vergleichbare Nichtwohngebäude eingebaut und nach Anlagentyp und Leistung gleichartig sind. ²Ein Nichtwohngebäude ist vergleichbar, wenn es nach demselben Plan errichtet wird, der für mehrere Nichtwohngebäude an verschiedenen Standorten erstellt wurde. ³Nach Anlagentyp und Leistung gleichartige Klimaanlagen oder kombinierte Klima- und Lüftungsanlagen sind Anlagen gleicher Bauart, gleicher Funktion und gleicher Kühlleistung je Quadratmeter Nettogrundfläche.

(3) ¹Die Pflicht nach Absatz 1 besteht nicht, wenn eine Klimaanlage oder eine kombinierte Klima- und Lüftungsanlage in ein Nichtwohngebäude eingebaut ist, das mit einem System für die Gebäudeautomation und Gebäuderegelung nach Maßgabe von Satz 2 ausgestattet ist. ²Das System muss in der Lage sein,

1. den Energieverbrauch des Gebäudes kontinuierlich zu überwachen, zu protokollieren, zu analysieren und dessen Anpassung zu ermöglichen,
2. einen Vergleichsmaßstab in Bezug auf die Energieeffizienz des Gebäudes aufzustellen, Effizienzverluste der vorhandenen gebäudetechnischen Systeme zu erkennen und die für die gebäudetechnischen Einrichtungen oder die gebäudetechnische Verwaltung zuständige Person zu informieren und
3. die Kommunikation zwischen den vorhandenen, miteinander verbundenen gebäudetechnischen Systemen und anderen gebäudetechnischen Anwendungen innerhalb des Gebäudes zu ermöglichen und gemeinsam mit verschiedenen Typen gebäudetechnischer Systeme betrieben zu werden.

(4) Die Pflicht nach Absatz 1 besteht nicht, wenn eine Klimaanlage oder eine kombinierte Klima- und Lüftungsanlage in ein Wohngebäude eingebaut ist, das ausgestattet ist mit

1. einer kontinuierlichen elektronischen Überwachungsfunktion, die die Effizienz der vorhandenen gebäudetechnischen Systeme misst und den Eigentümer oder Verwalter des Gebäudes darüber informiert, wenn sich die Effizienz erheblich verschlechtert hat und eine Wartung der vorhandenen gebäudetechnischen Systeme erforderlich ist, und
2. einer wirksamen Regelungsfunktion zur Gewährleistung einer optimalen Erzeugung, Verteilung, Speicherung oder Nutzung von Energie.

**§ 75 Durchführung und Umfang der Inspektion.** (1) Die Inspektion einer Klimaanlage oder einer kombinierten Klima- und Lüftungsanlage umfasst Maßnahmen zur Prüfung der Komponenten, die den Wirkungsgrad der Anlage beeinflussen, und der Anlagendimensionierung im Verhältnis zum Kühlbedarf des Gebäudes.

(2) Die Inspektion bezieht sich insbesondere auf

1. die Überprüfung und Bewertung der Einflüsse, die für die Auslegung der Anlage verantwortlich sind, insbesondere Veränderungen der Raumnutzung und -belegung, der Nutzungszeiten, der inneren Wärmequellen sowie der

Gebäudeenergiegesetz **§§ 76, 77 GEG 8.1**

relevanten bauphysikalischen Eigenschaften des Gebäudes und der vom Betreiber geforderten Sollwerte hinsichtlich Luftmengen, Temperatur, Feuchte, Betriebszeit sowie Toleranzen, und
2. die Feststellung der Effizienz der wesentlichen Komponenten.

(3) Die Inspektion einer Klimaanlage mit einer Nennleistung für den Kältebedarf von mehr als 70 Kilowatt oder einer kombinierten Klima- und Lüftungsanlage mit einer Nennleistung für den Kältebedarf von mehr als 70 Kilowatt ist nach DIN SPEC 15240: 2019-03 durchzuführen.

(4) [1] In den Fällen des § 74 Absatz 2 ist bei einem Betrieb von bis zu 200 Klimaanlagen jede zehnte Anlage und bei einem Betrieb von mehr als 200 Klimaanlagen jede 20. [2] Anlage einer Inspektion nach Maßgabe der Absätze 1 bis 3 zu unterziehen.

**§ 76 Zeitpunkt der Inspektion.** (1) [1] Die Inspektion ist erstmals im zehnten Jahr nach der Inbetriebnahme oder der Erneuerung wesentlicher Bauteile wie Wärmeübertrager, Ventilator oder Kältemaschine durchzuführen. [2] Abweichend von Satz 1 ist eine Klimaanlage oder eine kombinierte Klima- und Lüftungsanlage, die am 1. Oktober 2018 mehr als zehn Jahre alt war und noch keiner Inspektion unterzogen wurde, spätestens bis zum 31. Dezember 2022 erstmals einer Inspektion zu unterziehen.

(2) [1] Nach der erstmaligen Inspektion ist die Anlage wiederkehrend spätestens alle zehn Jahre einer Inspektion zu unterziehen. [2] Wenn an der Klimaanlage oder der kombinierten Klima- und Lüftungsanlage nach der erstmaligen Inspektion oder nach einer wiederkehrenden Inspektion keine Änderungen vorgenommen wurden oder in Bezug auf den Kühlbedarf des Gebäudes keine Änderungen eingetreten sind, muss die Prüfung der Anlagendimensionierung nicht wiederholt werden.

**§ 77 Fachkunde des Inspektionspersonals.** (1) Eine Inspektion darf nur von einer fachkundigen Person durchgeführt werden.

(2) Fachkundig ist insbesondere
1. eine Person mit einem berufsqualifizierenden Hochschulabschluss in einer der Fachrichtungen Versorgungstechnik oder Technische Gebäudeausrüstung mit mindestens einem Jahr Berufserfahrung in Planung, Bau, Betrieb oder Prüfung raumlufttechnischer Anlagen,
2. eine Person mit einem berufsqualifizierenden Hochschulabschluss in einer der Fachrichtungen Maschinenbau, Elektrotechnik, Verfahrenstechnik oder Bauingenieurwesen oder einer anderen technischen Fachrichtung mit einem Ausbildungsschwerpunkt bei der Versorgungstechnik oder der Technischen Gebäudeausrüstung mit mindestens drei Jahren Berufserfahrung in Planung, Bau, Betrieb oder Prüfung raumlufttechnischer Anlagen,
3. eine Person, die für ein zulassungspflichtiges anlagentechnisches Gewerbe die Voraussetzungen zur Eintragung in die Handwerksrolle erfüllt,
4. eine Person, die für ein zulassungsfreies Handwerk in einem der Bereiche nach Nummer 3 einen Meistertitel erworben hat,
5. eine Person, die auf Grund ihrer Ausbildung berechtigt ist, ein zulassungspflichtiges Handwerk in einem der Bereiche nach Nummer 3 ohne Meistertitel selbständig auszuüben,

6. eine Person, die staatlich anerkannter oder geprüfter Techniker ist, dessen Ausbildungsschwerpunkt auch die Beurteilung von Lüftungs- und Klimaanlagen umfasst.

(3) Eine gleichwertige Aus- oder Fortbildung, die in einem anderen Mitgliedstaat der Europäischen Union, einem anderen Vertragsstaat des Abkommens über den Europäischen Wirtschaftsraum oder der Schweiz erworben worden ist und durch einen entsprechenden Nachweis belegt werden kann, ist den in Absatz 2 genannten Aus- und Fortbildungen gleichgestellt.

**§ 78 Inspektionsbericht; Registriernummern.** (1) Die inspizierende Person hat einen Inspektionsbericht mit den Ergebnissen der Inspektion und Ratschlägen in Form von kurz gefassten fachlichen Hinweisen für Maßnahmen zur kosteneffizienten Verbesserung der energetischen Eigenschaften der Anlage, für deren Austausch oder für Alternativlösungen zu erstellen.

(2) $^1$Die inspizierende Person hat den Inspektionsbericht unter Angabe ihres Namens, ihrer Anschrift und Berufsbezeichnung sowie des Datums der Inspektion und des Ausstellungsdatums eigenhändig zu unterschreiben oder mit einem Faksimile der Unterschrift zu versehen. $^2$Der Inspektionsbericht ist dem Betreiber zu übergeben.

(3) Vor Übergabe des Inspektionsberichts an den Betreiber hat die inspizierende Person die nach § 98 Absatz 2 zugeteilte Registriernummer einzutragen.

(4) Zur Sicherstellung des Vollzugs der Inspektionspflicht nach § 74 Absatz 1 hat der Betreiber den Inspektionsbericht der nach Landesrecht zuständigen Behörde auf Verlangen vorzulegen.

## Teil 5. Energieausweise

**§ 79 Grundsätze des Energieausweises.** (1) $^1$Energieausweise dienen ausschließlich der Information über die energetischen Eigenschaften eines Gebäudes und sollen einen überschlägigen Vergleich von Gebäuden ermöglichen. $^2$Ein Energieausweis ist als Energiebedarfsausweis oder als Energieverbrauchsausweis nach Maßgabe der §§ 80 bis 86 auszustellen. $^3$Es ist zulässig, sowohl den Energiebedarf als auch den Energieverbrauch anzugeben.

(2) $^1$Ein Energieausweis wird für ein Gebäude ausgestellt. $^2$Er ist für Teile von einem Gebäude auszustellen, wenn die Gebäudeteile nach § 106 getrennt zu behandeln sind.

(3) $^1$Ein Energieausweis ist für eine Gültigkeitsdauer von zehn Jahren auszustellen. $^2$Unabhängig davon verliert er seine Gültigkeit, wenn nach § 80 Absatz 2 ein neuer Energieausweis erforderlich wird.

(4) $^1$Auf ein kleines Gebäude sind die Vorschriften dieses Abschnitts nicht anzuwenden. $^2$Auf ein Baudenkmal ist § 80 Absatz 3 bis 7 nicht anzuwenden.

**§ 80 Ausstellung und Verwendung von Energieausweisen.** (1) $^1$Wird ein Gebäude errichtet, ist ein Energiebedarfsausweis unter Zugrundelegung der energetischen Eigenschaften des fertiggestellten Gebäudes auszustellen. $^2$Der Eigentümer hat sicherzustellen, dass der Energieausweis unverzüglich nach Fertigstellung des Gebäudes ausgestellt und ihm der Energieausweis oder eine Kopie hiervon übergeben wird. $^3$Die Sätze 1 und 2 sind für den Bauherren entsprechend anzuwenden, wenn der Eigentümer nicht zugleich Bauherr des

Gebäudeenergiegesetz **§ 80 GEG 8.1**

Gebäudes ist. ⁴Der Eigentümer hat den Energieausweis der nach Landesrecht zuständigen Behörde auf Verlangen vorzulegen.

(2) ¹Werden bei einem bestehenden Gebäude Änderungen im Sinne des § 48 ausgeführt, ist ein Energiebedarfsausweis unter Zugrundelegung der energetischen Eigenschaften des geänderten Gebäudes auszustellen, wenn unter Anwendung des § 50 Absatz 1 und 2 für das gesamte Gebäude Berechnungen nach § 50 Absatz 3 durchgeführt werden. ²Absatz 1 Satz 2 bis 4 ist entsprechend anzuwenden.

(3) ¹Soll ein mit einem Gebäude bebautes Grundstück oder Wohnungs- oder Teileigentum verkauft, ein Erbbaurecht an einem bebauten Grundstück begründet oder übertragen oder ein Gebäude, eine Wohnung oder eine sonstige selbständige Nutzungseinheit vermietet, verpachtet oder verleast werden, ist ein Energieausweis auszustellen, wenn nicht bereits ein gültiger Energieausweis für das Gebäude vorliegt. ²In den Fällen des Satzes 1 ist für Wohngebäude, die weniger als fünf Wohnungen haben und für die der Bauantrag vor dem 1. November 1977 gestellt worden ist, ein Energiebedarfsausweis auszustellen. ³Satz 2 ist nicht anzuwenden, wenn das Wohngebäude

1. schon bei der Baufertigstellung das Anforderungsniveau der Wärmeschutzverordnung vom 11. August 1977 (BGBl. I S. 1554) erfüllt hat oder
2. durch spätere Änderungen mindestens auf das in Nummer 1 bezeichnete Anforderungsniveau gebracht worden ist.

⁴Bei der Ermittlung der energetischen Eigenschaften des Wohngebäudes nach Satz 3 können die Bestimmungen über die vereinfachte Datenerhebung nach § 50 Absatz 4 angewendet werden.

(4) ¹Im Falle eines Verkaufs oder der Bestellung eines Rechts im Sinne des Absatzes 3 Satz 1 hat der Verkäufer oder der Immobilienmakler dem potenziellen Käufer spätestens bei der Besichtigung einen Energieausweis oder eine Kopie hiervon vorzulegen. ²Die Vorlagepflicht wird auch durch einen deutlich sichtbaren Aushang oder ein deutlich sichtbares Auslegen während der Besichtigung erfüllt. ³Findet keine Besichtigung statt, haben der Verkäufer oder der Immobilienmakler den Energieausweis oder eine Kopie hiervon dem potenziellen Käufer unverzüglich vorzulegen. ⁴Der Energieausweis oder eine Kopie hiervon ist spätestens dann unverzüglich vorzulegen, wenn der potenzielle Käufer zur Vorlage auffordert. ⁵Unverzüglich nach Abschluss des Kaufvertrages hat der Verkäufer oder der Immobilienmakler dem Käufer den Energieausweis oder eine Kopie hiervon zu übergeben. ⁶Im Falle des Verkaufs eines Wohngebäudes mit nicht mehr als zwei Wohnungen hat der Käufer nach Übergabe des Energieausweises ein informatorisches Beratungsgespräch zum Energieausweis mit einer nach § 88 zur Ausstellung von Energieausweisen berechtigten Person zu führen, wenn ein solches Beratungsgespräch als einzelne Leistung unentgeltlich angeboten wird.

(5) Im Falle einer Vermietung, Verpachtung oder eines Leasings im Sinne des Absatzes 3 Satz 1 ist für den Vermieter, den Verpächter, den Leasinggeber oder den Immobilienmakler Absatz 4 Satz 1 bis 5 entsprechend anzuwenden.

(6) ¹Der Eigentümer eines Gebäudes, in dem sich mehr als 250 Quadratmeter Nutzfläche mit starkem Publikumsverkehr befinden, das auf behördlicher Nutzung beruht, hat sicherzustellen, dass für das Gebäude ein Energieausweis ausgestellt wird. ²Der Eigentümer hat den nach Satz 1 ausgestellten Energieausweis an einer für die Öffentlichkeit gut sichtbaren Stelle auszuhän-

gen. ³Wird die in Satz 1 genannte Nutzfläche nicht oder nicht überwiegend vom Eigentümer selbst genutzt, so trifft die Pflicht zum Aushang des Energieausweises den Nutzer. ⁴Der Eigentümer hat ihm zu diesem Zweck den Energieausweis oder eine Kopie hiervon zu übergeben. ⁵Zur Erfüllung der Pflicht nach Satz 2 ist es ausreichend, von einem Energieausweis nur einen Auszug nach dem Muster gemäß § 85 Absatz 8 auszuhängen.

(7) ¹Der Eigentümer eines Gebäudes, in dem sich mehr als 500 Quadratmeter Nutzfläche mit starkem Publikumsverkehr befinden, der nicht auf behördlicher Nutzung beruht, hat einen Energieausweis an einer für die Öffentlichkeit gut sichtbaren Stelle auszuhängen, sobald für das Gebäude ein Energieausweis vorliegt. ²Absatz 6 Satz 3 bis 5 ist entsprechend anzuwenden.

**§ 81 Energiebedarfsausweis.** (1) ¹Wird ein Energieausweis für ein zu errichtendes Gebäude auf der Grundlage des berechneten Energiebedarfs ausgestellt, sind die Ergebnisse der nach den §§ 15 und 16 oder nach den §§ 18 und 19 erforderlichen Berechnungen zugrunde zu legen. ²In den Fällen des § 31 Absatz 1 sind die Kennwerte zu verwenden, die in den Bekanntmachungen nach § 31 Absatz 2 der jeweils zutreffenden Ausstattungsvariante zugewiesen sind.

(2) Wird ein Energieausweis für ein bestehendes Gebäude auf der Grundlage des berechneten Energiebedarfs ausgestellt, ist auf die erforderlichen Berechnungen § 50 Absatz 3 und 4 entsprechend anzuwenden.

**§ 82 Energieverbrauchsausweis.** (1) ¹Wird ein Energieausweis auf der Grundlage des erfassten Endenergieverbrauchs ausgestellt, sind der witterungsbereinigte Endenergie- und Primärenergieverbrauch nach Maßgabe der Absätze 2 bis 5 zu berechnen. ²Die Bestimmungen des § 50 Absatz 4 über die vereinfachte Datenerhebung sind entsprechend anzuwenden.

(2) ¹Bei einem Wohngebäude ist der Endenergieverbrauch für Heizung und Warmwasserbereitung zu ermitteln und in Kilowattstunden pro Jahr und Quadratmeter Gebäudenutzfläche anzugeben. ²Ist im Fall dezentraler Warmwasserbereitung in einem Wohngebäude der hierauf entfallende Verbrauch nicht bekannt, ist der Endenergieverbrauch um eine Pauschale von 20 Kilowattstunden pro Jahr und Quadratmeter Gebäudenutzfläche zu erhöhen. ³Im Fall der Kühlung von Raumluft in einem Wohngebäude ist der für Heizung und Warmwasser ermittelte Endenergieverbrauch um eine Pauschale von 6 Kilowattstunden pro Jahr und Quadratmeter gekühlter Gebäudenutzfläche zu erhöhen. ⁴Ist die Gebäudenutzfläche nicht bekannt, kann sie bei Wohngebäuden mit bis zu zwei Wohneinheiten mit beheiztem Keller pauschal mit dem 1,35fachen Wert der Wohnfläche, bei sonstigen Wohngebäuden mit dem 1,2fachen Wert der Wohnfläche angesetzt werden. ⁵Bei Nichtwohngebäuden ist der Endenergieverbrauch für Heizung, Warmwasserbereitung, Kühlung, Lüftung und eingebaute Beleuchtung zu ermitteln und in Kilowattstunden pro Jahr und Quadratmeter Nettogrundfläche anzugeben.

(3) ¹Der Endenergieverbrauch für die Heizung ist einer Witterungsbereinigung zu unterziehen. ²Der Primärenergieverbrauch wird auf der Grundlage des Endenergieverbrauchs und der Primärenergiefaktoren nach § 22 errechnet.

(4) ¹Zur Ermittlung des Energieverbrauchs sind die folgenden Verbrauchsdaten zu verwenden:

Gebäudeenergiegesetz **§§ 83, 84 GEG 8.1**

1. Verbrauchsdaten aus Abrechnungen von Heizkosten nach der Verordnung über Heizkostenabrechnung in der Fassung der Bekanntmachung vom 5. Oktober 2009 (BGBl. I S. 3250) für das gesamte Gebäude,
2. andere geeignete Verbrauchsdaten, insbesondere Abrechnungen von Energielieferanten oder sachgerecht durchgeführte Verbrauchsmessungen, oder
3. eine Kombination von Verbrauchsdaten nach den Nummern 1 und 2.

²Den zu verwendenden Verbrauchsdaten sind mindestens die Abrechnungen aus einem zusammenhängenden Zeitraum von 36 Monaten zugrunde zu legen, der die jüngste Abrechnungsperiode einschließt, deren Ende nicht mehr als 18 Monate zurückliegen darf. ³Bei der Ermittlung nach Satz 2 sind längere Leerstände rechnerisch angemessen zu berücksichtigen. ⁴Der maßgebliche Energieverbrauch ist der durchschnittliche Verbrauch in dem zugrunde gelegten Zeitraum.

(5) ¹Für die Witterungsbereinigung des Endenergieverbrauchs und die angemessene rechnerische Berücksichtigung längerer Leerstände sowie die Berechnung des Primärenergieverbrauchs auf der Grundlage des ermittelten Endenergieverbrauchs ist ein den anerkannten Regeln der Technik entsprechendes Verfahren anzuwenden. ²Die Einhaltung der anerkannten Regeln der Technik wird vermutet, soweit bei der Ermittlung des Energieverbrauchs Vereinfachungen verwendet werden, die vom Bundesministerium für Wirtschaft und Energie und vom Bundesministerium des Innern, für Bau und Heimat im Bundesanzeiger gemeinsam bekannt gemacht worden sind.

**§ 83 Ermittlung und Bereitstellung von Daten.** (1) ¹Der Aussteller ermittelt die Daten, die in den Fällen des § 80 Absatz 3 Satz 3 benötigt werden, sowie die Daten, die nach § 81 Absatz 1 und 2 in Verbindung mit den §§ 20 bis 33 und § 50 oder nach § 82 Absatz 1, 2 Satz 1 oder Satz 5 und Absatz 4 Satz 1 Grundlage für die Ausstellung des Energieausweises sind, selbst oder verwendet die entsprechenden vom Eigentümer des Gebäudes bereitgestellten Daten. ²Der Aussteller hat dafür Sorge zu tragen, dass die von ihm ermittelten Daten richtig sind.

(2) ¹Wird ein Energiebedarfsausweis ausgestellt und stellt der Aussteller keine eigenen Berechnungen, die nach den §§ 15 und 16, nach den §§ 18 und 19 oder nach § 50 Absatz 3 erforderlich sind, an, hat er die Berechnungen einzusehen oder sich vom Eigentümer zur Verfügung stellen zu lassen. ²Wird ein Energieverbrauchsausweis ausgestellt und stellt der Aussteller keine eigenen Berechnungen nach § 82 Absatz 1 an, hat er die Berechnungen einzusehen oder sich vom Eigentümer zur Verfügung stellen zu lassen.

(3) ¹Stellt der Eigentümer des Gebäudes die Daten bereit, hat er dafür Sorge zu tragen, dass die Daten richtig sind. ²Der Aussteller muss die vom Eigentümer bereitgestellten Daten sorgfältig prüfen und darf die Daten seinen Berechnungen nicht zugrunde legen, wenn Zweifel an deren Richtigkeit bestehen.

**§ 84 Empfehlungen für die Verbesserung der Energieeffizienz.**
(1) ¹Der Aussteller hat ein bestehendes Gebäude, für das er einen Energieausweis erstellt, vor Ort zu begehen oder sich für eine Beurteilung der energetischen Eigenschaften geeignete Bildaufnahmen des Gebäudes zur Verfügung stellen zu lassen und im Energieausweis Empfehlungen für Maßnahmen zur kosteneffizienten Verbesserung der energetischen Eigenschaften des Gebäudes (Energieeffizienz) in Form von kurz gefassten fachlichen Hinweisen zu geben

1181

(Modernisierungsempfehlungen), es sei denn, die fachliche Beurteilung hat ergeben, dass solche Maßnahmen nicht möglich sind. ²Die Modernisierungsempfehlungen beziehen sich auf Maßnahmen am gesamten Gebäude, an einzelnen Außenbauteilen sowie an Anlagen und Einrichtungen im Sinne dieses Gesetzes.

(2) ¹Die Bestimmungen des § 50 Absatz 4 über die vereinfachte Datenerhebung sind entsprechend anzuwenden. ²Sind Modernisierungsempfehlungen nicht möglich, hat der Aussteller dies im Energieausweis zu vermerken.

**§ 85 Angaben im Energieausweis.** (1) Ein Energieausweis muss mindestens folgende Angaben zur Ausweisart und zum Gebäude enthalten:

1. Fassung dieses Gesetzes, auf deren Grundlage der Energieausweis erstellt wird,
2. Energiebedarfsausweis im Sinne des § 81 oder Energieverbrauchsausweis im Sinne des § 82 mit Hinweisen zu den Aussagen der jeweiligen Ausweisart über die energetische Qualität des Gebäudes,
3. Ablaufdatum des Energieausweises,
4. Registriernummer,
5. Anschrift des Gebäudes,
6. Art des Gebäudes: Wohngebäude oder Nichtwohngebäude,
7. bei einem Wohngebäude: Gebäudetyp,
8. bei einem Nichtwohngebäude: Hauptnutzung oder Gebäudekategorie,
9. im Falle des § 79 Absatz 2 Satz 2: Gebäudeteil,
10. Baujahr des Gebäudes,
11. Baujahr des Wärmeerzeugers; bei einer Fern- oder Nahwärmeversorgung: Baujahr der Übergabestation,
12. bei einem Wohngebäude: Anzahl der Wohnungen und Gebäudenutzfläche; bei Ermittlung der Gebäudenutzfläche aus der Wohnfläche gemäß § 82 Absatz 2 Satz 4 ist darauf hinzuweisen,
13. bei einem Nichtwohngebäude: Nettogrundfläche,
14. wesentliche Energieträger für Heizung und Warmwasser,
15. bei Neubauten: Art der genutzten erneuerbaren Energie, deren Anteil an der Deckung des Wärme- und Kälteenergiebedarfs sowie der Anteil zur Pflichterfüllung; alternativ: Maßnahmen nach den §§ 42, 43, 44 oder 45,
16. Art der Lüftung und, falls vorhanden, Art der Kühlung,
17. inspektionspflichtige Klimaanlagen oder kombinierte Lüftungs- und Klimaanlage im Sinne des § 74 und Fälligkeitsdatum der nächsten Inspektion,
18. der Anlass der Ausstellung des Energieausweises,
19. Durchführung der Datenerhebung durch Eigentümer oder Aussteller,
20. Name, Anschrift und Berufsbezeichnung des Ausstellers, Ausstellungsdatum und Unterschrift des Ausstellers.

(2) Ein Energiebedarfsausweis im Sinne des § 81 muss zusätzlich zu den Angaben nach Absatz 1 mindestens folgende Angaben enthalten:

1. bei Neubau eines Wohn- oder Nichtwohngebäudes: Ergebnisse der nach § 81 Absatz 1 Satz 1 erforderlichen Berechnungen, einschließlich der Anforderungswerte, oder im Fall des § 81 Absatz 1 Satz 2 die in der Bekanntmachung nach § 31 Absatz 2 genannten Kennwerte und nach Maßgabe von

Gebäudeenergiegesetz **§ 85 GEG 8.1**

Absatz 6 die sich aus dem Jahres-Primärenergiebedarf ergebenden Treibhausgasemissionen, ausgewiesen als äquivalente Kohlendioxidemissionen, in Kilogramm pro Jahr und Quadratmeter der Gebäudenutzfläche bei Wohngebäuden oder der Nettogrundfläche bei Nichtwohngebäuden,

2. in den Fällen des § 80 Absatz 2 bei bestehenden Wohn- oder Nichtwohngebäuden: Ergebnisse der nach § 81 Absatz 2 erforderlichen Berechnungen, einschließlich der Anforderungswerte, und nach Maßgabe von Absatz 6 die sich aus dem Jahres-Primärenergiebedarf ergebenden Treibhausgasemissionen, ausgewiesen als äquivalente Kohlendioxidemissionen, in Kilogramm pro Jahr und Quadratmeter der Gebäudenutzfläche bei Wohngebäuden oder der Nettogrundfläche bei Nichtwohngebäuden,
3. bei Neubau eines Wohn- oder Nichtwohngebäudes: Einhaltung des sommerlichen Wärmeschutzes,
4. das für die Energiebedarfsrechnung verwendete Verfahren:
   a) Verfahren nach den §§ 20, 21,
   b) Modellgebäudeverfahren nach § 31,
   c) Verfahren nach § 32 oder
   d) Vereinfachungen nach § 50 Absatz 4,
5. bei einem Wohngebäude: der Endenergiebedarf für Wärme,
6. bei einem Wohngebäude: Vergleichswerte für Endenergie,
7. bei einem Nichtwohngebäude: der Endenergiebedarf für Wärme und der Endenergiebedarf für Strom,
8. bei einem Nichtwohngebäude: Gebäudezonen mit jeweiliger Nettogrundfläche und deren Anteil an der gesamten Nettogrundfläche,
9. bei einem Nichtwohngebäude: Aufteilung des jährlichen Endenergiebedarfs auf Heizung, Warmwasser, eingebaute Beleuchtung, Lüftung, Kühlung einschließlich Befeuchtung.

(3) Ein Energieverbrauchsausweis im Sinne des § 82 muss zusätzlich zu den Angaben nach Absatz 1 mindestens folgende Angaben enthalten:
1. bei einem Wohngebäude: Endenergie- und Primärenergieverbrauch des Gebäudes für Heizung und Warmwasser entsprechend den Berechnungen nach § 82 Absatz 1, 2 Satz 1 und Absatz 3 in Kilowattstunden pro Jahr und Quadratmeter Gebäudenutzfläche und nach Maßgabe von Absatz 6 die sich aus dem Primärenergieverbrauch ergebenden Treibhausgasemissionen, ausgewiesen als äquivalente Kohlendioxidemissionen, in Kilogramm pro Jahr und Quadratmeter Gebäudenutzfläche,
2. bei einem Nichtwohngebäude: Endenergieverbrauch des Gebäudes für Wärme und Endenergieverbrauch für den zur Heizung, Warmwasserbereitung, Kühlung und zur Lüftung und für die eingebaute Beleuchtung eingesetzten Strom sowie Primärenergieverbrauch entsprechend den Berechnungen nach § 82 Absatz 1, 2 Satz 5 und Absatz 3 in Kilowattstunden pro Jahr und Quadratmeter Nettogrundfläche und nach Maßgabe von Absatz 6 die sich aus dem Primärenergieverbrauch ergebenden Treibhausgasemissionen, ausgewiesen als äquivalente Kohlendioxidemissionen, in Kilogramm pro Jahr und Quadratmeter Nettogrundfläche des Gebäudes,
3. Daten zur Verbrauchserfassung, einschließlich Angaben zu Leerständen,
4. bei einem Nichtwohngebäude: Gebäudenutzung,
5. bei einem Wohngebäude: Vergleichswerte für Endenergie,

6. bei einem Nichtwohngebäude: Vergleichswerte für den Energieverbrauch, die jeweils vom Bundesministerium für Wirtschaft und Energie gemeinsam mit dem Bundesministerium des Innern, für Bau und Heimat im Bundesanzeiger bekannt gemacht worden sind.

(4) Modernisierungsempfehlungen nach § 84 sind Bestandteil der Energieausweise.

(5) Ein Energieausweis ist vom Aussteller unter Angabe seines Namens, seiner Anschrift und Berufsbezeichnung sowie des Ausstellungsdatums eigenhändig oder durch Nachbildung der Unterschrift zu unterschreiben.

(6) Zur Ermittlung der Treibhausgasemissionen für die nach Absatz 2 Nummer 1 und 2 sowie nach Absatz 3 Nummer 1 und 2 zu machenden Angaben sind die Berechnungsregelungen und Emissionsfaktoren der Anlage 9 anzuwenden.

(7) Vor Übergabe des neu ausgestellten Energieausweises an den Eigentümer hat der Aussteller die nach § 98 Absatz 2 zugeteilte Registriernummer einzutragen.

(8) Das Bundesministerium für Wirtschaft und Energie erstellt gemeinsam mit dem Bundesministerium des Innern, für Bau und Heimat Muster zu den Energiebedarfs- und den Energieverbrauchsausweisen, nach denen Energieausweise auszustellen sind, sowie Muster für den Aushang von Energieausweisen nach § 80 Absatz 6 und 7 und macht diese im Bundesanzeiger bekannt.

**§ 86 Energieeffizienzklasse eines Wohngebäudes.** (1) Im Energieausweis ist die Energieeffizienzklasse des Wohngebäudes entsprechend der Einteilung nach Absatz 2 in Verbindung mit Anlage 10 anzugeben.

(2) Die Energieeffizienzklassen gemäß Anlage 10 ergeben sich unmittelbar aus dem Endenergieverbrauch oder Endenergiebedarf.

**§ 87 Pflichtangaben in einer Immobilienanzeige.** (1) Wird vor dem Verkauf, der Vermietung, der Verpachtung oder dem Leasing eines Gebäudes, einer Wohnung oder einer sonstigen selbständigen Nutzungseinheit eine Immobilienanzeige in kommerziellen Medien aufgegeben und liegt zu diesem Zeitpunkt ein Energieausweis vor, so hat der Verkäufer, der Vermieter, der Verpächter, der Leasinggeber oder der Immobilienmakler, wenn eine dieser Personen die Veröffentlichung der Immobilienanzeige verantwortet, sicherzustellen, dass die Immobilienanzeige folgende Pflichtangaben enthält:

1. die Art des Energieausweises: Energiebedarfsausweis im Sinne von § 81 oder Energieverbrauchsausweis im Sinne von § 82,
2. den im Energieausweis genannten Wert des Endenergiebedarfs oder des Endenergieverbrauchs für das Gebäude,
3. die im Energieausweis genannten wesentlichen Energieträger für die Heizung des Gebäudes,
4. bei einem Wohngebäude das im Energieausweis genannte Baujahr und
5. bei einem Wohngebäude die im Energieausweis genannte Energieeffizienzklasse.

(2) Bei einem Nichtwohngebäude ist bei einem Energiebedarfsausweis und bei einem Energieverbrauchsausweis als Pflichtangabe nach Absatz 1 Nummer 2

Gebäudeenergiegesetz  **§ 88  GEG  8.1**

der Endenergiebedarf oder Endenergieverbrauch sowohl für Wärme als auch für Strom jeweils getrennt aufzuführen.

(3) Bei Energieausweisen, die nach dem 30. September 2007 und vor dem 1. Mai 2014 ausgestellt worden sind, und bei Energieausweisen nach § 112 Absatz 2 sind die Pflichten der Absätze 1 und 2 nach Maßgabe des § 112 Absatz 3 und 4 zu erfüllen.

**§ 88 Ausstellungsberechtigung für Energieausweise.** (1) Zur Ausstellung eines Energieausweises ist nur eine Person berechtigt,

1. die nach bauordnungsrechtlichen Vorschriften der Länder zur Unterzeichnung von bautechnischen Nachweisen des Wärmeschutzes oder der Energieeinsparung bei der Errichtung von Gebäuden berechtigt ist, im Rahmen der jeweiligen Nachweisberechtigung,
2. die eine der in Absatz 2 genannten Voraussetzungen erfüllt und einen berufsqualifizierenden Hochschulabschluss erworben hat

   a) in einer der Fachrichtungen Architektur, Innenarchitektur, Hochbau, Bauingenieurwesen, Technische Gebäudeausrüstung, Physik, Bauphysik, Maschinenbau oder Elektrotechnik oder

   b) in einer anderen technischen oder naturwissenschaftlichen Fachrichtung mit einem Ausbildungsschwerpunkt auf einem unter Buchstabe a genannten Gebiet,
3. die eine der in Absatz 2 genannten Voraussetzungen erfüllt und

   a) für ein zulassungspflichtiges Bau-, Ausbau- oder anlagentechnisches Gewerbe oder für das Schornsteinfegerhandwerk die Voraussetzungen zur Eintragung in die Handwerksrolle erfüllt,

   b) für ein zulassungsfreies Handwerk in einem der Bereiche nach Buchstabe a einen Meistertitel erworben hat oder

   c) auf Grund ihrer Ausbildung berechtigt ist, ein zulassungspflichtiges Handwerk in einem der Bereiche nach Buchstabe a ohne Meistertitel selbständig auszuüben, oder
4. die eine der in Absatz 2 genannten Voraussetzungen erfüllt und staatlich anerkannter oder geprüfter Techniker ist, dessen Ausbildungsschwerpunkt auch die Beurteilung der Gebäudehülle, die Beurteilung von Heizungs- und Warmwasserbereitungsanlagen oder die Beurteilung von Lüftungs- und Klimaanlagen umfasst.

(2) Voraussetzung für die Ausstellungsberechtigung nach Absatz 1 Nummer 2 bis 4 ist

1. während des Studiums ein Ausbildungsschwerpunkt im Bereich des energiesparenden Bauens oder nach einem Studium ohne einen solchen Schwerpunkt eine mindestens zweijährige Berufserfahrung in wesentlichen bau- oder anlagentechnischen Tätigkeitsbereichen des Hochbaus,
2. eine erfolgreiche Schulung im Bereich des energiesparenden Bauens, die den wesentlichen Inhalten der Anlage 11 entspricht, oder
3. eine öffentliche Bestellung als vereidigter Sachverständiger für ein Sachgebiet im Bereich des energiesparenden Bauens oder in wesentlichen bau- oder anlagentechnischen Tätigkeitsbereichen des Hochbaus.

(3) Wurde der Inhalt der Schulung nach Absatz 2 Nummer 2 auf Wohngebäude beschränkt, so ist der erfolgreiche Teilnehmer der Schulung nur berechtigt, Energieausweise für Wohngebäude auszustellen.

(4) § 77 Absatz 3 ist auf Aus- oder Fortbildungen im Sinne des Absatzes 1 Nummer 2 bis 4 entsprechend anzuwenden.

## Teil 6. Finanzielle Förderung der Nutzung erneuerbarer Energien für die Erzeugung von Wärme oder Kälte und von Energieeffizienzmaßnahmen

**§ 89 Fördermittel.** ¹Die Nutzung erneuerbarer Energien für die Erzeugung von Wärme oder Kälte, die Errichtung besonders energieeffizienter und die Verbesserung der Energieeffizienz bestehender Gebäude können durch den Bund nach Maßgabe des Bundeshaushaltes gefördert werden. ²Gefördert werden können

1. Maßnahmen zur Nutzung erneuerbarer Energien für die Erzeugung von Wärme oder Kälte in bereits bestehenden Gebäuden nach Maßgabe des § 90,
2. Maßnahmen zur Nutzung erneuerbarer Energien für die Erzeugung von Wärme oder Kälte in neu zu errichtenden Gebäuden nach Maßgabe des § 90, wenn die Vorgaben des § 91 eingehalten werden,
3. Maßnahmen zur Errichtung besonders energieeffizienter Gebäude, wenn mit der geförderten Maßnahme die Anforderungen nach den §§ 15 und 16 sowie nach den §§ 18 und 19 übererfüllt werden, und
4. Maßnahmen zur Verbesserung der Energieeffizienz bei der Sanierung bestehender Gebäude, wenn mit der geförderten Maßnahme die Anforderungen nach den §§ 47 und 48 sowie § 50 und nach den §§ 61 bis 73 übererfüllt werden.

³Einzelheiten werden insbesondere durch Verwaltungsvorschriften des Bundesministeriums für Wirtschaft und Energie im Einvernehmen mit dem Bundesministerium der Finanzen geregelt.

**§ 90 Geförderte Maßnahmen zur Nutzung erneuerbarer Energien.**

(1) Gefördert werden können Maßnahmen im Zusammenhang mit der Nutzung erneuerbarer Energien zur Bereitstellung von Wärme oder Kälte, insbesondere die Errichtung oder Erweiterung von

1. solarthermischen Anlagen,
2. Anlagen zur Nutzung von Biomasse,
3. Anlagen zur Nutzung von Geothermie und Umweltwärme sowie
4. Wärmenetzen, Speichern und Übergabestationen für Wärmenutzer, wenn sie auch aus Anlagen nach den Nummern 1 bis 3 gespeist werden.

(2) ¹Vorbehaltlich weitergehender Anforderungen an die Förderung in den Regelungen nach § 89 Satz 3 ist

1. eine solarthermische Anlage mit Flüssigkeiten als Wärmeträger nur förderfähig, wenn die darin enthaltenen Kollektoren oder das System mit dem europäischen Prüfzeichen „Solar Keymark" zertifiziert sind oder ist,
2. eine Anlage zur Nutzung von fester Biomasse nur förderfähig, wenn der Umwandlungswirkungsgrad mindestens folgende Werte erreicht:

a) 89 Prozent bei einer Anlage zur Heizung oder Warmwasserbereitung, die der Erfüllung der Anforderung nach § 10 Absatz 2 Nummer 3 oder der Pflicht nach § 52 Absatz 1 dient,

b) 70 Prozent bei einer Anlage, die nicht der Heizung oder Warmwasserbereitung dient,

3. eine Wärmepumpe zur Nutzung von Geothermie, Umweltwärme oder Abwärme nur förderfähig, wenn sie die Anforderungen der Richtlinie 2009/28/EG erfüllt.

²Die Zertifizierung von einer solarthermischen Anlage mit dem europäischen Prüfzeichen „Solar Keymark" muss nach den anerkannten Regeln der Technik erfolgen. ³Der Umwandlungswirkungsgrad eines Biomassekessels ist der nach DIN EN 303-5: 2012-10 ermittelte Kesselwirkungsgrad, der Umwandlungswirkungsgrad eines Biomasseofens der nach DIN EN 14785: 2006-09 ermittelte feuerungstechnische Wirkungsgrad und in den übrigen Fällen des Satzes 1 Nummer 2 der nach den anerkannten Regeln der Technik berechnete Wirkungsgrad.

**§ 91 Verhältnis zu den Anforderungen an ein Gebäude.** (1) Maßnahmen können nicht gefördert werden, soweit sie der Erfüllung der Anforderungen nach § 10 Absatz 2, der Pflicht nach § 52 Absatz 1 oder einer landesrechtlichen Pflicht nach § 56 dienen.

(2) Absatz 1 ist nicht bei den folgenden Maßnahmen anzuwenden:

1. die Errichtung eines Wohngebäudes, bei dem

a) der Jahres-Primärenergiebedarf für Heizung, Warmwasserbereitung, Lüftung und Kühlung das 0,55fache des auf die Gebäudenutzfläche bezogenen Wertes des Jahres-Primärenergiebedarfs eines Referenzgebäudes, das die gleiche Geometrie, Gebäudenutzfläche und Ausrichtung wie das zu errichtende Gebäude aufweist und der technischen Referenzausführung der Anlage 1 entspricht, nicht überschreitet und

b) der Höchstwert des spezifischen, auf die wärmeübertragende Umfassungsfläche bezogenen Transmissionswärmeverlustes das 0,7fache des entsprechenden Wertes des jeweiligen Referenzgebäudes nach § 15 Absatz 1 nicht überschreitet,

2. die Errichtung eines Nichtwohngebäudes, bei dem

a) der Jahres-Primärenergiebedarf für Heizung, Warmwasserbereitung, Lüftung, Kühlung und eingebaute Beleuchtung das 0,7fache des auf die Nettogrundfläche bezogenen Wertes des Jahres-Primärenergiebedarfs eines Referenzgebäudes, das die gleiche Geometrie, Nettogrundfläche, Ausrichtung und Nutzung, einschließlich der Anordnung der Nutzungseinheiten, wie das zu errichtende Gebäude aufweist und der technischen Referenzausführung der Anlage 2 entspricht, nicht überschreitet und

b) die Höchstwerte der mittleren Wärmedurchgangskoeffizienten der wärmeübertragenden Umfassungsfläche der Anlage 3 unterschritten werden,

3. Maßnahmen, die technische oder sonstige Anforderungen erfüllen, die

a) im Falle des § 10 Absatz 2 Nummer 3 anspruchsvoller als die Anforderungen nach den §§ 35 bis 41 oder

b) im Falle des § 56 anspruchsvoller als die Anforderungen nach der landesrechtlichen Pflicht sind,

4. Maßnahmen, die den Wärme- und Kälteenergiebedarf zu einem Anteil decken, der
   a) im Falle des § 10 Absatz 2 Nummer 3 oder des § 52 Absatz 1 um 50 Prozent höher als der Mindestanteil nach den §§ 35 bis 41 oder dem § 52 Absatz 3 und 4 ist oder
   b) im Falle des § 56 höher als der landesrechtlich vorgeschriebene Mindestanteil ist,
5. Maßnahmen, die mit weiteren Maßnahmen zur Steigerung der Energieeffizienz verbunden werden,
6. Maßnahmen zur Nutzung solarthermischer Anlagen auch für die Heizung eines Gebäudes und
7. Maßnahmen zur Nutzung von Tiefengeothermie.

(3) Die Förderung kann in den Fällen des Absatzes 2 auf die Gesamtmaßnahme bezogen werden.

(4) Einzelheiten werden in den Regelungen nach § 89 Satz 3 geregelt.

(5) Fördermaßnahmen durch das Land oder durch ein Kreditinstitut, an dem der Bund oder das Land beteiligt sind, bleiben unberührt.

## Teil 7. Vollzug

**§ 92 Erfüllungserklärung.** (1) [1] Für ein zu errichtendes Gebäude hat der Bauherr oder Eigentümer der nach Landesrecht zuständigen Behörde durch eine Erfüllungserklärung nachzuweisen oder zu bescheinigen, dass die Anforderungen dieses Gesetzes eingehalten werden. [2] Die Erfüllungserklärung ist nach Fertigstellung des Gebäudes vorzulegen, soweit das Landesrecht nicht einen anderen Zeitpunkt der Vorlage bestimmt. [3] Das Landesrecht bestimmt, wer zur Ausstellung der Erfüllungserklärung berechtigt ist.

(2) [1] Werden bei einem bestehenden Gebäude Änderungen im Sinne des § 48 Satz 1 ausgeführt, hat der Eigentümer der nach Landesrecht zuständigen Behörde eine Erfüllungserklärung unter Zugrundelegung der energetischen Eigenschaften des geänderten Gebäudes abzugeben, wenn unter Anwendung des § 50 Absatz 1 und 2 für das gesamte Gebäude Berechnungen nach § 50 Absatz 3 durchgeführt werden. [2] Die Pflicht nach Satz 1 besteht auch in den Fällen des § 51. [3] Absatz 1 Satz 2 und 3 ist entsprechend anzuwenden.

**§ 93 Pflichtangaben in der Erfüllungserklärung.** [1] In der Erfüllungserklärung sind für das gesamte Gebäude oder, soweit die Berechnungen für unterschiedliche Zonen zu erfolgen haben, stattdessen für jede Zone, unter Beachtung der sich aus diesem Gesetz ergebenden Berechnungsvorgaben, technischen Anforderungen und Randbedingungen die zur Überprüfung erforderlichen Angaben zu machen. [2] Erforderliche Berechnungen sind beizufügen. [3] Das Landesrecht bestimmt den näheren Umfang der Nachweispflicht.

**§ 94 Verordnungsermächtigung.** [1] Die Landesregierungen werden ermächtigt, durch Rechtsverordnung das Verfahren zur Erfüllungserklärung, die Berechtigung zur Ausstellung der Erfüllungserklärung, die Pflichtangaben in der Erfüllungserklärung und die vorzulegenden Nachweise zu regeln, einen von § 92 Absatz 1 Satz 2 abweichenden Zeitpunkt für die Vorlage der Erfüllungserklärung zu bestimmen und weitere Bestimmungen zum Vollzug der

Anforderungen und Pflichten dieses Gesetzes zu treffen. ²Die Landesregierungen werden ferner ermächtigt, durch Rechtsverordnung zu bestimmen, dass Aufgaben des Vollzugs dieses Gesetzes abweichend von § 92 Absatz 1 Satz 1 und Absatz 2 Satz 1 einer geeigneten Stelle, einer Fachvereinigung oder einem Sachverständigen übertragen werden. ³Die Landesregierungen können die Ermächtigungen nach den Sätzen 1 und 2 durch Rechtsverordnung auf andere Behörden übertragen.

**§ 95 Behördliche Befugnisse.** ¹Die zuständige Behörde kann im Einzelfall die zur Erfüllung der Verpflichtungen aus diesem Gesetz erforderlichen Anordnungen treffen. ²Dritte, die für den Bauherren oder Eigentümer an der Planung, Errichtung oder Änderung von Gebäuden oder technischen Anlagen eines Gebäudes beteiligt sind, haben Anordnungen der Behörde, die sich auch an sie richten, unmittelbar zu befolgen.

**§ 96 Private Nachweise.** (1) Wer geschäftsmäßig an oder in einem bestehenden Gebäude Arbeiten durchführt, hat dem Eigentümer unverzüglich nach Abschluss der Arbeiten in folgenden Fällen schriftlich zu bestätigen, dass die von ihm geänderten oder eingebauten Bau- oder Anlagenteile den Anforderungen der in den Nummern 1 bis 8 genannten Vorschriften entsprechen (Unternehmererklärung):

1. Änderung von Außenbauteilen im Sinne von § 48,
2. Dämmung oberster Geschossdecken im Sinne von § 47 Absatz 1, auch in Verbindung mit Absatz 3,
3. Einbau von Zentralheizungen nach den §§ 61 bis 63,
4. Ausstattung von Zentralheizungen mit Regelungseinrichtungen nach den §§ 61 bis 63,
5. Einbau von Umwälzpumpen in Zentralheizungen und Zirkulationspumpen in Warmwasseranlagen nach § 64,
6. erstmaliger Einbau, Ersatz oder Wärmedämmung von Wärmeverteilungs- und Warmwasserleitungen nach den §§ 69 und 71 oder von Kälteverteilungs- und Kaltwasserleitungen in Klimaanlagen oder sonstigen Anlagen der Raumlufttechnik nach § 70,
7. Einbau von Klima- und raumlufttechnischen Anlagen oder Zentralgeräten und Luftkanalsystemen solcher Anlagen nach den §§ 65 bis 68 oder
8. Ausrüstung von Anlagen nach Nummer 7 mit Einrichtung zur Feuchteregelung nach § 66.

(2) ¹Zum Zwecke des Nachweises der Erfüllung der Pflichten aus den in Absatz 1 genannten Vorschriften ist die Unternehmererklärung von dem Eigentümer mindestens zehn Jahre aufzubewahren. ²Der Eigentümer hat die Unternehmererklärung der nach Landesrecht zuständigen Behörde auf Verlangen vorzulegen.

(3) ¹In einer Unternehmererklärung nach Absatz 1 ist zusätzlich anzugeben:
1. im Falle von Arbeiten nach Absatz 1 Nummer 3 die Aufwandszahl der Zentralheizung für die Bereitstellung von Raumwärme und, soweit die Zentralheizung mit einer zentralen Warmwasserbereitung verbunden ist, auch die Aufwandszahl für die Warmwasserbereitung,
2. im Falle von Arbeiten nach Absatz 1 Nummer 7 der gewichtete Mittelwert der auf das jeweilige Fördervolumen bezogenen elektrischen Leistung aller

Zu- und Abluftventilatoren sowie der Wärmerückgewinnungsgrad, soweit Anforderungen nach § 68 einzuhalten sind.

²Die nach Satz 1 anzugebenden Eigenschaften können nach anerkannten technischen Regeln berechnet werden oder aus Herstellerangaben auf der Grundlage solcher Regeln bestimmt werden; alternativ dürfen Angaben aus Bekanntmachungen nach § 50 Absatz 4 verwendet werden. ³Die jeweilige Grundlage nach Satz 2 ist ebenfalls in der Unternehmererklärung anzugeben.

(4) Wer Gebäude geschäftsmäßig mit fester, gasförmiger oder flüssiger Biomasse zum Zweck der Erfüllung von Anforderungen nach diesem Gesetz beliefert, muss dem Eigentümer des Gebäudes mit der Abrechnung bestätigen, dass

1. im Falle der Nutzung von Biomethan die Anforderungen nach § 40 Absatz 3 erfüllt sind,
2. im Falle der Nutzung von biogenem Flüssiggas die Anforderungen nach § 40 Absatz 4 erfüllt sind,
3. im Falle der Nutzung von flüssiger Biomasse nach § 39 die Brennstoffe die Anforderungen an einen nachhaltigen Anbau und eine nachhaltige Herstellung nach der Biomassestrom-Nachhaltigkeitsverordnung in der jeweils geltenden Fassung erfüllen oder
4. es sich im Falle der Nutzung von fester Biomasse nach § 38 um Brennstoffe nach § 3 Absatz 1 Nummer 4, 5, 5a oder 8 der Verordnung über kleine und mittlere Feuerungsanlagen[1)] handelt.

(5) ¹Mit den Bestätigungen nach Absatz 4 wird die Erfüllung der Pflichten aus den Vorschriften nach den §§ 38 bis 40 nachgewiesen. ²In den Fällen des Absatzes 4 Nummer 1 bis 3 sind die Abrechnungen und Bestätigungen in den ersten 15 Jahren nach Inbetriebnahme der Heizungsanlage von dem Eigentümer jeweils mindestens fünf Jahre nach Lieferung aufzubewahren. ³Der Eigentümer hat die Abrechnungen und Bestätigungen der nach Landesrecht zuständigen Behörde auf Verlangen vorzulegen.

(6) ¹Kommt bei der Ermittlung des Jahres-Primärenergiebedarfs eines zu errichtenden Gebäudes § 22 Absatz 1 Satz 1 Nummer 2 oder Nummer 3 zur Anwendung, muss sich der Eigentümer vom Lieferanten bei Vertragsabschluss bescheinigen lassen, dass

1. die vereinbarte Biomethanlieferung die Anforderungen nach § 22 Absatz 1 Satz 1 Nummer 2 Buchstabe c und d erfüllt oder
2. die vereinbarte Lieferung von biogenem Flüssiggas die Anforderungen nach § 22 Absatz 1 Satz 1 Nummer 3 Buchstabe c in der gesamten Laufzeit des Liefervertrags erfüllt.

²Die Bescheinigung ist der zuständigen Behörde innerhalb von einem Monat nach Fertigstellung des Gebäudes vorzulegen. ³Die Pflicht nach Satz 2 besteht auch, wenn der Eigentümer den Lieferanten wechselt. ⁴Die Abrechnungen der Lieferung von Biomethan oder von biogenem Flüssiggas müssen die Bestätigung des Lieferanten enthalten, dass im Fall der Lieferung von Biomethan die Anforderungen nach § 22 Absatz 1 Satz 1 Nummer 2 Buchstabe c und d oder im Fall der Lieferung von biogenem Flüssiggas die Anforderungen nach § 22

---

[1)] Nr. 6.1.1.

Absatz 1 Satz 1 Nummer 3 Buchstabe c im Abrechnungszeitraum erfüllt worden sind. ⁵ Die Abrechnungen sind vom Eigentümer mindestens fünf Jahre ab dem Zeitpunkt der Lieferung aufzubewahren.

**§ 97 Aufgaben des bevollmächtigten Bezirksschornsteinfegers.**

(1) Bei einer heizungstechnischen Anlage prüft der bevollmächtigte Bezirksschornsteinfeger als Beliehener im Rahmen der Feuerstättenschau nach § 14 des Schornsteinfeger-Handwerksgesetzes vom 26. November 2008 (BGBl. I S. 2242), das zuletzt durch Artikel 57 Absatz 7 des Gesetzes vom 12. Dezember 2019 (BGBl. I S. 2652) geändert worden ist, ob

1. ein Heizkessel, der nach § 72 Absatz 1 bis 3, auch in Verbindung mit § 73, außer Betrieb genommen werden musste, weiterhin betrieben wird,
2. Wärmeverteilungs- und Warmwasserleitungen, die nach § 71, auch in Verbindung mit § 73, gedämmt werden mussten, weiterhin ungedämmt sind und
3. ein mit Heizöl beschickter Heizkessel entgegen § 72 Absatz 4 und 5 eingebaut ist.

(2) Bei einer heizungstechnischen Anlage, die in ein bestehendes Gebäude eingebaut wird, prüft der bevollmächtigte Bezirksschornsteinfeger im Rahmen der bauordnungsrechtlichen Abnahme der Anlage oder, wenn eine solche Abnahme nicht vorgesehen ist, als Beliehener im Rahmen der ersten Feuerstättenschau nach dem Einbau außerdem, ob

1. die Anforderungen nach § 57 Absatz 1 erfüllt sind,
2. eine Zentralheizung mit einer zentralen selbsttätig wirkenden Einrichtung zur Verringerung und Abschaltung der Wärmezufuhr sowie zur Ein- und Ausschaltung elektrischer Antriebe nach § 61 Absatz 1 ausgestattet ist,
3. eine Umwälzpumpe in einer Zentralheizung mit einer Vorrichtung zur selbsttätigen Anpassung der elektrischen Leistungsaufnahme nach § 64 Absatz 1 ausgestattet ist und
4. bei Wärmeverteilungs- und Warmwasserleitungen sowie Armaturen die Wärmeabgabe nach § 69 begrenzt ist.

(3) ¹ Der bevollmächtigte Bezirksschornsteinfeger weist den Eigentümer bei Nichterfüllung der Pflichten oder bei Nichtbeachtung eines Verbots aus den in den Absätzen 1 und 2 genannten Vorschriften schriftlich auf diese Pflichten oder Verbote hin und setzt eine angemessene Frist zu deren Nacherfüllung oder zur Beseitigung eines verbotswidrigen Zustands. ² Werden die Pflichten nicht innerhalb der festgesetzten Frist erfüllt oder wird ein verbotswidriger Zustand nicht beseitigt, unterrichtet der bevollmächtigte Bezirksschornsteinfeger unverzüglich die nach Landesrecht zuständige Behörde.

(4) ¹ Bei einer Zentralheizung, die in einem bestehenden Gebäude vorhanden ist, prüft der bevollmächtigte Bezirksschornsteinfeger als Beliehener im Rahmen der Feuerstättenschau, ob der Eigentümer zur Nachrüstung nach § 61 Absatz 2 verpflichtet ist und diese Pflicht erfüllt wurde. ² Bei Nichterfüllung der Pflicht unterrichtet der bevollmächtigte Bezirksschornsteinfeger unverzüglich die nach Landesrecht zuständige Behörde.

(5) ¹ Die Erfüllung der Pflichten aus den in den Absätzen 1, 2 und 4 genannten Vorschriften kann durch Vorlage der Unternehmererklärungen gegenüber dem bevollmächtigten Bezirksschornsteinfeger nachgewiesen werden. ² Es be-

darf dann keiner weiteren Prüfung durch den bevollmächtigten Bezirksschornsteinfeger.

**§ 98 Registriernummer.** (1) ¹Wer einen Inspektionsbericht nach § 78 oder einen Energieausweis nach § 79 ausstellt, hat für diesen Bericht oder für diesen Energieausweis bei der Registrierstelle eine Registriernummer zu beantragen. ²Der Antrag ist grundsätzlich elektronisch zu stellen. ³Eine Antragstellung in Papierform ist zulässig, soweit die elektronische Antragstellung für den Antragsteller eine unbillige Härte bedeuten würde. ⁴Bei der Antragstellung sind Name und Anschrift der nach Satz 1 antragstellenden Person, das Land und die Postleitzahl der Belegenheit des Gebäudes, das Ausstellungsdatum des Inspektionsberichts oder des Energieausweises anzugeben sowie

1. in den Fällen des § 78 die Nennleistung der inspizierten Klimaanlage oder der kombinierten Klima- und Lüftungsanlage,

2. in den Fällen des § 79

   a) die Art des Energieausweises: Energiebedarfs- oder Energieverbrauchsausweis und

   b) die Art des Gebäudes: Wohn- oder Nichtwohngebäude, Neubau oder bestehendes Gebäude.

(2) ¹Die Registrierstelle teilt dem Antragsteller für jeden neu ausgestellten Inspektionsbericht oder Energieausweis eine Registriernummer zu. ²Die Registriernummer ist unverzüglich nach Antragstellung zu erteilen.

**§ 99 Stichprobenkontrollen von Energieausweisen und Inspektionsberichten über Klimaanlagen.** (1) Die zuständige Behörde (Kontrollstelle) unterzieht Inspektionsberichte über Klimaanlagen oder über kombinierte Klima- und Lüftungsanlagen nach § 78 und Energieausweise nach § 79 nach Maßgabe der folgenden Absätze einer Stichprobenkontrolle.

(2) ¹Die Stichproben müssen jeweils einen statistisch signifikanten Prozentanteil aller in einem Kalenderjahr neu ausgestellten Energieausweise und neu ausgestellten Inspektionsberichte über Klimaanlagen erfassen. ²Die Stichprobenkontrolle von Energieausweisen, die nach dem Inkrafttreten des Gesetzes bis zum 31. Juli 2021 ausgestellt werden und auf die Vorschriften dieses Gesetzes anzuwenden sind, kann nach dem 31. Juli 2021 durchgeführt werden.

(3) ¹Die Kontrollstelle kann bei der Registrierstelle Registriernummern und dort vorliegende Angaben nach § 98 Absatz 1 zu neu ausgestellten Energieausweisen und Inspektionsberichten über im jeweiligen Land belegene Gebäude und Klimaanlagen verarbeiten, soweit dies für die Vorbereitung der Durchführung der Stichprobenkontrollen erforderlich ist. ²Nach dem Abschluss der Stichprobenkontrolle hat die Kontrollstelle die Daten nach Satz 1 jedenfalls im Einzelfall unverzüglich zu löschen. ³Kommt es auf Grund der Stichprobenkontrolle zur Einleitung eines Bußgeldverfahrens gegen den Ausweisaussteller nach § 108 Absatz 1 Nummer 15, 17 oder 21 oder gegen die inspizierende Person nach § 108 Absatz 1 Nummer 11 oder 21, so sind abweichend von Satz 2 die Daten nach Satz 1, soweit diese im Rahmen des Bußgeldverfahrens erforderlich sind, erst nach dessen rechtskräftigem Abschluss unverzüglich zu löschen.

(4) ¹Die gezogene Stichprobe von Energieausweisen wird von der Kontrollstelle auf der Grundlage der nachstehenden Optionen oder gleichwertiger Maßnahmen überprüft:

Gebäudeenergiegesetz **§ 99 GEG 8.1**

1. Validitätsprüfung der Eingabe-Gebäudedaten, die zur Ausstellung des Energieausweises verwendet wurden, und der im Energieausweis angegebenen Ergebnisse,
2. Prüfung der Eingabe-Gebäudedaten und Überprüfung der im Energieausweis angegebenen Ergebnisse einschließlich der abgegebenen Modernisierungsempfehlungen,
3. vollständige Prüfung der Eingabe-Gebäudedaten, die zur Ausstellung des Energieausweises verwendet wurden, vollständige Überprüfung der im Energieausweis angegebenen Ergebnisse einschließlich der abgegebenen Modernisierungsempfehlungen und, falls dies insbesondere auf Grund des Einverständnisses des Eigentümers des Gebäudes möglich ist, Inaugenscheinnahme des Gebäudes zur Prüfung der Übereinstimmung zwischen den im Energieausweis angegebenen Spezifikationen mit dem Gebäude, für das der Energieausweis erstellt wurde.

²Wird im Rahmen der Stichprobe ein Energieausweis gezogen, der bereits auf der Grundlage von Landesrecht einer zumindest gleichwertigen Überprüfung unterzogen wurde, und ist die Überprüfung einer der Optionen nach Satz 1 gleichwertig, findet insofern keine erneute Überprüfung statt.

(5) Aussteller von Energieausweisen sind verpflichtet, Kopien der von ihnen ausgestellten Energieausweise und der zu deren Ausstellung verwendeten Daten und Unterlagen zwei Jahre ab dem Ausstellungsdatum des jeweiligen Energieausweises aufzubewahren, um die Durchführung von Stichprobenkontrollen und Bußgeldverfahren zu ermöglichen.

(6) ¹Die Kontrollstelle kann zur Durchführung der Überprüfung nach Absatz 4 Satz 1 in Verbindung mit Absatz 1 vom jeweiligen Aussteller die Übermittlung einer Kopie des Energieausweises und die zu dessen Ausstellung verwendeten Daten und Unterlagen verlangen. ²Der Aussteller ist verpflichtet, dem Verlangen der Kontrollbehörde zu entsprechen. ³Der Energieausweis sowie die Daten und Unterlagen sind der Kontrollstelle grundsätzlich in elektronischer Form zu übermitteln. ⁴Die Kontrollstelle kann hierfür ein Datenformat vorgeben. ⁵Eine Übermittlung in Papierform ist zulässig, soweit die elektronische Übermittlung für den Antragsteller eine unbillige Härte bedeuten würde. ⁶Angaben zum Eigentümer und zur Adresse des Gebäudes darf die Kontrollstelle nur verlangen, soweit diese zur Durchführung der Überprüfung im Einzelfall erforderlich ist. ⁷Werden die in Satz 6 genannten Angaben von der Kontrollstelle nicht verlangt, hat der Aussteller Angaben zum Eigentümer und zur Adresse des Gebäudes in der Kopie des Energieausweises sowie in den zu dessen Ausstellung verwendeten Daten und Unterlagen vor der Übermittlung unkenntlich zu machen. ⁸Im Fall der Übermittlung von Angaben nach Satz 6 in Verbindung mit Satz 2 hat der Aussteller des Energieausweises den Eigentümer des Gebäudes hierüber unverzüglich zu informieren.

(7) ¹Die vom Aussteller nach Absatz 6 übermittelten Kopien von Energieausweisen, Daten und Unterlagen dürfen, soweit sie personenbezogene Daten enthalten, von der Kontrollstelle nur für die Durchführung der Stichprobenkontrollen und hieraus resultierender Bußgeldverfahren gegen den Ausweisaussteller nach § 108 Absatz 1 Nummer 15, 17 oder 21 verarbeitet werden, soweit dies im Einzelfall jeweils erforderlich ist. ²Die in Satz 1 genannten Kopien, Daten und Unterlagen dürfen nur so lange gespeichert oder aufbewahrt werden, wie dies zur Durchführung der Stichprobenkontrollen und

der Bußgeldverfahren im Einzelfall erforderlich ist. ³Sie sind nach Durchführung der Stichprobenkontrollen und bei Einleitung von Bußgeldverfahren nach deren rechtskräftigem Abschluss jeweils im Einzelfall unverzüglich zu löschen oder zu vernichten. ⁴Im Übrigen bleiben die Verordnung (EU) 2016/679, das Bundesdatenschutzgesetz und die Datenschutzgesetze der Länder in der jeweils geltenden Fassung unberührt.

(8) Die Absätze 5 bis 7 sind auf die Durchführung der Stichprobenkontrolle von Inspektionsberichten über Klimaanlagen entsprechend anzuwenden.

**§ 100 Nicht personenbezogene Auswertung von Daten.** (1) Die Kontrollstelle kann den nicht personenbezogenen Anteil der Daten, die sie im Rahmen des § 99 Absatz 3 Satz 1, Absatz 4, 6 Satz 1 bis 5 und Absatz 8 verarbeitet hat, unbefristet zur Verbesserung der Erfüllung von Aufgaben der Energieeinsparung auswerten.

(2) Die Auswertung kann sich bei Energieausweisen insbesondere auf folgende Merkmale beziehen:
1. Art des Energieausweises: Energiebedarfs- oder Energieverbrauchsausweis,
2. Anlass der Ausstellung des Energieausweises nach § 80 Absatz 1 bis 6,
3. Art des Gebäudes: Wohn- oder Nichtwohngebäude, Neubau oder bestehendes Gebäude,
4. Gebäudeeigenschaften, wie die Eigenschaften der wärmeübertragenden Umfassungsfläche und die Art der heizungs-, kühl- und raumlufttechnischen Anlagentechnik sowie der Warmwasserversorgung, bei Nichtwohngebäuden auch die Art der Nutzung und die Zonierung,
5. Werte des Endenergiebedarfs oder -verbrauchs sowie des Primärenergiebedarfs oder -verbrauchs für das Gebäude,
6. wesentliche Energieträger für Heizung und Warmwasser,
7. Einsatz erneuerbarer Energien und
8. Land und Landkreis der Belegenheit des Gebäudes ohne Angabe des Ortes, der Straße und der Hausnummer.

(3) Die Auswertung kann sich bei Inspektionsberichten über Klimaanlagen insbesondere auf folgende Merkmale beziehen:
1. Nennleistung der inspizierten Klimaanlage,
2. Art des Gebäudes: Wohn- oder Nichtwohngebäude und
3. Land und Landkreis der Belegenheit des Gebäudes, ohne Angabe des Ortes, der Straße und der Hausnummer.

**§ 101 Verordnungsermächtigung; Erfahrungsberichte der Länder.**
(1) Die Landesregierungen werden ermächtigt, zu den in § 78 und in den §§ 98 bis 100 getroffenen Regelungen zur Erfassung und Kontrolle von Inspektionsberichten und Energieausweisen sowie zur nicht personenbezogenen Auswertung der hierbei erhobenen und gespeicherten Daten durch Rechtsverordnung Regelungen zu erlassen
1. zur Art der Durchführung der Erfassung und Kontrolle von Inspektionsberichten und Energieausweisen sowie zur nicht personenbezogenen Auswertung der hierbei erhobenen und gespeicherten Daten, die über die Vorgaben der in § 78 und in den §§ 98 bis 100 getroffenen Regelungen hinausgehen, sowie

Gebäudeenergiegesetz §§ 102, 103 GEG 8.1

2. zum Verfahren, die auch von den in § 78 und in den §§ 98 bis 100 getroffenen Regelungen abweichen können.

(2) ¹Die Landesregierungen werden ermächtigt, durch Rechtsverordnung die Übertragung von Aufgaben zur Erfassung und Kontrolle von Inspektionsberichten und Energieausweisen sowie zur nicht personenbezogenen Auswertung der hierbei erhobenen und gespeicherten Daten, die in § 78 und in den §§ 98 bis 100 und in einer Rechtsverordnung nach Absatz 1 geregelt sind, auf folgende Stellen zu regeln:
1. auf bestehende Behörden in den Ländern, auch auf bestehende Körperschaften oder Anstalten des öffentlichen Rechts, die der Aufsicht des jeweiligen Landes unterstehen, oder
2. auf Fachvereinigungen oder Sachverständige (Beleihung).

²Bei der Übertragung im Wege der Beleihung können die Landesregierungen in der Rechtsverordnung nach Satz 1 Nummer 2 auch die Voraussetzungen und das Verfahren der Beleihung regeln; dabei muss sichergestellt werden, dass die Aufgaben von der beliehenen Stelle entsprechend den in § 78 und in den §§ 98 bis 100 getroffenen Regelungen und der Rechtsverordnung nach Absatz 1 wahrgenommen werden. ³Beliehene unterstehen der Aufsicht der jeweils zuständigen Behörde.

(3) Die Landesregierungen können die Ermächtigungen nach den Absätzen 1 und 2 Satz 1 und 2 durch Rechtsverordnung auf andere Behörden übertragen.

(4) ¹Die Länder berichten der Bundesregierung erstmals zum 1. März 2024, danach alle drei Jahre, über die wesentlichen Erfahrungen mit den Stichprobenkontrollen nach § 99. ²Die Berichte dürfen keine personenbezogenen Daten enthalten.

**§ 102 Befreiungen.** (1) ¹Die nach Landesrecht zuständigen Behörden haben auf Antrag des Eigentümers oder Bauherren von den Anforderungen dieses Gesetzes zu befreien, soweit
1. die Ziele dieses Gesetzes durch andere als in diesem Gesetz vorgesehene Maßnahmen im gleichen Umfang erreicht werden oder
2. die Anforderungen im Einzelfall wegen besonderer Umstände durch einen unangemessenen Aufwand oder in sonstiger Weise zu einer unbilligen Härte führen.

²Eine unbillige Härte liegt insbesondere vor, wenn die erforderlichen Aufwendungen innerhalb der üblichen Nutzungsdauer, bei Anforderungen an bestehende Gebäude innerhalb angemessener Frist durch die eintretenden Einsparungen nicht erwirtschaftet werden können.

(2) Absatz 1 ist auf die Vorschriften von Teil 5 nicht anzuwenden.

(3) ¹Die Erfüllung der Voraussetzungen nach Absatz 1 Satz 1 Nummer 1 hat der Eigentümer oder der Bauherr darzulegen und nachzuweisen. ²Die nach Landesrecht zuständige Behörde kann auf Kosten des Eigentümers oder Bauherrn die Vorlage einer Beurteilung der Erfüllung der Voraussetzungen nach Absatz 1 Satz 1 Nummer 1 durch qualifizierte Sachverständige verlangen.

**§ 103 Innovationsklausel.** (1) ¹Bis zum 31. Dezember 2023 können die nach Landesrecht zuständigen Behörden auf Antrag nach § 102 Absatz 1 Satz 1 Nummer 1

1. von den Anforderungen des § 10 Absatz 2 befreien, wenn

    a) ein Wohngebäude so errichtet wird, dass die Treibhausgasemissionen des Gebäudes gleichwertig begrenzt werden und der Höchstwert des Jahres-Endenergiebedarfs für Heizung, Warmwasserbereitung, Lüftung und Kühlung das 0,75fache des auf die Gebäudenutzfläche bezogenen Wertes des Jahres-Endenergiebedarfs eines Referenzgebäudes, das die gleiche Geometrie, Gebäudenutzfläche und Ausrichtung wie das zu errichtende Gebäude aufweist und der technischen Referenzausführung der Anlage 1 entspricht, nicht überschreitet oder

    b) ein Nichtwohngebäude so errichtet wird, dass die Treibhausgasemissionen des Gebäudes gleichwertig begrenzt werden und der Höchstwert des Jahres-Endenergiebedarfs für Heizung, Warmwasserbereitung, Lüftung, Kühlung und eingebaute Beleuchtung das 0,75fache des auf die Nettogrundfläche bezogenen Wertes des Jahres-Endenergiebedarfs eines Referenzgebäudes, das die gleiche Geometrie, Nettogrundfläche, Ausrichtung und Nutzung, einschließlich der Anordnung der Nutzungseinheiten, wie das zu errichtende Gebäude aufweist und der technischen Referenzausführung der Anlage 2 entspricht, nicht überschreitet oder

2. von den Anforderungen des § 50 Absatz 1 in Verbindung mit § 48 befreien, wenn

    a) ein Wohngebäude so geändert wird, dass die Treibhausgasemissionen des Gebäudes gleichwertig begrenzt werden und der Jahres-Endenergiebedarf für Heizung, Warmwasserbereitung, Lüftung und Kühlung das 1,4fache des auf die Gebäudenutzfläche bezogenen Wertes des Jahres-Endenergiebedarfs eines Referenzgebäudes, das die gleiche Geometrie, Gebäudenutzfläche und Ausrichtung wie das geänderte Gebäude aufweist und der technischen Referenzausführung der Anlage 1 entspricht, nicht überschreitet oder

    b) ein Nichtwohngebäude so geändert wird, dass die Treibhausgasemissionen des Gebäudes gleichwertig begrenzt werden und der Jahres-Endenergiebedarf für Heizung, Warmwasserbereitung, Lüftung, Kühlung und eingebaute Beleuchtung das 1,4fache des auf die Nettogrundfläche bezogenen Wertes des Jahres-Endenergiebedarfs eines Referenzgebäudes, das die gleiche Geometrie, Nettogrundfläche, Ausrichtung und Nutzung, einschließlich der Anordnung der Nutzungseinheiten, wie das geänderte Gebäude aufweist und der technischen Referenzausführung der Anlage 2 entspricht, nicht überschreitet.

[2] Die technische Referenzausführung in den Nummern 1.13 bis 9 der Anlage 2 ist nur insoweit zu berücksichtigen, wie eines der dort genannten Systeme in dem zu errichtenden Gebäude ausgeführt wird oder in dem geänderten Gebäude ausgeführt ist. [3] In den Fällen des Satzes 1 Nummer 1 darf der spezifische, auf die wärmeübertragende Umfassungsfläche bezogene Transmissionswärmeverlust eines zu errichtenden Wohngebäudes das 1,2fache des entsprechenden Wertes eines Referenzgebäudes nach der Anlage 1 und ein zu errichtendes Nichtwohngebäude das 1,25fache der Höchstwerte der mittleren Wärmedurchgangskoeffizienten der wärmeübertragenden Umfassungsfläche nach der Anlage 3 nicht überschreiten.

(2) [1] Der Antragsteller hat der nach Landesrecht zuständigen Behörde spätestens ein Jahr nach Abschluss der Maßnahme nach Absatz 1 einen Bericht mit

den wesentlichen Erfahrungen bei der Anwendung der Regelung, insbesondere über Investitionskosten, Energieverbräuche und, soweit synthetisch erzeugte Energieträger in flüssiger oder gasförmiger Form genutzt werden, über die Herkunft, die Erzeugung und die Kosten dieser Energieträger sowie die Bestimmung der Treibhausgasemissionen, vorzulegen. [2]Die Länder können der Bundesregierung Daten der Berichte nach Satz 1 zum Zwecke der Auswertung zur Verfügung stellen.

(3) [1]Bis zum 31. Dezember 2025 können Bauherren oder Eigentümer bei Änderung ihrer Gebäude, die in räumlichem Zusammenhang stehen, eine Vereinbarung über die gemeinsame Erfüllung der Anforderungen nach § 50 Absatz 1 in Verbindung mit § 48 treffen, wenn sichergestellt ist, dass die von der Vereinbarung erfassten geänderten Gebäude in ihrer Gesamtheit die Anforderungen nach § 50 Absatz 1 erfüllen. [2]Jedes geänderte Gebäude, das von der Vereinbarung erfasst wird, muss eine Mindestqualität der Anforderungen an die wärmeübertragende Umfassungsfläche einhalten. [3]Die Mindestqualität nach Satz 2 gilt als erfüllt, wenn die Wärmedurchgangskoeffizienten der geänderten Außenbauteile jedes einzelnen Gebäudes die Höchstwerte der Wärmedurchgangskoeffizienten nach § 48 in Verbindung mit Anlage 7 um nicht mehr als 40 Prozent überschreiten.

(4) [1]Einer Vereinbarung nach Absatz 3 muss eine einheitliche Planung zugrunde liegen, die eine Realisierung der Maßnahmen an allen von der Vereinbarung erfassten Gebäuden in einem zeitlichen Zusammenhang von nicht mehr als drei Jahren vorsieht. [2]Der zuständigen Behörde ist die Vereinbarung anzuzeigen. [3]§ 107 Absatz 5 bis 7 ist entsprechend anzuwenden.

## Teil 8. Besondere Gebäude, Bußgeldvorschriften, Anschluss- und Benutzungszwang

**§ 104 Kleine Gebäude und Gebäude aus Raumzellen.** [1]Werden bei einem zu errichtenden kleinen Gebäude die für den Fall des erstmaligen Einbaus anzuwendenden Höchstwerte der Wärmedurchgangskoeffizienten der Außenbauteile nach § 48 eingehalten, gelten die Anforderungen des § 10 Absatz 2 als erfüllt. [2]Satz 1 ist auf ein Gebäude entsprechend anzuwenden, das für eine Nutzungsdauer von höchstens fünf Jahren bestimmt und aus Raumzellen von jeweils bis zu 50 Quadratmetern Nutzfläche zusammengesetzt ist.

**§ 105 Baudenkmäler und sonstige besonders erhaltenswerte Bausubstanz.** Soweit bei einem Baudenkmal, bei auf Grund von Vorschriften des Bundes- oder Landesrechts besonders geschützter Bausubstanz oder bei sonstiger besonders erhaltenswerter Bausubstanz die Erfüllung der Anforderungen dieses Gesetzes die Substanz oder das Erscheinungsbild beeinträchtigt oder andere Maßnahmen zu einem unverhältnismäßig hohen Aufwand führen, kann von den Anforderungen dieses Gesetzes abgewichen werden.

**§ 106 Gemischt genutzte Gebäude.** (1) Teile eines Wohngebäudes, die sich hinsichtlich der Art ihrer Nutzung und der gebäudetechnischen Ausstattung wesentlich von der Wohnnutzung unterscheiden und die einen nicht unerheblichen Teil der Gebäudenutzfläche umfassen, sind getrennt als Nichtwohngebäude zu behandeln.

(2) Teile eines Nichtwohngebäudes, die dem Wohnen dienen und einen nicht unerheblichen Teil der Nettogrundfläche umfassen, sind getrennt als Wohngebäude zu behandeln.

(3) Die Berechnung von Trennwänden und Trenndecken zwischen Gebäudeteilen richtet sich in den Fällen der Absätze 1 und 2 nach § 29 Absatz 1.

**§ 107 Wärmeversorgung im Quartier.** (1) [1] In den Fällen des § 10 Absatz 2 oder des § 50 Absatz 1 in Verbindung mit § 48 können Bauherren oder Eigentümer, deren Gebäude in räumlichem Zusammenhang stehen, Vereinbarungen über eine gemeinsame Versorgung ihrer Gebäude mit Wärme oder Kälte treffen, um die jeweiligen Anforderungen nach § 10 Absatz 2 oder nach § 50 Absatz 1 in Verbindung mit § 48 zu erfüllen. [2] Gegenstand von Vereinbarungen nach Satz 1 können insbesondere sein:

1. die Errichtung und der Betrieb gemeinsamer Anlagen zur zentralen oder dezentralen Erzeugung, Verteilung, Nutzung oder Speicherung von Wärme und Kälte aus erneuerbaren Energien oder Kraft-Wärme-Kopplung,
2. die gemeinsame Erfüllung der Anforderung nach § 10 Absatz 2 Nummer 3,
3. die Benutzung von Grundstücken, deren Betreten und die Führung von Leitungen über Grundstücke.

(2) [1] Treffen Bauherren oder Eigentümer eine Vereinbarung nach Absatz 1, sind die Anforderungen nach § 10 Absatz 2 Nummer 1 und 2 und nach § 50 Absatz 1 in Verbindung mit § 48 für jedes Gebäude, das von der Vereinbarung erfasst wird, einzuhalten. [2] § 103 Absatz 3 bleibt unberührt.

(3) Treffen Bauherren oder Eigentümer eine Vereinbarung zur gemeinsamen Erfüllung der Anforderung nach § 10 Absatz 2 Nummer 3, muss der Wärme- und Kälteenergiebedarf ihrer Gebäude insgesamt in einem Umfang durch Maßnahmen nach den §§ 35 bis 45 gedeckt werden, der mindestens der Summe entspricht, die sich aus den einzelnen Deckungsanteilen nach den §§ 35 bis 45 ergibt.

(4) [1] Dritte, insbesondere Energieversorgungsunternehmen, können an Vereinbarungen im Sinne des Absatzes 1 beteiligt werden. [2] § 22 bleibt unberührt.

(5) Die Vereinbarung ist der zuständigen Behörde auf Verlangen vorzulegen.

(6) Eine Vereinbarung im Sinne des Absatzes 1 bedarf der Schriftform, soweit nicht durch Rechtsvorschriften eine andere Form vorgeschrieben ist.

(7) [1] Die Regelungen der Absätze 1 bis 5 sind entsprechend anwendbar, wenn die Gebäude, die im räumlichen Zusammenhang stehen und nach den Absätzen 1 bis 4 gemeinsam Anforderungen dieses Gesetzes erfüllen, einem Eigentümer gehören. [2] An die Stelle der Vereinbarung nach Absatz 1 tritt eine schriftliche Dokumentation des Eigentümers, die der zuständigen Behörde auf Verlangen vorzulegen ist.

**§ 108 Bußgeldvorschriften.** (1) Ordnungswidrig handelt, wer vorsätzlich oder leichtfertig

1. entgegen § 15 Absatz 1, § 16, § 18 Absatz 1 Satz 1 oder § 19 ein dort genanntes Gebäude nicht richtig errichtet,
2. entgegen § 47 Absatz 1 Satz 1 nicht dafür sorgt, dass eine dort genannte Geschossdecke gedämmt ist,
3. entgegen § 48 Satz 1 eine dort genannte Maßnahme nicht richtig ausführt,

4. entgegen § 61 Absatz 1 Satz 1 nicht dafür Sorge trägt, dass eine Zentralheizung mit einer dort genannten Einrichtung ausgestattet ist,
5. entgegen § 61 Absatz 2 eine dort genannte Ausstattung nicht, nicht richtig oder nicht rechtzeitig nachrüstet,
6. entgegen § 63 Absatz 1 Satz 1 nicht dafür Sorge trägt, dass eine heizungstechnische Anlage mit Wasser als Wärmeträger mit einer dort genannten Einrichtung ausgestattet ist,
7. entgegen § 69, § 70 oder § 71 Absatz 1 nicht dafür Sorge trägt, dass die Wärmeabgabe oder Wärmeaufnahme dort genannter Leitungen oder Armaturen begrenzt wird,
8. entgegen § 72 Absatz 1 oder 2 einen Heizkessel betreibt,
9. entgegen § 72 Absatz 4 Satz 1 einen Heizkessel einbaut oder aufstellt,
10. entgegen § 74 Absatz 1 eine Inspektion nicht, nicht richtig oder nicht rechtzeitig durchführen lässt,
11. entgegen § 77 Absatz 1 eine Inspektion durchführt,
12. entgegen § 80 Absatz 1 Satz 2, auch in Verbindung mit Satz 3, nicht sicherstellt, dass ein Energieausweis oder eine Kopie übergeben wird,
13. entgegen § 80 Absatz 4 Satz 1 oder 4, jeweils auch in Verbindung mit Absatz 5, einen Energieausweis oder eine Kopie nicht, nicht richtig, nicht vollständig oder nicht rechtzeitig vorlegt,
14. entgegen § 80 Absatz 4 Satz 5, auch in Verbindung mit Absatz 5, einen Energieausweis oder eine Kopie nicht, nicht richtig, nicht vollständig oder nicht rechtzeitig übergibt,
15. entgegen § 83 Absatz 1 Satz 2 oder Absatz 3 Satz 1 nicht dafür Sorge trägt, dass dort genannte Daten richtig sind,
16. entgegen § 87 Absatz 1, auch in Verbindung mit Absatz 2, nicht sicherstellt, dass die Immobilienanzeige die dort genannten Pflichtangaben enthält,
17. entgegen § 88 Absatz 1 einen Energieausweis ausstellt,
18. entgegen § 96 Absatz 1 eine Bestätigung nicht, nicht richtig, nicht vollständig, nicht in der vorgeschriebenen Weise oder nicht rechtzeitig vornimmt,
19. entgegen § 96 Absatz 5 Satz 2 eine Abrechnung nicht oder nicht mindestens fünf Jahre aufbewahrt,
20. entgegen § 96 Absatz 6 Satz 1, auch in Verbindung mit Satz 2, eine Bescheinigung nicht, nicht richtig, nicht vollständig oder nicht rechtzeitig ausstellen lässt oder nicht, nicht richtig, nicht vollständig oder nicht rechtzeitig vorlegt oder
21. einer vollziehbaren Anordnung nach § 99 Absatz 6 Satz 1, auch in Verbindung mit Absatz 8, zuwiderhandelt.

(2) Die Ordnungswidrigkeit kann in den Fällen des Absatzes 1 Nummer 1 bis 9 mit einer Geldbuße bis zu fünfzigtausend Euro, in den Fällen des Absatzes 1 Nummer 10 bis 17 mit einer Geldbuße bis zu zehntausend Euro und in den übrigen Fällen mit einer Geldbuße bis zu fünftausend Euro geahndet werden.

**§ 109** **Anschluss- und Benutzungszwang.** Die Gemeinden und Gemeindeverbände können von einer Bestimmung nach Landesrecht, die sie zur Begründung eines Anschluss- und Benutzungszwangs an ein Netz der öffentlichen Fernwärme- oder Fernkälteversorgung ermächtigt, auch zum Zwecke des Klima- und Ressourcenschutzes Gebrauch machen.

## Teil 9. Übergangsvorschriften

**§ 110 Anforderungen an Anlagen der Heizungs-, Kühl- und Raumlufttechnik sowie der Warmwasserversorgung und an Anlagen zur Nutzung erneuerbarer Energien.** Die technischen Anforderungen dieses Gesetzes an Anlagen der Heizungs-, Kühl- und Raumlufttechnik sowie der Warmwasserversorgung und an Anlagen zur Nutzung erneuerbarer Energien gelten, solange und soweit ein Durchführungsrechtsakt auf der Grundlage der Richtlinie 2009/125/EG nicht etwas anderes vorschreibt.

**§ 111 Allgemeine Übergangsvorschriften.** (1) ¹Die Vorschriften dieses Gesetzes sind nicht anzuwenden auf Vorhaben, welche die Errichtung, die Änderung, die grundlegende Renovierung, die Erweiterung oder den Ausbau von Gebäuden zum Gegenstand haben, falls die Bauantragstellung oder der Antrag auf Zustimmung oder die Bauanzeige vor dem Inkrafttreten dieses Gesetzes erfolgte. ²Für diese Vorhaben sind die Bestimmungen der mit dem Inkrafttreten dieses Gesetzes zugleich abgelösten oder geänderten Rechtsvorschriften in den zum Zeitpunkt der Bauantragstellung oder des Antrags auf Zustimmung oder der Bauanzeige jeweils geltenden Fassungen weiter anzuwenden. ³Die Sätze 1 und 2 sind entsprechend anzuwenden auf alle Fälle nicht genehmigungsbedürftiger Vorhaben; für Vorhaben, die nach Maßgabe des Bauordnungsrechts der zuständigen Behörde zur Kenntnis zu geben sind, ist dabei auf den Zeitpunkt des Eingangs der Kenntnisgabe bei der zuständigen Behörde und für sonstige nicht genehmigungsbedürftige, insbesondere genehmigungs-, anzeige- und verfahrensfreie Vorhaben auf den Zeitpunkt des Beginns der Bauausführung abzustellen.

(2) ¹Auf Vorhaben, welche die Errichtung, die Änderung, die grundlegende Renovierung, die Erweiterung oder den Ausbau von Gebäuden zum Gegenstand haben, ist dieses Gesetz in der zum Zeitpunkt der Bauantragstellung, des Antrags auf Zustimmung oder der Bauanzeige geltenden Fassung anzuwenden. ²Satz 1 ist entsprechend anzuwenden auf alle Fälle nicht genehmigungsbedürftiger Vorhaben; für Vorhaben, die nach Maßgabe des Bauordnungsrechts der zuständigen Behörde zur Kenntnis zu geben sind, ist dabei auf den Zeitpunkt des Eingangs der Kenntnisgabe bei der zuständigen Behörde und für sonstige nicht genehmigungsbedürftige, insbesondere genehmigungs-, anzeige- und verfahrensfreie Vorhaben auf den Zeitpunkt des Beginns der Bauausführung abzustellen.

(3) Auf Verlangen des Bauherren ist abweichend von den Absätzen 1 und 2 das jeweils neue Recht anzuwenden, wenn über den Bauantrag oder über den Antrag auf Zustimmung oder nach einer Bauanzeige noch nicht bestandskräftig entschieden worden ist.

**§ 112 Übergangsvorschriften für Energieausweise.** (1) Wird nach dem 1. November 2020 ein Energieausweis gemäß § 80 Absatz 1, 2 oder Absatz 3 für ein Gebäude ausgestellt, auf das vor dem Inkrafttreten dieses Gesetzes geltende Rechtsvorschriften anzuwenden sind, ist in der Kopfzeile zumindest der ersten Seite des Energieausweises in geeigneter Form die angewandte Fassung der für den Energieausweis maßgeblichen Rechtsvorschrift anzugeben.

(2) Wird nach dem 1. November 2020 ein Energieausweis gemäß § 80 Absatz 3 Satz 1 oder Absatz 6 Satz 1 für ein Gebäude ausgestellt, sind die Vorschriften der Energieeinsparverordnung bis zum 1. Mai 2021 weiter anzuwenden.

(3) [1] § 87 ist auf Energieausweise, die nach dem 30. September 2007 und vor dem 1. Mai 2014 ausgestellt worden sind, mit den folgenden Maßgaben anzuwenden. [2] Als Pflichtangabe nach § 87 Absatz 1 Nummer 2 ist in Immobilienanzeigen anzugeben:
1. bei Energiebedarfsausweisen für Wohngebäude der Wert des Endenergiebedarfs, der auf Seite 2 des Energieausweises gemäß dem bei Ausstellung maßgeblichen Muster angegeben ist,
2. bei Energieverbrauchsausweisen für Wohngebäude der Energieverbrauchskennwert, der auf Seite 3 des Energieausweises gemäß dem bei Ausstellung maßgeblichen Muster angegeben ist; ist im Energieverbrauchskennwert der Energieverbrauch für Warmwasser nicht enthalten, so ist der Energieverbrauchskennwert um eine Pauschale von 20 Kilowattstunden pro Jahr und Quadratmeter Gebäudenutzfläche zu erhöhen,
3. bei Energiebedarfsausweisen für Nichtwohngebäude der Gesamtwert des Endenergiebedarfs, der Seite 2 des Energieausweises gemäß dem bei Ausstellung maßgeblichen Muster zu entnehmen ist,
4. bei Energieverbrauchsausweisen für Nichtwohngebäude sowohl der Heizenergieverbrauchs- als auch der Stromverbrauchskennwert, die Seite 3 des Energieausweises gemäß dem bei Ausstellung maßgeblichen Muster zu entnehmen sind.

[3] Bei Energieausweisen für Wohngebäude nach Satz 1, bei denen noch keine Energieeffizienzklasse angegeben ist, darf diese freiwillig angegeben werden, wobei sich die Klasseneinteilung gemäß § 86 aus dem Endenergieverbrauch oder dem Endenergiebedarf des Gebäudes ergibt.

(4) In den Fällen des § 80 Absatz 4 und 5 sind begleitende Modernisierungsempfehlungen zu noch geltenden Energieausweisen, die nach Maßgabe der am 1. Oktober 2007 oder am 1. Oktober 2009 in Kraft getretenen Fassung der Energieeinsparverordnung ausgestellt worden sind, dem potenziellen Käufer oder Mieter zusammen mit dem Energieausweis vorzulegen und dem Käufer oder neuen Mieter mit dem Energieausweis zu übergeben; für die Vorlage und die Übergabe sind im Übrigen die Vorgaben des § 80 Absatz 4 und 5 entsprechend anzuwenden.

## § 113 Übergangsvorschriften für Aussteller von Energieausweisen.

(1) Zur Ausstellung von Energieausweisen für bestehende Wohngebäude nach § 80 Absatz 3 sind ergänzend zu § 88 auch Personen berechtigt, die vor dem 25. April 2007 nach Maßgabe der Richtlinie des Bundesministeriums für Wirtschaft und Technologie über die Förderung der Beratung zur sparsamen und rationellen Energieverwendung in Wohngebäuden vor Ort vom 7. September 2006 (BAnz S. 6379) als Antragsberechtigte beim Bundesamt für Wirtschaft und Ausfuhrkontrolle registriert worden sind.

(2) [1] Zur Ausstellung von Energieausweisen für bestehende Wohngebäude nach § 80 Absatz 3 sind ergänzend zu § 88 auch Personen berechtigt, die am 25. April 2007 über eine abgeschlossene Berufsausbildung im Baustoff-Fachhandel oder in der Baustoffindustrie und eine erfolgreich abgeschlossene Wei-

terbildung zum Energiefachberater im Baustoff-Fachhandel oder in der Baustoffindustrie verfügt haben. ²Satz 1 ist entsprechend auf Personen anzuwenden, die eine solche Weiterbildung vor dem 25. April 2007 begonnen haben, nach erfolgreichem Abschluss der Weiterbildung.

(3) ¹Zur Ausstellung von Energieausweisen für bestehende Wohngebäude nach § 80 Absatz 3 sind ergänzend zu § 88 auch Personen berechtigt, die am 25. April 2007 über eine abgeschlossene Fortbildung auf der Grundlage des § 42a der Handwerksordnung für Energieberatung im Handwerk verfügt haben. ²Satz 1 ist entsprechend auf Personen anzuwenden, die eine solche Fortbildung vor dem 25. April 2007 begonnen haben, nach erfolgreichem Abschluss der Fortbildung.

**§ 114 Übergangsvorschrift über die vorläufige Wahrnehmung von Vollzugsaufgaben der Länder durch das Deutsche Institut für Bautechnik.** ¹Bis zum Inkrafttreten der erforderlichen jeweiligen landesrechtlichen Regelungen zur Aufgabenübertragung nimmt das Deutsche Institut für Bautechnik vorläufig die Aufgaben des Landesvollzugs als Registrierstelle nach § 98 und als Kontrollstelle nach § 99 wahr. ²Die vorläufige Aufgabenwahrnehmung als Kontrollstelle nach Satz 1 bezieht sich nur auf die Überprüfung von Stichproben auf der Grundlage der in § 99 Absatz 4 Satz 1 Nummer 1 und 2 geregelten Optionen oder gleichwertiger Maßnahmen, soweit diese Aufgaben elektronisch durchgeführt werden können. ³Die Sätze 1 und 2 sind längstens fünf Jahre nach Inkrafttreten dieser Regelung anzuwenden.

**Anlage 1**
(zu § 15 Absatz 1)

### Technische Ausführung des Referenzgebäudes (Wohngebäude)

*(Hier nicht wiedergegeben.)*

**Anlage 2**
(zu § 18 Absatz 1)

### Technische Ausführung des Referenzgebäudes (Nichtwohngebäude)

*(Hier nicht wiedergegeben.)*

**Anlage 3**
(zu § 19)

### Höchstwerte der mittleren Wärmedurchgangskoeffizienten der wärmeübertragenden Umfassungsfläche (Nichtwohngebäude)

*(Hier nicht wiedergegeben.)*

**Anlage 4**
(zu § 22 Absatz 1)

### Primärenergiefaktoren

*(Hier nicht wiedergegeben.)*

Gebäudeenergiegesetz  Anl. 5–11  GEG 8.1

**Anlage 5**
(zu § 31 Absatz 1)

### Vereinfachtes Nachweisverfahren für ein zu errichtendes Wohngebäude

*(Hier nicht wiedergegeben.)*


**Anlage 6**
(zu § 32 Absatz 3)

### Zu verwendendes Nutzungsprofil für die Berechnungen des Jahres-Primärenergiebedarfs beim vereinfachten Berechnungsverfahren für ein zu errichtendes Nichtwohngebäude

*(Hier nicht wiedergegeben.)*


**Anlage 7**
(zu § 48)

### Höchstwerte der Wärmedurchgangskoeffizienten von Außenbauteilen bei Änderung an bestehenden Gebäuden

*(Hier nicht wiedergegeben.)*


**Anlage 8**
(zu den §§ 69, 70 und 71 Absatz 1)

### Anforderungen an die Wärmedämmung von Rohrleitungen und Armaturen

*(Hier nicht wiedergegeben.)*


**Anlage 9**
(zu § 85 Absatz 6)

### Umrechnung in Treibhausgasemissionen

*(Hier nicht wiedergegeben.)*


**Anlage 10**
(zu § 86)

### Energieeffizienzklassen von Wohngebäuden

*(Hier nicht wiedergegeben.)*


**Anlage 11**
(zu § 88 Absatz 2 Nummer 2)

### Anforderungen an die Inhalte der Schulung für die Berechtigung zur Ausstellung von Energieausweisen

*(Hier nicht wiedergegeben.)*

## 8.2. Gesetz für den Ausbau erneuerbarer Energien (Erneuerbare-Energien-Gesetz – EEG 2021)[1)2)]

Vom 21. Juli 2014

(BGBl. I S. 1066)

**FNA 754-27**

zuletzt geänd. durch Art. 11 G zur Umsetzung unionsrechtlicher Vorgaben und zur Regelung reiner Wasserstoffnetze im Energiewirtschaftsrecht v. 16.7.2021 (BGBl. I S. 3026)

### Teil 1. Allgemeine Bestimmungen

**§ 1 Zweck und Ziel des Gesetzes.** (1) Zweck dieses Gesetzes ist es, insbesondere im Interesse des Klima- und Umweltschutzes eine nachhaltige Entwicklung der Energieversorgung zu ermöglichen, die volkswirtschaftlichen Kosten der Energieversorgung auch durch die Einbeziehung langfristiger externer Effekte zu verringern, fossile Energieressourcen zu schonen und die Weiterentwicklung von Technologien zur Erzeugung von Strom aus erneuerbaren Energien zu fördern.

(2) Ziel dieses Gesetzes ist es, den Anteil des aus erneuerbaren Energien erzeugten Stroms am Bruttostromverbrauch auf 65 Prozent im Jahr 2030 zu steigern.

(3) Ziel dieses Gesetzes ist es ferner, dass vor dem Jahr 2050 der gesamte Strom, der im Staatsgebiet der Bundesrepublik Deutschland einschließlich der deutschen ausschließlichen Wirtschaftszone (Bundesgebiet) erzeugt oder verbraucht wird, treibhausgasneutral erzeugt wird.

(4) Der für die Erreichung der Ziele nach den Absätzen 2 und 3 erforderliche Ausbau der erneuerbaren Energien soll stetig, kosteneffizient und netzverträglich erfolgen.

**§ 2 Grundsätze des Gesetzes.** (1) Strom aus erneuerbaren Energien und aus Grubengas soll in das Elektrizitätsversorgungssystem integriert werden.

(2) Strom aus erneuerbaren Energien und aus Grubengas soll zum Zweck der Marktintegration direkt vermarktet werden.

(3) [1]Die Höhe der Zahlungen für Strom aus erneuerbaren Energien soll durch Ausschreibungen ermittelt werden. [2]Dabei soll die Akteursvielfalt bei der Stromerzeugung aus erneuerbaren Energien erhalten bleiben.

(4) Die Kosten für Strom aus erneuerbaren Energien und aus Grubengas sollen gering gehalten und unter Einbeziehung des Verursacherprinzips sowie gesamtwirtschaftlicher und energiewirtschaftlicher Aspekte angemessen verteilt werden.

---

[1)] Verkündet als Art. 1 G v. 21.7.2014 (BGBl. I S. 1066); Inkrafttreten gem. Art. 23 Satz 1 dieses G am 1.8.2014.
[2)] Siehe auch das Windenergie-auf-See-G v. 13.10.2016 (BGBl. I S. 2258, 2310), zuletzt geänd. durch G v. 16.7.2021 (BGBl. I S. 3026), das SeeanlagenG v. 13.10.2016 (BGBl. I S. 2258, 2348), zuletzt geänd. durch G v. 3.12.2020 (BGBl. I S. 2682), das Kraft-Wärme-KopplungsG v. 21.12.2015 (BGBl. I S. 2498), zuletzt geänd. durch G v. 10.8.2021 (BGBl. I S. 3436), und das MessstellenbetriebsG v. 29.8.2016 (BGBl. I S. 2034), zuletzt geänd. durch G v. 16.7.2021 (BGBl. I S. 3026).

Erneuerbare-Energien-Gesetz § 3 EEG 2021 8.2

**§ 3 Begriffsbestimmungen.** Im Sinn dieses Gesetzes ist oder sind
1. „Anlage" jede Einrichtung zur Erzeugung von Strom aus erneuerbaren Energien oder aus Grubengas, wobei im Fall von Solaranlagen jedes Modul eine eigenständige Anlage ist; als Anlage gelten auch Einrichtungen, die zwischengespeicherte Energie, die ausschließlich aus erneuerbaren Energien oder Grubengas stammt, aufnehmen und in elektrische Energie umwandeln,
2. „Anlagenbetreiber", wer unabhängig vom Eigentum die Anlage für die Erzeugung von Strom aus erneuerbaren Energien oder aus Grubengas nutzt,
3. „anzulegender Wert" der Wert, den die Bundesnetzagentur für Elektrizität, Gas, Telekommunikation, Post und Eisenbahnen (Bundesnetzagentur) im Rahmen einer Ausschreibung nach § 22 in Verbindung mit den §§ 28 bis 39n ermittelt oder der durch die §§ 40 bis 49 gesetzlich bestimmt ist und der die Grundlage für die Berechnung der Marktprämie, der Einspeisevergütung oder des Mieterstromzuschlags ist,
3a. „ausgeförderte Anlagen" Anlagen, die vor dem 1. Januar 2021 in Betrieb genommen worden sind und bei denen der ursprüngliche Anspruch auf Zahlung nach der für die Anlage maßgeblichen Fassung des Erneuerbare-Energien-Gesetzes beendet ist; mehrere ausgeförderte Anlagen sind zur Bestimmung der Größe nach den Bestimmungen dieses Gesetzes zu ausgeförderten Anlagen als eine Anlage anzusehen, wenn sie nach der für sie maßgeblichen Fassung des Erneuerbare-Energien-Gesetzes zum Zweck der Ermittlung des Anspruchs auf Zahlung als eine Anlage galten,
4. „Ausschreibung" ein transparentes, diskriminierungsfreies und wettbewerbliches Verfahren zur Bestimmung des Anspruchsberechtigten und des anzulegenden Werts,
4a. „Ausschreibungen für Solaranlagen des ersten Segments" Ausschreibungen, bei denen Gebote für Freiflächenanlagen und für Solaranlagen abgegeben werden können, die auf, an oder in baulichen Anlagen errichtet werden sollen, die weder Gebäude noch Lärmschutzwände sind,
4b. „Ausschreibungen für Solaranlagen des zweiten Segments" Ausschreibungen, bei denen Gebote für Solaranlagen abgegeben werden können, die auf, an oder in einem Gebäude oder einer Lärmschutzwand errichtet werden sollen,
5. „Ausschreibungsvolumen" die Summe der zu installierenden Leistung, für die der Anspruch auf Zahlung einer Marktprämie zu einem Gebotstermin ausgeschrieben wird,
6. „Bemessungsleistung" der Quotient aus der Summe der in dem jeweiligen Kalenderjahr erzeugten Kilowattstunden und der Summe der vollen Zeitstunden des jeweiligen Kalenderjahres abzüglich der vollen Stunden vor der erstmaligen Erzeugung von Strom aus erneuerbaren Energien oder aus Grubengas durch eine Anlage und nach endgültiger Stilllegung dieser Anlage,
7. „benachteiligtes Gebiet" ein Gebiet im Sinn der Richtlinie 86/465/EWG des Rates vom 14. Juli 1986 betreffend das Gemeinschaftsverzeichnis der benachteiligten landwirtschaftlichen Gebiete im Sinne der Richtlinie 75/268/EWG (Deutschland) (ABl. L 273 vom 24.9.1986, S. 1), in der Fassung der Entscheidung 97/172/EG (ABl. L 72 vom 13.3.1997, S. 1),

8. „bezuschlagtes Gebot" ein Gebot, für das ein Zuschlag erteilt worden ist,
9. „Bilanzkreis" ein Bilanzkreis nach § 3 Nummer 10a des Energiewirtschaftsgesetzes,
10. „Bilanzkreisvertrag" ein Vertrag nach § 26 Absatz 1 der Stromnetzzugangsverordnung,
11. „Biogas" jedes Gas, das durch anaerobe Vergärung von Biomasse gewonnen wird,
12. „Biomasseanlage" jede Anlage zur Erzeugung von Strom aus Biomasse,
13. „Biomethan" jedes Biogas oder sonstige gasförmige Biomasse, das oder die aufbereitet und in das Erdgasnetz eingespeist worden ist,
14. „Brutto-Zubau" die Summe der installierten Leistung aller Anlagen eines Energieträgers, die in einem bestimmten Zeitraum an das Register als in Betrieb genommen gemeldet worden sind,
15. „Bürgerenergiegesellschaft" jede Gesellschaft,
    a) die aus mindestens zehn natürlichen Personen als stimmberechtigten Mitgliedern oder stimmberechtigten Anteilseignern besteht,
    b) bei der mindestens 51 Prozent der Stimmrechte bei natürlichen Personen liegen, die seit mindestens einem Jahr vor der Gebotsabgabe in der kreisfreien Stadt oder dem Landkreis, in der oder dem die geplante Windenergieanlage an Land errichtet werden soll, nach § 21 oder § 22 des Bundesmeldegesetzes mit ihrem Hauptwohnsitz gemeldet sind, und
    c) bei der kein Mitglied oder Anteilseigner der Gesellschaft mehr als 10 Prozent der Stimmrechte an der Gesellschaft hält,
    wobei es beim Zusammenschluss von mehreren juristischen Personen oder Personengesellschaften zu einer Gesellschaft ausreicht, wenn jedes der Mitglieder der Gesellschaft die Voraussetzungen nach den Buchstaben a bis c erfüllt,
16. „Direktvermarktung" die Veräußerung von Strom aus erneuerbaren Energien oder aus Grubengas an Dritte, es sei denn, der Strom wird in unmittelbarer räumlicher Nähe zur Anlage verbraucht und nicht durch ein Netz durchgeleitet,
17. „Direktvermarktungsunternehmer", wer von dem Anlagenbetreiber mit der Direktvermarktung von Strom aus erneuerbaren Energien oder aus Grubengas beauftragt ist oder Strom aus erneuerbaren Energien oder aus Grubengas kaufmännisch abnimmt, ohne insoweit Letztverbraucher dieses Stroms oder Netzbetreiber zu sein,
18. „Energie- oder Umweltmanagementsystem" ein System, das den Anforderungen der DIN EN ISO 50 001, Ausgabe November 2018[1]) entspricht, oder ein System im Sinn der Verordnung (EG) Nr. 1221/2009[2]) des Europäischen Parlaments und des Rates vom 25. November 2009 über die freiwillige Teilnahme von Organisationen an einem Gemeinschaftssystem für Umweltmanagement und Umweltbetriebsprüfung und zur Aufhebung der Verordnung (EG) Nr. 761/2001, sowie der Beschlüsse der Kommission 2001/681/EG und 2006/193/EG (ABl. L 342 vom 22.12.2009, S. 1) in der jeweils geltenden Fassung,

---

[1]) **Amtlicher Hinweis:** Zu beziehen bei der Beuth Verlag GmbH, 10772 Berlin, und in der Deutschen Nationalbibliothek archivmäßig gesichert niedergelegt.
[2]) Nr. **2.7**.

Erneuerbare-Energien-Gesetz  §  3  EEG 2021  8.2

19. „Eigenversorgung" der Verbrauch von Strom, den eine natürliche oder juristische Person im unmittelbaren räumlichen Zusammenhang mit der Stromerzeugungsanlage selbst verbraucht, wenn der Strom nicht durch ein Netz durchgeleitet wird und diese Person die Stromerzeugungsanlage selbst betreibt,
20. „Elektrizitätsversorgungsunternehmen" jede natürliche oder juristische Person, die Elektrizität an Letztverbraucher liefert,
21. „erneuerbare Energien"
    a) Wasserkraft einschließlich der Wellen-, Gezeiten-, Salzgradienten- und Strömungsenergie,
    b) Windenergie,
    c) solare Strahlungsenergie,
    d) Geothermie,
    e) Energie aus Biomasse einschließlich Biogas, Biomethan, Deponiegas und Klärgas sowie aus dem biologisch abbaubaren Anteil von Abfällen aus Haushalten und Industrie,
22. „Freiflächenanlage" jede Solaranlage, die nicht auf, an oder in einem Gebäude oder einer sonstigen baulichen Anlage angebracht ist, die vorrangig zu anderen Zwecken als der Erzeugung von Strom aus solarer Strahlungsenergie errichtet worden ist,
23. „Gebäude" jede selbständig benutzbare, überdeckte bauliche Anlage, die von Menschen betreten werden kann und vorrangig dazu bestimmt ist, dem Schutz von Menschen, Tieren oder Sachen zu dienen,
24. „Gebotsmenge" die zu installierende Leistung in Kilowatt, für die der Bieter ein Gebot abgegeben hat,
25. „Gebotstermin" der Kalendertag, an dem die Frist für die Abgabe von Geboten für eine Ausschreibung abläuft,
26. „Gebotswert" der anzulegende Wert, den der Bieter in seinem Gebot angegeben hat,
27. „Generator" jede technische Einrichtung, die mechanische, chemische, thermische oder elektromagnetische Energie direkt in elektrische Energie umwandelt,
28. „Gülle" jeder Stoff, der Gülle ist im Sinn der Verordnung (EG) Nr. 1069/2009 des Europäischen Parlaments und des Rates vom 21. Oktober 2009 mit Hygienevorschriften für nicht für den menschlichen Verzehr bestimmte tierische Nebenprodukte und zur Aufhebung der Verordnung (EG) Nr. 1774/2002 (Verordnung über tierische Nebenprodukte) (ABl. L 300 vom 14.11.2009, S. 1), die durch die Verordnung (EU) Nr. 1385/2013 (ABl. L 354 vom 28.12.2013, S. 86) geändert worden ist,
29. „Herkunftsnachweis" ein elektronisches Dokument, das ausschließlich dazu dient, gegenüber einem Letztverbraucher im Rahmen der Stromkennzeichnung nach § 42 Absatz 1 Nummer 1 des Energiewirtschaftsgesetzes nachzuweisen, dass ein bestimmter Anteil oder eine bestimmte Menge des Stroms aus erneuerbaren Energien erzeugt wurde,
29a. „hocheffiziente KWK-Anlage" eine KWK-Anlage, die den Vorgaben der Richtlinie 2012/27/EU des Europäischen Parlaments und des Rates vom 25. Oktober 2012 zur Energieeffizienz, zur Änderung der Richtlinien 2009/125/EG und 2010/30/EU und zur Aufhebung der Richtlinien

2004/8/EG und 2006/32/EG (ABl. L 315 vom 14.11.2012, S. 1), die zuletzt durch die Richtlinie (EU) 2019/944 (ABl. L 158 vom 14.6.2019, S. 125) geändert worden ist, in der jeweils geltenden Fassung entspricht,

30. „Inbetriebnahme" die erstmalige Inbetriebsetzung der Anlage ausschließlich mit erneuerbaren Energien oder Grubengas nach Herstellung der technischen Betriebsbereitschaft der Anlage; die technische Betriebsbereitschaft setzt voraus, dass die Anlage fest an dem für die dauerhaften Betrieb vorgesehenen Ort und dauerhaft mit dem für die Erzeugung von Wechselstrom erforderlichen Zubehör installiert wurde; der Austausch des Generators oder sonstiger technischer oder baulicher Teile nach der erstmaligen Inbetriebnahme führt nicht zu einer Änderung des Zeitpunkts der Inbetriebnahme,

31. „installierte Leistung" die elektrische Wirkleistung, die eine Anlage bei bestimmungsgemäßem Betrieb ohne zeitliche Einschränkungen unbeschadet kurzfristiger geringfügiger Abweichungen technisch erbringen kann,

32. „KWK-Anlage" jede KWK-Anlage im Sinn von § 2 Nummer 14 des Kraft-Wärme-Kopplungsgesetzes,

33. „Letztverbraucher" jede natürliche oder juristische Person, die Strom verbraucht,

34. „Marktwert" der für die Berechnung der Höhe der Marktprämie für den Strom aus einer Anlage nach Anlage 1 Nummer 2 maßgebliche Wert:

    a) der energieträgerspezifische Marktwert von Strom aus erneuerbaren Energien oder aus Grubengas, der sich nach Anlage 1 Nummer 3 aus dem tatsächlichen Monatsmittelwert des Spotmarktpreises bezogen auf einen Kalendermonat ergibt (Monatsmarktwert), oder

    b) der energieträgerspezifische Marktwert von Strom aus erneuerbaren Energien oder aus Grubengas, der sich nach Anlage 1 Nummer 4 aus dem tatsächlichen Jahresmittelwert des Spotmarktpreises bezogen auf ein Kalenderjahr ergibt (Jahresmarktwert),

    soweit der Marktwert maßgeblich ist für Strom, der in einer Veräußerungsform einer Einspeisevergütung veräußert wird, ist „Marktwert" der Wert, der maßgeblich wäre, wenn dieser Strom direkt vermarktet würde,

35. „Netz" die Gesamtheit der miteinander verbundenen technischen Einrichtungen zur Abnahme, Übertragung und Verteilung von Elektrizität für die allgemeine Versorgung,

36. „Netzbetreiber" jeder Betreiber eines Netzes für die allgemeine Versorgung mit Elektrizität, unabhängig von der Spannungsebene,

37. „Pilotwindenergieanlagen an Land"

    a) die jeweils ersten zwei als Pilotwindenergieanlagen an Land an das Register gemeldeten Windenergieanlagen eines Typs an Land, die nachweislich

        aa) jeweils eine installierte Leistung von 6 Megawatt nicht überschreiten,

        bb) wesentliche technische Weiterentwicklungen oder Neuerungen insbesondere bei der Generatorleistung, dem Rotordurchmesser, der Nabenhöhe, dem Turmtypen oder der Gründungsstruktur aufweisen und cc) einer Typenprüfung oder einer Einheitenzertifizierung bedürfen, die zum Zeitpunkt der Inbetriebnahme noch nicht erteilt ist und erst nach der Inbetriebnahme einer Anlage erteilt werden kann, oder

b) die als Pilotwindenergieanlagen an Land an das Register gemeldeten Windenergieanlagen an Land,

aa) die vorwiegend zu Zwecken der Forschung und Entwicklung errichtet werden und

bb) mit denen eine wesentliche, weit über den Stand der Technik hinausgehende Innovation erprobt wird; die Innovation kann insbesondere die Generatorleistung, den Rotordurchmesser, die Nabenhöhe, den Turmtypen, die Gründungsstruktur oder die Betriebsführung der Anlage betreffen,

38. „Regionalnachweis" ein elektronisches Dokument, das ausschließlich dazu dient, im Rahmen der Stromkennzeichnung nach § 42 des Energiewirtschaftsgesetzes gegenüber einem Letztverbraucher die regionale Herkunft eines bestimmten Anteils oder einer bestimmten Menge des verbrauchten Stroms aus erneuerbaren Energien nachzuweisen,

39. „Register" das Marktstammdatenregister nach § 111e des Energiewirtschaftsgesetzes,

40. „Schienenbahn" jedes Unternehmen, das zum Zweck des Personen- oder Güterverkehrs Fahrzeuge wie Eisenbahnen, Magnetschwebebahnen, Straßenbahnen oder nach ihrer Bau- und Betriebsweise ähnliche Bahnen auf Schienen oder die für den Betrieb dieser Fahrzeuge erforderlichen Infrastrukturanlagen betreibt,

41. „Solaranlage" jede Anlage zur Erzeugung von Strom aus solarer Strahlungsenergie,

41a. „Solaranlage des ersten Segments" jede Solaranlage, für die ein Gebot in einer Ausschreibung nach Nummer 4a abgegeben werden kann,

41b. „Solaranlage des zweiten Segments" jede Solaranlage, für die ein Gebot in einer Ausschreibung nach Nummer 4b abgegeben werden kann,

42. „Speichergas" jedes Gas, das keine erneuerbare Energie ist, aber zum Zweck der Zwischenspeicherung von Strom aus erneuerbaren Energien ausschließlich unter Einsatz von Strom aus erneuerbaren Energien erzeugt wird,

42a. „Spotmarktpreis" der Strompreis in Cent pro Kilowattstunde, der sich in der Preiszone für Deutschland aus der Kopplung der Orderbücher aller Strombörsen in der vortägigen Auktion von Stromstundenkontrakten ergibt; wenn die Kopplung der Orderbücher aller Strombörsen nicht oder nur teilweise erfolgt, ist für die Dauer der unvollständigen Kopplung der Durchschnittspreis aller Strombörsen gewichtet nach dem jeweiligen Handelsvolumen zugrunde zu legen,

43. „Strom aus Kraft-Wärme-Kopplung" KWK-Strom im Sinn von § 2 Nummer 16 des Kraft-Wärme-Kopplungsgesetzes,

43a. „Strombörse" eine Börse, an der für die Preiszone für Deutschland Stromprodukte gehandelt werden können,

43b. „Stromerzeugungsanlage" jede technische Einrichtung, die unabhängig vom eingesetzten Energieträger direkt Strom erzeugt, wobei im Fall von Solaranlagen jedes Modul eine eigenständige Stromerzeugungsanlage ist,

43c. „Südregion" das Gebiet, das die Gebietskörperschaften umfasst, die in Anlage 5 aufgeführt sind,
44. „Übertragungsnetzbetreiber" der regelverantwortliche Netzbetreiber von Hoch- und Höchstspannungsnetzen, die der überregionalen Übertragung von Elektrizität zu anderen Netzen dienen,
44a. „umlagepflichtige Strommengen" Strommengen, für die nach § 60 oder § 61 die volle oder anteilige EEG-Umlage gezahlt werden muss; nicht umlagepflichtig sind Strommengen, wenn und solange die Pflicht zur Zahlung der EEG-Umlage entfällt oder sich auf null Prozent verringert,
45. „Umwandlung" jede Umwandlung von Unternehmen nach dem Umwandlungsgesetz oder jede Anwachsung im Sinn des § 738 des Bürgerlichen Gesetzbuches sowie jede Übertragung von Wirtschaftsgütern eines Unternehmens oder selbständigen Unternehmensteils im Weg der Singularsukzession, bei der jeweils die wirtschaftliche und organisatorische Einheit des Unternehmens oder selbständigen Unternehmensteils nach der Übertragung nahezu vollständig erhalten bleibt,
46. „Umweltgutachter" jede Person oder Organisation, die nach dem Umweltauditgesetz[1)] in der jeweils geltenden Fassung als Umweltgutachter oder Umweltgutachterorganisation tätig werden darf,
47. „Unternehmen" jeder Rechtsträger, der einen nach Art und Umfang in kaufmännischer Weise eingerichteten Geschäftsbetrieb unter Beteiligung am allgemeinen wirtschaftlichen Verkehr nachhaltig mit eigener Gewinnerzielungsabsicht betreibt,
47a. „Vollbenutzungsstunden zur Eigenversorgung" der Quotient aus der kalenderjährlichen Stromerzeugung in Kilowattstunden zur Eigenversorgung und der installierten Leistung der KWK-Anlage in Kilowatt in entsprechender Anwendung von Nummer 31,
48. „Windenergieanlage an Land" jede Anlage zur Erzeugung von Strom aus Windenergie, die keine Windenergieanlage auf See ist,
49. „Windenergieanlage auf See" jede Anlage im Sinn von § 3 Nummer 11 des Windenergie-auf-See-Gesetzes,
50. „Wohngebäude" jedes Gebäude, das nach seiner Zweckbestimmung überwiegend dem Wohnen dient, einschließlich Wohn-, Alten- und Pflegeheimen sowie ähnlichen Einrichtungen,
50a. „Zuschlag" der Verwaltungsakt, mit dem die Bundesnetzagentur ein Gebot in einem Ausschreibungsverfahren bezuschlagt,
51. „Zuschlagswert" der anzulegende Wert, zu dem ein Zuschlag in einer Ausschreibung erteilt wird; er entspricht dem Gebotswert, soweit sich aus den nachfolgenden Bestimmungen nichts anderes ergibt.

**§ 4 Ausbaupfad.** Das Ziel nach § 1 Absatz 2 soll erreicht werden durch
1. eine Steigerung der installierten Leistung von Windenergieanlagen an Land auf
   a) 57 Gigawatt im Jahr 2022,
   b) 62 Gigawatt im Jahr 2024,
   c) 65 Gigawatt im Jahr 2026,

---

[1)] Nr. 2.8.

Erneuerbare-Energien-Gesetz

d) 68 Gigawatt im Jahr 2028 und
e) 71 Gigawatt im Jahr 2030,
2. eine Steigerung der installierten Leistung von Windenergieanlagen auf See nach Maßgabe des Windenergie-auf-See-Gesetzes,
3. eine Steigerung der installierten Leistung von Solaranlagen auf
   a) 63 Gigawatt im Jahr 2022,
   b) 73 Gigawatt im Jahr 2024,
   c) 83 Gigawatt im Jahr 2026,
   d) 95 Gigawatt im Jahr 2028 und
   e) 100 Gigawatt im Jahr 2030 und
4. eine installierte Leistung von Biomasseanlagen von 8 400 Megawatt im Jahr 2030.

**§ 4a Strommengenpfad.** Um überprüfen zu können, ob die erneuerbaren Energien in der für die Erreichung des Ziels nach § 1 Absatz 2 erforderlichen Geschwindigkeit ausgebaut werden, werden folgende Zwischenziele für die Stromerzeugung aus erneuerbaren Energien festgelegt:

1. 259 Terawattstunden im Jahr 2021,
2. 269 Terawattstunden im Jahr 2022,
3. 281 Terawattstunden im Jahr 2023,
4. 295 Terawattstunden im Jahr 2024,
5. 308 Terawattstunden im Jahr 2025,
6. 318 Terawattstunden im Jahr 2026,
7. 330 Terawattstunden im Jahr 2027,
8. 350 Terawattstunden im Jahr 2028 und
9. 376 Terawattstunden im Jahr 2029.

**§ 5 Ausbau im In- und Ausland.** (1) Soweit sich dieses Gesetz auf Anlagen bezieht, ist es anzuwenden, wenn und soweit die Erzeugung des Stroms im Bundesgebiet erfolgt.

(2) [1] Soweit die Zahlungen für Strom aus erneuerbaren Energien durch Ausschreibungen ermittelt werden, sollen auch Gebote für Anlagen im Staatsgebiet eines anderen Mitgliedstaates oder mehrerer anderer Mitgliedstaaten der Europäischen Union im Umfang von 5 Prozent der gesamten jährlich zu installierenden Leistung an Anlagen bezuschlagt werden können. [2] Der Umfang nach Satz 1 kann in dem Maß überschritten werden, in dem Gebote für Windenergieanlagen auf See bezuschlagt werden sollen. [3] Zu dem Zweck nach Satz 1 können die Ausschreibungen

1. gemeinsam mit einem anderen Mitgliedstaat oder mehreren anderen Mitgliedstaaten der Europäischen Union durchgeführt werden oder
2. für Anlagen im Staatsgebiet eines anderen Mitgliedstaates oder mehrerer anderer Mitgliedstaaten der Europäischen Union geöffnet werden.

[4] Näheres zu den Ausschreibungsverfahren kann in einer Rechtsverordnung nach § 88a geregelt werden.

(3) [1] Ausschreibungen nach Absatz 2 Satz 3 sind nur zulässig, wenn

1. sie mit den beteiligten Mitgliedstaaten der Europäischen Union völkerrechtlich vereinbart worden sind und diese völkerrechtliche Vereinbarung Instrumente der Kooperationsmaßnahmen im Sinn der Artikel 5, 8 bis 10 oder 13 der Richtlinie (EU) 2018/2001 des Europäischen Parlaments und des Rates zur Förderung der Nutzung von Energie aus erneuerbaren Quellen vom 11. Dezember 2018 (ABl. L 328 vom 21.12.2018, S. 82), die durch die Delegierte Verordnung (EU) 2019/807 (ABl. L 133 vom 21.5.2019, S. 1) vervollständigt worden ist, zur Förderung der Nutzung von Energie aus erneuerbaren Quellen nutzt,
2. sie nach dem Prinzip der Gegenseitigkeit
   a) als gemeinsame Ausschreibungen durchgeführt werden oder
   b) für einen oder mehrere andere Mitgliedstaaten der Europäischen Union geöffnet werden und die anderen Mitgliedstaaten in einem vergleichbaren Umfang ihre Ausschreibungen für Anlagen im Bundesgebiet öffnen und
3. der Strom physikalisch importiert wird oder einen vergleichbaren Effekt auf den deutschen Strommarkt hat.

[2] Satz 1 Nummer 2 ist nicht auf Ausschreibungen für Windenergieanlagen auf See anzuwenden.

(4) [1] Durch die völkerrechtliche Vereinbarung nach Absatz 3 Satz 1 Nummer 1 kann dieses Gesetz aufgrund einer Rechtsverordnung nach § 88a abweichend von Absatz 1

1. ganz oder teilweise als anwendbar erklärt werden für Anlagen, die außerhalb des Bundesgebiets errichtet werden, oder
2. als nicht anwendbar erklärt werden für Anlagen, die innerhalb des Bundesgebiets errichtet werden.

[2] Ohne eine entsprechende völkerrechtliche Vereinbarung dürfen weder Anlagen außerhalb des Bundesgebiets Zahlungen nach diesem Gesetz erhalten noch Anlagen im Bundesgebiet Zahlungen nach dem Fördersystem eines anderen Mitgliedstaats der Europäischen Union erhalten.

(5) Auf das Ziel nach § 1 Absatz 2, den nationalen Beitrag zum Gesamtziel der Europäischen Union im Jahr 2030 nach Artikel 3 Absatz 2 der Richtlinie (EU) 2018/2001 sowie den nationalen Anteil an Energie aus erneuerbaren Quellen am Bruttoendenergieverbrauch nach Artikel 32 Absatz 4 der Verordnung (EU) 2018/1999 des Europäischen Parlaments und des Rates vom 11. Dezember 2018 über das Governance-System für die Energieunion und für den Klimaschutz zur Änderung der Verordnungen (EG) Nr. 663/2009 und (EG) Nr. 715/2009 des Europäischen Parlaments und des Rates, der Richtlinien 94/22/EG, 98/70/EG, 2009/31/EG, 2009/73/EG, 2010/31/EU, 2012/27/EU und 2013/30/EU des Europäischen Parlaments und des Rates, der Richtlinien 2009/119/EG und (EU) 2015/652 des Rates und zur Aufhebung der Verordnung (EU) Nr. 525/2013 des Europäischen Parlaments und des Rates (ABl. L 328 vom 21.12.2018, S. 1), die zuletzt durch die Delegierte Verordnung (EU) 2020/1044 (ABl. L 230 vom 17.7.2020, S. 1) vervollständigt worden ist, werden alle Anlagen nach den Absätzen 1 und 2 und der in ihnen erzeugte Strom angerechnet; dies ist für die Anlagen nach Absatz 2 nur nach Maßgabe der völkerrechtlichen Vereinbarung anzuwenden und für Anlagen nach Absatz 1 nicht anzuwenden, sofern und soweit die Zahlungen nach dem

Fördersystem eines anderen Mitgliedstaates der Europäischen Union geleistet werden und eine völkerrechtliche Vereinbarung eine Anrechnung auf die Ziele dieses Mitgliedstaates regelt.

(6) ¹Anlagen im Bundesgebiet dürfen nur in einem Umfang von bis zu 5 Prozent der jährlich in Deutschland zu installierenden Leistung und unter Einhaltung der Anforderungen nach Absatz 3 auf die Ziele eines anderen Mitgliedstaats der Europäischen Union angerechnet werden. ²Für Windenenergieanlagen auf See ist Absatz 2 Satz 2 entsprechend anzuwenden.

**§ 6 Finanzielle Beteiligung der Kommunen am Ausbau.** (1) Folgende Anlagenbetreiber dürfen den Gemeinden, die von der Errichtung ihrer Anlage betroffen sind, Beträge durch einseitige Zuwendungen ohne Gegenleistung anbieten:

1. Betreiber von Windenergieanlagen an Land nach Maßgabe von Absatz 2 und
2. Betreiber von Freiflächenanlagen nach Maßgabe von Absatz 3.

(2) ¹Bei Windenergieanlagen an Land dürfen den betroffenen Gemeinden Beträge von insgesamt 0,2 Cent pro Kilowattstunde für die tatsächlich eingespeiste Strommenge und für die fiktive Strommenge nach Nummer 7.2 der Anlage 2 angeboten werden, wenn die Anlage eine installierte Leistung von mehr als 750 Kilowatt hat und für die Anlage eine finanzielle Förderung nach diesem Gesetz oder einer auf Grund dieses Gesetzes erlassenen Rechtsverordnung in Anspruch genommen wird. ²Als betroffen gelten Gemeinden, deren Gemeindegebiet sich zumindest teilweise innerhalb eines um die Windenergieanlage gelegenen Umkreises von 2 500 Metern um die Turmmitte der Windenergieanlage befindet. ³Befinden sich in diesem Umkreis Gebiete, die keiner Gemeinde zugehörig sind (gemeindefreie Gebiete), gilt für diese Gebiete der nach Landesrecht jeweils zuständige Landkreis als betroffen. ⁴Sind mehrere Gemeinden oder Landkreise betroffen, ist die Höhe der angebotenen Zahlung pro Gemeinde oder Landkreis anhand des Anteils ihres jeweiligen Gemeindegebiets oder des jeweiligen gemeindefreien Gebiets an der Fläche des Umkreises aufzuteilen, so dass insgesamt höchstens der Betrag nach Satz 1 angeboten wird.

(3) ¹Bei Freiflächenanlagen dürfen den betroffenen Gemeinden Beträge von insgesamt 0,2 Cent pro Kilowattstunde für die tatsächlich eingespeiste Strommenge angeboten werden. ²Als betroffen gelten Gemeinden, auf deren Gemeindegebiet sich die Freiflächenanlagen befinden. ³Befinden sich die Freiflächenanlagen auf gemeindefreien Gebieten, gilt für diese Gebiete der nach Landesrecht jeweils zuständige Landkreis als betroffen. ⁴Im Übrigen ist Absatz 2 Satz 4 entsprechend anzuwenden.

(4) ¹Vereinbarungen über Zuwendungen nach diesem Paragrafen bedürfen der Schriftform und dürfen bereits geschlossen werden

1. vor der Genehmigung der Windenergieanlage nach dem Bundes-Immissionsschutzgesetz[1)] oder
2. vor der Genehmigung der Freiflächenanlage, jedoch nicht vor dem Beschluss des Bebauungsplans für die Fläche zur Errichtung der Freiflächenanlage.

---

[1)] Nr. **6.1**.

²Die Vereinbarungen gelten nicht als Vorteil im Sinn der §§ 331 bis 334 des Strafgesetzbuchs. ³Satz 2 ist auch für Angebote zum Abschluss einer solchen Vereinbarung und für die darauf beruhenden Zuwendungen anzuwenden.

(5) Wenn Betreiber von Windenergieanlagen an Land oder Freiflächenanlagen eine finanzielle Förderung nach diesem Gesetz oder einer auf Grund dieses Gesetzes erlassenen Rechtsverordnung in Anspruch nehmen und Zahlungen nach diesem Paragrafen leisten, können sie die Erstattung des im Vorjahr geleisteten Betrages im Rahmen der Endabrechnung vom Netzbetreiber verlangen.

**§ 7 Gesetzliches Schuldverhältnis.** (1) Netzbetreiber dürfen die Erfüllung ihrer Pflichten nach diesem Gesetz nicht vom Abschluss eines Vertrages abhängig machen.

(2) Von den Bestimmungen dieses Gesetzes abweichende vertragliche Regelungen

1. müssen klar und verständlich sein,
2. dürfen keinen Vertragspartner unangemessen benachteiligen,
3. dürfen nicht zu höheren als im Teil 3 vorgesehenen Zahlungen führen und
4. müssen mit dem wesentlichen Grundgedanken der gesetzlichen Regelung, von der abgewichen wird, vereinbar sein.

### Teil 2. Anschluss, Abnahme, Übertragung und Verteilung

#### Abschnitt 1. Allgemeine Bestimmungen

**§ 8 Anschluss.** (1) ¹Netzbetreiber müssen Anlagen zur Erzeugung von Strom aus erneuerbaren Energien und aus Grubengas unverzüglich vorrangig an der Stelle an ihr Netz anschließen, die im Hinblick auf die Spannungsebene geeignet ist und die in der Luftlinie kürzeste Entfernung zum Standort der Anlage aufweist, wenn nicht dieses oder ein anderes Netz einen technisch und wirtschaftlich günstigeren Verknüpfungspunkt aufweist; bei der Prüfung des wirtschaftlich günstigeren Verknüpfungspunkts sind die unmittelbar durch den Netzanschluss entstehenden Kosten zu berücksichtigen. ²Bei einer oder mehreren Anlagen mit einer installierten Leistung von insgesamt höchstens 30 Kilowatt, die sich auf einem Grundstück mit bereits bestehendem Netzanschluss befinden, gilt der Verknüpfungspunkt des Grundstücks mit dem Netz als günstigster Verknüpfungspunkt.

(2) Anlagenbetreiber dürfen einen anderen Verknüpfungspunkt dieses oder eines anderen im Hinblick auf die Spannungsebene geeigneten Netzes wählen, es sei denn, die daraus resultierenden Mehrkosten des Netzbetreibers sind nicht unerheblich.

(3) Der Netzbetreiber darf abweichend von den Absätzen 1 und 2 der Anlage einen anderen Verknüpfungspunkt zuweisen, es sei denn, die Abnahme des Stroms aus der betroffenen Anlage nach § 11 Absatz 1 wäre an diesem Verknüpfungspunkt nicht sichergestellt.

(4) Die Pflicht zum Netzanschluss besteht auch dann, wenn die Abnahme des Stroms erst durch die Optimierung, die Verstärkung oder den Ausbau des Netzes nach § 12 möglich wird.

Erneuerbare-Energien-Gesetz § 9 EEG 2021 8.2

(5) ¹Netzbetreiber müssen Anschlussbegehrenden nach Eingang eines Netzanschlussbegehrens unverzüglich einen genauen Zeitplan für die Bearbeitung des Netzanschlussbegehrens übermitteln. ²In diesem Zeitplan ist anzugeben,

1. in welchen Arbeitsschritten das Netzanschlussbegehren bearbeitet wird und
2. welche Informationen die Anschlussbegehrenden aus ihrem Verantwortungsbereich den Netzbetreibern übermitteln müssen, damit die Netzbetreiber den Verknüpfungspunkt ermitteln oder ihre Planungen nach § 12 durchführen können.

³Übermitteln Netzbetreiber Anschlussbegehrenden im Fall von Anlagen mit einer installierten Leistung von bis zu 10,8 Kilowatt den Zeitplan nach Satz 1 nicht innerhalb von einem Monat nach Eingang des Netzanschlussbegehrens, können die Anlagen angeschlossen werden.

(6) ¹Netzbetreiber müssen Anschlussbegehrenden nach Eingang der erforderlichen Informationen unverzüglich, spätestens aber innerhalb von acht Wochen, Folgendes übermitteln:

1. einen Zeitplan für die unverzügliche Herstellung des Netzanschlusses mit allen erforderlichen Arbeitsschritten,
2. alle Informationen, die Anschlussbegehrende für die Prüfung des Verknüpfungspunktes benötigen, sowie auf Antrag die für eine Netzverträglichkeitsprüfung erforderlichen Netzdaten,
3. einen nachvollziehbaren und detaillierten Voranschlag der Kosten, die den Anlagenbetreibern durch den Netzanschluss entstehen; dieser Kostenvoranschlag umfasst nur die Kosten, die durch die technische Herstellung des Netzanschlusses entstehen, und insbesondere nicht die Kosten für die Gestattung der Nutzung fremder Grundstücke für die Verlegung der Netzanschlussleitung,
4. die zur Erfüllung der Pflichten nach § 9 Absatz 1 bis 2 erforderlichen Informationen.

²Das Recht der Anlagenbetreiber nach § 10 Absatz 1 bleibt auch dann unberührt, wenn der Netzbetreiber den Kostenvoranschlag nach Satz 1 Nummer 3 übermittelt hat.

**§ 9 Technische Vorgaben.** (1) Vorbehaltlich abweichender Vorgaben einer Verordnung nach § 95 Nummer 2 müssen Betreiber von Anlagen und KWK-Anlagen mit einer installierten Leistung von mehr als 25 Kilowatt und Betreiber von Anlagen, die hinter einem Netzanschluss betrieben werden, hinter dem auch mindestens eine steuerbare Verbrauchseinrichtung nach § 14a des Energiewirtschaftsgesetzes betrieben wird, ab dem Zeitpunkt, zu dem das Bundesamt für Sicherheit in der Informationstechnik die technische Möglichkeit nach § 30 des Messstellenbetriebsgesetzes in Verbindung mit § 84a Nummer 1 und 2 feststellt, ihre ab diesem Zeitpunkt in Betrieb genommenen Anlagen mit technischen Einrichtungen ausstatten, die notwendig sind, damit über ein Smart-Meter-Gateway nach § 2 Nummer 19 des Messstellenbetriebsgesetzes Netzbetreiber oder andere Berechtigte jederzeit entsprechend der Vorgaben in Schutzprofilen und Technischen Richtlinien nach dem Messstellenbetriebsgesetz

1. die Ist-Einspeisung abrufen können und

2. die Einspeiseleistung stufenweise oder, sobald die technische Möglichkeit besteht, stufenlos ferngesteuert regeln können.

(1a) Vorbehaltlich abweichender Vorgaben einer Verordnung nach § 95 Nummer 2 müssen Betreiber von Anlagen und KWK-Anlagen mit einer installierten Leistung von mehr als 7 Kilowatt und höchstens 25 Kilowatt, die nicht hinter einem Netzanschluss betrieben werden, hinter dem auch mindestens eine steuerbare Verbrauchseinrichtung nach § 14a des Energiewirtschaftsgesetzes betrieben wird, ab dem Zeitpunkt, zu dem das Bundesamt für Sicherheit in der Informationstechnik die technische Möglichkeit nach § 30 des Messstellenbetriebsgesetzes in Verbindung mit § 84a Nummer 1 feststellt, ihre ab diesem Zeitpunkt in Betrieb genommenen Anlagen mit technischen Einrichtungen ausstatten, die notwendig sind, damit über ein Smart-Meter-Gateway nach § 2 Nummer 19 des Messstellenbetriebsgesetzes Netzbetreiber oder andere Berechtigte jederzeit entsprechend der Vorgaben in Schutzprofilen und Technischen Richtlinien nach dem Messstellenbetriebsgesetz die Ist-Einspeisung abrufen können.

(1b) ¹Ihre Verpflichtungen aus den Absätzen 1 und 1a können Betreiber auch durch einen Dritten erfüllen lassen. ²Übernimmt die Ausstattung der Anlage mit einem intelligenten Messsystem der nach dem Messstellenbetriebsgesetz grundzuständige Messstellenbetreiber, genügt die Beauftragung des grundzuständigen Messstellenbetreibers nach § 33 des Messstellenbetriebsgesetzes. ³Übernimmt die Ausstattung mit einem intelligenten Messsystem ein Dritter als Messstellenbetreiber im Sinn des Messstellenbetriebsgesetzes, genügt dessen Beauftragung.

(2) ¹Bis zum Einbau eines intelligenten Messsystems und unbeschadet weiterer Vorgaben im Zusammenhang mit steuerbaren Verbrauchseinrichtungen nach § 14a des Energiewirtschaftsgesetzes müssen Betreiber von

1. Anlagen und KWK-Anlagen mit einer installierten Leistung von mehr als 100 Kilowatt, die bis zu dem Zeitpunkt in Betrieb genommen werden, zu dem das Bundesamt für Sicherheit in der Informationstechnik die technische Möglichkeit nach § 30 des Messstellenbetriebsgesetzes in Verbindung mit § 84a Nummer 1 und 2 feststellt, ihre Anlagen mit technischen Einrichtungen ausstatten, mit denen der Netzbetreiber jederzeit die Ist-Einspeisung abrufen und die Einspeiseleistung ganz oder teilweise ferngesteuert reduzieren kann,

2. Anlagen und KWK-Anlagen mit einer installierten Leistung von mehr als 25 Kilowatt und höchstens 100 Kilowatt, die bis zu dem Zeitpunkt in Betrieb genommen werden, zu dem das Bundesamt für Sicherheit in der Informationstechnik die technische Möglichkeit nach § 30 des Messstellenbetriebsgesetzes in Verbindung mit § 84a Nummer 1 und 2 feststellt, ihre Anlagen mit technischen Einrichtungen ausstatten, mit denen der Netzbetreiber jederzeit die Einspeiseleistung ganz oder teilweise ferngesteuert reduzieren kann, oder

3. Solaranlagen mit einer installierten Leistung von höchstens 25 Kilowatt, die bis zu dem Zeitpunkt in Betrieb genommen werden, zu dem das Bundesamt für Sicherheit in der Informationstechnik die technische Möglichkeit nach § 30 des Messstellenbetriebsgesetzes in Verbindung mit § 84a Nummer 1 feststellt, ihre Anlagen mit technischen Einrichtungen nach Nummer 2 ausstatten oder am Verknüpfungspunkt ihrer Anlage mit dem Netz die maximale

Wirkleistungseinspeisung auf 70 Prozent der installierten Leistung begrenzen. ²Die Pflicht nach Satz 1 kann bei mehreren Anlagen, die gleichartige erneuerbare Energien einsetzen und über denselben Verknüpfungspunkt mit dem Netz verbunden sind, auch mit einer gemeinsamen technischen Einrichtung erfüllt werden, wenn hiermit die jeweilige Pflicht nach Satz 1 für die Gesamtheit der Anlagen erfüllt werden kann.

(3) ¹Mehrere Solaranlagen gelten unabhängig von den Eigentumsverhältnissen und ausschließlich zum Zweck der Ermittlung der installierten Leistung im Sinne der Absätze 1, 1a und 2 als eine Anlage, wenn

1. sie sich auf demselben Grundstück oder Gebäude befinden und
2. sie innerhalb von zwölf aufeinanderfolgenden Kalendermonaten in Betrieb genommen worden sind.

²Entsteht eine Pflicht nach Absatz 1, 1a oder 2 für einen Anlagenbetreiber erst durch den Zubau von Anlagen eines anderen Anlagenbetreibers, kann er von diesem den Ersatz der daraus entstehenden Kosten verlangen.

(4) (weggefallen)

(5) ¹Betreiber von Anlagen zur Erzeugung von Strom aus Biogas müssen sicherstellen, dass bei der Erzeugung des Biogases

1. bei Anlagen, die nach dem 31. Dezember 2016 in Betrieb genommen worden sind, und Gärrestlagern, die nach dem 31. Dezember 2011 errichtet worden sind, die hydraulische Verweilzeit in dem gesamten gasdichten und an eine Gasverwertung angeschlossenen System der Biogasanlage mindestens 150 Tage beträgt und
2. zusätzliche Gasverbrauchseinrichtungen zur Vermeidung einer Freisetzung von Biogas verwendet werden.

²Satz 1 Nummer 1 ist nicht anzuwenden, wenn zur Erzeugung des Biogases

1. ausschließlich Gülle eingesetzt wird oder
2. mindestens 90 Masseprozent getrennt erfasster Bioabfälle im Sinn des Anhangs 1 Nummer 1 Buchstabe a Abfallschlüssel Nummer 20 02 01, 20 03 01 und 20 03 02 der Bioabfallverordnung eingesetzt werden.

³Satz 1 Nummer 1 ist ferner nicht anzuwenden, wenn für den in der Anlage erzeugten Strom der Anspruch nach § 19 in Verbindung mit § 43 geltend gemacht wird.

(6) (weggefallen)

(7) (weggefallen)

(8) ¹Betreiber von Windenergieanlagen an Land, die nach den Vorgaben des Luftverkehrsrechts zur Nachtkennzeichnung verpflichtet sind, müssen ihre Anlagen mit einer Einrichtung zur bedarfsgesteuerten Nachtkennzeichnung von Luftfahrthindernissen ausstatten. ²Auf Betreiber von Windenergieanlagen auf See ist Satz 1 anzuwenden, wenn sich die Windenergieanlage befindet

1. im Küstenmeer,
2. in der Zone 1 der ausschließlichen Wirtschaftszone der Nordsee wie sie in dem nach den §§ 17b und 17c des Energiewirtschaftsgesetzes durch die Bundesnetzagentur bestätigten Offshore- Netzentwicklungsplan 2017-2030 ausgewiesen wird,

3. in der ausschließlichen Wirtschaftszone der Ostsee.

[3]Die Pflicht nach Satz 1 gilt ab dem 1. Juli 2020. [4]Die Pflicht nach Satz 1 kann auch durch eine Einrichtung zur Nutzung von Signalen von Transpondern von Luftverkehrsfahrzeugen erfüllt werden. [5]Von der Pflicht nach Satz 1 kann die Bundesnetzagentur auf Antrag im Einzelfall insbesondere für kleine Windparks Ausnahmen zulassen, sofern die Erfüllung der Pflicht wirtschaftlich unzumutbar ist.

**§ 10 Ausführung und Nutzung des Anschlusses.** (1) Anlagenbetreiber dürfen den Anschluss der Anlagen von dem Netzbetreiber oder einer fachkundigen dritten Person vornehmen lassen.

(2) Die Ausführung des Anschlusses und die übrigen für die Sicherheit des Netzes notwendigen Einrichtungen müssen den im Einzelfall notwendigen technischen Anforderungen des Netzbetreibers und § 49 des Energiewirtschaftsgesetzes entsprechen.

(3) Bei der Einspeisung von Strom aus erneuerbaren Energien oder Grubengas ist zugunsten des Anlagenbetreibers § 18 Absatz 2 der Niederspannungsanschlussverordnung entsprechend anzuwenden.

**§ 10a Messstellenbetrieb.** [1]Für den Messstellenbetrieb sind die Vorschriften des Messstellenbetriebsgesetzes anzuwenden. [2]Abweichend von Satz 1 kann anstelle der Beauftragung eines Dritten nach § 5 Absatz 1 des Messstellenbetriebsgesetzes der Anlagenbetreiber den Messstellenbetrieb auch selbst übernehmen. [3]Für den Anlagenbetreiber gelten dann alle gesetzlichen Anforderungen, die das Messstellenbetriebsgesetz an einen Dritten als Messstellenbetreiber stellt.

**§ 10b Vorgaben zur Direktvermarktung.** (1) [1]Anlagenbetreiber, die den in ihren Anlagen erzeugten Strom direkt vermarkten, müssen

1. ihre Anlagen mit technischen Einrichtungen ausstatten, über die das Direktvermarktungsunternehmen oder die andere Person, an die der Strom veräußert wird, jederzeit
   a) die Ist-Einspeisung abrufen kann und
   b) die Einspeiseleistung stufenweise oder, sobald die technische Möglichkeit besteht, stufenlos ferngesteuert regeln kann, und
2. dem Direktvermarktungsunternehmen oder der anderen Person, an die der Strom veräußert wird, die Befugnis einräumen, jederzeit
   a) die Ist-Einspeisung abzurufen und
   b) die Einspeiseleistung ferngesteuert in einem Umfang zu regeln, der für eine bedarfsgerechte Einspeisung des Stroms erforderlich und nicht nach den genehmigungsrechtlichen Vorgaben nachweislich ausgeschlossen ist.

[2]Die Pflicht nach Satz 1 Nummer 1 gilt auch als erfüllt, wenn mehrere Anlagen, die über denselben Verknüpfungspunkt mit dem Netz verbunden sind, mit einer gemeinsamen technischen Einrichtung ausgestattet sind, mit der der Direktvermarktungsunternehmer oder die andere Person jederzeit die Pflicht nach Satz 1 Nummer 1 für die Gesamtheit der Anlagen erfüllen kann. [3]Wird der Strom vom Anlagenbetreiber unmittelbar an einen Letztverbraucher oder unmittelbar an einer Strombörse veräußert, sind die Sätze 1 und 2 entsprechend anzuwenden mit der Maßgabe, dass der Anlagenbetreiber die Befug-

nisse des Direktvermarktungsunternehmers oder der anderen Person wahrnimmt. ⁴Die Pflicht nach Satz 1 muss nicht vor dem Beginn des zweiten auf die Inbetriebnahme der Anlage folgenden Kalendermonats erfüllt werden.

(2) ¹Die Pflicht nach Absatz 1 muss bei Anlagen, die nach dem Ablauf des ersten Kalendermonats nach der Bekanntmachung des Bundesamtes für Sicherheit in der Informationstechnik nach § 30 des Messstellenbetriebsgesetzes in Verbindung mit § 84a Nummer 3 in Betrieb genommen worden sind, über ein Smart-Meter-Gateway nach § 2 Nummer 19 des Messstellenbetriebsgesetzes erfüllt werden; § 9 Absatz 1b ist entsprechend anzuwenden. ²Bei Anlagen, die bis zum Ablauf des ersten Kalendermonats nach dieser Bekanntmachung in Betrieb genommen worden sind, muss die Pflicht nach Absatz 1 Satz 1 Nummer 1 ab dem Einbau eines intelligenten Messsystems erfüllt werden; bis dahin

1. müssen die Anlagenbetreiber Übertragungstechniken und Übertragungswege zur Abrufung der Ist-Einspeisung und zur ferngesteuerten Regelung der Einspeiseleistung verwenden, die dem Stand der Technik bei Inbetriebnahme der Anlage entsprechen und wirtschaftlich vertretbar sind; die Einhaltung des Stands der Technik wird vermutet, wenn die einschlägigen Standards und Empfehlungen des Bundesamtes für Sicherheit in der Informationstechnik berücksichtigt werden,

2. können die Betreiber von Anlagen mit einer installierten Leistung von höchstens 100 Kilowatt mit dem Direktvermarktungsunternehmer oder der anderen Person, an die der Strom veräußert wird, vertragliche Regelungen vereinbaren, die von den Pflichten nach Absatz 1 Satz 1 Nummer 1 abweichen, wenn der gesamte in der Anlage erzeugte Strom eingespeist wird, und

3. ist § 21b Absatz 3 auf Anlagen mit einer installierten Leistung von höchstens 100 Kilowatt nicht anzuwenden, wenn der gesamte in der Anlage erzeugte Strom eingespeist wird.

³Zur Bestimmung der Größe einer Anlage nach Satz 2 ist § 9 Absatz 3 Satz 1 entsprechend anzuwenden.

(3) Die Nutzung der technischen Einrichtungen zur Abrufung der Ist-Einspeisung und zur ferngesteuerten Regelung der Einspeiseleistung sowie die Befugnis, diese zu nutzen, dürfen das Recht des Netzbetreibers zu Maßnahmen nach § 13 Absatz 1 und 2 des Energiewirtschaftsgesetzes nicht beschränken.

**§ 11 Abnahme, Übertragung und Verteilung.** (1) ¹Netzbetreiber müssen vorbehaltlich des § 13 des Energiewirtschaftsgesetzes den gesamten Strom aus erneuerbaren Energien oder aus Grubengas, der in einer Veräußerungsform nach § 21b Absatz 1 veräußert wird, unverzüglich vorrangig physikalisch abnehmen, übertragen und verteilen. ²Macht der Anlagenbetreiber den Anspruch nach § 19 in Verbindung mit § 21 geltend, umfasst die Pflicht aus Satz 1 auch die kaufmännische Abnahme.

(2) Soweit Strom aus einer Anlage, die an das Netz des Anlagenbetreibers oder einer dritten Person, die nicht Netzbetreiber ist, angeschlossen ist, mittels kaufmännisch-bilanzieller Weitergabe in ein Netz angeboten wird, ist Absatz 1 entsprechend anzuwenden, und der Strom ist für die Zwecke dieses Gesetzes so zu behandeln, als wäre er in das Netz eingespeist worden.

(3) Die Pflichten zur vorrangigen Abnahme, Übertragung und Verteilung treffen im Verhältnis zum aufnehmenden Netzbetreiber, der nicht Übertragungsnetzbetreiber ist,

1. den vorgelagerten Übertragungsnetzbetreiber,
2. den nächstgelegenen inländischen Übertragungsnetzbetreiber, wenn im Netzbereich des abgabeberechtigten Netzbetreibers kein inländisches Übertragungsnetz betrieben wird, oder
3. insbesondere im Fall der Weitergabe nach Absatz 2 jeden sonstigen Netzbetreiber.

### Abschnitt 2. Kapazitätserweiterung und Einspeisemanagement

**§ 12 Erweiterung der Netzkapazität.** (1) ¹Netzbetreiber müssen auf Verlangen der Einspeisewilligen unverzüglich ihre Netze entsprechend dem Stand der Technik optimieren, verstärken und ausbauen, um die Abnahme, Übertragung und Verteilung des Stroms aus erneuerbaren Energien oder Grubengas sicherzustellen. ²Dieser Anspruch besteht auch gegenüber den Betreibern von vorgelagerten Netzen mit einer Spannung bis 110 Kilovolt, an die die Anlage nicht unmittelbar angeschlossen ist, wenn dies erforderlich ist, um die Abnahme, Übertragung und Verteilung des Stroms sicherzustellen.

(2) Die Pflicht erstreckt sich auf sämtliche für den Betrieb des Netzes notwendigen technischen Einrichtungen sowie die im Eigentum des Netzbetreibers stehenden oder in sein Eigentum übergehenden Anschlussanlagen.

(3) ¹Der Netzbetreiber muss sein Netz nicht optimieren, verstärken und ausbauen, soweit dies wirtschaftlich unzumutbar ist. ²§ 11 Absatz 2 des Energiewirtschaftsgesetzes ist entsprechend anzuwenden.

(4) Die Pflichten nach § 3 Absatz 1 des Kraft-Wärme-Kopplungsgesetzes sowie nach § 12 Absatz 3 des Energiewirtschaftsgesetzes bleiben unberührt.

**§ 13 Schadensersatz.** (1) ¹Verletzt der Netzbetreiber seine Pflicht aus § 12 Absatz 1, können Einspeisewillige Ersatz des hierdurch entstandenen Schadens verlangen. ²Die Ersatzpflicht tritt nicht ein, wenn der Netzbetreiber die Pflichtverletzung nicht zu vertreten hat.

(2) Liegen Tatsachen vor, die die Annahme begründen, dass der Netzbetreiber seine Pflicht aus § 12 Absatz 1 nicht erfüllt hat, können Anlagenbetreiber Auskunft von dem Netzbetreiber darüber verlangen, ob und inwieweit der Netzbetreiber das Netz optimiert, verstärkt und ausgebaut hat.

**§§ 14, 15** *(aufgehoben)*

### Abschnitt 3. Kosten

**§ 16 Netzanschluss.** (1) Die notwendigen Kosten des Anschlusses von Anlagen zur Erzeugung von Strom aus erneuerbaren Energien oder aus Grubengas an den Verknüpfungspunkt nach § 8 Absatz 1 oder 2 sowie der notwendigen Messeinrichtungen zur Erfassung des gelieferten und des bezogenen Stroms trägt der Anlagenbetreiber.

(2) Weist der Netzbetreiber den Anlagen nach § 8 Absatz 3 einen anderen Verknüpfungspunkt zu, muss er die daraus resultierenden Mehrkosten tragen.

**§ 17 Kapazitätserweiterung.** Die Kosten der Optimierung, der Verstärkung und des Ausbaus des Netzes trägt der Netzbetreiber.

**§ 18** *(aufgehoben)*

## Teil 3. Zahlung von Marktprämie und Einspeisevergütung
### Abschnitt 1. Arten des Zahlungsanspruchs

**§ 19 Zahlungsanspruch.** (1) Betreiber von Anlagen, in denen ausschließlich erneuerbare Energien oder Grubengas eingesetzt werden, haben für den in diesen Anlagen erzeugten Strom gegen den Netzbetreiber einen Anspruch auf

1. die Marktprämie nach § 20,
2. eine Einspeisevergütung nach § 21 Absatz 1 Nummer 1, Nummer 2 oder Nummer 3 oder
3. einen Mieterstromzuschlag nach § 21 Absatz 3.

(2) Der Anspruch nach Absatz 1 besteht nur, soweit der Anlagenbetreiber für den Strom kein vermiedenes Netzentgelt nach § 18 Absatz 1 Satz 1 der Stromnetzentgeltverordnung in Anspruch nimmt.

(3) [1]Der Anspruch nach Absatz 1 besteht auch, wenn der Strom vor der Einspeisung in ein Netz zwischengespeichert worden ist. [2]In diesem Fall bezieht sich der Anspruch auf die Strommenge, die aus dem Stromspeicher in das Netz eingespeist wird. [3]Die Höhe des Anspruchs pro eingespeister Kilowattstunde bestimmt sich nach der Höhe des Anspruchs, die bei einer Einspeisung ohne Zwischenspeicherung bestanden hätte. [4]Der Anspruch nach Absatz 1 besteht auch bei einem gemischten Einsatz mit Speichergasen. [5]Die Sätze 1 bis 4 sind für den Anspruch nach Absatz 1 Nummer 3 entsprechend anzuwenden.

**§ 20 Marktprämie.** Der Anspruch auf die Zahlung der Marktprämie nach § 19 Absatz 1 Nummer 1 besteht nur für Kalendermonate, in denen

1. der Strom direkt vermarktet wird,
2. der Anlagenbetreiber dem Netzbetreiber das Recht einräumt, diesen Strom als „Strom aus erneuerbaren Energien oder aus Grubengas, finanziert aus der EEG-Umlage" zu kennzeichnen, und
3. der Strom in einem Bilanz- oder Unterbilanzkreis bilanziert wird, in dem ausschließlich bilanziert wird:
   a) Strom aus erneuerbaren Energien oder aus Grubengas, der in der Veräußerungsform der Marktprämie direkt vermarktet wird, oder
   b) Strom, der nicht unter Buchstabe a fällt und dessen Einstellung in den Bilanz- oder Unterbilanzkreis nicht von dem Anlagenbetreiber oder dem Direktvermarktungsunternehmer zu vertreten ist.

**§ 21 Einspeisevergütung und Mieterstromzuschlag.** (1) Der Anspruch auf die Zahlung der Einspeisevergütung nach § 19 Absatz 1 Nummer 2 besteht nur für Kalendermonate, in denen der Anlagenbetreiber den Strom in ein Netz einspeist und dem Netzbetreiber nach § 11 zur Verfügung stellt, und zwar für

1. Strom aus Anlagen mit einer installierten Leistung von bis zu 100 Kilowatt, deren anzulegender Wert gesetzlich bestimmt worden ist, dabei verringert sich in diesem Fall der Anspruch nach Maßgabe des § 53 Absatz 1,
2. Strom aus Anlagen mit einer installierten Leistung von mehr als 100 Kilowatt für eine Dauer von bis zu drei aufeinanderfolgenden Kalendermonaten und insgesamt bis zu sechs Kalendermonaten pro Kalenderjahr (Ausfallver-

gütung), dabei verringert sich in diesem Fall der Anspruch nach Maßgabe des § 53 Absatz 3 und bei Überschreitung einer der Höchstdauern nach dem ersten Halbsatz nach Maßgabe des § 52 Absatz 2 Satz 1 Nummer 3, oder

3. Strom aus
    a) ausgeförderten Windenergieanlagen an Land, bei denen der ursprüngliche Anspruch auf Zahlung nach der für die Anlage maßgeblichen Fassung des Erneuerbare-Energien-Gesetzes am 31. Dezember 2020 beendet ist, oder
    b) ausgeförderten Anlagen, die keine Windenergieanlagen an Land sind und eine installierte Leistung von bis zu 100 Kilowatt haben,
    
    dabei verringert sich in diesen Fällen der Anspruch nach Maßgabe des § 53 Absatz 1 oder 2.

(2) Anlagenbetreiber, die die Einspeisevergütung in Anspruch nehmen,

1. müssen dem Netzbetreiber den gesamten in dieser Anlage erzeugten Strom zur Verfügung stellen, der
    a) nicht in unmittelbarer räumlicher Nähe zur Anlage verbraucht wird und
    b) durch ein Netz durchgeleitet wird, und
2. dürfen mit dieser Anlage nicht am Regelenergiemarkt teilnehmen.

(3) [1]Der Anspruch auf die Zahlung des Mieterstromzuschlags nach § 19 Absatz 1 Nummer 3 besteht für Strom aus Solaranlagen mit einer installierten Leistung von insgesamt bis zu 100 Kilowatt, die auf, an oder in einem Wohngebäude installiert sind, soweit er von dem Anlagenbetreiber oder einem Dritten an einen Letztverbraucher geliefert und verbraucht worden ist

1. innerhalb dieses Gebäudes oder in Wohngebäuden oder Nebenanlagen in demselben Quartier, in dem auch dieses Gebäude liegt, und
2. ohne Durchleitung durch ein Netz.

[2]§ 3 Nummer 50 ist mit der Maßgabe anzuwenden, dass mindestens 40 Prozent der Fläche des Gebäudes dem Wohnen dient. [3]Im Fall der Nutzung eines Speichers besteht der Anspruch nach § 19 Absatz 1 Nummer 3 nicht für Strom, der in den Speicher eingespeist wird. [4]Die Strommenge nach Satz 1 muss so genau ermittelt werden, wie es die Messtechnik zulässt, die nach dem Messstellenbetriebsgesetz zu verwenden ist.

(4) Das Bundesministerium für Wirtschaft und Energie evaluiert den Schwellenwert nach Absatz 1 Nummer 1 innerhalb eines Jahres nach der Bekanntgabe des Bundesamtes für Sicherheit in der Informationstechnik nach § 10b Absatz 2 Satz 1 und legt einen Vorschlag für eine Neugestaltung der bisherigen Regelung vor.

**§ 21a Sonstige Direktvermarktung.** Das Recht der Anlagenbetreiber, den in ihren Anlagen erzeugten Strom ohne Inanspruchnahme der Zahlung nach § 19 Absatz 1 direkt zu vermarkten (sonstige Direktvermarktung), bleibt unberührt.

**§ 21b Zuordnung zu einer Veräußerungsform, Wechsel.** (1) [1]Anlagenbetreiber müssen jede Anlage einer der folgenden Veräußerungsformen zuordnen:

1. der Marktprämie nach § 20,

2. der Einspeisevergütung nach § 21 Absatz 1 Nummer 1, Nummer 2 oder Nummer 3,
3. dem Mieterstromzuschlag nach § 21 Absatz 3 oder
4. der sonstigen Direktvermarktung nach § 21a.

²Sie dürfen mit jeder Anlage nur zum ersten Kalendertag eines Monats zwischen den Veräußerungsformen wechseln. ³Ordnet der Anlagenbetreiber die Anlage dem Mieterstromzuschlag nach § 21 Absatz 3 zu, ist zugleich die Veräußerungsform für den Strom zu wählen, der aus dieser Anlage in das Netz eingespeist wird.

(1a) Anlagenbetreiber von ausgeförderten Windenergieanlagen an Land, bei denen der ursprüngliche Anspruch auf Zahlung nach der für die Anlage maßgeblichen Fassung des Erneuerbare-Energien-Gesetzes am 31. Dezember 2020 beendet ist, dürfen im Jahr 2021 nur einmal zwischen den Veräußerungsformen der Einspeisevergütung und der sonstigen Direktvermarktung wechseln.

(2) ¹Anlagenbetreiber dürfen den in ihren Anlagen erzeugten Strom prozentual auf verschiedene Veräußerungsformen nach Absatz 1 aufteilen; in diesem Fall müssen sie die Prozentsätze nachweislich jederzeit einhalten. ²Satz 1 ist nicht für die Ausfallvergütung und nicht für den Mieterstromzuschlag nach § 21 Absatz 3 anzuwenden.

(3) Die Zuordnung einer Anlage oder eines prozentualen Anteils des erzeugten Stroms einer Anlage zur Veräußerungsform einer Direktvermarktung ist nur dann zulässig, wenn die gesamte Ist-Einspeisung der Anlage in viertelstündlicher Auflösung gemessen und bilanziert wird.

(4) Unbeschadet von Absatz 1 können Anlagenbetreiber
1. jederzeit ihren Direktvermarktungsunternehmer wechseln oder
2. Strom vorbehaltlich des § 27a vollständig oder anteilig an Dritte weitergeben, sofern
   a) diese den Strom in unmittelbarer räumlicher Nähe zur Anlage verbrauchen,
   b) der Strom nicht durch ein Netz durchgeleitet wird und
   c) kein Fall des Absatzes 1 Satz 1 Nummer 2 in Form der Einspeisevergütung nach § 21 Absatz 1 Nummer 3 oder des Absatzes 1 Satz 1 Nummer 3 vorliegt.

(5) Für ausgeförderte Anlagen ist im Fall der Einspeisevergütung nach § 19 Absatz 1 Nummer 2 ausschließlich eine Zuordnung nach § 21 Absatz 1 Nummer 3 möglich.

**§ 21c Verfahren für den Wechsel.** (1) ¹Anlagenbetreiber müssen dem Netzbetreiber vor Beginn des jeweils vorangehenden Kalendermonats mitteilen, wenn sie erstmals Strom in einer Veräußerungsform nach § 21b Absatz 1 Satz 1 veräußern oder wenn sie zwischen den Veräußerungsformen wechseln. ²Im Fall der Ausfallvergütung reicht es aus, wenn der Wechsel in die Einspeisevergütung oder aus dieser heraus dem Netzbetreiber abweichend von Satz 1 bis zum fünftletzten Werktag des Vormonats mitgeteilt wird. ³Eine ausgeförderte Anlage gilt mit Beendigung des Anspruchs auf Zahlung nach der für sie maßgeblichen Fassung des Erneuerbare-Energien-Gesetzes als der Veräußerungsform nach § 21b Absatz 1 Satz 1 Nummer 2 und § 21 Absatz 1 Nummer 3 zugeordnet, soweit der Anlagenbetreiber keine andere Zuordnung getroffen hat.

(2) Bei den Mitteilungen nach Absatz 1 müssen die Anlagenbetreiber auch angeben:
1. die Veräußerungsform nach § 21b Absatz 1 Satz 1, in die gewechselt wird,
2. bei einem Wechsel in eine Direktvermarktung den Bilanzkreis, dem der direkt vermarktete Strom zugeordnet werden soll, und
3. bei einer prozentualen Aufteilung des Stroms auf verschiedene Veräußerungsformen nach § 21b Absatz 2 Satz 1 die Prozentsätze, zu denen der Strom den Veräußerungsformen zugeordnet wird.

(3) Soweit die Bundesnetzagentur eine Festlegung nach § 85 Absatz 2 Nummer 3 getroffen hat, müssen Netzbetreiber, Direktvermarkter und Anlagenbetreiber für die Abwicklung der Zuordnung und des Wechsels der Veräußerungsform das festgelegte Verfahren und Format nutzen.

### Abschnitt 2. Allgemeine Bestimmungen zur Zahlung

**§ 22 Wettbewerbliche Ermittlung der Marktprämie.** (1) Die Bundesnetzagentur ermittelt durch Ausschreibungen nach den §§ 28 bis 39n, auch in Verbindung mit den Rechtsverordnungen nach den §§ 88 bis 88d, und dem Windenergie-auf-See-Gesetz die Anspruchsberechtigten und den anzulegenden Wert für Strom aus Windenergieanlagen an Land, Solaranlagen, Biomasseanlagen und Windenergieanlagen auf See.

(2) [1] Bei Windenergieanlagen an Land besteht der Anspruch nach § 19 Absatz 1 für den in der Anlage erzeugten Strom nur, solange und soweit ein von der Bundesnetzagentur erteilter Zuschlag für die Anlage wirksam ist; der Anspruch besteht für Strommengen, die mit einer installierten Leistung erzeugt werden, die die bezuschlagte Leistung um bis zu 15 Prozent übersteigt. [2] Von diesem Erfordernis sind folgende Windenergieanlagen an Land ausgenommen:
1. Anlagen mit einer installierten Leistung bis einschließlich 750 Kilowatt und
2. Pilotwindenergieanlagen an Land mit einer installierten Leistung von insgesamt bis zu 125 Megawatt pro Jahr.

(3) [1] Bei Solaranlagen besteht der Anspruch nach § 19 Absatz 1 für den in der Anlage erzeugten Strom
1. bei Solaranlagen des ersten Segments nur, solange und soweit eine von der Bundesnetzagentur ausgestellte Zahlungsberechtigung für die Anlage wirksam ist,
2. bei Solaranlagen des zweiten Segments nur, solange und soweit ein von der Bundesnetzagentur erteilter Zuschlag für die Anlage wirksam ist.

[2] Von diesem Erfordernis sind Solaranlagen mit einer installierten Leistung bis einschließlich 750 Kilowatt ausgenommen.

(4) [1] Bei Biomasseanlagen besteht der Anspruch nach § 19 Absatz 1 nur für den in der Anlage erzeugten Strom aus Biomasse im Sinn der Biomasseverordnung[1)] in der zum Zeitpunkt der Bekanntmachung der Ausschreibung geltenden Fassung und nur, solange und soweit ein von der Bundesnetzagentur erteilter Zuschlag für die Anlage wirksam ist. [2] Von diesem Erfordernis sind

---

[1)] Nr. **8.2.1**.

Biomasseanlagen mit einer installierten Leistung bis einschließlich 150 Kilowatt ausgenommen, es sei denn, es handelt sich um bestehende Biomasseanlagen nach § 39g. ³Der Anspruch nach § 50 in Verbindung mit § 50a bleibt unberührt.

(5) ¹Bei Windenergieanlagen auf See besteht der Anspruch nach § 19 Absatz 1 für den in der Anlage erzeugten Strom nur, solange und soweit ein von der Bundesnetzagentur erteilter Zuschlag für die Anlage wirksam ist. ²Von diesem Erfordernis sind Pilotwindenergieanlagen auf See nach Maßgabe des Windenergie-auf-See-Gesetzes ausgenommen.

(6) ¹Für Windenergieanlagen an Land, Solaranlagen und Biomasseanlagen, deren Anspruch auf Zahlung nach § 19 Absatz 1 nicht nach den Absätzen 2 bis 4 von der erfolgreichen Teilnahme an einer Ausschreibung abhängig ist, werden Gebote im Zuschlagsverfahren nicht berücksichtigt. ²Für Solaranlagen mit einer installierten Leistung von mehr als 300 Kilowatt bis einschließlich 750 Kilowatt, die auf, an, oder in einem Gebäude oder einer Lärmschutzwand errichtet werden, können abweichend von Satz 1 Gebote bei den Ausschreibungen für Solaranlagen des zweiten Segments berücksichtigt werden. ³Für Anlagen nach Satz 1, Anlagen nach Satz 2, für deren Gebot kein wirksamer Zuschlag besteht, und für Anlagen zur Erzeugung von Strom aus Wasserkraft, Deponiegas, Klärgas, Grubengas oder Geothermie wird die Höhe des anzulegenden Werts durch die §§ 40 bis 49 gesetzlich bestimmt.

**§ 22a Pilotwindenergieanlagen an Land.** (1) ¹Wenn in einem Kalenderjahr Pilotwindenergieanlagen an Land mit einer installierten Leistung von insgesamt mehr als 125 Megawatt in Betrieb genommen sind und dies dem Register gemeldet worden ist, kann der Anspruch auf die Zahlung nach § 19 Absatz 1 für alle Pilotwindenergieanlagen an Land, deren Inbetriebnahme später dem Register gemeldet wird, in diesem Kalenderjahr nicht geltend gemacht werden. ²Die Bundesnetzagentur informiert hierüber die Anlagenbetreiber und die Netzbetreiber, an deren Netz die Anlagen angeschlossen sind. ³Die Betreiber der Anlagen, für deren Strom der Anspruch nach Satz 1 entfällt, können ihren Anspruch vorrangig und in der zeitlichen Reihenfolge ihrer Meldung im Register ab dem folgenden Kalenderjahr geltend machen, solange die Grenze der installierten Leistung von 125 Megawatt nicht überschritten wird. ⁴Der Anspruch nach § 19 Absatz 1 beginnt in diesem Fall abweichend von § 25 Absatz 1 Satz 1 erst, wenn der Anlagenbetreiber den Anspruch nach § 19 Absatz 1 geltend machen darf.

(2) Der Nachweis, dass eine Pilotwindenergieanlage an Land die Anforderungen nach § 3 Nummer 37 Buchstabe a Doppelbuchstabe bb und cc einhält, ist durch die Bestätigung eines nach DIN EN ISO/IEC 17065:2013[1]) akkreditierten Zertifizierers zu führen; im Übrigen wird das Vorliegen einer Pilotwindenergieanlage nach § 3 Nummer 37 Buchstabe a durch die Eintragung im Register nachgewiesen.

(3) ¹Der Nachweis, dass eine Anlage eine Pilotwindenergieanlage nach § 3 Nummer 37 Buchstabe b ist, ist vom Anlagenbetreiber durch eine Bescheinigung des Bundesministeriums für Wirtschaft und Energie zu führen. ²Das Bundesministerium für Wirtschaft und Energie kann die Bescheinigung auf

---

[1]) **Amtlicher Hinweis:** Zu beziehen bei der Beuth Verlag GmbH, 10772 Berlin, und in der Deutschen Nationalbibliothek archivmäßig gesichert niedergelegt.

Antrag des Anlagenbetreibers ausstellen, wenn der Antragsteller geeignete Unterlagen einreicht, die nachweisen, dass die Anforderungen nach § 3 Nummer 37 Buchstabe b erfüllt sind.

**§ 23 Allgemeine Bestimmungen zur Höhe der Zahlung.** (1) Die Höhe des Anspruchs nach § 19 Absatz 1 bestimmt sich nach den hierfür als Berechnungsgrundlage anzulegenden Werten für Strom aus erneuerbaren Energien oder aus Grubengas.

(2) In den anzulegenden Werten ist die Umsatzsteuer nicht enthalten.

(3) Die Höhe des Anspruchs nach § 19 Absatz 1 verringert sich nach Berücksichtigung der §§ 23a bis 26 in folgender Reihenfolge, wobei der Anspruch keinen negativen Wert annehmen kann:

1. nach Maßgabe des § 39i Absatz 2 Satz 1 oder § 44b Absatz 1 Satz 2 für den dort genannten Anteil der in einem Kalenderjahr erzeugten Strommenge aus Biogas,
2. nach Maßgabe des § 51 bei negativen Preisen,
3. nach Maßgabe der §§ 52 und 44c Absatz 8 sowie der Anlage 3 Nummer I.5 bei einem Verstoß gegen eine Bestimmung dieses Gesetzes,
4. nach Maßgabe des § 53 bei der Inspruchnahme einer Einspeisevergütung,
5. (weggefallen)
6. nach Maßgabe des § 53b bei der Inanspruchnahme von Regionalnachweisen,
7. nach Maßgabe des § 53c bei einer Stromsteuerbefreiung und
8. für Solaranlagen, deren anzulegender Wert durch Ausschreibungen ermittelt wird,
   a) nach Maßgabe des § 54 Absatz 1 im Fall der verspäteten Inbetriebnahme einer Solaranlage und
   b) nach Maßgabe des § 54 Absatz 2 im Fall der Übertragung der Zahlungsberechtigung für eine Solaranlage auf einen anderen Standort.

**§ 23a Besondere Bestimmung zur Höhe der Marktprämie.** Die Höhe des Anspruchs auf die Marktprämie nach § 19 Absatz 1 Nummer 1 wird nach Anlage 1 berechnet.

**§ 23b Besondere Bestimmungen zur Einspeisevergütung bei ausgeförderten Anlagen.** (1) Bei ausgeförderten Anlagen, die keine Windenergieanlagen an Land sind und eine installierte Leistung von bis zu 100 Kilowatt haben, ist als anzulegender Wert für die Höhe des Anspruchs auf die Einspeisevergütung nach § 19 Absatz 1 Nummer 2 in Verbindung mit § 21 Absatz 1 Nummer 3 Buchstabe b der Jahresmarktwert anzuwenden, der sich ab dem Jahr 2021 in entsprechender Anwendung von Anlage 1 Nummer 4 berechnet.

(2) Bei ausgeförderten Windenergieanlagen an Land, bei denen der ursprüngliche Anspruch auf Zahlung am 31. Dezember 2020 beendet ist, ist als anzulegender Wert für die Höhe des Anspruchs auf die Einspeisevergütung nach § 19 Absatz 1 Nummer 2 in Verbindung mit § 21 Absatz 1 Nummer 3 Buchstabe a der Monatsmarktwert für Windenergie an Land anzuwenden, der sich in entsprechender Anwendung von Anlage 1 Nummer 3 berechnet, zuzüglich eines Aufschlages von

1. 1,0 Cent pro Kilowattstunde für Strom, der vor dem 1. Juli 2021 erzeugt worden ist,
2. 0,5 Cent pro Kilowattstunde für Strom, der nach dem 30. Juni 2021 und vor dem 1. Oktober 2021 erzeugt worden ist, und
3. 0,25 Cent pro Kilowattstunde für Strom, der nach dem 30. September 2021 und vor dem 1. Januar 2022 erzeugt worden ist.

(3) ¹Der Anspruch auf den Aufschlag nach Absatz 2 besteht nur, wenn und soweit
1. durch eine gemeinsame Erklärung des Anlagenbetreibers und von mit ihm verbundenen Unternehmen im Sinn von Artikel 3 des Anhangs I der Verordnung (EU) Nr. 651/2014 der Kommission vom 17. Juni 2014 (ABl. L 187 vom 26.6.2014, S. 1) bis zum 31. Dezember 2021 gegenüber den Netzbetreibern, die den Strom aus den Anlagen abnehmen, jeweils ein Höchstbetrag in Euro für die Anlagen unter Angabe der Nummer, unter der die Anlagen im Register gemeldet sind, festgelegt worden ist, bis zu dem Aufschläge nach Absatz 2 in Anspruch genommen werden, soweit die Anlagen betrieben werden von
   a) dem Anlagenbetreiber oder
   b) einem mit dem Anlagenbetreiber verbundenen Unternehmen,
2. die Summe aller nach Nummer 1 festgelegten Höchstbeträge den Gesamthöchstbetrag nach Satz 3 nicht übersteigt und
3. der Anlagenbetreiber und die mit ihm verbundenen Unternehmen nach Nummer 1 Buchstabe b in der gemeinsamen Erklärung nach Nummer 1
   a) alle Beihilfen mitteilen, die bis zu dem Zeitpunkt der gemeinsamen Erklärung unter der Bundesregelung Kleinbeihilfen 2020 (BAnz AT 31.03.2020 B2), die zuletzt durch Bekanntmachung vom 1. März 2021 (BAnz AT 01.03.2021 B1) geändert worden ist, gewährt worden sind, und
   b) sich verpflichten, ab dem Zeitpunkt der gemeinsamen Erklärung und bis zum 31. Dezember 2021 keine sonstigen Beihilfen unter der Bundesregelung Kleinbeihilfen 2020 in der jeweils geltenden Fassung in Anspruch zu nehmen.

²Der Anspruch ist für den in einer Anlage erzeugten Strom auf den für diese Anlage festgelegten Höchstbetrag nach Satz 1 Nummer 1 begrenzt. ³Der Gesamthöchstbetrag beträgt 1 800 000 Euro abzüglich aller sonstigen Beihilfen, die dem Anlagenbetreiber oder mit ihm verbundenen Unternehmen nach Satz 1 Nummer 1 Buchstabe b bis zu dem Tag der gemeinsamen Erklärung nach Satz 1 Nummer 1 unter der Bundesregelung Kleinbeihilfen 2020 in der jeweils geltenden Fassung gewährt worden sind. ⁴Die Übertragungsnetzbetreiber stellen für die gemeinsamen Erklärungen nach Satz 1 Nummer 1 Formularvorlagen zu Form und Inhalt bereit, die für die Festlegung verwendet werden müssen.

(4) Der Anspruch auf den Aufschlag nach Absatz 2 entfällt, wenn die Voraussetzungen für die Gewährung von Beihilfen nach § 2 Absatz 6 der Bundesregelung Kleinbeihilfen 2020 in der jeweils geltenden Fassung nicht oder nicht mehr erfüllt sind.

(5) Ist der Anlagenbetreiber oder ein mit dem Anlagenbetreiber verbundenes Unternehmen im Sinn des Absatzes 3 Satz 1 Nummer 1 Buchstabe b als Unternehmen in der Primärproduktion landwirtschaftlicher Erzeugnisse im

Sinn des Artikels 2 Absatz 5 der Verordnung (EU) Nr. 702/2014 der Kommission vom 25. Juni 2014 (ABl. L 193 vom 1. Juli 2014, S. 1), die zuletzt durch die Verordnung (EU) 2020/2008 (ABl. L 414 vom 9.12.2020, S. 15) geändert worden ist, tätig, muss der Anlagenbetreiber oder das mit dem Anlagenbetreiber verbundene Unternehmen durch eine getrennte Buchführung oder sonstige geeignete Maßnahmen sicherstellen, dass Aufschläge nach Absatz 2 nur für die Tätigkeiten im Zusammenhang mit der Energieerzeugung gezahlt werden.

**§ 23c Besondere Bestimmung zum Mieterstromzuschlag.** (1) Der Anspruch auf den Mieterstromzuschlag für Strom aus der Solaranlage besteht frühestens

1. ab dem Datum, an dem sowohl die Solaranlage nach § 21b Absatz 1 in Verbindung mit § 21c erstmals der Veräußerungsform des Mieterstromzuschlags zugeordnet worden ist als auch die Voraussetzungen von § 21 Absatz 3 erstmals erfüllt worden sind,
2. sobald das Datum nach Nummer 1 im Register eingetragen ist und
3. sofern Absatz 2 dem nicht entgegensteht.

(2) [1]Überschreitet in einem Kalenderjahr die Summe der installierten Leistung der Solaranlagen, für die die Angabe nach Absatz 1 Nummer 1 neu im Register eingetragen ist, erstmals das jährliche Volumen von 500 Megawatt, entsteht kein Anspruch auf den Mieterstromzuschlag für die Betreiber von Solaranlagen, bei denen der Tag nach Absatz 2 Nummer 1 nach dem letzten Kalendertag des ersten auf die Überschreitung folgenden Kalendermonats in dem Kalenderjahr liegt. [2]Die Bundesnetzagentur veröffentlicht das Datum, ab dem der Anspruch nicht mehr besteht, auf ihrer Internetseite. [3]Sofern in einem Kalenderjahr das jährliche Volumen von 500 Megawatt überschritten wird, reduziert sich das jährliche Volumen nach Satz 1 im jeweils folgenden Kalenderjahr um die über 500 Megawatt hinausgehende Summe der installierten Leistung von Solaranlagen, für die in dem Kalenderjahr der Überschreitung erstmals ein Anspruch auf Mieterstromzuschlag entstanden ist.

(3) [1]Der Anspruch auf den Mieterstromzuschlag entsteht für Betreiber von Solaranlagen, für deren Strom der Anspruch auf Mieterstromzuschlag in dem vorangegangenen Kalenderjahr nach Absatz 2 nicht bestand, in der zeitlichen Reihenfolge des Datums nach Absatz 1 Nummer 1 im Register ab dem jeweils folgenden Kalenderjahr, soweit in dem entsprechenden Kalenderjahr das jährliche Volumen nach Absatz 2 nicht überschritten wird. [2]§ 25 bleibt unberührt.

**§ 23d Anteilige Zahlung.** Besteht für Strom der Anspruch nach § 19 Absatz 1 in Abhängigkeit von der Bemessungsleistung oder der installierten Leistung, bestimmt sich dieser

1. für Solaranlagen oder Windenergieanlagen jeweils anteilig nach der installierten Leistung der Anlage im Verhältnis zu dem jeweils anzuwendenden Schwellenwert und
2. in allen anderen Fällen jeweils anteilig nach der Bemessungsleistung der Anlage.

**§ 24 Zahlungsansprüche für Strom aus mehreren Anlagen.** (1) [1]Mehrere Anlagen sind unabhängig von den Eigentumsverhältnissen zum Zweck der Ermittlung des Anspruchs nach § 19 Absatz 1 und zur Bestimmung der Größe

Erneuerbare-Energien-Gesetz **§ 25** EEG 2021 8.2

der Anlage nach § 21 Absatz 1 oder § 22 für den jeweils zuletzt in Betrieb gesetzten Generator als eine Anlage anzusehen, wenn
1. sie sich auf demselben Grundstück, demselben Gebäude, demselben Betriebsgelände oder sonst in unmittelbarer räumlicher Nähe befinden,
2. sie Strom aus gleichartigen erneuerbaren Energien erzeugen,
3. für den in ihnen erzeugten Strom der Anspruch nach § 19 Absatz 1 in Abhängigkeit von der Bemessungsleistung oder der installierten Leistung besteht und
4. sie innerhalb von zwölf aufeinanderfolgenden Kalendermonaten in Betrieb genommen worden sind.

[2] Abweichend von Satz 1 sind mehrere Anlagen unabhängig von den Eigentumsverhältnissen und ausschließlich zum Zweck der Ermittlung des Anspruchs nach § 19 Absatz 1 und zur Bestimmung der Größe der Anlage nach § 21 Absatz 1 oder § 22 für den jeweils zuletzt in Betrieb gesetzten Generator als eine Anlage anzusehen, wenn sie Strom aus Biogas mit Ausnahme von Biomethan erzeugen und das Biogas aus derselben Biogaserzeugungsanlage stammt. [3] Abweichend von Satz 1 werden Freiflächenanlagen nicht mit Solaranlagen auf, in oder an Gebäuden und Lärmschutzwänden zusammengefasst. [4] Abweichend von Satz 1 werden Solaranlagen, die nicht an demselben Anschlusspunkt betrieben werden, zum Zweck der Ermittlung des Anspruchs nach § 19 Absatz 1 Nummer 3 nicht zusammengefasst.

(2) Unbeschadet von Absatz 1 Satz 1 stehen mehrere Freiflächenanlagen unabhängig von den Eigentumsverhältnissen und ausschließlich zum Zweck der Ermittlung der Anlagengröße nach § 38a Absatz 1 Nummer 5 und nach § 22 Absatz 3 Satz 2 für den jeweils zuletzt in Betrieb gesetzten Generator einer Anlage gleich, wenn sie
1. innerhalb derselben Gemeinde, die für den Erlass eines Bebauungsplans zuständig ist oder gewesen wäre, errichtet worden sind und
2. innerhalb von 24 aufeinanderfolgenden Kalendermonaten in einem Abstand von bis zu 2 Kilometern Luftlinie, gemessen vom äußeren Rand der jeweiligen Anlage, in Betrieb genommen worden sind.

(3) [1] Anlagenbetreiber können Strom aus mehreren Anlagen, die gleichartige erneuerbare Energien oder Grubengas einsetzen, über eine gemeinsame Messeinrichtung abrechnen. [2] In diesem Fall sind für die Berechnung der Einspeisevergütung oder Marktprämie bei mehreren Windenergieanlagen an Land die Zuordnung der Strommengen zu den Windenergieanlagen im Verhältnis des jeweiligen Referenzertrags nach Anlage 2 Nummer 2 des Erneuerbare-Energien-Gesetzes in der am 31. Dezember 2016 geltenden Fassung für Windenergieanlagen an Land, deren anzulegender Wert durch § 46 bestimmt wird, und des jeweilig zuletzt berechneten Standortertrags nach Anlage 2 Nummer 7 für Windenergieanlagen an Land, deren anzulegender Wert durch § 36h bestimmt wird, maßgeblich; bei allen anderen Anlagen erfolgt die Zuordnung der Strommengen im Verhältnis zu der installierten Leistung der Anlagen.

**§ 25 Beginn, Dauer und Beendigung des Anspruchs.** (1) [1] Marktprämien, Einspeisevergütungen oder Mieterstromzuschläge sind jeweils für die Dauer von 20 Jahren zu zahlen, soweit sich aus den Bestimmungen dieses Gesetzes nichts anderes ergibt. [2] Bei Anlagen, deren anzulegender Wert gesetzlich bestimmt wird, verlängert sich dieser Zeitraum bis zum 31. Dezember des

1229

zwanzigsten Jahres der Zahlung. ³Beginn der Frist nach Satz 1 ist, soweit sich aus den Bestimmungen dieses Gesetzes nichts anderes ergibt, der Zeitpunkt der Inbetriebnahme der Anlage.

(2) Abweichend von Absatz 1 ist die Einspeisevergütung nach § 19 Absatz 1 Nummer 2 in Verbindung mit § 21 Absatz 1 Nummer 3 zu zahlen

1. bei ausgeförderten Anlagen, die keine Windenergieanlagen an Land sind und eine installierte Leistung von bis zu 100 Kilowatt haben, bis zum 31. Dezember 2027 und
2. bei ausgeförderten Windenergieanlagen an Land bis zum 31. Dezember 2021.

**§ 26 Abschläge und Fälligkeit.** (1) ¹Auf die zu erwartenden Zahlungen nach § 19 Absatz 1 sind monatlich jeweils zum 15. Kalendertag für den Vormonat Abschläge in angemessenem Umfang zu leisten. ²Wird die Höhe der Marktprämie nach Anlage 1 Nummer 4 anhand des Jahresmarktwertes berechnet, können die Abschläge für Zahlungen der Marktprämie anhand des Jahresmarktwertes des Vorjahres bestimmt werden. ³Zu hohe oder zu niedrige Abschläge sind mit der Endabrechnung im jeweils folgenden Kalenderjahr auszugleichen oder zu erstatten.

(2) ¹Der Anspruch nach § 19 Absatz 1 wird fällig, sobald und soweit der Anlagenbetreiber seine Pflichten zur Übermittlung von Daten nach § 71 erfüllt hat. ²Satz 1 ist für den Anspruch auf monatliche Abschläge nach Absatz 1 erst ab März des auf die Inbetriebnahme der Anlage folgenden Jahres anzuwenden.

**§ 27 Aufrechnung.** (1) Die Aufrechnung von Ansprüchen des Anlagenbetreibers nach § 19 Absatz 1 mit einer Forderung des Netzbetreibers ist nur zulässig, soweit die Forderung unbestritten oder rechtskräftig festgestellt ist.

(2) Das Aufrechnungsverbot des § 23 Absatz 3 der Niederspannungsanschlussverordnung ist nicht anzuwenden, wenn mit Ansprüchen aus diesem Gesetz aufgerechnet wird.

**§ 27a Zahlungsanspruch und Eigenversorgung.** ¹Die Betreiber von Anlagen, deren anzulegender Wert durch Ausschreibungen ermittelt worden ist, dürfen in dem gesamten Zeitraum, in dem sie Zahlungen nach diesem Gesetz in Anspruch nehmen, den in ihrer Anlage erzeugten Strom nicht zur Eigenversorgung nutzen. ²Ausgenommen ist der Strom, der verbraucht wird

1. durch die Anlage oder andere Anlagen, die über denselben Verknüpfungspunkt mit dem Netz verbunden sind,
2. in den Neben- und Hilfsanlagen der Anlage oder anderer Anlagen, die über denselben Verknüpfungspunkt mit dem Netz verbunden sind,
3. zum Ausgleich physikalisch bedingter Netzverluste,
4. in den Stunden, in denen der Spotmarktpreis negativ ist, oder
5. in den Stunden, in denen die Einspeiseleistung bei Netzüberlastung nach § 13 des Energiewirtschaftsgesetzes reduziert wird.

**Abschnitt 3. Ausschreibungen**

**Unterabschnitt 1. Allgemeine Ausschreibungsbestimmungen**

**§ 28 Ausschreibungsvolumen und Ausschreibungstermine für Windenergie an Land.** (1) ¹Die Ausschreibungen für Windenergieanlagen an Land finden jedes Jahr zu den Gebotsterminen am 1. Februar, 1. Mai und 1. September statt. ²In den Jahren 2022 und 2023 findet ferner jeweils ein Gebotstermin für die Ausschreibung der Mengen, für die in dem jeweils vorangegangenen Kalenderjahr bei den Ausschreibungen für Windenergieanlagen an Land nach diesem Gesetz keine Zuschläge erteilt werden konnten, am 1. Dezember statt (Nachholtermin).

(2) ¹Das Ausschreibungsvolumen beträgt

1. im Jahr 2021 4 500 Megawatt zu installierender Leistung, davon 1 600 Megawatt als Sonderausschreibungen,
2. im Jahr 2022 4 000 Megawatt zu installierender Leistung, davon 1 100 Megawatt als Sonderausschreibungen,
3. im Jahr 2023 3 000 Megawatt zu installierender Leistung,
4. im Jahr 2024 3 100 Megawatt zu installierender Leistung,
5. im Jahr 2025 3 200 Megawatt zu installierender Leistung,
6. im Jahr 2026 4 000 Megawatt zu installierender Leistung,
7. im Jahr 2027 4 800 Megawatt zu installierender Leistung und
8. im Jahr 2028 5 800 Megawatt zu installierender Leistung.

²Das Ausschreibungsvolumen nach Satz 1 wird jeweils gleichmäßig auf die Gebotstermine eines Kalenderjahres nach Absatz 1 Satz 1 verteilt.

(3) Das Ausschreibungsvolumen

1. erhöht sich
   a) in dem Jahr 2022 um die Mengen, für die in dem Jahr 2021 bei den Ausschreibungen für Windenergieanlagen an Land nach diesem Gesetz keine Zuschläge erteilt werden konnten; diese Mengen werden in dem Nachholtermin am 1. Dezember 2022 ausgeschrieben,
   b) in dem Jahr 2023 um die Mengen, für die in dem Jahr 2022 bei den Ausschreibungen für Windenergieanlagen an Land nach Absatz 1 Satz 1 keine Zuschläge erteilt werden konnten, und um zwei Drittel der Mengen, für die in dem Nachholtermin am 1. Dezember 2022 keine Zuschläge erteilt werden konnten; diese Mengen werden in dem Nachholtermin am 1. Dezember 2023 ausgeschrieben,
   c) in dem Jahr 2026 um die Mengen, für die in dem Jahr 2023 bei den Ausschreibungen für Windenergieanlagen an Land nach Absatz 1 Satz 1 keine Zuschläge erteilt werden konnten, und um zwei Drittel der Mengen, für die in dem Nachholtermin am 1. Dezember 2023 keine Zuschläge erteilt werden konnten, und
   d) ab dem Jahr 2027 jeweils um die Mengen, für die in dem jeweils dritten vorangegangenen Kalenderjahr bei den Ausschreibungen für Windenergieanlagen an Land nach diesem Gesetz keine Zuschläge erteilt werden konnten,
2. verringert sich jeweils
   a) um die Summe der installierten Leistung der Windenergieanlagen an Land, die bei einer Ausschreibung eines anderen Mitgliedstaates der Euro-

päischen Union in dem jeweils vorangegangenen Kalenderjahr im Bundesgebiet bezuschlagt worden sind, sofern eine Anrechnung im Sinn von § 5 Absatz 5 völkerrechtlich vereinbart ist, und

b) um die Summe der installierten Leistung der Pilotwindenergieanlagen an Land nach § 22a, die in dem jeweils vorangegangenen Kalenderjahr ihren Anspruch nach § 19 Absatz 1 erstmals geltend machen durften.

(4) Die Bundesnetzagentur stellt jährlich bis zum 15. März eines Jahres zum einen das Ausschreibungsvolumen des Nachholtermins und zum anderen die Differenz der installierten Leistung nach Absatz 3 fest und verteilt diese Menge, um die sich das Ausschreibungsvolumen erhöht oder verringert, gleichmäßig auf die folgenden drei noch nicht bekanntgemachten Ausschreibungen, wobei Nachholtermine nicht berücksichtigt werden.

(5) [1]Das nach Absatz 4 ermittelte Ausschreibungsvolumen eines Gebotstermins erhöht sich um die Gebotsmenge der Zuschläge, die nach dem 31. Dezember 2020 erteilt und vor der Bekanntgabe des jeweiligen Gebotstermins nach § 35a entwertet wurden. [2]Nach Satz 1 zu berücksichtigende Erhöhungen werden dem auf eine Entwertung folgenden noch nicht bekanntgegebenen Gebotstermin nach Absatz 1 Satz 1 zugerechnet.

(6) [1]Das nach den Absätzen 2 bis 5 errechnete Ausschreibungsvolumen eines Gebotstermins ist von der Bundesnetzagentur zu reduzieren, wenn zu erwarten ist, dass die ausgeschriebene Menge größer als die eingereichte Gebotsmenge sein wird (drohende Unterzeichnung). [2]Eine drohende Unterzeichnung ist insbesondere dann anzunehmen, wenn

1. die Summe der Leistung der nach der Meldefrist nach § 36 Absatz 1 Nummer 2 des vorangegangenen Gebotstermins dem Register gemeldeten Genehmigungen und der Gebotsmenge der im vorangegangenen Gebotstermin nicht bezuschlagten Gebote unter dem Ausschreibungsvolumen des durchzuführenden Gebotstermins liegt und

2. die im vorangegangenen Gebotstermin eingereichte Gebotsmenge kleiner als die ausgeschriebene Menge des Gebotstermins war.

[3]Das neue Ausschreibungsvolumen des Gebotstermins soll höchstens der Summe der Leistung der nach der Meldefrist nach § 36 Absatz 1 Nummer 2 des vorangegangenen Gebotstermins dem Register gemeldeten genehmigten Anlagen und der Gebotsmenge der im vorangegangenen Gebotstermin nicht bezuschlagten Gebote entsprechen. [4]Für das nach Satz 1 gekürzte Ausschreibungsvolumen ist Absatz 3 Nummer 1 entsprechend anzuwenden.

**§ 28a Ausschreibungsvolumen und Ausschreibungstermine für solare Strahlungsenergie.** (1) [1]Die Ausschreibungen für Solaranlagen des ersten Segments finden jedes Jahr zu den Gebotsterminen am 1. März, 1. Juni und 1. November statt. [2]Das Ausschreibungsvolumen beträgt

1. im Jahr 2021 1 850 Megawatt zu installierender Leistung, davon 1 600 Megawatt als Sonderausschreibungen,

2. in dem Jahr 2022 3 600 Megawatt zu installierender Leistung, davon 2 000 Megawatt als Sonderausschreibungen,

3. in den Jahren 2023, 2024 und 2025 jeweils 1 650 Megawatt zu installierender Leistung und

4. in den Jahren 2026, 2027 und 2028 jeweils 1 550 Megawatt zu installierender Leistung.

³Das Ausschreibungsvolumen nach Satz 2 wird jeweils gleichmäßig auf die Gebotstermine eines Kalenderjahres verteilt. ⁴Das Ausschreibungsvolumen
1. erhöht sich ab dem Jahr 2022 jeweils um die Mengen, für die in dem jeweils vorangegangenen Kalenderjahr bei den Ausschreibungen für Solaranlagen nach diesem Gesetz keine Zuschläge erteilt werden konnten,
2. verringert sich jeweils
    a) um die Summe der installierten Leistung der Solaranlagen, die bei einer Ausschreibung eines anderen Mitgliedstaates der Europäischen Union in dem jeweils vorangegangenen Kalenderjahr im Bundesgebiet bezuschlagt worden sind, sofern eine Anrechnung im Sinn von § 5 Absatz 5 völkerrechtlich vereinbart ist, und
    b) um die Summe der installierten Leistung der Freiflächenanlagen, deren anzulegender Wert gesetzlich bestimmt worden ist und die im jeweils vorangegangenen Kalenderjahr an das Register als in Betrieb genommen gemeldet worden sind.

⁵Die Bundesnetzagentur stellt jährlich bis zum 15. März die Menge der installierten Leistung nach Satz 4 fest und verteilt die Menge, um die sich das Ausschreibungsvolumen erhöht oder verringert, gleichmäßig auf die folgenden drei Ausschreibungen.

(2) ¹Die Ausschreibungen für Solaranlagen des zweiten Segments finden statt
1. in dem Jahr 2021 zu den Gebotsterminen am 1. Juni und 1. Dezember,
2. in dem Jahr 2022 zu den Gebotsterminen am 1. April, 1. August und 1. Dezember und
3. ab dem Jahr 2023 jeweils zu den Gebotsterminen am 1. Juni und 1. Dezember.

²Das Ausschreibungsvolumen beträgt
1. im Jahr 2021 300 Megawatt zu installierender Leistung,
1a. im Jahr 2022 2 300 Megawatt zu installierender Leistung, davon 2 000 Megawatt als Sonderausschreibungen,
2. in den Jahren 2023 und 2024 jeweils 350 Megawatt zu installierender Leistung,
3. ab dem Jahr 2025 jährlich 400 Megawatt zu installierender Leistung.

³Das Ausschreibungsvolumen nach Satz 2 wird jeweils gleichmäßig auf die Gebotstermine eines Kalenderjahres verteilt. ⁴Das Ausschreibungsvolumen erhöht sich ab dem Jahr 2022 jeweils um die Menge, für die in dem jeweils vorangegangenen Kalenderjahr bei den Ausschreibungen für Solaranlagen des zweiten Segments keine Zuschläge erteilt werden konnten.

(3) ¹Das nach Absatz 1 oder Absatz 2 ermittelte Ausschreibungsvolumen eines Gebotstermins erhöht sich um die Gebotsmenge der Zuschläge des jeweiligen Segments, die nach dem 31. Dezember 2020 erteilt und vor der Bekanntgabe des jeweiligen Gebotstermins nach § 35a entwertet wurden. ²Nach Satz 1 zu berücksichtigende Erhöhungen werden dem auf eine Entwertung folgenden noch nicht bekanntgegebenen Gebotstermin zugerechnet.

**§ 28b Ausschreibungsvolumen und Ausschreibungstermine für Biomasse.** (1) Die Ausschreibungen für Biomasseanlagen finden jedes Jahr zu den Gebotsterminen am 1. März und 1. September statt.

(2) ¹Das Ausschreibungsvolumen beträgt jedes Jahr 600 Megawatt zu installierender Leistung und wird jeweils gleichmäßig auf die Ausschreibungstermine eines Kalenderjahres verteilt. ²Das Ausschreibungsvolumen

1. erhöht sich ab dem Jahr 2024 jeweils um die Mengen, für die in dem jeweils dritten vorangegangenen Kalenderjahr bei den Ausschreibungen für Biomasseanlagen nach diesem Gesetz keine Zuschläge erteilt werden konnten,
2. verringert sich jeweils
   a) um die Summe der in dem jeweils vorangegangenen Kalenderjahr installierten Leistung von Biomasseanlagen, deren anzulegender Wert gesetzlich bestimmt worden ist und die in dem jeweils vorangegangenen Kalenderjahr an das Register als in Betrieb genommen gemeldet worden sind,
   b) um die Hälfte der Summe der installierten Leistung von Anlagenkombinationen, die auch Biomasseanlagen enthalten, die bei einer Ausschreibung aufgrund einer Rechtsverordnung nach § 88d im jeweils vorangegangenen Kalenderjahr bezuschlagt worden sind, und
   c) um die Summe der installierten Leistung der Biomasseanlagen, die im jeweils vorangegangenen Kalenderjahr die Inanspruchnahme einer Förderung aufgrund einer Rechtsverordnung nach § 88b erstmals an die Bundesnetzagentur gemeldet haben.

(3) Die Bundesnetzagentur stellt jährlich bis zum 15. März eines Jahres die Differenz der installierten Leistung nach Absatz 2 für jedes Kalenderjahr fest und verteilt die Menge, um die sich das Ausschreibungsvolumen erhöht oder verringert, gleichmäßig auf die folgenden zwei noch nicht bekanntgemachten Ausschreibungen.

(4) ¹Die Ausschreibungen für Biomethananlagen nach Teil 3 Abschnitt 3 Unterabschnitt 6 finden im Jahr 2021 zu dem Gebotstermin am 1. Dezember und ab dem Jahr 2022 jedes Jahr zu dem Gebotstermin am 1. Oktober statt. ²Das Ausschreibungsvolumen beträgt jeweils 150 Megawatt zu installierender Leistung. ³Das Ausschreibungsvolumen erhöht sich ab dem Jahr 2022 um die Mengen, für die in dem jeweils vorangegangenen Kalenderjahr bei den Ausschreibungen für Biomethananlagen nach Teil 3 Abschnitt 3 Unterabschnitt 6 keine Zuschläge erteilt werden konnten.

(5) ¹Das nach den Absätzen 2 und 3 oder nach Absatz 4 ermittelte Ausschreibungsvolumen eines Gebotstermins erhöht sich um die Gebotsmenge der Zuschläge der jeweiligen Ausschreibungen, die nach dem 31. Dezember 2020 erteilt und vor der Bekanntgabe des jeweiligen Gebotstermins nach § 35a entwertet wurden. ²Nach Satz 1 zu berücksichtigende Erhöhungen werden dem auf eine Entwertung folgenden noch nicht bekanntgegebenen Gebotstermin zugerechnet.

**§ 28c Ausschreibungsvolumen und Ausschreibungstermine für innovative Anlagenkonzepte.** (1) Die Innovationsausschreibungen nach § 39n finden jedes Jahr zu den Gebotsterminen am 1. April und 1. August statt.

(2) ¹Das Ausschreibungsvolumen beträgt
1. im Jahr 2021 500 Megawatt zu installierender Leistung,

Erneuerbare-Energien-Gesetz §§ 29, 30 EEG 2021 8.2

2. im Jahr 2022 700 Megawatt zu installierender Leistung, davon 150 Megawatt für das Zuschlagsverfahren der besonderen Solaranlagen, davon wiederum 100 Megawatt als Sonderausschreibungen,
3. im Jahr 2023 600 Megawatt zu installierender Leistung,
4. im Jahr 2024 650 Megawatt zu installierender Leistung,
5. im Jahr 2025 700 Megawatt zu installierender Leistung,
6. im Jahr 2026 750 Megawatt zu installierender Leistung,
7. im Jahr 2027 800 Megawatt zu installierender Leistung und
8. im Jahr 2028 850 Megawatt zu installierender Leistung.

²Das Ausschreibungsvolumen nach Satz 1 wird jeweils gleichmäßig auf die Ausschreibungstermine eines Kalenderjahres verteilt.

(3) ¹Das Ausschreibungsvolumen erhöht sich ab dem Jahr 2022 jeweils um die Mengen, für die in dem jeweils vorangegangenen Kalenderjahr bei den Innovationsausschreibungen keine Zuschläge erteilt werden konnten. ²In den Jahren 2023 und 2024 erhöht sich das Ausschreibungsvolumen zusätzlich um ein Drittel der Mengen, für die in dem Nachholtermin nach § 28 Absatz 1 Satz 2 des jeweils vorangegangenen Jahres keine Zuschläge für Windenergieanlagen an Land erteilt werden konnten.

(4) ¹Das nach den Absätzen 2 und 3 ermittelte Ausschreibungsvolumen eines Gebotstermins erhöht sich um die Gebotsmenge der Zuschläge, die nach dem 31. Dezember 2020 erteilt und vor der Bekanntgabe des jeweiligen Gebotstermins nach § 35a entwertet wurden. ²Nach Satz 1 zu berücksichtigende Erhöhungen werden dem auf eine Entwertung folgenden noch nicht bekanntgegebenen Gebotstermin zugerechnet.

**§ 29 Bekanntmachung.** (1) ¹Die Bundesnetzagentur macht die Ausschreibungen frühestens acht Wochen und spätestens fünf Wochen vor dem jeweiligen Gebotstermin für den jeweiligen Energieträger auf ihrer Internetseite bekannt. ²Die Bekanntmachungen müssen mindestens folgende Angaben enthalten:
1. den Gebotstermin,
2. das Ausschreibungsvolumen,
3. den Höchstwert,
4. die Angabe, ob Landesregierungen Rechtsverordnungen aufgrund von § 37c Absatz 2 erlassen haben und auf welchen Flächen nach diesen Rechtsverordnungen Gebote für Solaranlagen bezuschlagt werden können,
5. die Formatvorgaben, die nach § 30a Absatz 1 von der Bundesnetzagentur für die Gebotsabgabe vorgegeben sind, und
6. die Festlegungen der Bundesnetzagentur nach § 85 Absatz 2 und § 85a, soweit sie die Gebotsabgabe oder das Zuschlagsverfahren betreffen.

(2) Die Bekanntmachungen nach Absatz 1 erfolgen ausschließlich im öffentlichen Interesse.

**§ 30 Anforderungen an Gebote.** (1) Die Gebote müssen jeweils die folgenden Angaben enthalten:
1. Name, Anschrift, Telefonnummer und E-Mail-Adresse des Bieters; sofern der Bieter eine rechtsfähige Personengesellschaft oder juristische Person ist, sind auch anzugeben:

a) ihr Sitz und
b) der Name einer natürlichen Person, die zur Kommunikation mit der Bundesnetzagentur und zur Vertretung des Bieters für alle Handlungen nach diesem Gesetz bevollmächtigt ist (Bevollmächtigter),
2. den Energieträger, für den das Gebot abgegeben wird,
3. den Gebotstermin der Ausschreibung, für die das Gebot abgegeben wird,
4. die Gebotsmenge in Kilowatt ohne Nachkommastellen,
5. den Gebotswert in Cent pro Kilowattstunde mit zwei Nachkommastellen, wobei sich das Gebot bei Windenergieanlagen an Land auf den Referenzstandort nach Anlage 2 Nummer 4 beziehen muss,
6. die Standorte der Anlagen, auf die sich das Gebot bezieht, mit Bundesland, Landkreis, Gemeinde, Gemarkung und Flurstücken; im Fall von Solaranlagen auf, an oder in Gebäuden und von Biomasseanlagen muss, sofern vorhanden, auch die postalische Adresse des Gebäudes angegeben werden, und
7. den Übertragungsnetzbetreiber.

(2) [1]Ein Gebot muss eine Gebotsmenge von mehr als 750 Kilowatt umfassen. [2]Abweichend von Satz 1
1. besteht für Zusatzgebote nach § 36j keine Mindestgröße für die Gebotsmenge,
2. muss ein Gebot bei den Ausschreibungen für Solaranlagen des zweiten Segments eine Mindestgröße von 300 Kilowatt umfassen,
3. muss ein Gebot bei Biomasseanlagen und Biomethananlagen nach Teil 3 Abschnitt 3 Unterabschnitt 6 eine Mindestgröße von 150 Kilowatt umfassen, dabei besteht bei Geboten für bestehende Biomasseanlagen nach § 39g keine Mindestgröße für die Gebotsmenge.

(3) [1]Bieter dürfen in einer Ausschreibung mehrere Gebote für unterschiedliche Anlagen abgeben. [2]In diesem Fall müssen sie ihre Gebote nummerieren und eindeutig kennzeichnen, welche Nachweise zu welchem Gebot gehören.

**§ 30a Ausschreibungsverfahren.** (1) Die Bundesnetzagentur darf für die Ausschreibungsverfahren Formatvorgaben machen.

(2) Die Gebote müssen der Bundesnetzagentur spätestens am jeweiligen Gebotstermin zugegangen sein.

(3) [1]Die Rücknahme von Geboten ist bis zum jeweiligen Gebotstermin zulässig; maßgeblich ist der Zugang einer Rücknahmeerklärung bei der Bundesnetzagentur. [2]Die Rücknahme muss durch eine unbedingte, unbefristete und der Schriftform genügende Erklärung des Bieters erfolgen, die sich dem entsprechenden Gebot eindeutig zuordnen lässt.

(4) Bieter sind an ihre Gebote, die bis zum Gebotstermin abgegeben und nicht zurückgenommen worden sind, gebunden, bis ihnen von der Bundesnetzagentur mitgeteilt worden ist, dass ihr Gebot keinen Zuschlag erhalten hat.

(5) [1]Die Ausschreibungen können von der Bundesnetzagentur ganz oder teilweise auf ein elektronisches Verfahren umgestellt werden; dabei kann auch von dem Schriftformerfordernis nach Absatz 3 Satz 2 abgewichen werden. [2]In diesem Fall kann die Bundesnetzagentur insbesondere Vorgaben über die Authentifizierung für die gesicherte Datenübertragung machen. [3]Bei einer Umstellung auf ein elektronisches Verfahren muss die Bundesnetzagentur bei der Bekanntmachung nach § 29 auf das elektronische Verfahren hinweisen.

**§ 31 Sicherheiten.** (1) ¹Bieter müssen bei der Bundesnetzagentur für ihre Gebote bis zum jeweiligen Gebotstermin eine Sicherheit leisten. ²Durch die Sicherheit werden die jeweiligen Forderungen der Übertragungsnetzbetreiber auf Pönalen nach § 55 gesichert.

(2) Bieter müssen bei der Leistung der Sicherheit das Gebot, auf das sich die Sicherheit bezieht, eindeutig bezeichnen.

(3) Wer eine Sicherheit leisten muss, kann dies bewirken durch

1. die unwiderrufliche, unbedingte und unbefristete Bürgschaft auf erstes Anfordern, die durch ein Kreditinstitut oder einen Kreditversicherer zugunsten des Übertragungsnetzbetreibers ausgestellt wurde und für die eine Bürgschaftserklärung an die Bundesnetzagentur übergeben wurde oder
2. die Zahlung eines Geldbetrags auf ein nach Absatz 5 eingerichtetes Verwahrkonto der Bundesnetzagentur.

(4) ¹Die Bürgschaftserklärung ist schriftlich in deutscher Sprache unter Verzicht auf die Einrede der Vorausklage nach § 771 des Bürgerlichen Gesetzbuchs und unter Verzicht auf die Einreden der Aufrechenbarkeit und Anfechtbarkeit nach § 770 des Bürgerlichen Gesetzbuchs einzureichen. ²Der Bürge muss in der Europäischen Union oder in einem Staat der Vertragsparteien des Abkommens über den Europäischen Wirtschaftsraum als Kreditinstitut oder als Kreditversicherer zugelassen sein. ³Die Bundesnetzagentur kann im Einzelfall bei begründeten Bedenken gegen die Tauglichkeit des Bürgen vom Bieter verlangen, die Tauglichkeit des Bürgen nachzuweisen. ⁴Für den Nachweis der Tauglichkeit im Einzelfall ist der Maßstab des § 239 Absatz 1 des Bürgerlichen Gesetzbuchs heranzuziehen.

(5) ¹Die Bundesnetzagentur verwahrt die Sicherheiten nach Absatz 3 Nummer 2 treuhänderisch zugunsten der Bieter und der Übertragungsnetzbetreiber. ²Hierzu richtet sie ein Verwahrkonto ein. ³Die Bundesnetzagentur ist berechtigt, die Sicherheiten einzubehalten, bis die Voraussetzungen zur Rückgabe oder zur Befriedigung der Übertragungsnetzbetreiber vorliegen. ⁴Die Sicherheitsleistungen werden nicht verzinst.

**§ 32 Zuschlagsverfahren.** (1) ¹Die Bundesnetzagentur führt bei jeder Ausschreibung für jeden Energieträger das folgende Zuschlagsverfahren durch, soweit in den Unterabschnitten 2 bis 7 oder in der Innovationsausschreibungsverordnung nicht etwas Abweichendes bestimmt ist. ²Sie öffnet die fristgerecht eingegangenen Gebote nach dem Gebotstermin. ³Sie sortiert die Gebote

1. bei unterschiedlichen Gebotswerten nach dem jeweiligen Gebotswert in aufsteigender Reihenfolge, beginnend mit dem Gebot mit dem niedrigsten Gebotswert,
2. bei demselben Gebotswert nach der jeweiligen Gebotsmenge in aufsteigender Reihenfolge, beginnend mit der niedrigsten Gebotsmenge; wenn die Gebotswerte und die Gebotsmenge der Gebote gleich sind, entscheidet das Los über die Reihenfolge, es sei denn, die Reihenfolge ist für die Zuschlagserteilung nicht maßgeblich.

⁴Die Bundesnetzagentur prüft die Zulässigkeit der Gebote nach den §§ 33 und 34 und erteilt bei jeder Ausschreibung für den jeweiligen Energieträger in der Reihenfolge nach Satz 3 allen zulässigen Geboten einen Zuschlag im Umfang ihres Gebots, bis das Ausschreibungsvolumen erstmals durch den

Zuschlag zu einem Gebot erreicht oder überschritten ist (Zuschlagsgrenze). ⁵Geboten oberhalb der Zuschlagsgrenze wird kein Zuschlag erteilt.

(2) Die Bundesnetzagentur erfasst für jedes Gebot, für das ein Zuschlag erteilt worden ist, die vom Bieter übermittelten Angaben und Nachweise sowie den Zuschlagswert.

**§ 33 Ausschluss von Geboten.** (1) ¹Die Bundesnetzagentur schließt Gebote von dem Zuschlagsverfahren aus, wenn

1. die Anforderungen und Formatvorgaben für Gebote nach den §§ 30 und 30a nicht vollständig eingehalten wurden,
2. die für den jeweiligen Energieträger nach den §§ 36, 36c und 36j, den §§ 37 und 37c, dem § 38c, den §§ 39, 39c, 39g und 39i oder den §§ 39j und 39k oder die in den Rechtsverordnungen nach den §§ 88 bis 88d gestellten Anforderungen nicht erfüllt sind,
3. bis zum Gebotstermin bei der Bundesnetzagentur die Gebühr, die für die Durchführung des Zuschlagsverfahrens zu erheben ist, die Sicherheit oder der Projektsicherungsbeitrag nicht vollständig geleistet worden sind,
4. der Gebotswert des Gebots den für die jeweilige Ausschreibung oder die Anlage festgelegten Höchstwert überschreitet,
5. das Gebot Bedingungen, Befristungen oder sonstige Nebenabreden enthält oder
6. das Gebot nicht den bekanntgemachten Festlegungen der Bundesnetzagentur entspricht, soweit diese die Gebotsabgabe betreffen.

²Die Bundesnetzagentur kann Gebote vom Zuschlagsverfahren ausschließen, wenn bis zum Gebotstermin dem Gebot die Sicherheit oder die Gebühr nicht eindeutig zugeordnet werden können.

(2) ¹Die Bundesnetzagentur kann ein Gebot ausschließen, wenn der begründete Verdacht besteht, dass der Bieter keine Anlage auf dem in dem Gebot angegebenen Standort plant, und

1. auf den in dem Gebot angegebenen Flurstücken bereits eine Anlage in Betrieb genommen worden ist oder
2. die in dem Gebot angegebenen Flurstücke ganz oder teilweise übereinstimmen
   a) mit den in einem anderen Gebot in derselben Ausschreibung angegebenen Flurstücken oder
   b) mit den in einem anderen bezuschlagten Gebot in einer vorangegangenen Ausschreibung angegebenen Flurstücken, sofern der Zuschlag nicht entwertet worden ist.

²Ein Ausschluss von Geboten nach Satz 1 Nummer 1 oder Nummer 2 Buchstabe b ist nicht zulässig, wenn zu einer Anlage weitere Anlagen zugebaut werden sollen oder eine bestehende Anlage ersetzt werden soll und hierfür Gebote abgegeben werden.

**§ 34 Ausschluss von Bietern.** Die Bundesnetzagentur kann Bieter und deren Gebote von dem Zuschlagsverfahren ausschließen, wenn

1. der Bieter

a) vorsätzlich oder grob fahrlässig Gebote unter falschen Angaben oder unter Vorlage falscher Nachweise in dieser oder einer vorangegangenen Ausschreibung abgegeben hat oder
b) mit anderen Bietern Absprachen über die Gebotswerte der in dieser oder einer vorangegangenen Ausschreibung abgegebenen Gebote getroffen hat oder
2. die Gebotsmengen mehrerer Zuschläge eines Bieters aus mindestens zwei vorangegangenen Ausschreibungen vollständig entwertet worden sind.

**§ 35 Bekanntgabe der Zuschläge und anzulegender Wert.** (1) Die Bundesnetzagentur gibt die Zuschläge mit den folgenden Angaben auf ihrer Internetseite bekannt:
1. dem Gebotstermin der Ausschreibung, dem Energieträger, für den die Zuschläge erteilt werden, und den bezuschlagten Mengen,
2. den Namen der Bieter, die einen Zuschlag erhalten haben, mit
   a) dem jeweils in dem Gebot angegebenen Standort der Anlage,
   b) der Nummer des Gebots, sofern ein Bieter mehrere Gebote abgegeben hat,
   c) einer eindeutigen Zuschlagsnummer und
   d) sofern vorhanden, den Registernummern der bezuschlagten Anlagen,
3. dem niedrigsten und höchsten Gebotswert, die einen Zuschlag erhalten haben, sofern einschlägig, gesondert für die Südregion, und
4. dem mengengewichteten durchschnittlichen Zuschlagswert, sofern einschlägig, gesondert für die Südregion.

(2) Der Zuschlag ist eine Woche nach der öffentlichen Bekanntgabe nach Absatz 1 als bekanntgegeben anzusehen.

(3) Die Bundesnetzagentur unterrichtet die Bieter, die einen Zuschlag erhalten haben, unverzüglich über die Zuschlagserteilung und den Zuschlagswert.

(4) Die Bundesnetzagentur gibt auf ihrer Internetseite spätestens drei Monate nach Ablauf der Fristen nach § 36e Absatz 1, § 37d, § 38f, § 39e Absatz 1 und § 39f Absatz 5 Nummer 4 die Projektrealisierungsrate des jeweiligen Gebotstermins bekannt.

**§ 35a Entwertung von Zuschlägen.** (1) Die Bundesnetzagentur entwertet einen Zuschlag,
1. soweit der Zuschlag nach Ablauf der Frist zur Realisierung der Anlage erlischt,
2. wenn der Bieter seinen Zuschlag zurückgeben darf und soweit er von diesem Recht Gebrauch gemacht hat,
3. soweit die Bundesnetzagentur den Zuschlag nach dem Verwaltungsverfahrensgesetz zurücknimmt oder widerruft oder
4. soweit der Zuschlag durch Zeitablauf oder auf sonstige Weise seine Wirksamkeit verliert.

(2) Wird eine Zahlungsberechtigung nachträglich aufgehoben, wird auch der zugrundeliegende Zuschlag entwertet.

### Unterabschnitt 2. Ausschreibungen für Windenergieanlagen an Land

**§ 36 Gebote für Windenergieanlagen an Land.** (1) In Ergänzung zu den Anforderungen an Gebote nach § 30 müssen Windenergieanlagen an Land, auf die sich ein Gebot bezieht, folgende Anforderungen erfüllen:

1. die Genehmigungen nach dem Bundes-Immissionsschutzgesetz[1)] müssen für alle Anlagen vier Wochen vor dem Gebotstermin und von derselben Genehmigungsbehörde erteilt worden sein, und
2. die Anlagen müssen mit den erforderlichen Daten vier Wochen vor dem Gebotstermin als genehmigt an das Register gemeldet worden sein; die Meldefristen des Registers bleiben hiervon unberührt.

(2) Bieter müssen ihren Geboten in Ergänzung zu den Anforderungen nach § 30 folgende Angaben beifügen:

1. die Nummern, unter denen die von der Genehmigung nach dem Bundes-Immissionsschutzgesetz umfassten Anlagen an das Register gemeldet worden sind, oder eine Kopie der Meldung an das Register,
2. das Aktenzeichen der Genehmigung nach dem Bundes-Immissionsschutzgesetz, unter dem die Genehmigung der Anlagen erteilt worden ist, sowie die Genehmigungsbehörde und deren Anschrift und
3. sofern das Gebot für mehrere Anlagen abgegeben wird, die jeweils auf die einzelne Anlage entfallende Gebotsmenge.

(3) Bieter müssen ihren Geboten in Ergänzung zu den Anforderungen nach § 30 folgende Nachweise beifügen:

1. eine Eigenerklärung, dass die Genehmigung nach dem Bundes-Immissionsschutzgesetz auf sie ausgestellt worden ist, oder die Erklärung des Inhabers der entsprechenden Genehmigung, dass der Bieter das Gebot mit Zustimmung des Genehmigungsinhabers abgibt, und
2. eine Eigenerklärung des Inhabers der Genehmigung nach dem Bundes-Immissionsschutzgesetz, dass kein wirksamer Zuschlag aus früheren Ausschreibungen für Anlagen besteht, für die das Gebot abgegeben worden ist.

(4) [1]In den Fällen des § 28 Absatz 6 korrigiert die Bundesnetzagentur das nach § 29 Absatz 1 Nummer 2 bekanntgemachte Ausschreibungsvolumen bis spätestens zwei Wochen vor dem Gebotstermin. [2]§ 29 Absatz 2 ist entsprechend anzuwenden.

**§ 36a Sicherheiten für Windenergieanlagen an Land.** Die Höhe der Sicherheit nach § 31 für Windenergieanlagen an Land bestimmt sich aus der Gebotsmenge multipliziert mit 30 Euro pro Kilowatt zu installierender Leistung.

**§ 36b Höchstwert für Windenergieanlagen an Land.** (1) Der Höchstwert für Strom aus Windenergieanlagen an Land beträgt im Jahr 2021 6 Cent pro Kilowattstunde für den Referenzstandort nach Anlage 2 Nummer 4.

(2) [1]Der Höchstwert verringert sich ab dem 1. Januar 2022 um 2 Prozent pro Kalenderjahr gegenüber dem im jeweils vorangegangenen Kalenderjahr geltenden Höchstwert und wird auf zwei Stellen nach dem Komma gerundet.

---

[1)] Nr. **6.1**.

² Für die Berechnung der Höhe des Höchstwerts aufgrund einer erneuten Anpassung nach Satz 1 ist der nicht gerundete Wert zugrunde zu legen.

### § 36c Ausschluss von Geboten für Windenergieanlagen an Land.

Die Bundesnetzagentur schließt Gebote für Windenergieanlagen an Land nach § 33 von dem Zuschlagsverfahren aus, wenn sie für eine in dem Gebot angegebene Windenergieanlage an Land bereits einen Zuschlag erteilt hat, der zum Gebotstermin nicht entwertet worden ist.

### § 36d Zuschlagsverfahren für Windenergieanlagen an Land.

¹ Abweichend von § 32 Absatz 1 führt die Bundesnetzagentur ab dem Jahr 2022 folgendes Zuschlagsverfahren durch: Sie öffnet die fristgerecht eingegangenen Gebote nach dem Gebotstermin. ² Sie prüft die Zulässigkeit der Gebote nach den §§ 33 und 34. ³ Sie separiert die zugelassenen Gebote, die für Projekte in der Südregion abgegeben wurden, und sortiert diese Gebote entsprechend § 32 Absatz 1 Satz 3. ⁴ Sodann erteilt die Bundesnetzagentur allen nach Satz 4 separierten Geboten einen Zuschlag im Umfang ihres Gebots, bis eine Zuschlagsmenge

1. in den Ausschreibungen der Jahre 2022 und 2023 von 15 Prozent des an diesem Gebotstermin zu vergebenden Ausschreibungsvolumens durch einen Zuschlag erreicht oder erstmalig überschritten ist, oder
2. in den Ausschreibungen ab dem Jahr 2024 von 20 Prozent des an diesem Gebotstermin zu vergebenden Ausschreibungsvolumens durch einen Zuschlag erreicht oder erstmalig überschritten ist.

⁵ Sodann sortiert die Bundesnetzagentur sämtliche zugelassenen Gebote, die nicht bereits nach Satz 5 einen Zuschlag erhalten haben, entsprechend § 32 Absatz 1 Satz 3 und erteilt allen Geboten einen Zuschlag im Umfang ihres Gebots, bis das gesamte Ausschreibungsvolumen erstmals durch den Zuschlag zu einem Gebot erreicht oder überschritten ist (Zuschlagsgrenze). ⁶ Geboten oberhalb der Zuschlagsgrenze wird kein Zuschlag erteilt.

### § 36e Erlöschen von Zuschlägen für Windenergieanlagen an Land.

(1) Der Zuschlag erlischt bei Geboten für Windenergieanlagen an Land 30 Monate nach der öffentlichen Bekanntgabe des Zuschlags, soweit die Anlagen nicht bis zu diesem Zeitpunkt in Betrieb genommen worden sind.

(2) ¹ Auf Antrag, den der Bieter vor Ablauf der Frist nach Absatz 1 gestellt hat, verlängert die Bundesnetzagentur die Frist, nach der der Zuschlag erlischt, wenn gegen die im bezuschlagten Gebot angegebene Genehmigung nach dem Bundes-Immissionsschutzgesetz[1)] nach der Abgabe des Gebots ein Rechtsbehelf Dritter eingelegt worden ist. ² Die Verlängerung soll höchstens für die Dauer der Gültigkeit der Genehmigung ausgesprochen werden, wobei der Verlängerungszeitraum unbeschadet einer Verlängerung nach Absatz 3 eine Dauer von insgesamt 18 Monaten nicht überschreiten darf.

(3) ¹ Auf Antrag, den der Bieter vor Ablauf der Frist nach Absatz 1 gestellt hat, verlängert die Bundesnetzagentur die Frist, nach der der Zuschlag erlischt, wenn über das Vermögen des Herstellers des Generators oder eines sonstigen wesentlichen Bestandteils der Windenergieanlagen das Insolvenzverfahren er-

---

[1)] Nr. **6.1**.

öffnet worden ist. ²Die Verlängerung soll höchstens für die Dauer der Gültigkeit der Genehmigung ausgesprochen werden, wobei der Verlängerungszeitraum unbeschadet einer Verlängerung nach Absatz 2 eine Dauer von insgesamt 18 Monaten nicht überschreiten darf.

**§ 36f Änderungen nach Erteilung des Zuschlags für Windenergieanlagen an Land.** (1) ¹Zuschläge sind den Windenergieanlagen an Land, auf die sich die in dem Gebot angegebene Genehmigung bezieht, verbindlich und dauerhaft zugeordnet. ²Sie dürfen nicht auf andere Anlagen oder andere Genehmigungen übertragen werden.

(2) ¹Wird die Genehmigung für das bezuschlagte Projekt nach der Erteilung des Zuschlags geändert oder neu erteilt, bleibt der Zuschlag auf die geänderte oder neu erteilte Genehmigung bezogen, wenn der Standort der Windenergieanlage um höchstens die doppelte Rotorblattlänge abweicht. ²Der Umfang des Zuschlags verändert sich dadurch nicht.

**§ 36g Besondere Ausschreibungsbestimmungen für Bürgerenergiegesellschaften.** (1) Bürgerenergiegesellschaften können Gebote für bis zu sechs Windenergieanlagen an Land mit einer zu installierenden Leistung von insgesamt nicht mehr als 18 Megawatt abgeben, wenn in dem Gebot durch Eigenerklärung nachgewiesen ist, dass

1. die Gesellschaft zum Zeitpunkt der Gebotsabgabe eine Bürgerenergiegesellschaft ist und die Gesellschaft und deren Mitglieder oder Anteilseigner vor der Gebotsabgabe keine Verträge zur Übertragung ihrer Anteile oder Stimmrechte nach der Gebotsabgabe geschlossen oder sonstige Absprachen zur Umgehung der Voraussetzungen nach § 3 Nummer 15 getroffen haben,

2. die Gemeinde, in der die geplanten Windenergieanlagen an Land errichtet werden sollen, eine finanzielle Beteiligung von 10 Prozent an der Bürgerenergiegesellschaft hält oder ihr eine solche angeboten worden ist oder bei Bürgerenergiegesellschaften in der Rechtsform der eingetragenen Genossenschaft diese Gemeinde Mitglied der Genossenschaft ist oder ihr die Mitgliedschaft angeboten worden ist, dabei steht einer Gemeinde im Sinn dieser Nummer auch eine Gesellschaft, an der die Gemeinde zu 100 Prozent beteiligt ist, gleich, und

3. weder die Bürgerenergiegesellschaft noch eines ihrer stimmberechtigten Mitglieder selbst oder als stimmberechtigtes Mitglied einer anderen Gesellschaft

    a) in den zwölf Monaten, die der Gebotsabgabe vorausgegangen sind, einen Zuschlag für eine Windenergieanlage an Land erhalten hat und

    b) zu dem Gebotstermin andere Gebote abgegeben hat, die gemeinsam mit dem Gebot eine installierte Leistung von 18 Megawatt übersteigen.

(2) Die Bürgerenergiegesellschaft muss der Bundesnetzagentur auf Verlangen geeignete Nachweise zur Überprüfung der Eigenerklärungen nach Absatz 1 vorlegen.

(3) ¹Der Zuschlagswert ist für alle bezuschlagten Gebote von Bürgerenergiegesellschaften abweichend von § 3 Nummer 51 der Gebotswert des höchsten noch bezuschlagten Gebots desselben Gebotstermins. ²Sofern eine Bürgerenergiegesellschaft die Anforderungen nach § 3 Nummer 15 nicht ununterbrochen bis Ende des zweiten auf die Inbetriebnahme der Anlage folgenden Jahres erfüllt, ist ab dem Zeitpunkt, ab dem die Anforderungen erstmals nicht mehr

Erneuerbare-Energien-Gesetz **§ 36h EEG 2021 8.2**

erfüllt sind, abweichend von Satz 1 der Zuschlagswert der Gebotswert. ³Bürgerenergiegesellschaften müssen gegenüber dem Netzbetreiber spätestens zwei Monate nach Ablauf der Frist nach Satz 2 durch Eigenerklärung nachweisen, dass die Gesellschaft von der Gebotsabgabe bis zum Ende des zweiten auf die Inbetriebnahme der Anlage folgenden Jahres ununterbrochen eine Bürgerenergiegesellschaft war oder wenn ein Fall des Satz 2 vorliegt, bis wann die Anforderungen erfüllt waren; Absatz 2 ist entsprechend anzuwenden. ⁴Abweichend von den Sätzen 1 und 2 ist der Zuschlagswert der Gebotswert, wenn die Bürgerenergiegesellschaft nicht fristgemäß den Nachweis nach Satz 3 vorlegt.

(4) ¹Verträge oder sonstige Absprachen von Mitgliedern oder Anteilseignern der Bürgerenergiegesellschaften bedürfen der Zustimmung der Bürgerenergiegesellschaft, wenn sie

1. vor der Inbetriebnahme eingegangen worden sind, und
2. die Mitglieder oder Anteilseigner zur Übertragung der Anteile oder der Stimmrechte nach der Inbetriebnahme oder zu einer Gewinnabführung nach der Inbetriebnahme verpflichtet.

²Die Zustimmung darf nicht erteilt werden, soweit die vereinbarte Übertragung der Anteile oder Stimmrechte dazu führen würde, dass nach der Inbetriebnahme die Voraussetzungen nach § 3 Nummer 15 nicht mehr erfüllt wären oder umgangen würden.

(5) Die Länder können weitergehende Regelungen zur Bürgerbeteiligung und zur Steigerung der Akzeptanz für den Bau von neuen Anlagen erlassen, sofern § 80a nicht beeinträchtigt ist.

**§ 36h Anzulegender Wert für Windenergieanlagen an Land.** (1) ¹Der Netzbetreiber berechnet den anzulegenden Wert aufgrund des Zuschlagswerts für die Referenzstandort nach Anlage 2 Nummer 4 für Strom aus Windenergieanlagen an Land mit dem Korrekturfaktor des Gütefaktors, der nach Anlage 2 Nummer 2 und 7 ermittelt worden ist. ²Es sind folgende Stützwerte anzuwenden:

| Güte-faktor | 60 Prozent | 70 Prozent | 80 Prozent | 90 Prozent | 100 Prozent | 110 Prozent | 120 Prozent | 130 Prozent | 140 Prozent | 150 Prozent |
|---|---|---|---|---|---|---|---|---|---|---|
| Korrekturfaktor | 1,35 | 1,29 | 1,16 | 1,07 | 1 | 0,94 | 0,89 | 0,85 | 0,81 | 0,79 |

³Für die Ermittlung der Korrekturfaktoren zwischen den jeweils benachbarten Stützwerten findet eine lineare Interpolation statt. ⁴Der Korrekturfaktor beträgt unterhalb des Gütefaktors von 60 Prozent 1,35 und oberhalb des Gütefaktors von 150 Prozent 0,79. ⁵Gütefaktor ist das Verhältnis des Standortertrags einer Anlage nach Anlage 2 Nummer 7 zum Referenzertrag nach Anlage 2 Nummer 2 in Prozent.

(2) ¹Die anzulegenden Werte werden jeweils mit Wirkung ab Beginn des sechsten, elften und sechzehnten auf die Inbetriebnahme der Anlage folgenden Jahres anhand des Standortertrags der Anlagen nach Anlage 2 Nummer 7 in den fünf vorangegangenen Jahren angepasst. ²In dem überprüften Zeitraum zu viel oder zu wenig geleistete Zahlungen nach § 19 Absatz 1 müssen erstattet werden, wenn der Gütefaktor auf Basis des Standortertrags der jeweils zuletzt

betrachteten fünf Jahre mehr als 2 Prozentpunkte von dem zuletzt berechneten Gütefaktor abweicht. ³Dabei werden Ansprüche des Netzbetreibers auf Rückzahlung mit 1 Prozentpunkt über dem am ersten Tag des Überprüfungszeitraums geltenden Euro Interbank Offered Rate-Satz für die Beschaffung von Zwölfmonatsgeld von ersten Adressen in den Teilnehmerstaaten der Europäischen Währungsunion verzinst. ⁴Eine Aufrechnung mit Ansprüchen nach § 19 Absatz 1 ist zulässig.

(3) Der Anspruch nach § 19 Absatz 1 in Verbindung mit Absatz 1 besteht

1. erst, sobald der Anlagenbetreiber gegenüber dem Netzbetreiber den Gütefaktor nachgewiesen hat und
2. ab dem 65., 125. und 185. auf die Inbetriebnahme der Anlagen folgenden Monats erst, sobald der Anlagenbetreiber gegenüber dem Netzbetreiber den nach Absatz 2 angepassten Gütefaktor nachgewiesen hat.

(4) ¹Der Nachweis nach Absatz 3 ist zu führen durch Gutachten, die den allgemein anerkannten Regeln der Technik entsprechen und die die jeweiligen Zeiträume nach Absatz 2 Satz 1 erfassen. ²Es wird vermutet, dass die allgemeinen Regeln der Technik eingehalten worden sind, wenn die Technischen Richtlinien für Windenergieanlagen der „FGW e.V. – Fördergesellschaft Windenergie und andere Dezentrale Energien"* eingehalten und das Gutachten von einer nach DIN EN ISO IEC 17025** für die Anwendung dieser Richtlinie akkreditierten Institution erstellt worden ist.

(5) Die anzulegenden Werte nach den Absätzen 1 und 2 werden auf zwei Stellen nach dem Komma gerundet.

### § 36i Dauer des Zahlungsanspruchs für Windenergieanlagen an Land.

Abweichend von § 25 Absatz 1 Satz 3 beginnt der Zeitraum nach § 25 Absatz 1 Satz 1 spätestens 30 Monate nach der Bekanntgabe des Zuschlags an den Bieter auch dann, wenn die Inbetriebnahme der Windenergieanlage an Land aufgrund einer Fristverlängerung nach § 36e Absatz 2 oder Absatz 3 erst zu einem späteren Zeitpunkt erfolgt.

### § 36j Zusatzgebote.

(1) Abweichend von § 36c können Bieter einmalig Gebote für bezuschlagte Windenergieanlagen an Land nach deren Inbetriebnahme abgeben, wenn die installierte Leistung der Anlagen um mehr als 15 Prozent erhöht wird oder werden soll (Zusatzgebote).

(2) In Ergänzung zu den Anforderungen an Gebote nach § 30 müssen Zusatzgebote folgende Anforderungen erfüllen:

1. die Nummer des bereits erteilten Zuschlags ist anzugeben,
2. die Registernummer der Anlagen, auf die sich das Gebot bezieht, ist anzugeben und
3. der Gebotswert darf weder den geltenden Höchstwert noch den Zuschlagswert des bereits erteilten Zuschlags überschreiten.

(3) Der Vergütungszeitraum für Zusatzgebote entspricht dem des nach § 36i zuerst erteilten Zuschlags.

---

* **Amtlicher Hinweis:** Zu beziehen bei der FGW e.V. – Fördergesellschaft Windenergie und andere Erneuerbare Energien, Oranienburger Straße 45, 10117 Berlin.

** **Amtlicher Hinweis:** Zu beziehen bei der Beuth Verlag GmbH, 10772 Berlin, und in der Deutschen Nationalbibliothek archivmäßig gesichert niedergelegt.

(4) Die §§ 36a bis 36c und 36e bis 36g sind für Zusatzgebote entsprechend anzuwenden.

**§ 36k** *(aufgehoben)*

**Unterabschnitt 3. Ausschreibungen für Solaranlagen des ersten Segments**

**§ 37 Gebote für Solaranlagen des ersten Segments.** (1) Gebote bei den Ausschreibungen für Solaranlagen des ersten Segments dürfen nur für Anlagen abgegeben werden, die errichtet werden sollen

1. auf einer sonstigen baulichen Anlage, die zu einem anderen Zweck als der Erzeugung von Strom aus solarer Strahlungsenergie errichtet worden ist, oder
2. auf einer Fläche,
   a) die zum Zeitpunkt des Beschlusses über die Aufstellung oder Änderung des Bebauungsplans bereits versiegelt war,
   b) die zum Zeitpunkt des Beschlusses über die Aufstellung oder Änderung des Bebauungsplans eine Konversionsfläche aus wirtschaftlicher, verkehrlicher, wohnungsbaulicher oder militärischer Nutzung war,
   c) die zum Zeitpunkt des Beschlusses über die Aufstellung oder Änderung des Bebauungsplans längs von Autobahnen oder Schienenwegen lag, wenn die Freiflächenanlage in einer Entfernung von bis zu 200 Metern, gemessen vom äußeren Rand der Fahrbahn, errichtet werden und innerhalb dieser Entfernung ein längs zur Fahrbahn gelegener und mindestens 15 Meter breiter Korridor freigehalten werden soll,
   d) die sich im Bereich eines beschlossenen Bebauungsplans nach § 30 des Baugesetzbuchs befindet, der vor dem 1. September 2003 aufgestellt und später nicht mit dem Zweck geändert worden ist, eine Solaranlage zu errichten,
   e) die in einem beschlossenen Bebauungsplan vor dem 1. Januar 2010 als Gewerbe- oder Industriegebiet im Sinn des § 8 oder § 9 der Baunutzungsverordnung ausgewiesen worden ist, auch wenn die Festsetzung nach dem 1. Januar 2010 zumindest auch mit dem Zweck geändert worden ist, eine Solaranlage zu errichten,
   f) für die ein Verfahren nach § 38 Satz 1 des Baugesetzbuchs durchgeführt worden ist,
   g) die im Eigentum des Bundes oder der Bundesanstalt für Immobilienaufgaben stand oder steht und nach dem 31. Dezember 2013 von der Bundesanstalt für Immobilienaufgaben verwaltet und für die Entwicklung von Solaranlagen auf ihrer Internetseite veröffentlicht worden ist,
   h) deren Flurstücke zum Zeitpunkt des Beschlusses über die Aufstellung oder Änderung des Bebauungsplans als Ackerland genutzt worden sind und in einem benachteiligten Gebiet lagen und die nicht unter eine der in Buchstabe a bis g genannten Flächen fällt oder
   i) deren Flurstücke zum Zeitpunkt des Beschlusses über die Aufstellung oder Änderung des Bebauungsplans als Grünland genutzt worden sind und in einem benachteiligten Gebiet lagen und die nicht unter eine der in Buchstabe a bis g genannten Flächen fällt.

(2) ¹Geboten bei den Ausschreibungen für Solaranlagen des ersten Segments muss in Ergänzung zu den Anforderungen nach § 30 eine Erklärung des Bieters beigefügt werden, dass er Eigentümer der Fläche ist, auf der die Solaranlagen errichtet werden sollen, oder dass er das Gebot mit Zustimmung des Eigentümers dieser Fläche abgibt. ²Geboten für Solaranlagen des ersten Segments kann zusätzlich die Kopie eines beschlossenen Bebauungsplans im Sinn des § 30 des Baugesetzbuchs, der in den Fällen des Absatzes 1 Nummer 1 und 2 Buchstabe a bis c und f bis i zumindest auch mit dem Zweck der Errichtung von Solaranlagen aufgestellt oder geändert worden ist, oder eines Nachweises für die Durchführung eines Verfahrens nach § 38 Satz 1 des Baugesetzbuchs beigefügt werden; in diesem Fall ist eine Erklärung des Bieters, dass sich der eingereichte Nachweis auf den in dem Gebot angegebenen Standort der Solaranlagen bezieht, dem Gebot beizufügen.

(3) In Ergänzung zu den Anforderungen nach § 30 darf die Gebotsmenge bei den Ausschreibungen für Solaranlagen des ersten Segments pro Gebot eine zu installierende Leistung von 20 Megawatt nicht überschreiten.

**§ 37a Sicherheiten für Solaranlagen des ersten Segments.** ¹Die Höhe der Sicherheit nach § 31 bei den Ausschreibungen für Solaranlagen des ersten Segments bestimmt sich aus der Gebotsmenge multipliziert mit 50 Euro pro Kilowatt zu installierender Leistung. ²Die Sicherheit verringert sich auf 25 Euro pro Kilowatt zu installierender Leistung, wenn das Gebot einen Nachweis nach § 37 Absatz 2 Satz 2 enthält.

**§ 37b Höchstwert für Solaranlagen des ersten Segments.** (1) Der Höchstwert bei den Ausschreibungen für Solaranlagen des ersten Segments beträgt 5,9 Cent pro Kilowattstunde.

(2) ¹Der Höchstwert ergibt sich ab dem 1. Januar 2022 aus dem um 8 Prozent erhöhten Durchschnitt der Gebotswerte des jeweils höchsten noch bezuschlagten Gebots der letzten drei Gebotstermine, deren Zuschläge bei der Bekanntgabe des jeweiligen Gebotstermins nach § 29 bereits nach § 35 Absatz 1 bekanntgegeben waren, dabei beträgt er jedoch höchstens 5,9 Cent pro Kilowattstunde. ²Ein sich aus der Berechnung ergebender Wert wird auf zwei Stellen nach dem Komma gerundet.

**§ 37c Besondere Zuschlagsvoraussetzung für benachteiligte Gebiete; Verordnungsermächtigung für die Länder.** (1) Die Bundesnetzagentur darf Gebote für Freiflächenanlagen auf Flächen nach § 37 Absatz 1 Nummer 2 Buchstabe h und i bei dem Zuschlagsverfahren für Solaranlagen des ersten Segments nur berücksichtigen, wenn und soweit die Landesregierung für Gebote auf den entsprechenden Flächen eine Rechtsverordnung nach Absatz 2 erlassen hat und die Bundesnetzagentur den Erlass der Rechtsverordnung vor dem Gebotstermin nach § 29 bekannt gemacht hat.

(2) Die Landesregierungen werden ermächtigt, durch Rechtsverordnung zu regeln, dass Gebote für Freiflächenanlagen auf Flächen nach § 37 Absatz 1 Nummer 2 Buchstabe h oder i in ihrem Landesgebiet bezuschlagt werden können.

(3) Gebote bei den Ausschreibungen für Solaranlagen des ersten Segments, die nur aufgrund einer Rechtsverordnung nach Absatz 2 einen Zuschlag erhalten haben, muss die Bundesnetzagentur entsprechend kennzeichnen.

Erneuerbare-Energien-Gesetz §§ 37d–38a EEG 2021 8.2

**§ 37d Erlöschen von Zuschlägen für Solaranlagen des ersten Segments.** Der Zuschlag erlischt bei Geboten bei den Ausschreibungen für Solaranlagen des ersten Segments, soweit die Anlagen nicht innerhalb von 24 Monaten in Betrieb genommen worden sind oder soweit die Zahlungsberechtigung nach § 38 nicht spätestens 26 Monate nach der öffentlichen Bekanntgabe des Zuschlags (materielle Ausschlussfrist) zulässig und begründet beantragt worden ist.

**§ 38 Zahlungsberechtigung für Solaranlagen des ersten Segments.**

(1) Die Bundesnetzagentur stellt auf Antrag eines Bieters, dem mindestens ein Zuschlag bei einer Ausschreibung für Solaranlagen des ersten Segments erteilt worden ist, eine Zahlungsberechtigung für Solaranlagen aus.

(2) Der Antrag nach Absatz 1 muss die folgenden Angaben enthalten:
1. die Nummer, unter der die Solaranlagen an das Register gemeldet worden sind, oder eine Kopie der Meldung an das Register,
2. die Art der Fläche, insbesondere ob die Anforderungen nach § 38a Absatz 1 Nummer 3 erfüllt sind,
3. die Angabe, in welchem Umfang die Anlagen nicht auf einer baulichen Anlage errichtet worden sind,
4. den Umfang der Gebotsmenge pro bezuschlagtem Gebot, der den Solaranlagen zugeteilt werden soll, einschließlich der jeweils für die Gebote registrierten Zuschlagsnummern und
5. die Angabe des Bieters, dass er Betreiber der Solaranlagen ist.

**§ 38a Ausstellung von Zahlungsberechtigungen für Solaranlagen des ersten Segments.** (1) Die Zahlungsberechtigung für Solaranlagen nach § 38 darf nur ausgestellt werden,
1. wenn die Solaranlagen vor der Antragstellung, aber nach der Erteilung des Zuschlags in Betrieb genommen worden sind und der Bieter zum Zeitpunkt der Antragstellung der Anlagenbetreiber ist,
2. wenn für die Solaranlagen alle erforderlichen Angaben an das Register gemeldet worden sind,
3. soweit für den Bieter eine entsprechende Gebotsmenge bezuschlagter Gebote besteht, die nicht bereits einer anderen Zahlungsberechtigung zugeordnet worden ist; hierbei dürfen nur die folgenden Gebotsmengen zugeteilt werden:
    a) die Gebotsmenge eines bezuschlagten Gebots, bei dem als Standort für die Solaranlagen eine Fläche nach § 37 Absatz 1 Nummer 1 oder Nummer 2 Buchstabe a bis g angegeben worden ist, kann nur Solaranlagen zugeteilt werden, die sich auf einem dieser Standorte befinden und
    b) die Gebotsmengen von Geboten, die nur aufgrund einer Rechtsverordnung nach § 37c Absatz 2 bezuschlagt wurden, dürfen nur für Freiflächenanlagen verwendet werden, die auf einer der im bezuschlagten Gebot benannten Flächenkategorien im Gebiet des Bundeslands, das die Rechtsverordnung erlassen hat, errichtet worden sind,
4. soweit die für die Solaranlagen zuzuteilende Gebotsmenge die installierte Leistung der Solaranlagen nicht überschreitet und
5. soweit bei Freiflächenanlagen

a) die installierte Leistung von 20 Megawatt nicht überschritten wird und

b) sich die Anlagen nicht auf einer Fläche befinden, die zum Zeitpunkt des Beschlusses über die Aufstellung oder Änderung des Bebauungsplans rechtsverbindlich als Naturschutzgebiet im Sinn des § 23 des Bundesnaturschutzgesetzes[1)] oder als Nationalpark im Sinn des § 24 des Bundesnaturschutzgesetzes festgesetzt worden ist.

(2) [1]Die Bundesnetzagentur teilt dem Netzbetreiber, in dessen Netz der in den Solaranlagen erzeugte Strom eingespeist werden soll, die Ausstellung der Zahlungsberechtigung einschließlich der Nummern, unter denen die Anlage in dem Register eingetragen ist, unverzüglich nach der Ausstellung der Zahlungsberechtigung mit. [2]Der Anspruch nach § 19 Absatz 1 besteht rückwirkend bis zum Tag der Inbetriebnahme, wenn die Zahlungsberechtigung aufgrund eines Antrags ausgestellt wird, der spätestens drei Wochen nach der Inbetriebnahme der Anlage gestellt wurde.

(3) [1]Der Netzbetreiber muss die Erfüllung der Anforderungen nach Absatz 1 Nummer 1, 4 und 5 sowie § 38 Absatz 2 Nummer 3 prüfen. [2]Er kann hierfür die Vorlage entsprechender Nachweise verlangen. [3]Soweit die Bundesnetzagentur eine Festlegung nach § 85 getroffen hat, muss der Netzbetreiber entsprechende Nachweise verlangen und diese der Bundesnetzagentur auf Anforderung vorlegen. [4]Der Netzbetreiber muss der Bundesnetzagentur das Ergebnis der Prüfung und die installierte Leistung der Solaranlagen innerhalb eines Monats nach der Mitteilung nach Absatz 2 mitteilen.

(4) [1]Ausgestellte Zahlungsberechtigungen stehen unter der auflösenden Bedingung der Prüfung nach Absatz 3 und der Prüfung nach § 13 Absatz 1 Satz 2 der Marktstammdatenregisterverordnung. [2]Sie sind den Solaranlagen verbindlich und dauerhaft zugeordnet. [3]Sie dürfen nicht auf andere Anlagen übertragen werden.

**§ 38b Anzulegender Wert für Solaranlagen des ersten Segments.**
(1) Die Höhe des anzulegenden Werts bei den Ausschreibungen für Solaranlagen des ersten Segments entspricht dem Zuschlagswert des bezuschlagten Gebots, dessen Gebotsmenge der Solaranlage zugeteilt worden ist.

(2) [1]Solaranlagen, die aufgrund eines technischen Defekts, einer Beschädigung oder eines Diebstahls Solaranlagen an demselben Standort ersetzen, sind abweichend von § 3 Nummer 30 bis zur Höhe der vor der Ersetzung an demselben Standort installierten Leistung von Solaranlagen als zu dem Zeitpunkt in Betrieb genommen anzusehen, zu dem die ersetzten Anlagen in Betrieb genommen worden sind. [2]Die Zahlungsberechtigung verliert im Zeitpunkt der Ersetzung ihre Wirksamkeit für die ersetzte Anlage und erfasst stattdessen die ersetzende Anlage.

**Unterabschnitt 4. Ausschreibungen für Solaranlagen des zweiten Segments**

**§ 38c Gebote für Solaranlagen des zweiten Segments.** (1) Gebote bei den Ausschreibungen für Solaranlagen des zweiten Segments dürfen nur für Anlagen abgegeben werden, die auf, an oder in einem Gebäude oder einer Lärmschutzwand errichtet werden sollen.

---

[1)] Nr. **3.1**.

(2) In Ergänzung zu den Anforderungen nach § 30 darf die Gebotsmenge bei den Ausschreibungen für Solaranlagen des zweiten Segments pro Gebot eine zu installierende Leistung von 20 Megawatt nicht überschreiten.

**§ 38d Projektsicherungsbeitrag.** (1) [1] Bieter müssen für ihre Gebote einen Projektsicherungsbeitrag leisten. [2] Die Höhe des Projektsicherungsbeitrags bestimmt sich aus der Gebotsmenge multipliziert mit 35 Euro je Kilowatt zu installierender Leistung.

(2) Der Projektsicherungsbeitrag ist als Geldbetrag auf ein nach § 31 Absatz 5 eingerichtetes Verwahrkonto der Bundesnetzagentur bei Gebotsabgabe zu entrichten.

(3) Bieter müssen bei der Zahlung des Projektsicherungsbeitrags das Gebot, auf das sich der Projektsicherungsbeitrag bezieht, eindeutig bezeichnen.

(4) Die Bundesnetzagentur gibt dem Bieter unverzüglich den Projektsicherungsbeitrag zurück, wenn der Bieter für dieses Gebot keinen Zuschlag nach § 32 erhalten oder das Gebot nach § 30a Absatz 2 zurückgenommen hat.

(5) Die Bundesnetzagentur überweist nach Zuschlagserteilung die Projektsicherungsbeiträge der bezuschlagten Gebote auf ein Geldkonto des jeweils regelverantwortlichen Übertragungsnetzbetreibers.

(6) Der Netzbetreiber erstattet nach der Inbetriebnahme einer Anlage den von dem Anlagenbetreiber geleisteten Projektsicherungsbeitrag in Höhe von 35 Euro je Kilowatt installierter und bezuschlagter Gebotsmenge im Rahmen der ersten auf die Inbetriebnahme folgenden Endabrechnung in Form einer Einmalzahlung.

**§ 38e Höchstwert für Solaranlagen des zweiten Segments.** (1) Der Höchstwert bei den Ausschreibungen für Solaranlagen des zweiten Segments beträgt 9 Cent pro Kilowattstunde.

(2) [1] Der Höchstwert verringert sich ab dem 1. Januar 2022 um 1 Prozent pro Kalenderjahr gegenüber dem im jeweils vorangegangenen Kalenderjahr geltenden Höchstwert und wird auf zwei Stellen nach dem Komma gerundet. [2] Für die Berechnung der Höhe des Höchstwerts aufgrund einer erneuten Anpassung nach Satz 1 ist der nicht gerundete Wert zugrunde zu legen.

**§ 38f Zuschläge für Solaranlagen des zweiten Segments.** [1] Zuschläge für Solaranlagen des zweiten Segments sind dem Standort, auf den sich das Gebot bezieht, verbindlich und dauerhaft zugeordnet. [2] Sie dürfen nicht ganz oder teilweise auf andere Standorte übertragen werden.

**§ 38g Dauer des Zahlungsanspruchs für Solaranlagen des zweiten Segments.** Abweichend von § 25 Absatz 1 Satz 1 endet der Zeitraum mit dem Ablauf des 252. auf die öffentliche Bekanntgabe des Zuschlags folgenden Kalendermonats.

**§§ 38h, 38i** *(aufgehoben)*

### Unterabschnitt 5. Ausschreibungen für Biomasseanlagen

**§ 39 Gebote für Biomasseanlagen.** (1) In Ergänzung zu den Anforderungen nach § 30 müssen Biomasseanlagen, für die Gebote abgegeben werden, folgende Anforderungen erfüllen:

1. die Anlage darf im Zeitpunkt der Zuschlagserteilung noch nicht in Betrieb genommen worden sein,
2. die Genehmigung nach dem Bundes-Immissionsschutzgesetz[1]) oder nach einer anderen Bestimmung des Bundesrechts oder die Baugenehmigung muss für die Anlage, für die ein Gebot abgegeben wird, drei Wochen vor dem Gebotstermin erteilt worden sein, und
3. die Anlage muss mit den erforderlichen Daten drei Wochen vor dem Gebotstermin als genehmigt an das Register gemeldet worden sein; die Meldefristen des Registers bleiben hiervon unberührt.

(2) Bieter müssen ihren Geboten in Ergänzung zu den Anforderungen nach § 30 folgende Angaben beifügen:
1. die Nummer, unter der die von der Genehmigung nach Absatz 1 Nummer 2 umfasste Anlage an das Register gemeldet worden ist, oder eine Kopie der Meldung an das Register und
2. das Aktenzeichen der Genehmigung nach Absatz 1 Nummer 2, unter dem die Genehmigung der Anlage erteilt worden ist, sowie die Genehmigungsbehörde und deren Anschrift.

(3) Bieter müssen ihren Geboten in Ergänzung zu den Anforderungen nach § 30 folgende Nachweise beifügen:
1. die Eigenerklärung, dass die Genehmigung nach Absatz 1 Nummer 2 auf ihn ausgestellt worden ist, oder die Erklärung des Inhabers der entsprechenden Genehmigung, dass der Bieter das Gebot mit Zustimmung des Genehmigungsinhabers abgibt,
2. eine Eigenerklärung des Inhabers der Genehmigung nach Absatz 1 Nummer 2, dass kein wirksamer Zuschlag aus einer früheren Ausschreibung für die Anlage besteht, für die das Gebot abgegeben worden ist,
3. eine Eigenerklärung, dass für die Anlage keine kosteneffiziente Möglichkeit zur Nutzung als hocheffiziente KWK-Anlage besteht, wenn es sich nicht um eine KWK-Anlage handelt,
4. bei Anlagen mit einer Gesamtfeuerungswärmeleistung von über 50 Megawatt eine Eigenerklärung, dass es sich um eine hocheffiziente KWK-Anlage handelt oder die Anlage einen elektrischen Nettowirkungsgrad von mindestens 36 Prozent hat oder eine Gesamtfeuerungswärmeleistung von höchstens 100 Megawatt hat und die im Durchführungsbeschluss (EU) 2017/1442 der Kommission vom 31. Juli 2017 über Schlussfolgerungen zu den besten verfügbaren Techniken (BVT) gemäß der Richtlinie 2010/75/EU des Europäischen Parlaments und des Rates für Großfeuerungsanlagen (ABl. L 212 vom 17.8.2017, S. 1) definierten verbundenen Energieeffizienzwerte erreicht, und
5. bei Biogasanlagen, die auch KWK-Anlagen sind, eine Eigenerklärung, dass es sich um eine hocheffiziente KWK-Anlage handelt.

(4) [1]In Ergänzung zu den Anforderungen nach § 30 dürfen Anlagen, für die ein Gebot abgegeben wird, eine zu installierende Leistung von 20 Megawatt nicht überschreiten. [2]§ 24 Absatz 1 ist entsprechend anzuwenden.

---

[1]) Nr. **6.1**.

**§ 39a Sicherheiten für Biomasseanlagen.** Die Höhe der Sicherheit nach § 31 für Biomasseanlagen bestimmt sich aus der Gebotsmenge multipliziert mit 60 Euro pro Kilowatt zu installierender Leistung.

**§ 39b Höchstwert für Biomasseanlagen.** (1) Der Höchstwert für Strom aus Biomasseanlagen beträgt im Jahr 2021 16,4 Cent pro Kilowattstunde.

(2) ¹Der Höchstwert verringert sich ab dem 1. Januar 2022 um 1 Prozent pro Jahr gegenüber dem im jeweils vorangegangenen Kalenderjahr geltenden Höchstwert und wird auf zwei Stellen nach dem Komma gerundet. ²Für die Berechnung der Höhe des Höchstwerts aufgrund einer erneuten Anpassung nach Satz 1 ist der nicht gerundete Wert zugrunde zu legen.

**§ 39c Ausschluss von Geboten für Biomasseanlagen.** Die Bundesnetzagentur schließt Gebote für Biomasseanlagen von dem Zuschlagsverfahren aus, wenn sie für eine in dem Gebot angegebene Biomasseanlage bereits einen Zuschlag erteilt hat, der zum Gebotstermin nicht entwertet worden ist.

**§ 39d Zuschlagsverfahren für Biomasseanlagen.** (1) ¹Abweichend von § 32 Absatz 1 führt die Bundesnetzagentur folgendes Zuschlagsverfahren für Biomasseanlagen durch, sofern die insgesamt eingereichte Gebotsmenge der zugelassenen Gebote unter der ausgeschriebenen Menge des Gebotstermins liegt: ²Sie separiert die Gebote, die für Neuanlagen abgegeben wurden, von denen, die für Bestandsanlagen im Sinn des § 39g abgegeben wurden. ³Die Bundesnetzagentur prüft die Zulässigkeit aller Gebote nach den §§ 33 und 34. ⁴Die Bundesnetzagentur sortiert die Gebote für Neuanlagen und für Bestandsanlagen jeweils nach § 32 Absatz 1 Satz 3. ⁵Sie erteilt der Reihenfolge nach jeweils allen zulässigen Geboten für Neuanlagen einen Zuschlag im Umfang ihres Gebots, bis 80 Prozent der eingereichten Gebotsmenge der zugelassenen Gebote für Neuanlagen erreicht oder erstmalig durch ein Gebot überschritten sind, und allen zulässigen Geboten für Bestandsanlagen einen Zuschlag im Umfang ihres Gebots, bis 80 Prozent der eingereichten Gebotsmenge der zugelassenen Gebote für Bestandsanlagen erreicht oder erstmalig durch ein Gebot überschritten sind (Zuschlagsbegrenzung). ⁶Geboten oberhalb der Zuschlagsbegrenzung wird kein Zuschlag erteilt; das Gebot, durch das die Zuschlagsbegrenzung erreicht oder überschritten wird, erhält den Zuschlag in dem Umfang, für den das Gebot abgegeben worden ist.

(2) ¹Ab dem Jahr 2022 führt die Bundesnetzagentur abweichend von Absatz 1 und § 32 Absatz 1 folgendes Zuschlagsverfahren für Biomasseanlagen durch, sofern die insgesamt eingereichte Gebotsmenge der zugelassenen Gebote mindestens der ausgeschriebenen Menge des Gebotstermins entspricht: ²Sie öffnet die fristgerecht eingegangenen Gebote nach dem Gebotstermin. ³Sie prüft die Zulässigkeit der Gebote nach den §§ 33 und 34. ⁴Sie separiert die zugelassenen Gebote, die für Projekte in der Südregion abgegeben wurden, und sortiert diese Gebote entsprechend § 32 Absatz 1 Satz 3. ⁵Sodann erteilt die Bundesnetzagentur allen nach Satz 4 separierten Geboten einen Zuschlag im Umfang ihres Gebots, bis eine Zuschlagsmenge von 50 Prozent des an diesem Gebotstermin zu vergebenden Ausschreibungsvolumens durch einen Zuschlag erreicht oder erstmalig überschritten ist. ⁶Sodann sortiert die Bundesnetzagentur sämtliche zugelassenen Gebote, die nicht bereits nach Satz 5 einen Zuschlag erhalten haben, entsprechend § 32 Absatz 1 Satz 3 und erteilt allen Geboten einen Zuschlag im Umfang ihres Gebots, bis eine weitere Menge in

Höhe von 50 Prozent des Ausschreibungsvolumens erstmals durch den Zuschlag zu einem Gebot erreicht oder überschritten ist (Zuschlagsgrenze). [7] Geboten oberhalb der Zuschlagsgrenze wird kein Zuschlag erteilt.

(3) [1] Ab dem Jahr 2022 führt die Bundesnetzagentur abweichend von Absatz 1 und § 32 Absatz 1 folgendes Zuschlagsverfahren für Biomasseanlagen durch, sofern die insgesamt eingereichte Gebotsmenge der zugelassenen Gebote unter der ausgeschriebenen Menge des Gebotstermins liegt: [2] Sie öffnet die fristgerecht eingegangenen Gebote nach dem Gebotstermin. [3] Sie prüft die Zulässigkeit der Gebote nach den §§ 33 und 34. [4] Sie separiert die zugelassenen Gebote, die für Anlagen in der Südregion abgegeben wurden; sie separiert diese Gebote danach, ob sie für Neuanlagen oder für Bestandsanlagen im Sinne des § 39g abgegeben wurden. [5] Die Bundesnetzagentur sortiert die Gebote, die für Bestandsanlagen in der Südregion abgegeben wurden, entsprechend § 32 Absatz 1 Satz 3. [6] Sodann erteilt die Bundesnetzagentur allen nach Satz 5 separierten Geboten einen Zuschlag im Umfang ihres Gebots, bis eine Zuschlagsmenge von 20 Prozent der an diesem Gebotstermin eingereichten Gebotsmenge der zugelassenen Gebote durch einen Zuschlag erreicht oder erstmalig überschritten ist. [7] Sodann sortiert die Bundesnetzagentur die nach Satz 4 erster Halbsatz separierten Gebote, denen noch kein Zuschlag erteilt wurde, entsprechend § 32 Absatz 1 Satz 3. [8] Sodann erteilt die Bundesnetzagentur allen nach Satz 7 sortierten Geboten einen Zuschlag im Umfang ihres Gebots, bis eine Zuschlagsmenge von insgesamt 40 Prozent einschließlich der nach Satz 6 bezuschlagten Gebotsmenge der an diesem Gebotstermin eingereichten Gebotsmenge der zugelassenen Gebote durch einen Zuschlag erreicht oder erstmalig überschritten ist. [9] Sie separiert die zugelassenen Gebote, die noch nicht bezuschlagt wurden; sie separiert diese Gebote danach, ob sie für Neuanlagen oder für Bestandsanlagen im Sinn des § 39g abgegeben wurden. [10] Die Bundesnetzagentur sortiert die Gebote, die für Bestandsanlagen abgegeben wurden, entsprechend § 32 Absatz 1 Satz 3. [11] Sodann erteilt die Bundesnetzagentur allen nach Satz 10 separierten Geboten einen Zuschlag im Umfang ihres Gebots, bis eine Zuschlagsmenge von 20 Prozent der an diesem Gebotstermin eingereichten Gebotsmenge der zugelassenen Gebote durch einen Zuschlag erreicht oder erstmalig überschritten ist. [12] Sodann sortiert die Bundesnetzagentur die Gebote, denen noch kein Zuschlag erteilt wurde, entsprechend § 32 Absatz 1 Satz 3. [13] Sodann erteilt die Bundesnetzagentur allen nach Satz 12 sortierten Geboten einen Zuschlag im Umfang ihres Gebots, bis eine Zuschlagsmenge von weiteren 40 Prozent einschließlich der nach Satz 11 bezuschlagten Gebotsmenge der an diesem Gebotstermin eingereichten Gebotsmenge der zugelassenen Gebote durch einen Zuschlag erreicht oder erstmalig überschritten ist.

**§ 39e Erlöschen von Zuschlägen für Biomasseanlagen.** (1) Der Zuschlag erlischt bei Geboten für Biomasseanlagen 36 Monate nach der öffentlichen Bekanntgabe des Zuschlags, soweit die Anlage nicht bis zu diesem Zeitpunkt in Betrieb genommen worden ist.

(2) [1] Auf Antrag, den der Bieter vor Ablauf der Frist nach Absatz 1 gestellt hat, verlängert die Bundesnetzagentur die Frist, nach der der Zuschlag erlischt, wenn

Erneuerbare-Energien-Gesetz §§ 39f, 39g EEG 2021 8.2

1. gegen die im bezuschlagten Gebot angegebene Genehmigung nach § 39 Absatz 1 Nummer 2 nach der Abgabe des Gebots ein Rechtsbehelf Dritter eingelegt worden ist und
2. die sofortige Vollziehbarkeit der Genehmigung in diesem Zusammenhang durch die zuständige Behörde oder gerichtlich angeordnet worden ist.

²Die Verlängerung soll höchstens für die Dauer der Gültigkeit der Genehmigung ausgesprochen werden, wobei der Verlängerungszeitraum 48 Monate nicht überschreiten darf.

**§ 39f Änderungen nach Erteilung des Zuschlags für Biomasseanlagen.** (1) ¹Zuschläge sind den Biomasseanlagen, auf die sich die in dem Gebot angegebene Genehmigung bezieht, verbindlich und dauerhaft zugeordnet. ²Sie dürfen nicht auf andere Anlagen oder andere Genehmigungen übertragen werden.

(2) ¹Wird die Genehmigung nach Erteilung des Zuschlags geändert, bleibt der Zuschlag auf die geänderte Genehmigung bezogen. ²Der Umfang des Zuschlags verändert sich dadurch nicht.

**§ 39g Einbeziehung bestehender Biomasseanlagen.** (1) ¹Abweichend von § 39 Absatz 1 Nummer 1 können für Strom aus Biomasseanlagen, die erstmals vor dem 1. Januar 2017 ausschließlich mit Biomasse im Sinn der Biomasseverordnung[1]) in der für die Inbetriebnahme maßgeblichen Fassung in Betrieb genommen worden sind (bestehende Biomasseanlagen), Gebote abgegeben werden, wenn der bisherige Zahlungsanspruch für Strom aus dieser Anlage nach dem Erneuerbare-Energien-Gesetz in der für die Anlage maßgeblichen Fassung zum Zeitpunkt der Ausschreibung nur noch für höchstens acht Jahre besteht. ²Abweichend von § 22 Absatz 4 Satz 2 können auch bestehende Biomasseanlagen mit einer installierten Leistung von 150 Kilowatt oder weniger Gebote abgeben. ³Der Zuschlagswert ist für alle bezuschlagten Gebote von Anlagen nach Satz 2 abweichend von § 3 Nummer 51 und § 39i Absatz 5 der Gebotswert des höchsten noch bezuschlagten Gebots desselben Gebotstermins zuzüglich 0,5 Cent pro Kilowattstunde in den Ausschreibungen der Kalenderjahre 2021 bis 2025 für Anlagen mit einer installierten Leistung bis einschließlich 500 Kilowatt.

(2) ¹Erteilt die Bundesnetzagentur nach Absatz 1 einer bestehenden Biomasseanlage einen Zuschlag, tritt der Anspruch nach § 19 Absatz 1 ab dem ersten Tag eines durch den Anlagenbetreiber zu bestimmenden Kalendermonats für die Zukunft an die Stelle aller bisherigen Ansprüche nach dem Erneuerbare-Energien-Gesetz in der für die Anlage maßgeblichen Fassung. ²Der Anlagenbetreiber muss dem Netzbetreiber einen Kalendermonat mitteilen, der nicht vor dem dritten und nicht nach dem sechsunddreißigsten Kalendermonat liegt, der auf die öffentliche Bekanntgabe des Zuschlags folgt. ³Die Mitteilung hat vor Beginn des Kalendermonats zu erfolgen, der dem nach Satz 2 mitzuteilenden Kalendermonat vorangeht. ⁴Wenn der Anlagenbetreiber keine Mitteilung nach Satz 2 macht, tritt der neue Anspruch am ersten Tag des siebenunddreißigsten Kalendermonats, der auf die öffentliche Bekanntgabe des Zuschlags folgt, an die Stelle der bisherigen Ansprüche. ⁵Der Netzbetreiber muss

---

[1]) Nr. **8.2.1**.

der Bundesnetzagentur den Tag nach Satz 1 mitteilen, sobald dieser ihm bekannt ist.

(3) ¹Die Anlage gilt als an dem Tag nach Absatz 2 neu in Betrieb genommen. ²Ab diesem Tag sind für diese Anlagen alle Rechte und Pflichten verbindlich, die für Anlagen gelten, die nach dem 31. Dezember 2020 in Betrieb genommen worden sind, und es ist die Biomasseverordnung in der zum Zeitpunkt der Bekanntmachung der Ausschreibung geltenden Fassung verbindlich.

(4) ¹Der neue Anspruch nach § 19 Absatz 1 in Verbindung mit Absatz 2 besteht nur, wenn ein Umweltgutachter mit einer Zulassung für den Bereich Elektrizitätserzeugung aus erneuerbaren Energien bescheinigt hat, dass die Anlage für einen bedarfsorientierten Betrieb technisch geeignet ist und der Anlagenbetreiber diese Bescheinigung dem Netzbetreiber vorgelegt hat. ²Maßgeblich für einen bedarfsorientierten Betrieb sind

1. für Anlagen, die Biogas einsetzen, die Anforderungen nach § 39i Absatz 2 Satz 2 Nummer 1 und
2. für Anlagen, die feste Biomasse einsetzen, die Anforderungen nach § 39i Absatz 2 Satz 2 Nummer 2.

(5) Die §§ 39 bis 39f sind mit den Maßgaben anzuwenden, dass

1. die Genehmigung nach § 39 Absatz 1 Nummer 2 für einen Zeitraum bis mindestens zum letzten Tag des elften Kalenderjahres, das auf den Gebotstermin folgt, erteilt worden sein muss,
1a. die Anlage dem Register gemeldet worden sein muss,
2. der Bieter in Ergänzung zu § 39 Absatz 3 Eigenerklärungen beifügen muss, nach denen
   a) er Betreiber der Biomasseanlage ist,
   b) die Genehmigung nach § 39 Absatz 1 Nummer 2 die Anforderung nach Nummer 1 erfüllt und
   c) kein Verbot zur Teilnahme an der Ausschreibung für die Biomasseanlage nach diesem Gesetz oder nach einer aufgrund dieses Gesetzes erlassenen Verordnung besteht, und
3. der Höchstwert nach § 39b Absatz 1 im Jahr 2021 18,40 Cent pro Kilowattstunde beträgt; dieser Höchstwert verringert sich ab dem 1. Januar 2022 um 1 Prozent pro Jahr, wobei § 39b Absatz 2 entsprechend anzuwenden ist,
3a. der Zuschlag sich auf die im Gebot angegebene bestehende Biomasseanlage bezieht und
4. der Zuschlag in Ergänzung zu § 39e Absatz 1 sechs Monate nach dem Tag nach Absatz 2 erlischt, wenn der Anlagenbetreiber nicht bis zu diesem Zeitpunkt dem Netzbetreiber die Bescheinigung des Umweltgutachters nach Absatz 4 vorgelegt hat; der Netzbetreiber muss der Bundesnetzagentur den Zeitpunkt der Vorlage der Bescheinigung mitteilen, sobald dieser ihm bekannt ist.

(6) ¹Wenn eine bestehende Biomasseanlage einen Zuschlag erhält, ist ihr anzulegender Wert unabhängig von ihrem Zuschlagswert der Höhe nach begrenzt auf die durchschnittliche Höhe des anzulegenden Werts für den in der jeweiligen Anlage erzeugten Strom in Cent pro Kilowattstunde nach dem Erneuerbare-Energien-Gesetz in der für die Anlage bisher maßgeblichen Fassung, wobei der Durchschnitt der drei dem Gebotstermin vorangegangenen

Kalenderjahre maßgeblich ist. ²Für die Ermittlung des Durchschnitts sind für jedes der drei Jahre der Quotient aus allen für die Anlage geleisteten Zahlungen, die aufgrund des Erneuerbare-Energien-Gesetzes oder einer aufgrund dieses Gesetzes erlassenen Rechtsverordnung geleistet wurden, und der im jeweiligen Jahr insgesamt vergüteten Strommenge zugrunde zu legen, sodann ist die Summe der nach dem vorstehenden Halbsatz ermittelten anzulegenden Werte durch drei zu teilen.

**§ 39h Dauer des Zahlungsanspruchs für Biomasseanlagen.** (1) Abweichend von § 25 Absatz 1 Satz 3 beginnt der Zeitraum nach § 25 Absatz 1 Satz 1 für bestehende Biomasseanlagen nach § 39g Absatz 1 mit dem Tag nach § 39g Absatz 2 und für sonstige Biomasseanlagen spätestens 36 Monate nach der öffentlichen Bekanntgabe des Zuschlags.

(2) Absatz 1 ist auch anzuwenden, wenn

1. die Inbetriebnahme der Biomasseanlage aufgrund einer Fristverlängerung nach § 39e Absatz 2 erst zu einem späteren Zeitpunkt erfolgt,
2. für bestehende Biomasseanlagen die Bescheinigung nach § 39g Absatz 4 erst nach dem Tag nach § 39g Absatz 2 vorgelegt wird.

(3) ¹Abweichend von § 25 Absatz 1 Satz 1 beträgt der Zahlungszeitraum für bestehende Biomasseanlagen zehn Jahre. ²Dieser Zeitraum kann nicht erneut nach § 39g verlängert werden.

**§ 39i Besondere Zahlungsbestimmungen für Biomasseanlagen.**

(1) ¹Ein durch einen Zuschlag erworbener Anspruch nach § 19 Absatz 1 für Strom aus Biogas besteht nur, wenn der zur Erzeugung des Biogases eingesetzte Anteil von Getreidekorn oder Mais in jedem Kalenderjahr insgesamt höchstens 40 Masseprozent beträgt. ²Als Mais im Sinn von Satz 1 sind Ganzpflanzen, Maiskorn-Spindel-Gemisch, Körnermais und Lieschkolbenschrot anzusehen.

(2) ¹Für Strom aus Biomasseanlagen verringert sich der Anspruch nach § 19 Absatz 1 für jede Kilowattstunde, um die in einem Kalenderjahr die Höchstbemessungsleistung der Anlage überschritten wird, in der Veräußerungsform der Marktprämie auf null und in den Veräußerungsformen einer Einspeisevergütung auf den Marktwert. ²Höchstbemessungsleistung im Sinn von Satz 1 ist

1. für Anlagen, die Biogas einsetzen, der um 55 Prozent verringerte Wert der bezuschlagten Gebotsmenge und
2. für Anlagen, die feste Biomasse einsetzen, der um 25 Prozent verringerte Wert der bezuschlagten Gebotsmenge.

³Wird der Zuschlag nach § 35a teilweise entwertet, ist bei der Bestimmung der Höchstbemessungsleistung nach Satz 2 die bezuschlagte Gebotsmenge entsprechend zu verringern.

(3) ¹Soweit in Biomasseanlagen Biogas eingesetzt wird, das in dem jeweiligen Kalenderjahr durch anaerobe Vergärung von Biomasse im Sinn der Biomasseverordnung[1] mit einem Anteil von getrennt erfassten Bioabfällen im Sinn der Abfallschlüssel Nummer 20 02 01, 20 03 01 und 20 03 02 der Nummer 1 Buchstabe a des Anhangs 1 der Bioabfallverordnung gewonnen worden ist, ist

---

[1] Nr. **8.2.1**.

der anzulegende Wert für den aus diesen Bioabfällen erzeugten Strom unabhängig von ihrem Zuschlagswert der Höhe nach begrenzt

1. bis einschließlich einer Bemessungsleistung von 500 Kilowatt auf 14,3 Cent pro Kilowattstunde und
2. bis einschließlich einer Bemessungsleistung von 20 Megawatt auf 12,54 Cent pro Kilowattstunde.

²Die anzulegenden Werte nach Satz 1 verringern sich erstmals ab dem 1. Juli 2022 und sodann jährlich ab dem 1. Juli eines Kalenderjahres für die nach diesem Zeitpunkt in Betrieb genommenen Anlagen um 0,5 Prozent gegenüber den in dem jeweils vorangegangenen Zeitraum geltenden anzulegenden Werten und werden auf zwei Stellen nach dem Komma gerundet. ³Für die Berechnung der Höhe der anzulegenden Werte aufgrund einer erneuten Anpassung nach Satz 2 sind die ungerundeten Werte zugrunde zu legen.

(4) Im Übrigen sind die §§ 44b und 44c entsprechend anzuwenden, wobei die Erfüllung der Anforderungen nach den Absätzen 1 und 3 in entsprechender Anwendung des § 44c Absatz 1 Nummer 1 und Absatz 2 jährlich durch Vorlage einer Kopie eines Einsatzstoff-Tagebuchs nachzuweisen ist.

(5) Der Zuschlagswert ist für alle bezuschlagten Gebote in den Ausschreibungen in den Kalenderjahren 2021 bis 2025 für Biomasseanlagen mit einer installierten Leistung bis einschließlich 500 Kilowatt abweichend von § 3 Nummer 51 der jeweilige Gebotswert zuzüglich 0,5 Cent pro Kilowattstunde.

**Unterabschnitt 6. Ausschreibungen für Biomethananlagen**

**§ 39j Anwendbarkeit des Unterabschnitts 5.** ¹Für die Ausschreibungen für Biomethananlagen sind die Bestimmungen des Unterabschnitts 5 mit Ausnahme des § 39 Absatz 3 Nummer 5, der §§ 39b, 39d, 39g und 39i Absatz 2 bis 5 anzuwenden, sofern in diesem Unterabschnitt nicht etwas Abweichendes geregelt ist. ²Bei Ausschreibungen im Jahr 2021 ist § 39 Absatz 1 Nummer 2 nicht anzuwenden und § 39 Absatz 1 Nummer 3 mit der Maßgabe anzuwenden, dass nicht die Genehmigung, sondern die geplante Anlage als Projekt dem Register gemeldet worden sein muss.

**§ 39k Gebote für Biomethananlagen in der Südregion.** ¹In Ergänzung zu den Anforderungen nach § 39 Absatz 1 müssen die Biomethananlagen, für die Gebote abgegeben werden, in der Südregion errichtet werden. ²Satz 1 ist in der Ausschreibung im Jahr 2021 nicht anzuwenden.

**§ 39l Höchstwert für Biomethananlagen.** (1) Der Höchstwert für Biomethananlagen beträgt 19 Cent pro Kilowattstunde.

(2) ¹Der Höchstwert verringert sich ab dem 1. Januar 2022 um 1 Prozent pro Kalenderjahr gegenüber dem im jeweils vorangegangenen Kalenderjahr geltenden Höchstwert und wird auf zwei Stellen nach dem Komma gerundet. ²Für die Berechnung der Höhe des Höchstwerts aufgrund einer erneuten Anpassung nach Satz 1 ist der nicht gerundete Wert zugrunde zu legen.

**§ 39m Besondere Zahlungsbestimmungen für Biomethananlagen.**

(1) In den Biomethananlagen darf ausschließlich Biomethan zur Erzeugung des Stroms eingesetzt werden.

(2) ¹Der Anspruch nach § 19 Absatz 1 für Strom aus Biogas besteht für Strom, der in Anlagen mit einer installierten Leistung von mehr als 100 Kilowatt erzeugt wird, nur für den Anteil der in einem Kalenderjahr erzeugten Strommenge, der einer Bemessungsleistung der Anlage von 15 Prozent des Wertes der installierten Leistung entspricht. ²Für den darüberhinausgehenden Anteil der in dem Kalenderjahr erzeugten Strommenge verringert sich der anzulegende Wert auf null.

(3) ¹§ 44b Absatz 4 und 5 sowie § 44c Absatz 1 bis 4 und 6 bis 9 sind entsprechend für das Biomethan anzuwenden, das in den Biomethananlagen eingesetzt wird. ²Die Erfüllung der Anforderungen nach § 39i Absatz 1 ist in entsprechender Anwendung des § 44c Absatz 1 Nummer 1 und Absatz 2 jährlich durch Vorlage einer Kopie eines Einsatzstoff-Tagebuchs nachzuweisen.

### Unterabschnitt 7. Innovationsausschreibungen

**§ 39n Innovationsausschreibungen.** (1) ¹Die Bundesnetzagentur führt Innovationsausschreibungen für erneuerbare Energien durch. ²Die Teilnahme an diesen Ausschreibungen ist nicht auf einzelne erneuerbare Energien beschränkt. ³Auch können Gebote für Kombinationen oder Zusammenschlüsse verschiedener erneuerbarer Energien abgegeben werden.

(2) (weggefallen)

(3) ¹Die Einzelheiten der Innovationsausschreibungen werden in einer Rechtsverordnung nach § 88d näher bestimmt. ²Dabei soll sichergestellt werden, dass besonders netz- oder systemdienliche technische Lösungen gefördert werden, die sich im technologieneutralen wettbewerblichen Verfahren als effizient erweisen.

## Abschnitt 4. Gesetzliche Bestimmung der Zahlung
### Unterabschnitt 1. Anzulegende Werte

**§ 40 Wasserkraft.** (1) Für Strom aus Wasserkraft beträgt der anzulegende Wert

1. bis einschließlich einer Bemessungsleistung von 500 Kilowatt 12,15 Cent pro Kilowattstunde,
2. bis einschließlich einer Bemessungsleistung von 2 Megawatt 8,01 Cent pro Kilowattstunde,
3. bis einschließlich einer Bemessungsleistung von 5 Megawatt 6,13 Cent pro Kilowattstunde,
4. bis einschließlich einer Bemessungsleistung von 10 Megawatt 5,37 Cent pro Kilowattstunde,
5. bis einschließlich einer Bemessungsleistung von 20 Megawatt 5,18 Cent pro Kilowattstunde,
6. bis einschließlich einer Bemessungsleistung von 50 Megawatt 4,16 Cent pro Kilowattstunde und
7. ab einer Bemessungsleistung von mehr als 50 Megawatt 3,4 Cent pro Kilowattstunde.

(2) ¹Der Anspruch nach § 19 Absatz 1 besteht auch für Strom aus Anlagen, die vor dem 1. Januar 2009 in Betrieb genommen worden sind, wenn nach dem 31. Dezember 2016 durch eine wasserrechtlich zugelassene Ertüchtigungs-

maßnahme das Leistungsvermögen der Anlage erhöht wurde. ²Satz 1 ist auf nicht zulassungspflichtige Ertüchtigungsmaßnahmen anzuwenden, wenn das Leistungsvermögen um mindestens 10 Prozent erhöht wurde. ³Anlagen nach den Sätzen 1 oder 2 gelten mit dem Abschluss der Ertüchtigungsmaßnahme als neu in Betrieb genommen.

(3) ¹Für Strom aus Wasserkraft, der in Anlagen nach Absatz 2 mit einer installierten Leistung von mehr als 5 Megawatt erzeugt wird, besteht ein Anspruch nach § 19 Absatz 1 nur für den Strom, der der Leistungserhöhung nach Absatz 2 Satz 1 oder Satz 2 zuzurechnen ist. ²Wenn die Anlage vor dem 1. Januar 2017 eine installierte Leistung bis einschließlich 5 Megawatt aufwies, besteht für den Strom, der diesem Leistungsanteil entspricht, der Anspruch nach der bislang für die Anlage maßgeblichen Bestimmung.

(4) Der Anspruch nach § 19 Absatz 1 in Verbindung mit Absatz 1 besteht nur, wenn die Anlage errichtet worden ist

1. im räumlichen Zusammenhang mit einer ganz oder teilweise bereits bestehenden oder einer vorrangig zu anderen Zwecken als der Erzeugung von Strom aus Wasserkraft neu zu errichtenden Stauanlage oder
2. ohne durchgehende Querverbauung.

(5) ¹Die anzulegenden Werte nach Absatz 1 verringern sich ab dem 1. Januar 2022 jährlich jeweils für die nach diesem Zeitpunkt in Betrieb genommenen oder ertüchtigten Anlagen um 0,5 Prozent gegenüber den im jeweils vorangegangenen Kalenderjahr geltenden anzulegenden Werten und werden auf zwei Stellen nach dem Komma gerundet. ²Für die Berechnung der Höhe der anzulegenden Werte aufgrund einer erneuten Anpassung nach Satz 1 sind die ungerundeten Werte zugrunde zu legen.

## § 41 Deponie-, Klär- und Grubengas.

(1) Für Strom aus Deponiegas beträgt der anzulegende Wert

1. bis einschließlich einer Bemessungsleistung von 500 Kilowatt 7,69 Cent pro Kilowattstunde und
2. bis einschließlich einer Bemessungsleistung von 5 Megawatt 5,33 Cent pro Kilowattstunde.

(2) Für Strom aus Klärgas beträgt der anzulegende Wert

1. bis einschließlich einer Bemessungsleistung von 500 Kilowatt 6,11 Cent pro Kilowattstunde und
2. bis einschließlich einer Bemessungsleistung von 5 Megawatt 5,33 Cent pro Kilowattstunde.

(3) ¹Für Strom aus Grubengas beträgt der anzulegende Wert

1. bis einschließlich einer Bemessungsleistung von 1 Megawatt 6,16 Cent pro Kilowattstunde,
2. bis einschließlich einer Bemessungsleistung von 5 Megawatt 3,93 Cent pro Kilowattstunde und
3. ab einer Bemessungsleistung von mehr als 5 Megawatt 3,47 Cent pro Kilowattstunde.

²Der Anspruch nach § 19 Absatz 1 in Verbindung mit Satz 1 besteht nur, wenn das Grubengas aus Bergwerken des aktiven oder stillgelegten Bergbaus stammt.

(4) ¹Die anzulegenden Werte nach den Absätzen 1 bis 3 verringern sich ab dem 1. Januar 2022 jährlich jeweils für die nach diesem Zeitpunkt in Betrieb genommenen Anlagen um 1,5 Prozent gegenüber den im jeweils vorangegangenen Kalenderjahr geltenden anzulegenden Werten und werden auf zwei Stellen nach dem Komma gerundet. ²Für die Berechnung der Höhe der anzulegenden Werte aufgrund einer erneuten Anpassung nach Satz 1 sind die ungerundeten Werte zugrunde zu legen.

**§ 42 Biomasse.** Für Strom aus Biomasse im Sinn der Biomasseverordnung[1], für den der anzulegende Wert gesetzlich bestimmt wird, beträgt dieser bis einschließlich einer Bemessungsleistung von 150 Kilowatt 12,8 Cent pro Kilowattstunde.

**§ 43 Vergärung von Bioabfällen.** (1) Für Strom aus Anlagen, in denen Biogas eingesetzt wird, das durch anaerobe Vergärung von Biomasse im Sinn der Biomasseverordnung[1] mit einem Anteil von getrennt erfassten Bioabfällen im Sinn der Abfallschlüssel Nummer 20 02 01, 20 03 01 und 20 03 02 der Nummer 1 Buchstabe a des Anhangs 1 der Bioabfallverordnung in dem jeweiligen Kalenderjahr von durchschnittlich mindestens 90 Masseprozent gewonnen worden ist, beträgt der anzulegende Wert, wenn er gesetzlich bestimmt wird,

1. bis einschließlich einer Bemessungsleistung von 500 Kilowatt 14,3 Cent pro Kilowattstunde und
2. bis einschließlich einer Bemessungsleistung von 20 Megawatt 12,54 Cent pro Kilowattstunde.

(2) Der Anspruch nach § 19 Absatz 1 in Verbindung mit Absatz 1 besteht nur, wenn die Einrichtungen zur anaeroben Vergärung der Bioabfälle unmittelbar mit einer Einrichtung zur Nachrotte der festen Gärrückstände verbunden sind und die nachgerotteten Gärrückstände stofflich verwertet werden.

**§ 44 Vergärung von Gülle.** ¹Für Strom aus Anlagen, in denen Biogas eingesetzt wird, das durch anaerobe Vergärung von Biomasse im Sinn der Biomasseverordnung[1] gewonnen worden ist, beträgt der anzulegende Wert 22,23 Cent pro Kilowattstunde, wenn

1. der Strom am Standort der Biogaserzeugungsanlage erzeugt wird,
2. die installierte Leistung am Standort der Biogaserzeugungsanlage insgesamt bis zu 150 Kilowatt beträgt und
3. zur Erzeugung des Biogases in dem jeweiligen Kalenderjahr durchschnittlich ein Anteil von Gülle mit Ausnahme von Geflügelmist und Geflügeltrockenkot von mindestens 80 Masseprozent eingesetzt wird.

²Wurde ein Anlagenbetreiber aufgrund einer Sperre im Sinne von § 6 Absatz 1 Nummer 18 des Tiergesundheitsgesetzes vom 22. Mai 2013 (BGBl. I S. 1324), das zuletzt durch Artikel 1 des Gesetzes vom 14. November 2018 (BGBl. I S. 1850) geändert worden ist, im Einsatz von Gülle beeinträchtigt und konnte deshalb den in Satz 1 Nummer 3 vorgesehenen jährlichen Güllemindestanteil nicht einhalten, ist der Zeitraum der Sperre zuzüglich 30 Kalendertagen bei der Berechnung des durchschnittlichen Gülleanteils nach Satz 1 Nummer 3 nicht

---

[1] Nr. **8.2.1.**

zu berücksichtigen. ³In diesem Fall entfällt der Anspruch nach Satz 1 für den nicht berücksichtigten Zeitraum. ⁴Ein Anspruch nach den §§ 41 bis 43 bleibt unberührt. ⁵Abweichend von § 44b Absatz 1 Satz 1 besteht der Anspruch nach § 19 Absatz 1 für Strom, der in Güllekleinanlagen mit einer installierten Leistung von mehr als 100 Kilowatt erzeugt wird, nur für den Anteil der in einem Kalenderjahr erzeugten Strommenge, der einer Bemessungsleistung der Anlage von 50 Prozent des Wertes der installierten Leistung entspricht.

**§ 44a Absenkung der anzulegenden Werte für Strom aus Biomasse.**
¹Die anzulegenden Werte nach den §§ 42 bis 44 verringern sich erstmals ab dem 1. Juli 2022 und sodann jährlich ab dem 1. Juli eines Kalenderjahres für die nach diesem Zeitpunkt in Betrieb genommenen Anlagen um 0,5 Prozent gegenüber den in dem jeweils vorangegangenen Zeitraum geltenden anzulegenden Werten und werden auf zwei Stellen nach dem Komma gerundet. ²Für die Berechnung der Höhe der anzulegenden Werte aufgrund einer erneuten Anpassung nach Satz 1 sind die ungerundeten Werte zugrunde zu legen.

**§ 44b Gemeinsame Bestimmungen für Strom aus Gasen.** (1) ¹Der Anspruch nach § 19 Absatz 1 für Strom aus Biogas besteht für Strom, der in Anlagen mit einer installierten Leistung von mehr als 100 Kilowatt erzeugt wird, nur für den Anteil der in einem Kalenderjahr erzeugten Strommenge, der einer Bemessungsleistung der Anlage von 45 Prozent des Wertes der installierten Leistung entspricht. ²Für den darüber hinausgehenden Anteil der in dem Kalenderjahr erzeugten Strommenge verringert sich der Anspruch nach § 19 Absatz 1 in der Veräußerungsform der Marktprämie auf null und in den Veräußerungsformen einer Einspeisevergütung auf den Marktwert.

(2) Der Anspruch nach § 19 Absatz 1 für Strom aus Biomasse nach § 42 oder § 43 besteht ferner nur, soweit bei Anlagen, in denen Biomethan eingesetzt wird, der Strom in einer hocheffizienten KWK-Anlage erzeugt wird.

(3) Der Anspruch nach § 19 Absatz 1 für Strom aus Biomasse nach § 43 oder § 44 kann nicht mit dem Anspruch nach § 19 Absatz 1 in Verbindung mit § 39 oder § 42 kombiniert werden.

(4) Aus einem Erdgasnetz entnommenes Gas ist jeweils als Deponiegas, Klärgas, Grubengas, Biomethan oder Speichergas anzusehen,
1. soweit die Menge des entnommenen Gases im Wärmeäquivalent am Ende eines Kalenderjahres der Menge von Deponiegas, Klärgas, Grubengas, Biomethan oder Speichergas entspricht, die an anderer Stelle im Bundesgebiet in das Erdgasnetz eingespeist worden ist, und
2. wenn für den gesamten Transport und Vertrieb des Gases von seiner Herstellung oder Gewinnung, seiner Einspeisung in das Erdgasnetz und seinem Transport im Erdgasnetz bis zu seiner Entnahme aus dem Erdgasnetz Massenbilanzsysteme verwendet worden sind.

(5) ¹Der Anspruch nach § 19 Absatz 1 für Strom aus Biomethan nach § 42 oder § 43 besteht auch, wenn das Biomethan vor seiner Entnahme aus dem Erdgasnetz anhand der Energieerträge der zur Biomethanerzeugung eingesetzten Einsatzstoffe bilanziell in einsatzstoffbezogene Teilmengen geteilt wird. ²Die bilanzielle Teilung in einsatzstoffbezogene Teilmengen einschließlich der Zuordnung der eingesetzten Einsatzstoffe zu der jeweiligen Teilmenge ist im Rahmen der Massenbilanzierung nach Absatz 4 Nummer 2 zu dokumentieren.

## § 44c Sonstige gemeinsame Bestimmungen für Strom aus Biomasse.

(1) Der Anspruch nach § 19 Absatz 1 für Strom aus Biomasse besteht unbeschadet des § 44b nur,

1. wenn der Anlagenbetreiber durch eine Kopie eines Einsatzstoff-Tagebuchs mit Angaben und Belegen über Art, Menge und Einheit sowie Herkunft der eingesetzten Stoffe nachweist, welche Biomasse und in welchem Umfang Speichergas oder Grubengas eingesetzt werden,
2. wenn in Anlagen flüssige Biomasse eingesetzt wird, für den Stromanteil aus flüssiger Biomasse, die zur Anfahr-, Zünd- und Stützfeuerung notwendig ist; flüssige Biomasse ist Biomasse, die zum Zeitpunkt des Eintritts in den Brenn- oder Feuerraum flüssig ist; Pflanzenölmethylester ist in dem Umfang als Biomasse anzusehen, der zur Anfahr-, Zünd- und Stützfeuerung notwendig ist.

(2) Für den Anspruch nach § 19 Absatz 1 für Strom aus Biomasse nach § 42, § 43 oder § 44 ist ab dem ersten Kalenderjahr, das auf seine erstmalige Inanspruchnahme folgt, der Stromanteil aus flüssiger Biomasse nach Absatz 1 Nummer 2 durch Vorlage einer Kopie eines Einsatzstoff-Tagebuchs jährlich bis zum 28. Februar eines Jahres jeweils für das vorangegangene Kalenderjahr nachzuweisen.

(3) Der Anspruch nach § 19 Absatz 1 für Strom aus Biomasse besteht für Biomasseanlagen, die nicht gleichzeitig KWK-Anlagen sind, nur, wenn der Anlagenbetreiber vor der Inbetriebnahme dem Netzbetreiber nachweist, dass für die Anlage keine kosteneffiziente Möglichkeit zur Nutzung als hocheffiziente KWK-Anlage besteht.

(4) Der Anspruch nach § 19 Absatz 1 für Strom aus Biomasse besteht bei Anlagen mit einer Gesamtfeuerungswärmeleistung von mehr als 50 Megawatt nur, wenn die Anlage

1. eine hocheffiziente KWK-Anlage ist,
2. einen elektrischen Nettowirkungsgrad von mindestens 36 Prozent erreicht oder
3. eine Gesamtfeuerungswärmeleistung von höchstens 100 Megawatt hat und die im Durchführungsbeschluss (EU) 2017/1442 der Kommission vom 31. Juli 2017 über Schlussfolgerungen zu den besten verfügbaren Techniken (BVT) gemäß der Richtlinie 2010/75/EU des Europäischen Parlaments und des Rates für Großfeuerungsanlagen (ABl. L 212 vom 17.8.2017, S. 1) definierten verbundenen Energieeffizienzwerte erreicht.

(5) Der Anspruch nach § 19 Absatz 1 für Strom aus Biogas, der in einer KWK-Anlage erzeugt wird, besteht nur, wenn es sich um eine hocheffiziente KWK-Anlage handelt.

(6) [1]Für den Anspruch nach § 19 Absatz 1 für Strom aus Biomasse ist ab dem ersten Kalenderjahr, das auf seine erstmalige Inanspruchnahme folgt, jährlich bis zum 28. Februar eines Jahres jeweils für das vorangegangene Kalenderjahr die Erfüllung der Voraussetzung nach § 44b Absatz 2, § 44c Absatz 4 oder Absatz 5 durch ein nach den allgemein anerkannten Regeln der Technik erstelltes Gutachten eines Umweltgutachters mit einer Zulassung für den Bereich Elektrizitätserzeugung aus erneuerbaren Energien oder für den Bereich Wärmeversorgung nachzuweisen. [2]Bei der erstmaligen Geltendmachung des Anspruchs ist ferner die Eignung der Anlage zur Erfüllung der Voraussetzungen

nach Satz 1 durch ein Gutachten eines Umweltgutachters mit einer Zulassung für den Bereich Elektrizitätserzeugung aus erneuerbaren Energien oder für den Bereich Wärmeversorgung nachzuweisen.

(7) ¹Die Einhaltung der allgemein anerkannten Regeln der Technik nach Absatz 6 Satz 1 wird vermutet, wenn das Sachverständigengutachten

1. die Anforderungen des Arbeitsblattes FW 308 „Zertifizierung von KWK-Anlagen – Ermittlung des KWK-Stromes" des Energieeffizienzverbandes für Wärme, Kälte und KWK e.V. AGFW (Bundesanzeiger vom 19. Oktober 2015, nichtamtlicher Teil, Institutionelle Veröffentlichungen) erfüllt und

2. die Anhänge I und II der Richtlinie 2012/27/EU sowie die dazu erlassenen Leitlinien in der jeweils geltenden Fassung beachtet.

²Anstelle des Gutachtens nach Absatz 6 können für serienmäßig hergestellte KWK-Anlagen mit einer installierten Leistung von bis zu 2 Megawatt geeignete Unterlagen des Herstellers vorgelegt werden, aus denen die thermische und elektrische Leistung sowie die Stromkennzahl hervorgehen.

(8) Der Anspruch nach § 19 Absatz 1 für Strom aus Biomasse verringert sich in dem jeweiligen Kalenderjahr insgesamt auf den Marktwert, wenn die Nachweisführung nicht in der nach den Absätzen 2 und 6 vorgeschriebenen Weise erfolgt ist.

(9) Soweit nach den Absätzen 1 oder 2 der Nachweis durch eine Kopie eines Einsatzstoff-Tagebuchs zu führen ist, sind die für den Nachweis nicht erforderlichen personenbezogenen Angaben im Einsatzstoff-Tagebuch von dem Anlagenbetreiber zu schwärzen.

**§ 45 Geothermie.** (1) Für Strom aus Geothermie beträgt der anzulegende Wert 25,20 Cent pro Kilowattstunde.

(2) ¹Der anzulegende Wert nach Absatz 1 verringert sich ab dem 1. Januar 2024 jährlich jeweils für die nach diesem Zeitpunkt in Betrieb genommenen Anlagen um 0,5 Prozent gegenüber dem im jeweils vorangegangenen Kalenderjahr geltenden anzulegenden Wert und wird auf zwei Stellen nach dem Komma gerundet. ²Wenn die Summe der installierten Leistung aller Anlagen zur Erzeugung von Strom aus Geothermie, die an das Register als in Betrieb genommen gemeldet worden sind, bis zum 15. Dezember eines Jahres erstmals 120 Megawatt überschritten hat, erhöht sich die Verringerung des anzulegenden Werts nach Satz 1 ab dem 1. Januar des Folgejahres auf 2 Prozent jährlich. ³Für die Berechnung der Höhe des anzulegenden Werts aufgrund einer erneuten Anpassung nach Satz 1 oder 2 ist der ungerundete Wert zugrunde zu legen.

(3) Die Bundesnetzagentur veröffentlicht jährlich unverzüglich nach dem 15. Dezember die Summe der installierten Leistung aller Anlagen zur Erzeugung von Strom aus Geothermie, die an das Register als in Betrieb genommen gemeldet worden sind.

**§ 46 Windenergie an Land.** (1) ¹Für Strom aus Windenergieanlagen an Land, deren anzulegender Wert gesetzlich bestimmt wird, berechnet der Netzbetreiber den anzulegenden Wert nach § 36h Absatz 1; dabei ist der Zuschlagswert durch den Durchschnitt aus den Gebotswerten des jeweils höchsten noch bezuschlagten Gebots der Gebotstermine für Windenergieanlagen an Land im Vorvorjahr zu ersetzen. ²§ 36h Absatz 2 bis 4 ist entsprechend anzuwenden.

(2) Die Bundesnetzagentur veröffentlicht den Durchschnitt aus den Gebotswerten für das jeweils höchste noch bezuschlagte Gebot aller Ausschreibungsrunden eines Kalenderjahres jeweils bis zum 31. Januar des darauf folgenden Kalenderjahres.

(3) Für Anlagen mit einer installierten Leistung bis einschließlich 50 Kilowatt wird für die Berechnung des anzulegenden Werts angenommen, dass ihr Ertrag 60 Prozent des Referenzertrags beträgt.

## §§ 46a–47 *(aufgehoben)*

## § 48 Solare Strahlungsenergie.

(1) ¹Für Strom aus Solaranlagen, deren anzulegender Wert gesetzlich bestimmt wird, beträgt dieser vorbehaltlich der Absätze 2 und 3 6,01 Cent pro Kilowattstunde, wenn die Anlage

1. auf, an oder in einem Gebäude oder einer sonstigen baulichen Anlage angebracht ist und das Gebäude oder die sonstige bauliche Anlage vorrangig zu anderen Zwecken als der Erzeugung von Strom aus solarer Strahlungsenergie errichtet worden ist,
2. auf einer Fläche errichtet worden ist, für die ein Verfahren nach § 38 Satz 1 des Baugesetzbuchs durchgeführt worden ist, oder
3. im Bereich eines beschlossenen Bebauungsplans im Sinn des § 30 des Baugesetzbuchs errichtet worden ist und
   a) der Bebauungsplan vor dem 1. September 2003 aufgestellt und später nicht mit dem Zweck geändert worden ist, eine Solaranlage zu errichten,
   b) der Bebauungsplan vor dem 1. Januar 2010 für die Fläche, auf der die Anlage errichtet worden ist, ein Gewerbe- oder Industriegebiet im Sinn der §§ 8 und 9 der Baunutzungsverordnung ausgewiesen hat, auch wenn die Festsetzung nach dem 1. Januar 2010 zumindest auch mit dem Zweck geändert worden ist, eine Solaranlage zu errichten, oder
   c) der Bebauungsplan nach dem 1. September 2003 zumindest auch mit dem Zweck der Errichtung einer Solaranlage aufgestellt oder geändert worden ist und sich die Anlage
      aa) auf Flächen befindet, die längs von Autobahnen oder Schienenwegen liegen, und die Anlage in einer Entfernung von bis zu 200 Metern, gemessen vom äußeren Rand der Fahrbahn, errichtet worden und innerhalb dieser Entfernung ein längs zur Fahrbahn gelegener und mindestens 15 Meter breiter Korridor freigehalten worden ist,
      bb) auf Flächen befindet, die zum Zeitpunkt des Beschlusses über die Aufstellung oder Änderung des Bebauungsplans bereits versiegelt waren, oder
      cc) auf Konversionsflächen aus wirtschaftlicher, verkehrlicher, wohnungsbaulicher oder militärischer Nutzung befindet und diese Flächen zum Zeitpunkt des Beschlusses über die Aufstellung oder Änderung des Bebauungsplans nicht rechtsverbindlich als Naturschutzgebiet im Sinn des § 23 des Bundesnaturschutzgesetzes[1)] oder als Nationalpark im Sinn des § 24 des Bundesnaturschutzgesetzes festgesetzt worden sind.

²Sofern Solaranlagen vor dem Beschluss eines Bebauungsplans unter Einhaltung der übrigen Voraussetzungen des Satzes 1 Nummer 3 und der Voraussetzungen

---

[1)] Nr. 3.1.

des § 33 des Baugesetzbuchs errichtet worden sind, besteht ein Anspruch nach § 19 bei Einhaltung der sonstigen Voraussetzungen abweichend von § 25 Absatz 1 Satz 3 erst, nachdem der Bebauungsplan beschlossen worden ist. [3]In den Fällen des Satzes 2 reduziert sich die Dauer des Anspruchs auf Zahlung einer Marktprämie oder Einspeisevergütung nach § 25 Absatz 1 Satz 1 und 2 um die Tage, die zwischen der Inbetriebnahme der Anlage und dem Beschluss des Bebauungsplans liegen.

(2) Für Strom aus Solaranlagen, die ausschließlich auf, an oder in einem Gebäude oder einer Lärmschutzwand angebracht sind, beträgt der anzulegende Wert

1. bis einschließlich einer installierten Leistung von 10 Kilowatt 8,56 Cent pro Kilowattstunde,
2. bis einschließlich einer installierten Leistung von 40 Kilowatt 8,33 Cent pro Kilowattstunde und
3. bis einschließlich einer installierten Leistung von 750 Kilowatt 6,62 Cent pro Kilowattstunde.

(3) [1]Für Solaranlagen, die ausschließlich auf, an oder in einem Gebäude angebracht sind, das kein Wohngebäude ist und das im Außenbereich nach § 35 des Baugesetzbuchs errichtet worden ist, ist Absatz 2 nur anzuwenden, wenn

1. nachweislich vor dem 1. April 2012

   a) für das Gebäude der Bauantrag oder der Antrag auf Zustimmung gestellt oder die Bauanzeige erstattet worden ist,

   b) im Fall einer nicht genehmigungsbedürftigen Errichtung, die nach Maßgabe des Bauordnungsrechts der zuständigen Behörde zur Kenntnis zu bringen ist, für das Gebäude die erforderliche Kenntnisgabe an die Behörde erfolgt ist oder

   c) im Fall einer sonstigen nicht genehmigungsbedürftigen, insbesondere genehmigungs-, anzeige- und verfahrensfreien Errichtung mit der Bauausführung des Gebäudes begonnen worden ist,

2. das Gebäude im räumlich-funktionalen Zusammenhang mit einer nach dem 31. März 2012 errichteten Hofstelle eines land- oder forstwirtschaftlichen Betriebes steht oder

3. das Gebäude der dauerhaften Stallhaltung von Tieren dient und von der zuständigen Baubehörde genehmigt worden ist.

[2]Im Übrigen ist Absatz 1 Nummer 1 anzuwenden.

(4) [1]§ 38b Absatz 2 Satz 1 ist entsprechend anzuwenden. [2]Der Anspruch nach § 19 Absatz 1 entfällt für die ersetzten Anlagen endgültig.

(5) [1]Der Anspruch nach § 19 Absatz 1 Nummer 1 und 2 besteht für Strom, der erzeugt wird in Solaranlagen mit einer installierten Leistung von mehr als 300 Kilowatt bis einschließlich 750 Kilowatt, die auf, an, oder in einem Gebäude oder einer Lärmschutzwand errichtet werden, nur für 50 Prozent der in einem Kalenderjahr erzeugten Strommenge. [2]Für den darüber hinausgehenden Anteil der erzeugten Strommenge verringert sich der Anspruch nach § 19 Absatz 1 auf null.

**§ 48a Mieterstromzuschlag bei solarer Strahlungsenergie.** Der anzulegende Wert für den Mieterstromzuschlag nach § 21 Absatz 3 beträgt für Solaranlagen

1. bis einschließlich einer installierten Leistung von 10 Kilowatt 3,79 Cent pro Kilowattstunde,
2. bis einschließlich einer installierten Leistung von 40 Kilowatt 3,52 Cent pro Kilowattstunde und
3. bis einschließlich einer installierten Leistung von 750 Kilowatt 2,37 Cent pro Kilowattstunde.

**§ 49 Absenkung der anzulegenden Werte für Strom aus solarer Strahlungsenergie.** (1) ¹Die anzulegenden Werte nach § 48 Absatz 1 und 2 und § 48a verringern sich ab dem 1. Februar 2021 monatlich zum ersten Kalendertag eines Monats um 0,4 Prozent gegenüber den in dem jeweils vorangegangenen Kalendermonat geltenden anzulegenden Werten. ²Die monatliche Absenkung nach Satz 1 wird jeweils zum 1. Februar, 1. Mai, 1. August und 1. November eines Jahres nach Maßgabe der Absätze 2 und 3 aufgrund des Brutto-Zubaus von Solaranlagen, deren anzulegender Wert gesetzlich bestimmt worden ist, angepasst. ³Zum Zweck der Anpassung ist der im dreimonatigen Bezugszeitraum nach Absatz 4 registrierte Brutto-Zubau auf ein Jahr hochzurechnen (annualisierter Brutto-Zubau).

(2) ¹Die monatliche Absenkung der anzulegenden Werte nach Absatz 1 Satz 2 erhöht sich, wenn der annualisierte Brutto-Zubau von Solaranlagen, deren anzulegender Wert gesetzlich bestimmt worden ist, den Wert von 2 500 Megawatt

1. um bis zu 1 000 Megawatt überschreitet, auf 1,00 Prozent,
2. um mehr als 1 000 Megawatt überschreitet, auf 1,40 Prozent,
3. um mehr als 2 000 Megawatt überschreitet, auf 1,80 Prozent,
4. um mehr als 3 000 Megawatt überschreitet, auf 2,20 Prozent,
5. um mehr als 4 000 Megawatt überschreitet, auf 2,50 Prozent.

²Von dem Wert von 2 500 Megawatt nach Satz 1 werden ab dem Kalenderjahr 2023 jeweils zum 1. Januar die den Wert von 250 Megawatt überschreitenden jährlichen Volumen aus den Ausschreibungen für Solaranlagen des zweiten Segments nach § 28a Absatz 2 Satz 2 abgezogen; dabei wird eine Erhöhung des jährlichen Ausschreibungsvolumens nach § 28a Absatz 2 Satz 4 nicht berücksichtigt.

(3) ¹Die monatliche Absenkung der anzulegenden Werte nach Absatz 1 Satz 2 verringert sich, wenn der annualisierte Brutto-Zubau von Solaranlagen, deren anzulegender Wert gesetzlich bestimmt worden ist, den Wert von 2 100 Megawatt

1. um bis zu 200 Megawatt unterschreitet, auf null,
2. um mehr als 200 Megawatt unterschreitet, auf null; die anzulegenden Werte nach § 48 und § 48a erhöhen sich zum ersten Kalendertag des jeweiligen Quartals einmalig um 1,00 Prozent,
3. um mehr als 600 Megawatt unterschreitet, auf null; die anzulegenden Werte nach § 48 und § 48a erhöhen sich zum ersten Kalendertag des jeweiligen Quartals einmalig um 2,00 Prozent, oder

4. um mehr als 1 000 Megawatt unterschreitet, auf null; die anzulegenden Werte nach § 48 und § 48a erhöhen sich zum ersten Kalendertag des jeweiligen Quartals einmalig um 3,00 Prozent.

²Von dem Wert von 2 100 Megawatt nach Satz 1 werden ab dem Kalenderjahr 2023 jeweils zum 1. Januar die den Wert von 250 Megawatt überschreitenden jährlichen Volumen aus den Ausschreibungen für Solaranlagen des zweiten Segments nach § 28a Absatz 2 Satz 2 abgezogen; dabei wird eine Erhöhung des jährlichen Ausschreibungsvolumens nach § 28a Absatz 2 Satz 4 nicht berücksichtigt.

(4) Bezugszeitraum ist der Zeitraum nach dem letzten Kalendertag des fünften Monats und vor dem ersten Kalendertag des letzten Monats, der einem Zeitpunkt nach Absatz 1 vorangeht.

(5) ¹Die anzulegenden Werte nach den Absätzen 1 bis 4 werden auf zwei Stellen nach dem Komma gerundet. ²Für die Berechnung der Höhe der anzulegenden Werte aufgrund einer erneuten Anpassung nach den Absätzen 1 bis 4 sind die ungerundeten Werte zugrunde zu legen.

### Unterabschnitt 2. Zahlungen für Flexibilität

**§ 50 Zahlungsanspruch für Flexibilität.** (1) Anlagenbetreiber haben gegen den Netzbetreiber einen Zahlungsanspruch nach Maßgabe des § 50a oder § 50b für die Bereitstellung installierter Leistung, wenn für den in der Anlage erzeugten Strom dem Grunde nach auch ein Anspruch auf Zahlung nach der für die Anlage maßgeblichen Fassung des Erneuerbare-Energien-Gesetzes besteht; dieser Anspruch bleibt unberührt.

(2) § 24 Absatz 1, § 26 und § 27 sind entsprechend anzuwenden.

(3) ¹Der Zahlungsanspruch nach Absatz 1 besteht unbeschadet der übrigen Voraussetzungen nur, wenn in der Anlage in dem jeweiligen Kalenderjahr
1. in mindestens 4 000 Viertelstunden eine Strommenge erzeugt wird, die mindestens 85 Prozent der installierten Leistung der Anlage entspricht, oder
2. im Fall von Anlagen, die unter Teil 3 Abschnitt 3 Unterabschnitt 6 fallen, in mindestens 2 000 Viertelstunden eine Strommenge erzeugt wird, die mindestens 85 Prozent der installierten Leistung der Anlage entspricht.

²Im ersten und im letzten Jahr der Inanspruchnahme des Flexibilitätszuschlags nach § 50a oder der Flexibilitätsprämie nach § 50b reduziert sich die Anzahl der nach Satz 1 erforderlichen Viertelstunden anteilig im Verhältnis der vollen Kalendermonate, in denen der Flexibilitätszuschlag nach § 50a oder die Flexibilitätsprämie nach § 50b geltend gemacht wird, zu zwölf Kalendermonaten. ³Die Anzahl der nach Satz 1 in einem Kalenderjahr erforderlichen Viertelstunden reduziert sich ferner auch dann, wenn die Anlage aufgrund von technischen Defekten oder Instandsetzungsarbeiten in dem jeweiligen Kalenderjahr
1. im Fall des Satzes 1 Nummer 1 in mehr als 672 zusammenhängenden Viertelstunden keinen Strom erzeugt oder
2. im Fall des Satzes 1 Nummer 2 in mehr als 336 zusammenhängenden Viertelstunden keinen Strom erzeugt.

⁴In den Fällen des Satzes 2 wird die Anzahl der nach Satz 1 erforderlichen Viertelstunden sowie der Flexibilitätszuschlag nach § 50a oder die Flexibilitätsprämie nach § 50b anteilig um das Verhältnis der Viertelstunden, in denen die

Anlage keinen Strom erzeugt, zu sämtlichen Viertelstunden des jeweiligen Kalenderjahres gekürzt.

**§ 50a Flexibilitätszuschlag für neue Anlagen.** (1) [1]Der Anspruch nach § 50 beträgt für die Bereitstellung flexibler installierter Leistung 65 Euro pro Kilowatt installierter Leistung und Jahr (Flexibilitätszuschlag) in

1. Anlagen zur Erzeugung von Strom aus Biogas mit einer installierten Leistung von mehr als 100 Kilowatt, deren anzulegender Wert gesetzlich bestimmt wird, und
2. Anlagen zur Erzeugung von Strom aus Biogas, deren anzulegender Wert durch Ausschreibungen ermittelt worden ist.

[2]Der Anspruch nach Satz 1 verringert sich für die Anlagenbetreiber, die für ihre Anlage die Flexibilitätsprämie nach § 50b dieses Gesetzes oder nach der für sie maßgeblichen Fassung des Erneuerbare-Energien-Gesetzes in Anspruch genommen haben, für denjenigen Leistungsteil, der sich als Quotient aus der Gesamtsumme der für diese Anlage in Anspruch genommenen Flexibilitätsprämie in Euro und 1 300 Euro je Kilowatt ergibt, auf 50 Euro je Kilowatt installierter Leistung und Jahr.

(2) Der Anspruch auf den Flexibilitätszuschlag besteht nur, wenn der Anlagenbetreiber für den in § 44b Absatz 1 bestimmten Anteil der in einem Kalenderjahr erzeugten Strommenge einen Anspruch nach § 19 Absatz 1 in Verbindung mit § 39, § 42, § 43 oder § 44 in Anspruch nimmt und dieser Anspruch nicht nach § 52 verringert ist.

(3) Der Flexibilitätszuschlag kann für die gesamte Dauer des Anspruchs nach § 19 Absatz 1 verlangt werden.

**§ 50b Flexibilitätsprämie für bestehende Anlagen.** [1]Betreiber von Anlagen zur Erzeugung von Strom aus Biogas, die nach dem am 31. Juli 2014 geltenden Inbetriebnahmebegriff vor dem 1. August 2014 in Betrieb genommen worden sind, können ergänzend zu einer Veräußerung des Stroms in den Veräußerungsformen einer Direktvermarktung von dem Netzbetreiber eine Prämie für die Bereitstellung zusätzlich installierter Leistung für eine bedarfsorientierte Stromerzeugung (Flexibilitätsprämie) verlangen. [2]Der Anspruch nach Satz 1 beträgt 130 Euro pro Kilowatt flexibel bereitgestellter zusätzlich installierter Leistung und Jahr, wenn die Voraussetzungen nach Anlage 3 Nummer I erfüllt sind. [3]Die Höhe der Flexibilitätsprämie bestimmt sich nach Anlage 3 Nummer II.

### Abschnitt 5. Rechtsfolgen und Strafen
**§ 51 Verringerung des Zahlungsanspruchs bei negativen Preisen.**
(1) Wenn der Spotmarktpreis für die Dauer von mindestens vier aufeinanderfolgenden Stunden negativ ist, verringert sich der anzulegende Wert für den gesamten Zeitraum, in dem der Spotmarktpreis ohne Unterbrechung negativ ist, auf null.

(2) Absatz 1 ist nicht anzuwenden auf

1. Anlagen mit einer installierten Leistung von weniger als 500 Kilowatt, wobei § 24 Absatz 1 entsprechend anzuwenden ist,
2. Pilotwindenergieanlagen an Land nach § 3 Nummer 37 Buchstabe b und

3. Pilotwindenergieanlagen auf See nach § 3 Nummer 6 des Windenergie-auf-See-Gesetzes.

(3) Wenn der Strom in einem Kalendermonat, in dem die Voraussetzungen nach Absatz 1 mindestens einmal erfüllt sind, in der Ausfallvergütung veräußert wird, muss der Anlagenbetreiber dem Netzbetreiber bei der Datenübermittlung nach § 71 Nummer 1 die Strommenge mitteilen, die er in dem Zeitraum eingespeist hat, in dem der Spotmarktpreis ohne Unterbrechung negativ gewesen ist; anderenfalls verringert sich der Anspruch in diesem Kalendermonat um 5 Prozent pro Kalendertag, in dem dieser Zeitraum ganz oder teilweise liegt.

## § 51a Verlängerung des Vergütungszeitraums bei negativen Preisen.

(1) Für Strom aus Anlagen, für den sich der anzulegende Wert nach Maßgabe des § 51 verringert und deren anzulegender Wert durch Ausschreibungen ermittelt wird, verlängert sich der Vergütungszeitraum um die Anzahl der Stunden, in denen sich der anzulegende Wert nach Maßgabe des § 51 Absatz 1 im Jahr der Inbetriebnahme und in den darauffolgenden 19 Kalenderjahren auf null verringert hat, aufgerundet auf den nächsten vollen Kalendertag.

(2) Die Strombörsen müssen den Übertragungsnetzbetreibern ab dem Kalenderjahr 2022 jeweils bis zum 15. Januar eines Kalenderjahres die Anzahl der Stunden mitteilen, in denen sich der anzulegende Wert nach Maßgabe des § 51 Absatz 1 im Vorjahr auf null verringert hat.

(3) Die Übertragungsnetzbetreiber müssen jeweils bis zum 31. Januar eines Kalenderjahres auf einer gemeinsamen Internetseite folgende Informationen veröffentlichen:
1. ab dem Jahr 2022 die Anzahl der Stunden, in denen sich der anzulegende Wert nach Maßgabe des § 51 Absatz 1 im Vorjahr auf null verringert hat, und
2. ab dem Jahr 2041 die Anzahl der Stunden, in denen sich der anzulegende Wert nach Maßgabe des § 51 Absatz 1 in den vorangegangenen 20 Jahren auf null verringert hat, und die auf den nächsten vollen Kalendertag aufgerundete Anzahl dieser Stunden.

## § 52 Verringerung des Zahlungsanspruchs bei Pflichtverstößen.

(1) [1]Der anzulegende Wert verringert sich auf null,
1. solange Anlagenbetreiber die zur Registrierung der Anlage erforderlichen Angaben nicht an das Register übermittelt haben und die Meldung nach § 71 Nummer 1 noch nicht erfolgt ist,
2. solange und soweit Betreiber von im Register registrierten Anlagen die zur Meldung einer Erhöhung der installierten Leistung der Anlage erforderlichen Angaben nicht an das Register übermittelt haben und die Meldung nach § 71 Nummer 1 noch nicht erfolgt ist,
2a. solange Anlagenbetreiber gegen § 10b verstoßen,
3. wenn Anlagenbetreiber gegen § 21b Absatz 2 Satz 1 zweiter Halbsatz oder Absatz 3 verstoßen oder
4. wenn Betreiber von Anlagen, deren anzulegender Wert durch Ausschreibungen ermittelt wird, gegen § 27a verstoßen.

Erneuerbare-Energien-Gesetz **§ 53 EEG 2021 8.2**

²Satz 1 Nummer 3 ist bis zum Ablauf des dritten Kalendermonats anzuwenden, der auf die Beendigung des Verstoßes gegen § 21b Absatz 2 oder Absatz 3 folgt.
³Satz 1 Nummer 4 ist für das gesamte Kalenderjahr des Verstoßes anzuwenden.

(2) ¹Der anzulegende Wert verringert sich auf den Marktwert,

1. solange Anlagenbetreiber gegen § 9 Absatz 1, 1a, 2 oder 5 verstoßen,
1a. solange Anlagenbetreiber gegen § 9 Absatz 8 verstoßen,
2. wenn Anlagenbetreiber dem Netzbetreiber die Zuordnung zu oder den Wechsel zwischen den verschiedenen Veräußerungsformen nach § 21b Absatz 1 nicht nach Maßgabe des § 21c übermittelt haben,
3. solange Anlagenbetreiber, die die Ausfallvergütung in Anspruch nehmen, eine der Höchstdauern nach § 21 Absatz 1 Nummer 2 erster Halbsatz überschreiten,
4. solange Anlagenbetreiber, die eine Einspeisevergütung in Anspruch nehmen, gegen § 21 Absatz 2 verstoßen, mindestens jedoch für die Dauer des gesamten Kalendermonats, in dem ein solcher Verstoß erfolgt ist, oder
5. wenn Anlagenbetreiber gegen eine Pflicht nach § 80 verstoßen.

²Die Verringerung ist im Fall des Satzes 1 Nummer 2 bis zum Ablauf des Kalendermonats, der auf die Beendigung des Verstoßes folgt, im Fall des Satzes 1 Nummer 3 für die Dauer des gesamten Kalendermonats, in dem ein solcher Verstoß erfolgt ist, und im Fall des Satzes 1 Nummer 5 für die Dauer des Verstoßes zuzüglich der darauf folgenden sechs Kalendermonate anzuwenden.
³Im Fall des § 48a ist Satz 1 entsprechend mit der Maßgabe anzuwenden, dass sich der anzulegende Wert auf null verringert.

(3) Der anzulegende Wert verringert sich um jeweils 20 Prozent, wobei das Ergebnis auf zwei Stellen nach dem Komma gerundet wird,

1. solange Anlagenbetreiber die zur Registrierung der Anlage erforderlichen Angaben nicht an das Register übermittelt haben, aber die Meldung nach § 71 Nummer 1 erfolgt ist, oder
2. solange und soweit Anlagenbetreiber einer im Register registrierten Anlage eine Erhöhung der installierten Leistung der Anlage nicht nach Maßgabe der Marktstammdatenregisterverordnung übermittelt haben, aber die Meldung nach § 71 Nummer 1 erfolgt ist.

(4) Anlagenbetreiber, die keinen Anspruch nach § 19 Absatz 1 geltend machen, verlieren, solange sie gegen § 9 Absatz 1, 1a, 2 oder 5 oder gegen § 21b Absatz 3 verstoßen, den Anspruch auf ein Entgelt für dezentrale Einspeisung nach § 18 der Stromnetzentgeltverordnung und den Anspruch auf vorrangige Abnahme, Übertragung und Verteilung nach § 11; Betreiber von KWK-Anlagen verlieren in diesem Fall den Anspruch auf ein Entgelt für dezentrale Einspeisung nach § 18 der Stromnetzentgeltverordnung und ihren Anspruch auf Zuschlagszahlung nach den §§ 6 bis 13 des Kraft-Wärme-Kopplungsgesetzes, soweit ein solcher besteht, oder andernfalls ihren Anspruch auf vorrangigen Netzzugang.

**§ 53 Verringerung der Einspeisevergütung.** (1) Die Höhe des Anspruchs auf die Einspeisevergütung berechnet sich aus den anzulegenden Werten, wobei von den anzulegenden Werten

1. 0,2 Cent pro Kilowattstunde für Strom aus Anlagen zur Erzeugung von Strom aus Wasserkraft, Biomasse, Geothermie, Deponie-, Klär- oder Grubengas abzuziehen sind oder
2. 0,4 Cent pro Kilowattstunde für Strom aus Solaranlagen oder aus Windenergieanlagen an Land oder auf See abzuziehen sind.

(2) ¹Für Strom aus ausgeförderten Anlagen, für die ein Anspruch auf Einspeisevergütung nach § 19 Absatz 1 in Verbindung mit § 21 Absatz 1 Nummer 3 Buchstabe b geltend gemacht wird, ist abweichend von Absatz 1 von dem anzulegenden Wert abzuziehen

1. im Jahr 2021 0,4 Cent pro Kilowattstunde und
2. ab dem Jahr 2022 der Wert, den die Übertragungsnetzbetreiber als Kosten für die Vermarktung dieses Stroms nach Maßgabe der Erneuerbare-Energien-Verordnung ermittelt und auf ihrer Internetseite veröffentlicht haben.

²Der Wert nach Satz 1 verringert sich um die Hälfte für Strom aus ausgeförderten Anlagen, die mit einem intelligenten Messsystem ausgestattet sind.

(3) Abweichend von Absatz 1 verringert sich der anzulegende Wert um 20 Prozent, wobei das Ergebnis auf zwei Stellen nach dem Komma gerundet wird, solange die Ausfallvergütung in Anspruch genommen wird.

### § 53a *(aufgehoben)*

### § 53b Verringerung des Zahlungsanspruchs bei Regionalnachweisen.

Der anzulegende Wert für Strom, für den dem Anlagenbetreiber ein Regionalnachweis ausgestellt worden ist, verringert sich bei Anlagen, deren anzulegender Wert gesetzlich bestimmt ist, um 0,1 Cent pro Kilowattstunde.

### § 53c Verringerung des Zahlungsanspruchs bei einer Stromsteuerbefreiung.

Der anzulegende Wert verringert sich für Strom, der durch ein Netz durchgeleitet wird und der von der Stromsteuer nach dem Stromsteuergesetz[1] befreit ist, um die Höhe der pro Kilowattstunde gewährten Stromsteuerbefreiung.

### § 54 Verringerung des Zahlungsanspruchs bei Ausschreibungen für Solaranlagen des ersten Segments.

(1) ¹Der durch Ausschreibungen für Solaranlagen des ersten Segments ermittelte anzulegende Wert verringert sich bei Solaranlagen um 0,3 Cent pro Kilowattstunde, soweit die Ausstellung der Zahlungsberechtigung für die Gebotsmenge, die der Solaranlage zugeteilt worden ist, erst nach Ablauf des 18. Kalendermonats beantragt worden ist, der auf die öffentliche Bekanntgabe des Zuschlags folgt. ²Werden einer Solaranlage Gebotsmengen von mehreren bezuschlagten Geboten zugeordnet, ist Satz 1 nur für den Zuschlagswert der bezuschlagten Gebote anzuwenden, deren Zuteilung zur Solaranlage erst nach Ablauf des 18. Kalendermonats beantragt worden ist.

(2) ¹Wenn der Standort der Solaranlage nicht zumindest teilweise mit den im Gebot angegebenen Flurstücken übereinstimmt, verringert sich der anzulegende Wert nach § 38b ebenfalls um 0,3 Cent pro Kilowattstunde. ²Werden einer Solaranlage Gebotsmengen von mehreren bezuschlagten Geboten zu-

---

[1] Nr. 8.4.

geordnet, verringert sich jeweils der Zuschlagswert der bezuschlagten Gebote, bei denen keine Übereinstimmung nach Satz 1 besteht, um 0,3 Cent pro Kilowattstunde.

## § 54a *(aufgehoben)*

**§ 55 Pönalen.** (1) ¹Bei Geboten für Windenergieanlagen an Land nach § 36 und für Zusatzgebote nach § 36j müssen Bieter an den regelverantwortlichen Übertragungsnetzbetreiber eine Pönale leisten,

1. soweit mehr als 5 Prozent der Gebotsmenge eines bezuschlagten Gebots für eine Windenergieanlage an Land nach § 35a entwertet werden oder
2. wenn die Windenergieanlage an Land mehr als 24 Monate nach der öffentlichen Bekanntgabe des Zuschlags in Betrieb genommen worden ist.

²Die Höhe der Pönale nach Satz 1 Nummer 1 und 2 berechnet sich aus der Gebotsmenge des bezuschlagten Gebots

1. abzüglich der innerhalb von 24 Monaten nach der öffentlichen Bekanntgabe des Zuschlags in Betrieb genommenen Anlagenleistung multipliziert mit 10 Euro pro Kilowatt,
2. abzüglich der innerhalb von 26 Monaten nach der öffentlichen Bekanntgabe des Zuschlags in Betrieb genommenen Anlagenleistung multipliziert mit 20 Euro pro Kilowatt oder
3. abzüglich der innerhalb von 28 Monaten nach der öffentlichen Bekanntgabe des Zuschlags in Betrieb genommenen Anlagenleistung multipliziert mit 30 Euro pro Kilowatt.

(2) ¹Bei Geboten für Solaranlagen des ersten Segments müssen Bieter an den regelverantwortlichen Übertragungsnetzbetreiber eine Pönale leisten, soweit mehr als 5 Prozent der Gebotsmenge eines bezuschlagten Gebots für eine Solaranlage nach § 35a entwertet werden. ²Die Höhe der Pönale nach Satz 1 berechnet sich aus der entwerteten Gebotsmenge multipliziert mit 50 Euro pro Kilowatt. ³Die Pönale verringert sich für Bieter, deren Sicherheit nach § 37a Satz 2 verringert ist, auf 25 Euro pro Kilowatt.

(3) (weggefallen)

(4) ¹Bei Geboten für Biomasseanlagen, die keine bestehenden Biomasseanlagen nach § 39f sind, sowie für Biomethananlagen nach Teil 3 Abschnitt 3 Unterabschnitt 6 müssen Bieter an den verantwortlichen Übertragungsnetzbetreiber eine Pönale leisten,

1. soweit mehr als 5 Prozent der Gebotsmenge eines bezuschlagten Gebots für eine Biomasseanlage nach § 35a entwertet werden oder
2. wenn eine Biomasseanlage mehr als 18 Monate nach der öffentlichen Bekanntgabe des Zuschlags in Betrieb genommen worden ist.

²Die Höhe der Pönale berechnet sich aus der Gebotsmenge des bezuschlagten Gebots

1. abzüglich der innerhalb von 24 Monaten nach der öffentlichen Bekanntgabe des Zuschlags in Betrieb genommenen Anlagenleistung multipliziert mit 20 Euro pro Kilowatt,

2. abzüglich der innerhalb von 28 Monaten nach der öffentlichen Bekanntgabe des Zuschlags in Betrieb genommenen Anlagenleistung multipliziert mit 40 Euro pro Kilowatt oder
3. abzüglich der innerhalb von 32 Monaten nach der öffentlichen Bekanntgabe des Zuschlags in Betrieb genommenen Anlagenleistung multipliziert mit 60 Euro pro Kilowatt.

(5) [1] Bei Geboten für bestehende Biomasseanlagen nach § 39g müssen Bieter an den verantwortlichen Übertragungsnetzbetreiber eine Pönale leisten,
1. soweit mehr als 5 Prozent der Gebotsmenge eines bezuschlagten Gebots für eine Biomasseanlage nach § 35a entwertet werden oder
2. soweit der Anlagenbetreiber dem Netzbetreiber die Bescheinigung des Umweltgutachters nach § 39g Absatz 4 nicht bis zum Tag nach § 39g Absatz 2 vorgelegt hat.

[2] Die Höhe der Pönale berechnet sich aus der Gebotsmenge des bezuschlagten Gebots
1. multipliziert mit 20 Euro pro Kilowatt, soweit der Anlagenbetreiber dem Netzbetreiber die Bescheinigung des Umweltgutachters nach § 39g Absatz 4 nicht bis zum Tag nach § 39g Absatz 2 vorgelegt hat,
2. multipliziert mit 40 Euro pro Kilowatt, soweit der Anlagenbetreiber dem Netzbetreiber die Bescheinigung des Umweltgutachters nach § 39g Absatz 4 nicht spätestens zwei Monate nach dem Tag nach § 39g Absatz 2 vorgelegt hat, und
3. multipliziert mit 60 Euro pro Kilowatt, soweit
   a) der Anlagenbetreiber dem Netzbetreiber die Bescheinigung des Umweltgutachters nach § 39g Absatz 4 mehr als vier Monate nach dem Tag nach § 39g Absatz 2 vorgelegt hat oder
   b) die Gebotsmenge nach § 35a entwertet wird.

(5a) Im Fall einer Zuschlagsverlängerung nach § 36e Absatz 2 oder Absatz 3 oder nach § 39e Absatz 2 verlängern sich die Fristen der Absätze 1, 4 und 5 um die Dauer der Zuschlagsverlängerung.

(6) [1] Die Forderung nach den Absätzen 1 bis 5 muss durch Überweisung eines entsprechenden Geldbetrags auf ein Geldkonto des Übertragungsnetzbetreibers erfüllt werden. [2] Dabei ist die Zuschlagsnummer des Gebots zu übermitteln, für das die Pönale geleistet wird.

(7) Der regelverantwortliche Übertragungsnetzbetreiber darf sich hinsichtlich der Forderungen nach den Absätzen 1 bis 5 aus der jeweils für das Gebot hinterlegten Sicherheit befriedigen, wenn der Bieter die Forderung nicht vor Ablauf des zweiten Kalendermonats erfüllt hat, der auf die Entwertung der Gebotsmenge oder die Feststellung der Pönale folgt.

(8) Die Bundesnetzagentur teilt dem Übertragungsnetzbetreiber unverzüglich folgende für die Inanspruchnahme der Pönalen erforderliche Angaben mit:
1. die nach § 32 Absatz 2 registrierten Angaben des Gebots,
2. den Zeitpunkt der Bekanntgabe der Zuschläge und Zuschlagswerte für das Gebot,
3. die Höhe der vom Bieter für das Gebot geleisteten Sicherheit,
4. die Rückgabe von Zuschlägen für das Gebot,

5. das Erlöschen des Zuschlags,
6. die Rücknahme und den Widerruf des Zuschlags und
7. die Rücknahme und den Widerruf einer Zahlungsberechtigung, sofern der Solaranlage Gebotsmengen zugeteilt worden sind und der im Gebot angegebene Standort der Solaranlage in der jeweiligen Regelzone des Übertragungsnetzbetreibers liegt.

**§ 55a Erstattung von Sicherheiten.** (1) Die Bundesnetzagentur gibt unverzüglich die hinterlegten Sicherheiten für ein bestimmtes Gebot zurück, wenn der Bieter
1. dieses Gebot nach § 30a Absatz 3 zurückgenommen hat,
2. für dieses Gebot keinen Zuschlag nach § 32 erhalten hat oder
3. für dieses Gebot eine Pönale nach § 55 geleistet hat.

(2) ¹Die Bundesnetzagentur erstattet die hinterlegten Sicherheiten für ein bestimmtes Gebot auch, soweit der Netzbetreiber
1. für eine Solaranlage eine Bestätigung nach § 38a Absatz 3 an die Bundesnetzagentur übermittelt hat oder
2. für eine Windenergieanlage an Land oder eine Biomasseanlage eine Bestätigung nach § 13 Absatz 2 der Marktstammdatenregisterverordnung übermittelt hat.

²Sind nicht mehr als 5 Prozent der Gebotsmenge des bezuschlagten Gebots entwertet worden, erstattet die Bundesnetzagentur die Sicherheit in voller Höhe.

## Teil 4. Ausgleichsmechanismus

### Abschnitt 1. Bundesweiter Ausgleich

**§ 56 Weitergabe an den Übertragungsnetzbetreiber.** Netzbetreiber müssen unverzüglich an den vorgelagerten Übertragungsnetzbetreiber weitergeben:
1. den nach § 19 Absatz 1 Nummer 2 vergüteten Strom und
2. für den gesamten Strom, für den sie Zahlungen an die Anlagenbetreiber leisten, das Recht, diesen Strom als „Strom aus erneuerbaren Energien, finanziert aus der EEG-Umlage" zu kennzeichnen.

**§ 57 Ausgleich zwischen Netzbetreibern und Übertragungsnetzbetreibern.** (1) Vorgelagerte Übertragungsnetzbetreiber müssen den Netzbetreibern die nach § 6 Absatz 5, § 19, § 38d oder § 50 geleisteten Zahlungen abzüglich der Rückzahlungen nach § 26 Absatz 1 Satz 3, § 36h Absatz 2 und § 46 Absatz 1 nach Maßgabe des Teils 3 erstatten.

(2) (weggefallen)

(3) ¹Netzbetreiber müssen vermiedene Netzentgelte nach § 18 der Stromnetzentgeltverordnung, soweit sie nach § 18 Absatz 1 Satz 3 Nummer 1 der Stromnetzentgeltverordnung nicht an Anlagenbetreiber gewährt werden und nach § 120 des Energiewirtschaftsgesetzes in Verbindung mit § 18 Absatz 2 und 3 der Stromnetzentgeltverordnung ermittelt worden sind, an die vorgelagerten Übertragungsnetzbetreiber auszahlen. ²§ 11 Absatz 3 Nummer 2 ist entsprechend anzuwenden.

(4) ¹Die Zahlungen nach den Absätzen 1 und 3 sind zu saldieren. ²Auf die Zahlungen sind monatliche Abschläge in angemessenem Umfang zu entrichten.

(5) ¹Zahlt ein Übertragungsnetzbetreiber dem Netzbetreiber mehr als im Teil 3 vorgeschrieben, muss er den Mehrbetrag zurückfordern. ²Ist die Zahlung in Übereinstimmung mit dem Ergebnis eines Verfahrens der Clearingstelle nach § 81 Absatz 5 erfolgt und beruht die Rückforderung auf der Anwendung einer nach der Zahlung in anderer Sache ergangenen höchstrichterlichen Entscheidung, ist der Netzbetreiber berechtigt, insoweit die Einrede der Übereinstimmung der Berechnung der Zahlung mit einer Entscheidung der Clearingstelle für Zahlungen zu erheben, die bis zum Tag der höchstrichterlichen Entscheidung geleistet worden sind. ³Der Rückforderungsanspruch verjährt mit Ablauf des zweiten auf die Einspeisung folgenden Kalenderjahres; die Pflicht nach Satz 1 erlischt insoweit. ⁴Die Sätze 1 bis 3 sind im Verhältnis von aufnehmendem Netzbetreiber und Anlagenbetreiber entsprechend anzuwenden. ⁵§ 27 Absatz 1 ist auf Ansprüche nach Satz 4 nicht anzuwenden.

**§ 58 Ausgleich zwischen den Übertragungsnetzbetreibern.** (1) ¹Die Übertragungsnetzbetreiber müssen

1. die Informationen über den unterschiedlichen Umfang und den zeitlichen Verlauf der Strommengen, für die sie Zahlungen nach § 19 Absatz 1 leisten, die sie nach § 13a Absatz 1a des Energiewirtschaftsgesetzes als bilanziellen Ausgleich erhalten oder für die sie Rückzahlungen nach § 26 Absatz 1 Satz 3, § 36h Absatz 2 und § 46 Absatz 1 erhalten, speichern,
2. die Informationen über die Zahlungen nach § 6 Absatz 5, § 19, § 38d oder § 50 speichern,
3. die Strommengen nach Nummer 1 unverzüglich untereinander vorläufig ausgleichen,
4. monatliche Abschläge in angemessenem Umfang auf die Zahlungen nach Nummer 2 entrichten und
5. die Strommengen nach Nummer 1 und die Zahlungen nach Nummer 2 nach Maßgabe von Absatz 2 abrechnen.

²Bei der Speicherung und Abrechnung der Zahlungen nach Satz 1 Nummer 2, 4 und 5 sind die Saldierungen auf Grund des § 57 Absatz 4 zugrunde zu legen.

(2) Die Übertragungsnetzbetreiber ermitteln jährlich bis zum 31. Juli die Strommenge, die sie im vorangegangenen Kalenderjahr nach § 11 oder § 56 abgenommen und für die sie nach § 19 Absatz 1 oder § 57 gezahlt sowie nach Absatz 1 vorläufig ausgeglichen haben, einschließlich der Strommenge, für die sie das Recht erhalten haben, den Strom als „Strom aus erneuerbaren Energien oder Grubengas" zu kennzeichnen, und den Anteil dieser Menge an der gesamten Strommenge, die Elektrizitätsversorgungsunternehmen im Bereich des jeweiligen Übertragungsnetzbetreibers im vorangegangenen Kalenderjahr an Letztverbraucher geliefert haben.

(3) ¹Übertragungsnetzbetreiber, die größere Mengen abzunehmen hatten, als es diesem durchschnittlichen Anteil entspricht, haben gegen die anderen Übertragungsnetzbetreiber einen Anspruch auf Abnahme und Vergütung nach den §§ 19 und 50, bis auch diese Netzbetreiber eine Strommenge abnehmen, die dem Durchschnittswert entspricht. ²Übertragungsnetzbetreiber, die, bezogen auf die gesamte von Elektrizitätsversorgungsunternehmen im Bereich des

jeweiligen Übertragungsnetzbetreibers im vorangegangenen Kalenderjahr gelieferte Strommenge, einen höheren Anteil der Zahlung nach § 57 Absatz 1 zu vergüten haben, als es dem durchschnittlichen Anteil aller Übertragungsnetzbetreiber entspricht, haben gegen die anderen Übertragungsnetzbetreiber einen Anspruch auf Erstattung der Zahlung oder Kosten, bis die Kostenbelastung aller Übertragungsnetzbetreiber dem Durchschnittswert entspricht.

### § 59 Vermarktung durch die Übertragungsnetzbetreiber.

Die Übertragungsnetzbetreiber müssen selbst oder gemeinsam den nach § 19 Absatz 1 Nummer 2 vergüteten oder nach § 13a Absatz 1a des Energiewirtschaftsgesetzes bilanziell ausgeglichenen Strom diskriminierungsfrei, transparent und unter Beachtung der Vorgaben der Erneuerbare-Energien-Verordnung vermarkten.

### § 60 EEG-Umlage für Elektrizitätsversorgungsunternehmen.

(1) ¹Die Übertragungsnetzbetreiber sind berechtigt und verpflichtet, von Elektrizitätsversorgungsunternehmen, die Strom an Letztverbraucher liefern, anteilig zu dem jeweils von den Elektrizitätsversorgungsunternehmen an ihre Letztverbraucher gelieferten Strom die Kosten für die erforderlichen Ausgaben nach Abzug der erzielten Einnahmen und nach Maßgabe der Erneuerbare-Energien-Verordnung zu verlangen (EEG-Umlage). ²Die §§ 61l und 63 dieses Gesetzes sowie § 8d des Kraft-Wärme-Kopplungsgesetzes bleiben unberührt. ³Der Anteil ist so zu bestimmen, dass jedes Elektrizitätsversorgungsunternehmen für jede von ihm an einen Letztverbraucher gelieferte Kilowattstunde Strom dieselben Kosten trägt. ⁴Auf die Zahlung der EEG-Umlage sind monatliche Abschläge in angemessenem Umfang zu entrichten. ⁵Es wird widerleglich vermutet, dass Strommengen, die aus einem beim Übertragungsnetzbetreiber geführten Bilanzkreis an physikalische Entnahmestellen abgegeben werden, von einem Elektrizitätsversorgungsunternehmen an Letztverbraucher geliefert werden. ⁶Der Inhaber des zugeordneten Abrechnungsbilanzkreises haftet für die EEG-Umlage, die ab dem 1. Januar 2018 zu zahlen ist, mit dem Elektrizitätsversorgungsunternehmen gesamtschuldnerisch.

(2) ¹Einwände gegen Forderungen der Übertragungsnetzbetreiber auf Zahlungen der EEG-Umlage berechtigen zum Zahlungsaufschub oder zur Zahlungsverweigerung nur, soweit die ernsthafte Möglichkeit eines offensichtlichen Fehlers besteht. ²Eine Aufrechnung gegen Forderungen der EEG-Umlage ist nicht zulässig. ³Im Fall von Zahlungsrückständen von mehr als einer Abschlagsforderung dürfen die Übertragungsnetzbetreiber den Bilanzkreisvertrag kündigen, wenn die Zahlung der Rückstände trotz Mahnung und Androhung der Kündigung gegenüber dem Bilanzkreisverantwortlichen, in dessen Bilanzkreis die betroffenen Strommengen geführt werden, drei Wochen nach Androhung der Kündigung nicht vollständig erfolgt ist. ⁴Die Androhung der Kündigung kann mit der Mahnung verbunden werden. ⁵Die Sätze 1, 3 und 4 sind für die Meldung der Energiemengen nach § 74 Absatz 2 mit der Maßgabe entsprechend anzuwenden, dass die Frist für die Meldung der Daten nach Androhung der Kündigung sechs Wochen beträgt.

(3) ¹Elektrizitätsversorgungsunternehmen, die ihrer Pflicht zur Zahlung der EEG-Umlage nach Absatz 1 nicht rechtzeitig nachgekommen sind, müssen diese Geldschuld nach § 352 Absatz 2 des Handelsgesetzbuchs ab Eintritt der Fälligkeit verzinsen. ²Satz 1 ist entsprechend anzuwenden, wenn die Fälligkeit nicht eintreten konnte, weil das Elektrizitätsversorgungsunternehmen die von

ihm gelieferten Strommengen entgegen § 74 Absatz 2 nicht oder nicht rechtzeitig dem Übertragungsnetzbetreiber gemeldet hat; ausschließlich zum Zweck der Verzinsung ist in diesem Fall die Geldschuld für die Zahlung der EEG-Umlage auf die nach § 74 Absatz 2 mitzuteilende Strommenge eines Jahres spätestens am 1. Januar des Folgejahres als fällig zu betrachten.

**§ 60a EEG-Umlage für stromkostenintensive Unternehmen.** [1]Die Übertragungsnetzbetreiber sind berechtigt und verpflichtet, für Strom, der von einem Elektrizitätsversorgungsunternehmen an einen Letztverbraucher geliefert wird, die EEG-Umlage abweichend von § 60 Absatz 1 Satz 1 von dem Letztverbraucher zu verlangen, wenn und soweit der Letztverbraucher ein stromkostenintensives Unternehmen ist und den Strom an einer Abnahmestelle verbraucht, an der die EEG-Umlage nach § 63 oder § 103 begrenzt ist; die EEG-Umlage kann nur nach Maßgabe der Begrenzungsentscheidung verlangt werden. [2]Im Übrigen sind die Bestimmungen dieses Gesetzes zur EEG-Umlage für Elektrizitätsversorgungsunternehmen auf Letztverbraucher, die nach Satz 1 zur Zahlung verpflichtet sind, entsprechend anzuwenden. [3]Der zuständige Übertragungsnetzbetreiber teilt einem Elektrizitätsversorgungsunternehmen, das Strom an einen Letztverbraucher liefert, der nach Satz 1 zur Zahlung verpflichtet ist, jährlich bis zum 31. Juli das Verhältnis der für dessen Abnahmestelle im jeweils vorangegangenen Kalenderjahr insgesamt gezahlten EEG-Umlage zu der an dessen Abnahmestelle im jeweils vorangegangenen Kalenderjahr umlagepflichtigen und selbst verbrauchten Strommenge elektronisch mit. [4]Letztverbraucher, die nach Satz 1 zur Zahlung verpflichtet sind, teilen dem zuständigen Übertragungsnetzbetreiber bis zum 31. Mai alle Elektrizitätsversorgungsunternehmen elektronisch mit, von denen sie im vorangegangenen Kalenderjahr beliefert worden sind.

**§ 61 EEG-Umlage für Letztverbraucher und Eigenversorger.** (1) Die Netzbetreiber sind berechtigt und verpflichtet, die EEG-Umlage von Letztverbrauchern zu verlangen für

1. die Eigenversorgung und
2. sonstigen Verbrauch von Strom, der nicht von einem Elektrizitätsversorgungsunternehmen geliefert wird.

(2) [1]Der Anspruch nach Absatz 1 entfällt oder verringert sich nach den §§ 61a bis 61g, 61l und 69b. [2]Die §§ 61i und 63 sowie § 8d des Kraft-Wärme-Kopplungsgesetzes bleiben unberührt.

(3) Die Bestimmungen dieses Gesetzes für Elektrizitätsversorgungsunternehmen sind auf Letztverbraucher, die nach dieser Bestimmung zur Zahlung der vollen oder anteiligen EEG-Umlage verpflichtet sind, entsprechend anzuwenden.

**§ 61a Entfallen der EEG-Umlage.** Der Anspruch nach § 61 Absatz 1 entfällt bei Eigenversorgungen,

1. soweit der Strom in der Stromerzeugungsanlage oder in deren Neben- und Hilfsanlagen zur Erzeugung von Strom im technischen Sinn verbraucht wird (Kraftwerkseigenverbrauch),
2. wenn die Stromerzeugungsanlage des Eigenversorgers weder unmittelbar noch mittelbar an ein Netz angeschlossen ist,

3. wenn sich der Eigenversorger selbst vollständig mit Strom aus erneuerbaren Energien versorgt und für den Strom aus seiner Anlage, den er nicht selbst verbraucht, keine Zahlung nach Teil 3 in Anspruch nimmt oder
4. wenn Strom aus Stromerzeugungsanlagen mit einer installierten Leistung von höchstens 10 Kilowatt erzeugt wird, für höchstens 10 Megawattstunden selbst verbrauchten Stroms pro Kalenderjahr; dies gilt ab der Inbetriebnahme der Stromerzeugungsanlage für die Dauer von 20 Kalenderjahren zuzüglich des Inbetriebnahmejahres; § 24 Absatz 1 Satz 1 ist entsprechend anzuwenden.

**§ 61b Verringerung der EEG-Umlage bei Anlagen.** (1) Der Anspruch nach § 61 Absatz 1 verringert sich in einem Kalenderjahr auf 40 Prozent der EEG-Umlage für Strom, der zur Eigenversorgung genutzt wird, wenn in dem Kalenderjahr in der Anlage ausschließlich erneuerbare Energien oder Grubengas eingesetzt worden sind.

(2) [1]Unbeschadet von Absatz 1 entfällt der Anspruch nach § 61 Absatz 1 bei Eigenversorgungen aus Anlagen, wenn

1. die Anlage eine installierte Leistung von höchstens 30 Kilowatt hat und
2. in der Anlage in dem Kalenderjahr ausschließlich erneuerbare Energien oder Grubengas eingesetzt worden sind.

[2]§ 24 Absatz 1 Satz 1 ist entsprechend anzuwenden.

**§ 61c**[1]) **Verringerung der EEG-Umlage bei hocheffizienten KWK-Anlagen.** (1) [1]Der Anspruch nach § 61 Absatz 1 verringert sich für Strom, der nach dem 31. Dezember 2017 verbraucht wird, bei einer Eigenversorgung auf 40 Prozent der EEG-Umlage, wenn der Strom in einer hocheffizienten KWK-Anlage erzeugt worden ist, die

1. ausschließlich Strom auf Basis von gasförmigen Brennstoffen erzeugt und
2. folgende Nutzungsgrade erreicht hat:
   a) in dem Kalenderjahr, für das die Verringerung der EEG-Umlage in Anspruch genommen werden soll, einen Jahresnutzungsgrad von mindestens 70 Prozent nach § 53a Absatz 6 Satz 4 Nummer 1 des Energiesteuergesetzes oder
   b) in dem Kalendermonat, für den die Verringerung der EEG-Umlage in Anspruch genommen werden soll, einen Monatsnutzungsgrad von mindestens 70 Prozent nach § 53a Absatz 6 Satz 4 Nummer 1 des Energiesteuergesetzes.

[2]Satz 1 Nummer 1 ist nicht anzuwenden auf hocheffiziente KWK-Anlagen, die von dem Letztverbraucher erstmals nach dem 31. Juli 2014, aber vor dem 1. Januar 2018 zur Eigenversorgung genutzt wurden. [3]Satz 1 Nummer 1 ist ebenfalls nicht anzuwenden auf hocheffiziente KWK-Anlagen, die von dem Letztverbraucher erstmals nach dem 31. Juli 2014, aber vor dem 1. Januar 2023 zur Eigenversorgung genutzt wurden und ausschließlich Strom auf Basis von flüssigen Brennstoffen erzeugen.

---

[1]) §§ 61c und 61d sind gem. Art. 24 Abs. 2 Nr. 1 des G zur Änd. des Erneuerbaren-Energien-Gesetzes und weiterer energierechtlicher Vorschriften v. 21.12.2020 (BGBl. I S. 3138) rückwirkend zum 1.1.2019 in Kraft getreten.

(2) ¹Für Strom aus hocheffizienten KWK-Anlagen mit einer installierten Leistung in entsprechender Anwendung von § 3 Nummer 31 von mehr als 1 Megawatt und bis einschließlich 10 Megawatt entfällt die Privilegierung nach Absatz 1, soweit die KWK-Anlagen in einem Kalenderjahr eine Auslastung von mehr als 3 500 Vollbenutzungsstunden zur Eigenversorgung aufweisen. ²In diesen Fällen entfällt die Privilegierung auch für die ersten 3 500 Vollbenutzungsstunden zur Eigenversorgung eines Kalenderjahres in dem Umfang, in dem die Auslastung der KWK-Anlage den Wert von 3 500 Vollbenutzungsstunden in diesem Kalenderjahr übersteigt. ³§ 2 Nummer 14 zweiter Halbsatz des Kraft-Wärme-Kopplungsgesetzes ist entsprechend anzuwenden.

(3) ¹Anstelle von Absatz 2 bleibt Absatz 1 anzuwenden, wenn der Strom in einer hocheffizienten KWK-Anlage erzeugt worden ist, deren Betreiber ein Unternehmen einer Branche nach Liste 1 der Anlage 4 ist. ²Die Branchenzugehörigkeit wird vom Bundesamt für Wirtschaft und Ausfuhrkontrolle auf Antrag des KWK-Anlagenbetreibers festgestellt.

**§ 61d**[1]) **Verringerung der EEG-Umlage bei hocheffizienten neueren KWK-Anlagen.** Der Anspruch nach § 61 Absatz 1 verringert sich bei einer Eigenversorgung in einer hocheffizienten KWK-Anlage, die die Anforderungen nach § 61c Absatz 1 Satz 1 Nummer 2 erfüllt, für die ersten 3 500 Vollbenutzungsstunden zur Eigenversorgung auf 40 Prozent der EEG-Umlage für Strom, der

1. nach dem 31. Dezember 2017 und vor dem 1. Januar 2019 verbraucht wird, wenn die KWK-Anlage von dem Letztverbraucher erstmals nach dem 31. Juli 2014, aber vor dem 1. Januar 2018 zur Eigenversorgung genutzt wurde,
2. nach dem 31. Dezember 2018 und vor dem 1. Januar 2020 verbraucht wird, wenn die KWK-Anlage von dem Letztverbraucher erstmals nach dem 31. Dezember 2015, aber vor dem 1. Januar 2018 zur Eigenversorgung genutzt wurde, und
3. nach dem 31. Dezember 2019 und vor dem 1. Januar 2021 verbraucht wird, wenn die KWK-Anlage von dem Letztverbraucher erstmals nach dem 31. Dezember 2016, aber vor dem 1. Januar 2018 zur Eigenversorgung genutzt wurde.

**§ 61e Verringerung der EEG-Umlage bei Bestandsanlagen.** (1) Der Anspruch nach § 61 Absatz 1 verringert sich auf null Prozent der EEG-Umlage für Strom aus Bestandsanlagen,
1. wenn der Letztverbraucher die Stromerzeugungsanlage als Eigenerzeuger betreibt,
2. soweit der Letztverbraucher den Strom selbst verbraucht und
3. soweit der Strom nicht durch ein Netz durchgeleitet wird, es sei denn, der Strom wird im räumlichen Zusammenhang zu der Stromerzeugungsanlage verbraucht.

(2) Bestandsanlagen im Sinn dieses Abschnitts sind Stromerzeugungsanlagen,
1. die

---

[1]) §§ 61c und 61d sind gem. Art. 24 Abs. 2 Nr. 1 des G zur Änd. des Erneuerbaren-Energien-Gesetzes und weiterer energierechtlicher Vorschriften v. 21.12.2020 (BGBl. I S. 3138) rückwirkend zum 1.1.2019 in Kraft getreten.

Erneuerbare-Energien-Gesetz §§ 61f, 61g EEG 2021 8.2

a) der Letztverbraucher vor dem 1. August 2014 als Eigenerzeuger unter Einhaltung der Voraussetzungen des Absatzes 1 betrieben hat,

b) vor dem 23. Januar 2014 nach dem Bundes-Immissionsschutzgesetz[1]) genehmigt oder nach einer anderen Bestimmung des Bundesrechts zugelassen worden sind, nach dem 1. August 2014 erstmals Strom erzeugt haben und vor dem 1. Januar 2015 unter Einhaltung der Anforderungen des Absatzes 1 genutzt worden sind oder

c) vor dem 1. Januar 2018 eine Stromerzeugungsanlage nach Buchstabe a oder Buchstabe b an demselben Standort erneuert, erweitert oder ersetzt haben, es sei denn, die installierte Leistung ist durch die Erneuerung, Erweiterung oder Ersetzung um mehr als 30 Prozent erhöht worden, und

2. die nicht nach dem 31. Dezember 2017 erneuert, erweitert oder ersetzt worden sind.

**§ 61f Verringerung der EEG-Umlage bei älteren Bestandsanlagen.**

(1) Der Anspruch nach § 61 Absatz 1 verringert sich bei älteren Bestandsanlagen unbeschadet des § 61e auch dann auf null Prozent der EEG-Umlage,

1. wenn der Letztverbraucher die Stromerzeugungsanlage als Eigenerzeuger betreibt und
2. soweit der Letztverbraucher den Strom selbst verbraucht.

(2) Ältere Bestandsanlagen im Sinn dieses Abschnitts sind Stromerzeugungsanlagen, die

1. der Letztverbraucher vor dem 1. September 2011 als Eigenerzeuger unter Einhaltung der Anforderungen des Absatzes 1 betrieben hat und
2. nicht nach dem 31. Juli 2014 erneuert, erweitert oder ersetzt worden sind.

(3) Ältere Bestandsanlagen im Sinn dieses Abschnitts sind ferner Stromerzeugungsanlagen, die nach dem 31. Juli 2014, aber vor dem 1. Januar 2018 eine Stromerzeugungsanlage, die der Letztverbraucher vor dem 1. September 2011 als Eigenerzeuger unter Einhaltung der Anforderungen des Absatzes 1 betrieben hat, an demselben Standort erneuert, erweitert oder ersetzt haben, es sei denn, die installierte Leistung ist durch die Erneuerung, Erweiterung oder Ersetzung um mehr als 30 Prozent erhöht worden.

(4) Bei älteren Bestandsanlagen nach Absatz 3 ist Absatz 1 nur anzuwenden,

1. soweit der Strom nicht durch ein Netz durchgeleitet wird,
2. soweit der Strom im räumlichen Zusammenhang zu der Stromerzeugungsanlage verbraucht wird oder
3. wenn die gesamte Stromerzeugungsanlage schon vor dem 1. Januar 2011 im Eigentum des Letztverbrauchers stand, der die Verringerung nach Absatz 1 in Anspruch nimmt, und auf dem Betriebsgrundstück des Letztverbrauchers errichtet wurde.

**§ 61g Verringerung der EEG-Umlage bei Ersetzung von Bestandsanlagen.** (1) Der Anspruch nach § 61 Absatz 1 verringert sich auf 20 Prozent der EEG-Umlage, wenn eine Bestandsanlage oder eine nach diesem Absatz erneuerte oder ersetzte Bestandsanlage an demselben Standort ohne Erweite-

---

[1]) Nr. **6.1.**

rung der installierten Leistung nach dem 31. Dezember 2017 erneuert oder ersetzt wird und soweit derselbe Letztverbraucher die Stromerzeugungsanlage entsprechend den Voraussetzungen nach § 61e Absatz 1 nutzt.

(2) ¹Der Anspruch nach § 61 Absatz 1 verringert sich ferner auf 20 Prozent der EEG-Umlage, wenn eine ältere Bestandsanlage oder eine nach diesem Absatz erneuerte oder ersetzte ältere Bestandsanlage an demselben Standort ohne Erweiterung der installierten Leistung nach dem 31. Dezember 2017 erneuert oder ersetzt wird und soweit derselbe Letztverbraucher die Stromerzeugungsanlage entsprechend den Voraussetzungen nach § 61f Absatz 1 nutzt. ² § 61f Absatz 4 ist bei älteren Bestandsanlagen nach § 61f Absatz 2 oder 3 entsprechend anzuwenden. ³Satz 2 gilt nicht, wenn die gesamte Stromerzeugungsanlage schon vor dem 1. Januar 2011 von dem Letztverbraucher, der die Verringerung nach Satz 1 in Anspruch nimmt, unabhängig vom Eigentum und unter der Tragung des vollen wirtschaftlichen Risikos für die Erzeugung von Strom genutzt und auf dem Betriebsgrundstück des Letztverbrauchers errichtet wurde.

(3) Abweichend von den Absätzen 1 und 2 verringert sich der Anspruch nach § 61 Absatz 1 bei Erneuerungen oder Ersetzungen nach Absatz 1 oder Absatz 2 auf 0 Prozent der EEG-Umlage, solange

1. die Bestandsanlage oder die ältere Bestandsanlage, die erneuert oder ersetzt worden ist, noch unterlegen hätte
   a) der handelsrechtlichen Abschreibung oder
   b) der Förderung nach diesem Gesetz oder
2. die Stromerzeugungsanlage, die die Bestandsanlage oder die ältere Bestandsanlage erneuert oder ersetzt, nicht vollständig handelsrechtlich abgeschrieben worden ist, wenn durch die Erneuerung oder Ersetzung die Erzeugung von Strom auf Basis von Stein- oder Braunkohle zugunsten einer Erzeugung von Strom auf Basis von Gas oder erneuerbaren Energien an demselben Standort abgelöst wird.

**§ 61h Rechtsnachfolge bei Bestandsanlagen.** (1) ¹Soweit der Letztverbraucher, der die Stromerzeugungsanlage betreibt, nicht personenidentisch mit dem Letztverbraucher nach § 61e Absatz 2 Nummer 1 Buchstabe a, nach § 61f Absatz 2 Nummer 1, Absatz 3 oder Absatz 4 Nummer 3 (ursprünglicher Letztverbraucher) ist, sind die §§ 61e bis 61g entsprechend anzuwenden mit der Maßgabe, dass

1. der Letztverbraucher, der die Stromerzeugungsanlage betreibt,
   a) Erbe des ursprünglichen Letztverbrauchers ist,
   b) bereits vor dem 1. Januar 2017 den ursprünglichen Letztverbraucher im Wege einer Rechtsnachfolge als Betreiber der Stromerzeugungsanlage und der damit selbst versorgten Stromverbrauchseinrichtungen abgelöst hat und die Angaben nach § 74a Absatz 1 bis zum 31. Dezember 2017 übermittelt, oder
   c) bereits vor dem 1. August 2014 den ursprünglichen Letztverbraucher im Wege einer Rechtsnachfolge als Inhaber eines anteiligen vertraglichen Nutzungsrechts an einer bestimmten Erzeugungskapazität der Stromerzeugungsanlage und als Betreiber dieser Stromerzeugungskapazität im Sinn des § 104 Absatz 4 Satz 2 und der mit dieser Erzeugungskapazität versorgten Stromverbrauchseinrichtungen abgelöst hat und die Angaben nach

Erneuerbare-Energien-Gesetz  §§ 61i, 61j  EEG 2021  8.2

§ 74 Absatz 1 Satz 1 und § 74a Absatz 1 bis zum 31. Dezember 2017 übermittelt,
2. die Stromerzeugungsanlage und die Stromverbrauchseinrichtungen an demselben Standort betrieben werden, an dem sie von dem ursprünglichen Letztverbraucher betrieben wurden, und
3. das Eigenerzeugungskonzept, in dem die Stromerzeugungsanlage von dem ursprünglichen Letztverbraucher betrieben wurde, unverändert fortbesteht.

²Der Ablösung des ursprünglichen Letztverbrauchers im Wege einer ins Handelsregister einzutragenden Rechtsnachfolge bereits vor dem 1. Januar 2017 steht es gleich, wenn die Eintragung erst nach dem 31. Dezember 2016 vorgenommen worden ist, die Anmeldung zur Eintragung aber bereits vor dem 1. Januar 2017 erfolgte.

(2) Die §§ 61f und 61g sind entsprechend anzuwenden mit der Maßgabe, dass der Letztverbraucher

1. die Stromerzeugungsanlage seit dem 31. Juli 2014 als Eigenerzeuger betreibt,
2. vor dem 1. September 2011 über ein anteiliges vertragliches Nutzungsrecht an einer bestimmten Erzeugungskapazität der Stromerzeugungsanlage im Sinn des § 104 Absatz 4 Satz 2 verfügte und diese wie eine Stromerzeugungsanlage im Sinn des § 104 Absatz 4 Satz 2 betrieben hat, und
3. die Angaben zu Nummer 1 nach § 74a Absatz 1 und die Angaben zu Nummer 2 sowie den Namen des damaligen Betreibers der Stromerzeugungsanlage entsprechend § 74 Absatz 1 und § 74a Absatz 1 bis zum 31. Dezember 2017 übermittelt.

(3) Für Strom, den ein Letztverbraucher nach dem 31. August 2011, aber vor dem 1. Januar 2017 aus einer von ihm selbst betriebenen Stromerzeugungsanlage selbst verbraucht hat, kann der Letztverbraucher die Erfüllung des Anspruchs auf Zahlung der EEG-Umlage verweigern, sofern nach Absatz 1 oder 2 der Anspruch auf Zahlung der EEG-Umlage für den Zeitraum nach dem 31. Dezember 2016 entfiele.

**§ 61i Entfallen und Verringerung der EEG-Umlage bei Verstoß gegen Mitteilungspflichten.** (1) Der nach den §§ 61b bis 61g oder nach § 69b verringerte Anspruch nach § 61 Absatz 1 erhöht sich auf 100 Prozent, soweit der Letztverbraucher oder Eigenversorger für das jeweilige Kalenderjahr seine Mitteilungspflichten nach § 74a Absatz 2 Satz 2 bis 4 nicht erfüllt hat.

(2) ¹Der nach § 61a oder § 69b entfallene oder nach den §§ 61b bis 61g verringerte Anspruch nach § 61 Absatz 1 erhöht sich für das jeweilige Kalenderjahr um 20 Prozentpunkte, wenn der Letztverbraucher oder der Eigenversorger seine Mitteilungspflichten nach § 74a Absatz 1 nicht spätestens bis zum 28. Februar des Jahres erfüllt, das auf das Kalenderjahr folgt, in dem diese Mitteilungspflichten unverzüglich zu erfüllen gewesen wären. ²Der Fristablauf nach Satz 1 verschiebt sich auf den 31. Mai des Jahres, wenn die Mitteilung nach § 74a Absatz 1 gegenüber einem Übertragungsnetzbetreiber zu erfolgen hat.

**§ 61j Erhebung der EEG-Umlage bei Eigenversorgung und sonstigem Letztverbrauch.** (1) ¹Die Übertragungsnetzbetreiber sind zur Erhebung der vollen oder anteiligen EEG-Umlage nach § 61 berechtigt und verpflichtet

1. bei Stromerzeugungsanlagen, die an das Übertragungsnetz angeschlossen sind,
2. bei Stromerzeugungsanlagen an Abnahmestellen, an denen die EEG-Umlage nach den §§ 63 bis 69 oder nach § 103 begrenzt ist,
3. bei Stromerzeugungsanlagen, deren Strom zum Teil unmittelbar an Letztverbraucher geliefert wird, die nicht mit dem Betreiber der Stromerzeugungsanlage personenidentisch sind, oder
4. in Fällen des § 61 Absatz 1 Nummer 2.

²Berechtigt und verpflichtet ist der Übertragungsnetzbetreiber, in dessen Regelzone der Strom verbraucht wird. ³Die Übertragungsnetzbetreiber können untereinander eine von Satz 2 abweichende vertragliche Vereinbarung treffen. ⁴Satz 1 Nummer 3 ist auch nach Beendigung der Lieferbeziehung weiter anzuwenden; in diesem Fall muss der Betreiber der Stromerzeugungsanlage dem Netzbetreiber, an dessen Netz die Stromerzeugungsanlage angeschlossen ist, die Beendigung des Lieferverhältnisses mitteilen.

(2) ¹Im Übrigen ist zur Erhebung der vollen oder anteiligen EEG-Umlage nach § 61 berechtigt und verpflichtet
1. der Netzbetreiber, an dessen Netz die Stromerzeugungsanlage angeschlossen ist, oder
2. der nächstgelegene Netzbetreiber, soweit die Stromerzeugungsanlage nicht an ein Netz angeschlossen ist.

²Der Netzbetreiber nach Satz 1 und der Übertragungsnetzbetreiber nach Absatz 1 können untereinander eine abweichende vertragliche Vereinbarung treffen, wenn dies volkswirtschaftlich angemessen ist.

(3) ¹Auf die Zahlung der EEG-Umlage kann der berechtigte Netzbetreiber monatlich zum 15. Kalendertag für den jeweils vorangegangenen Kalendermonat Abschläge in angemessenem Umfang verlangen. ²Die Erhebung von Abschlägen nach Satz 1 ist insbesondere nicht angemessen
1. bei Solaranlagen mit einer installierten Leistung von höchstens 30 Kilowatt und
2. bei anderen Stromerzeugungsanlagen mit einer installierten Leistung von höchstens 10 Kilowatt.

³Bei der Ermittlung der installierten Leistung von Stromerzeugungsanlagen nach Satz 2 ist § 24 Absatz 1 Satz 1 entsprechend anzuwenden.

(4) § 60 Absatz 2 Satz 1 und Absatz 3 ist entsprechend anzuwenden.

(5) Abweichend von § 27 Absatz 1 können Netzbetreiber Ansprüche auf Zahlung der EEG-Umlage nach § 61 Absatz 1 gegen Letztverbraucher, die zugleich Anlagenbetreiber sind, mit Ansprüchen dieses Anlagenbetreibers auf Zahlung nach Teil 3 aufrechnen.

**§ 61k Pflichten der Netzbetreiber bei der Erhebung der EEG-Umlage.** (1) Die Netzbetreiber müssen bei der Erhebung der EEG-Umlage die Sorgfalt eines ordentlichen und gewissenhaften Kaufmanns anwenden.

(2) ¹Netzbetreiber, die nicht Übertragungsnetzbetreiber sind, müssen jeweils die Summe der nach § 61j Absatz 2 und 3 erhaltenen Zahlungen an die Übertragungsnetzbetreiber weiterleiten. ²Auf die weiterzuleitenden Zahlungen

Erneuerbare-Energien-Gesetz **§ 61l EEG 2021 8.2**

nach Satz 1 sind monatliche Abschläge in angemessenem Umfang zu entrichten.

(3) ¹Als erhaltene Zahlungen im Sinn von Absatz 2 gelten auch Forderungen, die durch Aufrechnung nach § 61j Absatz 5 erloschen sind. ²Als vom Netzbetreiber geleistete Zahlung im Sinn des § 57 Absatz 1 gelten auch Forderungen eines Anlagenbetreibers auf Zahlung, die durch Aufrechnung nach § 61j Absatz 5 erloschen sind.

## § 61l Ausnahmen von der Pflicht zur Zahlung der EEG-Umlage.

(1) ¹Für Strom, der in einem Kalenderjahr zum Zweck der Zwischenspeicherung in einem elektrischen, chemischen, mechanischen oder physikalischen Stromspeicher verbraucht wird, verringert sich der Anspruch auf Zahlung der EEG-Umlage in diesem Kalenderjahr in der Höhe und in dem Umfang, in der die EEG-Umlage für Strom, der mit dem Stromspeicher erzeugt wird, gezahlt wird, höchstens aber auf null. ²Für die Ermittlung der Verringerung nach Satz 1 wird unwiderleglich vermutet, dass für Strom, der mit dem Stromspeicher erzeugt wird, die volle EEG-Umlage gezahlt worden ist, soweit der Strom in ein Netz eingespeist und in einen Bilanzkreis eingestellt wurde. ³Für Strom, der zum Zweck der Zwischenspeicherung in einem elektrischen, chemischen, mechanischen oder physikalischen Stromspeicher verbraucht wird, entfällt die Pflicht zur Zahlung der EEG-Umlage, soweit die in dem Stromspeicher gespeicherte Energie nicht wieder entnommen wird (Speicherverlust). ⁴Werden in dem Stromspeicher Strommengen, für die unterschiedlich hohe Ansprüche auf Zahlung der EEG-Umlage bestehen, verbraucht, entfällt die Pflicht zur Zahlung der EEG-Umlage für den Speicherverlust nach Satz 3 in dem Verhältnis des Verbrauchs der unterschiedlichen Strommengen zueinander.

(1a) ¹Der Anspruch auf Zahlung der EEG-Umlage verringert sich nach Absatz 1 nur, wenn derjenige, der die EEG-Umlage für den in dem Stromspeicher verbrauchten Strom zahlen muss, seine Mitteilungspflichten nach § 74 Absatz 2 und § 74a Absatz 2 Satz 2 bis 5 erfüllt hat. ²§ 62b Absatz 1 ist mit der Maßgabe entsprechend anzuwenden, dass sämtliche Strommengen, die bei der Anwendung von Absatz 1 in Ansatz gebracht werden, mess- und eichrechtskonform erfasst oder abgegrenzt werden müssen. ³§ 62b Absatz 5 Satz 1 und 2 ist mit der Maßgabe entsprechend anzuwenden, dass auch für die Netzentnahme für den zeitgleichen Verbrauch in dem Stromspeicher sowie für die Stromerzeugung mit dem Stromspeicher für die zeitgleiche Einspeisung in ein Elektrizitätsversorgungsnetz Strom höchstens bis zu der Höhe der tatsächlichen Netzentnahme als Verbrauch in dem Stromspeicher (Zeitgleichheit von Netzentnahme und Verbrauch) und bis zur Höhe der tatsächlichen Netzeinspeisung als Stromerzeugung mit dem Stromspeicher (Zeitgleichheit von Stromerzeugung und Netzeinspeisung bezogen auf jedes 15 Minuten-Intervall im Sinn von Absatz 1) in Ansatz gebracht werden darf. ⁴§ 62b Absatz 2 bis 4 und Absatz 5 Satz 3 sind nicht anzuwenden. ⁵Der Nachweis der Voraussetzungen des Absatz 1 Satz 1, insbesondere der Nachweis der Zahlung der EEG-Umlage und der Voraussetzungen nach Absatz 1 Satz 2 und Satz 3 ist für Strom, der mit dem Stromspeicher erzeugt worden ist, gegenüber dem Netzbetreiber kalenderjährlich durch denjenigen zu erbringen, der zur Zahlung der EEG-Umlage für den in dem Stromspeicher verbrauchten Strom verpflichtet ist. ⁶Sind mehrere Personen nach Satz 5 verpflichtet, kann der Nachweis nur gemeinsam erbracht werden.

(2) Der Anspruch auf Zahlung der EEG-Umlage verringert sich auch für Strom, der zur Erzeugung von Speichergas eingesetzt wird, das in das Erdgasnetz eingespeist wird, in der Höhe und in dem Umfang, in der das Speichergas unter Berücksichtigung der Anforderungen nach § 44b Absatz 4 Nummer 1 und 2 zur Stromerzeugung eingesetzt wird und auf den Strom die EEG-Umlage gezahlt wird.

(3) Der Anspruch auf Zahlung der EEG-Umlage entfällt ferner für Strom, der an Netzbetreiber zum Ausgleich physikalisch bedingter Netzverluste als Verlustenergie nach § 10 der Stromnetzentgeltverordnung geliefert wird.

(4) [1] Der nach den Absätzen 1, 2 oder 3 verringerte oder entfallene Anspruch nach § 60 Absatz 1 erhöht sich für das jeweilige Kalenderjahr um 20 Prozentpunkte, wenn das Elektrizitätsversorgungsunternehmen seine Mitteilungspflichten nach § 74 Absatz 1 nicht spätestens bis zum 31. Mai des Jahres erfüllt, das auf das Kalenderjahr folgt, in dem diese Mitteilungspflichten zu erfüllen gewesen wären. [2] Satz 1 ist entsprechend für den nach den Absätzen 1, 2 oder 3 verringerten oder entfallenen Anspruch nach § 61 Absatz 1 anzuwenden, wenn der Letztverbraucher oder Eigenversorger seine Mitteilungspflichten nach § 74a Absatz 1 nicht spätestens bis zum 28. Februar des Jahres erfüllt, das auf das Kalenderjahr folgt, in dem diese Mitteilungspflichten zu erfüllen gewesen wären. [3] Der Fristablauf nach Satz 2 verschiebt sich auf den 31. Mai des Jahres, wenn die Mitteilung nach § 74a Absatz 1 gegenüber einem Übertragungsnetzbetreiber zu erfolgen hat.

**§ 62 Nachträgliche Korrekturen.** (1) Bei der jeweils nächsten Abrechnung sind Änderungen der abzurechnenden Strommenge oder der Zahlungsansprüche zu berücksichtigen, die sich aus folgenden Gründen ergeben:

1. aus Rückforderungen auf Grund von § 57 Absatz 5,
2. aus einer rechtskräftigen Gerichtsentscheidung im Hauptsacheverfahren,
3. aus der Übermittlung und dem Abgleich von Daten nach § 73 Absatz 5,
4. aus dem Ergebnis eines zwischen den Verfahrensparteien durchgeführten Verfahrens bei der Clearingstelle nach § 81 Absatz 4 Satz 1 Nummer 1 oder Nummer 2,
5. aus einer Entscheidung der Bundesnetzagentur nach § 85,
6. aus einem vollstreckbaren Titel, der erst nach der Abrechnung nach § 58 Absatz 1 ergangen ist oder
7. aus einer nach § 26 Absatz 2 zu einem späteren Zeitpunkt fällig gewordenen Zahlung.

(2) [1] Ergeben sich durch die Verbrauchsabrechnung der Elektrizitätsversorgungsunternehmen gegenüber Letztverbrauchern Abweichungen gegenüber den Strommengen, die einer Endabrechnung nach § 74 zugrunde liegen, sind diese Änderungen bei der jeweils nächsten Abrechnung zu berücksichtigen. [2] § 75 ist entsprechend anzuwenden.

**§ 62a Geringfügige Stromverbräuche Dritter.** Stromverbräuche einer anderen Person sind den Stromverbräuchen des Letztverbrauchers zuzurechnen, wenn sie

1. geringfügig sind,
2. üblicherweise und im konkreten Fall nicht gesondert abgerechnet werden und

Erneuerbare-Energien-Gesetz § 62b EEG 2021 8.2

3. verbraucht werden
    a) in den Räumlichkeiten, auf dem Grundstück oder dem Betriebsgelände des Letztverbrauchers und
    b) im Fall einer gewerblichen Nutzung zur Erbringung einer Leistung der anderen Person gegenüber dem Letztverbraucher oder des Letztverbrauchers gegenüber der anderen Person.

**§ 62b Messung und Schätzung.** (1) ¹Strommengen, für die die volle oder anteilige EEG-Umlage zu zahlen ist, sind durch mess- und eichrechtskonforme Messeinrichtungen zu erfassen. ²Sofern für Strommengen nur eine anteilige oder keine EEG-Umlage zu zahlen ist oder die Zahlung verweigert werden kann, sind diese Strommengen von Strommengen, die einer Pflicht zur Zahlung der EEG-Umlage in anderer Höhe unterliegen, durch mess- und eichrechtskonforme Messeinrichtungen abzugrenzen.

(2) Einer Abgrenzung von Strommengen durch mess- und eichrechtskonforme Messeinrichtungen bedarf es abweichend von Absatz 1 Satz 2 nicht, wenn

1. für die gesamte Strommenge der innerhalb dieser Strommenge geltende höchste EEG-Umlagesatz geltend gemacht wird oder
2. die Abgrenzung technisch unmöglich oder mit unvertretbarem Aufwand verbunden ist und auch eine Abrechnung nach Nummer 1 aufgrund der Menge des privilegierten Stroms, für den in Ermangelung der Abgrenzung der innerhalb dieser Strommenge geltende höchste EEG-Umlagesatz anzuwenden wäre, nicht wirtschaftlich zumutbar ist.

(3) ¹In den Fällen von Absatz 2 Nummer 2 sind die jeweiligen Strommengen durch eine Schätzung abzugrenzen. ²Diese Schätzung hat in sachgerechter und in einer für einen nicht sachverständigen Dritten jederzeit nachvollziehbaren und nachprüfbaren Weise zu erfolgen. ³Bei der Schätzung muss sichergestellt werden, dass auf die gesamte Strommenge nicht weniger EEG-Umlage gezahlt wird als im Fall einer Abgrenzung durch mess- und eichrechtskonforme Messeinrichtungen. ⁴Die Anforderung nach Satz 3 ist insbesondere erfüllt, wenn bei den jeweils voneinander abzugrenzenden Strommengen mit unterschiedlicher EEG-Umlagehöhe zur Bestimmung der Strommenge, für die im Vergleich der höchste EEG-Umlagesatz anzuwenden ist, die maximale Leistungsaufnahme der betreffenden Stromverbrauchseinrichtung mit der Summe der vollen Zeitstunden des jeweiligen Kalenderjahres multipliziert wird.

(4) ¹Erfolgt eine Schätzung nach Absatz 3, muss die Endabrechnung nach § 74 Absatz 2 oder § 74a Absatz 2 um die folgenden Angaben ergänzt werden:

1. die Angabe, ob und welche Strommengen im Wege einer Schätzung abgegrenzt wurden,
2. die Höhe des EEG-Umlagesatzes, der für diese Strommengen jeweils zu zahlen ist,
3. die Art, maximale Leistungsaufnahme und Anzahl der Stromverbrauchseinrichtungen, in denen die nach Nummer 1 geschätzten Strommengen verbraucht wurden,
4. jeweils den Betreiber der nach Nummer 3 anzugebenden Stromverbrauchseinrichtungen,

5. in den Fällen des Absatzes 2 Nummer 2 eine nachvollziehbare Begründung, weshalb die messtechnische Abgrenzung technisch unmöglich oder mit unvertretbarem Aufwand verbunden ist, und

6. eine Darlegung der Methode der Schätzung, die umfassende Angaben enthält, wie im Sinn des Absatzes 3 Satz 3 sichergestellt wird, dass aufgrund der Schätzung auf die gesamte Strommenge nicht weniger EEG-Umlage gezahlt wird als im Fall einer Abgrenzung durch mess- und eichrechtskonforme Messeinrichtungen.

[2] Sind die nach Satz 1 Nummer 3 und 4 zu tätigenden Angaben nach den Umständen des Einzelfalls mit unvertretbarem Aufwand verbunden oder unmöglich, genügt insoweit die nachvollziehbare Begründung dieser Umstände, verbunden mit hinreichenden Angaben zur Plausibilisierung der nach Satz 1 Nummer 1 angegebenen Strommengen. [3] Die Netzbetreiber können auf eine Übermittlung der Angaben nach Satz 1 Nummer 3 und 4 im Rahmen der Mitteilung nach § 74 Absatz 2 oder § 74a Absatz 2 verzichten; eine Nacherhebung bleibt unbenommen.

(5) [1] Im Rahmen der §§ 61 bis 61l sowie im Rahmen des § 64 Absatz 5a darf bei der Berechnung der selbst erzeugten und selbst verbrauchten Strommengen unabhängig davon, ob hierfür nach den Bestimmungen dieses Teils die volle, eine anteilige oder keine EEG-Umlage zu zahlen ist, Strom höchstens bis zu der Höhe des aggregierten Eigenverbrauchs, bezogen auf jedes 15-Minuten-Intervall (Zeitgleichheit), berücksichtigt werden. [2] Eine mess- und eichrechtskonforme Messung der Ist-Erzeugung und des Ist-Verbrauchs, bezogen auf jedes 15-Minuten-Intervall, ist zur Erfüllung der Anforderung nach Satz 1 nur erforderlich, wenn nicht schon anderweitig sichergestellt ist, dass Strom höchstens bis zur Höhe des aggregierten Eigenverbrauchs, bezogen auf jedes 15-Minuten-Intervall, als selbst erzeugt und selbst verbraucht in Ansatz gebracht wird. [3] Sofern in den Fällen von Absatz 2 Nummer 2 auch mittels einer Schätzung sichergestellt werden kann, dass nur Strom bis zur Höhe des aggregierten Eigenverbrauchs, bezogen auf jedes 15-Minuten-Intervall, als selbst erzeugt und selbst verbraucht in Ansatz gebracht wird, sind die Absätze 3 und 4 entsprechend anzuwenden.

(6) [1] Ausschließlich für die Zwecke des Antragsverfahrens nach den §§ 63 bis 69a sind die Absätze 1 bis 5 sowie § 62a und § 104 Absatz 10 für den zu erbringenden Nachweis der selbst verbrauchten Strommengen mit der Maßgabe entsprechend anzuwenden, dass

1. nach Absatz 1 Satz 2 auch durch den Antragsteller selbstverbrauchte Strommengen von an Dritte weitergeleiteten Strommengen abzugrenzen sind,

2. es nach Absatz 2 Nummer 1 keiner Abgrenzung bedarf, wenn die gesamte Strommenge vom Antragsteller nicht als Selbstverbrauch geltend gemacht wird,

3. die Angaben nach Absatz 4 gegenüber dem Bundesamt für Wirtschaft und Ausfuhrkontrolle zu tätigen sind und

4. eine Schätzung nach § 104 Absatz 10 nicht unter der Bedingung der Einhaltung von § 62b ab dem 1. Januar 2022 steht und auch für Strommengen erfolgen kann, die nach dem 31. Dezember 2016 oder im Fall von vom Kalenderjahr abweichenden Geschäftsjahren in dem letzten abgeschlossenen Geschäftsjahr vor der Antragstellung verbraucht wurden.

² Wurde eine nach Absatz 3 erfolgte Schätzung aufgrund von § 75 Satz 2 geprüft, muss im Antragsverfahren nach den §§ 63 bis 69a für die Bescheinigung nach § 64 Absatz 3 Nummer 1 Buchstabe c Doppelbuchstabe bb keine erneute Prüfung dieser Schätzung durch einen Wirtschaftsprüfer, eine Wirtschaftsprüfungsgesellschaft, einen genossenschaftlichen Prüfungsverband, einen vereidigten Buchprüfer oder eine Buchprüfungsgesellschaft vorgenommen werden. ³ Ausschließlich für die Zwecke des Antragsverfahrens nach den §§ 63 bis 69a für die Begrenzungsjahre 2019 und 2020 wird unwiderlegbar vermutet, dass die Angabe zu selbstverbrauchten Strommengen des jeweiligen Nachweisjahres richtig ist, soweit diese bereits in den Antragsverfahren zu den Begrenzungsjahren 2016 bis 2018 vom Bundesamt für Wirtschaft und Ausfuhrkontrolle geprüft und akzeptiert worden ist.

## Abschnitt 2. Besondere Ausgleichsregelung

**§ 63 Grundsatz.** Auf Antrag begrenzt das Bundesamt für Wirtschaft und Ausfuhrkontrolle abnahmestellenbezogen

1. nach Maßgabe des § 64 die EEG-Umlage für Strom, der von stromkostenintensiven Unternehmen selbst verbraucht wird, um den Beitrag dieser Unternehmen zur EEG-Umlage in einem Maße zu halten, das mit ihrer internationalen Wettbewerbssituation vereinbar ist, und ihre Abwanderung in das Ausland zu verhindern,
1a. nach Maßgabe des § 64a die EEG-Umlage für Strom, der von Unternehmen bei der elektrochemischen Herstellung von Wasserstoff verbraucht wird, um die Entwicklung von Technologien zur Wasserstoffherstellung zu unterstützen und eine Abwanderung der Produktion in das Ausland zu verhindern,
2. nach Maßgabe der §§ 65 und 65a die EEG-Umlage für Strom, der von Schienenbahnen und von Verkehrsunternehmen mit elektrisch betriebenen Bussen im Linienverkehr selbst verbraucht wird, um die intermodale Wettbewerbsfähigkeit der Schienenbahnen und der Verkehrsunternehmen mit elektrisch betriebenen *Busse*[1] im Linienverkehr sicherzustellen, und
3. nach Maßgabe des § 65b die EEG-Umlage für landseitig bezogenen Strom, der von Landstromanlagen an Seeschiffe geliefert wird und auf Seeschiffen verbraucht wird, um die intermodale Wettbewerbsfähigkeit der Seeschifffahrt zu erhalten und die Emissionen in Seehäfen zu reduzieren,

soweit hierdurch jeweils die Ziele des Gesetzes nicht gefährdet werden und die Begrenzung mit dem Interesse der Gesamtheit der Stromverbraucher vereinbar ist.

**§ 64 Stromkostenintensive Unternehmen.** (1) Bei einem Unternehmen, das einer Branche nach Anlage 4 zuzuordnen ist, erfolgt die Begrenzung nur, soweit es nachweist, dass und inwieweit

1. im letzten abgeschlossenen Geschäftsjahr die nach § 60 Absatz 1 oder § 61 voll oder anteilig umlagepflichtige und selbst verbrauchte Strommenge an einer Abnahmestelle, an der das Unternehmen einer Branche nach Anlage 4 zuzuordnen ist, mehr als 1 Gigawattstunde betragen hat,
2. die Stromkostenintensität

---

[1] Richtig wohl: „Bussen".

a) bei einem Unternehmen, das einer Branche nach Liste 1 der Anlage 4 zuzuordnen ist, mindestens 14 Prozent im Antragsjahr 2021, 13 Prozent im Antragsjahr 2022, 12 Prozent im Antragsjahr 2023 und 11 Prozent ab dem Antragsjahr 2024 beträgt, und

b) bei einem Unternehmen, das einer Branche nach Liste 2 der Anlage 4 zuzuordnen ist, mindestens 20 Prozent betragen hat und

3. das Unternehmen ein zertifiziertes Energie- oder Umweltmanagementsystem oder, sofern das Unternehmen im letzten abgeschlossenen Geschäftsjahr weniger als 5 Gigawattstunden Strom verbraucht hat, ein alternatives System zur Verbesserung der Energieeffizienz nach § 3 der Spitzenausgleich-Effizienzsystemverordnung in der jeweils zum Zeitpunkt des Endes des letzten abgeschlossenen Geschäftsjahrs geltenden Fassung betreibt.

(2) Die EEG-Umlage wird an den Abnahmestellen, an denen das Unternehmen einer Branche nach Anlage 4 zuzuordnen ist, für den Strom, den das Unternehmen dort im Begrenzungszeitraum selbst verbraucht, wie folgt begrenzt:

1. Die EEG-Umlage wird für den Stromanteil bis einschließlich 1 Gigawattstunde nicht begrenzt (Selbstbehalt). Dieser Selbstbehalt muss im Begrenzungsjahr zuerst gezahlt werden.

2. Die EEG-Umlage wird für den Stromanteil über 1 Gigawattstunde begrenzt auf 15 Prozent der nach § 60 Absatz 1 ermittelten EEG-Umlage.

3. Die Höhe der nach Nummer 2 zu zahlenden EEG-Umlage wird in Summe aller begrenzten Abnahmestellen des Unternehmens auf höchstens den folgenden Anteil der Bruttowertschöpfung begrenzt, die das Unternehmen im arithmetischen Mittel der letzten drei abgeschlossenen Geschäftsjahre erzielt hat:

    a) 0,5 Prozent der Bruttowertschöpfung, sofern die Stromkostenintensität des Unternehmens mindestens 20 Prozent betragen hat, oder

    b) 4,0 Prozent der Bruttowertschöpfung, sofern die Stromkostenintensität des Unternehmens weniger als 20 Prozent betragen hat.

4. Die Begrenzung nach den Nummern 2 und 3 erfolgt nur soweit, dass die von dem Unternehmen zu zahlende EEG-Umlage für den Stromanteil über 1 Gigawattstunde den folgenden Wert nicht unterschreitet:

    a) 0,05 Cent pro Kilowattstunde an Abnahmestellen, an denen das Unternehmen einer Branche mit der laufenden Nummer 130, 131 oder 132 nach Anlage 4 zuzuordnen ist, oder

    b) 0,1 Cent pro Kilowattstunde an sonstigen Abnahmestellen;

    der Selbstbehalt nach Nummer 1 bleibt unberührt.

(3) Die Erfüllung der Voraussetzungen nach Absatz 1 und die Begrenzungsgrundlage nach Absatz 2 sind wie folgt nachzuweisen:

1. für die Voraussetzungen nach Absatz 1 Nummer 1 und 2 und die Begrenzungsgrundlage nach Absatz 2 durch

    a) die Stromlieferungsverträge und die Stromrechnungen für das letzte abgeschlossene Geschäftsjahr,

    b) die Angabe der jeweils in den letzten drei abgeschlossenen Geschäftsjahren von einem Elektrizitätsversorgungsunternehmen gelieferten oder selbst erzeugten und selbst verbrauchten sowie weitergeleiteten Strommengen und

c) den Prüfungsvermerk eines Wirtschaftsprüfers, einer Wirtschaftsprüfungsgesellschaft, eines genossenschaftlichen Prüfungsverbandes, eines vereidigten Buchprüfers oder einer Buchprüfungsgesellschaft; dabei ist eine Aufstellung mit folgenden Angaben zu prüfen und dem Prüfungsvermerk beizufügen:

aa) Angaben zum Betriebszweck und zu der Betriebstätigkeit des Unternehmens,

bb) Angaben zu den Strommengen des Unternehmens für die letzten drei abgeschlossenen Geschäftsjahre, die von Elektrizitätsversorgungsunternehmen geliefert oder selbst erzeugt und selbst verbraucht wurden, und

cc) sämtliche Bestandteile der Bruttowertschöpfung auf Grundlage der nach den Vorgaben des Handelsgesetzbuchs geprüften Jahresabschlüsse für die letzten drei abgeschlossenen Geschäftsjahre;

auf die Prüfung sind § 319 Absatz 2 bis 4, § 319b Absatz 1, § 320 Absatz 2 und § 323 des Handelsgesetzbuchs entsprechend anzuwenden; in dem Prüfungsvermerk ist darzulegen, dass die dem Prüfungsvermerk beigefügte Aufstellung mit hinreichender Sicherheit frei von wesentlichen Falschangaben und Abweichungen ist; bei der Prüfung der Bruttowertschöpfung ist eine Wesentlichkeitsschwelle von 5 Prozent ausreichend,

d) einen Nachweis über die Klassifizierung des Unternehmens durch die statistischen Ämter der Länder in Anwendung der Klassifikation der Wirtschaftszweige des Statistischen Bundesamtes, Ausgabe 2008[1]), und die Einwilligung des Unternehmens, dass sich das Bundesamt für Wirtschaft und Ausfuhrkontrolle von den statistischen Ämtern der Länder die Klassifizierung des bei ihnen registrierten Unternehmens und seiner Betriebsstätten übermitteln lassen kann,

2. für die Voraussetzungen nach Absatz 1 Nummer 3 durch die Angabe, dass das Unternehmen zum Ende der materiellen Ausschlussfrist nach § 66 Absatz 1 Satz 1 und Absatz 3 über ein gültiges DIN EN ISO 50001-Zertifikat, einen gültigen Eintragungs- oder Verlängerungsbescheid der EMAS-Registrierungsstelle über die Eintragung in das EMAS-Register oder einen gültigen Nachweis des Betriebs eines alternativen Systems zur Verbesserung der Energieeffizienz verfügt; § 4 Absatz 1 bis 3 der Spitzenausgleich-Effizienzsystemverordnung in der jeweils zum Zeitpunkt des Endes des letzten abgeschlossenen Geschäftsjahrs geltenden Fassung ist entsprechend anzuwenden.

(4) ¹Unternehmen, die nach dem 30. Juni des Vorjahres neu gegründet wurden, können abweichend von Absatz 3 Nummer 1 im ersten Jahr nach der Neugründung Daten über ein Rumpfgeschäftsjahr übermitteln, im zweiten Jahr nach der Neugründung Daten für das erste abgeschlossene Geschäftsjahr und im dritten Jahr nach der Neugründung Daten für das erste und zweite abgeschlossene Geschäftsjahr. ²Für das erste Jahr nach der Neugründung ergeht die Begrenzungsentscheidung unter Vorbehalt des Widerrufs. ³Nach Vollendung des ersten abgeschlossenen Geschäftsjahres erfolgt eine nachträgliche

---

[1]) **Amtlicher Hinweis:** Zu beziehen beim Statistischen Bundesamt, Gustav-Stresemann-Ring 11, 65189 Wiesbaden; auch zu beziehen über www.destatis.de.

Überprüfung der Antragsvoraussetzungen und des Begrenzungsumfangs durch das Bundesamt für Wirtschaft und Ausfuhrkontrolle anhand der Daten des abgeschlossenen Geschäftsjahres. [4] Absatz 3 ist im Übrigen entsprechend anzuwenden.

(4a) Absatz 4 ist auf Unternehmen, die nach dem 30. Juni des Vorjahres erstmals nach § 61g Absatz 1 oder Absatz 2 umlagepflichtige Strommengen selbst verbrauchen, entsprechend anzuwenden.

(5) [1] Die Absätze 1 bis 4a sind für selbständige Teile eines Unternehmens, das einer Branche nach Liste 1 der Anlage 4 zuzuordnen ist, entsprechend anzuwenden. [2] Ein selbständiger Unternehmensteil liegt nur vor, wenn es sich um einen Teilbetrieb mit eigenem Standort oder einen vom übrigen Unternehmen am Standort abgegrenzten Betrieb mit den wesentlichen Funktionen eines Unternehmens handelt, der Unternehmensteil jederzeit als rechtlich selbständiges Unternehmen seine Geschäfte führen könnte, seine Erlöse wesentlich mit externen Dritten erzielt und über eine eigene Abnahmestelle verfügt. [3] Für den selbständigen Unternehmensteil sind eine eigene Bilanz und eine eigene Gewinn- und Verlustrechnung in entsprechender Anwendung der für alle Kaufleute geltenden Vorschriften des Handelsgesetzbuchs aufzustellen. [4] Die Bilanz und die Gewinn- und Verlustrechnung nach Satz 3 sind in entsprechender Anwendung der §§ 317 bis 323 des Handelsgesetzbuchs zu prüfen.

(5a) [1] Bei einem Unternehmen, das

1. einer Branche nach Anlage 4 zuzuordnen ist,
2. im letzten abgeschlossenen Geschäftsjahr an einer Abnahmestelle, an der das Unternehmen einer Branche nach Anlage 4 zuzuordnen ist, mehr als 1 Gigawattstunde selbst verbraucht hat, und
3. eine Begrenzung der EEG-Umlage nicht erlangen kann, weil seine Stromkostenintensität wegen seiner nicht umlagepflichtigen Strommengen nicht den Wert nach Absatz 1 Nummer 2 erreicht,

begrenzt das Bundesamt für Wirtschaft und Ausfuhrkontrolle auf Antrag die EEG-Umlage nach Absatz 2 auch abweichend von Absatz 1 Nummer 1, soweit im Übrigen die Voraussetzungen nach Absatz 1 erfüllt sind. [2] In diesem Fall muss die begrenzte EEG-Umlage für die gesamte selbst verbrauchte Strommenge gezahlt werden, unabhängig davon, ob sie nach den §§ 60 und 61 voll, anteilig oder nicht umlagepflichtig ist. [3] Abweichend von Absatz 6 Nummer 3 ist die Stromkostenintensität in diesen Fällen das Verhältnis der maßgeblichen Stromkosten einschließlich der Stromkosten für selbst erzeugte und selbst verbrauchte Strommengen zum arithmetischen Mittel der Bruttowertschöpfung in den letzten drei abgeschlossenen Geschäftsjahren; hierbei werden die maßgeblichen Stromkosten berechnet durch die Multiplikation des arithmetischen Mittels des Stromverbrauchs des Unternehmens in den letzten drei abgeschlossenen Geschäftsjahren mit dem durchschnittlichen Strompreis für Unternehmen mit ähnlichen Stromverbräuchen, der nach Maßgabe der Verordnung nach § 94 Nummer 2 zugrunde zu legen ist.

(6) Im Sinne dieses Paragrafen ist oder sind

1. „Abnahmestelle" die Summe aller räumlich und physikalisch zusammenhängenden elektrischen Einrichtungen einschließlich der Eigenversorgungsanlagen eines Unternehmens, die sich auf einem in sich abgeschlossenen Betriebsgelände befinden und über einen oder mehrere Entnahme-

punkte mit dem Netz verbunden sind; sie muss über eigene Stromzähler an allen Entnahmepunkten und Eigenversorgungsanlagen verfügen,
2. „Bruttowertschöpfung" die Bruttowertschöpfung des Unternehmens zu Faktorkosten nach der Definition des Statistischen Bundesamtes, Fachserie 4, Reihe 4.3, Wiesbaden 2007[1]), ohne Abzug der Personalkosten für Leiharbeitsverhältnisse; die durch vorangegangene Begrenzungsentscheidungen hervorgerufenen Wirkungen bleiben bei der Berechnung der Bruttowertschöpfung außer Betracht,
2a. „neu gegründete Unternehmen" Unternehmen, die mit nahezu vollständig neuen Betriebsmitteln ihre Tätigkeit erstmals aufnehmen; sie dürfen nicht durch Umwandlung entstanden sein; neue Betriebsmittel liegen vor, wenn ein Unternehmen ohne Sachanlagevermögen neues Sachanlagevermögen erwirbt oder schafft; es wird unwiderleglich vermutet, dass der Zeitpunkt der Neugründung der Zeitpunkt ist, an dem erstmals Strom zu Produktionszwecken verbraucht wird, und
3. „Stromkostenintensität" das Verhältnis der maßgeblichen Stromkosten einschließlich der Stromkosten für nach § 61 voll oder anteilig umlagepflichtige selbst verbrauchte Strommengen zum arithmetischen Mittel der Bruttowertschöpfung in den letzten drei abgeschlossenen Geschäftsjahren des Unternehmens; hierbei werden die maßgeblichen Stromkosten berechnet durch die Multiplikation des arithmetischen Mittels des Stromverbrauchs des Unternehmens in den letzten drei abgeschlossenen Geschäftsjahren oder dem standardisierten Stromverbrauch, der nach Maßgabe einer Rechtsverordnung nach § 94 Nummer 1 ermittelt wird, mit dem durchschnittlichen Strompreis für Unternehmen mit ähnlichen Stromverbräuchen, der nach Maßgabe einer Rechtsverordnung nach § 94 Nummer 2 zugrunde zu legen ist; die durch vorangegangene Begrenzungsentscheidungen hervorgerufenen Wirkungen bleiben bei der Berechnung der Stromkostenintensität außer Betracht.

(7) Für die Zuordnung eines Unternehmens zu den Branchen nach Anlage 4 ist der Zeitpunkt des Endes des letzten abgeschlossenen Geschäftsjahrs maßgeblich.

(8) ¹Der Stromverbrauch in Einrichtungen, in denen Wasserstoff elektrochemisch hergestellt wird und die nach dem Inkrafttreten der Verordnung nach § 93 in Betrieb genommen worden sind, wird von einer Begrenzung nach Absatz 2 nur erfasst, wenn die Anforderungen dieser Verordnung an die Herstellung von Grünem Wasserstoff im Anwendungsbereich des § 64a erfüllt werden. ²Wenn die Anforderungen dieser Verordnung nicht erfüllt werden, werden der Stromverbrauch, die Stromkosten und die Bruttowertschöpfung dieser Einrichtungen auch nicht bei der Ermittlung des Stromverbrauchs, der Stromkostenintensität und der Bruttowertschöpfung nach den Absätzen 1, 2 und 5a berücksichtigt.

**§ 64a Herstellung von Wasserstoff in stromkostenintensiven Unternehmen.** (1) ¹Bei einem Unternehmen, das einer Branche mit der laufenden Nummer 78 nach Anlage 4 zuzuordnen ist und bei dem die elektrochemische Herstellung von Wasserstoff den größten Beitrag zur gesamten Wertschöpfung

---

[1]) **Amtlicher Hinweis:** Zu beziehen beim Statistischen Bundesamt, Gustav-Stresemann-Ring 11, 65189 Wiesbaden; auch zu beziehen über www.destatis.de.

des Unternehmens leistet, erfolgt die Begrenzung unabhängig vom Verwendungszweck des hergestellten Wasserstoffs auf Antrag des Unternehmens abweichend von § 64 nach Maßgabe dieses Paragrafen. ²Die Begrenzung erfolgt nur, soweit das Unternehmen nachweist, dass es ein zertifiziertes Energie- oder Umweltmanagementsystem oder, sofern es im letzten abgeschlossenen Geschäftsjahr weniger als 5 Gigawattstunden Strom verbraucht hat, ein alternatives System zur Verbesserung der Energieeffizienz nach § 3 der Spitzenausgleich-Effizienzsystemverordnung in der jeweils zum Zeitpunkt des Endes des letzten abgeschlossenen Geschäftsjahrs geltenden Fassung betreibt.

(2) ¹Die EEG-Umlage wird an den Abnahmestellen für den Strom, den das Unternehmen dort im Begrenzungszeitraum selbst verbraucht, entsprechend der Sätze 2 bis 4 begrenzt. ²Die EEG-Umlage wird begrenzt auf 15 Prozent der nach § 60 Absatz 1 ermittelten EEG-Umlage. ³Die Höhe der nach Satz 2 zu zahlenden EEG-Umlage wird in Summe aller begrenzten Abnahmestellen des Unternehmens auf höchstens 0,5 Prozent der Bruttowertschöpfung begrenzt, die das Unternehmen im arithmetischen Mittel der letzten drei abgeschlossenen Geschäftsjahre erzielt hat, sofern die Stromkostenintensität des Unternehmens mindestens 20 Prozent betragen hat. ⁴Die Begrenzung erfolgt nur so weit, dass die vom Unternehmen zu zahlende EEG-Umlage 0,1 Cent pro Kilowattstunde nicht unterschreitet.

(3) ¹Die Erfüllung der Voraussetzungen nach Absatz 1 und die Begrenzungsgrundlagen nach Absatz 2 sind durch die in § 64 Absatz 3 Nummer 1 Buchstabe a, b, d und Nummer 2 benannten Nachweise nachzuweisen. ²Eine Begrenzung der EEG-Umlage nach Absatz 2 Satz 3 erfolgt nur, wenn der Nachweis nach § 64 Absatz 3 Nummer 1 Buchstabe c geführt wird.

(4) ¹Neu gegründete Unternehmen können abweichend von Absatz 3

1. für das Jahr der Neugründung und das erste Jahr nach der Neugründung Prognosedaten übermitteln,
2. für das zweite Jahr nach der Neugründung Daten auf der Grundlage eines gewillkürten Rumpfgeschäftsjahres übermitteln,
3. für das dritte Jahr nach der Neugründung Daten für das erste abgeschlossene Geschäftsjahr übermitteln und
4. für das vierte Jahr nach der Neugründung Daten für das erste und zweite abgeschlossene Geschäftsjahr übermitteln.

²Neu gegründete Unternehmen müssen abweichend von Absatz 3 Satz 1 den Nachweis nach § 64 Absatz 3 Nummer 2 erst ab dem zweiten Jahr nach der Neugründung erbringen. ³Für das Jahr der Neugründung ergeht die Begrenzungsentscheidung rückwirkend für den Zeitraum ab der Neugründung unter Vorbehalt des Widerrufs. ⁴Für das erste und zweite Jahr nach der Neugründung ergeht die Begrenzungsentscheidung unter Vorbehalt des Widerrufs. ⁵Nach Vollendung des ersten abgeschlossenen Geschäftsjahres erfolgt eine nachträgliche Überprüfung der Antragsvoraussetzungen und des Begrenzungsumfangs durch das Bundesamt für Wirtschaft und Ausfuhrkontrolle anhand der Daten des abgeschlossenen Geschäftsjahres.

(5) ¹Die Absätze 1 bis 4 sind für selbständige Teile eines Unternehmens entsprechend anzuwenden, wenn die elektrochemische Herstellung von Wasserstoff den größten Beitrag zur gesamten Wertschöpfung des selbständigen Unternehmensteils leistet. ²Das Gesamtunternehmen muss nicht einer Branche

der Anlage 4 zuzuordnen sein. ³ § 64 Absatz 5 Satz 2 bis 4 ist entsprechend anzuwenden.

(6) ¹Unbeschadet von Absatz 5 sind die Absätze 1 bis 4 für einen nichtselbständigen Unternehmensteil, in dem Wasserstoff elektrochemisch hergestellt wird, entsprechend anzuwenden mit der Maßgabe, dass die Einrichtung zur Herstellung von Wasserstoff über mess- und eichrechtskonforme Messeinrichtungen an allen Entnahmepunkten und Eigenversorgungsanlagen verfügt. ²Das Gesamtunternehmen muss nicht einer Branche der Anlage 4 zuzuordnen sein. ³Abweichend von Absatz 2 wird die EEG-Umlage für den Strom begrenzt, den die Einrichtung zur Herstellung von Wasserstoff verbraucht. ⁴Bei der Ermittlung der Bruttowertschöpfung werden die Aufwendungen und Erlöse zugrunde gelegt, die in unmittelbaren Zusammenhang mit der Wasserstoffherstellung stehen.

(7) § 64 Absatz 6 ist entsprechend anzuwenden.

(8) Im Sinn der Absätze 1 bis 4 ist „Unternehmen" jeder Rechtsträger, der Einrichtungen zur elektrochemischen Herstellung von Wasserstoff betreibt.

**§ 65 Schienenbahnen.** (1) Bei einer Schienenbahn erfolgt die Begrenzung der EEG-Umlage nur, sofern sie nachweist, dass und inwieweit im letzten abgeschlossenen Geschäftsjahr die an der betreffenden Abnahmestelle selbst verbrauchte Strommenge unmittelbar für den Fahrbetrieb im Schienenbahnverkehr verbraucht wurde und unter Ausschluss der rückgespeisten Energie mindestens 2 Gigawattstunden betrug.

(2) Für eine Schienenbahn wird die EEG-Umlage für die gesamte Strommenge, die das Unternehmen unmittelbar für den Fahrbetrieb im Schienenbahnverkehr selbst verbraucht, unter Ausschluss der rückgespeisten Energie an der betreffenden Abnahmestelle auf 20 Prozent der nach § 60 Absatz 1 ermittelten EEG-Umlage begrenzt.

(3) ¹Abweichend von Absatz 1 können Schienenbahnen, wenn und soweit sie an einem Vergabeverfahren für Schienenverkehrsleistungen im Schienenpersonennahverkehr teilgenommen haben oder teilnehmen werden, im Kalenderjahr vor der Aufnahme des Fahrbetriebs die prognostizierten Stromverbrauchsmengen für das Kalenderjahr, in dem der Fahrbetrieb aufgenommen werden wird, auf Grund der Vorgaben des Vergabeverfahrens nachweisen; die Begrenzung nach Absatz 2 erfolgt nur für die Schienenbahn, die in dem Vergabeverfahren den Zuschlag erhalten hat. ²Die Schienenbahn, die den Zuschlag erhalten hat, kann nachweisen

1. im Kalenderjahr der Aufnahme des Fahrbetriebs die prognostizierten Stromverbrauchsmengen für das folgende Kalenderjahr auf Grund der Vorgaben des Vergabeverfahrens und

2. im ersten Kalenderjahr nach der Aufnahme des Fahrbetriebs die Summe der tatsächlichen Stromverbrauchsmengen für das bisherige laufende Kalenderjahr und der prognostizierten Stromverbrauchsmengen für das übrige laufende Kalenderjahr; die Prognose muss auf Grund der Vorgaben des Vergabeverfahrens und des bisherigen tatsächlichen Stromverbrauchs erfolgen.

(4) ¹Abweichend von Absatz 1 können Schienenbahnen, die erstmals eine Schienenverkehrsleistung im Schienenpersonenfernverkehr oder im Schienengüterverkehr erbringen werden, nachweisen

1. im Kalenderjahr vor der Aufnahme des Fahrbetriebs die prognostizierten Stromverbrauchsmengen für das Kalenderjahr, in dem der Fahrbetrieb aufgenommen werden wird,
2. im Kalenderjahr der Aufnahme des Fahrbetriebs die prognostizierten Stromverbrauchsmengen für das folgende Kalenderjahr und
3. im ersten Kalenderjahr nach der Aufnahme des Fahrbetriebs die Summe der tatsächlichen Stromverbrauchsmengen für das bisherige laufende Kalenderjahr und der prognostizierten Stromverbrauchsmengen für das übrige laufende Kalenderjahr.

²Die Begrenzungsentscheidung ergeht unter Vorbehalt der Nachprüfung. ³Sie kann auf Grundlage einer Nachprüfung aufgehoben oder geändert werden. ⁴Die nachträgliche Überprüfung der Antragsvoraussetzungen und des Begrenzungsumfangs erfolgt nach Vollendung des Kalenderjahrs, für das die Begrenzungsentscheidung wirkt, durch das Bundesamt für Wirtschaft und Ausfuhrkontrolle anhand der Daten des abgeschlossenen Kalenderjahres.

(5) ¹Unbeschadet der Absätze 3 und 4 ist § 64 Absatz 4 entsprechend anzuwenden. ²Es wird unwiderleglich vermutet, dass der Zeitpunkt der Aufnahme des Fahrbetriebs der Zeitpunkt der Neugründung ist.

(6) § 64 Absatz 3 Nummer 1 Buchstabe a und c Doppelbuchstabe bb ist entsprechend anzuwenden.

(7) Im Sinne dieses Paragrafen ist
1. „Abnahmestelle" die Summe der Verbrauchsstellen für den Fahrbetrieb im Schienenbahnverkehr des Unternehmens und
2. „Aufnahme des Fahrbetriebs" der erstmalige Verbrauch von Strom zu Fahrbetriebszwecken.

**§ 65a Verkehrsunternehmen mit elektrisch betriebenen Bussen im Linienverkehr.** (1) Bei Verkehrsunternehmen mit elektrisch betriebenen Bussen im Linienverkehr erfolgt die Begrenzung der EEG-Umlage nur, sofern sie nachweisen, dass und inwieweit im letzten abgeschlossenen Geschäftsjahr die an der betreffenden Abnahmestelle selbst verbrauchte Strommenge unmittelbar für den Fahrbetrieb elektrisch betriebener Busse im Linienverkehr verbraucht wurde und unter Ausschluss der ins Netz rückgespeisten Energie mindestens 100 Megawattstunden betrug.

(2) Für ein Verkehrsunternehmen mit elektrisch betriebenen Bussen wird die EEG-Umlage für die gesamte Strommenge, die das Unternehmen unmittelbar für den Fahrbetrieb elektrisch betriebener Busse im Linienverkehr selbst verbraucht, unter Ausschluss der ins Netz rückgespeisten Energie an der betreffenden Abnahmestelle auf 20 Prozent der nach § 60 Absatz 1 ermittelten EEG-Umlage begrenzt.

(3) ¹Abweichend von Absatz 1 können Verkehrsunternehmen mit elektrisch betriebenen Bussen, wenn und soweit sie an einem Vergabeverfahren für Verkehrsleistungen im Straßenpersonenverkehr teilgenommen haben oder teilnehmen werden, im Kalenderjahr vor der Aufnahme des Fahrbetriebs die prognostizierten Stromverbrauchsmengen für das Kalenderjahr, in dem der Fahrbetrieb aufgenommen werden wird, auf Grund der Vorgaben des Vergabeverfahrens nachweisen; die Begrenzung nach Absatz 2 erfolgt nur für das

Verkehrsunternehmen, das in dem Vergabeverfahren den Zuschlag erhalten hat.
²Das Verkehrsunternehmen, das den Zuschlag erhalten hat, kann nachweisen

1. im Kalenderjahr der Aufnahme des Fahrbetriebs die prognostizierten Stromverbrauchsmengen für das folgende Kalenderjahr auf Grund der Vorgaben des Vergabeverfahrens und
2. im ersten Kalenderjahr nach der Aufnahme des Fahrbetriebs die Summe der tatsächlichen Stromverbrauchsmengen für das bisherige laufende Kalenderjahr und der prognostizierten Stromverbrauchsmengen für das übrige laufende Kalenderjahr; die Prognose muss auf Grund der Vorgaben des Vergabeverfahrens und des bisherigen tatsächlichen Stromverbrauchs erfolgen.

(4) ¹Abweichend von Absatz 1 können Verkehrsunternehmen mit elektrisch betriebenen Bussen, die erstmals eine Verkehrsleistung im Linienfernverkehr erbringen werden, nachweisen

1. im Kalenderjahr vor der Aufnahme des Fahrbetriebs die prognostizierten Stromverbrauchsmengen für das Kalenderjahr, in dem der Fahrbetrieb aufgenommen werden wird,
2. im Kalenderjahr der Aufnahme des Fahrbetriebs die prognostizierten Stromverbrauchsmengen für das folgende Kalenderjahr und
3. im ersten Kalenderjahr nach der Aufnahme des Fahrbetriebs die Summe der tatsächlichen Stromverbrauchsmengen für das bisherige laufende Kalenderjahr und der prognostizierten Stromverbrauchsmengen für das übrige laufende Kalenderjahr.

²Die Begrenzungsentscheidung ergeht unter Vorbehalt der Nachprüfung. ³Sie kann auf Grundlage einer Nachprüfung aufgehoben oder geändert werden. ⁴Die nachträgliche Überprüfung der Antragsvoraussetzungen und des Begrenzungsumfangs erfolgt nach Vollendung des Kalenderjahrs, für das die Begrenzungsentscheidung wirkt, durch das Bundesamt für Wirtschaft und Ausfuhrkontrolle anhand der Daten des abgeschlossenen Kalenderjahres. ⁵Dieser Absatz gilt ebenfalls für Verkehrsunternehmen mit elektrisch betriebenen Bussen, die erstmals eine Verkehrsleistung im Liniennahverkehr erbringen werden und nicht unter Absatz 3 fallen.

(5) ¹Unbeschadet der Absätze 3 und 4 ist § 64 Absatz 4 entsprechend anzuwenden. ²Es wird unwiderleglich vermutet, dass der Zeitpunkt der Aufnahme des Fahrbetriebs der Zeitpunkt der Neugründung ist.

(6) § 64 Absatz 3 Nummer 1 Buchstabe a und c Doppelbuchstabe bb ist entsprechend anzuwenden.

(7) Im Sinn dieses Paragrafen ist oder sind

1. „Abnahmestelle" die Summe der Verbrauchsstellen für den Fahrbetrieb im Linienverkehr des Unternehmens,
2. „Aufnahme des Fahrbetriebs" der erstmalige Verbrauch von Strom zu Fahrbetriebszwecken,
3. „Busse" Kraftomnibusse nach § 4 Absatz 4 Nummer 2 des Personenbeförderungsgesetzes oder Obusse nach § 4 Absatz 3 des Personenbeförderungsgesetzes,
4. „elektrisch betriebene Busse" Busse mit einem elektrischen Antrieb ohne zusätzlichen Verbrennungsmotor,
5. „Linienverkehr" Linienverkehr nach § 42 des Personenbeförderungsgesetzes,

6. „Verkehrsunternehmen mit elektrisch betriebenen Bussen" Unternehmen, die in einem genehmigten Linienverkehr Busse einsetzen.

**§ 65b Landstromanlagen.** (1) Bei einer Landstromanlage erfolgt die Begrenzung der EEG-Umlage nur, soweit sie nachweist, dass und inwieweit

1. die Landstromanlage ausschließlich Strom an Seeschiffe liefert,
2. die Belieferung eines Seeschiffes an dem Liegeplatz nicht dauerhaft für einen längeren Zeitraum angelegt ist und
3. im letzten Kalenderjahr die Strommenge, die die Landstromanlage an Seeschiffe geliefert hat und die auf den Seeschiffen verbraucht worden ist, mehr als 100 Megawattstunden betragen hat.

(2) Die EEG-Umlage wird für den Strom, den die Landstromanlage an Seeschiffe liefert und der auf den Seeschiffen verbraucht wird, auf 20 Prozent der nach § 60 Absatz 1 ermittelten EEG-Umlage begrenzt.

(3) Die Erfüllung der Voraussetzungen nach Absatz 1 ist durch Stromlieferungsverträge und Abrechnungen für das letzte Kalenderjahr nachzuweisen.

(4) Für Landstromanlagen, die erstmals Strom an Seeschiffe liefern, ist § 65 Absatz 4 entsprechend anzuwenden.

(5) Im Sinn dieses Paragrafen ist oder sind

1. „Landstromanlage" jeder Rechtsträger, der die Gesamtheit der technischen Infrastruktur betreibt, die sich in einem räumlich zusammengehörigen Gebiet an demselben Entnahmepunkt in oder an einem Hafen befindet und mit der Seeschiffe den Strom für ihr Bordnetz von Land aus beziehen können; sie muss als Abnahmestelle über eigene Stromzähler am Entnahmepunkt, Eigenversorgungsanlagen und Übergabepunkten verfügen; neben den erforderlichen elektrotechnischen Komponenten gehören auch die Einhausung, die Verteiler- und Übergabeeinrichtungen und der Anschluss an das öffentliche Stromnetz hierzu,
2. „Seeschiffe" von einer Klassifikationsgesellschaft als Seeschiffe zugelassene betriebene Fahrzeuge mit Ausnahme der privaten nichtgewerblichen Schiffe.

**§ 66 Antragstellung und Entscheidungswirkung.** (1) [1] Der Antrag nach § 63 in Verbindung mit § 64 einschließlich des Prüfungsvermerks nach § 64 Absatz 3 Nummer 1 Buchstabe c und der Angabe nach § 64 Absatz 3 Nummer 2 ist jeweils zum 30. Juni eines Jahres (materielle Ausschlussfrist) für das folgende Kalenderjahr zu stellen. [2] Satz 1 ist entsprechend anzuwenden auf Anträge nach § 63 in Verbindung mit § 65 oder § 65a einschließlich des Prüfungsvermerks nach § 64 Absatz 3 Nummer 1 Buchstabe c. [3] Einem Antrag nach den Sätzen 1 und 2 müssen die übrigen in den §§ 64 oder 65 genannten Unterlagen beigefügt werden.

(2) [1] Ab dem Antragsjahr 2015 muss der Antrag elektronisch über das vom Bundesamt für Wirtschaft und Ausfuhrkontrolle eingerichtete Portal gestellt werden. [2] Das Bundesamt für Wirtschaft und Ausfuhrkontrolle wird ermächtigt, Ausnahmen von der Pflicht zur elektronischen Antragsstellung nach Satz 1 durch Allgemeinverfügung, die im Bundesanzeiger bekannt zu machen ist, verbindlich festzulegen.

(3) [1] Abweichend von Absatz 1 Satz 1 können Anträge von neu gegründeten Unternehmen nach § 64 Absatz 4, Anträge nach § 64 Absatz 4a für Strommen-

gen, die nach § 61g Absatz 1 oder 2 umlagepflichtig sind, Anträge von Schienenbahnen nach § 65 Absatz 3 bis 5 und Anträge von Verkehrsunternehmen mit elektrischen Bussen im Linienverkehr nach § 65a Absatz 3 bis 5 bis zum 30. September eines Jahres für das folgende Kalenderjahr gestellt werden. [2]Anträge nach den §§ 64a und 65b sind bis zum 30. September mit den erforderlichen Unterlagen für das folgende Kalenderjahr zu stellen. [3]Anträge nach § 64a sind für das Jahr der Neugründung bis zum 30. September des Jahres der Neugründung zu stellen.

(4) [1]Die Entscheidung ergeht mit Wirkung gegenüber der antragstellenden Person, dem Elektrizitätsversorgungsunternehmen, dem zuständigen Netzbetreiber und dem regelverantwortlichen Übertragungsnetzbetreiber. [2]Sie wirkt jeweils für das dem Antragsjahr folgende Kalenderjahr.

(5) [1]Der Anspruch des an der betreffenden Abnahmestelle regelverantwortlichen Übertragungsnetzbetreibers auf Zahlung der EEG-Umlage gegenüber den betreffenden Elektrizitätsversorgungsunternehmen wird nach Maßgabe der Entscheidung des Bundesamtes für Wirtschaft und Ausfuhrkontrolle begrenzt. [2]Die Übertragungsnetzbetreiber haben diese Begrenzung beim Ausgleich nach § 58 zu berücksichtigen. [3]Erfolgt während des Geltungszeitraums der Entscheidung ein Wechsel des an der betreffenden Abnahmestelle regelverantwortlichen Übertragungsnetzbetreibers oder des betreffenden Elektrizitätsversorgungsunternehmens, muss die begünstigte Person dies dem Übertragungsnetzbetreiber oder dem Elektrizitätsversorgungsunternehmen und dem Bundesamt für Wirtschaft und Ausfuhrkontrolle unverzüglich mitteilen.

**§ 67 Umwandlung von Unternehmen.** (1) [1]Wurde das antragstellende Unternehmen in seinen letzten drei abgeschlossenen Geschäftsjahren vor der Antragstellung oder in dem danach liegenden Zeitraum bis zum Ende der materiellen Ausschlussfrist umgewandelt, so kann das antragstellende Unternehmen für den Nachweis der Anspruchsvoraussetzungen auf die Daten des Unternehmens vor seiner Umwandlung nur zurückgreifen, wenn die wirtschaftliche und organisatorische Einheit dieses Unternehmens nach der Umwandlung nahezu vollständig in dem antragstellenden Unternehmen erhalten geblieben ist. [2]Andernfalls ist § 64 Absatz 4 Satz 1 bis 4 entsprechend anzuwenden.

(2) Wird das antragstellende oder begünstigte Unternehmen umgewandelt, so hat es dies dem Bundesamt für Wirtschaft und Ausfuhrkontrolle unverzüglich schriftlich oder elektronisch anzuzeigen.

(3) [1]Geht durch die Umwandlung eines begünstigten Unternehmens dessen wirtschaftliche und organisatorische Einheit nahezu vollständig auf ein anderes Unternehmen über, so überträgt auf Antrag des anderen Unternehmens das Bundesamt für Wirtschaft und Ausfuhrkontrolle den Begrenzungsbescheid auf dieses. [2]Die Pflicht des antragstellenden Unternehmens zur Zahlung der nach § 60 Absatz 1 ermittelten EEG-Umlage besteht nur dann, wenn das Bundesamt für Wirtschaft und Ausfuhrkontrolle den Antrag auf Übertragung des Begrenzungsbescheides ablehnt. [3]In diesem Fall beginnt die Zahlungspflicht der nach § 60 Absatz 1 ermittelten EEG-Umlage mit dem Wirksamwerden der Umwandlung.

(4) Die Absätze 1 und 3 sind auf Antragsteller, die keine Unternehmen sind, entsprechend anzuwenden.

### § 68 Rücknahme der Entscheidung, Auskunft, Betretungsrecht.

(1) Die Entscheidung nach § 63 ist mit Wirkung auch für die Vergangenheit zurückzunehmen, wenn bekannt wird, dass bei ihrer Erteilung die Voraussetzungen nach den §§ 64, 64a, 65, 65a oder § 65b nicht vorlagen.

(2) ¹Zum Zweck der Prüfung der gesetzlichen Voraussetzungen sind die Bediensteten des Bundesamtes für Wirtschaft und Ausfuhrkontrolle und dessen Beauftragte befugt, von den für die Begünstigten handelnden natürlichen Personen für die Prüfung erforderliche Auskünfte zu verlangen, innerhalb der üblichen Geschäftszeiten die geschäftlichen Unterlagen einzusehen und zu prüfen sowie Betriebs- und Geschäftsräume sowie die dazugehörigen Grundstücke der begünstigten Personen während der üblichen Geschäftszeiten zu betreten. ²Die für die Begünstigten handelnden natürlichen Personen müssen die verlangten Auskünfte erteilen und die Unterlagen zur Einsichtnahme vorlegen. ³Zur Auskunft Verpflichtete können die Auskunft auf solche Fragen verweigern, deren Beantwortung sie selbst oder in § 383 Absatz 1 Nummer 1 bis 3 der Zivilprozessordnung bezeichnete Angehörige der Gefahr strafrechtlicher Verfolgung oder eines Verfahrens nach dem Gesetz über Ordnungswidrigkeiten aussetzen würde.

### § 69 Mitwirkungs- und Auskunftspflicht.

(1) ¹Antragsteller und Begünstigte, die eine Entscheidung nach § 63 beantragen oder erhalten haben, müssen bei der Evaluierung und Fortschreibung der §§ 63 bis 68 durch das Bundesministerium für Wirtschaft und Energie, das Bundesamt für Wirtschaft und Ausfuhrkontrolle oder deren Beauftragte mitwirken. ²Sie müssen auf Verlangen erteilen:

1. Auskunft über sämtliche von ihnen selbst verbrauchten Strommengen, auch solche, die nicht von der Begrenzungsentscheidung erfasst sind, um eine Grundlage für die Entwicklung von Effizienzanforderungen zu schaffen,
2. Auskunft über mögliche und umgesetzte effizienzsteigernde Maßnahmen, insbesondere Maßnahmen, die durch den Betrieb des Energie- oder Umweltmanagementsystems oder eines alternativen Systems zur Verbesserung der Energieeffizienz aufgezeigt wurden,
3. Auskunft über sämtliche Bestandteile der Stromkosten des Unternehmens, soweit dies für die Ermittlung durchschnittlicher Strompreise für Unternehmen mit ähnlichen Stromverbräuchen erforderlich ist,
4. Auskunft über die an Seeschiffe gelieferten Strommengen einschließlich der Angaben über Schiffstyp und Bruttoraumzahl der belieferten Schiffe und
5. weitere Auskünfte, die zur Evaluierung und Fortschreibung der §§ 63 bis 68 erforderlich sind.

³Das Bundesamt für Wirtschaft und Ausfuhrkontrolle kann die Art der Auskunftserteilung nach Satz 2 näher ausgestalten.

(2) ¹Das Bundesamt für Wirtschaft und Ausfuhrkontrolle ist berechtigt, die für die Antragsbearbeitung erhobenen Daten und die nach Absatz 1 Satz 2 erhobenen Daten dem Bundesministerium für Wirtschaft und Energie zu Zwecken der Rechts- und Fachaufsicht sowie zu Zwecken der Evaluierung und Fortschreibung der §§ 63 bis 68 zu übermitteln. ²Das Bundesministerium für Wirtschaft und Energie darf die nach Satz 1 erlangten Daten an beauftragte Dritte zu Zwecken der Evaluierung nach § 99 übermitteln. ³Daten, die Betriebs- und Geschäftsgeheimnisse darstellen, dürfen an beauftragte Dritte nur

übermittelt werden, wenn ein Bezug zu dem Unternehmen nicht mehr hergestellt werden kann. ⁴Das Bundesamt für Wirtschaft und Ausfuhrkontrolle ist berechtigt, den Namen, die Branchenzuordnung, die Postleitzahl und den Ort des begünstigten Unternehmens und der begünstigten Abnahmestelle zu veröffentlichen.

**§ 69a Mitteilungspflicht der Behörden der Zollverwaltung.** Die Behörden der Zollverwaltung sind verpflichtet, dem Bundesamt für Wirtschaft und Ausfuhrkontrolle auf Ersuchen die für die Berechnung der Bruttowertschöpfung erforderlichen Informationen einschließlich personenbezogener Daten mitzuteilen.

### Abschnitt 3. Grüner Wasserstoff

**§ 69b Herstellung von Grünem Wasserstoff.** (1) ¹Der Anspruch auf Zahlung der EEG-Umlage verringert sich auf null für Strom, der zur Herstellung von Grünem Wasserstoff unabhängig von dessen Verwendungszweck in einer Einrichtung zur Herstellung von Grünem Wasserstoff verbraucht wird, die, sofern in dieser Einrichtung Strom aus dem Netz verbraucht werden kann, über einen eigenen Zählpunkt mit dem Netz verbunden ist. ²Satz 1 ist nicht in einem Kalenderjahr anzuwenden, in dem der Strom von einem Unternehmen oder einem selbstständigen Unternehmensteil verbraucht wird und die EEG-Umlage für dieses Unternehmen oder diesen selbstständigen Unternehmensteil nach § 64a begrenzt ist.

(2) Absatz 1 ist

1. erst anwendbar, wenn eine Verordnung nach § 93 die Anforderungen an die Herstellung von Grünem Wasserstoff bestimmt hat, und
2. nur auf Einrichtungen zur Herstellung von Wasserstoff anzuwenden, die vor dem 1. Januar 2030 in Betrieb genommen wurden.

### Teil 5. Transparenz

### Abschnitt 1. Mitteilungs- und Veröffentlichungspflichten

**§ 70 Grundsatz.** ¹Anlagenbetreiber, Betreiber von Stromerzeugungsanlagen, Netzbetreiber, Letztverbraucher und Elektrizitätsversorgungsunternehmen müssen einander die für den bundesweiten Ausgleich nach den §§ 56 bis 62 jeweils erforderlichen Daten, insbesondere die in den §§ 71 bis 74a genannten Daten, unverzüglich zur Verfügung stellen. ²§ 62 ist entsprechend anzuwenden.

**§ 71 Anlagenbetreiber.** Anlagenbetreiber müssen dem Netzbetreiber

1. bis zum 28. Februar eines Jahres alle für die Endabrechnung des jeweils vorangegangenen Kalenderjahres erforderlichen Daten anlagenscharf zur Verfügung stellen,
2. mitteilen, wenn und in welchem Umfang im vorangegangenen Kalenderjahr für den in der Anlage erzeugten und durch ein Netz durchgeleiteten Strom
   a) eine Stromsteuerbefreiung vorgelegen hat, und den Netzbetreiber über entsprechende Änderungen informieren,
   b) Regionalnachweise ausgestellt worden sind, wenn der anzulegende Wert der Anlage gesetzlich bestimmt ist, und

3. bei Biomasseanlagen die Art und Menge der Einsatzstoffe sowie Angaben zu Wärmenutzungen und eingesetzten Technologien oder zu dem Anteil eingesetzter Gülle in der für die Nachweisführung vorgeschriebenen Weise übermitteln.

**§ 72 Netzbetreiber.** (1) Netzbetreiber, die nicht Übertragungsnetzbetreiber sind, müssen ihrem vorgelagerten Übertragungsnetzbetreiber

1. die folgenden Angaben unverzüglich, nachdem sie verfügbar sind, zusammengefasst übermitteln:

   a) die tatsächlich geleisteten Zahlungen für Strom aus erneuerbaren Energien und Grubengas nach § 19 Absatz 1 und die Bereitstellung von installierter Leistung nach § 50 in der für die jeweilige Anlage geltenden Fassung des Erneuerbare-Energien-Gesetzes,

   b) die von den Anlagenbetreibern erhaltenen Meldungen nach § 21c Absatz 1, jeweils gesondert für die verschiedenen Veräußerungsformen nach § 21b Absatz 1,

   c) bei Wechseln in die Ausfallvergütung zusätzlich zu den Angaben nach Buchstabe b den Energieträger, aus dem der Strom in der jeweiligen Anlage erzeugt wird, die installierte Leistung der Anlage sowie die Dauer, seit der die betreffende Anlage diese Veräußerungsform nutzt,

   d) (weggefallen)

   e) die Strommengen, für die der Netzbetreiber nach § 61j Absatz 2 zur Erhebung der EEG-Umlage berechtigt ist,

   f) die Höhe der nach § 61j Absatz 2 und 3 erhaltenen Zahlungen und die Höhe der durch Aufrechnung nach § 61k Absatz 3 Satz 1 erloschenen Forderungen sowie

   g) die sonstigen für den bundesweiten Ausgleich erforderlichen Angaben,

2. bis zum 31. Mai eines Jahres mittels Formularvorlagen, die der Übertragungsnetzbetreiber auf seiner Internetseite zur Verfügung stellt, in elektronischer Form die Endabrechnung für das jeweils vorangegangene Kalenderjahr für jede einzelne Stromerzeugungsanlage unter Angabe der eindeutigen Nummer des Registers sowie zusammengefasst vorlegen; § 24 Absatz 3 ist entsprechend anzuwenden.

(2) Für die Ermittlung der auszugleichenden Energiemengen und Zahlungen nach Absatz 1 sind insbesondere erforderlich

1. die Angabe der Spannungsebene, an die die Anlage angeschlossen ist,

2. die Höhe der vermiedenen Netzentgelte nach § 57 Absatz 3,

3. die Angabe, inwieweit der Netzbetreiber die Energiemengen von einem nachgelagerten Netz abgenommen hat, und

4. die Angabe, inwieweit der Netzbetreiber die Energiemengen nach Nummer 3 an Letztverbraucher, Netzbetreiber oder Elektrizitätsversorgungsunternehmen abgegeben oder sie selbst verbraucht hat.

(3) Ist ein Netzbetreiber, der nicht Übertragungsnetzbetreiber ist, nach § 61j Absatz 2 zur Erhebung der EEG-Umlage berechtigt, ist § 73 Absatz 5 entsprechend anzuwenden.

Erneuerbare-Energien-Gesetz § 73 EEG 2021 8.2

(4) Netzbetreiber, die nicht Übertragungsnetzbetreiber sind, müssen ihrem vorgelagerten Übertragungsnetzbetreiber bis zum 31. Mai 2022 die Inhalte aller Erklärungen nach § 23b Absatz 3 Satz 1 Nummer 1 übermitteln.

**§ 73 Übertragungsnetzbetreiber.** (1) Für Übertragungsnetzbetreiber ist § 72 entsprechend anzuwenden mit der Maßgabe, dass die Angaben und die Endabrechnung nach § 72 Absatz 1 für Anlagen, die unmittelbar oder mittelbar nach § 11 Absatz 2 an ihr Netz angeschlossen sind, unbeschadet des § 77 Absatz 4 auf ihrer Internetseite veröffentlicht werden müssen.

(2) ¹Übertragungsnetzbetreiber müssen ferner den Elektrizitätsversorgungsunternehmen, für die sie regelverantwortlich sind, bis zum 31. Juli eines Jahres die Endabrechnung für die EEG-Umlage des jeweiligen Vorjahres vorlegen. ² § 72 Absatz 2 ist entsprechend anzuwenden.

(3) Die Übertragungsnetzbetreiber müssen weiterhin die Daten für die Berechnung der Marktprämie nach Maßgabe der Anlage 1 Nummer 5 zu diesem Gesetz in nicht personenbezogener Form veröffentlichen.

(4) Übertragungsnetzbetreiber, die von ihrem Recht nach § 60 Absatz 2 Satz 3 Gebrauch machen, müssen alle Netzbetreiber, in deren Netz der Bilanzkreis physische Entnahmestellen hat, über die Kündigung des Bilanzkreisvertrages informieren.

(5) ¹Für die Überprüfung einer möglichen Zahlungsverpflichtung nach § 61 können sich die Übertragungsnetzbetreiber die folgenden Daten zu Eigenerzeugern, Eigenversorgern und sonstigen selbsterzeugenden Letztverbrauchern übermitteln lassen, soweit dies erforderlich ist:

1. von den Hauptzollämtern die Daten, deren Übermittlung im Stromsteuergesetz[1]) oder in einer auf Grund des Stromsteuergesetzes erlassenen Rechtsverordnung zugelassen ist,
2. vom Bundesamt für Wirtschaft und Ausfuhrkontrolle die Daten nach § 15 Absatz 1 bis 3 des Kraft-Wärme-Kopplungsgesetzes und
3. von den Betreibern von nachgelagerten Netzen die Kontaktdaten der Eigenerzeuger, Eigenversorger und der sonstigen selbsterzeugenden Letztverbraucher sowie weitere Daten zur Eigenerzeugung, zur Eigenversorgung und zum sonstigen selbsterzeugenden Letztverbrauch einschließlich des Stromverbrauchs von an ihr Netz angeschlossenen Eigenerzeugern, Eigenversorgern und sonstigen selbsterzeugenden Letztverbrauchern.

²Die Übertragungsnetzbetreiber können die Daten nach Satz 1 Nummer 2 und 3 automatisiert mit den Daten nach § 74 Absatz 2 abgleichen.

(6) Die Übertragungsnetzbetreiber müssen für die vollständig automatisierte elektronische Übermittlung von Strommengen bundesweit einheitliche Verfahren zur Verfügung stellen.

(7) Übertragungsnetzbetreiber melden unverzüglich für ihre Regelzone eingegangene Erklärungen oder Mitteilungen nach § 72 Absatz 4 sowie die Angaben zu den in der Erklärung oder Mitteilung aufgeführten Anlagen an andere Übertragungsnetzbetreiber im Bundesgebiet.

(8) Übertragungsnetzbetreiber veröffentlichen bis zum 31. Dezember 2022 Zahlungen von Aufschlägen nach § 23b Absatz 2 von insgesamt mehr als

---

[1]) Nr. **8.4**.

100 000 Euro, die für das Jahr 2021 geleistet wurden, unter Angabe des Anlagenbetreibers und mit dem Anlagenbetreiber verbundener Unternehmen sowie der sonstigen erforderlichen Informationen nach § 4 Absatz 4 der Bundesregelung Kleinbeihilfen 2020 in der jeweils geltenden Fassung durch Einstellung in die Transparenzdatenbank der Europäischen Kommission.

**§ 74 Elektrizitätsversorgungsunternehmen.** (1) [1] Elektrizitätsversorgungsunternehmen, die Strom an Letztverbraucher liefern, müssen ihrem regelverantwortlichen Übertragungsnetzbetreiber unverzüglich folgende Angaben mitteilen:

1. die Angabe, ob und ab wann ein Fall im Sinn des § 60 Absatz 1 vorliegt,
2. die Angabe, ob und auf welcher Grundlage die EEG-Umlage sich verringert oder entfällt und
3. Änderungen, die für die Beurteilung, ob die Voraussetzungen eines Entfallens oder einer Verringerung der EEG-Umlage weiterhin vorliegen, relevant sind oder sein können, sowie der Zeitpunkt, zu dem die Änderungen eingetreten sind.

[2] Satz 1 Nummer 1 und 2 ist nicht anzuwenden, wenn die Angaben bereits übermittelt worden sind oder die Tatsachen, die mit den Angaben übermittelt werden sollen, dem Übertragungsnetzbetreiber bereits offenkundig bekannt sind.

(2) [1] Elektrizitätsversorgungsunternehmen müssen ihrem regelverantwortlichen Übertragungsnetzbetreiber unverzüglich die an Letztverbraucher gelieferte Energiemenge elektronisch mitteilen und bis zum 31. Mai die Endabrechnung für das Vorjahr vorlegen. [2] Soweit die Belieferung über Bilanzkreise erfolgt, müssen die Energiemengen bilanzkreisscharf mitgeteilt werden. [3] Im Fall der Belieferung eines Stromspeichers im Sinn des § 61l sind zusätzlich sämtliche Strommengen im Sinn des § 61l Absatz 1a Satz 2 bis 4 anzugeben. [4] Im Fall einer gemeinsamen Abrechnung von Energiemengen mit demselben EEG-Umlagesatz genügt eine Mitteilung der gemeinsam abzurechnenden Energiemengen durch denjenigen, der die EEG-Umlage mit erfüllender Wirkung für die Gesamtmenge leistet. [5] Im Fall der Lieferung von Strom, für den die Verringerung der EEG-Umlage nach § 69b auf null in Anspruch genommen wird, sind diese Mengen separat anzugeben.

(3) Sofern die Übertragungsnetzbetreiber Formularvorlagen zu Form und Inhalt der Übermittlung der Angaben nach den Absätzen 1 und 2 bereitstellen, müssen die Angaben unter Verwendung dieser Formularvorlagen übermittelt werden.

**§ 74a Letztverbraucher und Eigenversorger.** (1) [1] Letztverbraucher und Eigenversorger, die Strom verbrauchen, der ihnen nicht von einem Elektrizitätsversorgungsunternehmen geliefert worden ist, müssen dem Netzbetreiber, der nach § 61j zur Erhebung der EEG-Umlage berechtigt ist, unverzüglich folgende Angaben übermitteln:

1. die Angabe, ob und ab wann ein Fall im Sinn des § 61 Absatz 1 Nummer 1 oder Nummer 2 vorliegt,
2. die installierte Leistung der selbst betriebenen Stromerzeugungsanlagen,
3. die Angabe, ob und auf welcher Grundlage die EEG-Umlage sich verringert oder entfällt, und

4. Änderungen, die für die Beurteilung, ob die Voraussetzungen eines Entfallens oder einer Verringerung der EEG-Umlage weiterhin vorliegen, relevant sind oder sein können, sowie den Zeitpunkt, zu dem die Änderungen eingetreten sind.

²Satz 1 Nummer 1 bis 3 ist nicht anzuwenden, wenn die Angaben bereits übermittelt worden oder die Tatsachen, die mit den Angaben übermittelt werden sollen, dem Netzbetreiber bereits offenkundig bekannt sind. ³Satz 1 Nummer 1 bis 3 ist ferner nicht anzuwenden für die Eigenversorgung mit Strom aus Stromerzeugungsanlagen mit einer installierten Leistung von höchstens 1 Kilowatt und aus Solaranlagen mit einer installierten Leistung von höchstens 7 Kilowatt; § 24 Absatz 1 Satz 1 ist entsprechend anzuwenden.

(2) ¹Letztverbraucher und Eigenversorger, die Strom verbrauchen, der ihnen nicht von einem Elektrizitätsversorgungsunternehmen geliefert worden ist und der der Pflicht zur Zahlung der vollen oder anteiligen EEG-Umlage nach § 61, § 64 Absatz 5a oder § 64a unterliegt oder nach § 69b von der EEG-Umlage befreit ist, müssen dem Netzbetreiber, der zur Erhebung der EEG-Umlage nach § 61j berechtigt ist, alle Angaben zur Verfügung stellen, die für die Endabrechnung der EEG-Umlage für das vorangegangene Kalenderjahr erforderlich sind. ²Dies umfasst insbesondere die Angabe der umlagepflichtigen oder nach § 69b von der EEG-Umlage befreiten Strommengen, wobei, soweit eine Bilanzierung der Strommengen erfolgt, die Strommengen bilanzkreisscharf mitgeteilt werden müssen. ³Die Meldung muss bis zum 28. Februar eines Jahres erfolgen. ⁴Die Frist nach Satz 3 verschiebt sich auf den 31. Mai, wenn der Netzbetreiber Übertragungsnetzbetreiber ist. ⁵Ist die selbst betriebene Stromerzeugungsanlage ein Stromspeicher im Sinn des § 61l, sind zusätzlich sämtliche Strommengen im Sinne des § 61l Absatz 1a Satz 2 bis 4 anzugeben. ⁶§ 74 Absatz 2 Satz 4 ist entsprechend anzuwenden.

(3) ¹Letztverbraucher und Eigenversorger, die Strom verbrauchen, der ihnen nicht von einem Elektrizitätsversorgungsunternehmen geliefert worden ist, und bei denen die vollständige oder teilweise Umlagenbefreiung nach den §§ 61 bis 61g oder nach § 69b bezogen auf das letzte Kalenderjahr 500 000 Euro oder mehr beträgt, müssen der Bundesnetzagentur bis zum 31. Juli des jeweiligen Folgejahres mitteilen:

1. ihren Namen,
2. sofern zutreffend, das Handelsregister, Vereinsregister oder Genossenschaftsregister, in das sie eingetragen sind, und die entsprechende Registernummer,
3. den Umfang der Umlagenbefreiung, wobei dieser Umfang in Spannen wie folgt angegeben werden kann: 0,5 bis 1, 1 bis 2, 2 bis 5, 5 bis 10, 10 bis 30, 30 Millionen Euro oder mehr,
4. die Angabe, ob der Letztverbraucher oder Eigenversorger ein Unternehmen im Sinn der Empfehlung 2003/361/EG der Kommission vom 6. Mai 2003 betreffend die Definition der Kleinstunternehmen sowie der kleinen und mittleren Unternehmen (ABl. L 124 vom 20.5.2003, S. 36) in der jeweils geltenden Fassung oder ein sonstiges Unternehmen ist,
5. die Gebietseinheit der NUTS-Ebene 2, in der der Letztverbraucher oder Eigenversorger seinen Sitz hat, nach der Verordnung (EG) Nr. 1059/2003 des Europäischen Parlaments und des Rates vom 26. Mai 2003 über die Schaffung einer gemeinsamen Klassifikation der Gebietseinheiten für die Statistik (NUTS) (ABl. L 154 vom 21.6.2003, S. 1), zuletzt geändert durch

die Verordnung (EU) Nr. 868/2014 der Kommission vom 8. August 2014 (ABl. L 241 vom 13.8.2014, S. 1), in der jeweils geltenden Fassung und

6. den Hauptwirtschaftszweig, in dem der Letztverbraucher oder Eigenversorger tätig ist, auf Ebene der NACE-Gruppe nach der Verordnung (EG) Nr. 1893/2006 des Europäischen Parlaments und des Rates vom 20. Dezember 2006 zur Aufstellung der statistischen Systematik der Wirtschaftszweige NACE Revision 2 und zur Änderung der Verordnung (EWG) Nr. 3037/90 des Rates sowie einiger Verordnungen der EG über bestimmte Bereiche der Statistik (ABl. L 393 vom 30.12.2006, S. 1) in der jeweils geltenden Fassung.

[2] Im Fall des Absatzes 2 Satz 4 verschiebt sich die Frist nach Satz 1 auf den 31. Oktober.

(4) Sofern der Netzbetreiber, der zur Erhebung der EEG-Umlage nach § 61j berechtigt ist, Formularvorlagen zu Form und Inhalt der Übermittlung der Angaben nach den Absätzen 1 und 2 bereitstellt, müssen die Angaben unter Verwendung dieser Formularvorlagen übermittelt werden.

**§ 75 Testierung.** [1] Die zusammengefassten Endabrechnungen der Netzbetreiber nach § 72 Absatz 1 Nummer 2 müssen durch einen Wirtschaftsprüfer, eine Wirtschaftsprüfungsgesellschaft, einen genossenschaftlichen Prüfungsverband, einen vereidigten Buchprüfer oder eine Buchprüfungsgesellschaft geprüft werden. [2] Im Übrigen können die Netzbetreiber und Elektrizitätsversorgungsunternehmen verlangen, dass die Endabrechnungen nach den §§ 73 bis 74a bei Vorlage durch einen Wirtschaftsprüfer, eine Wirtschaftsprüfungsgesellschaft, einen genossenschaftlichen Prüfungsverband, einen vereidigten Buchprüfer oder eine Buchprüfungsgesellschaft geprüft werden. [3] Bei der Prüfung sind zu berücksichtigen:

1. die höchstrichterliche Rechtsprechung,
2. die Entscheidungen der Bundesnetzagentur nach § 85 und
3. die Ergebnisse eines zwischen den Verfahrensparteien durchgeführten Verfahrens der Clearingstelle nach § 81 Absatz 4 Satz 1 Nummer 1 oder Nummer 2 und die Ergebnisse eines Verfahrens der Clearingstelle nach § 81 Absatz 5.

[4] Für die Prüfungen nach den Sätzen 1 und 2 sind § 319 Absatz 2 bis 4, § 319b Absatz 1, § 320 Absatz 2 und § 323 des Handelsgesetzbuchs entsprechend anzuwenden.

**§ 76 Information der Bundesnetzagentur.** (1) [1] Netzbetreiber müssen die Angaben, die sie nach den §§ 71, 74 Absatz 1 und § 74a Absatz 1 erhalten, die Angaben nach § 72 Absatz 2 Nummer 1 und die Endabrechnungen nach § 72 Absatz 1 Nummer 2 sowie § 73 Absatz 2 einschließlich der zu ihrer Überprüfung erforderlichen Daten bis zum 31. Mai eines Jahres der Bundesnetzagentur in elektronischer Form vorlegen. [2] Die Frist nach Satz 1 endet am 31. Juli eines Jahres, wenn der Netzbetreiber Übertragungsnetzbetreiber ist. [3] Auf Verlangen müssen Anlagenbetreiber die Angaben nach § 71, Elektrizitätsversorgungsunternehmen die Angaben nach § 74 sowie Eigenversorger und sonstige Letztverbraucher die Angaben nach § 74a Absatz 1 und 2 der Bundesnetzagentur in elektronischer Form vorlegen.

(2) [1] Soweit die Bundesnetzagentur Formularvorlagen zu Form und Inhalt bereitstellt, müssen die Daten unter Verwendung dieser übermittelt werden.

² Die Daten nach Absatz 1 mit Ausnahme der Strombezugskosten werden dem Bundesministerium für Wirtschaft und Energie von der Bundesnetzagentur für statistische Zwecke sowie die Evaluation des Gesetzes und die Berichterstattungen nach den §§ 98 und 99 zur Verfügung gestellt.

**§ 77 Information der Öffentlichkeit.** (1) ¹ Übertragungsnetzbetreiber müssen auf ihren Internetseiten veröffentlichen:
1. die Angaben nach den §§ 70 bis 74a einschließlich der Angaben zu den unmittelbar an das Netz des Übertragungsnetzbetreibers angeschlossenen Anlagen unverzüglich nach ihrer Übermittlung und
2. einen Bericht über die Ermittlung der von ihnen nach den §§ 70 bis 74a mitgeteilten Daten unverzüglich nach dem 30. September eines Jahres.

² Der Standort von Anlagen mit einer installierten Leistung von höchstens 30 Kilowatt ist nur mit der Postleitzahl und dem Gemeindeschlüssel anzugeben. ³ Sie müssen die Angaben und den Bericht zum Ablauf des Folgejahres vorhalten. ⁴ § 73 Absatz 1 bleibt unberührt.

(2) Die Übertragungsnetzbetreiber müssen die Zahlungen nach § 57 Absatz 1 und die vermarkteten Strommengen nach § 59 sowie die Angaben nach § 72 Absatz 1 Nummer 1 Buchstabe c nach Maßgabe der Erneuerbare-Energien-Verordnung auf einer gemeinsamen Internetseite in nicht personenbezogener Form veröffentlichen.

(3) Die Angaben und der Bericht müssen eine sachkundige dritte Person in die Lage versetzen, ohne weitere Informationen die Zahlungen und die kaufmännisch abgenommenen Energiemengen vollständig nachvollziehen zu können.

(4) ¹ Angaben, die in dem Register im Internet veröffentlicht werden, müssen von den Netzbetreibern nicht veröffentlicht werden, wenn die Veröffentlichung nach Absatz 1 unter Angabe der eindeutigen Nummer des Registers erfolgt. ² Die verbleibenden anlagenbezogenen Angaben müssen in Verbindung mit der Nummer des Registers veröffentlicht werden.

(5) Die nach den Absätzen 1 und 2 veröffentlichten Angaben dürfen zu kommerziellen und nichtkommerziellen Zwecken verwendet werden.

**Abschnitt 2. Stromkennzeichnung und Doppelvermarktungsverbot**

**§ 78 Stromkennzeichnung entsprechend der EEG-Umlage.** (1) ¹ Elektrizitätsversorgungsunternehmen erhalten im Gegenzug zur Zahlung der EEG-Umlage nach § 60 Absatz 1 das Recht, Strom als „Erneuerbare Energien, finanziert aus der EEG-Umlage" zu kennzeichnen. ² Satz 1 ist im Fall des § 60a entsprechend anzuwenden. ³ Die Eigenschaft des Stroms ist gegenüber Letztverbrauchern im Rahmen der Stromkennzeichnung nach Maßgabe der Absätze 2 bis 4 und des § 42 des Energiewirtschaftsgesetzes auszuweisen.

(2) ¹ Der nach Absatz 1 gegenüber ihren Letztverbrauchern ausgewiesene Anteil berechnet sich in Prozent, indem die EEG-Umlage, die das Elektrizitätsversorgungsunternehmen tatsächlich für die an ihre Letztverbraucher gelieferte Strommenge in einem Jahr gezahlt hat,
1. mit dem EEG-Quotienten nach Absatz 3 multipliziert wird,
2. danach durch die gesamte in diesem Jahr an ihre Letztverbraucher gelieferte Strommenge dividiert wird und

3. anschließend mit Hundert multipliziert wird.

²Der nach Absatz 1 ausgewiesene Anteil ist unmittelbarer Bestandteil der gelieferten Strommenge und kann nicht getrennt ausgewiesen oder weiter vermarktet werden.

(3) ¹Der EEG-Quotient ist das Verhältnis der Summe der Strommenge, für die in dem vergangenen Kalenderjahr eine Zahlung nach § 19 Absatz 1 Nummer 1 oder Nummer 2 erfolgte, zu den gesamten durch die Übertragungsnetzbetreiber erhaltenen Einnahmen aus der EEG-Umlage für die von den Elektrizitätsversorgungsunternehmen im vergangenen Kalenderjahr gelieferten Strommengen an Letztverbraucher. ²Die Übertragungsnetzbetreiber veröffentlichen auf einer gemeinsamen Internetplattform in einheitlichem Format jährlich bis zum 31. Juli den EEG-Quotienten in nicht personenbezogener Form für das jeweils vorangegangene Kalenderjahr.

(4) Die Anteile der nach § 42 Absatz 3 des Energiewirtschaftsgesetzes anzugebenden Energieträger sind mit Ausnahme des Anteils für „Strom aus erneuerbaren Energien, finanziert aus der EEG-Umlage" entsprechend anteilig für den jeweiligen Letztverbraucher um den nach Absatz 1 auszuweisenden Prozentsatz zu reduzieren.

(5) ¹Elektrizitätsversorgungsunternehmen weisen gegenüber Letztverbrauchern, deren Pflicht zur Zahlung der EEG-Umlage nach den §§ 63 bis 68 begrenzt ist, zusätzlich zu dem Gesamtenergieträgermix einen gesonderten, nach den Sätzen 3 und 4 zu berechnenden „Energieträgermix für nach dem Erneuerbare-Energien-Gesetz privilegierte Unternehmen" aus. ²In diesem Energieträgermix sind die Anteile nach § 42 Absatz 1 Nummer 1 des Energiewirtschaftsgesetzes sowie der Anteil der „erneuerbaren Energien, finanziert aus der EEG-Umlage" auszuweisen. ³Der Anteil in Prozent für „Erneuerbare Energien, finanziert aus der EEG-Umlage" berechnet sich abweichend von Absatz 2, indem die EEG-Umlage, die der jeweilige Letztverbraucher tatsächlich für die in einem Jahr an ihn gelieferte Strommenge gezahlt hat,

1. mit dem EEG-Quotienten nach Absatz 3 multipliziert wird,
2. danach durch die gesamte an den jeweiligen Letztverbraucher gelieferte Strommenge dividiert wird und
3. anschließend mit Hundert multipliziert wird.

⁴Die Anteile der anderen nach § 42 Absatz 1 Nummer 1 des Energiewirtschaftsgesetzes anzugebenden Energieträger sind entsprechend anteilig für den jeweiligen Letztverbraucher um den nach Satz 3 berechneten Prozentsatz zu reduzieren.

(6) Für Eigenversorger, die nach § 61 die volle oder anteilige EEG-Umlage zahlen müssen, sind die Absätze 1 bis 5 mit der Maßgabe entsprechend anzuwenden, dass ihr eigener Strom anteilig als „Strom aus erneuerbaren Energien, finanziert aus der EEG-Umlage" anzusehen ist.

(7) ¹Im Fall der Belieferung von Letztverbrauchern mit Mieterstrom nach § 21 Absatz 3 sind die Absätze 1 bis 5 nur für den Teil des gelieferten Stroms anzuwenden, der nicht Mieterstrom nach § 21 Absatz 3 ist. ²Der in einem Kalenderjahr verbrauchte Mieterstrom nach § 21 Absatz 3 ist zu Zwecken der Stromkennzeichnung auf die jeweiligen Mieterstromkunden nach dem Verhältnis ihrer Jahresverbräuche zu verteilen und den Mieterstromkunden ent-

sprechend auszuweisen. ³Mieterstrom nach § 21 Absatz 3 ist als „Mieterstrom, finanziert aus der EEG-Umlage" zu kennzeichnen.

**§ 79 Herkunftsnachweise.** (1) Das Umweltbundesamt

1. stellt Anlagenbetreibern auf Antrag Herkunftsnachweise für Strom aus erneuerbaren Energien aus, für den keine Zahlung nach § 19 oder § 50 in Anspruch genommen wird,
2. überträgt auf Antrag Herkunftsnachweise und
3. entwertet Herkunftsnachweise.

(2) ¹Ausstellung, Übertragung und Entwertung erfolgen elektronisch und nach Maßgabe der Norm DIN-EN 16325[1]) und der Erneuerbare-Energien-Verordnung. ²Das Umweltbundesamt ergreift geeignete Maßnahmen, um die Herkunftsnachweise vor Missbrauch zu schützen.

(3) ¹Für Strom aus erneuerbaren Energien, der außerhalb des Bundesgebiets erzeugt worden ist, erkennt das Umweltbundesamt auf Antrag nach Maßgabe der Erneuerbare-Energien-Verordnung ausländische Herkunftsnachweise an. ²Ausländische Herkunftsnachweise können nur anerkannt werden, wenn sie mindestens die Vorgaben des Artikels 15 Absatz 6 und 9 der Richtlinie 2009/28/EG erfüllen. ³In diesem Umfang obliegt dem Umweltbundesamt auch der Verkehr mit den zuständigen Ministerien und Behörden anderer Mitgliedstaaten der Europäischen Union und von Drittstaaten sowie mit Organen der Europäischen Union. ⁴Strom, für den ein Herkunftsnachweis nach Satz 1 anerkannt worden ist, gilt als Strom, der nach § 21a auf sonstige Weise direkt vermarktet wird.

(4) Das Umweltbundesamt betreibt eine elektronische Datenbank, in der die Ausstellung, Anerkennung, Übertragung und Entwertung von Herkunftsnachweisen registriert werden (Herkunftsnachweisregister)[2]).

(5) ¹Herkunftsnachweise werden jeweils für eine erzeugte und an Letztverbraucher gelieferte Strommenge von einer Megawattstunde ausgestellt. ²Für jede erzeugte und an Letztverbraucher gelieferte Megawattstunde Strom wird nicht mehr als ein Herkunftsnachweis ausgestellt.

(6) Das Umweltbundesamt kann von Personen, die das Herkunftsnachweisregister nutzen, die Übermittlung insbesondere folgender Angaben an das Herkunftsnachweisregister verlangen:

1. Angaben zur Person und Kontaktdaten,
2. die Umsatzsteuer-Identifikationsnummer, sofern vorhanden,
3. den Standort, den Typ, die installierte Leistung, den Zeitpunkt der Inbetriebnahme und, sofern vorhanden, den EEG-Anlagenschlüssel der Anlage,
4. den Energieträger, aus dem der Strom erzeugt wird,
5. die Angabe, ob, in welcher Art und in welchem Umfang
   a) für die Anlage, in der der Strom erzeugt wurde, Investitionsbeihilfen geleistet wurden,

---

[1]) **Amtlicher Hinweis:** Die DIN EN 16325:2016-01 ist bei der Beuth Verlag GmbH, 10772 Berlin, zu beziehen.
[2]) Das Herkunftsnachweisregister (HKNR) beim Umweltbundesamt hat am 1.1.2013 seinen Betrieb aufgenommen. Anschrift: Wörlitzer Platz 1, 06844 Dessau-Roßlau, www.hknr.de.

b) der Anlagenbetreiber für die Strommenge eine Zahlung nach § 19 oder § 50 beansprucht hat, und
6. die Nummer der Messeinrichtung oder der Messstelle am Netzverknüpfungspunkt sowie die Bezeichnung und den Ort der Zählpunkte, über die der in der Anlage erzeugte Strom bei der Einspeisung in das Netz zähltechnisch erfasst wird.

(7) Herkunftsnachweise sind keine Finanzinstrumente im Sinn des § 1 Absatz 11 des Kreditwesengesetzes oder des § 2 Absatz 4 des Wertpapierhandelsgesetzes.

(8) In Bezug auf Verwaltungsakte des Umweltbundesamtes, die nach Maßgabe einer auf der Grundlage des § 92 erlassenen Rechtsverordnung ergehen, findet ein Vorverfahren nach § 68 der Verwaltungsgerichtsordnung nicht statt.

**§ 79a Regionalnachweise.** (1) Das Umweltbundesamt
1. stellt Anlagenbetreibern auf Antrag Regionalnachweise für nach § 20 direkt vermarkteten Strom aus erneuerbaren Energien aus,
2. überträgt auf Antrag Regionalnachweise und
3. entwertet Regionalnachweise.

(2) [1]Ausstellung, Übertragung und Entwertung erfolgen elektronisch und nach Maßgabe der Erneuerbare-Energien-Verordnung. [2]Das Umweltbundesamt ergreift geeignete Maßnahmen, um die Regionalnachweise vor Missbrauch zu schützen.

(3) Für Strom aus Anlagen außerhalb des Bundesgebiets, die einen Zuschlag in einer Ausschreibung nach § 5 Absatz 2 Satz 2 erhalten haben, kann das Umweltbundesamt Regionalnachweise nach Absatz 1 Nummer 1 ausstellen, sofern der Strom an einen Letztverbraucher im Bundesgebiet geliefert wird.

(4) [1]Das Umweltbundesamt richtet eine elektronische Datenbank ein, in der die Ausstellung, Übertragung und Entwertung von Regionalnachweisen registriert werden (Regionalnachweisregister). [2]Das Umweltbundesamt darf das Regionalnachweisregister gemeinsam mit dem Herkunftsnachweisregister in einer elektronischen Datenbank betreiben.[1)]

(5) [1]Regionalnachweise werden jeweils für eine erzeugte und an Letztverbraucher gelieferte Strommenge von einer Kilowattstunde ausgestellt. [2]Für jede erzeugte und an Letztverbraucher gelieferte Kilowattstunde Strom wird nicht mehr als ein Regionalnachweis ausgestellt. [3]Regionalnachweise dürfen nur entlang der vertraglichen Lieferkette des Stroms, für den sie ausgestellt worden sind, übertragen werden.

(6) [1]Das Umweltbundesamt entwertet auf Antrag einen Regionalnachweis, wenn er für Strom aus einer Anlage ausgestellt worden ist, die sich in der Region des belieferten Letztverbrauchers befindet. [2]Die Region des belieferten Letztverbrauchers umfasst alle Postleitzahlengebiete, die sich ganz oder teilweise im Umkreis von 50 Kilometern um das Postleitzahlengebiet befinden, in dem der Letztverbraucher den Strom verbraucht. [3]Das Umweltbundesamt bestimmt und veröffentlicht für jedes Postleitzahlengebiet, in dem Strom verbraucht wird, welche weiteren Postleitzahlengebiete zu der Region gehören. [4]Dabei soll das

---

[1)] Das Umweltbundesamt nimmt das Regionalnachweisregister am 1.1.2019 in Betrieb; vgl. Bek. v. 13.12.2018 (BAnz AT 27.12.2018 B1).

Umweltbundesamt abweichend von Satz 2 auch auf die gesamte Gemeinde, in der der Letztverbraucher den Strom verbraucht, abstellen, wenn die Gemeinde mehrere Postleitzahlengebiete umfasst.

(7) Ein Elektrizitätsversorgungsunternehmen meldet für jede Region, für die es Regionalnachweise nutzen will, an das Umweltbundesamt:

1. die Strommenge, die das Elektrizitätsversorgungsunternehmen an seine Letztverbraucher in dieser Region geliefert hat und nach § 78 in der Stromkennzeichnung als „Erneuerbare Energien, finanziert aus der EEG-Umlage" ausweisen muss, und

2. die Regionalnachweise, die es für diese Region entwerten lassen will.

(8) [1] In dem Umfang, in dem ein Elektrizitätsversorgungsunternehmen Regionalnachweise nach Absatz 7 Nummer 2 entwerten lässt, darf es in der Stromkennzeichnung nach § 42 des Energiewirtschaftsgesetzes gegenüber Letztverbrauchern ausweisen, zu welchen Anteilen der Strom, den das Unternehmen nach § 78 Absatz 1 als „Erneuerbare Energien, finanziert aus der EEG-Umlage" kennzeichnen muss, in regionalem Zusammenhang zum Stromverbrauch erzeugt worden ist. [2] Wenn ein Elektrizitätsversorgungsunternehmen mehr Regionalnachweise entwerten lässt, als es der Strommenge aus „Erneuerbaren Energien, finanziert aus der EEG-Umlage" entspricht, die es an Letztverbraucher in der betreffenden Region geliefert hat, kann es die darüber hinausgehenden Regionalnachweise nicht zur Stromkennzeichnung nutzen.

(9) [1] § 79 Absatz 6 ist entsprechend anzuwenden. [2] In Ergänzung zu Satz 1 kann

1. das Umweltbundesamt von Personen, die das Regionalnachweisregister nutzen, Auskunft verlangen über die vertragliche Lieferkette für Strom, für den Regionalnachweise ausgestellt werden sollen, insbesondere über die an der Lieferkette beteiligten Personen und die betreffende Strommenge,

2. der Netzbetreiber vom Umweltbundesamt Auskunft verlangen, ob und in welchem Umfang einem Anlagenbetreiber Regionalnachweise ausgestellt worden sind.

(10) § 79 Absatz 7 ist entsprechend anzuwenden.

(11) In Bezug auf Verwaltungsakte des Umweltbundesamtes, die nach Maßgabe einer auf der Grundlage des § 92 erlassenen Rechtsverordnung ergehen, findet ein Vorverfahren nach § 68 der Verwaltungsgerichtsordnung nicht statt.

**§ 80 Doppelvermarktungsverbot.** (1) [1] Strom aus erneuerbaren Energien und aus Grubengas sowie in ein Gasnetz eingespeistes Deponie- oder Klärgas und Gas aus Biomasse dürfen nicht mehrfach verkauft, anderweitig überlassen oder entgegen § 56 an eine dritte Person veräußert werden. [2] Strom aus erneuerbaren Energien oder aus Grubengas darf insbesondere nicht in mehreren Veräußerungsformen nach § 21b Absatz 1 oder mehrfach in derselben Form nach § 21b Absatz 1 veräußert werden. [3] Solange Anlagenbetreiber Strom aus ihrer Anlage in einer Veräußerungsform nach § 21b Absatz 1 veräußern, bestehen keine Ansprüche aus einer anderen Veräußerungsform nach § 21b Absatz 1. [4] Die Vermarktung als Regelenergie ist im Rahmen der Direktvermarktung nicht als mehrfacher Verkauf oder anderweitige Überlassung von Strom anzusehen.

(2) ¹Anlagenbetreiber, die eine Zahlung nach § 19 oder § 50 für Strom aus erneuerbaren Energien oder aus Grubengas erhalten, dürfen Herkunftsnachweise oder sonstige Nachweise, die die Herkunft des Stroms belegen, für diesen Strom nicht weitergeben. ²Gibt ein Anlagenbetreiber einen Herkunftsnachweis oder sonstigen Nachweis, der die Herkunft des Stroms belegt, für Strom aus erneuerbaren Energien oder aus Grubengas weiter, darf für diesen Strom keine Zahlung nach § 19 oder § 50 in Anspruch genommen werden. ³Die Sätze 1 und 2 sind nicht auf Regionalnachweise nach § 79a anzuwenden.

(3) Solange im Rahmen einer gemeinsamen Projektumsetzung nach dem Projekt-Mechanismen-Gesetz für die Emissionsminderungen der Anlage Emissionsreduktionseinheiten erzeugt werden können, darf für den Strom aus der betreffenden Anlage der Anspruch nach § 19 nicht geltend gemacht werden.

**§ 80a Kumulierung.** ¹Investitionszuschüsse durch den Bund, das Land oder ein Kreditinstitut, an dem der Bund oder das Land beteiligt sind, dürfen neben einer Zahlung nach diesem Gesetz nur gewährt werden, soweit die kumulierten Zahlungen zuzüglich der Erlöse aus der Veräußerung der in der Anlage erzeugten Energie die Erzeugungskosten dieser Energie nicht überschreiten. ²Satz 1 ist im Rahmen des § 61c Absatz 1 und 2 entsprechend mit der Maßgabe anzuwenden, dass neben den direkten Zahlungen auch die vermiedenen Kosten zu berücksichtigen sind.

### Teil 6. Rechtsschutz und behördliches Verfahren

**§ 81 Clearingstelle.** (1) ¹Zur Vermeidung und Beilegung von Streitigkeiten wird eine Clearingstelle eingerichtet.[1]) ²Der Betrieb erfolgt im Auftrag des Bundesministeriums für Wirtschaft und Energie durch eine juristische Person des Privatrechts.

(2) ¹Die Clearingstelle und die Behörden, die für Aufgaben nach diesem Gesetz zuständig sind, wirken im Interesse einer einheitlichen Anwendung dieses Gesetzes und einer schnellen Herstellung von Rechtssicherheit konstruktiv zusammen. ²Eine Zusammenarbeit erfolgt nicht, soweit diese mit der Wahrnehmung von Aufgaben nach diesem Paragrafen unvereinbar ist.

(3) Die Clearingstelle kann Streitigkeiten vermeiden oder beilegen

1. zur Anwendung der §§ 3, 6 bis 55a, 70, 71, 80, 100 bis 102 und 104 Absatz 1, der Anlagen 1 bis 3 und der hierzu auf Grund dieses Gesetzes erlassenen Rechtsverordnungen,
2. zur Anwendung der Bestimmungen, die den in Nummer 1 genannten Bestimmungen in früheren Fassungen dieses Gesetzes entsprechen,
3. zur Anwendung der §§ 61 bis 61l, soweit Anlagen betroffen sind, und
4. zur Messung des für den Betrieb einer Anlage gelieferten oder verbrauchten oder von einer Anlage erzeugten Stroms, auch bei Fragen und Streitigkeiten nach dem Messstellenbetriebsgesetz, soweit nicht die Zuständigkeit des Bundesamts für Sicherheit in der Informationstechnik oder der Bundesnetzagentur gegeben ist.

---

[1]) Die Clearingstelle EEG hat am 15.10.2007 ihre Arbeit aufgenommen. Anschrift: Charlottenstraße 65, 10117 Berlin, www.clearingstelle-eeg.de.

(4) [1] Die Clearingstelle kann zur Vermeidung oder Beilegung von Streitigkeiten nach Absatz 3 zwischen Verfahrensparteien
1. schiedsgerichtliche Verfahren unter den Voraussetzungen des Zehnten Buches der Zivilprozessordnung durchführen,
2. sonstige Verfahren zwischen den Verfahrensparteien auf ihren gemeinsamen Antrag durchführen; § 204 Absatz 1 Nummer 11 des Bürgerlichen Gesetzbuchs ist entsprechend anzuwenden, oder
3. Stellungnahmen für ordentliche Gerichte, bei denen diese Streitigkeiten rechtshängig sind, auf deren Ersuchen abgeben.

[2] Soweit eine Streitigkeit auch andere als die in Absatz 3 genannten Regelungen betrifft, kann die Clearingstelle auf Antrag der Verfahrensparteien die Streitigkeit umfassend vermeiden oder beilegen, wenn vorrangig eine Streitigkeit nach Absatz 3 zu vermeiden oder beizulegen ist; insbesondere kann die Clearingstelle Streitigkeiten über Zahlungsansprüche zwischen den Verfahrensparteien umfassend beilegen. [3] Verfahrensparteien können Anlagenbetreiber, Bilanzkreisverantwortliche, Direktvermarktungsunternehmer, Netzbetreiber und Messstellenbetreiber sein. [4] Ihr Recht, die ordentlichen Gerichte anzurufen, bleibt vorbehaltlich der Regelungen des Zehnten Buches der Zivilprozessordnung unberührt.

(5) [1] Die Clearingstelle kann zur Vermeidung von Streitigkeiten nach Absatz 3 Nummer 1, Nummer 2 oder Nummer 4 Verfahren zur Klärung von Fragen über den Einzelfall hinaus durchführen, wenn dies erforderlich ist, um eine Vielzahl von einzelnen Verfahren nach Absatz 4 zu vermeiden, und ein öffentliches Interesse an der Klärung dieser Fragen besteht. [2] Verbände, deren satzungsgemäßer Aufgabenbereich von den Fragen betroffen ist, sind zu beteiligen.

(6) Die Clearingstelle muss bei Verfahren nach den Absätzen 4 und 5 berücksichtigen:
1. die Regelungen zum Schutz personenbezogener Daten und zum Schutz von Geschäftsgeheimnissen,
2. die höchstrichterliche Rechtsprechung und
3. die Entscheidungen der Bundesnetzagentur.

(7) [1] Die Clearingstelle muss die Verfahren nach den Absätzen 4 und 5 beschleunigt durchführen. [2] Die Durchführung erfolgt nach Maßgabe der Verfahrensvorschriften, die die Clearingstelle verabschiedet. [3] Die Verfahrensvorschriften müssen Regelungen enthalten, die es der Clearingstelle ermöglichen,
1. als Schiedsgericht ein Schiedsverfahren nach Maßgabe des Zehnten Buches der Zivilprozessordnung und unter Berücksichtigung dieses Paragrafen durchzuführen und
2. die Verfahren nach den Absätzen 4 und 5 beschleunigt durchzuführen; hierbei kann vorgesehen werden, dass die Clearingstelle Fristen setzt und Verfahren bei nicht ausreichender Mitwirkung der Verfahrensparteien einstellt.

[4] Die Verfahrensvorschriften können Regelungen zur Zusammenarbeit mit den Behörden nach Absatz 2 enthalten. [5] Erlass und Änderungen der Verfahrensvorschriften bedürfen der vorherigen Zustimmung des Bundesministeriums für Wirtschaft und Energie. [6] Die Durchführung der Verfahren steht jeweils unter

dem Vorbehalt der vorherigen Zustimmung der Verfahrensparteien zu den Verfahrensvorschriften.

(8) ¹Die Wahrnehmung der Aufgaben nach diesem Paragrafen ist keine Rechtsdienstleistung im Sinne des § 2 Absatz 1 des Rechtsdienstleistungsgesetzes. ²Eine Haftung der Betreiberin der Clearingstelle für Vermögensschäden, die aus der Wahrnehmung der Aufgaben entstehen, wird ausgeschlossen; dies gilt nicht für Vorsatz.

(9) Die Clearingstelle muss jährlich einen Tätigkeitsbericht über die Wahrnehmung der Aufgaben nach diesem Paragrafen auf ihrer Internetseite in nicht personenbezogener Form veröffentlichen.

(10) ¹Die Clearingstelle kann nach Maßgabe ihrer Verfahrensvorschriften Entgelte zur Deckung des Aufwands für Handlungen nach Absatz 4 von den Verfahrensparteien erheben. ²Verfahren nach Absatz 5 sind unentgeltlich durchzuführen. ³Für sonstige Handlungen, die im Zusammenhang mit der Vermeidung oder Beilegung von Streitigkeiten stehen, kann die Clearingstelle zur Deckung des Aufwands Entgelte erheben.

**§ 82 Verbraucherschutz.** Die §§ 8 bis 14 des Gesetzes gegen den unlauteren Wettbewerb gelten für Verstöße gegen die §§ 19 bis 55a entsprechend.

**§ 83 Einstweiliger Rechtsschutz.** (1) Auf Antrag des Anlagenbetreibers kann das für die Hauptsache zuständige Gericht bereits vor Errichtung der Anlage unter Berücksichtigung der Umstände des Einzelfalles durch einstweilige Verfügung regeln, dass der Schuldner der in den §§ 8, 11, 12, 19 und 50 bezeichneten Ansprüche Auskunft erteilen, die Anlage vorläufig anschließen, sein Netz unverzüglich optimieren, verstärken oder ausbauen, den Strom abnehmen und einen als billig und gerecht zu erachtenden Betrag als Abschlagszahlung auf den Anspruch nach § 19 Absatz 1 oder § 50 leisten muss.

(2) Die einstweilige Verfügung kann erlassen werden, auch wenn die in den §§ 935 und 940 der Zivilprozessordnung bezeichneten Voraussetzungen nicht vorliegen.

**§ 83a Rechtsschutz bei Ausschreibungen.** (1) ¹Gerichtliche Rechtsbehelfe, die sich unmittelbar gegen eine Ausschreibung oder unmittelbar gegen einen erteilten Zuschlag richten, sind nur mit dem Ziel zulässig, die Bundesnetzagentur zur Erteilung eines Zuschlags zu verpflichten. ²Rechtsbehelfe nach Satz 1 sind begründet, soweit der Beschwerdeführer im Zuschlagsverfahren nach § 32 ohne den Rechtsverstoß einen Zuschlag erhalten hätte. ³Die Bundesnetzagentur erteilt bei einem Rechtsbehelf nach Satz 1 über das nach diesem Gesetz bestimmte Ausschreibungsvolumen hinaus einen entsprechenden Zuschlag, soweit das Begehren des Rechtsbehelfsführers Erfolg hat und sobald die gerichtliche Entscheidung formell rechtskräftig ist. ⁴Im Übrigen bleibt der gerichtliche Rechtsschutz unberührt.

(2) ¹Die Erteilung eines Zuschlags oder die Ausstellung einer Zahlungsberechtigung haben unabhängig von einem Rechtsschutzverfahren Dritter nach Absatz 1 Bestand. ²Die Anfechtung eines Zuschlags oder einer Zahlungsberechtigung durch Dritte ist nicht zulässig.

**§ 84 Nutzung von Seewasserstraßen.** Solange Anlagenbetreiber eine Zahlung nach § 19 erhalten, können sie die deutsche ausschließliche Wirtschaftszone oder das Küstenmeer unentgeltlich für den Betrieb der Anlagen nutzen.

**§ 84a Aufgaben des Bundesamtes für Sicherheit in der Informationstechnik.** Bei seiner Entscheidung über die Feststellung der technischen Möglichkeit nach § 30 des Messstellenbetriebsgesetzes berücksichtigt das Bundesamt für Sicherheit in der Informationstechnik auch die technischen Vorgaben nach den §§ 9, 10b und 100 Absatz 4 und 4a und stellt fest, ob über Smart-Meter-Gateways

1. der Netzbetreiber oder andere nach dem Messstellenbetriebsgesetz Berechtigte jederzeit die Ist-Einspeisung einer Anlage abrufen können,
2. der Netzbetreiber oder andere nach dem Messstellenbetriebsgesetz Berechtigte jederzeit die Einspeiseleistung einer Anlage stufenweise oder, sobald die technische Möglichkeit besteht, stufenlos ferngesteuert regeln können oder
3. die Einspeiseleistung einer Anlage ferngesteuert in einem Umfang geregelt werden kann, der für die Direktvermarktung des Stroms erforderlich ist, und wenn zugleich eine mit dem intelligenten Messsystem sichere und interoperable Fernsteuerungstechnik vorhanden ist, die über die zur Direktvermarktung notwendigen Funktionalitäten verfügt.

**§ 85 Aufgaben der Bundesnetzagentur.** (1) Die Bundesnetzagentur hat vorbehaltlich weiterer Aufgaben, die ihr durch Rechtsverordnung aufgrund dieses Gesetzes übertragen werden, die Aufgaben,

1. die Ausschreibungen nach den §§ 28 bis 39n durchzuführen,
2. sicherzustellen, dass die Transparenzpflichten mit Blick auf Zahlungen an Anlagen erfüllt werden,
3. zu überwachen, dass
   a) die Übertragungsnetzbetreiber den nach § 19 Absatz 1 und § 57 vergüteten oder den nach § 13a Absatz 1a des Energiewirtschaftsgesetzes bilanziell ausgeglichenen Strom nach § 59 vermarkten, die Vorgaben der Erneuerbare-Energien-Verordnung einhalten, die EEG-Umlage ordnungsgemäß ermitteln, festlegen, veröffentlichen, erheben und vereinnahmen, die Netzbetreiber die EEG-Umlage ordnungsgemäß erheben und weiterleiten und dass nur die Zahlungen nach den §§ 19 bis 55a geleistet werden und hierbei die Saldierung nach § 57 Absatz 4 berücksichtigt worden ist,
   b) die Daten nach den §§ 70 bis 76 übermittelt und nach § 77 veröffentlicht werden,
   c) die Kennzeichnung des Stroms nach Maßgabe des § 78 erfolgt.

(2) Die Bundesnetzagentur kann unter Berücksichtigung des Zwecks und Ziels nach § 1 Festlegungen nach § 29 Absatz 1 des Energiewirtschaftsgesetzes treffen

1. zu den technischen Einrichtungen nach § 9 Absatz 1 bis 2, insbesondere zu den Datenformaten,
1a. zu § 9 Absatz 8, insbesondere zur Verlängerung der Umsetzungsfrist in § 9 Absatz 8, wenn nicht innerhalb der Frist nach § 9 Absatz 8 Satz 3 technische Einrichtungen nach § 9 Absatz 8 in einem ausreichenden Umfang am Markt angeboten werden,
2. *(aufgehoben)*
3. zur Abwicklung von Zuordnungen und Wechseln nach den §§ 21b und 21c, insbesondere zu Verfahren, Fristen und Datenformaten,

4. abweichend von § 30 zu Anforderungen an die Gebote und die Bieter, um die Ernsthaftigkeit und Verbindlichkeit der Gebote zu gewährleisten, sowie abweichend von § 37 Absatz 2 Satz 2 Nummer 1 dazu, dass als Nachweis nur ein beschlossener Bebauungsplan anerkannt wird,
5. zu den Voraussetzungen der Befreiung von Stromspeichern von einer Doppelbelastung mit der EEG-Umlage nach § 61l Absatz 1 und zu den insoweit nach § 61l Absatz 1 zu erfüllenden Anforderungen insbesondere
   a) zu dem Nachweis der Zahlung der EEG-Umlage nach § 61l Absatz 1 Satz 1,
   b) zu dem Nachweis der Netzeinspeisung nach § 61l Absatz 1 Satz 2,
   c) zu den Mindestanforderungen, die erfüllt sein müssen, um eine mess- und eichrechtskonforme Erfassung oder Abgrenzung der relevanten Strommengen sicherzustellen,
   d) zu den Anforderungen an eine nachvollziehbare Abrechnung nach § 61l Absatz 1a Satz 5 und 6,
6. zu Nachweisen, die der Bieter erbringen muss, um zu belegen, dass die Fläche, auf der die Freiflächenanlage nach § 37 Absatz 1 Nummer 2 Buchstabe h geplant und nach § 38a Absatz 1 Nummer 3 errichtet worden ist, tatsächlich zum Zeitpunkt des Beschlusses über die Aufstellung oder Änderung des Bebauungsplans als Ackerland genutzt worden ist,
7. zusätzlich zu den Ausschlussgründen nach § 33 Absatz 2 einen Ausschlussgrund für Gebote auf Standorten vorzusehen, soweit ein Gebot für diesen Standort in einer vorangegangenen Ausschreibung einen Zuschlag erhalten hat und der Zuschlag erloschen ist,
8. zu Angaben, die zusätzlich mit dem Antrag des Bieters auf Ausstellung der Zahlungsberechtigung der Bundesnetzagentur übermittelt werden müssen,
9. zu Anforderungen an Nachweise, die der Netzbetreiber nach § 30, § 36, § 37, § 38, § 38a, § 38c, § 39, § 39g, § 39k oder § 39m vom Anlagenbetreiber zum Nachweis des Vorliegens der Anspruchsvoraussetzungen verlangen muss,
10. abweichend von § 3 Nummer 51 zur Ermittlung des Zuschlagswerts, insbesondere zu einer Umstellung auf ein Einheitspreisverfahren,
11. abweichend von § 37a die Sicherheit und Pönale auf bis 100 Euro pro Kilowatt der Gebotsmenge zu erhöhen,
12. abweichend von § 37d Nummer 2 die Frist zur Beantragung der Zahlungsberechtigung auf bis zu 12 Monate zu verkürzen, sofern als Nachweis von der Festlegungskompetenz nach Nummer 4 Gebrauch gemacht wurde,
13. im Anwendungsbereich des § 69b dazu, welche Verbrauchsgeräte als Einrichtungen zur Herstellung von Grünem Wasserstoff anzusehen sind,
14. zur Berücksichtigung von Strom aus solarer Strahlungsenergie, der selbst verbraucht wird, bei den Veröffentlichungspflichten nach § 73 und bei der Berechnung des Marktwerts von Strom aus solarer Strahlungsenergie nach Anlage 1 Nummer 3.3.4 und 4.3.4 zu diesem Gesetz, jeweils insbesondere zu Berechnung oder Abschätzung der Strommengen,
15. abweichend von § 39l zur Ermittlung eines entsprechend § 39i Absatz 3 degressiv auszugestaltenden Werts für Biomethananlagen nach § 39j, soweit in ihnen Biogas eingesetzt wird, das in dem jeweiligen Kalenderjahr durch anaerobe Vergärung von Biomasse im Sinn der Biomas-

severordnung[1]) mit einem Anteil von getrennt erfassten Bioabfällen im Sinn der Abfallschlüssel Nummer 20 02 01, 20 03 01 und 20 03 02 der Nummer 1 Buchstabe a des Anhangs 1 der Bioabfallverordnung gewonnen worden ist, für den aus diesen Bioabfällen erzeugten Strom, einschließlich der entsprechenden Nachweisanforderungen.

(3) ¹Für die Wahrnehmung der Aufgaben der Bundesnetzagentur nach diesem Gesetz und den auf Grund dieses Gesetzes ergangenen Rechtsverordnungen sind die Bestimmungen des Teils 8 des Energiewirtschaftsgesetzes mit Ausnahme des § 69 Absatz 1 Satz 2 und Absatz 10, der §§ 91 und 95 bis 101 sowie des Abschnitts 6 entsprechend anzuwenden. ²Die Befugnisse nach Satz 1 gelten gegenüber Personen, die keine Unternehmen sind, entsprechend.

(4) ¹Die Entscheidungen der Bundesnetzagentur nach Absatz 3 werden von den Beschlusskammern getroffen. ²Satz 1 gilt nicht für Entscheidungen im Zusammenhang mit der Ermittlung des Anspruchsberechtigten und des anzulegenden Werts durch Ausschreibungen nach § 22, Festlegungen nach Absatz 2 Nummer 5 und Nummer 13 und zu Festlegungen zu den Höchstwerten nach § 85a und den Rechtsverordnungen auf Grund der §§ 88 bis 88d. ³§ 59 Absatz 1 Satz 2 und 3, Absatz 2 und 3 sowie § 60 des Energiewirtschaftsgesetzes sind entsprechend anzuwenden.

**§ 85a Festlegung zu den Höchstwerten bei Ausschreibungen.**

(1) ¹Die Bundesnetzagentur kann durch Festlegung nach § 29 des Energiewirtschaftsgesetzes den Höchstwert nach § 36b, § 37b oder § 38e, § 39b, § 39l dieses Gesetzes oder § 10 der Innovationsausschreibungsverordnung für die Ausschreibungen mit einem Gebotstermin in den jeweils darauffolgenden zwölf Kalendermonaten neu bestimmen, wenn sich bei den letzten drei vor Einleitung des Festlegungsverfahrens durchgeführten Ausschreibungen gemeinsam oder jeweils für sich betrachtet Anhaltspunkte dafür ergeben haben, dass der Höchstwert unter Berücksichtigung der §§ 1 und 2 Absatz 4 zu hoch oder zu niedrig ist. ²Dabei darf der neue Höchstwert um nicht mehr als 10 Prozent von dem zum Zeitpunkt der Neufestlegung geltenden Höchstwert abweichen.

(2) ¹Ein Höchstwert soll nach Absatz 2 gesenkt werden, wenn die durchschnittlichen Erzeugungskosten deutlich unter dem Höchstwert liegen. ²Ein Höchstwert soll nach Absatz 1 erhöht werden, wenn in den letzten drei Ausschreibungen mit den zulässigen Geboten das Ausschreibungsvolumen nicht gedeckt werden konnte und die durchschnittlichen Erzeugungskosten über dem Höchstwert liegen.

(3) ¹Die Bundesnetzagentur soll vor ihrer Entscheidung nach Absatz 1 von einer Einholung von Stellungnahmen nach § 67 Absatz 2 des Energiewirtschaftsgesetzes absehen; eine mündliche Verhandlung findet nicht statt. ²Die Bundesnetzagentur macht Entscheidungen nach Absatz 1 unter Angabe der tragenden Gründe in ihrem Amtsblatt und auf ihrer Internetseite öffentlich bekannt.

**§ 85b Auskunftsrecht und Datenübermittlung.** (1) Die Bundesnetzagentur ist bei Vorliegen von Anhaltspunkten für Falschangaben eines Bieters in einem Ausschreibungsverfahren und zum Zweck von Stichprobenkontrollen der Richtigkeit der Angaben von Bietern in einem Ausschreibungsverfahren

---

[1]) Nr. **8.2.1.**

berechtigt, von den für das immissionsschutzrechtliche Genehmigungsverfahren zuständigen Behörden unter den im Gebot angegebenen Aktenzeichen Auskünfte darüber zu verlangen,

1. ob und zu welchem Zeitpunkt unter dem Aktenzeichen eine Genehmigung erteilt worden ist und wer Genehmigungsinhaber ist,
2. auf welchen Standort, welche Anlagenzahl und welche installierte Leistung sich die Genehmigung bezieht,
3. welche Fristen nach § 18 Absatz 1 Nummer 1 des Bundes-Immissionsschutzgesetzes[1)] für den Beginn von Errichtung oder Betrieb der Anlagen gesetzt und ob diese nachträglich verlängert worden sind,
4. ob die Genehmigung ganz oder teilweise bestandskräftig geworden ist oder ob gegen diese oder Teile dieser Genehmigung Rechtsbehelfe Dritter anhängig sind,
5. ob und inwieweit hinsichtlich der jeweiligen Genehmigung durch die zuständige Behörde oder die zuständigen Gerichte die sofortige Vollziehung angeordnet worden ist und ob und inwieweit die zuständigen Gerichte eine Anordnung der sofortigen Vollziehung bestätigt oder aufgehoben haben und
6. wann die Genehmigung ausläuft und die Anlage zurückgebaut werden muss.

(2) [1]Die für das immissionsschutzrechtliche Genehmigungsverfahren zuständigen Behörden sind zur Erteilung der Auskünfte im Sinn des Absatzes 1 verpflichtet. [2]Die nach § 28 des Umweltauditgesetzes[2)] mit den Aufgaben der Zulassungsstelle für Umweltgutachter beliehene Stelle darf dem Netzbetreiber, dem Anlagenbetreiber und der Bundesnetzagentur Informationen über Zulassungs- oder Aufsichtsmaßnahmen, die sie gegenüber einem Umweltgutachter ergriffen hat und die sich auf die Eignung erstatteter Gutachten, Bestätigungen oder Bescheinigungen nach diesem Gesetz auswirken können, übermitteln.

**§ 86 Bußgeldvorschriften.** (1) Ordnungswidrig handelt, wer vorsätzlich oder fahrlässig

1. entgegen § 80 Absatz 1 Satz 1 Strom oder Gas verkauft, überlässt oder veräußert,
1a. die Stromsteuerbefreiung entgegen § 71 Nummer 2 Buchstabe a nicht bis zum Ende eines Kalenderjahres für das vorangegangene Kalenderjahr mitteilt oder eine falsche Mitteilung abgibt.
2. einer vollziehbaren Anordnung nach § 69 Absatz 1 Satz 2 zuwiderhandelt,
3. einer vollziehbaren Anordnung nach § 85 Absatz 3 in Verbindung mit § 65 Absatz 1 oder Absatz 2 oder § 69 Absatz 7 Satz 1 oder Absatz 8 Satz 1 des Energiewirtschaftsgesetzes zuwiderhandelt oder
4. einer Rechtsverordnung
   a) nach § 90 Nummer 3,
   b) nach § 92 Nummer 1,
   c) nach § 92 Nummer 3 oder Nummer 4
   oder einer vollziehbaren Anordnung auf Grund einer solchen Rechtsverordnung zuwiderhandelt, soweit die Rechtsverordnung für einen bestimmten Tatbestand auf diese Bußgeldvorschrift verweist.

---

[1)] Nr. **6.1**.
[2)] Nr. **2.8**.

(2) Die Ordnungswidrigkeit kann in den Fällen des Absatzes 1 Nummer 4 Buchstabe a und c mit einer Geldbuße bis zu fünfzigtausend Euro und in den übrigen Fällen mit einer Geldbuße bis zu zweihunderttausend Euro geahndet werden.

(3) Verwaltungsbehörde im Sinne des § 36 Absatz 1 Nummer 1 des Gesetzes über Ordnungswidrigkeiten ist

1. die Bundesnetzagentur in den Fällen des Absatzes 1 Nummer 1a oder Nummer 3,
2. das Bundesamt für Wirtschaft und Ausfuhrkontrolle in den Fällen des Absatzes 1 Nummer 2,
3. die Bundesanstalt für Landwirtschaft und Ernährung in den Fällen des Absatzes 1 Nummer 4 Buchstabe a und
4. das Umweltbundesamt in den Fällen des Absatzes 1 Nummer 4 Buchstabe b oder Buchstabe c.

**§ 87** *(aufgehoben)*

## Teil 7. Verordnungsermächtigungen, Berichte, Übergangsbestimmungen

### Abschnitt 1. Verordnungsermächtigungen

**§ 88 Verordnungsermächtigung zu Ausschreibungen für Biomasse.**

Die Bundesregierung wird ermächtigt, durch Rechtsverordnung[1]) ohne Zustimmung des Bundesrates abweichend von den §§ 3, 22, 24, 25, 27a bis 30, 39 bis 39n, 44b, 44c, 50, 50a, 52 und 55 für Biomasseanlagen Regelungen vorzusehen

1. zu Verfahren und Inhalt der Ausschreibungen, insbesondere
    a) zu der Aufteilung des Ausschreibungsvolumens in Teilmengen und dem Ausschluss einzelner Teilsegmente von der Ausschreibung, wobei insbesondere unterschieden werden kann
        aa) nach dem Inbetriebnahmedatum der Anlagen oder
        bb) zwischen fester und gasförmiger Biomasse,
    b) zu der Bestimmung von Mindest- und Höchstgrößen von Teillosen,
    c) zu der Festlegung von Höchstwerten für den Anspruch nach § 19 Absatz 1 oder § 50,
    d) zu der Preisbildung und dem Ablauf der Ausschreibungen,
2. zu weiteren Voraussetzungen, insbesondere
    a) die Bemessungsleistung oder die installierte Leistung der Anlage zu begrenzen und eine Verringerung oder einen Wegfall der finanziellen Förderung vorzusehen, wenn die Grenze überschritten wird,
    b) die Zusammenfassung von Anlagen abweichend von § 24 Absatz 1 zu regeln,

---

[1]) Siehe die Grenzüberschreitende-Erneuerbare-Energien-VO v. 10.8.2017 (BGBl. I S. 3102), zuletzt geänd. durch G v. 21.12.2020 (BGBl. I S. 3138).

c) Anforderungen und Zahlungsansprüche festzulegen oder auszuschließen, die auch abweichend von den §§ 39i, 44b und 50a der Flexibilisierung der Anlagen dienen,

d) abweichend von § 27a zu regeln, ob und in welchem Umfang der erzeugte Strom vom Anlagenbetreiber selbst verbraucht werden darf und ob und in welchem Umfang selbst erzeugter Strom und verbrauchter Strom bei der Ermittlung der Bemessungsleistung angerechnet werden kann,

e) abweichende Regelungen zu treffen zu
   aa) dem Anlagenbegriff nach § 3 Nummer 1,
   bb) dem Inbetriebnahmebegriff nach § 3 Nummer 30 und
   cc) Beginn und Dauer des Anspruchs nach § 19 Absatz 1,

f) den Übergangszeitraum nach der Zuschlagserteilung nach § 39g Absatz 2 zu bestimmen,

3. zu den Anforderungen für die Teilnahme an den Ausschreibungen, insbesondere

   a) Mindestanforderungen an die Eignung der Teilnehmer zu stellen,
   b) Anforderungen an den Planungs- und Genehmigungsstand der Projekte zu stellen,
   c) Anforderungen zu der Art, der Form und dem Inhalt von Sicherheiten zu stellen, die von allen Teilnehmern an Ausschreibungen oder nur im Fall der Zuschlagserteilung zu leisten sind, um eine Inbetriebnahme und den Betrieb der Anlage sicherzustellen, und die entsprechenden Regelungen zur teilweisen oder vollständigen Zurückzahlung dieser Sicherheiten,
   d) festzulegen, wie Teilnehmer an den Ausschreibungen die Einhaltung der Anforderungen nach den Buchstaben a bis c nachweisen müssen,

4. zu der Art, der Form und dem Inhalt der Zuschlagserteilung im Rahmen einer Ausschreibung und zu den Kriterien für die Zuschlagserteilung,

5. zu Anforderungen, die den Betrieb der Anlagen sicherstellen sollen, insbesondere wenn eine Anlage nicht oder verspätet in Betrieb genommen worden ist oder nicht in einem ausreichenden Umfang betrieben wird,

   a) eine Untergrenze für die Bemessungsleistung festzulegen,
   b) eine Verringerung oder einen Wegfall der finanziellen Förderung vorzusehen, wenn die Untergrenze nach Buchstabe a unterschritten wird,
   c) eine Pflicht zu einer Geldzahlung vorzusehen und deren Höhe und die Voraussetzungen für die Zahlungspflicht zu regeln,
   d) Kriterien für einen Ausschluss von Bietern bei künftigen Ausschreibungen zu regeln und
   e) die Möglichkeit vorzusehen, die im Rahmen der Ausschreibungen vergebenen Zuschläge nach Ablauf einer bestimmten Frist zu entziehen oder zu ändern und danach erneut zu vergeben, oder die Dauer oder Höhe des Anspruchs nach § 19 Absatz 1 nach Ablauf einer bestimmten Frist zu ändern,

6. zu der Art, der Form und dem Inhalt der Veröffentlichungen der Bekanntmachung von Ausschreibungen, der Ausschreibungsergebnisse und der erforderlichen Mitteilungen an die Netzbetreiber,

7. zu Auskunftsrechten der Bundesnetzagentur gegenüber anderen Behörden, soweit dies für die Ausschreibungen erforderlich ist,

8. zu den nach den Nummern 1 bis 7 zu übermittelnden Informationen,

Erneuerbare-Energien-Gesetz **§ 88a EEG 2021 8.2**

9. die Bundesnetzagentur zu ermächtigen, unter Berücksichtigung des Zwecks und Ziels nach § 1 Festlegungen nach § 29 Absatz 1 des Energiewirtschaftsgesetzes zu den Ausschreibungen zu regeln, einschließlich der Ausgestaltung der Regelungen nach den Nummern 1 bis 8.

**§ 88a Verordnungsermächtigung zu grenzüberschreitenden Ausschreibungen.** (1) Die Bundesregierung wird ermächtigt, unter den in § 5 genannten Voraussetzungen durch Rechtsverordnung[1]) ohne Zustimmung des Bundesrates Regelungen zu Ausschreibungen zu treffen, die Anlagen im Bundesgebiet und in einem oder mehreren anderen Mitgliedstaaten der Europäischen Union offenstehen, insbesondere

1. zu regeln, dass ein Anspruch auf Zahlung nach diesem Gesetz auch für Anlagen besteht, die in einem anderen Mitgliedstaat der Europäischen Union errichtet worden sind, wenn
   a) der Anlagenbetreiber über einen Zuschlag oder eine Zahlungsberechtigung verfügt, die im Rahmen einer Ausschreibung durch Zuschlag erteilt worden ist, und
   b) die weiteren Voraussetzungen für den Zahlungsanspruch nach diesem Gesetz erfüllt sind, soweit auf der Grundlage der folgenden Nummern keine abweichenden Regelungen in der Rechtsverordnung getroffen worden sind,
2. abweichend von den §§ 23 bis 55a Regelungen zu Verfahren und Inhalt der Ausschreibungen zu treffen, insbesondere
   a) zur kalenderjährlich insgesamt auszuschreibenden installierten Leistung in Megawatt,
   b) zur Anzahl der Ausschreibungen pro Jahr und zur Aufteilung des jährlichen Ausschreibungsvolumens auf die Ausschreibungen eines Jahres,
   c) zur Festlegung von Höchstwerten,
   d) den Anspruch nach § 19 Absatz 1 auf Anlagen auf bestimmten Flächen zu begrenzen,
   e) die Anlagengröße zu begrenzen und abweichend von § 24 Absatz 1 und 2 die Zusammenfassung von Anlagen zu regeln,
   f) Anforderungen zu stellen, die der Netz- oder Systemintegration der Anlagen dienen,
3. abweichend von den §§ 30, 31, 34 und 36 bis 39m Anforderungen für die Teilnahme an den Ausschreibungen zu regeln, insbesondere
   a) Mindestanforderungen an die Eignung der Teilnehmer zu stellen,
   b) Mindest- oder Höchstgrenzen für Gebote oder Teillose zu bestimmen,
   c) Anforderungen an den Planungs- oder Genehmigungsstand der Anlagen zu stellen,
   d) finanzielle Anforderungen an die Teilnahme an der Ausschreibung zu stellen,
   e) Anforderungen zu der Art, der Form und dem Inhalt von Sicherheiten zu stellen, die von allen Teilnehmern oder nur im Fall der Zuschlagser-

---

[1]) Siehe die MarktstammdatenregisterVO v. 10.4.2017 (BGBl. I S. 842), zuletzt geänd. durch G v. 16.7.2021 (BGBl. I S. 3026), und die Grenzüberschreitende-Erneuerbare-Energien-VO v. 10.8.2017 (BGBl. I S. 3102), zuletzt geänd. durch G v. 21.12.2020 (BGBl. I S. 3138).

teilung zu leisten sind, um eine Inbetriebnahme und den Betrieb der Anlage sicherzustellen, und die entsprechenden Regelungen zur teilweisen oder vollständigen Zurückzahlung dieser Sicherheiten,

    f) festzulegen, wie Teilnehmer die Einhaltung der Anforderungen nach den Buchstaben a bis e nachweisen müssen,

4. die Art, die Form, das Verfahren, den Inhalt der Zuschlagserteilung, die Kriterien für die Zuschlagserteilung und die Bestimmung des Zuschlagswerts zu regeln,

5. die Art, die Form und den Inhalt der durch einen Zuschlag vergebenen Zahlungsansprüche zu regeln, insbesondere zu regeln,

    a) dass die Zahlungen für elektrische Arbeit pro Kilowattstunde auch abweichend von den Bestimmungen in den §§ 19 bis 55a und Anlage 1 und 3 zu leisten sind,

    b) unter welchen Voraussetzungen die Zahlungen erfolgen; hierbei können insbesondere getroffen werden

        aa) abweichende Bestimmungen von § 27a,

        bb) Bestimmungen zur Verhinderung von Doppelzahlungen durch zwei Staaten und

        cc) abweichende Bestimmungen von § 80 Absatz 2 zur Ausstellung von Herkunftsnachweisen,

    c) wie sich die Höhe und die Dauer der Zahlungen berechnen und

    d) wie die Standortbedingungen die Höhe der Zahlungen beeinflussen,

6. Regelungen zu treffen, um die Errichtung, die Inbetriebnahme und den Betrieb der Anlagen sicherzustellen, insbesondere wenn eine Anlage nicht oder verspätet in Betrieb genommen worden ist oder nicht in einem ausreichenden Umfang betrieben wird,

    a) eine Pflicht zu einer Geldzahlung vorzusehen und deren Höhe und die Voraussetzungen für die Zahlungspflicht zu regeln,

    b) Kriterien für einen Ausschluss von Bietern bei künftigen Ausschreibungen zu regeln und

    c) die Möglichkeit vorzusehen, die im Rahmen der Ausschreibungen vergebenen Zuschläge oder Zahlungsberechtigungen nach Ablauf einer bestimmten Frist zu entziehen oder zu ändern und danach erneut zu vergeben oder die Dauer oder Höhe des Förderanspruchs nach Ablauf einer bestimmten Frist zu ändern,

7. zu der Art, der Form und dem Inhalt der Veröffentlichungen der Ausschreibungen, der Ausschreibungsergebnisse und der erforderlichen Mitteilungen an die Netzbetreiber,

8. zur Übertragbarkeit von Zuschlägen oder Zahlungsberechtigungen vor der Inbetriebnahme der Anlage und ihrer verbindlichen Zuordnung zu einer Anlage, insbesondere

    a) zu den zu beachtenden Frist- und Formerfordernissen und Mitteilungspflichten,

    b) zu dem Kreis der berechtigten Personen und den an diese zu stellenden Anforderungen,

9. zu regeln, dass abweichend von § 5 der Strom nicht im Bundesgebiet erzeugt oder im Bundesgebiet in ein Netz eingespeist werden muss,

10. zum Anspruchsgegner, der zur Zahlung verpflichtet ist, zur Erstattung der entsprechenden Kosten und zu den Voraussetzungen des Anspruchs auf Zahlung in Abweichung von den §§ 19 bis 27, 51 bis 54a,
11. zum Umfang der Zahlungen und zur anteiligen Zahlung des erzeugten Stroms aufgrund dieses Gesetzes und durch einen anderen Mitgliedstaat der Europäischen Union,
12. zu den nach den Nummern 1 bis 11 zu übermittelnden Informationen und dem Schutz der in diesem Zusammenhang übermittelten personenbezogenen Daten,
13. abweichend von § 35, den §§ 70 bis 72 und 75 bis 77 sowie von der Marktstammdatenregisterverordnung Mitteilungs- und Veröffentlichungspflichten zu regeln,
14. abweichend von den §§ 8 bis 17 dieses Gesetzes sowie den §§ 13 und 13a des Energiewirtschaftsgesetzes Regelungen zur Netz- und Systemintegration zu treffen,
15. abweichend von den §§ 56 bis 61l und der Rechtsverordnung nach § 91 Regelungen zu den Kostentragungspflichten und dem bundesweiten Ausgleich der Kosten der finanziellen Förderung der Anlagen zu treffen,
16. abweichend von § 81 Regelungen zur Vermeidung oder Beilegung von Streitigkeiten durch die Clearingstelle und von § 85 abweichende Regelungen zur Kompetenz der Bundesnetzagentur zu treffen,
17. zu regeln, ob die deutschen Gerichte oder die Gerichte des Kooperationsstaates in verwaltungsrechtlichen Streitigkeiten über die Zahlungen oder über die Ausschreibungen zuständig sein sollen und ob sie hierbei deutsches Recht oder das Recht des Kooperationsstaates anwenden sollen.

(2) Die Bundesregierung wird ermächtigt, durch Rechtsverordnung ohne Zustimmung des Bundesrates für Anlagenbetreiber von Anlagen zur Erzeugung von Strom aus erneuerbaren Energien, die im Bundesgebiet errichtet worden sind und einen Anspruch auf Zahlung nach einem Fördersystem eines anderen Mitgliedstaates der Europäischen Union haben,

1. abweichend von den §§ 19 bis 87 die Höhe der Zahlungen oder den Wegfall des Anspruchs nach den §§ 19 und 50 zu regeln, soweit ein Zahlungsanspruch aus einem anderen Mitgliedstaat besteht,
2. die Erstreckung des Doppelvermarktungsverbots nach § 80 auch auf diese Anlagen zu regeln und
3. abweichend von § 13a Absatz 2 des Energiewirtschaftsgesetzes den angemessenen finanziellen Ausgleich zu regeln.

(3) Die Bundesregierung wird ermächtigt, durch Rechtsverordnung ohne Zustimmung des Bundesrates

1. die Bundesnetzagentur zu ermächtigen, unter Berücksichtigung des Zwecks und Ziels nach § 1 Festlegungen nach § 29 Absatz 1 des Energiewirtschaftsgesetzes zu den Ausschreibungen zu treffen, einschließlich der Ausgestaltung der Regelungen nach den Absätzen 1 und 2 und
2. das Bundesministerium für Wirtschaft und Energie zu ermächtigen, im Rahmen von völkerrechtlichen Vereinbarungen mit den anderen Mitgliedstaaten der Europäischen Union unter Berücksichtigung des Zwecks und Ziels nach § 1 und der Vorgaben nach § 5

a) Regelungen mit anderen Mitgliedstaaten der Europäischen Union zu den Ausschreibungen festzulegen, einschließlich der Ausgestaltung der Regelungen nach den Absätzen 1 und 2,
b) die Voraussetzungen für die Zulässigkeit der Zahlungen an Betreiber von Anlagen im Bundesgebiet nach dem Fördersystem des anderen Mitgliedstaates der Europäischen Union zu regeln und
c) einer staatlichen oder privaten Stelle in der Bundesrepublik Deutschland oder in einem anderen Mitgliedstaat der Europäischen Union die Aufgaben der ausschreibenden Stelle nach Absatz 1 oder 2 zu übertragen und festzulegen, wer die Zahlungen an die Anlagenbetreiber leisten muss.

(4) Die Bundesregierung wird ermächtigt, in der Rechtsverordnung nach den Absätzen 1 und 2 unterschiedliche Varianten zu regeln und im Rahmen von völkerrechtlichen Vereinbarungen mit anderen Mitgliedstaaten der Europäischen Union

1. zu entscheiden, welche in der Rechtsverordnung nach den Absätzen 1 und 2 getroffenen Regelungen im Rahmen der Ausschreibung mit dem jeweiligen Mitgliedstaat der Europäischen Union Anwendung finden sollen und
2. zu regeln, welche staatliche oder private Stelle in der Bundesrepublik Deutschland oder in einem anderen Mitgliedstaat der Europäischen Union die ausschreibende Stelle nach Absatz 1 oder 2 ist und wer die Zahlungen an die Anlagenbetreiber leisten muss.

**§ 88b Verordnungsermächtigung zur Anschlussförderung von Güllekleinanlagen.** Das Bundesministerium für Wirtschaft und Energie wird ermächtigt, im Einvernehmen mit dem Bundesministerium für Ernährung und Landwirtschaft durch Rechtsverordnung ohne Zustimmung des Bundesrates abweichend von den §§ 39g und 44 eine Anschlussförderung einzuführen für Anlagen,

1. bei denen der ursprüngliche Anspruch auf Zahlung nach der für die Anlage maßgeblichen Fassung des Erneuerbare-Energien-Gesetzes beendet ist,
2. in denen mit Beginn der Anschlussförderung Biogas eingesetzt wird, zu dessen Erzeugung in dem jeweiligen Kalenderjahr durchschnittlich ein Anteil von Gülle mit Ausnahme von Geflügelmist und Geflügeltrockenkot von mindestens 80 Masseprozent eingesetzt wird, und
3. die eine installierte Leistung von 150 Kilowatt nicht überschreiten.

**§ 88c Verordnungsermächtigung zur Zielerreichung.** Soweit das Monitoring zur Zielerreichung nach § 98 ergibt, dass die erneuerbaren Energien nicht in der für die Erreichung des Ziels nach § 1 Absatz 2 erforderlichen Geschwindigkeit ausgebaut werden, wird die Bundesregierung ermächtigt, durch Rechtsverordnung ohne Zustimmung des Bundesrates

1. den Ausbaupfad nach § 4 neu festzusetzen,
2. die jährlichen Zwischenziele für die Stromerzeugung aus erneuerbaren Energien nach § 4a neu festzusetzen,
3. im Anwendungsbereich der §§ 28 bis 28c Ausschreibungsvolumen für einzelne oder mehrere Kalenderjahre oder die Verteilung der Ausschreibungsvolumen auf die Gebotstermine eines Kalenderjahres neu festzusetzen; hier-

bei kann auch die Anzahl der Gebotstermine eines Kalenderjahres abweichend geregelt werden, und

4. die Höchstwerte nach den §§ 36b, 37b, 38e, 39b oder § 39l dieses Gesetzes oder nach § 10 der Innovationsausschreibungsverordnung neu festzusetzen.

### § 88d Verordnungsermächtigung zu Innovationsausschreibungen.

Die Bundesregierung wird ermächtigt, durch Rechtsverordnung[1]) ohne Zustimmung des Bundesrates Innovationsausschreibungen nach § 39n einzuführen; hierfür kann sie Regelungen treffen

1. zu Verfahren und Inhalt der Ausschreibungen, insbesondere
   a) zu der Aufteilung des Ausschreibungsvolumens der Innovationsausschreibung in Teilmengen, zu den Gebotsterminen, die auch abweichend von § 28c festgelegt werden dürfen, und dem Ausschluss von Anlagen, wobei insbesondere unterschieden werden kann
      aa) nach Regionen und Netzebenen,
      bb) nach Vorgaben aus Netz- und Systemsicht,
   b) zu der Bestimmung von Mindest- und Höchstgrößen von Teillosen,
   c) zu der Festlegung von Höchstwerten,
   d) zu der Preisbildung und dem Ablauf der Ausschreibungen und
   e) zu den Zuschlagsverfahren, insbesondere Regelungen, die das Ausschreibungsvolumen bei Unterzeichnung in Abhängigkeit von der Gebotsmenge reduzieren,
2. abweichend von den §§ 19 bis 35a und 51 bis 53a zu Art, Form und Inhalt der durch einen Zuschlag zu vergebenden Zahlungsansprüche
   a) für elektrische Arbeit pro Kilowattstunde, insbesondere auch durch die Zahlung von technologieneutralen fixen Marktprämien und den Ausschluss einer Zahlung bei negativen Preisen,
   b) für die Bereitstellung installierter oder bereitgestellter systemdienlicher Leistung in Euro pro Kilowatt,
   c) für die Bereitstellung von Systemdienstleistungen als Zahlung für geleistete Arbeit oder die bereitgestellte Leistung,
3. zu besonderen Zuschlags- und Zahlungsanforderungen, mit denen der Innovationscharakter festgestellt wird, insbesondere
   a) zum Bau und Betrieb von netz- und systemdienlich ausgelegten Anlagen,
   b) zur Steigerung der Flexibilität der Anlagen,
   c) zur besseren Nutzung der Netzanschlusskapazität, insbesondere können von den Anlagenbetreibern auch Zahlungen für Netzkapazitäten verlangt werden,
   d) zu einem verstärkten Einsatz von Anlagen für Systemdienstleistungen,
   e) zu Ansätzen zur Minderung der Abregelung von Anlagen und
   f) zur Nachweisführung über das Vorliegen der Zuschlags- und Zahlungsvoraussetzungen,

---

[1]) Siehe die InnovationsausschreibungsVO v. 20.1.2020 (BGBl. I S. 106), zuletzt geänd. durch G v. 16.7.2021 (BGBl. I S. 3026).

4. zu den Anforderungen für die Teilnahme an den Ausschreibungen, insbesondere
   a) Mindestanforderungen an die Eignung der Teilnehmer stellen,
   b) Mindestanforderungen an die Anlagen stellen, insbesondere auch die Kombination von unterschiedlichen Anlagen zur Erzeugung von Strom aus erneuerbaren Energien untereinander oder mit Speichern vorzuschreiben,
   c) Anforderungen an den Planungs- und Genehmigungsstand der Projekte stellen,
   d) Anforderungen zu der Art, der Form und dem Inhalt von Sicherheiten stellen, die von allen Teilnehmern an Ausschreibungen oder nur im Fall der Zuschlagserteilung zu leisten sind, um eine Inbetriebnahme und den Betrieb der Anlage sicherzustellen, und die entsprechenden Regelungen zur teilweisen oder vollständigen Zurückzahlung dieser Sicherheiten treffen,
   e) festlegen, wie Teilnehmer an den Ausschreibungen die Einhaltung von Anforderungen nach den Buchstaben a bis d nachweisen müssen,
5. zu der Art, der Form und dem Inhalt der Zuschlagserteilung im Rahmen einer Ausschreibung und zu den Kriterien für die Zuschlagserteilung, insbesondere falls der Zuschlag nicht allein nach dem kostengünstigsten Gebot erteilt werden soll,
   a) Wertungskriterien für die Beurteilung des Innovationscharakters sowie deren Einfluss auf die Zuschlagswahrscheinlichkeit,
   b) Wertungskriterien für die Beurteilung des Beitrags zur Netz- und Systemdienlichkeit sowie deren Einfluss auf die Zuschlagswahrscheinlichkeit,
6. zu Anforderungen, die den Betrieb der Anlagen sicherstellen sollen, insbesondere wenn eine Anlage nicht oder verspätet in Betrieb genommen worden ist oder nicht in einem ausreichenden Umfang betrieben wird,
   a) eine Untergrenze für die zu erbringende ausgeschriebene und bezuschlagte Leistung in Form von Arbeit oder Leistung festlegen,
   b) eine Verringerung oder einen Wegfall der Zahlungen vorsehen, wenn die Untergrenze nach Buchstabe a unterschritten ist,
   c) eine Pflicht zu einer Geldzahlung vorsehen und deren Höhe und die Voraussetzungen für die Zahlungspflicht regeln,
   d) Kriterien für einen Ausschluss von Bietern bei künftigen Ausschreibungen regeln und
   e) die Möglichkeit vorsehen, die im Rahmen der Ausschreibungen vergebenen Zuschläge nach Ablauf einer bestimmten Frist zu entziehen oder zu ändern und danach erneut zu vergeben oder die Dauer oder Höhe des Zahlungsanspruchs nach Ablauf einer bestimmten Frist zu ändern,
7. zu der Art, der Form und dem Inhalt der Veröffentlichungen und Bekanntmachung von Ausschreibungen, der Ausschreibungsergebnisse und der erforderlichen Mitteilungen an die Netzbetreiber,
8. zu Auskunftsrechten der Bundesnetzagentur gegenüber den Netzbetreibern und anderen Behörden, soweit dies für die Ausschreibungen erforderlich ist,
9. zu den nach den Nummern 1 bis 7 zu übermittelnden Informationen,

10. die Bundesnetzagentur zu ermächtigen, unter Berücksichtigung des Zwecks und Ziels nach § 1 Festlegungen zu den Ausschreibungen zu regeln, einschließlich der Ausgestaltung der Regelungen nach den Nummern 1 bis 8.

### § 89 Verordnungsermächtigung zur Stromerzeugung aus Biomasse.

(1) Die Bundesregierung wird ermächtigt, durch Rechtsverordnung[1] ohne Zustimmung des Bundesrates im Anwendungsbereich der §§ 42 bis 44 zu regeln,

1. welche Stoffe als Biomasse gelten und
2. welche technischen Verfahren zur Stromerzeugung angewandt werden dürfen.

(2) Die Bundesregierung wird ferner ermächtigt, durch Rechtsverordnung ohne Zustimmung des Bundesrates im Anwendungsbereich des § 44b Absatz 4 Nummer 2 Anforderungen an ein Massenbilanzsystem zur Rückverfolgung von aus einem Erdgasnetz entnommenem Gas zu regeln.

### § 90 Verordnungsermächtigung zu Nachhaltigkeitsanforderungen für Biomasse.

Das Bundesministerium für Umwelt, Naturschutz und nukleare Sicherheit wird ermächtigt, im Einvernehmen mit dem Bundesministerium für Wirtschaft und Energie und dem Bundesministerium für Ernährung und Landwirtschaft durch Rechtsverordnung[2] ohne Zustimmung des Bundesrates

1. zu regeln, dass der Anspruch auf Zahlung nach § 19 Absatz 1 und § 50 für Strom aus fester, flüssiger oder gasförmiger Biomasse nur besteht, wenn die zur Stromerzeugung eingesetzte Biomasse folgende Anforderungen erfüllt:
    a) bestimmte ökologische und sonstige Anforderungen an einen nachhaltigen Anbau und an die durch den Anbau in Anspruch genommenen Flächen, insbesondere zum Schutz natürlicher Lebensräume, von Grünland mit großer biologischer Vielfalt im Sinne der Richtlinie (EU) 2018/2001 und von Flächen mit hohem Kohlenstoffbestand,
    b) bestimmte ökologische und soziale Anforderungen an eine nachhaltige Herstellung,
    c) ein bestimmtes Treibhausgas-Minderungspotenzial, das bei der Stromerzeugung mindestens erreicht werden muss,
2. die Anforderungen nach Nummer 1 einschließlich der Vorgaben zur Ermittlung des Treibhausgas-Minderungspotenzials nach Nummer 1 Buchstabe c zu regeln,
3. festzulegen, wie Anlagenbetreiber die Einhaltung der Anforderungen nach den Nummern 1 und 2 nachweisen müssen; dies schließt Regelungen ein
    a) zum Inhalt, zu der Form und der Gültigkeitsdauer dieser Nachweise einschließlich Regelungen zur Anerkennung von Nachweisen, die nach dem Recht der Europäischen Union oder eines anderen Staates als Nachweis über die Erfüllung von Anforderungen nach Nummer 1 anerkannt wurden,
    b) zur Einbeziehung von Systemen und unabhängigen Kontrollstellen in die Nachweisführung und

---

[1] Siehe die BiomasseVO (Nr. **8.2.1**).
[2] Siehe die Biomassestrom-NachhaltigkeitsVO v. 2.12.2021 (BGBl. I S. 5126).

c) zu den Anforderungen an die Anerkennung von Systemen und unabhängigen Kontrollstellen sowie zu den Maßnahmen zu ihrer Überwachung einschließlich erforderlicher Auskunfts-, Einsichts-, Probenentnahme- und Weisungsrechte sowie des Rechts der zuständigen Behörde oder unabhängiger Kontrollstellen, während der Geschäfts- oder Betriebszeit Grundstücke, Geschäfts-, Betriebs- und Lagerräume sowie Transportmittel zu betreten, soweit dies für die Überwachung oder Kontrolle erforderlich ist,

4. die Bundesanstalt für Landwirtschaft und Ernährung mit Aufgaben zu betrauen, die die Einhaltung der in der Rechtsverordnung nach den Nummern 1 bis 3 geregelten Anforderungen sicherstellen, insbesondere mit der näheren Bestimmung der in der Rechtsverordnung auf Grund der Nummern 1 und 2 geregelten Anforderungen sowie mit der Wahrnehmung von Aufgaben nach Nummer 3.

**§ 91 Verordnungsermächtigung zum Ausgleichsmechanismus.** Die Bundesregierung wird ermächtigt, zur Weiterentwicklung des bundesweiten Ausgleichsmechanismus durch Rechtsverordnung[1]) ohne Zustimmung des Bundesrates zu regeln,

1. dass Vorgaben zur Vermarktung des nach diesem Gesetz kaufmännisch abgenommenen Stroms gemacht werden können, einschließlich

   a) der Möglichkeit, die Vergütungszahlungen und Transaktionskosten durch finanzielle Anreize abzugelten oder Übertragungsnetzbetreiber an den Gewinnen und Verlusten bei der Vermarktung zu beteiligen,

   b) der Überwachung der Vermarktung,

   c) Anforderungen an die Vermarktung und Kontoführung sowie an die Ermittlung der EEG-Umlage und des Werts des Abzugs für Strom aus ausgeförderten Anlagen nach § 53 Absatz 2 einschließlich von Veröffentlichungs- und Transparenzpflichten, Fristen und Übergangsregelungen für den finanziellen Ausgleich,

2. dass und unter welchen Voraussetzungen die Übertragungsnetzbetreiber berechtigt werden können,

   a) mit Anlagenbetreibern vertragliche Vereinbarungen zu treffen, die unter angemessener Berücksichtigung des Einspeisevorrangs der Optimierung der Vermarktung des Stroms dienen; dies schließt die Berücksichtigung der durch solche Vereinbarungen entstehenden Kosten im Rahmen des Ausgleichsmechanismus ein, sofern sie volkswirtschaftlich angemessen sind,

   b) Anlagen, die nach dem 31. Dezember 2015 in Betrieb genommen werden, bei andauernden negativen Preisen abzuregeln,

3. dass die Übertragungsnetzbetreiber verpflichtet werden können, insbesondere für die Verrechnung der Verkaufserlöse, der notwendigen Transaktionskosten und der Vergütungszahlungen ein gemeinsames transparentes EEG-Konto zu führen,

---

[1]) Siehe die Erneuerbare-Energien-VO v. 17.2.2015 (BGBl. I S. 146), zuletzt geänd. durch G v. 10.8.2021 (BGBl. I S. 3436), und die Erneuerbare-Energien-AusführungsVO v. 22.2.2010 (BGBl. I S. 134), zuletzt geänd. durch G v. 21.12.2020 (BGBl. I S. 3138).

Erneuerbare-Energien-Gesetz § 92 EEG 2021 8.2

4. dass die Übertragungsnetzbetreiber verpflichtet werden können, gemeinsam auf Grundlage der prognostizierten Strommengen aus erneuerbaren Energien und Grubengas die voraussichtlichen Kosten und Erlöse einschließlich einer Liquiditätsreserve für das folgende Kalenderjahr und unter Verrechnung des Saldos des EEG-Kontos für das folgende Kalenderjahr eine bundesweit einheitliche EEG-Umlage zu ermitteln und in nicht personenbezogener Form zu veröffentlichen,

5. dass die Aufgaben der Übertragungsnetzbetreiber ganz oder teilweise auf Dritte übertragen werden können, die im Rahmen eines wettbewerblichen, objektiven, transparenten und diskriminierungsfreien Verfahrens ermittelt worden sind; dies schließt Regelungen für das hierfür durchzuführende Verfahren einschließlich des wettbewerblichen Verfahrens der von den Übertragungsnetzbetreibern im Rahmen des bundesweiten Ausgleichs erbrachten Dienstleistungen oder der EEG-Strommengen sowie die Möglichkeit ein, die Aufgabenwahrnehmung durch Dritte abweichend von jener durch die Übertragungsnetzbetreiber zu regeln,

6. die erforderlichen Anpassungen an die Regelungen der Direktvermarktung sowie die erforderlichen Anpassungen der besonderen Ausgleichsregelung für stromintensive Unternehmen und Schienenbahnen, der Regelung zur nachträglichen Korrekturmöglichkeit, der Befugnisse der Bundesnetzagentur, der Übermittlungs- und Veröffentlichungspflichten sowie der EEG-Umlage an den weiterentwickelten Ausgleichsmechanismus.

**§ 92 Verordnungsermächtigung zu Herkunftsnachweisen und Regionalnachweisen.** Das Bundesministerium für Wirtschaft und Energie wird ermächtigt, im Einvernehmen mit dem Bundesministerium der Justiz und für Verbraucherschutz durch Rechtsverordnung[1]) ohne Zustimmung des Bundesrates

1. die Anforderungen zu regeln an
    a) die Ausstellung, Übertragung, Entwertung und Verwendung von Herkunftsnachweisen nach § 79 Absatz 1 und von Regionalnachweisen nach § 79a Absatz 1 und
    b) die Anerkennung von Herkunftsnachweisen nach § 79 Absatz 3,
2. den Inhalt, die Form und die Gültigkeitsdauer der Herkunftsnachweise und der Regionalnachweise festzulegen,
3. das Verfahren für die Ausstellung, Anerkennung, Übertragung, Entwertung und Verwendung von Herkunftsnachweisen und für die Ausstellung, Übertragung, Entwertung und Verwendung von Regionalnachweisen zu regeln sowie festzulegen, wie Antragsteller dabei die Einhaltung der Anforderungen nach Nummer 1 nachweisen müssen,
4. die Ausgestaltung des Herkunftsnachweisregisters nach § 79 Absatz 4 und des Regionalnachweisregisters nach § 79a Absatz 4 zu regeln sowie festzulegen, welche Angaben an diese Register übermittelt werden müssen, wer zur Übermittlung verpflichtet ist und in welchem Umfang Netzbetreiber Auskunft über die Ausstellung, Übertragung und Entwertung von Regionalnachweisen verlangen können; dies schließt Regelungen zum

---

[1]) Siehe die Herkunfts- und Regionalnachweis-DurchführungsVO v. 8.11.2018 (BGBl. I S. 1853, 1854), zuletzt geänd. durch VO v. 14.7.2021 (BGBl. I S. 2860).

Schutz personenbezogener Daten ein, in denen Art, Umfang und Zweck der Speicherung sowie Löschungsfristen festgelegt werden müssen,

5. abweichend von § 79 Absatz 7 und von § 79a Absatz 10 zu regeln, dass Herkunftsnachweise oder Regionalnachweise Finanzinstrumente im Sinn des § 1 Absatz 11 des Kreditwesengesetzes oder des § 2 Absatz 4 des Wertpapierhandelsgesetzes sind,
6. abweichend von § 78 im Rahmen der Stromkennzeichnung die Ausweisung von Strom zu regeln, für den eine Zahlung nach § 19 in Anspruch genommen wird; hierbei kann insbesondere abweichend von § 79 Absatz 1 auch die Ausstellung von Herkunftsnachweisen für diesen Strom an die Übertragungsnetzbetreiber geregelt werden,
7. im Anwendungsbereich von § 79a Absatz 6 zu regeln und zu veröffentlichen, welche Postleitzahlengebiete jeweils eine Region für die regionale Grünstromkennzeichnung um ein oder mehrere Postleitzahlengebiete, in denen Strom verbraucht wird, bilden,
8. für Strom aus Anlagen außerhalb des Bundesgebiets, die einen Zuschlag in einer Ausschreibung nach § 5 Absatz 2 Satz 3 erhalten haben:

   a) zu bestimmen, welche Gebiete in den betreffenden Staaten von der jeweiligen Region für die regionale Grünstromkennzeichnung nach § 79a Absatz 6 umfasst sind, und die Veröffentlichung dieser Gebiete zu regeln,

   b) Anforderungen zu regeln an die Ausstellung, Übertragung und Entwertung von Regionalnachweisen aus Anlagen in Gebieten nach Buchstabe a,
9. den Betrag, um den sich der anzulegende Wert für Anlagen mit gesetzlich bestimmtem anzulegendem Wert reduziert, abweichend von § 53b festzulegen,
10. im Anwendungsbereich von § 79a Absatz 5 Satz 3 Bestimmungen zum Nachweis zu treffen, dass die Übertragung von Regionalnachweisen nur entlang der vertraglichen Lieferkette erfolgt ist,
11. die konkrete Gestaltung der Ausweisung der regionalen Herkunft nach § 79a in der Stromkennzeichnung zu regeln, insbesondere die textliche und grafische Darstellung.

**§ 93 Verordnungsermächtigung zu Anforderungen an Grünen Wasserstoff.** ¹Die Bundesregierung wird ermächtigt, durch Rechtsverordnung ohne Zustimmung des Bundesrates

1. zu bestimmen, dass die Begrenzung nach § 64a nur von Unternehmen in Anspruch genommen werden kann, die Grünen Wasserstoff herstellen,
2. die Anforderungen an die Herstellung von Grünem Wasserstoff

   a) im Anwendungsbereich des § 64a in Verbindung mit Nummer 1 oder

   b) im Anwendungsbereich des § 69b

   zu bestimmen; hierbei können inhaltliche, räumliche oder zeitliche Anforderungen gestellt werden, um sicherzustellen, dass nur Wasserstoff als Grüner Wasserstoff gilt, der glaubhaft mit Strom aus erneuerbaren Energien erzeugt wurde und der mit dem Ziel einer nachhaltigen Entwicklung der Energieversorgung vereinbar ist; hierbei ist auch vorzusehen, dass für die Herstellung des Wasserstoffs nur Strom aus erneuerbaren Energien verbraucht werden darf, der keine finanzielle Förderung nach diesem Gesetz in Anspruch genommen hat,

3. im Anwendungsbereich des § 69b unterschiedliche Anforderungen zu regeln und zu bestimmen, dass die EEG-Umlage zu einem bestimmten Prozentsatz zu zahlen ist, wenn bestimmte Anforderungen erfüllt werden, die geringer sind als die Anforderungen für die Begrenzung der EEG-Umlage nach § 69b auf null,

4. die Nachweisführung für die Einhaltung der Anforderungen nach den Nummern 2 und 3 zu regeln,

5. im Anwendungsbereich des § 64a in Verbindung mit Nummer 1 zu regeln, wie schutzwürdiges Vertrauen, das Unternehmen vor dem Erlass dieser Verordnung gebildet haben, geschützt wird; hierbei können auch unterschiedliche Anforderungen an die Herstellung von Grünem Wasserstoff vorgesehen werden, und

6. besondere Bestimmungen zu Demonstrations- und Pilotvorhaben zu regeln.

²Soweit eine Rechtsverordnung auf Grund von Satz 1 Nummer 2 bestimmt, dass § 64a oder § 69b nur für einen bestimmten Anteil der Vollbenutzungsstunden in einem Kalenderjahr in Anspruch genommen werden darf, wird das Bundesministerium für Wirtschaft und Energie ermächtigt, im Einvernehmen mit dem Bundesministerium für Umwelt, Naturschutz und nukleare Sicherheit durch Rechtsverordnung ohne Zustimmung des Bundesrates diese Anzahl abweichend zu regeln.

**§ 94 Verordnungsermächtigungen zur Besonderen Ausgleichsregelung.** Das Bundesministerium für Wirtschaft und Energie wird ermächtigt, durch Rechtsverordnung[1]) ohne Zustimmung des Bundesrates

1. Vorgaben zu regeln zur Festlegung von Effizienzanforderungen, die bei der Berechnung des standardisierten Stromverbrauchs im Rahmen der Berechnung der Stromkostenintensität nach § 64 Absatz 6 Nummer 3 anzuwenden sind, insbesondere zur Festlegung von Stromeffizienzreferenzwerten, die dem Stand fortschrittlicher stromeffizienter Produktionstechnologien entsprechen, oder von sonstigen Effizienzanforderungen, sodass nicht der tatsächliche Stromverbrauch, sondern der standardisierte Stromverbrauch bei der Berechnung der Stromkosten angesetzt werden kann; hierbei können

   a) Vorleistungen berücksichtigt werden, die von Unternehmen durch Investitionen in fortschrittliche Produktionstechnologien getätigt wurden, oder

   b) Erkenntnisse aus den Auskünften über den Betrieb von Energie- oder Umweltmanagementsystemen oder alternativen Systemen zur Verbesserung der Energieeffizienz durch die Unternehmen nach § 69 Absatz 1 Satz 2 Nummer 1 und 2 herangezogen werden,

2. festzulegen, welche durchschnittlichen Strompreise nach § 64 Absatz 6 Nummer 3 und in Verbindung mit § 64a Absatz 7 für die Berechnung der Stromkostenintensität eines Unternehmens zugrunde gelegt werden müssen und wie diese Strompreise berechnet werden; hierbei können insbesondere

---

[1]) Siehe die Besondere-Ausgleichsregelung-DurchschnittsstrompreisVO v. 17.2.2016 (BGBl. I S. 241), zuletzt geänd. durch VO v. 14.7.2021 (BGBl. I S. 2860).

a) Strompreise für verschiedene Gruppen von Unternehmen mit ähnlichem Stromverbrauch oder Stromverbrauchsmuster gebildet werden, die die Strommarktrealitäten abbilden, und

b) verfügbare statistische Erfassungen von Strompreisen in der Industrie berücksichtigt werden,

3. Branchen in die Anlage 4 aufzunehmen oder aus dieser herauszunehmen, sobald und soweit dies für eine Angleichung an Beschlüsse der Europäischen Kommission erforderlich ist.

**§ 95 Weitere Verordnungsermächtigungen.** Die Bundesregierung wird ferner ermächtigt, durch Rechtsverordnung[1)] ohne Zustimmung des Bundesrates

1. *(weggefallen)*
2. im Anwendungsbereich des § 9 zu regeln, ab welchem Schwellenwert die Pflichten des § 9 Absatz 1 oder 1a auch für Anlagen und KWK-Anlagen mit einer installierten Leistung von weniger als 25 Kilowatt gelten und, soweit erforderlich, dafür kostenschützende Regelungen angelehnt an die Preisobergrenzen in § 31 des Messstellenbetriebsgesetzes vorzusehen,

3., 3a. *(aufgehoben)*

4. ergänzend zu Anlage 2 Bestimmungen zur Ermittlung und Anwendung des Referenzertrags zu regeln,
5. Anforderungen an Windenergieanlagen zur Verbesserung der Netzintegration (Systemdienstleistungen) zu regeln, insbesondere

    a) für Windenergieanlagen an Land Anforderungen

    aa) an das Verhalten der Anlagen im Fehlerfall,

    bb) an die Spannungshaltung und Blindleistungsbereitstellung,

    cc) an die Frequenzhaltung,

    dd) an das Nachweisverfahren,

    ee) an den Versorgungswiederaufbau und

    ff) bei der Erweiterung bestehender Windparks und

    b) für Windenergieanlagen an Land, die bereits vor dem 1. Januar 2012 in Betrieb genommen wurden, Anforderungen

    aa) an das Verhalten der Anlagen im Fehlerfall,

    bb) an die Frequenzhaltung,

    cc) an das Nachweisverfahren,

    dd) an den Versorgungswiederaufbau und

    ee) bei der Nachrüstung von Altanlagen in bestehenden Windparks,

6. in den in § 119 Absatz 1 des Energiewirtschaftsgesetzes genannten Fällen und unter den in § 119 Absatz 3 bis 5 des Energiewirtschaftsgesetzes genannten Voraussetzungen zu regeln, dass die Pflicht zur Zahlung der vollen oder anteiligen EEG-Umlage nach § 60 oder § 61 auf bis zu 40

---

[1)] Siehe die SystemdienstleistungsVO v. 3.7.2009 (BGBl. I S. 1734), zuletzt geänd. durch G v. 13.10.2016 (BGBl. I S. 2258), und die VO zur Schaffung eines rechtlichen Rahmens zur Sammlung von Erfahrungen im Förderprogramm „Schaufenster intelligente Energie – Digitale Agenda für die Energiewende" (SINTEG-V) v. 14.6.2017 (BGBl. I S. 1653), zuletzt geänd. durch G v. 10.8.2021 (BGBl. I S. 3436).

Prozent abgesenkt wird oder von einer nach § 60 oder § 61 gezahlten vollen oder anteiligen EEG-Umlage bis zu 60 Prozent erstattet werden.

**§ 96 Gemeinsame Bestimmungen.** (1) Die Rechtsverordnungen auf Grund der §§ 88, 88b, 88c, 88d, 89, 91, 92, 93 Satz 1 und 95 Nummer 2 bedürfen der Zustimmung des Bundestages.

(2) [1] Wenn Rechtsverordnungen nach Absatz 1 der Zustimmung des Bundestages bedürfen, kann diese Zustimmung davon abhängig gemacht werden, dass dessen Änderungswünsche übernommen werden. [2] Übernimmt der Verordnungsgeber die Änderungen, ist eine erneute Beschlussfassung durch den Bundestag nicht erforderlich. [3] Hat sich der Bundestag nach Ablauf von sechs Sitzungswochen seit Eingang der Rechtsverordnung nicht mit ihr befasst, gilt seine Zustimmung zu der unveränderten Rechtsverordnung als erteilt.

(3) [1] Die Ermächtigungen zum Erlass von Rechtsverordnungen aufgrund der §§ 91 und 92 können durch Rechtsverordnung ohne Zustimmung des Bundesrates, aber mit Zustimmung des Bundestages auf eine Bundesoberbehörde übertragen werden. [2] Die Rechtsverordnungen, die auf dieser Grundlage von der Bundesoberbehörde erlassen werden, bedürfen nicht der Zustimmung des Bundesrates oder des Bundestages.

### Abschnitt 2. Kooperationsausschuss, Monitoring, Berichte

**§ 97 Kooperationsausschuss.** (1) [1] Die zuständigen Staatssekretärinnen und Staatssekretäre der Länder und des Bundes bilden einen Kooperationsausschuss. [2] Der Kooperationsausschuss koordiniert die Erfassung der Ziele der Länder zur Erreichung des Ziels nach § 1 Absatz 2 und deren Umsetzungsstand.

(2) Der Kooperationsausschuss wird vom zuständigen Staatssekretär des Bundesministeriums für Wirtschaft und Energie geleitet.

(3) [1] Der Kooperationsausschuss tagt mindestens zweimal im Jahr. [2] Die Mitglieder des Kooperationsausschusses können sich vertreten lassen.

(4) Der Kooperationsausschuss wird von einem beim Bundesministerium für Wirtschaft und Energie einzurichtenden Sekretariat unterstützt.

(5) Das Bundesministerium für Wirtschaft und Energie kann eine juristische Person des Privatrechts beauftragen, das Sekretariat des Kooperationsausschusses im Bereich der Windenergie an Land, insbesondere bei der Datenbeschaffung und Datenanalyse sowie bei Aspekten der Planung und Genehmigung beim Ausbau der Windenergie an Land, zu unterstützen.

**§ 98 Jährliches Monitoring zur Zielerreichung.** (1) [1] Die Länder berichten dem Sekretariat des Kooperationsausschusses jährlich spätestens bis zum 31. August über den Stand des Ausbaus der erneuerbaren Energien, insbesondere über

1. den Umfang an Flächen, die in der geltenden Regional- und Bauleitplanung für Windenergie an Land festgesetzt wurden, einschließlich der Angabe, zu welchem Anteil diese bereits durch Windenergieanlagen genutzt werden,
2. Planungen für neue Festsetzungen für die Windenergienutzung an Land in der Regional- und Bauleitplanung und
3. den Stand der Genehmigung von Windenergieanlagen an Land (Anzahl und Leistung der Windenenergieanlagen an Land), auch mit Blick auf die Dauer von Genehmigungsverfahren (Antragstellung bis Genehmigungserteilung).

² Die festgesetzten und geplanten Flächen sollen in Form von standardisierten Daten geografischer Informationssysteme (GIS-Daten) in nicht personenbezogener Form gemeldet werden. ³ Auch die Meldung von Flächen, die nicht durch GIS-Daten erfolgt, darf nur in nicht personenbezogener Form erfolgen. ⁴ Im Fall nicht ausreichender Flächenverfügbarkeit sollen die Berichte auch Maßnahmen enthalten, wie weitere Flächen, insbesondere Flächen im Eigentum des Landes, verfügbar gemacht werden können. ⁵ Im Fall von Hemmnissen in der Regional- oder Bauleitplanung oder in Genehmigungsverfahren sollen die Berichte die dafür maßgeblichen Gründe und Vorschläge für Maßnahmen enthalten, um die Verzögerungen zu verringern. ⁶ Die Flächendaten und Berichte dürfen keine personenbezogenen Daten enthalten. ⁷ Das Bundesministerium für Wirtschaft und Energie kann den Ländern Formatvorgaben für die Berichte nach Satz 1 machen. ⁸ Bis diese Vorgaben vorliegen, können die Länder das Format ihrer Berichte nach Satz 1 selbst bestimmen.

(2) Der Kooperationsausschuss wertet die Berichte der Länder nach Absatz 1 aus und legt jährlich spätestens bis zum 31. Oktober der Bundesregierung einen Bericht vor.

(3) ¹ Die Bundesregierung berichtet jährlich spätestens bis zum 31. Dezember, ob die erneuerbaren Energien in der für die Erreichung des Ziels nach § 1 Absatz 2 erforderlichen Geschwindigkeit ausgebaut werden. ² Zu diesem Zweck bewertet sie insbesondere auf Grundlage des Berichts des Kooperationsausschusses nach Absatz 2, ob in dem jeweils vorangegangenen Kalenderjahr das Zwischenziel für die Stromerzeugung aus erneuerbaren Energien nach § 4a erreicht worden ist; die mit den Sonderausschreibungen im Jahr 2022 angestrebte weitere Stromerzeugung bleibt hierbei unberücksichtigt und wird zusätzlich bewertet. ³ Bei einer Verfehlung des Zwischenziels stellt die Bundesregierung die Gründe dar, unterteilt in energie-, planungs-, genehmigungs- und natur- und artenschutzrechtliche Gründe, und legt erforderliche Handlungsempfehlungen vor. ⁴ Die Bundesregierung geht in dem Bericht ferner auf die tatsächliche und die erwartete Entwicklung des Bruttostromverbrauchs ein. ⁵ Wenn aufgrund von Prognosen, die nach dem Stand von Wissenschaft und Technik erstellt worden sein müssen, ein deutlicher Anstieg des Bruttostromverbrauchs bis zum Jahr 2030 zu erwarten ist, enthält der Bericht auch erforderliche Handlungsempfehlungen für eine Anpassung des Ausbaupfads nach § 4, des Strommengenpfads nach § 4a oder der Ausschreibungsvolumen nach den §§ 28 bis 28c. ⁶ Die Bundesregierung leitet den Bericht den Regierungschefinnen und Regierungschefs der Länder und dem Bundestag zu und legt, sofern erforderlich, unverzüglich den Entwurf für eine Verordnung nach § 88c vor.

(4) ¹ Für die Zwecke des Absatzes 3 Satz 2 ist die tatsächlich erzeugte Strommenge aus erneuerbaren Energien anhand der tatsächlichen Wetterbedingungen zu bereinigen. ² Das Bundesministerium für Wirtschaft und Energie legt im Einvernehmen mit dem Bundesministerium für Umwelt, Naturschutz und nukleare Sicherheit die Kriterien für die Wetterbereinigung fest.

**§ 99 Erfahrungsbericht.** (1) ¹ Die Bundesregierung evaluiert dieses Gesetz und das Windenergie-auf-See-Gesetz und legt dem Bundestag bis zum 31. Dezember 2023 und dann alle vier Jahre einen Erfahrungsbericht vor. ² Der Bericht enthält insbesondere Angabe über

1. die Auswirkungen des Ausbaus der erneuerbaren Energien, insbesondere auf die Entwicklung der übrigen Stromerzeugung, auf die Entwicklung der Treibhausgasemissionen, auf den Strommarkt und die Wechselwirkungen mit den europäischen Strommärkten und auf Arbeitsplätze in der Energiewirtschaft,
2. die Erfahrungen mit Ausschreibungen nach § 2 Absatz 3, auch vor dem Hintergrund der Ziele, durch Wettbewerb einen kosteneffizienten Ausbau der erneuerbaren Energien zu sichern und Akteursvielfalt und Innovationen zu ermöglichen,
3. den Stand und die direkten und indirekten Vorteile und Kosten von Mieterstrom,
4. den Stand der Markt-, Netz- und Systemintegration der erneuerbaren Energien,
5. die Kosten des Ausbaus der erneuerbaren Energien und ihrer Markt-, Netz- und Systemintegration, insbesondere auch die Entwicklung der EEG-Umlage, die Entwicklung der Börsenstrompreise und die Entwicklung der Netzkosten, und
6. die angemessene Verteilung der Kosten nach § 2 Absatz 4 auch vor dem Hintergrund der Entwicklung der Besonderen Ausgleichsregelung und der Eigenversorgung.

[3] Die Bundesregierung berichtet auch, inwieweit der Ausbau der erneuerbaren Energien ohne Zahlungen nach diesem Gesetz erfolgt und inwieweit neue Ansprüche für Zahlungen nach diesem Gesetz noch erforderlich sind; hierbei ist auch zu bewerten, ob die Dauer der Zahlungen nach § 25 Absatz 1 verkürzt werden kann und ob eine Einspeisevergütung für ausgeförderte Anlagen weiterhin erforderlich ist. [4] Schließlich sind mit Blick auf die Nutzung der Biomasse zur Stromerzeugung auch die Wechselwirkungen und Konkurrenzen zu ihrer Nutzung im Verkehrs- und im Wärmemarkt zu berichten.

(2) [1] Spätestens im Jahr 2027 legt die Bundesregierung einen umfassenden Vorschlag zur Anpassung dieses Gesetzes und des Windenergie-auf-See-Gesetzes vor. [2] Hierzu überprüft die Bundesregierung auch, ob in absehbarer Zeit ein marktgetriebener Ausbau der erneuerbaren Energien zu erwarten ist. [3] In diesem Fall legt die Bundesregierung einen Vorschlag für einen Umstieg von der finanziellen Förderung auf einen marktgetriebenen Ausbau vor.

(3) [1] Die Bundesnetzagentur, das Bundesamt für Wirtschaft und Ausfuhrkontrolle, das Bundesamt für Seeschifffahrt und Hydrographie und das Umweltbundesamt unterstützen das Bundesministerium für Wirtschaft und Energie bei der Erstellung des Erfahrungsberichts. [2] Zur Unterstützung bei der Erstellung des Erfahrungsberichts soll das Bundesministerium für Wirtschaft und Energie außerdem wissenschaftliche Gutachten in Auftrag geben.

**§ 99a** Funknavigationsbericht. [1] Die Bundesregierung legt dem Bundestag jährlich bis zum 31. Dezember einen Bericht zum Thema Funknavigation und Windenergie an Land vor. [2] Der Bericht enthält insbesondere Angaben über Zeitplan und Stand
1. möglicher Maßnahmen zur besseren Vereinbarkeit von Windenergieanlagen an Land und dem Betrieb von Drehfunkfeuern,
2. geplanter Umrüstungen von Drehfunkfeuern zur Verringerung der Störwirkung von Windenergieanlagen an Land und

3. geplanter Außerbetriebnahmen von Drehfunkfeuern.

[3] Die Bundesregierung berichtet auch, inwieweit bei den Maßnahmen nach Satz 2 weitere Beschleunigungsmöglichkeiten bestehen.

## Abschnitt 3. Übergangsbestimmungen

**§ 100 Allgemeine Übergangsbestimmungen.** (1) [1] Soweit sich aus den nachfolgenden Absätzen nichts anderes ergibt, sind die Bestimmungen des Erneuerbare-Energien-Gesetzes oder der Gemeinsamen Ausschreibungsverordnung in den am 31. Dezember 2020 geltenden Fassungen anzuwenden für Strom aus Anlagen,

1. die vor dem 1. Januar 2021 in Betrieb genommen worden sind,
2. deren anzulegender Wert in einem Zuschlagsverfahren eines Gebotstermins vor dem 1. Januar 2021 ermittelt worden ist oder
3. die vor dem 1. Januar 2021 als Pilotwindenergieanlage an Land im Sinn von § 3 Nummer 37 Buchstabe b durch das Bundeswirtschaftsministerium oder als Pilotwindenergieanlage auf See im Sinn von § 3 Nummer 6 des Windenergie-auf-See-Gesetzes durch die Bundesnetzagentur festgestellt worden sind.

[2] Als vor dem 1. Januar 2021 in Betrieb genommen gelten auch mit Biomethan betriebene Anlagen, wenn diese aufgrund von § 100 Absatz 3 Satz 2 bis 6 des Erneuerbare-Energien-Gesetzes in der am 31. Dezember 2020 geltenden Fassung die Kapazität von stillgelegten Biomethananlagen nach dem 31. Dezember 2020 und vor dem 1. Januar 2023 teilweise oder vollständig übernommen und die Umstellung als EEG-Anlage vor dem 1. Januar 2023 im Marktstammdatenregister eingetragen haben.

(2) Für Strom aus Anlagen nach Absatz 1 ist abweichend von Absatz 1 das Folgende anzuwenden:

1. § 3 Nummer 34 Buchstabe a dieses Gesetzes ist anstelle von § 3 Nummer 34 des Erneuerbare-Energien-Gesetzes in der am 31. Dezember 2020 geltenden Fassung anzuwenden;
2. § 3 Nummer 43a dieses Gesetzes ist anstelle von § 3 Nummer 43a des Erneuerbare-Energien-Gesetzes in der am 31. Dezember 2020 geltenden Fassung anzuwenden;
3. die §§ 10b und 20 dieses Gesetzes sind anstelle von § 20 des Erneuerbare-Energien-Gesetzes in der am 31. Dezember 2020 geltenden Fassung anzuwenden, wobei hier auch § 52 Absatz 1 Satz 1 Nummer 2a dieses Gesetzes anzuwenden ist;
4. § 15 dieses Gesetzes ist bis zum 30. September 2021 anstelle von § 15 des Erneuerbare-Energien-Gesetzes in der am 31. Dezember 2020 geltenden Fassung anzuwenden;
5. § 27a Satz 2 Nummer 4 dieses Gesetzes ist anstelle von § 27a Satz 2 Nummer 4 des Erneuerbare-Energien-Gesetzes in der am 31. Dezember 2020 geltenden Fassung anzuwenden, wobei auch § 3 Nummer 42a und 43a dieses Gesetzes anzuwenden ist;
6. § 37d dieses Gesetzes ist anstelle von § 37d des Erneuerbare-Energien-Gesetzes in der am 31. Dezember 2020 geltenden Fassung anzuwenden;

7. § 38a dieses Gesetzes ist anstelle von § 38a des Erneuerbare-Energien-Gesetzes in der am 31. Dezember 2020 geltenden Fassung anzuwenden;
8. § 39e Absatz 1 dieses Gesetzes ist anstelle von § 39d Absatz 1 des Erneuerbare-Energien-Gesetzes in der am 31. Dezember 2020 geltenden Fassung anzuwenden, sofern der Zuschlag nicht bereits am 31. Dezember 2020 erloschen ist;
9. § 39g Absatz 2 Satz 2 dieses Gesetzes ist anstelle von § 39f Absatz 2 Satz 2 des Erneuerbare-Energien-Gesetzes in der am 31. Dezember 2020 geltenden Fassung anzuwenden, sofern die Mitteilung nicht vor dem 1. Januar 2021 erfolgt ist;
10. § 39i Absatz 3 Satz 1 dieses Gesetzes ist anstelle von § 39h Absatz 3 des Erneuerbare-Energien-Gesetzes in der am 31. Dezember 2020 geltenden Fassung mit der Maßgabe anzuwenden, dass der anzulegende Wert unabhängig von dem Zuschlagswert der Höhe nach begrenzt ist bis einschließlich einer Bemessungsleistung von 500 Kilowatt auf 14,88 Cent pro Kilowattstunde und bis einschließlich einer Bemessungsleistung von 20 Megawatt auf 13,05 Cent pro Kilowattstunde;
11. § 50 Absatz 3 und § 50a dieses Gesetzes sind anstelle von § 50a des Erneuerbare-Energien-Gesetzes in der am 31. Dezember 2020 geltenden Fassung anzuwenden, es sei denn, es ist für die Anlage vor dem 1. Januar 2021

    a) der Flexibilitätszuschlag nach einer früheren Fassung des Erneuerbare-Energien-Gesetzes in Anspruch genommen worden oder

    b) ein Zuschlag in einer Ausschreibung für Bestandsanlagen nach § 39f des Erneuerbare-Energien-Gesetzes in der am 31. Dezember 2020 geltenden Fassung erteilt worden;

    für Anlagen, die noch keinen Flexibilitätszuschlag nach § 53 des Erneuerbare-Energien-Gesetzes in der am 31. Dezember 2016 geltenden Fassung in Anspruch genommen haben, ist § 53 des Erneuerbare-Energien-Gesetzes in der am 31. Dezember 2016 geltenden Fassung mit der Maßgabe anzuwenden, dass der Flexibilitätszuschlag 65 Euro pro Kilowatt installierter Leistung und Jahr beträgt und auch von Anlagenbetreibern, die eine finanzielle Förderung nach § 19 in Verbindung mit § 46 des Erneuerbare-Energien-Gesetzes in der am 31. Dezember 2016 geltenden Fassung erhalten, in Anspruch genommen werden kann;
12. § 50 Absatz 3, § 50b und Anlage 3 dieses Gesetzes sind anzuwenden für Anlagen zur Erzeugung von Strom aus Biogas, die nach dem am 31. Juli 2014 geltenden Inbetriebnahmebegriff vor dem 1. August 2014 in Betrieb genommen worden sind oder unter den Anwendungsbereich des § 100 Absatz 4 des Erneuerbare-Energien-Gesetzes in der am 31. Dezember 2020 geltenden Fassung fallen, wenn der Betreiber nach dem 31. Dezember 2020 erstmalig die zur Inanspruchnahme der Flexibilitätsprämie zusätzlich installierte Leistung im Sinn des § 50b an das Register übermittelt;
13. § 51 Absatz 1 dieses Gesetzes ist anstelle von § 51 Absatz 1 des Erneuerbare-Energien-Gesetzes in der am 31. Dezember 2020 geltenden Fassung mit der Maßgabe anzuwenden, dass sich der anzulegende Wert erst auf null reduziert, wenn der Spotmarktpreis im Sinn des § 3 Nummer 42a dieses Gesetzes in mindestens sechs aufeinanderfolgenden Stunden negativ ist; § 51 Absatz 3 dieses Gesetzes ist anstelle von § 51 Absatz 2 des Erneuer-

bare-Energien-Gesetzes in der am 31. Dezember 2020 geltenden Fassung anzuwenden;
14. § 55 Absatz 4 dieses Gesetzes ist anstelle von § 55 Absatz 4 des Erneuerbare-Energien-Gesetzes in der am 31. Dezember 2020 geltenden Fassung anzuwenden, sofern der Zuschlag nicht bereits am 31. Dezember 2020 erloschen ist;
14a. § 61b dieses Gesetzes ist anstelle von § 61b des Erneuerbare-Energien-Gesetzes in der am 31. Dezember 2020 geltenden Fassung anzuwenden;
15. Anlage 1 zu diesem Gesetz ist anstelle von Anlage 1 zum Erneuerbare-Energien-Gesetz in der am 31. Dezember 2020 geltenden Fassung und anstelle von Anlage 1 zum Erneuerbare-Energien-Gesetz in der am 31. Dezember 2016 geltenden Fassung anzuwenden, wobei auch § 3 Nummer 42a und 43a dieses Gesetzes anzuwenden ist; für Strom aus Anlagen, die nach dem am 31. Juli 2014 geltenden Inbetriebnahmebegriff vor dem 1. August 2014 in Betrieb genommen worden sind, ist Anlage 1 Nummer 3.1.2 zu diesem Gesetz mit der Maßgabe anzuwenden, dass die jeweils anzulegenden Werte „AW" für nach dem 31. Dezember 2014 erzeugten Strom

   a) um 0,2 Cent pro Kilowattstunde für Strom aus Anlagen zur Erzeugung von Strom aus Wasserkraft, Biomasse, Geothermie, Deponie-, Klär- oder Grubengas zu erhöhen sind oder

   b) um 0,4 Cent pro Kilowattstunde für Strom aus Solaranlagen oder aus Windenergieanlagen an Land oder auf See zu erhöhen sind.

(3) Für Strom aus Anlagen nach Absatz 1 sind ferner § 22 Absatz 2, § 36e Absatz 3, § 36f Absatz 2 und § 36j dieses Gesetzes anzuwenden.

(4) ¹Sobald

1. eine Anlage nach Absatz 1, die eine installierte Leistung von mehr als 25 Kilowatt hat oder die nach der für sie maßgeblichen Fassung des Erneuerbare-Energien-Gesetzes mit einer technischen Einrichtung ausgestattet werden muss, mit der der Netzbetreiber jederzeit die Einspeiseleistung bei Netzüberlastung ferngesteuert reduzieren kann,

2. eine KWK-Anlage, die vor dem 1. Januar 2021 in Betrieb genommen worden ist und eine installierte Leistung von mehr als 25 Kilowatt hat, oder

3. eine Anlage nach Absatz 1, die hinter demselben Netzanschluss betrieben wird wie *einer*[1] steuerbare Verbrauchseinrichtung nach § 14a des Energiewirtschaftsgesetzes,

nach dem Messstellenbetriebsgesetz mit einem intelligenten Messsystem ausgestattet wird, ist § 9 Absatz 1 und 1b dieses Gesetzes anstelle der technischen Vorgaben nach der für die Anlage oder die KWK-Anlage maßgeblichen Fassung des Erneuerbare-Energien-Gesetzes entsprechend anzuwenden. ²In den Fällen der Nummern 1 und 2 gilt bis zum Einbau des intelligenten Messsystems nach dem Messstellenbetriebsgesetz die Pflicht nach der maßgeblichen Fassung des Erneuerbare-Energien-Gesetzes, die Anlage oder die KWK-Anlage mit technischen Einrichtungen auszustatten, mit denen der Netzbetreiber jederzeit die Einspeiseleistung bei Netzüberlastung ferngesteuert reduzieren

---

[1] Richtig wohl: „eine".

kann, auch als erfüllt, wenn die technischen Einrichtungen nur dazu geeignet sind,

1. die Einspeiseleistung bei Netzüberlastung stufenweise ferngesteuert zu reduzieren,
2. die Anlage oder die KWK-Anlage vollständig ferngesteuert abzuschalten oder
3. die Anforderungen zu erfüllen, die der Netzbetreiber dem Anlagenbetreiber oder dem Betreiber der KWK-Anlage zur Erfüllung der Pflicht vor der Inbetriebnahme der Anlage übermittelt hat.

³Satz 2 ist rückwirkend anzuwenden. ⁴Abweichend von Satz 3 sind die Bestimmungen in Satz 2 nicht anzuwenden auf Fälle, in denen vor dem 1. Januar 2021 ein Rechtsstreit zwischen Anlagenbetreiber und Netzbetreiber rechtskräftig entschieden wurde.

(4a) Sobald

1. eine Anlage nach Absatz 1, die eine installierte Leistung von mehr als 7 Kilowatt und höchstens 25 Kilowatt hat und die nicht nach der für sie maßgeblichen Fassung des Erneuerbare-Energien-Gesetzes mit einer technischen Einrichtung ausgestattet werden muss, mit denen der Netzbetreiber jederzeit die Einspeiseleistung bei Netzüberlastung ferngesteuert reduzieren kann, oder
2. eine KWK-Anlage, die vor dem 1. Januar 2021 in Betrieb genommen worden ist und eine installierte Leistung von mehr als 7 Kilowatt und höchstens 25 Kilowatt hat,

nach dem Messstellenbetriebsgesetz mit einem intelligenten Messsystem ausgestattet wird, ist § 9 Absatz 1a und 1b dieses Gesetzes anstelle der technischen Vorgaben nach der für die Anlage oder die KWK-Anlage maßgeblichen Fassung des Erneuerbare-Energien-Gesetzes entsprechend anzuwenden.

(4b) Zur Bestimmung der Größe einer Anlage nach den Absätzen 4 und 4a ist § 9 Absatz 3 Satz 1 entsprechend anzuwenden.

(5) ¹§ 19 in Verbindung mit § 21 Absatz 1 Nummer 3, Absatz 2, § 21b, § 21c Absatz 1 Satz 3, § 23b, § 25 Absatz 2, § 53, § 72 Absatz 4 und § 73 Absatz 7 und 8 ist rückwirkend ab dem 1. Januar 2021 auch für ausgeförderte Anlagen anzuwenden, die vor dem 1. Januar 2021 in Betrieb genommen worden sind und am 31. Dezember 2020 einen Anspruch auf Einspeisevergütung hatten. ²Bei ausgeförderten Anlagen, bei denen der ursprüngliche Anspruch auf Zahlung nach der für die Anlage maßgeblichen Fassung des Erneuerbare-Energien-Gesetzes am 31. Dezember 2020 beendet ist, und bei Anlagen, die mit diesen ausgeförderten Anlagen über eine gemeinsame Messeinrichtung abgerechnet werden, ist § 21c Absatz 1 mit der Maßgabe anzuwenden, dass die Frist nach § 21c Absatz 1 Satz 1 auch als erfüllt gilt, wenn der Anlagenbetreiber dem Netzbetreiber die Veräußerungsform nach § 21b Absatz 1 bis zum Ablauf des 18. Dezember 2020 mitgeteilt hat.

(6) § 52 Absatz 1 Nummer 1 und Absatz 3 Nummer 1 sind nicht anzuwenden für Strom aus

1. Solaranlagen, die vor dem 1. Januar 2009 in Betrieb genommen wurden, und

2. sonstigen Anlagen, die vor dem 1. August 2014 in Betrieb genommen wurden, sofern sie nicht einer Registrierungspflicht nach § 6 der Anlagenregisterverordnung unterfielen.

(7) ¹Für Anlagen zur Erzeugung von Strom aus Wasserkraft mit einer installierten Leistung bis einschließlich 500 Kilowatt, die vor dem 1. Januar 2021 in Betrieb genommen worden sind, erhöht sich der anzulegende Wert um 3 Cent pro Kilowattstunde bis zum Ende der Vergütungsdauer der für die Anlage maßgeblichen Fassung des Erneuerbare-Energien-Gesetzes. ²Bei Anlagen nach Satz 1, deren Vergütungsdauer nach der maßgeblichen Fassung des Erneuerbare-Energien-Gesetzes nicht befristet ist, besteht der Anspruch ab dem 1. Januar 2021 für 10 Kalenderjahre.

(8) ¹Für Anlagen, die vor dem 1. Oktober 2021 in Betrieb genommen worden sind, sind ab dem 1. Oktober 2021 die §§ 10b Absatz 3 und 11 in der ab diesem Datum geltenden Fassung anzuwenden und die §§ 14 und 15 des Erneuerbare-Energien-Gesetzes in der am 30. September 2021 geltenden Fassung ab dem 1. Oktober 2021 nicht mehr anzuwenden. ²Satz 1 ist auch für Anlagen nach Absatz 1 anzuwenden.

(9) § 48 Absatz 5 ist nicht anzuwenden für Solaranlagen, die vor dem 1. April 2021 in Betrieb genommen worden sind.

(10) Für Gebote, die in der Solarausschreibung des zweiten Segments zum Gebotstermin 1. Juni 2021 abgegeben worden sind, sind die Bestimmungen des Erneuerbare-Energien-Gesetzes in der am 26. Juli 2021 geltenden Fassung anzuwenden.

(11) ¹§ 37d ist auf Zuschläge in den Ausschreibungen mit einem Gebotstermin in dem Jahr 2021 oder 2022 mit der Maßgabe anzuwenden, dass die Anlagen innerhalb von 32 Monaten in Betrieb genommen werden müssen und die Meldung im Register innerhalb von 34 Monaten erfolgen muss. ²Für Strom aus Anlagen nach Satz 1 ist § 54 Absatz 1 mit der Maßgabe anzuwenden, dass sich der anzulegende Wert um weitere 0,3 Cent pro Kilowattstunde verringert, soweit die Ausstellung der Zahlungsberechtigung für die Gebotsmenge, die der Solaranlage zugeteilt worden ist, erst nach Ablauf des 24. Kalendermonats beantragt worden ist, der auf die öffentliche Bekanntgabe des Zuschlags folgt. ³Die Sätze 1 und 2 sind entsprechend anzuwenden auf Zuschläge in den Ausschreibungen mit einem Gebotstermin vor dem 1. Januar 2021, wenn der Zuschlag nicht bereits am 26. Juli 2021 erloschen ist.

(12) ¹Für Bürgerenergiegesellschaften, die einen Zuschlag nach § 36g Absatz 1 des Erneuerbare-Energien-Gesetzes in der am 28. Mai 2020 geltenden Fassung bereits vor der Erteilung der Genehmigung nach dem Bundes-Immissionsschutzgesetz[1]) erhalten haben, verlängert die Bundesnetzagentur auf Antrag einmalig die Frist, nach der der Zuschlag erlischt. ²Die Frist wird verlängert, wenn

1. der Antrag vor dem 1. Januar 2022 gestellt worden ist und

2. der Zuschlag zum Zeitpunkt der Antragstellung

   a) nicht bereits erloschen ist und

---

[1]) Nr. **6.1**.

Erneuerbare-Energien-Gesetz **§§ 101, 102 EEG 2021 8.2**

b) einer Genehmigung nach dem Bundes-Immissionsschutzgesetz nach § 36g Absatz 3 des Erneuerbare-Energien-Gesetzes in der am 28. Mai 2020 geltenden Fassung zugeordnet worden ist.

³Die Verlängerung soll höchstens für die Dauer der Gültigkeit der Genehmigung ausgesprochen werden, wobei der Verlängerungszeitraum unbeschadet einer Verlängerung nach § 36e Absatz 3 eine Dauer von insgesamt zwölf Monaten nicht überschreiten darf.

(13) Für bestehende Biomasseanlagen, die einen Zuschlag in der Ausschreibung zum Gebotstermin am 1. März 2021 erhalten haben, ist § 50a Absatz 1 Satz 2 des Erneuerbare-Energien-Gesetzes in der am 26. Juli 2021 geltenden Fassung anzuwenden.

**§ 101 Anschlussförderung für Altholz-Anlagen.** ¹Für Anlagen, die vor dem 1. Januar 2013 in Betrieb genommen worden sind und Altholz mit Ausnahme von Industrierestholz einsetzen, ist die Biomasseverordnung[1]) in der am 31. Dezember 2011 geltenden Fassung anzuwenden. ²Anlagen nach Satz 1 dürfen nicht an Ausschreibungen teilnehmen. ³Für Anlagen nach Satz 1 verlängert sich der Anspruch auf Zahlung nach dem Ende des ursprünglichen Anspruchs auf Zahlung, das in der Fassung des Erneuerbare-Energien-Gesetzes festgelegt ist, das bei Inbetriebnahme der Anlage anzuwenden war, einmalig bis zum 31. Dezember 2026. ⁴Der anzulegende Wert der Anschlussförderung nach Satz 3 entspricht

1. in den Kalenderjahren 2021 und 2022 dem anzulegenden Wert für den in der jeweiligen Anlage erzeugten Strom nach dem Erneuerbare-Energien-Gesetz in der für die Anlage bisher maßgeblichen Fassung,
2. im Kalenderjahr 2023 80 Prozent des anzulegenden Werts für den in der jeweiligen Anlage erzeugten Strom nach dem Erneuerbare-Energien-Gesetz in der für die Anlage bisher maßgeblichen Fassung,
3. im Kalenderjahr 2024 60 Prozent des anzulegenden Werts für den in der jeweiligen Anlage erzeugten Strom nach dem Erneuerbare-Energien-Gesetz in der für die Anlage bisher maßgeblichen Fassung,
4. im Kalenderjahr 2025 40 Prozent des anzulegenden Werts für den in der jeweiligen Anlage erzeugten Strom nach dem Erneuerbare-Energien-Gesetz in der für die Anlage bisher maßgeblichen Fassung,
5. im Kalenderjahr 2026 20 Prozent des anzulegenden Werts für den in der jeweiligen Anlage erzeugten Strom nach dem Erneuerbare-Energien-Gesetz in der für die Anlage bisher maßgeblichen Fassung.

⁵Der sich nach Satz 4 ergebende Wert wird auf zwei Stellen nach dem Komma gerundet.

**§ 102 Anschlussförderung für Grubengas.** (1) ¹Für Anlagen zur Erzeugung von Strom aus Grubengas, die vor dem 1. Januar 2004 in Betrieb genommen worden sind, verlängert sich der Anspruch auf Zahlung nach dem Ende des ursprünglichen Anspruchs auf Zahlung, das in der Fassung des Erneuerbare-Energien-Gesetzes festgelegt ist, das bei Inbetriebnahme der Anlage anzuwenden war, einmalig bis zum 31. Dezember 2024. ²Der anzulegende Wert der Anschlussförderung nach Satz 1 entspricht

---

[1]) Nr. **8.2.1**.

1. im Kalenderjahr 2021 dem anzulegenden Wert für den in der jeweiligen Anlage erzeugten Strom in Cent pro Kilowattstunde nach dem Erneuerbare-Energien-Gesetz in der für die Anlage bisher maßgeblichen Fassung,
2. im Kalenderjahr 2022 95 Prozent des anzulegenden Werts für den in der jeweiligen Anlage erzeugten Strom in Cent pro Kilowattstunde nach dem Erneuerbare-Energien-Gesetz in der für die Anlage bisher maßgeblichen Fassung,
3. im Kalenderjahr 2023 90 Prozent des anzulegenden Werts für den in der jeweiligen Anlage erzeugten Strom in Cent pro Kilowattstunde nach dem Erneuerbare-Energien-Gesetz in der für die Anlage bisher maßgeblichen Fassung und
4. im Kalenderjahr 2024 85 Prozent des anzulegenden Werts für den in der jeweiligen Anlage erzeugten Strom in Cent pro Kilowattstunde nach dem Erneuerbare-Energien-Gesetz in der für die Anlage bisher maßgeblichen Fassung.

[3] Der sich nach Satz 2 ergebende Wert wird auf zwei Stellen nach dem Komma gerundet.

(2) Der Anspruch auf Zahlung besteht in dem nach Absatz 1 verlängerten Zeitraum nur, wenn das Grubengas aus Bergwerken des aktiven oder stillgelegten Bergbaus stammt.

**§ 103 Übergangs- und Härtefallbestimmungen zur Besonderen Ausgleichsregelung.** (1) [1] Für Anträge für die Begrenzungsjahre 2022 bis 2025 sind bei der Anwendung des § 64 Absatz 2 Nummer 3, Absatz 3 Nummer 1 Buchstabe b und c, Absatz 5a Satz 3 und Absatz 6 Nummer 3 anstelle der letzten drei abgeschlossenen Geschäftsjahre zwei der letzten drei abgeschlossenen Geschäftsjahre zugrunde zu legen, wobei das Unternehmen selbst bestimmen kann, welche zwei der letzten drei abgeschlossenen Geschäftsjahre zugrunde gelegt werden sollen. [2] Dabei müssen für dieselben zwei Geschäftsjahre die Angaben über den Stromverbrauch und die Bruttowertschöpfung zugrunde gelegt werden. [3] Für Unternehmen mit nur zwei abgeschlossenen Geschäftsjahren sind bei Anträgen für die Begrenzungsjahre 2022 bis 2025, unabhängig von § 64 Absatz 4, diese zwei abgeschlossenen Geschäftsjahre zugrunde zu legen. [4] Satz 1 ist entsprechend für Anträge für die Begrenzungsjahre 2022 bis 2025 nach Absatz 4 anzuwenden.

(2) [1] Landstromanlagen dürfen abweichend von § 66 Absatz 3 den Antrag für das Begrenzungsjahr 2021 bis zum 31. März 2021 stellen. [2] Für Anträge für die Begrenzungsjahre 2021, 2022 und 2023 müssen abweichend von § 65b Absatz 3 die Stromlieferverträge und Abrechnungen des letzten Kalenderjahres gegenüber den Seeschiffen nicht vorgelegt werden.

(3) Für Anträge für das Begrenzungsjahr 2022 sind § 64 Absatz 1 Nummer 1, Absatz 3 Nummer 1 Buchstabe a und Absatz 5a Satz 1 Nummer 2 und § 65 Absatz 1 mit der Maßgabe anzuwenden, dass das Unternehmen anstelle des letzten abgeschlossenen Geschäftsjahres auch das letzte vor dem 1. Januar 2020 abgeschlossene Geschäftsjahr zugrunde legen kann.

(4) [1] Für Unternehmen oder selbständige Unternehmensteile, die
1. als Unternehmen des produzierenden Gewerbes nach § 3 Nummer 14 des Erneuerbare-Energien-Gesetzes in der am 31. Juli 2014 geltenden Fassung für das Begrenzungsjahr 2014 über eine bestandskräftige Begrenzungsent-

Erneuerbare-Energien-Gesetz § 104 EEG 2021 8.2

scheidung nach den §§ 40 bis 44 des Erneuerbare-Energien-Gesetzes in der am 31. Juli 2014 geltenden Fassung verfügen und
2. die Voraussetzungen nach § 64 dieses Gesetzes nicht erfüllen, weil sie
   a) keiner Branche nach Anlage 4 zuzuordnen sind oder
   b) einer Branche nach Liste 2 der Anlage 4 zuzuordnen sind, aber ihre Stromkostenintensität weniger als 20 Prozent beträgt,

begrenzt das Bundesamt für Wirtschaft und Ausfuhrkontrolle auf Antrag die EEG-Umlage für den Stromanteil über 1 Gigawattstunde pro begrenzter Abnahmestelle auf 20 Prozent der nach § 60 Absatz 1 ermittelten EEG-Umlage, wenn und insoweit das Unternehmen oder der selbständige Unternehmensteil nachweist, dass seine Stromkostenintensität im Sinne des § 64 Absatz 6 Nummer 3 mindestens 14 Prozent betragen hat. ²Satz 1 ist auch anzuwenden für selbständige Unternehmensteile, die abweichend von Satz 1 Nummer 2 Buchstabe a oder b die Voraussetzungen nach § 64 dieses Gesetzes deshalb nicht erfüllen, weil das Unternehmen einer Branche nach Liste 2 der Anlage 4 zuzuordnen ist. ³Im Übrigen sind die §§ 64, 66, 68 und 69 entsprechend anzuwenden.

(5) Abweichend von § 3 Nummer 18 kann der Nachweis eines Energie- oder Umweltmanagement-Systems für das Begrenzungsjahr 2022 auch durch eine Zertifizierung nach DIN EN ISO 50001, Ausgabe Dezember 2011, geführt werden.

(6) Verkehrsunternehmen mit elektrisch betriebenen Bussen dürfen abweichend von § 66 Absatz 1 den Antrag für das Begrenzungsjahr 2022 bis zum 30. September 2021 stellen.

**§ 104 Weitere Übergangsbestimmungen.** (1) Für die Erhebung von Gebühren und Auslagen für individuell zurechenbare öffentliche Leistungen nach diesem Gesetz und nach den auf diesem Gesetz beruhenden Rechtsverordnungen, die vor dem Inkrafttreten der auf Grundlage des § 22 Absatz 4 des Bundesgebührengesetzes durch das Bundesministerium für Wirtschaft und Energie erlassenen Gebührenverordnung am 1. Oktober 2021 beantragt oder begonnen, aber noch nicht vollständig erbracht wurden, ist das bis einschließlich zum 30. September 2021 geltende Recht in der jeweils geltenden Fassung weiter anzuwenden.

(2) ¹Für Eigenversorgungsanlagen, die vor dem 1. August 2014 ausschließlich Strom mit Gichtgas, Konvertergas oder Kokereigas (Kuppelgase) erzeugt haben, das bei der Stahlerzeugung entstanden ist, ist § 62b Absatz 5 nicht anzuwenden und die Strommengen dürfen, soweit sie unter die Ausnahmen nach §§ 61a, 61e und 61f fallen, rückwirkend zum 1. Januar 2014 jährlich bilanziert werden. ²Erdgas ist in dem Umfang als Kuppelgas anzusehen, in dem es zur Anfahr-, Zünd- und Stützfeuerung erforderlich ist.

(3) ¹Für Anlagen, die vor dem 1. Januar 2017 in Betrieb genommen worden sind und Ablaugen der Zellstoffherstellung einsetzen, ist auch nach dem 1. Januar 2017 die Biomasseverordnung[1]) anzuwenden, die für die jeweilige Anlage am 31. Dezember 2016 anzuwenden war. ²Anlagen nach Satz 1 dürfen nicht an Ausschreibungen teilnehmen.

---

[1]) Nr. **8.2.1**.

(4) ¹ Ein Elektrizitätsversorgungsunternehmen kann für Strom, den es in einer Stromerzeugungsanlage erzeugt und vor dem 1. August 2014 an einen Letztverbraucher geliefert hat, die Erfüllung des Anspruchs eines Übertragungsnetzbetreibers auf Abnahme und Vergütung von Strom oder die Erfüllung des Anspruchs auf Zahlung der EEG-Umlage nach den vor dem 1. August 2014 geltenden Fassungen des Erneuerbare-Energien-Gesetzes verweigern, soweit

1. der Anspruch aufgrund der Fiktion nach Satz 2 nicht entstanden wäre und
2. die Angaben nach § 74 Absatz 1 Satz 1 und § 74a Absatz 1 bis zum 31. Dezember 2017 mitgeteilt worden sind.

² Ausschließlich zur Bestimmung des Betreibers und der von ihm erzeugten Strommengen im Rahmen von Satz 1 Nummer 1 gilt ein anteiliges vertragliches Nutzungsrecht des Letztverbrauchers an einer bestimmten Erzeugungskapazität der Stromerzeugungsanlage als eigenständige Stromerzeugungsanlage, wenn und soweit der Letztverbraucher diese wie eine Stromerzeugungsanlage betrieben hat. ³ § 62b Absatz 5 Satz 1 ist entsprechend anzuwenden. ⁴ Die Sätze 1 und 2 sind auch für Strom anzuwenden, den das Elektrizitätsversorgungsunternehmen ab dem 1. August 2014 in derselben Stromerzeugungsanlage erzeugt und an einen Letztverbraucher geliefert hat, soweit und solange

1. die Voraussetzungen nach den Sätzen 1 und 2 weiterhin erfüllt sind,
2. sich die Pflicht des Letztverbrauchers zur Zahlung der EEG-Umlage nach § 61e oder § 61f auf 0 Prozent verringern würde, wenn der Letztverbraucher Betreiber der Stromerzeugungsanlage wäre,
3. die Stromerzeugungsanlage nicht erneuert, ersetzt oder erweitert worden ist und
4. das Nutzungsrecht und das Eigenerzeugungskonzept unverändert fortbestehen.

⁵ § 74 Absatz 1 und § 74a Absatz 1 sind entsprechend anzuwenden.

(5) ¹ Wenn zwischen einem Elektrizitätsversorgungsunternehmen und einem Übertragungsnetzbetreiber ein Streit oder eine Ungewissheit über das Vorliegen der Voraussetzungen des Leistungsverweigerungsrechts nach Absatz 4 besteht und noch nicht durch ein Gericht dem Grunde nach rechtskräftig entschieden worden ist, kann das Elektrizitätsversorgungsunternehmen, wenn die Mitteilung nach Absatz 4 Satz 1 Nummer 2 fristgerecht übermittelt wurde, bis zum 30. Juni 2022 von dem Übertragungsnetzbetreiber den Abschluss eines Vergleichs nach Satz 2 verlangen. ² In dem Vergleich ist zu regeln, dass das Elektrizitätsversorgungsunternehmen

1. für die streitbefangenen Strommengen, die es entsprechend der Mitteilung in der in dieser Mitteilung genannten Stromerzeugungsanlage erzeugt und vor dem 1. Januar 2021 an den betreffenden Letztverbraucher geliefert hat, die Erfüllung des Anspruchs des Übertragungsnetzbetreibers auf Abnahme und Vergütung von Strom oder auf Zahlung der EEG-Umlage verweigern kann und
2. für Strommengen, die es nach dem 31. Dezember 2020 entsprechend der Mitteilung in der in dieser Mitteilung genannten Stromerzeugungsanlage erzeugt und an den betreffenden Letztverbraucher liefert, die EEG-Umlage nach § 60 Absatz 1 leistet, soweit es die Leistung nicht unstreitig nach Absatz 4 verweigern kann oder die EEG-Umlage nicht nach § 60a von dem belieferten Letztverbraucher zu leisten ist.

Erneuerbare-Energien-Gesetz § 104 EEG 2021 8.2

(6) ¹Der Anspruch nach § 61 Absatz 1 entfällt auch für Anfahrts- und Stillstandsstrom von Kraftwerken, soweit und solange der Letztverbraucher den Strom selbst verbraucht und

1. die Stromerzeugungsanlage, in der der Strom erzeugt wird, von dem Letztverbraucher als ältere Bestandsanlage nach § 61f betrieben wird,

2. das Kraftwerk, das versorgt wird,

   a) bereits vor dem 1. August 2014 von dem Letztverbraucher betrieben worden ist und

   b) bereits vor dem 1. September 2011 seinen Anfahrts- und Stillstandsstrom aus Eigenerzeugung gedeckt hat,

3. der Letztverbraucher vor dem 1. August 2014 den ursprünglichen Letztverbraucher, der das Kraftwerk nach Nummer 2 Buchstabe b betrieben hatte, im Wege einer Rechtsnachfolge als Betreiber abgelöst hat,

4. nach dem 31. Juli 2014 das Konzept für die Bereitstellung des Anfahrts- und Stillstandsstroms unverändert fortbesteht,

5. die Stromerzeugungsanlage und das Kraftwerk, das versorgt wird, an demselben Standort betrieben werden, an dem sie vor dem 1. September 2011 betrieben wurden, und

6. die Angaben nach § 74a Absatz 1 bis zum 31. Mai 2017 mitgeteilt worden sind.

²Anfahrts- und Stillstandsstrom nach Satz 1 ist der Strom, der in der Stromerzeugungsanlage eines nicht stillgelegten Kraftwerks sowie ihren Neben- und Hilfseinrichtungen verbraucht wird, soweit die Stromerzeugungsanlage zwischenzeitlich selbst keine oder eine zu geringe Stromerzeugung hat, um diesen Bedarf selbst zu decken. ³Die §§ 61i und 62b Absatz 1 und 5 sind entsprechend anzuwenden.

(7) § 61c Absatz 1 Satz 2 ist entsprechend anzuwenden für hocheffiziente KWK-Anlagen, die vor dem 1. August 2014 erstmals Strom zur Eigenerzeugung erzeugt haben, deren erstmalige Nutzung zur Eigenversorgung durch den Letztverbraucher aber nach dem 31. Dezember 2017 erfolgt ist.

(8), (9) *(aufgehoben)*

(10) ¹Für Strommengen, die nach dem 31. Dezember 2017 und vor dem 1. Januar 2022 verbraucht werden, kann im Fall fehlender mess- und eichrechtskonformer Messeinrichtungen abweichend von § 62b Absatz 1 und unbeschadet von § 62b Absatz 2 bis 6 die Erfassung und Abgrenzung von Strommengen durch eine Schätzung in entsprechender Anwendung von § 62b Absatz 3 bis 5 erfolgen. ²Für Strommengen, die im Rahmen der Endabrechnung für das Kalenderjahr 2021 abgegrenzt werden, gilt dies nur, wenn eine Erklärung vorgelegt wird, mit der dargelegt wird, wie seit dem 1. Januar 2022 sichergestellt ist, dass § 62b eingehalten wird. ³Der Netzbetreiber, der zur Erhebung der EEG-Umlage berechtigt ist, kann verlangen, dass die nach Satz 2 erforderliche Darlegung bei Vorlage durch einen Wirtschaftsprüfer, eine Wirtschaftsprüfungsgesellschaft, einen genossenschaftlichen Prüfungsverband, einen vereidigten Buchprüfer oder eine Buchprüfungsgesellschaft geprüft wird. ⁴§ 75 Satz 3 und 4 ist entsprechend anzuwenden.

(11) ¹Die Erfüllung des Anspruchs auf Zahlung der EEG-Umlage kann verweigert werden, wenn und soweit

1. der Anspruch deshalb geltend gemacht wird, weil Strommengen, die einer Pflicht zur Zahlung der EEG-Umlage in unterschiedlicher Höhe unterliegen, nicht durch mess- und eichrechtskonforme Messeinrichtungen erfasst oder abgegrenzt wurden und aus diesem Grund der innerhalb dieser Strommenge geltende höchste EEG-Umlagesatz auf die Gesamtmenge geltend gemacht wird,
2. die Strommengen vor dem 1. Januar 2018 verbraucht wurden,
3. die Abgrenzung der Strommengen in entsprechender Anwendung von § 62b Absatz 3 bis 5 erfolgt ist,
4. die EEG-Umlage für diese Strommengen entsprechend der Abgrenzung der Strommengen nach Nummer 3 geleistet worden ist und
5. für Strommengen, die ab dem 1. Januar 2022 verbraucht werden, § 62b eingehalten wird; Absatz 10 Satz 2 bis 4 ist entsprechend anzuwenden.

²Satz 1 Nummer 5 ist nicht in den Fällen des § 62b Absatz 2 Nummer 2 anzuwenden.

**§ 105 Beihilferechtlicher Genehmigungsvorbehalt.** (1) Soweit das Ausschreibungsvolumen
1. nach § 28 Absatz 2 Satz 1 Nummer 2 die zu installierende Leistung von 2 900 Megawatt,
2. nach § 28a Absatz 1 Satz 2 Nummer 2 die zu installierende Leistung von 1 600 Megawatt,
3. nach § 28a Absatz 2 Satz 2 Nummer 1a die zu installierende Leistung von 300 Megawatt und
4. nach § 28c Absatz 2 Satz 1 Nummer 2 die zu installierende Leistung von 600 Megawatt

überschreitet, dürfen diese Bestimmungen erst nach der beihilferechtlichen Genehmigung durch die Europäische Kommission und nur nach Maßgabe dieser Genehmigung angewandt werden.

(2) ¹§ 28 Absatz 1 Satz 2, Absatz 3 Nummer 1, Absatz 4 und 5 und § 28c Absatz 3 Satz 2 dürfen erst nach der beihilferechtlichen Genehmigung durch die Europäische Kommission und nur nach Maßgabe dieser Genehmigung angewandt werden. ²Solange und soweit für die in Satz 1 genannten Bestimmungen keine beihilferechtliche Genehmigung durch die Europäische Kommission vorliegt, ist § 28 Absatz 1, 3 Nummer 1, Absatz 4 und 5 sowie § 28c Absatz 3 des Erneuerbare-Energien-Gesetzes in der am 26. Juli 2021 geltenden Fassung anzuwenden.

(3) ¹§ 22 Absatz 3 Satz 1 und Absatz 6 Satz 3, § 23 Absatz 3 Nummer 8, § 28a Absatz 1 Satz 4 Nummer 1, § 30 Absatz 2 Nummer 2, § 33 Absatz 1 Nummer 3, die §§ 37 bis 38i sowie § 100 Absatz 11 Satz 1 und 2 dürfen erst nach der beihilferechtlichen Genehmigung durch die Europäische Kommission und nur nach Maßgabe dieser Genehmigung angewandt werden. ²Solange und soweit für die in Satz 1 genannten Bestimmungen keine beihilferechtliche Genehmigung durch die Europäische Kommission vorliegt, sind § 22 Absatz 3 Satz 1 und Absatz 6 Satz 3, § 23 Absatz 3 Nummer 8, § 28a Absatz 1 Satz 4 Nummer 1, § 30 Absatz 2 Nummer 2, § 33 Absatz 1 Nummer 3 und die §§ 37 bis 38i in der am 26. Juli 2021 geltenden Fassung anzuwenden.

(4) Die Neufassung von § 50a Absatz 1 Satz 2 durch Artikel 11 Nummer 36 des Gesetzes vom 16. Juli 2021 (BGBl. I S. 3026) darf erst nach der beihilferechtlichen Genehmigung durch die Europäische Kommission und nur nach Maßgabe dieser Genehmigung angewandt werden.

(5) § 6 Absatz 1 Nummer 2 in Verbindung mit Absatz 3, §§ 36d, 39d Absatz 3, § 39j Satz 2, § 39k, § 63 Nummer 1a in Verbindung mit § 64a Absatz 6 und 8, § 63 Nummer 2 in Verbindung mit § 65a, §§ 69b, 100 Absatz 1 Satz 2 und Absatz 7, §§ 101 und 102 dürfen erst nach der beihilferechtlichen Genehmigung durch die Europäische Kommission und nur nach Maßgabe dieser Genehmigung angewandt werden.

**Anlage 1**
(zu § 23a)

### Höhe der Marktprämie

| 1. | **Begriffsbestimmungen** |
|---|---|
| | Im Sinn dieser Anlage ist |
| | – „MP" die Höhe der Marktprämie nach § 23a in Cent pro Kilowattstunde, |
| | – „AW" der anzulegende Wert unter Berücksichtigung der §§ 19 bis 54 in Cent pro Kilowattstunde, |
| | – „MW" der jeweilige Monatsmarktwert in Cent pro Kilowattstunde, |
| | – „JW" der jeweilige Jahresmarktwert in Cent pro Kilowattstunde. |
| 2. | **Zeitlicher Anwendungsbereich** |
| | Für Strom aus Anlagen, die vor dem 1. Januar 2023 in Betrieb genommen worden sind oder deren Zuschlag vor dem 1. Januar 2023 erteilt worden ist, wird die Höhe der Marktprämie nach § 23a („MP") anhand des energieträgerspezifischen Monatsmarktwertes nach Nummer 3 berechnet. Für Strom aus anderen Anlagen wird die Höhe der Marktprämie nach § 23a („MP") anhand des energieträgerspezifischen Jahresmarktwertes nach Nummer 4 berechnet. |
| 3. | **Berechnung der Marktprämie anhand des energieträgerspezifischen Monatsmarktwertes** |
| 3.1 | **Berechnungsgrundsätze** |
| 3.1.1 | Die Höhe der Marktprämie wird kalendermonatlich berechnet. Die Berechnung erfolgt rückwirkend anhand der für den jeweiligen Kalendermonat berechneten Werte. |
| 3.1.2 | Die Höhe der Marktprämie in Cent pro Kilowattstunde direkt vermarkteten und tatsächlich eingespeisten Stroms wir nach der folgenden Formel berechnet: <br> MP = AW − MW |
| | Ergibt sich bei der Berechnung ein Wert kleiner null, wird abweichend von Satz 1 der Wert „MP" mit null festgesetzt. |
| 3.2 | **Berechnung des Monatsmarktwerts „MW" bei Strom aus Wasserkraft, Deponiegas, Klärgas, Grubengas, Biomasse und Geothermie** |
| | Der Wert „MW" ist bei direkt vermarktetem Strom aus Wasserkraft, Deponiegas, Klärgas, Grubengas, Biomasse und Geothermie der tatsächliche Monatsmittelwert des Spotmarktpreises. |
| 3.3 | **Berechnung des Monatsmarktwerts „MW" bei Strom aus Windenergie und solarer Strahlungsenergie** |
| 3.3.1 | **Energieträgerspezifischer Monatsmarktwert** |
| | Als Wert „MW" ist anzulegen bei direkt vermarktetem Strom aus |
| | – Windenergieanlagen an Land der Wert „$MW_{Wind\,an\,Land}$" |
| | – Windenergieanlagen auf See der Wert „$MW_{Wind\,auf\,See}$" und |
| | – Solaranlagen der Wert „$MW_{Solar}$" |
| 3.3.2 | **Windenergie an Land** |

|   |   |
|---|---|
|   | „$MW_{\text{Wind an Land}}$" ist der tatsächliche Monatsmittelwert des Marktwerts von Strom aus Windenergieanlagen an Land, der sich aus dem Spotmarktpreis ergibt und wie folgt berechnet wird: |
|   | – Für jede Stunde eines Kalendermonats wird der durchschnittliche Spotmarktpreis mit der Menge des in dieser Stunde nach der Online-Hochrechnung nach Nummer 5.1 erzeugten Stroms aus Windenergieanlagen an Land multipliziert. |
|   | – Die Ergebnisse für alle Stunden des Kalendermonats werden summiert. |
|   | – Diese Summe wird dividiert durch die Menge des in dem gesamten Kalendermonat nach der Online-Hochrechnung nach Nummer 5.1 erzeugten Stroms aus Windenergieanlagen an Land. |
| 3.3.3 | **Windenergie auf See** |
|   | „$MW_{\text{Wind auf See}}$" ist der tatsächliche Monatsmittelwert des Marktwerts von Strom aus Windenergieanlagen auf See, der sich aus dem Spotmarktpreis ergibt. Für die Berechnung von „$MW_{\text{Wind auf See}}$" ist die Berechnungsmethode der Nummer 3.3.2 mit der Maßgabe anzuwenden, dass statt des nach der Online-Hochrechnung nach Nummer 5.1 erzeugten Stroms aus Windenergieanlagen an Land der nach der Online-Hochrechnung nach Nummer 5.1 erzeugte Strom aus Windenergieanlagen auf See zugrunde zu legen ist. |
| 3.3.4 | **Solare Strahlungsenergie** |
|   | „$MW_{\text{Solar}}$" ist der tatsächliche Monatsmittelwert des Marktwerts von Strom aus Solaranlagen, der sich aus dem Spotmarktpreis ergibt. Für die Berechnung von „$MW_{\text{Solar}}$" ist die Berechnungsmethode der Nummer 3.3.2 mit der Maßgabe anzuwenden, dass statt des nach der Online-Hochrechnung nach Nummer 5.1 erzeugten Stroms aus Windenergieanlagen an Land der nach der Online-Hochrechnung nach Nummer 5.1 erzeugte Strom aus Solaranlagen zugrunde zu legen ist. |
| 4. | **Berechnung der Marktprämie anhand des energieträgerspezifischen Jahresmarktwerts** |
| 4.1 | **Berechnungsgrundsätze** |
| 4.1.1 | Die Höhe der Marktprämie wird jährlich berechnet. Die Berechnung erfolgt rückwirkend anhand des für das jeweilige Kalenderjahr tatsächlich berechneten Jahresmarktwerts. |
| 4.1.2 | Die Höhe der Marktprämie in Cent pro Kilowattstunde direkt vermarkteten und tatsächlich eingespeisten Stroms wird nach der folgenden Formel berechnet:<br>$MP = AW - JW$ |
|   | Ergibt sich bei der Berechnung ein Wert kleiner null, wird abweichend von Satz 1 der Wert „MP" mit dem Wert null festgesetzt. |
| 4.2 | **Berechnung des Jahresmarktwerts „JW" bei Strom aus Wasserkraft, Deponiegas, Klärgas, Grubengas, Biomasse und Geothermie** |
|   | Als Wert „JW" ist bei direkt vermarktetem Strom aus Wasserkraft, Deponiegas, Klärgas, Grubengas, Biomasse und Geothermie der tatsächliche Jahresmittelwert des Spotmarktpreises anzulegen. |
| 4.3 | **Berechnung des Jahresmarktwertes „JW" bei Strom aus Windenergie und solarer Strahlungsenergie** |
| 4.3.1 | **Energieträgerspezifischer Jahresmarktwert** |
|   | Als Wert „JW" in Cent pro Kilowattstunde ist anzulegen bei direkt vermarktetem Strom aus |
|   | – Windenergieanlagen an Land der Wert „$JW_{\text{Wind an Land}}$" |
|   | – Windenergieanlagen auf See der Wert „$JW_{\text{Wind auf See}}$" und |
|   | – Solaranlagen der Wert „$JW_{\text{Solar}}$". |
| 4.3.2 | **Windenergie an Land** |
|   | „$JW_{\text{Wind an Land}}$" ist der tatsächliche Jahresmittelwert des Marktwerts von Strom aus Windenergieanlagen an Land, der sich aus dem Spotmarktpreis ergibt und wie folgt berechnet wird: |
|   | – Für jede Stunde eines Kalenderjahres wird der durchschnittliche Spotmarktpreis mit der Menge des in dieser Stunde nach der Online-Hochrechnung nach Nummer 5.1 erzeugten Stroms aus Windenergieanlagen an Land multipliziert. |
|   | – Die Ergebnisse für alle Stunden des Kalenderjahres werden summiert. |

# Erneuerbare-Energien-Gesetz   Anl. 1 EEG 2021 8.2

| | | |
|---|---|---|
| | – | Diese Summe wird dividiert durch die Menge des in dem gesamten Kalenderjahr nach der Online-Hochrechnung nach Nummer 5.1 erzeugten Stroms aus Windenergieanlagen an Land. |
| 4.3.3 | **Windenergie auf See** | |
| | „$JW_{Wind\,auf\,See}$" ist der tatsächliche Jahresmittelwert des Marktwerts von Strom aus Windenergieanlagen auf See, der sich aus dem Spotmarktpreis ergibt. Für die Berechnung von „$JW_{Wind\,auf\,See}$" ist die Berechnungsmethode der Nummer 4.3.2 mit der Maßgabe anzuwenden, dass statt des nach der Online-Hochrechnung nach Nummer 5.1 erzeugten Stroms aus Windenergieanlagen an Land der nach der Online-Hochrechnung nach Nummer 5.1 erzeugte Strom aus Windenergieanlagen auf See zugrunde zu legen ist. | |
| 4.3.4 | **Solare Strahlungsenergie** | |
| | „$JW_{Solar}$" ist der tatsächliche Jahresmittelwert des Marktwerts von Strom aus Solaranlagen, der sich aus dem Spotmarktpreis ergibt. Für die Berechnung von „$JW_{Solar}$" ist die Berechnungsmethode der Nummer 4.3.2 mit der Maßgabe anzuwenden, dass statt des nach der Online-Hochrechnung nach Nummer 5.1 erzeugten Stroms aus Windenergieanlagen an Land der nach der Online-Hochrechnung nach Nummer 5.1 erzeugte Strom aus Solaranlagen zugrunde zu legen ist. | |
| **5.** | **Veröffentlichungen** | |
| 5.1 | Die Übertragungsnetzbetreiber müssen jederzeit unverzüglich auf einer gemeinsamen Internetseite in einheitlichem Format die auf der Grundlage einer repräsentativen Anzahl von gemessenen Referenzanlagen erstellte Online-Hochrechnung der Menge des tatsächlich erzeugten Stroms aus Windenergieanlagen an Land, Windenergieanlagen auf See und Solaranlagen in ihren Regelzonen in mindestens stündlicher Auflösung veröffentlichen. Für die Erstellung der Online-Hochrechnung sind Reduzierungen der Einspeiseleistung der Anlage durch den Netzbetreiber oder im Rahmen der Direktvermarktung nicht zu berücksichtigen. | |
| 5.2 | Die Übertragungsnetzbetreiber müssen ferner für jeden Kalendermonat bis zum Ablauf des zehnten Werktags des Folgemonats auf einer gemeinsamen Internetseite in einheitlichem Format und auf drei Stellen nach dem Komma gerundet folgende Daten in nicht personenbezogener Form veröffentlichen: | |
| | a) | den Spotmarktpreis für jeden Kalendertag in stündlicher Auflösung, |
| | b) | den Wert „MW" nach der Maßgabe der Nummer 3.2, |
| | c) | den Wert „$MW_{Wind\,an\,Land}$" nach der Maßgabe der Nummer 3.3.2, |
| | d) | den Wert „$MW_{Wind\,auf\,See}$" nach der Maßgabe der Nummer 3.3.3 und |
| | e) | den Wert „$MW_{Solar}$" nach der Maßgabe der Nummer 3.3.4. |
| 5.3 | Die Übertragungsnetzbetreiber müssen ferner für jedes Kalenderjahr bis zum Ablauf des zehnten Werktages des Folgejahres auf einer gemeinsamen Internetseite in einheitlichem Format und auf drei Stellen nach dem Komma gerundet folgende Daten in nicht personenbezogener Form veröffentlichen: | |
| | a) | den Wert „JW" nach der Maßgabe der Nummer 4.2, |
| | b) | den Wert „$JW_{Wind\,an\,Land}$" nach der Maßgabe der Nummer 4.3.2, |
| | c) | den Wert „$JW_{Wind\,auf\,See}$" nach der Maßgabe der Nummer 4.3.3 und |
| | d) | den Wert „$JW_{Solar}$" nach der Maßgabe der Nummer 4.3.4. |
| 5.4 | Die Übertragungsnetzbetreiber müssen ferner im Fall einer nicht vollständigen oder nur teilweisen Kopplung der Orderbücher aller Strombörsen den von ihnen ermittelten Spotmarktpreis unverzüglich, spätestens zwei Stunden nach der Mitteilung der erforderlichen Informationen durch die Strombörsen nach Nummer 6 Buchstabe b veröffentlichen. | |
| 5.5 | Soweit Daten, die nach Nummer 5.2 oder 5.3 veröffentlicht werden müssen, nicht fristgerecht verfügbar sind, muss die Veröffentlichung unverzüglich nachgeholt werden. | |
| **6.** | **Mitteilungspflichten der Strombörsen** | |
| | Die Strombörsen müssen den Übertragungsnetzbetreibern folgende Informationen mitteilen: | |
| | a) | bis zum Ablauf des zweiten Werktags des Folgemonats den von ihnen im Rahmen der Kopplung der Orderbücher aller Strombörsen ermittelten Spotmarktpreis für jeden Kalendertag in stündlicher Auflösung und |
| | b) | im Fall einer nicht vollständigen oder nur teilweisen Kopplung der Orderbücher aller Strombörsen für die jeweils hiervon betroffenen Stunden den an ihrer Strombörse |

| | ermittelten Preis für die Stromstundenkontrakte in der vortägigen Auktion und ihr Handelsvolumen für diese Stromstundenkontrakte; diese Mitteilung muss unverzüglich, spätestens zwei Stunden nach Abschluss der vortägigen Auktion erfolgen. |
|---|---|

**Anlage 2**
(zu § 36h)

## Referenzertrag

1. Eine Referenzanlage ist eine Windenergieanlage eines bestimmten Typs, für die sich entsprechend ihrer von einer dazu berechtigten Institution vermessenen Leistungskennlinie an dem Referenzstandort ein Ertrag in Höhe des Referenzertrags errechnet.

2. Der Referenzertrag ist die für jeden Typ einer Windenergieanlage einschließlich der jeweiligen Nabenhöhe bestimmte Strommenge, die dieser Typ bei Errichtung an dem Referenzstandort rechnerisch auf Basis einer vermessenen Leistungskennlinie in fünf Betriebsjahren erbringen würde. Der Referenzertrag ist nach den allgemein anerkannten Regeln der Technik zu ermitteln; die Einhaltung der allgemein anerkannten Regeln der Technik wird vermutet, wenn die Verfahren, Grundlagen und Rechenmethoden verwendet worden sind, die enthalten sind in den Technischen Richtlinien für Windenergieanlagen, Teil 5, in der zum Zeitpunkt der Ermittlung des Referenzertrags geltenden Fassung der FGW e.V. – Fördergesellschaft Windenergie und andere Erneuerbare Energien (FGW)[1]).

3. Der Typ einer Windenergieanlage ist bestimmt durch die Typenbezeichnung, die Rotorkreisfläche, die Nennleistung und die Nabenhöhe gemäß den Angaben des Herstellers.

4. Der Referenzstandort ist ein Standort, der bestimmt wird durch eine Rayleigh-Verteilung mit einer mittleren Jahreswindgeschwindigkeit von 6,45 Metern pro Sekunde in einer Höhe von 100 Metern über dem Grund und einem Höhenprofil, das nach dem Potenzgesetz mit einem Hellmann-Exponenten $\alpha$ mit einem Wert von 0,25 zu ermitteln ist, und einer Rauhigkeitslänge von 0,1 Metern.

5. Die Leistungskennlinie ist der für jeden Typ einer Windenergieanlage ermittelte Zusammenhang zwischen Windgeschwindigkeit und Leistungsabgabe, unabhängig von der Nabenhöhe. Die Leistungskennlinie ist nach den allgemein anerkannten Regeln der Technik zu ermitteln; die Einhaltung der allgemein anerkannten Regeln der Technik wird vermutet, wenn die Verfahren, Grundlagen und Rechenmethoden verwendet worden sind, die enthalten sind in den Technischen Richtlinien für Windenergieanlagen, Teil 2, der FGW[1]) in der zum Zeitpunkt der Ermittlung des Referenzertrags geltenden Fassung. Soweit die Leistungskennlinie nach einem vergleichbaren Verfahren vor dem 1. Januar 2000 ermittelt wurde, kann diese anstelle der nach Satz 2 ermittelten Leistungskennlinie herangezogen werden, soweit im Geltungsbereich dieses Gesetzes nach dem 31. Dezember 2001 nicht mehr mit der Errichtung von Anlagen des Typs begonnen wird, für den sie gilt.

6. Zur Vermessung der Leistungskennlinien nach Nummer 5 und zur Berechnung der Referenzerträge von Anlagentypen am Referenzstandort nach Nummer 2 sind für die Zwecke dieses Gesetzes Institutionen berechtigt, die für die Anwendung der in diesen Nummern genannten Richtlinien nach DIN EN ISO IEC 17025[2]) akkreditiert sind.

7. Bei der Anwendung des Referenzertrags zur Bestimmung und Überprüfung der Höhe des anzulegenden Wertes nach § 36h Absatz 2 ab Beginn des sechsten, elften und sechzehnten auf die Inbetriebnahme der Anlage folgenden Jahres wird der Standortertrag mit dem Referenzertrag ins Verhältnis gesetzt. Der Standortertrag ist die Strommenge, die der Anlagenbetreiber an einem konkreten Standort über einen definierten Zeitraum tatsächlich hätte einspeisen können.

7.1 Der Standortertrag vor Inbetriebnahme wird aus dem Bruttostromertrag abzüglich der Verlustfaktoren ermittelt. Der Bruttostromertrag ist der mittlere zu erwartende Stromertrag einer Windenergieanlage an Land, der sich auf Grundlage des in Nabenhöhe ermittelten Windpotenzials mit

---

[1]) **Amtlicher Hinweis:** Zu beziehen bei der FGW e.V. – Fördergesellschaft Windenergie und andere Erneuerbare Energien, Oranienburger Straße 45, 10117 Berlin.
[2]) Text der Amtl. Anm. fehlt. In Anl. 2 Nr. 6 EEG 2014 lautet die Amtl. Anm. an dieser Stelle: „Amtlicher Hinweis: Zu beziehen bei der Beuth Verlag GmbH, 10772 Berlin."

einer spezifischen Leistungskurve ohne Abschläge ergibt. Verlustfaktoren sind Strommindererträge aufgrund von

a) Abschattungseffekten,

b) fehlender technischer Verfügbarkeit der Anlage in Höhe von höchstens 2 Prozent des Bruttostromertrags,

c) elektrischen Effizienzverlusten im Betrieb der Windenergieanlage zwischen den Spannungsanschlüssen der jeweiligen Windenergieanlage und dem Netzverknüpfungspunkt des Windparks,

d) genehmigungsrechtlichen Auflagen, zum Beispiel zu Geräuschemissionen, Schattenwurf, Naturschutz oder zum Schutz des Flugbetriebs einschließlich Radar.

7.2 Für die Ermittlung des Standortertrags der ersten fünf, zehn und 15 auf die Inbetriebnahme der Anlage folgenden Jahre ist die eingespeiste Strommenge im Betrachtungszeitraum die Grundlage, zu der die fiktive Strommenge zu addieren ist, die der Anlagenbetreiber in dem Betrachtungszeitraum hätte einspeisen können. Die fiktive Strommenge ist die Summe der folgenden Strommengen:

a) Strommengen, die auf eine technische Nichtverfügbarkeit von mehr als 2 Prozent des Bruttostromertrags zurückgehen,

b) Strommengen, die wegen Abregelungen durch den Netzbetreiber nach § 13a Absatz 1 des Energiewirtschaftsgesetzes oder nach § 14 Absatz 1 in Verbindung mit § 13a Absatz 1 des Energiewirtschaftsgesetzes nicht erzeugt wurden, und

c) Strommengen, die wegen sonstigen Abschaltungen oder Drosselungen, zum Beispiel der optimierten Vermarktung des Stroms, der Eigenversorgung oder der Stromlieferungen unmittelbar an Dritte, nicht eingespeist wurden.

7.3 Die Berechnung des Standortertrags richtet sich nach dem Stand der Technik. Es wird vermutet, dass die Berechnungen dem Stand der Technik entsprechen, wenn die Technischen Richtlinien der „FGW e.V. – Fördergesellschaft Windenergie und andere Erneuerbare Energien", insbesondere die Technischen Richtlinien für Windenergieanlagen, Teil 6 eingehalten worden sind. Die Berechnung der fiktiven Strommengen erfolgt auf der Grundlage von konkreten Anlagendaten für die entsprechenden Betriebsjahre. Zu diesem Zweck ist der Betreiber der Anlage verpflichtet, eine Datenhaltung zu organisieren, aus der die hierfür notwendigen Betriebszustände der Anlage durch berechtigte Dritte ausgelesen werden können und die nicht nachträglich verändert werden können.

**Anlage 3**
(zu § 50b)

### Voraussetzungen und Höhe der Flexibilitätsprämie

**I. Voraussetzungen der Flexibilitätsprämie**

1. Anlagenbetreiber können die Flexibilitätsprämie verlangen,

a) wenn für den gesamten in der Anlage erzeugten Strom keine Einspeisevergütung in Anspruch genommen wird und für diesen Strom unbeschadet des § 27 Absatz 3 und 4, des § 27a Absatz 2 und des § 27c Absatz 3 des Erneuerbare-Energien-Gesetzes in der am 31. Juli 2014 geltenden Fassung dem Grunde nach ein Vergütungsanspruch nach § 19 in Verbindung mit § 100 Absatz 2 besteht, der nicht nach § 52 in Verbindung mit § 100 Absatz 2 verringert ist,

b) wenn die Bemessungsleistung der Anlage im Sinne der Nummer II.1 erster Spiegelstrich mindestens das 0,2fache der installierten Leistung der Anlage beträgt,

c) wenn der Anlagenbetreiber die zur Registrierung der Inanspruchnahme der Flexibilitätsprämie erforderlichen Angaben an das Register übermittelt hat und

d) sobald ein Umweltgutachter mit einer Zulassung für den Bereich Elektrizitätserzeugung aus erneuerbaren Energien bescheinigt hat, dass die Anlage für den zum Anspruch auf die Flexibilitätsprämie erforderlichen bedarfsorientierten Betrieb nach den allgemein anerkannten Regeln der Technik technisch geeignet ist.

2. Die Höhe der Flexibilitätsprämie wird kalenderjährlich berechnet. Die Berechnung erfolgt für die jeweils zusätzlich bereitgestellte installierte Leistung nach Maßgabe der Nummer II. Auf die zu erwartenden Zahlungen sind monatliche Abschläge in angemessenem Umfang zu leisten.

3. Anlagenbetreiber müssen dem Netzbetreiber die erstmalige Inanspruchnahme der Flexibilitätsprämie vorab mitteilen.

4. Die Flexibilitätsprämie ist für die Dauer von zehn Jahren zu zahlen. Beginn der Frist ist der erste Tag des zweiten auf die Meldung nach Nummer I.3 folgenden Kalendermonats.

## II. Höhe der Flexibilitätsprämie

### 1. Begriffsbestimmungen

Im Sinne dieser Anlage ist

– „$P_{Bem}$" die Bemessungsleistung in Kilowatt; im ersten und im zehnten Kalenderjahr der Inanspruchnahme der Flexibilitätsprämie ist die Bemessungsleistung mit der Maßgabe zu berechnen, dass nur die in den Kalendermonaten der Inanspruchnahme der Flexibilitätsprämie erzeugten Kilowattstunden und nur die vollen Zeitstunden dieser Kalendermonate zu berücksichtigen sind; dies gilt nur für die Zwecke der Berechnung der Höhe der Flexibilitätsprämie,

– „$P_{inst}$" die installierte Leistung in Kilowatt,

– „$P_{Zusatz}$" die zusätzlich bereitgestellte installierte Leistung für die bedarfsorientierte Erzeugung von Strom in Kilowatt und in dem jeweiligen Kalenderjahr,

– „$f_{Kor}$" der Korrekturfaktor für die Auslastung der Anlage,

– „$KK$" die Kapazitätskomponente für die Bereitstellung der zusätzlich installierten Leistung in Euro und Kilowatt,

– „$FP$" die Flexibilitätsprämie nach § 50b in Cent pro Kilowattstunde.

### 2. Berechnung

2.1 Die Höhe der Flexibilitätsprämie nach § 50b („$FP$") in Cent pro Kilowattstunde direkt vermarkteten und tatsächlich eingespeisten Stroms wird nach der folgenden Formel berechnet:

$$FP = \frac{P_{Zusatz} \times KK \times 100 \, \frac{Cent}{Euro}}{P_{Bem} \times 8760 \, h}$$

2.2 „$P_{Zusatz}$" wird nach der folgenden Formel berechnet:

$$P_{Zusatz} = P_{inst} - (f_{Kor} \times P_{Bem})$$

Dabei beträgt „$f_{Kor}$"

– bei Biomethan: 1,6 und

– bei Biogas, das kein Biomethan ist: 1,1.

Abweichend von Satz 1 wird der Wert „$P_{Zusatz}$" festgesetzt

– mit dem Wert null, wenn die Bemessungsleistung die 0,2fache installierte Leistung unterschreitet,

– mit dem 0,5fachen Wert der installierten Leistung „$P_{inst}$", wenn die Berechnung ergibt, dass er größer als der 0,5fache Wert der installierten Leistung ist.

2.3 „$KK$" beträgt 130 Euro pro Kilowatt.

2.4 Ergibt sich bei der Berechnung der Flexibilitätsprämie ein Wert kleiner null, wird abweichend von Nummer 2.1 der Wert „$FP$" mit dem Wert null festgesetzt.

**Anlage 4**
(zu den §§ 64, 103)

## Stromkosten- oder handelsintensive Branchen

| Laufende Nummer | WZ 2008[1] Code | WZ 2008 – Bezeichnung (a.n.g. = anderweitig nicht genannt) | Liste 1 | Liste 2 |
|---|---|---|---|---|
| 1. | 510 | Steinkohlenbergbau | X | |
| 2. | 610 | Gewinnung von Erdöl | | X |
| 3. | 620 | Gewinnung von Erdgas | | X |
| 4. | 710 | Eisenerzbergbau | | X |
| 5. | 729 | Sonstiger NE-Metallerzbergbau | X | |
| 6. | 811 | Gewinnung von Naturwerksteinen und Natursteinen, Kalk- und Gipsstein, Kreide und Schiefer | X | |
| 7. | 812 | Gewinnung von Kies, Sand, Ton und Kaolin | | X |
| 8. | 891 | Bergbau auf chemische und Düngemittelminerale | X | |
| 9. | 893 | Gewinnung von Salz | X | |
| 10. | 899 | Gewinnung von Steinen und Erden a .n. g. | X | |
| 11. | 1011 | Schlachten (ohne Schlachten von Geflügel) | | X |
| 12. | 1012 | Schlachten von Geflügel | | X |
| 13. | 1013 | Fleischverarbeitung | | X |
| 14. | 1020 | Fischverarbeitung | | X |
| 15. | 1031 | Kartoffelverarbeitung | | X |
| 16. | 1032 | Herstellung von Frucht- und Gemüsesäften | X | |
| 17. | 1039 | Sonstige Verarbeitung von Obst und Gemüse | X | |
| 18. | 1041 | Herstellung von Ölen und Fetten (ohne Margarine u.ä. Nahrungsfette) | X | |
| 19. | 1042 | Herstellung von Margarine u.ä. Nahrungsfetten | | X |
| 20. | 1051 | Milchverarbeitung (ohne Herstellung von Speiseeis) | | X |
| 21. | 1061 | Mahl- und Schälmühlen | | X |
| 22. | 1062 | Herstellung von Stärke und Stärkeerzeugnissen | X | |
| 23. | 1072 | Herstellung von Dauerbackwaren | | X |
| 24. | 1073 | Herstellung von Teigwaren | | X |
| 25. | 1081 | Herstellung von Zucker | | X |
| 26. | 1082 | Herstellung von Süßwaren (ohne Dauerbackwaren) | | X |
| 27. | 1083 | Verarbeitung von Kaffee und Tee, Herstellung von Kaffee-Ersatz | | X |
| 28. | 1084 | Herstellung von Würzmitteln und Soßen | | X |
| 29. | 1085 | Herstellung von Fertiggerichten | | X |
| 30. | 1086 | Herstellung von homogenisierten und diätetischen Nahrungsmitteln | | X |
| 31. | 1089 | Herstellung von sonstigen Nahrungsmitteln a.n.g. | | X |
| 32. | 1091 | Herstellung von Futtermitteln für Nutztiere | | X |
| 33. | 1092 | Herstellung von Futtermitteln für sonstige Tiere | | X |
| 34. | 1101 | Herstellung von Spirituosen | | X |
| 35. | 1102 | Herstellung von Traubenwein | | X |
| 36. | 1103 | Herstellung von Apfelwein und anderen Fruchtweinen | | X |
| 37. | 1104 | Herstellung von Wermutwein und sonstigen aromatisierten Weinen | X | |

---

[1] **Amtlicher Hinweis:** Klassifikation der Wirtschaftszweige des Statistischen Bundesamtes, Ausgabe 2008. Zu beziehen beim Statistischen Bundesamt, Gustav-Stresemann-Ring 11, 65189 Wiesbaden; auch zu beziehen über www.destatis.de.

## 8.2 EEG 2021 Anl. 4 — Erneuerbare-Energien-Gesetz

| Laufende Nummer | WZ 2008 Code | WZ 2008 – Bezeichnung (a.n.g. = anderweitig nicht genannt) | Liste 1 | Liste 2 |
|---|---|---|---|---|
| 38. | 1105 | Herstellung von Bier | | X |
| 39. | 1106 | Herstellung von Malz | X | |
| 40. | 1107 | Herstellung von Erfrischungsgetränken; Gewinnung natürlicher Mineralwässer | | X |
| 41. | 1200 | Tabakverarbeitung | | X |
| 42. | 1310 | Spinnstoffaufbereitung und Spinnerei | X | |
| 43. | 1320 | Weberei | X | |
| 44. | 1391 | Herstellung von gewirktem und gestricktem Stoff | | X |
| 45. | 1392 | Herstellung von konfektionierten Textilwaren (ohne Bekleidung) | | X |
| 46. | 1393 | Herstellung von Teppichen | | X |
| 47. | 1394 | Herstellung von Seilerwaren | X | |
| 48. | 1395 | Herstellung von Vliesstoff und Erzeugnissen daraus (ohne Bekleidung) | X | |
| 49. | 1396 | Herstellung von technischen Textilien | | X |
| 50. | 1399 | Herstellung von sonstigen Textilwaren a.n.g. | | X |
| 51. | 1411 | Herstellung von Lederbekleidung | X | |
| 52. | 1412 | Herstellung von Arbeits- und Berufsbekleidung | | X |
| 53. | 1413 | Herstellung von sonstiger Oberbekleidung | | X |
| 54. | 1414 | Herstellung von Wäsche | | X |
| 55. | 1419 | Herstellung von sonstiger Bekleidung und Bekleidungszubehör a.n.g. | | X |
| 56. | 1420 | Herstellung von Pelzwaren | | X |
| 57. | 1431 | Herstellung von Strumpfwaren | | X |
| 58. | 1439 | Herstellung von sonstiger Bekleidung aus gewirktem und gestricktem Stoff | | X |
| 59. | 1511 | Herstellung von Leder und Lederfaserstoff; Zurichtung und Färben von Fellen | | X |
| 60. | 1512 | Lederverarbeitung (ohne Herstellung von Lederbekleidung) | | X |
| 61. | 1520 | Herstellung von Schuhen | | X |
| 62. | 1610 | Säge-, Hobel- und Holzimprägnierwerke | X | |
| 63. | 1621 | Herstellung von Furnier-, Sperrholz-, Holzfaser- und Holzspanplatten | X | |
| 64. | 1622 | Herstellung von Parketttafeln | | X |
| 65. | 1623 | Herstellung von sonstigen Konstruktionsteilen, Fertigbauteilen, Ausbauelementen und Fertigteilbauten aus Holz | | X |
| 66. | 1624 | Herstellung von Verpackungsmitteln, Lagerbehältern und Ladungsträgern aus Holz | | X |
| 67. | 1629 | Herstellung von Holzwaren a.n.g., Kork-, Flecht- und Korbwaren (ohne Möbel) | | X |
| 68. | 1711 | Herstellung von Holz- und Zellstoff | X | |
| 69. | 1712 | Herstellung von Papier, Karton und Pappe | X | |
| 70. | 1721 | Herstellung von Wellpapier und -pappe sowie von Verpackungsmitteln aus Papier, Karton und Pappe | | X |
| 71. | 1722 | Herstellung von Haushalts-, Hygiene- und Toilettenartikeln aus Zellstoff, Papier und Pappe | X | |
| 72. | 1723 | Herstellung von Schreibwaren und Bürobedarf aus Papier, Karton und Pappe | | X |
| 73. | 1724 | Herstellung von Tapeten | | X |
| 74. | 1729 | Herstellung von sonstigen Waren aus Papier, Karton und Pappe | | X |

# Erneuerbare-Energien-Gesetz Anl. 4 EEG 2021 8.2

| Laufende Nummer | WZ 2008 Code | WZ 2008 – Bezeichnung (a.n.g. = anderweitig nicht genannt) | Liste 1 | Liste 2 |
|---|---|---|---|---|
| 75. | 1813 | Druck- und Medienvorstufe | | X |
| 76. | 1910 | Kokerei | | X |
| 77. | 1920 | Mineralölverarbeitung | X | |
| 78. | 2011 | Herstellung von Industriegasen | X | |
| 79. | 2012 | Herstellung von Farbstoffen und Pigmenten | X | |
| 80. | 2013 | Herstellung von sonstigen anorganischen Grundstoffen und Chemikalien | X | |
| 81. | 2014 | Herstellung von sonstigen organischen Grundstoffen und Chemikalien | X | |
| 82. | 2015 | Herstellung von Düngemitteln und Stickstoffverbindungen | X | |
| 83. | 2016 | Herstellung von Kunststoffen in Primärformen | X | |
| 84. | 2017 | Herstellung von synthetischem Kautschuk in Primärformen | X | |
| 85. | 2020 | Herstellung von Schädlingsbekämpfungs-, Pflanzenschutz- und Desinfektionsmitteln | | X |
| 86. | 2030 | Herstellung von Anstrichmitteln, Druckfarben und Kitten | | X |
| 87. | 2041 | Herstellung von Seifen, Wasch-, Reinigungs- und Poliermitteln | | X |
| 88. | 2042 | Herstellung von Körperpflegemitteln und Duftstoffen | | X |
| 89. | 2051 | Herstellung von pyrotechnischen Erzeugnissen | | X |
| 90. | 2052 | Herstellung von Klebstoffen | | X |
| 91. | 2053 | Herstellung von etherischen Ölen | | X |
| 92. | 2059 | Herstellung von sonstigen chemischen Erzeugnissen a.n.g. | | X |
| 93. | 2060 | Herstellung von Chemiefasern | X | |
| 94. | 2110 | Herstellung von pharmazeutischen Grundstoffen | X | |
| 95. | 2120 | Herstellung von pharmazeutischen Spezialitäten und sonstigen pharmazeutischen Erzeugnissen | | X |
| 96. | 2211 | Herstellung und Runderneuerung von Bereifungen | | X |
| 97. | 2219 | Herstellung von sonstigen Gummiwaren | | X |
| 98. | 2221 | Herstellung von Platten, Folien, Schläuchen und Profilen aus Kunststoffen | X | |
| 99. | 2222 | Herstellung von Verpackungsmitteln aus Kunststoffen | X | |
| 100. | 2223 | Herstellung von Baubedarfsartikeln aus Kunststoffen | | X |
| 101. | 2229 | Herstellung von sonstigen Kunststoffwaren | | X |
| 102. | 2311 | Herstellung von Flachglas | X | |
| 103. | 2312 | Veredlung und Bearbeitung von Flachglas | X | |
| 104. | 2313 | Herstellung von Hohlglas | X | |
| 105. | 2314 | Herstellung von Glasfasern und Waren daraus | X | |
| 106. | 2319 | Herstellung, Veredlung und Bearbeitung von sonstigem Glas einschließlich technischen Glaswaren | X | |
| 107. | 2320 | Herstellung von feuerfesten keramischen Werkstoffen und Waren | X | |
| 108. | 2331 | Herstellung von keramischen Wand- und Bodenfliesen und -platten | X | |
| 109. | 2332 | Herstellung von Ziegeln und sonstiger Baukeramik | X | |
| 110. | 2341 | Herstellung von keramischen Haushaltswaren und Ziergegenständen | | X |
| 111. | 2342 | Herstellung von Sanitärkeramik | X | |
| 112. | 2343 | Herstellung von Isolatoren und Isolierteilen aus Keramik | X | |
| 113. | 2344 | Herstellung von keramischen Erzeugnissen für sonstige technische Zwecke | | X |
| 114. | 2349 | Herstellung von sonstigen keramischen Erzeugnissen | X | |

## 8.2 EEG 2021 Anl. 4

| Laufende Nummer | WZ 2008 Code | WZ 2008 – Bezeichnung (a.n.g. = anderweitig nicht genannt) | Liste 1 | Liste 2 |
|---|---|---|---|---|
| 115. | 2351 | Herstellung von Zement | X | |
| 116. | 2352 | Herstellung von Kalk und gebranntem Gips | X | |
| 117. | 2362 | Herstellung von Gipserzeugnissen für den Bau | | X |
| 118. | 2365 | Herstellung von Faserzementwaren | | X |
| 119. | 2369 | Herstellung von sonstigen Erzeugnissen aus Beton, Zement und Gips a.n.g. | | X |
| 120. | 2370 | Be- und Verarbeitung von Naturwerksteinen und Natursteinen a.n.g. | | X |
| 121. | 2391 | Herstellung von Schleifkörpern und Schleifmitteln auf Unterlage | | X |
| 122. | 2399 | Herstellung von sonstigen Erzeugnissen aus nichtmetallischen Mineralien a.n.g. | X | |
| 123. | 2410 | Erzeugung von Roheisen, Stahl und Ferrolegierungen | X | |
| 124. | 2420 | Herstellung von Stahlrohren, Rohrform-, Rohrverschluss- und Rohrverbindungsstücken aus Stahl | X | |
| 125. | 2431 | Herstellung von Blankstahl | X | |
| 126. | 2432 | Herstellung von Kaltband mit einer Breite von weniger als 600 mm | X | |
| 127. | 2433 | Herstellung von Kaltprofilen | | X |
| 128. | 2434 | Herstellung von kaltgezogenem Draht | X | |
| 129. | 2441 | Erzeugung und erste Bearbeitung von Edelmetallen | X | |
| 130. | 2442 | Erzeugung und erste Bearbeitung von Aluminium | X | |
| 131. | 2443 | Erzeugung und erste Bearbeitung von Blei, Zink und Zinn | X | |
| 132. | 2444 | Erzeugung und erste Bearbeitung von Kupfer | X | |
| 133. | 2445 | Erzeugung und erste Bearbeitung von sonstigen NE-Metallen | X | |
| 134. | 2446 | Aufbereitung von Kernbrennstoffen | X | |
| 135. | 2451 | Eisengießereien | X | |
| 136. | 2452 | Stahlgießereien | X | |
| 137. | 2453 | Leichtmetallgießereien | X | |
| 138. | 2454 | Buntmetallgießereien | X | |
| 139. | 2511 | Herstellung von Metallkonstruktionen | | X |
| 140. | 2512 | Herstellung von Ausbauelementen aus Metall | | X |
| 141. | 2521 | Herstellung von Heizkörpern und -kesseln für Zentralheizungen | | X |
| 142. | 2529 | Herstellung von Sammelbehältern, Tanks u.ä. Behältern aus Metall | | X |
| 143. | 2530 | Herstellung von Dampfkesseln (ohne Zentralheizungskessel) | | X |
| 144. | 2540 | Herstellung von Waffen und Munition | | X |
| 145. | 2550 | Herstellung von Schmiede-, Press-, Zieh- und Stanzteilen, gewalzten Ringen und pulvermetallurgischen Erzeugnissen | | X |
| 146. | 2561 | Oberflächenveredlung und Wärmebehandlung | | X |
| 147. | 2571 | Herstellung von Schneidwaren und Bestecken aus unedlen Metallen | | X |
| 148. | 2572 | Herstellung von Schlössern und Beschlägen aus unedlen Metallen | | X |
| 149. | 2573 | Herstellung von Werkzeugen | | X |
| 150. | 2591 | Herstellung von Fässern, Trommeln, Dosen, Eimern u.ä. Behältern aus Metall | | X |
| 151. | 2592 | Herstellung von Verpackungen und Verschlüssen aus Eisen, Stahl und NE-Metall | | X |

Erneuerbare-Energien-Gesetz **Anl. 4 EEG 2021 8.2**

| Laufende Nummer | WZ 2008 Code | WZ 2008 – Bezeichnung (a.n.g. = anderweitig nicht genannt) | Liste 1 | Liste 2 |
|---|---|---|---|---|
| 152. | 2593 | Herstellung von Drahtwaren, Ketten und Federn | | X |
| 153. | 2594 | Herstellung von Schrauben und Nieten | | X |
| 154. | 2599 | Herstellung von sonstigen Metallwaren a.n.g. | | X |
| 155. | 2611 | Herstellung von elektronischen Bauelementen | X | |
| 156. | 2612 | Herstellung von bestückten Leiterplatten | | X |
| 157. | 2620 | Herstellung von Datenverarbeitungsgeräten und peripheren Geräten | | X |
| 158. | 2630 | Herstellung von Geräten und Einrichtungen der Telekommunikationstechnik | | X |
| 159. | 2640 | Herstellung von Geräten der Unterhaltungselektronik | | X |
| 160. | 2651 | Herstellung von Mess-, Kontroll-, Navigations- u.ä. Instrumenten und Vorrichtungen | | X |
| 161. | 2652 | Herstellung von Uhren | | X |
| 162. | 2660 | Herstellung von Bestrahlungs- und Elektrotherapiegeräten und elektromedizinischen Geräten | | X |
| 163. | 2670 | Herstellung von optischen und fotografischen Instrumenten und Geräten | | X |
| 164. | 2680 | Herstellung von magnetischen und optischen Datenträgern | X | |
| 165. | 2711 | Herstellung von Elektromotoren, Generatoren und Transformatoren | | X |
| 166. | 2712 | Herstellung von Elektrizitätsverteilungs- und -schalteinrichtungen | | X |
| 167. | 2720 | Herstellung von Batterien und Akkumulatoren | X | |
| 168. | 2731 | Herstellung von Glasfaserkabeln | | X |
| 169. | 2732 | Herstellung von sonstigen elektronischen und elektrischen Drähten und Kabeln | | X |
| 170. | 2733 | Herstellung von elektrischem Installationsmaterial | | X |
| 171. | 2740 | Herstellung von elektrischen Lampen und Leuchten | | X |
| 172. | 2751 | Herstellung von elektrischen Haushaltsgeräten | | X |
| 173. | 2752 | Herstellung von nicht elektrischen Haushaltsgeräten | | X |
| 174. | 2790 | Herstellung von sonstigen elektrischen Ausrüstungen und Geräten a.n.g. | | X |
| 175. | 2811 | Herstellung von Verbrennungsmotoren und Turbinen (ohne Motoren für Luft- und Straßenfahrzeuge) | | X |
| 176. | 2812 | Herstellung von hydraulischen und pneumatischen Komponenten und Systemen | | X |
| 177. | 2813 | Herstellung von Pumpen und Kompressoren a.n.g. | | X |
| 178. | 2814 | Herstellung von Armaturen a.n.g. | | X |
| 179. | 2815 | Herstellung von Lagern, Getrieben, Zahnrädern und Antriebselementen | | X |
| 180. | 2821 | Herstellung von Öfen und Brennern | | X |
| 181. | 2822 | Herstellung von Hebezeugen und Fördermitteln | | X |
| 182. | 2823 | Herstellung von Büromaschinen (ohne Datenverarbeitungsgeräte und periphere Geräte) | | X |
| 183. | 2824 | Herstellung von handgeführten Werkzeugen mit Motorantrieb | | X |
| 184. | 2825 | Herstellung von kälte- und lufttechnischen Erzeugnissen, nicht für den Haushalt | | X |
| 185. | 2829 | Herstellung von sonstigen nicht wirtschaftszweigspezifischen Maschinen a.n.g. | | X |
| 186. | 2830 | Herstellung von land- und forstwirtschaftlichen Maschinen | | X |

## 8.2 EEG 2021 Anl. 4

| Laufende Nummer | WZ 2008 Code | WZ 2008 – Bezeichnung (a.n.g. = anderweitig nicht genannt) | Liste 1 | Liste 2 |
|---|---|---|---|---|
| 187. | 2841 | Herstellung von Werkzeugmaschinen für die Metallbearbeitung | | X |
| 188. | 2849 | Herstellung von sonstigen Werkzeugmaschinen | | X |
| 189. | 2891 | Herstellung von Maschinen für die Metallerzeugung, von Walzwerkseinrichtungen und Gießmaschinen | | X |
| 190. | 2892 | Herstellung von Bergwerks-, Bau- und Baustoffmaschinen | | X |
| 191. | 2893 | Herstellung von Maschinen für die Nahrungs- und Genussmittelerzeugung und die Tabakverarbeitung | | X |
| 192. | 2894 | Herstellung von Maschinen für die Textil- und Bekleidungsherstellung und die Lederverarbeitung | | X |
| 193. | 2895 | Herstellung von Maschinen für die Papiererzeugung und -verarbeitung | | X |
| 194. | 2896 | Herstellung von Maschinen für die Verarbeitung von Kunststoffen und Kautschuk | | X |
| 195. | 2899 | Herstellung von Maschinen für sonstige bestimmte Wirtschaftszweige a.n.g. | | X |
| 196. | 2910 | Herstellung von Kraftwagen und Kraftwagenmotoren | | X |
| 197. | 2920 | Herstellung von Karosserien, Aufbauten und Anhängern | | X |
| 198. | 2931 | Herstellung elektrischer und elektronischer Ausrüstungsgegenstände für Kraftwagen | | X |
| 199. | 2932 | Herstellung von Teilen und sonstigem Zubehör für Kraftwagen | | X |
| 200. | 3011 | Schiffbau (ohne Boots- und Yachtbau) | | X |
| 201. | 3012 | Boots- und Yachtbau | | X |
| 202. | 3020 | Schienenfahrzeugbau | | X |
| 203. | 3030 | Luft- und Raumfahrzeugbau | | X |
| 204. | 3040 | Herstellung von militärischen Kampffahrzeugen | | X |
| 205. | 3091 | Herstellung von Krafträdern | | X |
| 206. | 3092 | Herstellung von Fahrrädern sowie von Behindertenfahrzeugen | | X |
| 207. | 3099 | Herstellung von sonstigen Fahrzeugen a.n.g. | | X |
| 208. | 3101 | Herstellung von Büro- und Ladenmöbeln | | X |
| 209. | 3102 | Herstellung von Küchenmöbeln | | X |
| 210. | 3103 | Herstellung von Matratzen | | X |
| 211. | 3109 | Herstellung von sonstigen Möbeln | | X |
| 212. | 3211 | Herstellung von Münzen | | X |
| 213. | 3212 | Herstellung von Schmuck, Gold- und Silberschmiedewaren (ohne Fantasieschmuck) | | X |
| 214. | 3213 | Herstellung von Fantasieschmuck | | X |
| 215. | 3220 | Herstellung von Musikinstrumenten | | X |
| 216. | 3230 | Herstellung von Sportgeräten | | X |
| 217. | 3240 | Herstellung von Spielwaren | | X |
| 218. | 3250 | Herstellung von medizinischen und zahnmedizinischen Apparaten und Materialien | | X |
| 219. | 3291 | Herstellung von Besen und Bürsten | | X |
| 220. | 3299 | Herstellung von sonstigen Erzeugnissen a.n.g. | X | |
| 221. | 3832 | Rückgewinnung sortierter Werkstoffe | X | |

Erneuerbare-Energien-Gesetz **Anl. 5 EEG 2021 8.2**

**Anlage 5**
(zu § 3 Nummer 43c)

## Südregion

Folgende kreisfreie Städte, Stadtkreise, Kreise und Landkreise bilden die Südregion:

| Südregion |
|---|
| **Baden-Württemberg** |
| Landkreis Alb-Donau-Kreis |
| Stadtkreis Baden-Baden |
| Landkreis Biberach |
| Landkreis Böblingen |
| Landkreis Bodenseekreis |
| Landkreis Breisgau-Hochschwarzwald |
| Landkreis Calw |
| Landkreis Emmendingen |
| Landkreis Enzkreis |
| Landkreis Esslingen |
| Stadtkreis Freiburg im Breisgau |
| Landkreis Freudenstadt |
| Landkreis Göppingen |
| Stadtkreis Heidelberg |
| Landkreis Heidenheim |
| Stadtkreis Heilbronn |
| Landkreis Heilbronn |
| Landkreis Hohenlohekreis |
| Stadtkreis Karlsruhe |
| Landkreis Karlsruhe |
| Landkreis Konstanz |
| Landkreis Lörrach |
| Landkreis Ludwigsburg |
| Landkreis Main-Tauber-Kreis |
| Stadtkreis Mannheim |
| Landkreis Neckar-Odenwald-Kreis |
| Landkreis Ortenaukreis |
| Landkreis Ostalbkreis |
| Stadtkreis Pforzheim |
| Landkreis Rastatt |
| Landkreis Ravensburg |
| Landkreis Rems-Murr-Kreis |
| Landkreis Reutlingen |
| Landkreis Rhein-Neckar-Kreis |
| Landkreis Rottweil |
| Landkreis Schwäbisch Hall |
| Landkreis Schwarzwald-Baar-Kreis |
| Landkreis Sigmaringen |
| Stadtkreis Stuttgart |
| Landkreis Tübingen |
| Landkreis Tuttlingen |
| Stadtkreis Ulm |
| Landkreis Waldshut |
| Landkreis Zollernalbkreis |
| **Bayern** |

1357

## 8.2 EEG 2021 Anl. 5

| |
|---|
| Landkreis Aichach-Friedberg |
| Landkreis Altötting |
| Kreisfreie Stadt Amberg |
| Landkreis Amberg-Sulzbach |
| Kreisfreie Stadt Ansbach |
| Landkreis Ansbach |
| Kreisfreie Stadt Aschaffenburg |
| Landkreis Aschaffenburg |
| Kreisfreie Stadt Augsburg |
| Landkreis Augsburg |
| Landkreis Bad Tölz-Wolfratshausen |
| Kreisfreie Stadt Bamberg |
| Landkreis Bamberg |
| Kreisfreie Stadt Bayreuth |
| Landkreis Bayreuth |
| Landkreis Berchtesgadener Land |
| Landkreis Cham |
| Landkreis Dachau |
| Landkreis Deggendorf |
| Landkreis Dillingen an der Donau |
| Landkreis Dingolfing-Landau |
| Landkreis Donau-Ries |
| Landkreis Ebersberg |
| Landkreis Eichstätt |
| Landkreis Erding |
| Kreisfreie Stadt Erlangen |
| Landkreis Erlangen-Höchstadt |
| Landkreis Forchheim |
| Landkreis Freising |
| Landkreis Freyung-Grafenau |
| Landkreis Fürstenfeldbruck |
| Kreisfreie Stadt Fürth |
| Landkreis Fürth |
| Landkreis Garmisch-Partenkirchen |
| Landkreis Günzburg |
| Landkreis Haßberge |
| Kreisfreie Stadt Ingolstadt |
| Kreisfreie Stadt Kaufbeuren |
| Landkreis Kelheim |
| Kreisfreie Stadt Kempten (Allgäu) |
| Landkreis Kitzingen |
| Landkreis Landsberg am Lech |
| Kreisfreie Stadt Landshut |
| Landkreis Landshut |
| Landkreis Lindau (Bodensee) |
| Landkreis Main-Spessart |
| Kreisfreie Stadt Memmingen |
| Landkreis Miesbach |
| Landkreis Miltenberg |
| Landkreis Mühldorf am Inn |
| Kreisfreie Stadt München |

# Erneuerbare-Energien-Gesetz  Anl. 5  EEG 2021  8.2

| |
|---|
| Landkreis München |
| Landkreis Neuburg-Schrobenhausen |
| Landkreis Neumarkt in der Oberpfalz |
| Landkreis Neustadt an der Aisch-Bad Windsheim |
| Landkreis Neustadt an der Waldnaab |
| Landkreis Neu-Ulm |
| Kreisfreie Stadt Nürnberg |
| Landkreis Nürnberger Land |
| Landkreis Oberallgäu |
| Landkreis Ostallgäu |
| Kreisfreie Stadt Passau |
| Landkreis Passau |
| Landkreis Pfaffenhofen an der Ilm |
| Landkreis Regen |
| Kreisfreie Stadt Regensburg |
| Landkreis Regensburg |
| Kreisfreie Stadt Rosenheim |
| Landkreis Rosenheim |
| Landkreis Roth |
| Landkreis Rottal-Inn |
| Kreisfreie Stadt Schwabach |
| Landkreis Schwandorf |
| Kreisfreie Stadt Schweinfurt |
| Landkreis Schweinfurt |
| Landkreis Starnberg |
| Kreisfreie Stadt Straubing |
| Landkreis Straubing-Bogen |
| Landkreis Tirschenreuth |
| Landkreis Traunstein |
| Landkreis Unterallgäu |
| Kreisfreie Stadt Weiden in der Oberpfalz |
| Landkreis Weilheim-Schongau |
| Landkreis Weißenburg-Gunzenhausen |
| Kreisfreie Stadt Würzburg |
| Landkreis Würzburg |
| **Hessen** |
| Landkreis Bergstraße |
| Kreisfreie Stadt Darmstadt |
| Landkreis Darmstadt-Dieburg |
| Landkreis Groß-Gerau |
| Landkreis Odenwaldkreis |
| Landkreis Offenbach |
| **Rheinland-Pfalz** |
| Landkreis Alzey-Worms |
| Landkreis Bad Dürkheim |
| Landkreis Bad Kreuznach |
| Landkreis Bernkastel-Wittlich |
| Landkreis Birkenfeld |
| Landkreis Donnersbergkreis |
| Landkreis Eifelkreis Bitburg-Prüm |
| Kreisfreie Stadt Frankenthal (Pfalz) |

1359

| |
|---|
| Landkreis Germersheim |
| Kreisfreie Stadt Kaiserslautern |
| Landkreis Kaiserslautern |
| Landkreis Kusel |
| Kreisfreie Stadt Landau in der Pfalz |
| Kreisfreie Stadt Ludwigshafen am Rhein |
| Kreisfreie Stadt Mainz |
| Landkreis Mainz-Bingen |
| Kreisfreie Stadt Neustadt an der Weinstraße |
| Kreisfreie Stadt Pirmasens |
| Landkreis Rhein-Hunsrück-Kreis |
| Landkreis Rhein-Pfalz-Kreis |
| Kreisfreie Stadt Speyer |
| Landkreis Südliche Weinstraße |
| Landkreis Südwestpfalz |
| Kreisfreie Stadt Trier |
| Landkreis Trier-Saarburg |
| Kreisfreie Stadt Worms |
| Kreisfreie Stadt Zweibrücken |
| **Saarland** |
| Landkreis Merzig-Wadern |
| Landkreis Neunkirchen |
| Landkreis Regionalverband Saarbrücken |
| Landkreis Saarlouis |
| Landkreis Saarpfalz-Kreis |
| Landkreis St. Wendel |

## 8.2.1. Verordnung über die Erzeugung von Strom aus Biomasse (Biomasseverordnung – BiomasseV)

Vom 21. Juni 2001

(BGBl. I S. 1234)

**FNA 754-15-1**

zuletzt geänd. durch Art. 8 G zur Einführung von Ausschreibungen für Strom aus erneuerbaren Energien und zu weiteren Änd. des Rechts der erneuerbaren Energien v. 13.10.2016 (BGBl. I S. 2258)

Auf Grund des § 2 Abs. 1 Satz 2 des Erneuerbare-Energien-Gesetzes vom 29. März 2000 (BGBl. I S. 305) in Verbindung mit Artikel 56 Abs. 1 des Zuständigkeitsanpassungs-Gesetzes vom 18. März 1975 (BGBl. I S. 705) und dem Organisationserlass des Bundeskanzlers vom 22. Januar 2001 (BGBl. I S. 127) verordnet das Bundesministerium für Umwelt, Naturschutz und Reaktorsicherheit im Einvernehmen mit den Bundesministerien für Verbraucherschutz, Ernährung und Landwirtschaft und für Wirtschaft und Technologie unter Wahrung der Rechte des Bundestages:

**§ 1 Aufgabenbereich.** Diese Verordnung regelt für den Anwendungsbereich des Erneuerbare-Energien-Gesetzes[1], welche Stoffe als Biomasse gelten, welche technischen Verfahren zur Stromerzeugung aus Biomasse in den Anwendungsbereich des Gesetzes fallen und welche Umweltanforderungen bei der Erzeugung von Strom aus Biomasse einzuhalten sind.

**§ 2 Anerkannte Biomasse.** (1) [1]Biomasse im Sinne dieser Verordnung sind Energieträger aus Phyto- und Zoomasse. [2]Hierzu gehören auch aus Phyto- und Zoomasse resultierende Folge- und Nebenprodukte, Rückstände und Abfälle, deren Energiegehalt aus Phyto- und Zoomasse stammt.

(2) Biomasse im Sinne des Absatzes 1 sind insbesondere:

1. Pflanzen und Pflanzenbestandteile,
2. aus Pflanzen oder Pflanzenbestandteilen hergestellte Energieträger, deren sämtliche Bestandteile und Zwischenprodukte aus Biomasse im Sinne des Absatzes 1 erzeugt wurden,
3. Abfälle und Nebenprodukte pflanzlicher und tierischer Herkunft aus der Land-, Forst- und Fischwirtschaft,
4. Bioabfälle im Sinne von § 2 Nr. 1 der Bioabfallverordnung,
5. aus Biomasse im Sinne des Absatzes 1 durch Vergasung oder Pyrolyse erzeugtes Gas und daraus resultierende Folge- und Nebenprodukte,
6. aus Biomasse im Sinne des Absatzes 1 erzeugte Alkohole, deren Bestandteile, Zwischen-, Folge- und Nebenprodukte aus Biomasse erzeugt wurden.

(3) Unbeschadet von Absatz 1 gelten als Biomasse im Sinne dieser Verordnung:

1. Treibsel aus Gewässerpflege, Uferpflege und -reinhaltung,

---

[1] Nr. **8.2**.

## 8.2.1 BiomasseV §§ 2a, 3

2. durch anaerobe Vergärung erzeugtes Biogas, sofern zur Vergärung nicht Stoffe nach § 3 Nummer 3, 7 oder 9 oder mehr als 10 Gewichtsprozent Klärschlamm eingesetzt werden.

(4) ¹Stoffe, aus denen in Altanlagen im Sinne von § 2 Abs. 3 Satz 4 des Erneuerbare-Energien-Gesetzes vom 29. März 2000 (BGBl. I S. 305) in der am 31. Juli 2004 geltenden Fassung Strom erzeugt und vor dem 1. April 2000 bereits als Strom aus Biomasse vergütet worden ist, gelten in diesen Anlagen weiterhin als Biomasse. ²Dies gilt nicht für Stoffe nach § 3 Nr. 4.

**§ 2a** *(aufgehoben)*

**§ 3 Nicht als Biomasse anerkannte Stoffe.** Nicht als Biomasse im Sinne dieser Verordnung gelten:

1. fossile Brennstoffe sowie daraus hergestellte Neben- und Folgeprodukte,
2. Torf,
3. gemischte Siedlungsabfälle aus privaten Haushaltungen sowie ähnliche Abfälle aus anderen Herkunftsbereichen einschließlich aus gemischten Siedlungsabfällen herausgelöste Biomassefraktionen,
4. Altholz mit Ausnahme von Industrierestholz,
5. Papier, Pappe, Karton,
6. Klärschlämme im Sinne der Klärschlammverordnung,
7. Hafenschlick und sonstige Gewässerschlämme und -sedimente,
8. Textilien,
9. tierische Nebenprodukte im Sinne von Artikel 3 Nummer 1 der Verordnung (EG) Nr. 1069/2009 des Europäischen Parlaments und des Rates vom 21. Oktober 2009 mit Hygienevorschriften für nicht für den menschlichen Verzehr bestimmte tierische Nebenprodukte und zur Aufhebung der Verordnung (EG) Nr. 1774/2002 (ABl. L 300 vom 14.11.2009, S. 1), die durch die Richtlinie 2010/63/EU (ABl. L 276 vom 20.10.2010, S. 33) geändert worden ist, soweit es sich
    a) um Material der Kategorie 1 gemäß Artikel 8 der Verordnung (EG) Nr. 1069/2009 handelt,
    b) um Material der Kategorie 2 gemäß Artikel 9 der Verordnung (EG) Nr. 1069/2009 mit Ausnahme von Gülle, von Magen und Darm getrenntem Magen- und Darminhalt und Kolostrum im Sinne der genannten Verordnung handelt,
    c) um Material der Kategorie 3 gemäß Artikel 10 der Verordnung (EG) Nr. 1069/2009 mit Ausnahme von Häuten, Fellen, Hufen, Federn, Wolle, Hörnern, Haaren und Pelzen nach Artikel 10 Buchstaben b Unterbuchstaben iii bis v, h und n handelt, und dieses Material durch Verbrennen direkt als Abfall beseitigt wird, oder
    d) um Material der Kategorie 3 gemäß Artikel 10 der Verordnung (EG) Nr. 1069/2009 handelt, das in Verarbeitungsbetrieben für Material der Kategorie 1 oder 2 verarbeitet wird, sowie Stoffe, die durch deren dortige Verarbeitung hergestellt worden oder sonst entstanden sind,
10. Deponiegas,
11. Klärgas,
12. Ablaugen der Zellstoffherstellung.

## § 4 Technische Verfahren.

(1) Als technische Verfahren zur Erzeugung von Strom aus Biomasse im Sinne dieser Verordnung gelten einstufige und mehrstufige Verfahren der Stromerzeugung durch folgende Arten von Anlagen:

1. Feuerungsanlagen in Kombination mit Dampfturbinen-, Dampfmotor-, Stirlingmotor- und Gasturbinenprozessen, einschließlich Organic-Rankine-Cycle-(ORC)-Prozessen,
2. Verbrennungsmotoranlagen,
3. Gasturbinenanlagen,
4. Brennstoffzellenanlagen,
5. andere Anlagen, die wie die in Nummern 1 bis 4 genannten technischen Verfahren im Hinblick auf das Ziel des Klima- und Umweltschutzes betrieben werden.

(2) Soweit eine Stromerzeugung aus Biomasse im Sinne dieser Verordnung mit einem Verfahren nach Absatz 1 nur durch eine Zünd- oder Stützfeuerung mit anderen Stoffen als Biomasse möglich ist, können auch solche Stoffe eingesetzt werden.

(3) In Anlagen nach Absatz 1 und 2 darf bis zu einem Anteil von 10 vom Hundert des Energiegehalts auch Klärgas oder durch thermische Prozesse unter Sauerstoffmangel erzeugtes Gas (Synthesegas) eingesetzt werden, wenn das Gas (Synthesegas) aus Klärschlamm im Sinne der Klärschlammverordnung erzeugt worden ist.

## § 5 Umweltanforderungen.

Zur Vermeidung und Verminderung von Umweltverschmutzungen, zum Schutz und zur Vorsorge vor schädlichen Umwelteinwirkungen und zur Gefahrenabwehr sowie zur Schonung der Ressourcen und zur Sicherung des umweltverträglichen Umgangs mit Abfällen sind die für die jeweiligen technischen Verfahren sowie den Einsatz der betreffenden Stoffe geltenden Vorschriften des öffentlichen Rechts einzuhalten.

## § 6 Inkrafttreten.

Diese Verordnung tritt am Tage nach der Verkündung[1] in Kraft.

**Anlagen 1–3**
*(aufgehoben)*

---

[1] Verkündet am 27.6.2001.

## 8.4. Stromsteuergesetz (StromStG)[1) 2)]

Vom 24. März 1999

(BGBl. I S. 378)

**FNA 612-30**

zuletzt geänd. durch Art. 6 Siebtes G zur Änd. von Verbrauchsteuergesetzen v. 30.3.2021 (BGBl. I S. 607)

**§ 1 Steuergegenstand, Steuergebiet.** (1) [1]Elektrischer Strom (Strom) der Position 2716 der Kombinierten Nomenklatur unterliegt im Steuergebiet der Stromsteuer. [2]Steuergebiet ist das Gebiet der Bundesrepublik Deutschland ohne das Gebiet von Büsingen und ohne die Insel Helgoland. [3]Die Stromsteuer ist eine Verbrauchsteuer im Sinne der Abgabenordnung.

(2) Kombinierte Nomenklatur im Sinn dieses Gesetzes ist die Warennomenklatur nach Artikel 1 der Verordnung (EWG) Nr. 2658/87 des Rates vom 23. Juli 1987 über die zolltarifliche und statistische Nomenklatur sowie den Gemeinsamen Zolltarif (ABl. L 256 vom 7.9.1987, S. 1; L 341 vom 3.12.1987, S. 38; L 378 vom 31.12.1987, S. 120; L 130 vom 26.5.1988, S. 42; L 151 vom 8.6.2016, S. 22) in der durch die Durchführungsverordnung (EU) 2017/1925 (ABl. L 282 vom 31.10.2017, S. 1) geänderten, am 1. Januar 2018 geltenden Fassung.

**§ 2 Begriffsbestimmungen.** Im Sinne dieses Gesetzes ist oder sind

1. Versorger: Derjenige, der Strom leistet;
2. Eigenerzeuger: derjenige, der Strom zum Selbstverbrauch erzeugt;
2a. Klassifikation der Wirtschaftszweige: die vom Statistischen Bundesamt in 65189 Wiesbaden, Gustav-Stresemann-Ring 11, herausgegebene Klassifikation der Wirtschaftszweige, Ausgabe 2003 (WZ 2003), auch zu beziehen über www.destatis.de;
3. Unternehmen des Produzierenden Gewerbes: Unternehmen, die dem Abschnitt C (Bergbau und Gewinnung von Steinen und Erden), D (Verarbeitendes Gewerbe), E (Energie- und Wasserversorgung) oder F (Baugewerbe) der Klassifikation der Wirtschaftszweige zuzuordnen sind, sowie die anerkannten Werkstätten für behinderte Menschen im Sinne des § 219 des Neunten Buches Sozialgesetzbuch, wenn sie überwiegend eine wirtschaftliche Tätigkeit ausüben, die den vorgenannten Abschnitten der Klassifikation der Wirtschaftszweige zuzuordnen ist;
4. Unternehmen im Sinne der Nummer 3: Kleinste rechtlich selbständige Einheit sowie kommunale Eigenbetriebe, die auf Grundlage der Eigenbetriebsgesetze oder Eigenbetriebsverordnungen der Länder geführt werden;
5. Unternehmen der Land- und Forstwirtschaft: Unternehmen, die dem Abschnitt A (Land- und Forstwirtschaft) oder der Klasse 05.02 (Teichwirt-

---

[1)] Verkündet als Art. 1 G zum Einstieg in die ökolog. Steuerreform v. 24.3.1999 (BGBl. I S. 378); Inkrafttreten gem. Art. 3 Satz 2 dieses G am 1.4.1999 mit Ausnahme des § 11, der gem. Art. 3 Satz 1 am 30.3.1999 in Kraft getreten ist.

[2)] Siehe auch das EnergiesteuerG v. 15.7.2006 (BGBl. I S. 1534), zuletzt geänd. durch G v. 30.3. 2021 (BGBl. I S. 607).

schaft und Fischzucht) der Klassifikation der Wirtschaftszweige zuzuordnen sind, sowie die anerkannten Werkstätten für behinderte Menschen im Sinne des § 219 des Neunten Buches Sozialgesetzbuch, wenn sie überwiegend eine wirtschaftliche Tätigkeit ausüben, die dem Abschnitt A oder der Klasse 05.02 der Klassifikation der Wirtschaftszweige zuzuordnen ist;

6. Unternehmen im Sinne der Nummer 5: Wirtschaftliche, finanzielle und rechtliche Einheit, die unter einheitlicher und selbständiger Führung steht;
7. Strom aus erneuerbaren Energieträgern: Strom, der ausschließlich aus Wasserkraft, Windkraft, Sonnenenergie, Erdwärme, Deponiegas, Klärgas oder aus Biomasse erzeugt wird, ausgenommen Strom aus Wasserkraftwerken mit einer installierten Generatorleistung über zehn Megawatt;
8. Elektromobilität: das Nutzen elektrisch betriebener Fahrzeuge, ausgenommen schienen- oder leitungsgebundener Fahrzeuge;
9. stationärer Batteriespeicher: ein wiederaufladbarer Speicher für Strom auf elektrochemischer Basis, der während des Betriebs ausschließlich an seinem geografischen Standort verbleibt, dauerhaft mit dem Versorgungsnetz verbunden und nicht Teil eines Fahrzeuges ist. Der geografische Standort ist ein durch geografische Koordinaten bestimmter Punkt;
10. hocheffiziente KWK-Anlagen: ortsfeste Anlagen zur gekoppelten Erzeugung von Kraft und Wärme, die die Voraussetzungen nach § 53a Absatz 6 Satz 4 und 5 des Energiesteuergesetzes erfüllen;
11. Netz der allgemeinen Versorgung mit Strom: ein Netz, das der Verteilung von Strom an Dritte dient und von seiner Dimensionierung nicht von vornherein nur auf die Versorgung bestimmter, schon bei der Netzerrichtung feststehender oder bestimmbarer Personen ausgelegt ist, sondern grundsätzlich jedermann für die Versorgung offensteht.

**§ 2a Staatliche Beihilfen.** (1) [1]Die Inanspruchnahme oder die Beantragung einer Steuerbefreiung, Steuerermäßigung oder Steuerentlastung, die nach Absatz 3 als staatliche Beihilfe anzusehen ist, ist nicht zulässig, solange derjenige, der den Strom entnimmt, zu einer Rückzahlung von Beihilfen auf Grund eines früheren Beschlusses der Europäischen Kommission zur Feststellung der Unzulässigkeit einer Beihilfe und ihrer Unvereinbarkeit mit dem Binnenmarkt verpflichtet worden und dieser Rückforderungsanordnung nicht nachgekommen ist. [2]Im Falle einer Steuerbefreiung oder der Inanspruchnahme einer Steuerermäßigung hat der Verwender dem zuständigen Hauptzollamt unverzüglich mitzuteilen, wenn er einer Rückforderungsanordnung im Sinn des Satzes 1 nicht nachkommt. [3]Im Falle eines Antrages auf Steuerentlastung ist bei Antragstellung zu versichern, dass keine offenen Ansprüche nach Satz 1 bestehen.

(2) [1]Die Inanspruchnahme oder Beantragung einer Steuerbefreiung, Steuerermäßigung oder Steuerentlastung, die nach Absatz 3 als staatliche Beihilfe anzusehen ist, ist nicht zulässig für Unternehmen in Schwierigkeiten

1. im Sinn des Artikels 1 Absatz 4 Buchstabe c, des Artikels 2 Nummer 18 der Verordnung (EU) Nr. 651/2014 der Kommission vom 17. Juni 2014 zur Feststellung der Vereinbarkeit bestimmter Gruppen von Beihilfen mit dem Binnenmarkt in Anwendung der Artikel 107 und 108 des Vertrags über die Arbeitsweise der Europäischen Union (Allgemeine Gruppenfreistellungsver-

ordnung; ABl. L 187 vom 26.6.2014, S. 1; L 283 vom 27.9.2014, S. 65), soweit diese Anwendung findet, oder
2. im Sinn der Leitlinien für staatliche Beihilfen zur Rettung und Umstrukturierung nichtfinanzieller Unternehmen in Schwierigkeiten (2014/C 249/01) (ABl. C 249 vom 31.7.2014, S. 1 ff.) in der jeweils geltenden Fassung, soweit die Allgemeine Gruppenfreistellungsverordnung keine Anwendung findet.

²Im Falle einer Steuerbefreiung oder Inanspruchnahme einer Steuerermäßigung hat das betreffende Unternehmen dem zuständigen Hauptzollamt unverzüglich mitzuteilen, wenn es sich im Sinn des Satzes 1 in wirtschaftlichen Schwierigkeiten befindet. ³Im Falle eines Antrages auf Steuerentlastung ist bei Antragstellung zu versichern, dass kein Fall zu Satz 1 vorliegt.

(3) Staatliche Beihilfen im Sinn des Artikels 107 des Vertrags über die Arbeitsweise der Europäischen Union, die der Kommission anzuzeigen oder von ihr zu genehmigen sind, sind in diesem Gesetz § 9 Absatz 1 Nummer 1 und 3, Absatz 2 und 3 sowie die §§ 9b, 9c und 10.

**§ 3 Steuertarif.** Die Steuer beträgt 20,50 Euro für eine Megawattstunde.

**§ 4 Erlaubnis.** (1) ¹Wer als Versorger mit Sitz im Steuergebiet Strom leisten oder als Eigenerzeuger Strom zum Selbstverbrauch entnehmen oder als Letztverbraucher Strom aus einem Gebiet außerhalb des Steuergebiets beziehen will, bedarf der Erlaubnis. ²Einer Erlaubnis als Eigenerzeuger bedarf es nicht, wenn der Eigenerzeuger Inhaber einer Erlaubnis als Versorger ist oder soweit der Eigenerzeuger Strom zum Selbstverbrauch entnimmt, der nach § 9 Abs. 1 Nr. 3 Buchstabe a, Nr. 4 oder Nr. 5 von der Steuer befreit ist.

(2) Die Erlaubnis wird auf Antrag unter Widerrufsvorbehalt Personen erteilt, gegen deren steuerliche Zuverlässigkeit keine Bedenken bestehen und die, soweit nach dem Handelsgesetzbuch oder der Abgabenordnung dazu verpflichtet, ordnungsmäßig kaufmännische Bücher führen und rechtzeitig Jahresabschlüsse aufstellen.

(3) Sind Anzeichen für eine Gefährdung der Steuer erkennbar, ist die Erlaubnis von einer Sicherheit bis zur Höhe des Steuerwerts der voraussichtlich im Jahresdurchschnitt während zweier Monate entstehenden Steuer abhängig.

(4) Die Erlaubnis ist zu widerrufen, wenn eine der Voraussetzungen nach Absatz 2 nicht mehr erfüllt ist oder eine angeforderte Sicherheit nicht geleistet wird.

**§ 5 Entstehung der Steuer, Steuerschuldner.** (1) ¹Die Steuer entsteht dadurch, daß vom im Steuergebiet ansässigen Versorger geleisteter Strom durch Letztverbraucher im Steuergebiet aus dem Versorgungsnetz entnommen wird, oder dadurch, daß der Versorger dem Versorgungsnetz Strom zum Selbstverbrauch entnimmt. ²Bei Eigenerzeugern entsteht die Steuer vorbehaltlich Satz 1 mit der Entnahme von Strom zum Selbstverbrauch im Steuergebiet.

*[Abs. 1a bis 30.6.2022:]*

(1a) Die Steuer entsteht nicht, wenn
1. Strom nach diesem Gesetz von der Steuer befreit ist oder
2. die Voraussetzungen für eine der in § 11 Nummer 12 oder 14 genannten Steuerbefreiungen vorliegen.

*[Abs. 1a ab 1.7.2022:]*

*(1a) Die Steuer entsteht nicht, wenn Strom nach diesem Gesetz von der Steuer befreit ist.*

(2) Steuerschuldner ist in den Fällen des Absatzes 1 Satz 1 der Versorger und im Falle des Absatzes 1 Satz 2 der Eigenerzeuger.

(3) ¹Strom gilt mit der Leistung an einen Versorger, der nicht Inhaber einer nach § 4 Abs. 1 erforderlichen Erlaubnis als Versorger ist, als durch einen Letztverbraucher im Steuergebiet aus dem Versorgungsnetz entnommen, wenn die Leistung des Stroms in der Annahme erfolgt, dass eine Steuer nach Absatz 1 Satz 1 entstanden sei. ²Eine Steuerentstehung durch die tatsächliche Entnahme des Stroms aus dem Versorgungsnetz bleibt dadurch unberührt. ³Dem Versorger ohne Erlaubnis wird die durch den an ihn leistenden Versorger entrichtete Steuer auf Antrag vergütet, soweit er nachweist, dass die durch die tatsächliche Entnahme des Stroms entstandene Steuer entrichtet worden ist, für den Strom keine Steuer entstanden ist oder der Strom steuerfrei entnommen worden ist.

(4) Stationäre Batteriespeicher, die dazu dienen, Strom vorübergehend zu speichern und anschließend in ein Versorgungsnetz für Strom einzuspeisen, gelten als Teile dieses Versorgungsnetzes.

**§ 6 Widerrechtliche Entnahme von Strom.** ¹Die Steuer entsteht auch dadurch, daß widerrechtlich Strom aus dem Versorgungsnetz entnommen wird. ²Steuerschuldner ist, wer widerrechtlich Strom entnimmt.

**§ 7 Leistung von Strom in das Steuergebiet.** ¹Bezieht ein Letztverbraucher Strom aus einem Gebiet außerhalb des Steuergebiets, entsteht die Steuer dadurch, daß der Strom durch den Letztverbraucher im Steuergebiet aus dem Versorgungsnetz entnommen wird. ²Steuerschuldner ist der Letztverbraucher.

**§ 8 Steueranmeldung, Fälligkeit der Steuer.** (1) Der Steuerschuldner hat für Strom, für den die Steuer nach § 5 Abs. 1 oder § 7 entstanden ist, vorbehaltlich Absatz 9 eine Steuererklärung abzugeben und darin die Steuer selbst zu berechnen (Steueranmeldung).

(2) ¹Der Steuerschuldner kann zwischen monatlicher und jährlicher Steueranmeldung wählen. ²Das Wahlrecht kann nur für jeweils ein Kalenderjahr ausgeübt werden. ³Es ist durch eine Erklärung auszuüben, die spätestens am 31. Dezember des Vorjahres beim Hauptzollamt eingegangen sein muß. ⁴Wird die Erklärung nicht rechtzeitig abgegeben, ist die Steuer jährlich anzumelden und zu entrichten.

(3) Bei monatlicher Anmeldung ist die Steuer für jeden Kalendermonat (Veranlagungsmonat) bis zum 15. Kalendertag des folgenden Kalendermonats anzumelden und bis zum 25. Kalendertag dieses Kalendermonats an das Hauptzollamt zu entrichten.

(4) Bei jährlicher Anmeldung ist die Steuer für jedes Kalenderjahr (Veranlagungsjahr) bis zum 31. Mai des folgenden Kalenderjahres anzumelden und unter Anrechnung der geleisteten monatlichen Vorauszahlungen nach Absatz 7 bis zum 25. Juni dieses Kalenderjahres an das Hauptzollamt zu entrichten.

(4a) ¹Wird die Leistung von Strom oder die Entnahme von Strom zum Selbstverbrauch nach Ablesezeiträumen abgerechnet oder ermittelt, die mehrere Veranlagungsmonate oder mehrere Veranlagungsjahre betreffen, ist insoweit eine sachgerechte, von einem Dritten nachvollziehbare Schätzung zur Aufteilung der im gesamten Ablesezeitraum entnommenen Menge auf die betroffenen Veranlagungszeiträume zulässig. ²Sofern Ablesezeiträume später enden als der jeweilige Veranlagungszeitraum, ist für diese Ablesezeiträume die voraussichtlich im Veranlagungszeitraum entnommene Menge zur Versteuerung anzumelden. ³Nachdem ein solcher Ablesezeitraum beendet ist, hat der Steuerschuldner die nach Satz 2 angemeldete Menge und die darauf entfallende Steuer entsprechend Satz 1 zu berichtigen. ⁴Die Berichtigung ist für den Veranlagungszeitraum vorzunehmen, in dem der Ablesezeitraum endet. ⁵Die Steuer oder der Erstattungsanspruch für die Differenzmenge zwischen der angemeldeten und der berichtigten Menge gilt insoweit in dem Zeitpunkt als entstanden, in dem der Ablesezeitraum endet. ⁶Die Sätze 1 bis 5 gelten für Steuerschuldner nach § 7 Satz 2 sinngemäß.

(5) ¹Scheidet ein Steuerschuldner während des Veranlagungsjahres aus der Steuerpflicht aus, ist die Höhe der zu entrichtenden Steuer bis zum Ablauf des fünften Kalendermonats, der dem Ende der Steuerpflicht folgt, anzumelden. ²Ein sich unter Anrechnung der geleisteten monatlichen Vorauszahlungen nach Absatz 7 ergebender Restbetrag ist bis zum 25. Kalendertag des Folgemonats an das Hauptzollamt zu zahlen.

(6) ¹Bei jährlicher Anmeldung sind auf die Steuerschuld monatliche Vorauszahlungen zu leisten. ²Die Höhe der monatlichen Vorauszahlungen wird durch das Hauptzollamt festgesetzt und beträgt ein Zwölftel der Steuer, die im vorletzten dem Veranlagungsjahr vorhergehenden Kalenderjahr entstanden ist. ³Das Hauptzollamt kann die monatlichen Vorauszahlungen abweichend festsetzen, wenn die Summe der vom Steuerschuldner zu leistenden Vorauszahlungen erheblich von der zu erwartenden Jahressteuerschuld abweichen würde.

(7) Die Vorauszahlungen für den einzelnen Kalendermonat sind jeweils bis zum 25. Kalendertag des folgenden Kalendermonats an das Hauptzollamt zu entrichten.

(8) *(aufgehoben)*

(9) ¹Wird Strom

1. ohne Erlaubnis nach § 4 Absatz 1 oder steuerbegünstigt an einen Nichtberechtigten nach § 9 Absatz 8 geleistet,

2. ohne Erlaubnis nach § 4 Absatz 1 zum Selbstverbrauch entnommen,

3. widerrechtlich nach § 6 entnommen oder

4. zweckwidrig nach § 9 Absatz 6 entnommen,

hat der Steuerschuldner unverzüglich eine Steueranmeldung abzugeben. ²Die Steuer ist sofort zu entrichten. ³Die Sätze 1 und 2 gelten im Falle des § 9 Absatz 8 nur für den Nichtberechtigten.

(10) Für die nach § 5 oder § 7 entstehende Steuer kann das Hauptzollamt im Voraus Sicherheit verlangen, wenn Anzeichen für eine Gefährdung der Steuer erkennbar sind.

**§ 9 Steuerbefreiungen, Steuerermäßigungen.** (1) Von der Steuer ist befreit:

1. Strom, der in Anlagen mit einer elektrischen Nennleistung von mehr als zwei Megawatt aus erneuerbaren Energieträgern erzeugt und vom Betreiber der Anlage am Ort der Erzeugung zum Selbstverbrauch entnommen wird;

2. Strom, der zur Stromerzeugung entnommen wird;
3. Strom, der in Anlagen mit einer elektrischen Nennleistung von bis zu zwei Megawatt aus erneuerbaren Energieträgern oder in hocheffizienten KWK-Anlagen mit einer elektrischen Nennleistung von bis zu zwei Megawatt erzeugt wird und der
   a) vom Betreiber der Anlage als Eigenerzeuger im räumlichen Zusammenhang zu der Anlage zum Selbstverbrauch entnommen wird oder
   b) von demjenigen, der die Anlage betreibt oder betreiben lässt, an Letztverbraucher geleistet wird, die den Strom im räumlichen Zusammenhang zu der Anlage entnehmen;
4. Strom, der in Anlagen erzeugt wird, soweit diese der vorübergehenden Stromversorgung im Falle des Ausfalls oder der Störung der sonst üblichen Stromversorgung dienen (Notstromanlagen);
5. Strom, der auf Wasserfahrzeugen oder in Luftfahrzeugen erzeugt und eben dort verbraucht wird, sowie Strom, der in Schienenfahrzeugen im Schienenbahnverkehr erzeugt und zu begünstigten Zwecken nach Absatz 2 entnommen wird;
6. Strom, der in Anlagen mit einer elektrischen Nennleistung von bis zu zwei Megawatt erzeugt und am Ort der Erzeugung verwendet wird, sofern die Anlagen weder mittel- noch unmittelbar an das Netz der allgemeinen Versorgung mit Strom angeschlossen sind und zur Stromerzeugung nachweislich versteuerte Energieerzeugnisse eingesetzt werden *[bis 30.6.2022: .][ab 1.7. 2022: ;]*

*[Nr. 7 ab 1.7.2022:]*
*7. Strom, für den bei der Entnahme die Voraussetzungen vorliegen nach*
   *a) Artikel XI des Abkommens vom 19. Juni 1951 zwischen den Parteien des Nordatlantikvertrags über die Rechtsstellung ihrer Truppen (BGBl. 1961 II S. 1183, 1190) in der jeweils geltenden Fassung und den Artikeln 65 bis 67 des Zusatzabkommens vom 3. August 1959 zu dem Abkommen vom 19. Juni 1951 zwischen den Parteien des Nordatlantikvertrages über die Rechtsstellung ihrer Truppen hinsichtlich der in der Bundesrepublik Deutschland stationierten ausländischen Truppen (BGBl. 1961 II S. 1183, 1218) in der jeweils geltenden Fassung,*
   *b) Artikel 15 des Abkommens vom 13. März 1967 zwischen der Bundesrepublik Deutschland und dem Obersten Hauptquartier der Alliierten Mächte, Europa, über die besonderen Bedingungen für die Einrichtung und den Betrieb internationaler militärischer Hauptquartiere in der Bundesrepublik Deutschland (BGBl. 1969 II S. 1997, 2009) in der jeweils geltenden Fassung und*
   *c) den Artikeln III bis V des Abkommens zwischen der Bundesrepublik Deutschland und den Vereinigten Staaten von Amerika vom 15. Oktober 1954 über die von der Bundesrepublik Deutschland zu gewährenden Abgabenvergünstigungen für die von den Vereinigten Staaten im Interesse der gemeinsamen Verteidigung geleisteten Ausgaben (BGBl. 1955 II S. 821, 823) in der jeweils geltenden Fassung;*
*[Nr. 8 ab 1.7.2022:]*
*8. Strom, der von in internationalen Übereinkommen vorgesehenen internationalen Einrichtungen entnommen wird.*

(1a) ¹Strom ist nicht nach Absatz 1 Nummer 1 von der Steuer befreit, wenn er in ein Netz der allgemeinen Versorgung mit Strom eingespeist wird. ²Ein

Einspeisen liegt auch dann vor, wenn Strom lediglich kaufmännisch-bilanziell weitergegeben und infolge dessen als eingespeist behandelt wird.

(2) Strom unterliegt einem ermäßigten Steuersatz von 11,42 Euro für eine Megawattstunde, wenn er im Verkehr mit Oberleitungsomnibussen oder für den Fahrbetrieb im Schienenbahnverkehr, mit Ausnahme der betriebsinternen Werkverkehre und Bergbahnen, entnommen wird und nicht gemäß Absatz 1 von der Steuer befreit ist.

(2a) *(aufgehoben)*

(3) [1] Strom unterliegt einem ermäßigten Steuersatz von 0,50 Euro für eine Megawattstunde, wenn er im Fall einer landseitigen Stromversorgung von Wasserfahrzeugen für die Schifffahrt, mit Ausnahme der privaten nichtgewerblichen Schifffahrt, verbraucht wird. [2] Satz 1 gilt nicht für die landseitige Stromversorgung von Wasserfahrzeugen während ihres Aufenthaltes in einer Werft.

(4) [1] Der Erlaubnis bedarf, wer

1. nach Absatz 1 Nummer 1 bis 3 von der Steuer befreiten Strom entnehmen will,
2. nach Absatz 2 oder Absatz 3 begünstigten Strom entnehmen will oder
3. von der Steuer befreiten Strom nach Absatz 1 Nummer 3 Buchstabe b an Letztverbraucher leisten will.

[2] Die Erlaubnis wird auf Antrag unter Widerrufsvorbehalt Personen erteilt, gegen deren steuerliche Zuverlässigkeit keine Bedenken bestehen. [3] Sie ist zu widerrufen, wenn die Voraussetzung nach Satz 2 nicht mehr erfüllt ist.

(5) *(aufgehoben)*

(6) [1] Der Erlaubnisinhaber darf den steuerbegünstigt bezogenen Strom nur zu dem in der Erlaubnis genannten Zweck entnehmen. [2] Die Steuer entsteht für Strom, der zu anderen als in der Erlaubnis genannten Zwecken entnommen wird, nach dem Steuersatz des § 3. [3] Besteht die Steuerbegünstigung in einer Steuerermäßigung, gilt Satz 2 nur für den ermäßigten Teil der Steuer. [4] Steuerschuldner ist der Erlaubnisinhaber.

(7) *(aufgehoben)*

(8) [1] Wird Strom steuerbegünstigt an einen Nichtberechtigten geleistet, entsteht die Steuer auch in der Person des Nichtberechtigten. [2] Mehrere Steuerschuldner sind Gesamtschuldner.

(9) [1] Die Steuerbefreiungen nach Absatz 1 Nummer 1 und 3 und die Steuerermäßigungen nach den Absätzen 2 und 3 werden gewährt nach Maßgabe und bis zum Auslaufen der hierfür erforderlichen Freistellungsanzeigen bei der Europäischen Kommission nach der Verordnung (EU) Nr. 651/2014 der Kommission vom 17. Juni 2014 zur Feststellung der Vereinbarkeit bestimmter Gruppen von Beihilfen mit dem Binnenmarkt in Anwendung der Artikel 107 und 108 des Vertrags über die Arbeitsweise der Europäischen Union (Allgemeine Gruppenfreistellungsverordnung; ABl. L 187 vom 26.6.2014, S. 1; L 283 vom 27.9.2014, S. 65), die durch die Verordnung (EU) 2017/1084 (ABl. L 156 vom 20.6.2017, S. 1) geändert worden ist, in der jeweils geltenden Fassung. [2] Das Auslaufen der Freistellungsanzeigen ist vom Bundesministerium der Finanzen im Bundesgesetzblatt gesondert bekannt zu geben.

**§ 9a Erlass, Erstattung oder Vergütung der Steuer für bestimmte Prozesse und Verfahren.** (1) Auf Antrag wird die Steuer für nachweislich versteuerten Strom erlassen, erstattet oder vergütet, den ein Unternehmen des Produzierenden Gewerbes

1. für die Elektrolyse,
2. für die Herstellung von Glas und Glaswaren, keramischen Erzeugnissen, keramischen Wand- und Bodenfliesen und -platten, Ziegeln und sonstiger Baukeramik, Zement, Kalk und gebranntem Gips, Erzeugnissen aus Beton, Zement und Gips, keramisch gebundenen Schleifkörpern, mineralischen Isoliermaterialien und Erzeugnissen daraus, Katalysatorenträgern aus mineralischen Stoffen, Waren aus Asphalt und bituminösen Erzeugnissen, Waren aus Graphit oder anderen Kohlenstoffen, Erzeugnissen aus Porenbetonerzeugnissen zum Trocknen, Kalzinieren, Brennen, Schmelzen, Erwärmen, Warmhalten, Entspannen, Tempern oder Sintern der vorgenannten Erzeugnisse oder der zu ihrer Herstellung verwendeten Vorprodukte,
3. für die Metallerzeugung und -bearbeitung sowie im Rahmen der Herstellung von Metallerzeugnissen für die Herstellung von Schmiede-, Press-, Zieh- und Stanzteilen, gewalzten Ringen und pulvermetallurgischen Erzeugnissen und zur Oberflächenveredlung und Wärmebehandlung jeweils zum Schmelzen, Erwärmen, Warmhalten, Entspannen oder sonstigen Wärmebehandlung oder
4. für chemische Reduktionsverfahren

entnommen hat.

(2) Erlass-, erstattungs- oder vergütungsberechtigt ist das Unternehmen des Produzierenden Gewerbes, das den Strom entnommen hat.

**§ 9b Steuerentlastung für Unternehmen.** (1) [1] Eine Steuerentlastung wird auf Antrag gewährt für nachweislich nach § 3 versteuerten Strom, den ein Unternehmen des Produzierenden Gewerbes oder ein Unternehmen der Land- und Forstwirtschaft für betriebliche Zwecke entnommen hat und der nicht von der Steuer befreit ist. [2] Die Steuerentlastung wird jedoch für die Entnahme von Strom zur Erzeugung von Licht, Wärme, Kälte, Druckluft und mechanischer Energie nur gewährt, soweit die vorgenannten Erzeugnisse nachweislich durch ein Unternehmen des Produzierenden Gewerbes oder ein Unternehmen der Land- und Forstwirtschaft genutzt worden sind. [3] Abweichend von Satz 2 wird die Steuerentlastung auch für Strom zur Erzeugung von Druckluft gewährt, soweit diese in Druckflaschen oder anderen Behältern abgegeben wird. [4] Die Steuerentlastung wird nicht für Strom gewährt, der für Elektromobilität verwendet wird.

(2) [1] Die Steuerentlastung beträgt 5,13 Euro für eine Megawattstunde. [2] Eine Steuerentlastung wird nur gewährt, soweit der Entlastungsbetrag nach Satz 1 im Kalenderjahr den Betrag von 250 Euro übersteigt.

(3) Entlastungsberechtigt ist derjenige, der den Strom entnommen hat.

(4) [1] Die Steuerentlastung wird gewährt nach Maßgabe und bis zum Auslaufen der hierfür erforderlichen Freistellungsanzeige bei der Europäischen Kommission nach der Verordnung (EU) Nr. 651/2014. [2] Das Auslaufen der Freistellungsanzeige ist vom Bundesministerium der Finanzen im Bundesgesetzblatt gesondert bekannt zu geben.

## § 9c Steuerentlastung für den Öffentlichen Personennahverkehr.

(1) [1] Eine Steuerentlastung wird auf Antrag gewährt für Strom, der nachweislich nach § 3 versteuert worden ist und der

1. in Kraftfahrzeugen im genehmigten Linienverkehr nach den §§ 42 und 43 des Personenbeförderungsgesetzes in der Fassung der Bekanntmachung vom 8. August 1990 (BGBl. I S. 1690), das zuletzt durch Artikel 5 des Gesetzes vom 29. August 2016 (BGBl. I S. 2082) geändert worden ist, in der jeweils geltenden Fassung, oder
2. in Kraftfahrzeugen in Verkehren nach § 1 Nummer 4 Buchstabe d, g und i der Freistellungs-Verordnung vom 30. August 1962 (BGBl. I S. 601), die zuletzt durch Artikel 1 der Verordnung vom 4. Mai 2012 (BGBl. I S. 1037) geändert worden ist, in der jeweils geltenden Fassung,

zum Antrieb des Kraftfahrzeuges verwendet worden ist, wenn in der Mehrzahl der Beförderungsfälle eines Verkehrsmittels die gesamte Reiseweite 50 Kilometer oder die gesamte Reisezeit eine Stunde nicht übersteigt. [2] Die Steuerentlastung nach Satz 1 wird nur für den Anteil an Strom gewährt, der im Steuergebiet nicht gemäß § 1 Absatz 1 Satz 2 verwendet worden ist. [3] Die Steuerentlastung wird nicht gewährt, sofern der Strom bereits anderweitig von der Stromsteuer befreit oder für betriebsinterne Werkverkehre verwendet worden ist.

(2) Die Steuerentlastung beträgt 9,08 Euro für eine Megawattstunde.

(3) Eine Steuerentlastung wird nur gewährt, wenn der Entlastungsbetrag nach Absatz 2 mindestens 50 Euro im Kalenderjahr beträgt.

(4) Entlastungsberechtigt ist derjenige, der den Strom verwendet hat.

(5) [1] Die Steuerentlastung wird gewährt nach Maßgabe und bis zum Auslaufen der hierfür erforderlichen Freistellungsanzeige bei der Europäischen Kommission nach der Verordnung (EU) Nr. 651/2014. [2] Das Auslaufen der Freistellungsanzeige ist vom Bundesministerium der Finanzen im Bundesgesetzblatt gesondert bekannt zu geben.

*[§ 9d ab 1.7.2022:]*
*§ 9d Steuerentlastung für ausländische Streitkräfte und Hauptquartiere (NATO)* *(1)* *[1] Eine Steuerentlastung wird auf Antrag gewährt für nachweislich nach § 3 versteuerten Strom, der durch die ausländischen Streitkräfte oder Hauptquartiere entnommen worden ist und der nicht von der Steuer befreit ist. [2] Artikel 67 Absatz 3 Buchstabe a Ziffer i des Zusatzabkommens vom 3. August 1959, Artikel 15 des Abkommens vom 13. März 1967 und Artikel III des Abkommens vom 15. Oktober 1954 gelten auch für diese Steuerentlastung.*

*(2) Entlastungsberechtigt ist derjenige, der den Strom unmittelbar zu dem begünstigten Zweck geleistet hat.*

*(3) [1] Der Leistung von Strom steht die Entnahme von Strom zur Erzeugung von Wärme zur Lieferung an den begünstigten Personenkreis nach Absatz 1 gleich. [2] Entlastungsberechtigt ist der Lieferer, der den Strom zur Erzeugung von Wärme unmittelbar entnommen hat.*

*(4) Ausländische Streitkräfte, Hauptquartiere und Mitglieder der ausländischen Streitkräfte oder der Hauptquartiere sind solche im Sinn des Truppenzollgesetzes vom 19. Mai 2009 (BGBl. I S. 1090), das durch Artikel 8 des Gesetzes vom 15. Juli 2009 (BGBl. I S. 1870) geändert worden ist, in der jeweils geltenden Fassung.*

*[§ 9e ab 1.7.2022:]*

**§ 9e** *Steuerentlastung im Zusammenhang mit der Gemeinsamen Sicherheits- und Verteidigungspolitik (GSVP)* *(1) Eine Steuerentlastung wird auf Antrag gewährt für nachweislich nach § 3 versteuerten Strom, der*

1. *durch ausländische Streitkräfte eines anderen Mitgliedstaats der Europäischen Union oder ihr ziviles Begleitpersonal entnommen worden ist oder*

2. *für die Versorgung ihrer Kasinos oder Kantinen entnommen worden ist,*

*wenn diese Streitkräfte im Steuergebiet an einer Verteidigungsanstrengung teilnehmen, die zur Durchführung einer Tätigkeit der Europäischen Union im Zusammenhang mit der Gemeinsamen Sicherheits- und Verteidigungspolitik unternommen wird.*

*(2) Entlastungsberechtigt ist derjenige, der den Strom unmittelbar zu dem begünstigten Zweck geleistet hat.*

**§ 10** **Erlass, Erstattung oder Vergütung in Sonderfällen.** (1) ¹Die Steuer für nachweislich versteuerten Strom, den ein Unternehmen des Produzierenden Gewerbes für betriebliche Zwecke, ausgenommen solche nach § 9 Absatz 2 oder Absatz 3, entnommen hat, wird auf Antrag nach Maßgabe der Absätze 2 bis 8 erlassen, erstattet oder vergütet, soweit die Steuer im Kalenderjahr den Betrag von 1 000 Euro übersteigt. ²Eine nach § 9b mögliche Steuerentlastung wird dabei abgezogen. ³Die Steuer für Strom, der zur Erzeugung von Licht, Wärme, Kälte, Druckluft und mechanischer Energie entnommen worden ist, wird jedoch nur erlassen, erstattet oder vergütet, soweit die vorgenannten Erzeugnisse nachweislich durch ein Unternehmen des Produzierenden Gewerbes genutzt worden sind. ⁴Abweichend von Satz 3 wird die Steuer auch in dem in § 9b Absatz 1 Satz 3 genannten Fall erlassen, erstattet oder vergütet. ⁵Erlass-, erstattungs- oder vergütungsberechtigt ist das Unternehmen des Produzierenden Gewerbes, das den Strom entnommen hat. ⁶Die Steuerentlastung wird nicht für Strom gewährt, der für Elektromobilität verwendet wird.

(1a) *(aufgehoben)*

(2) ¹Erlassen, erstattet oder vergütet werden für ein Kalenderjahr 90 Prozent der Steuer, jedoch höchstens 90 Prozent des Betrags, um den die Steuer im Kalenderjahr den Unterschiedsbetrag übersteigt zwischen

1. dem Arbeitgeberanteil an den Rentenversicherungsbeiträgen, der sich für das Unternehmen errechnet, wenn in dem Kalenderjahr, für das der Antrag gestellt wird (Antragsjahr), der Beitragssatz in der allgemeinen Rentenversicherung 20,3 Prozent und in der knappschaftlichen Rentenversicherung 26,9 Prozent betragen hätte, und

2. dem Arbeitgeberanteil an den Rentenversicherungsbeiträgen, der sich für das Unternehmen errechnet, wenn im Antragsjahr der Beitragssatz in der allgemeinen Rentenversicherung 19,5 Prozent und in der knappschaftlichen Rentenversicherung 25,9 Prozent betragen hätte.

²Sind die Beitragssätze in der Rentenversicherung im Antragsjahr niedriger als die in Satz 1 Nr. 2 genannten Beitragssätze, so sind die niedrigeren Beitragssätze für die Berechnung des Arbeitgeberanteils nach Satz 1 Nr. 2 maßgebend.

(3) ¹Die Steuer wird nach den Absätzen 1 und 2 erlassen, erstattet oder vergütet, wenn

1. das Unternehmen für das Antragsjahr nachweist, dass es

## 8.4 StromStG § 10

a) ein Energiemanagementsystem betrieben hat, das den Anforderungen der DIN EN ISO 50001, Ausgabe Dezember 2011 oder Ausgabe Dezember 2018, entspricht, oder

b) eine registrierte Organisation nach Artikel 13 der Verordnung (EG) Nr. 1221/2009[1]) des Europäischen Parlaments und des Rates vom 25. November 2009 über die freiwillige Teilnahme von Organisationen an einem Gemeinschaftssystem für Umweltmanagement und Umweltbetriebsprüfung und zur Aufhebung der Verordnung (EG) Nr. 761/2001, sowie der Beschlüsse der Kommission 2001/681/EG und 2006/193/EG (ABl. L 342 vom 22.12.2009, S. 1), die durch die Verordnung (EG) Nr. 517/2013 (ABl. L 158 vom 10.6.2013, S. 1) geändert worden ist, in der jeweils geltenden Fassung, ist, und

2. die Bundesregierung

a) festgestellt hat, dass mindestens der nach der Anlage zu § 10 für das Antragsjahr vorgesehene Zielwert für eine Reduzierung der Energieintensität erreicht wurde; die Feststellung erfolgt auf der Grundlage des Berichts, den ein unabhängiges wissenschaftliches Institut im Rahmen des Monitorings nach der Vereinbarung zwischen der Regierung der Bundesrepublik Deutschland und der deutschen Wirtschaft zur Steigerung der Energieeffizienz vom 1. August 2012 (BAnz AT 16.10.2012 B1) erstellt hat, sowie

b) die Feststellung nach Buchstabe a im Bundesgesetzblatt bekannt gemacht hat.[2])

²Kleine und mittlere Unternehmen können anstelle der in Satz 1 Nummer 1 genannten Energie- und Umweltmanagementsysteme alternative Systeme zur Verbesserung der Energieeffizienz betreiben, die den Anforderungen der DIN EN 16247-1, Ausgabe Oktober 2012, entsprechen; kleine und mittlere Unternehmen sind solche im Sinn der Empfehlung 2003/361/EG der Kommission vom 6. Mai 2003 betreffend die Definition der Kleinstunternehmen sowie der kleinen und mittleren Unternehmen (ABl. L 124 vom 20.5.2003, S. 36) in der jeweils geltenden Fassung.

(4) ¹Abweichend von Absatz 3 wird die Steuer erlassen, erstattet oder vergütet

1. für die Antragsjahre 2013 und 2014, wenn das Unternehmen nachweist, dass es im Antragsjahr oder früher begonnen hat, ein Energiemanagementsystem nach Absatz 3 Satz 1 Nummer 1 Buchstabe a oder ein Umweltmanagementsystem nach Absatz 3 Satz 1 Nummer 1 Buchstabe b einzuführen,

2. für das Antragsjahr 2015, wenn

a) das Unternehmen nachweist, dass es im Antragsjahr oder früher die Einführung eines Energiemanagementsystems nach Absatz 3 Satz 1 Nummer 1 Buchstabe a abgeschlossen hat, oder wenn das Unternehmen nachweist, dass es im Jahr 2015 oder früher als Organisation nach Artikel 13 der Verordnung (EG) Nr. 1221/2009 registriert worden ist, und

b) die Voraussetzungen des Absatzes 3 Satz 1 Nummer 2 erfüllt sind.

---

[1]) Nr. 2.7.
[2]) Gem. Bek. v. 2.12.2020 (BGBl. I S. 2653) hat die Bundesregierung die erforderliche Feststellung am 2.12.2020 getroffen, so dass die Steuerentlastungen nach § 10 StromStG für das Antragsjahr 2021 gewährt werden können.

² Für kleine und mittlere Unternehmen gilt Absatz 3 Satz 2 entsprechend.

(5) ¹ Für Unternehmen, die nach dem 31. Dezember 2013 neu gegründet werden, gilt Absatz 4 mit der Maßgabe, dass

1. an die Stelle des Jahres 2013 das Kalenderjahr der Neugründung und an die Stelle der Jahre 2014 und 2015 die beiden auf die Neugründung folgenden Jahre treten sowie
2. ab dem Antragsjahr 2015 die Voraussetzungen des Absatzes 3 Satz 1 Nummer 2 erfüllt sind; Absatz 6 gilt entsprechend.

² Als Zeitpunkt der Neugründung gilt der Zeitpunkt der erstmaligen Betriebsaufnahme. ³ Neu gegründete Unternehmen sind nur solche, die nicht durch Umwandlung im Sinn des Umwandlungsgesetzes vom 28. Oktober 1994 (BGBl. I S. 3210; 1995 I S. 428), das zuletzt durch Artikel 2 Absatz 48 des Gesetzes vom 22. Dezember 2011 (BGBl. I S. 3044) geändert worden ist, in der jeweils geltenden Fassung entstanden sind.

(6) ¹ Stellt die Bundesregierung fest, dass der nach der Anlage zu § 10 für das Antragsjahr vorgesehene Zielwert für eine Reduzierung der Energieintensität nicht erreicht wurde, erhalten die Unternehmen die Steuerentlastung abweichend von Absatz 3 Satz 1 Nummer 2 Buchstabe a

1. zu 60 Prozent, wenn die Bundesregierung festgestellt hat, dass der nach der Anlage zu § 10 vorgesehene Zielwert für eine Reduzierung der Energieintensität mindestens zu 92 Prozent erreicht wurde,
2. zu 80 Prozent, wenn die Bundesregierung festgestellt hat, dass der nach der Anlage zu § 10 vorgesehene Zielwert für eine Reduzierung der Energieintensität mindestens zu 96 Prozent erreicht wurde.

² Die Feststellung, ob die Voraussetzungen nach Satz 1 Nummer 1 oder Nummer 2 vorliegen, erfolgt im Rahmen der Bekanntmachung der Bundesregierung nach Absatz 3 Satz 1 Nummer 2 Buchstabe b.

(7) Der Nachweis nach Absatz 3 Satz 1 Nummer 1 Buchstabe a sowie nach Absatz 4 Satz 1 Nummer 1 und 2 Buchstabe a erste Alternative ist von den Unternehmen zu erbringen durch

1. Umweltgutachter oder Umweltgutachterorganisationen, die nach dem Umweltauditgesetz¹⁾ in der Fassung der Bekanntmachung vom 4. September 2002 (BGBl. I S. 3490), das zuletzt durch Artikel 1 des Gesetzes vom 6. Dezember 2011 (BGBl. I S. 2509) geändert worden ist, in der jeweils geltenden Fassung als Umweltgutachter tätig werden dürfen, in ihrem jeweiligen Zulassungsbereich, oder
2. Konformitätsbewertungsstellen, die von der nationalen Akkreditierungsstelle für die Zertifizierung von Energiemanagementsystemen nach der DIN EN ISO 50001 akkreditiert sind.

(8) ¹ Der Erlass, die Erstattung oder die Vergütung wird gewährt nach Maßgabe und bis zum Auslaufen der hierfür erforderlichen Freistellungsanzeige bei der Europäischen Kommission nach der Verordnung (EU) Nr. 651/2014. ² Das Auslaufen der Freistellungsanzeige ist vom Bundesministerium der Finanzen im Bundesgesetzblatt gesondert bekannt zu geben.

---

¹⁾ Nr. **2.8**.

(9) DIN-, DIN EN- und DIN EN ISO-Normen, auf die in diesem Gesetz verwiesen wird, sind in der Beuth Verlag GmbH, Berlin, erschienen und bei der Nationalbibliothek archivmäßig gesichert niedergelegt.

**§ 10a Datenaustausch.** Informationen, einschließlich personenbezogener Daten sowie Betriebs- und Geschäftsgeheimnisse, die in einem Steuerverfahren bekannt geworden sind, können zwischen den Hauptzollämtern, den Übertragungsnetzbetreibern, der Bundesnetzagentur und dem Bundesamt für Wirtschaft und Ausfuhrkontrolle ausgetauscht werden, soweit diese Stellen die Informationen zur Erfüllung ihrer gesetzlichen Aufgaben aus dem Erneuerbare-Energien-Gesetz[1], aus dem Kraft-Wärme-Kopplungsgesetz, aus dem Energiewirtschaftsgesetz oder aus einer auf Grund dieser Gesetze ergangenen Rechtsverordnung benötigen.

**§ 11 Ermächtigungen.** Das Bundesministerium der Finanzen wird ermächtigt, zur Durchführung dieses Gesetzes durch Rechtsverordnung[2]

1. die nach § 1 Abs. 2 anzuwendende Fassung der Kombinierten Nomenklatur neu zu bestimmen und den Wortlaut dieses Gesetzes sowie der Durchführungsverordnungen an die geänderte Nomenklatur anzupassen, soweit sich hieraus steuerliche Änderungen nicht ergeben;
2. zur Sicherung des Steueraufkommens und der Gleichmäßigkeit der Besteuerung, zur Verfahrenserleichterung und zur Vermeidung unangemessener wirtschaftlicher Belastungen Bestimmungen zu den §§ 1 bis 2a zu erlassen und dabei insbesondere

    a) die Begriffe des Versorgers, des Letztverbrauchers und des Eigenerzeugers abweichend von § 2 Nummer 1 und 2 zu bestimmen,

    b) die Begriffe des § 2a näher zu bestimmen und für die Mitteilungspflichten die Form, den Inhalt, den Umfang und die Art und Weise der Übermittlung festzulegen sowie besondere Vorgaben, einschließlich der Fristen, innerhalb derer die Angaben zu machen sind, zu erlassen;

3. zur Sicherung des Steueraufkommens und der Gleichmäßigkeit der Besteuerung, zur Verfahrenserleichterung und zur Vermeidung unangemessener wirtschaftlicher Belastungen Bestimmungen für die Elektromobilität (§ 2 Nummer 8) zu erlassen und dabei insbesondere

    a) die Begriffe der elektrisch betriebenen Fahrzeuge sowie der Ladepunkte näher zu bestimmen und den Kreis der elektrisch betriebenen Fahrzeuge einzugrenzen,

    b) im Zusammenhang mit der Leistung von Strom an elektrisch betriebene Fahrzeuge Ausnahmen vom Status als Versorger vorzusehen und eine Meldepflicht für geleisteten oder entnommenen Strom für die Abgebenden oder die Letztverbraucher einzuführen,

    c) das Erteilen und das Erlöschen einer Erlaubnis sowie das zugehörige Erlaubnisverfahren im Übrigen zu regeln oder eine Anzeigepflicht im Zusammenhang mit der Leistung von Strom an elektrisch betriebene

---

[1] Nr. 8.2.
[2] Siehe die Stromsteuer-DurchführungsVO v. 31.5.2000 (BGBl. I S. 794), zuletzt geänd. durch VO v. 11.8.2021 (BGBl. I S. 3602), und die Energiesteuer- und Stromsteuer-TransparenzVO v. 4.5.2016 (BGBl. I S. 1158), zuletzt geänd. durch G v. 22.6.2019 (BGBl. I S. 856).

Fahrzeuge oder für die Entnahme von Strom durch elektrisch betriebene Fahrzeuge einzuführen,

d) für die Speicherung von Strom in den Batterien oder sonstigen Speichern der elektrisch betriebenen Fahrzeuge das Erteilen und das Erlöschen einer Erlaubnis sowie das zugehörige Erlaubnisverfahren im Übrigen zu regeln, die Verfahren für die Steuerentstehung oder die Steuerentlastung zu regeln und Vorschriften über Angaben und Nachweise zu erlassen, die für die Steuerentlastungen erforderlich sind; dabei kann es anordnen, dass der Anspruch auf Erlass, Erstattung oder Vergütung der Steuer innerhalb bestimmter Fristen geltend zu machen ist;

4. die Zuordnung von Unternehmen zu einem Abschnitt oder einer Klasse der Klassifikation der Wirtschaftszweige zu regeln (§ 2 Nr. 3 und 5);

5. zur Sicherung des Steueraufkommens und der Gleichmäßigkeit der Besteuerung das Erteilen und das Erlöschen einer Erlaubnis nach § 4, das zugehörige Erlaubnisverfahren im Übrigen und das Verfahren der Sicherheitsleistung näher zu regeln;

6. zur Verfahrensvereinfachung vorzusehen, dass Versorger Strom als Letztverbraucher im Sinne von § 5 Abs. 1 Satz 1 beziehen können, und die dafür erforderlichen Bestimmungen zu erlassen;

7. Verfahrensvorschriften zu § 8 zu erlassen, insbesondere zur Steueranmeldung, zur Berechnung und Entrichtung der Steuer sowie zur Berechnung und Festsetzung der monatlichen Vorauszahlungen;

8. zur Sicherung der Gleichmäßigkeit der Besteuerung, zur Verfahrensvereinfachung und zur Vermeidung unangemessener wirtschaftlicher Belastungen Bestimmungen zu § 9 zu erlassen und dabei insbesondere

a) die Voraussetzungen für die steuerbegünstigte Entnahme von Strom einschließlich der Begriffe näher zu bestimmen, das Erteilen und das Erlöschen einer Erlaubnis und das zugehörige Erlaubnisverfahren im Übrigen zu regeln sowie die Erlaubnis allgemein zu erteilen; dabei kann es anordnen, dass die Steuer in Person des Erlaubnisinhabers entsteht, wenn die Voraussetzungen der Steuerbegünstigung nicht oder nicht mehr vorliegen, und das erforderliche Verfahren regeln;

b) statt der Steuerbegünstigung eine Steuerentlastung durch Erlass, Erstattung oder Vergütung der Steuer anzuordnen und das dafür erforderliche Verfahren zu regeln sowie Vorschriften über die zum Zwecke der Steuerentlastung erforderlichen Angaben und Nachweise einschließlich ihrer Aufbewahrung zu erlassen; dabei kann es anordnen, dass der Anspruch auf Erlass, Erstattung oder Vergütung der Steuer innerhalb bestimmter Fristen geltend zu machen ist;

c) vorzusehen, dass Inhaber von Erlaubnissen zur steuerbegünstigten Entnahme von Strom, die Strom auch zu anderen Zwecken entnehmen oder Strom sowohl entnehmen als auch an Dritte leisten, auf Antrag den zu anderen Zwecken entnommenen oder den an Dritte geleisteten Strom mit dem Unterschiedsbetrag zwischen den jeweiligen Steuersätzen versteuern können; dabei kann es die dafür erforderlichen Bestimmungen erlassen;

d) vorzuschreiben, in welchen Fällen die Steuerbegünstigung auf der Rechnung gesondert auszuweisen ist;

## 8.4 StromStG § 11

e) Vorgaben zur Ermittlung des Monats- oder des Jahresnutzungsgrads und zur Abgrenzung des Kraft-Wärme-Kopplungsprozesses zu erlassen sowie den Betreibern von Anlagen nach § 9 Pflichten zum Nachweis der dort genannten Voraussetzungen aufzuerlegen;

f) Näheres zur Ermittlung für die Hocheffizienzkriterien, zur Berechnung und zum Nachweis des Nutzungsgrads und zu den Hauptbestandteilen hocheffizienter KWK-Anlagen (§ 9 Absatz 1 Nummer 3) zu bestimmen und den am Betrieb dieser Anlagen Beteiligten Pflichten zum Nachweis der dort genannten Voraussetzungen aufzuerlegen;

8a. zur Sicherung der Gleichmäßigkeit der Besteuerung, zur Verfahrensvereinfachung und zur Vermeidung unangemessener wirtschaftlicher Belastungen festzulegen, dass die Steuerbegünstigung nach § 9 Absatz 1 Nummer 2 wahlweise auch in Form festgesetzter pauschaler Werte in Anspruch genommen werden kann, die sich an der Bruttostromerzeugung der jeweiligen Anlage orientieren; dabei kann es nach eingesetzten Energieträgern und der Art und Größe der Stromerzeugungsanlage unterscheiden;

9. zur Sicherung der Gleichmäßigkeit der Besteuerung auf das Erfordernis der Ausschließlichkeit in § 2 Nr. 7 bei aus Deponie-, Klärgas oder Biomasse erzeugtem Strom zu verzichten, wenn die Zuführung anderer Energieträger technisch zwingend erforderlich ist. Dabei kann es bestimmen, dass der aus den zugeführten anderen Energieträgern erzeugte Strom nicht steuerfrei nach § 9 Abs. 1 Nr. 1 entnommen werden kann und Regelungen zur Ermittlung und zum Verfahren des Nachweises des aus den anderen Energieträgern erzeugten Stroms erlassen;

10. zur Sicherung des Steueraufkommens und der Gleichmäßigkeit der Besteuerung die Voraussetzungen für die Steuerentlastungen nach den §§ 9a bis 10 einschließlich der Begriffe näher zu bestimmen und das Verfahren der Steuerentlastung zu regeln sowie Vorschriften über Angaben und Nachweise zu erlassen, die zum Zwecke der Steuerentlastung erforderlich sind. Dabei kann es zur Verwaltungsvereinfachung anordnen, dass der Anspruch auf Erlass, Erstattung oder Vergütung der Steuer innerhalb bestimmter Fristen geltend zu machen ist;

11. zur Sicherung des Steueraufkommens und der Gleichmäßigkeit der Besteuerung Regelungen zur Ermittlung der steuerrelevanten Strommengen zu erlassen und dabei aus Vereinfachungsgründen Mengenschätzungen durch den Steuerpflichtigen zuzulassen, soweit eine genaue Ermittlung nur mit unvertretbarem Aufwand möglich ist;

*[Nr. 12 bis 30.6.2022:]*

12. Bestimmungen zu erlassen zur Umsetzung der Steuerbefreiungen nach

a) Artikel XI des Abkommens vom 19. Juni 1951 zwischen den Parteien des Nordatlantikvertrages über die Rechtsstellung ihrer Truppen (BGBl. 1961 II S. 1183, 1190) in der jeweils geltenden Fassung und den Artikeln 65 bis 67 des Zusatzabkommens vom 3. August 1959 zu dem Abkommen vom 19. Juni 1951 zwischen den Parteien des Nordatlantikvertrages über die Rechtsstellung ihrer Truppen hinsichtlich der in der Bundesrepublik Deutschland stationierten ausländischen Truppen (BGBl. 1961 II S. 1183, 1218) in der jeweils geltenden Fassung,

b) Artikel 15 des Abkommens vom 13. März 1967 zwischen der Bundesrepublik Deutschland und dem Obersten Hauptquartier der Alliierten

Mächte, Europa, über die besonderen Bedingungen für die Einrichtung und den Betrieb internationaler militärischer Hauptquartiere in der Bundesrepublik Deutschland (BGBl. 1969 II S. 1997, 2009) in der jeweils geltenden Fassung und

c) den Artikeln III bis V des Abkommens zwischen der Bundesrepublik Deutschland und den Vereinigten Staaten von Amerika vom 15. Oktober 1954 über die von der Bundesrepublik zu gewährenden Abgabenvergünstigungen für die von den Vereinigten Staaten im Interesse der gemeinsamen Verteidigung geleisteten Ausgaben (BGBl. 1955 II S. 821, 823) in der jeweils geltenden Fassung.

Dabei kann es anordnen, dass bei einem Missbrauch für alle daran Beteiligten die Steuer entsteht;

*[Nr. 12 ab 1.7.2022:]*
12. *(aufgehoben)*
13. zur Umsetzung der sich aus Durchführungsverordnungen des Rates auf Grund von Artikel 109 des Vertrags über die Arbeitsweise der Europäischen Union, Verordnungen der Kommission auf Grund von Artikel 108 Absatz 4 des Vertrags über die Arbeitsweise der Europäischen Union sowie Beschlüssen, Rahmen, Leitlinien oder Mitteilungen der Kommission zu den Artikeln 107 bis 109 des Vertrags über die Arbeitsweise der Europäischen Union ergebenden unionsrechtlichen Veröffentlichungs-, Informations- und Transparenzverpflichtungen für die Gewährung staatlicher Beihilfen ergänzende Bestimmungen zu erlassen und dabei Folgendes zu regeln:

   a) die Meldepflichten einschließlich des Verfahrens zur Erhebung der erforderlichen Informationen bei den Begünstigten zu bestimmen,

   b) den Begünstigten Pflichten zum Nachweis der beihilferechtlichen Voraussetzungen aufzuerlegen,

   c) die Art und Weise der Übermittlung der nach den Buchstaben a und b zu übermittelnden Daten zu regeln,

   d) das Nähere über Form, Inhalt, Umfang, Verarbeitung, Nutzung und Sicherung der nach den Buchstaben a und b zu übermittelnden Daten zu bestimmen,

   e) die Weitergabe und Veröffentlichung der nach den Buchstaben a und b zu übermittelnden Daten vorzusehen,

   f) die Zuständigkeit für die Entgegennahme, Verarbeitung, Nutzung und Weitergabe der nach den Buchstaben a und b zu übermittelnden Daten zu regeln,

   g) die Einhaltung der in den ergänzenden Bestimmungen normierten Verpflichtungen im Wege der Steueraufsicht sicherzustellen und zu regeln;

14. zur Sicherung des Steueraufkommens und der Gleichmäßigkeit der Besteuerung, zur Verfahrenserleichterung und zur Vermeidung unangemessener wirtschaftlicher Belastungen Bestimmungen in Bezug auf die steuerliche Begünstigung *[bis 30.6.2022: internationaler Einrichtungen und derer Mitglieder]**[ab 1.7.2022: der in § 9 Absatz 1 Nummer 8 genannten internationalen Einrichtungen und von deren Mitgliedern]* zu erlassen und dabei insbesondere

   a) die Voraussetzungen für die Gewährung einer Steuerbefreiung einschließlich der Begriffe näher zu bestimmen, das Verfahren der Steuerbe-

## 8.4 StromStG § 11

freiung zu regeln und Pflichten für die Abgabe, den Bezug und die Verwendung des Stroms vorzusehen,

b) die Voraussetzungen für die Gewährung einer Steuerentlastung einschließlich der Begriffe näher zu bestimmen und das Verfahren der Steuerentlastung zu regeln sowie Vorschriften zu erlassen über die für die Steuerentlastung erforderlichen Angaben und Nachweise einschließlich ihrer Aufbewahrung und zu bestimmen, dass der Anspruch auf Steuerentlastung innerhalb bestimmter Fristen geltend zu machen ist,

c) vorzusehen, dass bei Abgabe des Stroms an Nichtbegünstigte die Steuer entsteht, und das dafür erforderliche Verfahren einschließlich des Verfahrens der Steuererhebung zu regeln und zu bestimmen, dass die Steueranmeldung innerhalb bestimmter Fristen abzugeben ist;

15. im Benehmen mit dem Bundesministerium des Innern, für Bau und Heimat alternativ zur qualifizierten elektronischen Signatur ein anderes sicheres Verfahren zuzulassen, das den Datenübermittler authentifiziert und die Vertraulichkeit und Integrität des elektronisch übermittelten Datensatzes gewährleistet. § 87a Absatz 6 Satz 2 der Abgabenordnung gilt entsprechend. In der Rechtsverordnung können auch Ausnahmen von der Pflicht zur Verwendung des nach Satz 1 zugelassenen Verfahrens vorgesehen werden. Die Datenübermittlung kann in der Rechtsverordnung auch durch Verweis auf Veröffentlichungen sachverständiger Stellen geregelt werden;

16. zur Verfahrensvereinfachung zu bestimmen, dass in diesem Gesetz oder einer auf Grund dieses Gesetzes erlassenen Verordnung vorgesehene Steuererklärungen oder sonstige Erklärungen, Steueranmeldungen, Anträge, Anzeigen, Mitteilungen, Nachweise oder sonstige für das Verfahren erforderliche Daten oder zur Erfüllung unionsrechtlicher Veröffentlichungs-, Informations- und Transparenzvorschriften nach Nummer 13 erforderliche Daten ganz oder teilweise durch Datenfernübertragung zu übermitteln sind oder übermittelt werden können, und dabei insbesondere Folgendes zu regeln:

a) die Voraussetzungen für die Anwendung des Verfahrens der Datenfernübertragung,

b) das Nähere über Form, Verarbeitung und Sicherung der zu übermittelnden Daten,

c) die Art und Weise der Übermittlung der Daten,

d) die Zuständigkeit für die Entgegennahme der zu übermittelnden Daten,

e) die Mitwirkungspflichten Dritter und deren Haftung, wenn auf Grund unrichtiger Erhebung, Verarbeitung oder Übermittlung der Daten Steuern verkürzt oder Steuervorteile erlangt werden,

f) die Haftung des Datenübermittlers für verkürzte Steuern oder für zu Unrecht erlangte Steuervorteile, wenn der Datenübermittler sich keine Gewissheit über die Identität des Auftraggebers verschafft hat,

g) den Umfang und die Form der für dieses Verfahren erforderlichen besonderen Erklärungspflichten des Steuerpflichtigen oder Antragstellers.

Bei der Datenübermittlung ist ein sicheres Verfahren zu verwenden, das den Datenübermittler authentifiziert und die Vertraulichkeit und Integrität des elektronisch übermittelten Datensatzes gewährleistet. Die Datenübermittlung kann in der Rechtsverordnung auch durch Verweis auf Veröffentlichungen sachverständiger Stellen geregelt werden.

**§ 12 Ermächtigung zu § 10 Absatz 3, 4 und 7.** (1) Das Bundesministerium für Wirtschaft und Energie wird ermächtigt, im Einvernehmen mit dem Bundesministerium der Finanzen und dem Bundesministerium für Umwelt, Naturschutz und nukleare Sicherheit durch Rechtsverordnung[1]) ohne Zustimmung des Bundesrates durch das Bundesamt für Wirtschaft und Ausfuhrkontrolle, die nationale Akkreditierungsstelle und die Zulassungsstelle nach § 28 des Umweltauditgesetzes[2]) zu vollziehende Bestimmungen zu § 10 Absatz 3, 4 und 7 zu erlassen.

(2) Durch Rechtsverordnung nach Absatz 1 kann geregelt werden,

1. dass kleine und mittlere Unternehmen auch andere alternative Systeme mit festgelegten Komponenten zur Verbesserung der Energieeffizienz als die in § 10 Absatz 3 Satz 2 genannten alternativen Systeme betreiben können,
2. welche bereits normierten oder anderweitig konkretisierten Systeme als Systeme im Sinn der Nummer 1 betrieben werden können,
3. welche Anforderungen an die inhaltliche Ausgestaltung von noch nicht normierten oder anderweitig konkretisierten Systemen nach Nummer 1 gestellt werden mit der Maßgabe, dass eine Anerkennung dieser Systeme oder der standardisierten Vorgaben für solche Systeme durch eine der in Absatz 1 genannten Stellen erfolgen muss, und
4. wie die Einhaltung der Anforderungen des § 10 Absatz 3 Satz 1 Nummer 1 und Absatz 4 Satz 1 Nummer 1 und 2 Buchstabe a und gegebenenfalls die Einhaltung der Anforderungen der Rechtsverordnung nach den Nummern 1 bis 3 durch die Stellen nach § 10 Absatz 7 nachzuweisen ist.

(3) Regelungen nach Absatz 2 Nummer 4 umfassen insbesondere

1. Vorgaben für die Nachweisführung durch die in § 10 Absatz 7 genannten Stellen,
2. die Anforderungen an die Akkreditierung oder Zulassung der in § 10 Absatz 7 genannten Stellen und Bestimmungen zu ihrer Überwachung einschließlich erforderlicher Auskunfts-, Einsichts- und Weisungsrechte, soweit sie nicht von den bestehenden Akkreditierungs- und Zulassungsregelungen erfasst sind, sowie
3. die Befugnisse der in § 10 Absatz 7 genannten Stellen, während der Betriebszeit Geschäfts-, Betriebs- und Lagerräume sowie Transportmittel zu betreten, soweit dies für die Überwachung oder Kontrolle erforderlich ist.

(4) Das Bundesministerium für Wirtschaft und Energie wird ermächtigt, im Einvernehmen mit dem Bundesministerium der Finanzen und dem Bundesministerium für Umwelt, Naturschutz und nukleare Sicherheit zur Durchführung dieses Gesetzes und der Verordnung nach Absatz 1 durch Rechtsverordnung ohne Zustimmung des Bundesrates zu bestimmen, dass Erkenntnisse und Informationen, die sich auf die Gültigkeit von Nachweisen nach § 10 Absatz 3, 4 und 7 auswirken können, übermittelt werden können, und dabei Folgendes zu regeln:

1. die übermittelnden Stellen,
2. die Art der zu übermittelnden Erkenntnisse und Informationen,

---

[1]) Siehe die Spitzenausgleich-EffizienzsystemVO v. 31.7.2013 (BGBl. I S. 2858), zuletzt geänd. durch VO v. 19.6.2020 (BGBl. I S. 1328).
[2]) Nr. **2.8**.

3. die Voraussetzungen für die Übermittlung der Erkenntnisse und Informationen,
4. die Art und Weise der Übermittlung der Erkenntnisse und Informationen,
5. die Zuständigkeit für die Entgegennahme der zu übermittelnden Erkenntnisse und Informationen.

## § 13 Erlaß von Rechtsverordnungen, Verwaltungsvorschriften.

(1) Rechtsverordnungen, die auf Grund der in diesem Gesetz enthaltenen Ermächtigungen erlassen werden, bedürfen nicht der Zustimmung des Bundesrates.

(2) Das Bundesministerium für Wirtschaft und Energie und das Bundesministerium für Umwelt, Naturschutz und nukleare Sicherheit erlassen im Einvernehmen mit dem Bundesministerium der Finanzen die allgemeinen Verwaltungsvorschriften, die sich an die Stellen nach § 10 Absatz 7 richten, zur Durchführung von Rechtsverordnungen nach § 12.

## § 14 Bußgeldvorschriften.

(1) Ordnungswidrig handelt, wer vorsätzlich oder leichtfertig einer Rechtsverordnung nach § 11 Nummer 13 Buchstabe a bis c oder d oder einer vollziehbaren Anordnung auf Grund einer solchen Rechtsverordnung zuwiderhandelt, soweit die Rechtsverordnung für einen bestimmten Tatbestand auf diese Bußgeldvorschrift verweist.

(2) Die Ordnungswidrigkeit kann mit einer Geldbuße bis zu fünftausend Euro geahndet werden.

(3) Verwaltungsbehörde im Sinn des § 36 Absatz 1 Nummer 1 des Gesetzes über Ordnungswidrigkeiten ist das Hauptzollamt.

## § 15 Anwendungsvorschriften.

(1) Nach § 9 Absatz 4 in Verbindung mit § 9 Absatz 3 dieses Gesetzes in der am 31. Dezember 2010 geltenden Fassung erteilte Erlaubnisse und den Inhabern dieser Erlaubnisse erteilte Zulassungen nach § 16 Absatz 1 der Stromsteuer-Durchführungsverordnung in der am 31. Dezember 2010 geltenden Fassung erlöschen mit Ablauf des 31. Dezember 2010.

(2) § 10 in der am 31. Dezember 2012 geltenden Fassung gilt fort für Strom, der bis zum 31. Dezember 2012 entnommen worden ist.

(3) ¹Erlaubnisse, die nach § 9 Absatz 1 Nummer 1 und 3 in der am 1. Juli 2019 geltenden Fassung erforderlich werden, gelten bei Vorliegen der Voraussetzungen nach § 9 Absatz 1 Nummer 1 und 3 und vorbehaltlich des Satzes 2 ab dem 1. Juli 2019 auch ohne Antrag als widerruflich erteilt. ²Satz 1 gilt nur, wenn bis zum 31. Dezember 2019 der Antrag auf Erlaubnis nach § 9 Absatz 4 nachgereicht wird.

**Anlage**
(zu § 10)

### Zielwerte für die zu erreichende Reduzierung der Energieintensität

| Antragsjahr | Bezugsjahr | Zielwert |
|---|---|---|
| 2015 | 2013 | 1,3 % |
| 2016 | 2014 | 2,6 % |
| 2017 | 2015 | 3,9 % |
| 2018 | 2016 | 5,25 % |

StromsteuerG  **Anl. StromStG 8.4**

| Antragsjahr | Bezugsjahr | Zielwert |
|---|---|---|
| 2019 | 2017 | 6,6 % |
| 2020 | 2018 | 7,95 % |
| 2021 | 2019 | 9,3 % |
| 2022 | 2020 | 10,65 % |

Für die Bestimmung des Zielwertes gelten folgende Festlegungen:

1. Der Zielwert bezeichnet den Prozentsatz, um den sich die Energieintensität in dem für das Antragsjahr maßgeblichen Bezugsjahr gegenüber dem Basiswert verringert. Der Basiswert ist die jahresdurchschnittliche Energieintensität in den Jahren 2007 bis 2012.

2. Die Energieintensität ist der Quotient aus dem temperatur- und konjunkturbereinigten Gesamtenergieverbrauch und der Gesamtsumme der inflationsbereinigten Bruttoproduktionswerte. Der temperatur- und konjunkturbereinigte Gesamtenergieverbrauch und die inflationsbereinigten Bruttoproduktionswerte werden nach dem in der Vereinbarung zwischen der Regierung der Bundesrepublik Deutschland und der deutschen Wirtschaft zur Steigerung der Energieeffizienz vom 1. August 2012 festgelegten Verfahren und Berechnungsansatz ermittelt. Die Energieintensität wird in der Bezugsgröße GJ/1 000 Euro Bruttoproduktionswert angegeben.

3. Die Zielwerte für die Antragsjahre 2019 bis 2022 sind im Rahmen einer Evaluation im Jahr 2017 zu überprüfen. Im Fall einer Anpassung werden die jährlichen Steigerungen diejenige des Zielwertes für das Bezugsjahr 2016 nicht unterschreiten.

## 8.6. Gesetz über die umweltgerechte Gestaltung energieverbrauchsrelevanter Produkte (Energieverbrauchsrelevante-Produkte-Gesetz – EVPG)

Vom 27. Februar 2008
(BGBl. I S. 258)
**FNA 754-20**
zuletzt geänd. durch Art. 260 Elfte ZuständigkeitsanpassungsVO v. 19.6.2020 (BGBl. I S. 1328)

**§ 1 Anwendungsbereich.** (1) [1] Dieses Gesetz gilt für das Inverkehrbringen, die Inbetriebnahme und das Ausstellen energieverbrauchsrelevanter Produkte sowie von Bauteilen und Baugruppen, die zum Einbau in energieverbrauchsrelevante Produkte bestimmt sind. [2] Ausgenommen sind Verkehrsmittel zur Personen- und Güterbeförderung und energieverbrauchsrelevante Produkte, die ihrer Bauart nach ausschließlich zur Verwendung für militärische Zwecke bestimmt sind.

(2) Rechtsvorschriften für die Abfallbewirtschaftung und für Chemikalien einschließlich solcher für fluorierte Treibhausgase bleiben unberührt.

**§ 2 Begriffsbestimmungen.** (1) [1] Energieverbrauchsrelevantes Produkt ist ein Gegenstand, dessen Nutzung den Verbrauch von Energie beeinflusst und der in Verkehr gebracht oder in Betrieb genommen wird. [2] Dazu gehören auch Produktteile, die

1. zum Einbau in ein energieverbrauchsrelevantes Produkt bestimmt sind,
2. als Einzelteile für Endnutzer
   a) in Verkehr gebracht oder
   b) in Betrieb genommen werden

und die getrennt auf ihre Umweltverträglichkeit geprüft werden können.

(2) Bauteile und Baugruppen sind Teile, die nicht als Einzelteile für Endnutzer in Verkehr gebracht oder in Betrieb genommen werden können oder deren Umweltverträglichkeit nicht getrennt geprüft werden kann.

(3) Durchführungsrechtsvorschrift ist

1. ein von der Europäischen Kommission als unmittelbar geltendes Recht erlassener Rechtsakt im Sinne
   a) des Artikels 15 der Richtlinie 2009/125/EG des Europäischen Parlaments und des Rates vom 21. Oktober 2009 zur Schaffung eines Rahmens für die Festlegung von Anforderungen an die umweltgerechte Gestaltung energieverbrauchsrelevanter Produkte (ABl. L 285 vom 31.10.2009, S. 10) oder
   b) des Artikels 15 der Richtlinie 2005/32/EG des Europäischen Parlaments und des Rates vom 6. Juli 2005 zur Schaffung eines Rahmens für die Festlegung von Anforderungen an die umweltgerechte Gestaltung energiebetriebener Produkte und zur Änderung der Richtlinie 92/42/EWG des Rates sowie der Richtlinien 96/57/EG und 2000/55/EG des Europäischen Parlaments und des Rates (ABl. L 191 vom 22.7.2005, S. 29)

(Durchführungsmaßnahme);

Energieverbrauchsrelevante-Produkte-Gesetz § 2 EVPG 8.6

2. eine Rechtsverordnung nach § 3.

(4) Inverkehrbringen ist die erstmalige entgeltliche oder unentgeltliche Bereitstellung eines energieverbrauchsrelevanten Produkts im Europäischen Wirtschaftsraum zur Verteilung oder zur Verwendung im Europäischen Wirtschaftsraum, wobei die Vertriebsmethode ohne Belang ist.

(5) Inbetriebnahme ist die erstmalige bestimmungsgemäße Verwendung eines energieverbrauchsrelevanten Produkts durch einen Endnutzer.

(6) Ausstellen ist Anbieten, Aufstellen oder Vorführen von Produkten zum Zweck der Werbung oder der Bereitstellung auf dem Markt.

(7) [1]Hersteller ist eine natürliche oder juristische Person, die energieverbrauchsrelevante Produkte herstellt und für deren Übereinstimmung mit diesem Gesetz zum Zweck ihres Inverkehrbringens oder ihrer Inbetriebnahme unter dem Namen oder der Handelsmarke des Herstellers oder für dessen eigenen Gebrauch verantwortlich ist. [2]Gibt es keinen Hersteller im Sinne des Satzes 1 oder keinen Importeur im Sinne von Absatz 9, so gilt als Hersteller jede natürliche oder juristische Person, die energieverbrauchsrelevante Produkte in Verkehr bringt oder in Betrieb nimmt.

(8) Bevollmächtigter ist eine im Europäischen Wirtschaftsraum niedergelassene natürliche oder juristische Person, die vom Hersteller schriftlich beauftragt worden ist, in seinem Namen ganz oder teilweise bei der Erfüllung der ihm nach diesem Gesetz obliegenden Pflichten zu handeln.

(9) Importeur ist eine im Europäischen Wirtschaftsraum niedergelassene natürliche oder juristische Person, die ein aus einem Drittstaat stammendes Produkt im Europäischen Wirtschaftsraum im Rahmen ihrer Geschäftstätigkeit in Verkehr bringt.

(10) Ökologisches Profil ist die Beschreibung – gemäß der für das Produkt einschlägigen Durchführungsmaßnahme – der einem energieverbrauchsrelevanten Produkt während seines Lebenszyklus zurechenbaren, für seine Umweltauswirkung bedeutsamen Zufuhren und Abgaben (z.B. von Materialien, Emissionen und Abfällen), ausgedrückt in messbaren physikalischen Größen.

(11) Umweltverträglichkeit eines energieverbrauchsrelevanten Produkts ist das in den technischen Unterlagen dokumentierte Ergebnis der Bemühungen des Herstellers um die Umweltaspekte des Produkts.

(12) Umweltgerechte Gestaltung (Ökodesign) ist die Berücksichtigung von Umwelterfordernissen bei der Produktgestaltung mit dem Ziel, die Umweltverträglichkeit des Produkts während seines gesamten Lebenszyklus zu verbessern.

(13) Ökodesign-Anforderung ist eine Anforderung an ein energieverbrauchsrelevantes Produkt oder an seine Gestaltung, die zur Verbesserung seiner Umweltverträglichkeit bestimmt ist, oder die Anforderung, über Umweltaspekte des Produkts Auskunft zu geben.

(14) Harmonisierte Norm ist eine technische Spezifikation, die von einem anerkannten Normungsgremium im Auftrag der Europäischen Kommission und nach den in der Richtlinie 98/34/EG des Europäischen Parlaments und des Rates vom 22. Juni 1998 über ein Informationsverfahren auf dem Gebiet der Normen und technischen Vorschriften (ABl. EG Nr. L 204 S. 37), zuletzt geändert durch die Richtlinie 2006/96/EG des Rates vom 20. November 2006 zur Anpassung bestimmter Richtlinien im Bereich freier Warenverkehr anläss-

lich des Beitritts Bulgariens und Rumäniens (ABl. EU Nr. L 363 S. 81), genannten Verfahren zur Festlegung einer europäischen Anforderung ausgearbeitet und verabschiedet wurde, die jedoch nicht rechtsverbindlich ist.

(15) Rückruf ist jede Maßnahme, die auf die Rückgabe eines bereits in den Verkehr gebrachten energieverbrauchsrelevanten Produkts durch den Verwender abzielt.

(16) Rücknahme ist jede Maßnahme, mit der verhindert werden soll, dass ein energieverbrauchsrelevantes Produkt vertrieben, ausgestellt oder dem Verwender angeboten wird.

(17) Bereitstellung auf dem Markt ist jede entgeltliche oder unentgeltliche Abgabe eines Produkts zum Vertrieb, Verbrauch oder zur Verwendung im Europäischen Wirtschaftsraum im Rahmen einer Geschäftstätigkeit.

(18) Händler ist jede natürliche oder juristische Person in der Lieferkette, die ein Produkt auf dem Markt bereitstellt, mit Ausnahme des Herstellers und des Importeurs.

(19) Wirtschaftsakteure sind Hersteller, Bevollmächtigter, Importeur und Händler.

**§ 3 Ermächtigung zum Erlass von Rechtsverordnungen.** [1] Zur Umsetzung oder Durchführung von Durchführungsmaßnahmen kann die Bundesregierung mit Zustimmung des Bundesrates Rechtsverordnungen[1)] für energieverbrauchsrelevante Produkte nach Maßgabe des Satzes 2 erlassen. [2] Durch Rechtsverordnung nach Satz 1 können geregelt werden:

1. Anforderungen an die umweltgerechte Gestaltung energieverbrauchsrelevanter Produkte und sonstige Voraussetzungen des Inverkehrbringens oder der Inbetriebnahme, insbesondere Prüfungen, Produktionsüberwachungen oder Bescheinigungen;
2. Anforderungen an die Kennzeichnung, Aufbewahrungs- und Mitteilungspflichten sowie damit zusammenhängende behördliche Maßnahmen.

[3] Sie kann bestimmen, dass der Hersteller, sein Bevollmächtigter und der Importeur im Rahmen ihrer jeweiligen Geschäftstätigkeit die Verbraucherinnen und Verbraucher über das ökologische Profil und die Vorteile des Ökodesigns des Produkts oder darüber unterrichten müssen, wie sie das Produkt nachhaltig nutzen können. [4] Hersteller oder ihre Bevollmächtigten, die Bauteile und Baugruppen in Verkehr bringen oder in Betrieb nehmen, können durch Rechtsverordnung nach Satz 1 verpflichtet werden, dem Hersteller eines von einer Durchführungsmaßnahme erfassten energieverbrauchsrelevanten Produkts relevante Angaben zur Materialzusammensetzung sowie zum Verbrauch von Energie, Materialien oder Ressourcen hinsichtlich der betreffenden Bauteile oder Baugruppen zu machen, soweit dabei Betriebs- und Geschäftsgeheimnisse gewahrt bleiben. [5] Satz 4 gilt entsprechend für den Importeur, wenn der Hersteller nicht im Europäischen Wirtschaftsraum niedergelassen ist und keinen Bevollmächtigten hat.

---

[1)] Siehe die EVPG-VO v. 14.8.2013 (BGBl. I S. 3221), zuletzt geänd. durch VO v. 5.5.2021 (BGBl. I S. 942).

Energieverbrauchsrelevante-Produkte-Gesetz § 4 EVPG 8.6

**§ 4 Inverkehrbringen, Inbetriebnahme und Ausstellen.** (1) ¹Ein energieverbrauchsrelevantes Produkt, das von einer Durchführungsrechtsvorschrift erfasst wird, darf nur in den Verkehr gebracht werden, wenn:
1. es den in der Durchführungsrechtsvorschrift festgelegten Anforderungen an die umweltgerechte Gestaltung und sonstigen Voraussetzungen für sein Inverkehrbringen und seine Inbetriebnahme entspricht,
2. es oder, sofern dies nicht möglich ist, seine Verpackung und ihm beigefügte Unterlagen mit einer CE-Kennzeichnung nach § 6 Abs. 2 bis 4 versehen sind,
3. für das Produkt eine der Anlage zu diesem Gesetz entsprechende Konformitätserklärung ausgestellt ist, mit der der Hersteller oder sein Bevollmächtigter zusichert, dass es allen Bestimmungen der darauf anwendbaren Durchführungsrechtsvorschrift entspricht; die Konformitätserklärung muss auf diese Durchführungsrechtsvorschrift verweisen.

²Ein energieverbrauchsrelevantes Produkt, das von einer Durchführungsrechtsvorschrift erfasst wird und das noch nicht in Verkehr gebracht wurde, darf nur dann in Betrieb genommen werden, wenn die in Satz 1 genannten Anforderungen erfüllt sind.

(2) Es wird vermutet, dass ein energieverbrauchsrelevantes Produkt, das von einer Durchführungsrechtsvorschrift erfasst wird und mit der CE-Kennzeichnung nach § 6 versehen ist, den Bestimmungen der für dieses Produkt geltenden Durchführungsrechtsvorschrift entspricht.

(3) Wurde ein energieverbrauchsrelevantes Produkt nach harmonisierten Normen hergestellt, deren Fundstellen im Amtsblatt der Europäischen Union veröffentlicht wurden, wird vermutet, dass es allen Anforderungen der für dieses Produkt geltenden Durchführungsrechtsvorschrift entspricht, auf die sich diese Normen beziehen.

(4) ¹Wurde für ein energieverbrauchsrelevantes Produkt das gemeinschaftliche Umweltzeichen nach der Verordnung (EG) Nr. 1980/2000 des Europäischen Parlaments und des Rates vom 17. Juli 2000 zur Revision des gemeinschaftlichen Systems zur Vergabe eines Umweltzeichens (ABl. L 237 vom 21.9. 2000, S. 1) oder das EU-Umweltzeichen nach der Verordnung (EG) Nr. 66/2010 des Europäischen Parlaments und des Rates vom 25. November 2009 über das EU-Umweltzeichen (ABl. L 27 vom 30.1.2010, S. 1) vergeben, wird vermutet, dass dieses energieverbrauchsrelevante Produkt die Ökodesign-Anforderungen der für dieses Produkt geltenden Durchführungsrechtsvorschrift erfüllt, sofern die Bedingungen für die Vergabe des Umweltzeichens die Ökodesign-Anforderungen erfüllen. ²Das Gleiche gilt für andere Umweltzeichen, die den Umweltzeichen nach Satz 1 auf Grund einer Entscheidung der Europäischen Kommission nach Artikel 9 Absatz 4 der Richtlinie 2009/125/EG gleichgestellt sind.

(5) ¹Wurde ein von einer Durchführungsrechtsvorschrift erfasstes energieverbrauchsrelevantes Produkt von einem Standort oder Teilstandort einer Organisation entworfen, der in das EMAS-Register im Sinne des § 32 Abs. 1 des Umweltauditgesetzes[1)] eingetragen ist, und schließt das Umweltmanagementsystem dieses Standorts oder Teilstandorts die Entwurfstätigkeit ein, wird vermutet, dass dieses Managementsystem die Anforderungen des Anhangs V der

---
[1)] Nr. 2.8.

Richtlinie 2009/125/EG erfüllt. ²Wurde ein von einer Durchführungsrechtsvorschrift erfasstes energieverbrauchsrelevantes Produkt von einer Organisation entworfen, die über ein Managementsystem verfügt, das die Entwurfstätigkeit einschließt, und wird dieses System nach harmonisierten Normen umgesetzt, deren Fundstellen im Amtsblatt der Europäischen Union veröffentlicht wurden, wird vermutet, dass das Managementsystem die entsprechenden Anforderungen des Anhangs V der Richtlinie 2009/125/EG erfüllt.

(6) ¹Der Hersteller oder sein Bevollmächtigter eines in Verkehr gebrachten oder in Betrieb genommenen energieverbrauchsrelevanten Produkts, das von einer Durchführungsrechtsvorschrift erfasst ist, muss zehn Jahre nach Herstellung des letzten Exemplars dieses Produkts die Unterlagen zur Konformitätsbewertung und die abgegebenen Konformitätserklärungen zur Einsicht bereithalten. ²Ist der Hersteller nicht im Europäischen Wirtschaftsraum niedergelassen und gibt es auch keinen Bevollmächtigten, ist die Pflicht nach Satz 1 durch den Importeur zu erfüllen.

(7) ¹Unterlagen zur Konformitätsbewertung, die in einer Durchführungsrechtsvorschrift vorgeschrieben sind, und Konformitätserklärungen sind in einer der Amtssprachen der Europäischen Union abzufassen. ²Die nach § 7 für die Marktaufsicht zuständigen Behörden können eine deutsche Übersetzung anfordern.

(8) ¹Der Hersteller, sein Bevollmächtigter und der Importeur eines energieverbrauchsrelevanten Produkts, das von einer Durchführungsrechtsvorschrift erfasst wird, haben jeweils im Rahmen ihrer Geschäftstätigkeit sicherzustellen, dass sie imstande sind, geeignete Maßnahmen zu ergreifen, um die Nutzung energieverbrauchsrelevanter Produkte, die nicht den Anforderungen nach Absatz 1 entsprechen, zu verhindern. ²Maßnahmen im Sinne des Satzes 1 sind insbesondere Rücknahme des Produkts, angemessene und wirksame Hinweise und Rückruf.

(9) Ein energieverbrauchsrelevantes Produkt, das von einer Durchführungsrechtsvorschrift erfasst wird und die in Absatz 1 Satz 1 genannten Voraussetzungen nicht erfüllt, darf ausgestellt werden, wenn der Aussteller deutlich darauf hinweist, dass es diese Anforderungen nicht erfüllt und erst erworben werden kann, wenn die entsprechende Übereinstimmung hergestellt ist.

(10) ¹Der Händler hat dazu beizutragen, dass ein energieverbrauchsrelevantes Produkt, das von einer Durchführungsrechtsvorschrift erfasst wird, nur auf dem Markt bereitgestellt wird, wenn es die Voraussetzungen nach Absatz 1 Satz 1 erfüllt. ²Er darf insbesondere kein energieverbrauchsrelevantes Produkt auf dem Markt bereitstellen, von dem er weiß oder auf Grund der ihm vorliegenden Informationen oder seiner Erfahrung wissen muss, dass es nicht die Anforderungen nach Absatz 1 Satz 1 erfüllt.

**§ 5 Informationspflichten.** (1) Der Hersteller, sein Bevollmächtigter und der Importeur eines energieverbrauchsrelevanten Produkts, das von einer Durchführungsrechtsvorschrift erfasst wird, haben jeweils im Rahmen ihrer Geschäftstätigkeit beim Inverkehrbringen oder, falls das Produkt noch nicht in Verkehr gebracht wurde, bei Inbetriebnahme den Namen des Herstellers oder, sofern dieser nicht im Europäischen Wirtschaftsraum niedergelassen ist, den Namen des Bevollmächtigten oder des Importeurs und deren Adressen auf dem Produkt oder auf dessen Verpackung anzubringen sowie das Produkt so zu kennzeichnen, dass es eindeutig identifiziert werden kann.

Energieverbrauchsrelevante-Produkte-Gesetz §§ 6, 7 EVPG 8.6

(2) ¹Schreibt eine Durchführungsrechtsvorschrift vor, dass der Hersteller gemäß Anhang I Teil 2 der Richtlinie 2009/125/EG Angaben zu machen hat, die den Umgang mit dem Produkt, dessen Nutzung oder Recycling durch andere Stellen als den Hersteller beeinflussen können, können diese Angaben schriftlich oder durch harmonisierte Symbole, allgemein anerkannte Codes oder auf andere Weise gemacht werden. ²Unabhängig von der Darstellungsform müssen alle Angaben für den voraussichtlichen Benutzer des Produkts verständlich sein. ³Schriftliche Angaben müssen zumindest auch auf Deutsch verfasst sein, wenn das Produkt dem Endnutzer übergeben wird und der Endnutzer das Produkt nicht gewerblich nutzt.

**§ 6 CE-Kennzeichnung.** (1) ¹Es ist verboten, ein energieverbrauchsrelevantes Produkt in Verkehr zu bringen, wenn das Produkt, seine Verpackung oder ihm beigefügte Unterlagen mit der CE-Kennzeichnung versehen sind, ohne dass eine Durchführungsrechtsvorschrift oder andere Rechtsvorschriften dies vorsehen oder ohne dass die Voraussetzungen der Absätze 2 bis 5 eingehalten sind. ²Unter denselben Voraussetzungen ist es verboten, ein energieverbrauchsrelevantes Produkt, das noch nicht in Verkehr gebracht wurde, in Betrieb zu nehmen.

(2) Die CE-Kennzeichnung muss sichtbar, lesbar und dauerhaft angebracht sein.

(3) Die CE-Kennzeichnung besteht aus den Buchstaben „CE" und muss die in Anhang III der Richtlinie 2009/125/EG festgelegte Gestalt und Mindestgröße haben.

(4) Bei Verkleinerung oder Vergrößerung der CE-Kennzeichnung müssen die in Anhang III der Richtlinie 2009/125/EG festgelegten Proportionen gewahrt bleiben.

(5) ¹Zusätzlich zur CE-Kennzeichnung dürfen keine Kennzeichnungen angebracht werden, durch die Dritte hinsichtlich der Bedeutung und der Gestalt der CE-Kennzeichnung irregeführt werden können. ²Jede andere Kennzeichnung darf angebracht werden, wenn sie die Sichtbarkeit und Lesbarkeit der CE-Kennzeichnung nicht beeinträchtigt.

**§ 7 Marktüberwachung.** (1) ¹Die zuständigen Behörden überwachen, dass von einer Durchführungsrechtsvorschrift erfasste energieverbrauchsrelevante Produkte nur in Verkehr gebracht oder in Betrieb genommen werden, wenn die in diesem Gesetz oder auf Grund dieses Gesetzes dafür festgelegten Voraussetzungen erfüllt sind. ²Hierzu erstellen sie ein Marktüberwachungskonzept, das insbesondere umfasst:
1. die Erfassung und Auswertung verfügbarer Informationen zur Ermittlung von Mängelschwerpunkten und Warenströmen;
2. die Aufstellung, regelmäßige Anpassung und Durchführung von Marktüberwachungsprogrammen, mit denen die Produkte stichprobenartig und in dem erforderlichen Umfang überprüft werden, sowie die Erfassung und Bewertung dieser Programme und
3. die regelmäßige Überprüfung und Bewertung der Wirksamkeit des Konzeptes.

³Die zuständigen Behörden stellen der Öffentlichkeit die Marktüberwachungsprogramme nach Nummer 2 auf elektronischem Weg und gegebenenfalls in

anderer Form zur Verfügung. ⁴Sie arbeiten mit den Zollbehörden gemäß Kapitel III Abschnitt 3 der Verordnung (EG) Nr. 765/2008 des Europäischen Parlaments und des Rates vom 9. Juli 2008 über die Vorschriften für die Akkreditierung und Marktüberwachung im Zusammenhang mit der Vermarktung von Produkten und zur Aufhebung der Verordnung (EWG) Nr. 339/93 des Rates (ABl. L 218 vom 13.8.2008, S. 30) zusammen. ⁵Im Rahmen dieser Zusammenarbeit können die Zollbehörden auf Ersuchen den zuständigen Behörden die Informationen, die sie bei der Überführung von Produkten in den zollrechtlich freien Verkehr erlangt haben und die für die Aufgabenerfüllung der zuständigen Behörden erforderlich sind, übermitteln.

(2) Die zuständigen obersten Landesbehörden stellen die Koordinierung der Überwachung und die Entwicklung und Fortschreibung des Marktüberwachungskonzeptes sicher.

(3) ¹Die zuständige Behörde trifft die erforderlichen Maßnahmen, wenn sie den begründeten Verdacht hat, dass die Anforderungen nach § 4 nicht erfüllt werden oder sind. ²Sie ist insbesondere befugt,

1. das Ausstellen eines Produkts zu untersagen, wenn die Voraussetzungen des § 4 Abs. 9 nicht erfüllt sind,
2. Maßnahmen anzuordnen, die gewährleisten, dass ein Produkt erst in den Verkehr gebracht oder in Betrieb genommen wird, wenn die Anforderungen nach § 4 Abs. 1 erfüllt sind,
3. anzuordnen, dass ein Produkt von einer zugelassenen Stelle oder einer in gleicher Weise geeigneten Stelle überprüft wird,
4. anzuordnen, dass geeignete Informationen nach § 5 angebracht werden,
5. das Inverkehrbringen, die Inbetriebnahme oder die Bereitstellung auf dem Markt für den zur Prüfung zwingend erforderlichen Zeitraum vorübergehend zu verbieten,
6. zu verbieten, dass ein Produkt in den Verkehr gebracht, in Betrieb genommen oder auf dem Markt bereitgestellt wird, ohne dass die Anforderungen nach § 4 Absatz 1 erfüllt sind,
7. die Rücknahme oder den Rückruf eines in Verkehr gebrachten oder in Betrieb genommenen Produkts anzuordnen oder ein solches Produkt sicherzustellen, wenn die Anforderungen nach § 4 Abs. 1 nicht erfüllt sind,
8. zu verlangen, dass ihr Unterlagen, die gemäß § 4 Abs. 6 bereitzuhalten sind, innerhalb von zehn Tagen nach Anforderung vorgelegt werden.

³Die zuständige Behörde widerruft oder ändert eine Maßnahme nach Satz 2, wenn der Wirtschaftsakteur oder der Aussteller nachweist, dass er wirksame Maßnahmen ergriffen hat.

(4) ¹Die zuständigen Behörden und deren Beauftragte sind befugt, soweit dies zur Erfüllung ihrer Aufgaben erforderlich ist, zu den üblichen Betriebs- und Geschäftszeiten Geschäftsräume und Betriebsgrundstücke zu betreten, in oder auf denen im Rahmen einer Geschäftstätigkeit energieverbrauchsrelevante Produkte

1. hergestellt werden,
2. in Betrieb genommen werden,
3. zum Zweck der Bereitstellung auf dem Markt lagern oder
4. ausgestellt sind.

Energieverbrauchsrelevante-Produkte-Gesetz  **§ 8 EVPG 8.6**

²Sie sind befugt, die Produkte zu besichtigen, zu prüfen oder prüfen zu lassen, insbesondere hierzu in Betrieb nehmen zu lassen. ³Diese Befugnisse haben die zuständigen Behörden und ihre Beauftragten auch dann, wenn die Produkte in Seehäfen zum weiteren Transport bereitgestellt sind. ⁴Für Besichtigungen und Prüfungen nach den Sätzen 2 und 3 können gegenüber dem Hersteller und gegenüber Personen, die das Produkt ausstellen oder zum Zweck des Inverkehrbringens oder der Bereitstellung auf dem Markt lagern, Gebühren und Auslagen erhoben werden, wenn die Prüfung ergibt, dass die Anforderungen nach § 4 nicht erfüllt sind.

(5) ¹Die zuständigen Behörden und deren Beauftragte können Proben entnehmen, Muster verlangen und die für ihre Aufgabenerfüllung erforderlichen Unterlagen und Informationen anfordern. ²Die Proben, Muster, Unterlagen und Informationen sind ihnen unentgeltlich zur Verfügung zu stellen.

(6) ¹Wirtschaftsakteure und Aussteller haben jeweils Maßnahmen nach Absatz 4 Satz 1 und 2 sowie Absatz 5 zu dulden und die zuständigen Behörden sowie deren Beauftragte zu unterstützen. ²Sie sind verpflichtet, der zuständigen Behörde auf Verlangen die Auskünfte zu erteilen, die zur Erfüllung ihrer Aufgaben erforderlich sind. ³Der Verpflichtete kann die Auskunft auf solche Fragen verweigern, deren Beantwortung ihn selbst oder einen der in § 383 Abs. 1 Nr. 1 bis 3 der Zivilprozessordnung bezeichneten Angehörigen der Gefahr strafrechtlicher Verfolgung oder eines Verfahrens nach dem Gesetz über Ordnungswidrigkeiten[1]) aussetzen würde. ⁴Er ist über sein Recht zur Auskunftsverweigerung zu belehren.

(7) Die zuständigen Behörden und die beauftragte Stelle haben sich gegenseitig über Maßnahmen nach diesem Gesetz zu informieren und zu unterstützen.

(8) Für alle Marktüberwachungsmaßnahmen gilt § 37 Absatz 6 des Verwaltungsverfahrensgesetzes entsprechend.

(9) ¹Vor Erlass einer Maßnahme nach Absatz 3 ist der betroffene Wirtschaftsakteur oder Aussteller anzuhören mit der Maßgabe, dass die Anhörungsfrist nicht kürzer als zehn Tage sein darf. ²Wurde eine Maßnahme getroffen, ohne dass der Wirtschaftsakteur oder der Aussteller gehört wurde, wird ihm so schnell wie möglich Gelegenheit gegeben, sich zu äußern. ³Die Maßnahme wird daraufhin umgehend überprüft.

**§ 8 Meldeverfahren.** (1) ¹Trifft die zuständige Behörde Maßnahmen nach § 7 Abs. 3 Nr. 6 und 7, unterrichtet sie hierüber unverzüglich unter Angabe der Gründe die beauftragte Stelle; sie gibt insbesondere an, ob eine harmonisierte Norm fehlerhaft angewandt wurde oder einen Mangel aufweist. ²Wurde die in § 6 vorgesehene Kennzeichnung von einer zugelassenen Stelle zuerkannt, ist auch die nach § 11 Abs. 2 zuständige Behörde zu unterrichten.

(2) ¹Die beauftragte Stelle überprüft die eingegangenen Meldungen auf Vollständigkeit und Schlüssigkeit. ²Sie unterrichtet das Bundesministerium für Wirtschaft und Energie, das Bundesministerium für Umwelt, Naturschutz und nukleare Sicherheit, die übrigen zuständigen Bundesressorts und das Umweltbundesamt über Meldungen nach Absatz 1 Satz 1 und leitet diese der Europäischen Kommission, den Mitgliedstaaten der Europäischen Union und den

---

[1]) Auszugsweise abgedruckt unter Nr. **11.2**.

anderen Vertragsstaaten des Abkommens über den Europäischen Wirtschaftsraum unverzüglich zu. ³Die beauftragte Stelle unterrichtet die in Satz 2 genannten Behörden und die Kommission in zusammengefasster Form und in angemessenen Zeitabständen auch über sonstige Maßnahmen der Marktaufsicht, die ihr im Rahmen des Informationsaustauschs gemäß § 7 Abs. 7 bekannt werden.

(3) Die beauftragte Stelle unterrichtet die in Absatz 2 Satz 2 genannten Behörden und die gemäß § 7 für die Marktüberwachung zuständigen Behörden über Mitteilungen der Kommission, der Mitgliedstaaten der Europäischen Union und der anderen Vertragsstaaten des Abkommens über den Europäischen Wirtschaftsraum, die mit der Marktaufsicht für energieverbrauchsrelevante Produkte zusammenhängen und ihr bekannt werden.

(4) Für den Informationsaustausch sind so weit wie möglich elektronische Kommunikationsmittel zu benutzen.

**§ 9 Veröffentlichung von Informationen.** (1) ¹Die beauftragte Stelle macht Anordnungen nach § 7 Abs. 3 Nr. 6 und 7, die unanfechtbar geworden sind oder deren sofortige Vollziehung angeordnet worden ist, öffentlich bekannt. ²Personenbezogene Daten dürfen nur veröffentlicht werden, wenn sie zur Identifizierung des energieverbrauchsrelevanten Produkts erforderlich sind.

(2) Stellen sich die von der beauftragten Stelle an die Öffentlichkeit gegebenen Informationen im Nachhinein als falsch heraus oder die zugrunde liegenden Umstände als unrichtig wiedergegeben, informiert sie die Öffentlichkeit hierüber in der gleichen Art und Weise, in der sie die betreffenden Informationen zuvor bekannt gegeben hat, sofern dies zur Wahrung erheblicher Belange des Gemeinwohls erforderlich ist oder Betroffene hieran ein berechtigtes Interesse haben und dies beantragen.

(3) ¹Liegen einer nach § 7 für die Marktüberwachung zuständigen Behörde oder der beauftragten Stelle erhebliche Anhaltspunkte dafür vor, dass ein von einer Durchführungsrechtsvorschrift erfasstes energieverbrauchsrelevantes Produkt in Verkehr gebracht oder, falls es noch nicht in Verkehr gebracht wurde, in Betrieb genommen werden soll, ohne dass es den Anforderungen gemäß § 4 Abs. 1 entspricht, veröffentlicht sie so schnell wie möglich im Information and Communication System for Market Surveillance (ICSMS) eine mit Gründen versehene Bewertung, inwiefern dieses Produkt von den Anforderungen abweicht. ²Die nach Satz 1 zuständigen Behörden oder die beauftragte Stelle können von einer Veröffentlichung absehen, wenn das Produkt von den Anforderungen nach § 4 Abs. 1 nur geringfügig abweicht. ³Bei Veröffentlichungen nach Satz 1 gilt Absatz 2 für die zuständige Behörde und die beauftragte Stelle entsprechend.

**§ 10 Beauftragte Stelle.** Beauftragte Stelle ist die Bundesanstalt für Materialforschung und -prüfung.

**§ 11 Zugelassene Stellen.** (1) Zugelassene Stellen nehmen nach Maßgabe einer Durchführungsrechtsvorschrift Aufgaben bei der Durchführung der Verfahren zur Feststellung der Übereinstimmung mit den Anforderungen der Durchführungsrechtsvorschrift wahr.

(2) ¹Bei der zuständigen Behörde kann ein Antrag auf Anerkennung als zugelassene Stelle für bestimmte von Durchführungsrechtsvorschriften erfasste

energieverbrauchsrelevante Produkte und Verfahren gestellt werden. ²Die zuständige Behörde hat dem Antrag zu entsprechen, wenn der Antragsteller und die bei ihm Beschäftigten die in den Durchführungsrechtsvorschriften festgelegten Voraussetzungen erfüllen. ³Weist der Antragsteller eine Akkreditierung einer nationalen Akkreditierungsstelle nach Artikel 4 Absatz 1 der Verordnung (EG) Nr. 765/2008 nach, wird vermutet, dass er die Anforderungen an die zugelassene Stelle erfüllt.

(3) Die zuständigen Behörden benennen der beauftragten Stelle die zugelassenen Stellen; die beauftragte Stelle macht diese im Bundesanzeiger bekannt.

(4) ¹Die zuständige Behörde überwacht die Einhaltung der in Absatz 2 genannten Anforderungen. ²Sie kann von der zugelassenen Stelle und deren mit der Leitung und der Durchführung der Fachaufgaben beauftragtem Personal die zur Erfüllung ihrer Überwachungsaufgaben erforderlichen Auskünfte und sonstige Unterstützung verlangen sowie die dazu erforderlichen Anordnungen treffen. ³Die zuständigen Behörden und deren Beauftragte sind befugt, zu den üblichen Betriebs- und Geschäftszeiten Grundstücke und Geschäftsräume sowie Prüflaboratorien zu betreten und zu besichtigen und die Vorlage von Unterlagen in Konformitätsbewertungsverfahren zu verlangen. ⁴Die Auskunftspflichtigen haben die Maßnahmen nach Satz 3 zu dulden. ⁵Sie können die Auskunft auf solche Fragen verweigern, deren Beantwortung sie selbst oder einen der in § 383 Abs. 1 Nr. 1 bis 3 der Zivilprozessordnung bezeichneten Angehörigen der Gefahr strafrechtlicher Verfolgung oder eines Verfahrens nach dem Gesetz über Ordnungswidrigkeiten[1)] aussetzen würde. ⁶Sie sind über ihr Recht zur Auskunftsverweigerung zu belehren.

(5) ¹Die nach § 7 für die Marktüberwachung zuständigen Behörden können von der zugelassenen Stelle und deren mit der Leitung und der Durchführung der Fachaufgaben beauftragtem Personal die zur Erfüllung ihrer Aufgaben erforderlichen Auskünfte und Unterlagen verlangen. ²Werden sie nach Satz 1 tätig, haben sie die für das Anerkennungsverfahren nach Absatz 2 zuständige Behörde zu unterrichten.

**§ 12 Weitere Aufgaben der beauftragten Stelle.** (1) Die beauftragte Stelle stellt ein umfassendes Informationsangebot zu den Ökodesign-Anforderungen und den für sie geltenden Konformitätsbewertungsverfahren bereit mit dem Ziel, die Wirtschaft, insbesondere kleine und mittlere Unternehmen sowie Kleinstunternehmen, darin zu unterstützen, die Verpflichtungen aus diesem Gesetz zu erfüllen und bereits in der Phase der Produktentwicklung einen umweltverträglichen Ansatz zu wählen.

(2) Die beauftragte Stelle unterstützt die zuständigen Behörden bei der Entwicklung und Durchführung des Marktüberwachungskonzeptes sowie der Veröffentlichung der Marktüberwachungsprogramme nach § 7 Abs. 1 Satz 2 sowie bei technischen und wissenschaftlichen Fragestellungen.

(3) ¹Bei der Erfüllung ihrer Aufgaben nach den Absätzen 1 und 2 arbeitet die beauftragte Stelle mit dem Umweltbundesamt zusammen. ²Über die dabei gesammelten Erfahrungen tauschen sich beauftragte Stelle und Umweltbundesamt einmal jährlich aus.

---

[1)] Auszugsweise abgedruckt unter Nr. **11.2**.

**§ 13 Bußgeldvorschriften.** (1) Ordnungswidrig handelt, wer vorsätzlich oder fahrlässig

1. entgegen
   a) § 4 Abs. 1 Satz 1 Nr. 2 oder 3, jeweils auch in Verbindung mit Satz 2, oder
   b) § 6 Abs. 1

   ein energieverbrauchsrelevantes Produkt in Verkehr bringt oder in Betrieb nimmt,

2. entgegen § 5 Abs. 1 einen Namen oder eine Adresse nicht, nicht richtig, nicht vollständig oder nicht rechtzeitig anbringt oder ein Produkt nicht, nicht richtig oder nicht rechtzeitig kennzeichnet,

3. einer vollziehbaren Anordnung nach
   a) § 7 Abs. 3 Satz 2 Nr. 2, 5 bis 7 oder
   b) § 7 Abs. 3 Satz 2 Nr. 1, 3, 4 oder 8, Abs. 5 oder § 11 Abs. 4 Satz 2 oder Abs. 5 Satz 1

   zuwiderhandelt,

4. entgegen § 7 Abs. 6 Satz 2 eine Auskunft nicht, nicht richtig, nicht vollständig oder nicht rechtzeitig erteilt,

5. einer Rechtsverordnung nach
   a) § 3 Satz 2 Nr. 1, Satz 3 oder 4 auch in Verbindung mit Satz 5 oder
   b) § 3 Satz 2 Nr. 2

   zuwiderhandelt, soweit sie für einen bestimmten Tatbestand auf diese Bußgeldvorschrift verweist, oder

6. einer unmittelbar geltenden Vorschrift in Rechtsakten der Europäischen Union zuwiderhandelt, die inhaltlich einer Regelung entspricht, zu der die in
   a) Nummer 5 Buchstabe a oder
   b) Nummer 5 Buchstabe b

   genannten Vorschriften ermächtigen, soweit eine Rechtsverordnung nach Absatz 3 für einen bestimmten Tatbestand auf diese Bußgeldvorschrift verweist.

(2) Die Ordnungswidrigkeit kann in den Fällen des Absatzes 1 Nr. 1 Buchstabe a, Nr. 3 Buchstabe a, Nr. 5 Buchstabe a und Nr. 6 Buchstabe a mit einer Geldbuße bis zu fünfzigtausend Euro, in den übrigen Fällen mit einer Geldbuße bis zu zehntausend Euro geahndet werden.

(3) Die Bundesregierung wird ermächtigt, soweit dies zur Durchsetzung der Rechtsakte der Europäischen Union erforderlich ist, durch Rechtsverordnung mit Zustimmung des Bundesrates die Tatbestände zu bezeichnen, die als Ordnungswidrigkeit nach Absatz 1 Nr. 6 geahndet werden können.

**§ 14 Anpassung von Rechtsverordnungen.** *(nicht wiedergegebene Änderungsvorschrift)*

**§ 15 Inkrafttreten.** Dieses Gesetz tritt am Tage nach der Verkündung[1] in Kraft.

---

[1] Verkündet am 6.3.2008.

Energieverbrauchsrelevante-Produkte-Gesetz  **Anl. EVPG 8.6**

**Anlage**
(zu § 4 Abs. 1 Nr. 3)

Die Konformitätserklärung muss folgende Angaben enthalten:

1. Name und Anschrift des Herstellers oder seines Bevollmächtigten;
2. eine für die eindeutige Bestimmung des Produkts hinreichend ausführliche Beschreibung;
3. gegebenenfalls die Fundstellen der angewandten harmonisierten Normen;
4. gegebenenfalls die sonstigen angewandten technischen Normen und Spezifikationen;
5. gegebenenfalls die Erklärung der Übereinstimmung mit anderen einschlägigen Rechtsvorschriften der Europäischen Gemeinschaft, die die CE-Kennzeichnung vorsehen;
6. Name und Unterschrift der für den Hersteller oder seinen Bevollmächtigten zeichnungsberechtigten Person.

## 8.8. Gesetz zur Bevorrechtigung der Verwendung elektrisch betriebener Fahrzeuge (Elektromobilitätsgesetz – EmoG)[1) 2) 3)]

Vom 5. Juni 2015
(BGBl. I S. 898)

**FNA 9233-3**

zuletzt geänd. durch Art. 5 Viertes G zur Änd. des StraßenverkehrsG und anderer straßenverkehrsrechtlicher Vorschriften v. 12.7.2021 (BGBl. I S. 3091)

**§ 1 Anwendungsbereich.** [1]Mit diesem Gesetz werden Maßnahmen zur Bevorrechtigung der Teilnahme elektrisch betriebener Fahrzeuge

1. der Klassen M1 und N1 im Sinne des Anhangs II Teil A der Richtlinie 2007/46/EG des Europäischen Parlaments und des Rates vom 5. September 2007 zur Schaffung eines Rahmens für die Genehmigung von Kraftfahrzeugen und Kraftfahrzeuganhängern sowie von Systemen, Bauteilen und selbstständigen technischen Einheiten für diese Fahrzeuge (ABl. L 263 vom 9.10.2007, S. 1), die zuletzt durch die Richtlinie 2013/15/EU (ABl. L 158 vom 10.6.2013, S. 172) geändert worden ist, und

2. der Klassen L3e, L4e, L5e und L7e im Sinne des Anhangs I der Verordnung (EU) Nr. 168/2013 des Europäischen Parlaments und des Rates vom 15. Januar 2013 über die Genehmigung und Marktüberwachung von zwei- oder dreirädrigen und vierrädrigen Fahrzeugen (ABl. L 60 vom 2.3.2013, S. 52)

am Straßenverkehr ermöglicht, um deren Verwendung zur Verringerung insbesondere klima- und umweltschädlicher Auswirkungen des motorisierten Individualverkehrs zu fördern. [2]Satz 1 gilt auch für ein elektrisch betriebenes Fahrzeug der Klasse N2 im Sinne des Anhangs II Teil A der Richtlinie 2007/46/EG, soweit es im Inland mit der Fahrerlaubnis der Klasse B geführt werden darf.

**§ 2 Begriffsbestimmungen.** Im Sinne dieses Gesetzes sind

1. ein elektrisch betriebenes Fahrzeug: ein reines Batterieelektrofahrzeug, ein von außen aufladbares Hybridelektrofahrzeug oder ein Brennstoffzellenfahrzeug,

2. ein reines Batterieelektrofahrzeug: ein Kraftfahrzeug mit einem Antrieb,
   a) dessen Energiewandler ausschließlich elektrische Maschinen sind und
   b) dessen Energiespeicher zumindest von außerhalb des Fahrzeuges wieder aufladbar sind,

---

[1)] **Amtl. Anm.:** Notifiziert gemäß der Richtlinie 98/34/EG des Europäischen Parlaments und des Rates vom 22. Juni 1998 über ein Informationsverfahren auf dem Gebiet der Normen und technischen Vorschriften und der Vorschriften für die Dienste der Informationsgesellschaft (ABl. L 204 vom 21.07.1998, S. 37), zuletzt geändert durch Artikel 26 Absatz 2 der Verordnung (EU) Nr. 1025/2012 des Europäischen Parlaments und des Rates vom 25. Oktober 2012 (ABl. L 316 vom 14.11.2012, S. 12).

[2)] Das G tritt mit Ablauf des 31.12.2026 außer Kraft, vgl. § 8 Abs. 2.

[3)] Siehe auch das Gebäude-ElektromobilitätsinfrastrukturG v. 18.3.2021 (BGBl. I S. 354), das Saubere-Fahrzeuge-BeschaffungsG v. 9.6.2021 (BGBl. I S. 1691) und die LadesäulenVO v. 9.3.2016 (BGBl. I S. 457), zuletzt geänd. durch VO v. 2.11.2021 (BGBl. I S. 4788).

Elektromobilitätsgesetz § 3 EmoG 8.8

3. ein von außen aufladbares Hybridelektrofahrzeug: ein Kraftfahrzeug mit einem Antrieb, der über mindestens zwei verschiedene Arten von
   a) Energiewandlern, davon mindestens ein Energiewandler als elektrische Antriebsmaschine, und
   b) Energiespeichern, davon mindestens einer von einer außerhalb des Fahrzeuges befindlichen Energiequelle elektrisch wieder aufladbar,
   verfügt,
4. ein Brennstoffzellenfahrzeug: ein Kraftfahrzeug mit einem Antrieb, dessen Energiewandler ausschließlich aus den Brennstoffzellen und mindestens einer elektrischen Antriebsmaschine bestehen,
5. Energiewandler: die Bauteile des Kraftfahrzeugantriebes, die dauerhaft oder zeitweise Energie von einer Form in eine andere umwandeln, welche zur Fortbewegung des Kraftfahrzeuges genutzt werden,
6. Energiespeicher: die Bauteile des Kraftfahrzeugantriebes, die die jeweiligen Formen von Energie speichern, welche zur Fortbewegung des Kraftfahrzeuges genutzt werden.

**§ 3 Bevorrechtigungen.** (1) Wer ein Fahrzeug im Sinne des § 2 führt, kann nach Maßgabe der folgenden Vorschriften Bevorrechtigungen bei der Teilnahme am Straßenverkehr erhalten, soweit dadurch die Sicherheit und Leichtigkeit des Verkehrs nicht beeinträchtigt werden.

(2) Im Falle eines von außen aufladbaren Hybridelektrofahrzeuges dürfen Bevorrechtigungen nur für ein Fahrzeug in Anspruch genommen werden, wenn sich aus der Übereinstimmungsbescheinigung nach Anhang IX der Richtlinie 2007/46/EG oder aus der Übereinstimmungsbescheinigung nach Artikel 38 der Verordnung (EU) Nr. 168/2013 ergibt, dass das Fahrzeug
1. eine Kohlendioxidemission von höchstens 50 Gramm je gefahrenen Kilometer hat oder
2. dessen Reichweite unter ausschließlicher Nutzung der elektrischen Antriebsmaschine mindestens 40 Kilometer beträgt.

(3) Kann das Vorliegen der Anforderungen des Absatzes 2 nicht über die Übereinstimmungsbescheinigung nachgewiesen werden oder gibt es für ein Fahrzeug keine Übereinstimmungsbescheinigung, kann der Nachweis auch in anderer geeigneter Weise erbracht werden.

(4) Bevorrechtigungen sind möglich
1. für das Parken auf öffentlichen Straßen oder Wegen,
2. bei der Nutzung von für besondere Zwecke bestimmten öffentlichen Straßen oder Wegen oder Teilen von diesen,
3. durch das Zulassen von Ausnahmen von Zufahrtbeschränkungen oder Durchfahrtverboten,
4. im Hinblick auf das Erheben von Gebühren für das Parken auf öffentlichen Straßen oder Wegen.

(5) [1]In Rechtsverordnungen nach § 6 Absatz 1, auch in Verbindung mit Absatz 3, des Straßenverkehrsgesetzes können
1. die Bevorrechtigungen näher bestimmt werden,
2. die Einzelheiten der Anforderungen an deren Inanspruchnahme festgelegt werden,

3. die erforderlichen straßenverkehrsrechtlichen Anordnungen, insbesondere Verkehrszeichen und Verkehrseinrichtungen, bestimmt werden.

²Rechtsverordnungen mit Regelungen nach Satz 1 erlässt das Bundesministerium für Verkehr und digitale Infrastruktur gemeinsam mit dem Bundesministerium für Umwelt, Naturschutz und nukleare Sicherheit. ³§ 6 Absatz 7 des Straßenverkehrsgesetzes ist auf eine Rechtsverordnung mit Regelungen nach Satz 1 nicht anzuwenden.

(6) In Rechtsverordnungen nach § 6a Absatz 6 Satz 2, auch in Verbindung mit Satz 4, des Straßenverkehrsgesetzes können als Bevorrechtigungen Ermäßigungen der Gebühren oder Befreiungen von der Gebührenpflicht vorgesehen werden.

**§ 4 Kennzeichnung.** (1) Bevorrechtigungen nach § 3 dürfen nur für Fahrzeuge gewährt werden, die mit einer deutlich sichtbaren Kennzeichnung versehen sind.

(2) ¹In Rechtsverordnungen nach § 6 Absatz 1 Satz 1 Nummer 6 oder 11 des Straßenverkehrsgesetzes können die Art und Weise der Kennzeichnung im Sinne des Absatzes 1 näher bestimmt werden, insbesondere können

1. die für das Erteilen der Kennzeichnung erforderlichen Angaben,
2. die Art und Weise der Anbringung der Kennzeichnung und
3. das Verfahren für das Erteilen der Kennzeichnung

geregelt werden. ²In Rechtsverordnungen nach Satz 1 kann die Kennzeichnung im Inland gehaltener Fahrzeuge durch das Zuteilen eines für den Betrieb des Fahrzeuges auf öffentlichen Straßen erforderlichen Kennzeichens geregelt werden. ³Rechtsverordnungen mit Regelungen nach Satz 1 erlässt das Bundesministerium für Verkehr und digitale Infrastruktur gemeinsam mit dem Bundesministerium für Umwelt, Naturschutz und nukleare Sicherheit. ⁴§ 6 Absatz 7 des Straßenverkehrsgesetzes ist auf Rechtsverordnungen mit Regelungen nach Satz 1 nicht anzuwenden.

(3) ¹Für individuell zurechenbare öffentliche Leistungen nach Absatz 1 in Verbindung mit Rechtsverordnungen nach Absatz 2 werden Gebühren und Auslagen erhoben. ²§ 6a Absatz 2 bis 5 und 8 des Straßenverkehrsgesetzes gilt entsprechend.

**§ 5 Übergangsregelung.** (1) Bis zum 1. Januar 2016 tritt an die Stelle des Artikels 38 der Verordnung (EU) Nr. 168/2013 der Artikel 7 der Richtlinie 2002/24/EG des Europäischen Parlaments und des Rates vom 18. März 2002 über die Typgenehmigung für zweirädrige oder dreirädrige Kraftfahrzeuge und zur Aufhebung der Richtlinie 92/61/EWG des Rates (ABl. L 124 vom 9.5. 2002, S. 1), die zuletzt durch die Richtlinie 2013/60/EU (ABl. L 329 vom 10.12.2013, S. 15) geändert worden ist.

(2) Abweichend von § 3 Absatz 2 Nummer 2 beträgt bis zum Ablauf des 31. Dezember 2017 die erforderliche Reichweite mindestens 30 Kilometer.

(3) Fahrzeugen, die die Anforderung des Absatzes 2 erfüllen, dürfen auch nach dem 31. Dezember 2017 die Bevorrechtigungen gewährt werden, die Fahrzeugen nach § 3 Absatz 2 gewährt werden können.

**§ 6 Verkündung von Rechtsverordnungen.** Rechtsverordnungen auf Grund dieses Gesetzes können abweichend von § 2 Absatz 1 des Verkündungs- und Bekanntmachungsgesetzes im Bundesanzeiger verkündet werden.

**§ 7 Berichterstattung.** Das Bundesministerium für Verkehr und digitale Infrastruktur und das Bundesministerium für Umwelt, Naturschutz und nukleare Sicherheit veröffentlichen gemeinsam alle drei Jahre, erstmals bis zum 1. Juli 2018, einen Bericht über die Beschaffenheit, die Ausrüstung und den Betrieb elektrisch betriebener Fahrzeuge im Sinne des § 2 Nummer 1, über das Ladeverhalten solcher Fahrzeuge und über die Entwicklung der Ladeinfrastruktur, um Erkenntnisse hinsichtlich der weiteren Verringerung der klima- und umweltschädlichen Auswirkungen des motorisierten Individualverkehrs, insbesondere der Fortschreibung der Umweltkriterien nach § 3 Absatz 2 Nummer 2, zu gewinnen.

**§ 8 Inkrafttreten, Außerkrafttreten.** (1) Dieses Gesetz tritt am Tag nach der Verkündung[1] in Kraft.

(2) Dieses Gesetz tritt mit Ablauf des 31. Dezember 2026 außer Kraft.

---

[1] Verkündet am 11.6.2015.

## 8.9. Gesetz zur Bevorrechtigung des Carsharing (Carsharinggesetz – CsgG)[1)]

Vom 5. Juli 2017
(BGBl. I S. 2230)

**FNA 9233-4**

zuletzt geänd. durch Art. 4 Viertes G zur Änd. des StraßenverkehrsG und anderer straßenverkehrsrechtlicher Vorschriften v. 12.7.2021 (BGBl. I S. 3091)

**§ 1 Anwendungsbereich.** Mit diesem Gesetz werden Maßnahmen zur Bevorrechtigung des Carsharing ermöglicht, um die Verwendung von Carsharingfahrzeugen im Rahmen stationsunabhängiger oder stationsbasierter Angebotsmodelle zur Verringerung insbesondere klima- und umweltschädlicher Auswirkungen des motorisierten Individualverkehrs zu fördern.

**§ 2 Begriffsbestimmungen.** Im Sinne dieses Gesetzes ist

1. ein Carsharingfahrzeug ein Kraftfahrzeug, das einer unbestimmten Anzahl von Fahrern und Fahrerinnen auf der Grundlage einer Rahmenvereinbarung und einem die Energiekosten mit einschließenden Zeit- oder Kilometertarif oder Mischformen solcher Tarife angeboten und selbstständig reserviert und genutzt werden kann,
2. ein Carsharinganbieter ein Unternehmen unabhängig von seiner Rechtsform, das Carsharingfahrzeuge stationsunabhängig oder stationsbasiert zur Nutzung für eine unbestimmte Anzahl von Kunden und Kundinnen nach allgemeinen Kriterien anbietet, wobei Mischformen der Angebotsmodelle möglich sind,
3. stationsunabhängiges Carsharing ein Angebotsmodell, bei dem die Nutzung des Fahrzeugs ohne Rücksicht auf vorab örtlich festgelegte Abhol- und Rückgabestellen begonnen und beendet werden kann und
4. stationsbasiertes Carsharing ein Angebotsmodell, das auf vorab reservierbaren Fahrzeugen und örtlich festgelegten Abhol- oder Rückgabestellen beruht.

**§ 3 Bevorrechtigungen.** (1) Wer ein Fahrzeug im Sinne des § 2 Nummer 1 führt, kann nach Maßgabe der folgenden Vorschriften Bevorrechtigungen bei der Teilnahme am Straßenverkehr erhalten, soweit dadurch die Sicherheit und Leichtigkeit des Verkehrs nicht beeinträchtigt werden.

(2) Bevorrechtigungen sind möglich

1. für das Parken auf öffentlichen Straßen oder Wegen,
2. im Hinblick auf das Erheben von Gebühren für das Parken auf öffentlichen Straßen und Wegen.

(3) [1]In Rechtsverordnungen nach § 6 Absatz 1 auch in Verbindung mit Absatz 3, des Straßenverkehrsgesetzes können

1. die Bevorrechtigungen näher bestimmt werden,

---

[1)] **Amtl. Anm.:** Notifiziert gemäß der Richtlinie (EU) 2015/1535 des Europäischen Parlaments und des Rates vom 9. September 2015 über ein Informationsverfahren auf dem Gebiet der technischen Vorschriften und der Vorschriften für die Dienste der Informationsgesellschaft (ABl. L 241 vom 17.9.2015, S. 1).

2. die Einzelheiten der Anforderungen an deren Inanspruchnahme festgelegt werden,
3. die erforderlichen straßenverkehrsrechtlichen Anordnungen, insbesondere Verkehrszeichen und Verkehrseinrichtungen, für stationsunabhängiges und stationsbasiertes Carsharing bestimmt werden und
4. die Einzelheiten zur Regelung des Verkehrs zu Gunsten von Fahrzeugen eines oder mehrerer bestimmter Carsharinganbieter, die ein stationsbasiertes Angebot zur Verfügung stellen, festgelegt werden, soweit der jeweilige Carsharinganbieter im Rahmen der wegerechtlichen Vorschriften zur Sondernutzung des öffentlichen Straßenraums berechtigt ist.

²Rechtsverordnungen mit Regelungen im Sinne des Satzes 1 erlässt das Bundesministerium für Verkehr und digitale Infrastruktur gemeinsam mit dem Bundesministerium für Wirtschaft und Energie und dem Bundesministerium für Umwelt, Naturschutz und nukleare Sicherheit. ³§ 6 Absatz 7 des Straßenverkehrsgesetzes ist auf eine Rechtsverordnung mit Regelungen nach Satz 1 nicht anzuwenden.

(4) In Rechtsverordnungen nach § 6a Absatz 6 Satz 2, auch in Verbindung mit Satz 4, des Straßenverkehrsgesetzes können als Bevorrechtigungen Ermäßigungen oder Befreiungen von der Gebührenpflicht vorgesehen werden.

**§ 4 Kennzeichnung.** (1) Bevorrechtigungen nach § 3 dürfen nur für Fahrzeuge gewährt werden, die mit einer deutlich sichtbaren Kennzeichnung als Carsharingfahrzeug versehen sind.

(2) ¹In einer Rechtsverordnung nach § 6 Absatz 1 Satz 1 Nummer 2 oder 9 Buchstabe c des Straßenverkehrsgesetzes können das Bundesministerium für Verkehr und digitale Infrastruktur, das Bundesministerium für Wirtschaft und Energie und das Bundesministerium für Umwelt, Naturschutz und nukleare Sicherheit gemeinsam
1. die Art und Weise der Kennzeichnung im Sinne des Absatzes 1,
2. die für das Erteilen der Kennzeichnung erforderlichen Angaben und
3. das Verfahren für das Erteilen der Kennzeichnung
näher bestimmen. ²Das Verfahren kann auch über eine einheitliche Stelle nach § 71a des Verwaltungsverfahrensgesetzes abgewickelt werden. ³§ 6 Absatz 7 des Straßenverkehrsgesetzes ist auf Rechtsverordnungen nach Satz 1 nicht anzuwenden.

(3) ¹Für individuell zurechenbare öffentliche Leistungen nach Absatz 1 in Verbindung mit Rechtsverordnungen nach Absatz 2 werden Gebühren und Auslagen erhoben. ²§ 6a Absatz 2 bis 5 und 8 des Straßenverkehrsgesetzes gilt entsprechend.

**§ 5 Sondernutzung öffentlichen Straßenraums.** (1) ¹Unbeschadet der sonstigen straßenrechtlichen Bestimmungen zur Sondernutzung an Bundesfernstraßen kann die nach Landesrecht zuständige Behörde zum Zwecke der Nutzung als Stellflächen für stationsbasierte Carsharingfahrzeuge dazu geeignete Flächen einer Ortsdurchfahrt im Zuge einer Bundesstraße bestimmen. ²Ist die nach Landesrecht zuständige Behörde nicht der Straßenbaulastträger, darf sie die Flächen nur mit Zustimmung der Straßenbaubehörde bestimmen. ³Die Flächen sind so zu bestimmen, dass die Funktion der Bundesstraße und die Belange des öffentlichen Personennahverkehrs nicht beeinträchtigt werden sowie die Anforderungen an die Sicherheit und Leichtigkeit des Verkehrs gewahrt sind.

(2) ¹Die Flächen sind von der nach Landesrecht zuständigen Behörde im Wege eines diskriminierungsfreien und transparenten Auswahlverfahrens einem Carsharinganbieter nach Maßgabe der folgenden Vorschriften zum Zwecke der Nutzung für stationsbasierte Carsharingfahrzeuge für einen Zeitraum von längstens acht Jahren zur Verfügung zu stellen (Sondernutzungserlaubnis). ²Absatz 1 Satz 2 gilt entsprechend. ³Nach Ablauf der Geltungsdauer der Sondernutzungserlaubnis ist eine Verlängerung oder Neuerteilung nur nach Durchführung eines erneuten Auswahlverfahrens nach Satz 1 möglich. ⁴Das Verfahren nach Satz 1 kann für einzelne Flächen getrennt durchgeführt werden.

(3) ¹In dem Auswahlverfahren nach Maßgabe der Absätze 5 bis 7 wird die Sondernutzung der nach Absatz 1 ausgewählten Flächen einem geeigneten und zuverlässigen Carsharinganbieter erlaubt. ²Geeignet ist ein Carsharinganbieter, der die nach Absatz 4 festgelegten Anforderungen an die von ihnen im Rahmen der Sondernutzung zu erbringende Leistung (Eignungskriterien) erfüllt. ³Unzuverlässig ist ein Carsharinganbieter, der bei der Erbringung von Carsharingdienstleistungen wiederholt in schwerwiegender Weise gegen Pflichten aus der Straßenverkehrs-Zulassungs-Ordnung verstoßen hat sowie in den in § 123 des Gesetzes gegen Wettbewerbsbeschränkungen genannten Fällen. ⁴Erfüllen mehrere Carsharinganbieter die Anforderungen des Satzes 1, ist durch Los zu entscheiden.

(4) ¹Das Bundesministerium für Verkehr und digitale Infrastruktur, das Bundesministerium für Wirtschaft und Energie und das Bundesministerium für Umwelt, Naturschutz und nukleare Sicherheit werden ermächtigt, gemeinsam durch Rechtsverordnung mit Zustimmung des Bundesrates die Eignungskriterien festzulegen und an den aktuellen Stand der Technik anzupassen. ²Die Eignungskriterien sind mit dem Ziel festzulegen, dass sie geeignet sind, durch die von dem jeweiligen Carsharinganbieter angebotene Leistung

1. zu einer Verringerung des motorisierten Individualverkehrs, insbesondere durch eine Vernetzung mit dem öffentlichen Personennahverkehr, und
2. zu einer Entlastung von straßenverkehrsbedingten Luftschadstoffen, insbesondere durch das Vorhalten elektrisch betriebener Fahrzeuge im Sinne des Elektromobilitätsgesetzes[1]),

am besten beizutragen. ³Bis zum erstmaligen Inkrafttreten einer Rechtsverordnung nach Satz 1 bestimmen sich die Eignungskriterien nach der Anlage.

(5) ¹Die Bekanntmachung über das vorgesehene Auswahlverfahren muss allen interessierten Unternehmen kostenfrei und ohne Registrierung zugänglich sein. ²Sie ist auf der Internetseite www.bund.de und nach Maßgabe des Rechts der Europäischen Union im Amtsblatt der Europäischen Union zu veröffentlichen. ³Die Bekanntmachung muss alle für die Teilnahme an dem Auswahlverfahren erforderlichen Informationen enthalten, insbesondere Informationen über den vorgesehenen Ablauf des Auswahlverfahrens, Anforderungen an die Übermittlung von Unterlagen sowie die Eignungskriterien. ⁴Sie muss zudem die vorgesehene Dauer der Sondernutzung enthalten. ⁵Fristen sind angemessen zu setzen. ⁶Das Auswahlverfahren ist von Beginn an fortlaufend zu dokumentieren. ⁷Alle wesentlichen Entscheidungen sind zu begründen.

---

[1]) Nr. **8.8.**

(6) ¹Die Frist für die Erteilung der Sondernutzungserlaubnis im Rahmen des Auswahlverfahrens nach Absatz 2 beträgt drei Monate. ²Die Frist beginnt mit Ablauf der Einreichungsfrist. ³Sie kann einmal verlängert werden, wenn dies wegen der Schwierigkeit der Angelegenheit gerechtfertigt ist. ⁴Die Fristverlängerung ist zu begründen und rechtzeitig allen teilnehmenden Anbietern mitzuteilen. ⁵Das Verfahren kann auch über eine einheitliche Stelle nach § 71a des Verwaltungsverfahrensgesetzes abgewickelt werden.

(7) ¹Die nach Landesrecht zuständige Behörde hat jeden nicht berücksichtigten Bewerber unverzüglich in dem jeweils ablehnenden Bescheid über die Gründe für seine Nichtberücksichtigung sowie über den Namen des ausgewählten Bewerbers zu unterrichten. ²Die nach Landesrecht zuständige Behörde hat bei ihren Entscheidungen das Benehmen mit dem für die Aufstellung des Nahverkehrsplans zuständigen Aufgabenträger im Sinne des § 8 Absatz 3 des Personenbeförderungsgesetzes herzustellen.

(8) ¹Eine nach den vorstehenden Absätzen erteilte Sondernutzungserlaubnis kann auch die Befugnis verleihen, dass der Sondernutzungsberechtigte geeignete bauliche Vorrichtungen für das Sperren der Fläche für Nichtbevorrechtigte anbringen kann. ²Der Sondernutzungsberechtigte hat sich bei dem Anbringen geeigneter Fachunternehmen zu bedienen.

(9) § 8 Absatz 1 Satz 1 und 6 und Absatz 2, 2a, 3, 7a und 8 des Bundesfernstraßengesetzes gilt entsprechend.

**§ 6 Berichterstattung.** Das Bundesministerium für Verkehr und digitale Infrastruktur, das Bundesministerium für Wirtschaft und Energie und das Bundesministerium für Umwelt, Naturschutz und nukleare Sicherheit evaluieren gemeinsam bis zum 1. Juli 2021 dieses Gesetz.

**§ 7 Inkrafttreten.** (1) Dieses Gesetz tritt vorbehaltlich des Absatzes 2 am 1. September 2017 in Kraft.

(2) Soweit dieses Gesetz zum Erlass von Rechtsverordnungen befugt, tritt es am Tag nach der Verkündung[1] in Kraft.

**Anlage**
(zu § 5 Absatz 4 Satz 3)

**Eignungskriterien**

**Teil 1. Allgemeine Anforderungen an das Angebot und die Fahrzeugflotte**

**1.1**

Carsharinganbieter gewähren im Rahmen der vorhandenen Kapazität grundsätzlich jeder volljährigen Person mit einer für das entsprechende Kraftfahrzeug gültigen und vorgelegten Fahrerlaubnis diskriminierungsfrei eine Teilnahmeberechtigung. Einschränkungen hinsichtlich der Dauer des Besitzes der Fahrerlaubnis, des Mindestalters sowie einer Bonitätsprüfung sind möglich.

**1.2**

Carsharinganbieter bieten ihren Kunden folgenden Mindestleistungsumfang:

**1.2.1**

Die Fahrzeugbuchung, -abholung und -rückgabe ist an 24 Stunden täglich möglich.

**1.2.2**

Kurzzeitnutzungen ab einer Stunde sind möglich, der Stundentarif darf 20 Prozent des Tagespreises nicht überschreiten.

---

[1] Verkündet am 12.7.2017.

## 1.2.3

Die Berücksichtigung von Freikilometern ist mit Ausnahme der Wege für die Tank- und Batteriebeladung, der Fahrzeugpflege oder für Maßnahmen der Kundenbindung oder der Kundengewinnung nicht zulässig. Die Betriebsmittelkosten je Kilometer müssen über den marktüblichen Energiekosten (Kraftstoff und Strom) liegen.

## 1.2.4

Die Wartung der Fahrzeuge wird regelmäßig, entsprechend den Herstellerempfehlungen durchgeführt.

## 1.2.5

Den Kunden sollen Informationen über umweltschonende und lärmarme Fahrweise für die Fahrer und Fahrerinnen zur Verfügung gestellt werden, in dem Carsharinganbieter mittels ihrer Internetseite oder auf anderen geeigneten Informationsmaterialien auf die Möglichkeit von Schulungen zur umweltschonenden Fahrweise (etwa von Fahrschulen oder anderen Anbietern) hinweisen.

## 1.2.6

Inhabern von Dauer- oder Vergünstigungskarten des Öffentlichen Personenverkehrs (z.B. für Besitzer von Ermäßigungskarten oder Dauerkartenbesitzer des Öffentlichen Personennahverkehrs) sollen Vergünstigungen gewährt werden, sofern die Anbieter dieser Karten kein eigenes Carsharingangebot betreiben.

## 1.3

Carsharinganbieter mit Fahrzeugflotten bis zu fünf Fahrzeugen weisen mindestens zehn registrierte Fahrberechtigte pro Fahrzeug auf und solche mit einem Angebot von mehr als fünf Fahrzeugen mindestens 15 registrierte Fahrberechtigte pro Fahrzeug. Als Fahrzeugflotte gilt die Gesamtheit der Fahrzeuge des jeweiligen Anbieters in der jeweiligen Gemeinde. Davon ausgenommen sind solche Anbieter, die mit einem entsprechenden Angebot erstmalig in der jeweiligen Gemeinde tätig werden wollen.

## 1.4

Der Carsharinganbieter informiert im Falle der Nutzung elektrisch betriebener Fahrzeuge in geeigneter Weise (insbesondere über allgemeine Verbraucherinformationen, Internet, seine Allgemeinen Geschäftsbedingungen) – soweit verfügbar – über die Standorte der für das Carsharingfahrzeug geeigneten Ladestationen, die Art der Stromversorgung an diesen Ladestationen und die Herkunft der bezogenen Elektrizität. Dafür benennt er den Anbieter und den Stromtarif.

## 1.5

Soweit der Schutz geistigen Eigentums sowie von Betriebs- oder Geschäftsgeheimnissen nicht entgegenstehen, sollen zum Zwecke der Förderung der Multimodalität Daten bezüglich des Status von Carsharingfahrzeugen freigegeben werden. Personenbezogene Daten dürfen nicht freigegeben werden.

## Teil 2. Nachweise

Der Carsharinganbieter kann die Einhaltung der Anforderungen gemäß den Nummern 1.2.5, 1.2.6 und 1.4 durch die Vorlage der Vertragsbedingungen, Tarife (einschließlich Vergünstigungen für Besitzer von Ermäßigungskarten oder Dauerkartenbesitzer des öffentlichen Personenverkehrs) und seiner Kundeninformation (insbesondere über allgemeine Verbraucherinformationen, den Internetauftritt oder die Allgemeinen Geschäftsbedingungen) über umweltschonende und lärmarme Fahrweise und Angebote für Schulungen nachweisen.

## Teil 3. Abweichungsmöglichkeit

Die nach Landesrecht zuständige Behörde kann, soweit ihr Zuständigkeitsbereich nicht mehr als 50 000 Einwohner umfasst, in ihren Auswahlverfahren von einzelnen Anforderungen abweichen, wenn dies aufgrund besonderer örtlicher Umstände gerechtfertigt ist und ein Interessenbekundungsverfahren ergeben hat, dass andernfalls kein Carsharinganbieter einen Antrag stellt. Dies ist näher zu begründen.

## 9.1. Gesetz zum Schutz vor gefährlichen Stoffen (Chemikaliengesetz – ChemG)[1) 2)]

In der Fassung der Bekanntmachung vom 28. August 2013[3)]
(BGBl. I S. 3498, ber. S. 3991)

**FNA 8053-6**

zuletzt geänd. durch Art. 115 PersonengesellschaftsrechtsmodernisierungsG (MoPeG) v. 10.8.2021 (BGBl. I S. 3436)

### Erster Abschnitt. Zweck, Anwendungsbereich und Begriffsbestimmungen

**§ 1 Zweck des Gesetzes.** Zweck des Gesetzes ist es, den Menschen und die Umwelt vor schädlichen Einwirkungen gefährlicher Stoffe und Gemische zu schützen, insbesondere sie erkennbar zu machen, sie abzuwenden und ihrem Entstehen vorzubeugen.

**§ 2 Anwendungsbereich.** (1) Die Vorschriften des Dritten Abschnitts, die §§ 16e, 17 Absatz 1 Nummer 2 Buchstabe a und b und § 23 Absatz 2 gelten nicht für

1. kosmetische Mittel im Sinne des Artikels 2 Absatz 1 Buchstabe a auch in Verbindung mit Absatz 2 der Verordnung (EG) Nr. 1223/2009 des Europäischen Parlaments und des Rates vom 30. November 2009 über kosmetische Mittel (ABl. L 342 vom 22.12.2009, S. 59; L 318 vom 15.11.2012, S. 74; L

---

[1)] **Amtl. Anm.**: Das Gesetz dient der Umsetzung folgender Richtlinien:
– Richtlinie 67/548/EWG des Rates vom 27. Juni 1967 zur Angleichung der Rechts- und Verwaltungsvorschriften für die Einstufung, Verpackung und Kennzeichnung gefährlicher Stoffe (ABl. EG Nr. 196 S. 1), die zuletzt durch die Richtlinie 2013/21/EU (ABl. L 158 vom 10.6.2013, S. 240) geändert worden ist,
– Richtlinie 98/24/EG des Rates vom 7. April 1998 zum Schutz von Gesundheit und Sicherheit der Arbeitnehmer vor der Gefährdung durch chemische Arbeitsstoffe bei der Arbeit (vierzehnte Einzelrichtlinie im Sinne des Artikels 16 Absatz 1 der Richtlinie 89/391/EWG) (ABl. EG Nr. L 131 S. 11), die zuletzt durch die Richtlinie 2009/148/EG (ABl. L 330 vom 16.12.2009, S. 28) geändert worden ist,
– Richtlinie 1999/45/EG des Europäischen Parlaments und des Rates vom 31. Mai 1999 zur Angleichung der Rechts- und Verwaltungsvorschriften der Mitgliedstaaten für die Einstufung, Verpackung und Kennzeichnung gefährlicher Zubereitungen (ABl. EG Nr. L 200 S. 1, 2002 Nr. L 6 S. 71), die zuletzt durch die Richtlinie 2013/21/EU (ABl. L 158 vom 10.6.2013, S. 240) geändert worden ist,
– Richtlinie 2004/9/EG des Europäischen Parlaments und des Rates vom 11. Februar 2004 über die Inspektion und Überprüfung der Guten Laborpraxis (GLP) (kodifizierte Fassung) (ABl. EU Nr. L 50 S. 28), die zuletzt durch die Verordnung (EG) Nr. 219/2009 (ABl. L 87 vom 31.3.2009, S. 109) geändert worden ist, und
– Richtlinie 2004/10/EG des Europäischen Parlaments und des Rates vom 11. Februar 2004 zur Angleichung der Rechts- und Verwaltungsvorschriften für die Anwendung der Grundsätze der Guten Laborpraxis und zur Kontrolle ihrer Anwendung bei Versuchen mit chemischen Stoffen (kodifizierte Fassung) (ABl. EU Nr. L 50 S. 44), die zuletzt durch die Verordnung (EG) Nr. 219/2009 (ABl. L 87 vom 31.3.2009, S. 109) geändert worden ist.

[2)] Die Änderungen durch G v. 10.8.2021 (BGBl. I S. 3436) treten erst **mWv 1.1.2024** in Kraft und sind im Text noch nicht berücksichtigt.

[3)] Neubekanntmachung des ChemikalienG idF der Bek. v. 2.7.2008 (BGBl. I S. 1146) in der ab 1.9.2013 geltenden Fassung.

72 vom 15.3.2013, S. 16; L 142 vom 29.5.2013, S. 10; L 254 vom 28.8. 2014, S. 39; L 17 vom 21.1.2017, S. 52; L 326 vom 9.12.2017, S. 55; L 183 vom 19.7.2018, S. 27; L 324 vom 13.12.2019, S. 80; L 76 vom 12.3.2020, S. 36), die zuletzt durch die Verordnung (EU) 2019/1966 (ABl. L 307 vom 28.11.2019, S. 15) geändert worden ist, und Tabakerzeugnisse und pflanzliche Raucherzeugnisse im Sinne des § 2 Nummer 1 des Tabakerzeugnisgesetzes,

2. Arzneimittel, die einem Zulassungs- oder Registrierungsverfahren nach dem Arzneimittelgesetz oder nach dem Tiergesundheitsgesetz unterliegen, sowie sonstige Arzneimittel, soweit sie nach § 21 Absatz 2 des Arzneimittelgesetzes einer Zulassung nicht bedürfen oder in einer zur Abgabe an den Verbraucher bestimmten Verpackung abgegeben werden,

2a. Medizinprodukte und ihr Zubehör im Sinne von Artikel 2 Nummer 1 und 2 der Verordnung (EU) 2017/745 des Europäischen Parlaments und des Rates vom 5. April 2017 über Medizinprodukte, zur Änderung der Richtlinie 2001/83/EG, der Verordnung (EG) Nr. 178/2002 und der Verordnung (EG) Nr. 1223/2009 und zur Aufhebung der Richtlinien 90/385/EWG und 93/42/EWG des Rates (ABl. L 117 vom 5.5.2017, S. 1; L 117 vom 3.5.2019, S. 9; L 334 vom 27.12.2019, S. 165), die durch die Verordnung (EU) 2020/561 (ABl. L 130 vom 24.4.2020, S. 18) geändert worden ist, in der jeweils geltenden Fassung *[bis 25.5.2022:* sowie im Sinne des § 3 Nummer 4 und 9 des Medizinproduktegesetzes in der bis einschließlich 25. Mai 2021 geltenden Fassung*][ab 26.5.2022: sowie im Sinne von Artikel 2 Nummer 2 und 4 der Verordnung (EU) 2017/746 des Europäischen Parlaments und des Rates vom 5. April 2017 über In-vitro-Diagnostika und zur Aufhebung der Richtlinie 98/79/EG und des Beschlusses 2010/227/EU der Kommission (ABl. L 117 vom 5.5.2017, S. 176; L 117 vom 3.5.2019, S. 11; L 334 vom 27.12.2019, S. 167) in der jeweils geltenden Fassung]*; die Vorschriften des Dritten Abschnitts und § 16e gelten für Medizinprodukte mit Ausnahme von für den Endverbraucher bestimmten Fertigerzeugnissen, die invasiv oder unter Körperberührung angewendet werden,

3. Abfälle zur Beseitigung im Sinne des § 3 Absatz 1 Satz 2 zweiter Halbsatz des Kreislaufwirtschaftsgesetzes[1]),

4. radioaktive Abfälle im Sinne des Atomgesetzes[2]),

5. Abwasser im Sinne des Abwasserabgabengesetzes[3]), soweit es in Gewässer oder Abwasseranlagen eingeleitet wird.

(2) [1]Die Vorschriften des Dritten und Vierten Abschnitts, § 17 Absatz 1 Nummer 2 Buchstabe a und b und § 23 Absatz 2 gelten nicht für

1. Lebensmittel im Sinne des Artikels 2 der Verordnung (EG) Nr. 178/2002 des Europäischen Parlaments und des Rates vom 28. Januar 2002 zur Festlegung der allgemeinen Grundsätze und Anforderungen des Lebensmittelrechts, zur Errichtung der Europäischen Behörde für Lebensmittelsicherheit und zur Festlegung von Verfahren zur Lebensmittelsicherheit (ABl. L 31 vom 1.2. 2002, S. 1), die zuletzt durch die Verordnung (EU) 2019/1381 (ABl. L 231 vom 6.9.2019, S. 1) geändert worden ist,

---

[1]) Nr. **5.1**.
[2]) Nr. **7.1**.
[3]) Nr. **4.2**.

2. Einzelfuttermittel im Sinne des Artikels 3 Absatz 2 Buchstabe g der Verordnung (EG) Nr. 767/2009 des Europäischen Parlaments und des Rates vom 13. Juli 2009 über das Inverkehrbringen und die Verwendung von Futtermitteln, zur Änderung der Verordnung (EG) Nr. 1831/2003 des Europäischen Parlaments und des Rates und zur Aufhebung der Richtlinien 79/373/EWG des Rates, 80/511/EWG der Kommission, 82/471/EWG des Rates, 83/228/EWG des Rates, 93/74/EWG des Rates, 93/113/EG des Rates und 96/25/EG des Rates und der Entscheidung 2004/217/EG der Kommission (ABl. L 229 vom 1.9.2009, S. 1; L 192 vom 22.7.2011, S. 71; L 296 vom 15.11.2019, S. 64), die zuletzt durch die Verordnung (EU) 2018/1903 (ABl. L 310 vom 6.12.2018, S. 22) geändert worden ist,

3. Mischfuttermittel im Sinne des Artikels 3 Absatz 2 Buchstabe h der Verordnung (EG) Nr. 767/2009 und

4. Futtermittelzusatzstoffe im Sinne des Artikels 2 Absatz 2 Buchstabe a der Verordnung (EG) Nr. 1831/2003 des Europäischen Parlaments und des Rates vom 22. September 2003 über Zusatzstoffe zur Verwendung in der Tierernährung (ABl. L 268 vom 18.10.2003, S. 29; L 192 vom 29.5.2004, S. 34; L 98 vom 13.4.2007, S. 29), die zuletzt durch die Verordnung (EU) 2019/1381 (ABl. L 231 vom 6.9.2019, S. 1) geändert worden ist.

²Die Vorschriften des Dritten Abschnitts und § 16e gelten jedoch für

1. Lebensmittel, die aufgrund ihrer stofflichen Eigenschaften in unveränderter Form nicht zum unmittelbaren menschlichen Verzehr durch den Endverbraucher im Sinne des Artikels 3 Nummer 18 der Verordnung (EG) Nr. 178/2002 bestimmt sind,

2. Einzelfuttermittel und Mischfuttermittel, die dazu bestimmt sind, in zubereitetem bearbeitetem oder verarbeitetem Zustand verfüttert zu werden, sowie für Futtermittelzusatzstoffe.

(3) ¹Die §§ 16d und 23 Absatz 2 gelten nicht für Stoffe und Gemische,

1. die ausschließlich dazu bestimmt sind, als Wirkstoff in zulassungs- oder registrierungspflichtigen Arzneimitteln nach dem Arzneimittelgesetz oder nach dem Tiergesundheitsgesetz oder als Wirkstoffe in Medizinprodukten gemäß § 3 Nummer 2 und 8 in Verbindung mit Nummer 2 des Medizinprodukitegesetzes verwendet zu werden oder

2. soweit sie einem Zulassungsverfahren nach pflanzenschutzrechtlichen Regelungen unterliegen.

²§ 17 Absatz 1 Nummer 1 und 3 gilt nicht für Stoffe und Gemische nach Satz 1 Nummer 2, soweit entsprechende Regelungen aufgrund des Pflanzenschutzgesetzes[1]) getroffen werden können.

(4) ¹Die Vorschriften des Dritten Abschnitts und die §§ 16d, 17 und 23 gelten für das Herstellen, Inverkehrbringen oder Verwenden von Stoffen oder Gemischen nach Anhang I Teil 2 mit Ausnahme der Abschnitte 2.1, 2.8 Typ A und B und des Abschnitts 2.15 Typ A und B der Verordnung (EG) Nr. 1272/2008 des Europäischen Parlaments und des Rates vom 16. Dezember 2008 über die Einstufung, Kennzeichnung und Verpackung von Stoffen und Gemischen, zur Änderung und Aufhebung der Richtlinien 67/548/EWG und 1999/45/EG und zur Änderung der Verordnung (EG) Nr. 1907/2006 (ABl. L 353 vom

---

[1]) Auszugsweise abgedruckt unter Nr. **9.4**.

31.12.2008, S. 1; L 16 vom 20.1.2011, S. 1; L 94 vom 10.4.2015, S. 9), die zuletzt durch die Verordnung (EU) 2017/542 (ABl. L 78 vom 23.3.2017, S. 1) geändert worden ist, in ihrer jeweils geltenden Fassung, und § 3a Absatz 1 Nummer 2 sowie von Erzeugnissen, die solche Stoffe oder Gemische freisetzen können oder enthalten, lediglich insoweit, als es gewerbsmäßig, im Rahmen sonstiger wirtschaftlicher Unternehmungen oder unter Beschäftigung von Arbeitnehmern erfolgt. ²Diese Beschränkung gilt nicht für

1. Regelungen und Anordnungen
   a) über den Verkehr mit Bedarfsgegenständen,
   b) über die Abfallbeseitigung und Luftreinhaltung,
2. umweltgefährliche Stoffe oder Gemische, wenn Maßnahmen zum Schutz der menschlichen Gesundheit getroffen werden, und
3. Biozid-Wirkstoffe und Biozid-Produkte.

(5) Die Vorschriften des Ersten, Dritten und Vierten Abschnitts, die §§ 17 und 18 sowie die Vorschriften des Siebten und Achten Abschnitts gelten nicht für die Beförderung gefährlicher Güter im Eisenbahn-, Straßen-, Binnenschiffs-, See- und Luftverkehr, ausgenommen die innerbetriebliche Beförderung.

**§ 3 Begriffsbestimmungen.** ¹Im Sinne dieses Gesetzes sind

1. Stoff:
   chemisches Element und seine Verbindungen in natürlicher Form oder gewonnen durch ein Herstellungsverfahren, einschließlich der zur Wahrung seiner Stabilität notwendigen Zusatzstoffe und der durch das angewandte Verfahren bedingten Verunreinigungen, aber mit Ausnahme von Lösungsmitteln, die von dem Stoff ohne Beeinträchtigung seiner Stabilität und ohne Änderung seiner Zusammensetzung abgetrennt werden können;
2. (weggefallen)
3. (weggefallen)
3a. (weggefallen)
4. Gemische:
   Gemische oder Lösungen, die aus zwei oder mehr Stoffen bestehen;
5. Erzeugnis:
   Gegenstand, der bei der Herstellung eine spezifische Form, Oberfläche oder Gestalt erhält, die in größerem Maße als die chemische Zusammensetzung seine Funktion bestimmt;
6. Einstufung:
   eine Zuordnung zu einem Gefährlichkeitsmerkmal;
7. Hersteller:
   eine natürliche oder juristische Person oder eine nicht rechtsfähige Personenvereinigung, die einen Stoff, ein Gemisch oder ein Erzeugnis herstellt oder gewinnt;
8. Einführer:
   eine natürliche oder juristische Person oder eine nicht rechtsfähige Personenvereinigung, die einen Stoff, ein Gemisch oder ein Erzeugnis in den Geltungsbereich dieses Gesetzes verbringt; kein Einführer ist, wer lediglich einen Transitverkehr unter zollamtlicher Überwachung durchführt, soweit keine Be- oder Verarbeitung erfolgt;

9. Inverkehrbringen:
die Abgabe an Dritte oder die Bereitstellung für Dritte; das Verbringen in den Geltungsbereich dieses Gesetzes gilt als Inverkehrbringen, soweit es sich nicht lediglich um einen Transitverkehr nach Nummer 8 zweiter Halbsatz handelt;

10. Verwenden:
Gebrauchen, Verbrauchen, Lagern, Aufbewahren, Be- und Verarbeiten, Abfüllen, Umfüllen, Mischen, Entfernen, Vernichten und innerbetriebliches Befördern;

11. Biozid-Produkt:
ein Biozidprodukt im Sinne des Artikels 3 Absatz 1 Buchstabe a der Verordnung (EU) Nr. 528/2012 des Europäischen Parlaments und des Rates vom 22. Mai 2012 über die Bereitstellung auf dem Markt und die Verwendung von Biozidprodukten (ABl. L 167 vom 27.6.2012, S. 1) in der jeweils geltenden Fassung;

12. Biozid-Wirkstoff:
Wirkstoff im Sinne des Artikels 3 Absatz 1 Buchstabe c der Verordnung (EU) Nr. 528/2012.

²Bestimmungen der in Satz 1 aufgeführten Begriffe in Verordnungen der Europäischen Gemeinschaft oder der Europäischen Union (EG- oder EU-Verordnungen) bleiben unberührt.

## § 3a Gefährliche Stoffe und gefährliche Gemische.

(1) Gefährliche Stoffe oder gefährliche Gemische im Sinne dieses Gesetzes sind Stoffe oder Gemische, die

1. die in Anhang I Teil 2 und 3 der Verordnung (EG) Nr. 1272/2008 dargelegten Kriterien für physikalische Gefahren oder Gesundheitsgefahren erfüllen oder

2. umweltgefährlich sind, indem sie

   a) die in Anhang I Teil 4 und 5 der Verordnung (EG) Nr. 1272/2008 dargelegten Kriterien für Umweltgefahren und weitere Gefahren erfüllen oder

   b) selbst oder deren Umwandlungsprodukte sonst geeignet sind, die Beschaffenheit des Naturhaushaltes, von Wasser, Boden oder Luft, Klima, Tieren, Pflanzen oder Mikroorganismen derart zu verändern, dass dadurch sofort oder später Gefahren für die Umwelt herbeigeführt werden können.

(2) Die Bundesregierung wird ermächtigt, soweit unionsrechtlich zulässig durch Rechtsverordnung[1]) mit Zustimmung des Bundesrates nähere Vorschriften über die Festlegung der in Absatz 1 genannten Gefährlichkeitsmerkmale zu erlassen.

## § 3b (weggefallen)

---

[1]) Siehe die GefahrstoffVO (Nr. **9.1.3**).

**Zweiter Abschnitt. Durchführung der Verordnung (EG) Nr. 1907/ 2006 und der Verordnung (EG) Nr. 1272/2008**

**§ 4 Beteiligte Bundesbehörden.** (1) Bei der Durchführung der Verordnung (EG) Nr. 1907/2006 des Europäischen Parlaments und des Rates vom 18. Dezember 2006 zur Registrierung, Bewertung, Zulassung und Beschränkung chemischer Stoffe (REACH), zur Schaffung einer Europäischen Chemikalienagentur, zur Änderung der Richtlinie 1999/45/EG und zur Aufhebung der Verordnung (EWG) Nr. 793/93 des Rates, der Verordnung (EG) Nr. 1488/94 der Kommission, der Richtlinie 76/769/EWG des Rates sowie der Richtlinien 91/155/EWG, 93/67/EWG, 93/105/EG und 2000/21/EG der Kommission (ABl. EU Nr. L 396 S. 1, 2007 Nr. L 136 S. 3) in der jeweils geltenden Fassung und bei der Durchführung der Verordnung (EG) Nr. 1272/2008 wirken nach Maßgabe dieses Abschnitts mit:

1. die Bundesanstalt für Arbeitsschutz und Arbeitsmedizin, die insoweit der Fachaufsicht des Bundesministeriums für Umwelt, Naturschutz und nukleare Sicherheit unterliegt, als Bundesstelle für Chemikalien,
2. das Umweltbundesamt als Bewertungsstelle Umwelt,
3. das Bundesinstitut für Risikobewertung, das insoweit der Fachaufsicht des Bundesministeriums für Umwelt, Naturschutz und nukleare Sicherheit unterliegt, als Bewertungsstelle Gesundheit und Verbraucherschutz und
4. die Bundesanstalt für Arbeitsschutz und Arbeitsmedizin, die insoweit der Fachaufsicht des Bundesministeriums für Arbeit und Soziales unterliegt, als Bewertungsstelle für Sicherheit und Gesundheitsschutz der Beschäftigten.

(2) Die Bundesstelle für Chemikalien beteiligt im Einzelfall weitere Bundesoberbehörden, sofern bei diesen besondere Fachkenntnisse zu Einzelaspekten der Bewertung von Stoffen, Gemischen oder Erzeugnissen zu Zwecken der Verordnung (EG) Nr. 1907/2006 und der Verordnung (EG) Nr. 1272/2008 vorhanden sind und die betreffende Fragestellung von den in Absatz 1 genannten Behörden nicht abschließend beurteilt werden kann.

**§ 5 Aufgaben der Bundesstelle für Chemikalien.** (1) Bei der Durchführung der Verordnung (EG) Nr. 1907/2006 und der Verordnung (EG) Nr. 1272/2008 gelten insbesondere die folgenden Aufgaben als Mitwirkungsakte nach § 21 Absatz 2 Satz 2, für die die Bundesstelle für Chemikalien zuständig ist:

1. Stellungnahmen zu Entscheidungsentwürfen der Europäischen Chemikalienagentur nach Artikel 9 Absatz 8 Satz 2 der Verordnung (EG) Nr. 1907/2006,
2. die Aufgaben der zuständigen Behörde des Mitgliedstaates bei der Bewertung nach Titel VI der Verordnung (EG) Nr. 1907/2006,
3. die Mitwirkung an der Ermittlung von in Artikel 57 genannten Stoffen nach Artikel 59 Absatz 3 und 5 der Verordnung (EG) Nr. 1907/2006,
4. die Mitwirkung an der harmonisierten Einstufung und Kennzeichnung nach Artikel 37 Absatz 1, auch in Verbindung mit Absatz 6, der Verordnung (EG) Nr. 1272/2008.

(2) Neben den ihr sonst durch dieses Gesetz übertragenen Aufgaben nimmt die Bundesstelle für Chemikalien bei der Durchführung der Verordnung (EG)

Nr. 1907/2006 und der Verordnung (EG) Nr. 1272/2008 ferner die folgenden Aufgaben wahr:
1. Vorbereitung von Dossiers zur Einleitung von Beschränkungsverfahren nach Artikel 69 Absatz 4 der Verordnung (EG) Nr. 1907/2006,
2. Vorbereitung von Vorschlägen zur Überprüfung von bestehenden Beschränkungen nach Artikel 69 Absatz 5 Satz 3 der Verordnung (EG) Nr. 1907/2006,
3. Unterstützung der deutschen Mitglieder in den Ausschüssen und dem Forum der Europäischen Chemikalienagentur in allen von diesen in den Ausschüssen und im Forum zu beurteilenden Fragen,
4. Zusammenarbeit mit der Europäischen Kommission, der Europäischen Chemikalienagentur und den zuständigen Behörden anderer Mitgliedstaaten nach Artikel 121 und 122 der Verordnung (EG) Nr. 1907/2006 sowie Zusammenarbeit mit den zuständigen Behörden anderer Mitgliedstaaten nach Artikel 43 der Verordnung (EG) Nr. 1272/2008,
5. Information der Öffentlichkeit nach Artikel 123 der Verordnung (EG) Nr. 1907/2006 über Risiken im Zusammenhang mit Stoffen,
6. Übermittlung nach Artikel 124 Absatz 1 der Verordnung (EG) Nr. 1907/2006 aller ihr vorliegenden Informationen über registrierte Stoffe, deren Registrierungsdossiers nicht alle Informationen nach Anhang VII der Verordnung (EG) Nr. 1907/2006 enthalten, an die Europäische Chemikalienagentur,
7. Wahrnehmung der Funktion der nationalen Auskunftsstelle nach Artikel 124 Absatz 2 der Verordnung (EG) Nr. 1907/2006 und der nationalen Auskunftsstelle nach Artikel 44 der Verordnung (EG) Nr. 1272/2008,
8. Beratung der Bundesregierung in allen die Verordnung (EG) Nr. 1907/2006 und die Verordnung (EG) Nr. 1272/2008 und ihre Fortentwicklung betreffenden Angelegenheiten.

**§ 6 Aufgaben der Bewertungsstellen.** (1) [1]Die Bewertungsstellen unterstützen die Bundesstelle für Chemikalien bei deren Aufgaben nach § 5 Absatz 1 Nummer 2 bis 4 und Absatz 2 Nummer 1 bis 3 durch die eigenverantwortliche und abschließende Durchführung der ihren jeweiligen Zuständigkeitsbereich betreffenden Bewertungsaufgaben. [2]Bei den Aufgaben der Bundesstelle für Chemikalien nach § 5 Absatz 1 Nummer 1 und Absatz 2 Nummer 4 bis 8 wirken sie bei den ihren jeweiligen Zuständigkeitsbereich betreffenden Fragen mit. [3]Die Bewertungsstellen unterstützen sich gegenseitig durch fachliche Stellungnahmen, sofern dies für die Wahrnehmung ihrer Aufgaben erforderlich ist.

(2) Fachlicher Zuständigkeitsbereich der Bewertungsstelle Umwelt ist die umweltbezogene Risikobewertung einschließlich der Bewertung von Risikominderungsmaßnahmen.

(3) Fachlicher Zuständigkeitsbereich der Bewertungsstelle Gesundheit und Verbraucherschutz ist die gesundheitsbezogene Risikobewertung einschließlich der Bewertung von Risikominderungsmaßnahmen.

(4) Fachlicher Zuständigkeitsbereich der Bewertungsstelle für Sicherheit und Gesundheitsschutz der Beschäftigten ist die arbeitsschutzbezogene Risikobewertung einschließlich der Bewertung von Risikominderungsmaßnahmen.

**§ 7 Zusammenarbeit der Bundesstelle für Chemikalien und der anderen beteiligten Bundesoberbehörden.** (1) ¹Die Bundesstelle für Chemikalien koordiniert das Zusammenwirken der in § 4 genannten Bundesoberbehörden und wirkt auf die Schlüssigkeit und Widerspruchsfreiheit der Gesamtposition hin. ²Sie entscheidet über die Gesamtposition, sofern im Einzelfall deren Schlüssigkeit und Widerspruchsfreiheit anders nicht erreicht werden kann und die Abgabe einer Stellungnahme keinen Aufschub duldet. ³Entscheidungen nach Satz 2, in denen die Bundesstelle für Chemikalien von der Bewertung einer Bewertungsstelle nach § 6 Absatz 1 Satz 1 abweicht, bedürfen einer eingehenden Begründung, die aktenkundig zu machen und den Bewertungsstellen zuzuleiten ist.

(2) ¹Die Bundesstelle für Chemikalien vertritt die Gesamtposition nach außen. ²Sie zieht dabei Vertreter der anderen beteiligten Bundesoberbehörden zur Unterstützung hinzu, sofern sie es für erforderlich hält oder diese es verlangen.

**§ 8 Gebührenfreiheit der nationalen Auskunftsstelle.** Die Bundesstelle für Chemikalien erhebt für ihre Tätigkeit als nationale Auskunftsstelle nach Artikel 124 Absatz 2 der Verordnung (EG) Nr. 1907/2006 und nach Artikel 44 der Verordnung (EG) Nr. 1272/2008 keine Gebühren.

**§ 9 Informationsaustausch zwischen Bundes- und Landesbehörden.**
(1) Die Bundesstelle für Chemikalien informiert die zuständigen Landesbehörden insbesondere über Mitteilungen der Europäischen Chemikalienagentur über

1. verfahrensorientierte Forschung und Entwicklung nach Artikel 9 Absatz 3 Satz 3 sowie Entscheidungsentwürfe nach Artikel 9 Absatz 8 Satz 1 der Verordnung (EG) Nr. 1907/2006,
2. als registriert geltende Stoffe nach Artikel 16 Absatz 1 Satz 2 der Verordnung (EG) Nr. 1907/2006,
3. Registrierungsdossiers nach Artikel 20 Absatz 4 Satz 1, 4 und 5 sowie nach Artikel 22 Absatz 1 Satz 2 und Absatz 2 Satz 2 der Verordnung (EG) Nr. 1907/2006,
4. die Dossierbewertung nach Artikel 41 Absatz 2, Artikel 42 Absatz 2 Satz 1 und Artikel 43 Absatz 3 und über Folgemaßnahmen der Stoffbewertung nach Artikel 48 Satz 3 der Verordnung (EG) Nr. 1907/2006,
5. die Prüfung von Zwischenprodukten in anderen Mitgliedstaaten nach Artikel 49 Satz 4 der Verordnung (EG) Nr. 1907/2006,
6. die Einstellung der Herstellung, Einfuhr oder Produktion nach Artikel 50 Absatz 2 Satz 2 und Absatz 3 Satz 3 der Verordnung (EG) Nr. 1907/2006,
7. die Ermittlung von in Artikel 57 genannten Stoffen nach Artikel 59 Absatz 2 Satz 3 und Artikel 59 Absatz 3 Satz 1 und 3 und das Zulassungsverfahren nach Artikel 64 Absatz 5 Satz 4 und 7 der Verordnung (EG) Nr. 1907/2006,
8. das Ergebnis von Anträgen auf Verwendung einer alternativen chemischen Bezeichnung nach Artikel 24 Absatz 5 der Verordnung (EG) Nr. 1272/2008.

(2) Die zuständigen Landesbehörden informieren die Bundesstelle für Chemikalien insbesondere über

1. Erkenntnisse über die Verwendung von standortinternen isolierten Zwischenprodukten, aus denen sich ein Risiko für die menschliche Gesundheit

oder die Umwelt nach Artikel 49 der Verordnung (EG) Nr. 1907/2006 ergeben kann,
2. im Rahmen von Durchsetzungs- und Überwachungstätigkeiten gewonnene Erkenntnisse im Sinne von Artikel 124 Absatz 1 Satz 1 der Verordnung (EG) Nr. 1907/2006, aus denen sich ein Risikoverdacht ergibt,
3. die Anordnung vorläufiger Maßnahmen nach § 23 Absatz 2 unter Vorlage der nach Artikel 129 Absatz 1 der Verordnung (EG) Nr. 1907/2006 oder nach Artikel 52 Absatz 1 der Verordnung (EG) Nr. 1272/2008 erforderlichen Unterlagen.

(3) § 22 bleibt unberührt.

**§ 10 Vorläufige Maßnahmen.** (1) Sofern auf Grundlage dieses Gesetzes eine vorläufige Maßnahme im Sinne des Artikels 129 der Verordnung (EG) Nr. 1907/2006 oder im Sinne des Artikels 52 der Verordnung (EG) Nr. 1272/2008 erlassen wurde, unterrichtet die Bundesstelle für Chemikalien unverzüglich die Europäischen Kommission und die anderen Mitgliedstaaten der Europäischen Union unter Angabe der Gründe über die getroffene Entscheidung und legt die wissenschaftlichen oder technischen Informationen vor, auf denen diese vorläufige Maßnahme beruht.

(2) Die Bundesstelle für Chemikalien informiert die zuständigen Landesbehörden über die Entscheidung der Europäische Kommission nach Artikel 129 Absatz 2 der Verordnung (EG) Nr. 1907/2006 oder nach Artikel 52 Absatz 2 der Verordnung (EG) Nr. 1272/2008.

**§ 11** (weggefallen)

**§ 12** (weggefallen)

**Abschnitt IIa. Durchführung der Verordnung (EU) Nr. 528/2012**

**§ 12a Beteiligte Bundesbehörden.** (1) ¹Bei der Durchführung der Verordnung (EU) Nummer 528/2012 wirken die in § 4 Absatz 1 genannten Stellen nach Maßgabe dieses Abschnitts mit. ²Das Bundesinstitut für Risikobewertung als Bewertungsstelle Gesundheit und Verbraucherschutz unterliegt insoweit der Fachaufsicht des Bundesministeriums für Ernährung und Landwirtschaft.

(2) ¹Soweit bei den in § 4 Absatz 1 Nummer 2 bis 4 genannten Behörden, beim Julius Kühn-Institut, bei der Bundesanstalt für Materialforschung und -prüfung oder beim Robert Koch-Institut besondere Fachkenntnisse zur Beurteilung der Wirksamkeit sowie der unannehmbaren Wirkungen auf Zielorganismen vorliegen, kann die Bundesstelle für Chemikalien zur Entscheidung über das Vorliegen der Zulassungsvoraussetzungen nach Artikel 19 Absatz 1 Buchstabe b Ziffer i und ii der Verordnung (EU) Nummer 528/2012 eine Stellungnahme bei diesen Behörden einholen. ²Ferner beteiligt die Bundesstelle für Chemikalien die Bundesanstalt für Materialforschung und -prüfung bei der Bewertung der physikalischen Gefahren gemäß Anhang I Teil 2 der Verordnung (EG) Nr. 1272/2008, der sicherheitstechnischen Eigenschaften und der Beständigkeit von Behältern und Verpackungsmaterial, sofern die Bundesanstalt für Materialforschung und -prüfung bei der betreffenden Fragestellung aufgrund weiterer gesetzlicher Zuständigkeiten besondere Fach-

kenntnisse besitzt und die betreffende Fragestellung von der Bundesstelle für Chemikalien nicht abschließend beurteilt werden kann.

(3) Abweichend von Absatz 1 sind für die Erteilung, Verlängerung, Überprüfung und Aufhebung von Ausnahmezulassungen nach Artikel 55 Absatz 1 der Verordnung (EU) Nummer 528/2012 einschließlich der Veranlassung der darauf bezogenen Kommissionsverfahren die folgenden Behörden zuständig:

1. das Robert Koch-Institut in Bezug auf Biozid-Produkte, die nach § 18 des Infektionsschutzgesetzes bei behördlich angeordneten Entseuchungen verwendet werden dürfen,
2. das Umweltbundesamt in Bezug auf Biozid-Produkte, die nach § 18 des Infektionsschutzgesetzes bei behördlich angeordneten Maßnahmen zur Bekämpfung von Gesundheitsschädlingen oder Krätzmilben verwendet werden dürfen,
3. das Bundesamt für Verbraucherschutz und Lebensmittelsicherheit in Bezug auf Biozid-Produkte, die nach einer Rechtsverordnung auf Grund des § 7 des Tiergesundheitsgesetzes bei einer tiergesundheitsrechtlich vorgeschriebenen Desinfektion, Bekämpfung von Schadnagern oder von sonstigen Schadorganismen oder bei einer sonstigen Entwesung verwendet werden dürfen.

**§ 12b Aufgaben der Bundesstelle für Chemikalien.** (1) Bei der Durchführung der Verordnung (EU) Nummer 528/2012 gelten insbesondere die folgenden Aufgaben als Mitwirkungsakte nach § 21 Absatz 2 Satz 2:

1. die Aufgaben der bewertenden zuständigen Behörde
   a) bei der Genehmigung eines Wirkstoffs und bei der Verlängerung und Überprüfung der Genehmigung eines Wirkstoffs nach den Kapiteln II, III und XI der Verordnung (EU) Nummer 528/2012,
   b) bei der Erteilung und Verlängerung sowie der Aufhebung, Überprüfung und Änderung von Unionszulassungen nach den Kapiteln VIII und IX der Verordnung (EU) Nummer 528/2012,
2. die Mitwirkung im Rahmen des Arbeitsprogramms zur systematischen Prüfung aller alten Wirkstoffe gemäß Artikel 89 Absatz 1 der Verordnung (EU) Nummer 528/2012,
3. die Mitwirkung in der Koordinierungsgruppe nach Artikel 35 und im Ausschuss für Biozidprodukte nach Artikel 75 der Verordnung (EU) Nummer 528/2012.

(2) Neben den ihr sonst durch dieses Gesetz übertragenen Aufgaben nimmt die Bundesstelle für Chemikalien bei der Durchführung der Verordnung (EU) Nummer 528/2012 ferner die folgenden Aufgaben wahr:

1. die Antragstellung bei der Kommission nach Artikel 3 Absatz 3 und Artikel 15 Absatz 1 Unterabsatz 1 der Verordnung (EU) Nummer 528/2012,
2. die Aufgaben der bewertenden zuständigen Behörde im Rahmen des vereinfachten Zulassungsverfahrens nach Artikel 26, auch in Verbindung mit Kapitel IX, der Verordnung (EU) Nummer 528/2012,
3. die Entgegennahme der Unterrichtung des Zulassungsinhabers nach Artikel 27 Absatz 1 Satz 2 und Ausübung der Befugnisse des Mitgliedstaats nach Artikel 27 Absatz 2 und Artikel 28 Absatz 4 Unterabsatz 1 der Verordnung (EU) Nummer 528/2012,

4. die Aufgaben der befassten zuständigen Behörde bei der Erteilung, Verlängerung und Überprüfung nationaler Zulassungen nach Kapitel VI, auch in Verbindung mit Kapitel IX, der Verordnung (EU) Nummer 528/2012,
5. die Aufgaben der zuständigen Behörde des betroffenen Mitgliedstaats oder des Referenzmitgliedstaats im Verfahren der gegenseitigen Anerkennung nach Kapitel VII, auch in Verbindung mit Kapitel IX, sowie die Ausübung der Befugnisse des Mitgliedstaats nach Artikel 37 der Verordnung (EU) Nummer 528/2012,
6. die Antragstellung bei der Kommission nach Artikel 44 Absatz 5 Unterabsatz 2 der Verordnung (EU) Nummer 528/2012,
7. die Aufgaben der zuständigen Behörde des Einfuhrmitgliedstaats in Bezug auf den Parallelhandel nach Kapitel X der Verordnung (EU) Nummer 528/2012,
8. die Erteilung, Verlängerung, Überprüfung und Aufhebung von Ausnahmezulassungen nach Artikel 55 der Verordnung (EU) Nummer 528/2012 einschließlich der Veranlassung der darauf bezogenen Kommissionsverfahren, soweit nicht die in § 12a Absatz 3 genannten Behörden zuständig sind,
9. die Aufgaben der zuständigen Behörde des Mitgliedstaats nach Artikel 56 der Verordnung (EU) Nummer 528/2012,
10. die Beratung der Bundesregierung in allen die Verordnung (EU) Nummer 528/2012 und ihre Fortentwicklung betreffenden Angelegenheiten.

**§ 12c Aufgaben der Bewertungsstellen.** (1) [1]Die Bewertungsstellen unterstützen die Bundesstelle für Chemikalien bei deren Aufgaben nach § 12b Absatz 1 und 2 Nummer 1 bis 9 durch die eigenverantwortliche und abschließende Durchführung der ihren jeweiligen Zuständigkeitsbereich betreffenden Bewertungsaufgaben. [2]Im Übrigen wirken sie bei den ihren jeweiligen Zuständigkeitsbereich betreffenden Fragen mit. [3]Die Bewertungsstellen unterstützen sich gegenseitig durch fachliche Stellungnahmen, sofern dies für die Wahrnehmung ihrer Aufgaben erforderlich ist.

(2) Fachlicher Zuständigkeitsbereich der Bewertungsstelle Umwelt ist die umweltbezogene Risikobewertung einschließlich der Bewertung von Risikominderungsmaßnahmen.

(3) Fachlicher Zuständigkeitsbereich der Bewertungsstelle Gesundheit und Verbraucherschutz ist

1. die Risikobewertung in Bezug auf die Gesundheit von Menschen und von Haus- und Nutztieren, einschließlich der Bewertung von Risikominderungsmaßnahmen, sowie
2. die Erarbeitung von Vorschlägen für die Festsetzung von Höchstmengen nach Artikel 19 Absatz 1 Buchstabe e der Verordnung (EU) Nummer 528/2012.

(4) Fachlicher Zuständigkeitsbereich der Bewertungsstelle für Sicherheit und Gesundheitsschutz der Beschäftigten ist die Risikobewertung in Bezug auf den Arbeitsschutz, einschließlich der Bewertung von Risikominderungsmaßnahmen.

**§ 12d Zusammenarbeit der Bundesstelle für Chemikalien und der anderen beteiligten Bundesoberbehörden.** (1) Die Bundesstelle für Chemikalien koordiniert das Zusammenwirken der in § 12a genannten Bundesoberbehörden und wirkt auf die Schlüssigkeit und Widerspruchsfreiheit der Entscheidungen und Stellungnahmen als Ganzes hin.

(2) [1] Soweit die Bundesstelle für Chemikalien im Rahmen ihrer Tätigkeiten nach § 12b das Vorliegen der Zulassungsvoraussetzungen nach Artikel 19 Absatz 1 der Verordnung (EU) Nummer 528/2012 zu beurteilen hat, entscheidet sie hinsichtlich der Voraussetzungen

1. nach Artikel 19 Absatz 1 Buchstabe b Ziffer iv der Verordnung (EU) Nummer 528/2012 im Einvernehmen mit der Bewertungsstelle Umwelt,
2. nach Artikel 19 Absatz 1 Buchstabe b Ziffer iii der Verordnung (EU) Nummer 528/2012 bezüglich der Wirkungen auf die Gesundheit von Beschäftigten im Einvernehmen mit der Bewertungsstelle für Sicherheit und Gesundheitsschutz der Beschäftigten und
3. nach Artikel 19 Absatz 1 Buchstabe b Ziffer iii der Verordnung (EU) Nummer 528/2012 im Übrigen, auch in Verbindung mit Artikel 19 Absatz 1 Buchstabe e der Verordnung (EU) Nummer 528/2012 hinsichtlich eines Vorschlags zur Festsetzung von Rückstandshöchstgehalten für Lebens- oder Futtermittel, im Einvernehmen mit der Bewertungsstelle Gesundheit und Verbraucherschutz.

[2] Die Bundesstelle für Chemikalien entscheidet ferner im Einvernehmen mit den Bewertungsstellen, soweit deren Zuständigkeitsbereich nach § 12c Absatz 2 bis 4 betroffen ist, über

1. die Erforderlichkeit von Risikominderungsmaßnahmen,
2. das Vorliegen der Zulassungsvoraussetzungen nach Artikel 19 Absatz 5 der Verordnung (EU) Nummer 528/2012,
3. das Ergebnis einer vergleichenden Bewertung nach Artikel 23 der Verordnung (EU) Nummer 528/2012,
4. die Erteilung einer Zulassung nach Artikel 26 Absatz 3 der Verordnung (EU) Nummer 528/2012,
5. Ausnahmezulassungen nach Artikel 55 der Verordnung (EU) Nummer 528/2012, soweit nicht die in § 12a Absatz 3 genannten Behörden zuständig sind, sowie
6. Stellungnahmen und Entscheidungen nach Artikel 56 Absatz 2 Unterabsatz 2 und Absatz 3 der Verordnung (EU) Nummer 528/2012.

(3) [1] Mit Ausnahme der in Absatz 4 genannten Fälle vertritt die Bundesstelle für Chemikalien die Gesamtposition nach außen. [2] Sie zieht Vertreter der anderen beteiligten Bundesoberbehörden zur Unterstützung hinzu, sofern sie es für erforderlich hält oder diese es verlangen.

(4) [1] Entscheidungen der in § 12a Absatz 3 genannten Bundesoberbehörden über Zulassungen nach Artikel 55 Absatz 1 der Verordnung (EU) Nummer 528/2012 werden von der Behörde nach außen vertreten, die jeweils für die Entscheidung verantwortlich ist. [2] Diese Behörde unterrichtet die Bundesstelle für Chemikalien jeweils unverzüglich über den Beginn der betreffenden Entscheidungsverfahren und über die von ihr getroffenen Maßnahmen.

**§ 12e Auskunftsstelle, Unterrichtung der Öffentlichkeit.** (1) [1] Die Bundesstelle für Chemikalien richtet eine Auskunftsstelle zur Erfüllung der Aufgaben nach Artikel 81 Absatz 2 der Verordnung (EU) Nummer 528/2012 ein.

Chemikaliengesetz  § 12f  ChemG 9.1

²Die Auskunftsstelle ist im Verbund mit der Auskunftsstelle nach § 5 Absatz 2 Nummer 7 zu führen. ³§ 8 ist entsprechend anzuwenden.

(2) Die Bundesstelle für Chemikalien unterrichtet gemäß Artikel 17 Absatz 5 Unterabsatz 3 der Verordnung (EU) Nummer 528/2012 die Öffentlichkeit über

1. Nutzen und Risiken des Einsatzes von Biozid-Produkten,
2. physikalische, biologische, chemische und sonstige Maßnahmen als Alternative zum Einsatz von Biozid-Produkten oder als Möglichkeit, den Einsatz von Biozid-Produkten zu minimieren, sowie
3. die sachkundige, ordnungsgemäße und nachhaltige Verwendung von Biozid-Produkten.

(3) Die übrigen in § 12a genannten Bundesoberbehörden unterstützen die Bundesstelle für Chemikalien bei der Wahrnehmung der Aufgaben nach den Absätzen 1 und 2.

### § 12f Informationsaustausch zwischen Bundes- und Landesbehörden.

(1) Die Bundesstelle für Chemikalien informiert die zuständigen Landesbehörden insbesondere über

1. die folgenden von ihr getroffenen Entscheidungen oder entgegengenommenen Meldungen:
   a) Meldungen nach Artikel 17 Absatz 6 Satz 1 und Artikel 27 Absatz 1 Satz 2 der Verordnung (EU) Nummer 528/2012,
   b) Maßnahmen nach Artikel 27 Absatz 2 Unterabsatz 2 der Verordnung (EU) Nummer 528/2012,
   c) die Erteilung, Verlängerung oder Aufhebung einer nationalen Zulassung nach Kapitel VI der Verordnung (EU) Nummer 528/2012,
   d) die Anerkennung einer Zulassung nach Kapitel VII der Verordnung (EU) Nummer 528/2012,
   e) die Erteilung oder Aufhebung einer Parallelhandelsgenehmigung nach Kapitel X der Verordnung (EU) Nummer 528/2012,
   f) die Erteilung von Ausnahmezulassungen nach Artikel 55 der Verordnung (EU) Nummer 528/2012,
   g) die Untersagung von Experimenten oder Versuchen oder die Erteilung von Auflagen nach Artikel 56 Absatz 3 der Verordnung (EU) Nummer 528/2012,
   h) Anordnungen nach § 12g Absatz 1 Satz 1 und Absatz 3,
2. Mitteilungen der Europäischen Chemikalienagentur über die folgenden von dieser oder der Europäischen Kommission getroffenen Entscheidungen oder entgegengenommenen Meldungen:
   a) die Annahme oder Ablehnung eines Antrags auf Genehmigung oder auf Verlängerung der Genehmigung eines Wirkstoffs sowie das Ergebnis des Genehmigungsverfahrens nach den Kapiteln II und III der Verordnung (EU) Nummer 528/2012,
   b) die Annahme oder Ablehnung eines Antrags auf Erteilung, Verlängerung oder Aufhebung einer Unionszulassung eines Biozid-Produkts sowie das Ergebnis des Zulassungsverfahrens sowie

c) Meldungen nach Artikel 17 Absatz 6 Satz 3 der Verordnung (EU) Nummer 528/2012.

(2) Die in § 12a Absatz 3 bezeichneten Bundesoberbehörden unterrichten die zuständigen Landesbehörden über ihre Entscheidungen sowie über Verlängerungsentscheidungen der Kommission nach Artikel 55 Absatz 1 der Verordnung (EU) Nummer 528/2012.

(3) Die zuständigen Landesbehörden informieren die Bundesstelle für Chemikalien insbesondere über

1. im Rahmen von Durchsetzungs- und Überwachungstätigkeiten gewonnene Erkenntnisse, die für Entscheidungen nach Artikel 27 Absatz 2, Artikel 48 Absatz 1 oder Artikel 56 Absatz 3 der Verordnung (EU) Nummer 528/2012 oder nach § 12g Absatz 1 Satz 1 von Bedeutung sein können,
2. Überwachungsmaßnahmen nach § 12g Absatz 1 Satz 3,
3. die Anordnung vorläufiger Maßnahmen nach § 23 Absatz 2 unter Vorlage der Unterlagen, die nach Artikel 88 Unterabsatz 1 Satz 2 der Verordnung (EU) Nummer 528/2012 erforderlich sind.

(4) Die Informationen nach den Absätzen 1 bis 3 umfassen auch die Unterrichtung darüber, ob Rechtsmittel eingelegt wurden und zu welchem Ergebnis sie geführt haben.

(5) § 22 bleibt unberührt.

**§ 12g Anordnungsbefugnisse der Bundesstelle für Chemikalien, vorläufige Maßnahmen.** (1) [1]Bestehen auf der Grundlage neuer Tatsachen berechtigte Gründe zu der Annahme, dass ein Biozid-Produkt, obwohl es nach der Verordnung (EU) Nummer 528/2012 zugelassen wurde, dennoch ein unmittelbares oder langfristiges gravierendes Risiko für die Gesundheit von Menschen oder Tieren, insbesondere für gefährdete Gruppen, oder für die Umwelt darstellt, so kann die Bundesstelle für Chemikalien im Einvernehmen mit den Bewertungsstellen geeignete vorläufige Maßnahmen treffen, insbesondere die Bereitstellung des Biozid-Produkts auf dem Markt im Sinne des Artikels 3 Absatz 1 Buchstabe i der Verordnung (EU) Nummer 528/2012 vorläufig untersagen oder von der Einhaltung bestimmter Voraussetzungen abhängig machen. [2]Rechtsbehelfe gegen Anordnungen nach Satz 1 haben keine aufschiebende Wirkung. [3]Die Anordnungen der Bundesstelle für Chemikalien nach Satz 1 werden von der jeweils zuständigen Landesbehörde nach den jeweiligen landesrechtlichen Vorschriften über das Verwaltungsvollstreckungsverfahren vollstreckt. [4]§ 23 Absatz 2 bleibt unberührt.

(2) Für das unionsrechtliche Entscheidungsverfahren nach Artikel 88 der Verordnung (EU) Nummer 528/2012 über vorläufige Maßnahmen, die auf der Grundlage des Absatzes 1 oder sonstiger Vorschriften dieses Gesetzes erlassen wurden, ist § 10 entsprechend anzuwenden.

(3) Die Bundesstelle für Chemikalien kann im Einvernehmen mit den Bewertungsstellen ein Biozid-Produkt zulassen für wesentliche Verwendungszwecke gemäß Artikel 22 Absatz 1 der Delegierten Verordnung (EU) Nr. 1062/2014 der Kommission vom 4. August 2014 über das Arbeitsprogramm zur systematischen Prüfung aller in Biozidprodukten enthaltenen alten Wirkstoffe gemäß der Verordnung (EU) Nr. 528/2012 des Europäischen Parlaments und des Rates (ABl. L 294 vom 10.10.2014, S. 1; L 198 vom 28.7.2015, S. 28), sofern die Europäische Kommission für den betreffenden Biozid-Wirkstoff eine

Entscheidung nach Artikel 22 Absatz 4 der Delegierten Verordnung (EU) Nr. 1062/2014, auch in Verbindung mit Artikel 89 Absatz 1 der Verordnung (EU) Nummer 528/2012, getroffen hat und die dort genannten Voraussetzungen eingehalten werden.

**§ 12h Verordnungsermächtigungen.** (1) Die Bundesregierung wird ermächtigt, soweit unionsrechtlich zulässig durch Rechtsverordnung[1]) mit Zustimmung des Bundesrates Voraussetzungen, Inhalt und Verfahren der Entscheidungen oder Mitwirkungsakte der in § 12a genannten Bundesoberbehörden im Rahmen der Durchführung der Verordnung (EU) Nummer 528/2012 näher zu regeln, insbesondere zu bestimmen,

1. dass bestimmte Biozid-Produkte
   a) nicht zulassungsfähig sind oder
   b) nur für bestimmte Verwendungszwecke, Verwendungsarten oder Einsatzorte, für die Abgabe an bestimmte Verwendergruppen oder unter bestimmten sonstigen Einschränkungen zugelassen werden dürfen,
2. dass bestimmte inhaltliche oder verfahrensmäßige Anforderungen einzuhalten sind bei
   a) der Beantragung und Erteilung von Ausnahmezulassungen nach Artikel 55 der Verordnung (EU) Nummer 528/2012 und
   b) der Meldung und behördlichen Prüfung von Experimenten und Versuchen nach Artikel 56 der Verordnung (EU) Nummer 528/2012.

(2) Die Bundesregierung wird ferner ermächtigt, durch Rechtsverordnung mit Zustimmung des Bundesrates Maßnahmen zum nachhaltigen Einsatz von Biozid-Produkten festzulegen, insbesondere zu bestimmen,

1. dass Geräte, die zur Verwendung von Biozid-Produkten genutzt werden, bestimmten Kontrollverfahren unterliegen,
2. wie Art und Umfang der Verwendung von Biozid-Produkten wirksam ermittelt werden können; dies kann auch die Einführung von Mitteilungspflichten über in Verkehr gebrachte und verwendete Mengen von Biozid-Produkten und die Festlegung von Rahmenbedingungen für ein bundesweites Monitoring-Programm umfassen,
3. dass und in welcher Form Personen, die bei der Behandlung oder Beurteilung akuter und chronischer Vergiftungsfälle von Nicht-Zielorganismen durch Biozid-Produkte hinzugezogen wurden, der Bundesstelle für Chemikalien oder einer anderen geeigneten Bundesoberbehörde derartige Fälle zu melden haben.

## Abschnitt IIb. Durchführung der Verordnung (EU) Nr. 517/2014

**§ 12i Ergänzende Pflichten zu Kapitel III der Verordnung (EU) Nr. 517/2014.** (1) [1] Es ist verboten,

1. Erzeugnisse und Einrichtungen, die unter Verstoß gegen Artikel 11 Absatz 1 in Verbindung mit Anhang III der Verordnung (EU) Nr. 517/2014 des Europäischen Parlaments und des Rates vom 16. April 2014 über fluorierte Treibhausgase und zur Aufhebung der Verordnung (EG) Nr. 842/2006

---

[1]) Siehe die Biozidrechts-DurchführungsVO v. 18.8.2021 (BGBl. I S. 3706).

(ABl. L 150 vom 20.5.2014, S. 195) in Verkehr gebracht wurden, für Dritte bereitzustellen, an Dritte abzugeben oder zu erwerben, oder

2. Behälter, die dem Verbot nach Artikel 11 Absatz 1 in Verbindung mit Anhang III Nummer 1 der Verordnung (EU) Nr. 517/2014 unterliegen, zu lagern oder zu entleeren.

²Satz 1 gilt nicht, wenn die betreffenden Handlungen zur Rückgabe oder Entsorgung erfolgen.

(2) Wer Erzeugnisse oder Einrichtungen, die einem Verbot nach Artikel 11 Absatz 1 in Verbindung mit Anhang III der Verordnung (EU) Nr. 517/2014 nicht unterliegen, weil sie bereits vor dem in Anhang III der Verordnung (EU) Nr. 517/2014 genannten Verbotsdatum in den Verkehr gebracht wurden, an Dritte abgibt, hat bei der Lieferung schriftlich oder elektronisch dem Erwerber eine Erklärung mit folgenden Angaben zu übermitteln:

1. Name und Anschrift des Abgebenden,
2. eine Bestätigung, dass das Erzeugnis oder die Einrichtung bereits vor dem in Anhang III der Verordnung (EU) Nr. 517/2014 genannten Verbotsdatum erstmals in den Verkehr gebracht wurde, und
3. Identifikationsmerkmale des Erzeugnisses oder der Einrichtung, die eine eindeutige Zuordnung des Erzeugnisses oder der Einrichtung zu der Erklärung ermöglichen.

(3) Absatz 2 gilt nicht, wenn aufgrund der Umstände, insbesondere aufgrund

1. der Bauart und des Zustandes des Erzeugnisses oder der Einrichtung oder
2. von Herstellerkennzeichnungen auf dem Erzeugnis oder der Einrichtung,

offensichtlich ist, dass das erstmalige Inverkehrbringen vor dem Verbotsdatum erfolgte.

(4) Die Erklärung nach Absatz 2 ist vom Abgebenden und vom Erwerber für einen Zeitraum von mindestens fünf Jahren nach Übermittlung aufzubewahren.

(5) Die Vorlage der Erklärung nach Absatz 2 gegenüber der zuständigen Behörde begründet die Vermutung, dass kein Verstoß gegen Absatz 1 Satz 1 vorliegt.

(6) Wer Erzeugnisse oder Einrichtungen, die einer Kennzeichnungspflicht nach Artikel 12 der Verordnung (EU) Nr. 517/2014 unterliegen, erneut für Dritte bereitstellt oder an Dritte abgibt, hat sicherzustellen, dass die nach Artikel 12 der Verordnung (EU) Nr. 517/2014 beim Inverkehrbringen anzubringende Kennzeichnung erhalten geblieben ist oder neu angebracht wird, wenn er nicht bereits aufgrund anderer Rechtsvorschriften zur Anbringung einer derartigen Kennzeichnung verpflichtet ist.

**§ 12j Ergänzende Pflichten zu Kapitel IV der Verordnung (EU) Nr. 517/2014.** (1) ¹Es ist verboten, teilfluorierte Kohlenwasserstoffe im Sinne des Artikels 2 Absatz 2 der Verordnung (EU) Nr. 517/2014, die unter Verstoß gegen die Anforderungen des Artikels 15 Absatz 1 Unterabsatz 2 der Verordnung (EU) Nr. 517/2014 in den Verkehr gebracht wurden, für Dritte bereitzustellen, an Dritte abzugeben oder zu erwerben. ²Satz 1 gilt nicht, wenn die betreffenden Handlungen zur Rückgabe oder Entsorgung erfolgen. ³Liegt ein Verstoß gegen Satz 1 vor, soll die zuständige Behörde die Verwendung des

Chemikaliengesetz § 12j ChemG 9.1

Stoffes oder Gemisches untersagen und kann die Vernichtung des Stoffes oder Gemisches anordnen.

(2) Wer als Hersteller oder Einführer teilfluorierte Kohlenwasserstoffe im Sinne des Artikels 2 Absatz 2 der Verordnung (EU) Nr. 517/2014 an Dritte abgibt, hat bei jeder Lieferung schriftlich oder elektronisch dem Erwerber eine Erklärung mit folgenden Angaben zu übermitteln:

1. der Name und die Anschrift des Herstellers oder Einführers,
2. eine Bestätigung,
   a) dass und für welches Kalenderjahr oder welche Kalenderjahre ihm für die gelieferten Stoffe oder Gemische nach Artikel 16 oder 18 der Verordnung (EU) Nr. 517/2014 eine Quote für das Inverkehrbringen zugeteilt oder übertragen wurde,
   b) dass für die Stoffe oder Gemische eine konkret anzugebende Ausnahme von der Quotenpflicht für das Inverkehrbringen nach Artikel 15 Absatz 2 oder 4 der Verordnung (EU) Nr. 517/2014 vorliegt oder
   c) dass die Stoffe oder Gemische bereits vor dem 1. Januar 2015 in den Verkehr gebracht wurden und
3. Identifikationsmerkmale, die eine eindeutige Zuordnung der Stoffe, Gemische oder ihrer Behälter zu der Erklärung ermöglichen.

(3) [1]Wer teilfluorierte Kohlenwasserstoffe im Sinne des Artikels 2 Absatz 2 der Verordnung (EU) Nr. 517/2014 zur eigenen Verwendung oder zur Abgabe an Dritte von einem Lieferanten aus einem anderen Mitgliedstaat der Europäischen Union bezieht, ohne von diesem eine Erklärung nach Absatz 2 zu erhalten, hat die in Absatz 2 genannten Angaben zu übermitteln. [2]Bei Abgabe an Dritte hat er bei jeder Lieferung schriftlich oder elektronisch dem Erwerber eine Erklärung zu übermitteln, aus der sich die in Absatz 2 genannten Angaben sowie sein eigener Name und seine eigene Anschrift ergibt. [3]Können Angaben nach Absatz 2 nicht ermittelt werden, gilt Satz 2 mit den folgenden Maßgaben: [4]In der Erklärung

1. ist für jede nicht ermittelbare Angabe glaubhaft darzulegen, warum diese nicht ermittelt werden konnte;
2. sind anstelle einer nicht ermittelbaren Angabe nach Absatz 2 Nummer 1 Name und Anschrift des Lieferanten aus dem anderen Mitgliedstaat der Europäischen Union anzugeben.

(4) Bei jeder weiteren Abgabe des Stoffes oder Gemisches in der Lieferkette hat der jeweilige Abgebende die die Lieferung betreffenden Angaben nach Absatz 2 Nummer 2 und 3 oder Absatz 3 sowie seinen eigenen Namen und seine eigene Anschrift schriftlich oder elektronisch dem Erwerber zu übermitteln.

(5) [1]Die Absätze 2 bis 4 gelten nicht für die Abgabe zur Rückgabe oder Entsorgung sowie die Abgabe aufgearbeiteter oder recycelter Stoffe oder Gemische, die mit den Angaben nach Artikel 12 Absatz 6 der Verordnung (EU) Nr. 517/2014 gekennzeichnet sind. [2]Für die Abgabe von Gemischen, die aus aufgearbeiteten oder recycelten Stoffen oder Gemischen sowie ungebrauchten Stoffen oder Gemischen bestehen, gelten die Absätze 2 bis 4 mit den folgenden Maßgaben:

1. für die ungebrauchten Anteile des Gemisches sind die Angaben nach den Absätzen 2 bis 4 zu übermitteln;

2. für die aufgearbeiteten oder recycelten Anteile des Gemisches genügen die Angaben nach Artikel 12 Absatz 6 der Verordnung (EU) Nr. 517/2014.

(6) Die Angaben nach den Absätzen 2 bis 4, jeweils auch in Verbindung mit Absatz 5, sind sowohl vom Abgebenden als auch vom Erwerber für einen Zeitraum von mindestens fünf Jahren nach Übermittlung aufzubewahren.

(7) ¹Die Vorlage der Angaben nach den Absätzen 2 bis 4, jeweils auch in Verbindung mit Absatz 5, gegenüber der zuständigen Behörde begründet die Vermutung, dass kein Verstoß gegen Absatz 1 vorliegt. ²Wenn die Angaben nicht vorgelegt werden und auch nicht anderweitig glaubhaft gemacht wird, dass beim Inverkehrbringen des Stoffes oder Gemisches die Anforderungen des Artikels 15 Absatz 1 Unterabsatz 2 der Verordnung (EU) Nr. 517/2014 beachtet wurden, soll die zuständige Behörde die weitere Abgabe oder Verwendung des Stoffes oder Gemisches untersagen und kann die Vernichtung des Stoffes oder Gemisches anordnen.

**§ 12k Verordnungsermächtigungen.** Die Bundesregierung wird ermächtigt, soweit unionsrechtlich zulässig, durch Rechtsverordnung mit Zustimmung des Bundesrates

1. nähere Regelungen zu Inhalt, Form und Übermittlung der Erklärung und der Angaben nach § 12i Absatz 2 und § 12j Absatz 2 und 3 sowie zur Aufbewahrung nach § 12i Absatz 4 und § 12j Absatz 6 zu treffen,
2. vorzusehen, dass, von wem und in welcher Form die Angaben nach § 12i Absatz 2 und § 12j Absatz 2 und 3 ganz oder teilweise als Kennzeichnung auf Behältnissen, Erzeugnissen oder Einrichtungen angebracht werden müssen,
3. die Herstellung von fluorierten Treibhausgasen, für die Reduktionspflichten nach dem Montrealer Protokoll vom 16. September 1987 über Stoffe, die zum Abbau der Ozonschicht führen (BGBl. 1988 II S. 1014, 1015; 2002 II S. 921, 923; 2017 II S. 1138, 1139) bestehen, mengenmäßig zu begrenzen, soweit dies erforderlich ist, um die Einhaltung der Reduktionspflichten sicherzustellen.

## Dritter Abschnitt. Einstufung, Kennzeichnung und Verpackung

**§ 13 Einstufungs-, Kennzeichnungs- und Verpackungspflichten.**

(1) Die Einstufung, Kennzeichnung und Verpackung von Stoffen und Gemischen richten sich nach den Bestimmungen der Verordnung (EG) Nr. 1272/2008.

(2) Wer als Hersteller oder Einführer Stoffe oder Gemische in den Verkehr bringt, hat diese zusätzlich nach der Rechtsverordnung gemäß § 14 einzustufen, soweit die Rechtsverordnung Regelungen zur Einstufung enthält.

(3) Wer als Lieferant im Sinne des Artikels 2 Nummer 26 der Verordnung (EG) Nr. 1272/2008 Stoffe oder Gemische in den Verkehr bringt, hat diese zusätzlich nach der Rechtsverordnung gemäß § 14 zu kennzeichnen und zu verpacken, soweit die Rechtsverordnung Regelungen zur Kennzeichnung und Verpackung enthält.

(4) Weitergehende Anforderungen über die Kennzeichnung und Verpackung nach anderen Rechtsvorschriften bleiben unberührt.

Chemikaliengesetz **§ 14 ChemG 9.1**

**§ 14 Ermächtigung zu Einstufungs-, Kennzeichnungs- und Verpackungsvorschriften.** (1) Die Bundesregierung wird ermächtigt, soweit unionsrechtlich zulässig durch Rechtsverordnung[1] mit Zustimmung des Bundesrates

1. Stoffe oder Gemische als gefährlich einzustufen,

2. Berechnungsverfahren vorzuschreiben, nach denen bestimmte Gemische aufgrund der Einstufung derjenigen Stoffe, die in dem Gemisch enthalten sind, einzustufen sind,

3. zu bestimmen,

   a) wie gefährliche Stoffe und Gemische und dass und wie bestimmte Erzeugnisse, die bestimmte gefährliche Stoffe oder Gemische freisetzen können oder enthalten, zu verpacken oder zu kennzeichnen sind, damit bei der vorhersehbaren Verwendung Gefahren für Leben und Gesundheit des Menschen und die Umwelt vermieden werden,

   b) dass und wie bestimmte Angaben über gefährliche Stoffe und Gemische oder Erzeugnisse, die gefährliche Stoffe und Gemische freisetzen können oder enthalten, einschließlich Empfehlungen über Vorsichtsmaßnahmen beim Verwenden oder über Sofortmaßnahmen bei Unfällen von demjenigen, der die Stoffe, Gemische oder Erzeugnisse in den Verkehr bringt, insbesondere in Form eines Sicherheitsdatenblattes oder einer Gebrauchsanweisung, mitgeliefert und auf dem neuesten Stand gehalten werden müssen,

   c) welche Gesichtspunkte der Hersteller oder Einführer bei der Einstufung der Stoffe nach § 13 Absatz 2 mindestens zu beachten hat,

   d) wer die gefährlichen Stoffe, Gemische oder Erzeugnisse zu verpacken und zu kennzeichnen hat, wenn sie bereits vor Inkrafttreten der die Kennzeichnungs- oder Verpackungspflicht begründenden Rechtsverordnung in den Verkehr gebracht worden sind,

   e) dass und wie bestimmte Gemische und Erzeugnisse, die bestimmte näher zu bezeichnende gefährliche Stoffe nicht enthalten, zu kennzeichnen sind oder gekennzeichnet werden können,

   f) dass und von wem die Kennzeichnung bestimmter Stoffe, Gemische oder Erzeugnisse nach dem Inverkehrbringen zu erhalten oder erneut anzubringen ist und

   g) dass andere als die in § 13 Absatz 2 und 3 genannten Personen für die Einstufung, Kennzeichnung und Verpackung verantwortlich sind.

(2) [1] In der Rechtsverordnung nach Absatz 1 können auch Ausnahmen von der Pflicht zur Verpackung und Kennzeichnung vorgesehen werden, soweit dadurch der Schutzzweck nach Absatz 1 Nr. 3 Buchstabe a nicht beeinträchtigt wird. [2] In der Rechtsverordnung kann auch bestimmt werden, dass anstelle

---

[1] Siehe die PCB/PCT-AbfallVO v. 26.6.2000 (BGBl. I S. 932), zuletzt geänd. durch G v. 24.2. 2012 (BGBl. I S. 212), die Chemikalien-VerbotsVO (Nr. **9.1.2**), die GefahrstoffVO (Nr. **9.1.3**), die GiftinformationsVO (Nr. **9.1.4**), die Lösemittelhaltige Farben- und LackVO v. 16.12.2004 (BGBl. I S. 3508), zuletzt geänd. durch VO v. 19.6.2020 (BGBl. I S. 1328), die Chemikalien-OzonschichtVO idF der Bek. v. 15.2.2012 (BGBl. I S. 409), zuletzt geänd. durch VO v. 19.6.2020 (BGBl. I S. 1328), die Chemikalien-KlimaschutzVO v. 2.7.2008 (BGBl. I S. 1139), zuletzt geänd. durch VO v. 19.6.2020 (BGBl. I S. 1328), und die Biozidrechts-DurchführungsVO v. 18.8.2021 (BGBl. I S. 3706).

einer Kennzeichnung die entsprechenden Angaben in anderer geeigneter Weise, mitzuliefern sind.

(3) Regelungen nach den Absätzen 1 und 2 können auch für Biozid-Wirkstoffe und Biozid-Produkte, die nicht gefährliche Stoffe oder Gemische im Sinne des § 3a sind, sowie für Stoffe, Gemische und Erzeugnisse nach § 19 Absatz 2 getroffen werden.

**§ 15** (weggefallen)

**§ 15a** (weggefallen)

### Vierter Abschnitt. Mitteilungspflichten

**§ 16** (weggefallen)

**§ 16a** (weggefallen)

**§ 16b** (weggefallen)

**§ 16c** (weggefallen)

**§ 16d Mitteilungspflichten bei Gemischen.** (1) Die Bundesregierung wird ermächtigt, durch Rechtsverordnung[1]) mit Zustimmung des Bundesrates zum Zwecke der Ermittlung von Gefahren, die von Gemischen ausgehen können, sowie von Art und Umfang der Verwendung gefährlicher Stoffe in Gemischen den Hersteller, Einführer oder Verwender von bestimmten Gemischen zu verpflichten,

1. die Bezeichnung dieser Gemische und ihre Handelsnamen,
2. deren Kennzeichnung,
3. Angaben über die Zusammensetzung dieser Gemische,
4. die jährlich hergestellte, eingeführte oder verwendete Menge dieser Gemische,
5. deren Verwendungsgebiete,
6. ihm vorliegende oder mit vertretbarem Aufwand beschaffbare Prüfnachweise nach der Verordnung (EG) Nr. 440/2008, soweit sie zur Ermittlung gefährlicher Eigenschaften dieser Gemische erforderlich sind, die sich nicht mit Hilfe der nach diesem Gesetz oder aufgrund dieses Gesetzes vorgeschriebenen Berechnungsverfahren bestimmen lassen, sowie
7. den Inhalt von Sicherheitsdatenblättern

der Bundesstelle für Chemikalien innerhalb einer angemessenen Frist schriftlich mitzuteilen, wenn Anhaltspunkte, insbesondere ein nach dem Stand der wissenschaftlichen Erkenntnisse begründeter Verdacht dafür vorliegen, dass von diesen Gemischen schädliche Einwirkungen auf den Menschen oder die Umwelt ausgehen.

(2) ¹Die Mitteilungspflicht kann auf bestimmte Angaben über die Zusammensetzung beschränkt, von der hergestellten, eingeführten oder verwendeten Menge abhängig gemacht und auf spätere Änderungen der Zusammensetzung erstreckt werden. ²In der Rechtsverordnung sind Bestimmungen darüber zu

---

[1]) Siehe die GefahrstoffVO (Nr. **9.1.3**).

Chemikaliengesetz  **§ 16e  ChemG  9.1**

treffen, dass und wie auf Verlangen des Mitteilungspflichtigen die Vertraulichkeit der mitgeteilten Angaben sicherzustellen ist.

**§ 16e Mitteilungen für die gesundheitliche Notversorgung und für vorbeugende Maßnahmen.** (1) Das Bundesinstitut für Risikobewertung nimmt als benannte Stelle nach Artikel 45 Absatz 1 der Verordnung (EG) Nr. 1272/2008, auch in Verbindung mit Artikel 73 der Verordnung (EU) Nr. 528/2012, die Aufgaben nach Artikel 45 Absatz 1 in Verbindung mit Anhang VIII der Verordnung (EG) Nr. 1272/2008 wahr.

(2) ¹Wer als Arzt zur Behandlung oder zur Beurteilung der Folgen einer Erkrankung hinzugezogen wird, bei der zumindest der Verdacht besteht, dass sie auf Einwirkungen gefährlicher Stoffe, gefährlicher Gemische, von Erzeugnissen, die gefährliche Stoffe oder Gemische freisetzen oder enthalten, oder von Biozid-Produkten zurückgeht, hat dem Bundesinstitut für Risikobewertung den Stoff oder das Gemisch, Alter und Geschlecht des Patienten, den Expositionsweg, die aufgenommene Menge und die festgestellten Symptome mitzuteilen. ²Die Mitteilung hat hinsichtlich der Person des Patienten in anonymisierter Form zu erfolgen. ³§ 8 Absatz 1 Nummer 1 zweiter Halbsatz des Infektionsschutzgesetzes vom 20. Juli 2000 (BGBl. I S. 1045) gilt entsprechend. ⁴Satz 1 gilt nicht, soweit diese Angaben einem Träger der gesetzlichen Unfallversicherung zu übermitteln sind; dieser hat die Angaben nach Satz 1 an das Bundesinstitut für Risikobewertung weiterzuleiten.

(3) ¹Das Bundesinstitut für Risikobewertung übermittelt die in den Mitteilungen nach Anhang VIII der Verordnung (EG) Nr. 1272/2008 enthaltenen Informationen den von den Ländern zu bezeichnenden medizinischen Einrichtungen, die Erkenntnisse über die gesundheitlichen Auswirkungen gefährlicher Stoffe oder gefährlicher Gemische sammeln und auswerten und bei stoffbezogenen Erkrankungen durch Beratung Hilfe leisten (Informationszentren für Vergiftungen). ²Die Informationszentren für Vergiftungen berichten dem Bundesinstitut für Risikobewertung

1. über im Rahmen ihrer Tätigkeit gewonnene Erkenntnisse, die für die Beratung bei stoffbezogenen Erkrankungen von allgemeiner Bedeutung sind, sowie
2. auf Anforderung des Bundesinstituts für Risikobewertung über Einzelfälle aufgetretener stoffbezogener Erkrankungen oder Verdachtsfälle zur Ermittlung von gesundheitsbezogenen Risiken für die Allgemeinheit.

³In den Berichten müssen Angaben zur Person des Patienten anonymisiert sein.

(3a) Das Bundesinstitut für Risikobewertung stellt den nach § 21 für die Überwachung zuständigen Landesbehörden aus den bei ihm eingegangenen Mitteilungen nach Anhang VIII der Verordnung (EG) Nr. 1272/2008 folgende Informationen zur Verfügung:
1. die Namen und Kontaktinformationen der Mitteilungspflichtigen,
2. die Handelsnamen der Gemische und
3. die eindeutigen Rezepturidentifikatoren der Gemische.

(4) ¹Die in den Mitteilungen nach Anhang VIII der Verordnung (EG) Nr. 1272/2008 enthaltenen Informationen und die Angaben nach Absatz 2 sind vertraulich zu behandeln. ²Die in den Mitteilungen nach Anhang VIII der

## 9.1 ChemG §§ 16f, 17 — Chemikaliengesetz

Verordnung (EG) Nr. 1272/2008 enthaltenen Informationen dürfen nur verwendet werden, um

1. Anfragen medizinischen Inhalts mit der Angabe von vorbeugenden und heilenden Maßnahmen, insbesondere in Notfällen, zu beantworten oder
2. auf Anforderung des Bundesministeriums für Umwelt, Naturschutz und nukleare Sicherheit anhand einer statistischen Analyse den Bedarf an verbesserten Risikomanagementmaßnahmen zu ermitteln.

³Die Überwachungsbefugnisse der zuständigen Landesbehörden nach § 21 bleiben unberührt.

(5) Die Bundesregierung wird ermächtigt, durch Rechtsverordnung[1]) mit Zustimmung des Bundesrates

1. die Pflichten nach Absatz 3 auch auf sonstige Stellen zu erstrecken, deren Aufgabe es ist, Anfragen medizinischen Inhalts mit der Angabe von vorbeugenden und heilenden Maßnahmen zu beantworten,
2. ergänzende Regelungen zu den Mitteilungspflichten nach Anhang VIII der Verordnung (EG) Nr. 1272/2008 zu treffen, einschließlich der Erstreckung der Mitteilungspflichten auf weitere Gemische oder auf Erzeugnisse, die gefährliche Stoffe oder Gemische vorhersehbar freisetzen können, soweit dies für die Zwecke der gesundheitlichen Notversorgung und der Entwicklung vorbeugender Maßnahmen erforderlich und unionsrechtlich zulässig ist, und
3. nähere Bestimmungen über die Informationspflichten nach den Absätzen 2 und 3 sowie die vertrauliche Behandlung und die Zweckbindung nach Absatz 4 zu treffen.

**§ 16f Informationspflicht der Lieferanten.** (1) ¹Wer als Lieferant im Sinne des Artikels 3 Nummer 33 der Verordnung (EG) Nr. 1907/2006 Erzeugnisse im Sinne der Verordnung (EG) Nr. 1907/2006 in Verkehr bringt, hat ab dem 5. Januar 2021 die Informationen gemäß Artikel 33 Absatz 1 der Verordnung (EG) Nr. 1907/2006 der Europäischen Chemikalienagentur nach Artikel 9 Absatz 2 der Richtlinie 2008/98/EG zur Verfügung zu stellen. ²Satz 1 gilt nicht für Erzeugnisse mit militärischer Zweckbestimmung.

(2) Die Bundesregierung wird ermächtigt, durch Rechtsverordnung mit Zustimmung des Bundesrates näher zu bestimmen, auf welche Art und Weise und mit welchen Maßgaben die Verpflichtung nach Absatz 1 unter Berücksichtigung der auf Unionsebene entwickelten Vorgaben für die Datenbank zu erfüllen ist.

### Fünfter Abschnitt. Ermächtigung zu Verboten und Beschränkungen sowie zu Maßnahmen zum Schutz von Beschäftigten

**§ 17 Verbote und Beschränkungen.** (1) Die Bundesregierung wird ermächtigt, nach Anhörung der beteiligten Kreise durch Rechtsverordnung[2]) mit

---

[1]) Siehe die GefahrstoffVO (Nr. **9.1.3**) und die GiftinformationsVO (Nr. **9.1.4**).
[2]) Siehe die PCB/PCT-AbfallVO v. 26.6.2000 (BGBl. I S. 932), zuletzt geänd. durch G v. 24.2. 2012 (BGBl. I S. 212), die Chemikalien-VerbotsVO (Nr. **9.1.2**), die GefahrstoffVO (Nr. **9.1.3**), die Lösemittelhaltige Farben- und LackVO v. 16.12.2004 (BGBl. I S. 3508), zuletzt geänd. durch VO v. 19.6.2020 (BGBl. I S. 1328), die Chemikalien-OzonschichtVO idF der Bek. v. 15.2.2012 (BGBl. I →

Zustimmung des Bundesrates, soweit es zu dem in § 1 genannten Zweck erforderlich und unionsrechtlich zulässig ist,

1. vorzuschreiben, dass bestimmte gefährliche Stoffe, bestimmte gefährliche Gemische oder Erzeugnisse, die einen solchen Stoff oder ein solches Gemisch freisetzen können oder enthalten,

   a) nicht, nur in bestimmter Beschaffenheit oder nur für bestimmte Zwecke hergestellt, in den Verkehr gebracht oder verwendet werden dürfen,

   b) nur auf bestimmte Art und Weise verwendet werden dürfen oder

   c) nur unter bestimmten Voraussetzungen oder nur an bestimmte Personen abgegeben oder nur unter bestimmten Voraussetzungen oder nur bestimmten Personen angeboten werden dürfen,

2. vorzuschreiben, dass derjenige, der bestimmte gefährliche Stoffe, bestimmte gefährliche Gemische oder Erzeugnisse, die einen solchen Stoff oder ein solches Gemisch freisetzen können oder enthalten, herstellt, in den Verkehr bringt oder verwendet,

   a) dies anzuzeigen hat,

   b) dazu einer Erlaubnis bedarf,

   c) bestimmten Anforderungen an seine Zuverlässigkeit und Gesundheit genügen muss oder

   d) seine Sachkunde in einem näher festzulegenden Verfahren nachzuweisen hat,

3. Herstellungs- oder Verwendungsverfahren zu verbieten, bei denen bestimmte gefährliche Stoffe anfallen.

(2) Durch Verordnung nach Absatz 1 können auch Verbote und Beschränkungen unter Berücksichtigung der Entwicklung von Stoffen, Gemischen, Erzeugnissen oder Verfahren, deren Herstellung, Verwendung, Entsorgung oder Anwendung mit einem geringeren Risiko für Mensch oder Umwelt verbunden ist, festgesetzt werden.

(3) [1] Absatz 1 gilt auch für Biozid-Wirkstoffe und Biozid-Produkte, die nicht gefährliche Stoffe oder Gemische im Sinne des § 3a sind, für Stoffe, Gemische und Erzeugnisse nach § 19 Absatz 2 sowie für Stoffe, Gemische oder Erzeugnisse, deren Umwandlungsprodukte gefährlich im Sinne des Anhangs I Teil 2 bis 5 der Verordnung (EG) Nr. 1272/2008 sind. [2] Durch Verordnung nach Absatz 1 in Verbindung mit Satz 1 können auch Vorschriften zur guten fachlichen Praxis bei der Verwendung von Biozid-Produkten erlassen werden.

(4) Absatz 1 Nr. 1 und 2 gilt auch für solche Stoffe, Gemische oder Erzeugnisse, bei denen Anhaltspunkte, insbesondere ein nach dem Stand der wissenschaftlichen Erkenntnisse begründeter Verdacht dafür bestehen, dass der Stoff, das Gemisch oder das Erzeugnis gefährlich ist.

(5) [1] Die Bundesregierung kann in den Rechtsverordnungen nach Absatz 1 auch Regelungen zum Verfahren sowie Methoden zur Überprüfung ihrer

---

*(Fortsetzung der Anm. von voriger Seite)*
S. 409), zuletzt geänd. durch VO v. 19.6.2020 (BGBl. I S. 1328), die Chemikalien-KlimaschutzVO v. 2.7.2008 (BGBl. I S. 1139), zuletzt geänd. durch VO v. 19.6.2020 (BGBl. I S. 1328), die BiostoffVO v. 15.7.2013 (BGBl. I S. 2514), zuletzt geänd. durch VO v. 21.7.2021 (BGBl. I S. 3115), die AltholzVO v. 15.8.2002 (BGBl. I S. 3302), zuletzt geänd. durch VO v. 19.6.2020 (BGBl. I S. 1328), und die Biozidrechts-DurchführungsVO v. 18.8.2021 (BGBl. I S. 3706).

Einhaltung festlegen. ²Dabei können insbesondere auch die Entnahme von Proben und die hierfür anzuwendenden Verfahren und die zur Bestimmung von einzelnen Stoffen oder Stoffgruppen erforderlichen Analyseverfahren geregelt werden.

(6) ¹Bei Gefahr im Verzuge kann die Bundesregierung eine Rechtsverordnung nach Absatz 1 Nr. 1 und 3 ohne Zustimmung des Bundesrates und ohne Anhörung der beteiligten Kreise erlassen. ²Sie tritt spätestens zwölf Monate nach ihrem Inkrafttreten außer Kraft. ³Ihre Geltungsdauer kann nur mit Zustimmung des Bundesrates verlängert werden.

(7) Die beteiligten Kreise bestehen aus jeweils auszuwählenden Vertretern der Wissenschaft, der Verbraucherschutzverbände, der Gewerkschaften und Berufsgenossenschaften, der beteiligten Wirtschaft, des Gesundheitswesens sowie der Umwelt-, Tierschutz- und Naturschutzverbände.

**§ 18 Giftige Tiere und Pflanzen.** (1) ¹Die Bundesregierung wird ermächtigt, soweit es zum Schutz von Leben oder Gesundheit des Menschen unter Berücksichtigung der Belange des Natur- und Tierschutzes erforderlich ist, durch Rechtsverordnung mit Zustimmung des Bundesrates vorzuschreiben, dass Exemplare

1. bestimmter giftiger Tierarten
    a) nicht eingeführt oder nicht gehalten werden dürfen,
    b) nur eingeführt oder gehalten werden dürfen, wenn geeignete Gegenmittel und Behandlungsempfehlungen vom Einführer oder Tierhalter bereitgehalten werden, oder
    c) nur eingeführt oder gehalten werden dürfen, wenn dies der zuständigen Behörde zuvor angezeigt wird,
2. bestimmter giftiger Pflanzenarten
    a) auf bestimmten Flächen nicht angepflanzt oder
    b) in Katalogen und Warenlisten nur mit einem Hinweis auf ihre Giftigkeit angeboten werden dürfen.

²Die Erlaubnis zur Haltung nach Satz 1 Nr. 1 Buchstabe b und c kann mit Auflagen verbunden werden.

(2) ¹Absatz 1 Nr. 1 gilt entsprechend für tote Exemplare giftiger Tierarten oder für Teile von diesen. ²Absatz 1 Nr. 2 Buchstabe b gilt entsprechend für giftige Samen, giftiges Pflanz- und Vermehrungsgut sowie abgestorbene Exemplare oder Teile giftiger Pflanzenarten.

(3) § 17 Absatz 1 Nummer 1 und 2 Buchstabe c und d gilt entsprechend für die in Absatz 2 Satz 1 genannten Tierkörper oder deren Teile sowie für bestimmte Arten giftiger Samen und abgestorbener Exemplare oder Teile giftiger Pflanzenarten.

**§ 19 Maßnahmen zum Schutz von Beschäftigten.** (1) ¹Die Bundesregierung wird ermächtigt, durch Rechtsverordnung[1)] mit Zustimmung des Bun-

---

[1)] Siehe die Chemikalien-VerbotsVO (Nr. **9.1.2**), die GefahrstoffVO (Nr. **9.1.3**), die StörfallVO – 12. BImSchV (Nr. **6.1.12**), die Lärm- und Vibrations-ArbeitsschutzVO v. 6.3.2007 (BGBl. I S. 261), zuletzt geänd. durch VO v. 21.7.2021 (BGBl. I S. 3115), die BiostoffVO v. 15.7.2013 (BGBl. I S. 2514), zuletzt geänd. durch VO v. 21.7.2021 (BGBl. I S. 3115), und die BetriebssicherheitsVO v. 3.2.2015 (BGBl. I S. 49), zuletzt geänd. durch G v. 27.7.2021 (BGBl. I S. 3146).

desrates, soweit es zum Schutz von Leben und Gesundheit des Menschen einschließlich des Schutzes der Arbeitskraft und der menschengerechten Gestaltung der Arbeit erforderlich ist, beim Herstellen und Verwenden von Stoffen, Gemischen und Erzeugnissen sowie bei Tätigkeiten in deren Gefahrenbereich Maßnahmen der in Absatz 3 beschriebenen Art vorzuschreiben. ²Satz 1 gilt nicht für Maßnahmen nach Absatz 3, soweit entsprechende Vorschriften nach dem Atomgesetz[1], Bundes-Immissionsschutzgesetz[2], Pflanzenschutzgesetz[3] oder Sprengstoffgesetz bestehen.

(2) Gefahrstoffe im Sinne dieser Vorschrift sind

1. gefährliche Stoffe und Gemische nach § 3a Absatz 1,
2. Stoffe, Gemische und Erzeugnisse, die explosionsfähig sind,
3. Stoffe, Gemische und Erzeugnisse, aus denen bei der Herstellung oder Verwendung Stoffe nach Nummer 1 oder Nummer 2 entstehen oder freigesetzt werden,
4. Stoffe und Gemische, die die Kriterien nach den Nummern 1 bis 3 nicht erfüllen, aber aufgrund ihrer physikalisch-chemischen, chemischen oder toxischen Eigenschaften und der Art und Weise, wie sie am Arbeitsplatz vorhanden sind oder verwendet werden, die Gesundheit und die Sicherheit der Beschäftigten gefährden können,
5. alle Stoffe, denen ein Arbeitsplatzgrenzwert im Sinne der Rechtsverordnung nach Absatz 1 zugewiesen ist.

(3) Durch Rechtsverordnung nach Absatz 1 kann insbesondere bestimmt werden,

1. wie derjenige, der andere mit der Herstellung oder Verwendung von Stoffen, Gemischen oder Erzeugnissen beschäftigt, zu ermitteln hat, ob es sich im Hinblick auf die vorgesehene Herstellung oder Verwendung um einen Gefahrstoff handelt, soweit nicht bereits eine Einstufung nach den Vorschriften des Dritten Abschnitts erfolgt ist,
2. dass derjenige, der andere mit der Herstellung oder Verwendung von Gefahrstoffen beschäftigt, verpflichtet wird zu prüfen, ob Stoffe, Gemische oder Erzeugnisse oder Herstellungs- oder Verwendungsverfahren mit einem geringeren Risiko für die menschliche Gesundheit verfügbar sind und dass er diese verwenden soll oder zu verwenden hat, soweit es ihm zumutbar ist,
2a. dass der Hersteller oder Einführer dem Arbeitgeber auf Verlangen die gefährlichen Inhaltsstoffe der Gefahrstoffe sowie die gültigen Grenzwerte und, falls solche noch nicht vorhanden sind, Empfehlungen für einzuhaltende Stoffkonzentrationen und die von den Gefahrstoffen ausgehenden Gefahren oder die zu ergreifenden Maßnahmen mitzuteilen hat,
3. wie die Arbeitsstätte einschließlich der technischen Anlagen, die technischen Arbeitsmittel und die Arbeitsverfahren beschaffen, eingerichtet sein oder betrieben werden müssen, damit sie dem Stand der Technik, Arbeitsmedizin und Hygiene sowie den gesicherten sicherheitstechnischen, arbeitsmedizinischen, hygienischen und sonstigen arbeitswissenschaftlichen

---

[1] Nr. **7.1**.
[2] Nr. **6.1**.
[3] Auszugsweise abgedruckt unter Nr. **9.4**.

Erkenntnissen entsprechen, die zum Schutz der Beschäftigten zu beachten sind,

4. wie der Betrieb geregelt sein muss, insbesondere

   a) dass Stoffe und Gemische bezeichnet und wie Gefahrstoffe innerbetrieblich verpackt, gekennzeichnet und erfasst sein müssen, damit die Beschäftigten durch eine ungeeignete Verpackung nicht gefährdet und durch eine Kennzeichnung über die von ihnen ausgehenden Gefahren unterrichtet werden,

   b) wie das Herstellungs- oder Verwendungsverfahren gestaltet sein muss, damit die Beschäftigten nicht gefährdet und die Grenzwerte oder Richtwerte über die Konzentration gefährlicher Stoffe oder Gemische am Arbeitsplatz nach dem Stand der Technik unterschritten werden,

   c) welche Vorkehrungen getroffen werden müssen, damit Gefahrstoffe nicht in die Hände Unbefugter gelangen oder sonst abhanden kommen,

   d) welche persönlichen Schutzausrüstungen zur Verfügung gestellt und von den Beschäftigten bestimmungsgemäß benutzt werden müssen,

   e) wie die Zahl der Beschäftigten, die Gefahrstoffen ausgesetzt werden, beschränkt und wie die Dauer einer solchen Beschäftigung begrenzt sein muss,

   f) wie die Beschäftigten sich verhalten müssen, damit sie sich selbst und andere nicht gefährden, und welche Voraussetzungen hierfür zu treffen sind, insbesondere welche Kenntnisse und Fähigkeiten Beschäftigte haben müssen und welche Nachweise hierüber zu erbringen sind,

   g) unter welchen Umständen Zugangs- und Beschäftigungsbeschränkungen zum Schutz der Beschäftigten vorgesehen werden müssen,

   h) dass ein Projektleiter für bestimmte Herstellungs- oder Verwendungsverfahren zu bestellen ist, welche Verantwortlichkeiten diesem zuzuweisen sind und welche Sachkunde dieser nachzuweisen hat,

5. wie den Beschäftigten die anzuwendenden Vorschriften in einer tätigkeitsbezogenen Betriebsanweisung dauerhaft zur Kenntnis zu bringen sind und in welchen Zeitabständen anhand der Betriebsanweisung über die auftretenden Gefahren und die erforderlichen Schutzmaßnahmen zu unterweisen ist,

6. welche Vorkehrungen zur Verhinderung von Betriebsstörungen und zur Begrenzung ihrer Auswirkungen für die Beschäftigten und welche Maßnahmen zur Organisation der Ersten Hilfe zu treffen sind,

7. dass und welche verantwortlichen Aufsichtspersonen für Bereiche, in denen Beschäftigte besonderen Gefahren ausgesetzt sind, bestellt und welche Befugnisse ihnen übertragen werden müssen, damit die Arbeitsschutzaufgaben erfüllt werden können,

8. dass im Hinblick auf den Schutz der Beschäftigten eine Gefahrenbeurteilung vorzunehmen ist, welche Unterlagen hierfür zu erstellen sind und dass diese Unterlagen zur Überprüfung der Gefahrenbeurteilung von der zuständigen Landesbehörde der Bundesanstalt für Arbeitsschutz und Arbeitsmedizin zugeleitet werden können,

9. welche Unterlagen zur Abwendung von Gefahren für die Beschäftigten zur Einsicht durch die zuständige Landesbehörde bereitzuhalten und auf Verlangen vorzulegen sind,

Chemikaliengesetz § 19a ChemG 9.1

10. dass ein Herstellungs- oder Verwendungsverfahren, bei dem besondere Gefahren für die Beschäftigten bestehen oder zu besorgen sind, der zuständigen Landesbehörde angezeigt oder von der zuständigen Landesbehörde erlaubt sein muss,
11. dass Arbeiten, bei denen bestimmte gefährliche Stoffe oder Gemische freigesetzt werden können, nur von dafür behördlich anerkannten Betrieben durchgeführt werden dürfen,
12. dass die Beschäftigten gesundheitlich zu überwachen sind, hierüber Aufzeichnungen zu führen sind und zu diesem Zweck

    a) derjenige, der andere mit der Herstellung oder Verwendung von Gefahrstoffen beschäftigt, insbesondere verpflichtet werden kann, die Beschäftigten ärztlich untersuchen zu lassen,

    b) der Arzt, der mit einer Vorsorgeuntersuchung beauftragt ist, in Zusammenhang mit dem Untersuchungsbefund bestimmte Pflichten zu erfüllen hat, insbesondere hinsichtlich des Inhalts einer von ihm auszustellenden Bescheinigung und der Unterrichtung und Beratung über das Ergebnis der Untersuchung,

    c) die zuständige Behörde entscheidet, wenn Feststellungen des Arztes für unzutreffend gehalten werden,

    d) die in die Aufzeichnung aufzunehmenden Daten dem zuständigen Träger der gesetzlichen Unfallversicherung oder einer von ihm beauftragten Stelle zum Zwecke der Ermittlung arbeitsbedingter Gesundheitsgefahren oder Berufskrankheiten übermittelt werden,

13. dass der Arbeitgeber dem Betriebs- oder Personalrat Vorgänge mitzuteilen hat, die er erfahren muss, um seine Aufgaben erfüllen zu können,
14. dass die zuständigen Landesbehörden ermächtigt werden, zur Durchführung von Rechtsverordnungen bestimmte Anordnungen im Einzelfall zu erlassen, insbesondere bei Gefahr im Verzug auch gegen Aufsichtspersonen und sonstige Beschäftigte,
15. dass die Betriebsanlagen und Arbeitsverfahren, in denen bestimmte Gefahrstoffe hergestellt oder verwendet werden, durch einen Sachkundigen oder einen Sachverständigen geprüft werden müssen,
16. dass und welche Informations- und Mitwirkungspflichten derjenige hat, der Tätigkeiten an Erzeugnissen oder Bauwerken veranlasst, welche Gefahrstoffe enthalten, die durch diese Tätigkeiten freigesetzt werden können und zu besonderen Gesundheitsgefahren führen können.

(4) Wegen der Anforderungen nach Absatz 3 kann auf jedermann zugängliche Bekanntmachungen sachverständiger Stellen verwiesen werden; hierbei ist
1. in der Rechtsverordnung das Datum der Bekanntmachung anzugeben und die Bezugsquelle genau zu bezeichnen,
2. die Bekanntmachung bei der Bundesanstalt für Arbeitsschutz und Arbeitsmedizin archivmäßig gesichert niederzulegen und in der Rechtsverordnung darauf hinzuweisen.

**Sechster Abschnitt. Gute Laborpraxis**

**§ 19a Gute Laborpraxis (GLP)** (1) Nicht-klinische gesundheits- und umweltrelevante Sicherheitsprüfungen von Stoffen oder Gemischen, deren Ergebnisse eine Bewertung ihrer möglichen Gefahren für Mensch und Umwelt in einem Zulassungs-, Erlaubnis-, Registrierungs-, Anmelde- oder Mitteilungsverfahren ermöglichen sollen, sind unter Einhaltung der Grundsätze der Guten Laborpraxis nach dem Anhang 1 zu diesem Gesetz durchzuführen, soweit gemeinschaftsrechtlich oder unionsrechtlich nichts anderes bestimmt ist.

(2) [1] Der Antragsteller oder der Anmelde- oder Mitteilungspflichtige, der in einem Verfahren nach Absatz 1 Prüfergebnisse vorlegt, hat nachzuweisen, dass die den Prüfergebnissen zugrunde liegenden Prüfungen den Anforderungen nach Anhang 1 entsprechen. [2] Der Nachweis ist zu erbringen durch

1. die Bescheinigungen nach § 19b und
2. die schriftliche Erklärung des Prüfleiters, inwieweit die Prüfung nach den Grundsätzen der Guten Laborpraxis durchgeführt worden ist.

[3] Wird der Nachweis nicht erbracht, gelten die Prüfergebnisse als nicht vorgelegt.

(3) Bundesbehörden, die Prüfungen nach Absatz 1 durchführen, sind dafür verantwortlich, dass in ihrem Aufgabenbereich die Grundsätze der Guten Laborpraxis eingehalten werden.

(4) Die Aufbewahrungspflicht nach Nummer 10.2 des Anhangs 1 kann durch Übergabe der Unterlagen und schriftliche Vereinbarung mit dem Auftraggeber oder einem Dritten, die der zuständigen Behörde mitzuteilen sind, übertragen werden.

(5) Die Absätze 1 und 2 sind nicht anzuwenden auf vor dem 1. August 1990 begonnene und bis zum 1. Januar 1995 abgeschlossene Prüfungen, wenn die zuständige Behörde im Einzelfall festgestellt hat, dass die Prüfung auch unter Berücksichtigung der Grundsätze der Guten Laborpraxis noch verwertbar ist.

## § 19b GLP-Bescheinigung.

(1) [1] Die zuständige Behörde hat demjenigen, der Prüfungen nach § 19a Absatz 1 durchführt, auf Antrag nach Durchführung eines Inspektionsverfahrens eine Bescheinigung über die Einhaltung der Grundsätze der Guten Laborpraxis zu erteilen, wenn seine Prüfeinrichtung oder sein Prüfstandort und die von ihm durchgeführten Prüfungen oder Phasen von Prüfungen den Grundsätzen der Guten Laborpraxis nach Anhang 1 entsprechen. [2] Den Antrag nach Satz 1 kann auch stellen, wer, ohne zu Prüfungen nach § 19a Absatz 1 verpflichtet zu sein, ein berechtigtes Interesse glaubhaft macht. [3] In dem Fall des § 19a Absatz 3 wird der Bundesbehörde die Bescheinigung von ihrer Aufsichtsbehörde oder einer von dieser bestimmten Stelle erteilt. [4] Die Bescheinigung nach den Sätzen 1 und 3 ist nach dem Muster des Anhangs 2 auszustellen. [5] Über einen Antrag auf Erteilung einer Bescheinigung nach Satz 1 ist innerhalb einer Frist von drei Monaten zu entscheiden; § 42a Absatz 2 Satz 2 bis 4 des Verwaltungsverfahrensgesetzes findet mit der Maßgabe Anwendung, dass die Frist nicht vor Abschluss des vorgeschriebenen Inspektionsverfahrens nach Satz 1 beginnt. [6] Das Antragsverfahren zur Erteilung der Bescheinigung kann über eine einheitliche Stelle abgewickelt werden. [7] Bei der Prüfung des Antrags auf Erteilung einer Bescheinigung nach Satz 1 stehen Nachweise aus einem anderen Mitgliedstaat der Europäischen Union oder einem anderen Vertragsstaat des Abkommens über den Europäischen Wirtschaftsraum inländischen Nachweisen gleich, wenn aus ihnen hervorgeht, dass der Antragsteller die betreffenden Anforderungen des Satzes 1 oder die auf-

grund ihrer Zielsetzung im Wesentlichen vergleichbaren Anforderungen des Ausstellungsstaats erfüllt.

(2) Der Bescheinigung nach Absatz 1 Satz 1 stehen gleich:
1. GLP-Bescheinigungen anderer Mitgliedstaaten der Europäischen Union oder Vertragsstaaten des Abkommens über den Europäischen Wirtschaftsraum aufgrund der Richtlinie 2004/9/EG des Europäischen Parlaments und des Rates vom 11. Februar 2004 über die Inspektion und Überprüfung der Guten Laborpraxis (GLP) (ABl. EU Nr. L 50 S. 28),
2. GLP-Bescheinigungen von Staaten, die nicht Mitglied der Europäischen Union sind, wenn die gegenseitige Anerkennung von GLP-Bescheinigungen gewährleistet ist,
3. eine Bestätigung des Bundesinstitutes für Risikobewertung, dass eine Prüfeinrichtung, die in einem Staat gelegen ist, der nicht Mitgliedstaat der Europäischen Union ist und die gegenseitige Anerkennung von GLP-Bescheinigungen nicht gewährleistet, nach den dem Bundesinstitut für Risikobewertung vorliegenden Erkenntnissen Prüfungen nach den Grundsätzen der Guten Laborpraxis durchführt.

(3) Stellt eine zuständige Behörde bei einem Inspektionsverfahren nach Absatz 1 Satz 1 oder im Rahmen der Überwachung nach § 21 Absatz 1 fest, dass jemand zu Unrecht behauptet, die Grundsätze der Guten Laborpraxis nach Anhang 1 zu befolgen, so dass die Korrektheit oder Zuverlässigkeit der von ihm durchgeführten Prüfungen und Phasen von Prüfungen nach Absatz 1 infrage gestellt werden könnte, so unterrichtet sie hierüber unter Angabe der von dieser Prüfeinrichtung durchgeführten Prüfungen das Bundesinstitut für Risikobewertung.

**§ 19c Berichterstattung.** (1) [1]Die Bundesregierung erstattet jährlich bis zum 31. März für das vergangene Kalenderjahr der Europäischen Kommission Bericht über die Anwendung der Grundsätze der Guten Laborpraxis im Geltungsbereich dieses Gesetzes. [2]Der Bericht enthält ein Verzeichnis der inspizierten Prüfeinrichtungen und Prüfstandorte, eine Angabe der Zeitpunkte, zu denen Inspektionen durchgeführt wurden und eine Zusammenfassung der Ergebnisse der Inspektionen. [3]Die obersten Landesbehörden wirken bei der Erstellung des Berichts mit und übersenden ihre Beiträge bis zum 15. Februar für das vergangene Kalenderjahr dem Bundesministerium für Umwelt, Naturschutz und nukleare Sicherheit.

(2) Das Bundesministerium für Umwelt, Naturschutz und nukleare Sicherheit kann ein Verzeichnis der Prüfeinrichtungen und Prüfstandorte, die Prüfungen oder Phasen von Prüfungen unter Einhaltung der Grundsätze der Guten Laborpraxis durchführen, im Bundesanzeiger veröffentlichen.[1)]

**§ 19d Ergänzende Vorschriften.** (1) Das Bundesinstitut für Risikobewertung hat, zusätzlich zu den Aufgaben, die ihm durch Gesetze, Rechtsverordnungen oder andere Rechtsvorschriften übertragen sind, im Bereich der Guten Laborpraxis folgende Aufgaben:

---

[1)] Siehe hierzu
- Bek. eines Verzeichnisses gem. § 19c Abs. 2 ChemikalienG v. 4.8.2016 (BAnz AT 17.10.2016 B6)
- Bek. eines Verzeichnisses gem. § 19c Abs. 2 des ChemikalienG v. 12.4.2019 (BAnz AT 04.07.2019 B5).

1. Erstellung, Führung und Fortschreibung des Verzeichnisses nach § 19c Absatz 2,
2. fachliche Beratung der Bundesregierung und der Länder, insbesondere bei der Konkretisierung der Anforderungen an
   a) die Sachkunde und die Zuverlässigkeit der mit der Durchführung der Prüfungen betrauten Personen,
   b) die Beschaffenheit und die Ausstattung der Prüfeinrichtungen und Prüfstandorte,
   c) die Laborpraxis, z.B. die Beschaffenheit der Prüfproben, die Durchführung und Qualitätskontrolle der Prüfungen und Phasen von Prüfungen,
   d) die Gewinnung und Dokumentation von Daten,
   e) die Überwachung der Einhaltung der Grundsätze der Guten Laborpraxis,
3. fachliche Beratung der Bundesregierung im Rahmen von Konsultationsverfahren mit der Europäischen Kommission und anderer Mitgliedstaaten der Europäischen Union,
4. Mitwirkung bei dem Vollzug von Vereinbarungen über die Gute Laborpraxis mit Staaten, die nicht Mitglied der Europäischen Union sind,
5. die Weiterleitung von Informationen nach § 19b Absatz 3 an die Europäische Kommission gemäß Artikel 5 Absatz 2 der Richtlinie 2004/9/EG.

(2) Die Bundesregierung wird ermächtigt, durch Rechtsverordnung mit Zustimmung des Bundesrates zur Weiterentwicklung der Guten Laborpraxis die Anhänge 1 und 2 zu ändern.

(3) ¹Die Bundesregierung erlässt mit Zustimmung des Bundesrates allgemeine Verwaltungsvorschriften[1]) über das Verfahren der behördlichen Überwachung. ²In der allgemeinen Verwaltungsvorschrift kann auch eine Übertragung der Veröffentlichungsbefugnis auf das Bundesinstitut für Risikobewertung geregelt werden.

### Siebter Abschnitt. Allgemeine Vorschriften

**§ 20 Antrags- und Mitteilungsunterlagen, Verordnungsermächtigungen.** (1) Die Bundesregierung wird ermächtigt, durch Rechtsverordnung mit Zustimmung des Bundesrates

1. Inhalt und Form von Antrags- oder Mitteilungsunterlagen, die bei der Bundesstelle für Chemikalien oder einer anderen Bundesbehörde nach diesem Gesetz, einer auf dieses Gesetz gestützten Rechtsverordnung oder einer der in § 21 Absatz 2 Satz 1 genannten EG- oder EU-Verordnung einzureichen sind, näher zu bestimmen,
2. zu regeln, dass und für welchen Zeitraum derjenige, der derartige Antrags- oder Mitteilungsunterlagen bei der Bundesstelle für Chemikalien oder einer anderen Bundesbehörde einreicht, ein Doppel dieser Unterlagen zur Einsichtnahme aufzubewahren hat.

(2) Die Bundesstelle für Chemikalien kann für Anträge oder Unterlagen, die bei ihr eingereicht werden,

---

[1]) Siehe die Allg. VwV zum Verfahren der behördlichen Überwachung der Einhaltung der Grundsätze der Guten Laborpraxis (ChemVwV-GLP) idF der Bek. v. 15.5.1997 (GMBl S. 257), geänd. durch VwV v. 16.11.2011 (GMBl S. 967).

1. die Verwendung von ihr bestimmter Vordrucke oder Formate sonstiger Datenträger verlangen,
2. die Übermittlung der Angaben auf einem anderen Datenträger zulassen,
3. die Übermittlung weiterer Kopien vorgelegter Unterlagen verlangen, soweit dies im Hinblick auf die Beteiligung der in den §§ 4 und 12a genannten weiteren Bundesbehörden erforderlich ist.

**§ 20a** (weggefallen)

**§ 20b Ausschüsse.** Die Bundesregierung wird ermächtigt, durch Rechtsverordnung[1] mit Zustimmung des Bundesrates Ausschüsse zu bilden, denen die Aufgabe übertragen werden kann,

1. die Bundesregierung oder die zuständigen Bundesministerien zu beraten, insbesondere

   a) bei der Entwicklung von Methoden für Prüfnachweise nach diesem Gesetz,

   b) bei der Erarbeitung von Vorschriften für die Einstufung, Kennzeichnung und Verpackung nach den §§ 14 und 19,

   c) bei der Benennung von Stoffen und Gemischen, für die eine Mitteilungspflicht nach § 16d begründet werden sollte,

   d) beim Erlass von Verbots-, Beschränkungs- oder Schutzvorschriften nach § 17, § 18 oder § 19 und

   e) bei der Weiterentwicklung der Guten Laborpraxis sowie

2. a) sicherheitstechnische, arbeitsmedizinische und hygienische Regeln sowie sonstige arbeitswissenschaftliche Erkenntnisse zu ermitteln,

   b) zum Schutz von Mensch und Umwelt Empfehlungen zu erarbeiten sowie

   c) für Mensch und Umwelt nicht oder weniger gefährliche Stoffe, Gemische, Erzeugnisse und Verfahren vorzuschlagen,

die das zuständige Bundesministerium amtlich bekanntmachen kann.

**§ 21 Überwachung.** (1) Die zuständigen Landesbehörden haben die Durchführung dieses Gesetzes und der auf dieses Gesetz gestützten Rechtsverordnungen zu überwachen, soweit dieses Gesetz keine andere Regelung trifft.

(2) [1]Absatz 1 gilt auch für EG- oder EU-Verordnungen, die Sachbereiche dieses Gesetzes betreffen, soweit die Überwachung ihrer Durchführung den Mitgliedstaaten obliegt. [2]Sind für die Durchführung von EG- oder EU-Verordnungen im Sinne des Satzes 1 die Entgegennahme und die Weiterleitung von Informationen oder sonstige Mitwirkungsakte der Mitgliedstaaten erforderlich, ist hierfür die Bundesstelle für Chemikalien zuständig, soweit dieses Gesetz keine andere Regelung trifft.

(2a) Die Bundesregierung wird ermächtigt, durch Rechtsverordnung mit Zustimmung des Bundesrates zur Durchführung dieses Gesetzes, der auf dieses Gesetz gestützten Rechtsverordnungen sowie der in Absatz 2 Satz 1 genannten EG- oder EU-Verordnungen

---

[1] Siehe die GefahrstoffVO (Nr. **9.1.3**), die Lärm- und Vibrations-ArbeitsschutzVO v. 6.3.2007 (BGBl. I S. 261), zuletzt geänd. durch VO v. 21.7.2021 (BGBl. I S. 3115), und die BiostoffVO v. 15.7.2013 (BGBl. I S. 2514), zuletzt geänd. durch VO v. 21.7.2021 (BGBl. I S. 3115).

1. die Zuständigkeit für bestimmte Genehmigungen und Einvernehmenserklärungen abweichend von den Absätzen 1 und 2 Satz 1 einer Bundesoberbehörde zu übertragen, wenn diese Genehmigungen oder Einvernehmenserklärungen bundeseinheitlich zu erfolgen haben oder die Beurteilung von Sachverhalten voraussetzen, die in der Regel räumlich über den Zuständigkeitsbereich eines Landes hinausgehen, sowie
2. in den Fällen des Absatzes 2 Satz 2 eine andere Bundesoberbehörde zu bestimmen.

(3) [1] Die zuständige Landesbehörde ist befugt, von natürlichen und juristischen Personen und nicht rechtsfähigen Personenvereinigungen alle zur Durchführung dieses Gesetzes, der auf dieses Gesetz gestützten Rechtsverordnungen und der in Absatz 2 Satz 1 genannten EG- oder EU-Verordnungen erforderlichen Auskünfte zu verlangen. [2] In den Fällen des Absatzes 2 Satz 2 stehen diese Befugnisse der dort bezeichneten, in den Fällen des Absatzes 2a der in der Rechtsverordnung bezeichneten Bundesoberbehörde zu.

(4) [1] Die mit der Überwachung beauftragten Personen sind befugt,

1. zu den Betriebs- und Geschäftszeiten Grundstücke, Geschäftsräume, Betriebsräume zu betreten und zu besichtigen, Proben von Stoffen, Gemischen und Erzeugnissen nach ihrer Auswahl zu fordern und zu entnehmen und in die geschäftlichen Unterlagen des Auskunftspflichtigen Einsicht zu nehmen,
2. die Vorlage der Unterlagen über Anträge, Mitteilungen, Notifizierungen, Registrierungen und Zulassungen sowie sonstiger Unterlagen nach diesem Gesetz, den auf dieses Gesetz gestützten Rechtsverordnungen und den in Absatz 2 Satz 1 genannten EG- oder EU-Verordnungen zu verlangen,
3. Arbeitseinrichtungen und Arbeitsschutzmittel zu prüfen,
4. Herstellungs- und Verwendungsverfahren zu untersuchen und insbesondere das Vorhandensein und die Konzentration gefährlicher Stoffe und Gemischen festzustellen und zu messen.

[2] Zur Verhütung dringender Gefahren für die öffentliche Sicherheit und Ordnung können die Maßnahmen nach Satz 1 Nr. 1, 3 und 4 auch in Wohnräumen und zu jeder Tages- und Nachtzeit getroffen werden. [3] Der Auskunftspflichtige hat die Maßnahmen nach Satz 1 Nr. 1, 3 und 4 und Satz 2 zu dulden sowie die mit der Überwachung beauftragten Personen zu unterstützen, soweit dies zur Erfüllung ihrer Aufgaben erforderlich ist, insbesondere ihnen auf Verlangen Räume, Behälter und Behältnisse zu öffnen und die Entnahme von Proben zu ermöglichen. [4] Das Grundrecht des Artikels 13 des Grundgesetzes[1]) auf Unverletzlichkeit der Wohnung wird insoweit eingeschränkt.

(5) Der Auskunftspflichtige kann die Auskunft auf solche Fragen verweigern, deren Beantwortung ihn selbst oder einen seiner in § 383 Absatz 1 Nummer 1 bis 3 der Zivilprozessordnung bezeichneten Angehörigen der Gefahr der Verfolgung wegen einer Straftat oder Ordnungswidrigkeit aussetzen würde.

(6) [1] Kann die zuständige Landesbehörde Art und Umfang der bei der Herstellung oder Verwendung der in § 19 Absatz 2 genannten Stoffe, Gemische und Erzeugnisse drohenden oder eingetretenen schädlichen Einwirkungen oder die zu ihrer Abwendung oder Vorbeugung erforderlichen Maßnahmen nicht beurteilen, so kann sie hierzu vom Hersteller oder Verwender verlangen, dass er

---

[1]) Nr. 1.1.

durch einen von der Behörde zu bestimmenden Sachverständigen auf seine Kosten ein Gutachten erstatten lässt und ihr eine Ausfertigung des Gutachtens vorlegt. ²Satz 1 gilt nicht, soweit in diesem Gesetz Prüfungen vorgeschrieben oder die Voraussetzungen für die Anordnung von Prüfungen festgelegt sind.

(6a) ¹Werden in das Inland verbrachte Stoffe, Gemische und Erzeugnisse im Sinne dieses Gesetzes aufgrund dieses Gesetzes oder der aufgrund dieses Gesetzes erlassenen Rechtsverordnungen beanstandet, so können sie zur Rückgabe an den ausländischen Lieferanten aus dem Geltungsbereich dieses Gesetzes verbracht werden, sofern die zuständige Landesbehörde nicht etwas anderes bestimmt hat. ²Unberührt bleiben zwischenstaatliche Vereinbarungen, denen die gesetzgebenden Körperschaften in der Form eines Bundesgesetzes zugestimmt haben, sowie Rechtsakte der Europäischen Gemeinschaft oder der Europäischen Union.

(7) ¹Die Bundesstelle für Chemikalien und die in § 12a genannten Stellen sind verpflichtet, die Daten, die von ihnen aufgrund dieses Gesetzes, der auf Grundlage dieses Gesetzes ergangenen Verordnungen und der in Absatz 2 Satz 1 genannten EG- oder EU-Verordnungen erhoben und gespeichert werden, den Behörden des Arbeitsschutzes, des allgemeinen Gesundheitsschutzes, des Umwelt- und Naturschutzes, der allgemeinen Gefahrenabwehr und des Brand- und Katastrophenschutzes der Länder sowie den Trägern der gesetzlichen Unfallversicherung im Wege der Amtshilfe zur Verfügung zu stellen. ²§ 16e Absatz 4 bleibt unberührt.

**§ 21a Mitwirkung von Zollstellen.** (1) ¹Das Bundesministerium der Finanzen und die von ihm bestimmten Zollstellen wirken bei der Überwachung der Ein- und Ausfuhr derjenigen Stoffe, Gemische und Erzeugnisse mit, die diesem Gesetz oder einer aufgrund dieses Gesetzes erlassenen Rechtsverordnung oder einer der in § 21 Absatz 2 Satz 1 genannten EG- oder EU-Verordnungen unterliegen. ²Soweit dies zur Überwachung der Durchführung dieses Gesetzes, der aufgrund dieses Gesetzes ergangenen Verordnungen und der in Satz 1 genannten EG- oder EU-Verordnungen erforderlich ist, können sie Informationen, die sie im Rahmen ihrer zollamtlichen Tätigkeit gewonnen haben, den zuständigen Behörden mitteilen.

(2) ¹Bestehen Anhaltspunkte für einen Verstoß gegen die in Absatz 1 genannten Vorschriften, unterrichten die Zollstellen die zuständigen Behörden. ²Sie können die Stoffe, Gemische und Erzeugnisse sowie deren Beförderungs- und Verpackungsmittel auf Kosten und Gefahr des Verfügungsberechtigten zurückweisen oder bis zur Behebung der festgestellten Mängel oder bis zur Entscheidung der zuständigen Behörde sicherstellen.

**§ 22 Informationspflichten.** ¹Die Bundesstelle für Chemikalien und die zuständigen Landesbehörden unterrichten sich gegenseitig über alle Erkenntnisse, die für die Wahrnehmung ihrer Aufgaben nach diesem Gesetz, den aufgrund dieses Gesetzes erlassenen Rechtsverordnungen oder den in § 21 Absatz 2 Satz 1 genannten EG- oder EU-Verordnungen einschließlich der Erfüllung darin enthaltener Berichtspflichten gegenüber der Europäischen Kommission erforderlich sind. ²Die Bundesstelle für Chemikalien hat die zuständigen Landesbehörden auf Verlangen zu beraten. ³Soweit nach § 21 Absatz 2a Nummer 2 eine andere Bundesoberbehörde bestimmt ist, bestehen die in den Sätzen 1 und 2 genannten Pflichten zwischen dieser Behörde und den zuständigen Landesbehörden.

**§ 23 Behördliche Anordnungen.** (1) Die zuständige Landesbehörde kann im Einzelfall die Anordnungen treffen, die zur Beseitigung festgestellter oder zur Verhütung künftiger Verstöße gegen dieses Gesetz oder gegen die nach diesem Gesetz erlassenen Rechtsverordnungen oder gegen eine in § 21 Absatz 2 Satz 1 genannte EG- oder EU-Verordnung notwendig sind.

(1a) Wird eine Anordnung nach Absatz 1 nicht innerhalb der gesetzten Frist oder eine solche für sofort vollziehbar erklärte Anordnung nicht sofort ausgeführt, kann die zuständige Behörde die von der Anordnung betroffene Arbeit ganz oder teilweise bis zur Erfüllung der Anordnung untersagen, wenn die Untersagung zum Schutz von Leben oder Gesundheit der Beschäftigten erforderlich ist.

(2) ¹Die zuständige Landesbehörde kann für eine Dauer von höchstens drei Monaten anordnen, dass ein gefährlicher Stoff, ein gefährliches Gemisch oder ein Erzeugnis, das einen gefährlichen Stoff oder ein gefährliches Gemisch freisetzen kann oder enthält, nicht, nur unter bestimmten Voraussetzungen, nur in bestimmter Beschaffenheit oder nur für bestimmte Zwecke hergestellt, in den Verkehr gebracht oder verwendet werden darf, soweit Anhaltspunkte, insbesondere ein nach dem Stand der wissenschaftlichen Erkenntnisse begründeter Verdacht dafür vorliegen, dass von dem Stoff, dem Gemisch oder dem Erzeugnis eine erhebliche Gefahr für Leben oder Gesundheit des Menschen oder die Umwelt ausgeht. ²Die zuständige Landesbehörde kann diese Anordnung aus wichtigem Grund um bis zu einem Jahr verlängern. ³Die Sätze 1 und 2 gelten auch dann, wenn Anhaltspunkte, insbesondere ein nach dem Stand der wissenschaftlichen Erkenntnisse begründeter Verdacht, für die Annahme bestehen, dass ein Stoff oder ein Gemisch gefährlich ist. ⁴Anordnungen nach Satz 1 und 2 können nur ergehen, soweit dies unionsrechtlich zulässig ist.

(3) Rechtsbehelfe gegen Anordnungen nach den Absätzen 1a und 2 haben keine aufschiebende Wirkung.

**§ 24 Vollzug im Bereich der Bundeswehr.** (1) Im Geschäftsbereich des Bundesministeriums der Verteidigung obliegt der Vollzug des Gesetzes, der auf dieses Gesetz gestützten Rechtsverordnungen und der in § 21 Absatz 2 Satz 1 genannten EG- oder EU-Verordnungen dem Bundesministerium der Verteidigung und den von ihm bestimmten Stellen.

(2) Das Bundesministerium der Verteidigung kann für seinen Geschäftsbereich in Einzelfällen sowie für bestimmte Stoffe, Gemische und Erzeugnisse Ausnahmen von den in Absatz 1 genannten Rechtsvorschriften zulassen, wenn dies im Interesse der Landesverteidigung erforderlich und unionsrechtlich zulässig ist.

**§ 25 Angleichung an Gemeinschaftsrecht oder Unionsrecht.** Rechtsverordnungen[1] nach diesem Gesetz können auch zum Zwecke der Angleichung der Rechts- und Verwaltungsvorschriften der Mitgliedstaaten der Europäischen Union erlassen werden, soweit dies zur Durchführung von Rechts-

---

[1] Siehe die Chemikalien-VerbotsVO (Nr. **9.1.2**) und die GefahrstoffVO (Nr. **9.1.3**).

akten der Europäischen Gemeinschaften oder Europäischen Union, die Sachbereiche dieses Gesetzes betreffen, erforderlich ist.

**§ 25a Aufwendungen des Auskunftspflichtigen.** Die dem Auskunftspflichtigen durch die Entnahme von Proben von Stoffen, Gemischen und Erzeugnissen oder durch Messung entstehenden eigenen Aufwendungen hat er selbst zu tragen.

**§ 26 Bußgeldvorschriften.** (1) Ordnungswidrig handelt, wer vorsätzlich oder fahrlässig

1. (weggefallen)
1a. (weggefallen)
1b. (weggefallen)
2. (weggefallen)
3. (weggefallen)
4. einer vollziehbaren Anordnung nach § 12g Absatz 1 Satz 1 zuwiderhandelt,
4a. entgegen § 12i Absatz 1 Satz 1 Nummer 1 oder § 12j Absatz 1 Satz 1 eine Einrichtung, ein Erzeugnis oder einen teilfluorierten Kohlenwasserstoff für Dritte bereitstellt, an Dritte abgibt oder erwirbt,
4b. entgegen § 12i Absatz 1 Satz 1 Nummer 2 einen dort genannten Behälter lagert oder entleert,
4c. entgegen § 12i Absatz 2 oder § 12j Absatz 2, Absatz 3 Satz 2, auch in Verbindung mit Satz 3, oder Absatz 4, jeweils auch in Verbindung mit Absatz 5 Satz 2, eine dort genannte Erklärung oder Angabe nicht, nicht richtig, nicht vollständig, nicht in der vorgeschriebenen Weise oder nicht rechtzeitig übermittelt,
4d. entgegen § 12i Absatz 4 oder § 12j Absatz 6 eine dort genannte Erklärung oder Angabe nicht oder nicht mindestens fünf Jahre aufbewahrt,
4e. entgegen § 12i Absatz 6 nicht sicherstellt, dass eine Kennzeichnung erhalten geblieben ist oder neu angebracht wird,
4f. einer vollziehbaren Anordnung nach § 12j Absatz 1 Satz 3 oder Absatz 7 Satz 2 zuwiderhandelt,
5. a) entgegen § 13 Absatz 2 in Verbindung mit einer Rechtsverordnung nach § 14 Absatz 1 Nummer 1, 2 oder Nummer 3 Buchstabe c, jeweils auch in Verbindung mit § 14 Absatz 3, einen Stoff oder ein Gemisch nicht, nicht richtig, nicht vollständig, nicht in der vorgeschriebenen Weise oder nicht rechtzeitig einstuft,
   b) entgegen § 13 Absatz 3 Satz 1 in Verbindung mit einer Rechtsverordnung nach § 14 Absatz 1 Nummer 3 Buchstabe a, d oder Buchstabe e, jeweils auch in Verbindung mit § 14 Absatz 3, einen Stoff oder ein Gemisch nicht, nicht richtig, nicht vollständig, nicht in der vorgeschriebenen Weise oder nicht rechtzeitig kennzeichnet oder nicht, nicht richtig, nicht vollständig, nicht in der vorgeschriebenen Weise oder nicht rechtzeitig verpackt oder
   c) einer Rechtsverordnung nach § 14 Absatz 1 Nummer 3 Buchstabe a, b, d, e oder Buchstabe f oder Absatz 2 Satz 2 zuwiderhandelt, soweit sie für einen bestimmten Tatbestand auf diese Bußgeldvorschrift verweist,
5a. (weggefallen)

6. einer Rechtsverordnung nach § 16d zuwiderhandelt, soweit sie für einen bestimmten Tatbestand auf diese Bußgeldvorschrift verweist,
6a. *(aufgehoben)*
6b. (weggefallen)
7. einer Rechtsverordnung nach
   a) § 17 Absatz 1 Nummer 1 Buchstabe b oder Nummer 2 Buchstabe a, c oder d, jeweils auch in Verbindung mit Absatz 3 Satz 1,
   b) § 17 Absatz 1 Nummer 1 Buchstabe c, auch in Verbindung mit Absatz 3 Satz 1, oder
   c) § 17 Absatz 5
   zuwiderhandelt, soweit sie für einen bestimmten Tatbestand auf diese Bußgeldvorschrift verweist,
8. einer Rechtsverordnung nach
   a) § 18 Absatz 1 über giftige Tiere und Pflanzen,
   b) § 19 Absatz 1 in Verbindung mit Absatz 3 über Maßnahmen zum Schutz von Beschäftigten
   zuwiderhandelt, soweit sie für einen bestimmten Tatbestand auf diese Bußgeldvorschrift verweist,
8a. (weggefallen)
9. entgegen § 21 Absatz 3 eine Auskunft trotz Anmahnung nicht erteilt, entgegen § 21 Absatz 4 Satz 1 Nummer 2 Unterlagen nicht vorlegt oder einer Pflicht nach § 21 Absatz 4 Satz 3 nicht nachkommt,
10. einer vollziehbaren Anordnung
    a) nach § 23 Absatz 1 oder
    b) nach § 23 Absatz 2 Satz 3 in Verbindung mit Satz 1 über das Herstellen, das Inverkehrbringen oder das Verwenden von Stoffen, Gemischen oder Erzeugnissen
    zuwiderhandelt,
10a. einer Rechtsverordnung nach § 28 Absatz 11 über Zulassungs- oder Meldepflichten für bestimmte Biozid-Produkte zuwiderhandelt, soweit sie für einen bestimmten Tatbestand auf diese Bußgeldvorschrift verweist, oder
11. einer unmittelbar geltenden Vorschrift in Rechtsakten der Europäischen Gemeinschaften oder der Europäischen Union zuwiderhandelt, die Sachbereiche dieses Gesetzes betrifft, soweit eine Rechtsverordnung nach Satz 2 für einen bestimmten Tatbestand auf diese Bußgeldvorschrift verweist und die Zuwiderhandlung nicht nach § 27 Absatz 1 Nummer 3 oder Absatz 2 als Straftat geahndet werden kann. Die Bundesregierung wird ermächtigt, durch Rechtsverordnung[1]) mit Zustimmung des Bundesrates die einzelnen Tatbestände der Rechtsakte, die nach Satz 1 als Ordnungswidrigkeiten mit Geldbuße geahndet werden können, zu bezeichnen, soweit dies zur Durchführung der Rechtsakte erforderlich ist.

(2) Die Ordnungswidrigkeit kann in den Fällen des Absatzes 1 Nummer 4a, 4b und 7 Buchstabe b mit einer Geldbuße bis zu zweihunderttausend

---

[1]) Siehe die Chemikalien-SanktionsVO idF der Bek. v. 10.5.2016 (BGBl. I S. 1175) und die Chemikalien-OzonschichtVO idF der Bek. v. 15.2.2012 (BGBl. I S. 409), zuletzt geänd. durch VO v. 19.6.2020 (BGBl. I S. 1328).

Euro, in den Fällen des Absatzes 1 Nummer 4, 4c, 4f, 5, 6, 7 Buchstabe a, Nummer 8 Buchstabe b, Nummer 10 und 11 mit einer Geldbuße bis zu fünfzigtausend Euro und in den übrigen Fällen mit einer Geldbuße bis zu zehntausend Euro geahndet werden.

(3) Verwaltungsbehörde im Sinne des § 36 Absatz 1 Nummer 1 des Gesetzes über Ordnungswidrigkeiten ist

1. in den Fällen des Absatzes 1 Nr. 9 in Verbindung mit § 21 Absatz 3 Satz 2
   a) die Bundesstelle für Chemikalien für ihren Geschäftsbereich gemäß § 21 Absatz 2 Satz 2 oder
   b) die in der Rechtsverordnung nach § 21 Absatz 2a bezeichnete Bundesbehörde, soweit ihr die in § 21 Absatz 3 Satz 1 bezeichneten Befugnisse zustehen,
2. (weggefallen)
3. im Übrigen die nach Landesrecht zuständige Behörde.

**§ 27 Strafvorschriften.** (1) Mit Freiheitsstrafe bis zu zwei Jahren oder mit Geldstrafe wird bestraft, wer

1. einer Rechtsverordnung nach § 17 Absatz 1 Nummer 1 Buchstabe a, Nummer 2 Buchstabe b oder Nummer 3, jeweils auch in Verbindung mit Absatz 2, 3 Satz 1, Absatz 4 oder 6 über das Herstellen, das Inverkehrbringen oder das Verwenden dort bezeichneter Stoffe, Gemische, Erzeugnisse, Biozid-Wirkstoffe oder Biozid-Produkte zuwiderhandelt, soweit sie für einen bestimmten Tatbestand auf diese Strafvorschrift verweist,
2. einer vollziehbaren Anordnung nach § 23 Absatz 2 Satz 1 über das Herstellen, das Inverkehrbringen oder das Verwenden gefährlicher Stoffe, Gemische oder Erzeugnisse zuwiderhandelt oder
3. einer unmittelbar geltenden Vorschrift in Rechtsakten der Europäischen Gemeinschaften oder der Europäischen Union zuwiderhandelt, die inhaltlich einer Regelung entspricht, zu der die in Nummer 1 genannten Vorschriften ermächtigen, soweit eine Rechtsverordnung nach Satz 2 für einen bestimmten Tatbestand auf diese Strafvorschrift verweist. Die Bundesregierung wird ermächtigt, soweit dies zur Durchsetzung der Rechtsakte der Europäischen Gemeinschaften oder der Europäischen Union erforderlich ist, durch Rechtsverordnung[1]) mit Zustimmung des Bundesrates die Tatbestände zu bezeichnen, die als Straftat nach Satz 1 zu ahnden sind.

(1a) Mit Freiheitsstrafe bis zu drei Jahren oder mit Geldstrafe wird bestraft, wer eine in Absatz 1 Nummer 3 Satzteil vor Satz 2 bezeichnete Handlung dadurch begeht, dass er einen Bedarfsgegenstand im Sinne des § 2 Absatz 6 des Lebensmittel- und Futtermittelgesetzbuches herstellt oder in Verkehr bringt.

(2) Mit Freiheitsstrafe bis zu fünf Jahren oder mit Geldstrafe wird bestraft, wer durch eine in Absatz 1 oder Absatz 1a oder eine in § 26 Absatz 1 Nummer 4, 5, 7 Buchstabe b, Nummer 8 Buchstabe b, Nummer 10 oder Nummer 11 bezeichnete vorsätzliche Handlung das Leben oder die Gesundheit eines anderen oder fremde Sachen von bedeutendem Wert gefährdet.

---

[1]) Siehe die Chemikalien-SanktionsVO idF der Bek. v. 10.5.2016 (BGBl. I S. 1175) und die Chemikalien-OzonschichtVO idF der Bek. v. 15.2.2012 (BGBl. I S. 409), zuletzt geänd. durch VO v. 19.6.2020 (BGBl. I S. 1328).

(3) Der Versuch ist strafbar.

(4) Handelt der Täter fahrlässig, so ist die Strafe
1. in den Fällen des Absatzes 1 oder Absatzes 1a Freiheitsstrafe bis zu einem Jahr oder Geldstrafe,
2. in den Fällen des Absatzes 2 Freiheitsstrafe bis zu zwei Jahren oder Geldstrafe.

(5) ¹Das Gericht kann von Strafe nach Absatz 2 absehen, wenn der Täter freiwillig die Gefahr abwendet, bevor ein erheblicher Schaden entsteht. ²Unter denselben Voraussetzungen wird der Täter nicht nach Absatz 4 Nr. 2 bestraft. ³Wird ohne zutun des Täters die Gefahr abgewendet, so genügt sein freiwilliges und ernsthaftes Bemühen, dieses Ziel zu erreichen.

(6) Die Absätze 1 bis 5 gelten nicht, wenn die Tat nach den §§ 328, 330 oder 330a des Strafgesetzbuches mit gleicher oder schwererer Strafe bedroht ist.

**§ 27a Unwahre GLP-Erklärungen, Erschleichen der GLP-Bescheinigung.** (1) Wer zur Täuschung im Rechtsverkehr die Erklärung nach § 19a Absatz 2 Satz 2 Nummer 2 der Wahrheit zuwider abgibt oder eine unwahre Erklärung gebraucht, wird mit Freiheitsstrafe bis zu fünf Jahren oder mit Geldstrafe bestraft.

(2) Ein Amtsträger, der innerhalb seiner Zuständigkeit eine unwahre Bescheinigung nach § 19b Absatz 1 oder eine unwahre Bestätigung nach § 19b Absatz 2 Nummer 3 erteilt, wird mit Freiheitsstrafe bis zu fünf Jahren oder mit Geldstrafe bestraft.

(3) Wer bewirkt, dass eine unwahre Bescheinigung oder Bestätigung nach § 19b erteilt wird, oder wer eine solche Bescheinigung oder Bestätigung zur Täuschung im Rechtsverkehr gebraucht, wird mit Freiheitsstrafe bis zu einem Jahr oder mit Geldstrafe bestraft.

(4) Der Versuch ist strafbar.

**§ 27b Zuwiderhandlungen gegen die Verordnung (EG) Nr. 1907/2006.** (1) Mit Freiheitsstrafe bis zu zwei Jahren oder mit Geldstrafe wird bestraft, wer gegen die Verordnung (EG) Nr. 1907/2006 des Europäischen Parlaments und des Rates vom 18. Dezember 2006 zur Registrierung, Bewertung, Zulassung und Beschränkung chemischer Stoffe (REACH), zur Schaffung einer Europäischen Chemikalienagentur, zur Änderung der Richtlinie 1999/45/EG und zur Aufhebung der Verordnung (EWG) Nr. 793/93 des Rates, der Verordnung (EG) Nr. 1488/94 der Kommission, der Richtlinie 76/769/EWG des Rates sowie der Richtlinien 91/155/EWG, 93/67/EWG, 93/105/EG und 2000/21/EG der Kommission (ABl. EU Nr. L 396 S. 1, 2007 Nr. L 136 S. 3) verstößt, indem er
1. entgegen Artikel 5 einen Stoff als solchen, in einem Gemisch oder in einem Erzeugnis herstellt oder in Verkehr bringt,
2. in einem Registrierungsdossier nach Artikel 6 Absatz 1 oder Absatz 3 oder Artikel 7 Absatz 1 Satz 1 oder Absatz 5 Satz 1 oder in einem Zulassungsantrag nach Artikel 62 Absatz 1 in Verbindung mit Absatz 4 eine Angabe nicht richtig oder nicht vollständig macht,
3. entgegen Artikel 37 Absatz 4 in Verbindung mit Artikel 39 Absatz 1 einen Stoffsicherheitsbericht nicht, nicht richtig, nicht vollständig oder nicht rechtzeitig erstellt oder

4. entgegen Artikel 56 Absatz 1 einen dort genannten Stoff zur Verwendung in Verkehr bringt oder selbst verwendet.

(2) Der Versuch ist strafbar.

(3) Mit Freiheitsstrafe bis zu fünf Jahren oder mit Geldstrafe wird bestraft, wer durch eine in Absatz 1 bezeichnete Handlung das Leben oder die Gesundheit eines anderen oder fremde Sachen von bedeutendem Wert gefährdet.

(4) Handelt der Täter in den Fällen des Absatzes 1 Nr. 4 fahrlässig, so ist die Strafe Freiheitsstrafe bis zu einem Jahr oder Geldstrafe.

(5) ¹Ordnungswidrig handelt, wer eine in Absatz 1 Nr. 1, 2 oder Nr. 3 bezeichnete Handlung fahrlässig begeht. ²Die Ordnungswidrigkeit kann mit einer Geldbuße bis zu hunderttausend Euro geahndet werden.

**§ 27c Zuwiderhandlungen gegen Abgabevorschriften.** (1) Mit Freiheitsstrafe bis zu zwei Jahren oder mit Geldstrafe wird bestraft, wer eine in § 26 Absatz 1 Nummer 7 Buchstabe b bezeichnete vorsätzliche Handlung begeht, obwohl er weiß, dass der gefährliche Stoff, das gefährliche Gemisch oder das Erzeugnis für eine rechtswidrige Tat, die den Tatbestand eines Strafgesetzes verwirklicht, verwendet werden soll.

(2) Erkennt der Täter in den Fällen des Absatzes 1 leichtfertig nicht, dass der gefährliche Stoff, das gefährliche Gemisch oder das Erzeugnis für eine rechtswidrige Tat, die den Tatbestand eines Strafgesetzes verwirklicht, verwendet werden soll, so ist die Strafe Freiheitsstrafe bis zu einem Jahr oder Geldstrafe.

**§ 27d Einziehung.** ¹Gegenstände, auf die sich eine Straftat nach den §§ 27, 27b Absatz 1 bis 4 oder § 27c oder eine Ordnungswidrigkeit nach § 26 Absatz 1 Nummer 4, 5, 7 Buchstabe a oder Buchstabe b, Nummer 10 oder Nummer 11 oder § 27b Absatz 5 Satz 1 bezieht, können eingezogen werden. ²§ 74a des Strafgesetzbuches und § 23 des Gesetzes über Ordnungswidrigkeiten sind anzuwenden.

## Achter Abschnitt. Schlussvorschriften

**§ 28 Übergangsregelung.** (1) (weggefallen)

(2) (weggefallen)

(3) (weggefallen)

(4) (weggefallen)

(5) (weggefallen)

(6) (weggefallen)

(7) (weggefallen)

(8) ¹Im Geltungsbereich dieses Gesetzes darf ein Biozid-Produkt abweichend von Artikel 17 Absatz 1 der Verordnung (EU) Nr. 528/2012 nach Maßgabe des Satzes 2 auf dem Markt bereitgestellt und verwendet werden, wenn es ausschließlich aus Biozid-Wirkstoffen besteht, diese enthält oder erzeugt,

1. die gemäß der Verordnung (EG) Nr. 1451/2007 oder der Delegierten Verordnung (EU) Nr. 1062/2014 bewertet wurden,

2. die sich noch im dortigen Bewertungsverfahren befinden,

3. die unter Artikel 15 Buchstabe a der Delegierten Verordnung (EU) Nr. 1062/2014 fallen oder
4. für die die Europäische Chemikalienagentur eine Veröffentlichung gemäß Artikel 16 Absatz 4 der Delegierten Verordnung (EU) Nr. 1062/2014 vorgenommen hat.

²Für ein Biozid-Produkt nach Satz 1 gelten für das Bereitstellen auf dem Markt und für das Verwenden die folgenden Fristen:

1. zwölf Monate für das Bereitstellen auf dem Markt und 18 Monate für das Verwenden jeweils ab Veröffentlichung des Durchführungsbeschlusses gemäß Artikel 89 Absatz 1 Unterabsatz 3 der Verordnung (EU) Nr. 528/2012 im Amtsblatt der Europäischen Union, mit dem ein in dem Biozid-Produkt enthaltener Biozid-Wirkstoff für die betreffende Produktart nicht genehmigt wurde, es sei denn, in dem Durchführungsbeschluss der Kommission ist etwas anderes bestimmt,
2. 180 Tage für das Bereitstellen auf dem Markt und 365 Tage für das Verwenden jeweils ab dem in der Durchführungsverordnung nach Artikel 89 Absatz 1 Unterabsatz 3 der Verordnung (EU) Nr. 528/2012 festgelegten Zeitpunkt der Genehmigung des Wirkstoffs oder der Wirkstoffe, wenn einer der folgenden Anträge nicht oder nicht innerhalb der Frist von Artikel 89 Absatz 3 der Verordnung (EU) Nr. 528/2012 gestellt wurde:
    a) ein Antrag auf Zulassung gemäß Artikel 17 Absatz 2 der Verordnung (EU) Nr. 528/2012 oder
    b) ein Antrag auf zeitlich parallele gegenseitige Anerkennung gemäß Artikel 34 der Verordnung (EU) Nr. 528/2012,
3. bis zum Zeitpunkt der Entscheidung über die Zulassung oder die Anerkennung, wenn einer der folgenden Anträge gestellt wurde:
    a) ein Antrag auf Zulassung des Biozid-Produkts nach Artikel 89 Absatz 3 Unterabsatz 2 der Verordnung (EU) Nr. 528/2012 oder
    b) ein Antrag auf zeitlich parallele gegenseitige Anerkennung des Biozid-Produkts nach Artikel 89 Absatz 3 Unterabsatz 2 der Verordnung (EU) Nr. 528/2012,
4. 180 Tage für das Bereitstellen auf dem Markt und 365 Tage für das Verwenden ab
    a) dem Zeitpunkt der Ablehnung eines Antrags auf Zulassung eines bereits auf dem Markt bereitgestellten Biozid-Produkts oder eines Antrags auf zeitlich parallele gegenseitige Anerkennung nach Artikel 89 Absatz 3 Unterabsatz 2 der Verordnung (EU) Nr. 528/2012 oder
    b) dem Zeitpunkt, in dem die Zulassung des Biozid-Produkts an Bedingungen geknüpft worden ist, die eine Änderung des Biozid-Produkts erfordern würden,
5. 24 Monate für das Bereitstellen auf dem Markt und 30 Monate für das Verwenden in den Fällen des Artikels 15 Buchstabe a der Delegierten Verordnung (EU) Nr. 1062/2014 jeweils ab dem späteren der folgenden Zeitpunkte:
    a) der Notifizierung gemäß Artikel 17 der Delegierten Verordnung (EU) Nr. 1062/2014 oder
    b) der Veröffentlichung des Beschlusses oder der Leitlinien gemäß Artikel 15 Buchstabe a der Delegierten Verordnung (EU) Nr. 1062/2014,

6. zwölf Monate für das Bereitstellen auf dem Markt und 18 Monate für das Verwenden in den Fällen des Artikels 15 der Delegierten Verordnung (EU) Nr. 1062/2014 jeweils ab dem Zeitpunkt, in dem die Europäische Chemikalienagentur nach Artikel 19 der Delegierten Verordnung (EU) Nr. 1062/2014 für den betreffenden Wirkstoff die Information veröffentlicht hat, dass sie
   a) innerhalb der in Artikel 16 Absatz 5 der Delegierten Verordnung (EU) Nr. 1062/2014 genannten Frist keine Notifizierung erhalten hat oder
   b) die Notifizierung gemäß Artikel 17 Absatz 4 oder 5 der Delegierten Verordnung (EU) Nr. 1062/2014 abgelehnt hat.

(9) Im Falle des Absatzes 8 Nummer 3 kann die Bundesstelle für Chemikalien im Rahmen des unionsrechtlich Zulässigen für Bestände des Biozid-Produkts, die bereits vor Erteilung der Zulassung oder parallelen Anerkennung auf dem Markt bereitgestellt wurden und den Maßgaben der Zulassungs- oder Anerkennungsentscheidung oder den auf die Zulassung oder Anerkennung bezogenen Kennzeichnungsvorschriften nicht oder nicht vollständig entsprechen, Aufbrauchfristen für die weitere Bereitstellung auf dem Markt und die weitere Verwendung festlegen.

(10) Soweit in Artikel 91 der Verordnung (EU) Nummer 528/2012 nichts anderes bestimmt ist, sind für Anträge auf Zulassung oder gegenseitige Anerkennung von Biozid-Produkten, die vor dem 1. September 2013 vollständig bei der Zulassungsstelle eingegangen sind, die Vorschriften dieses Gesetzes in der bis zum Inkrafttreten des Gesetzes zur Durchführung der Verordnung (EU) Nummer 528/2012 vom 23. Juli 2013 (BGBl. I S. 2565)[1] geltenden Fassung weiter anzuwenden.

(11) [1] Die Bundesregierung wird ermächtigt, nach Anhörung der beteiligten Kreise durch Rechtsverordnung[2] mit Zustimmung des Bundesrates zu dem in § 1 genannten Zweck bis zu dem durch delegierten Rechtsakt der Europäischen Kommission nach Artikel 89 Absatz 1 Unterabsatz 2 der Verordnung (EU) Nummer 528/2012 bestimmten Zeitpunkt des Endes des Arbeitsprogramms zur systematischen Prüfung aller alten Wirkstoffe, mindestens aber bis zum 31. Dezember 2024, vorzuschreiben, dass bestimmte Biozid-Produkte im Sinne des Absatzes 8 erst in den Verkehr gebracht und verwendet werden dürfen, nachdem sie von der Bundesstelle für Chemikalien zugelassen worden sind. [2] In der Rechtsverordnung kann von Anforderungen der Verordnung (EU) Nummer 528/2012 im Rahmen des unionsrechtlich Zulässigen abgewichen werden. [3] Statt einer Zulassung kann auch ein Meldeverfahren vorgesehen werden.

(11a) [1] Im Geltungsbereich dieses Gesetzes darf ein Biozid-Produkt abweichend von Artikel 17 Absatz 1 der Verordnung (EU) Nr. 528/2012 nach Maßgabe der Sätze 2 und 3 auf dem Markt bereitgestellt und verwendet werden, wenn es

1. unter die Verordnung (EU) Nr. 528/2012 fällt und nicht unter die Richtlinie 98/8/EG des Europäischen Parlaments und des Rates vom 16. Februar 1998 über das Inverkehrbringen von Biozid-Produkten (ABl. L 123 vom 24.4. 1998, S. 1) fiel und

---

[1] Das Gesetz ist am 1.9.2013 in Kraft getreten.
[2] Siehe die Biozidrechts-DurchführungsVO v. 18.8.2021 (BGBl. I S. 3706).

2. nur aus Wirkstoffen besteht, die bereits am 1. September 2013 auf dem Markt waren oder in Biozid-Produkten verwendet wurden, oder nur diese Wirkstoffe enthält oder erzeugt.

[2] Für ein Biozid-Produkt nach Satz 1, für das bis zum 1. September 2016 ein Antrag auf Genehmigung bei der zuständigen Behörde für alle Wirkstoffe der Produktart gestellt wurde, gelten für das Bereitstellen auf dem Markt und für das Verwenden die folgenden Fristen:

1. zwölf Monate für das Bereitstellen auf dem Markt und 18 Monate für das Verwenden jeweils ab Veröffentlichung eines Durchführungsbeschlusses gemäß Artikel 9 Absatz 1 Buchstabe b der Verordnung (EU) Nr. 528/2012 im Amtsblatt der Europäischen Union, mit dem ein in dem Biozid-Produkt enthaltener Biozid-Wirkstoff für die betreffende Produktart nicht genehmigt wurde, es sei denn, in dem Durchführungsbeschluss der Kommission ist etwas anderes bestimmt,

2. 180 Tage für das Bereitstellen auf dem Markt und 365 Tage für das Verwenden jeweils ab dem in der Durchführungsverordnung nach Artikel 9 Absatz 1 Buchstabe a der Verordnung (EU) Nr. 528/2012 festgelegten Zeitpunkt der Genehmigung eines Wirkstoffs, wenn einer der folgenden Anträge nicht oder nicht innerhalb der Frist von Artikel 89 Absatz 3 der Verordnung (EU) Nr. 528/2012 gestellt wurde:

   a) ein Antrag auf Zulassung des Biozid-Produkts gemäß Artikel 17 Absatz 2 der Verordnung (EU) Nr. 528/2012 oder

   b) ein Antrag auf zeitlich parallele gegenseitige Anerkennung gemäß Artikel 34 der Verordnung (EU) Nr. 528/2012,

3. bis zum Zeitpunkt der Entscheidung über die Zulassung oder die Anerkennung, wenn einer der folgenden Anträge gestellt wurde:

   a) ein Antrag auf Zulassung des Biozid-Produkts gemäß Artikel 20 der Verordnung (EU) Nr. 528/2012 oder

   b) ein Antrag auf zeitlich parallele gegenseitige Anerkennung des Biozid-Produkts nach Artikel 34 der Verordnung (EU) Nr. 528/2012,

4. 180 Tage für das Bereitstellen auf dem Markt und 365 Tage für das Verwenden ab

   a) dem Zeitpunkt der Ablehnung eines Antrags auf Zulassung eines bereits in Verkehr gebrachten Biozid-Produkts oder eines Antrags auf zeitlich parallele gegenseitige Anerkennung oder

   b) dem Zeitpunkt, in dem die Zulassung des Biozid-Produkts an Bedingungen geknüpft worden ist, die eine Änderung des Biozid-Produkts erfordern würden.

[3] Im Übrigen kann ein Biozid-Produkt nach Satz 1 bis zum 1. September 2017 auf dem Markt bereitgestellt oder verwendet werden.

(12) [1] Auf Gemische im Sinne des Anhangs VIII der Verordnung (EG) Nr. 1272/2008 sind § 16e Absatz 1 und § 26 Absatz 1 Nummer 6a dieses Gesetzes in der bis zum 31. Dezember 2019 geltenden Fassung bis zu den folgenden Zeitpunkten anzuwenden:

1. im Fall des Anhangs VIII Teil A Abschnitt 1.1 und 1.2 bis einschließlich des 31. Dezember 2020 und

2. im Fall des Anhangs VIII Teil A Abschnitt 1.3 bis einschließlich des 31. Dezember 2023.

²Satz 1 gilt nicht für Gemische, die nicht in eine der Gefahrenklassen nach Anhang I Abschnitt 3.1 Kategorie 1, 2 und 3, Abschnitt 3.2 Kategorie 1 Unterkategorie 1 A, 1 B und 1 C, Abschnitt 3.4, 3.5, 3.6 und 3.7 der Verordnung (EG) Nr. 1272/2008 einzustufen sind oder die nicht für den Verbraucher bestimmt sind, sofern es sich bei dem Gemisch nicht um ein Biozid-Produkt handelt und sofern für das betreffende Gemisch Folgendes in einer von dem jeweiligen Institut vorgegebenen Form elektronisch übermittelt wurde und für die in § 16e Absatz 4 genannten Zwecke zur Verfügung steht:

1. im Falle von Wasch- und Reinigungsmitteln im Sinne des Wasch- und Reinigungsmittelgesetzes[1]) dem Bundesinstitut für Risikobewertung ein jeweils aktuelles Datenblatt nach Anhang VII Abschnitt C der Verordnung (EG) Nr. 648/2004 des Europäischen Parlaments und des Rates vom 31. März 2004 über Detergenzien (ABl. L 104 vom 8.4.2004, S. 1), die zuletzt durch die Verordnung (EU) Nr. 259/2012 (ABl. L 94 vom 30.3.2012, S. 16) geändert worden ist,

2. im Falle sonstiger Gemische dem Institut für Arbeitsschutz der Deutschen Gesetzlichen Unfallversicherung ein jeweils aktuelles Sicherheitsdatenblatt nach Artikel 31 der Verordnung (EG) Nr. 1907/2006.

³Mitteilungen nach Satz 2 oder § 28 Absatz 12 dieses Gesetzes in der bis zum 31. Dezember 2019 geltenden Fassung gelten nicht als frühere Informationen im Sinne des Anhangs VIII Teil A Abschnitt 1.4 der Verordnung (EG) Nr. 1272/2008.

(13) § 12j Absatz 2 bis 7 gilt nicht für Stoffe und Gemische, die vom Hersteller oder Einführer oder von demjenigen, der sie aus einem anderen Mitgliedstaat der Europäischen Union bezieht, bereits vor dem 1. August 2021 an einen Dritten abgegeben worden sind.

## § 29 (Außerkrafttreten)

## § 30 Berlin-Klausel. (gegenstandslos)

## § 31 (Inkrafttreten)

**Anhang 1**
(zu § 19a Absatz 1)

**Grundsätze der Guten Laborpraxis (GLP)**

*(Hier nicht wiedergegeben.)*

**Anhang 2**
(zu § 19b Absatz 1)

*(Hier nicht wiedergegeben.)*

---

[1]) Nr. **4.3**.

## 9.1.2. Verordnung über Verbote und Beschränkungen des Inverkehrbringens und über die Abgabe bestimmter Stoffe, Gemische und Erzeugnisse nach dem Chemikaliengesetz (Chemikalien-Verbotsverordnung – ChemVerbotsV)[1) 2)]

Vom 20. Januar 2017
(BGBl. I S. 94, ber. 2018 S. 1389)

**FNA 8053-6-37**

zuletzt geänd. durch Art. 300 Elfte ZuständigkeitsanpassungsVO v. 19.6.2020 (BGBl. I S. 1328)

### Abschnitt 1. Anwendungsbereich, Begriffsbestimmungen

**§ 1 Anwendungsbereich.** ¹Diese Verordnung gilt für das Inverkehrbringen bestimmter gefährlicher Stoffe und Gemische sowie bestimmter Erzeugnisse, die diese freisetzen können oder enthalten, nach dem Chemikaliengesetz. ²Sie regelt zum Schutz des Menschen und der Umwelt vor stoffbedingten Schädigungen

1. Verbote und Beschränkungen des Inverkehrbringens bestimmter gefährlicher Stoffe und Gemische sowie bestimmter Erzeugnisse, die diese freisetzen können oder enthalten,
2. Anforderungen, die in Bezug auf die Abgabe bestimmter gefährlicher Stoffe und Gemische einzuhalten sind.

**§ 2 Begriffsbestimmungen.** Im Sinne dieser Verordnung ist
1. Abgabe: die Übergabe oder der Versand an den Erwerber oder die Empfangsperson,
2. gewerbsmäßige Abgabe: eine Abgabe, die
   a) im Rahmen einer wirtschaftlichen Unternehmung erfolgt oder
   b) mit der Absicht zur Gewinnerzielung im Rahmen einer nicht nur im Einzelfall durchgeführten Tätigkeit erfolgt,
3. abgebende Person: eine natürliche Person, die eine Abgabe durchführt,
4. Erwerber: eine natürliche oder juristische Person, in deren Eigentum oder Verfügungsgewalt die Ware durch die Abgabe übergeht,
5. Empfangsperson: eine vom Erwerber beauftragte natürliche Person, die die Ware bei der Abgabe entgegennimmt.

---

[1)] Verkündet als Art. 1 VO v. 20.1.2017 (BGBl. I S. 94, ber. 2018 S. 1389) v. 20.1.2017 (BGBl. I S. 94, ber. 2018 S. 1389); Inkrafttreten gem. Art. 4 Abs. 2 Satz 1 dieser VO am 27.1.2017. Die VO wurde erlassen auf Grund von § 17 Abs. 1 Nr. 1, 2 und Abs. 5 ChemG (Nr. **9.1**).
[2)] **Amtl. Anm. am Titel der MantelVO**: Die Verpflichtungen aus der Richtlinie (EU) 2015/1535 des Europäischen Parlaments und des Rates vom 9. September 2015 über ein Informationsverfahren auf dem Gebiet der technischen Vorschriften und der Vorschriften für die Dienste der Informationsgesellschaft (ABl. L 241 vom 17.9.2015, S. 1) sind beachtet worden.

## Abschnitt 2. Verbote und Beschränkungen

**§ 3 Verbote und Beschränkungen des Inverkehrbringens.** (1) Beschränkungen des Inverkehrbringens bestimmter Stoffe, Gemische und Erzeugnisse ergeben sich insbesondere aus Artikel 67 in Verbindung mit Anhang XVII der Verordnung (EG) Nr. 1907/2006 des Europäischen Parlaments und des Rates vom 18. Dezember 2006 zur Registrierung, Bewertung, Zulassung und Beschränkung chemischer Stoffe (REACH), zur Schaffung einer Europäischen Chemikalienagentur, zur Änderung der Richtlinie 1999/45/EG und zur Aufhebung der Verordnung (EWG) Nr. 793/93 des Rates, der Verordnung (EG) Nr. 1488/94 der Kommission, der Richtlinie 76/769/EWG des Rates sowie der Richtlinien 91/155/EWG, 93/67/EWG, 93/105/EG und 2000/21/EG der Kommission (ABl. L 396 vom 30.12.2006, S. 1, L 136 vom 29.5.2007, S. 3, L 141 vom 31.5.2008, S. 22, L 36 vom 5.2.2009, S. 84) in ihrer jeweils geltenden Fassung.

(2) Darüber hinaus ist das Inverkehrbringen von Stoffen und Gemischen, die in Anlage 1 Spalte 1 bezeichnet sind, sowie von Stoffen, Gemischen und Erzeugnissen, die diese freisetzen können oder enthalten, in dem in Anlage 1 Spalte 2 genannten Umfang nach Maßgabe der in Anlage 1 Spalte 3 aufgeführten Ausnahmen verboten.

(3) Sofern in Anlage 1 Spalte 3 nicht etwas anderes bestimmt ist, gilt Absatz 2 nicht für das Inverkehrbringen

1. von Stoffen, Gemischen oder Erzeugnissen, die den Ausnahmen nach § 2 Absatz 1 Nummer 1 und 2 und Absatz 2 Satz 1 des Chemikaliengesetzes[1)] unterliegen,
2. zu Forschungs-, wissenschaftlichen Lehr- und Ausbildungszwecken sowie Analysezwecken in den dafür erforderlichen Mengen oder
3. zur ordnungsgemäßen und schadlosen Abfallverwertung in einer dafür zugelassenen Anlage oder zur gemeinwohlverträglichen Abfallbeseitigung.

(4) [1] Das Bundesministerium für Umwelt, Naturschutz und nukleare Sicherheit gibt im Bundesanzeiger für die in Anlage 1 genannten Stoffe und Stoffgruppen den Wortlaut derjenigen geeigneten analytischen Verfahren für Probenahmen und Untersuchungen bekannt, die wissenschaftlich anerkannten Prüfverfahren entsprechen. [2] Stehen geeignete Verfahren zur Verfügung, die (C) EN-Normen entsprechen, ist im Zusammenhang mit der spezifischen Vorschrift zur Probeentnahme ein Verweis auf diese Normen ausreichend.

**§ 4 Nationale Ausnahmen von Beschränkungsregelungen nach der Verordnung (EG) Nr. 1907/2006.** (1) Die Beschränkungen nach Artikel 67 in Verbindung mit Anhang XVII Eintrag 6 der Verordnung (EG) Nr. 1907/2006 gelten nicht für das Inverkehrbringen

1. chrysotilhaltiger Diaphragmen einschließlich der zu ihrer Herstellung benötigten chrysotilhaltigen Rohstoffe zum Zweck einer nach § 17 Absatz 1 der Gefahrstoffverordnung[2)] zulässigen Verwendung in bestehenden Anlagen zur Chloralkalielektrolyse,

---

[1)] Nr. **9.1**.
[2)] Nr. **9.1.3**.

2. von Verkehrsmitteln, die vor dem 31. Dezember 1994 hergestellt worden sind und die aufgrund ihres Originalherstellungsprozesses die in Anhang XVII Eintrag 6 Spalte 1 der Verordnung (EG) Nr. 1907/2006 bezeichneten Asbestfasern enthalten, und

3. von kulturhistorischen Gegenständen, die vor dem 31. Dezember 1994 hergestellt worden sind, für Sammlungs- oder Ausstellungszwecke.

(2) Das Verbot des Inverkehrbringens nach Artikel 67 in Verbindung mit Anhang XVII Eintrag 16 und 17 der Verordnung (EG) Nr. 1907/2006 gilt nicht für die dort genannten Bleiverbindungen in oder für Farben, die zur Erhaltung oder originalgetreuen Wiederherstellung von Kunstwerken und historischen Bestandteilen oder von Einrichtungen denkmalgeschützter Gebäude bestimmt sind, wenn die Verwendung von Ersatzstoffen nicht möglich ist.

## Abschnitt 3. Regelungen zur Abgabe

**§ 5 Anforderungen und Ausnahmen.** (1) In Bezug auf die Abgabe der in Anlage 2 Spalte 1 aufgeführten Stoffe und Gemische gelten die jeweils in Anlage 2 Spalte 2 bezeichneten Anforderungen dieses Abschnitts.

(2) Für die Abgabe an Wiederverkäufer, berufsmäßige Verwender und öffentliche Forschungs-, Untersuchungs- und Lehranstalten reichen die in Anlage 2 Spalte 3 bezeichneten erleichterten Anforderungen dieses Abschnitts aus.

(3) Sofern nicht in diesem Abschnitt ausdrücklich etwas anderes bestimmt ist, gelten die Anforderungen dieses Abschnitts nur für die gewerbsmäßige Abgabe.

(4) Die Anforderungen dieses Abschnitts gelten nicht für die Abgabe von

1. Kraftstoffen gemäß §§ 3, 4 Absatz 1 und 2, §§ 5 bis 9 der Verordnung über die Beschaffenheit und die Auszeichnung der Qualitäten von Kraft- und Brennstoffen vom 8. Dezember 2010 (BGBl. I S. 1849), die durch Artikel 1 der Verordnung vom 1. Dezember 2014 (BGBl. I S. 1890) geändert worden ist, in der jeweils geltenden Fassung, an Tankstellen oder sonstigen Betankungseinrichtungen,

2. Methanol und methanolhaltigen Gemischen zur Verwendung in Brennstoffzellen, sofern aufgrund der sicherheitstechnischen Konstruktionsmerkmale des Behälters eine Freisetzung des Brennstoffes nur in Verbindung mit der Brennstoffzelle in einem geschlossenen System erfolgen kann,

3. Heizöl gemäß § 10 der Verordnung über die Beschaffenheit und die Auszeichnung der Qualitäten von Kraft- und Brennstoffen in der jeweils geltenden Fassung,

4. folgenden Stoffen und Gemischen, soweit sie nach der Verordnung (EG) Nr. 1272/2008 des Europäischen Parlaments und des Rates vom 16. Dezember 2008 über die Einstufung, Kennzeichnung und Verpackung von Stoffen und Gemischen, zur Änderung und Aufhebung der Richtlinien 67/548/EWG und 1999/45/EG und zur Änderung der Verordnung (EG) Nr. 1907/2006 (ABl. L 353 vom 31.12.2008, S. 1, L 16 vom 20.1.2011, S. 1, L 94 vom 10.4.2015, S. 9) in ihrer jeweils geltenden Fassung mit den Gefahrenpiktogrammen GHS02 (Flamme) oder GHS03 (Flamme über einem Kreis) zu kennzeichnen sind und ausschließlich aus diesem Grund der Anlage 2 unterfallen:

a) Gase der Klasse 2 nach Anlage A Unterabschnitt 2.2.2.1 des Europäischen Übereinkommens vom 30. September 1957 über die internationale Beförderung gefährlicher Güter auf der Straße (ADR) in der Fassung der Bekanntmachung vom 17. April 2015 (BGBl. 2015 II S. 504),
b) Klebstoffe, Härter, Mehrkomponentenkleber oder Mehrkomponenten-Reparaturspachtel,
5. Mineralien für Sammlerzwecke,
6. Experimentierkästen für chemische oder ähnliche Versuche, die in Übereinstimmung mit DIN EN 71 Teil 4, Ausgabe Mai 2013, hergestellt worden sind, sofern sie an Personen abgegeben werden, die über 18 Jahre alt sind,
7. pyrotechnischen Gegenständen im Sinne des § 4 Absatz 2 der Ersten Verordnung zum Sprengstoffgesetz in der Fassung der Bekanntmachung vom 31. Januar 1991 (BGBl. I S. 169), die zuletzt durch Artikel 13 der Verordnung vom 2. Juni 2016 (BGBl. I S. 1257) geändert worden ist,
8. Sonderkraftstoffen, die nach der Verordnung (EG) Nr. 1272/2008 in ihrer jeweils geltenden Fassung mit dem Gefahrenpiktogramm GHS02 (Flamme) und dem Gefahrenhinweis H224 (Flüssigkeit und Dampf extrem entzündbar) zu kennzeichnen sind und die für den Einsatz in solchen Verbrennungsmotoren bestimmt sind, die in Artikel 2 Absatz 1 der Verordnung (EU) 2016/1628 des Europäischen Parlaments und des Rates vom 14. September 2016 über die Anforderungen in Bezug auf die Emissionsgrenzwerte für gasförmige Schadstoffe und luftverunreinigende Partikel und die Typgenehmigung für Verbrennungsmotoren für nicht für den Straßenverkehr bestimmte mobile Maschinen und Geräte, zur Änderung der Verordnungen (EU) Nr. 1024/2012 und (EU) Nr. 167/2013 und zur Änderung und Aufhebung der Richtlinie 97/68/EG (ABl. L 252 vom 16.9.2016, S. 53) genannt sind, und
9. elektronischen Zigaretten und Nachfüllbehältern im Sinne von § 2 Nummer 2 des Tabakerzeugnisgesetzes vom 4. April 2016 (BGBl. I S. 569).

**§ 6 Erlaubnispflicht.** (1) [1]Wer Stoffe oder Gemische, für die in Anlage 2 auf diese Vorschrift verwiesen wird, abgibt oder für Dritte bereitstellt, bedarf der Erlaubnis der zuständigen Behörde. [2]Satz 1 gilt nicht
1. für natürliche oder juristische Personen, die die betreffenden Stoffe und Gemische ausschließlich an den in § 5 Absatz 2 genannten Empfängerkreis abgeben,
2. für Apotheken.

(2) Eine Erlaubnis erhält auf Antrag, wer
1. die Sachkunde nach § 11 Absatz 1 nachgewiesen hat,
2. die erforderliche Zuverlässigkeit besitzt und
3. mindestens 18 Jahre alt ist.

(3) [1]Unternehmen erhalten die Erlaubnis, wenn sie in jeder Betriebsstätte, in der Stoffe oder Gemische nach Absatz 1 abgegeben oder bereitgestellt werden, Personen beschäftigen, die die Anforderungen nach Absatz 2 erfüllen. [2]Jeder Wechsel einer solchen Person ist der zuständigen Behörde unverzüglich schriftlich anzuzeigen.

(4) Die Erlaubnis kann auf einzelne Stoffe oder Gemische oder auf bestimmte Gruppen von Stoffen oder Gemischen beschränkt werden.

(5) ¹Die Erlaubnis kann unter Auflagen erteilt werden. ²Auflagen können auch nachträglich angeordnet werden. ³Die Erlaubnis kann widerrufen werden, wenn

1. die Voraussetzungen für eine Erlaubniserteilung nicht mehr gegeben sind oder
2. die mit der Erlaubnis verbundenen Auflagen nicht eingehalten wurden.

**§ 7 Anzeigepflicht.** (1) ¹Wer Stoffe oder Gemische, für die in Anlage 2 Spalte 3 auf diese Vorschrift verwiesen wird, an den in § 5 Absatz 2 genannten Empfängerkreis abgibt oder für diesen bereitstellt, hat der zuständigen Behörde die erstmalige Abgabe oder Bereitstellung der Stoffe oder Gemische vor Aufnahme dieser Tätigkeit schriftlich anzuzeigen. ²Satz 1 gilt nicht für

1. Inhaber einer Erlaubnis nach § 6,
2. Apotheken.

(2) ¹In der Anzeige ist mindestens eine Person zu benennen, die die Anforderungen nach § 6 Absatz 2 erfüllt. ²Jeder Wechsel dieser Person sowie die endgültige Aufgabe der Tätigkeit nach Absatz 1 Satz 1 ist der zuständigen Behörde unverzüglich schriftlich anzuzeigen.

**§ 8 Grundanforderungen zur Durchführung der Abgabe.** (1) Die Abgabe von Stoffen oder Gemischen, für die in Anlage 2 auf diese Vorschrift verwiesen wird, darf nur von einer im Betrieb beschäftigten Person durchgeführt werden, die die Anforderungen nach § 6 Absatz 2 erfüllt.

(2) ¹Soweit in Anlage 2 Spalte 3 auf diesen Absatz verwiesen wird, darf die Abgabe abweichend von Absatz 1 an den in § 5 Absatz 2 genannten Empfängerkreis auch durch eine beauftragte Person erfolgen, die

1. zuverlässig ist,
2. mindestens 18 Jahre alt ist und
3. von einer Person, die die Anforderungen nach § 6 Absatz 2 erfüllt, über die wesentlichen Eigenschaften der abzugebenden Stoffe und Gemische, über die mit ihrer Verwendung verbundenen Gefahren und über die einschlägigen Vorschriften belehrt worden ist.

²Die Belehrung muss jährlich wiederholt werden und ist jeweils schriftlich zu bestätigen.

(3) Die Abgabe darf nur durchgeführt werden, wenn

1. der abgebenden Person bekannt ist oder sie sich vom Erwerber hat bestätigen oder durch Vorlage entsprechender Unterlagen nachweisen lassen, dass dieser die Stoffe oder Gemische in erlaubter Weise verwenden oder weiterveräußern will und die rechtlichen Voraussetzungen hierfür erfüllt, und keine Anhaltspunkte für eine unerlaubte Verwendung oder Weiterveräußerung vorliegen,
2. die abgebende Person den Erwerber unterrichtet hat über
    a) die mit dem Verwenden des Stoffes oder des Gemisches verbundenen Gefahren,
    b) die notwendigen Vorsichtsmaßnahmen beim bestimmungsgemäßen Gebrauch und für den Fall des unvorhergesehenen Verschüttens oder Freisetzens sowie

c) die ordnungsgemäße Entsorgung und
3. im Fall der Abgabe an eine natürliche Person diese mindestens 18 Jahre alt ist.

(4) ¹Im Einzelhandel darf die Abgabe oder die Bereitstellung für Dritte nicht durch Automaten oder durch andere Formen der Selbstbedienung erfolgen. ²Das Selbstbedienungsverbot nach § 23 Absatz 2 des Pflanzenschutzgesetzes bleibt unberührt.

**§ 9 Identitätsfeststellung und Dokumentation.** (1) ¹Über die Abgabe von Stoffen und Gemischen, für die in Anlage 2 auf diese Vorschrift verwiesen wird, ist ein Abgabebuch zu führen. ²Das Abgabebuch kann auch in elektronischer Form geführt werden.

(2) Die abgebende Person hat bei der Abgabe
1. die Identität des Erwerbers, im Falle der Entgegennahme durch eine Empfangsperson die Identität der Empfangsperson und das Vorhandensein der Auftragsbestätigung, aus der der Verwendungszweck und die Identität des Erwerbers hervorgehen, festzustellen,
2. in dem Abgabebuch für jede Abgabe zu dokumentieren:
   a) die Art und Menge der abgegebenen Stoffe oder Gemische,
   b) das Datum der Abgabe,
   c) den Verwendungszweck,
   d) den Namen der abgebenden Person,
   e) den Namen und die Anschrift des Erwerbers,
   f) im Fall der Entgegennahme durch eine Empfangsperson zusätzlich den Namen und die Anschrift der Empfangsperson und
   g) im Fall der Abgabe an öffentliche Forschungs-, Untersuchungs- oder Lehranstalten zusätzlich die Angabe, ob die Abgabe zu Forschungs-, Analyse- oder Lehrzwecken erfolgt, und
3. dafür zu sorgen, dass der Erwerber oder die Empfangsperson den Empfang des Stoffes oder Gemisches im Abgabebuch oder auf einem gesonderten Empfangsschein durch Unterschrift oder durch eine handschriftliche elektronische Unterschrift bestätigt.

(3) Das Abgabebuch und die Empfangsscheine sind vom Betriebsinhaber mindestens fünf Jahre nach der letzten Eintragung aufzubewahren.

(4) Soweit in Anlage 2 Spalte 3 auf diesen Absatz verwiesen wird, gelten die Anforderungen nach Absatz 1, 2 Nummer 2 und 3 und Absatz 3 bei der Abgabe an den in § 5 Absatz 2 genannten Empfängerkreis nicht, wenn der Betriebsinhaber die Angaben nach Absatz 2 Nummer 2 und 3 in anderer Weise für mindestens fünf Jahre nachweisen kann.

**§ 10 Versand.** (1) Stoffe und Gemische, für die in Anlage 2 auf diese Vorschrift verwiesen wird, dürfen außerhalb des in § 5 Absatz 2 bezeichneten Empfängerkreises nicht im Versandwege abgegeben oder zum Versand angeboten werden.

(2) Absatz 1 gilt auch für die nicht gewerbsmäßige Abgabe und das nicht gewerbsmäßige Anbieten.

## 9.1.2 ChemVerbotsV § 11 — Chemikalien-Verbotsverordnung

**§ 11 Sachkunde.** (1) Die erforderliche Sachkunde nach § 6 Absatz 2 Nummer 1 hat nachgewiesen, wer

1. eine von der zuständigen Behörde oder eine von der zuständigen Behörde hierfür anerkannten Einrichtung durchgeführte Prüfung nach Absatz 2 bestanden oder eine anderweitige Qualifikation nach Absatz 3 erworben hat und
2. sofern die Prüfung oder der Erwerb der anderweitigen Qualifikation länger als sechs Jahre zurückliegt, eine Bescheinigung über die Teilnahme an einer vor längstens sechs Jahren durchgeführten eintägigen oder vor längstens drei Jahren durchgeführten halbtägigen Fortbildungsveranstaltung einer zuständigen Behörde oder einer von der zuständigen Behörde hierfür anerkannten Einrichtung über die einschlägigen Inhalte des Absatzes 2 vorweisen kann.

(2) [1] Die Prüfung der Sachkunde nach Absatz 1 Nummer 1 erstreckt sich auf die allgemeinen Kenntnisse über die wesentlichen Eigenschaften der in Anlage 2 aufgeführten Stoffe und Gemische, über die mit ihrer Verwendung verbundenen Gefahren und auf die Kenntnis der betreffenden Vorschriften. [2] Sie kann auf einzelne gefährliche Stoffe und Gemische, die einzelne gefährliche Stoffe enthalten, beschränkt werden. [3] Sie kann auch unter Berücksichtigung nachgewiesener fachlicher Vorkenntnisse auf die Kenntnis der Vorschriften beschränkt werden. [4] Eine Anerkennung oder ein Zeugnis nach der Pflanzenschutz-Sachkundeverordnung vom 27. Juni 2013 (BGBl. I S. 1953), die zuletzt durch Artikel 376 der Verordnung vom 31. August 2015 (BGBl. I S. 1474) geändert worden ist, kann als Nachweis der Sachkunde für die Abgabe von Pflanzenschutzmitteln anerkannt werden, die von Anlage 2 erfasst sind. [5] Über die Prüfung wird ein Zeugnis ausgestellt.

(3) Anderweitige Qualifikationen nach Absatz 1 Nummer 1 sind
1. die Approbation als Apotheker,
2. die Berechtigung, die Berufsbezeichnung Apothekerassistent oder Pharmazieingenieur zu führen,
3. die Erlaubnis zur Ausübung der Tätigkeit unter der Berufsbezeichnung pharmazeutisch-technischer Assistent oder Apothekenassistent,
4. die bestandene Abschlussprüfung nach der Verordnung über die Berufsausbildung zum Drogist/zur Drogistin vom 30. Juni 1992 (BGBl. I S. 1197), die zuletzt durch Artikel 2 Absatz 2 des Gesetzes vom 23. Juli 2001 (BGBl. I S. 1663) geändert worden ist, sofern die Abschlussprüfung der Prüfung der Sachkunde nach Absatz 2 entspricht,
5. die bestandene Prüfung zum anerkannten Abschluss Geprüfter Schädlingsbekämpfer/Geprüfte Schädlingsbekämpferin oder
6. die bestandene Abschlussprüfung nach der Verordnung über die Berufsausbildung zum Schädlingsbekämpfer/zur Schädlingsbekämpferin vom 15. Juli 2004 (BGBl. I S. 1638).

(4) Der Nachweis der Qualifikation nach Absatz 1 Nummer 1 gilt als erbracht für Personen aus den Mitgliedstaaten der Europäischen Union oder anderen Vertragsstaaten des Abkommens über den Europäischen Wirtschaftsraum, wenn der zuständigen Behörde nachgewiesen haben, dass sie die Voraussetzungen des Artikels 2 der Richtlinie 74/556/EWG des Rates vom 4. Juni 1974 über die Einzelheiten der Übergangsmaßnahmen auf dem Gebiet der Tätigkeiten des Handels mit und der Verteilung von Giftstoffen und der

Tätigkeiten, die die berufliche Verwendung dieser Stoffe umfassen, einschließlich der Vermittlertätigkeiten (ABl. L 307 vom 18.11.1974, S. 1) erfüllen.

(5) Nachweise, die in anderen Mitgliedstaaten der Europäischen Union oder anderen Vertragsstaaten des Abkommens über den Europäischen Wirtschaftsraum ausgestellt worden sind, stehen den in Absatz 1 Nummer 2 und Absatz 2 und 3 bezeichneten inländischen Nachweisen gleich, wenn die für die Anerkennung der Gleichwertigkeit zuständige Behörde die Gleichwertigkeit festgestellt hat.

## Abschnitt 4. Schlussbestimmungen

**§ 12 Ordnungswidrigkeiten.** (1) Ordnungswidrig im Sinne des § 26 Absatz 1 Nummer 7 Buchstabe a des Chemikaliengesetzes[1] handelt, wer vorsätzlich oder fahrlässig entgegen § 7 Absatz 1 Satz 1 oder Absatz 2 Satz 2, auch in Verbindung mit § 14 Absatz 2, eine Anzeige nicht, nicht richtig, nicht vollständig, nicht in der vorgeschriebenen Weise oder nicht rechtzeitig erstattet.

(2) Ordnungswidrig im Sinne des § 26 Absatz 1 Nummer 7 Buchstabe b des Chemikaliengesetzes handelt, wer vorsätzlich oder fahrlässig

1. entgegen § 8 Absatz 1, 3 Nummer 1 oder 3 oder Absatz 4 Satz 1 einen Stoff oder ein Gemisch abgibt oder
2. entgegen § 10 Absatz 1, auch in Verbindung mit Absatz 2, einen Stoff oder ein Gemisch abgibt oder anbietet.

(3) Ordnungswidrig im Sinne des § 26 Absatz 1 Nummer 7 Buchstabe c des Chemikaliengesetzes handelt, wer vorsätzlich oder fahrlässig

1. entgegen § 6 Absatz 3 Satz 2 eine Anzeige nicht, nicht richtig, nicht vollständig, nicht in der vorgeschriebenen Weise oder nicht rechtzeitig erstattet,
2. entgegen § 9 Absatz 1 Satz 1 ein Abgabebuch nicht führt,
3. entgegen § 9 Absatz 2 abgibt,
4. entgegen § 9 Absatz 3 das Abgabebuch oder einen Empfangsschein nicht oder nicht mindestens fünf Jahre aufbewahrt oder
5. entgegen § 9 Absatz 4 die Angaben nicht oder nicht mindestens fünf Jahre nachweisen kann.

**§ 13 Straftaten.** (1) Nach § 27 Absatz 1 Nummer 1, Absatz 2 bis 4 des Chemikaliengesetzes[1] wird bestraft, wer vorsätzlich oder fahrlässig

1. entgegen § 3 Absatz 2 einen Stoff, ein Gemisch oder ein Erzeugnis in den Verkehr bringt oder
2. ohne Erlaubnis nach § 6 Absatz 1 Satz 1 einen Stoff oder ein Gemisch abgibt oder bereitstellt.

(2) Nach § 27 Absatz 2, 3, 4 Nummer 2 des Chemikaliengesetzes ist strafbar, wer durch eine in § 12 Absatz 2 bezeichnete vorsätzliche Handlung das Leben oder die Gesundheit eines anderen oder fremde Sachen von bedeutendem Wert gefährdet.

---

[1] Nr. **9.1**.

(3) Nach § 27c Absatz 1 des Chemikaliengesetzes ist strafbar, wer eine in § 12 Absatz 2 bezeichnete vorsätzliche Handlung begeht, obwohl er weiß, dass der Stoff oder das Gemisch für eine rechtswidrige Tat, die den Tatbestand eines Strafgesetzes verwirklicht, verwendet werden soll.

(4) Erkennt der Täter in den Fällen des Absatzes 3 leichtfertig nicht, dass der Stoff oder das Gemisch für eine rechtswidrige Tat, die den Tatbestand eines Strafgesetzes verwirklicht, verwendet werden soll, ist er nach § 27c Absatz 2 des Chemikaliengesetzes strafbar.

**§ 14 Übergangsvorschriften.** (1) Eine nach früheren Rechtsvorschriften erteilte Erlaubnis, die einer Erlaubnis nach § 6 Absatz 1 entspricht, gilt im erteilten Umfang fort.

(2) Eine nach früheren Rechtsvorschriften abgegebene Anzeige, die einer Anzeige nach § 7 Absatz 1 entspricht, gilt nach Maßgabe des § 7 Absatz 2 Satz 2 fort.

(3) Der Nachweis der Qualifikation nach § 11 Absatz 1 Nummer 1 gilt als erbracht für Personen, die

1. nach früheren Vorschriften eine Prüfung bestanden haben, die der Prüfung nach § 11 Absatz 2 entspricht, oder
2. in einer Anzeige nach § 11 Absatz 7 der Gefahrstoffverordnung[1)] in der bis zum 31. Oktober 1993 geltenden Fassung benannt wurden.

(4) § 11 Absatz 1 Nummer 2 ist erst ab dem 1. Juni 2019 anzuwenden.

**Anlage 1**
(zu § 3)

**Inverkehrbringensverbote**

*(Hier nicht wiedergegeben.)*

**Anlage 2**
(zu §§ 5 bis 11)

**Anforderungen in Bezug auf die Abgabe**

*(Hier nicht wiedergegeben.)*

---

[1)] Nr. **9.1.3**.

## 9.1.3. Verordnung zum Schutz vor Gefahrstoffen (Gefahrstoffverordnung – GefStoffV)[1]

Vom 26. November 2010
(BGBl. I S. 1643, 1644)

**FNA 8053-6-34**

zuletzt geänd. durch Art. 2 VO zur Änd. der BiostoffVO und anderer Arbeitsschutzverordnungen
v. 21.7.2021 (BGBl. I S. 3115)

### Abschnitt 1. Zielsetzung, Anwendungsbereich und Begriffsbestimmungen

**§ 1 Zielsetzung und Anwendungsbereich.** (1) Ziel dieser Verordnung ist es, den Menschen und die Umwelt vor stoffbedingten Schädigungen zu schützen durch

1. Regelungen zur Einstufung, Kennzeichnung und Verpackung gefährlicher Stoffe und Gemische,
2. Maßnahmen zum Schutz der Beschäftigten und anderer Personen bei Tätigkeiten mit Gefahrstoffen und
3. Beschränkungen für das Herstellen und Verwenden bestimmter gefährlicher Stoffe, Gemische und Erzeugnisse.

(2) [1] Abschnitt 2 gilt für das Inverkehrbringen von

1. gefährlichen Stoffen und Gemischen,
2. bestimmten Stoffen, Gemischen und Erzeugnissen, die mit zusätzlichen Kennzeichnungen zu versehen sind, nach Maßgabe der Richtlinie 96/59/EG des Rates vom 16. September 1996 über die Beseitigung polychlorierter Biphenyle und polychlorierter Terphenyle (PCB/PCT) (ABl. L 243 vom 24.9.1996, S. 31), die durch die Verordnung (EG) Nr. 596/2009 (ABl. L 188 vom 18.7.2009, S. 14) geändert worden ist,
3. Biozid-Produkten im Sinne des § 3 Nummer 11 des Chemikaliengesetzes[2], die keine gefährlichen Stoffe oder Gemische sind, sowie
4. Biozid-Wirkstoffen im Sinne des § 3 Nummer 12 des Chemikaliengesetzes, die biologische Arbeitsstoffe im Sinne der Biostoffverordnung sind, und Biozid-Produkten im Sinne des § 3 Nummer 11 des Chemikaliengesetzes, die als Wirkstoffe solche biologischen Arbeitsstoffe enthalten.

[2] Abschnitt 2 gilt nicht für Lebensmittel oder Futtermittel in Form von Fertigerzeugnissen, die für den Endverbrauch bestimmt sind.

(3) [1] Die Abschnitte 3 bis 6 gelten für Tätigkeiten, bei denen Beschäftigte Gefährdungen ihrer Gesundheit und Sicherheit durch Stoffe, Gemische oder Erzeugnisse ausgesetzt sein können. [2] Sie gelten auch, wenn die Sicherheit und Gesundheit anderer Personen aufgrund von Tätigkeiten im Sinne von § 2 Absatz 5 gefährdet sein können, die durch Beschäftigte oder Unternehmer ohne Beschäftigte ausgeübt werden. [3] Die Sätze 1 und 2 finden auch Anwen-

---

[1] Verkündet als Art. 1 VO v. 26.11.2010 (BGBl. I S. 1643); Inkrafttreten gem. Art. 6 Satz 1 dieser VO am 1.12.2010.
[2] Nr. 9.1.

dung auf Tätigkeiten, die im Zusammenhang mit der Beförderung von Stoffen, Gemischen und Erzeugnissen ausgeübt werden. [4]Die Vorschriften des Gefahrgutbeförderungsgesetzes und der darauf gestützten Rechtsverordnungen bleiben unberührt.

(4) [1]Sofern nicht ausdrücklich etwas anderes bestimmt ist, gilt diese Verordnung nicht für

1. biologische Arbeitsstoffe im Sinne der Biostoffverordnung und
2. private Haushalte.

[2]Diese Verordnung gilt ferner nicht für Betriebe, die dem Bundesberggesetz unterliegen, soweit dort oder in Rechtsverordnungen, die auf Grund dieses Gesetzes erlassen worden sind, entsprechende Rechtsvorschriften bestehen.

**§ 2 Begriffsbestimmungen.** (1) Gefahrstoffe im Sinne dieser Verordnung sind

1. gefährliche Stoffe und Gemische nach § 3,
2. Stoffe, Gemische und Erzeugnisse, die explosionsfähig sind,
3. Stoffe, Gemische und Erzeugnisse, aus denen bei der Herstellung oder Verwendung Stoffe nach Nummer 1 oder Nummer 2 entstehen oder freigesetzt werden,
4. Stoffe und Gemische, die die Kriterien nach den Nummern 1 bis 3 nicht erfüllen, aber auf Grund ihrer physikalisch-chemischen, chemischen oder toxischen Eigenschaften und der Art und Weise, wie sie am Arbeitsplatz vorhanden sind oder verwendet werden, die Gesundheit und die Sicherheit der Beschäftigten gefährden können,
5. alle Stoffe, denen ein Arbeitsplatzgrenzwert zugewiesen worden ist.

(2) Für die Begriffe Stoff, Gemisch, Erzeugnis, Lieferant, nachgeschalteter Anwender und Hersteller gelten die Begriffsbestimmungen nach Artikel 2 der Verordnung (EG) Nr. 1272/2008 des Europäischen Parlaments und des Rates vom 16. Dezember 2008 über die Einstufung, Kennzeichnung und Verpackung von Stoffen und Gemischen, zur Änderung und Aufhebung der Richtlinien 67/548/EWG und 1999/45/EG und zur Änderung der Verordnung (EG) Nr. 1907/2006 (ABl. L 353 vom 31.12.2008, S. 1), die zuletzt durch die Verordnung (EU) 2015/1221 (ABl. L 197 vom 25.7.2015, S. 10) geändert worden ist.

(2a) Umweltgefährlich sind, über die Gefahrenklasse gewässergefährdend nach der Verordnung (EG) Nr. 1272/2008 hinaus, Stoffe oder Gemische, wenn sie selbst oder ihre Umwandlungsprodukte geeignet sind, die Beschaffenheit von Naturhaushalt, Boden oder Luft, Klima, Tieren, Pflanzen oder Mikroorganismen derart zu verändern, dass dadurch sofort oder später Gefahren für die Umwelt herbeigeführt werden können.

(3) Krebserzeugend, keimzellmutagen oder reproduktionstoxisch sind

1. Stoffe, die in Anhang VI der Verordnung (EG) Nr. 1272/2008 in der jeweils geltenden Fassung als karzinogen, keimzellmutagen oder reproduktionstoxisch eingestuft sind,
2. Stoffe, welche die Kriterien für die Einstufung als karzinogen, keimzellmutagen oder reproduktionstoxisch nach Anhang I der Verordnung (EG) Nr. 1272/2008 in der jeweils geltenden Fassung erfüllen,

Gefahrstoffverordnung **§ 2 GefStoffV 9.1.3**

3. Gemische, die einen oder mehrere der in § 2 Absatz 3 Nummer 1 oder 2 genannten Stoffe enthalten, wenn die Konzentration dieses Stoffs oder dieser Stoffe die stoffspezifischen oder die allgemeinen Konzentrationsgrenzen nach der Verordnung (EG) Nr. 1272/2008 in der jeweils geltenden Fassung erreicht oder übersteigt, die für die Einstufung eines Gemischs als karzinogen, keimzellmutagen oder reproduktionstoxisch festgelegt sind,

4. Stoffe, Gemische oder Verfahren, die in den nach § 20 Absatz 4 bekannt gegebenen Regeln und Erkenntnissen als krebserzeugend, keimzellmutagen oder reproduktionstoxisch bezeichnet werden.

(4) Organische Peroxide im Sinne des § 11 Absatz 4 und des Anhangs III sind Stoffe, die sich vom Wasserstoffperoxid dadurch ableiten, dass ein oder beide Wasserstoffatome durch organische Gruppen ersetzt sind, sowie Gemische, die diese Stoffe enthalten.

(5) [1] Eine Tätigkeit ist jede Arbeit mit Stoffen, Gemischen oder Erzeugnissen, einschließlich Herstellung, Mischung, Ge- und Verbrauch, Lagerung, Aufbewahrung, Be- und Verarbeitung, Ab- und Umfüllung, Entfernung, Entsorgung und Vernichtung. [2] Zu den Tätigkeiten zählen auch das innerbetriebliche Befördern sowie Bedien- und Überwachungsarbeiten.

(5a) Begasung bezeichnet eine Verwendung von Biozid-Produkten oder Pflanzenschutzmitteln

1. bei der bestimmungsgemäß Stoffe gasförmig freigesetzt werden,

   a) die als akut toxisch Kategorie 1, 2 oder 3 eingestuft sind oder

   b) für die in der Zulassung festgelegt wurde, dass eine Messung oder Überwachung der Wirkstoff- oder Sauerstoffkonzentration zu erfolgen hat,

2. für die in der Zulassung die Bereitstellung und Verwendung eines unabhängig von der Umgebungsatmosphäre wirkenden Atemschutzgeräts festgelegt wurde oder

3. die zur Raumdesinfektion sämtlicher Flächen eines umschlossenen Raums eingesetzt werden, wobei Formaldehyd aus einer wässrigen Formaldehydlösung in Form schwebfähiger Flüssigkeitstropfen ausgebracht wird.

(6) [1] Lagern ist das Aufbewahren zur späteren Verwendung sowie zur Abgabe an andere. [2] Es schließt die Bereitstellung zur Beförderung ein, wenn die Beförderung nicht innerhalb von 24 Stunden nach der Bereitstellung oder am darauffolgenden Werktag erfolgt. [3] Ist dieser Werktag ein Samstag, so endet die Frist mit Ablauf des nächsten Werktags.

(7) Es stehen gleich

1. den Beschäftigten die in Heimarbeit beschäftigten Personen sowie Schülerinnen und Schüler, Studierende und sonstige, insbesondere an wissenschaftlichen Einrichtungen tätige Personen, die Tätigkeiten mit Gefahrstoffen ausüben; für Schülerinnen und Schüler und Studierende gelten jedoch nicht die Regelungen dieser Verordnung über die Beteiligung der Personalvertretungen,

2. dem Arbeitgeber der Unternehmer ohne Beschäftigte sowie der Auftraggeber und der Zwischenmeister im Sinne des Heimarbeitsgesetzes in der im Bundesgesetzblatt Teil III, Gliederungsnummer 804-1, veröffentlichten bereinigten Fassung, das zuletzt durch Artikel 225 der Verordnung vom 31. Oktober 2006 (BGBl. I S. 2407) geändert worden ist.

## 9.1.3 GefStoffV § 2

(8) [1]Der Arbeitsplatzgrenzwert ist der Grenzwert für die zeitlich gewichtete durchschnittliche Konzentration eines Stoffs in der Luft am Arbeitsplatz in Bezug auf einen gegebenen Referenzzeitraum. [2]Er gibt an, bis zu welcher Konzentration eines Stoffs akute oder chronische schädliche Auswirkungen auf die Gesundheit von Beschäftigten im Allgemeinen nicht zu erwarten sind.

(9) [1]Der biologische Grenzwert ist der Grenzwert für die toxikologisch-arbeitsmedizinisch abgeleitete Konzentration eines Stoffs, seines Metaboliten oder eines Beanspruchungsindikators im entsprechenden biologischen Material. [2]Er gibt an, bis zu welcher Konzentration die Gesundheit von Beschäftigten im Allgemeinen nicht beeinträchtigt wird.

(9a) Physikalisch-chemische Einwirkungen umfassen Gefährdungen, die hervorgerufen werden können durch Tätigkeiten mit

1. Stoffen, Gemischen oder Erzeugnissen mit einer physikalischen Gefahr nach der Verordnung (EG) Nr. 1272/2008 oder
2. weiteren Gefahrstoffen, die nach der Verordnung (EG) Nr. 1272/2008 nicht mit einer physikalischen Gefahr eingestuft sind, die aber miteinander oder aufgrund anderer Wechselwirkungen so reagieren können, dass Brände oder Explosionen entstehen können.

(10) Ein explosionsfähiges Gemisch ist ein Gemisch aus brennbaren Gasen, Dämpfen, Nebeln oder aufgewirbelten Stäuben und Luft oder einem anderen Oxidationsmittel, das nach Wirksamwerden einer Zündquelle in einer sich selbsttätig fortpflanzenden Flammenausbreitung reagiert, sodass im Allgemeinen ein sprunghafter Temperatur- und Druckanstieg hervorgerufen wird.

(11) Chemisch instabile Gase, die auch ohne ein Oxidationsmittel nach Wirksamwerden einer Zündquelle in einer sich selbsttätig fortpflanzenden Flammenausbreitung reagieren können, sodass ein sprunghafter Temperatur- und Druckanstieg hervorgerufen wird, stehen explosionsfähigen Gemischen nach Absatz 10 gleich.

(12) Ein gefährliches explosionsfähiges Gemisch ist ein explosionsfähiges Gemisch, das in solcher Menge auftritt, dass besondere Schutzmaßnahmen für die Aufrechterhaltung der Gesundheit und Sicherheit der Beschäftigten oder anderer Personen erforderlich werden.

(13) Gefährliche explosionsfähige Atmosphäre ist ein gefährliches explosionsfähiges Gemisch mit Luft als Oxidationsmittel unter atmosphärischen Bedingungen (Umgebungstemperatur von −20 °C bis +60 °C und Druck von 0,8 Bar bis 1,1 Bar).

(14) Explosionsgefährdeter Bereich ist der Gefahrenbereich, in dem gefährliche explosionsfähige Atmosphäre auftreten kann.

(15) [1]Der Stand der Technik ist der Entwicklungsstand fortschrittlicher Verfahren, Einrichtungen oder Betriebsweisen, der die praktische Eignung einer Maßnahme zum Schutz der Gesundheit und zur Sicherheit der Beschäftigten gesichert erscheinen lässt. [2]Bei der Bestimmung des Stands der Technik sind insbesondere vergleichbare Verfahren, Einrichtungen oder Betriebsweisen heranzuziehen, die mit Erfolg in der Praxis erprobt worden sind. [3]Gleiches gilt für die Anforderungen an die Arbeitsmedizin und die Arbeitsplatzhygiene.

(16) [1]Fachkundig ist, wer zur Ausübung einer in dieser Verordnung bestimmten Aufgabe über die erforderlichen Fachkenntnisse verfügt. [2]Die Anforderungen an die Fachkunde sind abhängig von der jeweiligen Art der

Aufgabe. ³ Zu den Anforderungen zählen eine entsprechende Berufsausbildung, Berufserfahrung oder eine zeitnah ausgeübte entsprechende berufliche Tätigkeit sowie die Teilnahme an spezifischen Fortbildungsmaßnahmen.

(17) ¹ Sachkundig ist, wer seine bestehende Fachkunde durch Teilnahme an einem behördlich anerkannten Sachkundelehrgang erweitert hat. ² In Abhängigkeit vom Aufgabengebiet kann es zum Erwerb der Sachkunde auch erforderlich sein, den Lehrgang mit einer erfolgreichen Prüfung abzuschließen. ³ Sachkundig ist ferner, wer über eine von der zuständigen Behörde als gleichwertig anerkannte oder in dieser Verordnung als gleichwertig bestimmte Qualifikation verfügt.

(18) ¹ Eine Verwenderkategorie bezeichnet eine Personengruppe, die berechtigt ist, ein bestimmtes Biozid-Produkt zu verwenden. ² Sie beschreibt den Grad der Qualifikation, die für diese Verwendung erforderlich ist. ³ Die zugehörige Verwenderkategorie eines Biozid-Produkts wird nach der Verordnung (EU) Nr. 528/2012 des Europäischen Parlaments und des Rates vom 22. Mai 2012 über die Bereitstellung auf dem Markt und die Verwendung von Biozid-Produkten (ABl. L 167 vom 27.6.2012, S. 1), die zuletzt durch die Delegierte Verordnung (EU) 2019/1825 (ABl. L 279 vom 31.10.2019, S. 19) geändert worden ist, in der jeweils geltenden Fassung, im Zulassungsverfahren festgelegt. ⁴ Verwenderkategorien sind:

1. die breite Öffentlichkeit,
2. der berufsmäßige Verwender,
3. der geschulte berufsmäßige Verwender.

## Abschnitt 2. Gefahrstoffinformation

**§ 3 Gefahrenklassen.** (1) Gefährlich im Sinne dieser Verordnung sind Stoffe, Gemische und bestimmte Erzeugnisse, die den in Anhang I der Verordnung (EG) Nr. 1272/2008 dargelegten Kriterien entsprechen.

(2) Die folgenden Gefahrenklassen geben die Art der Gefährdung wieder und werden unter Angabe der Nummerierung des Anhangs I der Verordnung (EG) Nr. 1272/2008 aufgelistet:

| | | Nummerierung nach Anhang I der Verordnung (EG) Nr. 1272/2008 |
|---|---|---|
| 1. | Physikalische Gefahren | 2 |
| | a) Explosive Stoffe/Gemische und Erzeugnisse mit Explosivstoff | 2.1 |
| | b) Entzündbare Gase | 2.2 |
| | c) Aerosole | 2.3 |
| | d) Oxidierende Gase | 2.4 |
| | e) Gase unter Druck | 2.5 |
| | f) Entzündbare Flüssigkeiten | 2.6 |
| | g) Entzündbare Feststoffe | 2.7 |
| | h) Selbstzersetzliche Stoffe und Gemische | 2.8 |
| | i) Pyrophore Flüssigkeiten | 2.9 |
| | j) Pyrophore Feststoffe | 2.10 |

## 9.1.3 GefStoffV § 4

| | | Nummerierung nach Anhang I der Verordnung (EG) Nr. 1272/2008 |
|---|---|---|
| | k) Selbsterhitzungsfähige Stoffe und Gemische | 2.11 |
| | l) Stoffe und Gemische, die in Berührung mit Wasser entzündbare Gase entwickeln | 2.12 |
| | m) Oxidierende Flüssigkeiten | 2.13 |
| | n) Oxidierende Feststoffe | 2.14 |
| | o) Organische Peroxide | 2.15 |
| | p) Korrosiv gegenüber Metallen | 2.16 |
| 2. | Gesundheitsgefahren | 3 |
| | a) Akute Toxizität (oral, dermal und inhalativ) | 3.1 |
| | b) Ätz-/Reizwirkung auf die Haut | 3.2 |
| | c) Schwere Augenschädigung/Augenreizung | 3.3 |
| | d) Sensibilisierung der Atemwege oder der Haut | 3.4 |
| | e) Keimzellmutagenität | 3.5 |
| | f) Karzinogenität | 3.6 |
| | g) Reproduktionstoxizität | 3.7 |
| | h) Spezifische Zielorgan-Toxizität, einmalige Exposition (STOT SE) | 3.8 |
| | i) Spezifische Zielorgan-Toxizität, wiederholte Exposition (STOT RE) | 3.9 |
| | j) Aspirationsgefahr | 3.10 |
| 3. | Umweltgefahren | 4 |
| | Gewässergefährdend (akut und langfristig) | 4.1 |
| 4. | Weitere Gefahren | 5 |
| | Die Ozonschicht schädigend | 5.1 |

**§ 4 Einstufung, Kennzeichnung, Verpackung.** (1) [1]Die Einstufung, Kennzeichnung und Verpackung von Stoffen und Gemischen sowie von Erzeugnissen mit Explosivstoff richten sich nach den Bestimmungen der Verordnung (EG) Nr. 1272/2008. [2]Gemische, die bereits vor dem 1. Juni 2015 in Verkehr gebracht worden sind und die nach den Bestimmungen der Richtlinie 1999/45/EG gekennzeichnet und verpackt sind, müssen bis 31. Mai 2017 nicht nach der Verordnung (EG) Nr. 1272/2008 eingestuft, gekennzeichnet und verpackt werden.

(2) Bei der Einstufung von Stoffen und Gemischen sind die nach § 20 Absatz 4 bekannt gegebenen Regeln und Erkenntnisse zu beachten.

(3) Die Kennzeichnung von Stoffen und Gemischen, die in Deutschland in Verkehr gebracht werden, muss in deutscher Sprache erfolgen.

Gefahrstoffverordnung　　　　　　　　　　§ 5　GefStoffV　9.1.3

(4) Werden gefährliche Stoffe oder gefährliche Gemische unverpackt in Verkehr gebracht, sind jeder Liefereinheit geeignete Sicherheitsinformationen oder ein Sicherheitsdatenblatt in deutscher Sprache beizufügen.

(5) ¹Lieferanten eines Biozid-Produkts, für das ein Dritter der Zulassungsinhaber ist, haben über die in Absatz 1 erwähnten Kennzeichnungspflichten hinaus sicherzustellen, dass die vom Zulassungsinhaber nach Artikel 69 Absatz 2 Satz 2 der Verordnung (EU) Nr. 528/2012 anzubringende Zusatzkennzeichnung bei der Abgabe an Dritte erhalten oder neu angebracht ist. ²Biozid-Produkte, die aufgrund des § 28 Absatz 8 des Chemikaliengesetzes[1]) ohne Zulassung auf dem Markt bereitgestellt werden, sind zusätzlich zu der in Absatz 1 erwähnten Kennzeichnung entsprechend Artikel 69 Absatz 2 Satz 2 und 3 der Verordnung (EU) Nr. 528/2012 zu kennzeichnen, wobei die dort in Satz 2 Buchstabe c und d aufgeführten Angaben entfallen und die Angaben nach Satz 2 Buchstabe f und g auf die vorgesehenen Anwendungen zu beziehen sind.

(6) ¹Biozid-Wirkstoffe, die biologische Arbeitsstoffe nach § 2 Absatz 1 der Biostoffverordnung sind, sind zusätzlich nach § 3 der Biostoffverordnung einzustufen. ²Biozid-Wirkstoffe nach Satz 1 sowie Biozid-Produkte, bei denen der Wirkstoff ein biologischer Arbeitsstoff ist, sind zusätzlich mit den folgenden Elementen zu kennzeichnen:

1. Identität des Organismus nach Anhang II Titel 2 Nummer 2.1 und 2.2 der Verordnung (EU) Nr. 528/2012,
2. Einstufung der Mikroorganismen in Risikogruppen nach § 3 der Biostoffverordnung und
3. im Falle einer Einstufung in die Risikogruppe 2 und höher nach § 3 der Biostoffverordnung Hinzufügung des Symbols für Biogefährdung nach Anhang I der Biostoffverordnung.

(7) Dekontaminierte PCB-haltige Geräte im Sinne der Richtlinie 96/59/EG müssen nach dem Anhang dieser Richtlinie gekennzeichnet werden.

(8) Die Kennzeichnung bestimmter, beschränkter Stoffe, Gemische und Erzeugnisse richtet sich zusätzlich nach Artikel 67 in Verbindung mit Anhang XVII der Verordnung (EG) Nr. 1907/2006 in ihrer jeweils geltenden Fassung.

(9) Der Lieferant eines Gemischs oder eines Stoffs hat einem nachgeschalteten Anwender auf Anfrage unverzüglich alle Informationen zur Verfügung zu stellen, die dieser für eine ordnungsgemäße Einstufung neuer Gemische benötigt, wenn

1. der Informationsgehalt der Kennzeichnung oder des Sicherheitsdatenblatts des Gemischs oder
2. die Information über eine Verunreinigung oder Beimengung auf dem Kennzeichnungsetikett oder im Sicherheitsdatenblatt des Stoffs

dafür nicht ausreicht.

### § 5 Sicherheitsdatenblatt und sonstige Informationspflichten.

(1) ¹Die vom Lieferanten hinsichtlich des Sicherheitsdatenblatts beim Inverkehrbringen von Stoffen und Gemischen zu beachtenden Anforderungen ergeben sich aus Artikel 31 in Verbindung mit Anhang II der Verordnung (EG)

---

[1]) Nr. **9.1**.

Nr. 1907/2006. ²Ist nach diesen Vorschriften die Übermittlung eines Sicherheitsdatenblatts nicht erforderlich, richten sich die Informationspflichten nach Artikel 32 der Verordnung (EG) Nr. 1907/2006.

(2) Bei den Angaben, die nach den Nummern 15 und 16 des Anhangs II der Verordnung (EG) Nr. 1907/2006 zu machen sind, sind insbesondere die nach § 20 Absatz 4 bekannt gegebenen Regeln und Erkenntnisse zu berücksichtigen, nach denen Stoffe oder Tätigkeiten als krebserzeugend, keimzellmutagen oder reproduktionstoxisch bezeichnet werden.

## Abschnitt 3. Gefährdungsbeurteilung und Grundpflichten

**§ 6 Informationsermittlung und Gefährdungsbeurteilung.** (1) ¹Im Rahmen einer Gefährdungsbeurteilung als Bestandteil der Beurteilung der Arbeitsbedingungen nach § 5 des Arbeitsschutzgesetzes hat der Arbeitgeber festzustellen, ob die Beschäftigten Tätigkeiten mit Gefahrstoffen ausüben oder ob bei Tätigkeiten Gefahrstoffe entstehen oder freigesetzt werden können. ²Ist dies der Fall, so hat er alle hiervon ausgehenden Gefährdungen der Gesundheit und Sicherheit der Beschäftigten unter folgenden Gesichtspunkten zu beurteilen:

1. gefährliche Eigenschaften der Stoffe oder Gemische, einschließlich ihrer physikalisch-chemischen Wirkungen,
2. Informationen des Lieferanten zum Gesundheitsschutz und zur Sicherheit insbesondere im Sicherheitsdatenblatt,
3. Art und Ausmaß der Exposition unter Berücksichtigung aller Expositionswege; dabei sind die Ergebnisse der Messungen und Ermittlungen nach § 7 Absatz 8 zu berücksichtigen,
4. Möglichkeiten einer Substitution,
5. Arbeitsbedingungen und Verfahren, einschließlich der Arbeitsmittel und der Gefahrstoffmenge,
6. Arbeitsplatzgrenzwerte und biologische Grenzwerte,
7. Wirksamkeit der ergriffenen oder zu ergreifenden Schutzmaßnahmen,
8. Erkenntnisse aus arbeitsmedizinischen Vorsorgeuntersuchungen nach der Verordnung zur arbeitsmedizinischen Vorsorge.

(2) ¹Der Arbeitgeber hat sich die für die Gefährdungsbeurteilung notwendigen Informationen beim Lieferanten oder aus anderen, ihm mit zumutbarem Aufwand zugänglichen Quellen zu beschaffen. ²Insbesondere hat der Arbeitgeber die Informationen zu beachten, die ihm nach Titel IV der Verordnung (EG) Nr. 1907/2006 zur Verfügung gestellt werden; dazu gehören Sicherheitsdatenblätter und die Informationen zu Stoffen oder Gemischen, für die kein Sicherheitsdatenblatt zu erstellen ist. ³Sofern die Verordnung (EG) Nr. 1907/2006 keine Informationspflicht vorsieht, hat der Lieferant dem Arbeitgeber auf Anfrage die für die Gefährdungsbeurteilung notwendigen Informationen über die Gefahrstoffe zur Verfügung zu stellen.

(3) ¹Stoffe und Gemische, die nicht von einem Lieferanten nach § 4 Absatz 1 eingestuft und gekennzeichnet worden sind, beispielsweise innerbetrieblich hergestellte Stoffe oder Gemische, hat der Arbeitgeber selbst einzustufen. ²Zumindest aber hat er die von den Stoffen oder Gemischen ausgehenden Gefähr-

dungen der Beschäftigten zu ermitteln; dies gilt auch für Gefahrstoffe nach § 2 Absatz 1 Nummer 4.

(4) ¹Der Arbeitgeber hat festzustellen, ob die verwendeten Stoffe, Gemische und Erzeugnisse bei Tätigkeiten, auch unter Berücksichtigung verwendeter Arbeitsmittel, Verfahren und der Arbeitsumgebung sowie ihrer möglichen Wechselwirkungen, zu Brand- oder Explosionsgefährdungen führen können. ²Dabei hat er zu beurteilen,

1. ob gefährliche Mengen oder Konzentrationen von Gefahrstoffen, die zu Brand- und Explosionsgefährdungen führen können, auftreten; dabei sind sowohl Stoffe und Gemische mit physikalischen Gefährdungen nach der Verordnung (EG) Nr. 1272/2008 wie auch andere Gefahrstoffe, die zu Brand- und Explosionsgefährdungen führen können, sowie Stoffe, die in gefährlicher Weise miteinander reagieren können, zu berücksichtigen,
2. ob Zündquellen oder Bedingungen, die Brände oder Explosionen auslösen können, vorhanden sind und
3. ob schädliche Auswirkungen von Bränden oder Explosionen auf die Gesundheit und Sicherheit der Beschäftigten möglich sind.

³Insbesondere hat er zu ermitteln, ob die Stoffe, Gemische und Erzeugnisse auf Grund ihrer Eigenschaften und der Art und Weise, wie sie am Arbeitsplatz vorhanden sind oder verwendet werden, explosionsfähige Gemische bilden können. ⁴Im Fall von nicht atmosphärischen Bedingungen sind auch die möglichen Veränderungen der für den Explosionsschutz relevanten sicherheitstechnischen Kenngrößen zu ermitteln und zu berücksichtigen.

(5) ¹Bei der Gefährdungsbeurteilung sind ferner Tätigkeiten zu berücksichtigen, bei denen auch nach Ausschöpfung sämtlicher technischer Schutzmaßnahmen die Möglichkeit einer Gefährdung besteht. ²Dies gilt insbesondere für Instandhaltungsarbeiten, einschließlich Wartungsarbeiten. ³Darüber hinaus sind auch andere Tätigkeiten wie Bedien- und Überwachungsarbeiten zu berücksichtigen, wenn diese zu einer Gefährdung von Beschäftigten durch Gefahrstoffe führen können.

(6) ¹Die mit den Tätigkeiten verbundenen inhalativen, dermalen und physikalisch-chemischen Gefährdungen sind unabhängig voneinander zu beurteilen und in der Gefährdungsbeurteilung zusammenzuführen. ²Treten bei einer Tätigkeit mehrere Gefahrstoffe gleichzeitig auf, sind Wechsel- oder Kombinationswirkungen der Gefahrstoffe, die Einfluss auf die Gesundheit und Sicherheit der Beschäftigten haben, bei der Gefährdungsbeurteilung zu berücksichtigen, soweit solche Wirkungen bekannt sind.

(7) Der Arbeitgeber kann bei der Festlegung der Schutzmaßnahmen eine Gefährdungsbeurteilung übernehmen, die ihm der Lieferant mitgeliefert hat, sofern die Angaben und Festlegungen in dieser Gefährdungsbeurteilung den Arbeitsbedingungen und Verfahren, einschließlich der Arbeitsmittel und der Gefahrstoffmenge, im eigenen Betrieb entsprechen.

(8) ¹Der Arbeitgeber hat die Gefährdungsbeurteilung unabhängig von der Zahl der Beschäftigten erstmals vor Aufnahme der Tätigkeit zu dokumentieren. ²Dabei ist Folgendes anzugeben:
1. die Gefährdungen bei Tätigkeiten mit Gefahrstoffen,
2. das Ergebnis der Prüfung auf Möglichkeiten einer Substitution nach Absatz 1 Satz 2 Nummer 4,

## 9.1.3 GefStoffV § 6

3. eine Begründung für einen Verzicht auf eine technisch mögliche Substitution, sofern Schutzmaßnahmen nach § 9 oder § 10 zu ergreifen sind,
4. die durchzuführenden Schutzmaßnahmen einschließlich derer,
   a) die wegen der Überschreitung eines Arbeitsplatzgrenzwerts zusätzlich ergriffen wurden sowie der geplanten Schutzmaßnahmen, die zukünftig ergriffen werden sollen, um den Arbeitsplatzgrenzwert einzuhalten, oder
   b) die unter Berücksichtigung eines Beurteilungsmaßstabs für krebserzeugende Gefahrstoffe, der nach § 20 Absatz 4 bekannt gegeben worden ist, zusätzlich getroffen worden sind oder zukünftig getroffen werden sollen (Maßnahmenplan),
5. eine Begründung, wenn von den nach § 20 Absatz 4 bekannt gegebenen Regeln und Erkenntnissen abgewichen wird, und
6. die Ermittlungsergebnisse, die belegen, dass der Arbeitsplatzgrenzwert eingehalten wird oder, bei Stoffen ohne Arbeitsplatzgrenzwert, die ergriffenen technischen Schutzmaßnahmen wirksam sind.

[3] Im Rahmen der Dokumentation der Gefährdungsbeurteilung können auch vorhandene Gefährdungsbeurteilungen, Dokumente oder andere gleichwertige Berichte verwendet werden, die auf Grund von Verpflichtungen nach anderen Rechtsvorschriften erstellt worden sind.

(9) [1] Bei der Dokumentation nach Absatz 8 hat der Arbeitgeber in Abhängigkeit der Feststellungen nach Absatz 4 die Gefährdungen durch gefährliche explosionsfähige Gemische besonders auszuweisen (Explosionsschutzdokument). [2] Daraus muss insbesondere hervorgehen,

1. dass die Explosionsgefährdungen ermittelt und einer Bewertung unterzogen worden sind,
2. dass angemessene Vorkehrungen getroffen werden, um die Ziele des Explosionsschutzes zu erreichen (Darlegung eines Explosionsschutzkonzeptes),
3. ob und welche Bereiche entsprechend Anhang I Nummer 1.7 in Zonen eingeteilt wurden,
4. für welche Bereiche Explosionsschutzmaßnahmen nach § 11 und Anhang I Nummer 1 getroffen wurden,
5. wie die Vorgaben nach § 15 umgesetzt werden und
6. welche Überprüfungen nach § 7 Absatz 7 und welche Prüfungen zum Explosionsschutz nach Anhang 2 Abschnitt 3 der Betriebssicherheitsverordnung durchzuführen sind.

(10) [1] Bei Tätigkeiten mit geringer Gefährdung nach Absatz 13 kann auf eine detaillierte Dokumentation verzichtet werden. [2] Falls in anderen Fällen auf eine detaillierte Dokumentation verzichtet wird, ist dies nachvollziehbar zu begründen. [3] Die Gefährdungsbeurteilung ist regelmäßig zu überprüfen und bei Bedarf zu aktualisieren. [4] Sie ist umgehend zu aktualisieren, wenn maßgebliche Veränderungen oder neue Informationen dies erfordern oder wenn sich eine Aktualisierung auf Grund der Ergebnisse der arbeitsmedizinischen Vorsorge nach der Verordnung zur arbeitsmedizinischen Vorsorge als notwendig erweist.

(11) [1] Die Gefährdungsbeurteilung darf nur von fachkundigen Personen durchgeführt werden. [2] Verfügt der Arbeitgeber nicht selbst über die entsprechenden Kenntnisse, so hat er sich fachkundig beraten zu lassen. [3] Fachkundig können insbesondere die Fachkraft für Arbeitssicherheit und die Betriebsärztin oder der Betriebsarzt sein.

(12) ¹Der Arbeitgeber hat nach Satz 2 ein Verzeichnis der im Betrieb verwendeten Gefahrstoffe zu führen, in dem auf die entsprechenden Sicherheitsdatenblätter verwiesen wird. ²Das Verzeichnis muss mindestens folgende Angaben enthalten:
1. Bezeichnung des Gefahrstoffs,
2. Einstufung des Gefahrstoffs oder Angaben zu den gefährlichen Eigenschaften,
3. Angaben zu den im Betrieb verwendeten Mengenbereichen,
4. Bezeichnung der Arbeitsbereiche, in denen Beschäftigte dem Gefahrstoff ausgesetzt sein können.

³Die Sätze 1 und 2 gelten nicht, wenn nur Tätigkeiten mit geringer Gefährdung nach Absatz 13 ausgeübt werden. ⁴Die Angaben nach Satz 2 Nummer 1, 2 und 4 müssen allen betroffenen Beschäftigten und ihrer Vertretung zugänglich sein.

(13) Ergibt sich aus der Gefährdungsbeurteilung für bestimmte Tätigkeiten auf Grund
1. der gefährlichen Eigenschaften des Gefahrstoffs,
2. einer geringen verwendeten Stoffmenge,
3. einer nach Höhe und Dauer niedrigen Exposition und
4. der Arbeitsbedingungen

insgesamt eine nur geringe Gefährdung der Beschäftigten und reichen die nach § 8 zu ergreifenden Maßnahmen zum Schutz der Beschäftigten aus, so müssen keine weiteren Maßnahmen des Abschnitts 4 ergriffen werden.

(14) ¹Liegen für Stoffe oder Gemische keine Prüfdaten oder entsprechende aussagekräftige Informationen zur akut toxischen, reizenden, hautsensibilisierenden oder keimzellmutagenen Wirkung oder zur spezifischen Zielorgan-Toxizität bei wiederholter Exposition vor, sind die Stoffe oder Gemische bei der Gefährdungsbeurteilung wie Stoffe der Gefahrenklasse Akute Toxizität (oral, dermal und inhalativ) Kategorie 3, Ätz-/Reizwirkung auf die Haut Kategorie 2, Sensibilisierung der Haut Kategorie 1, Keimzellmutagenität Kategorie 2 oder Spezifische Zielorgan-Toxizität, wiederholte Exposition (STOT RE) Kategorie 2 zu behandeln. ²Hinsichtlich der Spezifizierung der anzuwendenden Einstufungskategorien sind die entsprechenden nach § 20 Absatz 4 Nummer 1 bekannt gegebenen Regeln und Erkenntnisse zu berücksichtigen.

**§ 7 Grundpflichten.** (1) Der Arbeitgeber darf eine Tätigkeit mit Gefahrstoffen erst aufnehmen lassen, nachdem eine Gefährdungsbeurteilung nach § 6 durchgeführt und die erforderlichen Schutzmaßnahmen nach Abschnitt 4 ergriffen worden sind.

(2) ¹Um die Gesundheit und die Sicherheit der Beschäftigten bei allen Tätigkeiten mit Gefahrstoffen zu gewährleisten, hat der Arbeitgeber die erforderlichen Maßnahmen nach dem Arbeitsschutzgesetz und zusätzlich die nach dieser Verordnung erforderlichen Maßnahmen zu ergreifen. ²Dabei hat er die nach § 20 Absatz 4 bekannt gegebenen Regeln und Erkenntnisse zu berücksichtigen. ³Bei Einhaltung dieser Regeln und Erkenntnisse ist in der Regel davon auszugehen, dass die Anforderungen dieser Verordnung erfüllt sind. ⁴Von diesen Regeln und Erkenntnissen kann abgewichen werden, wenn

### 9.1.3 GefStoffV § 7

durch andere Maßnahmen zumindest in vergleichbarer Weise der Schutz der Gesundheit und die Sicherheit der Beschäftigten gewährleistet werden.

(3) ¹Der Arbeitgeber hat auf der Grundlage des Ergebnisses der Substitutionsprüfung nach § 6 Absatz 1 Satz 2 Nummer 4 vorrangig eine Substitution durchzuführen. ²Er hat Gefahrstoffe oder Verfahren durch Stoffe, Gemische oder Erzeugnisse oder Verfahren zu ersetzen, die unter den jeweiligen Verwendungsbedingungen für die Gesundheit und Sicherheit der Beschäftigten nicht oder weniger gefährlich sind.

(4) ¹Der Arbeitgeber hat Gefährdungen der Gesundheit und der Sicherheit der Beschäftigten bei Tätigkeiten mit Gefahrstoffen auszuschließen. ²Ist dies nicht möglich, hat er sie auf ein Minimum zu reduzieren. ³Diesen Geboten hat der Arbeitgeber durch die Festlegung und Anwendung geeigneter Schutzmaßnahmen Rechnung zu tragen. ⁴Dabei hat er folgende Rangfolge zu beachten:

1. Gestaltung geeigneter Verfahren und technischer Steuerungseinrichtungen von Verfahren, den Einsatz emissionsfreier oder emissionsarmer Verwendungsformen sowie Verwendung geeigneter Arbeitsmittel und Materialien nach dem Stand der Technik,
2. Anwendung kollektiver Schutzmaßnahmen technischer Art an der Gefahrenquelle, wie angemessene Be- und Entlüftung, und Anwendung geeigneter organisatorischer Maßnahmen,
3. sofern eine Gefährdung nicht durch Maßnahmen nach den Nummern 1 und 2 verhütet werden kann, Anwendung von individuellen Schutzmaßnahmen, die auch die Bereitstellung und Verwendung von persönlicher Schutzausrüstung umfassen.

(5) ¹Beschäftigte müssen die bereitgestellte persönliche Schutzausrüstung verwenden, solange eine Gefährdung besteht. ²Die Verwendung von belastender persönlicher Schutzausrüstung darf keine Dauermaßnahme sein. ³Sie ist für jeden Beschäftigten auf das unbedingt erforderliche Minimum zu beschränken.

(6) Der Arbeitgeber stellt sicher, dass

1. die persönliche Schutzausrüstung an einem dafür vorgesehenen Ort sachgerecht aufbewahrt wird,
2. die persönliche Schutzausrüstung vor Gebrauch geprüft und nach Gebrauch gereinigt wird und
3. schadhafte persönliche Schutzausrüstung vor erneutem Gebrauch ausgebessert oder ausgetauscht wird.

(7) ¹Der Arbeitgeber hat die Funktion und die Wirksamkeit der technischen Schutzmaßnahmen regelmäßig, mindestens jedoch jedes dritte Jahr, zu überprüfen. ²Das Ergebnis der Prüfungen ist aufzuzeichnen und vorzugsweise zusammen mit der Dokumentation nach § 6 Absatz 8 aufzubewahren.

(8) ¹Der Arbeitgeber stellt sicher, dass die Arbeitsplatzgrenzwerte eingehalten werden. ²Er hat die Einhaltung durch Arbeitsplatzmessungen oder durch andere geeignete Methoden zur Ermittlung der Exposition zu überprüfen. ³Ermittlungen sind auch durchzuführen, wenn sich die Bedingungen ändern, welche die Exposition der Beschäftigten beeinflussen können. ⁴Die Ermittlungsergebnisse sind aufzuzeichnen, aufzubewahren und den Beschäftigten und ihrer Vertretung zugänglich zu machen. ⁵Werden Tätigkeiten entsprechend einem verfahrens- und stoffspezifischen Kriterium ausgeübt, das nach § 20 Absatz 4 bekannt gegeben worden ist, kann der Arbeitgeber in der Regel

davon ausgehen, dass die Arbeitsplatzgrenzwerte eingehalten werden; in diesem Fall findet Satz 2 keine Anwendung.

(9) Sofern Tätigkeiten mit Gefahrstoffen ausgeübt werden, für die kein Arbeitsplatzgrenzwert vorliegt, hat der Arbeitgeber regelmäßig die Wirksamkeit der ergriffenen technischen Schutzmaßnahmen durch geeignete Ermittlungsmethoden zu überprüfen, zu denen auch Arbeitsplatzmessungen gehören können.

(10) [1] Wer Arbeitsplatzmessungen von Gefahrstoffen durchführt, muss fachkundig sein und über die erforderlichen Einrichtungen verfügen. [2] Wenn ein Arbeitgeber eine für Messungen von Gefahrstoffen an Arbeitsplätzen akkreditierte Messstelle beauftragt, kann der Arbeitgeber in der Regel davon ausgehen, dass die von dieser Messstelle gewonnenen Erkenntnisse zutreffend sind.

(11) Der Arbeitgeber hat bei allen Ermittlungen und Messungen die nach § 20 Absatz 4 bekannt gegebenen Verfahren, Messregeln und Grenzwerte zu berücksichtigen, bei denen die entsprechenden Bestimmungen der folgenden Richtlinien berücksichtigt worden sind:

1. der Richtlinie 98/24/EG des Rates vom 7. April 1998 zum Schutz von Gesundheit und Sicherheit der Arbeitnehmer vor der Gefährdung durch chemische Arbeitsstoffe bei der Arbeit (vierzehnte Einzelrichtlinie im Sinne des Artikels 16 Absatz 1 der Richtlinie 89/391/EWG) (ABl. L 131 vom 5.5. 1998, S. 11), die zuletzt durch die Richtlinie 2014/27/EU (ABl. L 65 vom 5.3.2014, S. 1) geändert worden ist, einschließlich der Richtlinien über Arbeitsplatzgrenzwerte, die nach Artikel 3 Absatz 2 der Richtlinie 98/24/ EG erlassen wurden,

2. der Richtlinie 2004/37/EG des Europäischen Parlaments und des Rates vom 29. April 2004 über den Schutz der Arbeitnehmer gegen Gefährdung durch Karzinogene und Mutagene bei der Arbeit (Sechste Einzelrichtlinie im Sinne von Artikel 16 Absatz 1 der Richtlinie 89/391/EWG des Rates) (kodifizierte Fassung) (ABl. L 158 vom 30.4.2004, S. 50, L 229 vom 29.6. 2004, S. 23, L 204 vom 4.8.2007, S. 28), die zuletzt durch die Richtlinie 2014/27/EU geändert worden ist, sowie

3. der Richtlinie 2009/148/EG des Europäischen Parlaments und des Rates vom 30. November 2009 über den Schutz der Arbeitnehmer gegen Gefährdung durch Asbest am Arbeitsplatz (ABl. L 330 vom 16.12.2009, S. 28).

## Abschnitt 4. Schutzmaßnahmen

**§ 8 Allgemeine Schutzmaßnahmen.** (1) Der Arbeitgeber hat bei Tätigkeiten mit Gefahrstoffen die folgenden Schutzmaßnahmen zu ergreifen:

1. geeignete Gestaltung des Arbeitsplatzes und geeignete Arbeitsorganisation,
2. Bereitstellung geeigneter Arbeitsmittel für Tätigkeiten mit Gefahrstoffen und geeignete Wartungsverfahren zur Gewährleistung der Gesundheit und Sicherheit der Beschäftigten bei der Arbeit,
3. Begrenzung der Anzahl der Beschäftigten, die Gefahrstoffen ausgesetzt sind oder ausgesetzt sein können,
4. Begrenzung der Dauer und der Höhe der Exposition,
5. angemessene Hygienemaßnahmen, insbesondere zur Vermeidung von Kontaminationen, und die regelmäßige Reinigung des Arbeitsplatzes,

6. Begrenzung der am Arbeitsplatz vorhandenen Gefahrstoffe auf die Menge, die für den Fortgang der Tätigkeiten erforderlich ist,
7. geeignete Arbeitsmethoden und Verfahren, welche die Gesundheit und Sicherheit der Beschäftigten nicht beeinträchtigen oder die Gefährdung so gering wie möglich halten, einschließlich Vorkehrungen für die sichere Handhabung, Lagerung und Beförderung von Gefahrstoffen und von Abfällen, die Gefahrstoffe enthalten, am Arbeitsplatz.

(2) [1] Der Arbeitgeber hat sicherzustellen, dass
1. alle verwendeten Stoffe und Gemische identifizierbar sind,
2. gefährliche Stoffe und Gemische innerbetrieblich mit einer Kennzeichnung versehen sind, die ausreichende Informationen über die Einstufung, über die Gefahren bei der Handhabung und über die zu beachtenden Sicherheitsmaßnahmen enthält; vorzugsweise ist eine Kennzeichnung zu wählen, die der Verordnung (EG) Nr. 1272/2008 entspricht,
3. Apparaturen und Rohrleitungen so gekennzeichnet sind, dass mindestens die enthaltenen Gefahrstoffe sowie die davon ausgehenden Gefahren eindeutig identifizierbar sind.

[2] Kennzeichnungspflichten nach anderen Rechtsvorschriften bleiben unberührt. [3] Solange der Arbeitgeber den Verpflichtungen nach Satz 1 nicht nachgekommen ist, darf er Tätigkeiten mit den dort genannten Stoffen und Gemischen nicht ausüben lassen. [4] Satz 1 Nummer 2 gilt nicht für Stoffe, die für Forschungs- und Entwicklungszwecke oder für wissenschaftliche Lehrzwecke neu hergestellt worden sind und noch nicht geprüft werden konnten. [5] Eine Exposition der Beschäftigten bei Tätigkeiten mit diesen Stoffen ist zu vermeiden.

(3) [1] Der Arbeitgeber hat gemäß den Ergebnissen der Gefährdungsbeurteilung nach § 6 sicherzustellen, dass die Beschäftigten in Arbeitsbereichen, in denen sie Gefahrstoffen ausgesetzt sein können, keine Nahrungs- oder Genussmittel zu sich nehmen. [2] Der Arbeitgeber hat hierfür vor Aufnahme der Tätigkeiten geeignete Bereiche einzurichten.

(4) Der Arbeitgeber hat sicherzustellen, dass durch Verwendung verschließbarer Behälter eine sichere Lagerung, Handhabung und Beförderung von Gefahrstoffen auch bei der Abfallentsorgung gewährleistet ist.

(5) [1] Der Arbeitgeber hat sicherzustellen, dass Gefahrstoffe so aufbewahrt oder gelagert werden, dass sie weder die menschliche Gesundheit noch die Umwelt gefährden. [2] Er hat dabei wirksame Vorkehrungen zu treffen, um Missbrauch oder Fehlgebrauch zu verhindern. [3] Insbesondere dürfen Gefahrstoffe nicht in solchen Behältern aufbewahrt oder gelagert werden, durch deren Form oder Bezeichnung der Inhalt mit Lebensmitteln verwechselt werden kann. [4] Sie dürfen nur übersichtlich geordnet und nicht in unmittelbarer Nähe von Arznei-, Lebens- oder Futtermitteln, einschließlich deren Zusatzstoffe, aufbewahrt oder gelagert werden. [5] Bei der Aufbewahrung zur Abgabe oder zur sofortigen Verwendung muss eine Kennzeichnung nach Absatz 2 deutlich sichtbar und lesbar angebracht sein.

(6) Der Arbeitgeber hat sicherzustellen, dass Gefahrstoffe, die nicht mehr benötigt werden, und entleerte Behälter, die noch Reste von Gefahrstoffen enthalten können, sicher gehandhabt, vom Arbeitsplatz entfernt und sachgerecht gelagert oder entsorgt werden.

(7) ¹Der Arbeitgeber hat sicherzustellen, dass Stoffe und Gemische, die als akut toxisch Kategorie 1, 2 oder 3, spezifisch zielorgantoxisch Kategorie 1, krebserzeugend Kategorie 1A oder 1B oder keimzellmutagen Kategorie 1A oder 1B eingestuft sind, unter Verschluss oder so aufbewahrt oder gelagert werden, dass nur fachkundige und zuverlässige Personen Zugang haben. ²Tätigkeiten mit diesen Stoffen und Gemischen dürfen nur von fachkundigen oder besonders unterwiesenen Personen ausgeführt werden. ³Satz 2 gilt auch für Tätigkeiten mit Stoffen und Gemischen, die als reproduktionstoxisch Kategorie 1A oder 1B oder als atemwegssensibilisierend eingestuft sind. ⁴Die Sätze 1 und 2 gelten nicht für Kraftstoffe an Tankstellen oder sonstigen Betankungseinrichtungen sowie für Stoffe und Gemische, die als akut toxisch Kategorie 3 eingestuft sind, sofern diese vormals nach der Richtlinie 67/548/EWG oder der Richtlinie 1999/45/EG als gesundheitsschädlich bewertet wurden. ⁵Hinsichtlich der Bewertung als gesundheitsschädlich sind die entsprechenden nach § 20 Absatz 4 Nummer 1 bekannt gegebenen Regeln und Erkenntnisse zu berücksichtigen.

(8) Der Arbeitgeber hat bei Tätigkeiten mit Gefahrstoffen nach Anhang I Nummer 2 bis 5 sowohl die §§ 6 bis 18 als auch die betreffenden Vorschriften des Anhangs I Nummer 2 bis 5 zu beachten.

**§ 9 Zusätzliche Schutzmaßnahmen.** (1) ¹Sind die allgemeinen Schutzmaßnahmen nach § 8 nicht ausreichend, um Gefährdungen durch Einatmen, Aufnahme über die Haut oder Verschlucken entgegenzuwirken, hat der Arbeitgeber zusätzlich diejenigen Maßnahmen nach den Absätzen 2 bis 7 zu ergreifen, die auf Grund der Gefährdungsbeurteilung nach § 6 erforderlich sind. ²Dies gilt insbesondere, wenn

1. Arbeitsplatzgrenzwerte oder biologische Grenzwerte überschritten werden,
2. bei hautresorptiven oder haut- oder augenschädigenden Gefahrstoffen eine Gefährdung durch Haut- oder Augenkontakt besteht oder
3. bei Gefahrstoffen ohne Arbeitsplatzgrenzwert und ohne biologischen Grenzwert eine Gefährdung auf Grund der ihnen zugeordneten Gefahrenklasse nach § 3 und der inhalativen Exposition angenommen werden kann.

(2) ¹Der Arbeitgeber hat sicherzustellen, dass Gefahrstoffe in einem geschlossenen System hergestellt und verwendet werden, wenn

1. die Substitution der Gefahrstoffe nach § 7 Absatz 3 durch solche Stoffe, Gemische, Erzeugnisse oder Verfahren, die bei ihrer Verwendung nicht oder weniger gefährlich für die Gesundheit und Sicherheit sind, technisch nicht möglich ist und
2. eine erhöhte Gefährdung der Beschäftigten durch inhalative Exposition gegenüber diesen Gefahrstoffen besteht.

²Ist die Anwendung eines geschlossenen Systems technisch nicht möglich, so hat der Arbeitgeber dafür zu sorgen, dass die Exposition der Beschäftigten nach dem Stand der Technik und unter Beachtung von § 7 Absatz 4 so weit wie möglich verringert wird.

(3) ¹Bei Überschreitung eines Arbeitsplatzgrenzwerts muss der Arbeitgeber unverzüglich die Gefährdungsbeurteilung nach § 6 erneut durchführen und geeignete zusätzliche Schutzmaßnahmen ergreifen, um den Arbeitsplatzgrenzwert einzuhalten. ²Wird trotz Ausschöpfung aller technischen und organisato-

rischen Schutzmaßnahmen der Arbeitsplatzgrenzwert nicht eingehalten, hat der Arbeitgeber unverzüglich persönliche Schutzausrüstung bereitzustellen. ³Dies gilt insbesondere für Abbruch-, Sanierungs- und Instandhaltungsarbeiten.

(4) Besteht trotz Ausschöpfung aller technischen und organisatorischen Schutzmaßnahmen bei hautresorptiven, haut- oder augenschädigenden Gefahrstoffen eine Gefährdung durch Haut- oder Augenkontakt, hat der Arbeitgeber unverzüglich persönliche Schutzausrüstung bereitzustellen.

(5) ¹Der Arbeitgeber hat getrennte Aufbewahrungsmöglichkeiten für die Arbeits- oder Schutzkleidung einerseits und die Straßenkleidung andererseits zur Verfügung zu stellen. ²Der Arbeitgeber hat die durch Gefahrstoffe verunreinigte Arbeitskleidung zu reinigen.

(6) Der Arbeitgeber hat geeignete Maßnahmen zu ergreifen, die gewährleisten, dass Arbeitsbereiche, in denen eine erhöhte Gefährdung der Beschäftigten besteht, nur den Beschäftigten zugänglich sind, die sie zur Ausübung ihrer Arbeit oder zur Durchführung bestimmter Aufgaben betreten müssen.

(7) ¹Wenn Tätigkeiten mit Gefahrstoffen von einer oder einem Beschäftigten allein ausgeübt werden, hat der Arbeitgeber zusätzliche Schutzmaßnahmen zu ergreifen oder eine angemessene Aufsicht zu gewährleisten. ²Dies kann auch durch den Einsatz technischer Mittel sichergestellt werden.

**§ 10 Besondere Schutzmaßnahmen bei Tätigkeiten mit krebserzeugenden, keimzellmutagenen und reproduktionstoxischen Gefahrstoffen der Kategorie 1A und 1B.** (1) ¹Bei Tätigkeiten mit krebserzeugenden Gefahrstoffen der Kategorie 1A oder 1B, für die kein Arbeitsplatzgrenzwert nach § 20 Absatz 4 bekannt gegeben worden ist, hat der Arbeitgeber ein geeignetes, risikobezogenes Maßnahmenkonzept anzuwenden, um das Minimierungsgebot nach § 7 Absatz 4 umzusetzen. ²Hierbei sind die nach § 20 Absatz 4 bekannt gegebenen Regeln, Erkenntnisse und Beurteilungsmaßstäbe zu berücksichtigen. ³Bei Tätigkeiten mit krebserzeugenden, keimzellmutagenen oder reproduktionstoxischen Gefahrstoffen der Kategorie 1A oder 1B hat der Arbeitgeber, unbeschadet des Absatzes 2, zusätzlich die Bestimmungen nach den Absätzen 3 bis 5 zu erfüllen. ⁴Die besonderen Bestimmungen des Anhangs II Nummer 6 sind zu beachten.

(2) Die Absätze 3 bis 5 gelten nicht, wenn

1. ein Arbeitsplatzgrenzwert nach § 20 Absatz 4 bekannt gegeben worden ist, dieser eingehalten und dies durch Arbeitsplatzmessung oder durch andere geeignete Methoden zur Ermittlung der Exposition belegt wird oder
2. Tätigkeiten entsprechend einem nach § 20 Absatz 4 bekannt gegebenen verfahrens- und stoffspezifischen Kriterium ausgeübt werden.

(3) Wenn Tätigkeiten mit krebserzeugenden, keimzellmutagenen oder reproduktionstoxischen Gefahrstoffen der Kategorie 1A oder 1B ausgeübt werden, hat der Arbeitgeber

1. die Exposition der Beschäftigten durch Arbeitsplatzmessungen oder durch andere geeignete Ermittlungsmethoden zu bestimmen, auch um erhöhte Expositionen infolge eines unvorhersehbaren Ereignisses oder eines Unfalls schnell erkennen zu können,
2. Gefahrenbereiche abzugrenzen, in denen Beschäftigte diesen Gefahrstoffen ausgesetzt sind oder ausgesetzt sein können, und Warn- und Sicherheits-

zeichen anzubringen, einschließlich der Verbotszeichen „Zutritt für Unbefugte verboten" und „Rauchen verboten" nach Anhang II Nummer 3.1 der Richtlinie 92/58/EWG des Rates vom 24. Juni 1992 über Mindestvorschriften für die Sicherheits- und/oder Gesundheitsschutzkennzeichnung am Arbeitsplatz (ABl. L 245 vom 26.8.1992, S. 23), die zuletzt durch die Richtlinie 2014/27/EU (ABl. L 65 vom 5.3.2014, S. 1) geändert worden ist.

(4) [1]Bei Tätigkeiten, bei denen eine beträchtliche Erhöhung der Exposition der Beschäftigten durch krebserzeugende, keimzellmutagene oder reproduktionstoxische Gefahrstoffe der Kategorie 1A oder 1B zu erwarten ist und bei denen jede Möglichkeit weiterer technischer Schutzmaßnahmen zur Begrenzung dieser Exposition bereits ausgeschöpft wurde, hat der Arbeitgeber nach Beratung mit den Beschäftigten oder mit ihrer Vertretung Maßnahmen zu ergreifen, um die Dauer der Exposition der Beschäftigten so weit wie möglich zu verkürzen und den Schutz der Beschäftigten während dieser Tätigkeiten zu gewährleisten. [2]Er hat den betreffenden Beschäftigten persönliche Schutzausrüstung zur Verfügung zu stellen, die sie während der gesamten Dauer der erhöhten Exposition tragen müssen.

(5) [1]Werden in einem Arbeitsbereich Tätigkeiten mit krebserzeugenden, keimzellmutagenen oder reproduktionstoxischen Gefahrstoffen der Kategorie 1A oder 1B ausgeübt, darf die dort abgesaugte Luft nicht in den Arbeitsbereich zurückgeführt werden. [2]Dies gilt nicht, wenn die Luft unter Anwendung von behördlich oder von den Trägern der gesetzlichen Unfallversicherung anerkannten Verfahren oder Geräte ausreichend von solchen Stoffen gereinigt ist. [3]Die Luft muss dann so geführt oder gereinigt werden, dass krebserzeugende, keimzellmutagene oder reproduktionstoxische Stoffe nicht in die Atemluft anderer Beschäftigter gelangen.

**§ 11 Besondere Schutzmaßnahmen gegen physikalisch-chemische Einwirkungen, insbesondere gegen Brand- und Explosionsgefährdungen.** (1) [1]Der Arbeitgeber hat auf der Grundlage der Gefährdungsbeurteilung Maßnahmen zum Schutz der Beschäftigten und anderer Personen vor physikalisch-chemischen Einwirkungen zu ergreifen. [2]Er hat die Maßnahmen so festzulegen, dass die Gefährdungen vermieden oder so weit wie möglich verringert werden. [3]Dies gilt insbesondere bei Tätigkeiten einschließlich Lagerung, bei denen es zu Brand- und Explosionsgefährdungen kommen kann. [4]Dabei hat der Arbeitgeber Anhang I Nummer 1 und 5 zu beachten. [5]Die Vorschriften des Sprengstoffgesetzes und der darauf gestützten Rechtsvorschriften bleiben unberührt.

(2) Zur Vermeidung von Brand- und Explosionsgefährdungen hat der Arbeitgeber Maßnahmen nach folgender Rangfolge zu ergreifen:

1. gefährliche Mengen oder Konzentrationen von Gefahrstoffen, die zu Brand- oder Explosionsgefährdungen führen können, sind zu vermeiden,
2. Zündquellen oder Bedingungen, die Brände oder Explosionen auslösen können, sind zu vermeiden,
3. schädliche Auswirkungen von Bränden oder Explosionen auf die Gesundheit und Sicherheit der Beschäftigten und anderer Personen sind so weit wie möglich zu verringern.

(3) Arbeitsbereiche, Arbeitsplätze, Arbeitsmittel und deren Verbindungen untereinander müssen so konstruiert, errichtet, zusammengebaut, installiert,

### 9.1.3 GefStoffV §§ 12, 13

verwendet und instand gehalten werden, dass keine Brand- und Explosionsgefährdungen auftreten.

(4) ¹Bei Tätigkeiten mit organischen Peroxiden hat der Arbeitgeber über die Bestimmungen der Absätze 1 und 2 sowie des Anhangs I Nummer 1 hinaus insbesondere Maßnahmen zu treffen, die die

1. Gefahr einer unbeabsichtigten Explosion minimieren und
2. Auswirkungen von Bränden und Explosionen beschränken.

²Dabei hat der Arbeitgeber Anhang III zu beachten.

### § 12 *(aufgehoben)*

### § 13 Betriebsstörungen, Unfälle und Notfälle.
(1) ¹Um die Gesundheit und die Sicherheit der Beschäftigten bei Betriebsstörungen, Unfällen oder Notfällen zu schützen, hat der Arbeitgeber rechtzeitig die Notfallmaßnahmen festzulegen, die beim Eintreten eines derartigen Ereignisses zu ergreifen sind. ²Dies schließt die Bereitstellung angemessener Erste-Hilfe-Einrichtungen und die Durchführung von Sicherheitsübungen in regelmäßigen Abständen ein.

(2) ¹Tritt eines der in Absatz 1 Satz 1 genannten Ereignisse ein, so hat der Arbeitgeber unverzüglich die gemäß Absatz 1 festgelegten Maßnahmen zu ergreifen, um

1. betroffene Beschäftigte über die durch das Ereignis hervorgerufene Gefahrensituation im Betrieb zu informieren,
2. die Auswirkungen des Ereignisses zu mindern und
3. wieder einen normalen Betriebsablauf herbeizuführen.

²Neben den Rettungskräften dürfen nur die Beschäftigten im Gefahrenbereich verbleiben, die Tätigkeiten zur Erreichung der Ziele nach Satz 1 Nummer 2 und 3 ausüben.

(3) ¹Der Arbeitgeber hat Beschäftigten, die im Gefahrenbereich tätig werden, vor Aufnahme ihrer Tätigkeit geeignete Schutzkleidung und persönliche Schutzausrüstung sowie gegebenenfalls erforderliche spezielle Sicherheitseinrichtungen und besondere Arbeitsmittel zur Verfügung zu stellen. ²Im Gefahrenbereich müssen die Beschäftigten die Schutzkleidung und die persönliche Schutzausrüstung für die Dauer des nicht bestimmungsgemäßen Betriebsablaufs verwenden. ³Die Verwendung belastender persönlicher Schutzausrüstung muss für die einzelnen Beschäftigten zeitlich begrenzt sein. ⁴Ungeschützte und unbefugte Personen dürfen sich nicht im festzulegenden Gefahrenbereich aufhalten.

(4) Der Arbeitgeber hat Warn- und sonstige Kommunikationssysteme, die eine erhöhte Gefährdung der Gesundheit und Sicherheit anzeigen, zur Verfügung zu stellen, so dass eine angemessene Reaktion möglich ist und unverzüglich Abhilfemaßnahmen sowie Hilfs-, Evakuierungs- und Rettungsmaßnahmen eingeleitet werden können.

(5) ¹Der Arbeitgeber hat sicherzustellen, dass Informationen über Maßnahmen bei Notfällen mit Gefahrstoffen zur Verfügung stehen. ²Die zuständigen innerbetrieblichen und betriebsfremden Unfall- und Notfalldienste müssen Zugang zu diesen Informationen erhalten. ³Zu diesen Informationen zählen:

1. eine Vorabmitteilung über einschlägige Gefahren bei der Arbeit, über Maßnahmen zur Feststellung von Gefahren sowie über Vorsichtsmaßregeln und

Gefahrstoffverordnung  §14  GefStoffV  9.1.3

Verfahren, damit die Notfalldienste ihre eigenen Abhilfe- und Sicherheitsmaßnahmen vorbereiten können,

2. alle verfügbaren Informationen über spezifische Gefahren, die bei einem Unfall oder Notfall auftreten oder auftreten können, einschließlich der Informationen über die Verfahren nach den Absätzen 1 bis 4.

**§ 14 Unterrichtung und Unterweisung der Beschäftigten.** (1) [1]Der Arbeitgeber hat sicherzustellen, dass den Beschäftigten eine schriftliche Betriebsanweisung, die der Gefährdungsbeurteilung nach § 6 Rechnung trägt, in einer für die Beschäftigten verständlichen Form und Sprache zugänglich gemacht wird. [2]Die Betriebsanweisung muss mindestens Folgendes enthalten:

1. Informationen über die am Arbeitsplatz vorhandenen oder entstehenden Gefahrstoffe, wie beispielsweise die Bezeichnung der Gefahrstoffe, ihre Kennzeichnung sowie mögliche Gefährdungen der Gesundheit und der Sicherheit,

2. Informationen über angemessene Vorsichtsmaßregeln und Maßnahmen, die die Beschäftigten zu ihrem eigenen Schutz und zum Schutz der anderen Beschäftigten am Arbeitsplatz durchzuführen haben; dazu gehören insbesondere

   a) Hygienevorschriften,

   b) Informationen über Maßnahmen, die zur Verhütung einer Exposition zu ergreifen sind,

   c) Informationen zum Tragen und Verwenden von persönlicher Schutzausrüstung und Schutzkleidung,

3. Informationen über Maßnahmen, die bei Betriebsstörungen, Unfällen und Notfällen und zur Verhütung dieser von den Beschäftigten, insbesondere von Rettungsmannschaften, durchzuführen sind.

[3]Die Betriebsanweisung muss bei jeder maßgeblichen Veränderung der Arbeitsbedingungen aktualisiert werden. [4]Der Arbeitgeber hat ferner sicherzustellen, dass die Beschäftigten

1. Zugang haben zu allen Informationen nach Artikel 35 der Verordnung (EG) Nr. 1907/2006 über die Stoffe und Gemische, mit denen sie Tätigkeiten ausüben, insbesondere zu Sicherheitsdatenblättern, und

2. über Methoden und Verfahren unterrichtet werden, die bei der Verwendung von Gefahrstoffen zum Schutz der Beschäftigten angewendet werden müssen.

(2) [1]Der Arbeitgeber hat sicherzustellen, dass die Beschäftigten anhand der Betriebsanweisung nach Absatz 1 über alle auftretenden Gefährdungen und entsprechende Schutzmaßnahmen mündlich unterwiesen werden. [2]Teil dieser Unterweisung ist ferner eine allgemeine arbeitsmedizinischtoxikologische Beratung. [3]Diese dient auch zur Information der Beschäftigten über die Voraussetzungen, unter denen sie Anspruch auf arbeitsmedizinische Vorsorgeuntersuchungen nach der Verordnung zur arbeitsmedizinischen Vorsorge haben, und über den Zweck dieser Vorsorgeuntersuchungen. [4]Die Beratung ist unter Beteiligung der Ärztin oder des Arztes nach § 7 Absatz 1 der Verordnung zur arbeitsmedizinischen Vorsorge durchzuführen, falls dies erforderlich sein sollte. [5]Die Unterweisung muss vor Aufnahme der Beschäftigung und danach mindestens jährlich arbeitsplatzbezogen durchgeführt werden. [6]Sie muss in für die

Beschäftigten verständlicher Form und Sprache erfolgen. [7] Inhalt und Zeitpunkt der Unterweisung sind schriftlich festzuhalten und von den Unterwiesenen durch Unterschrift zu bestätigen.

(3) Der Arbeitgeber hat bei Tätigkeiten mit krebserzeugenden, keimzellmutagenen oder reproduktionstoxischen Gefahrstoffen der Kategorie 1A oder 1B sicherzustellen, dass

1. die Beschäftigten und ihre Vertretung nachprüfen können, ob die Bestimmungen dieser Verordnung eingehalten werden, und zwar insbesondere in Bezug auf

    a) die Auswahl und Verwendung der persönlichen Schutzausrüstung und die damit verbundenen Belastungen der Beschäftigten,

    b) durchzuführende Maßnahmen im Sinne des § 10 Absatz 4 Satz 1,

2. die Beschäftigten und ihre Vertretung bei einer erhöhten Exposition, einschließlich der in § 10 Absatz 4 Satz 1 genannten Fälle, unverzüglich unterrichtet und über die Ursachen sowie über die bereits ergriffenen oder noch zu ergreifenden Gegenmaßnahmen informiert werden,

3. ein aktualisiertes Verzeichnis über die Beschäftigten geführt wird, die Tätigkeiten mit krebserzeugenden oder keimzellmutagenen Gefahrstoffen der Kategorie 1A oder 1B ausüben, bei denen die Gefährdungsbeurteilung nach § 6 eine Gefährdung der Gesundheit oder der Sicherheit der Beschäftigten ergibt; in dem Verzeichnis ist auch die Höhe und die Dauer der Exposition anzugeben, der die Beschäftigten ausgesetzt waren,

4. das Verzeichnis nach Nummer 3 mit allen Aktualisierungen 40 Jahre nach Ende der Exposition aufbewahrt wird; bei Beendigung von Beschäftigungsverhältnissen hat der Arbeitgeber den Beschäftigten einen Auszug über die sie betreffenden Angaben des Verzeichnisses auszuhändigen und einen Nachweis hierüber wie Personalunterlagen aufzubewahren,

5. die Ärztin oder der Arzt nach § 7 Absatz 1 der Verordnung zur arbeitsmedizinischen Vorsorge, die zuständige Behörde sowie jede für die Gesundheit und die Sicherheit am Arbeitsplatz verantwortliche Person Zugang zu dem Verzeichnis nach Nummer 3 haben,

6. alle Beschäftigten Zugang zu den sie persönlich betreffenden Angaben in dem Verzeichnis haben,

7. die Beschäftigten und ihre Vertretung Zugang zu den nicht personenbezogenen Informationen allgemeiner Art in dem Verzeichnis haben.

(4) [1] Der Arbeitgeber kann mit Einwilligung des betroffenen Beschäftigten die Aufbewahrungs- einschließlich der Aushändigungspflicht nach Absatz 3 Nummer 4 auf den zuständigen gesetzlichen Unfallversicherungsträger übertragen. [2] Dafür übergibt der Arbeitgeber dem Unfallversicherungsträger die erforderlichen Unterlagen in einer für die elektronische Datenverarbeitung geeigneten Form. [3] Der Unfallversicherungsträger händigt der betroffenen Person auf Anforderung einen Auszug des Verzeichnisses mit den sie betreffenden Angaben aus.

**§ 15 Zusammenarbeit verschiedener Firmen.** (1) [1] Sollen in einem Betrieb Fremdfirmen Tätigkeiten mit Gefahrstoffen ausüben, hat der Arbeitgeber als Auftraggeber sicherzustellen, dass nur solche Fremdfirmen herangezogen werden, die über die Fachkenntnisse und Erfahrungen verfügen, die für diese

Tätigkeiten erforderlich sind. ²Der Arbeitgeber als Auftraggeber hat die Fremdfirmen über Gefahrenquellen und spezifische Verhaltensregeln zu informieren.

(2) ¹Kann bei Tätigkeiten von Beschäftigten eines Arbeitgebers eine Gefährdung von Beschäftigten anderer Arbeitgeber durch Gefahrstoffe nicht ausgeschlossen werden, so haben alle betroffenen Arbeitgeber bei der Durchführung ihrer Gefährdungsbeurteilungen nach § 6 zusammenzuwirken und die Schutzmaßnahmen abzustimmen. ²Dies ist zu dokumentieren. ³Die Arbeitgeber haben dabei sicherzustellen, dass Gefährdungen der Beschäftigten aller beteiligten Unternehmen durch Gefahrstoffe wirksam begegnet wird.

(3) Jeder Arbeitgeber ist dafür verantwortlich, dass seine Beschäftigten die gemeinsam festgelegten Schutzmaßnahmen anwenden.

(4) ¹Besteht bei Tätigkeiten von Beschäftigten eines Arbeitgebers eine erhöhte Gefährdung von Beschäftigten anderer Arbeitgeber durch Gefahrstoffe, ist durch die beteiligten Arbeitgeber ein Koordinator zu bestellen. ²Wurde ein Koordinator nach den Bestimmungen der Baustellenverordnung vom 10. Juni 1998 (BGBl. I S. 1283), die durch Artikel 15 der Verordnung vom 23. Dezember 2004 (BGBl. I S. 3758) geändert worden ist, bestellt, gilt die Pflicht nach Satz 1 als erfüllt. ³Dem Koordinator sind von den beteiligten Arbeitgebern alle erforderlichen sicherheitsrelevanten Informationen sowie Informationen zu den festgelegten Schutzmaßnahmen zur Verfügung zu stellen. ⁴Die Bestellung eines Koordinators entbindet die Arbeitgeber nicht von ihrer Verantwortung nach dieser Verordnung.

(5) ¹Vor dem Beginn von Abbruch-, Sanierungs- und Instandhaltungsarbeiten oder Bauarbeiten muss der Arbeitgeber für die Gefährdungsbeurteilung nach § 6 Informationen, insbesondere vom Auftraggeber oder Bauherrn, darüber einholen, ob entsprechend der Nutzungs- oder Baugeschichte des Objekts Gefahrstoffe, insbesondere Asbest, vorhanden oder zu erwarten sind. ²Weiter reichende Informations-, Schutz- und Überwachungspflichten, die sich für den Auftraggeber oder Bauherrn nach anderen Rechtsvorschriften ergeben, bleiben unberührt.

## Abschnitt 4a. Anforderungen an die Verwendung von Biozid-Produkten einschließlich der Begasung sowie an Begasungen mit Pflanzenschutzmitteln

**§ 15a Verwendungsbeschränkungen.** (1) Biozid-Produkte dürfen nicht verwendet werden, soweit damit zu rechnen ist, dass ihre Verwendung im einzelnen Anwendungsfall schädliche Auswirkungen auf die Gesundheit von Menschen, Nicht-Zielorganismen oder auf die Umwelt hat.

(2) ¹Wer Biozid-Produkte verwendet, hat dies ordnungsgemäß zu tun. ²Zur ordnungsgemäßen Verwendung gehört insbesondere, dass

1. die Verwendung von Biozid-Produkten auf das notwendige Mindestmaß begrenzt wird durch:
   a) das Abwägen von Nutzen und Risiken des Einsatzes des Biozid-Produkts und
   b) eine sachgerechte Berücksichtigung physikalischer, biologischer, chemischer und sonstiger Alternativen,
2. das Biozid-Produkt nur für die in der Kennzeichnung oder der Zulassung ausgewiesenen Verwendungszwecke eingesetzt wird,

3. die sich aus der Kennzeichnung oder der Zulassung ergebenden Verwendungsbedingungen eingehalten werden und

4. die Qualifikation des Verwenders die Anforderungen erfüllt, die für die in der Zulassung festgelegte Verwenderkategorie erforderlich ist.

(3) Die Absätze 1 und 2 gelten auch für private Haushalte.

**§ 15b Allgemeine Anforderungen an die Verwendung von Biozid-Produkten.** (1) [1]Der Arbeitgeber hat vor Verwendung eines Biozid-Produkts sicherzustellen, dass die Anforderungen nach § 15a erfüllt werden. [2]Dies erfolgt hinsichtlich der Anforderungen nach

1. § 15a Absatz 2 Satz 2 Nummer 1 im Rahmen der Substitutionsprüfung nach § 6 Absatz 1 Satz 2 Nummer 4,

2. § 15a Absatz 2 Satz 2 Nummer 3 im Rahmen der Gefährdungsbeurteilung nach § 6 Absatz 1; dabei hat der Arbeitgeber insbesondere Folgendes zu berücksichtigen:

   a) die in der Zulassung festgelegten Maßnahmen zum Schutz der Sicherheit und Gesundheit sowie der Umwelt,

   b) die Kennzeichnung nach § 4 Absatz 5 und 6 einschließlich des gegebenenfalls beigefügten Merkblatts.

(2) Der Arbeitgeber hat die erforderlichen Maßnahmen unter Beachtung der Rangfolge nach § 7 Absatz 4 Satz 4 und unter dem Gesichtspunkt einer nachhaltigen Verwendung so festzulegen und durchzuführen, dass eine Gefährdung der Beschäftigten, anderer Personen oder der Umwelt verhindert oder minimiert wird.

(3) [1]Eine Fachkunde im Sinne von Anhang I Nummer 4.3 ist erforderlich für die Verwendung von Biozid-Produkten,

1. die zu der Hauptgruppe 3 „Schädlingsbekämpfungsmittel" im Sinne des Anhangs V der Verordnung (EU) Nr. 528/2012 gehören oder

2. deren Wirkstoffe endokrinschädigende Eigenschaften nach Artikel 5 Absatz 1 Buchstabe d der Verordnung (EU) Nr. 528/2012 haben.

[2]Satz 1 gilt nicht, wenn das Biozid-Produkt für eine Verwendung durch die breite Öffentlichkeit zugelassen ist oder wenn für die Verwendung eine Sachkunde nach § 15c Absatz 3 erforderlich ist.

**§ 15c Besondere Anforderungen an die Verwendung bestimmter Biozid-Produkte.** (1) Der Arbeitgeber hat die Pflichten nach den Absätzen 2 und 3 zu erfüllen, wenn Biozid-Produkte verwendet werden sollen,

1. die eingestuft sind als

   a) akut toxisch Kategorie 1, 2 oder 3,

   b) krebserzeugend, keimzellmutagen oder reproduktionstoxisch Kategorie 1A oder 1B oder

   c) spezifisch zielorgantoxisch Kategorie 1 SE oder RE oder

2. für die über die nach Nummer 1 erfassten Fälle hinaus für die vorgesehene Anwendung in der Zulassung die Verwenderkategorie „geschulter berufsmäßiger Verwender" festgelegt wurde.

Gefahrstoffverordnung **§ 15d GefStoffV 9.1.3**

(2) ¹Der Arbeitgeber hat bei der zuständigen Behörde schriftlich oder elektronisch anzuzeigen:
1. die erstmalige Verwendung von Biozid-Produkten nach Absatz 1 und
2. den Beginn einer erneuten Verwendung von Biozid-Produkten nach Absatz 1 nach einer Unterbrechung von mehr als einem Jahr.

²Die Anzeige hat spätestens sechs Wochen vor Beginn der Verwendung zu erfolgen. ³Anhang I Nummer 4.2.1 ist zu beachten.

(3) ¹Die Verwendung von Biozid-Produkten nach Absatz 1 darf nur durch Personen erfolgen, die über eine für das jeweilige Biozid-Produkt geltende Sachkunde im Sinne von Anhang I Nummer 4.4 verfügen. ²Die Anforderungen an die Sachkunde sind von der Produktart, den Anwendungen, für die das Biozid-Produkt zugelassen ist, und dem Gefährdungspotential für Mensch und Umwelt abhängig.

(4) Abweichend von Absatz 3 ist eine Sachkunde für die Verwendung der in Absatz 1 genannten Biozid-Produkte nicht erforderlich, wenn diese Tätigkeiten unter unmittelbarer und ständiger Aufsicht einer sachkundigen Person durchgeführt werden.

**§ 15d Besondere Anforderungen bei Begasungen.** (1) ¹Der Arbeitgeber bedarf einer Erlaubnis durch die zuständige Behörde, wenn Begasungen durchgeführt werden sollen. ²Die Erlaubnis ist nach Maßgabe des Anhangs I Nummer 4.1 vor der erstmaligen Durchführung von Begasungen schriftlich oder elektronisch zu beantragen. ³Sie kann befristet, mit Auflagen oder unter dem Vorbehalt des Widerrufs erteilt werden. ⁴Auflagen können nachträglich angeordnet werden.

(2) ¹Eine Erlaubnis ist nicht erforderlich, wenn wegen der geringen Menge des freiwerdenden Wirkstoffs eine Gefährdung für Mensch und Umwelt nicht besteht. ²Hierbei sind die nach § 20 Absatz 4 bekanntgegebenen Regeln und Erkenntnisse zu berücksichtigen.

(3) ¹Der Arbeitgeber hat eine Begasung spätestens eine Woche vor deren Durchführung bei der zuständigen Behörde nach Maßgabe des Anhangs I Nummer 4.2.2 schriftlich oder elektronisch anzuzeigen. ²Die zuständige Behörde kann
1. in begründeten Fällen auf die Einhaltung dieser Frist verzichten oder
2. einer Sammelanzeige zustimmen, wenn Begasungen regelmäßig wiederholt werden und dabei die in der Anzeige beschriebenen Bedingungen unverändert bleiben.

³Bei Schiffs- und Containerbegasungen in Häfen verkürzt sich die Frist nach Satz 1 auf 24 Stunden.

(4) ¹Der Arbeitgeber hat für jede Begasung eine verantwortliche Person zu bestellen, die Inhaber eines Befähigungsscheins (Befähigungsscheininhaber) nach Anhang I Nummer 4.5 ist. ²Die verantwortliche Person hat
1. bei Begasungen innerhalb von Räumen die Nutzer angrenzender Räume und Gebäude spätestens 24 Stunden vor Beginn der Tätigkeit schriftlich unter Hinweis auf die Gefahren der eingesetzten Biozid-Produkte oder Pflanzenschutzmittel zu warnen und

2. sicherzustellen, dass
   a) die Begasung von einem Befähigungsscheininhaber durchgeführt wird,
   b) Zugänge zu den Gefahrenbereichen gemäß Anhang I Nummer 4.6 gekennzeichnet sind und
   c) neben einem Befähigungsscheininhaber mindestens eine weitere sachkundige Person anwesend ist, wenn Begasungen mit Biozid-Produkten durchgeführt werden sollen, für die in der Zulassung festgelegt wurde, dass
      aa) eine Messung oder Überwachung der Wirkstoff- oder Sauerstoffkonzentration zu erfolgen hat oder
      bb) ein unabhängig von der Umgebungsatmosphäre wirkendes Atemschutzgerät bereitzustellen und zu verwenden ist.

(5) Bei einer Betriebsstörung, einem Unfall oder Notfall hat

1. der anwesende Befähigungsscheininhaber den Gefahrenbereich zu sichern und darf ihn erst freigeben, wenn die Gefahr nicht mehr besteht und gefährliche Rückstände beseitigt sind,
2. die sachkundige Person den Befähigungsscheininhaber zu unterstützen; dies gilt insbesondere bei Absperr- und Rettungsmaßnahmen.

(6) Für Begasungen mit Pflanzenschutzmitteln gelten die Sachkundeanforderungen nach Anhang I Nummer 4.4 als erfüllt, wenn die Sachkunde nach dem Pflanzenschutzrecht erworben wurde.

(7) Bei Begasungen von Transporteinheiten

1. im Freien muss ein allseitiger Sicherheitsabstand von mindestens 10 Metern zu den benachbarten Gebäuden eingehalten werden,
2. sind diese von der verantwortlichen Person abzudichten, auf ihre Gasdichtheit zu prüfen sowie für die Dauer der Verwendung abzuschließen, zu verplomben und allseitig sichtbar mit einem Warnzeichen nach Anhang I Nummer 4.6 zu kennzeichnen.

**15e**[1] **Ergänzende Dokumentationspflichten.** (1) ¹Der Arbeitgeber hat dafür Sorge zu tragen, dass über die Begasungen eine Niederschrift angefertigt wird. ²In der Niederschrift ist zu dokumentieren:

1. Name der verantwortlichen Person,
2. Art und Menge der verwendeten Biozid-Produkte oder Pflanzenschutzmittel,
3. Ort, Beginn und Ende der Begasung,
4. Zeitpunkt der Freigabe,
5. andere im Sinne von § 15 beteiligte Arbeitgeber und
6. die getroffenen Maßnahmen.

(2) Der Arbeitgeber hat der zuständigen Behörde die Niederschrift auf Verlangen vorzulegen.

(3) Werden für die Begasungen Pflanzenschutzmittel verwendet, kann die Niederschrift zusammen mit den Aufzeichnungen nach Artikel 67 Absatz 1 der Verordnung (EG) Nr. 1107/2009 des Europäischen Parlaments und des Rates vom 21. Oktober 2009 über das Inverkehrbringen von Pflanzenschutzmitteln

---

[1] Richtig wohl: „§ 15e".

und zur Aufhebung der Richtlinien 79/117/EWG und 91/414/EWG des Rates (ABl. L 309 vom 24.11.2009, S. 1; L 111 vom 2.5.2018, S. 10; L 45 vom 18.2.2020, S. 81), die zuletzt durch die Verordnung (EU) 2019/1381 vom 20. Juni 2019 (ABl. L 231 vom 6.9.2019, S. 1) geändert worden ist, erstellt werden.

### § 15f Anforderungen an den Umgang mit Transporteinheiten.

(1) Kann nicht ausgeschlossen werden, dass Transporteinheiten wie Fahrzeuge, Waggons, Schiffe, Tanks, Container oder andere Transportbehälter begast wurden, so hat der Arbeitgeber dies vor dem Öffnen der Transporteinheiten zu ermitteln.

(2) [1]Ergibt die Ermittlung, dass die Transporteinheit begast wurde, hat der Arbeitgeber die erforderlichen Schutzmaßnahmen zu treffen. [2]Dabei ist insbesondere sicherzustellen, dass Beschäftigte gegenüber den Biozid-Produkten oder Pflanzenschutzmitteln nicht exponiert werden. [3]Kann eine Exposition nicht ausgeschlossen werden, hat das Öffnen, Lüften und die Freigabe der Transporteinheit durch eine Person zu erfolgen, die über eine Fachkunde im Sinne von Anhang I Nummer 4.3 verfügt.

### § 15g Besondere Anforderungen an Begasungen auf Schiffen.

(1) Begasungen auf Schiffen sind nur zulässig, wenn
1. das Begasungsmittel für diese Verwendung zugelassen ist und
2. die erforderlichen Maßnahmen getroffen wurden, um die Sicherheit der Besatzung und anderer Personen jederzeit hinreichend zu gewährleisten.

(2) Bei Begasungen auf Schiffen hat die verantwortliche Person
1. sicherzustellen, dass eine Kennzeichnung entsprechend Anhang I Nummer 4.6 erfolgt,
2. vor Beginn der Begasung der Schiffsführerin beziehungsweise dem Schiffsführer schriftlich mitzuteilen:
    a) den Zeitpunkt und die betroffenen Räume,
    b) Art, Umfang und Dauer der Begasung einschließlich der Angaben zu dem verwendeten Begasungsmittel,
    c) die getroffenen Schutz- und Sicherheitsmaßnahmen einschließlich der erforderlichen technischen Änderungen, die am Schiff vorgenommen wurden,
3. vor Verlassen des Hafens oder der Beladestelle der Schiffsführerin beziehungsweise dem Schiffsführer schriftlich zu bestätigen, dass
    a) die begasten Räume hinreichend gasdicht sind und
    b) die angrenzenden Räume von Begasungsmitteln frei sind.

(3) [1]Die Gasdichtheit der begasten Räume muss mindestens alle acht Stunden geprüft werden. [2]Die Ergebnisse der Prüfungen sind zu dokumentieren. [3]Die Schiffsführerin beziehungsweise der Schiffsführer hat der Hafenbehörde beziehungsweise der zuständigen Person der Entladestelle spätestens 24 Stunden vor Ankunft des Schiffs die Art und den Zeitpunkt der Begasung anzuzeigen und dabei mitzuteilen, welche Räume begast worden sind.

(4) [1]Die Beförderung begaster Transporteinheiten auf Schiffen darf nur erfolgen, wenn sichergestellt ist, dass sich außerhalb der Transporteinheiten

### 9.1.3 GefStoffV §§ 15h–17

keine gefährlichen Gaskonzentrationen entwickeln. ²Die Anzeigepflicht nach Absatz 3 Satz 3 gilt entsprechend.

**§ 15h Ausnahmen von Abschnitt 4a.** (1) Es finden keine Anwendung

1. Abschnitt 4a sowie Anhang I Nummer 4 auf Begasungen, wenn diese ausschließlich der Forschung und Entwicklung oder der institutionellen Eignungsprüfung der Biozid-Produkte, Pflanzenschutzmittel oder deren Anwendungsverfahren dienen,
2. § 15c Absatz 3 auf die Verwendung von Biozid-Produkten der Hauptgruppe 3 Schädlingsbekämpfungsmittel, die als akut toxisch Kategorie 1, 2 oder 3 eingestuft sind, wenn sich entsprechende Anforderungen bereits aus anderen Rechtsvorschriften ergeben,
3. §§ 15d und 15e auf Begasungen in vollautomatisch programmgesteuerten Sterilisatoren im medizinischen Bereich, die einem verfahrens- und stoffspezifischen Kriterium entsprechen, das nach § 20 Absatz 4 bekanntgegeben wurde,
4. § 15d Absatz 3 auf Begasungen, wenn diese durchgeführt werden
   a) im medizinischen Bereich oder
   b) innerhalb ortsfester Sterilisationskammern.

(2) Die Ausnahmen nach Absatz 1 gelten nicht für Biozid-Produkte soweit in der Zulassung des jeweiligen Biozid-Produkts etwas Anderes bestimmt ist.

### Abschnitt 5. Verbote und Beschränkungen

**§ 16 Herstellungs- und Verwendungsbeschränkungen.** (1) Herstellungs- und Verwendungsbeschränkungen für bestimmte Stoffe, Gemische und Erzeugnisse ergeben sich aus Artikel 67 in Verbindung mit Anhang XVII der Verordnung (EG) Nr. 1907/2006.

(2) Nach Maßgabe des Anhangs II bestehen weitere Herstellungs- und Verwendungsbeschränkungen für dort genannte Stoffe, Gemische und Erzeugnisse.

(3) Der Arbeitgeber darf in Heimarbeit beschäftigte Personen nur Tätigkeiten mit geringer Gefährdung im Sinne des § 6 Absatz 13 ausüben lassen.

**§ 17 Nationale Ausnahmen von Beschränkungsregelungen nach der Verordnung (EG) Nr. 1907/2006.** (1) ¹Für am 1. Dezember 2010 bestehende Anlagen gelten die Beschränkungen nach Artikel 67 in Verbindung mit Anhang XVII Nummer 6 der Verordnung (EG) Nr. 1907/2006 bis zum 1. Juli 2025 nicht für das Verwenden chrysotilhaltiger Diaphragmen für die Chloralkalielektrolyse oder für das Verwenden von Chrysotil, das ausschließlich zur Wartung dieser Diaphragmen eingesetzt wird, wenn

1. keine asbestfreien Ersatzstoffe, Gemische oder Erzeugnisse auf dem Markt angeboten werden oder
2. die Verwendung der asbestfreien Ersatzstoffe, Gemische oder Erzeugnisse zu einer unzumutbaren Härte führen würde

und die Konzentration der Asbestfasern in der Luft am Arbeitsplatz unterhalb von 1 000 Fasern je Kubikmeter liegt. ²Betreiber von Anlagen, die von der Regelung nach Satz 1 Gebrauch machen, übermitteln der Bundesstelle für Chemikalien bis zum 31. Januar eines jeden Kalenderjahres einen Bericht, aus dem die Menge an Chrysotil hervorgeht, die in Diaphragmen, die unter diese Ausnahmeregelung fallen, im Vorjahr verwendet wurde. ³Die Ergebnisse der Arbeitsplatzmessungen sind in den Bericht aufzunehmen. ⁴Die Bundesstelle für Chemikalien übermittelt der Europäischen Kommission eine Kopie des Berichts.

(2) Das Verwendungsverbot nach Artikel 67 in Verbindung mit Anhang XVII Nummer 16 und 17 der Verordnung (EG) Nr. 1907/2006 gilt nicht für die Verwendung der dort genannten Bleiverbindungen in Farben, die zur Erhaltung oder originalgetreuen Wiederherstellung von Kunstwerken und historischen Bestandteilen oder von Einrichtungen denkmalgeschützter Gebäude bestimmt sind, wenn die Verwendung von Ersatzstoffen nicht möglich ist.

**Abschnitt 6. Vollzugsregelungen und Ausschuss für Gefahrstoffe**

**§ 18 Unterrichtung der Behörde.** (1) ¹Der Arbeitgeber hat der zuständigen Behörde unverzüglich anzuzeigen

1. jeden Unfall und jede Betriebsstörung, die bei Tätigkeiten mit Gefahrstoffen zu einer ernsten Gesundheitsschädigung von Beschäftigten geführt haben,
2. Krankheits- und Todesfälle, bei denen konkrete Anhaltspunkte dafür bestehen, dass sie durch die Tätigkeit mit Gefahrstoffen verursacht worden sind, mit der genauen Angabe der Tätigkeit und der Gefährdungsbeurteilung nach § 6.

²Lassen sich die für die Anzeige nach Satz 1 erforderlichen Angaben gleichwertig aus Anzeigen nach anderen Rechtsvorschriften entnehmen, kann die Anzeigepflicht auch durch Übermittlung von Kopien dieser Anzeigen an die zuständige Behörde erfüllt werden. ³Der Arbeitgeber hat den betroffenen Beschäftigten oder ihrer Vertretung Kopien der Anzeigen nach Satz 1 oder Satz 2 zur Kenntnis zu geben.

(2) Unbeschadet des § 22 des Arbeitsschutzgesetzes hat der Arbeitgeber der zuständigen Behörde auf Verlangen Folgendes mitzuteilen:
1. das Ergebnis der Gefährdungsbeurteilung nach § 6 und die ihr zugrunde liegenden Informationen, einschließlich der Dokumentation der Gefährdungsbeurteilung,
2. die Tätigkeiten, bei denen Beschäftigte tatsächlich oder möglicherweise gegenüber Gefahrstoffen exponiert worden sind, und die Anzahl dieser Beschäftigten,
3. die nach § 13 des Arbeitsschutzgesetzes verantwortlichen Personen,
4. die durchgeführten Schutz- und Vorsorgemaßnahmen, einschließlich der Betriebsanweisungen.

(3) Der Arbeitgeber hat der zuständigen Behörde bei Tätigkeiten mit krebserzeugenden, keimzellmutagenen oder reproduktionstoxischen Gefahrstoffen der Kategorie 1A oder 1B zusätzlich auf Verlangen Folgendes mitzuteilen:
1. das Ergebnis der Substitutionsprüfung,
2. Informationen über
   a) ausgeübte Tätigkeiten und angewandte industrielle Verfahren und die Gründe für die Verwendung dieser Gefahrstoffe,
   b) die Menge der hergestellten oder verwendeten Gefahrstoffe,

c) die Art der zu verwendenden Schutzausrüstung,
d) Art und Ausmaß der Exposition,
e) durchgeführte Substitutionen.

(4) Auf Verlangen der zuständigen Behörde ist die nach Anhang II der Verordnung (EG) Nr. 1907/2006 geforderte Fachkunde für die Erstellung von Sicherheitsdatenblättern nachzuweisen.

## § 19 Behördliche Ausnahmen, Anordnungen und Befugnisse.

(1) [1]Die zuständige Behörde kann auf schriftlichen oder elektronischen Antrag des Arbeitgebers Ausnahmen von den §§ 6 bis 15 zulassen, wenn die Anwendung dieser Vorschriften im Einzelfall zu einer unverhältnismäßigen Härte führen würde und die Abweichung mit dem Schutz der Beschäftigten vereinbar ist. [2]Der Arbeitgeber hat der zuständigen Behörde im Antrag darzulegen:

1. den Grund für die Beantragung der Ausnahme,
2. die jährlich zu verwendende Menge des Gefahrstoffs,
3. die betroffenen Tätigkeiten und Verfahren,
4. die Zahl der voraussichtlich betroffenen Beschäftigten,
5. die geplanten Maßnahmen zur Gewährleistung des Gesundheitsschutzes und der Sicherheit der betroffenen Beschäftigten,
6. die technischen und organisatorischen Maßnahmen, die zur Verringerung oder Vermeidung einer Exposition der Beschäftigten ergriffen werden sollen.

(2) Eine Ausnahme nach Absatz 1 kann auch im Zusammenhang mit Verwaltungsverfahren nach anderen Rechtsvorschriften beantragt werden.

(3) [1]Die zuständige Behörde kann unbeschadet des § 23 des Chemikaliengesetzes[1)] im Einzelfall Maßnahmen anordnen, die der Hersteller, Lieferant oder Arbeitgeber zu ergreifen hat, um die Pflichten nach den Abschnitten 2 bis 5 dieser Verordnung zu erfüllen; dabei kann sie insbesondere anordnen, dass der Arbeitgeber

1. die zur Bekämpfung besonderer Gefahren notwendigen Maßnahmen ergreifen muss,
2. festzustellen hat, ob und in welchem Umfang eine vermutete Gefahr tatsächlich besteht und welche Maßnahmen zur Bekämpfung der Gefahr ergriffen werden müssen,
3. die Arbeit, bei der die Beschäftigten gefährdet sind, einstellen zu lassen hat, wenn der Arbeitgeber die zur Bekämpfung der Gefahr angeordneten notwendigen Maßnahmen nicht unverzüglich oder nicht innerhalb der gesetzten Frist ergreift.

[2]Bei Gefahr im Verzug können die Anordnungen auch gegenüber weisungsberechtigten Personen im Betrieb erlassen werden.

(4) Der zuständigen Behörde ist auf Verlangen ein Nachweis vorzulegen, dass die Gefährdungsbeurteilung fachkundig nach § 6 Absatz 9 erstellt wurde.

(5) Die zuständige Behörde kann dem Arbeitgeber untersagen, Tätigkeiten mit Gefahrstoffen auszuüben oder ausüben zu lassen, und insbesondere eine

---

[1)] Nr. **9.1**.

Stilllegung der betroffenen Arbeitsbereiche anordnen, wenn der Arbeitgeber der Mitteilungspflicht nach § 18 Absatz 2 Nummer 1 nicht nachkommt.

**§ 19a Anerkennung ausländischer Qualifikationen.** (1) Die zuständige Behörde erkennt auf Antrag an, dass eine ausländische Aus- oder Weiterbildung dem Erwerb einer Sachkunde im Sinne von § 2 Absatz 17 gleichwertig ist, wenn durch sie Kenntnisse erlangt wurden, die den Sachkundeanforderungen der nach § 20 Absatz 4 bekanntgegebenen Regeln und Erkenntnissen entsprechen.

(2) [1] Die Behörde entscheidet über die Gleichwertigkeit einer ausländischen Qualifikation auf Grundlage der ihr vorliegenden oder zusätzlich vom Antragsteller vorgelegten Nachweise. [2] Die Nachweise sind in deutscher Sprache beizubringen. [3] Die Gleichwertigkeit wird durch eine Bescheinigung bestätigt.

**§ 20 Ausschuss für Gefahrstoffe.** (1) [1] Beim Bundesministerium für Arbeit und Soziales wird ein Ausschuss für Gefahrstoffe (AGS) gebildet, in dem geeignete Personen vonseiten der Arbeitgeber, der Gewerkschaften, der Landesbehörden, der gesetzlichen Unfallversicherung und weitere geeignete Personen, insbesondere aus der Wissenschaft, vertreten sein sollen. [2] Die Gesamtzahl der Mitglieder soll 21 Personen nicht überschreiten. [3] Für jedes Mitglied ist ein stellvertretendes Mitglied zu benennen. [4] Die Mitgliedschaft im Ausschuss für Gefahrstoffe ist ehrenamtlich.

(2) [1] Das Bundesministerium für Arbeit und Soziales beruft die Mitglieder des Ausschusses und die stellvertretenden Mitglieder. [2] Der Ausschuss gibt sich eine Geschäftsordnung und wählt die Vorsitzende oder den Vorsitzenden aus seiner Mitte. [3] Die Geschäftsordnung und die Wahl der oder des Vorsitzenden bedürfen der Zustimmung des Bundesministeriums für Arbeit und Soziales.

(3) [1] Zu den Aufgaben des Ausschusses gehört es:
1. den Stand der Wissenschaft, Technik, Arbeitsmedizin und Arbeitshygiene sowie sonstige gesicherte Erkenntnisse für Tätigkeiten mit Gefahrstoffen einschließlich deren Einstufung und Kennzeichnung zu ermitteln und entsprechende Empfehlungen auszusprechen,
2. zu ermitteln, wie die in dieser Verordnung gestellten Anforderungen erfüllt werden können und dazu die dem jeweiligen Stand von Technik und Medizin entsprechenden Regeln und Erkenntnisse zu erarbeiten,
3. das Bundesministerium für Arbeit und Soziales in allen Fragen zu Gefahrstoffen und zur Chemikaliensicherheit zu beraten und
4. Arbeitsplatzgrenzwerte, biologische Grenzwerte und andere Beurteilungsmaßstäbe für Gefahrstoffe vorzuschlagen und regelmäßig zu überprüfen, wobei Folgendes zu berücksichtigen ist:
    a) bei der Festlegung der Grenzwerte und Beurteilungsmaßstäbe ist sicherzustellen, dass der Schutz der Gesundheit der Beschäftigten gewahrt ist,
    b) für jeden Stoff, für den ein Arbeitsplatzgrenzwert oder ein biologischer Grenzwert in Rechtsakten der Europäischen Union festgelegt worden ist, ist unter Berücksichtigung dieses Grenzwerts ein nationaler Grenzwert vorzuschlagen.

[2] Das Arbeitsprogramm des Ausschusses für Gefahrstoffe wird mit dem Bundesministerium für Arbeit und Soziales abgestimmt, wobei die Letztentscheidungsbefugnis beim Bundesministerium für Arbeit und Soziales liegt. [3] Der Ausschuss

## 9.1.3 GefStoffV §§ 21, 22

arbeitet eng mit den anderen Ausschüssen beim Bundesministerium für Arbeit und Soziales zusammen.

(4) Nach Prüfung kann das Bundesministerium für Arbeit und Soziales

1. die vom Ausschuss für Gefahrstoffe ermittelten Regeln und Erkenntnisse nach Absatz 3 Satz 1 Nummer 2 sowie die Arbeitsplatzgrenzwerte und Beurteilungsmaßstäbe nach Absatz 3 Satz 1 Nummer 4 im Gemeinsamen Ministerialblatt bekannt geben und
2. die Empfehlungen nach Absatz 3 Satz 1 Nummer 1 sowie die Beratungsergebnisse nach Absatz 3 Satz 1 Nummer 3 in geeigneter Weise veröffentlichen.

(5) ¹Die Bundesministerien sowie die obersten Landesbehörden können zu den Sitzungen des Ausschusses Vertreterinnen oder Vertreter entsenden. ²Auf Verlangen ist diesen in der Sitzung das Wort zu erteilen.

(6) Die Bundesanstalt für Arbeitsschutz und Arbeitsmedizin führt die Geschäfte des Ausschusses.

### Abschnitt 7. Ordnungswidrigkeiten, Straftaten und Übergangsvorschriften

**§ 21 Chemikaliengesetz – Anzeigen.** Ordnungswidrig im Sinne des § 26 Absatz 1 Nummer 8 Buchstabe b des Chemikaliengesetzes[1]) handelt, wer vorsätzlich oder fahrlässig

1. entgegen § 8 Absatz 8 in Verbindung mit Anhang I Nummer 2.4.2 Absatz 1 Satz 1 oder Absatz 2 eine Anzeige nicht, nicht richtig, nicht vollständig oder nicht rechtzeitig erstattet,
2. entgegen § 8 Absatz 8 in Verbindung mit Anhang I Nummer 5.4.2.3 Absatz 1 oder Absatz 2 eine Anzeige nicht, nicht richtig, nicht vollständig oder nicht rechtzeitig erstattet,
3. entgegen § 8 Absatz 8 in Verbindung mit Anhang I Nummer 5.4.2.3 Absatz 3 eine Änderung nicht oder nicht rechtzeitig anzeigt,
4. entgegen § 15d Absatz 3 Satz 1, § 15g Absatz 3 Satz 3 oder § 18 Absatz 1 eine Anzeige nicht, nicht richtig, nicht vollständig oder nicht rechtzeitig erstattet oder
5. entgegen § 18 Absatz 2 eine Mitteilung nicht, nicht richtig, nicht vollständig oder nicht rechtzeitig macht.

**§ 22 Chemikaliengesetz – Tätigkeiten.** (1) Ordnungswidrig im Sinne des § 26 Absatz 1 Nummer 8 Buchstabe b des Chemikaliengesetzes[1]) handelt, wer vorsätzlich oder fahrlässig

1. entgegen § 6 Absatz 8 Satz 1 eine Gefährdungsbeurteilung nicht, nicht richtig, nicht vollständig oder nicht rechtzeitig dokumentiert,
2. entgegen § 6 Absatz 12 Satz 1 ein Gefahrstoffverzeichnis nicht, nicht richtig oder nicht vollständig führt,
3. entgegen § 7 Absatz 1 eine Tätigkeit aufnehmen lässt,

---

[1]) Nr. 9.1.

4. entgegen § 7 Absatz 5 Satz 2 das Verwenden von belastender persönlicher Schutzausrüstung als Dauermaßnahme anwendet,
5. entgegen § 7 Absatz 7 Satz 1 die Funktion und die Wirksamkeit der technischen Schutzmaßnahmen nicht oder nicht rechtzeitig überprüft,
6. entgegen § 8 Absatz 2 Satz 3 eine Tätigkeit ausüben lässt,
7. entgegen § 8 Absatz 3 Satz 2 einen Bereich nicht oder nicht rechtzeitig einrichtet,
8. entgegen § 8 Absatz 5 Satz 3 Gefahrstoffe aufbewahrt oder lagert,
9. entgegen § 8 Absatz 8 in Verbindung mit Anhang I Nummer 2.4.2 Absatz 3 Satz 2 nicht dafür sorgt, dass eine weisungsbefugte sachkundige Person vor Ort tätig ist,
10. entgegen § 8 Absatz 8 in Verbindung mit Anhang I Nummer 2.4.4 Satz 1 einen Arbeitsplan nicht oder nicht rechtzeitig aufstellt,
11. entgegen § 8 Absatz 8 in Verbindung mit Anhang I Nummer 5.4.2.1 Absatz 2 Stoffe oder Gemische der Gruppe A lagert oder befördert,
12. entgegen § 8 Absatz 8 in Verbindung mit Anhang I Nummer 5.4.2.1 Absatz 3 brennbare Materialien lagert,
13. entgegen § 8 Absatz 8 in Verbindung mit Anhang I Nummer 5.4.2.2 Absatz 3 Stoffe oder Gemische nicht oder nicht rechtzeitig in Teilmengen unterteilt,
14. entgegen § 8 Absatz 8 in Verbindung mit Anhang I Nummer 5.4.2.3 Absatz 5 Stoffe oder Gemische lagert,
15. entgegen § 9 Absatz 3 Satz 2 oder § 9 Absatz 4 eine persönliche Schutzausrüstung nicht oder nicht rechtzeitig bereitstellt,
15a. entgegen § 9 Absatz 5 nicht gewährleistet, dass getrennte Aufbewahrungsmöglichkeiten zur Verfügung stehen,
16. entgegen § 10 Absatz 4 Satz 2 Schutzkleidung oder ein Atemschutzgerät nicht zur Verfügung stellt,
17. entgegen § 10 Absatz 5 Satz 1 abgesaugte Luft in einen Arbeitsbereich zurückführt,
18. entgegen § 11 Absatz 1 Satz 3 in Verbindung mit Anhang I Nummer 1.3 Absatz 2 Satz 1 das Rauchen oder die Verwendung von offenem Feuer oder offenem Licht nicht verbietet,
19. entgegen § 11 Absatz 1 Satz 3 in Verbindung mit Anhang I Nummer 1.5 Absatz 4 oder Nummer 1.6 Absatz 5 einen dort genannten Bereich nicht oder nicht richtig kennzeichnet,
19a. entgegen § 11 Absatz 4 Satz 2 in Verbindung mit Anhang III Nummer 2.3 Absatz 1 Satz 1 eine Tätigkeit mit einem organischen Peroxid ausüben lässt,
19b. entgegen § 11 Absatz 4 Satz 2 in Verbindung mit Anhang III Nummer 2.6 Satz 2 Buchstabe a nicht sicherstellt, dass ein dort genanntes Gebäude oder ein dort genannter Raum in Sicherheitsbauweise errichtet wird,
19c. entgegen § 11 Absatz 4 Satz 2 in Verbindung mit Anhang III Nummer 2.7 einen dort genannten Bereich nicht oder nicht rechtzeitig festlegt,
20. entgegen § 13 Absatz 2 Satz 1 eine dort genannte Maßnahme nicht oder nicht rechtzeitig ergreift,
21. entgegen § 13 Absatz 3 Satz 1 einen Beschäftigten nicht oder nicht rechtzeitig ausstattet,

## 9.1.3 GefStoffV §§ 23, 24

22. entgegen § 13 Absatz 4 Warn- und sonstige Kommunikationseinrichtungen nicht zur Verfügung stellt,
23. entgegen § 13 Absatz 5 Satz 1 nicht sicherstellt, dass Informationen über Notfallmaßnahmen zur Verfügung stehen,
24. entgegen § 14 Absatz 1 Satz 1 nicht sicherstellt, dass den Beschäftigten eine schriftliche Betriebsanweisung in der vorgeschriebenen Weise zugänglich gemacht wird,
25. entgegen § 14 Absatz 2 Satz 1 nicht sicherstellt, dass die Beschäftigten über auftretende Gefährdungen und entsprechende Schutzmaßnahmen mündlich unterwiesen werden,
26. entgegen § 14 Absatz 3 Nummer 2 nicht oder nicht rechtzeitig sicherstellt, dass die Beschäftigten und ihre Vertretung unterrichtet und informiert werden,
27. entgegen § 14 Absatz 3 Nummer 3 nicht sicherstellt, dass ein aktualisiertes Verzeichnis geführt wird,
28. entgegen § 14 Absatz 3 Nummer 4 nicht sicherstellt, dass ein aktualisiertes Verzeichnis 40 Jahre nach Ende der Exposition aufbewahrt wird,
29. entgegen § 15c Absatz 3 Satz 1 ein Biozid-Produkt verwendet,
30. entgegen § 15d Absatz 4 Satz 2 Nummer 2 Buchstabe a nicht sicherstellt, dass die Begasung von einer dort genannten Person durchgeführt wird,
31. entgegen § 15d Absatz 4 Satz 2 Nummer 2 Buchstabe c nicht sicherstellt, dass neben dem Befähigungsscheininhaber eine weitere sachkundige Person anwesend ist, oder
32. entgegen § 15d Absatz 5 Nummer 1 einen Gefahrenbereich nicht oder nicht rechtzeitig sichert oder einen Gefahrenbereich freigibt.

(2) Wer durch eine in Absatz 1 bezeichnete Handlung das Leben oder die Gesundheit eines anderen oder fremde Sachen von bedeutendem Wert gefährdet, ist nach § 27 Absatz 2 bis 4 des Chemikaliengesetzes strafbar.

## § 23 *(aufgehoben)*

## § 24 Chemikaliengesetz – Herstellungs- und Verwendungsbeschränkungen.
(1) Ordnungswidrig im Sinne des § 26 Absatz 1 Nummer 7 Buchstabe a des Chemikaliengesetzes[1] handelt, wer vorsätzlich oder fahrlässig

1. entgegen § 15a Absatz 2 Satz 1 ein Biozid-Produkt in den Fällen des § 15a Absatz 2 Satz 2 Nummer 2 oder 3 nicht richtig verwendet oder
2. entgegen § 16 Absatz 2 in Verbindung mit Anhang II Nummer 6 Absatz 1 einen dort aufgeführten Stoff verwendet.

(2) Nach § 27 Absatz 1 Nummer 1, Absatz 2 bis 4 des Chemikaliengesetzes wird bestraft, wer vorsätzlich oder fahrlässig

1. entgegen § 8 Absatz 8 in Verbindung mit Anhang I Nummer 2.4.2 Absatz 3 Satz 1 oder Absatz 4 Satz 1 Abbruch-, Sanierungs- oder Instandhaltungsarbeiten durchführt,
2. entgegen § 16 Absatz 2 in Verbindung mit Anhang II Nummer 1 Absatz 1 Satz 1 auch in Verbindung mit Satz 3 Arbeiten durchführt,

---

[1] Nr. **9.1**.

Gefahrstoffverordnung  § 25, Anh. I  GefStoffV 9.1.3

3. entgegen § 16 Absatz 2 in Verbindung mit Anhang II Nummer 1 Absatz 1 Satz 4 Überdeckungs-, Überbauungs-, Aufständerungs-, Reinigungs- oder Beschichtungsarbeiten durchführt,

4. entgegen § 16 Absatz 2 in Verbindung mit Anhang II Nummer 1 Absatz 1 Satz 5 asbesthaltige Gegenstände oder Materialien zu anderen Zwecken weiterverwendet,

5. entgegen § 16 Absatz 2 in Verbindung mit Anhang II Nummer 2 Absatz 1 die dort aufgeführten Stoffe oder Gemische herstellt,

6. entgegen § 16 Absatz 2 in Verbindung mit Anhang II Nummer 3 Absatz 1 die dort aufgeführten Erzeugnisse verwendet,

7. entgegen § 16 Absatz 2 in Verbindung mit Anhang II Nummer 4 Absatz 1, Absatz 3 Satz 1 oder Absatz 4 die dort aufgeführten Kühlschmierstoffe oder Korrosionsschutzmittel verwendet oder

8. entgegen § 16 Absatz 2 in Verbindung mit Anhang II Nummer 5 Absatz 1 die dort aufgeführten Stoffe, Gemische oder Erzeugnisse herstellt oder verwendet.

**§ 25 Übergangsvorschriften.** (1) ¹Auf die Verwendung von Biozid-Produkten, die unter die Übergangsregelung des § 28 Absatz 8 des Chemikaliengesetzes[1]) fallen, finden folgende Vorschriften keine Anwendung soweit deren Erfüllung einer solchen Zulassung nach der Verordnung (EU) Nr. 528/2012 bedarf:

1. § 15a Absatz 2 Satz 2 Nummer 4,
2. § 15b Absatz 1 Nummer 2 Buchstabe a und Absatz 3,
3. § 15c Absatz 1 Nummer 2.

²Für diese Biozid-Produkte sind bis zur Erteilung einer Zulassung die entsprechenden nach § 20 Absatz 4 bekanntgegebenen Regeln und Erkenntnisse zu berücksichtigen.

(2) Für eine Verwendung von Biozid-Produkten nach § 15c Absatz 1, die bis zum 30. September 2021 ohne Sachkunde ausgeübt werden konnte, ist die Sachkunde spätestens bis zum 28. Juli 2025 nachzuweisen.

**Anhang I**
(zu § 8 Absatz 8, § 11 Absatz 3, § 15b Absatz 3, § 15c Absatz 2 und 3, § 15d Absatz 1, 3, 4, 6 und 7, § 15f Absatz 2, § 15g Absatz 2)

**Besondere Vorschriften für bestimmte Gefahrstoffe und Tätigkeiten**

**Inhaltsübersicht**

Nummer 1. Brand- und Explosionsgefährdungen *(hier nicht wiedergegeben)*
Nummer 2. Partikelförmige Gefahrstoffe *(hier nicht wiedergegeben)*
Nummer 3. (weggefallen)
Nummer 4. Biozid-Produkte und Begasung mit Biozid-Produkten oder Pflanzenschutzmitteln *(hier nicht wiedergegeben)*
Nummer 5. Ammoniumnitrat *(hier nicht wiedergegeben)*

---

[1]) Nr. **9.1**.

## 9.1.3 GefStoffV Anh. II, III

**Anhang II**
(zu § 16 Absatz 2)

### Besondere Herstellungs- und Verwendungsbeschränkungen für bestimmte Stoffe, Gemische und Erzeugnisse

#### Inhaltsübersicht

Nummer 1. Asbest *(hier nicht wiedergegeben)*
Nummer 2. 2-Naphthylamin, 4-Aminobiphenyl, Benzidin, 4-Nitrobiphenyl *(hier nicht wiedergegeben)*
Nummer 3. Pentachlorphenol und seine Verbindungen *(hier nicht wiedergegeben)*
Nummer 4. Kühlschmierstoffe und Korrosionsschutzmittel *(hier nicht wiedergegeben)*
Nummer 5. Biopersistente Fasern *(hier nicht wiedergegeben)*
Nummer 6. Besonders gefährliche krebserzeugende Stoffe *(hier nicht wiedergegeben)*

**Anhang III**
(zu § 11 Absatz 4)

### Spezielle Anforderungen an Tätigkeiten mit organischen Peroxiden

#### Inhaltsübersicht

Nummer 1. Anwendungsbereich und Begriffsbestimmungen *(hier nicht wiedergegeben)*
Nummer 2. Tätigkeiten mit organischen Peroxiden *(hier nicht wiedergegeben)*

## 9.1.4. Verordnung über die Mitteilungspflichten nach § 16e des Chemikaliengesetzes zur Vorbeugung und Information bei Vergiftungen (Giftinformationsverordnung – ChemGiftInfoV)[1)]

In der Fassung der Bekanntmachung vom 31. Juli 1996[2)]
(BGBl. I S. 1198)
**FNA 8053-6-10**

zuletzt geänd. durch Art. 4 G zur Änd. des ChemikalienG und zur Änd. weiterer chemikalienrechtlicher Vorschriften v. 18.7.2017 (BGBl. I S. 2774)

**§ 1 Anwendungsbereich.** Diese Verordnung trifft nähere Bestimmungen über Art, Umfang, Inhalt und Form von Mitteilungen an das Bundesinstitut für Risikobewertung,
1. die derjenige, der bestimmte Gemische oder ein Biozid-Produkt in den Verkehr bringt, nach § 16e Abs. 1 des Chemikaliengesetzes[3)] abzugeben hat,
2. die ein Arzt nach § 16e Abs. 2 des Chemikaliengesetzes bei Vergiftungsfällen abzugeben hat.

**§ 2 Mitteilungspflicht beim Inverkehrbringen von Gemischen und Biozid-Produkten.** (1) ¹Die Mitteilung nach § 16e Absatz 1 des Chemikaliengesetzes[3)] hat bei erstmaliger Mitteilung vor dem Inverkehrbringen und bei einer Änderungsmitteilung unverzüglich nach den Vorgaben des Anhangs VIII der Verordnung (EG) Nr. 1272/2008 des Europäischen Parlaments und des Rates vom 16. Dezember 2008 über die Einstufung, Kennzeichnung und Verpackung von Stoffen und Gemischen, zur Änderung und Aufhebung der Richtlinien 67/548/EWG und 1999/45/EG und zur Änderung der Verordnung (EG) Nr. 1907/2006 (ABl. L 353 vom 31.12.2008, S. 1; L 16 vom 20.1. 2011, S. 1; L 94 vom 10.4.2015, S. 9), in der jeweils geltenden Fassung, unter Verwendung des in Anhang VIII Teil C der genannten Verordnung festgelegten Formats, zu erfolgen. ²Das Bundesinstitut für Risikobewertung bestätigt dem Mitteilenden den Eingang der Mitteilung.

(2) ¹Bis zu drei Monate nachdem die Europäische Chemikalienagentur das in Absatz 1 genannte Format zur Verfügung gestellt hat, kann die Mitteilung abweichend von Absatz 1 unter Verwendung eines vom Bundesinstitut für Risikobewertung auf seiner Internetseite zur Verfügung zu stellenden Formats erfolgen, das inhaltlich den Vorgaben der bis zum 28. Juli 2017 geltenden Fassung dieser Verordnung entspricht. ²Das Bundesinstitut für Risikobewertung gibt den Zeitpunkt, zu dem die Europäische Chemikalienagentur das Format zur Verfügung gestellt hat, unverzüglich im elektronischen Bundesanzeiger bekannt.

---

[1)] Die VO wurde erlassen aufgrund von § 16e Abs. 5 Nr. 3, des § 20 Abs. 6 und des § 14 Abs. 1 Nr. 1 und 2 des ChemikalienG (Nr. **9.1**).
[2)] Neubekanntmachung der GiftinformationsVO v. 17.7.1990 (BGBl. I S. 1424) in der ab 1.8. 1996 geltenden Fassung.
[3)] Nr. **9.1**.

## 9.1.4 ChemGiftInfoV §§ 3–6, Anl.

**§ 3 Ärztliche Mitteilungspflicht bei Vergiftungen (§ 16e Abs. 2 des Chemikaliengesetzes)** (1) ¹Die Mitteilung nach § 16e Abs. 2 des Chemikaliengesetzes[1)] hat unter Verwendung des Formblattes nach der Anlage zu erfolgen und muß zumindest die Angaben zu den Nummern 1 bis 4 des Formblattes umfassen. ²Sie hat

1. bei akuten Erkrankungen nach Abschluß der Behandlung,
2. bei chronischen Erkrankungen nach Stellung der Diagnose,
3. bei einer Beratung im Zusammenhang mit einer Erkrankung nach Abschluß der Beratung,
4. sofern im Falle einer Erkrankung mit Todesfolge eine Obduktion durchgeführt wird, nach deren Abschluß

unverzüglich zu erfolgen. ³Wenn zur Beratung ein Informations- und Behandlungszentrum für Vergiftungen hinzugezogen wird, ist eine Mitteilung nur von dem behandelnden Arzt vorzunehmen.

(2) Das Bundesinstitut für Risikobewertung kann die Übermittlung der Angaben nach Absatz 1 auch auf andere geeignete Weise zulassen.

**§ 4 Vertraulichkeit.** ¹Alle nach § 2 und auf dem Formblatt nach der Anlage übermittelten Daten, einschließlich der freiwilligen Angaben, sind vertraulich zu behandeln. ²Die Angaben im Formblatt nach der Anlage dürfen nicht zur Herstellung eines Personenbezuges zum Patienten verarbeitet oder genutzt werden.

**§ 5** (weggefallen)

**§ 6** (Inkrafttreten)

**Anlage**

*(Hier nicht wiedergegeben.)*

---

[1)] Nr. **9.1**.

## 9.4. Gesetz zum Schutz der Kulturpflanzen (Pflanzenschutzgesetz – PflSchG)[1)]

Vom 6. Februar 2012
(BGBl. I S. 148, ber. S. 1281)

FNA 7823-7

zuletzt geänd. durch Art. 3 G zum Schutz der Insektenvielfalt in Deutschland und zur Änd. weiterer Vorschriften v. 18.8.2021 (BGBl. I S. 3908)

– Auszug –

**§ 1 Zweck.** Zweck dieses Gesetzes ist,

1. Pflanzen, insbesondere Kulturpflanzen, vor Schadorganismen und nichtparasitären Beeinträchtigungen zu schützen,
2. Pflanzenerzeugnisse vor Schadorganismen zu schützen,
3. Gefahren, die durch die Anwendung von Pflanzenschutzmitteln oder durch andere Maßnahmen des Pflanzenschutzes, insbesondere für die Gesundheit von Mensch und Tier und für den Naturhaushalt, entstehen können, abzuwenden oder ihnen vorzubeugen,
4. Rechtsakte der Europäischen Gemeinschaft oder der Europäischen Union im Anwendungsbereich dieses Gesetzes durchzuführen.

**§ 2 Begriffsbestimmungen.** Ergänzend zu den Begriffsbestimmungen der Artikel 2 und 3 der Verordnung (EG) Nr. 1107/2009 des Europäischen Parlaments und des Rates vom 21. Oktober 2009 über das Inverkehrbringen von Pflanzenschutzmitteln und zur Aufhebung der Richtlinien 79/117/EWG und 91/414/EWG des Rates (ABl. L 309 vom 24.11.2009, S. 1) in der jeweils geltenden Fassung gelten im Anwendungsbereich dieses Gesetzes folgende Begriffsbestimmungen:

1. Pflanzenschutz:

    a) der Schutz von Pflanzen vor Schadorganismen und nichtparasitären Beeinträchtigungen,

    b) der Schutz der Pflanzenerzeugnisse vor Schadorganismen (Vorratsschutz) einschließlich der Verwendung und des Schutzes von Tieren, Pflanzen und Mikroorganismen, durch die Schadorganismen bekämpft werden können;

2. integrierter Pflanzenschutz:
eine Kombination von Verfahren, bei denen unter vorrangiger Berücksichtigung biologischer, biotechnischer, pflanzenzüchterischer sowie anbau- und kulturtechnischer Maßnahmen die Anwendung chemischer Pflanzenschutzmittel auf das notwendige Maß beschränkt wird;

3. Pflanzen:
lebende Pflanzen und lebende Teile von Pflanzen einschließlich der Früchte und Samen;

---

[1)] Verkündet als Art. 1 G v. 6.2.2012 (BGBl. I S. 148, ber. S. 1281); Inkrafttreten gem. Art. 9 dieses G am 14.2.2012.

4. Pflanzenerzeugnisse:
Erzeugnisse pflanzlichen Ursprungs, die nicht oder nur durch einfache Verfahren, wie Trocknen oder Zerkleinern, be- oder verarbeitet worden sind, ausgenommen verarbeitetes Holz;

5. Pflanzenarten:
Pflanzenarten und Pflanzensorten sowie deren Zusammenfassungen und Unterteilungen;

6. Naturhaushalt:
seine Bestandteile Boden, Wasser, Luft, Tier- und Pflanzenarten sowie das Wirkungsgefüge zwischen ihnen;

7. Befallsgegenstände:
Pflanzen, Pflanzenerzeugnisse oder sonstige Gegenstände, die Träger bestimmter Schadorganismen sind oder sein können;

8. Einschleppung:
Verbringen oder Eindringen eines Schadorganismus in ein Gebiet, in dem dieser noch nicht vorkommt oder aber vorkommt und noch nicht weit verbreitet ist und das zu seiner Ansiedlung in diesem Gebiet führt;

9. Verschleppung:
Verbringen eines Schadorganismus innerhalb eines Gebietes einschließlich seiner Ausbreitung;

10. Pflanzenstärkungsmittel:
Stoffe und Gemische einschließlich Mikroorganismen, die
   a) ausschließlich dazu bestimmt sind, allgemein der Gesunderhaltung der Pflanzen zu dienen, soweit sie nicht Pflanzenschutzmittel nach Artikel 2 Absatz 1 der Verordnung (EG) Nr. 1107/2009, oder
   b) dazu bestimmt sind, Pflanzen vor nichtparasitären Beeinträchtigungen zu schützen;

11. Pflanzenschutzgeräte:
Geräte und Einrichtungen, die zur Anwendung von Pflanzenschutzmitteln bestimmt sind;

12. Kultursubstrate:
Erden und andere Substrate in fester oder flüssiger Form, die Pflanzen als Wurzelraum dienen;

13. Anwendungsgebiet:
bestimmte Pflanzen, Pflanzenarten oder Pflanzenerzeugnisse, auch unter Berücksichtigung des jeweiligen Verwendungszweckes, zusammen mit denjenigen Schadorganismen, gegen die die Pflanzen und Pflanzenerzeugnisse geschützt werden sollen, oder der sonstige Zweck, zu dem das Pflanzenschutzmittel angewandt werden soll;

14. Mitgliedstaat:
Mitgliedstaat der Europäischen Union;

15. Freilandflächen:
die nicht durch Gebäude oder Überdachungen ständig abgedeckten Flächen, unabhängig von ihrer Beschaffenheit oder Nutzung; dazu gehören auch Verkehrsflächen jeglicher Art wie Gleisanlagen, Straßen-, Wege-, Hof- und Betriebsflächen sowie sonstige durch Tiefbaumaßnahmen veränderte Landflächen;

Pflanzenschutzgesetz (Auszug) § 3 PflSchG 9.4

16. beruflicher Anwender:
jede Person, die im Zuge ihrer beruflichen Tätigkeit Pflanzenschutzmittel anwendet;

17. Reimport:
in Deutschland zugelassenes Pflanzenschutzmittel in seiner für das Inverkehrbringen in Deutschland bestimmten Originalverpackung und Originaletikettierung, das aus einem anderen Staat wieder eingeführt oder innergemeinschaftlich verbracht wird;

18. Einfuhr:
Verbringen von Nichtgemeinschaftswaren im Sinne des Artikels 4 Nummer 8 in Verbindung mit Nummer 7 der Verordnung (EWG) Nr. 2913/92 des Rates vom 12. Oktober 1992 zur Festlegung des Zollkodex der Gemeinschaften (ABl. L 302 vom 19.10.1992, S. 1), die zuletzt durch die Verordnung (EG) Nr. 1791/2006 (ABl. L 363 vom 20.12.2006, S. 1) geändert worden ist, in den Geltungsbereich dieses Gesetzes;

19. innergemeinschaftliches Verbringen:
Verbringen von Schadorganismen, Gegenständen oder Stoffen, die sich im zollrechtlich freien Verkehr befinden, von einem anderen Mitgliedstaat in das Inland.

**§ 3 Gute fachliche Praxis und integrierter Pflanzenschutz.** (1) [1]Pflanzenschutz darf nur nach guter fachlicher Praxis durchgeführt werden. [2]Die gute fachliche Praxis im Pflanzenschutz umfasst insbesondere

1. die Einhaltung der allgemeinen Grundsätze des integrierten Pflanzenschutzes des Anhangs III der Richtlinie 2009/128/EG des Europäischen Parlaments und des Rates vom 21. Oktober 2009 über einen Aktionsrahmen der Gemeinschaft für die nachhaltige Verwendung von Pestiziden (ABl. L 309 vom 24.11.2009, S. 71) in der jeweils geltenden Fassung,

2. die Gesunderhaltung und Qualitätssicherung von Pflanzen und Pflanzenerzeugnissen durch

   a) vorbeugende Maßnahmen,

   b) Verhütung der Einschleppung oder Verschleppung von Schadorganismen,

   c) Abwehr oder Bekämpfung von Schadorganismen,

   d) Förderung natürlicher Mechanismen zur Bekämpfung von Schadorganismen und

3. Maßnahmen zum Schutz vor sowie die Abwehr von Gefahren, die durch die Anwendung, das Lagern und den sonstigen Umgang mit Pflanzenschutzmitteln oder durch andere Maßnahmen des Pflanzenschutzes, insbesondere für die Gesundheit von Mensch und Tier und für den Naturhaushalt einschließlich des Grundwassers, entstehen können.

[3]Die zuständige Behörde kann die Maßnahmen anordnen, die zur Erfüllung der in Satz 1 in Verbindung mit Satz 2 genannten Anforderungen erforderlich sind.

(2) [1]Das Bundesministerium für Ernährung und Landwirtschaft erstellt unter Beteiligung der Länder und unter Berücksichtigung des Anhangs III der Richtlinie 2009/128/EG, des Standes der wissenschaftlichen Erkenntnisse sowie unter Berücksichtigung der Erfahrungen der Pflanzenschutzdienste und des Personenkreises, der Pflanzenschutzmaßnahmen durchführt, sowie der in Ab-

## 9.4 PflSchG § 9 — Pflanzenschutzgesetz (Auszug)

satz 1 Satz 2 Nummer 2 und 3 genannten Maßnahmen, Grundsätze für die Durchführung der guten fachlichen Praxis im Pflanzenschutz. ²Das Bundesministerium für Ernährung und Landwirtschaft gibt diese Grundsätze im Einvernehmen mit den Bundesministerien für Wirtschaft und Energie, für Arbeit und Soziales, für Gesundheit und für Umwelt, Naturschutz und nukleare Sicherheit im Bundesanzeiger oder elektronischen Bundesanzeiger bekannt.

(3) Tiere und Pflanzen einer invasiven Art im Sinne des § 7 Absatz 2 Nummer 9 des Bundesnaturschutzgesetzes[1]) dürfen nicht zu Zwecken des Pflanzenschutzes verwendet werden.

(4) Das Bundesministerium für Ernährung und Landwirtschaft wird ermächtigt im Einvernehmen mit dem Bundesministerium für Umwelt, Naturschutz und nukleare Sicherheit durch Rechtsverordnung mit Zustimmung des Bundesrates Ausnahmen von dem Verbot des Absatzes 3 zu regeln, wenn dem insbesondere der Schutz natürlich vorkommender Ökosysteme, Biotope oder Arten nicht entgegensteht.

**§ 9 Persönliche Anforderungen.** (1) Eine Person darf nur

1. Pflanzenschutzmittel anwenden,
2. über den Pflanzenschutz im Sinne des Artikels 3 Nummer 3 der Richtlinie 2009/128/EG beraten,
3. Personen, die Pflanzenschutzmittel im Rahmen eines Ausbildungsverhältnisses oder einer Hilfstätigkeit anwenden, anleiten oder beaufsichtigen,
4. Pflanzenschutzmittel gewerbsmäßig in Verkehr bringen oder
5. Pflanzenschutzmittel über das Internet auch außerhalb gewerbsmäßiger Tätigkeiten in Verkehr bringen,

wenn sie über einen von der zuständigen Behörde ausgestellten Sachkundenachweis verfügt.

(2) ¹Die zuständige Behörde stellt auf Antrag den Sachkundenachweis aus, wenn der Antragsteller die dafür erforderliche Zuverlässigkeit besitzt und nachweist, dass er über die erforderlichen fachlichen Kenntnisse und die für die jeweilige Tätigkeit erforderlichen praktischen Fertigkeiten verfügt, um Pflanzenschutzmittel bestimmungsgemäß und sachgerecht anzuwenden. ²Wer Pflanzenschutzmittel gewerbsmäßig oder im Internet auch außerhalb gewerblicher Tätigkeiten in Verkehr bringt, muss zusätzlich nachweisen, dass er über die erforderlichen fachlichen Kenntnisse verfügt, um sowohl berufliche als auch nichtberufliche Anwender von Pflanzenschutzmitteln über die bestimmungsgemäße und sachgerechte Anwendung von Pflanzenschutzmitteln, mit der Anwendung von Pflanzenschutzmitteln verbundene Risiken, mögliche Risikominderungsmaßnahmen sowie die sachgerechte Lagerung und Entsorgung von Pflanzenschutzmitteln und ihren Resten zu informieren. ³Der Sachkundenachweis ist der zuständigen Behörde auf Verlangen vorzulegen.

(3) Die zuständige Behörde soll den Sachkundenachweis widerrufen, wenn Tatsachen die Annahme rechtfertigen, dass der Inhaber des Nachweises die in Absatz 2 genannten Voraussetzungen nicht erfüllt oder der Inhaber des Nachweises wiederholt gegen die Bestimmungen dieses Gesetzes oder der auf diesem Gesetz beruhenden Verordnungen verstoßen hat.

---

[1]) Nr. **3.1**.

Pflanzenschutzgesetz (Auszug) § 10 PflSchG 9.4

(4) ¹Sachkundige Personen im Sinne des Absatzes 1 sind verpflichtet, jeweils innerhalb eines Zeitraums von drei Jahren ab der erstmaligen Ausstellung eines Sachkundenachweises eine von der zuständigen Behörde anerkannte Fort- oder Weiterbildungsmaßnahme wahrzunehmen. ²Die Fort- oder Weiterbildung ist der zuständigen Behörde auf Verlangen nachzuweisen. ³Kann der Sachkundige den Nachweis nach Satz 2 nicht erbringen, soll die zuständige Behörde eine Frist für die Wahrnehmung einer Fort- oder Weiterbildungsmaßnahme setzen. ⁴Erfolgt auch innerhalb dieser Frist keine Fort- oder Weiterbildung, soll die zuständige Behörde den Sachkundenachweis widerrufen.

(5) Abweichend von Absatz 1 Satz 1 Nummer 1 ist kein Sachkundenachweis erforderlich für die

1. Anwendung von Pflanzenschutzmitteln, die für nichtberufliche Anwender zugelassen sind, im Haus- und Kleingartenbereich,
2. Ausübung einfacher Hilfstätigkeiten unter Verantwortung und Aufsicht durch eine Person mit Sachkundenachweis im Sinne des Absatzes 1,
3. Anwendung von Pflanzenschutzmitteln im Rahmen eines Ausbildungsverhältnisses unter Anleitung einer Person mit Sachkundenachweis im Sinne des Absatzes 1,
4. Anwendung von Pflanzenschutzmitteln zur Wildschadensverhütung durch nichtberufliche Anwender.

(6) Das Bundesministerium für Ernährung und Landwirtschaft wird ermächtigt, im Einvernehmen mit den Bundesministerien für Gesundheit, für Arbeit und Soziales und für Umwelt, Naturschutz und nukleare Sicherheit durch Rechtsverordnung¹⁾ mit Zustimmung des Bundesrates nähere Vorschriften über

1. Art und Umfang der erforderlichen fachlichen Kenntnisse und Fertigkeiten,
2. das Verfahren für deren Nachweis,
3. die Gestaltung des Sachkundenachweises,
4. Informationspflichten von Inhabern eines Sachkundenachweises,
5. die Wiedererlangung des Sachkundenachweises durch Personen, denen der Sachkundenachweis nach den Bestimmungen der Absätze 3 oder 4 entzogen oder widerrufen worden ist,
6. die Anerkennungsvoraussetzungen für Fort- und Weiterbildungsmaßnahmen im Sinne des Absatzes 4 sowie
7. über Art und Umfang der Ausübung einfacher Hilfstätigkeiten nach Absatz 5 Nummer 2

zu erlassen.

(7) ¹Die Landesregierungen werden ermächtigt, Rechtsverordnungen nach Absatz 6 zu erlassen, soweit die Bundesregierung von ihrer Befugnis keinen Gebrauch macht. ²Die Landesregierungen können diese Befugnis durch Rechtsverordnung auf oberste Landesbehörden übertragen.

**§ 10 Anzeige bei Beratung und Anwendung.** ¹Wer Pflanzenschutzmittel für andere – außer gelegentlicher Nachbarschaftshilfe – anwenden oder zu gewerblichen Zwecken oder im Rahmen sonstiger wirtschaftlicher Unterneh-

---

¹⁾ Siehe die Chemikalien-VerbotsVO (Nr. **9.1.2**) und die Pflanzenschutz-SachkundeVO v. 27.6.2013 (BGBl. I S. 1953), zuletzt geänd. durch VO v. 31.8.2015 (BGBl. I S. 1474).

mungen andere über den Pflanzenschutz beraten will, hat dies der für den Betriebssitz und der für den Ort der Tätigkeit zuständigen Behörde vor Aufnahme der Tätigkeit anzuzeigen. ²Die Landesregierungen werden ermächtigt, durch Rechtsverordnung die näheren Vorschriften über die Anzeige und das Anzeigeverfahren zu erlassen. ³Die Landesregierungen können diese Befugnis durch Rechtsverordnung auf oberste Landesbehörden übertragen.

## § 11 Aufzeichnungs- und Informationspflichten.

(1) ¹Die Aufzeichnungen nach Artikel 67 Absatz 1 Satz 1 oder 2 der Verordnung (EG) Nr. 1107/2009 können elektronisch oder schriftlich geführt werden. ²Der Leiter eines landwirtschaftlichen, forstwirtschaftlichen oder gärtnerischen Betriebes ist verpflichtet, die Aufzeichnungen für die bewirtschafteten Flächen seines Betriebes unter Angabe des jeweiligen Anwenders zusammen zu führen.

(2) Die Fristen des Artikels 67 Absatz 1 Satz 1 oder 2 der Verordnung (EG) Nr. 1107/2009 zur Aufbewahrung der Aufzeichnungen rechnen ab dem Beginn des Jahres, das auf das Jahr des Entstehens der jeweiligen Aufzeichnung folgt.

(3) Die zuständige Behörde kann auf Antrag bei Vorliegen eines berechtigten Interesses und unter Wahrung der Betriebs- und Geschäftsgeheimnisse des Aufzeichnenden,[1] im Einzelfall Auskunft über die Aufzeichnungen geben.

## § 12 Vorschriften für die Anwendung von Pflanzenschutzmitteln.

(1) Pflanzenschutzmittel dürfen einzeln oder gemischt mit anderen nur angewandt werden, wenn sie zugelassen sind, die Zulassung nicht ruht und nur
1. in den in der Zulassung festgesetzten, jeweils gültigen Anwendungsgebieten,
2. entsprechend den in der Zulassung festgesetzten, jeweils gültigen Anwendungsbestimmungen.

(2) ¹Pflanzenschutzmittel dürfen nicht auf befestigten Freilandflächen und nicht auf sonstigen Freilandflächen, die weder landwirtschaftlich noch forstwirtschaftlich oder gärtnerisch genutzt werden, angewendet werden. ²Sie dürfen jedoch nicht in oder unmittelbar an oberirdischen Gewässern und Küstengewässern angewandt werden. ³Die zuständige Behörde kann Ausnahmen von den Sätzen 1 und 2 für die Anwendung zugelassener Pflanzenschutzmittel genehmigen, wenn der angestrebte Zweck vordringlich ist und mit zumutbarem Aufwand auf andere Art nicht erzielt werden kann und überwiegende öffentliche Interessen, insbesondere des Schutzes der Gesundheit von Mensch und Tier oder des Naturhaushaltes, nicht entgegenstehen. ⁴Die zuständige Behörde unterrichtet das Bundesamt für Verbraucherschutz und Lebensmittelsicherheit jährlich über die erteilten Genehmigungen nach Satz 3.

(3) ¹Pflanzenschutzmittel, die nur für die Anwendung durch berufliche Anwender zugelassen sind, dürfen auch im Falle von Satz 2 Nummer 2 nur durch Personen angewandt werden, die, außer in den Fällen des § 9 Absatz 5 Nummer 2 und 3, sachkundig im Sinne des § 9 Absatz 1 Satz 1 sind. ²Im Haus- und Kleingartenbereich dürfen nur Pflanzenschutzmittel angewandt werden, die
1. für die Anwendung durch nichtberufliche Anwender zugelassen sind oder

---

[1] Zeichensetzung amtlich.

Pflanzenschutzgesetz (Auszug) § 13 PflSchG 9.4

2. für berufliche Anwender zugelassen sind und für die das Bundesamt für Verbraucherschutz und Lebensmittelsicherheit die Eignung zur Anwendung im Haus- und Kleingartenbereich nach § 36 Absatz 1 Satz 2 Nummer 3 oder Absatz 2 festgestellt hat.

(4) [1] Eine Zulassung ist nicht erforderlich für die Anwendung von

1. Pflanzenschutzmitteln, deren Anwendung nach § 6 Absatz 1 Nummer 3, 5 und 14 oder nach § 4 Absatz 1 Satz 1 in Verbindung mit Satz 2 Nummer 2 Buchstabe b des Pflanzengesundheitsgesetzes vom 5. Juli 2021 (BGBl. I S. 2354), jeweils in Verbindung mit § 8 dieses Gesetzes, angeordnet worden ist,

2. Stoffen oder Gemischen, die ausschließlich genehmigte Grundstoffe im Sinne des Artikels 23 der Verordnung (EG) Nr. 1107/2009 enthalten,

3. Pflanzenschutzmitteln, für die eine Genehmigung für Notfallsituationen nach Artikel 53 der Verordnung (EG) Nr. 1107/2009 erteilt worden ist,

4. Pflanzenschutzmitteln, für die eine Genehmigung zu Versuchszwecken nach Artikel 54 der Verordnung (EG) Nr. 1107/2009 erteilt worden ist.

[2] Pflanzenschutzmittel, für die eine Genehmigung nach Artikel 53 oder Artikel 54 der Verordnung (EG) Nr. 1107/2009 erteilt worden ist, dürfen nur nach den in der Genehmigung festgesetzten Anwendungsbestimmungen und Anwendungsgebieten angewandt werden.

(5) [1] Abweichend von Absatz 1 Satz 1 darf ein Pflanzenschutzmittel, dessen Zulassung durch Zeitablauf oder durch Widerruf auf Antrag des Zulassungsinhabers beendet ist, noch innerhalb eines Zeitraums von 18 Monaten, gerechnet ab den Tag des Endes der Zulassung, angewandt werden. [2] Ein Pflanzenschutzmittel, das auf Grund einer Vertriebserweiterung nach § 30 in Verkehr gebracht worden ist, darf noch angewandt werden, soweit das entsprechende zugelassene Pflanzenschutzmittel noch nach Satz 1 oder 3 angewandt werden darf. [3] Für ein Pflanzenschutzmittel, für das eine Verkehrsfähigkeitsbescheinigung oder eine Genehmigung nach Artikel 52 der Verordnung (EG) Nr. 1107/2009 erteilt worden ist, gilt Satz 1 entsprechend. [4] Das Bundesamt für Verbraucherschutz und Lebensmittelsicherheit macht die Aufbrauchfrist für das Pflanzenschutzmittel im elektronischen Bundesanzeiger bekannt.

(6) Abweichend von Absatz 1 Satz 1 Nummer 1 dürfen zugelassene Pflanzenschutzmittel auch in einem anderen als mit der Zulassung festgesetzten Anwendungsgebiet angewandt werden, wenn die zuständige Behörde eine Genehmigung nach § 22 Absatz 2 erteilt hat.

**§ 13 Vorschriften für die Einschränkung der Anwendung von Pflanzenschutzmitteln.** (1) Pflanzenschutzmittel dürfen nicht angewandt werden, soweit der Anwender damit rechnen muss, dass ihre Anwendung im Einzelfall

1. schädliche Auswirkungen auf die Gesundheit von Mensch oder Tier oder auf das Grundwasser oder

2. sonstige erhebliche schädliche Auswirkungen, insbesondere auf den Naturhaushalt,

hat.

(2) ¹ Bei der Anwendung von Pflanzenschutzmitteln ist es verboten,
1. wild lebenden Tieren der besonders geschützten Arten nachzustellen, sie zu fangen, zu verletzen oder zu töten oder ihre Entwicklungsformen aus der Natur zu entnehmen, zu beschädigen oder zu zerstören,
2. wild lebende Tiere der streng geschützten Arten und der europäischen Vogelarten während der Fortpflanzungs-, Aufzucht-, Mauser-, Überwinterungs- und Wanderungszeiten erheblich zu stören,
3. Fortpflanzungs- oder Ruhestätten der wild lebenden Tiere der besonders geschützten Arten aus der Natur zu entnehmen, zu beschädigen oder zu zerstören,
4. wild lebende Pflanzen der besonders geschützten Arten oder ihre Entwicklungsformen aus der Natur zu entnehmen, sie oder ihre Standorte zu beschädigen oder zu zerstören.

² Eine erhebliche Störung im Sinne des Satzes 1 Nummer 2 liegt vor, wenn sich durch die Störung der Erhaltungszustand der lokalen Population einer Art verschlechtert. ³ Die nach den in § 3 bezeichneten Grundsätzen durchgeführten Pflanzenschutzmaßnahmen verstoßen nicht gegen die in Satz 1 genannten Verbote. ⁴ Soweit in Anhang IV der Richtlinie 92/43/EWG des Rates vom 21. Mai 1992 zur Erhaltung der natürlichen Lebensräume sowie der wild lebenden Tiere und Pflanzen (ABl. L 206 vom 22.7.1992, S. 7) in der jeweils geltenden Fassung aufgeführte Arten oder europäische Vogelarten der Richtlinie 2009/147/EG des Europäischen Parlaments und des Rates vom 30. November 2009 über die Erhaltung der wild lebenden Vogelarten (ABl. L 20 vom 26.1.2010, S. 7) in der jeweils geltenden Fassung betroffen sind, gilt Satz 3 nur, soweit sich der Erhaltungszustand der lokalen Population einer Art in ihrem natürlichen Verbreitungsgebiet durch die Anwendung von Pflanzenschutzmitteln nicht verschlechtert.

(3) Die zuständige Behörde kann die Maßnahmen anordnen, die zur Erfüllung der in Absatz 1 und Absatz 2 Satz 1 genannten Anforderungen erforderlich sind.

(4) ¹ Die zuständige Behörde kann im Einzelfall über Absatz 2 Satz 3 und 4 hinaus weitere Ausnahmen von den Verboten nach Absatz 2 Satz 1
1. zur Abwendung erheblicher landwirtschaftlicher, forstwirtschaftlicher oder sonstiger wirtschaftlicher Schäden,
2. zum Schutz der heimischen Tier- und Pflanzenwelt,
3. für Zwecke der Forschung, Lehre, Bildung oder Wiederansiedlung oder diesen Zwecken dienende Maßnahmen der Aufzucht oder der künstlichen Vermehrung,
4. im Interesse der Gesundheit des Menschen, der öffentlichen Sicherheit, einschließlich der Verteidigung und des Schutzes der Zivilbevölkerung, oder der maßgeblich günstigen Auswirkungen auf die Umwelt oder
5. aus anderen zwingenden Gründen des überwiegenden öffentlichen Interesses einschließlich solcher sozialer oder wirtschaftlicher Art

genehmigen. ² Eine Ausnahme nach Satz 1 darf nur genehmigt werden, soweit zumutbare andere Möglichkeiten nicht gegeben sind und sich der Erhaltungszustand der betroffenen Populationen der nach Absatz 2 Satz 1 geschützten Tier- und Pflanzenarten nicht verschlechtert, soweit nicht Artikel 16 Absatz 1 der Richtlinie 92/43/EWG strengere Anforderungen enthält.

**§ 14 Verbote.** (1) Das Bundesministerium für Ernährung und Landwirtschaft wird ermächtigt, soweit es zum Schutz der Gesundheit von Mensch und Tier oder zum Schutz vor Gefahren, insbesondere für den Naturhaushalt, erforderlich ist, im Einvernehmen mit den Bundesministerien für Wirtschaft und Energie und für Arbeit und Soziales sowie im Falle der Nummer 1 auch mit dem Bundesministerium für Umwelt, Naturschutz und nukleare Sicherheit und dem Bundesministerium für Gesundheit durch Rechtsverordnung[1]) mit Zustimmung des Bundesrates

1. die Einfuhr, das Inverkehrbringen, das innergemeinschaftliche Verbringen und die Anwendung bestimmter Pflanzenschutzmittel oder von Pflanzenschutzmitteln mit bestimmten Stoffen,

a) zu verbieten,

b) zu beschränken oder von einer Genehmigung abhängig zu machen,

c) von einer Anzeige abhängig zu machen,

2. die Anwendung von Pflanzenschutzmitteln unter Verwendung bestimmter Geräte oder Verfahren zu verbieten, zu beschränken oder von einer Genehmigung oder Anzeige abhängig zu machen,

3. den Anbau bestimmter Pflanzenarten auf Grundstücken, deren Böden mit bestimmten Pflanzenschutzmitteln behandelt worden sind, zu verbieten, zu beschränken oder von einer Genehmigung oder Anzeige abhängig zu machen,

4. die Verwendung von Pflanzen oder Pflanzenerzeugnissen, die auf mit bestimmten Pflanzenschutzmitteln behandelten Böden gewonnen worden sind, zu verbieten, zu beschränken oder von einer Genehmigung oder Anzeige abhängig zu machen sofern nicht bereits nach dem Lebensmittel- und Futtermittelgesetzbuch eine entsprechende Regelung getroffen wurde,

5. das Abgeben von Pflanzenschutzmitteln, die unter eine Regelung nach Nummer 1 fallen, an den Anwender zu verbieten, zu beschränken oder von einer Genehmigung oder Anzeige abhängig zu machen;

dabei kann vorgesehen werden, dass die Genehmigung von dem Bundesamt für Verbraucherschutz und Lebensmittelsicherheit zu erteilen oder die Anzeige ihm gegenüber zu erstatten ist.

(2) Soweit durch Rechtsverordnung nach Absatz 1 Nummer 1 die Anwendung von Pflanzenschutzmitteln beschränkt wird, können insbesondere Zweck, Art, Zeit, Ort und Verfahren der Anwendung des Pflanzenschutzmittels vorgeschrieben oder verboten sowie die anzuwendende Menge und die nach der Anwendung einzuhaltende Wartezeit vorgeschrieben werden.

(2a) In der Rechtsverordnung nach Absatz 1 Nummer 1 kann vorgesehen werden, dass die Länder auf Grund landesspezifischer Besonderheiten von einzelnen Bestimmungen der Rechtsverordnung abweichende Regelungen treffen können.

(3) [1] Ein mit der Zulassung eines Pflanzenschutzmittels festgesetztes Anwendungsgebiet darf durch Rechtsverordnung nach Absatz 1 Nummer 1 nicht ausgeschlossen werden, es sei denn, dass zuvor die Zulassung unter Anordnung der sofortigen Vollziehbarkeit zurückgenommen oder widerrufen worden ist.

---

[1]) Siehe ua die Pflanzenschutz-AnwendungsVO v. 10.11.1992 (BGBl. I S. 1887), zuletzt geänd. durch VO v. 2.9.2021 (BGBl. I S. 4111), und die PflanzenbeschauVO idF der Bek. v. 3.4.2000 (BGBl. I S. 337), zuletzt geänd. durch VO v. 3.5.2017 (BAnz AT 04.05.2017 V1).

²Wird die Rücknahme oder der Widerruf der Zulassung unanfechtbar aufgehoben, so ist die Rechtsverordnung insoweit nicht mehr anzuwenden.

(4) ¹Die Landesregierungen werden ermächtigt, Rechtsverordnungen nach Absatz 1 Nummer 2 zu erlassen, soweit das Bundesministerium für Ernährung und Landwirtschaft von seiner Befugnis keinen Gebrauch macht. ²Die Landesregierungen können diese Befugnis durch Rechtsverordnung auf oberste Landesbehörden übertragen.

(5) Es ist verboten, ein Pflanzenschutzmittel, das einen Stoff enthält oder aus einem Stoff besteht, dessen Anwendung durch eine Verordnung nach Absatz 1 Nummer 1 Buchstabe a vollständig verboten ist, innergemeinschaftlich zu verbringen oder in Verkehr zu bringen.

(6) Die Länder können vorsehen, dass Eigentümern und Nutzungsberechtigten, denen auf Grund von Vorschriften einer Rechtsverordnung nach Absatz 1 Nummer 1 die land- oder forstwirtschaftliche Nutzung von Grundstücken wesentlich erschwert wird, ohne dass eine Entschädigung nach § 54 zu leisten ist, auf Antrag ein angemessener Ausgleich nach Maßgabe des jeweiligen Haushaltsgesetzes gezahlt werden kann.

**§ 15 Beseitigungspflicht.** Pflanzenschutzmittel,

1. deren Anwendung wegen eines Bestehens aus einem bestimmten Stoff oder wegen des Enthaltens eines bestimmten Stoffes durch eine Rechtsverordnung nach § 14 Absatz 1 vollständig verboten ist, oder
2. die einen Wirkstoff enthalten, der auf Grund eines Rechtsaktes der Europäischen Gemeinschaft nicht in Anhang I der Richtlinie 91/414/EWG aufgenommen worden ist, dessen Genehmigung nicht nach Artikel 14 der Verordnung (EG) Nr. 1107/2009 erneuert worden ist oder dessen Genehmigung nach Artikel 21 Absatz 3 der Verordnung (EG) Nr. 1107/2009 aufgehoben worden ist und für die die Aufbrauchfrist nach § 12 Absatz 5 abgelaufen ist,

sind nach den Bestimmungen des Kreislaufwirtschafts- und Abfallgesetzes und der auf Grund des Kreislaufwirtschafts- und Abfallgesetzes erlassenen Rechtsverordnungen unverzüglich zu beseitigen.

**§ 16 Gebrauch von Pflanzenschutzgeräten.** (1) Wird ein Pflanzenschutzmittel mit Hilfe eines Pflanzenschutzgerätes angewandt, darf dieses Gerät nur so beschaffen sein, dass bei seiner bestimmungsgemäßen und sachgerechten Verwendung die Anwendung des Pflanzenschutzmittels keine schädlichen Auswirkungen auf die Gesundheit von Mensch und Tier und auf das Grundwasser sowie keine sonstigen nicht vertretbaren Auswirkungen, insbesondere auf den Naturhaushalt, hat, die nach dem Stande der Technik vermeidbar sind.

(2) ¹Bei Geräten, die mit einer CE-Kennzeichnung nach der Richtlinie 2006/42/EG des Europäischen Parlaments und des Rates vom 17. Mai 2006 über Maschinen und zur Änderung der Richtlinie 95/16/EG (Neufassung) (ABl. L 157 vom 9.6.2006, S. 24), die zuletzt durch die Richtlinie 2009/127/EG (ABl. L 310 vom 25.11.2009, S. 29) geändert worden ist, versehen sind oder bei Geräten, die am 14. Dezember 2011 in die Pflanzenschutzgeräteliste des Julius Kühn-Institutes eingetragen sind, wird vermutet, dass die Voraussetzungen nach Absatz 1 erfüllt sind. ²Die zuständige Behörde kann die Verwendung eines Pflanzenschutzgerätes untersagen, wenn eine Prüfung des Gerätes ergibt, dass die in Absatz 1 genannten Voraussetzungen nicht erfüllt sind.

(3) Werden mit der Zulassung eines Pflanzenschutzmittels besondere Anforderungen für die zu verwendenden Pflanzenschutzgeräte festgelegt, darf die Anwendung nur mit Pflanzenschutzgeräten erfolgen, bei denen eine Prüfung durch das Julius Kühn-Institut oder eine anerkannte Prüfstelle nach § 52 ergeben hat, dass diese Anforderungen erfüllt sind.

(4) [1]Das Bundesministerium für Ernährung und Landwirtschaft wird ermächtigt, durch Rechtsverordnung[1]) mit Zustimmung des Bundesrates, soweit es zur Erfüllung des in § 1 genannten Zweckes erforderlich ist,

1. Verfügungsberechtigte und Besitzer zu verpflichten, im Gebrauch befindliche Pflanzenschutzgeräte prüfen zu lassen,
2. die Verwendung von Pflanzenschutzgeräten zu verbieten, die nicht nach Nummer 1 geprüft sind,
3. das Verfahren der Prüfung von im Gebrauch befindlichen Pflanzenschutzgeräten zu regeln.

[2]In einer Rechtsverordnung nach Satz 1 Nummer 3 kann auch bestimmt werden, dass Teile des zu prüfenden Pflanzenschutzgerätes, die dem Anwenderschutz oder der Verkehrssicherheit dienen, in die Prüfung einzubeziehen sind.

(5) [1]Die Landesregierungen werden ermächtigt, soweit es zur Erfüllung des in § 1 genannten Zweckes erforderlich ist, Rechtsverordnungen nach Absatz 4 Satz 1 Nummer 1 und 3, auch in Verbindung mit Satz 2 zu erlassen, soweit das Bundesministerium für Ernährung und Landwirtschaft von seiner Befugnis keinen Gebrauch macht. [2]Dabei können sie auch bestimmen, dass die Prüfung durch eine amtlich anerkannte Kontrollwerkstatt oder sonstige Kontrollperson vorzunehmen ist sowie die Anforderung an die Anerkennung, den Verlust der Anerkennung und das Verfahren zur Anerkennung der Kontrollwerkstätten regeln. [3]Die Landesregierungen können durch Rechtsverordnung diese Befugnis auf oberste Landesbehörden übertragen und dabei bestimmen, dass diese ihre Befugnis durch Rechtsverordnung auf nachgeordnete oder ihrer Aufsicht unterstehende Behörden weiter übertragen können.

**§ 17 Anwendung von Pflanzenschutzmitteln auf Flächen, die für die Allgemeinheit bestimmt sind.** (1) [1]Zusätzlich zu den Vorschriften nach § 12 darf auf Flächen, die für die Allgemeinheit bestimmt sind, nur ein zugelassenes Pflanzenschutzmittel angewandt werden,

1. das als Pflanzenschutzmittel mit geringem Risiko nach Artikel 47 der Verordnung (EG) Nr. 1107/2009 zugelassen ist,
2. für das vom Bundesamt für Verbraucherschutz und Lebensmittelsicherheit im Rahmen eines Zulassungsverfahrens die Eignung für die Anwendung auf Flächen, die für die Allgemeinheit bestimmt sind, festgestellt worden ist oder
3. das auf Grund seiner Eigenschaften vom Bundesamt für Verbraucherschutz und Lebensmittelsicherheit für die Anwendung auf Flächen, die für die Allgemeinheit bestimmt sind, nach dem Verfahren nach Absatz 2 genehmigt worden ist.

[2]Zu Flächen, die für die Allgemeinheit bestimmt sind, gehören insbesondere öffentliche Parks und Gärten, Grünanlagen in öffentlich zugänglichen Gebäu-

---

[1]) Siehe die Pflanzenschutz-GeräteVO v. 27.6.2013 (BGBl. I S. 1953, 1962), geänd. durch VO v. 18.4.2019 (BGBl. I S. 507).

den, öffentlich zugängliche Sportplätze einschließlich Golfplätze, Schul- und Kindergartengelände, Spielplätze, Friedhöfe sowie Flächen in unmittelbarer Nähe von Einrichtungen des Gesundheitswesens.

(2) ¹Das Bundesamt für Verbraucherschutz und Lebensmittelsicherheit genehmigt auf Antrag Pflanzenschutzmittel nach Absatz 1 Nummer 3 im Benehmen mit dem Bundesinstitut für Risikobewertung, dem Julius Kühn-Institut und dem Umweltbundesamt, wenn

1. an der Anwendung ein öffentliches Interesse besteht und
2. eine Prüfung ergibt, dass das Pflanzenschutzmittel auf Grund seiner chemischen Eigenschaften bei bestimmungsgemäßer und sachgerechter Anwendung keine schädlichen Auswirkungen auf die Allgemeinheit hat.

²Die Genehmigung können außer dem Zulassungsinhaber beantragen:

1. derjenige, der Pflanzenschutzmittel zu gewerblichen Zwecken oder im Rahmen sonstiger wirtschaftlicher Unternehmungen anwendet,
2. juristische Personen, deren Mitglieder Personen nach Nummer 1 sind,
3. amtliche und wissenschaftliche Einrichtungen, die in den Bereichen Landwirtschaft, Gartenbau oder Forstwirtschaft tätig sind oder
4. Eigentümer oder Besitzer von Flächen im Sinne des Absatzes 1.

³Ist der Antragsteller nicht der Zulassungsinhaber, ist vor der Entscheidung über die Genehmigung der Zulassungsinhaber zu hören.

(3) ¹Die Zulassung des Pflanzenschutzmittels oder die Genehmigung nach Absatz 2 kann für alle Flächen, die für die Allgemeinheit bestimmt sind, erteilt werden oder auch auf bestimmte Flächen beschränkt werden. ²Ist es zur Einhaltung der Anforderungen nach Satz 1 erforderlich, legt das Bundesamt für Verbraucherschutz und Lebensmittelsicherheit von der Zulassung des Pflanzenschutzmittels abweichende Anwendungsbestimmungen und Auflagen fest. ³Die Genehmigung ist zu widerrufen, wenn eine der Voraussetzungen für die Erteilung nachträglich entfallen ist.

(4) Das Bundesamt für Verbraucherschutz und Lebensmittelsicherheit veröffentlicht im Bundesanzeiger oder im elektronischen Bundesanzeiger eine Liste der Pflanzenschutzmittel, für die eine Genehmigung zur Anwendung auf Flächen, die für die Allgemeinheit bestimmt sind, erteilt worden ist.

(5) Das Bundesministerium für Ernährung und Landwirtschaft wird ermächtigt, durch Rechtsverordnung[1]) ohne Zustimmung des Bundesrates im Einvernehmen mit den Bundesministerien für Wirtschaft und Energie, für Umwelt, Naturschutz und nukleare Sicherheit und für Arbeit und Soziales allgemeine Anforderungen für Pflanzenschutzmittel zur Anwendung auf Flächen, die für die Allgemeinheit bestimmt sind, sowie die näheren Einzelheiten des Verfahrens nach Absatz 2 festzulegen.

(6) ¹Bei Gefahr im Verzug kann die zuständige Behörde Ausnahmen von Absatz 1 Satz 1 genehmigen, wenn Maßnahmen getroffen werden, um eine Gefährdung der Allgemeinheit auszuschließen. ²Die zuständige Behörde unterrichtet das Bundesamt für Verbraucherschutz und Lebensmittelsicherheit über die erteilte Genehmigung nach Satz 1.

---

[1]) Siehe die PflanzenschutzmittelVO v. 15.1.2013 (BGBl. I S. 74).

**§ 65 Geheimhaltung.** (1) [1]Unbeschadet des Artikels 59 der Verordnung (EG) Nr. 1107/2009 dürfen Angaben, die das Bundesamt für Verbraucherschutz und Lebensmittelsicherheit im Rahmen der Verfahren zur Zulassung von Pflanzenschutzmitteln oder zur Genehmigung von Wirkstoffen, Safenern oder Synergisten erhalten hat und die nach Artikel 63 der Verordnung (EG) Nr. 1107/2009 vertraulich sind oder die ein sonstiges Betriebs- oder Geschäftsgeheimnis darstellen oder enthalten, soweit der Antragsteller oder der Zulassungsinhaber die Angaben als geheimhaltungsbedürftig kenntlich gemacht hat, von dem Bundesamt für Verbraucherschutz und Lebensmittelsicherheit nicht offenbart werden. [2]Satz 1 gilt nicht, wenn das Bundesamt für Verbraucherschutz und Lebensmittelsicherheit im Einzelfall unter Berücksichtigung des Geheimhaltungsinteresses der Beteiligten ein überwiegendes öffentliches Interesse an der Offenbarung feststellt. [3]Vor der Entscheidung über die Offenbarung der durch Satz 1 geschützten Informationen sind die Betroffenen anzuhören.

(2) Nicht unter das Betriebs- und Geschäftsgeheimnis nach Absatz 1 fallen:

1. die in Artikel 57 der Verordnung (EG) Nr. 1107/2009 aufgeführten Angaben,
2. die physikalisch-chemischen Angaben zum Pflanzenschutzmittel und zum Wirkstoff,
3. die Zusammenfassung der Ergebnisse der Untersuchungen und Versuche zur Wirksamkeit und zu den Auswirkungen auf die Gesundheit von Mensch und Tier sowie den sonstigen Auswirkungen, insbesondere auf den Naturhaushalt,
4. Angaben zu Vorsichtsmaßnahmen sowie Sofortmaßnahmen bei Unfällen,
5. Analyseverfahren zur Bestimmung der Wirkstoffe, Beistoffe sowie Verunreinigungen, die als toxikologisch, ökotoxikologisch oder ökologisch relevant angesehen werden, und Rückstände im Sinne des Artikels 3 Nummer 1 der Verordnung (EG) Nr. 1107/2009,
6. Angaben über Verfahren zur sachgerechten Beseitigung oder Neutralisierung des Pflanzenschutzmittels, dessen Behältnis oder Verpackung sowie des Wirkstoffes.

(3) Antragsteller und Zulassungsinhaber haben dem Bundesamt für Verbraucherschutz und Lebensmittelsicherheit unverzüglich die von ihnen veranlasste Veröffentlichung derjenigen Angaben und Unterlagen mitzuteilen, die sie zuvor nach Absatz 1 als geheimhaltungsbedürftig kenntlich gemacht haben.

(4) [1]Angaben, die das Bundesamt für Verbraucherschutz und Lebensmittelsicherheit im Rahmen der in den §§ 42, 45 oder § 46 genannten Verfahren erhalten hat, dürfen nicht offenbart werden, wenn es sich um Betriebs- oder Geschäftsgeheimnisse handelt oder derjenige, der die Angaben übermittelt hat, diese als vertraulich gekennzeichnet hat. [2]Ausgenommen die Übermittlung von Daten nach § 21 Absatz 3 gilt Satz 1 entsprechend für Angaben, die das Julius Kühn-Institut im Rahmen seiner Aufgaben nach § 21 oder einer Prüfung nach § 52 erhalten hat. [3]Absatz 1 Satz 2 und 3 gilt entsprechend.

## 9.5. Düngegesetz[1)]

Vom 9. Januar 2009
(BGBl. I S. 54, ber. S. 136)

**FNA 7820-15**

zuletzt geänd. durch Art. 96 PersonengesellschaftsrechtsmodernisierungsG (MoPeG) v. 10.8.2021 (BGBl. I S. 3436)

– Auszug –

**§ 1 Zweck.** Zweck dieses Gesetzes ist es,

1. die Ernährung von Nutzpflanzen sicherzustellen,
2. die Fruchtbarkeit des Bodens, insbesondere den standort- und nutzungstypischen Humusgehalt, zu erhalten oder nachhaltig zu verbessern,
3. Gefahren für die Gesundheit von Menschen und Tieren sowie für den Naturhaushalt vorzubeugen oder abzuwenden, die durch das Herstellen, Inverkehrbringen oder die Anwendung von Düngemitteln, Bodenhilfsstoffen, Pflanzenhilfsmitteln sowie Kultursubstraten oder durch andere Maßnahmen des Düngens entstehen können,
4. einen nachhaltigen und ressourceneffizienten Umgang mit Nährstoffen bei der landwirtschaftlichen Erzeugung sicherzustellen, insbesondere Nährstoffverluste in die Umwelt so weit wie möglich zu vermeiden,
5. Rechtsakte der Europäischen Gemeinschaft oder der Europäischen Union, die Sachbereiche dieses Gesetzes, insbesondere über den Verkehr mit oder die Anwendung von Düngemitteln betreffen, umzusetzen oder durchzuführen.

**§ 2 Begriffsbestimmungen.** [1]Im Sinne dieses Gesetzes

1. sind Düngemittel Stoffe, ausgenommen Kohlendioxid und Wasser, die dazu bestimmt sind,
   a) Nutzpflanzen Nährstoffe zuzuführen, um ihr Wachstum zu fördern, ihren Ertrag zu erhöhen oder ihre Qualität zu verbessern, oder
   b) die Bodenfruchtbarkeit zu erhalten oder zu verbessern;
2. sind Wirtschaftsdünger: Düngemittel, die
   a) als tierische Ausscheidungen
      aa) bei der Haltung von Tieren zur Erzeugung von Lebensmitteln oder
      bb) bei der sonstigen Haltung von Tieren in der Landwirtschaft oder
   b) als pflanzliche Stoffe im Rahmen der pflanzlichen Erzeugung oder in der Landwirtschaft,
   
   auch in Mischungen untereinander oder nach aerober oder anaerober Behandlung, anfallen oder erzeugt werden;

---

[1)] **Amtl. Anm.:** Die Verpflichtungen aus der Richtlinie 98/34/EG des Europäischen Parlaments und des Rates vom 22. Juni 1998 über ein Informationsverfahren auf dem Gebiet der Normen und technischen Vorschriften und der Vorschriften für die Dienste der Informationsgesellschaft (ABl. L 204 vom 21.7.1998, S. 37), die zuletzt durch die Richtlinie 2006/96/EG vom 20. November 2006 (ABl. L 363 vom 20.12.2006, S. 81) geändert worden ist, sind beachtet worden.

3. ist Festmist: Wirtschaftsdünger aus tierischen Ausscheidungen, auch mit Einstreu, insbesondere Stroh, Sägemehl, Torf oder anderes pflanzliches Material, das im Rahmen der Tierhaltung zugefügt worden ist, oder mit Futterresten vermischt, dessen Trockensubstanzgehalt 15 vom Hundert übersteigt;
4. ist Gülle: Wirtschaftsdünger aus allen tierischen Ausscheidungen, auch mit geringen Mengen Einstreu oder Futterresten oder Zugabe von Wasser, dessen Trockensubstanzgehalt 15 vom Hundert nicht übersteigt;
5. ist Jauche: Wirtschaftsdünger aus tierischen Ausscheidungen, bei dem es sich um ein Gemisch aus Harn und ausgeschwemmten feinen Bestandteilen des Kotes oder der Einstreu sowie von Wasser handelt; Jauche kann in geringem Umfang Futterreste sowie Reinigungs- und Niederschlagswasser enthalten;
6. sind Bodenhilfsstoffe: Stoffe ohne wesentlichen Nährstoffgehalt sowie Mikroorganismen, die dazu bestimmt sind,
    a) die biologischen, chemischen oder physikalischen Eigenschaften des Bodens zu beeinflussen, um die Wachstumsbedingungen für Nutzpflanzen zu verbessern oder
    b) die symbiotische Bindung von Stickstoff zu fördern;
7. sind Pflanzenhilfsmittel: Stoffe ohne wesentlichen Nährstoffgehalt, die dazu bestimmt sind, auf Pflanzen biologisch oder chemisch einzuwirken, um einen pflanzenbaulichen, produktionstechnischen oder anwendungstechnischen Nutzen zu erzielen, soweit sie nicht Pflanzenstärkungsmittel im Sinne des § 2 Nummer 10 des Pflanzenschutzgesetzes[1]) sind;
8. sind Kultursubstrate: Stoffe, die dazu bestimmt sind, Nutzpflanzen als Wurzelraum zu dienen und die dazu in Böden eingebracht, auf Böden aufgebracht oder in bodenunabhängigen Anwendungen genutzt werden;
9. ist Herstellen: das Gewinnen, Behandeln, Verarbeiten, Mischen oder sonstige Aufbereiten von Stoffen nach den Nummern 1 und 6 bis 8;
10. ist Inverkehrbringen: das Anbieten, Vorrätighalten zur Abgabe, Feilhalten und jedes Abgeben von Stoffen nach Satz 1 Nr. 1 und 6 bis 8 an andere;
11. ist gewerbsmäßig: Tätigkeit im Rahmen eines Gewerbes oder sonst zu Erwerbszwecken.

²Dem Inverkehrbringen im Sinne des Satzes 1 Nr. 10 stehen das Verbringen in den Geltungsbereich dieses Gesetzes zur Abgabe an andere sowie die Abgabe zwischen Mitgliedern innerhalb von Personenvereinigungen gleich.

**§ 3 Anwendung.** (1) ¹Stoffe nach § 2 Nr. 1 und 6 bis 8 dürfen nur angewandt werden, soweit sie

1. einem durch einen unmittelbar geltenden Rechtsakt der Europäischen Gemeinschaft oder der Europäischen Union über den Verkehr mit oder die Anwendung von Düngemitteln zugelassenen Typ oder
2. den Anforderungen für das Inverkehrbringen nach einer Rechtsverordnung auf Grund des § 5 Abs. 2 oder 5

entsprechen. ²Ausgenommen von Satz 1 sind Wirtschaftsdünger, die im eigenen Betrieb angefallen sind, sowie Bodenhilfsstoffe, Kultursubstrate und Pflan-

---

[1]) Nr. **9.4**.

## 9.5 DüngeG § 3

zenhilfsmittel, die ausschließlich aus Stoffen, die im eigenen Betrieb des Anwendenden angefallen sind, bestehen oder hergestellt worden sind. ³Abweichend von Satz 1 Nummer 2 dürfen Stoffe nach § 2 Nummer 1 und 6 bis 8 angewendet werden, wenn diese

1. in einem anderen Mitgliedstaat der Europäischen Union, der Türkei oder einem Staat, der zugleich Vertragspartei des Abkommens über die Gründung der Europäischen Freihandelsassoziation und des Abkommens über den Europäischen Wirtschaftsraum ist, rechtmäßig hergestellt oder rechtmäßig in den Verkehr gebracht worden sind und
2. den Anforderungen zum Schutz vor Gefahren für die Gesundheit von Mensch oder Tier oder den Naturhaushalt gleichermaßen wie inländische Stoffe genügen.

(2) ¹Nach Maßgabe einer Rechtsverordnung auf Grund des Absatzes 4 auch in Verbindung mit Absatz 5 dürfen Stoffe nach § 2 Nummer 1 und 6 bis 8 vorbehaltlich des Absatzes 3 nur nach guter fachlicher Praxis angewandt werden. ²Düngung nach guter fachlicher Praxis dient der Versorgung der Pflanzen mit notwendigen Nährstoffen sowie der Erhaltung und Förderung der Bodenfruchtbarkeit, um insbesondere die Versorgung der Bevölkerung mit qualitativ hochwertigen Erzeugnissen zu sichern. ³Zur guten fachlichen Praxis gehört, dass Art, Menge und Zeitpunkt der Anwendung am Bedarf der Pflanzen und des Bodens ausgerichtet werden.

(3) Nach Maßgabe einer Rechtsverordnung auf Grund des Absatzes 4 auch in Verbindung mit Absatz 5 dürfen Stoffe nach § 2 Nummer 1 und 6 bis 8 unbeschadet des Absatzes 2 nur so angewandt werden, dass durch die Anwendung die Gesundheit von Menschen und Tieren nicht geschädigt und der Naturhaushalt nicht gefährdet werden.

(4) ¹Das Bundesministerium für Ernährung und Landwirtschaft (Bundesministerium) wird ermächtigt, durch Rechtsverordnung[1]) mit Zustimmung des Bundesrates die Anwendung von Stoffen nach § 2 Nummer 1 und 6 bis 8 näher zu bestimmen. ²In Rechtsverordnungen nach Satz 1 können insbesondere

1. die Anforderungen der guten fachlichen Praxis im Sinne des Absatzes 2 näher bestimmt werden,
2. Vorschriften zur Sicherung der Bodenfruchtbarkeit erlassen werden,
3. bestimmte Anwendungen verboten oder beschränkt werden.

(5) In Rechtsverordnungen nach Absatz 4 Satz 1 in Verbindung mit Satz 2 Nummer 3 können auch Vorschriften zum Schutz der Gewässer vor Verunreinigung, insbesondere durch Nitrat, erlassen werden insbesondere über

1. Zeiträume, in denen das Aufbringen bestimmter Stoffe nach § 2 Nummer 1 und 6 bis 8 auf landwirtschaftlichen Flächen verboten ist,
2. flächen- oder betriebsbezogene Obergrenzen für das Aufbringen von Nährstoffen aus Stoffen nach § 2 Nummer 1 und 6 bis 8,

---

[1]) Siehe die DüngeVO v. 26.5.2017 (BGBl. I S. 1305), zuletzt geänd. durch G v. 10.8.2021 (BGBl. I S. 3436), die Tierische Nebenprodukte-BeseitigungsVO v. 27.7.2006 (BGBl. I S. 1735), zuletzt geänd. durch G v. 4.12.2018 (BGBl. I S. 2254), und die VO über das Inverkehrbringen und Befördern von Wirtschaftsdünger v. 21.7.2010 (BGBl. I S. 1062), zuletzt geänd. durch VO v. 28.4.2020 (BGBl. I S. 846).

Düngegesetz (Auszug) § 3a DüngeG 9.5

3. das Aufbringen von Stoffen nach § 2 Nummer 1 und 6 bis 8 auf stark geneigten landwirtschaftlichen Flächen,
4. das Aufbringen von Stoffen nach § 2 Nummer 1 und 6 bis 8 auf wassergesättigten, überschwemmten, gefrorenen oder schneebedeckten Böden,
5. die Bedingungen für das Aufbringen von Stoffen nach § 2 Nummer 1 und 6 bis 8 auf landwirtschaftlichen Flächen in der Nähe von Wasserläufen,
6. die Berücksichtigung von beim Weidegang anfallenden sowie durch andere Maßnahmen als der Düngung zugeführten Nährstoffen,
7. die Aufzeichnungen der Anwendung von Stoffen nach § 2 Nummer 1 und 6 bis 8 sowie die Vorlage-, Melde- und Mitteilungspflichten der Anwender,
8. die Technik und die Verfahren zum Aufbringen von Stoffen nach § 2 Nummer 1 und 6 bis 8,
9. die Lagerkapazität für Wirtschaftsdünger und Düngemittel, bei denen es sich um Gärrückstände aus dem Betrieb einer Biogasanlage handelt,
10. Anordnungen der zuständigen Behörden, die zum Schutz der Gewässer vor Verunreinigung, insbesondere zur Einhaltung der nach den Nummern 1 bis 9 erlassenen Vorschriften erforderlich sind.

(6) Rechtsverordnungen
1. nach Absatz 4 Satz 1 in Verbindung mit Satz 2 Nummer 1 und 2 oder
2. nach Absatz 4 Satz 1 in Verbindung mit Satz 2 Nummer 3, soweit Vorschriften zum Schutz der Gewässer im Sinne des Absatzes 5 erlassen werden,

bedürfen des Einvernehmens mit dem Bundesministerium für Umwelt, Naturschutz und nukleare Sicherheit.

(7) Das Bundesministerium wird ermächtigt, durch Rechtsverordnung zu Forschungs- oder Versuchszwecken eine von den Absätzen 1 und 2 abweichende Regelung zu treffen, soweit hierfür ein berechtigtes Interesse besteht und Gesundheitsschäden bei Menschen und Tieren oder Gefährdungen des Naturhaushalts nicht zu befürchten sind.

**§ 3a Nationales Aktionsprogramm zum Schutz von Gewässern vor Verunreinigung durch Nitrat aus landwirtschaftlichen Quellen, Öffentlichkeitsbeteiligung.** (1) [1] Das Bundesministerium erarbeitet im Einvernehmen mit dem Bundesministerium für Umwelt, Naturschutz und nukleare Sicherheit und im Benehmen mit den Ländern ein nationales Aktionsprogramm im Sinne des Artikels 5 Absatz 1 in Verbindung mit den Absätzen 4 und 5 und Artikel 4 Absatz 1 Buchstabe a der Richtlinie 91/676/EWG des Rates vom 12. Dezember 1991 zum Schutz der Gewässer vor Verunreinigung durch Nitrat aus landwirtschaftlichen Quellen (ABl. L 375 vom 31.12.1991, S. 1), die zuletzt durch die Verordnung (EG) Nr. 1137/2008 (ABl. L 311 vom 21.11.2008, S. 1) geändert worden ist. [2] Satz 1 gilt nicht im Hinblick auf die Beschaffenheit, die Lage, die Errichtung und den Betrieb von Anlagen zum Lagern oder Abfüllen von Gülle, Jauche oder Silagesickersäften sowie von vergleichbaren in der Landwirtschaft anfallenden Stoffen nach Anhang II Buchstabe A Nummer 5 der Richtlinie 91/676/EWG. [3] Satz 1 in Verbindung mit Satz 2 gilt bei einer Änderung des Aktionsprogramms entsprechend. [4] Zu dem Entwurf des Aktionsprogramms sowie zu Entwürfen zur Änderung des Aktionsprogramms wird eine Strategische Umweltprüfung nach dem Gesetz über die Umweltverträglichkeitsprüfung durchgeführt. [5] Das Aktionsprogramm und seine Änderungen sind bei Erlass einer Rechtsverordnung auf Grund des § 3

Absatz 4 Satz 1 in Verbindung mit Satz 2 Nummer 3 und mit Absatz 5 in die Beratungen zur Erstellung des Entwurfes einzubeziehen.

(2) ¹Soweit ein Aktionsprogramm nach Absatz 1 geringfügig geändert wird und hierbei nach Maßgabe des § 14d des Gesetzes über die Umweltverträglichkeitsprüfung[1]) keine Strategische Umweltprüfung durchzuführen ist, ist die Öffentlichkeit nach Maßgabe der folgenden Bestimmungen zu beteiligen. ²Der Entwurf der Änderung des Aktionsprogramms sowie Informationen über das Beteiligungsverfahren sind im Bundesanzeiger zu veröffentlichen. ³Natürliche und juristische Personen sowie sonstige Vereinigungen, insbesondere Vereinigungen des Agrar- und Umweltbereichs, deren Belange oder deren satzungsgemäßer Aufgabenbereich durch den Entwurf berührt werden (betroffene Öffentlichkeit), haben innerhalb einer Frist von sechs Wochen Gelegenheit zur schriftlichen oder elektronischen Stellungnahme gegenüber dem Bundesministerium; der Zeitpunkt des Fristablaufs ist bei der Veröffentlichung nach Satz 2 mitzuteilen. ⁴Fristgemäß eingegangene Stellungnahmen der betroffenen Öffentlichkeit werden vom Bundesministerium bei der Erarbeitung der Änderung des Aktionsprogramms angemessen berücksichtigt. ⁵Die Fundstelle der vom Bundesministerium unter Berücksichtigung der Änderung des Aktionsprogramms erlassenen und im Bundesgesetzblatt verkündeten Rechtsverordnung ist im Bundesanzeiger zu veröffentlichen; dabei ist in zusammengefasster Form über den Ablauf des Beteiligungsverfahrens und über die Gründe und Erwägungen, auf denen die getroffene Entscheidung beruht, zu unterrichten.

**§ 5 Inverkehrbringen.** (1) ¹Stoffe nach § 2 Nr. 1 und 6 bis 8, die nicht als „EG-Düngemittel" bezeichnet sind, dürfen nur in den Verkehr gebracht werden, soweit sie geeignet sind,

1. das Wachstum von Nutzpflanzen wesentlich zu fördern,
2. ihren Ertrag wesentlich zu erhöhen,
3. ihre Qualität wesentlich zu verbessern oder
4. die Fruchtbarkeit des Bodens, insbesondere den standort- und nutzungstypischen Humusgehalt, zu erhalten oder nachhaltig zu verbessern,

und die bei sachgerechter Anwendung die Gesundheit von Menschen und Tieren nicht schädigen und den Naturhaushalt nicht gefährden. ²Abweichend von Satz 1 dürfen Stoffe nach § 2 Nummer 1 und 6 bis 8 in den Verkehr gebracht werden, wenn diese

1. in einem anderen Mitgliedstaat der Europäischen Union oder der Türkei oder einem Staat, der zugleich Vertragspartei des Abkommens über die Gründung der Europäischen Freihandelsassoziation und des Abkommens über den Europäischen Wirtschaftsraum ist, rechtmäßig hergestellt oder rechtmäßig in den Verkehr gebracht worden sind und
2. den Anforderungen zum Schutz vor Gefahren für die Gesundheit von Mensch oder Tier oder den Naturhaushalt gleichermaßen wie inländische Stoffe genügen.

³Die Sätze 1 und 2 gelten nicht für Stoffe, die zur Lieferung aus dem Geltungsbereich dieses Gesetzes bestimmt sind.

---

[1]) Nr. **2.5.**

(2) Das Bundesministerium wird ermächtigt, durch Rechtsverordnung[1]) mit Zustimmung des Bundesrates, soweit dies zu den in § 1 genannten Zwecken erforderlich ist,
1. die näheren Anforderungen an das Inverkehrbringen zu bestimmen,
2. das Inverkehrbringen bestimmter Stoffe nach § 2 Nr. 1 und 6 bis 8 zu verbieten oder zu beschränken oder
3. vorzuschreiben, dass sie nur verpackt oder in Packungen oder Behältnissen von bestimmter Art oder mit bestimmtem Verschluss in den Verkehr gebracht werden dürfen.

(3) In Rechtsverordnungen nach Absatz 2 können insbesondere Vorschriften erlassen werden über
1. zugelassene Ausgangsstoffe,
2. Art der Herstellung,
3. Zusammensetzung nach Haupt- und Nebenbestandteilen, insbesondere über Nährstoffgehalt, Nährstoffform sowie Art und Gehalt von Nebenbestandteilen,
4. Nährstoffverfügbarkeit,
5. Wirkung von Nebenbestandteilen,
6. äußere Merkmale, insbesondere Korngröße, Mahlfeinheit, Siebdurchgang oder Färbung,
7. andere für die Aufbereitung, Anwendung oder Wirkung des Stoffes wichtige Anforderungen.

(4) ¹In Rechtsverordnungen nach Absatz 2 kann zum Schutz der Gesundheit von Menschen und Tieren oder des Naturhaushalts ferner
1. vorgeschrieben werden, dass der Hersteller eines Stoffes nach § 2 Nr. 1 und 6 bis 8 Aufzeichnungen zu erstellen hat über
   a) die Zusammensetzung des Stoffes oder
   b) die zur Herstellung verwendeten Ausgangsstoffe und deren Herkunft, sowie
2. die Art und Weise der Aufzeichnungen sowie die Dauer ihrer Aufbewahrung geregelt werden.

²Soweit für einen Stoff Aufzeichnungen nach Satz 1 Nr. 1 vorgeschrieben werden, hat der Hersteller die Aufzeichnungen auf Verlangen der zuständigen Stelle vorzulegen oder zu übermitteln.

(5) ¹Das Bundesministerium wird ermächtigt, durch Rechtsverordnung[1]) ohne Zustimmung des Bundesrates
1. zu Forschungs- oder Versuchszwecken eine von Absatz 1 abweichende Regelung oder
2. bis zu einer Änderung einer auf Grund des Absatzes 2 erlassenen Rechtsverordnung längstens für einen Zeitraum von vier Jahren eine vorläufige Regelung

zu treffen, soweit hierfür ein berechtigtes Interesse besteht und Schäden für die Gesundheit von Menschen und Tieren oder Gefährdungen des Naturhaushalts

---

[1]) Siehe die DüngemittelVO v. 5.12.2012 (BGBl. I S. 2482), zuletzt geänd. durch VO v. 2.10.2019 (BGBl. I S. 1414).

nicht zu befürchten sind. ²Das Bundesministerium wird ferner ermächtigt, durch Rechtsverordnung ohne Zustimmung des Bundesrates die Ermächtigung nach Satz 1 ganz oder teilweise auf die Bundesanstalt für Landwirtschaft und Ernährung zu übertragen.

**§ 6 EG-Düngemittel.** Düngemittel dürfen mit der Bezeichnung „EG-Düngemittel" nur in den Verkehr gebracht werden, wenn sie einem Düngemitteltyp entsprechen, der im Anhang I der Verordnung (EG) Nr. 2003/2003 des Europäischen Parlaments und des Rates vom 13. Oktober 2003 über Düngemittel (ABl. EU Nr. L 304 S. 1), die zuletzt durch die Verordnung (EG) Nr. 162/2007 der Kommission vom 19. Februar 2007 (ABl. EU Nr. L 51 S. 7) geändert worden ist, festgelegt worden ist.

**§ 11 Klärschlamm-Entschädigungsfonds.** (1) Der durch Artikel 4 Nr. 8 des Gesetzes vom 27. September 1994 (BGBl. I S. 2705) errichtete Entschädigungsfonds hat die durch die landwirtschaftliche Verwertung von Klärschlämmen entstehenden Schäden an Personen und Sachen sowie sich daraus ergebende Folgeschäden zu ersetzen.

(2) ¹Die Beiträge zu diesem Fonds sind von allen Herstellern von Klärschlämmen zu leisten, soweit diese den Klärschlamm zur landwirtschaftlichen Verwertung abgeben. ²Bei der Verbringung von Klärschlamm in den Geltungsbereich dieses Gesetzes sind die Beiträge vom Besitzer des Klärschlamms zu leisten, der den Klärschlamm in den Geltungsbereich dieses Gesetzes verbringt oder verbringen lässt, soweit er den Klärschlamm zur landwirtschaftlichen Verwertung abgibt.

(3) Das Bundesministerium wird ermächtigt, im Einvernehmen mit dem Bundesministerium für Umwelt, Naturschutz und nukleare Sicherheit und dem Bundesministerium für Wirtschaft und Energie durch Rechtsverordnung[1]) mit Zustimmung des Bundesrates Vorschriften zu erlassen über

1. die Rechtsform des Entschädigungsfonds,
2. die Bildung und die weitere Ausgestaltung des Entschädigungsfonds einschließlich der erforderlichen finanziellen Ausstattung bis zu einer Höhe von 125 Millionen Euro,
3. die Verwaltung des Entschädigungsfonds,
4. die Höhe und die Festlegung der Beiträge und die Art ihrer Aufbringung unter Berücksichtigung der Art und Menge des abgegebenen Klärschlamms sowie eine Nachschusspflicht im Falle der Erschöpfung der in Nummer 2 vorgesehenen finanziellen Ausstattung,
5. einen angemessenen Selbstbehalt für Sachschäden sowie einen angemessenen Entschädigungshöchstbetrag insbesondere unter Berücksichtigung des Umfanges der geschädigten Fläche,
6. den Übergang von Ansprüchen gegen sonstige Ersatzpflichtige auf den Entschädigungsfonds, soweit dieser die Ansprüche befriedigt hat, und deren Geltendmachung,
7. Verfahren und Befugnisse der für die Aufsicht des Entschädigungsfonds zuständigen Behörde,

---

[1]) Siehe die Klärschlamm-EntschädigungsfondsVO v. 20.5.1998 (BGBl. I S. 1048), zuletzt geänd. durch VO v. 19.6.2020 (BGBl. I S. 1328).

8. die Rechte und Pflichten des Beitragspflichtigen gegenüber dem Entschädigungsfonds und der in Nummer 7 bezeichneten Behörde.

(4) ¹Eine Rechtsverordnung nach Absatz 3 ist dem Bundestag vor der Zuleitung an den Bundesrat zuzuleiten. ²Die Rechtsverordnung kann durch Beschluss des Bundestages geändert oder abgelehnt werden. ³Der Beschluss des Bundestages wird der Bundesregierung zugeleitet. ⁴Hat sich der Bundestag nach Ablauf von drei Sitzungswochen seit Eingang der Rechtsverordnung nicht mit ihr befasst, so wird die unveränderte Rechtsverordnung dem Bundesrat zugeleitet. ⁵Soweit die Rechtsverordnung auf Grund des Beschlusses des Bundesrates geändert wird, bedarf es einer erneuten Zuleitung an den Bundestag nicht.

### § 11a Umgang mit Nährstoffen im Betrieb, Nährstoffsteuerung.

(1) ¹Bei der landwirtschaftlichen Erzeugung hat der Umgang mit Nährstoffen im Betrieb nach guter fachlicher Praxis zu erfolgen. ²Zur guten fachlichen Praxis gehört insbesondere, dass bei der landwirtschaftlichen Erzeugung ein nachhaltiger und ressourceneffizienter Umgang mit Nährstoffen im Betrieb sichergestellt und hierbei Nährstoffverluste in die Umwelt so weit wie möglich vermieden werden. ³Die Vorschriften über die Anwendung der in § 2 Nummer 1 und 6 bis 8 genannten Stoffe nach § 3 Absatz 1 bis 3 und einer auf Grund des § 3 Absatz 4 auch in Verbindung mit Absatz 5 erlassenen Rechtsverordnung bleiben unberührt.

(2) ¹Vorbehaltlich des Satzes 2 sind ab dem 1. Januar 2023 die Zufuhr von Nährstoffen in den Betrieb und die Abgabe von Nährstoffen aus dem Betrieb in Betrieben mit mehr als 20 Hektar landwirtschaftlicher Nutzfläche oder mehr als 50 Großvieheinheiten je Betrieb in einer Stoffstrombilanz zu erfassen und zu bewerten. ²Die Verpflichtung nach Satz 1 gilt für Betriebe mit mehr als 50 Großvieheinheiten je Betrieb oder mit mehr als 30 Hektar landwirtschaftlicher Nutzfläche und einer Tierbesatzdichte von mehr als 2,5 Großvieheinheiten je Hektar ab dem 1. Januar 2018. ³Die Verpflichtungen nach den Sätzen 1 und 2 gelten auch für Betriebe, die die dort festgesetzten Schwellenwerte unterschreiten, wenn dem Betrieb im jeweiligen Wirtschaftsjahr Wirtschaftsdünger aus anderen Betrieben zugeführt wird. ⁴Das Bundesministerium erlässt nach Maßgabe des Satzes 5 im Einvernehmen mit dem Bundesministerium für Umwelt, Naturschutz und nukleare Sicherheit durch Rechtsverordnung[1]) mit Zustimmung des Bundesrates zur näheren Bestimmung der Anforderungen an die gute fachliche Praxis beim Umgang mit Nährstoffen im Sinne des Absatzes 1 die näheren Vorschriften über eine betriebliche Stoffstrombilanz. ⁵In Rechtsverordnungen nach Satz 4 sind insbesondere Vorschriften zu erlassen über die Ermittlung, Aufzeichnung und Bewertung der Nährstoffmengen, die

1. dem Betrieb zugeführt werden, insbesondere durch Stoffe nach § 2 Nummer 1 und 6 bis 8, Futtermittel, Saatgut einschließlich Pflanzgut und Vermehrungsmaterial, landwirtschaftliche Nutztiere sowie den Anbau von Leguminosen,

2. vom Betrieb abgegeben werden, insbesondere durch Stoffe nach § 2 Nummer 1 und 6 bis 8, tierische und pflanzliche Erzeugnisse sowie landwirtschaftliche Nutztiere.

---

¹) Siehe die StoffstrombilanzVO v. 14.12.2017 (BGBl. I S. 3942, ber. 2018 S. 360), zuletzt geänd. durch G v. 10.8.2021 (BGBl. I S. 3436).

⁶In Rechtsverordnungen nach Satz 4 können ferner Vorschriften erlassen werden über

1. Anordnungen der zuständigen Behörden, die für einen nachhaltigen und ressourceneffizienten Umgang mit Nährstoffen im Betrieb, insbesondere zur Verringerung von Nährstoffverlusten in die Umwelt, erforderlich sind,
2. Beratungsangebote der zuständigen Behörden, die für einen nachhaltigen und ressourceneffizienten Umgang mit Nährstoffen im Betrieb, insbesondere zur Vermeidung von Nährstoffverlusten in die Umwelt, erforderlich sind.

⁷Das Bundesministerium untersucht die Auswirkungen der verbindlichen Stoffstrombilanzierung und erstattet dem Deutschen Bundestag hierüber bis spätestens 31. Dezember 2021 Bericht. ⁸Dieser Bericht soll Vorschläge für notwendige Anpassungen der Regelungen enthalten.

(3) ¹Eine Rechtsverordnung nach Absatz 2 ist dem Bundestag vor der Zuleitung an den Bundesrat zuzuleiten. ²Die Rechtsverordnung kann durch Beschluss des Bundestages geändert oder abgelehnt werden. ³Der Beschluss des Bundestages wird der Bundesregierung zugeleitet. ⁴Hat sich der Bundestag nach Ablauf von drei Sitzungswochen seit Eingang der Rechtsverordnung nicht mit ihr befasst, so wird die unveränderte Rechtsverordnung dem Bundesrat zugeleitet. ⁵Soweit die Rechtsverordnung auf Grund des Beschlusses des Bundesrates geändert wird, bedarf es einer erneuten Zuleitung an den Bundestag nicht.

## 9.6. Gesetz zur Regelung der Gentechnik (Gentechnikgesetz – GenTG)[1)2)3)]

In der Fassung der Bekanntmachung vom 16. Dezember 1993[4)]
(BGBl. I S. 2066)

**FNA 2121-60-1**

zuletzt geänd. durch Art. 8 Abs. 7 G zum Erlass eines Tierarzneimittelgesetzes und zur Anpassung arzneimittelrechtlicher und anderer Vorschriften v. 27.9.2021 (BGBl. I S. 4530)

### Erster Teil. Allgemeine Vorschriften

**§ 1 Zweck des Gesetzes.** Zweck dieses Gesetzes ist,

1. unter Berücksichtigung ethischer Werte, Leben und Gesundheit von Menschen, die Umwelt in ihrem Wirkungsgefüge, Tiere, Pflanzen und Sachgüter vor schädlichen Auswirkungen gentechnischer Verfahren und Produkte zu schützen und Vorsorge gegen das Entstehen solcher Gefahren zu treffen,
2. die Möglichkeit zu gewährleisten, dass Produkte, insbesondere Lebens- und Futtermittel, konventionell, ökologisch oder unter Einsatz gentechnisch veränderter Organismen erzeugt und in den Verkehr gebracht werden können,
3. den rechtlichen Rahmen für die Erforschung, Entwicklung, Nutzung und Förderung der wissenschaftlichen, technischen und wirtschaftlichen Möglichkeiten der Gentechnik zu schaffen.

**§ 2 Anwendungsbereich.** (1) Dieses Gesetz gilt für

1. gentechnische Anlagen,
2. gentechnische Arbeiten,
3. Freisetzungen von gentechnisch veränderten Organismen und
4. das Inverkehrbringen von Produkten, die gentechnisch veränderte Organismen enthalten oder aus solchen bestehen; Tiere gelten als Produkte im Sinne dieses Gesetzes.

(2) ¹Die Bundesregierung wird ermächtigt, zur Umsetzung der Entscheidungen oder der Beschlüsse der Europäischen Gemeinschaften oder der Europäischen Union nach Artikel 21 der Richtlinie 90/219/EWG des Rates vom 23. April 1990 über die Anwendung genetisch veränderter Mikroorganismen in geschlossenen Systemen (ABl. EG Nr. L 117 S. 1), zuletzt geändert durch die Entscheidung 2005/174/EG der Kommission vom 28. Februar 2005 (ABl. EU Nr. L 59 S. 20), zu Anhang II Teil C, nach Anhörung der Kommission durch Rechtsverordnung mit Zustimmung des Bundesrates gentechnische

---

[1)] Siehe auch das EG-Gentechnik-DurchführungsG v. 22.6.2004 (BGBl. I S. 1244), zuletzt geänd. durch G v. 27.7.2021 (BGBl. I S. 3274).
[2)] Zur Sicherstellung ordnungsgemäßer Planungs-und Genehmigungsverfahren während der COVID-19-Pandemie siehe das PlanungssicherstellungsG v. 20.5.2020 (BGBl. I S. 1041), zuletzt geänd. durch G v. 18.3.2021 (BGBl. I S. 353).
[3)] Die Änderungen durch G v. 10.8.2021 (BGBl. I S. 3436) treten erst **mWv 1.1.2024** in Kraft und sind im Text noch nicht berücksichtigt.
[4)] Neubekanntmachung des GenTG v. 20.6.1990 (BGBl. I S. 1080) in der ab 22.12.1993 geltenden Fassung.

Arbeiten mit Typen von gentechnisch veränderten Mikroorganismen ganz oder teilweise von den Regelungen dieses Gesetzes auszunehmen. ²Die §§ 32 bis 37 bleiben unberührt. ³Die Rechtsverordnung soll eine Meldepflicht an die zuständige Behörde beinhalten, die darauf beschränkt ist, den verwendeten Typ des gentechnisch veränderten Mikroorganismus, den Ort, an dem mit ihm gearbeitet wird, und die verantwortliche Person zu bezeichnen. ⁴Über diese Meldungen soll die zuständige Behörde ein Register führen und es in regelmäßigen Abständen auswerten.

(2a) ¹Die Bundesregierung wird ermächtigt, nach Anhörung der Kommission durch Rechtsverordnung mit Zustimmung des Bundesrates gentechnische Arbeiten mit Typen von gentechnisch veränderten Organismen, die keine Mikroorganismen sind und in entsprechender Anwendung der in Anhang II Teil B der Richtlinie 90/219/EWG genannten Kriterien für die menschliche Gesundheit und die Umwelt sicher sind, in Anlagen, in denen Einschließungsmaßnahmen angewandt werden, die geeignet sind, den Kontakt der verwendeten Organismen mit Menschen und der Umwelt zu begrenzen, ganz oder teilweise von den Regelungen des Zweiten und Vierten Teils dieses Gesetzes auszunehmen. ²Absatz 2 Satz 3 und 4 gilt entsprechend.

(3) Dieses Gesetz gilt nicht für die Anwendung von gentechnisch veränderten Organismen am Menschen.

(4) Dieses Gesetz lässt weitergehende Anforderungen an das Inverkehrbringen von Produkten nach anderen Rechtsvorschriften unberührt.

**§ 3 Begriffsbestimmungen.** Im Sinne dieses Gesetzes sind

1. Organismus
   jede biologische Einheit, die fähig ist, sich zu vermehren oder genetisches Material zu übertragen, einschließlich Mikroorganismen,

1a. Mikroorganismen
   Viren, Viroide, Bakterien, Pilze, mikroskopisch-kleine ein- oder mehrzellige Algen, Flechten, andere eukaryotische Einzeller oder mikroskopisch-kleine tierische Mehrzeller sowie tierische und pflanzliche Zellkulturen,

2. gentechnische Arbeiten

   a) die Erzeugung gentechnisch veränderter Organismen,

   b) die Vermehrung, Lagerung, Zerstörung oder Entsorgung sowie der innerbetriebliche Transport gentechnisch veränderter Organismen sowie deren Verwendung in anderer Weise, soweit noch keine Genehmigung für die Freisetzung oder das Inverkehrbringen zum Zweck des späteren Ausbringens in die Umwelt erteilt wurde,

3. gentechnisch veränderter Organismus
   ein Organismus, mit Ausnahme des Menschen, dessen genetisches Material in einer Weise verändert worden ist, wie sie unter natürlichen Bedingungen durch Kreuzen oder natürliche Rekombination nicht vorkommt; ein gentechnisch veränderter Organismus ist auch ein Organismus, der durch Kreuzung oder natürliche Rekombination zwischen gentechnisch veränderten Organismen oder mit einem oder mehreren gentechnisch veränderten Organismen oder durch andere Arten der Vermehrung eines gentechnisch veränderten Organismus entstanden ist, sofern das genetische

Material des Organismus Eigenschaften aufweist, die auf gentechnische Arbeiten zurückzuführen sind,

3a. Verfahren der Veränderung genetischen Materials in diesem Sinne sind insbesondere

a) Nukleinsäure-Rekombinationstechniken, bei denen durch die Einbringung von Nukleinsäuremolekülen, die außerhalb eines Organismus erzeugt wurden, in Viren, Viroide, bakterielle Plasmide oder andere Vektorsysteme neue Kombinationen von genetischem Material gebildet werden und diese in einen Wirtsorganismus eingebracht werden, in dem sie unter natürlichen Bedingungen nicht vorkommen,

b) Verfahren, bei denen in einen Organismus direkt Erbgut eingebracht wird, welches außerhalb des Organismus hergestellt wurde und natürlicherweise nicht darin vorkommt, einschließlich Mikroinjektion, Makroinjektion und Mikroverkapselung,

c) Zellfusionen oder Hybridisierungsverfahren, bei denen lebende Zellen mit neuen Kombinationen von genetischem Material, das unter natürlichen Bedingungen nicht darin vorkommt, durch die Verschmelzung zweier oder mehrerer Zellen mit Hilfe von Methoden gebildet werden, die unter natürlichen Bedingungen nicht vorkommen,

3b. nicht als Verfahren der Veränderung genetischen Materials gelten

a) In-vitro-Befruchtung,

b) natürliche Prozesse wie Konjugation, Transduktion, Transformation,

c) Polyploidie-Induktion,

es sei denn, es werden gentechnisch veränderte Organismen verwendet oder rekombinante Nukleinsäuremoleküle, die im Sinne von den Nummern 3 und 3a hergestellt wurden, eingesetzt.

Weiterhin gelten nicht als Verfahren der Veränderung genetischen Materials

a) Mutagenese und

b) Zellfusion (einschließlich Protoplastenfusion) von Pflanzenzellen von Organismen, die mittels herkömmlicher Züchtungstechniken genetisches Material austauschen können,

es sei denn, es werden gentechnisch veränderte Organismen als Spender oder Empfänger verwendet,

3c. sofern es sich nicht um ein Vorhaben der Freisetzung oder des Inverkehrbringens handelt und sofern keine gentechnisch veränderten Organismen als Spender oder Empfänger verwendet werden, gelten darüber hinaus nicht als Verfahren der Veränderung genetischen Materials

a) Zellfusion (einschließlich Protoplastenfusion) prokaryotischer Arten, die genetisches Material über bekannte physiologische Prozesse austauschen,

b) Zellfusion (einschließlich Protoplastenfusion) von Zellen eukaryotischer Arten, einschließlich der Erzeugung von Hybridomen und der Fusion von Pflanzenzellen,

c) Selbstklonierung nicht pathogener, natürlich vorkommender Organismen, bestehend aus

aa) der Entnahme von Nukleinsäuresequenzen aus Zellen eines Organismus, bb) der Wiedereinführung der gesamten oder eines Teils der Nukleinsäuresequenz (oder eines synthetischen Äquivalents) in Zellen derselben Art oder in Zellen phylogenetisch eng verwandter Arten, die genetisches Material durch natürliche physiologische Prozesse austauschen können, und

cc) einer eventuell vorausgehenden enzymatischen oder mechanischen Behandlung.

Zur Selbstklonierung kann auch die Anwendung von rekombinanten Vektoren zählen, wenn sie über lange Zeit sicher in diesem Organismus angewandt wurden,

4. gentechnische Anlage
Einrichtung, in der gentechnische Arbeiten im Sinne der Nummer 2 im geschlossenen System durchgeführt werden und bei der spezifische Einschließungsmaßnahmen angewendet werden, um den Kontakt der verwendeten Organismen mit Menschen und der Umwelt zu begrenzen und ein dem Gefährdungspotenzial angemessenes Sicherheitsniveau zu gewährleisten,

5. Freisetzung
das gezielte Ausbringen von gentechnisch veränderten Organismen in die Umwelt, soweit noch keine Genehmigung für das Inverkehrbringen zum Zweck des späteren Ausbringens in die Umwelt erteilt wurde,

6. Inverkehrbringen
die Abgabe von Produkten an Dritte, einschließlich der Bereitstellung für Dritte, und das Verbringen in den Geltungsbereich des Gesetzes, soweit die Produkte nicht zu gentechnischen Arbeiten in gentechnischen Anlagen oder für genehmigte Freisetzungen bestimmt sind; jedoch gelten

a) unter zollamtlicher Überwachung durchgeführter Transitverkehr,

b) die Bereitstellung für Dritte, die Abgabe sowie das Verbringen in den Geltungsbereich des Gesetzes zum Zweck einer genehmigten klinischen Prüfung

nicht als Inverkehrbringen,

6a. Umgang mit gentechnisch veränderten Organismen
Anwendung, Vermehrung, Anbau, Lagerung, Beförderung und Beseitigung sowie Verbrauch und sonstige Verwendung und Handhabung von zum Inverkehrbringen zugelassenen Produkten, die gentechnisch veränderte Organismen enthalten oder daraus bestehen,

6b. Risikomanagement
der von der Risikobewertung unterschiedene Prozess der Abwägung von Alternativen bei der Vermeidung oder Beherrschung von Risiken,

7. Betreiber
eine juristische oder natürliche Person oder eine nichtrechtsfähige Personenvereinigung, die unter ihrem Namen eine gentechnische Anlage errichtet oder betreibt, gentechnische Arbeiten oder Freisetzungen durchführt oder Produkte, die gentechnisch veränderte Organismen enthalten oder aus solchen bestehen, erstmalig in Verkehr bringt; wenn eine Genehmigung nach § 16 Abs. 2 erteilt worden ist, die nach § 14 Abs. 1 Satz 2 das Inverkehrbringen auch der Nachkommen oder des Vermehrungsmaterials gestattet, ist insoweit nur der Genehmigungsinhaber Betreiber,

Gentechnikgesetz  **§ 4 GenTG 9.6**

8. Projektleiter
eine Person, die im Rahmen ihrer beruflichen Obliegenheiten die unmittelbare Planung, Leitung oder Beaufsichtigung einer gentechnischen Arbeit oder einer Freisetzung durchführt,
9. Beauftragter für die Biologische Sicherheit
eine Person oder eine Mehrheit von Personen (Ausschuß für Biologische Sicherheit), die die Erfüllung der Aufgaben des Projektleiters überprüft und den Betreiber berät,
10. Sicherheitsstufen
Gruppen gentechnischer Arbeiten nach ihrem Gefährdungspotential,
11. Laborsicherheitsmaßnahmen oder Produktionssicherheitsmaßnahmen
festgelegte Arbeitstechniken und eine festgelegte Ausstattung von gentechnischen Anlagen,
12. biologische Sicherheitsmaßnahme
die Verwendung von Empfängerorganismen und Vektoren mit bestimmten gefahrenmindernden Eigenschaften,
13. Vektor
ein biologischer Träger, der Nukleinsäure-Segmente in eine neue Zelle einführt.[1)]
13a. Bewirtschafter
eine juristische oder natürliche Person oder eine nichtrechtsfähige Personenvereinigung, die die Verfügungsgewalt und tatsächliche Sachherrschaft über eine Fläche zum Anbau von gentechnisch veränderten Organismen besitzt.[1)]
14. Den Beschäftigten gemäß § 2 Abs. 2 des Arbeitsschutzgesetzes stehen Schüler, Studenten und sonstige Personen, die gentechnische Arbeiten durchführen, gleich.

**§ 4 Kommission für die Biologische Sicherheit.** (1) [1]Unter der Bezeichnung „Zentrale Kommission für die Biologische Sicherheit" (Kommission) wird bei der zuständigen Bundesoberbehörde eine Sachverständigenkommission eingerichtet. [2]Die Kommission setzt sich zusammen aus:

1. zwölf Sachverständigen, die über besondere und möglichst auch internationale Erfahrungen in den Bereichen der Mikrobiologie, Zellbiologie, Virologie, Genetik, Pflanzenzucht, Hygiene, Ökologie, Toxikologie und Sicherheitstechnik verfügen; von diesen müssen mindestens sieben auf dem Gebiet der Neukombination von Nukleinsäuren arbeiten; jeder der genannten Bereiche muss durch mindestens einen Sachverständigen, der Bereich der Ökologie durch mindestens zwei Sachverständige vertreten sein;
2. je einer sachkundigen Person aus den Bereichen der Gewerkschaften, des Arbeitsschutzes, der Wirtschaft, der Landwirtschaft, des Umweltschutzes, des Naturschutzes, des Verbraucherschutzes und der forschungsfördernden Organisationen.

[3]Für jedes Mitglied der Kommission ist aus demselben Bereich ein stellvertretendes Mitglied zu bestellen. [4]Soweit es zur sachgerechten Erledigung der Aufgaben erforderlich ist, können nach Anhörung der Kommission in einzel-

---
[1)] Zeichensetzung amtlich.

nen Bereichen bis zu zwei Sachverständige als zusätzliche stellvertretende Mitglieder berufen werden.

(2) ¹Die Mitglieder der Kommission werden vom Bundesministerium für Ernährung und Landwirtschaft im Einvernehmen mit den Bundesministerien für Bildung und Forschung, für Wirtschaft und Energie, für Arbeit und Soziales, für Gesundheit sowie für Umwelt, Naturschutz und nukleare Sicherheit für die Dauer von drei Jahren berufen. ²Wiederberufung ist zulässig.

(3) ¹Die Mitglieder und die stellvertretenden Mitglieder sind in ihrer Tätigkeit unabhängig und nicht an Weisungen gebunden. ²Sie sind zur Verschwiegenheit verpflichtet.

(4) Die Kommission berichtet jährlich der Öffentlichkeit in allgemeiner Weise über ihre Arbeit.

(5) ¹Die Bundesregierung wird ermächtigt, durch Rechtsverordnung[1]) mit Zustimmung des Bundesrates das Nähere über die Berufung und das Verfahren der Kommission, die Heranziehung externer Sachverständiger sowie die Zusammenarbeit der Kommission mit den für den Vollzug des Gesetzes zuständigen Behörden zu regeln. ²Durch Rechtsverordnung mit Zustimmung des Bundesrates kann auch bestimmt werden, daß die Berufungsentscheidung gemäß Absatz 2 im Benehmen mit den Landesregierungen zu treffen ist.

(6) ¹Die Länder haben die bei der Kommission im Rahmen des Anzeige-, Anmelde- und Genehmigungsverfahrens entstehenden Aufwendungen zu erstatten. ²Die Aufwendungen werden im Einzelfall festgesetzt; dabei können nach dem durchschnittlichen Personal- und Sachaufwand ermittelte feste Sätze oder Rahmensätze zugrunde gelegt werden.

**§ 5 Aufgaben der Kommission.** ¹Die Kommission prüft und bewertet sicherheitsrelevante Fragen nach den Vorschriften dieses Gesetzes, gibt hierzu Empfehlungen und berät die Bundesregierung und die Länder in sicherheitsrelevanten Fragen zur Gentechnik. ²Bei ihren Empfehlungen soll die Kommission auch den Stand der internationalen Entwicklung auf dem Gebiet der gentechnischen Sicherheit angemessen berücksichtigen. ³Die Kommission veröffentlicht allgemeine Stellungnahmen zu häufig durchgeführten gentechnischen Arbeiten mit den jeweils zugrunde liegenden Kriterien der Vergleichbarkeit im Bundesanzeiger. ⁴Soweit die allgemeinen Stellungnahmen Fragen des Arbeitsschutzes zum Gegenstand haben, ist zuvor der Ausschuss für biologische Arbeitsstoffe nach § 19 der Biostoffverordnung anzuhören.

**§ 5a** *(aufgehoben)*

**§ 6 Allgemeine Sorgfalts- und Aufzeichnungspflichten, Gefahrenvorsorge.** (1) ¹Wer gentechnische Anlagen errichtet oder betreibt, gentechnische Arbeiten durchführt, gentechnisch veränderte Organismen freisetzt oder Produkte, die gentechnisch veränderte Organismen enthalten oder aus solchen bestehen, als Betreiber in Verkehr bringt, hat die damit verbundenen Risiken für die in § 1 Nr. 1 genannten Rechtsgüter vorher umfassend zu bewerten (Risikobewertung) und diese Risikobewertung und die Sicherheitsmaßnahmen

---

[1]) Siehe die VO über die Zentrale Kommission für die Biologische Sicherheit idF der Bek. v. 5.8.1996 (BGBl. I S. 1232), zuletzt geänd. durch VO v. 12.8.2019 (BGBl. I S. 1235).

Gentechnikgesetz  **§ 7 GenTG 9.6**

in regelmäßigen Abständen zu prüfen und, wenn es nach dem Prüfungsergebnis erforderlich ist, zu überarbeiten, jedoch unverzüglich, wenn

1. die angewandten Sicherheitsmaßnahmen nicht mehr angemessen sind oder die der gentechnischen Arbeit zugewiesene Sicherheitsstufe nicht mehr zutreffend ist oder
2. die begründete Annahme besteht, dass die Risikobewertung nicht mehr dem neuesten wissenschaftlichen und technischen Kenntnisstand entspricht.

²Bei der Risikobewertung durch die zuständige Bundesoberbehörde ist eine Verwendung von Antibiotikaresistenzmarkern in gentechnisch veränderten Organismen, die Resistenz gegen in der ärztlichen oder tierärztlichen Behandlung verwendete Antibiotika vermitteln, im Hinblick auf die Identifizierung und die schrittweise Einstellung der Verwendung von Antibiotikaresistenzmarkern in gentechnisch veränderten Organismen, die schädliche Auswirkungen auf die menschliche Gesundheit oder die Umwelt haben können, für das Inverkehrbringen bis zum 31. Dezember 2004 und für die Freisetzung bis zum 31. Dezember 2008 besonders zu berücksichtigen.

(2) ¹Der Betreiber hat entsprechend dem Ergebnis der Risikobewertung die nach dem Stand von Wissenschaft und Technik notwendigen Vorkehrungen zu treffen und unverzüglich anzupassen, um die in § 1 Nr. 1 genannten Rechtsgüter vor möglichen Gefahren zu schützen und dem Entstehen solcher Gefahren vorzubeugen. ²Der Betreiber hat sicherzustellen, daß auch nach einer Betriebseinstellung von der Anlage keine Gefahren für die in § 1 Nr. 1 genannten Rechtsgüter ausgehen können.

(3) ¹Über die Durchführung gentechnischer Arbeiten und von Freisetzungen hat der Betreiber Aufzeichnungen zu führen und der zuständigen Behörde auf ihr Ersuchen vorzulegen. ²Die Bundesregierung regelt durch Rechtsverordnung[1] mit Zustimmung des Bundesrates nach Anhörung der Kommission die Einzelheiten über Form und Inhalt der Aufzeichnungen und die Aufbewahrungs- und Vorlagepflichten.

(4) Wer gentechnische Arbeiten oder Freisetzungen durchführt, ist verpflichtet, Projektleiter sowie Beauftragte oder Ausschüsse für Biologische Sicherheit zu bestellen.

## Zweiter Teil. Gentechnische Arbeiten in gentechnischen Anlagen

**§ 7 Sicherheitsstufen, Sicherheitsmaßnahmen.** (1) ¹Gentechnische Arbeiten werden in vier Sicherheitsstufen eingeteilt:

1. Der Sicherheitsstufe 1 sind gentechnische Arbeiten zuzuordnen, bei denen nach dem Stand der Wissenschaft nicht von einem Risiko für die menschliche Gesundheit und die Umwelt auszugehen ist.
2. Der Sicherheitsstufe 2 sind gentechnische Arbeiten zuzuordnen, bei denen nach dem Stand der Wissenschaft von einem geringen Risiko für die menschliche Gesundheit oder die Umwelt auszugehen ist.

---

[1] Siehe die Gentechnik-AufzeichnungsVO idF der Bek. v. 4.11.1996 (BGBl. I S. 1644), zuletzt geänd. durch VO v. 28.4.2008 (BGBl. I S. 766).

3. Der Sicherheitsstufe 3 sind gentechnische Arbeiten zuzuordnen, bei denen nach dem Stand der Wissenschaft von einem mäßigen Risiko für die menschliche Gesundheit oder die Umwelt auszugehen ist.
4. Der Sicherheitsstufe 4 sind gentechnische Arbeiten zuzuordnen, bei denen nach dem Stand der Wissenschaft von einem hohen Risiko oder dem begründeten Verdacht eines solchen Risikos für die menschliche Gesundheit oder die Umwelt auszugehen ist.

²Die Bundesregierung wird ermächtigt, nach Anhörung der Kommission durch Rechtsverordnung[1)] mit Zustimmung des Bundesrates zur Erreichung der in § 1 Nr. 1 genannten Zwecke die Zuordnung bestimmter Arten gentechnischer Arbeiten zu den Sicherheitsstufen zu regeln. ³Die Zuordnung erfolgt anhand des Risikopotentials der gentechnischen Arbeit, welches bestimmt wird durch die Eigenschaften der Empfänger- und Spenderorganismen, der Vektoren sowie des gentechnisch veränderten Organismus. ⁴Dabei sind mögliche Auswirkungen auf die Beschäftigten, die Bevölkerung, Nutztiere, Kulturpflanzen und die sonstige Umwelt einschließlich der Verfügbarkeit geeigneter Gegenmaßnahmen zu berücksichtigen.

(1a) ¹Bestehen Zweifel darüber, welche Sicherheitsstufe für die vorgeschlagene gentechnische Arbeit angemessen ist, so ist die gentechnische Arbeit der höheren Sicherheitsstufe zuzuordnen. ²Im Einzelfall kann die zuständige Behörde auf Antrag Sicherheitsmaßnahmen einer niedrigeren Sicherheitsstufe zulassen, wenn ein ausreichender Schutz für die menschliche Gesundheit und die Umwelt nachgewiesen wird.

(2) ¹Bei der Durchführung gentechnischer Arbeiten sind bestimmte Sicherheitsmaßnahmen zu beachten. ²Die Bundesregierung regelt nach Anhörung der Kommission durch Rechtsverordnung[2)] mit Zustimmung des Bundesrates die für die unterschiedlichen Sicherheitsstufen nach dem Stand der Wissenschaft und Technik erforderlichen Sicherheitsmaßnahmen für den Labor- und Produktionsbereich, für Tierhaltungsräume und Gewächshäuser sowie die Anforderungen an die Auswahl und die Sicherheitsbewertung der bei gentechnischen Arbeiten verwendeten Empfängerorganismen und Vektoren.

**§ 8 Genehmigung, Anzeige und Anmeldung von gentechnischen Anlagen und erstmaligen gentechnischen Arbeiten.** (1) ¹Gentechnische Arbeiten dürfen nur in gentechnischen Anlagen durchgeführt werden. ²Die Errichtung und der Betrieb gentechnischer Anlagen, in denen gentechnische Arbeiten der Sicherheitsstufe 3 oder 4 durchgeführt werden sollen, bedürfen der Genehmigung (Anlagengenehmigung). ³Die Genehmigung berechtigt zur Durchführung der im Genehmigungsbescheid genannten gentechnischen Arbeiten.

(2) ¹Die Errichtung und der Betrieb gentechnischer Anlagen, in denen gentechnische Arbeiten der Sicherheitsstufe 1 oder 2 durchgeführt werden sollen, und die vorgesehenen erstmaligen gentechnischen Arbeiten sind von dem Betreiber der zuständigen Behörde vor dem beabsichtigten Beginn der Errichtung oder, falls die Anlage bereits errichtet ist, vor dem beabsichtigten Beginn des Betriebs im Falle der Sicherheitsstufe 1 anzuzeigen und im Falle der Sicher-

---

[1)] Siehe die Gentechnik-SicherheitsVO v. 12.8.2019 (BGBl. I S. 1235).
[2)] Siehe die Lärm- und Vibrations-ArbeitsschutzVO v. 6.3.2007 (BGBl. I S. 261), zuletzt geänd. durch VO v. 21.7.2021 (BGBl. I S. 3115).

heitsstufe 2 anzumelden. ²Abweichend hiervon kann der Betreiber einer Anlage, in der gentechnische Arbeiten der Sicherheitsstufe 2 durchgeführt werden sollen, eine Anlagengenehmigung entsprechend Absatz 1 Satz 2 beantragen.

(3) Die Genehmigung kann auf Antrag erteilt werden für
1. die Errichtung einer gentechnischen Anlage oder eines Teils einer solchen Anlage oder
2. die Errichtung und den Betrieb eines Teils einer gentechnischen Anlage (Teilgenehmigung).

(4) ¹Die wesentliche Änderung der Lage, der Beschaffenheit oder des Betriebs einer gentechnischen Anlage, in der gentechnische Arbeiten der Sicherheitsstufe 3 oder 4 durchgeführt werden sollen, bedarf einer Anlagengenehmigung. ²Für wesentliche Änderungen der Lage, der Beschaffenheit oder des Betriebs einer gentechnischen Anlage, in der gentechnische Arbeiten der Sicherheitsstufe 1 oder 2 durchgeführt werden sollen, gilt Absatz 2 entsprechend.

**§ 9 Weitere gentechnische Arbeiten.** (1) Weitere gentechnische Arbeiten der Sicherheitsstufe 1 können ohne Anzeige durchgeführt werden.

(2) ¹Weitere gentechnische Arbeiten der Sicherheitsstufe 2 sind von dem Betreiber bei der zuständigen Behörde vor dem beabsichtigten Beginn der Arbeiten anzuzeigen. ²Abweichend von Satz 1 kann der Betreiber eine Genehmigung beantragen.

(3) Weitere gentechnische Arbeiten der Sicherheitsstufe 3 oder 4 bedürfen einer Genehmigung.

(4) Weitere gentechnische Arbeiten, die einer höheren Sicherheitsstufe zuzuordnen sind als die von der Genehmigung nach § 8 Abs. 1 Satz 2 oder von der Anzeige oder Anmeldung nach § 8 Abs. 2 Satz 1 umfassten Arbeiten, dürfen entsprechend ihrer Sicherheitsstufe nur auf Grund einer neuen Genehmigung nach § 8 Abs. 1 Satz 2 oder einer neuen Anmeldung nach § 8 Abs. 2 Satz 1 durchgeführt werden.

(4a) Soll eine bereits angezeigte, angemeldete oder genehmigte gentechnische Arbeit der Sicherheitsstufe 2 und 3 in einer anderen angemeldeten oder genehmigten gentechnischen Anlage desselben Betreibers, in der entsprechende gentechnische Arbeiten durchgeführt werden dürfen, durchgeführt werden, ist dies der zuständigen Behörde vor Aufnahme der Arbeit von dem Betreiber mitzuteilen.

(5) Weitere gentechnische Arbeiten der Sicherheitsstufe 2, 3 oder 4, die von einer internationalen Hinterlegungsstelle zum Zwecke der Erfüllung der Erfordernisse nach dem Budapester Vertrag vom 28. April 1977 über die internationale Anerkennung der Hinterlegung von Mikroorganismen für die Zwecke von Patentverfahren (BGBl. 1980 II S. 1104, 1984 II S. 679) durchgeführt werden, sind der zuständigen Behörde von dem Betreiber unverzüglich nach Beginn der Arbeiten mitzuteilen.

(6) Weitere gentechnische Arbeiten auf Veranlassung der zuständigen Behörde zur Entwicklung der für die Probenuntersuchung erforderlichen Nachweismethoden oder zur Untersuchung einer Probe im Rahmen der Überwachung nach § 25 können abweichend von Absatz 2 durchgeführt werden.

**§ 10 Genehmigungsverfahren.** (1) Das Genehmigungsverfahren setzt einen schriftlichen Antrag voraus.

(2) ¹Einem Antrag auf Genehmigung einer gentechnischen Anlage sind die Unterlagen beizufügen, die zur Prüfung der Voraussetzungen der Genehmigung einschließlich der nach § 22 Abs. 1 mitumfaßten behördlichen Entscheidungen erforderlich sind. ²Die Unterlagen müssen insbesondere folgende Angaben enthalten:

1. die Lage der gentechnischen Anlage sowie den Namen und die Anschrift des Betreibers,
2. den Namen des Projektleiters und den Nachweis der erforderlichen Sachkunde,
3. den Namen des oder der Beauftragten für die Biologische Sicherheit und den Nachweis der erforderlichen Sachkunde,
4. eine Beschreibung der bestehenden oder der geplanten gentechnischen Anlage und ihres Betriebs, insbesondere der für die Sicherheit und den Arbeitsschutz bedeutsamen Einrichtungen und Vorkehrungen,
5. die Risikobewertung nach § 6 Abs. 1 und eine Beschreibung der vorgesehenen gentechnischen Arbeiten, aus der sich die Eigenschaften der verwendeten Spender- und Empfängerorganismen oder der Ausgangsorganismen oder gegebenenfalls verwendeten Wirtsvektorsysteme sowie der Vektoren und des gentechnisch veränderten Organismus im Hinblick auf die erforderliche Sicherheitsstufe sowie ihre möglichen sicherheitsrelevanten Auswirkungen auf die in § 1 Nr. 1 bezeichneten Rechtsgüter und die erforderlichen Einrichtungen und Vorkehrungen, insbesondere die Maßnahmen zum Schutz der Beschäftigten ergeben,
6. eine Beschreibung der verfügbaren Techniken zur Erfassung, Identifizierung und Überwachung des gentechnisch veränderten Organismus,
7. Angaben über Zahl und Ausbildung des Personals, Notfallpläne und Angaben über Maßnahmen zur Vermeidung von Unfällen und Betriebsstörungen,
8. Informationen über die Abfall- und Abwasserentsorgung.

(3) ¹Einem Antrag auf Erteilung der Genehmigung zur Durchführung weiterer gentechnischer Arbeiten sind die Unterlagen beizufügen, die zur Prüfung der Voraussetzungen der Genehmigung erforderlich sind. ²Die Unterlagen müssen insbesondere folgende Angaben enthalten:

1. eine Beschreibung der vorgesehenen gentechnischen Arbeiten nach Maßgabe des Absatzes 2 Satz 2 Nr. 5,
1a. eine Beschreibung der verfügbaren Techniken zur Erfassung, Identifizierung und Überwachung des gentechnisch veränderten Organismus,
2. eine Erklärung des Projektleiters, ob und gegebenenfalls wie sich die Angaben nach Absatz 2 Satz 2 Nr. 1 bis 3 geändert haben,
3. Datum und Aktenzeichen des Genehmigungsbescheides zur Errichtung und zum Betrieb der gentechnischen Anlage oder der Eingangsbestätigung der Anmeldung nach § 12 Abs. 3,
4. eine Beschreibung erforderlicher Änderungen der sicherheitsrelevanten Einrichtungen und Vorkehrungen, insbesondere die Maßnahmen zum Schutz der Beschäftigten,
5. Informationen über die Abfall- und Abwasserentsorgung.

(4) ¹Die zuständige Behörde hat dem Antragsteller den Eingang des Antrags und der beigefügten Unterlagen unverzüglich schriftlich zu bestätigen und zu prüfen, ob der Antrag und die Unterlagen für die Prüfung der Genehmigungsvoraussetzungen ausreichen. ²Sind der Antrag oder die Unterlagen nicht vollständig oder lassen sie eine Beurteilung nicht zu, so fordert die zuständige Behörde den Antragsteller unverzüglich auf, den Antrag oder die Unterlagen innerhalb einer angemessenen Frist zu ergänzen.

(5) ¹Über einen Antrag nach § 8 Abs. 1 Satz 2, Abs. 2 Satz 2, Abs. 3 oder 4 oder nach § 9 Abs. 4 ist innerhalb einer Frist von 90 Tagen schriftlich zu entscheiden. ²Die zuständige Behörde hat im Falle der Genehmigung einer gentechnischen Anlage, in der gentechnische Arbeiten der Sicherheitsstufe 2 durchgeführt werden sollen, über den Antrag unverzüglich, spätestens nach 45 Tagen zu entscheiden, wenn die gentechnische Arbeit einer bereits von der Kommission eingestuften gentechnischen Arbeit vergleichbar ist; Absatz 7 Satz 1 bis 4 findet keine Anwendung. ³Falls die Errichtung oder der Betrieb der gentechnischen Anlage, in der gentechnische Arbeiten der Sicherheitsstufe 2 durchgeführt werden sollen, weiterer behördlicher Entscheidungen nach § 22 Abs. 1 bedarf, verlängert sich die in Satz 2 genannte Frist auf 90 Tage. ⁴Die Fristen ruhen, solange ein Anhörungsverfahren nach § 18 Abs. 1 durchgeführt wird oder die Behörde die Ergänzung des Antrags oder der Unterlagen abwartet oder bis die erforderliche Stellungnahme der Kommission zur sicherheitstechnischen Einstufung der vorgesehenen gentechnischen Arbeiten und zu den erforderlichen sicherheitstechnischen Maßnahmen vorliegt.

(6) ¹Über einen Antrag nach § 9 Abs. 2 Satz 2 oder Abs. 3 ist innerhalb einer Frist von 45 Tagen schriftlich zu entscheiden. ²Die zuständige Behörde hat im Falle der Genehmigung weiterer gentechnischer Arbeiten der Sicherheitsstufe 2 über den Antrag unverzüglich, spätestens nach 45 Tagen zu entscheiden, wenn die gentechnische Arbeit einer bereits von der Kommission eingestuften gentechnischen Arbeit vergleichbar ist; Absatz 7 Satz 1 bis 4 findet keine Anwendung. ³Die Frist ruht, solange die Behörde die Ergänzung des Antrags oder der Unterlagen abwartet oder bis die erforderliche Stellungnahme der Kommission zur sicherheitstechnischen Einstufung der vorgesehenen gentechnischen Arbeiten und zu den erforderlichen sicherheitstechnischen Maßnahmen vorliegt.

(7) ¹Vor der Entscheidung über eine Genehmigung holt die zuständige Behörde über die zuständige Bundesoberbehörde eine Stellungnahme der Kommission zur sicherheitstechnischen Einstufung der vorgesehenen gentechnischen Arbeiten und zu den erforderlichen sicherheitstechnischen Maßnahmen ein. ²Die Kommission gibt ihre Stellungnahme unverzüglich ab. ³Die Stellungnahme ist bei der Entscheidung zu berücksichtigen. ⁴Weicht die zuständige Behörde bei ihrer Entscheidung von der Stellungnahme der Kommission ab, so hat sie die Gründe hierfür schriftlich darzulegen. ⁵Die zuständige Behörde holt außerdem Stellungnahmen der Behörden ein, deren Aufgabenbereich durch das Vorhaben berührt wird.

(8) Vor Erhebung einer verwaltungsgerichtlichen Klage findet bei einer Entscheidung über den Antrag auf Genehmigung der Errichtung und des Betriebs einer gentechnischen Anlage ein Vorverfahren nicht statt, sofern ein Anhörungsverfahren nach § 18 durchgeführt wurde.

**§ 11 Genehmigungsvoraussetzungen.** (1) Die Genehmigung zur Errichtung und zum Betrieb einer gentechnischen Anlage ist zu erteilen, wenn

1. keine Tatsachen vorliegen, aus denen sich Bedenken gegen die Zuverlässigkeit des Betreibers und der für die Errichtung sowie für die Leitung und die Beaufsichtigung des Betriebs der Anlage verantwortlichen Personen ergeben,
2. gewährleistet ist, daß der Projektleiter sowie der oder die Beauftragten für die Biologische Sicherheit die für ihre Aufgaben erforderliche Sachkunde besitzen und die ihnen obliegenden Verpflichtungen ständig erfüllen können,
3. sichergestellt ist, daß vom Antragsteller die sich aus § 6 Abs. 1 und 2 und den Rechtsverordnungen nach § 30 Abs. 2 Nr. 2, 4, 5, 6 und 9 ergebenden Pflichten für die Durchführung der vorgesehenen gentechnischen Arbeiten erfüllt werden,
4. gewährleistet ist, daß für die erforderliche Sicherheitsstufe die nach dem Stand der Wissenschaft und Technik notwendigen Einrichtungen vorhanden und Vorkehrungen getroffen sind und deshalb schädliche Einwirkungen auf die in § 1 Nr. 1 bezeichneten Rechtsgüter nicht zu erwarten sind,
5. keine Tatsachen vorliegen, denen die Verbote des Artikels 2 des Gesetzes vom 21. Februar 1983 zu dem Übereinkommen vom 10. April 1972 über das Verbot der Entwicklung, Herstellung und Lagerung bakteriologischer (biologischer) Waffen und von Toxinwaffen sowie über die Vernichtung solcher Waffen (BGBl. 1983 II S. 132) und die Bestimmungen zum Verbot von biologischen und chemischen Waffen im Ausführungsgesetz zu Artikel 26 Abs. 2 des Grundgesetzes (Gesetz über die Kontrolle von Kriegswaffen) in der Fassung der Bekanntmachung vom 22. November 1990 (BGBl. I S. 2506), zuletzt geändert durch Artikel 17 des Gesetzes vom 21. Dezember 1992 (BGBl. I S. 2150)) entgegenstehen, und
6. andere öffentlich-rechtliche Vorschriften und Belange des Arbeitsschutzes der Errichtung und dem Betrieb der gentechnischen Anlage nicht entgegenstehen.

(2) Die Teilgenehmigung nach § 8 Abs. 3 ist zu erteilen, wenn eine vorläufige Prüfung ergibt, daß die Voraussetzungen des Absatzes 1 im Hinblick auf die Errichtung und den Betrieb der gesamten gentechnischen Anlage vorliegen werden und ein berechtigtes Interesse an der Erteilung einer Teilgenehmigung besteht.

(3) Die Genehmigung nach § 9 Abs. 2 Satz 2 oder Abs. 3 ist zu erteilen, wenn die Voraussetzungen nach Absatz 1 Nr. 1 bis 5 für die Durchführung der vorgesehenen weiteren gentechnischen Arbeiten vorliegen.

**§ 12 Anzeige- und Anmeldeverfahren.** (1) Anzeige und Anmeldung bedürfen der Schriftform.

(2) [1] Bei Anzeige einer Anlage, in der gentechnische Arbeiten der Sicherheitsstufe 1 durchgeführt werden sollen, sind vorzulegen:
1. die Unterlagen nach § 10 Abs. 2 Satz 2 Nr. 1 bis 3 und 8,
2. eine allgemeine Beschreibung der gentechnischen Anlage,
3. eine Zusammenfassung der Risikobewertung nach § 6 Abs. 1,
4. eine Beschreibung der Art der vorgesehenen gentechnischen Arbeiten.

[2] Bei Anmeldung einer Anlage, in der gentechnische Arbeiten der Sicherheitsstufe 2 durchgeführt werden sollen, sind die Unterlagen nach § 10 Abs. 2 Satz 2 Nr. 1 bis 8 vorzulegen.

Gentechnikgesetz **§ 12 GenTG 9.6**

(2a) ¹Einer Anmeldung von weiteren gentechnischen Arbeiten der Sicherheitsstufe 2 gemäß § 9 Abs. 2 sind die Unterlagen beizufügen, die zur Beurteilung der gentechnischen Arbeit erforderlich sind. ²Bei Anzeige von weiteren gentechnischen Arbeiten der Sicherheitsstufe 2 nach § 9 Abs. 2 sind vorzulegen:

1. eine Zusammenfassung der Risikobewertung nach § 6 Abs. 1 sowie eine Beschreibung der vorgesehenen gentechnischen Arbeiten nach Maßgabe des § 10 Abs. 2 Satz 2 Nr. 5,
2. eine Erklärung des Projektleiters, ob und wie sich die Angaben nach § 10 Abs. 2 Satz 2 Nr. 1 bis 3 und 6 geändert haben,
3. Aktenzeichen und Datum des Genehmigungsbescheides zur Errichtung und zum Betrieb der gentechnischen Anlage oder der Eingangsbestätigung der Anmeldung nach § 12 Abs. 3,
4. eine Beschreibung der erforderlichen Änderungen der sicherheitsrelevanten Einrichtungen und Vorkehrungen,
5. Informationen über Abfallentsorgung.

(3) ¹Die zuständige Behörde hat dem Anmelder den Eingang der Anmeldung und der beigefügten Unterlagen unverzüglich schriftlich zu bestätigen und zu prüfen, ob die Anmeldung und die Unterlagen für die Beurteilung der Anmeldung ausreichen. ²Sind die Anmeldung oder die Unterlagen nicht vollständig oder lassen sie eine Beurteilung nicht zu, so fordert die zuständige Behörde den Anmelder unverzüglich auf, die Anmeldung oder die Unterlagen innerhalb einer angemessenen Frist zu ergänzen. ³Die Sätze 1 und 2 gelten für die Anzeige entsprechend.

(4) ¹Im Falle der Sicherheitsstufe 2 holt die zuständige Behörde über die zuständige Bundesoberbehörde eine Stellungnahme der Kommission zur sicherheitstechnischen Einstufung der vorgesehenen gentechnischen Arbeiten und zu den erforderlichen sicherheitstechnischen Maßnahmen ein, wenn die gentechnische Arbeit nicht mit einer bereits von der Kommission eingestuften gentechnischen Arbeit vergleichbar ist. ²Die Kommission gibt ihre Stellungnahme unverzüglich ab. ³Die Stellungnahme ist bei der Entscheidung zu berücksichtigen. ⁴Weicht die zuständige Behörde bei einer Entscheidung von der Stellungnahme ab, so hat sie die Gründe hierfür schriftlich darzulegen.

(5) ¹Der Betreiber kann im Falle der Sicherheitsstufe 2 mit der Errichtung und dem Betrieb der gentechnischen Anlage und mit der Durchführung der erstmaligen gentechnischen Arbeiten 45 Tage nach Eingang der Anmeldung bei der zuständigen Behörde oder mit deren Zustimmung auch früher beginnen. ²Der Ablauf der Frist gilt als Zustimmung zur Errichtung und zum Betrieb der gentechnischen Anlage und zur Durchführung der gentechnischen Arbeit. ³Die Frist ruht, solange die Behörde die Ergänzung der Unterlagen abwartet oder bis die erforderliche Stellungnahme der Kommission zur sicherheitstechnischen Einstufung der vorgesehenen gentechnischen Arbeit und zu den erforderlichen sicherheitstechnischen Maßnahmen vorliegt.

(5a) ¹Der Betreiber kann mit der Errichtung und dem Betrieb der gentechnischen Anlage und mit der Durchführung der erstmaligen gentechnischen Arbeiten im Falle der Sicherheitsstufe 1 sowie mit der Durchführung von weiteren gentechnischen Arbeiten im Falle der Sicherheitsstufe 2 sofort nach Eingang der Anzeige bei der zuständigen Behörde beginnen. ²Die zuständige Behörde kann die Durchführung oder Fortführung der gentechnischen Arbeiten vorläufig bis zum Ablauf von 21 Tagen nach Eingang der nach Absatz 3 angeforderten ergänzenden Unterlagen oder der nach Absatz 4 einzuholenden Stellungnahme der Kommission untersagen, soweit dies erforderlich ist, um die in § 1 Nr. 1 bezeichneten Zwecke sicherzustellen.

(6) Die zuständige Behörde kann die Durchführung der angezeigten oder angemeldeten gentechnischen Arbeiten von Bedingungen abhängig machen, zeitlich befristen oder dafür Auflagen vorsehen, soweit dies erforderlich ist, um die in § 1 Nr. 1 bezeichneten Zwecke sicherzustellen; § 19 Satz 3 gilt entsprechend.

(7) [1] Die zuständige Behörde kann die Durchführung der angezeigten oder angemeldeten gentechnischen Arbeiten untersagen, wenn die in § 11 Abs. 1 Nr. 1 bis 5 genannten Anforderungen nicht oder nicht mehr eingehalten werden oder Belange des Arbeitsschutzes entgegenstehen. [2] Die Entscheidung bedarf der Schriftform.

## § 13 (weggefallen)

### Dritter Teil. Freisetzung und Inverkehrbringen

**§ 14 Freisetzung und Inverkehrbringen.** (1) [1] Einer Genehmigung der zuständigen Bundesoberbehörde bedarf, wer

1. gentechnisch veränderte Organismen freisetzt,
2. Produkte in den Verkehr bringt, die gentechnisch veränderte Organismen enthalten oder aus solchen bestehen,
3. Produkte, die gentechnisch veränderte Organismen enthalten oder aus solchen bestehen, zu einem anderen Zweck als der bisherigen bestimmungsgemäßen Verwendung in den Verkehr bringt,
4. Produkte in den Verkehr bringt, die aus freigesetzten gentechnisch veränderten Organismen gewonnen oder hergestellt wurden, für die keine Genehmigung nach Nummer 2 vorliegt.

[2] Die Genehmigung für eine Freisetzung oder ein Inverkehrbringen kann auch die Nachkommen und das Vermehrungsmaterial des gentechnisch veränderten Organismus umfassen. [3] Die Genehmigung für ein Inverkehrbringen kann auf bestimmte Verwendungen beschränkt werden. [4] Die Änderung einer Freisetzung bedarf keiner Genehmigung, wenn die zuständige Bundesoberbehörde feststellt, dass die Änderung keine wesentlichen Auswirkungen auf die Beurteilung der Voraussetzungen nach § 16 Abs. 1 hat. [5] § 19 Satz 2 und 3 bleibt unberührt.

(1a) [1] Einer Genehmigung für ein Inverkehrbringen bedarf nicht, wer Produkte, die gentechnisch veränderte Organismen enthalten oder aus solchen bestehen, in den Verkehr bringt, die

1. mit in § 3 Nr. 3c genannten Verfahren hergestellt worden sind und
2. in eine Anlage abgegeben werden, in der Einschließungsmaßnahmen nach Maßgabe des Satzes 2 angewandt werden.

[2] Die Einschließungsmaßnahmen müssen geeignet sein, den Kontakt der Produkte mit Menschen und Umwelt zu begrenzen und ein dem Gefährdungspotenzial angemessenes Sicherheitsniveau zu gewährleisten. [3] Die Einschließungsmaßnahmen sollen ferner den Sicherheitsmaßnahmen nach § 7 Abs. 2 in

Gentechnikgesetz **§ 14 GenTG 9.6**

Verbindung mit der dort genannten Rechtsverordnung entsprechen. [4] Soweit Produkte nach Satz 1 keiner Genehmigung für ein Inverkehrbringen bedürfen, sind auch die übrigen Vorschriften dieses Gesetzes und der auf Grund dieses Gesetzes erlassenen Rechtsverordnungen über das Inverkehrbringen nicht anzuwenden.

(2) Soweit das Inverkehrbringen durch Rechtsvorschriften geregelt ist, die den Regelungen dieses Gesetzes und der auf Grund dieses Gesetzes erlassenen Rechtsverordnungen über die Risikobewertung, das Risikomanagement, die Kennzeichnung, Überwachung und Unterrichtung der Öffentlichkeit mindestens gleichwertig sind, gelten die Vorschriften des Dritten Teils, mit Ausnahme der §§ 16a und 16b sowie § 17b Abs. 1 und § 20 Abs. 2 nicht.

(3) Eine Genehmigung kann sich auf die Freisetzung eines gentechnisch veränderten Organismus oder einer Kombination gentechnisch veränderter Organismen am selben Standort oder an verschiedenen Standorten erstrecken, soweit die Freisetzung zum selben Zweck und innerhalb eines in der Genehmigung bestimmten Zeitraums erfolgt.

(4) Die Bundesregierung kann zur Umsetzung der Entscheidung 94/730/EG der Kommission vom 4. November 1994 zur Festlegung von vereinfachten Verfahren für die absichtliche Freisetzung genetisch veränderter Pflanzen nach Artikel 6 Absatz 5 der Richtlinie 90/220/EWG des Rates (ABl. EG Nr. L 292 S. 31) nach Anhörung der Kommission durch Rechtsverordnung mit Zustimmung des Bundesrates bestimmen, daß für die Freisetzung von dem Verfahren des Dritten Teils dieses Gesetzes abweichendes vereinfachtes Verfahren gilt, soweit mit der Freisetzung von Organismen im Hinblick auf die in § 1 Nr. 1 genannten Schutzzwecke genügend Erfahrungen gesammelt sind.

(4a) [1] Die Bundesregierung kann zur Umsetzung der Entscheidungen oder der Beschlüsse der Europäischen Gemeinschaften oder der Europäischen Union nach Artikel 7 Abs. 3 in Verbindung mit Artikel 30 Abs. 2 der Richtlinie 2001/18/EG nach Anhörung der Kommission durch Rechtsverordnung mit Zustimmung des Bundesrates bestimmen, dass

1. für die Genehmigung der Freisetzung ein von dem Verfahren des Dritten Teils dieses Gesetzes abweichendes vereinfachtes Verfahren gilt,

2. für Genehmigungen nach Nummer 1 der Absatz 3 entsprechend anzuwenden ist,

soweit mit der Freisetzung von Organismen im Hinblick auf die Voraussetzungen nach § 16 Abs. 1 ausreichende Erfahrungen gesammelt worden sind. [2] In der Rechtsverordnung können insbesondere von § 18 Abs. 2 Satz 1 und Abs. 3, auch in Verbindung mit der dort genannten Rechtsverordnung, abweichende Regelungen über die Anhörung getroffen werden.

(5) [1] Der Genehmigung des Inverkehrbringens durch die zuständige Bundesoberbehörde stehen Genehmigungen gleich, die von Behörden anderer Mitgliedstaaten der Europäischen Union oder anderer Vertragsstaaten des Abkommens über den Europäischen Wirtschaftsraum nach deren Vorschriften zur Umsetzung der Richtlinie 2001/18/EG erteilt worden sind. [2] Die Bundesregierung wird ermächtigt, durch Rechtsverordnung mit Zustimmung des Bundesrates Vorschriften über die Bekanntgabe von nach Satz 1 gleichgestellten Genehmigungen zu erlassen.

## 9.6 GenTG § 15 Gentechnikgesetz

**§ 15 Zulassungsantrag bei Freisetzung und Inverkehrbringen.**

(1) ¹Dem Antrag auf Genehmigung einer Freisetzung sind die zur Prüfung erforderlichen Unterlagen beizufügen. ²Die Unterlagen müssen außer den in § 10 Abs. 2 Satz 2 Nr. 2 und 3 beschriebenen insbesondere folgende Angaben enthalten:

1. den Namen und die Anschrift des Betreibers,
2. die Beschreibung des Freisetzungsvorhabens hinsichtlich seines Zweckes und Standortes, des Zeitpunktes und des Zeitraums,
3. die dem Stand der Wissenschaft entsprechende Beschreibung der sicherheitsrelevanten Eigenschaften des freizusetzenden Organismus und der Umstände, die für das Überleben, die Fortpflanzung und die Verbreitung des Organismus von Bedeutung sind; Unterlagen über vorangegangene Arbeiten in einer gentechnischen Anlage und über Freisetzungen sind beizufügen,
4. eine Risikobewertung nach § 6 Abs. 1 und eine Darlegung der vorgesehenen Sicherheitsvorkehrungen,
4a. einen Plan zur Ermittlung der Auswirkung des freizusetzenden Organismus auf die menschliche Gesundheit und die Umwelt,
5. eine Beschreibung der geplanten Überwachungsmaßnahmen sowie Angaben über entstehende Reststoffe und ihre Behandlung sowie über Notfallpläne,
6. eine Zusammenfassung der Antragsunterlagen gemäß der Entscheidung 2002/813/EG des Rates vom 3. Oktober 2002 zur Festlegung – gemäß Richtlinie 2001/18/EG des Europäischen Parlaments und des Rates – des Schemas für die Zusammenfassung der Information zur Anmeldung einer absichtlichen Freisetzung genetisch veränderter Organismen in die Umwelt zu einem anderen Zweck als zum Inverkehrbringen (ABl. EG Nr. L 280 S. 62).

(2) (weggefallen)

(3) ¹Wer einen Antrag auf Genehmigung des Inverkehrbringens stellt, muss in einem Mitgliedstaat der Europäischen Union ansässig sein oder einen dort ansässigen Vertreter benennen. ²Dem Antrag sind die zur Prüfung der Genehmigungsvoraussetzungen erforderlichen Unterlagen beizufügen. ³Die Unterlagen müssen insbesondere folgende Angaben enthalten:

1. den Namen und die Anschrift des Betreibers,
2. die Bezeichnung und eine dem Stand der Wissenschaft entsprechende Beschreibung des in Verkehr zu bringenden Produkts im Hinblick auf die gentechnisch veränderten spezifischen Eigenschaften; Unterlagen über vorangegangene Arbeiten in einer gentechnischen Anlage und über Freisetzungen sind beizufügen,
3. eine Beschreibung der zu erwartenden Verwendungsarten und der geplanten räumlichen Verbreitung,
3a. Angaben zur beantragten Geltungsdauer der Genehmigung,
4. eine Risikobewertung nach § 6 Abs. 1 einschließlich einer Darlegung der möglichen schädlichen Auswirkungen,
5. eine Beschreibung der geplanten Maßnahmen zur Kontrolle des weiteren Verhaltens oder der Qualität des in Verkehr zu bringenden Produkts, der entstehenden Reststoffe und ihrer Behandlung sowie der Notfallpläne,

5a. einen Beobachtungsplan unter Berücksichtigung der Beobachtungspflicht nach § 16c einschließlich der Angaben zu dessen Laufzeit,
6. eine Beschreibung von besonderen Bedingungen für den Umgang mit dem in Verkehr zu bringenden Produkt und einen Vorschlag für seine Kennzeichnung und Verpackung,
7. eine Zusammenfassung der Antragsunterlagen gemäß der Entscheidung 2002/812/EG des Rates vom 3. Oktober 2002 zur Festlegung – gemäß Richtlinie 2001/18/EG des Europäischen Parlaments und des Rates – des Schemas für die Zusammenfassung der Anmeldeinformationen zum Inverkehrbringen genetisch veränderter Organismen als Produkte oder in Produkten (ABl. EG Nr. L 280 S. 37).

(4) ¹Der Antrag auf Verlängerung der Inverkehrbringensgenehmigung ist spätestens neun Monate vor Ablauf der Genehmigung zu stellen (Ausschlussfrist). ²Dem Antrag sind die zur Prüfung erforderlichen Unterlagen beizufügen. ³Die Unterlagen müssen insbesondere folgende Angaben enthalten:

1. eine Abschrift der Inverkehrbringensgenehmigung,
2. einen Bericht über die Ergebnisse der Beobachtung,
3. über den Bericht nach Nummer 2 hinausgehende neue Informationen, die im Hinblick auf die vom Produkt ausgehenden Gefahren für die in § 1 Nr. 1 genannten Rechtsgüter dem Antragsteller bekannt geworden sind.

⁴Hält der Antragsteller auf Grund der ihm vorliegenden Erkenntnisse eine Änderung des bisherigen Genehmigungsinhalts, insbesondere hinsichtlich des Beobachtungsplans oder der Geltungsdauer der Genehmigung, für erforderlich, hat er in dem Antrag darauf hinzuweisen.

**§ 16 Genehmigung bei Freisetzung und Inverkehrbringen.** (1) Die Genehmigung für eine Freisetzung ist zu erteilen, wenn

1. die Voraussetzungen entsprechend § 11 Abs. 1 Nr. 1 und 2 vorliegen,
2. gewährleistet ist, daß alle nach dem Stand von Wissenschaft und Technik erforderlichen Sicherheitsvorkehrungen getroffen werden,
3. nach dem Stand der Wissenschaft im Verhältnis zum Zweck der Freisetzung unvertretbare schädliche Einwirkungen auf die in § 1 Nr. 1 bezeichneten Rechtsgüter nicht zu erwarten sind.

(2) ¹Die Genehmigung für ein Inverkehrbringen ist zu erteilen oder zu verlängern, wenn nach dem Stand der Wissenschaft im Verhältnis zum Zweck des Inverkehrbringens unvertretbare schädliche Einwirkungen auf die in § 1 Nr. 1 bezeichneten Rechtsgüter nicht zu erwarten sind. ²Im Falle eines Antrags auf Verlängerung der Inverkehrbringensgenehmigung gilt das Inverkehrbringen bis zum Abschluss des Verwaltungsverfahrens nach deren Maßgabe als vorläufig genehmigt, sofern ein solcher Antrag rechtzeitig gestellt wurde.

(3) ¹Über einen Antrag auf Genehmigung einer Freisetzung ist innerhalb einer Frist von 90 Tagen nach Eingang des Antrags schriftlich zu entscheiden. ²Vor der Entscheidung über einen Antrag auf Genehmigung des Inverkehrbringens ist innerhalb von 90 Tagen nach Eingang des Antrags durch die zuständige Bundesoberbehörde ein Bewertungsbericht zu erstellen und dem Antragsteller bekannt zu geben; über den Antrag ist nach Abschluss des Verfahrens nach den Artikeln 14, 15 und 18 der Richtlinie 2001/18/EG (EU-Beteiligungsverfahren) unverzüglich, jedoch spätestens innerhalb von 30 Tagen

schriftlich zu entscheiden. ³Die in den Sätzen 1 und 2 genannten Fristen ruhen, solange die zuständige Bundesoberbehörde vom Antragsteller angeforderte weitere Angaben, Unterlagen oder Proben abwartet; wird eine Öffentlichkeitsbeteiligung nach § 18 Abs. 2 durchgeführt, verlängert sich die Frist um den Zeitraum, in dem die Anhörung durchgeführt wird, jedoch höchstens um 30 Tage. ⁴Vor der Entscheidung über einen Antrag auf Verlängerung der Inverkehrbringensgenehmigung ist durch die zuständige Bundesoberbehörde ein Bewertungsbericht zu erstellen und dem Antragsteller bekannt zu geben; über den Antrag ist unverzüglich nach Abschluss des Verfahrens nach Artikel 17 der Richtlinie 2001/18/EG, jedoch spätestens innerhalb von 30 Tagen schriftlich zu entscheiden.

(4) ¹Die Entscheidung über eine Freisetzung ergeht im Benehmen mit dem Bundesamt für Naturschutz und dem Robert Koch-Institut sowie dem Bundesinstitut für Risikobewertung; zuvor ist eine Stellungnahme des Julius Kühn-Instituts, Bundesforschungsinstitut für Kulturpflanzen, und, soweit gentechnisch veränderte Wirbeltiere oder gentechnisch veränderte Mikroorganismen, die an Wirbeltieren angewendet werden, betroffen sind, auch des Friedrich-Loeffler-Institutes einzuholen. ²Vor der Erteilung einer Genehmigung für eine Freisetzung ist eine Stellungnahme der zuständigen Landesbehörde einzuholen. ³Entscheidungen über die Erteilung oder Verlängerung der Genehmigung für ein Inverkehrbringen einschließlich der Abgabe von Bewertungsberichten und von Stellungnahmen zu Bewertungsberichten zuständiger Behörden anderer Mitgliedstaaten ergehen im Benehmen mit dem Bundesamt für Naturschutz, dem Robert Koch-Institut sowie dem Bundesinstitut für Risikobewertung; zuvor ist eine Stellungnahme des Julius Kühn-Instituts, Bundesforschungsinstitut für Kulturpflanzen, und, soweit gentechnisch veränderte Wirbeltiere oder gentechnisch veränderte Mikroorganismen, die an Wirbeltieren angewendet werden, betroffen sind, des Friedrich-Loeffler-Institutes und des Paul-Ehrlich-Institutes einzuholen.

(5) ¹Vor Erteilung der Genehmigung prüft und bewertet die Kommission den Antrag im Hinblick auf mögliche Gefahren für die in § 1 Nr. 1 genannten Rechtsgüter, in den Fällen des Absatzes 1 unter Berücksichtigung der geplanten Sicherheitsvorkehrungen, und gibt hierzu Empfehlungen. ²§ 10 Abs. 7 Satz 3 und 4 gilt entsprechend.

(5a) Die Bestimmungen einer Genehmigung für das Inverkehrbringen sind auch von den übrigen am Inverkehrbringen des Produkts oder dem Umgang damit Beteiligten zu beachten, soweit diese sich auf den Verwendungszweck oder den Umgang mit dem Produkt, insbesondere seine Anwendung, Beförderung oder Lagerung, beziehen, sofern die Genehmigung öffentlich bekannt gemacht wurde.

(6) ¹Das Bundesministerium für Ernährung und Landwirtschaft wird ermächtigt, durch Rechtsverordnung[1]) mit Zustimmung des Bundesrates das Verfahren der Beteiligung der Europäischen Kommission und der Mitgliedstaaten der Europäischen Union und der anderen Vertragsstaaten des Abkommens über den Europäischen Wirtschaftsraum im Zusammenhang mit der Freisetzung gentechnisch veränderter Organismen und dem Inverkehrbringen von Produkten, die gentechnisch veränderte Organismen enthalten oder aus solchen

---

[1]) Siehe die Gentechnik-BeteiligungsVO v. 17.5.1995 (BGBl. I S. 734), zuletzt geänd. durch VO v. 23.3.2006 (BGBl. I S. 565).

bestehen, und die Verpflichtung der zuständigen Behörde, Bemerkungen der Mitgliedstaaten der Europäischen Union und der anderen Vertragsstaaten des Abkommens über den Europäischen Wirtschaftsraum zu berücksichtigen oder Entscheidungen oder Beschlüsse der Europäischen Kommission umzusetzen, zu regeln, soweit dies zur Durchführung der Richtlinie des Rates über die absichtliche Freisetzung genetisch veränderter Organismen in die Umwelt in ihrer jeweils geltenden Fassung erforderlich ist. [2] In der Rechtsverordnung nach Satz 1 kann vorgesehen werden, dass eine Genehmigung, auch abweichend von den Vorschriften dieses Gesetzes, zu erteilen oder zu versagen ist, soweit dies in einer Entscheidung oder in einem Beschluss der Europäischen Kommission vorgesehen ist; dies gilt entsprechend für das Ruhen einer Genehmigung nach § 20 Abs. 2 und eine Untersagung nach § 26 Abs. 5 Satz 3.

(7) Vor Erhebung einer verwaltungsgerichtlichen Klage findet bei einer Entscheidung über den Antrag auf Genehmigung einer Freisetzung ein Vorverfahren nicht statt, sofern ein Anhörungsverfahren nach § 18 durchgeführt wurde.

**§ 16a Standortregister.** (1) [1] Zum Zweck der Überwachung etwaiger Auswirkungen von gentechnisch veränderten Organismen auf die in § 1 Nr. 1 und 2 genannten Rechtsgüter und Belange sowie zum Zweck der Information der Öffentlichkeit werden die nach Absatz 2 mitzuteilenden Angaben über Freisetzungen gentechnisch veränderter Organismen und die nach Absatz 3 mitzuteilenden Angaben über den Anbau gentechnisch veränderter Organismen in einem Bundesregister erfasst. [2] Das Register wird von der zuständigen Bundesoberbehörde geführt und erfasst die nach Absatz 2 oder Absatz 3 gemeldeten Angaben für das gesamte Bundesgebiet. [3] Das Register muss nach Maßgabe des Absatzes 4 allgemein zugänglich sein.

(2) [1] Der Betreiber hat die tatsächliche Durchführung der genehmigten Freisetzung von gentechnisch veränderten Organismen spätestens drei Werktage vor der Freisetzung der zuständigen Bundesoberbehörde mitzuteilen. [2] Die Mitteilung umfasst folgende Angaben:

1. die Bezeichnung des gentechnisch veränderten Organismus,
2. seine gentechnisch veränderten Eigenschaften,
3. das Grundstück der Freisetzung sowie die Größe der Freisetzungsfläche,
4. den Freisetzungszeitraum.

[3] Änderungen in den Angaben sowie die Beendigung des Freisetzungsvorhabens sind unverzüglich mitzuteilen.

(3) [1] Der Anbau von gentechnisch veränderten Organismen ist von demjenigen, der die Fläche bewirtschaftet, spätestens drei Monate vor dem Anbau der zuständigen Bundesoberbehörde mitzuteilen. [2] Die Mitteilung umfasst folgende Angaben:

1. die Bezeichnung und den spezifischen Erkennungsmarker des gentechnisch veränderten Organismus,
2. seine gentechnisch veränderten Eigenschaften,
3. den Namen und die Anschrift desjenigen, der die Fläche bewirtschaftet,
4. das Grundstück des Anbaus sowie die Größe der Anbaufläche.

[3] Änderungen in den Angaben sind unverzüglich mitzuteilen.

(4) ¹Der allgemein zugängliche Teil des Registers umfasst:
1. die Bezeichnung und den spezifischen Erkennungsmarker des gentechnisch veränderten Organismus,
2. seine gentechnisch veränderten Eigenschaften,
3. das Grundstück der Freisetzung oder des Anbaus sowie die Flächengröße.

²Auskünfte aus dem allgemein zugänglichen Teil des Registers werden im Wege des automatisierten Abrufs über das Internet erteilt.

(5) Die zuständige Bundesoberbehörde erteilt aus dem nicht allgemein zugänglichen Teil des Registers Auskunft auch über die personenbezogenen Daten, soweit die antragstellende Person ein berechtigtes Interesse glaubhaft macht und kein Grund zu der Annahme besteht, dass die betroffene Person ein überwiegendes schutzwürdiges Interesse an dem Ausschluss der Auskunft hat.

(5a) ¹Die für die Ausführung dieses Gesetzes zuständige Behörde eines Landes darf zum Zweck der Überwachung die im nicht allgemein zugänglichen Teil des Registers gespeicherten Daten im automatisierten Verfahren abrufen, soweit ein Grundstück betroffen ist, das in ihrem Zuständigkeitsbereich belegen ist. ²Die Verantwortung für die Zulässigkeit des einzelnen Abrufs trägt die Stelle, an die diese Daten übermittelt werden. ³Die speichernde Stelle prüft die Zulässigkeit der Abrufe nur, wenn dazu Anlass besteht. ⁴Die speichernde Stelle hat zu gewährleisten, dass die Übermittlung personenbezogener Daten zumindest durch geeignete Stichprobenverfahren festgestellt und überprüft werden kann. ⁵Wird ein Gesamtbestand personenbezogener Daten abgerufen oder übermittelt, so bezieht sich die Gewährleistung der Feststellung und Überprüfung nur auf die Zulässigkeit des Abrufes oder der Übermittlung des Gesamtbestandes. ⁶§ 29 Absatz 1a Satz 2 und 4 gilt entsprechend.

(6) ¹Die zuständige Bundesoberbehörde hat dem jeweiligen Stand der Technik entsprechende Maßnahmen zur Gewährleistung von Datensicherheit und Datenschutz zu treffen, die insbesondere die Unversehrtheit der Daten und die Vertraulichkeit der im nicht allgemein zugänglichen Teil des Registers gespeicherten Daten gewährleisten; im Falle der Nutzung allgemein zugänglicher Datennetze für Auskünfte nach Absatz 5 sind Verschlüsselungsverfahren anzuwenden. ²Die Daten des Bundesregisters werden nach Ablauf von 15 Jahren nach ihrer erstmaligen Speicherung gelöscht.

(7) Artikel 12 Absatz 5 und Artikel 15 Absatz 1 Buchstabe a, c und g der Verordnung (EU) 2016/679 des Europäischen Parlaments und des Rates vom 27. April 2016 zum Schutz natürlicher Personen bei der Verarbeitung personenbezogener personenbezogener Daten, zum freien Datenverkehr und zur Aufhebung der Richtlinie 95/46/EG (Datenschutz- Grundverordnung) (ABl. L 119 vom 4.5.2016, S. 1; L 314 vom 22.11.2016, S. 72; L 127 vom 23.5.2018, S. 2) sowie § 34 des Bundesdatenschutzgesetzes in der jeweils geltenden Fassung gelten für juristische Personen entsprechend.

**§ 16b Umgang mit in Verkehr gebrachten Produkten.** (1) ¹Wer zum Inverkehrbringen zugelassene Produkte, die gentechnisch veränderte Organismen enthalten oder daraus bestehen, anbaut, weiterverarbeitet, soweit es sich um Tiere handelt, hält, oder diese erwerbswirtschaftlich, gewerbsmäßig oder in vergleichbarer Weise in den Verkehr bringt, hat Vorsorge dafür zu treffen, dass die in § 1 Nr. 1 und 2 genannten Rechtsgüter und Belange durch die Übertragung von Eigenschaften eines Organismus, die auf gentechnischen Arbeiten

Gentechnikgesetz **§ 16b GenTG 9.6**

beruhen, durch die Beimischung oder durch sonstige Einträge von gentechnisch veränderten Organismen nicht wesentlich beeinträchtigt werden. ²Er muss diese Pflicht hinsichtlich der in § 1 Nr. 2 genannten Belange gegenüber einem anderen insoweit nicht beachten, als dieser durch schriftliche Vereinbarung mit ihm auf seinen Schutz verzichtet oder ihm auf Anfrage die für seinen Schutz erforderlichen Auskünfte nicht innerhalb eines Monats erteilt hat und die Pflicht im jeweiligen Einzelfall ausschließlich dem Schutz des anderen dient. ³In der schriftlichen Vereinbarung oder der Anfrage ist der andere über die Rechtsfolgen der Vereinbarung oder die Nichterteilung der Auskünfte aufzuklären und darauf hinzuweisen, dass er zu schützende Rechte Dritter zu beachten hat. ⁴Die zulässige Abweichung von den Vorgaben der guten fachlichen Praxis sind der zuständigen Behörde rechtzeitig vor der Aussaat oder Pflanzung anzuzeigen.

(1a) ¹Der Bewirtschafter hat ergänzend zu den Angaben nach § 16a Abs. 3 Satz 2

1. die Tatsache des Abschlusses einer Vereinbarung im Sinne des Absatzes 1 Satz 2 oder
2. die Tatsache, vom Nachbarn keine Auskunft auf eine Anfrage im Sinne des Absatzes 1 Satz 2 erhalten zu haben, soweit er die Absicht hat, von den Vorgaben der guten fachlichen Praxis auf Grund einer fehlenden Erteilung von Auskünften abzuweichen,

der zuständigen Bundesoberbehörde spätestens einen Monat vor dem Anbau unter Bezeichnung des betroffenen Grundstückes mitzuteilen. ²Der allgemein zugängliche Teil des Registers nach § 16a Abs. 1 Satz 1 umfasst zusätzlich zu der Angabe nach § 16a Abs. 4 Satz 1 Nr. 3 die auf das betroffene Grundstück bezogene Angabe nach Satz 1. ³Im Übrigen gilt § 16a entsprechend.

(2) Beim Anbau von Pflanzen, beim sonstigen Umgang mit Pflanzen und bei der Haltung von Tieren wird die Vorsorgepflicht nach Absatz 1 durch die Einhaltung der guten fachlichen Praxis erfüllt.

(3) Zur guten fachlichen Praxis gehören, soweit dies zur Erfüllung der Vorsorgepflicht nach Absatz 1 erforderlich ist, insbesondere

1. beim Umgang mit gentechnisch veränderten Organismen die Beachtung der Bestimmungen der Genehmigung für das Inverkehrbringen nach § 16 Abs. 5a,
2. beim Anbau von gentechnisch veränderten Pflanzen und bei der Herstellung und Ausbringung von Düngemitteln, die gentechnisch veränderte Organismen enthalten, Maßnahmen, um Einträge in andere Grundstücke zu verhindern sowie Auskreuzungen in andere Kulturen benachbarter Flächen und die Weiterverbreitung durch Wildpflanzen zu vermeiden,
3. bei der Haltung gentechnisch veränderter Tiere die Verhinderung des Entweichens aus dem zur Haltung vorgesehenen Bereich und des Eindringens anderer Tiere der gleichen Art in diesen Bereich,
4. bei Beförderung, Lagerung und Weiterverarbeitung gentechnisch veränderter Organismen die Verhinderung von Verlusten sowie von Vermischungen und Vermengungen mit anderen Erzeugnissen.

(4) Wer mit Produkten, die gentechnisch veränderte Organismen enthalten oder daraus bestehen, für erwerbswirtschaftliche, gewerbsmäßige oder vergleichbare Zwecke umgeht, muss die Zuverlässigkeit, Kenntnisse, Fertigkeiten

und Ausstattung besitzen, um die Vorsorgepflicht nach Absatz 1 erfüllen zu können.

(5) Wer Produkte, die gentechnisch veränderte Organismen enthalten oder daraus bestehen, in Verkehr bringt, hat eine Produktinformation mitzuliefern, die die Bestimmungen der Genehmigung enthält, soweit diese sich auf den Umgang mit dem Produkt beziehen, und aus der hervorgeht, wie die Pflichten nach Absatz 1 bis 3 erfüllt werden können.

(6) Die Bundesregierung wird ermächtigt, durch Rechtsverordnung[1]) mit Zustimmung des Bundesrates die Grundsätze der guten fachlichen Praxis im Sinne des Absatzes 3, einschließlich des Informationsaustauschs mit Nachbarn und Behörden, die Eignung von Person und Ausstattung nach Absatz 4 und die inhaltliche Gestaltung der Produktinformation nach Absatz 5 näher zu bestimmen.

**§ 16c Beobachtung.** (1) Wer als Betreiber Produkte, die aus gentechnisch veränderten Organismen bestehen oder solche enthalten, in Verkehr bringt, hat diese auch danach nach Maßgabe der Genehmigung zu beobachten, um mögliche Auswirkungen auf die in § 1 Nr. 1 genannten Rechtsgüter zu ermitteln.

(2) Ziel der Beobachtung ist es,

1. zu bestätigen, dass eine Annahme über das Auftreten und die Wirkung einer etwaigen schädlichen Auswirkung eines gentechnisch veränderten Organismus oder dessen Verwendung in der Risikobewertung zutrifft (fallspezifische Beobachtung), und
2. das Auftreten schädlicher Auswirkungen des gentechnisch veränderten Organismus oder dessen Verwendung auf die menschliche Gesundheit oder die Umwelt zu ermitteln, die in der Risikobewertung nicht vorhergesehen wurden (allgemeine Beobachtung).

(3) Die Bundesregierung wird ermächtigt, mit Zustimmung des Bundesrates die allgemeinen Grundsätze der Beobachtung von gentechnisch veränderten Organismen durch den Betreiber in einer Rechtsverordnung zu regeln, insbesondere hinsichtlich der Festlegung der Mindeststandards der Beobachtung, der Einbeziehung Dritter sowie der Einbeziehung bundesbehördlicher Beobachtungstätigkeiten.

**§ 16d Entscheidung der Behörde bei Inverkehrbringen.** (1) Die zuständige Bundesoberbehörde entscheidet im Rahmen der Genehmigung des Inverkehrbringens eines Produkts, das gentechnisch veränderte Organismen enthält oder aus solchen besteht, über

1. den Verwendungszweck,
2. die besonderen Bedingungen für den Umgang mit dem Produkt und seine Verpackung,
3. die Bedingungen für den Schutz besonderer Ökosysteme, Umweltgegebenheiten oder geographischer Gebiete,
4. die Kennzeichnung,
5. die Anforderungen an die Einzelheiten der Beobachtung auf der Grundlage der Risikobewertung, die Laufzeit des Beobachtungsplans,

---

[1]) Siehe die Gentechnik-PflanzenerzeugungsVO v. 7.4.2008 (BGBl. I S. 655).

6. die Vorlagepflicht für Kontrollproben.

(2) ¹Die Genehmigung für ein Inverkehrbringen wird für höchstens zehn Jahre erteilt. ²Eine Verlängerung der Genehmigung erfolgt für zehn Jahre. ³Die Verlängerung kann aus besonderen Gründen für einen kürzeren oder längeren Zeitraum ausgesprochen werden. ⁴Im Falle eines gentechnisch veränderten Organismus, der ausschließlich als Saatgut oder Vermehrungsmaterial in Verkehr gebracht werden soll, beginnt der Lauf der in Satz 1 genannten Frist mit der Bekanntgabe der Eintragung der ersten diesen Organismus enthaltenden Pflanzensorte in einen amtlichen Pflanzensortenkatalog gemäß der Richtlinie 2002/53/EG des Rates vom 13. Juni 2002 über einen gemeinsamen Sortenkatalog für landwirtschaftliche Pflanzenarten (ABl. EG Nr. L 193 S. 1), zuletzt geändert durch die Verordnung (EG) Nr. 1829/2003 des Europäischen Parlaments und des Rates vom 22. September 2003 (ABl. EU Nr. L 268 S. 1), und der Richtlinie 2002/55/EG des Rates vom 13. Juni 2002 über den Verkehr mit Gemüsesaatgut (ABl. EG Nr. L 193 S. 33), zuletzt geändert durch die Verordnung (EG) Nr. 1829/2003 des Europäischen Parlaments und des Rates vom 22. September 2003 (ABl. EU Nr. L 268 S. 1). ⁵Wird das Inverkehrbringen von forstlichem Vermehrungsgut genehmigt, so beginnt der Lauf der in Satz 1 genannten Frist mit der Bekanntgabe der Eintragung in ein amtliches nationales Ausgangsmaterialregister gemäß der Richtlinie 1999/105/EG des Rates vom 22. Dezember 1999 über den Verkehr mit forstlichem Vermehrungsgut (ABl. EG 2000 Nr. 11 S. 17). ⁶Der Betreiber hat der zuständigen Bundesoberbehörde die Bekanntgabe der Eintragung nach Satz 3 und 4 unverzüglich mitzuteilen.

(3) ¹Die zuständige Bundesoberbehörde kann, soweit dies zur Abwehr nach dem Stand der Wissenschaft im Verhältnis zum Zweck des Inverkehrbringens unvertretbarer schädlicher Einwirkungen auf die in § 1 Nr. 1 bezeichneten Rechtsgüter erforderlich ist, die nach Absatz 1 Satz 1 Nr. 5 getroffene Entscheidung nachträglich ändern, soweit dies zur Anpassung der Beobachtungsmethoden, der Probenahme- oder Analyseverfahren an den Stand von Wissenschaft oder zur Berücksichtigung von erst im Verlauf der Beobachtung gewonnenen Erkenntnissen erforderlich ist. ²Die §§ 48 und 49 des Verwaltungsverfahrensgesetzes bleiben unberührt.

**§ 16e Ausnahmen für nicht kennzeichnungspflichtiges Saatgut.** Die §§ 16a und 16b sind nicht auf Saatgut anzuwenden, sofern das Saatgut auf Grund eines in Rechtsakten der Europäischen Union und deren Umsetzung durch § 17b Abs. 1 Satz 2 festgelegten Schwellenwertes nicht mit einem Hinweis auf die gentechnische Veränderung gekennzeichnet werden muss oder, soweit es in den Verkehr gebracht werden würde, gekennzeichnet werden müsste.

## Vierter Teil. Gemeinsame Vorschriften

**§ 17 Verwendung von Unterlagen.** (1) ¹Unterlagen nach § 10 Abs. 2 Satz 2 Nr. 5, Abs. 3 Satz 2 Nr. 4, auch in Verbindung mit § 12 Abs. 2, nach § 12 Abs. 2a Satz 2 Nr. 1 und 4, § 15 Abs. 1 Satz 2 Nr. 2 und 4, Abs. 3 Satz 2 Nr. 2, 4 und 5 sind nicht erforderlich, soweit der zuständigen Behörde ausreichende Kenntnisse vorliegen. ²Der Betreiber kann insoweit auch auf Unterlagen Bezug nehmen, die er oder ein Dritter in einem vorangegangenen Verfahren vorgelegt hat, es sei denn, es handelt sich um vertrauliche Unterlagen des Dritten und dieser hat seine Zustimmung zur Verwendung nicht erteilt. ³Stammen Erkenntnisse, die Tierversuche voraussetzen, aus Unterlagen eines Dritten, so teilt die zuständige Behörde diesem und dem Anmelder oder Antragsteller mit, welche Unterlagen des Dritten sie zugunsten des Anmelders oder Antragstellers zu verwenden beabsichtigt, sowie jeweils Namen und Anschrift des anderen. ⁴Sind Tierversuche nicht Voraussetzung, so bedarf es zur Verwendung von vertraulichen Unterlagen eines Dritten dessen schriftlicher Zustimmung. ⁵Die Sätze 3 und 4 gelten nicht, wenn die Anmeldung oder Genehmigung länger als zehn Jahre zurückliegt.

(2) ¹Der Dritte kann der Verwendung seiner Unterlagen im Falle des Absatzes 1 Satz 3 innerhalb einer Frist von 30 Tagen nach Zugang der Mitteilung nach Absatz 1 Satz 3 widersprechen. ²Im Falle des Widerspruchs ist das Anmelde- oder Genehmigungsverfahren für einen Zeitraum von fünf Jahren nach Anmeldung oder Stellung des Genehmigungsantrages auszusetzen, längstens jedoch bis zum Ablauf von zehn Jahren nach der Anmeldung oder der Genehmigung des Dritten. ³Würde der Anmelder oder Antragsteller für die Beibringung eigener Unterlagen einen kürzeren Zeitraum benötigen, so ist das Anmelde- oder Genehmigungsverfahren nur für diesen Zeitraum auszusetzen. ⁴Vor Aussetzung des Anmelde- oder Genehmigungsverfahrens sind der Anmelder oder Antragsteller und der Dritte zu hören.

(3) ¹Erfolgt eine Anmeldung oder wird eine Genehmigung im Falle des Absatzes 2 vor Ablauf von zehn Jahren nach der Anmeldung oder Erteilung der Genehmigung des Dritten unter Verwendung seiner Unterlagen erteilt, so hat er gegen den Anmelder oder Antragsteller Anspruch auf eine Vergütung in Höhe von 50 v.H. der vom Anmelder oder Antragsteller durch die Verwendung ersparten Aufwendungen. ²Der Dritte kann dem Anmelder oder Antragsteller das Inverkehrbringen untersagen, solange dieser nicht die Vergütung gezahlt oder für sie in angemessener Höhe Sicherheit geleistet hat.

(4) ¹Sind von mehreren Anmeldern oder Antragstellern gleichzeitig inhaltlich gleiche Unterlagen bei einer zuständigen Behörde vorzulegen, die Tierversuche voraussetzen, so teilt die zuständige Behörde den Anmeldern oder Antragstellern, die ihr bekannt sind, mit, welche Unterlagen von ihnen gemeinsam vorzulegen sind, sowie jeweils Namen und Anschrift der anderen Beteiligten. ²Die zuständige Behörde gibt den beteiligten Anmeldern oder Antragstellern Gelegenheit, sich innerhalb einer von ihr zu bestimmenden Frist zu einigen, wer die Unterlagen vorlegt. ³Kommt eine Einigung nicht zustande, so entscheidet die zuständige Behörde und unterrichtet hiervon unverzüglich alle Beteiligten. ⁴Diese sind, sofern sie ihre Anmeldung oder ihren Antrag nicht zurücknehmen oder sonst die Voraussetzungen ihrer Anmeldepflicht oder ihres Antrags entfallen, verpflichtet, demjenigen, der die Unterlagen vorgelegt hat, die anteiligen Aufwendungen für die Erstellung zu erstatten; sie haften als Gesamtschuldner.

**§ 17a Vertraulichkeit von Angaben.** (1) ¹Angaben, die ein Betriebs- oder Geschäftsgeheimnis darstellen, sind vom Betreiber als vertraulich zu kennzeichnen. ²Er hat begründet darzulegen, daß eine Verbreitung der Betriebs- und Geschäftsgeheimnisse ihm betrieblich oder geschäftlich schaden könnte. ³Hält die zuständige Behörde die Kennzeichnung für unberechtigt, so hat sie vor der Entscheidung, welche Informationen vertraulich zu behandeln sind, den Antragsteller zu hören und diesen über ihre Entscheidung zu unterrichten. [4]Personenbezogene Daten stehen Betriebs- und Geschäftsgeheimnissen gleich und müssen vertraulich behandelt werden.

(2) Nicht unter das Betriebs- und Geschäftsgeheimnis im Sinne des Absatzes 1 fallen
1. allgemeine Merkmale oder Beschreibung der gentechnisch veränderten Organismen,
2. Name und Anschrift des Betreibers,
3. Ort der gentechnischen Anlage oder Freisetzung und der Freisetzungszweck,
3a. beabsichtigte Verwendung,
4. Sicherheitsstufe und Sicherheitsmaßnahmen,
5. Methoden und Pläne zur Überwachung der gentechnisch veränderten Organismen und für Notfallmaßnahmen,
6. Risikobewertung.

(3) Sofern ein Anhörungsverfahren nach § 18 durchzuführen ist, ist der Inhalt der Unterlagen, soweit die Angaben Betriebs- oder Geschäftsgeheimnisse oder personenbezogene Daten enthalten und soweit es ohne Preisgabe dieser geschützten Daten geschehen kann, so ausführlich darzustellen, daß es Dritten möglich ist zu beurteilen, ob und in welchem Umfang sie von den Auswirkungen des Vorhabens betroffen sind.

(4) Zieht der Anmelder oder Antragsteller die Anmeldung oder den Antrag auf Genehmigung zurück, so haben die zuständigen Behörden die Vertraulichkeit zu wahren.

**§ 17b Kennzeichnung.** (1) [1]Produkte, die gentechnisch veränderte Organismen enthalten oder aus solchen bestehen und in Verkehr gebracht werden, sind auf einem Etikett oder in einem Begleitdokument entsprechend den auf Grund des § 30 Abs. 2 Nr. 14 erlassenen Vorschriften über die Kennzeichnung mit dem Hinweis „Dieses Produkt enthält genetisch veränderte Organismen" zu kennzeichnen. [2]Die Bundesregierung kann zur Umsetzung eines nach Artikel 21 Abs. 2 Satz 2 in Verbindung mit Artikel 30 Abs. 2 der Richtlinie 2001/18/EG festgelegten Schwellenwertes für die Kennzeichnung durch Rechtsverordnung mit Zustimmung des Bundesrates solche Produkte von der Kennzeichnungspflicht ausnehmen, bei denen zufällige oder technisch nicht zu vermeidende Anteile von gentechnisch veränderten Organismen nicht ausgeschlossen werden können.

(2) [1]Gentechnisch veränderte Organismen, die einem anderen für gentechnische Arbeiten in gentechnischen Anlagen, für Arbeiten in Anlagen im Sinne des § 14 Abs. 1a oder für eine Freisetzung zur Verfügung gestellt werden, sind mit dem Hinweis „Dieses Produkt enthält genetisch veränderte Organismen" zu kennzeichnen. [2]Die auf Grund des § 30 Abs. 2 Nr. 14 erlassenen Vorschriften über die Kennzeichnung von gentechnisch veränderten Organismen gelten entsprechend, soweit diese auf Organismen nach Satz 1 der Natur der Sache nach anwendbar sind. [3]Die Bundesregierung kann zur Umsetzung der Durchführungsbestimmungen der Europäischen Gemeinschaft oder der Europäischen Union nach Artikel 26 Abs. 2 in Verbindung mit Artikel 30 Abs. 2 der Richtlinie 2001/18/EG nach Anhörung der Kommission nach § 4 durch

Rechtsverordnung mit Zustimmung des Bundesrates bestimmen, wie die Kennzeichnung dieser Produkte durchgeführt wird.

(3) ¹Die Vorschriften für die Kennzeichnung und Verpackung von Produkten, die für das Inverkehrbringen genehmigte gentechnisch veränderte Organismen enthalten oder aus solchen bestehen, gelten nicht für Produkte, die für eine unmittelbare Verarbeitung vorgesehen sind und deren Anteil an genehmigten gentechnisch veränderten Organismen nicht höher als 0,9 Prozent liegt, sofern dieser Anteil zufällig oder technisch nicht zu vermeiden ist. ²Die Bundesregierung kann einen nach Artikel 21 Abs. 3 in Verbindung mit Artikel 30 Abs. 2 der Richtlinie 2001/18/EG festgelegten niedrigeren Schwellenwert durch Rechtsverordnung mit Zustimmung des Bundesrates festsetzen.

**§ 18 Anhörungsverfahren.** (1) ¹Vor der Entscheidung über die Errichtung und den Betrieb einer gentechnischen Anlage, in der gentechnische Arbeiten der Sicherheitsstufen 3 oder 4 zu gewerblichen Zwecken durchgeführt werden sollen, hat die zuständige Behörde ein Anhörungsverfahren durchzuführen. ²Für die Genehmigung gentechnischer Anlagen, in denen gentechnische Arbeiten der Sicherheitsstufe 2 zu gewerblichen Zwecken durchgeführt werden sollen, ist ein Anhörungsverfahren durchzuführen, wenn ein Genehmigungsverfahren nach § 10 des Bundes-Immissionsschutzgesetzes[1]) erforderlich wäre. ³Im Falle des § 8 Abs. 4 entfällt ein Anhörungsverfahren, wenn nicht zu besorgen ist, daß durch die Änderung zusätzliche oder andere Gefahren für die in § 1 Nr. 1 bezeichneten Rechtsgüter zu erwarten sind.

(2) ¹Vor der Entscheidung über die Genehmigung einer Freisetzung ist ein Anhörungsverfahren durchzuführen. ²§ 14 Abs. 4a Satz 2 bleibt unberührt.

(3) ¹Das Anhörungsverfahren regelt die Bundesregierung durch Rechtsverordnung[2]) mit Zustimmung des Bundesrates. ²Das Verfahren muß den Anforderungen des § 10 Abs. 3 bis 8 des Bundes-Immissionsschutzgesetzes entsprechen. ³Bei Verfahren nach Absatz 2 gilt § 10 Abs. 4 Nr. 3 und Abs. 6 des Bundes-Immissionsschutzgesetzes nicht; Einwendungen gegen das Vorhaben können schriftlich oder zur Niederschrift innerhalb eines Monats nach Ablauf der Auslegungsfrist bei der Genehmigungsbehörde oder bei der Stelle erhoben und begründet werden, bei der Antrag und Unterlagen zur Einsicht ausgelegt sind.

**§ 19 Nebenbestimmungen, nachträgliche Auflagen.** ¹Die zuständige Behörde kann ihre Entscheidung mit Nebenbestimmungen versehen, soweit dies erforderlich ist, um die Genehmigungsvoraussetzungen sicherzustellen. ²Durch Auflagen können insbesondere bestimmte Verfahrensabläufe oder Sicherheitsvorkehrungen oder eine bestimmte Beschaffenheit oder Ausstattung der gentechnischen Anlage angeordnet werden. ³Die nachträgliche Aufnahme von Nebenbestimmungen oder Auflagen ist unter den Voraussetzungen von Satz 1 zulässig.

**§ 20 Einstweilige Einstellung.** (1) Sind die Voraussetzungen für die Fortführung des Betriebs der gentechnischen Anlage, der gentechnischen Arbeit oder der Freisetzung nachträglich entfallen, so kann anstelle einer Rücknahme

---

[1]) Nr. **6.1**.
[2]) Siehe die Gentechnik-AnhörungsVO idF der Bek. v. 4.11.1996 (BGBl. I S. 1649), geänd. durch VO v. 28.4.2008 (BGBl. I S. 766).

oder eines Widerrufs der Genehmigung nach den Vorschriften der Verwaltungsverfahrensgesetze die einstweilige Einstellung der Tätigkeit angeordnet werden, bis der Betreiber nachweist, daß die Voraussetzungen wieder vorliegen.

(2) Besteht nach Erteilung einer Genehmigung des Inverkehrbringens, auch einer nach § 14 Abs. 5 gleichgestellten, auf Grund neuer oder zusätzlicher Informationen, die Auswirkungen auf die Risikobewertung haben, oder auf Grund einer Neubewertung der vorliegenden Informationen auf der Grundlage neuer oder zusätzlicher wissenschaftlicher Erkenntnisse ein berechtigter Grund zu der Annahme, dass der gentechnisch veränderte Organismus eine Gefahr für die menschliche Gesundheit oder die Umwelt darstellt, so kann die zuständige Bundesoberbehörde bis zur Entscheidung oder bis zu einem Beschluss der Europäischen Gemeinschaften oder der Europäischen Union nach Artikel 23 in Verbindung mit Artikel 30 Abs. 2 der Richtlinie 2001/18/EG das Ruhen der Genehmigung ganz oder teilweise anordnen.

**§ 21 Mitteilungspflichten.** (1) [1]Der Betreiber hat jede Änderung in der Beauftragung des Projektleiters, des Beauftragten für die Biologische Sicherheit oder eines Mitgliedes des Ausschusses für die Biologische Sicherheit der für eine Anmeldung, die Erteilung der Genehmigung und der für die Überwachung zuständigen Behörde vorher mitzuteilen. [2]Bei einer unvorhergesehenen Änderung hat die Mitteilung unverzüglich zu erfolgen. [3]Mit der Mitteilung ist die erforderliche Sachkunde nachzuweisen.

(1a) *(aufgehoben)*

(1b) [1]Beabsichtigt der Betreiber, den Betrieb einer Anlage einzustellen, so hat er dies unter Angabe des Zeitpunkts der Einstellung der für die Überwachung zuständigen Behörde unverzüglich mitzuteilen. [2]Der Mitteilung sind Unterlagen über die vom Betreiber vorgesehenen Maßnahmen zur Erfüllung der sich aus § 6 Abs. 2 Satz 2 ergebenden Pflichten beizufügen.

(2) Mitzuteilen ist ferner jede beabsichtigte Änderung der sicherheitsrelevanten Einrichtungen und Vorkehrungen einer gentechnischen Anlage, auch wenn die gentechnische Anlage durch die Änderung weiterhin die Anforderungen der für die Durchführung der angezeigten, angemeldeten oder genehmigten Arbeiten erforderlichen Sicherheitsstufe erfüllt.

(2a) Der zuständigen Bundesoberbehörde ist jede beabsichtigte oder bekannt gewordene unbeabsichtigt eingetretene Änderung einer Freisetzung, die Auswirkungen auf die Beurteilung der Voraussetzungen nach § 16 Abs. 1 haben kann, mitzuteilen.

(3) [1]Der Betreiber hat der für die Anzeige, die Anmeldung, die Genehmigungserteilung und für die Überwachung zuständigen Behörde unverzüglich jedes Vorkommnis mitzuteilen, das nicht dem erwarteten Verlauf der gentechnischen Arbeit oder der Freisetzung oder des Inverkehrbringens entspricht und bei dem der Verdacht einer Gefährdung der in § 1 Nr. 1 bezeichneten Rechtsgüter besteht. [2]Dabei sind alle für die Sicherheitsbewertung notwendigen Informationen sowie geplante oder getroffene Notfallmaßnahmen mitzuteilen.

(4) [1]Der Betreiber hat nach Abschluss einer Freisetzung der zuständigen Bundesoberbehörde die Ergebnisse der Freisetzung mitzuteilen, soweit diesen Erkenntnisse über eine Gefährdung der in § 1 Nr. 1 genannten Rechtsgüter

entnommen werden können. ²Dies gilt auch für Gefährdungen, die sich aus einem Inverkehrbringen ergeben, wenn dieses beabsichtigt ist. ³Über die Dauer der Mitteilungspflicht ist in der Genehmigung zu entscheiden. ⁴Entscheidungen oder *der*[1] Beschlüsse der Europäischen Gemeinschaften oder der Europäischen Union nach Artikel 10 in Verbindung mit Artikel 30 Abs. 2 der Richtlinie 2001/18/EG, die die Form der Mitteilungen nach Absatz 4 festlegen und vom Bundesministerium für Ernährung und Landwirtschaft im Bundesanzeiger bekannt gemacht sind, sind bei der Erstellung der Mitteilungen zu beachten.

(4a) Der Betreiber hat der zuständigen Bundesoberbehörde über die Beobachtung des Inverkehrbringens nach Maßgabe der Genehmigung für das Inverkehrbringen zu berichten.

(5) Erhält der Betreiber neue Informationen über Risiken für die menschliche Gesundheit oder die Umwelt, hat er diese der zuständigen Behörde unverzüglich mitzuteilen.

(5a) ¹Erhält der Betreiber neue Informationen über Risiken für die in § 1 Nr. 1 und 2 genannten Rechtsgüter und Belange, hat er diese, soweit die Freisetzung und das Inverkehrbringen betroffen sind, der zuständigen Bundesoberbehörde unverzüglich mitzuteilen. ²Satz 1 gilt entsprechend für die übrigen am Inverkehrbringen des Produkts oder am Umgang damit Beteiligten.

(6) Eine Mitteilung nach den Absätzen 5 und 5a darf nicht zur strafrechtlichen Verfolgung des Mitteilenden oder für ein Verfahren nach dem Gesetz über Ordnungswidrigkeiten[2] gegen den Mitteilenden verwendet werden.

**§ 22 Andere behördliche Entscheidungen.** (1) Die Anlagengenehmigung schließt andere die gentechnische Anlage betreffende behördliche Entscheidungen ein, insbesondere öffentlich-rechtliche Genehmigungen, Zulassungen, Verleihungen, Erlaubnisse und Bewilligungen, mit Ausnahme von behördlichen Entscheidungen auf Grund atomrechtlicher Vorschriften.

(2) Vorschriften, nach denen öffentlich-rechtliche Genehmigungen, Zulassungen, Verleihungen, Erlaubnisse und Bewilligungen erteilt werden, finden auf gentechnische Anlagen, für die ein Anmeldeverfahren nach diesem Gesetz durchzuführen ist, sowie auf gentechnische Arbeiten, Freisetzungen oder das Inverkehrbringen, die nach diesem Gesetz anmelde- oder genehmigungspflichtig sind, insoweit keine Anwendung, als es sich um den Schutz vor den spezifischen Gefahren der Gentechnik handelt; Vorschriften über das Inverkehrbringen nach § 14 Abs. 2 bleiben unberührt.

(3) § 35 des Bundesnaturschutzgesetzes[3] bleibt unberührt.

**§ 23 Ausschluß von privatrechtlichen Abwehransprüchen.** ¹Auf Grund privatrechtlicher, nicht auf besonderen Titeln beruhender Ansprüche zur Abwehr benachteiligender Einwirkungen von einem Grundstück auf ein benachbartes Grundstück kann nicht die Einstellung des Betriebs der gentechnischen Anlage, der gentechnischen Arbeiten oder die Beendigung einer Freisetzung verlangt werden, deren Genehmigung unanfechtbar ist und für die ein Anhörungsverfahren nach § 18 durchgeführt wurde; es können nur Vorkehrungen verlangt werden, die die benachteiligenden Wirkungen ausschließen. ²Soweit

---

[1] Wortlaut amtlich.
[2] Nr. 11.2.
[3] Nr. 3.1.

solche Vorkehrungen nach dem Stand der Technik nicht durchführbar oder wirtschaftlich nicht vertretbar sind, kann lediglich Schadensersatz verlangt werden.

## § 24 *(aufgehoben)*

## § 25 Überwachung, Auskunfts-, Duldungspflichten.

(1) Die zuständigen Behörden haben die Durchführung dieses Gesetzes, der auf Grund dieses Gesetzes erlassenen Rechtsverordnungen, der unmittelbar geltenden Rechtsakte der Europäischen Gemeinschaften oder der Europäischen Union im Anwendungsbereich dieses Gesetzes und der darauf beruhenden behördlichen Anordnungen und Verfügungen zu überwachen.

(2) Der Betreiber, die verantwortlichen Personen im Sinne des § 3 Nr. 8 und 9 und jede Person, die mit Produkten, die gentechnisch veränderte Organismen enthalten oder aus solchen bestehen, erwerbswirtschaftlich, gewerbsmäßig oder in vergleichbarer Weise umgeht, haben der zuständigen Behörde auf Verlangen unverzüglich die zur Überwachung erforderlichen Auskünfte zu erteilen und die erforderlichen Hilfsmittel, einschließlich Kontrollproben, im Rahmen ihrer Verfügbarkeit zur Verfügung zu stellen.

(3) [1] Die mit der Überwachung beauftragten Personen sind befugt,
1. zu den Betriebs- und Geschäftszeiten Grundstücke, Geschäftsräume und Betriebsräume zu betreten und zu besichtigen,
2. alle zur Erfüllung ihrer Aufgaben erforderlichen Prüfungen einschließlich der Entnahme von Proben durchzuführen,
3. die zur Erfüllung ihrer Aufgaben erforderlichen Unterlagen einzusehen und hieraus Ablichtungen oder Abschriften anzufertigen.

[2] Zur Verhütung dringender Gefahren für die öffentliche Sicherheit und Ordnung können Maßnahmen nach Satz 1 auch in Wohnräumen und zu jeder Tages- und Nachtzeit getroffen werden. [3] Der Betreiber und jede Person, die mit Produkten, die gentechnisch veränderte Organismen enthalten oder aus solchen bestehen, erwerbswirtschaftlich, gewerbsmäßig oder in vergleichbarer Weise umgeht, sind verpflichtet, Maßnahmen nach Satz 1 Nr. 1 und 2 und Satz 2 zu dulden, die mit der Überwachung beauftragten Personen zu unterstützen, soweit dies zur Erfüllung ihrer Aufgaben erforderlich ist, sowie die erforderlichen geschäftlichen Unterlagen vorzulegen. [4] Das Grundrecht der Unverletzlichkeit der Wohnung (Artikel 13 des Grundgesetzes[1])) wird insoweit eingeschränkt.

(4) Auskunftspflichtige Personen können die Auskunft auf solche Fragen verweigern, deren Beantwortung sie selbst oder einen ihrer in § 383 Abs. 1 Nr. 1 bis 3 der Zivilprozeßordnung bezeichneten Angehörigen der Gefahr der Verfolgung wegen einer Straftat oder Ordnungswidrigkeit aussetzen würde.

(4a) Die bei der Erfüllung von Auskunfts- und Duldungspflichten im Rahmen von Anmelde- und Genehmigungsverfahren und im Rahmen von Überwachungen entstehenden eigenen Aufwendungen des Betreibers sind nicht zu erstatten.

(5) Die in Erfüllung einer Auskunfts- oder Duldungspflicht nach diesem Gesetz oder einer auf Grund dieses Gesetzes erlassenen Rechtsverordnung

---

[1]) Nr. 1.1.

erhobenen personenbezogenen Informationen dürfen nur verwendet werden, soweit dies zur Durchführung dieses Gesetzes oder zur Verfolgung einer Straftat oder zur Abwehr einer Gefahr für die öffentliche Sicherheit erforderlich ist.

(6) Der zuständigen Behörde ist auf Verlangen die Risikobewertung nach § 6 Abs. 1 vorzulegen.

(7) [1] Abweichend von Absatz 1 haben Behörden, die gesetzlich vorgeschriebene Prüfungen mit zum Inverkehrbringen zugelassenen gentechnisch veränderten Pflanzen durchführen oder durchführen lassen, selbst für die Einhaltung der Vorschriften dieses Gesetzes, der auf Grund dieses Gesetzes erlassenen Rechtsverordnungen sowie der unmittelbar geltenden Rechtsakte der Europäischen Gemeinschaften oder der Europäischen Union im Anwendungsbereich dieses Gesetzes zu sorgen. [2] Für die Gemeinden und Gemeindeverbände gilt dies nur, soweit ihnen durch Landesrecht diese Aufgabe übertragen worden ist.

**§ 26 Behördliche Anordnungen.** (1) [1] Die zuständige Behörde kann im Einzelfall die Anordnungen treffen, die zur Beseitigung festgestellter oder zur Verhütung künftiger Verstöße gegen dieses Gesetz, gegen die auf Grund dieses Gesetzes erlassenen Rechtsverordnungen oder gegen unmittelbar geltende Rechtsakte der Europäischen Gemeinschaften oder der Europäischen Union im Anwendungsbereich dieses Gesetzes notwendig sind. [2] Sie kann insbesondere den Betrieb einer gentechnischen Anlage oder gentechnische Arbeiten ganz oder teilweise untersagen, wenn

1. die erforderliche Anzeige oder Anmeldung unterblieben ist, eine erforderliche Genehmigung oder eine Zustimmung nicht vorliegt,
2. ein Grund zur Rücknahme oder zum Widerruf einer Genehmigung nach den Verwaltungsverfahrensgesetzen gegeben ist,
3. gegen Nebenbestimmungen oder nachträgliche Auflagen nach § 19 verstoßen wird,
4. die vorhandenen sicherheitsrelevanten Einrichtungen und Vorkehrungen nicht oder nicht mehr ausreichen.

(2) Kommt der Betreiber einer gentechnischen Anlage einer Auflage, einer vollziehbaren nachträglichen Anordnung oder einer Pflicht auf Grund einer Rechtsverordnung nach § 30 nicht nach und betreffen die Auflage, die Anordnung oder die Pflicht die Beschaffenheit oder den Betrieb der gentechnischen Anlage, so kann die zuständige Behörde den Betrieb ganz oder teilweise bis zur Erfüllung der Auflage, der Anordnung oder der Pflicht aus einer Rechtsverordnung nach § 30 untersagen.

(3) [1] Die zuständige Behörde kann anordnen, daß eine gentechnische Anlage, die ohne die erforderliche Anmeldung oder Genehmigung errichtet, betrieben oder wesentlich geändert wird, ganz oder teilweise stillzulegen oder zu beseitigen ist. [2] Sie hat die vollständige oder teilweise Beseitigung anzuordnen, wenn die in § 1 Nr. 1 genannten Rechtsgüter auf andere Weise nicht ausreichend geschützt werden können.

(4) [1] Die zuständige Behörde hat eine Freisetzung zu untersagen, soweit die Voraussetzungen von Absatz 1 Satz 2 Nr. 1 und 2 vorliegen. [2] Sie kann eine Freisetzung untersagen, soweit die Voraussetzungen von Absatz 1 Satz 2 Nr. 3 und 4 vorliegen.

(5) [1] Die zuständige Behörde hat ein Inverkehrbringen zu untersagen, wenn die erforderliche Genehmigung nicht vorliegt. [2] Sie hat ein Inverkehrbringen

bis zur Entscheidung oder bis zu einem Beschluss der Europäischen Gemeinschaften oder der Europäischen Union nach Artikel 23 in Verbindung mit Artikel 30 Abs. 2 der Richtlinie 2001/18/EG vorläufig zu untersagen, soweit das Ruhen der Genehmigung angeordnet worden ist. ³Sie kann das Inverkehrbringen bis zu dieser Entscheidung oder bis zu diesem Beschluss vorläufig ganz oder teilweise untersagen, wenn der hinreichende Verdacht besteht, dass die Voraussetzungen für das Inverkehrbringen nicht vorliegen. ⁴Die zuständige Behörde sieht von Anordnungen nach Satz 1 ab, wenn das Produkt, das nicht zum Inverkehrbringen zugelassene gentechnisch veränderte Organismen enthält, zur unmittelbaren Verarbeitung vorgesehen und sichergestellt ist, dass das Produkt weder in unverarbeitetem noch in verarbeitetem Zustand in Lebensmittel oder Futtermittel gelangt, die gentechnisch veränderten Organismen nach der Verarbeitung zerstört sind und keine schädlichen Auswirkungen auf die in § 1 Nr. 1 genannten Rechtsgüter eintreten.

**§ 27 Erlöschen der Genehmigung, Unwirksamwerden der Anmeldung.** (1) Die Genehmigung erlischt, wenn

1. innerhalb einer von der Genehmigungsbehörde gesetzten Frist, die höchstens drei Jahre betragen darf, nicht mit der Errichtung oder dem Betrieb der gentechnischen Anlage oder der Freisetzung begonnen oder

2. eine gentechnische Anlage während eines Zeitraums von mehr als drei Jahren nicht mehr betrieben worden

ist.

(2) Die Genehmigung, ausgenommen in den Fällen des § 8 Abs. 2 Satz 2, erlischt ferner, soweit das Genehmigungserfordernis aufgehoben wird.

(3) Die Genehmigungsbehörde kann auf Antrag die Fristen nach Absatz 1 aus wichtigem Grunde um höchstens ein Jahr verlängern, wenn hierdurch der Zweck des Gesetzes nicht gefährdet wird.

(4) Die Anmeldung einer Anlage, in der gentechnische Arbeiten der Sicherheitsstufe 1 oder 2 durchgeführt werden sollen, wird unwirksam, wenn

1. innerhalb von drei Jahren nicht mit der Errichtung oder dem Betrieb der gentechnischen Anlage begonnen oder

2. die gentechnische Anlage während eines Zeitraums von mehr als drei Jahren nicht mehr betrieben worden ist.

**§ 28 Informationsweitergabe.** (1) Die zuständigen Behörden unterrichten die zuständige Bundesoberbehörde unverzüglich über

1. die im Vollzug dieses Gesetzes getroffenen Entscheidungen, sofern sie für die Bundesoberbehörde relevant sind,

2. Erkenntnisse und Vorkommnisse, die Auswirkungen auf die in § 1 Nr. 1 und 2 genannten Rechtsgüter und Belange haben können,

3. Zuwiderhandlungen oder den Verdacht auf Zuwiderhandlungen gegen Vorschriften dieses Gesetzes und der auf Grund dieses Gesetzes erlassenen Rechtsverordnungen, gegen unmittelbar geltende Rechtsakte der Europäischen Gemeinschaften oder der Europäischen Union sowie gegen Genehmigungen und Auflagen im Anwendungsbereich dieses Gesetzes.

(2) Die zuständige Bundesoberbehörde gibt ihre Erkenntnisse, soweit sie für den Gesetzesvollzug von Bedeutung sein können, den zuständigen Behörden bekannt.

**§ 28a Unterrichtung der Öffentlichkeit.** (1) [1] Die zuständige Behörde soll die Öffentlichkeit über Anordnungen nach § 26 unterrichten, sofern diese unanfechtbar geworden sind oder deren sofortige Vollziehung angeordnet worden ist, einschließlich der angeordneten Vorsichtsmaßnahmen. [2] Personenbezogene Daten dürfen nur veröffentlicht werden, soweit dies zur Gefahrenabwehr erforderlich ist.

(2) [1] Die zuständige Behörde unterrichtet die Öffentlichkeit über

1. den hinreichenden Verdacht einer Gefahr für die in § 1 Nr. 1 genannten Rechtsgüter einschließlich der zu treffenden Vorsichtsmaßnahmen,

2. die Ergebnisse der Überwachung des Inverkehrbringens in allgemeiner Weise.

[2] Personenbezogene Daten dürfen in den Fällen des Satzes 1 nur veröffentlicht werden, soweit die betroffene Person eingewilligt hat oder das schutzwürdige Informationsinteresse der Öffentlichkeit das schutzwürdige Interesse der betroffenen Person an dem Ausschluss der Veröffentlichung überwiegt. [3] Vor der Entscheidung über die Veröffentlichung ist die betroffene Person anzuhören.

(3) [1] Informationen nach Absatz 2 dürfen nicht veröffentlicht werden,

1. soweit das Bekanntwerden der Informationen die Vertraulichkeit der Beratung von Behörden berührt oder eine erhebliche Gefahr für die öffentliche Sicherheit verursachen kann,

2. während der Dauer eines Gerichtsverfahrens, eines strafrechtlichen Ermittlungsverfahrens, eines Disziplinarverfahrens, eines ordnungswidrigkeitsrechtlichen Verfahrens hinsichtlich der Daten, die Gegenstand des Verfahrens sind,

3. soweit der Schutz geistigen Eigentums, insbesondere Urheberrechte, dem Informationsanspruch entgegenstehen oder

4. soweit durch die Informationen Betriebs- oder Geschäftsgeheimnisse oder wettbewerbsrelevante Informationen, die dem Wesen nach Betriebsgeheimnissen gleichkommen, offenbart würden, es sei denn, bestimmte Informationen müssen unter Berücksichtigung der Gesamtumstände veröffentlicht werden, um den Schutz der Sicherheit und Gesundheit der Bevölkerung zu gewährleisten; dabei ist eine Abwägung entsprechend Absatz 2 Satz 2 vorzunehmen.

[2] Vor der Entscheidung über die Veröffentlichung sind in den Fällen des Satzes 1 Nr. 3 oder 4 die betroffenen Personen anzuhören. [3] Soweit veröffentlichte Informationen als Betriebs- oder Geschäftsgeheimnis gekennzeichnet sind, hat die zuständige Behörde im Zweifel von der Betroffenheit des Kennzeichnenden auszugehen.

(4) Stellen sich die von der Behörde an die Öffentlichkeit gegebenen Informationen im Nachhinein als falsch oder die zu Grunde liegenden Umstände als unrichtig wiedergegeben heraus, so informiert die Behörde die Öffentlichkeit hierüber in der gleichen Art und Weise, in der sie die betreffenden Informationen zuvor bekannt gegeben hat.

**§ 28b Methodensammlung.** (1) Die zuständige Bundesoberbehörde veröffentlicht im Benehmen mit den nach lebens- und futtermittelrechtlichen Vorschriften zuständigen Behörden eine amtliche Sammlung von Verfahren zur Probenahme und Untersuchung von Proben, die im Rahmen der Überwachung von gentechnischen Arbeiten, gentechnischen Anlagen, Freisetzungen von gentechnisch veränderten Organismen und dem Inverkehrbringen durchgeführt oder angewendet werden.

(2) [1] Die Verfahren werden unter Mitwirkung von Sachkundigen aus den Bereichen der Überwachung, der Wissenschaft und der beteiligten Wirtschaft festgelegt. [2] Die Sammlung ist laufend auf dem neuesten Stand zu halten.

**§ 29 Auswertung und Bereitstellung von Daten.** (1) [1] Die zuständige Bundesoberbehörde hat Daten gemäß § 28, die im Zusammenhang mit der Errichtung und dem Betrieb gentechnischer Anlagen, der Durchführung gentechnischer Arbeiten, mit Freisetzungen oder mit einem Inverkehrbringen von ihr erhoben oder ihr übermittelt worden sind, zum Zweck der Beobachtung, Sammlung und Auswertung von Sachverhalten, die Auswirkungen auf die in § 1 Nr. 1 und 2 genannten Rechtsgüter und Belange haben können, zu verarbeiten. [2] Sie kann Daten über Stellungnahmen der Kommission zur Sicherheitseinstufung und zu Sicherheitsmaßnahmen gentechnischer Arbeiten sowie über die von den zuständigen Behörden getroffenen Entscheidungen an die zuständigen Behörden zur Verwendung im Rahmen von Anmelde- und Genehmigungsverfahren übermitteln. [3] Die Empfänger dürfen die übermittelten Daten nur zu dem Zweck verwenden, zu dem sie übermittelt worden sind.

(1a) [1] Die Einrichtung eines automatisierten Abrufverfahrens ist zulässig. [2] Die zuständige Bundesoberbehörde und die zuständigen Behörden legen bei der Einrichtung des automatisierten Abrufverfahrens die Art der zu übermittelnden Daten und die erforderlichen technischen und organisatorischen Maßnahmen nach den Artikeln 24, 25 und 32 der Verordnung (EU) 2016/679 schriftlich fest. [3] Die Einrichtung des automatisierten Abrufverfahrens bedarf der Genehmigung des Bundesministeriums für Ernährung und Landwirtschaft im Einvernehmen mit dem Bundesministerium für Wirtschaft und Energie. [4] Über die Einrichtung des Abrufverfahrens ist der Bundesbeauftragte für den Datenschutz unter Mitteilung der Festlegungen nach Satz 2 zu unterrichten. [5] Die Verantwortung für die Zulässigkeit des einzelnen Abrufs trägt der Empfänger. [6] Die zuständige Bundesoberbehörde prüft die Zulässigkeit der Abrufe nur, wenn dazu Anlaß besteht. [7] Sie hat zu gewährleisten, daß die Übermittlung der Daten festgestellt und überprüft werden kann.

(2) [1] Die Rechtsvorschriften über die Geheimhaltung bleiben unberührt. [2] Die Übermittlung von sachbezogenen Erkenntnissen im Sinne des § 17a an Dienststellen der Europäischen Union und Behörden anderer Staaten darf nur erfolgen, wenn die anfordernde Stelle darlegt, daß sie Vorkehrungen zum Schutz von Betriebs- und Geschäftsgeheimnissen sowie zum Schutz von personenbezogenen Daten getroffen hat, die den entsprechenden Vorschriften im Geltungsbereich dieses Gesetzes gleichwertig sind.

(3) Personenbezogene Daten dürfen bei der zuständigen Bundesoberbehörde nur verarbeitet werden, soweit dies für die Beurteilung der Zuverlässigkeit des Betreibers, des Projektleiters sowie des oder des Beauftragten für die Biologische Sicherheit oder für die Beurteilung der Sachkunde des Projektleiters oder des oder der Beauftragten für die Biologische Sicherheit erforderlich ist.

(4) Art und Umfang der Daten regelt das Bundesministerium für Ernährung und Landwirtschaft im Einvernehmen mit dem Bundesministerium für Wirtschaft und Energie durch Rechtsverordnung mit Zustimmung des Bundesrates.

### § 30 Erlaß von Rechtsverordnungen und Verwaltungsvorschriften.

(1) Die Bundesregierung bestimmt nach Anhörung der Kommission durch Rechtsverordnung[1] mit Zustimmung des Bundesrates zur Erreichung der in § 1 Nr. 1 genannten Zwecke die Verantwortlichkeit sowie die erforderliche Sachkunde des Projektleiters, insbesondere im Hinblick auf die Notwendigkeit und den Umfang von nachzuweisenden Kenntnissen in klassischer und molekularer Genetik, von praktischen Erfahrungen im Umgang mit Mikroorganismen und die erforderlichen Kenntnisse einschließlich der arbeitsschutzrechtlichen Bestimmungen über das Arbeiten in einer gentechnischen Anlage.

(2) Die Bundesregierung wird ermächtigt, nach Anhörung der Kommission durch Rechtsverordnung[2] mit Zustimmung des Bundesrates zur Erreichung der in § 1 Nr. 1 genannten Zwecke zu bestimmen,
1. wie die Arbeitsstätte, die Betriebsanlagen und die technischen Arbeitsmittel bei den einzelnen Sicherheitsstufen beschaffen, eingerichtet und betrieben werden müssen, damit sie den gesicherten sicherheitstechnischen, arbeitsmedizinischen, hygienischen und sonstigen arbeitswissenschaftlichen Erkenntnissen entsprechen, die zum Schutz der Beschäftigten zu beachten und zur menschengerechten Gestaltung der Arbeit erforderlich sind;
2. die erforderlichen betrieblichen Maßnahmen, insbesondere
   a) wie das Arbeitsverfahren gestaltet sein muß, damit die Beschäftigten durch gentechnische Arbeiten oder eine Freisetzung nicht gefährdet werden,
   b) wie die Arbeitsbereiche überwacht werden müssen, um eine Kontamination durch gentechnisch veränderte Organismen festzustellen,
   c) wie gentechnisch veränderte Organismen innerbetrieblich aufbewahrt werden müssen und auf welche Gefahren hingewiesen werden muß, damit die Beschäftigten durch eine ungeeignete Aufbewahrung nicht gefährdet und durch Gefahrenhinweise über die von diesen Organismen ausgehenden Gefahren unterrichtet werden,
   d) welche Vorkehrungen getroffen werden müssen, damit gentechnisch veränderte Organismen nicht in die Hände Unbefugter gelangen oder sonst abhanden kommen,
   e) welche persönlichen Schutzausrüstungen zur Verfügung gestellt und von den Beschäftigten bestimmungsgemäß benutzt werden müssen,
   f) daß die Zahl der Beschäftigten, die mit gentechnisch veränderten Organismen umgehen, beschränkt und daß die Dauer einer solchen Beschäftigung begrenzt werden kann,

---

[1] Siehe die Gentechnik-AufzeichnungsVO idF der Bek. v. 4.11.1996 (BGBl. I S. 1644), zuletzt geänd. durch VO v. 28.4.2008 (BGBl. I S. 766).
[2] Siehe die Gentechnik-SicherheitsVO v. 12.8.2019 (BGBl. I S. 1235), die Gentechnik-VerfahrensVO v. 4.11.1996 (BGBl. I S. 1657), zuletzt geänd. durch VO v. 12.8.2019 (BGBl. I S. 1235), die Gentechnik-NotfallVO v. 10.12.1997 (BGBl. I S. 2882), zuletzt geänd. durch VO v. 28.4.2008 (BGBl. I S. 766), und die Lärm- und Vibrations-ArbeitsschutzVO v. 6.3.2007 (BGBl. I S. 261), zuletzt geänd. durch VO v. 21.7.2021 (BGBl. I S. 3115).

g) wie sich die Beschäftigten verhalten müssen, damit sie sich selbst und andere nicht gefährden, und welche Maßnahmen zu treffen sind,

h) unter welchen Umständen Zugangsbeschränkungen zum Schutz der Beschäftigten vorgesehen werden müssen;

3. daß und wie viele Beauftragte für die Biologische Sicherheit der Betreiber zu bestellen hat, die die Erfüllung der Aufgaben des Projektleiters überprüfen und die den Betreiber und die verantwortlichen Personen in allen Fragen der biologischen Sicherheit zu beraten haben, wie diese Aufgaben im einzelnen wahrzunehmen sind, welche Sachkunde für die biologische Sicherheit nachzuweisen ist und auf welche Weise der Beauftragte oder die Beauftragten für die Biologische Sicherheit unter Beteiligung des Betriebs- oder Personalrates zu bestellen sind;

4. welche Kenntnisse und Fähigkeiten die mit gentechnischen Arbeiten oder einer Freisetzung Beschäftigten haben müssen und welche Nachweise hierüber zu erbringen sind;

5. wie und in welchen Zeitabständen die Beschäftigten über die Gefahren und Maßnahmen zu ihrer Abwendung zu unterweisen sind und wie den Beschäftigten der Inhalt der im Betrieb anzuwendenden Vorschriften in einer tätigkeitsbezogenen Betriebsanweisung unter Berücksichtigung von Sicherheitsratschlägen zur Kenntnis zu bringen ist;

6. welche Vorkehrungen zur Verhinderung von Betriebsunfällen und Betriebsstörungen sowie zur Begrenzung ihrer Auswirkungen für die Beschäftigten und welche Maßnahmen zur Organisation der Ersten Hilfe zu treffen sind;

7. daß und welche verantwortlichen Aufsichtspersonen zur Aufsicht über gentechnische Arbeiten und Freisetzungen sowie über andere Arbeiten im Gefahrenbereich bestellt und welche Befugnisse ihnen übertragen werden müssen, damit die Arbeitsschutzaufgaben erfüllt werden können;

8. daß im Hinblick auf den Schutz der Beschäftigten vom Betreiber eine Gefahrenbeurteilung vorzunehmen und ein Plan zur Gefahrenabwehr aufzustellen sind, welche Unterlagen hierfür zu erstellen sind, und daß diese Unterlagen zur Überprüfung der Gefahrenbeurteilung sowie des Gefahrenabwehrplanes zur Einsichtnahme durch die zuständige Behörde bereitgehalten werden müssen;

9. daß die Beschäftigten arbeitsmedizinisch zu betreuen und hierüber Aufzeichnungen zu führen sind sowie zu diesem Zweck

a) der Betreiber verpflichtet werden kann, die mit gentechnischen Arbeiten oder einer Freisetzung Beschäftigten ärztlich untersuchen zu lassen,

b) der Arzt, der mit einer Vorsorgeuntersuchung beauftragt ist, im Zusammenhang mit dem Untersuchungsbefund bestimmte Pflichten zu erfüllen hat, insbesondere hinsichtlich des Inhalts einer von ihm auszustellenden Bescheinigung und der Unterrichtung und Beratung über das Ergebnis der Untersuchung,

c) die zuständige Behörde entscheidet, wenn Feststellungen des Arztes für unzutreffend gehalten werden,

d) die in die Aufzeichnung aufzunehmenden Daten den Trägern der gesetzlichen Unfallversicherung oder einer von ihnen beauftragten Stelle zum Zweck der Ermittlung arbeitsbedingter Gesundheitsgefahren oder Berufskrankheiten übermittelt werden;

## 9.6 GenTG § 30

9a. bei welchen Tätigkeiten Beschäftigten nachgehende Untersuchungen ermöglicht werden müssen;
10. daß der Arbeitgeber dem Betriebs- oder Personalrat Vorgänge mitzuteilen hat, die dieser erfahren muß, um seine Aufgaben erfüllen zu können;
11. daß die zuständigen Behörden ermächtigt werden, zur Durchführung von Rechtsverordnungen bestimmte Anordnungen im Einzelfall auch gegen Aufsichtspersonen und sonstige Beschäftigte insbesondere bei Gefahr im Verzug zu erlassen;
12. daß bei der Beendigung einer gentechnischen Arbeit oder einer Freisetzung bestimmte Vorkehrungen zu treffen sind;
13. daß die Beförderung von gentechnisch veränderten Organismen von der Einhaltung bestimmter Vorsichtsmaßregeln abhängig zu machen ist;
14. daß und wie zur Ordnung des Verkehrs und des Umgangs mit Produkten, die gentechnisch veränderte Organismen enthalten oder aus solchen bestehen, die Produkte zu verpacken und zu kennzeichnen sind, insbesondere welche Angaben über die gentechnischen Veränderungen und über die vertretbaren schädlichen Auswirkungen im Sinne des § 16 Abs. 2 zu machen sind, soweit dies zum Schutz des Anwenders erforderlich ist;
15. welchen Inhalt und welche Form die Anzeige-, Anmelde- und Antragsunterlagen nach § 10 Abs. 2 und 3, § 12 Abs. 2 und 2a und § 15 haben müssen, insbesondere an welchen Kriterien die Risikobewertung auszurichten ist und welche Kriterien bei der Erstellung des Beobachtungsplans zu beachten sind, sowie die Einzelheiten des Anzeige-, Anmelde- und Genehmigungsverfahrens;
16. daß für den Fall eines Unfalls in einer gentechnischen Anlage

　a) die zuständige Behörde auf der Grundlage von vom Betreiber zu liefernden Unterlagen außerbetriebliche Notfallpläne zu erstellen, ihre Erstellung und Durchführung mit den zuständigen Behörden der Mitgliedstaaten der Europäischen Union und den anderen Vertragsstaaten des Abkommens über den Europäischen Wirtschaftsraum, die von einem Unfall betroffen werden können, abzustimmen sowie die Öffentlichkeit über Sicherheitsmaßnahmen zu unterrichten,

　b) der Betreiber die Umstände des Unfalls sowie die von ihm getroffenen Maßnahmen der zuständigen Behörde zu melden,

　c) die zuständige Behörde Angaben der zuständigen Bundesoberbehörde zur Weiterleitung an die Europäische Kommission zu melden, die von den Mitgliedstaaten der Europäischen Union und den anderen Vertragsstaaten des Abkommens über den Europäischen Wirtschaftsraum benannten Behörden zu unterrichten, soweit diese Staaten von dem Unfall möglicherweise betroffen sind, und alle Notfallmaßnahmen und sonstigen erforderlichen Maßnahmen zu treffen

hat.

(3) *(aufgehoben)*

(4) Wegen der Anforderungen nach den Absätzen 1 und 2 kann auf jedermann zugängliche Bekanntmachungen sachverständiger Stellen verwiesen werden; hierbei ist

1. in der Rechtsverordnung das Datum der Bekanntmachung anzugeben und die Bezugsquelle genau zu bezeichnen,

Gentechnikgesetz **§§ 31, 32 GenTG 9.6**

2. die Bekanntmachung bei der zuständigen Bundesoberbehörde archivmäßig gesichert niederzulegen und in der Rechtsverordnung darauf hinzuweisen.

(5) Die Bundesregierung kann nach Anhörung der Kommission mit Zustimmung des Bundesrates zur Durchführung dieses Gesetzes und der auf Grund dieses Gesetzes erlassenen Rechtsverordnungen allgemeine Verwaltungsvorschriften erlassen.

**§ 31 Zuständige Behörde und zuständige Bundesoberbehörde.** [1]Die zur Ausführung dieses Gesetzes zuständigen Behörden bestimmt die nach Landesrecht zuständige Stelle, mangels einer solchen Bestimmung die Landesregierung; diese kann die Ermächtigung weiter übertragen. [2]Zuständige Bundesoberbehörde ist das Bundesamt für Verbraucherschutz und Lebensmittelsicherheit.

### Fünfter Teil. Haftungsvorschriften

**§ 32 Haftung.** (1) Wird infolge von Eigenschaften eines Organismus, die auf gentechnischen Arbeiten beruhen, jemand getötet, sein Körper oder seine Gesundheit verletzt oder eine Sache beschädigt, so ist der Betreiber verpflichtet, den daraus entstehenden Schaden zu ersetzen.

(2) [1]Sind für denselben Schaden mehrere Betreiber zum Schadensersatz verpflichtet, so haften sie als Gesamtschuldner. [2]Im Verhältnis der Ersatzpflichtigen zueinander hängt, soweit nichts anderes bestimmt ist, die Verpflichtung zum Ersatz sowie der Umfang des zu leistenden Ersatzes davon ab, inwieweit der Schaden vorwiegend von dem einen oder anderen Teil verursacht worden ist; im übrigen gelten die §§ 421 bis 425 sowie § 426 Abs. 1 Satz 2 und Abs. 2 des Bürgerlichen Gesetzbuchs[1]).

(3) [1]Hat bei der Entstehung des Schadens ein Verschulden des Geschädigten mitgewirkt, so gilt § 254 des Bürgerlichen Gesetzbuchs[1]); im Falle der Sachbeschädigung steht das Verschulden desjenigen, der die tatsächliche Gewalt über die Sache ausübt, dem Verschulden des Geschädigten gleich. [2]Die Haftung des Betreibers wird nicht gemindert, wenn der Schaden zugleich durch die Handlung eines Dritten verursacht worden ist; Absatz 2 Satz 2 gilt entsprechend.

(4) [1]Im Falle der Tötung ist Ersatz der Kosten der versuchten Heilung sowie des Vermögensnachteils zu leisten, den der Getötete dadurch erlitten hat, daß während der Krankheit seine Erwerbsfähigkeit aufgehoben oder gemindert war oder seine Bedürfnisse vermehrt waren. [2]Der Ersatzpflichtige hat außerdem die Kosten der Beerdigung demjenigen zu ersetzen, der diese Kosten zu tragen hat. [3]Stand der Getötete zur Zeit der Verletzung zu einem Dritten in einem Verhältnis, aus dem er diesem gegenüber kraft Gesetzes unterhaltspflichtig war oder unterhaltspflichtig werden konnte und ist dem Dritten infolge der Tötung das Recht auf Unterhalt entzogen, so hat der Ersatzpflichtige dem Dritten insoweit Schadensersatz zu leisten, als der Getötete während der mutmaßlichen Dauer seines Lebens zur Gewährung des Unterhalts verpflichtet gewesen wäre. [4]Die Ersatzpflicht tritt auch ein, wenn der Dritte zur Zeit der Verletzung gezeugt, aber noch nicht geboren war. [5]Der Ersatzpflichtige hat zudem dem Hinterbliebenen, der zur Zeit der Verletzung zu dem Getöteten in einem besonderen

---
[1]) Nr. **10.1**.

persönlichen Näheverhältnis stand, für das dem Hinterbliebenen zugefügte seelische Leid eine angemessene Entschädigung in Geld zu leisten. [6] Ein besonderes persönliches Näheverhältnis wird vermutet, wenn der Hinterbliebene der Ehegatte, der Lebenspartner, ein Elternteil oder ein Kind des Getöteten war.

(5) [1] Im Falle der Verletzung des Körpers oder der Gesundheit ist Ersatz der Kosten der Heilung sowie des Vermögensnachteils zu leisten, den der Verletzte dadurch erleidet, daß infolge der Verletzung seine Erwerbsfähigkeit zeitweise oder dauernd aufgehoben oder gemindert oder eine Vermehrung seiner Bedürfnisse eingetreten ist. [2] Wegen des Schadens, der nicht Vermögensschaden ist, kann auch eine billige Entschädigung in Geld gefordert werden.

(6) [1] Der Schadensersatz wegen Aufhebung oder Minderung der Erwerbsfähigkeit und wegen vermehrter Bedürfnisse des Verletzten sowie der nach Absatz 4 Satz 3 und 4 einem Dritten zu gewährende Schadensersatz ist für die Zukunft durch eine Geldrente zu leisten. [2] § 843 Abs. 2 bis 4 des Bürgerlichen Gesetzbuchs ist entsprechend anzuwenden.

(7) [1] Stellt die Beschädigung einer Sache auch eine Beeinträchtigung der Natur oder der Landschaft dar, so ist, soweit der Geschädigte den Zustand herstellt, der bestehen würde, wenn die Beeinträchtigung nicht eingetreten wäre, § 251 Abs. 2 des Bürgerlichen Gesetzbuchs[1]) mit der Maßgabe anzuwenden, daß Aufwendungen für die Wiederherstellung des vorherigen Zustandes nicht allein deshalb unverhältnismäßig sind, weil sie den Wert der Sache erheblich übersteigen. [2] Für die erforderlichen Aufwendungen hat der Schädiger auf Verlangen des Ersatzberechtigten Vorschuß zu leisten.

(8) Auf die Verjährung finden die für unerlaubte Handlungen geltenden Vorschriften des Bürgerlichen Gesetzbuchs entsprechende Anwendung.

### § 33 Haftungshöchstbetrag.
[1] Sind infolge von Eigenschaften eines Organismus, die auf gentechnischen Arbeiten beruhen, Schäden verursacht worden, so haftet der Betreiber im Falle des § 32 den Geschädigten bis zu einem Höchstbetrag von 85 Millionen Euro. [2] Übersteigen die mehreren auf Grund desselben Schadensereignisses zu leistenden Entschädigungen den in Satz 1 bezeichneten Höchstbetrag, so verringern sich die einzelnen Entschädigungen in dem Verhältnis, in dem ihr Gesamtbetrag zu dem Höchstbetrag steht.

### § 34 Ursachenvermutung.
(1) Ist der Schaden durch gentechnisch veränderte Organismen verursacht worden, so wird vermutet, daß er durch Eigenschaften dieser Organismen verursacht wurde, die auf gentechnischen Arbeiten beruhen.

(2) Die Vermutung ist entkräftet, wenn es wahrscheinlich ist, daß der Schaden auf anderen Eigenschaften dieser Organismen beruht.

### § 35 Auskunftsansprüche des Geschädigten.
(1) [1] Liegen Tatsachen vor, die die Annahme begründen, daß ein Personen- oder Sachschaden auf gentechnischen Arbeiten eines Betreibers beruht, so ist dieser verpflichtet, auf Verlangen des Geschädigten über die Art und den Ablauf der in der gentechnischen Anlage durchgeführten oder einer Freisetzung zugrundeliegenden gentechnischen Arbeiten Auskunft zu erteilen, soweit dies zur Feststellung, ob ein

---

[1]) Nr. **10.1**.

Anspruch nach § 32 besteht, erforderlich ist. ²Die §§ 259 bis 261 des Bürgerlichen Gesetzbuchs sind entsprechend anzuwenden.

(2) Ein Auskunftsanspruch besteht unter den Voraussetzungen des Absatzes 1 Satz 1 auch gegenüber den Behörden, die für die Anmeldung, die Erteilung einer Genehmigung oder die Überwachung zuständig sind.

(3) Die Ansprüche nach den Absätzen 1 und 2 bestehen insoweit nicht, als die Vorgänge auf Grund gesetzlicher Vorschriften geheimzuhalten sind oder die Geheimhaltung einem überwiegenden Interesse des Betreibers oder eines Dritten entspricht.

**§ 36 Deckungsvorsorge.** (1) ¹Die Bundesregierung bestimmt in einer Rechtsverordnung mit Zustimmung des Bundesrates, dass derjenige, der eine gentechnische Anlage betreibt, in der gentechnische Arbeiten der Sicherheitsstufen 2 bis 4 durchgeführt werden sollen, oder der Freisetzungen vornimmt, verpflichtet ist, zur Deckung der Schäden Vorsorge zu treffen, die durch Eigenschaften eines Organismus, die auf gentechnischen Arbeiten beruhen, verursacht werden (Deckungsvorsorge). ²Der Umfang der Deckungsvorsorge für eine gentechnische Anlage hat Art und Umfang der in der Anlage durchgeführten Arbeiten zu berücksichtigen; dies gilt für Freisetzungen entsprechend. ³Die Rechtsverordnung muss auch nähere Vorschriften über die Befugnisse bei der Überwachung der Deckungsvorsorge enthalten. ⁴Nach Erlass der Rechtsverordnung gemäß Satz 1 kann das Bundesministerium der Justiz und für Verbraucherschutz durch Rechtsverordnung im Einvernehmen mit dem Bundesministerium für Wirtschaft und Energie, dem Bundesministerium für Ernährung und Landwirtschaft, dem Bundesministerium für Bildung und Forschung, dem Bundesministerium für Umwelt, Naturschutz und nukleare Sicherheit sowie dem Bundesministerium für Gesundheit die Höhe der Deckungsvorsorge unter Beachtung der auf dem Versicherungsmarkt angebotenen Höchstbeträge neu festsetzen.

(2) ¹Die Deckungsvorsorge kann insbesondere erbracht werden

1. durch eine Haftpflichtversicherung bei einem im Geltungsbereich dieses Gesetzes zum Geschäftsbetrieb befugten Versicherungsunternehmen oder
2. durch eine Freistellungs- oder Gewährleistungsverpflichtung des Bundes oder eines Landes.

²In der Rechtsverordnung nach Absatz 1 können auch andere Arten der Deckungsvorsorge zugelassen werden, insbesondere Freistellungs- oder Gewährleistungsverpflichtungen von Kreditinstituten, sofern sie vergleichbare Sicherheiten wie eine Deckungsvorsorge nach Satz 1 bieten.

(3) Von der Pflicht zur Deckungsvorsorge sind befreit

1. die Bundesrepublik Deutschland,
2. die Länder und
3. juristische Personen des öffentlichen Rechts.

**§ 36a Ansprüche bei Nutzungsbeeinträchtigungen.** (1) Die Übertragung von Eigenschaften eines Organismus, die auf gentechnischen Arbeiten beruhen, oder sonstige Einträge von gentechnisch veränderten Organismen stellen eine wesentliche Beeinträchtigung im Sinne von § 906 des Bürgerlichen

Gesetzbuchs[1]) dar, wenn entgegen der Absicht des Nutzungsberechtigten wegen der Übertragung oder des sonstigen Eintrags Erzeugnisse insbesondere
1. nicht in Verkehr gebracht werden dürfen oder
2. nach den Vorschriften dieses Gesetzes oder nach anderen Vorschriften nur unter Hinweis auf die gentechnische Veränderung gekennzeichnet in den Verkehr gebracht werden dürfen oder
3. nicht mit einer Kennzeichnung in den Verkehr gebracht werden dürfen, die nach den für die Produktionsweise jeweils geltenden Rechtsvorschriften möglich gewesen wäre.

(2) Die Einhaltung der guten fachlichen Praxis nach § 16b Abs. 2 und 3 gilt als wirtschaftlich zumutbar im Sinne von § 906 des Bürgerlichen Gesetzbuchs[1]).

(3) Für die Beurteilung der Ortsüblichkeit im Sinne von § 906 des Bürgerlichen Gesetzbuchs[1]) kommt es nicht darauf an, ob die Gewinnung von Erzeugnissen mit oder ohne gentechnisch veränderte Organismen erfolgt.

(4) ¹Kommen nach den tatsächlichen Umständen des Einzelfalls mehrere Nachbarn als Verursacher in Betracht und lässt es sich nicht ermitteln, wer von ihnen die Beeinträchtigung durch seine Handlung verursacht hat, so ist jeder für die Beeinträchtigung verantwortlich. ²Dies gilt nicht, wenn jeder nur einen Teil der Beeinträchtigung verursacht hat und eine Aufteilung des Ausgleichs auf die Verursacher gemäß § 287 der Zivilprozessordnung möglich ist.

**§ 37 Haftung nach anderen Rechtsvorschriften.** (1) Wird infolge der Anwendung eines *[bis 27.1.2022:* zum Gebrauch bei Menschen bestimmten*]* Arzneimittels, das im Geltungsbereich des Arzneimittelgesetzes an den Verbraucher abgegeben wurde und der Pflicht zur Zulassung unterliegt oder durch Rechtsverordnung von der Zulassung befreit worden ist, jemand getötet oder an Körper oder Gesundheit verletzt, so sind die §§ 32 bis 36 nicht anzuwenden.

(2) ¹Das gleiche gilt, wenn Produkte, die gentechnisch veränderte Organismen enthalten oder aus solchen bestehen, auf Grund einer Genehmigung nach § 16 Abs. 2 oder einer Zulassung oder Genehmigung nach sonstigen Rechtsvorschriften im Sinne des § 14 Abs. 2 in den Verkehr gebracht werden. ²In diesem Fall findet für die Haftung desjenigen Herstellers, dem die Zulassung oder Genehmigung für das Inverkehrbringen erteilt worden ist, § 1 Abs. 2 Nr. 5 des Produkthaftungsgesetzes keine Anwendung, wenn der Produktfehler auf gentechnischen Arbeiten beruht.

(3) Eine Haftung auf Grund anderer Vorschriften bleibt unberührt.

### Sechster Teil. Straf- und Bußgeldvorschriften

**§ 38 Bußgeldvorschriften.** (1) Ordnungswidrig handelt, wer vorsätzlich oder fahrlässig
1. entgegen § 6 Abs. 1 Satz 1 in Verbindung mit einer Rechtsverordnung nach § 30 Abs. 2 Nr. 15 eine Risikobewertung für eine weitere gentechnische Arbeit der Sicherheitsstufe 1 nicht, nicht richtig, nicht vollständig oder nicht rechtzeitig durchführt,

---

[1]) Nr. **10.1**.

Gentechnikgesetz **§ 38 GenTG 9.6**

1a. entgegen § 6 Abs. 3 Satz 1 Aufzeichnungen nicht führt,
2. entgegen § 8 Abs. 1 Satz 1 gentechnische Arbeiten durchführt,
3. ohne Genehmigung nach § 8 Abs. 1 Satz 2 eine gentechnische Anlage errichtet,
4. entgegen § 8 Abs. 2 Satz 1, auch in Verbindung mit Abs. 4 Satz 2, die Errichtung oder den Betrieb oder eine wesentliche Änderung der Lage, der Beschaffenheit oder des Betriebs einer gentechnischen Anlage oder gentechnische Arbeiten nicht, nicht richtig oder nicht rechtzeitig anzeigt oder anmeldet,
5. ohne Genehmigung nach § 8 Abs. 4 Satz 1 die Lage, die Beschaffenheit oder den Betrieb einer gentechnischen Anlage wesentlich ändert,
6. entgegen § 9 Abs. 2 Satz 1 eine Anzeige nicht, nicht richtig oder nicht rechtzeitig erstattet,
6a. ohne Genehmigung nach § 9 Abs. 3 weitere gentechnische Arbeiten durchführt,
6b. entgegen § 9 Abs. 4 weitere gentechnische Arbeiten durchführt,
7. ohne Genehmigung nach § 14 Abs. 1 Satz 1 Nr. 2 oder 3 Produkte, die gentechnisch veränderte Organismen enthalten oder aus solchen bestehen, in den Verkehr bringt,
7a. wer entgegen § 16c Abs. 1 ein Produkt nicht oder nicht richtig beobachtet,
8. einer vollziehbaren Auflage nach § 16d Abs. 3 Satz 1 oder § 19 Satz 2 oder einer vollziehbaren Anordnung nach § 26 zuwiderhandelt,
9. entgegen § 9 Abs. 4a oder 5, § 16a Abs. 2 Satz 1 oder 3 oder Abs. 3 Satz 1 oder 3 oder § 21 Abs. 1 Satz 1 oder 2 in Verbindung mit Satz 1, Abs. 1b Satz 1, Abs. 2 in Verbindung mit Abs. 1 Satz 1, Abs. 3, 4 Satz 1 oder Abs. 5 oder 5a Satz 1 oder 2 eine Mitteilung nicht, nicht richtig oder nicht rechtzeitig macht,
10. entgegen § 25 Abs. 2 eine Auskunft nicht, nicht rechtzeitig, nicht vollständig oder nicht richtig erteilt oder ein Hilfsmittel nicht zur Verfügung stellt,
11. einer in § 16 Abs. 5a oder § 25 Abs. 3 Satz 3 genannten Verpflichtung zuwiderhandelt,
11a. entgegen § 25 Abs. 6 die Risikobewertung nicht oder nicht rechtzeitig vorlegt oder
12. einer Rechtsverordnung nach § 2 Abs. 2 Satz 3, auch in Verbindung mit Abs. 2a Satz 2, § 6 Abs. 3 Satz 2, § 7 Abs. 2 Satz 2 oder § 30 Abs. 2 Nr. 1 bis 14 zuwiderhandelt, soweit sie für einen bestimmten Tatbestand auf diese Bußgeldvorschrift verweist.

(2) Die Ordnungswidrigkeit kann mit einer Geldbuße bis zu fünfzigtausend Euro geahndet werden.

(3) Soweit dieses Gesetz von Bundesbehörden ausgeführt wird, ist Verwaltungsbehörde im Sinne des § 36 Abs. 1 Nr. 1 des Gesetzes über Ordnungswidrigkeiten[1] die nach Landesrecht zuständige Behörde.

---

[1] Nr. **11.2**.

**§ 39 Strafvorschriften.** (1) Mit Freiheitsstrafe bis zu einem Jahr oder mit Geldstrafe wird bestraft, wer einer Rechtsverordnung nach § 36 Abs. 1 Satz 1 zuwiderhandelt, soweit sie für einen bestimmten Tatbestand auf diese Strafvorschrift verweist.

(2) Mit Freiheitsstrafe bis zu drei Jahren oder mit Geldstrafe wird bestraft, wer

1. ohne Genehmigung nach § 14 Abs. 1 Satz 1 Nr. 1 gentechnisch veränderte Organismen freisetzt oder
2. ohne Genehmigung nach § 8 Abs. 1 Satz 2 eine gentechnische Anlage betreibt.

(3) Mit Freiheitsstrafe von drei Monaten bis zu fünf Jahren wird bestraft, wer durch eine in Absatz 2 oder eine in § 38 Abs. 1 Nr. 2, 8, 9 oder 12 bezeichnete Handlung Leib oder Leben eines anderen, fremde Sachen von bedeutendem Wert oder Bestandteile des Naturhaushalts von erheblicher ökologischer Bedeutung gefährdet.

(4) In den Fällen der Absätze 2 und 3 ist der Versuch strafbar.

(5) Wer in den Fällen des Absatzes 2 fahrlässig handelt, wird mit Freiheitsstrafe bis zu einem Jahr oder mit Geldstrafe bestraft.

(6) Wer in den Fällen des Absatzes 3 die Gefahr fahrlässig verursacht, wird mit Freiheitsstrafe bis zu fünf Jahren oder mit Geldstrafe bestraft.

(7) Wer in den Fällen des Absatzes 3 fahrlässig handelt und die Gefahr fahrlässig verursacht, wird mit Freiheitsstrafe bis zu drei Jahren oder mit Geldstrafe bestraft.

## Siebter Teil. Übergangs- und Schlußvorschriften

**§ 40** (weggefallen)

**§ 41 Übergangsregelung.** (1) Für gentechnische Arbeiten, die bei Inkrafttreten der Vorschriften dieses Gesetzes über Anmeldungen und Genehmigungspflichten in einem nach den „Richtlinien zum Schutz vor Gefahren durch in-vitro neukombinierte Nukleinsäuren" (Gen-Richtlinien) registrierten Genlabor durchgeführt werden durften und die nach den Vorschriften dieses Gesetzes nur in genehmigten oder angemeldeten gentechnischen Anlagen durchgeführt werden dürfen, angemeldet werden müssen oder einer Genehmigung bedürfen, gilt die Anmeldung als erfolgt oder die Genehmigung als erteilt; für gentechnische Arbeiten in solchen Anlagen ist § 9 anwendbar.

(2) [1] Eine Genehmigung, die vor dem Inkrafttreten der Vorschriften dieses Gesetzes über Anmeldungen sowie Genehmigungspflichten nach dem Bundes-Immissionsschutzgesetz[1)] erteilt worden ist, gilt im bisherigen Umfang als Anmeldung oder Genehmigung im Sinne dieses Gesetzes fort. [2] § 19 findet entsprechende Anwendung.

(3) *(aufgehoben)*

(4) [1] Auf die bis zum Inkrafttreten dieses Gesetzes begonnenen Verfahren finden die Vorschriften des Zweiten Gesetzes zur Änderung des Gentechnikgesetzes vom 16. August 2002 (BGBl. I S. 3220) keine Anwendung, sofern

---

[1)] Nr. **6.1**.

vollständige Antragsunterlagen vorliegen. ²Dies gilt nicht für die Genehmigung weiterer Arbeiten der Sicherheitsstufen 3 und 4 gemäß § 9 Abs. 3.

(5) *(aufgehoben)*

(6) Inverkehrbringensgenehmigungen, die vor dem 17. Oktober 2002 erteilt wurden, erlöschen am 17. Oktober 2006, wenn nicht bis zum 17. Januar 2006 eine Verlängerung beantragt worden ist.

(7) Bis zum Erlass einer Rechtsverordnung nach § 14 Abs. 4, längstens jedoch bis zum 31. Dezember 2008, treten an deren Stelle, auch soweit in diesem Gesetz auf diese Rechtsverordnung verwiesen wird, hinsichtlich des Verfahrens und des Genehmigungsumfangs die Bestimmungen der Entscheidung 94/730/EG der Kommission vom 4. November 1994 zur Festlegung von vereinfachten Verfahren für die absichtliche Freisetzung genetisch veränderter Pflanzen nach Artikel 6 Absatz 5 der Richtlinie 90/220/EWG des Rates (ABl. EG Nr. L 292 S. 31).

(8) Bis zur Bildung der Kommission nach § 4 werden deren jeweilige Aufgaben von einem besonderen Ausschuss wahrgenommen, der

1. nach Maßgabe der am 3. Februar 2005 geltenden Vorschriften für die Zentrale Kommission für die Biologische Sicherheit gebildet wird und

2. die Aufgaben nach Maßgabe der in Nummer 1 genannten Vorschriften wahrnimmt.

(9) Abweichend von den sonstigen Vorschriften dieses Gesetzes können

1. die Gentechnik-Verfahrensverordnung in der Fassung der Bekanntmachung vom 4. November 1996 (BGBl. I S. 1657), zuletzt geändert durch Artikel 2 des Gesetzes vom 16. August 2002 (BGBl. I S. 3220),

2. die Gentechnik-Beteiligungsverordnung vom 17. Mai 1995 (BGBl. I S. 734), geändert durch Artikel 1 § 2 des Gesetzes vom 22. März 2004 (BGBl. I S. 454),

bis zum 1. Oktober 2006 ohne Anhörung der Kommission nach § 4 oder eines Ausschusses nach den §§ 5 und 5a einmal geändert werden.

### § 41a (weggefallen)

### § 42 Anwendbarkeit der Vorschriften für die anderen Vertragsstaaten des Abkommens über den Europäischen Wirtschaftsraum.
Bei Inkrafttreten des Abkommens über den Europäischen Wirtschaftsraum[1] gelten die Vorschriften, die eine Beteiligung der Mitgliedstaaten der Europäischen Union vorsehen, auch für die Beteiligung der anderen Vertragsstaaten des Abkommens über den Europäischen Wirtschaftsraum ab dem 1. Januar 1995.

---

[1] Das Abkommen ist am 1.1.1994 in Kraft getreten (Bek. v. 16.12.1993, BGBl. I S. 2436).

## 10.1. Bürgerliches Gesetzbuch (BGB)
In der Fassung der Bekanntmachung vom 2. Januar 2002[1])
(BGBl. I S. 42, ber. S. 2909 und 2003 I S. 738)
**FNA 400-2**
zuletzt geänd. durch Art. 1 MietspiegelreformG v. 10.8.2021 (BGBl. I S. 3515)

– Auszug –

**§ 1 Beginn der Rechtsfähigkeit.** Die Rechtsfähigkeit des Menschen beginnt mit der Vollendung der Geburt.

**§ 13 Verbraucher.** Verbraucher ist jede natürliche Person, die ein Rechtsgeschäft zu Zwecken abschließt, die überwiegend weder ihrer gewerblichen noch ihrer selbständigen beruflichen Tätigkeit zugerechnet werden können.

**§ 14 Unternehmer.** (1) Unternehmer ist eine natürliche oder juristische Person oder eine rechtsfähige Personengesellschaft, die bei Abschluss eines Rechtsgeschäfts in Ausübung ihrer gewerblichen oder selbständigen beruflichen Tätigkeit handelt.

(2) Eine rechtsfähige Personengesellschaft ist eine Personengesellschaft, die mit der Fähigkeit ausgestattet ist, Rechte zu erwerben und Verbindlichkeiten einzugehen.

**§ 90a Tiere.** ¹Tiere sind keine Sachen. ²Sie werden durch besondere Gesetze geschützt. ³Auf sie sind die für Sachen geltenden Vorschriften entsprechend anzuwenden, soweit nicht etwas anderes bestimmt ist.

**§ 249 Art und Umfang des Schadensersatzes.** (1) Wer zum Schadensersatz verpflichtet ist, hat den Zustand herzustellen, der bestehen würde, wenn der zum Ersatz verpflichtende Umstand nicht eingetreten wäre.

(2) ¹Ist wegen Verletzung einer Person oder wegen Beschädigung einer Sache Schadensersatz zu leisten, so kann der Gläubiger statt der Herstellung den dazu erforderlichen Geldbetrag verlangen. ²Bei der Beschädigung einer Sache schließt der nach Satz 1 erforderliche Geldbetrag die Umsatzsteuer nur mit ein, wenn und soweit sie tatsächlich angefallen ist.

**§ 251 Schadensersatz in Geld ohne Fristsetzung.** (1) Soweit die Herstellung nicht möglich oder zur Entschädigung des Gläubigers nicht genügend ist, hat der Ersatzpflichtige den Gläubiger in Geld zu entschädigen.

(2) ¹Der Ersatzpflichtige kann den Gläubiger in Geld entschädigen, wenn die Herstellung nur mit unverhältnismäßigen Aufwendungen möglich ist. ²Die aus der Heilbehandlung eines verletzten Tieres entstandenen Aufwendungen sind nicht bereits dann unverhältnismäßig, wenn sie dessen Wert erheblich übersteigen.

**§ 254 Mitverschulden.** (1) Hat bei der Entstehung des Schadens ein Verschulden des Beschädigten mitgewirkt, so hängt die Verpflichtung zum Ersatz

---

[1]) Neubekanntmachung des BGB v. 18.8.1896 (RGBl. S. 195) in der ab 1.1.2002 geltenden Fassung.

sowie der Umfang des zu leistenden Ersatzes von den Umständen, insbesondere davon ab, inwieweit der Schaden vorwiegend von dem einen oder dem anderen Teil verursacht worden ist.

(2) ¹Dies gilt auch dann, wenn sich das Verschulden des Beschädigten darauf beschränkt, dass er unterlassen hat, den Schuldner auf die Gefahr eines ungewöhnlich hohen Schadens aufmerksam zu machen, die der Schuldner weder kannte noch kennen musste, oder dass er unterlassen hat, den Schaden abzuwenden oder zu mindern. ²Die Vorschrift des § 278 findet entsprechende Anwendung.

**§ 421 Gesamtschuldner.** ¹Schulden mehrere eine Leistung in der Weise, dass jeder die ganze Leistung zu bewirken verpflichtet, der Gläubiger aber die Leistung nur einmal zu fordern berechtigt ist (Gesamtschuldner), so kann der Gläubiger die Leistung nach seinem Belieben von jedem der Schuldner ganz oder zu einem Teil fordern. ²Bis zur Bewirkung der ganzen Leistung bleiben sämtliche Schuldner verpflichtet.

**§ 422 Wirkung der Erfüllung.** (1) ¹Die Erfüllung durch einen Gesamtschuldner wirkt auch für die übrigen Schuldner. ²Das Gleiche gilt von der Leistung an Erfüllungs statt, der Hinterlegung und der Aufrechnung.

(2) Eine Forderung, die einem Gesamtschuldner zusteht, kann nicht von den übrigen Schuldnern aufgerechnet werden.

**§ 423 Wirkung des Erlasses.** Ein zwischen dem Gläubiger und einem Gesamtschuldner vereinbarter Erlass wirkt auch für die übrigen Schuldner, wenn die Vertragschließenden das ganze Schuldverhältnis aufheben wollten.

**§ 424 Wirkung des Gläubigerverzugs.** Der Verzug des Gläubigers gegenüber einem Gesamtschuldner wirkt auch für die übrigen Schuldner.

**§ 425 Wirkung anderer Tatsachen.** (1) Andere als die in den §§ 422 bis 424 bezeichneten Tatsachen wirken, soweit sich nicht aus dem Schuldverhältnis ein anderes ergibt, nur für und gegen den Gesamtschuldner, in dessen Person sie eintreten.

(2) Dies gilt insbesondere von der Kündigung, dem Verzug, dem Verschulden, von der Unmöglichkeit der Leistung in der Person eines Gesamtschuldners, von der Verjährung, deren Neubeginn, Hemmung und Ablaufhemmung, von der Vereinigung der Forderung mit der Schuld und von dem rechtskräftigen Urteil.

**§ 426 Ausgleichungspflicht, Forderungsübergang.** (1) ¹Die Gesamtschuldner sind im Verhältnis zueinander zu gleichen Anteilen verpflichtet, soweit nicht ein anderes bestimmt ist. ²Kann von einem Gesamtschuldner der auf ihn entfallende Beitrag nicht erlangt werden, so ist der Ausfall von den übrigen zur Ausgleichung verpflichteten Schuldnern zu tragen.

(2) ¹Soweit ein Gesamtschuldner den Gläubiger befriedigt und von den übrigen Schuldnern Ausgleichung verlangen kann, geht die Forderung des Gläubigers gegen die übrigen Schuldner auf ihn über. ²Der Übergang kann nicht zum Nachteil des Gläubigers geltend gemacht werden.

**§ 555a Erhaltungsmaßnahmen.** (1) Der Mieter hat Maßnahmen zu dulden, die zur Instandhaltung oder Instandsetzung der Mietsache erforderlich sind (Erhaltungsmaßnahmen). ...

**§ 555b Modernisierungsmaßnahmen.** Modernisierungsmaßnahmen sind bauliche Veränderungen,
1. durch die in Bezug auf die Mietsache Endenergie nachhaltig eingespart wird (energetische Modernisierung),
2. durch die nicht erneuerbare Primärenergie nachhaltig eingespart oder das Klima nachhaltig geschützt wird, sofern nicht bereits eine energetische Modernisierung nach Nummer 1 vorliegt,
3. durch die der Wasserverbrauch nachhaltig reduziert wird, ...

**§ 555c Ankündigung von Modernisierungsmaßnahmen.** (1) ¹Der Vermieter hat dem Mieter eine Modernisierungsmaßnahme spätestens drei Monate vor ihrem Beginn in Textform anzukündigen (Modernisierungsankündigung). ...

**§ 555d Duldung von Modernisierungsmaßnahmen, Ausschlussfrist.**
(1) Der Mieter hat eine Modernisierungsmaßnahme zu dulden.
(2) ¹Eine Duldungspflicht nach Absatz 1 besteht nicht, wenn die Modernisierungsmaßnahme für den Mieter, seine Familie oder einen Angehörigen seines Haushalts eine Härte bedeuten würde, die auch unter Würdigung der berechtigten Interessen sowohl des Vermieters als auch anderer Mieter in dem Gebäude sowie von Belangen der Energieeinsparung und des Klimaschutzes nicht zu rechtfertigen ist. ...
(3) ¹Der Mieter hat dem Vermieter Umstände, die eine Härte im Hinblick auf die Duldung oder die Mieterhöhung begründen, bis zum Ablauf des Monats, der auf den Zugang der Modernisierungsankündigung folgt, in Textform mitzuteilen. ...
(4) ¹Nach Ablauf der Frist sind Umstände, die eine Härte im Hinblick auf die Duldung oder die Mieterhöhung begründen, noch zu berücksichtigen, wenn der Mieter ohne Verschulden an der Einhaltung der Frist gehindert war und er dem Vermieter die Umstände sowie die Gründe der Verzögerung unverzüglich in Textform mitteilt. ...

**§ 555e Sonderkündigungsrecht des Mieters bei Modernisierungsmaßnahmen.** (1) ¹Nach Zugang der Modernisierungsankündigung kann der Mieter das Mietverhältnis außerordentlich zum Ablauf des übernächsten Monats kündigen. ²Die Kündigung muss bis zum Ablauf des Monats erfolgen, der auf den Zugang der Modernisierungsankündigung folgt. ...

**§ 555f Vereinbarungen über Erhaltungs- oder Modernisierungsmaßnahmen.** Die Vertragsparteien können nach Abschluss des Mietvertrags aus Anlass von Erhaltungs- oder Modernisierungsmaßnahmen Vereinbarungen treffen, insbesondere über die
1. zeitliche und technische Durchführung der Maßnahmen,
2. Gewährleistungsrechte und Aufwendungsersatzansprüche des Mieters,
3. künftige Höhe der Miete.

## § 556c Kosten der Wärmelieferung als Betriebskosten, Verordnungsermächtigung.

(1) [1]Hat der Mieter die Betriebskosten für Wärme oder Warmwasser zu tragen und stellt der Vermieter die Versorgung von der Eigenversorgung auf die eigenständig gewerbliche Lieferung durch einen Wärmelieferanten (Wärmelieferung) um, so hat der Mieter die Kosten der Wärmelieferung als Betriebskosten zu tragen, wenn

1. die Wärme mit verbesserter Effizienz entweder aus einer vom Wärmelieferanten errichteten neuen Anlage oder aus einem Wärmenetz geliefert wird und
2. die Kosten der Wärmelieferung die Betriebskosten für die bisherige Eigenversorgung mit Wärme oder Warmwasser nicht übersteigen.

[2]Beträgt der Jahresnutzungsgrad der bestehenden Anlage vor der Umstellung mindestens 80 Prozent, kann sich der Wärmelieferant anstelle der Maßnahmen nach Nummer 1 auf die Verbesserung der Betriebsführung der Anlage beschränken.

(2) Der Vermieter hat die Umstellung spätestens drei Monate zuvor in Textform anzukündigen (Umstellungsankündigung).

(3) [1]Die Bundesregierung wird ermächtigt, durch Rechtsverordnung[1]) ohne Zustimmung des Bundesrates Vorschriften für Wärmelieferverträge, die bei einer Umstellung nach Absatz 1 geschlossen werden, sowie für die Anforderungen nach den Absätzen 1 und 2 zu erlassen. [2]Hierbei sind die Belange von Vermietern, Mietern und Wärmelieferanten angemessen zu berücksichtigen.

(4) Eine zum Nachteil des Mieters abweichende Vereinbarung ist unwirksam.

## § 556d Zulässige Miethöhe bei Mietbeginn; Verordnungsermächtigung.

(1) Wird ein Mietvertrag über Wohnraum abgeschlossen, der in einem durch Rechtsverordnung nach Absatz 2 bestimmten Gebiet mit einem angespannten Wohnungsmarkt liegt, so darf die Miete zu Beginn des Mietverhältnisses die ortsübliche Vergleichsmiete (§ 558 Absatz 2) höchstens um 10 Prozent übersteigen. ...

## § 556e Berücksichtigung der Vormiete oder einer durchgeführten Modernisierung. ...

(2) [1]Hat der Vermieter in den letzten drei Jahren vor Beginn des Mietverhältnisses Modernisierungsmaßnahmen im Sinne des § 555b durchgeführt, so darf die nach § 556d Absatz 1 zulässige Miete um den Betrag überschritten werden, der sich bei einer Mieterhöhung nach § 559 Absatz 1 bis 3a und § 559a Absatz 1 bis 4 ergäbe. [2]Bei der Berechnung nach Satz 1 ist von der ortsüblichen Vergleichsmiete (§ 558 Absatz 2) auszugehen, die bei Beginn des Mietverhältnisses ohne Berücksichtigung der Modernisierung anzusetzen wäre.

## § 556f Ausnahmen.

[1]§ 556d ist nicht anzuwenden auf eine Wohnung, die nach dem 1. Oktober 2014 erstmals genutzt und vermietet wird. [2]Die §§ 556d und 556e sind nicht anzuwenden auf die erste Vermietung nach umfassender Modernisierung.

---

[1]) Siehe die Wärmelieferverordnung v. 7.6.2013 (BGBl. I S. 1509).

**§ 559 Mieterhöhung nach Modernisierungsmaßnahmen.** (1) ¹Hat der Vermieter Modernisierungsmaßnahmen im Sinne des § 555b Nummer 1, 3, 4, 5 oder 6 durchgeführt, so kann er die jährliche Miete um 8 Prozent der für die Wohnung aufgewendeten Kosten erhöhen. ...

**§ 823 Schadensersatzpflicht.** (1) Wer vorsätzlich oder fahrlässig das Leben, den Körper, die Gesundheit, die Freiheit, das Eigentum oder ein sonstiges Recht eines anderen widerrechtlich verletzt, ist dem anderen zum Ersatz des daraus entstehenden Schadens verpflichtet.

(2) ¹Die gleiche Verpflichtung trifft denjenigen, welcher gegen ein den Schutz eines anderen bezweckendes Gesetz verstößt. ²Ist nach dem Inhalt des Gesetzes ein Verstoß gegen dieses auch ohne Verschulden möglich, so tritt die Ersatzpflicht nur im Falle des Verschuldens ein.

**§ 831 Haftung für den Verrichtungsgehilfen.** (1) ¹Wer einen anderen zu einer Verrichtung bestellt, ist zum Ersatz des Schadens verpflichtet, den der andere in Ausführung der Verrichtung einem Dritten widerrechtlich zufügt. ²Die Ersatzpflicht tritt nicht ein, wenn der Geschäftsherr bei der Auswahl der bestellten Person und, sofern er Vorrichtungen oder Gerätschaften zu beschaffen oder die Ausführung der Verrichtung zu leiten hat, bei der Beschaffung oder der Leitung die im Verkehr erforderliche Sorgfalt beobachtet oder wenn der Schaden auch bei Anwendung dieser Sorgfalt entstanden sein würde.

(2) Die gleiche Verantwortlichkeit trifft denjenigen, welcher für den Geschäftsherrn die Besorgung eines der im Absatz 1 Satz 2 bezeichneten Geschäfte durch Vertrag übernimmt.

**§ 862 Anspruch wegen Besitzstörung.** (1) ¹Wird der Besitzer durch verbotene Eigenmacht im Besitz gestört, so kann er von dem Störer die Beseitigung der Störung verlangen. ²Sind weitere Störungen zu besorgen, so kann der Besitzer auf Unterlassung klagen.

(2) Der Anspruch ist ausgeschlossen, wenn der Besitzer dem Störer oder dessen Rechtsvorgänger gegenüber fehlerhaft besitzt und der Besitz in dem letzten Jahre vor der Störung erlangt worden ist.

**§ 903 Befugnisse des Eigentümers.** ¹Der Eigentümer einer Sache kann, soweit nicht das Gesetz oder Rechte Dritter entgegenstehen, mit der Sache nach Belieben verfahren und andere von jeder Einwirkung ausschließen. ²Der Eigentümer eines Tieres hat bei der Ausübung seiner Befugnisse die besonderen Vorschriften zum Schutz der Tiere zu beachten.

**§ 905 Begrenzung des Eigentums.** ¹Das Recht des Eigentümers eines Grundstücks erstreckt sich auf den Raum über der Oberfläche und auf den Erdkörper unter der Oberfläche. ²Der Eigentümer kann jedoch Einwirkungen nicht verbieten, die in solcher Höhe oder Tiefe vorgenommen werden, dass er an der Ausschließung kein Interesse hat.

**§ 906 Zuführung unwägbarer Stoffe.** (1) ¹Der Eigentümer eines Grundstücks kann die Zuführung von Gasen, Dämpfen, Gerüchen, Rauch, Ruß, Wärme, Geräusch, Erschütterungen und ähnliche von einem anderen Grundstück ausgehende Einwirkungen insoweit nicht verbieten, als die Einwirkung die Benutzung seines Grundstücks nicht oder nur unwesentlich beeinträchtigt.

² Eine unwesentliche Beeinträchtigung liegt in der Regel vor, wenn die in Gesetzen oder Rechtsverordnungen festgelegten Grenz- oder Richtwerte von den nach diesen Vorschriften ermittelten und bewerteten Einwirkungen nicht überschritten werden. ³ Gleiches gilt für Werte in allgemeinen Verwaltungsvorschriften, die nach § 48 des Bundes-Immissionsschutzgesetzes[1] erlassen worden sind und den Stand der Technik wiedergeben.

(2) ¹ Das Gleiche gilt insoweit, als eine wesentliche Beeinträchtigung durch eine ortsübliche Benutzung des anderen Grundstücks herbeigeführt wird und nicht durch Maßnahmen verhindert werden kann, die Benutzern dieser Art wirtschaftlich zumutbar sind. ² Hat der Eigentümer hiernach eine Einwirkung zu dulden, so kann er von dem Benutzer des anderen Grundstücks einen angemessenen Ausgleich in Geld verlangen, wenn die Einwirkung eine ortsübliche Benutzung seines Grundstücks oder dessen Ertrag über das zumutbare Maß hinaus beeinträchtigt.

(3) Die Zuführung durch eine besondere Leitung ist unzulässig.

## § 907 Gefahr drohende Anlagen.
(1) ¹ Der Eigentümer eines Grundstücks kann verlangen, dass auf den Nachbargrundstücken nicht Anlagen hergestellt oder gehalten werden, von denen mit Sicherheit vorauszusehen ist, dass ihr Bestand oder ihre Benutzung eine unzulässige Einwirkung auf sein Grundstück zur Folge hat. ² Genügt eine Anlage den landesgesetzlichen Vorschriften, die einen bestimmten Abstand von der Grenze oder sonstige Schutzmaßregeln vorschreiben, so kann die Beseitigung der Anlage erst verlangt werden, wenn die unzulässige Einwirkung tatsächlich hervortritt.

(2) Bäume und Sträucher gehören nicht zu den Anlagen im Sinne dieser Vorschriften.

## § 1004 Beseitigungs- und Unterlassungsanspruch.
(1) ¹ Wird das Eigentum in anderer Weise als durch Entziehung oder Vorenthaltung des Besitzes beeinträchtigt, so kann der Eigentümer von dem Störer die Beseitigung der Beeinträchtigung verlangen. ² Sind weitere Beeinträchtigungen zu besorgen, so kann der Eigentümer auf Unterlassung klagen.

(2) Der Anspruch ist ausgeschlossen, wenn der Eigentümer zur Duldung verpflichtet ist.[2]

---

[1] Nr. **6.1**.
[2] Vgl. § 14 Bundes-Immissionsschutzgesetz (Nr. **6.1**).

## 10.2. Umwelthaftungsgesetz (UmweltHG)[1)]

Vom 10. Dezember 1990

(BGBl. I S. 2634)

**FNA 400-9**

zuletzt geänd. durch Art. 6 G zur Einführung eines Anspruchs auf Hinterbliebenengeld v. 17.7.2017 (BGBl. I S. 2421)

**§ 1 Anlagenhaftung bei Umwelteinwirkungen.** Wird durch eine Umwelteinwirkung, die von einer im Anhang 1 genannten Anlage ausgeht, jemand getötet, sein Körper oder seine Gesundheit verletzt oder eine Sache beschädigt, so ist der Inhaber der Anlage verpflichtet, dem Geschädigten den daraus entstehenden Schaden zu ersetzen.

**§ 2 Haftung für nichtbetriebene Anlagen.** (1) Geht die Umwelteinwirkung von einer noch nicht fertiggestellten Anlage aus und beruht sie auf Umständen, die die Gefährlichkeit der Anlage nach ihrer Fertigstellung begründen, so haftet der Inhaber der noch nicht fertiggestellten Anlage nach § 1.

(2) Geht die Umwelteinwirkung von einer nicht mehr betriebenen Anlage aus und beruht sie auf Umständen, die die Gefährlichkeit der Anlage vor der Einstellung des Betriebs begründet haben, so haftet derjenige nach § 1, der im Zeitpunkt der Einstellung des Betriebs Inhaber der Anlage war.

**§ 3 Begriffsbestimmungen.** (1) Ein Schaden entsteht durch eine Umwelteinwirkung, wenn er durch Stoffe, Erschütterungen, Geräusche, Druck, Strahlen, Gase, Dämpfe, Wärme oder sonstige Erscheinungen verursacht wird, die sich in Boden, Luft oder Wasser ausgebreitet haben.

(2) Anlagen sind ortsfeste Einrichtungen wie Betriebsstätten und Lager.

(3) Zu den Anlagen gehören auch

a) Maschinen, Geräte, Fahrzeuge und sonstige ortsveränderliche technische Einrichtungen und
b) Nebeneinrichtungen,

die mit der Anlage oder einem Anlagenteil in einem räumlichen oder betriebstechnischen Zusammenhang stehen und für das Entstehen von Umwelteinwirkungen von Bedeutung sein können.

**§ 4 Ausschluß der Haftung.** Die Ersatzpflicht besteht nicht, soweit der Schaden durch höhere Gewalt verursacht wurde.

**§ 5 Beschränkung der Haftung bei Sachschäden.** Ist die Anlage bestimmungsgemäß betrieben worden (§ 6 Abs. 2 Satz 2), so ist die Ersatzpflicht für Sachschäden ausgeschlossen, wenn die Sache nur unwesentlich oder in einem Maße beeinträchtigt wird, das nach den örtlichen Verhältnissen zumutbar ist.

**§ 6 Ursachenvermutung.** (1) [1] Ist eine Anlage nach den Gegebenheiten des Einzelfalles geeignet, den entstandenen Schaden zu verursachen, so wird ver-

---

[1)] Verkündet als Art. 1 G über die Umwelthaftung vom 10.12.1990 (BGBl. I S. 2634); Inkrafttreten gem. Art. 5 dieses G am 1.1.1991.

mutet, daß der Schaden durch diese Anlage verursacht ist. ²Die Eignung im Einzelfall beurteilt sich nach dem Betriebsablauf, den verwendeten Einrichtungen, der Art und Konzentration der eingesetzten und freigesetzten Stoffe, den meteorologischen Gegebenheiten, nach Zeit und Ort des Schadenseintritts und nach dem Schadensbild sowie allen sonstigen Gegebenheiten, die im Einzelfall für oder gegen die Schadensverursachung sprechen.

(2) ¹Absatz 1 findet keine Anwendung, wenn die Anlage bestimmungsgemäß betrieben wurde. ²Ein bestimmungsgemäßer Betrieb liegt vor, wenn die besonderen Betriebspflichten eingehalten worden sind und auch keine Störung des Betriebs vorliegt.

(3) Besondere Betriebspflichten sind solche, die sich aus verwaltungsrechtlichen Zulassungen, Auflagen und vollziehbaren Anordnungen und Rechtsvorschriften ergeben, soweit sie die Verhinderung von solchen Umwelteinwirkungen bezwecken, die für die Verursachung des Schadens in Betracht kommen.

(4) Sind in der Zulassung, in Auflagen, in vollziehbaren Anordnungen oder in Rechtsvorschriften zur Überwachung einer besonderen Betriebspflicht Kontrollen vorgeschrieben, so wird die Einhaltung dieser Betriebspflicht vermutet, wenn

1. die Kontrollen in dem Zeitraum durchgeführt wurden, in dem die in Frage stehende Umwelteinwirkung von der Anlage ausgegangen sein kann, und diese Kontrollen keinen Anhalt für die Verletzung der Betriebspflicht ergeben haben, oder

2. im Zeitpunkt der Geltendmachung des Schadensersatzanspruchs die in Frage stehende Umwelteinwirkung länger als zehn Jahre zurückliegt.

**§ 7 Ausschluß der Vermutung.** (1) ¹Sind mehrere Anlagen geeignet, den Schaden zu verursachen, so gilt die Vermutung nicht, wenn ein anderer Umstand nach den Gegebenheiten des Einzelfalles geeignet ist, den Schaden zu verursachen. ²Die Eignung im Einzelfall beurteilt sich nach Zeit und Ort des Schadenseintritts und nach dem Schadensbild sowie allen sonstigen Gegebenheiten, die im Einzelfall für oder gegen die Schadensverursachung sprechen.

(2) Ist nur eine Anlage geeignet, den Schaden zu verursachen, so gilt die Vermutung dann nicht, wenn ein anderer Umstand nach den Gegebenheiten des Einzelfalles geeignet ist, den Schaden zu verursachen.

**§ 8 Auskunftsanspruch des Geschädigten gegen den Inhaber einer Anlage.** (1) ¹Liegen Tatsachen vor, die die Annahme begründen, daß eine Anlage den Schaden verursacht hat, so kann der Geschädigte vom Inhaber der Anlage Auskunft verlangen, soweit dies zur Feststellung, daß ein Anspruch auf Schadensersatz nach diesem Gesetz besteht, erforderlich ist. ²Verlangt werden können nur Angaben über die verwendeten Einrichtungen, die Art und Konzentration der eingesetzten oder freigesetzten Stoffe und die sonst von der Anlage ausgehenden Wirkungen sowie die besonderen Betriebspflichten nach § 6 Abs. 3.

(2) Der Anspruch nach Absatz 1 besteht insoweit nicht, als die Vorgänge aufgrund gesetzlicher Vorschriften geheimzuhalten sind oder die Geheimhaltung einem überwiegenden Interesse des Inhabers der Anlage oder eines Dritten entspricht.

(3) ¹Der Geschädigte kann vom Inhaber der Anlage Gewährung von Einsicht in vorhandene Unterlagen verlangen, soweit die Annahme begründet ist, daß die Auskunft unvollständig, unrichtig oder nicht ausreichend ist, oder wenn die Auskunft nicht in angemessener Frist erteilt wird. ²Absätze 1 und 2 gelten entsprechend.

(4) Die §§ 259 bis 261 des Bürgerlichen Gesetzbuchs finden entsprechende Anwendung.

**§ 9 Auskunftsanspruch des Geschädigten gegen Behörden.** ¹Liegen Tatsachen vor, die die Annahme begründen, daß eine Anlage den Schaden verursacht hat, so kann der Geschädigte von Behörden, die die Anlage genehmigt haben oder überwachen, oder deren Aufgabe es ist, Einwirkungen auf die Umwelt zu erfassen, Auskunft verlangen, soweit dies zur Feststellung, daß ein Anspruch auf Schadensersatz besteht, erforderlich ist. ²Die Behörde ist zur Erteilung der Auskunft nicht verpflichtet, soweit durch sie die ordnungsgemäße Erfüllung der Aufgaben der Behörde beeinträchtigt würde, das Bekanntwerden des Inhalts der Auskunft dem Wohle des Bundes oder eines Landes Nachteile bereiten würde oder soweit die Vorgänge nach einem Gesetz oder ihrem Wesen nach, namentlich wegen der berechtigten Interessen der Beteiligten oder dritter Personen, geheimgehalten werden müssen. ³§ 8 Abs. 1 Satz 2 gilt entsprechend für die Behörden, die die Anlage genehmigt haben oder überwachen; von diesen Behörden können auch Angaben über Namen und Anschrift des Inhabers der Anlage, seines gesetzlichen Vertreters oder eines Zustellungsbevollmächtigten verlangt werden.

**§ 10 Auskunftsanspruch des Inhabers einer Anlage.** (1) Wird gegen den Inhaber einer Anlage ein Anspruch aufgrund dieses Gesetzes geltend gemacht, so kann er von dem Geschädigten und von dem Inhaber einer anderen Anlage Auskunft und Einsichtsgewährung oder von den in § 9 genannten Behörden Auskunft verlangen, soweit dies zur Feststellung des Umfangs seiner Ersatzpflicht gegenüber dem Geschädigten oder seines Ausgleichsanspruchs gegen den anderen Inhaber erforderlich ist.

(2) Für den Anspruch gegen den Geschädigten gilt § 8 Abs. 2, 3 Satz 1 und § 8 Abs. 4, für den Anspruch gegen den Inhaber einer anderen Anlage gilt § 8 Abs. 1 Satz 2, Abs. 2 bis 4 und für den Auskunftsanspruch gegen Behörden § 9 entsprechend.

**§ 11 Mitverschulden.** Hat bei der Entstehung des Schadens ein Verschulden des Geschädigten mitgewirkt, so gilt § 254 des Bürgerlichen Gesetzbuchs[1)]; im Falle der Sachbeschädigung steht das Verschulden desjenigen, der die tatsächliche Gewalt über die Sache ausübt, dem Verschulden des Geschädigten gleich.

**§ 12 Umfang der Ersatzpflicht bei Tötung.** (1) ¹Im Falle der Tötung ist Ersatz der Kosten einer versuchten Heilung sowie des Vermögensnachteils zu leisten, den der Getötete dadurch erlitten hat, daß während der Krankheit seine Erwerbsfähigkeit aufgehoben oder gemindert war oder seine Bedürfnisse vermehrt waren. ²Der Ersatzpflichtige hat außerdem die Kosten der Beerdigung demjenigen zu ersetzen, der diese Kosten zu tragen hat.

---

[1)] Nr. 10.1.

(2) ¹Stand der Getötete zur Zeit der Verletzung zu einem Dritten in einem Verhältnis, aus dem er diesem gegenüber kraft Gesetzes unterhaltspflichtig war oder unterhaltspflichtig werden konnte, und ist dem Dritten infolge der Tötung das Recht auf Unterhalt entzogen, so hat der Ersatzpflichtige dem Dritten insoweit Schadensersatz zu leisten, als der Getötete während der mutmaßlichen Dauer seines Lebens zur Gewährung des Unterhalts verpflichtet gewesen wäre. ²Die Ersatzpflicht tritt auch ein, wenn der Dritte zur Zeit der Verletzung gezeugt, aber noch nicht geboren war.

(3) ¹Der Ersatzpflichtige hat dem Hinterbliebenen, der zur Zeit der Verletzung zu dem Getöteten in einem besonderen persönlichen Näheverhältnis stand, für das dem Hinterbliebenen zugefügte seelische Leid eine angemessene Entschädigung in Geld zu leisten. ²Ein besonderes persönliches Näheverhältnis wird vermutet, wenn der Hinterbliebene der Ehegatte, der Lebenspartner, ein Elternteil oder ein Kind des Getöteten war.

### § 13 Umfang der Ersatzpflicht bei Körperverletzung.
¹Im Falle der Verletzung des Körpers oder der Gesundheit ist Ersatz der Kosten der Heilung sowie des Vermögensnachteils zu leisten, den der Verletzte dadurch erleidet, daß infolge der Verletzung zeitweise oder dauernd seine Erwerbsfähigkeit aufgehoben oder gemindert ist oder seine Bedürfnisse vermehrt sind. ²Wegen des Schadens, der nicht Vermögensschaden ist, kann auch eine billige Entschädigung in Geld gefordert werden.

### § 14 Schadensersatz durch Geldrente.
(1) Der Schadensersatz wegen Aufhebung oder Minderung der Erwerbsfähigkeit und wegen vermehrter Bedürfnisse des Verletzten sowie der nach § 12 Abs. 2 einem Dritten zu gewährende Schadensersatz ist für die Zukunft durch eine Geldrente zu leisten.

(2) § 843 Abs. 2 bis 4 des Bürgerlichen Gesetzbuchs ist entsprechend anzuwenden.

### § 15 Haftungshöchstgrenzen.
¹Der Ersatzpflichtige haftet für Tötung, Körper- und Gesundheitsverletzung insgesamt nur bis zu einem Höchstbetrag von 85 Millionen Euro und für Sachbeschädigungen ebenfalls insgesamt nur bis zu einem Höchstbetrag von 85 Millionen Euro, soweit die Schäden aus einer einheitlichen Umwelteinwirkung entstanden sind. ²Übersteigen die mehreren aufgrund der einheitlichen Umwelteinwirkung zu leistenden Entschädigungen die in Satz 1 bezeichneten jeweiligen Höchstbeträge, so verringern sich die einzelnen Entschädigungen in dem Verhältnis, in dem ihr Gesamtbetrag zum Höchstbetrag steht.

### § 16 Aufwendungen bei Wiederherstellungsmaßnahmen.
(1) Stellt die Beschädigung einer Sache auch eine Beeinträchtigung der Natur oder der Landschaft dar, so ist, soweit der Geschädigte den Zustand herstellt, der bestehen würde, wenn die Beeinträchtigung nicht eingetreten wäre, § 251 Abs. 2 des Bürgerlichen Gesetzbuchs[1] mit der Maßgabe anzuwenden, daß Aufwendungen für die Wiederherstellung des vorherigen Zustandes nicht allein deshalb unverhältnismäßig sind, weil sie den Wert der Sache übersteigen.

(2) Für die erforderlichen Aufwendungen hat der Schädiger auf Verlangen des Ersatzberechtigten Vorschuß zu leisten.

---

[1] Nr. 10.1.

**§ 17 Verjährung.** Auf die Verjährung finden die für unerlaubte Handlungen geltenden Verjährungsvorschriften des Bürgerlichen Gesetzbuchs entsprechende Anwendung.

**§ 18 Weitergehende Haftung.** (1) Eine Haftung aufgrund anderer Vorschriften bleibt unberührt.

(2) Dieses Gesetz findet keine Anwendung im Falle eines nuklearen Ereignisses, soweit für den Schaden das Atomgesetz in Verbindung mit dem Pariser Atomhaftungsübereinkommen vom 29. Juli 1960 (im Wortlaut der Bekanntmachung vom 15. Juli 1985, BGBl. 1985 II S. 963), dem Brüsseler Reaktorschiff-Übereinkommen vom 25. Mai 1962 (BGBl. 1975 II S. 957, 977) und dem Brüsseler Kernmaterial-Seetransport-Abkommen vom 17. Dezember 1971 (BGBl. 1975 II S. 957, 1026) in der jeweils gültigen Fassung, maßgebend ist.

**§ 19 Deckungsvorsorge.** (1) [1] Die Inhaber von Anlagen, die in Anhang 2 genannt sind, haben dafür Sorge zu tragen, daß sie ihren gesetzlichen Verpflichtungen zum Ersatz von Schäden nachkommen können, die dadurch entstehen, daß infolge einer von der Anlage ausgehenden Umwelteinwirkung ein Mensch getötet, sein Körper oder seine Gesundheit verletzt oder eine Sache beschädigt wird (Deckungsvorsorge). [2] Geht von einer nicht mehr betriebenen Anlage eine besondere Gefährlichkeit aus, kann die zuständige Behörde anordnen, daß derjenige, der im Zeitpunkt der Einstellung des Betriebs Inhaber der Anlage war, für die Dauer von höchstens zehn Jahren weiterhin entsprechende Deckungsvorsorge zu treffen hat.

(2) Die Deckungsvorsorge kann erbracht werden
1. durch eine Haftpflichtversicherung bei einem im Geltungsbereich dieses Gesetzes zum Geschäftsbetrieb befugten Versicherungsunternehmen oder
2. durch eine Freistellungs- oder Gewährleistungsverpflichtung des Bundes oder eines Landes oder
3. durch eine Freistellungs- oder Gewährleistungsverpflichtung eines im Geltungsbereich dieses Gesetzes zum Geschäftsbetrieb befugten Kreditinstituts, wenn gewährleistet ist, daß sie einer Haftpflichtversicherung vergleichbare Sicherheiten bietet.

(3) Die in § 2 Abs. 1 Nr. 1 bis 5 des Pflichtversicherungsgesetzes in der Fassung der Bekanntmachung vom 5. April 1965 (BGBl. I S. 213), zuletzt geändert durch Gesetz vom 22. März 1988 (BGBl. I S. 358), Genannten sind von der Pflicht zur Deckungsvorsorge befreit.

(4) Die zuständige Behörde kann den Betrieb einer im Anhang 2 genannten Anlage ganz oder teilweise untersagen, wenn der Inhaber seiner Verpflichtung zur Deckungsvorsorge nicht nachkommt und die Deckungsvorsorge nicht binnen einer von der zuständigen Behörde festzusetzenden angemessenen Frist nachweist.

**§ 20 Ermächtigung zum Erlaß von Rechtsverordnungen.** (1) Die Bundesregierung wird durch Rechtsverordnung mit Zustimmung des Bundesrates Vorschriften erlassen über
1. den Zeitpunkt, ab dem der Inhaber einer Anlage nach § 19 Deckungsvorsorge zu treffen hat,

2. Umfang und Höhe der Deckungsvorsorge,
3. die an Freistellungs- und Gewährleistungsverpflichtungen von Kreditinstituten zu stellenden Anforderungen,
4. Verfahren und Befugnisse der für die Überwachung der Deckungsvorsorge zuständigen Behörde,
5. die zuständige Stelle gemäß § 117 Abs. 2 des Versicherungsvertragsgesetzes sowie über die Erstattung der Anzeige im Sinne des § 117 Abs. 2 des Versicherungsvertragsgesetzes,
6. die Pflichten des Inhabers der Anlage, des Versicherungsunternehmens und desjenigen, der eine Freistellungs- oder Gewährleistungsverpflichtung übernommen hat, gegenüber der für die Überwachung der Deckungsvorsorge zuständigen Behörde.

(2) [1]Die Rechtsverordnung ist vor Zuleitung an den Bundesrat dem Deutschen Bundestag zuzuleiten. [2]Sie kann durch Beschluß des Bundestages geändert oder abgelehnt werden. [3]Der Beschluß des Bundestages wird der Bundesregierung zugeleitet. [4]Hat sich der Deutsche Bundestag nach Ablauf von drei Sitzungswochen seit Eingang der Rechtsverordnung nicht mit ihr befaßt, so wird die unveränderte Rechtsverordnung der Bundesregierung zugeleitet. [5]Der Deutsche Bundestag befaßt sich mit der Rechtsverordnung auf Antrag von so vielen Mitgliedern des Bundestages, wie zur Bildung einer Fraktion erforderlich sind.

**§ 21 Strafvorschriften.** (1) Mit Freiheitsstrafe bis zu einem Jahr oder mit Geldstrafe wird bestraft, wer

1. entgegen § 19 Abs. 1 Satz 1, auch in Verbindung mit einer Rechtsverordnung nach § 20 Abs. 1 Nr. 1 oder 2, nicht oder nicht ausreichende Deckungsvorsorge trifft oder
2. einer vollziehbaren Anordnung nach § 19 Abs. 1 Satz 2 zuwiderhandelt.

(2) Handelt der Täter fahrlässig, so ist die Strafe Freiheitsstrafe bis zu sechs Monaten oder Geldstrafe bis zu einhundertachtzig Tagessätzen.

**§ 22 Bußgeldvorschriften.** (1) Ordnungswidrig handelt, wer einer Rechtsverordnung nach § 20 Abs. 1 Nr. 3 bis 6 zuwiderhandelt, soweit sie für einen bestimmten Tatbestand auf diese Bußgeldvorschrift verweist.

(2) Die Ordnungswidrigkeit kann mit einer Geldbuße bis zu 5 000 Euro geahndet werden.

**§ 23 Übergangsvorschriften.** Dieses Gesetz und § 32a der Zivilprozessordnung finden keine Anwendung, soweit der Schaden vor dem Inkrafttreten dieses Gesetzes verursacht worden ist.

**Anhang 1**
(zu § 1 UmweltHG)
Für die genannten Anlagen gilt:
1. Ist für eine der im Anhang genannten Anlagen das Erreichen oder Überschreiten einer Leistungsgrenze oder einer Anlagengröße maßgebend, so ist auf den rechtlich zulässigen und, sofern dieser überschritten wird, auf den tatsächlichen Betriebsumfang abzustellen. Der rechtlich zulässige Betriebsumfang bestimmt sich aus dem Inhalt verwaltungsrechtlicher Zulassungen, aus Auflagen, aus vollziehbaren Anordnungen und aus Rechtsvorschriften.

# Umwelthaftungsgesetz Anh. 1 UmweltHG 10.2

2. Ist für eine der im Anhang genannten Anlagen die Menge eines Stoffes maßgebend, so ist darauf abzustellen, ob diese Menge
   a) im bestimmungsgemäßen Betrieb vorhanden sein kann oder
   b) bei einer Störung des bestimmungsgemäßen Betriebs entstehen kann.

3. Mehrere Anlagen eines Betreibers, die die maßgebenden Leistungsgrenzen, Anlagengrößen oder Stoffmengen jeweils allein nicht erreichen, sind Anlagen im Sinne des § 1 UmweltHG, sofern sie in einen engen räumlichen und betrieblichen Zusammenhang stehen und zusammen die maßgebenden Leistungsgrenzen oder Anlagengrößen (Nummer 1) oder Stoffmengen (Nummer 2) erreichen.

*Wärmeerzeugung, Bergbau, Energie*

1. Kraftwerke, Heizkraftwerke und Heizwerke mit Feuerungsanlagen für den Einsatz von festen, flüssigen oder gasförmigen Brennstoffen, soweit die Feuerungswärmeleistung
   a) bei festen oder flüssigen Brennstoffen 50 Megawatt oder
   b) bei gasförmigen Brennstoffen 100 Megawatt übersteigt

2. Feuerungsanlagen für den Einsatz von
   a) Kohle, Koks, Kohlebriketts, Torfbriketts, Brenntorf, Heizölen, Methanol, Äthanol, naturbelassenem Holz sowie von
      aa) gestrichenem, lackiertem oder beschichtetem Holz sowie daraus anfallenden Resten, soweit keine Holzschutzmittel aufgetragen oder enthalten sind und Beschichtungen nicht aus halogenorganischen Verbindungen bestehen, oder von
      bb) Sperrholz, Spanplatten, Faserplatten oder sonst verleimtem Holz sowie daraus anfallenden Resten, soweit keine Holzschutzmittel aufgetragen oder enthalten sind und Beschichtungen nicht aus halogenorganischen Verbindungen bestehen,
      mit einer Feuerungswärmeleistung von 50 Megawatt oder mehr oder
   b) gasförmigen Brennstoffen
      aa) Gasen der öffentlichen Gasversorgung, naturbelassenem Erdgas oder Erdölgas mit vergleichbaren Schwefelgehalten, Flüssiggas oder Wasserstoff,
      bb) Klärgas mit einem Volumengehalt an Schwefelverbindungen bis zu 1 vom Tausend, angegeben als Schwefel, oder Biogas aus der Landwirtschaft,
      cc) Koksofengas, Grubengas, Stahlgas, Hochofengas, Raffineriegas und Synthesegas mit einem Volumengehalt an Schwefelverbindungen bis zu 1 vom Tausend, angegeben als Schwefel,
      mit einer Feuerungswärmeleistung von 100 Megawatt oder mehr

3. Feuerungsanlagen für den Einsatz anderer fester, flüssiger oder gasförmiger brennbarer Stoffe mit einer Feuerungswärmeleistung von 1 Megawatt oder mehr

4. Verbrennungsmotoranlagen für den Einsatz von Altöl oder Deponiegas

5. Gasturbinen zum Antrieb von Generatoren oder Arbeitsmaschinen mit einer Feuerungswärmeleistung von 10 Megawatt oder mehr, ausgenommen Gasturbinen mit geschlossenem Kreislauf

6. Kühltürme mit einem Kühlwasserdurchsatz von 10 000 Kubikmetern oder mehr je Stunde unter Einschluß von Kühltürmen von Anlagen zur Spaltung von Kernbrennstoffen oder zur Aufarbeitung bestrahlter Kernbrennstoffe

7. Anlagen zum Mahlen oder Trocknen von Kohle mit einer Leistung von 30 Tonnen oder mehr je Stunde

8. Anlagen zum Brikettieren von Braun- oder Steinkohle

9. Anlagen zur Trockendestillation, insbesondere von Steinkohle, Braunkohle, Holz, Torf oder Pech (z.B. Kokereien, Gaswerke, und Schwelereien), ausgenommen Holzkohlenmeiler

10. Anlagen zur Destillation oder Weiterverarbeitung von Teer oder Teererzeugnissen oder von Teer- oder Gaswasser

11. Anlagen zur Erzeugung von Generator- oder Wassergas aus festen Brennstoffen

12. Anlagen zur Vergasung oder Verflüssigung von Kohle

13. Anlagen zur Erzeugung von Stadt- oder Ferngas aus Kohlenwasserstoffen durch Spalten

14. Anlagen über Tage zur Gewinnung von Öl aus Schiefer oder anderen Gesteinen oder Sanden sowie Anlagen zur Destillation oder Weiterverarbeitung solcher Öle

15. Anlagen innerhalb von Kernbrennstoffabriken
    – zur chemischen Umwandlung von Uran- oder Plutoniumverbindungen (Konversion),
    – zum Sintern von Brennstofftabletten oder

## 10.2 UmweltHG Anh. 1

– zum Aufbereiten von kernbrennstoffhaltigen Rückständen
16. Verfahrenstechnische Anlagen innerhalb von Urananreicherungsanlagen (Isotopentrennanlage oder Produktanlage) einschließlich Lager- und Hantierungsanlagen für Behälter mit Uranhexafluorid (UF)
17. Einrichtungen zur Aufbewahrung von Kernbrennstoffen in Form von löslichen Uranverbindungen
18. Einrichtungen zur Behandlung radioaktiver Abfälle

*Steine und Erden, Glas, Keramik, Baustoffe*

19. Anlagen zur Herstellung von Zementklinker oder Zementen
20. Anlagen zum Brennen von Bauxit, Dolomit, Gips, Kalkstein, Kieselgur, Magnesit, Quarzit oder Schamotte
21. Anlagen zur Gewinnung, Bearbeitung oder Verarbeitung von Asbest
22. Anlagen zum mechanischen Be- oder Verarbeiten von Asbesterzeugnissen auf Maschinen
23. Anlagen zum Blähen von Perlite, Schiefer oder Ton
24. Anlagen zur Herstellung von Glas, auch soweit es aus Altglas hergestellt wird, einschließlich Glasfasern, die nicht für medizinische oder fernmeldetechnische Zwecke bestimmt sind
25. Anlagen zum Brennen keramischer Erzeugnisse unter Verwendung von Tonen, soweit der Rauminhalt der Brennanlage drei Kubikmeter oder mehr und die Besatzdichte 300 Kilogramm oder mehr je Kubikmeter Rauminhalt der Brennanlage beträgt, ausgenommen elektrisch beheizte Brennöfen, die diskontinuierlich und ohne Abluftführung betrieben werden
26. Anlagen zum Schmelzen mineralischer Stoffe
27. Anlagen zur Herstellung oder zum Schmelzen von Mischungen aus Bitumen oder Teer mit Mineralstoffen einschließlich Aufbereitungsanlagen für bituminöse Straßenbaustoffe und Teersplittanlagen, von denen den Umständen nach zu erwarten ist, daß sie länger als während der zwölf Monate, die auf die Inbetriebnahme folgen, an demselben Ort betrieben werden

*Stahl, Eisen und sonstige Metalle einschließlich Verarbeitung*

28. Anlagen zum Rösten (Erhitzen unter Luftzufuhr zur Überführung in Oxide), Schmelzen oder Sintern (Stückigmachen von feinkörnigen Stoffen durch Erhitzen) von Erzen
29. Anlagen zur Gewinnung von Roheisen oder Nichteisenrohmetallen
30. Anlagen zur Stahlerzeugung sowie Anlagen zum Erschmelzen von Gußeisen oder Rohstahl, ausgenommen Schmelzanlagen für Gußeisen oder Stahl mit einer Schmelzleistung bis zu 2,5 Tonnen pro Stunde
31. Schmelzanlagen für Zink oder Zinklegierungen für einen Einsatz von 1 000 Kilogramm oder mehr oder Schmelzanlagen für sonstige Nichteisenmetalle einschließlich der Anlagen zur Raffination für einen Einsatz von 500 Kilogramm oder mehr, ausgenommen
    – Vakuum-Schmelzanlagen,
    – Schmelzanlagen für niedrigschmelzende Gusslegierungen aus Zinn und Wismut oder aus Feinzink, Aluminium und Kupfer,
    – Schmelzanlagen, die Bestandteil von Druck- oder Kokillengießmaschinen sind,
    – Schmelzanlagen für Edelmetalle oder für Legierungen, die nur aus Edelmetallen oder aus Edelmetallen und Kupfer bestehen, und
    – Schwallötbäder
32. Anlagen zum Abziehen der Oberflächen von Stahl, insbesondere von Blöcken, Brammen, Knüppeln, Platinen oder Blechen durch Flämmen
33. Anlagen zum Walzen von Metallen, ausgenommen
    – Kaltwalzwerke mit einer Bandbreite bis zu 650 Millimeter und
    – Anlagen zum Walzen von Nichteisenmetallen mit einer Leistung von weniger als 8 Tonnen Schwermetall oder weniger als 2 Tonnen Leichtmetall je Stunde
34. Eisen-, Temper- oder Stahlgießereien, ausgenommen Anlagen, in denen Formen oder Kerne auf kaltem Wege hergestellt werden, soweit deren Leistung weniger als 80 Tonnen Gußteile je Monat beträgt
35. Gießereien für Nichteisenmetalle, ausgenommen
    – Gießereien für Glocken- oder Kunstguß,
    – Gießereien, in denen in metallische Formen abgegossen wird,
    – Gießereien, in denen das Metall in ortsbeweglichen Tiegeln niedergeschmolzen wird und

– Gießereien zur Herstellung von Ziehwerkzeugen aus niedrigschmelzenden Gußlegierungen aus Zinn und Wismut oder aus Feinzink, Aluminium und Kupfer
36. Anlagen zum Aufbringen von metallischen Schutzschichten aus Blei, Zinn oder Zink auf Metalloberflächen mit Hilfe von schmelzflüssigen Bädern oder durch Flammspritzen mit einer Leistung von 1 Tonne Rohgutdurchsatz oder mehr je Stunde, ausgenommen Anlagen zum kontinuierlichen Verzinken nach dem Sendzimirverfahren
37. Anlagen, die aus einem oder mehreren maschinell angetriebenen Hämmern bestehen, wenn die Schlagenergie eines Hammers 1 Kilojoule überschreitet; den Hämmern stehen Fallwerke gleich
38. Anlagen zur Sprengverformung oder zum Plattieren mit Sprengstoffen bei einem Einsatz von 10 Kilogramm Sprengstoff oder mehr je Schuß
39. Anlagen zum Zerkleinern von Schrott durch Rotormühlen mit einer Nennleistung des Rotorantriebes von 500 Kilowatt oder mehr
40. Anlagen zur Herstellung von warmgefertigten nahtlosen oder geschweißten Rohren aus Stahl
41. Anlagen zur Herstellung von Schiffskörpern oder -sektionen aus Metall mit einer Länge von 20 Metern oder mehr
42. Anlagen zur Herstellung von Bleiakkumulatoren
43. Anlagen zur Herstellung von Metallpulver oder -pasten durch Stampfen
44. Anlagen zur Herstellung von Aluminium-, Eisen- oder Magnesiumpulver oder -pasten oder von blei- oder nickelhaltigen Pulvern oder Pasten in einem anderen als dem in Nummer 43 genannten Verfahren

*Chemische Erzeugnisse, Arzneimittel, Mineralölraffination und Weiterverarbeitung*
45. Anlagen zur fabrikmäßigen Herstellung von Stoffen durch chemische Umwandlung, insbesondere
   a) zur Herstellung von anorganischen Chemikalien wie Säuren, Basen, Salze,
   b) zur Herstellung von Metallen oder Nichtmetallen auf nassem Wege oder mit Hilfe elektrischer Energie,
   c) zur Herstellung von Korund oder Karbid,
   d) zur Herstellung von Halogenen oder Halogenerzeugnissen oder von Schwefel oder Schwefelerzeugnissen,
   e) zur Herstellung von phosphor- oder stickstoffhaltigen Düngemitteln,
   f) zur Herstellung von unter Druck gelöstem Acetylen (Dissousgasfabriken),
   g) zur Herstellung von organischen Chemikalien oder Lösungsmitteln wie Alkohole, Aldehyde, Ketone, Säuren, Ester, Acetate, Äther,
   h) zur Herstellung von Kunststoffen oder Chemiefasern,
   i) zur Herstellung von Cellulosenitraten,
   k) zur Herstellung von Kunstharzen,
   l) zur Herstellung von Kohlenwasserstoffen,
   m) zur Herstellung von synthetischem Kautschuk,
   n) zum Regenerieren von Gummi oder Gummimischprodukten unter Verwendung von Chemikalien,
   o) zur Herstellung von Teerfarben oder Teerfarbenzwischenprodukten,
   p) zur Herstellung von Seifen oder Waschmitteln;

   hierzu gehören nicht Anlagen zur Erzeugung oder Spaltung von Kernbrennstoffen oder zur Aufarbeitung bestrahlter Kernbrennstoffe, soweit in diesem Anhang nichts anderes bestimmt ist
46. Anlagen zur Chemikalienaufbereitung und zur Abwasserbehandlung in Anlagen zur Aufarbeitung bestrahlter Kernbrennstoffe
47. Anlagen, in denen Pflanzenschutz- oder Schädlingsbekämpfungsmittel oder ihre Wirkstoffe gemahlen oder maschinell gemischt, abgepackt oder umgefüllt werden
48. Anlagen zur fabrikmäßigen Herstellung von Arzneimitteln oder Arzneimittelzwischenprodukten, soweit
   a) Pflanzen, Pflanzenteile oder Pflanzenbestandteile extrahiert, destilliert oder auf ähnliche Weise behandelt werden, ausgenommen Extraktionsanlagen mit Ethanol ohne Erwärmen,
   b) Tierkörper, auch lebende Tiere, sowie Körperteile, Körperbestandteile und Stoffwechselprodukte von Tieren eingesetzt werden oder
   c) Mikroorganismen sowie deren Bestandteile oder Stoffwechselprodukte verwendet werden

## 10.2 UmweltHG  Anh. 1                                           Umwelthaftungsgesetz

49. Anlagen zur Destillation oder Raffination oder sonstigen Weiterverarbeitung von Erdöl oder Erdölerzeugnissen in Mineralöl-, Altöl- oder Schmierstoffraffinerien in petrochemischen Werken oder bei der Gewinnung von Paraffin
50. Anlagen zur Herstellung von Schmierstoffen, wie Schmieröle, Schmierfette, Metallbearbeitungsöle
51. Anlagen zur Herstellung von Ruß
52. Anlagen zur Herstellung von Kohlenstoff (Hartbrandkohle) oder Elektrographit durch Brennen, zum Beispiel für Elektroden, Stromabnehmer oder Apparateteile
53. Anlagen zur Aufarbeitung von organischen Lösungsmitteln durch Destillieren mit einer Leistung von 1 Tonne oder mehr je Stunde
54. Anlagen zum Erschmelzen von Naturharzen mit einer Leistung von 1 Tonne oder mehr je Tag
55. Anlagen zur Herstellung von Firnis, Lacken oder Druckfarben mit einer Leistung von 1 Tonne oder mehr je Tag

*Oberflächenbehandlung mit organischen Stoffen, Herstellung von bahnenförmigen Materialien aus Kunststoffen, sonstige Verarbeitung von Harzen und Kunststoffen*

56. Anlagen zum Lackieren von Gegenständen oder bahnen- oder tafelförmigen Materialien einschließlich der zugehörigen Trocknungsanlagen, soweit die Lacke organische Lösungsmittel enthalten und von diesen 25 Kilogramm oder mehr je Stunde eingesetzt werden
57. Anlagen zum Bedrucken von bahnen- oder tafelförmigen Materialien mit Rotationsdruckmaschinen einschließlich der zugehörigen Trocknungsanlagen, soweit die Farben oder Lacke
    a) als organisches Lösungsmittel ausschließlich Ethanol enthalten und von diesem 50 Kilogramm oder mehr je Stunde eingesetzt werden, oder
    b) sonstige organische Lösungsmittel enthalten und von diesen 25 Kilogramm oder mehr je Stunde eingesetzt werden
58. Anlagen zum Beschichten, Imprägnieren oder Tränken von Glasfasern, Mineralfasern oder bahnen- oder tafelförmigen Materialien einschließlich der zugehörigen Trocknungsanlagen mit
    a) Kunstharzen oder
    b) Kunststoffen oder Gummi unter Einsatz von 25 Kilogramm organischen Lösungsmitteln je Stunde oder mehr
59. Anlagen zum Tränken oder Überziehen von Stoffen oder Gegenständen mit Teer, Teeröl oder heißem Bitumen, ausgenommen Anlagen zum Tränken oder Überziehen von Kabeln mit heißem Bitumen
60. Anlagen zum Isolieren von Drähten unter Verwendung von Phenol- oder Kresolharzen
61. Anlagen zur Herstellung von bahnenförmigen Materialien auf Streichmaschinen einschließlich zugehörigen Trocknungsanlagen unter Verwendung von Gemischen aus Kunststoffen und Weichmachern oder von Gemischen aus sonstigen Stoffen und oxidiertem Leinöl

*Holz, Zellstoff*

62. Anlagen zur Gewinnung von Zellstoff aus Holz, Stroh oder ähnlichen Faserstoffen
63. Anlagen zur Herstellung von Holzfaserplatten, Holzspanplatten oder Holzfasermatten

*Nahrungs-, Genuß- und Futtermittel, landwirtschaftliche Erzeugnisse*

64. Anlagen zum Halten oder zur Aufzucht von Geflügel oder zum Halten von Schweinen mit
    a)  50 000 Hennenplätzen
    b) 100 000 Junghennenplätzen
    c) 100 000 Mastgeflügelplätzen
    d)   1 700 Mastschweineplätzen oder
    e)     500 Sauenplätzen

    oder mehr. Bei gemischten Beständen werden die Vomhundertanteile, bis zu denen die vorgenannten Platzzahlen jeweils ausgeschöpft werden, addiert; die maßgebende Anlagengröße ist erreicht, wenn die Summe der Vomhundertanteile einen Wert von 100 erreicht; Bestände, die kleiner sind als jeweils 5 vom Hundert der in den Buchstaben a bis e genannten Platzzahlen, bleiben bei der Ermittlung der maßgebenden Anlagengröße unberücksichtigt.
65. Anlagen zur Tierkörperbeseitigung sowie Anlagen, in denen Tierkörperteile oder Erzeugnisse tierischer Herkunft zur Beseitigung in Tierkörperbeseitigungsanlagen gesammelt oder gelagert werden
66. Mühlen für Nahrungs- oder Futtermittel mit einer Produktionsleistung von 500 Tonnen und mehr je Tag

Umwelthaftungsgesetz  **Anh. 1 UmweltHG 10.2**

67. Anlagen zum Extrahieren pflanzlicher Fette oder Öle, soweit die Menge des eingesetzten Extraktionsmittels 1 Tonne oder mehr beträgt

*Abfälle und Reststoffe*

68. Anlagen zur teilweisen oder vollständigen Beseitigung von festen oder flüssigen Stoffen durch Verbrennen
69. Anlagen zur thermischen Zersetzung brennbarer fester oder flüssiger Stoffe unter Sauerstoffmangel (Pyrolyseanlagen)
70. Anlagen zur Rückgewinnung von einzelnen Bestandteilen aus festen Stoffen durch Verbrennen, ausgenommen Anlagen zur Rückgewinnung von Edelmetallen in Gekrätze-Veraschungsöfen, soweit die Menge der Ausgangsstoffe weniger als 200 kg je Tag beträgt
71. Anlagen, in denen feste Abfälle, auf die die Vorschriften des *Abfallgesetzes*[1] Anwendung finden, aufbereitet werden, mit einer Leistung von 1 Tonne oder mehr je Stunde, ausgenommen Anlagen, in denen Stoffe aus in Haushaltungen anfallenden aus gleichartigen Abfällen durch Sortieren für den Wirtschaftskreislauf zurückgewonnen werden
72. Anlagen zum Umschlagen von festen Abfällen im Sinne von *§ 1 Abs. 1 des Abfallgesetzes*[1] mit einer Leistung von 100 Tonnen oder mehr je Tag, ausgenommen Anlagen zum Umschlagen von Erdaushub oder von Gestein, das bei der Gewinnung oder Aufbereitung von Bodenschätzen anfällt
73. Kompostwerke
74. Anlagen zur chemischen Aufbereitung von cyanidhaltigen Konzentraten, Nitriten, Nitraten oder Säuren, soweit hierdurch eine Verwertung als Reststoff oder eine Entsorgung als Abfall ermöglicht werden soll
75. Ortsfeste Anlagen im Sinne des *§ 4 des Abfallgesetzes*[1] zum Lagern, Behandeln oder Ablagern von Abfällen im Sinne des *§ 2 Abs. 2 des Abfallgesetzes*[1]
76. Ortsfeste Anlagen im Sinne des *§ 4 des Abfallgesetzes*[1] zur thermischen Behandlung oder Ablagerung von in Haushaltungen anfallenden Abfällen
77. Anlagen, die der Lagerung oder Behandlung von Autowracks dienen im Sinne des *§ 5 des Abfallgesetzes*[1]

*Lagerung, Be- und Entladen von Stoffen*

78. Anlagen zum Lagern von brennbaren Gasen in Behältern mit einem Fassungsvermögen von 3 Tonnen oder mehr
79. Anlagen zum Lagern von Mineralöl, flüssigen Mineralölerzeugnissen oder Methanol aus anderen Stoffen in Behältern mit einem Fassungsvermögen von 10 000 Tonnen oder mehr
80. Anlagen zum Lagern von Acrylnitril in Behältern mit einem Fassungsvermögen von 350 Tonnen oder mehr
81. Anlagen zum Lagern von Chlor in Behältern mit einem Fassungsvermögen von 10 Tonnen oder mehr
82. Anlagen zum Lagern von Schwefeldioxid in Behältern mit einem Fassungsvermögen von 20 Tonnen oder mehr
83. Anlagen zum Lagern von flüssigem Sauerstoff in Behältern mit einem Fassungsvermögen von 200 Tonnen oder mehr
84. Anlagen zum Lagern von 25 Tonnen oder mehr Ammoniumnitrat oder ammoniumnitrathaltiger Zubereitungen der Gruppe A nach Anhang IV Nr. 2 der Gefahrstoffverordnung[2] vom 26. August 1986 (BGBl. I S. 1470)
85. Anlagen zum Lagern von 5 Tonnen Alkalichlorat oder mehr
86. Anlagen zum Lagern von 5 Tonnen oder mehr Pflanzenschutz- oder Schädlingsbekämpfungsmitteln oder ihrer Wirkstoffe
87. Anlagen zum Lagern von Schwefeltrioxid in Behältern mit einem Fassungsvermögen von 100 Tonnen und mehr
88. Anlagen zum Lagern von 100 Tonnen oder mehr ammoniumnitrathaltiger Zubereitungen der Gruppe B nach Anhang IV Nr. 2 der Gefahrstoffverordnung[2] vom 26. August 1986 (BGBl. I S. 1470)
89. Anlagen zum Lagern von insgesamt 20 Tonnen oder mehr von im Anhang II der Störfall-Verordnung bezeichneten Stoffen, auch als Bestandteile von Zubereitungen, soweit es sich nicht

---

[1] Aufgeh. durch G v. 27.9.1994 (BGBl. I S. 2705); siehe jetzt das KreislaufwirtschaftsG (Nr. **5.1**).
[2] Nr. **9.1.3**.

um Stoffe der Nummern 1 bis 4, 6, 14, 15, 17, 18, 21, 25, 26, 36, 39, 40 bis 42, 45, 56, 64 bis 67, 76, 81, 83, 84, 102, 110, 112, 114, 116, 169, 173, 184, 185, 211, 223, 236, 245, 246, 261, 266, 271, 272, 277, 281, 286, 294, 295, 303, 305, 306, 310 oder 317 handelt

*Sonstiges*

90. Anlagen zur Herstellung, Bearbeitung, Verarbeitung, Wiedergewinnung oder Vernichtung von explosionsgefährlichen Stoffen im Sinne des Sprengstoffgesetzes, die zur Verwendung als Sprengstoffe, Zündstoffe, Treibstoffe, pyrotechnische Sätze oder zur Herstellung dieser Stoffe bestimmt sind; hierzu gehören auch die Anlagen zum Laden, Entladen oder Delaborieren von Munition oder sonstigen Sprengkörpern, ausgenommen Anlagen zur Herstellung von Zündhölzern
91. Anlagen zur Herstellung von Zellhorn
92. Anlagen zur Herstellung von Zusatzstoffen zu Lacken und Druckfarben auf der Basis von Cellulosenitrat, dessen Stickstoffgehalt bis zu 12,6 vom Hundert beträgt
93. Anlagen zum Schmelzen oder Destillieren von Naturasphalt
94. Pechsiedereien
95. Anlagen zur Herstellung von Bautenschutz-, Reinigung-, Holzschutz- oder Klebemitteln mit einer Leistung von einer Tonne oder mehr je Tag, ausgenommen Anlagen, in denen diese Mittel ausschließlich unter Verwendung von Wasser als Verdünnungsmittel hergestellt werden
96. Anlagen zur Herstellung von Holzschutzmitteln unter Verwendung von halogenierten aromatischen Kohlenwasserstoffen


## Anhang 2
(zu § 19 UmweltHG)

1. Anlagen, für die gemäß den §§ 1, 7 der Störfall-Verordnung[1)] eine Sicherheitsanalyse anzufertigen ist
2. Anlagen zur Rückgewinnung von einzelnen Bestandteilen aus festen Stoffen durch Verbrennen, soweit in ihnen Stoffe nach Anhang II der Störfall-Verordnung[1)] im bestimmungsgemäßen Betrieb vorhanden sein oder bei einer Störung des bestimmungsgemäßen Betriebs entstehen können, ausgenommen Anlagen zur Rückgewinnung von Edelmetallen in Gekrätze-Veraschungsöfen, soweit die Menge der Ausgangsstoffe weniger als 200 kg je Tag beträgt
3. Anlagen zur Herstellung von Zusatzstoffen zu Lacken oder Druckfarben auf der Basis von Cellulosenitrat, dessen Stickstoffgehalt bis zu 12,6 vom Hundert beträgt

---

[1)] Nr. **6.1.12**.

## 11.1. Strafgesetzbuch (StGB)
In der Fassung der Bekanntmachung vom 13. November 1998[1)]
(BGBl. I S. 3322)

**FNA 450-2**

zuletzt geänd. durch Art. 2 G zur Änd. des InfektionsschutzG und weiterer Gesetze anlässlich der Aufhebung der Feststellung der epidemischen Lage von nationaler Tragweite v. 22.11.2021 (BGBl. I S. 4906)

– Auszug –

**§ 5 Auslandstaten mit besonderem Inlandsbezug.** Das deutsche Strafrecht gilt, unabhängig vom Recht des Tatorts, für folgende Taten, die im Ausland begangen werden:

...

11. Straftaten gegen die Umwelt in den Fällen der §§ 324, 326, 330 und 330a, die im Bereich der deutschen ausschließlichen Wirtschaftszone begangen werden, soweit völkerrechtliche Übereinkommen zum Schutze des Meeres ihre Verfolgung als Straftaten gestatten;
11a. Straftaten nach § 328 Abs. 2 Nr. 3 und 4, Abs. 4 und 5, auch in Verbindung mit § 330, wenn der Täter zur Zeit der Tat Deutscher ist;

...

**§ 6 Auslandstaten gegen international geschützte Rechtsgüter.** Das deutsche Strafrecht gilt weiter, unabhängig vom Recht des Tatorts, für folgende Taten, die im Ausland begangen werden:

...

2. Kernenergie-, Sprengstoff- und Strahlungsverbrechen in den Fällen der §§ 307 und 308 Abs. 1 bis 4, des § 309 Abs. 2 und des § 310;

...

**§ 89c Terrorismusfinanzierung.** (1) [1]Wer Vermögenswerte sammelt, entgegennimmt oder zur Verfügung stellt mit dem Wissen oder in der Absicht, dass diese von einer anderen Person zur Begehung

1. eines Mordes ..., einer Körperverletzung nach § 224 oder einer Körperverletzung, die einem anderen Menschen schwere körperliche oder seelische Schäden, insbesondere der in § 226 bezeichneten Art, zufügt, ...
3. ... gemeingefährlicher Straftaten in den Fällen der §§ ... 307 Absatz 1 bis 3, des § 308 Absatz 1 bis 4, des § 309 Absatz 1 bis 5, der §§ 313, 314 ...,
4. von Straftaten gegen die Umwelt in den Fällen des § 330a Absatz 1 bis 3, ...
7. einer Straftat nach § 328 Absatz 1 oder 2 oder § 310 Absatz 1 oder 2, ...

verwendet werden sollen, wird mit Freiheitsstrafe von sechs Monaten bis zu zehn Jahren bestraft. [2]Satz 1 ist in den Fällen der Nummern 1 bis 7 nur anzuwenden, wenn die dort bezeichnete Tat dazu bestimmt ist, die Bevölkerung auf erhebliche Weise einzuschüchtern, eine Behörde oder eine interna-

---

[1)] Neubekanntmachung des StGB idF der Bek. v. 10.3.1987 (BGBl. I S. 945, 1160) in der seit 1.1.1999 geltenden Fassung.

tionale Organisation rechtswidrig mit Gewalt oder durch Drohung mit Gewalt zu nötigen oder die politischen, verfassungsrechtlichen, wirtschaftlichen oder sozialen Grundstrukturen eines Staates oder einer internationalen Organisation zu beseitigen oder erheblich zu beeinträchtigen, und durch die Art ihrer Begehung oder ihre Auswirkungen einen Staat oder eine internationale Organisation erheblich schädigen kann.

(2) Ebenso wird bestraft, wer unter der Voraussetzung des Absatzes 1 Satz 2 Vermögenswerte sammelt, entgegennimmt oder zur Verfügung stellt, um selbst eine der in Absatz 1 Satz 1 genannten Straftaten zu begehen.

(3) [1] Die Absätze 1 und 2 gelten auch, wenn die Tat im Ausland begangen wird. [2] Wird sie außerhalb der Mitgliedstaaten der Europäischen Union begangen, gilt dies nur, wenn sie durch einen Deutschen oder einen Ausländer mit Lebensgrundlage im Inland begangen wird oder die finanzierte Straftat im Inland oder durch oder gegen einen Deutschen begangen werden soll.

(4) [1] In den Fällen des Absatzes 3 Satz 2 bedarf die Verfolgung der Ermächtigung durch das Bundesministerium der Justiz und für Verbraucherschutz. [2] Wird die Tat in einem anderen Mitgliedstaat der Europäischen Union begangen, bedarf die Verfolgung der Ermächtigung durch das Bundesministerium der Justiz und für Verbraucherschutz, wenn die Tat weder durch einen Deutschen begangen wird noch die finanzierte Straftat im Inland noch durch oder gegen einen Deutschen begangen werden soll.

(5) Sind die Vermögenswerte bei einer Tat nach Absatz 1 oder 2 geringwertig, so ist auf Freiheitsstrafe von drei Monaten bis zu fünf Jahren zu erkennen. ...

**§ 129a Bildung terroristischer Vereinigungen.** (1) Wer eine Vereinigung (§ 129 Absatz 2) gründet, deren Zwecke oder deren Tätigkeit darauf gerichtet sind,

1. Mord ...

zu begehen, oder wer sich an einer solchen Vereinigung als Mitglied beteiligt, wird mit Freiheitsstrafe von einem Jahr bis zu zehn Jahren bestraft.

(2) Ebenso wird bestraft, wer eine Vereinigung gründet, deren Zwecke oder deren Tätigkeit darauf gerichtet sind,

1. einem anderen Menschen schwere körperliche oder seelische Schäden, insbesondere der in § 226 bezeichneten Art, zuzufügen,

2. Straftaten nach den §§ 303b, 305, 305a oder gemeingefährliche Straftaten in den Fällen der §§ 306 bis 306c oder 307 Abs. 1 bis 3, des § 308 Abs. 1 bis 4, des § 309 Abs. 1 bis 5, des § 313, 314 oder 315 Abs. 1, 3 oder 4, des § 316b Abs. 1 oder 3 oder des § 316c Abs. 1 bis 3 oder des § 317 Abs. 1,

3. Straftaten gegen die Umwelt in den Fällen des § 330a Abs. 1 bis 3, ...

zu begehen, oder wer sich an einer solchen Vereinigung als Mitglied beteiligt, wenn eine der in den Nummern 1 bis 5 bezeichneten Taten bestimmt ist, die Bevölkerung auf erhebliche Weise einzuschüchtern, eine Behörde oder eine internationale Organisation rechtswidrig mit Gewalt oder durch Drohung mit Gewalt zu nötigen oder die politischen, verfassungsrechtlichen, wirtschaftlichen oder sozialen Grundstrukturen eines Staates oder einer internationalen Organisation zu beseitigen oder erheblich zu beeinträchtigen, und durch die Art ihrer

Begehung oder ihre Auswirkungen einen Staat oder eine internationale Organisation erheblich schädigen kann.

(3) Sind die Zwecke oder die Tätigkeit der Vereinigung darauf gerichtet, eine der in Absatz 1 und 2 bezeichneten Straftaten anzudrohen, ist auf Freiheitsstrafe von sechs Monaten bis zu fünf Jahren zu erkennen.

(4) Gehört der Täter zu den Rädelsführern oder Hintermännern, so ist in den Fällen der Absätze 1 und 2 auf Freiheitsstrafe nicht unter drei Jahren, in den Fällen des Absatzes 3 auf Freiheitsstrafe von einem Jahr bis zu zehn Jahren zu erkennen.

(5) ¹Wer eine in Absatz 1, 2 oder Absatz 3 bezeichnete Vereinigung unterstützt, wird in den Fällen der Absätze 1 und 2 mit Freiheitsstrafe von sechs Monaten bis zu zehn Jahren, in den Fällen des Absatzes 3 mit Freiheitsstrafe bis zu fünf Jahren oder mit Geldstrafe bestraft. ²Wer für eine in Absatz 1 oder Absatz 2 bezeichnete Vereinigung um Mitglieder oder Unterstützer wirbt, wird mit Freiheitsstrafe von sechs Monaten bis zu fünf Jahren bestraft. ...

**§ 223 Körperverletzung.** (1) Wer eine andere Person körperlich mißhandelt oder an der Gesundheit schädigt, wird mit Freiheitsstrafe bis zu fünf Jahren oder mit Geldstrafe bestraft.

(2) Der Versuch ist strafbar.

**§ 224 Gefährliche Körperverletzung.** (1) Wer die Körperverletzung
1. durch Beibringung von Gift oder anderen gesundheitsschädlichen Stoffen,
2. mittels einer Waffe oder eines anderen gefährlichen Werkzeugs,
3. mittels eines hinterlistigen Überfalls,
4. mit einem anderen Beteiligten gemeinschaftlich oder
5. mittels einer das Leben gefährdenden Behandlung

begeht, wird mit Freiheitsstrafe von sechs Monaten bis zu zehn Jahren, in minder schweren Fällen mit Freiheitsstrafe von drei Monaten bis zu fünf Jahren bestraft.

(2) Der Versuch ist strafbar.

**§ 226 Schwere Körperverletzung.** (1) Hat die Körperverletzung zur Folge, daß die verletzte Person
1. das Sehvermögen auf einem Auge oder beiden Augen, das Gehör, das Sprechvermögen oder die Fortpflanzungsfähigkeit verliert,
2. ein wichtiges Glied des Körpers verliert oder dauernd nicht mehr gebrauchen kann oder
3. in erheblicher Weise dauernd entstellt wird oder in Siechtum, Lähmung oder geistige Krankheit oder Behinderung verfällt,

so ist die Strafe Freiheitsstrafe von einem Jahr bis zu zehn Jahren.

(2) Verursacht der Täter eine der in Absatz 1 bezeichneten Folgen absichtlich oder wissentlich, so ist die Strafe Freiheitsstrafe nicht unter drei Jahren.

(3) In minder schweren Fällen des Absatzes 1 ist auf Freiheitsstrafe von sechs Monaten bis zu fünf Jahren, in minder schweren Fällen des Absatzes 2 auf Freiheitsstrafe von einem Jahr bis zu zehn Jahren zu erkennen.

**§ 227 Körperverletzung mit Todesfolge.** (1) Verursacht der Täter durch die Körperverletzung (§§ 223 bis 226a) den Tod der verletzten Person, so ist die Strafe Freiheitsstrafe nicht unter drei Jahren.

(2) In minder schweren Fällen ist auf Freiheitsstrafe von einem Jahr bis zu zehn Jahren zu erkennen.

**§ 228 Einwilligung.** Wer eine Körperverletzung mit Einwilligung der verletzten Person vornimmt, handelt nur dann rechtswidrig, wenn die Tat trotz der Einwilligung gegen die guten Sitten verstößt.

**§ 229 Fahrlässige Körperverletzung.** Wer durch Fahrlässigkeit die Körperverletzung einer anderen Person verursacht, wird mit Freiheitsstrafe bis zu drei Jahren oder mit Geldstrafe bestraft.

**§ 230 Strafantrag.** (1) [1]Die vorsätzliche Körperverletzung nach § 223 und die fahrlässige Körperverletzung nach § 229 werden nur auf Antrag verfolgt, es sei denn, daß die Strafverfolgungsbehörde wegen des besonderen öffentlichen Interesses an der Strafverfolgung ein Einschreiten von Amts wegen für geboten hält. [2]Stirbt die verletzte Person, so geht bei vorsätzlicher Körperverletzung das Antragsrecht nach § 77 Abs. 2 auf die Angehörigen über.

(2) [1]Ist die Tat gegen einen Amtsträger, einen für den öffentlichen Dienst besonders Verpflichteten oder einen Soldaten der Bundeswehr während der Ausübung seines Dienstes oder in Beziehung auf seinen Dienst begangen, so wird sie auch auf Antrag des Dienstvorgesetzten verfolgt. [2]Dasselbe gilt für Träger von Ämtern der Kirchen und anderen Religionsgesellschaften des öffentlichen Rechts.

**§ 304 Gemeinschädliche Sachbeschädigung.** (1) Wer rechtswidrig ... Naturdenkmäler ... beschädigt oder zerstört, wird mit Freiheitsstrafe bis zu drei Jahren oder mit Geldstrafe bestraft.

(2) Ebenso wird bestraft, wer unbefugt das Erscheinungsbild einer in Absatz 1 bezeichneten Sache oder eines dort bezeichneten Gegenstandes nicht nur unerheblich und nicht nur vorübergehend verändert.

(3) Der Versuch ist strafbar.

**§ 307 Herbeiführen einer Explosion durch Kernenergie.** (1) Wer es unternimmt, durch Freisetzen von Kernenergie eine Explosion herbeizuführen und dadurch Leib oder Leben eines anderen Menschen oder fremde Sachen von bedeutendem Wert zu gefährden, wird mit Freiheitsstrafe nicht unter fünf Jahren bestraft.

(2) Wer durch Freisetzen von Kernenergie eine Explosion herbeiführt und dadurch Leib oder Leben eines anderen Menschen oder fremde Sachen von bedeutendem Wert fahrlässig gefährdet, wird mit Freiheitsstrafe von einem Jahr bis zu zehn Jahren bestraft.

(3) Verursacht der Täter durch die Tat wenigstens leichtfertig den Tod eines anderen Menschen, so ist die Strafe

1. in den Fällen des Absatzes 1 lebenslange Freiheitsstrafe oder Freiheitsstrafe nicht unter zehn Jahren,
2. in den Fällen des Absatzes 2 Freiheitsstrafe nicht unter fünf Jahren.

Strafgesetzbuch (Auszug) §§ 308, 309 StGB 11.1

(4) Wer in den Fällen des Absatzes 2 fahrlässig handelt und die Gefahr fahrlässig verursacht, wird mit Freiheitsstrafe bis zu drei Jahren oder mit Geldstrafe bestraft.

**§ 308 Herbeiführen einer Sprengstoffexplosion.** (1) Wer anders als durch Freisetzen von Kernenergie, namentlich durch Sprengstoff, eine Explosion herbeiführt und dadurch Leib oder Leben eines anderen Menschen oder fremde Sachen von bedeutendem Wert gefährdet, wird mit Freiheitsstrafe nicht unter einem Jahr bestraft.

(2) Verursacht der Täter durch die Tat eine schwere Gesundheitsschädigung eines anderen Menschen oder eine Gesundheitsschädigung einer großen Zahl von Menschen, so ist auf Freiheitsstrafe nicht unter zwei Jahren zu erkennen.

(3) Verursacht der Täter durch die Tat wenigstens leichtfertig den Tod eines anderen Menschen, so ist die Strafe lebenslange Freiheitsstrafe oder Freiheitsstrafe nicht unter zehn Jahren.

(4) In minder schweren Fällen des Absatzes 1 ist auf Freiheitsstrafe von sechs Monaten bis zu fünf Jahren, in minder schweren Fällen des Absatzes 2 auf Freiheitsstrafe von einem Jahr bis zu zehn Jahren zu erkennen.

(5) Wer in den Fällen des Absatzes 1 die Gefahr fahrlässig verursacht, wird mit Freiheitsstrafe bis zu fünf Jahren oder mit Geldstrafe bestraft.

(6) Wer in den Fällen des Absatzes 1 fahrlässig handelt und die Gefahr fahrlässig verursacht, wird mit Freiheitsstrafe bis zu drei Jahren oder mit Geldstrafe bestraft.

**§ 309 Mißbrauch ionisierender Strahlen.** (1) Wer in der Absicht, die Gesundheit eines anderen Menschen zu schädigen, es unternimmt, ihn einer ionisierenden Strahlung auszusetzen, die dessen Gesundheit zu schädigen geeignet ist, wird mit Freiheitsstrafe von einem Jahr bis zu zehn Jahren bestraft.

(2) Unternimmt es der Täter, eine unübersehbare Zahl von Menschen einer solchen Strahlung auszusetzen, so ist die Strafe Freiheitsstrafe nicht unter fünf Jahren.

(3) Verursacht der Täter in den Fällen des Absatzes 1 durch die Tat eine schwere Gesundheitsschädigung eines anderen Menschen oder eine Gesundheitsschädigung einer großen Zahl von Menschen, so ist auf Freiheitsstrafe nicht unter zwei Jahren zu erkennen.

(4) Verursacht der Täter durch die Tat wenigstens leichtfertig den Tod eines anderen Menschen, so ist die Strafe lebenslange Freiheitsstrafe oder Freiheitsstrafe nicht unter zehn Jahren.

(5) In minder schweren Fällen des Absatzes 1 ist auf Freiheitsstrafe von sechs Monaten bis zu fünf Jahren, in minder schweren Fällen des Absatzes 3 auf Freiheitsstrafe von einem Jahr bis zu zehn Jahren zu erkennen.

(6) [1] Wer in der Absicht,

1. die Brauchbarkeit einer fremden Sache von bedeutendem Wert zu beeinträchtigen,
2. nachhaltig ein Gewässer, die Luft oder den Boden nachteilig zu verändern oder
3. ihm nicht gehörende Tiere oder Pflanzen von bedeutendem Wert zu schädigen,

die Sache, das Gewässer, die Luft, den Boden, die Tiere oder Pflanzen einer ionisierenden Strahlung aussetzt, die geeignet ist, solche Beeinträchtigungen, Veränderungen oder Schäden hervorzurufen, wird mit Freiheitsstrafe bis zu fünf Jahren oder mit Geldstrafe bestraft. ²Der Versuch ist strafbar.

### § 310 Vorbereitung eines Explosions- oder Strahlungsverbrechens.

(1) Wer zur Vorbereitung

1. eines bestimmten Unternehmens im Sinne des § 307 Abs. 1 oder des § 309 Abs. 2,
2. einer Straftat nach § 308 Abs. 1, die durch Sprengstoff begangen werden soll,
3. einer Straftat nach § 309 Abs. 1 oder
4. einer Straftat nach § 309 Abs. 6

Kernbrennstoffe, sonstige radioaktive Stoffe, Sprengstoffe oder die zur Ausführung der Tat erforderlichen besonderen Vorrichtungen herstellt, sich oder einem anderen verschafft, verwahrt oder einem anderen überläßt, wird in den Fällen der Nummer 1 mit Freiheitsstrafe von einem Jahr bis zu zehn Jahren, in den Fällen der Nummer 2 und der Nummer 3 mit Freiheitsstrafe von sechs Monaten bis zu fünf Jahren, in den Fällen der Nummer 4 mit Freiheitsstrafe bis zu drei Jahren oder mit Geldstrafe bestraft.

(2) In minder schweren Fällen des Absatzes 1 Nr. 1 ist die Strafe Freiheitsstrafe von sechs Monaten bis zu fünf Jahren.

(3) In den Fällen des Absatzes 1 Nr. 3 und 4 ist der Versuch strafbar.

### § 311 Freisetzen ionisierender Strahlen.

(1) Wer unter Verletzung verwaltungsrechtlicher Pflichten (§ 330d Absatz 1 Nummer 4, 5, Absatz 2)

1. ionisierende Strahlen freisetzt oder
2. Kernspaltungsvorgänge bewirkt,

die geeignet sind, Leib oder Leben eines anderen Menschen, fremde Sachen von bedeutendem Wert zu schädigen oder erhebliche Schäden an Tieren oder Pflanzen, Gewässern, der Luft oder dem Boden herbeizuführen, wird mit Freiheitsstrafe bis zu fünf Jahren oder mit Geldstrafe bestraft.

(2) Der Versuch ist strafbar.

(3) Wer fahrlässig

1. beim Betrieb einer Anlage, insbesondere einer Betriebsstätte, eine Handlung im Sinne des Absatzes 1 in einer Weise begeht, die geeignet ist, eine Schädigung außerhalb des zur Anlage gehörenden Bereichs herbeizuführen oder
2. in sonstigen Fällen des Absatzes 1 unter grober Verletzung verwaltungsrechtlicher Pflichten handelt,

wird mit Freiheitsstrafe bis zu zwei Jahren oder mit Geldstrafe bestraft.

### § 312 Fehlerhafte Herstellung einer kerntechnischen Anlage.

(1) Wer eine kerntechnische Anlage (§ 330d Nr. 2) oder Gegenstände, die zur Errichtung oder zum Betrieb einer solchen Anlage bestimmt sind, fehlerhaft herstellt oder liefert und dadurch eine Gefahr für Leib oder Leben eines anderen Menschen oder für fremde Sachen von bedeutendem Wert herbeiführt, die mit der Wirkung eines Kernspaltungsvorgangs oder der Strahlung eines radioaktiven Stoffes zusammenhängt, wird mit Freiheitsstrafe von drei Monaten bis zu fünf Jahren bestraft.

(2) Der Versuch ist strafbar.

(3) Verursacht der Täter durch die Tat eine schwere Gesundheitsschädigung eines anderen Menschen oder eine Gesundheitsschädigung einer großen Zahl von Menschen, so ist auf Freiheitsstrafe von einem Jahr bis zu zehn Jahren zu erkennen.

(4) Verursacht der Täter durch die Tat den Tod eines anderen Menschen, so ist die Strafe Freiheitsstrafe nicht unter drei Jahren.

(5) In minder schweren Fällen des Absatzes 3 ist auf Freiheitsstrafe von sechs Monaten bis zu fünf Jahren, in minder schweren Fällen des Absatzes 4 auf Freiheitsstrafe von einem Jahr bis zu zehn Jahren zu erkennen.

(6) Wer in den Fällen des Absatzes 1

1. die Gefahr fahrlässig verursacht oder
2. leichtfertig handelt und die Gefahr fahrlässig verursacht,

wird mit Freiheitsstrafe bis zu drei Jahren oder mit Geldstrafe bestraft.

**§ 313 Herbeiführen einer Überschwemmung.** (1) Wer eine Überschwemmung herbeiführt und dadurch Leib oder Leben eines anderen Menschen oder fremde Sachen von bedeutendem Wert gefährdet, wird mit Freiheitsstrafe von einem Jahr bis zu zehn Jahren bestraft.

(2) § 308 Abs. 2 bis 6 gilt entsprechend.

**§ 314 Gemeingefährliche Vergiftung.** (1) Mit Freiheitsstrafe von einem Jahr bis zu zehn Jahren wird bestraft, wer

1. Wasser in gefaßten Quellen, in Brunnen, Leitungen oder Trinkwasserspeichern oder
2. Gegenstände, die zum öffentlichen Verkauf oder Verbrauch bestimmt sind,

vergiftet oder ihnen gesundheitsschädliche Stoffe beimischt oder vergiftete oder mit gesundheitsschädlichen Stoffen vermischte Gegenstände im Sinne der Nummer 2 verkauft, feilhält oder sonst in den Verkehr bringt.

(2) § 308 Abs. 2 bis 4 gilt entsprechend.

**§ 314a Tätige Reue.** (1) Das Gericht kann die Strafe in den Fällen des § 307 Abs. 1 und des § 309 Abs. 2 nach seinem Ermessen mildern (§ 49 Abs. 2), wenn der Täter freiwillig die weitere Ausführung der Tat aufgibt oder sonst die Gefahr abwendet.

(2) Das Gericht kann die in den folgenden Vorschriften angedrohte Strafe nach seinem Ermessen mildern (§ 49 Abs. 2) oder von Strafe nach diesen Vorschriften absehen, wenn der Täter

1. in den Fällen des § 309 Abs. 1 oder § 314 Abs. 1 freiwillig die weitere Ausführung der Tat aufgibt oder sonst die Gefahr abwendet oder
2. in den Fällen des
   a) § 307 Abs. 2,
   b) § 308 Abs. 1 und 5,
   c) § 309 Abs. 6,
   d) § 311 Abs. 1,
   e) § 312 Abs. 1 und 6 Nr. 1,
   f) § 313, auch in Verbindung mit § 308 Abs. 5,

**11.1 StGB §§ 324–325**

freiwillig die Gefahr abwendet, bevor ein erheblicher Schaden entsteht.

(3) Nach den folgenden Vorschriften wird nicht bestraft, wer
1. in den Fällen des
   a) § 307 Abs. 4,
   b) § 308 Abs. 6,
   c) § 311 Abs. 3,
   d) § 312 Abs. 6 Nr. 2,
   e) § 313 Abs. 2 in Verbindung mit § 308 Abs. 6
   freiwillig die Gefahr abwendet, bevor ein erheblicher Schaden entsteht, oder
2. in den Fällen des § 310 freiwillig die weitere Ausführung der Tat aufgibt oder sonst die Gefahr abwendet.

(4) Wird ohne Zutun des Täters die Gefahr abgewendet, so genügt sein freiwilliges und ernsthaftes Bemühen, dieses Ziel zu erreichen.

### Neunundzwanzigster Abschnitt. Straftaten gegen die Umwelt

**§ 324 Gewässerverunreinigung.** (1) Wer unbefugt ein Gewässer verunreinigt oder sonst dessen Eigenschaften nachteilig verändert, wird mit Freiheitsstrafe bis zu fünf Jahren oder mit Geldstrafe bestraft.

(2) Der Versuch ist strafbar.

(3) Handelt der Täter fahrlässig, so ist die Strafe Freiheitsstrafe bis zu drei Jahren oder Geldstrafe.

**§ 324a Bodenverunreinigung.** (1) Wer unter Verletzung verwaltungsrechtlicher Pflichten Stoffe in den Boden einbringt, eindringen läßt oder freisetzt und diesen dadurch
1. in einer Weise, die geeignet ist, die Gesundheit eines anderen, Tiere, Pflanzen oder andere Sachen von bedeutendem Wert oder ein Gewässer zu schädigen, oder
2. in bedeutendem Umfang

verunreinigt oder sonst nachteilig verändert, wird mit Freiheitsstrafe bis zu fünf Jahren oder mit Geldstrafe bestraft.

(2) Der Versuch ist strafbar.

(3) Handelt der Täter fahrlässig, so ist die Strafe Freiheitsstrafe bis zu drei Jahren oder Geldstrafe.

**§ 325 Luftverunreinigung.** (1) [1] Wer beim Betrieb einer Anlage, insbesondere einer Betriebsstätte oder Maschine, unter Verletzung verwaltungsrechtlicher Pflichten Veränderungen der Luft verursacht, die geeignet sind, außerhalb des zur Anlage gehörenden Bereichs die Gesundheit eines anderen, Tiere, Pflanzen oder andere Sachen von bedeutendem Wert zu schädigen, wird mit Freiheitsstrafe bis zu fünf Jahren oder mit Geldstrafe bestraft. [2] Der Versuch ist strafbar.

(2) Wer beim Betrieb einer Anlage, insbesondere einer Betriebsstätte oder Maschine, unter Verletzung verwaltungsrechtlicher Pflichten Schadstoffe in bedeutendem Umfang in die Luft außerhalb des Betriebsgeländes freisetzt, wird mit Freiheitsstrafe bis zu fünf Jahren oder mit Geldstrafe bestraft.

(3) Wer unter Verletzung verwaltungsrechtlicher Pflichten Schadstoffe in bedeutendem Umfang in die Luft freisetzt, wird mit Freiheitsstrafe bis zu drei Jahren oder mit Geldstrafe bestraft, wenn die Tat nicht nach Absatz 2 mit Strafe bedroht ist.

(4) Handelt der Täter in den Fällen der Absätze 1 und 2 fahrlässig, so ist die Strafe Freiheitsstrafe bis zu drei Jahren oder Geldstrafe.

(5) Handelt der Täter in den Fällen des Absatzes 3 leichtfertig, so ist die Strafe Freiheitsstrafe bis zu einem Jahr oder Geldstrafe.

(6) Schadstoffe im Sinne der Absätze 2 und 3 sind Stoffe, die geeignet sind,

1. die Gesundheit eines anderen, Tiere, Pflanzen oder andere Sachen von bedeutendem Wert zu schädigen oder
2. nachhaltig ein Gewässer, die Luft oder den Boden zu verunreinigen oder sonst nachteilig zu verändern.

(7) Absatz 1, auch in Verbindung mit Absatz 4, gilt nicht für Kraftfahrzeuge, Schienen-, Luft- oder Wasserfahrzeuge.

**§ 325a Verursachen von Lärm, Erschütterungen und nichtionisierenden Strahlen.** (1) Wer beim Betrieb einer Anlage, insbesondere einer Betriebsstätte oder Maschine, unter Verletzung verwaltungsrechtlicher Pflichten Lärm verursacht, der geeignet ist, außerhalb des zur Anlage gehörenden Bereichs die Gesundheit eines anderen zu schädigen, wird mit Freiheitsstrafe bis zu drei Jahren oder mit Geldstrafe bestraft.

(2) Wer beim Betrieb einer Anlage, insbesondere einer Betriebsstätte oder Maschine, unter Verletzung verwaltungsrechtlicher Pflichten, die dem Schutz vor Lärm, Erschütterungen oder nichtionisierenden Strahlen dienen, die Gesundheit eines anderen, ihm nicht gehörende Tiere oder fremde Sachen von bedeutendem Wert gefährdet, wird mit Freiheitsstrafe bis zu fünf Jahren oder mit Geldstrafe bestraft.

(3) Handelt der Täter fahrlässig, so ist die Strafe

1. in den Fällen des Absatzes 1 Freiheitsstrafe bis zu zwei Jahren oder Geldstrafe,
2. in den Fällen des Absatzes 2 Freiheitsstrafe bis zu drei Jahren oder Geldstrafe.

(4) Die Absätze 1 bis 3 gelten nicht für Kraftfahrzeuge, Schienen-, Luft- oder Wasserfahrzeuge.

**§ 326 Unerlaubter Umgang mit Abfällen.** (1) Wer unbefugt Abfälle, die

1. Gifte oder Erreger von auf Menschen oder Tiere übertragbaren gemeingefährlichen Krankheiten enthalten oder hervorbringen können,
2. für den Menschen krebserzeugend, fortpflanzungsgefährdend oder erbgutverändernd sind,
3. explosionsgefährlich, selbstentzündlich oder nicht nur geringfügig radioaktiv sind oder
4. nach Art, Beschaffenheit oder Menge geeignet sind,
    a) nachhaltig ein Gewässer, die Luft oder den Boden zu verunreinigen oder sonst nachteilig zu verändern oder
    b) einen Bestand von Tieren oder Pflanzen zu gefährden,

**11.1 StGB § 327**

außerhalb einer dafür zugelassenen Anlage oder unter wesentlicher Abweichung von einem vorgeschriebenen oder zugelassenen Verfahren sammelt, befördert, behandelt, verwertet, lagert, ablagert, ablässt, beseitigt, handelt, makelt oder sonst bewirtschaftet, wird mit Freiheitsstrafe bis zu fünf Jahren oder mit Geldstrafe bestraft.

(2) Ebenso wird bestraft, wer Abfälle im Sinne des Absatzes 1 entgegen einem Verbot oder ohne die erforderliche Genehmigung in den, aus dem oder durch den Geltungsbereich dieses Gesetzes verbringt.

(3) Wer radioaktive Abfälle unter Verletzung verwaltungsrechtlicher Pflichten nicht abliefert, wird mit Freiheitsstrafe bis zu drei Jahren oder mit Geldstrafe bestraft.

(4) In den Fällen der Absätze 1 und 2 ist der Versuch strafbar.

(5) Handelt der Täter fahrlässig, so ist die Strafe

1. in den Fällen der Absätze 1 und 2 Freiheitsstrafe bis zu drei Jahren oder Geldstrafe,
2. in den Fällen des Absatzes 3 Freiheitsstrafe bis zu einem Jahr oder Geldstrafe.

(6) Die Tat ist dann nicht strafbar, wenn schädliche Einwirkungen auf die Umwelt, insbesondere auf Menschen, Gewässer, die Luft, den Boden, Nutztiere oder Nutzpflanzen, wegen der geringen Menge der Abfälle offensichtlich ausgeschlossen sind.

**§ 327 Unerlaubtes Betreiben von Anlagen.** (1) Wer ohne die erforderliche Genehmigung oder entgegen einer vollziehbaren Untersagung

1. eine kerntechnische Anlage betreibt, eine betriebsbereite oder stillgelegte kerntechnische Anlage innehat oder ganz oder teilweise abbaut oder eine solche Anlage oder ihren Betrieb wesentlich ändert oder
2. eine Betriebsstätte, in der Kernbrennstoffe verwendet werden, oder deren Lage wesentlich ändert,

wird mit Freiheitsstrafe bis zu fünf Jahren oder mit Geldstrafe bestraft.

(2) ¹Mit Freiheitsstrafe bis zu drei Jahren oder mit Geldstrafe wird bestraft, wer

1. eine genehmigungsbedürftige Anlage oder eine sonstige Anlage im Sinne des Bundes-Immissionsschutzgesetzes[1], deren Betrieb zum Schutz vor Gefahren untersagt worden ist,
2. eine genehmigungsbedürftige Rohrleitungsanlage zum Befördern wassergefährdender Stoffe im Sinne des Gesetzes über die Umweltverträglichkeitsprüfung[2],
3. eine Abfallentsorgungsanlage im Sinne des Kreislaufwirtschaftsgesetzes[3] oder
4. eine Abwasserbehandlungsanlage nach § 60 Absatz 3 des Wasserhaushaltsgesetzes[4]

ohne die nach dem jeweiligen Gesetz erforderliche Genehmigung oder Planfeststellung oder entgegen einer auf dem jeweiligen Gesetz beruhenden vollziehbaren Untersagung betreibt. ²Ebenso wird bestraft, wer ohne die erforder-

---

[1] Nr. 6.1.
[2] Nr. 2.5.
[3] Nr. 5.1.
[4] Nr. 4.1.

Strafgesetzbuch (Auszug) **§ 328 StGB 11.1**

liche Genehmigung oder Planfeststellung oder entgegen einer vollziehbaren Untersagung eine Anlage, in der gefährliche Stoffe oder Gemische gelagert oder verwendet oder gefährliche Tätigkeiten ausgeübt werden, in einem anderen Mitgliedstaat der Europäischen Union in einer Weise betreibt, die geeignet ist, außerhalb der Anlage Leib oder Leben eines anderen Menschen zu schädigen oder erhebliche Schäden an Tieren oder Pflanzen, Gewässern, der Luft oder dem Boden herbeizuführen.

(3) Handelt der Täter fahrlässig, so ist die Strafe

1. in den Fällen des Absatzes 1 Freiheitsstrafe bis zu drei Jahren oder Geldstrafe,
2. in den Fällen des Absatzes 2 Freiheitsstrafe bis zu zwei Jahren oder Geldstrafe.

**§ 328 Unerlaubter Umgang mit radioaktiven Stoffen und anderen gefährlichen Stoffen und Gütern.** (1) Mit Freiheitsstrafe bis zu fünf Jahren oder mit Geldstrafe wird bestraft,

1. wer ohne die erforderliche Genehmigung oder entgegen einer vollziehbaren Untersagung Kernbrennstoffe oder
2. wer ohne die erforderliche Genehmigung oder wer entgegen einer vollziehbaren Untersagung sonstige radioaktive Stoffe, die nach Art, Beschaffenheit oder Menge geeignet sind, durch ionisierende Strahlen den Tod oder eine schwere Gesundheitsschädigung eines anderen oder erhebliche Schäden an Tieren oder Pflanzen, Gewässern, der Luft oder dem Boden herbeizuführen,

herstellt, aufbewahrt, befördert, bearbeitet, verarbeitet oder sonst verwendet, einführt oder ausführt.

(2) Ebenso wird bestraft, wer

1. Kernbrennstoffe, zu deren Ablieferung er auf Grund des Atomgesetzes[1] verpflichtet ist, nicht unverzüglich abliefert,
2. Kernbrennstoffe oder die in Absatz 1 Nr. 2 bezeichneten Stoffe an Unberechtigte abgibt oder die Abgabe an Unberechtigte vermittelt,
3. eine nukleare Explosion verursacht oder
4. einen anderen zu einer in Nummer 3 bezeichneten Handlung verleitet oder eine solche Handlung fördert.

(3) Mit Freiheitsstrafe bis zu fünf Jahren oder mit Geldstrafe wird bestraft, wer unter Verletzung verwaltungsrechtlicher Pflichten

1. beim Betrieb einer Anlage, insbesondere einer Betriebsstätte oder technischen Einrichtung, radioaktive Stoffe oder gefährliche Stoffe und Gemische nach Artikel 3 der Verordnung (EG) Nr. 1272/2008 des Europäischen Parlaments und des Rates vom 16. Dezember 2008 über die Einstufung, Kennzeichnung und Verpackung von Stoffen und Gemischen, zur Änderung und Aufhebung der Richtlinien 67/548/EWG und 1999/45/EG und zur Änderung der Verordnung (EG) Nr. 1907/2006 (ABl. L 353 vom 31.12.2008, S. 1), die zuletzt durch die Verordnung (EG) Nr. 790/2009 (ABl. L 235 vom 5.9.2009, S. 1) geändert worden ist, lagert, bearbeitet, verarbeitet oder sonst verwendet oder

---

[1] Nr. **7.1**.

2. gefährliche Güter befördert, versendet, verpackt oder auspackt, verlädt oder entlädt, entgegennimmt oder anderen überläßt

und dadurch die Gesundheit eines anderen, Tiere oder Pflanzen, Gewässer, die Luft oder den Boden oder fremde Sachen von bedeutendem Wert gefährdet.

(4) Der Versuch ist strafbar.

(5) Handelt der Täter fahrlässig, so ist die Strafe Freiheitsstrafe bis zu drei Jahren oder Geldstrafe.

(6) Die Absätze 4 und 5 gelten nicht für Taten nach Absatz 2 Nr. 4.

**§ 329 Gefährdung schutzbedürftiger Gebiete.** (1) ¹Wer entgegen einer auf Grund des Bundes-Immissionsschutzgesetzes[1]) erlassenen Rechtsverordnung über ein Gebiet, das eines besonderen Schutzes vor schädlichen Umwelteinwirkungen durch Luftverunreinigungen oder Geräusche bedarf oder in dem während austauscharmer Wetterlagen ein starkes Anwachsen schädlicher Umwelteinwirkungen durch Luftverunreinigungen zu befürchten ist, Anlagen innerhalb des Gebiets betreibt, wird mit Freiheitsstrafe bis zu drei Jahren oder mit Geldstrafe bestraft. ²Ebenso wird bestraft, wer innerhalb eines solchen Gebiets Anlagen entgegen einer vollziehbaren Anordnung betreibt, die auf Grund einer in Satz 1 bezeichneten Rechtsverordnung ergangen ist. ³Die Sätze 1 und 2 gelten nicht für Kraftfahrzeuge, Schienen-, Luft- oder Wasserfahrzeuge.

(2) ¹Wer entgegen einer zum Schutz eines Wasser- oder Heilquellenschutzgebietes erlassenen Rechtsvorschrift oder vollziehbaren Untersagung

1. betriebliche Anlagen zum Umgang mit wassergefährdenden Stoffen betreibt,
2. Rohrleitungsanlagen zum Befördern wassergefährdender Stoffe betreibt oder solche Stoffe befördert oder
3. im Rahmen eines Gewerbebetriebes Kies, Sand, Ton oder andere feste Stoffe abbaut,

wird mit Freiheitsstrafe bis zu drei Jahren oder mit Geldstrafe bestraft. ²Betriebliche Anlage im Sinne des Satzes 1 ist auch die Anlage in einem öffentlichen Unternehmen.

(3) Wer entgegen einer zum Schutz eines Naturschutzgebietes, einer als Naturschutzgebiet einstweilig sichergestellten Fläche oder eines Nationalparks erlassenen Rechtsvorschrift oder vollziehbaren Untersagung

1. Bodenschätze oder andere Bodenbestandteile abbaut oder gewinnt,
2. Abgrabungen oder Aufschüttungen vornimmt,
3. Gewässer schafft, verändert oder beseitigt,
4. Moore, Sümpfe, Brüche oder sonstige Feuchtgebiete entwässert,
5. Wald rodet,
6. Tiere einer im Sinne des Bundesnaturschutzgesetzes[2]) besonders geschützten Art tötet, fängt, diesen nachstellt oder deren Gelege ganz oder teilweise zerstört oder entfernt,
7. Pflanzen einer im Sinne des Bundesnaturschutzgesetzes besonders geschützten Art beschädigt oder entfernt oder
8. ein Gebäude errichtet

---

[1]) Nr. **6.1**.
[2]) Nr. **3.1**.

und dadurch den jeweiligen Schutzzweck nicht unerheblich beeinträchtigt, wird mit Freiheitsstrafe bis zu fünf Jahren oder mit Geldstrafe bestraft.

(4) Wer unter Verletzung verwaltungsrechtlicher Pflichten in einem Natura 2000-Gebiet einen für die Erhaltungsziele oder den Schutzzweck dieses Gebietes maßgeblichen

1. Lebensraum einer Art, die in Artikel 4 Absatz 2 oder Anhang I der Richtlinie 2009/147/EG des Europäischen Parlaments und des Rates vom 30. November 2009 über die Erhaltung der wildlebenden Vogelarten (ABl. L 20 vom 26.1.2010, S. 7) oder in Anhang II der Richtlinie 92/43/EWG des Rates vom 21. Mai 1992 zur Erhaltung der natürlichen Lebensräume sowie der wildlebenden Tiere und Pflanzen (ABl. L 206 vom 22.7.1992, S. 7), die zuletzt durch die Richtlinie 2013/17/EU (ABl. L 158 vom 10.6.2013, S. 193) geändert worden ist, aufgeführt ist, oder

2. natürlichen Lebensraumtyp, der in Anhang I der Richtlinie 92/43/EWG des Rates vom 21. Mai 1992 zur Erhaltung der natürlichen Lebensräume sowie der wildlebenden Tiere und Pflanzen (ABl. L 206 vom 22.7.1992, S. 7), die zuletzt durch die Richtlinie 2013/17/EU (ABl. L 158 vom 10.6.2013, S. 193) geändert worden ist, aufgeführt ist,

erheblich schädigt, wird mit Freiheitsstrafe bis zu fünf Jahren oder mit Geldstrafe bestraft.

(5) Handelt der Täter fahrlässig, so ist die Strafe

1. in den Fällen der Absätze 1 und 2 Freiheitsstrafe bis zu zwei Jahren oder Geldstrafe,

2. in den Fällen des Absatzes 3 Freiheitsstrafe bis zu drei Jahren oder Geldstrafe.

(6) Handelt der Täter in den Fällen des Absatzes 4 leichtfertig, so ist die Strafe Freiheitsstrafe bis zu drei Jahren oder Geldstrafe.

**§ 330 Besonders schwerer Fall einer Umweltstraftat.** (1) [1]In besonders schweren Fällen wird eine vorsätzliche Tat nach den §§ 324 bis 329 mit Freiheitsstrafe von sechs Monaten bis zu zehn Jahren bestraft. [2]Ein besonders schwerer Fall liegt in der Regel vor, wenn der Täter

1. ein Gewässer, den Boden oder ein Schutzgebiet im Sinne des § 329 Abs. 3 derart beeinträchtigt, daß die Beeinträchtigung nicht, nur mit außerordentlichem Aufwand oder erst nach längerer Zeit beseitigt werden kann,

2. die öffentliche Wasserversorgung gefährdet,

3. einen Bestand von Tieren oder Pflanzen einer streng geschützten Art nachhaltig schädigt oder

4. aus Gewinnsucht handelt.

(2) Wer durch eine vorsätzliche Tat nach den §§ 324 bis 329

1. einen anderen Menschen in die Gefahr des Todes oder einer schweren Gesundheitsschädigung oder eine große Zahl von Menschen in die Gefahr einer Gesundheitsschädigung bringt oder

2. den Tod eines anderen Menschen verursacht,

wird in den Fällen der Nummer 1 mit Freiheitsstrafe von einem Jahr bis zu zehn Jahren, in den Fällen der Nummer 2 mit Freiheitsstrafe nicht unter drei Jahren bestraft, wenn die Tat nicht in § 330a Abs. 1 bis 3 mit Strafe bedroht ist.

(3) In minder schweren Fällen des Absatzes 2 Nr. 1 ist auf Freiheitsstrafe von sechs Monaten bis zu fünf Jahren, in minder schweren Fällen des Absatzes 2 Nr. 2 auf Freiheitsstrafe von einem Jahr bis zu zehn Jahren zu erkennen.

**§ 330a Schwere Gefährdung durch Freisetzen von Giften.** (1) Wer Stoffe, die Gifte enthalten oder hervorbringen können, verbreitet oder freisetzt und dadurch die Gefahr des Todes oder einer schweren Gesundheitsschädigung eines anderen Menschen oder die Gefahr einer Gesundheitsschädigung einer großen Zahl von Menschen verursacht, wird mit Freiheitsstrafe von einem Jahr bis zu zehn Jahren bestraft.

(2) Verursacht der Täter durch die Tat den Tod eines anderen Menschen, so ist die Strafe Freiheitsstrafe nicht unter drei Jahren.

(3) In minder schweren Fällen des Absatzes 1 ist auf Freiheitsstrafe von sechs Monaten bis zu fünf Jahren, in minder schweren Fällen des Absatzes 2 auf Freiheitsstrafe von einem Jahr bis zu zehn Jahren zu erkennen.

(4) Wer in den Fällen des Absatzes 1 die Gefahr fahrlässig verursacht, wird mit Freiheitsstrafe bis zu fünf Jahren oder mit Geldstrafe bestraft.

(5) Wer in den Fällen des Absatzes 1 leichtfertig handelt und die Gefahr fahrlässig verursacht, wird mit Freiheitsstrafe bis zu drei Jahren oder mit Geldstrafe bestraft.

**§ 330b Tätige Reue.** (1) [1] Das Gericht kann in den Fällen des § 325a Abs. 2, des § 326 Abs. 1 bis 3, des § 328 Abs. 1 bis 3 und des § 330a Abs. 1, 3 und 4 die Strafe nach seinem Ermessen mildern (§ 49 Abs. 2) oder von Strafe nach diesen Vorschriften absehen, wenn der Täter freiwillig die Gefahr abwendet oder den von ihm verursachten Zustand beseitigt, bevor ein erheblicher Schaden entsteht. [2] Unter denselben Voraussetzungen wird der Täter nicht nach § 325a Abs. 3 Nr. 2, § 326 Abs. 5, § 328 Abs. 5 und § 330a Abs. 5 bestraft.

(2) Wird ohne Zutun des Täters die Gefahr abgewendet oder der rechtswidrig verursachte Zustand beseitigt, so genügt sein freiwilliges und ernsthaftes Bemühen, dieses Ziel zu erreichen.

**§ 330c Einziehung.** [1] Ist eine Straftat nach den §§ 326, 327 Abs. 1 oder 2, §§ 328, 329 Absatz 1, 2 oder Absatz 3, dieser auch in Verbindung mit Absatz 5, oder Absatz 4, dieser auch in Verbindung mit Absatz 6, begangen worden, so können

1. Gegenstände, die durch die Tat hervorgebracht oder zu ihrer Begehung oder Vorbereitung gebraucht worden oder bestimmt gewesen sind, und
2. Gegenstände, auf die sich die Tat bezieht,

eingezogen werden. [2] § 74a ist anzuwenden.

**§ 330d Begriffsbestimmungen.** (1) Im Sinne dieses Abschnitts ist

1. ein Gewässer:
   ein oberirdisches Gewässer, das Grundwasser und das Meer;
2. eine kerntechnische Anlage:
   eine Anlage zur Erzeugung oder zur Bearbeitung oder Verarbeitung oder zur Spaltung von Kernbrennstoffen oder zur Aufarbeitung bestrahlter Kernbrennstoffe;
3. ein gefährliches Gut:

Strafgesetzbuch (Auszug) §§ 330d StGB 11.1

ein Gut im Sinne des Gesetzes über die Beförderung gefährlicher Güter und einer darauf beruhenden Rechtsverordnung und im Sinne der Rechtsvorschriften über die internationale Beförderung gefährlicher Güter im jeweiligen Anwendungsbereich;

4. eine verwaltungsrechtliche Pflicht:
eine Pflicht, die sich aus

   a) einer Rechtsvorschrift,

   b) einer gerichtlichen Entscheidung,

   c) einem vollziehbaren Verwaltungsakt,

   d) einer vollziehbaren Auflage oder

   e) einem öffentlich-rechtlichen Vertrag, soweit die Pflicht auch durch Verwaltungsakt hätte auferlegt werden können,

ergibt und dem Schutz vor Gefahren oder schädlichen Einwirkungen auf die Umwelt, insbesondere auf Menschen, Tiere oder Pflanzen, Gewässer, die Luft oder den Boden, dient;

5. ein Handeln ohne Genehmigung, Planfeststellung oder sonstige Zulassung: auch ein Handeln auf Grund einer durch Drohung, Bestechung oder Kollusion erwirkten oder durch unrichtige oder unvollständige Angaben erschlichenen Genehmigung, Planfeststellung oder sonstigen Zulassung.

(2) ¹Für die Anwendung der §§ 311, 324a, 325, 326, 327 und 328 stehen in Fällen, in denen die Tat in einem anderen Mitgliedstaat der Europäischen Union begangen worden ist,

1. einer verwaltungsrechtlichen Pflicht,

2. einem vorgeschriebenen oder zugelassenen Verfahren,

3. einer Untersagung,

4. einem Verbot,

5. einer zugelassenen Anlage,

6. einer Genehmigung und

7. einer Planfeststellung

entsprechende Pflichten, Verfahren, Untersagungen, Verbote, zugelassene Anlagen, Genehmigungen und Planfeststellungen auf Grund einer Rechtsvorschrift des anderen Mitgliedstaats der Europäischen Union oder auf Grund eines Hoheitsakts des anderen Mitgliedstaats der Europäischen Union gleich. ²Dies gilt nur, soweit damit ein Rechtsakt der Europäischen Union oder ein Rechtsakt der Europäischen Atomgemeinschaft umgesetzt oder angewendet wird, der dem Schutz vor Gefahren oder schädlichen Einwirkungen auf die Umwelt, insbesondere auf Menschen, Tiere oder Pflanzen, Gewässer, die Luft oder den Boden, dient.

## 11.2. Gesetz über Ordnungswidrigkeiten (OWiG)

In der Fassung der Bekanntmachung vom 19. Februar 1987[1)]

(BGBl. I S. 602)

**FNA 454-1**

zuletzt geänd. durch Art. 31 G zum Ausbau des elektronischen Rechtsverkehrs mit den Gerichten und zur Änd. weiterer Vorschriften v. 5.10.2021 (BGBl. I S. 4607)

– Auszug –

**§ 117 Unzulässiger Lärm.** (1) Ordnungswidrig handelt, wer ohne berechtigten Anlaß oder in einem unzulässigen oder nach den Umständen vermeidbaren Ausmaß Lärm erregt, der geeignet ist, die Allgemeinheit oder die Nachbarschaft erheblich zu belästigen oder die Gesundheit eines anderen zu schädigen.

(2) Die Ordnungswidrigkeit kann mit einer Geldbuße bis zu fünftausend Euro geahndet werden, wenn die Handlung nicht nach anderen Vorschriften geahndet werden kann.

---

[1)] Neubekanntmachung des OWiG v. 24.5.1968 (BGBl. I S. 481) in der ab 1.4.1987 geltenden Fassung.

## 12.1. Gesetz über ergänzende Vorschriften zu Rechtsbehelfen in Umweltangelegenheiten nach der EG-Richtlinie 2003/35/EG (Umwelt-Rechtsbehelfsgesetz – UmwRG)[1)]

In der Fassung der Bekanntmachung vom 23. August 2017[2)]
(BGBl. I S. 3290)
**FNA 2129-46**
zuletzt geänd. durch Art. 8 G zur Änd. des UmweltschadensG, des UmweltinformationsG und weiterer umweltrechtlicher Vorschriften v. 25.2.2021 (BGBl. I S. 306)

**§ 1 Anwendungsbereich.** (1) ¹Dieses Gesetz ist anzuwenden auf Rechtsbehelfe gegen folgende Entscheidungen:
1. Zulassungsentscheidungen im Sinne von § 2 Absatz 6 des Gesetzes über die Umweltverträglichkeitsprüfung[3)] über die Zulässigkeit von Vorhaben, für die nach
    a) dem Gesetz über die Umweltverträglichkeitsprüfung,
    b) der Verordnung über die Umweltverträglichkeitsprüfung bergbaulicher Vorhaben oder
    c) landesrechtlichen Vorschriften
    eine Pflicht zur Durchführung einer Umweltverträglichkeitsprüfung (UVP) bestehen kann;
2. Genehmigungen für Anlagen, die in Spalte c des Anhangs 1 der Verordnung über genehmigungsbedürftige Anlagen[4)] mit dem Buchstaben G gekennzeichnet sind, gegen Entscheidungen nach § 17 Absatz 1a des Bundes-Immissionsschutzgesetzes[5)], gegen Erlaubnisse nach § 8 Absatz 1 des Wasserhaushaltsgesetzes[6)] für Gewässerbenutzungen, die mit einem Vorhaben im

---

[1)] **Amtl. Anm.:** Dieses Gesetz dient der Umsetzung von Artikel 11 der Richtlinie 2011/92/EU des Europäischen Parlaments und des Rates vom 13. Dezember 2011 über die Umweltverträglichkeitsprüfung bei bestimmten öffentlichen und privaten Projekten in der Fassung der Richtlinie 2014/52/EU (ABl. L 124 vom 25.4.2014, S. 1), der Umsetzung von Artikel 4 der Richtlinie 2003/35/EG des Europäischen Parlaments und des Rates vom 26. Mai 2003 über die Beteiligung der Öffentlichkeit bei der Ausarbeitung bestimmter umweltbezogener Pläne und Programme und zur Änderung der Richtlinien 85/337/EWG und 96/61/EG des Rates in Bezug auf die Öffentlichkeitsbeteiligung und den Zugang zu Gerichten (ABl. L 156 vom 25.6.2003, S. 17), der Umsetzung von Artikel 25 der Richtlinie 2010/75/EU des Europäischen Parlaments und des Rates vom 24. November 2010 über Industrieemissionen (integrierte Vermeidung und Verminderung der Umweltverschmutzung) (Neufassung) (ABl. L 334 vom 17.12.2010, S. 17), der Umsetzung von Artikel 23 der Richtlinie 2012/18/EU des Europäischen Parlaments und des Rates vom 4. Juli 2012 zur Beherrschung der Gefahren schwerer Unfälle mit gefährlichen Stoffen, zur Änderung und anschließenden Aufhebung der Richtlinie 96/82/EG des Rates (ABl. L 197 vom 24.7.2012, S. 1) sowie der Umsetzung von Artikel 13 der Richtlinie 2004/35/EG des Europäischen Parlaments und des Rates vom 21. April 2004 über Umwelthaftung zur Vermeidung und Sanierung von Umweltschäden (ABl. L 143 vom 30.4.2004, S. 56).
[2)] Neubekanntmachung des UmwRG idF v. 8.4.2013 (BGBl. I S. 753) in der ab 29.7.2017 geltenden Fassung.
[3)] Nr. **2.5**.
[4)] Nr. **6.1.4**.
[5)] Nr. **6.1**.
[6)] Nr. **4.1**.

Sinne der Richtlinie 2010/75/EU des Europäischen Parlaments und des Rates vom 24. November 2010 über Industrieemissionen (integrierte Vermeidung und Verminderung der Umweltverschmutzung) (Neufassung) (ABl. L 334 vom 17.12.2010, S. 17) verbunden sind, sowie gegen Planfeststellungsbeschlüsse für Deponien nach § 35 Absatz 2 des Kreislaufwirtschaftsgesetzes[1)];

2a. Genehmigungen für Anlagen nach § 23b Absatz 1 Satz 1 oder § 19 Absatz 4 des Bundes-Immissionsschutzgesetzes oder Zulassungen für Betriebspläne nach § 57d Absatz 1 des Bundesberggesetzes;

2b. Entscheidungen über die Zulässigkeit von Vorhaben, die benachbarte Schutzobjekte im Sinne des § 3 Absatz 5d des Bundes-Immissionsschutzgesetzes darstellen und die innerhalb des angemessenen Sicherheitsabstands zu einem Betriebsbereich nach § 3 Absatz 5a des Bundes-Immissionsschutzgesetzes verwirklicht werden sollen und einer Zulassung nach landesrechtlichen Vorschriften bedürfen;

3. Entscheidungen nach dem Umweltschadensgesetz[2)];

4. Entscheidungen über die Annahme von Plänen und Programmen im Sinne von § 2 Absatz 7 des Gesetzes über die Umweltverträglichkeitsprüfung und im Sinne der entsprechenden landesrechtlichen Vorschriften, für die nach

   a) Anlage 5 des Gesetzes über die Umweltverträglichkeitsprüfung oder

   b) landesrechtlichen Vorschriften

   eine Pflicht zur Durchführung einer Strategischen Umweltprüfung bestehen kann; ausgenommen hiervon sind Pläne und Programme, über deren Annahme durch formelles Gesetz entschieden wird;

5. Verwaltungsakte oder öffentlich-rechtliche Verträge, durch die andere als in den Nummern 1 bis 2b genannte Vorhaben unter Anwendung umweltbezogener Rechtsvorschriften des Bundesrechts, des Landesrechts oder unmittelbar geltender Rechtsakte der Europäischen Union zugelassen werden, und

6. Verwaltungsakte über Überwachungs- oder Aufsichtsmaßnahmen zur Umsetzung oder Durchführung von Entscheidungen nach den Nummern 1 bis 5, die der Einhaltung umweltbezogener Rechtsvorschriften des Bundesrechts, des Landesrechts oder unmittelbar geltender Rechtsakte der Europäischen Union dienen.

[2]Dieses Gesetz findet auch Anwendung, wenn entgegen geltenden Rechtsvorschriften keine Entscheidung nach Satz 1 getroffen worden ist. [3]Unberührt bleiben

1. § 44a der Verwaltungsgerichtsordnung,

2. § 17 Absatz 3 Satz 3 bis 5 und § 19 Absatz 2 Satz 5 bis 7 des Standortauswahlgesetzes[3)] sowie

3. § 15 Absatz 3 Satz 2 des Netzausbaubeschleunigungsgesetzes Übertragungsnetz, § 17a Absatz 5 Satz 1 des Energiewirtschaftsgesetzes, § 6 Absatz 9 Satz 1 des Windenergie-auf-See-Gesetzes, § 47 Absatz 4 und § 49 Absatz 3 des

---

[1)] Nr. **5.1**.
[2)] Nr. **2.9**.
[3)] Nr. **7.3**.

Gesetzes über die Umweltverträglichkeitsprüfung und andere entsprechende Rechtsvorschriften.

⁴Die Sätze 1 und 2 gelten nicht, wenn eine Entscheidung im Sinne dieses Absatzes auf Grund einer Entscheidung in einem verwaltungsgerichtlichen Streitverfahren erlassen worden ist.

(2) Dieses Gesetz gilt auch im Bereich der ausschließlichen Wirtschaftszone oder des Festlandsockels im Rahmen der Vorgaben des Seerechtsübereinkommens der Vereinten Nationen vom 10. Dezember 1982 (BGBl. 1994 II S. 1799, 1995 II S. 602).

(3) Soweit in Planfeststellungsverfahren, die Absatz 1 Satz 1 Nummer 1, 2 oder 5 unterfallen, Rechtsbehelfe nach diesem Gesetz eröffnet sind, wird § 64 Absatz 1 des Bundesnaturschutzgesetzes[1)] nicht angewendet.

(4) Umweltbezogene Rechtsvorschriften im Sinne dieses Gesetzes sind Bestimmungen, die sich zum Schutz von Mensch und Umwelt auf

1. den Zustand von Umweltbestandteilen im Sinne von § 2 Absatz 3 Nummer 1 des Umweltinformationsgesetzes[2)] oder
2. Faktoren im Sinne von § 2 Absatz 3 Nummer 2 des Umweltinformationsgesetzes

beziehen.

**§ 2 Rechtsbehelfe von Vereinigungen.** (1) ¹Eine nach § 3 anerkannte inländische oder ausländische Vereinigung kann, ohne eine Verletzung in eigenen Rechten geltend machen zu müssen, Rechtsbehelfe nach Maßgabe der Verwaltungsgerichtsordnung gegen eine Entscheidung nach § 1 Absatz 1 Satz 1 oder deren Unterlassen einlegen, wenn die Vereinigung

1. geltend macht, dass eine Entscheidung nach § 1 Absatz 1 Satz 1 oder deren Unterlassen Rechtsvorschriften, die für die Entscheidung von Bedeutung sein können, widerspricht,
2. geltend macht, in ihrem satzungsgemäßen Aufgabenbereich der Förderung der Ziele des Umweltschutzes durch die Entscheidung nach § 1 Absatz 1 Satz 1 oder deren Unterlassen berührt zu sein, und
3. im Falle eines Verfahrens nach
   a) § 1 Absatz 1 Satz 1 Nummer 1 bis 2b zur Beteiligung berechtigt war;
   b) § 1 Absatz 1 Satz 1 Nummer 4 zur Beteiligung berechtigt war und sie sich hierbei in der Sache gemäß den geltenden Rechtsvorschriften geäußert hat oder ihr entgegen den geltenden Rechtsvorschriften keine Gelegenheit zur Äußerung gegeben worden ist.

²Bei Rechtsbehelfen gegen eine Entscheidung nach § 1 Absatz 1 Satz 1 Nummer 2a bis 6 oder gegen deren Unterlassen muss die Vereinigung zudem die Verletzung umweltbezogener Rechtsvorschriften geltend machen.

(2) ¹Eine Vereinigung, die nicht nach § 3 anerkannt ist, kann einen Rechtsbehelf nach Absatz 1 nur dann einlegen, wenn

1. sie bei Einlegung des Rechtsbehelfs die Voraussetzungen für eine Anerkennung erfüllt,

---

[1)] Nr. **3.1**.
[2)] Nr. **2.6**.

2. sie einen Antrag auf Anerkennung gestellt hat und
3. über eine Anerkennung aus Gründen, die von der Vereinigung nicht zu vertreten sind, noch nicht entschieden ist.

²Bei einer ausländischen Vereinigung gelten die Voraussetzungen der Nummer 3 als erfüllt. ³Mit der Bestandskraft einer die Anerkennung versagenden Entscheidung wird der Rechtsbehelf unzulässig.

(3) ¹Ist eine Entscheidung nach § 1 Absatz 1 Satz 1 nach den geltenden Rechtsvorschriften weder öffentlich bekannt gemacht noch der Vereinigung bekannt gegeben worden, so müssen Widerspruch oder Klage binnen eines Jahres erhoben werden, nachdem die Vereinigung von der Entscheidung Kenntnis erlangt hat oder hätte erlangen können. ²Widerspruch oder Klage gegen eine Entscheidung nach § 1 Absatz 1 Satz 1 Nummer 5 oder 6 müssen jedoch spätestens binnen zweier Jahre, nachdem der Verwaltungsakt erteilt wurde, erhoben werden. ³Satz 1 gilt entsprechend, wenn eine Entscheidung nach § 1 Absatz 1 Satz 1 entgegen geltenden Rechtsvorschriften nicht getroffen worden ist und die Vereinigung von diesem Umstand Kenntnis erlangt hat oder hätte erlangen können.

(4) ¹Rechtsbehelfe nach Absatz 1 sind begründet, soweit
1. die Entscheidung nach § 1 Absatz 1 Satz 1 Nummer 1 und 2 oder deren Unterlassen gegen Rechtsvorschriften verstößt, die für diese Entscheidung von Bedeutung sind, oder
2. die Entscheidung nach § 1 Absatz 1 Satz 1 Nummer 2a bis 6 oder deren Unterlassen gegen umweltbezogene Rechtsvorschriften verstößt, die für diese Entscheidung von Bedeutung sind,

und der Verstoß Belange berührt, die zu den Zielen gehören, die die Vereinigung nach ihrer Satzung fördert. ²Bei Entscheidungen nach § 1 Absatz 1 Satz 1 Nummer 1 oder 4 muss zudem eine Pflicht zur Durchführung einer Umweltprüfung im Sinne von § 2 Absatz 10 des Gesetzes über die Umweltverträglichkeitsprüfung[1]) bestehen.

**§ 3 Anerkennung von Vereinigungen.** (1) ¹Auf Antrag wird einer inländischen oder ausländischen Vereinigung die Anerkennung zur Einlegung von Rechtsbehelfen nach diesem Gesetz erteilt. ²Die Anerkennung ist zu erteilen, wenn die Vereinigung
1. nach ihrer Satzung ideell und nicht nur vorübergehend vorwiegend die Ziele des Umweltschutzes fördert,
2. im Zeitpunkt der Anerkennung mindestens drei Jahre besteht und in diesem Zeitraum im Sinne der Nummer 1 tätig gewesen ist,
3. die Gewähr für eine sachgerechte Aufgabenerfüllung, insbesondere für eine sachgerechte Beteiligung an behördlichen Entscheidungsverfahren, bietet; dabei sind Art und Umfang ihrer bisherigen Tätigkeit, der Mitgliederkreis sowie die Leistungsfähigkeit der Vereinigung zu berücksichtigen,
4. gemeinnützige Zwecke im Sinne von § 52 der Abgabenordnung verfolgt und
5. jeder Person den Eintritt als Mitglied ermöglicht, die die Ziele der Vereinigung unterstützt; Mitglieder sind Personen, die mit dem Eintritt volles

---

[1]) Nr. 2.5.

Stimmrecht in der Mitgliederversammlung der Vereinigung erhalten; bei Vereinigungen, deren Mitgliederkreis zu mindestens drei Vierteln aus juristischen Personen besteht, kann von der Voraussetzung nach Halbsatz 1 abgesehen werden, sofern die Mehrzahl dieser juristischen Personen diese Voraussetzung erfüllt.

³In der Anerkennung ist der satzungsgemäße Aufgabenbereich, für den die Anerkennung gilt, zu bezeichnen; dabei sind insbesondere anzugeben, ob die Vereinigung im Schwerpunkt die Ziele des Naturschutzes und der Landschaftspflege fördert, sowie der räumliche Bereich, auf den sich die Anerkennung bezieht. ⁴Die Anerkennung kann, auch nachträglich, mit der Auflage verbunden werden, dass Satzungsänderungen mitzuteilen sind. ⁵Sie ist von der zuständigen Behörde im Internet zu veröffentlichen.

(2) ¹Für eine ausländische Vereinigung sowie für eine Vereinigung mit einem Tätigkeitsbereich, der über das Gebiet eines Landes hinausgeht, wird die Anerkennung durch das Umweltbundesamt ausgesprochen. ²Bei der Anerkennung einer Vereinigung nach Satz 1, die im Schwerpunkt die Ziele des Naturschutzes und der Landschaftspflege fördert, ergeht diese Anerkennung im Einvernehmen mit dem Bundesamt für Naturschutz. ³Für die Anerkennung werden keine Gebühren und Auslagen erhoben.

(3) Für eine inländische Vereinigung mit einem Tätigkeitsbereich, der nicht über das Gebiet eines Landes hinausgeht, wird die Anerkennung durch die zuständige Behörde des Landes ausgesprochen.

**§ 4 Verfahrensfehler.** (1) ¹Die Aufhebung einer Entscheidung über die Zulässigkeit eines Vorhabens nach § 1 Absatz 1 Satz 1 Nummer 1 bis 2b kann verlangt werden, wenn

1. eine nach den Bestimmungen des Gesetzes über die Umweltverträglichkeitsprüfung[1], nach der Verordnung über die Umweltverträglichkeitsprüfung bergbaulicher Vorhaben oder nach entsprechenden landesrechtlichen Vorschriften

    a) erforderliche Umweltverträglichkeitsprüfung oder

    b) erforderliche Vorprüfung des Einzelfalls zur Feststellung der UVP-Pflichtigkeit

    weder durchgeführt noch nachgeholt worden ist,

2. eine erforderliche Öffentlichkeitsbeteiligung im Sinne von § 18 des Gesetzes über die Umweltverträglichkeitsprüfung oder im Sinne von § 10 des Bundes-Immissionsschutzgesetzes[2] weder durchgeführt noch nachgeholt worden ist oder

3. ein anderer Verfahrensfehler vorliegt, der

    a) nicht geheilt worden ist,

    b) nach seiner Art und Schwere mit den in den Nummern 1 und 2 genannten Fällen vergleichbar ist und

    c) der betroffenen Öffentlichkeit die Möglichkeit der gesetzlich vorgesehenen Beteiligung am Entscheidungsprozess genommen hat; zur Beteiligung

---

[1] Nr. **2.5**.
[2] Nr. **6.1**.

## 12.1 UmwRG § 4

am Entscheidungsprozess gehört auch der Zugang zu den Unterlagen, die zur Einsicht für die Öffentlichkeit auszulegen sind.

²Eine durchgeführte Vorprüfung des Einzelfalls zur Feststellung der UVP-Pflichtigkeit, die nicht dem Maßstab des § 5 Absatz 3 Satz 2 des Gesetzes über die Umweltverträglichkeitsprüfung genügt, steht einer nicht durchgeführten Vorprüfung nach Satz 1 Nummer 1 Buchstabe b gleich.

(1a) ¹Für Verfahrensfehler, die nicht unter Absatz 1 fallen, gilt § 46 des Verwaltungsverfahrensgesetzes. ²Lässt sich durch das Gericht nicht aufklären, ob ein Verfahrensfehler nach Satz 1 die Entscheidung in der Sache beeinflusst hat, wird eine Beeinflussung vermutet.

(1b) ¹Eine Verletzung von Verfahrensvorschriften führt nur dann zur Aufhebung der Entscheidung nach § 1 Absatz 1 Satz 1 Nummer 1 bis 2b oder 5, wenn sie nicht durch Entscheidungsergänzung oder ein ergänzendes Verfahren behoben werden kann. ²Unberührt bleiben

1. § 45 Absatz 2 des Verwaltungsverfahrensgesetzes sowie

2. § 75 Absatz 1a des Verwaltungsverfahrensgesetzes und andere entsprechende Rechtsvorschriften zur Planerhaltung.

³Auf Antrag kann das Gericht anordnen, dass die Verhandlung bis zur Heilung von Verfahrensfehlern im Sinne der Absätze 1 und 1a ausgesetzt wird, soweit dies im Sinne der Verfahrenskonzentration sachdienlich ist.

(2) Soweit Gegenstand der gerichtlichen Überprüfung Beschlüsse im Sinne des § 2 Absatz 6 Nummer 3 des Gesetzes über die Umweltverträglichkeitsprüfung sind, gelten abweichend von den Absätzen 1 bis 1b die §§ 214 und 215 und die diesbezüglichen Überleitungsvorschriften des Baugesetzbuchs sowie die einschlägigen landesrechtlichen Vorschriften.

(3) ¹Die Absätze 1 bis 2 gelten für Rechtsbehelfe von

1. Personen gemäß § 61 Nummer 1 der Verwaltungsgerichtsordnung und Vereinigungen gemäß § 61 Nummer 2 der Verwaltungsgerichtsordnung sowie

2. Vereinigungen, die die Anforderungen des § 3 Absatz 1 oder des § 2 Absatz 2 erfüllen.

²Auf Rechtsbehelfe von Personen und Vereinigungen nach Satz 1 Nummer 1 ist Absatz 1 Satz 1 Nummer 3 mit der Maßgabe anzuwenden, dass die Aufhebung einer Entscheidung nur verlangt werden kann, wenn der Verfahrensfehler dem Beteiligten die Möglichkeit der gesetzlich vorgesehenen Beteiligung am Entscheidungsprozess genommen hat.

(4) ¹Für Rechtsbehelfe von Vereinigungen nach Absatz 3 Satz 1 Nummer 2 gegen Entscheidungen nach § 1 Absatz 1 Satz 1 Nummer 4 sind die Absätze 1 bis 2 entsprechend anzuwenden. ²Soweit Gegenstand der gerichtlichen Überprüfung Raumordnungspläne nach dem Raumordnungsgesetz sind, gelten abweichend von Satz 1 die §§ 11 und 27 Absatz 2 des Raumordnungsgesetzes sowie die einschlägigen landesrechtlichen Vorschriften.

(5) Für Rechtsbehelfe gegen Entscheidungen im Sinne des § 1 Absatz 1 Satz 1 Nummer 3, 5 und 6 gelten bei Verfahrensfehlern die jeweiligen fachrechtlichen Regelungen sowie die Regelungen des Verwaltungsverfahrensgesetzes.

**§ 5 Missbräuchliches oder unredliches Verhalten im Rechtsbehelfsverfahren.** Einwendungen, die eine Person oder eine Vereinigung im Sinne des § 4 Absatz 3 Satz 1 erstmals im Rechtsbehelfsverfahren erhebt, bleiben unberücksichtigt, wenn die erstmalige Geltendmachung im Rechtsbehelfsverfahren missbräuchlich oder unredlich ist.

**§ 6 Klagebegründungsfrist.** [1] Eine Person oder eine Vereinigung im Sinne des § 4 Absatz 3 Satz 1 hat innerhalb einer Frist von zehn Wochen ab Klageerhebung die zur Begründung ihrer Klage gegen eine Entscheidung im Sinne von § 1 Absatz 1 Satz 1 oder gegen deren Unterlassen dienenden Tatsachen und Beweismittel anzugeben. [2] Erklärungen und Beweismittel, die erst nach Ablauf dieser Frist vorgebracht werden, sind nur zuzulassen, wenn die Voraussetzung nach § 87b Absatz 3 Satz 1 Nummer 2 der Verwaltungsgerichtsordnung erfüllt ist. [3] § 87b Absatz 3 Satz 2 und 3 der Verwaltungsgerichtsordnung gilt entsprechend. [4] Die Frist nach Satz 1 kann durch den Vorsitzenden oder den Berichterstatter auf Antrag verlängert werden, wenn die Person oder die Vereinigung in dem Verfahren, in dem die angefochtene Entscheidung ergangen ist, keine Möglichkeit der Beteiligung hatte.

**§ 7 Besondere Bestimmungen für Rechtsbehelfe gegen bestimmte Entscheidungen.** (1) [1] Ist für Entscheidungen nach § 1 Absatz 1 Satz 1 Nummer 5 oder 6 nach den geltenden Rechtsvorschriften keine öffentliche Bekanntmachung vorgeschrieben, so hat die zuständige Behörde die im Einzelfall getroffene Entscheidung mit Rechtsbehelfsbelehrung einer oder mehreren genau zu bezeichnenden Personen oder Vereinigungen bekannt zu geben, wenn dies beantragt wird

1. vom Antragsteller des Verwaltungsaktes nach § 1 Absatz 1 Satz 1 Nummer 5 oder
2. von demjenigen, an den die Behörde den Verwaltungsakt nach § 1 Absatz 1 Satz 1 Nummer 6 gerichtet hat.

[2] Die Kosten der Bekanntgabe hat der Antragsteller zu tragen.

(2) [1] Über Rechtsbehelfe gegen eine Entscheidung nach § 1 Absatz 1 Satz 1 Nummer 4 oder deren Unterlassen entscheidet im ersten Rechtszug das Oberverwaltungsgericht, auch wenn kein Fall des § 47 Absatz 1 Nummer 1 oder 2 der Verwaltungsgerichtsordnung vorliegt. [2] Ist eine Gestaltungs- oder Leistungsklage oder ein Antrag nach § 47 Absatz 1 der Verwaltungsgerichtsordnung nicht statthaft, ist § 47 der Verwaltungsgerichtsordnung entsprechend anzuwenden. [3] Bei länderübergreifenden Plänen und Programmen ist das Oberverwaltungsgericht örtlich zuständig, in dessen Bezirk die Behörde, die die Entscheidung über die Annahme des Plans oder Programms getroffen hat, ihren Sitz hat.

(3) [1] Hat eine Vereinigung im Sinne des § 4 Absatz 3 Satz 1 Nummer 2 in einem Verfahren nach § 1 Absatz 1 Satz 1 Nummer 4 Gelegenheit zur Äußerung gehabt, ist sie im Verfahren über den Rechtsbehelf nach Absatz 2 mit allen Einwendungen ausgeschlossen, die sie im Verfahren nach § 1 Absatz 1 Satz 1 Nummer 4 nicht oder nach den geltenden Rechtsvorschriften nicht rechtzeitig geltend gemacht hat, aber hätte geltend machen können. [2] Satz 1 gilt nicht für Verfahren zur Aufstellung, Änderung, Ergänzung oder Aufhebung von Bebauungsplänen nach § 10 des Baugesetzbuches.

(4) Im Rechtsbehelfsverfahren gegen eine Entscheidung nach § 1 Absatz 1 Satz 1 Nummer 1 bis 2b findet § 73 Absatz 4 Satz 3 bis 6 des Verwaltungsverfahrensgesetzes, auch in den Fällen seines Absatzes 8, keine Anwendung.

(5) ¹ Eine Verletzung materieller Rechtsvorschriften führt nur dann zur Aufhebung der Entscheidung nach § 1 Absatz 1 Satz 1 Nummer 1 bis 2b oder 5, wenn sie nicht durch Entscheidungsergänzung oder ein ergänzendes Verfahren behoben werden kann. ² Satz 1 gilt nicht im Anwendungsbereich des § 75 Absatz 1a des Verwaltungsverfahrensgesetzes.

(6) Absatz 2 Satz 1 und 3 sowie die Absätze 4 und 5 gelten auch für Rechtsbehelfe von Personen und Vereinigungen nach § 4 Absatz 3 Satz 1 Nummer 1.

**§ 8 Überleitungsvorschrift.** (1) ¹ Dieses Gesetz gilt für Rechtsbehelfe gegen Entscheidungen nach § 1 Absatz 1 Satz 1 Nummer 1 und 2, die nach dem 25. Juni 2005 ergangen sind oder hätten ergehen müssen. ² Abweichend von Satz 1 ist § 6 nur auf solche in Satz 1 genannten Rechtsbehelfe anzuwenden, die nach dem 28. Januar 2013 erhoben worden sind.

(2) Dieses Gesetz gilt für Rechtsbehelfe gegen Entscheidungen nach § 1 Absatz 1 Satz 1 Nummer 4 bis 6,

1. die am 2. Juni 2017 noch keine Bestandskraft erlangt haben oder
2. die nach diesem Zeitpunkt ergangen sind oder hätten ergehen müssen.

(3) Folgende Anerkennungen gelten als Anerkennungen im Sinne dieses Gesetzes fort:

1. Anerkennungen
   a) nach § 3 dieses Gesetzes in der Fassung vom 28. Februar 2010,
   b) nach § 59 des Bundesnaturschutzgesetzes[1)] in der Fassung vom 28. Februar 2010 und
   c) auf Grund landesrechtlicher Vorschriften im Rahmen des § 60 des Bundesnaturschutzgesetzes in der Fassung vom 28. Februar 2010,

   die vor dem 1. März 2010 erteilt worden sind, sowie

2. Anerkennungen des Bundes und der Länder nach § 29 des Bundesnaturschutzgesetzes in der bis zum 3. April 2002 geltenden Fassung.

---

[1)] Nr. **3.1**.

# Sachverzeichnis

Fette Zahlen kennzeichnen die Nummern, unter denen die Vorschriften in dieser Ausgabe abgedruckt sind; magere Zahlen bedeuten die Paragraphen einschließlich Fußnoten.

**Abbau** von Altgeräten **5.2.** 13; von Anlagen **2.5.** Anl. 1/11.1; **5.2.** 3; **6.1.32.** 1/10; **7.1.** 7, 9a; **11.1.** 327; –, biologischer **5.1.** 3, Anl. 1; **8.1.** 3; **8.2.** 3; von Bodenschätzen **4.2.** 10; **5.1.** 29; **11.1.** 329; von Kunststoffen **5.1.8.**; von Rohstoffen **2.5.** 48; von Stoffen **4.3.** 4
**Abbrennen 3.1.** 39, 69
**Abbruch**abfall **2.3.** 5; **5.1.** 3, 14; -arbeit **6.1.32.** 1/10; **9.1.3.** 9, 15, 24
**Abfackeln 2.5.** Anl. 1/8.1; **6.1.4.** Anh. 1/8.1; **6.4.** Anh. 1
**Abfall 1.1.** 73/14, 74/24; **2.3.** 2–6; **2.5.** Anl. 1/8., Anl. 1/8.7–8.9; **2.6.** 2; **3.4.1.** 3, 12; **4.1.4.** 3; **4.2.** 2; **5.**; **5.1.**; **5.1.5.** 2; **5.1.7.** 1a; **5.2.** 3; **5.3.** 2; **5.4.**; **6.1.** 5, 12, 22, 37d; **6.1.4.** Anh. 1/8.; **6.1.9.** 4, 4c; **6.1.17.**, 1, 6, 8, 12; **6.6.** Anl. 1; **7.1.** 5, 9a–9i; **8.2.1.** 2–3, 5; **8.6.** 2; **9.1.** 2; **10.2.** 1/71–77; **11.1.** 326–327; -ablagerung **4.1.** 54; **5.1.** 3, 16, 28, 35, 43–44, 69, Anl. 1, Anl. 5; **8.2.1.** 1, 3; **9.1.** 2; **10.2.** 2–3; -anfall **7.1.** 2c–2d; –, anfallender **5.1.** 10, 16, 19–21, 50, 59–60; -anfallstelle **5.1.** 10, 16, 19–21, 50, 59–60; **5.1.7.** 4–5; **5.4.** 3, 8, 26; -annahme **5.1.** 10, 26, 50; **6.1.17.** 2–3; **7.1.** 57b; am Arbeitsplatz **9.1.3.** 8; -arm **4.1.** Anl. 1; **5.1.** 3, 60, Anl. 4; -art **2.3.** 3–5; **5.1.** 3, 8, 10–11, 16, 18, 20, 30, 43, 47, 49, 60; **6.1.** 22; **6.1.9.** 4a, 21; -aufbereitung **5.1.** 3; -ausfuhr **5.3.** 14; **5.4.** 16, 31; -beauftragter **2.8.** 5; **2.8.1.** 3; **4.1.** 64; **5.1.** 59–60, 69; -beendigung **5.1.** 5, 7a, 47; -beförderer **2.9.** Anl. 1/2; **5.1.** 3, 10, 16, 25–26a, 47–56, 69, 72; **11.1.** 326; -beförderer, Begriff **5.1.** 3; –, Begriff **5.1.** 3; **6.1.4.** Anh. 1 Vorb.; **6.1.17.** 2; -behältnis **5.1.** 19; -behandlung **3.4.1.** 3; **5.1.** 2–4, 5, 9–10, 11–12, 15–16, 28, 49, 56, Anl. 1–2, Anl. 5; **5.2.** 2–3, 14, 16–17a, 19–22, 24, 45; **6.1.9.** 21; **6.1.17.** 1; **11.1.** 326; -behandlungsanlage **4.1.** 54; **5.1.** 3, 9; **6.1.** 12; -behandlungsplan **6.1.9.** 4c; -beratung **5.1.** 23–25, 46, Anl. 5; **5.4.** 14, 22; –, Bergbau **5.1.** 2; -beschaffenheit **5.1.** 3, 5, 7–11, 16, 20, 24, 43, 47, 49, 60; -beseitigung **1.1.** 73/14, 74/24; **2.3.** 3–4; **2.5.** Anl. 1/8., Anl. 4; **2.9.** Anl. 1/2; **5.**;

**5.1.** 2–3, 6–7, 13, 15–26, 26–26a, 28–30, 34–44, 46, 49, 56, 58–60, 66, Anl. 1; **5.1.5.** 2–3, 8; **5.2.** 1, 3, 20, 26–27, 29–30, 32; **5.3.** 2, 9, 29; **5.4.** 4; **6.1.** 5, 22, 35, 54; **6.1.4.** Anh. 1/8.; **6.1.9.** 4c, Anl.; **6.1.17.** 2, 12; **7.1.** 5, 9a–9i, 21b; **9.1.2.** 3; **11.1.** 326; *s. a. Abfallentsorgung;* zur Beseitigung **3.4.** 3; **5.1.** 3, 15, 17, 20, 28, 69; **6.1.** 54; **8.2.1.** 3; **9.1.** 2; -beseitigung, Begriff **5.1.** 3; -beseitigung, wirtschaftlichere **5.1.** 29; -beseitigungsanlage **2.9.** Anl. 1/2; **3.4.** 2–3; **5.1.** 3, 28–30, 34–44, 46–47, 59, 69; *s. a. Abfallentsorgungsanlage;* -beseitigungsanlage, betriebsinterne **5.1.** 3; -beseitigungsanlage, eigene **5.1.** 3; -beseitigungspflicht **5.1.** 15–16, 29, 46; -beseitigungsverbot **5.2.** 20; -beseitigungsverfahren **5.1.** 3, 49, 60, Anl. 1; -besitzer **2.8.1.** 2; **5.1.** 3, 7–8, 10, 15, 17, 25–27, 47, 49–51, 58–59; -besitzer, Begriff **5.1.** 3; -bestimmung **5.1.** 3, 48; -bewirtschaftung **1.1.** 74/24; **1.2.** 192; **5.1.** 1–3, 6, 9, 24, 30, 47, 49, 56, 60, 65, Anl. 5; **8.6.** 1; **11.1.** 326; -bewirtschaftung, umweltverträgliche **5.4.** 7; -bewirtschaftungsmaßnahme **2.9.** Anl. 1/2; -bezeichnung **5.1.** 48; **5.4.** 17; -bilanz **2.3.** 5; **5.1.** 21, 29–31; –, biologisch abbaubarer **5.1.** 3; **8.1.** 3; –, brennbarer **6.1.17.** 9; -deponie **2.5.** Anl. 1/12.; **5.1.** 2–3, 30, 34–44, 69, Anl. 1; **6.1.** 7; *s. a. Deponie;* –, edelmetallhaltiger **6.1.4.** Anh. 1/8.3; -einbindung **5.1.** 10; -ende **5.1.** 5, 7a, 47; -entsorger **5.1.** 10, 26a, 47–51; -entsorgung **2.3.** 2–6, 11; **4.1.** 3; **5.1.** 2–3, 10, 17–22, 24–26a, 30, 34–44, 47, Anl. 1; **5.1.7.** 4; **5.2.** 3, 7, 13–14, 16–17a, 19, 22, 37, 45–46; **6.1.** 3; **7.0.2.** 2; **7.1.** 2c–2d, 9a–9i, 24b; **9.1.3.** 8, 9; **9.6.** 10, 15; *s. a. Abfallbeseitigung, Abfallverwertung;* -entsorgung, Begriff **5.1.** 3; -entsorgungsanlage **4.2.** 2; **5.1.** 26a, 30, 34–44, 47, 49; **5.1.7.** 4; **6.1.** 4, 12, 17, 19, 67; **11.1.** 326–327; -entsorgungsanlage, eigene **5.1.** 50; -entsorgungsplan **2.5.** Anl. 5/2.8–2.9; -entsorgungsweg **6.1.** 12; -erfassung **5.1.** 17, 19, 25; -erzeuger **2.3.** 4; **5.1.** 3, 6–8, 10, 12, 15, 17, 47, 49–51, 56, 58–59, Anl. 4; **7.1.** 2d; -erzeuger, Begriff **5.1.** 3;

1601

## Sachverzeichnis

Fette Zahlen = Gesetzesnummern

-erzeugung **2.5**. Anl. 2–4; **6.1.9**. Anl.; –, fester **2.5**. Anl. 1/8.1; **6.1.4**. Anh. 1/8.1; **6.1.13**. 1; **6.1.17**. 1, 12; aus Fischerei **5.1**. 3; –, flüssiger **2.5**. Anl. 1/8.1; **5.1**. 28, Anl. 1; **6.1.4**. Anh. 1/8.1; **6.1.13**. 1; **6.1.17**. 1, 9; –, flüssiger brennbarer **6.1.17**. 9; aus Forstwirtschaft **5.1**. 2–3; –, gasförmiger **2.5**. Anl. 1/8.1; **6.1.4**. Anh. 1/8.1; **6.1.17**. 1; –, gefährlicher **2.3**. 4, 14; **2.5**. Anl. 1/8.1, Anl. 1/8.3, Anl. 1/8.9, Anl. 1/12, Anl. 5/2.5; **5.1**. 3, 9–9a, 9a, 17, 20, 26a, 30, 32, 35, 40, 47–48, 50, 54, 59–60, 69; **5.1.5**. 8; **6.1.4**. Anh. 1/8.1, Anh. 1/8.6–8.8, Anh. 1/8.10–8.12, Anh. 1/8.14–8.15; **6.1.17**. 2, 6–7, 9; **6.4**. 2; –, gemischter **5.1**. 17, 30, Anl. 1, Anl. 5; -gesetz (AbfG) **6.1**. 67; **10.2**. 1/71–77; *s. a. Kreislaufwirtschaftsgesetz (KrWG), Kreislaufwirtschafts- und Abfallgesetz (KrW-/AbfG);* –, gewerblicher **6.1.17**. 2; -händler **2.9**. Anl. 1/2; **5.1**. 3, 47, 49, 51, 53–54, 56, 69; -handel **11.1**. 326; –, hausmüllähnlicher **6.1.4**. Anh. 1/8.4; -herkunft **2.3**. 3; **5.1**. 3, 10–11, 16–17, 20, 30, 47–49; **5.2**. 3; -hierarchie **5.1**. 3, 6, Anl. 5; **5.4**. 4; –, hochradioaktiver **7.3**.; –, industrieller **6.1.17**. 2; **8.2**. 3; –, inerter **2.5**. Anl. 1/12.2–12.3; **5.1**. 3, 43; -information **5.1**. 23–25; -konditionierung **5.1**. Anl. 1–2; -lagerung **4.1**. 54; **5.1**. 3, 10, 16, 28, 44, 49–50, 56, 69, Anl. 1–2; **6.1.17**. 2; -lagerung, vorläufige **5.1**. 3, Anl. 1–2; -lagerungsanlage **5.1**. 44; aus Landwirtschaft **5.1**. 2–3, Anl. 2; -makler **2.9**. Anl. 1/2; **5.1**. 3, 47, 49, 51, 53–54, 56, 69; -materialien **5.3**. 2; -menge **2.3**. 3–6; **5.1**. 3, 10–11, 15–16, 18, 20, 26, 30, 43, 47, 49, Anl. 5; **5.2**. 1, 14, 17, 22, 25–27, 29–30, 38; **5.4**. 17; **6.1**. 22; **6.1.9**. 4a, 21; **7.1**. 2c–2d, 9i; **11.1**. 326; –, metallhaltiger **5.1.5**. 2; –, metallischer **5.1.5**. 2; **6.1.4**. Anh. 1/8.9; –, militäreigentümlicher **5.1**. 66; –, mineralischer **2.9**. Anl. 1/13; **5.1**. 3, 10; –, mittelradioaktiver **7.3**. 1; -mitverbrennung **6.1.17**.; -mitverbrennungsanlage **6.1.17**. 1–4, 7, 9–10, 13; -mitverbrennungslinie **6.1.17**. 1–2, 9; –, nach Produktgebrauch entstehender **5.1**. 23–26a; -nachweis **5.1**. 10, 26a, 50–54; –, nicht gefährlicher **2.5**. Anl. 1/8.1.1, Anl. 1/8.4; **5.1**. 3, 14, 26, 35; **6.1.4**. Anh. 1/8.1, Anh. 1/8.3, Anh. 1/8.6–8.15.; -nutzung **5.1**. 15; –, ölhaltiger **5.1.7**. 8; –, organischer **6.1.4**. Anh. 1/8.5; –, passiv gefischter **2.3**. 5a; –, pflanzlicher **5.1**. 3; **6.1.13**. 2; **8.2.1**. 2; nach Produktgebrauch **5.1**. 23–25; –, pumpfähiger **5.1**. Anl. 1; -qualität **6.1**.

12; –, radioaktiv kontaminierter **5.1**. 2; –, radioaktiver **2.5**. Anl. 1/11.; **7.0.2**. 2; **7.1**. 2, 2c–2d, 5–6, 9a–9i, 10–12, 21b, 24b, 57b; **7.3**.; **10.2**. 1/18; **11.1**. 326; -recht **2.8**. 5; **2.8.1**.; **5.**; -recht und Chemikalienrecht **5.1**. 7a; -recycling **5.1**. 3, 6, 9, 14, 20–21, 24, 30, 45, Anl. 2, Anl. 5; *s. a. Recycling, Wiederverwenden;* -register **5.1**. 10, 49–52, 69; -richtlinie **2.9**. Anl. 1/2; -sammler **5.1**. 3, 9–11, 15–20, 25, 30, 47, 49–51, 53–55, 69; *s. a. Einsammeln, Sammeln;* -sammlung **2.9**. Anl. 1/2; **5.1**. 3, 9–11, 14, 16–19, 25–26, 30, 47, 49–51, 53–55, 69, 72, Anl. 5; **5.4**. 13–14, 22, 36; **11.1**. 326; –, schadstoffärmerer **5.1**. 45; –, schlammiger **5.1**. Anl. 1; –, schwachradioaktiver **7.3**. 1; –, Siedlungsabfall **5.1**. 3, 14, 30, Anl. 2; **5.2**. 10; **5.3**. 11; **5.4**. 13, 22; **6.1.17**. 2, 9; **6.4**. 2; **8.2.1**. 3; -sortierung **5.1**. 3; -statistik **2.3**. 3–6; -strategie **5.1**. 30; -strom **5.1**. 3, 9, 30; –, tierischer **2.5**. Anl. 1/7.19; **5.1**. 3; **6.1.4**. Anh. 1/7.12; **8.2.1**. 2–3; -trennung **5.1**. 3, 9–11, 15–16, 19, 23, 69, Anl. 1–2, Anl. 5; **6.1.17**. 12; –, überlassungspflichtiger **5.1**. 17, 19–21, 25; -überwachung **5.1**. 3, 10, 12, 19, 40, 42–43, 47–55, 60–61; **6.1.9**. 21; –, umweltverträglicher Umgang **8.2.1**. 5; -verbleib **2.3**. 5; **5.1**. 10, 18, 50; –, verbleibender **5.1**. 29, 50; -verbrennung **2.8.1**. 5, 9; **5.1**. 2, 29, Anl. 1–2, Anl. 5; **5.3**. 14; **6.1.4**. Anh. 1/8.11; **6.1.9**. 4a, 21; **6.1.17**.; **6.4**. 2; **8.2.1**. 3; -verbrennungsanlage **6.1.17**. 1–4, 6, 8, 10, 13; -verbrennungsanlage, Begriff **6.1.17**. 2; -verbrennungslinie **6.1.17**. 1–2; -verbringung **2.3**. 4; **2.9**. 14, Anl. 1/12; **5.1**. 30, 55; **5.2**. 18, 20–23, 24, 26–27, 29; **5.3**. 14; **7.3**. 1; **11.1**. 326; -verbringungsgesetz (AbfVerbrG) **5.1**. 55; **5.2**. 20, 23; -verbringungsverordnung (EU) **2.9**. 14, Anl. 1/12; **5.2**. 20; **5.3**. 14; **5.4**. 16; -vermeidung **4.1.4**. 3; **5.1**. 2–3, 6–7, 13, 21, 30, 33, 46–47, 58–60, 65, Anl. 4–5, Anl. 5; **5.1.5**. 8; **5.2**. 1; **5.4**. 1–2; **6.1**. 5, 54; **6.1.9**. 4c; **6.1.17**. 12; -vermeidung, Begriff **5.1**. 3; -vermeidungsmaßnahme **5.1**. 33, Anl. 4; **5.2**. 18; **5.3**. 18; -vermeidungsplan **5.1**. Anl. 4; -vermeidungsprogramm **2.5**. Anl. 5/2.6; **5.1**. 21, 33, 46; -verminderung **5.1**. 23, 33; -vermischung **5.1**. 17, 30, Anl. 1; -verringerung **5.1**. 33; -verunreinigung **5.1**. 7; -verwertung **2.3**. 3–4; **2.5**. Anl. 1/8., Anl. 4; **2.9**. Anl. 1/2; **4.1.4**. 3; **5.1**. 2–3, 5–15, 17, 19–20, 21, 23–26, 26–26a, 30, 45–46, 49, 56, 58–60, 66, Anl. 2; **5.1.5**. 2–3; **5.2**. 1,

Magere Ziffern = §§ **Sachverzeichnis**

3–4, 18, 22, 24, 26–27, 29–30, 32; **5.3**. 2, 5–6, 8–9, 29; **5.4**. 2, 3, 8, 14–16; **6.1**. 5, 54; **6.1.9**. 4c, Anl.; **6.1.17**. 12; **9.1.2**. 3; **11.1**. 326; zur Verwertung **3.4**. 3; **5.1**. 3, 6, 9–10, 17–18; **8.2.1**. 3; -verwertung, Begriff **5.1**. 3; -verwertungsanlage **5.1**. 30; -verwertungsverfahren **5.1**. 3, 5, 9, 49, 60, Anl. 2; -verzeichnis **6.1.9**. 4a, 21; -verzeichnisverordnung **5.1**. 14; **5.4**. 17; **6.1.17**. 2; -vorbehandlung **5.1**. 3–4, 7, Anl. 1–2; -vorbereitung **5.1**. 3, 6, 9, 14, 20–21, 30, 45, 49, Anl. 1–2, Anl. 5; -weitergabe **5.1**. 10; –, werthaltiger **5.1**. 17; -wirtschaft **1.1**. 74/24; **2.0**. 2; **5.1**.; **5.2**. 1; **5.4**. 1; **6.1**. 1; **6.6**. 4–5, Anl. 1–2; -wirtschaftskonzept **2.5**. Anl. 5/2.4; **5.1**. 21, 29–31; -wirtschaftsplan **2.5**. Anl. 5/2.5; **5.1**. 20, 30–32, 36, 72; -wirtschaftsplanung **5.1**. 28–44; -wirtschaftsziel **5.1**. 25–26; **5.2**. 1, 10, 13, 16; **5.4**. 1, 16, 22; -zuweisung **5.1**. 29; -zwischenlagerung **5.1**. 26, 50
**Abfließen 3.2**. 12; **4.1**. 3–4, 37, 51; **4.2**. 2
**Abfüllen 2.9**. Anl. 1/7; **4.1**. 62–63, 62a; **5.4**. 34; **9.1**. 3; **9.1.3**. 2; **11.1**. 329
**Abgabe 3.1**. 56; **4.2**.; **6.1**. 37c; **6.2**. 3a; **8.4**.; *s. a. Finanzwesen, Steuer;* -aufkommen **4.2**. 13; **8.4**. 11; von Berechtigungen **6.4**. 7, 30; **6.7**. 4, 8, 10–11, 21; -buch **9.1.2**. 9, 12; -ort **5.2**. 17; -pflicht **3.1**. 45; **4.2**. 9–11, 15, 16; **6.1**. 37c; -satz **4.2**. 9; **6.1**. 37c–37d; **4.2**. 3, 9; -stelle **5.1**. 24–25; von Stoffen *s. Abgeben an andere*
**Abgabenordnung (AO) 4.1**. 101; **4.2**. 10, 14; **5.1**. 3; **6.1**. 27, 37c, 52; **6.2**. 3a, 5; **6.3**. 11; **8.4**. 1, 4
**Abgas 6.1.1**. 1–2, 3–4, 7–11, 19, 25; **6.1.4**. Anh. 1/10.3; **6.1.13**. 2, 11–12; **6.1.17**. 2, 9, 12; –, erhitztes **2.5**. Anl. 1/1.1–1.2, Anl. 1/8.2; **6.1.4**. Anh. 1/1.1–1.2; **6.4**. Anh. 1; -reinigung **6.1.13**. 1–2, 12, 17–18, 20–21; **6.1.17**. 2
**Abgeben an andere 3.1**. 7; **3.1.1**. 3, 6; **3.3**. 3, 11c; **5.1**. 24–25; **5.1.7**. 6, 8; **5.1.8**. 2; **5.2**. 3, 17; **5.3**. 2–3, 10, 29; **5.4**. 3; **6.1**. 5, 37a; **7.1**. 9a; **8.6**. 2; **9.1**. 2, 3, 12i–12j, 17, 26, 27c; **9.1.2**.; **9.1.3**. 2; **9.4**. 14; **9.5**. 2; **9.6**. 3; **11.1**. 328; im Ausland **5.4**. 12; durch Automat **5.2**. Anl. 1
**Abgelten 8.2**. 91
**Abgraben 3.1**. 1; **3.1.2**. 14; **5.1**. 3; **11.1**. 329
**Abholen 5.2**. 13–14, 16–17a, 27, 31–32, 37–38, 45–46; **5.3**. 7, 9; -masse **5.3**. 7; -menge **5.2**. 14, 27, 31–32
**Ablagern 2.3**. 3–4; **2.5**. Anl. 1/12.; **3.1**. 33; **3.4**. 2; **3.4.1**. 3; **4.1**. 9, 32, 45, 48, 54, 78a, 89, 103, 104a; **4.2**. 2; **5.1**. 3, 16, 28,

35, 43–44, 69, Anl. 1, Anl. 5; **6.1**. 3; **6.1.39**. 1, 20; **10.2**. 1/75–76; **11.1**. 326
**Ablassen 11.1**. 326
**Ablauf**, natürlicher **4.1**. 37
**Ablauge 8.2.1**. 3
**Ablaugen 6.1.13**. 42–44
**Ableiten 2.6**. 2; **4.1**. 9, 33, 46; **5.1**. Anl. 1; **6.1.1**. 1, 19; **6.1.13**. 4, 11
**Abliefern 7.1**. 2c, 5, 9a, 9i, 21, 21b; **11.1**. 326, 328
**Abluft 8.1**. 65–68; -emission **4.1.2**. 3
**Abnahme 8.2**. 3, 8, 11–12, 58, 60a, 63–65, 69, 83; –, kaufmännische **8.2**. 3, 11, 77; -stelle **8.2**. 60a, 63–66, 69; -vorrang **8.2**. 11
**Abpacken 6.1.4**. Anh. 1/4.2, Anh. 1/7.29; **10.2**. 1/47
**Abregeln 8.2**. 91
**Abrichten** von Tieren **3.3**. 3
**Abscheiden 2.5**. Anl. 1/1.10; **5.1**. 2; **6.1.4**. Anh. 1/10.4; **6.1.13**. 2, 9, 17, 19, 22, 28, 30, 39, 49; **6.1.17**. 2; **6.4**. Anh. 1
**Abschneiden 3.1**. 39
**Abschwemmen 4.1**. 51
**Absehen** von Strafe **9.1**. 27; **11.1**. 330b
**Absenken**, Gewässer **4.1**. 9
**Abstands**fläche **9.5**. 3
**Abstimmung**svereinbarung **5.4**. 18, 22–23, 38
**Abwägung 1.1**. 14; **2.6**. 8–9; **3.1**. 2, 10–11, 15; **3.2**. 1, 9; **4.1**. 13a, 22, 78, 78b, 78d; **6.1**. 50; **6.1.18**. 5; **6.1.32**. 6; **6.6**. 13; **7.1**. 57b; **7.3**. 14, 18–19, 24–25; **9.4**. 54, 65; **9.6**. 3, 28a
**Abwärme 6.1**. 5, 54; **8.1**. 3, 22, 37, 42, 44, 53, 90; -vorrang **8.1**. 28
**Abwasser 2.3**. 7; **2.5**. Anl. 1/13.1; **3.4.1**. 3; **4.1**. 3, 54–62, 64, 93; **4.1.2**.; **4.2**.; **5.1**. 28; **6.1.17**. 2; **6.6**. Anl. 1; **8.1**. 37; **9.1**. 2; **10.2**. 1/46; -abgabe **4.2**.; -abgabengesetz (AbwAG) **4.2**.; **9.1**. 2; -anfallort **4.1**. 57–58; **4.1.2**. 2–3, 5; **4.1.4**. 3; -anlage **2.3**. 7–8; **2.5**. Anl. 1/13.1; **4.1**. 3, 23, 55, 57–61, 64–65, 72, 86, 94, 103, 105; **4.1.2**. 2–3, 5; **4.1.4**.; **4.2**. 2–3, 8, 10, 13; **4.3**. 3, 5–6, 12; **5.1**. 2–3, 46; **9.1**. 2; -anlage, industrielle **4.1.4**.; -anlage, private **4.1**. 59, 103; -auswirkung **4.1.4**. 3; -behandlungsanlage **2.3**. 7; **4.1**. 60, 107; **4.1.4**.; **11.1**. 327; *s. a. Abwasseranlage;* -beseitigung **4.1**. 54–61, 65, 78a, 86, 88, 92–94; **4.2**. 2–3; **5.1**. 28; -beseitigung, dezentrale **4.1**. 55; -beseitigungspflicht **4.1**. 23, 56; -einleitung **2.3**. 7–8; 17; **4.1**. 3, 54–55, 57–61, 64, 107; **4.1.2**.; **4.1.4**. 1, 5; **4.2**.; **9.1**. 2; -einleitung, indirekte **4.1**. 58–59; **4.1.4**. 1; -entgelt **2.3**. 11; -entsorgung **2.3**. 2, 7–8, 11, 14; **9.6**.

1603

# Sachverzeichnis

Fette Zahlen = Gesetzesnummern

10; -entstehung **4.2.** 2; –, gewerbliches **4.1.** 54, 59; –, häusliches **4.1.** 54–55; -herkunft **2.3.** 8; **4.1.2.** 1; -jahresbericht **4.1.2.** 2–3; -kataster **4.1.2.** 2–3; –, kommunales **4.1.** 60; -leitung **2.5.** Anl. 1/19.6; -menge **2.3.** 7–8; **4.1.** 57, 61, 65; **4.1.2.** 2; **4.2.** 4; -strom **4.1.4.** 3; -untersuchung **4.1.** 61; -vermeidung **4.1.** 65; -verordnung **2.3.** 7–8; **4.1.** 57–58, 60; **4.1.2.**; **4.2.** 3

**Abweichung 4.1.** 6a, 13a, 78; **8.1.** 105; **8.9.** Anl.; durch Landesgesetz **1.1.** 72, 84, 125b; **2.5.** Anl. 1/13.18.2; **3.1.** 1–3, 5, 9–11, 14–15, 17, 22–23, 25, 27–30, 32–33, 43, 61, 63–69; **4.1.** 2, 10–11, 14–15, 19, 21, 23, 25, 38–42, 48–49, 51–52, 57–58, 61–64, 70–71, 82, 87, 91; **5.1.** 71; **6.1.** 73; **6.5.** 14; **8.1.** 56; -regelung **2.3.** 14; **4.1.** 30, 37–38; **5.2.** 46; **8.2.** 7, 11, 88–88a, 91–93; **9.1.** 28; **9.4.** 12; **9.6.** 16, 41; *s. a. Ausnahme;* -votum **7.3.** 8

**Abziehen 1.4.** Anh. 1/3.5
**Acetat 6.1.4.** Anh. 1/4.1; **10.2.** 1/45
**Acetylen 6.1.4.** Anh. 2; **10.2.** 1/45
**Ackerland 4.1.** 38, 78a, 78d; **6.6.** Anl. 1; **8.2.** 37, 38a, 85
**Acrolein 6.1.4.** Anh. 2
**Acrylnitril 6.1.4.** Anh. 2; **6.4.** Anh. 1; **10.2.** 1/80
**Adapter 5.2.** Anl. 1
**Adipin**säure **6.4.** Anh. 1
**Änderung 2.5.** 2, 9, 14a, 22, 33, 37, 39, 45–46, 50, 65–66, Anl. 1/11.1, Anl. 1/14.5; **2.7.** 2, 7–8, 23; **2.8.** 15; **3.1.** 40f, 42–43, 61, 63, 69; **3.3.** 8, 11; **3.4.** 3; **4.1.** 34, 36, 60, 62a, 67, 78, 78b–78d, 94, 103; **4.1.4.** 2, 4; **4.3.** 10–11; **5.1.** 32–33, 35, 43, 69; **5.1.5.** 7; **5.2.** 6, 8, 37–38; **5.3.** 4, 7, 29; **5.4.** 8–10, 22; **6.1.** 3, 6, 7, 15–17, 16a, 19–20, 23, 23a–23c, 25–25a, 28, 29a, 37d, 41, 47, 62, 67; **6.1.1.** 2, 14, 19, 25; **6.1.4.** 2; **6.1.9.** 1, 3, 4a–4b, 8, 21; **6.1.12.** 7, 9–11; **6.1.13.** 7–8, 20–22; **6.1.16.** 1; **6.1.18.** 5; **6.1.26.** 4, 7; **6.3.** 2, 4; **6.4.** 4, 6, 9, 25; **6.6.** 4, 8; **6.7.** 6, 18; **7.1.** 6–7, 9–9g, 13; **8.1.** 8, 46, 48–51, 57, 72, 80, 92, 95–96, 103; **8.2.1.** 2; **9.1.** 16e; **9.5.** 3a; **9.6.** 8, 10, 12, 14–15, 16a, 18, 21, 26, 38; **11.1.** 326–328; -genehmigung **6.1.** 6, 16, 16b; **6.1.9.** 1, 16; -verbot **8.1.** 57, 97

**Aerosol 6.1.** 3; **9.1.3.** 3
**Ästhetische** Beeinträchtigung *s. Landschaftsbild, Schönheit*
**Äther** *s. Ether*
**Ätzend 9.1.** 3a; **9.1.3.** 3, 6
**Äußerung** *s. a. Einwendung;* -ausschluss *s. Präklusion;* der Öffentlichkeit **2.5.** 18–19, 21–22, 24, 26, 39, 42–44, 56–57, 61, 66

**Aggregation**sregel **6.1.13.** 4, 22
**Agrar** *s. a. Landwirtschaft;* -handel **6.1.1.** 5; -recht **3.1.** 5, 14, 44; -struktur **1.1.** 91a; **3.1.** 15; **3.1.2.** 10; **3.2.** 1, 41; -wissenschaft **3.3.** 13a
**Akarizid 3.1.** 30a
**Akkreditierung,** Sachverständiger **5.4.** 3; -stelle **2.7.** 2, 13, 15, 20, 23–25, 28–31; **5.4.** 3; **8.4.** 10, 12; **8.6.** 11; –, Umweltgutachter **2.7.** 20–22, 28–29
**Akkumulator 2.5.** Anl. 5/2.5; **5.1.** 3, 32; **5.2.** 3–4, 10, 17, 28; **5.3.**; **8.2.** Anl. 4/165
**Aktion**splan **2.7.** 1, 9; **6.1.** 40, 47, 47d–47f; **6.3.** 14; -plan invasive Arten **2.5.** Anl. 5/2.12; **3.1.** 40d, 40f; -plan Lärm **2.5.** Anl. 5/2.1; -programm **1.2.** 192; **2.5.** Anl. 5/1.12; **4.1.** 62a
**Alarm**einrichtung **6.1.12.** 4, 12; -plan **6.1.12.** 6, 9–10, 20–21; **9.6.** 30; -schwelle **6.1.** 46a; **6.1.39.** 1–3, 9, 28–30, Anl. 14; -system **5.3.** 3
**Aldehyd 6.1.4.** Anh. 1/4.1; **6.4.** Anh. 1; **10.2.** 1/45
**Alkali**chlorat **6.1.4.** Anh. 2; **10.2.** 1/85
**Alken 6.1.13.** 57–59; **6.4.** Anh. 1
**Alkin 6.4.** Anh. 1
**Alkohol 5.4.** 31; **6.1.1.** 1; **6.1.4.** Anh. 1/4.1; **6.4.** Anh. 1; **8.2.1.** 2; **10.2.** 1/45
**Alkopop 5.4.** 31
**Allee 2.5.** Anl. 3; **3.1.** 29
**Allgemeinheit** *s. Gemeinwohl*
**Allgemeinverfügung** *s. a. Verwaltungsakt*
**Altablagerung 3.4.** 2, 15; **3.4.1.** 3
**Altakkumulator 5.1.** 3; **5.2.** 3–4, 10, 17
**Altanlage 4.1.** 20–21, 34–35; **5.1.** 39; **6.1.** 7, 67; **6.1.1.** 2, 15, 25–26; **6.1.13.** 26, 28–32, 39, 41, 44, 47, 58–59, 63–64; **6.1.17.** 2, 10; **6.1.18.** 5; **6.1.26.** 10; **7.1.** 7; **8.2.** 74; **8.2.1.** 2; *s. a. Bestandsanlage*
**Altauto** *s. a. Altfahrzeug*
**Altbatterie 2.5.** Anl. 5/2.5; **5.1.** 3, 32; **5.2.** 3–4, 10, 17; **5.3.** 1–3, 5–16, 18, 27, 29–30; **5.4.** 22; -entsorger **5.3.** 2, 8–9, 11, 14; –, identifizierbare **5.3.** 14
**Altdeponie 5.1.** 30
**Alteinleitung 4.1.** 57
**Altenheim 6.1.16.** 2; **6.3.** 5; **8.1.** 3; **8.2.** 3
**Alternative Lösungsmöglichkeiten 2.5.** 16, 40, 47, 49, 53, Anl. 4; **3.1.** 15, 34, 45; **3.1.2.** 2–3, 10; **3.3.** 7a; **4.1.** 28, 30; **4.1.4.** 3; **5.1.** 46; **5.4.** 14, 33; **6.1.9.** 4a, 4e, Anl.; **6.1.32.** 8; **8.2.** 64, 69, 94; **8.4.** 10, 12; **9.1.** 12e; **9.4.** 13; **9.6.** 3
**Altes Wasserrecht 4.1.** 20–21, 87
**Altfahrzeug 5.1.** 3; **5.1.5.**; **5.3.** 3, 12–13; **6.1.4.** Anh. 1/8.9; –, Begriff **5.1.5.** 2;

Magere Ziffern = §§

# Sachverzeichnis

-verordnung **5.1.5.**; **5.3**. 1, 5, 9, 11–12;
-verwertung **5.1.5**. 2
**Altgerät 2.3**. 5; **5.1**. 3; **5.2**. 2–4, 10–28,
31–32, 37, 45–46; **5.3**. 5, 12; **5.4**. 22;
-ausfuhr **5.2**. 20, 22–23, 27, 29–30, 32; –,
batteriebetriebenes **5.2**. 14; –, Begriff
**5.2**. 3; -behandlung **5.2**. 2–3, 14, 16–17a,
19–25, 27–29; -behandlungskonzept **5.2**.
21; -gruppe **5.2**. 13–14, 26–27, 46; –,
historisches **5.2**. 3, 18–19, 31, 34; -kategorie **5.2**. 2, 26–28, 32, Anl. 1; -menge
**5.2**. 31; -separierung **5.2**. 14; -verbringung **5.2**. 23–24; –, vermutliches **5.2**. 23
**Altglas 2.5**. Anl. 1/2.5; **6.1.4**. Anh. 1/2.8;
**6.4**. Anh. 1; -sammelbehälter **6.1.32**. 1/
22
**Altholz 5.1**. 10, 16, 48; **6.1.4**. Anh. 1/8.1;
**8.1**. 3; **8.2**. 101; **8.2.1**. 3
**Altlasten 3.4**. 1–3, 8–9, 11–16, 20, 25;
**3.4.1**. 1–7; **4.1.1**. 7, 11; **5.1**. 30, 40;
-sanierung **3.4**. 1, 4, 12–16; **5.1**. 30, 40;
-verordnung **3.4.1**.
**Altleitung 3.1**. 41
**Altöl 2.5**. Anl. 1/8.1; **5.1.7.**; **6.1.4**.
Anh. 1/8.1; **6.1.17**. 8; **10.2**. 1/4, 1/49;
-anfallstelle **5.1.7**. 4–5; -annahmestelle
**5.1.7**. 7–10; -aufbereitung **5.1.7**. 1a; –,
Begriff **5.1.7**. 1a; -beseitigung **5.1.7**. 1;
-entsorgungsanlage **5.1.7**. 1, 4–5; -sammler **5.1.7**. 1, 4–5; -verordnung (AltölV)
**5.1.7.**; **6.1.17**. 8; -verwertung **5.1.7**. 1–
6, 10
**Altstandort 3.4**. 2, 15; **3.4.1**. 3
**Altteil 5.1.5**. 3
**Aluminium 1.4**. Anh. 1/3.4; **2.5**. Anl. 1/
3.5; **5.4**. 1, 16, Anl. 1; **6.1.4**. Anh. 1/3.4,
Anh. 1/3.23; **6.4**. Anh. 1; **8.2**. Anl. 4/
130; **10.2**. 1/31, 1/35, 1/44
**Ambulanzflug 6.4**. Anh. 1
**Amid 6.1.4**. Anh. 1/4.1
**Amin 6.1.4**. Anh. 1/4.1, Anh. 1/5.7
**Aminoplast 6.1.4**. Anh. 1/5.8
**Ammoniak 6.1.4**. Anh. 1/4.1, Anh. 2;
**6.1.13**. 17, 27, 36, 44, 48, 52, 59; **6.1.17**.
8; **6.1.39**. 33; **6.4**. Anh. 1
**Ammonium 4.1.1**. Anl. 2, Anl. 8; **6.1.4**.
Anh. 1/4.1; -nitrat **6.1.4**. Anh. 2; **9.1.3**.
Anh. I; **10.2**. 1/84, 1/88
**Amputation 3.3**. 6, 12
**Amt**shilfe **1.1**. 35; **5.4**. 26; **9.1**. 21;
-pflichtverletzung **7.1**. 9a; -sprache **2.5**.
54–55, 60–61; **2.7**. 5; **2.8**. 7; **5.1**. 53–54;
**5.1.5**. 10a; **5.2**. 8; **8.6**. 4–5; **9.1.3**. 4
**Analyse 3.4.1**. 1; **4.1**. 61; **4.1.1**. 14; **4.1.2**.
4, 6; **4.1.3**. 9, 13; **5.1**. 10; **9.1**. 17; **9.1.2**.
3; **9.4**. 65; –, wirtschaftliche **2.6**. 2; **4.1**.
6a, 14, 23, 45c, 88; **4.1.3**. 1, 16; **6.1.9**.
13

**Anbauen 3.1**. 40; **9.1**. 18; **9.4**. 2, 14; **9.6**.
3, 16a–16b; –, nachhaltiges **8.1**. 39, 96;
**8.2**. 90
**Anbieten 3.1**. 7, 44, 69, 71–71a; **3.1.1**. 3;
**5.2**. 3, 6, 45; **5.3**. 2–3, 29; **5.4**. 7, 9, 33,
36; **8.6**. 2; **9.1**. 18; **9.1.2**. 10, 12; **9.5**. 2
**Andienungspflicht 5.1**. 17; **5.3**. 1
**Aneignen 3.1**. 39
**Anerkennung** von ausländischen Nachweisen **2.8**. 10a; **6.1**. 29b; **8.2**. 79, 90, 92;
**9.1.3**. 19a; von ausländischen Zulassungen **3.3**. 13a; von Berechtigungen **6.4**.
16; –, Berufsqualifikation **5.1.5**. 6;
**6.1.12**. 16; **8.1**. 77, 88; von Bildungsmaßnahmen **9.4**. 9; als Biomasse **8.2.1**.
2–3; als Entsorgergemeinschaft **5.1**. 56–
57; als Fachbetrieb **3.1**. 48; **5.1.5**. 2, 5;
von GLP-Bescheinigungen **9.1**. 19b; als
Heilquelle **4.1**. 53; als Kompensationsmaßnahme **3.1**. 16; –, Qualitätssicherung
**5.1**. 12; von Tierversuchen **3.3**. 7; von
Überwachungsstellen **4.2**. 4; von Umweltmanagementsystemen **2.7**. 45; als
Umweltverband **3.1**. 63, 74; **12.1**. 2–3;
von zugelassenen Stellen **3.3**. 13a; **8.6**. 11
**Anfall**stelle **3.3**. 3; **5.1**. 10, 16, 19–21, 24–
25, 50, 59–60; **5.4**. 3, 8, 26
**Anfechtungsklage 2.5**. 67a; **4.2**. 12a; **5.4**.
30; **6.4**. 26; **6.7**. 19; **7.1**. 6
**Anforderung 1.1**. 20a; **2.7**. 4–7, 13–15,
18, 20–22; **2.8**. 4–14; **2.9**. 1; **3.1**. 2, 5,
14, 32, 42–44; **3.1.1**. 7, 15; **3.1.2**. 2–3,
8–9; **3.3**. 2a, 8, 9–11, 13a; **3.4**. 6, 8, 10,
13, 18; **3.4.1**. 1, 3–6; **4.1**. 3, 12–13, 23,
36, 52–53, 57–60, 62–63, 68, 73–74, 78–
78d, 107; **4.1.1**. 8a; **4.1.2.**; **4.1.3**. 7, 9,
14; **4.1.4**. 4; **4.2**. 3, 9; **4.3**. 4–6; **5.1**. 4–
12, 15–16, 23–26, 40, 43, 48, 51–52,
56–57, 61; **5.1.5**. 1, 5, 8; **5.2**. 1–2, 10–
11, 15, 20, 23–24; **5.3**. 1, 7, 14, 28; **5.4**.
1–2, 4, 15–16, 21; **6.1**. 7, 12, 17, 23,
23b, 29a–29b, 31, 32–35, 37–37b, 37d,
38–39, 43, 52–52a, 55, 58c; **6.1.1**. 10,
14, 19, 21, 24–26; **6.1.9**. 21; **6.1.12**. 4–
6, 16; **6.1.13**. 1, 5–24, 27–65; **6.1.17**. 1,
3, 4, 6–10; **6.1.18**. 2–4; **6.1.26**. 1–6, 8–
10; **6.1.32**. 2; **6.3**. 6–7; **6.7**. 7, 20; **7.1**.
7, 7d; **7.3**. 14, 18, 22–27; **8.1**. 7, 9–73,
89–91, 94, 102–107, 110; **8.2**. 9–10, 90–
96; **8.2.1**. 1, 5; **8.4**. 10, 12; **8.6**. 2–4, 7,
11; **8.8**. 3; **8.9**. 3, 5, Anl.; **9.1**. 12h, 17,
19–19a, 19b, 19d; **9.1.2.**; **9.1.3**. 2, 15a–
15h; **9.4**. 3, 17; **9.5**. 3, 5; **9.6**. 3, 7, 11,
16, 16d, 30; –, geringere **5.1**. 43; –,
soziale **3.1**. 34; **4.1**. 30; **6.1**. 37d; **8.2**.
90; –, strengere **1.2**. 193; **3.1**. 34; –,
weniger strenge **6.1**. 7, 10, 17, 48, 52;
**6.1.9**. 21

1605

# Sachverzeichnis

Fette Zahlen = Gesetzesnummern

**Angabe 2.3.** 9, 16; **2.5.** 5, 7, 15–16, 26–27, 39–40, 45, 53, 55, 58, 66, 73, Anl. 2, Anl. 4; **2.7.** 5–6; **3.1.** 17; **4.1.1.** 8a; **4.1.4.** 3–5; **5.1.** 18, 41, 49, 52, 69; **5.2.** 6, 8, 27, 37–38; **5.3.** 4; **5.4.** 9–11, 17, 18, 20, 36; **6.1.** 27; **6.1.9.** 3, 4e, 9–10, Anl.; **6.1.12.** 15; **6.1.13.** 22; **6.1.16.** 5; **6.1.17.** 23; **6.4.** 4, 9–11, 32; **8.1.** 85, 87, 98; **8.2.** 8, 21c, 30, 35, 37–38, 39, 64, 66, 71–77, 74a, 79, 92; **8.6.** 5; **8.9.** 4; **9.1.** 12i–12k, 26; **9.4.** 65; *s. a. Unterlage*
**Anhänger 5.1.** 20; **5.1.5.** 2; **6.1.** 2, 38–39, 62; **8.2.** Anl. 4/195
**Anhörung 2.6.** 9; **2.7.** 13, 15, 23, 29; **2.8.** 4, 11, 34, 36; **3.2.** 8, 45; **3.3.** 16b; **3.4.** 5–6, 8, 13, 20; **4.1.** 23, 83; **4.3.** 5–7; **5.1.** 5, 8, 10–12, 16, 23–26, 36, 43, 52–54, 57, 59–60, 68; **5.4.** 19; **6.1.** 4, 7, 10, 22–23, 32–35, 37c, 38, 40, 43, 47d, 48, 51, 53, 55, 58a; **6.1.9.** 10, 14–19; **6.1.12.** 18; **6.3.** 3, 7, 10, 15; **6.4.** 30; **6.6.** 12; **6.7.** 21; **7.1.** 9b, 9g; **8.6.** 7; **9.1.** 17, 22; **9.4.** 65; **9.6.** 5, 6–7, 10, 14, 16–18, 23, 28a, 30; –, Arbeitnehmer **6.1.12.** 10, 21
**Anlage 1.1.** 73/14; **2.3.** 2–7, 9, 14–15; **2.5.** 2, Anl. 1; **2.8.1.; 2.9.** Anl. 1/1–2, Anl. 1/9; **3.1.** 23–24, 33, 42–43, 61, 69; **3.2.** 13; **3.4.** 2–3; **3.4.1.** 11–12; **4.1.** 8–9, 14, 20, 23, 32, 34–36, 40, 54–55, 57–63, 64–65, 78–78d, 86, 89, 91, 93–95, 101–102, 103, 104a, 105; **4.1.2.** 3, 5; **4.1.4.; 4.2.** 2–3, 8, 10, 13; **4.3.** 3, 5–6; **5.1.** 2–3, 9a, 13, 17, 26a, 28–30, 34–44, 47, 49–52, 56, 58–61, 69, Anl. 1–2, Anl. 4; **5.1.5.** 2, 4; **5.1.7.** 1, 4; **5.2.** 2–3, 21; **6.1.** 1–33, 35–37, 42–43, 47, 48–49, 51b, 52–58c, 59–60, 62, 66–67; **6.1.1.; 6.1.4.**, Anh. 1; **6.1.9.; 6.1.12.; 6.1.13.; 6.1.26.** 1–4; **6.1.39.** 22, 28; **6.2.** 5; **6.3.** 5–9; **6.4.; 7.0.2.** 2; **7.1.** 2, 4, 4a, 6–15, 17–19a, 21b, 23d–25, 31–40, 44b, 46, 56; **7.3.** 2, 19–20, 26; **8.2.; 8.2.1.** 2, 4; **8.4.** 2; **9.6.** 2–5, 6–13, 17–27, 29–30, 38–39; **10.1.** 907; **10.2.; 11.1.** 311–312, 325–330d; **12.1.** 1; –, andere **6.1.26.** 2–3, Anh. 2; -art **4.1.** 57; **6.1.** 7, 12, 48; **6.1.4.** Anh. 1; -aufteilung **6.4.** 23; –, ausgeförderte **8.2.** 3, 21, 21b–21c, 23b, 25, 53, 88b, 91, 99–100; –, bauliche **2.5.** Anl. 1/18.; **3.1.** 18, 61, 69; **3.4.1.** 12; **4.1.** 36, 78–78d; **6.3.** 1, 5–9; **8.2.** 3, 37, 48; –, Begriff **5.1.** 3; **6.1.** 3; **6.1.1.** 2; **6.1.18.** 1; **6.1.26.** 1; **6.4.** 3; **7.1.** 2; **8.2.** 3; **9.6.** 3; **10.2.** 3; **11.1.** 330d; –, beleuchtungstechnische **8.1.** 2; -bericht **6.1.13.** 26, 28–32, 35, 39, 41, 47, 49–50, 52, 54, 58–59, 61; **6.1.17.** 2; **8.1.** 5; -betreiber *s. a. Betreiben;* -betreiber, Begriff **6.4.** 3; **8.2.** 3; **9.6.** 3; –, bewegliche **4.1.** 8; -bezeichnung **6.1.4.** 2; -bezogene Regelung **1.1.** 72; der Datenverarbeitung **8.1.** 32; für EE-Energie **4.1.** 11a, 38, 70, 78, 108; –, einheitliche **6.4.** 24, 28, Anh. 2; –, emissionshandelspflichtige **6.4.; 6.7.** 11; zur Erstbehandlung **5.2.** 21; –, Freiflächen **8.2.** 3, 24, 28a, 37, 37c, 38a, 85; –, gebäudetechnische **8.1.** 3; –, gemeinsame **6.1.** 3; **6.1.4.** 1; **6.1.13.** 4; **6.1.18.** 1; **8.1.** 107; **10.2.** 1/Anh.; –, gemeinschaftliche **8.1.** 5; -genehmigung *s. a. Genehmigung;* –, genehmigungsbedürftige **6.1.** 1, 4–21, 26–31, 51b–52, 52b–53, 58a, 58e, 62, 67a; **6.1.4.; 6.1.9.; 6.1.13.; 6.4.; 7.1.** 7–8, 17, 19a; *s. a. Genehmigung;* –, geregelte **8.2.** 9, 85; –, geschlossene **9.6.** 14; -größe **6.1.4.** 1–2; –, große ortsfeste **5.2.** 2–3; -grundstück **4.1.4.** 3; **6.1.** 3, 5, 10; **6.1.9.** 4a; *s. a. Betriebsgelände;* -haftung **7.1.** 25; **10.1.** 907; **10.2.;** –, heizungstechnische **8.1.** 2, 5, 20, 27, 57–78, 97, 108, 110; nach IE-Richtlinie **6.1.** 3–5, 7, 10, 12, 17, 31, 48, 52–52a, 67; **6.1.4.** 3, Anh. 1; **6.1.9.** 21; –, integrierte chemische **2.5.** Anl. 1/4.1; **6.1.4.** Anh. 1/4.1; –, kleine **8.2.** 74; –, kühltechnische **8.1.** 2, 5, 14, 57–78, 110; -liste **6.1.4.** Anh. 1; **6.4.** 9; –, mehrere **8.2.** 8–9, 24, 36; –, Mehrzwecke **6.1.** 6; -modernisierung **4.1.** 11a, 70; –, neue **6.1.** 16b; –, nicht betriebene **9.6.** 27; **10.2.** 2, 19; *s. a. Betriebseinstellung;* zur Nutzung erneuerbarer Energien **6.1.** 10, 16b, 23b; –, offene **6.1.4.** Anh. 1/9.11; –, prüfpflichtige **2.3.** 2, 9, 15; –, raumlufttechnische **8.1.** 2, 5, 20, 26, 28, 30, 32, 57–78, 96, 110; –, serienmäßig hergestellte **6.1.** 32–33; -sicherheit **4.1.** 3; **5.1.** 3; **6.1.** 29a, 51a; –, solarthermische **8.1.** 3–4, 35, 52–53, 90–91; *s. a. Solarenergie;* -stelle **4.1.** 36; -technik in Gebäuden **8.1.** 2–3, 5, 8, 18, 20–21, 23, 57–78, 95, 110; –, technische **8.1.;** -teil **4.1.** 63; **6.1.4.** 1–2; **6.4.** 2, 4; –, UVP-pflichtige **6.1.** 10; **6.1.9.** 1–2a, 4, 4e, 8, 10, 12, 16, 20–23; **6.1.12.** 18; **7.1.** 2a; –, Verbund **2.5.** Anl. 1/3.2, Anl. 1/4.1; **4.1.** 62; **6.1.4.** 1; **6.4.** 2, 24, 28, Anh. 2; **7.1.** 2; –, vergleichbare **6.4.** 2; -verordnung **2.5.** Anl. 1/9.3; **4.1.** 57, 60, 107; **4.1.4.** 1; **6.1.** 3–4, 4, 7, 16, 19, 67; **6.1.4.; 6.1.13.** 4; **6.1.17.** 1–2, 9; **6.4.** 2; **12.1.** 1; -verzeichnis **4.1.4.** 9; **6.1.** 52a; zur Warmwasserversorgung **8.1.** 2, 5, 23, 30, 57–78, 88, 96, 108, 110; -zubau **8.2.** 9; –, zusammengesetzte **6.1.4.** 2; -zustand **4.1.4.** 3; -zwang **5.1.** 28
**Anlege**stelle **4.1.** 39

Magere Ziffern = §§

# Sachverzeichnis

**Anliefern** 5.2. 13; **6.1.17.** 3
**Anlieger** **4.1.** 25–26, 40–41; -gebrauch **4.1.** 25–26
**Anlocken** **3.1.** 45a, 69; **3.1.1.** 4, 13
**Anmeldung** **2.9.** 2; **3.1.** 49–50, 69; **3.3.** 14; **4.1.** 21; **5.4.** 10, 26; **9.6.** 8–12, 17, 21, 22, 26–27, 30, 35, 38
**Annahme** von Abfällen **5.1.** 10, 26, 50; **6.1.17.** 2–3; von Altgeräten **5.2.** 13
**Annahmestelle** **5.4.** 15; für Altfahrzeuge **5.1.5.** 2, 4–5, 7, 11; für Altöle **5.1.7.** 7–10
**Anordnung** **2.5.** 66, 68; **2.6.** 13–14; **2.8.** 16–17, 27, 37; **2.8.1.** 3, 10; **3.1.** 3, 17, 34, 39–40a, 42–44, 51, 69; **3.3.** 14, 16, 16a, 18; **3.4.** 5, 7, 9–10, 13, 15–16, 22, 24, 26; **4.1.** 13, 34, 36, 42, 49, 52, 60, 64–65, 96–98, 100, 103; **4.1.4.** 8; **4.3.** 14–15; **5.1.** 10, 18, 34, 39, 42, 47, 51, 58–59, 62, 69; **5.2.** 15–16, 38, 40, 44; **5.3.** 21, 28; **5.4.** 20, 26; **6.1.** 17, 20, 24–26, 25a, 28–31, 47, 48a, 52–53, 58a, 62, 67; **6.1.1.** 21; **6.1.9.** 1; **6.1.12.** 1, 21; **6.1.13.** 17, 19, 52, 67; **6.1.17.** 9; **6.1.18.** 5; **6.4.** 6, 23, 32; **6.5.** 12; **6.7.** 7, 22; **7.1.** 5, 9a, 9e, 17–19a, 24, 46; **8.1.** 95, 108; **8.2.** 69, 85–86; **8.4.** 12; **8.6.** 7–8, 11, 13; **8.8.** 3; **8.9.** 3; **9.1.** 9, 12f–12g, 12j, 19, 21, 23, 26, 26–27; **9.1.2.** 6; **9.1.3.** 19; **9.4.** 3, 12–13; **9.5.** 3, 11a; **9.6.** 12, 16, 20, 25–26, 28a, 30, 38; **10.2.** 6, 19, 21; **11.1.** 329
**Anpassungs**maßnahme **4.1.** 57–58, 60, 76, 78–78a, 100; –, Nutzung **4.1.** 5; –, Zulassung **4.1.4.** 4–5
**Anreichern** 2.5. Anl. 1/13.3; **4.1.** 51; **4.2.** 13; **5.1.** 6–7
**Anreiz** **5.3.** 7a; zur Abfallvermeidung **5.1.** 30, Anl. 4–5; zur Abfallverwertung **5.1.** 6, Anl. 5; –, finanzieller **3.1.** 2; **8.2.** 91; –, steuerlicher **5.1.** Anl. 5; -system **5.4.** 3, 21
**Anschluss** s. a. Netzanschluss; -förderung **8.2.** 88b, 95, 101–102; -kosten **8.2.** 16; -pflicht **2.3.** 3; **2.6.** 2; **5.1.** 28; **8.1.** 109; **8.2.** 8–10, 83; -vorrang **8.2.** 8–9
**Ansiedeln** von Schadorganismen **9.4.** 2; von Tieren **3.1.** 1, 40; **3.1.1.** 14; **3.3.** 3
**Anspruch,** privatrechtlicher **2.9.** 9; **4.1.** 16, 60, 89, 91; **4.1.4.** 5; **6.1.** 10, 14; **6.1.9.** 15–16; **7.1.** 7, 13; **8.2.** 3, 5, 9, 11–12, 19–27a, 36h–36i, 38a, 39g–39i, 39m, 40–54a, 48, 56–58, 61–62, 72, 77–79a, 80–80a, 81, 83–85, 88–88a, 90–92; **9.6.** 17, 23, 36a; **10.1.** 555a, 555d–555f, 556c, 559, 823, 862, 906–907, 1004; **10.2.** 1–2, 8–10
**Anstrichmittel** 2.5. Anl. 1/4.4; **6.1.4.** Anh. 1/4.1, Anh. 1/4.10; **8.2.** Anl. 4/86

**Antenne** 5.2. Anl. 1
**Antimon** **4.1.1.** Anl. 8
**Antrieb**selement **8.2.** Anl. 4/177
**Anwenden** **3.1.** 5; **7.1.** 1; **9.4.** 1, 2–3, 9–17; **9.5.** 1–3, 5; **9.6.** 3, 16
**Anwender,** beruflicher **9.4.** 2, 12; –, nachgeschalteter **9.1.3.** 2, 4
**Anwendung**sgebiet **9.4.** 2, 12, 14; -pflicht **2.5.** 1
**Anzeigepflicht** **2.5.** 2, 66; **2.8.** 18, 37; **2.8.1.** 2, 2–3; **2.9.** Anl. 1/2; **3.1.** 17, 34, 43, 54, 69; **3.1.1.** 7, 16; **3.3.** 6, 8a, 11, 14, 16, 18; **4.1.** 8, 48, 58, 60, 62, 68, 78, 78c; **5.1.** 10–11, 16, 18, 26–26a, 35, 38, 40, 53, 58, 65, 69; **5.2.** 25, 38, 46; **5.3.** 9; **5.4.** 8, 26, 36; **6.1.** 7, 12, 15, 17, 23, 23a, 25, 34, 52b, 55, 62, 67; **6.1.12.** 7, 20–21; **6.1.13.** 7, 18, 67; **6.1.26.** 7, 9, 10; **6.4.** 4, 25, 32; **6.7.** 18, 22; **7.1.** 4, 11, 21, 34, 46, 57b; **8.1.** 103; **8.2.** 67; **8.4.** 2a; **9.1.** 17–19; **9.1.2.** 7, 12; **9.1.3.** 8, 15c–15d, 18, 21; **9.4.** 10, 14; **9.6.** 8–9, 12, 16b, 21, 26, 30, 38
**AOT40** **6.1.39.** 1
**Aperturfläche** **8.1.** 3, 35
**Apotheke** **1.1.** 74/19; **9.1.2.** 6–7, 11
**Appretieren** **6.1.4.** Anh. 1/5.1, Anh. 1/10.23
**Arbeit,** gentechnische **2.9.** Anl. 1/10; **9.6.** 2–5, 6–13, 16b, 17b, 18, 20–21, 23, 26, 28–29, 32–35, 36a, 38–39, 41
**Arbeitgeber** **9.1.3.** 2, 15b–15e, 16, 19–20
**Arbeitnehmer** **7.1.** 10a; **9.1.** 2; -beteiligung **2.7.** 1; -schulung **2.7.** 1
**Arbeitsbühne** **6.1.32.** 1/01
**Arbeitsmaschine** 2.5. Anl. 1/4; **6.1.4.** Anh. 1/1.4; **6.1.13.** 1, 33; **6.4.** Anh. 1
**Arbeitsmedizin** **9.1.3.** 2, 6, 14, 20; **9.6.** 30
**Arbeitsplatz**grenzwert **9.1.** 19; **9.1.3.** 2, 6–10, 20; -hygiene **9.1.3.** 2
**Arbeitsschutz** **1.1.** 74/12; **2.5.** 66; **2.8.** 5; **6.1.** 6, 16b, 23b, 24, 45, 51a, 58c; **6.1.9.** 4b; **6.1.39.** 1; **7.1.** 17–18, 57b; **8.1.** 10, 46, 57, 67; **9.1.** 2, 4, 6, 12c, 17, 19, 20b–21, 26; **9.1.3.** 1, 15b, 15f–15g; **9.6.** 3–4, 10–12, 30; -gesetz **9.1.3.** 6–7, 18; **9.6.** 3; -maßnahme **9.1.** 19; **9.1.3.** 1, 6–15; **9.6.** 30; -verordnung **6.1.32.** 1
**Arbeitsstätte** **2.3.** 2, 14; **6.1.39.** 1
**Arbeitsstoff** **9.1.** 2; **9.1.3.** 1, 4; s. a. Biologischer Arbeitsstoff
**Armatur** **8.1.** 69–71, 108
**Aromaten** **6.1.1.** 3; **6.1.39.** 1, 10, 20, 30; **6.4.** Anh. 1
**Arsen** **4.1.1.** Anl. 2, Anl. 7; **6.1.39.** 1, 10, 20, 22–23, 26, 30, 32
**Arten,** Beeinträchtigung **3.1.** 37, 39, 54; –, Begriff **3.1.** 7; –, besonders geschützte

1607

# Sachverzeichnis

Fette Zahlen = Gesetzesnummern

**2.5.** Anl. 4; **3.1.** 7, 44–47, 54, 69, 71–71a; **6.1.9.** Anl.; **9.4.** 13; –, bestandsgefährdete **3.1.** 54; -erhaltung **3.1.** 42; –, gebietsfremde **3.1.** 7, 69; –, gefährdete **3.1.** 44, 54; -gemäß **3.3.** 2–3, 11b; von gemeinschaftlichem Interesse **3.1.** 6–7; -gerecht **3.1.** 42; –, heimische **3.1.** 5; **3.1.1.** 2, 4; -hilfsprogramm **3.1.** 38; –, invasive **2.5.** Anl. 5/2.12; **3.1.** 6–7, 40–40f, 44, 45, 46, 48a, 51a–52, 54, 69; **9.4.** 3; –, natürlich vorkommende **3.1.** 54; –, nichtheimische **3.1.** 5; -pflege **3.1.** 37; –, prioritäre **3.1.** 6–7, 32–34; -schaden **2.9.** 2–3; **3.1.** 18–19, 58; -schutz **1.1.** 72; **3.1.** 1, 6, 37–55, 69, 71–71a; **3.1.1.**; **3.3.** 3, 13; **4.1.** 45b–45d; **6.1.** 16b; **11.1.** 329–330; -schutz, besonderer **3.1.1.** 1–2, 4, 6–7; -schutz, strenger **3.1.1.** 1–2; -schutzkriminalität **3.1.** 48; -schutzprogramm **3.1.** 44, 63; -schutzrecht **3.3.** 9; -schutzübereinkommen **3.1.** 7, 48, 54–57; -schutzverordnung **3.1.1.**; –, streng geschützte **3.1.** 7, 38, 44, 45, 54, 71–71a; **3.1.1.** 1–2; **9.4.** 13; **11.1.** 329; –, verdrängte **3.1.** 37, 63; -verteilung **3.1.** 2; -vielfalt **2.6.** 2; **3.1.** 1, 7, 25, 27; –, vom Aussterben bedrohte **3.1.** 45, 54; -widrig **3.3.** 3; –, wild lebende **3.1.** 7, 9, 19, 21, 23, 25–26, 29, 37–55; -zustand **3.1.** 6, 9

**Arthropoden 3.1.** 30a

**Arzneimittel 1.1.** 74/19; **2.5.** Anl. 1/4.; **2.8.** 5; **6.1.4.** Anh. 1/4.1, Anh. 1/4.3; **7.1.** 2; **8.2.** Anl. 4/94–95; **9.1.** 2, 19a; **9.6.** 37; **10.2.** 1/48

**Arzt 9.1.** 16e, 19; **9.1.4.**; **9.6.** 30

**Asbest 2.5.** Anl. 1/2.3–2.4; **5.2.** 13–14, 18; **6.1.4.** Anh. 1/2.5–2.6, Anh. 1/5.9; **9.1.2.** 4; **9.1.3.** 15, 17, 24, Anh. II; **10.2.** 1/21–22

**Asche 5.4.** 4; **6.1.4.** Anh. 1/8.11; **6.1.17.** 12

**„A-Schild" 5.1.** 55

**Asphalt 8.4.** 9a; **10.2.** 1/93

**Aspiration**sgefahr **9.1.3.** 3

**Asse II 7.1.** 9a, 21, 23d, 57b, 58

**Atem**schutzgerät **9.1.3.** 2, 15d

**Atmosphäre 2.6.** 2; **6.1.** 1, 3, 44; **6.1.12.** 2; **6.1.39.** 1, Anl. 13; –, explosionsfähige **9.1.3.** 2

**Atom 6.1.** 23b; *s. a. Kern*; -gesetz **2.5.** 31, Anl. 5/1.13; **3.4.** 2; **5.1.** 2; **6.1.** 2; **7.0.1.** 2; **7.0.2.** 2; **7.1.**; **7.3.** 1, 4, 12, 19–20, 26, 28–29; **9.1.** 2, 19; **10.2.** 18; **11.1.** 328; -recht **1.1.** 73/14; **2.5.** 19, 31; **2.8.** 5; **6.1.** 13; **7.**; **7.3.** 17, 19; **9.1.** 19; **9.6.** 22

**Audit** *s. Umweltaudit*

**Auen 3.1.** 1, 21, 30; -wald **3.1.** 30; **4.1.** 68, 78a

**Aufarbeiten 2.5.** Anl. 1/4.1–4.2, Anl. 1/11.; **5.1.5.** 2; **6.1.4.** Anh. 1/4.1; **7.1.** 2, 7, 9a, 46; **10.2.** 1/46, 1/53; **11.1.** 330d

**Aufbereiten 2.3.** 5; **2.5.** Anl. 1/1.11; **4.2.** 10; **5.1.** 2–3; **5.1.7.** 10; **6.1.4.** Anh. 1/1.16, Anh. 1/2.15, Anh. 1/7.17, Anh. 1/8.3, Anh. 1/8.15, Anh. 1/9.11; **6.1.17.** 2, 9; **7.1.** 2; **9.5.** 2; **10.2.** 1/71–72, 1/74

**Aufbewahren** von Belegen **2.8.** 15, 37; **3.1.1.** 6, 16; **3.3.** 2a, 9, 11, 16; **3.4.** 15; **4.1.** 52, 61, 103; **5.1.** 25, 49, 52, 69; **5.1.7.** 6; **5.4.** 23; **6.1.** 31, 34, 58b, 62; **6.1.13.** 5, 13–14, 17–19, 29–30, 32–34, 67; **6.1.32.** 5, 9; **6.2.** 4, 7; **8.1.** 96, 99, 108; **8.6.** 3–4, 7; **9.1.** 12i–12k, 19a, 20, 26; **9.1.2.** 12; **9.1.3.** 14, 22; **9.4.** 11; **9.6.** 6; von Informationen **2.6.** 2; **4.1.1.** 3; von Proben **5.1.** 10; **5.1.7.** 5; von Stoffen **4.1.** 63; **7.0.2.** 2; **7.1.** 2, 5–6, 9a, 19, 23d; **9.1.** 3, 17; **9.1.3.** 2, 8, 22; **9.6.** 30; **11.1.** 328

**Aufbrauchen 9.1.** 28; **9.4.** 12

**Aufbrechen** von Gestein **3.1.** 33; **4.1.** 9, 13a, 104a

**Aufbringen 2.9.** 2; **3.4.** 3, 6; **3.4.1.** 1, 4, 12; **4.1.** 78a; **5.1.** 11, Anl. 1–2; **9.5.** 3; von metallischen Schutzschichten **2.5.** Anl. 1/3.8; **6.1.4.** Anh. 1/3.9; -technik **9.5.** 3

**Aufbruch**hammer **6.1.32.** 1/10

**Aufforstung 3.2.** 9–11, 45; **4.1.** 52, 78d

**Aufklärung** von Betriebsangehörigen **4.1.** 65; **5.1.** 60; **6.1.** 54; **9.1.** 19; der Öffentlichkeit **2.0.** 2; **3.1.** 2, 42, 44; **5.1.** 30, Anl. 4

**Aufkleber 5.4.** Anl. 1

**Aufladen** von Elektromobilen **8.8.**

**Auflage 2.5.** 66, 68; **2.8.1.** 10; **3.1.1.** 14; **3.2.** 9, 10, 12; **4.1.** 13, 13a, 103; **5.1.** 18, 26a, 29, 36, 39–40, 53, 60, 69; **5.3.** 7, 21; **6.1.** 8a, 10, 12, 20–21, 23b, 30, 33, 49, 52, 54, 58b, 62; **6.1.9.** 21; **6.2.** 2–3; **6.4.** 6; **6.7.** 7; **7.1.** 9b, 17–19, 44, 46, 56, 57b; **9.1.** 18, 26; **9.1.2.** 6; **9.1.3.** 15d; **9.4.** 17; **9.6.** 19, 26, 38; **10.2.** 6; **11.1.** 330d; **12.1.** 3

**Aufnahme-** und Auslieferungsbuch **3.1.1.** 6, 16; –, Fahrbetrieb **8.2.** 65–65a; –, Tätigkeiten **5.2.** 25; –, Tiere **3.1.** 45

**Aufrechnung 8.2.** 27, 60, 61j–61k, 72, 91

**Aufschiebende Wirkung 2.5.** 67a; **4.2.** 12a; **4.3.** 14; **5.2.** 44; **5.4.** 30; **6.1.** 63; **6.4.** 26; **6.7.** 19; **7.1.** 6, 9e; **9.1.** 12g, 23

**Aufschütten 3.1.** 1; **3.1.2.** 14; **11.1.** 329

**Aufsicht 1.1.** 84–85; **2.0.** 3; **2.8.** 21, 27, 29, 32; **3.0.** 3; **3.3.** 16; **4.3.** 10; **5.2.** 41; **5.3.** 24; **5.4.** 25, 29; **6.4.** 19, 28; **7.0.1.** 2; **7.0.2.** 3; **7.1.** 9a, 19, 21, 23d, 24, 44b;

1608

Magere Ziffern = §§   **Sachverzeichnis**

**8.1.** 101; **8.2.** 92; **9.1.** 4, 12a; über Umweltgutachter **2.7.** 23–25, 27; **2.8.** 1, 15–20; -verfahren **7.1.** 20
**Aufspul**rolle **5.4.** Anl. 1
**Aufstauen 2.9.** Anl. 1/6; **4.1.** 3, 9, 33
**Aufstellen** von Abfallbehältnissen **5.1.** 19; **5.2.** 15–16, 31, 37, 45–46; von Plänen **2.5.** 1–3, 33–46, Anl. 5; **3.1.** 34, 40f; **5.1.** 30–33, 72; **6.1.** 47, 67; von Produkten **8.6.** 2
**Aufsuchen** von Bodenschätzen **3.1.** 1, 33, 57; **4.1.** 9, 13a, 104a; **5.1.** 2; **6.1.17.** 1; **7.1.** 2; von Kampfmitteln **3.4.** 3; **5.1.** 2; von Tieren **3.1.** 39, 69
**Auftrag**, öffentlicher **5.1.** 45
**Aufwendung 2.3.** 2, 11; **9.1.** 25a; -erstattung **5.1.** 18; **6.3.** 9–10, 12–13; **9.6.** 4, 25, 32; **10.1.** 251, 555f; **10.2.** 16; -erwirtschaftung **8.1.** 71
**Aufzeichnungspflicht 3.1.** 5, 54; **3.1.1.** 6; **3.3.** 2a, 9, 11–11a, 16; **3.4.1.** 4, 5; **4.1.** 52, 61, 65, 103; **5.2.** 22; **6.1.17.** 2; **9.4.** 11; **9.5.** 3, 11a; **9.6.** 6, 16b, 30, 38; *s. a. Nachweispflicht*
**Aufzucht 2.5.** Anl. 1/7.7–7.11; **3.1.** 42, 45; **6.1.4.** Anh. 1/7.1; **9.4.** 13; **10.2.** 1/64; -gebäude **8.1.** 2; -zeit **3.1.** 44
**Augen**schädigend **9.1.3.** 3
**Ausbau 5.1.5.** 11; **8.1.** 51; *s. a. Gewässerausbau*; im Ausland **8.2.** 5; -auswirkungen **8.2.** 99; -element **8.2.** Anl. 4/140; –, erneuerbare Energien **8.2.**; -kosten **8.2.** 99; -pfad **8.2.** 4, 88c, 98; -plan **2.5.** Anl. 5/1.2
**Ausbildung 1.1.** 12, 74/13, 85; **1.2.** 196–197; **2.1.** 2; **2.8.** 7; **3.1.** 42; **3.3.** 13a, 16; **4.2.** 13; **5.1.** Anl. 5; **6.1.18.** 5; **6.3.** 4; **7.1.** 7c; **8.1.** 77, 88; **9.1.3.** 2; **9.4.** 9
**Ausbreitung**, invasive Arten **3.1.** 40–40a
**Ausbringen 3.1.** 40–40a, 69; **3.4.1.** 3; **9.6.** 3, 16b; von Biozidprodukten **3.1.** 30a, 69
**Ausführung** der Bundesgesetze **1.1.** 20–20a, 23, 30, 83–87, 87c–87d, 89–90; *s. a. Bundesauftragsverwaltung, Bundeseigene Verwaltung, Landesverwaltung;* der Rechtsakte der Union **1.2.** 197, 291; **1.3.** 51–52
**Ausfuhr 1.1.** 73/5, 74/17; **1.2.** 26, 28, 35; **2.3.** 10; **3.1.** 48–51, 69–71; **3.3.** 13–14, 13a; **5.2.** 20, 22, 26–27, 29–30, 32; **5.3.** 2, 14; **5.4.** 16, 22; **6.1.** 36; **6.2.** 3; **7.1.** 3, 4a, 19, 46; **9.1.** 21, 21a; **9.5.** 5; **11.1.** 328; von Altgeräten **5.2.** 20, 22–23, 26–27, 29–30, 32
**Ausgabe**automat **5.2.** Anl. 1; von Berechtigungen **6.4.** 14
**Ausgleich 4.1.** 96–99; -abgabe **6.2.** 3a; -anspruch **7.1.** 7e–7g; **8.2.** 56–58, 66; –, bundesweiter **8.2.** 56–62, 72, 91; –, finanzieller **7.1.** 7e–7g; -maßnahme **2.9.** 9; **3.1.** 1, 9, 13, 15–18, 30, 44, 56a; **3.1.2.** 1–2, 8–9, 12–14, 17, Anl. 5; **3.4.** 10; **4.1.** 6, 12–14, 49, 52, 77–78, 78d, 93; **6.1.** 7, 17, 37a, 48; **6.1.9.** 4, 20; **6.4.** 27; -mechanismus **8.2.** 56–69, 91; zwischen Netzbetreibern **8.2.** 57–58; -regelung **8.2.** 56–69, 91, 94; -regelung, besondere **8.2.** 63–69, 91, 94, 99; -verfahren **4.1.** 22; -zahlung **2.9.** 9; **3.1.** 32, 68; **3.4.** 25; **4.1.** 52, 78, 99; **6.4.** 27; **10.1.** 426, 906
**Aushang**, Energieausweis **8.1.** 80, 85
**Auskreuzung 9.6.** 16b
**Auskunfts**anspruch **2.6.** 3, 12; **5.4.** 25; **8.4.** 12; **9.6.** 35; **10.2.** 8–10; über Internet **9.6.** 16a; -person **2.6.** 7; -pflicht **2.3.** 13–14, 17; **3.1.** 52, 69; **3.2.** 42–43; **3.3.** 14, 16; **4.1.** 88, 101, 103; **4.3.** 13, 15; **5.1.** 46–47, 69; **5.2.** 31, 39; **6.1.** 27, 29a, 31, 52, 62; **6.1.1.** 16; **6.2.** 5, 7; **6.3.** 3, 11; **6.4.** 20, 32; **6.5.** 8; **6.7.** 14, 22; **7.1.** 2c, 9i, 19, 34, 46; **8.2.** 13, 68–69, 85b, 88, 88d, 90; **8.6.** 7, 11, 13; **9.1.** 21, 25a–26; **9.4.** 11; **9.6.** 25, 38; -stelle, nationale **9.1.** 5, 8, 12e
**Auslage 5.3.** 23
**Auslagen 2.6.** 12; **2.8.** 36; **3.1.** 53, 58; **4.1.** 88; **5.2.** 40; **6.1.** 37e; **6.4.** 28; **8.2.** 104; **8.6.** 7; **8.8.** 4; **8.9.** 4; **12.1.** 3; *s. a. Gebühr, Kosten*
**Auslegung** von Anlagen **6.1.17.** 4; –, öffentliche **2.5.** 19–20, 20, 23, 27, 42, 44, 56, 63; **2.5.1.** 2, 5; **5.1.** 32; **6.1.** 10, 16, 23b, 42–43, 47; **6.1.9.** 4, 4b, 8–11, 14, 22; **6.1.12.** 18; **7.1.** 2a, 9b, 9g; **7.3.** 7; **9.6.** 18; **12.1.** 4
**Ausloben**, Tiere **3.3.** 3
**Ausnahme 1.2.** 36, 192; **2.3.** 12; **2.5.** 2, 7, 13, 37; **2.6.** 8–9; **2.7.** 7, 19; **2.9.** 3, Anl. 1/1; **3.1.** 23–25, 30, 30a, 33–34, 39–40, 40c, 44–45a, 48, 50, 54, 61, 63; **3.1.1.** 2, 4, 6–7, 14, 17; **3.2.** 9–10; **3.3.** 4a, 4c, 5, 7a; **3.4.** 23; **3.4.1.** 7, 12; **4.1.** 8–9, 20, 29, 31, 47, 60, 78c, 83, 86, 104a; **4.2.** 10; **4.3.** 4, 12; **5.1.** 28, 53–56; **5.1.5.** 1, 4; **5.1.7.** 4, 9; **5.2.** 2, 14, 46; **5.3.** 3, 17, 27, 30a–31; **6.1.** 37d, 40, 47, 60; **6.1.1.** 1, 22; **6.1.13.** 1, 18, 23, 36–37, 60; **6.1.18.** 6; **6.1.26.** 8, 10; **6.1.32.** 1/32, 1/76, 7–8; **6.1.39.** 21, 28, 30; **6.2.** 3–3a, 8; **6.3.** 4–5; **6.4.** 27, Anh. 1; **6.5.** 4, 7–8; **7.1.** 8, 9a–9b, 9g, 10–10a, 54; **8.1.** 2, 55, 73–74, 79–80, 91; **8.2.** 9, 22, 27a, 37d, 48; **8.4.** 9, 9a; **8.6.** 1; **8.8.** 3; **9.1.** 19, 24; **9.1.2.** 3–5; **9.1.3.** 15h, 17, 19; **9.4.** 3, 13, 17; **9.6.** 2, 16e, 22; **10.1.** 556f; *s. a. Abweichung, Befreiung;* -zulassung **9.1.** 12a, 12d, 12f–12g
**Auspacken 11.1.** 328

1609

# Sachverzeichnis

Fette Zahlen = Gesetzesnummern

**Ausrüstung** 5.1.5. 1; 6.1. 2, 38–39; 6.1.1. 24; 8.2. Anl. 4/172, Anl. 4/196; -gegenstand 5.3. 1, 3
**Ausscheidung,** tierische 9.5. 2
**Ausschluss** *s. a. Präklusion;* vom Anlagenzwang 5.1. 28; -frist 8.2. 37a, 37d, 64, 66, 66–67, 103; von Geboten 8.2. 33–34, 36c, 39c, 85, 88, 88d; der Öffentlichkeit 6.1.9. 18; von Rechten 6.1. 11, 14
**Ausschreibung** 5.4. 19, 23; 8.2. 2–3, 5, 22, 23, 23b, 27a–39n, 54, 83a, 85–85b, 88–88a, 91, 99; –, Begriff 8.2. 3; -führer 5.4. 23; –, grenzüberschreitende 8.2. 5, 28–28c, 88a; für Innovationen 8.2. 28c, 39n, 88d; –, technologieneutrale 8.2. 39n; -verfahren 5.4. 19, 23, 26; 8.2. 30a, 88–88a; -volumen 8.2. 3, 28–29, 32, 36, 36d, 37d, 39d, 83a, 88–88a, 88c, 88d, 95, 98; -zuschlag *s. Zuschlag*
**Ausschuss,** Betriebsbeauftragte 6.1. 55; 9.6. 3; –, Biologische Sicherheit 9.6. 3, 6, 21; –, EMAS 2.7. 49; –, Gefahrstoffe 6.1. 51a; 9.1. 20b; 9.1.3. 20; –, Sachverständige 9.1. 20b; –, Tierschutzbeauftragte 3.3. 10; –, Umweltgutachter 2.8. 4, 11–12, 14, 21–27, 36–37
**Außen**bereich 2.5. Anl. 1/18.; 3.1. 1, 18, 23, 61; 4.1. 38, 78, 78b, 78d; 5.1. 20; 6.3. 5, 9, 12–13; 8.2. 48
**Aussetzen** von Ansprüchen 8.2. 9, 60; der Registrierung 2.7. 15, 39; von Tätigkeiten 6.1.39. 28; von Tieren 3.3. 3; von Verfahren 2.8. 15, 33–34; 5.1. 61; 6.1. 58e; 6.3. 13; 9.6. 17; 12.1. 4; der Zulassung 2.7. 29
**Ausstattung,** anlagentechnische 8.1. 18, 21; von Behörden 7.1. 23; –, gerätetechnische 6.1. 55; 6.1.13. 20; –, ordnungsgemäße 5.2. 37
**Ausstellen** 3.3. 12; 8.6. 1–7, 7; –, Energieausweis 8.1. 48, 83, 85, 88, 99, 113
**Aussterben** 3.3. 45, 54; 11.1. 330
**Austauscharme Wetterlage** 6.1. 49; 11.1. 329
**Austreten** von Abgasen 6.1.1. 19; von Stoffen 6.1.9. 21
**Austrocknen** 3.2. 12
**Auswahl,** Standort 7.3.; -verfahren 7.3. 1, 3–8, 12–21, 36; 8.9. 5
**Auswerten** 4.3. 12; 5.1. 31
**Auswirkung** *s. Umweltauswirkung*
**Auszeichnungspflicht** 6.1. 10.2. 2a, 7
**Autobahn** 1.1. 90; 2.5. Anl. 1/14.3
**Automat** 5.2. 2, 14, Anl. 1; 5.4. 31; 8.1. 25, 74; 9.1.2. 8; -isiertes Verfahren 5.3. 22; 6.7. 14
**Autowrack** 2.5. Anl. 1/8.7; 6.1.4. Anh. 1/8.12; 10.2. 1/77

**Bach** 3.1. 1; -verrohrung 2.5. Anl. 1/13.18
**Back**form 5.4. Anl. 1; -ofen 5.2. Anl. 1; 6.1.1. 1–2, 26; -waren 8.2. Anl. 4/23
**Backen** 6.1.1. 1
**Bade**ofen 6.1.1. 1
**Baden-Württemberg** 1.1. Pr.; 3.1. 1–3, 5, 9–11, 14–15, 17, 21–23, 27–30, 32–35, 62–63; 8.2. Anl. 5
**Bagger** 6.1.4. Anh. 1/9.11; 6.1.32. 1/20–1/21; -gut 3.4.1. 12; 5.1. 29
**Baggerung** 2.5. Anl. 1/13.15
**Ballspielplatz** 6.1. 22
**Ballungsraum** 6.1. 47a–47e; 6.1.39. 1–3, 11–20, 22, 24–30, 32
**Bank** 3.2. 13
**Barium** 4.1.1. Anl. 8
**Barrierefrei** 2.5. 14a
**Base** 5.1. Anl. 2; 6.1.4. Anh. 1/4.1, Anh. 1/8.11; 10.2. 1/45
**Batterie** 5.1.5. 11; 5.2. 3–4, 10, 14, 17, 28; 5.3.; 8.2. Anl. 4/165; -art 5.3. 2, 4, 20; –, Begriff 5.3. 2; -elektrofahrzeug 8.8. 2; -gesetz (BattG) 5.2. 40; 5.3.; 5.4. 22; -menge 5.3. 2, 9; -satz 5.3. 2–3, 31; -speicher 8.4. 2, 5; -typ 5.3. 2
**Bau**produkt 5.1. 33
**Bauabfall** 5.1. 2–3, 14; 6.1. 2
**Bauartzulassung** 3.3. 13a, 16; 4.1. 63, 105; 6.1. 4, 23, 33; 6.1.1. 4; 6.1.32. 10
**Baudenkmal** 3.1. 1; 8.1. 3, 79, 105
**Baugebiet,** neues 4.1. 78, 78b, 78d
**Baugesetzbuch (BauGB)** 2.5. 2, 35, 37, 50–51, Anl. 1/18., Anl. 5/1.8; 3.1. 11, 18–19, 23, 34, 36; 3.1.2. 14; 3.4. 3, 25; 4.1. 78, 78b, 78d; 6.1.16. 6; 6.3. 5, 8; 7.1. 9e; 8.2. 37, 48; 12.1. 4, 7
**Baugewerbe** 2.3. 11; 8.4. 2
**Bauherr** 8.1. 8, 61, 80, 92, 95, 102–103, 107, 111
**Baulärm** 6.1. 66; 6.1.32. 1/03–1/13
**Bauleitplanung** 2.5. 50, Anl. 5/1.8; 3.1. 9, 11, 18, 36; 4.1. 78, 78b; 6.1. 42, 50; 7.3. 12
**Baum** 3.1. 1, 29, 39, 69; 3.2. 2; 4.1. 38, 78a; 6.1.39. 1; 10.1. 907; -reihe 3.1. 29; -schule 3.2. 2
**Baumaschine** 6.1. 37; 6.1.32. 1/03–1/13; 8.2. Anl. 4/188
**Baunutzungsverordnung** 2.5. Anl. 1/18.5–18.7; 6.1.32. 7
**Bauprodukt** 4.1. 63; 6.1.1. 4; 8.1. 7; 8.2. Anl. 4/100
**Baurecht** 3.1. 18; 3.4. 3, 5; 4.1. 63; 6.1. 16b; 6.1.1. 4; 6.3. 5; 8.1. 7, 111
**Bauschutt** 2.3. 5; 5.1. 2
**Baustellen**abfall 2.3. 5; -gabelstapler 6.1.32. 1/36; -sägemaschine 6.1.32. 1/04–1/05

Magere Ziffern = §§ **Sachverzeichnis**

**Baustoff 2.5.** Anl. 1/2.; **5.1.** Anl. 2; **6.1.4.** Anh. 1/2.; **8.1.** 7; **8.2.** Anl. 4/188
**Bauteil 5.2.** 2–4, 14, 16–17, 20, 28, 45; **8.1.** 48, 104; **8.6.** 1–3
**Bauten**schutzmittel **6.1.4.** Anh. 1/10.8; **10.2.** 1/95; –, unterirdische **8.1.** 2
**Bauverbot 6.1.39.** 28; **6.3.** 5, 8
**Bauvorhaben 2.5.** Anl. 1/18.; **3.1.** 39; **5.1.** 45
**Bauwerk 2.6.** 2; **5.1.** 2, 10; **6.1.** 2
**Bauwirtschaft 6.6.** Anl. 1
**Bauxit 6.1.4.** Anh. 1/2.4; **10.2.** 1/20
**Bayern 1.1.** Pr.; **3.1.** 1–3, 5, 11, 14–15, 17, 22, 25, 27, 30, 32, 35, 59, 62, 67; **3.1.2.** FN am Titel; **4.1.** 2, 10, 15, 18–19, 21, 23, 25, 38, 40–42, 49, 51–52, 64, 70, 78a, 91; **8.2.** Anl. 5
**Bearbeiten 2.5.** Anl. 1/2.4, Anl. 1/10.1, Anl. 1/11.; **3.1.** 39, 44, 69, 71a; **3.1.1.** 6; **5.1.** 23; **5.2.** 3; **6.1.** 3; **6.1.1.** 2; **6.1.4.** Anh. 1/2.6, Anh. 1/10.1; **7.1.** 2, 5, 7, 9, 9c,'9h, 46, 57b; **8.4.** 9a; **9.1.** 2; **9.1.3.** 2; **9.4.** 2; **10.2.** 1/Anh.; **11.1.** 328, 330d
**Beauftragter 7.1.** 2b; s. a. *Betriebsbeauftragter, Störfallbeauftragter, Tierschutzbeauftragter;* für Biologische Sicherheit **9.6.** 3, 6, 10–11, 21, 29; –, Strahlenschutz **2.8.** 5
**Beauftragung Dritter** s. *Drittbeauftragung*
**Bebauung,** aneinandergereihte **8.1.** 17, 29; –, lärmabschirmende **6.5.** 4
**Bebauungsplan 2.5.** 2, 50, Anl. 1/18.1–18.9; **3.1.** 18–19, 30, 34, 44; **6.1.16.** 2; **6.1.18.** 2; **6.1.26.** 7; **6.3.** 5; **8.2.** 24, 37, 38a, 48, 85; **12.1.** 7
**Bedarf 5.1.** 30; –, eigener **4.1.** 26; -gegenstand **1.1.** 74/20; **5.1.** 2; **9.1.** 27–28; **11.1.** 314; –, lebenswichtiger **7.1.** 7; –, persönlicher **3.1.** 39; -plan **2.5.** 53, Anl. 1/19.11, Anl. 5/1.1, Anl. 5/1.10
**Bedien**arbeit **9.1.3.** 2
**Bedienung,** sachgerechte **8.1.** 59
**Bedingung 2.5.** 66; **4.3.** 14; **5.1.** 18, 26a, 36, 39–40, 53, 60; **6.1.** 12, 23b, 54, 58b; **6.2.** 2–3; **9.6.** 19
**Bedrucken 6.1.4.** Anh. 1/5.1
**Beeinflussen,** Energieverbrauch **8.6.** 2
**Beeinträchtigung** s. *Umweltbeeinträchtigung*
**Beenden** der Abfalleigenschaft **5.1.** 5, 47; der Behandlungstätigkeit **5.2.** 25; der Beleihung **5.2.** 42; der Bevollmächtigtenbeauftragung **5.2.** 8, 37; des Inverkehrbringens **5.2.** 6, 31; der Kernenergienutzung **7.1.** 1; der Registrierung **5.2.** 31, 34
**Befähigung**sschein **9.1.3.** 15d, 22
**Befallsgegenstand 9.4.** 2, 54
**Befeuchten 8.1.** 66, 85
**Befördern 2.3.** 2, 9, 14; **2.5.** Anl. 1/19.3–19.8; **2.9.** Anl. 1/2.4; Anl. 1/7–8, Anl. 1/10–11; **3.1.** 44, 69, 71–71a; **3.3.** 2a, 16; **3.4.** 3; **4.1.** 32, 45, 48, 89, 103; **5.1.** 2–3, 10, 16, 25–26a, 47–56, 69, 72; **5.1.5.** 2; **5.1.7.** 4; **5.2.** 2; **5.3.** 1; **5.4.** 2; **6.4.** Anh. 1; **7.0.2.** 2; **7.1.** 4–6, 10a–15, 12b, 19, 23d–26, 31, 38, 40, 46; **8.6.** 1; **9.1.** 2–3; **9.1.3.** 1–2; **9.5.** 3; **9.6.** 3, 16, 16b, 30; **11.1.** 326–329, 330d; s. a. *Transport*
**Befreiung 3.1.** 30, 34, 39, 45, 54, 63, 67; **4.1.** 38, 52; **4.2.** 8; **5.1.** 26a, 41, 52; **5.4.** 11; **6.1.** 27; **6.1.13.** 28–30, 32–33; **6.4.** 27–28; **6.5.** 5, 7–8; **7.1.** 56; **8.1.** 6, 102–103; **8.4.** 4, 9; **8.8.** 3; **8.9.** 3; **10.2.** 19
**Befristung 2.5.** 66; **2.9.** 13; **3.1.** 34, 39, 40–41; **3.2.** 9; **3.3.** 8, 13a; **4.1.** 14, 20–21, 52; **5.1.** 18, 26, 39, 53, 56, 72; **6.1.** 12, 17, 20, 25; **6.1.26.** 10; **6.2.** 2–4; **6.5.** 5; **7.1.** 6, 17; **8.1.** 114; **9.1.** 16d, 23; **9.6.** 19; s. a. *Frist*
**Befüllen 4.1.** 62; **5.4.** 3, Anl. 1
**Begasung 3.1.1.** 4; **6.1.4.** Anh. 1/10.22; **9.1.3.** 2, 15a–15h, Anh. 1; -erlaubnis **9.1.3.** 15d; im Freien **9.1.3.** 15d; von Transporteinheiten **9.1.3.** 15f–15g
**Begleitschein 5.1.7.** 6; **6.1.** 34; **6.2.** 4; **7.1.** 4; **9.6.** 17b
**Begrenzung** s. a. *Emissionsbegrenzung;* –, EEG-Umlage **8.2.** 61j, 63–69, 78, 93, 103–104; –, Schaden **2.9.** 2, 6–7, 9, 12; **4.1.** 5
**Begründung**spflicht **2.7.** 13, 15; **3.1.** 9, 15; **3.1.2.** 3, 10, 13; **4.1.** 57; **4.1.4.** 4–5; **5.4.** 14, 26; **6.1.** 7, 10, 23b, 48; **6.1.9.** 20–21; **8.9.** 5; **9.1.3.** 6
**Behälter 2.5.** Anl. 1/8.1, Anl. 1/9.1–9.2; **4.1.** 63; **5.1.** 2, Anl. 1; **5.1.8.** 3; **6.4.** Anh. 1/8.1, Anh. 1/9.1, Anh. 1/9.11, Anh. 1/10.21–10.22; **6.1.17.** 1; **6.1.32.** 1/39; **7.1.** 6; **8.2.** 4/142; **9.1.** 12a, 12i–12j, 26; **10.2.** 1/78–82; -leerung **5.4.** 22
**Behältnis 2.5.** Anl. 1/7.17; **3.3.** 2a; **5.1.** 19; **5.1.8.** 3; **5.2.** 14–16, 31, 38, 45; **5.3.** 14; **5.4.** 3; **6.1.4.** Anh 1/7.4, Anh. 1/9.1; **9.4.** 65; **9.5.** 5; **9.6.** 16b
**Behandeln 2.3.** 3–4, 7–8; **2.5.** Anl. 1/7.29, Anl. 1/8.1–8.6; **2.9.** 2; **3.1.** 39; **3.4.** 2–3; **3.4.1.** 2–3; **4.1.** 3, 54, 60, 62; **4.1.2.** 2–3; **4.2.** 2; **5.1.** 2–4, 5, 9–10, 11–12, 15–16, 28, 49, 56, 69; **5.1.5.** 2, 4–7, 10, 10–11; **5.2.** 2–3, 14, 16–17a, 19–22, 24–25, 27–29, 32, 45; **5.3.** 2, 9, 11–12, 14; **6.1.** 3–4, 12, 34; **6.1.1.** 3; **6.1.4.** Anh. 1/3.9–3.10, Anh. 1/3.20, Anh. 1/3.22, Anh. 1/7.32, Anh. 1/8.3, Anh. 1/8.6–8.11, Anh. 1/10.3; **6.1.17.** 1–2, 4, 12; **9.5.** 2; **10.2.** 1/75–77; **11.1.** 326; –, biologisch **5.1.** Anl. 1; –, umweltgerecht **5.2.** 3

# Sachverzeichnis

Fette Zahlen = Gesetzesnummern

**Behandlungszentrum für Vergiftungen** **9.1.** 16e; **9.1.4.** 3
**Beherbergungs**stätte **8.1.** 32
**Behinderte,** Fahrzeug **8.2.** Anl. 4/204; –Menschen **8.4.** 2; -werkstatt **8.4.** 2
**Beihilfe 6.4.** 2, 23; **8.2.** 23b, 73; **8.4.** 2a, 9, 10; -rechtlicher Vorbehalt **8.2.** 105; -rückzahlung **7.1.** 7e, 7g; **8.4.** 2a
**Beimischen 6.1.** 37a; **9.6.** 16b
**Beirat 5.2.** 33, 35; **5.4.** 28; –, Rücknahmesysteme **5.3.** 18
**Beitrag 4.1.** 13; **7.1.** 9a, 21b–21c; **9.5.** 11; –, ökologische Gestaltung **5.3.** 7a, 15
**Beizen 2.5.** Anl. 1/3.9; **6.1.4.** Anh. 1/3.10; **6.4.** Anh. 1
**Bekanntgabe 2.5.** 5, 19, 34, 44; *s. a. Bekanntmachung;* –, Emissionsmenge **6.7.** 4; von nichtveröffentlichten Entscheidungen **12.1.** 7; von Prüfstellen **6.1.** 29b; **6.1.1.** 13; von Regeln **9.1.3.** 20; von Sachverständigen **5.1.** 10; **5.4.** 26–27; **6.1.** 29a–29b; -verordnung **6.1.** 29b
**Bekanntmachung 2.5.** 19–21, 27, 30, 42, 55, 59–60; **2.5.1.** 2; **2.9.** 8; **3.1.** 40f; **3.3.** 13a; **4.1.4.** 4–5; **5.1.** 10, 32; **5.4.** 18; **6.1.** 10, 16–17, 23a–23b, 43, 47, 48; **6.1.9.** 1, 8–9, 12, 17, 21a; **6.1.12.** 18; **6.2.** 2a; **6.4.** 23; **7.1.** 2a, 7, 9b, 23d; **7.3.** 7, 17, 19; **8.1.** 50, 82, 85, 96; **8.2.** 29, 35, 85a, 88; **8.6.** 11; **8.9.** 5; **9.4.** 3, 12; **9.6.** 14, 16; **12.1.** 2; –, geschützte Arten **3.1.** 7; im Internet **4.1.4.** 4; **6.1.** 5, 10; **6.1.9.** 8; von Rechtsverstößen **6.4.** 30; **8.6.** 9
**Bekleidung 8.2.** Anl. 4/51–58; mit elektrischen Funktionen **5.2.** Anl. 1
**Beladen 6.1.4.** Anl. 1/9.11; **6.1.32.** 1/19
**Belästigung 2.5.** Anl. 3–4; **3.2.** 12; **3.4.** 2–4, 21; **3.4.1.** 3, 5–7; **6.1.** 1, 3–5, 17, 19, 47b, 52b; **6.1.4.** 1; **6.1.9.** 4b, 4e, Anl.; **6.1.17.** 3; **6.1.26.** 3; **6.3.** 1; **11.2.** 117
**Belastbarkeit 2.5.** Anl. 3
**Belastungs**gebiet **6.1.** 40
**Belehrung 2.6.** 5; **9.1.2.** 8
**Beleihung 2.8.** 25, 28–29; **5.2.** 33, 40–42; **5.3.** 15, 20–25; **5.4.** 26; **6.4.** 28; **7.1.** 9a; **8.1.** 97, 101; **8.2.** 92
**Beleuchtung 3.1.** 30a, 54; **5.3.** 3; **8.1.** 2–3, 10, 18, 23, 25, 30, 32, 50, 82, 85, 91, 95; -verbot **3.1.** 23–25, 69
**Belüftung**seinrichtung **6.3.** 7, 9
**Bemessung**shochwasser **4.1.** 76, 78; -leistung **8.2.** 3, 23d, 24, 39i, 39m, 40–43, 44b, 88
**Benachrichtigung**spflicht **3.1.** 65; **4.1.** 41
**Benachteiligungsverbot 4.1.** 55, 66; **6.1.** 58, 58d
**Benutzungs**entgelt **1.1.** 74/22; -pflicht **2.3.** 3; **2.6.** 2; **8.1.** 109; -plan **4.1.** 14, 18;

-recht **4.1.** 10; -vorteil **6.1.32.** 7; **8.8.–8.9.**
**Benzidin 9.1.3.** Anh. II
**Benzin 2.8.1.** 5, 7; **5.1.7.** 7; **6.7.** Anl. 2; -bleigesetz (BzBlG) **6.2.**
**Benzo(a)pyren 6.1.39.** 1, 10, 20, 22–23, 26, 30, 32
**Benzol 6.1.39.** 7, 12–16, 21, 26, 30–31, Anl. 14
**Beobachtung 3.1.** 6, 24–25, 38; **3.4.** 21; **3.4.1.** 3; **4.1.** 13, 45c, 52, 88; **4.2.** 13; **4.3.** 12; **9.6.** 15, 16c–16d; *s. a. Umweltbeobachtung;* -bericht **9.6.** 15, 21; -liste **4.1.3.** 11; -pflicht **9.6.** 15, 16c, 21, 38; -plan **9.6.** 15, 16d, 30
**Bepflanzung 4.1.** 38–39, 41, 52, 78a
**Bepreisung 6.6.** 4, 10, 13; **6.7.** 1, 10, 21, FN am Titel
**Beratung 2.6.** 2, 4, 8; **3.4.** 17; **3.4.1.** 8; **4.1.** 65; **5.1.** 23–24, 60; **6.1.** 51a, 54, 58b; **6.1.1.** 4, 25; **6.1.9.** 1–2a; **6.1.12.** 5; **8.6.** 12; **9.1.** 5, 16e, 19, 19d; **9.1.3.** 14; **9.4.** 9–10; **9.5.** 11a; **9.6.** 5; *s. a. Umweltberatung;* -gespräch Energieausweis **8.1.** 80; -pflicht **8.1.** 48
**Berechnungs**verfahren **8.1.** 20–33, 49–50, 80–83, 85, 92–93, 106; -verfahren, anderes **8.1.** 33; -verfahren, vereinfachtes **8.1.** 32, 85
**Berechtigung,** Abgabe **6.4.** 7, 30; **6.7.** 4, 8, 10–11, 21; –, Anerkennung **6.4.** 16; –, Ausgabe **6.4.** 14; –, ausländische **6.4.** 16, 28; zur Emission **6.4.** 1, 3, 7–18; –, kostenlose **6.4.** 9–13, 28; –, Löschen **6.4.** 7–8; –, Rückgabe **6.4.** 15; –, Überführung **6.4.** 28; –, Übertragung **6.4.** 28; –, Umtausch in **6.4.** 28; –, Veräußerung **6.4.** 7; –, Versteigerung **6.4.** 8, 28; –, Zuteilung **6.4.** 7–18
**Bereithalten** von Informationen **2.6.** 2
**Bereitstellen 4.3.** 1, 14; **5.1.** 3, 10, 16, 25; **5.1.8.** 2; **5.2.** 3, 8, 14, 45–46; **5.3.** 9, 29; **6.1.** 52; **6.1.32.** 2; **6.4.** 20, 32; **8.6.** 2, 4, 7; **9.1.** 3, 12g, 12i–12j, 26, 28; **9.1.2.**; **9.1.3.** 2; **9.6.** 3; von Daten **8.1.** 83
**Berg**aufsicht **5.1.** 2; **7.1.** 23d; -bahn **1.1.** 74/23; **8.4.** 9; -bau **1.1.** 74/11; **2.3.** 11; **2.5.** Anl. 1/1., Anl. 1/15.; **4.1.** 13a–13b; **6.1.** 4; **6.1.4.** Anh. 1/1.; **7.1.** 9b, 57b; **8.2.** 41, 102, Anl. 4/1–10; **8.4.** 2; **12.1.** 1, 4; -bauabfall **5.1.** 2; -bauvorhaben **2.5.** 51; -recht **7.1.** 9b, 23d; -rechtlicher Betriebsplan **4.1.** 19; **6.1.** 13; -region **1.2.** 174; -werk **5.1.** Anl. 1; **8.2.** 41; -werksmaschine **8.2.** Anl. 4/188
**Bergen** vom Kampfmitteln **3.4.** 3; **5.1.** 2; von radioaktiven Abfällen **7.3.** 1–2
**Berichtspflicht 2.3.** 1, 9, 16–17; **2.5.** 73; **2.5.1.** 6; **2.7.** 47; **2.8.1.** 7; **3.3.** 4c; **4.1.**

Magere Ziffern = §§ **Sachverzeichnis**

13a–13b, 23; **5.3.** 15, 29; **6.1.12.** 14; **6.1.13.** 16–17, 19, 21–23, 35, 39, 67; **6.1.39.** 30–32; **9.6.** 15–16; über Abwassereinleitung **4.1.2.** 2–3, 6; –, Ausbaustand **8.2.** 98; –, Ausgangszustand **4.1.4.** 3; **6.1.** 5, 7, 10; **6.1.9.** 4a, 7, 21; –, Berechnungsverfahren **8.1.** 22; –, Betriebsbeauftragter **2.8.1.** 3; **4.1.** 65; **5.1.** 60; **6.1.** 54; –, Brennstoffemissionen **6.7.** 6–8, 15, 20–22, Anl. 2; –, Bundesregierung **1.1.** 23; **2.6.** 11; **3.2.** 41; **3.3.** 16e, 21; **6.1.** 37g; **6.1.16.** 2; **6.1.39.** 21–22; **6.3.** 2; **6.6.** 7–8, 10; **6.7.** 23; **8.2.** 98–99; **9.1.** 19c, 22; –, Bundesumweltministerium **6.1.39.** 24–25; **7.1.** 24b; **8.8.** 7; –, $CO_2$-Bepreisung **6.6.** 4, 10; –, Eingriffsverursacher **3.1.** 17; –, Elektrofahrzeuge **8.8.** 7; –, Emissions-Messung **6.1.1.** 16–17, 24–26; – Funknavigation **8.2.** 99a; –, Innovationsklausel **8.1.** 103; –, Kommission für biologische Sicherheit **9.6.** 4; über Kraftstoffe **6.1.** 37a, 37d, 37f; –, Länder **5.1.** 47; **6.1.** 31, 61; **8.2.** 98; –, Landesbehörde **2.9.** 12a; **3.3.** 15a; **6.1.39.** 31–32; –, Lösemittel **2.8.1.** 7; –, Ökobilanz **8.1.** 7; –, Seeverkehrsemission **6.4.** 2–3, 32; –, Störfallbeauftragter **2.8.1.** 3; **6.1.** 58b; –, Systeme **9.1.** 21, 26, 36; –, Treibhausgasemission **6.4.** 3, 5–6, 11, 18, 23, 27–30, 32, Anh. 2; –, Umweltschaden **2.9.** 12a; –, Vor-Ort-Besichtigung **4.1.4.** 9; **6.1.** 52a
**Berlin 1.1.** Pr.; **3.1.** 11; **4.2.** 16
**Beruf 2.9.** 2–3, Anl. 1; **8.1.** 77, 88; **10.1.** 13–14; -bezeichnung **2.8.** 4, 37; -freiheit **1.1.** 12; -genossenschaft **6.1.** 51a; **6.4.** 19; **9.1.** 17; -kammer **2.8.** 6; -qualifikation **5.1.5.** 6; **5.3.** 2; **5.4.** 3; **6.1.12.** 16; -unfähigkeit **2.8.** 5, 17; -verbot **2.8.** 16, 19; **3.3.** 20–20a
**Beschäftigte 9.1.3.** 1–2, 14–15; von Fremdfirmen **9.1.3.** 15; -schutz **9.1.** 4, 6, 19; **9.1.3.** 1–2; –, Verzeichnis **9.1.3.** 14, 22
**Beschaffenheit 2.5.** 2; **3.4.** 6; **4.1.** 3, 9, 13–14, 14, 26, 32, 45, 48–49, 54, 60, 62, 62a; **4.1.2.** 2; **4.2.** 10; **5.1.** 3, 5, 7–11, 16, 20, 24, 43, 47, 49, 60; **6.1.** 2, 4, 7, 16–17, 20, 23, 32–39, 62; **6.1.1.** 1; **6.1.4.** 2; **6.1.9.** 1; **6.1.13.** 1; **6.1.17.** 1, 4; **6.1.18.**; **6.2.** 4; **7.1.** 10; **9.1.** 3, 19d; **9.1.3.** 2; **9.6.** 8, 19, 26, 38
**Beschaffung,** umweltfreundliche **2.7.** 38, 43; **5.1.** 45, Anl. 4, Anl. 5; **6.6.** 13; **8.8.** FN 3 am Titel
**Bescheid 2.5.1.** 2; **2.8.1.** 2; **7.3.** 17, 19; *s. a. Verwaltungsakt*
**Bescheinigung 2.8.1.** 7; **3.1.** 47–48, 54; **3.3.** 12; **5.4.** 8, 25; **7.1.** 7; **8.1.** 96, 108; **8.2.** 22, 39g–39h, 55; **8.6.** 3; **9.4.** 12; –, Altfahrzeugentsorgung **5.1.5.** 4–7, 11–12; –, Fachkenntnis **2.8.** 8–20, 33; –, Feuerungsanlage **6.1.1.** 6, 14, 17; **6.1.13.** 16; –, GLP **9.1.** 19a–19b, 27a; –, Verpackungsrücknahme **2.3.** 15; –, Zulassung **5.1.5.** 2–3
**Beschichten 2.5.** Anl. 1/3.8, Anl. 1/4.4, Anl. 1/8.2; **6.1.1.** 3; **6.1.4.** Anh. 1/4.10–5.2, Anh. 1/10.23; **6.4.** Anh. 1; **10.2.** 1/58
**Beschichtungsstoff 2.5.** Anl. 1/4.4; **6.1.4.** Anh. 1/4.10
**Beschlagnahme 3.1.** 45, 47, 51–51a
**Beschleunigung** des Verfahrens **6.1.** 10, 12, 14a, 16; **6.1.9.** 2, 7, 11, 13, 20; **7.1.** 6; **8.2.** 81; **9.6.** 10
**Beschwerde 2.7.** 12–15; **4.1.4.** 9; **6.1.** 52a; **7.1.** 24
**Beseitigen** *s. a. Abfall zur Beseitigung, Abfallbeseitigung, Abwasserbeseitigung, Entsorgung;* von Abfällen **2.5.** Anl. 1/8.; **2.9.** Anl. 1/2; **3.4.** 3; **5.1.** 2–3, 6–7, 13, 15–26, 26–26a, 28–30, 34–44, 46, 49, 56, 58–60, 66, Anl. 1; **5.1.5.** 3, 8; **5.2.** 1, 3, 20, 26–27, 29–30, 32; **5.3.** 2, 9, 29; **5.4.** 4; **6.1.4.** Anh. 1/8.; **6.1.17.** 2, 12; **7.1.** 5, 9a–9h, 21b; **9.1.2.** 3; –, Abflusshindernis **4.1.** 37, 40; von Abwasser **4.1.** 54–61, 65; von Altfahrzeugen **5.1.5.** 2; von Altöl **5.1.7.** 1; von Anlagen **3.1.** 43; **3.2.** 13; **6.1.** 20, 25a; **7.1.** 7; **9.6.** 26; **10.1.** 907, 1004; **11.1.** 327; von Einrichtungen **5.1.** 34; –, gemeinwohlverträglich **5.1.** 3, 15; **5.1.5.** 3; **5.3.** 14; von Gewässern **4.1.** 67; **11.1.** 329; von invasiven Arten **3.1.** 40, 40a, 48a; von Klärschlamm **4.1.** 54; von Pflanzen **3.1.** 39–40, 69; von Schutzgebieten **3.1.** 28–29; von Störungen **4.1.** 16, 38; von Stoffen **1.1.** 73/14; **2.9.** 2; **3.4.** 2, 4; **3.4.1.** 5; **4.1.** 32, 45; **6.1.** 5, 22, 54; **6.1.4.** Anh. 1/8.; **7.1.** 2, 9a; **9.4.** 15, 65; **9.6.**; **10.2.** 1/68; **11.1.** 326; von Tieren **3.1.** 40, 42; von tierischen Nebenprodukten **5.1.** 2; –, Tierkörper **5.1.** 2; **6.1.4.** Anh. 1/7.12; –, Umweltsmutzung **6.1.** 5; –, umweltverträglich **3.4.1.** 5; **5.1.** 17, 20, 23–24, 26–26a, 58–60, 65; –, Verfahren **5.1.** 3, 49, 60, Anl. 1; von Wald **4.1.** 78d
**Besichtigen 3.3.** 14; **5.1.** 47; **6.2.** 5, 7; **8.6.** 7; **9.6.** 25; vor Ort **4.1.4.** 9; **6.1.** 52
**Besitz 2.8.1.** 2; **3.1.** 44–46, 59, 69, 71a; **3.2.** 1, 9, 11–14, 41; **3.4.** 4, 7, 9, 21; **4.1.** 101; **5.1.** 3, 7–8, 10, 15, 17, 19, 25–27, 29, 47, 58–59; **5.1.5.** 1; **5.1.7.** 1, 4; **5.2.** 19, 22–23; **6.1.** 52; **6.2.** 5; **6.4.** 20; **7.1.** 2c, 5, 9a, 9e, 9i, 19, 26, 34–37; **9.4.** 17;

1613

# Sachverzeichnis

Fette Zahlen = Gesetzesnummern

**10.1.** 862, 1004; **11.1.** 327; -berechtigung **3.1.** 46; -einweisung, vorzeitige **4.1.** 71a; -nachweis **3.1.** 46; -verbot **3.1.** 44–45, 49, 51, 54, 69; **3.1.1.** 2–3, 7
**Besitzer** s. *Besitz*
**Besorgnis** der Bodenveränderung **3.4.** 9; der Wassergefährdung **2.5.** 66; **4.1.** 32, 45, 46, 48–49, 62
**Bestätigungs**fiktion **5.1.** 52; -pflicht **5.1.** 50, 52–53; **5.1.7.** 4; **5.2.** 8, 26–27, 29–30, 37; **5.3.** 10; **5.4.** 8, 11, 17; **8.1.** 96, 108
**Bestäubungs**leistung **3.1.** 1
**Bestand**sanlage **8.2.** 39d, 39g–39h, 40, 50b, 55, 61e–61h, 74; s. a. *Altanlage;* -gefährdung **3.1.** 54; -schutz **2.5.** 9–12; **3.1.** 61; **3.1.1.** 14; **4.1.** 16, 60; **6.1.** 21; **6.3.** 8
**Bestandteil,** gefährlicher **5.1.** 9; **5.2.** 3
**Beste verfügbare Technik 4.1.** 54; **4.1.4.** 4, 8; **5.1.** 33, Anl. 5; **6.1.** 3, 7, 12, 17, 48; **8.2.** 39, 44c; s. a. *BVT, Stand der Technik*
**Besteck 5.1.8.** 3
**Bestmöglich,** Gewässerschutz **4.1.** 62; –, Gewässerzustand **4.1.** 30; **4.1.1.** 8; –, Luftqualität **6.1.** 50
**Bestrahlen 7.1.** 2
**Betäubung 3.3.** 4–5, 9, 13a, 16, 18, 21; -anlage **3.3.** 13a, 16; -gerät **3.3.** 13a, 16; -mittel **1.1.** 74/19; **2.8.** 5; **3.1.1.** 4
**Beteiligte Kreise 3.4.** 5–6, 8, 13, 20; **4.1.** 23; **4.3.** 5–7; **5.1.** 5, 8, 10–12, 16, 23–26, 36, 43, 52–54, 57, 59–60, 68; **6.1.** 4, 7, 22–23, 32–35, 38, 40, 43, 47f, 48, 51, 53, 55, 58a; **6.3.** 3, 7, 15; **9.1.** 17
**Beteiligung** s. a. *Anhörung, Äußerung, Bekanntmachung, Beteiligte Kreise, Einwendung, Information;* von Behörden **1.1.** 85; **2.5.** 1, 15, 17, 19, 31, 35, 39, 41, 53, 55, 58, 60; **2.6.** 4, 10; **2.9.** 12; **3.1.** 3, 6, 12, 17–18, 21, 31–32, 48a–49, 51a–52, 56a–57, 57–58; **3.2.** 8, 45; **3.3.** 13a; **3.4.1.** 4–5, 8; **4.1.** 7, 11, 19, 45–45l, 78d, 79, 85, 90; **4.1.4.** 2, 4–5, 9; **4.3.** 10, 14; **5.1.** 31; **5.2.** 32, 39, 45; **6.1.** 10, 23b, 47e; **6.1.9.** 1–2a, 4, 9, 11–12, 20; **7.1.** 2a, 7–7a, 8, 9b, 22–24, 23d, 57b; **7.3.** 7; **8.6.** 7, 11; **8.9.** 5; **9.1.** 4, 6–7, 12a; **9.6.** 10, 12, 16; von Dritten **3.3.** 13a; von Eisenbahninfrastrukturunternehmen **6.1.** 47d; -entgelt **5.4.** 7, 21, 36; von Gemeinden **5.4.** 19; **6.1.26.** 7a; **7.1.** 9b; **7.3.** 7, 9–10, 17, 19; der Öffentlichkeit **2.5.** 1–3, 18–19, 21–22, 24, 26–27, 30–31, 39, 42–44, 53, 56–57, 59, 61, 66; **3.1.** 3, 40f, 57, 63; **4.1.** 45i; **4.1.4.** 4–5; **6.1.** 23b, 47; **6.1.9.** 11a, 18, 21a; **6.1.12.** 18; **7.3.** 4–11; **9.5.** 3a; **9.6.** 16, 18; **12.1.** 4; -pflicht **8.2.** 69, 81; an der Regelsetzung **5.2.** 35; von Verbänden **3.1.** 63; **6.1.** 19, 23b; **6.1.12.** 18; **12.1.**
**Beton 8.2.** Anl. 4/119; **8.4.** 9a; -brecher **6.1.32.** 1/10; -mischer **6.1.32.** 1/11, 1/55; -spritzmaschine **6.1.32.** 1/13
**Betreiben 1.1.** 73/14; **2.3.** 3, 5; **2.5.** 2, Anl. 1; **2.8.1.**; **2.9.** Anl. 1/1–2, Anl. 1/9; **3.1.** 42–43; **3.3.** 3, 16; **3.4.** 3; **3.4.1.** 11; **4.1.** 11a, 23, 34, 36, 50, 60–64, 70, 78c, 91, 93–95, 101, 103, 107; **4.1.2.** 1, 3; **4.1.4.** 2; **5.1.** 13, 29, 35–37, 39–41, 43–44, 47, 49, 58–60; **5.1.5.** 7; **5.1.7.** 1; **5.2.** 21–22, 25, 30–32, 46; **5.4.** 3, 7; **6.1.** 2, 4–31a, 33, 38–39, 47, 49, 51b–58d, 62, 67; **6.1.1.** 1, 3–10, 12, 14–15, 20, 24–25; **6.1.4.** 1–2; **6.1.9.** 1–2, 4–4e, 22, 24; **6.1.12.**; **6.1.13.** 1, 5–12, 26–35, 67; **6.1.17.** 1, 3–4, 6–10; **6.1.18.**; **6.1.26.** 1–3, 7, 9; **6.1.32.** 7–9; **6.1.39.** 28; **6.2.** 5; **6.4.** 2–15, 18–21, 23–27, 29–35; **6.5.**; **6.7.** 11; **7.1.** 2, 7, 9a–9i, 19, 19a, 21, 21b, 56, 57b; **7.3.** 19–20, 26; **8.1.** 58–60, 74, 97; **8.2.** 3, 7–61, 70–72, 79–81; **9.1.2.** 6; **9.6.** 3, 6, 8–12, 15–27, 18, 26–29, 30, 38; **10.2.** 1–2; **11.1.** 311–312, 325–325a, 327, 329
**Betreiber** s. *Betreiben*
**Betreten,** Flur **3.1.** 39, 43, 59; –, Grundstücke **4.1.** 41; **8.1.** 107; –, Grundstücke und Räume im Rahmen der Überwachung **2.8.** 15, 18; **3.1.** 52, 65; **3.2.** 41a; **3.3.** 16; **4.1.** 101, 103; **4.3.** 13, 15; **5.1.** 19, 47, 69; **6.1.** 52, 62; **6.2.** 5; **6.4.** 20; **7.1.** 19, 46; **8.2.** 68, 90; **8.4.** 12; **8.6.** 7, 11; **9.1.** 21; **9.6.** 25; –, Grundstücke zur Erkundung **5.1.** 34, 69; **7.1.** 9f; –, Wald **3.1.** 39, 43, 59; **3.2.** 14
**Betreuen** von Tieren **3.3.** 2–3
**Betrieblicher Umweltschutz 2.7.–2.8.1.**; s. a. *Betriebsorganisation*
**Betrieb** s. a. *Betreiben;* -angehöriger **4.1.** 65; **5.1.** 60; **6.1.** 54; **9.1.** 19; -anweisung **9.1.** 19; **9.1.3.** 14, 18, 22; **9.6.** 30; -arzt **9.1.3.** 6, 14; -aufnahme **5.2.** 25; **6.1.13.** 22; -beauftragter **2.8.** 5; **2.8.1.** 3; **4.1.** 13, 24, 64–66, 101, 103; **5.1.** 59–60, 69; **6.1.** 52–58, 58e; **9.6.** 6, 21, 29–30; -bereich **2.5.** 8, Anl. 3; **6.1.** 2–3, 15, 16a, 17, 19, 20, 23, 23a–23c, 25, 25a, 29a, 31, 50, 61; **6.1.9.** 4b; **6.1.12.**; **12.1.** 1; -bereich, Begriff **6.1.** 5a; **6.1.12.** 2; -bereich, benachbarter **6.1.12.** 2, 7; -bereitschaft **8.1.** 58; -bereitschaft, technische **8.2.** 3; –, bestimmungsgemäßer **6.1.4.** Anh. 1/8.1; **8.2.** 3; **10.2.** 6; -dauer **6.1.4.** Anh. 1/7.4, Anh. 1/7.19–7.31; **7.3.** 1–2; -einrichtung **6.4.** 2; s. a. *Anlage;* -einrichtung, gemeinsame **6.1.4.** 1; -einstellung **3.4.1.** 3;

1614

Magere Ziffern = §§  **Sachverzeichnis**

4.1.4. 4; 5.3. 21; 5.4. 18; 6.1. 5, 7, 14–15, 17, 29a; 6.1.9. 4a, 4b–4c, 21; 6.1.12. 7; 6.3. 4; 7.1. 7, 9a, 19a; 9.6. 6, 20–21, 23; 10.2. 2, 19; -fläche 9.4. 2, 11; -gebäude 8.1. 2; -gebäude, öffentliches 8.1. 2; -gebäude, offenes 8.1. 2; -gefahr 6.1.12. 3; -geheimnis 2.6. 9; 3.1. 6; 3.4. 12; 4.1.4. 3; 5.1.5. 9; 5.2. 33, 35, 40; 5.3. 7, 23; 5.4. 19, 24; 6.1. 5, 10, 27; 6.1.9. 4, 10, 11a; 6.1.12. 11; 6.1.17. 23; 6.4. 20; 6.6. 12; 8.2. 69, 81; 8.4. 10a; 8.6. 3; 8.9. Anl.; 9.4. 11, 65; 9.6. 17–17a, 29; 10.2. 8–10; -gelände 6.1.4. 1; 6.4. 2; 8.2. 64; *s. a. Anlagegrundstück;* -kosten 10.1. 556c; -kostenverteilung 8.1. 6; -mittel 5.1.5. 5, 11; –, nichtöffentlicher 2.3. 17; –, normaler 4.1. 54, 57; 6.1. 3, 7, 12, 48, 52; 6.1.9. 21; 10.2. 6; –, ordnungsgemäßer 4.1. 65; 5.2. 3; 7.1. 1–2; -organisation 2.7.; 2.8.; 2.8.1. 2; 5.1. 43, 58, 61; 6.1. 52b, 58e; -ort 6.1.4. 1; -pflicht 2.7. 47; 4.1. 53; 6.1. 5, 22, 55, 58c; 6.1.12. 3–8; 8.1. 58–60, 74; 10.2. 6, 8–10; -plan 2.5. 12, Anl. 1/15.1; 4.1. 11a, 19, 104a; 6.1. 13, 23b–23c; 12.1. 1; -prüfer 2.7. 2, 9, 20; -prüfung 2.7.–2.8.; -rat 6.1. 55; 6.1.12. 19; 9.1. 19; 9.6. 30; -regelung 6.1.32. 7–9; -ruhe 6.1. 49; -sicherheit 4.1.4. 8; -stätte 5.1. 60; 6.1. 3, 32–33, 54, 58b, 60; 6.4. 3; 7.1. 9; 9.1. 19, 21; 9.1.2. 6; 9.6. 25, 30; 10.2. 3; 11.1. 311, 325–325a, 327–329; -stätte, benachbarte 6.1.12. 6; -standort 2.7. 2, 10; -standort, auditierter 6.1. 58e; -störung 6.1. 58a–58c; 6.1.9. 4a–4c, 21; 6.1.13. 12; 6.1.17. 4; 6.4. Anh. 1; 9.1.3. 13–14, 15d, 18; 9.6. 10; 10.2. 6, Anh. I; *s. a. Störfall;* -tagebuch 4.1.2. 2–3; 5.1. 10; 5.2. 21; -umfang 6.1.4. 1; -untersagung 4.1. 60; 4.1.4. 8; 5.1. 39, 53, 69; 6.1. 20, 25, 62; 6.4. 31; 9.6. 12, 16, 26; 10.2. 19, 21; 11.1. 325, 327, 330; -verbot 6.1. 47; 6.1.32. 7, 9; 8.1. 72; -verfahren 6.4. 2; -weise 3.4.1. 3; 4.1. 34; 6.1. 6, 12; -weise, energieeffiziente 4.1.2. 3; -wohnung 6.3. 5; -zeit 4.1. 101; 6.1.18. 5

**Beunruhigen,** Tiere 3.1. 39, 69

**Beurteilung 2.5.** 16, 23, 40, 43, Anl. 3; 4.1.1. 5–6; 6.1.39. 1, 5, 11–20, Anl. 13–14; -pegel 6.1.16. 3–4; -schwelle 6.1.39. 1, 12–13, 20

**Beutel 5.4.** Anl. 1

**Bevölkerung 6.1.39.** 1, 27–28, 30, 32, Anl. 14; 6.3. 4–5; 7.1. 57b; 11.1. 129a; -dichte 1.2. 174; 2.5. Anl. 3; 5.2. 13; -gruppe, empfindliche 6.1.39. 1, 27–28, 30, Anl. 14; -gruppe, gefährdete 9.1. 12g; –, städtische 6.1.39. 1

**Bevollmächtigter 5.1.** 25; 5.1.5. 2–3, 5, 7, 9–10a; 5.2. 3, 5–8, 12, 14–16, 19–19a, 22, 24–25, 27, 31–32, 34–35, 37–38, 45–46; 5.3. 2–8, 16, 20–21, 26, 29; 5.4. 3, 9, 35; 8.6. 2–5

**Bevorratung,** Kompensationsmaßnahmen 3.1. 16, 56a; 3.1.2. 2, 17; –, Rückhalteflächen 4.1. 77

**Bevorrechtigung,** Carsharingfahrzeuge 8.9.; –, Elektrofahrzeuge 8.8.–8.9.

**Bewässern 2.5.** Anl. 1/13.5; 4.1. 2, 28, 86, 93–94

**Bewerten 2.5.** 16, 25–26, 40, 43, 70, Anl. 3; 2.6. 10; 2.7. 1–2, 20, 25; 2.9. 7; 3.1. 6, 9; 3.1.2. 2, 4–7, 15; 3.2. 41a; 3.3. 8; 3.4. 8–9; 3.4.1. 1, 4, 8; 4.1. 23, 45c–45d, 45i–45j, 73, 79; 4.1.3. 4–5, 9; 4.1.4. 9; 4.2. 3; 5.1. 30, 33, 40; 6.1. 52a; 6.1.9. 1a, 4e, 20–23a; 6.1.39. 1, 5, 11–20, 30, Anl. 13–14; 6.6. 9, 12; 7.1. 19a; 7.3. 2, 18–19, 24, 26–27; 8.6. 7, 9; 9.1. 4, 6–7, 9, 12a–12c, 16e, 19, 19a; 9.6. 3, 5, 6, 10, 12, 15–16, 17a; –, Bericht 9.6. 15–16; –, energetisch 8.1. 7, 50; durch Fachkollegen (peer reviews) 2.7. 11, 17, 31

**Bewertungsstelle 9.1.** 4–10, 12a–12h; –, Gesundheit und Verbraucherschutz 9.1. 4, 6–7, 12a, 12c–12d; –, Sicherheit und Gesundheitsschutz der Beschäftigten 9.1. 4, 6–7, 12c–12d; –, Umwelt 9.1. 4, 6–7, 12c–12d

**Bewilligung 2.5.** 2; 2.9. Anl. 1/5–6; 3.1. 61; 4.1. 8–14, 16–20, 26, 46, 87, 103–104; 6.1. 13, 23b; 6.2. 3–3a; 7.1. 9b, 23d; 9.6. 22

**Bewirtschaftung** von Abfällen 2.9. Anl. 1/2, Anl. 1/13; 5.1. 1–3, 6, 9, 30, 47, 49, 56, 60, 65; 8.6. 1; 11.1. 326; von Altgeräten 5.2. 2; -beschränkung 3.1. 14, 30; von Böden 3.1. 2, 5, 14–15, 27, 30, 44, 59; 3.1.2. 2, 8, 10–11, Anl. 6; 4.1. 52; 9.6. 3; -beihilfe; von Brennstoffemissionen 6.7.; -einheit 4.1. 3, 7, 73–74; -ermessen 4.1. 12, 60; von Gewässern 1.2. 192; 3.1. 61; 4.1. 1–2, 6–49; –, nachhaltige 3.1. 2, 5; 4.1. 1–2, 6; 6.1. 37d; –, normale 3.1. 19; -pflicht 3.2. 11, 13; 4.1. 41; -plan 3.1. 14, 32; 3.1.2. 2; 4.1. 7, 23, 79–80, 83–85, 88; 4.1.1. 8a, 9–11; 4.1.3. 5, 7–8, 10, 13–14; von Treibhausgasemissionen 6.4.; -vorgabe 3.1. 44; -weise 3.4.1. 3; -ziel 4.1. 3, 6a, 7, 23, 27, 33–35, 39, 44, 45a, 45e–45j, 47, 68, 82–83; 4.1.1. 2–5, 7–9, 14; 4.1.3. 4–5, 8, 14

**Bezahlbarkeit** von Bauen und Wohnen 8.1. 9

**Bezirksschornsteinfeger 6.1.1.** 15–17, 20, 25–27

1615

# Sachverzeichnis

Fette Zahlen = Gesetzesnummern

**Bezug** von Wasser **2.3.** 7–8
**Biber 3.1.1.** 3
**Bibliothek 8.1.** 32
**Biblis (KKW) 7.1.** 7, Anl. 3–4
**Bier 2.5.** Anl. 1/7.26; **6.1.4.** Anh. 1/7.27; **8.2.** Anl. 4/38; -trebertrocknung **6.1.4.** Anh. 1/7.26
**Bilanz 2.6.** 2; **6.1.** 37d; **8.1.** 7, 22, 30, 40; **9.5.** 11a; *s. a. Abfall-, Energie-, Gas-, Lösemittel-, Umwelt-Bilanz;* -kreis **8.2.** 3, 20, 60, 73–74a, 81; -kreisvertrag **8.2.** 3, 60, 73
**Bild**rahmen, digitaler **5.2.** Anl. 1; -schirm **5.2.** 2, 14, Anl. 1; -wiedergabegerät **5.2.** Anl. 1
**Bildung 1.1.** 12, 23, 85, 91b; **1.2.** 6; **2.1.** 2; **3.1.** 2, 27, 45; **3.3.** 7a, 8a; **4.2.** 13; **5.1.** Anl. 5; **9.4.** 13; *s. a. Ausbildung, Fortbildung, Weiterbildung;* -einrichtung **5.4.** 3
**Bilgen**entölung **5.1.7.** 9
**Binnen**-Düne **3.1.** 30; -gewässer **2.9.** Anl. 1/8; **3.1.** 1, 30; -hafen **2.5.** Anl. 1/ 13.10–13.11; **5.1.** 2; -markt **1.2.** 3–4, 13, 26, 170, 194; **5.1.** 30; **6.1.32.** 2; -schiff **5.1.** 2; -schifffahrt **1.1.** 74/21, 89; **2.5.** Anl. 1/13.9; **2.9.** 9, Anl. 1/8; **3.1.** 4; **5.1.7.** 9; **9.1.** 2; -wasserstraße **1.1.** 74/21; -wasserstraße, Umgestaltung **4.1.** 68
**Binse 3.1.** 30
**Bioabbaubar 4.3.** 4; **8.2.** 5
**Bioabfall 2.3.** 3; **5.1.** 11–12, 20; **8.2.** 9, 39i, 43, 85; **8.2.1.** 2; –, Begriff **5.1.** 3; -verordnung (BioAbfV) **5.1.** 11; **8.2.** 39i, 43, 85; **8.2.1.** 2
**Biobrennstoff 6.1.13.** 2–3, 5, 18, 22, 28–29, 36, 38; **6.1.17.** 1–2
**Biochemie 6.1.4.** Anh. 1/4.1
**Biodiesel 6.1.** 37b
**Biodiversität** *s. Biologische Vielfalt*
**Bioethanol 6.1.** 37b
**·Biogas 2.5.** Anl. 1/1.2, Anl. 1/1.4, Anl. 1/ 1.11, Anl. 1/8.4; **5.1.** 2; **6.1.1.** 3, -14; **6.1.4.** Anh. 1/1.2, Anh. 1/1.4, Anh. 1/ 1.15–1.16, Anh. 1/8.6; **6.1.13.** 2; **6.1.17.** 2; **6.4.** 2, Anh. 1; **8.2.** 3, 9, 23, 24, 39, 39i, 39m, 43–44c, 50a–50b, 80, 85, 88b, 100; **8.2.1.** 2; **9.5.** 3; **10.2.** 1/2; –, Begriff **8.2.** 3; –, Treibstoffanteil **6.1.** 34
**Biogen,** Flüssiggas **8.1.** 22, 40, 96; –, Öl **5.1.7.** 1a; **6.1.** 37b, 37d
**Bioindikator 6.1.39.** 20
**Biokraftstoff 6.1.** 37a–37b, 37d, 52, 62; -abgabe **6.1.** 37c; –, Begriff **6.1.** 37b; -höchstgehalt **6.1.** 34; -Nachhaltigkeitsverordnung **6.1.** 37a, 37d, 37g; -quote **6.1.** 37a–37b; -stelle **6.1.** 37c–37f, 62
**Biologische** Abfallbehandlung **2.5.** Anl. 1/ 8.3–8.4; **5.1.** Anl. 1; **6.1.4.** Anh. 1/8.6; – Sicherheit **9.6.** 3–16, 21, 29–30; – Umwandlung **5.1.** Anl. 2; **6.1.4.** Anh. 1/4.1; – Vielfalt **2.5.** 2, Anl. 2–4; **3.1.** 1–2, 7, 40c, 42, 54; **4.1.** 45a–45b; **6.1.9.** 1a; **8.2.** 90; – Waffe **9.6.** 11
**Biologischer** Arbeitsstoff **9.1.** 19, 20b; **9.1.3.** 1, 2, 4; **9.6.** 5; – Grenzwert **9.1.3.** 2, 6–10, 20
**Biologisches** Verfahren **2.5.** Anl. 1/4.1, Anl. 1/8.3–8.5; **6.1.4.** Anh. 1/8.7; **9.4.** 2
**Biomasse 5.1.** 2; **6.1.** 37b; **6.4.** 2, Anh. 1; **8.1.** 3, 22, 38–40, 52, 90; **8.2.** 3, 3–4, 22, 28b, 30, 39–39i, 42–44c, 53, 55–55a, 71, 85, 88, 89–90, 99–100; **8.2.1.**; **8.4.** 2, 11; –, feste **8.1.** 38, 52, 90, 96; **8.2.** 90; –, flüssige **8.1.** 22, 39, 52, 96; **8.2.** 90; –, gasförmige **8.1.** 22, 40, 52, 96; **8.2.** 90; -kessel **8.1.** 38, 90; -lieferung **8.1.** 96; -ofen **8.1.** 38, 90; -strom-Nachhaltigkeitsverordnung **8.1.** 39, 96; **8.2.** 89; -verordnung (BiomasseV) **6.1.** 37b; **8.1.** 3; **8.2.** 22, 39g–39i, 39i, 42–44, 85, 89, 101; **8.2.1.**
**Biomethan 6.1.** 37b, 37d; **8.1.** 22, 40, 96; **8.2.** 3, 24, 28b, 30, 39j–39m, 44b, 55, 85
**Biopersistent,** Faser **9.1.3.** Anh. II
**Biosphären**gebiet **3.1.** 25; -region **3.1.** 25; -reservat **2.5.** Anl. 3; **3.1.** 20–21, 25, 30a, 63; **3.4.1.** 12
**Biostoffverordnung (BiostoffV) 9.1.** 19, 20b; **9.1.3.** 1, 4; **9.6.** 5
**Biota 4.1.3.** 2, 4, 13, 15; *s. a. Pflanzen, Pilz, Tier*
**Biotechnik 3.3.** 11b; **9.4.** 2
**Biotonne 2.3.** 3
**Biotop 2.6.** 2; **2.9.** 2–3; **3.1.** 1, 5–7, 9, 15, 19–21, 25–26, 30, 40–40a, 42, 54; **3.1.2.** 4–5, 7–9, 15, 17; **3.4.** 2; **3.4.1.** 12; **4.1.** 45b–45d; **9.4.** 3; –, Begriff **3.1.** 7; -erfassung **3.1.2.** 2, 4–5, 7, 17; –, gesetzlich geschütztes **2.5.** Anl. 3; **3.1.** 2, 21, 30–30a, 34, 69; –, höherwertiges **3.1.2.** 9; -register **3.1.** 30; -sanierung **2.9.** 2, 6, 8; -schaden **2.9.** 2; **3.1.** 18–19, 58; -schutz **3.1.** 30, 37–39; **6.1.** 37d; **8.2.** 90; -typ **3.1.** 6–7, 19; **3.1.2.** 5, Anl. 2–3; -verbund **3.1.** 9, 20–21; **3.1.2.** 2; -vernetzung **3.1.** 5, 9, 15, 20–21, 56; -vielfalt **3.1.** 25, 27; -wert **3.1.2.** 5, 7–8
**Bioverfügbar 3.4.1.** 2
**Biozid 2.5.** Anl. 1/4.1; **4.1.1.** Anl. 2; **6.1.1.** 2; **6.1.4.** Anh. 1/4.1–4.2; -anwendung, ordnungsgemäße **9.1.** 12e; **9.1.3.** 15a; -gerät **9.1.** 12h; – Produkt **2.9.** Anl. 1/7; **3.1.** 30a, 69; **9.1.** 2, 3, 12a, 12e–12h, 13–15, 16e, 17, 26–27, 28; **9.1.3.** 1, 2, 4, 15a–16, 19, 22–25, 24, Anh. I; **9.1.4.** 1–2; -Verordnung (EU)

Magere Ziffern = §§   **Sachverzeichnis**

**9.1.** 12a–12h; – Wirkstoff **9.1.** 2, 3, 12b, 13–15, 17, 26–27, 28; **9.1.3.** 1, 4; -zulassung **9.1.** 12a–12h
**Biphenyl (PCB) 5.1.7.** 1, 3–6; **6.1.9.** 4a, 21; **6.1.17.** 9; **8.2.1.** 3; **9.1.3.** 4, Anh. II
**Birkenpilz 3.1.1.** 2, 6
**Bisam 3.1.1.** 4
**Bitumen 2.5.** Anl. 1/1.2, Anl. 1/1.9; **6.1.4.** Anh. 1/1.14, Anh. 1/2.15, Anh. 1/5.4; **6.4.** Anh. 1; **8.4.** 9a; **10.2.** 1/27, 1/59
**Blähen 6.1.4.** Anh. 1/2.10; **10.2.** 1/23; von Ton **2.5.** Anl. 1/2.6; **6.1.4.** Anh. 1/2.7
**Bläueschutz**behandung **6.1.4.** Anh. 1/5.3
„**Blauer Engel**" s. *Umweltzeichen*
**Blech 1.4.** Anh. 1/3.5; **6.1.4.** Anh. 1/3.5, Anh. 1/3.20
**Blei 2.5.** Anl. 1/3.5; **4.1.1.** Anl. 2, Anl. 7; **4.2.** 3; **5.1.5.** 8; **5.3.** 14, 17; **5.4.** 5; **6.1.4.** Anh. 1/3.4, Anh. 1/3.8–3.9, Anh. 1/3.23, Anh. 2; **6.1.39.** 6, 12–16, 21, 26, 30–31, Anl. 14; **6.2.**; **8.2.** Anl. 4/131; **9.1.2.** 4; **10.2.** 1/36, 1/44; -akkumulator **6.1.4.** Anh. 1/3.21; **10.2.** 1/42; -farben **9.1.3.** 17; -kristallglas **5.4.** 5
**Bleichen 2.5.** Anl. 1/10.4; **6.1.4.** Anh. 1/10.10
**Blumen 3.1.** 39; -topf **5.4.** Anl. 1
**Blut 6.1.4.** Anh. 1/7.9
**Bodden**gewässer **3.1.** 30
**Boden 1.1.** 15, 20a, 72, 74/15, 74/18, 74/30; **2.5.** 2, Anl. 2–4; **2.6.** 2; **3.1.** 1, 5, 7, 9, 14–16; **3.1.2.** 4, 6–7, 9, 15; **3.2.** 1–2, 12; **3.4.**; **3.4.1.**; **4.1.** 3, 54; **4.1.2.** 3; **4.2.** 2; **5.1.** 3, 11, 15, 34, Anl. 1–2; **6.1.** 1–3, 45; **6.1.9.** 1a, 4a; **6.1.12.** 2; **6.1.17.** 3–4; **6.1.39.** 1; **7.1.** 9; **9.1.** 3a; **9.1.3.** 2; **9.4.** 2, 14; **9.5.** 3; **10.2.** 3; **11.1.** 309, 324a, 326–328, 330, 330d; -abtrag **3.4.** 17; -aushub **3.4.** 8; **3.4.1.** 1–2, 4; -behandlung **9.4.** 14; -beobachtung **4.1.** 52; -beschaffenheit **3.4.** 2, 7, 21; **3.4.1.** 5; **5.1.** 11; -bestandteil **4.1.** 51; -bewirtschaftung **3.1.** 2, 5, 14–15, 27, 30, 44; **3.1.2.** 2, 10–11, Anl. 6; **3.2.** 11; **3.4.** 10; **3.4.1.** 3, 5, 12; **4.1.** 41, 52; **9.5.** 3; -decke **3.1.** 39, 69; -denkmal **2.5.** Anl. 3; **3.1.** 1; -eigenschaft **9.5.** 2; -einwirkung **3.4.** 1–4, 7; **3.4.1.** 2, 4, 11; -entgasen **6.1.4.** Anh. 1/8.7; -entsiegelung **3.1.** 1, 15; **4.1.** 78d; -entwässerung **4.1.** 46; -erosion **2.5.** Anl. 4; **3.1.** 5; **4.1.** 78a; -fruchtbarkeit **3.1.** 5; **3.1.2.** 10; **3.4.** 17; **9.5.** 1–3, 5; -funktion **2.9.** 2; **3.1.** 1; **3.4.** 1–2, 4, 7; **3.4.1.** 2, 9, 12; –, gefrorener **9.5.** 3; -hilfsstoff **9.5.** 1–3, 5; – in situ **5.1.** 2; **6.1.** 2; -informationssystem **3.4.** 19, 21;

–, Kälteentnahme **8.1.** 41; –, kontaminierter **5.1.** 2; **6.1.** 2; -lösung **3.4.** 2; -luft **3.4.** 2; **3.4.1.** 3; -material **3.4.** 8, 13; **3.4.1.** 2–3, 8, 12; **5.1.** 2; **6.1.** 2; -nutzung **1.2.** 192; **2.5.** Anl. 6; **3.1.** 2, 5, 14–15, 27, 30, 44, 68; **3.2.** 2; **3.4.** 2, 4–5, 7–10, 13, 17, 21; **3.4.1.** 2, 4–5, 10; **4.1.** 52; **5.1.** 11; -organismen **3.4.** 2; -recht **1.1.** 74/18; -reinigung **5.1.** Anl. 2; -richtwert **3.1.2.** 14; -sanierung **2.9.** 2, 6, 8; **3.4.** 1; **3.4.1.** 5; -schaden **2.9.** 2; **5.1.** 15; **11.1.** 311, 327–328; -schätze **3.1.** 1, 30; **4.2.** 10; **5.1.** 2, 29; **6.1.4.** Anh. 1/8.15, Anh. 1/9.11; **7.1.** 2; **10.2.** 1/72; **11.1.** 329; –, schneebedeckter **9.5.** 3; -schutz **2.0.** 2; **3.**; **3.4.**; **3.4.1.**; **4.1.1.** 7, 11; **6.1.9.** 21; -schutzgebiet **3.4.** 21; -schutzgesetz *s. Bundes-Bodenschutzgesetz (BBodSchG);* -schutzverordnung *s. Bundes-Bodenschutz- und Altlastenverordnung (BBodSchV);* -schutzwert **3.4.** 3, 8, 22; **3.4.1.** 1, 3–4, 9–12; -überwachung **6.1.9.** 21; -untersuchung **3.4.** 15; **5.1.** 11, 34; **7.1.** 9f; -veränderung **2.5.** Anl. 4; **2.9.** 2; **3.1.** 14; **3.4.** 1–4, 7–10, 13, 21, 23, 25; **3.4.1.** 1–5, 8–9, 11–12; **3.4.1.1.** 7, 11; **4.1.** 13b; **5.1.** 40; **11.1.** 309; -verdichtung **2.5.** Anl. 4; **3.4.** 17; -verschmutzung **6.1.** 3, 5, 7, 10; **6.1.9.** 4a, 21; **6.1.17.** 3–4; -versiegelung **2.5.** Anl. 4; **3.1.2.** 2; **3.4.** 5; **3.4.1.** 5; -verteilung **1.1.** 72, 74/30; –, verunreinigter **6.1.4.** Anh. 1/8.7; -verunreinigung **2.5.** Anl. 4; **6.1.9.** Anh. 1.; **11.1.** 324a; -verwertung **5.1.** Anl. 2; -waschen **6.1.4.** Anh. 1/8.7; -zustand **3.2.** 41a; **3.4.** 21; **6.1.** 10; **6.1.9.** 4a
**Bohr**anlage **2.5.** Anl. 1/1.1–1.2, Anl. 1/1.4; **4.1.** 91; **6.1.4.** Anh. 1/1.2, Anh. 1/1.4; -gerät **6.1.32.** 1/17; -insel **6.1.17.** 1; -loch **5.1.** Anl. 1
**Boiler 5.2.** Anl. 1
**Boots**bau **8.2.** Anl. 4/199
**Bor 4.1.1.** Anl. 8
**Borkum Riffgrund 3.1.** 57
**Borstgras**rasen **3.1.** 30
**Box** für Lebensmittel **5.4.** 3
**Brätling 3.1.1.** 2, 6
**Bramme 1.4.** Anh. 1/3.5; **6.1.4.** Anh. 1/3.5
**Branche**, stromintensive **8.2.** 60a, 61c, 63–64, 91, 94, 103, Anl. 4; –, Zuordnung **8.2.** 64
**Branchenlösung 2.3.** 5a; **5.4.** 8–9, 11, 24–26, 38; –, mehrere Hersteller **5.4.** 8
**Brand 6.1.12.** 2, 4; **6.1.39.** 1; **9.1.3.** 2; -bekämpfung **6.1.17.** 4; -fördernd **6.1.4.** Anh. 2; -gefährdung **9.1.3.** 6, 11, Anh. I;

1617

# Sachverzeichnis

Fette Zahlen = Gesetzesnummern

-gefahr **5.2.** 10, 14, 18; **6.1.17.** 1; -schutz **6.1.** 58b; **8.1.** 10, 46, 57
**Brandenburg 1.1.** Pr.
**Brann**tkalk **6.1.4.** Anh. 1/2.4; **6.4.** Anh. 1
**Brauchtum 1.2.** 13
**Brauchwasser 6.1.1.** 10, 14
**Brauerei 2.5.** Anl. 1/7.26; **6.1.4.** Anh. 1/7.27
**Braumalz 2.5.** Anl. 1/7.22; **6.1.4.** Anh. 1/7.20
**Braun**kohle *s. Kohlen*
**Brechen 6.1.4.** Anh. 1/2.2
**Bremen 1.1.** Pr.; **3.1.** 11; **4.1.** 18, 21, 38, 70
**Bremse 6.5.** 3, 5
**Brennelement,** abgebranntes **7.1.** 2c–3; **7.3.** 1
**Brennen 2.5.** Anl. 1/2.6, Anl. 1/3.9; **6.1.4.** Anh. 1/2.4, Anh. 1/2.10, Anh. 1/3.10, Anh. 1/4.7, Anh. 1/7.18; **6.1.17.** 9; **6.4.** Anh. 1; **8.4.** 9a; **10.2.** 1/20, 1/25
**Brenner 8.2.** Anl. 4/178; *s. a. Ofen*
**Brenngas 2.5.** Anl. 1/9.1; **6.1.4.** Anh. 1/9.1
**Brennstoff 2.5.** Anl. 1/1.1, Anl. 1/1.4; **2.8.1.** 5, 9; **5.1.** 3, Anl. 2; **6.1.** 2, 34–37, 47, 49, 52; **6.1.1.** 1–3, 24; **6.1.4.** Anh. 1/1.1, Anh. 1/1.4, Anh. 1/1.14, Anh. 1/8.11; **6.1.13.** 1–2; **6.1.17.** 1–2, 9; **6.4.** 2, Anh. 1; **6.6.** Anl. 1; **6.7.** 1–3, Anl. 1–2; **8.2.1.** 3; **10.2.** 1/1–3, 1/11; –, einheimischer **6.1.13.** 28, 39; -emission **6.7.**; -emission, Begriff **6.7.** 3; -emission, Ermittlung und Bericht **6.7.** 6–8, 15, 20–21, Anl. 2; -emissionsberichterstattungsverordnung 2022 (EBeV 2022) **6.7.** FN am Titel; -emissionshandelsgesetz (BEHG) **6.7.**; -emissionshandelsverordnung (BEHV) **6.7.** 11–12; –, fester **2.5.** Anl. 1/1.2; **6.1.1.** 1–5, 14–15, 19, 25; **6.1.4.** Anh. 1/1.2; **6.1.13.** 3, 5, 22, 28, 38; **6.4.** Anh. 1; **8.1.** 63, 72; –, flüssiger **2.5.** Anl. 1/1.2; **6.1.1.** 1, 3, 6–11, 14, 19; **6.1.4.** Anh. 1/1.2; **6.1.13.** 3, 5, 22, 30, 33–34; **8.1.** 63, 72; –, fossiler **8.1.** 22, 72; **8.2.1.** 3; –, gasförmiger **2.5.** Anl. 1/1.2; **6.1.1.** 1, 19; **6.1.4.** Anh. 1/1.2; **6.1.13.** 3, 19; **6.1.4.** Anh. 1; **8.1.** 72; -kontrolle **6.1.13.** 13, 18, 20, 28, 32, 37; –, neuer **6.1.4.** 1–2; **6.1.13.** 1; **6.4.** 2; -zelle **6.4.** Anh. 1; **8.2.1.** 4; **8.8.** 2; **9.1.2.** 5; -zellenfahrzeug **8.8.** 2; -zellenheizung **8.1.** 43
**Brenntorf 2.5.** Anl. 1/1.2; **6.1.1.** 3; **6.1.4.** Anh. 1/1.2; **6.4.** Anh. 1
**Brennwert**gerät **6.1.1.** 2, 14; -kessel **8.1.** 3, 22, 39–40, 72

**Brikett 2.5.** Anl. 1/1.2, Anl. 1/1.7; **6.1.1.** 3; **6.1.4.** Anh. 1/1.2, Anh. 1/1.10; **6.4.** Anh. 1; **10.2.** 1/8
**Bringsystem 5.1.** 10, 25; **5.2.** 13; **5.4.** 14, 22
**Brokdorf (KKW) 7.1.** 7, Anl. 3–4
**Brom 6.1.** 34; **6.1.4.** Anh. 2; -methan **6.1.4.** Anh. 2
**Bruch**wald **3.1.** 30
**Brücke 4.1.** 36
**Brunnen 4.1.** 13a; -vergiftung **11.1.** 89c, 129a, 314
**Brunsbüttel (KKW) 7.1.** 7, 7e–7f, Anl. 3–4
**Brutto** Zubau **8.2.** 3–4, 49
**Buch**prüfer **5.4.** 11, 26–27
**Bügel**eisen **5.2.** Anl. 1
**Bürger** *s. a. Zivilgesellschaft;* -beteiligung **7.3.** 8–11, 17, 19; *s. a. Öffentlichkeitsbeteiligung;* -energiegesellschaft **8.2.** 3, 36g, 55, 100
**Bürgerliches Gesetzbuch (BGB) 2.9.** 9; **3.1.** 17, 66; **3.1.2.** 16; **3.4.** 24; **4.1.** 99a; **5.1.** 36, 43–44; **5.2.** 3, 7; **7.1.** 27, 30, 32; **8.2.** 81; **9.6.** 32–37; **10.1.**
**Bürgerliches Recht 1.1.** 74/1; *s. a. Bürgerliches Gesetzbuch (BGB), Privatrecht*
**Bürgschaft 3.1.2.** 16; **5.2.** 7; **8.2.** 31
**Büro**bedarf **8.2.** Anl. 4/72; -gebäude **8.1.** 32; -maschine **8.2.** Anl. 4/180; -möbel **8.2.** Anl. 4/206
**Büsingen 8.4.** 1
**Bundesabfallvermeidungsprogramm 5.1.** 33
**Bundesamt** für Güterverkehr **5.1.** 69; für IT-Sicherheit **7.1.** 44b; **8.1.** 6; **8.2.** 9, 10b, 21, 81, 84a; für Naturschutz **3.0.**; **3.1.** 3, 6, 40, 45, 48, 50, 51a, 53, 56a–58, 67, 70; **3.1.1.** 15; **4.1.** 90; **9.6.** 16; **12.1.** 3; für Post und Telekommunikation **6.1.26.** 7; für Seeschifffahrt und Hydrographie **4.1.** 90; **8.2.** 99; für die Sicherheit der nuklearen Entsorgung **7.0.2.**; **7.1.** Titel-FN, 9g, 21, 23d, 46, 57b; **7.3.** 3–11, 14–19, 28; –, Statistisches **2.3.** 5a–6, 9–11, 15–16; **8.2.** 64; **8.4.** 1; für Strahlenschutz **7.0.1.**; für Verbraucherschutz und Lebensmittelsicherheit **3.3.** 16f–16g; **9.1.** 12a; **9.4.** 12, 14, 17, 65; **9.6.** 31; für Wirtschaft und Ausfuhrkontrolle **6.2.** 2, 3; **7.1.** 22, 46; **8.2.** 62b, 63–69, 73, 86, 99; **8.4.** 12
**Bundesanstalt** für Arbeitsschutz und Arbeitsmedizin **9.1.** 4, 19; für Finanzdienstleistungsaufsicht **6.4.** 8; für Geowissenschaften und Rohstoffe **4.1.** 13a; für Gewässerkunde **4.1.3.** 13; für Immobilienaufgaben **3.1.2.** 2, 12; für Landwirt-

Magere Ziffern = §§ **Sachverzeichnis**

schaft und Ernährung **3.1.** 58; **3.3.** 13a; **8.2.** 86–87, 90; für Materialforschung und -prüfung **8.6.** 10; **9.1.** 12a, 19; für Straßenwesen **6.1.16.** 3a
**Bundesartenschutzverordnung (BArtSchV) 3.1.1.**
**Bundesaufsicht 1.1.** 84–85; **2.6.** 2; **7.0.1.** 2
**Bundesauftragsverwaltung 1.1.** 85, 87c–87d, 89–90, 104a; **7.1.** 24
**Bundesautobahn 1.1.** 90; **2.5.** Anl. 1/14.3
**Bundesbeauftragte** für Informationsfreiheit **2.6.** 7a
**Bundesbedarfsplan**gesetz **2.5.** Anl. 1/19.11
**Bundesberggesetz (BBergG) 2.5.** 12, 51, Anl. 1/15.1; **3.4.** 3; **4.1.** 13a, 90, 104a; **5.1.** 2; **6.1.** 23b; **6.1.12.** 18; **7.1.** 2, 9d–9g, 23d; **7.3.** 12; **9.1.3.** 1; **12.1.** 1
**Bundes-Bodenschutz- und Altlastenverordnung (BBodSchV) 3.4.1.**
**Bundes-Bodenschutzgesetz (BBodSchG) 2.9.** 2; **3.1.** 5, 14, 44; **3.4.**; **3.4.1.**; **5.1.** 40
**Bundeseigene Verwaltung 1.1.** 86–87, 87d, 89–90; **2.0.** 2; **3.0.** 2; **3.1.** 15, 63; **3.2.** 45; **4.1.** 7; **6.1.** 59; **6.1.1.** 17; **7.0.1.**–**7.0.2.**; **9.1.** 4–10
**Bundeseisenbahn 1.1.** 73/6, 74/23, 87
**Bundesfachplanung,** Netzausbau **2.5.** Anl. 5/1.11; –, Offshore **2.5.** Anl. 5/1.14
**Bundesfernstraße 1.1.** 90; **2.5.** 47; **3.1.** 36; **3.2.** 12; **6.1.** 47b; **6.1.32.** 7; **8.9.** 5
**Bundesgebührengesetz 4.1.** 62; **5.2.** 33, 40
**Bundesgrenzschutz 1.1.** 35, 73/5
**Bundes-Immissionsschutzgesetz (BImSchG) 2.5.** 8, Anl. 3, Anl. 5/2.1–2.2; **2.8.** 5; **2.8.1.** 2–4, 6–7; **3.2.** 12; **3.4.** 3; **4.1.** 60, 64, 66, 107; **4.1.4.** 1, 4, 8; **5.1.** 9a, 13, 28, 35, 41, 44, 58–60, Anl. 4; **5.1.7.** 4; **6.1.**; **6.1.1.**–**6.1.39.**; **6.1.4.** 2; **6.1.12.** 7, 8a, 11, 18, 21; **6.1.13.** 1, 16, 20, 24, 26, 33, 41, 47, 58, 63, 67; **6.1.16.** 4; **6.1.17.** 1, 12; **6.1.26.** 4; **6.1.39.** 27, 34–35; **6.3.** 14; **6.4.** 2, 19; **7.1.** 7, 8, 13; **8.2.** 36, 36e, 39, 85b; **9.1.** 19; **9.6.** 18, 41; **10.1.** 906; **11.1.** 327, 329; **12.1.** 1, 4
**Bundesinstitut** für Risikobewertung **3.3.** 8, 16c, 16g; **4.3.** 10, 14; **9.1.** 4, 12a, 16e, 19b, 19d, 28; **9.1.4.**; **9.4.** 17
**Bundeskartellamt 5.4.** 23, 26
**Bundes-Klimaschutzgesetz (KSG) 6.6.**; **6.7.** 23; **8.1.** 4
**Bundeskompensationsverordnung (BKompV) 3.1.2.**

**Bundesnaturschutzgesetz (BNatSchG) 2.5.** 32, 36, 46, Anl. 3, Anl. 5/2.12; **2.9.** 2–3; **3.0.** 2; **3.1.**; **3.1.1.**; **3.1.2.**; **3.2.** 41a; **3.4.1.** 12; **4.1.** 45c, 45e, 45h, 77, 78d; **6.1.9.** 24b; **8.2.** 38a, 48; **9.4.** 3; **9.6.** 22; **12.1.** 1, 8
**Bundesnetzagentur 6.1.26.** 7; **8.2.** 3, 9, 21c, 22, 23b, 28–29, 30a–35a, 36g, 37c–38a, 39d–39e, 39n, 45–46, 55–55a, 62, 74a, 75–76, 81, 83a, 85–86, 88–88a, 88d, 91, 99–100
**Bundespolizei 1.1.** 35; **3.1.** 4, 58; **3.2.** 45
**Bundespost 1.1.** 87
**Bundesrechnungshof 2.1.** 3; **5.4.** 29
**Bundesrecht 1.1.** 20a, 23, 25, 31, 70–75, 83–109, 125a–125c; **2.0.** 2; **2.6.** 1; **3.0.** 2; **3.4.** 22; **5.1.** 2; **12.1.** 1
**Bundesregister** für Freisetzungen **9.6.** 16a
**Bundesstaat 1.1.** 20, 23
**Bundesstatistik 2.3.** 1
**Bundesstelle** für Chemikalien **9.1.** 4–10, 12a–12h, 16d, 20, 21–22, 26; **9.1.3.** 17
**Bundesstiftung Umwelt 2.1.**
**Bundesstraße 1.1.** 90; **2.5.** Anl. 1/14.3–14.6; **8.9.** 5
**Bundesverwaltung 1.1.** 90; **3.1.** 15; **3.1.2.**; s. a. u. a. *Bundesauftragsverwaltung, Bundeseigene Verwaltung;* -handeln im Ausland **6.6.** 15; –, klimaneutrale **6.6.** 15
**Bundesverwaltungsamt 2.8.** 24; **7.1.** 9g, 23a, 38
**Bundesverwaltungsgericht 7.3.** 17, 19
**Bundeswaldgesetz 2.5.** Anl. 1/17.1–17.2; **3.1.** 59; **3.1.2.** 2; **3.2.**; **3.4.** 3, 7; -inventur **3.2.** 41a
**Bundeswasserstraße 1.1.** 87, 89; **2.5.** 47, Anl. 1/14.1–14.2; **3.1.** 36, 61; **4.1.** 4, 7, 26, 34, 68, 71a
**Bundeswehr** s. *Verteidigung*
**Bundeswildschutzverordnung 3.1.1.** 7
**Bus** 6.1.4. Anh. 1/8.9; –, elektrisch betriebener **8.2.** 63, 65a, 66, 103
**Bußgeld** s. *Ordnungswidrigkeit*
**BVT** s. a. *Beste verfügbare Technik;* – Anlage **6.1.13.** 25, 40, 46, 57; -Merkblatt **4.1.** 54, Anl. 1; **4.1.4.** 4; **6.1.** 3, 10; **6.1.9.** 11a; -Schlussfolgerung **4.1.** 54, 57; **6.1.** 3, 7, 17, 31, 48, 48b, 52; **6.1.9.** 21; **6.1.13.** 53

**Cadmium 1.4.** Anh. 1/3.4; **2.5.** Anl. 1/3.5; **4.1.1.** Anl. 2, Anl. 7; **4.2.** 3; **5.1.5.** 8; **5.3.** 3, 14, 17; **5.4.** 5; **6.1.4.** Anh. 1/3.4, Anh. 1/3.8; **6.1.39.** 1, 10, 20, 22–23, 26, 30, 32
**Camping**platz **2.5.** Anl. 1/18.2
**Caprolactam 6.4.** Anh. 1

1619

# Sachverzeichnis

Fette Zahlen = Gesetzesnummern

**Carbon**säure **6.1.4.** Anh. 1/4.1; **6.4.** Anh. 1
**Carbon-Leakage 6.7.** 11
**Carsharing 8.9.**; –, Eignungskriterien **8.9.** 5, Anl.; -fahrzeug **8.9.** 1–5; -gesetz (CsG) **8.9.**; –, Teilnahmeberechtigung **8.9.** Anl.
**Catering**abfall **5.1.** 3
**CD** Hülle **5.4.** Anl. 1; – Spindel **5.4.** Anl. 1
**CE-Kennzeichnung 4.1.** 63; **6.1.1.** 10; **6.1.32.** 2–3, 9–10; **8.1.** 7, 35, 41; **8.6.** 4, 6; **9.4.** 16
**Cellulosenitrat 10.2.** 1/45, 1/92, 2/3
**CEN**-Norm *s. Technische Norm*
**Charta** der Grundrechte der Europäischen Union **1.3.**
**Chemie**anlage, integrierte **6.1.4.** Anh. 1/4.1; -faser **6.1.4.** Anh. 1/4.1; **8.2.** Anl. 4/93; **10.2.** 1/45
**Chemikalien 2.5.** Anl. 1/4., Anl. 1/8.5; **4.1.** 9; **5.1.** Anl. 2; **6.1.4.** Anh. 1/4., Anh. 1/5.3, Anh. 1/8.8, Anh. 2; **6.4.** Anh. 1; **8.2.** Anl. 4/80–95; **8.6.** 1; **9.**; **10.2.** 1/45–1/46; -beschränkung **9.1.** 5, 17, 19, 23, 26–27; **9.1.2.**; **9.1.3.**; -gesetz (ChemG) **2.5.** Anl. 1/19.6; **2.9.** Anl. 1/ 7; **3.3.** 4b; **4.3.** 1, 8, 10, 13; **9.1.**; **9.1.2.– 9.1.4.**; **9.1.3.** 1, 4, 19, 21–24; -recht **2.8.** 5; **9.**; -recht und Abfallrecht **5.1.** 7a; -sicherheit **9.1.3.** 20; -verbotsverordnung (ChemVerbotsV) **9.1.2.**; -verordnung **4.3.** 1; **9.1.2.–9.1.4.**
**Chlor 2.5.** Anl. 1/10.4; **4.1.1.** Anl. 2; **6.1.** 34; **6.1.4.** Anh. 1/4.1, Anh. 1/10.10, Anh. 2; **6.1.17.** 6–7; **10.2.** 1/81; -wasserstoff **6.1.4.** Anh. 1/4.1, Anh. 2; **6.1.13.** 17, 28–29, 32; **6.1.17.** 8
**Chrom 4.1.** 8; **4.2.** 3; **5.1.5.** 8; **5.2.** 14; **5.4.** 5; **6.1.4.** Anh. 1/4.1
**Chrysotil 9.1.3.** 17; *s. a. Asbest*
**Claus-Prozess 6.1.13.** 1
**Clearing**stelle **8.2.** 57, 62, 75, 81, 88a
**CLP**-Verordnung (EG) **5.1.5.** 2; **5.2.** 3; **6.1.** 3; **6.1.4.** Anh. 1/10.22, Anh. 2; **9.1.**; **9.1.2.** 5, 14; **9.1.3.** 2–4; **9.1.4.** 2
**Cluster 2.7.** 2, 37; **3.1.2.** 15
**Cobalt** *s. Kobalt*
**Code 8.6.** 5
**Container 5.4.** 3; **6.1.32.** 1/36; -begasung **9.1.3.** 15d
**COVID-19-Pandemie 2.5.** FN am Titel; **3.1.** FN am Titel; **3.2.** 1; **4.1.** FN am Titel; **5.1.** FN am Titel; **6.1.** FN am Titel; **7.1.** FN am Titel; **9.6.** FN am Titel
**Cyan**wasserstoff **6.1.4.** Anh. 2
**Cyanat 6.1.4.** Anh. 1/4.1
**Cyanid 4.1.1.** Anl. 2, Anl. 7; **10.2.** 1/74

**Dach**dämmung **8.1.** 47, 49
**Dämmung 8.1.** 47, 49, 69–73, 96–97, 108

**Damm**bau **2.5.** Anl. 1/13.13; **4.1.** 67, 78a
**Dampf 2.5.** Anl. 1/1.1–1.2, Anl. 1/8.2; **5.1.** Anl. 1; **6.1.** 3; **6.1.4.** Anh. 1/1.1– 1.2; **6.1.13.** 39; **6.4.** Anh. 1; **8.1.** 3, 30; **9.1.3.** 2; **10.1.** 906; -kessel **2.5.** Anl. 1/ 1.1–1.2, Anh. 1/8.2; **6.1.4.** Anh. 1/1.1– 1.2; **6.4.** Anh. 1; **8.2.** Anl. 4/143; -motor **8.2.1.** 4; -pipeline **2.5.** Anl. 1/19.7; -turbine **6.1.13.** 7, 33; **8.2.1.** 4
**Daseinsvorsorge 2.6.** 2; **3.1.** 4; **4.1.** 50
**Daten 6.6.** 5, 8, 12; *s. a. Angabe, Information, Internet;* -abruf **5.4.** 10, 26; **6.1.26.** 7; **8.2.** 9; -austausch **8.4.** 10a; -auswertung **8.1.** 100–101; –, Begriff **2.5.1.** 2; -bereithaltung **6.5.** 8, 13; -bereitstellung **8.1.** 83; -blatt **4.3.** 8, 10, 15; **9.1.** 28; *s. a. Sicherheitsdatenblatt;* -erhebung **5.1.** 25; **6.4.** 11; **6.6.** 5; -erhebung, vereinfachte **8.1.** 50, 82, 84; -interoperabilität **8.1.** 6; -löschung **8.1.** 99; -meldung **5.4.** 10, 26, 35; -richtigkeit **8.1.** 83, 108; -schutz **1.2.** 15; **2.5.** 23; **2.6.** 9; **3.1.** 6; **3.3.** 15–16; **4.1.** 88; **4.1.4.** 5; **5.1.** 63; **5.2.** 18, 19a, 24, 31, 33, 40; **5.3.** 23; **5.4.** 19, 24; **6.1.** 48a; **6.1.9.** 11a; **6.7.** 12, 14; **7.1.** 12b; **8.1.** 6; **8.2.** 81; **8.6.** 9; **8.9.** Anl.; **9.1.** 16e; **9.1.3.** 14; **9.1.4.** 4; **9.6.** 16a, 17a, 25, 28a, 29; -schutz-Grundverordnung (EU) **8.1.** 6; -sicherheit **6.7.** 12, 14; **8.1.** 6; **9.6.** 16a; -speicherpflicht **2.5.1.** 6; **8.2.** 58; -träger **8.2.** Anl. 4/162; -übermittlung **2.3.** 15–16; **2.8.** 32; **3.3.** 16f; **3.4.** 19; **4.3.** 10–11, 15; **5.1.** 47; **5.2.** 37; **6.1.** 31, 47f, 61; **6.4.** 20, 23; **6.5.** 8, 13; **6.6.** 5; **6.7.** 14; **7.1.** 19, 24a; **8.1.** 99; **8.2.** 9, 26, 69, 70–74, 76, 85; **9.1.** 28; **9.1.4.**; **9.4.** 65; **9.6.** 16a, 29; zur Umwelt **1.2.** 191; **2.3.**; **2.6.** 2, 8; **3.2.** 41a; **3.4.** 21; **4.1.3.** 4; **4.3.** 12; **6.1.** 47c; **9.1.** 16e, 19d, 21; -verarbeitung **6.1.** 48a; **7.0.1.** 2; **7.1.** 12b; **8.1.** 6, 99; -verarbeitung (elektronische) **2.6.** 7; **2.8.** 33; **3.1.1.** 15; **4.3.** 10; **5.1.** 10, 12, 35, 38, 47, 51–54, 57, 64; **5.1.7.** 6; **5.2.** 37; **5.3.** 4, 7; **5.4.** 9– 11, 20, 23, 26; **6.1.** 61; **6.1.26.** 7; **6.4.** 23; **8.2.** 30a, 66, 72, 73–74, 76, 79–79a, 85; **9.1.** 21; **9.1.3.** 14, 19; **9.4.** 11; **9.6.** 29; *s. a. Internet;* -verarbeitungsanlage **8.1.** 32; -verarbeitungsgerät **8.2.** Anl. 4/155; -weitergabe **3.1.** 49; *s. a. Datenübermittlung;* -zugang **2.5.1.**; **6.6.** 5, 12; *s. a. Informationszugang;* -zugangsdauer **2.5.1.** 5–6; -zugangserleichterung **2.5.1.** 3
**Dauer**beobachtungsfläche **3.4.** 21; -lagerung **5.1.** Anl. 1
**Deckungsvorsorge 7.1.** 2, 4a–4b, 6–7, 9– 9a, 12–15, 17, 34, 46, 56; **9.6.** 36; **10.2.** 19–21

Magere Ziffern = §§

# Sachverzeichnis

**Deich 4.1.** 38, 76; -bau **2.5.** Anl. 1/13.13; **4.1.** 67, 78a; -unterhaltung **4.1.** 38, 78a
**Dekontamination 3.4.** 2, 4, 8, 13, 15; **3.4.1.** 1, 5
**Delaborieren 2.5.** Anl. 1/10.1; **10.2.** 1/90
**Demokratie 1.1.** 20, 23, 28
**Demonstrations**vorhaben **8.2.** 93
**Demontage 5.1.** Anl. 2; **5.1.5.** 2, 8, 9–11; **5.2.** 4, 10; -anlage **5.2.** 3; -betrieb **5.1.5.** 2–5, 7, 9; -information **5.1.5.** 2, 9
**Denkmal 2.5.** Anl. 3; -schutz **2.1.** 2; **3.2.** 11; **3.4.** 20; **8.1.** 3, 105; **9.1.2.** 4; **9.1.3.** 17; s. a. *Kulturgut*
**Deponie 2.3.** 3; **2.5.** Anl. 1/12.; **2.9.** Anl. 1/2; **3.4.** 3; **5.1.** 2–3, 30, 34–44, 47, 69, Anl. 1, Anl. 5; **5.3.** 14, 29; **6.1.** 7; **12.1.** 1; –, Begriff **5.1.** 3; -fläche **5.1.** 30; -gas **2.5.** Anl. 1/8.1; **6.1.4.** Anh. 1/8.1; **6.4.** 2; **8.1.** 3; **8.2.** 3, 22, 41, 44b, 53, 80; **8.2.1.** 3–4; **8.4.** 2, 11; **10.2.** 1/4; –, geschlossene **5.1.** 30; -richtlinie **6.1.** 7; -sickerwasser **4.1.** 60, 107; **4.1.4.** 1; –, speziell angelegte **5.1.** Anl. 1
**Design 8.6.**; s. a. *Ökodesign*
**Desinfektion 9.1.** 12a; -mittel **8.2.** Anl. 4/85
**Destillation 2.5.** Anl. 1/1.8, Anl. 1/4.3; **6.1.4.** Anh. 1/1.11–1.12, Anh. 1/4.3–4.4, Anh. 1/4.8, Anh. 1/8.10; **6.4.** Anh. 1; **10.2.** 1/9–10, 1/14, 1/48–49, 1/53, 1/93; -rückstand **6.1.13.** 48–49, 51, 53
**Detergenzien 4.3.**; -verordnung (EU) **4.3.** 1–4, 8, 11–15; **9.1.** 28
**Deutsche Bundesstiftung Umwelt 2.1.**
**Deutsches Institut für Bautechnik 8.1.** 114
**Dezentrale** Abwasserbeseitigung **4.1.** 55
**Dibromethan 6.1.4.** Anh. 2
**Dichlorethan 6.1.13.** 57–59
**Dichtheit 8.1.** 13, 26, 28; **9.1.3.** 15d, 15g
**Dienstleistung 1.2.** 26; **2.3.** 2, 12; **2.6.** 2; **2.7.** 2, 10, 20; **4.1.** 3, 6a, 83; **4.1.3.** 16; **5.1.** 3, 53–54
**Dieselkraftstoff 2.5.** Anl. 1/1.2, Anl. 1/1.4; **6.1.** 34, 37a, 37c; **6.1.4.** Anh. 1/1.2, Anh. 1/1.4; **6.1.13.** 2, 18, 33–34; **6.4.** Anh. 1; -motoranlage **6.1.13.** 2; -rußfilter **2.5.** Anl. 1/10.5; **6.1.4.** Anh. 1/10.15
**Digitalisierung,** Abfallbewirtschaftung **5.1.** Anl. 5; von Schienenwegen **2.5.** 14a
**Dimethylterephthalat 6.4.** Anh. 1
**DIN-Norm** s. *Technische Norm*
**Dioxin 6.1.1.** 3
**Direkt**vermarktung **8.2.** 2, 3, 10b–11, 20, 21a–21c, 52, 79–80, 91; -vermarktung, Begriff **8.2.** 3; -vermarktungsunternehmer **8.2.** 3, 11, 20, 81

**Dispersions**farbe **2.5.** Anl. 1/4.4
**Distickstoffoxid 6.4.** 3, Anh. 1; **6.6.** 2
**Doggerbank 3.1.** 57
**Dokumentation,** Batterierücknahme **5.3.** 15, 29; –, Kompensationsmaßnahmen **3.1.** 16; -pflicht **2.5.** 35; **3.1.** 5; **4.1.2.** 2–3; **5.2.** 21; **5.4.** 7–8, 15, 17, 23, 30a; **8.9.** 5; **9.1.3.** 6–7, 15e, 15g, 18; s. a. *Aufzeichnungspflicht, Nachweispflicht*; –, wasserwirtschaftliche **4.1.** 87–88
**Dolomit 6.1.4.** Anh. 1/2.4; **6.4.** Anh. 1; **10.2.** 1/20
**Domino-Effekt 6.1.12.** 7, 15
**Donau 4.1.** 7
**Doping 3.3.** 3
**Doppelbelastung** von Emissionen **6.7.** 7
**Doppelerfassung** von Emissionen **6.7.** 2, 17
**Doppelvermarktung 8.2.** 80, 86, 88a
**Dorf**gebiet **6.1.18.** 2
**Dosierhilfe 5.4.** Anl. 1
**Dosis**wert **7.1.** 57b
**Draht 6.1.4.** Anh. 1/5.1; **8.2.** Anl. 4/128, Anl. 4/150, Anl. 4/167; **10.2.** 1/60; -lack **6.1.4.** Anh. 1/5.1
**Drehrohrofen 6.1.4.** Anh. 1/2.3, Anh. 1/8.3
**Dreirad 5.1.5.** 1–2
**Drittbeauftragung 2.3.** 3, 5, 7, 14, 15; **2.6.** 2, 10, 12; **3.1.** 3, 56a; **3.3.** 13a; **4.1.** 40, 56, 62; **5.1.** 3, 10, 17–18, 20, 22–26, 26, 72; **5.1.5.** 3; **5.1.7.** 9; **5.2.** 7a, 12, 43; **5.3.** 7, 9, 18, 20, 26, 30; **5.4.** 2, 7–8, 8, 18, 29, 35; **6.1.** 37a, 37c, 62; **6.4.** 8; **7.1.** 9a, 13; **7.3.** 3; **8.1.** 94; **8.2.** 8–10, 69, 91–93; -landszulassung **2.8.** 9–10, 17; -staat **1.2.** 28, 191; **2.7.** 3, 22–23, 27; **2.8.** 7, 33–35; **3.1.** 7, 45, 49–50; **4.1.** 7, 45k; **4.1.4.** 5; **5.2.** 26–27, 29–30, 32; **7.1.** 2c; **8.6.** 2; **9.4.** 2; -strom **8.2.** 62a
**Drohne 5.2.** Anl. 1
**Druck 10.2.** 1/4; -farbe **2.5.** Anl. 1/4.4; **6.1.4.** Anh. 1/4.10; **8.2.** Anl. 4/86; **10.2.** 1/55, 1/92, 2/3; -flasche **8.4.** 9b; -gas **6.1.18.** 3; **9.1.3.** 3; -gerät **4.1.** 63; -luft **8.2.** Anl. 4/174; **8.4.** 9b, 10; -maschine **6.1.4.** Anh. 1/5.1; **10.2.** 1/57; -vorstufe **8.2.** Anl. 4/75
**Drucker 5.2.** Anl. 1; -patrone **5.2.** Anl. 1
**Düne 3.1.** 30
**Düngegesetz 3.4.** 3; **7.1.** 2; **9.5.**; -mittel **2.5.** Anl. 1/4.1; **3.1.** 5; **3.4.** 3; **4.1.** 38, 51; **6.1.** 2; **6.1.4.** Anh. 1/4.1, Anh. 1/7.9; **8.2.** Anl. 4/8, Anl. 4/82; **9.5.** 1–2, 5–6; **9.6.** 16b; **10.2.** 1/45; -mittelbilanz **9.5.** 11a; -mittelgesetz **9.5.**; -mitteltyp **9.5.** 3, 6; -recht **5.1.** 11; **9.5.**; -verordnung **3.1.** 5

1621

# Sachverzeichnis

Fette Zahlen = Gesetzesnummern

**Düngung 9.5.**
**Dürre 5.1.** 2
**Duftstoff 8.2.** Anl. 4/88
**Duldungspflicht 3.1.** 40a, 45a, 65; **3.2.** 13–14; **3.3.** 16, 18; **3.4.** 9, 21; **4.1.** 4, 37, 41, 52, 53, 91–93, 95, 101; **4.3.** 13, 15; **5.1.** 19, 29, 34; **6.1.** 52, 62; **6.1.1.** 12; **7.1.** 9f; **8.6.** 7, 11; **9.1.** 21; **9.6.** 25; **10.1.** 555a, 555d, 906, 1004
**Durchfuhr 1.2.** 36; **3.1.** 49–50; **5.2.** 23; **7.1.** 4a
**Durchgängigkeit 4.1.** 34
**Durchleiten 4.1.** 93
**DVD** Hülle **5.4.** Anl. 1
**DVGW**-Arbeitsblatt s. Technische Norm
**Dynamik**, natürliche **3.1.** 1, 19, 24

**Edelmetall 1.4.** Anh. 1/3.4; **2.5.** Anl. 1/3.5; **6.1.4.** Anh. 1/3.4, Anh. 1/8.3; **8.2.** Anl. 4/129; **10.2.** 1/31; -pulver **6.1.4.** Anh. 1/3.23
**EEG** s. a. Erneuerbare-Energien-Gesetz (EEG); -Anlage **8.2.**; -Anlage, ausgeförderte **8.2.** 3, 21, 21b–21c, 23b, 25, 53, 88b, 91, 99–100; -Anlage, Begriff **8.2.** 3; -Anlage, kleine **8.2.** 74; -Anlage, Übergangsregelungen **8.2.** 100–104; -Konto **8.2.** 91; -Quotient **8.2.** 78; -Umlage **8.2.** 20, 56, 60–69, 78, 79a, 85, 91; -Umlage, Ausnahme **8.2.** 61l; -Umlage, Begrenzung **8.2.** 60a, 61j, 63–69, 78, 93, 103–104; -Umlage, Bestandsanlagen **8.2.** 61e–61h; -Umlage, Eigenversorger **8.2.** 61j, 61l, 104; -Umlage, Entfallen **8.2.** 61a, 61i, 61l; -Umlage, Erhebungspflichten **8.2.** 61k; -Umlage, EVU **8.2.** 60; -Umlage, Letztverbraucher **8.2.** 61–61j, 62–62a; -Umlage, stromintensive Unternehmen **8.2.** 60a, 61c, 63–64a, Anl. 4; -Umlage, Verringerung **8.2.** 61b–61g, 61i, 61l
**Effekte**, externe **8.2.** 1
**EG** s. Europäische Gemeinschaft, Europäische Union
**Ei 3.1.** 7; **3.3.** 4c, 18
**Eider 4.1.** 7
**Eigenart 3.1.** 1, 9, 23–24, 26, 28
**Eigenbedarf**, Pilze **3.1.1.** 2
**Eigenbetrieb 8.4.** 2
**Eigenentsorgung 5.1.** 17, 50; -option **5.2.** 14, 25–26, 34, 46
**Eigenerklärung 8.2.** 36g, 39
**Eigenerzeugung**, Strom **6.1.17.** 13; **8.2.** 61e–61h, 62b, 73, 74; **8.4.** 2, 4–5, 9
**Eigenkontrolle 3.3.** 11; **5.1.** 25, 47; **6.1.** 52; s. a. Eigenüberwachung, Selbstüberwachung
**Eigennutzung**, Wärme **6.1.17.** 13
**Eigenrücknahme 5.3.** 9

**Eigentümer** s. Eigentum; -gebrauch **4.1.** 25–26
**Eigentum 1.1.** 14–15, 74/14–74/15, 90; **1.2.** 36; **3.1.** 39, 40a, 59, 65–66, 68; **3.4.** 4–5, 7, 9, 12, 21, 25; **4.1.** 4, 25–26, 37–38a, 40, 52, 91–98, 99a, 101; **5.1.** 19, 29, 34; **5.1.5.** 1, 3; **5.4.** 14; **6.1.** 42, 52; **6.2.** 5; **6.3.** 8–9; **6.4.** 3, 20; **7.1.** 9d–9g; **7.3.** 17, 19; **8.1.** 8, 47–48, 52, 55, 61–63, 69–73, 80, 83, 85, 92, 95–97, 102–103, 107; **8.2.** 3, 9, 12, 24, 37; **9.4.** 14, 17; **10.1.** 823, 903, 905–907, 1004; -aufgabe **4.1.** 96; –, geistiges **2.5.** 23; **2.6.** 9; **5.1.** 33; **9.6.** 28a
**Eigenüberwachung 2.8.1.** 4–6; **3.4.** 13, 15, 21; **4.1.** 36; **5.1.** 5, 43; **6.1.** 7, 52b, 58b; **6.1.1.** 17; **9.6.** 15, 30
**Eigenverantwortung 4.1.** 24; **5.1.** 61; **5.2.** 18, 19a, 46; **6.1.** 58e; s. a. Eigenüberwachung
**Eigenverbrauch 6.1.13.** 49, 51; s. a. Selbstverbrauch
**Eigenversorgung 4.1.** 11a; **8.2.** 3, 27a, 61–61d, 61j, 61l, 64, 73, 74a, 76, 78, 99, 104; **10.1.** 556c
**Eigenwert 3.1.** 1
**Eignung 8.9.** 5; -feststellung **2.5.** Anl. 5/1.18; **4.1.** 63, 103, 105; **5.2.** 7, 37; **6.1.1.** 4; -kriterien **8.9.** 5, Anl.; -prüfung **9.1.3.** 15h
**Einatmen 9.1.3.** 9
**Einbauen 5.1.5.** 1; **5.2.** 2–3; **5.3.** 1, 9–11; **8.1.** 61–73, 96–97, 104; **8.6.** 1–2
**Einbringen 2.5.** Anl. 1/13.2; **2.9.** 2, Anl. 1/3–4; **3.4.** 6; **3.4.1.** 1, 4, 12; **4.1.** 8–9, 13, 23, 25–26, 32, 43, 45, 48–49, 89; **5.1.** 2, 29, Anl. 1; **11.1.** 324a
**Eindringen 9.4.** 2
**Einflugsverbot 6.4.** 31
**Einfuhr 1.1.** 73/5, 74/17; **1.2.** 26, 28, 34; **2.3.** 10; **3.1.** 48–51, 69–71; **3.3.** 11, 12–14; **5.1.5.** 1–2; **5.2.** 3, 23; **5.3.** 2; **5.4.** 3; **6.1.** 2–3, 32–36; **6.2.** 2–5, 7–8; **7.1.** 3, 4a, 19, 46; **8.4.** 4, 7; **8.6.** 2–5, 7; **9.1.** 3, 9, 13–18, 21, 21a; **9.1.4.**; **9.4.** 2, 14; **11.1.** 328; s. a. Verbringen
**Eingriffs**arten **3.1.** 15; –, Begriff **3.1.** 14; -genehmigung **3.1.** 17, 58, 69; -kompensation **3.1.** 9, 13, 15–17; **3.1.2.**; in Natur und Landschaft **2.5.** 2, 24, 28, 68; **3.1.** 9, 13–18, 39, 44, 56, 58, 63, 67, 69; **3.1.2.**; **6.1.9.** 20; an Tieren **3.3.** 5–11b, 16, 18; von Unbefugten **6.1.9.** 4b, 10; **6.1.12.** 3–4; **7.1.** 41–44; -unterbrechung **3.1.** 17; -untersagung **3.1.** 17; -zulassung **3.1.** 17, 58
**Einhalten** von Vorschriften **2.7.** 2, 4, 6, 13–15, 18, 25, 32, 40; **2.8.** 15–16, 33–35;

Magere Ziffern = §§  **Sachverzeichnis**

**3.1.** 3, 6, 40a, 42; **3.3.** 8, 9, 11; **4.1.** 23–24, 57–59, 63, 65; **4.1.4.** 9; **5.1.** 3–5, 7, 18, 58, 60–61; **5.3.** 28; **6.1.** 7, 31, 45, 47, 52–52a; **6.1.1.** 14–15; **6.1.13.** 21, 37, 54–56; **6.1.39.** 21, 23; **6.4.** 29–31; **6.6.** 1, 3a–4, 4, 8–9; **8.1.** 92–103; **8.2.** 90; **8.6.** 4, 6; **9.1.** 17; **9.5.** 3; **9.6.** 25; **12.1.** 1; s. a. *Nachweispflicht, Überprüfung, Überwachung*
**Einigungsvertrag 1.1.** 20a; **4.1.** 20; **4.2.** 10; **5.1.** 39; **6.1.** 67a; **6.1.1.** 8; **6.1.18.** 5; **7.1.** 57a; s. a. *Überleitungsregelung*
**Einkaufszentrum 2.5.** Anl. 1/18.6
**Einlagern 7.1.** 57b; **7.3.** 2
**Einleiten 2.5.** Anl. 1/13.2–13.3; von Abwasser **2.3.** 7–8, 17; **4.1.** 54–55, 57–61, 64, 103, 105, 107; **4.1.2.**; **4.2.**; **9.1.** 2; aus IE-Anlagen **4.1.4.** 1, 5; von Stoffen **2.9.** Anl. 1/3–4; **4.1.** 9, 13, 23, 25–26, 43, 45, 48, 89; **4.1.3.** 4; **5.1.** 2; von Wasser **2.3.** 17; **2.5.** Anl. 1/13.2; **4.1.** 25, 46
**Einpack**papier **5.4.** Anl. 1
**Einrichtung,** Ferien **2.5.** Anl. 1/18.1; –, karitative **5.4.** 3; –, öffentliche **4.1.** 3; **5.1.** 3, 12, 56; **5.1.7.** 6, 9; **5.3.** 2, 11; **6.3.** 5; –, technische **4.3.**; **8.2.** 3, 9, 12, 85; –, wissenschaftliche **9.1.3.** 2
**Einsalzen 6.1.4.** Anh. 1/7.13
**Einsammeln** von Abfällen **2.3.** 3, 5, 15; **2.5.** Anl. 1/8.7; **5.1.** 3, 10, 16, 18–19; **6.1.17.** 2
**Einsatz** von verwertbaren Abfällen **5.1.** 23
**Einsatzstoff 6.1.4.** Anh. 1/8.5–8.11; **6.1.17.** 2–3; **8.2.** 44c, 71; **8.2.1.** 4–5; –, neuer **6.1.4.** 1–2; **6.1.13.** 1; – Tagebuch **8.2.** 39i, 44c
**Einschleppen 9.4.** 2–3
**Einschließung**smaßnahme **9.6.** 2, 14
**Einschluss 2.5.** Anl. 1/11.1; **7.1.** 7; **7.3.** 2, 23, 26–27
**Einsetzen** von gebietsfremden Arten **3.1.** 42
**Einsichtsrecht 2.6.** 3; **2.8.** 14, 32; **3.1.** 63; **3.4.** 12; **5.1.** 32; **6.1.** 10, 23b, 47; **6.1.9.** 10–10a; **6.1.12.** 11, 16, 18; **6.2.** 5, 7; **6.3.** 4; **7.3.** 8; **8.4.** 12; **9.6.** 18, 25; **10.2.** 8–10
**Einsparen** s. *Sparsame Verwendung*
**Einspeisen 8.1.** 23; **8.2.** 8–15, 19, 21b, 27a, 44b–44c, 48, 51–52, 57, 79, 85, 95; **8.4.** 9; -management **8.2.** 10b, 85, 95; -regelung **8.2.** 9, 10b, 84a; -vergütung **8.2.** 3, 19, 21, 21b–21c, 23–25, 39i, 39m, 44b–44c, 48, 52–53, 99–100; -vorrang **8.2.** 91
**Einstellen 3.1.** 34, 42–43; **3.4.** 3; **4.1.** 16, 49, 60; **4.1.4.** 4; **5.3.** 21; **5.4.** 18; **6.1.** 5, 7, 14–15, 17, 29a; **6.1.9.** 14a, 4b–4c; **7.1.** 19–19a; **9.1.** 9; **9.6.** 6, 21, 23; **10.2.** 2, 19
**Einstreu 9.5.** 2

**Einstufung 4.1.** 3, 23, 27–28, 62, 83; **4.1.1.** 4, 6–7, 9, 12; **4.1.3.** 3, 5–6; **5.1.** Anl. 1; **6.1.39.** 12, 20; **9.1.** 3, 5, 13–14, 17, 19, 20b; **9.1.3.** 1–2, 4, 6, 20; **9.6.** 7, 10, 30
**Einstweilige** Einstellung **7.1.** 19; **9.6.** 12, 20; – Sicherstellung **3.1.** 22, 66, 69; **11.1.** 329; – Verfügung **8.2.** 83
**Eintrag** von Stoffen **2.9.** 2, Anl. 1/3–4; **4.1.1.** 1, 6, 13
**Einweg**artikel **5.4.** Anl. 1; -besteck **5.1.8.** 3; **5.4.** Anl. 1; -getränkebecher **5.4.** 33; -getränkeverpackung **2.3.** 5; **5.4.** 9, 38; -hinweiszeichen **5.4.** 32; -kunststoffgetränkeflasche **2.3.** 5a; **5.4.** 1, 3, 30a–31, 36, 38; -kunststoffkennzeichnungsverordnung **5.1.** 24; -kunststofflebensmittelverpackung **5.4.** 3, 33; -kunststoffprodukt **5.1.** 46; **5.1.8.** 2–3; -kunststoffverbotsverordnung (EWKVerbotsV) **5.1.** 24; **5.1.8.**; **5.4.** 5; -kunststoffverpackung **5.4.** 3, 14; -teller **5.1.8.** 3; **5.4.** Anl. 1; -verpackung **5.4.** 3, 12, 31–32, 33–34, 36
**Einwendung 2.5.** 21; **4.1.** 11, 14, 83; **4.1.4.** 5; **5.1.** 38; **6.1.** 10–11, 17, 19, 23b; **6.1.9.** 8, 12, 14–21, 23; **6.1.12.** 18; **7.1.** 2a, 7, 7b, 9b; **8.2.** 60; **9.6.** 18; -ausschluss **2.5.** 21, 42, 56; **6.1.** 10; **12.1.** 5, 7; –, missbräuchliche **12.1.** 5; –, unredliche **12.1.** 5
**Einwilligung 11.1.** 228
**Einwirkung 3.4.** 1–4, 7–8; **3.4.1.** 2, 4; **5.1.** 36; **6.1.** 14; **9.1.** 1; **9.6.** 11, 16–16d, 17a, 21, 23, 30; **10.1.** 903, 905–907; s. a. *Umwelteinwirkung;* -bereich **2.5.** 2, 10; –, physikalisch-chemische **9.1.3.** 2, 6, 11
**Einzelfuttermittel 5.1.** 2; -handel **5.1.** 33, Anl. 4; **5.2.** 17; -handelabfall **5.1.** 2; -raumfeuerungsanlage **6.1.1.** 2, 4, 10, 14–15, 26; -schöpfung der Natur **3.1.** 28
**Einziehung 3.1.** 40b, 45, 47–48, 51–51a, 72; **3.3.** 19; **4.3.** 15; **5.1.** 70; **5.2.** 45; **5.3.** 29–30; **5.4.** 37; **6.2.** 7; **7.1.** 49; **9.1.** 27d; **11.1.** 322, 330c
**Einzugs**gebiet **4.1.** 3, 7, 73, 83; **5.4.** 3
**Eisen 2.5.** Anl. 1/3.; **5.4.** 1, 16; **6.1.4.** Anh. 1/3., Anh. 1/3.6–3.7; **6.4.** Anh. 1–2; **8.2.** Anl. 4/4, Anl. 4/123, Anl. 4/136; **10.2.** 1/29–30, 1/34, 1/44; -erzbergbau **8.2.** Anl. 4/4; -pulver **6.1.4.** Anh. 1/3.23; -schrott **6.1.4.** Anh. 1/8.12
**Eisenbahn 1.1.** 73/6, 74/23, 87; **2.5.** 14a, Anl. 1/14.7–14.8, Anl. 1/14.10–14.11; **3.1.** 41; **4.2.** 10; **6.1.** 2, 41–43, 47b–47d, 47e; **6.1.16.**; **6.1.26.** 1; **6.1.32.** 7; **6.5.**; **7.1.** 4, 24; **8.2.** 3; **9.1.** 2; **9.4.** 2; s. a. *Schienenbahn;* -Bundesamt **6.1.** 47e;

1623

# Sachverzeichnis

Fette Zahlen = Gesetzesnummern

**6.1.16.** 5; **6.5.** 9, 13; -fahrzeug **6.5.**; -infrastruktur **6.5.** 1; -kesselwagen **6.1.4.** Anh. 1/10.21; -lärm **2.5.** 14a; **6.5.**; -stromfernleitung **2.5.** Anl. 1/14.7–14.8, Anl. 1/19.13; -system, transeuropäisches **6.5.** 2; -technik **6.1.16.** 5; -übergang **2.5.** 14a; -wagen **2.5.** Anl. 1/3.13; **6.1.4.** Anh. 1/3.19; **6.5.**

**Elbe 4.1.** 7

**Elektrizität 6.1.26.**; **8.2.–8.8.**; *s. a. Strom*; -erzeugung **7.1.** 1, 4, 6–7, 6–7d, 7e, 9a, 19a; **8.2.**; -menge **7.1.** 7, 7e–7g, Anl. 3; -versorgung **8.2.** 1–2, 3; **8.4.** 2; -versorgungssicherheit **8.2.** 85; -versorgungsunternehmen **4.1.** 96; **8.2.** 3, 58, 60–61, 62, 64, 66, 70, 72–76, 74–78, 78, 79a, 104; -verteilungseinrichtung **8.2.** Anl. 4/164

**Elektro**-Altgerät **2.3.** 5; **5.1.** 3; -backofen **5.2.** Anl. 1; -bus **8.2.** 63, 65a, 66; -energiebedarf **8.1.** 3; -fahrzeug **5.3.** 2; **6.1.** 37a; **6.1.4.** Anh. 1/10.17; **8.4.** 2; **8.8.– 8.9.**; -gerät **5.1.** 33; **5.2.**; **5.3.** 2, 12; **8.2.** Anl. 4/167–172; -gerät, Begriff **5.2.** 3; -gerät, neues **5.1.** 65; **5.2.** 28; -gerätekategorie **5.2.** 2, 26–28, 32, Anl. 1; -geräteliste **5.2.** Anl. 1; -graphit **6.1.4.** Anh. 1/4.7; -herd **5.2.** Anl. 1; -kleinstfahrzeug **5.2.** Anl. 1; -kochplatte **5.2.** Anl. 1; -lyse **8.4.** 9a; -magnetische Felder **5.2.** 3; **6.1.26.**; -magnetische Verträglichkeit **6.1.26.** 6; -mobil **8.8.** 1–2; -mobilität **8.4.** 2, 9b, 10–11; -mobilitätsgesetz (EmoG) **8.8.**; **8.9.** 5; -smog **6.1.26.**; -smogverordnung **6.1.** 23; **6.1.26.**; -umspannanlage **6.1.4.** Anh. 1/1.8; **6.1.26.** 1; – und Elektronikgerätegesetz (ElektroG) **2.3.** 5; **5.2.**; **5.3.** 1–2, 5, 9, 11–13, 23; **5.4.** 22; -und Elektronikgeräte-Stoff-VO **5.1.** 24; -werkzeug, schnurloses **5.3.** 2–3, 31

**Elektronikgerät 2.3.** 5; **5.1.** 33; **5.2.**; **5.3.** 2, 12; **8.2.** Anl. 4/153–158; –, altes **5.1.** 3; –, Begriff **5.2.** 3; -kategorie **5.2.** 2, 26–28, Anl. 1; -liste **5.2.** Anl. 1; –, neues **5.1.** 65; **5.2.** 28

**EMAS 2.7.–2.8.1.**; **5.1.** 51, 61; **5.1.5.** 5; **5.3.** 2; **6.1.** 58e; **6.1.9.** 4, 13; **8.2.** 3; **8.4.** 10; *s. a. Umweltaudit*; –, Anforderung **2.7.** 4–7, 13–15, 18, 20–22; –, Anlage **2.8.1.** 1–8; –, Ausschuss **2.7.** 49; –, Förderung **2.7.** 32–38; –, Forum **2.7.** 16–17, 30; –, Gebühr **2.7.** 5–6, 13, 36, 39; –, Information **2.7.** 1, 32–37, 42; –, Logo **2.7.** 10, 13, 35, 40; **2.8.** 37; –, Organisationsbegriff **2.7.** 2; –, peer review **2.7.** 11, 17, 31; –, Privilegierung **2.7.** 38, 44; **2.8.1.**; **4.1.4.** 3; **5.1.** 25, 51, 61; **5.1.5.** 2, 5–6; **6.1.** 58e; **6.1.9.** 4, 13; **8.6.** 4; – Privilegierungsverordnung (EMASPrivilegV) **2.8.1.**; –, Register **2.7.** 12, 42; **2.8.** 32–37; **2.8.1.** 10; **4.1.** 3; **8.6.** 4; –, Registrierung **2.7.** 2–16, 43; **2.8.1.** 1–2; **6.1.9.** 4; **8.2.** 64; –, Standort **2.7.** 2, 10; **2.8.1.**; **4.1.** 3, 24, 65; **4.1.4.** 9; **5.1.** 51, 61; **6.1.** 52a; **6.1.9.** 4; –, Unterlage **5.1.** 51, 61; –, Verzeichnis **2.8.** 1, 32; **4.1.4.** 9; **6.1.** 52a; –, weltweit **2.7.** 3; **2.8.** 33–35; –, Werbung **2.7.** 10, 33–36, 42; –, Zeichen **2.7.** 10, 13, 35, 40; **2.8.** 37

**Emission 2.5.** Anl. 2, Anl. 4; **2.6.** 2, 8–9; **2.8.1.** 3; **2.9.** 13; **4.1.3.** 4; **4.1.4.** 3, 8; **5.1.** 3, 6, 41–43, 47; **5.3.** 4, 13, 5, 7, 17, 23, 26–32, 37–38, 43, 47, 52–54, 61–62, 66–67; **6.1.1.** 2, 3–10, 13; **6.1.9.** 4a–4b, Anl.; **6.1.12.** 2; **6.1.13.** 2; **6.1.17.** 1–2, 9; **6.1.32.**; **6.1.39.**; **6.4.**; **6.5.** 2, 4, 6; **6.6.** 2–5, 7–8, 10, 12–13, Anl. 2; **6.7.**; **8.6.** 2; **8.8.** 3; *s. a. Freisetzen*; -art **4.1.4.** 3; -bandbreite **4.1.** 54, 57; **6.1.** 3, 7, 12, 17, 31, 48; **6.1.9.** 21; -begrenzung **2.8.1.** 5, 7–8; **4.1.** 3; **4.1.4.** 4, 8; **5.1.** 3; **6.1.** 3, 5, 7, 12, 17, 29, 31, 32, 34, 37–38, 48, 48a, 52, 53, 62; **6.1.1.**; **6.1.9.** 4b, 21; **6.1.13.** 10, 23, 39; **6.1.39.**; **8.1.** 103; *s. a. Emissionsgrenzwert*; –, Begriff **6.1.** 3; **6.4.** 3; -bepreisung **6.7.** 1, 10, 21; -berechtigung **6.4.** 1, 3, 7–18; *s. a. Berechtigung*; -bericht **2.3.** 16; **6.1.** 27, 48a; **6.4.** 5, 21, 23, 27–30, 32, Anh. 2; **6.7.** 6–8, 15, 20–22, Anl. 2; -bericht, vereinfachter **6.4.** 27–28; -berichterstattungsverordnung 2022 (EBeV 2022) **6.7.** 6–7; -bilanz **6.6.** 3a; -daten **6.6.** 8, 12; -erklärung **2.8.1.** 7; **5.1.** 41, 69; **6.1.** 27, 48a, 62, 67; -ermittlung **2.8.1.** 4; **6.1.** 26–31; **6.4.** 3, 5–6, 18, 20, 27–28, Anh. 2; –, flüchtige **6.6.** Anl. 1; -genehmigung **6.4.** 4, 32; -grenzwert **4.1.** 57; **4.1.2.** 1; **4.1.4.** 4, 8; **5.1.** 47; **6.1.** 7, 23, 31–33, 37–38, 48, 48a; **6.1.1.** 3–10, 25–26; **6.1.9.** 4a, 21; **6.1.13.** 2, 5–6, 17–21, 23, 27–34, 39, 42–44, 48–53, 59, 64; **6.1.17.** 2, 8–10, 23; **6.5.** 2–4; -grenzwert, fiktiver **4.1.** 57; -handel **6.4.**; **6.7.**; -handelsregister **6.4.** 7, 17, 28; **6.7.** 9, 12, 16, 20; -handelsstelle **6.4.** 19; -handelssystem **6.4.** 1; -handelssystem, europäisches (EU-ETS) **6.4.** 1; **6.7.** 1, 3–4, 7; -handelssystem, nationales (nEHS) **6.7.**; -höchstmenge **6.1.39.** 33–34; -inventar **6.1.39.** 33; -kataster **6.1.** 46; **6.1.39.** 17, 20; -massenströme **3.4.** 3; -menge **4.1.4.** 3; **5.1.** 41; **6.1.** 27; **6.1.39.** 27, 33–34, Anl. 13; **6.6.** 4–5, 7–9, 12, Anl. 2; **6.7.** 4, 7–8; -minderung **4.1.4.** 3, 8; **6.1.** 37a; **6.6.** 3–4, 8, 10, 12–13; -prog-

## Sachverzeichnis

nose **6.1.39**. 33; -quelle **4.1.4**. 3; **6.1.39**. 1, 22, 24; **6.4**. 4; **6.6**. 4–5, Anl. 1; -quelle, natürliche **6.1.39**. 1, 24; -reduktionseinheit **8.2**. 80; -typ **4.1.4**. 9; **6.1**. 52a; -überwachung **4.1**. 54; **4.1.4**. 8; **5.1**. 47; **6.1**. 3, 31, 52–52a; **6.1.9**. 21; **6.4**. 2; *s. a. Überwachung;* -wert **4.1**. 54; **4.1.4**. 3–4, 8; **6.1**. 3, 12, 31, 48, 52–52a; **6.1.9**. 21; **6.5**. 10; -wert, assoziierter **4.1**. 54; **6.1**. 3, 7, 12, 17, 48; -zertifikat **6.7**. 1, 3–4, 8–12, 21; *s. a. Emissionsberechtigung;* -zuweisung, Ankauf **6.6**. 7

**Empfehlung 1.2**. 288; **5.1.5**. 5; **9.1.3**. 20; **9.6**. 5

**Empfindlichkeit,** Gebiet **2.5**. 7, 40, Anl. 2–4, Anl. 6; **4.1.4**. 9; **6.1**. 52a; **6.1.9**. Anl.; **6.1.32**. 8; –, Lärm **6.1.32**. 7; –, Menschen **6.1.39**. 1, 27–28, Anl. 14; **9.1.3**. 3; –, ökologische **4.1.3**. 4

**Ems 4.1**. 7

**Emsland (KKW) 7.1**. 7, Anl. 3–4

**Emulsion**sspaltung **2.5**. Anl. 1/8.5–8.6; **6.1.4**. Anh. 1/8.8

**EN**-Norm *s. Technische Norm*

**End**energie **10.1**. 555b; -energiebedarf **8.1**. 20, 85–87, 103; -energieverbrauch **8.1**. 1, 41, 82, 85–87; -lager **7.3.**; *s. a. Endlagerung;* -lagerbergwerk **7.3**. 1–2; -lagerstätte **7.1**. 9d; -lagersystem **7.3**. 2; -lagerung **2.5**. Anl. 1/11.2; **7.0.2**. 2; **7.1**. 2c–2d, 5–6, 9a–9i, 21, 23d, 58; **7.3.**; -lagerung, Begriff **7.3**. 2; -lagerungsgestein **7.3**. 1; -nutzer **5.2**. 3–4, 7–8, 12, 17–18, 19a, 28, 31; **5.3**. 2–3, 8–11, 18; **8.6**. 2; *s. a. Letztverbraucher, Verbraucher;* -verbraucher **2.3**. 5a; **5.4**. 3, 7, 11–15, 31–32, 33–34; *s. a. Letztverbraucher, Verbraucher*

**Energie 1.2**. 4, 194; **2.3**. 3; **2.5**. Anl. 1/1.; **2.6**. 2; **5.1**. 6–7; **6.1**. 7; **6.1.4**. Anh. 1/1.; **8.6**. 2; –, anfallende **5.1**. 15; **6.1.9**. 4a, 4d; -ausweis **8.1**. 3, 31, 48, 79–88, 98–101, 108, 112; -ausweis, Angaben **8.1**. 85; -ausweis, Ausstellung **8.1**. 80, 83, 85, 88, 99, 108, 113; -ausweis, Auswertung **8.1**. 100–101; -ausweis, Gültigkeit **8.1**. 79–80; -ausweisaussteller **8.1**. 48; -bedarf **8.1**. 3, 10, 15–33, 50, 85; -bedarfsanteil **8.1**. 30; -bedarfsausweis **8.1**. 3, 31–32, 79, 81, 85, 87, 98, 100, 112; -bereitstellung **6.1.17**. 2; –, chemische **5.3**. 2; -effizienz **1.2**. 194; **2.3**. 11; **4.1.2**. 3; **5.1**. 36, Anl. 2; **6.1**. 5; **6.1.9**. 4d; **8.1**. 3, 74, 84, 89–91, FN am Titel; **8.2**. 69, 94; -effizienzklasse **8.1**. 86–87, 112; -effizienzkontrolle **6.1.13**. 14; -effizienzverbesserung **6.6**. 15; **6.7**. 1; **8.1**. 84, 89, 91; **8.2**. 64–64a; **8.4**. 10, 12, Anl.; -effizienzwert **8.2**. 39, 44c; -einsparung **1.2**. 194; **6.1**. 5; **6.1.9**. 4d; **6.6**. 15; **8.**;

**8.1**.; **10.1**. 555b, 555d; -eintrag **4.1**. 45a–45b; –, elektrische **5.3**. 2; *s. a. Elektrizität, Strom;* –, erneuerbare *s. Erneuerbare Energien;* -erzeugnis **6.1**. 37b, 37b–37c, 37f; -erzeugung **3.1**. 57; **4.1**. 11a, 38, 52, 70, 78; **4.1.4**. 3; **5.1**. 3, Anl. 2; **6.1.4**. Anh. 1/8.11; -fonds **7.1**. Titel-FN; -freileitung **3.1**. 1, 41; in Gebäuden **8.1**. 1; -gehalt **6.1**. 37b–37c; -gesellschaft **8.2**. 3, 36g, 55, 100; -importminderung **8.1**. 1; -infrastruktur **1.2**. 170; –, intelligente **8.2**. 95; -intensität **8.4**. 10, Anl.; -leitung **3.1.2**. 4; -managementsystem **8.2**. 3, 64, 69, 94, 103; **8.4**. 10; -markt **1.2**. 194; -markt, geregelter **8.2**. 21; –, mechanische **8.4**. 10; -menge **8.2**. 60, 72, 74, 77; -netzkonnektion **1.2**. 194; –, nicht erneuerbare **10.1**. 555b; -politik **1.2**. 194; -quelle, neue **1.2**. 194; -quellenwahl **1.2**. 192, 194; -ressourcen **8.2**. 1; -speicher **8.8**. 2; -statistikgesetz (EnStatG) **2.3**. Titel-FN; -steuer **6.1**. 37a; **8.4.**; -steuergesetz **6.1**. 37a–37b; **6.7**. 2–3, 14; **8.2**. 61c; **8.4**. 2, FN am Titel; -träger **8.1**. 9, 52, 85, 87; **8.2.1**. 2–2a; -träger, fossiler **8.1**. 52; **8.2**. 1; -träger, synthetisch erzeugter **8.1**. 9; -trägermix **8.2**. 78; -umwandlung **5.1**. 3; -union **6.6**. 2; -verbrauch **8.1**. 1, 3, 6, 15, 18, 20–33, 41, 50, 53, 82; **8.6**. 2, 3; -verbrauchsausweis **8.1**. 3, 79, 82, 85, 87, 98, 100, 112; -verbrauchsbeeinflussung **8.6**. 2; -verbrauchserfassung **8.1**. 6, 85; -verbrauchsrelevante Nutzung **8.6.**; -verbrauchsrelevante-Produkte-Gesetz (EVPG) **8.6.**; -versorgung **1.2**. 192, 194; **2.3**. 11; **3.1**. 1; **4.1**. 96; **6.1.13**. 5, 30, 33; **8.1**. 1; **8.2**. 1–2; -versorgungssicherheit **1.2**. 194; -versorgungsunternehmen **8.1**. 107; –, verwendete **6.1.9**. 4a; -verwendung **4.1.4**. 3; -wandler **8.8**. 2; -wende **8.2**. 95; -wirtschaft **1.1**. 74/11; **6.6**. 4–5, 8, Anl. 1–2; **8.**; -wirtschaftsgesetz **2.5**. Anl. 1/19.1–19.2, Anl. 1/19.5, Anl. 1/19.12, Anl. 5/1.10, Anl. 5/1.14; **6.1**. 13; **6.1.13**. 2, 28; **8.2**. 3, 9–12, 22, 27a, 39n, 57–59, 78, 85–86, 85a, 88–88a; **12.1**. 1; -zwischenspeicher **8.2**. 3, 19

**Enteignung 1.1**. 14, 74/14; **3.1**. 68; **6.3**. 9; **7.1**. 9d–95; –, Vorwirkung **4.1**. 71; **7.1**. 9e

**Entfernen 4.1**. 38; **5.1**. 9; **5.2**. 3, 14, 16–17; **9.1**. 3; **9.1.3**. 2

**Entfetten 6.1.4**. Anh. 1/5.1

**Entfeuchten 8.1**. 66

**Entfeuchter 5.2**. Anl. 1

**Entfrachten 5.2**. 3, 20–22

**Entgasen 2.3**. 3; **2.5**. Anl. 1/8.1; **6.1.4**. Anh. 1/8.1, Anh. 1/8.7, Anh. 1/10.22

# Sachverzeichnis

Fette Zahlen = Gesetzesnummern

**Entgelt 1.1.** 74/22; **5.1.** 29, 44; **5.2.** 13, 17; **5.4.** 7, 21–22; **8.2.** 81; *s. a. Netzentgelt;* -festsetzung **5.1.** 29
**Entladen 6.1.4.** Anh. 1/9.11; –, Güter **6.1.32.** 1/19; **11.1.** 328; –, Munition **2.5.** Anl. 1/10.1; **10.2.** 1/90; –, Tiere **3.3.** 2a
**Entladung**slampe **5.2.** 22, 26–27, 29–30, 32, Anl. 1
**Entledigen 3.3.** 3; **4.1.** 32, 45; **5.1.** 3; **5.1.5.** 4
**Entleeren 4.1.** 62; **9.1.** 12i, 26
**Entnehmen,** Altbatterien **5.2.** 3–4, 10, 17, 28; –, Genehmigung **3.1.** 39, 69; –, Pflanzen **3.1.** 39, 44–45, 69; **4.1.** 38; **9.4.** 13; –, pflegliches **3.1.** 39; –, Pilze **3.1.1.** 2; –, Stoffe **4.1.** 9; –, Strom **8.4.**; –, Tiere **3.1.** 39, 44–45a, 69, 71a; **9.4.** 13; –, Wasser **2.5.** Anl. 1/13.3, Anl. 1/13.7; **2.9.** Anl. 1/5; **4.1.** 3, 8–9, 13a, 33, 46–47; **4.1.1.** 3, 7; **4.2.** 4, 10; von Wölfen und Wolfshybriden **3.1.** 45a
**Entschädigung 1.1.** 14–15; **2.9.** 3; **3.1.** 51, 68; **4.1.** 14, 16, 18, 20, 37, 52, 95–99; **5.1.** 34, 36; **6.1.** 21, 42; **6.3.** 8, 12–13; **7.1.** 1, 9b, 9e–9f, 13, 18, 29, 39; **8.2.** 88–88a, 95; **9.4.** 14, 54; -fonds **9.5.** 11; -verfahren **4.1.** 98
**Entscheidung 8.2.** 62, 66–69, 81, 85; –, nachträgliche *s. nachträgliche Entscheidung*
**Entschwefelung 6.1.13.** 2, 17, 19, 22, 28, 36; **6.1.17.** 2
**Entseuchen 9.1.** 12a
**Entsiegeln 3.1.** 1, 15; **3.1.2.** 2, 8, 10–11, Anl. 6; **3.4.** 5; **4.1.** 78d
**Entsorger**gemeinschaft **5.1.** 56–57
**Entsorgung 2.3.** 2–6; **2.5.** Anl. 3; **3.1.** 4; **3.4.** 2; **4.1.** 55; **5.1.** 2–3, 10, 17–22, 24–26a, 30, 34–44, 47–59, Anl. 1; **5.1.5.**; **5.1.7.** 4; **5.2.** 3, 7, 13–14, 16–17a, 19–19a, 22, 45–46; **5.3.** 1; **5.4.** 2; **7.1.** 2c–2d, 9a–9i, 24b; **9.1.** 12i–12j, 17; **9.1.2.** 3; **9.1.3.** 2; **9.6.** 3, 10; **10.2.** 1/74; *s. a. Abfallentsorgung;* -ausschluss **5.1.** 20; -dienstleistung **5.2.** 33; -erklärung **5.1.** 50, 52; -fachbetrieb **2.8.1.** 3; **5.1.** 51, 54, 56–57, 61; **5.1.5.** 2; **5.2.** 21; **5.3.** 2; -fahrzeug **6.1.** 47; -finanzierung **5.2.** 7; -fondsgesetz **7.1.** Titel-FN, 2d, 7; -gebiet **5.1.** 20, 26, 29–30; –, kerntechnische **7.1.** FN am Titel; -kosten **5.2.** 7, 19; -nachweis **2.3.** 2; **5.1.7.** 4, 6; **5.4.** 17; **7.1.** 9a, 17; –, nukleare **7.0.2.**; **7.1.** Titel-FN, 2c–2d, 9a–9i, 24b; –, ordnungsgemäße **5.1.** 49–50, 52; -pflicht **2.3.** 3; **5.1.** 17, 20, 30, 47; **5.1.5.** 5; **5.2.** 13–14, 16–17, 19, 22; **7.1.** 2c, 9a, 9i; -plan **2.5.** Anl. 2; **5.2.** 29; -programm **2.5.** Anl. 5/1.13; **7.1.** 2c–2d, 24b; -sicherheit **7.0.2.**; **7.1.** 21, 23d; -träger **2.3.** 3, 14; **5.1.** 17–18, 20–22, 25, 29–31, 34–46, 54; **5.1.5.** 3; **5.1.7.** 1; **5.2.** 3, 5, 12–18, 22, 24–26, 31–32, 34–35, 38–39; **5.3.** 5, 7, 9, 13, 18; **5.4.** 16, 18–19, 22; -übergangsgesetz **7.1.** 9a, 21b, FN am Titel; –, umweltgerechte **5.2.** 3; –, umweltverträgliche **5.1.** 24; **5.1.5.**; **5.2.**; **5.3.**; **6.1.** 3; –, umweltverträglichere **4.1.** 55; -unternehmen **5.1.** 47–48; **5.2.** 33, 40; **5.4.** 26; -weg **6.1.** 12; -wirtschaft **5.2.** 35; **5.3.** 18; **5.4.** 28
**Entspannen 8.4.** 9a
**Entwässern 2.5.** Anl. 1/13.5; **4.1.** 2, 28, 46, 92–95; **11.1.** 329; –, Klärschlamm **4.1.** 54
**Entweichen 3.1.** 42
**Entwenden 7.1.** 41–44
**Entwesen 9.1.** 12a
**Entwicklungs**fonds **2.5.** Anl. 5/2.7; -form **3.1.** 7, 44, 46, 69, 71a; **9.4.** 13; –, Gewässer **4.1.** 39; – (Innovation) **2.0.** 2; **2.1.** 2; **2.9.** Anl. 1/1; **3.1.** 25; **4.2.** 13; **5.1.** 7, 23, 35, Anl. 4–5; **5.1.5.** 8, 10; **5.2.** 2; **6.1.** 32–35, 54; **6.1.4.** 1–2; **6.1.13.** 1; **6.1.17.** 1; **6.4.** 2; **7.1.** 2c, 21b; **8.2.** 1, 3, 22–22a, 28c, 94; **9.1.** 9, 17, 28; **9.1.3.** 15h; **9.6.** 1; des ländlichen Raumes **2.5.** Anl. 5/2.7; –, nachhaltige **1.2.** 11, 174, 191; **1.3.** 37; **2.5.** Anl. 4, Anl. 6; **2.7.** 1, 20; **2.8.** 1, 7; **3.1.** 1, 25–27; **4.1.** 28, 31, 45h; **4.1.1.** 8; **6.1.9.** Anl.; **6.1.39.** 26, 34; **8.1.** 1; **8.2.** 1; von Natur und Landschaft **3.1.** 1, 9, 21–23, 26–29, 32; –, technische **1.2.** 4, 13; **4.1.** 3; **6.1.** 3, 37d; -vorhaben **2.5.** 14; -ziel **3.1.** 38; -zusammenarbeit **1.2.** 4
**Entzündlich 9.1.3.** 3; **11.1.** 326
**Entzug,** Gütezeichen **5.1.** 56–57; –, Qualitätszeichen **5.1.** 12; –, Sachkundenachweis **9.4.** 9
**Environmental** Management and Audit Scheme (EMAS) **2.7.–2.8.1.**; *s. a. EMAS, Umweltaudit;* – performance *s. Umweltleistung*
**Epoxid 6.1.4.** Anh. 1/4.1, Anh. 1/5.2, Anh. 1/5.7; **6.4.** Anh. 1
**Erbe** *s. a. Kulturerbe, Naturerbe;* –, regionales **1.2.** 13
**Erbgutverändernd 3.4.1.** 9; **9.1.3.** 14; **11.1.** 326
**Erd**-Aufschluss **4.1.** 48; -aushub **3.4.1.** 1–2, 4, 11; **6.1.4.** Anh. 1/8.15, Anh. 1/9.11; **10.2.** 1/72; -beben **6.1.12.** 3; **6.1.39.** 1; -boden *s. a. Boden;* -gas **3.1.** 33; **4.1.** 9, 13a, 104a; **6.1.** 37b; **6.1.1.** 3, 14; **6.1.13.** 2, 7, 17–18, 22, 31, 33–34, 59, 64; **6.1.17.** 1, 2; **6.4.** Anh. 1; **6.7.** Anl. 2; **8.1.** 22; **8.2.** 44b, 104; **10.2.** 1/2; -gas, naturbelassenes **2.5.** Anl. 1/1.2, Anl. 1/

Magere Ziffern = §§　　　　　　　　　　**Sachverzeichnis**

1.4; **6.1.4**. Anh. 1/1.2, Anh. 1/1.4; -gasgewinnung **8.2**. Anl. 4/3; -gaskraftstoff **6.1**. 37a; -gasnetz **8.1**. 22, 40; **8.2**. 3, 44b, 89; -gasreformieren **6.1.13**. 62–66; -gasröhrenspeicher **2.5**. Anl. 1/9.1; **6.1.4**. Anh. 1/9.1; -kabel **2.5**. Anl. 1/19.11; **6.1.26**. 1; -keller **3.1**. 39, 69; -oberfläche **3.4**. 2; **4.1**. 78a; -öl **2.5**. Anl. 1/1.2, Anl. 1/1.4, Anl. 1/4.3; **4.1**. 9, 13a, 104a; **6.1.4**. Anh. 1/1.2, Anh. 1/1.4, Anh. 1/4.4; **6.1.17**. 1; **10.2**. 1/49; -ölbevorratung **6.1**. 37a; -ölerzeugnis **6.1.4**. Anh. 1/4.4; **6.4**. Anh. 1; **10.2**. 1/49; -ölgas **2.5**. Anl. 1/1.2, Anl. 1/1.4; **6.1.1**. 3, 14; **6.1.4**. Anh. 1/1.2, Anh. 1/1.4; **6.4**. Anh. 1; -ölgewinnung **8.2**. Anl. 4/2; -öllagerung **2.5**. Anl. 1/9.4; **6.1.4**. Anh. 1/9.37; -wärme **4.1**. 9; **8.4**. 2
**Erde 2.3**. 11; **2.5**. Anl. 1/2.; **6.1.4**. Anh. 1/2.; **8.2**. Anl. 4/10; **9.4**. 2; **10.1**. 905
**Erdwärme 4.1**. 11a
**Ereignis 2.9**. 13; **4.1.4**. 9; **5.1**. 43; **6.1**. 31, 52a; **6.1.12**. 2, 19; s. a. *Nukleares Ereignis*
**Erfahrung**saustausch **6.1**. 33; **6.1.12**. 16; **6.6**. 15; -bericht **4.1**. 13a; **6.1**. 37g; **6.7**. 23; **8.1**. 101, 103; **8.2**. 99
**Erfassen** von Abfällen **5.1**. 10, 17, 19, 25; von Altbatterien **5.3**. 2, 10–11, 16; von Altgeräten **5.2**. 2–3, 10–12, 45; von Altlasten **3.4**. 11, 21; **5.1**. 40; –, branchenbezogen **5.4**. 8; von Getreide **6.1.4**. Anh. 1/9.11; –, getrennt **5.1**. 17; **5.2**. 10–11, 18; **5.3**. 2, 11, 16; **5.4**. 3, 22; **6.1.17**. 12; –, Quote **5.2**. 10; –, umweltverträglich **5.4**. 22; von Verpackungsabfall **5.4**. 3, 8, 22; von Wertstoffen **5.1**. 10, 17; –, Zustand von Natur und Landschaft **3.1.2**. 4
**Erfolg**skontrolle **3.2**. 15
**Erfrischungs**getränk **8.2**. Anl. 4/40
**Erfüllungs**erklärung **8.1**. 92–94, 96; -fiktion **8.1**. 36, 104; -vereinbarung **8.1**. 103
**Erhaltung**, Gewässer **4.1**. 39, 45a, 45e; -maßnahme **10.1**. 555a, 555f; –, Naturhaushalt **4.1**. 39; -pflicht **4.1**. 38; –, Umwelt **1.2**. 191; **6.1**. 47d; -ziel **3.1**. 1, 5–7, 9, 32–34; **4.1**. 27, 45e; **6.1.9**. 4e; **11.1**. 329; -zustand **3.1**. 7, 19, 44, 45, 71–71a; **9.4**. 13
**Erhitzer 6.4**. Anh. 1
**Erhöhen 4.1**. 78a
**Erholung 2.5**. Anl. 3; **3.1**. 1, 5, 7, 9, 11, 16–27, 59–62, 66; **3.2**. 1, 9, 13–14; **3.4**. 2; **4.1**. 39; **6.1.32**. 7; -heim **6.3**. 5; -landschaft **3.1**. 1, 5; -raum, großflächiger **3.1**. 1; -wald **3.2**. 9, 13, 45
**Erklärung 3.1**. 22, 32; **4.1**. 24; **4.2**. 11–12; **5.1.7**. 4, 6, 10; **6.1**. 34; **6.2**. 4; **9.1**. 12i–12k, 19a, 26, 27a; s. a. *Teilnahmeerklärung, Umwelterklärung;* der Anforderungserfüllung **8.1**. 92–94, 96; zur Entsorgung **5.1**. 50, 52; –, gemeinsame **8.2**. 23b; über Rücknahmekonzept **5.2**. 7a; über Systembeteiligung **5.4**. 9; der Verbindlichkeit **3.4**. 13; der Vollständigkeit **5.4**. 11, 26, 36
**Erkunden** von Standorten **2.5**. Anl. 5/1.15–16; **3.4.1**. 2; **5.1**. 34; **7.1**. 9d–g, 21b; **7.3**. 2–4, 7, 10, 12–18, 36
**Erlaubnis 2.5**. 2; **2.9**. Anl. 1/2–5; **3.1**. 61; **3.3**. 2a, 6, 11, 16, 18, 21; **4.1**. 8–13b, 15–20, 26, 43, 45, 46, 48–49, 57, 87, 103–105; **4.1.4**. 1–5, 8–9; **5.1**. 10–11, 16, 53–54, 65, 69, 72; **5.4**. 21, 26; **6.1**. 13, 20, 23b; **6.4**. 8, 31; **7.1**. 9b, 23d; **8.4**. 4, 8–9, 11, 15; **8.9**. 5; **9.1**. 17–19a; **9.1.2**. 6; **9.1.3**. 15d; **9.6**. 22; **12.1**. 1; s. a. *Genehmigung;* –, gehobene **4.1**. 15–16, 104
**Erleichterung** der Abfallbewirtschaftung **5.1**. 24; für auditierte Standorte **2.7**. 38, 44; **2.8.1.;** **4.1**. 24, 65; **5.1**. 51, 61; **5.1.5**. 5–6; **6.1**. 58e; **6.1.9**. 4, 13; –, Berichtspflichten **2.3**. 17; des Informationszugangs **2.5.1**. 3; **2.6**. 7; für Kleinemittenten **6.4**. 27; für Kleinunternehmen **5.4**. 34
**Erlöschen 4.1**. 21; **5.1**. 12; **5.2**. 34; **5.4**. 19; **6.1**. 18; **6.4**. 27; **8.2**. 35a, 36a, 37d, 39e; **8.4**. 15; **9.6**. 27, 41
**Ermessen**, pflichtgemäßes **3.1**. 3, 40a, 45; **3.4**. 10; **4.1**. 12; **5.1**. 36
**Ermitteln 3.1**. 6, 9; **4.1**. 23, 76, 88, 91, 101; **4.1.1**. 2–3, 6, 10–11; **4.1.3**. 4; **4.3**. 13, 15; **5.1**. 61; **6.1**. 48a, 58e; **6.1.1.3**. 17–20, 67; **6.1.39**. 1, 12–14, 17, 20; von Bodenveränderungen **3.4**. 9; von Daten **8.1**. 82–83; von Emissionen **2.8.1**. 4; **5.1**. 41; **6.1**. 26–31; **6.4**. 3, 5–6, 18, 20, 24, 27–28, Anh. 2; von Gefahrstoffen **9.1**. 19; **9.1.3**. 6; von Immissionen **6.1**. 26–31; des Kompensationsbedarfs **3.1.2**. 4–8; der Lärmbelastung **6.3**. 3, 11; von Sanierungsmaßnahmen **2.9**. 8; von Standort/regionen **7.3**. 13–14, 18; von Straftaten **2.6**. 8; von Umweltauswirkungen **9.6**. 15; von umweltgefährdenden Stoffen **3.4**. 8, 22
**Ernährung**, Tiere **3.3**. 2–3, 16
**Erneuerbare Energien 1.2**. 194; **2.3**. 11–12; **3.1**. 1, 57; **4.1**. 11a, 38, 52, 70, 78; **6.1**. 10, 16b, 23b; **6.4**. 2; **6.6**. 15; **8.2.; 8.2.1.; 8.4**. 2, 9; –, Anteil **8.1**. 1, 10, 34–45, 72, 85; **8.2**. 1, 3, 78; –, Begriff **8.1**. 3; **8.2**. 3; –, Förderung **8.1**. 89–91; **8.2**. 1; –, Gesetz (EEG) **8.1**. 22, 40; **8.2.; 8.2.1**. 1–2a; –, Integration **8.2**. 2, 11; -nicht-bio-

1627

# Sachverzeichnis

Fette Zahlen = Gesetzesnummern

genen Ursprungs **6.1.** 37a; –, Nutzung in Gebäuden **8.1.** 1, 3, 10, 22–23, 34–45, 52–56, 85, 89–90, 107, 110; – Richtlinie **8.2.** 79; – Verordnung **8.2.** 11, 59–60, 77, 79–79a, 85

**Erörterungstermin 2.5.** 18, 42; **6.1.** 10, 16b; **6.1.9.** 8, 12, 14–20; **7.1.** 2a, 7, 9b; **7.3.** 7

**Erosion 2.5.** Anl. 1/13.16; **3.1.** 5; **3.2.** 12; **3.4.** 17; **3.4.1.** 2–3, 5, 8, 12; **4.1.** 78a

**Erprobung 2.5.** 14; **3.1.** 25; **3.3.** 7a; **4.1.** 8, 13a, Anl. 1; **5.1.** 35; **6.1.** 7, 8a, 12, 17, 48; **6.1.4.** 1–2; **6.1.9.** 24; **6.1.12.** 10, 21; **6.1.13.** 1; **6.4.** 2, Anh. 1; **7.1.** 2c

**Errichten 1.1.** 73/14; **2.5.** 2, Anl. 1; **3.1.** 42–43, 61, 69; **3.2.** 13; **3.4.** 3; **4.1.** 11a, 23, 34, 36, 50, 60, 62–63, 70, 78, 78b–78d, 91, 93, 101, 103; **4.1.4.** 2; **4.2.** 10; **5.1.** 13, 30, 35, 37, 39, 43–44, 47, 69; **6.1.** 2, 4–31, 33, 47, 49, 62, 67; **6.1.1.** 1, 4–11; **6.1.4.** 1–2; **6.1.9.** 1–2, 22–24; **6.1.12.** 6, 12, 20; **6.1.13.** 1, 5–12, 26–35, 41–44, 67; **6.1.17.** 1, 4, 6–10; **6.1.18.**; **6.1.26.** 1–4, 9; **6.3.** 5–9; **7.1.** 7, 9a–9g, 19, 21, 21b, 56, 57b; **7.3.** 19–20, 26; **8.1.** 8–45, 80–81, 81, 88–89, 91–92, 95–96, 103–104, 104; **9.6.** 6, 8, 11–12, 18, 27–29; **11.1.** 312

**Ersatz** *s. a. Substitution;* -anlage **8.1.** 61–73; **8.2.** 61e–61g; -anspruch **5.1.** 18; -baustoffverordnung **3.4.** 8, 13; **5.1.** 8, 10, 16; -land **4.1.** 96; -maßnahme **2.5.** 24, 28, 68; **3.1.** 13, 15–19, 56a; **3.1.2.** 1–2, 8–9, 12–14, 17, Anl. 5; **4.1.** 77; **4.3.** 5; **6.1.9.** 4, 20; **8.1.** 53–55; -materialien **5.1.** 3; -produkt **6.1.4.** Anh. 1/7.30; -stoff **4.3.** 5; **9.1.** 17, 21; **9.1.3.** 17; -zahlung **2.5.** 67a; **3.1.** 15, 29, 56; **3.1.2.** 1, 13–16

**Erschließung 6.3.** 4–5; -maßnahme **1.1.** 74/18; von Grundwasser **4.1.** 49

**Erschmelzen 2.5.** Anl. 1/3.2–3.5; **6.1.4.** Anh. 1/3.2, Anh. 1/4.9; **6.4.** Anh. 1

**Erschütterung 2.5.** Anl. 4; **6.1.** 3, 32, 53; **6.1.9.** Anl.; **10.1.** 906; **10.2.** 3; **11.1.** 325a

**Erstattung 2.6.** 12; **5.1.** 29; **5.2.** 5, 32–34, 39; **6.1.** 52; **6.3.** 9–10, 12–13; **8.2.** 57–58; **8.4.** 11

**Erstaufforstung 2.5.** Anl. 1/17.1; **3.2.** 10, 45

**Erstbehandlung 5.2.** 2–3, 14, 20–22, 45; -anlage **5.2.** 12, 14, 17a–17b, 21–22, 24–27, 29–32, 38, 46; -anlage, Verzeichnis **5.2.** 31

**Erste-Hilfe-**Einrichtung **9.1.3.** 13

**Ersteinfuhr 5.2.** 3

**Ertrag,** nachhaltiger **3.1.** 5

**Ertüchtigungs**maßnahme **8.2.** 40

**Erwärmen 2.5.** Anl. 1/7.18; **6.1.1.** 2, 14; **6.1.13.** 1

**Erweitern 2.5.** 2, 14a; **3.1.** 42–43, 69; **4.1.** 78, 78b–78d; **6.1.** 16; **6.1.4.** 1–2; **6.1.13.** 4, 9; **6.3.** 2, 4, 9, 13; **8.1.** 51; **8.2.** 12–13, 17, 95

**Erwerben 3.1.** 44, 44–46, 69, 71–71a; **3.1.1.** 6; **3.3.** 3; **8.6.** 4; **9.1.** 12i–12j, 26; **9.1.2.** 2

**Erwirtschaften** von Aufwendungen **8.1.** 14, 47

**Erz 2.5.** Anl. 1/3.1, Anl. 1/3.4; **6.1.4.** Anh. 1/3.1, Anh. 1/3.3; **6.4.** Anh. 1; **10.2.** 1/28

**Erzeugen 1.1.** 73/14, 74/17, 87c; **2.5.** Anl. 1/1.1–1.2, Anl. 1/1.11, Anl. 1/8.2, Anl. 1/11.; **3.2.** 9, 41; **4.1.4.** 3; **5.1.** 1, 3, 6–8, 10, 12, 15, 17, 47, 49–51, 56, 58–59, Anl. 4; **5.1.7.** 1, 4; **6.1.** 3, 10; **6.1.4.** Anh. 1/1.1–1.2, Anh. 1/1.14–1.15, Anh. 1/7.3, Anh. 1/8.5–8.6; **6.1.9.** 4a, 21, 25; **7.1.** 2, 7, 9a, 26, 46; **9.5.** 2; **9.6.** 1, 3; **10.2.** 1/Anh.; **11.1.** 330d; von Leben, künstliches **1.1.** 74/26

**Erzeugnis 1.1.** 74/17; **2.3.** 2, 5–5a, 10; **2.5.** Anl. 1/2.4, Anl. 1/2.6, Anl. 1/4., Anl. 1/7., Anl. 1/7.14–7.29, Anl. 1/9.1–9.8; **3.1.** 7, 44, 46, 48, 54; **3.1.1.** 5–6; **4.2.** 10; **5.1.** 2–7, 10, 23–27, 45, 50, 59–60, Anl. 5; **5.1.7.** 1a; **5.3.** 1; **5.4.** 3; **6.1.** 2, 35–37, 52–54, 56; **6.1.4.** Anh. 1/4., Anh. 1/5.1, Anh. 1/5.3, Anh. 1/7., Anh. 1/7.8, Anh. 1/7.14, Anh. 1/7.21, Anh. 1/7.23–7.24, Anh. 1/7.30, Anh. 1/7.32, Anh. 1/7.34; Anh. 1/9.1, Anh. 1/9.37; **6.1.17.** 2; **6.1.39.** 28; **6.4.** Anh. 1; **8.2.1.** 2, 3; **8.4.** 9a; **9.1.** 2–3, 13–15, 16e, 17, 19, 23, 26–27, 27c; **9.1.2.**; **9.1.3.** 1–2, 16–17; **9.5.** 3; **9.6.** 14, 36a; *s. a. Produkt;* –, beanstandetes **9.1.** 21; –, gebrauchtes **5.1.** Anl. 5; –, neues **2.5.** 14; **2.9.** Anl. 1/1; **6.1.4.** 1–2; **6.1.13.** 1; **6.4.** 2; –, recyceltes **5.1.** Anl. 5

**Ester 6.1.4.** Anh. 1/4.1; **10.2.** 1/45

**Ethanol 2.5.** Anl. 1/1.2, Anl. 1/1.4; **6.1.** 37b; **6.1.1.** 3, 14; **6.1.4.** Anh. 1/1.2, Anh. 1/1.4, Anh. 1/4.3, Anh. 1/5.1; **6.4.** Anh. 1; **10.2.** 1/2, 1/48, 1/57

**Ether 6.1.4.** Anh. 1/4.1; **10.2.** 1/45

**Ethin** *s. Acetylen*

**Ethisch,** Wert **9.6.** 1

**Ethylenoxid 6.1.4.** Anh. 2

**Etikett 5.4.** Anl. 1; **9.6.** 17b

„**Euroblume**" *s. Umweltzeichen*

**Europäische Atomgemeinschaft 2.9.** 3; **7.3.** 1; **11.1.** 330d

**Europäische Chemikalienagentur 9.1.** 5, 9, 12f, 16f; **9.1.4.** 2

1628

Magere Ziffern = §§                                                             **Sachverzeichnis**

**Europäische Freihandelsassoziation 9.5.** 3, 5

**Europäische Gemeinschaft 2.3.** 1–2, 16, 17; **2.6.** 10; **2.8.**; **2.9.** 9, 14, Anl. 1/1, Anl. 1/9, Anl. 1/12–13; **3.1.** 7, 19, 31–36, 38–40, 42, 44–46, 48–49, 52–55, 69; **3.1.1.** 4, 6, 14; **3.3.** 12–13, 16, 16i, 18–19, 21a–21b; **3.4.** 22; **4.1.** 23–24, 29, 45c–45h, 45k, 63, 73–74, 80, 82–83, 88, 90; **4.1.3.** 4–5, 9, 11, 16; **4.1.4.** 3, 10; **4.3.** 1–4, 8, 11–15; **5.1.** 61; **5.1.5.** 1–2, 8–9; **5.1.7.**; **5.3.** 2, 14; **5.4.** 1, 3; **6.1.** 3, 7, 20, 23, 25, 27, 37, 39, 46, 47c–47d, 48a, 50; **6.1.9.** 4; **6.1.12.** 1, 9, 19; **6.1.32.** 1–3, 7, 10–11; **6.1.39.** 1, 21–22, 30–32, Anl. 13; **6.4.** 2–3, 8–13, 16–17, 28, Anh. 1–2; **8.2.1.** 3; **8.4.** 10; **8.6.** 2, 4–6, 8, 13; **9.1.** 2–5, 8–10, 16d–16e, 17, 19a–20, 21–27, 27b, 28; **9.1.3.** 1–5, 16–17, 19; **9.4.** 1–3, 11–13, 15–17, 65; **9.5.** 6; **9.6.** 2, 14, 16, 16d, 17b, 20, 21, 26, 27, 29; *s. a. Europäische Union*

**Europäische Kernenergieagentur 7.1.** 12a

**Europäische Kommission 1.2.** 192–193, 197, 289, 291; **2.5.** 73; **2.5.1.** 6; **2.7.** 16–17, 20, 30–31, 41–50; **2.8.** 14, 32; **2.9.** 12a; **3.1.** 40c; **3.3.** 16g, 16i; **5.1.** 61; **5.1.5.** 9; **6.1.** 37g, 47c–47f, 61; **6.1.12.** 19; **6.1.13.** 22–23, 39; **6.1.32.** 4, 6, 9; **6.1.39.** 21–22, 24–25, 31–32; **6.4.** 8–13, 27–28, 31; **7.1.** 7e, 24b; **8.2.** 94, 105; **8.4.** 2a, 9, 9b, 10, 10–11; **8.6.** 2, 4, 8; **9.1.** 5, 10, 12a–12b, 12f, 22; **9.6.** 14, 16, 20, 21, 26; –, Unterrichtung **2.7.** 41; **2.8.** 14, 32; **3.1.** 34; **4.3.** 11, 14; **6.1.32.** 4, 6, 9; **6.4.** 9, 11; **9.1.** 10, 19d, 22

**Europäische Union 1.1.** Pr., 23, 104a; **1.2.–1.3.**; **2.7.**; **2.8.** 7, 9, 18, 37; **2.9.** 12, Anl. 1/12; **3.1.** 7, 22, 40–40e, 51a; **3.1.1.** 2, 4; **3.3.** 2a, 7–7a, 12–13, 16, 16f, 16f–16g, 18–19, 21a–21b; **4.1.** 7, 23, 29, 45g, 45k, 63, 74, 88; **4.1.1.** 2; **4.2.** 4; **4.3.** 11, 14; **5.1.** 2, 23, 43, 47–48, 53–54, 65, Anl. 1, Anl. 4; **5.1.5.** 3, 6; **5.2.** 3, 8, 21–22, 26–27, 29–30, 32, 37, 39; **5.3.** 2, 14, 17, 31; **5.4.** 1, 3, 16; **6.1.** 7, 27, 37, 37b, 39, 46, 47c–47d, 48a; **6.1.1.** 6; **6.1.12.** 16; **6.1.17.** 1; **6.1.39.** 29–30; **6.4.** 16, Anh. 1; **6.5.** 2; **7.1.** 2c, 9a, 24b; **8.1.** 77; **8.2.** 5, 88a; **8.4.** 2a; **8.6.** 4, 13; **8.9.** 5; **9.1.** 13, 19a–19b, 19b, 19d–20, 21–27, 28; **9.1.2.** 11; **9.4.** 1–2; **9.5.** 1, 3; **9.6.** 2, 14, 14–15, 16, 17b, 20–21, 25–26, 29–30, 42; **11.1.** 326, 328–329, 330d; **12.1.**; *s. a. Europäische Gemeinschaft*

**Europäischer Fonds für Regionale Entwicklung 2.5.** Anl. 5/2.7

**Europäischer Kohäsionsfonds 2.5.** Anl. 5/2.7

**Europäischer Landwirtschaftsfonds 2.5.** Anl. 5/2.7

**Europäischer Meeres- und Fischereifonds 2.5.** Anl. 5/2.7

**Europäischer Sozialfonds 2.5.** Anl. 5/2.7

**Europäischer Wirtschaftsraum 2.8.** 10a, 18; **3.3.** 13a, 16h; **4.1.** 63; **4.2.** 4; **5.1.** 53–54; **5.1.5.** 6; **5.2.** 21; **5.3.** 2; **5.4.** 3; **6.1.** 37b; **6.1.1.** 6; **6.1.12.** 16; **6.4.** 2, Anh. 1; **8.1.** 7, 77; **8.6.** 2–4, 8; **9.1.** 19b, 23, 28; **9.1.2.** 11; **9.5.** 3, 5; **9.6.** 14, 16, 42

**Europäisches Netz „Natura 2000" 3.1.** 2, 9, 17, 21, 31–36, 54

**Europäisches Umweltrecht** *s. Europäische Gemeinschaft, Europäische Union, Rechtsakt der Union*

**Europäisches Vogelschutzgebiet 3.1.** 7

**Evaluierung** *s. a. Überprüfung;* -pflicht **6.1.** 37g; **6.7.** 23; **8.9.** 6

**Ewigkeitsklausel 1.1.** 79

**Existenz**gründer **2.3.** 14

**Expertenrat** für Klimafragen **6.6.** 5, 8, 11–12

**Explosion 6.1.12.** 2, 4; **11.1.** 89c, 129a, 307–308, 310, 326; -fähig **9.1.3.** 2; -gefährdeter Bereich **9.1.3.** 2; -gefährdung **9.1.3.** 6, 11, Anh. I; -gefährlich **9.1.** 19; **10.2.** 1/90; **11.1.** 326, 330; –, nukleare **11.1.** 5, 328

**Explosivstoff 2.5.** Anl. 1/4.1; **6.1.4.** Anh. 1/4.1, Anh. 2; **9.1.3.** 3

**Exposition 3.4.1.** 2; **6.1.39.** 1, 5, 15, Anl. 14; **9.1.3.** 2–3, 6–10, 14, 15f, 18–19; -konzentration **6.1.39.** 1, 5, 35

**Extrahieren 2.5.** Anl. 1/7.24; **6.1.4.** Anh. 1/4.3, Anh. 1/7.23; **10.2.** 1/48, 1/67

**Fach**betrieb **4.1.** 62; -kenntnisbescheinigung **2.8.** 8–20, 33, 38; -konferenz **7.3.** 9, 11; -kunde **2.7.** 9, 20–22, 28; **2.8.** 1, 4–5, 7–13, 21–22, 24, 33; **2.8.1.** 4–6; **3.1.** 44; **3.1.1.** 3; **3.3.** 2–2a, 6, 9, 11, 13, 15; **4.1.** 23, 61–62; **5.1.** 10–12, 16, 25, 36, 43, 53–54, 56–57, 60; **5.2.** 37; **6.1.** 7, 23, 28, 29b, 55, 58c; **6.1.12.** 16; **6.1.13.** 20; **7.1.** 4, 6–7, 9; **8.1.** 60, 77; **8.2.** 10; **9.1.3.** 2, 6, 8, 15b, 15f, 18, 21; **9.4.** 9; **9.6.** 16b; -kunderichtlinie **2.8.** 21; -personal **5.2.** 3–4, 13; -recht **2.5.** 26; **2.9.** 2, 8; **3.1.** 5; -richtung, technische **8.1.** 77, 88; -vereinigung **8.1.** 94, 101

**Fackel 2.5.** Anl. 1/8.1; **6.1.4.** Anh. 1/8.1; **6.4.** Anh. 1

**Fähre 2.5.** Anl. 1/13.11; **4.1.** 36

1629

# Sachverzeichnis

Fette Zahlen = Gesetzesnummern

**Fäkalien 5.1.** 2
**Fällung 6.1.4.** Anh. 1/8.8
**Färben 2.5.** Anl. 1/10.4; **6.1.4.** Anh. 1/10.10; **8.2.** Anl. 4/59
**Fahren** mit Krankenfahrstuhl **3.2.** 14
**Fahrrad 8.2.** Anl. 4/204; -computer **5.2.** Anl. 1
**Fahrverbot,** nächtliches **6.5.** 11
**Fahrweise,** umweltschonende **8.9.** Anl.
**Fahrzeug 1.1.** 74/22; **5.1.** 55, 69; **5.1.5.**; **5.2.** 2; **5.3.** 2, 10; **6.1.** 2–3, 35, 37a, 38–40; **6.1.4.** Anh. 1/8.9, Anh. 1/10.21; **6.1.32.** 1/07, 1/15, 1/18–1/21, 1/26, 1/47, 1/52; **6.5.**; **8.2.** 3, Anl. 4/194–205; **8.4.** 2; **8.8.–8.9.**; **8.9.**; **10.2.** 3; -Altbatterie **5.3.** 8–14; -antrieb **6.1.13.** 1; -batterie **5.3.** 2, 8–10, 12–13, 15, 17, 20; -bau **6.1.4.** Anh. 1/3.19, Anh. 1/3.24–3.25; -brief **5.1.5.** 3; –, elektrisch betriebenes **8.4.** 2, 11; **8.8.–8.9.**; *s. a. Elektromobil;* -halter **5.1.5.** 1–3; –, leitungsgebundenes **8.4.** 2; –, sauberes **8.8.** FN 3 am Titel; -schaden **6.1.** 34; -werkstoff **5.1.5.** 1–2; -zulassung **5.1.5.** 1–2; -zulassungsverordnung **5.1.5.** 2, 4
**Fallwerk 2.5.** Anl. 1/3.10; **6.1.4.** Anh. 1/3.11; **10.2.** 1/37
**Fangen 3.1.** 38–39, 44, 69; **3.1.1.** 4, 13; **3.3.** 13; **9.4.** 13
**Farbmittel 2.5.** Anl. 1/4.4; **6.1.4.** Anh. 1/4.1, Anh. 1/4.10, Anh. 1/5.1; **8.2.** Anl. 4/78; **10.2.** 1/57
**Farn 3.1.** 39
**Faser 2.5.** Anl. 1/6.1, Anl. 1/8.2, Anl. 1/10.4; **6.1.1.** 3; **6.1.4.** Anh. 1/4.1, Anh. 1/5.2, Anh. 1/6.1, Anh. 1/10.10; **6.4.** Anh. 1; **9.1.3.** Anh. II; **10.2.** 1/2, 1/45, 1/62; -platte **2.5.** Anl. 1/8.2; **6.1.1.** 3; **6.1.4.** Anh. 1/1.2
**Fass**reinigung **6.1.4.** Anh. 1/10.21
**Feder 6.1.4.** Anh. 1/7.9; -führende Behörde **2.5.** 31, 58; **6.1.9.** 2a, 4, 20
**Fehlerhafte** Herstellung **11.1.** 312; – Verfahren **12.1.** 4
**Fehmarnbelt 3.1.** 57
**Feiertagsschutz 6.1.18.** 2, 4; **6.1.32.** 7
**Feilhalten 3.1.** 7; **3.1.1.** 3; **9.1.** 3; **11.1.** 314
**Feinstaub 6.1.** 37, 40
**Feld**rain **3.1.** 21, 39; -schutz **3.1.** 59
**Fell 2.5.** Anl. 1/7.20; **8.2.** Anl. 4/59
**Fels**bildung **3.1.** 30; -küste **3.1.** 30
**Ferien**dorf **2.5.** Anl. 1/18.1; -einrichtung **2.5.** Anl. 1/18.1; **5.4.** 3
**Ferkel 3.3.** 6, 21; **6.1.4.** Anh. 1/7.1
**Fern**erkundungsdaten **6.6.** 3a
**Ferngas 10.2.** 1/13
**Fernkälte 8.1.** 3

**Fernkommunikationsmittel 5.1.7.** 8; **5.2.** 3, 8, 17; **5.3.** 10
**Fernleitung 2.5.** Anl. 1/14.7, Anl. 1/19.12–19.13
**Fernmelde**technik **2.5.** Anl. 1/2.5; **6.1.4.** Anh. 1/2.8
**Fernseh**gerät **5.2.** 14, Anl. 1
**Fernsteuerung 8.2.** 9, 10b, 84a, 100
**Fernverkehr 1.1.** 74/22, 90; **2.5.** Anl. 1/14.1
**Fernwärme 8.1.** 3, 6a, 22, 44, 53, 62, 72, 85, 109; **8.4.** 2; -netz **6.1.13.** 39
**Fertig**gericht **8.2.** Anl. 4/29
**Fertigung**sanlage, industrielle **5.2.** 3
**Festlandsockel 2.9.** 3; **3.1.** 16, 32, 48a, 56–58, 56a, 63, 70; **3.1.2.** 1, 15; **4.1.** 2, 45i, 45k–45l; **11.1.** 5; **12.1.** 1
**Festlegung 6.1.16.** 5; **8.2.** 85; von Prüfkriterien **5.2.** 26–27, 29–30
**Festmist 9.5.** 2
**Festpreis 6.7.** 10, 21, 23
**Feststellen** der Deponiestilllegung **5.1.** 40; der Produktverantwortung **5.1.** 17, 26–26a
**Fett 2.5.** Anl. 1/7.14–7.15, Anl. 1/7.24; **6.1.** 37b; **6.1.4.** Anh. 1/7.3, Anh. 1/7.9, Anh. 1/7.23; **8.2.** Anl. 4/19; **10.2.** 1/67
**Feuchte 8.1.** 66, 85, 96
**Feuchtgebiet 2.6.** 2; **4.1.** 6; **6.6.** Anl. 1; **11.1.** 329
**Feuerbestattungsanlage 2.8.1.** 5, 7; **6.1.** 23
**Feuerstätte 6.1.1.** 2; -schau **6.1.1.** 15, 25–26; **8.1.** 97
**Feuerungsanlage 2.5.** Anl. 1/1.1–1.2, Anl. 1/8.2; **2.8.1.** 5, 9; **6.1.** 23; **6.1.1.**; **6.1.4.** Anh. 1/1.1–1.2; **6.1.13.**; **6.1.17.** 2; **6.4.** Anh. 1; **8.1.** 38; **8.2.1.** 4; **10.2.** 1/1–3; –, abfallmitverbrennende **6.1.17.** 2, 9; –, Begriff **6.1.13.** 2; -verordnung **6.1.1.**; **6.1.13.**; **6.1.17.** 1–2; **8.1.** 38, 96
**FFH (Fauna, Flora, Habitat)** Gebiet **3.1.** 2; -Gebiet **3.1.** 7, 21, 31–36; **3.1.1.** 2, 4; **11.1.** 329
**FGW** Richtlinie *s. Technische Norm*
**Filmen 3.3.** 3
**Filter 5.1.7.** 8; -staub **6.1.13.** 10; **6.1.17.** 12
**Finanzwesen 1.1.** 23, 87, 104a, 105
**Finden** von Kernbrennstoffen **7.1.** 5; von Pflanzen **3.1.** 45; von Tieren **3.1.** 45
**Firnis 2.5.** Anl. 1/4.4; **6.1.4.** Anh. 1/4.10; **10.2.** 1/55
**Fisch 3.3.** 4, 4b; **4.1.** 35; **4.1.2.** 6; **6.1.4.** Anh. 1/7.4–7.5; **8.2.** Anl. 4/14; -eier **4.2.** 3–4; -mehl **2.5.** Anl. 1/7.21; **6.1.4.** Anh. 1/7.16–7.17, -öl **2.5.** Anl. 1/7.21; **6.1.4.** Anh. 1/7.16; -population **4.1.** 35;

Magere Ziffern = §§  **Sachverzeichnis**

-zucht **2.5**. Anl. 1/13.2; **3.1**. 5; **8.4**. 2; *s. a. Fischerei*
**Fischerei 1.1**. 74/17; **1.2**. 3–4, 13; **2.3**. 12; **2.5**. Anl. 3; **3.1**. 5, 14, 26, 30, 34, 37, 39–40a, 40e, 44–45, 45, 57, 68; **3.1.1**. 4; **3.1.2**. 15; **4.1**. 25–26; **5.1**. 3; **6.6**. Anl. 1; **8.2.1**. 2; -hafen **2.5**. Anl. 1/13.12
**Fitness**armband **5.2**. Anl. 1
**Flächen 2.5**. 2, Anl. 2–4; **6.1.9**. 1a; **8.1**. 3, 15, 18, 21, 25, 32, 48, 50–51, 53, 74, 85, 91; –, altlastverdächtige **3.4**. 2, 8–9, 11, 15, 21; -ausweisung **5.1**. 30; -ausweisung für Carsharing **8.9**. 5; für EEG-Anlagen **8.2**. 3, 24, 29, 37, 37c, 38a, 48, 85, 88a, 90; -eignungsfeststellung **2.5**. Anl. 5/1.18; -entwicklungsplan **2.5**. Anl. 5/1.17; an Gewässern **4.1**. 38a; mit Hangneigung **4.1**. 38a; mit hohem Kohlenstoffbestand **8.2**. 90; –, landwirtschaftliche **4.1**. 38a; **9.5**. 3; mit mineralischen Rohstoffen **3.1**. 54; –, mitbeheizte **8.1**. 25; –, naturnahe **2.5**. Anl. 1/17.3; –, öffentliche **5.1**. 20; **9.4**. 17; -pool **3.1**. 16
**Flämmen 1.4**. Anh. 1/3.5; **6.1.4**. Anh. 1/3.5; **10.2**. 1/32
**Flasche 5.4**. 1, 3, 30a–31, 38
**Flechte 3.1**. 7, 39
**Fledermaus 3.1**. 39, 69
**Fleisch 6.1.4**. Anh. 1/7.3–7.5, Anh. 1/7.11; **8.2**. Anl. 4/13; -konserve **2.5**. Anl. 1/7.16
**Fleischerei 2.5**. Anl. 1/7.14–7.15; **6.1.4**. Anh. 1/7.3, Anh. 1/7.11
**Flexibilitäts**instrument **6.7**. 5; -prämie **8.2**. 50–50b, 100, Anl. 3; -zuschlag **8.2**. 50–50a, 100
**Fliese 8.2**. Anl. 4/108; **8.4**. 9a; –, beleuchtete **5.2**. Anl. 1
**Floatglasverfahren 2.5**. Anl. 1/2.5
**Flockung 6.1.4**. Anh. 1/8.8
**Flüssigerdgas (LNG) 2.5**. Anl. 1/19.12
**Flüssiggas 2.5**. Anl. 1/1.2, Anl. 1/1.4; **5.1.5**. 11; **6.1.1**. 3; **6.1.4**. Anh. 1/1.2, Anh. 1/1.4; **6.1.13**. 18, 31, 34; **6.4**. Anh. 1; **6.7**. Anl. 2; –, biogenes **8.1**. 22, 40, 96
**Flüssigkeit 4.1**. 32, 45, 48; **4.2**. 2; –, austretende **4.1**. 54; –, brennbare **2.5**. Anl. 1/9.2; **6.1.4**. Anh. 1/9.2
**Flug 6.4**. Anh. 1; -betrieb **6.3**. 3; -betriebsfläche **3.1**. 30; -hafen **6.1**. 47b–47c; *s. a. Flugplatz*; -lärm **6.3**.; -platz **2.5**. 47, Anl. 1/14.12; **6.3**. 1–4, 9, 11–12, 13; **6.4**. Anh. 1; -platzhalter **6.3**. 11–12, 15; -platzschließung **6.3**. 4; -platzumgebung **6.3**. 1–2, 4, 13; -turbinenkraftstoff **6.1**. 37a, 37c; -verbot **6.4**. 31; -verkehr **3.1**. 57; **6.1**. 47b; **6.1.39**. 1; **6.3**. 4; *s. a.*

*Luftverkehr;* -zeug **6.1.39**. 1; **6.3**. 4; *s. a. Luftfahrzeug;* -zeugantrieb **6.1.13**. 1
**Fluor 2.3**. 10; **4.1.1**. Anl. 8; **6.1.4**. Anh. 1/4.1; **6.1.9**. 4a, 21; **6.4**. 3, Anh. 1; **6.6**. 2; **8.6**. 1; **9.1**. 12i–12k; -wasserstoff **6.1.4**. Anh. 1/4.1, Anh. 2; **6.1.13**. 28–29, 32; **6.1.17**. 8
**Flur 3.2**. 2; **3.4**. 17; -bereinigung **1.1**. 74/17; **2.5**. 18, Anl. 1/16.; **3.4**. 3
**Fluss 4.1**. 7; -ausbaggerung **2.5**. Anl. 1/13.15; -einzugsgebiet **2.5**. Anl. 1/13.7; -gebietseinheit **4.1**. 3, 7, 45k, 73, 75, 82–83; **4.1.1**. 7, 14; **4.1.3**. 2–4, 14, 16; -kanalisierung **2.5**. Anl. 1/13.8; -kläranlage **4.2**. 3–4, 9; -lauf **3.1**. 1; -mündung **4.1**. 3; **4.1.3**. 2; -säure **6.1.4**. Anh. 1/3.10, Anh. 1/4.1
**Förderband 6.1.32**. 1/14
**Förderung 1.1**. 20a; **3.1**. 9, 14, 16; **5.1**. 1, 14; –, Abfallvermeidung **5.1**. 33, Anl. 4–5; **5.4**. 1; –, anschließende **8.2**. 88b, 95, 101; –, Bioabfälle **5.1**. 13; –, Carsharing **8.9**.; –, Eigenverantwortung **5.1**. 61; –, Elektrofahrzeuge **8.8**.–**8.9**.; –, EMAS **2.7**. 32–38; -ende **8.2**. 3, 21, 21b–21c, 23b, 25, 53, 91, 100; –, Energieeffizienz **8.1**. 89–91; –, Energieeinsparung **8.1**.; –, erneuerbare Energien **1.2**. 194; **8.1**. 1, 89–91; **8.2**.; –, Forschung **1.1**. 74/13, 91b; **2.1**. 2; **3.1**. 38; **5.1**. Anl. 4–5; **9.6**. 1, 4; –, Kreislaufwirtschaft **5.1**. 1, 11–12, 14, 26, 45; **5.4**. 1; –, land- und forstwirtschaftliche Erzeugung **1.1**. 74/17; **3.2**. 1, 41; –, Nachhaltigkeit **5.1**. 33; –, nachwachsende Rohstoffe **5.4**. 21; –, Nutzung **9.6**. 1; –, Recycling **5.1**. 1; **5.4**. 20–21
**Folgeabschätzung 6.6**. 9; –, Maßnahmen **4.1**. 45h
**Folien 5.4**. Anl. 1; **8.2**. Anl. 4/98; -beutel **5.4**. Anl. 1; –, Klarsicht **5.4**. Anl. 1; –, Standbodenbeutel **5.4**. 31; -verpackung **5.1.8**. 3
**Fonds 1.2**. 192; **2.5**. Anl. 5/2.6; **7.1**. Titel-FN
**Form**masse **6.1.4**. Anh. 1/5.7; -stück **6.1.4**. Anh. 1/2.14
**Formaldehyd 6.1.4**. Anh. 2; **6.1.13**. 33–34; **9.1.3**. 2
**Forschung 1.1**. 5, 74/13, 91b; **1.2**. 4, 13; **2.0**. 2; **2.1**. 2; **2.9**. Anl. 1/1; **3.0**. 2; **3.1**. 25, 38, 40c, 42, 45, 57; **3.1.1**. 4; **3.3**. 7a; **4.1**. 13a; **4.2**. 13; **5.1**. 7; **5.2**. 2–3; **6.1**. 67; **6.1.4**. 1; **6.1.13**. 1; **6.1.17**. 1; **6.3**. 2; **6.4**. 2, Anh. 1; **7.0.1**. 2; **7.0.2**. 2; **7.1**. 2c, 3, 9a, 21b, 26, 58; **8.2**. 3; **9.1**. 9, 28; **9.1.2**. 3; **9.1.3**. 15h; **9.4**. 13; **9.5**. 3; **9.6**. 1, 4; -gerät **5.2**. 2; -reaktor **7.1**. 3; -speicher **5.1**. 2, 22

1631

## Sachverzeichnis

Fette Zahlen = Gesetzesnummern

**Forst 8.2.** 48; *s. a. Wald;* -pflanze **3.1.** 5; **3.2.** 2; **9.6.** 16d; -recht **3.1.** 37; **3.1.2.** 2; **3.4.** 7; -schutz **3.2.** 14; -wirtschaft **1.1.** 74/17, 74/20; **2.3.** 12; **2.5.** Anl. 1/17., Anl. 3; **3.1.** 3, 5, 14–15, 26, 30, 32, 34, 40, 44–45, 54, 59, 68; **3.1.1.** 4; **3.1.2.** 10, Anl. 6; **3.2.**; **3.3.** 13; **3.4.** 2–3, 7, 10, 20; **4.1.** 38, 46, 52, 78a; **5.1.** 2–3; **6.1.1.** 5; **6.1.13.** 2; **6.1.32.** 1/32; **6.6.** 2, 3a, 5, 9–10, Anl. 1; **8.2.** Anl. 4/184; **8.2.1.** 2; **8.4.** 2, 9, 9b; **9.4.** 11–14, 17
**Fortbildung 2.7.** 20; **2.8.** 9–10, 15; **3.3.** 16; **4.2.** 13; **5.1.** 43, Anl. 4; **5.4.** 26–27; **6.1.** 55; **7.1.** 7c; **8.1.** 77, 88; **9.1.3.** 2; **9.4.** 9
**Fortleiten 4.1.** 54
**Fortpflanzung**sgefährdend **3.4.1.** 9; **9.1.3.** 2–3, 5, 8, 10, 14, 15c, 17, 25; **11.1.** 326; -stätte **3.1.** 19, 44, 69; **9.4.** 13; -zeit **3.1.** 44; **9.4.** 13
**Fortschritt,** technischer **2.5.1.** 3
**Fortschwemmen 4.1.** 78a
**Forum** der Registrierungsstellen **2.7.** 16–17; der Zulassungsstellen **2.7.** 30; **2.8.** 18, 28
**Fotografieren,** Instrument **8.2.** Anl. 4/161
**Frachtwert 4.1.2.** 2
**Fracking 3.1.** 33; **4.1.** 9, 13a–13b, 15, 104a; –, Erprobung **4.1.** 13a; –, Expertenkommission **4.1.** 13a; -gebiet **4.1.** 13a, 104a; –, Stoffregister **4.1.** 13b; -verbot **4.1.** 13a
**Fräse 6.1.32.** 1/51, 1/54
**Freibad 6.1.18.** 5
**Freier Beruf 2.3.** 14; **2.8.** 22; **5.4.** 3
**Freiflächen**anlage **8.2.** 3, 6, 24, 28a, 37, 37c, 38a, 85
**Freigabe**wert **7.1.** 2
**Freigrenze 4.1.** 62; **7.1.** 2, 4, 4b, 25
**Freihalten** von Gewässern **3.1.** 61, 69; **4.1.** 39; von Ufern **3.1.** 61, 69; **4.1.** 39
**Freiheit 1.2.** 4; -verletzung **1.1.** 2; **10.1.** 823
**Freiland**-Brand **6.1.39.** 1; -fläche **3.1.** 1, 9; **9.4.** 2, 12
**Freilassen 3.1.** 45
**Freileitung 3.1.** 1, 41; **6.1.26.** 1; -masten **3.1.2.** 13–14
**Freiraum 3.1.** 1, 9, 11
**Freischneider 6.1.32.** 1/02
**Freisetzen 2.3.** 9; **2.6.** 2; **2.9.** Anl. 1/7, Anl. 1/11; **3.1.** 35; **3.4.1.** 3–4, 9; **5.1.** 24; **5.1.5.** 8; **6.1.** 3, 10; **6.1.9.** 4a, 21, 25; **6.1.12.** 4; **6.1.17.** 4; **6.4.** 3–4, 32, 34–35; **6.6.** 2; **7.1.** 12b, 41–44; **8.2.** 9; **9.1.2.** 14, 16e, 17, 19; **9.1.2.**; **9.1.3.** 2; **9.6.** 2–3, 6, 14–16a, 17a, 18, 23–24, 26, 27–30, 35–36, 39; **10.2.** 19, 6, 8–10; **11.1.** 89c, 129a, 307, 311, 324a, 330a

**Freistellen 3.4.** 25; **5.1.** 17, 26a, 44, 52; **5.1.7.** 4; **7.1.** 9a, 34–35, 39; **8.4.** 10; **10.2.** 19–20
**Freiwerden 1.1.** 73/14; **7.1.** 1
**Freizeit 3.1.** 7; *s. a. Erholung;* -bereich **5.4.** 3; -gebiet **6.1.** 3, 50; -nutzung **4.1.** 28; -park **2.5.** Anl. 1/18.3; **5.4.** 3
**Freizügigkeit 1.1.** 11
**Fremdenverkehr 6.1.32.** 7
**Friedhof 3.2.** 11; **9.4.** 17
**Friedrich-Loeffler-Institut 9.6.** 16
**Frist 1.1.** 72, 125a–125c; **2.5.** 7, 19, 21, 24, 41–42, 54, 58–60; **2.5.1.** 5–6; **2.6.** 3–6, 8; **2.7.** 6–8, 14, 16–17, 19; **2.8.** 10a, 15, 17–18, 33; **2.8.1.** 8; **2.9.** 9; **3.1.** 14–15, 22, 30, 34, 39, 41a–43, 51a, 54; **3.1.1.** 6; **3.1.2.** 17; **3.2.** 9, 11; **3.3.** 6, 16i, 21; **3.4.** 14; **4.1.** 11a, 13a, 14, 20–21, 29, 35, 45a, 45c–45i, 47, 52, 57–58, 60, 73–76, 78c–78d, 84, 86, 104a, 107, 108; **4.1.1.** 2–3, 8, 10, 14; **4.1.3.** 3–7, 11, 16; **4.1.4.** 3, 5, 9; **4.3.** 10; **5.1.** 14, 17, 32–39, 41, 43, 49, 54, Anl. 2; **5.1.5.** 9, 12; **5.2.** 3, 7, 9, 14, 16, 21, 26–27, 29–32, 34, 37–38, 42, 46; **5.3.** 3, 7, 9, 12–13a, 31; **5.4.** 1, 16, 19, 23, 38; **6.1.** 7, 9–10, 12, 14a, 16, 18, 20–21, 23, 23b–23c, 27–28, 29a, 43, 47c–47d, 51a, 52–52a, 67; **6.1.1.** 4–5, 7, 14–15, 25; **6.1.4.** 1–2, Anh. 1/8.14; **6.1.9.** 7, 9, 11, 14, 20–21; **6.1.12.** 11, 13, 16, 18, 19–20, 20; **6.1.13.** 5, 26, 28–29, 34, 39, 41, 45, 47, 56, 58, 61, 63, 65; **6.1.18.** 5; **6.1.26.** 3, 4, 10; **6.1.39.** 21, 27, 30; **6.2.** 2–3; **6.3.** 2, 4, 9, 13; **6.4.** 4–6, 9, 11, 28, 33–35, Anh. 2; **6.7.** 6–8, 21, 23; **7.1.** 2c, 4, 6, 7a, 9a, 9g, 13, 17, 57b; **7.3.** 1, 7; **8.1.** 20, 47, 61, 66, 72–73, 76, 80, 87, 97, 99, 101, 103, 110–113; **8.2.** 22, 28, 36e, 36g–36h, 37a, 39e, 39g–39i, 40–41, 44a–44b, 46–49, 55, 57, 60–61b, 66–67, 71–74, 77, 81, 85, 91, 100–103; **8.4.** 11; **8.6.** 7; **8.8.1.** 25a; **8.9.** 5; **9.1.** 16d, 19a, 19b, 23, 28; **9.1.3.** 2, 4, 15d, 25; **9.4.** 9, 11–12; **9.5.** 3a, 11a; **9.6.** 10, 12, 15–17, 27; **10.1.** 555c–555e, 556c; **10.2.** 19; **12.1.** 2, 6, 8; -erstreckung **2.7.** 6–7, 14; **5.1.** 43; **6.1.** 32, 34–35, 38
**Frucht 3.1.** 7, 39; **9.4.** 2; -barkeit **3.1.** 5; **3.2.** 1; **3.4.** 17; **9.5.** 1–3, 5; -barkeitgefährdend **9.1.3.** 14; -nektar **5.4.** 31; -saft **5.4.** 31; **8.2.** Anl. 4/16; -schädigend **9.1.3.** 25; -wein **5.4.** 31; **8.2.** Anl. 4/36
**Füllgut,** schadstoffhaltiges **5.4.** 3, 12, 15
**Füttern,** verbotenes **3.1.** 45a, 69
**Fugenschneider 6.1.32.** 1/30
**Fulfilment** Dienstleister **5.2.** 3, 6, 45; **5.4.** 3, 7, 9
**Funk**anlage **6.1.** 22, 32; **6.1.26.** 1–2, 7; -feuer **8.2.** 99a; -masten **3.1.2.** 13–14;

1632

-navigationsbericht **8.2.** 99a; -turm **3.1.2.** 13–14
**Funktion** *s. a. Leistung;* -ersatz **5.1.** 3; -prüfung **2.8.1.** 5
**Furan 6.1.1.** 3; **6.1.4.** Anh. 1/5.2, Anh. 1/5.8
**Fußboden**heizung **8.1.** 63
**Futtermittel 1.1.** 74/20; **2.5.** Anl. 1/7.; **5.1.** 2; **6.1.4.** Anh. 1/7.9, Anh. 1/7.21, Anh. 1/10.21; **8.2.** Anl. 4/32–33; **9.1.** 2, 12d; **9.1.3.** 1; **9.4.** 14; **9.6.** 1, 26; **10.2.** 1/66; -konserve **6.1.4.** Anh. 1/7.4

**Gabelstapler 6.1.32.** 1/36
**Gärrest 2.3.** 3; **6.1.4.** Anh. 1/8.13, Anh. 1/9.36; **8.2.** 43; **9.5.** 3; -lager **8.2.** 9
**Garantie 5.2.** 6–7, 9, 27, 31–34, 37–38, 46; *s. a. Sicherheitsleistung;* -schein **5.2.** 9
**Garten 3.2.** 11; -abfall **5.1.** 3; -anlage **3.2.** 11; -bau **3.1.** 1, 39; **3.4.1.** 4–5, 12; **4.1.** 46; **6.1.1.** 5; **9.4.** 11–13, 17; –, öffentlicher **9.4.** 17; –, zoologischer *s. Zoo*
**Gas 2.5.** Anl. 1/1.2, Anl. 1/1.4, Anl. 1/8.1, Anl. 1/9.1–9.2, Anl. 1/19.4–19.5; **4.1.** 32, 45, 48; **6.1.** 3; **6.1.1.** 3, 6, 9–11, 14; **6.1.4.** Anh. 1/1.2, Anh. 1/1.4, Anh. 1/1.14–1.16, Anh. 1/4.1, Anh. 1/8.1, Anh. 1/8.6, Anh. 1/9.1; **6.1.13.** 22, 59; **6.1.17.** 2; **6.4.** Anh. 1; **8.2.** 104; **8.2.1.** 2–5; **9.1.2.** 5; **9.1.3.** 2–4; **10.1.** 906; **10.2.** 1/2, 1/13, 1/78, 3; -entladungslampe **5.2.** 22, Anl. 1; –, entzündbares **6.1.4.** Anh. 1/9.1; **9.1.3.** 3; -feuerungsanlage **6.1.1.** 6, 9–11, 14–15, 19; -leitung **2.5.** Anl. 1/19.2, Anl. 1/19.4–19.5; -motor **6.1.13.** 1–2, 39; -netz **8.2.** 80; -öl **6.7.** Anl. 2; -raffinerie **6.1.4.** Anh. 1/4.4; **6.1.13.** 46–56; -turbine **2.5.** Anl. 1/1.1–1.2, Anl. 1/1.4, Anl. 1/10.6; **6.1.4.** Anh. 1/1.1–1.2, Anh. 1/1.6, Anh. 1/10.15; **6.1.13.** 1–2, 18, 22, 27, 33, 51; **6.4.** Anh. 1; **8.2.1.** 4; **10.2.** 1/5; -turbinenanlage **6.1.13.**; -turbinenanlage, Begriff **6.1.13.** 2; –, verflüssigtes **2.5.** Anl. 1/19.4; -versorgung **2.5.** Anl. 1/1.2, Anl. 1/1.4; **6.1.1.** 3, 6, 9–11; **6.1.4.** Anh. 1/1.2, Anh. 1/1.4; **6.1.13.** 2; **6.4.** Anh. 1; **8.4.** 2; -versorgungsnetz **8.1.** 72; -wasser **6.1.4.** Anh. 1/1.12; **10.2.** 1/10; -werk **2.5.** Anl. 1/1.8; **6.1.4.** Anh. 1/1.11; **10.2.** 1/9
**Gaststätte 5.1.** 3; **5.4.** 3; **6.1.4.** Anh. 1/7.5; **8.1.** 32; –, Abfall **5.1.** 3
**Gebäude 3.1.** 40a; **3.1.2.** 13–14; **4.1.** 36; **6.1.1.** 6; **6.1.26.** 2–5; **6.1.39.** 1; **6.3.** 9; **6.6.** 4–5, Anh. 1–2; **8.1.**; **8.2.** 3, 9, 21, 24, 30, 37; **9.1.3.** 17, 22; **9.4.** 2; **10.1.** 555d; **11.1.** 329; *s. a. Betriebsgebäude,*

*Wohngebäude;* –, aneinandergereihtes **8.1.** 11, 17, 29; -ausbau **8.1.** 51; -automation **8.1.** 25, 74; –, Begriff **8.2.** 3; –, beheiztes **8.1.** 2; –, behördlich genutztes **8.1.** 80; –, besonderes **8.1.** 104–107; –, bestehendes **8.1.** 5, 9, 22, 46–56, 72, 80–81, 84–85, 89, 92, 96–98; -betrieb **8.1.** 1; – Elektromobilitätsinfrastrukturgesetz **8.1.** FN am Titel; **8.8.** FN 3 am Titel; – Energiegesetz (GEG) **8.1.**; –, geändertes **8.1.** 48–51, 80, 103; –, gekühltes **8.1.** 2; –, gemischt genutztes **8.1.** 106; mit gleichartigen Nutzeinheiten **8.1.** 26; -grundfläche **8.1.** 18, 32, 82, 103, 105; -hülle **8.1.** 13, 21, 26, 52, 88; –, kleines **8.1.** 3, 79, 104; –, lärmempfindliches **6.1.** 47a; -nutzfläche **8.1.** 3, 15, 20, 23, 28, 35–36, 50–51, 67, 82, 85, 91, 103, 105; –, öffentlich genutztes **6.1.** 3, 50; **9.4.** 17; –, öffentliches **8.1.** 2, 4, 34, 52–56, 72; –, provisorisches **8.1.** 2; –, räumlich zusammenhängende **8.1.** 103, 107; aus Raumzellen **8.1.** 104; –, religiöses **8.1.** 2; mit Solaranlage **8.2.** 3, 22, 38c, 48; -teil **5.2.** 3; **8.1.** 79, 106; -trennwand **8.1.** 11, 29, 106; -umgebung **6.1.** 47a; -vergleich **8.1.** 79; –, zerlegbares **8.1.** 2; –, zu errichtendes **8.1.** 9–45, 81, 88–89, 91–92, 96, 104
**Gebiet** *s. a. u. a. FFH-Gebiet, Natura 2000-Gebiet, Risikogebiet, Schutzgebiet, Überschwemmungsgebiet, Vogelschutzgebiet;* –, benachteiligtes **1.2.** 170, 174; **8.2.** 3, 37c, 38a; –, empfindliches **2.5.** 7, 40, Anl. 2–4, Anl. 6; **4.1.4.** 9; **6.1.** 3, 52a; **6.1.9.** Anl.; **6.1.32.** 7; –, endlagergeeignetes **7.3.** 2; für Fracking **4.1.** 13a, 104a; -fremd **3.1.** 7, 69; von gemeinschaftlicher Bedeutung *s. FFH-Gebiet;* –, insulares **1.2.** 170; –, kleines lokales **2.5.** 37; –, ländliches **1.2.** 174; **6.1.39.** 13, 18; –, lärmempfindliches **6.1.** 47a; –, Luftqualitätskontrolle **6.1.39.** 1, 11–20, 22, 24–30, 32; –, nicht zentrales **1.2.** 170; –, öffentlich genutztes **6.1.** 50; –, ruhiges **6.1.** 47a, 47d; –, schutzbedürftiges **6.1.** 50; *s. a. Schutzgebiet;* –, städtisches **6.1.** 37; –, ländliches **6.1.16.** 2; **6.1.18.** 2
**Gebinde 5.1.7.** 7, 10
**Gebot**sanforderungen **8.2.** 30, 36, 36j, 37, 38c, 39; -ausschluss **8.2.** 33–34, 36c, 39c, 85, 88, 88d; -menge **8.2.** 3, 28, 30, 32–35, 36a, 37–38b, 38c, 39a, 39d, 39h, 54–55a, 85; -termin **8.2.** 3, 28–30, 35–36, 36b, 36c, 36g, 37d, 38a, 39, 39c–39d, 39g, 85a, 88c; -wert **8.2.** 3, 30, 32–35, 36b, 36g, 36j, 39g, 46
**Gebrauch**serhaltung **5.1.** 23–25; -tauglich **5.1.** 23–24

# Sachverzeichnis

Fette Zahlen = Gesetzesnummern

**Gebrauchen 3.1.** 44, 69; **4.1.** 54; **4.2.** 2, 10; **4.3.** 2–3; **5.1.** 23–26a, 26a, 45, 50, Anl. 5; **9.1.** 3; **9.1.3.** 2; –, persönlich **3.1.** 45–46

**Gebrauchsanleitung 3.3.** 13a; **5.2.** 9; **9.6.** 15

**Gebühr 1.1.** 74/22; **2.6.** 12; **2.7.** 5–6, 13, 36, 39; **2.8.** 36; **3.1.** 53, 58; **4.1.** 88; **5.1.** 17, 44, Anl. 5; **5.2.** 40; **5.3.** 23; **5.4.** 22; **6.1.** 33, 37e, 52; **6.4.** 8, 28, 33; **6.7.** 10, 16; **7.1.** 21–21b; **8.2.** 104; **8.6.** 7; **8.8.** 3–4; **8.9.** 3–4; **9.1.** 8; **12.1.** 3; *s. a. Auslagen, Kosten*

**Gebüsch 3.1.** 30, 39, 69

**Gefährdung 3.1.** 1, 40–40a, 54; **5.1.** 15; **6.1.** 20; **7.1.** 44b; **9.1.3.** 19; -abschätzung **3.4.** 9, 13; **3.4.1.** 2, 4; -art **9.1.3.** 3; -beurteilung **9.1.3.** 6–7, 11, 14–15, 15b, 18, 22; –, geringe **9.1.3.** 6; -potenzial **5.1.** 3; –, radioaktive **7.0.1.** 2; -stufe **2.3.** 9

**Gefährlichkeitsmerkmal 9.1.** 3

**Gefahr 1.1.** 11, 13, 20a, 35, 73/14, 74/19; **2.6.** 10; **2.9.** 2–5, 7, 9; **3.1.** 40–40a; **3.2.** 12; **3.3.** 16; **3.4.** 1–4, 13, 17, 21, 24; **3.4.1.** 1, 3, 5–8; **4.1.** 38, 78d, 88, Anl. 1; **4.1.1.** 10; **5.1.** 3, 15, 36, 40, 43; **5.2.** 13, 18; **6.1.** 1–5, 17, 19–20, 23, 52–52a, 58a–58c; **6.1.4.** 1; **6.1.9.** 4b, 4e; **6.1.12.** 3, 5–12; **6.1.26.** 2; **6.1.32.** 7; **6.3.** 1; **7.1.** 1–2, 7–9, 17, 19, 46, 57b; **8.2.1.** 5; **9.1.** 3a, 12a, 12g, 16d, 17, 19–19a, 21, 23, 27; **9.1.3.**; **9.4.** 1, 3, 14; **9.5.** 1, 3, 5; **9.6.** 1, 6, 15–16, 20, 21–22, 25, 28a, 30, 39; **10.1.** 907; **11.1.** 129a, 307, 312–313, 314a, 326, 329–330b, 330d; –, direkte **6.1.17.** 3; –, dringende **4.1.** 101; **4.3.** 13; **5.1.** 19, 47; –, eigene **3.1.** 60; **3.2.** 14; –, erhebliche **4.1.4.** 8; **9.6.** 28a; –, ernste **6.1.12.** 2; –, gegenwärtige **4.1.** 8; **6.1.** 29a; –, gemeine **1.1.** 13, 74/19; –, gesamte **6.1.12.** 6; –, künftige **9.1.** 3a; –, natürliche **3.1.** 60; –, physikalische **9.1.** 3a, 12a; **9.1.3.** 2–3, 11; –, typische **3.1.** 60; –, unmittelbare **2.9.** 2–3, 5, 7; **4.1.** 60, 90; **4.1.4.** 8; im Verzuge **1.1.** 13; **3.1.** 40a, 45a; **9.1.** 17, 19; **9.1.3.** 19; **9.4.** 17; **9.6.** 30; –, waldtypische **3.2.** 14

**Gefahren** *s. a. Gefahr;* -abwehrpflicht **2.9.** 5; **3.4.** 4; -abwehrplan **6.1.12.** 6, 9–10, 20–21; **9.6.** 30; -bereich **9.1.3.** 15d, 22; -information **9.1.3.** 13–14, 22; -karte **4.1.** 73–75, 78b, 79–80; -klasse **5.1.5.** 2; **9.1.3.** 3, 6, 8

**Gefahrstoff 9.1.** 19; **9.1.3.**; –, Begriff **9.1.** 19; **9.1.3.** 2; -information **9.1.3.** 4–6; –, partikelförmiger **9.1.3.** Anh. I; -verordnung (GefStoffV) **3.4.1.** 10; **6.1.** 4, 7, 23,

27, 48a; **6.1.4.** Anh. 2; **9.1.2.** 4; **9.1.3.**; **10.2.** 1/84, 1/88; -verzeichnis **9.1.3.** 6, 22

**Geflügel 2.5.** Anl. 1/7.3; **3.3.** 4, 4b–5; **6.1.4.** Anh. 1/7.1–7.2; **8.2.** Anl. 4/12; **10.2.** 1/64; -mist **8.2.** 44, 88b; -trockenkot **8.2.** 88b

**Gefrieren 5.2.** Anl. 1

**Gegenseitigkeitsprinzip 2.5.** 56; **4.1.4.** 5; **7.1.** 25–25a, 31, 38; **8.2.** 5; **9.1.** 19b

**Gegenstand 4.1.** 78a, 103; **5.1.** 2–5, 47; **5.3.** 1; **5.4.** Anl. 1; **6.1.4.** Anh. 1/3.20, Anh. 1/5.1–5.2, Anh. 1/5.4, Anh. 1/5.8, Anh. 1/10.20; **8.6.** 2; **9.1.** 3; **9.4.** 2, 54

**Gehege 3.1.** 43; -wild **3.1.** 42; **3.3.** 11

**Geheimhaltung 2.5.** 23, 27; **3.1.** 6, 51–51a; **3.4.** 12; **4.1.4.** 3; **5.1.** 32, 63; **5.1.5.** 9; **5.2.** 33, 35, 40; **5.3.** 7; **6.1.** 5, 10, 27; **6.1.9.** 4, 10, 11a; **6.1.17.** 23; **6.4.** 20; **7.1.** 22; **8.2.** 69, 81; **8.6.** 3; **9.1.** 16d–16e; **9.1.4.** 4; **9.4.** 11, 65; **9.6.** 17–17a, 29, 35; **10.2.** 8–10; *s. a. Betriebsgeheimnis, Geschäftsgeheimnis, Vertraulichkeit*

**Gehölz 3.1.** 1, 40, 54, 69

**Gelatine 6.1.4.** Anh. 1/7.8

**Geld**ausgabeautomat **5.2.** Anl. 1; -buße *s. Ordnungswidrigkeit;* -spielautomat **5.2.** Anl. 1

**Gemeinde 1.1.** 28, 74/27, 104a, 105; **1.2.** 196; **2.3.** 7, 11, 14; **2.5.** 16, 39, 67a; **2.6.** 10; **2.7.** 34, 37; **3.1.** 3, 11, 30, 40a; **3.4.** 25; **4.1.** 23, 82, 87, 98; **5.1.** 31, 46, 68, Anl. 4; **5.4.** 2, 28; **6.1.** 47e, 49; **6.1.9.** 2a, 10; **6.1.39.** 1; **6.3.** 15; **6.6.** 9, 13; **7.1.** 9g; **8.1.** 55, 109; **8.2.** 24, 36g; **8.9.** Anl.; **9.6.** 25; -beteiligung **9.1.** 19; **6.1.26.** 7a; **6.6.** 9; **7.1.** 9b; **7.3.** 7, 9–10, 17, 19; **8.2.** 6; -fahrzeug **6.1.** 47

**Gemeingebrauch 4.1.** 22, 25

**Gemeingefahr 1.1.** 13, 74/19; **11.1.** 89c, 129a, 307–314

**Gemeinnützigkeit 5.1.** 3, 17–18, 26; **5.3.** 2; **12.1.** 3

**Gemeinsame Stelle** (Altfahrzeugbehandlungsbetriebe) **5.1.5.** 7; – (Elektrogeräte) **5.2.** 5, 7, 12, 14–15, 26–35, 40, 46; **5.3.** 23; – (EMAS) **2.8.** 32; **5.1.5.** 7; – (Systeme) **5.4.** 19

**Gemeinsames** Batterierücknahmesystem **5.3.** 9

**Gemeinschaftsaufgabe 1.1.** 91a, 125c; **3.2.** 41

**Gemeinschaftskläranlage 4.2.** 13

**Gemeinschaftssystem** für das Umweltmanagement **2.7.–2.8.1.**; **5.1.** 51, 61; **5.1.5.** 5; **8.4.** 10; *s. a. EMAS, Umweltaudit*

**Gemeinwirtschaft 1.1.** 15, 74/15; **3.1.1.** 4

Magere Ziffern = §§ **Sachverzeichnis**

**Gemeinwohl 1.1.** 14; **1.2.** 15; **2.5.** 66; **2.6.** 8–9; **3.1.** 34, 39, 45, 61, 67–68; **3.2.** 1, 9, 12–13; **3.4.** 2, 4, 13, 21, 25; **3.4.1.** 5; **4.1.** 3, 6, 13–15, 17, 21, 31, 37–38, 45g, 50–51, 52–53, 55, 68, 71, 77, 78a, 86; **5.1.** 3, 7, 10, 15, 17, 28, 30, 36–37, 39–40, 43, 53–54, 60, 69; **5.4.** 7; **6.1.** 3–5, 5, 8a, 17, 19–21, 23, 25–25a, 27, 35, 40, 52, 58a–58c; **6.1.9.** 10, 24a; **6.1.12.** 2; **6.1.17.** 12; **6.1.26.** 1; **6.1.32.** 7–8; **6.3.** 1, 4, 5; **6.4.** 21; **7.1.** 4, 5, 7, 9, 9b, 9e, 9g; **7.3.** 12; **8.2.** 81; **8.6.** 9; **9.4.** 13, 17, 54, 65
**Gemenge 9.1.** 3
**Gemisch 2.5.** Anl. 1/9.; **3.3.** 4b; **3.4.1.** 12; **4.1.** 13a; **5.1.** Anl. 1; **6.1.** 3; **6.1.4.** Anh. 1/5.6, Anh. 1/5.12, Anh. 1/9., Anh. 1/10.22, Anh. 2; **6.1.12.** 2; **9.1.** 1–4, 12j, 13–14, 16d–16e, 17, 19–19a, 20b, 23–24, 25a–27, 27b–27c, 28; **9.1.2.**; **9.1.3.**; **9.1.4.**; **9.4.** 2, 12; **9.5.** 2; **10.2.** 1/60; *s. a. Zubereitung;* –, akut toxisches **6.1.4.** Anh. 1/10.22, Anh. 2; –, beanstandetes **9.1.** 21; –, Begriff **9.1.** 3; **9.1.3.** 2; –, explosionsfähiges **9.1.3.** 2, 6; –, explosives **6.1.4.** Anh. 2; –, gefährliches **5.1.** 9; **5.2.** 3, 28; **9.1.** 1, 3a, 13–14, 16d–16e, 17, 19–20, 21, 23, 27, 27c; **9.1.3.** 2, 4, 6; **11.1.** 327–328; –, gefährliches explosionsfähiges **9.1.3.** 2; –, umweltgefährliches **9.1.** 2, 3a
**Gemüse 8.2.** Anl. 4/16–17; -konserve **2.5.** Anl. 1/7.17; -nektar **5.4.** 31; -saft **5.4.** 31; **8.2.** Anl. 4/16
**Genehmigung 1.1.** 20a; **2.3.** 9; **2.5.** 2, 29, 31, 47, 74; **2.8.** 23, 27, 32, 35–36; **2.8.1.** 7, 10; **2.9.** Anl. 1/1–2, Anl. 1/9, Anl. 1/12; **3.1.** 17, 39, 40, 40c, 42, 48–50, 48a, 54, 63, 69; **3.2.** 9–10, 12; **3.3.** 3–4, 4a, 8, 11a, 12–13, 15–16, 18, 21; **3.4.** 2; **4.1.** 20, 58, 60, 63, 68, 78d, 87, 103, 105, 107; **4.1.4.** 1–5, 8–9; **4.3.** 4, 12; **5.1.** 13, 28, 35–37, 40–41, 43, 53–54, 58–61, 65, 69, 72, Anl. 4; **5.1.7.** 4; **5.3.** 7, 20–21; **5.4.** 3, 18, 18–19, 25, 36; **6.1.** 1, 4–21, 23a–23b, 25–25a, 31, 37, 42, 52, 58e, 62, 67; **6.1.1.** 1; **6.1.4.** 1–2, Anh. 1/10.3–10.4; **6.1.9.**; **6.1.12.** 7, 18; **6.1.13.** 9, 12, 26, 33, 35, 41, 47, 58, 63; **6.1.17.** 1, 9; **6.1.18.** 1; **6.1.26.** 1, 3, 7; **6.3.** 2, 4, 5, 13; **6.4.** 2, 4, 6, 19, 25, 31–32; **7.0.2.** 2; **7.1.** 2–9c, 9h, 10a–13, 17–25, 44b, 46, 54, 56, 57b; **7.3.** 19–20, 26, 29; **8.2.** 36, 36e–36f, 39, 39f–39g, 85b; **8.4.** 2a, 10; **9.1.** 12b, 12f, 21, 26; **9.4.** 12–14, 17, 65; **9.6.** 3, 8–27, 35, 37–39; **10.2.** 9; **11.3.** 225–228, 330d; **12.1.** 1; -fiktion **3.3.** 8; **4.1.** 78d; **5.3.** 7, 30; **6.1.13.** 18; **6.7.** 6; **9.6.** 16; –,

gesonderte **6.1.4.** 1; **6.4.** 4; -inhaber **2.9.** 2; -verfahrenssicherstellung **2.5.** FN am Titel; **3.1.** FN am Titel; **4.1.** FN am Titel; **5.1.** FN am Titel; **6.1.** FN am Titel; **7.1.** FN am Titel; **9.6.** FN am Titel; -verfahrensverordnung **4.1.4.** 4–5; **6.1.** 10; **6.1.9.**; -verlängerung **7.1.** 6; **9.1.** 12b, 12f; **9.6.** 15–16, 16d, 41; -vorbehalt **8.2.** 105; –, vorläufige **9.6.** 16
**Generation,** künftige **1.1.** 20a; **3.1.** 1
**Generator 8.2.** 3, 24, Anl. 4/163; -austausch **8.2.** 3; -gas **6.1.4.** Anh. 1/1.14
**Genetik 9.6.** 4
**Gentechnik 2.8.** 5; **2.9.** Anl. 1/10–11; **3.1.** 35; **3.3.** 11b; **3.4.** 3; **6.1.** 67; **9.6.**
**Genussmittel 1.1.** 74/20; **2.5.** Anl. 1/7.; **6.1.4.** Anh. 1/7., Anh. 1/10.21; **8.2.** Anl. 4/189
**Geodaten 6.1.39.** 30; **7.3.** 12, FN am Titel; -zugangsgesetz **2.6.** FN 2 am Titel
**Geo-Engineering 4.1.** 45
**Geologie 4.1.** 13a; -datengesetz (GeolDG) **7.3.** FN am Titel
**Geothermie 6.1.39.** 1; **8.1.** 3, 37, 41, 90–91; **8.2.** 3, 22, 45, 53
**Gerät 2.3.** 5; **3.1.1.** 4; **5.2.**; **5.3.** 2, 5; **6.1.** 2–3, 32–33, 37, 60; **6.1.1.** 2; **6.1.32.**; **7.1.** 19; **9.4.** 2, 14, 16; **10.2.** 3; – Altbatterie **5.3.** 7, 9, 11–13a, 15–16; -art **5.2.** 3, 6, 17, 27, 31, 33–34, 37, 46; -batterie **5.3.** 2–3, 5–18; -kategorie **5.2.** 2, 22, 26–28, Anl. 1; -kombination **5.2.** 3; –, lärmarmes **6.1.32.** 2, 8; –, PCB-haltiges **9.1.3.** 4; -teil **5.2.** 2
**Gerätelärmschutzverordnung 6.1.** 23; **6.1.32.**
**Geräusch 6.1.** 3–4, 22, 32, 41, 43, 49, 53; **6.1.16.** 3; **6.1.18.** 2–3, 5; **6.1.32.**; **10.1.** 906; **10.2.** 3; **11.1.** 329; *s. a. Lärm*
**Gerben 2.5.** Anl. 1/7.20; **6.1.4.** Anh. 1/7.14
**Geröllhalde 3.1.** 30
**Geruch 10.1.** 906; -belästigung **6.1.17.** 3; -stoff **6.1.** 3
**Gesamtenergiebedarf 8.1.** 3, 10, 15, 18
**Gesamtenergieeffizienz** von Gebäuden **8.1.** 3, FN am Titel
**Gesamtschuldner 3.4.** 24; **4.1.** 89, 97; **4.2.** 12; **7.1.** 33; **8.2.** 60; **8.4.** 9; **9.6.** 17, 32, 36a; **10.1.** 421–426
**Gesamtwirtschaftliches Gleichgewicht 1.1.** 104a
**Geschäftsgeheimnis 2.6.** 9; **3.1.** 6; **3.4.** 12; **4.1.4.** 3; **5.1.5.** 9; **5.2.** 33, 35, 40; **5.3.** 7, 23; **5.4.** 14, 19, 24, 26; **6.1.** 5, 10, 27; **6.1.9.** 4, 10, 13a; **6.1.12.** 11; **6.1.17.** 23; **6.6.** 12; **8.2.** 69, 81; **8.6.** 10a; **8.6.** 3; **8.9.** Anl.; **9.4.** 11, 65; **9.6.** 17–17a, 29

# Sachverzeichnis

Fette Zahlen = Gesetzesnummern

**Geschäftsmäßig 8.1.** 96
**Geschiebe 4.1.** 39
**Geschirr**spüler **5.2.** Anl. 1; -spülmittelbeutel **5.4.** Anl. 1
**Geschoss,** beheiztes **8.1.** 36; -decke, oberste **8.1.** 3, 47, 96, 108; -höhe **8.1.** 25
**Geschwindigkeit 6.5.** 4, 6–7, 10–11, 13
**Gesetz über die Beförderung gefährlicher Güter 9.1.3.** 1; **11.1.** 330d
**Gesetz über die Umweltverträglichkeitsprüfung (UVPG) 2.5.**; **2.5.1.**; **2.6.** 10; **3.1.** 22, 40f; **3.1.2.** 17; **3.4.** 13, 16; **4.1.** 11, 45i, 60, 62a, 64, 68, 70; **4.1.4.** 2; **5.1.** 32, 35; **6.1.** 10, 47, 67; **6.1.4.** 2; **6.1.9.** 1, 4, 4e, 8, 11a, 20, 24; **6.1.12.** 18; **7.1.** 2a, 9b, 57b; **7.3.** 18–19; **9.5.** 3a; **11.1.** 327; **12.1.** 1–2, 4
**Gesetz über überwachungsbedürftige Anlagen 5.1.** 47; **6.1.** 7, 29a, 51a; **7.1.** 8, 19–20, 46
**Gesetzesvollzug,** Erfahrungsbericht **9.1.** 9
**Gesetzgebung 1.1.** 20–20a, 70–74, 79; **1.2.** 2–6, 288–291; -verfahren **1.2.** 15, 192, 194, 196–197, 288
**Gestaltung,** naturnahe **2.5.** Anl. 1/13.18; **3.1.** 1; –, umweltgerechte **8.6.**
**Gestattung**spflicht **4.1.** 94–95, 101, 103; **5.1.** 29
**Gestein 6.1.4.** Anh. 1/2.2, Anh. 1/8.15, Anh. 1/9.11; **10.2.** 1/14, 1/72
**Gesundheit 1.1.** 2, 20a, 74/19; **1.2.** 4, 6, 36, 191; **2.0.** 2; **2.1.** 2; **2.5.** 2, Anl. 3–4, Anl. 6; **2.6.** 2, 10; **2.9.** 2, 8; **3.1.** 1, 30a, 34, 40c, 45–45a; **3.3.** 7a; **4.1.** 31, 45a–45b, 60, 73, 78–78b; **4.1.1.** 1, 10–11; **4.1.3.** 2; **4.1.4.** 8–9; **4.3.** 3, 14; **5.1.** 1–2, 4, 6–10, 12, 15, 23, 45, 56; **5.2.** 4, 13, 18, 20; **5.3.** 18; **5.4.** 7; **6.1.** 20, 25, 45, 47b, 52a; **6.1.9.** 1a; **6.1.12.** 2, 8–9, 17; **6.1.17.** 3; **6.1.39.** 1–10, 30, 34, Anl. 14; **6.2.** 1; **7.1.** 1–2, 19, 26, 29, 32; **8.1.** 10, 13, 46, 57, 67; **9.1.** 2, 3a, 4, 6, 9, 12c, 12g, 16e–19, 21, 23, 27, 27b; **9.1.2.** 13; **9.1.3.** 1–2, 3, 6–14, 15a–15d, 18–19; **9.4.** 1, 3, 13–14, 16, 65; **9.5.** 1, 3, 5; **9.6.** 1–2, 6–7, 15, 16c, 17a, 20–21, 28a, 32; **10.1.** 249, 823; **10.2.** 1, 13, 15, 19; **11.1.** 89c, 129a, 223–224, 308–309, 312, 324a–328, 330–330a; **11.2.** 117; -armband **5.2.** Anl. 1; -daten **7.0.1.** 2; -schädlich **3.4.1.** 2; **9.1.3.** 3; -verträglich **5.4.** 15
**Getränke**becher **5.1.8.** 3; **5.4.** 33; -behälter **5.1.8.** 3; –, diätetische **5.4.** 31; -dose **5.4.** 31, 38; -kapsel **5.4.** Anl. 1; -karton **5.4.** 16; -verpackung **5.4.** 1, 3, 12, 16, 26, 31–32; –, weinähnliche **5.4.** 31
**Getreide 6.1.1.** 3, 5; **6.1.4.** Anh. 1/7.30, Anh. 1/9.11; -korn **8.2.** 39i

**Getrennte** Behandlung **5.1.** 9, 10; **5.3.** 2; – Entsorgung **5.1.7.** 4, 10; **5.3.** 2; – Erfassung **5.1.** 17; **5.2.** 10–11, 18, 19a; **5.3.** 2, 11, 18; **5.4.** 3, 22; **6.1.17.** 12; – Lagerung **9.6.** 16b; – Sammlung **2.3.** 3; **5.1.** 3, 9, 10, 15–16, 19–21, 23, 30, Anl. 5; **5.2.** 14; **5.4.** 1, 13–14, 36
**Getriebe 8.2.** Anl. 4/177; -öl **5.1.7.** 1a, 7–10
**Gewährleistung 10.1.** 555f
**Gewässer 2.5.** Anl. 1/13.2; **2.9.** Anl. 1/3–6; **3.1.** 1, 5, 9, 11, 21, 30; **3.4.** 3; **3.4.1.** 3, 5; **4.1.**; **4.1.2.**; **4.1.4.** 3–4; **4.2.**; **4.3.** 2; **5.1.** 2; **6.1.** 2; **6.1.39.** 1; **9.1.** 2; **11.1.** 324a, 326–330, 330d; -anlage **3.1.** 23–24, 33, 69; **4.1.** 8–9, 14, 23, 32–36; -aufsicht **4.1.** 53, 88, 100–103; -ausbau **2.5.** Anl. 1/13.; **3.1.** 61; **4.1.** 4, 6, 9, 38, 78–78a, 86, 88; **5.1.** 2; -ausbau, naturnaher **4.1.** 6; -ausbauplan **4.1.** 68, 68–71, 103; -ausbaustufe **4.1.** 69; –, ausgebautes **4.1.** 39; -auswirkung **4.1.** 57; -beeinträchtigung **4.1.** 6, 12, 26, 30, 40, 67, 90, 93; **4.3.** 3, 5; -befahrung **4.1.** 101; –, Begriff **4.1.** 3; -belastung **4.1.** 45c, 88; **4.1.3.** 4; -benutzung **2.3.** 7–8; **2.5.** Anl. 1/13.; **4.1.** 4, 8–26, 64, 82, 103; **4.1.1.** 1, 7, 10, 14; **4.1.4.**; **12.1.** 1; -benutzungsrecht **4.1.** 10; -benutzungsuntersagung **3.1.** 23–24, 33; **4.1.** 13a–13b, 104a; **4.1.4.** 8; -beobachtung **4.1.** 52, 88; -beschaffenheit **4.3.** 3, 5–6, 12; -bett **3.4.** 2; **4.1.** 3, 39; -bewirtschaftung **1.2.** 192; **3.1.** 61; **4.1.** 1, 6–49, 83, 91, 94; **5.1.** 2; -eigenschaft **4.1.** 3, 5–6, 8–9, 13, 23, 31, 62; -eigentum **4.1.** 4, 40; -einleitung **2.3.** 17; **4.1.** 9, 13, 23, 25–26, 43, 48, 55, 57–61, 64; **5.1.** Anl. 1; -einwirkung **4.1.** 89; -entwicklung **4.1.** 39; -ereignis **4.1.4.** 9; -erhaltung **4.1.** 39, 53; –, erheblich verändertes **4.1.** 3, 27–30, 83, 90; -freihaltung **3.1.** 61, 69; **4.1.** 39; -gefährdend **9.1.3.** 2–3, 3; -güte **4.2.** 13; –, Kälteentnahme **8.1.** 41; –, künstliches **4.1.** 3, 26–29, 83, 90; **4.1.3.** 3, 5; -kunde **4.1.** 88, 91; -landschaft **4.1.** 39; –, naturnahes **4.1.** 6; -nutzung **4.1.** 1, 6, 82, 88; –, oberirdisches s. *Oberirdisches Gewässer;* -ökologie **4.1.** 3; -ökosystem **4.1.1.** 7, 10; -pflege **4.1.** 39; **8.2.1.** 2; -plan **2.5.** 18; -randstreifen **3.1.** 21; **4.1.** 38, 88, 103; -reinhaltung **4.1.** 32, 45, 48; **7.1.** 7, 9; -sanierung **2.9.** 2, 6, 8; -schaden **2.9.** 2; **3.1.** 19; **4.1.** 45a–45c, 89–90; **5.1.** 15; **11.1.** 311, 327–328; –, schiffbares **4.1.** 26, 39; -schlamm **8.2.1.** 3; -schutz **2.5.** Anl. 5/1.12; **3.4.** 4; **4.**; **4.1.** 23, 62a, 63; **4.1.3.**, 14; **4.1.4.** 8;

1636

Magere Ziffern = §§  **Sachverzeichnis**

4.3. 7; **6.1.** 2; **9.5.** 3–3a; -schutzbeauftragter **2.8.** 5; **4.1.** 13, 24, 64–66, 101, 103; **5.1.** 59; -sediment **4.1.** 32, 45; **8.2.1.** 3; –, stehendes **3.1.** 1, 30, 61; **4.1.** 3; -teil **4.1.** 2–3; -überwachung **3.1.** 61; **4.2.** 4; -unterhaltung **3.1.** 61; **4.1.** 9, 14, 36, 38–42, 78–78a, 88; **5.1.** 2; -veränderung **4.1.** 2–3, 5–6, 8–9, 12–14, 23, 26, 27–30, 31–32, 36–37, 38a, 43, 48–49, 62, 67, 78a, 89–90, 92; **4.1.3.** 3, 5; -verbesserung **4.1.** 78a; -verschlechterung **4.1.** 82–83; **4.1.3.** 8; -verunreinigung **2.5.** Anl. 3–4; **3.4.** 1, 4, 14; **3.4.1.** 3, 5, 12; **4.1.** 32, 45, 45a–45b, 48; **4.1.1.**; **6.1.9.** Anl.; **6.1.17.** 4; **7.1.** 7, 9; **9.5.** 3–3a; **11.1.** 309, 324, 326; -zugang **3.1.** 43; -zustand **4.1.** 3, 23, 25–26, 29–31, 39, 44, 45a–45j, 47, 67, 90; **4.1.3.** 2–7, 10, 12, 16
**Gewahrsam 3.1.** 44, 71a
**Gewebe 1.1.** 74/26; **5.1.5.** 3
**Gewerbe 1.1.** 74/11; **1.2.** 36; **2.3.** 14, 16; **2.8.** 4–5; **2.9.** 2; **3.1.** 39, 69, 71–71a; **3.1.1.** 6; **3.3.** 2a, 4, 11, 12, 16; **4.1.** 54, 59, 62; **4.2.** 2; **5.1.** 3, 12, 17–18, 56; **5.1.7.** 6, 8–9; **5.2.** 3, 13; **5.3.** 2, 11; **6.1.** 3–4, 20, 22–23, 25, 32–35, 37, 37a; **6.1.1.** 1; **6.1.4.** 1; **6.1.17.** 2; **6.1.26.** 7; **6.2.** 2–2a, 5, 7; **7.1.** 1, 4, 6; **8.1.** 2; **8.4.** 2, 9–10; **8.6.** 5; **9.1.** 2; **9.1.2.** 2, 5; **9.4.** 9, 17; **9.5.** 2; **9.6.** 16b, 18, 25; **10.1.** 13; **11.1.** 329; -abfall **5.1.** 8, 10, 16; **5.4.** 13; -betrieb **8.1.** 32; *s. a. Betrieb;* -gebiet **3.1.** 11; **6.1.16.** 2; **6.1.18.** 2; **8.2.** 37, 48; -ordnung **4.1.** 20; **5.1.** 53–54; **5.1.5.** 6; **5.2.** 21; **5.3.** 2; **5.4.** 3; **6.1.** 7, 15, 17, 29a, 66–67; **6.1.12.** 16; **6.1.13.** 26, 41, 58, 63; –, produzierendes **2.3.** 11, 16; **8.2.** 103; **8.4.** 2, 9–10; –, verarbeitendes **2.3.** 11; **6.6.** Anl. 1
**Gewerkschaft 2.8.** 22–23; **6.1.** 51a; **9.1.** 17; **9.1.3.** 2; **9.1.**
**Gewinnen 1.1.** 74/20; **2.3.** 7–8, 11, 17; **2.5.** Anl. 1/2.3, Anl. 1/6.1, Anl. 1/13.15; **2.9.** Anl. 1/13; **3.1.** 1, 7, 30, 33, 57; **4.1.** 9, 11a, 13a, 50; **5.1.** 2; **5.1.5.** 2; **6.1.4.** Anh. 1/2.5, Anh. 1/3.2, Anl. 1/4.4, Anh. 1/6.1, Anh. 1/8.3, Anh. 1/8.15, Anh. 1/9.11; **6.4.** Anh. 1; **7.1.** 2; **9.1.** 3; **9.5.** 3; **9.6.** 36a; **10.2.** 1/Anh.; **11.1.** 329
**Gezeiten**energie **8.2.** 3; -gebiet **4.1.** 76
**Gichtgas 8.2.** 104
**Gießerei 1.4.** Anh. 1/3.4; **2.5.** Anl. 1/3.3, Anl. 1/3.5, Anl. 1/3.7; **6.1.4.** Anh. 1/3.2, Anh. 1/3.4, Anh. 1/3.7–3.8; **6.4.** Anh. 1; **8.2.** Anl. 4/135–138, Anl. 4/187; **10.2.** 1/34–35

**Gift 1.1.** 74/19; **3.1.1.** 4; **4.1.1.** Anl. 7; **4.1.2.** 6; **4.2.** 3–4; **6.1.4.** Anh. 1/10.22; **9.1.** 18, 26; **9.1.4.**; **11.1.** 129a, 224, 326, 330a
**Ginster**heide **3.1.** 30
**Gips 6.1.4.** Anh. 1/2.4; **6.4.** Anh. 1; **8.2.** Anl. 4/6, Anl. 4/116–117, Anl. 4/119; **8.4.** 9a; **10.2.** 1/20; -kartonplatte **6.4.** Anh. 1
**Glas 2.5.** Anl. 1/2., Anl. 1/2.5; **5.1.** 3, 20; **5.4.** 1, 5, 11, 16, 31; **6.1.4.** Anh. 1/2.8; **6.4.** Anh. 1; **8.2.** Anl. 4/102–106; **8.4.** 9a; **10.2.** 1/24; -faser **2.5.** Anl. 1/2.5; **6.1.4.** Anh. 1/2.8, Anh. 1/5.2; **6.4.** Anh. 1; **8.2.** Anl. 4/105; **10.1.** 555b; **10.2.** 1/58; -faserkabel **8.2.** Anl. 4/166; -flasche **5.4.** 30a, Anl. 1; -waren **8.2.** Anl. 4/106
**Glaubhaftmachen 5.2.** 6–7
**Gleichberechtigung** von Männern und Frauen **1.1.** 3; **6.6.** 11
**Gleichgewicht 4.1.** 45b, 47
**Gleichheit 1.1.** 3
**Gleichstrom 6.1.26.** 1, 3a–4, 7, 10
**Gleichwertige Regelung 1.1.** 72; **2.5.** 56; **2.7.** 4; **2.8.** 10a; **3.1.** 15, 32; **3.1.1.** 6, 14; **3.3.** 13a; **4.1.** 24; **4.1.2.** 4; **4.1.4.** 5; **4.2.** 4; **5.1.** 9, 26, 53–54, 61; **5.2.** 20, 22, 24; **6.1.** 29b, 37b, 58e; **6.1.1.** 6; **6.1.12.** 16; **6.1.13.** 33–34, 66; **7.1.** 25, 25a, 31, 38; **8.1.** 24, 77, 99, 103, 114; **8.2.** 11; **9.1.** 19b; **9.1.2.** 11; **9.1.3.** 2, 19a; **9.5.** 3; **9.6.** 14–15, 20, 29; **11.1.** 330d
**Glockenguss 6.1.4.** Anh. 1/3.8
**GLP 9.1.** 19a–19d, 20b, 27a
**Glühlampe 5.2.** 2; **8.1.** 32
**Glyoxal 6.4.** Anh. 1
**Golfplatz 9.4.** 17
**Gorleben 7.1.** 58; **7.3.** 36
**Governance**verordnung (EU) **6.6.** 2, 5, 10, Anl. 1
**GPS-Gerät 5.2.** Anl. 1
**Graben 3.1.** 39, 69; **4.1.** 2; -fräse **3.1.** 39, 69; **6.1.32.** 1/54; -verrohrung **2.5.** Anl. 1/13.18
**Grablicht**becher **5.4.** Anl. 1
**Grader 6.1.32.** 1/23
**Grafenrheinfeld (KKW) 7.1.** 7, Anl. 3–4
**Graphit 8.4.** 9a; **10.2.** 1/52
**Graphitieren 6.1.4.** Anh. 1/4.7
**Gras 3.1.** 30, 39; -kantenschneider **6.1.32.** 1/24; -trimmer **6.1.32.** 1/24
**Grauhörnchen 3.1.1.** 3
**Greifer 6.1.4.** Anh. 1/9.11
**Greifvogel 3.1.1.** 8–11, 15, 16
**Grenzüberschreitende Maßnahme 1.1.** 24, 35, 89; **2.5.** 1, 15, 19, 31, 54–64; **2.5.1.** 2; **2.9.** 12; **3.1.** 6, 12, 21–22; **4.1.**

1637

# Sachverzeichnis

Fette Zahlen = Gesetzesnummern

7, 45h, 45k, 70, 74, 75, 81, 88; **4.1.1.** 2, 5; **4.1.4.** 5; **5.1.** 31; **5.2.** 32, 39, 45; **6.1.** 7, 45, 47c–47d; **6.1.9.** 9, 11a, 21; **6.1.12.** 10–11, 18; **6.1.39.** 29–30, 34; **6.7.** 11; **7.1.** 4a; **7.3.** 10; **8.2.** 5, 28–28a, 88a
**Grenzwert 2.5.** Anl. 6; **4.1.** 57; **4.1.2.** 1; **4.1.3.** 2, 5–6; **4.1.4.** 4; **5.1.** 5, 43, 47; **5.1.7.** 3, 5; **5.3.** 17; **5.4.** 5; **6.1.** 7, 22–23, 31–33, 37–38, 42–43, 47, 47d, 48, 50; **6.1.1.** 3–10, 25–26; **6.1.9.** 4a, 21; **6.1.16.** 2; **6.1.17.** 2, 8–10, 23; **6.1.26.** 2, 5, Anh. 1; **6.1.39.** 1–8, 21, 24–30, Anl. 14; **6.2.** 2; **6.3.** 2, 4, 9; **7.1.** 54, 57b; **8.1.** 65; **9.1.** 19; **9.1.3.** 2, 6–10, 20; **10.1.** 906; *s. a. Emissionsgrenzwert, Immissionsgrenzwert;* –, biologischer **9.1.3.** 2
**Grill 6.1.1.** 1, 3
**Grohnde (KKW) 7.1.** 7, Anl. 3–4
**Großanlage,** ortsfeste **5.2.** 2–3
**Großdrucker 5.2.** Anl. 1
**Großfeuerungsanlage 6.1.13.; 6.1.17.** 2, 9; –, abfallmitverbrennende **6.1.17.** 2; –, Begriff **6.1.13.** 2; -verordnung **2.8.1.** 5; **6.1.13.; 6.1.17.** 1–2, 9
**Großflughafen 6.1.** 47b–47c
**Großgerät 5.2.** 2–3, 14, Anl. 1
**Großrechner 5.2.** Anl. 1
**Großwerkzeug,** ortsfestes **5.2.** 2–3
**Grube 5.1.** Anl. 1
**Grubenbau 3.4.** 3
**Grubengas 2.5.** Anl. 1/1.2, Anl. 1/1.4; **6.1.1.** 3, 14; **6.1.4.** Anh. 1/1.2, Anh. 1/1.4; **6.1.13.** 2; **6.1.17.** 2; **6.4.** Anh. 1; **8.2.** 2–3, 8–12, 16, 19–20, 22, 23, 24, 41, 44b–44c, 53, 58, 61b, 72, 80, 91, 102
**Grünanlage 3.1.** 1, 11; **9.4.** 17
**Grüner Wasserstoff 8.2.** 69b, 74–74a, 85, 93
**Grünes** Band **3.1.** 21
**Grünfläche 3.1.** 1
**Grünfutter**trocknung **6.1.4.** Anh. 1/7.25
**Grünland 4.1.** 38, 78d; **6.6.** Anl. 1; **8.2.** 37, 90; -umbruch **3.1.** 5; **4.1.** 38, 78a
**Grünordnung**splan **3.1.** 9, 11, 15–16, 63
**Grünzug 3.1.** 1
**Grund**chemikalien, organische **6.1.13.** 57–59; –, vernünftiger **3.3.** 1, 17, 39
**Grundbuch 3.1.** 66; **3.4.** 25; **4.1.** 99a
**Grundchemikalien,** anorganische **6.1.4.** Anh. 1/4.1; **8.2.** Anl. 4/80; –, organische **6.1.4.** Anh. 1/4.1; **6.4.** Anh. 1; **8.2.** Anl. 4/81
**Grundfläche** *s. Boden, Flächen*
**Grundgesetz (GG) 1.1.; 2.5.** 66; **3.3.** 51–52; **3.3.** 16; **4.1.** 101; **4.3.** 13; **5.1.** 19, 47; **5.3.** 28; **6.1.** 52; **7.1.** 7, 19, 22, 38; **9.6.** 25; –, Änderung **1.1.** 79

**Grundofen 6.1.1.** 2, 4, 26
**Grundpflicht 3.4.** 4; **5.1.** 7, 15, 29; **6.1.** 5, 22; **6.1.12.** 3–8; **6.7.** 6–8; **9.1.3.** 7
**Grundrecht 1.1.** 1–3, 5, 8–9, 11–14, 19, 23; **1.3.; 2.5.** 66; **3.1.** 51–52; **3.3.** 16; **4.1.** 101; **5.1.** 19, 47; **6.1.** 52; **7.1.** 19; **9.1.** 21; **9.6.** 25; – Charta (EUGRCh) **1.3.**
**Grundsatz 1.1.** 72; **1.2.** 15, 191; **1.3.** 37, 51–52; **2.5.** 3, 25; **3.3.** 7a; **3.4.** 1, 4; **4.1.** 55, 67; **4.2.** 1; **4.3.** 3; **5.1.** 6, 15, 30; **7.1.** 2d; **8.2.** 2, 4, 63; –, allgemeiner **3.1.** 1, 6, 8, 13, 20, 30, 59; **4.1.** 6, 23
**Grundsteuer 1.1.** 72, 105, 125b
**Grundstoff 8.2.** Anl. 4/80–81; **9.4.** 12
**Grundstück 3.1.** 40a, 62, 65–66, 68; **3.2.** 9, 41a; **3.4.** 2–5, 7–9, 12–13, 21, 25; **3.4.1.** 2–3, 10, 12; **4.1.** 8, 14, 37, 41, 46, 52, 91–96, 99a, 101; **4.1.4.** 3; **4.3.** 13, 15; **5.1.** 17, 19, 29, 34, 47, 69; **6.1.** 3, 5, 14, 52, 60, 62; **6.1.9.** 4a; **6.1.26.** 2–5, 7; **6.2.** 5; **6.3.** 5, 8–9; **6.4.** 20; **7.1.** 7, 9d–g, 19, 21b; **7.3.** 17, 19; **8.1.** 107; **8.2.** 8–9; **9.1.** 21; **9.4.** 14, 17; **9.6.** 16a–16b, 23, 25; **10.1.** 905–907; der öffentlichen Hand **3.1.** 2, 62; -recht **8.1.** 80; -sperre **3.2.** 14
**Grundwasser 2.5.** Anl. 1/13.3; **2.9.** Anl. 1/4; **3.1.** 1, 5, 14; **3.4.** 2, 7; **3.4.1.** 2–4; **4.1.** 2–4, 9, 13b, 31, 43, 46–49, 51, 74, 82, 90; **4.1.1.; 4.2.** 10; **5.1.** 3; **6.1.** 3, 5, 7, 10; **6.1.9.** 4a, 21; **6.1.17.** 3–4; **9.4.** 3, 13, 16; **11.1.** 330d; –, Begriff **4.1.** 3; für Kälte **8.1.** 41; -körper **4.1.** 3; **4.1.1.** 1–13; -körper, gefährdeter **4.1.1.** 3, 8a; -leiter **4.1.** 3; -schutz **2.5.** Anl. 5/1.12; -untersuchung **5.1.** 34; **7.1.** 9f; -verordnung **4.1.** 6a; **4.1.1.;** -volumen **4.1.** 3; -zustand **4.1.1.** 5–12
**Gülle 2.5.** Anl. 1/8.4; **4.1.** 62–63, 62a; **6.1.4.** Anh. 1/8.6, Anh. 1/8.13, Anh. 1/9.36; **8.2.** 3, 9, 44, 71, 88b; **8.2.1.** 3; **9.5.** 2, 3a; -kleinanlage **8.2.** 44, 88b
**Gültigkeitserklärung 2.8.** 9; **4.1.** 24; **6.1.** 58e; *s. a. Validierung*
**Güte** *s. a. Qualität;* -gemeinschaft **4.1.** 62; -sicherung **4.1.** 62; -zeichen **5.1.** 56–57, 69
**Güter 2.3.** 12; *s. a. Waren;* -beförderung **5.1.** 55, 69; **8.6.** 1; –, gefährliche **2.9.** Anl. 1/8; **3.4.** 3; **5.1.** 55; **5.2.** 2; **5.3.** 1; **7.1.** 4; **9.1.** 2; **11.1.** 89c, 328, 330d; –, umweltschädliche **2.9.** Anl. 1/8; -verkehr **8.2.** 3, 65; -wagen **6.1.4.** Anh. 1/3.19; -wagen, lautem gleichgestellter **6.5.** 3; -wagen, lauter **6.5.;** -wagenbremse **6.5.** 3, 5; -wagenverkehrsverbot **6.5.** 1–5, 10–11, 13; -zug **6.5.** 2–8, 10–11

Magere Ziffern = §§

# Sachverzeichnis

**Gummi 8.2.** Anl. 4/96–97; **10.2.** 1/45, 1/58
**Gundremmingen (KKW) 7.1.** 7, Anl. 3–4
**Gute fachliche Praxis 3.1.** 5, 14, 42, 44; **3.4.** 17; **5.1.** 9; **9.1.** 17; **9.4.** 3; **9.5.** 3, 11a; **9.6.** 16b, 36a
**Gute Laborpraxis (GLP) 9.1.** 19a–19d, 20b, 27a
**Guter** Gewässerzustand **4.1.** 27–31, 45a–45j; **4.1.1.** 4, 7–8

**Haar**pflegegerät **5.2.** Anl. 1
**Habitatrichtlinie** s. FFH
**Hack**schnitzel **6.1.1.** 3
**Hacke 6.1.32.** 1/40
**Hängebahn 2.5.** Anl. 1/14.11
**Härte,** besondere **3.1.** 67; **3.4.** 10, 25; **4.1.** 38; **6.1.1.** 22; **6.7.** 2, 11; **7.1.** 9g; **8.1.** 6, 55, 72, 98–99, 102; **9.1.3.** 17, 19; **9.4.** 54; **10.1.** 555d
**Härter 9.1.2.** 5
**Hafen 2.5.** Anl. 1/13.9–13.12; **4.1.** 28, 36, 39, 78; **5.1.** 2; **8.2.** 65b; -damm **2.5.** Anl. 1/13.16; -schlick **8.2.1.** 3
**Haftpflicht 7.1.** 13; -versicherung **5.1.** 12, 57; **6.1.** 29b; **7.1.** 4a, 9a, 14; **9.6.** 36; **10.2.** 19–22
**Haftung 1.1.** 74/25; **2.8.** 30; **2.9.** 3; **3.1.** 59; **4.1.** 2, 89–90; **5.1.** 29; **7.1.** Titel-FN, 2, 14, 25–40; **9.6.** 17, 23, 32–37; **10.2.**; -ausschluss **7.1.** 25; **8.2.** 81; **10.2.** 4–5; -beschränkung **2.9.** 9; -höchstgrenze **7.1.** 31, 34–35, 38, 40; **10.2.** 15
**Halde 3.1.** 30
**Halogen 2.5.** Anl. 1/8.2; **2.8.1.** 5, 7–8; **4.1.1.** Anl. 7; **4.2.** 3; **5.1.7.** 3, 5–6; **6.1.** 7, 23; **6.1.1.** 3; **6.1.4.** Anh. 1/1.2, Anh. 1/4.1, Anh. 1/10.7, Anh. 1/10.9; **6.1.17.** 6–7; **8.1.** 32; **9.1.** 14, 17, 21; **10.2.** 1/2, 1/45, 1/96; -erzeugnis **10.2.** 1/45
**Halten** s. Fahrzeughalter, Tierhaltung
**Hamburg 1.1.** Pr.; **3.1.** 5, 11, 14, 20–22, 28, 30, 61, 63, 67–68, 74; **4.2.** 16
**Hammer 2.5.** Anl. 1/3.10; **6.1.4.** Anh. 1/3.11; **6.1.32.** 1/10, 1/28; **10.2.** 1/37
**Handel 1.1.** 73/5, 74/11; **1.2.** 3, 34–36; **2.5.** Anl. 1/18.6; **2.8.** 1; **2.9.** 9, Anh. 1/2; **3.1.** 48; **3.1.1.** 6; **3.3.** 2a, 13, 20–20a; **4.3.** 13; **5.1.** 3, 47, 49, 51, 53–54, 56, 69; **5.3.** 2, 9, 18; **6.4.**; **6.6.** Anl. 1; **6.7.**; **8.1.** 32; **8.4.** 2, 4; **8.2.** 2, 4; **9.1.2.** 5; **11.1.** 326; -gesetzbuch (HGB) **8.2.** 60, 64, 75; -periode **6.4.** 6–7, 9, 11–14, 25, 27–28, 33–35, Anh. 2; **6.7.** 3–6, 9, 16
**Handgebrauch 4.1.** 63
**Handhaben 9.6.** 3

**Hand**straußrecht **3.1.** 39
**Handwerk 1.1.** 74/11; **2.5.** Anl. 1/10.1; **5.4.** 3; **6.1.4.** Anh. 1/10.1; **8.1.** 2, 77, 88; -fahrzeug **6.1.** 47; -kammer **2.8.** 6, 32–33, 35–36; **5.1.** 46; -ordnung **8.1.** 60
**Hang 3.1.** 39; -flächen **4.1.** 38a; -schuttwald **3.1.** 30
**Harmonisierung 1.2.** 2, 191; **2.7.** 16–17
**Harn**stoff **6.1.4.** Anh. 1/5.2, Anh. 1/5.8
**Harz 6.1.4.** Anh. 1/4.9, Anh. 1/5.1–5.2, Anh. 1/5.7, Anh. 1/5.8; **10.2.** 1/60
**Haupteisenbahnstrecke 6.1.** 47b–47e
**Hauptverkehrsstraße 6.1.** 47b–47d
**Haus** s. a. Gebäude; -müll **5.1.** 3, 17; **5.4.** 1, 13–15; **6.1.4.** Anh. 1/8.4; **6.1.17.** 2; **8.2.** 3; **10.2.** 1/71, 1/76; -rat **3.1.** 45–46; -tier **3.3.** 3; **9.1.** 12c
**Haushalt** s. a. Haushaltung; -abfall **5.4.** 1, 13–15; **8.1.** 3; -gerät **8.2.** Anl. 4/170; -großgerät **5.2.** Anl. 1; -information **5.2.** 18; -plan **2.5.** 2
**Haushaltung 4.1.** 3, 6a, 46, 54; **4.2.** 2, 8–9; **5.1.** 3, 17, 20, 30, 33, 49–51; **5.2.** 3, 7, 10, 12–19, 46; **5.4.** 3, 15, 22, 26; **6.1.4.** Anh. 1/8.4; **6.1.17.** 2; **6.1.39.** 2; **6.6.** Anl. 1; **8.2.1.** 3; **9.1.3.** 1, 15a–15d; **9.4.** 9, 12; **10.1.** 555d
**Haut 2.5.** Anl. 1/7.20; **6.1.4.** Anh. 1/7.13–7.14; -resorption **4.1.** 3, 9; -leim **6.1.4.** Anh. 1/7.8; -sensibilisierend **9.1.3.** 6
**Hebe**zeug **8.2.** Anl. 4/179
**Hecke 3.1.** 21, 29, 39, 69; **3.2.** 2; **3.4.** 17; -schere **6.1.32.** 1/25
**Hefe 6.1.4.** Anh. 1/7.22
**Heft**klammer **5.4.** Anl. 1
**Hege 3.1.1.** 2
**Heide 3.1.** 30
**Heilkräuter 3.1.** 39
**Heilkunde 7.1.** 26
**Heilmittel 1.1.** 74/19
**Heilquelle 4.1.** 13a, 53, 104a; **11.1.** 329; –, Schutzgebiet **2.5.** Anl. 3; **4.1.** 53, 88, 103, 106
**Heim**arbeit **9.1.3.** 2
**Heimlich 3.1.** 5, 7; **3.1.1.** 2, 4; **9.4.** 13
**Heizanlage 8.1.** 2, 5, 20, 52, 57–78, 82, 88; für mehrere Gebäude **8.1.** 27, 107
**Heizen 2.5.** Anl. 1/8.2; **6.1.1.** 2, 6; **6.1.13.** 1, 62–65; **6.1.39.** 26; **8.1.** 2–3, 5, 10, 13, 15, 18, 20, 23, 25–27, 29–30, 32, 36, 43, 47–48, 50–51, 57–78, 82, 85, 87, 90–91, 96–97, 103, 108; **8.4.** 9; **10.1.** 556c; **10.2.** 1/1
**Heizfläche 6.1.17.** 12
**Heizkessel 6.1.1.** 2, 5–6, 10, 24; **6.4.** Anh. 1; **8.1.** 3, 22, 52, 64, 72, 97, 108; **8.2.** Anl. 4/141

1639

# Sachverzeichnis

Fette Zahlen = Gesetzesnummern

**Heizkosten**verordnung **8.1.** 6, 82
**Heizkraftwerk 2.5.** Anl. 1/1.1–1.2, Anl. 1/8.2; **6.1.4.** Anh. 1/1.1–1.2; **6.4.** Anh. 1; **10.2.** 1/1
**Heizöl 2.5.** Anl. 1/1.2, Anl. 1/1.4; **6.1.** 34; **6.1.1.** 3, 6, 9; **6.1.4.** Anh. 1/1.2, Anh. 1/1.4; **6.1.13.** 2, 18, 30, 33–34; **6.1.17.** 1–2, 9; **6.4.** Anh. 1; **6.7.** Anl. 2; **8.1.** 72–73, 97; **9.1.2.** 5; **10.2.** 1/2; -verbraucheranlage **4.1.** 78c, 103
**Heizregler 5.2.** Anl. 1
**Heizstoff 6.7.** Anl. 1
**Heizstrahler 6.1.1.** 1
**Heizwerk 2.5.** Anl. 1/1.1–1.2, Anl. 1/8.2; **6.1.4.** Anh. 1/1.1–1.2; **6.4.** Anh. 1
**Heizwert 6.1.1.** 2; **6.1.9.** 4a, 21; **6.1.13.** 22; **6.1.17.** 2, 9
**Helgoland 8.4.** 1
**Henne 2.5.** Anl. 1/7.1–7.3; **3.3.** 6; **6.1.4.** Anh. 1/7.1; **10.2.** 1/64
**Hennen 3.3.** 4c
**Herausgabe 3.1.** 45; **7.1.** 5, 45; **11.1.** 328
**Herd 5.2.** Anl. 1; **6.1.1.** 2, 26
**Herdenschutz**maßnahme **3.1.** 45a
**Herkunft,** Abfälle **2.3.** 3; **5.1.** 3, 10–11, 16–17, 20, 30, 47–49; -nachweis **8.2.** 3, 44c, 79, 88a, 92; -nachweis, ausländischer **8.2.** 79, 92; -nachweis, kein Finanzinstrument **8.2.** 79, 92; -nachweisregister **8.2.** 79; –, regionale **8.2.** 3, 79a
**Herstellen 2.3.** 5a, 10–13; **2.5.** Anl. 1/3.2–3.4, Anl. 1/3.12, Anl. 1/4., Anl. 1/4.4, Anl. 1/6.2, Anl. 1/7.16–7.18, Anl. 1/7.21–7.28, Anl. 1/10.1; **2.9.** Anl. 1/7; **3.3.** 13a; **4.1.** 62, 67, 89; **4.3.** 8, 10, 13; **5.1.** 3–4, 17, 23–27, Anl. 4/ **5.1.5.** 1–3, 8–11; **5.1.7.** 9; **5.2.** 3–9, 12, 14–19a, 22, 24, 27–28, 31–32, 34–35, 37–38, 46; **5.3.** 2–8, 11, 17–18, 20–21, 26, 30; **5.4.** 3, 7–12, 14–15, 20, 24, 28, 30a–31, 35; **6.1.** 2–3, 34–36; **6.1.1.** 4, 6; **6.1.4.** 1, Anl. 1/2.3, Anh. 1/2.8, Anh. 1/2.11, Anh. 1/2.14–2.15, Anh. 1/3.2–3.3, Anh. 1/3.16, Anh. 1/3.18–3.19, Anh. 1/3.21, Anh. 1/3.23–3.25, Anh. 1/ 4.1, Anh. 1/4.3, Anh. 1/4.5–4.7, Anh. 1/4.10, Anh. 1/5., Anh. 1/5.6, Anh. 1/5.8–5.12, Anh. 1/6.1–6.4, Anh. 1/7.4, Anh. 1/7.8–7.9, Anh. 1/ 7.16, Anh. 1/7.19–7.20, Anh. 1/7.22–7.24, Anh. 1/7.28, Anh. 1/7.31, Anh. 1/ 7.34, Anh. 1/10.1, Anh. 1/10.6, Anh. 1/ 10.8–10.9; **6.1.13.** 40–45, 57–59; **6.1.17.** 9; **6.1.32.** 3–5; **6.2.** 2–4, 7; **6.4.** Anh. 1; **7.1.** 2; **8.2.1.** 3; **8.4.** 9a; **8.6.** 2–5, 7; **9.1.** 2–6, 9, 13–17, 19, 23, 26–28; **9.1.3.** 1–2, 6, 16–17, 19, 24, 26, Anh. II; **9.1.4.;** **9.5.** 1–3, 5, 11; **9.6.** 16b; **10.2.** 1/Anh.; **11.1.** 310, 312, 328; s. a. Umgang; –, ehemaliges **5.2.** 34; –, fehlerhaftes **11.1.** 312; –, nachhaltiges **8.1.** 39; **8.2.** 90; –, registriertes **5.2.** 3, 31–32, 34, 37, 46; –, serienmäßiges **6.1.** 32–33
**Hersteller** s. Herstellen
**Hessen 1.1.** Pr.; **3.1.** 3, 7, 10, 15, 17, 25, 32; **4.1.** 4, 70; **8.2.** Anl. 5
**Hetzen,** Tiere **3.3.** 3
**HFKW 6.6.** 2
**Hi-Fi**-Anlage **5.2.** Anl. 1
**Hilfe,** humanitäre **1.2.** 4
**Himmels**strahler **3.1.** 54
**Hinterbliebenen**geld **7.1.** 28; **9.6.** 32; **10.2.** 12
**Hintergrund**konzentration **4.1.3.** 2, 12; -wert **4.1.1.** 5, 8a
**Hinterlegen 5.2.** 7; **5.4.** 11, 17, 26, 36; s. a. Sicherheitsleistung
**Hinterlieger 4.1.** 41
**Hinweispflicht** s. Informationspflicht
**Hobel**werk **8.2.** Anl. 4/62
**Hochbauten 3.1.2.** 13–14
**Hochdruck**maschine **6.1.32.** 1/07, 1/26–1/27
**Hochfrequenzanlage 6.1.26.** 1–2, 7, 9, Anh. 2–3
**Hochofen 6.1.13.** 1; -gas **6.1.1.** 3, 14; **6.1.13.** 31, 33
**Hochsee** s. a. Hohe See, Meer; -fischerei **1.1.** 74/17; -schifffahrt **1.1.** 74/21
**Hochspannungs**freileitung **2.5.** Anl. 1/ 19.1; -netz **8.2.** 3
**Hochwasser 4.1.** 5–6; **6.1.12.** 3; -abfluss **2.5.** Anl. 1/13.13, Anl. 1/14.1; **4.1.** 67, 78; -angepasst **4.1.** 78–78a, 78b; –, Begriff **4.1.** 72; -entlastung **4.1.** 76–77; -entstehungsgebiet **4.1.** 78d; -folgen **4.1.** 73–76; -gefahr **4.1.** 78d; -risiko **4.1.** 68, 73–75, 79; -rückhaltung **4.1.** 6, 67, 76–78; -schutz **3.1.** 1, 4, 16, 61; **3.1.1.** 4; **4.1.** 5–6, 28, 36, 71–81, 86, 88, 99, Anh. **4.1.1.** 8; **5.1.** 2; -sicher **4.1.** 78c; -vorsorge **4.1.** 78–79; **5.1.** 2; -warnung **4.1.** 79
**Höchstgehalt 6.1.** 34; **6.2.** 2–3, 7–8; **9.1.** 12d; -geschwindigkeit **6.5.** 4, 6–7, 10–11, 13; -menge **4.3.** 5; **6.1.39.** 33–34; **9.1.** 12c; -wert **8.1.** 10, 15–16, 18–19, 26, 32, 50, 53, 91, 103–104; **8.2.** 36b, 37b, 38e, 39b, 39g, 39l, 85–85a, 88a, 88c, 95
**Höhere Gewalt 4.1.** 31, 45g, 89; **6.7.** 21; **10.2.** 4
**Höhle 3.1.** 30, 39, 69; **5.1.** Anl. 1
**Hof** s. a. Landwirtschaft; -betrieb **4.1.** 46; -fläche **9.4.** 2; -stelle **8.2.** 48
**Hohe See 4.1.** 45g; **5.1.** 29; – Einbringungsgesetz **4.1.** 45

Magere Ziffern = §§ **Sachverzeichnis**

**Holsystem 2.3.** 5; **5.1.** 10; **5.2.** 13–14; **5.4.** 14, 22
**Holz 2.5.** Anl. 1/6., Anl. 1/8.2; **3.2.** 2, 41; **5.4.** 1; **6.1.1.** 2–3; **6.1.4.** Anh. 1/1.11, Anh. 1/5.3, Anh. 1/6.; **6.4.** Anh. 1; **6.6.** Anl. 1; **8.2.** Anl. 4/62–68; **9.4.** 2; **10.2.** 1/2, 1/9, 1/62; -abfall **6.1.13.** 2, 29; -briketts **6.1.4.** Anh. 1/6.4; -entnahme **3.2.** 2; -faserplatte **2.5.** Anl. 1/8.2; **6.1.1.** 3; **6.1.4.** Anh. 1/6.3; **8.2.** Anl. 4/63; **10.2.** 1/63; -gas **6.1.4.** Anh. 1/1.14; -kohle **6.1.1.** 3; -kohlenmeiler **2.5.** Anl. 1/1.8; **6.1.4.** Anh. 1/1.11; aus Landschaftspflege **6.1.13.** 2; –, naturbelassenes **2.5.** Anl. 1/1.2; **6.1.1.** 2–4; **6.1.4.** Anh. 1/1.2; **6.1.13.** 18, 29; **6.4.** Anh. 1; -pellets **6.1.1.** 3, 23; **6.1.4.** Anh. 1/6.4; -presslinge **6.1.4.** Anh. 1/6.4; -rest **2.5.** Anl. 1/8.2; **6.1.1.** 3; **6.1.4.** Anh. 1/6.4; -schutzmittel **2.5.** Anl. 1/8.2; **3.1.** 30a; **6.1.1.** 2–3; **6.1.4.** Anh. 1/10.8–10.9; **10.2.** 1/2, 1/95–96; -staub **6.1.** 23; **6.1.1.** 3; -stoff **8.2.** Anl. 4/68; -verarbeitung **6.1.1.** 5; **9.4.** 2; -waren **8.2.** Anl. 4/67
**Homogenitätsklausel 1.1.** 28
**Horn 6.1.4.** Anh. 1/7.9
**Horst 3.1.** 54
**Hotel 5.4.** 3; -komplex **2.5.** Anl. 1/18.1
**Hub**arbeitsbühne **6.1.32.** 1/01
**Hülsen**frucht **6.1.4.** Anh. 1/9.11
**Hüttenwerk**, integriertes **2.5.** Anl. 1/3.2; **6.1.4.** Anh. 1/3.2; **6.4.** Anh. 1
**Hummer 3.1.1.** 6
**Hund 3.3.** 4, 6, 11a, 18; -ausbildung **3.3.** 11
**Hybrid**fahrzeug **5.3.** 2; **8.8.** 2–3
**Hydraulik 8.2.** Anl. 4/174; -anlage **5.1.7.** 4; **6.1.32.** 1/28–1/29; -öl **5.1.7.** 1a
**Hydro**geologie **4.1.1.** 2, 5; -logie **4.1.1.** 2; -morphologie **4.1.** 3, 28
**Hygiene 4.1.** 50; **5.4.** 4; **9.1.** 20b; **9.1.3.** 14, 20; **9.6.** 4, 30

**IE**-Anlage **4.1.2.** 3; **4.1.4.**; **6.1.** 3–5, 7, 10, 12, 17, 31, 48, 52–52a, 67; **6.1.4.** 3, Anh. 1; **6.1.9.** 21; **12.1.** 1; -Richtlinie **2.9.** Anl. 1/1; **4.1.** 54, 107; **5.1.** 47; **6.1.** 3–5, 7, 10, 12, 17, 31, 48, 52–52a, 67; **6.1.4.** 3, Anh. 1; **6.1.9.** 21; **12.1.** 1
**IMIS**-Zuständigkeitsverordnung **7.1.** Titel-FN
**Immission 3.4.** 3; **6.1.** 3, 7, 17, 23, 28–31, 43, 47–48, 52, 54, 67; **6.1.9.** 4a, 4b; **6.1.26.** 2, 5; **6.5.** 4, 6; **10.1.** 906–907; *s. a. Umwelteinwirkung;* -beitrag **6.1.** 7, 16b; -beitrag anderer **6.1.26.** 2–3; -grenzwert **6.1.** 22, 47, 50; **6.1.16.** 2; **6.1.39.** 1–8, 24–29,

Anl. 14; **6.5.** 4; -managementplan **6.1.** 7; -prognose **6.1.9.** 4a; -richtwert **6.1.** 16b, 22; **6.1.18.** 2, 5; -schutz **2.0.** 2; **6.**; **6.1.** 51a; **6.1.12.** 3; **6.3.** 15; -schutzbeauftragter **2.8.** 5; **2.8.1.** 3–5; **4.1.** 64; **6.1.** 28, 52–58, 58e; **6.1.13.** 20; -schutzrecht **2.8.** 5; **2.8.1.**; **3.4.** 3; **4.1.** 63; **6.1.**; **6.1.12.** 13; -wert **6.1.** 7, 40, 42, 45–47, 48–48a; **6.1.9.** 4a; **6.1.16.** 2; **6.1.39.** 2–10, Anl. 14
**Immobilien**anzeige, Pflichtangaben **8.1.** 87, 108, 112;-makler **8.1.** 80, 87
**Importeur 8.6.** 2–5; *s. a. Einfuhr*
**Imprägnieren 6.1.4.** Anh. 1/5.1–5.2, Anh. 1/10.23; **8.2.** Anl. 4/62; **10.2.** 1/58
**Inbetriebnehmen 2.3.** 9; **4.1.** Anl. 1; **5.1.** 35, 43; **6.1.** 20, 23, 25, 29a; **6.1.1.** 1, 14–15; **6.1.4.** 1–2; **6.1.9.** 3; **6.1.12.** 10, 11, 13; **6.1.13.** 20; **6.1.32.** 2–4, 9–10; **6.3.** 4, 9; **6.4.** 4, 14, Anh. 2; **6.5.** 2–3; **8.2.** 3, 22–22a, 25–26, 36g–36i, 39h, 44a, 46, 48, 50b, 61a, 69b, 79, 88–88a, 100–101; **8.4.** 10; **8.6.** 1–7, 13; –, erstmalig **8.2.** 3
**Indikator 6.1.39.** 20; –, Abfallerzeugung **5.1.** 33, Anl. 4; –, Bioindikator **6.1.39.** 20; –, Exposition **6.1.39.** 1, 5, 15; –, Gewässerzustand **4.1.** 45e; –, Umweltleistung **2.7.** 2, 46; –, Verschmutzung **4.1.1.** 1
**Indirekt**einleitung **4.1.** 58–59; **4.1.4.** 1
**Individual**verkehr, motorisierter **8.8.** 1, 7; **8.9.** 1, 5
**Industrie 1.1.** 74/11; **1.2.** 6, 174; **2.7.** 1, 37; **4.1.** 6a; **6.1.** 47b; **6.6.** 4–5, Anl. 1–2; **8.1.** 2; -abfall **6.1.17.** 2; **8.1.** 3; **8.2.** 3; -Altbatterie **8.2.** 8–12, 14–15; – Altbatterie **5.3.** 20; -anlage **2.5.** Anl. 1/10.; **2.9.** Anl. 1/9; **4.1.** 107; **4.1.2.** 3; **4.1.4.**; **5.2.** 3; **6.1.4.** 3, Anh. 1/4.1, Anh. 1/4.3; **6.1.39.** 22, 28; *s. a. Anlage, IE-Anlage*; -batterie **5.3.** 2, 8–10; –, chemische **6.1.13.** 1, 30–32, 62–65; -emissionsrichtlinie *s. IE-Richtlinie;* -gas **8.2.** Anl. A/78; -gebiet **8.2.** 37, 48; und Handelskammer **2.7.** 37; **2.8.** 6, 32–33, 35–36; **5.1.** 46; **5.1.5.** 7; -kläranlage **4.1.4.**; -kläranlagen-Zulassungs- und Überwachungsverordnung (IZÜV) **4.1.** 60; **4.1.4.**; -kläranlagen-Zulassungs- und Überwachungsverordnung (IZÜV) **4.1.2.** 3; -ofen **6.1.4.** Anh. 1; -prozesse **6.6.** Anl. 1; -restholz **8.2.1.** 3; -ruß **6.4.** Anh. 1; -zone **2.5.** 9, 13, Anl. 1/18.5
**Inert**abfall **2.5.** Anl. 1/12.2.–12.3; **4.1.** 60; **4.1.4.** 1; **5.1.** 3, 43, 47; **6.1.4.** Anh. 1/8.14; -gas **6.1.4.** Anh. 1/1.17. 2
**Infektionsschutzgesetz (IfSG) 2.8.** 5; **3.1.** 30a; **9.1.** 12a, 16e

1641

# Sachverzeichnis

Fette Zahlen = Gesetzesnummern

**Informantenschutz 9.6.** 21
**Information 2.6.; 2.7.** 1, 32–37, 42; **4.1.** 23, 45h; **4.1.3.** 4; **5.1.** 30; **6.1.39.** Anl. 13–14; **9.4.** 65; *s. a. Daten;* zur Abfallvermeidung **5.1.** Anl. 4; zur Altfahrzeugdemontage **5.1.5.** 2, 8; über Altgeräte **5.2.** 18; -austausch **1.2.** 197; **2.9.** 12; **3.3.** 16f–16g; **4.1.** 73–74; **5.2.** 32, 39, 45; **6.1.12.** 6; **6.1.39.** 29, 32; **8.4.** 10a; **8.6.** 7–8, 12; **9.1.** 9, 12f, 22; -bereitstellung **5.1.** Anl. 4; -beschaffung **4.1.** 88; and Communication System for Market Surveillance (ICSMS) **8.6.** 9; -ermittlung **8.6.** 7; **9.1.3.** 6; -freiheitsgesetz **2.6.** 7a; über Freisetzungen **9.6.** 16a; über gefährliche Stoffe *s. Kennzeichnung;* über Gefahrstoffe **9.1.3.** 4–6; –, geschützte **1.2.** 15; **2.6.** 9; über Inhaltsstoffe **4.3.** 8; -kampagne **5.1.** 33; -maßnahmen **5.4.** 14, 19; -netz **2.6.** 7; der Öffentlichkeit **5.4.** 1, 26; **7.3.** 3–4; **8.1.** 4; *s. a. Internet, Unterrichtung, Veröffentlichung;* -pflicht **2.6.** 1–10, 12–13; **2.9.** 4, 7; **3.4.** 12–13; **4.1.** 76; **4.1.3.** 11; **4.3.** 9; **5.1.** 10, 23–24; **5.1.5.** 3, 9–11; **5.2.** 8, 18, 19a, 28, 31, 45; **5.3.** 18; **5.4.** 14–15, 31–34, 33, 36; **6.1.** 34; **6.1.12.** 6, 8a, 11, 20–21; **6.1.39.** 29; **6.3.** 4; **7.3.** 3–4; **8.1.** 4, 6; **8.2.** 73, 76; **8.6.** 5–7; **9.1.** 16f, 19; **9.1.3.** 4–5; **9.4.** 9, 11; **9.6.** 30; *s. a. Anzeigepflicht, Auskunftspflicht, Meldepflicht, Mitteilungspflicht, Nachweispflicht, Unterrichtung, Veröffentlichungspflicht;* -plattform **7.3.** 6; über Rücknahmestellen **5.1.5.** 3; **5.3.** 18; -schwelle **6.1.** 46a; **6.1.39.** 1, 9, 29–30, Anl. 14; über Sicherheitsmaßnahmen **6.1.12.** 8a, 11, 16, 21; -speicherung **8.2.** 58; -stelle **2.6.** 7; über Stoffrisiken **9.1.** 5; -system Boden **3.4.** 19, 21; -system Umweltplanung **2.0.** 2; -tafel **5.4.** 33; -technik **7.1.** 44b; -technikgerät **5.2.** 14; -übermittlung **2.3.** 15–16; **3.3.** 16f; **4.1.** 23, 88; **4.3.** 10–11, 15; **5.1.5.** 10; **6.1.** 47c–47e; **6.1.9.** 2a; **6.1.12.** 6; **6.1.32.** 5–6, 9; **7.1.** 7; **8.2.** 9, 70–74; **9.1.** 5; -übermittlungsanspruch **2.6.** 2; über Umweltschäden **2.9.** 7; –, unrichtige **9.6.** 28a; -verbreitung **2.6.** 1, 3, 10–12; **5.1.** Anl. 4; über Vorschriften **2.7.** 32, 42; -weitergabe **4.1.** 88; **6.1.12.** 12, 19, 21; **9.6.** 28–28a; -zentrum für Vergiftungen **4.3.** 10; **9.1.** 16e; **9.1.4.**; -zugang **1.1.** 5; **1.2.** 15; **2.5.** 19–20, 23, 34, 45, 59; **2.5.1.**; **2.6.**; **2.7.** 6, 42, 46; **2.8.** 14, 32; **3.1.** 30; **4.1.** 35, 83; **4.1.4.** 4, 9; **5.1.** 42; **5.1.5.** 10; **5.2.** 32, 39, 45; **6.1.** 5, 10, 23a, 27, 31, 46a–47, 52a; **6.1.9.** 10–10a; **6.1.12.** 8a, 11, 18; **6.1.39.** 30, Anl. 14; **6.7.** 12; **8.1.** 4; **8.2.** 77; **8.6.** 7, 11; **9.1.3.** 13; **9.6.** 16a; **12.1.** 4; -zugangsanspruch **2.6.** 3, 12; -zugangsart **2.6.** 3–5; -zugangskosten **2.6.** 12
**Infrarot**heizstrahler **6.1.1.** 1
**Infrastruktur 1.2.** 170, 194; **2.7.** 2; **3.2.** 1; **3.4.** 2; –, grüne **3.1.** 11
**Inhalts**stoff **4.1.** 61; **4.3.** 6, 8, 13, 15; **5.1.** 10, 29
**Inland 5.2.** 3, 8; **5.4.** 3; -entsorgung **7.3.** 1
**Innenbereich 3.1.** 1
**Innenraum 3.4.1.** 3
**Innovation** *s. Entwicklung (Innovation);* -ausschreibung **8.2.** 28c, 39n, 85a, 88c, 88d; -klausel **8.1.** 103
**Innung 5.1.5.** 5, 7; **6.1.1.** 16
**Insektenfalle 3.1.** 54; -schutz **3.1.** 23–25, 30a, 54
**Insektizid 3.1.** 30a
**Insolvenz 5.2.** 34, 37; **5.3.** 21; **5.4.** 18; **6.4.** 25; **6.7.** 18; **8.2.** 36e
**Inspektion 5.2.** 32, 39, 45; *s. a. Überprüfung, Überwachung, Umweltinspektion;* -bericht **8.1.** 78, 98–100; –, energetische **8.1.** 74–78; –, erstmalige **8.1.** 76; von Klimaanlagen **8.1.** 74–78, 99, 108; –, Laborpraxis **9.1.** 19b; -personal **8.1.** 77; –, stichprobenweise **8.1.** 74–75
**INSPIRE 6.1.39.** 30
**Installieren 5.2.** 3
**Instand**halten **2.3.** 10; **5.2.** 3; **6.1.4.** Anh. 1/3.25; **8.1.** 60; **9.1.3.** 9, 15, 24; **10.1.** 555a; -setzen **2.5.** Anl. 1/3.15; **10.1.** 555a
**Institut** für Bautechnik **8.1.** 114
**Integrierter** Pflanzenschutz **9.4.** 2–3; – Umweltschutz **4.1.** 3, 6, 57; **4.1.2.** 3; **5.1.** 43; **6.1.** 1, 3, 5, 7, 12, 45, 48
**Intensiv**tierhaltung **2.5.** Anl. 1/7; **6.1.4.** Anh. 1/7.1
**Interessen** der Allgemeinheit *s. Gemeinwohl;* -konfliktvermeidung **2.5.** 72; **6.1.9.** 24c; –, öffentliche *s. Gemeinwohl;* -verband **5.4.** 24; **6.1.39.** 30; -vertretung *s. a. Verband*
**Interkalibrierung 4.1.** 23
**Internationale Vereinbarung 1.2.** 3, 191; **2.9.** 3, Anl. 2–3; **3.1.** 2, 6–7, 7, 48, 54; **4.1.** 23, 45c, 45f, 45h, 45k, 88; **5.1.** 2, Anl. 1; **5.1.7.** 9; **6.1.** 37, 39, 60; **6.2.** 8; **6.3.** 5, 12; **6.6.** 1–2; **7.1.** 1, 2–4, 12a–14, 25–40; **8.2.** 5, 28, 88a; *s. a. Völkerrecht, Zwischenstaatliche Zusammenarbeit*
**Internet 2.5.** 16, 20, 53, 56, 59; **2.7.** 6, 10, 42, 46; **2.8.** 27, 32; **3.1.** 40c; **3.3.** 11; **4.1.** 11a, 13a–13b, 29, 45i, 60, 65, 83; **4.1.3.** 13; **4.1.4.** 3–4; **5.2.** 3, 6, 22, 31–33, 35, 37, 39, 45; **5.3.** 4, 7, 10, 15, 20, 31; **5.4.**

Magere Ziffern = §§  **Sachverzeichnis**

3, 9, 17, 24, 26, 31; **6.1.** 5, 10, 15, 23a–23b, 47, 58b; **6.1.9.** 2, 6, 8, 18; **6.1.12.** 8a, 11, 18–19; **6.1.39.** 30; **6.7.** 17; **7.1.** 57b; **8.1.** 4; **8.2.** 29, 35, 51a, 53, 60a, 66, 72–73, 77, 81, 85a; **8.6.** 7; **8.9.** 5, Anl.; **9.1.4.** 2; **12.1.** 3; *s. a. Kommunikation, elektronische;* -handel **9.4.** 9; -plattform **7.3.** 6; -portal **2.5.** 20, 59; **6.1.9.** 8, 11a; **7.1.** 2a; -portal (UVP) **2.5.1.**
**Interoperabilität,** Daten **8.1.** 6; –, Netz **1.2.** 170; **6.5.** 2
**Invasiv,** Arten **3.1.** 7, 40–40f, 45–46, 54, 69
**Inverkehrbringen 1.1.** 74/19–74/20; **2.3.** 2, 5a; **2.9.** Anl. 1/11; **3.1.** 7, 35, 54; **3.1.1.** 6; **3.3.** 12, 13a; **4.3.** 1, 3–6, 8, 10, 12, 14–15; **5.1.** 10–11, 16, 23–25; **5.1.5.** 8, 11; **5.1.7.** 7; **5.1.8.**; **5.2.** 3–9, 27–28, 32, 45–46; **5.3.**; **5.4.**; **6.1.** 2, 32–37, 37a, 37c; **6.1.32.** 2–4, 9–10; **6.2.** 2, 7; **6.7.** 2–3; **7.1.** 19; **8.6.** 1–7, 13; **9.1.** 2–5, 13–17, 23, 26–28; **9.1.2.**; **9.1.3.** 1, 4–6; **9.1.4.**; **9.4.** 2, 9, 14; **9.5.** 1–3, 5; **9.6.** 1–4, 6, 14–16, 16b, 16d–16e, 17b, 19–22, 26, 28–29, 36a, 38; **11.1.** 314; –, erstmalig **2.3.** 5a; **4.3.** 10; **5.1.** 7a; **5.2.** 9, 28; **5.3.** 2, 17, 30; **5.4.** 1, 11; **9.1.** 12i; **9.6.** 3; -verbot **5.1.8.** 3–4; **5.2.** 6
**Inverwahrungnehmen 3.1.** 51
**Investition 1.1.** 104a; **2.3.** 11, 16; **5.1.** Anl. 5; **6.1.** 56, 58c; **6.6.** 13; **7.1.** 7e; –, klimafreundlich **6.7.** 11
**In-vitro-**Diagnostikum **5.2.** 2–3
**Isar (KKW) 7.1.** 7, Anl. 3–4
**ISO-**Norm *s. Technische Norm*
**Isolieren 6.1.4.** Anh. 1/5.1; **8.2.** Anl. 4/112; **8.4.** 9a; **10.2.** 1/60
**IT-** Gerät **5.2.** Anl. 1
**IVU-** Richtlinie **6.1.13.** 23
**IVU-Richtlinie 2.9.** Anl. 1/9; **4.1.** 107; **6.1.** 67; **6.1.9.** 25; **6.1.39.** 22; *s. a. IE-Richtlinie*

**Jacht**bau **8.2.** Anl. 4/199; -hafen **2.5.** Anl. 1/13.12
**Jagd 1.1.** 72, 74/28; **3.1.** 37, 39–40a, 40e, 42, 43–45a; **3.1.1.** 4; **3.2.** 13; **3.3.** 3–4, 6, 13
**Jahresbericht 4.1.2.** 2–3, 6; **6.1.39.** 30
**Jauche 4.1.** 62–63; **9.5.** 2, 3a
**Jedermann**spflicht **3.1.** 2; **3.4.** 4; **4.1.** 5; -recht **1.1.** 1–3, 13–14, 19; **1.2.** 15; **2.6.** 3; **3.1.** 39; **4.1.** 25, 83; **6.1.** 10; **7.1.** 7
**JGS-**Anlage **4.1.** 62; **9.5.** 3a
**Joghurt 5.4.** 31
**Jugend 1.2.** 6
**Julius Kühn-Institut 9.1.** 12a; **9.4.** 16–17, 65; **9.6.** 16

**Kabel 5.2.** Anl. 1; **6.1.4.** Anh. 1/5.4; **8.2.** Anl. 4/166–167; **10.2.** 1/59; –, unterseeisches **3.1.** 57
**Kadetrinne 3.1.** 57
**Kadmium** *s. Cadmium*
**Käfig 3.3.** 2a
**Kälte 8.4.** 9b, 10; -anlage **6.1.4.** Anh. 1/10.25; -bedarf **8.1.** 65, 74; -energiebedarf **8.1.** 3, 10, 34–45, 52–56, 72, 91; -entnahme aus Boden oder Gewässer **8.1.** 41; aus erneuerbaren Energien **8.1.** 3, 34–45, 52–56, 89–91; -erzeugung **8.1.** 1, 3–4, 34–45, 89–91; -erzeugung, thermische **8.1.** 41; -erzeugungsanlage **8.1.** 41; -gerät **8.2.** Anl. 4/182; -menge **8.1.** 3, 41; -mittel **6.1.4.** Anh. 1/10.25; -netz **8.1.** 3; -versorgung, gemeinsame **8.1.** 107
**Käse**wachsschicht **5.4.** Anl. 1
**Kaffee 6.1.4.** Anh. 1/7.29–7.30; **8.2.** Anl. 4/27; -kapsel **5.4.** Anl. 1; -pads **8.2.** Anl. 1
**Kahlschlag 3.1.** 5; **3.2.** 2, 11–12
**Kakao 2.5.** Anl. 1/7.28; **6.1.4.** Anh. 1/7.30–7.31; -kapsel **5.4.** Anl. 1
**Kalandrieren 6.1.4.** Anh. 1/5.12
**Kalb 2.5.** Anl. 1/7.6; **3.3.** 2a; **6.1.4.** Anh. 1/7.1
**Kalibrieren 4.1.** 23–24; **5.1.** 61; **6.1.** 58e; **6.1.13.** 16, 67; **6.1.17.** 23
**Kalium 2.5.** Anl. 1/4.1; **6.1.4.** Anh. 1/4.1; **6.1.13.** 29; -chlorat **6.1.4.** Anh. 1/4.1
**Kalk 8.2.** Anl. 4/6, Anl. 4/116; **8.4.** 9a; -stein **6.1.4.** Anh. 1/2.4; **6.1.17.** 9; **6.4.** Anh. 1; **8.2.** Anl. 4/6; **10.2.** 1/20
**Kaltwasser**leitung **8.1.** 70, 96
**Kalzinieren 5.1.** Anl. 1; **6.1.4.** Anh. 1/8.8; **6.4.** Anh. 1
**Kalzium 6.1.4.** Anh. 1/4.1
**Kamin,** offener **6.1.1.** 2, 4, 26
**Kampfmittel 3.4.** 3; **5.1.** 2
**Kanalisation 2.3.** 7; **4.1.** 55, 58–59; **4.2.** 7–8, 10
**Kantine 5.1.** 3; **5.4.** 3
**Kaolin 8.2.** Anl. 4/7
**Kapazität** *s. a. Leistung;* -angabe **5.3.** 17, 27, 29; -reserve **6.1.13.** 28
**Kapsel** für Getränkesysteme **5.4.** Anl. 1
**Karbid 10.2.** 1/45
**Karbonat 6.4.** Anh. 1
**Karte 4.1.** 13a; **4.1.3.** 4, 8, 10, 12–15; **6.1.** 47c, 47e–47f
**Kartoffel 8.2.** Anl. 4/15
**Karton 5.4.** 1, 3, 11, 16, 22–23, 31; **6.1.4.** Anh. 1/6.2; **6.1.13.** 40–45; **6.4.** Anh. 1; **8.2.** Anl. 4/69–70; **8.2.1.** 3
**Karzinogen** *s. Krebserzeugend*
**Kaschieren 6.1.4.** Anh. 1/5.1–5.2
**Kaserne 5.4.** 3

1643

# Sachverzeichnis

Fette Zahlen = Gesetzesnummern

**Kaskadennutzung 5.1.** 8
**Katalysator 2.5.** Anl. 1/10.5; **5.1.** Anl. 2; **5.1.5.** 4; **6.1.4.** Anh. 1/8.11, Anh. 1/10.15; **6.1.13.** 1; **8.4.** 9a
**Katastrophen 6.1.9.** 1a; -schutz **1.1.** 11, 35; **1.2.** 6, 196; **2.5.** 1–2, Anl. 3–4; **9.1.** 21
**Katzen 3.3.** 3, 11a, 18; -schutzgebiet **3.3.** 13b
**Kauf 3.1.** 7, 69, 71–71a; -verbot **3.1.** 44, 69; -vertrag **5.2.** 3, 6, 17; **5.3.** 2
**Kaution** s. *Sicherheitsleistung*
**Kautschuk 2.5.** Anl. 1/10.3; **6.1.4.** Anh. 1/4.1, Anh. 1/10.7; **8.2.** Anl. 4/84, Anl. 4/192; **10.2.** 1/45
**Kaviar 3.1.** 48
**Kefir 5.4.** 31
**Kehr**besen **8.2.** Anl. 4/217; -buch **6.1.1.** 17, 20; -maschine **5.2.** Anl. 1; **6.1.32.** 1/46
**Keimzellmutagen 9.1.3.** 2–3, 5–6, 8, 10, 14, 15c, 17
**Kennwert,** akustischer **6.1.16.** 4–5
**Kennzeichnung 3.1.** 22, 54; **3.1.1.** 12–16, 16; **3.3.** 2a, 5–6, 11a, 13a, 21; **4.1.** 52, 63; **4.3.** 8; **5.1.** 10, 23–24, 55; **5.1.7.** 7; **5.2.** 9, 12, 31, 37, 45; **5.3.** 17–18, 21, 29; **5.4.** 6, 31, 36; **6.1.** 32, 34–35, 40; **6.1.32.** 3, 9–10; **6.2.** 2a, 7; **8.2.** 3, 20, 56, 78, 79a, 85, 91–92; **8.6.** 3, 5–7, 13; **8.8.** 3; **8.9.** 4; **9.1.** 5, 12i–12k, 13–17, 19, 20b, 26; **9.1.3.** 1, 4, 8, 14, 15a–15b, 15g, 19, 20; **9.6.** 14–15, 16d, 16e, 17b, 36a; –, erneute **9.1.** 14; -norm **5.1.5.** 9
**Keramik 2.5.** Anl. 1/2.; **6.1.4.** Anh. 1/2.10; **6.4.** Anh. 1; **8.2.** Anl. 4/107–114; **8.4.** 9a; **10.2.** 1/25
**Kern** s. a. *Atom;* -anlage **6.1.4.** Anh. 1/4.1; **7.1.** 2, 3–4a, 6–7, 12b, 15, 17, 19a, 25, 31–40; -brennstoff **2.5.** Anl. 1/4.1–4.2, Anl. 1/11.; **3.4.** 3; **5.1.** 2; **6.1.** 2; **6.1.4.** Anh. 1/4.1; **7.1.** 2–11, 19a, 21, 23d–24, 41–44, 46, 57; **8.2.** Anl. 4/134; **10.2.** 1/6, 1/15–17, 1/45–46; **11.1.** 310, 327–328, 330d; -energie **1.1.** 73/14, 87c; **2.5.** Anl. 1/11.; **3.4.** 3; **6.1.** 2; **7.;** **11.1.** 5, 129a, 307; -energienutzungsbeendigung **7.1.** 1; -kraftwerk **7.1.** 7e–7f, Anl. 3–4; -materialien **7.1.** 2, 4b, 13–14, 25, 31, 38, 40, 46; -spaltung **6.1.4.** Anh. 1/4.1; **7.1.** 2, 3–4, 6–7, 7d, 9a, 19a, 26, 31, 46; **11.1.** 311–312, 330d; -technik **7.1.** 22–24, 53–54; **11.1.** 327–328, 330d; -technische Anlage **7.1.** 2, 7c, 7e–7f, 9h, 19a, 24b, 41–44, 44b, Anl. 3–4; **11.1.** 312, 327–328, 330d; -technische Entsorgung **7.1.** Titel-FN; -vereinigung **7.1.** 26

**Kessel 6.1.13.** 30; **6.1.17.** 2, 12; -staub **6.1.17.** 12; -wagen **6.1.4.** Anh. 1/10.21
**Keton 6.1.4.** Anh. 1/4.1; **6.4.** Anh. 1; **10.2.** 1/45
**Ketten 8.2.** Anl. 4/150; -säge **6.1.32.** 1/06
**Kies 6.1.4.** Anh. 1/2.2; **8.2.** Anl. 4/7; **11.1.** 329; -bank **2.5.** Anl. 1/13.18; -gründe **3.1.** 30
**Kieselgur 6.1.4.** Anh. 1/2.4; **10.2.** 1/20
**Kinder 3.3.** 11c; **6.1.** 22; -garten **6.1.26.** 4; **6.3.** 5; **8.1.** 32; **9.4.** 17; -geräusche **6.1.** 22; -schutz **6.1.39.** 27–28; -spielplatz **6.1.** 22; **6.1.26.** 4; **9.4.** 17; -tageseinrichtung **6.1.** 22; -tagesstätte **8.1.** 32
**Kino 5.4.** 3
**Kippen 6.1.4.** Anh. 1/9.11
**Kitt 8.2.** Anl. 4/86
**Kläranlage 4.1.4.;** **4.2.** 3–4, 9, 13
**Klärgas 2.5.** Anl. 1/1.2, Anl. 1/1.4; **6.1.1.** 3, 14; **6.1.4.** Anh. 1/1.2, Anh. 1/1.4; **6.1.13.** 2; **6.1.17.** 2; **6.4.** 2, Anh. 1; **8.1.** 3; **8.2.** 3, 22, 41, 44b, 53, 80; **8.2.1.** 3–4; **8.4.** 2, 11
**Klärschlamm 2.3.** 7–8; **4.1.** 54; **4.2.** 13; **5.1.** 11–12; **6.7.** 7; **8.1.** 3; **8.2.1.** 2, 3, 4; **9.5.** 11; -aufbringungsfläche **2.3.** 7–8; -verordnung (AbfKlärV) **8.1.** 3; **8.2.1.** 3, 4
**Klärteich 4.2.** 3
**Klage 4.2.** 12a; **5.2.** 44; **6.1.** 14a, 21, 67; **6.4.** 19; **7.1.** 2a; **9.6.** 10, 16; **12.1.** 1–2, 6–7
**Klassieren** von Gestein **6.1.4.** Anh. 1/2.2
**Klaue 6.1.4.** Anh. 1/7.9
**Klebemittel 6.1.4.** Anh. 1/10.6; **8.2.** Anl. 4/90; **9.1.2.** 5; **10.2.** 1/95
**Kleben 6.1.4.** Anh. 1/5.1
**Kleider** s. a. *Bekleidung;* -bügel **5.4.** Anl. 1; -pflegegerät **5.2.** Anl. 1; -reinigung **5.4.** Anl. 1
**Klein** s. a. *Minima-Klausel;* -anlage **8.2.** 44, 74, 88b; -beihilfe **8.2.** 23b, 73; -brennerei **6.1.1.** 1; -einleitung **4.2.** 3–4, 8–9; -emittent **6.4.** 27–28; -feuerungsanlage **6.1.1.;** -garten **9.4.** 9, 12; -gerät **5.2.** 2, 14, 17, Anl. 1; -kläranlage **4.1.** 54; -klima **2.5.** Anl. 4; -menge **3.1.** 39; **5.1.** 52; **6.1.** 27; -organisation **2.7.** 2, 7, 26, 32, 36; -serie **5.1.5.** 1; -siedlungsgebiet **6.1.18.** 2; -unternehmen **2.1.** 2; **5.1.** Anl. 4; **5.4.** 34; **8.2.** 74a; **8.4.** 10, 12; -werkzeug **5.2.** Anl. 1
**Klima 1.1.** 20a; **2.3.** 2, 10; **2.5.** 2, Anl. 3–4; **3.1.** 1, 7, 9, 39; **3.1.2.** 4, 6–7, 9; **3.2.** 1; **6.1.9.** 1a; **6.1.39.** 21, 34, Anl. 13; **9.1.** 3a; **9.1.3.** 2; -anlage **8.1.** 3, 65–68, 70, 74–78, 85, 88, 96, 98–100; -berichterstattung **6.6.** 2, 3a–5, 10, Anl. 1; -fonds **7.1.**

1644

Magere Ziffern = §§  **Sachverzeichnis**

Titel-FN; -freundlich **6.7.** 11; -gerät **5.2.** 14, Anl. 1; -korrekturfaktor **5.1.** Anl. 2; -neutral **6.6.** 1–2, 15; **6.7.** 1; in Räumen **8.1.** 20; -rahmenkonvention (VN) **6.6.** 1–2; -schädlich **8.8.** 1, 7; **8.9.** 1; -schonend **6.6.** 15; -schutz **2.3.** 11–12; **4.1.** 6; **6.**; **6.4.** 1; **6.6.**; **6.7.** 1; **8.1.** 1, 109; **8.2.** 1; **8.2.1.** 4; **8.8.** 1; **8.9.** 1; **10.1.** 555b, 555d; -schutzbericht **6.6.** 10; **6.7.** 23; **8.1.** 4; -schutzberücksichtigungsgebot **6.6.** 13; -schutzgesetz (KSG) **2.5.** Anl. 5/2.13; **6.6.**; *s. a. Bundes-Klimaschutzgesetz (KSG);* -schutzkosten **6.6.** 13; -schutzmaßnahme **6.6.** 4, 7–10, 12; -schutzplan **6.6.** 2, 9, 12; -schutzplanung **6.6.** 9–10; -schutzprogramm **2.5.** Anl. 5/2.13; **6.6.** 4, 9–10, 12; -schutz-Projektionsbericht **6.6.** 9–10; -schutzübereinkommen von Paris **6.6.** 1–2; -schutzverordnung (EU) **6.6.** 2, 4–5, 7–8; **6.7.** 1, 3–5; -schutzziel **6.6.** 1, 3–4, 13; -wandel **1.2.** 191; **2.5.** Anl. 3–4; **4.1.** 6, 73; **6.6.** 1, 7; -wissenschaft **6.6.** 11
**Klinik** **6.1.32.** 7
**Klonen** **9.6.** 3
**Knochen** **6.1.4.** Anh. 1/7.8–7.11; -leim **6.1.4.** Anh. 1/7.8
**Knopf**zelle **5.3.** 2, 31
**Kobalt** **4.1.1.** Anl. 8; **6.1.4.** Anh. 1/3.9
**Koch**gerät **5.2.** Anl. 1; -platte **5.2.** Anl. 1
**Körperpflege**gerät **5.2.** Anl. 1
**Körperverletzung** **7.1.** 26, 29, 32, 39; **9.6.** 32; **10.1.** 249, 823; **10.2.** 1, 13, 15, 19; **11.1.** 89c, 129a, 223–224, 226–230
**Kohäsionsfonds** **1.2.** 192
**Kohlen** **2.5.** Anl. 1/1.2, Anl. 1/1.7; **3.1.** 33; **4.1.** 13a; **6.1.1.** 3; **6.1.4.** Anh. 1/1.2, Anh. 1/1.9–1.11; **6.1.13.** 22, 28–29; **6.4.** Anh. 1; **10.2.** 1/2, 1/7, 1/9, 1/52; -bergbau **6.4.** Anl. 4/1; -dioxid **2.5.** Anl. 1/1.10, Anl. 1/19.10; **2.9.** Anl. 1/14; **5.1.** 2; **6.1.** 5, 37a, 37d; **6.1.4.** Anh. 1/10.4; **6.4.** 2–3, 27–28, 30, Anh. 1; **6.6.** 2; **6.7.** 3; **8.8.** 3; **9.5.** 2; -dioxidabscheider **6.1.4.** Anh. 1/10.4; -dioxidabscheidung **6.1.13.** 9; -dioxidäquivalent **6.4.** 3, 28; **6.6.** 2, 3a; **8.1.** 85; -dioxid-Bepreisung **6.7.** 1, 10, 21, FN am Titel; -dioxidkompression **6.1.13.** 9; -dioxidlagerung **6.6.** Anl. 1; -dioxidleitung **2.5.** Anl. 1/19.10; -dioxidspeicher **2.5.** Anl. 1/1.10, Anl. 1/19.10; **2.9.** Anl. 1/14; **5.1.** 2; **6.1.4.** Anh. 1/10.4; **6.1.13.** 9; -dioxid-Speicherungsgesetz **2.5.** Anl. 1/19.10; **2.9.** Anl. 1/14; -dioxidtransport **6.6.** Anl. 1; -monoxid **6.1.1.** 5, 7–8, 25–26; **6.1.13.** 17, 28, 30–34, 39, 42–43, 48, 52, 59, 64; **6.1.17.** 8;

**6.1.39.** 8, 12–16, 21, 26, 30–31, Anl. 14; -stoff **4.1.2.** 6; **6.1.4.** Anh. 1/4.7; **6.1.17.** 8; **8.4.** 9a; **10.2.** 1/52; -stoffoxid **6.1.4.** Anh. 1/4.1; -trocknung **6.1.4.** Anh. 1/1.9; -verfeuerungsverbot **6.4.** 8; -verflüssigung **6.1.4.** Anh. 1/1.9; **6.1.4.** Anh. 1/1.14; **10.2.** 1/12; -vergasung **2.5.** Anl. 1/1.9; **6.1.4.** Anh. 1/1.14; -verstromung **6.4.** 8; -wasserstoff **2.3.** 10; **2.8.1.** 7; **4.1.1.** Anl. 7–8; **6.1.** 23; **6.1.1.** 3; **6.1.4.** Anh. 1/4.1, Anh. 1/5.4, Anh. 1/10.9; **6.1.13.** 57–59; **6.1.17.** 9; **6.1.39.** 1, 10, 20, 30; **6.4.** 3, Anh. 1; **6.6.** 2; **10.2.** 1/13, 1/45, 1/96; -wasserstoff, fluorierter **9.1.** 12j, 26
**Kokerei** **2.5.** Anl. 1/1.8; **6.1.4.** Anh. 1/1.11; **6.4.** Anh. 1; **8.2.** Anl. 4/76; **10.2.** 1/9; -gas **8.2.** 104
**Koks** **2.5.** Anl. 1/1.2; **6.1.1.** 3; **6.1.4.** Anh. 1/1.2; **6.4.** Anh. 1; -ofen **6.1.13.** 1; -ofengas **2.5.** Anl. 1/1.2, Anl. 1/1.4; **6.1.1.** 3; **6.1.4.** Anh. 1/1.2, Anh. 1/1.4; **6.1.13.** 31, 33; **6.4.** Anh. 1
**Kommission** für Anlagensicherheit **6.1.** 51a; –, Biologische Sicherheit **9.6.** 4, 6–7, 10, 12, 14, 16, 17b, 18, 28b, 29–30, 41; –, Fracking **4.1.** 13a; –, Störfall **6.1.** 51a; –, technische **2.5.** 66; –, Tierversuche **3.3.** 15
**Kommune** **6.1.26.** 7a; *s. a. Gemeinde*
**Kommunikation** *s. a. Information;* –, elektronische **2.5.** 20; **2.6.** 10; **2.8.** 23; **3.1.** 40c; **4.3.** 10; **5.3.** 25, 35, 38, 51–54, 57, 64; **5.2.** 32, 39, 45; **5.4.** 9–11, 20, 23, 26; **6.1.** 10; **6.1.39.** 30; **6.4.** 23; **6.7.** 17; **7.1.** 2b, 12b, 37; **8.1.** 98–99, 114; **8.6.** 9; **9.1.** 28; *s. a. Datenverarbeitung (elektronische), Internet*
**Kompensation** **3.1.** 9, 13, 15–17, 56a; **3.1.2.**; **6.1.** 7, 16b, 17, 48; **6.1.13.** 53; **7.1.** 7; -bedarf **3.1.2.** 2, 4; –, finanzielle **6.7.** 11; -umfang **3.1.2.** 2; -verzeichnis **3.1.** 17
**Kompost** **2.3.** 3; **5.1.** 2, Anl. 2; **6.1.4.** Anh. 1/8.5; **10.2.** 1/73
**Kompressor** **6.1.32.** 1/09; **8.2.** Anl. 4/175
**Kondensator** **5.1.7.** 4
**Konditionieren** **5.1.** Anl. 1–2
**Konformität** **8.6.** 2, 4; -bescheinigung **6.4.** 19; -bewertung **2.7.** 2, 25; **5.2.** 21; **8.4.** 10; **8.6.** 4, 9, 11–12; -erklärung **4.1.** 63; **5.1.** 5; **6.1.1.** 10; **6.1.32.** 2–5, 9; **8.1.** 92–94, 96; **8.6.** 4, Anl.
**Konrad** **7.1.** 58
**Konserve** **6.1.4.** Anh. 1/7.4
**Konservierung** **6.1.4.** Anh. 1/5.3
**Konsultation** **2.5.** 55, 58, 61–62; -verfahren, öffentliches **6.6.** 9

1645

# Sachverzeichnis

Fette Zahlen = Gesetzesnummern

**Konsum** *s. a. Verbraucher;* -gut **7.1.** 2; -verhalten **5.1.** 3
**Kontamination 2.6.** 2
**Kontingentierung** *s. Zuteilung*
**Kontrahierungszwang 2.6.** 2
**Kontrolle 3.3.** 16; *s. a. Überwachung;* -instrument **5.2.** Anl. 1; –, Stelle **6.1.** 37d, 37e
**Konversions**fläche **8.2.** 37, 48; -rückstand **6.1.13.** 48–49, 51, 53
**Konverter 3.1.2.** 15; -gas **8.2.** 104
**Konzentration** von Entscheidungen **3.4.** 13, 16; **6.1.** 13, 23b; **6.1.9.** 21, 23; **7.1.** 9b, 57b; **9.6.** 22; von gefährlichen Stoffen **9.1.** 19, 21; **9.1.3.** 2; -grenze **9.1.3.** 2; von Schadstoffen **3.4.** 9; **3.4.1.** 2–5; **4.1.** 47; **4.1.1.** 1, 5–6, 10, 12–13; **4.1.3.** 2, 4, 12, 15; **5.1.7.** 3; -wert **4.1.2.** 2–3
**Kooperation 1.1.** 91a–91b; **3.1.** 2; **5.1.** Anl. 5; **6.6.** 14–15; -ausschuss **8.2.** 97; -maßnahme **8.2.** 5; -prinzip **1.1.** 20a; -vereinbarung **5.2.** 14, 17b
**Koordinierung** *s. a. Federführende Behörde;* –, Abfallbehörden **5.1.** Anl. 5; –, Bewertungsstellen **9.1.** 12d; –, Gewässerbewirtschaftung **4.1.** 7, 45k; –, Hochwasserschutz **4.1.** 79–81; der Zulassungsverfahren **4.1.4.** 2; **6.1.** 10, 23b; **6.1.9.** 11
**Kopier**gerät **5.2.** Anl. 1
**Korb**waren **8.2.** Anl. 4/67
**Kork**abfall **6.1.13.** 2; -waren **8.2.** Anl. 4/67
**Korrektur,** nachträgliche **8.2.** 62, 70, 91; *s. a. Nachträgliche Entscheidung*
**Korrosion 9.1.3.** 3; -schutzmittel **9.1.3.** Anh. II
**Korund 10.2.** 1/45
**Kosmetika 3.3.** 7a; **4.3.** 2, 10; **5.1.** 2; **8.2.** Anl. 4/88; **9.1.** 2
**Kosten 1.1.** 74/22, 91b; **2.3.** 11; **2.7.** 37, 39; **2.9.** 2, 9, 12; **3.1.** 15, 17, 51–52, 58; **3.1.2.** 14; **3.3.** 21c; **3.4.** 24–25; **3.4.1.** 5–6; **4.1.** 6a, 13, 28–31, 37, 40–41, 50, 62, 83, 88, 92, 94, 96; **5.1.** 7, 9, 25, 29, 40, 44; **5.1.5.** 3; **5.2.** 5, 7, 13, 16, 23, 32–34, 39–40, 45; **5.4.** 25; **6.1.** 30, 33, 37e, 41, 52; **6.2.** 5; **6.4.** 2, 8; **6.6.** 13; **6.7.** 5, 10; **7.1.** 2c–2d, 9a, 21–21c, 57b–58; **7.3.** 28–35; **8.2.** 8, 16–18, 57–58, 60, 72; **8.6.** 7; **9.1.** 21; **10.1.** 556c, 559; -anteil **5.1.** 23, 25; **5.4.** 22; -ausweisung **5.3.** 9, 29; -darstellung **4.1.** 83; -deckung **4.1.** 6a, 83; **4.1.3.** 16; -effizienz **4.1.** 82; **8.2.** 1–2; -ersatz **5.2.** 5, 32–33, 39–41; **5.3.** 23–24; **5.4.** 29; **8.2.** 9, 57–58; *s. a. Erstattung;* -ersparnis **6.1.** 3; -festsetzung **5.1.** 29; **5.2.** 5, 34; -nachweis **8.2.** 72; -Nutzen-Analyse **2.6.** 2; **4.1.** 14, 23, 31, 45c, 45h, 88, 92, 94; **4.1.1.** 14; **4.1.3.** 1; **6.1.39.** 23, 34, Anl. 14; -regelung **5.4.** 15; -tragung **1.1.** 91b; **5.1.** 25; **5.2.** 16, 19, 23; **5.3.** 29; **6.1.** 43; -verteilung **1.1.** 104a; **3.4.** 24; **4.1.** 40, 42, 94; **5.4.** 19, 24; **8.2.** 2, 60, 99; –, volkswirtschaftliche **8.2.** 1, 91; -voranschlag **8.2.** 8
**Kot**trocknung **6.1.4.** Anh. 1/7.15
**Kracken 6.1.13.** 1
**Kräuter 3.1.** 39
**Kraftfahrt-Bundesamt 5.1.5.** 1; **6.1.** 37
**Kraftfahrwesen 1.1.** 74/22
**Kraftfahrzeug 2.5.** Anl. 1/3.14, Anl. 1/10.7; **2.8.1.** 7; **3.1.1.** 4; **5.1.5.**; **6.1.** 2, 23, 38–40, 47, 62; **6.1.4.** Anh. 1/3.24, Anh. 1/10.17; **6.1.16.** 3; **6.2.** 2a; **8.2.** Anl. 4/194–197; **8.4.** 9c; **8.8.–8.9.**; **8.9.** 1–5; **11.1.** 325–325a, 329; *s. a. Fahrzeug;* –, abgestelltes **5.1.** 20; –, Innung **5.1.5.** 5, 7; -kennzeichnung **6.1.** 40; -motor **2.5.** Anl. 1/3.14; **6.1.4.** Anh. 1/3.24; **6.2.**; -verkehr **6.1.** 40; **6.1.39.** 28
**Kraftomnibus 6.1.** 47
**Kraftrad 5.1.5.** 2; **8.2.** Anl. 4/203
**Kraftstoff 2.5.** Anl. 1/1.2, Anl. 1/1.4; **2.8.1.** 5, 7; **6.1.** 23, 34–37g; **6.1.4.** Anh. 1/1.2, Anh. 1/1.4; **6.2.**; **6.7.** Anl. 1; **9.1.2.** 5; **9.1.3.** 8; aus Biomasse **6.1.** 37a–37d; –, erneuerbarer **6.1.** 37a, 37d; -qualität **6.1.** 23, 34, 38; **6.2.** 2a, 7; –, strombasierter **6.1.** 37d; -zusatz **6.1.** 34
**Kraftstrom**erzeuger **6.1.32.** 1/45
**Kraft-Wärme-Kälte-Kopplung** *s. KWKK;* -anlage *s. KWKK-Anlage*
**Kraft-Wärme-Kopplung 6.1.13.** 7, 14; **8.1.** 22, 43, 107; *s. a. KWK;* -Anlage **8.2.** 3, 9, 85; *s. a. KWK-Anlage;* -gesetz (KWKG) *s. KWK-Gesetz*
**Kraftwerk 2.5.** Anl. 1/1.1–1.2, Anl. 1/8.2; **4.1.** 14; **6.1.4.** Anh. 1/1.1–1.2; **6.4.** Anh. 1–2; **8.2.** 104; **10.2.** 1/1; -eigenverbrauch **8.2.** 61a
**Kran 6.1.32.** 1/38, 1/53
**Kranken**fahrstuhl **3.2.** 14; -haus **5.4.** 3; **6.1.** 47a; **6.1.12.** 11; **6.1.16.** 2; **6.1.18.** 2; **6.1.26.** 4; **6.1.32.** 7; **6.3.** 5; **9.4.** 17
**Krankheit 1.1.** 74/19; **11.1.** 326; -erreger **9.1.** 12a, 17; **11.1.** 326
**Krebs 3.1.1.** 2, 6; -erzeugend **3.4.1.** 9; **9.1.3.** 2–5, 6, 8, 10, 14, 15c, 18, Anh. II; **11.1.** 326
**Kreide 8.2.** Anl. 4/6
**Kreise,** beteiligte *s. Beteiligte Kreise;* –, interessierte **2.7.** 1, 34
**Kreislaufführung,** anlageninterne **5.1.** 3
**Kreislaufnutzung 2.3.** 8
**Kreislaufwirtschaft 5.1.** 1, 3, 7–14, 23, 26, 45, 56; **5.4.** 1; **6.1.4.** Anh. 1/8.4; und

1646

Magere Ziffern = §§　　　　　　　　　　　　　　　　**Sachverzeichnis**

Abfallgesetz (KrW-/AbfG) **3.4.** 3; **3.4.1.** 12; **5.1.** 72; **5.2.** 2; **5.3.** 1; **5.4.** 2; –, Begriff **5.1.** 3; -gesetz (KrWG) **2.3.** 3; **2.5.** Anl. 1/12.1.–12.3., Anl. 3, Anl. 5/ 2.3–2.6; **2.8.1.** 2–3; **2.9.** Anl. 1/2; **3.4.** 3, 13; **3.4.1.** 12; **4.1.** 60, 64; **5.1.**; **5.1.5.**– **5.1.8.**; **5.1.5.** 2–3, 11; **5.1.7.** 10; **5.2.** 1– 3, 13, 20–21, 43; **5.3.** 1–2, 26, 28; **5.4.** 1– 2, 16, 35; **6.1.** 5, 7, 9, 11, 20; **6.1.4.** Anh. 1 Vorb.; **6.1.17.** 2; **9.1.** 2; **9.4.** 15; **11.1.** 327; **12.1.** 1
**Kreissäge 6.1.32.** 1/04–1/05
**Krematorium 6.1.** 23
**Kresol 6.1.4.** Anh. 1/5.1–5.2
**Kreuzungs**bauwerk **2.5.** 14a
**Kristallin**gestein **7.3.** 1, 23
**Krümmel (KKW) 7.1.** 7, 7e–7f, Anl. 3–4
**Krummholz**gebüsch **3.1.** 30
**Küchen**abfall **5.1.** 3
**Kühl**-Aggregat **6.1.32.** 1/15; -anlage **6.1.** 23; **8.1.** 2, 5, 14, 57–78, 82; -flüssigkeit **5.1.7.** 7; -schmierstoff **9.1.3.** Anh. II; -schrank **5.2.** Anl. 1; -turm **6.1.** 23; -wasser **2.5.** Anl. 1/13.1
**Kühlen 4.1.2.** 3; **5.2.** Anl. 1; **8.1.** 2–3, 5, 10, 14–15, 18, 20, 23, 25–26, 30, 32, 36, 41, 48, 50–51, 57–78, 82, 85, 89–91, 103
**Küken**tötungsverbot **3.3.** 4c
**Kündigung 5.3.** 9, 13–13a; -recht **8.2.** 60, 73; **10.1.** 555e; -schutz **4.1.** 66; **6.1.** 58, 58d
**Küsten 2.6.** 2; **3.1.** 30; -düne **3.1.** 30; -fischerei **1.1.** 74/17; -gebiet **4.1.** 72–74; -gewässer **2.5.** Anl. 1/13.2; **2.9.** 3; **3.1.** 56, 61; **3.1.2.** 1; **4.1.** 2–4, 7, 43–45, 45c, 90, 103; **4.1.3.** 2; **4.2.** 3; **9.4.** 12; -meer **4.1.** 3; **8.2.** 9, 84; -schifffahrt **1.1.** 74/21; -schutz **1.1.** 74/17, 91a; **2.5.** Anl. 1/ 13.16; **3.1.** 16, 61; **4.1.** 67, 71–71a, 77, 99a
**Kultur 1.1.** 23; **1.2.** 6, 13; -bereich **5.4.** 3; -denkmal **3.1.** 1; -erbe **2.5.** 2, Anl. 4, Anl. 6; **4.1.** 73; **6.1.9.** 1a; -geschichte **1.2.** 36; **3.1.** 24, 26; **3.2.** 11; **3.4.** 1–2; **9.1.2.** 4; -gut **1.1.** 20a; **1.2.** 36; **2.1.** 2; **6.1.** 1, 3; **6.1.12.** 2; -landschaft **2.5.** Anl. 4; **3.1.** 1, 5, 11; -pflanze **9.4.**; **9.6.** 7; -raum (Pflanzen) **8.1.** 2; -stätte **2.6.** 2; -substrat **9.4.** 2; **9.5.** 1–3, 5; -technik **9.4.** 2
**Kumulierungs**regel **8.2.** 80a
**Kunst 1.1.** 5; **1.2.** 36; -guss **6.1.4.** Anh. 1/ 3.8; -harz **6.1.4.** Anh. 1/4.1, Anh. 1/4.9, Anh. 1/5.2, Anh. 1/5.9; **10.2.** 1/45, 1/ 58; -stoff **2.5.** Anl. 1/5.1; **5.1.** 3; **5.2.** 22; **5.4.** 1, 16, 22, Anl. 1; **6.1.4.** Anh. 1/4.1, Anh. 1/5.6, Anh. 1/5.12; **8.2.** Anl. 4/83, Anl. 4/98–101, Anl. 4/192; **10.2.** 1/45,

1/58, 1/61; -stoff, Begriff **5.1.8.** 2; **5.4.** 3; -stoff, oxo-abbaubarer **5.1.8.**; -stoffflasche **5.4.** 1, 3, 30a–31; -stofffolie **5.4.** Anl. 1; -stoffkasten **5.4.** 5; -stoffpalette **5.4.** 5; -stoffprodukt **2.3.** 5a; **4.1.** 45h, 82; **5.1.** 30, 33, 46; **5.1.8.**; -stoffrezyklat **5.4.** 30a; -stofftragetasche **2.3.** 5a; **5.4.** 5; -stoffumhüllung **5.4.** Anl. 1; -stoffverpackung **5.4.** Anl. 1; **6.1.4.** Anh. 1/3.4; **8.2.** Anl. 4/132; **10.2.** 1/31, 1/35
**Kuppel**gas **8.2.** 104
**Kur**gebiet **6.1.18.** 2; **6.1.32.** 7; -heim **6.1.16.** 2
**Kurzbeschreibung 4.1.4.** 5; **6.1.9.** 4, 10
**Kurzumtriebsplantage 3.2.** 2
**KWK** Anlage **8.1.** 22, 39–40, 43–44, 52– 53; **8.2.** 3, 9, 39, 44b–44c, 52, 61c–61d, 85, 100, 104; **8.4.** 2, 9, 11; – Gesetz (KWKG) **8.1.** 22, 40, 43; **8.2.** 3, 9, 12, 52, 60, 61, 61c, 73; – Kosten-Nutzen-Vergleich **6.1.** 7, 23; **6.1.9.** 13; – Strom **8.2.** 3, 9, 44b; – Zuschlag **8.2.** 9

**Labor 4.1.** 63; **4.3.** 11; *s. a. Gute Laborpraxis (GLP);* -maßstab **6.1.4.** 1; **6.1.13.** 1; **6.4.** 2; -verzeichnis **4.3.** 11
**Lack 2.5.** Anl. 1/4.4; **6.1.4.** Anh. 1/4.10, Anh. 1/5.1; **10.2.** 1/55, 1/57, 1/92, 2/3
**Lackieren 6.1.1.** 3; **6.1.4.** Anh. 1/5.1–5.2; **10.2.** 1/56
**Lade**säulenverordnung **8.8.** FN 3 am Titel; -station **8.9.** Anl.
**Laden,** Elektrofahrzeuge **8.9.** Anl.; –, Güter **6.1.32.** 1/19, 1/37; **11.1.** 330; –, Munition **2.5.** Anl. 1/10.1; **10.2.** 1/90; –, Schiffe **2.5.** Anl. 1/13.11
**Lärchen**wald **3.1.** 30
**Lärm 2.5.** Anl. 4; **2.6.** 2; **4.1.** 45a–45b; **5.1.** 15; **6.1.** 41–43, 47a–47f, 66; **6.1.9.** Anl.; **6.1.16.**; **6.1.18.**; **6.3.**; **6.5.**; **11.1.** 325a; **11.2.** 117; *s. a. Geräusch;* -aktionsplan **2.5.** Anl. 5/2.1; **6.1.** 47d–47f; **6.1.39.** 27; **6.3.** 14; am Arbeitsplatz **6.1.** 47a; -arm **6.1.32.** 2, 8; -bekämpfung **1.1.** 74/24; **6.1.** 21, 23, 37, 41–43, 47a–47f; **6.1.16.**; **6.1.18.**; **6.3.**; -belästigung **6.1.17.** 3; -belastung **6.1.** 47d; **6.3.** 2–4, 9; -daten **6.1.32.** 7; -empfindlich **6.1.** 47a; **6.1.32.** 7; -index **6.1.** 47f; -karte **6.1.** 47c, 47e–47f; -kartierung **6.1.** 47f; -minderungsplanung **6.1.** 47d; -schutz **6.1.** 16b; *s. a. Lärmbekämpfung;* -schutzbereich **6.3.** 2–9; -schutzmaßnahme **6.3.** 1–7, 13–14; -schutzverband **6.3.** 15; -schutzverordnung **6.1.32.**; -schutzwand **2.5.** 14a; **8.2.** 3, 22, 24, 38c,

1647

# Sachverzeichnis

Fette Zahlen = Gesetzesnummern

48; – und Vibrationsverordnung **6.1.32.** 1; –, verhaltensbezogener **1.1.** 74/24; -wert **6.3.** 2, 4, 9, 14; -wirkungsforschung **6.3.** 2
**Lage 2.5.** 2; **4.1.** 60, 62a; **6.1.** 16–17, 62; **6.1.4.** 2; **6.1.9.** 1; **6.1.26.** 7; **7.1.** 9; **9.6.** 8, 10, 17a, 38; **11.1.** 328
**Lagern 2.3.** 3–5; **2.5.** Anl. 1/8.7–8.9, Anl. 1/9., Anl. 1/11.3–11.4, Anl. 1/19.3, Anl. 1/19.6; **2.8.1.** 5, 7; **2.9.** Anl. 1/7; **3.4.** 2–3; **3.4.1.** 2–3; **4.1.** 32, 45, 48, 54, 62–63, 62a, 78a, 89, 103; **4.2.** 2; **5.1.** 2–3, 10, 16, 26a, 28, 44, 49–50, 56, 69, Anl. 1–2; **5.1.5.** 9; **5.2.** 20; **6.1.** 3–4, 34; **6.1.1.** 4; **6.1.4.** 1, Anh. 1/7.11–7.13, Anh. 1/7.17, Anh. 1/8.12–8.14, Anh. 1/9.1–9.3, Anh. 1/9.36–9.37; **6.1.12.**; **6.1.13.** 10; **6.1.17.** 2; **6.2.** 3a, 5; **7.1.** 2, 9a, 9c, 9h, 25, 57b; **8.6.** 7; **9.1.** 3, 12i, 26; **9.1.3.** 2; **9.4.** 3; **9.5.** 3; **9.6.** 3, 16, 16b; **10.2.** 1/75, 1/77–89, 3; **11.1.** 326–329; –, getrennt **9.6.** 16b; –, untertägig **3.1.** 33; **4.1.** 9, 104a; **6.1.4.** Anh. 1/8.14
**Lagerstätten**wasser **3.1.** 33; **4.1.** 9, 104a
**Lagune 5.1.** Anl. 1
**Lakritz 2.5.** Anl. 1/7.27; **6.1.4.** Anh. 1/7.31
**Lampen 5.2.** 2–3, 10, 14, 17–18, Anl. 1; **8.1.** 32; **8.2.** Anl. 4/169
**Lande**bahn **6.3.** 2
**Landes**kultur **1.1.** 89; **4.1.** 37; -kunde **3.1.** 23–24, 28; -planung **3.2.** 10; **6.1.** 47–47a, 50; **7.3.** 12; -recht **1.1.** 24, 28, 30–32, 70–72, 74/27, 84, 125a–125c; **2.3.** 9; **2.5.** 17, 26, 28, 35, 49, 52, 68, 71, Anl. 1/13.2, Anl. 1/13.16–13.17, Anl. 1/18.9; **2.5.1.** 1–2; **2.6.** 6, 10; **2.9.** 9; **3.1.** 3, 10–12, 15–17, 22, 29–32, 34, 39, 40a, 40e–40f, 41a–45, 48, 48a, 51a, 54, 59, 61, 63–70, 74; **3.1.1.** 17; **3.1.2.** 2, 12, 17; **3.2.** 2, 9–14, 45; **3.4.** 3, 5, 7, 9–11, 13, 16–17, 21–22; **4.1.** 2–4, 7, 13a, 20, 23–26, 36, 38, 38a, 40–41, 43, 46, 49–51, 53, 56, 58, 62, 68, 71a, 73, 76, 78–78d, 79, 84, 86, 99a, 100, 105, 107; **4.1.2.** 6; **4.1.4.** 5; **4.2.** 3–4, 7–10, 13; **4.3.** 13, 15; **5.1.** 2, 11, 17, 20–21, 28, 42–44, 71; **5.1.5.** 5; **5.2.** 3, 14, 25, 32, 39; **6.1.** 21, 23, 31, 40, 42, 44, 47, 47e, 49, 58e, 73; **6.1.1.** 13; **6.1.32.** 4; **6.3.** 4–5, 9–11; **6.4.** 19; **6.6.** 14; **7.1.** 21a, 57; **8.1.** 3, 7, 56, 78, 80, 91–94, 96–97, 101–103, 105, 109, 114; **8.2.** 36g, 37c; **9.4.** 9–10, 14; **9.6.** 16a, 25; **12.1.** 1, 4; -verteidigung *s. Verteidigung;* -verwaltung **1.1.** 24, 30, 32, 83–85, 87c–91b, 90, 104a; **2.3.** 15; **2.5.** 31; **2.5.1.**; **2.8.** 22, 32; **3.1.** 3, 6, 12, 17, 21, 32, 38, 45–45a, 48, 63, 65–66, 70, 74; **3.1.1.** 2, 4, 7, 11, 13–15; **3.2.** 9–14, 41a, 45; **3.3.** 13a, 15–15a, 16g; **3.4.** 5, 22; **4.1.** 13a–13b, 23; **4.1.2.** 6; **4.2.** 1; **4.3.** 7, 12–15; **5.1.** 18, 26a, 30–32, 53–54, 56–57, 68; **5.2.** 22, 32; **5.4.** 15, 17, 22, 26, 28, 36; **6.1.** 29a–29b, 40, 42, 51a; **6.1.1.** 16–17; **6.1.32.** 7; **6.1.39.** 18, 20, 24–25, 30–32; **6.3.** 15; **6.4.** 19; **6.5.** 9; **7.1.** 2c, 9i, 44b; **7.3.** 12; **8.1.** 92–100; **8.6.** 7; **8.9.** 5; **9.1.** 9–10, 12f–12g, 16e, 19c, 22, 26; **9.1.3.** 20; **9.6.** 25–26, 31; **12.1.** 3; *s. a. Landesrecht*
**Landgewinnung 2.5.** Anl. 1/13.17; **5.1.** 2
**Landnutzung 4.1.1.** 2; **6.6.** 2, 3a, 5, 9–10, Anl. 1; -änderung **6.6.** 2, 3a, 5, 9–10, Anl. 1; –, dauerhaft umweltgerechte **3.1.** 27
**Landökosystem 4.1.** 6; **4.1.1.** 4–8a, 10
**Landschaft 1.1.** 20a; **2.5.** 2; **2.6.** 2; **3.1.**; **6.1.9.** 1a; –, archäologisch bedeutsame **2.5.** Anl. 3; -beeinträchtigung **9.6.** 32; **10.2.** 16; -bestandteil **2.5.** Anl. 3; **3.1.** 20, 29; **3.4.1.** 12; -bild **3.1.** 14, 29, 43; **3.1.2.** 2–4, 6–9, 13–14, Anl. 5; **3.2.** 1; **4.1.** 39; **6.1.** 16b; -eingriff **2.5.** 2, 24, 28, 68; **6.1.9.** 4, 20; *s. a. Eingriff in Natur und Landschaft, Natureingriff*; -element **3.1.** 5; -erlebnis **3.1.** 1; -gerecht **3.1.** 1, 15; -gestaltung **3.1.** 15; **3.1.2.** 2, 9; **5.1.** 3; -pflege **1.1.** 72, 74/29; **3.**; **3.0.** 2; **3.1.**; **5.1.** 15; **6.1.9.** 1a, 4; **12.1.** 3; -pflegeabfall **5.1.** 3; **6.1.13.** 2; -pflegerischer Begleitplan **2.5.** 18; **3.1.** 17; -pflegeverband **3.1.** 3; -plan **3.1.** 9, 11–12, 15–16, 63; -planung **2.5.** 52; **3.1.** 8–12, 15–16, 63; **3.1.2.** 2; -programm **3.1.** 9–10, 12, 15–16, 63; -rahmenplan **3.1.** 9–10, 12, 15–16, 63; -schutzgebiet **2.5.** Anl. 3; **3.1.** 20–21, 25–27, 29–31; -typ **3.1.** 25; -verbrauch **3.1.** 1; -verträglich **3.1.** 5, 7; -zerschneidung **3.1.** 1

**Landstrom**anlage **8.2.** 63, 65b, 69, 103
**Landungs**steg **2.5.** Anl. 1/13.11
**Landwirtschaft 1.1.** 74/17, 74/20; **1.2.** 4, 13; **2.3.** 8, 12; **2.5.** Anl. 1/7., Anl. 1/13.5, Anl. 1/17., Anl. 3, Anl. 5/1.12, Anl. 5/2.7; **2.9.** 9; **3.1.** 1–3, 5, 14–15, 21, 26–27, 30, 32, 35, 40, 44–45, 54, 59, 68; **3.1.1.** 4; **3.1.2.** 10, Anl. 6; **3.2.** 2; **3.3.** 7, 13, 13a, 16; **3.4.** 2–3, 7, 10, 17, 20; **3.4.1.** 4–5, 8, 12; **4.1.** 6a, 46, 52, 54, 62–63, 62a, 78a; **4.2.** 2; **5.1.** 2–3, Anl. 2; **5.3.** 2; **5.4.** 3; **6.1.** 37d; **6.1.1.** 5; **6.1.4.** Anh. 1/7; **6.1.13.** 2; **6.1.32.** 1/32; **6.6.** 4–5, Anl. 1–2; **8.1.** 2; **8.2.** 3, 37c, 38a, 48, Anl. 4/184; **8.2.1.** 2; **8.4.** 2, 9–10; **9.4.** 11–14, 17; **9.5.** 1–3a, 11–11a; **9.6.** 1, 4; **10.2.** 1/2; -gesetz **3.2.** 41; –, intensive **2.5.** Anl. 1/

Magere Ziffern = §§  **Sachverzeichnis**

17.3; -kammer **5.1.** 46; –, konventionelle **9.6.** 1; –, ökologische **9.6.** 1
**Langlebig 5.1.** 45; **5.3.** 7a; –, Produkt **5.1.** 23–24, 33; –, Schadstoff **3.4.1.** 2
**Langzeit**lager **6.1.** 7
**Laptop 5.2.** Anl. 1
**Larve 3.1.** 7
**Last**annahme **7.1.** 44; –, öffentliche **3.4.** 25
**Lasur 2.5.** Anl. 1/4.4; **6.1.4.** Anh. 1/4.10
**Laub**bläser **6.1.32.** 1/34; -sammler **6.1.32.** 1/35
**Lauf**computer **5.2.** Anl. 1
**Lautsprecher 6.1.18.** 3
**Lawine 3.2.** 12
**LCD**-Fotorahmen **5.2.** Anl. 1
**Leasen 8.1.** 80, 87
**Leben 1.1.** 2, 13, 20a, 74/26; **1.2.** 36; **4.1.** 78–78b; **6.1.** 25; **6.1.12.** 2; **7.1.** 1–2, 19–19a, 26, 28, 32; **9.1.** 14, 17–19, 23, 27, 27b; **9.1.2.** 13; **9.6.** 1, 32, 39; **10.1.** 823; **10.2.** 1; **11.1.** 129a, 307–308, 312–313, 330; -bedingung **2.6.** 2; **3.1.** 37; -dauer, Produkt **5.1.** 3, 45; -erzeugung, künstliche **1.1.** 74/26; -gemeinschaft **3.1.** 1, 7, 9, 21, 23, 37; **4.1.** 67; -grundlage **1.1.** 20a; **3.1.** 1; **3.4.** 2; **4.1.** 1; -mittel **1.1.** 74/20; **2.8.** 5; **4.1.** 13a; **5.1.** 2; **5.4.** 3; **6.1.1.** 1; **9.1.** 2, 12d; **9.1.3.** 1; **9.5.** 2; **9.6.** 1, 26; -mittel, flüssige **5.4.** 3; -mittel, flüssiges **5.4.** 30a; -mittel, medizinisches **5.4.** 30a; -mittelabfall **5.1.** 3, 33; -mittelbehälter **5.1.8.** 3; -mittelgesetzbuch **4.3.** 2; **5.1.** 2; **9.1.** 27–28; **9.4.** 14; -mittelkette **2.6.** 2; -mittelspende **5.1.** 33; -mittelverschwendung **5.1.** 33; -mittelvertreiber **5.2.** 17; -mittelvertrieb **5.1.** 33; -raum **3.1.** 5–7, 15, 19, 26; **4.1.** 1, 6, 39, 45b–45d; **8.2.** 90; **11.1.** 329; s. a. Biotop; -raumtyp **1.1.** 6–7, 19; **11.1.** 329; -raumtyp, prioritärer **3.1.** 6–7, 32–34; -stätte **3.1.** 1, 5, 7, 9, 21, 23, 29, 37–39, 69; -stättenschutz **3.1.** 37–39; -verhältnisse, einheitliche **1.1.** 20a; -verhältnisse, gleichwertige **1.1.** 72; -zyklus, Abfall **5.1.** 6; -zyklus, Produkt **5.1.** Anl. 4
**LED**-Lampe **5.2.** Anl. 1
**Leder 8.2.** Anl. 4/51, Anl. 4/60, Anl. 4/190; -leim **6.1.4.** Anh. 1/7.8
**Leer**stand **8.1.** 82, 85
**Legieren 2.5.** Anl. 1/3.5; **6.1.4.** Anh. 1/3.4; **6.4.** Anh. 1
**Lehm**wand **3.1.** 30
**Lehre 1.1.** 5, 91b
**Lehr**zweck **5.1.** 45; **3.1.1.** 4; **9.1.2.** 3; **9.4.** 13
**Leichtfertig 9.1.2.** 13
**Leichtflugzeug 6.3.** 4; **6.4.** Anh. 1
**Leichtmetall 6.1.4.** Anh. 1/3.6

**Leim 6.1.4.** Anh. 1/7.8
**Leinöl 6.1.4.** Anh. 1/5.6; **10.2.** 1/61
**Leistung 2.3.** 12; s. a. Funktion, Kapazität, Umweltleistung; –, elektrische **8.1.** 64–65; -grenze **6.1.4.** 1–2; –, installierbare **2.5.** Anl. 5/1.18; **8.2.** 3, 28–28c, 36g, 38c; –, installierte **8.2.** 3–5, 9, 10b, 21, 22–22a, 23, 23b, 24, 28–28c, 38a, 39g, 39i, 39m, 40, 44b, 45–46, 48–49, 50–52, 61a, 61c, 61e–61g, 72, 74a, 88–88b; -verweigerungsrecht **8.2.** 104
**Leiter**platte **8.2.** Anl. 4/154
**Leitung 2.5.** 65–69, 74, Anl. 1/19., Anl. 1/19.10–19.13; **3.1.2.** 4, 14; **4.1.** 36; **6.1.26.** 1, 3, 7; **8.1.** 61–64, 69–71, 96–97, 107–108; **10.1.** 906; **11.1.** 314; s. a. Netz, Rohrleitungsanlage; –, Bahnstrom **2.5.** Anl. 1/14.7
**Letztverbraucher 2.3.** 7; **8.2.** 3, 21, 58, 60–62a, 70, 72–74a, 76, 78–79a; **8.4.** 4–5, 7, 9, 11; s. a. Endverbraucher, Verbraucher; –, Begriff **8.2.** 3
**Letztvertreiber 5.4.** 3, 5, 15, 31–34; s. a. Vertreiben
**Leuchte 5.2.** 3, 46, Anl. 1; **8.2.** Anl. 4/169
**Leuchtstoff**lampe **5.2.** Anl. 1
**Licht 2.5.** Anl. 4; **5.2.** 3, Anl. 1; **6.1.** 3; **6.1.9.** Anl.; **8.1.** 3, 14, 18, 21, 32; **8.4.** 9b, 10; -eintrittsfläche **8.1.** 3; -verschmutzung **3.1.** 23–25
**Lieferant 9.1.** 12j; **9.1.3.** 2, 4–6, 19
**Liefern 5.4.** 33–34; **6.1.** 34; **6.2.** 2a; **8.1.** 96; **9.1.** 16; **11.1.** 312; -kette **5.1.** 33; **5.4.** 15; **9.1.** 12j
**Linien**bestimmung **2.5.** 2, 47, 49; **3.1.** 36; -verkehr **8.2.** 63, 65a, 66; **8.4.** 9c
**Liste** der Altfahrzeugannahmestellen **5.1.5.** 7; –, Anlagen **6.1.4.** Anh. 1; der Elektrogeräte **5.2.** Anl. 1; –, Luftqualitätskontrollgebiete **6.1.39.** 20, 25, 32; der Natura 2000-Gebiete **3.1.** 32; der Organisationen **2.7.** 12, 42; –, Pflanzenschutzgeräte **9.4.** 16; –, Pflanzenschutzmittel für öffentliche Flächen **9.4.** 17; –, registrierte Hersteller **5.4.** 9, 26; –, SUP-pflichtige Pläne und Programme **2.5.** Anl. 5; der Umweltgutachter **2.7.** 28, 42; **2.8.** 14–15, 18; –, UVP-pflichtige Vorhaben **2.5.** Anl. 1; **6.1.4.** 2; –, Zuteilungen **6.4.** 9, 11
**Lithium 5.3.** 18
**Littering** s. Vermüllung
**Lizenz** s. Berechtigung, Zertifikat
**LNG (liquefied natural gas)** s. a. Flüssigerdgas; – Anlage **2.5.** Anl. 1/19.12
**Löschflug 6.4.** Anh. 1
**Löschen**, Berechtigungen **4.1.** 87; **6.4.** 7–8; –, Daten **5.2.** 31; **8.1.** 99; –, Schiffe **2.5.** Anl. 1/13.11

1649

## Sachverzeichnis

Fette Zahlen = Gesetzesnummern

**Lösemittel 5.1.** Anl. 2; **5.1.7.** 7; **6.1.** 7, 23; **6.1.4.** Anh. 1/5.1, Anh. 1/5.10, Anh. 1/8.3, Anh. 1/8.11, Anh. 1/10.8; **9.1.** 3; **10.2.** 1/45, 1/53, 1/56–58
**Löss**wand **3.1.** 30
**Lösung 9.1.** 3
**Logo** *s. Umweltzeichen*
**Lokale Population 3.1.** 44
**Lokomotive 2.5.** Anl. 1/3.13; **6.1.4.** Anh. 1/3.19
**Lüftung 6.1.1.** 19; **8.1.** 3, 10, 15, 18, 20, 23, 28, 30, 50, 74–76, 82, 85, 88, 91, 98, 103; -anlage **6.3.** 7, 9; -gerät **5.2.** Anl. 1
**Luft 1.1.** 20a; **2.5.** 2; **2.6.** 2; **3.1.** 1, 7, 9; **3.1.2.** 4, 6–7, 9, 15; **3.4.1.** 3; **4.1.2.** 3; **5.1.** 3; **6.1.** 1, 3, 45; **6.1.9.** 1a; **6.1.39.** 1; **9.1.** 3a; **9.1.3.** 2–4; **9.4.** 2; **10.1.** 905; **10.2.** 3; **11.1.** 325–328, 330d; -austausch **3.1.** 1; -belastung, großräumige **2.0.** 2; -fahrt **6.3.** 15; -fahrt-Bundesamt **6.4.** 19, 31; -fahrttechnik **6.3.** 2; -fahrzeug **2.5.** Anl. 1/3.15; **3.1.1.** 4; **6.1.** 2, 38–39, 62; **6.1.4.** Anh. 1/3.25; **6.1.13.** 1; **6.4.** 2–3, 20, 31, Anh. 1–2; **8.2.** 9, Anl. 4/201; **8.4.** 9; **11.1.** 325–325a, 329; -fahrzeugbetreiber **6.4.** 2–3, 11, 14, 18–20, 31, 35, Anh. 1–2; -fahrzeugtriebwerk **6.1.13.** 1; -hygiene **3.1.** 1; -qualität **6.1.** 44–47; **6.1.13.** 1; **6.1.17.** 1; **6.1.39.**; -qualität, bestmögliche **6.1.39.** 26, 34; -qualitätsbeurteilung **6.1.39.** 11–20; -qualitätskontrolle **6.1.39.** 1, 21–26; -qualitätskontrollgebiet **6.1.39.** 1, 11–20, 22, 24–30, 32; -qualitätsmodell **6.1.39.** 17, 20; -qualitätsstandard **6.1.39.**; -qualitätsziel **6.1.39.** 1–10, 23–30, 34–35, Anl. 14; -reinhalteplan **2.5.** Anl. 5/2.2; **6.1.** 40, 47, 67; **6.1.39.** 1, 25–30, Anl. 13; -reinhalteplan, integrierter **6.1.39.** 27; -reinhaltung **1.1.** 74/24; **3.2.** 1; **6.**; **6.1.** 7; **7.1.** 9; **9.1.** 2; -reinigung **9.1.3.** 10, 22; -schaden **11.1.** 311, 327–328; -schadstoff **6.1.4.** Anh. 1/10.3; **6.1.39.**; **8.9.** 5; -schraube **6.1.4.** Anh. 1/10.16; -technisches Erzeugnis **8.2.** Anl. 4/182; -verkehr **1.1.** 73/6, 87d; **2.9.** Anl. 1/8; **3.2.** 45; **6.4.** 1, 18; **6.6.** Anl. 1; **8.2.** 9; **9.1.** 2; -verkehrsberechtigung **6.4.** 3, 7, 11–14; -verkehrsgesetz **2.5.** 47, Anl. 5/1.2; **3.2.** 45; **6.3.** 2, 13, 15; **6.4.** 31; -verkehrs-Ordnung **6.4.** Anh. 1; -verkehrstätigkeit **6.4.** 2, 11, 31, 35, Anh. 1; -verkehrsverwaltung **1.1.** 87d; -verschmutzung **6.1.17.** 3; **6.1.39.** Anl. 13; -verunreinigung **2.5.** Anl. 3–4; **5.1.** 15; **6.1.** 2–4, 22, 27, 32–35, 37, 40, 44, 47, 49, 53; **6.1.1.** 2; **6.1.9.** 4a, Anl.; **6.1.17.** 2; **6.2.**; **11.1.** 309, 325–326, 329–330; -verunreinigungen **6.1.13.** 1–2, 24, 39, 45, 56, 61, 65; -zufuhr **6.1.17.** 2
**Luftballon**stab **5.1.8.** 3

**Maas 4.1.** 7
**Mähwiese 3.1.** 30
**Mälzerei 2.5.** Anl. 1/7.22; **6.1.4.** Anh. 1/7.20; **8.2.** Anl. 4/39
**Mager**betrieb **6.1.13.** 2, 34; -mähwiese **3.1.** 30
**Magnesit 6.1.4.** Anh. 1/2.4; **6.4.** Anh. 1; **10.2.** 1/20
**Magnesium 1.4.** Anh. 1/3.4; **2.5.** Anl. 1/3.5; **6.1.4.** Anh. 1/2.4, Anh. 1/3.4, Anh. 1/3.23; **10.2.** 1/44
**Magnetschwebebahn 2.5.** Anl. 1/14.9; **6.1.** 2, 41, 43; **7.1.** 24; **8.2.** 3
**Mahlen 6.1.4.** Anh. 1/1.9, Anh. 1/2.2, Anh. 1/4.2, Anh. 1/7.21, Anh. 1/7.29; **8.2.** Anl. 4/21; **10.2.** 1/47
**Mais 8.2.** 39i
**Makeln 2.9.** Anl. 1/2; **5.1.** 3, 47, 49, 51, 53–54, 56, 69; **8.1.** 80, 87; **11.1.** 326; *s. a. Abfallmakler, Vermittlungsgeschäft*
**Makrophyten**, marine **3.1.** 30
**Management** *s. a. Energiemanagement, Risikomanagement, Umweltmanagement;* –, invasive Arten **3.1.** 40e, 40f, 48a, 54; –, nukleare Sicherheit **7.1.** 7c
**Margarine 5.1.** 2; **8.2.** Anl. 4/19
**Marke 5.2.** 3, 6, 31, 37
**Markt 5.1.** 5, 7; **5.4.** 1; -anteil **5.4.** 19, 22, 24–26; -austritt **5.2.** 31; **5.4.** 9; -basierter Mechanismus **6.4.** 2, 18; -bereitstellung **4.3.** 1, 14; **5.2.** 3, 8; **8.6.** 2, 4, 7; **9.1.** 12g, 28; -einführung **6.1.4.** 1; **6.4.** 2; -entnahme **5.3.** 3; -entwicklung **2.7.** 38; –, europäischer **5.2.** 9; –, gemeinsamer **6.1.32.** 2; -information **5.4.** 1; -integration **8.2.** 2, 99; -kosten **8.2.** 91; -platz, elektronischer **5.2.** 3, 6; **5.4.** 3, 7, 9; -prämie **8.2.** 3, 19–20, 21b, 22, 23a, 24–25, 39i, 44b, 48, 73, 95, Anl. 1; -stabilitätsreserve **6.4.** 8; -stammdatenregister **8.2.** 3, 22–22a, 28, 36, 38a, 39, 39g, 45, 52, 88a; -stammdatenregisterverordnung **8.2.** 52, 55a, 88a; -überwachung **6.1.32.** 6; **8.6.** 4, 7–9, 11; -überwachungsgesetz **5.1.** 47; **6.1.32.** 6; -überwachungskonzept **8.6.** 7, 11; -überwachungsprogramm **8.6.** 7, 11; -verhalten **5.2.** 1; -wert **8.2.** 3, 39i, 44b–44c, 52, 85
**MARPOL 5.1.7.** 9
**Maschine 4.1.** 63; **6.1.** 3, 32–33, 37, 60; **6.1.32.**; **10.2.** 3; **11.1.** 325–325a; –, bewegliche **5.2.** 2–3; –, lärmarme **6.1.32.** 2, 8; -lärmschutz **6.1.** 23; **6.1.32.**; -öl **5.1.7.** 1a

Magere Ziffern = §§ **Sachverzeichnis**

**Massen**bilanzsystem **8.1.** 22, 40; **8.2.** 44b, 89
**Maßnahmen,** Folgenabschätzung **4.1.** 45h; –, irreversible **2.5.** 67a; -kombination **4.1.** 82; **4.1.3.** 16; **8.1.** 54; -plan, kurzfristiger **6.1.39.** 1, 28–30; -programm **2.5.** Anl. 5/1.4, Anl. 5/1.9; **3.1.** 9, 15; **3.1.2.** 2; **4.1.** 7, 13, 23, 39, 45f, 45i–45j, 82, 84–86, 88; **4.1.1.** 3, 13; **4.1.3.** 5, 7, 14–16; **6.1.39.** 1, 34–35; -rangfolge **5.1.** 6–8; **9.1.3.** 7, 11, 15b; *s. a. Vorrang;* –, vorläufige **1.2.** 191; **3.1.** 33; **9.1.** 9–10, 12f–12g, 23; -wert **3.4.** 8; **3.4.1.** 1, 4
**Mast 3.1.** 41; -geflügel **2.5.** Anl. 1/7.3; **3.3.** 5; **6.1.4.** Anh. 1/7.1; **10.2.** 1/64; -kalb **6.1.4.** Anh. 1/7.1; -schwein **2.5.** Anl. 1/7.7; **6.1.4.** Anh. 1/7.1
**Masten 3.1.2.** 13–14
**Materialien 2.7.** 2; **3.4.** 6, 8; **3.4.1.** 1, 3, 12; **5.1.** 3, 11–12, 33; **5.4.** 4, 7, 10–11, 15, 17, 21, Anl. 1; **8.6.** 2–3; **9.5.** 2; –, bahnenförmige **6.1.4.** Anh. 1/5.1–5.2, Anh. 1/5.6; –, gebrauchte **5.1.** Anl. 5; –, natürliche **5.1.** 2, 14; –, recycelte **5.1.** Anl. 5
**Matratze 5.1.** 3
**Mauer 4.1.** 78a
**Mauserzeit 3.1.** 44; **9.4.** 13
**MDI 6.1.4.** Anh. 2
**Mecklenburg-Vorpommern 1.1.** Pr.; **3.1.** 10, 17, 30, 34, 61, 66, 68
**Mediation 6.1.9.** 2
**Medizin 1.1.** 74/26; **2.5.** Anl. 1/2.5; **3.3.** 15; **4.3.** 10; **5.3.** 3; **6.1.4.** Anh. 1/2.8; **7.1.** 26; **9.1.3.** 15h; -gerät **5.2.** 2–3, Anl. 1; -gerät, implantierbares **5.2.** 2–3; -produkt **1.1.** 74/19; **3.1.** 40c; **5.2.** 3; **7.1.** 2, 26; **8.2.** Anl. 4/160, Anl. 4/216; **9.1.** 2
**Meer 2.6.** 2; **3.1.** 30; **4.1.** 3; **4.2.** 3; **5.1.** Anl. 1; **11.1.** 330d; -boden **5.1.** Anl. 1; -forschung **3.1.** 57; -gebiet, geschütztes **3.1.** 56–57, 63, 69; **4.1.** 45h; -gebietenetz **3.1.** 56; -gewässer **2.9.** 3; **3.1.** 1, 6; **4.1.** 2, 23, 45a–45h, 90; **4.1.3.** 14; -gischt **6.1.39.** 1; -grund **4.1.** 2; -grund **5.1.** 3; -naturschutz **1.1.** 72; **3.1.** 56–58; **4.1.** 45c–45f, 45h; -nutzung **4.1.** 45a–45c; -ökosystem **4.1.** 45a–45b; -schatz, biologischer **1.2.** 3–4; -strategie **3.1.** 6; **4.1.** 45c; -übereinkommen **4.1.** 45c, 45f, 45h, 45k; -ufer **4.2.** 13; -umwelt **3.1.** 6; **4.1.** 45a–45b; **5.1.** 33, 46; **5.4.** 14; -untergrund **4.1.** 2; -verschmutzung **4.1.** 45a–45b; **5.1.** 33; -wasser **4.1.** 72
**Mehrfach**nutzung **2.3.** 8; -prüfung **2.5.** 16, 39; -veräußerung **8.2.** 80, 86; -verwendung **5.1.** 23–24

**Mehrstoff**feuerung **6.1.13.** 2, 6
**Mehrweg**alternative **5.4.** 14, 33; als Alternative zu Einwegprodukten **5.1.** 46; -anteil **5.4.** 1; -behältnis **5.4.** 34; -förderung **5.4.** 1; -hinweiszeichen **5.4.** 32; -verpackung **2.3.** 5a, 13; **5.1.** 3; **5.4.** 1, 3, 5, 12, 15, 26, 32, 33, 36
**Meinungsfreiheit 1.1.** 5
**Melamin 6.1.4.** Anh. 1/5.2; **6.4.** Anh. 1
**Melasse 6.1.1.** 3; **6.1.4.** Anh. 1/7.18
**Meldepflicht 3.1.** 45; **3.3.** 16c; **4.1.** 13b; **5.1.** 40, 43; **5.2.** 14–15, 31, 38, 46; **5.4.** 10, 20, 26, 36; **6.1.** 34, 37c; **6.1.12.** 19; **6.2.** 3a; **6.4.** 9, 19; **7.1.** 2b, 44b; **8.2.** 52, 60–61g, 72, 74, 95; **8.6.** 8; **9.1.** 12h, 26; **9.5.** 3; **9.6.** 2, 30
**Mengen 5.2.** 1, 14, 17, 22, 25–27, 29–32, 34, 38; **7.1.** 2c–2d, 9i; –, gefährliche **6.1.** 3; **9.1.3.** 2–3, 6; –, geringe **3.1.** 39, 71a; **9.1.3.** 15d; –, haushaltsübliche **5.2.** 17; -planung **6.7.** 4; -strom **5.2.** 22; -stromnachweis **2.3.** 15; **5.4.** 8, 16–17, 26, 36
**Menschen 2.5.** 2, Anl. 4; **10.1.** 1; –, behinderte **8.2.** Anl. 4/204; **8.4.** 2; -gruppe, gefährdete **9.1.** 12g; -schutz **1.1.** 1, 20a, 74/19, 74/26; **1.2.** 4, 6, 36, 191; **2.5.** 2; **2.6.** 2, 10; **2.9.** 2, 8; **3.1.** 30a, 34, 45; **3.4.** 2, 9; **3.4.1.** 3; **4.1.** 1, 5, 31, 45a–45b, 60, 73, 78–78b; **4.1.1.** 1, 10–11; **4.1.** 8–9; **4.3.** 3, 14; **5.1.** 1–2, 4, 6–10, 12, 15, 23, 33, 45, 56; **5.2.** 4, 13, 18, 20; **5.3.** 18; **6.1.** 1, 3, 20, 23, 25, 45, 47a, 52a; **6.1.9.** 1a; **6.1.12.** 2, 8–9, 17; **6.1.26.** 1; **6.1.26.** 2–5, 5; **6.1.32.** 7; **6.1.39.** 1–10, 30, 34, Anh. 14; **7.1.** 1–2, 19–19a; **7.3.** 1; **9.1.** 1–2, 12c, 12g, 14, 16d, 17–19a, 20b, 23, 27; **9.1.2.** 1; **9.1.3.** 1–2, 6–14, 15a–15d, 18–19; **9.4.** 1, 3, 13–14, 16, 65; **9.5.** 1, 3, 5; **9.6.** 1–2, 6–7, 17a, 20; **10.2.** 1; **11.1.** 89c, 129a, 223–224, 226–230, 307–314a, 324a–328, 330; **12.1.** 1; *s. a. Gesundheit;* -würde **1.1.** 1
**Mercerisieren 2.5.** Anl. 1/10.4; **6.1.4.** Anh. 1/10.10
**Mergel 3.1.** 33; **4.1.** 13a
**Messer,** elektrisches **5.2.** Anl. 1
**Messung 2.0.** 2; **2.8.1.** 4–5, 8; **3.4.** 15; **3.4.1.** 2; **4.1.** 23–24, 61, 65, 78, 88, 91; **4.1.1.** 7, 9; **4.1.2.** 4, 6; **4.1.3.** 10, 14; **4.3.** 4; **5.1.** 43, 47, 61; **5.2.** 3; **6.1.** 7, 23, 26, 28–31, 31, 48–48a, 52, 54, 58e, 62, 66–67; **6.1.1.** 2–4, 12–18, 24–26; **6.1.9.** 4a, 4b, 21; **6.1.12.** 4; **6.1.13.** 2, 15–21, 36–38, 50, 54–55, 60, 67; **6.1.17.** 23; **6.1.26.** 5; **6.1.39.** 1, 13–14, 17–18, 20, 30; **7.1.** 7, 46; **8.2.** 9–10a, 16, 21, 24, 61l, 62b, 81, Anl. 4/158; **9.1.** 25a; **9.1.3.** 7
**Metall 2.5.** Anl. 1/3.; **4.1.1.** Anh. 7; **5.1.** 3, 20, Anl. 2; **5.1.5.** 2; **5.4.** 1, 16, 22, 31;

# Sachverzeichnis

Fette Zahlen = Gesetzesnummern

**6.1.4.** Anh. 1/3., Anh. 1/4.1, Anh. 1/8.3, Anh. 1/10.20; **6.2.** 1–2, 7; **8.2.** Anl. 4/137–138; **8.4.** 9a; **10.2.** 1/33, 1/45; -bearbeitung **8.2.** Anl. 4/185; -bearbeitungsöl **6.1.4.** Anh. 1/4.5; -erz **6.4.** Anh. 1; -flasche **5.4.** 30a; -oberflächenbehandlung **2.5.** Anl. 1/3.8–3.9; **8.4.** 9a; **10.2.** 1/36; -paste **6.1.4.** Anh. 1/3.23; -pulver **6.1.4.** Anh. 1/3.23; **8.2.** Anl. 4/145; **10.2.** 1/43; -recycling **5.1.** Anl. 2; -späne **6.1.4.** Anh. 1/8.3; -verpackung **5.4.** 3, 16, 22; -waren **8.2.** Anl. 4/145–152

**Methan 6.1.13.** 2, 34, 36, 39; **6.1.17.** 2; **6.1.39.** 1; **6.4.** 3; **6.6.** 2

**Methanol 2.5.** Anl. 1/1.2, Anl. 1/1.4; **6.1.1.** 3, 14; **6.1.4.** Anh. 1/1.2, Anh. 1/1.4; **6.4.** Anh. 1; **9.1.2.** 5; **10.2.** 1/2, 1/79

**Methylisocyanat 6.1.4.** Anh. 2

**Mieten 10.1.** 555a–555f, 556c–556f, 559

**Mieterstromkosten 8.2.** 99; -zuschlag **8.2.** 19, 21, 21b, 23c, 25, 48a, 78

**Mikrobiologie 9.6.** 4

**Mikroorganismus 2.9.** 2, Anl. 1/10; **6.1.** 67; **9.1.** 3a, 28; **9.1.3.** 2, 4; **9.4.** 2; **9.5.** 2; **9.6.** 2–3, 9, 16, 30; **10.2.** 1/48

**Mikropartikel 5.1.8.** 2

**Mikrowellen**gerät **5.2.** Anl. 1

**Milch 2.5.** Anl. 1/7.14, Anl. 1/7.27, Anl. 1/7.29; **5.1.** 2; **5.4.** 31; **6.1.4.** Anh. 1/7.3–7.4, Anh. 1/7.28, Anh. 1/7.31–7.32, Anh. 1/7.34; **8.2.** Anl. 4/20; -kapsel **5.4.** Anl. 1

**Militär** s. a. *Verteidigung;* -fahrzeug **8.2.** Anl. 4/201; -flug **6.4.** Anh. 1; -flugplatz **6.3.** 2, 4, 9; -material **5.2.** 2

**Minderjährig 9.1.2.** 5–6

**Minderung** der Abhängigkeit von Energieimporten **8.1.** 1; -pflicht **6.1.17.** 3, 12

**Mindest**abstand **9.6.** 16b; -anforderung **3.3.** 13a; **4.1.2.** 1; **5.3.** 14, 27; **8.1.** 17; **8.2.** 90; **9.6.** 16c; -angabe im Energieausweis **8.1.** 85; -anteil **6.1.** 37a–37b, 37d; -luftwechsel **8.1.** 13; -menge **6.1.** 37d; -quote **5.2.** 10; -standard **5.4.** 21, 26; -temperatur **6.1.17.** 6–7; -wärmeschutz **8.1.** 11, 47, 49; -wasserführung **4.1.** 33

**Mineral 2.5.** Anl. 1/13.15; **6.1.4.** Anh. 1/2.11; **8.2.** Anl. 4/8; **8.4.** 9a; **9.1.2.** 5; -faser **2.5.** Anl. 1/2.7; **6.1.4.** Anh. 1/2.11, Anh. 1/5.2; **6.4.** Anh. 1; **10.2.** 1/58; -gewinnung **2.9.** Anl. 1/13; **5.1.** 29; -öl **4.1.1.** Anh. 8; **5.1.7.** 1a; **8.2.** Anl. 4/77; **10.2.** 1/49, 1/79; -ölerzeugnis **10.2.** 1/79; -ölhandel **5.1.7.** 9; -ölraffination **2.5.** Anl. 1/4.; **6.1.4.** Anh. 1/4.4; **6.1.13.** 46–56; **6.4.** Anh. 1; -stoff **2.5.** Anl. 1/2.7; **6.1.4.** Anh. 1/2.11, Anh. 1/2.15; -wasser **4.1.** 13a; **8.2.** Anl. 4/40

**Minima-Klausel 3.1.** 43, 61, 63, 71a; **3.1.1.** 2; **3.1.2.** 4; **4.1.** 14, 46, 87; **6.1.** 16, 27; **9.1.3.** 15d; **11.1.** 326

**Minimierungsgebot 4.3.** 3; **6.1.18.** 3; **9.1.3.** 7, 15a–15b

**Mischfeuerung 6.1.13.** 2, 6, 51; -getränk **5.4.** 31; -ladegerät **6.1.4.** Anh. 1/10.1

**Mischen 6.1.4.** Anh. 1 Vorb., Anh. 1/2.15, Anh. 1/4.2, Anh. 1/7.28, Anh. 1/7.31, Anh. 1/7.34, Anh. 1/8.11; **6.1.17.** 2; **6.2.** 3; **9.1.** 3; **9.1.3.** 2; **9.4.** 12; **9.5.** 2; **9.6.** 16b; **10.2.** 1/47; **11.1.** 314

**Mist 9.5.** 2

**Mitbenutzung** von Abfalleinrichtungen **5.1.** 29, 47, 69; **5.4.** 22–23; von Anlagen **4.1.** 94; **6.1.17.** 1–4, 7, 9–10, 12–13

**Mitteilungspflicht 1.2.** 193; **2.8.1.** 2–3; **3.1.** 44, 50, 69; **3.1.1.** 15; **3.4.** 15, 26; **4.3.** 9–10; **5.1.** 43, 47, 51–52, 58, 61, 69; **5.1.5.** 5, 7; **5.2.** 6, 7a–8, 14, 22, 26–27, 29–32, 37–39, 45; **5.3.** 4, 7, 29; **5.4.** 9, 20, 36; **6.1.** 12, 16b, 20, 23b, 25, 29a, 31, 37c, 52b, 58e, 62; **6.1.1.** 17; **6.1.12.** 13, 21; **6.1.13.** 33; **6.1.32.** 6; **6.1.39.** 21–22, 24–25; **7.1.** 7, 9a, 34, 46; **8.2.** 21c, 38a, 61i, 61l, 66, 69a–76, 74a, 91; **8.4.** 2a; **8.6.** 3; **9.1.** 12h, 16d–16e, 19a, 26, 28; **9.1.3.** 18–19, 21; **9.1.4.**; **9.5.** 3; **9.6.** 16a, 16d, 21, 28, 38; **10.1.** 555d

**Mitverbrennung** von Abfällen **6.1.4.** Anh. 1/8.11; **6.1.13.** 2; **6.1.17.**; -anlage **6.1.17.** 1–4, 7, 9–10, 12–13; -stoff **6.1.17.** 1, 9

**Mitwirkendes Verschulden 7.1.** 27; **10.1.** 254; **10.2.** 11

**Mitwirkung** s. *Beteiligung*

**Mobil,** Feuerungsanlage **6.1.1.** 1; -kran **6.1.32.** 1/38; -telefon **5.2.** Anl. 1

**Modell**rechnung **6.1.39.** 1, 13–14, 18, 20; -sport **6.1.4.** Anh. 1/10.17

**Modernisierungs**ankündigung **10.1.** 555c; -empfehlung **8.1.** 84–85, 112; –, energetische **10.1.** 555b; -maßnahme **8.1.** 84; **10.1.** 555b–555f, 556e, 559; – (Repowering) **6.1.** 16b, 23b; von Schienenwegen **2.5.** 14a; von Wasserkraftanlagen **4.1.** 11a, 70

**Möbel 5.1.** 3, 33; **8.2.** Anl. 4/206–209; -antrieb, elektronischer **5.2.** Anl. 1

**Mörtel 6.1.32.** 1/13

**Mole 2.5.** Anl. 1/13.16

**Molybdän 4.1.1.** Anl. 8

**Monitor 5.2.** 2, 14, Anl. 1

**Monitoring** s. a. *Beobachtung;* -Verordnung (EU) **6.4.** 3, 6, 11, 28, Anh. 2; zur Zielerreichung **8.2.** 88c, 98

Magere Ziffern = §§                                         **Sachverzeichnis**

**Montage** von Kraftfahrzeugen **6.1.4.** Anh. 1/3.24
**Moor 3.1.** 5, 30; **11.1.** 329
**Moos 3.1.** 39
**Morchel 3.1.1.** 2, 6
**Morsleben 7.1.** 58
**Motor 6.4.** Anh. 1; **8.2.** Anl. 4/173, Anl. 4/194; -öl **5.1.7.** 1a, 7–10; -rad **5.1.5.** 2; -säge **6.1.32.** 1/04–1/06; -sport **6.1.4.** Anh. 1/10.17
**MRV**-Seeverkehrsverordnung (EU) **6.4.** 2–3, 19, 32
**Mühle 6.1.1.** 5; **6.1.4.** Anh. 1/7.21; **8.2.** Anl. 4/21; **10.2.** 1/66
**Mülheim-Kärlich (KKW) 7.1.** 7, 7e–7f, Anl. 3
**Müll** s. a. Abfall, Hausmüll; -behälter **5.1.** 19; **6.1.32.** 1/39; -sammelfahrzeug **6.1.32.** 1/47; -verdichter **6.1.32.** 1/31
**Münze 8.2.** Anl. 4/210
**Muldenfahrzeug 6.1.32.** 1/18
**Munition 2.5.** Anl. 1/10.1; **3.3.** 7a; **5.2.** 2; **5.3.** 1; **8.2.** Anl. 4/144; **10.2.** 1/90
**Museum 5.4.** 3
**Musikausrüstung 5.2.** Anl. 1; -instrument **5.2.** Anl. 1; **8.2.** Anl. 4/213
**Mutagen** s. Erbgutverändernd
**Mutter**boden **3.4.1.** 2; -kuhhaltung **6.1.4.** Anh. 1/7.1

**Nachbar 1.1.** 24; **2.5.** 8; **3.4.** 12; **4.1.** 78–78a; **6.1.** 3–5, 7, 14, 17, 19–20, 23, 25–25a, 43, 52, 58a–58c; **6.1.9.** 4, 4b, 4e, 10, 22; **6.1.12.** 2, 6–7, 9; **6.1.16.** 2; **6.1.18.** 5; **6.1.26.** 1, 3; **6.3.** 1; **9.6.** 16b, 23, 36a; **10.1.** 906–907; **11.2.** 117; -gemeinde **6.1.9.** 2a; -schaftshilfe **9.4.** 10; -schaftslärm **6.1.** 47a; **6.3.** 1; -staat **4.1.4.** 5; **6.1.39.** 29–30
**Nachhaftungs**gesetz **7.1.** Titel-FN
**Nachhaltigkeit 1.2.** 11, 174, 191; **1.3.** 37; **2.5.** Anl. 4, Anl. 6; **2.7.** 1, 20; **2.8.** 1, 7; **3.1.** 1, 5, 25–27, 62; **3.2.** 1, 11, 41; **3.4.** 1, 17; **3.4.1.** 12; **4.1.** 1, 6; 31, 45a–45b, 45h; **5.1.** 6, 33, Anl. 5; **6.1.** 37d; **6.1.9.** Anl.; **6.6.** 1, 9; **7.3.** 1; **8.1.** 1, 39, 96; **8.2.** 1, 90; **8.6.** 3; **9.1.** 12e, 12h; **9.5.** 1, 11a; **10.1.** 555b; **11.1.** 326; -bildung **3.1.** 27; -verordnung **6.1.** 37d
**Nachklärteich 4.2.** 3
**Nachprüfung** s. a. Nachträgliche Entscheidung; –, Berufsqualifikation **5.4.** 3
**Nachrotte 8.2.** 43
**Nachrüstung 3.1.** 54; **4.1.** 78c, 103; **6.1.** 47; **6.1.13.** 26; **6.1.13.** 35, 67; **8.1.** 47, 61, 63, 66, 71, 97; **8.2.** 57, 95; -fläche **6.1.13.** 9, 67

**Nachsorge 2.9.** Anl. 1/2; **5.1.** 3, 36, 38, 40, 43–44; **6.1.** 5, 7, 17; **7.1.** 2c; **9.6.** 6, 21; s. a. Stilllegen
**Nachstellen 3.1.** 44, 69; **3.1.1.** 4, 13; **9.4.** 13
**Nacht** s. a. Zeit; -kennzeichnung **8.2.** 9; -ruhe **6.1.16.** 2; **6.1.18.** 2, 4–5; **6.1.32.** 7; -speicherheizgerät **5.2.** 13–14, 18, 31, 38, Anl. 1; -zeit **6.1.16.** 3–4; **6.3.** 2–5, 9
**Nachteil 3.2.** 12; **3.4.** 2–4, 10, 21; **3.4.1.** 3, 5–7; **4.1.** 52, 78, 92; **5.1.** 36; **6.1.** 1, 3–5, 17, 19, 52b; **6.1.4.** 1; **6.1.9.** 4b, 4e; **6.3.** 1; **9.4.** 54; **11.1.** 324, 326; –, demografischer **1.2.** 174; –, natürlicher **1.2.** 174
**Nachträgliche Entscheidung 2.5.** 66; **3.1.** 42; **3.4.** 15; **4.1.** 13–14, 19–20, 38, 78a, 82; **5.1.** 36, 42; **5.3.** 7; **5.4.** 18; **6.1.** 7, 8a, 12–13, 17, 20, 31, 52; **6.1.9.** 1; **6.1.17.** 9; **6.4.** 6; **7.1.** 9b, 17–19, 44; **8.2.** 65–65a; **9.1.2.** 6; **9.1.3.** 15d; **9.6.** 16d, 19, 26; **12.1.** 1
**Nachverbrennung 6.1.13.** 1; **6.4.** Anh. 1
**Nachweis 2.8.** 10a; **3.1.** 42, 46, 54; **3.3.** 13a; **4.1.** 63; **6.1.** 37a, 37d, 62; **6.1.1.** 20, 24, 26; **6.4.** 11, 32; **8.1.** 31, 92–94, 96; **8.4.** 10, 12; **8.8.** 3; **8.9.** 5, Anl.; s. a. Herkunftsnachweis, Regionalnachweis; –, ausländischer **2.8.** 10a; **5.1.** 53–54; **6.1.12.** 16; **9.1.** 19b; **9.1.2.** 11; -buch **3.1.1.** 6, 16; **6.1.** 34; **9.1.2.** 9, 12; -pflicht **2.3.** 2, 4; **3.1.** 40b, 46; **3.3.** 2a, 13; **5.1.** 10, 25–26a, 50–52, 57, 69; **5.1.5.** 4; **5.1.7.** 4; **5.2.** 2, 21–22, 25, 45; **5.4.** 8, 15–17, 22, 36; **6.1.13.** 4–5, 15, 17, 20, 28–30, 32–34, 49, 67; **7.1.** 6, 9a; **8.1.** 92–94, 96; **8.2.** 22a, 36, 37, 39, 39m, 44c, 71, 85, 90; **9.4.** 9; –, privater **8.1.** 96; -verordnung **5.1.5.** 4, 7; **5.1.7.** 4–6
**Nachzucht 3.1.1.** 4
**Näh**maschine **5.2.** Anl. 1
**Nährstoff 2.5.** Anl. 1/4.1; **3.4.1.** 12; **9.5.** 1–3; -bedarf **9.5.** 3; -kreislauf **3.4.** 2; -steuerung **9.5.** 11a; -strombilanz **9.5.** 11a; -verlust **9.5.** 1, 11a; -zufuhr **9.5.** 3, 11a
**Nagetier 3.3.** 5
**Nahkälte 8.1.** 3; -wärme **8.1.** 3, 62, 85
**Nahrungsmittel 2.5.** Anl. 1/7.; **6.1.4.** Anh. 1/7., Anh. 1/10.21; **8.2.** Anl. 4/30–31, Anl. 4/189; **10.2.** 1/66; s. a. Lebensmittel; -abfall **5.1.** 3; **6.1.13.** 2; -konserve **6.1.4.** Anh. 1/7.4
**Naming and Shaming 6.4.** 30
**Naphtylamin 9.1.3.** Anh. II
**Nass**abscheider **6.1.** 23; -wiese **3.1.** 30
**Nationales** Aktionsprogramm Nitrateintrag **2.5.** Anl. 5/1.12; **4.1.** 62a; **9.5.** 3a; – Be-

1653

## Sachverzeichnis

Fette Zahlen = Gesetzesnummern

gleitgremium Standortauswahl **7.3.** 8, 15, 17, 20; – Emissionshandelsregister **6.7.** 9, 12, 16, 20; – Emissionshandelssystem (nEHS) **6.7.**; – Entsorgungsprogramm **2.5.** Anl. 5/1.13; **7.1.** 2c–2d, 24b; – Naturerbe **3.1.** 21; – Naturmonument **2.5.** Anl. 3; **3.1.** 20–23, 30a, 63, 66; **3.4.1.** 12

**Nationalpark 2.5.** Anl. 3; **3.1.** 20–23, 30a, 63, 66; **3.4.1.** 12; **8.2.** 38a, 48; **11.1.** 329

**Natrium 6.1.4.** Anh. 1/4.1; **6.1.13.** 29; -karbonat **6.1.4.** Anh. 1/4.1; **6.4.** Anh. 1

**Natur 3.1.**; -beeinträchtigung **3.1.** 1, 9, 13–15, 30, 37, 39, 43, 69; **3.1.2.**; **4.1.** 93; **6.1.9.** 4; **9.6.** 32; **10.2.** 16; -belassen **2.5.** Anl. 1/1.2, Anl. 1/1.4; **6.1.1.** 2–4; **6.1.4.** Anh. 1/1.2, Anh. 1/1.4; **6.1.13.** 18, 29; **6.1.32.** 1/36; **6.4.** Anh. 1; -bestandteil **11.1.** 330; -bitumen **2.5.** Anl. 1/1.2; **6.1.4.** Anh. 1/1.2; **6.4.** Anh. 1; -denkmal **2.5.** Anl. 3; **3.1.** 20, 28, 30a, 66; **3.4.1.** 12; **11.1.** 304; -eingriff **2.5.** 2, 24, 68; **3.1.2.**; **6.1.9.** 4, 20; *s. a. Eingriff in Natur und Landschaft, Landschaftseingriff;* -erbe **3.1.** 2, 21; -ereignis **2.9.** 3; **6.1.39.** 1; -erfahrungsraum **3.1.** 1; -erleben **3.1.** 1, 7, 9, 24; –, freie **3.1.** 40–40a; -geschichte **1.2.** 36; **3.1.** 23–24, 28; **3.2.** 11; **3.4.** 1–2; -güter **1.1.** 20a; **3.1.** 1, 7, 25–26; -harz **6.1.4.** Anh. 1/4.9; **10.2.** 1/54; -haushalt **3.1.** 1, 7, 14–15, 26, 29, 39, 43; **3.1.2.** 2–4, 8, 13; **3.2.** 1, 9; **3.4.** 2; **4.1.** 1, 6, 39, 93; **4.3.** 3, 5–6, 12; **9.1.** 3a; **9.1.3.** 2; **9.4.** 1–3, 13–14, 16, 65; **9.5.** 1, 3, 5; **9.6.** 39; -haushalt, Begriff **3.1.** 7; -katastrophe **1.1.** 11, 35; **1.2.** 196; **2.5.** 14a; **2.9.** 3; -kunde **3.1.** 24; und Landschaft **2.5.** Anl. 4; **3.1.**; -nah **2.5.** Anl. 1/13.18, Anl. 1/17.3; **3.1.** 1, 30; **4.1.** 6; -nutzung **3.1.** 1, 5, 14, 35; -park **3.1.** 3, 27, 30–21; -pflege **3.1.** 1; -raum **3.1.2.** 8–9, Anl. 4; -raumtypisch **4.1.** 67; der Sache **9.6.** 17b; -schätze **1.1.** 15, 74/15; -schutz **1.1.** 72, 74/29; **2.8.** 5; **3.**; **3.0.** 2; **3.1.**; **3.3.** 3, 13; **4.1.** 45c–45f, 45h; **5.1.** 15; **6.1.** 3, 50; **6.1.9.** 1, 1a, 2a, 4, 20; **9.1.** 17, 18, 21; **9.6.** 4; **12.1.** 3; -schutzgebiet **2.5.** Anl. 3; **3.1.** 20–21, 23–25, 27, 30a, 63, 66, 69; **3.4.1.** 12; **8.2.** 38a, 48; **11.1.** 329; -schutzgenehmigung **3.1.** 17, 69; -schutzgesetz *s. Bundesnaturschutzgesetz (BNatSchG);* -schutzgroßgebiet **3.4.1.** 12; -schutzvereinigung **3.1.** 3, 63–64, 66, 74; -stein **8.2.** Anl. 4/6, Anl. 4/120; -verträglich **3.1.** 5, 7; -zustand **3.1.** 6, 9

**Natura** 2000-Gebiet **2.5.** 16, 32, 46, Anl. 3–4; **3.1.** 7, 21, 31–36, 63; **3.4.1.** 12; **6.1.9.** 4e, 24b; **11.1.** 329; -Gebiets-

liste **3.1.** 32; -Netz **3.1.** 2, 9, 17, 21, 31–36, 54; -Projekt **3.1.** 34–36; –, Verträglichkeitsprüfung **3.1.** 9, 34–36, 54

**Navigation**sinstrument **8.2.** Anl. 4/158

**Neben**anlage **3.1.** 61; -bestimmung **2.5.** 26, 66; **3.1.** 42, 67; **3.3.** 16; **3.4.** 13; **4.1.** 12–14, 19–20, 38, 58, 60, 78a, 103; **4.1.4.** 2, 4, 8; **5.1.** 18, 29, 36, 40, 53–54, 60, 69; **5.4.** 18; **6.1.** 10, 12, 23b, 29b, 31; **6.1.9.** 20–21, 24; **6.1.18.** 5; **6.2.** 2; **9.1.2.** 6; **9.6.** 19, 26; -einrichtung **6.1.4.** 1; **6.1.9.** 4a; **6.1.17.** 2; **6.4.** 2, 4; **10.2.** 3; -entgelt **5.4.** 19, 26; -produkt **5.1.** 4, 47; **6.1.9.** 4a; **6.1.12.** 2; **8.2.1.** 2–3; -produkt, pflanzliches **8.2.1.** 2; -produkt, tierisches **5.1.** 2; **8.2.1.** 2, 3

**Neckarwestheim (KKW) 7.1.** 7, 7f, Anl. 3–4

**Nenn**leistung **8.1.** 3, 36

**Netz 8.2.** 3; *s. a. Kältenetz, Leitung, Natura 2000-Netz, Stromnetz, Wärmenetz;* -anschluss **8.2.** 8–11, 16, 72–73; -ausbau **8.2.** 8, 12–13, 17, 83; -ausbaubeschleunigungsgesetz **2.5.** Anl. 5/1.11; **3.1.2.** 5, 14; **12.1.** 1; -ausbauplanung **2.5.** Anl. 5/1.11; -betreiber **8.2.** 3, 7–58, 61, 61j–61k, 66, 70–77, 79a, 81, 84a–85, 88–88a, 88d, 92, 100, 104; -durchleitung **8.2.** 19, 21, 61b, 61–61f; -entgelt **8.2.** 19, 57, 72; –, Erdgas **8.1.** 22, 40; -erweiterung **8.2.** 12–13, 17; –, Gasversorgung **8.1.** 72; -integration **8.2.** 11, 88a, 88d, 95, 99; –, Kälte **8.1.** 3, 109; -kapazität **8.2.** 12, 17; -konnektion **1.2.** 194; -optimierung **8.2.** 8, 12–13, 17, 83; -sicherheit **8.2.** 10; -stabilitätsanlage **6.1.13.** 2, 35; –, transeuropäisches **1.2.** 4, 170; -überlastung **8.2.** 9, 27a, 100, 103; -verbund **1.2.** 170; -verknüpfungspunkt **8.2.** 8, 16, 27a; -verlust **8.2.** 27a, 61l; -verstärkung **8.2.** 8, 12–13, 17, 83; -verträglich **8.2.** 1; -verträglichkeitsprüfung **8.2.** 8; –, vorgelagertes **8.2.** 12, 72; –, Wärme **8.1.** 3, 22; 90, 109; -werkkabel **5.2.** Anl. 1; -zugang **1.2.** 170

**Neu** verpacken **5.1.** Anl. 1–2

**Neuanpflanzung 4.1.** 38–39, 78a

**Neubau 8.1.** 85, 98

**Neuer** Stoff **6.1.4.** 1–2; **6.4.** 2

**Neues** Erzeugnis **2.9.** Anl. 1/1; **6.1.4.** 1–2; **6.4.** 2; – Verfahren **6.1.4.** 1–2; **6.4.** 2

**Neutralisieren 2.5.** Anl. 1/8.5–8.6; **6.1.4.** Anh. 1/8.8; **9.4.** 65

**Neuunternehmen 8.2.** 64–66

**Neuvorhaben 2.5.** 2, 6–7

**Nicht**ausüben von Rechten **4.1.** 20–21; -eisenmetall **2.5.** Anl. 1/3.4–3.5; **6.1.4.** Anh. 1/3.3–3.4, Anh. 1/3.8; **8.2.** Anl. 4/

Magere Ziffern = §§                                   **Sachverzeichnis**

5, Anl. 4/122, Anl. 4/133; **10.2**. 1/29–31, 1/33, 1/35; -eisenschrott **6.1.4**. Anh. 1/8.12; -genutzte Böden **3.1**. 39; -heimische Arten **3.1**. 5, 7; -metall **6.1.4**. Anh. 1/4.1; **10.2**. 1/45; -verpackung, stoffgleiche **5.4**. 16, 22–23; -wohngebäude **8.1**. 3–4, 10, 18–19, 21, 23, 25, 30, 32, 45, 67, 74, 82, 85, 87, 91, 98, 103, 105; -wohngebäude, geändertes **8.1**. 48–51; -wohngebäude, öffentliches **8.1**. 4, 34, 52–56
**Nickel 4.1.1**. Anl. 7; **4.2**. 3; **5.3**. 14; **6.1.4**. Anh. 1/3.9, Anh. 1/3.23; **6.1.39**. 1, 10, 20, 22–23, 26, 30, 32; **10.2**. 1/44
**Niederfrequenzanlage 6.1.26**. 1, 3, 7, 9–10, Anh. 2
**Niederlassung 5.1**. 25; **5.1.5**. 2, 10; **5.2**. 3, 8, 13, 21, 37, 46; **5.3**. 2, 20, 26; **5.4**. 3, 35
**Niedersachsen 1.1**. Pr.; **2.5**. 35, Anl. 1/13.18, Anl. 1/17.3, Anl. 5/2.7; **3.1**. 14–15, 17, 22, 27–30, 63, 67, 69; **4.1**. 14, 39, 41, 52, 70, 82, 87
**Niederschlagswasser 2.3**. 7; **3.1**. 1; **3.2**. 12; **4.1**. 25–26, 43, 46, 51, 54–55, 78d; **4.1.4**. 3; **4.2**. 2–4, 7, 9, 10, 13; **9.5**. 2
**Niederspannung**sanschlussverordnung **8.2**. 10
**Niedrigstenergie**gebäude **8.1**. 3, 10
**Niedrigwasseraufhöhung 4.2**. 13
**Nieten 8.2**. Anl. 4/151
**Nitrat 2.5**. Anl. 5/1.12; **4.1**. 62a; **4.1.1**. Anl. 2, Anl. 8; **6.1.4**. Anh. 1/4.1; **9.5**. 3–3a; **10.2**. 1/74
**Nitril 6.1.4**. Anh. 1/4.1
**Nitrit 4.1.1**. Anl. 8; **10.2**. 1/74
**Nordrhein-Westfalen 1.1**. Pr.; **3.1**. 5, 11, 35
**Nordsee 3.1**. 61; **4.1**. 45a; **4.1.3**. 14; **8.2**. 9
**Norm** s. a. Regeln der Technik, Technische Norm; –, harmonisierte **8.6**. 2, 4, 8
**Normal**betrieb **2.5**. Anl. 1/11.4; **4.1**. 54, 57; **6.1**. 3, 7, 12, 48, 52; **6.1.9**. 21; **10.2**. 6
**Normung**sgremium **8.6**. 2
**Not** s. a. Störfall, Unfall; -beleuchtung **5.3**. 3; -betrieb **6.1.13**. 2, 5, 33–34; -fackel **2.5**. Anl. 1/8.1; **6.1.4**. Anh. 1/8.1; **6.4**. Anh. 1; -fall **9.1.3**. 13–14, 15d; -fallflug **6.4**. Anh. 1; -fallplan **9.6**. 10, 15, 17a, 21, 30; -fallplan Abfallentsorgung **2.5**. Anl. 5/2.8; -fallschutz **7.0.1**. 2; **7.1**. 7c, 24b; -fallsituation **9.4**. 12; -stromaggregat **2.5**. Anl. 1/1.1–1.2; **6.1.4**. Anh. 1/1.2; **6.4**. Anh. 1; **8.4**. 9; -versorgung, gesundheitliche **9.1**. 16e
**Notebook 5.2**. Anl. 1

**Notifizierung 1.2**. 193; **2.9**. 2
**Nukleare Explosion 11.1**. 5, 89c, 129a, 307, 328
**Nukleares Ereignis 7.1**. 2, 4a, 15, 25–25a, 31–40; **10.2**. 18
**Nuss 6.1.4**. Anh. 1/7.30
**Nutz** s. a. Nutzung; -bares Gut **4.1**. 1; -barkeit, besonders hohe **3.1.2**. 10; -fahrzeug **6.1.4**. Anh. 1/8.9; -fläche **8.1**. 3, 15, 18, 21, 25, 28, 32, 35–36, 50–51; -fläche, öffentlich zugängliche **8.1**. 3; -flächenausstattung, natürliche **3.1**. 5; -geflügel **3.3**. 6; -pflanze **3.1**. 25; **3.4.1**. 3; **9.5**. 1–2, 5; **11.1**. 326; -tier **2.5**. Anl. 1/7.1–7.11; **3.1**. 25; **3.3**. 7a, 11, 13a, 16; **9.1**. 12c; **9.6**. 7; **11.1**. 326; -tierhaltung **3.3**. 2a, 7a; -tierriss **3.1**. 45a
**Nutzung 2.5**. Anl. 3–4; **6.1.9**. Anl.; s. a. Bodennutzung, Gewässernutzung, Wassernutzung; -änderung **4.1**. 14, 86, 96; –, agroforstliche **3.2**. 2; -anpassung **4.1**. 5; –, bauliche **2.5**. Anl. 4; **6.1.9**. Anl.; -beeinträchtigung **4.1**. 14, 96; **9.6**. 36a; -berechtigter **3.1**. 39, 65, 68; **3.4**. 12; **4.1**. 4, 26, 37–38a, 52, 91–94; **5.1**. 34; **7.1**. 9f–9g; -beschränkung **3.1**. 14, 30, 68; **3.4**. 2, 4, 6, 8, 10, 13, 45; **4.1**. 52; **6.1.32**. 7; **6.3**. 1; **7.1**. 9e; –, energieverbrauchsrelevante **8.6**.; von erneuerbaren Energien **8.1**. 1, 3, 10, 22–23, 34–45, 52–56, 89–90, 107, 110; **8.2**.; -fähigkeit **3.1**. 1, 26; -funktionen des Bodens **3.4**. 2; -grad **6.1.1**. 2; –, hochwertige **5.1**. 15; –, lärmempfindliche **6.1.32**. 7; –, nachhaltige **3.1**. 62; –, öffentliche **2.5**. Anl. 3; -pflicht **8.1**. 52–56; –, schutzbedürftige **6.5**. 4; -unterbrechung **3.1**. 14, 30; **4.1**. 18, 20, 41; –, vernünftige **3.1**. 45; -vielfalt **3.1**. 27; -vorteil **6.1.32**. 7; **8.6**. 3; **8.8**.–**8.9**.

**Oberflächen** s. a. Flächen, Metalloberflächen; -abfluss **4.1**. 13a; -abziehen **1.4**. Anh. 1/3.5; **6.1.4**. Anh. 1/3.5; -aufbringung **5.1**. Anl. 1; **6.1.4**. Anh. 1/3.9; -behandlung **2.5**. Anl. 1/5.1; **4.3**. 2; **6.1.1**. 3; **6.1.4**. Anh. 1/3.9, Anh. 1/3.20, Anh. 1/5.; **10.2**. 1/32; -gewässer **2.9**. Anl. 1/3; **4.1.1**. 4, 6–8a; **4.1.3**.; **5.1**. 2; -gewässerbegriff **4.1.3**. 2; -gewässerverordnung (OGewV) **4.1**. 6a, 23; **4.1.3**.; -veredelung **8.2**. Anl. 4/146; -wasser **2.5**. Anl. 1/13.3; **5.1**. 3; **6.1.17**. 3–4; -wasser für Kälte **8.1**. 41; -wasserkörper **4.1**. 3; **4.1.3**. 2–12
**Oberirdisches Gewässer 2.5**. Anl. 1/13.2; **2.9**. Anl. 1/3, Anl. 1/6; **3.1**. 5, 21, 61, 66; **4.1**. 2–4, 7, 9, 13a–13b, 25–42, 72, 76, 78d, 82–83, 90, 92–94, 103;

# Sachverzeichnis

Fette Zahlen = Gesetzesnummern

**4.1.3.** 2; **4.2.** 10; **9.4.** 12; **11.1.** 330d; –, Begriff **4.1.** 3
**Oberleitung 2.5.** 14a; **3.1.** 41; -bus **8.4.** 9
**Oberlieger 4.1.** 78
**Obhut**spflicht **5.1.** 23–25
**Obrigheim (KKW) 7.1.** Anl. 3–4
**Obsoleszenz 5.1.** 33
**Obst 8.2.** Anl. 4/17
**Obus 8.2.** 65a
**Oder 4.1.** 7
**Ödland**verwendung **2.5.** Anl. 1/17.3
**Öffentliche** Einrichtung **5.1.7.** 6, 9; **5.3.** 11; **6.3.** 5; – Gebäude **8.1.** 4, 52–56; Hand **3.1.2.** 2, 12; **6.6.** 13; **8.1.** 4, 52–56; – Private-Partnerschaft **1.1.** 90; – Unternehmen **2.9.** 2
**Öffentliches** Interesse *s. Gemeinwohl*
**Öffentlichkeitsbeteiligung 2.5.** 1–3, 18–19, 21–22, 24, 26–27, 30–31, 39, 42–44, 56–57, 59, 61, 66; **2.5.1.** 2; **2.7.** 1; **2.8.1.** 7; **3.1.** 3, 40f, 57, 63; **4.1.** 13a, 45i, 76, 83; **4.1.4.** 4–5; **5.1.** 30, 32–33; **6.1.** 10, 17, 23b, 47, 47d–47f; **6.1.9.** 9, 11a, 18, 21–21a; **6.1.12.** 18; **6.3.** 4; **6.6.** 9; **7.1.** 57b; **7.3.** 4–11; **8.2.** 36g; **9.5.** 3a; **9.6.** 16–16a, 18; **12.1.** 4; *s. a. Anhörung, Äußerung, Auslegung, Bekanntmachung, Beteiligung, Einwendung, Informationszugang, Stellungnahme, Unterrichtung, Veröffentlichungspflicht;* –, grenzüberschreitende **4.1.4.** 5; **6.1.9.** 11a
**Öko-Audit** *s. Umweltaudit*
**Ökobilanz** *s. a. Bilanz;* von Gebäuden **8.1.** 7
**Ökodesign 5.1.** Anl. 4; **8.6.**; –, Anforderung **8.6.** 2–4, 7, 12; –, Begriff **8.6.** 2
**Ökokonto 3.1.** 16, 56a
**Ökologie 9.6.** 4; der Gewässer **4.1.** 3
**Ökologisch** *s. a. Umwelt;* –, Anforderung **6.1.** 37d; **8.2.** 90; –, Beitragsgestaltung **5.3.** 7a; –, Entgeltgestaltung **5.4.** 21; –, Funktionen **3.4.** 2; **4.1.** 38–39; –, Gewässerstruktur **4.1.** 78a; –, Landwirtschaft **9.6.** 1; –, Potenzial **4.1.** 3, 27, 29, 31, 45d, 90; **9.4.** 3; **4.1.3.** 5, 9; –, Profil **8.6.** 2–3; – relevant **9.4.** 65; – vielfältig **4.1.** 45b; –, Wechselbeziehungen **3.1.** 21; –, Zustand **4.1.** 3, 27, 29–31, 45a–45c, 45f; **4.1.3.** 4–6, 10, 12
**Ökosystem 3.1.** 1, 40–40a, 54; **3.2.** 41a; **4.1.** 6; **6.1.39.** 1, 20; **9.4.** 3; **9.6.** 16d; -dienstleistung **3.1.** 40c, 54; der Gewässer **2.5.** Anl. 1/13.3, Anl. 1/13.5; **4.1.** 45a–45b; **4.1.1.** 7
**Ökotoxisch 5.1.** 3; **9.4.** 65; *s. a. umweltgefährlich*
**Ökozeichen 5.1.** Anl. 4; *s. a. Umweltzeichen*

**Öl 2.5.** Anl. 1/7.24; **5.1.** Anl. 2; **5.1.7.** 1a; **6.1.** 37a–37b; **6.1.1.** 3; **6.1.4.** Anh. 1/ 5.1, Anh. 1/7.23, Anh. 1/8.11; **8.2.** Anl. 4/18; **10.2.** 1/14, 1/49–50, 1/67; –, ätherisches **8.2.** Anl. 4/91; –, biogenes **5.1.7.** 1a; **6.1.** 37b, 37d; -feuerungsanlage **6.1.1.** 6–8, 10, 14–15, 19; -filter **5.1.7.** 8; -heizung **8.1.** 72–73; -raffination **6.1.4.** Anh. 1/8.11; -saat **6.1.4.** Anh. 1/9.11; -wechsel **5.1.7.** 8
**Östliche Deutsche Bucht 3.1.** 57
**Ofen 2.5.** Anl. 1/2.6; **6.1.1.**; **6.1.4.** Anh. 1/2.3, Anh. 1/2.10, Anh. 1/3.11, Anh. 1/10.20; **6.4.** Anh. 1; **8.2.** Anl. 4/178
**Offenbaren 9.4.** 65; *s. a. Geheimhaltung*
**Offshore** *s. a. Windenergie auf See;* –, Bundesfachplanung **2.5.** Anl. 5/1.14; – Plattform **6.1.13.** 1
**Oleum 6.1.4.** Anh. 1/4.1
**Omnibus 8.4.** 9
**Oper 5.4.** 3
**Optik,** Instrument **8.2.** Anl. 4/161
**Ordnung,** öffentliche **1.2.** 36; **4.1.** 78d; **5.1.** 15, 19, 47; **6.1.26.** 2; *s. a. Sicherheit, öffentliche*
**Ordnungsgemäß,** Abbau **5.2.** 13, 18; –, Aufbewahren von Kernbrennstoffen **7.1.** 6; –, Aufforstung **3.2.** 9; –, Betrieb **4.1.** 65; **7.1.** 1–2; –, Biozidanwendung **9.1.3.** 15a; –, Entsorgung **5.1.** 49–50, 52; **5.1.7.** 4; **6.1.** 22; **9.1.2.** 8; –, Forstwirtschaft **4.1.** 38; –, Gewässerunterhaltung **4.1.** 41; –, Land- und Forstwirtschaft **4.1.** 52, 78a; –, Registrierung **5.2.** 3, 6; –, Verpackung **5.2.** 13, 18; –, Verwertung **5.1.** 3, 7, 9a, 11, 17–18, 23–24, 59–60, 65; **5.1.5.** 3; **5.1.7.** 4; **6.1.** 54; **9.1.2.** 3; –, Waldbewirtschaftung **3.2.** 1, 11
**Ordnungswidrigkeit 2.5.** 69; **2.6.** 14; **2.8.** 5, 37; **3.1.** 69–72; **3.1.1.** 16; **3.2.** 43; **3.4.** 26; **4.1.** 103; **4.1.2.** 7; **4.2.** 14–15; **4.3.** 15; **5.1.** 69–70; **5.1.5.** 11; **5.1.7.** 10; **5.1.8.** 4; **5.2.** 45; **5.3.** 29; **5.4.** 26, 36, 37; **6.1.** 62; **6.1.1.** 24; **6.1.12.** 21; **6.1.13.** 67; **6.1.26.** 9; **6.1.32.** 9; **6.2.** 7; **6.4.** 32; **6.5.** 13; **6.6.** 6; **6.7.** 22; **7.1.** 46, 49; **8.1.** 99, 108; **8.2.** 86; **8.4.** 14; **8.6.** 13; **9.1.** 17, 26–27d; **9.1.2.** 12; **9.1.3.** 21–24; **9.2.** 81, 28a, 38; **10.2.** 22; **11.2.**; –, Ermittlung **2.6.** 8
**Organ**transplantation **1.1.** 74/26
**Organisation 5.1.** 17; **5.2.** 37; **5.4.** 18; –, Begriff **2.7.** 2; –, Cluster **2.7.** 2, 37; –, EMAS **2.8.**; **2.8.1.**; **6.1.9.** 4; **8.4.** 10; **8.6.** 4; –, kleine **2.7.** 2, 7, 26, 32, 36; -verzeichnis **2.8.** 1
**Organische** Peroxide **6.1.4.** Anh. 2; **9.1.3.** 3; – Verbindung, flüchtige **2.8.1.** 5, 7–8;

Magere Ziffern = §§   **Sachverzeichnis**

**6.1.** 23; **6.1.4.** Anh. 1/4.8; **6.1.39.** 1, 33; *s. a. Lösemittel*
**Organismus 2.9.** 2; **3.3.** 7, 8a; –, gentechnisch veränderter **2.6.** 2; **2.9.** Anl. 1/10–11; **3.1.** 35; **9.6.** 1–3, 6–7, 10, 14–16d, 17a, 30, 32–34, 37–39; –, schädlicher *s. Schadorganismus*
**Ort** *s. a. Standort;* -bild **3.1.** 11, 29; -fest **5.2.** 2–3; **6.1.4.** 1; an Haupteisenbahnstrecke **6.1.** 47d; -nah **4.1.** 50, 55; -nahe Wasserversorgung **4.1.** 50; -rand **3.1.** 11; -recht **3.1.** 11; **6.1.** 49; -teil **4.1.** 38; **5.1.** 20; **6.3.** 5; -üblich **9.6.** 36a; **10.1.** 906; **10.2.** 5
**Ostsee 3.1.** 57, 61; **4.1.** 45a; **4.1.3.** 14; **8.2.** 9
**Ottokraftstoff 2.8.1.** 5, 7; **6.1.** 23, 37a, 37c; **6.2.**
**Oxid 4.2.** 3
**Oxidantie,** photochemische **6.1.39.** 1
**Oxidation 2.5.** Anl. 1/8.5–8.6; **5.1.8.** 2; **6.1.4.** Anh. 1/8.8, Anh. 2; **6.1.17.** 2; **6.4.** Anh. 1–2; **9.1.3.** 3
**Oxo-abbaubar 5.1.8.**
**Ozon,** bodennahes **6.1.39.** 1, 9, 17, 23, 30–31, 34; -schicht **9.1.** 12k, 14, 17; **9.1.3.** 3; -vorläuferstoff **6.1.39.** 1, 18, 29, 34; -wert **6.1.39.** 1, 9, 17–19, 23, 26–27, 30–31, 34, Anl. 14

**PAK 6.1.1.** 3; **6.1.39.** 1, 10, 20, 30
**Papier 2.5.** Anl. 1/6.2; **5.1.** 3, 20; **5.4.** 1, 3, 11, 16, 22–23, 31, Anl. 1; **6.1.4.** Anh. 1/6.2; **6.1.13.** 40–45; **6.4.** Anh. 1; **8.2.** Anl. 4/69–74, Anl. 4/191; **8.2.1.** 3
**Pappe 2.5.** Anl. 1/6.2; **5.1.** 3; **5.4.** 3, 11, 16, 22–23, 31; **6.1.4.** Anh. 1/6.2; **6.4.** Anh. 1; **8.2.** Anl. 4/69–74; **8.2.1.** 3
**Paraffin 6.1.4.** Anh. 1/4.4; **10.2.** 1/49
**Pariser** Übereinkommen **6.6.** 2
**Park** *s. a. Garten, Naturpark;* -abfall **5.1.** 3; -anlage **3.1.** 1, 11; **3.2.** 2, 11; **6.1.** 47a; -gebühr **8.8.** 3; **8.9.** 3; –, öffentlicher **9.4.** 17; -platz **2.5.** Anl. 1/18.4; **6.1.18.** 3
**Parken** auf öffentlichen Straßen **8.8.** 3; **8.9.** 3
**Partikel 6.1.** 37; **6.1.39.** 1, 4–5, 10, 12–16, 21, 23, 26, 28–31, Anl. 14; **9.1.3.** Anh. I; –, natürliche **6.1.39.** 1, 4; -reduzierung **6.1.39.** 1, 4–5, 10, 28, 35; -transport **6.1.39.** 1, 29
**Partizipation 7.3.** 1; *s. a. Beteiligung;* -beauftragter **7.3.** 8
**Paste 6.1.4.** Anh. 1/3.23; **10.2.** 1/44
**Pasteurisieren 2.5.** Anl. 1/7.17; **6.1.4.** Anh. 1/7.4
**Patent 9.6.** 9; -amt **3.4.1.** 13; **4.1.2.** 4; **5.1.** 10; **6.1.** 7, 32, 34–35, 37b, 38–39, 43;

**6.1.1.** 23; **6.1.13.** 66; **6.1.18.** 7; **6.1.26.** 5; **6.1.39.** 36; **8.1.** 3
**PCB** *s. Biphenyl (PCB);* -Abfallverordnung **5.1.7.** 1–1a; -haltiges Gerät **9.1.3.** 4
**PCP** *s. Pentachlorphenol (PCP)*
**PCT** *s. Terphenyl (PCT)*
**Pech 6.1.4.** Anh. 1/1.11; **10.2.** 1/9; -siederei **10.2.** 1/94
**Pedelec 5.2.** Anl. 1
**Peene 4.1.** 7
**Peer review 2.7.** 11, 17, 31
**Pelletieren 5.1.** Anl. 1–2; **6.4.** Anh. 1
**Pelz 3.1.** 7, 69; -tier **2.5.** Anl. 1/7.10; **6.1.4.** Anh. 1/7.1; -waren **8.2.** Anl. 4/56
**Pentachlorphenol (PCP) 6.1.9.** 4a, 21; **6.1.17.** 9; **9.1.3.** Anh. II
**Perborat 6.1.4.** Anh. 1/4.1
**Perlit 6.1.4.** Anh. 1/2.7; **10.2.** 1/23
**Peroxid 6.1.4.** Anh. 1/4.1, Anh. 1/10.7; **9.1.3.** 2–3, 11, 22
**Persönlichkeitsrecht 1.1.** 2
**Personalcomputer 5.2.** Anl. 1
**Personen 10.1.** 13–14; -beförderung **2.5.** Anl. 1/14.11; **5.1.5.** 2; **8.2.** 63, 65a; **8.4.** 9c; **8.6.** 1; **8.9.** 5; -gesellschaft **2.3.** 14; **2.8.** 2; **3.1.** 52; **3.2.** 42; **5.1.** 58; **5.2.** 3, 8, 35, 40; **5.4.** 3; **6.1.** 52b; **6.4.** 3; **9.1.** 3, 21; **9.6.** 3; **10.1.** 14; –, inspizierende **8.1.** 74, 77–78, 99; -nahverkehr **8.2.** 65–65a; **8.4.** 9c; **8.9.** 5, Anl.; –, verantwortliche **9.1.3.** 15d–15e, 22; -verkehr **8.2.** 3, 65a
**Petrochemie 2.1.** Anl. 1/9.4; **6.1.4.** Anh. 1/4.4, Anh. 1/9.37
**Petrolkoks 2.5.** Anl. 1/1.2; **6.1.4.** Anh. 1/1.2; **6.4.** Anh. 1
**Pfandpflicht 2.3.** 5a; **5.1.** 23–25, Anl. 5; **5.3.** 10, 29; **5.4.** 3, 8, 9, 12, 26, 31–32, 36, 38
**Pfeffer**mühle **5.4.** Anl. 1
**Pferd 3.3.** 5, 16, 21
**Pfifferling 3.1.1.** 2, 6
**PFKW 6.6.** 2
**Pflanzen 1.1.** 20a, 74/20; **1.2.** 36; **2.5.** 2, Anl. 2–4; **3.1.** 1, 5, 7, 39, 40, 54; **3.1.1.**; **3.1.2.** 4, 6–7, 9, 15; **3.2.** 2; **3.4.** 2, 9; **3.4.1.** 3; **4.1.** 1, 6; **5.1.** 15; **6.1.** 1, 3, 67; **6.1.4.** Anh. 1/4.3; **6.1.9.** 1a; **6.1.12.** 2; **6.1.39.** 1; **8.2.1.** 2; **9.1.** 3a, 18; **9.1.3.** 2; **9.4.** 1–3, 13–14, 54; **9.6.** 1, 16b; **10.2.** 1/48; **11.1.** 309, 324a–325, 326–329, 330d; -abfall **5.1.** 3; **8.2.1.** 2; -anbau **3.1.** 40; **9.4.** 2, 14; -art **3.1.** 7, 9, 19, 21, 23, 25–26, 29, 37–55, 54, 69, 71–71a; **3.1.1.**; **4.1.** 45b–45d; **9.4.** 2; -aufzucht **8.1.** 1; -ausbringung **3.1.** 40–40a; -bau **3.1.** 5; -bestand **3.1.** 39; **11.1.** 326, 330; -bestandteil **6.1.4.** Anh. 1/4.3; **8.2.1.** 2; -decke an Gewässern **4.1.** 38a; -ernährung

1657

# Sachverzeichnis

Fette Zahlen = Gesetzesnummern

**9.5.** 1–2; -erzeugnis **3.1.1.** 5–6; **9.1.** 2; **9.4.** 1–3, 14, 54; -fett **2.5.** Anl. 1/7.24; -gefährdung **5.1.** 15; -gesundheit **9.4.** 2–3; -gesundheitsgesetz **9.4.** 12; -hilfsmittel **9.5.** 1–3, 5; -krankheit **1.1.** 74/20; –, künstlich vermehrte **3.1.** 7, 40, 44; -nährstoff **3.4.1.** 11; –, nutzbare **3.1.** 25; –, Nutzpflanzen **9.5.** 1–2, 5; **11.1.** 326; -nutzung **3.1.** 39, 69; -öl **2.5.** Anl. 1/7.24; **6.1.** 37b; **6.1.1.** 3; **6.4.** Anh. 1; -öl, naturbelassenes **2.5.** Anl. 1/1.2, Anl. 1/1.4; **6.1.4.** Anh. 1/1.2, Anh. 1/1.4; -ölmethylester **2.5.** Anl. 1/1.2, Anl. 1/1.4; **6.1.1.** 3; **6.1.4.** Anh. 1/1.2, Anh. 1/1.4; **6.4.** Anh. 1; **8.1.** 3; **8.2.** 44c; -population **3.1.** 1, 7, 21; -rohstoff **2.5.** Anl. 1/7.24, Anl. 1/7.28; **6.1.4.** Anh. 1/7.4, Anh. 1/7.23, Anh. 1/7.28, Anh. 1/7.31, Anh. 1/7.34; -schaden **2.9.** 2; **3.1.** 19; **9.4.** 13; **11.1.** 311, 327–328; -sorte **9.4.** 2; -stärkungsmittel **9.4.** 2; **9.5.** 2; -teil **3.1.** 7, 46, 48, 54; **3.1.1.** 5–6; **6.1.4.** Anh. 1/4.3; **9.4.** 2; -verkauf **8.1.** 2; -vermehrung **8.1.** 2; -verwertung **3.1.** 48, 51; -welt **3.1.** 5, 39, 44–45; **9.4.** 13; –, wild lebende **3.1.** 1, 5, 7, 9, 21, 23, 26, 29, 37–47, 69; **3.1.1.**; **4.1.** 39; **9.6.** 16b; -zucht **9.4.** 2; **9.6.** 4

**Pflanzenschutz 1.1.** 74/20; **9.4.**; –, Begriff **9.4.** 2; –, biologischer **3.1.** 40; -dienst **9.4.** 3; -gerät **9.4.** 2, 14, 16; -geräteliste **9.4.** 16; -gesetz (PflSchG) **2.9.** Anl. 1/7; **5.1.** 2; **9.1.** 2, 19, 28; **9.4.**; **9.5.** 2; –, integrierter **9.4.** 2–3; -maßnahme **9.4.** 13; -mittel **2.5.** Anl. 1/4.1; **2.9.** 9, Anl. 1/7; **3.1.** 5; **4.1.** 38, 51; **4.1.1.** Anl. 2, Anl. 8; **4.1.3.** 4; **6.1.4.** Anh. 1/4.1–4.2; **7.1.** 2; **8.2.** Anl. 4/85; **9.1.** 19a, 28; **9.1.3.** 2, 15a–15h, Anh. I; **9.4.** 1–3, 9–17, 65; **10.2.** 1/47, 1/86; -mittelwirkstoff **9.1.** 2; -recht **2.8.** 5; **3.1.** 37, 40; **3.3.** 13; **3.4.** 3; **6.1.** 2; **9.1.** 19

**Pflanzgut 1.1.** 74/20; **9.1.** 18; **9.6.** 16b

**Pflege** *s. a. Unterhaltung;* -anstalt **6.1.18.** 2; **6.1.32.** 7; –, Gewässer **4.1.** 39; -heim **8.1.** 3; **8.2.** 3; -maßnahme **3.1.** 3, 15, 22, 32, 54; **3.1.2.** 2, 8, 10–11, Anl. 6; von Natur und Landschaft **3.1.** 1, 3, 15, 32; der Umwelt *s. Umweltpflege, Umweltschutz;* -ziel **3.1.** 38

**Pflichtangaben**, Energieausweis **8.1.** 85; –, Erfüllungserklärung **8.1.** 93–94; –, Immobilienanzeige **8.1.** 87, 108, 112

**PFOS** *s. Perfluoroctansulfonat (PFOS)*

**Pharmazeutika** *s. Arzneimittel*

**Phenol 6.1.4.** Anh. 1/5.1–5.2, Anh. 1/5.8; **6.4.** Anh. 1

**Phenoplast 6.1.4.** Anh. 1/5.8–5.9

**Philippsburg (KKW) 7.1.** 7, Anl. 3–4

**Phosgen 6.1.4.** Anh. 1/4.1, Anh. 2

**Phosphat 4.1.1.** Anl. 2, Anl. 8; **4.3.** 5; -gehalt **4.3.** 5

**Phosphor 2.5.** Anl. 1/4.1; **4.1.1.** Anl. 7; **4.2.** 3; **6.1.4.** Anh. 1/4.1; -verbindung **4.3.** 5

**Photovoltaik**modul **5.2.** 3, 14, 25–27, 29–30, 32, 46, Anl. 1

**Phytomasse 8.2.1.** 2

**Pigment 6.1.4.** Anh. 1/4.1; **8.2.** Anl. 4/79

**Pilot**vorhaben **8.2.** 93; -windenergieanlage **8.2.** 3, 22–22a, 28, 51, 100

**Pilz 3.1.** 7, 39; **3.1.1.** 2, 6; **5.1.** 3; **9.6.** 3

**Pipeline** *s. Rohrleitungsanlage*

**Pisten**raupe **6.1.32.** 1/44

**Plan 2.5.** Anl. 1/19.11; **2.6.** 2, 10; **3.1.** 4, 9–12, 17, 22, 32, 34, 36, 54, 63; **4.1.** 7, 14, 18–19, 73–75, 79–80, 83–85, 88; **4.1.4.** 9; **5.1.** 20, 30–32, 36, 47, 72, Anl. 4; **6.1.** 40, 47, 52–52a; **6.1.4.** 4c; **6.1.39.** 1, 27–29; **6.6.** 2, 9, 12; **6.7.** 3, 6, 22; **9.6.** 15, 30; -aufstellung **3.1.** 34; **4.1.** 79, 83, 85, 88; **4.1.4.** 9; **5.1.** 30–33, 72; **6.1.** 47e, 52a; -erhaltung **12.1.** 4; -feststellung **2.5.** 2, 65–69, 74; **2.9.** Anl. 1/2, Anl. 1/6; **3.1.** 18, 34, 63; **4.1.** 19–20, 39, 68–71a, 87, 105; **5.1.** 30, 35–38, 40–41, 43, 69; **6.1.** 13, 42–43, 67; **6.1.16.** 4; **6.1.26.** 4, 7; **6.3.** 2, 4, 13; **7.0.2.** 2; **7.1.** 2a, 9b, 9d–9h, 10a, 23d, 57b; **11.1.** 327, 330d; **12.1.** 1; -fortschreibung **3.1.** 11; -gebiet **3.1.** 9, 12; **5.1.** 30; **6.1.** 47; -genehmigung **2.5.** 65–67a, 69, 74; **2.9.** Anl. 1/6; **3.1.** 63; **4.1.** 39, 68–71a, 87, 105; **5.1.** 35–37, 40–41, 43, 69; **6.3.** 2, 4, 13; **7.1.** 9b, 9d–9g; -inhalt **3.1.** 9; für kurzfristige Maßnahmen **6.1.** 40, 47; **6.1.9.** 1, 28–30; –, SUP-pflichtiger **2.5.** 1–3, 33–46, 48, 50, 52–53, 60–63, 74, Anl. 5–6; **5.1.** 32; **12.1.** 1, 7; –, verbindlich erklärter **5.1.** 31, 36

**Planierraupe 6.1.32.** 1/16

**Planung 3.1.** 3, 8–12, 21–22; **3.2.** 8, 10, 45; **3.4.** 22; **4.1.** 86; **5.1.** 28–44, Anl. 4; **6.1.** 16a, 19, 23b, 47–47f, 48a, 50; **6.3.** 13; **6.6.** 9–10; **7.1.** 9a; *s. a. Plan;* –, Emissionsmenge **6.7.** 4; -gebiet **3.4.** 4; **4.1.** 86; **7.1.** 9g; -recht, Festlegungen **3.4.** 4–5, 22; -sicherheit **5.1.** 17; -sicherstellungsgesetz **2.5.** FN am Titel; **3.1.** FN am Titel; **4.1.** FN am Titel; **5.1.** FN am Titel; **6.1.** FN am Titel; **7.1.** FN am Titel; **9.6.** FN am Titel; -sicherung **4.1.** 86

**Plasmaverfahren 2.5.** Anl. 1/8.1; **6.1.4.** Anh. 1/8.1; **6.1.17.** 2

# Sachverzeichnis

**Platine 6.1.4.** Anh. 1/3.5
**Plattieren 6.1.4.** Anh. 1/3.13
**Plutonium 7.1.** 2, 9a; **10.2.** 1/15–17
**Pönale 8.2.** 31, 55–55a, 85
**Polizei**flug **6.4.** Anh. 1
**Pollutant** Release and Transfer Register *s. PRTR*
**Polyester 6.1.4.** Anh. 1/5.2, Anh. 1/5.7
**Polyethylenterephthalat 5.4.** 30a
**Polymer 5.1.8.** 2; **5.4.** 3; **6.1.4.** Anh. 1/4.1; -isationsanlage **6.4.** Anh. 1
**Polystrol 5.1.8.** 3
**Polyurethan 6.1.4.** Anh. 1/5.11; **6.4.** Anh. 1
**Pommersche Bucht 3.1.** 57
**POP** Abfallüberwachung **5.1.** 10
**Population 3.1.** 1, 7, 21, 45, 54; **3.1.1.** 4; **4.1.** 35; –, lokale **3.1.** 44; **9.4.** 13
**Präklusion 2.5.** 21, 42, 56; **6.1.** 10, 23b; **12.1.** 5, 7; *s. a. Ausschluss*
**Prämie** *s. Flexibilitätsprämie, Marktprämie*
**Präparation 3.1.** 45; **3.1.1.** 15
**Preis,** Brennstoffemissionen **6.7.** 1, 10, 21; -korridor **6.7.** 10, 23; –, negativer **8.2.** 23, 51–51a, 91
**Pressen 6.1.17.** 2; **8.2.** Anl. 4/145
**Pressling 6.1.1.** 3–4
**Primär**energiebedarf **8.1.** 3, 15, 18, 20–33, 50, 53, 82, 85, 91, 96; -energiefaktor **8.1.** 22, 82; -energieverbrauch **8.1.** 82, 85
**Primaten 3.3.** 3, 8a, 11a, 16, 18
**Privatrecht 1.1.** 74/1, 87d, 90; **2.6.** 2, 6, 12–13; **2.8.** 28; **2.9.** 9; **4.1.** 16, 60; **4.1.4.** 5; **5.2.** 40; **6.1.** 10, 14, 23b; **6.1.9.** 15–16; **7.1.** 7, 9, 10, 13; **8.2.** 7; **9.6.** 23, 32–37; **10.**
**Probe**bohrung **4.1.** 91
**Probenentnahme 3.3.** 16; **3.4.** 8; **3.4.1.** 1; **4.1.** 61; **4.1.2.** 2, 6; **4.3.** 13; **5.1.** 10; **5.1.7.** 5, 10; **6.1.** 37d, 52, 62; **6.1.13.** 19–20; **6.2.** 5, 7; **8.2.** 90; **8.6.** 7; **9.1.** 17, 21, 25a; **9.1.2.** 1; **9.6.** 9, 16, 16d, 25, 28b; -stelle **6.1.39.** 2–3, 14, 18, 20
**Produkt 2.1.** 2; **2.7.** 2, 10, 20; **3.1.** 35; **3.3.** 7–7a, 8a; **4.3.** 2; **5.1.** 2–3, 23–26a, 33, 45, 59–60, Anl. 4; **5.1.8.**; **5.3.** 1, 9–11; **6.1.9.** 4a; **6.1.12.** 2; **9.6.** 1–3, 6, 14–16d, 16a–16b, 17b, 20, 30; *s. a. Erzeugnis;* –, abfallarmes **5.1.** 3, 60, Anl. 4; -ausgabeautomat **5.2.** Anl. 1; -design **5.1.** Anl. 4; *s. a. Ökodesign;* –, energieverbrauchsrelevantes **8.1.** 35; **8.6.**; -gestaltung **5.1.** 3, 23; **5.2.** 4; **8.6.**; -haftungsgesetz **9.6.** 37; -information **8.6.** 5–9; **9.6.** 16b; -kontrolle **9.6.** 15, 16c–16d; -konzeption **5.2.** 2, 4; -lebensdauer **5.1.** 3, 45; -mangel **8.6.** 7; -recht **5.1.** 7a; -sicherheitsgesetz **6.1.32.** 6, 9; -spende **5.1.** 33, Anl. 5; -überprüfung **8.6.** 7; –, umweltfreundlicheres **5.1.** Anl. 4; –, umweltfreundliches **2.1.** 2; **5.1.** 60; **6.1.** 54; -verantwortung **5.1.** 17, 23–27, Anl. 5; **5.1.5.** 3; **5.2.** 1; **5.3.** 27; **5.4.** 1, 3, Anl. 1; -verantwortung, Begriff **5.1.** 23; -vergleich **5.1.** Anl. 4
**Produktion** *s. a. Erzeugen;* -abfall **5.1.** 3; –, abfallarme **5.1.** 45; -einstellung **9.1.** 9; -kette **5.1.** 33; -leistung **6.4.** 3, Anh. 1; -menge **6.4.** 3, 28; -mittel **1.1.** 15, 74/15; –, nachhaltige **2.7.** 1; -prozess **9.1.** 17; – stofflicher Erzeugnisse **6.1.17.** 2; –, umweltfreundliche **4.1.** 65
**Profil,** ökologisches **8.6.** 2–3
**Prognose 2.6.** 2; **5.1.** 32; **6.1.9.** 4a; **6.1.39.** 33; **6.3.** 2–3; **6.6.** 10
**Programm 1.2.** 4, 192; **2.5.** Anl. 5/2.13; **2.6.** 2, 10; **2.7.** 2, 6, 8, 18; **3.1.** 9–10, 12, 44, 63; **4.1.** 7, 62a, 82, 84–86, 88; **4.1.4.** 9; **5.1.** 33, 47; **6.1.** 52–52a; **6.1.39.** 1, 30, 34–35; **6.6.** 4, 8–10, 12; **7.1.** 2c–2d, 24b; –, SUP-pflichtiges **2.5.** 1–3, 33–46, 53, 60–63, 74, Anl. 5–6; **12.1.** 1, 7
**Projekt 3.1.** 34; -manager **6.1.9.** 2; -Mechanismen-Gesetz (ProMechG) **6.4.** 3; **8.2.** 80; -sicherungsbeitrag **8.2.** 38d; -untersagung **3.1.** 34; -zulassung **3.1.** 34, 54
**Propylenoxid 6.1.4.** Anh. 2
**Prozess**wärme **2.5.** Anl. 1/1.1–1.2, Anl. 1/8.2; **6.1.4.** Anh. 1/1.1–1.2; **6.4.** Anh. 1
**Prüf**methode **4.3.** 4; -nachweis **6.1.9.** 4a; **9.1.** 16d; -register **5.4.** 3, 27; -stand **2.5.** Anl. 1/10.5–10.6; **6.1.4.** Anh. 1/10.15–10.16; **6.1.13.** 1; -stelle **6.4.** 5, 9, 11, 23, 28; **6.7.** 15; -verfahren **3.1.3.** 13a; **4.3.** 11; -vermerk **8.2.** 64, 66; -wert **2.5.** 7, 9–12, 65, Anl. 1/18.8, Anl. 1/18.8.; **3.4.** 8–9; **3.4.1.** 1, 3–4; -zeichen **8.1.** 35
**Prüfung 2.0.** 2; **2.3.** 9; **2.5.**; **2.7.**; **2.8.** 1, 10a–1, 21; **2.8.1.** 5–6; **2.9.** Anl. 1/1; **3.3.** 13a; **4.1.** 101; **4.3.** 13, 15; **5.1.** 32, 43, 47, 61, 69; **5.4.** 11, 17, 20, 26; **6.1.** 2, 7, 10, 29a–30, 33, 38–40, 52, 58e, 62; **6.1.9.,** 1–1a, 2a, 4–4e, 8, 10, 20–24; **6.1.12.** 6, 12; **6.1.17.** 1, 6, 25, 27; **6.4.** 20–21; **7.1.** 19, 46; **8.6.** 3, 7; **9.1.** 13, 19a–22; **9.1.2.** 11; **9.4.** 16; **9.6.** 3, 5, 25; –, Altgeräte **5.2.** 20; –, internationale **7.1.** 24b; -kriterien **2.5.** 5, 35, Anl. 3, Anl. 6; **7.3.** 2–3, 7, 18; -leitlinien **5.4.** 26; -methode **2.5.** 15–16, 39, Anl. 4–5; **6.1.** 9, Anl.; -verbund **2.5.** 32, 46; -zyklus **2.7.** 9, 19
**Pulver 6.1.4.** Anh. 1/3.23, Anh. 1/5.2; **8.2.** Anl. 4/145; **10.2.** 1/43–44
**Pumpen 4.1.** 91; **8.2.** Anl. 4/175
**Pumpspeicher**kraftwerk **4.1.** 11a, 70
**Puppe 3.1.** 7

1659

## Sachverzeichnis

Fette Zahlen = Gesetzesnummern

**PVC**-Folie **6.1.4.** Anh. 1/5.12
**Pyrolyse** **2.5.** Anl. 1/8.1; **5.1.** Anl. 2; **6.1.4.** Anh. 1/8.1, Anh. 1/8.3; **6.1.17.** 1–2, 8; **8.2.1.** 2; **10.2.** 1/69
**Pyrotechnik** **2.5.** Anl. 1/10.1; **6.1.4.** Anh. 1/10.1; **6.1.18.** 3; **8.2.** Anl. 4/89; **9.1.2.** 5; **10.2.** 1/90

**Qualität** *s. a. Güte;* –, energetische **8.1.** 46, 57, 57–60, 85; -management **5.2.** 21; -sicherung **2.7.** 20, 23; **2.8.** 4, 10; **3.4.** 8; **3.4.1.** 1; **4.1.** 23, 61; **4.1.3.** 9, 11; **5.1.** 5, 12; **5.1.5.** 5; **6.1.39.** 30; **9.4.** 3; -zeichen **5.1.** 12, 69
**Qualzüchtung** **3.3.** 11b
**Quartier**wärmeversorgung **8.1.** 107
**Quarzit** **6.1.4.** Anh. 1/2.4; **10.2.** 1/20
**Quecksilber** **4.1.1.** Anl. 2, Anl. 7; **4.2.** 3; **5.1.5.** 8; **5.3.** 3, 17, 31; **5.4.** 5; **6.1.13.** 5, 17–19, 28–29, 42; **6.1.17.** 8, 10; **6.1.39.** 1, 20, 30
**Quelle** **3.1.** 30; **4.1.** 3, 37, 53; **11.1.** 314, 329, 330; –, diffuse **4.1.** 38, 88; –, natürliche **6.1.39.** 1, 24
**Quellwasser** **4.1.** 43
**Quer**verbauung **8.2.** 40

**Radfahren** **3.2.** 14
**Radiator** **5.2.** Anl. 1
**Radioaktiv** **1.1.** 73/14; **2.5.** Anl. 1/11.; **6.1.** 2; **7.0.1.** 2; **7.0.2.** 2; **7.1.** 2, 2a, 2c–2d, 9a–9i, 10–12, 12b, 14, 19, 21, 21b, 23d–24, 24b, 26, 31, 33–34, 37, 45–46, 48, 53, 57b; **7.3.**; **9.1.** 2; **10.2.** 1/18; **11.1.** 310, 312, 326, 330; -kontaminiert **5.1.** 2; **7.0.1.** 2
**Radiogerät** **5.2.** Anl. 1
**Radon**maßnahmenplan **2.5.** Anl. 5/2.11; -schutzgebiet **2.5.** Anl. 5/2.10
**Räuchern** **6.1.4.** Anh. 1/7.5
**Raffination** **2.5.** Anl. 1/1.2, Anl. 1/1.4, Anl. 1/3.5, Anl. 1/4.3, Anl. 1/7.24–7.25; **5.1.** Anl. 2; **5.1.7.** 1a; **6.1.** 37a–37b; **6.1.4.** Anh. 1/1.2, Anh. 1/1.4, Anh. 1/3.4, Anh. 1/4.4, Anh. 1/7.23–7.24, Anh. 1/8.11; **6.1.13.** 22, 46–56; **6.4.** Anh. 1; **10.2.** 1/31, 1/49; -gas **6.1.1.** 3, 14; **6.4.** Anh. 1; -heizgas **6.1.13.** 48, 50, 52–53
**Rahmen** *s. a. Scoping;* -setzung für Vorhaben **2.5.** 35, Anl. 5/2.; -vorgabe **5.4.** 22–23; -vorschrift **1.1.** 125b
**Rain** **3.1.** 21, 39
**Ramme** **6.1.32.** 1/42
**Rand**fläche **3.1.** 21; **4.1.** 38, 88, 103
**Rasen** **3.1.** 30; –, alpiner **3.1.** 30; -kantenschneider **6.1.32.** 1/33; -mäher **6.1.32.** 1/32; -trimmer **6.1.32.** 1/33

**Rasier**apparat **5.2.** Anl. 1
**Raststätte** **5.4.** 3
**Rauch** **6.1.** 3; **10.1.** 906; -erzeugnis, pflanzliches **9.1.** 2; -gasentschwefelung **6.1.13.** 2, 17, 19, 22, 28; **6.1.17.** 2; -melder **5.2.** Anl. 1
**Raum** *s. a. Innenraum;* –, beheizter **8.1.** 3, 48, 51; -desinfektion **9.1.3.** 2; -fahrt **1.2.** 4, 13; -fahrzeug **8.2.** Anl. 4/201; –, gekühlter **8.1.** 3, 41, 48, 51; –, geschlossener **2.5.** Anl. 1/10.5; **6.1.4.** Anh. 1/3.20, Anh. 1/10.15, Anh. 1/10.17–10.18; -höhe **8.1.** 10, 25; -kühlung **8.1.** 3, 41; –, ländlicher **2.5.** Anl. 5/2.7; -luft **8.1.** 2, 20, 57–78, 65–67, 82; *s. a. Anlage, raumlufttechnische;* -ordnung **1.1.** 72, 74/31; **1.2.** 192; **2.5.** 66; **3.1.** 9–11, 27, 36; **3.2.** 10; **4.1.** 82; **5.1.** 15, 30; **6.1.** 47, 50; **7.3.** 12, 20; -ordnungsgesetz (ROG) **2.5.** 2, 37, 48–49, Anl. 3, Anl. 5/1.5–1.6; **3.1.** 10; **6.1.9.** 23a; **12.1.** 4; -ordnungsplan **2.5.** 48, Anl. 5/1.5–1.6; **3.1.** 9, 36; **12.1.** 4; -ordnungsrecht **6.1.** 16b; -ordnungsverfahren **2.5.** 47, 49; **6.1.9.** 23a; -verträglich **7.3.** 19
**REACH** **5.4.** 3; **6.1.4.** Anh. 2; **6.1.9.** 4a; **9.1.**, 4–10, 13, 16d, 16f, 27b; **9.1.2.** 3–4; **9.1.3.** 4, 16–17
**Reaktor** **7.1.** 15; –, chemischer **6.1.13.** 1, 62–65; -schiff **7.1.** 4, 25a
**Rechtsakt der Union** **1.2.** 2–4, 6, 15, 288–291; **1.3.** 51–52; **2.3.** 5a, 11–12; **2.5.** 2; **3.1.** 30a, 40–40e, 48a, 51a–52, 69; **3.3.** 7a–8a, 15, 16f, 18, 18–19; **3.4.** 22; **4.1.** 23, 23–24, 29, 63, 88; **5.1.** 1–3, 25, 30, 43, 47–48, 65; **5.1.8.** 3, FN am Titel; **5.2.** 3, 8, 18, 20–21, 23, 32, 39; **5.3.** 2, 14, 17; **5.4.** 3, 5, 14, 30a; **6.1.** 37, 37d, 48a, 62; **6.1.13.** 25, 40, 46, 53, 57; **6.4.** 9, 21; **6.6.** 2, 4–5, 7–8, 10, Anl. 1; **6.7.** 1–3, 15; **8.1.** 7, 35, 41, 90, 110, FN am Titel; **8.2.** 3, 5, 39, 44c, 79, 81; **8.6.** 2; **8.8.** 1–2, 5; **9.1.** 2, 12a–12h, 12i–12k, 21–25; **9.1.2.** 16; **9.5.** 1, 3–3a; **9.6.** 16e, 25–26, 28; **12.1.** 1; *s. a. Europäische Gemeinschaft, Europäische Union;* –, delegierter **1.2.** 290; –, Durchführungsrechtsakt **1.2.** 291; –, Gesetzgebungsakt **1.2.** 289–291
**Rechtsanspruch** **2.6.** 3; **4.1.** 10; **5.1.** 18; **6.4.** 9, 11; **7.1.** 7e–7g; **12.1.** 3; *s. a. Anspruch, privatrechtlicher;* –, kein – **6.6.** 4
**Rechtsbehelf** **2.5.** 27, 47, 49; **2.6.** 5–6; **2.9.** 10; **3.1.** 64; **4.3.** 14; **6.4.** 9, 26; **7.1.** 9e; **7.3.** 17, 19; **8.2.** 36e, 83a; **9.1.** 12f–12g; **12.1.**; *s. a. Anfechtungsklage, Klage, Verpflichtungsklage, Widerspruch;* -belehrung **2.5.** 44, 57, 61; **2.9.** 11; **4.1.** 4; **6.1.9.** 21; **6.3.** 10; -gesetz (UmwRG) **2.9.** 11; **6.1.** 17; **7.3.** 17, 19; **12.1.**

Magere Ziffern = §§ **Sachverzeichnis**

**Rechtsfähigkeit** 2.8. 2; **10.1.** 1, 14
**Rechtsnachfolge** 3.1. 15; **3.4.** 4; **4.1.** 8;
**5.1.5.** 2; **5.2.** 37; **6.4.** 25; **6.7.** 18; **8.2.**
61h; **10.1.** 862
**Rechtsprechung** 1.1. 20–20a; **3.1.** 22;
**8.2.** 75, 81
**Rechtsraum** 1.2. 4
**Rechtsschutz** 1.1. 19; **2.9.** 11; **3.1.** 64;
**8.2.** 81–83a; *s. a. Rechtsbehelf*
**Rechtsstaat** 1.1. 20, 23, 28
**Rechtsstellung**, gesicherte **4.1.** 14
**Rechtsverordnung**, Voraussetzung **1.1.**
80; **1.2.** 290
**Rechtsverstoß** 4.1.4. 8–9; **5.4.** 26–27;
**6.1.** 20, 52a; **6.4.** 2, 19, 32; **6.5.** 11; **8.2.**
9, 23, 52, 61i, 61l; **8.9.** 5; **12.1.** 2; *s. a.
Ordnungswidrigkeit, Sanktion, Straftat;* –,
Heilung **3.1.** 22
**Rechtsweg** 1.1. 14–15, 19; **2.6.** 6; **2.9.** 9;
**3.4.** 24; **5.4.** 23; **6.1.** 10, 21, 23b; **6.1.9.**
15; **6.4.** 19; **6.7.** 13; **7.1.** 18, 25a, 40; **8.2.**
81; **9.4.** 54
**Recycling** 4.1.4. 3; **5.1.** 3, 5–6, 9, 14, 20–
21, 24, 30, 45, Anl. 2, Anl. 5; **5.2.** 1, 10,
18, 22, 24, 26–27, 29–30, 32; **5.4.** 1, 4,
16–17, 21; *s. a. Wiederverwenden;* –, Begriff
**5.1.** 3; -effizienz **5.3.** 2, 7, 14; -fähigkeit
**5.1.** 24; **5.3.** 7a; **5.4.** 21, 26; -gerecht
**5.1.5.** 10; –, hochwertiges **5.4.** 1, 21; -material **5.1.5.** 8; -quote **5.2.** 22; **5.4.** 1, 16
**Reduktions**verfahren **8.4.** 9a
**Referenz**ausführung, technische **8.1.** 15,
18, 50, 103; -bedingung **4.1.3.** 3; -dokument **2.7.** 18, 20, 46; **5.1.** Anl. 2; -ertrag
**8.2.** 46, 95, Anl. 2; -gebäude **8.1.** 15–16,
18, 20–25, 32, 50–51, 53, 91, 103; -klima
**8.1.** 20, 23; -labor **3.3.** 16g; -methode
**6.1.39.** 16, 19–20; -standort **8.2.** 30, 36b,
36h; -wert **6.1.** 37a; **8.2.** 94
**Regeln der Technik** 2.5. 66; **4.1.** 13a, 36,
50–51, 60, 62, 78b–78c; **4.1.2.** 4; **4.2.** 8;
**6.1.** 51a; **6.1.13.** 13–14, 16, 18, 66; **6.1.16.**
3a; **8.1.** 7, 12–14, 28, 33, 35, 47, 50, 82, 90,
96; **8.2.** 36h, 44c; **9.1.3.** 4, 6, 7, 20
**Regelsetzung** 5.2. 33, 35; *s. a. Regeln der
Technik, Technische Norm*
**Regelung**, abweichende **1.1.** 72, 84; **2.3.**
14; **5.2.** 46; **8.2.** 11, 91–93, 92, 95; **9.6.**
16, 41; *s. a. Ausnahme;* von EEG-Anlagen
**8.2.** 9, 85; –, entgegenstehende **8.1.** 10,
46; –, gleichwertige *s. Gleichwertige Regelung;* der Luftströme **8.1.** 67; der Temperatur **8.1.** 61–64, 96
**Regen** *s. a. Niederschlagswasser;* -rückhaltebecken **4.2.** 13; -wasser **6.1.17.** 4
**Regeneration** 3.1. 9, 19; **5.1.** Anl. 2;
**6.1.4.** Anh. 1/8.11; -fähigkeit **2.5.**
Anl. 3; **3.1.** 1, 26

**Regierungs**flug **6.4.** Anh. 1
**Regional**entwicklung **1.2.** 191; **3.1.** 27;
-erbe **1.2.** 13; -förderung **1.2.** 174; -herkunft **8.2.** 3, 79a; -konferenz **7.3.** 10–11;
-nachweis **8.2.** 3, 23, 44b, 53b, 71, 79–
80, 92
**Register** für Abfälle **5.1.** 10, 49–52, 69; –,
Biokraftstoff **6.1.** 37c; –, Biotope **3.1.** 30;
–, EMAS **2.7.** 12, 42; **2.8.** 1, 32–37; für
Freisetzungen **9.6.** 16a; für Herkunftsnachweise **8.2.** 79, 92; für Marktstammdaten *s. Marktstammdatenregister;* für Prüfer
**5.4.** 26–27; für Regionalnachweise **8.2.**
79a, 92; -streichung **2.7.** 15–16; für Umweltgutachter **2.8.** 14–15, 18; –, Zirkus
**3.3.** 16; –, Zoo **3.1.** 42
**Registrierung** 2.7. 2–15, 43; **2.8.** 1, 6,
14–15, 32–37; **3.1.** 22, 30, 48; **3.3.** 2a;
**5.2.** 3, 6, 31, 37, 45–46; **5.3.** 3–4, 4, 20–
21, 29; **5.4.** 9, 27, 35–36; **7.1.** 53; **8.2.**
52, 79–79a, 92; **9.1.** 2, 19a, 26, 28; -antrag **2.7.** 5, 13; **5.2.** 6, 37, 46; -dossier
**9.1.** 5, 9, 27b; -nummer **5.2.** 6, 27, 31,
37, 45; **5.3.** 20–21; **8.1.** 78, 85, 98; –,
ordnungsgemäße **5.2.** 3, 6; -stelle **2.7.** 3,
11–17; -verlängerung **2.7.** 14; **2.8.** 34
**Reibbelag** 2.5. Anl. 1/2.4; **6.1.4.** Anh. 1/
5.9
**Reifen**runderneuerung **8.2.** Anl. 4/96
**Reimport** 9.4. 2
**Reinhaltung** von Gewässern **4.1.** 32, 45,
48; **7.1.** 9; der Luft **1.1.** 74/24; **3.2.** 1; **6.;**
**7.1.** 9
**Reinigen** 2.3. 10; **4.1.2.** 3; **5.1.** 3, Anl. 2;
**6.1.4.** Anh. 1/5.1, Anh. 1/10.20–10.21;
**6.1.17.** 12; **9.6.** 16b; der Umwelt **5.1.**
23, 25, 30
**Reinigungsmittel** 4.3.; **5.1.** Anl. 2; **6.1.4.**
Anh. 1/10.8; **8.2.** Anl. 4/87; **9.1.** 28;
**10.2.** 1/95; –, Begriff **4.3.** 2
**Reisestecker** 5.2. Anl. 1
**Reisig** 6.1. 1. 3
**Reiten** 3.2. 14; und Fahrbetrieb **3.3.** 11
**Reizend** 9.1.3. 3, 6, 8
**Rekultivierung** 3.1. 1; **3.4.1.** 12; **5.1.** 3,
36, 40
**Religion** 1.2. 13; **3.3.** 4a
**Renaturieren** 3.1. 1
**Rennstrecke** 2.5. Anl. 1/10.7; **6.1.4.**
Anh. 1/10.17
**Renovierung**, grundlegende **8.1.** 52–56
**Rentenversicherungs**beitrag **8.4.** 10
**Reparatur** 5.1. 3, 23–25, 45, Anl. 4; **6.1.4.**
Anh. 1/3.18, Anh. 1/3.25; -freundlich
**5.1.** 23–24, 33, 45
**Repowering** 6.1. 16b, 23b
**Reproduktionstoxisch** *s. Fortpflanzungsgefährdend*

# Sachverzeichnis

Fette Zahlen = Gesetzesnummern

**Reptil 3.1.1.** 12–16
**Resorcin 6.1.4.** Anh. 1/5.2, Anh. 1/5.8
**Ressourcen,** Begriff **2.9.** 2; -effizienz **5.1.** 23–24, 33, Anl. 4; **5.2.** 1; **9.5.** 1, 11a; –, fossile **8.1.** 1; **8.2.** 1; -inanspruchnahme **2.5.** 35; -kosten **4.1.** 6a; –, natürliche **1.2.** 191–192; **2.5.** 35, Anl. 2–4; **2.9.** 2; **5.1.** 1, 5–6; **6.6.** 9, 15; -schonung **1.2.** 191; **5.1.** 1, 5–6; **8.1.** 1; **8.2.** 1; **8.2.1.** 5; *s. a. Sparsame Verwendung, Umweltschonung;* -schutz **8.1.** 109; -verbrauch **8.6.** 3; -verwendung **1.2.** 191
**Restaurieren 9.1.3.** 17
**Restentleerung 5.4.** 3, 13–16, 22, 31, 36
**Restholz 2.5.** Anl. 1/8.2; **8.2.1.** 3
**Restkarosse 5.1.5.** 2, 4, 11
**Restlaufzeit 7.1.** 7
**Reststoff 4.1.** 65; **6.1.** 37d; **7.1.** 9a; **9.6.** 15; **10.2.** 1/74
**Reststrommenge 7.1.** 7, Anl. 3
**Rettungs**flug **6.4.** Anh. 1; -wesen **3.1.** 61
**Rezyklat 5.1.** 3, 23–24, 45; **5.4.** 21, 30a; -anteil **2.3.** 5a; **5.4.** 30a
**RFID** Tags **5.4.** Anl. 1
**Rhein 4.1.** 7
**Rheinland-Pfalz 1.1.** Pr.; **3.1.** 67; **4.1.** 38, 78a; **8.2.** Anl. 5
**Richtwert 6.1.18.** 2, 5; **6.4.** 11; **9.1.** 19; **10.1.** 906
**Ried 3.1.** 30
**Riff 3.1.** 30
**Rind 2.5.** Anl. 1/7.5–7.6; **6.1.4.** Anh. 1/7.1
**Rinde 6.1.1.** 3
**Ring 3.1.1.** 13–15, 16; -kanal **4.2.** 13; -versuch **5.1.7.** 5
**Risiko 2.9.** 8; **4.1.** 68, 73–75; **4.3.** 14; **6.1.39.** 1; **7.1.** 7d; **9.1.** 5–6, 9, 12c–12e; **9.6.** 3, 7, 21, 30; *s. a. Gefahr;* -abschätzung **3.4.** 9, 13; **9.6.** 2; -beurteilung **4.1.4.** 9; **6.1.** 52a; -bewertung **2.6.** 10; **4.1.** 73, 79; **4.1.4.** 9; **6.1.9.** 21; **9.1.** 4, 6–7, 9; **9.6.** 3, 6, 10, 12, 14–15, 16c–16d, 17a–17b, 25, 30, 38; *s. a. Bewerten;* -gebiet **2.5.** Anl. 3; **4.1.** 73, 74–76, 78b–78c, 87–88; –, geringeres **9.1.** 17, 19, 20b; -karte **4.1.** 73–75, 79–80; durch Klimawandel **2.5.** Anl. 3; -kommunikation **4.1.** 79; –, langfristig gravierendes **9.1.** 12g; -management **9.6.** 3, 14; -managementplan **2.5.** Anl. 5/1.3; **4.1.** 73–75, 79–80, 88; -minderung **9.1.** 6, 12c–12e; -prävention **1.2.** 196; *s. a. Vorsorge;* –, unmittelbares **9.1.** 12g; -verdacht **9.1.** 9
**Ritus,** religiöser **1.2.** 13; **3.3.** 4a
**Robert Koch-Institut 9.1.** 12a; **9.6.** 16
**Roden 2.5.** Anl. 1/17.2; **3.2.** 9; **11.1.** 329
**Röhricht 3.1.** 30, 39, 69

**Rönnebank 3.1.** 57
**Rösten 2.5.** Anl. 1/3.1; **6.1.4.** Anh. 1/3.1, Anh. 1/7.29–7.30; **6.4.** Anh. 1; **10.2.** 1/28
**Rohr 6.1.4.** Anh. 1/3.16; **8.2.** Anl. 4/124; **10.2.** 1/40; -leger **6.1.32.** 1/43; -leitungsanlage **2.5.** 65–69, 74, Anl. 1/13.7, Anl. 1/19.3–19.8; **3.1.** 57; **4.1.** 32, 45, 48, 62, 64; **6.4.** Anh. 1; **6.6.** Anl. 1; **8.1.** 69–71; **11.1.** 327, 329
**Rohstoff 2.5.** 48, Anl. 4; **4.1.4.** 3; **4.2.** 10; **5.4.** 3, 20; **6.1.4.** Anh. 1 Vorb.; **6.1.12.** 2; -abbau **2.5.** 48; –, biogener **6.1.** 37d; –, kritischer **5.1.** 23–24, 30, 33; -lagerstätte **3.4.** 2; –, mineralischer **3.1.** 54; –, nachwachsender **5.1.** 45; **6.1.1.** 3; **8.1.** 47; –, pflanzlicher **2.5.** Anl. 1/7.24, Anl. 1/7.28; **6.1.4.** Anh. 1/7.4, Anh. 1/7.23, Anh. 1/7.28, Anh. 1/7.31, Anh. 1/7.34; –, sekundärer *s. Sekundärrohstoff;* –, tierischer **2.5.** Anl. 1/7.18, Anl. 1/7.27; **6.1.4.** Anh. 1/7.3–7.4, Anh. 1/7.28, Anh. 1/7.31, Anh. 1/7.34; -verbrauch **4.1.** Anl. 1
**Rollen**prüfstand **6.1.4.** Anh. 1/10.15
**Rotation**sdruckmaschine **6.1.4.** Anh. 1/5.1
**Rotkappe 3.1.1.** 2, 6
**Rotormühle 10.2.** 1/39
**Router 5.2.** Anl. 1
**Ruder**computer **5.2.** Anl. 1
**Rückbau,** Stauanlagen **4.1.** 35
**Rückforderung 8.2.** 57–58, 62; **8.4.** 2a
**Rückführung** von Stoffen **4.1.2.** 3
**Rückgabe 5.1.** 17, 23–25, 50; **5.2.** 16–19a; **5.3.** 3, 8, 10, 18; **5.4.** 15; **8.6.** 2; **9.1.** 12i–12j, 21; von Berechtigungen **6.4.** 15; -ort **5.2.** 17; **5.4.** 15, 31
**Rückgewinnen 4.1.** Anl. 1; **5.1.** 3, 23, Anl. 2; **6.1.** 35; **6.1.4.** Anh. 1/8.3, Anh. 1/8.11; **8.1.** 68, 96; **10.2.** 1/70–71, 2/2
**Rückgriff**sanspruch **5.2.** 7, 33–34
**Rückhalte**fläche **3.1.** 1; **4.1.** 6, 67, 76–78a, 78d; -funktion **4.1.** 39; -maßnahme **4.1.4.** 3
**Rückholung,** radioaktive Abfälle **7.1.** 57b; **7.3.** 1–2
**Rücknahme** von Abfällen **5.1.** 10, 17, 19–20, 23–27, 59; von Altbatterien **5.3.**; von Altfahrzeugen **5.1.5.**; von Elektrogeräten **5.2.** 3, 10–19a, 27, 29, 32, 45; von Erzeugnissen **2.3.** 5, 15; **5.1.** 23–26, 50; **8.6.** 2, 4, 7; –, freiwillige **5.1.** 26–27; **5.2.** 5, 16, 46; -konzept **5.2.** 6, 7a, 37, 46; von Mehrwegverpackungen **5.4.** 33; –, ortsnahe **5.3.** 9; **5.4.** 31; -pflicht **2.3.** 5a; – radioaktiver Abfälle **7.1.** 9a;

Magere Ziffern = §§  **Sachverzeichnis**

von Rechtsakten **2.8**. 17, 34; **3.3**. 13a, 16; **5.1**. 61; **5.1.5**. 5, 7; **5.2**. 40; **6.1**. 58e; **6.1.9**. 16; **6.1.32**. 6; **6.4**. 9, 15; **7.1**. 17–18, 22–24; **8.2**. 30a, 35a, 68; **9.4**. 14; **9.6**. 20, 26; -stelle **5.1**. 59; **5.1.5**. 2–5, 7, 11; **5.2**. 12, 16–17a, 31, 46; **5.3**. 2, 7, 9, 13a, 18; -system **5.1**. 17–19, 25, 59; **5.2**. 16; **5.4**. 3, 9, 11, 14–23, 26, 28, 36; -system Altbatterien **5.3**. 7–7a, 9, 11–13a, 15–16, 18, 20–21, 28, 29–30; -system, eigenes **5.3**. 7, 9; -system, kollektives **5.2**. 16; –, unentgeltliche **5.2**. 17; von Verpackungsabfällen **2.3**. 5a; **5.4**.
**Rückruf 8.6**. 2, 4, 7
**Rückstand 2.3**. 3; **2.5**. Anl. 2, Anl. 4; **5.3**. 14; **6.1.9**. Anl.; **6.1.12**. 2; **6.1.13**. 30–32, 48–49; **6.1.17**. 12; **8.2.1**. 2; **9.1**. 12d; **9.4**. 65; -zahlung **8.2**. 60
**Rührgerät 5.4**. Anl. 1
**Rührstäbchen 5.1.8**. 3
**Rütteln 6.1.4**. Anh. 1/2.14
**Ruhe 6.1**. 47a, 47d, 49; **6.1.18**.; **6.1.32**.; -stätte **3.1**. 19, 44, 69; **9.4**. 13; -zeit **6.1.18**. 2, 5; **6.1.32**. 7
**Ruhen** von Fristen **9.6**. 12, 16; der Zulassung **3.3**. 13a; **9.4**. 12; **9.6**. 16, 20, 26
**Ruß 6.1**. 3; **6.1.4**. Anh. 1/4.6; **6.4**. Anh. 1; **10.1**. 906; **10.2**. 1/51; -zahl **6.1.1**. 2, 7–8; **6.1.13**. 2, 17, 30

**Saarland 1.1**. Pr.; **3.1**. 67; **8.2**. Anl. 5
**Saatgut 1.1**. 74/20; **3.1**. 40, 54; **9.6**. 16b, 16d, 16e; –, regionales **3.1**. 39
**Sache 7.1**. 26, 27, 31; **9.6**. 32; **10.1**. 90a, 249; **10.2**. 1, 5, 11, 16, 19; *s. a. Sachgut*; von bedeutendem Wert **4.1**. 73; **6.1**. 25; **9.1**. 27, 27b; **9.1.2**. 13; **9.6**. 39; **11.1**. 307–309, 311–313, 324a–325a, 328
**Sachgut 1.1**. 20a; **2.5**. 2; **6.1**. 1, 3; **6.1.9**. 1a; **6.1.12**. 2; **6.1.32**. 7; **7.1**. 1–2, 19–19a; **9.6**. 1
**Sachkunde 3.3**. 2a, 4, 4b, 13a; **3.4**. 18; **5.1**. 10–12, 16, 25, 36, 43, 53–54, 56–57; **6.1**. 7, 29a; **7.1**. 4; **9.1**. 12e, 17, 19d; **9.1.2**. 11; **9.1.3**. 2, 15b–15d, 19a, 25; **9.4**. 9, 12; **9.6**. 10–11, 21, 28b, 29, 30; -lehrgang **9.1.3**. 2; -nachweis **9.1.3**. 19a; **9.4**. 9
**Sachschaden 4.1**. 78, 78b; **6.1.12**. 2; **9.5**. 11; **10.2**. 1, 5, 11, 16, 19; **11.1**. 129a, 304, 307, 311–313, 325
**Sachsen 1.1**. Pr.; **3.1**. 3, 15, 28–30, 63, 66; **4.1**. 14–15, 38, 40, 53, 78
**Sachsen-Anhalt 1.1**. Pr.; **3.1**. 10, 14–17, 25, 30, 63, 67; **4.1**. 14, 23, 39, 41, 52, 71
**Sachverständiger 2.3**. 9, 14–15; **2.5**. 15, 39; **2.8**. 21, 24; **3.1**. 63; **3.3**. 13a, 15, 16, 16i; **3.4**. 9, 13–15, 18; **4.1**. 58, 62; **5.1**. 10, 12, 25, 43, 56–57; **5.1.5**. 4–7, 12; **5.2**. 21, 26–27, 29–31, 37; **5.3**. 2, 7, 15; **5.4**. 3, 8, 11, 17, 26–27; **6.1**. 7, 23–25, 29a–29b, 33, 51a; **6.1.9**. 2a, 13; **6.1.12**. 16; **6.6**. 12; **7.1**. 7, 12b, 19–21, 44b; **8.1**. 88, 94, 101–102; **9.1**. 21; **9.6**. 4, 28b, 30; – Amtszeitbegrenzung **5.2**. 21; –, Register **5.4**. 26–27
**Säge 6.1.32**. 1/04–1/06; **8.2**. Anl. 4/62; -mehl **6.1.1**. 3; **9.5**. 2
**Säugetier 3.1.1**. 12–16
**Säure 2.5**. Anl. 1/3.9; **5.1**. Anl. 2; **6.1.4**. Anh. 1/3.10, Anh. 1/4.1, Anh. 1/8.11; **6.4**. Anh. 1; **10.2**. 1/45, 1/74; -polieren **2.5**. Anl. 1/3.9
**Saft 8.2**. Anl. 4/16
**Salpetersäure 6.1.4**. Anh. 1/3.10, Anh. 1/4.1; **6.4**. Anh. 1
**Salz 4.2**. 3; **6.1.4**. Anh. 1/4.1; **8.2**. Anl. 4/9; **10.2**. 1/45; -dom **5.1**. Anl. 1; -gradientenenergie **8.2**. 3; -säure **6.1.4**. Anh. 1/4.1; -stelle **3.1**. 30; -wasser **4.1.1**. 4, 6–7; **4.1.3**. 2; -wiese **3.1**. 30
**Samen 3.1**. 7; **9.1**. 18; **9.4**. 2
**Sammelgebiet 5.4**. 22–23; -gefäß **5.4**. 3, 22; -leistung **5.4**. 23; -quote **5.3**. 2, 15–16, 29, 31; **5.4**. 1; -registrierung **2.7**. 2–3, 10; **2.8**. 33; -stelle **5.2**. 10, 12–14, 16–17b, 25, 31; **5.4**. 3; **7.1**. 2c, 5, 9a, 9c, 9i, 21–21a; **7.3**. 29; -stellenverzeichnis **5.2**. 31; -struktur **5.4**. 14, 22–23; -system **2.3**. 5a; **5.1**. 19, 25, 30; **5.4**. 14, 22; -ziel **5.3**. 7, 16, 21
**Sammeln**, Abfälle **2.9**. Anl. 1/2; **5.1**. 3, 9–10, 15–20, 25, 30, 47, 49–51, 53–55, 69, Anl. 5; **5.4**. 13–14, 22, 36; **11.1**. 326; –, Abwasser **4.1**. 3, 54; –, Altgeräte **5.2**. 3, 10–19, 32; –, Altöl **5.1.7**. 1, 4–5; –, gemeinnützig **5.1**. 3, 17–18, 26; –, gemeinsam **5.1**. 9; –, gemischt **5.1**. 3; –, getrennt **2.3**. 3; **5.1**. 3, 9, 23, 30, Anl. 5; **5.4**. 1, 13–14, 36; –, gewerblich **5.1**. 3, 17–18, 26; –, haushaltsnah **5.4**. 1; –, radioaktive Abfälle **7.1**. 9a, 21; –, Tierkörper **6.1.4**. Anh. 1/7.12
**Sand 6.1.4**. Anh. 1/2.2; **8.2**. Anl. 4/7; **10.2**. 1/14; **11.1**. 329; -bank **3.1**. 30; -gründe **3.1**. 30
**Sanierung 2.9**.; **3.4**. 1–2, 4, 8, 12, 25; **3.4.1**. 5; **4.1**. 90; **4.1.1**. 11; **5.1**. 30, 40; -arbeit **9.1.3**. 9, 15, 24; -gebiet **3.4**. 25; -maßnahme **2.2**. 2, 6–9, 12; **3.1**. 19; **3.4**. 8, 25; **3.4.1**. 5; **4.1**. 54; **6.1**. 3; **8.1**. 89; -pflicht **2.9**. 6, 10; -plan **3.4**. 13–14, 16, 21, 24; **3.4.1**. 1, 4, 6; **6.1**. 17; -programm **1.1**. 20a; -untersuchung **3.4**. 13, 21; **3.4.1**. 1, 6; -vertrag **3.4**. 13

1663

# Sachverzeichnis

Fette Zahlen = Gesetzesnummern

**Sanktion** 2.8. 16–17; **6.1.** 37c; **6.4.** 29–32; **6.5.** 11–12; **6.7.** 20–22; **8.2.** 51–55; **9.4.** 9, 54; *s. a. Ordnungswidrigkeit, Straftat*

**Satzung** 4.1. 78, 78b; **5.2.** 35, 40; **5.4.** 24, 28

**Sau** 6.1.4. Anh. 1/7.1

**Saubere** Fahrzeuge-Beschaffungsgesetz **8.8.** FN 3 am Titel

**Sauerkraut** 6.1.4. Anh. 1/7.19

**Sauerstoff** 4.1.1. Anl. 8; **4.1.2.** 6; **4.2.** 13; **6.1.** 34; **6.1.1.** 4, 25; **6.1.4.** Anh. 2; **6.1.13.** 2–3, 6, 17, 19, 52; **6.1.17.** 2, 8, 9; **10.2.** 1/83

**Saugfahrzeug** 6.1.32. 1/07, 1/52; -heber **6.1.4.** Anh. 1/9.11

**Schachtel** 5.4. Anl. 1

**Schadeinheit** 4.2. 3–12

**Schaden** 2.6. 10; **2.9.** 2, 9, 13; **3.1.** 18–19, 23, 28–29, 44–45a, 58–59, 69; **3.1.1.** 4; **3.2.** 14; **3.3.** 1–3, 11b, 13, 16, 18; **3.4.** 24; **4.1.** 3, 5, 8, 41, 49, 78, 78b, 89–90, 91, 96; **5.1.** 29; **6.1.** 52; **6.1.9.** 24; **6.1.12.** 2; **6.1.26.** 3–3a; **7.1.** 1–2, 10, 13, 25–40, 53; **7.3.** 19, 26; **9.1.2.** 1; **9.1.3.** 1, 3; **9.4.** 2, 13; **9.5.** 3, 11; **9.6.** 23, 32–37; **10.2.**; **11.1.** 129a, 223–224, 226–230, 304, 309–314a, 324a–328, 330–330b; **11.2.** 117; *s. a. Umweltschaden;* –, erheblicher **3.1.** 19; **9.4.** 13; **11.1.** 311, 327–329; –, ernster **3.1.** 45–45a; –, wirtschaftlicher **2.5.** 67a; **3.1.** 45–45a

**Schadenersatz** 2.5. 67a; **2.8.** 30; **3.4.** 21; **4.1.** 16, 41, 89, 91; **5.1.** 29, 37; **6.1.** 8a, 14, 52; **6.1.9.** 24a; **7.1.** 1, 4–4b, 6–7, 9–9a, 13, 15, 25–40; **8.2.** 13; **9.5.** 11; **9.6.** 23, 32–37; **10.1.** 249, 251, 823, 831, 906; **10.2.**

**Schadensbegrenzung** 2.9. 2, 6–7, 9, 12; **4.1.** 5

**Schadfaktor** 2.9. 2

**Schadorganismus** 3.1. 42; **9.4.** 1–3, 54

**Schadstoff** 2.3. 7–8; **2.9.** 2, Anl. 1/3–4; **3.4.** 2, 4, 8–9, 13, 21; **3.4.1.** 2–5, 10; **4.1.** 47–48; **4.1.1.**; **4.1.3.** 2, 4, 10, 12, 15; **4.1.4.** 3; **4.2.** 3–4; **5.1.** 3, 5–7, 23–24; **5.1.5.** 2; **5.1.7.** 1a, 3; **5.2.** 3, 18, 20–22; **5.4.** 3, 12, 15; **6.1.** 37, 47, 48a; **6.1.1.** 2; **6.1.9.** 4a, 21; **6.1.17.** 2, 4; **6.1.39.**; **8.9.** 5; **11.1.** 325; *s. a. Stoff;* -arm **4.1.2.** 3; **5.1.** 3; -ausbreitung **3.4.** 2, 4, 8–9, 13, 21; **3.4.1.** 2–4; **6.1.39.** 11–20, 29; -beseitigung **3.4.** 4; –, flussgebietsspezifischer **4.1.3.** 2, 10; -fracht **2.3.** 7–8; **3.4.1.** 2–3, 5, 11; **4.1.2.** 3; **4.2.** 4, 10; -freisetzung **11.1.** 325; -freisetzungsregistergesetz (PRTRG) **4.1.3.** 4; **4.1.4.** 5; **5.1.** 47; **6.1.** 31, 61; -gehalt **3.4.** 6, 8; **3.4.1.** 9, 11; **5.1.** 3, 23–24; -gruppe **4.1.3.** 2; -potenzial **6.1.** 12; -quelle, diffuse **4.1.** 38, 88; -quelle, natürliche **6.1.39.** 1, 24; –, sekundärer **6.1.39.** Anl. 13; -transport **6.1.39.** 1, 29

**Schächten** 3.3. 4a

**Schädigung** *s. Schaden*

**Schädlichkeit,** Abfälle **5.1.** 15; –, Abwasser **4.1.** 57; **4.2.** 2–4, 10

**Schädling** 1.1. 74/20; -bekämpfung **1.1.** 74/20; **3.1.** 30a; **3.3.** 4; **9.1.2.** 11; **9.1.3.** 24; **9.4.** 2–3; -bekämpfungsmittel **7.1.** 2; **8.2.** Anl. 4/85; **9.1.3.** 15b, 15h; **10.2.** 1/47, 1/86

**Schälen** 8.2. Anl. 4/21

**Schätzung** 4.1.3. 16; **4.2.** 4, 6–8, 11–12; **5.2.** 26–27, 29–32; **5.4.** 20; **6.1.** 37c; **6.1.39.** 1, 13, 20, 34; **6.4.** 29–30; **6.7.** 20–21; **7.1.** 2c, 9i; **8.2.** 62b, 85; **8.4.** 8, 11

**Schalen**wild **3.1.** 42

**Schall** *s. a. Schallschutz;* -emission **6.5.** 2, 4, 6, 10; -emission, maximal zulässige **6.5.** 2, 7, 10–11; -immission **6.5.** 4, 6; -pegel **6.1.32.** 2–3; **6.3.** 2–4; **6.5.** 2, 4, 6–7, 10–11; -pegel, fiktiver **6.5.** 2, 4, 6; -schutz **6.3.** 1; **8.1.** 10, 46, 57; -schutzanforderung **6.1.18.** 2; **6.1.32.**; **6.3.** 6–7, 9, 13; -schutzmaßnahme **6.1.** 42–43; **6.1.16.** 5; **6.1.18.** 3; **6.3.** 7, 9–13; **6.5.** 4; -schutztechnik **6.1.16.** 5

**Schamotte** 6.1.4. Anh. 1/2.4; **10.2.** 1/20

**Schaufel**lader **6.1.4.** Anh. 1/9.11

**Schaum**wein **5.4.** 31

**Schaustellung** 3.1. 42, 44, 69, 71–71a; **3.3.** 3, 11, 16

**Scheinwerfer** 3.1. 54

**Scheit**holz **6.1.1.** 3, 5

**Schiedsverfahren** 3.3. 16i; **5.4.** 23; **8.2.** 81

**Schiefer** 2.5. Anl. 1/1.9; **3.1.** 33; **4.1.** 13a; **6.1.4.** Anh. 1/1.14, Anl. 1/2.7; **8.2.** Anl. 4/6; **10.2.** 1/14, 1/23

**Schienen** *s. a. Eisenbahn, Straßenbahn;* -bahn **1.1.** 74/23; **6.1.** 43; **8.2.** 3, 63, 65–69, 91; **8.4.** 9; -bahn, EEG-Umlage **8.2.** 91; -bonus **6.1.** 43; -fahrzeug **2.5.** Anl. 1/3.13; **6.1.** 2, 38–39, 62; **6.1.4.** Anh. 1/3.19; **8.2.** Anl. 4/200; **8.4.** 2, 9; **11.1.** 325–325a, 329; -lärm **6.1.** 41–43; **6.1.16.**; -lärmschutzgesetz (SchlärmschG) **6.5.**; -netz **6.5.** 1–5, 8, 10; -verkehr **2.9.** Anl. 1/8; **6.1.** 43; **6.1.16.**; **6.6.** Anl. 1; **7.1.** 24; **8.4.** 9; -weg **2.5.** 14a, Anl. 1/14.7–14.11; **3.2.** 2; **4.2.** 10; **6.1.** 2, 41–43, 47b–47d; **6.1.16.**; **6.1.32.** 7; **6.5.** 4, 7–11

**Schießplatz** 6.1.4. Anh. 1/10.18; -stand **6.1.4.** Anh. 1/10.18

Magere Ziffern = §§  **Sachverzeichnis**

**Schiff 2.5.** Anl. 1/3.12, Anl. 1/13.9–13.12, Anl. 1/14.2; **6.1.** 2, 38–39, 62; **6.1.4.** Anh. 1/10.21; **6.1.39.** 28; -abfall **2.3.** 5a; **5.1.** 2; -antrieb **6.1.13.** 1; -barkeit **4.1.** 39; -bau **8.2.** Anl. 4/194; -begasung **9.1.3.** 15d, 15g; -fahrt **1.1.** 74/21, 87, 89; **3.1.** 4, 57; **4.1.** 26, 28, 40; **5.1.7.** 9; **8.4.** 9; -körper **2.5.** Anl. 1/3.12; **6.1.4.** Anh. 1/3.18; **10.2.** 1/41; -verkehr **6.6.** Anl. 1; **7.1.** 24; -werft **2.5.** Anl. 1/3.12; **6.1.4.** Anh. 1/3.18
**Schildkröte 3.1.1.** 3, 13
**Schill**gründe **3.1.** 30
**Schlachten 2.5.** Anl. 1/7.13, Anl. 1/7.20; **3.3.** 4–4b, 13a, 16; **5.1.** 2; **6.1.4.** Anh. 1/7.2, Anh. 1/7.13–7.14; **8.2.** Anl. 4/11
**Schlacke 6.1.4.** Anh. 1/8.11; **6.1.17.** 12
**Schlamm 2.5.** Anl. 1/8.8; **4.1.** 50; **4.1.2.** 3; **5.1.** Anl. 1; **6.1.4.** Anh. 1/8.12; **8.2.1.** 3; -beseitigung **4.2.** 8
**Schlauchbeutel 5.4.** 31
**Schlei 4.1.** 7
**Schleif**körper **6.1.4.** Anh. 1/5.10; **8.2.** Anl. 4/121; **8.4.** 9a; -mittel **6.1.4.** Anh. 1/5.10
**Schleswig-Holstein 1.1.** Pr.; **3.1.** 3, 5, 9–11, 14–15, 17, 22–23, 25, 27–30, 32–33, 43, 61, 63, 65–69; **4.1.** 18–19, 38–40, 39–40, 70–71a, 99
**Schlick**gründe **3.1.** 30
**Schließen,** Betriebsräume **3.3.** 11
**Schmelz**sicherung **5.2.** Anl. 1
**Schmelzen 2.5.** Anl. 1/2.5, Anl. 1/2.7, Anl. 1/3.2–3.5, Anl. 1/7.15; **6.1.4.** Anh. 1/2.11, Anh. 1/2.15, Anh. 1/3.1, Anh. 1/3.4, Anh. 1/3.8–3.9, Anh. 1/7.3; **6.4.** Anh. 1; **8.4.** 9a; **10.2.** 1/26–31, 1/54, 1/93
**Schmerzensgeld 7.1.** 29; **9.6.** 32; **10.2.** 13
**Schmieden 6.4.** Anh. 1; **8.2.** Anl. 4/145
**Schmier**öl **5.1.7.** 1a; **6.1.4.** Anh. 1/4.5; **10.2.** 1/50; -stoff **5.1.7.** 1a; **6.1.** 34, 52; **6.1.4.** Anh. 1/4.4–4.5; **6.4.** Anh. 1; **9.1.3.** Anh. II; **10.2.** 1/49–50
**Schmuck 8.2.** Anl. 4/211–212; -reisigkultur **3.2.** 2
**Schmutzwasser 2.3.** 7; **4.1.** 54–55; **4.1.4.** 3; **4.2.** 2, 8–10; **6.1.17.** 4
**Schnee 9.5.** 3; -fall **6.1.32.** 7; -fräse **6.1.32.** 1/51; -schmelze **4.1.** 78d; -tälchen **3.1.** 30
**Schneiden 8.2.** Anl. 4/145
**Schocken 6.1.4.** Anh. 1/2.14
**Schönheit 3.1.** 1, 9, 23, 26, 28
**Schokolade 2.5.** Anl. 1/7.28; **6.1.4.** Anh. 1/7.31
**Schornstein 6.1.1.** 19; **6.1.13.** 2, 4; **6.1.17.** 2; -austrittsöffnung **6.1.1.** 19; -feger **6.1.1.** 4, 12, 14–17, 20, 25–27; **8.1.** 88, 97; -feger-Handwerksgesetz **6.1.1.** 14, 27; **8.1.** 97
**Schrauben 8.2.** Anl. 4/151
**Schredder 5.1.** Anl. 1–2; **5.1.5.** 2, 4–5, 7, 11; **5.2.** 3; **6.1.4.** Anh. 1/3.22, Anh. 1/8.9; **6.1.32.** 1/50
**Schrott 2.5.** Anl. 1/8.7; **5.1.5.** 2; **6.1.4.** Anh. 1/3.22, Anh. 1/8.12; **10.2.** 1/39
**Schüttgut 6.1.4.** Anh. 1/9.11
**Schuhe 8.2.** Anl. 4/61; mit Leuchtfunktion **5.2.** Anl. 1
**Schuldverhältnis,** gesetzliches **8.2.** 7
**Schule 1.1.** 23; **5.4.** 3; **6.1.** 47a; **6.1.12.** 11; **6.1.16.** 2; **6.1.26.** 4; **6.3.** 5; **8.1.** 32; **9.1.3.** 2; **9.4.** 17
**Schulung** s. Fortbildung
**Schutt**halde **3.1.** 30
**Schutz** s. a. Sicherheit; -ausrüstung **9.1.** 19; **9.1.3.** 7, 10, 13–14, 18, 22; -bereichsgesetz **3.2.** 45; **6.3.** 8; -erklärung **3.1.** 22, 32, 56–57; -gebiet **2.5.** Anl. 3, Anl. 6; **3.1.** 4, 7, 9, 15, 20–36, 44, 56–57, 63; **3.1.2.** 2; **3.4.1.** 12; **4.1.** 13a, 23, 29, 45h, 51–53, 73–78, 88; **6.1.** 40, 49–50; **6.1.18.** 4; **6.3.** 2–9; **11.1.** 329–330; -gebiet von gemeinschaftlicher Bedeutung **3.1.** 7, 21, 31–36; **3.1.1.** 2, 4; -gebietskennzeichnung **3.1.** 22; -gebietsliste **3.1.** 32; -gebietsregister **3.1.** 22; -gebietszone **3.1.** 22, 25; -hütte **3.2.** 13; -klausel **1.2.** 191; vor Lichtverschmutzung **3.1.** 23–25; -maßnahme **1.2.** 192–193; **2.9.** 6–9; **3.1.** 38, 44; **3.4.** 2, 4, 8, 13; **3.4.1.** 1, 5–6; **4.1.** 76–78; **6.1.** 41, 45, 47; **6.1.9.** 4b, 4e; **6.1.32.** 7; **7.1.** 7, 9, 10, 19, 21; **9.1.** 19, 20b; **9.1.3.** 6–15; **10.1.** 907; von Natur und Landschaft **3.1.** 1, 20–47, 56; s. a. Naturschutz; -niveau, höheres **6.1.** 3; -niveau, hohes **1.1.** 20a; **1.2.** 191; **1.3.** 37; **4.1.** 3, 6, 57; **4.1.4.** 2; **5.1.** 5; **6.1.** 1, 3, 5, 7, 12, 48; **6.1.12.** 8; **6.1.39.** 34; -objekt, benachbartes **2.5.** 8; **6.1.** 3, 16a, 19, 23a; **6.1.12.** 2; **12.1.** 1; der Umwelt s. Umweltschutz; -vorkehrung **3.3.** 2a; **3.4.1.** 10; **4.1.** 16, 60; **6.1.** 14; **6.1.12.** 3, 5; **7.1.** 4, 19q; **9.1.** 19; **9.6.** 6–7, 11–12, 14–16, 17a, 19, 21, 23, 26, 30; -wald **3.2.** 9, 12, 45; -ziel **7.1.** 42; s. Umweltziel; -zone **6.3.** 2–6, 9
**Schwallötbad 1.4.** Anh. 1/3.4; **2.5.** Anl. 1/3.5; **6.1.4.** Anh. 1/3.4; **10.2.** 1/31
**Schweb**stoff **4.1.** 39; **4.1.1.** Anl. 8; **4.1.3.** 2, 4, 15; **6.1.13.** 22
**Schwefel 2.5.** Anl. 1/10.3; **4.1.1.** Anl. 2; **6.1.1.** 3; **6.1.4.** Anh. 1/4.1, Anh. 1/10.7; **6.1.9.** 4a, 21; **6.1.13.** 1–2; **10.2.** 1/45;

1665

# Sachverzeichnis

Fette Zahlen = Gesetzesnummern

-dioxid **6.1.4.** Anh. 1/4.1, Anh. 2; **6.1.13.** 28–34, 39, 43–44, 49–51, 53, 59; **6.1.17.** 2, 8; **6.1.39.** 1–2, 12–16, 21, 26, 30–31, 33, Anl. 14; **10.2.** 1/82; -erzeugnis **10.2.** 1/45; -fluorid **2.3.** 10; **6.4.** 3; **6.6.** 2; -kohlenstoff **6.1.4.** Anh. 2; -oxid **6.1.13.** 2, 17–18, 22; -trioxid **6.1.4.** Anh. 2; **6.1.13.** 17, 28–34, 43–44, 49–53, 59, 64; **6.1.17.** 8; **10.2.** 1/87; -wasserstoff **6.1.4.** Anh. 2; **6.1.13.** 1
**Schwein 2.5.** Anl. 1/7.7–7.9; **3.3.** 2a, 5, 21; **6.1.4.** Anh. 1/7.1; **10.2.** 1/64
**Schweinsohr 3.1.1.** 2, 6
**Schweiß**stromerzeuger **6.1.32.** 1/57
**Schweiz 7.1.** 9a
**Schwelen 2.5.** Anl. 1/1.8; **6.1.4.** Anh. 1/1.11; **10.2.** 1/9
**Schwellenwert 4.1.1.** 1, 3, 5–7, 8a, 10, Anl. 2; **4.2.** 3; **6.4.** Anh. 1; **9.6.** 16e, 17b
**Schwermetall 2.5.** Anl. 1/8.2; **6.1.1.** 3; **6.1.4.** Anh. 1/1.2, Anh. 1/3.6; **6.1.9.** 4a, 21; **6.1.17.** 2; -rasen **3.1.** 30
**Schwimm**körper **6.1.** 2, 38, 62
**Scoping** s. Untersuchungsrahmen
**Screening** s. Vorprüfung
**Sediment 4.1.** 32, 45; **4.1.3.** 2, 4, 13, 15; –, umgelagertes **5.1.** 2
**See** s. a. Hohe See, Meer; -anlage **8.2.** 3; -ausbaggerung **2.5.** Anl. 1/13.15; -graswiese **3.1.** 30; -hafen **5.1.** 2; –, natürlicher **4.1.** 13a; -rechtsübereinkommen **2.9.** 3; **3.1.** 56–57; **3.1.2.** 1; **12.1.** 1; -schiff **2.5.** Anl. 1/3.12; **3.1.** 40a; **5.1.** 2; **8.2.** 63, 65b; -schifffahrt **1.1.** 89; **2.5.** Anl. 1/13.10–13.11; **3.1.** 4, 40a; **5.1.7.** 9; **8.2.** 63; **9.1.** 2; -ufer **4.2.** 13; -verkehr **2.9.** Anl. 1/8; **6.1.39.** 1; **6.4.** 1; -verkehrsemissionsüberwachung **6.4.** 2–3, 19; -verkehrsverordnung MRV (EU) **6.4.** 2–3, 19, 32; -wasserstraße **1.1.** 74/21; **8.2.** 84; -zeichen **1.1.** 74/21
**Seggen**ried **3.1.** 30; -wiese **3.1.** 30
**Seife 8.2.** Anl. 4/87; **10.2.** 1/45
**Seiler**waren **8.2.** Anl. 4/47
**Sekt 5.4.** 31
**Sektor** für Emissionen **6.6.** 4–5, 7–11, Anl. 1–2
**Sekundärrohstoff 2.3.** 3; **2.5.** Anl. 1/3.3–3.4; **5.1.** 3, 23–24, 24; **5.4.** 4–5; **6.1.4.** Anh. 1/3.2–3.3; **6.4.** Anh. 1
**Selbstbewertung 7.1.** 24b
**Selbstentsorgung 5.2.** 14
**Selbstkontrolle 5.1.5.** 3; **5.4.** 15, 17–18, 31; s. a. Selbstüberwachung
**Selbstregulierung**, Ökosysteme **3.1.** 1
**Selbstreinigungs**fähigkeit **3.1.** 1
**Selbstüberwachung 4.1.** 61–62, 65; **4.1.2.** 2; s. a. Eigenüberwachung

**Selbstverbrauch** von Strom **8.2.** 3, 61a–61b, 61e–61f, 61l, 62a–62b, 63–65, 69, 72, 74, 85, 88; **8.4.** 2, 4–5, 8–9
**Selbstverwaltung 1.1.** 28, 90; **5.1.** 46; s. a. Gemeinde
**Selbstverwertung 5.1.** 17; **5.3.** 9
**Selen 4.1.1.** Anl. 8
**Seltenheit 3.1.** 23, 28
**Sengen 6.1.4.** Anh. 1/10.23
**Senke** für Treibhausgase **6.6.** 2, 5, 9–10
**Sensibilisierend 9.1.3.** 3, 6
**Service** s. a. Dienstleistung; -gerechtigkeit **5.1.** 17; -verpackung **5.4.** 3, 7, 9
**Seuche 1.1.** 11, 13, 74/19; **2.8.** 5; **3.1.** 37; **3.3.** 13
**Sicherheit 4.3.** 14; **5.2.** 4, 13; **6.1.** 3; -abstand **2.5.** 8, Anl. 3; **6.1.** 3, 15, 16a, 17, 19, 23a–23b, 48; **6.1.12.** 2; **12.1.** 1; -analyse **10.2.** 2/1; -anforderung **7.3.** 2, 26–27; –, Anlage **6.1.** 3, 29a, 51a, 52, 58b–58c; **6.1.12.**; -anweisung **6.1.12.** 6; -beauftragter **7.1.** 2b; –, bergtechnische **7.1.** 57b; -bericht **6.1.9.** 4b, 13; **6.1.12.** 6, 8–9, 13, 16, 21; **9.1.** 27b; der Beschäftigten **9.1.3.** 1–2; –, bestmögliche **7.3.** 1, 19; –, biologische **9.6.** 3–16, 29, 30; -datenblatt **9.1.** 16d, 28; **9.1.3.** 4–7, 14, 18; -einrichtung **6.1.12.** 4–6, 12; **9.6.** 10, 21; –, gentechnische **9.6.** 5, 7, 14; -information **6.1.12.** 6; **9.1.3.** 4–7; in der Informationstechnik **7.1.** 44b; -interesse **5.2.** 2; **5.3.** 1; –, internationale **2.9.** 3; –, kerntechnische **7.1.** 7, 9b, 22–24b, 53–54, 57b; -konzept **6.1.12.** 6, 8–9, 20–21; -leistung **2.5.** 67a; **3.1.** 15, 17, 42; **3.1.2.** 12, 16; **3.4.** 10; **4.1.** 96; **5.1.** 18, 25, 36–37, 43–44; **5.2.** 6–7, 9, 27, 31–34, 37; **5.4.** 8, 18, 25–26; **6.1.** 7, 8a, 12, 17; **6.1.9.** 24a; **7.1.** 4a, 30; **8.2.** 28a, 31, 33, 36a, 37a, 39a, 55–55a, 88–88a; **8.4.** 4; **9.6.** 17; -managementsystem **6.1.12.** 6, 8–9; -maßnahme s. Schutzmaßnahme, Schutzvorkehrung; –, nukleare **7.**; **7.1.** 2, 2d, 7c, 19a, 24b, 44b; –, nukleare Entsorgung **7.0.2.**; –, öffentliche **1.1.** 13, 35; **1.2.** 4, 36; **2.6.** 8; **3.1.** 34, 45; **3.3.** 14; **4.1.** 8, 78d, 101; **4.3.** 13; **5.1.** 15, 19, 47; **6.1.** 52; **6.1.9.** 4b, 10; **6.1.12.** 11; **6.1.26.** 2; **7.1.** 1; **9.4.** 13; **9.6.** 25, 28a; -prüfung **9.1.** 19a; -ratschlag **9.1.** 19; -schutz **6.1.12.** 4–6; des Staates **6.1.26.** 2; -stufe **9.6.** 6–12, 38; -technik **2.8.1.** 6; **6.1.** 51a; **6.1.12.** 2, 4–6; **9.1.** 12a, 19, 20b; **9.6.** 4, 30; -technische Prüfung **2.8.1.** 6; **6.1.** 7, 29a–30; **6.1.12.** 6; -überprüfung **7.1.** 17, 19a, 21, Anl. 4; -untersuchung **7.3.** 2–3, 14, 16, 18, 25–27; -vorkehrung s. Schutzvorkehrung; -zeichen **9.1.3.** 10

1666

Magere Ziffern = §§  Sachverzeichnis

**Sicherstellen** 3.1. 22, 66, 69; **4.1.** 76; **6.1.4.** 1; **8.6.** 7; **11.1.** 329
**Sicherung**smaßnahme **3.4.** 2, 4, 10, 13, 15; **3.4.1.** 1, 5; -maßnahmen **7.1.** 41–44; -und Schutzkonzept, integriertes **7.1.** 41–44
**Sickerwasser 2.3.** 3; **3.4.1.** 2–5; **4.1.** 60; **4.1.4.** 1; **5.1.** 3; **5.4.** 4
**Siedlung 2.5.** Anl. 3; **3.1.** 1; **6.6.** Anl. 1; -abfall **5.1.** 3, 14–15, 30, Anl. 2; **5.2.** 10; **5.3.** 11; **5.4.** 13, 22; **6.1.17.** 2, 9; **6.4.** 2; **8.2.1.** 3; -abfall, aufbereiteter gemischter **6.1.17.** 2, 9; -abfall, gemischter **6.1.17.** 2, 9; -entwicklung **4.1.** 78; -fläche **3.1.** 1, 9; **3.4.** 2; **6.1.32.** 7; -nah **3.1.** 1
**Silage**sickersaft **4.1.** 62–63; **9.5.** 3a
**Silber 4.1.1.** Anl.; -nitrat **6.1.4.** Anh. 1/4.1
**Silizium 6.1.4.** Anh. 1/4.1
**Silo**fahrzeug **6.1.32.** 1/19
**SINTEG** Förderprogramm **8.2.** 95
**Sintern 2.5.** Anl. 1/3.1; **6.1.4.** Anh. 1/3.1; **6.4.** Anh. 1; **8.4.** 9a; **10.2.** 1/28
**Sirup 2.5.** Anl. 1/7.27–7.28; **6.1.4.** Anh. 1/7.31
**Sittlichkeit,** öffentliche **1.2.** 36
**Smart-Meter-Gateway 8.2.** 9, 10b, 84a
**Smog 6.1.** 49; **11.1.** 329
**Sofort**programm **6.6.** 8, 10
**Solar**anlage *s. Solarenergie;* -energie **5.2.** 3; **8.1.** 3–4, 20, 23, 35–36, 52; **8.2.** 3–4, 9, 21, 22, 22–23, 23c–24, 28a, 28c–30, 30, 37–38i, 48–49, 53–55a, 57, 85, 100; **8.4.** 2, 8
**„Solar Keymark" 8.1.** 35, 90
**Sonder**abfall **11.1.** 326; -fahrzeug **6.1.4.** Anh. 1/8.9; -fallprüfung **6.1.9.** 4a; -nutzung **5.4.** 2; **8.9.** 3–4; -nutzungserlaubnis **8.9.** 5; -reserve **6.4.** 14
**Sonnen**eintrag **8.1.** 14; -energie *s. Solarenergie*
**Sorgfaltspflicht 3.1.** 2, 60; **4.1.** 5, 50; **8.1.** 83; **8.2.** 61k; **9.6.** 6; **10.1.** 831
**Sortieren 5.1.** 3, 59, Anl. 1–2; **5.3.** 2, 9, 11; **6.1.4.** Anh. 1/8.4
**Sozial 3.1.** 34; **4.1.** 6a, 30; **5.1.** 6; **6.1.** 37d; **6.6.** 1, 9, 11; **8.2.** 90; **9.4.** 13; -gesetzbuch (SGB) **8.4.** 2; -politik **1.2.** 4; -staat **1.1.** 20, 23, 28
**Späne 2.5.** Anl. 1/8.2; **6.1.1.** 3
**Spalten 2.5.** Anl. 1/4.1–4.2, Anl. 1/11.; **6.1.4.** Anh. 1/4.1; **6.1.13.** 57–59; **7.1.** 2; **10.2.** 1/13; *s. a. Kernspaltung*
**Span**platte **2.5.** Anl. 1/6.3; **8.2.** Anl. 4/63
**Spann**rahmenanlage **2.5.** Anl. 1/10.4; **6.1.4.** Anh. 1/10.10
**Sparsame Verwendung,** Energie **4.3.** 3; **5.1.** 36, 45, Anl. 2; **6.1.** 5; **6.1.9.** 4d; **8.;**

**10.1.** 555b; *s. a. Energieeffizienz;* –, Energie in Gebäuden **8.1.**; –, kritische Rohstoffe **5.1.** 23; –, natürliche Ressourcen **5.1.** 5; –, Naturgüter **3.1.** 1, 25; **8.2.1.** 5; –, Rohstoffe **5.1.** 45; –, Wasser **4.1.** 5, 13, 50; **4.1.2.** 3; **4.3.** 3; **5.1.** 45; **10.1.** 555b
**Spaten**hammer **6.1.32.** 1/10
**Speicher 6.1.13.** 9; **6.1.17.** 4; **8.1.** 90; **8.2.** 21; *s. a. Speichern;* –, elektrochemischer **8.1.** 23; -gas **8.2.** 3, 19, 44b–44c, 61l; -stätte **6.4.** Anh. 1; -verlust **8.2.** 611
**Speichern 2.5.** Anl. 1/1.10, Anl. 1/9.1, Anl. 1/13.6, Anl. 1/19.10; **4.1.** 3, 28; **5.1.** 2; **6.1.4.** Anh. 1/9.1; **8.2.** 61l; –, geologisch **6.1.4.** Anh. 1/10.4; **6.4.** Anh. 1; –, Informationen **2.5.1.** 6; **8.2.** 58; –, Schmutzwasser **6.1.17.** 4
**Speise**fett **2.5.** Anl. 1/7.14; **6.1.4.** Anh. 1/7.3; -würze **6.1.4.** Anh. 1/7.28
**Spende** von Produkten **5.1.** 33, Anl. 5
**Sperre 3.2.** 14; **8.2.** 44; **8.9.** 5; –, Konto **6.4.** 29; **6.7.** 20
**Sperrholz 2.5.** Anl. 1/8.2; **6.1.1.** 3; **6.1.4.** Anh. 1/1.2; **8.2.** Anl. 4/63
**Sperrmüll 5.1.** 3, 20, 46
**Spiel**platz **6.1.** 22; **9.4.** 17; -waren **8.2.** Anl. 4/215; -zeug **5.2.** Anl. 1
**Spinnerei 8.2.** Anl. 4/42
**Spirituosen 8.2.** Anl. 4/34
**Sport 1.2.** 6; **6.1.18.;** -anlage **6.1.** 23; **6.1.4.** Anh. 1/10.17; **6.1.18.;** in freier Natur **3.1.** 1; -gerät **5.2.** Anl. 1; **8.2.** Anl. 4/214; -lärm **6.1.** 23; **6.1.18.;** -platz **9.4.** 17; -stadion **5.4.** 3
**Sprengkörper 2.5.** Anl. 1/10.1; **10.2.** 1/90; -stoff **1.1.** 73/12; **2.5.** Anl. 1/2.1, Anl. 1/3.11, Anl. 1/10.1; **2.8.** 5; **3.1.1.** 4; **6.1.4.** Anh. 1/2.1, Anh. 1/3.13, Anh. 1/10.1; **7.1.** 57; **9.1.** 19; **10.2.** 1/38, 1/90; **11.1.** 6, 89c, 129a, 308; 310); -stoffgesetz **2.5.** Anl. 1/10.1–10.2; **6.1.4.** Anh. 1/10.1; **7.1.** 57; **9.1.2.** 1; -verformung **2.5.** Anl. 1/3.11; **6.1.4.** Anh. 1/3.13; **10.2.** 1/38
**Sprüh**trockner **6.1.4.** Anh. 1/7.32
**Spülen 6.1.32.** 1/07, 1/26
**Stade (KKW) 7.1.** Anl. 3–4
**Stadt** *s. Gemeinde;* -gas **10.2.** 1/2, 1/13
**Städte**bau **1.1.** 74/18; **5.1.** 15; **6.1.** 40; -projekt **5.2.** 9, 13, Anl. 1/18.7
**Stärke 6.1.1.** 3; **8.2.** Anl. 4/22; -mehl **2.5.** Anl. 1/7.23; **6.1.4.** Anh. 1/7.22
**Stahl 2.5.** Anl. 1/3.; **6.1.4.** Anh. 1/3., Anh. 1/3.5–3.7, Anh. 1/3.9, Anh. 1/3.16, Anh. 1/3.20; **6.4.** Anh. 1–2; **8.2.** Anl. 4/123–128, Anl. 4/18; **10.2.** 1/30, 1/32, 1/34, 1/40; -flasche **5.4.** Anl. 1; -gas **2.5.** Anl. 1/1.2, Anl. 1/1.4; **6.1.1.** 3,

1667

# Sachverzeichnis

Fette Zahlen = Gesetzesnummern

14; **6.1.4.** Anh. 1/1.2, Anh. 1/1.4; **6.4.** Anh. 1; -werkstaub **6.1.4.** Anh. 1/8.3
**Stall**einrichtung **3.3.** 13a, 16; -haltung **3.3.** 2a, 13a, 16; **8.2.** 48
**Stampfen 6.1.4.** Anh. 1/2.14; **6.1.32.** 1/08; **10.2.** 1/43
**Stand** s. a. Gute fachliche Praxis, Gute Laborpraxis, Regeln der Technik; der Erkenntnisse **7.1.** 44; –, gegenwärtiger **2.6.** 7; der guten veterinärmedizinischen Praxis **3.1.** 42; der internationalen Entwicklung **9.6.** 5; der Lärmwirkungsforschung **6.1.16.** 2; **6.3.** 2; der Luftfahrttechnik **6.3.** 2; der medizinischen Wissenschaft **7.1.** 26; der Messtechnik **6.1.9.** 4a; **6.1.26.** 5; der Schallschutztechnik **6.3.** 7; der Sicherheitstechnik **6.1.** 51a; **6.1.12.** 2–3; der Stromeffizienz **8.2.** 94; der Technik **2.5.** 66; **4.1.** 3, 13a, 16, 57, 60, Anl. 1; **4.1.2.** 3; **4.1.4.** 4, 8; **5.1.** 3, 9a, 16, 36, 47, Anl. 3; **5.2.** 20; **5.3.** 14; **6.1.** 3, 5, 7, 12, 14, 16b, 22, 41, 48, 48b, 52; **6.1.1.** 1, 4, 6, 26; **6.1.12.** 6; **6.1.13.** 23, 39; **6.1.26.** 4; **6.7.** 12, 14; **8.1.** 5–6, 42; **8.2.** 3, 12; **8.9.** 5; **9.1.** 19; **9.1.3.** 2, 9, 20; **9.4.** 16; **9.6.** 16a, 23; **10.1.** 906; von Technik und Medizin **9.1.3.** 20; des Wissens **2.5.** 16, 39; der Wissenschaft **3.1.** 42; **9.1.3.** 20; **9.6.** 7, 15, 15–16, 16d; von Wissenschaft und Technik **3.3.** 5; **4.1.** 13a; **4.2.** 3; **7.1.** 4–7, 7d, 9–9a, 26; **7.3.** 19, 26; **9.6.** 6–7, 11, 16; der wissenschaftlichen Erkenntnis **3.3.** 7a; **6.1.39.** 1; **7.1.** 53; **9.1.** 3a, 13, 16d, 23; **9.4.** 3
**Standard 3.1.** 15; s. a. Umweltstandard; –, Luftqualität **6.1.39.**; –, Recyclingfähigkeit **5.4.** 21, 26
**Standort 2.5.** 5, 7, 10–12, 15–16, 19, 24, 28, 35, 49, 68, Anl. 1–5; **2.7.** 2, 10; **2.8.** 32–35; **2.8.1.**; **3.1.** 30, 39, 44, 54, 69; **3.4.** 2, 6; **3.4.1.** 2, 8; **4.1.** 3, 35, 54; **5.1.** 11, 30, 34, 43, 51, 56, 61; **5.2.** 3, 20; **6.1.** 3, 5, 9–10, 23a; **6.1.9.** 2a, 2a–4, 8, 10, 13, 21, 23, Anl.; **6.1.12.** 15; **6.1.17.** 13; **6.4.** 4, 24, 28; **7.1.** 7–7a, 9, 15, 45; **8.1.** 14; **8.2.** 8, 30, 33, 44, 54, 61e–61h, 64, 85; **8.6.** 4; **9.4.** 13; **9.6.** 14, 15; **11.1.** 328; s. a. Lage; -angepasst **3.1.** 5; **3.4.** 17; –, ausländischer **2.8.** 33–35; -auswahl **6.1.26.** 7a; **7.1.** 9b; **7.3.**; -auswahlgesetz **2.5.** Anl. 5/1.15–16; **7.0.2.** 2; **7.1.** Titel-FN, 9b, 9d, 23d; 58; **7.3.**; **12.1.** 1; -auswahlkriterien **7.3.** 14, 18, 22–27, 36; -auswahlverfahren **7.3.** 1, 3–8, 12–21, 28, 36; -bescheinigung **6.1.26.** 3, 7; -entscheidung **7.3.** 20; -erkundung **3.4.1.** 2; **5.1.** 34; **7.1.** 9d–9g, 21b; **7.3.** 2–4, 7, 10, 12–18, 36; -gerecht **4.1.** 38–39; –, gesetz-

lich festgelegter **7.1.** 9b, 23d; -heimisch **3.1.** 5; –, kontaminierter **5.1.** 30; -nah **7.1.** 9a; -region **2.5.** Anl. 5/1.15; **7.3.** 2–3, 7, 10, 14–16; -register **9.6.** 16a; -sicherung **7.3.** 21; -suche **7.3.**; -vergleich **7.3.** 18–19, 36; –, wechselnder **3.3.** 16
**Standsicherheit 8.1.** 10, 46, 57
**Stanzen 8.2.** Anl. 4/145
**Starkniederschlag 4.1.** 78d
**Start**bahn **6.3.** 2; -verbot **6.4.** 31
**Statistik 1.1.** 73/11; **2.3.**; **5.2.** 31; **8.4.** 2; -geheimnis **2.6.** 9
**Stau**anlage **4.1.** 34–35, 36, 93; **8.2.** 40; -haltungsdamm **4.1.** 36; -stufe **4.1.** 35; -werk **2.5.** Anl. 1/13.6
**Staub 6.1.** 3; **6.1.1.** 4–5, 25–26; **6.1.4.** Anh. 1/9.11; **6.1.13.** 5, 10, 17–18, 22, 28–34, 39, 42, 44, 49–50, 59–60, 64; **6.1.17.** 8, 12; **6.1.39.** 13, 31; **9.1.3.** 2; -sauger **5.2.** Anl. 1
**Stearin 6.1.1.** 3
**Steck**dose **5.2.** Anl. 1
**Steg 4.1.** 36
**Steilküste 3.1.** 30
**Stein 2.3.** 11; **2.5.** Anl. 1/2.; **6.1.4.** Anh. 1/2.; -bruch **2.5.** Anl. 1/2.1; **6.1.4.** Anh. 1/2.1; -kohle s. Kohlen; -pilz **3.1.1.** 2, 6; -riegel **3.1.** 30; -salz **7.3.** 1, 23; – und Erden **8.2.** Anl. 4/10
**Stelle**, beauftragte **5.1.** 10; **8.1.** 94; **8.6.** 7–12; –, bekanntgegebene **6.1.** 29b; **6.1.13.** 16, 20; –, Biokraftstoffquote **6.1.** 37c–37f, 62; –, einheitliche **3.3.** 16j; **4.1.** 11a; **5.1.** 54; **5.1.5.** 6; **5.3.** 2; **5.4.** 3; **6.1.** 10, 23b; **8.9.** 4–5; **9.1.** 19b; –, gemeinsame **2.8.** 32; **5.1.5.** 7; **5.2.** 5, 7, 12, 14–15, 26–35, 40; **5.3.** 23; **5.4.** 19; –, informationspflichtige **2.6.** 1–10, 12–13; –, sachverständige s. Sachverständiger; –, zentrale **2.3.** 5a, 15; **5.4.** 3, 7–11, 14, 17–20, 18, 24–30, 38; –, zugelassene **8.6.** 7, 11
**Stellungnahme 9.5.** 3a; –, behördliche **2.5.** 17, 24, 26, 41, 55, 60–61; –, Clearingstelle **8.2.** 81; –, Nachbarstaat **2.5.** 55, 60; **4.1.4.** 5; der Öffentlichkeit **5.1.** 32; **7.1.** 57b; **7.3.** 7
**Sterilisieren 2.5.** Anl. 1/7.17; **5.4.** Anl. 1; **6.1.4.** Anh. 1/7.4, Anh. 1/10.22; **9.1.3.** 15h
**Steuer 1.1.** 105; **1.2.** 192, 194; **8.4.**; -anmeldung **8.4.** 8, 11; -aufkommen **8.4.** 11; -befreiung **6.7.** 2; **8.4.** 2a, 5, 9, 9b, 11; -berater **5.4.** 11, 26–27; -entlastung **8.4.** 2a, 9b–9c, 10–11; -ermäßigung **8.4.** 2a, 9; -erstattung **8.4.** 9a–11; -gebiet **8.4.** 1; -geheimnis **2.6.** 9; **4.1.** 101; -satz **8.4.** 3; -schuldner **6.1.** 37a; **8.4.** 5–8, 11; -straftat **4.1.** 101

Magere Ziffern = §§  **Sachverzeichnis**

**Stickstoff** 2.5. Anl. 1/4.1; **4.1.2.** 6; **4.1.3.** 14; **4.2.** 3; **6.1.4.** Anh. 1/4.1; **8.2.** Anl. 4/82; **9.5.** 2; -dioxid 6.1. 47; **6.1.1.** 6; **6.1.13.** 5, 17–18, 22, 28–34, 38–39, 43–44, 49–50, 52–53, 59, 64; **6.1.17.** 8, 10; **6.1.39.** 1, 3, 12–16, 18, 21, 26, 30–31, Anl. 14; -monoxid **6.1.13.** 5, 17–18, 28–29, 49–50, 59, 64; -oxid **6.1.4.** Anh. 1/4.1; **6.1.13.** 27, 48; **6.1.39.** 1, 3, 12–16, 33; -trifluorid **2.3.** 10; **6.6.** 2
**Stiftung 2.1.**; **3.1.** 56, 66; **3.2.** 45; **4.1.** 99a; **5.2.** 40; **5.4.** 3, 24; **6.6.** 15
**Stilllegen 2.5.** Anl. 1/11.1, Anl. 1/15.2; **3.1.** 42–43; **3.4.** 2–3; **3.4.1.** 3; **4.1.** 36, 60, 62, 101, 103; **5.1.** 30, 36, 38, 40, 43–44, 47; **6.1.** 5, 7, 14, 20, 25a; **6.1.9.** 21; **6.1.12.** 7; **6.1.13.** 39; **6.3.** 4; **7.1.** 2c–2d, 7, 9a–9b, 19, 23d, 57b; **7.3.** 19–20, 26; **9.6.** 26; **10.2.** 2, 19; **11.1.** 327; –, endgültig **5.1.** 40, 43; **8.2.** 3
**Stör 3.1.1.** 6
**Stören 3.1.** 23–24, 33, 39, 44, 69; **3.2.** 13; **7.1.** 44b; **9.4.** 13
**Störfall 2.5.** 7, Anl. 3; **3.3.** 2a; **3.4.1.** 3; **6.1.** 31; **6.1.9.** 1, 4b, 21; **6.1.12.**; **9.1.** 19; **9.1.3.** 13–14; **10.2.** 2/2, 6; -beauftragter **2.8.** 5; **2.8.1.** 3, 6; **6.1.** 29a, 52, 54, 58a–58d, 58e; –, Begriff **6.1.12.** 2; -kommission **6.1.** 51a; -relevant **6.1.** 3, 15, 16a, 17, 19, 23a–23c, 25a, 62; -verordnung **2.5.** 8, Anl. 3; **6.1.** 20, 25, 31, 52; **6.1.9.** 4b, 13; **6.1.12.**; **10.2.** 1/89, 2/1–2
**Störmaßnahme 7.1.** 4–7, 9, 41–44; *s. a. Eingriff von Unbefugten*
**Stoff 2.3.** 9–10; **2.5.** Anl. 1/4., Anl. 1/8., Anl. 1/9., Anl. 1/13.2; **2.6.** 2; **2.9.** 2; **3.3.** 7–7a, 8a, 13; **3.4.** 2; **3.4.1.** 2; **4.1.** 8–9, 23, 25–26, 38–39, 48, 103; **4.1.1.**; **4.1.2.** 3; **4.1.4.** 3; **4.2.** 3–4; **4.3.** 2; **5.1.** 2–7, 10–12, 29, Anl. 2, Anl. 5; **5.1.7.** 1a; **6.1.** 2–3, 6–7, 17, 34–37, 52; **6.1.4.** 1, Anh. 1/4.–5., Anh. 1/5.1, Anh. 1/5.4, Anh. 1/8., Anh. 1/9., Anh. 1/10.1, Anh. 2; **6.1.9.** 4a; **6.1.17.** 1–2, 6; **8.2.1.** 1–2, 3, 5; **9.1.**; **9.1.3.** ; **9.4.** 2, 12, 14–15; **9.5.** 1–3, 5–6; **10.2.**, 1/45; **11.1.** 324a; *s. a. Abfall;* –, ätzender **9.1.3.** 3; –, akut toxischer **6.1.4.** Anh. 1/10.22, Anh. 2; **9.1.3.** 3, 6, 8; –, als registriert geltender **9.1.** 9; –, anfallender **5.1.** 3–4; –, anorganischer **5.1.** Anl. 2; **6.1.17.** 2; –, augenschädigender **9.1.3.** 3, 9; –, beanstandeter **9.1.** 21; -bedingt **9.1.3.** 1; –, Begriff **9.1.** 3; **9.1.3.** 2–3; der Beobachtungsliste **4.1.3.** 11; -beschränkung **9.1.** 5, 19, 23, 26–27; **9.1.2.**; **9.1.3.**; –, besonders gefährlicher **9.1.3.** Anh. II; -bewertung **9.1.** 9; *s. a. Bewerten;* -bezogene Regelung **1.1.** 72; –, biologischer **9.6.** 30; –, biologischer Arbeitsstoff **9.1.** 19, 20b; als Biomasse **8.2.** 89; **8.2.1.**; –, biozider *s. Biozid;* –, brennbarer **2.5.** Anl. 1/8.1, Anl. 1/9.1–9.2; **2.8.1.** 5, 9; **6.1.9.** 4a, 21; **6.1.17.** 1; *s. a. Brennstoff;* –, chemischer **2.5.** Anl. 1/9.3–9.4; **5.3.** 2; **6.1.4.** Anh. 1/4., Anh. 1/9.37; -eintrag **2.9.** 2; **4.1.** 38, 45a–45b, 48, 51; **4.1.1.** 1, 6, 13; als Einzelfuttermittel **5.1.** 2; –, entledigter **5.1.** 3; –, entzündlicher **9.1.3.** 3; –, erbgutverändernder **11.1.** 326; –, explosionsfähiger **6.1.4.** Anh. 1/10.1; **9.1.** 19; –, explosionsgefährlicher **2.5.** Anl. 1/10.1–10.2; **6.1.4.** Anh. 1/10.1; **9.1.** 19; **10.2.** 1/90; **11.1.** 326; –, explosiver **6.1.4.** Anh. 2; **9.1.3.** 3; –, Explosivstoff **2.5.** Anl. 1/4.1; **6.1.4.** Anh. 1/4.1; –, fester **4.1.** 9, 32, 45, 62; **6.1.17.** 1–2; **9.1.3.** 3; **10.2.** 1/68–70, 2/2; **11.1.** 329; –, flüssiger **4.1.** 32, 45, 55, 62; **6.1.** 34, 34–35; **6.1.17.** 1–2; **9.1.3.** 3; **10.2.** 1/68–69; –, fortpflanzungsgefährdender **9.1.3.** 2, 5, 8, 10, 14, 17, 25; **11.1.** 326; –, freigesetzter **2.3.** 9; –, gasförmiger **2.5.** Anl. 1/8.1; **4.1.** 62; **5.1.** 2; **6.1.** 37; **6.1.4.** Anh. 1/8.1; **6.1.17.** 1–2, 8; –, gebrauchter **5.1.** Anl. 5; –, gefährlicher **2.5.** Anl. 1/19.6; **2.9.** Anl. 1/7; **3.3.** 4b–4c; **4.1.1.**; **5.1.** 9, 24–24, 33, 65; **5.1.5.** 2, 8–9; **5.2.** 3, 18, 28; **5.3.** 7a; **5.4.** 4; **6.1.** 3; **6.1.12.** 1, 4; **9.**; **9.1.**, 12a; **9.1.2.–9.1.3.**; **9.1.3.** 1, 4; **11.1.** 327–328; –, Gefahrstoff **9.1.** 19; **9.1.3.** 2; –, Geruchsstoff **6.1.** 3; –, gesundheitsschädlicher **9.1.3.** 3; **11.1.** 224, 314; –, gewässergefährdender **9.1.3.** 3; –, giftiger **9.1.3.** 3, 8; -gleich **5.4.** 1, 16, 22–23; –, grundwassergefährdender **9.1.1.**; –, halogenorganischer **6.1.17.** 6–7; –, hautresorptiver **9.1.3.** 9; –, hautschädigender **9.1.3.** 9; –, hautsensibilisierender **9.1.3.** 6, 8; –, Inhaltsstoff **4.1.** 61; **4.3.** 6, 8, 13, 15, 22; **5.1.** 10, 29; –, inländischer **9.5.** 3, 5; –, keimzellmutagener **9.1.3.** 2–3, 5–6, 8, 10, 14, 17; –, klimawirksamer **2.3.** 2, 10; –, krebserzeugender **4.1.1.** Anl. 7; **9.1.3.** 2–5, 6, 8, 10, 14, 18, Anh. II; **11.1.** 326; –, landwirtschaftlicher **4.1.** 62–63; -liste **2.5.** Anl. 1/9.3; **6.1.9.** Anl. 2; –, löslicher **6.1.17.** 12; –, luftunreinigender **6.1.** 29; –, mineralischer **2.5.** Anl. 1/2.7; **6.1.4.** Anh. 1/2.11, Anh. 1/2.15; **6.4.** Anh. 1; **10.2.** 1/26; –, mutagener **4.1.1.** Anl. 7; –, neu geregelter **4.1.3.** 5, 7; –, neuer **4.1.3.** 7, 11; **6.1.4.** 1–2; **6.4.** 2; –, organischer **5.1.** Anl. 2; **6.1.4.** Anh. 1/5., Anh. 1/10.21;

1669

# Sachverzeichnis

Fette Zahlen = Gesetzesnummern

**6.1.17.** 8, 12; –, organischer toxischer **4.1.1.** Anl. 7; –, oxidierbarer **4.2.** 3; –, ozonschichtschädigender **9.1.3.** 3; –, partikelförmiger **9.1.3.** Anh. I; –, pflanzlicher **6.1.1.** 3, 5; **6.1.4.** Anh. 1/7.21, Anh. 1/7.23, Anh. 1/7.28, Anh. 1/7.31; **9.5.** 2; –, prioritärer **4.1.3.** 2, 4, 13; –, pyrophorer **9.1.3.** 3; –, radioaktiv kontaminierter **5.1.** 2; **7.0.1.** 2; –, radioaktiver **1.1.** 73/14; **3.4.** 3; **4.1.** 62; **5.1.** 2; **6.1.** 2; **7.0.1.** 2; **7.0.2.** 2; **7.1.** 2–2a, 5–6, 9a, 9c, 9h, 12b, 14, 19, 21, 21b, 24, 26, 31, 33–34, 37, 46, 53, 57b; **11.1.** 89c, 310, 312, 326, 328; –, recycelter **5.1.** Anl. 5; **9.1.** 12j; -register **4.1.** 13b; –, registrierter **9.1.** 5; –, reizender **9.1.3.** 3, 6, 8; –, relevanter gefährlicher **6.1.** 3, 5, 10; **6.1.9.** 4a, 21, 25; –, schädlicher **3.4.** 2, 4; **4.2.** 10; **5.1.** 3, 24; **5.4.** 4; **6.1.1.** 2; *s. a. Schadstoff;* –, sehr giftiger **9.1.2.** 14; –, selbstentzündlicher **11.1.** 326; –, selbsterhitzungsfähiger **9.1.3.** 3; –, selbstsetzlicher **6.1.4.** Anh. 2; **9.1.3.** 3; –, sensibilisierender **9.1.3.** 3; -sicherheitsbericht **9.1.** 27b; -strom **5.1.** 33; **5.2.** 3; -strombilanz **9.5.** 11a; –, tierischer **6.1.4.** Anh. 1/7.28; -umwandlungsleistung **3.1.** 1; –, umweltgefährdender **3.4.** 2, 8; **11.1.** 326, 330; –, umweltgefährlicher **9.1.** 2, 3a; **9.1.3.** 2; -verzeichnis **6.1.12.** 9, 11; –, wassergefährdender **2.3.** 2, 9, 14; **2.5.** 65, 74, Anl. 1/19.3; **4.1.** 13a, 23, 38, 62–63, 78a, 103; **4.1.1.; 5.2.** 21; **11.1.** 327, 329; -wechselprodukt **6.1.** 67; **10.2.** 1/48; –, weniger gefährlicher **4.1.** Anl. 1; **9.1.** 20b; –, zu entsorgender **5.1.** 2; –, zurückgewonnener **6.1.4.** Anh. 1/8.4; –, zweckbestimmter **5.1.** 3
**Stollen 3.1.** 30, 39, 69
**Straf**abgabe **6.1.** 37c; **6.4.** 30, 32; -antrag **11.1.** 230; -gesetzbuch (StGB) **3.1.** 72; **8.2.** 6; **9.1.** 27, 27d; **11.1.;** -prozessordnung **6.4.** 20; -recht **1.1.** 74/1; **2.8.** 5; **2.8.1.** 10; **9.6.** 28a; **11.;** *s. a. Ordnungswidrigkeit, Straftat;* -tat **3.1.** 71–72; **3.3.** 17, 20–20a; **4.2.** 14; **9.1.** 17, 27–27d; **9.1.2.** 13; **9.1.3.** 22, 24; **9.6.** 39; **10.2.** 21; **11.1.;** -verfolgung **2.6.** 8; **2.7.** 2, 13–15, 32; **4.1.** 101; **7.1.** 19; **9.6.** 21, 28a
**Strahl**mittel **6.1.4.** Anh. 1/3.20; -triebwerk **6.3.** 4
**Strahlen 2.6.** 2; **6.1.** 3; **10.2.** 3; **11.1.** 325a; –, elektromagnetische **6.1.26.**; –, ionisierende **1.1.** 73/14; **3.4.** 3; **7.1.** 1–2, 8, 9a–12, 19, 21b, 25, 26, 33, 38, 41–44; **7.3.** 1; **9.1.** 3a; **11.1.** 6, 89c, 129a, 309–311, 328; –, nichtionisierende **6.1.** 2; **11.1.** 325a; -schutz **1.1.** 73/14; **3.4.** 3; **6.1.** 2; **7.;** **7.0.1.; 7.3.** 1; -schutzbeauftragter **2.8.** 5; **7.1.** 4; -schutzgesetz **2.5.** Anl. 1/11.4, Anl. 5/2.8–2.11; **2.8.** 5; **5.1.** 2; **7.0.1.** 2; **7.1.** Titel-FN, 9a, 9c, 10a, 12b, 21b, 57b, Anl. 2; **7.3.** 29; -schutzrecht **2.8.** 5; **4.1.** 62; -schutzverordnung **7.1.** Titel-FN, 57b; –, solare *s. Solarenergie*
**Strahlung 2.5.** Anl. 4; **6.1.9.** Anl.
**Strand**see **3.1.** 30; -wall **3.1.** 30
**Straßen 1.1.** 90; **3.1.** 36; **3.2.** 14; **5.4.** 2; **6.1.** 40–43, 47b; **6.1.16.; 6.1.32.** 7; **6.1.39.** 25; **8.8.** 3; **8.9.** 3–4; **9.4.** 2; -bahn **2.5.** Anl. 1/3.13, Anl. 1/14.11; **6.1.** 2, 41–43, 43; **6.1.4.** Anh. 1/3.19; **6.1.16.**; **8.2.** 3; -bau **1.1.** 74/22; **2.5.** Anl. 1/14.3–14.6; **4.1.** 78d; **6.1.** 2, 41–43; **6.1.16.;** -baustoff **6.1.4.** Anh. 1/2.15; **10.2.** 1/27; -beleuchtung **3.1.** 23–25; -deckschicht **6.1.16.** 3–3a; -fahrzeugstrom **6.1.** 37a, 37d, 37h; -fertiger **6.1.32.** 1/41; -fräse **6.1.32.** 1/48; -lärm **6.1.** 41–43; **6.1.16.;** -personenverkehr **8.2.** 65a; -seitengraben **2.5.** Anl. 1/13.18; **4.1.** 2; -tankfahrzeug **6.1.4.** Anh. 1/10.21; -unterhaltung **1.1.** 74/22; -verkehr **1.1.** 74/22; **2.9.** Anl. 1/8; **5.1.5.** 1–2; **6.1.** 38–43, 47, 47b, 62; **6.1.16.;** **6.6.** Anl. 1; **8.8.–8.9.; 8.9.; 9.1.** 2; -verkehrsgesetz **8.8.** 3–4; **8.9.** 3–4; -verkehrs-Zulassungs-Ordnung **8.9.** 5; -verlegung **2.5.** Anl. 1/14.5
**Strategische** Umweltprüfung **2.5.** 1–2, 33–46, 48, 50, 52–53, Anl. 5; **3.1.** 22, 40f; **4.1.** 45i, 62a; **5.1.** 32; **6.1.** 47; **9.5.** 3a; **12.1.** 1; – Umweltprüfung, grenzüberschreitende **2.5.** 1, 60–63
**Strauch 4.1.** 38, 78a; **10.1.** 907; -heide **3.1.** 30
**Streich**holzschachtel **5.4.** Anl. 1; -maschine **6.1.4.** Anh. 1/5.6
**Streitigkeit 2.6.** 6; **6.4.** 19; **6.7.** 13; **9.4.** 54; *s. a. Rechtsschutz, Rechtsweg;* –, Beilegung **8.2.** 81
**Strenger Schutz 3.1.1.** 2
**Strengeres Recht 1.2.** 193; **3.1.** 34
**Streu**obstwiese **3.1.** 30; -salz **6.1.39.** 25; -sand **6.1.39.** 25
**Strick**gerät **5.2.** Anl. 1; -waren **8.2.** Anl. 4/44
**Strippen 6.1.4.** Anh. 1/8.7
**Strömungs**energie **3.1.** 57; **8.2.** 3
**Stroh 2.5.** Anl. 1/6.1; **5.1.** 2; **6.1.1.** 3, 5; **6.1.4.** Anh. 1/6.1; **6.4.** Anh. 1; **9.5.** 2; **10.2.** 1/62
**Strom 8.2.–8.8.;** -abnahme **8.2.** 3, 8, 11–12, 58, 60a, 63–66, 69, 83; -börse **8.2.** 3, 27a, 51a, 85; -direktheizung **8.1.** 3, 23; -durchleitung **8.2.** 21; -effizienz **8.2.** 94; -energiebedarf **8.1.** 85, 87; -entnahme

1670

Magere Ziffern = §§ **Sachverzeichnis**

8.4.; aus erneuerbaren Energien 8.1. 1, 3, 23, 36; 8.2.; -erzeuger 8.4. 2, 4–5; -erzeugung 2.5. Anl. 1/1.1–1.2, Anl. 1/8.2; 4.1. 28, 96; 5.2. 3; 6.1. 16b; 6.1.4. Anh. 1/1.1–1.2; 6.1.13. 7, 9; 6.1.17. 13; 6.4. Anh. 1; 7.1. 1, 4, 6–7, 9a, 19a; 8.1. 1, 3–4, 23, 36; 8.2.; 8.2.1.; -erzeugungsanlage 8.1. 23; 8.2. 3, 61a, 61e–61j, 74, 85; s. a. EEG-Anlage; -erzeugungsgerät 6.1.32. 1/45, 1/57; für Gebäudebetrieb 8.1. 1; -herkunftsnachweis 8.2. 3, 79, 92; -import 8.2. 5; -kabel 5.2. Anl. 1; -kennzeichnung 8.2. 3, 20, 56, 58, 78, 79a, 85, 91–92; -korrekturarbeit 2.5. Anl. 1/13.8; -kosten 8.2. 63–65, 69, 94; -kostenintensität 8.2. 64, 94; -kostenintensives Unternehmen 8.2. 63–64a, 91, 94, Anl. 4; -marktwert 8.2. 3; -menge 7.1. 7, Anl. 3; 8.2. 3, 11, 19, 23–24, 39g, 39m, 44, 44b, 48, 50–50a, 51, 58, 60, 61k–62, 64–66, 69, 72–74, 77–79a, 85, 91, 104; 8.4. 8, 11; -menge, Abgrenzung 8.2. 62b; -menge, umlagepflichtige 8.2. 3, 60, 64, 66, 74a; -mengenpfad 8.2. 4a, 98; -messung 5.2. 3; -netz 8.2. 3; 8.4. 2, 9; s. a. Netz; -netzentgeltverordnung 8.2. 19, 52, 57; -netzzugangsverordnung 8.2. 3; -preis 8.2. 3, 69, 91, 94; -schlag 3.1. 41; für Seeschiffe 8.2. 63, 65b, 69; -selbstverbrauch 8.2. 3, 61a, 61e–61f, 61l, 62a–62b, 63–65a, 69, 72, 74, 85, 88; 8.4. 2, 4–5, 8–9; -speicher 8.2. 21, 61l, 74–74a, 85; 8.4. 2, 5; -steuerbefreiung 8.2. 23, 53c, 71, 86; 8.4. 9, 9b; -steuer-Durchführungsverordnung 8.4. 11, 15; -steuerentlastung 8.2. 19; 8.4. 9b–9c, 10; -steuererstattung 8.4. 9a–11; -steuergesetz 8.2. 19, 53c, 73; 8.4.; -steuerpflicht 8.4. 5–8, 11; -steuersatz 8.4. 3; -übertragung 5.2. 3; 7.1. 7; 8.2. 3, 9, 11–12; -veräußerung, direkte s. Direktvermarktung; -verbrauch 8.2. 94; -verbrauch, standardisierter 8.2. 94; -vermarktung 8.2. 2, 3, 11, 20, 59, 73, 79–81, 86, 91; s. a. Direktvermarktung; -versorger 8.4. 2, 4–5, 11; -versorgung, ununterbrochene 5.2. 4, 28; -verteilung 8.2. 3, 9, 11–12; -weitergabe 8.2. 11, 56
**Sturm** 6.1.39. 1
**Styrol** 6.1.4. Anh. 1/5.7
**Subsidiarität** 1.1. 23; 1.3. 51; 2.9. 1
**Substitution** 4.3. 5; 9.1.3. 6–7, 9, 15a, 17–18; s. a. Ersatzstoff, Risiko
**Subvention,** Abschaffung 5.1. Anl. 5
**Südregion** 8.2. 3, 35, 36d, 39d, 39k, Anl. 5
**Süßwaren** 2.5. Anl. 1/7.27–7.28; 6.1.4. Anh. 1/7.31; 8.2. Anl. 4/26; -wasser 4.1.3. 2

**Sukzession,** natürliche 3.1. 1, 54
**Sumpf** 3.1. 30; 11.1. 329; -wald 3.1. 30
**SUP** 2.5. 33; s. a. Strategische Umweltprüfung; im Ausland 2.5. 1, 62–63; -Pflicht 2.5. 1, 34–37, 48, 50, Anl. 5; 5.1. 32; 9.5. 3a; 12.1. 1–2, 7
**Sylter Außenriff** 3.1. 57
**Symbol** 5.2. 9, 18, 19a, Anl. 3; 5.3. 17–18; 8.6. 5
**Synthesegas** 2.5. Anl. 1/1.2, Anl. 1/1.4; 6.1.1. 3; 6.1.4. Anh. 1/1.2, Anh. 1/1.4; 6.4. Anh. 1
**System** 2.3. 5, 15; 5.4. 3, 9, 11, 14–23, 26, 28, 36, 38; –, alternatives zur Energieeffizienzverbesserung 8.4. 10, 12; -beteiligungspflicht 5.4. 7; -betreiber 2.3. 5; 5.4. 7, 22–23; –, chemisches 5.3. 2; -dienstleistungsverordnung 8.2. 9; –, geschlossenes 9.1.3. 9; 9.6. 2–3; –, mehrere 5.4. 14, 22; -pflichten 5.4. 14, 20–21; -prüfer 5.4. 3, 19–20, 26; -relevant 6.1.13. 28; -stabilität 8.2. 57, 72; -unverträglichkeit 5.4. 7, 15

**Tabak** 3.3. 7a; 5.1. 2; 8.2. Anl. 4/41, Anl. 4/189; 9.1. 2
**Tablet** 5.2. Anl. 1
**Tätige Reue** 11.1. 314a, 330b
**Tätigkeit** 2.7. 2, 10, 20; 2.9. 2–3, Anl. 1; 4.1. 73; 6.1. 3; 6.1.39. 1, 28; 6.4. 1–7, 11, 34–35, Anh. 1; 7.1. 4, 6–7, 9, 9a, 12b, 44b; 9.1.2. 2; 9.1.3.; 10.1. 13–14; –, abfallwirtschaftliche 5.1. 59–60; –, berufliche 2.9. 2–3, Anl. 1; 5.2. 3; 9.1.3. 2; 10.1. 13–14; –, gefährliche 11.1. 327; –, wirtschaftliche 4.1. 3
**Tagebau** 6.1. 4
**Tageslicht**versorgung 8.1. 14, 18, 21, 32
**Talsperre** 4.1. 13a; 4.2. 13
**Tank** 8.2. Anl. 4/142; -belegbuch 6.1. 34; -container 6.1.4. Anh. 1/10.21; -fahrzeug 6.1.4. Anh. 1/10.21; 6.1.32. 1/19; -schiff 6.1.4. Anh. 1/10.21; -stelle 2.8.1. 5, 7; 6.1. 23; 6.2. 2a; 9.1.2. 5; 9.1.3. 8
**Tapete** 8.2. Anl. 4/73
**Taschenrechner** 5.2. Anl. 1
**Tauch**computer 5.2. Anl. 1
**Tauschen** 3.1. 44, 69
**TDI** 6.1.4. Anh. 2
**Technik** 6.3. 15; –, angewandte 4.1. 54; 5.1. 47; 6.1. 3, 7, 12, 17, 48, 52; –, bessere verfügbare 4.1. Anl. 1; –, beste verfügbare 4.1. 54; 5.1. Anl. 2, Anl. 4; 6.1. 3, 7, 12, 17, 48; 6.1.39. 22; 8.1. 41, 52; 8.2. 39, 44c; s. a. BVT, Stand der Technik; –, neue 6.1. 3; –, zukünftige 6.1. 3, 7, 12, 17, 48
**Technikum**maßstab 6.1.4. 1; 6.1.13. 1

1671

## Sachverzeichnis

Fette Zahlen = Gesetzesnummern

**Technisch** geeignet **5.2.** 21; − günstiger **8.2.** 8; − langlebig **5.1.** 23−24; − nicht möglich **3.1.** 1; **3.4.1.** 5, 10; **4.1.** 16, 28−29, 31, 60, 78b; **4.1.2.** 3; **5.1.** 6−7, 9−9a; **5.1.7.** 2; **5.2.** 20; **5.3.** 14, 17; **5.4.** 4, 22; **6.1.** 5, 14; **6.1.9.** 4c; -nicht möglich **6.1.13.** 7, 9; − nicht möglich **6.1.17.** 12−13; **7.1.** 9a; **8.1.** 72; **9.1.3.** 9; **9.6.** 23; − nicht zu vermeiden **9.6.** 17b
**Technische** Anleitung zum Schutz gegen Lärm **6.1.** 16b, 66; − Anleitung zur Reinhaltung der Luft **6.1.** 66−67a; **6.1.13.** 10−11, 23, 54; − Einrichtung **4.3.** 3; **8.2.** 3, 9, 10b, 12, 85; − Norm **2.8.** 9; **3.4.1.** 13; **4.1.2.** 4; **5.1.** 5; **5.1.5.** 5; **5.2.** 21; **6.1.** 7, 37b; **6.1.1.** 2−3, 6, 23; **6.1.13.** 2, 15, 18, 20, 66; **6.1.17.** 2; **6.1.18.** 7; **6.1.26.** 5; **6.1.39.** 36; **8.1.** 3, 7, 11, 14, 20−27, 36, 47, 49, 65, 68, 75, 90; **8.2.** 3, 22a, 64, 79; **8.4.** 10; **8.6.** 2, 4; **9.1.2.** 3; − Verfahren **2.1.** 2; **2.5.** Anl. 1/2.5, Anl. 1/3.4, Anl. 1/3.8−3.9, Anl. 1/4.1, Anl. 1/5.1, Anl. 1/8.1; **2.9.** Anl. 1/1; **3.4.1.** 3, 5; **4.1.** 3, 65; **4.1.2.** 3−4; **4.2.** 3; **4.3.** 5; **5.1.** 3−5, 9−11, 49, 60, Anl. 1−2; **5.1.5.** 2; **5.1.7.** 2; **6.1.** 35, 54, 56; **6.1.4.** Anh. 1/3.3, Anh. 1/3.9−3.10, Anh. 1/8.1, Anh. 1/8.3, Anh. 1/10.20; **6.1.9.** 4a; **6.1.12.** 2; **6.1.17.** 2; **6.4.** 2, 4; **8.2.** 89; **8.2.1.** 4−5; **8.4.** 9a; **9.1.** 3, 26, 35−37; **9.4.** 2, 14; **9.6.** 1, 28b; *s. a. BVT, Regeln der Technik, Stand der Technik;* − Verfahren, neue **2.5.** 14; **6.1.13.** 1; − Vorgaben *s. Anforderung*
**Technologie**offenheit **8.1.** 9
**Tee 8.2.** Anl. 4/27; -beutel **5.4.** Anl. 1; -kräuter **3.1.** 39
**Teer 6.1.4.** Anh. 1/1.12, Anh. 1/2.15, Anh. 1/5.4; **10.2.** 1/10, 1/27, 1/59; -erzeugnis **6.1.4.** Anh. 1/1.12; **10.2.** 1/10; -farbe **10.2.** 1/45; -öl **6.1.4.** Anh. 1/5.4; **10.2.** 1/59; -splittanlage **6.1.4.** Anh. 1/2.15; **10.2.** 1/27; -wasser **6.1.4.** Anh. 1/1.12; **10.2.** 1/10
**Teich 2.5.** Anl. 1/13.18; **5.1.** Anl. 1; -wirtschaft **3.1.** 5; **8.4.** 2
**Teig**waren **8.2.** Anl. 4/24
**Teil**betrieb **8.2.** 64; -gebiet **7.3.** 2, 9, 13−14; -genehmigung **2.5.** 2, 29; **6.1.** 8, 10−12, 17; **6.1.9.** 1, 3, 21−22; **7.1.** 7b, 57b; **9.6.** 8, 11; -plan **3.1.** 9; **5.1.** 33; -planfestellung **7.1.** 9b; -prüfung **6.1.9.** 7; -zulassung **2.5.** 2, 29−30
**Telefon 5.2.** Anl. 1
**Telekommunikation 1.1.** 73; **3.1.** 4; **6.1.26.** 6−7; **6.1.39.** 30; -gerät **5.2.** 14, Anl. 1; -infrastruktur **1.2.** 170; -technik **8.2.** Anl. 4/156

**Teller 5.4.** 3; -eisen **3.1.** 7, 69; **3.1.1.** 4
**Temperatur**regelung **8.1.** 61−64, 96−97
**Tempern 8.4.** 9a; -gießerei **6.1.4.** Anh. 1/3.7; **10.2.** 1/34
**Tensid 4.3.** 2−4, 15; **6.1.4.** Anh. 1/4.1
**Teppich**herstellung **8.2.** Anl. 4/46; -kehrmaschine **5.2.** Anl. 1
**Terminal,** Eisenbahn **2.5.** Anl. 1/14.8
**Testierung 8.2.** 75
**Teststrecke 2.5.** Anl. 1/10.7; **6.1.4.** Anh. 1/10.17
**Tetraethylblei 6.1.4.** Anh. 2
**Textilien 2.5.** Anl. 1/10.4; **5.1.** 20, 33; **6.1.4.** Anh. 1/10.10, Anh. 1/10.23; **8.2.** Anl. 4/44−58, Anl. 4/190; **8.2.1.** 3; -spende **5.1.** Anl. 5
**Thallium 4.1.1.** Anl. 7
**Thermo**fixieren **6.1.4.** Anh. 1/10.23; -solieren **6.1.4.** Anh. 1/10.23
**Thermostat 5.2.** Anl. 1
**Thüringen 1.1.** Pr.; **3.1.** 2−3, 14, 25, 30, 35, 63, 66; **4.1.** 8, 23, 50, 57
**Tief**bohrung **2.5.** Anl. 1/13.4; **4.1.** 9; -speicher **7.1.** 9b
**Tier 1.1.** 20a, 74/19, 74/20; **1.2.** 13, 36; **2.5.** 2, Anl. 1/7.1−7.11, Anl. 2−4; **3.1.** 1, 5, 7, 39, 54; **3.1.1.**; **3.1.2.** 4, 6−7, 9, 15; **3.3.**; **3.4.** 2, 9; **3.4.1.** 3; **4.1.** 1, 6; **4.3.** 14; **5.1.** 2, 15; **6.1.** 1, 3; **6.1.4.** Anh. 1/7.; **6.1.9.** 1a; **6.1.12.** 2; **9.1.** 3a, 18, 26; **9.1.3.** 2; **9.4.** 1−3, 13; **9.6.** 1−2, 16; **10.1.** 90a, 251, 903; **11.1.** 309, 324a−328, 328−329, 330d; -abfall **2.5.** Anl. 1/7.19; **5.1.** 3; **8.2.1.** 2; -art **3.1.** 7, 9, 19, 21, 23, 25−26, 29, 37−55, 54, 69, 71−71a; **3.1.1.**; **4.1.** 45b−45d; **9.4.** 2; -arzneimittel **3.3.** 5, 7; -ausbringung **9.1.** 40−40a; -ausscheidung **9.5.** 2; -bestand **11.1.** 326, 330; -börse **3.3.** 11, 21; -ernährung **3.1.** 42; -erzeugnis **3.1.** 7; **3.1.1.** 5−6; -erzeugnishandel **3.3.** 2a; -erziehung **3.3.** 2a−3; -fang *s. Fangen;* -fell **2.5.** Anl. 1/7.20; **6.1.4.** Anh. 1/7.13−7.14; als fühlendes Wesen **1.2.** 13; -futter **2.5.** Anl. 1/7.18; **5.1.** 33; -gefährdung **5.1.** 15; −, gefangenes **3.1.** 7; -gehege **3.1.** 42−43; -gerecht **3.1.** 42; -gesundheit **3.1.** 30a, 45; **4.3.** 14; **9.1.** 12c, 12g; **9.4.** 1, 3, 13−14, 16, 65; **9.5.** 1, 3, 5; **9.6.** 16; *s. a. Gesundheit;* -gesundheitsgesetz **8.2.** 44; **9.1.** 2, 12a; −, gezüchtetes **3.1.** 7; -haar **6.1.4.** Anh. 1/7.9; -haltung **2.5.** Anl. 1/7.1−7.11; **3.1.** 5, 54; **3.1.1.** 3, 7−16; **3.3.** 2−3, 11, 12−13a, 16, 20−20a; **6.1.4.** Anh. 1/7.1; **8.1.** 2; **8.2.** 48; **9.1.** 18; **9.5.** 2; **9.6.** 16b; **10.2.** 1/64; -handel **3.3.** 11, 21; -handlung **3.1.** 42; -haut **2.5.** Anl. 1/7.20; **6.1.4.** Anh. 1/7.13−7.14; -heim

Magere Ziffern = §§ **Sachverzeichnis**

3.3. 11; –, keine Sache 10.1. 90a; -körper 6.1.4. Anh. 1/4.3; 6.1.17. 1; 9.1. 18; 10.2. 1/48; -körperbeseitigung 2.5. Anl. 1/7.19; 5.1. 2; 6.1.4. Anh. 1/7.12; 10.2. 1/65; -körperverwertung 2.5. Anl. 1/7.19; –, künstlich gewonnenes 3.1. 45; -medizin 3.1. 42; 3.3. 13a; als Mitgeschöpf 3.3. 1; -nahrung 8.2. Anl. 4/32–33; –, Nebenprodukt 5.1. 2; –, nutzbares 3.1. 25; –, Nutztier 2.5. Anl. 1/7.1–7.11; 3.1. 25; 3.3. 7a, 11, 13a, 16; 9.1. 12c; 9.6. 7; 11.1. 326; -pflege 3.1. 42, 45; -population 3.1. 1, 7, 21; -produktion 3.3. 13a; -rohstoff 2.5. Anl. 1/7.13–7.21; -schaden 2.9. 2; 3.1. 19; 9.4. 13; 10.1. 251; 11.1. 311, 327–328; -schutz 1.1. 20a, 74/20; 1.2. 13; 3.; 3.1. 37, 42; 3.1.1. 7; 3.3.; 9.1. 17, 18; 10.1. 903; -schutzbeauftragter 3.3. 8, 10; -schutzgerecht 3.3. 13a; -schutzkommission 3.3. 16b; -schutzverbesserung 3.3. 13a; -seuchengesetz 5.1. 2; -teil 3.1. 7, 46, 48, 54; 3.1.1. 5–6; 6.1.4. Anh. 1/4.3; -transport 3.3. 2a, 11, 16; -vermittlung 3.3. 11; -versuch 3.3. 2a, 3–4, 4b–4c, 6a–11a, 15–16b, 18; 9.6. 17; -versuch, Begriff 3.3. 7; -verwertung 3.1. 48, 51; -welt 3.1. 5, 39, 44–45; 9.4. 13; –, wild lebendes 3.1. 1, 5, 7, 9, 21, 23, 26, 29, 37–47, 69, 71–71a; 3.1.1.; 3.3. 3, 9, 11, 13; 4.1. 39; 9.4. 13; -zucht 3.1. 54; 3.3. 11, 11b; 8.1. 2
**Titan**dioxid 6.1. 48a
**Toaster** 5.2. Anl. 1
**Tötung** 3.1. 38–39, 44, 69, 71a; 3.1.1. 4, 13; 3.3. 3–4c, 7, 10–11, 16a, 17–18; 7.1. 26, 28, 32; 9.4. 13; 10.2. 1, 12, 15, 19; 11.1. 129a, 227, 307–309, 312, 328, 330–330a
**Toleranzmarge** 6.1. 47; 6.1.39. 1, 5, 21, 27, 29
**Ton** 2.5. Anl. 1/2.6; 3.1. 33; 4.1. 13a; 6.1.4. Anh. 1/2.4, Anh. 1/2.10; 8.2. Anl. 4/7; 10.2. 1/23, 1/25; 11.1. 329; -gestein 7.3. 1, 23; -wiedergabegerät 5.2. Anl. 1
**Toner**kartusche 5.2. Anl. 1; 5.4. Anl. 1
**Torf** 2.5. Anl. 1/1.2; 6.1.1. 3; 6.1.4. Anh. 1/1.2, Anh. 1/1.11; 6.1.13. 22; 6.4. Anh. 1; 8.2.1. 3; 9.5. 2; 10.2. 1/2, 1/9
**Tourismus** 1.2. 6; 3.1. 39; –, nachhaltiger 3.1. 27
**Toxikologie** 9.6. 4
**Toxikologisch** 9.4. 65
**Toxisch** 3.4.1. 9; 9.1.3. 2, 15c, 15h; *s. a. Gift;* –, akut 6.1.4. Anh. 1/10.22, Anh. 2; 9.1.3. 3, 6, 8

**Toxizität**säquivalenzfaktor *s. a. WHO-TEF*
**Tradition,** kulturelle 1.2. 13
**Tränken** 6.1.4. Anh. 1/5.1–5.2, Anh. 1/5.4; –, Stoff 10.2. 1/58–59; –, Vieh 4.1. 46
**Trag**lufthalle 8.1. 2; -tasche 5.4. 5, Anl. 1
**Transformator** 5.1.7. 4; 8.2. Anl. 4/163
**Transit**verkehr 9.6. 3
**Transparenz** 1.2. 15; 5.1. 25; 7.1. 2c; 7.3. 1; 8.2. 59, 70–80, 85, 91; 8.9. 5; *s. a. Information, Mitteilungspflicht, Unterrichtung, Veröffentlichungspflicht;* -gesetz 7.1. Titel-FN
**Transplantation** 1.1. 74/26
**Transponder** 3.1.1. 13–15; 8.2. 9
**Transport** 6.1.13. 9–10; 6.6. Anl. 1; *s. a. Befördern;* -betonmischer 6.1.32. 1/55; -container 5.4. 3; -genehmigung 5.1. 53–54, 72; -leistung 6.4. 3, 11, Anh. 2; -verpackung 2.3. 5; 4.1. 63; 5.4. 3, 15
**Transrapid** *s. Magnetschwebebahn*
**Trave** 4.1. 7
**Treib**mittel 2.5. Anl. 1/9.1; 6.1.4. Anh. 1/9.1; -stoff 2.5. Anl. 1/10.1; 6.1. 2, 34–37g, 52; 6.1.4. Anh. 1/10.1; 10.2. 1/90; -stoffverbrauch 6.4. 2
**Treibhausgas** 6.4., 34–35; 6.7. 3; 8.6. 1; -anteil 6.1. 37a; –, Begriff 6.4. 3; 6.6. 2; -bilanz 6.1. 37d; -emission 2.3. 11–12; 2.5. Anl. 4; 6.1. 5, 37a, 37c, 37f; 6.4.; 6.6. 2–5, 7–8, 10, 12–13, Anl. 2; 8.1. 85, 103; -Emissionshandelsgesetz (TEHG) 6.1. 5; 6.4.; 6.7. 3–4, 7, 11, 21; –, fluoriertes 9.1. 12i–12k; -minderung 6.1. 37a–37h; 6.4. 1; 6.6. 3–4, 8, 10, 12–13; 6.7. 1, 4; 8.2. 90; -neutralität 6.6. 2–3, 15; 6.7. 1; 8.2. 1; -quelle 6.6. 4–5, Anl. 1; -sektor 6.6. 4–5, 8–11, Anl. 1–2; -senke 6.6. 2, 5, 9–10
**Treibsel** 8.2.1. 2
**Trichlor**ethen 4.1.1. Anl. 2
**Trieb**kopf 2.5. Anl. 1/3.13; 6.1.4. Anh. 1/3.19; -wasser 4.1. 14; -werk 2.5. Anl. 1/10.6; 4.1. 92, 96; 6.1.4. Anh. 1/10.15; -zug 2.5. Anl. 1/3.13; 6.1.4. Anh. 1/3.19
**Trinkhalm** 5.1.8. 3
**Trinkwasser** 2.5. Anl. 1/13.7; 4.1. 51; 4.3. 9; -gewinnung 4.1.1. 7; 4.1.3. 8, 10; 4.2. 10; -schutzgebiet 4.1. 51; -speicher 11.1. 314; -verordnung 8.1. 64; -versorgung 4.1. 28; 4.1.1. 10; 4.3. 3, 5–6, 12
**Trittstein**biotop 3.1. 21
**Trocken**gebiet 6.1.39. 1; -legung 4.1.1. 8; -mauer 3.1. 30; -rasen 3.1. 30
**Trocknen** 2.5. Anl. 1/7.29; 5.1. Anl. 1–2; 6.1.1. 1; 6.1.4. Anh. 1/1.9, Anh. 1/2.2, Anh. 1/5.1–5.2, Anh. 1/5.6, Anh. 1/

## Sachverzeichnis

Fette Zahlen = Gesetzesnummern

7.13–7.14, Anh. 1/7.25–7.26, Anh. 1/7.32, Anh. 1/8.9–8.10, Anh. 1/10.23; **6.1.13**. 1; **6.1.17**. 2; **6.4**. Anh. 1; **9.4**. 2; **10.2**. 1/56–58, 1/61
**Truthuhn 2.5**. Anl. 1/7.4; **6.1.4**. Anh. 1/7.1
**Türkei 3.3**. 13a; **4.1**. 63; **8.1**. 7; **9.5**. 3, 5
**Tüte 5.4**. 3
**Tunnel 2.5**. 14a
**Turbine 6.1.13**.; **6.4**. Anh. 1; **8.2**. Anl. 4/173
**Turm 3.1.2**. 13–14; -drehkran **6.1.32**. 1/53
**Turnhalle 8.1**. 32
**Typprüfung 6.1**. 33; **6.1.1**. 4–5; **6.1.32**. 2–5; **8.2**. 3

**Übereinstimmung** *s. a. Konformität;* -bescheinigung **8.8**. 3
**Übergabe**stelle **5.2**. 14, 16–17a, 25, 32; **5.4**. 15
**Übergangsgewässer,** Begriff **4.1.3**. 2
**Übergangsregelung 1.1**. 125a–125c; **2.5**. 74; **2.7**. 51; **2.8**. 38; **2.9**. 14; **3.1**. 74; **3.1.2**. 17; **3.3**. 21; **4.1**. 104–107; **5.1**. 72; **5.1.5**. 12; **5.2**. 46; **5.3**. 31; **5.4**. 38; **6.1**. 7, 32, 34–35, 38, 66–67; **6.1.1**. 19, 25–27; **6.1.9**. 25; **6.1.12**. 20; **6.1.13**. 39, 45, 56, 61, 65; **6.1.16**. 4, 6; **6.1.26**. 10; **6.1.32**. 10; **6.3**. 4, 9; **6.4**. 33–35; **7.0.2**. 4; **7.1**. 58; **8.1**. 110–114; **8.2**. 100–104; **8.8**. 5; **9.1**. 28; **9.1.2**. 14; **9.1.3**. 17; **9.6**. 41; **10.2**. 23; **12.1**. 8
**Überlassen 3.1**. 44, 69; **5.1**. 3, 10, 16–17, 19–21, 25; **5.1.5**.; **5.2**. 2, 13, 17b; **5.3**. 1, 8–9, 11–13a; **5.4**. 16; **8.2**. 80, 86; **11.1**. 310, 328
**Überleitungsregelung** aus Anlass der Herstellung der Einheit Deutschlands **4.2**. 10; **6.1**. 67a; **6.1.1**. 8; **6.1.18**. 5; **7.1**. 57a
**Übernahmeschein 5.1.7**. 6
**Überprüfung** *s. a. Überwachung;* von Abfällen **5.1**. 10–11, 16; von Abfalltätigkeiten **5.1**. 47; von Altfahrzeugannahmestellen **5.1.5**. 5; von Anforderungen **3.1**. 42; **4.1.2**. 2; **5.1**. 10–12, 16, 36, 43, 47, 56; **5.2**. 21; **6.1**. 31, 52; **6.1.9**. 21; **8.1**. 9, 92–100; von Angaben **6.4**. 4, 11; **6.5**. 10; **6.7**. 14; von Anlagen **5.1**. 47; **5.1.5**. 5; **5.2**. 21; von Berechnungsverfahren **8.1**. 22; der Elektrizitätsmenge **7.1**. 7, 46; –, Emissionsgrenzwerte **4.1**. 57; **6.1**. 7, 52; **6.1.9**. 21; –, Emissionsminderung **6.1.39**. 34; von Energieausweisen **8.1**. 99; des Entsorgungsprogramms **7.1**. 2c; der Erlaubnis **4.1.4**. 8; der Fachkunde **5.1**. 53–54; –, Frackingverbot **4.1**. 13a; der Genehmigung **4.1.4**. 8; **5.3**. 20; **6.1**. 52; –,

Gewässerzustand **4.1**. 31, 45j; **4.1.3**. 3–4, 9; von Hochwassermaßnahmen **4.1**. 73–74, 79–80; der Informationszugangseröffnung **2.6**. 6; –, internationale **7.1**. 24b; von Kompensationen **3.1**. 17; von Lärmaktionsplänen **6.1**. 47d; der Lärmbelastung **6.3**. 4; von Lärmkarten **6.1**. 47c; von Luftqualitätskontrollgebieten **6.1.39**. 12–14, 20; –, Maßnahmenprogramm **4.1**. 45j; von Messeinrichtungen **6.1.1**. 13–15; **7.1**. 7; von Produkten **8.6**. 7; von Qualitätszeichen **5.1**. 12; von Schutzmaßnahmen **9.1.3**. 7; der Sicherheitsmaßnahmen **6.1.12**. 9–11, 13; **7.1**. 17, 19a, 21, Anl. 4; **9.6**. 6; von Sicherheitsmaßnahmen **7.1**. 24b; –, Stand der Technik **6.1**. 48; von Stichproben **8.1**. 99, 101, 114; von Technischen Regeln **6.1**. 51a; –, Überwachungsplan **8.8**. 3; **6.1**. 52a; –, Überwachungsprogramm **4.1**. 45j; von Umweltgutachtern **2.7**. 23–24, 29; **2.8**. 15–20; der Verwertungsquoten **5.4**. 16; von Wasserwerten **4.1.2**. 6; –, Wasserwirtschaftsplanung **4.1**. 84–85; –, wirtschaftliche **4.1.3**. 16; der Zielerreichung **4.1**. 31, 45j, 82–84; **4.1.1**. 2, 8, 14; **5.1**. 33; **5.4**. 1, 16; **8.2**. 4a, 88c, 98; **8.4**. Anl.; der Zulassung **4.1**. 100; **4.1.2**. 2; der Zuverlässigkeit **7.1**. 12b
**Überschwemmung 4.1**. 72–81, 76; **5.1**. 2; **9.5**. 3; **11.1**. 89c, 129a, 313; -gebiet **2.5**. Anl. 3; **3.1**. 5, 30; **4.1**. 76–78c, 87–88, 103, 105
**Übertragung** von Berechtigungen **6.4**. 7, 17; auf Dritte *s. Drittbeauftragung;* von Elektrizität **8.2**. 3; von Elektrizitätsmengen **7.1**. 7; von Herkunftsnachweisen **8.2**. 92; von Nachweisen **8.2**. 79–79a; -netzbetreiber **8.2**. 3, 11, 30–31, 51a, 53, 55–55a, 56–62, 57–60a, 60a, 61j–61k, 66, 72–74a, 77–78, 85, 88a, 91, 91–92, 104; -netzbetreiber, vorgelagerter **8.2**. 11, 56–57, 72; von Strommengen **8.2**. 3, 9, 11–12
**Überwachung 2.3**. 9, 15; **2.5**. 26, 28, 40, 44–45, 48, 51, 53, 68, 70; **2.6**. 13; **2.8**. 15–20; **2.9**. 2, 7, Anl. 1/2; **3.1**. 3, 42, 48–54, 58, 61; **3.1.1**. 6; **3.3**. 2a, 13a–16a; **3.4**. 10, 15, 22; **3.4.1**. 5; **4.1**. 13b, 23–24, 52, 53–54, 58, 61–62, 65, 82, 100–103; **4.1.1**. 6–7, 9–10, 13; **4.1.2**. 6; **4.1.3**. 4–5, 9–11, 13–15; **4.1.4**. 3, 8; **4.2**. 4–6; **4.3**. 13–15; **5.1**. 3, 12, 19, 40, 42–43, 47–55, 60–61; **5.1.5**. 5, 7, 11; **5.1.7**. 5; **5.2**. 22–24; **6.1**. 37c–37d, 44, 48a, 52, 54, 58e, 62; **6.1.1**. 12–18, 25; **6.1.9**. 4b, 21; **6.1.13**. 13–21, 37, 54–56, 60; **6.1.17**. 2; **6.1.32**. 6; **6.1.39**. 21–26; **6.2**. 5; **6.4**. 2,

Magere Ziffern = §§  **Sachverzeichnis**

4–6, 18–19, 20; **6.5**. 10; **6.7**. 14; **7.0.2**. 2; **7.1**. 2, 4, 19, 22–24a; **8.2**. 85, 90–91; **8.4**. 12; **8.6**. 3, 9, 11; **9.1**. 9, 12f, 16e, 19c, 19d, 21; **9.6**. 9, 14–15, 16a, 21, 25, 28–28b, 35; **10.2**. 6, 9, 20; **12.1**. 1; *s. a. Überprüfung;* -arbeit **9.1.3**. 2; -bericht **5.2**. 21; **6.1**. 20, 25; -daten **2.6**. 10; –, elektronische **8.1**. 74; -erleichterung **2.8.1.; 4.1**. 24; -gemeinschaft **4.1**. 62; -instrument **5.2**. Anl. 1; **8.2**. Anl. 4/158; -netz **4.1.3**. 10; -organisation **5.1**. 56–57; -pflicht **6.1.12**. 6, 12; -plan **4.1.4**. 8–9; **5.1**. 47; **6.1**. 52–52a; **6.1.12**. 17; **6.4**. 3, 5–6, 23, 28, 32, 35, Anh. 2; **6.7**. 3, 6, 22; -plan, Genehmigung **6.4**. 6; **6.7**. 6; -plan, vereinfachter **6.7**. 6; -programm **4.1**. 45f, 45i–45j; **4.1.3**. 7, 10–11; **4.1.4**. 8–9; **5.1**. 47; **6.1**. 52–52a; **6.1.12**. 17; -stelle **4.1.3**. 11; **6.1**. 29a–29b; -system **6.1.12**. 2, 16–17; -vertrag **5.1**. 12, 56–57; -wert **4.2**. 4–6, 9

**Überwinterungs**zeit **3.1**. 44; **9.4**. 13
**Überziehen 6.1.4**. Anh. 1/5.4; von Stoffen **10.2**. 1/59
**Übung 4.1**. 8; **6.1.4**. Anh. 1/10.17; **7.1**. 7c; -flug **6.4**. Anh. 1
**Ufer 3.1**. 1, 5, 21, 30; **4.1**. 38–39, 67, 76; **4.2**. 13; -bepflanzung **4.1**. 41; -freihaltung **3.1**. 61, 69; **4.1**. 39; -pflege **8.2.1**. 2; -reinhaltung **8.2.1**. 2; -umgestaltung **4.1**. 68; -vegetation **4.1**. 39; -zone **3.1**. 1, 5, 11, 21, 61
**Uhr 5.2**. Anl. 1; **8.2**. Anl. 4/159
**Umbeseilung 3.1.2**. 14
**Umformen 2.5**. Anl. 1/3.6; **6.1.4**. Anh. 1/3.6
**Umfüllen 2.8.1**. 5, 7; **6.1.4**. Anh. 1/4.2; **9.1**. 3; **9.1.3**. 2; **10.2**. 1/47
**Umgang 2.3**. 2, 9; **3.1**. 35; **3.3**. 20–20a; **3.4**. 2, 8; **3.4.1**. 3; **4.1**. 23, 38, 62–63, 103; **5.2**. 21; **5.3**. 2; **6.1.4**. Anh. 1/10.1; **7.1**. 2, 4, 5, 9a, 9c, 9h, 10a, 12b, 19, 21, 57, 57b; **8.2.1**. 5; **8.6**. 5; **9.4**. 3; **9.5**. 11a; **9.6**. 3, 15–16, 16b, 16d; **11.1**. 89c, 326, 328–329; *s. a. Herstellen, Verwenden;* mit dem Wolf (canis lupus) **3.1**. 45a
**Umgebungs**lärm **6.1**. 47a–47b
**Umlage 5.4**. 25; **7.3**. 28–35; **8.2**. 56, 60–69, 78, 79a, 85, 91
**Umlagern 3.4.1**. 2, 4, 12
**Umleerbehälter 5.4**. 3
**Umleiten 2.5**. Anl. 1/13.7; **4.1**. 9
**UMPLIS 2.0**. 2
**Umschlagen 2.5**. Anl. 1/14.8; **4.1**. 62–63; **6.1.4**. Anh. 1/7.17, Anh. 1/8.15; **10.2**. 1/72; **11.1**. 329
**Umspannen 6.1.4**. Anh. 1/1.8; **6.1.26**. 1
**Umverpackung 2.3**. 5; **5.4**. 3, 11, 15, 24

**Umwälzpumpe 8.1**. 64, 96–97
**Umwandlung,** biochemische **6.1.4**. Anh. 1/4.1; –, biologische **5.1**. Anl. 2; **6.1.4**. Anh. 1/4.1; –, chemische **2.5**. Anl. 1/4.1–4.2; **5.3**. 2; **6.1.4**. Anh. 1/4.1; **9.1**. 3a, 17; **10.2**. 1/45; –, Energie **8.2**. 3; –, Grünland **3.1**. 5; **4.1**. 38, 78a; -produkt **3.4.1**. 5; **9.1.3**. 2; –, Unternehmen **8.2**. 3, 67; –, Wald **4.1**. 78d; –, Waldnutzung **2.5**. Anl. 1/17.2; **3.2**. 9, 11, 45
**Umwelt 1.1**. 20a; **1.2**. 4; **2.0**. 2; **2.1**. 2; **2.5**. 2; **2.6**. 2, 8; **3.2**. 1; **3.4**. 9; **4.1**. 73; **4.1.1**. 1, 11; **4.3**. 3, 12, 14; **5.1.5**. 8; **6.1**. 23; **6.1.12**. 2, 8–9, 17; **6.1.39**. 1, 10, 34; **9.1**. 1, 3a, 4, 6, 9, 14, 17, 19a, 20b, 23; **9.1.3**. 1; **9.6**. 1–3, 6–7, 15, 21; **11.1**. 5, 324–330d; -abkommen **2.6**. 2; *s. a. Internationale Vereinbarung, Zwischenstaatliche Zusammenarbeit;* -anforderung *s. Anforderung, Mindestanforderung;* -angelegenheit **12.1**.; -aspekt **2.7**. 2, 4, 20; **4.1.2**. 2; -audit **2.7.–2.8.1.; 4.1.4**. 3; **5.1**. 51, 61; **5.1.5**. 5; **6.1**. 58e; **6.1.9**. 4, 13; **8.2**. 3; *s. a. EMAS;* -auditgesetz (UAG) **2.8.–2.8.1.; 4.1**. 3; **5.1.5**. 6–7; **5.2**. 21; **5.3**. 2; **6.7**. 15; **8.2**. 3, 85b; **8.4**. 10, 12; **8.6**. 5; -auditverordnung (EU) **2.7.–2.8.1.; 6.1**. 58e; **6.1.9**. 4, 13; **8.2**. 3; **8.4**. 10; -aufklärung **2.0**. 2; **3.1**. 2, 42, 44; **5.1**. 30, Anl. 4; *s. a. Aufklärung, Information;* -auswirkung **2.5**. 1–3, 7–12, 15–16, 18, 21–25, 28–32, 35, 37, 39–40, 45–47, 49–50, 53–55, 57–58, 60–61, 68, 70, 74, Anl. 1/13.3, Anl. 1/13.5, Anl. 1–4, Anl. 6; **2.6**. 2, 10; **2.7**. 2, 15, 20; **3.4.1**. 5–6, 9; **4.1**. 3, 6a, 13a, 26, 28, 30, 45a–45c, 45g, 46, 60, 69, 78, 90; **4.1.1**. 6, 8; **4.1.3**. 4; **4.3**. 12; **5.1**. 3–6, 9–9a, 33, 35, 40, 43; **5.2**. 16, 18; **5.3**. 18; **5.4**. 1, 4, 14, 21; **6.1**. 3, 5, 7, 10, 16, 48, 52a; **6.1.9**. 1–2a, 4e, 8, 20, 22, 23a, Anl.; **6.1.39**. 1, 10, 30, Anl. 14; **7.1**. 7, 9b; **7.3**. 1; **8.6**. 2; **8.8**. 1, 7, 9; **8.9**. 1; **9.1.3**. 15a; **9.4**. 13, 16–17, 65; **9.6**. 1, 6–7, 15, 16c, 17a, 26; *s. a. Emission;* -auswirkung, günstige **3.1**. 34, 39, 45, 54; **9.4**. 13; -auswirkung, günstigere **4.1**. 82; -beauftragter *s. Betriebsbeauftragter;* -bedingung **1.2**. 191; **4.1**. 45b; **9.6**. 16d; -beeinträchtigung **1.2**. 191; **3.1**. 15; **3.1.2**.; **3.4**. 1–2, 4; **4.1**. 6, 12, 26, 30, 40, 90; **4.1.4**. 9; **4.3**. 3, 5–6, 14; **5.1**. 15, 43, 60; **6.1**. 45, 52a; **9.4**. 1–2; **9.6**. 16b; **11.1**. 329–330; -belastung **1.2**. 191; **2.6**. 11; **2.7**. 20; **4.1.2**. 3; **5.1**. Anl. 4; **6.1.17**. 3; -beobachtung **3.1**. 6, 24–25, 38; **3.2**. 41a; **3.4**. 21; **4.1**. 13, 45c, 52, 88; **4.3**. 12; **9.6**. 16c, 29; *s. a. Beobachtung;* -beratung **2.5**.

1675

# Sachverzeichnis

Fette Zahlen = Gesetzesnummern

15; **2.8.** 6; **5.1.** 46; **9.5.** 11a; *s. a. Beratung;* -bereiche **2.3.** 11–12; -bericht **2.5.** 39–45, 53, 60, 70; **2.6.** 2, 10–11; **4.1.4.** 3; **6.1.** 37g; **8.8.** 7; -beschreibung **2.5.** 3, 16, 40, 58, 70, Anl. 2, Anl. 4–5; **3.1.** 6; **4.1.** 23, 45d, 45f; **6.1.9.** 1a, 4e, 22, Anl.; -bestandteil **2.6.** 2; **12.1.** 1; -betriebsprüfung **2.7.** 2, 4, 6, 9, 18; **2.8.**; **2.8.1.** 3; **4.1.** 65; **5.1.5.** 5; **6.1.9.** 4, 13; -bewusstsein **3.1.** 2, 42; -bezogene Rechtsvorschriften **12.1.** 1–2; *s. a. Umweltrecht;* -bilanz **5.1.** Anl. 4; *s. a. Bilanz;* -bildung **3.1.** 2, 24; **5.1.** Anl. 5; *s. a. Bildung;* -bundesamt **2.0.**; **2.3.** 16; **2.5.** 20; **2.5.1.** 2; **4.1.** 13a, 90; **4.1.1.** 5; **4.3.** 10–12, 14; **5.2.** 22, 25–27, 29–33, 36–42, 45; **5.3.** 14–15, 19–22, 29, 31; **5.4.** 21, 25–26, 28–30; **6.1.13.** 22, 39; **6.1.39.** 5, 15, 20, 33; **6.2.** 2; **6.4.** 4, 18–20, 23, 28, 31; **6.6.** 5, 12; **6.7.** 13, 23; **8.2.** 79–79a, 86, 92, 99; **8.6.** 8, 12; **9.1.** 4, 12a; **9.4.** 17; **12.1.** 3; -daten **2.3.**; **2.6.** 2; *s. a. Daten zur Umwelt;* -delikt *s. Straftat, Umweltstrafrecht, Umweltstraftat;* -design **8.6.**; -dimension **2.7.** 20; -dokumentation **2.0.** 2; -einwirkung **1.1.** 20a; **2.1.** 2; **3.1.** 5, 29; **3.2.** 12; **3.4.** 1–4, 7; **4.1.** 51, 89; **5.1.** 15; **6.1.** 1–5, 7, 12, 17, 19–20, 22–23, 25, 29, 31, 32–35, 37–41, 43–44, 47, 49–50, 52b–54, 60; **6.1.1.** 22; **6.1.4.** 1; **6.1.9.** 4b, 4e; **6.1.16.** 2; **6.1.17.** 1; **6.1.18.** 3; **6.1.26.** 1–4, 8; **6.2.** 2; **8.2.1.** 5; **9.1.** 1; **9.6.** 16; **10.2.**; **11.1.** 326, 329, 330d; *s. a. Immission;* -einwirkungen **6.1.13.** 1, 24, 39, 45, 56, 61, 65; -ereignis **4.1.4.** 9; **6.1.** 31, 52a; -erhaltung **1.2.** 191, 194; **4.1.** 39, 45a–45b; **6.1.** 47d; -erklärung **2.7.** 2, 4–8, 10, 13–15, 18, 25, 42; **2.8.** 7–10, 15–16, 19, 33, 37; **2.8.1.** 7, 9; **4.1.4.** 3; **5.1.** 25; **6.1.9.** 4; -erziehung *s. Umweltbildung;* -faktor **2.6.** 2; **12.1.** 1; -finanzierung **1.2.** 192; -folge **6.1.39.** 30; -forschung **2.0.** 2; -freundlich **2.1.** 2; **4.1.** 65; **5.1.** 45, 60, Anl. 4; **6.1.** 54; -freundlicher **5.1.** Anl. 4; -gefährdung **5.1.** 3; **6.1.** 20; **9.6.** 21; **11.1.** 129a, 326, 329, 330a; -gefährlich **9.1.** 2, 3a; **9.1.3.** 2, 19; -gefahr **4.1.4.** 8; **9.1.** 3a; **9.1.3.** 2–3; **11.1.** 330d; -gemeinschaftsrecht *s. Rechtsakt der Union;* -gerecht **3.1.** 27; **5.1.5.** 2; **5.2.** 3; **6.1.39.** 34; **8.1.** 35; **8.6.**; -grundsatz **1.1.** 20a; **1.2.** 191; **1.3.** 37, 51–52; **2.5.** 3; **3.1.** 1, 6, 8, 13, 20, 30, 59; **3.4.** 1, 4; **4.1.** 6, 23, 67; **4.2.** 1; **4.3.** 3; -gutachter **2.7.** 2–3, 5, 7, 10, 13, 15, 18–28, 43; **2.8.** 1–29, 33, 37–38; **2.8.1.** 7; **4.1.** 24; **5.1.** 51, 61; **5.1.5.** 5–6; **5.2.** 21; **5.3.** 2; **5.4.** 3; **6.1.** 58e; **6.7.** 15; **8.2.** 3, 39g–39h, 44c, 55, 85b; **8.4.** 10, 12; -gutachter, ausländischer **2.8.** 18; **5.4.** 3; -gutachterorganisation **2.8.** 1–2, 8, 10, 14–20, 33; **5.1.** 61; **5.2.** 21; **5.3.** 2; **5.4.** 3; **8.2.** 3; **8.4.** 10; -gutachterregister **2.8.** 14; -gutachterzulassung **2.8.** 1–2, 4–14; **5.1.5.** 6; -haftung **2.9.**; **10.2.**; -haftungsrichtlinie **2.9.** 9, 14; -hygiene **4.1.** 50; -indikator **5.1.** Anl. 4; *s. a. Indikator;* -information **2.0.** 2; **2.5.1.** 1–2; **2.6.**; **2.7.** 1; **2.8.** 7, 14, 32; **3.1.** 42; **3.1.2.** 2; **4.1.** 79; **4.1.4.** 9; **5.1.** 23–25, Anl. 4; **6.1.** 10, 52a; **6.1.9.** 10; **8.1.** 4; **9.4.** 65; -informationsgesetz (UIG) **2.5.** 19, 34, 45; **2.6.**; **2.8.** 14, 32; **4.1.4.** 9; **5.1.** 42; **6.1.** 23a, 31, 52a; **6.1.9.** 10; **7.1.** 24a, 57b; **7.3.** 6; **12.1.** 1; -informationsverbreitung **2.5.1.**; **2.6.** 1, 3, 10–12; -informationsverzeichnis **2.6.** 7; als Insgesamt **4.1.** 3, 6, 28, 57; **4.1.4.** 2; **5.4.** 21; **6.1.** 1, 3, 5, 7, 12, 48; **6.1.39.** 1, 10, 34; -inspektion **4.1.** 57, 60; **4.1.4.** 9; **5.1.** 47; **6.1.** 52; -instrument, ökonomisches **5.1.** 6, 30, Anl. 4, Anl. 5; -integration **1.2.** 11; **1.3.** 37; -kontrolle *s. Überprüfung, Überwachung, Umweltinspektion;* -kosten **4.1.** 6a; -kriminalität **3.1.** 48; -kriterium **8.8.** 7; -leistung **2.3.** 12; **2.7.** 1–2, 4, 18, 25, 46; -leistungsindikator **2.7.** 2, 46; -lizenz **6.4.**; *s. a. Berechtigung, Zertifikat;* -management **2.7.**; **2.8.**; **5.1.** 47; **5.1.5.** 5; **6.1.** 52; **6.1.9.** 13; -managementpraktik **2.7.** 2, 46; -managementsystem **2.7.** 2, 4–6, 8, 18, 20, 25, 45; **5.1.** Anl. 4; **8.2.** 3, 64, 69, 94, 103; **8.4.** 10; -maßnahme **8.2.** 11–12; **2.5.** 24, 28, 35, 40, 55, 68, Anl. 3–4; **2.6.** 2; -maßnahme, wirtschaftliche **5.1.** 30, Anl. 4; -medium **4.1.2.** 3; -monitoring **3.2.** 41a; *s. a. Umweltbeobachtung;* -ökonomische Gesamtrechnung **2.3.** 11; -pflege **3.1.** 1; -pflegeprinzip **1.1.** 20a; -planung **2.0.** 2; **5.1.** 28–44, Anl. 4; *s. a. Planung;* -politik **1.2.** 191; **2.3.** 1, 17; **2.7.** 2, 8, 18; -preis **2.1.** 2; -prinzipien **1.1.** 20a; **1.2.** 191; -privatrecht **1.1.** 74/1; **10.**; *s. a. Privatrecht;* -problem **4.1.4.** 9; **6.1.** 52a; -problem, globales **1.2.** 191; -problem, lokales **2.7.** 7; -programm **1.1.** 20a; **1.2.** 192; **2.6.** 2, 10; **2.7.** 2, 4, 8, 18; **5.1.** 33; **6.1.39.** 1, 30, 34–35; -prozessrecht **12.**; -prüfung **2.5.**; **2.7.** 2, 6, 8, 18; **2.8.** 1; **3.1.** 22; **5.1.** 32; **5.1.5.** 5; **6.1.** 47; **12.1.** 1–2, 4; *s. a. SUP, UVP;* -prüfung, Begriff **2.5.** 2–3; -prüfung, grenzüberschreitende **2.5.** 1, 54–64; -prüfung, verbundene **6.1.9.** 24b; -prüfung, vorgelagerte **2.5.** 7, 15, Anl. 2; -prüfungskriterien **2.5.** 5, 35, Anl. 3, Anl. 6; -qualität **1.2.** 191; **1.3.** 37; **2.6.** 11; **3.1.** 9; **4.1.3.** 2–9; -qualitätsnorm **2.5.** Anl. 3, Anl. 6;

**4.1.3.** 2, 5–7, 9–10, 12–13; -qualitätsziel **4.1.1.** 8a; **6.1.13.** 5; -rahmengesetz **1.1.** 20a; **3.4.** 25; **5.1.** 44; -recht **2.6.** 2, 10; **2.7.** 2, 4, 6, 13–15, 18, 20–22, 25, 32, 38, 44; **2.8.** 7, 34; **2.8.1.** 10; **4.1.4.** 8; **6.1.** 52; **12.1.** 1–2; -recht, europäisches *s. Rechtsakt der Union;* -Rechtsbehelfsgesetz (UmwRG) **2.5.** 15, 18, 39, 48, 53; **2.9.** 11; **3.1.** 63–64; **6.1.** 10, 17, 19, 23b; **6.1.12.** 18; **7.3.** 17, 19; **12.1.**; -reinigung **5.1.** 23, 25, 30; -risiko **2.7.** 7; **4.1.4.** 9; **6.1.** 52a; **6.1.9.** 21; **9.1.** 12c–12e, 12g; -schaden **2.9.** 2–9, 12–14; **3.1.** 18–19, 58; **4.1.** 45a–45c, 89–90; **5.1.** 2; **11.1.** 311, 327–328; -schadensgesetz (USchadG) **2.9.**; **3.1.** 19, 58; **4.1.** 90; **6.1.** 31; **12.1.** 1; -schädlich **2.9.** Anl. 1/8; **5.1.5.** 2; **8.8.** 1, 7; **8.9.** 1; -schonung **3.1.** 25; **5.1.** 1, 6, 45; **6.6.** 15; **8.1.** 1; **8.2.** 1; **8.9.** Anl.; -schutz **1.1.** 2, 20a; **1.2.** 11, 191; **1.3.** 37; **2.0.** 2; **2.1.** 2; **2.3.** 2, 11; **2.6.** 2; **2.8.** 7; **2.8.1.** 10; **3.1.** 1; **3.3.** 7a; **4.1.** 45a–45b, 60; **4.1.3.** 2; **4.1.4.** 8; **5.1.** 1, 4, 6–10, 12, 15, 23, 33, 45, 56; **5.2.** 4, 13, 18, 20; **6.1.** 55; **6.1.32.** 7; **7.3.** 1; **8.2.** 1; **8.2.1.** 4; **9.1.** 17, 20b, 21; **9.1.2.** 1; **9.1.3.** 1, 15a–15d; **9.6.** 4, 16c; **12.1.** 1–3; -schutz, am besten gewährleisteter **5.1.** 6–8; -schutz, betrieblicher **2.8.** 7, 12, 22, 24; -schutz, globaler **1.2.** 191; -schutz, integrierter **4.1.** 57; **4.1.2.** 3; **5.1.** 43; **6.1.** 1, 3, 5, 7, 12, 45, 48; **6.1.39.** 22; *s. a. Wechselwirkung;* -schutzgut **2.5.** 2–3; -schutzmaßnahme **1.2.** 192–193; **2.0.** 2; **2.3.** 11; -schutzniveau **1.1.** 20a; **1.2.** 191; **1.3.** 37; **4.1.** 3, 6, 57; **4.1.4.** 2; **5.1.** 3, 43; **6.1.** 1, 3, 5, 7, 12, 48; **6.1.39.** 34; -schutzvorkehrung **2.5.** 5, 7, 22, 30, 35, 55, Anl. 2; *s. a. Umweltmaßnahme;* -sensibilisierung **5.1.** 30, Anl. 4; -staatsziel **1.1.** 20a; -standard **6.1.39.**; -statistikgesetz (UStatG) **2.3.**; **5.4.** 26; -stiftung **2.1.**; -strafrecht **1.1.** 74/1; **11.**; *s. a. Strafrecht;* -straftat **2.8.** 5; *s. a. Straftat;* -straftat, schwere **11.1.** 330; -subvention **5.1.** Anl. 5; -technik **2.1.** 2; -terrorismus **11.1.** 89c, 129a; -union **1.1.** 20a; -unionsrecht *s. Rechtsakt der Union;* -veränderung **2.9.** 2; **3.1.** 6, 9, 11, 14; **4.1.** 45b; **9.1.3.** 2; *s. a. Veränderung;* -verband **2.5.** 2, 15, 18, 39; **2.7.** 34; **2.8.** 22–23; **3.1.** 63–64, 74; **3.1.1.** 15; **3.4.** 20; **5.2.** 35; **5.4.** 28; **6.1.** 10, 51a; **6.1.39.** 30; **6.3.** 15; **6.6.** 12; **9.1.** 17; **9.5.** 3a; -verbesserung **1.2.** 191, 194; **1.3.** 37; **3.1.** 54; **4.1.** 29, 78a; **5.1.** 35, Anl. 2, Anl. 4; **6.1.** 45; **6.1.39.** Anl. 13; -verbleib **4.3.** 12; -vereinbarung **2.6.** 2, 10; -verfassungsrecht **1.**; -verhalten **1.1.** 79; -vermüllung **5.1.** 23–24, 30, Anl. 5; -verschlechterung **3.1.** 44; **4.1.** 27–31, 45a, 45c, 45g, 82–83; **9.4.** 13; -verschmutzung **2.5.** Anl. 3–4; **5.1.** 47; **6.1.9.** 21, Anl.; **6.1.39.** Anl. 13; **8.2.1.** 5; -verschmutzungsbeseitigungskosten **2.3.** 11; -verschmutzungsrisiko **4.1.4.** 9; -verträglich **5.4.** 2, 7, 15, 22; -verträglichkeit **2.0.** 2; **2.5.**; **3.1.** 9, 17; **3.3.** 8; **3.4.** 13, 16; **4.1.** 11, 13b, 55, 60; **4.1.4.** 2; **4.3.**; **5.1.** 17, 20, 23–24, 35, 58–60, 65; **5.1.5.** 10; **5.2.**; **5.3.**; **6.1.** 10; **6.1.4.** 2; **6.1.9.** 1–1a, 2a, 4–4e, 8, 10, 11a, 20–24; **7.1.** 2a, 7, 9b, 57b; **7.3.** 18–19; **8.6.** 2; **12.1.** 1–2, 4; *s. a. UVP;* -verträglichkeitsprüfung *s. a. UVP;* -verträglichkeitsprüfung, Begriff **2.5.** 4; -verträglichkeitsprüfung, verbundene **6.1.9.** 24b; -vertrag **2.6.** 2; *s. a. Vertrag;* -verwaltungsrecht, allgemeines **2.**; -verwaltungsrecht, besonderes **3.–9.**; -vorsorge **2.5.** 2–3, 25, 40, 43; *s. a. Vorsorge;* -vorteil **1.2.** 191; **8.8.–8.9.**; -wärme **8.1.** 3, 20, 37, 41, 90; -wissen **2.1.** 2; -wissenschaft **6.6.** 11; -zeichen **2.7.** 10, 13, 35, 40; **5.1.** Anl. 4; **5.3.** 17; **6.1.32.** 2, 7; **8.1.** 35; **8.6.** 4; -zertifikat **6.4.**; **6.7.** 1, 3–4, 8–12, 21; *s. a. Zertifikat;* -ziel **1.1.** 20a; **1.2.** 191–192, 194, 196; **2.5.** 40, Anl. 4; **2.7.** 1–2; **3.1.** 1–2, 4, 7–9, 14, 20, 27, 38–39, 56a, 62–63; **3.1.2.** 2; **4.1.** 1, 7, 23, 27, 33–35, 39, 44, 45a, 45e–45j, 47, 82–83; **4.1.3.** 4; **5.1.** 1, 14–15, 23, 26, 30, 33, Anl. 4; **5.1.5.** 5; **5.2.** 1, 10, 13, 16; **5.3.** 7, 16, 21; **5.4.** 1, 16, 22; **6.1.39.** 1–10, 23, 35, Anl. 13; **6.3.** 14; **6.6.** 1, 3–4, 13; **6.7.** 1; **7.1.** 2c; **7.3.** 1; **8.1.** 1; **8.2.** 1–2, 4–4a, 85, 88, 88c–88d, 97; **8.4.** 10; **8.8.** 1; **8.9.** 1; **9.4.** 1; **9.5.** 1; **11.1.** 329; **12.1.** 2–3; *s. a. Erhaltungsziel;* -ziel der VN **5.1.** 33; -zone **6.1.** 40; -zustand **2.5.** 40, Anl. 4; **2.6.** 2, 8, 11; **3.1.** 6–7, 9; **3.2.** 41a; **4.1.** 3, 23, 25–26, 29–31, 45a–45j; **4.1.3.** 4–6, 10, 12, 16

**Unabhängigkeit** des Betriebsprüfers **2.7.** 9; des Expertenrats für Klimafragen **6.6.** 11; des Sachverständigen **5.1.** 12, 56; **6.1.** 29b; **6.1.12.** 16; des Umweltgutachters **2.7.** 20; **2.8.** 1, 4, 6, 8–10

**Unfall 2.3.** 2, 9, 14; **2.5.** 2, Anl. 3–4; **4.1.** 31; **6.1.** 3, 20, 23, 25, 50; **6.1.9.** 1a; **7.1.** 2, 7c, 19a, 24b; **9.1.** 14, 16e; **9.1.3.** 15d; 18; **9.4.** 65; **9.6.** 10, 30; -risiko **4.1.4.** 9; **6.1.** 52a; -verhütung **5.1.** 43; **7.1.** 2; **9.1.3.** 13–14, 17

**Union** *s. Europäische Union;* -bürger **1.2.** 15; -fonds **5.1.** 40; -recht **5.1.** 23, 33; *s. a. Europäische Gemeinschaft, Europäische Union, Rechtsakt der Union;* -recht, Durch-

# Sachverzeichnis

Fette Zahlen = Gesetzesnummern

führung **1.2.** 197, 291; **1.3.** 51–52; -zulassung **9.1.** 12a–12d, 12f
**Unter**grund **4.1.** 13a
**Unterbringung,** Tiere **3.1.** 42; **3.3.** 2–2a, 16–16a
**Unterführung 4.1.** 36
**Unterglas**anlage **8.1.** 2
**Untergrund**bahn **2.5.** Anl. 1/14.11; -verunreinigung **2.5.** Anl. 4; **6.1.9.** Anl.
**Unterhaltung 1.1.** 74/22; **3.1.** 15, 61; **3.1.2.** 4, 12; **3.2.** 13; **3.4.** 3; **4.1.** 9, 36, 38–42, 50, 60–61, 62, 94, 101, 103; **4.2.** 13; **5.1.** 2; -elektronik **8.2.** Anl. 4/157; -last **4.1.** 39; -pflicht **4.1.** 38–42, 39
**Unterlage 2.5.** 15–16, 19–20, 23, 54–55, 58–61, 67; **2.5.1.** 2; **2.8.** 10a, 11, 37; **2.8.1.** 2–3; **3.1.** 34; **3.3.** 13a; **3.4.** 12; **4.1.** 13b, 45i, 60; **4.1.4.** 3–5; **4.2.** 11, 15; **4.3.** 13, 15; **5.1.** 18, 38, 40–41, 53–54, 61; **5.2.** 23, 32, 39, 45; **5.4.** 8, 11, 18, 20, 23, 26; **6.1.** 10, 15, 23a–23b, 34, 37c, 52, 58e, 62, 67; **6.1.9.** 2–7, 2a, 9–10, 12–13, 21–22, 25; **6.1.12.** 12, 18, 21; **6.1.32.** 10; **6.2.** 4–5, 7; **6.3.** 11; **6.4.** 4, 9–11, 20; **6.7.** 14, 22; **7.1.** 2a, 9b, 46, 57b; **7.3.** 6, 17–19; **8.6.** 3–4, 7, 11; **8.9.** 5; **9.1.** 9–10, 16d–16e, 19–19a, 20, 21, 27b; **9.6.** 10, 12, 15–17a, 25, 30; **10.2.** 8–10; **12.1.** 4; *s.a.* Angabe; –, ausländische **2.8.** 10a; –, zusätzliche **6.1.** 16b
**Unterlassung**sanspruch **4.1.** 6; **6.1.** 14; **9.6.** 23; **10.1.** 862, 1004; -pflicht **4.1.** 41; von Rechtsakten **2.9.** 11; **12.1.** 1–2, 7
**Unterlieger 4.1.** 78
**Unternehmen 2.3.** 5, 7, 10–11, 14, 16; **2.6.** 2; **2.7.** 2; **2.8.** 22–23; **2.9.** 2; **5.1.7.** 5; **6.7.** 2, 11; **8.2.** 3, 63–67, 103; **8.4.** 2, 9, 9b; **8.9.** 2; der Entsorgung **5.1.** 47–48; -führung, nachhaltige **2.8.** 1, 7; –, handelsintensives **8.2.** 63–64a, 91, Anl. 4; –, kleines **5.4.** 34; –, kleines und mittleres **2.1.** 2; **2.7.** 2, 7, 26; **5.1.** Anl. 4; **8.2.** 74a; **8.4.** 10, 12; **8.6.** 12; –, neues **8.2.** 64–66; **8.4.** 10; –, öffentliches **2.9.** 2; –, produzierendes Gewerbe **8.4.** 2, 9–9b, 10; in Schwierigkeiten **8.4.** 2a; –, stromkostenintensives **8.2.** 60a, 63–64a, 91, Anl. 4; -teil **8.2.** 64–64a, 103; -umwandlung **8.2.** 3, 67; –, wirtschaftliches **5.1.** 3, 12, 55–56; **5.1.7.** 6, 9; **5.3.** 2; **6.1.** 4, 20, 23, 25, 37–37a; **6.1.4.** 1; **6.1.26.** 7; **9.1.2.** 2; **9.4.** 17; *s.a. Gewerbe, Wirtschaft*
**Unternehmer,** Begriff **10.1.** 14; -erklärung **8.1.** 96–97
**Unterrichtung** über Altgeräte **5.2.** 18, 31; –, Behörde **2.9.** 7; **3.1.** 3; **3.2.** 8; **3.3.** 15–15a; **4.1.** 13b; **4.1.4.** 5; **4.3.** 12, 14; **5.1.** 43; **5.1.7.** 5, 10; **6.1.32.** 7, 9; **8.1.** 97;

**8.6.** 8, 11; **9.1.** 10, 21a; **9.1.3.** 18; **9.6.** 28; –, Beschäftigte **4.1.** 65; **5.1.** 60; **6.1.** 54; **6.1.12.** 10, 19, 21; **9.1.3.** 14, 22; –, Betriebsrat **6.1.** 55; **9.1.3.** 14, 22; –, Betroffene **2.9.** 8; **3.1.** 65; –, Bundesinstitut für Riskobewertung **9.1.** 19b; –, Bundestag **6.6.** 7–8, 10, 12; **7.3.** 15, 17; –, EU-Mitgliedstaat **4.1.4.** 5; **6.1.32.** 6; **9.1.** 10; –, Europäische Kommission **2.7.** 41; **2.8.** 14, 32; **3.1.** 34; **4.3.** 11, 14; **6.1.32.** 4, 6, 9; **6.4.** 9, 11, 13; **9.1.** 10, 22; –, Grundstückseigentümer **3.4.** 9; –, Länder **9.1.** 12f; –, Nachbarstaat **2.5.** 54, 60; **4.1.4.** 5; –, Öffentlichkeit **2.5.** 19; **2.5.1.** 2; **2.6.** 10–12; **2.7.** 6, 8, 16, 30, 34, 42, 45–46; **2.8.1.** 9; **4.1.** 76, 79, 83; **4.1.4.** 4–5; **5.1.** 32, 65; **6.1.** 46a, 47d–47f, 48a; **6.1.12.** 18; **6.1.39.** 30, Anl. 14; **7.1.** 7c, 24a, 57b; **7.3.** 6; **8.2.** 77, 85; **9.1.** 5, 12e; **9.5.** 3a; **9.6.** 14, 28a, 30; über den Untersuchungsrahmen **2.5.** 15, 29, 31; –, Veräußerer von Treibstoffen **6.1.** 34; **6.2.** 2a, 7; –, Verbände **2.9.** 8; –, Verbraucher **8.6.** 3; –, Vorhabenträger **6.1.9.** 2, 2a, 7, 22
**Unterschutzstellung** von Arten **3.1.** 7, 37–55; **3.1.1.** 1–3; von Gebieten **3.1.** 22–32; **3.2.** 12; **4.1.** 23, 51–53, 73–78; von Meeresgebieten **3.1.** 56–57
**Unterstützung** für Organisationen **2.7.** 32, 38–39, 42–43
**Untersuchung 2.0.** 2; **3.3.** 16; **3.4.** 6, 8–9, 12–13, 15, 21, 24; **3.4.1.** 1–4, 2, 8, 12; **4.1.** 50, 61; **4.1.1.** 9–10; **5.1.** 11, 34, 40; **5.1.7.** 5–6; **6.1.** 44; **7.1.** 9f; **9.1.2.** 5; **9.6.** 28b; –, ärztliche **7.1.** 21; **9.1.** 19; **9.6.** 30; -gebiet **6.1.** 44, 47; -rahmen **2.5.** 15–16, 29, 31, 39, 53, 70; **3.1.2.** 17; **6.1.9.** 2a, 4e, 22; -stelle **3.4.** 9, 18; **4.1.** 50, 61
**Untertage**deponie **5.1.** 3; -lagerung **3.1.** 33; **4.1.** 9, 104a; **6.1.4.** Anh. 1/8.14
**Unterweser (KKW) 7.1.** 7, Anl. 3–4
**Unverletzlichkeit der Wohnung 1.1.** 13; **3.1.** 52; **3.3.** 16; **4.1.** 101; **4.3.** 13; **5.1.** 19, 47; **5.3.** 28; **6.1.** 52; **7.1.** 19; **9.1.** 21; **9.6.** 25
**Unversehrtheit,** körperliche **1.1.** 2; *s.a. Gesundheit*
**Unwetter 6.1.32.** 7
**Upstream** Emissionsminderung **6.1.** 37a, 37d–37e
**Uran 7.1.** 2, 4, 9a; **10.2.** 1/15–17
**Urbanes** Gebiet **6.1.16.** 2; **6.1.18.** 2
**Ursachenvermutung 10.2.** 6–7
**Ursprung**sprinzip **1.2.** 191
**USB** Kabel **5.2.** Anl. 1
**UVP** *s.a. Gesetz über die Umweltverträglichkeitsprüfung (UVPG), Umweltprüfung, Umweltverträglichkeit, Umweltverträglichkeitsprü-*

Magere Ziffern = §§  **Sachverzeichnis**

*fung;* –, Begriff **2.5**. 4; -Bericht **2.5**. 15–16, 19, 24, 26, 29, 55, Anl. 4; – Bericht **2.5.1**. 2; **3.1.2**. 17; -Bericht **6.1.9**. 4, 4e, 9–10, Anl.; **7.3**. 18; -daten **2.5.1**. 2; –, grenzüberschreitende **2.5**. 1, 54–58; – Internetportal **2.5.1**.; -Pflicht **2.5**. 1, 5–14, 19, 31, 47, 49, 51, 54, 68, 74, Anl. 1; – Pflicht **3.1.2**. 17; -Pflicht **6.1.4**. 2; **6.1.9**. 1–2a, 4, 4e, 8–10, 9–10, 20–23, 24b; **6.1.12**. 18; **7.1**. 2a; **12.1**. 1–2, 4; -Pflicht, Feststellung **2.5**. 4–14, 19, 31; -pflichtiges Vorhaben *s. Vorhaben, UVP-pflichtiges;* – Portale-Verordnung (UVPPortV) **2.5.1**.; **2.6**. 10; **6.1**. 10; **6.1.9**. 8; **7.1**. 7

**Validierung 2.7**. 2–3, 5, 10, 13–15, 18, 21–27; **2.8**. 8–10, 14, 16, 19, 33, 37; **5.1**. 61; -verbot **2.8**. 19
**Vanadium 4.1.1**. Anl. 8; **6.1.13**. 49
**Vegetation 3.1**. 30; **6.1**. 22; **6.1.39**. 1–3, 9, Anl. 14
**Veränderung,** bauliche **10.1**. 555a; –, Boden **3.4**. 1–4, 7–10, 13, 21, 23, 25; **4.1**. 13b; **11.1**. 324a–325, 326; –, Gewässer **4.1**. 2–3, 5–6, 8–9, 12–14, 13b, 23, 26, 31–32, 36–37, 43, 48–49, 62, 67, 78a, 89–90, 92; **4.1.3**. 3; **4.2**. 2; **11.1**. 324, 325, 326, 329–330; –, Luft *s. Luftverunreinigung;* –, Natur und Landschaft **3.1**. 6, 9, 11, 14; –, Schutzgebiet **3.1**. 22–23, 26, 28–30, 33, 69; -sperre **4.1**. 86; **7.1**. 9g; –, Umwelt **2.9**. 2; **9.1**. 3a
**Veräußern 3.3**. 3; **6.2**. 2a; **6.7**. 10; **8.2**. 3, 11, 21b–21c, 50b, 72, 80, 86
**Verantwortlicher 2.9**. 2–9, 13; **3.1**. 19, 42; **3.3**. 16; **4.1**. 90; **4.3**. 3; **6.7**. 3, 6–8, 12, 14, 16–17, 20–21; **7.1**. 12b; **8.1**. 8; **8.6**. 2; **9.1.3**. 15d–15e, 22
**Verantwortung** für künftige Generationen **1.1**. 20a; **3.1**. 1; des Menschen **1.1**. Pr., 20a; **3.1**. 1–2; **3.3**. 1
**Verarbeiten 2.5**. Anl. 1/2.4, Anl. 1/3., Anl. 1/7.29, Anl. 1/10.1, Anl. 1/11.; **2.9**. Anl. 1/7; **3.1**. 39, 44, 69, 71a; **3.1.1**. 6; **4.1**. 89; **5.1**. 2, 23; **6.1**. 3; **6.1.1**. 2; **6.1.4**. Anh. 1/2.6, Anh. 1/3., Anh. 1/5., Anh. 1/7.3, Anh. 1/7.17, Anh. 1/7.32, Anh. 1/10.1; **6.4**. Anh. 1; **7.1**. 2, 5, 7, 9, 9h, 46, 57b; **8.2.1**. 3; **8.4**. 2; **9.1**. 2; **9.4**. 2; **9.5**. 2; **9.6**. 26; **10.2**. 1/Anh.; **11.1**. 328, 330d
**Verband 1.1**. 9, 74/3; **2.5**. 2, 15, 18, 39; **2.7**. 34, 37; **2.9**. 10–11; **3.1**. 2–3, 63–64, 74; **3.1.1**. 15; **3.3**. 15; **3.4**. 20; **4.1**. 23; **5.2**. 35; **5.3**. 18; **5.4**. 24, 28; **6.1**. 10, 17, 19, 23b, 51a; **6.1.39**. 30; **6.3**. 15; **6.6**. 9, 12; **8.2**. 81; **9.1**. 17; **9.5**. 2; **12.1**.; -beteiligung **6.6**. 9; **7.3**. 17, 19; -klage **2.9**. 2–

11; **3.1**. 64; **12.1**. 2; -rechtsbehelfe **3.1**. 64; **6.1**. 19, 23b; **6.1.12**. 18; **12.1**.
**Verbleib 4.3**. 12
**Verbrauchs**daten **8.1**. 82, 85; -materialien **5.2**. 2–3; –, nachhaltiger **2.7**. 1; -steuer **6.1**. 37c; **8.4**. 1; -wert **4.1**. 54; **6.1**. 3
**Verbraucher 1.2**. 4; **4.1**. 50; **4.3**. 7, 9; **5.1**. 3, 30, Anl. 4; **5.1.5**. 10; **5.1.7**. 8; **5.4**. 3, 14; **6.1**. 34; **6.1.39**. 30; **6.2**. 2a; **8.2**. 3, 58–63, 72, 74, 78, 82; **8.4**. 2; **8.6**. 2–5; **9.1**. 2–4, 6, 16e, 17; **9.1.3**. 1–2; **9.6**. 3–4; *s. a. Endnutzer;* -akzeptanz **5.4**. 4; –, Begriff **10.1**. 13; -information **8.9**. Anl.; -verband **5.2**. 35; **5.3**. 18; **5.4**. 28
**Verbreiten** von Arten **3.1**. 40–40a; von Schadorganismen **9.4**. 2; von Umweltinformationen **2.5.1**.; **2.6**. 1, 3, 10–12; **9.6**. 28–28a
**Verbreitungsgebiet,** natürliches **3.1**. 37
**Verbrennen 2.5**. Anl. 1/8.1–8.2; **2.8.1**. 5, 9; **5.1**. 2, 29, Anl. 1–2, Anl. 5; **5.3**. 14, 29–30; **6.1**. 5, 35; **6.1.1**.; **6.1.4**. Anh. 1/8.1, Anh. 1/8.3, Anh. 1/8.11; **6.1.13**.; **6.1.17**.; **6.4**. 2, Anh. 1; **6.6**. Anl. 1; **9.1.3**. 2; **10.2**. 1/68–70, 2/2; an Land **5.1**. Anl. 1; auf See **5.1**. Anl. 1
**Verbrennungs**anlage **5.1**. Anl. 2; **6.1.1**. 1–2; **6.1.17**.; -einheit **6.4**. 2, Anh. 1; -einrichtung **2.5**. Anl. 1/1.1–1.2, Anl. 1/8.2; **6.1.4**. Anh. 1/1.1–1.2; -gas **6.1.17**. 6–7; -motor **2.5**. Anl. 1/10.5; **6.1**. 33, 37, 48a; **6.1.4**. Anh. 1/1.5; **6.1.13**. 7, 18, 20, 34, 37; **8.2**. Anl. 4/173; **8.2.1**. 4; **10.2**. 1/4; -motoranlage **2.5**. Anl. 1/1.1–1.2, Anl. 1/1.4, Anl. 1/8.1; **6.1.4**. Anh. 1/1.1–1.2, Anh. 1/1.4, Anh. 1/8.1; **6.1.13**. 2–3; **6.4**. Anh. 1; -produkt **6.1**. 34; -rückstand **6.1.13**. 10; -verbot **5.3**. 14, 29
**Verbringen 2.9**. Anl. 1/12; **3.1**. 45, 48a–51a, 67, 69–71; **3.3**. 11, 12–14; **4.2**. 2; **5.1**. 30, 55; **5.1.7**. 6; **5.2**. 18, 23–24, 27, 32; **6.1**. 3, 34; **6.2**. 2–5, 7; **7.1**. 3, 22, 46; **7.3**. 1; **9.1**. 3, 21; **9.4**. 2, 14; **9.5**. 2, 11; **9.6**. 3; **11.1**. 326, 328; –, illegales **5.2**. 23
**Verbund**verpackung **5.4**. 3, 10–11, 16–17, 20, 22, 31
**Verdachts**fläche **3.4**. 2, 8–9, 11, 15, 21; **3.4.1**. 1–4, 2, 4; **5.1**. 40
**Verdampfen 5.1**. Anl. 1; **6.1.4**. Anh. 1/8.10
**Verdichten 5.1**. Anl. 1–2; **5.2**. 14; **6.1.32**. 1/08
**Verdünnen 4.1.2**. 3; **5.1**. 9a; **6.1.4**. Anh. 1/10.6
**Verdunstungs**kühlanlage **6.1**. 23
**Vereinbarung** *s. Vertrag*
**Verein(igung)** *s. Verband*

1679

# Sachverzeichnis

Fette Zahlen = Gesetzesnummern

**Vereinte Nationen,** Nachhaltigkeitsziele **5.1.** 33
**Verfahren** *s. a. Technische Verfahren, Verwaltungsverfahren;* –, Arten **6.1.** 10, 19; **6.1.4.** 2, Anh. 1; –, automatisiertes **6.7.** 14; –, faires **2.6.** 8; –, fehlerhaftes **12.1.** 4; –, gerichtliches **2.6.** 8; **8.2.** 81; **9.6.** 28a; **12.1.** 1–2, 4; *s. a. Verwaltungsgericht;* –, neues **6.1.4.** 1–2; **6.4.** 2; -ordnung **8.2.** 81; -schritte **2.5.** 15–28, 38–46; **6.1.4.** 1; –, vorgelagertes **2.5.** 3, 7, 15, 18, Anl. 2
**Verflüssigen 6.1.4.** Anh. 1/1.14
**Verfüllen 5.1.** 3, 6
**Vergabe 5.4.** 23; –, Sammelleistungen **5.4.** 23
**Vergären 2.3.** 3; **2.5.** Anl. 1/8.4; **6.1.4.** Anh. 1/8.6; **8.2.** 3, 39i, 43–44; **8.2.1.** 2
**Vergasen 2.5.** Anl. 1/8.1; **5.1.** Anl. 2; **6.1.4.** Anh. 1/1.14, Anh. 1/8.1; **6.1.17.** 1–2, 8; **8.2.1.** 2; **10.2.** 1/11
**Vergesellschaftung 1.1.** 15, 74/15
**Vergiftung 9.1.** 12h; **11.1.** 89c, 314; –, Informationszentrum **4.3.** 10; **9.1.** 16e; **9.1.4.**
**Vergleichbar,** Anlagen **6.1.4.** 1; –, gentechnische Arbeiten **9.6.** 5; –, Gewässerbewertung **4.1.** 23; –, Umweltinformation **2.6.** 7
**Vergütung 8.2.** 21–21c, 23, 56; *s. Einspeisevergütung, Zahlung*
**Verhältnismäßigkeit 1.2.** 192; **2.7.** 39; **3.1.** 40a; **3.1.2.** 3; **3.4.** 4, 7, 10; **3.4.1.** 4–5, 10; **4.1.** 28–31, 30–31, 41, 45g, 57, Anl. 1; **4.1.1.** 8, 14; **4.1.3.** 16; **4.2.** 3, 8; **5.1.** 7, 9, 18, 23–24, 29, 33; **5.1.7.** 4; **5.2.** 39; **6.1.** 5, 7, 12, 17, 41, 47, 48, 52; **6.1.1.** 19, 22; **6.1.13.** 7, 33, 39; **6.1.39.** 23, 34, Anl. 14; **6.6.** 13; **10.1.** 251; **10.2.** 16; **11.1.** 330
**Verhaltens**regel **4.1.** 79
**Verifizieren** von Angaben **6.4.** 5, 9–11, 27–28; **6.7.** 7
**Verjährung 2.9.** 9; **3.4.** 24; **6.2.** 3a; **6.3.** 9; **7.1.** 21, 21a, 32, 38, 40; **8.2.** 57; **9.6.** 32; **10.2.** 17
**Verkauf 3.1.** 7, 69, 71–71a; **4.1.** 99a; **5.1.7.** 8; **5.2.** 3, 6, 17, 45; **5.4.** 33–34, 36; **6.7.** 10; **8.1.** 80, 87; **9.1.** 3; **11.1.** 314; *s.a. Veräußern;* aus Automaten **5.4.** 31, 33–34; -einrichtung **8.1.** 32; -fläche **5.2.** 17; **5.4.** 15, 31; -stelle **5.4.** 15, 32, Anl. 1; -verbot **3.1.** 44, 69; **5.2.** 6; **8.2.** 80, 86; -verpackung **2.3.** 5a; **5.4.** 3, 11–12, 15, 24
**Verkehr 1.1.** 73/6, 74/21, 74/22, 87d, 89–90; **1.2.** 4, 13; **2.5.** Anl. 3; **3.2.** 45; **3.4.** 2–3; **4.1.** 20, 37; **6.1.** 38–40, 43, 47a–47d; **6.1.18.** 1; **6.1.39.** Anl. 13; **6.3.** 4; **6.6.** 4–5, Anl. 1–2; **7.1.** 4, 24; **8.2.** 3;

**8.9.**; -anlage **3.1.** 61; **4.1.** 78a; -anschauung **5.1.** 3; -beschränkung **6.1.** 40; -bevorrechtigung **8.8.–8.9.**; -fähigkeit **9.4.** 12; -fläche **9.4.** 2; -flughafen **6.1.** 47b; **6.3.** 2, 4, 9; -geräusch **6.1.** 41–43; **6.1.16.**; **6.1.18.** 6; -infrastruktur **1.2.** 170; **4.1.** 78a, 78d; -lärm **6.1.** 47a–47d; **6.1.16.**; **6.3.**; **6.5.**; -lärmschutzverordnung **6.1.16.**; **6.5.** 2, 4, 6; -mittel **5.2.** 2; **8.6.** 1; -mittel, klimaschonendes **6.6.** 15; -sicherheit **3.1.** 39; **8.8.** 3; **8.9.** 3, 5; -sicherungspflicht **3.1.** 30, 60; –, spurgeführter **2.5.** Anl. 1/14.9–14.10; -unternehmen **8.2.** 65a, 66; -verbot **5.3.** 3; **6.1.** 47; **6.5.** 1–5, 10–11, 13; -vorhaben **2.5.** Anl. 1/14.; -weg **3.1.** 1, 4; **3.4.** 3; **6.1.** 3, 50; -wegeausbaugesetz **2.5.** Anl. 5/1.1; -wegeplanung **2.5.** 53, Anl. 5/1.1; -wesen **6.1.** 51
**Verladen 3.3.** 2a; **11.1.** 328
**Verlandung 3.1.** 30
**Verleihung 6.1.** 13; **9.6.** 22
**Verletzen,** Tiere **3.1.** 39, 44, 69
**Verlichten 3.2.** 2, 11–12
**Vermarktung,** direkte *s. Direktvermarktung;* –, doppelte **8.2.** 78, 80, 86; -regelung **8.2.** 91; –, transparente **8.2.** 59; -überwachung **8.2.** 91; -verbot **3.1.** 44–45, 49, 51, 54, 69; **3.1.1.** 2–3; **8.2.** 78, 80, 86
**Vermehren 9.6.** 3, 16d; –, künstlich **1.1.** 74/26; **3.1.** 7, 40, 45, 48, 54; **3.1.1.** 2, 6; **9.4.** 13
**Vermeiden 4.1.4.** 3; von Abfällen **5.1.** 2, 6–7, 13, 21, 24–25, 30, 33, 46–47, 58–60, 65, Anl. 4, Anl. 5; **5.1.5.** 8; **5.4.** 1–2; **6.1.** 5, 54; **6.1.9.** 4c; **6.1.17.** 12; von Bodeneinwirkungen **3.4.** 7; von Gemeinwohlbeeinträchtigungen **5.1.** 43; von Naturbeeinträchtigungen **3.1.** 1, 9, 13, 15–18; **3.1.2.**; **6.1.9.** 4; von Stoffeinträgen **3.4.** 8; **4.1.** 45a; von Umweltbeeinträchtigungen **3.1.** 5, 13, 15–18; **3.1.2.**; **3.4.** 1, 7–8; **4.1.** 3, 12, 14, 45a–45b; **4.3.** 3, 5–6, 12; **6.1.** 1, 3, 5, 22, 38–40–41, 43, 50, 62; **6.1.9.** 20; **6.1.17.** 3–4; von Umweltschäden **2.9.**; der Umweltschädlichkeit **5.1.5.** 2; von Umweltverschmutzung **6.1.17.** 3–4; **8.2.1.** 5; von Zielkonflikten **4.1.** 45e
**Vermeidungs**maßnahme **2.5.** 5, 7, 22, 24, 30, 35, 55, Anl. 2; **2.9.** 2, 5, 7, 9, 12; **3.1.** 1, 9; **3.1.2.** 3; **4.1.** 12, 14, 49, 52, 78a; **4.1.4.** 3; **5.1.** 8, 43; **5.3.** 18; **6.1.9.** 21; *s. a. Abfallvermeidung, Vermeiden, Umweltmaßnahme*
**Vermessen 5.1.** 34; **7.1.** 9f
**Vermieten 8.1.** 80, 87; **10.1.** 555a–555f, 556c–556f, 559

1680

Magere Ziffern = §§

# Sachverzeichnis

**Vermischen 4.1.** 55, 57–58; **4.1.2.** 2–3, 5; **5.1.** 17, 30, Anl. 1; **5.1.7.** 7, 10; **6.1.4.** Anh. 1/8.11; **9.6.** 16b; –, Verbot **5.1.** 9a, 20, 69; **5.1.7.** 4
**Vermitteln 5.2.** 33, 40; **5.4.** 7, 26; **9.5.** 4
**Vermittlungsgeschäft 5.1.** 72; **11.1.** 326; *s. a. Abfallmakler, Makeln*
**Vermüllung 5.1.** 23–24, 30, 33, 46, Anl. 5; **5.3.** 18; **5.4.** 14
**Vermutungs**regel **3.1.** 14; **5.1.** 3; **5.2.** 23; **5.4.** 24; **6.4.** 7; **6.7.** 9; **8.1.** 50, 82; **8.2.** 36h, 44c, 60, 61l, 62b, 64–65; **8.6.** 4, 11; **9.1.** 12i–12j; **9.1.3.** 7; **9.4.** 16; **12.1.** 4
**Vernichten 2.5.** Anl. 1/10.2; **3.4.** 3; **5.1.** 2; **6.1.4.** Anh. 1/10.1; **9.1.** 3, 12i–12j; **9.1.3.** 2; **9.4.** 54; **10.2.** 1/90
**Veröffentlichung 3.3.** 8; -pflicht **2.7.** 6, 8, 16, 30, 46; **3.3.** 8; **4.1.** 13a–13b, 45h; **4.1.4.** 4; **5.1.** 25, 31; **5.1.5.** 5; **5.2.** 18, 31, 35, 37; **5.3.** 7, 15, 20, 29, 31; **5.4.** 9, 14, 21, 24, 26; **6.1.16.** 5; **6.1.17.** 23; **6.1.39.** 30; **6.4.** 9, 11; **6.5.** 10; **6.6.** 5; **7.1.** 24b; **7.3.** 8, 15, 17; **8.2.** 45–46, 51a, 53, 77–78, 81, 85, 91; **8.6.** 9, 11; **12.1.** 3; von Rechtsverstößen **6.4.** 30
**Verpachten 8.1.** 80, 87
**Verpacken 2.3.** 5; **5.1.** Anl. 1–2; **5.4.**; **9.1.** 13–15, 17, 19, 20b, 26; **9.1.3.** 1, 4; **9.5.** 5; **9.6.** 15, 16d, 17b, 30; **11.1.** 328; –, ordnungsgemäß **5.2.** 13
**Verpackung 2.7.** 10; **5.1.** 3, 32, 33; **5.1.8.**; **5.4.**; **8.2.** Anl. 4/149; **9.4.** 65; *s. a. Verpacken;* -abfall **2.3.** 5–5a; **2.5.** Anl. 5/2.5; **5.1.** 32; **5.4.**; zur Abgabe im Ausland **5.4.** 12, 31; -anteil **5.4.** 1, 16, 22; –, Begriff **5.4.** 3, Anl. 1; -beispiele **5.4.** Anl. 1; –, beschädigte **5.4.** 7; -gesetz (VerpackG) **2.3.** 5–5a, 15; **5.1.8.** 1; **5.4.**; -kriterien **5.4.** 3, Anl. 1; -material **9.1.** 12a; -materialien **5.4.** 1; -mittel **8.2.** Anl. 4/66, Anl. 4/70, Anl. 4/99; -register **5.4.** 3, 7–11, 24–30; –, restentleerte **5.4.** 3, 13–16, 22, 31, 36; -richtlinie (EU) **5.4.** 1; –, systembeteiligungspflichtige **2.3.** 5a; **5.4.** 3, 7–11, 14–15, 20–21, 24, 26; –, unverkäufliche **5.4.** 7; -verordnung (VerpackV) **5.4.** 38; –, zurückgenommene **5.4.** 7–8, 15, 24
**Verpflichteter,** Biokraftstoffquote **6.1.** 37a, 37c; –, Produktverantwortung **5.1.** 23
**Verpressen** von Abfällen **5.1.** Anl. 1
**Verregnen 4.1.** 54
**Verrichtungsgehilfe 10.1.** 831
**Verrieseln 4.1.** 54–55
**Verrohren 2.5.** Anl. 1/13.18
**Versammlungsfreiheit 1.1.** 8
**Versand** *s. a. Versenden;* -handel **5.3.** 9, 18; **5.4.** 3, 15, 31–32; **9.1.2.** 2, 10; -hülle

**5.4.** Anl. 1; -lager **5.3.** 9; -verpackung **5.4.** 3, 7
**Versatz**verordnung **5.1.** 10, 48, 65
**Verschattung 8.1.** 25
**Verschlechterung,** Gewässer **4.1.** 27–31, 45a, 45c, 45g, 47, 82–83; **4.1.1.** 4, 7, 11; **4.1.3.** 8; -verbot **3.1.** 44, 45; **8.1.** 22, 46, 57
**Verschleppen** von Schadorganismen **9.4.** 2–3
**Verschlucken 9.1.3.** 9
**Verschwenden** von Lebensmitteln **5.1.** 33
**Versenden 3.3.** 2a; **6.1.** 34; **7.1.** 4; **9.1.2.** 2, 10; **11.1.** 328
**Versicherung 1.1.** 74/11; **5.1.** 12, 57; **5.1.5.** 2; **7.1.** 4a, 13–14, 34; **9.6.** 36; **10.2.** 19–22
**Versickern 4.1.** 46, 54–55
**Versiegelung 3.1.2.** 2; **3.4.** 5; **3.4.1.** 5
**Versorgung 2.3.** 2, 7, 11; **2.5.** Anl. 3; **3.1.** 4; **3.4.** 2; **6.2.** 1, 3; **6.3.** 5; **11.1.** 330
**Versteigern** von Berechtigungen **6.4.** 8, 28; **6.7.** 10, 23
**Versuch 3.3.** 16; **4.1.** 91; **9.4.** 12; **9.5.** 3; -anlage **6.1.4.** 2; –, strafbarer **9.1.** 27–27b; **11.1.** 309–310
**Verteidigung 1.1.** 35; **2.5.** 1–2, 66; **2.6.** 8; **2.9.** 3; **3.1.** 4, 34, 45, 48a, 57; **3.2.** 45; **3.3.** 15; **3.4.** 23; **4.1.** 8, 45h, 102; **5.1.** 45, 66; **5.2.** 2; **5.3.** 1; **6.1.** 10, 37a, 47a, 59–60; **6.1.1.** 17; **6.1.9.** 1; **6.1.12.** 11; **6.1.18.** 5; **6.1.26.** 1; **6.1.39.** 28; **6.2.** 8; **6.3.** 2, 4–5; **6.6.** Anl. 1; **7.1.** 24; **8.1.** 10, 55; **8.4.** 9, 9d–9e; **8.6.** 1; **9.1.** 16f, 24; **9.4.** 13
**Verteilen** von Elektrizität **8.2.** 3, 9, 11–12; von Wasser **4.1.** 3
**Vertiefen 4.1.** 78a, 92
**Vertikutierer 6.1.32.** 1/49
**Verträglichkeitsprüfung 2.5.** 32, 36, 46; **3.1.** 9, 33–36, 54; **6.1.9.** 24b
**Vertrag 2.7.** 22, 25; **2.8.** 9; **3.1.** 56a; **4.1.** 16; **6.1.** 37a, 37c, 62; **8.2.** 61j; –, Abfallsammlung **5.1.** 3; –, Abfallvermeidung **5.1.** Anl. 4; –, Abfallwirtschaft **5.1.** Anl. 5; zur Abstimmung **5.4.** 18, 22, 38; –, Abwasserbeseitigung **4.1.** 59; über Altgeräteentsorgung **5.2.** 14, 17b, 19, 40; –, Altölannahme **5.1.7.** 8; –, Altteilrücknahme **1.1.5.** 3; über Anforderungserfüllung **8.1.** 103; über die Arbeitsweise der Europäischen Union **1.2.**; **4.2.** 2a, 9, 11; –, Aufarbeitung **7.1.** 56a; über Ausgleichsmaßnahmen **3.1.2.** 12; –, Batterierücknahme **5.3.** 8; –, Bilanzkreis **8.2.** 60; –, Bodensanierung **3.4.** 13; –, Bund-Länder **1.1.** 91b; –, Fernkälte **8.1.** 6a; zur Finanzierung **5.4.** 8, 18, 25–26, 38; über Ge-

1681

# Sachverzeichnis

Fette Zahlen = Gesetzesnummern

meindezuwendung **8.2.** 6; –, Kostentragung **5.1.5.** 3; über Modernisierungsmaßnahmen **10.1.** 555f; –, Naturschutz **3.1.** 2–3, 14, 21, 30, 32, 44; –, öffentlichrechtlicher **7.1.** 7g, 9a, 21c; **11.1.** 330d; **12.1.** 1; –, Rechtsverzicht **9.6.** 16b; über Rückgabeort **5.4.** 15; –, Stromabnehmer **8.2.** 7, 11, 57, 91; –, Überwachung **5.1.** 56–57; -verbot **5.2.** 33; **5.4.** 26; –, völkerrechtlicher *s. Internationale Vereinbarung;* über Wärme- oder Kälteversorgung **8.1.** 107
**Vertrauensschutz 3.4.** 4, 25; **5.1.** 18; **8.2.** 93
**Vertraulichkeit 2.6.** 8; **4.3.** 10; **6.4.** 20; **6.7.** 14; **9.1.** 16e; **9.1.4.** 4; **9.4.** 65; *s. a. Betriebsgeheimnis, Geheimhaltung, Geschäftsgeheimnis*
**Vertreiben 5.1.** 17, 23–26; **5.1.5.** 2–3; **5.2.** 3, 6, 8, 12–13, 17–18, 22, 24, 31–32, 35, 38, 45; **5.3.** 2–3, 7–11, 17–18; **5.4.** 3, 15, 24, 28, 31–32; **6.1.32.** 2; **8.6.** 2
**Vertreiber** *s. Vertreiben*
**Verunreinigung** im Abfall **5.1.** 7; von Böden **11.1.** 324a; von Gewässern *s. Gewässerverunreinigung;* der Luft *s. Luftverunreinigung;* von Stoffen **9.4.** 65
**Verunstalten 3.1.** 1
**Verursacher 1.1.** 20a; **1.2.** 191–192; **2.9.** 2–3; **3.1.** 13–19, 44; **3.1.2.** 2, 12–13, 17; **3.4.** 4, 10, 24; **4.1.** 6a, 40, 90; **7.1.** 33, 53; **8.2.** 2; **9.6.** 36a; **10.2.** 6–7
**Verwahren 7.1.** 4–6, 19, 21, 23d; **11.1.** 310, 328
**Verwaltung,** Abfall **5.4.** 3; –, elektronische *s. Datenverarbeitung (elektronische);* –, verantwortungsvolle **1.2.** 15
**Verwaltungsakt 2.9.** 11; **4.1.** 57; **4.1.4.** 4; **5.2.** 5, 15, 34, 38–38a, 40, 44; **5.3.** 20–21, 23, 28; **5.4.** 22, 26; **6.1.** 10; **6.1.9.** 21; **6.1.17.** 9; **7.1.** 2a–2b, 9a; **8.2.** 3, 79, 92; **11.1.** 330d; **12.1.** 1–2, 7; *s. a. Erlaubnis, Genehmigung, Planfeststellung, Zulassung;* –, automatischer **5.2.** 38a; **5.3.** 22
**Verwaltungsgericht,** Verfahren **1.1.** 74/1; **2.5.** 5; **2.5.1.** 5; **2.6.** 6; **2.8.** 25; **3.1.** 64; **3.3.** 16i; **4.2.** 12a; **6.1.** 14a, 21; **6.4.** 19; **7.1.** 2a, 9e; **7.3.** 17, 19; **8.2.** 79, 88a; **9.6.** 10, 16, 28a; **12.1.** 1–2, 4; –, Verfahrensbeteiligte **12.1.** 4
**Verwaltungskostengesetz 6.1.** 33, 37e; **7.1.** 21
**Verwaltungsverfahren 1.1.** 23, 84, 125a–125b; **2.5.** 2, 4, 33, 71; **2.6.** 4–5; **2.8.** 10a–13, 20, 35; **3.1.** 9, 63, 74; **3.3.** 16j; **4.1.** 11, 11a, 23–24, 88; **4.1.4.**; **5.1.** 35–38, 65, 71; **6.1.** 8–15, 23b, 73; **6.1.4.** 2; **6.1.9.**; **6.3.** 9–10, 13; **7.1.** 7, 20, 58; **9.6.** 10–12, 16; **12.1.** 1–2; -gesetz **2.5.** 17–18, 21, 27, 55–56, 65, 67; **2.5.1.** 5; **2.8.** 17, 22, 25; **3.1.** 63; **4.1.** 18, 21, 70; **5.1.** 10, 12, 35, 38, 51–54, 57, 64; **5.2.** 32, 37, 38a, 39, 42, 45; **5.3.** 21–22; **5.4.** 22, 26; **6.1.9.** 10a; **6.4.** 9; **6.7.** 16; **7.1.** 2b, 9b, 17; **8.2.** 35a; **8.6.** 7; **8.9.** 4–5; **9.1.** 19b; **9.6.** 16d, 20, 26; **12.1.** 1; –, vereinfachtes **3.3.** 8; **6.1.** 10, 16, 16b, 19, 23, 67; **6.1.4.** 2; **6.1.9.** 3, 24; **9.6.** 14, 18
**Verwaltungsvollstreckungsgesetz 4.3.** 14; **6.4.** 15; **7.1.** 5; **9.1.** 12g
**Verwaltungsvorschrift 1.1.** 84–86; **2.0.** 2; **2.5.** 70; **2.6.** 2; **2.7.** 2, 20–22; **2.8.** 15; **3.1.** 32, 54; **3.2.** 44; **3.3.** 16b, 16d; **5.1.** 68; **5.4.** 26; **6.1.** 7, 12, 31, 48, 50, 52b, 66; **6.1.9.** 1, 4a, 20; **6.1.26.** 4; **6.2.** 2–3a; **7.1.** 57b; **8.1.** 89; **8.4.** 13; **9.1.** 19d, 25; **9.6.** 30; **10.1.** 906
**Verwaltungszusammenarbeit 1.2.** 6, 197
**Verwaltungszwang 3.3.** 16; **6.4.** 15; **6.5.** 12
**Verwechslungsgefahr 2.7.** 10; **3.1.** 54; **5.1.** 2; **6.1.32.** 3; **8.6.** 6
**Verweisung 2.7.** 51; **3.1.** 55; **3.4.1.** 13; **5.1.** 10; **6.1.** 7, 23, 32, 34–35, 38–39, 43; **6.1.18.** 7; **9.1.** 19; **9.6.** 30
**Verwenden 2.3.** 7–8; **2.9.** Anl. 1/7; **3.1.** 44–45, 69, 71–71a; **3.3.** 13a; **4.1.** 62; **4.1.4.**; **5.1.** 3–5, 23–24, 59, Anl. 2; **5.1.5.** 8; **5.3.** 1–2; **6.1.** 3, 10, 35, 49, 53; **6.1.1.** 2; Anh. 1/7.31, Anh. 1/8.11; **6.1.9.** 4a, 21, 25; **6.1.32.** 2; **6.1.39.** 28; **6.2.** 1; **7.1.** 2, 9, 24, 57b; **8.6.** 2; **8.8.–8.9.**; **9.1.** 2–3, 12e, 12h–12j, 14, 16d–17, 19, 23, 26–28; **9.1.3.** 1–2, 15a–17, 24, Anh. II; **9.4.** 14, 16; **9.6.** 3, 14–15, 16d, 17a; **11.1.** 327–328; *s. a. Umgang;* –, berufsmäßig **9.1.2.** 5; **9.1.3.** 2, 15c; –, erstmals **5.1.** 7a; **9.1.3.** 15c –, nachhaltig **9.1.3.** 15b; –, rechtmäßig **5.1.** 4; –, rechtswidrig **9.1.** 27c
**Verwerten 2.3.** 3–4; **2.5.** Anl. 1/8.; **2.9.** Anl. 1/2; **3.1.** 44–45; **3.4.** 3; **5.1.** 2–3, 5–15, 17, 19–20, 23–26a, 30, 45–46, 49, 56, 58–60, 66, Anl. 2; **5.1.5.** 2–5, 8–9, 11; **5.2.** 1, 3–4, 18, 22, 24, 28–30, 32; **5.3.** 2, 5, 8–9, 14, 18, 29; **5.4.**; **6.1.** 5, 54; **6.1.4.** Anh. 1/8.; **6.1.9.** 4c; **7.1.** 9a; **9.5.** 11; **10.2.** 1/74; **11.1.** 326; –, eingezogene Tiere und Pflanzen **3.1.** 48, 51; –, energetisch **5.1.** 3, 20, 50; **5.1.5.** 2; **5.1.7.** 1, 2–6; **5.3.** 2; **8.2.1.** 3; –, gemeinsam **5.4.** 22; –, hochwertig **5.1.** 8, 15, 17, 23, 26; –, ordnungsgemäß **5.1.** 3, 7, 9a, 11, 17–18, 23–24, 59–60, 65; **5.1.5.** 3–4; **5.1.7.** 4; **5.4.** 7; **6.1.** 5, 54; –, Rangfolge **5.1.** 6–8; –, Rückstände **6.1.17.** 12; –, schadlos

Magere Ziffern = §§  **Sachverzeichnis**

**5.1.** 3, 7, 17–18, 23–24, 59–60, 65; **5.1.5.** 3; **5.1.7.** 4; **5.4.** 7; **6.1.** 5, 54; **7.1.** 9a; –, stofflich **5.1.** 3, 14; **5.1.5.** 2, 5, 8, 10–11; **5.1.7.** 1, 2–6; **5.3.** 2, 14, 15; **6.1.9.** 4c; **8.2.** 43; –, thermisch **2.5.** Anl. 1/8.1; **6.1.9.** 4c; von Tierkörpern **6.1.4.** Anh. 1/7.12; –, umweltverträglich **5.1.** 23–26a, 26–26a; –, werkstofflich **5.4.** 3, 16, 21
**Verwertung** *s. a. Verwerten;* -anforderung **5.3.** 14, 28; **5.4.** 11, 15–16; -anlage **5.1.** 59; -gerecht **5.1.5.** 10; -möglichkeit **5.4.** 4; -nachweis **5.1.5.** 4, 11; -pflicht **5.4.** 16, 22; -quote **5.2.** 21–22; **5.3.** 2, 15–16, 16, 20, 23; **5.4.** 1, 16; -weg **5.1.** 18; **5.4.** 16, 21
**Verwüsten,** Pflanzenbestände **3.1.** 39, 69
**Verzeichnis** der Beschäftigten **9.1.3.** 14; der Elektrogerätehersteller **5.2.** 32; der Erstbehandlungsanlagen **5.2.** 31; der Gefahrstoffe **9.1.3.** 6, 22; der Inhaltsstoffe **4.3.** 8, 15; von Labors **4.3.** 11; der Sammel- und Rücknahmestellen **5.2.** 31; von Umweltinformationen **2.6.** 7
**Verzicht** auf Rechtsanspruch **7.1.** 7g; **8.2.** 19, 23; auf Vorsorgemaßnahmen **9.6.** 16b
**Verzinken 6.1.4.** Anh. 1/3.9
**Vibrieren 6.1.4.** Anh. 1/2.14; **6.1.32.** 1
**Video**kabel **5.2.** Anl. 1; -kamera **5.2.** Anl. 1; -rekorder **5.2.** Anl. 1
**Vieh 4.1.** 46; -haltung **2.5.** Anl. 1/7.1–7.11; -seuche **1.1.** 74/19
**Vielfalt 2.5.** 2, Anl. 2–4; **2.6.** 2; **3.1.** 1, 7, 9, 25, 27, 40c, 42, 54; **4.1.** 45a–45b; **6.1.9.** 1a; **8.2.** 90; *s. a. Artenschutz, Biologische Vielfalt;* –, Stromerzeuger **8.2.** 2
**Vinyl**acetat **6.4.** Anh. 1
**Virologie 9.6.** 4
**Virus 9.6.** 3
**VOC** *s. organische Verbindung, flüchtige*
**Völkerrecht 1.1.** 25, 32, 104a; **1.2.** 191; **2.3.** 1, 16; **2.5.** 64; **2.6.** 10; **3.1.** 6, 38, 57; **9.1.** 21; *s. a. Internationale Vereinbarung, Zwischenstaatliche Zusammenarbeit*
**Vogel 3.1.** 45, 54; **3.1.1.** 8–16; -art, europäische **3.1.** 7, 44–45, 54, 69, 71–71a; **9.4.** 13; -schutz **3.1.** 41; -schutzgebiet, europäisches **3.1.** 7, 21, 31–36; **11.1.** 329
**Vollstreckung,** sofortige **5.4.** 22
**Vollzug 8.1.** 92–103, 114; *s. a. Ausführung, Einhalten von Vorschriften, Überprüfung, Überwachung*
**Vorbehalt 7.1.** 9b; **8.2.** 105
**Vorbehandeln 2.5.** Anl. 1/10.4; **5.1.** 3–4, 7, Anl. 1–2; **6.1.4.** Anh. 1/8.11, Anh. 1/10.10; **6.1.17.** 2
**Vorbelastung 3.4.** 4; **3.4.1.** 5, 11; **4.2.** 4; **6.1.** 16b

**Vorbereitung 4.1.4.** 3; – öffentlicher Maßnahmen **2.6.** 2; **3.1.** 3, 44, 63; **3.2.** 8; zur Wiederverwendung **5.1.** 3, 6, 9, 14, 20–21, 30, 45, 49, Anl. 1–2, Anl. 5; **5.2.** 1, 3, 10–11, 14, 17–17b, 20–21, 22, 24–27, 29–30, 32; **5.4.** 1, 4, 16–17
**Vorbescheid 2.5.** 2, 29; **6.1.** 7, 9–11, 17; **6.1.9.** 1, 3, 8, 19, 23; **7.1.** 7a–7b, 21
**Vorbeugen 1.2.** 191; **3.1.** 38; **4.1.** Anl. 1; **5.1.5.** 8; **6.1.** 1; **6.1.12.** 3, 6; **9.1.** 1, 16e, 21; **9.4.** 1, 3; **9.5.** 1; **9.6.** 6; *s. a. Vorsorge*
**Vorbild,** öffentliche Hand **3.1.** 2; **5.1.** 45; **6.6.** 13; **8.1.** 4, 55–56
**Vorführen 8.6.** 2
**Vorhaben 12.1.**; *s. a. Anlage;* -anfälligkeit für Risiken **2.5.** Anl. 3–4; im Ausland **2.5.** 1, 58–59; **2.5.1.** 2; –, Begriff **2.5.** 2; –, bergbauliches **2.5.** Anl. 1/15; **12.1.** 1, 4; zur Entwicklung und Erprobung **2.5.** 14; –, kumulierendes **2.5.** 10–13, 16; **6.1.9.** 4e; –, UVP-pflichtiges **2.5.** 1, 5–14a, 19, 31, 47, 49, 51, 54, 68, 74, Anl. 1–4; **2.5.1.**; **3.1.** 17; **4.1.** 11, 64, 68, 70; **6.1.4.** 2; **6.1.9.** 1–2a, 4e, 8–10, 9–10, 20; **6.1.12.** 18; **7.1.** 2a; **12.1.** 1–2, 4
**Vorhersage 6.1.39.** 1, Anl. 14; *s. a. Prognose*
**Vorkaufsrecht 3.1.** 66; **4.1.** 99a
**Vorkommen**gebiet **3.1.** 40, 54
**Vorläuferstoff 6.1.39.** 1, 18, 29, 34
**Vorläufige** Maßnahme **1.2.** 191; **3.1.** 33–34; **4.1.** 14, 52, 76, 78–78b; **7.1.** 57b; **9.1.** 9–10, 23
**Vorlagepflicht 5.1.** 25; **5.4.** 30a; **6.1.13.** 4–5, 13–14, 16–21, 28–30, 32, 34, 39, 49, 67; **8.1.** 78, 80, 92, 94, 96, 103, 107–108; **9.1.** 12i–12j, 26; **9.1.3.** 15e
**Vor-Ort-**Besichtigung **4.1.4.** 9; **5.1.** 47; **6.1.** 52; **6.1.12.** 12, 16–17, 19; **8.1.** 84
**Vorprodukt 8.4.** 9a
**Vorprüfung 2.5.** 1, 5, 7–12, 14–14a, 34–35, 37, 50, 65, 70, 73–74, Anl. 1/18.8, Anl. 1–3, Anl. 6; **7.1.** 2a; **12.1.** 4
**Vorrätighalten 3.1.** 7, 44, 69, 71–71a; **3.1.1.** 3; **9.1.** 3; **9.5.** 2
**Vorrang,** Abfallhierarchie **5.1.** 6–8; –, Abfallvermeidung **5.2.** 1; **5.4.** 1, 16; –, Abwärme **8.1.** 28; –, Altölaufbereitung **5.1.7.** 2–4; – anderer Rechtsvorschriften **2.5.** 1, 38; **2.9.** 1; **3.4.** 3; **8.1.** 110; **9.1.** 2; –, Bebauung im Innenbereich **3.1.** 1; –, Bundesrecht **1.1.** 31, 72; –, lärmarme Geräte **6.1.32.** 8; –, Lärmbekämpfung **6.1.** 47d; –, Lärmschutzbereiche **6.3.** 4; –, menschlicher Verzehr **5.1.** 33; –, Mineralgewinnung **5.1.** 29; von Naturschutzmaßnahmen **3.1.** 15; –, Netzzugang **8.2.** 8–9, 52, 91; –, nukleare Sicherheit **7.1.**

1683

# Sachverzeichnis

Fette Zahlen = Gesetzesnummern

7c; –, ortsnahe Wasserversorgung **4.1.** 50; –, Recycling **5.1.** 45; **5.4.** 16; –, Sanierungsmaßnahmen **2.9.** 8; – sekundärer Rohstoffe **5.1.** 23; –, Standortauswahl **7.3.** 12; –, Stromabnahme **8.2.** 11, 91; –, vertragliche Vereinbarung **3.1.** 3; – verwertbarer Abfälle **5.1.** 23; –, Vorkaufsrecht **3.1.** 66; –, Wiederverwendung **5.4.** 16

**Vorrat**sschutz **9.4.** 2

**Vorsichtsmaßnahme 6.1.17.** 3; **9.4.** 65; **9.6.** 28a

**Vorsorge 1.1.** 20a; **1.2.** 191, 196; **2.5.** 66, Anl. 4; **3.1.** 8, 40c; **3.4.** 1, 3, 7, 10, 17; **3.4.1.** 1, 9–10; **4.1.** 5, 78–79, Anl. 1; **5.1.** 6, 36, 43; **6.1.** 1, 5, 7, 17, 23, 33; **6.1.4.** 1; **6.1.9.** 4b, 4e; **6.1.13.** 1, 24, 39, 45, 56, 61, 65; **6.1.17.** 1; **6.1.26.** 1, 4; **7.1.** 4–7, 7d, 9; **7.3.** 19, 26; **8.2.1.** 5; **9.1.** 1; **9.6.** 1, 6, 16b; -untersuchung **9.1.3.** 6, 14; **9.6.** 30; -wert **3.4.** 8; **3.4.1.** 1, 9–11, 12

**Vorteil** *s. a. Bevorrechtigung, Nutzungsvorteil, Umweltvorteil;* -annahme **8.2.** 6; –, wirtschaftlicher **5.4.** 7, 36

**Vortragsrecht 4.1.** 66; **6.1.** 57, 58c

**Vorverfahren 5.2.** 44; **6.1.** 21; **7.1.** 2a; **7.3.** 17, 19; **8.2.** 79; **9.6.** 10, 16

**Vorvertreiben 5.4.** 7, 15, 31

**Vorwirkung,** Enteignung **4.1.** 71; **7.1.** 9e

**Vorzeitige** Besitzeinweisung **4.1.** 71a

**Vorzeitiger Beginn 2.5.** 67a; **4.1.** 17, 58, 60, 69; **5.1.** 37, 69; **6.1.** 8a, 10; **6.1.9.** 1, 3, 24a; **7.1.** 57b

**Vulkan**ausbruch **6.1.39.** 1

**Vulkanisieren 2.5.** Anl. 1/10.2; **6.1.4.** Anh. 1/10.7

**Waage 5.2.** Anl. 1

**Wacholder**heide **3.1.** 30

**Wärme 2.5.** Anl. 1/8.2; **6.1.** 3, 5, 54; **6.1.1.** 2; **6.1.17.** 2; **8.4.** 9b, 10; **10.1.** 556c, 906; **10.2.** 3; -abgabe **6.1.17.** 13; -begrenzung **8.1.** 69–71, 108; -behandlung **8.2.** Anl. 4/146; -brücke **8.1.** 12, 24; -dämmung **8.1.** 69–73, 96; -durchgangskoeffizient **8.1.** 53, 91, 103–104; -energiebedarf **8.1.** 3, 10, 12, 34–45, 52–56, 72, 85, 87, 91; -erzeugung **2.5.** Anl. 1/1.; **6.1.4.** Anh. 1/1.; **8.1.** 1, 3–4, 22, 34–45, 52–56, 89–91; -kosten **10.1.** 556c; -lieferung **10.1.** 556c; -menge **8.1.** 3, 22; -netz **8.1.** 3, 22, 90; **10.1.** 556c; -nutzung **6.1.13.** 1–2; **6.1.17.** 1, 13; **8.2.** 71; -ofen **6.1.13.** 1; -pumpe **5.2.** Anl. 1; **8.1.** 37, 42, 90; -rückgewinnung **8.1.** 68, 96; -schutz, baulicher **8.1.** 10–11, 16, 19, 47, 49, 88; -schutz, sommerlicher **8.1.** 14, 51, 85; -speicher **6.1.1.** 5; **8.1.** 3, 90;

-überträger **5.2.** 2, 14, Anl. 1; -umstellung **10.1.** 556c; -verlust **8.1.** 16, 25, 29, 50–51, 91, 103; -versorgung **6.1.1.** 5; **8.1.** 22; -versorgung, gemeinsame **8.1.** 107; -versorgung im Quartier **8.1.** 107; -zufuhr **8.1.** 61, 97

**Wäsche**trockner **5.2.** Anl. 1

**Waffen 3.3.** 7a; **5.2.** 2; **5.3.** 1; **8.2.** Anl. 4/144; –, biologische **9.6.** 11; –, chemische **9.6.** 11; –, Handfeuerwaffen **6.1.4.** Anh. 1/10.18; -recht **1.1.** 73/12; **2.8.** 5

**Wald 3.1.** 1, 30, 39; **3.2.**; **3.4.** 3; **3.4.1.** 12; **6.6.** Anl. 1; **11.1.** 329; *s. a. Forstwirtschaft;* -anlegen **4.1.** 78d; -beseitigung **4.1.** 78d; -besucher **3.2.** 13–14; -betretung **3.2.** 14; -bewirtschaftung **3.2.** 1, 8–9, 11, 13–14, 41; -boden **3.2.** 41a; -erhaltung **3.2.** 1, 8–9, 41; -funktionen **3.2.** 1, 8, 11–12, 41; -inventur **3.2.** Anl. 1; als Kompensation **3.1.2.** 2; –, naturnaher **3.1.** 5; -nutzung **3.1.** 5; -ökosysteme **3.2.** 41a; -rand **3.1.** 1, 5; -umwandlung **3.2.** 9; **4.1.** 78d; –, urbaner **3.1.** 11; -vitalität **3.2.** 41a

**Wall 4.1.** 78a

**Walzen 2.5.** Anl. 1/3.6; **6.1.4.** Anh. 1/3.6; **6.1.32.** 1/08; **6.4.** Anh. 1; **8.2.** Anl. 4/145, Anl. 4/187; **10.2.** 1/33

**Walzzunder 6.1.4.** Anh. 1/8.3

**Wanderung 3.1.** 1; -zeit **3.1.** 44; **9.4.** 13

**Waren 2.3.** 2; **3.1.** 44, 69; **5.4.** 2–3, 3–4; **9.1.2.** 2; -sendung **5.3.** 18, 29; -sicherheit **5.4.** 4; -verkehr **1.2.** 26, 28; **3.1.** 49, 69–70; **5.1.** 23, 33; **5.4.** 3

**Warmhalten 8.4.** 9a

**Warmwasser 2.5.** Anl. 1/1.1–1.2, Anl. 1/8.2; **6.1.1.** 2; **6.1.4.** Anh. 1/1.1–1.2; **6.1.13.** 39; **6.4.** Anh. 1; **10.1.** 556c; -bereitung **8.1.** 3, 10, 15, 18, 20, 32, 50, 61–64, 82, 90–91, 96, 103; -leitung **8.1.** 61–64, 69, 71, 96–97; -pipeline **2.5.** Anl. 1/19.7; -speicher **5.2.** Anl. 1; -versorgung **8.1.** 2, 5, 23, 30, 57–78, 85

**Warn**einrichtung **6.1.12.** 4, 12; -tafel **5.1.** 55, 69; -zeichen **9.1.3.** 10, 15d

**Warnow 4.1.** 7

**Warnung 4.1.** 79

**Warte**zeit **9.4.** 14

**Wartung 2.3.** 10; **2.5.** Anl. 1/3.15; **4.1.** 65; **4.1.2.** 2; **6.1.4.** Anh. 1/3.25; **6.1.9.** 21; **6.1.12.** 6, 12; **7.1.** 26; **8.1.** 60

**Wasch- und Reinigungsmittelgesetz (WRMG) 4.3.**; **9.1.** 28

**Waschen 2.5.** Anl. 1/10.4; **4.1.2.** 3; **4.2.** 10; **6.1.4.** Anh. 1/8.7, Anh. 1/10.10

**Waschmaschine 5.2.** Anl. 1

**Waschmittel 3.3.** 7a; **4.3.**; **5.4.** Anl. 1; **8.2.** Anl. 4/87; **9.1.** 28; **10.2.** 1/45; –, Begriff **4.3.** 2

Magere Ziffern = §§ **Sachverzeichnis**

**Wasser 1.1.** 20a; **2.3.** 7–8; **2.5.** 2, Anl. 2–4; **2.6.** 2; **3.1.** 5, 7; **3.1.2.** 4, 6–7, 9, 15; **3.2.** 12; **3.4.1.** 3, 8; **4.1.** 3, 8–9, 54, 93; **4.1.3.** 2; **4.2.** 2, 9–10; **5.1.** 3; **6.1.** 1, 3, 45; **6.1.9.** 1a; **6.1.12.** 2; **9.1.** 3a; **9.4.** 2; **9.5.** 2; **10.2.** 3; **11.1.** 314; -abfluss **2.5.** Anl. 1/13.7; **3.1.** 1; **4.1.** 5–6, 14, 32, 37–39, 67, 74, 78–78a, 92, 103; –, anfallendes **6.1.17.** 4; -anreicherung **4.1.** 86; -aufbereitung **4.2.** 10; -bedarf **4.1.** 50; -behandlung **6.1.17.** 4; -benutzungsanlage **4.1.** 8–9, 23; -beschaffenheit **2.5.** 66; **4.1.** 3, 9, 14, 26, 32, 45, 48–49, 54, 62, 89–90; **4.2.** 2, 10; **11.1.** 324, 326; -bezug **2.3.** 7–8; -buch **4.1.** 21, 87; -dampf **6.1.1.** 2; **8.1.** 3; -dienstleistung **4.1.** 3, 6a, 83; **4.1.3.** 16; -energie **3.1.** 57; -entgelt **2.3.** 11; -entnahme **2.5.** Anl. 1/13.3, Anl. 1/13.7; **2.9.** Anl. 1/5; **4.1.** 3, 13a; **4.1.1.** 3, 7; **4.2.** 4, 10; -fahrzeug **4.2.** 10; **6.1.** 2, 38–39, 62; **8.4.** 9; **11.1.** 325–325a, 329; -fernleitung **2.5.** Anl. 1/19.8; –, fließendes **4.1.** 3–4, 37, 54, 103; -führung **4.1.** 26, 33, 39; -gas **6.1.4.** Anh. 1/1.14; **6.4.** Anh. 1; **10.2.** 1/11; -gefährdender Stoff *s. Stoff, wassergefährdender*; -gefährdung **2.3.** 2, 9; **4.1.** 23, 32, 38, 62–63, 78a, 103, Anl. 1; **5.1.** 3; -gesättigt **9.5.** 3; –, gesammeltes **4.1.** 54; -gewinnungsanlage **2.3.** 17; **4.1.** 14, 23, 50, 86, 103; -härte **4.3.** 9; -haushalt **1.1.** 72, 74/32; **3.1.** 1; **3.2.** 1; **4.1.** 5, 13, 13a, 26, 46, 67, 88, 93; -haushaltsgesetz (WHG) **2.5.** 66, 74, Anl. 1/13.18, Anl. 3, Anl. 5/1.3–1.4, Anl. 5/1.9; **2.9.** 2, Anl. 1/3; **3.1.** 9, 15, 23–24; **3.1.2.** 2; **3.2.** 12; **3.4.1.** 12; **4.1.**; **4.1.1.**–**4.1.4.**; **4.1.3.** 2, 4–5, 7, 13, 15; **4.1.4.** 1–5, 8–9; **4.2.** 1, 9–10; **5.1.** 28, 59; **5.1.5.** 5; **5.2.** 21; **6.1.** 13, 23b; **11.1.** 327; **12.1.** 1; -heizung **8.1.** 62; -hygiene **4.1.** 50; -kocher **5.2.** Anl. 1; -körper **4.1.** 3; -kraft **8.2.** 3, 22, 40, 53; -kraftanlage **2.5.** Anl. 1/13.14; **4.1.** 11a, 70; -kraftnutzung **4.1.** 35, 86, 96; **8.4.** 2; -kreislauf **3.4.** 2; -lauf, Abstand **9.5.** 3; -laufnähe **9.5.** 3; zur Lebensmittelherstellung **4.1.** 13a; -mangel **2.5.** Anl. 1/13.7; **4.1.** 93; -menge **2.3.** 7; **4.1.** 3, 47, 90; **4.1.1.** 4, 9, 12; -nutzung **4.1.** 1, 3–4, 6–6a, 8–26, 64, 82, 88; **4.1.1.** 1, 7, 10, 14; **4.1.3.** 1, 16; -nutzung, effiziente **4.1.** 6a; -pumpe **6.1.32.** 1/56; -qualität **4.1.1.** 6; -recht **2.8.** 5; **3.1.** 61; **3.4.** 4, 7; **3.4.1.** 4–5; **4.1.** 24, 45f, 55, 63, 65; **4.1.2.** 2–3; **6.1.** **4.1.4.** 9; **5.1.5.** 5; **6.1.** 2, 13, 23b; **7.1.** 9b, 23d; -regulierung **4.1.** 28; **4.1.1.** 8; -ressourcenbewirtschaftung **2.** 192; -rückhaltung **4.1.** 6, 39; -schutzgebiet **2.5.** Anl. 2;

**3.4.1.** 12; **4.1.** 13a, 51–53, 87–88, 103, 104a, 106; **11.1.** 329; -sicherstellungsgesetz **4.1.** 13a; -sparen **4.1.2.** 3; **10.1.** 555b; -speicher **6.1.17.** 4; -speicherung **2.5.** Anl. 1/13.6, Anl. 1/19.9; **4.1.** 28, 38, 86; -stand **4.1.** 14, 78; -stoff **2.5.** Anl. 1/1.2, Anl. 1/1.4; **6.1.1.** 3, 14; **6.1.4.** Anh. 1/1.2, Anh. 1/1.4, Anh. 1/4.1, Anh. 2; **6.1.13.** 18, 31, 34, 50; **6.1.39.** 1; **6.4.** Anh. 1; **10.2.** 1/2; -stoff aus biogener Quelle **6.1.** 37b, 37d; -stoff, grüner **8.2.** 69b, 74–74a, 93; -stoffherstellung **8.2.** 63–64a, 69b, 93; -straße **1.1.** 74/21, 87, 89; **2.5.** Anl. 1/14.1; **3.1.** 36, 61; **4.1.** 4, 7, 26; **5.1.** 2; -straßen- und Schifffahrtsverwaltung **1.1.** 87, 89; **4.1.** 7, 34; – und Bodenverband **4.1.** 40; –, unterirdisches **4.1.** 3; -untersuchung **3.4.** 15; **4.1.** 50; -veränderung **2.5.** Anl. 4; -verbrauch **4.1.** Anl. 1; **10.1.** 555b; -verlust **2.3.** 7; -versorgung **2.3.** 2, 7–8, 11, 13–14; **2.5.** Anl. 1/13.4; **4.1.** 3, 6, 13a, 28, 50–51, 78a, 88, 93–94; **4.1.1.** 11; **4.3.** 3, 5–7, 9; **8.4.** 2; **11.1.** 330; –, verunreinigtes **6.1.17.** 4; -verunreinigung **11.1.** 324, 326; -vorkommen **4.1.** 50; -wärme **6.1.1.** 6; -Wärmespeicher **6.1.1.** 5; -wirtschaft **1.1.** 89; **2.0.** 2; **3.1.** 45; **3.1.1.** 4; **3.4.** 20; **4.1.** 37, 39, 55, 87, 96; **4.3.** 7; -wirtschaftliche Planung **4.1.** 82–86; -wirtschaftsdokumentation **4.1.** 87–88; -wirtschaftsvorhaben **2.5.** Anl. 1/13.; -zufluss **4.1.** 10, 78a
**Wattfläche 3.1.** 30
**Watte**stäbchen **5.1.8.** 3
**Weben 5.2.** Anl. 1; **8.2.** Anl. 4/43
**Wechsel** des Abrechnungsleisters **8.1.** 6; des Eigentümers **8.1.** 47, 73; *s. a. Rechtsnachfolge;* der Heizung **8.1.** 52; des Lieferanten **8.1.** 96; des Rücknahmesystems **5.3.** 16; der Veräußerungsform **8.2.** 21b–21c, 80, 85
**Wechselstrom 8.2.** 3
**Wechselwirkung 2.5.** 2; **2.6.** 2; **3.1.** 21; **4.1.** 6; **4.1.2.** 3; **5.1.** 43; **6.1.** 3, 5, 7, 12, 48; **6.1.9.** 1a, 20; **9.1.3.** 6; **9.4.** 2; **9.6.** 1
**Wege 3.2.** 2, 13, 14; **8.8.** 3; **8.9.** 3–4; – und Gewässerplan **2.5.** 18
**Wegleiten 4.1.** 89
**Wehr**material **5.2.** 2; **5.3.** 1
**Weichmacher 6.1.4.** Anh. 1/5.6; **10.2.** 1/61
**Weidetier 3.1.** 45a
**Weihnachtsbaumkultur 3.2.** 2
**Wein 5.4.** 31; **8.2.** Anl. 4/35–37; -bergschnecke **3.1.1.** 2, 6
**Weiterbildung 1.2.** 197; **2.1.** 2; **3.3.** 16; **5.1.** Anl. 5; **6.1.** 55; **9.4.** 9

1685

## Sachverzeichnis

Fette Zahlen = Gesetzesnummern

**Weitergeben** von Abfällen **5.1.** 10; von Herkunftsnachweisen **8.2.** 80; von Strom **8.2.** 11, 56
**Weiterleiten 6.4.** 3
**Weiterverarbeiten 2.5.** Anl. 1/3.2, Anl. 1/4.; **6.1.4.** Anh. 1/1.12, Anh. 1/3.2, Anh. 1/4.; **6.4.** Anh. 1; **9.6.** 16b; **10.2.** 1/48
**Weiterverkaufen 5.2.** 3
**Weitervertreiben 5.3.** 2
**Weiterverwenden 5.1.** 4
**Wellen**energie **8.2.** 3
**Welt**raum **5.3.** 1; -raumgegenstand **5.2.** 2
**Werbung 3.1.** 7; **3.3.** 3; **5.1.5.** 10; **8.6.** 2; für EMAS **2.7.** 33–36, 42; –, lichtemittierende **3.1.** 23–25, 69
**Werft 2.5.** Anl. 1/3.12; **4.1.** 78; **8.4.** 9
**Werkstoff 5.4.** 3
**Werksgelände 2.5.** Anl. 1/19.2–19.7, Anl. 1/19.10, Anl. 1/19.12; **4.1.** 62
**Werkstatt**, Kraftfahrzeug **5.1.5.** 3, 5, 7
**Werkstoff 5.2.** 4, 28; **5.4.** 3; **8.2.** Anl. 4/107; –, Kraftfahrzeug **5.1.5.** 8–9
**Werkverkehr 8.4.** 9
**Werkzeug 6.1.4.** Anh. 1/10.20; **8.2.** Anl. 4/147, Anl. 4/181; –, großes ortsfestes **5.2.** 2; -kasten **5.4.** Anl. 1; -maschine **8.2.** Anl. 4/185
**Wert**, anzulegender **8.2.** 3, 21–22, 23, 23b, 25, 27a, 28a, 35, 36h, 38b, 39g, 39i, 39m, 40–49, 50a–54, 71, 85, 95; -ausgleich **3.4.** 25; –, kritischer **6.1.39.** 1–3; -bestimmung **8.2.** 64–64a; -stofferfassung **5.1.** 10, 17; **5.2.** 13; -stoffgewinnung **5.4.** 1; -stoffhof **5.4.** 3, 22; -stoffkreislauf **5.1.** 7; -stoffsammlung, einheitliche **5.4.** 16, 22, 38; -stoffseparierung **5.2.** 3, 14, 20–22; -stofftonne **5.1.** 10, 17
**Weser 4.1.** 7
**Wettbewerb 1.2.** 3, 170; **2.7.** 38; **5.1.** 17, 57; **5.4.** 1–2, 22–23; **6.2.** 1; **6.7.** 2, 11; **8.2.** 2–3, 3, 22, 63, 82; **8.9.** 5; **9.6.** 28a
**Wetter 6.1.32.** 7; **6.1.39.** 21, 34; -bereinigung **8.2.** 98; -dienst **1.1.** 74/21; -lage **10.2.** 6; -lage, austauscharme **6.1.** 49; **11.1.** 329
**Widerruf 2.5.** 67a; **2.8.** 17, 34; **2.8.1.** 10; **3.1.** 40c, 42, 56a; **3.3.** 8, 13a, 16; **4.1.** 17–20, 38, 53, 58, 78a; **5.1.** 20, 28, 36, 52, 57; **5.2.** 37, 40, 42; **5.3.** 21, 25; **5.4.** 7, 18, 24; **6.1.** 7, 8a, 12, 17, 21; **6.1.9.** 24; **6.1.32.** 6; **6.2.** 2, 3; **6.4.** 31–32, 34; **6.5.** 5; **7.1.** 17–18, 21–24, 57b; **8.2.** 35a; **8.4.** 9; **8.6.** 7; **9.1.3.** 15d; **9.4.** 9, 12, 14, 17; **9.6.** 20, 26
**Widerspruch 2.5.** 67a; **2.6.** 5–6; **2.8.** 24–25; **4.2.** 12a; **5.1.** 34, 36; **5.2.** 44; **5.4.** 30; **6.1.** 14a, 21; **6.4.** 11, 26; **6.7.** 16, 19; **7.1.** 9a, 21; **12.1.** 1–2; -behörde **2.8.** 21, 24–25, 36
**Widerstands**recht **1.1.** 20
**Widmung 4.1.** 20
**Wiederansiedeln 3.1.** 37, 42, 45, 63; **9.4.** 13
**Wiederaufarbeiten 5.3.** 2
**Wiederaufbauen 2.5.** 14a
**Wiederaufnehmen** der Bodennutzung **3.1.** 14, 30
**Wiederbebauen 3.1.** 1
**Wiederbereitstellen 5.2.** 3
**Wiederbesiedeln 3.1.** 1
**Wiedereinführen 9.4.** 2
**Wiedereinleiten 4.1.** 8, 14
**Wiedergabe**gerät **5.2.** Anl. 1
**Wiedergewinnen 2.5.** Anl. 1/10.2; **5.1.** Anl. 2; **6.1.** 54; **6.1.4.** Anh. 1/8.11, Anh. 1/10.1; **10.2.** 1/90
**Wiederherstellen 2.5.** 67a; **2.9.** 8; **3.1.** 1, 7, 15, 17, 21–23, 26, 29, 42; **3.4.** 1, 5; **3.4.1.** 12; **4.1.** 17, 31, 34, 45a, 77, 83; **5.1.** 34, 37; **6.1.** 5, 8a; **6.1.9.** 24; **7.1.** 9f; **10.1.** 249, 251; **10.2.** 16
**Wiederverarbeiten 6.1.4.** Anh. 1/3.2
**Wiederverkaufen 9.1.2.** 5
**Wiedervernetzen** von Biotopen **3.1.** 15; **3.1.2.** 2, 8, 10–11
**Wiederverwenden 4.1.4.** 3; **5.1.** 3, 6, 9, 14, 20–21, 23–25, 30, 45, 60, Anl. 2, Anl. 4, Anl. 5; **5.1.5.** 2, 5, 8–11; **5.2.** 1, 4, 10–11, 14, 16–20, 22, 32, 45; **5.3.** 1, 7a; **5.4.** 1, 4–5, 15, 16; **6.1.** 54; **6.1.4.** Anh. 1/8.11; **8.6.** 5; –, Begriff **5.1.** 3
**Wiederverwerten 4.1.** Anl. 1
**Wiese 3.1.** 30, 39
**Wild 3.1.** 42; **3.2.** 2; **3.3.** 13; *s. a. Tier, wild lebendes;* -bewirtschaftung **3.2.** 14; -schaden **9.4.** 9
**Wimperntusche**bürste **5.4.** Anl. 1
**Wind 3.2.** 12; -energie **3.1.** 57; **6.1.** 16b; **6.1.4.** Anh. 1/1.6; **8.2.** 3, 9, 22, 23d, 24, 51, 53, Anl. 2; -energie an Land **3.1.2.** 14; **6.1.** 63; **8.2.** 3, 3–4, 9, 21, 21b, 22, 23b, 24, 28, 30, 36–36i, 46, 53, 55–55a, 95, 97, 99a, 105; -energie auf See **2.5.** Anl. 5/1.17–18; **3.1.** 56; **3.1.2.** 14–15; **8.2.** 3–5, 9, 22, 51, 53; **12.1.** 1; -energie-auf See-Gesetz **8.2.** 4, 100, FN am Titel; -energie-auf-See-Gesetz **3.1.2.** 15; -energiefläche **2.5.** 47; -erhitzer **6.1.13.** 1; -farm **2.5.** 2, Anl. 1/1.6; **6.1.** 67; -kraft **2.5.** 2, Anl. 1/1.6; **6.1.** 67; **6.1.4.** Anh. 1/1.6; **8.1.** 3; **8.4.** 2; *s. a. Windenergie;* -park **8.2.** 95; -park, kleiner **8.2.** 9
**Winter**dienst **6.1.39.** 25
**Wirbelschicht 6.1.4.** Anh. 1/8.3; **6.1.13.** 28, 37; **6.1.17.** 12

Magere Ziffern = §§ **Sachverzeichnis**

**Wirbeltier 3.1.1.** 4, 7, 14; **3.3.** 4, 4b, 7–11b, 16c, 18; **9.1.** 12a; **9.6.** 16
**Wirksam 3.3.** 7a; **9.1.** 12a; **9.4.** 65
**Wirkstoff 4.1.1.** Anl. 2; **4.1.3.** 4; **6.1.4.** Anh. 1/4.2; **9.1.** 2–3, 12f; **9.4.** 15, 65
**Wirkung** *s. a. Einwirkung, Exposition, Umweltauswirkung*
**Wirtschaft 1.1.** 73/5, 74/11, 104a; **1.2.** 4; **2.1.** 2; **2.5.** Anl. 3; **2.8.**; **2.9.** 2; **3.1.** 34, 45; **3.2.** 1, 9; **3.4.** 2, 20; **4.1.** 23, 62, 73; **4.3.** 7; **5.1.** 68; **6.1.** 4, 22, 32–35, 37, 51–51a, 51a; **6.1.4.** 1; **6.1.39.** 30; **6.2.** 2, 5, 7; **6.6.** 9, 11–12; **8.4.** 2, 9; **8.6.** 12; **9.1.** 17; **9.4.** 13; **9.6.** 1, 4, 16b, 28b; -akteur **8.6.** 2, 7; -dünger **9.5.** 2–3, 11a; -prüfer **5.4.** 3, 11, 18, 20, 25–27; **8.2.** 62b, 64, 75; -struktur **1.1.** 91a; -wachstum **5.1.** 33; -weise, schonende **3.1.** 25; -zone **2.5.** Anl. 1/13.2; **2.9.** 3; **3.1.** 16, 32, 48a, 56–58, 56a, 63, 70; **3.1.2.** 1, 15; **4.1.** 2, 45i, 45k–45l; **6.1.39.** 1; **8.2.** 1, 9, 84; **11.1.** 5; **12.1.** 1
**Wirtschaftlich 3.2.** 1, 41; **4.1.** 6a; **4.1.1.** 14; **10.1.** 906; – angemessen **3.1.2.** 2; – durchführbar **3.4.1.** 5; – günstiger **8.2.** 8; – nachteilig **3.4.** 10; – tätig **2.9.** 2; – vertretbar **3.4.1.** 10; **4.1.** 16, 60, 78c; **4.1.2.** 3; **6.1.** 14; **7.1.** 9a; **8.1.** 5, 12; **9.6.** 23; – zumutbar **3.1.** 1, 66, 68; **4.1.** 96, 99a; **5.1.** 6–7, 9a; **5.1.7.** 2; **5.2.** 20; **5.3.** 14; **5.4.** 4, 22; -zumutbar **6.1.13.** 9; – zumutbar **8.2.** 9, 12; **9.6.** 36a
**Wirtschaftlichkeit 7.3.** 28; **8.1.** 1, 5, 22; -analyse **6.1.9.** 13
**Wirtsgestein** für Endlager **7.3.** 1, 23
**Wismut 1.4.** Anh. 1/3.4; **2.5.** Anl. 1/3.5; **6.1.4.** Anh. 1/3.4; **10.2.** 1/31, 1/35
**Wissenschaft 1.1.** 5, 72, 74/13, 74/33, 91b; **2.0.** 2; **2.1.** 2; **3.0.** 2; **3.1.** 23–24, 28, 38, 40c; **3.3.** 4, 4c, 7, 16c; **3.4.** 20; **4.1.** 23; **4.3.** 7; **5.1.** 68; **6.1.** 51–51a, 51a; **6.1.39.** 1; **6.3.** 15; **6.6.** 11; **7.0.1.** 2; **7.0.2.** 1; **7.3.** 9; **9.1.** 17, 28; **9.1.2.** 1; **9.1.3.** 20; **9.4.** 17; **9.6.** 28b; -basiert **7.3.** 1; -plattform Klimaschutz **6.6.** 9
**Witterungsbereinigung 8.1.** 82
**Wohl der Allgemeinheit** *s. Gemeinwohl*
**Wohlbefinden 3.3.** 1
**Wohn**fläche **8.1.** 3, 82; -gebäude **8.1.** 2–3, 15–17, 20, 22–25, 28–29, 31, 35–36, 45, 47–51, 61, 63, 67, 73, 80, 82, 85–88, 91, 98, 103, 106; **8.2.** 3, 21, 48; -gebäude, aneinandergereihtes **8.1.** 29; -gebäude, einseitig angebautes **8.1.** 3, 50; -gebäude, freistehendes **8.1.** 50; -gebäude, geändertes **8.1.** 48–51; -gebäude, zweiseitig angebautes **8.1.** 3; -gebiet **3.1.** 11; **6.1.** 3, 50; **6.1.16.** 2; **6.1.18.** 2; **6.1.32.** 7; -heim **8.1.** 3; **8.2.** 3
**Wohngeld** Kohlendioxid-Bepreisungsentlastungsgesetz **6.7.** FN am Titel
**Wohnung 1.1.** 13, 74/18; **4.1.** 101; **5.1.** 19, 47; **6.1.** 47a; **6.1.18.** 2; **6.1.26.** 4, 7; **6.3.** 5–6, 9; **8.1.** 35, 47–48, 80; **9.6.** 25; **10.1.** 555a–555f, 556c–556f; *s. a. Betreten;* -eigentum **8.1.** 80; –, selbst bewohnte **8.1.** 47, 73
**Wolf** *(canis lupus)* **3.1.** 45a, 69
**Wrapper 5.4.** 3
**Würz**mittel **8.2.** Anl. 4/28
**Wursth**aut **5.4.** Anl. 1

**Xylol 6.1.4.** Anh. 1/5.8

**Zahlungs**anspruch **8.2.** 5, 9, 36h–36i, 38a, 39g–39i, 40–54a, 56–58, 61–62, 72, 77–79a, 81, 88–88b, 90–92, 104; -berechtigung **8.2.** 22–23, 35a, 37d–38b, 38f–38g, 54–55, 83a, 85, 88a; -bestimmungen **8.2.** 22–27a, 39m, 40–50b; -dauer **8.2.** 25, 36i, 39h, 50a, 88–88a, 88d; für EEG-Strom **8.2.** 2–3, 5, 9, 11, 19–58, 61–62, 72, 77–79a, 80a, 81, 83–85, 88–88b, 90–92; -höhe **8.2.** 2, 7, 19, 23–23a, 39b, 39g, 39i, 40–41, 44a, 45, 49, 53, 53c, 88–88a, 88d; *s. a. Wert, anzulegender*
**Zaun 4.1.** 52; –, lebender **3.1.** 39, 69
**Zeit** *s. a. Nacht;* -bestimmung **1.1.** 73/4; -plan **6.1.** 16b, 23b; -plan Netzanschluss **8.2.** 8
**Zellbiologie 9.6.** 4
**Zelle 1.1.** 74/26
**Zellhorn 10.2.** 1/91
**Zellstoff 2.5.** Anl. 1/6.; **6.1.4.** Anh. 1/4.1, Anh. 1/6.; **6.1.13.** 40–45; **6.4.** Anh. 1; **8.2.** 104, Anl. 4/68, Anl. 4/71; **8.2.1.** 3; **10.2.** 1/62; -abfall **6.1.13.** 2
**Zellulose**faser **6.1.1.** 3
**Zelt 8.1.** 2
**Zement 2.5.** Anl. 1/2.2; **6.1.4.** Anh. 1/2.3, Anh. 1/2.14; **6.1.17.** 9; **8.2.** Anl. 4/115, Anl. 4/118–119; **8.4.** 9a; **10.2.** 1/19; -faser **8.2.** Anl. 4/118; -klinker **2.5.** Anl. 1/2.2; **6.1.4.** Anh. 1/2.3; **6.1.17.** 9; **6.4.** Anh. 1; **10.2.** 1/19
**Zentral**heizung **8.1.** 61, 96–97, 108; **8.2.** Anl. 4/141; -stelle (Verpackungsregister) **2.3.** 5a, 14–15; **5.4.** 3, 7–11, 14, 17–20, 18, 24–30, 38
**Zerkleinern 5.1.** Anl. 1–2; **6.1.32.** 1/50; **9.4.** 2
**Zerschneiden,** Landschaftsräume **3.1.** 1, 24
**Zersiedeln 3.1.** 1
**Zerstören 3.1.** 1, 23, 28–30, 39, 44, 69, 71a; **9.4.** 13; **9.6.** 3; **11.1.** 304

# Sachverzeichnis

Fette Zahlen = Gesetzesnummern

**Zertifikat 5.1.** 56–57; **6.7.** 1, 3–4, 8–12, 21; *s. a. Berechtigung, Zertifizierung;* -handel **6.4.**; **6.7.**
**Zertifizierung 2.7.** 45; **2.8.** 9, 21; **5.1.** 54, 56–57; **5.1.5.** 5, 7, 11; **5.2.** 11, 17a–17b, 21, 25, 45–46; **5.3.** 2; **6.1.1.** 23; **6.4.** 3, 21, 28; **8.1.** 35, 90; **8.2.** 3, 22a, 64; **8.4.** 10; -fiktion **5.2.** 21
**Ziegel 8.2.** Anl. 4/109; **8.4.** 9a
**Ziel** *s. a. Umweltziel;* -abweichung **4.1.** 30, 47, 83; -ausnahme **4.1.** 31, 45g, 47, 83; -festlegung **4.1.** 27–31, 45e, 47; **5.1.** 15, 26, 30; **5.1.5.** 5, 8; -frist **4.1.** 29; -koordinierung **8.2.** 97; –, langfristiges **6.1.39.** 1, 9, 23, 26, 29–30, 34, Anl. 14; -monitoring **8.2.** 88c, 98; -verfehlung **6.6.** 4, 8–9; -wert **6.1.** 47, 50; **6.1.39.** 1, 5, 9–10, 22–23, 26–30, 32, 34, Anl. 14; **8.4.** 10, Anl.
**Zigarette,** elektronische **9.1.2.** 5
**Zigaretten,** elektrische **5.2.** Anl. 1
**Zink 1.4.** Anh. 1/3.4; **2.5.** Anl. 1/3.5, Anl. 1/3.8; **4.1.1.** Anl. 8; **6.1.4.** Anh. 1/3.4, Anh. 1/3.9; **8.2.** Anl. 4/131; **10.2.** 1/31, 1/35–36
**Zinn 1.4.** Anh. 1/3.4; **2.5.** Anl. 1/3.5; **4.1.1.** Anl. 7; **6.1.4.** Anh. 1/3.4, Anh. 1/3.9; **8.2.** Anl. 4/131; **10.2.** 1/31, 1/35–36
**Zinsen 8.2.** 60
**Zirkulation**spumpe **8.1.** 64, 96
**Zirkus 3.1.** 42; **3.3.** 16; -register **3.3.** 16
**Zivil**gesellschaft **1.2.** 15; **6.6.** 9; **7.3.** 8–11; -prozess **8.2.** 81; -recht *s. Privatrecht;* -schutz **3.1.** 4, 34, 45; **3.2.** 45; **9.4.** 13
**Zoll 1.1.** 73/5; **1.2.** 28; **3.1.** 48–51a, 70, 73; **3.3.** 12, 14; **6.1.** 34, 37c; **6.2.** 3a–4; **6.7.** 1; **7.1.** 22; **8.2.** 69a, 73; **8.4.** 2a, 8, 10a, 14; **8.6.** 7; **9.1.** 3, 21a; **9.4.** 2; **9.6.** 3; -flug **6.4.** Anh. 1; -union **1.2.** 3, 28
**Zoo 3.1.** 42, 63, 69; **3.1.1.** 3, 7; **3.3.** 11; -auflösung **3.1.** 42; -logie **3.3.** 13a; -masse **8.2.1.** 2; -register **3.1.** 42
**Zubau,** Anlagen **8.2.** 3, 9, 33
**Zubehör 4.1.** 62
**Zubereitung 2.3.** 10; **2.9.** 2, Anl. 1/7; **3.4.1.** 2; **6.1.4.** Anh. 2; **6.1.12.** 2; **10.2.** 1/84, 1/88–89; *s. a. Gemisch*
**Zucht 3.1.** 45, 54; **3.1.1.** 2–4; **3.3.** 3, 11, 11b
**Zucker 2.5.** Anl. 1/7.25; **6.1.4.** Anh. 1/7.24; **8.2.** Anl. 4/25
**Zünd**holz **2.5.** Anl. 1/10.1; **6.1.4.** Anh. 1/10.1; **10.2.** 1/90; -stoff **2.5.** Anl. 1/10.1; **6.1.4.** Anh. 1/10.1
**Zufuhr** von Abfällen **6.1.17.** 2
**Zugang 3.1.** 23–24, 43, 62; –, gleicher **5.4.** 19; **12.1.** 3; zu Informationen *s. Informationszugang;* zu UVP-Daten **2.5.1.**

**Zugriffs**verbot **3.1.** 44, 54, 69; **9.4.** 13
**Zukunft**stechnik **6.1.** 3, 7, 12, 17, 48; -vorsorge **1.1.** 20a; **7.3.** 1
**Zulassung 2.5.** 1–2, 4–5, 5, 7, 11–12, 15–16, 19, 25, 25–28, 30–32, 35, 39, 47, 49–50, 57–58, 66, 68, Anl. 4; **2.5.1.** 2; **2.6.** 10; **3.1.** 15, 17, 34, 39, 56; **3.3.** 13a, 16; **3.4.** 3, 13, 15–16; **4.1.** 4, 13a, 16–17, 20, 34, 63, 68, 78–78a, 78d, 82, 87, 104a, 105, 107; **4.1.2.** 2–3, 4, 6; **4.1.4.**, 1; **5.1.** 35–38, 47, 69; **5.1.5.** 6–7; **6.1.** 8a, 10, 13, 23b–23c, 33; **6.1.9.** 1, 2a, 3–4, 20, 24, Anl.; **6.2.** 2; **7.1.** 9h, 11, 17–19, 23d, 57b; **8.2.** 22; **9.1.** 2, 9, 12a–12b, 12d, 12f–12g, 19a, 26, 28; **9.1.3.** 2, 15a–15b, 15g–15h, 25; **9.4.** 12, 14, 16–17, 65; **9.5.** 3; **9.6.** 22; **10.2.** 6; **11.1.** 330d; **12.1.** 1; -anpassung **4.1.4.** 4–5; -bereich **2.8.** 2, 7–12; -bescheinigung **5.1.5.** 2–3; -inhaber **2.9.** 2; -register für Umweltgutachter **2.8.** 14–15, 18; -stelle **6.4.** 28; -stelle für Umweltgutachter **2.7.** 2, 13, 15, 20, 23–25, 28–31; **2.8.** 4, 9–18, 21, 24, 28–29, 32, 36–37; **8.4.** 12; –, Umweltgutachter **2.7.** 20–22, 28–29, 39; **2.8.** 1–2, 4–14; **5.1.5.** 6; -verfahren **4.1.4.**; **7.1.** 9b; *s. a. Verwaltungsverfahren;* –, vorläufige **7.1.** 57b
**Zuluft 8.1.** 65–68
**Zumutbar 6.1.17.** 12–13; *s. a. wirtschaftlich zumutbar*
**Zurschaustellen 3.1.** 42, 44, 69
**Zurückgewinnen 5.1.** 3, 23, Anl. 2; **5.1.5.** 2
**Zurücknehmen** *s. Rücknahme*
**Zurückschneiden 3.1.** 39
**Zusammenfassende Darstellung 2.5.** 24–26, 31, 44, 70; **2.6.** 10; **6.1.9.** 20; **7.3.** 19; **9.5.** 3a
**Zusammenfassung,** nichttechnische **2.5.** 16, 40, 55, 60; **2.6.** 10; **4.1.4.** 3; **5.1.** 32; **6.1.9.** 4, 4e; **9.6.** 15; –, Tierversuchsvorhaben **3.3.** 8
**Zusammenwirken** von Herstellern **5.4.** 8; von Systemen **5.4.** 14
**Zusatz**belastung **3.4.** 3, 8; **3.4.1.** 1, 11; -gebot **8.2.** 36j, 55; -stoff **5.1.** 2; **5.1.** 1a; **6.1.** 34; **6.1.4.** Anh. 1/5.12; **6.2.** 1–2, 7; **7.1.** 2, 19; **9.1.** 2–3; **10.2.** 1/92, 2/3
**Zuschlag 5.4.** 23; **8.2.** 3, 5, 22–22a, 23b, 25, 28–29, 30a, 32–35a, 36b–36i, 37a, 37c–39, 37d, 39c–39h, 39d, 54, 55–55a, 79a, 83a, 85, 88–88a, 92, 95, 100; -wert **8.2.** 3, 32, 35, 36g–36h, 38b, 39g, 39i, 46, 54–55, 88a
**Zustand** *s. a. Umweltzustand;* –, Arten **3.1.** 6–7; -bericht **2.6.** 11; **4.1.4.** 3; **6.1.** 5, 7, 10; **6.1.9.** 4a, 7, 21; –, bestmöglicher chemischer **4.1.** 30; –, bestmöglicher öko-

1688

Magere Ziffern = §§   **Sachverzeichnis**

logischer **4.1.** 30; –, Biotope **3.1.** 6–7; –, chemischer **4.1.3.** 2, 6–7, 10, 12; -daten **2.6.** 2, 8; *s. a. Umweltdaten;* -feststellung **4.1.** 23; **6.1.9.** 4a; –, Gewässer **4.1.** 3, 23, 25–27, 29–31, 39, 44, 47, 90; **4.1.3.** 2–7; –, guter chemischer **4.1.** 27, 29, 44, 47; **4.1.1.** 7; –, guter ökologischer **4.1.** 27–29, 31; **4.1.3.** 5; -klassen **4.1.3.** 5; –, Natur und Landschaft **3.1.** 6–7; **3.1.2.** 4–7
**Zustellung 6.1.** 10, 51b; **6.3.** 10; **7.1.** 2a, 9b
**Zutage**fördern **2.5.** Anl. 1/13.3; **4.1.** 9, 46; -leiten **2.5.** Anl. 1/13.3; **4.1.** 9, 46
**Zuteilung 6.4.** 21; -anspruch **6.4.** 9, 11; -antrag **6.4.** 9, 11, 23; -berechnung **6.4.** 9–10; –, Berechtigungen **6.4.** 7–18; -entscheidung **6.4.** 9, 14–15, 25–26; -frist **6.4.** 9, 11; von kostenlosen Berechtigungen **6.4.** 9–13; -liste **6.4.** 9, 11; -menge **6.4.** 9–11, 14, 23; -verfahren **6.4.** 9, 11
**Zuverlässigkeit 2.8.** 1, 4–5, 8; **2.8.1.** 4–6; **3.1.** 42, 56a; **3.1.1.** 7; **3.3.** 8, 13; **3.4.** 18; **4.1.** 62; **5.1.** 10–12, 16, 18, 22, 36, 43, 53–54, 56–57, 60; **5.2.** 37; **6.1.** 20, 23, 28, 29b, 55, 58c; **6.1.12.** 16; **6.1.13.** 20; **7.1.** 3–4, 6–7, 9, 12b; **8.4.** 4, 9; **8.9.** 5; **9.1.** 17, 19d; **9.1.2.** 6, 8; **9.4.** 9; **9.6.** 11, 16b, 29
**Zuwendung 3.2.** 41; –, kommunale **8.2.** 6, 95
**Zwangs**geld **6.4.** 15; **6.5.** 12; **7.1.** 5
**Zweckbindung 4.2.** 13
**Zweige 3.1.** 39
**Zweirad,** elektrisches **5.2.** 2
**Zweit**anmeldung **9.6.** 17
**Zwischenlagerung 3.4.1.** 12; **5.1.** 26, 50; **6.1.17.** 3; **7.1.** 2, 3–4, 5, 9a, 21; **7.3.** 11
**Zwischenprodukt 6.1.4.** Anh. 1/4.1, Anh. 1/4.3; **6.1.9.** 4a; **6.1.12.** 2; **8.2.1.** 2; **9.1.** 9; **10.2.** 1/45, 1/48
**Zwischenspeicher** für Energie **8.2.** 3, 19, 611
**Zwischenstaatliche Zusammenarbeit 1.1.** 23–24, 32; **1.2.** 191, 196; **2.3.** 16; **3.0.** 2; **3.1.** 2–4, 6–7, 48; **3.3.** 16f; **3.4.** 23; **4.1.** 74–75, 88; **5.1.** 66; **6.1.** 7, 37, 39, 47c–47d, 60; **6.1.39.** 29–30; **6.2.** 8; **6.3.** 5, 12; **7.0.1.** 2; **7.1.** 1–4a, 12a–14, 24–40; **8.4.** 11; **9.1.** 21, 24

## Freizeit und Gesundheit

**LMR · Lebensmittelrecht**
EG-Lebensmittel-BasisVO, Lebensmittel- und Futtermittelgesetzbuch, EU-Verbraucherinformation, Los-Kennzeichnungs-VO, Health-Claim-VO.
Textausgabe
9. Aufl. 2021. 279 S.
€ 16,90. dtv 5766
TOPTITEL
NEU

**GOÄ · Gebührenordnungen für Ärzte und Zahnärzte**
Mit Gebührenverzeichnissen für ärztliche und zahnärztliche Leistungen.
Textausgabe
13. Aufl. 2020. 404 S.
€ 13,90. dtv 5551

## Natur und Umwelt

**UmwR · Umweltrecht**
Wichtige Gesetze und Verordnungen zum Schutz der Umwelt.
Textausgabe
31. Aufl. 2022. 1726 S.
€ 20,90. dtv 5533
**Neu im Februar 2022**
TOPTITEL
NEU

**NatSchR · Naturschutzrecht**
BundesnaturschutzG, FFH-RL, VogelschutzRL, EG-ArtenschutzVO, BundesartenschutzVO, BundesjagdG, UmweltschadensG, NaturschutzG der Länder.
Textausgabe
13. Aufl. 2018. 594 S.
€ 16,90. dtv 5528
TOPTITEL

**TierSchR · Tierschutzrecht**
Tierhaltung, Tiertransport, Schlachttiere, Versuchstiere.
Textausgabe
3. Aufl. 2014. 412 S.
€ 14,90. dtv 5576

**KrWG · Kreislaufwirtschaftsgesetz**
mit Verordnungen, Verpackungsgesetz,
Elektro- und Elektronikgerätegesetz, Batteriegesetz, Abfallverbringungsrecht.
Textausgabe  TOPTITEL
22. Aufl. 2021. 896 S.
€ 16,90. dtv 5569

**WasserR · Wasserrecht**
Wasserhaushaltsgesetz mit den wichtigsten
wasserwirtschaftsrechtlichen Vorschriften.
Textausgabe
3. Aufl. 2020. 670 S.
€ 24,90. dtv 5781

**AgrarR · Agrarrecht**
mit Futter- und Lebensmittelrecht und dem
Landwirtschaftlichen Boden- und Grundstücksrecht, Bau- und Umweltrecht, Subventionsrecht, Schadensrecht, Erbrecht und
Verfahrensrecht.
Textausgabe
2011. 1031 S.
€ 27,90. dtv 5780

**EnergieR · Energierecht**
Textausgabe  TOPTITEL
16. Aufl. 2020. 2201 S.
€ 38,90. dtv 5753

EnergiewirtschaftsG, Erneuerbare-EnergienG,
EnergieleitungsausbauG, NetzreserveV, EnergiedienstleistungsG u.a.m.

**BImSchG · Bundes-Immissionsschutzgesetz**
mit Durchführungsverordnungen,
Emissionshandelsrecht, TA Luft und TA Lärm.
Textausgabe  TOPTITEL
16. Aufl. 2020. 1119 S.
€ 23,90. dtv 5575

**NachbR · Nachbarrecht**
Textausgabe
2. Aufl. 2011. 286 S.
€ 9,90. dtv 5771

**Alheit**
**Nachbarrecht von A–Z**
490 Stichwörter zur aktuellen Rechtslage.
Rechtsberater
12. Aufl. 2010. 413 S.
€ 12,90. dtv 5067

## Bauen

**BauGB · Baugesetzbuch**
Textausgabe  **TOPTITEL**
52. Aufl. 2021. 577 S.  **NEU**
€ 10,90. dtv 5018
**Neu im August 2021**

Mit BaunutzungsVO, PlanzeichenVO, RaumordnungsG, RaumordnungsVO. Mit den umfassenden Änderungen des **Baulandmobilisierungsgesetzes** zum 23. Juni 2021.

**VOB/BGB/HOAI**
Vergabe- und Vertragsordnung für Bauleistungen Teil A und B/BGB Bauvertrag §§ 650a-v/
Verordnung über Honorare für Leistungen der Architekten und der Ingenieure
Textausgabe  **TOPTITEL**
36. Aufl. 2021. 430 S.
€ 12,90. dtv 5596

BaustellenVO, BGB (Auszug), Gesetz zur Regelung von Ingenieur- und Architektenleistungen, Gesetz über die Sicherung der Bauforderungen, Gewerbeordnung (§ 34c), HOAI – Honorarordnung für Architekten und Ingenieure in der Fassung 2021, Schiedsgerichtsordnungen, Makler- und BauträgerVO, VO über Abschlagszahlungen bei Bauträgerverträgen, VOB 2019 – Vergabe- und Vertragsordnung für Bauleistungen (Teile A und B).

Schwerpunkt der 36. Auflage ist die neue HOAI 2021, die am 1.1.2021 in Kraft getreten ist.

Hauth
**Vom Bauleitplan zur Baugenehmigung**
Bauplanungsrecht · Bauordnungsrecht ·
Baunachbarrecht.
Rechtsberater    **TOPTITEL**
13. Aufl. 2019. 341 S.
€ 20,90. dtv 51237
Auch als **ebook** erhältlich.

Empfohlen von
Haus & Grund

# Der Leitfaden zum öffentlichen Baurecht.

Wann und wie ist ein Grundstück bebaubar? Wie erhält man eine Baugenehmigung? Welche Rechtsbehelfe stehen zur Verfügung? Diese und andere Fragen beantwortet dieser Rechtsberater.

Umfassend sind u. a. behandelt:
- Vorhaben im Innen- und Außenbereich
- Bauleitpläne, Abstandsflächen und Bestandsschutz
- Gemeinde, Öffentlichkeit und Nachbarschutz
- Verfahren und Rechtsschutzmöglichkeiten.

Die Neuauflage berücksichtigt die Änderungen im Baugesetzbuch und in der Baunutzungsverordnung ebenso wie den aktuellen Stand der Rechtsprechung und beleuchtet aktuelle Probleme aus dem Gebiet des Denkmalschutzes.

- **Verständlich:** einfache Aufbereitung und klare Sprache
- **Anschaulich:** zahlreiche Beispielsfälle
- **Übersichtlich:** klarer Aufbau und ausführliche Verzeichnisse

## Vereine und Stiftungen

Pfeffer/Röcken
**Vereine gründen und erfolgreich führen**
Satzung · Versammlung ·
Haftung · Gemeinnützigkeit · Steuern.
Rechtsberater  **TOPTITEL**
13. Aufl. 2017. 290 S.
€ 14,90. dtv 50789
Auch als **ebook** erhältlich.

Alles, was Sie wissen müssen, wenn Sie einen Verein gründen oder leiten, wenn Sie einem Verein beitreten oder sich darin betätigen wollen. Mit zahlreichen Mustern.

Sauter/Oblau
**Spenden sammeln**
Ein Leitfaden für engagierte Bürger.
Rechtsberater
2. Aufl. 2018. 134 S.
€ 14,90. dtv 51219
Auch als **ebook** erhältlich.

Der Band gibt Ideen, wie sinnvoll gespendet werden kann, und beantwortet vor allem steuerrechtliche Fragen und Fragen der Spendenverwaltung.

Fabisch
**Fundraising**
Spenden, Sponsoring und mehr ...
Wirtschaftsberater
3. Aufl. 2013. 425 S.
€ 19,90. dtv 50933
Auch als **ebook** erhältlich.

Vom Spendenbrief bis zum Sponsoringkonzept, von Stiftungsgeldern bis zur Bindung von Spendern, Mitgliedern und Ehrenamtlichen. Mit vielen Fallbeispielen, Checklisten und Arbeitsbögen.

Bölke/Zimmermann
**Presserecht für Journalisten**
Freiheit und Grenzen der Recherche und Berichterstattung in Presse, Rundfunk und Online-Medien.
Beck im dtv
2. Aufl. 2021. 328 S.   NEU
€ 22,90. dtv 51233
Auch als **ebook** erhältlich.
**Neu im September 2021**

# Freiheit und Grenzen der Recherche und Berichterstattung.

Ein Journalist, der professionell arbeiten will, muss einerseits seine **Möglichkeiten bei Recherche und Darstellung voll ausschöpfen,** sich andererseits seiner **Grenzen bewusst** sein. Dieses Buch soll beides fördern. Es überträgt rechtliche Grundsätze aus der Terminologie von Gesetzen und Gerichtsurteilen in die Sprache des Journalisten und gibt anhand von prägnanten Beispielen Handlungsempfehlungen für den journalistischen Arbeitsalltag. Folgende Fragen werden u.a. beantwortet:

▸ Was ist bei nachträglichen Änderungswünschen eines Interviewpartners zu tun?
▸ Dürfen Fotos aus sozialen Netzwerken genutzt werden?
▸ Was muss bei der Verbreitung von Informationen aus dem Internet beachtet werden?

Darüber hinaus enthält das Buch **viele Tipps zur Fehlervermeidung** und zur Schadensbegrenzung sowie zu Reaktionen auf anwaltliche Abmahnungen.

Die Neuauflage behandelt u.a. die Rechtsprechung zu Online-Archiven (»Recht auf Vergessen«), das Trennungsgebot für Werbung in Online-Angeboten und den redaktionellen Datenschutz nach der DS-GVO.

**GG · Grundgesetz**
Textausgabe
52. Aufl. 2022. 433 S.
€ 8,90. dtv 5003

TOPTITEL NEU

Mit Menschenrechtskonvention, Verfahrensordnung Europäischer Gerichtshof für Menschenrechte, BundesverfassungsgerichtsG, ParteienG, UntersuchungsausschussG, Vertrag über die Europäische Union i.d.F. des Vertrags von Lissabon, Vertrag über die Arbeitsweise der Europäischen Union und Charta der Grundrechte der Europäischen Union.

**VwGO · Verwaltungsgerichtsordnung – Verwaltungsverfahrensgesetz**
Textausgabe
46. Aufl. 2021. 414 S.
€ 10,90. dtv 5526

TOPTITEL NEU

**Neu im Oktober 2021**

Mit VerwaltungszustellungsG, Verwaltungs-VollstreckungsG, Deutschem RichterG, Justizvergütungs- und -entschädigungsG, E-Government-G, MediationsG, Umwelt-RechtsbehelfsG, GerichtsverfassungsG (Auszug), Zivilprozessordnung (Auszug), Streitwertkatalog.

**ÖffR · Basistexte Öffentliches Recht**
Textausgabe
32. Aufl. 2021. 917 S.
€ 17,90. dtv 5756

TOPTITEL NEU

**Neu im September 2021**

Mit allen wichtigen Verwaltungsgesetzen einschließlich der EU-Verträge und der EMRK auf aktuellem Stand.

**StAG · Staatsangehörigkeitsgesetz**
Textausgabe
2009. 335 S.
€ 11,90. dtv 5776

**WaffR · Waffenrecht**
Textausgabe
19. Aufl. 2021. 488 S.
€ 14,90. dtv 5032

TOPTITEL

## Strafe

### StGB · Strafgesetzbuch
Textausgabe **TOPTITEL**
60. Aufl. 2022. 400 S. **NEU**
€ 10,90. dtv 5007
**Neu im Februar 2022**

Mit EinführungsG, Völkerstrafgesetzbuch, WehrstrafG, WirtschaftsstrafG, BetäubungsmittelG, VersammlungsG, Auszügen aus dem JugendgerichtsG und OrdnungswidrigkeitenG sowie anderen Vorschriften des Nebenstrafrechts.

### StPO · Strafprozessordnung
Textausgabe **TOPTITEL**
57. Aufl. 2022. 432 S. **NEU**
€ 10,90. dtv 5011
**Neu im Februar 2022**

Mit Auszügen aus dem GerichtsverfassungsG, EGGVG, JugendgerichtsG, StraßenverkehrsG und Grundgesetz.

### OWiG · Gesetz über Ordnungswidrigkeiten
Textausgabe **TOPTITEL**
26. Aufl. 2022. Rd. 300 S. **NEU**
ca. € 10,90. dtv 5022
**Neu im November 2021**

Mit Auszügen aus der Strafprozessordnung, dem JugendgerichtsG, dem StraßenverkehrsG, der Abgabenordnung, dem WirtschaftsstrafG u. a.

### StVollzG · Strafvollzugsgesetze
Textausgabe **TOPTITEL**
23. Auflage. 2022. Rund 1036 S. **NEU**
ca. € 21,90. dtv 5523
**Neu im Februar 2022**

Bund, Baden-Württemberg, Bayern, Berlin, Brandenburg, Bremen, Hamburg, Hessen, Mecklenburg-Vorpommern, Niedersachsen, Nordrhein-Westfalen, Rheinland-Pfalz, Saarland, Sachsen, Sachsen-Anhalt, Schleswig-Holstein, Thüringen.

Mit Auszügen aus BwVollzO, StVollstrO, EBAO, OEG, SGB XII, EMRK, EU-Antifolterübereinkommen.